U0934357

解读

最高人民法院司法解释

（含指导性案例）

刑事卷（上）

人民法院出版社　编

人民法院出版社

图书在版编目（CIP）数据

解读最高人民法院司法解释 ：含指导性案例. 刑事卷 / 人民法院出版社编. -- 7版. -- 北京 ：人民法院出版社，2023.9
ISBN 978-7-5109-3903-7

Ⅰ. ①解… Ⅱ. ①人… Ⅲ. ①法律解释－汇编－中国②中华人民共和国刑法－法律解释－汇编 Ⅳ. ①D920.5

中国国家版本馆CIP数据核字(2023)第175668号

解读最高人民法院司法解释（含指导性案例）刑事卷（第七版）
人民法院出版社　编

责任编辑　王　婷
执行编辑　高　晖
出版发行　人民法院出版社
地　　址　北京市东城区东交民巷27号（100745）
电　　话　（010）67550673（执行编辑）　67550558（发行部查询）
　　　　　65223677（读者服务部）
客服QQ　2092078039
网　　址　http://www.courtbook.com.cn
E－mail　courtpress@sohu.com
印　　刷　天津嘉恒印务有限公司
经　　销　新华书店

开　　本　787×1092毫米　1/16
字　　数　2071千字
印　　张　105.75
版　　次　2023年9月第1版　2023年9月第1次印刷
书　　号　ISBN 978-7-5109-3903-7
定　　价　298.00元（上下册）

版 次 表

第一版 《解读最高人民法院司法解释·民事卷（1997～2002）》《解读最高人民法院司法解释·刑事、行政卷（1997～2002）》，2003年6月版。

《解读最高人民法院司法解释（1980～1997年卷）》，2007年1月版。

《解读最高人民检察院司法解释》，2003年5月版。

第二版 《解读最高人民法院司法解释（新编本）》，含民事卷、民商事卷、刑事卷、行政·国家赔偿·其他卷，2006年1月版。

第三版 《解读最高人民法院司法解释》，含刑事卷、民事卷、商事卷、知识产权卷、行政·国家赔偿·综合卷，2011年12月版。

第四版 《解读最高人民法院司法解释、指导案例》，含综合卷、刑事卷、民事卷、商事卷、知识产权卷、行政·国家赔偿卷，2014年1月版。

第五版 《解读最高人民法院司法解释、指导性案例》，含综合卷、刑事卷、民事卷、商事卷、知识产权卷、民事诉讼卷、行政·国家赔偿卷，2016年4月版。

第六版 《解读最高人民法院司法解释（含指导性案例）》，含综合卷、刑事卷、民事卷、商事卷、知识产权卷、民事诉讼卷、行政·国家赔偿卷，2019年5月版。

第七版 《解读最高人民法院司法解释（含指导性案例）》，含综合卷、刑事卷、民事卷、商事卷、知识产权卷、民事诉讼卷、行政·国家赔偿卷，2023年10月版。

编辑出版说明

为牢牢坚持党对司法工作的绝对领导，确保党的领导贯彻到人民法院工作全过程各方面，深入推进统一法律适用工作，加强专业化审判体系建设，维护司法公正，最高人民法院以问题为导向，以审判执行需求为出发点，以准确理解和适用法律为原则，对人民法院在审判工作中具体应用法律的问题制定司法解释，构建了多层次的司法解释框架体系。以1997年6月23日最高人民法院发布《关于司法解释工作的若干规定》为标志，截至2023年9月，最高人民法院公布司法解释（法释系列）六百余件（含与最高人民检察院联合公布的“高检发释”3件）。

为帮助广大读者学习和准确理解最高人民法院司法解释，掌握司法要旨，我社从2003年起编辑出版“解读最高人民法院司法解释系列”，二十年间，共编辑出版了六版，形成了以解读最高人民法院司法解释为主题的产品矩阵，以其完整性、权威性、实用性，深受广大读者的好评和欢迎，成为几代法官学习领会和适用最高人民法院司法解释的案头必备工具书。

根据最高人民法院贯彻落实党的二十大决策部署、推进统一法律适用工作向纵深发展的工作要求，按照《最高人民法院办公厅关于印发〈最高人民法院2023年第三季度工作要点〉的通知》（法办发〔2023〕4号）中提出的人民法院出版社“做好编辑出版《解读最高人民法院司法解释（含指导性案例）》第七版”的工作指示，我们在《解读最高人民法院司法解释（含指导性案例）》第六版的基础上，开展第七版的编写工作。

2020年以来，民法典的颁布实施，不仅对民事审判和民事类司法规范具有重要意义，对于商事、知识产权、刑事、行政、程序法的司法实践工作也具有很强的指引作用。而随着刑法修正案（十一）、民事诉讼法及其司法解释等多部法律、司法解释不断出台、修改，不仅扩充了各类法律关系的调整内容，也调整了各审判门类案件的司法裁判规则。就此，我们对照2020年至2023年9月公布的最新法律规范和最高人民法院司法解释清理结果，对所收录的司法解释解读文章删旧增新，并加入最高人民法院三十七批指导案例，推出本书第七版。本书集最高人民法院现行有效的司法解释、指导性案例理解与适用之大成，也是对最高人民法院迄今公布的所有法释系列司法解释的全面的分类汇编。本书收录的司法解释为法释〔1997〕1号至法释〔2023〕9号。按照所属类别加以编排，分为综合卷、刑事卷、民事卷、商事卷、知识产权卷、民事诉讼卷、行政·国家赔偿卷共七卷。

本书特色为：

——标准文本。本书采用刊登在《最高人民法院公报》上的司法解释标准文本。

——规范注解。列明司法解释文本的公布、修改、施行日期等情况。对文本中引用的法律、司法解释废止、修改等情形予以说明。同时，对旧法条序号以脚注形式提示所对应的新法条序号。

——权威解读。均由起草司法解释的最高人民法院法官撰写，有的还经有关庭室负责人审定，具有高度的权威性和专业性，以保证司法解释不被误读、曲解、歧解。解读阐述了当时审判实践中存在的问题或确立的司法原则，以及如何理解司法解释中的难点、疑点问题，如何正确适用，等等。对于司法解释有修改的，既收录原解读，也收录修正后条文的解读。鉴于原解读反映了当时的社会政治经济状况和司法实际情况，因此，编辑时一般不作变更或补充，而只对解读的内容作了适当精简，并注明法律变动情况。

——深度链接。链接司法解释发布时最高人民法院有关负责人的答记者问，以及与司法解释紧密相关的司法文件，并编排在适当位置。

人民法院出版社

2023年9月

总 目 录

上　　册

第一编　刑　　事

下　　册

第二编　刑事诉讼

目　录

上　册

第一编　刑　事

（一）刑法总则

1. 综　合

2. 刑罚的具体适用

（二）刑法分则

1. 罪　　名

2. 危害国家安全罪

3. 危害公共安全罪

4. 破坏社会主义市场经济秩序罪

5. 侵犯公民人身权利、民主权利罪

6. 侵犯财产罪

第一编　刑　　事

（一）刑 法 总 则

1. 综　　合

最高人民法院
关于适用刑法时间效力规定若干问题的解释

法释〔1997〕5 号

（1997 年 9 月 25 日最高人民法院审判委员会第 937 次会议通过　1997 年 9 月 25 日最高人民法院公告公布　自 1997 年 10 月 1 日起施行）

为正确适用刑法，现就人民法院 1997 年 10 月 1 日以后审理的刑事案件，具体适用修订前的刑法或者修订后的刑法的有关问题规定如下：

第一条　对于行为人 1997 年 9 月 30 日以前实施的犯罪行为，在人民检察院、公安机关、国家安全机关立案侦查或者在人民法院受理案件以后，行为人逃避侦查或者审判，超过追诉期限或者被害人在追诉期限内提出控告，人民法院、人民检察院、公安机关应当立案而不予立案，超过追诉期限的，是否追究行为人的刑事责任，适用修订前的刑法第七十七条的规定。

第二条　犯罪分子 1997 年 9 月 30 日以前犯罪，不具有法定减轻处罚情节，但是根据案件的具体情况需要在法定刑以下判处刑罚的，适用修订前的刑法第五十九条第二款的规定。

第三条　前罪判处的刑罚已经执行完毕或者赦免，在 1997 年 9 月 30 日以前又犯应当判处有期徒刑以上刑罚之罪，是否构成累犯，适用修订前的刑法第六十一条的规定；1997 年 10 月 1 日以后又犯应当判处有期徒刑以上刑罚之罪的，是否构成累犯，适用刑法第六十五条的规定。

第四条　1997 年 9 月 30 日以前被采取强制措施的犯罪嫌疑人、被告人或者 1997 年 9 月 30 日以前犯罪，1997 年 10 月 1 日以后仍在服刑的罪犯，如实供述司法机关还未掌握的本人其他罪行的，适用刑法第六十七条第二款的规定。

第五条 1997年9月30日以前犯罪的犯罪分子，有揭发他人犯罪行为，或者提供重要线索，从而得以侦破其他案件等立功表现的，适用刑法第六十八条的规定。

第六条 1997年9月30日以前犯罪被宣告缓刑的犯罪分子，在1997年10月1日以后的缓刑考验期间又犯新罪、被发现漏罪或者违反法律、行政法规或者国务院公安部门有关缓刑的监督管理规定，情节严重的，适用刑法第七十七条的规定，撤销缓刑。

第七条 1997年9月30日以前犯罪，1997年10月1日以后仍在服刑的犯罪分子，因特殊情况，需要不受执行刑期限制假释的，适用刑法第八十一条第一款的规定，报经最高人民法院核准。

第八条 1997年9月30日以前犯罪，1997年10月1日以后仍在服刑的累犯以及因杀人、爆炸、抢劫、强奸、绑架等暴力性犯罪被判处10年以上有期徒刑、无期徒刑的犯罪分子，适用修订前的刑法第七十三条的规定，可以假释。

第九条 1997年9月30日以前被假释的犯罪分子，在1997年10月1日以后的假释考验期内，又犯新罪、被发现漏罪或者违反法律、行政法规或者国务院公安部门有关假释的监督管理规定的，适用刑法第八十六条的规定，撤销假释。

第十条 按照审判监督程序重新审判的案件，适用行为时的法律。

【解 读】

解读《最高人民法院关于适用刑法时间效力规定若干问题的解释》

一、问题的提出

为正确适用《刑法》，最高人民法院于1997年9月25日经审判委员会讨论通过了《关于适用刑法时间效力规定若干问题的解释》（以下简称本解释），就人民法院1997年10月1日以后审理的刑事案件具体适用修订前《刑法》或者修订后《刑法》的有关问题作出了具体规定。

二、理解与适用

（一）关于追诉期限的《刑法》适用问题

所谓追诉期限，是指适用《刑法》对行为人实施的某种危害社会的行为进行追诉的期限。依照《刑法》的有关规定，如果超过了法定的期限，则不再追诉。如《刑法》第八十七条规定，法定最高刑为不满五年有期徒刑的，经过五年则不再追诉。《刑法》同时规定，如果具有某种法定情形则不受追诉期限的限制。而这种法定情形的变化，体现在修订前后的《刑法》中，对被追诉的人而言就有一个按照有利原则确定《刑法》适用的问题。按照修订前《刑法》第七十七条的规定，在人民法院、人民检察院、公安机关采取强制措施以后，逃避侦查或者审判的，不受追诉期限的限制。修订后《刑法》第八十八条则规定："在人民检察院、公安机关、国家安全机关立案侦查或者在人民法院受理案件以后，逃避侦查或者审判的，不受追诉期限的限制""被害人在追诉期限内提出控告，人民法院、人民检察院、公安机关应当立案而不予立案的，不受追诉期限的限制。"比较而言，修订前《刑法》第七十七条规定的条件比较严格，即被追诉人在司法机关依法采取强制措施后逃避侦查或者审判，比修订后《刑法》规定的在司法机关立案侦查或者受理案件后逃避侦查或者审判要严。换句话说，修订前《刑法》的规定对被追诉人比较有利。

（二）关于减轻处罚的刑罚适用问题

对于不具有法定减轻处罚情节而在法定刑以下处罚，是刑事司法实践中灵活运用司法政策的重要体现，这一做法切实起到了充分发挥刑罚惩罚与教育相结合功能的作用。但是，由于修订前《刑法》有关适用这一规定的程序性要求过于宽松，致使一些不应在法定刑以下判处刑罚的案件也被减轻处罚，实践中出现一些问题。为体现刑罚适用的严肃性，特别是突出这种做法在刑罚适用中特有的功能，修订后《刑法》第六十三条规定："犯罪分子虽然不具有本法规定的减轻处罚情节，但是根据案件的特殊情况，经最高人民法院核准，也可以在法定刑以下判处刑罚。"这一规定较之修订前《刑法》的规定，从程序上讲是更加严格了，即使是基层法院判处的案件，也必须报经最高人民法院核准，才能在法定刑以下减轻处罚。按照有利于被告人的从轻原则，对于犯罪分子在1997 年 9 月 30 日以前犯罪，不具有法定减轻处罚情节，但是根据案件的具体情况需要在法定刑以下判处刑罚的，仍然应当适用修订前《刑法》第五十九条第二款的规定，由审判案件的法院，"经人民法院审判委员会决定，也可以在法定刑以下判处刑罚。"这一规定从程序上体现了《刑法》从旧兼从轻的溯及力原则。

（三）关于累犯的《刑法》适用问题

修订前《刑法》第六十一条规定，被判处有期徒刑以上刑罚的犯罪分子，刑罚执行完毕或者赦免以后，在三年以内再犯应当判处有期徒刑以上刑罚之罪的，是累犯，应当从重处罚；但是过失犯罪除外。从构成累犯的时间条件来说，只要自刑罚执行完毕或者赦免以后超过三年，再犯罪也不构成累犯。修订后《刑法》第六十五条，将修订前《刑法》规定的三年修改为"五年"，即被判处有期徒刑以上刑罚的犯罪分子，刑罚执行完毕或者赦免以后，在五年以内再犯应当判处有期徒刑以上刑罚之罪的，就构成累犯，应当予以从重处罚。单纯从构成累犯的时间条件上比较，时间越长对被告人越不利。因此，本解释规定，前罪判处的刑罚已经执行完毕或者赦免，在 1997 年 9 月 30 日以前又犯应当判处有期徒刑以上刑罚之罪，是否构成累犯，适用修订前《刑法》第六十一条的规定；1997 年 10 月 1 日以后又犯应当判处有期徒刑以上刑罚之罪，是否构成累犯，适用修订后《刑法》第六十五条的规定。

（四）关于自首和立功的《刑法》适用问题

修订前《刑法》对自首的规定比较简单，不利于充分发挥“坦白从宽”的刑事政策的积极作用。修订后《刑法》在原有规定的基础上，增加规定：“被采取强制措施的犯罪嫌疑人、被告人和正在服刑的罪犯，如实供述司法机关还未掌握的本人其他罪行的，以自首论。”因此，本解释规定，1997 年 9 月 30 日以前被采取强制措施的犯罪嫌疑人、被告人或者 1997 年 9 月 30 日以前犯罪，1997 年 10 月 1 日以后仍在服刑的罪犯，如实供述司法机关还未掌握的本人其他罪行的，适用修订后《刑法》第六十七条第二款的规定。

修订前《刑法》没有关于立功的规定。修订后《刑法》第六十八条规定，犯罪分子有揭发他人犯罪行为，查证属实的，或者提供重要线索，从而得以侦破其他案件等立功表现的，可以从轻或者减轻处罚；有重大立功表现的，可以减轻或者免除处罚。犯罪后自首又有重大立功表现的，应当减轻或者免除处罚。因此，对于 1997 年 9 月 30 日以前犯罪的犯罪分子，有揭发他人犯罪行为，查证属实的，或者提供重要线索，从而得以侦破其他案件等立功表现的，可以从轻或者减轻处罚；有重大立功表现的，应当适用修订后《刑法》第六十八条的规定，依法从轻、减轻或者免除处罚。

（五）关于假释的《刑法》适用问题

修订前《刑法》第七十三条规定，被判处有期徒刑的犯罪分子，执行原判刑期二分之一以上，被判处无期徒刑的犯罪分子，实际执行十年以上，如果却有悔改表现，不致再危害社会的，可以假释。而修订后《刑法》考虑到累犯以及严重暴力性犯罪的社会危害性较大，特别作出了“对累犯以及因杀人、爆炸、抢劫、强奸、绑架等暴力性犯罪被判处十年以上有期徒刑、无期徒刑的犯罪分子，不得假释”的规定。因此，本解释中提出，对于 1997 年 9 月 30 日以前犯罪，1997 年 10 月 1 日以后仍在服刑的累犯以及因杀人、爆炸、抢劫、强奸、绑架等暴力性犯罪被判处十年以上有期徒刑、无期徒刑的犯罪分子，仍然要适用修订前《刑法》第七十三条的规定，可以假释。

（撰稿人：孙军工）

最高人民法院
关于适用刑法第十二条几个问题的解释

法释〔1997〕12号

（1997年12月23日最高人民法院审判委员会第952次会议通过 1997年12月31日最高人民法院公告公布 自1998年1月13日起施行）

修订后的《中华人民共和国刑法》1997年10月1日施行以来，一些地方法院就刑法第十二条适用中的几个具体问题向我院请示。现解释如下：

第一条 刑法第十二条规定的“处刑较轻”，是指刑法对某种犯罪规定的刑罚即法定刑比修订前刑法轻。法定刑较轻是指法定最高刑较轻；如果法定最高刑相同，则指法定最低刑较轻。

第二条 如果刑法规定的某一犯罪只有一个法定刑幅度，法定最高刑或者最低刑是指该法定刑幅度的最高刑或者最低刑；如果刑法规定的某一犯罪有两个以上的法定刑幅度，法定最高刑或者最低刑是指具体犯罪行为应当适用的法定刑幅度的最高刑或者最低刑。

第三条 1997年10月1日以后审理1997年9月30日以前发生的刑事案件，如果刑法规定的定罪处刑标准、法定刑与修订前刑法相同的，应当适用修订前的刑法。

【解　　读】

解读《最高人民法院关于适用刑法第十二条几个问题的解释》

一、问题的提出

为保证修订后《刑法》的正确实施，1997年12月23日，最高人民法院审判委员会第952次会议通过了《最高人民法院关于适用刑法第十二条几个问题的解释》（法释〔1997〕12号，以下简称本解释）。

二、理解与适用

（一）关于“处刑较轻”的理解问题

我国《刑法》条文中规定科处的刑罚通常是规定处罚的幅度，比如处三年以上七年以下有期徒刑，处三年以上十年以下有期徒刑，处十年以上有期徒刑或者无期徒刑，等等。那么，修订前后《刑法》规定科处的刑罚如何比较孰轻孰重，实践中有不同的理解。本解释第一条对此作出了明确。修订前后《刑法》规定的法定最高刑不同的，法定最高刑较轻即认为属于法定刑较轻，也就是《刑法》第十二条规定的“处刑较轻”；如果法定最高刑相同的，则比较法定最低刑，法定最低刑较轻的，属于《刑法》第十二条规定的“处刑较轻”。

（二）关于不同情形下法定最高刑或者最低刑的轻重比较问题

我国《刑法》规定的对某一犯罪科处刑罚的幅度，有的只有一个法定刑幅度，比如第三百零二条“盗窃、侮辱尸体的，处三年以下有期徒刑、拘役或者管制”；有的则规定了两个或者两个以上法定刑幅度，比如第二百九十五条规定的“传授犯罪方法的，处五年以下有期徒刑、拘役或者管制；情节严重的，处五年以上有期徒刑；情节特别严重的，处无期徒刑或者死刑”。本解释第二条对这两种情形下如何比较法定最高刑或者最低刑作出了明确。

（三）法定刑相同时的法律适用问题

如果修订前后《刑法》对某一犯罪的定罪处刑标准、法定刑都相同，从处刑的结果上来看也相同，但根据《刑法》按照以旧兼从轻原则确定溯及力的原则，适用行为时的法律显然更为合适。因此，本解释第三条对此问题作出明确规定。

（撰稿人：李洪江）

最高人民法院　最高人民检察院
关于适用刑事司法解释时间效力问题的规定

高检发释字〔2001〕5号

（2012年9月18日最高人民法院审判委员会第1193次会议、2001年6月18日最高人民检察院第九届检察委员会第90次会议通过　2001年12月7日最高人民法院、最高人民检察院公告公布　自2001年12月17日起施行）

为正确适用司法解释办理案件，现对适用刑事司法解释时间效力问题提出如下意见：

一、司法解释是最高人民法院对审判工作中具体应用法律问题和最高人民检察院对检察工作中具体应用法律问题所作的具有法律效力的解释，自发布或者规定之日起施行，效力适用于法律的施行期间。

二、对于司法解释实施前发生的行为，行为时没有相关司法解释，司法解释施行后尚未处理或者正在处理的案件，依照司法解释的规定办理。

三、对于新的司法解释实施前发生的行为，行为时已有相关司法解释，依照行为时的司法解释办理，但适用新的司法解释对犯罪嫌疑人、被告人有利的，适用新的司法解释。

四、对于在司法解释施行前已办结的案件，按照当时的法律和司法解释，认定事实和适用法律没有错误的，不再变动。

最高人民法院
关于审理单位犯罪案件具体应用法律有关问题的解释

法释〔1999〕14 号

（1999 年 6 月 18 日最高人民法院审判委员会第 1069 次会议通过 1999 年 6 月 25 日最高人民法院公告公布 自 1999 年 7 月 3 日起施行）

为依法惩治单位犯罪活动，根据刑法的有关规定，现对审理单位犯罪案件具体应用法律的有关问题解释如下：

第一条 刑法第三十条规定的“公司、企业、事业单位”，既包括国有、集体所有的公司、企业、事业单位，也包括依法设立的合资经营、合作经营企业和具有法人资格的独资、私营等公司、企业、事业单位。

第二条 个人为进行违法犯罪活动而设立的公司、企业、事业单位实施犯罪的，或者公司、企业、事业单位设立后，以实施犯罪为主要活动的，不以单位犯罪论处。

第三条 盗用单位名义实施犯罪，违法所得由实施犯罪的个人私分的，依照刑法有关自然人犯罪的规定定罪处罚。

【解　　读】

解读《最高人民法院关于审理单位犯罪案件具体应用法律有关问题的解释》

一、问题的提出

近年来，关于如何正确理解《刑法》有关单位犯罪的规定，依法准确打击单位犯罪活动等问题反映的比较突出。例如，对于公司、企业、事业单位、机关、团体的范围如何界定，特别是合资、独资、私营公司、企业能否作为单位犯罪的主体对待等等。最高人民法院在总结审判实践经验并广泛征求意见的基础上，于1999年6月25日发布了《关于审理单位犯罪案件具体应用法律有关问题的解释》(以下简称本解释)。

二、理解与适用

(一) 关于本解释第一条的规定

本解释第一条规定的核心是依法设立的合资经营、合作经营企业和具有法人资格的独资、私营等公司、企业、事业单位可以成为单位犯罪的主体，这也是制定这部司法解释所要解决的重点问题之一。由于私营公司、企业的实际情况比较复杂，有的私营企业具有企业法人资格，有的私营企业不具有法人资格，它所实施的犯罪活动能否作为单位犯罪处理，实践中争议较大，这条规定有助于消除上述疑虑和争议。

关于私营企业的性质及其在国家经济生活中的地位、作用，参照国家统计局于1998年9月2日发布的《关于统计上划分经济成分的规定》(以下简称《规定》)的有关内容，私营企业是由自然人投资设立或由自然人控股，以雇佣劳动为基础的营利性经济组织。从种类上划分，包括按照《公司法》《合伙企业法》《私营企业暂行条例》的规定登记注册的私营有限责任公司、私营股份有限公司、私营合伙企业和私营独资企业。

本解释第一条将"具有法人资格的独资、私营等公司、企业、事业单位"界定为单位犯罪的主体，主要基于以下几点考虑：

1.《刑法》第三十条关于单位犯罪主体的规定，并未限定"公司、企业、事业单位、机关、团体"的性质。而且从立法本意看，处罚单位犯罪，实质上是处罚法人犯罪。《刑法》之所以用单位犯罪的称谓，主要是考虑我国的实际情况，即除了法人以外，还有大量的非法人组织，对其实施的犯罪行为也要适用法人犯罪的处罚原则。因此，《刑法》中"单位"的外延比法人宽，也可以说单位包括法人。办理了企业法人营业执照，取得了法人资格的私营公司、企业，应当属于单位的范畴。

2. 私营公司、企业与个人不同，尤其在财产上，私营公司、企业的财产与私营企业主个人财产在法律地位上是不同的。一些私营公司、企业拥有成百上千甚至上万名职工，其犯罪显然已经超出了个人犯罪的范畴，许多私营公司、企业已经按照现代企业制度的要求，发展为有限责任公司和股份有限公司，有关公司、企业的经营方针、发展方向等问题，都由领导集体和决策机构决定，体现的是公司、企业的整体利益和股东的利益。对于这些私营公司、企业实施的犯罪行为按照单位犯罪处理，才能真正做到"罚当其罪"。

3. 在社会主义市场经济条件下，我国现行法律和政策鼓励各种性质的经济实体平等竞争。在对私营公司、企业的合法经营行为予以同等的法律保护的前提下，对其犯罪行为当然也要予以同等的制裁。

4. 从公司、企业的实际管理情况看，具有法人资格的公司、企业都是作为单位进行管理的。如何判定一个公司、企业是否具有法人资格，很关键的一点是其承担民事责任的方式。《民法通则》第四十八条规定：“全民所有制企业法人以国家授予它经营管理的财产承担民事责任。集体所有制企业法人以企业所有的财产承担民事责任。中外合资经营企业法人、中外合作经营企业法人和外资企业法人以企业所有的财产承担民事责任。”《公司法》规定的公司类型为有限责任公司和股份有限公司两种，这两种类型的公司对其债务承担有限责任，即以公司的全部资产为限承担责任。

根据上述法律规定，从一定意义上分析，具有法人资格的公司、企业，是对其债务承担有限责任的公司、企业，而对其债务承担无限责任的公司、企业，则不具有企业法人资格。另据《规定》第九条的规定，私营企业“包括……私营有限责任公司、私营股份有限公司、私营合伙企业和私营独资公司”，其中私营独资公司、私营合伙企业“对债务承担无限责任”；私营有限责任公司、私营股份有限公司是按照《公司法》的规定设立的公司，对其债务承担有限责任。因此，在私营企业的四种类型中，只有私营有限责任公司和私营股份有限公司具有法人资格。而且，按照目前国家工商管理部门对私营企业的实际管理情况，也可以说明划分是否具备法人资格的标准就是企业债务的责任承担形式，在实践中也是将私营有限责任公司、私营股份有限公司作为企业法人进行登记，而对私营合伙企业和私营独资公司只按自然人个体经营进行注册。

综上所述，将实践中作为单位管理的，具备法人资格的私营公司、企业、事业单位规定为单位犯罪的主体是有法律和实践依据的。司法实践中，对于不具有法人资格的私营独资企业和私营合伙企业实施的犯罪行为，应当依照《刑法》有关自然人犯罪的规定罪处罚。

（二）关于本解释第二条的规定

本解释第二条规定是针对司法实践中曾出现的“为了实施犯罪活动而设立的公司、企业实施的犯罪行为如何处罚”问题而规定的。

《刑法》第三十一条规定，单位犯罪的，对单位判处罚金，并对其直接负责的主管人员和其他直接责任人员判处刑罚。但是，由于《刑法》中就少数犯罪规定的对自然人犯罪和单位犯罪判处的最高法定刑不同，比较而言，对单位犯罪中直接负责的主管人员和其他直接责任人员判处的刑罚较自然人犯罪判处的刑罚要轻。以《刑法》第一百五十三条规定的走私普通货物、物品罪为例，自然人犯此罪，情节特别严重的可以判处死刑，而如果是单位犯此罪，对单位中的直接负责的主管人员和其他直接责任人员最重也只能判到15年有期徒刑。因此，有些犯罪分子为规避法律的严厉制裁，在实施犯罪行为以前，采用欺骗等手段设立公司、企业，而后以该公司、企业的名义实施犯罪活动，其犯罪心理是即使案发被追究刑事责任，所受到的刑罚处罚也不重。

然而，司法实践中并不仅仅只有上述一种情况出现，还有一种情形与上述情况类似，也是基于规避法律严厉制裁的心理而实施的以公司、企业的正当经营活动作掩护的犯罪行为。比如，有的公司、企业成立后，也按照核定的经营范围开展了一些业务活动，但也实施了违法犯罪活动，对其行为应当如何定性也是困扰司法实践的一道难题。为打击这类规避法律制裁的犯罪活动，本解释第二条还规定：公司、企业、事业单位设立后，以实施犯罪为主要活动的，不以单位犯罪论处。这一规定试图以公司、企业成立后实施的正当经营行为与犯罪行为的比例作为单位犯罪的划分标准。在理论上如此划分不无道理，司法实践中应当注意根据案件的具体情形进行认定涉案单位是否“以实施犯罪为主要活动”，对于“主要活动”的把握，不应仅仅局限为“数量”“次数”等简单的量化指标，还应综合考虑犯罪活动的影响、后果等因素，以作出准确认定。

（三）关于本解释第三条的规定

本解释第三条规定的目的是解决“虽然是以单位名义实施的犯罪，但违法所得并未归单位所有，而是由实施犯罪的人私分，对参与实施犯罪并私分违法所得的人如何定罪”问题。

从理论上分析，只有同时具备“以单位名义实施犯罪”“违法所得归单位所有、使用”这两个构成要件，才能认定为单位犯罪。因此，对于司法实践中出现的，盗用单位名义实施犯罪，违法所得由实施犯罪的个人私分的，不能认定为单位犯罪，对有关责任人的行为，应当依照《刑法》有关自然人犯罪的规定定罪处罚。我们认为，实践中之所以出现犯罪分子“盗用单位名义”实施犯罪的情况，其犯罪心理大致出于两种考虑：一是以单位名义实施的犯罪行为较之自然人实施的行为更易得手；二是规避法律对自然人犯罪的严厉处罚。二者或居其一或兼而有之，但不论其如何考虑，都应依法严惩。

（四）关于对单位实施的《刑法》中没有明文规定为单位犯罪的行为如何定罪处罚的问题

本解释没有对此问题作出规定，但我们认为，这也是司法实践中急需统一认识的问题，因此一并提及。司法实践中，对一些《刑法》没有明文规定为单位犯罪，但却是由单位实施的危害社会的行为，反映最突出的问题是单位盗窃、单位贷款诈骗行为无法处理，而这些行为的社会危害又非常大，不处理又有失法律的公允。在论证过程中，存在不同意见。

有一种意见认为，为严厉打击各种以单位名义实施的犯罪活动，笼统、原则地将单位实施的《刑法》中没有明文规定为单位犯罪的行为如何定罪处罚的问题作一规定，认定构成犯罪的条件加以严格限定，且只处罚单位的主管人员或者其他直接责任人员，不处罚单位，即对这种单位犯罪实行“单罚制”，既不违反《刑法》关于单位犯罪的规定，客观上也达到了打击犯罪的目的，弥补了法律规定之不足。

本解释中没有采纳上述意见，主要是基于以下考虑：修订后《刑法》明确规定了“罪刑法定原则”，这一原则的主旨就在于“法无明文不为罪”“法无明文不处罚”。司法解释也必须坚持这一原则，不能对法律作扩大解释。从犯罪行为的基本特征分析，有些行为虽然具有社会危害性，但是由于缺乏明确的法律依据，不具备刑事违法性和应受刑罚处罚性的特征，也不能作为犯罪处理。对于一些单位实施的《刑法》中没有明文规定为单位犯罪的行为，不论它是立法者有意为之，还是立法的疏漏，在法律作出修改以前，必须坚持“罪刑法定原则”的基本要求。

（撰稿人：孙军工）

最高人民法院
关于审理单位犯罪案件对其直接负责的主管人员和其他直接责任人员是否区分主犯、从犯问题的批复

法释〔2000〕31号

（2000年9月28日最高人民法院审判委员会第1132次会议通过 2000年9月30日最高人民法院公告公布 自2000年10月10日起施行）

湖北省高级人民法院：

你院鄂高法〔1999〕374号《关于单位犯信用证诈骗罪案件中对其“直接负责的主管人员”和“其他直接责任人员”是否划分主从犯问题的请示》收悉。经研究，答复如下：

在审理单位故意犯罪案件时，对其直接负责的主管人员和其他直接责任人员，可不区分主犯、从犯，按照其在单位犯罪中所起的作用判处刑罚。

此复

【解　　读】

解读《最高人民法院关于审理单位犯罪案件对其直接负责的主管人员和其他直接责任人员是否区分主犯、从犯问题的批复》

一、问题的提出

司法实践中，在追究犯罪单位中责任人员的刑事责任时，对于责任人员是否区分主犯、从犯问题，各地在理解和执行时并不一致，大多数情况下没有对犯罪单位中的责任人员区分主犯、从犯，少数情况下区分了主犯、从犯。

2000年10月10日起施行的《最高人民法院关于审理单位犯罪案件对其

直接负责的主管人员和其他直接责任人员是否区分主犯、从犯问题的批复》（以下简称本批复）综合考虑了犯罪单位中责任人员对于单位犯罪所起作用的普遍情况和特殊情况，坚持了在刑事法理基础上追究责任人员刑事责任时原则性和灵活性的结合，消除了司法实践的困惑，正确解决了不同作用情况下责任人员的刑事责任问题，具有极为重要而影响深远的意义。

二、理解与适用

（一）单位犯罪和共同犯罪是两种可以并存的犯罪形态

我国《刑法》第三十五条规定了单位犯罪。所谓单位犯罪，是指经过单位法定决策机构和决策程序决定、以单位名义实施、行为结果由单位承担的犯罪行为。单位的法定决策机构和决策程序由法律、法规以及单位的章程规定，可以是由单位的理事会、董事会等集体作出决定，也可以是由单位的董事长、总经理等个人作出决定。行为无论由单位内部人员还是单位外部人员实施，都以单位的名义进行。行为的结果必须由单位，而不是由单位中的决策人员或者具体实施人员承担，即利润归单位所有，亏损由单位承担，债权由单位享有，债务由单位偿还。可以看出，单位犯罪的主体是作为一个整体的单位，而不是单位中的某些个人，包括责任人员。

《刑法》中的共同犯罪，按照《刑法》第二十五条的规定，是指“二人以上共同故意犯罪”。虽然单位犯罪是以单位整体名义实施的犯罪，但单位是法律拟制的组织，其犯罪行为只能由单位内部的有关责任人员代表单位实施。在代表单位实施故意犯罪时，有关责任人员具有共同的、实施单位犯罪的故意和共同的、实施单位犯罪的行为，在此基础上可以成立共同犯罪。有关责任人员存在着直接负责的主管人员和其他直接责任人员的区分，他们对于单位犯罪所起的作用也不尽相同，有主要作用和次要作用之分，根据《刑法》第二十六、二十七条的规定，就可以有主犯、从犯之分。

因此，单位犯罪与共同犯罪是两种不同的犯罪形态，对于犯罪单位中直接负责的主管人员和其他直接责任人员，虽然一般情况下不需要按照共同犯罪处理，作主犯、从犯之分，但根据具体的特殊情况不排除可以进行这种区分。

（二）单位过失犯罪的情况下不可能构成共同犯罪

《刑法》规定的单位犯罪中许多是单位过失犯罪，如重大劳动安全事故罪、工程重大安全事故罪、重大环境污染事故罪，等等。根据共同犯罪的原理和定义，在单位犯罪的主观方面是过失的情况下，不可能存在单位与单位之间以及单位与自然人之间的共同犯罪，也不可能存在单位内部责任人员之间的共同犯罪，不能对单位内部的责任人员区分主犯、从犯追究刑事责任。基于此，最高人民法院对本批复的适用范围作出了限制性规定，即“在审理单位故意犯罪案件时”，而不是在审理所有单位犯罪案件时。

（三）司法实践的需要

在司法实践中，对单位犯罪中直接负责的主管人员和其他直接责任人员，按照其对单位犯罪所起的作用，根据罪、责、刑相适应的原则，能够正确地确定刑事责任。一般来说，单位中直接负责的主管人员处于决策和指挥实施犯罪的地位，具有概括的犯罪故意，应该对单位故意范围内的整个犯罪结果负责，即应负主要责任；单位中其他直接责任人员处于具体实施犯罪的地位，具有具体的犯罪故意，应该对其在单位故意范围内具体实施的行为负责。另外，《刑法》对于每一种单位犯罪的法定刑都规定有一定的刑罚种类和幅度，因此，可以根据责任人员在单位犯罪中的作用准确地确定刑事责任，准确地定罪量刑。

但是，犯罪单位中直接负责的主管人员并不是对于任何单位故意犯罪都起主要作用，其他直接责任人员也并不都起次要作用。在某些特殊情况下，根据具体案情，单位直接负责的主管人员对于单位犯罪所起的作用相对较小，而其他直接责任人员所起的作用相对较大，如果对于主管人员不减轻或者免除处罚，或者对于其他直接责任人员不从重处罚，就不能做到罪、责、刑的完全适应，不能准确地对直接负责的主管人员和其他直接责任人员判处刑罚。对此问题，就需要司法解释予以解决。

（撰稿人：祝二军
审稿人：熊选国）

最高人民法院
关于《中华人民共和国刑法修正案（八）》时间效力问题的解释

法释〔2011〕9号

（2011年4月20日最高人民法院审判委员会第1519次会议通过 2011年4月25日最高人民法院公告公布 自2011年5月1日起施行）

为正确适用《中华人民共和国刑法修正案（八）》，根据刑法有关规定，现就人民法院2011年5月1日以后审理的刑事案件，具体适用刑法的有关问题规定如下：

第一条 对于2011年4月30日以前犯罪，依法应当判处管制或者宣告缓刑的，人民法院根据犯罪情况，认为确有必要同时禁止犯罪分子在管制期间或者缓刑考验期内从事特定活动，进入特定区域、场所，接触特定人的，适用修正后刑法第三十八条第二款或者第七十二条第二款的规定。

犯罪分子在管制期间或者缓刑考验期内，违反人民法院判决中的禁止令的，适用修正后刑法第三十八条第四款或者第七十七条第二款的规定。

第二条 2011年4月30日以前犯罪，判处死刑缓期执行的，适用修正前刑法第五十条的规定。

被告人具有累犯情节，或者所犯之罪是故意杀人、强奸、抢劫、绑架、放火、爆炸、投放危险物质或者有组织的暴力性犯罪，罪行极其严重，根据修正前刑法判处死刑缓期执行不能体现罪刑相适应原则，而根据修正后刑法判处死刑缓期执行同时决定限制减刑可以罚当其罪的，适用修正后刑法第五十条第二款的规定。

第三条 被判处有期徒刑以上刑罚，刑罚执行完毕或者赦免以后，在2011年4月30日以前再犯应当判处有期徒刑以上刑罚之罪的，是否构成累犯，适用修正前刑法第六十五条的规定；但是，前罪实施时不满十八周岁的，是否构成累犯，适用修正后刑法第六十五条的规定。

曾犯危害国家安全犯罪，刑罚执行完毕或者赦免以后，在2011年4月30日以前再犯危害国家安全犯罪的，是否构成累犯，适用修正前刑法第六十六条的规定。

曾被判处有期徒刑以上刑罚，或者曾犯危害国家安全犯罪、恐怖活动犯罪、黑社会性质的组织犯罪，在 2011 年 5 月 1 日以后再犯罪的，是否构成累犯，适用修正后刑法第六十五条、第六十六条的规定。

第四条 2011 年 4 月 30 日以前犯罪，虽不具有自首情节，但是如实供述自己罪行的，适用修正后刑法第六十七条第三款的规定。

第五条 2011 年 4 月 30 日以前犯罪，犯罪后自首又有重大立功表现的，适用修正前刑法第六十八条第二款的规定。

第六条 2011 年 4 月 30 日以前一人犯数罪，应当数罪并罚的，适用修正前刑法第六十九条的规定；2011 年 4 月 30 日前后一人犯数罪，其中一罪发生在 2011 年 5 月 1 日以后的，适用修正后刑法第六十九条的规定。

第七条 2011 年 4 月 30 日以前犯罪，被判处无期徒刑的罪犯，减刑以后或者假释前实际执行的刑期，适用修正前刑法第七十八条第二款、第八十一条第一款的规定。

第八条 2011 年 4 月 30 日以前犯罪，因具有累犯情节或者系故意杀人、强奸、抢劫、绑架、放火、爆炸、投放危险物质或者有组织的暴力性犯罪并被判处十年以上有期徒刑、无期徒刑的犯罪分子，2011 年 5 月 1 日以后仍在服刑的，能否假释，适用修正前刑法第八十一条第二款的规定；2011 年 4 月 30 日以前犯罪，因其他暴力性犯罪被判处十年以上有期徒刑、无期徒刑的犯罪分子，2011 年 5 月 1 日以后仍在服刑的，能否假释，适用修正后刑法第八十一条第二款、第三款的规定。

【解　　读】

解读《最高人民法院关于〈中华人民共和国刑法修正案（八）〉时间效力问题的解释》

一、问题的提出

2011 年 2 月 25 日，第十一届全国人民代表大会常务委员会第十九次会议通过了《中华人民共和国刑法修正案（八）》（以下简称《刑法修正案八》）对 1997 年《刑法》作出了较大幅度的修正。为正确适用《刑法修正案八》，最高人民法院于 2011 年 4 月 20 日经审判委员会第 1519 次会议审议，通过了《关于〈中华人民共和国刑法修正案（八）〉时间效力问题的解释》（以下简称本解释）。本解释于 2011 年 4 月 25 日公布，自 2011 年 5 月 1 日起施行。

二、理解与适用

（一）禁止令的适用问题

根据修正后《刑法》第三十八、七十二条的规定，对依法应当判处管制或者宣告缓刑的犯罪分子，可以根据犯罪情况，同时禁止犯罪分子在执行期间从事特定活动，进入特定区域、场所，接触特定的人。本解释起草过程中，对于如何认识禁止令的性质，以及禁止令能否适用于《刑法修正案八》生效之前犯罪的被告人，存在不同看法：一种意见认为，《刑法修正案八》已规定对管制犯、缓刑犯，依法实行社区矫正，这是对管制犯、缓刑犯执行、考验方式的重要修改。《刑法修正案八》所增设禁止令制度，不是一种新的刑罚，而只是强化社区矫正的一种措施。因此，对 2011 年 4 月 30 日以前犯罪，依法应当判处管制或者宣告缓刑的，根据犯罪情况，认为确有必要同时宣告禁止令的，应当适用修正后刑法的相关规定，即可以宣告禁止令。否则，如果对此类犯罪分子，一方面要适用修正后《刑法》实行社区矫正，另一方面又要适用修正前《刑法》，在逻辑上存在矛盾。另一种意见认为，禁止令是在管制执行、缓刑考验之外附加了新的义务，根据从旧兼从轻原则，对 2011 年 4 月 30 日以前犯罪，依法应当判处管制或者宣告缓刑的，应适用修正前《刑法》的相关规定，即不得宣告禁止令。

经认真研究，本解释第一条采纳了上述第一种意见，规定：对于 2011 年 4 月 30 日以前犯罪，依法应当判处管制或者宣告缓刑的，人民法院根据犯罪情况，认为确有必要同时禁止犯罪分子在管制期间或者缓刑考验期内从事特定活动，进入特定区域、场所，接触特定人的，适用修正后《刑法》第三十八条第二款或者第七十二条第二款的规定，即可以宣告禁止令。犯罪分子在管制期间或者缓刑考验期内，违反人民法院判决中的禁止令的，适用修正后《刑法》第三十八条第四款或者第七十七条第二款的规定，即应当视情依法予以治安管理处罚或者撤销缓刑。这主要是考虑：禁止令不是一种新的刑罚，而只是对管制犯、缓刑犯具体执行监管措施的完善；在《刑法修正案八》增设禁止令制度前，由于缺乏严格有效的监管措施，对一些犯罪情节较轻的罪犯并不适宜判处管制、宣告缓刑，而禁止令制度增设后，因通过适用禁止令能够有效解决监管问题的，可以依法判处管制、适用缓刑。两相比较，适用修正后《刑法》对被告人有利，符合从旧兼从轻的原则。

（二）死缓限制减刑的适用问题

根据修正后《刑法》第五十条第二款、第七十八条第二款的规定，对被判处死刑缓期执行的累犯以及因故意杀人、强奸、抢劫、绑架、放火、爆炸、投放危险物质或者有组织的暴力性犯罪被判处死刑缓期执行的犯罪分子，人民法院根据犯罪情节等情况可以同时决定对其限制减刑。人民法院决定限制减刑的死刑缓期执行犯罪分子，缓期执行期满后依法减为无期徒刑的，减刑后实际执行的刑期不能少于二十五年，缓期执行期满后依法减为二十五年有期徒刑的，减刑后实际执行的刑期不能少于二十年。可见，判处死缓同时决定限制减刑，将延长死缓犯的实际执行刑期。由此需要明确，对2011年4月30日以前犯罪的，是否可以适用、在哪些情况下可以适用修正后《刑法》第五十条第二款、第七十八条第二款规定的问题。

经研究，2011年4月30日以前犯罪，《刑法修正案八》生效后依法应当判处死刑缓期执行的，包括三种情形：(1) 被告人具有累犯情节，或者所犯之罪是故意杀人、强奸、抢劫、绑架、放火、爆炸、投放危险物质或者有组织的暴力性犯罪，依照修正前刑法本应判处死刑立即执行，但依照修正后刑法可不立即执行，但需要限制其减刑的；(2) 被告人具有累犯情节，或者所犯之罪是故意杀人、强奸、抢劫、绑架、放火、爆炸、投放危险物质或者有组织的暴力性犯罪，但依照修正前刑法原本即应判处死刑缓期执行的；(3) 除前两种情形以外的其他死缓犯，即不具有累犯情节，所犯罪行也不属于上述八种暴力性犯罪，依法应当判处死刑缓期执行的。

在上述第(2)、(3)种情形下，应适用修正前《刑法》第五十、七十八条的规定，即不能限制减刑，对此各方面认识完全一致。而对上述第(1)种情形，究竟应适用旧法还是新法、新旧法孰轻孰重，有较大认识分歧，有必要作出特别明确。经慎重研究，我们认为，从立法精神看，《刑法修正案八》规定死缓限制减刑制度，延长部分死缓犯的实际执行刑期，绝不是单纯为了加大对死缓犯的惩处力度，而是为了有效解决我国过去刑罚结构所存在的死缓刑实际执行期限相对偏短、死刑与死缓刑的严厉程度未能有序衔接的问题，从而为不是必须判处的死刑立即执行设置既为改造罪行严重的犯罪分子所必须，更为广大人民群众所认同的替代措施。因此，该规定的适用对象，实质是那些罪行极其严重，根据修正前刑法判处死缓不能体现罪刑相适应原则，而根据修正后刑法判处死缓同时决定限制减刑可以罚当其罪、更符合宽严相济刑事政策的犯罪分子。申言之，在此种情形下，适用修正后《刑法》，对被告人有利，完全符合从旧兼从轻原则。

据此，本解释第二条分两款对《刑法修正案八》生效后判处死缓的法律适用问题作出了明确。其中第一款规定："2011年4月30日以前犯罪，判处死刑缓期执行的，适用修正前刑法第五十条的规定。"第二款规定："被告人具有累犯情节，或者所犯之罪是故意杀人、强奸、抢劫、绑架、放火、爆炸、投放危险物质或者有组织的暴力性犯罪，罪行极其严重，根据修正前刑法适用死刑缓期执行不能体现罪刑相适应原则，而根据修正后刑法适用死刑缓期执行同时决定限制减刑可以罚当其罪的，适用修正后刑法第五十条第二款的规定。"

需要说明的是：对于2011年4月30日以前犯罪，已经终审判决判处死刑缓期执行的罪犯，由于修正前《刑法》并无限制减刑的规定，当时的裁判也不可能作出限制减刑的决定，当然不能依据修正后《刑法》对其限制减刑，延长其实际执行刑期。对这部分已在押的罪犯，应当根据其在死缓期间及死缓期满后的表现，适用修正前《刑法》第五十、七十八条的相关规定作出处理，即：如果其在死缓期间有重大立功表现的，仍应依据修正前《刑法》第五十条的规定，在死缓期满后减为十五年以上二十年以下有期徒刑；死缓期满后减为无期徒刑、有期徒刑的，仍适用修正前《刑法》第七十八条第二款及1997年10月28日最高人民法院《关于办理减刑、假释案件具体应用法律若干问题的规定》[①] 的相关规定。

（三）累犯认定的法律适用问题

关于累犯，《刑法修正案八》作出了两处修改：一是规定不满18周岁的人犯罪的不构成一般累犯；二是扩大了特殊累犯的成立范围。根据修正前《刑法》第六十六条的规定，只有危害国家安全罪存在特殊累犯，而根据修正后《刑法》规定，“危害国家安全犯罪、恐怖活动犯罪、黑社会性质的组织犯罪的犯罪分子，在刑罚执行完毕或者赦免以后，在任何时候再犯上述任一类罪的”，都可构成特殊累犯。《刑法修正案八》作出上述修改后，相应带来新旧法的选择适用问题。本解释第三条分三款，对有关问题作出了明确：

第一款是关于2011年4月30日以前再犯罪能否构成一般累犯的规定。考虑到对一般累犯修正后《刑法》只是增加了“不满十八周岁的人犯罪的除外”的规定，故此款规定：被判处有期徒刑以上刑罚，刑罚执行完毕或者赦免以后，在2011年4月30日以前再犯应当判处有期徒刑以上刑罚之罪的，是否构成累犯，适用修正前《刑法》，即应认定累犯；但前罪实施时不满18周岁的，适用修正后《刑法》，即不能认定累犯。

第二款解决的是因2011年4月30日以前再犯罪认定特殊累犯的法律适用问题，规定：“曾犯危害国家安全犯罪，刑罚执行完毕或者赦免以后，在2011年4月30日以前再犯危害国家安全犯罪的，是否构成累犯，适用修正前《刑法》第六十六条的规定。”对于曾犯危害国家安全犯罪、恐怖活动犯罪、黑社会性质的组织犯罪，又犯上述任一类罪的，根据本款，只有前后两罪都是危害国家安全犯罪，才能依照修正前《刑法》第六十六条的规定，认定为特殊累犯，否则只能视其是否符合本条第一款规定，决定是否以一般累犯论处。

第三款解决的是2011年5月1日以后再犯罪认定累犯的法律适用问题，规定：“曾被判处有期徒刑以上刑罚，或者曾犯危害国家安全犯罪、恐怖活动犯罪、黑社会性质的组织犯罪，在2011年5月1日以后再犯罪的，是否构成

---

① 对应《最高人民法院关于办理减刑、假释案件具体应用法律的规定》（法释〔2016年〕23号，2016年11月14日）。

累犯，适用修正后刑法第六十五、六十六条的规定。”这是因为，新罪如果发生在《刑法修正案八》实施后，则根据修正后《刑法》来认定行为人是否构成一般累犯或者特殊累犯，并不违反罪刑法定原则。对此，最高人民法院 1997 年 9 月 25 日《关于适用刑法时间效力规定若干问题的解释》第三条也有类似规定。

（四）坦白从宽的法律适用问题

修正后《刑法》第六十七条第三款增加了“犯罪嫌疑人虽不具有前两款规定的自首情节，但是如实供述自己罪行的，可以从轻处罚；因其如实供述自己罪行，避免特别严重后果发生的，可以减轻处罚”的规定，将坦白从宽政策上升为立法规定。根据从旧兼从轻原则，对 2011 年 4 月 30 日以前犯罪，具有坦白情节的，应当适用修正后《刑法》第六十七条第三款的规定，视情给予从宽处罚，本解释第四条对此作出了明确。

（五）自首又有重大立功表现的法律适用问题

修正前《刑法》第六十八条第二款规定：“犯罪后自首又有重大立功表现的，应当减轻或者免除处罚。”考虑到该款规定过于刚性，不能适应具体案件复杂情况，《刑法修正案八》删除了该款规定。这样便带来了 2011 年 4 月 30 日以前犯罪，犯罪后自首又有重大立功表现的法律适用问题：一是犯罪行为以及自首和重大立功表现均发生在 2011 年 4 月 30 日以前的，应当适用修正前刑法，即仍应减轻或者免除处罚，对此不存异议。二是犯罪行为发生在 2011 年 4 月 20 日以前，但是自首、重大立功表现有一项发生在或者均发生在《修正案八》生效之后的，应当如何选择适用法律。对此，有不同看法。有意见认为，此种情形下，应当适用修正后《刑法》，即不再适用“应当减轻或者免除处罚”的规定，此并不违反罪刑法定原则。另有意见认为，仍应适用修正前《刑法》。经研究，为最大限度发挥自首、立功制度的政策感召作用，避免引发不必要的争议，采纳了后一种意见，在本解释第五条规定，2011 年 4 月 30 日以前犯罪，犯罪后自首又有重大立功表现的，无论自首和重大立功发生在《刑法修正案八》施行之前还是之后，均适用修正前《刑法》第六十八条第二款的规定，即应当减轻或者免除处罚。

（六）数罪并罚的法律适用问题

修正后《刑法》第六十九条提高了有期徒刑数罪并罚的最高刑期，规定判决宣告以前一人犯数罪的，有期徒刑总和刑期不满三十五年的，最高不能超过二十年，总和刑期在三十五年以上的，最高不能超过二十五年。由此也带来了一人犯数个有期徒刑之罪，应当依据修正前《刑法》还是修正后《刑法》予以数罪并罚的法律适用问题。本解释第六条对此作出了明确规定：“2011 年 4 月 30 日以前一人犯数罪，应当数罪并罚的，适用修正前刑法第六十九条的规定；2011 年 4 月 30 日前后一人犯数罪，其中一罪发生在 2011 年 5 月 1 日以后的，适用修正后刑法第六十九条的规定。”规定数罪中有一罪发生在2011年5月1日以后的，即应适用修正后《刑法》，数罪并罚的最高刑期可至二十五年，主要是因为：实施新罪时《刑法修正案八》已生效，行为人已知悉相关规定，适用修正后《刑法》对其所犯数罪进行并罚，并不违反罪刑法定原则。此与本解释第三条第三款有关新罪如果发生在《刑法修正案八》实施后，则应根据修正后《刑法》来认定行为人是否构成一般累犯或者特殊累犯的规定的精神一致。

（七）无期徒刑罪犯实际执行刑期的法律适用问题

修正后《刑法》第七十八、八十一条将被判处无期徒刑罪犯的实际执行刑期由原来的不少于十年提高至不少于十三年。根据从旧兼从轻原则，2011年4月30日以前犯罪，被判处无期徒刑的罪犯，包括已在服刑的罪犯，其实际执行的刑期，应适用修正前《刑法》的有关规定，即减刑后、假释前实际执行的刑期仍为不少于十年。本解释第七条对此作出了明确。

（八）不得假释的法律适用问题

修正前《刑法》第八十一条第二款规定：“对累犯以及因杀人、爆炸、抢劫、强奸、绑架等暴力性犯罪被判处十年以上有期徒刑、无期徒刑的犯罪分子，不得假释。”而修正后《刑法》第八十一条第二款规定：“对累犯以及因故意杀人、强奸、抢劫、绑架、放火、爆炸、投放危险物质或者有组织的暴力性犯罪被判处十年以上有期徒刑、无期徒刑的犯罪分子，不得假释。”对比可见，两者对不得假释罪犯的范围规定有所不同。有些罪犯，如因犯普通的故意伤害罪（即不是有组织的故意伤害犯罪）被判处十年以上有期徒刑的罪犯，依照修正前刑法的规定，本属不得假释之列，但依照修正后《刑法》的规定，则可以假释。

为明确《刑法修正案八》生效后，不得假释罪犯范围的具体把握问题，本解释第8条作出了专门规定：(1) 2011年4月30日以前犯罪，因具有累犯情节或者系故意杀人、强奸、抢劫、绑架、放火、爆炸、投放危险物质或者有组织的暴力性犯罪并被判处十年以上有期徒刑、无期徒刑的犯罪分子，2011年5月1日以后仍在服刑的，能否假释，适用修正前《刑法》第八十一条第二款的规定。即如果犯罪分子具有累犯情节或者所犯罪行同时也属暴力性犯罪的，不得假释；如果犯罪分子不具有累犯情节，所犯罪行也不是暴力性犯罪，则可以假释。(2) 2011年4月30日以前犯罪，因其他暴力性犯罪被判处十年以上有期徒刑、无期徒刑的犯罪分子，2011年5月1日以后仍在服刑的，能否假释，适用修正后《刑法》第八十一条第二、三款的规定，即可以假释。

（撰稿人：胡云腾　周加海　刘　涛）

最高人民法院
关于《中华人民共和国刑法修正案（九）》时间效力问题的解释

法释〔2015〕19号

（2015年10月19日最高人民法院审判委员会第1664次会议通过 2015年10月29日最高人民法院公告公布 自2015年11月1日起施行）

为正确适用《中华人民共和国刑法修正案（九）》，根据《中华人民共和国刑法》第十二条规定，现就人民法院2015年11月1日以后审理的刑事案件，具体适用修正前后刑法的有关问题规定如下：

第一条 对于2015年10月31日以前因利用职业便利实施犯罪，或者实施违背职业要求的特定义务的犯罪的，不适用修正后刑法第三十七条之一第一款的规定。其他法律、行政法规另有规定的，从其规定。

第二条 对于被判处死刑缓期执行的犯罪分子，在死刑缓期执行期间，且在2015年10月31日以前故意犯罪的，适用修正后刑法第五十条第一款的规定。

第三条 对于2015年10月31日以前一人犯数罪，数罪中有判处有期徒刑和拘役，有期徒刑和管制，或者拘役和管制，予以数罪并罚的，适用修正后刑法第六十九条第二款的规定。

第四条 对于2015年10月31日以前通过信息网络实施的刑法第二百四十六条第一款规定的侮辱、诽谤行为，被害人向人民法院告诉，但提供证据确有困难的，适用修正后刑法第二百四十六条第三款的规定。

第五条 对于2015年10月31日以前实施的刑法第二百六十条第一款规定的虐待行为，被害人没有能力告诉，或者因受到强制、威吓无法告诉的，适用修正后刑法第二百六十条第三款的规定。

第六条 对于2015年10月31日以前组织考试作弊，为他人组织考试作弊提供作弊器材或者其他帮助，以及非法向他人出售或者提供考试试题、答案，根据修正前刑法应当以非法获取国家秘密罪、非法生产、销售间谍专用器材罪或者故意泄露国家秘密罪等追究刑事责任的，适用修正前刑法的有关规定。但是，根据修正后刑法第二百八十四条之一的规定处刑较轻的，适用修正后刑法的有关规定。

第七条 对于2015年10月31日以前以捏造的事实提起民事诉讼，妨害司法秩序或者严重侵害他人合法权益，根据修正前刑法应当以伪造公司、企业、事业单位、人民团体印章罪或者妨害作证罪等追究刑事责任的，适用修正前刑法的有关规定。但是，根据修正后刑法第三百零七条之一的规定处刑较轻的，适用修正后刑法的有关规定。

实施第一款行为，非法占有他人财产或者逃避合法债务，根据修正前刑法应当以诈骗罪、职务侵占罪或者贪污罪等追究刑事责任的，适用修正前刑法的有关规定。

第八条 对于2015年10月31日以前实施贪污、受贿行为，罪行极其严重，根据修正前刑法判处死刑缓期执行不能体现罪刑相适应原则，而根据修正后刑法判处死刑缓期执行同时决定在其死刑缓期执行二年期满依法减为无期徒刑后，终身监禁，不得减刑、假释可以罚当其罪的，适用修正后刑法第三百八十三条第四款的规定。根据修正前刑法判处死刑缓期执行足以罚当其罪的，不适用修正后刑法第三百八十三条第四款的规定。

第九条 本解释自2015年11月1日起施行。

【解　　读】

解读《最高人民法院关于〈中华人民共和国刑法修正案（九）〉时间效力问题的解释》

一、问题的提出

2015年10月30日，最高人民法院发布《关于〈中华人民共和国刑法修正案（九）〉时间效力问题的解释》（以下简称本解释），自2015年11月1日起，与刑法修正案（九）同步施行。现就本解释的起草背景、过程及相关条文的理解与适用问题作一简单介绍。

《刑法修正案（九）》于2015年8月29日由第十二届全国人民代表大会常务委员会第十五次会议通过，自2015年11月1日起施行。此次《刑法》修正不仅涉及分则，涉及具体犯罪增设、修改，而且涉及总则，涉及刑罚制度等的重大调整。《刑法》修正中多个条款规定的时间效力问题需予明确。例如，《刑法》第三十七条之一规定的职业禁止条款，是否适用于2015年10月31日以前的犯罪？《刑法》第三百八十三条第四款规定的终身监禁条款，是否适用于2015年10月31日以前的贪污、受贿犯罪？等等。为统一法律适用，最高人民法院研究室在《刑法修正案（九）》审议通过之前，即开展调研，为起草解释作了充分准备。《刑法修正案（九）》通过后，即拟出征求意见稿，先后征求了中央政法部门、专家学者和立法机关的意见，经反复修改完善后，形成送审稿。2015 年 10 月 19 日最高人民法院审判委员会第 1664 次会议讨论通过了本解释。

二、理解与适用

本解释共 9 条，主要规定了以下几方面内容：(1)《刑法》总则规定的职业禁止、死刑缓期执行期间故意犯罪和数罪并罚条款的时间效力。规定职业禁止条款没有溯及力，而死刑缓期执行期间故意犯罪和数罪并罚条款，由于处罚更轻，新法有溯及力。(2)《刑法》分则规定的程序条款的时间效力。规定通过信息网络实施的侮辱、诽谤行为，被害人提供证据确有困难的，适用新法规定，可以由公安机关提供协助；被虐待的被害人没有能力告诉或者因受到强制、威吓无法告诉的，适用新法规定，可以转为公诉案件。(3)《刑法》分则部分新增罪名条款的时间效力。规定《刑法》新增的组织考试作弊罪、虚假诉讼罪没有溯及力，但是如果适用新法处刑较轻的，可以适用新法，以新罪定罪处罚。(4) 贪污受贿罪中的终身监禁条款原则上没有溯及力，但如果根据旧法判处死缓不能体现罪刑相适应原则，即应当判处死刑立即执行，而根据新法判处死缓同时决定终身监禁可以罚当其罪的，适用新法。

1. 职业禁止条款的时间效力

修正后《刑法》新增的第三十七条之一第一款规定："因利用职业便利实施犯罪，或者实施违背职业要求的特定义务的犯罪被判处刑罚的，人民法院可以根据犯罪情况和预防再犯罪的需要，禁止其自刑罚执行完毕之日或者假释之日起从事相关职业，期限为三年至五年。"

本条规定涉及如何认识《刑法修正案（九）》增设的职业禁止令的性质。我们认为，职业禁止令与《刑法修正案（八）》对管制犯、缓刑犯增设的禁止令有所不同，不是执行监管方式的修改完善，而是刑罚执行完毕或者假释之后，对刑满释放人员或者假释人员从事相关职业的禁止性规定，主要是防止犯罪分子利用职业和职务之便再次进行犯罪的预防性措施，相当于国外的保安处分。对犯罪分子在判处刑罚之外，新增保安处分措施，明显限制了其权利，加重了其义务，根据从旧兼从轻原则，职业禁止条款依法不具有溯及力。故本解释第 1 条规定："对于 2015 年 10 月 31 日以前因利用职业便利实施犯罪，或者实施违背职业要求的特定义务的犯罪的，不适用修正后刑法第三十七条之一第一款的规定。其他法律、行政法规另有规定的，从其规定。"

2. 死缓期间故意犯罪条款的时间效力

对于在死刑缓期执行期间故意犯罪的，修正前《刑法》第五十条第一款规定："如果故意犯罪，查证属实的，由最高人民法院核准，执行死刑"。而修正后刑法第五十条第一款将其修改为："如果故意犯罪，情节恶劣的，报请最高人民法院核准后执行死刑"。显然，修正后刑法更轻，根据从旧兼从轻原则，新法具有溯及力。因此，本解释第二条规定："对于被判处死刑缓期执行的犯罪分子，在死刑缓期执行期间，且在 2015 年 10 月 31 日以前故意犯罪的，适用修正后刑法第五十条第一款的规定。"

3. 数罪并罚条款的时间效力

修正前《刑法》对于数罪中有判处有期徒刑和拘役、有期徒刑和管制，或者拘役和管制的如何并罚，没有规定。最高人民法院《关于管制犯在管制期间又犯新罪被判处拘役或有期徒刑应如何执行的问题的批复》（法研字〔1981〕第 18 号）规定："由于管制和拘役、有期徒刑不属于同一刑种，执行的方法也不同，如何按照数罪并罚的原则决定执行的刑罚，在刑法中尚无具体规定，因此，仍可按照本院 1957 年 2 月 16 日法研字第 3540 号复函的意见办理，即：'对新罪所判处的有期徒刑或者拘役执行完毕后，再执行前罪所没有执行完的管制。'对于管制犯在管制期间因发现判决时没有发现的罪行而被判处拘役或有期徒刑应如何执行的问题，也可按照上述意见办理。"据此，在审判实践中，对于有期徒刑和管制或者拘役和管制的并罚，采取并科原则。而对于有期徒刑和拘役如何并罚，因没有明确规定，审判实践中尽可能回避此问题，如对被告人所犯数罪都判处有期徒刑或者都判处拘役，确实需要对有期徒刑和拘役进行并罚的，实践中做法不一，有的吸收，有的并科。修正后《刑法》第六十九条第二款明确规定："数罪中有判处有期徒刑和拘役的，执行有期徒刑。数罪中有判处有期徒刑和管制，或者拘役和管制的，有期徒刑、拘役执行完毕后，管制仍须执行。"显然，适用新法有利于被告人。因此，本解释第三条规定："2015 年 10 月 31 日以前一人犯数罪，数罪中有判处有期徒刑和拘役，有期徒刑和管制，或者拘役和管制，予以数罪并罚的，适用修正后刑法第六十九条第二款的规定。"

4. 网络侮辱、诽谤条款的时间效力

根据《刑法》第二百四十六条的规定，侮辱罪、诽谤罪属于告诉才处理的犯罪，只有严重危害社会秩序和国家利益的才可以转为公诉案件。但是，进入网络时代后，对于通过信息网络实施的侮辱、诽谤行为，被害人取证十分困难，甚至无法确知诽谤者、侮辱者的身份。而根据刑事诉讼法及相关司法解释的规定，人民法院受理自诉案件必须有明确的被告人、具体的诉讼请求和证明被告人犯罪事实的证据。如果司法机关不提供相应帮助，此类案件的自诉将极为困难，甚至根本无法立案。因此，修正后《刑法》在第二百四十六条后增加一款规定："通过信息网络实施第一款规定的行为，被害人向人民法院告诉，但提供证据确有困难的，人民法院可以要求公安机关提供协助。"根据程序从新的通常做法，为了维护被害人的合法权益，本解释第四条规定："对于2015年10月31日以前通过信息网络实施刑法第二百四十六条第一款规定的侮辱、诽谤行为，被害人向人民法院告诉，但提供证据确有困难的，适用修正后刑法第二百四十六条第三款的规定。"

在征求意见过程中，有意见提出，从旧兼从轻原则不仅适用于实体法，还应当适用于程序法。鉴于适用新法就可能补充到足够证据，导致法院立案受理，直至被定罪处罚，不利于被告人，故建议删除本条及第5条。我们经研究认为，我国《刑法》中的从旧兼从轻原则是否可以适用于程序法，或者在多大程度上适用，目前缺乏共识，且刑诉法中也无类似规定。适用新法，对于被告人的诉讼权利并无影响，控辩平衡的诉讼结构并未被打破，故适用新法符合诉讼原理，也未违反《刑法》的从旧兼从轻原则，故未采纳该意见。

5. 虐待条款的时间效力

根据修正前《刑法》第二百六十条的规定，虐待家庭成员，未致使被害人重伤、死亡的，告诉才处理。该规定的初衷是尊重受害人的告诉权，更好地维系家庭关系。然而，近年来出现一些虐待家庭成员情节恶劣、影响极坏的案件，但被害人因年幼、患病或者无行为能力而没有能力告诉，人民检察院又无法代为告诉，以至犯罪分子逍遥法外，群众反映强烈。因此，《刑法修正案(九)》将第三款修改为"第一款罪，告诉的才处理，但被害人没有能力告诉，或者因受到强制、威吓无法告诉的除外。"即被虐待的被害人没有能力告诉，或者因受到强制、威吓无法告诉，以及致使被害人重伤、死亡的，以后都可以作为公诉案件由检察院提起公诉。根据程序从新的通常做法，为了维护被害人的合法权益，本解释第五条规定："对于2015年10月31日以前实施刑法第二百六十条第一款规定的虐待行为，被害人没有能力告诉，或者因受到强制、威吓无法告诉的，适用修正后刑法第二百六十条第三款的规定。"

6. 组织考试作弊条款的时间效力

修正后《刑法》第二百八十四条之一增设了组织考试作弊罪，非法出售、提供试题、答案罪和代替考试罪，这些新增罪名，原则上没有溯及力。但是，组织考试作弊行为确有社会危害性，以往对于组织考试作弊过程中实施的非法获取国家秘密，非法生产、销售间谍专用器材，非法使用窃听、窃照专用器材，故意泄露国家秘密等行为，仍然可以根据修正前《刑法》的相关规定定罪处罚。因此，本解释第六条规定："对于2015年10月31日以前组织考试作弊，为他人组织考试作弊提供作弊器材或者其他帮助，以及非法向他人出售或者提供考试试题、答案，根据修正前刑法应当以非法获取国家秘密罪、非法生产、销售间谍专用器材罪或者故意泄露国家秘密罪等追究刑事责任的，适用修正前刑法的有关规定。"当然，根据从旧兼从轻原则，如果根据修正后《刑法》第二百八十四条之一的规定处刑较轻的（如情节严重的非法获取国家秘密罪的处刑比情节严重的组织考试作弊罪重），可以组织考试作弊罪和非法出售、提供试题、答案罪定罪处罚，本解释对此也作了明确规定。

在征求意见过程中，有的单位提出，组织考试作弊行为同时构成其他犯罪，出现法条竞合或牵连犯等情况时，是否还要考虑重法优于轻法的规则，建议再斟酌。我们认为，在法条竞合或者存在牵连关系时实行重法优于轻法的规则，其前提应是实施犯罪行为时触犯的两个或者数个《刑法》条文均已经具有法律效力，否则不宜适用，故未采纳该意见。

7. 虚假诉讼条款的时间效力

修正后《刑法》第三百零七条之一增设了虚假诉讼罪，规定以捏造的事实提起民事诉讼，妨害司法秩序或者严重侵害他人合法权益的，应当定罪处罚；并规定有虚假诉讼行为，非法占有他人财产或者逃避合法债务，又构成其他犯罪的，依照处罚较重的规定定罪，从重处罚。

由于虚假诉讼罪是新增罪名，对于2015年10月31日以前以捏造的事实提起民事诉讼，妨害司法秩序、非法占有他人财产、逃避合法债务或者严重侵害他人合法权益的，原则上均不以虚假诉讼罪定罪处罚。但有两点需要注意，一是对于在虚假诉讼过程中实施的妨害作证、伪造印章等行为，触犯修正前《刑法》有关规定的，仍应以妨害作证罪或者伪造公司印章罪等罪名予以定罪处罚，这并不违反罪刑法定原则。当然，根据从旧兼从轻原则，如果根据修正后《刑法》第三百零七条之一的规定处刑较轻的（如情节严重的伪造、变造国家机关公文、证件、印章罪的处刑比情节严重的虚假诉讼罪重），则作为例外，可以虚假诉讼罪定罪处罚。二是对于以非法占有为目的，以虚假诉讼为手段，骗取、侵吞国家、集体或者他人财产，或者逃避合法债务的，应当以诈骗罪、职务侵占罪或者贪污罪等追究刑事责任。此时，虽然虚假诉讼罪的处刑较轻，但因虚假诉讼罪只能评价诈骗、职务侵占或者贪污的手段行为，不能反映罪行全貌及危害后果，不能根据从旧兼从轻原则以虚假诉讼罪处罚，只能依照处罚较重的规定定罪从重处罚。因此，本解释第七条规定："对于2015年10月31日以前以捏造的事实提起民事诉讼，妨害司法秩序或者严重侵害他人合法权益，根据修正前刑法应当以伪造公司、企业、事业单位、人民团体印章罪或者妨害作证罪等追究刑事责任的，适用修正前刑法的有关规定。但是，根据修正后刑法第三百零七条之一的规定处刑较轻的，适用修正后刑法的有关规定。""实施第一款行为，非法占有他人财产或者逃避合法债务，根据修正前刑法应当以诈骗罪、职务侵占罪或者贪污罪等追究刑事责任的，适用修正前刑法的有关规定。"

在征求意见过程中，有意见提出，根据最高人民检察院法律政策研究室2002年10月24日《关于通过伪造证据骗取法院民事裁判占有他人财物的行为如何适用法律问题的答复》，对于2015年10月31日以前的虚假诉讼行为，即使非法占有他人财产或者逃避合法债务，也不宜以诈骗罪等追究行为人的刑事责任，因为人民法院及其裁判不应成为犯罪分子利用的工具。但如果行为人有妨害作证、伪造印章的行为，构成犯罪的，以妨害作证罪或者伪造公司、企业、事业单位、人民团体印章罪追究刑事责任。故建议删除本解释第七条第二款规定。我们认为，鉴于诈骗罪、职务侵占罪、贪污罪的手段多样，通过虚假诉讼已经非法占有他人财产或者已经逃避合法债务的案例时有发生，给被害人造成重大损失，且社会影响恶劣，如果不依法惩治，并追缴违法所得，势将放纵犯罪。而且，在高检研究室的答复出台后，各地已有不少生效判例已经按诈骗罪定罪处罚，且裁判结果符合罪刑法定、罪刑相当原则，社会反应良好，理论界也普遍认同。故未采纳该意见。

8. 终身监禁条款的时间效力

修正后《刑法》第三百八十三条第四款规定："犯第一款罪，有第（三）项规定情形被判处死刑缓期执行的，人民法院根据犯罪情节等情况可以同时决定在其死刑缓期执行二年期满依法减为无期徒刑后，终身监禁，不得减刑、假释。"对重大贪污、受贿犯罪分子实行终身监禁制度，是立法机关进一步贯彻宽严相济刑事政策，根据党的十八届三中全会关于完善惩治腐败法律规定的要求，加大惩处腐败犯罪力度，在审判实践中认真贯彻"保留死刑，严格控制和慎重适用死刑"政策，具有重大意义，必须用好用足这一制度。

对于2015年10月31日以前犯贪污罪、受贿罪，《刑法修正案（九）》生效后依法应当判处死刑缓期执行的，包括三种情形：一是依照修正前刑法本应判处死刑立即执行，但依照修正后《刑法》判处死缓同时决定终身监禁，可以罚当其罪的；二是依照修正前《刑法》判处死刑缓期执行足以罚当其罪的；三是除前两种情形以外的其他死缓犯，包含依据生效判决、裁定已经收押的死缓犯。考虑到终身监禁对被告人不利，对上述第二、三种情形，应适用修正前《刑法》的规定，不能判处终身监禁；而对上述第一种情形，适用修正后《刑法》可不判处死刑立即执行，有利于被告人，故可适用新法。据此，本解释第八条规定："对于2015年10月31日以前实施贪污、受贿行为，罪行极其严重，根据修正前刑法判处死刑缓期执行不能体现罪刑相适应原则，而根据修正后刑法判处死刑缓期执行同时决定在其死刑缓期执行二年期满依法减为无期徒刑后，终身监禁，不得减刑、假释可以罚当其罪的，适用修正后刑法第三百八十三条第四款的规定。根据修正前刑法判处死刑缓期执行足以罚当其罪的，不适用修正后刑法第三百八十三条第四款的规定。"

对于本条规定，送审稿的原表述是："对于2015年10月31日以前实施贪污、受贿行为，根据修正前刑法应当判处死刑立即执行，而根据修正后刑法……"，在征求意见和审议过程中，有意见提出，"根据修正前刑法应当判处死刑立即执行"缺乏具体标准，容易导致滥用终身监禁。也有意见提出，本条规定易被误解为对本应判处死刑的可不判死刑了，不利于从严惩治贪污贿赂犯罪，故建议删除本条。我们经研究认为，在本解释中宜保留本条规定，但相关表述可以修改完善。主要考虑：一是若不规定本条，将来在处理2015年10月31日以前实施的贪污、受贿犯罪案件时，如判处终身监禁，就存在法律依据不足的问题；在处理具体案件时，就难免引发重大争议。二是该条规定符合从旧兼从轻原则，且符合及早用好这一制度的立法精神，相关各方均无异议。三是本解释是时间效力问题的专门解释，不管总则还是分则个罪的时效问题，以往都是在时效解释中统一规定，而以往在个罪或类罪解释中均不会涉及时间效力问题。四是参考《关于刑法修正案（八）时间效力问题的解释》第二条有关死缓限制减轻制度时间效力的规定，将“根据修正前刑法应当判处死刑立即执行”修改为“罪行极其严重，根据修正前刑法判处死刑缓期执行不能体现罪刑相适应原则”，应能避免今后对贪污、受贿犯罪不再适用死刑立即执行的误解。

最高人民法院
关于刑事裁判文书中刑期起止日期如何表述问题的批复

法释〔2000〕7号

（2000年2月13日最高人民法院审判委员会第1099次会议通过　2000年2月19日最高人民法院公告公布　自2000年3月4日起施行）

江西省高级人民法院：

你院赣高法〔1999〕第151号《关于裁判文书中刑期起止时间如何表述的请示》收悉。经研究，答复如下：

根据刑法第四十一条、第四十四条、第四十七条和《法院刑事诉讼文书样式》（样本）的规定，判处管制、拘役、有期徒刑的，应当在刑事裁判文书中写明刑种、刑期和主刑刑期的起止日期及折抵办法。刑期从判决执行之日起计算。判决执行以前先行羁押的，羁押一日折抵刑期一日（判处管制刑的，羁押一日折抵刑期二日），即自××××年××月××日（羁押之日）起至××××年××月××日止。羁押期间取保候审的，刑期的终止日顺延。

此复

【解　读】

解读《最高人民法院关于刑事裁判文书中刑期起止日期如何表述问题的批复》

一、问题的提出

为规范刑事裁判文书中刑期起止日期的表述方法，最高人民法院于2000年2月19日公布了《关于刑事裁判文书中刑期起止日期如何表述问题的批复》（以下简称本批复）。

二、理解与适用

在本批复公布以前，各地在刑期起止日期的表述方法上做法不一，有的以刑事拘留日期作为刑期的开始时间，有的以裁判文书写明日期作为刑期的开始时间，有的干脆不写，等等。究其原因：一是对写明刑期起止时间的作用认识不够；二是对刑期起止时间如何确定理解不一。例如：某被告人自 1999 年 1 月 1 日起被刑事拘留，随后被逮捕，一直在押，同年 6 月 1 日（终审裁判文书写明的日期）被判处有期徒刑一年，对其刑期起止时间应如何表述有三种意见：

第一种意见主张表述为："刑期从判决执行之日起计算。判决执行以前先行羁押的，羁押一日折抵刑期一日，即自 1999 年 1 月 1 日起至 1999 年 12 月 31 日止。"认为这样表述简便易行，刑期的终止时间也不会计算错误。这里的 1999 年 1 月 1 日虽然是羁押开始之日，但是由于要从这一日折抵刑期，也可以理解为是刑期开始日期。如果中途有取保候审的，刑期的终止日应当顺延。

第二种意见主张表述为："刑期从判决执行之日起计算。判决执行以前先行羁押的，羁押一日折抵刑期一日，即自 1999 年 6 月 1 日起至 1999 年 12 月 31 日止。"从判决确定之日（即理论上的判决执行之日）起计算刑期符合法律规定，这样表述的刑期是折抵羁押日期以后的实际执行刑期，便于理解和执行。而以羁押开始日期作为刑期开始时间的计算方法，显然是不合法的。

第三种意见则认为，按照法律规定刑期应当从判决执行之日起计算，但实践中往往因为"判决执行之日"无法在判决制作时予以确定（一般均由看守所交付执行），所以也就无法写明刑期的起止时间。还应注意的是，如果按照前面列举的办法自羁押日起或自判决确定之日起计算，而不按照法律规定的"从判决执行之日起计算"，管制的刑期起止时间就会出现错误。所以，有必要予以变通。既然有期徒刑刑期的终止时间可以确定而判决执行时间难以在制作判决书时预先确定，则在表述时只写明刑期的终止时间，而刑期开始时间笼统地表述为"自判决执行之日起"，或者空出不写，等确定执行日期时再填上。由于管制的刑期起止时间只能等判决执行之日起计算才能正确，宣告判决时无法写明，所以不需写明，在填写执行通知书时写明即可。

本批复根据《刑法》的有关规定强调"刑期从判决执行之日起计算"是完全正确的，审判实践中之所以产生上述不同认识，主要在于对所谓"判决执行之日"有不同的理解。对这一问题理论界也有不同认识，有的认为"判决执行之日"是指"判决发生法律效力之日"；有的则认为"判决从执行之日起计算"，是指"从判决开始执行的当日起计算，当日包括在刑期之内"。审判实践中，对于判处管制、拘役、有期徒刑的罪犯，一般都是在判决发生法律效力后，再填写"执行通知书"将罪犯交付执行。所以，填写"执行通知书"之日，才是交付执行之日。可见“判决发生法律效力之日”，并不等于“将罪犯交付执行之日”。

本批复关于刑期折抵的表述简便易行，但不能因此将刑期的起止日期表述为“从羁押之日起计算”。因为这明显不符合法律规定。判决执行前先行羁押的日期不是刑期，而是刑期折抵的时间。一审宣告判决时，虽尚不能确定判决从何时开始执行，但不论被告人是否提出上诉，判决执行以前先行羁押的日期都是必须依法折抵的。所以，不能把刑期的折抵时间误认为是刑期的起算时间。

实践中，对羁押期间采取了取保候审强制措施的，刑期起止日期如何表述，也有不同意见。有的主张“以最后一次羁押日为起刑日，往前扣除其他几次羁押的时间，计算出刑满日”；有的则主张如果被告人先后两次被羁押的，“以第二次羁押的时间开始计算较为合理，前一次羁押的时间可以用折抵的办法扣除。”本批复有关“羁押期间取保候审的，刑期的终止日顺延”的表述则比较精练，易于掌握。

（撰稿人：孙军工
审稿人：熊选国）

最高人民法院
关于在裁判文书中如何表述修正前后刑法条文的批复

法释〔2012〕7号

（2012年2月20日最高人民法院审判委员会
第1542次会议通过 2012年5月15日最高人民
法院公告公布 自2012年6月1日起施行）

各省、自治区、直辖市高级人民法院，解放军军事法院，新疆维吾尔自治区高级人民法院生产建设兵团分院：

近来，一些法院就在裁判文书中引用修正前后刑法条文如何具体表述问题请示我院。经研究，批复如下：

一、根据案件情况，裁判文书引用1997年3月14日第八届全国人民代表大会第五次会议修订的刑法条文，应当根据具体情况分别表述：

（一）有关刑法条文在修订的刑法施行后未经修正，或者经过修正，但引用的是现行有效条文，表述为“《中华人民共和国刑法》第××条”。

（二）有关刑法条文经过修正，引用修正前的条文，表述为“1997年修订的《中华人民共和国刑法》第××条”。

（三）有关刑法条文经两次以上修正，引用经修正、且为最后一次修正前的条文，表述为“经××××年《中华人民共和国刑法修正案（×）》修正的《中华人民共和国刑法》第××条”。

二、根据案件情况，裁判文书引用1997年3月14日第八届全国人民代表大会第五次会议修订前的刑法条文，应当表述为“1979年《中华人民共和国刑法》第××条”。

三、根据案件情况，裁判文书引用有关单行刑法条文，应当直接引用相应该条例、补充规定或者决定的具体条款。

四、《最高人民法院关于在裁判文书中如何引用修订前、后刑法名称的通知》（法〔1997〕192号）、《最高人民法院关于在裁判文书中如何引用刑法修正案的批复》（法释〔2007〕7号）不再适用。

【解　　读】

解读《最高人民法院关于在裁判文书中如何表述修正前后刑法条文的批复》

为规范、统一裁判文书中所引用的修正前后刑法条文的表述，最高人民法院发布了《关于在裁判文书中如何表述修正前后刑法条文的批复》（以下简称本批复），自2012年6月1日起施行。为便于司法实践中正确理解和适用，现就本批复的制定背景及经过、主要内容介绍如下。

一、本批复的起草背景及过程

最高人民法院分别于1997年和2007年发布了《关于在裁判文书中如何引用修订前、后刑法名称的通知》（法〔1997〕192号）、《关于在裁判文书中如何引用刑法修正案的批复》（法释〔2007〕7号），规定对1997年3月14日第八届全国人民代表大会第五次会议修订后的刑法一律称“《中华人民共和国刑法》”；在裁判文书中适用刑法修正案的规定时，应当直接引用修正后的刑法条文，表述为“《中华人民共和国刑法》第×××条的规定”，或者“《中华人民共和国刑法》第×××条之×的规定”；对1997年3月14日第八届全国人民代表大会第五次会议修订前的刑法一律称“1979年《中华人民共和国刑法》”。

随着时间推移，法〔1997〕192号通知、法释〔2007〕7号批复已不能完全适应司法实践需要。主要体现在：1997年修订的刑法通过后，立法机关又通过一个决定、八部修正案对其作了幅度不小的修正，有些条文甚至经过两次以上修正。为从旧兼从轻的刑法溯及力原则所决定，裁判文书确定适用的既可能是修正前刑法，也可能是修正后刑法，还有可能是“中间法”。而按照法〔1997〕192号通知、法释〔2007〕7号批复的规定，如引用的是1997年修订后的刑法，无论何种情况，一律表述为“《中华人民共和国刑法》”。这样，就无法从名称上直观地反映裁判所适用、据以定罪量刑的究竟是哪一刑法条文，这既影响裁判文书说理，也影响控辩双方对上诉权、申诉权、抗诉权的行使，影响对其诉讼权利的保障。

鉴于此，为规范、统一裁判文书表述，最高人民法院根据部分地方法院的请示，启动了本批复的制定工作。最高人民法院研究室以法〔1997〕192号通知、法释〔2007〕7号批复为基础，根据法律修改情况，起草出了批复稿。后经广泛征求各方面意见，认真修改完善，形成了本批复的送审稿，于2012年2月20日由最高人民法院审判委员会第1542次会议通过，自2012年6月1日起施行。

二、本批复的主要内容

本批复共四个条文，对在裁判文书中引用1997年3月14日第八届全国人大第五次会议修订前后的《刑法》条文、单行《刑法》条文如何具体表述问题作出了明确规定。

（一）引用1997年3月14日第八届全国人大第五次会议修订的刑法条文的表述问题

本批复第一条明确了在裁判文书中引用1997年3月14日第八届全国人民代表大会第五次会议修订的刑法条文如何表述的问题。对于此种情形，应当区分三种情况分别表述：

1. 有关刑法条文在1997年10月1日后未经修正，或者经过修正，但引用的是现行有效条文，表述为"《中华人民共和国刑法》第××条"。

例如，《刑法》第二百六十三条（抢劫罪）在1997年10月1日后未经修正，故引用该条文的，应当表述为"《中华人民共和国刑法》第二百六十三条"；又如，《刑法》第二百六十四条（盗窃罪）经2011年2月25日《刑法修正案（八）》修正，如根据案件情况和从旧兼从轻原则，对被告人应适用修正后即现行有效刑法条文的，也应表述为"《中华人民共和国刑法》第二百六十四条"。

有关《刑法》条文在1997年10月1日后如未经修正，引用时应表述为"《中华人民共和国刑法》第××条"，对此不存在认识分歧。但对有关《刑法》条文在1997年10月1日后经过修正，而引用的是现行有效条文的，应当如何表述，在本批复起草过程中曾有不同意见。有一种意见认为，为明确起见，此种情形下，应表述为"经××××年《中华人民共和国刑法修正案（×）》修正的《中华人民共和国刑法》第××条"。经研究，没有采纳这一意见，主要是考虑：从便利司法实践出发，对有关《刑法》条文的表述应尽可能简洁。而绝大多数案件、常态案件无疑是要适用现行有效的《刑法》条文，因此，如有关条文在1997年10月1日后经过修正，而引用的是现行有效条文的，表述为"《中华人民共和国刑法》第××条"，最为简洁、可取。相反，如规定此种情形下要表述为"经××××年《中华人民共和国刑法修正案（×）》修正的《中华人民共和国刑法》第××条"，在新旧法衔接的短暂过渡期过去后仍一直要沿用这样表述，显然失之繁琐。此外，按此种表述，如引用的是修正前《刑法》，直接表述为《中华人民共和国刑法》不合适，因易让人误解为是现行《刑法》；表述为"经《中华人民共和国刑法修正案（×）》修正前的《中华人民共和国刑法》"同样也很繁琐。

2. 有关《刑法》条文在1997年10月1日后经过修正，引用修正前的条文，表述为“1997年修订的《中华人民共和国刑法》第××条”。

例如，《刑法》第六十五条（一般累犯）曾经2011年2月25日《刑法修正案（八）》修正，如根据案件情况和从旧兼从轻原则，对被告人应适用修正前刑法条文的，则应表述为“1997年修订的《中华人民共和国刑法》第六十五条”。再如，刑法第一百九十一条（洗钱罪）曾经2001年12月29日《刑法修正案（三）》、2006年6月29日《刑法修正案（六）》两次修正，如根据案件情况和从旧兼从轻原则，对被告人应适用两次修正前，即1997年修订《刑法》时规定的第一百九十一条的，也应表述为“1997年修订的《中华人民共和国刑法》第一百九十一条”。

3. 有关《刑法》条文在1997年10月1日后经两次以上修正，引用经修正且为最后一次修正前的条文，表述为“经××××年《中华人民共和国刑法修正案（×）》修正的《中华人民共和国刑法》第××条”。

例如，《刑法》第二百二十五条（非法经营罪）曾经1999年12月25日《刑法修正案》、2009年2月28日《刑法修正案（七）》两次修正，如根据案件情况和从旧兼从轻原则，对被告人应适用经1999年《刑法修正案》修正后的《刑法》第二百二十五条的，则应表述为“经1999年《中华人民共和国刑法修正案》修正的《中华人民共和国刑法》第二百二十五条”。

需要说明的是，截至目前，有关《刑法》条文在1997年10月1日后经两次以上修正的只有7个条文，因此，按此种方式表述的应该极少。

（二）引用1997年3月14日第八届全国人大第五次会议修订前刑法条文的表述问题

本批复第二条明确了在裁判文书中如何表述所引用的1997年3月14日第八届全国人大第五次会议修订前的刑法条文的问题。本批复沿用法〔1997〕192号通知的规定，对此种情形应表述为“1979年《中华人民共和国刑法》第××条”。

（三）引用单行刑法条文的表述问题

在1997年3月14日第八届全国人民代表大会第五次会议修订《刑法》前，单行刑法大量存在，包括条例、补充规定和决定；1997年修订《刑法》通过后，全国人大常委会也曾制定《关于惩治骗购外汇、逃汇和非法买卖外汇犯罪的决定》等单行刑法。在司法实践中，少数案件存在适用单行刑法的可能。鉴于此，本批复第三条规定，根据案件情况，裁判文书引用有关单行《刑法》条文，应当直接引用相应该条例、补充规定或者决定的具体条款。

（四）法〔1997〕192号通知、法释〔2007〕7号批复的效力问题

鉴于本批复已对在裁判文书中如何表述修正前后刑法条文问题作出了新的

规定，本批复第四条明确规定最高人民法院《关于在裁判文书中如何引用修订前、后刑法名称的通知》（法〔1997〕192号）、最高人民法院《关于在裁判文书中如何引用刑法修正案的批复》（法释〔2007〕7号）不再适用。

（撰稿人：胡云腾　周加海　喻海松）

2. 刑罚的具体适用

最高人民法院
关于办理减刑、假释案件具体应用法律的规定

法释〔2016〕23号

（2016年9月19日最高人民法院审判委员会第1693次会议通过
2016年11月14日最高人民法院公告公布　自2017年1月1日起施行）

为确保依法公正办理减刑、假释案件，依据《中华人民共和国刑法》《中华人民共和国刑事诉讼法》《中华人民共和国监狱法》和其他法律规定，结合司法实践，制定本规定。

第一条　减刑、假释是激励罪犯改造的刑罚制度，减刑、假释的适用应当贯彻宽严相济刑事政策，最大限度地发挥刑罚的功能，实现刑罚的目的。

第二条　对于罪犯符合刑法第七十八条第一款规定“可以减刑”条件的案件，在办理时应当综合考察罪犯犯罪的性质和具体情节、社会危害程度、原判刑罚及生效裁判中财产性判项的履行情况、交付执行后的一贯表现等因素。

第三条“确有悔改表现”是指同时具备以下条件：

（一）认罪悔罪；

（二）遵守法律法规及监规，接受教育改造；

（三）积极参加思想、文化、职业技术教育；

（四）积极参加劳动，努力完成劳动任务。

对职务犯罪、破坏金融管理秩序和金融诈骗犯罪、组织（领导、参加、包庇、纵容）黑社会性质组织犯罪等罪犯，不积极退赃、协助追缴赃款赃物、赔偿损失，或者服刑期间利用个人影响力和社会关系等不正当手段意图获得减刑、假释的，不认定其“确有悔改表现”。

罪犯在刑罚执行期间的申诉权利应当依法保护，对其正当申诉不能不加分析地认为是不认罪悔罪。

第四条　具有下列情形之一的，可以认定为有“立功表现”：

（一）阻止他人实施犯罪活动的；

（二）检举、揭发监狱内外犯罪活动，或者提供重要的破案线索，经查证属实的；

（三）协助司法机关抓捕其他犯罪嫌疑人的；

（四）在生产、科研中进行技术革新，成绩突出的；

（五）在抗御自然灾害或者排除重大事故中，表现积极的；

（六）对国家和社会有其他较大贡献的。

第（四）项、第（六）项中的技术革新或者其他较大贡献应当由罪犯在刑罚执行期间独立或者为主完成，并经省级主管部门确认。

第五条 具有下列情形之一的，应当认定为有“重大立功表现”：

（一）阻止他人实施重大犯罪活动的；

（二）检举监狱内外重大犯罪活动，经查证属实的；

（三）协助司法机关抓捕其他重大犯罪嫌疑人的；

（四）有发明创造或者重大技术革新的；

（五）在日常生产、生活中舍己救人的；

（六）在抗御自然灾害或者排除重大事故中，有突出表现的；

（七）对国家和社会有其他重大贡献的。

第（四）项中的发明创造或者重大技术革新应当是罪犯在刑罚执行期间独立或者为主完成并经国家主管部门确认的发明专利，且不包括实用新型专利和外观设计专利；第（七）项中的其他重大贡献应当由罪犯在刑罚执行期间独立或者为主完成，并经国家主管部门确认。

第六条 被判处有期徒刑的罪犯减刑起始时间为：不满五年有期徒刑的，应当执行一年以上方可减刑；五年以上不满十年有期徒刑的，应当执行一年六个月以上方可减刑；十年以上有期徒刑的，应当执行二年以上方可减刑。有期徒刑减刑的起始时间自判决执行之日起计算。

确有悔改表现或者有立功表现的，一次减刑不超过九个月有期徒刑；确有悔改表现并有立功表现的，一次减刑不超过一年有期徒刑；有重大立功表现的，一次减刑不超过一年六个月有期徒刑；确有悔改表现并有重大立功表现的，一次减刑不超过二年有期徒刑。

被判处不满十年有期徒刑的罪犯，两次减刑间隔时间不得少于一年；被判处十年以上有期徒刑的罪犯，两次减刑间隔时间不得少于一年六个月。减刑间隔时间不得低于上次减刑减去的刑期。

罪犯有重大立功表现的，可以不受上述减刑起始时间和间隔时间的限制。

第七条 对符合减刑条件的职务犯罪罪犯，破坏金融管理秩序和金融诈骗犯罪罪犯，组织、领导、参加、包庇、纵容黑社会性质组织犯罪罪犯，危害国家安全犯罪罪犯，恐怖活动犯罪罪犯，毒品犯罪集团的首要分子及毒品再犯，累犯，确有履行能力而不履行或者不全部履行生效裁判中财产性判项的罪犯，被判处十年以下有期徒刑的，执行二年以上方可减刑，减刑幅度应当比照本规定第六条从严掌握，一次减刑不超过一年有期徒刑，两次减刑之间应当间隔一年以上。

对被判处十年以上有期徒刑的前款罪犯，以及因故意杀人、强奸、抢劫、绑架、放火、爆炸、投放危险物质或者有组织的暴力性犯罪被判处十年以上有期徒刑的罪犯，数罪并罚且其中两罪以上被判处十年以上有期徒刑的罪犯，执行二年以上方可减刑，减刑幅度应当比照本规定第六条从严掌握，一次减刑不超过一年有期徒刑，两次减刑之间应当间隔一年六个月以上。

罪犯有重大立功表现的，可以不受上述减刑起始时间和间隔时间的限制。

第八条 被判处无期徒刑的罪犯在刑罚执行期间，符合减刑条件的，执行二年以上，可以减刑。减刑幅度为：确有悔改表现或者有立功表现的，可以减为二十二年有期徒刑；确有悔改表现并有立功表现的，可以减为二十一年以上二十二年以下有期徒刑；有重大立功表现的，可以减为二十年以上二十一年以下有期徒刑；确有悔改表现并有重大立功表现的，可以减为十九年以上二十年以下有期徒刑。无期徒刑罪犯减为有期徒刑后再减刑时，减刑幅度依照本规定第六条的规定执行。两次减刑间隔时间不得少于二年。

罪犯有重大立功表现的，可以不受上述减刑起始时间和间隔时间的限制。

第九条 对被判处无期徒刑的职务犯罪罪犯，破坏金融管理秩序和金融诈骗犯罪罪犯，组织、领导、参加、包庇、纵容黑社会性质组织犯罪罪犯，危害国家安全犯罪罪犯，恐怖活动犯罪罪犯，毒品犯罪集团的首要分子及毒品再犯，累犯以及因故意杀人、强奸、抢劫、绑架、放火、爆炸、投放危险物质或者有组织的暴力性犯罪的罪犯，确有履行能力而不履行或者不全部履行生效裁判中财产性判项的罪犯，数罪并罚被判处无期徒刑的罪犯，符合减刑条件的，执行三年以上方可减刑，减刑幅度应当比照本规定第八条从严掌握，减刑后的刑期最低不得少于二十年有期徒刑；减为有期徒刑后再减刑时，减刑幅度比照本规定第六条从严掌握，一次不超过一年有期徒刑，两次减刑之间应当间隔二年以上。

罪犯有重大立功表现的，可以不受上述减刑起始时间和间隔时间的限制。

第十条 被判处死刑缓期执行的罪犯减为无期徒刑后，符合减刑条件的，执行三年以上方可减刑。减刑幅度为：确有悔改表现或者有立功表现的，可以减为二十五年有期徒刑；确有悔改表现并有立功表现的，可以减为二十四年以上二十五年以下有期徒刑；有重大立功表现的，可以减为二十三年以上二十四年以下有期徒刑；确有悔改表现并有重大立功表现的，可以减为二十二年以上二十三年以下有期徒刑。

被判处死刑缓期执行的罪犯减为有期徒刑后再减刑时，比照本规定第八条的规定办理。

第十一条 对被判处死刑缓期执行的职务犯罪罪犯，破坏金融管理秩序和金融诈骗犯罪罪犯，组织、领导、参加、包庇、纵容黑社会性质组织犯罪罪犯，危害国家安全犯罪罪犯，恐怖活动犯罪罪犯，毒品犯罪集团的首要分子及毒品再犯，累犯以及因故意杀人、强奸、抢劫、绑架、放火、爆炸、投放危险物质或者有组织的暴力性犯罪的罪犯，确有履行能力而不履行或者不全部履行生效裁判中财产性判项的罪犯，数罪并罚被判处死刑缓期执行的罪犯，减为无期徒刑后，符合减刑条件的，执行三年以上方可减刑，一般减为二十五年有期徒刑，有立功表现或者重大立功表现的，可以比照本规定第十条减为二十三年以上二十五年以下有期徒刑；减为有期徒刑后再减刑时，减刑幅度比照本规定第六条从严掌握，一次不超过一年有期徒刑，两次减刑之间应当间隔二年以上。

第十二条 被判处死刑缓期执行的罪犯经过一次或者几次减刑后，其实际执行的刑期不得少于十五年，死刑缓期执行期间不包括在内。

死刑缓期执行罪犯在缓期执行期间不服从监管、抗拒改造，尚未构成犯罪的，在减为无期徒刑后再减刑时应当适当从严。

第十三条 被限制减刑的死刑缓期执行罪犯，减为无期徒刑后，符合减刑条件的，执行五年以上方可减刑。减刑间隔时间和减刑幅度依照本规定第十一条的规定执行。

第十四条 被限制减刑的死刑缓期执行罪犯，减为有期徒刑后再减刑时，一次减刑不超过六个月有期徒刑，两次减刑间隔时间不得少于二年。有重大立功表现的，间隔时间可以适当缩短，但一次减刑不超过一年有期徒刑。

第十五条 对被判处终身监禁的罪犯，在死刑缓期执行期满依法减为无期徒刑的裁定中，应当明确终身监禁，不得再减刑或者假释。

第十六条 被判处管制、拘役的罪犯，以及判决生效后剩余刑期不满二年有期徒刑的罪犯，符合减刑条件的，可以酌情减刑，减刑起始时间可以适当缩短，但实际执行的刑期不得少于原判刑期的二分之一。

第十七条 被判处有期徒刑罪犯减刑时，对附加剥夺政治权利的期限可以酌减。酌减后剥夺政治权利的期限，不得少于一年。

被判处死刑缓期执行、无期徒刑的罪犯减为有期徒刑时，应当将附加剥夺政治权利的期限减为七年以上十年以下，经过一次或者几次减刑后，最终剥夺政治权利的期限不得少于三年。

第十八条 被判处拘役或者三年以下有期徒刑，并宣告缓刑的罪犯，一般不适用减刑。

前款规定的罪犯在缓刑考验期内有重大立功表现的，可以参照刑法第七十八条的规定予以减刑，同时应当依法缩减其缓刑考验期。缩减后，拘役的缓刑考验期限不得少于二个月，有期徒刑的缓刑考验期限不得少于一年。

第十九条 对在报请减刑前的服刑期间不满十八周岁，且所犯罪行不属于刑法第八十一条第二款规定情形的罪犯，认罪悔罪，遵守法律法规及监规，积极参加学习、劳动，应当视为确有悔改表现。

对上述罪犯减刑时，减刑幅度可以适当放宽，或者减刑起始时间、间隔时间可以适当缩短，但放宽的幅度和缩短的时间不得超过本规定中相应幅度、时间的三分之一。

第二十条 老年罪犯、患严重疾病罪犯或者身体残疾罪犯减刑时，应当主要考察其认罪悔罪的实际表现。

对基本丧失劳动能力，生活难以自理的上述罪犯减刑时，减刑幅度可以适当放宽，或者减刑起始时间、间隔时间可以适当缩短，但放宽的幅度和缩短的时间不得超过本规定中相应幅度、时间的三分之一。

第二十一条 被判处有期徒刑、无期徒刑的罪犯在刑罚执行期间又故意犯罪，新罪被判处有期徒刑的，自新罪判决确定之日起三年内不予减刑；新罪被判处无期徒刑的，自新罪判决确定之日起四年内不予减刑。

罪犯在死刑缓期执行期间又故意犯罪，未被执行死刑的，死刑缓期执行的期间重新计算，减为无期徒刑后，五年内不予减刑。

被判处死刑缓期执行罪犯减刑后，在刑罚执行期间又故意犯罪的，依照第一款规定处理。

第二十二条 办理假释案件，认定“没有再犯罪的危险”，除符合刑法第八十一条规定的情形外，还应当根据犯罪的具体情节、原判刑罚情况，在刑罚执行中的一贯表现，罪犯的年龄、身体状况、性格特征，假释后生活来源以及监管条件等因素综合考虑。

第二十三条 被判处有期徒刑的罪犯假释时，执行原判刑期二分之一的时间，应当从判决执行之日起计算，判决执行以前先行羁押的，羁押一日折抵刑期一日。

被判处无期徒刑的罪犯假释时，刑法中关于实际执行刑期不得少于十三年的时间，应当从判决生效之日起计算。判决生效以前先行羁押的时间不予折抵。

被判处死刑缓期执行的罪犯减为无期徒刑或者有期徒刑后，实际执行十五年以上，方可假释，该实际执行时间应当从死刑缓期执行期满之日起计算。死刑缓期执行期间不包括在内，判决确定以前先行羁押的时间不予折抵。

第二十四条 刑法第八十一条第一款规定的“特殊情况”，是指有国家政治、国防、外交等方面特殊需要的情况。

第二十五条 对累犯以及因故意杀人、强奸、抢劫、绑架、放火、爆炸、投放危险物质或者有组织的暴力性犯罪被判处十年以上有期徒刑、无期徒刑的罪犯，不得假释。

因前款情形和犯罪被判处死刑缓期执行的罪犯，被减为无期徒刑、有期徒刑后，也不得假释。

第二十六条 对下列罪犯适用假释时可以依法从宽掌握：

（一）过失犯罪的罪犯、中止犯罪的罪犯、被胁迫参加犯罪的罪犯；

（二）因防卫过当或者紧急避险过当而被判处有期徒刑以上刑罚的罪犯；

（三）犯罪时未满十八周岁的罪犯；

（四）基本丧失劳动能力、生活难以自理，假释后生活确有着落的老年罪犯、患严重疾病罪犯或者身体残疾罪犯；

（五）服刑期间改造表现特别突出的罪犯；

（六）具有其他可以从宽假释情形的罪犯。

罪犯既符合法定减刑条件，又符合法定假释条件的，可以优先适用假释。

第二十七条 对于生效裁判中有财产性判项，罪犯确有履行能力而不履行或者不全部履行的，不予假释。

第二十八条 罪犯减刑后又假释的，间隔时间不得少于一年；对一次减去一年以上有期徒刑后，决定假释的，间隔时间不得少于一年六个月。

罪犯减刑后余刑不足二年，决定假释的，可以适当缩短间隔时间。

第二十九条 罪犯在假释考验期内违反法律、行政法规或者国务院有关部门关于假释的监督管理规定的，作出假释裁定的人民法院，应当在收到报请机关或者检察机关撤销假释建议书后及时审查，作出是否撤销假释的裁定，并送达报请机关，同时抄送人民检察院、公安机关和原刑罚执行机关。

罪犯在逃的，撤销假释裁定书可以作为对罪犯进行追捕的依据。

第三十条 依照刑法第八十六条规定被撤销假释的罪犯，一般不得再假释。但依照该条第二款被撤销假释的罪犯，如果罪犯对漏罪曾作如实供述但原判未予认定，或者漏罪系其自首，符合假释条件的，可以再假释。

被撤销假释的罪犯，收监后符合减刑条件的，可以减刑，但减刑起始时间自收监之日起计算。

第三十一条 年满八十周岁、身患疾病或者生活难以自理、没有再犯罪危险的罪犯，既符合减刑条件，又符合假释条件的，优先适用假释；不符合假释条件的，参照本规定第二十条有关的规定从宽处理。

第三十二条 人民法院按照审判监督程序重新审理的案件，裁定维持原判决、裁定的，原减刑、假释裁定继续有效。

再审裁判改变原判决、裁定的，原减刑、假释裁定自动失效，执行机关应当及时报请有管辖权的人民法院重新作出是否减刑、假释的裁定。重新作出减刑裁定时，不受本规定有关减刑起始时间、间隔时间和减刑幅度的限制。重新裁定时应综合考虑各方面因素，减刑幅度不得超过原裁定减去的刑期总和。

再审改判为死刑缓期执行或者无期徒刑的，在新判决减为有期徒刑之时，原判决已经实际执行的刑期一并扣减。

再审裁判宣告无罪的，原减刑、假释裁定自动失效。

第三十三条 罪犯被裁定减刑后，刑罚执行期间因故意犯罪而数罪并罚时，经减刑裁定减去的刑期不计入已经执行的刑期。原判死刑缓期执行减为无期徒刑、有期徒刑，或者无期徒刑减为有期徒刑的裁定继续有效。

第三十四条 罪犯被裁定减刑后，刑罚执行期间因发现漏罪而数罪并罚的，原减刑裁定自动失效。如漏罪系罪犯主动交代的，对其原减去的刑期，由执行机关报请有管辖权的人民法院重新作出减刑裁定，予以确认；如漏罪系有关机关发现或者他人检举揭发的，由执行机关报请有管辖权的人民法院，在原减刑裁定减去的刑期总和之内，酌情重新裁定。

第三十五条 被判处死刑缓期执行的罪犯，在死刑缓期执行期内被发现漏罪，依据刑法第七十条规定数罪并罚，决定执行死刑缓期执行的，死刑缓期执行期间自新判决确定之日起计算，已经执行的死刑缓期执行期间计入新判决的死刑缓期执行期间内，但漏罪被判处死刑缓期执行的除外。

第三十六条 被判处死刑缓期执行的罪犯，在死刑缓期执行期满后被发现漏罪，依据刑法第七十条规定数罪并罚，决定执行死刑缓期执行的，交付执行时对罪犯实际执行无期徒刑，死缓考验期不再执行，但漏罪被判处死刑缓期执行的除外。

在无期徒刑减为有期徒刑时，前罪死刑缓期执行减为无期徒刑之日起至新判决生效之日止已经实际执行的刑期，应当计算在减刑裁定决定执行的刑期以内。

原减刑裁定减去的刑期依照本规定第三十四条处理。

第三十七条 被判处无期徒刑的罪犯在减为有期徒刑后因发现漏罪，依据刑法第七十条规定数罪并罚，决定执行无期徒刑的，前罪无期徒刑生效之日起至新判决生效之日止已经实际执行的刑期，应当在新判决的无期徒刑减为有期徒刑时，在减刑裁定决定执行的刑期内扣减。

无期徒刑罪犯减为有期徒刑后因发现漏罪判处三年有期徒刑以下刑罚，数罪并罚决定执行无期徒刑的，在新判决生效后执行一年以上，符合减刑条件的，可以减为有期徒刑，减刑幅度依照本规定第八条、第九条的规定执行。

原减刑裁定减去的刑期依照本规定第三十四条处理。

第三十八条 人民法院作出的刑事判决、裁定发生法律效力后，在依照刑事诉讼法第二百五十三条①、第二百五十四条②的规定将罪犯交付执行刑罚时，如果生效裁判中有财产性判项，人民法院应当将反映财产性判项执行、履

① 现为《刑事诉讼法》（2018 年修正）第二百六十四条。
② 现为《刑事诉讼法》（2018 年修正）第二百六十五条。

行情况的有关材料一并随案移送刑罚执行机关。罪犯在服刑期间本人履行或者其亲属代为履行生效裁判中财产性判项的，应当及时向刑罚执行机关报告。刑罚执行机关报请减刑时应随案移送以上材料。

人民法院办理减刑、假释案件时，可以向原一审人民法院核实罪犯履行财产性判项的情况。原一审人民法院应当出具相关证明。

刑罚执行期间，负责办理减刑、假释案件的人民法院可以协助原一审人民法院执行生效裁判中的财产性判项。

第三十九条 本规定所称"老年罪犯"，是指报请减刑、假释时年满六十五周岁的罪犯。

本规定所称"患严重疾病罪犯"，是指因患有重病，久治不愈，而不能正常生活、学习、劳动的罪犯。

本规定所称"身体残疾罪犯"，是指因身体有肢体或者器官残缺、功能不全或者丧失功能，而基本丧失生活、学习、劳动能力的罪犯，但是罪犯犯罪后自伤致残的除外。

对刑罚执行机关提供的证明罪犯患有严重疾病或者有身体残疾的证明文件，人民法院应当审查，必要时可以委托有关单位重新诊断、鉴定。

第四十条 本规定所称"判决执行之日"，是指罪犯实际送交刑罚执行机关之日。

本规定所称"减刑间隔时间"，是指前一次减刑裁定送达之日起至本次减刑报请之日止的期间。

第四十一条 本规定所称"财产性判项"是指判决罪犯承担的附带民事赔偿义务判项，以及追缴、责令退赔、罚金、没收财产等判项。

第四十二条 本规定自2017年1月1日起施行。以前发布的司法解释与本规定不一致的，以本规定为准。

【注　　解】

本规定引用的《中华人民共和国刑事诉讼法》已于2018年10月26日第三次修正。

【解　　读】

解读《最高人民法院关于办理减刑、假释案件具体应用法律的规定》

一、本规定出台的背景

减刑、假释作为刑罚变更执行的重要措施，是我国《刑法》《刑事诉讼法》等法律规定的重要制度，是宽严相济刑事政策在刑罚执行过程中的具体体现，对于激励罪犯积极改造，促进罪犯回归、融入社会，具有非常重要的意义。

这次出台的本规定，是对2012年7月实施的《最高人民法院关于办理减刑、假释案件具体应用法律若干问题的规定》（以下简称2012年《规定》）的修改完善。这个司法解释到现在实施才刚刚四年，之所以要在短期内进行较大幅度的修改完善，主要原因：

一是要落实十八届三中、四中全会精神和中央政法委关于严格规范减刑、假释、暂予监外执行工作的重要部署。前些年，减刑、假释、暂予监外执行工作中暴露出一些问题，尤其是一些"有权人""有钱人"被判刑之后，减刑相对较快、假释及暂予监外执行比例过高、实际服刑时间偏短，个别案件办理违背法律及司法解释规定，甚至暗藏徇私舞弊、权钱交易，对司法公正和司法公信的损害巨大，造成影响恶劣。为此，党的十八届三中全会和四中全会决定提出"严格规范减刑、假释、保外就医程序，强化法律监督"，"完善刑罚执行制度，统一刑罚执行体制"的明确要求。2014年1月21日，中央政法委发布《关于严格规范减刑、假释、暂予监外执行切实防止司法腐败的意见》（简称中政委《意见》），从"从严把握实体条件""完善程序规定""强化环节责任""严惩腐败行为"四个方面，对减刑、假释、暂予监外执行提出新要求、新标准。为回应人民群众关切，贯彻落实十八届三中、四中全会《决定》和中央政法委《意见》精神，最高人民法院迅速出台了一系列贯彻举措，全面推行"五个一律工作要求"，发布减刑、假释程序性司法解释，建立职务犯罪罪犯减刑、假释案件备案审查制度，建立监督检查长效机制，定期公布典型案例，开通全国法院减刑假释暂予监外执行信息网，大力推动减刑、假释、暂予监外执行审理工作更加规范、透明，有效提升了司法公信力。这次新出台本规定，就是要进一步从实体上统一减刑、假释案件的办案理念、裁判尺度和执法标准，进一步落实中央关于严格规范减刑、假释工作的部署。

二是要落实和细化《刑法修正案（九）》有关减刑、假释的新规定。2015年8月，全国人大常委会审议通过的《刑法修正案（九）》规定，对于因贪污、受贿犯罪被判处死刑缓期执行的罪犯，人民法院根据犯罪情节等情况，可以同时决定在其死刑缓期执行二年期满依法减为无期徒刑后，终身监禁，不得减刑、假释；同时还规定，对判处死刑缓期执行的罪犯，在死刑缓期执行期间故意犯罪未执行死刑的，死刑缓期执行期间重新计算，并报最高人民法院备案。这些规定都需要通过司法解释进一步明确和细化。

三是要回应司法实践的强烈呼声，解决减刑、假释工作中遇到的突出问题。我国《刑法》《刑事诉讼法》对减刑、假释的规定过于原则，实际操作问题目前主要靠司法解释细化和明确。近年来全国减刑、假释案件平均每年在60万件左右。减刑、假释的司法实践中，遇到不少带有普遍性的问题亟待研究解决。例如，如何界定减刑、假释性质问题，如何科学设置减刑的起始时间、间隔时间、减刑幅度以保障刑罚最佳执行效果问题，如何均衡适用减刑、假释以更好发挥假释功能问题，如何完善财产性判项的执行与减刑、假释的关联机制问题。对这些问题进行统一明确的规范是各地的强烈呼声，也是进一步统一减刑、假释工作的办案理念和标准，确保案件办理公平公正的迫切需要。

最高人民法院在认真总结各地办理减刑、假释案件实践经验的基础上，经过反复调研论证和广泛征求意见，制定出台了本规定，该司法解释将于2017年1月1日起施行。

二、本规定的主要内容

本次修改，在2012年《规定》29个条文的基础上，修改条文17条，合并条文2条，删除（程序性）条文6条，新增条文20条，保留不变3条，总条文达42条。

一是明确了减刑、假释的性质及适用要求。减刑、假释的根本目的是激励罪犯积极改造，是刑罚执行过程中对积极改造罪犯的一种奖励性措施。为了澄清司法实践中对减刑、假释性质的认识偏差并纠正一些不正确做法，本次修改，在第一条中即规定“减刑、假释是激励罪犯改造的刑罚制度”。罪犯只有积极改造，表现优异者，才能获得减刑、假释。适用减刑、假释，必须贯彻宽严相济刑事政策，最大限度地发挥刑罚的功能和实现刑罚的目的。

二是落实中政委文件精神，依法严格规范“从严控制减刑、假释罪犯”的减刑、假释工作。对职务犯罪罪犯、黑社会性质组织犯罪罪犯、金融犯罪罪犯以及严重危害国家安全犯罪、恐怖活动犯罪、严重暴力性犯罪等依法应当从严控制减刑、假释的罪犯，新增减刑起始时间、间隔时间、减刑幅度从严的规定。

三是细化《刑法修正案（九）》有关减刑、假释的新规定。本规定新增对决定终身监禁的贪污、受贿罪犯不得再减刑、假释的规定。对死缓考验期内故意犯罪但尚未达到情节恶劣，不执行死刑的罪犯，在明确死缓执行期间重新计算的同时，新增了“减为无期徒刑后，五年内不予减刑”的从严规定。

四是进一步完善了减刑起始时间、间隔时间、减刑幅度的规定。针对实践中一些罪犯减刑过快过多，实际执行刑期偏短，特别是对一些重刑犯的刑罚执行存在生刑过轻、死刑过重等问题，本规定通过科学测算，对有期徒刑罪犯、无期徒刑罪犯、死刑缓期执行罪犯、死刑缓期执行限制减刑罪犯，在减刑起始时间、间隔时间、减刑幅度上均做了相应调整，以便有效的发挥刑罚的功能。

五是倡导扩大假释适用。从司法实践看，假释制度比减刑制度改造效果更好，假释罪犯再犯罪率更低。目前世界各国适用假释是一个普遍趋势，而在我国长期以来减刑适用占绝对优势，假释制度的价值功能未能得到有效发挥。考虑到目前我国社区矫正制度日益健全，扩大假释适用的条件不断改善，新司法解释规定，对部分罪行较轻、符合规定条件的罪犯可以依法从宽适用假释，对既符合减刑条件又符合假释条件的罪犯可以优先适用假释。

六是坚持问题导向，注重解决司法实践中一些具有普遍性的难点问题。例如罪犯又犯新罪以及原判死缓、无期徒刑罪犯发现漏罪后，已经实际执行刑期、减去刑期的处理；减刑、假释裁定在再审案件中的效力认定；罪犯履行财产性判项情况与减刑、假释关联等难点问题，这次都做了明确详细的规定，便于实际操作。

总之，这次新出台的本规定进一步完善了刑罚执行变更的法律制度，进一步统一了全国减刑、假释案件的办案理念、裁判尺度和执法标准，有利于从实体制度上进一步保障减刑、假释案件办理的公平、公正，切实发挥减刑、假释对于促进罪犯积极改造，维护社会和谐稳定的重要作用，努力实现“让人民群众在每一个司法案件中感受到公平正义”的司法目标。

（撰稿人：夏道虎）

【链　接】

最高人民法院审监庭负责人就《关于办理减刑、假释案件具体应用法律的规定》答记者问

一、问：我们注意到，最新版的司法解释对假释做了很多新规定。我想请教发言人的是，做出这样的规定是基于什么样的考虑？能不能具体的进行阐述？

答：减刑制度和假释制度是《刑法》《刑事诉讼法》中规定的两项最基本的刑法执行变更制度，假释制度的特点在于，对于有期徒刑罪犯和无期徒刑的罪犯，在执行了一定的刑期之后，对于确有悔改表现，不至于再危害社会，或者说没有再犯罪危险的，对这些罪犯可以有条件的释放。假释和减刑的基本区别，假释之后，罪犯回到社会，这是提前有条件的释放，罪犯回归社会，对其进行社区矫正。假释相较于减刑更有利于罪犯更早的回归社会，更能促进罪犯积极改造。

但是，假释制度在我们国家施行的情况并不是太好，长期以来减刑占据了绝对的优势，假释适用的相对较少，有的省甚至一年中一例都没有。假释这样一个好的制度，在实践中没有得到充分的运用，没有发挥出积极的效用，这是一个遗憾。其他国家减刑适用越来越少，假释适用是一个普遍的趋势。

根据我们国家的司法实践，现在已经具备了更多适用假释的现实条件，我前面已经介绍过，社区矫正制度已经普遍的建立起来，在一些地方发展很快，假释和社区矫正的衔接不断加强，所以假释适用条件相对而言已经具备。这次在司法解释中我们倡导要扩大假释适用，具体体现在两个：一是对那些同时具备法定的减刑条件又符合法定的假释条件的，我们倡导优先适用假释，这是一个价值选择。二是对特定罪犯，我们在适用假释的时候要依法从宽掌握，这主要体现在两类罪犯上，一类是对《刑法》规定的社会危害性不大、相对罪行较轻的罪犯，比如胁迫犯、防卫过当、紧急避险过当等轻刑犯。《刑法》规定对这些罪犯可以减轻或者从轻处罚，甚至可以免除处罚，这类罪犯相对主观恶性较轻、社会危害性也相对较小，应该说更符合假释的条件。所以对这类罪犯，我们的司法解释规定，在适用假释上，在法律规定前提下，我们可以适当从宽的掌握，更多的适用假释。第二类是出于人道主义精神考虑，对未成年罪犯，老年罪犯，身患疾病的罪犯或者残疾罪犯，在适用假释上也有适当从宽的考

虑，特别是对年满 80 周岁以上的罪犯，没有社会危害性，生活难以自理，又患有疾病，在假释适用上我们从宽掌握。

我们想通过这些司法解释的规定来倡导司法实践部门更多适用假释，更好地促进罪犯的改造，更有利于我们这个社会的和谐稳定。这个问题就回答到这里。

二、问：两个问题，第一个问题，因为社会对减刑、假释都比较关注，最高法近些年来对减刑、假释、暂予监外执行工作都采取了哪些新的举措？第二个问题，我们看到新出来的《规定》比较严，而且修改也比较大，特别是第一条，规定减刑、假释是激励罪犯改造的刑罚制度，对于民众来讲是不是新的规定整体来说要比以往所有的规定、意见都要更严格一些？

答：近年来，为了贯彻落实十八届三中、四中全会精神以及中央政法委的要求，最高人民法院为了规范“减假暂”工作，采取了一系列措施。第一，提出了“五个一律”工作要求，“五个一律”是指对职务犯罪罪犯、黑社会性质组织犯罪罪犯、金融犯罪罪犯等三类罪犯的减假暂案件审理工作，做到立案公示、公开开庭审理、开庭时一律邀请人大代表、政协委员或者有关方面的代表参加旁听，裁判文书一律上网公示，从事这方面的工作人员，包括法官、其他工作人员，有违法违纪行为的，一律从重处理。“五个一律”工作要求的目的就是让“暗箱操作”没有空间，让司法腐败无处藏身。从我们几年的工作实践看，确实取得了非常好的成效。

第二，2014 年 4 月，最高人民法院出台了《关于减刑、假释案件审理程序的规定》，这和我们今天发布的司法解释是配套的，今天这个是实体性的司法解释，2014 年的是程序性的司法解释，程序性的司法解释扩大了开庭审理案件的范围和立案公示、裁判文书上网范围，对减刑、假释案件的审理程序作出了细化和明确的规范。

第三，建立了原职务为副处级以上的职务犯罪罪犯的减刑、假释、暂予监外执行案件报请上级法院备案审查制度，要求原为县处级罪犯的相关案件要报高级法院备案审查，原为厅局级罪犯的案件要报最高人民法院备案审查，目的是强化上级法院对下级法院对“减假暂”案件的指导和监督。我们在指导和监督过程中确实发现了一些问题，也都得到了及时有效的纠正。

第四，会同最高人民检察院、公安部、司法部、国家卫生计生委联合出台了《暂予监外执行规定》，目前最高人民法院正在起草关于人民法院执行《暂予监外执行规定》的意见，以规范人民法院暂予监外执行工作，待这个文件起草好之后我们再向大家发布。

第五，建立了监督检查长效工作机制。最高人民法院每年对全国法院的“减假暂”案件的实体办理，程序规范、工作要求、责任落实以及违法违纪等情况进行1～2次综合或者是专门检查。目前，我们已经检查了全国20多个高院，包括高院所辖的部分中级法院、基层法院。这项工作也收到了很好的效果，检查中发现的问题都得到了有效纠正。

第六，定期公布典型案例，自觉接受社会监督。2014年最高人民法院建立了“减假暂”案件典型案例定期发布制度。至今已经三次集中公布了典型案例17件，回应了社会对减假暂工作的关切，受到了大家的好评。

第七，大力推动信息化建设，以科技手段促规范、保公正。2015年2月，最高人民法院正式开通了全国法院减刑、假释、暂予监外执行信息网，为“减假暂”案件提供了规范统一的立案公示、开庭公告、庭审公开、文书公布网上平台，实现了全国“减假暂”案件的信息联网。此外，最高人民法院还积极推广“减假暂”信息化协同办案平台工作，总结并推广试点法院及工作成效显著的安徽、广东等地先进经验，力争早日实现人民法院与检察机关、刑罚执行机关的信息共享。“减假暂”案件全国网络化办理，将以科技手段提高“减假暂”案件办理质效，保证“减假暂”工作的公开、公平和公正。

刚才记者朋友提到，这次司法解释的修改是不是体现了在减刑、假释上更加从严的特点，应该说只是一个方面，这次司法解释的修改充分体现了宽严相济的刑事政策，对依法该严的我们做了从严的规定，对那些依法可以从宽的我们也做了从宽的规定。从严，主要体现在两个方面：

（一）对中央政法委严格规范减刑、假释的规定中涉及的三类罪犯，就是职务犯罪的罪犯，金融犯罪的罪犯，黑社会组织犯罪的罪犯，在实体条件上从减刑的起始时间、间隔时间、减刑幅度方面都做了从严的规定。这样规定就是要从实体上来解决过去部分“有钱人”“有权人”减刑过快，假释和暂予监外执行比例更高，实际执行刑罚偏短的问题，我们从制度上予以规范，把它从严体现出来。

（二）对刑罚规定的重刑犯。主要是危害国家安全犯罪的罪犯、暴力恐怖活动罪犯、严重暴力犯罪罪犯，以及毒品犯罪集团的首犯、再犯等等，应该从严的，主观恶性大的，需要更长时间来改造才能收到更好效果的这类罪犯，我们也相应做了从严的规定，该严就得从严。有些不能假释的，我们也重申了法律规定，对一些重刑犯是不能假释的，这些执行都要贯彻落实。

另一方面体现了“宽”的一面。这方面的规定主要是体现在对那些未成年罪犯、老年罪犯、患病罪犯、残疾罪犯，我们在减刑标准上和假释适用上依法适当从宽掌握，比如，对年满80周岁、身患疾病或者生活难以自理，没有再犯危险的罪犯，我们从两方面从宽：一是他既符合减刑条件又符合假释条件的，我们优先适用假释，对不符合假释条件的，我们在减刑上也依法从宽掌握，这体现了在刑罚执行中的人道主义，也有利于这些罪犯积极改造、回归社会，调动他们改造积极性。

三、问：现在司法实践中有一些关于如何完善财产性判项的执行与减刑假释的关联机制的问题，新的司法解释对这方面有什么新的规定，为何这样规定？请解释一下，

答：我国刑法当中有200多个罪名可以单独或者可以选择适用财产刑，财产刑和自由刑一样，都属于罪犯应当履行的刑罚。司法实践中，财产刑的执行难度比较大，附带民事赔偿义务判项的执行也是这样。为了更好地规范这项工作，2012年的司法解释，就是此前的司法解释中对罪犯是否积极履行财产刑和民事附带赔偿义务这些财产性判项作为减刑、假释时从宽或者从严的情形考虑，以激励罪犯主动履行财产性判项义务。2012年的司法解释施行后，调动了罪犯自觉履行财产刑判项的积极性，主动履行的人次和数额明显增加，维护了刑事判决的严肃性。

这次新的司法解释在2012年规定的基础之上，将生效裁判中财产性判项的履行情况作为可以减刑的综合考察因素之一。如果罪犯有能力履行而不履行，或者不全部履行，则应当从严适用减刑，甚至不予减刑和假释，增加规定法院交付执行时应一并移送罪犯财产性判项执行履行情况，增加规定罪犯对刑罚执行中自觉履行财产性判项情况向刑罚执行机关报告的义务，增加规定减刑、假释法院可以就财产性判项的执行履行情况向原执行法院进行核实，还增加负责办理减刑、假释法院，可以协助执行生效裁判中的财产性判项，这些规定对于实践当中的具体问题都有很大的意义。财产性判项执行工作中目前还有很多问题有待解决，我们在今后司法实践中还将不断总结、不断完善，希望大家给我们提供宝贵的意见和建议。谢谢。

四、问：对职务犯罪、黑社会性质组织犯罪以及金融犯罪等罪犯的减刑、假释，较之此前规定相比，有哪些新的规定？

答：职务犯罪罪犯、金融犯罪罪犯、黑社会性质组织犯罪罪犯的减刑、假释一直是社会各界关注的焦点，也是舆论关注的焦点，除了出台“五个一律”工作要求外，这次在新的司法解释中又从实体上对这类罪犯的减刑条件规定更加严格。一方面，减刑的基本条件，就是认定确有悔改表现的标准上，考虑这类罪犯的社会关系比较广，而且犯罪行为大多都给国家、社会造成巨额的经济损失，并且多数都被并处了财产刑，所以规定对三类罪犯不积极退赃、协助退缴赃款赃物、赔偿损失或者服刑期间利用个人影响力和社会关系等不正当手段意图获得减刑、假释的，不认定其确有悔改表现。另一方面，在具体的减刑幅度、减刑起始时间、减刑间隔时间上，也进一步体现出了严格的精神。此外，考虑到严重危害国家社会利益、人身危险和社会危害性大、罪行严重和主观恶性较大的罪犯需要更长时间矫正犯罪心理和行为恶习，这次修改也把这些罪犯，就是危害国家安全的、恐怖的，毒品犯罪的首要分子和毒品再犯等罪犯也列入了从严的范围，体现了从严上的平衡，也落实了法律规定的精神，防止罪犯因没有得到有效改造就回到社会，对社会公共安全造成威胁。

五、问：请问2016年的这些《规定》都有哪些特点？

答：这次出台的司法解释和2012年的司法解释相比，更加科学完备，呈现出三个突出的特点：

第一，充分贯彻了宽严相济的刑事政策，对依法该宽的，我们在减刑、假释相关规定上充分体现，对于罪行严重的，我们设计相应条款予以从严，我在回答前面记者朋友的问题时已经讲了，不再重复。这是司法解释一个非常突出的特点，就是充分贯彻宽严相济的刑事政策，这里面有很多条款都可以体现出这个特点。

第二，制度设计更加科学合理，体现在三个方面：一是对减刑条件做了科学的调整，包括减刑的起始时间、减刑的间隔时间、减刑的幅度等方面。对实践中存在的问题，我们整理之后逐个认真研究，对减刑基本要件、基本结构，通过科学测算作出相应调整，保证刑罚功能得到更好地实现。通过调整，解决过去实践中存在的减刑过快、实际执行时间偏短这些突出的问题。二是内容更加全面，这次新增了20多个条文，主要是从实体上对减刑、假释进行规范，对过去不规范的、需要规范的、社会普遍关注的热点问题，以及过去实践中标准不统一的问题，各地呼声很高、需要我们来解决的问题，都予以明确。解决裁判尺度和执法标准不统一的问题，不仅法院有了明确的裁判尺度，刑罚执行机关向法院报请减刑、假释也有了明确的尺度，检察院对刑法执行机关，对法院进行监督也有了一个明确的标准。三是删除了过去司法解释中一些程序性的条文。2014年我们已经专门出台了减刑、假释程序性的规定，该司法解释从程序上解决减刑、假释公开透明等程序问题，今天发布的司法解释是从实体上来解决减刑、假释进一步规范的问题，这是一个单纯的实体性规范。程序跟实体相分离后，通过两个司法解释共同保障减刑、假释制度得到更好的、更科学的、更规范的落实。

第三，操作性更强。为推进减刑、假释庭审实质化打下了坚实的基础，这也是一个非常突出的特点。各位可能注意到了，减刑、假释案件的审理程序跟其他普通的刑事案件有很大的不同，普通刑事案件有公诉方，有辩护人，大家在法庭上可以举证、质证，可以答辩、可以辩论，但是减刑、假释案件的审理不一样，是由刑罚执行机关来报请的，是一审终结的程序。基于这些特点，过去这类案件审理曾经有一些流于形式的现象，现在不一样了，我们这个实体性的司法解释，把减刑、假释的条件做实了，把要件做实了，比如，罪犯重大立功中的发明创造怎么认定？现在要求必须是以罪犯为主，或者独立完成的，成果必须有国家主管部门确认。开庭审理有什么证据来证实这些内容？拿出证据来，这样庭审就有东西可审了。再比如，财产性判项，就是判决里面财产刑，赃款赃物追缴，包括附带赔偿义务这些内容怎么和减刑、假释挂钩？现在我们规定，如果有能力履行这些财产性判项而不履行，或者不全部履行的，不但要从严，而且还可以不减刑，不假释。在减刑假释的时候，如何认定罪犯到底有没有财产性判项，执行情况怎么样，到底执行了没有，在什么阶段执行的，都需要有一些实际操作的办法，这次我们在司法解释中也做了明确具体的规定。所以，新的司法解释操作性更强，改变过去流于形式的审理方式，为今后审理减刑、假释案件法庭庭审实质化打下了客观的基础。这样一来在减刑假释案件办理中作弊就不可能了，暗箱操作就失去空间了，司法腐败也不可能进行了，新的司法解释将从总体上推进减刑、假释案件的办理更加规范、更加公正、更加公信，使这项工作更好地落实。

最高人民法院
关于办理减刑、假释案件具体应用法律的补充规定

法释〔2019〕6号

（2019年3月25日最高人民法院审判委员会第1763次会议通过 2019年4月24日最高人民法院公告公布 自2019年6月1日起施行）

为准确把握宽严相济刑事政策，严格执行《最高人民法院关于办理减刑、假释案件具体应用法律的规定》，现对《中华人民共和国刑法修正案（九）》施行后，依照刑法分则第八章贪污贿赂罪判处刑罚的原具有国家工作人员身份的罪犯的减刑、假释补充规定如下：

第一条 对拒不认罪悔罪的，或者确有履行能力而不履行或者不全部履行生效裁判中财产性判项的，不予假释，一般不予减刑。

第二条 被判处十年以上有期徒刑，符合减刑条件的，执行三年以上方可减刑；被判处不满十年有期徒刑，符合减刑条件的，执行二年以上方可减刑。

确有悔改表现或者有立功表现的，一次减刑不超过六个月有期徒刑；确有悔改表现并有立功表现的，一次减刑不超过九个月有期徒刑；有重大立功表现的，一次减刑不超过一年有期徒刑。

被判处十年以上有期徒刑的，两次减刑之间应当间隔二年以上；被判处不满十年有期徒刑的，两次减刑之间应当间隔一年六个月以上。

第三条 被判处无期徒刑，符合减刑条件的，执行四年以上方可减刑。

确有悔改表现或者有立功表现的，可以减为二十三年有期徒刑；确有悔改表现并有立功表现的，可以减为二十二年以上二十三年以下有期徒刑；有重大立功表现的，可以减为二十一年以上二十二年以下有期徒刑。

无期徒刑减为有期徒刑后再减刑时，减刑幅度比照本规定第二条的规定执行。两次减刑之间应当间隔二年以上。

第四条 被判处死刑缓期执行的，减为无期徒刑后，符合减刑条件的，执行四年以上方可减刑。

确有悔改表现或者有立功表现的，可以减为二十五年有期徒刑；确有悔改表现并有立功表现的，可以减为二十四年六个月以上二十五年以下有期徒刑；有重大立功表现的，可以减为二十四年以上二十四年六个月以下有期徒刑。

减为有期徒刑后再减刑时，减刑幅度比照本规定第二条的规定执行。两次减刑之间应当间隔二年以上。

第五条 罪犯有重大立功表现的，减刑时可以不受上述起始时间和间隔时间的限制。

第六条 对本规定所指贪污贿赂罪犯适用假释时，应当从严掌握。

第七条 本规定自 2019 年 6 月 1 日起施行。此前发布的司法解释与本规定不一致的，以本规定为准。

【链 接】

最高人民法院审监庭负责人就《关于办理减刑、假释案件具体应用法律的补充规定》答记者问

2019 年 3 月 25 日，最高人民法院审判委员会第 1763 次会议审议通过了《最高人民法院关于办理减刑、假释案件具体应用法律的补充规定》（以下简称《补充规定》），自 2019 年 6 月 1 日起施行。值此司法解释公布之际，最高人民法院承担减刑、假释对下监督指导工作的审判监督庭负责人接受了记者采访，并回答了记者提出的问题。

一、问：请问制定《补充规定》的背景是什么

答： 党中央一直高度重视反腐败工作。特别是党的十八大以来，以习近平同志为核心的党中央坚定不移推进党风廉政建设和反腐败工作，力度空前，反腐败工作目前已经取得了压倒性胜利。为了进一步巩固反腐败工作压倒性胜利成果，有效回应人民群众对依法严惩腐败犯罪的新期待，更好地服务全面推进依法治国、全面从严治党，对十八大之后不收敛、不收手，特别是《中华人民共和国刑法修正案（九）》[以下简称《刑法修正案（九）》]施行后被判处刑罚的原具有国家工作人员身份的贪污贿赂罪犯，对其减刑、假释时也应当贯彻宽严相济刑事政策，予以适当从严掌握。故此，我们经过充分调研论证，并征求各方意见，制定了《补充规定》，经过最高人民法院审判委员会讨论通过后，作为 2017 年 1 月 1 日施行的《最高人民法院关于办理减刑、假释案件具体应用法律的规定》（即现行司法解释）的补充规定予以下发，以指导减刑、假释办案工作规范、有序开展。

二、问：请问《补充规定》的适用对象是什么

答：《补充规定》明确指出，其适用对象为《刑法修正案（九）》施行后，依照刑法分则第八章贪污贿赂罪判处刑罚的原具有国家工作人员身份的罪犯。具体而言，一是限定了时间节点，即《刑法修正案（九）》施行后判处刑罚；二是限定了罪名，即贪污贿赂罪；三是限定了罪犯身份，即原具有国家工作人员身份的罪犯。即：时间节点+罪名+身份，同时符合以上三个条件的，方可适用《补充规定》。因此，对于《刑法修正案（九）》施行前判处刑罚的贪污贿赂罪犯，《刑法修正案（九）》施行后判处的非贪污贿赂罪犯，或者不具有国家工作人员身份的罪犯等，均不适用《补充规定》，而仍然适用现行司法解释相应规定。

三、问：请介绍一下《补充规定》的主要内容有哪些

答：《补充规定》共有七条。主要规定了以下内容：一是明确了适用对象，上面已经说过，不再重复；二是明确了对上述罪犯适用假释时，比照其他罪犯从严掌握，体现了对上述罪犯假释从严的原则；三是规定了对拒不认罪悔罪或者拒不履行财产性判项的上述罪犯，不得假释且一般不予减刑的具体要求；四是明确了从严减刑的具体标准和尺度，具体用三个条文分别对被判处有期徒刑、无期徒刑、死刑缓期执行的上述罪犯的减刑起始时间、间隔时间、减刑幅度予以规定，以利于司法实践中准确掌握和执行；五是规定了对有重大立功表现的罪犯减刑时可以不受起始时间和间隔时间的限制，这也是法律和历次司法解释的一贯规定，体现出国家对作出重大贡献罪犯的特殊奖励，有利于激励罪犯积极改造，多做贡献；六是规定了《补充规定》施行时间和效力。

四、问：《补充规定》和现行司法解释的关系是什么，具体适用时怎么掌握

答：《补充规定》是作为现行减刑假释司法解释的补充性规定而下发的，并非废止现行司法解释。《补充规定》第七条规定："此前发布的司法解释与本规定不一致的，以本规定为准"，是指在对上述贪污贿赂罪犯减刑、假释时，现行司法解释相应条款和本补充规定相冲突的，适用《补充规定》，不再适用现行司法解释的相应条款，否则仍适用现行司法解释的规定。但对上述贪污贿赂罪犯以外的其他罪犯减刑、假释时，仍适用现行司法解释的规定。

最高人民法院
关于对故意伤害、盗窃等严重破坏社会秩序的犯罪分子能否附加剥夺政治权利问题的批复

法释〔1997〕11 号

（1997 年 12 月 23 日最高人民法院审判委员会第 952 次会议通过 1997 年 12 月 31 日最高人民法院公告公布 自 1998 年 1 月 13 日起施行）

福建省高级人民法院：

你院《关于对故意伤害、盗窃（重大）等犯罪分子被判处有期徒刑的，能否附加剥夺政治权利的请示》收悉。经研究，答复如下：

根据刑法第五十六条规定，对于故意杀人、强奸、放火、爆炸、投毒、抢劫等严重破坏社会秩序的犯罪分子，可以附加剥夺政治权利。对故意伤害、盗窃等其他严重破坏社会秩序的犯罪，犯罪分子主观恶性较深、犯罪情节恶劣、罪行严重的，也可以依法附加剥夺政治权利。

此复

【解　读】

解读《最高人民法院关于对故意伤害、盗窃等严重破坏社会秩序的犯罪分子能否附加剥夺政治权利问题的批复》

一、问题的提出

1997 年 12 月 23 日，最高人民法院审判委员会第 952 次会议通过了《关于对故意伤害、盗窃等严重破坏社会秩序的犯罪分子能否附加剥夺政治权利问题的批复》（以下简称本批复）。

二、理解与适用

按照《刑法》第五十四条的规定，剥夺的政治权利具体包括以下四项：(1) 选举权和被选举权；(2) 言论、出版、集会、结社、游行、示威自由的权利；(3) 担任国家机关职务的权利；(4) 担任国有公司、企业、事业单位和人民团体领导职务的权利。《刑法》第五十五、五十六、五十七条规定了有关剥夺政治权利的适用。第五十五、五十七条从判处刑罚的角度规定了剥夺政治权利的适用，第五十六条原则规定了适用剥夺政治权利刑罚的犯罪，即“对于危害国家安全的犯罪分子应当附加剥夺政治权利；对于故意杀人、强奸、放火、爆炸、投毒、抢劫等严重破坏社会秩序的犯罪分子，可以附加剥夺政治权利”。但这里存在一个问题，即对于故意杀人、强奸、放火、爆炸、投毒、抢劫这六项犯罪以外的其他严重破坏社会秩序的犯罪分子，是否能够依照《刑法》第五十六条规定附加剥夺政治权利。

司法实践中对此有不同理解。一种意见认为，法条仅列举了六项犯罪，表明就是这六项犯罪可以附加剥夺政治权利，按照罪刑法定原则的要求，其他严重破坏社会秩序的犯罪不能适用；另一种意见则认为，法条中在列举六种犯罪行为后，还有一个“等”字，这里的“等”表明，除了这六项犯罪以外，其他严重破坏社会秩序的犯罪也可以适用剥夺政治权利。

经研究认为，后一种看法更符合《刑法》第五十六条的立法原意。本批复采纳的是此种意见。剥夺政治权利适用的犯罪类型主要是危害国家安全的犯罪和严重破坏社会秩序的犯罪等社会危害性较大的犯罪，因为这类犯罪的犯罪分子主观恶性较大，罪行较为严重，情节较为恶劣，因此在判处主刑的同时附加剥夺政治权利。需要指出的是，严重破坏社会秩序的犯罪在《刑法》上有很多，在法条上难以一一列举。立法机关在此处列举了几项犯罪后又加了个“等”字，实际上表明这几项犯罪是司法实践中比较常见的，可以附加剥夺政治权利，但是并不局限于这几项犯罪，除了这几项犯罪以外，其他严重破坏社会秩序的犯罪，如故意伤害、盗窃等严重破坏社会秩序的犯罪，只要犯罪分子主观恶性较深、犯罪情节恶劣、罪行严重的，都可以附加剥夺政治权利。

需要说明的是，对于故意杀人、强奸、放火、爆炸、投毒、抢劫等严重破坏社会秩序的犯罪分子，是“可以”附加剥夺政治权利，这就不同于危害国家安全的犯罪的“应当附加剥夺政治权利”的规定。具体案件的判决上是否附加剥夺政治权利，由法官根据案件的具体情况，综合考虑，特别是考虑犯罪分子的主观恶性、犯罪行为的社会危害性，犯罪行为情节的恶劣程度等各种因素，在综合考虑这些因素的基础上确定是否适用。

（撰稿人：李洪江）

最高人民法院
关于处理自首和立功具体应用法律若干问题的解释

法释〔1998〕8号

（1998年4月6日最高人民法院审判委员会第972次会议通过　1998年4月17日最高人民法院公告公布　自1998年5月9日起施行）

为正确认定自首和立功，对具有自首或者立功表现的犯罪分子依法适用刑罚，现就具体应用法律的若干问题解释如下：

第一条　根据刑法第六十七条第一款的规定，犯罪以后自动投案，如实供述自己的罪行的，是自首。

（一）自动投案，是指犯罪事实或者犯罪嫌疑人未被司法机关发觉，或者虽被发觉，但犯罪嫌疑人尚未受到讯问、未被采取强制措施时，主动、直接向公安机关、人民检察院或者人民法院投案。

犯罪嫌疑人向其所在单位、城乡基层组织或者其他有关负责人员投案的；犯罪嫌疑人因病、伤或者为了减轻犯罪后果，委托他人先代为投案，或者先以信电投案的；罪行尚未被司法机关发觉，仅因形迹可疑，被有关组织或者司法机关盘问、教育后，主动交代自己的罪行的；犯罪后逃跑，在被通缉、追捕过程中，主动投案的；经查实确已准备去投案，或者正在投案途中，被公安机关捕获的，应当视为自动投案。

并非出于犯罪嫌疑人主动，而是经亲友规劝、陪同投案的；公安机关通知犯罪嫌疑人的亲友，或者亲友主动报案后，将犯罪嫌疑人送去投案的，也应当视为自动投案。

犯罪嫌疑人自动投案后又逃跑的，不能认定为自首。

（二）如实供述自己的罪行，是指犯罪嫌疑人自动投案后，如实交代自己的主要犯罪事实。

犯有数罪的犯罪嫌疑人仅如实供述所犯数罪中部分犯罪的，只对如实供述部分犯罪的行为，认定为自首。

共同犯罪案件中的犯罪嫌疑人，除如实供述自己的罪行，还应当供述所知的同案犯，主犯则应当供述所知其他同案犯的共同犯罪事实，才能认定为自首。

犯罪嫌疑人自动投案并如实供述自己的罪行后又翻供的，不能认定为自首；但在一审判决前又能如实供述的，应当认定为自首。

第二条 根据刑法第六十七条第二款的规定，被采取强制措施的犯罪嫌疑人、被告人和已宣判的罪犯，如实供述司法机关尚未掌握的罪行，与司法机关已掌握的或者判决确定的罪行属不同种罪行的，以自首论。

第三条 根据刑法第六十七条第一款的规定，对于自首的犯罪分子，可以从轻或者减轻处罚；对于犯罪较轻的，可以免除处罚。具体确定从轻、减轻还是免除处罚，应当根据犯罪轻重，并考虑自首的具体情节。

第四条 被采取强制措施的犯罪嫌疑人、被告人和已宣判的罪犯，如实供述司法机关尚未掌握的罪行，与司法机关已掌握的或者判决确定的罪行属同种罪行的，可以酌情从轻处罚；如实供述的同种罪行较重的，一般应当从轻处罚。

第五条 根据刑法第六十八条第一款的规定，犯罪分子到案后有检举、揭发他人犯罪行为，包括共同犯罪案件中的犯罪分子揭发同案犯共同犯罪以外的其他犯罪，经查证属实；提供侦破其他案件的重要线索，经查证属实；阻止他人犯罪活动；协助司法机关抓捕其他犯罪嫌疑人（包括同案犯）；具有其他有利于国家和社会的突出表现的，应当认定为有立功表现。

第六条 共同犯罪案件的犯罪分子到案后，揭发同案犯共同犯罪事实的，可以酌情予以从轻处罚。

第七条 根据刑法第六十八条第一款的规定，犯罪分子有检举、揭发他人重大犯罪行为，经查证属实；提供侦破其他重大案件的重要线索，经查证属实；阻止他人重大犯罪活动；协助司法机关抓捕其他重大犯罪嫌疑人（包括同案犯）；对国家和社会有其他重大贡献等表现的，应当认定为有重大立功表现。

前款所称“重大犯罪”、“重大案件”、“重大犯罪嫌疑人”的标准，一般是指犯罪嫌疑人、被告人可能被判处无期徒刑以上刑罚或者案件在本省、自治区、直辖市或者全国范围内有较大影响等情形。

【解　读】

解读《最高人民法院关于处理自首和立功具体应用法律若干问题的解释》

一、问题的提出

为充分运用刑事政策，准确适用《刑法》关于自首和立功的具体规定，最高人民法院于1998年4月17日发布了《关于处理自首和立功具体应用法律若干问题的解释》(以下简称本解释)。

二、理解与适用

(一) 关于自首的认定问题

最高人民法院、最高人民检察院、公安部于1984年4月16日公布的《关于当前处理自首和有关问题具体应用法律的解答》(以下简称《解答》)中规定，对于犯罪分子作案后，同时具备自动投案、如实交代自己的罪行、并接受审查和裁判这三个条件的，认为是自首。修订后的《刑法》第六十七条第一款规定，犯罪分子在犯罪后自动投案，如实供述自己的罪行的，是自首。从法律条文的表述来看，犯罪分子在犯罪后如果能够自动投案，并如实供述自己的罪行的，就应当认定为自首，不再要求具备接受审查和裁判这一条件。我们理解，法律之所以没有明确规定接受审查和裁判这一条件，主要是基于两点考虑：一是接受审查和裁判的内容和要求能够通过“自动投案、如实供述自己的罪行”这两个条件明确地体现出来，即已被吸收到这两个条件中来。犯罪分子在犯罪后自动投案并如实供述自己所犯罪行的行为，将要引起的法律后果就是司法机关对行为人的审查和裁判，接受审查和裁判才能说明犯罪分子有悔罪的诚意。如果犯罪分子在投案后又逃跑，逃避司法机关对其审查和裁判的，就不应认定为自首。二是接受审查和裁判这一条件可操作性不强。由于缺乏统一的量化操作标准，实践中不好掌握。因此，这次《刑法》修改关于自首的条件中虽然没有明确规定“接受审查和裁判”，但是在认定自首的问题上，应当将“接受审查和裁判”的有关内容分别规定在“自动投案，如实供述自己的罪行”这两个条件中。因此，本解释第一条中分别规定：“犯罪嫌疑人自动投案后又逃跑的，不能认定为首”“犯罪嫌疑人自动投案并如实供述自己的罪行后又翻供的，不能认定为自首；但在一审判决前又能如实供述的，仍应认定为自首。”

（二）关于共同犯罪案件中犯罪分子交代同案犯的问题

《解答》中规定，在认定自首时，要求共同犯罪案件中的犯罪分子，还应当交代所知的同案犯，主犯则必须供述所知其他同案犯的罪行。也就是说，从犯应当交代出所知的同案犯，但不要求其必须交代出同案犯的罪行；主犯则必须交代出其他同案犯的罪行。我们认为，《解答》的规定符合刑法理论，也与司法实践的做法一致，因此，本解释第一条将其内容吸收过来一并规定。

（三）关于《刑法》第六十七条第二款规定的“其他罪行”的理解问题

在论证过程中，对此问题有不同认识。一种意见认为，被司法机关依法采取强制措施的犯罪嫌疑人、被告人如实供述司法机关尚未掌握的本人的其他同种罪行、非同种罪行的，均应以自首论；另一种意见则认为，对于犯罪嫌疑人、被告人如实供述的同种罪行不能搞“一刀切”都以自首论，所供述的同种罪行应当是相对于司法机关已掌握的罪行而言较重的罪行，才能以自首论。上述两种观点的理由是：“其他罪行”从字面上理解应当包括同种罪行和非同种罪行，而且这样规定有利于犯罪分子主动交代自己的罪行，符合立法原意。经研究，本解释第二条规定，被采取强制措施的犯罪嫌疑人、被告人和已宣判的罪犯，如实供述司法机关尚未掌握的罪行，与司法机关已掌握的或者判决确定的罪行属不同种罪行的，以自首论。“其他罪行”在这里被限定为“不同种罪行”，这与理论上对判决宣告以前一人犯数罪是指不同种数罪的理解是一致的，也符合侦查工作的实际情况。在司法实践中，被依法采取强制措施的犯罪嫌疑人、被告人往往不清楚自己的罪行已被司法机关掌握了多少，其交代司法机关还未掌握的同种罪行，主要是靠侦查取证等工作。如果“其他罪行”包括同种罪行，则自首的范围太宽，将导致实践中几乎所有的盗窃、抢劫、贪污、受贿等案件都有自首，既不严肃，也使处理案件时，有一部分罪行算自首，有一部分不算自首，不便于执行。那么对于如实供述司法机关还未掌握的本人的同种其他罪行的，不应以自首论处，应当如何适用刑罚呢？本解释第四条规定：“被采取强制措施的犯罪嫌疑人、被告人和已宣判的罪犯，如实供述司法机关尚未掌握的罪行，与司法机关已掌握的或者判决确定的罪行属同种罪行的，可以酌情从轻处罚；如实供述的同种罪行较重的，一般应当从轻处罚。”

（四）关于立功的认定问题

本解释第五条规定，共同犯罪案件中的犯罪分子揭发同案犯所参与的共同犯罪以外的其他犯罪行为，查证属实的，应当认定为立功。换句话说，共同犯罪案件中的犯罪分子揭发同案犯所参与的共同犯罪的罪行的，不能认定为立功。在论证中，有一种意见认为，最高人民法院 1994 年 12 月 20 日公布的《关于适用〈全国人民代表大会常务委员会关于禁毒的决定〉的若干问题的解释》第十五条规定，毒品犯罪分子在犯《决定》规定之罪后被司法机关发现并予以审查时，检举、揭发其他毒品犯罪活动或者其他毒品犯罪分子（含同案犯）罪行得到证实的，属于有立功表现，可以从轻、减轻处罚或者免除处罚。这对于打击毒品犯罪活动起到了积极的作用，应当作为一个原则或者是特例确定下来。从实际的情况看，如果将揭发同案犯所参与的共同犯罪的罪行认定为立功的话，那么很多共同犯罪案件中都将有立功的问题，而且也不符合刑法理论。司法实践中，应当鼓励犯罪分子立功，放宽认定立功的条件，但不应将立功简单地泛化。而且，单就认定毒品犯罪分子立功而言，这一作法有利有弊，存在不少问题，目前司法实践中对此问题掌握得也十分严格。因此，不宜将揭发同案犯所参与的共同犯罪的罪行认定为立功。对于揭发同案犯所参与的共同犯罪的罪行的，本解释第六条规定，人民法院可以酌情予以从轻处罚。

（五）关于重大立功的认定问题

本解释第七条将重大立功的认定标准限定得非常严格，即“重大犯罪”“重大案件”“重要犯罪嫌疑人”的标准，一般是指犯罪嫌疑人、被告人可能被判处无期徒刑以上刑罚或者案件在本省、自治区、直辖市或者全国范围内有较大影响等情形。主要是考虑到《刑法》第六十八条第二款规定，对于“犯罪后自首又有重大立功表现的，应当减轻或者免除处罚”，缺少一个“从轻处罚”的量刑档次，而且“应当减轻或者免除处罚”的规定过于绝对，缺乏灵活性。如果不严格限定重大立功的认定标准，对于那些罪行严重应当依法严惩的犯罪分子，由于具有自首和重大立功表现，只能对其“减轻或者免除处罚”，就会造成量刑的失衡。当然，如果犯罪嫌疑人、被告人确实符合《刑法》及本解释规定的自首和重大立功条件，则应当严格依法减轻或者免除处罚，而不能机械地强调量刑的平衡，以从轻处罚代替减轻或者免除处罚。

（撰稿人：孙军工）

最高人民法院
关于被告人对行为性质的辩解是否影响自首成立问题的批复

法释〔2004〕2号

（2004年3月23日最高人民法院审判委员会第1312次会议通过 2004年3月26日最高人民法院公告公布 自2004年4月1日起施行）

广西壮族自治区高级人民法院：

你院2003年6月10日《关于被告人对事实性质的辩解是否影响投案自首的成立的请示》收悉。经研究，答复如下：

根据《刑法》第六十七条第一款和最高人民法院《关于处理自首和立功具体应用法律若干问题的解释》第一条的规定，犯罪以后自动投案，如实供述自己的罪行的，是自首。被告人对行为性质的辩解不影响自首的成立。

此复

【解　　读】

解读《最高人民法院关于被告人对行为性质的辩解是否影响自首成立问题的批复》

一、问题的提出

被告人对行为性质的辩解是否影响自首成立问题，在司法实践中长期存在，各地对此理解和做法也不尽一致。2004年3月26日，最高人民法院就此公布《关于被告人对行为性质的辩解是否影响自首成立问题的批复》（以下简称本批复）。

二、理解与适用

（一）被告人对行为性质的辩解与自首成立的要件无关

根据《刑法》第六十七条第一款和最高人民法院《关于处理自首和立功具体应用法律若干问题的解释》第一条的规定，自首的成立有两个要件：一是犯罪以后自动投案，即投案的自动性；二是如实供述自己的犯罪事实，即供述的真实性、完整性。这两个要件，从性质上看，属于客观要件；从逻辑关系上看，属于充分必要条件。只要符合这两个要件，就是自首成立；同时，只有符合这两个要件，自首也才能成立。被告人自动投案、如实供述，有多种多样的动机，如可能出于真诚悔罪，争取从宽处理，也可能是慑于法律威严，生活无着，走投无路，等等。无论动机如何，只要不影响投案的自动性以及供述的真实性、完整性，在认定被告人自首是否成立就可以不予考虑。

审判实践中，被告人对行为性质的辩解，有多种表现形式。例如，被告人承认接受过别人数额较大的钱财，但认为是正常的人情往来，否认是受贿；被告人承认盗窃别人财物，但认为财物的实际价值低于司法机关认定的价值，不足以构成盗窃罪，等等。可以看出，被告人对行为性质的辩解，属于被告人主观方面的内容，与自首成立的上述客观要件无关，因此不影响自首的成立。被告人供述的事实是否构成犯罪，也不以被告人的认识、判断、辩解为转移，而由司法机关依法认定。

（二）允许被告人对行为性质进行辩解，符合设立自首制度的立法目的

设立自首制度的立法目的，虽然包括鼓励犯罪嫌疑人、被告人悔过自新、接受教育改造，但主要是在为了分化瓦解犯罪嫌疑人、被告人，降低办案成本，提高刑事诉讼效率。被告人虽然对行为性质进行了辩解，但只要能够自动投案、如实供述自己的犯罪事实，将其认定为自首是符合立法目的的。

（三）被告人依法享有辩护权利

根据《刑事诉讼法》的规定，在整个刑事诉讼过程中，犯罪嫌疑人、被告人均依法享有辩护权利，即对自己的行为是否构成犯罪、构成何种犯罪以及应判处刑罚轻重等问题提出意见，进行辩解。这种辩护权利，被告人不但在第一审过程中享有，而且在第二审过程中仍然享有。甚至在人民法院的判决生效以后，被告人在更广泛的意义上仍然有权利提出辩解，进行申诉。被告人对行为性质进行辩解，正是其依法行使辩护权利的体现。在审判过程中，只要被告人不否认其供述的犯罪事实，就不影响自首的成立。否则，不仅与设立自首制度的目的背道而驰，而且不利于被告人依法享有的辩护权利的真正地、完全地实现。

（撰稿人：祝二军
审稿人：邵文虹）

最高人民法院
关于对怀孕妇女在羁押期间自然流产审判时是否可以适用死刑问题的批复

法释〔1998〕18号

（1998年8月4日最高人民法院审判委员会第1010次会议通过 1998年8月7日最高人民法院公告公布 自1998年8月13日起施行）

河北省高级人民法院：

你院冀高法〔1998〕40号《关于审判时对怀孕妇女在公安预审羁押期间自然流产，是否适用死刑的请示》收悉。经研究，答复如下：

怀孕妇女因涉嫌犯罪在羁押期间自然流产后，又因同一事实被起诉、交付审判的，应当视为"审判的时候怀孕的妇女"，依法不适用死刑。

此复

【解　　读】

解读《最高人民法院关于对怀孕妇女在羁押期间自然流产审判时是否可以适用死刑问题的批复》

一、问题的提出

1998年8月4日，最高人民法院审判委员会第1010次会议通过了《关于对怀孕妇女在羁押期间自然流产审判时是否可以适用死刑问题的批复》（法释〔1998〕18号）。

二、理解与适用

死刑是最为严厉的刑罚，直接剥夺被告人的生命，而且死刑一旦执行就无可挽回，因此适用死刑应当非常谨慎。我国《刑法》第四十九条规定了不适用死刑的两种情形，一是犯罪的时候不满18周岁的人，二是审判的时候怀孕的妇女。

《刑法》关于审判的时候怀孕的妇女不适用死刑的规定，是出于人道主义的考虑。怀孕的妇女意味着其体内孕育着一个新的生命，不能因其母亲犯罪而剥夺其出生的权利。

关于审判的时候怀孕的妇女不适用死刑，实践中有一些不同的认识。一种意见认为，审判的时候就是指人民法院审判阶段，不包括审判之前的侦查、起诉阶段，如果在移送起诉前被羁押的怀孕妇女自然流产或者人工流产，那么此时再进行审判就不属于“审判的时候怀孕的妇女”。

经研究认为，《刑法》第四十九条规定的“审判的时候怀孕的妇女”应当作广义解释，即不仅包括人民法院审判的时候怀孕的妇女，还应当包括审判前在羁押受审时已经怀孕的妇女。实践中个别地方曾经出现，为了判处妇女死刑给怀孕妇女做人工流产或者采取一些办法使其自然流产的情况，这些做法显然是非常不人道的，也违背了法律的本意，因此不管是在人民法院审判的时候怀孕的妇女，还是审判前在羁押受审时已经怀孕的妇女，都属于《刑法》第四十九条规定的“审判的时候怀孕的妇女”，不能对其适用死刑。因此，对于犯罪的怀孕妇女，在她被羁押或者受审期间，无论其怀孕是否属于违反国家计划生育政策，不管其是自然流产或者人工流产，以及流产后移送起诉或审判期间的长短，都仍然属于审判的时候怀孕的妇女。

（撰稿人：李洪江）

最高人民法院
关于适用财产刑若干问题的规定

法释〔2000〕45号

（2000年11月15日最高人民法院审判委员会
第1139次会议通过 2000年12月13日最高人民
法院公告公布 自2000年12月19日起施行）

为正确理解和执行刑法有关财产刑的规定，现就适用财产刑的若干问题规定如下：

第一条 刑法规定“并处”没收财产或者罚金的犯罪，人民法院在对犯罪分子判处主刑的同时，必须依法判处相应的财产刑；刑法规定“可以并处”没收财产或者罚金的犯罪，人民法院应当根据案件具体情况及犯罪分子的财产状况，决定是否适用财产刑。

第二条 人民法院应当根据犯罪情节，如违法所得数额、造成损失的大小等，并综合考虑犯罪分子缴纳罚金的能力，依法判处罚金。刑法没有明确规定罚金数额标准的，罚金的最低数额不能少于1000元。

对未成年人犯罪应当从轻或者减轻判处罚金，但罚金的最低数额不能少于500元。

第三条 依法对犯罪分子所犯数罪分别判处罚金的，应当实行并罚，将所判处的罚金数额相加，执行总和数额。

一人犯数罪依法同时并处罚金和没收财产的，应当合并执行；但并处没收全部财产的，只执行没收财产刑。

第四条 犯罪情节较轻，适用单处罚金不致再危害社会并具有下列情形之一的，可以依法单处罚金：

（一）偶犯或者初犯；

（二）自首或者有立功表现的；

（三）犯罪时不满18周岁的；

（四）犯罪预备、中止或者未遂的；

（五）被胁迫参加犯罪的；

（六）全部退赃并有悔罪表现的；

（七）其他可以依法单处罚金的情形。

第五条 刑法第五十三条规定的“判决指定的期限”应当在判决书中予以

确定；“判决指定的期限”应为从判决发生法律效力第 2 日起最长不超过 3 个月。

第六条 刑法第五十三条规定的“由于遭遇不能抗拒的灾祸缴纳确实有困难的”，主要是指因遭受火灾、水灾、地震等灾祸而丧失财产；罪犯因重病、伤残等而丧失劳动能力，或者需要罪犯抚养的近亲属患有重病，需支付巨额医药费等，确实没有财产可供执行的情形。

具有刑法第五十三条规定“可以酌情减少或者免除”事由的，由罪犯本人、亲属或者犯罪单位向负责执行的人民法院提出书面申请，并提供相应的证明材料。人民法院审查以后，根据实际情况，裁定减少或者免除应当缴纳的罚金数额。

第七条 刑法第六十条规定的“没收财产以前犯罪分子所负的正当债务”，是指犯罪分子在判决生效前所负他人的合法债务。

第八条 罚金刑的数额应当以人民币为计算单位。

第九条 人民法院认为依法应当判处被告人财产刑的，可以在案件审理过程中，决定扣押或者冻结被告人的财产。

第十条 财产刑由第一审人民法院执行。

犯罪分子的财产在异地的，第一审人民法院可以委托财产所在地人民法院代为执行。

第十一条 自判决指定的期限届满第 2 日起，人民法院对于没有法定减免事由不缴纳罚金的，应当强制其缴纳。

对于隐藏、转移、变卖、损毁已被扣押、冻结财产情节严重的，依照刑法第三百一十四条的规定追究刑事责任。

【解　　读】

解读《最高人民法院关于适用财产刑若干问题的规定》

一、问题的提出

我国 1997 年修订的《刑法》扩大了财产刑适用的范围。1979 年《刑法》规定罚金刑的条文仅有 20 个，修订后《刑法》规定罚金刑的条文增加到 140 余个，涉及的罪名达 160 余个。当前，在司法实践中，由于《刑法》有关财产刑的规定从总体上看仍较为原则，可操作性不强，各地在执行《刑法》中遇到许多具体问题，导致对财产刑“应判不判”、判后执行率较低等问题的出现。

为了严肃执法，充分发挥财产刑在惩罚犯罪和预防犯罪中的作用，最高人民法院于 2000 年 12 月 19 日公布施行了《关于适用财产刑若干问题的规定》（以下简称本规定），为审判实践提供了法律依据。

二、理解与适用

（一）关于本规定第一条的理解和适用

《刑法》分则对财产刑的适用规定主要有两种表述方式：一种是“并处”，一种是“可以并处”。司法实践中对此有不同的理解。本规定第一条对“并处”“可以并处”财产刑应当如何理解问题予以明确：对于《刑法》规定“并处”没收财产或者罚金的犯罪，必须在判处主刑的同时，依法判处相应的财产刑；对于《刑法》规定“可以并处”没收财产或者罚金的，原则上也要尽可能对犯罪分子适用财产刑，只有在犯罪分子确实没有财产可供执行，且根据案件情况，对犯罪分子也可不判处财产刑的情况下，才可以考虑不对其判处财产刑。本规定第一条针对当前司法实践中较为普遍存在的应当判处财产刑而不判处的现象，对依法适用财产刑的问题作出了强调。

（二）关于本规定第二条的理解和适用

《刑法》第五十二条规定，判处罚金，应当根据犯罪情节决定罚金数额。但从司法实践情况看，如果仅简单地根据犯罪情节确定罚金数额，往往难以有效地惩戒犯罪分子，充分发挥罚金刑的作用。一部分犯罪分子因能轻松缴纳罚金，而感受不到财产刑对其经济上的惩戒作用，一部分罪犯因没有财产无力缴纳罚金，导致罚金刑的判决成为“空判”，对人民法院判决的权威性和严肃性造成不良影响。为此，本规定第二条规定，在对犯罪分子判处罚金刑时除了要考虑犯罪情节外，还应当综合考虑犯罪分子缴纳罚金的能力，确定判处罚金的数额，以维护人民法院判决的严肃性，使财产刑发挥其应有的刑罚效果。

《刑法》分则关于罚金刑的数额，有一部分条款对具体适用罚金刑的数额幅度、计算标准等作出了明确规定，但大部分条款对此没有作出规定，司法实践反映不好操作。对于《刑法》没有规定罚金刑的具体数额幅度或者计算标准的罪，以往的做法是通过最高人民法院就某种罪作出司法解释来解决该罪罚金数额的问题，但这仅解决了个别罪的罚金刑适用问题。考虑到对于刑法分则中大量罪的罚金刑数额问题，短期内不可能也无必要一一作出规定，另外，对各种危害性不同的犯罪不可能，也不宜规定出共同的罚金数额幅度或计算标准，或者规定出判处罚金刑共同的最高限额，因此，参考最高人民法院《关于审理盗窃案件具体应用法律若干问题的解释》第十三条的规定，对刑法分则中没有明确规定罚金具体数额幅度或者计算标准的，规定了判处罚金的下限，即判处罚金最低数额为一千元。

关于未成年人犯罪是否适用罚金刑的问题，讨论中有两种意见，多数同志认为对未成年人犯罪，原则上应当依法适用罚金刑，但对于未成年罪犯如何执行罚金刑，是否应当同成年人有所区别，以避免造成由其监护人实际承担罚金刑等具体问题，还有待司法实践中进一步研究探讨。

《刑法》第十七条规定了对未成年罪犯“应当从轻或者减轻处罚”的原则，对未成年罪犯判处罚金也应当遵循上述原则。因此，本规定第二条规定，对未成年人犯罪应当从轻或者减轻判处罚金。考虑到治安行政处罚中最高罚款数额为 200 元，对未成年人判处罚金的下限也应当与成年罪犯有所区别，因此，本规定第二条规定对未成年罪犯依法判处罚金的最低数额为 500 元，既与治安行政处罚相衔接，又同成年罪犯的罚金数额拉开一定差额，体现出对未成年人犯罪从轻处罚的原则。

（三）关于本规定第三条的理解和适用

本规定第三条对司法实践中经常遇到的数个财产刑并罚的问题作出了明确规定。虽然目前刑法学界对于附加刑一般应采取并科原则进行并罚的意见争议不大，但对于具体到数个财产刑之间如何并罚，尚有不同意见，司法实践中对数个财产刑如何并罚的问题反映也比较多。针对上述情况，经过充分讨论研究，本规定第三条对财产刑的并罚问题分三种情况作出规定：(1) 对于同时被判处了数个罚金刑的，应当依照并科原则，将所判处的罚金数额相加，决定执行总和数额；(2) 对于同时判处了罚金和没收部分财产的，应当依照并科原则决定合并执行；(3) 对于同时判处了罚金和没收全部财产的，考虑到被判处这种附加刑的罪犯大多被判处了较重刑罚，如死刑、无期徒刑，没收全部财产以后基本上已经没有再执行罚金刑的可能性，因此，规定应当依照吸收原则，只决定执行没收全部财产。

（四）关于本规定第四条的理解和适用

修订后的《刑法》分则中不少条文增加了“可以单处罚金”的规定，但司法实践中，对于犯罪分子适用单处罚金的比例较低，主要原因是《刑法》没有明确规定适用单处罚金的条件，审判人员担心对犯罪分子较多适用单处罚金会被指责为“以罚买刑”而不敢适用。为此，本规定第四条对适用单处罚金条件作出明确规定。在反复研究征求意见的基础上，归纳出单处罚金需具备的三方面条件：一是必须是犯罪情节较轻；二是适用单处罚金不会再危害社会的；三是犯罪分子主观恶性较小，比如是初犯、偶犯，犯罪后有悔罪表现的。在司法实践中应当注意，只有在犯罪分子同时符合上述三方面条件的情况下，才可以考虑对其单处罚金。

（五）关于本规定第六条的理解和适用

对于《刑法》第五十三条规定的“由于遭遇不能抗拒的灾祸缴纳确实有困难的”，各地掌握的条件不尽一致。经讨论，归纳为三种情况：一是因遭受水灾、地震、火灾等灾祸而丧失财产的，此处规定的“灾祸”不仅指自然灾害，也包括其他原因引起的灾祸；二是罪犯本人丧失劳动能力，确实没有财产可供执行的；三是需要罪犯抚养的近亲属患有重病，需支付巨额医药费等原因，以致罪犯确实没有财产可供执行的。后两种情况在执行中应当注意，如果罪犯本人丧失了劳动能力或者需要罪犯抚养的近亲属患有重病，需支付巨额医药费，但罪犯本人还有财产的，就不应当认定属于上述情况。

考虑到《刑事诉讼法》对于如何申请罚金减、免程序未作出明确规定，为统一规范各地做法，该条第二款对罚金减、免申请人范围等具体事项作出了规定。

（六）关于本规定第七条的理解和适用

《刑法》第六十条规定："没收财产以前犯罪分子所负的正当债务，需要以没收的财产偿还的，经债权人请求，应当偿还。"对于"没收财产以前"应如何理解，有一种意见认为，《刑法》第六十条规定从文字上并没有明确是指判决生效以前，考虑到犯罪分子在被依法采取强制措施以后，有可能以合法债务方式转移财产，以规避财产刑的执行，因此，从保障人民法院财产刑判决的执行角度，将《刑法》的规定解释为"被依法采取强制措施前"更为有利。在讨论中，多数同志认为，上述意见固然有一定合理的成分，但从《刑法》第六十条规定的立法本意，"没收财产以前"应当指判决生效以前。本规定最终采纳了后一种意见。

（七）关于本规定第九条的理解和适用

司法实践中，犯罪分子及其亲属为了逃避财产刑的执行，往往在案件审理过程中就想方设法转移、隐匿财产，而《刑事诉讼法》没有对人民法院在刑事案件审理过程中可以对被告人的财产采取必要保全措施作出明确规定，这是造成实践中人民法院作出的财产刑判决难以执行的最主要原因。考虑到《刑事诉讼法》第一百五十八条第二款的规定，人民法院调查核实证据，可以进行勘验、检查、扣押、鉴定和查询、冻结。最高人民法院《关于执行〈中华人民共和国刑事诉讼法〉若干问题的解释》第二百一十四条已对单位犯罪作出"人民法院为了保证判决的执行，根据案件具体情况，可以先行扣押、冻结被告单位的财产或者由被告单位提出担保"的规定，为保证财产刑的判决和执行，在征得立法机关及相关部门同意的基础上，本规定第九条规定，人民法院认为依法应当判处被告人财产刑的，可以在案件审理过程中，决定扣押或者冻结被告人的财产。

（八）关于财产刑执行机构的问题

本规定在制定过程中也进行了充分讨论。主要有三种意见：第一种意见认为，财产刑应归由执行机构统一执行。主要理由是：由刑庭负责执行财产刑的做法，不符合"审执分立"原则的要求。第二种意见认为，财产刑应当由刑庭执行。主要理由是：依照最高人民法院《关于执行〈中华人民共和国刑事诉讼法〉若干问题的解释》第三百五十八条“发生法律效力的刑事判决、裁定和调解书中涉及财产内容需要执行的，由原审人民法院执行。附带民事判决中财产的执行，依照民事诉讼法和最高人民法院的有关规定办理”的规定，以及《关于人民法院执行工作若干问题的规定》执行机构只负责执行“刑事附带民事诉讼判决、裁定和调解书”的有关规定，财产刑应当由刑庭执行。第三种意见认为，没收财产刑可以由第一审合议庭依法执行；罚金刑能够在判决指定期限内执行完毕的，也由第一审合议庭依法执行。但考虑到罚金在指定的期限内有未执行完毕的情况，有的属于没有法定减、免事由不缴纳需要强制缴纳的，有的需要“随时追缴”的，执行难度较大，非案件合议庭能够承担，故对于这部分执行，可以移送执行机构执行。考虑到各地法院审判力量配备、装备等情况差异较大，目前情况下作出统一规定，在全国法院范围进行规范的条件尚不成熟，由各地法院根据本单位的实际情况来确定财产刑执行的机构更为适宜，本规定没有对有关财产刑执行机构作出统一规定。

（撰稿人：李　兵
审稿人：熊选国）

最高人民法院　最高人民检察院
关于缓刑犯在考验期满后五年内再犯应当判处有期徒刑以上刑罚之罪应否认定为累犯问题的批复

高检发释字〔2020〕1号

（2019年11月19日最高人民法院审判委员会第1783次会议、2019年9月12日最高人民检察院第十三届检察委员会第24次会议通过　2020年1月17日最高人民法院、最高人民检察院公告公布　自2020年1月20日起施行）

各省、自治区、直辖市高级人民法院、人民检察院，解放军军事法院、军事检察院，新疆维吾尔自治区高级人民法院生产建设兵团分院、新疆生产建设兵团人民检察院：

近来，部分省、自治区、直辖市高级人民法院、人民检察院请示缓刑犯在考验期满后五年内再犯应当判处有期徒刑以上刑罚之罪应否认定为累犯的问题。经研究，批复如下：

被判处有期徒刑宣告缓刑的犯罪分子，在缓刑考验期满后五年内再犯应当判处有期徒刑以上刑罚之罪的，因前罪判处的有期徒刑并未执行，不具备刑法第六十五条规定的“刑罚执行完毕”的要件，故不应认定为累犯，但可作为对新罪确定刑罚的酌定从重情节予以考虑。

此复

最高人民法院
关于撤销缓刑时罪犯在宣告缓刑前羁押的时间能否折抵刑期问题的批复

法释〔2002〕11号

（2002年4月8日最高人民法院审判委员会第1220次会议通过　2002年4月10日最高人民法院公告公布　自2002年4月18日起施行）

各省、自治区、直辖市高级人民法院，解放军军事法院，新疆维吾尔自治区高级人民法院生产建设兵团分院：

最近，有的法院反映，关于在撤销缓刑时罪犯在宣告缓刑前羁押的时间能否折抵刑期的问题不明确。经研究，批复如下：

根据刑法第七十七条的规定，对被宣告缓刑的犯罪分子撤销缓刑执行原判刑罚的，对其在宣告缓刑前羁押的时间应当折抵刑期。

【解　　读】

解读《最高人民法院关于撤销缓刑时罪犯在宣告缓刑前羁押的时间能否折抵刑期问题的批复》

一、问题的提出

由于缓刑制度自身的特点，实践中遇到了一些问题，湖南某县法院在司法实践中处理一起撤销缓刑的案件时就遇到了困难。该县法院就某个刑事案件审理后，对被告人判处了缓刑。被宣告缓刑的犯罪分子在缓刑考验期间内又重新犯罪，县法院依法撤销缓刑，也就新罪作出了判决，把前罪和后罪所判处的刑罚依据《刑法》第六十九条的规定，决定执行有期徒刑五年的刑罚。由于犯罪分子在前罪被宣告缓刑前曾被羁押过，在具体操作上就出现了一个问题：犯罪分子在前罪被宣告缓刑前曾被羁押的十一个多月时间能否折抵刑期。之所以出现这个问题，一个前提是犯罪分子是被宣告缓刑后由于再次犯罪需要撤销缓刑。假如犯罪分子只是正常判处了有期徒刑而没有被宣告缓刑，那么显然可以直接适用《刑法》第四十七条，其在宣判前被羁押的时间自然能够折抵刑期，不会有任何争议。恰恰是由于对犯罪分子宣告缓刑后又要撤销缓刑，而法律及有关司法解释对撤销缓刑时被羁押的时间是否同样可以折抵刑期又没有明确规定，才导致出现了前述的问题。

最高人民法院审判委员会第1220次会议通过的《关于撤销缓刑时罪犯在宣告缓刑前羁押的时间能否折抵刑期问题的批复》（以下简称本批复）对这个问题作出了明确规定，即撤销缓刑时罪犯在宣告缓刑前羁押的时间应当能够折抵刑期。

二、理解与适用

1. 符合《刑法》规定的刑期折抵的精神。《刑法》第四十七条规定："有期徒刑的刑期，从判决执行之日起计算；判决执行以前先行羁押的，羁押一日折抵刑期一日。"这一规定，不仅适用于没有被宣告缓刑的情形，同样也适用于撤销缓刑的情况。撤销缓刑后，不管是执行原判刑罚，还是依照数罪并罚的规定决定执行新的刑罚，既然还是要执行有期徒刑，就应当依照这一规定，对先前被羁押的时间予以折抵刑期。不能因为曾经宣告缓刑，就认为宣告缓刑前羁押的时间折抵刑期失去意义。

2. 最高人民法院《关于刑事裁判文书中刑期起止日期如何表述问题的批复》中亦明确规定刑期自羁押之日起至刑满之日止，表明羁押的时间应当折抵刑期。这个批复实际上是《刑法》有关刑期折抵规定在司法实践中操作的具体体现。

3. 有利于保护罪犯的合法权益。《刑法》规定刑期折抵的根本目的在于保障罪犯的合法权益。罪犯曾因犯罪被人民法院宣告缓刑，后因法定事由被撤销缓刑，执行原判刑罚的，其执行刑罚的事由与宣告缓刑前羁押的事由是同一起犯罪事实，如果不予折抵，意味着罪犯实际服刑时间将超出其法定应当承受的刑罚期限，势必损害罪犯的合法权益。

（撰稿人：李洪江
审稿人：熊选国）

最高人民法院
关于审理未成年人刑事案件具体应用法律若干问题的解释

法释〔2006〕1号

(2005年12月12日最高人民法院审判委员会第1373次会议通过 2006年1月11日最高人民法院公告公布 自2006年1月23日起施行)

为正确审理未成年人刑事案件，贯彻“教育为主，惩罚为辅”的原则，根据刑法等有关法律的规定，现就审理未成年人刑事案件具体应用法律的若干问题解释如下：

第一条 本解释所称未成年人刑事案件，是指被告人实施被指控的犯罪时已满十四周岁不满十八周岁的案件。

第二条 刑法第十七条规定的“周岁”，按照公历的年、月、日计算，从周岁生日的第二天起算。

第三条 审理未成年人刑事案件，应当查明被告人实施被指控的犯罪时的年龄。裁判文书中应当写明被告人出生的年、月、日。

第四条 对于没有充分证据证明被告人实施被指控的犯罪时已经达到法定刑事责任年龄且确实无法查明的，应当推定其没有达到相应法定刑事责任年龄。

相关证据足以证明被告人实施被指控的犯罪时已经达到法定刑事责任年龄，但是无法准确查明被告人具体出生日期的，应当认定其达到相应法定刑事责任年龄。

第五条 已满十四周岁不满十六周岁的人实施刑法第十七条第二款规定以外的行为，如果同时触犯了刑法第十七条第二款规定的，应当依照刑法第十七条第二款的规定确定罪名，定罪处罚。

第六条 已满十四周岁不满十六周岁的人偶尔与幼女发生性行为，情节轻微、未造成严重后果的，不认为是犯罪。

第七条 已满十四周岁不满十六周岁的人使用轻微暴力或者威胁，强行索要其他未成年人随身携带的生活、学习用品或者钱财数量不大，且未造成被害人轻微伤以上或者不敢正常到校学习、生活等危害后果的，不认为是犯罪。

已满十六周岁不满十八周岁的人具有前款规定情形的，一般也不认为是犯罪。

第八条 已满十六周岁不满十八周岁的人出于以大欺小、以强凌弱或者寻求精神刺激，随意殴打其他未成年人、多次对其他未成年人强拿硬要或者任意损毁公私财物，扰乱学校及其他公共场所秩序，情节严重的，以寻衅滋事罪定罪处罚。

第九条 已满十六周岁不满十八周岁的人实施盗窃行为未超过三次，盗窃数额虽已达到“数额较大”标准，但案发后能如实供述全部盗窃事实并积极退赃，且具有下列情形之一的，可以认定为“情节显著轻微危害不大”，不认为是犯罪：

（一）系又聋又哑的人或者盲人；

（二）在共同盗窃中起次要或者辅助作用，或者被胁迫；

（三）具有其他轻微情节的。

已满十六周岁不满十八周岁的人盗窃未遂或者中止的，可不认为是犯罪。

已满十六周岁不满十八周岁的人盗窃自己家庭或者近亲属财物，或者盗窃其他亲属财物但其他亲属要求不予追究的，可不按犯罪处理。

第十条 已满十四周岁不满十六周岁的人盗窃、诈骗、抢夺他人财物，为窝藏赃物、抗拒抓捕或者毁灭罪证，当场使用暴力，故意伤害致人重伤或者死亡，或者故意杀人的，应当分别以故意伤害罪或者故意杀人罪定罪处罚。

已满十六周岁不满十八周岁的人犯盗窃、诈骗、抢夺罪，为窝藏赃物、抗拒抓捕或者毁灭罪证而当场使用暴力或者以暴力相威胁的，应当依照刑法第二百六十九条的规定定罪处罚；情节轻微的，可不以抢劫罪定罪处罚。

第十一条 对未成年罪犯适用刑罚，应当充分考虑是否有利于未成年罪犯的教育和矫正。

对未成年罪犯量刑应当依照刑法第六十一条的规定，并充分考虑未成年人实施犯罪行为的动机和目的、犯罪时的年龄、是否初次犯罪、犯罪后的悔罪表现、个人成长经历和一贯表现等因素。对符合管制、缓刑、单处罚金或者免予刑事处罚适用条件的未成年罪犯，应当依法适用管制、缓刑、单处罚金或者免予刑事处罚。

第十二条 行为人在达到法定刑事责任年龄前后均实施了犯罪行为，只能依法追究其达到法定刑事责任年龄后实施的犯罪行为的刑事责任。

行为人在年满十八周岁前后实施了不同种犯罪行为，对其年满十八周岁以前实施的犯罪应当依法从轻或者减轻处罚。行为人在年满十八周岁前后实施了同种犯罪行为，在量刑时应当考虑对年满十八周岁以前实施的犯罪，适当给予从轻或者减轻处罚。

第十三条 未成年人犯罪只有罪行极其严重的，才可以适用无期徒刑。对已满十四周岁不满十六周岁的人犯罪一般不判处无期徒刑。

第十四条 除刑法规定“应当”附加剥夺政治权利外，对未成年罪犯一般不判处附加剥夺政治权利。

如果对未成年罪犯判处附加剥夺政治权利的，应当依法从轻判处。

对实施被指控犯罪时未成年、审判时已成年的罪犯判处附加剥夺政治权利，适用前款的规定。

第十五条 对未成年罪犯实施刑法规定的“并处”没收财产或者罚金的犯罪，应当依法判处相应的财产刑；对未成年罪犯实施刑法规定的“可以并处”没收财产或者罚金的犯罪，一般不判处财产刑。

对未成年罪犯判处罚金刑时，应当依法从轻或者减轻判处，并根据犯罪情节，综合考虑其缴纳罚金的能力，确定罚金数额。但罚金的最低数额不得少于五百元人民币。

对被判处罚金刑的未成年罪犯，其监护人或者其他人自愿代为垫付罚金的，人民法院应当允许。

第十六条 对未成年罪犯符合刑法第七十二条第一款规定的，可以宣告缓刑。如果同时具有下列情形之一，对其适用缓刑确实不致再危害社会的，应当宣告缓刑：

（一）初次犯罪；

（二）积极退赃或赔偿被害人经济损失；

（三）具备监护、帮教条件。

第十七条 未成年罪犯根据其所犯罪行，可能被判处拘役、三年以下有期徒刑，如果悔罪表现好，并具有下列情形之一的，应当依照刑法第三十七条的规定免予刑事处罚：

（一）系又聋又哑的人或者盲人；

（二）防卫过当或者避险过当；

（三）犯罪预备、中止或者未遂；

（四）共同犯罪中从犯、胁从犯；

（五）犯罪后自首或者有立功表现；

（六）其他犯罪情节轻微不需要判处刑罚的。

第十八条 对未成年罪犯的减刑、假释，在掌握标准上可以比照成年罪犯依法适度放宽。

未成年罪犯能认罪服法，遵守监规，积极参加学习、劳动的，即可视为“确有悔改表现”予以减刑，其减刑的幅度可以适当放宽，间隔的时间可以相应缩短。符合刑法第八十一条第一款规定的，可以假释。

未成年罪犯在服刑期间已经成年的，对其减刑、假释可以适用上述规定。

第十九条 刑事附带民事案件的未成年被告人有个人财产的，应当由本人承担民事赔偿责任，不足部分由监护人予以赔偿，但单位担任监护人的除外。

被告人对被害人物质损失的赔偿情况，可以作为量刑情节予以考虑。

第二十条 本解释自公布之日起施行。

《最高人民法院关于办理未成年人刑事案件适用法律的若干问题的解释》（法发〔1995〕9号）自本解释公布之日起不再执行。

【解 读】

解读《最高人民法院关于审理未成年人刑事案件具体应用法律若干问题的解释》

一、问题的提出

《刑法》对未成年人刑事责任和刑罚适用方面的专门规定仅有第十七条、第四十九条两条，且规定得较为原则。1995年最高人民法院曾依据1979年《刑法》对未成年人刑事案件适用《刑法》问题作出司法解释。由于1997年修订的《刑法》第十七条对1979年《刑法》第十四条作出了修改，1995年所作出解释的部分条款也需要根据十多年司法实践进一步修改、完善。为此，2005年12月12日，最高人民法院经第1373次审判委员会讨论通过，并于2006年1月11日公布了《关于审理未成年人刑事案件具体应用法律若干问题的解释》（以下简称本解释）。

二、理解与适用

（一）关于本解释前言部分有关规定的理解与适用

《刑法》在总则中规定了罪刑法定、法律面前人人平等、罪刑相适应三项基本原则。考虑到《未成年人保护法》第三十八条①和《预防未成年人犯罪法》第四十四条均把“教育为主，惩罚为辅”原则作为开展未成年人刑事司法工作的一项重要指导原则予以明确规定。因此，本解释把“教育为主，惩罚为辅”原则特别规定在前言部分予以强调。司法实践中，在按照《刑法》规定的三项基本原则要求开展未成年人刑事案件审判工作同时，还应当坚持贯彻“教育为主，惩罚为辅”原则，对每一个未成年人刑事案件都要慎重定罪量刑，立足教育和挽救，坚持依法可不定罪的尽量不定罪，依法可以判处非监禁刑罚的

① 对应《未成年人保护法》（2020年修订）第一百一十三条。

尽量适用非监禁刑罚。

（二）关于本解释第二条至第四条有关未成年人刑事责任年龄认定方面规定的理解与适用

在审理未成年人刑事案件中，未成年被告人的年龄不仅涉及应否依法为其指定辩护律师以及案件应否公开审理等重大程序性问题，而且关系到被告人有无刑事责任、刑事责任大小以及对其适用何种刑罚等重大实体问题。因此，查证并准确认定未成年被告人的年龄，是办理每一个未成年人刑事案件不能回避，关系到正确执行法律、保障司法公正的重要问题。本解释第二条至第四条针对司法实践中有关未成年被告人刑事责任年龄的三个方面问题，作出了规定：

1. 本解释第二条对“已满十四周岁”“已满十六周岁”“已满十八周岁”如何计算问题作出了明确规定。在我国，公历是官方规定采用的历法，户籍管理中就明确要求公民必须以公历的出生年月日进行户籍登记。因此，本解释第二条首先明确规定，应当以公历的出生年月日计算被告人年龄。如果查明的被告人年龄是农历的出生年月日，也应当用以与之相对应的公历年月日计算被告人年龄。鉴于具体计算“已满……周岁”要涉及年、月、日、时四个时间点。考虑到以日为时间点计算被告人年龄，不但符合《刑法》规定的要求，也符合人们日常生活的习惯和观念，也易于司法实践中具体操作，因此，本解释第二条规定，“已满……周岁”从周岁生日的第二天起算。

2. 基于办理未成年人刑事案件中准确查证被告人年龄的重要性，本解释第三条将审理未成年人刑事案件“应当查明被告人实施被指控的犯罪时的年龄”作为总的原则和要求予以规定，并且要求“裁判文书中应当写明被告人出生的年、月、日”。

3. 鉴于司法实践中存在大量未成年被告人年龄难以查明的情况，比如，有的案件虽经多方收集证据，但由于种种复杂的原因，根据收集的证据仍无法准确认定被告人年龄；一些被告人系违反计划生育政策超生，没有进行过户籍登记；一些被告人属于《刑事诉讼法》第一百二十八条第二款①规定的“不讲真实姓名、住址、身份不明的”情况，检察机关以其自报的姓名和年龄起诉到法院的，等等。本解释第四条专门针对被告人年龄“确实无法查明的”情形，应当如何处理作出规定，作为对本解释第三条的补充。

本解释第四条区分了两种情形作出规定：

第一种情况是该条第一款准确适用该款应注意把握以下三个方面：(1) 必须是在采取了所有手段和措施的情况下，仍然无法查明被告人年龄，属于年龄“确实无法查明”的，才可以适用该规定。需要补充说明的是，目前很多司法

① 现为《刑事诉讼法》（2018年修正）第一百六十条第二款。

机关采取为被告人进行骨龄鉴定的做法。对于骨龄鉴定结论能够确定被告人年龄的，骨龄鉴定结论就可以作为重要依据。但是，有时骨龄鉴定结论只能测度出一个年龄区间，不能确定被告人具体年龄，在这种情况下，骨龄鉴定结论就只能作为辅助性的参考证据材料。（2）确实无法查明的年龄涉及是否已满14周岁、已满16周岁、已满18周岁这三个重要年龄点的。主要是考虑到，这三个年龄点关系到未成年人罪与非罪、此罪与彼罪、应否从轻或者减轻处罚，甚至涉及能否适用死刑的问题。为此，从充分保护人权的角度出发，在涉及这三个年龄界点确实无法查清的，适用推定原则。（3）应当从有利于被告人的原则对其年龄作出推定，一般可以按照"就低不就高"原则推定被告人年龄，以避免对不应当追究刑事责任的未成年人追究了刑事责任，或者对不应当判处死刑的人判处了死刑等情况。

第二种情况是本解释第四条第二款适用该条应当注意：（1）有充分证据能够证明被告人在实施被指控犯罪时已满14、16或者18周岁，但被告人具体出生日期确实无法查明；（2）这种情况下不应因被告人的准确年龄确实无法查清而过分拖延案件的审理，而应当根据有充分证据证明的该被告人所处的法定刑事责任年龄段，依法对其定罪处刑。

（三）关于本解释第五条规定的理解与适用问题

本解释第五条是关于《刑法》总则第十七条第二款适用问题的规定。该条主要针对司法实践中已满14周岁不满16周岁未成年人实施《刑法》第十七条第二款规定以外的行为，而这些行为与《刑法》第十七条第二款所列举行为的性质和危害程度相当、甚至更为严重的情形，是否应当追究未成年人刑事责任以及定何种罪名的问题。

在司法解释起草过程中，通过广泛征求意见和讨论，对《刑法》第十七条第二款的理解与适用形成以下三个意见：

1. 已满14周岁不满16周岁的人实施了《刑法》第十七条第二款没有列举的行为时，如果同时实施了《刑法》第十七条第二款规定的故意杀人等八种犯罪行为的，比如，在绑架中杀人的、在拐卖妇女儿童中强奸的等，这种情况下应当对其追究刑事责任。主要理由是：该年龄段未成年人故意杀人、强奸的尚且应当负刑事责任，如果他同时有杀人和绑架或者拐卖妇女儿童和强奸两种行为，就更应当追究其刑事责任。

2. 该年龄段未成年人实施《刑法》第十七条第二款没有列举的行为，比如制造、走私毒品等行为，在《刑法》第十七条第二款中没有明确列举。这种情况下，如果未成年人没有同时实施《刑法》第十七条所规定的贩卖毒品行为的，这种情形即便制造、走私毒品等行为性质和危害程度与《刑法》所列举行为相当甚至更为严重，也不应追究其刑事责任，否则就违反了《刑法》第十七条第二款的规定，与罪刑法定原则的要求不符。

3. 对绑架中杀人的或者拐卖妇女儿童中强奸等这类情形，应当按照与《刑法》第十七条第二款的规定相对应的八个罪名定罪处罚，比如绑架杀人的，应当定故意杀人罪；拐卖妇女儿童中强奸的，定强奸罪。主要理由是：如果对该年龄段的人绑架杀人的定绑架罪、拐卖妇女儿童中强奸的定拐卖妇女儿童罪，则势必导致客观上对该年龄段未成年人实施的绑架、拐卖妇女儿童行为追究刑事责任的结果，与《刑法》规定该年龄段的人为限制刑事责任主体的立法本意相悖。

根据上述三个意见，本解释第五条规定："已满十四周岁不满十六周岁的人实施《刑法》第十七条第二款规定以外的行为，如果同时触犯了《刑法》第十七条第二款规定的，应当依照《刑法》第十七条第二款的规定确定罪名，定罪处罚。"

（四）关于本解释第六条至第九条有关未成年人强奸、抢劫、盗窃罪规定的理解与适用

未成年人作为限制行为能力的特殊主体，《刑法》对追究他们的刑事责任作出了严格的限制性规定。同时，本解释在总结审判经验基础上，从切实贯彻"教育、感化、挽救"方针出发，从对未成年人犯罪从轻或者减轻处罚的立法精神出发，在第六条、第七条和第九条中对未成年人实施强奸、抢劫、盗窃行为何种情况下属于《刑法》第十三条规定的"情节显著轻微危害不大"的情形作出解释，在第八条中对未成年人抢劫罪与寻衅滋事罪的界限作出解释。

1. 关于本解释第六条规定的理解与适用

多年来，各级司法机关一直坚持依法严厉打击奸淫幼女犯罪。但是，具体到未成年人案件，情况就比较复杂了。近年来由于影视作品的影响、未成年人性早熟等因素，未成年人早恋现象有所增多。人民法院在审理案件中发现，确有一小部分案件属于 14 至 16 周岁未成年人出于恋爱或者好奇，与幼女双方自愿发生性行为的情况，这类案件的情节和后果都比较轻微。将这一小部分可不追究刑事责任的未成年人从绝大多数依法应当定罪处罚的强奸罪犯当中剥离出来，是正确执行《刑法》的要求，也符合审判实际。本解释第六条针对上述情况，从不认为是犯罪的角度作出规定。

需要说明的是，本解释起草制定过程中，前八稿对第六条都具体规定了不认为是犯罪必须同时具备五个条件，这也是少年法庭十多年来审理这类案件实践经验的总结：（1）14 至 16 周岁未成年人系与 12 周岁以上幼女发生性行为（该规定把未成年人之间可能发生早恋的年龄作为主要因素考虑在内，另外也参考了国外有关未成年人之间发生性行为不按犯罪处理情形，一般掌握的双方年龄差在 3 至 4 岁的立法例）；（2）系出于恋爱或者好奇等原因；（3）未使用暴力、威胁或者欺骗等手段，双方系自愿发生性行为；（4）一般是与 1 名幼女发生性行为；（5）未造成幼女怀孕、轻微伤或者严重精神损害后果的。征求意

见中，多数同志认为，虽然上述五个方面条件一直是审判实践中判定应否对这类案件以强奸罪定罪处罚时所掌握的具体标尺，但本解释第六条如果作出上述过于具体的规定，则不利于法官根据复杂的案件情况灵活掌握。考虑到1995年解释中相关的原则规定在十多年司法实践中执行情况良好，因此，本解释第六条最终仍采纳了1995年解释的原则表述。上述本解释前八稿中规定的意见对准确理解和执行第六条的立法本意具有重要参考价值。

司法实践中理解和执行本解释第六条，应当注意把握好该条规定的“偶尔”“情节轻微”以及“未造成严重后果”这三个限制条件。所谓“偶尔”，一般指与一名幼女、偶尔发生一、两次性行为。“情节轻微”，要同时从主观和客观两个方面来把握。主观方面要考察14至16周岁未成年人与幼女发生性行为的主观动机和目的，司法实践中对主观方面属于“情节轻微”的情形，一般掌握是出于恋爱或者对性的好奇而与幼女发生性行为的情形；客观方面主要看，涉案幼女的年龄一般是12周岁以上，未成年人与幼女发生性行为是否双方自愿，是否对幼女采用了暴力、麻醉或者威胁、欺骗等手段。“未造成严重后果”，要从身体伤害和心理伤害后果两个方面综合考察。总之，只有同时符合“偶尔”“情节轻微”以及“未造成严重后果的”这三方面要求，该未成年人与幼女发生性行为确实属于“情节显著轻微危害不大”的，才不认为是犯罪。

2. 关于本解释第七条的理解与适用

实践中，未成年人实施的抢劫案件中数量较多、较常见的一类，是发生在校园周边或者校内，年龄较大未成年人欺负年龄小的未成年人、高年级学生欺负低年级学生的“强拿硬要”“强索”案件。这类案件情况较复杂。对其中构成抢劫罪的依法定罪处罚，司法实践中不存在异议。但确实有一小部分案件，未成年行为人的主观恶性较小，比如，出于欺负弱小、称王称霸或者戏弄其他未成年人而向低年级同学强行索要随身携带的用品或者少量钱物的；有的案件使用暴力或者威胁情节比较轻微，比如，仅是推搡、打一拳、踢一脚的；这类“强索”案件的社会危害性一般小于成年人实施的抢劫犯罪。

抢劫罪是最严重的侵犯财产犯罪。《刑法》第二百六十三条规定，行为人使用暴力、威胁或者其他方法抢劫公私财物，构成抢劫罪的，就要在三年以上量刑。抢劫三次的就要在十年以上量刑。上述“强索”案件中，未成年人使用轻微暴力，强索次数在三次以上的，如果机械地对照《刑法》条文，对未成年人就不仅要以抢劫罪追究刑事责任，而且可能要在十年以上判处刑罚。考虑到《刑法》没有区分成年人与未成年人的定罪量刑标准。“强索”案件具体情况又比较复杂。如果对成年人与未成年人不加区别，不根据这类案件中未成年人使用暴力等情节区别对待，则势必导致打击面过宽、对未成年人犯罪处刑过重的结果。

本解释从“情节显著轻微危害不大”角度作出规定。正确理解和执行该规定，应当注意从以下三个方面进行考察：(1) 认定“轻微暴力”应当从是否持刀或者其他凶器、砖头等对被害人进行抢劫（如果持刀或者其他凶器、砖头等实施抢劫，则一般不应认定为“轻微暴力”），以及使用暴力的程度，同时结合是否造成被害人轻微伤以上后果等方面综合判定。(2) 索要其他未成年人随身携带的生活、学习用品或者钱财数量不大。我们认为“数量不大”可以参考盗窃、抢夺罪数额较大来认定，一般对未达到“数额较大”标准的，可以认定为“数量不大”。(3) 未造成被害人轻微伤以上或者不敢正常到校学习、生活等危害后果。需要特别强调的是，由于该条是针对何种情形属于“情节显著轻微危害不大”所作出的解释，并且基于案件情况的复杂性，该规定仍比较原则。司法实践中具体执行该条，不应机械地对号入座，而应结合案件具体情况，对同时具备以上三个条件，确实属于“情节显著轻微危害不大”的，才不认为是犯罪。16 至 18 周岁的人具有前述情形的，一般也不认为是犯罪，但不完全排除根据具体案件情况定罪处罚的可能。

3. 关于本解释第九条的理解与适用

正确执行本解释第九条第一款的规定，应当注意：(1) 该款规定的“盗窃行为未超过三次”“盗窃数额达到‘数额较大’标准”“案发后如实供述全部犯罪事实”“积极退赃”“具有所列举情形之一”，这几方面条件必须同时具备。(2) 具备上述诸条件的，“可以认定为‘情节显著轻微危害不大’”，指一般不定罪，但没有完全排除根据个案情况追究被告人刑事责任的可能性。关于这一点，特别要注意的是该款第二项规定的“共同盗窃中起次要或者辅助作用”的情形，审判中应注意根据被告人实施盗窃行为的具体情节慎重确定是否追究刑事责任。

本解释第九条第二款主要参考了最高人民法院 1997 年 11 月《关于审理盗窃案件具体应用法律若干问题的解释》① 第一条第二项有关成年人盗窃未遂，只有盗窃数额达到巨大的才应当定罪的规定，从教育、挽救未成年罪犯角度出发，规定：“已满 16 周岁不满 18 周岁的人盗窃未遂或者中止的，可不认为是犯罪”，此处对盗窃数额未做要求。需要强调的是，该款规定指一般情况下不认为是犯罪，但没有完全排除极个别情况下，根据具体案件情况追究其刑事责任的可能性。

本解释第九条第三款主要是针对 16 至 18 周岁未成年人盗窃自己家庭或者亲属财物的情形应否追究刑事责任所作出的规定。司法实践中常常遇到未成年人父母或者亲属强烈希望不追究未成年人的刑事责任。我们认为，这种情况下，即使未成年人行为符合盗窃罪构成要件，但考虑到我国传统的观念，并且

① 已被《最高人民法院、最高人民检察院关于办理盗窃刑事案件适用法律若干问题的解释》（法释〔2013〕8 号）废止并替代。

这类发生在家庭内部的子女偷父母或者偷亲属财物的行为，社会危害性同一般盗窃犯罪相比明显较小，因此，主张可以不按犯罪论处。

（五）关于本解释第十条的理解与适用

该条是关于《刑法》第二百六十九条的适用问题。征求意见中，多数意见认为，根据《刑法》对未成年人犯罪应当从轻、减轻处罚的立法精神，对未成年人构成转化抢劫罪应当作出严格解释，即行为人应当构成盗窃罪、诈骗罪或者抢夺罪的才能转化为抢劫罪。鉴于14至16周岁年龄段未成年人依法对盗窃罪、诈骗罪或者抢夺罪不负刑事责任。因此，本解释第十条第一款作出了规定。

根据本解释第十条第二款的规定，一般情况下，16至18周岁年龄段未成年人也应当构成盗窃罪、诈骗罪或者抢夺罪的，其后续行为才能转化成抢劫罪。但是，考虑到该年龄段未成年人身心发育已经近似于成年人，结合实践中案件的情况，对该年龄段未成年人在适用《刑法》第二百六十九条时与成年人掌握尺度方面不宜有较大差别。为此，本解释第十条第二款作出了规定。

（六）关于本解释第十三条的理解与适用

司法实践中，对未成年人犯罪能否判处无期徒刑存在不同意见。一些同志认为，依据《刑法》第四十九条“对未成年人犯罪不适用死刑”的规定，以及《刑法》第十七条第三款规定的对未成年人犯罪应当从轻或者减轻处罚原则，对未成年人犯罪不能判处无期徒刑，对未成年人犯罪依法能够判处的最高法定刑是有期徒刑15年，数罪并罚的不超过有期徒刑20年。考虑到《刑法》仅仅规定了对未成年人犯罪不适用死刑，并没有规定不适用无期徒刑；司法实践中一些未成年人犯罪案件手段极为残忍、情节特别恶劣，后果特别严重，论罪应当判处死刑的，对这些极少数未成年人如果不依法判处无期徒刑，就不能很好地贯彻执行罪刑相适应原则。我国《刑法》规定的无期徒刑不是所谓“没有释放可能的终身监禁”，被判处无期徒刑的未成年罪犯，依法可以获得减刑，根据其改造表现，可以减为刑期长短不等的有期徒刑。综上，对极少数罪行极其严重的未成年罪犯依法适用无期徒刑并不违背《儿童权利公约》的有关规定，它既是严格执行《刑法》的要求，也符合审判实践。为此，本解释第十三条明确规定，对未成年人罪行极其严重的，可以适用无期徒刑。但是，依据该条规定，对未成年人适用无期徒刑应当予以严格掌握。具体要从以下两方面严格掌握：（1）要根据具体案情，只有对极少数未成年人所犯罪行极其严重、论罪依法应当判处死刑的情况，才可以适用无期徒刑；（2）鉴于14至16周岁年龄段未成年人属于未成年人犯罪当中的低龄犯，他们对危害社会行为的认知程度和自我控制能力都较16至18周岁年龄段未成年人更低。因此，本解释规定，对14至16周岁未成年人犯罪原则上不判处无期徒刑，但不排除在极个别案件中，根据案件具体情况，对14至16周岁罪行极其严重的未成年人依法判处无期徒刑。

（七）关于本解释第十四条和第十五条的理解与适用

本解释第十四条和第十五条涉及未成年人犯罪适用附加刑的问题。对未成年人犯罪能否适用罚金、没收财产、剥夺政治权利这三种附加刑，刑法学界和司法实务部门一直有不同意见。对未成年人犯罪应否适用罚金刑和没收财产这两种财产刑，多数同志主张财产刑不适用于未成年人。主要理由是：未成年人绝大多数没有个人财产，司法实践中对未成年人判处财产刑，特别是罚金刑的，实际上最终受到处罚的是未成年人的监护人，这有违罪责自负原则。另一种观点则主张，对未成年人犯罪应当依法适用财产刑。对未成年人犯罪应否适用附加剥夺政治权利刑的问题，多数同志主张对未成年人犯罪不宜适用剥夺政治权利刑。主要理由是依据《宪法》有关公民所享有的政治权利的规定，未成年人因不满 18 周岁，实际上对其剥夺政治权利没有实际意义。

经过研究，我们认为，既然现行《刑法》没有将未成年人犯罪排除在财产刑适用范围之外，对未成年人犯罪就没有理由不依法判处附加刑，否则就违反了罪刑法定原则的要求；其次，未成年罪犯没有个人财产并非绝对情况，随着经济的发展，越来越多未成年人靠继承、赠与、专利等途径取得了个人财产，还有一部分未成年人则靠劳动取得了一定报酬和收入；再者，对未成年罪犯适用财产刑，特别是依法尽可能多地适用单处罚金，可以避免他们因进入监改场所执行而“交叉感染”。因此，对未成年人犯罪应当依法适用财产刑。在未成年人犯罪刑种适用方面，《刑法》仅仅规定了未成年人犯罪不适用死刑，没有排除未成年人犯罪剥夺政治权利刑的适用。鉴于多数未成年罪犯送交执行后不久就已经成年（一部分犯罪时未成年的人在审判时就已经成年），对他们依法判处剥夺政治权利刑，特别是对那些被判处无期徒刑的未成年罪犯仍具有一定意义。因此，对未成年罪犯应当依法适用剥夺政治权利刑。

对未成年人犯罪如何适用附加刑问题，本解释充分考虑了三种附加刑存在的不适应未成年人犯罪特点及未成年罪犯身心特点的因素，对未成年人犯罪判处附加刑从依法限制适用角度作出规定。本解释具体从以下四方面体现对附加刑依法限制适用原则：(1) 鉴于《刑法》总则及分则条文中对附加刑适用所作的规定有两种情况：一种规定“应当”判处附加刑，另一种则规定“可以”判处附加刑。本解释规定，对凡是《刑法》规定“应当”判处附加刑的，对未成年罪犯就必须依法适用相应的附加刑；凡是《刑法》规定“可以”判处附加刑的，一般不判处附加刑。(2) 本解释规定对主刑从轻或者减轻判处的同时，依法从轻或者减轻判处附加刑（这里主要指剥夺政治权利和罚金刑）。(3) 对实施被指控犯罪时尚未成年但审判时已成年的被告人判处附加刑的，应注意按照对未成年罪犯的原则判处附加刑。(4) 对未成年罪犯具体确定罚金数额，除根据犯罪情节外，还应考虑其缴纳罚金的能力，以避免造成罚金刑无法执行或者因判处罚金数额过大给未成年罪犯重返社会后的生活造成不利影响。

（八）关于本解释第十六条规定的理解与适用问题

《刑法》第七十二条规定了“可以”宣告缓刑的法定条件。本解释第十六条根据审判实践总结的经验，对未成年罪犯何种情况属于“应当”宣告缓刑的情形作出规定。正确理解和执行该条应当注意：（1）未成年人犯罪应当首先是具备《刑法》第七十二条规定的可以宣告缓刑的条件，这是前提条件；（2）未成年罪犯还必须同时具有本解释第十六条所列举的三种情形之一；（3）对其适用缓刑确实不致再危害社会的。符合上述三个条件的，才“应当”对其宣告缓刑。需要特别强调的是，不能把该条列举的三种情形之一种，既作为“可以宣告缓刑”的条件，又作为“应当宣告缓刑”的根据。

（九）关于本解释第十七条规定的理解与适用

本解释第十七条结合审判实践，对何种情形属于《刑法》第三十七条“情节轻微不需要判处刑罚”作出规定。正确执行该条应当注意把握以下两个方面条件：（1）适用该条的未成年罪犯应当首先是符合《刑法》第七十二条规定的可以宣告缓刑的条件，这是前提条件；（2）未成年罪犯还必须同时具有该条所列举其中一项法定从轻、减轻或者免除处罚情节的。适用本解释第十七条需要特别强调的，一是该条是对《刑法》第三十七条规定的“情节轻微不需要判处刑罚”所作出的解释，具体执行中应当防止机械地对照该条规定对号入座，特别是对该条第四项、第五项规定的“共同犯罪中从犯”“犯罪后自首或者有立功表现”两种情形，在决定是否应予免予刑事处罚时，要注意结合具体个案情况综合考虑，只有符合本解释第十七条的规定，并且确实属于“情节轻微不需要判处刑罚的”，才应当免予刑事处罚。二是各级法院少年法庭对依法适用免予刑事处罚的未成年罪犯，应当严格地依照最高人民法院《关于审理未成年人刑事案件的若干规定》[①] 第四十一、四十二、四十三条规定的要求，坚持依法做好对判后未成年罪犯的跟踪帮教、预防重新犯罪的向后延伸工作，以便巩固少年法庭审判工作的法律效果和社会效果。

（十）关于本解释第十八条规定的理解与适用

本解释第十八条第一、二款的内容来自1997年10月最高人民法院作出的《关于办理减刑、假释案件具体应用法律若干问题的规定》第十三条[②]的规定。较之1995年解释所作出的修改，主要是删除了对未成年罪犯减刑、假释间隔、幅度等方面的相关具体规定。作出上述修改，主要是考虑1995年解释中对未成年罪犯如何减刑、假释规定得过于具体，这些年在执行中发现，由于对未成

---

① 已被《最高人民法院关于废止部分司法解释和司法解释性质文件（第十一批）的决定》（法释〔2015〕2号）废止。

② 对应《最高人民法院关于办理判刑、假释案件具体应用法律的规定》第十九条。

年罪犯减刑间隔过短或者掌握的减刑幅度过大，个别地方出现未成年罪犯很快就无刑可减，坐等刑满的情况，不利于对其改造。因此，此次未就具体幅度、间隔等问题作出规定，只是重申了比照成年罪犯适度放宽的原则。至于具体减刑、假释幅度和间隔，可以参考成年人标准适当放宽、灵活掌握。

考虑到未成年人犯罪时没有成年，通过教育、矫治，大多数未成年罪犯都能悔过自新，在服刑期间已经成年的，对他们减刑、假释如果仍能坚持从宽，有利于鼓励改造，减小他们的反社会心理。在征求相关部门意见的基础上，本解释第十八条第三款规定："未成年罪犯在服刑期间已经成年的，对其减刑、假释可以适用上述规定。"

（十一）关于本解释第十九条规定的理解与适用

该条第一款的内容基本维持了 1995 年解释中的相关内容，未作修改。第二款则是根据 2000 年 12 月最高人民法院作出的《关于刑事附带民事诉讼范围问题的规定》[①] 第四条"被告人已经赔偿被害人物质损失的，人民法院可以作为量刑情节予以考虑"的规定，将相同的内容和精神补充到本解释中。

（撰稿人：李　兵）

① 已被《最高人民法院关于废止部分司法解释和司法解释性质文件（第十一批）的决定》（法释〔2015〕2 号）废止。

最高人民法院
关于在执行附加刑剥夺政治权利期间犯新罪应如何处理的批复

法释〔2009〕10号

（2009年3月30日最高人民法院审判委员会第1465次会议通过 2009年5月25日最高人民法院公告公布 自2009年6月10日起施行）

上海市高级人民法院：

你院《关于被告人在执行附加刑剥夺政治权利期间重新犯罪适用法律问题的请示》（沪高法〔2008〕24号）收悉。经研究，批复如下：

一、对判处有期徒刑并处剥夺政治权利的罪犯，主刑已执行完毕，在执行附加刑剥夺政治权利期间又犯新罪，如果所犯新罪无须附加剥夺政治权利的，依照刑法第七十一条的规定数罪并罚。

二、前罪尚未执行完毕的附加刑剥夺政治权利的刑期从新罪的主刑有期徒刑执行之日起停止计算，并依照刑法第五十八条规定从新罪的主刑有期徒刑执行完毕之日或者假释之日起继续计算；附加刑剥夺政治权利的效力施用于新罪的主刑执行期间。

三、对判处有期徒刑的罪犯，主刑已执行完毕，在执行附加刑剥夺政治权利期间又犯新罪，如果所犯新罪也剥夺政治权利的，依照刑法第五十五条、第五十七条、第七十一条的规定并罚。

【解 读】

解读《最高人民法院关于在执行附加刑剥夺政治权利期间犯新罪应如何处理的批复》

一、问题的提出

最高人民法院法释〔2009〕10号《关于在执行附加刑剥夺政治权利期间

犯新罪应如何处理的批复》(以下简称本批复),经最高人民法院审判委员会第1465次会议讨论通过,自2009年6月10日起施行。

二、理解与适用

(一)执行剥夺政治权利期间犯新罪是否数罪并罚问题

对被判处有期徒刑并处剥夺政治权利的罪犯,主刑已执行完毕,在执行附加刑剥夺政治权利期间又犯新罪,如果所犯新罪无须判处剥夺政治权利的,是否进行数罪并罚?对此有不同意见。经研究,本批复认为,对判处有期徒刑并处剥夺政治权利的罪犯,主刑已执行完毕,在执行附加刑剥夺政治权利期间又犯新罪,如果所犯新罪无须附加剥夺政治权利的,依照《刑法》第七十一条的规定数罪并罚。也就是说,在此情形下应当对新犯的罪作出判决,将前罪没有执行完毕的附加刑剥夺政治权利和新罪所判处的刑罚,依照《刑法》第六十九条的规定,决定执行的刑罚。主要理由:其一,这符合《刑法》第七十一条数罪并罚和第三十二条刑罚分类的规定要求。第七十一条刑罚执行完毕以前和前罪没有执行的刑罚中的刑罚,不仅包括主刑,也当然包括附加刑。附加刑未执行完毕的,属于《刑法》第七十一条中的刑罚执行完毕以前。其二,《关于在附加剥夺政治权利执行期间重新犯罪的被告人是否适用数罪并罚问题批复》(以下简称《1994年批复》)的规定具有参照意义。最高人民法院1997年3月15日《关于认真学习宣传贯彻修订后的〈中华人民共和国刑法〉的通知》第五条规定:"修订后的刑法实施后,对已明令废止的全国人大常委会的有关决定和补充规定,最高人民法院原作出的有关司法解释不再适用。但是如果修订后的刑法有关条文实质内容没有变化的,人民法院在刑事审判工作中,在没有新的司法解释前,可参照执行。其他对于与修订后的《刑法》规定相抵触的司法解释,不再适用。"这就是说,对于修订后的《刑法》有关条文实质内容没有变化,与修订后的《刑法》规定不相抵触的原司法解释,在没有新的司法解释前,可参照执行。尽管前述《1994年批复》是依据1979年《刑法》第六十四条和第六十六条有关数罪并罚的规定作出的,但是《刑法》修订后这两条内容分别成为第六十九条、第七十一条,条文实质内容和文字表述形式都没有变化,且与修订后的《刑法》规定不相抵触。因此,在没有新的司法解释前,《1994年批复》仍具有参照意义。其三,符合我国《刑法》数罪并罚的有关规定。根据《刑法》第六十九条第二款"如果数罪中有判处附加刑的,附加刑仍须执行"的规定,数罪并罚不仅包括主刑之间、附加刑之间的并罚,也可以包括主刑与附加刑的并罚。其四,符合剥夺政治权利执行时间的规定。根据《刑法》第五十八条第一款"剥夺政治权利的刑期从徒刑、拘役执行完毕之日起计算"的规定,剥夺政治权利在徒刑执行完毕以后才能开始执行,而不能与徒刑、拘役同时执行。因此,在有期徒刑执行期间,不能同时继续执行前罪尚未执行的剥夺政治权利。

（二）如何计算前罪尚未执行完毕的剥夺政治权利的刑期问题

这一问题是在前述数罪并罚的基础上产生的，因为在数罪并罚时，必须计算前罪尚未执行完毕的附加刑剥夺政治权利的剩余刑期。对此，司法实践中主要有以下三种意见：第一种意见认为，前罪附加刑剥夺政治权利，应从新罪的主刑有期徒刑执行之日起停止计算，如判决前先行羁押的，应从涉嫌犯新罪被羁押之日起停止计算。第二种意见认为，应从新罪一审判决之日起停止计算。理由：前罪之正在执行的剥夺政治权利不能因为犯新罪而停止，所以必须一直延续至新罪判决之日。第三种意见认为，应从新罪判决生效之日起停止计算。理由：罪犯在犯新罪被羁押后，其前罪正在执行的剥夺政治权利状态不应因羁押而改变。在新罪判决生效之前，其被剥夺政治权利的根据只能是前罪正在执行的附加刑。

对于这一问题，《刑法》和司法解释没有明确规定，本批复综合考虑上述意见后明确规定：前罪尚未执行完毕的附加刑剥夺政治权利的刑期，从新罪的主刑有期徒刑执行之日起停止计算，并依照《刑法》第五十八条的规定从新罪的主刑有期徒刑执行完毕之日或者假释之日起继续计算。这样规定的主要理由是，其一，符合《刑法》的有关规定，有利于维护剥夺政治权利的连续性。根据《刑法》第五十八条第一款的规定，剥夺政治权利的效力当然施用于主刑执行期间，而《刑法》第四十七条规定有期徒刑的刑期从判决执行之日起计算。因此，前罪尚未执行完毕的剥夺政治权利从新罪的有期徒刑执行之日起停止计算，待有期徒刑执行完毕或者假释之日起连续计算，可以使罪犯在剥夺政治权利执行完毕之前始终不享有政治权利。而罪犯在新罪的有期徒刑执行之日前，剥夺政治权利的依据只能是正在执行的前罪的剥夺政治权利的生效判决，而不能以新罪尚未作出的判决为依据。其二，符合《1994 年批复》规定的精神。该批复规定：在新罪所判处的刑罚执行完毕以后，继续执行前罪没有执行完毕的附加刑剥夺政治权利。这无疑说明在新罪的主刑有期徒刑执行期间，前罪没有执行完毕的剥夺政治权利停止执行。其三，有利于维护尚未执行完毕的剥夺政治权利停止计算标准的统一性。如果不停止计算尚未执行完毕的剥夺政治权利，一审宣判后，到二审宣判时又经过一段时间，二审宣判时尚未执行完毕的剥夺政治权利的刑期就会少于一审宣判时的刑期，二审仅就此也必须予以改判，这就造成一、二审因为判决时前罪尚未执行的剥夺政治权利刑期的不同而作出不同的判决，显然不利于维护判决的稳定性和权威性。如果将判决生效时间作为停止计算时间，则一审判决时无法知道是否将经过二审程序和二审宣判时间，也就无法确定尚未执行完毕的剥夺政治权利的刑期。

需要指出的是，在具体适用“前罪尚未执行完毕的附加刑剥夺政治权利的刑期从新罪的主刑有期徒刑执行之日起停止计算”时，需要注意把握以下两个问题：一是对于判决以前先行羁押的，前罪尚未执行完毕的附加刑剥夺政治权利的刑期可从因涉嫌犯新罪被羁押之日起停止计算。这样，一方面可以与主刑刑期的实际起算时间一致。《刑法》第四十七条规定有期徒刑刑期的计算从判决执行之日起计算，判决执行前先行羁押的，羁押一日折抵刑期一日。对于先行羁押的，新罪所判处有期徒刑的刑期实际上从羁押之日起计算，本批复将羁押之日作为停止计算时间，便于计算剥夺政治权利的执行期间。特别是在后罪也被判处剥夺政治权利的情形下，根据《刑法》第五十八条第一款“剥夺政治权利的效力当然施用于主刑执行期间”的规定，后罪主刑有期徒刑的执行期间被判刑人不能享有政治权利。如果不从羁押之日停止对前罪剥夺政治权利的执行，则将后罪的剥夺政治权利与前罪来执行完毕的剥夺政治权利进行并罚时，理论上就会出现剥夺政治权利的重复执行或者说剥夺政治权利期限的重合。另一方面，也符合剥夺政治权利的实际执行情况，有利于执行机关执行。剥夺政治权利的执行，由罪犯居住地县级公安机关指定派出所执行，基层组织或者罪犯的原所在单位协助进行监督。因此，罪犯在因犯新罪被羁押后，原执行机关实际上难以对其继续执行前罪附加刑剥夺政治权利。此外，对于罪犯因新罪被羁押后又变更强制措施为取保候审或监视居住的，由于取保候审、监视居住的时间不能折抵刑期，且二者和剥夺政治权利都由罪犯居住地的公安机关执行，故这段时间内应当继续执行前罪尚未执行完毕的剥夺政治权利。如果后又被羁押的，则前罪的剥夺政治权利应停止执行。二是对于判决前未予羁押的，可以将一审判决作出之日作为前罪尚未执行完毕的剥夺政治权利停止计算的时间点，从而确定出尚未执行完毕的刑期。罪犯犯新罪后，其原有的被剥夺政治权利状态不应因犯新罪而改变，犯新罪本身并不自然剥夺其政治权利。因此，在新罪判决的有期徒刑执行之前，都是前罪剥夺政治权利的执行期间，其剥夺政治权利的依据只能是正在执行的前罪的附加剥夺政治权利的生效判决，而不能以新罪尚未作出的判决为依据。同时，由于新罪的一审判决作出时，尚无法确定新罪的有期徒刑执行之日，也就无法确定一审判决未执行完毕的剥夺政治权利的刑期。为了解决这一问题，在技术操作上，可以将一审判决作出之日作为前罪尚未执行完毕的剥夺政治权利停止计算的时间点，并将应当从尚未执行完毕的刑期中扣除的一审判决作出之日至新罪有期徒刑执行之日的期间，计算在新判决确定的剥夺政治权利的刑期以内。当然，如果在一审判决作出之后、新罪有期徒刑执行之日前，前罪的剥夺政治权利执行完毕，则不存在再执行前罪的剥夺政治权利问题。

（三）剥夺政治权利的效力是否施用于新罪的主刑执行期间问题

这一问题与前一问题紧密相关，正是因为前罪剥夺政治权利的效力施用于新罪的主刑执行期间，才会产生前述前罪尚未执行完毕的剥夺政治权利的刑期停止计算问题。对此，《1994 年批复》未作出明确规定，司法实践中有两种意见：一种意见认为，剥夺政治权利的效力应当施用于新罪的有期徒刑主刑执行期间。另一种意见认为，剥夺政治权利的效力不应施用于新罪的有期徒刑主刑执行期间。理由：《刑法》第五十八条第一款的规定，针对的是本罪的主刑（限于徒刑和拘役）和附加刑剥夺政治权利的执行问题，并不必然包括前罪尚未执行完毕的附加刑剥夺政治权利和新罪所判处的刑罚数罪并罚问题。

本批复采纳了前一种意见，主要理由：其一，符合《刑法》有关剥夺政治权利的效力规定精神。《刑法》第五十八条第一款规定，剥夺政治权利的效力当然施用于主刑执行期间。被告人所犯新罪被判处的有期徒刑与前罪尚未执行完毕的剥夺政治权利数罪并罚后，仍有主刑和附加刑，这两者仍是主刑和附加刑的关系，数罪并罚条件下一罪附加剥夺政治权利的效力可以及于并罚后决定执行的主刑执行期间，故剥夺政治权利的效力当然施用于新罪的有期徒刑执行期间。反之，如果剥夺政治权利的效力不施用于新罪的主刑执行期间，就会出现主刑执行完毕之后被剥夺政治权利，而主刑执行期间反而具有政治权利的矛盾和不合理现象。其二，符合对犯新罪的被告人从重处罚的数罪并罚精神。《刑法》第七十一条有关数罪并罚的规定，体现了对不思悔改的罪犯又犯新罪的从重处罚原则。由于罪犯在服刑期间不思悔改、再犯新罪，其主观恶性和人身危险性较大，与没有再犯新罪的相比，理应实际上延长剥夺政治权利的时间，受到更严厉的惩罚。

（四）剥夺政治权利的并罚问题

对判处有期徒刑的罪犯，主刑已执行完毕，在执行附加刑剥夺政治权利期间又犯新罪，如果所犯新罪也被判处剥夺政治权利的，两个以上剥夺政治权利应当如何并罚？

如果数罪中有一个被判处死刑或者无期徒刑附加剥夺政治权利终身的，因其剥夺政治权利已达到该刑种法定最高限度，应采取吸收原则，只执行剥夺政治权利终身。对此，刑法理论界和司法实践中没有争议。但是，对剥夺政治权利均为一定期限的，是采取限制加重方法，还是采取相加方法，由于《刑法》和司法解释没有明确规定，理论界和司法实践中有不同观点。经研究，本批复认为，如果所犯新罪也剥夺政治权利的，依照《刑法》第五十五条、第五十七条、第七十一条的规定处罚。也就是说，对剥夺政治权利均为有期限的，采取限制加重的方法，把前罪未执行完毕的剥夺政治权利的刑期与新罪的剥夺政治权利并罚，除《刑法》第五十七条第二款规定外，依照《刑法》第五十五条规定在一年以上五年以下决定应执行的剥夺政治权利刑期；如果有一罪判处剥夺政治权利终身的，则采取吸收方法，并罚时只执行剥夺政治权利终身。主要理由：其一，符合《刑法》规定的数罪并罚的基本原则和剥夺政治权利期限的总则规定。根据《刑法》第六十九条规定的以限制加重为主、以吸收与并科为补充的数罪并罚基本原则，数罪中有一个被判处剥夺政治权利终身的，因其已达到该刑种法定最高限度，应采取吸收方法，只执行剥夺政治权利终身；数罪中被判处的剥夺政治权利均为有期限的，可以参考《刑法》第六十九条第一款对主刑并罚的限制加重方法，来决定应执行的剥夺政治权利刑期，以避免采用吸收原则畸轻、并科原则畸重的弊端。对剥夺政治权利的最高期限应当执行《刑法》第五十五条剥夺政治权利期限的总则规定，除符合《刑法》第五十七条规定外，一般情况下不能超过五年。其二，最高人民法院有关剥夺政治权利并罚问题的答复具有参照意义，最高人民法院研究室 1986 年 10 月 20 日针对广西壮族自治区高级人民法院的有关请示而作出的《关于数罪中有判处两个以上剥夺政治权利附加刑的应如何并罚问题的电话答复》已明确指出：数罪中有判处两个以上剥夺政治权利附加刑的，应当分别不同情况，采取不同方法处理。如果数罪中有一罪被判处无期徒刑，剥夺政治权利终身的，并罚时应只执行剥夺政治权利终身；如数罪中有两罪以上都判处有期徒刑并附加剥夺政治权利的，按限制加重的方法，其剥夺政治权利的附加刑，只能在一年以上五年以下决定应执行的刑期，不能超过五年。尽管它是依据 1979 年《刑法》有关规定作出的，但是《刑法》修订后有关条文实质内容和文字表述没有变化，具有参照意义。此外，由于《刑法》第五十七条第二款对死刑缓期执行、有期徒刑减为有期徒刑的剥夺政治权利的期限规定为三年以上十年以下，在此情形下并罚时的剥夺政治权利期限可能超过五年，故本批复补充了依照《刑法》第五十七条规定的相关内容。

（撰稿人：高贵君　王　勇　吴光侠）

【链　接】

最高人民法院刑事审判第五庭负责人就《关于在执行附加刑剥夺政治权利期间犯新罪应如何处理的批复》答记者问

最高人民法院法释〔2009〕10 号《关于在执行附加刑剥夺政治权利期间犯新罪应如何处理的批复》（以下简称本批复），经最高人民法院审判委员会第 1465 次会议讨论通过，自 2009 年 6 月 10 日起施行。为正确理解和适用本批复，最高人民法院刑事审判第五庭负责人近日应相关媒体要求，对本批复起草情况和主要内容作出了解读。

一、问：请问在执行剥夺政治权利期间犯新罪是否数罪并罚

答：对被判处有期徒刑并处剥夺政治权利的罪犯，主刑已执行完毕，在执行附加刑剥夺政治权利期间又犯新罪，如果所犯新罪无须判处剥夺政治权利的，是否数罪并罚？对此有肯定与否定两种截然相反的意见。

本批复采纳了肯定意见，即对判处有期徒刑并处剥夺政治权利的罪犯，主刑已执行完毕，在执行附加刑剥夺政治权利期间又犯新罪，如果所犯新罪无须附加剥夺政治权利的，依照《刑法》第七十一条的规定数罪并罚。也就是说，在此情形下应当对新犯的罪作出判决，将前罪没有执行完毕的附加刑剥夺政治权利和新罪所判处的刑罚，依照《刑法》第六十九条的规定，决定执行的刑罚。主要理由是，其一，这符合《刑法》第七十一条有关数罪并罚和第三十二条“刑罚分为主刑和附加刑”规定的要求。附加刑未执行完毕的属于《刑法》第七十一条中的“刑罚执行完毕以前”。其二，根据最高人民法院 1997 年 3 月 25 日《关于认真学习宣传贯彻修订后的〈中华人民共和国刑法〉的通知》第五条，修订后的《刑法》有关条文实质内容没有变化的，在没有新的司法解释前，最高人民法院原司法解释可参照执行的规定，《关于在附加剥夺政治权利执行期间重新犯罪的被告人是否适用数罪并罚问题批复》（以下简称《1994 年批复》）仍具有参照意义。其三，根据《刑法》第六十九条第二款“如果数罪中有判处附加刑的，附加刑仍须执行”的规定，数罪并罚不仅包括主刑之间、附加刑之间的并罚，也包括主刑与附加刑的并罚。其四，根据《刑法》第五十八条第一款“剥夺政治权利的刑期从徒刑、拘役执行完毕之日起计算”的规定，剥夺政治权利在徒刑执行完毕以后才能开始执行，而不能在有期徒刑执行期间同时继续执行前罪尚未执行的剥夺政治权利。

二、问：如何计算前罪尚未执行完毕的剥夺政治权利的刑期

答：这一问题是在前述数罪并罚的基础上产生的，因为在数罪并罚时，必须计算前罪尚未执行完毕的剥夺政治权利的剩余刑期。对此，司法实践中主要有以下三种意见：第一种意见认为，前罪附加刑剥夺政治权利，应从新罪的主刑有期徒刑执行之日起停止计算，如判决前先行羁押的，应从涉嫌犯新罪被羁押之日起停止计算。第二种意见认为，应从新罪一审判决之日起停止计算。第三种意见认为，应从新罪判决生效之日起停止计算，因为罪犯在新罪判决生效之前，其被剥夺政治权利的根据只能是前罪正执行的附加刑。

对此，《刑法》和司法解释没有明确规定，本批复综合考虑上述意见后规定，前罪尚未执行完毕的附加刑剥夺政治权利的刑期从新罪的主刑有期徒刑执行之日起停止计算，并依照刑法第五十八条规定从新罪的主刑有期徒刑执行完毕之日或者假释之日起继续计算。主要理由：其一，符合《刑法》“剥夺政治

权利的效力当然施用于主刑执行期间”“有期徒刑的刑期从判决执行之日起计算”的规定，有利于维护剥夺政治权利的连续性。其二，符合《1994 年批复》“在新罪所判处的刑罚执行完毕以后，继续执行前罪没有执行完毕的附加刑剥夺政治权利”规定精神。其三，有利于维护尚未执行完毕的剥夺政治权利停止计算标准的统一性。如果不停止计算前罪的剥夺政治权利，就造成一、二审仅因为判决时前罪尚未执行的剥夺政治权利刑期的不同而作出不同的判决，显然不利于维护判决的稳定性和权威性。如果将判决生效时间作为停止计算时间，则一审判决时无法知道是否将经过二审程序和二审宣判时间，也就无法确定尚未执行完毕的剥夺政治权利的刑期。

需要指出的是，在具体适用“前罪尚未执行完毕的附加刑剥夺政治权利的刑期从新罪的主刑有期徒刑执行之日起停止计算”时，需要注意把握以下两个问题：一是对于判决以前先行羁押的，前罪尚未执行完毕的附加刑剥夺政治权利的刑期可从因涉嫌犯新罪被羁押之日起停止计算。这样一方面可以与主刑刑期的实际起算时间一致。《刑法》第四十七条规定有期徒刑刑期的计算从判决执行之日起计算，判决执行前先行羁押的，羁押一日折抵刑期一日。因此对于先行羁押的，新罪所判处有期徒刑的刑期实际上从羁押之日起算，本批复将羁押之日作为停止计算时间，便于计算剥夺政治权利的执行期间。另一方面，也符合剥夺政治权利的实际执行情况，有利于执行机关执行。剥夺政治权利的执行，由罪犯居住地县级公安机关指定派出所执行，基层组织或罪犯的原所在单位协助进行监督。因此，罪犯在因犯新罪被羁押后，原执行机关实际上难以对其继续执行前罪附加刑剥夺政治权利。二是对于判决前未予羁押的，可以将一审判决作出之日作为前罪尚未执行完毕的剥夺政治权利停止计算的时间点，从而确定尚未执行完毕的刑期。罪犯犯新罪后，其原有的被剥夺政治权利状态不应因犯新罪而改变。因此，在新罪判决的有期徒刑执行之日前，都是前罪剥夺政治权利的执行期间。同时由于新罪的一审判决作出时，尚无法确定新罪的有期徒刑执行之日，也就无法确定尚未执行的剥夺政治权利的剩余刑期。为解决这一问题，在技术操作上，可以将一审判决作出之日作为前罪尚未执行的剥夺政治权利停止计算的时间点，并将应当从尚未执行的刑期中扣除的一审判决作出之日至新罪有期徒刑执行之日的期间，计算在新判决确定的剥夺政治权利的刑期以内。当然，如果在一审判决之后、新罪有期徒刑执行之日前，前罪的剥夺政治权利执行完毕，则不存在再执行前罪的剥夺政治权利问题。

三、问：请问剥夺政治权利的效力是否施用于新罪主刑执行期间

答：这一问题与前一问题紧密相关，正是因为前罪剥夺政治权利的效力施用于新罪的主刑执行期间，才会产生前罪尚未执行完毕的剥夺政治权利的刑期

停止计算问题。对此《1994年批复》未作出明确规定，司法实践中有肯定与否定两种相反意见。

本批复采纳了肯定意见，主要理由是，其一，符合《刑法》有关剥夺政治权利的效力规定精神。《刑法》第五十八条第一款后半段规定，剥夺政治权利的效力当然施用于主刑执行期间。被告人所犯新罪被判处的有期徒刑与前罪尚未执行完毕的剥夺政治权利数罪并罚后，仍有主刑和附加刑，这两者仍是主刑和附加刑的关系，数罪并罚条件下一罪附加剥夺政治权利的效力可以及于并罚后决定执行的主刑执行期间。反之，如果剥夺政治权利的效力不施用于新罪的主刑执行期间，就会出现主刑执行完毕后被剥夺政治权利，而主刑执行期间却具有政治权利的矛盾和不合理现象。其二，符合《刑法》第七十一条对犯新罪的被告人从重处罚的数罪并罚精神。由于罪犯在服刑期间不思悔改、再犯新罪，其主观恶性和人身危险性较大，与没有再犯新罪的相比，理应实际上延长剥夺政治权利的时间，受到更严厉惩罚。

四、问：对判处有期徒刑的罪犯，主刑已执行完毕，在执行附加刑剥夺政治权利期间又犯新罪，如果所犯新罪也被判处剥夺政治权利的，两个以上剥夺政治权利应当如何并罚

答：如果数罪中有一个被判处死刑或无期徒刑附加剥夺政治权利终身的，因其剥夺政治权利已达到该刑种法定最高限度，应采取吸收原则，只执行剥夺政治权利终身。对此，刑法理论界和司法实践中没有异议。但是，对剥夺政治权利均为一定期限的，是采取限制加重方法，还是采取相加方法，存在不同意见。

经研究，本批复采纳了限制加重的意见，即如果所犯新罪也剥夺政治权利的，依照《刑法》第五十五条、第五十七条、第七十一条的规定并罚。也就是说，对剥夺政治权利均为有期限的，采取限制加重的方法，把前罪未执行完毕的剥夺政治权利的刑期与新罪的剥夺政治权利并罚，除《刑法》第五十七条第二款规定外，依照《刑法》第五十五条规定在一年以上五年以下决定应执行的刑期；如果有一罪判处剥夺政治权利终身的，则采取吸收方法，并罚时只执行剥夺政治权利终身。主要理由是，其一，《刑法》第六十九条第一款对主刑并罚的限制加重方法可以参考，以避免采用吸收原则畸轻、并科原则畸重的弊端。其二，最高人民法院有关剥夺政治权利并罚问题的答复可参照执行。最高人民法院研究室1986年10月20日在《关于数罪中有判处两个以上剥夺政治权利附加刑的应如何并罚问题的电话答复》中指出："如数罪中有两罪以上都判处有期徒刑并附加剥夺政治权利的，按限制加重的方法，其剥夺政治权利的附加刑，只能在一年以上五年以下决定应执行的刑期，不能超过五年。"尽管它是依据1979年《刑法》有关规定作出的，但是《刑法》修订后有关条文实质内容没有变化，仍可参照执行。此外，由于《刑法》第五十七条第二款对死刑缓期执行、无期徒刑减为有期徒刑的剥夺政治权利的期限规定为三年以上十年以下，在此情形下并罚时的剥夺政治权利期限可能超过五年，故本批复补充了“依照刑法第五十七条规定”的相关内容。

指导案例93号

于欢故意伤害案

（最高人民法院审判委员会讨论通过 2018年6月20日发布）

关键词

刑事 故意伤害罪 非法限制人身自由 正当防卫 防卫过当

裁判要点

1. 对正在进行的非法限制他人人身自由的行为，应当认定为刑法第二十条第一款规定的“不法侵害”，可以进行正当防卫。

2. 对非法限制他人人身自由并伴有侮辱、轻微殴打的行为，不应当认定为刑法第二十条第三款规定的“严重危及人身安全的暴力犯罪”。

3. 判断防卫是否过当，应当综合考虑不法侵害的性质、手段、强度、危害程度，以及防卫行为的性质、时机、手段、强度、所处环境和损害后果等情节。对非法限制他人人身自由并伴有侮辱、轻微殴打，且并不十分紧迫的不法侵害，进行防卫致人死亡重伤的，应当认定为刑法第二十条第二款规定的“明显超过必要限度造成重大损害”。

4. 防卫过当案件，如系因被害人实施严重贬损他人人格尊严或者亵渎人伦的不法侵害引发的，量刑时对此应予充分考虑，以确保司法裁判既经得起法律检验，也符合社会公平正义观念。

相关法条

《中华人民共和国刑法》第二十条

基本案情

被告人于欢的母亲苏某在山东省冠县工业园区经营山东源大工贸有限公司（以下简称源大公司），于欢系该公司员工。2014年7月28日，苏某及其丈夫于某1向吴某、赵某1借款100万元，双方口头约定月息10%。至2015年10月20日，苏某共计还款154万元。其间，吴某、赵某1因苏某还款不及时，曾指使被害人郭某1等人采取在源大公司车棚内驻扎、在办公楼前支锅做饭等方式催债。2015年11月1日，苏某、于某1再向吴某、赵某1借款35万元。其中10万元，双方口头约定月息10%；另外25万元，通过签订房屋买卖合同，用于某1名下的一套住房作为抵押，双方约定如逾期还款，则将该住房过户给赵某1。2015年11月2日至2016年1月6日，苏某共计向赵某1还款29.8万元。吴某、赵某1认为该29.8万元属于偿还第一笔100万元借款的利息，而苏某夫妇认为是用于偿还第二笔借款。吴某、赵某1多次催促苏某夫妇继续还款或办理住房过户手续，但苏某夫妇未再还款，也未办理住房过户。

2016年4月1日，赵某1与被害人杜某2、郭某1等人将于某1上述住房的门锁更换并强行入住，苏某报警。赵某1出示房屋买卖合同，民警调解后离去。同月13日上午，吴某、赵某1与杜某2、郭某1、杜某7等人将上述住房内的物品搬出，苏某报警。民警处警时，吴某称系房屋买卖纠纷，民警告知双方协商或通过诉讼解决。民警离开后，吴某责骂苏某，并将苏某头部按入座便器接近水面位置。当日下午，赵某1等人将上述住房内物品搬至源大公司门口。其间，苏某、于某1多次拨打市长热线求助。当晚，于某1通过他人调解，与吴某达成口头协议，约定次日将住房过户给赵某1，此后再付30万元，借款本金及利息即全部结清。

4月14日，于某1、苏某未去办理住房过户手续。当日16时许，赵某1纠集郭某2、郭某1、苗某、张某3到源大公司讨债。为找到于某1、苏某，郭某1报警称源大公司私刻财务章。民警到达源大公司后，苏某与赵某1等人因还款纠纷发生争吵。民警告知双方协商解决或到法院起诉后离开。李某3接赵某1电话后，伙同么某、张某2和被害人严某、程某到达源大公司。赵某1等人先后在办公楼前呼喊，在财务室内、餐厅外盯守，在办公楼门厅外烧烤、饮酒，催促苏某还款。其间，赵某1、苗某离开。20时许，杜某2、杜某7赶到源大公司，与李某3等人一起饮酒。20时48分，苏某按郭某1要求到办公楼一楼接待室，于欢及公司员工张某1、马某陪同。21时53分，杜某2等人进入接待室讨债，将苏某、于欢的手机收走放在办公桌上。杜某2用污秽言语辱骂苏某、于欢及其家人，将烟头弹到苏某胸前衣服上，将裤子褪至大腿处裸露下体，朝坐在沙发上的苏某等人左右转动身体。在马某、李某3劝阻下，杜某2穿好裤子，又脱下于欢的鞋让苏某闻，被苏某打掉。杜某2还用手拍打于欢面颊，其他讨债人员实施了揪抓于欢头发或按压于欢肩部不准其起身等行为。22时07分，公司员工刘某打电话报警。22时17分，民警朱某带领辅警宋某、郭某3到达源大公司接待室了解情况，苏某和于欢指认杜某2殴打于欢，杜某2等人否认并称系讨债。22时22分，朱某警告双方不能打架，然后带领辅警到院内寻找报警人，并给值班民警徐某打电话通报警情。于欢、苏某想随民警离开接待室，杜某2等人阻拦，并强迫于欢坐下，于欢拒绝。杜某2

等人卡于欢颈部，将于欢推拉至接待室东南角。于欢持刃长 15.3 厘米的单刃尖刀，警告杜某 2 等人不要靠近。杜某 2 出言挑衅并逼近于欢，于欢遂捅刺杜某 2 腹部一刀，又捅刺围逼在其身边的程某胸部、严某腹部、郭某 1 背部各一刀。22 时 26 分，辅警闻声返回接待室。经辅警连续责令，于欢交出尖刀。杜某 2 等四人受伤后，被杜某 7 等人驾车送至冠县人民医院救治。次日 2 时 18 分，杜某 2 经抢救无效，因腹部损伤造成肝固有动脉裂伤及肝右叶创伤导致失血性休克死亡。严某、郭某 1 的损伤均构成重伤二级，程某的损伤构成轻伤二级。

裁判结果

山东省聊城市中级人民法院于 2017 年 2 月 17 日作出（2016）鲁 15 刑初 33 号刑事附带民事判决，认定被告人于欢犯故意伤害罪，判处无期徒刑，剥夺政治权利终身，并赔偿附带民事原告人经济损失。

宣判后，被告人于欢及部分原审附带民事诉讼原告人不服，分别提出上诉。山东省高级人民法院经审理于 2017 年 6 月 23 日作出（2017）鲁刑终 151 号刑事附带民事判决：驳回附带民事上诉，维持原判附带民事部分；撤销原判刑事部分，以故意伤害罪改判于欢有期徒刑五年。

裁判理由

法院生效裁判认为：被告人于欢持刀捅刺杜某 2 等四人，属于制止正在进行的不法侵害，其行为具有防卫性质；其防卫行为造成一人死亡、二人重伤、一人轻伤的严重后果，明显超过必要限度造成重大损害，构成故意伤害罪，依法应负刑事责任。鉴于于欢的行为属于防卫过当，于欢归案后如实供述主要罪行，且被害方有以恶劣手段侮辱于欢之母的严重过错等情节，对于欢依法应当减轻处罚。原判认定于欢犯故意伤害罪正确，审判程序合法，但认定事实不全面，部分刑事判项适用法律错误，量刑过重，遂依法改判于欢有期徒刑五年。

本案在法律适用方面的争议焦点主要有两个方面：一是于欢的捅刺行为性质，即是否具有防卫性、是否属于特殊防卫、是否属于防卫过当；二是如何定罪处罚。

一、关于于欢的捅刺行为性质

《中华人民共和国刑法》（以下简称《刑法》）第二十条第一款规定："为了使国家、公共利益、本人或者他人的人身、财产和其他权利免受正在进行的不法侵害，而采取的制止不法侵害的行为，对不法侵害人造成损害的，属于正当防卫，不负刑事责任。”由此可见，成立正当防卫必须同时具备以下五项条件：一是防卫起因，不法侵害现实存在。不法侵害是指违背法律的侵袭和损害，既包括犯罪行为，又包括一般违法行为；既包括侵害人身权利的行为，又包括侵犯财产及其他权利的行为。二是防卫时间，不法侵害正在进行。正在进行是指不法侵害已经开始并且尚未结束的这段时期。对尚未开始或已经结束的不法侵害，不能进行防卫，否则即是防卫不适时。三是防卫对象，即针对不法侵害者本人。正当防卫的对象只能是不法侵害人本人，不能对不法侵害人之外的人实施防卫行为。在共同实施不法侵害的场合，共同侵害具有整体性，可对每一个共同侵害人进行正当防卫。四是防卫意图，出于制止不法侵害的目的，有防卫认识和意志。五是防卫限度，尚未明显超过必要限度造成重大损害。这就是说正当防卫的成立条件包括客观条件、主观条件和限度条件。客观条件和主观条件是定性条件，确定了正当防卫“正”的性质和前提条件，不符合这些条件的不是正当防卫；限度条件是定量条件，确定了正当防卫“当”的要求和合理限度，不符合该条件的虽然仍有防卫性质，但不是正当防卫，属于防卫过当。防卫过当行为具有防卫的前提条件和制止不法侵害的目的，只是在制止不法侵害过程中，没有合理控制防卫行为的强度，明显超过正当防卫必要限度，并造成不应有的重大损害后果，从而转化为有害于社会的违法犯罪行为。根据本案认定的事实、证据和我国刑法有关规定，于欢的捅刺行为虽然具有防卫性，但属于防卫过当。

首先，于欢的捅刺行为具有防卫性。案发当时杜某 2 等人对于欢、苏某持续实施着限制人身自由的非法拘禁行为，并伴有侮辱人格和对于欢推搡、拍打等行为；民警到达现场后，于欢和苏某想随民警走出接待室时，杜某 2 等人阻止二人离开，并对于欢实施推拉、围堵等行为，在于欢持刀警告时仍出言挑衅并逼近，实施正当防卫所要求的不法侵害客观存在并正在进行；于欢是在人身自由受到违法侵害、人身安全面临现实威胁的情况下持刀捅刺，且捅刺的对象都是在其警告后仍向其靠近围逼的人。因此，可以认定其是为了使本人和其母亲的人身权利免受正在进行的不法侵害，而采取的制止不法侵害行为，具备正当防卫的客观和主观条件，具有防卫性质。

其次，于欢的捅刺行为不属于特殊防卫。《刑法》第二十条第三款规定：“对正在进行行凶、杀人、抢劫、强奸、绑架以及其他严重危及人身安全的暴力犯罪，采取防卫行为，造成不法侵害人伤亡的，不属于防卫过当，不负刑事责任。”根据这一规定，特殊防卫的适用前提条件是存在严重危及本人或他人人身安全的暴力犯罪。本案中，虽然杜某 2 等人对于欢母子实施了非法限制人身自由、侮辱、轻微殴打等人身侵害行为，但这些不法侵害不是严重危及人身安全的暴力犯罪。其一，杜某 2 等人实施的非法限制人身自由、侮辱等不法侵害行为，虽然侵犯了于欢母子的人身自由、人格尊严等合法权益，但并不具有严重危及于欢母子人身安全的性质；其二，杜某 2 等人按肩膀、推拉等强制或者殴打行为，虽然让于欢母子的人身安全、身体健康权遭受了侵害，但这种不法侵害只是轻微的暴力侵犯，既不是针对生命权的不法侵害，又不是发生严重侵害于欢母子身体健康权的情形，因而不属于严重危及人身安全的暴力犯罪。其三，苏某、于某 1 系主动通过他人协调、担保，向吴某借贷，自愿接受吴某所提 10%的月息。既不存在苏某、于某 1 被强迫向吴某高息借贷的事实，又不存在吴某强迫苏某、于某 1 借贷的事实，与司法解释以借贷为名采用暴力、胁迫手段获取他人财物以抢劫罪论处的规定明显不符。可见杜某 2 等人实施的多种不法侵害行为，符合可以实施一般防卫行为的前提条件，但不具备实施特殊防卫的前提条件，故于欢的捅刺行为不属于特殊防卫。

最后，于欢的捅刺行为属于防卫过当。《刑法》第二十条第二款规定："正当防卫明显超过必要限度造成重大损害的，应当负刑事责任，但是应当减轻或者免除处罚。"由此可见，防卫过当是在具备正当防卫客观和主观前提条件下，防卫反击明显超越必要限度，并造成致人重伤或死亡的过当结果。认定防卫是否"明显超过必要限度"，应当从不法侵害的性质、手段、强度、危害程度，以及防卫行为的性质、时机、手段、强度、所处环境和损害后果等方面综合分析判定。本案中，杜某 2 一方虽然人数较多，但其实施不法侵害的意图是给苏某夫妇施加压力以催讨债务，在催债过程中未携带、使用任何器械；在民警朱某等进入接待室前，杜某 2 一方对于欢母子实施的是非法限制人身自由、侮辱和对于欢拍打面颊、揪抓头发等行为，其目的仍是逼迫苏某夫妇尽快还款；在民警进入接待室时，双方没有发生激烈对峙和肢体冲突，当民警警告不能打架后，杜某 2 一方并无打架的言行；在民警走出接待室寻找报警人期间，于欢和讨债人员均可透过接待室玻璃清晰看见停在院内的警车警灯闪烁，应当知道民警并未离开；在于欢持刀警告不要逼过来时，杜某 2 等人虽有出言挑衅并向于欢围逼的行为，但并未实施强烈的攻击行为。因此，于欢面临的不法侵害并不紧迫和严重，而其却持刃长 15.3 厘米的单刃尖刀连续捅刺四人，致一人死亡、二人重伤、一人轻伤，且其中一人系被背后捅伤，故应当认定于欢的防卫行为明显超过必要限度造成重大损害，属于防卫过当。

二、关于定罪量刑

首先，关于定罪。本案中，于欢连续捅刺四人，但捅刺对象都是当时围逼在其身边的人，未对离其较远的其他不法侵害人进行捅刺，对不法侵害人每人捅刺一刀，未对同一不法侵害人连续捅刺。可见，于欢的目的在于制止不法侵害并离开接待室，在案证据不能证实其具有追求或放任致人死亡危害结果发生的故意，故于欢的行为不构成故意杀人罪，但他为了追求防卫效果的实现，对致多人伤亡的过当结果的发生持听之任之的态度，已构成防卫过当情形下的故意伤害罪。认定于欢的行为构成故意伤害罪，既是严格司法的要求，又符合人民群众的公平正义观念。

其次，关于量刑。《刑法》第二十条第二款规定："正当防卫明显超过必要限度造成重大损害的，应当负刑事责任，但是应当减轻或者免除处罚。"综合考虑本案防卫权益的性质、防卫方法、防卫强度、防卫起因、损害后果、过当程度、所处环境等情节，对于欢应当减轻处罚。

被害方对引发本案具有严重过错。本案案发前，吴某、赵某 1 指使杜某 2 等人实施过侮辱苏某、干扰源大公司生产经营等逼债行为，苏某多次报警，吴某等人的不法逼债行为并未收敛。案发当日，杜某 2 等人对于欢、苏某实施非法限制人身自由、侮辱及对于欢间有推搡、拍打、卡颈部等行为，于欢及其母亲苏某连日来多次遭受催逼、骚扰、侮辱，导致于欢实施防卫行为时难免带有恐惧、愤怒等因素。尤其是杜某 2 裸露下体侮辱苏某对引发本案有重大过错。案发当日，杜某 2 当着于欢之面公然以裸露下体的方式侮辱其母亲苏某。虽然距于欢实施防卫行为已间隔约二十分钟，但于欢捅刺杜某 2 等人时难免带有报复杜某 2 辱母的情绪，故杜某 2 裸露下体侮辱苏某的行为是引发本案的重要因素，在刑罚裁量上应当作为对于欢有利的情节重点考虑。

杜某 2 的辱母行为严重违法、亵渎人伦，应当受到惩罚和谴责，但于欢在民警尚在现场调查，警车仍在现场闪烁警灯的情形下，为离开接待室摆脱围堵而持刀连续捅刺四人，致一人死亡、二人重伤、一人轻伤，且其中一重伤者系于欢从背部捅刺，损害后果严重，且除杜某 2 以外，其他三人并未实施侮辱于欢母亲的行为，其防卫行为造成损害远远大于其保护的合法权益，防卫明显过当。于欢及其母亲的人身自由和人格尊严应当受到法律保护，但于欢的防卫行为明显超过必要限度并造成多人伤亡严重后果，超出法律所容许的限度，依法也应当承担刑事责任。

根据我国刑法规定，故意伤害致人死亡的，处十年以上有期徒刑、无期徒刑或者死刑；防卫过当的，应当减轻或者免除处罚。如上所述，于欢的防卫行为明显超过必要限度造成重大伤亡后果，减轻处罚依法应当在三至十年有期徒刑的法定刑幅度内量刑。鉴于于欢归案后如实供述主要罪行，且被害方有以恶劣手段侮辱于欢之母的严重过错等可以从轻处罚情节，综合考虑于欢犯罪的事实、性质、情节和危害后果，遂判处于欢有期徒刑五年。

指导案例 144 号

张那木拉正当防卫案

（最高人民法院审判委员会讨论通过 2020 年 12 月 29 日发布）

关键词

刑事 正当防卫 特殊防卫 行凶 宣告无罪

裁判要点

1. 对于使用致命性凶器攻击他人要害部位，严重危及他人人身安全的行为，应当认定为刑法第二十条第三款规定的“行凶”，可以适用特殊防卫的有关规定。

2. 对于多人共同实施不法侵害，部分不法侵害人已被制伏，但其他不法侵害人仍在继续实施侵害的，仍然可以进行防卫。

相关法条

《中华人民共和国刑法》第二十条

基本案情

张那木拉与其兄张某 1 二人均在天津市西青区打工。2016 年 1 月 11 日，张某 1 与案外人李某某驾驶机动车发生交通事故。事故发生后，李某某驾车逃逸。在处理事故过程中，张那木拉一方认为交警处置懈怠。此后，张那木拉听说周某强在交警队有人脉关系，遂通过鱼塘老板牛某找到周某强，请周某强向交警“打招呼”，周某强应允。3 月 10 日，张那木拉在交警队处理纠纷时与交警发生争吵，这时恰巧周某强给张那木拉打来电话，张那木拉以为周某强能够压制交警，就让交警直接接听周某强的电话，张那木拉此举引起周某强不满，周某强随即挂掉电话。次日，牛某在电话里提醒张那木拉小心点，周某强对此事没完。

3 月 12 日早上 8 时许，张那木拉与其兄张某 1 及赵某在天津市西青区鱼塘旁的小屋内闲聊，周某强纠集丛某、张某 2、陈某 2 新，由丛某驾车，并携带了陈某 2 新事先准备好的两把砍刀，至天津市西青区张那木拉暂住处（分为里屋外屋）。四人首次进入张那木拉暂住处确认张那木拉在屋后，随即返回车内，取出事前准备好的两把砍刀。其中，周某强、陈某 2 新二人各持砍刀一把，丛某、张某 2 分别从鱼塘边操起铁锨、铁锤再次进入张那木拉暂住处。张某 1 见状上前将走在最后边的张某 2 截在外屋，二人发生厮打。周某强、陈某 2 新、丛某进入里屋内，三人共同向屋外拉拽张那木拉，张那木拉向后挣脱。此刻，周某强、陈某 2 新见张那木拉不肯出屋，持刀砍向张那木拉后脑部，张那木拉随手在茶几上抓起一把尖刀捅刺了陈某 2 新的胸部，陈某 2 新被捅后退到外屋，随后倒地。其间，丛某持铁锨击打张那木拉后脑处。周某强、丛某见陈某2新倒地后也跑出屋外。张那木拉将尖刀放回原处。此时，其发现张某2仍在屋外与其兄张某1相互厮打，为防止张某1被殴打，其到屋外，随手拿起门口处的铁锹将正挥舞砍刀的周某强打入鱼塘中，周某强爬上岸后张那木拉再次将其打落水中，最终致周某强左尺骨近段粉碎性骨折，其所持砍刀落入鱼塘中。此时，张某1已经将张某2手中的铁锤夺下，并将张某2打落鱼塘中。张那木拉随即拨打电话报警并在现场等待。陈某2新被送往医院后，因单刃锐器刺破心脏致失血性休克死亡；张那木拉头皮损伤程度构成轻微伤；周某强左尺骨损伤程度构成轻伤一级。

裁判结果

天津市西青区人民法院于2017年12月13日作出（2016）津0111刑初576号刑事附带民事判决，以被告人张那木拉犯故意伤害罪，判处有期徒刑十二年六个月。被告人张那木拉以其系正当防卫、不构成犯罪为由提出上诉。天津市第一中级人民法院于2018年12月14日作出（2018）津01刑终326号刑事附带民事判决，撤销天津市西青区人民法院（2016）津0111刑初576号刑事附带民事判决，宣告张那木拉无罪。

裁判理由

法院生效裁判认为，张那木拉的行为系正当防卫行为，而且是《刑法》第二十条第三款规定的特殊防卫行为。本案中，张那木拉是在周某强、陈某2新等人突然闯入其私人场所，实施严重不法侵害的情况下进行反击的。周某强、陈某2新等四人均提前准备了作案工具，进入现场时两人分别手持长约50厘米的砍刀，一人持铁锹，一人持铁锤，而张那木拉一方是并无任何思想准备的。周某强一方闯入屋内后径行对张那木拉实施拖拽，并在张那木拉转身向后挣脱时，使用所携带的凶器砸砍张那木拉后脑部。从侵害方人数、所持凶器、打击部位等情节看，以普通人的认识水平判断，应当认为不法侵害已经达到现实危害张那木拉的人身安全、危及其生命安全的程度，属于刑法第二十条第三款规定的“行凶”。张那木拉为制止正在进行的不法侵害，顺手从身边抓起一把平时生活所用刀具捅刺不法侵害人，具有正当性，属于正当防卫。

另外，监控录像显示陈某2新倒地后，周某强跑向屋外后仍然挥舞砍刀，此时张那木拉及其兄张某1人身安全面临的危险并没有完全排除，其在屋外打伤周某强的行为仍然属于防卫行为。

根据《刑法》第二十条第三款的规定，对正在进行行凶、杀人、抢劫、强奸、绑架以及其他严重危及人身安全的暴力犯罪，采取防卫行为，造成不法侵害人伤亡的，不属于防卫过当，不负刑事责任。本案中，张那木拉的行为虽然造成了一死一伤的后果，但是属于制止不法侵害的正当防卫行为，依法不负刑事责任。

（生效裁判审判人员：杨雪梅　何振奎　路　诚）

指导案例 62 号

王新明合同诈骗案

（最高人民法院审判委员会讨论通过 2016 年 6 月 30 日发布）

关键词

刑事 合同诈骗 数额犯 既遂 未遂

裁判要点

在数额犯中，犯罪既遂部分与未遂部分分别对应不同法定刑幅度的，应当先决定对未遂部分是否减轻处罚，确定未遂部分对应的法定刑幅度，再与既遂部分对应的法定刑幅度进行比较，选择适用处罚较重的法定刑幅度，并酌情从重处罚；二者在同一量刑幅度的，以犯罪既遂酌情从重处罚。

相关法条

《中华人民共和国刑法》第二十三条

基本案情

2012 年 7 月 29 日，被告人王新明使用伪造的户口本、身份证，冒充房主即王新明之父的身份，在北京市石景山区链家房地产经纪有限公司古城公园店，以出售该区古城路 28 号楼一处房屋为由，与被害人徐某签订房屋买卖合同，约定购房款为 100 万元，并当场收取徐某定金 1 万元。同年 8 月 12 日，王新明又收取徐某支付的购房首付款 29 万元，并约定余款过户后给付。后双方在办理房产过户手续时，王新明虚假身份被石景山区住建委工作人员发现，余款未取得。2013 年 4 月 23 日，王新明被公安机关查获。次日，王新明的亲属将赃款退还被害人徐某，被害人徐某对王新明表示谅解。

裁判结果

北京市石景山区人民法院经审理于 2013 年 8 月 23 日作出（2013）石刑初字第 239 号刑事判决，认为被告人王新明的行为已构成合同诈骗罪，数额巨大，同时鉴于其如实供述犯罪事实，在亲属帮助下退赔全部赃款，取得了被害人的谅解，依法对其从轻处罚。公诉机关北京市石景山区人民检察院指控罪名成立，但认为数额特别巨大且系犯罪未遂有误，予以更正。遂认定被告人王新明犯合同诈骗罪，判处有期徒刑六年，并处罚金人民币六千元。宣判后，公诉机关提出抗诉，认为犯罪数额应为 100 万元，数额特别巨大，而原判未评价 70 万元未遂，仅依据既遂 30 万元认定犯罪数额巨大，系适用法律错误。北京市人民检察院第一分院的支持抗诉意见与此一致。王新明以原判量刑过重为由提出上诉，在法院审理过程中又申请撤回上诉。北京市第一中级人民法院经审理于 2013 年 12 月 2 日作出（2013）一中刑终字第 4134 号刑事裁定：准许上诉人王新明撤回上诉，维持原判。

裁判理由

法院生效裁判认为：王新明以非法占有为目的，冒用他人名义签订合同，其行为已构成合同诈骗罪。一审判决事实清楚，证据确实、充分，定性准确，审判程序合法，但未评价未遂 70 万元的犯罪事实不当，予以纠正。根据刑法及司法解释的有关规定，考虑王新明合同诈骗既遂 30 万元，未遂 70 万元但可对该部分减轻处罚，王新明如实供述犯罪事实，退赔全部赃款取得被害人的谅解等因素，原判量刑在法定刑幅度之内，且抗诉机关亦未对量刑提出异议，故应予维持。北京市石景山区人民检察院的抗诉意见及北京市人民检察院第一分院的支持抗诉意见，酌予采纳。鉴于二审期间王新明申请撤诉，撤回上诉的申请符合法律规定，故二审法院裁定依法准许撤回上诉，维持原判。

本案争议焦点是，在数额犯中犯罪既遂与未遂并存时如何量刑。最高人民法院、最高人民检察院《关于办理诈骗刑事案件具体应用法律若干问题的解释》第六条规定："诈骗既有既遂，又有未遂，分别达到不同量刑幅度的，依照处罚较重的规定处罚；达到同一量刑幅度的，以诈骗罪既遂处罚。"因此，对于数额犯中犯罪行为既遂与未遂并存且均构成犯罪的情况，在确定全案适用的法定刑幅度时，先就未遂部分进行是否减轻处罚的评价，确定未遂部分所对应的法定刑幅度，再与既遂部分对应的法定刑幅度比较，确定全案适用的法定刑幅度。如果既遂部分对应的法定刑幅度较重或者二者相同的，应当以既遂部分对应的法定刑幅度确定全案适用的法定刑幅度，将包括未遂部分在内的其他情节作为确定量刑起点的调节要素进而确定基准刑。如果未遂部分对应的法定刑幅度较重的，应当以未遂部分对应的法定刑幅度确定全案适用的法定刑幅度，将包括既遂部分在内的其他情节，连同未遂部分的未遂情节一并作为量刑起点的调节要素进而确定基准刑。

本案中，王新明的合同诈骗犯罪行为既遂部分为 30 万元，根据司法解释及北京市的具体执行标准，对应的法定刑幅度为有期徒刑三年以上十年以下；未遂部分为 70 万元，结合本案的具体情况，应当对该未遂部分减一档处罚，未遂部分法定刑幅度应为有期徒刑三年以上十年以下，与既遂部分 30 万元对应的法定刑幅度相同。因此，以合同诈骗既遂 30 万元的基本犯罪事实确定对王新明适用的法定刑幅度为有期徒刑三年以上十年以下，将未遂部分 70 万元的犯罪事实，连同其如实供述犯罪事实、退赔全部赃款、取得被害人谅解等一并作为量刑情节，故对王新明从轻处罚，判处有期徒刑六年，并处罚金人民币六万元。

指导案例 4 号

王志才故意杀人案

（最高人民法院审判委员会讨论通过　2011 年 12 月 20 日发布）

关键词

刑事　故意杀人罪　婚恋纠纷引发　坦白悔罪　死刑缓期执行　限制减刑

裁判要点

因恋爱、婚姻矛盾激化引发的故意杀人案件，被告人犯罪手段残忍，论罪应当判处死刑，但被告人具有坦白悔罪、积极赔偿等从轻处罚情节，同时被害人亲属要求严惩的，人民法院根据案件性质、犯罪情节、危害后果和被告人的主观恶性及人身危险性，可以依法判处被告人死刑，缓期二年执行，同时决定限制减刑，以有效化解社会矛盾，促进社会和谐。

相关法条

《中华人民共和国刑法》第五十条第二款

基本案情

被告人王志才与被害人赵某某（女，殁年 26 岁）在山东省潍坊市科技职业学院同学期间建立恋爱关系。2005 年，王志才毕业后参加工作，赵某某考入山东省曲阜师范大学继续专升本学习。2007 年赵某某毕业参加工作后，王志才与赵某某商议结婚事宜，因赵某某家人不同意，赵某某多次提出分手，但在王志才的坚持下二人继续保持联系。2008 年 10 月 9 日中午，王志才在赵某某的集体宿舍再次谈及婚恋问题，因赵某某明确表示二人不可能在一起，王志才感到绝望，愤而产生杀死赵某某然后自杀的念头，即持赵某某宿舍内的一把单刃尖刀，朝赵的颈部、胸腹部、背部连续捅刺，致其失血性休克死亡。次日 8 时 30 分许，王志才服农药自杀未遂，被公安机关抓获归案。王志才平时表现较好，归案后如实供述自己罪行，并与其亲属积极赔偿，但未与被害人亲属达成赔偿协议。

裁判结果

山东省潍坊市中级人民法院于 2009 年 10 月 14 日以〔2009〕潍刑一初字第 35 号刑事判决，认定被告人王志才犯故意杀人罪，判处死刑，剥夺政治权利终身。宣判后，王志才提出上诉。山东省高级人民法院于 2010 年 6 月 18 日以〔2010〕鲁刑四终字第 2 号刑事裁定，驳回上诉，维持原判，并依法报请最高人民法院核准。最高人民法院根据复核确认的事实，以〔2010〕刑三复22651920 号刑事裁定，不核准被告人王志才死刑，发回山东省高级人民法院重新审判。山东省高级人民法院经依法重新审理，于 2011 年 5 月 3 日作出〔2010〕鲁刑四终字第 2－1 号刑事判决，以故意杀人罪改判被告人王志才死刑，缓期二年执行，剥夺政治权利终身，同时决定对其限制减刑。

裁判理由

山东省高级人民法院经重新审理认为：被告人王志才的行为已构成故意杀人罪，罪行极其严重，论罪应当判处死刑。鉴于本案系因婚恋纠纷引发，王志才求婚不成，恼怒并起意杀人，归案后坦白悔罪，积极赔偿被害方经济损失，且平时表现较好，故对其判处死刑，可不立即执行。同时考虑到王志才故意杀人手段特别残忍，被害人亲属不予谅解，要求依法从严惩处，为有效化解社会矛盾，依照《中华人民共和国刑法》第五十条第二款等规定，判处被告人王志才死刑，缓期二年执行，同时决定对其限制减刑。

指导案例 12 号

李飞故意杀人案

（最高人民法院审判委员会讨论通过 2012 年 9 月 18 日发布）

关键词

刑事 故意杀人罪 民间矛盾引发 亲属协助抓捕 累犯 死刑缓期执行 限制减刑

裁判要点

对于因民间矛盾引发的故意杀人案件，被告人犯罪手段残忍，且系累犯，论罪应当判处死刑，但被告人亲属主动协助公安机关将其抓捕归案，并积极赔偿的，人民法院根据案件具体情节，从尽量化解社会矛盾角度考虑，可以依法判处被告人死刑，缓期二年执行，同时决定限制减刑。

相关法条

《中华人民共和国刑法》第五十条第二款

基本案情

2006 年 4 月 14 日，被告人李飞因犯盗窃罪被判处有期徒刑二年，2008 年 1 月 2 日刑满释放。2008 年 4 月，经他人介绍，李飞与被害人徐某某（女，殁年 26 岁）建立恋爱关系。同年 8 月，二人因经常吵架而分手。8 月 24 日，当地公安机关到李飞的工作单位给李飞建立重点人档案时，其单位得知李飞曾因犯罪被判刑一事，并以此为由停止了李飞的工作。李飞认为其被停止工作与徐某某有关。

同年 9 月 12 日 21 时许，被告人李飞拨打徐某某的手机，因徐某某外出，其表妹王某某（被害人，时年 16 岁）接听了李飞打来的电话，并告知李飞，徐某某已外出。后李飞又多次拨打徐某某的手机，均未接通。当日 23 时许，李飞到哈尔滨市呼兰区徐某某开设的“小天使形象设计室”附近，再次拨打徐某某的手机，与徐某某在电话中发生吵骂。后李飞破门进入徐某某在“小天使形象设计室”内的卧室，持室内的铁锤多次击打徐某某的头部，击打徐某某表妹王某某头部、双手数下。稍后，李飞又持铁锤先后再次击打徐某某、王某某的头部，致徐某某当场死亡、王某某轻伤。为防止在场的“小天使形象设计室”学徒工佟某报警，李飞将徐某某、王某某及佟某的手机带离现场抛弃，后潜逃。同月 23 日 22 时许，李飞到其姑母李某某家中，委托其姑母转告其母亲梁某某送钱。梁某某得知此情后，及时报告公安机关，并于次日晚协助公安机关将来姑母家取钱的李飞抓获。在本案审理期间，李飞的母亲梁某某代为赔偿被害人亲属 4 万元。

裁判结果

黑龙江省哈尔滨市中级人民法院于 2009 年 4 月 30 日以（2009）哈刑二初字第 51 号刑事判决，认定被告人李飞犯故意杀人罪，判处死刑，剥夺政治权利终身。宣判后，李飞提出上诉。黑龙江省高级人民法院于 2009 年 10 月 29 日以（2009）黑刑三终字第 70 号刑事裁定，驳回上诉，维持原判，并依法报请最高人民法院核准。最高人民法院根据复核确认的事实和被告人母亲协助抓捕被告人的情况，以（2010）刑五复 66820039 号刑事裁定，不核准被告人李飞死刑，发回黑龙江省高级人民法院重新审判。黑龙江省高级人民法院经依法重新审理，于 2011 年 5 月 3 日作出（2011）黑刑三终字第 63 号刑事判决，以故意杀人罪改判被告人李飞死刑，缓期二年执行，剥夺政治权利终身，同时决定对其限制减刑。

裁判理由

黑龙江省高级人民法院经重新审理认为：被告人李飞的行为已构成故意杀人罪，罪行极其严重，论罪应当判处死刑。本案系因民间矛盾引发的犯罪；案发后李飞的母亲梁某某在得知李飞杀人后的行踪时，主动、及时到公安机关反映情况，并积极配合公安机关将李飞抓获归案；李飞在公安机关对其进行抓捕时，顺从归案，没有反抗行为，并在归案后始终如实供述自己的犯罪事实，认罪态度好；在本案审理期间，李飞的母亲代为赔偿被害方经济损失；李飞虽系累犯，但此前所犯盗窃罪的情节较轻。综合考虑上述情节，可以对李飞酌情从宽处罚，对其可不判处死刑立即执行。同时，鉴于其故意杀人手段残忍，又系累犯，且被害人亲属不予谅解，故依法判处被告人李飞死刑，缓期二年执行，同时决定对其限制减刑。

指导案例14号

董某某、宋某某抢劫案

（最高人民法院审判委员会讨论通过 2013年1月31日发布）

关键词

刑事 抢劫罪 未成年人犯罪 禁止令

裁判要点

对判处管制或者宣告缓刑的未成年被告人，可以根据其犯罪的具体情况以及禁止事项与所犯罪行的关联程度，对其适用“禁止令”。对于未成年人因上网诱发犯罪的，可以禁止其在一定期限内进入网吧等特定场所。

相关法条

《中华人民共和国刑法》第七十二条第二款

基本案情

被告人董某某、宋某某（时年17周岁）迷恋网络游戏，平时经常结伴到网吧上网，时常彻夜不归。2010年7月27日11时许，因在网吧上网的网费用完，二被告人即伙同王某（作案时未达到刑事责任年龄）到河南省平顶山市红旗街社区健身器材处，持刀对被害人张某某和王某某实施抢劫，抢走张某某5元现金及手机一部。后将所抢的手机卖掉，所得赃款用于上网。

裁判结果

河南省平顶山市新华区人民法院于2011年5月10日作出（2011）新刑未初字第29号刑事判决，认定被告人董某某、宋某某犯抢劫罪，分别判处有期徒刑二年六个月，缓刑三年，并处罚金人民币1000元。同时禁止董某某和宋某某在36个月内进入网吧、游戏机房等场所。宣判后，二被告人均未上诉，判决已发生法律效力。

裁判理由

法院生效裁判认为：被告人董某某、宋某某以非法占有为目的，以暴力威胁方法劫取他人财物，其行为均已构成抢劫罪。鉴于董某某、宋某某系持刀抢劫；犯罪时不满十八周岁，且均为初犯，到案后认罪悔罪态度较好，宋某某还是在校学生，符合缓刑条件，决定分别判处二被告人有期徒刑二年六个月，缓刑三年。考虑到被告人主要是因上网吧需要网费而诱发了抢劫犯罪；二被告人长期迷恋网络游戏，网吧等场所与其犯罪有密切联系；如果将被告人与引发其犯罪的场所相隔离，有利于家长和社区在缓刑期间对其进行有效管教，预防再次犯罪；被告人犯罪时不满十八周岁，平时自我控制能力较差，对其适用禁止令的期限确定为与缓刑考验期相同的三年，有利于其改过自新，因此，依法判决禁止二被告人在缓刑考验期内进入网吧等特定场所。

（二）刑法分则

1. 罪　　名

最高人民法院
关于执行《中华人民共和国刑法》确定罪名的规定

法释〔1997〕9号

（1997年12月9日最高人民法院审判委员会第951次会议通过　1997年12月11日最高人民法院公告公布　自1997年12月16日起施行）

为正确理解、执行第八届全国人民代表大会第五次会议通过的修订的《中华人民共和国刑法》，统一认定罪名，现根据修订的《中华人民共和国刑法》，对刑法分则中罪名规定如下：

第一章　危害国家安全罪

刑法条文		罪　名
第102条		背叛国家罪
第103条	第1款	分裂国家罪
	第2款	煽动分裂国家罪
第104条		武装叛乱、暴乱罪
第105条	第1款	颠覆国家政权罪
	第2款	煽动颠覆国家政权罪
第107条		资助危害国家安全犯罪活动罪
第108条		投敌叛变罪
第109条		叛逃罪
第110条		间谍罪

第 111 条	为境外窃取、刺探、收买、非法提供国家秘密、情报罪
第 112 条	资敌罪

第二章 危害公共安全罪

第 114 条、第 115 条第 1 款	放火罪
	决水罪
	爆炸罪
	投毒罪
	以危险方法危害公共安全罪
第 115 条 第 2 款	失火罪
	过失决水罪
	过失爆炸罪
	过失投毒罪
	过失以危险方法危害公共安全罪
第 116 条、第 119 条第 1 款	破坏交通工具罪
第 117 条、第 119 条第 1 款	破坏交通设施罪
第 118 条、第 119 条第 1 款	破坏电力设备罪
	破坏易燃易爆设备罪
第 119 条 第 2 款	过失损坏交通工具罪
	过失损坏交通设施罪
	过失损坏电力设备罪
	过失损坏易燃易爆设备罪
第 120 条	组织、领导、参加恐怖组织罪
第 121 条	劫持航空器罪
第 122 条	劫持船只、汽车罪
第 123 条	暴力危及飞行安全罪
第 124 条 第 1 款	破坏广播电视设施、公用电信设施罪
第 2 款	过失损坏广播电视设施、公用电信设施罪
第 125 条 第 1 款	非法制造、买卖、运输、邮寄、储存枪支、弹药、爆炸物罪
第 2 款	非法买卖、运输核材料罪

条	款	罪名
第 126 条		违规制造、销售枪支罪
第 127 条	第 1 款、第 2 款	盗窃、抢夺枪支、弹药、爆炸物罪
	第 2 款	抢劫枪支、弹药、爆炸物罪
第 128 条	第 1 款	非法持有、私藏枪支、弹药罪
	第 2 款、第 3 款	非法出租、出借枪支罪
第 129 条		丢失枪支不报罪
第 130 条		非法携带枪支、弹药、管制刀具、危险物品危及公共安全罪
第 131 条		重大飞行事故罪
第 132 条		铁路运营安全事故罪
第 133 条		交通肇事罪
第 134 条		重大责任事故罪
第 135 条		重大劳动安全事故罪
第 136 条		危险物品肇事罪
第 137 条		工程重大安全事故罪
第 138 条		教育设施重大安全事故罪
第 139 条		消防责任事故罪

第三章　破坏社会主义市场经济秩序罪

第一节　生产、销售伪劣商品罪

条	款	罪名
第 140 条		生产、销售伪劣产品罪
第 141 条		生产、销售假药罪
第 142 条		生产、销售劣药罪
第 143 条		生产、销售不符合卫生标准的食品罪
第 144 条		生产、销售有毒、有害食品罪
第 145 条		生产、销售不符合标准的医用器材罪
第 146 条		生产、销售不符合安全标准的产品罪
第 147 条		生产、销售伪劣农药、兽药、化肥、种子罪
第 148 条		生产、销售不符合卫生标准的化妆品罪

第二节 走 私 罪

第 151 条	第 1 款	走私武器、弹药罪
		走私核材料罪
		走私假币罪
	第 2 款	走私文物罪
		走私贵重金属罪
		走私珍贵动物、珍贵动物制品罪
	第 3 款	走私珍稀植物、珍稀植物制品罪
第 152 条		走私淫秽物品罪
第 153 条		走私普通货物、物品罪
第 155 条	第（3）项	走私固体废物罪

第三节 妨害对公司、企业的管理秩序罪

第 158 条		虚报注册资本罪
第 159 条		虚假出资、抽逃出资罪
第 160 条		欺诈发行股票、债券罪
第 161 条		提供虚假财会报告罪
第 162 条		妨害清算罪
第 163 条		公司、企业人员受贿罪
第 164 条		对公司、企业人员行贿罪
第 165 条		非法经营同类营业罪
第 166 条		为亲友非法牟利罪
第 167 条		签订、履行合同失职被骗罪
第 168 条		徇私舞弊造成破产、亏损罪
第 169 条		徇私舞弊低价折股、出售国有资产罪

第四节 破坏金融管理秩序罪

第 170 条		伪造货币罪
第 171 条	第 1 款	出售、购买、运输假币罪
	第 2 款	金融工作人员购买假币、以假币换取货币罪
第 172 条		持有、使用假币罪
第 173 条		变造货币罪
第 174 条	第 1 款	擅自设立金融机构罪

条	款	罪名
	第 2 款	伪造、变造、转让金融机构经营许可证罪
第 175 条		高利转贷罪
第 176 条		非法吸收公众存款罪
第 177 条		伪造、变造金融票证罪
第 178 条	第 1 款	伪造、变造国家有价证券罪
	第 2 款	伪造、变造股票、公司、企业债券罪
第 179 条		擅自发行股票、公司、企业债券罪
第 180 条		内幕交易、泄露内幕信息罪
第 181 条	第 1 款	编造并传播证券交易虚假信息罪
	第 2 款	诱骗投资者买卖证券罪
第 182 条		操纵证券交易价格罪
第 186 条	第 1 款	违法向关系人发放贷款罪
	第 2 款	违法发放贷款罪
第 187 条		用账外客户资金非法拆借、发放贷款罪
第 188 条		非法出具金融票证罪
第 189 条		对违法票据承兑、付款、保证罪
第 190 条		逃汇罪
第 191 条		洗钱罪

第五节　金融诈骗罪

条	款	罪名
第 192 条		集资诈骗罪
第 193 条		贷款诈骗罪
第 194 条	第 1 款	票据诈骗罪
	第 2 款	金融凭证诈骗罪
第 195 条		信用证诈骗罪
第 196 条		信用卡诈骗罪
第 197 条		有价证券诈骗罪
第 198 条		保险诈骗罪

第六节　危害税收征管罪

条	款	罪名
第 201 条		偷税罪
第 202 条		抗税罪
第 203 条		逃避追缴欠税罪

第204条	第1款	骗取出口退税罪
第205条		虚开增值税专用发票、用于骗取出口退税、抵扣税款发票罪
第206条		伪造、出售伪造的增值税专用发票罪
第207条		非法出售增值税专用发票罪
第208条	第1款	非法购买增值税专用发票、购买伪造的增值税专用发票罪
第209条	第1款	非法制造、出售非法制造的用于骗取出口退税、抵扣税款发票罪
	第2款	非法制造、出售非法制造的发票罪
	第3款	非法出售用于骗取出口退税、抵扣税款发票罪
	第4款	非法出售发票罪

第七节　侵犯知识产权罪

第213条		假冒注册商标罪
第214条		销售假冒注册商标的商品罪
第215条		非法制造、销售非法制造的注册商标标识罪
第216条		假冒专利罪
第217条		侵犯著作权罪
第218条		销售侵权复制品罪
第219条		侵犯商业秘密罪

第八节　扰乱市场秩序罪

第221条		损害商业信誉、商品声誉罪
第222条		虚假广告罪
第223条		串通投标罪
第224条		合同诈骗罪
第225条		非法经营罪
第226条		强迫交易罪
第227条	第1款	伪造、倒卖伪造的有价票证罪
	第2款	倒卖车票、船票罪
第228条		非法转让、倒卖土地使用权罪
第229条	第1款、第2款	中介组织人员提供虚假证明文件罪

	第 3 款	中介组织人员出具证明文件重大失实罪
第 230 条		逃避商检罪

第四章　侵犯公民人身权利、民主权利罪

第 232 条		故意杀人罪
第 233 条		过失致人死亡罪
第 234 条		故意伤害罪
第 235 条		过失致人重伤罪
第 236 条	第 1 款	强奸罪
	第 2 款	奸淫幼女罪
第 237 条	第 1 款	强制猥亵、侮辱妇女罪
	第 3 款	猥亵儿童罪
第 238 条		非法拘禁罪
第 239 条		绑架罪
第 240 条		拐卖妇女、儿童罪
第 241 条	第 1 款	收买被拐卖的妇女、儿童罪
第 242 条	第 2 款	聚众阻碍解救被收买的妇女、儿童罪
第 243 条		诬告陷害罪
第 244 条		强迫职工劳动罪
第 245 条		非法搜查罪
		非法侵入住宅罪
第 246 条		侮辱罪
		诽谤罪
第 247 条		刑讯逼供罪
		暴力取证罪
第 248 条		虐待被监管人罪
第 249 条		煽动民族仇恨、民族歧视罪
第 250 条		出版歧视、侮辱少数民族作品罪
第 251 条		非法剥夺公民宗教信仰自由罪
		侵犯少数民族风俗习惯罪
第 252 条		侵犯通信自由罪
第 253 条	第 1 款	私自开拆、隐匿、毁弃邮件、电报罪
第 254 条		报复陷害罪

第 255 条		打击报复会计、统计人员罪
第 256 条		破坏选举罪
第 257 条		暴力干涉婚姻自由罪
第 258 条		重婚罪
第 259 条	第 1 款	破坏军婚罪
第 260 条		虐待罪
第 261 条		遗弃罪
第 262 条		拐骗儿童罪

第五章　侵犯财产罪

第 263 条		抢劫罪
第 264 条		盗窃罪
第 266 条		诈骗罪
第 267 条	第 1 款	抢夺罪
第 268 条		聚众哄抢罪
第 270 条		侵占罪
第 271 条	第 1 款	职务侵占罪
第 272 条	第 1 款	挪用资金罪
第 273 条		挪用特定款物罪
第 274 条		敲诈勒索罪
第 275 条		故意毁坏财物罪
第 276 条		破坏生产经营罪

第六章　妨害社会管理秩序罪

第一节　扰乱公共秩序罪

第 277 条		妨害公务罪
第 278 条		煽动暴力抗拒法律实施罪
第 279 条		招摇撞骗罪
第 280 条	第 1 款	伪造、变造、买卖国家机关公文、证件、印章罪
		盗窃、抢夺、毁灭国家机关公文、证件、印章罪
	第 2 款	伪造公司、企业、事业单位、人民团体印章罪
	第 3 款	伪造、变造居民身份证罪

第 281 条		非法生产、买卖警用装备罪
第 282 条	第 1 款	非法获取国家秘密罪
	第 2 款	非法持有国家绝密、机密文件、资料、物品罪
第 283 条		非法生产、销售间谍专用器材罪
第 284 条		非法使用窃听、窃照专用器材罪
第 285 条		非法侵入计算机信息系统罪
第 286 条		破坏计算机信息系统罪
第 288 条		扰乱无线电通讯管理秩序罪
第 290 条	第 1 款	聚众扰乱社会秩序罪
	第 2 款	聚众冲击国家机关罪
第 291 条		聚众扰乱公共场所秩序、交通秩序罪
第 292 条	第 1 款	聚众斗殴罪
第 293 条		寻衅滋事罪
第 294 条	第 1 款	组织、领导、参加黑社会性质组织罪
	第 2 款	入境发展黑社会组织罪
	第 4 款	包庇、纵容黑社会性质组织罪
第 295 条		传授犯罪方法罪
第 296 条		非法集会、游行、示威罪
第 297 条		非法携带武器、管制刀具、爆炸物参加集会、游行、示威罪
第 298 条		破坏集会、游行、示威罪
第 299 条		侮辱国旗、国徽罪
第 300 条	第 1 款	组织、利用会道门、邪教组织、利用迷信破坏法律实施罪
	第 2 款	组织、利用会道门、邪教组织、利用迷信致人死亡罪
第 301 条	第 1 款	聚众淫乱罪
	第 2 款	引诱未成年人聚众淫乱罪
第 302 条		盗窃、侮辱尸体罪
第 303 条		赌博罪
第 304 条		故意延误投递邮件罪

第二节 妨害司法罪

第 305 条		伪证罪
第 306 条		辩护人、诉讼代理人毁灭证据、伪造证据、妨害作证罪
第 307 条	第 1 款	妨害作证罪
	第 2 款	帮助毁灭、伪造证据罪
第 308 条		打击报复证人罪
第 309 条		扰乱法庭秩序罪
第 310 条		窝藏、包庇罪
第 311 条		拒绝提供间谍犯罪证据罪
第 312 条		窝藏、转移、收购、销售赃物罪
第 313 条		拒不执行判决、裁定罪
第 314 条		非法处置查封、扣押、冻结的财产罪
第 315 条		破坏监管秩序罪
第 316 条	第 1 款	脱逃罪
	第 2 款	劫夺被押解人员罪
第 317 条	第 1 款	组织越狱罪
	第 2 款	暴动越狱罪
		聚众持械劫狱罪

第三节 妨害国（边）境管理罪

第 318 条		组织他人偷越国（边）境罪
第 319 条		骗取出境证件罪
第 320 条		提供伪造、变造的出入境证件罪
		出售出入境证件罪
第 321 条		运送他人偷越国（边）境罪
第 322 条		偷越国（边）境罪
第 323 条		破坏界碑、界桩罪
		破坏永久性测量标志罪

第四节 妨害文物管理罪

第 324 条	第 1 款	故意损毁文物罪
	第 2 款	故意损毁名胜古迹罪
	第 3 款	过失损毁文物罪

条	款	罪名
第 325 条		非法向外国人出售、赠送珍贵文物罪
第 326 条		倒卖文物罪
第 327 条		非法出售、私赠文物藏品罪
第 328 条	第 1 款	盗掘古文化遗址、古墓葬罪
	第 2 款	盗掘古人类化石、古脊椎动物化石罪
第 329 条	第 1 款	抢夺、窃取国有档案罪
	第 2 款	擅自出卖、转让国有档案罪

第五节　危害公共卫生罪

条	款	罪名
第 330 条		妨害传染病防治罪
第 331 条		传染病菌种、毒种扩散罪
第 332 条		妨害国境卫生检疫罪
第 333 条	第 1 款	非法组织卖血罪
		强迫卖血罪
第 334 条	第 1 款	非法采集、供应血液、制作、供应血液制品罪
	第 2 款	采集、供应血液、制作、供应血液制品事故罪
第 335 条		医疗事故罪
第 336 条	第 1 款	非法行医罪
	第 2 款	非法进行节育手术罪
第 337 条		逃避动植物检疫罪

第六节　破坏环境资源保护罪

条	款	罪名
第 338 条		重大环境污染事故罪
第 339 条	第 1 款	非法处置进口的固体废物罪
	第 2 款	擅自进口固体废物罪
第 340 条		非法捕捞水产品罪
第 341 条	第 1 款	非法猎捕、杀害珍贵、濒危野生动物罪
		非法收购、运输、出售珍贵、濒危野生动物、珍贵、濒危野生动物制品罪
	第 2 款	非法狩猎罪

第 342 条		非法占用耕地罪
第 343 条	第 1 款	非法采矿罪
	第 2 款	破坏性采矿罪
第 344 条		非法采伐、毁坏珍贵树木罪
第 345 条	第 1 款	盗伐林木罪
	第 2 款	滥伐林木罪
	第 3 款	非法收购盗伐、滥伐的林木罪

第七节　走私、贩卖、运输、制造毒品罪

第 347 条		走私、贩卖、运输、制造毒品罪
第 348 条		非法持有毒品罪
第 349 条	第 1 款、第 2 款	包庇毒品犯罪分子罪
	第 1 款	窝藏、转移、隐瞒毒品、毒赃罪
第 350 条	第 1 款	走私制毒物品罪
		非法买卖制毒物品罪
第 351 条		非法种植毒品原植物罪
第 352 条		非法买卖、运输、携带、持有毒品原植物种子、幼苗罪
第 353 条	第 1 款	引诱、教唆、欺骗他人吸毒罪
	第 2 款	强迫他人吸毒罪
第 354 条		容留他人吸毒罪
第 355 条		非法提供麻醉药品、精神药品罪

第八节　组织、强迫、引诱、容留、介绍卖淫罪

第 358 条	第 1 款	组织卖淫罪
		强迫卖淫罪
	第 3 款	协助组织卖淫罪
第 359 条	第 1 款	引诱、容留、介绍卖淫罪
	第 2 款	引诱幼女卖淫罪
第 360 条	第 1 款	传播性病罪
	第 2 款	嫖宿幼女罪

第九节　制作、贩卖、传播淫秽物品罪

第 363 条	第 1 款	制作、复制、出版、贩卖、传播淫秽物品牟利罪
	第 2 款	为他人提供书号出版淫秽书刊罪

第 364 条	第 1 款	传播淫秽物品罪
	第 2 款	组织播放淫秽音像制品罪
第 365 条		组织淫秽表演罪

第七章 危害国防利益罪

第 368 条	第 1 款	阻碍军人执行职务罪
	第 2 款	阻碍军事行动罪
第 369 条		破坏武器装备、军事设施、军事通信罪
第 370 条	第 1 款	故意提供不合格武器装备、军事设施罪
	第 2 款	过失提供不合格武器装备、军事设施罪
第 371 条	第 1 款	聚众冲击军事禁区罪
	第 2 款	聚众扰乱军事管理区秩序罪
第 372 条		冒充军人招摇撞骗罪
第 373 条		煽动军人逃离部队罪
		雇用逃离部队军人罪
第 374 条		接送不合格兵员罪
第 375 条	第 1 款	伪造、变造、买卖武装部队公文、证件、印章罪
		盗窃、抢夺武装部队公文、证件、印章罪
	第 2 款	非法生产、买卖军用标志罪
第 376 条	第 1 款	战时拒绝、逃避征召、军事训练罪
	第 2 款	战时拒绝、逃避服役罪
第 377 条		战时故意提供虚假敌情罪
第 378 条		战时造谣扰乱军心罪
第 379 条		战时窝藏逃离部队军人罪
第 380 条		战时拒绝、故意延误军事订货罪
第 381 条		战时拒绝军事征用罪

第八章 贪污贿赂罪

第 382 条		贪污罪
第 384 条		挪用公款罪
第 385 条		受贿罪

第 387 条		单位受贿罪
第 389 条		行贿罪
第 391 条		对单位行贿罪
第 392 条		介绍贿赂罪
第 393 条		单位行贿罪
第 395 条	第 1 款	巨额财产来源不明罪
	第 2 款	隐瞒境外存款罪
第 396 条	第 1 款	私分国有资产罪
	第 2 款	私分罚没财物罪

第九章　渎　职　罪

第 397 条		滥用职权罪
		玩忽职守罪
第 398 条		故意泄露国家秘密罪
		过失泄露国家秘密罪
第 399 条	第 1 款	徇私枉法罪
	第 2 款	枉法裁判罪
第 400 条	第 1 款	私放在押人员罪
	第 2 款	失职致使在押人员脱逃罪
第 401 条		徇私舞弊减刑、假释、暂予监外执行罪
第 402 条		徇私舞弊不移交刑事案件罪
第 403 条		滥用管理公司、证券职权罪
第 404 条		徇私舞弊不征、少征税款罪
第 405 条	第 1 款	徇私舞弊发售发票、抵扣税款、出口退税罪
	第 2 款	违法提供出口退税凭证罪
第 406 条		国家机关工作人员签订、履行合同失职罪
第 407 条		违法发放林木采伐许可证罪
第 408 条		环境监管失职罪
第 409 条		传染病防治失职罪
第 410 条		非法批准征用、占用土地罪
		非法低价出让国有土地使用权罪
第 411 条		放纵走私罪
第 412 条	第 1 款	商检徇私舞弊罪

	第 2 款	商检失职罪
第 413 条	第 1 款	动植物检疫徇私舞弊罪
	第 2 款	动植物检疫失职罪
第 414 条		放纵制售伪劣商品犯罪行为罪
第 415 条		办理偷越国（边）境人员出入境证件罪
		放行偷越国（边）境人员罪
第 416 条	第 1 款	不解救被拐卖、绑架妇女、儿童罪
	第 2 款	阻碍解救被拐卖、绑架妇女、儿童罪
第 417 条		帮助犯罪分子逃避处罚罪
第 418 条		招收公务员、学生徇私舞弊罪
第 419 条		失职造成珍贵文物损毁、流失罪

第十章　军人违反职责罪

第 421 条		战时违抗命令罪
第 422 条		隐瞒、谎报军情罪
		拒传、假传军令罪
第 423 条		投降罪
第 424 条		战时临阵脱逃罪
第 425 条		擅离、玩忽军事职守罪
第 426 条		阻碍执行军事职务罪
第 427 条		指使部属违反职责罪
第 428 条		违令作战消极罪
第 429 条		拒不救援友邻部队罪
第 430 条		军人叛逃罪
第 431 条	第 1 款	非法获取军事秘密罪
	第 2 款	为境外窃取、刺探、收买、非法提供军事秘密罪
第 432 条		故意泄露军事秘密罪
		过失泄露军事秘密罪
第 433 条		战时造谣惑众罪
第 434 条		战时自伤罪
第 435 条		逃离部队罪
第 436 条		武器装备肇事罪
第 437 条		擅自改变武器装备编配用途罪

第 438 条	盗窃、抢夺武器装备、军用物资罪
第 439 条	非法出卖、转让武器装备罪
第 440 条	遗弃武器装备罪
第 441 条	遗失武器装备罪
第 442 条	擅自出卖、转让军队房地产罪
第 443 条	虐待部属罪
第 444 条	遗弃伤病军人罪
第 445 条	战时拒不救治伤病军人罪
第 446 条	战时残害居民、掠夺居民财物罪
第 447 条	私放俘虏罪
第 448 条	虐待俘虏罪

【解　　读】

解读《最高人民法院关于执行〈中华人民共和国刑法〉确定罪名的规定》

为了正确理解、执行修订后的《中华人民共和国刑法》，统一认定罪名，1997 年 12 月 9 日，最高人民法院审判委员会第 951 次会议通过了《最高人民法院关于执行〈中华人民共和国刑法〉确定罪名的规定》，并于 1997 年 12 月 16 日以“最高人民法院公告”的形式对外发布，自即日起施行。这是最高人民法院为贯彻执行修订后的刑法所作的重要司法解释。本文就罪名的规范化、统一化、确定罪名的原则和认定罪名应当注意的问题，谈谈自己的粗浅认识。

一、正确确定罪名的重要意义

罪名，是指法律规定的犯罪的名称。罪名与罪状是密不可分的，又有所区别。罪状，是对某一具体犯罪构成特征的描述。由于描述的方式不同，可分为简单罪状、叙明罪状、引证罪状和空白罪状。修订后的刑法叙明罪状占多数，这在立法技术上是一种进步。但是，罪状并不等于罪名。罪名包含在刑法分则条文规定的罪状之中，是对某种犯罪的本质特征或者主要特征的高度概括，而罪状包括犯罪构成的四个要件，其范围比罪名要广。

正确认定罪名，对刑事司法工作具有十分重要的意义。在第四次全国刑事审判工作会议上，最高人民法院强调：“依法准确认定犯罪性质，是审判刑事案件的基本要求。只有严格依法认定犯罪，正确区分罪与非罪的界限，才能准确打击犯罪，切实保护公民的合法权利，不枉不纵。只有准确地确定罪名，正确区分此罪与彼罪的界限，才能使犯罪分子受到应有的制裁。”

（一）有利于贯彻罪刑法定原则

我国《刑法》第三条规定：“法律明文规定为犯罪行为的，依照法律定罪处刑；法律没有明文规定为犯罪行为的，不得定罪处刑。”这表明，我国《刑法》确立了罪刑法定原则。所谓罪刑法定，是指某种行为是否构成犯罪，构成什么罪，处以何种刑罚，应当由国家法律规定。即通常所说的法无明文规定不为罪，法无明文规定不处罚。这是一项极其重要的原则，是我国刑事立法健全的一个重要标志。根据这一原则，认定被告人的行为是否构成犯罪，犯的是什么罪，适用什么刑罚，必须严格依法确定。这就要求必须正确认定犯罪性质，准确确定罪名。否则，就直接违反了这一原则。

（二）有利于严格区分罪与非罪、违法与犯罪的界限

犯罪是危害社会、触犯刑律、应受刑罚处罚的行为。我国《刑法》第十三条对犯罪的概念作了科学概括，而“但书”则是区分罪与非罪界限的总的标准。这个总标准在《刑法》分则条文规定的各种具体犯罪构成要件中有不同的内容。例如，有的侧重于情节，如虐待罪；有的侧重于数额，如盗窃罪；有的侧重于犯罪行为造成的后果，如玩忽职守罪；有的则侧重于犯罪的目的，如制作、贩卖、传播淫秽物品罪。贯彻罪刑法定原则，首先要求在办理刑事案件中严格区分罪与非罪、违法与犯罪的界限。正确认定犯罪和确定罪名，有助于防止我们在司法实践中把那些法律没有明文规定为犯罪的行为，或者虽有违法，但没有达到“情节严重”“情节恶劣”“数额较大”的程度，尚不构成犯罪，应当由党纪、政纪或者行政手段处理的行为，认定为犯罪。

（三）有利于严格区分此罪与彼罪的界限

《刑法》总则规定了犯罪构成的一般原理和共同要件。《刑法》分则条文则规定了每一种犯罪的具体的特定的构成要件，具体犯罪构成要件不同，决定了不同性质犯罪之间的区别。罪名正是决定某种犯罪行为性质的标准。正确确定罪名，有利于司法工作人员在司法实践中掌握《刑法》分则条文规定的具体犯罪构成要件，准确确定罪名；否则，就容易混淆此罪与彼罪的界限。

（四）有利于恰当量刑

罪刑相适应（又称罪刑相当），是我国《刑法》确立的基本原则之一。《刑法》第五条规定：“刑罚的轻重，应当与犯罪分子所犯罪行和承担的刑事责任相适应。”所谓罪刑相适应，是指按照罪行（包括犯罪的事实、性质、情节和对于社会的危害程度）大小，依法决定刑罚的轻重。罪刑相当，罚当其罪，是这一原则的根本要求。准确确定罪名，是正确适用刑罚的前提。它不仅有利于在司法实践中正确认定犯罪性质，而且有利于贯彻罪刑相适应的原则，做到罪

重的适用重刑，罪轻的适用轻刑，防止畸轻畸重。

二、罪名的规范化、统一化是刑事司法工作的当务之急

罪名不规范、不统一，是当前刑事司法工作中亟待解决的突出问题之一。修订前的刑法分则条文没有规定罪名；全国人大常委会以《决定》《补充规定》《暂行条例》等形式制定的23个单行刑法中，除《关于惩治贪污罪贿赂罪的补充规定》《关于惩治偷税、抗税犯罪的补充规定》等极少数几个单行刑法中的个别条文主要采取定义式方法明确规定了贪污罪、挪用公款罪、受贿罪、行贿罪、偷税罪、抗税罪等罪名外，基本上也没有规定罪名，即刑法理论界称之谓的“不明示罪名”。这就需要有权解释的机关对刑法分则条文规定的罪状所描述的犯罪构成特征进行归纳、推理。有的学者把这种确定罪名的方式称之为“暗含推理式”。但由于人们对罪状的理解不同，认识不一致，导致罪名不统一、不规范，影响了法律的严肃性。笔者参加了最高人民法院有关司法解释的制定，对此深有体会。例如，《关于惩治违反公司法的犯罪的决定》第九条规定的“公司董事、监事或者职工，利用职务上的便利，索取或者收受贿赂的”行为，究竟应确定为何种罪名，在刑法理论界、立法机关和司法机关看法不一致。刑法学界主张定为“企业人员受贿罪”“非国家工作人员受贿罪”“公司职员受贿罪”；立法机关主张定为“公司人员受贿罪”；最高人民检察院主张定为“受贿罪”；最高人民法院邀请首都著名刑法学家充分论证，并经审判委员会两次讨论，确定为“商业受贿罪”。理由是：《中华人民共和国公司法》本身就是商法；《中华人民共和国反不正当竞争法》第八条对商业贿赂行为已有明确规定；便于与《关于惩治贪污罪贿赂罪的补充规定》第四条第一款规定的国家工作人员利用职务便利收受贿赂的行为（即“受贿罪”）区别开来。这种对罪名的确定不一致的情况时有发生，影响了司法的统一性，必须尽快解决罪名的规范化、统一化的问题。

需要强调指出的是，罪名的规范化、统一化，应当是立法机关的任务。从国外立法例来看，许多国家的刑法典都实现了罪名立法化。所谓罪名立法化，是指以立法的形式对《刑法》中的罪名作出明文规定。例如，日本1974年改正刑法草案第320条规定：“（窃盗）窃取他人之财物者，为窃盗罪，处十年以下之惩役。”德国《刑法》（1974年4月22日修正公布）第177条规定：（强奸）（一）以强暴或对身体、生命立即之危险，胁迫妇女与自己或第三人为婚姻外之性交行为者，处二年以上自由刑。（二）情节轻微者，处六月以上五年以下自由刑。（三）因犯罪而轻率致被害人于死者，处五年以上自由刑。《美国模范刑法典》除在每一条规定罪名外，还设专编（第二编）、专章规定“犯罪之定义”。如第210条规定：“杀人罪（1）任何人以蓄意、故意、轻率、过失使他人死亡者，即犯杀人罪；（2）杀人罪分为谋杀、故意杀人及过失杀人。”

因此，我国许多学者和司法工作者建议，在修改《刑法》时，应当实现罪名立法化。多数学者主张采取一条文一罪名（如条文分款则一款一罪名）的原则，以罪名一罪状的立法模式取代纯粹的罪状描述的立法模式。笔者也提出将罪名的立法完善作为修改刑法的重要任务之一。通过立法，使罪名规范化、统一化。立法机关认为，罪名立法化是一个系统工程，需要投入许多人力，需要充裕的时间。由于这次修订《刑法》时间紧迫，立法机关没有采纳这个建议。所以，经修订的1997年《刑法》仍然没有实现罪名立法化。这不能不说是这次修订《刑法》的不足。

三、用司法解释的形式实现罪名的规范化、统一化

最高人民法院历来十分重视对罪名规范化、统一化的研究。从历史上来看，最高人民法院在50年代中期和80年代初期曾两次试图对罪名作出系统总结或者解释。第一次，是1956年在最高人民法院原副院长、著名法学教授张志让先生主持下，由最高人民法院研究室起草的《关于罪名、刑种和量刑幅度的初步总结》（以下简称《总结》）。这个《总结》起草了当时刑事审判中通用的9类罪、92个罪名和10个刑种。遗憾的是，当时由于国家政治形势发生重大变化，刑事政策也作了相应的调整，因此，最高人民法院没有对《总结》进行修改、定稿工作。第二次，是1981年最高人民法院为筹备召开第三次全国刑事审判工作会议而提出的《关于适用刑法分则罪名的初步意见》（以下简称《意见》)。《意见》根据《刑法》分则规定的8章、8类罪，提出了128个罪名。为了慎重起见，这个《意见》并没有提交最高人民法院于1981年在石家庄召开的第三次全国刑事审判工作会议上讨论，因而也没有出台。

鉴于1997年修订《刑法》没有实现罪名立法化，最高人民法院于1996年9月在广西南宁召开修改刑法座谈会时，最高人民法院《刑法》修改小组就商定，修订的《刑法》如果在人大会上获通过，将对罪名进行系统的专门研究。1997年3月14日，八届全国人大五次会议通过了《中华人民共和国刑法（修订草案）》后，《刑法》修改小组即根据《刑法》分则条文的规定，修订《刑法》讨论中的意见和立法原意，并结合司法实践经验，提出了《中华人民共和国刑法罪名》，共计405个，作为我们研究的重要成果，编入主要由《刑法》修改小组成员撰写的《刑法的修改与适用》一书。当然，这只是我们从学理上学习、研究《刑法》的点滴心得、体会，不一定准确，仅供读者学习、研究刑法分则时参考。所以在“按语”中特别说明：待最高人民法院对罪名作出解释后，以最高人民法院发布的司法解释为准。

为了认真贯彻执行刑法，最高人民法院决定对罪名作出解释。在原《中华人民共和国刑法罪名》的基础上，最高人民法院研究室会同刑事审判第一庭深入下级人民法院进行调查研究，多次召开座谈会，邀请法官进行座谈；1997

年8月在宁夏邀请出席中国法学会刑法学研究会年会的部分刑法学界著名专家、学者进行座谈，广泛听取意见，并征求了中央有关部门的意见，形成《关于〈中华人民共和国刑法〉罪名的解释（稿）》。然后以“征求意见稿”的形式，提交最高人民法院于1997年9月上旬在北京召开的第四次全国刑事审判工作会议上讨论。根据会议讨论意见再一次修改后，于1997年10月24日经最高人民法院审判委员会第938次会议讨论原则通过。之后，又分别征求了全国人大常委会法制工作委员会、最高人民检察院和中国人民解放军军事法院的意见。经1997年12月9日最高人民法院审判委员会第951次会议再次讨论，通过了《关于执行〈中华人民共和国刑法〉确定罪名的规定》，确定了413个罪名，并于12月16日在《人民法院报》上公开发布。这是新中国成立以来最高人民法院第一次对刑法分则罪名作出全面、系统的规定。我们深信，关于确定罪名的规定的公布施行，对实现罪名的规范化、统一化，正确认定犯罪性质，准确确定罪名，提高办案质量，提高司法水平，将会起到积极的重要的作用。

四、两个“补充规定”新增设和修改的罪名

1997年修订的《刑法》颁布施行后，为了适应同犯罪作斗争的需要，全国人大常委会又于1998年、1999年和2001年先后制定了《关于惩治骗购外汇、逃汇和非法买卖外汇犯罪的决定》（以下简称《决定》）、《中华人民共和国刑法修正案》（以下简称刑法修正案）、《中华人民共和国刑法修正案（二）》[以下简称刑法修正案（二）]、《中华人民共和国刑法修正案（三）》[以下简称刑法修正案（三）]。《决定》和3个刑法修正案对刑法分则作了一些补充和修改，司法实践中亟须对新罪名予以增补，并对部分原定罪名作出相应变更。最高人民法院于1997年制定的《关于执行〈中华人民共和国刑法〉确定罪名的规定》虽然对刑法分则的所有罪名均作了明确规定，但近几年来司法实践反映其中有的罪名在适用上还存在一些问题，需要进一步予以完善；1997年刑法修订后，最高人民检察院也制定、公布了《关于适用刑法分则规定的犯罪的罪名的意见》，其中少数几个罪名与最高人民法院规定的不相一致，也需要加以协商。为了严格司法，便于司法机关在办理相关案件中统一认定罪名，最高人民法院与最高人民检察院于2002年3月26日制定并发布了《关于执行〈中华人民共和国刑法〉确定罪名的补充规定》（以下简称《补充规定》）。该《补充规定》公布后，2002年12月28日，第九届全国人大常委会第三十一次会议通过了《中华人民共和国刑法修正案（四）》[以下简称刑法修正案（四）]。2003年8月15日，最高人民法院、最高人民检察院根据刑法修正案（四），联合发布了《关于执行〈中华人民共和国刑法〉确定罪名的补充规定（二）》

[以下简称《补充规定（二）》]，对刑法修正案（四）的罪名作出了解释。①

（一）两个“补充规定”根据《决定》和刑法修正案新增设罪名9个

两个“补充规定”根据《决定》和刑法修正案确定新增设罪名9个，加上刑法原有罪名413个（最高人民法院《关于执行〈中华人民共和国刑法〉确定罪名的规定》确定），这样，截至2003年8月15日，刑法共有罪名422个。新增设的9个具体罪名是：(1)资助恐怖活动罪[刑法第一百二十条之一，刑法修正案（三）第四条]；(2)隐匿、故意销毁会计凭证、会计账簿、财务会计报告罪（刑法第一百六十二条之一，刑法修正案第一条）；(3)骗购外汇罪（《决定》第一条）；(4)雇用童工从事危重劳动罪[刑法第二百四十四条之一，刑法修正案（四）第四条]；(5)投放虚假危险物质罪；(6)编造、故意传播虚假恐怖信息罪[刑法第二百九十一条之一，刑法修正案（三）第八条]；(7)非法收购、运输、加工、出售国家重点保护植物、国家重点保护植物制品罪[刑法第三百四十四条，刑法修正案（四）第六条]；(8)执行判决、裁定失职罪；(9)执行判决、裁定滥用职权罪[刑法第三百九十九条第三款，刑法修正案（四）第八条第三款]。

（二）两个“补充规定”同时还修改刑法罪名23个，其中取消原有罪名15个

分两种情况：

1. 两个“补充规定”根据《决定》和刑法修正案修改的罪名

鉴于《决定》和《刑法修正案》对《刑法》分则有关条文的罪状作了修改，因而罪名也相应作了修改，其中有的还取消了原有的罪名。两个“补充规定”确定共修改罪名17个，其中取消原有罪名10个。修改和取消的具体罪名是：(1)投放危险物质罪（取消投毒罪罪名）；(2)过失投放危险物质罪（取消过失投毒罪罪名）；(3)非法制造、买卖、运输、储存危险物质罪（取消非法买卖、运输核材料罪罪名）；(4)盗窃、抢夺枪支、弹药、爆炸物、危险物质罪；(5)抢劫枪支、弹药、爆炸物、危险物质罪；(6)走私废物罪（取消走私固体废物罪罪名）；(7)国有公司、企业、事业单位人员失职罪；(8)国有公司、企业、事业单位人员滥用职权罪（取消徇私舞弊造成破产、亏损罪罪名）；(9)伪造、变造、转让金融机构经营许可证、批准文件罪；(10)编造并传播证券、期货交易虚假信息罪；(11)诱骗投资者买卖证券、期货合约罪；(12)操纵证券、期货交易价格罪；(13)提供虚假证明文件罪（取消中介组织人员提供虚假证明文件罪罪名）；(14)出具证明文件重大失实罪（取消中介组织人员出具证明文件重大失实罪罪名）；(15)非法占用农用地罪（取消非法占用耕地罪罪名）；(16)非法采伐、毁坏国家重点保护植物罪（取消非法采伐、

① 2005年2月28日，十届全国人大常委会第十四次会议通过并公布了《中华人民共和国刑法修正案（五）》。因“两高”尚未对刑法修正案（五）的罪名作出解释，故本文未涉及。

毁坏珍贵树木罪罪名）；（17）非法收购、运输盗伐、滥伐的林木罪（取消非法收购盗伐、滥伐的林木罪罪名）。

2.《补充规定》修改的其他罪名

1997年最高人民法院《关于执行〈中华人民共和国刑法〉确定罪名的规定》和最高人民检察院《关于适用刑法分则规定的犯罪的罪名的意见》中，有几个罪名的规定不一致，影响了人民法院和人民检察院统一认定罪名。为此，“两高”经协商，对有关罪名取得了一致意见，在第一个《补充规定》中作了规定，涉及5个罪名，并取消原有罪名4个。具体罪名是：（1）滥用职权罪；（2）玩忽职守罪（取消国家机关工作人员徇私舞弊罪罪名）；（3）徇私枉法罪（取消枉法追诉、裁判罪罪名）；（4）民事、行政枉法裁判罪（取消枉法裁判罪罪名）；（5）国家机关工作人员签订、履行合同失职被骗罪（取消国家机关工作人员签订、履行合同失职罪罪名）。

第一个《补充规定》还决定刑法第二百三十六条只定一个强奸罪，并取消了原定的奸淫幼女罪罪名。

这样，两个“补充规定”共修改刑法罪名23个，其中取消原有罪名15个。

五、确定罪名的原则

有具体的罪状和具体的法定刑，是确定罪名的一般原则。1997年最高人民法院确定罪名和2002年、2003年“两高”确定罪名，遵循了以下原则：

（一）法定原则

即必须严格根据《刑法》分则条文中对罪状的描述来确定罪名。罪状和罪名是内容与形式的关系，不能离开法律规定的罪状滥定罪名，罪名都应具有严格的法律规范性，是对某种犯罪行为本质特征的高度概括。例如，《刑法》第二百九十二条规定：“以非法占有为目的，使用诈骗方法非法集资，数额较大的”，就是罪状；根据这一罪状概括出来的罪名，就是“集资诈骗罪。”又如，《刑法》第九十一条第一款规定：“明知是毒品犯罪、黑社会性质的组织犯罪、恐怖活动犯罪、[1]走私犯罪的违法所得及其产生的收益，为掩饰、隐瞒其来源和性质，有下列行为之一的，即（一）提供资金账户的；（二）协助将财产转换为现金或者金融票据的；（三）通过转账或者其他结算方式协助资金转移的；（四）协助将资金汇往境外的；（五）以其他方法掩饰、隐瞒犯罪的违法所得及其收益的性质和来源的”，是罪状；根据这一罪状概括出来的罪名，就是“洗

① 这是“9·11”事件后，为适应反恐斗争的需要，全国人大常委会于2001年12月29日通过的《中华人民共和国刑法修正案（三）》第三条加以补充规定的；1997年《刑法》第一百九十一条没有“恐怖活动犯罪”的规定。

钱罪”。虽然罪状中没有直接出现“洗钱”两字，但在这一条的法定刑部分，却指明了这种犯罪行为的性质，规定：“没收实施以上犯罪的违法所得及其产生的收益，处五年以下有期徒刑或者拘役，并处或者单处洗钱数额百分之五以上百分之二十以下罚金；情节严重的，处五年以上十年以下有期徒刑，并处洗钱数额百分之五以上百分之二十以下罚金……”

按照这一原则，凡法律明确规定“犯前款罪”或者“犯前两款罪”的，均按前款罪或者前两款罪确定罪名。例如，《刑法》第三百九十七条第二款规定：“国家机关工作人员徇私舞弊，犯前款罪的，处五年以下有期徒刑或者拘役；情节特别严重的，处五年以上十年以下有期徒刑。”本条第一款是关于国家机关工作人员滥用职权或者玩忽职守的规定。对于第二款规定的国家机关工作人员因徇私舞弊而滥用职权、玩忽职守的行为，是否构成单一罪名的问题，争论很大。一种意见认为，本款是新增设的罪种，应单独确定为徇私舞弊罪。理由是：本款规定的行为和法定刑均与第一款不同。在行为上，不仅要有滥用职权或者玩忽职守的行为，而且要有徇私舞弊的行为。在法定刑上，犯第一款规定的罪处三年以下有期徒刑或者拘役，情节特别严重的处三年以上七年以下有期徒刑；而第二款规定的法定刑要比单纯的滥用职权罪或者玩忽职守罪要重，目的是惩治国家机关工作人员中严重的渎职行为。另一种意见则认为，第二款是关于国家机关工作人员徇私舞弊，犯第一款罪如何处罚的规定，因而不构成单一罪名。我们赞同第二种意见，理由是：本款明文规定“国家机关工作人员徇私舞弊，犯前款罪的”，说明徇私舞弊仅仅是滥用职权、玩忽职守的一个情节，情节不影响犯罪的性质；本款法定刑所以重于第一款的法定刑，是因为本款行为是第一款行为的加重处罚情节。

应当强调指出的是，法定原则是确定罪名的最基本、最重要原则，其他原则都是由它派生出来的。

（二）准确原则（又称科学原则）

罪名应当主要反映犯罪行为的本质特征。因此，应当以犯罪行为侵犯的直接客体为主来确定罪名。因为，犯罪侵犯的直接客体反映了某一犯罪的最本质特征，侵犯的直接客体不同，犯罪性质也不相同。因此，应当尽量避免在罪名中出现犯罪主体、罪过。例如，《刑法修正案（四）》第八条第三款规定：“在执行判决、裁定活动中，严重不负责任或者滥用职权，不依法采取诉讼保全措施、不履行法定执行职责，或者违法采取诉讼保全措施、强制执行措施，致使当事人或者其他人的利益遭受重大损失的，处五年以下有期徒刑或者拘役；致使当事人或者其他人的利益遭受特别重大损失的，处五年以上十年以下有期徒刑。”在征求本条罪名意见过程中，有的主张将本条款确定为“执行人员失职罪”和“执行人员滥用职权罪”。主要理由是，《刑法修正案（四）》第八条第三款与《刑法》第一百六十八条以及《刑法》第九章规定的其他渎职罪的区别，侧重于犯罪主体的不同。《刑法》第一百六十八条已由《补充规定》确定为国有公司、企业、事业单位人员失职罪和国有公司、企业、事业单位人员滥用职权罪，本条款也可以相应地确定为执行人员失职罪和执行人员滥用职权罪。《补充规定（二）》认为：第一，该条款罪状规定了在执行判决、裁定活动中的两种犯罪行为：一是失职行为，即严重不负责任，不依法采取诉讼保全措施、不履行法定执行职责。二是滥用职权行为，即违法采取诉讼保全措施、强制执行措施。第二，该条款犯罪与其他渎职犯罪的区别，侧重点并不主要在于犯罪主体的不同，而主要在于犯罪行为的客观方面的不同。第三，从确定罪名要求准确的原则看，罪名应当主要反映犯罪行为的主要特征，且应当尽量避免在罪名中出现犯罪主体、罪过形式。因而将本条款确定为“执行判决、裁定失职罪和执行判决、裁定滥用职权罪”。

但如果此罪与彼罪的区别主要体现在犯罪主体或者罪过上，为了有利于划清此罪与彼罪的界限，必要时也可以在罪名中出现主体、罪过。例如，为了与《刑法》第三百零七条第一款规定的妨害作证罪相区别，将《刑法》第三百零六条定为“辩护人、诉讼代理人毁灭证据、伪造证据、妨害作证罪”；为了与刑法第三百二十四条第三款规定的过失损毁文物罪相区别，将该条第一款定为故意损毁文物罪。

（三）简括原则

罪名应当严格根据罪状来确定。但如上所述，罪状并不等于罪名，除简单罪状外，不能将罪状直接作为罪名，罪名应当在罪状的基础上，选择最能反映某一犯罪本质的名称，对罪状进行高度概括。因此，罪名应当简洁、概括，避免冗长、啰唆。例如，《刑法》第一百五十八条规定：“申请公司登记使用虚假证明文件或者采取其他欺诈手段虚报注册资金，欺骗公司登记主管部门，取得公司登记，虚报注册资本数额巨大、后果严重或者有其他严重情节的”，概括为“虚报注册资本罪”。

（四）明确原则

罪名必须明确，不能笼统、含混。因此，罪名的文字表述尽量要做到顾名思义，避免使用可能产生歧义或者可以有两种以上解释的词语，以便于在司法实践中正确理解和适用。有的罪状很长，如果实在无法高度概括，则宁可罪名长一些，也要保证明确。如《刑法》第一百一十一条规定的“为境外窃取、刺探、收买、非法提供国家秘密、情报罪”；《刑法》第一百七十四条第二款规定的“伪造、变造、转让金融机构经营许可证、批准文件罪”;①《刑法》第一百三十条规定的“非法携带枪支、弹药、管制刀具、危险物品危及公共安全罪”等罪。

（五）约定俗成原则

在司法实践中，按以上原则确定罪名很难统一时，就可以采用约定俗成的办法，这是确定罪名的具体方法上的要求。约定俗成来自两个方面：一是来自人民群众。如《刑法》第三百八十二条规定的“贪污罪”，就是人民群众在同社会上的犯罪行为作斗争中，长期在民间流行而上升为法律用语的。二是来自司法实践。如最高人民法院 1997 年研究确定罪名时，对《刑法》第一百一十五条第二款规定的行为，如何确定罪名，有两种不同意见。一种意见认为，本款原定的过失决水罪、过失爆炸罪、过失投毒罪，② 应分别改为过失引起水灾罪、过失引起爆炸罪、过失引起毒害罪。理由是：(1) 决水、爆炸、投毒③都是故意行为，在“决水”“爆炸”“投毒”前直接加上“过失”两字，行为与主观不一致，不符合过失犯罪罪名表述应当主客观相一致的原则。(2) 构成过失犯罪必须造成严重后果。因此，过失犯罪的罪名应当体现犯罪结果。例如，因过失造成事故的犯罪，罪名一般要体现“事故”。(3)《刑法》第一百五十一条第二款规定，“过失犯前款罪的”，意思也是过失引起决水、过失引起爆炸、过失引起毒害。另一种意见则认为，本条款的罪名仍应沿用过去的罪名，定为过失决水罪、过失爆炸罪、过失投毒罪。理由是：(1) 这些罪名已约定俗成，容易理解，司法实践中不会发生歧义。(2) 过失引起水灾、爆炸、毒害的范围太宽，许多行为都会造成上述结果，但不都应定本条款之罪。(3) 本条第二款已规定“过失犯前款罪”，即过失犯决水罪、爆炸罪、投毒罪。审判委员会赞同第二种意见。

六、认定罪名应当注意的问题

从司法实践的情况看，司法机关在认定罪名时，应当注意以下几个问题：

---

① 根据《中华人民共和国刑法修正案》第三条、《中华人民共和国刑法修正案（三）》第一条、第二条的规定，“两高”在《关于执行〈中华人民共和国刑法〉确定罪名的补充规定》中，已将 1997 年 12 月 26 日最高人民法院《关于执行〈中华人民共和国刑法〉确定罪名的规定》中确定的“伪造、变造、转让金融机构经营许可证罪”“过失投毒罪”“投毒罪”的罪名，分别改为“伪造、变造、转让金融机构经营许可证、批准文件罪”“过失投放危险物质罪”“投放危险物质罪”。

②③ 根据《中华人民共和国刑法修正案》第三条、《中华人民共和国刑法修正案（三）》第一条、第二条的规定，“两高”在《关于执行〈中华人民共和国刑法〉确定罪名的补充规定》中，已将 1997 年 12 月 26 日最高人民法院《关于执行〈中华人民共和国刑法〉确定罪名的规定》中确定的“伪造、变造、转让金融机构经营许可证罪”“过失投毒罪”“投毒罪”的罪名，分别改为“伪造、变造、转让金融机构经营许可证、批准文件罪”“过失投放危险物质罪”“投放危险物质罪”。

（一）不能滥定罪名

应当严格按照《刑法》分则条文规定的罪状和最高人民法院关于确定罪名的规定以及最高人民法院、最高人民检察院关于确定罪名的两个“补充规定”认定罪名，不能离开法律规定的罪状和“两高”关于确定罪名的规定滥定罪名。也不应当把在立法和制定司法解释过程中未予采纳的不同意见和刑法理论界的不同看法，作为确定罪名的依据。

（二）一般应按犯罪行为所侵犯的直接客体确定罪名

一般要按犯罪行为所侵犯的直接客体，而不是犯罪行为所侵犯的同类客体来确定罪名。如果按犯罪行为所侵犯的同类客体，即类罪来确定罪名，就不能区别此罪与彼罪，也找不到法定刑的条款，从而无法适用刑法分则条文定罪判刑。

在《刑法》分则的一些条文中，确有一些犯罪侵犯的是同类客体。如侵犯财产罪中的盗窃、诈骗、抢夺等犯罪，它们侵犯的都是公私财产的所有权。这就要根据这些犯罪在客观方面的重要特征，即犯罪手段，来确定罪名。

（三）要区分是选择性罪名还是单一罪名

选择性罪名以行为手段相互联系或者行为对象具有相似性质，属于性质相同的犯罪，不需要实行数罪并罚为标准。例如，《刑法》第一百二十五条第一款规定的“非法制造、买卖、运输、邮寄、储存枪支、弹药罪”，就是一个选择性罪名。行为人只要实施了非法制造、买卖、运输、邮寄、储存枪支、弹药其中一种行为就构成犯罪，并相应确定其罪名；实施了两种或者两种以上的行为，可根据案情，实事求是地确定罪名。如果行为人实施了制造、买卖枪支的行为，就是“制造、买卖枪支罪”；如果行为人既制造，又买卖、运输、邮寄枪支的，就定“制造、买卖、运输、邮寄枪支罪”，但是仍为一罪，不实行并罚，可在量刑时作为情节予以考虑。刑法其他条款规定的选择性罪名，均可以按上述第一百二十五条第一款的方法确定罪名。

又如，《刑法修正案（四）》第二条规定：“在第一百五十二条中增加一款作为第二款：‘逃避海关监管将境外固体废物、液态废物和气态废物运输进境，情节严重的，处五年以下有期徒刑，并处或者单处罚金；情节特别严重的，处五年以上有期徒刑，并处罚金。’”《补充规定（二）》根据该修正案第二条规定的罪状，将本罪的罪名确定为“走私废物罪”。本罪属概括性罪名而非选择性罪名。选择性罪名属于性质相同的犯罪。某一种行为虽然触犯某种犯罪的多种不同行为方式、多种不同行为对象，但由于其对社会的危害性大致相当，不需要实行数罪并罚，因而采用选择性罪名。而本罪所走私的固体废物、液态废物和气态废物属于废物的形态，不涉及行为选择或者对象选择的问题，且三种废物都具有“废物”这一共同特征，因此，不需要采用选择性罪名，而应当采用概括性罪名，行为人只要走私上述三种废物中的一种废物就构成本罪。至于走私废物罪与《刑法》第三百三十九条第一、二款规定的“非法处置进口的固体废物罪”“擅自进口固体废物罪”的表述不一致，主要是由于刑法对后两种犯罪的对象作了特别规定。

如果行为手段不相联系，或者行为对象在性质上不具有相似性，则属于性质各不相同的犯罪，应为单一罪名。如《刑法》分则一些条文中规定的排列式罪名，由于相互之间没有任何内在联系，立法时只是为了简化法律条文而把它们合并为一条。《刑法》第一百一十四条、第一百一十五条第一款规定的放火罪、决水罪、爆炸罪、投放危险物质罪和以危险方法危害公共安全罪，第一百二十七条第一款规定的盗窃、抢夺枪支、弹药、爆炸物罪等，就属于单一罪名。如果行为人实施两种或者两种以上行为，就应该据实定两个或者两个以上的罪，按数罪并罚原则处理。

（四）注意由于罪状的修改引起的罪名的变化

1997 年修订《刑法》时，为了适应同新形势下的犯罪行为作斗争的需要，除增设了大量新罪名外，还对 1979 年的《刑法》和单行刑法中的一些罪的罪状作了修改和补充；1998 年至 2002 年，全国人大常委会又颁布了一个《决定》和四个《刑法修正案》，对 1997 年《刑法》中的一些罪的罪状作了修改和补充，因而罪名也相应地发生变化。基本上有三种情况：

1. 由于原来罪状描述不科学、不准确导致罪名不科学、不准确。例如，根据 1979 年《刑法》第一百三十三条关于“过失杀人的”罪状，将这种犯罪定为“过失杀人罪”。1997 年修订《刑法》时，考虑到过失杀人本属过失犯罪，而“杀人”又有故意犯罪之嫌，所以，修订后的《刑法》第二百三十三条将罪状修改为“过失致人死亡的”，罪名也相应地改为“过失致人死亡罪”。

2. 对罪状作了修改和补充。例如，根据全国人大常委会《关于严惩拐卖、绑架妇女、儿童的犯罪分子的决定》第二条第三款关于“以勒索财物为目的绑架他人的”罪状，将这种犯罪定为“绑架勒索罪”。1997 年《刑法》第二百三十九条将罪状修改为：“以勒索财物为目的绑架他人的，或者绑架他人作为人质的”，因而将罪名相应地改为“绑架罪”。今后，绑架勒索的罪名不再适用。

又如，《刑法》修正案第二条将一个罪名分立为两个罪名。《刑法修正案》第二条规定：“将刑法第一百六十八条修改为：‘国有公司、企业的工作人员，由于严重不负责任或者滥用职权，造成国有公司、企业破产或者严重损失，致使国家利益遭受重大损失的，处三年以下有期徒刑或者拘役；致使国家利益遭受特别重大损失的，处三年以上七年以下有期徒刑。

‘国有事业单位的工作人员有前款行为，致使国家利益遭受重大损失的，依照前款的规定处罚。

‘国有公司、企业、事业单位的工作人员，徇私舞弊，犯前款罪的，依照第一款的规定从重处罚。’”

《补充规定》根据该修正案第二条规定的罪状，将本罪确定为“国有公司、企业、事业单位人员失职罪”和“国有公司、企业事业单位人员滥用职权罪”，并取消了1997年规定的“徇私舞弊造成破产、亏损罪”罪名。这是因为，1997年《刑法》第一百六十八条规定，国有公司、企业直接负责的主管人员，徇私舞弊，造成国有公司、企业破产或者严重亏损，致使国家利益遭受重大损失的，即构成犯罪。中央有关单位和地方一些部门反映，在《刑法》执行过程中，对国有公司、企业单位的工作人员，由于严重不负责任或者滥用职权，致使国家利益遭受重大损失的有些行为，如擅自为他人提供担保，给本单位造成重大损失的；违反国家规定，在国际外汇、期货市场上进行外汇、期货投机，给国家造成重大损失的；在仓储或者企业管理方面严重失职，造成重大损失等情形，由于行为人没有“徇私舞弊”的行为，刑法现有规定难以追究其刑事责任。同时，考虑到对国有事业单位的工作人员，因严重不负责任或者滥用职权致使国家利益遭受重大损失的犯罪行为单独规定为好。九届全国人大常委会第十三次会议经过审议，决定对《刑法》第一百八十六条作上述修改，将“徇私舞弊”从构成犯罪的要件改为从重处罚的情节，从而为惩治这类犯罪从立法上加大了力度。《补充规定》根据《刑法修正案》第二条的规定，将罪名分立为“国有公司、企业、事业人员失职罪”和“国有公司、企业、事业人员滥用职权罪”，同时取消了“徇私舞弊造成破产、亏损罪”的罪名。因此，刑法修正案第二条不是新增设的罪名，而是根据修正案对罪状的修改，将原有罪名分立为两个罪名。

3. 对罪名虽未作修改，但实际上是将两个罪名合并为一个罪名。例如，根据《关于严惩拐卖、绑架妇女、儿童的犯罪分子的决定》第一条关于“拐卖妇女、儿童的”罪状和第二条关于“以暴力、胁迫或者麻醉的方法绑架妇女、儿童的”罪状，曾将这两种犯罪分别定为“拐卖妇女、儿童罪”和“绑架妇女、儿童罪”。1997年《刑法》第二百四十条第一款虽然保留了“拐卖妇女、儿童的”罪状，但按照本条第二款对“拐卖妇女、儿童”所作的解释，即“拐卖妇女儿童是指以出卖为目的，有拐骗、绑架、收买、贩卖、接送、中转妇女、儿童的行为之一的”，绑架妇女、儿童的行为也包括在拐卖妇女、儿童的行为之中。因此，今后“绑架妇女、儿童罪”的罪名不再适用。

（五）罪状虽未作修改，但司法实践中适用法律遇到问题而取消罪名

《刑法》第二百三十六条第一、二款规定：“以暴力、胁迫或者其他手段强奸妇女的，处三年以上十年以下有期徒刑。奸淫不满十四周岁的幼女的，以强奸论，从重处罚。”

《最高人民法院关于执行〈中华人民共和国刑法〉确定罪名的规定》中，对《刑法》第二百三十六条确定了强奸罪、奸淫幼女罪两个罪名。司法实践中对这两个罪名的适用反映比较突出，主要涉及两个问题：一是《刑法》第十七

条规定，已满 14 周岁不满 16 周岁的人只对强奸罪负刑事责任，而犯奸淫幼女罪的，不负刑事责任。由于奸淫幼女罪的犯罪情节、危害后果都比较严重，社会影响也比较恶劣，只因处于特殊年龄阶段就一律不追究刑事责任，普遍认为未免失之偏颇，也不符合《刑法》第二百三十六条“奸淫不满十四周岁的幼女的，以强奸论，从重处罚”的立法本意。二是对既实施了强奸行为又实施了奸淫幼女行为的，是以强奸罪定罪，从重处罚，还是分别定罪，实行并罚，刑法理论界、司法实务部门争议颇多。考虑到《刑法》第二百三十六条第二款规定的是“奸淫不满十四周岁的幼女的，以强奸论，从重处罚”，奸淫幼女行为同强奸行为本质上是相同的，其主要区别仅在于被害妇女的年龄及具体行为方式。因此，决定将原来确定的《刑法》第二百三十六条中的奸淫幼女罪取消，只规定一个强奸罪。

（撰稿人：周道鸾）

最高人民法院 最高人民检察院
关于执行《中华人民共和国刑法》确定罪名的补充规定

法释〔2002〕7号

（最高人民法院审判委员会第1193次会议、最高人民检察院第九届检察委员会第100次会议通过 2002年3月15日最高人民法院、最高人民检察院公告公布 自2002年3月26日起施行）

为正确理解、执行《中华人民共和国刑法》和全国人民代表大会常务委员会《关于惩治骗购外汇、逃汇和非法买卖外汇犯罪的决定》、《中华人民共和国刑法修正案》、《中华人民共和国刑法修正案（二）》、《中华人民共和国刑法修正案（三）》[以下分别简称为《决定》、《修正案》及《修正案（二）》、《修正案（三）》]，统一认定罪名，现对最高人民法院《关于执行〈中华人民共和国刑法〉确定罪名的规定》、最高人民检察院《关于适用刑法分则规定的犯罪的罪名的意见》作如下补充、修改：

刑法条文	罪名
第一百一十四条、第一百一十五条第一款［《修正案（三）》第一、二条］	投放危险物质罪（取消投毒罪罪名）
第一百一十五条第二款［《修正案（三）》第一、三条］	过失投放危险物质罪（取消过失投毒罪罪名）
第一百二十条之一［《修正案（三）》第四条］	资助恐怖活动罪
第一百二十五条第二款［《修正案（三）》第五条］	非法制造、买卖、运输、储存危险物质罪（取消非法买卖、运输核材料罪罪名）
第一百二十七条第一款、第二款［《修正案（三）》第六条第一款、第二款］	盗窃、抢夺枪支、弹药、爆炸物、危险物质罪
第一百二十七条第二款［《修正案（三）》第六条第二款］	抢劫枪支、弹药、爆炸物、危险物质罪
第一百六十二条之一（《修正案》第一条）	隐匿、故意销毁会计凭证、会计账簿、财务会计报告罪

刑 法 条 文	罪 名
第一百六十八条（《修正案》第二条）	国有公司、企业、事业单位人员失职罪 国有公司、企业、事业单位人员滥用职权罪（取消徇私舞弊造成破产、亏损罪罪名）
第一百七十四条第二款（《修正案》第三条）	伪造、变造、转让金融机构经营许可证、批准文件罪
第一百八十一条第一款（《修正案》第五条第一款）	编造并传播证券、期货交易虚假信息罪
第一百八十一条第二款（《修正案》第五条第二款）	诱骗投资者买卖证券、期货合约罪
第一百八十二条（《修正案》第六条）	操纵证券、期货交易价格罪
《决定》第一条	骗购外汇罪
第二百二十九条第一款、第二款、第三款	提供虚假证明文件罪（取消中介组织人员提供虚假证明文件罪罪名） 出具证明文件重大失实罪（取消中介组织人员出具证明文件重大失实罪罪名）
第二百三十六条	强奸罪（取消奸淫幼女罪罪名）
第二百九十一条之一［《修正案（三）》第三条］	投放虚假危险物质罪
	编造、故意传播虚假恐怖信息罪
第三百四十二条［《修正案（二）》］	非法占用农用地罪（取消非法占用耕地罪罪名）
第三百九十七条	滥用职权罪、玩忽职守罪（取消国家机关工作人员徇私舞弊罪罪名）
第三百九十九条第一款 第二款	徇私枉法罪（取消枉法追诉、裁判罪） 民事、行政枉法裁判罪（取消枉法裁判罪）
第四百零六条	国家机关工作人员签订、履行合同失职被骗罪（取消国家机关工作人员签订、履行合同失职罪）

最高人民法院、最高人民检察院原有关罪名问题的规定与本规定不一致的，以本规定为准。

【解 读】

解读《最高人民法院、最高人民检察院关于执行〈中华人民共和国刑法〉确定罪名的补充规定》

1997年刑法颁行后，全国人大常委会又于1998年、1999年和2001年先后制定了《关于惩治骗购外汇、逃汇和非法买卖外汇犯罪的决定》《中华人民共和国刑法修正案》《中华人民共和国刑法修正案（二）》《中华人民共和国刑法修正案（三）》[以下分别简称为《决定》《刑法修正案》《刑法修正案（二）》《刑法修正案（三）》]。《决定》和三个刑法修正案对刑法分则作了一些补充和修改，司法实践中亟须对新罪名予以增补，对一部分原定罪名作出相应变更。最高人民法院1997年制定的《最高人民法院关于执行〈中华人民共和国刑法〉确定罪名的规定》虽然对《刑法》分则的所有罪名均作了明确规定，但近几年司法实践反映其中的部分罪名在适用上尚存在问题，需要进一步完善。另外，由于“两高”原确定的部分罪名也存在不协调之处，需要协商、统一。为了严格执法，便于司法机关在办理相关案件中统一认定罪名，2002年3月15日，经最高人民法院审判委员会第1193次会议、最高人民检察院第九届检察委员会第100次会议讨论通过，“两高”颁布了《关于执行〈中华人民共和国刑法〉确定罪名的补充规定》（以下简称《罪名规定》）。该《罪名规定》已于2002年3月26日开始施行。

一、涉及《决定》第一条的新增罪名——“骗购外汇罪”

《决定》第一条规定了骗购外汇犯罪。考虑到“骗购外汇”既高度概括了犯罪分子所实施行为的特征，又直接反映出犯罪分子的主观目的。因此，《罪名规定》将《决定》第一条的罪名确定为“骗购外汇罪”。这是一个新增加的罪名。

二、涉及《刑法修正案》的7个罪名

（一）“隐匿、故意销毁会计资料罪”

《刑法修正案》第一条对《刑法》第一百六十二条作了补充，在《刑法》第一百六十二条后新增加一条，作为《刑法》第一百六十二条之一。该条规定了“隐匿”“故意销毁”会计凭证、会计账簿、财务会计报告两种行为，考虑

到行为人实施上述两种行为主观上均应属于故意；《刑法修正案》明确规定了该犯罪的对象是“会计凭证、会计账簿、财务会计报告”三种会计资料。因此，将罪名确定为“隐匿、故意销毁会计凭证、会计账簿、财务会计报告罪”。在讨论中曾有同志提出，根据会计法的规定，上述“会计凭证、会计账簿、财务会计报告”可以以“会计资料”来概括（如《会计法》第十三条规定：“会计凭证、会计账簿、财务会计报告和其他会计资料……”）。因此，建议将罪名确定为“隐匿、故意销毁会计资料罪”，认为较为简洁。考虑到“会计资料”的外延较宽，而《刑法修正案》仅明确规定了三种，为准确起见，在罪名中应点名这三种会计资料。《罪名规定》最终采纳了这种意见。

（二）关于“国有公司、企业、事业单位人员失职罪”“国有公司、企业、事业单位人员滥用职权罪”

《刑法修正案》第二条对《刑法》第一百六十八条（徇私舞弊造成破产、亏损罪）所作的修改，主要有两个方面：一是将犯罪主体从“国有公司、企业直接负责的主管人员”，扩大到“国有公司、企业、事业单位的工作人员”。二是行为特征上，将造成国有公司、企业破产或者严重损失追究刑事责任的行为，除徇私舞弊以外，又增加了“严重不负责任或者滥用职权”。在讨论中，主要有两个问题：一是有关犯罪主体是否应在罪名中反映以及如何表述的问题。考虑到《刑法修正案》第二条对《刑法》第一百六十八条犯罪主体所作的改动较大；另外，该罪同《刑法》第三百九十七条的玩忽职守罪、滥用职权罪，在犯罪主观要件、客观要件等方面的规定均很相似，其主要区别就在于犯罪主体不同。因此，有必要在罪名中突出该罪的犯罪主体。对于犯罪主体在罪名中的表述，有的同志提出可表述为“国有单位工作人员”，认为概括性强、又比较简洁；多数同志则认为上述表述不能准确地反映犯罪主体的范围，建议在罪名中直接表述为“国有公司、企业、事业单位人员”。二是有关犯罪行为特征如何在罪名中概括的问题。经讨论，认为国有公司、企业、事业单位的工作人员严重不负责任的行为，以“失职”来表述较简洁、准确；“徇私舞弊”是“滥用职权”的一种情况。因此，“滥用职权”和“徇私舞弊”，以“滥用职权”来概括。综上考虑，将二罪名分别确定为“国有公司、企业、事业单位人员失职罪”和“国有公司、企业、事业单位人员滥用职权罪”。

（三）关于“伪造、变造、转让金融机构经营许可证、批准文件罪”

《刑法修正案》第三条对《刑法》第一百七十四条作了修改，其中对《刑法》第一百七十四条第二款的修改涉及罪名的变更。原来该款规定：“伪造、变造、转让商业银行或者其他金融机构经营许可证的，依照前款的规定处罚。”根据该款确定的罪名为“伪造、变造、转让金融机构经营许可证罪”。现此款内容修改为“伪造、变造、转让商业银行……保险公司或者其他金融机构的经营许可证或者批准文件的，依照前款的规定处罚”。增加了“批准文件”。因此，应在原罪名的基础上，增加“批准文件”，即修改为“伪造、变造、转让金融机构经营许可证、批准文件罪”。

(四) 关于“编造并传播证券、期货交易虚假信息罪”“诱骗投资者买卖证券、期货合约罪”及“操作证券、期货交易价格罪”

《刑法修正案》第五条、第六条分别对《刑法》第一百八十一条规定的“编造并传播证券交易虚假信息罪”“诱骗投资者买卖证券罪”以及《刑法》第一百八十二条规定的“操纵证券交易价格罪”作了修改。立法机关考虑到期货犯罪与证券犯罪在犯罪构成和社会危害等许多方面都有相似之处。因此，《刑法修正案》直接将期货犯罪的内容，增加到《刑法》有关证券犯罪的三个条文中。为此，此次确定罪名，我们也将期货犯罪的表述直接加入原来的证券犯罪三个罪名中，修改为“编造并传播证券、期货交易虚假信息罪”“诱骗投资者买卖证券、期货合约罪”以及“操纵证券、期货交易价格罪”。

三、涉及《刑法修正案（二）》的罪名——“非法占用农用地罪”

2001年8月31日全国人大常委会通过的《中华人民共和国刑法修正案(二)》对《刑法》第三百四十二条所作的修改，主要将原条文规定的侵害对象从“耕地”扩大到“耕地、林地等农用地”。依照刑法修正案的规定，《罪名规定》将原来“非法占用耕地罪”罪名，修改为“非法占用农用地罪”。

四、涉及《刑法修正案（三）》的8个罪名

2001年12月29日全国人大常委会通过的《中华人民共和国刑法修正案(三)》对《刑法》第二章“危害公共安全罪”、第六章“妨害社会管理秩序罪”的相关条款做了一些修改、补充，由此共涉及8个罪名的修改和补充。

(一) 关于“投放危险物质罪”和“过失投放危险物质罪”

此次《罪名规定》根据《刑法修正案（三）》第一、二条的规定，将《刑法》第一百一十四、一百一十五条第一款规定的投毒罪，修改为“投放危险物质罪”；将《刑法》第一百一十五条第二款规定的过失投毒罪，修改为“过失投放危险物质罪”，并取消了原来的投毒罪罪名和过失投毒罪罪名。

(二) 关于“资助恐怖活动罪”

《刑法修正案（三）》第四条规定了“资助恐怖活动罪”，作为《刑法》第一百二十条之一。这是此次新增加的罪名。

(三) 关于“非法制造、买卖、运输、储存危险物质罪”

《刑法修正案（三）》第五条对《刑法》第一百二十五条第二款作了较大修改，《罪名规定》将原定罪名修改为“非法制造、买卖、运输、储存危险物质罪”，并取消了“非法买卖、运输核材料罪”罪名。

（四）关于“盗窃、抢夺枪支、弹药、爆炸物、危险物质罪”及“抢劫枪支、弹药、爆炸物、危险物质罪”

《刑法修正案（三）》第六条对《刑法》第一百二十七条的两款，在原来列举的“枪支、弹药、爆炸物”之外，又补充列举了放射性、毒害性等危险物质。《罪名规定》对原定罪名作了补充。

（五）关于“投放虚假危险物质罪”及“编造、故意传播虚假恐怖信息罪”

原《刑法》第二百九十一条规定了“聚众扰乱公共场所秩序、交通秩序罪”。《刑法修正案（三）》第八条在《刑法》第二百九十一条之后，补充规定了两种犯罪，《罪名规定》确定罪名为“投放虚假危险物质罪”及“编造、故意传播虚假恐怖信息罪”。这两个罪名是此次新增加的罪名。

五、涉及《刑法》第二百二十九条两个罪名的修改

《刑法》第二百二十九条的两个罪名，原来分别为“中介组织人员提供虚假证明文件罪”及“中介组织人员出具证明文件重大失实罪”。由于刑法对这两种犯罪均规定了单位犯罪，司法实践反映，对实施了上这两种犯罪的单位定这两个罪名不妥，作为单位犯罪，显然此时犯罪主体是“中介组织”而非“中介组织人员”。因此，原定的两个罪名不能囊括单位犯罪时的情况。经研究，《罪名规定》将这两个罪名分别修改为“提供虚假证明文件罪”及“出具证明文件重大失实罪”，并取消了原来的“中介组织人员提供虚假证明文件罪”罪名及“中介组织人员出具证明文件重大失实罪”罪名。

六、关于“强奸罪”（取消奸淫幼女罪罪名）

《刑法》第二百三十六条原来确定了强奸罪、奸淫幼女罪两个罪名。司法实践中对这两个罪名的适用反映比较突出，主要涉及两个问题：一是《刑法》第十七条规定，已满14周岁不满16周岁的人只对强奸罪负刑事责任。如果对奸淫幼女的单独定罪，则无法适用该条规定对已满14周岁不满16周岁的人追究刑事责任，不符合《刑法》第二百三十六条“奸淫不满十四周岁的幼女的，以强奸论，从重处罚”的立法本意。二是对既实施了强奸行为又实施了奸淫幼女行为的，是以强奸罪定罪从重处罚还是分别定罪，实行数罪并罚，理论界、司法实践中存在颇多争议，导致在认定罪名和适用法律上的混乱。经研究，多数同志认为，奸淫幼女行为同强奸行为本质上是相同的，其主要区别仅在于被害妇女的年龄及具体行为方式。因此，取消奸淫幼女罪罪名，不仅符合立法本意，并且有利于解决上述司法实践中所遇到的问题，有利于执法的统一。为此，《罪名规定》将原来确定的《刑法》第二百三十六条中的奸淫幼女罪罪名取消。

七、经“两高”协商一致后确定的5个罪名

（一）“滥用职权罪”“玩忽职守罪”（取消国家机关工作人员徇私舞弊罪罪名）

《最高人民法院关于执行〈中华人民共和国刑法〉确定罪名的规定》中对《刑法》第三百九十七条确定了两个罪名，即“滥用职权罪”和“玩忽职守罪”。《最高人民检察院〈关于适用刑法分则规定的犯罪的罪名的意见〉》中，对《刑法》第三百九十七条确定了三个罪名，即“滥用职权罪”“玩忽职守罪”和“国家机关工作人员徇私舞弊罪”。上述罪名规定不一致，造成司法实践中适用罪名的混乱。考虑到徇私舞弊行为属于滥用职权的一种情况，因此，将《刑法》第三百九十七条第二款单独规定为“国家机关工作人员徇私舞弊罪”不符合立法本意，也无必要。《罪名规定》吸收了上述意见，将原“国家机关工作人员徇私舞弊罪”的罪名删除。

（二）涉及《刑法》第三百九十九条的两个罪名

《最高人民法院关于执行〈中华人民共和国刑法〉确定罪名的规定》中对《刑法》第三百九十九条确定了两个罪名，即“徇私枉法罪”和“枉法裁判罪”。《最高人民检察院〈关于适用刑法分则规定的犯罪的罪名的意见〉》中对该条确定的两个罪名为“枉法追诉、裁判罪”“民事、行政枉法裁判罪”。在充分考虑到突出犯罪行为特征，更便于司法实践的理解和识别等各方面意见基础上，此次《罪名规定》将《刑法》第三百九十九条的两个罪名统一明确为“徇私枉法罪”和“民事、行政枉法裁判罪”，取消了原定的“枉法追诉、裁判罪”的罪名和“枉法裁判罪”的罪名。

（三）涉及《刑法》第四百零六条的罪名

《最高人民法院关于执行〈中华人民共和国刑法〉确定罪名的规定》中对《刑法》第四百零六条确定的罪名是“国家机关工作人员签订、履行合同失职罪”。最高人民检察院确定的相应罪名是“国家机关工作人员签订、履行合同失职被骗罪”，多了“被骗”两字。经充分征求意见，此次将该罪罪名统一确定为“国家机关工作人员签订、履行合同失职被骗罪”。

（撰稿人：李　兵）

最高人民法院　最高人民检察院
关于执行《中华人民共和国刑法》确定罪名的补充规定（二）

法释〔2003〕12号

（2003年8月6日最高人民法院审判委员会第1283次会议、2003年8月12日最高人民检察院第十届检察委员会第7次会议通过　2003年8月15日最高人民法院、最高人民检察院公告公布　自2003年8月21日起施行）

为统一认定罪名，根据《中华人民共和国刑法修正案（四）》［以下简称《刑法修正案（四）》］的规定，现对最高人民法院《关于执行〈中华人民共和国刑法〉确定罪名的规定》、最高人民检察院《关于适用刑法分则规定的犯罪的罪名的意见》作如下补充、修改：

刑法条文	罪　　名
第一百五十二条第二款 ［《刑法修正案（四）》第二条］	走私废物罪 取消刑法原第一百五十五条第三项走私固体废物罪罪名
第二百四十四条之一 ［《刑法修正案（四）》第四条］	雇用童工从事危重劳动罪
第三百四十四条 ［《刑法修正案（四）》第六条］	非法采伐、毁坏国家重点保护植物罪； 非法收购、运输、加工、出售国家重点保护植物、国家重点保护植物制品罪 取消非法采伐、毁坏珍贵树木罪罪名
第三百四十五条第三款 ［《刑法修正案（四）》第七条第三款］	非法收购、运输盗伐、滥伐的林木罪 （取消非法收购盗伐、滥伐的林木罪罪名）
第三百九十九条第三款 ［《刑法修正案（四）》第八条第三款］	执行判决、裁定失职罪； 执行判决、裁定滥用职权罪

【解　　读】

解读《最高人民法院、最高人民检察院关于执行〈中华人民共和国刑法〉确定罪名的补充规定（二）》

为准确理解和统一适用《中华人民共和国刑法修正案（四）》[以下简称《刑法修正案（四）》] 的规定，2003 年 8 月 15 日最高人民法院、最高人民检察院联合公布了《关于执行〈中华人民共和国刑法〉确定罪名的补充规定（二）》[以下简称《罪名规定（二）》]。该司法解释在制定过程中，曾经反复征求了有关立法机关、司法机关以及部分专家学者的意见，具有较强的代表性。该司法解释的通过，对于司法实践具有重要的指导意义，对于法学理论研究也具有重要的参考价值。

一、确定罪名应当坚持合法、科学、简洁的原则

罪名就是犯罪的名称，是对具体犯罪的本质或者主要特征的高度概括。正是通过罪名，人们才得以把握纷繁复杂、各具特色的犯罪现象。我们认为，确定罪名应该遵循合法、科学、简洁的原则。所谓合法，是指确定的罪名要以刑法分则条文的规定为依据，符合立法原意和立法精神，不能抛开《刑法》分则条文任意确定罪名。所谓科学，是指尽可能准确、完整地概括《刑法》条文规定的罪状以及该种犯罪的本质和主要特征，避免遗漏或者超出《刑法》条文规定的罪状。所谓简洁，是指确定罪名的用语要精练、简约、明确，符合文法逻辑和法言法语习惯，能够让人一目了然，透过罪名即可基本上把握犯罪的主要内容，避免繁琐、冗长、用语晦涩或者生造词汇。总之，确定罪名时，要用尽可能简洁的语言，尽可能准确、完整地概括《刑法》条文规定的罪状的内容以及该种犯罪的本质和主要特征。

二、关于具体罪名的确定

《刑法修正案（四）》共计有八个条文。这次确定的有如下几个罪名：

（一）走私废物罪［《刑法》第一百五十二条第二款、《刑法修正案（四）》第二条］

《刑法修正案（四）》第二条规定，在《刑法》第一百五十二条中增加一款作为第二款：“逃避海关监管将境外固体废物、液态废物和气态废物运输进境，

情节严重的，处五年以下有期徒刑，并处或者单处罚金；情节特别严重的，处五年以上有期徒刑，并处罚金。”

在起草过程中，有人提出“走私固体废物、液态废物、气态废物罪”比较合适。理由是：“走私废物罪”与刑法其他选择性罪名如“毒品”类犯罪不相协调，而且与《刑法》第三百三十九条“非法处置进口的固体废物罪”“擅自进口固体废物罪”也不相协调。

我们认为，“走私废物罪”比较简洁、精炼，准确、完整地反映了该种犯罪的内容和本质，无论走私的是固体废物、液态废物还是气态废物，该种罪名均可以将其囊括进来，而且，这样确定罪名也谈不上与选择性罪名以及其他罪名是否谐调的问题。确定选择性罪名的标准，主要是对于某一行为触犯该种犯罪的多种不同的行为方式、多种不同的行为对象时，其社会危害性大致相当，不需要实行数罪并罚。例如，《刑法》第一百二十五条第一款规定的“非法制造、买卖、运输、邮寄、储存枪支、弹药、爆炸物罪”。该罪名中，非法“制造”“买卖”“运输”“邮寄”“储存”等行为方式之间没有共同性，“枪支”“弹药”“爆炸物”等行为对象之间也没有共同性，但五种行为方式与三种行为对象之间无论怎样组合，其社会危害性基本相似，不需要实行数罪并罚，因此采用了选择性罪名。如果该种犯罪的多种行为方式之间具有共同性或者多种行为对象之间具有共同性，那么就不宜采用选择性罪名，而应采用概括性罪名。从固体废物、液态废物、气态废物都具有“废物”这一共同特征来看，采用概括性罪名“走私废物罪”更加合理。因此，本条罪状不需要采用选择性罪名，而应该采用概括性罪名。行为人无论走私三种废物中的任何一种，构成犯罪时，均以“走私废物罪”定罪没有任何问题。至于说“走私废物罪”与“非法处置进口的固体废物罪”“擅自进口固体废物罪”的用语不一致的问题，是因为刑法对后两种犯罪的对象作了特别的规定所致，不会产生歧义。

（二）雇用童工从事危重劳动罪［《刑法》第二百四十四条之一、《刑法修正案（四）》第四条］

《刑法修正案（四）》第四条规定，在《刑法》第二百四十四条后增加一条，作为第二百四十四条之一：“违反劳动管理法规，雇用未满十六周岁的未成年人从事超强度体力劳动的，或者从事高空、井下作业的，或者在爆炸性、易燃性、放射性、毒害性等危险环境下从事劳动，情节严重的，对直接责任人员，处三年以下有期徒刑或者拘役，并处罚金；情节特别严重的，处三年以上七年以下有期徒刑，并处罚金。”

“有前款行为，造成事故，又构成其他犯罪的，依照数罪并罚的规定处罚。”

在征求意见过程中，有人提出，应该采用“违法雇用童工罪”。理由主要是：国务院1991年发布的《禁止使用童工规定》对童工下过专门的定义，即指“未满十六周岁，与单位或者个人发生劳动关系从事有经济收入的劳动或者从事个体劳动的少年、儿童”。童工的概念比较简洁明了，而且约定俗成，能够让人一看就懂，起到罪名应有的作用。

也有人提出，应该采用“违法雇用未成年人罪”，而不宜采用“童工”的概念。理由是：“童工”的概念易与《刑法》中“儿童”的概念相混淆，引发适用法律的争议，司法解释中应慎用。《刑法》和刑事司法解释以及刑事司法实践中关于儿童的年龄界限，一直掌握在不满十四周岁。例如，《刑法》第二百四十条、第二百四十一条、第二百四十二条、第四百一十六条均有“儿童”的用语，司法解释和司法实践中也只是将“儿童”理解为“不满十四周岁”，而不是理解为“不满十六周岁”。再如，《刑法》第二百六十二条规定：“拐骗不满十四周岁的未成年人，脱离家庭或者监护人的，处五年以下有期徒刑或者拘役。”两高司法解释将其罪名确定为“拐骗儿童罪”。如果将本条罪名确定为“非法雇用童工罪”，不但将严重违背刑法以及原有的司法解释的规定，而且将给司法实践带来无法释疑的困惑。

我们认为，相对于上述两个罪名来说，司法解释确定的“雇用童工从事危重劳动罪”更符合确定罪名的合法、科学、简洁的原则，基本上可以反映本罪的主要内容和本质特征，因此更加可取。理由主要是：第一，“童工”的年龄界限是明确的。虽然2002年10月国务院对于1991年4月发布的《禁止使用童工的规定》进行了修订，删除了其中关于“童工”定义的规定，即“童工是指未满十六周岁，与单位或者个人发生劳动关系从事有经济收入的劳动或者从事个体劳动的少年、儿童”，但仍然从年龄界限的角度明确了“童工”是未满十六周岁的未成年人。这与《刑法修正案（四）》第四条的“未满十六周岁的未成年人”的表述是吻合的。第二，我国缔结或者参加的《关于难民地位的公约》等有关国际公约中也使用了“童工”的概念。第三，虽然我国缔结或者加入的《儿童权利国际公约》等国际公约中的“儿童”是指“未满十八周岁的人”，我国民法通则、未成年人保护法等法律中的未成年人均指“未满十八周岁的公民”，我国《刑法》中“儿童”是指未满十四周岁的未成年为，但是，“儿童”与“童工”毕竟是性质不同的概念，在内涵、外延方面有着质的区别。第四，《刑法修正案（四）》第四条规定的违法雇用未满十六周岁的未成年人从事危重劳动，情节严重，构成犯罪的情形只有三种：一是从事超强度体力劳动；二是从事高空、井下作业；三是在爆炸性、易燃性、放射性、毒害性等危险环境下从事劳动。“从事危重劳动”，简洁、准确地概括了这些情形，而上述两个罪名在这一点上均没有体现。

（三）非法采伐、毁坏国家重点保护植物罪；非法收购、运输、加工、出售国家重点保护植物、国家重点保护植物制品罪［《刑法》第三百四十四条、《刑法修正案（四）》第六条］

《刑法修正案（四）》第六条规定，将《刑法》第三百四十四条修改为："违反国家规定，非法采伐、毁坏珍贵树木或者国家重点保护的其他植物的，或者非法收购、运输、加工、出售珍贵树木或者国家重点保护的其他植物及其制品的，处三年以下有期徒刑、拘役或者管制，并处罚金；情节严重的，处三年以上七年以下有期徒刑，并处罚金。"

与原有条文相比，现有规定有两个变化：一是行为对象在"珍贵树木"的基础上增加了"国家重点保护的其他植物"；二是行为方式增加了"非法收购、运输、加工、出售"。

在征求意见过程中，有人建议本条罪名宜为"非法采伐、毁坏珍贵树木、国家重点保护的其他植物罪；非法收购、运输、加工、出售珍贵树木、国家重点保护的其他植物及其制品罪"，理由是可以准确反映本条的罪状特征，体现立法对珍贵树木的特殊保护。但这样的罪名几乎把整个法条的罪状部分都照搬过来，显得冗长烦琐，逻辑关系不通，既不便于记忆，又不便于适用。

从逻辑关系上看，珍贵树木属于国家重点保护植物的一种，因此，"非法采伐、毁坏国家重点保护植物罪；非法收购、运输、加工、出售国家重点保护植物、国家重点保护植物制品罪"更符合罪名确定的科学、简洁原则，因而采纳了这一罪名。

（四）非法收购、运输盗伐、滥伐的林木罪［《刑法》第三百四十五条第三款、《刑法修正案（四）》第七条第三款］

《刑法修正案（四）》第七条第三款规定，将《刑法》第三百四十五条第三款修改为："非法收购、运输明知是盗伐、滥伐的林木，情节严重的，处三年以下有期徒刑、拘役或者管制，并处或者单处罚金；情节特别严重的，处三年以上七年以下有期徒刑，并处罚金。"

与原有条文相比，现有规定删除了"以牟利为目的"的主观要件和"在林区"的地域限制性条件，增加了一种行为方式，即非法"运输"明知是盗伐、滥伐的林木。

我们认为，"以牟利为目的"的主观要件和"在林区"的地域限制性条件的删除，没有影响本罪犯罪构成的基本特征，因此，在两高原来确定的罪名"非法收购盗伐、滥伐的林木罪"的基础上，将本条罪名修改为"非法收购、运输盗伐、滥伐的林木罪"。在征求意见过程中，对此罪名没有人提出异议。

（五）执行判决、裁定失职罪；执行判决、裁定滥用职权罪［《刑法》第三百九十九条第三款、《刑法修正案（四）》第八条第三款］

《刑法修正案（四）》第八条第三款规定，将《刑法》第三百九十九条第三款修改为："在执行判决、裁定活动中，严重不负责任或者滥用职权，不依法采取诉讼保全措施、不履行法定执行职责，或者违法采取诉讼保全措施、强制执行措施，致使当事人或者其他人的利益遭受重大损失的，处五年以下有期徒刑或者拘役；致使当事人或者其他人的利益遭受特别重大损失的，处五年以上十年以下有期徒刑。"

在征求意见过程中，有人建议本款罪名确定为"执行人员失职罪、执行人员滥用职权罪"，理由是：第一，该款与《刑法》第一百六十八条以及《刑法》第九章规定的其他渎职罪的区别，侧重于犯罪主体的不同。《刑法》第一百六十八条已由两高司法解释确定为国有公司、企业、事业单位人员失职罪和国有公司、企业、事业单位人员滥用职权罪。本条款可以相应地确定为执行人员失职罪和执行人员滥用职权罪。第二，《刑法修正案（四）》第八条第三款规定的"判决、裁定"的范围需要通过适用《解释》来予明确，目前应避免将这两个概念写到罪名里去。

也有人建议本款罪名为"枉法执行罪"。理由是，本款罪状中，虽然"滥用职权"与"违法采取诉讼保全措施、强制执行措施"属于对应关系，但是"严重不负责任"与"不依法采取诉讼保全措施、不履行法定执行职责"则不是对应关系。有些情况下，"不依法采取诉讼保全措施、不履行法定执行职责"是故意行为，更准确地说，是行为人以不作为方式实施的故意行为。因此，所有这些行为都可以概括为枉法执行。

我们认为：第一，该款罪状实际上规定了在执行判决、裁定活动中的两种犯罪行为：一是失职行为，即严重不负责任，不依法采取诉讼保全措施、不履行法定执行职责。无论是严重不负责任，还是不依法采取诉讼保全措施、不履行法定执行职责，均可归纳为失职。二是滥用职权行为，即违法采取诉讼保全措施、强制执行措施。据此，该款罪状的罪名至少应该确定为"失职"和"滥用职权"。第二，本罪的主体虽属于特殊主体，但并不是所谓的"执行人员"，实际上是"司法工作人员"。不宜把"在执行判决、裁定活动中的司法工作人员"简单地归结为"执行人员"。有些情况下，审判人员以及人民法院的其他工作人员也从事一些执行活动。更重要的是，本款罪状中并没有出现关于本罪主体的表述，根据确定罪名的合法性原则，不宜在本罪名中加入"执行人员"。第三，该款犯罪与其他渎职犯罪的区别，侧重点并不主要在于犯罪主体的不同，而主要在于犯罪行为的客观方面的不同，这才是确定本罪名的主要依据。第四，本款罪状中虽然不排除实践中"不依法采取诉讼保全措施、不履行法定执行职责"的行为人主观方面存在故意的情形，但总的来说，立法本意是认为"严重不负责任"与"不依法采取诉讼保全措施、不履行法定执行职责"之间，"滥用职权"与"违法采取诉讼保全措施、强制执行措施"之间均属于对应关系。而"严重不负责任"的主要特征就是"失职"。第五，该款中的"判决、裁定”的范围实际上已经明确。2002 年 8 月 29 日，第九届全国人民代表大会常务委员会第二十九次会议通过的《关于〈中华人民共和国刑法〉第三百一十三条的解释》中指出：“刑法第三百一十三条规定的‘人民法院的判决、裁定’，是指人民法院依法作出的具有执行内容并已发生法律效力的判决、裁定。人民法院为依法执行支付令、生效的调解书、仲裁裁决、公证债权文书等所作的裁定属于该条规定的裁定”。综上，根据确定罪名的科学原则和简洁原则，为尽可能准确、完整地概括犯罪的本质特征，该款罪名应当分别表述为“执行判决、裁定失职罪”和“执行判决、裁定滥用职权罪”。

（撰稿人：祝二军）

最高人民法院　最高人民检察院
关于执行《中华人民共和国刑法》确定罪名的补充规定（三）

法释〔2007〕16 号

（2007 年 8 月 27 日最高人民法院审判委员会第 1436 次会议、2007 年 9 月 7 日最高人民检察院第十届检察委员会第 82 次会议通过　2007 年 10 月 25 日最高人民法院、最高人民检察院公告公布　自 2007 年 11 月 6 日起施行）

根据《中华人民共和国刑法修正案（五）》［以下简称《刑法修正案（五）》］、《中华人民共和国刑法修正案（六）》［以下简称《刑法修正案（六）》］的规定，现对最高人民法院《关于执行〈中华人民共和国刑法〉确定罪名的规定》，最高人民检察院《关于适用刑法分则规定的犯罪的罪名的意见》，最高人民法院、最高人民检察院《关于执行〈中华人民共和国刑法〉确定罪名的补充规定》作如下补充、修改：

刑法条文	罪名
第一百三十四条第二款［《刑法修正案（六）》第一条第二款］	强令违章冒险作业罪
第一百三十五条之一［《刑法修正案（六）》第三条］	大型群众性活动重大安全事故罪
第一百三十九条之一［《刑法修正案（六）》第四条］	不报、谎报安全事故罪
第一百六十一条［《刑法修正案（六）》第五条］	违规披露、不披露重要信息罪（取消提供虚假财会报告罪罪名）
第一百六十二条之二［《刑法修正案（六）》第六条］	虚假破产罪
第一百六十三条［《刑法修正案（六）》第七条］	非国家工作人员受贿罪（取消公司、企业人员受贿罪罪名）
第一百六十四条［《刑法修正案（六）》第八条］	对非国家工作人员行贿罪（取消对公司、企业人员行贿罪罪名）
第一百六十九条之一［《刑法修正案（六）》第九条］	背信损害上市公司利益罪

刑 法 条 文	罪 名
第一百七十五条之一 [《刑法修正案（六）》第十条]	骗取贷款、票据承兑、金融票证罪
第一百七十七条之一第一款 [《刑法修正案（五）》第一条第一款]	妨害信用卡管理罪
第一百七十七条之一第二款 [《刑法修正案（五）》第一条第二款]	窃取、收买、非法提供信用卡信息罪
第一百八十二条 [《刑法修正案（六）》第十一条]	操纵证券、期货市场罪（取消操纵证券、期货交易价格罪罪名）
第一百八十五条之一第一款 [《刑法修正案（六）》第十二条第一款]	背信运用受托财产罪
第一百八十五条之一第二款 [《刑法修正案（六）》第十二条第二款]	违法运用资金罪
第一百八十六条 [《刑法修正案（六）》第十三条]	违法发放贷款罪（取消违法向关系人发放贷款罪罪名）
第一百八十七条 [《刑法修正案（六）》第十四条]	吸收客户资金不入账罪（取消用账外客户资金非法拆借、发放贷款罪罪名）
第一百八十八条 [《刑法修正案（六）》第十五条]	违规出具金融票证罪（取消非法出具金融票证罪罪名）
第二百六十二条之一 [《刑法修正案（六）》第十七条]	组织残疾人、儿童乞讨罪
第三百零三条第二款 [《刑法修正案（六）》第十八条第二款]	开设赌场罪
第三百一十二条 [《刑法修正案（六）》第十九条]	掩饰、隐瞒犯罪所得、犯罪所得收益罪（取消窝藏、转移、收购、销售赃物罪罪名）
第三百六十九条第二款 [《刑法修正案（五）》第三条第二款]	过失损坏武器装备、军事设施、军事通信罪
第三百九十九条之一 [《刑法修正案（六）》第二十条]	枉法仲裁罪

【解　读】

解读《最高人民法院、最高人民检察院关于执行〈中华人民共和国刑法〉确定罪名的补充规定（三）》

2007年11月6日，最高人民法院、最高人民检察院公布了《关于执行〈中华人民共和国刑法〉确定罪名的补充规定（三）》[以下简称《罪名规定（三）》]。这是“两高”为贯彻执行《中华人民共和国刑法修正案（五）》《中华人民共和国刑法修正案（六）》[以下简称《刑法修正案（六）》]所作的司法解释，对司法机关和司法工作人员正确理解和统一适用法律，提高办案质量，将起到重要的作用。现就其中的几个问题阐述如下：

一、《刑法修正案（六）》第一条第二款和第十八条第二款规定的行为是加重处罚情节还是单一罪名

《刑法修正案（六）》第一条规定：“将刑法第一百三十四条修改为：在生产、作业中违反有关安全管理的规定，因而发生重大安全事故或者造成其他严重后果的，处三年以下有期徒刑或者拘役；情节特别严重的，处三年以上七年以下有期徒刑。强令他人违章冒险作业，因而发生重大安全事故或者造成其他严重后果的，处五年以下有期徒刑或者拘役；情节特别严重的，处五年以上有期徒刑。”

据了解，在起草《罪名规定（三）》征求对罪名意见的过程中，有一种观点认为，本条第二款属于第一款重大责任事故罪的加重处罚情节；另一种观点则认为，本款不是加重处罚情节，而是单一的罪名。笔者同意后一种意见。有独立的罪状和独立的法定刑，是确定罪名的最一般原则。从本罪看：第一，“强令他人冒险作业”这一罪状，已从原《刑法》第一百三十四条移至修正后的该条第二款，且犯罪行为是指“强令他人违章冒险作业”，不包括生产在内。第二，犯罪主体限于企业、事业单位的“领导者”，因为只有他们才能强令他人违章冒险作业。第三，法定刑是单独配置的。鉴于“强令他人违章冒险作业”要大于“由于不服管理，违反规章制度”发生重大安全事故的社会危害性，本条第二款规定的法定刑高于第一款。第四，本条第二款没有“犯前款罪”的规定。从立法体例看，凡有“犯前款罪”规定的，第二款规定的行为应按第一款的规定定罪，按第二款的规定量刑。故《罪名规定（三）》将《刑法

修正案（六）》第一条第二款新设罪名为强令违章冒险作业罪。

基于上述同样的理由，《罪名规定（三）》将《刑法修正案（六）》第十八条第二款新设罪名为开设赌场罪。

二、为什么《刑法修正案（六）》第十三条将两个罪合并为一个罪

最高人民法院 1997 年 12 月公布《关于执行〈中华人民共和国刑法〉确定罪名的规定》，将原《刑法》第一百八十六条第一款和第二款确定为两个罪，即“违法向关系人发放贷款罪”（第一款）和“违法发放贷款罪”（第二款）。《刑法修正案（六）》第十三条规定：“将刑法第一百八十六条第一款、第二款修改为：银行或者其他金融机构的工作人员违反国家规定发放贷款，数额巨大或者造成重大损失的，处五年以下有期徒刑或者拘役，并处一万元以上十万元以下罚金；数额特别巨大或者造成特别重大损失的，处五年以上有期徒刑，并处二万元以上二十万元以下罚金。银行或者其他金融机构的工作人员违反国家规定，向关系人发放贷款的，依照前款的规定从重处罚。”

同《刑法》原第一百八十六条第一款、第二款相比较，《刑法修正案（六）》第十三条作了以下修改：第一，修改了犯罪构成，将违法向一般人发放贷款构成犯罪的标准，由“造成重大损失的”，修改为“数额巨大或者造成重大损失的”。第二，将违法向关系人发放贷款“造成较大损失的”和违法向关系人以外的人发放贷款“造成重大损失的”这一构成犯罪的不同损失标准，合并为一个标准，即违法发放贷款“数额巨大或者造成重大损失”。第三，将第一款违法“向关系人发放贷款”这一罪状，修改为第二款“从重处罚”的情节。因而，《刑法修正案（六）》第十三条将《刑法》原第一百八十六条第一款、第二款规定的两个罪名，合并为一个罪名，即《罪名规定（三）》规定的违法发放贷款罪。

三、如何确定《刑法修正案（六）》第七条第一款和第八条的罪名

《刑法修正案（六）》第七条第一款规定：“将刑法第一百六十三条修改为：公司、企业或者其他单位的工作人员利用职务上的便利，索取他人财物或者非法收受他人财物，为他人谋取利益，数额较大的，处五年以下有期徒刑或者拘役；数额巨大的，处五年以上有期徒刑，可以并处没收财产。”第八条规定：“将刑法第一百六十四条第一款修改为：为谋取不正当利益，给予公司、企业或者其他单位的工作人员以财物，数额较大的，处三年以下有期徒刑或者拘役；数额巨大的，处三年以上十年以下有期徒刑，并处罚金。”

从上述规定可以看出，修正后的《刑法》第一百六十三条第一款和第一百六十四条主要是将原《刑法》条文规定的主体由“公司、企业的工作人员”扩大为“公司、企业或者其他单位的工作人员”。如何确定这两个法律条文的罪

名，在征求罪名意见过程中争论较大，曾出现三种不同的意见：

第一种意见主张分别定为“商业受贿罪”“商业行贿罪”。主要理由是：从立法说明中可以看出，《刑法修正案（六）》修改这两条的立法本意，就是目前正在全国开展的惩治商业贿赂犯罪；最高人民法院在《关于办理违反公司法受贿、侵占、挪用等刑事案件适用法律若干问题的解释》中，就曾将全国人大常委会《关于惩治违反公司法的犯罪的决定》第九条规定的“公司董事、监理或者职工，利用职务上的便利，索取或者收受贿赂”的行为，定为“商业受贿罪”，因为公司法本身就是商法；我国《反不正当竞争法》第八条对商业贿赂行为已有明确的规定，从司法实践看，这类行为主要发生在商业活动中，且可与我国参加的《联合国反腐败公约》的有关规定相衔接；如果定为“公司、企业、其他单位人员受贿罪”，作为选择性罪名，“其他单位人员受贿罪”严格讲不能属于规范性的罪名。

第二种意见主张分别定为“公司、企业、其他单位人员受贿罪”“对公司、企业、其他单位人员行贿罪”。主要理由是：能够直接、准确地反映刑法修正案所修改的刑法条文规定的具体罪状；“商业贿赂”一语是作为概括性术语表述的，目前法律和行政法规对商业贿赂犯罪尚无明确定义，如果定为“商业受贿罪”“商业行贿罪”，就会将《刑法》第一百六十三条第一款、第一百六十四条规定的行为限定于商业活动中，而事实上这类行为并不一定限于商业活动，从而缩小打击面；目前正在全国范围进行的查处商业贿赂犯罪活动，涉及《刑法》规定的8个罪名，除前述两条外，还包括《刑法》第八章规定的6个罪名，如果定为“商业受贿罪”和“商业行贿罪”，会使人误认为商业贿赂仅限于这两个条文的规定，影响打击商业贿赂犯罪的范围。

第三种意见主张分别定为“非国家工作人员受贿罪”“对非国家工作人员行贿罪”。主要理由是：修正后的《刑法》第一百六十三条第一款、第一百六十四条所指的“公司、企业或者其他单位的工作人员”，都是指非国家工作人员。这样表述罪名，能够比较准确地反映这两种犯罪的本质特征；避免上述两种意见的不足，既不会使人产生误解，缩小对商业领域贿赂犯罪行为的打击范围，又不会遗漏对发生在商业领域之外的贿赂犯罪行为的惩处，且能够与《刑法》第一百六十三条第三款规定的国家工作人员受贿罪区别开来。

《罪名规定（三）》采纳了第三种意见。

四、为什么对《刑法修正案（六）》第一条第一款和第二条的罪名没修改

这涉及确定罪名的原则问题。确定罪名除应遵循法定原则、准确原则（又称科学原则）、简括原则、明确原则外，还有就是“约定俗成”原则。司法实践中，按以上原则确定罪名很难统一时，就可以采用这一原则。这是确定罪名的具体方法上的要求。约定俗成来自两个方面，一是来自人民群众，二是来自

司法实践。过去按照这一原则，解决了对《刑法》第一百一十五条第二款规定的行为——是按原定的过失决水罪、过失爆炸罪、过失投放危险物质罪，还是分别改为过失引起水灾罪、过失引起爆炸罪、过失引起投放危险物质罪的罪名的争论。最高人民法院最终决定维持原罪名不变。

这次确定《刑法修正案（六）》第一条第一款和第二条的罪名，分歧也较大。《刑法修正案（六）》第一条第一款对《刑法》第一百三十四条第一款的犯罪主体进行了修改，即从原来的"工厂、矿山、林场、建筑企业或者其他企业、事业单位的职工"，扩大到"在生产、作业中违反有关安全管理的规定"的一切人员。这样就把目前难以处理的对安全事故负有责任的个体、包工头和无证从事生产、作业的人员都包括在内了。在征求罪名意见过程中，曾有两种不同意见：一种意见主张保留原有的"重大责任事故罪"的罪名。主要理由是：这一罪名是群众比较熟悉的常见的罪名，本着"可改可不改的"的原则，可予以保留。另一种意见则主张改为"生产、作业重大安全事故罪"。主要理由是：确定罪名应当以直接并准确反映《刑法》条文规定的具体罪状的基本准则。而将本罪改为"生产、作业重大安全事故罪"，符合《刑法修正案》修改后的《刑法》条文对该犯罪具体罪状的表述，反映了这种犯罪的行为特征，且可避免与有关重大安全事故犯罪之间罪名的混淆问题。又如，《刑法修正案（六）》第二条对《刑法》第一百三十五条进行了修改，将犯罪主体从"工厂、矿山、林场、建筑企业或者其他企业、事业单位"，扩大到所有从事生产、经营的自然人、法人和非法人团体；将犯罪对象的范围，从"劳动安全设施"扩大到"安全生产设施或者安全生产条件"。在征求罪名意见过程中，也曾有两种不同意见：一种意见主张保留原来的"重大劳动安全事故罪"的罪名，理由同前。另一种意见则主张确定为"生产、作业重大安全事故罪"，理由同前。最终，考虑到这两个罪名长期以来已经"约定俗成"，群众比较熟悉，目前还不至于发生罪名混淆问题，"两高"采纳了这两个罪名的第一种意见，即维持1997年12月《最高人民法院关于执行〈中华人民共和国刑法〉确定罪名的规定》确定的"重大责任事故罪"和"重大劳动安全事故罪"的罪名不变。

（撰稿人：周道鸾）

最高人民法院　最高人民检察院
关于执行《中华人民共和国刑法》确定罪名的补充规定（四）

法释〔2009〕13 号

（2009 年 9 月 21 日最高人民法院审判委员会第 1474 次会议、
2009 年 9 月 28 日最高人民检察院第十一届检察委员会
第 20 次会议通过　2009 年 10 月 14 日最高人民法院、
最高人民检察院公告公布　自 2009 年 10 月 16 日起施行）

根据《中华人民共和国刑法修正案（七）》［以下简称《刑法修正案（七）》］的规定，现对最高人民法院《关于执行〈中华人民共和国刑法〉确定罪名的规定》、最高人民检察院《关于适用刑法分则规定的犯罪的罪名的意见》作如下补充、修改：

刑　法　条　文	罪　　名
第一百五十一条第三款 ［《刑法修正案（七）》第一条］	走私国家禁止进出口的货物、物品罪 （取消走私珍稀植物、珍稀植物制品罪罪名）
第一百八十条第四款 ［《刑法修正案（七）》第二条第二款］	利用未公开信息交易罪
第二百零一条 ［《刑法修正案（七）》第三条］	逃税罪 （取消偷税罪罪名）
第二百二十四条之一 ［《刑法修正案（七）》第四条］	组织、领导传销活动罪
第二百五十三条之一第一款 ［《刑法修正案（七）》第七条第一款］	出售、非法提供公民个人信息罪
第二百五十三条之一第二款 ［《刑法修正案（七）》第七条第二款］	非法获取公民个人信息罪
第二百六十二条之二 ［《刑法修正案（七）》第八条］	组织未成年人进行违反治安管理活动罪
第二百八十五条第二款 ［《刑法修正案（七）》第九条第一款］	非法获取计算机信息系统数据、非法控制计算机信息系统罪
第二百八十五条第三款 ［《刑法修正案（七）》第九条第二款］	提供侵入、非法控制计算机信息系统程序、工具罪
第三十三十七条第一款 ［《刑法修正案（七）》第十一条］	妨害动植物防疫、检疫罪 （取消逃避动植物检疫罪罪名）

刑 法 条 文	罪 名
第三百七十五条第二款 ［《刑法修正案（七）》第十二条第一款］	非法生产、买卖武装部队制式服装罪 （取消非法生产、买卖军用标志罪罪名）
第三百七十五条第三款 ［《刑法修正案（七）》第十二条第二款］	伪造、盗窃、买卖、非法提供、非法使用武装部队专用标志罪
第三百八十八条之一 ［《刑法修正案（七）》第十三条］	利用影响力受贿罪

【解　　读】

解读《最高人民法院、最高人民检察院关于执行〈中华人民共和国刑法〉确定罪名的补充规定（四）》

一、《罪名规定（四）》的起草过程

罪名是犯罪的名称，是对刑法规定的犯罪构成要件的精准概括，准确地反映具体犯罪的基本性质和主要特征。准确、简洁的罪名对于统一、规范司法活动，维护司法权威，加强刑事法治宣传教育具有重要作用。由于我国立法机关不在刑法条文中明确规定具体犯罪的名称，为适应司法实践的需要，确定罪名的工作就由最高人民法院、最高人民检察院或者两院联合进行。《中华人民共和国刑法修正案（七）》［以下简称《刑法修正案（七）》］于 2009 年 2 月 28 日颁布实施后，最高人民法院研究室即对《刑法修正案（七）》涉及的罪名适用问题进行了研究，并于 2009 年 3 月初与最高人民检察院法律政策研究室进行了沟通，决定联合起草、制定有关罪名规定的司法解释。本解释先后征求了最高人民法院有关刑事审判业务部门、部分高级人民法院和省人民检察院、公安部法制局以及全国人大常委会法工委刑法室的意见，并收到了北京师范大学刑事法律科学研究院关于《刑法修正案（七）》罪名问题的初步研究意见。最高人民法院研究室与最高人民检察院政策法律研究室在综合考虑相关修改意见并共同研究统一意见后，将该司法解释审议稿分别提交审委会和检委会讨论审议并通过，即现在已公布的最高人民法院、最高人民检察院《关于执行〈中华人民共和国刑法〉确定罪名的补充规定（四）》［以下简称《罪名规定（四）》］。

二、起草《罪名规定（四）》所遵循的原则

要使罪名准确、概括地反映罪状的内容，表达犯罪的性质和主要特征，充分发挥区分罪与非罪、此罪与彼罪，以及规范执法活动的重要作用，确定罪名时必须遵循一定的原则。在起草、制定《罪名规定（四）》的过程中，我们严格遵循了这些原则，这些原则主要包括：

（一）法定原则

法定原则是确定罪名时遵循的首要原则，是指确定罪名必须严格按照刑法条文的具体规定来进行，确定的罪名既不能超越具体条文的含义，也不能遗漏犯罪的重要特征和性质。比如，对《刑法》第二百五十三条之一［《刑法修正案（七）》第七条增加的犯罪］罪名的确定，尽管该条两款的犯罪对象相同，但是犯罪行为完全不同。因此，对两款分别确定了罪名，第一款的罪名被确定为出售、非法提供公民个人信息罪，第二款的罪名被确定为非法获取公民个人信息罪。

（二）准确原则

罪名只有准确反映犯罪的本质和主要特征，才能充分发挥其功能。因此，确定罪名时必须深入研究刑法条文的含义，认真分析犯罪的构成、要件，努力探究立法用意。比如，对《刑法》第二百六十二条之二［《刑法修正案（七）》第八条增加的犯罪］罪名的确定，刑法条文规定，组织未成年人进行的活动只能是盗窃、诈骗、抢夺等违反治安管理但没有构成犯罪的活动，罪名必须准确地反映出未成年人、组织、违反治安管理的活动三个基本的要素。因此，罪名被确定为组织未成年人进行违反治安管理活动罪。尽管这一罪名较长，但是，只有这样才能够准确地反映出该罪的本质和特点。

（三）简洁原则

罪名不是罪状，也不是犯罪构成或者要件的简单罗列，需要在办案过程中反复使用，并且引用于法律文书中，必须高度概括，简练实用。比如，将《刑法》第二百零一条［《刑法修正案（七）》第三条增加的犯罪］的罪名确定为逃税罪，将《刑法》第三百八十八条之一［《刑法修正案（七）》第十三条增加的犯罪］的罪名确定为利用影响力受贿罪，就努力坚持了简洁原则。

（四）利于理解原则

罪名不仅承担着罪与非罪、此罪与彼罪的区分功能，而且还承担着否定犯罪、宣传刑事法治、威慑潜在犯罪人，从而具有预防犯罪的功能，因此，罪名应当通俗易懂、易于理解、便于识记，特别是应当便于广大普通民众理解、记忆。比如，将《刑法》第二百二十四条之一［《刑法修正案（七）》第四条增加的犯罪］的罪名确定为组织、领导传销活动罪，将《刑法》第二百五十三条之一第二款［《刑法修正案（七）》第七条第二款增加的犯罪］的罪名确定为非法

获取公民个人信息罪，就充分遵循了这一原则。

（五）稳定原则

为保持罪名适用的连续性和稳定性，尽管修正案对刑法的一些条文进行了修改，但是如果原来确定的罪名仍然能够概括和反映修改后条文的本质和特征，就没有必要对原来的罪名进行修改。比如，《刑法修正案（七）》对《刑法》第二百二十五条第三项、第二百三十九条等进行了修改，但是原来的罪名仍然能够准确反映修改后条文的内容，因此，有5个原来的罪名被保留。

三、对具体罪名的解读

《刑法修正案（七）》共有15条，涉及14个《刑法》原条文，分别是第一百五十一条、第一百八十条、第二百零一条、第二百二十四条、第二百二十五条、第二百三十九条、第二百五十三条、第二百六十二条、第二百八十五条、第三百一十二条、第三百三十七条、第三百七十五条、第三百八十八条、第三百九十五条。从内容上可对这些条文分为两大类：一是新增加的条（款）9个；二是修改的条（款）9个。修改的条（款）中可以继续适用原罪名的有5个。新确定的罪名有13个，其中，新增加的罪名9个，修改的罪名4个。

（一）可以继续适用的罪名

《刑法修正案（七）》修改的条（款）中可以继续适用的罪名有5个：第一百八十条第一款规定的内幕交易、泄露内幕信息罪，第二百二十五条规定的非法经营罪，第二百三十九条规定的绑架罪，第三百一十二条规定的掩饰、隐瞒犯罪所得、犯罪所得收益罪，第三百九十五条规定的巨额财产来源不明罪。这些罪名之所以可以继续适用，主要是因为：一是罪名仍然可以概括修改后条文的内容，如《刑法修正案（七）》对内幕交易、泄露内幕信息罪、非法经营罪的修改。《刑法修正案（七）》第二条第一款对原第一百八十条第一款的修改是增加了“或者明示、暗示他人从事上述交易活动”，这一情形仍然属于“泄露内幕信息”的范围，可以被内幕交易、泄露内幕信息罪这一罪名所概括。《刑法修正案（七）》第五条对第二百二十五条第三项的修改是增加了“或者非法从事资金支付结算业务的”，非法从事资金支付结算业务就是一种非法经营行为。因此，尽管增加规定了这一情形，原罪名仍然可以适用。二是主要对法定刑进行了修改，原罪状和犯罪的性质、特征没有改变。比如，《刑法修正案》对绑架罪、巨额财产来源不明罪的修改，《刑法修正案（七）》第六条对绑架罪的修改是仅增加了一档法定刑：“情节较轻的，处五年以上十年以下有期徒刑，并处罚金”。《刑法修正案（七）》第十四条对巨额财产来源不明罪的修改也是增加了一档法定刑：“差额特别巨大的，处五年以上十年以下有期徒刑”。主要对法定刑的修改，没有改变基本的犯罪构成和罪状，因此，原罪名仍然可以适用。三是仅仅增加了犯罪主体，而主体的增加并没有改变基本的犯罪构成。比如，《刑法修正案（七）》第十条对《刑法》第三百一十二条的修改，增加了一款，是对单位犯罪的规定："单位犯前款罪的，对单位判处罚金，并对其直接负责的主管人员和其他直接负责人员，依照前款的规定处罚"。

（二）新增加的罪名

1. 利用未公开信息交易罪

《刑法修正案（七）》第二条第二款对《刑法》第一百八十条作出修正，增加一款作为第四款，将证券交易所、期货交易所、证券公司、期货经纪公司、基金管理公司、商业银行、保险公司等金融机构的从业人员以及有关监管部门或者行业协会的工作人员，利用因职务便利获取的内幕信息以外的其他未公开的信息，违反规定，从事与该信息相关的证券、期货交易活动，或者明示、暗示他人从事相关交易活动，情节严重的行为规定为犯罪。本款与第一款的主要区别在于三点：一是在犯罪对象上，第一款为内幕信息，而本款（第四款）为内幕信息以外的其他未公开的信息；二是在行为方式上，第一款包括交易和泄露两种行为，本款（第四款）主要是指交易行为；三是在信息的来源上，第一款是内幕知情或者非法获取，而本款（第四款）是利用因职务便利获取。因此，第四款的罪名必须体现"利用因职务便利获取""未公开信息""交易"三个核心要件，将第四款的罪名确定为"利用未公开信息交易罪"，能够反映以上所论的区别，以及该罪的本质和主要特征。

2. 组织、领导传销活动罪

《刑法修正案（七）》第四条在《刑法》第二百二十四条后增加一条，作为第二百二十四条之一，将组织、领导传销活动的行为入罪。由于法律文件用语规范性、严肃性的要求，第二百二十四条之一的表述复杂一些，目的在于说明传销活动的特点。但在确定罪名时，这种复杂绕口的表述并不足取，考虑到传销活动在我国存在时间已经较长，危害性也为大多数人知晓，直接使用"传销"一词，更通俗和易于理解。因此，将罪名确定为"组织、领导传销活动罪"，符合简洁和利于理解原则。

3. 出售、非法提供公民个人信息罪

《刑法修正案（七）》第七条在《刑法》第二百五十三条后增加一条，作为第二百五十三条之一，第一款将国家机关或者金融、电信、交通、教育、医疗等单位的工作人员，违反国家规定，出售或者非法提供公民个人信息给他人，情节严重的行为规定为犯罪。本罪的关键要件是主体、行为方式、犯罪对象。从简洁性原则出发，罪名中可以不出现主体，直接将犯罪行为方式和对象组合，确定罪名，这也符合我国《刑法》实践中多以行为方式和对象相组合的罪名确定方式，比如，破坏交通工具罪、资助恐怖活动罪，等等。因此，将罪名确定为"出售、非法提供公民个人信息罪"。有部门曾提出删去"公民"二字的建议，认为可以使罪名更简洁。经研究，考虑到"公民"一语有其特定的含义（特指具有中华人民共和国国籍的人），因此，即确定现罪名。

4. 非法获取公民个人信息罪

《刑法修正案（七）》第七条第二款将窃取或者以其他方法非法获取本条第一款规定的信息，情节严重的行为规定为犯罪。本款规定的犯罪与第一款规定的犯罪只是在客观行为上存在不同，第一款是“出售、非法提供”，第二款是“窃取或者以其他方法非法获取”。因此，将第二款的罪名确定为“非法获取公民个人信息罪”。

5. 组织未成年人进行违反治安管理活动罪

《刑法修正案（七）》第八条在《刑法》第二百六十二条之一后增加一条，作为第二百六十二条之二，将组织未成年人进行盗窃、诈骗、抢夺、敲诈勒索等违反治安管理活动的行为规定为犯罪。条文对组织未成年人进行的行为采用了列举加概括的表述方式，列举的行为从属于概括表述的范围，应当使用概括表述。本罪的关键要件为“组织”“未成年人进行的盗窃、诈骗等违反治安管理活动的行为”。因此，将罪名确定为“组织未成年人进行违反治安管理活动罪”。有部门曾提出将罪名修改为“组织未成年人违反治安管理罪”的建议，我们认为，确定罪名的概括性原则应排在准确性原则之后，文字过于概括易导致司法实践中的扩大理解。因此，即确定本罪名，没有采纳这一建议。

6. 非法获取计算机信息系统数据、非法控制计算机信息系统罪

《刑法》第二百八十五条第一款保护的是国家事务、国防建设、尖端科学技术领域的计算机信息系统。《刑法修正案（七）》第九条第一款在第二百八十五条中增加一款作为第二款，扩大了对计算机信息系统的保护范围，将违反国家规定，侵入第一款规定以外的计算机信息系统或者采用其他技术手段，获取该计算机信息系统中存储、处理或者传输的数据，或者对该计算机信息系统实施非法控制，情节严重的行为规定为犯罪。本款的罪名应当体现罪状规定的行为特征和犯罪对象，即非法获取计算机信息系统数据或者非法控制计算机信息系统，于是确定为选择性罪名“非法获取计算机信息系统数据、非法控制计算机信息系统罪”。有同志认为，应当确定为两个独立的罪名，即“非法获取计算机信息系统数据罪”和“非法控制计算机信息系统罪”。经研究，决定仍然采用选择性罪名。主要理由是：第一，《刑法修正案（七）》第九条第一款规定的是一个复杂的犯罪构成，其中包括两项可选择的手段要件，即“获取该计算机信息系统中存储、处理或者传输的数据”和“对该计算机信息系统实施非法控制”，两个要件之间用“或者”相连，具有明显的并列选择性。行为人在具体实施相关犯罪过程中，可能独立使用两种犯罪手段，也可能交叉使用两种手段。在上述情形下，行为人主观上都是出于故意，侵犯的都是计算机信息系统的安全，社会危害性相当，符合选择性罪名适用的一般条件，不宜分别作为独立个罪评价。第二，如果将本款罪名确定为两个独立的罪名，行为人同时采用

“获取数据”和“非法控制”的手段实施犯罪，则应当对其数罪并罚，有违刑法的谦抑性，也导致与《刑法》第二百八十五条第一款规定的刑罚（最高刑为3年以下有期徒刑）之间明显不平衡。第三，将本款罪名确定为选择性罪名，可由办案人员根据案件的具体情况，分解或者并列适用罪名，具有较大的灵活性。因此，即确定本罪名。

7. 提供侵入、非法控制计算机信息系统程序、工具罪

《刑法修正案（七）》第九条第二款在《刑法》第二百八十五条中增加一款作为第三款，将提供专门用于侵入、非法控制计算机信息系统的程序、工具，或者明知他人实施侵入、非法控制计算机信息系统的违法犯罪行为而为其提供程序、工具，情节严重的行为规定为犯罪。本款罪名体现了罪状中规定的“提供”“侵入”和“非法控制计算机信息系统程序、工具”三个核心要件。在征求意见过程中，有同志提出在“提供”后面增加“用于”二字，经研究，如果增加“用于”二字，则按照条文的内容，还需要相应增加“专门”二字，这样罪名就很长，不符合简洁性原则，且现在确定的罪名不会产生歧义。因此，没有采纳这一意见。

8. 伪造、盗窃、买卖、非法提供、非法使用武装部队专用标志罪

《刑法修正案（七）》第十二条第二款在《刑法》第三百七十五条第二款后增加了第三款，将伪造、盗窃、买卖或者非法提供、使用武装部队车辆号牌等专用标志，情节严重的行为规定为犯罪。本款罪名同样将犯罪行为与犯罪对象列出，确定为“伪造、盗窃、买卖、非法提供、非法使用武装部队专用标志罪”。原来拟定的罪名为“伪造、盗窃、买卖、非法提供、使用军用标志罪”，征求意见过程中，有两点修改意见被采纳：一是在“使用”之前增加“非法”二字，能够使行为样态之间的并列平行关系更为明显。如果不增加“非法”二字，“提供”前面的“非法”二字实际上是修饰“提供”和“使用”两种行为的，这样五种行为（伪造、盗窃买卖、非法提供、非法使用）之间就存在两层并列关系，易于引起理解上的歧义。二是将“军用标志”修改为“武装部队专用标志”，以使罪名中的犯罪对象在文字表述上与罪状保持一致，其他条文中多次出现“武装部队”字样，这样也与其他条文的表述或者罪名的用语相一致。

9. 利用影响力受贿罪

《刑法修正案（七）》第十三条在第三百八十八条后增加一条作为第三百八十八条之一，将国家工作人员的近亲属或者其他与该国家工作人员关系密切的人，通过该国家工作人员职务上的行为，或者利用该国家工作人员职权或者地位形成的便利条件，通过其他国家工作人员职务上的行为，为请托人谋取不正当利益，索取或者收受贿赂数额较大或者有其他严重情节的行为，以及离职的国家工作人员或者其近亲属以及其他与其关系密切的人，利用该离职的国家工

作人员原职权或者地位形成的便利条件实施的索贿受贿行为，规定为犯罪。该罪的主体不是国家工作人员，行为人没有直接的公权力，其进行索贿、受贿犯罪主要是利用了国家工作人员或者离职国家工作人员职务、职权、地位形成的影响力进行的，没有国家工作人员或者离职国家工作人员职务、职权的影响力或者原职务、职权的影响力，行为人的索贿、受贿行为就无法实施。因此，将第三百八十八条之一的罪名确定为利用影响力受贿罪，准确地概括和反映了该条的本质特点，体现出了立法者的意图。另一方面，这一罪名也与《联合国反腐败公约》第18条规定的影响力交易犯罪相对应，是我国刑事立法在打击腐败犯罪方面与国际公约相衔接的具体表现。

征求意见过程中，有同志建议本罪应定为间接受贿罪，以同受贿罪相区别。也有人提出定利用国家工作人员影响力受贿罪。经研究，本罪实质上是利用国家工作人员的职权直接受贿，不是什么间接受贿，也不是国家工作人员间接受贿，而是非国家工作人员利用国家工作人员职权、地位的影响力直接受贿。同时，从罪名应当简洁的角度出发，不必表述“国家工作人员”六个字。

（三）修改的罪名

1. 走私国家禁止进出口的货物、物品罪

《刑法修正案（七）》第一条对第一百五十一条第三款作出修正，将原条文保护的对象由“国家禁止进出口的珍稀植物及其制品”扩大到“珍稀植物及其制品等国家禁止进出口的其他货物、物品”。原拟定的罪名为“走私国家禁止进出口的其他货物、物品罪”，征求意见过程中，有同志提出，可以省略“其他”二字，经研究，采纳了这一意见。主要理由是：第一，“其他”属于列举情形之外的概括式表述，范围上有一定模糊性，在罪名中不宜出现。第二，罪名中出现“其他”二字显得不规范，以往确定罪名时也碰到过类似的情形，如《刑法》第一百一十四条、第一百一十五条以危险方法危害公共安全罪，对应的就是“以其他危险方法危害公共安全”的情形，罪名中并没有出现“其他”二字。

2. 逃税罪

《刑法修正案（七）》第三条对第二百零一条作出修正，原条文的规定是“纳税人采取伪造、变造、隐匿、擅自销毁账簿、记账凭证，在账簿上多列支出或者不列、少列收入，经税务机关通知申报而拒不申报或者进行虚假的纳税申报的手段，不缴或者少缴应纳税款，偷税数额占应纳税额的百分之十以上不满百分之三十并且偷税数额在一万元以上不满十万元的，或者因偷税被税务机关给予二次行政处罚又偷税的，处……”修正后的条文表述为“纳税人采取欺骗、隐瞒手段进行虚假纳税申报或者不申报，逃避缴纳税款数额较大并且占应纳税额百分之十以上的，处……”有同志认为，可以继续使用“逃税罪”这一罪名，但通过《刑法修正案》的规定与原条文的对比，应当说有关罪状关于犯罪行为的描述发生了较大变化，特别是修改后的条文中没有了“偷税”二字，而代之以“逃避缴纳税款”。因此，原来的罪名已不能涵盖修改后条文所表达的内容，应当进行调整，最后确定为“逃税罪”。

3. 妨害动植物防疫、检疫罪

《刑法修正案（七）》第十一条对第三百三十七条第一款作出修正，扩大了本罪的保护范围，将原条文的“违反进出境动植物检疫法的规定，逃避动植物检疫，引起重大动植物疫情的，处……”，修改为“违反有关动植物防疫、检疫的国家规定，引起重大动植物疫情的，或者有引起重大动植物疫情危险，情节严重的，处……”参照第三百三十二条“妨害国境卫生检疫罪”罪名，并根据确定罪名的准确性原则，将原罪名“逃避动植物检疫罪”修改为“妨害动植物防疫、检疫罪”。

4. 非法生产、买卖武装部队制式服装罪

《刑法修正案（七）》第十二条对第三百七十五条第二款作出修正，专门打击非法生产、买卖武装部队制式服装的犯罪，原来规定的有关武装部队专用标志的犯罪已单独规定为本条第三款。本罪的两个关键性要件为“非法生产、买卖”和“武装部队制式服装”。因此，将原罪名“非法生产、买卖军用标志罪”修改为“非法生产、买卖武装部队制式服装罪”。

（撰稿人：马　东　周海洋）

最高人民法院　最高人民检察院
关于执行《中华人民共和国刑法》确定罪名的补充规定（五）

法释〔2011〕10号

（2011年4月21日最高人民法院审判委员会第1520次会议、2011年4月13日最高人民检察院第十一届检察委员会第60次会议通过　2011年4月27日最高人民法院、最高人民检察院公告公布　自2011年5月1日起施行）

根据《中华人民共和国刑法修正案（八）》［以下简称《刑法修正案（八）》］的规定，现对最高人民法院《关于执行〈中华人民共和国刑法〉确定罪名的规定》、最高人民检察院《关于适用刑法分则规定的犯罪的罪名的意见》作如下补充、修改：

刑法条文	罪　　名
第一百三十三条之一 ［《刑法修正案（八）》第二十二条］	危险驾驶罪
第一百四十三条 ［《刑法修正案（八）》第二十四条］	生产、销售不符合安全标准的食品罪（取消生产、销售不符合卫生标准的食品罪罪名）
第一百六十四条第二款 ［《刑法修正案（八）》第二十九条第二款］	对外国公职人员、国际公共组织官员行贿罪
第二百零五条之一 ［《刑法修正案（八）》第三十三条］	虚开发票罪
第二百一十条之一 ［《刑法修正案（八）》第三十五条］	持有伪造的发票罪
第二百三十四条之一第一款 ［《刑法修正案（八）》第三十七条第一款］	组织出卖人体器官罪

刑法条文	罪　　名
第二百四十四条 ［《刑法修正案（八）》第三十八条］	强迫劳动罪（取消强迫职工劳动罪罪名）
第二百七十六条之一 ［《刑法修正案（八）》第四一条］	拒不支付劳动报酬罪
第三百三十八条 ［《刑法修正案（八）》第四十六条］	污染环境罪（取消重大环境污染事故罪罪名）
第四百零八条之一 ［《刑法修正案（八）》第四十九条］	食品监管渎职罪

【解　　读】

解读《最高人民法院、最高人民检察院关于执行〈中华人民共和国刑法〉确定罪名的补充规定（五）》

一、问题的提出

为适应经济社会发展和社会治安状况的变化，《中华人民共和国刑法修正案（八）》（以下简称《刑法修正案（八）》）增加规定了一些新的犯罪，并对一些犯罪的构成条件作出了修改完善。为统一法律适用，最高人民法院、最高人民检察院经认真研究，广泛征求各方面意见，联合制定了《最高人民法院、最高人民检察院关于执行〈中华人民共和国刑法〉确定罪名的补充规定（五）》（以下简称《罪名规定（五）》），新增了7个罪名，修改了3个罪名。《罪名规定（五）》于2011年4月13日、4月21日分别经最高人民检察院第十一届检察委员会第60次会议、最高人民法院审判委员会第1520次会议审议通过，于2011年4月27日公布，自2011年5月1日起施行。

二、理解与适用

（一）新增危险驾驶罪

根据《刑法修正案（八）》第二十二条在《刑法》第一百三十三条后增加一条，作为第一百三十三条之一，规定："在道路上驾驶机动车追逐竞驶，情节恶劣的，或者在道路上醉酒驾驶机动车的，处拘役，并处罚金。""有前款行为，同时构成其他犯罪的，依照处罚较重的规定定罪处罚。"鉴于"在道路上驾驶机动车追逐竞驶"和"在道路上醉酒驾驶机动车"行为在性质上都属于危害公共安全的危险驾驶行为，《罪名规定（五）》将本罪的罪名确定为危险驾驶罪。

征求意见中，曾有意见提出将本罪罪名确定为"飙车、醉酒驾车罪"，考虑到这种表述不够简洁，没有采纳。

（二）将生产、销售不符合卫生标准的食品罪修改为生产、销售不符合安全标准的食品罪

《刑法修正案（八）》第二十四条对《刑法》第一百四十三条作出了修改，将原条文中的"不符合卫生标准的食品"修改为"不符合食品安全标准的食品"，并对本罪的法定刑作出了调整。鉴于《刑法》第一百四十三条修改后，本罪的犯罪对象有明显变化，而原"生产、销售不符合卫生标准的食品罪"罪名已不能反映本罪的基本特征，《罪名规定（五）》将本罪罪名修改为"生产、销售不符合安全标准的食品罪"。

征求意见中，曾有意见提出，应按照法律条文对本罪犯罪对象的规定，将罪名确定为"生产、销售不符合食品安全标准的食品罪"。经研究，该表述中两次出现"食品"一词，存在重复，不够简洁；且将"不符合食品安全标准的食品"简化为"不符合安全标准的食品"，在理解上不会出现歧义，故未采纳上述意见。

（三）新增对外国公职人员、国际公共组织官员行贿罪

《刑法修正案（八）》第二十九条对《刑法》第一百六十四条作出修改，增加了第二款，即"为谋取不正当商业利益，给予外国公职人员或者国际公共组织官员以财物的，依照前款的规定处罚"。《罪名规定（五）》将本款规定的罪名确定为对外国公职人员、国际公共组织官员行贿罪。

在《罪名规定（五）》制定过程中，有意见认为，没有必要为本款规定单独确定罪名，可将《刑法》第一百六十四条的原定罪名"对非国家工作人员行贿罪"修改为"商业行贿罪"，将本款规定的对外国公职人员、国际公共组织官员行贿的行为容纳其中；同时，为保持协调，将《刑法》第一百六十四条的原定罪名"非国家工作人员受贿罪"相应修改为"商业受贿罪"。经研究：其一，将对公司、企业或者其他单位中的非国家工作人员以及对外国公职人员、

国际公共组织官员行贿的行为统称为商业行贿罪并不确切，因为此类行为并不只发生于商业领域，牟取的不正当利益也并非仅限于商业利益。其二，专门确立对外国公职人员、国际公共组织官员行贿罪，可以更加充分地反映修正案八新增本款规定，表明我国坚决履行有关国际条约义务立场的立法精神。故未采纳上述意见。

（四）新增虚开发票罪

根据《刑法修正案（八）》第三十三条在《刑法》第二百零五条后增加一条，作为第二百零五条之一，即“虚开本法第二百零五条规定以外的其他发票，情节严重的，处……”。《罪名规定（五）》将本条罪名确定为虚开发票罪。

《罪名规定（五）》制定过程中，曾有意见提出，将本罪罪名确定为虚开普通发票罪，以准确反映本罪的犯罪对象与其他发票犯罪的区别，避免出现不同罪名中“发票”一词内涵和外延不尽一致的问题；同时，考虑到相关罪名确定的协调性，相应将《刑法》第二百零九条第二款、第四款规定的非法制造、出售非法制造的发票罪，非法出售发票罪分别修改为非法制造、出售非法制造的普通发票罪，非法出售普通发票罪。经研究，尽管将本罪罪名确定为虚开普通发票罪更为准确，但为尽量保持罪名的稳定性，同时考虑将本条罪名确定为虚开发票罪在理解和适用上不会出现问题，故未采纳上述意见。

（五）新增持有伪造的发票罪

根据《刑法修正案（八）》第三十五条在《刑法》第二百一十条后增加一条，作为第二百一十条之一，将“明知是伪造的发票而持有，数量较大”的行为规定为犯罪。《罪名规定（五）》将本条罪名确定为持有伪造的发票罪。

（六）新增组织出卖人体器官罪

根据《刑法修正案（八）》第三十七条在《刑法》第二百三十四条后增加一条，作为第二百三十四条之一，规定“组织他人出卖人体器官的，处……”。《罪名规定（五）》将本条罪名确定为组织出卖人体器官罪。

（七）将强迫职工劳动罪修改为强迫劳动罪

《刑法修正案（八）》第三十八条对《刑法》第二百四十四条作出修改，将原条文中的“用人单位违反劳动管理法规，以限制人身自由方法强迫职工劳动，情节严重的”修改为“以暴力、威胁或者限制人身自由的方法强迫他人劳动”；同时，增加“明知他人实施前款行为，为其招募、运送人员或者有其他协助强迫他人劳动行为的，依照前款的规定处罚”作为第二款。作出上述修改后，本罪的犯罪对象不再限于职工，原强迫职工劳动罪罪名已不合适，故《罪名规定（五）》将本条罪名确定为强迫劳动罪。

《罪名规定（五）》制定过程中，对于应否为协助强迫劳动的行为另行单独确定罪名有不同认识。有意见认为，应当将协助强迫劳动的行为专门确定为协助强迫劳动罪，主要理由是：其一，单独确定罪名，可以更好地体现我国积极履行作为《联合国打击跨国有组织犯罪公约关于预防、禁止和惩治贩运人口特别是妇女和儿童行为的补充议定书》缔约国义务的立场。其二，可以与强迫卖淫罪、协助强迫卖淫罪的罪名确定标准保持协调。经慎重研究，《罪名规定（五）》未采纳该意见，而是明确对协助强迫劳动的，也应认定为强迫劳动罪。主要考虑是：(1) 协助强迫劳动与协助组织卖淫不同，之所以在组织卖淫罪之外单独确定协助组织卖淫罪，是因为《刑法》为协助组织卖淫规定了不同于组织卖淫的、单独的法定刑，而根据第二百四十四条第二款的规定，对协助强迫劳动的，是"依照前款的规定处罚"。鉴此，在强迫劳动罪之外，再就本属于该罪帮助行为的协助强迫劳动确定单独罪名没有必要。(2) 如单独设置协助强迫劳动罪，在实际适用时，就必须严格区分强迫劳动罪与协助强迫劳动罪，而在具体案件中，二者的界限往往并不容易划分。统一以强迫劳动罪论处，更有利于司法操作，避免案件定性的困难和争议。(3)《刑法修正案（八）》专门增设《刑法》第二百四十四条第二款，已能充分体现我国积极履行有关国际公约义务的立场，不就该款规定单独确立罪名，并不会影响这一立场的体现。

（八）新增拒不支付劳动报酬罪

根据《刑法修正案（八）》第四十一条在《刑法》第二百七十六条后增加一条作为第二百七十六条之一，将"以转移财产、逃匿等方法逃避支付劳动者的劳动报酬或者有能力支付而不支付劳动者的劳动报酬，数额较大，经政府有关部门责令支付仍不支付"的行为规定为犯罪。《罪名规定（五）》将本条罪名确定为拒不支付劳动报酬罪。

《罪名规定（五）》制定过程中，曾考虑将本条罪名确定为恶意欠薪罪，这样更为通俗易懂和简洁，也能直观反映本罪的基本特点。但征求意见中，一些部门和专家提出，恶意欠薪是一种状态，而不是一种行为，作为罪名不尽适宜。经研究，此意见确有道理，同时也为更好地统一各方面的认识，予以采纳。

（九）将重大环境污染事故罪修改为污染环境罪

《刑法修正案（八）》第四十六条对《刑法》第三百三十八条作出修改，将原条文规定的结果要件"造成重大环境污染事故，致使公私财产遭受重大损失或者人身伤亡的严重后果"修改为"严重污染环境"。鉴于此，《罪名规定（五）》将本罪罪名由重大环境污染事故罪修改为污染环境罪。

《罪名规定（五）》制定过程中，有意见认为，本罪罪名应确定为严重污染环境罪。经研究认为：(1) 罪名应当尽可能简洁，以利学习、运用和宣传。除本条外，刑法未就污染环境问题再设有类似条款，因此，将本罪确定为污染环境罪，并不会影响对本罪基本特征的把握，不会从罪名上混淆本罪与其他犯罪的界限。(2) 我国《刑法》中的许多罪名，均无"严重"字样，如盗窃罪、诈骗罪和破坏性采矿罪等，但构成相关犯罪均须达到一定的数额标准或者情节严重的程度，类似地，在本罪罪名中“严重”两字亦可略去。故未采纳上述意见。

（十）新增食品监管渎职罪

根据《刑法修正案（八）》第四十九条在《刑法》第四百零八条后增加一条，作为第四百零八条之一，将“负有食品安全监督管理职责的国家机关工作人员，滥用职权或者玩忽职守，导致发生重大食品安全事故或者造成其他严重后果的”行为规定为犯罪。《补充规定五》将本条罪名确定为食品监管渎职罪。

《罪名规定（五）》制定过程中，有意见认为，应将本条规定的罪名确定为食品监管滥用职权罪和食品监管玩忽职守罪。经反复、慎重研究，没有采纳该意见，主要是考虑：《刑法》第四百零八条之一将食品安全监管滥用职权和玩忽职守并列规定，且法定刑完全相同，分别确定罪名没有实际意义；相反，实践表明，滥用职权与玩忽职守的区分，往往遇到困难、引发争议，将本条确定为两个罪名，难免会给司法适用和理论研究人为制造诸多难题，且可能引发不必要的上诉、抗诉或者申诉，浪费国家司法资源。至于本条确定为一罪后，所产生的与以往罪名确定不协调、不一致的问题，可在进一步总结实践经验的基础上，通过及时完善有关规范加以解决。

（撰稿人：胡云腾　周加海　刘　涛）

最高人民法院　最高人民检察院
关于执行《中华人民共和国刑法》
确定罪名的补充规定（六）

法释〔2015〕20 号

（2015 年 10 月 19 日最高人民法院审判委员会第 1664 次会议、2015 年 10 月 21 日最高人民检察院第十二届检察委员会第 42 次会议通过　2015 年 10 月 30 日最高人民法院、最高人民检察院公告公布　自 2015 年 11 月 1 日起施行）

根据《中华人民共和国刑法修正案（九）》［以下简称《刑法修正案（九）》］和《全国人民代表大会常务委员会关于修改部分法律的决定》的有关规定，现对最高人民法院《关于执行〈中华人民共和国刑法〉确定罪名的规定》、最高人民检察院《关于适用刑法分则规定的犯罪的罪名的意见》作如下补充、修改：

刑法条文	罪 名
第一百二十条之一 ［《刑法修正案（九）》第六条］	帮助恐怖活动罪 （取消资助恐怖活动罪罪名）
第一百二十条之二 ［《刑法修正案（九）》第七条］	准备实施恐怖活动罪
第一百二十条之三 ［《刑法修正案（九）》第七条］	宣扬恐怖主义、极端主义、 煽动实施恐怖活动罪
第一百二十条之四 ［《刑法修正案（九）》第七条］	利用极端主义破坏法律实施罪
第一百二十条之五 ［《刑法修正案（九）》第七条］	强制穿戴宣扬恐怖主义、 极端主义服饰、标志罪
第一百二十条之六 ［《刑法修正案（九）》第七条］	非法持有宣扬恐怖主义、 极端主义物品罪

刑法条文	罪 名
第二百三十七条第一款、第二款 [《刑法修正案（九）》第十三条第一款、第二款]	强制猥亵、侮辱罪 （取消强制猥亵、侮辱妇女罪罪名）
第二百五十三条之一 [《刑法修正案（九）》第十七条]	侵犯公民个人信息罪 （取消出售、非法提供公民个人信息罪和非法获取公民个人信息罪罪名）
第二百六十条之一 [《刑法修正案（九）》第十九条]	虐待被监护、看护人罪
第二百八十条第三款 [《刑法修正案（九）》第二十二条第三款]	伪造、变造、买卖身份证件罪 （取消伪造、变造居民身份证罪罪名）
第二百八十条之一 [《刑法修正案（九）》第二十三条]	使用虚假身份证件、盗用身份证件罪
第二百八十三条 [《刑法修正案（九）》第二十四条]	非法生产、销售专用间谍器材、窃听、窃照专用器材罪 （取消非法生产、销售间谍专用器材罪罪名）
第二百八十四条之一第一款、第二款 [《刑法修正案（九）》第二十五条第一款、第二款]	组织考试作弊罪
第二百八十四条之一第三款 [《刑法修正案（九）》第二十五条第三款]	非法出售、提供试题、答案罪
第二百八十四条之一第四款 [《刑法修正案（九）》第二十五条第四款]	代替考试罪
第二百八十六条之一 [《刑法修正案（九）》第二十八条]	拒不履行信息网络安全管理义务罪
第二百八十七条之一 [《刑法修正案（九）》第二十九条]	非法利用信息网络罪

刑法条文	罪 名
第二百八十七条之二 [《刑法修正案（九）》第二十九条]	帮助信息网络犯罪活动罪
第二百九十条第三款 [《刑法修正案（九）》第三十一条第二款]	扰乱国家机关工作秩序罪
第二百九十条第四款 [《刑法修正案（九）》第三十一条第三款]	组织、资助非法聚集罪
第二百九十条之一第二款 [《刑法修正案（九）》第三十二条]	编造、故意传播虚假信息罪
第三百条第二款 [《刑法修正案（九）》第三十三条第二款]	组织、利用会道门、邪教组织、 利用迷信致人重伤、死亡罪 （取消组织、利用会道门、邪教组织、 利用迷信致人死亡罪罪名）
第三百零二条 [《刑法修正案（九）》第三十四条]	盗窃、侮辱、故意毁坏尸体、尸骨、 骨灰罪（取消盗窃、侮辱尸体罪罪名）
第三百零七条之一 [《刑法修正案（九）》第三十五条]	虚假诉讼罪
第三百零八条之一第一款 [《刑法修正案（九）》第三十六条第一款]	泄露不应公开的案件信息罪
第三百零八条之一第三款 [《刑法修正案（九）》第三十六条第三款]	披露、报道不应公开的案件信息罪
第三百一十一条 [《刑法修正案（九）》第三十八条]	拒绝提供间谍犯罪、恐怖主义犯罪、 极端主义犯罪证据罪 （取消拒绝提供间谍犯罪证据罪罪名）

刑法条文	罪 名
第三百五十条 ［《刑法修正案（九）》第四十一条］	非法生产、买卖、运输制毒物品、 走私制毒物品罪 （取消走私制毒物品罪和非法 买卖制毒物品罪罪名）
第三百六十条第二款 ［《刑法修正案（九）》第四十三条］	取消嫖宿幼女罪罪名
第三百八十一条 （《全国人民代表大会常务委员会 关于修改部分法律的决定》第二条）	战时拒绝军事征收、征用罪 （取消战时拒绝军事征用罪罪名）
第三百九十条之一 ［《刑法修正案（九）》第四十六条］	对有影响力的人行贿罪
第四百一十条 （《全国人民代表大会常务委员会 关于修改部分法律的决定》第二条）	非法批准征收、征用、占用土地罪 （取消非法批准征用、占用土地罪罪名）

本规定自 2015 年 11 月 1 日起施行。

【解　　读】

解读《最高人民法院、最高人民检察院关于执行〈中华人民共和国刑法〉确定罪名的补充规定（六）》

2015 年 8 月 29 日，第十二届全国人民代表大会常务委员会第十六次会议审议通过了《中华人民共和国刑法修正案（九）》［以下简称《刑法修正案（九）》］，对《刑法》作了幅度不小的修改完善。《刑法修正案（九）》通过后，对一些新增的《刑法》分则条文，需要明确罪名；对一些犯罪构成要件有重大修改的分则条文，则有必要对原罪名作出相应调整。此外，《全国人民代表大会常务委员会关于修改部分法律的决定》第二条决定将《刑法》第三百八十一条、第四百一十条中的“征用”修改为“征收、征用”，有必要一并对该两条的罪名确定也作出调整。为确保刑法统一、正确适用，最高人民法院会同最高人民检察院，经认真研究、广泛听取各方面意见，起草了《最高人民法院、最高人民检察院关于执行〈中华人民共和国刑法〉确定罪名的补充规定（六）》（以下简称《罪名规定（六）》）。《罪名规定（六）》经 2015 年 10 月 19 日最高人民法院审判委员会第 1664 次会议、2015 年 10 月 21 日最高人民检察院第十二届检察委员会第 42 次会议通过，于 2015 年 10 月 30 日发布，自 2011 年 11 月 1 日起施行。

《罪名规定（六）》新增了 20 个罪名，另对原 14 个罪名作了调整或取消。[①] 为便于理解和执行，本文就确定罪名的主要考虑，以及在起草《罪名规定（六）》过程中存在一定争议的罪名确定的具体考虑作一介绍。

一、确定罪名的主要考虑

《罪名规定（六）》的制定，继续坚持了以往的确定罪名的一些原则，如准确，即必须在刑法规定的框架内确定罪名，罪名要能够反映有关犯罪的基本性质和核心要件；精练，即在不影响理解的情况下适度概括，避免繁琐、冗长，等等。除此之外，在本次罪名确定过程中，还特别考虑了以下两点：

其一，避免无谓的或者意义不大的争议。例如，《罪名规定（六）》之所以将新增的《刑法》第二百九十条之一第二款的罪名确定为“编造、故意传播虚假信息罪”而不是“编造、故意传播虚假险情、疫情、灾情、警情罪”，主要是考虑，一个虚假信息究竟是虚假的“险情”“疫情”还是“灾情”“警情”，优势并不容易区分。如确定为“编造、故意传播虚假险情、疫情、灾情、警情罪”，在具体选择适用时难免出现争议，而这样的争议实际对案件处理特别量刑并无实质影响。

其二，有利于体现罪责性相适应原则。有的《刑法》条文分设几款，对不同行为作了规定；有的在同一款中规定了几个行为，对相关条文究竟是确定为一罪还是数罪，往往各有道理。在确定此类条文的罪名时，有利于体现罪责刑相适应原则是重要考虑因素。例如，《罪名规定（六）》之所以将《刑法》第二百三十七条第一款、第二款的罪名调整为“强制猥亵、侮辱罪”而不是“强制猥亵罪”“强制侮辱妇女罪”两罪，一方面是因为强制猥亵、强制侮辱的危害性质类似，有时甚至不容易分清，而《刑法》对二者规定的法定刑又完全相同；另一方面，实践中强制猥亵、强制侮辱常会针对同一对象接连实施，如确定为两个罪名，对相关案件则需实行数罪并罚，容易导致量刑过重。

---

① 《刑法修正案（九）》生效后，《刑法》分则总计规定了 468 个罪名。

二、关于《刑法》第一百二十条之一（帮助恐怖活动罪）的罪名确定

《刑法》第一百二十条之一原规定了“资助恐怖活动罪”，《刑法修正案（九）》第六条对本条作了修改：一是在第一款规定中增加了“资助恐怖活动培训”的内容；二是增加了一款，作为第二款，规定“为恐怖活动组织、实施恐怖活动或者恐怖活动培训招募、运送人员的，依照前款的规定处罚。”研究过程中，有意见提出，对本条第一款仍沿用“资助恐怖活动罪”罪名，同时应将本条第二款的罪名单独确定为“招募、运送恐怖活动人员罪”或者“为恐怖活动招募、运送人员罪”。经研究认为，将修改后《刑法》第一百二十条之一的罪名确定为“帮助恐怖活动罪”一罪更为妥当。主要考虑：(1) 第二款并未独立设置法定刑，而是规定“依照前款的规定处罚”，单独确定罪名并无必要。(2) 第二款规定的行为与第一款规定的行为可能常常会同时实施，即既提供资金支持，又帮助招募、运送人员。分别确定罪名，会引发对相关行为究竟是定一罪还是定数罪的不必要的争议。(3) 以往对类似条文并未分别确定罪名，如《刑法》第二百四十四条第一款、第二款规定：“以暴力、威胁或者限制人身自由的方法强迫他人劳动的，处三年以下有期徒刑或者拘役，并处罚金；情节严重的，处三年以上十年以下有期徒刑，并处罚金。”“明知他人实施前款行为，为其招募、运送人员或者有其他协助强迫他人劳动行为的，依照前款的规定处罚。”根据以往罪名确定的解释，该两款的罪名均为强迫劳动罪。

三、关于《刑法》第一百二十条之三（宣扬恐怖主义、极端主义、煽动实施恐怖活动罪）的罪名确定

《刑法》第一百二十条之三系《刑法修正案（九）》第七条新增条文。对本条规定的罪名确定，有意见提出，“宣扬恐怖主义、极端主义”与“煽动实施恐怖活动”的客观方面存在明显区别，建议将罪名确定为“宣扬恐怖主义、极端主义罪”和“煽动实施恐怖活动罪”两罪。经研究，未采纳这一意见，《罪名规定（六）》将本条罪名确定为“宣扬恐怖主义、极端主义、煽动实施恐怖活动罪”一罪。主要考虑：(1) 宣扬恐怖主义、极端主义与煽动实施恐怖活动尽管存在区别，但性质仍存在相似之处，正是因此，《刑法》第一百二十条之三将二者规定在一条中，设置了完全相同的法定刑。将本条罪名确定为一罪并无问题，更符合以往的罪名确定原则。(2) 从实践看，宣扬恐怖主义、极端主义与煽动实施恐怖活动常相伴实施。如制作、散发涉恐音视频案件，在一段音视频中，可能前半段是宣扬恐怖主义、极端主义，后半段则是煽动实施恐怖活动。如将本条罪名确定为两个罪名，势必引发对上述案件究竟是应定一罪还是应定两罪的争议。

四、关于《刑法》第二百三十七条第一款、第二款（强制猥亵、侮辱罪）的罪名确定

《刑法》第二百三十七条第一款、第二款原规定了“强制猥亵、侮辱妇女罪”，《刑法修正案（九）》第十三条对本条作了修改，一是将强制猥亵妇女修改为强制猥亵“他人”；二是在第二款增加规定了“有其他恶劣情节”的加重法定刑情节。修改后，原罪名需作相应调整。但具体如何调整，存在不同认识。起初曾考虑，《刑法》修改后，强制猥亵的犯罪对象是他人，强制侮辱是妇女，将罪名相应调整为“强制猥亵罪”“强制侮辱妇女罪”两罪比较合适。后经征求意见、再次研究认为，强制猥亵、强制侮辱的危害性质类似，且实践中强制猥亵、强制侮辱常会针对同一对象接连实施，如确定为两个罪名，对相关案件则需实行数罪并罚，可能会量刑过重，故最终决定将该两款罪名确定为“强制猥亵、侮辱罪”一罪。

需要说明的是：(1) 之所以不确定为“强制猥亵他人、强制侮辱妇女罪”，是考虑如行为人只实施有猥亵行为，需定“强制猥亵他人罪”时，罪名中的“他人”就明显系多余。(2) 本罪名是选择性罪名。在根据具体案情确定具体适用的罪名时，应当注意，根据通行的刑法理论和司法实务，《刑法》第二百三十七条规定中的“以暴力、胁迫或者其他方法强制”不仅修饰、限定猥亵他人，也修饰、限定侮辱妇女。申言之，当行为人只实施有侮辱妇女的行为时，只有其是以强制方式侮辱的才符合本条规定，对其罪名应确定为“强制侮辱罪”，而不能是“侮辱罪”。

五、关于《刑法》第二百五十三条之一（侵犯公民个人信息罪）的罪名确定

《刑法》第二百五十三条之一原规定了“出售、非法提供公民个人信息罪”和“非法获取公民个人信息罪”，《刑法修正案（九）》第十七条对本条作了修改，主要修改内容包括：一是将第一款规定中的“违反国家规定”修改为“违反国家有关规定”；① 二是将出售、非法提供公民个人信息罪的主体由特殊主体改为一般主体，同时规定将在履行职责或者提供服务过程中获得的公民个人信息，出售或者提供给他人的，从重处罚；三是将原第二款规定中的“上述信息”修改为“公民个人信息”；② 四是增设了“情节特别严重的”量刑档次。

① 与“国家规定”相比，“国家有关规定”的范围更宽，包括法律、行政法规、规章等国家层面的涉及公民个人信息保护的规定。全国人大常委会法制工作委员会刑法室编著：《〈中华人民共和国刑法修正案（九）〉释解与适用》，人民法院出版社 2015 年版，第 127 页。

② 对《刑法》原第二百五十三条之一第二款规定中的“上述信息”如何理解，曾有不同认识。一种意见认为，“上述信息”必须是来源于该条第一款规定的国家机关或者金融、电信、交通、教育、医疗等单位在履行职责或者提供服务过程中获得的公民个人信息；另一种意见则认为，“上述信息”是指公民个人信息，信息来源并无限制。

本条修改后，有意见提出，可继续沿用原“出售、非法提供公民个人信息罪”和“非法获取公民个人信息罪”罪名。主要理由是，对以往确定的罪名，如无原则问题的，应尽量不作变动。经研究认为，适应法律修改情况，将本条罪名确定为“侵犯公民个人信息罪”一罪更为可取。主要考虑：（1）修改后本条第一款、第三款的犯罪主体、犯罪对象已完全一致，法定刑也相同，单独确定罪名已无必要。（2）确定为“侵犯公民个人信息罪”一罪，更符合罪名精简原则，同时也更通俗易懂。（3）确定为一罪，有利于减少不必要的争议，也有利于更好贯彻罪责刑相适应原则。例如，行为人先非法获取公民个人信息，之后又出售或者提供给他人的。如将本条罪名确定为两罪，实践中难免引发上述行为是属于牵连犯还是实质数罪，是应当从一重处断还是数罪并罚的争议；如认定为数罪，实行并罚，可能会导致量刑过重。

之所以将《刑法》第三百五十条［《刑法修正案（九）》第四十一条］的罪名由“走私制毒物品罪”“非法买卖制毒物品罪”调整为“非法生产、买卖、运输制毒物品、走私制毒物品罪”一罪，也是出于类似考虑。[①]

六、关于《刑法》第二百八十七条之一（非法利用信息网络罪）的罪名确定

《刑法》第二百八十七条之一系《刑法修正案（九）》第二十九条新增条文。对本条，最初考虑将罪名确定为“准备网络违法犯罪活动罪”。后经研究认为，该罪名欠妥：一是过于笼统，未能准确反映刑法条文所规定的行为性质；二是设立用于违法犯罪活动的网站、通讯群组等的行为已属相关违法犯罪实行行为，而不是预备或准备行为；三是即便对犯罪，实践中实际也较少处罚预备犯，如确定为“准备网络违法犯罪活动罪”，似乎意味着对违法活动的预备行为也要作为犯罪追究，此不符合立法精神。鉴此，又考虑将罪名确定为“设立非法网站、通讯群组、发布非法网络信息罪”。我院审委会审议时提出，“设立非法网站、通讯群组、发布非法网络信息罪”罪名过于繁琐；从《刑法》第二百八十七条之一第一款的规定看，所列三项规定实际均属于非法利用信息网络的行为。最终决定将本条罪名确定为“非法利用信息网络罪”。

七、关于《刑法》第二百九十一条之一第二款（编造、故意传播虚假信息罪）的罪名确定

《刑法》第二百九十条一之一第二款系《刑法修正案（九）》第三十二条新增条文。将本款罪名确定为“编造、故意传播虚假信息罪”而不是“编造、故意传播虚假险情、疫情、灾情、警情罪”，主要是考虑：一方面，罪名应当尽

---

① 未确定为“非法生产、买卖、运输、走私制毒物品罪”，主要是因为在语法上存在一定问题，即恐会让人误解“非法”亦修饰走私，而走私无合法可言。

可能概括、精炼；另一方面，更重要的是，从实践看，有时“险情”“疫情”“灾情”“警情”并不容易区分。如天津港爆炸事件，既是灾情，也是险情、警情。如确定为“编造、故意传播虚假险情、疫情、灾情、警情罪”，将来在处理具体案件时，可能会引发无谓争议。

研究过程中，曾有意见提出“编造、故意传播虚假信息罪”罪名失之笼统，未能客观反映刑法条文对有关虚假信息种类和范围的限制。经研究认为，罪名应当尽量反映相关犯罪的基本性质和要素的要求并不是绝对的，在不会造成相关罪名交叉、混淆的情况下，在确定罪名时舍弃某些构成要件并无不可。例如，根据刑法规定，在刑事诉讼中作伪证的，才构成有关犯罪，但此前并未将罪名确定为“刑事伪证罪”或者“刑事诉讼伪证罪”，而是确定为“伪证罪”。又如，《刑法》第二百零五条之一规定，“虚开本法第二百零五条规定以外的其他发票，情节严重的”构成该条规定之罪，但此前并未将该条罪名确定为“虚开增值税专用发票、用于骗取出口退税、抵押税款发票以外的其他发票罪”或者“虚开普通发票罪”，而是确定为“虚开发票罪”。有关罪名在具体适用中并未引发问题。

八、关于要否恢复奸淫幼女罪罪名

有意见提出，《刑法修正案（九）》取消嫖宿幼女罪后，可考虑恢复奸淫幼女罪罪名。理由是：其一，当初取消奸淫幼女罪罪名，主要是为了解决与《刑法》第十七条第二款有关“已满十四周岁不满十六周岁的人，犯故意杀人、故意伤害致人重伤或者死亡、强奸、抢劫、贩卖毒品、放火、爆炸、投毒罪的，应当负刑事责任”规定的衔接问题，现已明确《刑法》第十七条第二款中规定的“故意杀人”“强奸”等均是指行为而非罪名，故恢复奸淫幼女罪的障碍已不存在。其二，对奸淫幼女单独确定罪名，可体现对幼女的特殊保护，同时能更准确、直观地反映行为人的行为性质和危害。经研究认为，《刑法》第二百三十六条第二款明确规定“奸淫不满十四周岁的幼女的，以强奸论，从重处罚”，当初对该款单独确定奸淫幼女罪罪名，在法律依据上实际即存在一定问题；同款条文罪名确定反复变化，效果不好；不专门确定奸淫幼女罪，实际并不影响对幼女的特殊保护。故未采纳上述意见。

（撰稿人：周加海）

最高人民法院 最高人民检察院
关于执行《中华人民共和国刑法》确定罪名的补充规定（七）

法释〔2021〕2号

（2021年2月22日最高人民法院审判委员会第1832次会议、2021年2月26日最高人民检察院第十三届检察委员会第63次会议通过 2021年2月26日最高人民法院、最高人民检察院公告公布 自2021年3月1日起施行）

根据《中华人民共和国刑法修正案（十）》［以下简称《刑法修正案（十）》］、《中华人民共和国刑法修正案（十一）》［以下简称《刑法修正案（十一）》］，结合司法实践反映的情况，现对《最高人民法院关于执行〈中华人民共和国刑法〉确定罪名的规定》《最高人民检察院关于适用刑法分则规定的犯罪的罪名的意见》作如下补充、修改：

刑法条文	罪名
第一百三十三条之二 ［《刑法修正案（十一）》第二条］	妨害安全驾驶罪
第一百三十四条第二款 ［《刑法修正案（十一）》第三条］	强令、组织他人违章冒险作业罪 （取消强令违章冒险作业罪罪名）
第一百三十四条之一 ［《刑法修正案（十一）》第四条］	危险作业罪
第一百四十一条 ［《刑法修正案（十一）》第五条］	生产、销售、提供假药罪 （取消生产、销售假药罪罪名）
第一百四十二条 ［《刑法修正案（十一）》第六条］	生产、销售、提供劣药罪 （取消生产、销售劣药罪罪名）
第一百四十二条之一 ［《刑法修正案（十一）》第七条］	妨害药品管理罪

刑法条文	罪名
第一百六十条 [《刑法修正案（十一）》第八条]	欺诈发行证券罪 （取消欺诈发行股票、债券罪罪名）
第二百一十九条之一 [《刑法修正案（十一）》第二十三条]	为境外窃取、刺探、收买、非法提供商业秘密罪
第二百三十六条之一 [《刑法修正案（十一）》第二十七条]	负有照护职责人员性侵罪
第二百七十七条第五款 [《刑法修正案（十一）》第三十一条]	袭警罪
第二百八十条之二 [《刑法修正案（十一）》第三十二条]	冒名顶替罪
第二百九十一条之二 [《刑法修正案（十一）》第三十三条]	高空抛物罪
第二百九十三条之一 [《刑法修正案（十一）》第三十四条]	催收非法债务罪
第二百九十九条 [《刑法修正案（十》]	侮辱国旗、国徽、国歌罪 （取消侮辱国旗、国徽罪罪名）
第二百九十九条之一 [《刑法修正案（十一）》第三十五条]	侵害英雄烈士名誉、荣誉罪
第三百零三条第三款 [《刑法修正案（十一）》第三十六条]	组织参与国（境）外赌博罪
第三百三十四条之一 [《刑法修正案（十一）》第三十八条]	非法采集人类遗传资源、走私人类遗传资源材料罪
第三百三十六条之一 [《刑法修正案（十一）》第三十九条]	非法植入基因编辑、克隆胚胎罪
第三百四十一条第一款	危害珍贵、濒危野生动物罪 （取消非法猎捕、杀害珍贵、濒危野生动物罪和非法收购、运输、出售珍贵、濒危野生动物、珍贵、濒危野生动物制品罪罪名）
第三百四十一条第三款 [《刑法修正案（十一）》第四十一条]	非法猎捕、收购、运输、出售陆生野生动物罪

刑法条文	罪名
第三百四十二条之一 [《刑法修正案（十一）》第四十二条]	破坏自然保护地罪
第三百四十四条	危害国家重点保护植物罪 （取消非法采伐、毁坏国家重点保护植物罪和非法收购、运输、加工、出售国家重点保护植物、国家重点保护植物制品罪罪名）
第三百四十四条之一 [《刑法修正案（十一）》第四十三条]	非法引进、释放、丢弃外来入侵物种罪
第三百五十五条之一 [《刑法修正案（十一）》第四十四条]	妨害兴奋剂管理罪
第四百零八条之一 [《刑法修正案（十一）》第四十五条]	食品、药品监管渎职罪 （取消食品监管渎职罪罪名）

本规定自 2021 年 3 月 1 日起施行。

【解　读】

解读《最高人民法院、最高人民检察院关于执行〈中华人民共和国刑法〉确定罪名的补充规定（七）》

2021 年 2 月 26 日，最高人民法院、最高人民检察院联合发布《关于执行〈中华人民共和国刑法〉确定罪名的补充规定（七）》[法释〔2021〕2 号，以下简称《罪名规定（七）》]，自 2021 年 3 月 1 日起与《刑法修正案（十一）》同步施行。《罪名规定（七）》的公布施行，对于统一规范办理相关刑事案件，确保修改后刑法的正确适用具有重要意义。为便于司法实践中正确理解和适用，现就《罪名规定（七）》的制定背景、罪名确定的主要考虑和具体罪名确定介绍如下。

一、《罪名规定（七）》的制定背景与经过

2020 年 12 月 26 日，十三届全国人大常委会第二十四次会议通过《刑法修正案（十一）》，自 2021 年 3 月 1 日起施行。这是在中国特色社会主义进入

新时代、深入推进全面依法治国的重大时代背景下对刑法作出的一次重要修改。《刑法修正案（十一）》以习近平法治思想为根本遵循，贯彻党中央决策部署，坚持以人民为中心的立法理念，根据新时代要求，把握我国社会主要矛盾的变化，结合当前国内国际形势变化，积极回应社会关切，更加注重积极统筹发挥好刑法对于国家安全、社会稳定和保护人民的重要功能，在涉未成年人、金融秩序、产权保护、安全生产、食品药品、公共卫生安全、生态环境及妨害社会管理秩序等领域作出诸多重要修改，以适应现阶段预防和惩治犯罪的需要，更好地发挥刑法对经济社会生活的规范保障和引领推动作用。

《刑法修正案（十一）》通过后，对一些新增的《刑法》分则条文，需要明确罪名；对一些犯罪构成要件有重大修改的《刑法》分则条文，则有必要对原罪名作出相应调整。而且，为惩治侮辱国歌的犯罪行为，切实维护国歌奏唱、使用的严肃性和国家尊严，十二届全国人大常委会第三十次会议于 2017 年 11 月 4 日通过《刑法修正案（十）》，在《刑法》第二百九十九条中增加一款作为第二款，故有必要对《刑法》第二百九十九条的原罪名一并作出调整。基于此，根据《刑法修正案（十）》《刑法修正案（十一）》，结合司法实践反映的情况，最高人民法院会同最高人民检察院，经认真研究、广泛听取各方面意见，起草了《罪名规定（七）》。2021 年 2 月 22 日最高人民法院审判委员会第 1832 次会议、2021 年 2 月 26 日最高人民检察院第十三届检察委员会第 63 次会议审议通过了《罪名规定（七）》。《罪名规定（七）》新增 17 个罪名，另对原 10 个罪名作了调整或者取消。自此，我国《刑法》总计规定了 483 个罪名。

二、《罪名规定（七）》关于罪名确定的主要考虑

《罪名规定（七）》延续以往确定罪名的一些原则，例如：准确，即罪名要尽可能反映有关犯罪的基本性质和核心要件；精练，即在不影响理解的情况下适度概括，避免繁琐、冗长，等等。在此基础上，本次罪名确定还特别考虑了以下两点：

其一，罪名法定原则。法定原则是确定罪名时遵循的首要原则，确定罪名必须严格按照《刑法》条文的具体规定进行，既不能超越具体条文的含义，也不能遗漏犯罪的重要特征和性质。例如，《刑法》第二百一十九条之一主要是关于商业间谍的犯罪，与侵犯商业秘密罪不同，应当单独确定罪名；又如，负有特殊职责的人员与已满十四周岁未满十六周岁的未成年女性发生性关系的，其构成要件与强奸罪不同，应当单独确定罪名。

其二，罪责刑相适应原则。这主要体现在《刑法》同一条款中规定了数个行为，在罪名确定上是认定为一个选择性罪名还是数个罪名，直接关系到司法适用中如何进行罪数处断、是否需要数罪并罚，进而影响刑罚的轻重。在确定此类条文的罪名时，应以体现罪责刑相适应作为重要考虑因素。特别是，对于

一些行为方式通常交织在一起的犯罪，如买与卖、收购与运输等，一般确定为选择性罪名而非不同罪名。

三、《罪名规定（七）》的具体罪名确定

（一）关于第一百三十三条之二（妨害安全驾驶罪）的罪名确定

《刑法》第一百三十三条之二系《刑法修正案（十一）》第二条新增条文。关于本条规定的罪名确定，有意见提出，考虑罪状表述中“危及公共安全”“干扰”等要件要素，建议罪名确定为“危害驾驶安全罪”“妨害公共安全驾驶罪”或者“干扰安全驾驶罪”等。

《罪名规定（七）》将本条罪名确定为“妨害安全驾驶罪”，主要考虑：(1)较之于交通肇事罪、以危险方法危害公共安全罪，本罪配置的刑罚较轻，而“妨害”也相对低于“危害”的程度，故使用“妨害”更贴合罪责刑相适应原则。同时，“妨害”也更符合“抢控驾驶操纵装置、干扰公共交通工具正常行驶”的罪状描述。(2)为确保罪名确定的概括和精炼，参照危险驾驶罪的表述，对于驾驶的对象“公共交通工具”未在罪名中予以规定。(3)本条“干扰”的对象为公共交通工具，“危及公共安全”为后果，故“干扰安全驾驶罪”的表述不够准确。

（二）关于第一百三十四条第二款（强令、组织他人违章冒险作业罪）的罪名确定

《刑法》第一百三十四条第二款原规定了“强令违章冒险作业罪”，《刑法修正案（十一）》第三条对本款作了修改，增加了“或者明知存在重大事故隐患而不排除，仍冒险组织作业”的行为方式。有意见建议对本款仍沿用“强令违章冒险作业罪”，主要理由是：一是虽然此次修正增加了情形，但“明知存在重大事故隐患而不排除，仍冒险组织作业”可以解释为广义的强令违章冒险作业，目前的罪名表述既可以反映核心特征，涵盖新增罪状表述；二是本罪名适用多年，不论是司法工作者还是广大人民群众均已适应，不动为宜。

《罪名规定（七）》将修改后《刑法》第一百三十四条第二款的罪名确定为“强令、组织他人违章冒险作业罪”，取消原罪名“强令违章冒险作业罪”。主要考虑：“强令”他人违章冒险作业与“明知存在重大事故隐患而不排除，仍冒险组织作业”有明显区别，增加“组织违章冒险作业”的表述，涵盖范围更全面，有利于彰显从严惩治安全生产犯罪的立法精神。

（三）关于第一百三十四条之一（危险作业罪）的罪名确定

《刑法》第一百三十四条之一系《刑法修正案（十一）》第四条新增条文。对本条规定的罪名确定，有意见提出，“生产”与“作业”虽然在内容上存在一定的交叉，但两者并不等同，建议罪名确定为“危险生产、作业罪”。经研究，《罪名规定（七）》将本条罪名确定为“危险作业罪”，主要考虑：(1)本

条规定的核心要件在于违反安全管理规定达到严重后果的现实危险，故罪名确定的关键在于凸显“危险”。(2) 参照第一百三十四条第二款强令违章冒险作业罪，将生产、作业统称为“作业”，将罪名确定为“危险作业罪”，更为简洁明了。

（四）关于第一百四十一条（生产、销售、提供假药罪）、第一百四十二条（生产、销售、提供劣药罪）的罪名确定

《刑法》第一百四十一条、第一百四十二条原规定了“生产、销售假药罪”“生产、销售劣药罪”，《刑法修正案（十一）》第五条在《刑法》第一百四十一条增加一款作为第二款：“药品使用单位的人员明知是假药而提供给他人使用的，依照前款的规定处罚。”第六条在《刑法》第一百四十二条增加一款作为第二款：“药品使用单位的人员明知是劣药而提供给他人使用的，依照前款的规定处罚。”

对本两款，最初考虑不另行确定罪名，根据法律“依照前款的规定处罚”即以“生产、销售假药罪”“生产、销售劣药罪”定罪处罚。后经研究认为，该意见欠妥：一是从前述两款规定来看，成立犯罪并不要求相对方支付对价，实践中也存在药品使用单位免费提供药品的情形，将并不支付对价的情形也归入“销售”的范畴，不仅名不副实，难以准确体现构成要件，且对“销售”概念外延的扩张，可能会被类比适用到其他涉及销售的罪名；二是就新增条款的立法目的而言，主要是针对药品使用单位的人员未积极履行应有职责的情形，此种行为类型与“销售”假药或者劣药的行为明显相异；三是“依照前款的规定处罚”并不意味着只能适用前款的罪名，存在另行确定罪名的先例，例如，《刑法》第一百七十四条第二款另行确定罪名“伪造、变造、转让金融机构经营许可证、批准文件罪”，《刑法》第一百八十五条之一另行确定罪名“违法运用资金罪”等。鉴此，对修改后《刑法》第一百四十一条第二款、第一百四十二条第二款应当另行确定罪名，但如果确定为“提供假药罪”“提供劣药罪”，则存在增设死刑罪名的问题。基于此，经综合考虑，《罪名规定（七）》将第一百四十一条、第一百四十二条的罪名整体调整为“生产、销售、提供假药罪”“生产、销售、提供劣药罪”，取消原罪名“生产、销售假药罪”“生产、销售劣药罪”。

（五）关于第一百四十二条之一（妨害药品管理罪）的罪名确定

《刑法》第一百四十二条之一系《刑法修正案（十一）》第七条新增条文。对本条规定的罪名确定，有意见提出，为更好体现罪状中“足以严重危害人体健康”的特征，建议罪名确定为“危害药品管理罪”。经研究，《罪名规定（七）》将本条罪名确定为“妨害药品管理罪”。主要考虑：(1) 本条规定的行为属于违反药品管理法规的行为，实质在于妨害药品管理秩序，确定为“妨害药品管理罪”更为准确。(2) 较之于生产、销售假药罪和生产、销售劣药罪，

本条配置的刑罚较轻，而“妨害”也相对低于“危害”的程度，故使用“妨害”更贴合罪责刑相适应原则。

（六）关于第一百六十条（欺诈发行证券罪）的罪名确定

《刑法》第一百六十条第一款原规定了“欺诈发行股票、债券罪”，《刑法修正案（十一）》第八条对本条作了修改，将欺诈发行的对象由“股票或者公司、企业债券”扩大至“股票或者公司、企业债券、存托凭证或者国务院依法认定的其他证券”。根据修改情况，《罪名规定（七）》将本条的罪名调整为“欺诈发行证券罪”，取消原罪名“欺诈发行股票、债券罪”。

（七）关于第二百一十九条之一（为境外窃取、刺探、收买、非法提供商业秘密罪）的罪名确定

《刑法》第二百一十九条之一系《刑法修正案（十一）》第二十三条新增条文。对本条规定的罪名确定，有意见提出，为简洁好记，易于为公众周知，从而更好地发挥罪名的行为规范功能，建议确定为“商业间谍罪”。

《罪名规定（七）》将本条罪名确定为“为境外窃取、刺探、收买、非法提供商业秘密罪”。主要考虑：(1)“商业间谍”并不是规范的法律用语，其内涵定义不明确，且范围过于宽泛，以此确定罪名，不利于贯彻罪刑法定原则。(2)“商业间谍罪”虽然听起来更简洁，但并未明确犯罪行为的本质，仅阐述了结论，体现了轻行为方式而重罪名外观的倾向。对比而言，“为境外窃取、刺探、收买、非法提供商业秘密罪”则更为准确地揭示了该罪的行为方式。(3) 现行《刑法》按照为境外提供的内容分别规定了“为境外窃取、刺探、收买、非法提供国家秘密、情报罪”（《刑法》第一百一十一条）和“为境外窃取、刺探、收买、非法提供军事秘密罪”（《刑法》第四百三十一条第二款），本条罪名确定为“为境外窃取、刺探、收买、非法提供商业秘密罪”，符合罪名确定的惯例，也能达到整体上协调的效果。

（八）关于《刑法》第二百三十六条之一（负有照护职责人员性侵罪）的罪名确定

《刑法》第二百三十六条之一系《刑法修正案（十一）》第二十七条新增条文。对本条规定的罪名确定，有意见建议本条罪名确定为“准强奸罪”。经研究，《罪名规定（七）》将本条罪名确定为“负有照护职责人员性侵罪”。主要考虑：(1)“准强奸罪”内涵不够清晰，容易有歧义，也无法体现本条规定的核心要件。(2) 本条规定旨在既提高未成年女性的性同意年龄，又不同于奸淫幼女中幼女的性同意一律无效的情形，而是根据犯罪主体的身份情况作出区分，体现其特殊主体身份，“负有照护职责人员性侵罪”更为准确，也能够与传统意义的“强奸罪”严格区别。(3) 本条规定的“对已满十四周岁不满十六周岁的未成年女性负有监护、收养、看护、教育、医疗等特殊职责的人员”，实际上是负有特定照护职责的人员。

（九）关于第二百七十七条第五款（袭警罪）的罪名确定

《刑法》第二百七十七条第五款原规定："暴力袭击正在依法执行职务的人民警察的，依照第一款的规定从重处罚。"《刑法修正案（十一）》第三十一条对本款作了修改，主要修改内容包括：一是刑罚从原来的从重处罚修改为单独法定刑配置，二是突出了行为方式的暴力性，增加了"使用枪支、管制刀具，或者以驾驶机动车撞击等手段，严重危及其人身安全的"表述。对本条规定的罪名确定，有意见提出，为突出该类行为的暴力性，建议本条罪名确定为"暴力袭警罪"；也有意见认为没有必要单设罪名，可以继续适用"妨害公务罪"。经研究，《罪名规定（七）》将本款罪名确定为"袭警罪"。主要考虑：（1）按照罪名确定的惯例，单独刑罚配置的条款，一般宜单独确定罪名。（2）"袭警"本身就含有暴力之意，且近年来在讨论增设该罪的过程中，各方普遍使用"袭警罪"的表述，已有广泛社会共识且更为精炼。

（十）关于第二百八十条之二（冒名顶替罪）的罪名确定

《刑法》第二百八十条之二系《刑法修正案（十一）》第三十二条新增条文。根据罪状表述，《罪名规定（七）》将本条罪名确定为"冒名顶替罪"。主要考虑：既简单明了、有广泛社会共识，又能概括行为特征。

（十一）关于第二百九十一条之二（高空抛物罪）的罪名确定

《刑法》第二百九十一条之二系《刑法修正案（十一）》第三十三条新增条文。根据罪状表述，《罪名规定（七）》将本条罪名确定为"高空抛物罪"。主要考虑：（1）沿用《最高人民法院关于依法妥善审理高空抛物、坠物案件的意见》（法发〔2019〕25号）的有关表述。（2）"高空抛物罪"通俗明了，易于理解。

（十二）关于第二百九十三条之一（催收非法债务罪）的罪名确定

《刑法》第二百九十三条之一系《刑法修正案（十一）》第三十四条新增条文。对于本条，起初考虑罪名确定为"非法讨债罪"，主要理由是：一是本条是在总结扫黑除恶专项斗争实践经验的基础上，将采取暴力、"软暴力"等手段催收高利放贷等产生的非法债务规定为犯罪，确定为"非法讨债罪"可以准确反映立法精神；二是罪名应当尽可能全面反映有关犯罪行为的核心特征，但这是相对的，不能过于绝对和机械。确定罪名只是统一标准，司法机关不可能只根据罪名认定犯罪。有些罪名尽管未能反映犯罪行为的全部特征，但简单精炼、通俗易懂、相沿成习，并无不妥。例如，《刑法》第三百零三条规定"以营利为目的，聚众赌博或者以赌博为业的"，从条文看，规制的是聚众赌博或者以赌博为业，不是单纯的赌博行为，但长久以来，该条罪名一直是赌博罪，适用中并不存在问题。

经进一步研究认为，罪名确定要准确体现罪状表述，防止产生歧义，对本条规定的采用非法手段和催收非法债务两个核心要件需统筹考虑，准确确定罪名。具体而言，使用“非法讨债罪”的罪名，过于概括，不能充分反映该条罪状的内容，容易产生催讨合法债务的行为也要受到惩处的误解；使用“非法催收非法债务罪”“非法催收不法债务罪”或者“违法催收非法债务罪”，固能准确反映本罪成立的两个核心要件，但是冗长、拗口、重复。经综合衡量，《罪名规定（七）》将本条罪名确定为“催收非法债务罪”。主要考虑：(1) 从罪状表述来看，本条涉及的催收对象为“高利放贷等产生的非法债务”，在罪名中凸显“非法债务”的表述，可以使罪名更为准确。(2) 本条置于《刑法》第二百九十三条寻衅滋事罪之后，结合寻衅滋事罪的行为方式本身具有非法性特征进行体系考量，“催收非法债务罪”罪名本身虽然没有直接体现行为手段的非法性，但通常不会产生歧义。而且，作此处理，可以使得罪名更为精炼。

（十三）关于第二百九十九条（侮辱国旗、国徽、国歌罪）的罪名确定

《刑法》第二百九十九条原规定了“侮辱国旗、国徽罪”，《刑法修正案（十）》在刑法第二百九十九条中增加一款作为第二款，规定了侮辱国歌的犯罪。根据法律修改情况，《罪名规定（七）》将本条罪名调整为“侮辱国旗、国徽、国歌罪”，取消原罪名“侮辱国旗、国徽罪”。

（十四）关于第二百九十九条之一（侵害英雄烈士名誉、荣誉罪）的罪名确定

《刑法》第二百九十九条之一系《刑法修正案（十一）》第三十五条新增条文，罪状为“侮辱、诽谤或者以其他方式侵害英雄烈士的名誉、荣誉，损害社会公共利益，情节严重的”。根据罪状表述，《罪名规定（七）》将本条罪名确定为“侵害英雄烈士名誉、荣誉罪”。

（十五）关于《刑法》第三百零三条第三款［组织参与国（境）外赌博罪］的罪名确定

《刑法》第三百零三条第三款系《刑法修正案（十一）》第三十六条新增条款。对于本款，起初考虑不单独确定罪名，根据“依照前款的规定处罚”的规定，适用本条第二款规定的开设赌场罪。主要理由是：该行为可以理解为开设赌场罪的共犯，量刑时可以适用共同犯罪的有关规定；如果单独入罪，反而不利于区别处理，其处罚甚至可能会重于赌场“老板”。也有意见提出，本条第二款规定的开设赌场罪与第三款有明显区别，建议将罪名确定为“组织跨境赌博罪”。

《罪名规定（七）》将本款罪名确定为“组织参与国（境）外赌博罪”。主要考虑：(1) 本款的入罪门槛与刑法第三百零三条第二款有所不同，且本款规制的是组织中国公民参与国（境）外赌博的行为，该行为类型不能为开设赌场罪所涵盖。故而，有必要对本款单独确定罪名。(2) 本款罪状使用了“国（境）外”的表述，为准确反映罪状，不宜简化为“组织跨境赌博罪”。

（十六）关于第三百三十四条之一（非法采集人类遗传资源、走私人类遗传资源材料罪）的罪名确定

《刑法》第三百三十四条之一系《刑法修正案（十一）》第三十八条新增条文。对本条规定的罪名确定，有意见建议将罪名确定为“危害国家人类遗传资源安全罪”“危害人类遗传资源安全罪”。经研究，《罪名规定（七）》将本条罪名确定为“非法采集人类遗传资源、走私人类遗传资源材料罪”。主要考虑：(1)“危害国家人类遗传资源安全罪”的罪名表述过于概括、笼统，易导致理解上的偏差。(2) 本条规定包括两种行为方式，即“非法采集”和“非法运送、邮寄、携带……出境”，后一种行为方式可概括为“走私”，同时考虑非法采集的对象是“人类遗传资源”，走私的对象是“人类遗传资源材料”，故罪名确定为“非法采集人类遗传资源、走私人类遗传资源材料罪”，以准确概括罪状。

（十七）关于第三百三十六条之一（非法植入基因编辑、克隆胚胎罪）的罪名确定

《刑法》第三百三十六条之一系《刑法修正案（十一）》第三十九条新增条文，罪状为“将基因编辑、克隆的人类胚胎植入人体或者动物体内，或者将基因编辑、克隆的动物胚胎植入人体内，情节严重的”。根据罪状表述，《罪名规定（七）》将本条罪名确定为“非法植入基因编辑、克隆胚胎罪”。

（十八）关于第三百四十一条第一款（危害珍贵、濒危野生动物罪）的罪名确定

《刑法》第三百四十一条第一款原规定了“非法猎捕、杀害珍贵、濒危野生动物罪”“非法收购、运输、出售珍贵、濒危野生动物、珍贵、濒危野生动物制品罪”。关于本款规定的罪名是否需要整合概括，有意见建议维持目前比较具体的罪名，不作修改。主要理由是：实践中针对珍贵、濒危野生动物的犯罪呈现多层次的特点，修改后的整合罪名不利于区分上下游犯罪，而且简单地将两罪合并为一罪，可能导致原先应当数罪并罚的情形不复存在，客观上降低了对此类犯罪的惩处力度。而且，原有的两个罪名可以充分体现所侵犯的犯罪客体和对象，反映不同犯罪之间的差异和侧重，便于公众对有关犯罪行为的边界和区分有更直观的认知。

《罪名规定（七）》将本款罪名合并修改为“危害珍贵、濒危野生动物罪”，取消原罪名“非法猎捕、杀害珍贵、濒危野生动物罪”和“非法收购、运输、出售珍贵、濒危野生动物、珍贵、濒危野生动物制品罪”。主要考虑：(1) 司法实践反映，原罪名过于复杂、繁冗。(2) 非法猎捕、杀害珍贵、濒危野生动物的行为，往往伴随后续的非法收购、运输、出售珍贵、濒危野生动物、珍贵、濒危野生动物制品的行为。按照原罪名，司法适用中经常面临是否需要数罪并罚的争论。此外，对于涉及已死亡的野生动物尸体的案件，在罪名上究竟

适用“野生动物”还是“野生动物制品”也常存在争论。(3) 概括确定为“危害珍贵、濒危野生动物罪”简单明了，也能充分涵括各种行为方式和保护对象；而且，对于涉及多种行为方式、多个行为对象的，也可以根据情节裁量刑罚，实现对珍贵、濒危野生动物资源的有效刑事司法保护。

（十九）关于第三百四十一条第三款（非法猎捕、收购、运输、出售陆生野生动物罪）的罪名确定

《刑法》第三百四十一条第三款系《刑法修正案（十一）》第四十一条新增条款。对于本款，起初考虑不单独确定罪名，主要理由是：根据“依照前款的规定处罚”的规定，本款规定的行为属于广义的非法狩猎，可以适用《刑法》第三百四十一条第二款的非法狩猎罪。后经研究认为，该意见欠妥：一是新增条款的内容与非法狩猎罪有本质不同，不宜适用非法狩猎罪的罪名；二是本款的立法目的不是为了保护野生动物本身，而是为防止引发公共卫生方面的危险，这与前两款规定的立法目的有所不同，故有必要单独确定罪名；三是本款规定的构成要件与第二款的非法狩猎罪并不相同，除非法“猎捕”之外，还包括非法“收购、运输、出售”的行为类型，后三类行为难以为“狩猎”的概念所涵括。故而，如不单独确定罪名而适用非法狩猎罪，可能导致对非法“收购、运输、出售”作不当限缩理解，即限于对非法猎捕具有共同犯意的收购、运输、出售行为，才能适用第三款的规定；四是本款条文的罚则是“依照前款的规定处罚”，并不是“依照前款的规定定罪处罚”或者“以前款规定论处”；而且，本款的行为对象是《刑法》第三百四十一条第一款规定的“珍贵、濒危野生动物”以外的陆生野生动物。单独确定罪名后，能有效界定两者的调整对象的不同，便于一般人的理解，起到刑法罪名应有的一般预防或警示作用。

关于本款的具体罪名确定，有“危害陆生野生动物罪”“非法猎捕、收购、运输、出售陆生野生动物罪”两种意见，《罪名规定（七）》确定为“非法猎捕、收购、运输、出售陆生野生动物罪”。主要考虑：(1) 从立法精神看，增设本款不只是为了保护野生动物，更是为了防止滥食引发的公共卫生风险。故而，“危害陆生野生动物罪”未能准确反映立法意旨。(2)“非法猎捕、收购、运输、出售陆生野生动物罪”，可以充分体现选择性罪名的特征，也贯彻了确定罪名时应遵循的罪责刑相适应原则。

（二十）关于第三百四十二条之一（破坏自然保护地罪）的罪名确定

《刑法》第三百四十二条之一系《刑法修正案（十一）》第四十二条新增条文。根据罪状表述，《罪名规定（七）》将本条罪名确定为“破坏自然保护地罪”。主要考虑：(1) 本条罪状为“违反自然保护地管理法规，在国家公园、国家级自然保护区进行开垦、开发活动或者修建建筑物，造成严重后果或者有其他恶劣情节的”。显而易见，本条规制的是对“国家公园、国家级自然保护区”的破坏行为。(2) 根据中办、国办印发的《关于建立以国家公园为主体的

自然保护地体系的指导意见》(2019 年 6 月 26 日)和生态环境部印发的《自然保护地生态环境监管工作暂行办法》(环生态〔2020〕72 号)的规定,国家公园、国家级自然保护区属于自然保护地,且国家公园是自然保护地体系的主体。

(二十一)关于《刑法》第三百四十四条(危害国家重点保护植物罪)的罪名确定

《刑法》第三百四十四条原规定了"非法采伐、毁坏国家重点保护植物罪""非法收购、运输、加工、出售国家重点保护植物、国家重点保护植物制品罪"。在司法适用中,存在类似《刑法》第三百四十一条第一款的问题。基于同样的考虑,《罪名规定(七)》将《刑法》第三百四十四条的罪名调整为"危害国家重点保护植物罪",取消原罪名"非法采伐、毁坏国家重点保护植物罪"和"非法收购、运输、加工、出售国家重点保护植物、国家重点保护植物制品罪"。

(二十二)关于第三百四十四条之一(非法引进、释放、丢弃外来入侵物种罪)的罪名确定

《刑法》第三百四十四条之一系《刑法修正案(十一)》第四十三条新增条文,罪状为"违反国家规定,非法引进、释放或者丢弃外来入侵物种,情节严重的"。对本条规定的罪名确定,有意见提出,为避免罪名冗长,建议将罪名确定为"非法处置外来入侵物种罪"。经研究,《罪名规定(七)》将本条罪名确定为"非法引进、释放、丢弃外来入侵物种罪"。主要考虑:(1)"处置"的含义较为宽泛,将"引进"概括为"处置"不够准确。(2)表述为"引进、释放、丢弃"与罪状表述一致,更加贴切,也有利于与《生物安全法》的条文表述相衔接。

(二十三)关于《刑法》第三百五十五条之一(妨害兴奋剂管理罪)的罪名确定

《刑法》第三百五十五条之一系《刑法修正案(十一)》第四十四条新增条文,罪状为"引诱、教唆、欺骗运动员使用兴奋剂参加国内、国际重大体育竞赛,或者明知运动员参加上述竞赛而向其提供兴奋剂,情节严重的"。根据罪状表述,《罪名规定(七)》将本条罪名确定为"妨害兴奋剂管理罪"。

(二十四)关于《刑法》第四百零八条之一(食品、药品监管渎职罪)的罪名确定

《刑法》第四百零八条之一第一款原规定了"食品监管渎职罪",《刑法修正案(十一)》第四十五条对本款作了修改,增加了药品监管渎职的内容。基于此,《罪名规定(七)》将本条的罪名调整为"食品、药品监管渎职罪",取消原罪名"食品监管渎职罪"。

(撰稿人:李静　姜金良)

2. 危害国家安全罪

最高人民法院
关于审理为境外窃取、刺探、收买、非法提供国家秘密、情报案件具体应用法律若干问题的解释

法释〔2001〕4号

（2000年11月20日最高人民法院审判委员会第1142次会议通过　2001年1月17日最高人民法院公告公布　自2001年1月22日起施行）

为依法惩治为境外的机构、组织、人员窃取、刺探、收买、非法提供国家秘密、情报犯罪活动，维护国家安全和利益，根据刑法有关规定，现就审理这类案件具体应用法律的若干问题解释如下：

第一条　刑法第一百一十一条规定的“国家秘密”，是指《中华人民共和国保守国家秘密法》第二条、第八条以及《中华人民共和国保守国家秘密法实施办法》第四条确定的事项。

刑法第一百一十一条规定的“情报”，是指关系国家安全和利益、尚未公开或者依照有关规定不应公开的事项。

对为境外机构、组织、人员窃取、刺探、收买、非法提供国家秘密之外的情报的行为，以为境外窃取、刺探、收买、非法提供情报罪定罪处罚。

第二条　为境外窃取、刺探、收买、非法提供国家秘密或者情报，具有下列情形之一的，属于“情节特别严重”，处10年以上有期徒刑、无期徒刑，可以并处没收财产：

（一）为境外窃取、刺探、收买、非法提供绝密级国家秘密的；

（二）为境外窃取、刺探、收买、非法提供三项以上机密级国家秘密的；

（三）为境外窃取、刺探、收买、非法提供国家秘密或者情报，对国家安全和利益造成其他特别严重损害的。

实施前款行为，对国家和人民危害特别严重、情节特别恶劣的，可以判处

死刑，并处没收财产。

第三条 为境外窃取、刺探、收买、非法提供国家秘密或者情报，具有下列情形之一的，处5年以上10年以下有期徒刑，可以并处没收财产：

（一）为境外窃取、刺探、收买、非法提供机密级国家秘密的；

（二）为境外窃取、刺探、收买、非法提供三项以上秘密级国家秘密的；

（三）为境外窃取、刺探、收买、非法提供国家秘密或者情报，对国家安全和利益造成其他严重损害的。

第四条 为境外窃取、刺探、收买、非法提供秘密级国家秘密或者情报，属于"情节较轻"，处5年以下有期徒刑、拘役、管制或者剥夺政治权利，可以并处没收财产。

第五条 行为人知道或者应当知道没有标明密级的事项关系国家安全和利益，而为境外窃取、刺探、收买、非法提供的，依照刑法第一百一十一条的规定以为境外窃取、刺探、收买、非法提供国家秘密罪定罪处罚。

第六条 通过互联网将国家秘密或者情报非法发送给境外的机构、组织、个人的，依照刑法第一百一十一条的规定定罪处罚；将国家秘密通过互联网予以发布，情节严重的，依照刑法第三百九十八条的规定定罪处罚。

第七条 审理为境外窃取、刺探、收买、非法提供国家秘密案件，需要对有关事项是否属于国家秘密以及属于何种密级进行鉴定的，由国家保密工作部门或者省、自治区、直辖市保密工作部门鉴定。

【解　　读】

解读《最高人民法院关于审理为境外窃取、刺探、收买、非法提供国家秘密、情报案件具体应用法律若干问题的解释》

一、问题的提出

为境外窃取、刺探、收买、非法提供国家秘密、情报犯罪严重危害了我国的安全和利益，多年来一直是《刑法》打击的重点，规定了"为境外的机构、组织、人员刺探、窃取、收买、非法提供国家秘密"犯罪。1997年修订《刑法》时，对《刑法》的原有规定和《关于惩治泄露国家秘密犯罪的补充规定》进行了整合，形成了目前《刑法》第一百一十一条的规定。2001年1月最高人民法院发布了《关于审理为境外窃取、刺探、收买、非法提供国家秘密、情报案件具体应用法律若干问题的解释》（以下简称本解释），对于正确适用《刑法》第一百一十一条的规定，依法惩治此类犯罪，维护国家安全和利益，保障公民合法权益，具有重要意义。

二、理解与适用

（一）关于国家秘密和情报的定义

本解释第一条分两款解释了国家秘密和情报。关于国家秘密的定义，现有法律、法规已有明确规定。如《保密法》第二条、第八条以及《保密法实施办法》第四条的规定。因此，本解释只笼统规定国家秘密是指上述法律、法规确定的事项。关于情报的定义，在起草过程中争论比较大。目前，尚没有任何一部法律或者法规对情报的定义进行过规定。我们认为，既然《刑法》第一百一十一条将国家秘密与情报并列规定，那么将两者进行区别也是有必要的。一般认为，《刑法》第一百一十一条规定的“情报”有两个特征：（1）关系我国的安全和利益；（2）尚未公开或者依照有关规定不应公开。“尚未公开”是指单位内部的资料没有对外公开，比如没有标明密级但上有“内部使用、严禁外传”之类文字的文件、统计资料、电话本等等；“不应公开”是指依照有关规定不应公开，如有关部门规定，“文革”材料不能向境外提供等。因此，本解释第一条第二款规定：情报就是指“关系国家安全和利益、尚未公开或者依照有关规定不应公开的事项”。

由此可见，国家秘密和情报都是关系国家安全和利益的事项。那么，对于为境外窃取、刺探、收买、非法提供关系国家安全和利益事项的行为如何确定罪名呢？我们认为，为境外窃取、刺探、收买、非法提供国家秘密的行为，以“为境外窃取、刺探、收买、非法提供国家秘密罪”定罪处罚没有问题，而为境外窃取、刺探、收买、非法提供国家秘密之外的、关系国家安全和利益、尚未公开或者依照有关规定不应公开的事项的行为，则应当以“为境外窃取、刺探、收买、非法提供情报罪”定罪处罚。本解释第一条第三款对此进行了规定。

有人提出，对已经公开的资料进行分析、综合、研究后的信息，例如收集某一地区中级法院门前公告栏里的死刑数字进行汇总后得出的死刑总数向国外提供的，是否属于情报？我们认为，按照情报的定义，该种信息不能属于情报。

（二）关于为境外刺探、窃取、收买、非法提供国家秘密或者情报犯罪的量刑情节

本解释第二、三、四条分别规定了为境外窃取、刺探、收买、非法提供国家秘密、情报犯罪“情节特别严重”“情节较轻”等情形的认定标准。我们考虑，衡量情节轻重的因素主要有三个：一是涉及国家秘密的等级；二是涉及国

家秘密的份数；三是对国家安全和利益造成的损害。综合考虑该三个因素，本解释规定了为境外窃取、刺探、收买、非法提供国家秘密、情报“情节特别严重”“情节较轻”等情形的认定标准。

需要指出的是，本解释界定情节轻重时的用词多是“损害”而不是“危害”，主要是为了与《保密法》的规定相吻合。《保密法》第九条根据事项被泄露后对国家安全和利益将会造成的损害的大小来将国家秘密分为绝密、机密、秘密三种。

另外，由于情报没有等级的划分，为境外刺探、窃取、收买、非法提供情报犯罪只能根据行为对国家安全和利益造成的损害程度来决定量刑档次。

（三）关于本解释第五条之规定

按照《保密法》及《保密法实施办法》的规定，凡是属于国家秘密的事项，应该标明绝密、机密、秘密等级。但是，实践中有些事项无法标明密级，例如有关的会议、活动、场所等事项。对此等事项，《保密法实施办法》第十三条第二款规定，由产生该事项的机关、单位负责通知接触范围内的人员。就是说，这些人员知道或者应当知道没有标明密级的事项属于国家秘密，其为境外窃取、刺探、收买、非法提供的，也应当依照《刑法》第一百一十一条的规定定罪处罚。但是，按照本解释前几条的规定，无法推定出这种结果，所以，本解释第五条作出了规定。当然，一般公民因不知情而将没有标明密级的事项向国外提供的，其不具有知道或者应当知道这些事项属于国家秘密的责任和义务，因此不追究其为境外非法提供国家秘密罪的刑事责任。

（四）通过互联网将国家秘密或者情报向境外提供的问题

互联网是近几年兴起的信息工具，其最大的特点是公开性和快捷性，网上信息不分国界，任何人只要有一台计算机、一个调制解调器、一个电话便可轻松上网，方便地往世界各地发送信息、从世界各地获取信息，上百万字的信息在几分钟之内便可发送完毕。互联网很容易被犯罪分子利用来发送或者泄露国家秘密或者情报，实践中已有这类案件发生。我们认为，通过互联网将国家秘密或者情报非法发送给境外特定的机构、组织、个人的行为，可以认定为《刑法》第一百一十一条规定的为境外非法提供国家秘密或者情报犯罪。此外，对于将国家秘密通过互联网予以发布，危害国家安全和利益的行为，由于行为对象是不特定的任何人，在网上任何人，包括国内、国外的人只要上网即可获知，故应当按照《刑法》第三百九十八条的规定以故意或者过失泄露国家秘密罪追究刑事责任。本解释第六条对此进行了规定。

当然，如果有证据证明，行为人事先与境外的机构、组织、个人约定，行为人通过互联网发布国家秘密或者情报后，由境外的机构、组织、个人通过互联网获悉的，说明行为人具有为境外的机构、组织、个人非法提供国家秘密或者情报的主观故意和客观行为，就应当以为境外非法提供国家秘密、情报罪追究刑事责任。

（五）关于国家秘密的鉴定部门

《保密法》第十三条规定："对是否属于国家秘密和属于何种密级有争议的，由国家保密工作部门或者省、自治区、直辖市的保密工作部门确定。"有人提出：为严格限定涉密事项的范围，防止《刑法》打击面过宽，在鉴定部门上，应该统一由国家保密局进行鉴定，取消省、自治区、直辖市的保密工作部门的鉴定权；从实际情况看，此类刑事案件毕竟不太多，国家保密局能够胜任此类案件的鉴定工作。大多数人认为，如此规定，公、检、法办理刑事案件过程中提交国家保密局进行鉴定的案件将增多，可能会因为时间紧、任务重而影响诉讼。基于此，本解释第七条作出了规定。

（撰稿人：祝二军）

3. 危害公共安全罪

最高人民法院　最高人民检察院
关于办理盗窃油气、破坏油气设备等刑事案件具体应用法律若干问题的解释

法释〔2007〕3号

（2006年11月20日最高人民法院审判委员会第1406次会议、2006年12月11日最高人民检察院第十届检察委员会第66次会议通过　2007年1月15日最高人民法院、最高人民检察院公告公布　自2007年1月19日起施行）

为维护油气的生产、运输安全，依法惩治盗窃油气、破坏油气设备等犯罪，根据刑法有关规定，现就办理这类刑事案件具体应用法律的若干问题解释如下：

第一条　在实施盗窃油气等行为过程中，采用切割、打孔、撬砸、拆卸、开关等手段破坏正在使用的油气设备的，属于刑法第一百一十八条规定的“破坏燃气或者其他易燃易爆设备”的行为；危害公共安全，尚未造成严重后果的，依照刑法第一百一十八条的规定定罪处罚。

第二条　实施本解释第一条规定的行为，具有下列情形之一的，属于刑法第一百一十九条第一款规定的“造成严重后果”，依照刑法第一百一十九条第一款的规定定罪处罚：

（一）造成一人以上死亡、三人以上重伤或者十人以上轻伤的；

（二）造成井喷或者重大环境污染事故的；

（三）造成直接经济损失数额在五十万元以上的；

（四）造成其他严重后果的。

第三条　盗窃油气或者正在使用的油气设备，构成犯罪，但未危害公共安全的，依照刑法第二百六十四条的规定，以盗窃罪定罪处罚。

盗窃油气，数额巨大但尚未运离现场的，以盗窃未遂定罪处罚。

为他人盗窃油气而偷开油气井、油气管道等油气设备阀门排放油气或者提供其他帮助的，以盗窃罪的共犯定罪处罚。

第四条 盗窃油气同时构成盗窃罪和破坏易燃易爆设备罪的，依照刑法处罚较重的规定定罪处罚。

第五条 明知是盗窃犯罪所得的油气或者油气设备，而予以窝藏、转移、收购、加工、代为销售或者以其他方法掩饰、隐瞒的，依照刑法第三百一十二条的规定定罪处罚。

实施前款规定的犯罪行为，事前通谋的，以盗窃犯罪的共犯定罪处罚。

第六条 违反矿产资源法的规定，非法开采或者破坏性开采石油、天然气资源的，依照刑法第三百四十三条以及《最高人民法院关于审理非法采矿、破坏性采矿刑事案件具体应用法律若干问题的解释》的规定追究刑事责任。

第七条 国家机关工作人员滥用职权或者玩忽职守，实施下列行为之一，致使公共财产、国家和人民利益遭受重大损失的，依照刑法第三百九十七条的规定，以滥用职权罪或者玩忽职守罪定罪处罚：

（一）超越职权范围，批准发放石油、天然气勘查、开采、加工、经营等许可证的；

（二）违反国家规定，给不符合法定条件的单位、个人发放石油、天然气勘查、开采、加工、经营等许可证的；

（三）违反《石油天然气管道保护条例》等国家规定，在油气设备安全保护范围内批准建设项目的；

（四）对发现或者经举报查实的未经依法批准、许可擅自从事石油、天然气勘查、开采、加工、经营等违法活动不予查封、取缔的。

第八条 本解释所称的“油气”，是指石油、天然气。其中，石油包括原油、成品油；天然气包括煤层气。

本解释所称“油气设备”，是指用于石油、天然气生产、储存、运输等易燃易爆设备。

【解　读】

解读《最高人民法院、最高人民检察院关于办理盗窃油气、破坏油气设备等刑事案件具体应用法律若干问题的解释》

一、问题的提出

2006年11月20日最高人民法院审判委员会第1406次会议、2006年12月11日最高人民检察院第十届检察委员会第66次会议讨论通过了《关于办理盗窃油气、破坏油气设备等刑事案件具体应用法律若干问题的解释》（法释〔2007〕3号，以下简称本解释）。本解释于2007年1月15日正式公布，于2007年1月19日起施行。

二、理解

目前，不法分子的破坏性行为在手段上花样翻新，且不计后果，危害到公共安全，但是在司法实践中，由于对破坏性手段认识不一，对于油气生产设备、储存设备是否属于易燃易爆设备也认识不一，导致了定性上的分歧，处理上的不平衡，影响了打击力度。

最高人民法院于2002年4月发布的《关于对采用破坏性手段盗窃正在使用的油田输油管道中油品的行为如何适用法律问题的批复》① （法释〔2002〕10号，自2002年4月18日起施行）规定："正在使用的油田输油管道，属于刑法规定的'易燃易爆设备'。行为人采用破坏性手段盗窃正在使用的油田输油管道中的油品，构成破坏易燃易爆设备罪、盗窃罪等犯罪的，依照处罚较重的规定定罪处罚。"该司法解释明确了正在使用的油田输油管道属于《刑法》规定的"易燃易爆设备"，但是没有明确石油生产设备和储存设备是否属于易燃易爆设备，而且对破坏性手段只作出概括式规定。实际上，石油生产设备、储存设备与油田运输管道一样，都符合易燃易爆设备的特征，应当属于易燃易爆设备。此外，根据《城市燃气安全管理规定》第二条，城市燃气是指供给城市中生活、生产等使用的天然气、液化石油气、人工煤气等气体燃料，因此天然气生产、储存、运输设备属于燃气设备。

---

① 该批复已被《最高人民法院关于废止1997年7月1日至2011年12月31日期间发布的部分司法解释和司法解释性文件（第十批）的决定》（法释〔2013〕7号）废止。

为了解决上述问题，本解释第一条作出了明确界定：一是采用列举式方法，明确“切割、打孔、撬砸、拆卸、开关”等行为属于破坏性手段，内容更加具体。二是明确正在使用的油气设备属于《刑法》规定的“燃气或者其他易燃易爆设备”，原因在于石油、天然气本身具有易燃易爆的特性，而正在使用的油气设备都是用于石油、天然气的生产、储存或者运输等。三是按照《刑法》第一百一十八条的规定，以“危害公共安全，尚未造成严重后果”作为适用该条以破坏易燃易爆设备罪追究刑事责任的要件。同时，考虑到实践中犯罪分子通常是以盗窃油气为目的，因此第一条中明确突出了“以盗窃油气等为目的”。

需要说明的是，通常意义上讲，“切割、打孔、撬砸、拆卸”属于破坏性手段一般不会引起争议，而本解释第一条将“开关”这一行为方式也包括在破坏性手段，可能会使人产生疑问，因为仅从字面意义上理解，“开关”与“切割、打孔、撬砸、拆卸”的方式还是存在很大差别。之所以将“开关”这一行为方式包括在破坏的手段之中，是因输油、输气管道、油水井等油气生产设备都有严格的操作规程，不得随意开关。上述设备中输送的都是高温高压、易燃易爆油气，如果违反操作规程擅自“打开”油气生产设备的阀门、按钮等，则会造成油气泄露，极易引发火灾、爆炸；而擅自“关闭”油气设备，则会造成“憋罐”或者停输，整个生产流程紊乱。违反操作规程擅自“开关”行为对油气设备的破坏性很大，油田企业也曾出现过新上岗的工人由于技术不过关，擅自开关油气设备而影响正常生产的事例。从专业的角度讲，在这里将“开关”列为破坏性手段没有问题。而且，本解释第一条规定将“开关”认定为破坏性手段，是有严格的限制条件的，必须是在“实施盗窃油气”过程中由于“开关”而破坏了正在使用的油气设备，并且需要具备“危害公共安全”的结果要件，并不是人们日常生活意义上理解的简单的开关阀门或者开关电源等行为。

（二）关于破坏易燃易爆设备罪“造成严重后果”的认定

《刑法》第一百一十九条第一款规定的破坏易燃易爆设备罪要求必须具备“造成严重后果”的要件，这也是区别适用《刑法》第一百一十八条和《刑法》第一百一十九条第一款破坏易燃易爆设备罪的界限。关于“造成严重后果”的要件，从破坏油气设备的犯罪特点来看，危害公共安全造成严重后果主要体现在造成人员伤亡、发生重大事故、导致严重经济损失几个方面，故本解释从这几个方面分别作出了规定，并明确了相关数量、数额标准，以增强操作性。

本解释第二条列举了“严重后果的”四种情形。其中，第一项“造成一人以上死亡、三人以上重伤或者十人以上轻伤的”，第三项“造成直接经济损失数额在五十万元以上的”以及第四项“造成其他严重后果的”三种情形是危害公共安全的通常情形。第二项“造成井喷或者重大环境污染事故的”情形，则是破坏油气设备特有的情形。井喷在石油行业中属于严重事故，是指石油、天然气从井口喷出，可能导致重大环境污染或者爆炸、燃烧的危险。此外，由于石油、天然气外泄给环境造成污染的程度有轻有重，考虑到《刑法》第一百一十九条的刑罚是判处十年以上有期徒刑、无期徒刑或者死刑，因此，本解释规定造成“重大环境污染事故的”，才属于“造成严重后果”的情形。本条第四项规定“造成其他严重后果的”则属于“兜底”性条款，以防列举式规定之不足。

（二）关于盗窃油气及油气设备行为问题

1. 盗窃罪与破坏易燃易爆设备罪的界线

本解释对于正确区分与认定盗窃罪与破坏易燃易爆设备罪作出了明确的规定。按照《刑法》的有关规定，区别盗窃罪与破坏易燃易爆设备罪的客观要件即“是否危害公共安全”。本解释第三条第一款规定：“盗窃油气或者正在使用的油气设备，构成犯罪，但未危害公共安全的，依照刑法第二百六十四条的规定，以盗窃罪定罪处罚。”换言之，如果在盗窃油气或者正在使用的油气设备过程中，危害公共安全的，则适用破坏易燃易爆设备罪。如果出现同时构成盗窃罪与破坏易燃易爆设备罪的问题，本解释第四条也明确规定：“盗窃油气同时构成盗窃罪和破坏易燃易爆设备罪的，依照刑法处罚较重的规定定罪处罚。”

在征求意见过程中，有的地方提出，由于以“是否危害公共安全”作为区分破坏易燃易爆设备罪和盗窃罪的界限，能否对什么情形属于“危害公共安全”作出明确界定。经研究，并与有关单位协商，“危害公共安全”通常理解是指因实施一定的行为导致不特定多数人的生命、健康或者重大公私财产处于危险状态。这一要件本身就有一定的灵活性，需要结合具体案件的情况去把握认定，不容易作细化规定；同时，“危害公共安全”是构成刑法分则第二章中诸多罪名的要件，也不宜仅对涉油气方面作出具体规定。

2. 盗窃未遂问题

在调研中不少地方反映，对于在盗窃油气现场抓获的人员如何处理认识不一，有的按照盗窃既遂处理，有的按照盗窃未遂处理，也有的给予治安处罚，影响了执法统一和打击力度。按照盗窃罪构成要件的通说，判断盗窃罪既遂的标准一般是“所有人失控”和“行为人控制”。我们认为，盗窃正在使用的油气设备中的油气，数额巨大但尚未运离现场的，从法理上看，属于因犯罪人意志以外的原因导致犯罪未得逞，应当以犯罪未遂处理。此种行为在刑法理论上通常认为是犯罪未遂行为，实践中一般按照未遂处罚。故本解释第三条第二款规定：“盗窃油气，数额巨大但尚未运离现场的，以盗窃未遂定罪处罚。”

3. 盗窃共犯问题

在办理案件中发现，在盗窃油气行为多发地区，盗窃油气行为已经呈现组织化、规模化态势，分工较细。受雇于他人而仅负责偷开油气井等油气设备排放油气的行为比较突出，如何处理在司法实践中也存在不同认识。经研究认为，上述人员虽然没有自己非法占有油气的故意，也没有实施运输、转手出售等行为，但是其主观上明知他人的盗窃故意，客观上提供了盗窃的便利条件，应当按照共同犯罪追究。因此，本解释第三条第三款规定："为他人盗窃油气而偷开油气井、油气管道等油气设备阀门排放油气或者提供其他帮助的，以盗窃罪的共犯定罪处罚。"

（三）关于油气销赃问题

在调研中各地反映，在油气田生产企业周边，往往存在着一批"土炼油""土化工"等收赃窝点，他们收购盗窃所得的油气资源，经过加工后转手获得暴利。销赃顺畅，也是涉油犯罪猖獗的一个重要原因。

2006 年 6 月 29 日，第十届全国人民代表大会常务委员会第二十二次会议通过的《中华人民共和国刑法修正案（六）》对于《刑法》第三百一十二条作出了修正，即"明知是犯罪所得及其产生的收益而予以窝藏、转移、收购、代为销售或者以其他方法掩饰、隐瞒的，处三年以下有期徒刑、拘役或者管制，并处或者单处罚金；情节严重的，处三年以上七年以下有期徒刑，并处罚金"。

为了切断销赃渠道，严厉打击收赃行为，对于实践中明知是盗窃犯罪所得的油气或者油气生产设备，而予以窝藏、转移、收购、加工、代为销售或者以其他方法掩饰、隐瞒的，本解释第五条第一款明确规定：依照《刑法》第三百一十二条的规定定罪处罚。为进一步体现对此类行为从严打击的精神，该条第二款规定："实施前款规定的犯罪行为，事前通谋的，以盗窃犯罪的共犯定罪处罚。"

（四）为加大打击力度，对于国家机关工作人员的相关职务犯罪作出了规定

在调研中各地反映，违法占压油气管线、非法开采油气资源的行为，往往与当地政府官员违法行使审批权或者不依法追究违法者责任等渎职行为很有关系。本解释第七条主要从审批、追查相关违法犯罪环节，对于国家机关工作人员滥用职权或者玩忽职守，致使公共财产、国家和人民利益遭受重大损失的行为作出了规定。条文中列举了四种情形：超越职权范围，批准发放石油、天然气勘查、开采、加工、经营等许可证的；违反国家规定，向不符合法定条件的单位、个人发放石油、天然气勘查、开采、加工、经营等许可证的；违反《石油天然气管道保护条例》等国家规定，在油气生产设备安全保护范围内批准建设项目的；对发现或者举报的未经依法批准、许可擅自从事石油、天然气勘查、开采、加工、经营等违法活动不予查封、取缔的。如果有关国家机关工作人员有上述行为，且致使公共财产、国家和人民利益遭受重大损失的，就应当以滥用职权或者玩忽职守定罪处罚。

三、适用

（一）正确区分盗窃罪与破坏易燃易爆设备罪，准确定性，罚当其罪

如前所述，实践中盗窃油气的犯罪分子往往采用破坏性手段实施盗窃行为，这样就容易出现盗窃罪与破坏易燃易爆设备罪如何区分与认定的问题。按照本解释第一条至第四条的规定，具体来讲，以“是否危害公共安全”来区分认定盗窃罪与破坏易燃易爆设备罪。

危害公共安全，是指由于实施一定的行为导致不特定多数人的生命、健康或者重大公私财产安全处于危险状态。盗窃油气过程中，由于盗窃对象属于高温高压、易燃易爆的物品，且实施盗窃油气的犯罪分子很多是采用“切割、打孔、撬砸、拆卸、开关等”破坏性手段，不计后果，从而极有可能出现危害公共安全的状况。如果在盗窃油气的过程中，出现了危害公共安全的后果，则按照本解释的规定，一般是适用破坏易燃易爆设备罪，除非适用盗窃罪的刑罚重于破坏易燃易爆设备罪。判断是否危害公共安全，需要从具体案件的情况作具体分析，一般而言，在盗窃油气案件中危害公共安全的情况是指因盗窃油气而出现大面积油气外泄导致周边的土地、水、大气污染或者危及临近的生活区域、工作区域的安全或者引发火灾、爆炸等。

（二）注意掌握盗窃未遂与盗窃共犯的要件

对于盗窃油气未危害公共安全的行为，在不适用破坏易燃易爆设备罪的情况下，适用盗窃罪需要依据《刑法》第二百六十四条的规定以及相关盗窃罪方面的司法解释的规定进行。盗窃油气构成犯罪未遂的认定要按照本解释第三条第二款的规定进行，盗窃数额巨大但尚未运离现场的，以盗窃未遂定罪处罚。这里的现场，应当理解为盗窃发生的周边范围，而不是一个油田的广大区域。未达到未遂数额标准的，应当由公安机关按照《治安管理处罚法》的相关规定给予行政处罚。

本解释第三条第三款明确，为他人盗窃油气而偷开油气井、油气管道等油气设备阀门排放油气或者提供其他帮助的，以盗窃罪的共犯定罪处罚。这一规定是针对实践中出现的盗窃油气行为组织化而规定的，是将盗窃油气行为中专门负责某一环节的行为加以特别规定。这里的“偷开”与本解释第一条规定的“开关”不同，是限定于适用盗窃罪的情形下，也就是其手段的性质与后果没有危害公共安全的情况下，为盗窃油气行为提供了帮助，以盗窃罪的共犯认定。如果提供帮助的行为属于本解释第一条规定的方式，并危害了公共安全，则应当适用破坏易燃易爆罪认定处理。

（三）严格掌握适用《刑法》第一百一十八条和第一百一十九条第一款的条件

本解释第一条和第二条对于如何适用《刑法》第一百一十八条和第一百一

十九条第一款作出了规定。关键的区分要件在于“危害公共安全是否造成严重后果”。本解释第二条对于严重后果作出了列举式规定，符合本条规定后果的，则以《刑法》第一百一十九条第一款的规定定罪处罚。需要说明的是，本解释第二条第一项对于人员轻伤、重伤或者死亡的单项数量作出了规定，如果案件中出现了轻伤、重伤单项虽然达不到规定的人数，但是轻重伤合计的人数明显超过了单项人数的情况，例如，在实践中遇到“造成一人重伤并且同时有五人轻伤”，或者“造成二人重伤并且三人轻伤的”，等等。这些情形的危害性与本条第一项规定的情形大体相当，虽然不符合本条第一项规定的情形，但可以适用本条第四项规定的情形解决此类问题。

（四）对于有关国家机关工作人员滥用职权或者玩忽职守构成犯罪行为的追究

由于石油、天然气作为国家战略资源的特殊重要性，国家颁布了一系列法律法规对于石油、天然气的勘查、开采、加工、经营等活动作出管理规定，同时对于违反法律法规行为的责任追究也作出了明确规定。《矿产资源法》第四十七条明确规定：“负责矿产资源勘查、开采监督管理工作的国家工作人员和其他有关国家工作人员徇私舞弊、滥用职权或者玩忽职守，违反本法规定批准勘查、开采矿产资源和颁发勘查许可证、采矿许可证，或者对违法采矿行为不依法予以制止、处罚，构成犯罪的，依法追究刑事责任；不构成犯罪的，给予行政处分。违法颁发的勘查许可证、采矿许可证，上级人民政府地质矿产主管部门有权予以撤销。”本解释第七条专门对于国家机关工作人员在审批、监管石油、天然气勘查、开采、加工、经营等许可证过程中以及查处相关违法活动过程中滥用职权或者玩忽职守，致使公共财产、国家和人民利益遭受重大损失的行为作出了明确规定。

要注意掌握以下要件：一是国家机关工作人员滥用职权或者玩忽职守的客观行为要件，即滥用职权或者玩忽职守发生在本解释第七条列举的四种情形过程中；二是国家机关工作人员滥用职权或者玩忽职守的结果要件，即致使公共财产、国家和人民利益遭受重大损失。

（撰稿人：李洪江）

最高人民法院
关于审理破坏电力设备刑事案件具体应用法律若干问题的解释

法释〔2007〕15号

（2007年8月13日最高人民法院审判委员会第1435次会议通过　2007年8月15日最高人民法院公告公布　自2007年8月21日起施行）

为维护公共安全，依法惩治破坏电力设备等犯罪活动，根据刑法有关规定，现就审理这类刑事案件具体应用法律的若干问题解释如下：

第一条　破坏电力设备，具有下列情形之一的，属于刑法第一百一十九条第一款规定的“造成严重后果”，以破坏电力设备罪判处十年以上有期徒刑、无期徒刑或者死刑：

（一）造成一人以上死亡、三人以上重伤或者十人以上轻伤的；

（二）造成一万以上用户电力供应中断六小时以上，致使生产、生活受到严重影响的；

（三）造成直接经济损失一百万元以上的；

（四）造成其他危害公共安全严重后果的。

第二条　过失损坏电力设备，造成本解释第一条规定的严重后果的，依照刑法第一百一十九条第二款的规定，以过失损坏电力设备罪判处三年以上七年以下有期徒刑；情节较轻的，处三年以下有期徒刑或者拘役。

第三条　盗窃电力设备，危害公共安全，但不构成盗窃罪的，以破坏电力设备罪定罪处罚；同时构成盗窃罪和破坏电力设备罪的，依照刑法处罚较重的规定定罪处罚。

盗窃电力设备，没有危及公共安全，但应当追究刑事责任的，可以根据案件的不同情况，按照盗窃罪等犯罪处理。

第四条　本解释所称电力设备，是指处于运行、应急等使用中的电力设备；已经通电使用，只是由于枯水季节或电力不足等原因暂停使用的电力设备；已经交付使用但尚未通电的电力设备。不包括尚未安装完毕，或者已经安装完毕但尚未交付使用的电力设备。

本解释中直接经济损失的计算范围，包括电量损失金额，被毁损设备材料的购置、更换、修复费用，以及因停电给用户造成的直接经济损失等。

【解 读】

解读《最高人民法院关于审理破坏电力设备刑事案件具体应用法律若干问题的解释》

一、问题的提出

为维护公共安全，依法惩治破坏电力设备等犯罪活动，2007 年 8 月 13 日，最高人民法院审判委员会第 1435 次会议讨论通过了《关于审理破坏电力设备刑事案件具体应用法律若干问题的解释》（以下简称本解释），于 2007 年 8 月 21 日起施行。

关于破坏电力设备，《刑法》及司法解释均有规定。《刑法》第一百一十八条和第一百一十九条以是否造成严重后果分两个档次对破坏电力设备罪作出了规定。最高人民法院、最高人民检察院先后发布过两个司法解释，即最高人民法院《关于破坏生产单位正在使用的电动机是否构成破坏电力设备罪问题的批复》（以下简称《高法批复》）和最高人民检察院《关于破坏电力设备罪几个问题的批复》（以下简称《高检批复》）。两个批复明确了破坏电力设备罪的性质，区分了破坏电力设备罪与盗窃罪、破坏集体生产罪或者故意毁坏公私财物罪等其他犯罪的界线，但对破坏电力设备罪的具体定罪量刑标准尚无规定。另外，实践中对电力设备的范围也有一定争议。

二、理解与适用

本解释共四条，围绕司法实践中存在的主要问题，对《刑法》第一百一十九条第一款规定的造成严重后果的具体标准、破坏电力设备罪与盗窃罪等其他犯罪的区别、电力设备的范围、直接经济损失的计算范围等内容作出了明确规定。

（一）关于《刑法》第一百一十九条第一款造成严重后果的具体标准

《刑法》第一百一十九条第一款规定，破坏电力设备造成严重后果的，处 10 年以上有期徒刑、无期徒刑或者死刑。对造成严重后果如何理解和把握，由于司法解释没有规定，实践中都是由各地法院根据案件情况自行判断掌握，容易出现各地判断的标准不尽一致的情况。因此，本解释第一条明确了哪些情形属于《刑法》第一百一十九条第一款规定的严重后果，从而确立了量刑的具体标准，也有利于各地法院统一量刑标准。

1. 造成1人以上死亡、3人以上重伤或者10人以上轻伤的。本解释第一条第一项规定了造成人员死亡、重伤、轻伤的情形，这是危害公共安全的基本情形和通常标准，其他危害公共安全犯罪司法解释通常也有此项规定。危害公共安全犯罪严重危害了不特定多数人的生命、健康，死亡直接危害了人的生命，重伤和轻伤都严重危害了人的健康，社会危害性都很明显。一般认为，1人以上死亡与3人以上重伤、10人以上轻伤的危害性大体相当。因此，本解释第一条第一项按照通常标准规定了造成严重后果的第一种情形。

2. 造成1万以上用户电力供应中断6小时以上，致使生产、生活受到严重影响的。本解释第一条第二项是破坏电力设备对用户的影响，主要从空间范围和时间范围两个方面来把握。一方面，中断的空间范围要求是1万以上用户，因为是对公共安全的危害，要求对一定范围的用户造成影响，同时考虑到这里是造成严重后果，量刑幅度是10年以上有期徒刑、无期徒刑或者死刑，因此空间范围不能太小，必须达到一定程度；另一方面，中断的时间范围要求在6小时以上，如果时间太短，危害性有限，也与量刑不相符；同时，要求破坏程度是致使生产、生活受到严重影响，体现了造成危害的具体严重后果。

3. 造成直接经济损失100万元以上的。本解释第一条第三项造成直接经济损失也是危害公共安全通常使用的标准，许多司法解释中都有类似规定。考虑到是造成严重后果，量刑较重，因此直接经济损失数额规定为100万元以上，同时本解释在第四条还规定了直接经济损失的计算范围。

4. 造成其他危害公共安全严重后果的。本项是“兜底”条款，司法解释为避免列举不足，通常设有“兜底”条款。列举总是有限的，不可能穷尽所有情形，而司法实践又是非常复杂的，经常会有一些个别情形出现。造成了比较严重的后果，但不符合前面所列的几种情形，比如破坏电力设备，造成2人重伤同时造成8人轻伤的，虽然尚未达到本解释第一条第一项的标准，既未达到重伤3人，也未达到轻伤10人，也不符合其他情形，但综合比较，其危害性已足以和第1项相当，此时可依照此项规定处理。

需要指出，“兜底”条款中的其他危害公共安全严重后果，不能随意解释和适用，其情形具有的危害性应当与前三项所列情形的危害性大体相当，即也是危害公共安全造成严重后果的，才能适用本项“兜底”条款，否则不能适用。

（二）关于破坏电力设备罪与其他相关犯罪的区别

本解释规定的是破坏电力设备罪，但司法实践中的情况比较复杂，许多情况下并不仅仅是单纯破坏电力设备的行为。实践中大量出现的是以盗窃电力设备为目的，但其采取的手段、行为方式同时又破坏了电力设备。实践中，司法机关在认定时容易出现不同认识，因此，本解释第三条明确了破坏电力设备罪和盗窃罪等犯罪的界线，即在何种情形下以何种罪名定罪量刑的处罚原则。主要有以下三种情形：

1. 盗窃电力设备危害公共安全，但不构成盗窃罪的，以破坏电力设备罪定罪处罚。这种情形主要是盗窃电力设备，其行为危害了公共安全，符合破坏电力设备罪的构成，但其盗窃的电力设备价值较低，盗窃数额尚未达到盗窃罪的数额标准的，此时，该行为不构成盗窃罪，应当以破坏电力设备罪定罪处罚。

2. 盗窃电力设备，同时构成盗窃罪和破坏电力设备罪的，依照《刑法》处罚较重的规定定罪处罚。与前一种情形不同，这种情形下盗窃电力设备，盗窃数额达到了盗窃罪的数额标准，构成盗窃罪，同时该行为又危害了公共安全，也构成破坏电力设备罪的，此时，应当按照择一重处罚的原则，即依照《刑法》处罚较重的规定定罪处罚。这种情形下，既可能以盗窃罪定罪处罚，也可能以破坏电力设备罪定罪处罚。虽然一般情况下，破坏电力设备罪的量刑似乎比盗窃罪要重，但实践中也可能存在被盗窃的电力设备非常贵重，盗窃数额巨大或者特别巨大，按照盗窃罪定罪量刑比按照破坏电力设备罪定罪量刑要重的情况。

3. 盗窃电力设备，没有危及公共安全的，不能构成破坏电力设备罪，但应当追究刑事责任的，可以根据案件的不同情况，按照盗窃罪等犯罪处罚。与前两种情形都不同，这种情形下盗窃电力设备没有危及公共安全，不能以破坏电力设备罪定罪处罚；但如果该行为构成其他犯罪的，比如盗窃数额达到盗窃罪标准的，以盗窃罪定罪处罚；盗窃数额尚未达到盗窃罪标准，不构成盗窃罪，但应当追究刑事责任的，根据具体情况，可分别以故意毁坏财物罪、破坏生产经营罪等犯罪处理。

（三）关于电力设备的范围

关于电力设备的范围，在本解释起草过程中和实践中主要涉及两个问题有争议，一个是电力设备是否等同于电力设施问题，另一个是电力设备是否是正在使用的电力设备问题。

1. 关于电力设备是否等同于电力设施问题

关于电力设备是否等同于电力设施问题，《刑法》第一百一十八条和第一百一十九条表述的都是电力设备，而国务院 1987 年 9 月 15 日发布的《电力设施保护条例》中使用的是电力设施。该条例第二条规定：条例“适用于中华人民共和国境内已建或在建的电力设施，包括发电设施、变电设施和电力线路设施及其有关辅助设施”。该条例第八条、第九条进一步明确了发电设施、变电设施和电力线路设施的保护范围。有一种观点认为，电力设备与电力设施的概念应当具有同一性，即只要是发供电所必需的设施或设备均可以称为电力设备，因此建议本解释将电力设备的外延扩大至《电力设施保护条例》所规定的电力设施的保护范围。否则，将有大量的电力设施被排除在外，使《电力设施保护条例》的立法目的落空。

根据《现代汉语词典》的解释，设备是指进行某项工作或供应某种需要所必需的成套建筑或器物；设施是指为进行某项工作或满足某种需要而建立起来的机构、系统、组织、建筑等。经研究认为，从字面含义来看，两者的含义不尽一致，从立法目的来看两者也不尽一致。从《刑法》的立法目的来看，重点保护的是维持电力运行所必需的电力设备，而非广义的电力设施。

破坏电力设备罪是危害公共安全的犯罪，本质上要求破坏电力设备的行为能够危害公共安全，而有些电力设施，主要是一些辅助设施，即使遭到破坏，也不可能对公共安全造成任何影响。相比《刑法》中的电力设备而言，《电力设施保护条例》中的电力设施的范围还是过于广泛，因此，本解释没有采纳将电力设备等同于电力设施的观点，而是依照《刑法》采取了电力设备的表述。

2. 关于电力设备是否是正在使用中的电力设备

我们认为，从危害公共安全罪的性质考虑，关键是看破坏电力设备能否危害公共安全。因此，本解释综合考虑了上述各种意见及理由，没有直接明确电力设备是否是正在使用中的电力设备，而是规定本解释所称电力设备的范围，是指处于运行、应急等使用中的电力设备：已经通电使用，只是由于枯水季节或电力不足等原因暂停使用的电力设备；已经交付使用但尚未通电的电力设备。同时也指出，不包括尚未安装完毕，或者已经安装完毕但尚未交付使用的电力设备。

（四）关于直接经济损失的范围

本解释第一条第三项规定了破坏电力设备造成直接经济损失100万元以上属于造成严重后果，这就涉及直接经济损失的计算范围问题。关于直接经济损失的计算范围，本解释第四条规定，包括电量损失金额，被毁损设备材料的购置、更换、修复费用，以及因停电给用户造成的直接经济损失等。

这种直接经济损失不仅包括设备损坏本身的损失，还包括因设备损坏导致的电量损失，之所以将因设备损坏导致的电量损失也纳入到直接损失的范畴，在于电力发、供、用是同时进行的，破坏电力设备或过失损坏电力设备导致停电的，必然直接造成电量的减少，减少的电量折合成金额即经济损失的数额。另外，出于平等保护电力企业和电力用户的利益考虑，本解释明确规定将用户所受到的直接经济损失也纳入计算范围。例如，破坏电力设备造成钢铁厂火炉铁水凝结的，钢铁厂为修理火炉及处理铁水而发生的费用，就属于直接经济损失。

（撰稿人：李洪江）

最高人民法院
关于审理破坏公用电信设施刑事案件具体应用法律若干问题的解释

法释〔2004〕21号

（2004年8月26日最高人民法院审判委员会第1322次会议通过 2004年12月30日最高人民法院公告公布 自2005年1月11日起施行）

为维护公用电信设施的安全和通讯管理秩序，依法惩治破坏公用电信设施犯罪活动，根据《刑法》有关规定，现就审理这类刑事案件具体应用法律的若干问题解释如下：

第一条 采用截断通信线路、损毁通信设备或者删除、修改、增加电信网计算机信息系统中存储、处理或者传输的数据和应用程序等手段，故意破坏正在使用的公用电信设施，具有下列情形之一的，属于《刑法》第一百二十四条规定的“危害公共安全”，依照《刑法》第一百二十四条第一款规定，以破坏公用电信设施罪处三年以上七年以下有期徒刑：

（一）造成火警、匪警、医疗急救、交通事故报警、救灾、抢险、防汛等通信中断或者严重障碍，并因此贻误救助、救治、救灾、抢险等，致使人员死亡一人、重伤三人以上或者造成财产损失三十万元以上的；

（二）造成二千以上不满一万用户通信中断一小时以上，或者一万以上用户通信中断不满一小时的；

（三）在一个本地网范围内，网间通信全阻、关口局至某一局向全部中断或网间某一业务全部中断不满二小时或者直接影响范围不满五万（用户×小时）的；

（四）造成网间通信严重障碍，一日内累计二小时以上不满十二小时的；

（五）其他危害公共安全的情形。

第二条 实施本解释第一条规定的行为，具有下列情形之一的，属于《刑法》第一百二十四条第一款规定的“严重后果”，以破坏公用电信设施罪处七年以上有期徒刑：

（一）造成火警、匪警、医疗急救、交通事故报警、救灾、抢险、防汛等通信中断或者严重障碍，并因此贻误救助、救治、救灾、抢险等，致使人员死亡二人以上、重伤六人以上或者造成财产损失六十万元以上的；

（二）造成一万以上用户通信中断一小时以上的；

（三）在一个本地网范围内，网间通信全阻、关口局至某一局向全部中断或网间某一业务全部中断二小时以上或者直接影响范围五万（用户×小时）以上的；

（四）造成网间通信严重障碍，一日内累计十二小时以上的；

（五）造成其他严重后果的。

第三条 故意破坏正在使用的公用电信设施尚未危害公共安全，或者故意毁坏尚未投入使用的公用电信设施，造成财物损失，构成犯罪的，依照《刑法》第二百七十五条规定，以故意毁坏财物罪定罪处罚。

盗窃公用电信设施价值数额不大，但是构成危害公共安全犯罪的，依照刑法第一百二十四条的规定定罪处罚；盗窃公用电信设施同时构成盗窃罪和破坏公用电信设施罪的，依照处罚较重的规定定罪处罚。

第四条 指使、组织、教唆他人实施本解释规定的故意犯罪行为的，按照共犯定罪处罚。

第五条 本解释中规定的公用电信设施的范围、用户数、通信中断和严重障碍的标准和时间长度，依据国家电信行业主管部门的有关规定确定。

【解　　读】

解读《最高人民法院关于审理破坏公用电信设施刑事案件具体应用法律若干问题的解释》

一、问题的提出

为维护公用电信设施的安全和通讯管理秩序，依法惩治破坏公用电信设施的犯罪活动，2004 年 8 月 26 日，最高人民法院审判委员会第 1322 次会议讨论通过了《关于审理破坏公用电信设施刑事案件具体应用法律若干问题的解释》（以下简称本解释），自 2005 年 1 月 11 日起施行。

二、理解与适用

（一）关于采用修改软件、数据等非物理性手段破坏正在使用的公用电信设施行为的法律适用问题

具体来看，就是对于采用删除、修改、增加电信网计算机信息系统中存

储、处理或者传输的数据和应用程序等手段（以下简称采用修改软件、数据等手段），阻碍或者破坏电信网间互联互通的行为，是否可以适用《刑法》第一百二十四条的规定，以破坏公用电信设施罪定罪处罚的问题。这个问题是司法实践中存在的主要问题，也是本解释着重要解决的问题。对此问题，司法实践中存在不同的认识，主要有两种意见：

一种意见认为，《刑法》第一百二十四条规定的破坏公用电信设施应当是物理性破坏，如砍断通讯电缆、锯断通信铁塔等，采用修改软件、数据等手段破坏的，公用电信设施本身并未破坏，而且1979年《刑法》立法时考虑的也是采用物理性手段进行破坏的情形，因此，对于采用修改软件、数据等手段进行破坏的，不能适用《刑法》第一百二十四条破坏公用电信设施罪。

另一种意见认为，破坏不能仅仅理解为传统意义上的物理性破坏、毁坏手段，破坏应当做广义理解，不仅包括物理性破坏，也包括功能性的破坏，因为功能性破坏能够达到影响电信设施功能的作用，而且有些时候其破坏性可能会更大，因此采用修改软件、数据等手段进行功能性破坏的，也应当适用《刑法》第一百二十四条。

不可否认，1979年《刑法》立法时，由于当时社会上还没有采用计算机技术操作公用电信设施，因此立法考虑的主要是采用砍断光缆、损毁设备等手段破坏公用电信设施硬件的情形。按照当时社会发展的状况和人们认识的水平，还无法考虑到采用修改软件、数据等方式进行破坏的情形。不过，《刑法》第一百二十四条罪状表述中，规定的是"破坏公用电信设施"，这是原则性的规定。采用修改软件、数据等手段进行破坏，实际上破坏的是公用电信设施的功能，虽然公用电信设施的硬件没有遭到破坏，但是公用电信设施的功能却受到了实际的破坏，客观上导致正在使用的公用电信设施无法正常运行和工作，其直接危害后果是危害了公共安全。因此，在公用电信设施已经广泛使用计算机技术的今天，对于故意实施破坏正在使用的公用电信设施的功能，使公用电信设施由于功能受到损坏而无法正常运行和工作的行为，应当认定为《刑法》第一百二十四条规定的"破坏"，构成犯罪的，应当以破坏公用电信设施罪定罪处罚。

本解释采纳了后一种意见。本解释第一条中明确规定，破坏的手段既包括"采用截断通信线路、损毁通信设备"的手段，也包括"采用删除、修改、增加电信网计算机信息系统中存储、处理或者传输的数据和应用程序等手段"，从而明确了《刑法》第一百二十四条破坏公用电信设施罪中的"破坏"，包括采用修改软件、数据这种进行功能性破坏的行为。专家论证会对此问题也进行了讨论，大家普遍赞同并且认为，这种解释能够正确、及时反映社会现实的不断变化，符合立法精神和刑法原理，体现了司法解释的价值。

（二）关于破坏公用电信设施罪的“危害公共安全”是否要求发生实害后果问题

一般而言，刑法理论通常认为危害公共安全犯罪是危险犯，也就是说，并不要求发生实际的危害后果，只要产生实际危险性即可成立犯罪。这是刑法理论界的一种通说。《刑法》分则有关危害公共安全犯罪的罪状表述中，通常都是“危害公共安全，尚未造成严重后果”的表述，是这一理论通说的法律依据。

本解释对于成立破坏公用电信设施罪这种危害公共安全的犯罪，明确规定了几种具体的实际危害后果作为该犯罪的构成要件之一，表面上似乎与上述《刑法》理论通说相矛盾，本解释第一条之所以如此规定，理由如下：

一是《刑法》第一百二十四条与《刑法》第一百一十四条、第一百一十六条、第一百一十七条、第一百一十八条等其他涉及危害公共安全犯罪条文的表述不同，后四条都明确表述为“危害公共安全，尚未造成严重后果的”，而唯独《刑法》第一百二十四条的表述只是规定了“危害公共安全的”，并没有“尚未造成严重后果的”的规定。这表明，破坏公用电信设施罪的构成要件与其他危害公共安全犯罪的构成要件是不同的。

二是破坏公用电信设施就一定危害公共安全的认识不符合客观实际情况，因为仅仅破坏了一个公用电话亭或者某一住户的家用电话线，并不会产生危害公共安全的危险性，更不可能危害到公共安全，因此，只有破坏行为造成了一定程度或者范围的实际危害后果，才可能符合《刑法》第一百二十四条规定的“危害公共安全的”的要求。

三是明确规定具体发生的实际危害后果，增加了司法实践中具体处理破坏公用电信设施刑事案件的可操作性，有利于依法打击这类犯罪。

四是从理论上看，危险犯包括抽象危险犯和具体危险犯，抽象危险犯不要求造成一定后果，而具体危险犯则不同，具体危险犯要求发生的危险是具体的，还是要求发生一定的危害后果。破坏公用电信设施罪是具体危险犯，因此，应当对实施该犯罪行为造成的具体危险进行解释，明确具体的标准。

（三）关于本解释第一条、第二条中“危害公共安全”和“严重后果”的具体情形

本解释第一条对什么情形属于《刑法》第一百二十四条规定的“危害公共安全”作出了列举式的具体规定，解决了破坏公用电信设施罪的定罪量刑标准问题。第二条对什么情形属于“严重后果”作出了列举式的具体规定，解决了在上一档次量刑的标准问题。本解释对“危害公共安全”和“严重后果”都列举了五种情形，内容基本对应，只是第二条的危害程度重于第一条。下面仅就本解释第一条列举的五种情形的主要考虑予以简要说明：

1. 造成火警、匪警、医疗急救、交通事故报警、救灾、抢险、防汛等通

信中断或者严重障碍，并因此贻误救助、救治、救灾、抢险等，致使人员死亡1人、重伤3人以上或者造成财产损失30万元以上的（第一条第一项）。

危害公共安全犯罪的基本特征是危害了不特定多数人的生命、健康和财产的安全。火警、匪警、医疗急救、交通事故报警是社会生活中常用的紧急性公益通信，救灾、抢险、防汛等通信关系到救灾、抢险、防汛等事宜的顺利进行，都关系到人民群众的基本生活安全，事关重大。破坏公用电信设施造成这些通信中断，并因此贻误救助、救治、救灾、抢险等，致使人员死亡1人、重伤3人以上或者造成财产损失30万元以上的，无疑危害了公共安全，因此本解释第一条第（一）项明确此种情形属于危害公共安全。

2. 造成二千以上不满一万用户通信中断一小时以上不满五小时，或者一万以上用户通信中断一小时的（第一条第二项）。

破坏公用电信设施没有造成第一条第一项的后果，但造成用户通信中断的，同样危害了社会广大用户的通信安全。考虑到此种情形下，既然危害的是“公共安全”，那么用户通信中断需要有范围和时长的界定，即通信中断达到一定范围或者一定时长的程度，才属于危害公共安全。本解释中第一条第二项主要是从通信中断的用户范围（空间）和中断时长（时间）两个角度结合，使得表述尽可能周延，能够涵盖实践中出现的各种情形。

3. 在一个本地网范围内，网间通信全阻、关口局至某一局向全部中断或网间某一业务全部中断2小时以上或者直接影响范围不满5万（用户×小时）的（第一条第三项）；以及造成网间通信严重障碍，一日内累计2小时以上不满12小时的（第一条第四项）。

按照信息产业部《公用电信网间互联互通质量监督管理办法（试行）》（信部电〔2003〕499号）第五条的规定，公用电信网间技术故障按照严重程度分为障碍、严重障碍、事故和重大事故。本解释第一条第三项和第四项基本参照上述文件中事故、重大事故规定的具体情形。无论是事故还是重大事故，都表明行为人破坏公用电信设施的程度是严重的，范围是很广的，客观上都危害了公共安全或者造成了严重后果。同时，考虑到破坏公用电信设施罪毕竟是危害公共安全的犯罪，社会危害性较大，刑罚也较重，因此与信息产业部的上述规定比，本解释适当提高了标准。

4. 其他危害公共安全的情形（第一条第五项）。

这是“兜底”条款。列举总是有限的，实践中可能出现没有列举到但危害性较大的情形，此时可以考虑适用“兜底”条款。

（四）关于破坏公用电信设施罪与相近犯罪的区分

本解释第三条主要是区分了破坏公用电信设施罪与其他一些相近犯罪的界线，明确了在何种情形下应当确定何种罪名以及实行的处罚原则的问题。

行为人故意破坏正在使用的公用电信设施尚未危害公共安全，或者故意毁坏尚未投入使用的公用电信设施，造成财物损失，构成犯罪的，应当依照《刑法》第二百七十五条的规定，以故意毁坏财物罪定罪处罚。也就是说，行为人实施了故意破坏公用电信设施的行为，由于没有危害公共安全，不能以破坏公用电信设施罪定罪处罚，但是如果其毁坏财物的价值数额如果达到了犯罪的程度，应当以故意毁坏财物罪定罪处罚。比如，实践中故意破坏光缆、电缆等公用电信设施，没有危害公共安全，但如果电信设施价值较高，造成的损失数额较大，构成故意毁坏财物罪。

此外，实践中盗窃公用电信设施的犯罪活动较多，而盗窃公用电信设施涉及盗窃罪与破坏公用电信设施罪的竞合问题，在征求意见中许多部门的同志都建议在本解释中对此问题予以明确。实践中犯罪人盗窃公用电信设施，可能只构成盗窃罪，也可能只构成破坏公用电信设施罪，还可能既构成盗窃罪，同时又构成破坏公用电信设施罪，因此本解释第三条第二款区分不同情形作出了相应规定。对于行为人盗窃公用电信设施价值数额不大，但是构成了危害公共安全犯罪的，应当依照《刑法》第一百二十四条规定以破坏公用电信设施罪定罪处罚；对于同时构成盗窃罪和破坏公用电信设施罪的，依照刑法原理，择一重罪处罚，因此本解释规定，这种情形“依照处罚较重的规定定罪处罚”。

需要说明的是，对于盗窃公用电信设施行为的法律适用问题，最高人民法院《关于审理盗窃案件具体应用法律若干问题的解释》（法释〔1998〕4 号）第十二条第一项对此已有明确规定，因此在这个问题上，本解释第五条第二款主要是重申了该司法解释的相关规定。

（五）关于本解释第四条有关共犯的规定

本解释第四条规定了有关共犯的内容，即“指使、组织、教唆他人实施本解释规定的故意犯罪行为的，按照共犯定罪处罚”。本解释第四条之所以规定有关共犯的内容，主要是考虑，故意破坏公用电信设施进而破坏互联互通的，许多是电信运营商的主管人员组织、策划、指使有关人员实施破坏公用电信设施的行为，为避免实践中仅仅处罚具体实施破坏行为的人，而放纵背后的组织者、策划者和指使者，本解释第四条有关共犯的问题予以明确规定。

（六）关于本解释第五条

本解释第一条、第二条规定的具体情形中，涉及许多电信行业方面的专业用语，比如公用电信设施的范围，用户数，通信中断以及严重障碍的标准和时间长度。这些专业用语，普通人以至公检法的办案人员都不熟悉，但电信行业主管部门对这些内容都有具体规定。

信息产业部《公用电信网互联互通质量监督管理办法（试行）》（信部电〔2003〕499 号）中对严重障碍、用户数有明确规定，如该办法第五条中第三款对严重障碍作出了明确规定：“本办法所称严重障碍是指符合下列条件之一且不属于事故和重大事故的情况：(1) 在一个固定本地电话网范围内，过网呼叫的受端网络来话接通率低于30%，和发端网络呼损高于70%：(2) 在一个固定本地电话网范围内，过网呼叫在发（受）端网络中的呼叫建立时延，与发（受）端网络中同种可比业务。连接建立时延的差异大于6秒。”第五条第五款明确规定：“用户数是指严重障碍（事故、重大事故）发生前7日内在相同时段使用相关业务的主叫用户数的平均值。”

由于电信行业主管部门的有关规定对这些专业用语有明确规定，因此，本解释第五条明确了判断专业用语的依据，即“依据国家电信行业主管部门的有关规定确定”。

（撰稿人：李洪江）

最高人民法院
关于审理破坏广播电视设施等刑事案件具体应用法律若干问题的解释

法释〔2011〕13号

（2011年5月23日最高人民法院审判委员会第1523次会议通过　2011年6月7日最高人民法院公告公布　自2011年6月13日起施行）

为依法惩治破坏广播电视设施等犯罪活动，维护广播电视设施运行安全，根据刑法有关规定，现就审理这类刑事案件具体应用法律的若干问题解释如下：

第一条　采取拆卸、毁坏设备，剪割缆线，删除、修改、增加广播电视设备系统中存储、处理、传输的数据和应用程序，非法占用频率等手段，破坏正在使用的广播电视设施，具有下列情形之一的，依照刑法第一百二十四条第一款的规定，以破坏广播电视设施罪处三年以上七年以下有期徒刑：

（一）造成救灾、抢险、防汛和灾害预警等重大公共信息无法发布的；

（二）造成县级、地市（设区的市）级广播电视台中直接关系节目播出的设施无法使用，信号无法播出的；

（三）造成省级以上广播电视传输网内的设施无法使用，地市（设区的市）级广播电视传输网内的设施无法使用三小时以上，县级广播电视传输网内的设施无法使用十二小时以上，信号无法传输的；

（四）其他危害公共安全的情形。

第二条　实施本解释第一条规定的行为，具有下列情形之一的，应当认定为刑法第一百二十四条第一款规定的“造成严重后果”，以破坏广播电视设施罪处七年以上有期徒刑：

（一）造成救灾、抢险、防汛和灾害预警等重大公共信息无法发布，因此贻误排除险情或者疏导群众，致使一人以上死亡、三人以上重伤或者财产损失五十万元以上，或者引起严重社会恐慌、社会秩序混乱的；

（二）造成省级以上广播电视台中直接关系节目播出的设施无法使用，信号无法播出的；

（三）造成省级以上广播电视传输网内的设施无法使用三小时以上，地市

（设区的市）级广播电视传输网内的设施无法使用十二小时以上，县级广播电视传输网内的设施无法使用四十八小时以上，信号无法传输的；

（四）造成其他严重后果的。

第三条 过失损坏正在使用的广播电视设施，造成本解释第二条规定的严重后果的，依照刑法第一百二十四条第二款的规定，以过失损坏广播电视设施罪处三年以上七年以下有期徒刑；情节较轻的，处三年以下有期徒刑或者拘役。

过失损坏广播电视设施构成犯罪，但能主动向有关部门报告，积极赔偿损失或者修复被损坏设施的，可以酌情从宽处罚。

第四条 建设、施工单位的管理人员、施工人员，在建设、施工过程中，违反广播电视设施保护规定，故意或者过失损毁正在使用的广播电视设施，构成犯罪的，以破坏广播电视设施罪或者过失损坏广播电视设施罪定罪处罚。其定罪量刑标准适用本解释第一至三条的规定。

第五条 盗窃正在使用的广播电视设施，尚未构成盗窃罪，但具有本解释第一条、第二条规定情形的，以破坏广播电视设施罪定罪处罚；同时构成盗窃罪和破坏广播电视设施罪的，依照处罚较重的规定定罪处罚。

第六条 破坏正在使用的广播电视设施未危及公共安全，或者故意毁坏尚未投入使用的广播电视设施，造成财物损失数额较大或者有其他严重情节的，以故意毁坏财物罪定罪处罚。

第七条 实施破坏广播电视设施犯罪，并利用广播电视设施实施煽动分裂国家、煽动颠覆国家政权、煽动民族仇恨、民族歧视或者宣扬邪教等行为，同时构成其他犯罪的，依照处罚较重的规定定罪处罚。

第八条 本解释所称广播电视台中直接关系节目播出的设施、广播电视传输网内的设施，参照国家广播电视行政主管部门和其他相关部门的有关规定确定。

【解 读】

解读《最高人民法院关于审理破坏广播电视设施等刑事案件具体应用法律若干问题的解释》

一、问题的提出

为依法惩治破坏广播电视设施等犯罪行为，最高人民法院制定了《关于审理破坏广播电视设施等刑事案件具体应用法律若干问题的解释》（法释〔2011〕13号，以下简称本解释）。

二、理解与适用

（一）破坏广播电视设施行为的认定

广播电视设施是一种复杂的、智能化的、特殊的公共设施，破坏广播电视设施行为可以分为物理性破坏和功能性破坏两类。物理性破坏是故意对广播电视硬件设施的毁坏，主要有拆卸、毁坏设备，剪割缆线等行为。司法实践中，有的犯罪分子向传输缆线中插针妄图截取广播电视信号，有的通过“改造”缆线来插播非法节目，这些行为都使硬件设施遭到了破坏，属于物理性破坏。功能性破坏主要是指删除、修改、增加广播电视设备系统中的控制程序，非法占用频率等，使设备的正常功能无法发挥。因此，本解释采用列举加概括的方式，明确了破坏广播电视设施行为的种类，具体包括：拆卸、毁坏设备，剪割缆线，删除、修改、增加广播电视设备系统中存储、处理、传输的数据和应用程序，非法占用频率等。

关于非法占用频率，有意见认为，刑法规定的破坏广播电视设施罪应当以对设施的实质性破坏为必要条件，仅仅是外部的干扰，在干扰因素消除后，设施如能正常运行，不能理解为刑法中的“破坏”，对于以上行为，可以扰乱无线电通讯管理秩序罪论处，或者根据非法节目内容的性质处理。经研究认为，当前利用高科技手段非法占用频率插播节目的现象增多，多由敌对势力实施，且绝大多数节目内容为非法，尽管此类行为没有对广电设施造成现实的物质性损坏，但是影响了正常节目的播放和设施功能的正常发挥，危害着国家的政治文化安全，根据广电设施的功能特点，应将此类行为认定为“破坏行为”，予以惩治。本解释将“非法占用频率”明确为破坏广电设施的一种行为。

（二）“危害公共安全”的认定

根据《刑法》的规定，破坏广播电视设施“危害公共安全”的，才构成破坏广播电视设施罪。本解释第一条对“危害公共安全”的具体认定标准作出了明确：

1. 造成救灾、抢险、防汛和灾害预警等重大公共信息无法发布的

广播电视设施与公共安全最直接的关联在于，通过及时发布公共安全信息，使广大人民群众有效防范、躲避、应对灾害事故或者安全事件，避免危害结果的发生或者扩散。当广播电视设施因遭破坏而无法及时发布公共安全信息时，人民群众的生命财产安全就处于无法被保障的状态，公共安全就受到了危害。我国是个自然灾害频发的国家，随着广播电视作用的不断增强，广播电视在灾害预警信息发布和救灾抢险过程中的作用越来越大。如果在救灾期间广电设施遭到破坏而致信息无法发布的，会直接危害到公共安全。因此，本解释第

一条第一项即将“造成救灾、抢险、防汛和灾害预警等重大公共信息无法发布的”规定为“危害公共安全”的一种情形。

2. 造成县级、地市（设区的市）级广播电视台中直接关系节目播出的设施无法使用，信号无法播出的

根据《广播电视设施保护条例》（国务院令第 295 号，2000 年 11 月 5 日起施行）的规定，广播电视设施包括广播电视台、站和传输网内的发射、传输、监测设施，台、站是一系列设施的复杂组合，其中多是直接关系节目播出的核心和枢纽设施。破坏这些设施，往往会造成广播电视设施整体瘫痪，比破坏传输网内的设施性质更为严重，危害更为巨大。故本解释第一条第二项将“造成县级、地市（设区的市）级广播电视台中直接关系节目播出的设施无法使用，信号无法播出的”规定为“危害公共安全”的一种情形。同时，《本解释稿》第二条第二项将“造成省级以上广播电视台中直接关系节目播出的设施无法使用，信号无法播出的”规定为破坏广播电视设施“造成严重后果”的一种情形。

根据《广播电影电视系统重点单位重要部位的风险等级和安全防护级别》（GA586—2005，公安部 2005 年 12 月 26 日发布，2006 年 5 月 1 日起施行，以下简称《安全防护级别》）的规定，广播电视台、站中直接关系节目播出的设施主要是指演播厅、主控机房、自动化播出机房、计算机中心机房、馈送终端等中的重要设施。

需要说明的是，本项规定不包括市辖区、乡镇以及企事业单位、大专院校依法申请设立的广播电视站。主要是因为：根据《广播电视站审批管理暂行规定》（国家广播电影电视总局第 32 号令，2004 年 8 月 10 日起施行），上述部门无论规模大小和层级高低，设立的广播电视机构只能称为广播电视站（县级以上部门设立的广播电视机构称为广播电视台或称为广播电台、电视台，市辖区、乡镇以及企事业单位、大专院校可申请设立广播电视站。根据统计，目前，全国共审批设立 556 座广播电视站），实行属地管理，主要任务是转播中央、省级和当地的广播电视节目。乡镇设立的广播电视站不得自办电视节目，其他的广播电视站确有需要，可在公共频道中插播少量自办的本单位新闻、专题以及广告等电视节目，且要通过有线方式传输。由此可知，上述机构、单位设置的广播电视站设施一般较为简单，节目也较为单一，如对破坏此类广播电视站的行为一律以犯罪论处，可能会不当扩大惩治范围；对那些破坏广播电视站，严重影响相关信息传播，危害公共安全的，如符合本解释第一条其他项规定的，可以其他项的规定追究刑事责任。

3. 造成省级以上广播电视传输网内的设施无法使用，地市（设区的市）级广播电视传输网内的设施无法使用3小时以上，县级广播电视传输网内的设施无法使用12小时以上，信号无法传输的

本解释参考《广播电视安全播出事件/事故管理规定》（国家广播电影电视总局技办字〔2008〕2号，2008年1月4日起施行，以下简称《管理规定》）确定重大播出、传输安全事件的相关标准，将破坏传输网中不同层级的设施和无法使用的时间结合起来，明确为“危害公共安全”的一种情形。考虑到省级以上层级设施的重要性及《安全防护级别》的有关规定，对破坏省级以上层级设施的行为没有规定时间要求，设施一旦遭到破坏而无法使用，就构成本罪；结合对相关案例的分析，将破坏地市级、县级设施，致使设施无法使用的时间分别确定为3小时以上和12小时以上。

4. 其他危害公共安全的情形

考虑到司法实践情况的复杂性，本解释规定了兜底条款，对于虽没有具体列举，但是危害了公共安全的破坏行为，仍然要定罪处罚，以增强本解释的适用性。

本解释起草过程中，有意见认为，破坏广播电视设施而致信号无法播出或者传输的，一般情况下不会直接危害不特定多数人的生命、健康安全，且当前广播电视节目多是娱乐性节目，将其认定为“危害公共安全”似不妥。经反复深入研究，没有采纳这一意见，主要理由为：其一，广播电视是传播信息的工具，设施遭到破坏而危害公共安全也是由于信息的无法传播而造成的，破坏设施一般不能直接致他人死亡、伤害，这是由广播电视设施的功能特点决定的。其二，当今，信息的重要性不言而喻，广播电视已成为人们获取信息的重要平台，在维护社会稳定安宁方面的作用也越来越大。当设施遭到破坏而无法正常传输信息时，人们正常的生产生活秩序就会被打乱，社会的稳定与安全就会受到影响，设施无法使用的时间越长，危害性就越大。其三，从收集到的大量案例看，此类犯罪都表现为对设施的破坏而致信号无法传输，破坏程度有所差异，但直接致他人死亡、重伤的几乎没有。如果不将破坏设施导致信号无法传输的情形认定为“危害公共安全”，那么绝大多数此类案件无法处理，设施无法得到有效保护。其四，《最高人民法院关于审理破坏公用电信设施刑事案件具体应用法律若干问题的解释》（法释〔2004〕21号，2004年12月30日公布，2005年1月11日起施行）也采用了类似的解释思路和方法。

（三）“造成严重后果”的认定

《刑法》第一百二十四条规定，破坏广播电视设施造成严重后果的，以破坏广播电视设施罪处七年以上有期徒刑。本解释第二条明确了“造成严重后果”的具体认定标准，规定：（1）造成救灾、抢险、防汛和灾害预警等重大公共信息无法发布，因此，贻误排除险情或者疏导群众，致使1人以上死亡、3

人以上重伤或者财产损失 50 万元以上，或者引起严重社会恐慌、社会秩序混乱的。司法实践中应注意，破坏广播电视设施造成重大公共信息无法发布，尽管没有造成人员伤亡、重大财产损失的后果，但是引起严重社会恐慌、社会秩序混乱的，也应当认定为“造成严重后果”。(2) 造成省级以上广播电视台中直接关系节目播出的设施无法使用，信号无法播出的。(3) 造成省级以上广播电视传输网内的设施无法使用 3 小时以上，地市（设区的市）级广播电视传输网内的设施无法使用 12 小时以上，县级广播电视传输网内的设施无法使用 48 小时以上，信号无法传输的。(4) 造成其他严重后果的。

（四）过失损坏广播电视设施行为的定罪处罚标准

当前，因建设、施工、耕种等原因过失损坏广播电视设施的情况时有发生，有的造成了严重后果，危害了公共安全。根据刑法规定，对此类行为，也要追究刑事责任。据此，本解释第三条规定，过失损坏正在使用的广播电视设施，造成本解释第二条规定的严重后果，即救灾、抢险、防汛和灾害预警等重大公共信息无法发布，因此贻误排除险情或者疏导群众，致使 1 人以上死亡、3 人以上重伤或者财产损失 50 万元以上，或者引起严重社会恐慌、社会秩序混乱的；造成省级以上广播电视台中直接关系节目播出的设施无法使用，信号无法播出的；造成省级以上广播电视传输网内的设施无法使用 3 小时以上，地市（设区的市）级广播电视传输网内的设施无法使用 12 小时以上，县级广播电视传输网内的设施无法使用 48 小时以上，信号无法传输的，应当以过失损坏广播电视设施罪处三年以上七年以下有期徒刑；其中情节较轻的，处三年以下有期徒刑或者拘役。

根据宽严相济刑事政策精神，对损坏广播电视设施的行为，应以处罚故意犯罪为重点。对于过失犯罪，尽可能贯彻从宽处理的原则。为此，本解释第三条第二款专门规定：“过失损坏广播电视设施构成犯罪，但能主动向有关部门报告，积极赔偿损失或者修复被损坏设施的，可以酌情从宽处罚。”

（五）强调了对建设、施工单位人员损毁广播电视设施的处罚

从司法实践情况看，当前，建筑、施工单位的工作人员在建设、施工作业中损毁广播电视设施的问题非常突出：有的明知是广播电视设施而故意损毁；有的还对劝阻、制止者大打出手；有的虽是过失，但造成了严重的后果。这些行为，已从整体上影响到了广播电视设施的正常运行，危害了公共安全，必须明确加以制止，构成犯罪的，应当给予刑事制裁。但在实践中，因种种原因，此类行为的责任人往往没有受到依法追究。鉴此，本解释第四条专门规定了对建设、施工人员实施损毁广播电视设施行为的处罚原则：故意或者过失损毁正在使用的广播电视设施，构成犯罪的，以破坏广播电视设施罪或者过失损坏广播电视设施罪定罪处罚。其定罪量刑标准适用本解释第一至三条的规定。规定此内容，一方面，在于强调此类行为构成犯罪，以发挥法律的威慑作用；另一

方面，在于提醒广大的建设、施工人员，要自觉增强法律意识、维护公共设施意识，不要只图施工进度而以身试法。

（六）破坏、盗窃或者故意毁坏广播电视设施犯罪行为竞合时的处理

实践中，因盗窃广播电视设施特别是盗割缆线、故意毁坏广播电视设施而造成广播电视设施损坏、信号无法传输的情况频繁发生，危害严重。这些行为可同时构成盗窃罪、破坏广播电视设施罪或者故意毁坏财物罪，根据刑法的有关理论，以处罚较重的规定定罪处罚。为统一对此类问题的处理，本解释第五条规定，盗窃正在使用的广播电视设施，同时构成盗窃罪和破坏广播电视设施罪的，依照处罚较重的规定定罪处罚。第六条规定，破坏正在使用的广播电视设施尚未构成破坏广播电视设施罪，但造成财物损失，数额较大或者有其他严重情节的，以故意毁坏财物罪定罪处罚。

（七）破坏广播电视设施行为与其他犯罪行为形成牵连关系时的处理

当前，一些不法分子通过“改造”国家广播电视设施，来传播非法节目，既破坏了广播电视设施，影响了正常信号的传输，又因非法节目的传播威胁着国家的政治文化安全。对此，应依法严厉惩治。此种情况在刑法理论上称为牵连犯，对于牵连犯如何处理，刑法没有规定明确、统一的原则，但分则中有对具体情形的处理规定，采用了择重罪处罚的方式。如《刑法》第三百九十九条第四款规定，司法工作人员收受贿赂，有徇私枉法，民事、行政枉法裁判，执行判决、裁定失职，执行判决、裁定滥用职权犯罪行为，同时，又构成本法第三百八十五条规定的受贿犯罪的，依照处罚较重的规定定罪处罚。司法实践也通常择重罪处罚。本解释第七条借鉴刑法分则的处理规定，并吸取司法实践的通常做法，也规定了择重罪处罚的原则。规定实施破坏广播电视设施犯罪，并利用广播电视设施实施煽动分裂国家、煽动颠覆国家政权、煽动民族仇恨、民族歧视或者宣扬邪教等行为，同时构成其他犯罪的，依照处罚较重的规定定罪处罚。

（撰稿人：周海洋）

最高人民法院
关于审理非法制造、买卖、运输枪支、弹药、爆炸物等刑事案件具体应用法律若干问题的解释

（2001年5月10日最高人民法院审判委员会第1174次会议通过
根据2009年11月9日最高人民法院审判委员会第1476次
会议通过的《最高人民法院关于修改〈最高人民法院
关于审理非法制造、买卖、运输枪支、弹药、爆炸物等
刑事案件具体应用法律若干问题的解释〉的决定》修正）

为依法严惩非法制造、买卖、运输枪支、弹药、爆炸物等犯罪活动，根据刑法有关规定，现就审理这类案件具体应用法律的若干问题解释如下：

第一条 个人或者单位非法制造、买卖、运输、邮寄、储存枪支、弹药、爆炸物，具有下列情形之一的，依照刑法第一百二十五条第一款的规定，以非法制造、买卖、运输、邮寄、储存枪支、弹药、爆炸物罪定罪处罚：

（一）非法制造、买卖、运输、邮寄、储存军用枪支一支以上的；

（二）非法制造、买卖、运输、邮寄、储存以火药为动力发射枪弹的非军用枪支一支以上或者以压缩气体等为动力的其他非军用枪支二支以上的；

（三）非法制造、买卖、运输、邮寄、储存军用子弹十发以上、气枪铅弹五百发以上或者其他非军用子弹一百发以上的；

（四）非法制造、买卖、运输、邮寄、储存手榴弹一枚以上的；

（五）非法制造、买卖、运输、邮寄、储存爆炸装置的；

（六）非法制造、买卖、运输、邮寄、储存炸药、发射药、黑火药一千克以上或者烟火药三千克以上、雷管三十枚以上或者导火索、导爆索三十米以上的；

（七）具有生产爆炸物品资格的单位不按照规定的品种制造，或者具有销售、使用爆炸物品资格的单位超过限额买卖炸药、发射药、黑火药十千克以上或者烟火药三十千克以上、雷管三百枚以上或者导火索、导爆索三百米以上的；

（八）多次非法制造、买卖、运输、邮寄、储存弹药、爆炸物的；

（九）虽未达到上述最低数量标准，但具有造成严重后果等其他恶劣情节的。

介绍买卖枪支、弹药、爆炸物的，以买卖枪支、弹药、爆炸物罪的共犯

论处。

第二条 非法制造、买卖、运输、邮寄、储存枪支、弹药、爆炸物，具有下列情形之一的，属于刑法第一百二十五条第一款规定的“情节严重”：

（一）非法制造、买卖、运输、邮寄、储存枪支、弹药、爆炸物的数量达到本解释第一条第（一）、（二）、（三）、（六）、（七）项规定的最低数量标准五倍以上的；

（二）非法制造、买卖、运输、邮寄、储存手榴弹三枚以上的；

（三）非法制造、买卖、运输、邮寄、储存爆炸装置，危害严重的；

（四）达到本解释第一条规定的最低数量标准，并具有造成严重后果等其他恶劣情节的。

第三条 依法被指定或者确定的枪支制造、销售企业，实施刑法第一百二十六条规定的行为，具有下列情形之一的，以违规制造、销售枪支罪定罪处罚：

（一）违规制造枪支五支以上的；

（二）违规销售枪支二支以上的；

（三）虽未达到上述最低数量标准，但具有造成严重后果等其他恶劣情节的。

具有下列情形之一的，属于刑法第一百二十六条规定的“情节严重”：

（一）违规制造枪支二十支以上的；

（二）违规销售枪支十支以上的；

（三）达到本条第一款规定的最低数量标准，并具有造成严重后果等其他恶劣情节的。

具有下列情形之一的，属于刑法第一百二十六条规定的“情节特别严重”：

（一）违规制造枪支五十支以上的；

（二）违规销售枪支三十支以上的；

（三）达到本条第二款规定的最低数量标准，并具有造成严重后果等其他恶劣情节的。

第四条 盗窃、抢夺枪支、弹药、爆炸物，具有下列情形之一的，依照刑法第一百二十七条第一款的规定，以盗窃、抢夺枪支、弹药、爆炸物罪定罪处罚：

（一）盗窃、抢夺以火药为动力的发射枪弹非军用枪支一支以上或者以压缩气体等为动力的其他非军用枪支二支以上的；

（二）盗窃、抢夺军用子弹十发以上、气枪铅弹五百发以上或者其他非军用子弹一百发以上的；

（三）盗窃、抢夺爆炸装置的；

（四）盗窃、抢夺炸药、发射药、黑火药一千克以上或者烟火药三千克以上、雷管三十枚以上或者导火索、导爆索三十米以上的；

（五）虽未达到上述最低数量标准，但具有造成严重后果等其他恶劣情节的。

具有下列情形之一的，属于刑法第一百二十七条第一款规定的“情节严重”：

（一）盗窃、抢夺枪支、弹药、爆炸物的数量达到本条第一款规定的最低数量标准五倍以上的；

（二）盗窃、抢夺军用枪支的；

（三）盗窃、抢夺手榴弹的；

（四）盗窃、抢夺爆炸装置，危害严重的；

（五）达到本条第一款规定的最低数量标准，并具有造成严重后果等其他恶劣情节的。

第五条 具有下列情形之一的，依照刑法第一百二十八条第一款的规定，以非法持有、私藏枪支、弹药罪定罪处罚：

（一）非法持有、私藏军用枪支一支的；

（二）非法持有、私藏以火药为动力发射枪弹的非军用枪支一支或者以压缩气体等为动力的其他非军用枪支二支以上的；

（三）非法持有、私藏军用子弹二十发以上，气枪铅弹一千发以上或者其他非军用子弹二百发以上的；

（四）非法持有、私藏手榴弹一枚以上的；

（五）非法持有、私藏的弹药造成人员伤亡、财产损失的。

具有下列情形之一的，属于刑法第一百二十八条第一款规定的“情节严重”：

（一）非法持有、私藏军用枪支二支以上的；

（二）非法持有、私藏以火药为动力发射枪弹的非军用枪支二支以上或者以压缩气体等为动力的其他非军用枪支五支以上的；

（三）非法持有、私藏军用子弹一百发以上，气枪铅弹五千发以上或者其他非军用子弹一千发以上的；

（四）非法持有、私藏手榴弹三枚以上的；

（五）达到本条第一款规定的最低数量标准，并具有造成严重后果等其他恶劣情节的。

第六条 非法携带枪支、弹药、爆炸物进入公共场所或者公共交通工具，危及公共安全，具有下列情形之一的，属于刑法第一百三十条规定的“情节严重”：

（一）携带枪支或者手榴弹的；

（二）携带爆炸装置的；

（三）携带炸药、发射药、黑火药五百克以上或者烟火药一千克以上、雷管二十枚以上或者导火索、导爆索二十米以上的；

（四）携带的弹药、爆炸物在公共场所或者公共交通工具上发生爆炸或者燃烧，尚未造成严重后果的；（五）具有其他严重情节的。

行为人非法携带本条第一款第（三）项规定的爆炸物进入公共场所或者公共交通工具，虽未达到上述数量标准，但拒不交出的，依照刑法第一百三十条的规定定罪处罚；携带的数量达到最低数量标准，能够主动、全部交出的，可不以犯罪论处。

第七条 非法制造、买卖、运输、邮寄、储存、盗窃、抢夺、持有、私藏、携带成套枪支散件的，以相应数量的枪支计；非成套枪支散件以每三十件为一成套枪支散件计。

第八条 刑法第一百二十五条第一款规定的“非法储存”，是指明知是他人非法制造、买卖、运输、邮寄的枪支、弹药而为其存放的行为，或者非法存放爆炸物的行为。

刑法第一百二十八条第一款规定的“非法持有”，是指不符合配备、配置枪支、弹药条件的人员，违反枪支管理法律、法规的规定，擅自持有枪支、弹药的行为。

刑法第一百二十八条第一款规定的“私藏”，是指依法配备、配置枪支、弹药的人员，在配备、配置枪支、弹药的条件消除后，违反枪支管理法律、法规的规定，私自藏匿所配备、配置的枪支、弹药且拒不交出的行为。

第九条 因筑路、建房、打井、整修宅基地和土地等正常生产、生活需要，以及因从事合法的生产经营活动而非法制造、买卖、运输、邮寄、储存爆炸物，数量达到本解释第一条规定标准，没有造成严重社会危害，并确有悔改表现的，可依法从轻处罚；情节轻微的，可以免除处罚。

具有前款情形，数量虽达到本解释第二条规定标准的，也可以不认定为刑法第一百二十五条第一款规定的“情节严重”。

在公共场所、居民区等人员集中区域非法制造、买卖、运输、邮寄、储存爆炸物，或者因非法制造、买卖、运输、邮寄、储存爆炸物三年内受到两次以上行政处罚又实施上述行为，数量达到本解释规定标准的，不适用前两款量刑的规定。

第十条 实施非法制造、买卖、运输、邮寄、储存、盗窃、抢夺、持有、私藏其他弹药、爆炸物品等行为，参照本解释有关条文规定的定罪量刑标准处罚。

【注　解】

最高人民法院 2001 年 5 月 15 日公布本解释，法释〔2001〕15 号，自 2001 年 5 月 16 日起施行。最高人民法院 2009 年 11 月 16 日公布《最高人民法院关于修改〈关于审理非法制造、买卖、运输枪支、弹药、爆炸物等刑事案件具体应用法律若干问题的解释〉的决定》修正本解释，法释〔2009〕18 号，该修正自 2010 年 1 月 1 日起施行。

【解　读】

解读《最高人民法院关于修改〈关于审理非法制造、买卖、运输枪支、弹药、爆炸物等刑事案件具体应用法律若干问题的解释〉的决定》

一、问题的提出

枪支、弹药、爆炸物是可能严重危害公共安全、社会治安和人民群众生命财产安全的危险物品，我国对枪支、弹药、爆炸物实行严格管控的政策，禁止任何单位和个人非法制造、买卖、运输、邮寄、储存和持有。为此，国家颁布了一系列法律、法规和规章，我国《刑法》也用了五个条文（第一百二十五条至第一百三十条）规定了相关犯罪行为（不包括危害国防利益罪中的相关规定）。为明确《刑法》条文的具体适用尺度，解决审判工作中遇到的问题，最高人民法院于 2001 年 5 月公布施行了《关于审理非法制造、买卖、运输枪支、弹药、爆炸物等刑事案件具体应用法律若干问题的解释》（以下简称本解释）。为正确贯彻实施本解释，2001 年 9 月，最高人民法院又下发了《对执行〈关于审理非法制造、买卖、运输枪支、弹药、爆炸物等刑事案件具体应用法律若干问题的解释〉有关问题的通知》（以下简称《通知》）。近年来，本解释及其《通知》在实践运用过程中存在着一些需要进一步改进的问题，主要集中在以下几个方面：

1. 本解释将“非法储存”的爆炸物仅限定为他人非法制造、买卖、运输、邮寄的爆炸物，没有包括行为人非法储存的他人实施抢劫、抢夺、盗窃等犯罪而得到的爆炸物以及来源不明的爆炸物，造成实践中对非法存放这些爆炸物的行为无法定罪处罚。而爆炸物的危险性在于其自身，而不在于获得的途径，仅从爆炸物的获得途径上加以区分不科学，容易出现处罚上的漏洞，进而危害公共安全。

2.《通知》中规定的“生产、生活”的内涵不大明确。如对生产的理解，有的认为仅限于合法的生产活动；有的认为既包括合法的生产活动，也包括非法的生产活动，从而导致各地审理该类案件时因理解不同而产生处理结果上的差异。

3.《通知》中仅有“行为人确因生产、生活所需而非法制造、买卖、运输枪支、弹药、爆炸物，没有造成严重社会危害，经教育确有悔改表现的，可依法免除或者从轻处罚”的规定，但在审判实践中，对许多犯罪行为，从轻处罚仍显得过重，而免除处罚又显得过轻，只有减轻处罚才能实现罪刑相适应。而《通知》中没有减轻处罚的规定，若适用法定刑以下量刑制度予以减轻处罚，只能一案一案逐级报请最高人民法院核准，这就大大增加了最高审判机关的工作量，延长了诉讼期限，影响了诉讼效率。

为此，不断有人民法院提出解决这些问题的请示，也不断有专家提出解决这些问题的意见，部分全国人大代表、政协委员也提出了要求解决这些问题的建议、提案，有的连续几年提出修改建议案。经研究，最高人民法院决定对本解释进行修改。修改工作于 2008 年 6 月正式启动。在本解释修改的过程中，有关人员多次进行讨论，几次到问题较为集中的地区召开座谈会，反复征求意见，数易其稿。2009 年 11 月 9 日，《关于修改〈关于审理非法制造、买卖、运输枪支、弹药、爆炸物等刑事案件具体应用法律若干问题的解释〉的决定》（以下简称本决定）经最高人民法院审判委员会第 1476 次会议讨论通过。

二、理解与适用

（一）制定本决定遵循的原则

1. 继续保持对涉枪涉爆犯罪严肃惩治的高压态势，不降低本解释确定的定罪量刑标准。在调研中有同志反映，本解释所确定的数量标准过于严厉，适用刑罚太重，应当适当放宽本解释确定的标准。经过充分征求各方面意见，我们认为，从当前社会治安的现状出发，依据《刑法》对这类犯罪行为规定的立法本意，继续保持对涉枪涉爆犯罪的高压态势仍然是非常必要的，所以没有对本解释确定的数量标准进行调整。

2. 注重解决突出问题。经过调研，我们了解到，除上面提到的几个问题外，本解释在适用中还存在其他一些问题，如枪支的分类标准问题，有些同志要求一并进行修改。经过认真分析研究，我们认为，为尽可能保持司法标准的统一，对那些不是非常突出的问题，能够不修改的尽量不修改。

3. 认真贯彻宽严相济的刑事政策。枪支、弹药、爆炸物既是危险物品，也是一些生产、生活活动的必需品，特别是爆炸物在矿产资源开采等生产活动中不可缺少。因此，应当认真贯彻执行宽严相济的刑事政策。对于那些因生产、生活所需而非法制造、买卖、运输爆炸物，没有造成严重社会危害，经教育能够悔改的，可以依法从轻、减轻或者免除处罚。对于那些以枪支、弹药、爆炸物为犯罪工具的故意犯罪，必须坚持依法从严打击的精神，不能手软。同时，对于那些在公共场所、居民区等人员集中区域实施的非法制造、买卖、运输爆炸物的犯罪行为，即便是因正常生产、生活所需，也不能降低处罚标准，以防患于未然。已经发生的多起爆炸事件表明，在人员集中区域从事爆炸物犯罪活动，最容易造成惨重的人员伤亡和重大的财产损失。

（二）本决定的内容

本决定第一条是对非法储存定义的修改。本解释第八条第一款的内容为："刑法第一百二十五条第一款规定的'非法储存'，是指明知是他人非法制造、买卖、运输、邮寄的枪支、弹药、爆炸物而为其存放的行为。"本决定第一条将其修改为："刑法第一百二十五条第一款规定的'非法储存'，是指明知是他人非法制造、买卖、运输、邮寄的枪支、弹药而为其存放的行为，或者非法存放爆炸物的行为。"这样修改，就把非法存放通过各种途径获得的爆炸物都囊括进来，既堵塞了在打击非法储存爆炸物犯罪方面的漏洞，又继续坚持了本解释确定的非法储存枪支、弹药罪和非法持有、私藏枪支、弹药罪的区分标准。

本决定第二条共三款，解决了三个方面的问题：一是将生产、生活明确为筑路、建房、打井、整修宅基地和土地等正常生产、生活以及合法的生产经营活动，这就明确界定了生产、生活的范围，有利于审判实践操作。二是解决了本解释没有规定减轻处罚而带来的刑罚适用难题，将定罪量刑的数量标准和其他情节结合起来，综合考察犯罪行为是否达到了情节严重的程度，以此来决定是否适用情节严重所对应的法定刑。三是规定了从轻、不认定为情节严重、免除处罚的除外情形，对在公共场所、居民区等人员集中区域实施涉爆炸物犯罪行为，即使因筑路、建房、打井、整修宅基地和土地等正常生产、生活所需以及从事合法的生产经营活动，也不能降低刑事处罚强度，以更为有效地维护公共安全。

本决定第三条没有实质性内容，由于本决定第二条是对本解释新增加的一条，作为本解释的第九条，那么本解释的原第九条就变更为第十条。本决定第三条是对此变更的一个说明。

（三）关于生产、生活内涵的明确

本决定第二条对生产、生活的内涵进行了明确，将其限定为筑路、建房、打井、整修宅基地和耕地等正常的生产、生活和合法的生产经营活动，这一规定符合法律精神和当前实际。在调研中我们了解到，原来利用非法制造、买卖、运输的爆炸物进行非法生产经营活动的地区，主要是非法采挖矿产资源较为严重的山西以及非法生产、销售烟花爆竹的湖南等地。现在，这些地区的行政管理力度进一步加大，行政执法行为进一步规范，对非法生产经营活动的整治力度不断加强，非法开采的煤窑和非法生产烟花爆竹的小作坊等基本被打击、取缔、关闭，为非法生产经营活动而非法制造、买卖、运输爆炸物的现象经有关管理部门重点整治、打击，现在已大大减少。

将生产、生活的内涵进行这样的限定，有利于打击非法的生产经营活动，体现刑法的严肃性和导向功能。非法的生产经营活动本身就是应当被禁止的，因进行非法的生产经营活动而实施非法的涉爆行为，安全性是无法保障的，更应当制止，不能迁就。同时，这样规定能够为行政执法和监管提供有力的刑事保障，促进经济健康安全发展，更好地实现科学发展的目标。另外，从维护国家安全和社会治安需要出发，打击“三股势力”、严重暴力犯罪的任务短期内不会减轻，对枪支、弹药、爆炸物的管控只能进一步加强，而不能有丝毫的放松。杜绝和堵塞枪支、弹药、爆炸物流入不法分子手中的一切可能途径，是包括法院在内的司法机关的重要职责。

（四）关于情节严重的理解

有同志认为，本决定规定因正常生产、生活需要和合法的生产经营活动而实施涉爆犯罪，数量虽然达到处十年以上有期徒刑、无期徒刑或者死刑的标准，但可以不认定为情节严重，这是否意味着减轻处罚情节？我们认为，这不是减轻处罚，而是此类犯罪行为没有达到情节严重，所以不能按照情节严重处罚。由于现实情况的复杂性，一些因正常生产、生活和合法的生产经营活动而实施的非法涉爆行为并没有造成严重的社会危害，其社会危害性决定了不能在十年以上有期徒刑、无期徒刑或者死刑的幅度内判处刑罚。一般讲，法院的司法解释不宜直接规定哪些情节具有减轻处罚功能，但有权规定哪些情节属于情节严重，哪些情节不属于情节严重。本决定第二条第二款规定，具有前款情形（第一款规定的情形：因筑路、建房、打井、整修宅基地和土地等正常生产、生活需要，或者因从事合法的生产经营活动而非法制造、买卖、运输、邮寄、储存爆炸物，没有造成严重社会危害，并确有悔改表现的），数量虽达到本解释第二条规定标准的，也可以不认定为《刑法》第一百二十五条第一款规定的“情节严重”。这样规定能够将数量和其他情形结合起来认定犯罪行为是否情节严重，而不仅仅根据数量认定情节严重，更符合实际情况，也更符合立法精神。根据这一规定，对于那些数量虽达到本解释第二条规定的标准，但如果具有上述特定情形的行为，不认定为情节严重，人民法院就可以在第一个法定刑幅度内量刑，这样就有效地解决了此前需要减轻处罚才能解决的难题。

（五）本决定将其施行时间规定在 2010 年 1 月 1 日以后的用意

由于本决定对本解释有重大修改，特别是对生产、生活内涵的限定以及不认定为情节严重的规定，改变了原来的规定，将施行时间确定在 2010 年 1 月 1 日以后，目的在于给各级法院适用本决定留出一定的准备时间，进行实施前的宣传教育工作，特别是要让利用爆炸物进行生产经营的单位和个人知晓本决定的内容，以保证本决定的正确贯彻实施。对于本决定施行前的案件，仍然应当按照没有修改前的本解释审理，但是，如果依照本决定处理对被告人有利的，则可以按照本决定处理，以体现从旧兼从轻的精神。

（撰稿人：周海洋）

最高人民法院　最高人民检察院
关于涉以压缩气体为动力的枪支、气枪铅弹刑事案件定罪量刑问题的批复

法释〔2018〕8号

（2018年1月25日最高人民法院审判委员会第1732次会议、2018年3月2日最高人民检察院第十二届检察委员会第74次会议通过　2018年3月8日最高人民法院、最高人民检察院公告公布　自2018年3月30日起施行）

各省、自治区、直辖市高级人民法院、人民检察院，解放军军事法院、军事检察院，新疆维吾尔自治区高级人民法院生产建设兵团分院、新疆生产建设兵团人民检察院：

近来，部分高级人民法院、省级人民检察院就如何对非法制造、买卖、运输、邮寄、储存、持有、私藏、走私以压缩气体为动力的枪支、气枪铅弹（用铅、铅合金或者其他金属加工的气枪弹）行为定罪量刑的问题提出请示。经研究，批复如下：

一、对于非法制造、买卖、运输、邮寄、储存、持有、私藏、走私以压缩气体为动力且枪口比动能较低的枪支的行为，在决定是否追究刑事责任以及如何裁量刑罚时，不仅应当考虑涉案枪支的数量，而且应当充分考虑涉案枪支的外观、材质、发射物、购买场所和渠道、价格、用途、致伤力大小、是否易于通过改制提升致伤力，以及行为人的主观认知、动机目的、一贯表现、违法所得、是否规避调查等情节，综合评估社会危害性，坚持主客观相统一，确保罪责刑相适应。

二、对于非法制造、买卖、运输、邮寄、储存、持有、私藏、走私气枪铅弹的行为，在决定是否追究刑事责任以及如何裁量刑罚时，应当综合考虑气枪铅弹的数量、用途以及行为人的动机目的、一贯表现、违法所得、是否规避调查等情节，综合评估社会危害性，确保罪责刑相适应。

此复

【解　　读】

解读《最高人民法院、最高人民检察院关于涉以压缩气体为动力的枪支、气枪铅弹刑事案件定罪量刑问题的批复》

日前，最高人民法院、最高人民检察院联合发布了《关于涉以压缩气体为动力的枪支、气枪铅弹刑事案件定罪量刑问题的批复》（法释〔2018〕8 号，以下简称本批复），自 2018 年 3 月 30 日起施行。为便于司法实践中正确理解和适用，现就本批复的制定背景与经过、起草中的主要考虑、主要内容等问题介绍如下。

一、本批复的制定背景与经过

《刑法》第一百二十五条规定了非法制造、买卖、运输、邮寄、储存枪支、弹药、爆炸物罪，第一百二十八条规定了非法持有、私藏枪支、弹药罪，第一百五十一条规定了走私武器、弹药罪。为依法严惩涉枪涉爆犯罪，最高人民法院于 2001 年制定了《关于审理非法制造、买卖、运输枪支、弹药、爆炸物等刑事案件具体应用法律若干问题的解释》（以下简称《涉枪解释》），并于 2009 年修改后重新公布。2014 年，最高人民法院又会同最高人民检察院制定了《关于办理走私刑事案件适用法律若干问题的解释》（以下简称《走私解释》），对走私武器、弹药罪的定罪量刑标准作了规定。由于涉枪犯罪危害公共安全，社会危害性大，相关司法解释设置了较低的入罪门槛和升档量刑标准，以彰显严厉惩治此类犯罪的立场。例如，根据司法解释的规定，非法制造、买卖、运输、邮寄、储存、持有、私藏军用枪支 1 支以上的，或者非法制造、买卖、运输、邮寄、储存、持有、私藏以火药为动力发射枪弹的非军用枪支 1 支以上或者以压缩气体等为动力的其他非军用枪支 2 支以上的，即构成犯罪；枪支数量达到上述标准五倍或者三倍以上的，要升档量刑，其中如认定为非法制造、买卖、运输、邮寄、储存枪支罪的，可以判处十年以上有期徒刑直至死刑。应当指出的是，上述司法解释的发布施行，对于有效惩治涉枪犯罪，保障人民群众的生命财产安全，确保国家安全和社会大局稳定发挥了重要作用。

《枪支管理法》第四十六条对“枪支”作了定义性规定，明确“本法所称枪支，是指以火药或者压缩气体为动力，利用管状器具发射金属弹丸或者其他物质，足以致人伤亡或者丧失知觉的各种枪支。”同时，该法第四条规定，枪支管理工作由公安机关主管。由于枪支管理法只是明确了枪支的性能特征，实践中办理相关案件，一直按照有关部门制定的枪支鉴定标准认定是否属于枪支。

《涉枪解释》是与公安部发布的《公安机关涉案枪支弹药性能鉴定工作规定》（公通字〔2001〕68 号）确立的射击干燥松木板的枪支鉴定标准相衔接的。据了解，射击干燥松木板标准对应的枪口比动能在 16 焦耳/平方厘米左右。从多年的实践来看，按照射击干燥松木板标准和《涉枪解释》处理相关案件，未引发问题和争议。基于严控枪支的需要，加之射击干燥松木板标准本身存在缺陷，公安部于 2007 年发布了《枪支致伤力的法庭科学鉴定判据》（GA/T718—2007，该标准为推荐标准），将枪支认定标准修改为枪口比动能 1.8 焦耳/平方厘米。2010 年《公安机关涉案枪支弹药性能鉴定工作规定》（公通字〔2010〕67 号）明确，对不能发射制式弹药的非制式枪支，“枪口比动能大于等于 1.8 焦耳/平方厘米时，一律认定为枪支”。

在枪支鉴定标准作出上述调整后，近年来，涉枪案件呈现出多样性、复杂性的特点。特别是，一些涉以压缩气体为动力且枪口比动能较低的枪支的案件，涉案枪支的致伤力较低，在决定是否追究刑事责任以及裁量刑罚时唯枪支数量论，恐会悖离一般公众的认知，也违背罪责刑相适应原则的要求。司法实践中，个别案件的处理引发社会各界广泛关注，法律效果和社会效果不佳。

此外，在司法实践中，涉气枪铅弹案件同样存在类似问题。根据《涉枪解释》的规定，非法制造、买卖、运输、邮寄、储存气枪铅弹达到 500 发以上的，即应当判处三年以上十年以下有期徒刑，达到 2500 发以上的，即应当判处十年以上有期徒刑直至死刑；非法持有、私藏气枪铅弹达到 1000 发以上的，即应当判处三年以下有期徒刑、拘役或者管制，达到 5000 发以上的，即应当判处三年以上七年以下有期徒刑。《走私解释》对走私气枪铅弹定罪量刑的入罪门槛和法定刑升档标准同样很低。而从司法实践来看，此类案件涉案铅弹往往数量大，通常 1 小盒铅弹的数量即超过 500 发，达到入罪标准。因此，在决定是否追究刑事责任以及裁量刑罚时唯铅弹数量论，也会出现刑事打击范围过大和量刑畸重的不合理现象。

针对非法制造、买卖、运输、邮寄、储存、持有、私藏、走私以压缩气体为动力且枪口比动能较低的枪支、气枪铅弹案件的新情况、新特点，最高人民法院会同最高人民检察院，在公安部、海关总署等有关部门的大力支持下，经过深入调查研究、广泛征求意见，起草了本批复。2018 年 1 月 25 日最高人民法院审判委员会第 1732 次会议、2018 年 3 月 2 日最高人民检察院第十二届检察委员会第 74 次会议审议通过了本批复。

二、本批复起草中的主要考虑

为确保本批复的内容科学合理，能够适应形势发展、满足实践需要，在起草过程中，着重注意把握了以下几点：

一是坚持严控枪支与妥善处理案件并重。一方面，坚持严格管控枪支，依法严惩涉枪犯罪，有效维护公共安全和社会秩序，保障国家长治久安；另一方面，坚持实事求是原则，考虑到不同类型枪支、弹药的致伤力存在重大差异，对涉及以压缩气体为动力且枪口比动能较低的枪支、气枪铅弹案件实行差别化的定罪量刑标准，以确保相关案件处理实现法律效果与社会效果的有机统一，确保人民群众在每一个涉枪犯罪案件的处理中感受到公平正义。

二是保持涉枪犯罪案件定罪量刑标准的相对连贯性。根据动力的不同，枪支主要分为以火药为动力的枪支和以压缩气体为动力的枪支。从实践反映的情况看，以火药为动力的枪支案件的定罪量刑不存在问题。但是，以压缩气体为动力的枪支的枪口比动能范围很宽，高则能达上百焦耳/平方厘米，危害性不小于以火药为动力的枪支；低则可能刚刚达到枪支的认定标准，致伤力较低。对于涉此类枪支案件的刑事责任追究和刑罚裁量，如不作区别，明显不符合宽严相济刑事政策和罪责刑相适应原则的基本要求。鉴此，本批复仅对涉以压缩气体为动力且枪口比动能较低的枪支案件的定罪量刑标准作出调整，对于以火药为动力的枪支以及以压缩气体为动力但枪口比动能较高的枪支的案件，仍然适用《涉枪解释》和《走私解释》的标准不变，从严惩治，确保司法标准和裁判尺度的连贯性、一致性。

三是彰显宽严相济刑事政策的基本要求。根据宽严相济刑事政策的要求，就枪支犯罪而言，当前应当针对边境走私、网络贩卖枪支案件高发的新特点，突出打击重点、切实提升打击的针对性、实效性。就涉以压缩气体为动力且枪口比动能较低的枪支、气枪铅弹案件而言，应当重点打击以牟利、实施其他犯罪为目的，或者涉案枪支易于通过改制提升致伤力，以及行为人具有前科情节等情形。对于以收藏、娱乐为目的，涉案枪支致伤力极低，主观上难以认识到系枪支，行为人系初犯、偶犯等情形的，应当体现从宽的精神。鉴此，本批复要求对此类案件的处理坚持宽严相济刑事政策，从枪支数量、致伤力大小、行为人认知等主客观方面综合考量，避免唯枪支数量论。

三、本批复的主要内容

本批复共两条，规定对于涉以压缩气体为动力的枪支、气枪铅弹案件的定罪量刑，应当根据案件情况综合评估社会危害性，坚持主客观相统一，确保罪责刑相适应。

（一）非法制造、买卖、运输、邮寄、储存、持有、私藏、走私以压缩气体为动力且枪口比动能较低的枪支的定罪量刑

本批复规定："对于非法制造、买卖、运输、邮寄、储存、持有、私藏、走私以压缩气体为动力且枪口比动能较低的枪支的行为，在决定是否追究刑事责任以及如何裁量刑罚时，不仅应当考虑涉案枪支的数量，而且应当充分考虑涉案枪支的外观、材质、发射物、购买场所和渠道、价格、用途、致伤力大小、是否易于通过改制提升致伤力，以及行为人的主观认知、动机目的、一贯表现、违法所得、是否规避调查等情节，综合评估社会危害性，坚持主客观相统一，确保罪责刑相适应。"据此，对于非法制造、买卖、运输、邮寄、储存、持有、私藏、走私以压缩气体为动力且枪口比动能较低的枪支案件，在决定是否追究刑事责任以及如何裁量刑罚时，不应当唯枪支数量论，而应当根据案件情况综合评估社会危害性。具体而言，除涉案枪支的数量外，还应当充分考虑如下情况：

一是涉案枪支的外观、材质、发射物、购买场所和渠道、价格。这主要是考虑到实践中一些以压缩气体为动力且枪口比动能较低的枪支，虽然经鉴定枪口比动能达到了枪支认定标准，但是从其外观看一般人明显不会认识到系枪支（如玩具枪），材质通常不同于一般枪支（如使用材质较差的塑料），发射物明显致伤力较小（如发射 BB 弹），就购买场所和渠道而言一般人认为购买不到枪支的地方（如玩具市场），就价格而言一般人认为不可能是枪支的对价（如仅花费了几十元钱）。对于上述情形，在决定是否追究刑事责任以及如何裁量刑罚时，就应当根据相应情节作出特别考虑。

二是涉案枪支的致伤力大小、是否易于通过改制提升致伤力。以压缩气体为动力的枪支的枪口比动能区间较大，且由于发射物不同，枪支致伤力存在明显差异。因此，在办理具体案件时，应当要求公安机关做好涉案枪支的鉴定工作，涉案枪支的鉴定意见要载明枪支的数量、发射物、枪口比动能的具体数值等情况，以便判断其致伤力大小。此外，此类枪支中的部分枪支，其本身致伤力不大，但易于通过改制达到较大致伤力，具有更大的社会危害性。对于是否易于通过改制提升致伤力，应当由公诉机关予以证明，必要时可以通过鉴定人、有专门知识的人出庭作证的方式作进一步判断。

三是涉案枪支的用途和行为人的主观认知、动机目的、一贯表现、违法所得、是否规避调查等情节。这主要侧重从行为人角度对社会危害性进行考量。特别是，要坚持主客观相统一，防止"客观归罪"，即只要涉案枪支经鉴定认定为枪支即追究刑事责任，而对行为人主观上是否明知涉案物品系枪支置之不顾。根据主客观相统一原则的要求，对于此类案件的处理，要根据在案证据对行为人主观明知作出准确认定，对于不能认定行为人主观上明知涉案物品系枪支的，不认定为犯罪。例如，赵某某、朱某某夫妇在集贸市场内销售"玩具

枪”，公安机关从其作为玩具出售的枪状物中起获 43 支，经鉴定均为以弹簧为动力转化为压缩气体发射球形弹丸，其中有 18 支符合枪支标准。在本案的审查起诉阶段，检察机关认为，对赵某某、朱某某夫妇在集贸市场内销售“玩具枪”的行为，没有充分的证据证明其主观上明知出售的物品系枪支并具有非法买卖枪支的故意，故依法作出存疑不起诉处理。该案的处理，正是从主观明知方面作了准确判断，体现了主客观相统一原则的基本要求。

此外，对行为人的动机目的、违法所得的考量，主要考虑以牟利或者实施其他违法犯罪为目的，非法制造、买卖、运输、邮寄、储存、持有、私藏、走私枪支的行为，社会危害性较大。相反，对于以收藏、娱乐为目的，非法购买、持有以压缩气体为动力、枪口比动能较低且不属于易于通过改制提升致伤力的枪支的，社会危害性相对较小，应当依法从宽处罚；如果行为人系初犯，确有悔改表现，没有造成严重后果的，可以依法不起诉或者免予刑事处罚；情节显著轻微危害不大的，不以犯罪论处；确有必要判处刑罚的，可以非法持有枪支罪依法从宽处罚。对行为人是否规避调查的考量，主要考虑行为人是否采用伪装、隐藏等有意规避有关部门调查的方式实施上述涉枪违法犯罪的行为。

需要注意的是，在本批复起草过程中，对于是否应当明确“枪口比动能较低”的具体数值，存在不同认识。经慎重研究认为，涉以压缩气体为动力的枪支的案件情况非常复杂，在决定是否追究刑事责任以及如何裁量刑罚时，需要考虑枪口比动能这一重要因素，但更须根据案件情况综合考量。在此背景下，如对“枪口比动能较低”的具体数值作出规定，恐会导致对具体案件的处理陷入“一刀切”的困境，不符合本批复所确立的综合考量精神。例如，涉案枪支的枪口比动能虽然较低，但是易于通过改制提升致伤力，社会危害性大，如受制于“枪口比动能较低”的具体数值，可能难以依法严惩；相反，涉案枪支的枪口比动能虽然达到一定数值，比如达到 11 焦耳/平方厘米，但综合考虑购买场所和渠道、价格、用途等因素，综合评估认为社会危害性不大的，若受制于“枪口比动能较低”的具体数值，可能出现处理过苛、处罚过严的问题。基于上述考虑，本批复最终未对“枪口比动能较低”的具体数值作出明确，司法实践中，应当根据案件具体情况，在综合考虑其他相关情节的基础上，妥当把握“枪口比动能较低”的认定。

顺带提及的是，司法实践中对于涉“火柴枪”等其他致伤力较低的枪支的案件的处理，同样存在类似的问题。鉴于相关问题尚待进一步总结司法经验，本批复未作明确规定。但是，处理具体案件时，可以根据本批复的精神，在决定是否追究刑事责任以及如何裁量刑罚时，综合评估社会危害性，坚持主客观相统一，实现罪责刑相适应。

（二）对于非法制造、买卖、运输、邮寄、储存、持有、私藏、走私气枪铅弹的定罪量刑

本批复规定："对于非法制造、买卖、运输、邮寄、储存、持有、私藏、走私气枪铅弹的行为，在决定是否追究刑事责任以及如何裁量刑罚时，应当综合考虑气枪铅弹的数量、用途以及行为人的动机目的、一贯表现、违法所得、是否规避调查等情节，综合评估社会危害性，确保罪责刑相适应。"据此，对于非法制造、买卖、运输、邮寄、储存、持有、私藏、走私气枪铅弹的行为，也要避免唯数量论，而应当根据案件情况综合评估社会危害性，妥当决定是否追究刑事责任以及如何裁量刑罚，确保罪责刑相适应。

除气枪铅弹外，用其他金属加工的气枪弹与气枪铅弹可能具有大致相当的致伤力。因此，为避免司法实践中对"气枪铅弹"作机械把握，本批复明确气枪铅弹是指"用铅、铅合金或者其他金属加工的气枪弹"。

（撰稿人：最高人民法院研究室刑事处）

最高人民法院　最高人民检察院
关于办理非法制造、买卖、运输、储存毒鼠强等禁用剧毒化学品刑事案件具体应用法律若干问题的解释

法释〔2003〕14号

（2003年8月29日最高人民法院审判委员会第1287次会议、2003年2月13日最高人民检察院第九届检察委员会第119次会议通过　2003年9月4日最高人民法院、最高人民检察院公告公布　自2003年10月1日起施行）

为依法惩治非法制造、买卖、运输、储存毒鼠强等禁用剧毒化学品的犯罪活动，维护公共安全，根据刑法有关规定，现就办理这类刑事案件具体应用法律的若干问题解释如下：

第一条　非法制造、买卖、运输、储存毒鼠强等禁用剧毒化学品，危害公共安全，具有下列情形之一的，依照刑法第一百二十五条的规定，以非法制造、买卖、运输、储存危险物质罪，处三年以上十年以下有期徒刑：

（一）非法制造、买卖、运输、储存原粉、原液、制剂50克以上，或者饵料2千克以上的；

（二）在非法制造、买卖、运输、储存过程中致人重伤、死亡或者造成公私财产损失10万元以上的。

第二条　非法制造、买卖、运输、储存毒鼠强等禁用剧毒化学品，具有下列情形之一的，属于刑法第一百二十五条规定的“情节严重”，处十年以上有期徒刑、无期徒刑或者死刑：

（一）非法制造、买卖、运输、储存原粉、原液、制剂500克以上，或者饵料20千克以上的；

（二）在非法制造、买卖、运输、储存过程中致3人以上重伤、死亡，或者造成公私财产损失20万元以上的；

（三）非法制造、买卖、运输、储存原粉、原液、制剂50克以上不满500克，或者饵料2千克以上不满20千克，并具有其他严重情节的。

第三条　单位非法制造、买卖、运输、储存毒鼠强等禁用剧毒化学品的，依照本解释第一条、第二条规定的定罪量刑标准执行。

第四条 对非法制造、买卖、运输、储存毒鼠强等禁用剧毒化学品行为负有查处职责的国家机关工作人员，滥用职权或者玩忽职守，致使公共财产、国家和人民利益遭受重大损失的，依照刑法第三百九十七条的规定，以滥用职权罪或者玩忽职守罪追究刑事责任。

第五条 本解释施行以前，确因生产、生活需要而非法制造、买卖、运输、储存毒鼠强等禁用剧毒化学品饵料自用，没有造成严重社会危害的，可以依照刑法第十三条的规定，不作为犯罪处理。

本解释施行以后，确因生产、生活需要而非法制造、买卖、运输、储存毒鼠强等禁用剧毒化学品饵料自用，构成犯罪，但没有造成严重社会危害，经教育确有悔改表现的，可以依法从轻、减轻或者免除处罚。

第六条 本解释所称"毒鼠强等禁用剧毒化学品"，是指国家明令禁止的毒鼠强、氟乙酰氨、氟乙酸钠、毒鼠硅、甘氟。

附表：

序号	通用名称	中文名称		英文名称		分子式	CAS号
		化学名	别名	化学名（英文）	别名（英名）		
1	毒鼠强	2，6-二 硫-1，3，5，7-四氮三环［3，3，1，1，3，7］癸烷-2，2，6，6-四氧化物	四亚甲基二砜四氨	2，6-dithia-1，3，5，7-tetra-zatricyclo-［3，3，1，1，3，7］decane-2，2，6，6-tetraoxide	tetramine	$C_4H_9N_4O_4S_2$	80—12—6
2	氟乙酰氨	氟乙酰氨	敌蚜氨	Fluoroacetamide	Fluorakil 100	C_2H_4FNO	640—19—7
3	氟乙酸钠	氟乙酸钠	一氟乙酸钠	Sodium monofluo fluoroace-tate	Compound 1080	$C_2H_2FNaO_2$	62—74—8
4	毒鼠硅	1-（对氯苯基）-2，8，9-三 氧-5 氮-1-硅双环（3，3，3）十二烷	氯硅宁、硅灭鼠	1-（ p-chlorope-nyl）-2，8，9-tri-oxo-5-nitrigen-1-sil-icon-dicyclo-（ 3，3，3）undencane	RS—150，silatrane	$C_{12}H_6C_1NO_3Si$	29025—67—0
5	甘氟	1，3-二氟内醇-2 和 1-氯-3 氟丙醇-2 混合物	伏鼠酸、鼠甘伏	1，3-difluoirhydrine of glycerin and 2-chloroflurohydrine of glycerin	Glyfuor Gliftor	$C_3H_6F_2O$，C_3H_6C1FO	

【解　读】

解读《最高人民法院、最高人民检察院关于办理非法制造、买卖、运输、储存毒鼠强等禁用剧毒化学品刑事案件具体应用法律若干问题的解释》

一、问题的提出

2003年9月4日，最高人民法院、最高人民检察院联合发布了《关于办理非法制造、买卖、运输、储存毒鼠强等禁用剧毒化学品刑事案件具体应用法律若干问题的解释》（以下简称本解释）。本解释明确了非法制造、买卖、运输、储存毒鼠强等禁用剧毒化学品行为的定罪量刑标准和刑事政策界限。

二、理解与适用

（一）关于禁用剧毒化学品的范围

“禁用剧毒化学品”，从字面上看，涵盖范围比较广。2003年6月24日，国家安全生产监督管理局、公安部等八个部门联合发布的《剧毒化学品目录》（2002年版）中，列举了335种剧毒化学品，其中列举了10种“国家明令禁止使用的剧毒化学品”、5种“国家明令禁止使用的农药”和17种“在蔬菜、水果、茶叶和中草药材上不得使用的农药”。2003年7月18日，农业部、国家安全生产监督管理局等九个部门发出《关于清查收缴毒鼠强等禁用剧毒杀鼠剂的通告》，又列举了毒鼠强、氟乙酰氨、氟乙酸钠、毒鼠硅、甘氟等5种“禁用剧毒杀鼠剂”。该5种“禁用剧毒杀鼠剂”与前述5种“国家明令禁止使用的农药”有3种相同。上述这些农药、杀鼠剂等均属于在不同情况下禁止使用的剧毒化学品，共计有34种。

在起草过程中，有关部门建议把所有335种剧毒化学品、至少把34种在不同情况下禁止使用的剧毒化学品囊括进来，本解释初稿也曾考虑了这种意见。但是，由于剧毒化学品之间毒性差别很大，成人致死量有的不到1毫克，有的高至3克，所以很难对其制定一个统一的定罪量刑标准。而本解释列举的“禁用剧毒化学品”只有5种，其毒性大体相当，非法制造、买卖、运输、储存这些剧毒化学品行为的社会危害性也相当，对其制定统一的定罪量刑标准在司法实践中可行性较强。同时，实践中常见多发的这类案件，绝大多数涉及的也是这5种剧毒化学品，涉及其他剧毒化学品的很少，司法实践迫切需要解决的也是涉及这5种剧毒化学品案件的定罪量刑标准问题。因此，本解释将“禁用剧毒化学品”的范围限定为毒鼠强、氟乙酰氨、氟乙酸钠、毒鼠硅、甘氟等5种剧毒化学品。

（二）关于毒鼠强等禁用剧毒化学品的特点和社会危害性

毒鼠强，化学名称四亚甲基二砜四氨，俗称424、三步倒、闻到死等，呈白色轻质粉末状，无臭无味，各种制剂也无特殊气味，投放到食物中不易被发觉，同时，毒鼠强对所有温血动物都有剧毒，其毒性相当于氰化钾的100倍，砒霜的300倍。成人致死量仅为5毫克，1千克毒鼠强可致死20万人。这种特点使得毒鼠强很容易被犯罪分子利用，实施作案。据统计，在投放危险物质（投毒）案件中，使用毒鼠强作案的占80%左右，而且往往引发群体性中毒，造成大量人员伤亡。

毒鼠强分子结构特殊，化学性质极为稳定，目前尚无特效解毒剂，一旦被人食用，后果极为严重。毒鼠强在环境和生物体内代谢极为缓慢，对生态环境可造成长期污染。同时，毒鼠强具有严重的二次或者连续中毒作用，老鼠吃后，老鼠死；猫吃毒死的老鼠后，猫死；人食用埋有毒死的鼠、猫的土地上长出的庄稼后，人也会中毒甚至死亡。

毒鼠强以市场上常见的二氨基砜和甲醛为主要原料，生产工艺简单，无须特殊设备，在一般容器中持续缓慢加热，达到一定温度即可生成。一般来说，生产1千克毒鼠强的成本在80～100元之间，而1千克毒鼠强加入大米后可以拌成5吨毒饵。算上包装费用、人工费用，市场上常见的10克一包的毒鼠强毒饵，最初成本大约只有5分钱，售价则通常高达1元。这就使得非法生产、销售毒鼠强的利润极高。同时，毒饵价格相对便宜，老鼠食饵后迅速死亡，短期杀鼠效果明显，市场需求比较旺盛。造成非法生产、销售、运输、储存毒鼠强的犯罪活动屡禁不止，在有的地方还很猖獗。

（三）关于禁用剧毒化学品在我国的查禁情况

如前所述，毒鼠强具有严重的社会危害性，我国从来没有允许将毒鼠强等禁用剧毒化学品作为杀鼠剂使用。1976年，当市场上出现氟乙酰氨等剧毒急性鼠药时，国家就明令不得生产。1982年，农业部和卫生部发布了《农药安全使用规定》，再次明确规定不得使用氟乙酰氨。1984年，全国爱卫会、原化工部、商业部、农业部、林业部、铁道部、交通部、卫生部、国家工商局、国家医药局十部门联合发布通知，明确规定严禁使用氟乙酰氨。1991年原化工部发布了《关于沈阳市发生违章生产使用剧毒杀鼠剂被误食引起中毒事故的通报》，首次暴露出毒鼠强的生产使用问题。同年12月，农业部药检所发文明确规定毒鼠强为禁用品种。1998年，针对毒鼠强等违禁剧毒杀鼠剂给人民群众生命财产安全造成严重威胁的问题，全国爱卫会等八个部门共同向国务院呈报了《关于剧毒急性鼠药特大中毒事件情况的报告》，国务院办公厅就此于1998

年3月发出通知（国办发〔1998〕6号），要求各地采取有力措施，查缴氟乙酰氨、毒鼠强、氟乙酸钠、毒鼠硅等剧毒鼠药。2003年7月18日，农业部、公安部等九个部门又联合发布《关于清查收缴毒鼠强等违禁剧毒杀鼠剂的通告》，明确规定严禁任何单位和个人制造、买卖、运输、储存和使用、持有毒鼠强、毒鼠硅、氟乙酰氨、氟乙酸钠、甘氟（又名三步倒、闻到死、气死猫）等国家禁用剧毒杀鼠剂。

（四）关于非法制造、买卖、运输、储存禁用剧毒化学品犯罪的定罪量刑标准

《刑法》第一百二十五条第二款［依据《中华人民共和国刑法修正案（三）》第五条的规定］规定了非法制造、买卖、运输、储存危险物质罪，并适用该条第一款规定的两个量刑档次。对于非法制造、买卖、运输、储存毒鼠强等禁用剧毒化学品的行为，无疑应该适用本罪定罪处罚，关键是如何确定适当的定罪量刑标准。

非法制造、买卖、运输、储存禁用剧毒化学品行为的社会危害性，主要体现在禁用剧毒化学品的数量及造成的危害后果上。本解释第一条和第二条主要从这两个方面规定了定罪量刑标准。

首先，关于数量标准。数量标准是起草过程中的一个重点，也是难点，各方意见差别很大。有单位主张以30克为起点，并且不区分原粉和饵料。还有单位主张不以数量为标准，只要有制造、买卖等行为就构成本罪。考虑到犯罪是违法和危害社会的统一，为了避免打击面过宽，本解释将非法制造、买卖、运输、储存剧毒化学品原粉、原液、制剂50克以上、饵料2千克以上的，作为追究刑事责任即判处三年以上十年以下有期徒刑的起点数量标准；数量分别达到500克以上或者20千克以上的，作为判处十年有期徒刑、无期徒刑、死刑的起点数量标准。主要理由如下：第一，毒鼠强等禁用剧毒化学品的成人致死量极低，原粉仅需5毫克，50克毒鼠强原粉从理论上讲可致死1万人。非法制造、买卖、运输、储存禁用剧毒化学品行为的社会危害性极大，从一定意义上说，其危害性甚至远远高于毒品，对此必须严厉处罚。第二，一般来说，毒鼠强原粉与饵料的掺拌比例为1∶5000。也就是说，50克毒鼠强原粉可以拌成250千克饵料，500克毒鼠强原粉可以拌成2500千克饵料。市场上常见的是10克一包的饵料，2千克饵料相当于200包饵料的重量。但是，实践中这种比例不是绝对的，操作起来有可能变化，本解释没有过分强调这个比例。第三，实践中查处的毒鼠强等禁用剧毒化学品的原粉、原液、制剂相对较少，大多是诸如拌有毒鼠强等禁用剧毒化学品的饵料。第四，对于禁用剧毒化学品的原粉、原液、制剂或者饵料不需要进行定量鉴定，对其规定不同的数量标准比较可行。因为鉴定部门比较容易对混合物中是否含有某种剧毒化学品进行定性鉴定，而很难对混合物中含有多少剧毒化学品进行定量鉴定。定量鉴定一般在

省级药检机构才能进行，且鉴定费用高昂。本解释综合考虑上述情形和司法实践的现实需要，规定了不同的数量标准。

其次，关于危害后果标准。危害后果是非法制造、买卖、运输、储存禁用剧毒化学品行为社会危害性的重要体现。本解释从致人重伤、死亡的数量、致使公私财产遭受重大损失的严重程度等方面进行了规定。值得注意的是，本解释第一条中，“致人重伤、死亡”是指致人重伤或者致人死亡，“重伤”和“死亡”是选择性条件，具备其一即可。本解释第二条中，“致 3 人以上重伤、死亡”，是指“重伤”和“死亡”的总数在 3 人以上。例如 3 个重伤、3 个死亡、2 个重伤 1 个死亡、1 个重伤 2 个死亡等。另外，关于造成财产损失的起点标准，两个量刑幅度之间的差别是 2 倍，分别是 10 万元和 20 万元，这主要是考虑到我国幅员广阔，不同地域之间经济发展差距较大的缘故。

在起草过程中，有一种意见提出将非法制造、买卖、运输、储存禁用剧毒化学品被他人用于实施犯罪活动的情形，作为危害后果的标准之一。考虑到这种情形在实践中比较复杂，而且不符合主客观相一致的《刑法》适用原则，所以最终没有采纳。

（五）关于单位犯本罪的定罪量刑标准

根据《刑法》第一百二十五条第二款和本解释第三条的规定，单位犯本罪的，定罪量刑标准应该与自然人犯本罪适用同样的标准，即对单位判处罚金，并对单位直接负责的主管人员和其他直接责任人员依照《刑法》第一百二十五条的规定定罪量刑。如果单位犯本罪情节特别严重，单位的直接责任人员也有可能被判处死刑。

（六）关于非法制造、购买、运输、储存禁用剧毒化学品饵料自用的问题

《危险化学品安全管理条例》第三十四条第一款第三项规定：“个人不得购买农药、灭鼠药、灭虫药以外的剧毒化学品。”就是说，个人可以购买一些含有剧毒化学品的农药、灭鼠药、灭虫药。但是不能购买含有“禁用剧毒化学品”的农药、灭鼠药、灭虫药。据此，并考虑到本解释所称的禁用剧毒化学品在广大农村地区广泛用于灭鼠的实际情况，为缩小打击面，扩大教育面，本解释第五条分两款规定了对于本解释施行前后非法制造、购买、运输、储存禁用剧毒化学品饵料行为如何适用法律的两种情形，即对于本解释施行以前的行为，没有造成严重社会危害时，可以依法不作为犯罪处理；对于本解释施行以后的行为，没有造成严重社会危害，经教育确有悔改表现时，可以依法从轻、减轻或者免除处罚。

（撰稿人：祝二军
审稿人：胡云腾）

指导案例 13 号

王召成等非法买卖、储存危险物质案

（最高人民法院审判委员会讨论通过 2013 年 1 月 31 日发布）

关键词

刑事 非法买卖、储存危险物质 毒害性物质

裁判要点

1. 国家严格监督管理的氰化钠等剧毒化学品，易致人中毒或者死亡，对人体、环境具有极大的毒害性和危险性，属于刑法第一百二十五条第二款规定的“毒害性”物质。

2. “非法买卖”毒害性物质，是指违反法律和国家主管部门规定，未经有关主管部门批准许可，擅自购买或者出售毒害性物质的行为，并不需要兼有买进和卖出的行为。

相关法条

《中华人民共和国刑法》第一百二十五条第二款

基本案情

公诉机关指控：被告人王召成、金国淼、孙永法、钟伟东、周智明非法买卖氰化钠，危害公共安全，且系共同犯罪，应当以非法买卖危险物质罪追究刑事责任，但均如实供述自己的罪行，购买氰化钠用于电镀，未造成严重后果，可以从轻处罚，并建议对五被告人适用缓刑。

被告人王召成的辩护人辩称：氰化钠系限用而非禁用剧毒化学品，不属于毒害性物质，王召成等人擅自购买氰化钠的行为，不符合刑法第一百二十五条第二款规定的构成要件，在未造成严重后果的情形下，不应当追究刑事责任，故请求对被告人宣告无罪。

法院经审理查明：被告人王召成、金国淼在未依法取得剧毒化学品购买、使用许可的情况下，约定由王召成出面购买氰化钠。2006 年 10 月至 2007 年年底，王召成先后 3 次以每桶 1000 元的价格向倪荣华（另案处理）购买氰化钠，共支付给倪荣华 40000 元。2008 年 8 月至 2009 年 9 月，王召成先后 3 次以每袋 975 元的价格向李光明（另案处理）购买氰化钠，共支付给李光明 117000 元。王召成、金国淼均将上述氰化钠储存在浙江省绍兴市南洋五金有限公司其二人各自承包车间的带锁仓库内，用于电镀生产。其中，王召成用总量的三分之一，金国淼用总量的三分之二。2008 年 5 月和 2009 年 7 月，被告人孙永法先后共用 2000 元向王召成分别购买氰化钠 1 桶和 1 袋。2008 年 7、8

月间，被告人钟伟东以每袋 1000 元的价格向王召成购买氰化钠 5 袋。2009 年 9 月，被告人周智明以每袋 1000 元的价格向王召成购买氰化钠 3 袋。孙永法、钟伟东、周智明购得氰化钠后，均储存于各自车间的带锁仓库或水槽内，用于电镀生产。

裁判结果

浙江省绍兴市越城区人民法院于 2012 年 3 月 31 日作出（2011）绍越刑初字第 205 号刑事判决，以非法买卖、储存危险物质罪，分别判处被告人王召成有期徒刑三年，缓刑五年；被告人金国淼有期徒刑三年，缓刑四年六个月；被告人钟伟东有期徒刑三年，缓刑四年；被告人周智明有期徒刑三年，缓刑三年六个月；被告人孙永法有期徒刑三年，缓刑三年。宣判后，五被告人均未提出上诉，判决已发生法律效力。

裁判理由

法院生效裁判认为：被告人王召成、金国淼、孙永法、钟伟东、周智明在未取得剧毒化学品使用许可证的情况下，违反国务院《危险化学品安全管理条例》等规定，明知氰化钠是剧毒化学品仍非法买卖、储存，危害公共安全，其行为均已构成非法买卖、储存危险物质罪，且系共同犯罪。关于王召成的辩护人提出的辩护意见，经查，氰化钠虽不属于禁用剧毒化学品，但系列入危险化学品名录中严格监督管理的限用的剧毒化学品，易致人中毒或者死亡，对人体、环境具有极大的毒害性和极度危险性，极易对环境和人的生命健康造成重大威胁和危害，属于刑法第一百二十五条第二款规定的“毒害性”物质；“非法买卖”毒害性物质，是指违反法律和国家主管部门规定，未经有关主管部门批准许可，擅自购买或者出售毒害性物质的行为，并不需要兼有买进和卖出的行为；王召成等人不具备购买、储存氰化钠的资格和条件，违反国家有关监管规定，非法买卖、储存大量剧毒化学品，逃避有关主管部门的安全监督管理，破坏危险化学品管理秩序，已对人民群众的生命、健康和财产安全产生现实威胁，足以危害公共安全，故王召成等人的行为已构成非法买卖、储存危险物质罪，上述辩护意见不予采纳。王召成、金国淼、孙永法、钟伟东、周智明到案后均能如实供述自己的罪行，且购买氰化钠用于电镀生产，未发生事故，未发现严重环境污染，没有造成严重后果，依法可以从轻处罚。根据五被告人的犯罪情节及悔罪表现等情况，对其可依法宣告缓刑。公诉机关提出的量刑建议，王召成、钟伟东、周智明请求从轻处罚的意见，予以采纳，故依法作出如上判决。

最高人民法院
关于审理交通肇事刑事案件具体应用法律若干问题的解释

法释〔2000〕33号

（2000年11月10日最高人民法院审判委员会第1136次会议通过 2000年11月15日最高人民法院公告公布 自2000年11月21日起施行）

为依法惩处交通肇事犯罪活动，根据刑法有关规定，现将审理交通肇事刑事案件具体应用法律的若干问题解释如下：

第一条 从事交通运输人员或者非交通运输人员，违反交通运输管理法规发生重大交通事故，在分清事故责任的基础上，对于构成犯罪的，依照刑法第一百三十三条的规定定罪处罚。

第二条 交通肇事具有下列情形之一的，处三年以下有期徒刑或者拘役：

（一）死亡一人或者重伤三人以上，负事故全部或者主要责任的；

（二）死亡三人以上，负事故同等责任的；

（三）造成公共财产或者他人财产直接损失，负事故全部或者主要责任，无能力赔偿数额在三十万元以上的。

交通肇事致一人以上重伤，负事故全部或者主要责任，并具有下列情形之一的，以交通肇事罪定罪处罚：

（一）酒后、吸食毒品后驾驶机动车辆的；

（二）无驾驶资格驾驶机动车辆的；

（三）明知是安全装置不全或者安全机件失灵的机动车辆而驾驶的；

（四）明知是无牌证或者已报废的机动车辆而驾驶的；

（五）严重超载驾驶的；

（六）为逃避法律追究逃离事故现场的。

第三条 “交通运输肇事后逃逸”，是指行为人具有本解释第二条第一款规定和第二款第（一）至（五）项规定的情形之一，在发生交通事故后，为逃避法律追究而逃跑的行为。

第四条 交通肇事具有下列情形之一的，属于“有其他特别恶劣情节”，处三年以上七年以下有期徒刑：

（一）死亡二人以上或者重伤五人以上，负事故全部或者主要责任的；

（二）死亡六人以上，负事故同等责任的；

（三）造成公共财产或者他人财产直接损失，负事故全部或者主要责任，无能力赔偿数额在六十万元以上的。

第五条 “因逃逸致人死亡”，是指行为人在交通肇事后为逃避法律追究而逃跑，致使被害人因得不到救助而死亡的情形。

交通肇事后，单位主管人员、机动车辆所有人、承包人或者乘车人指使肇事人逃逸，致使被害人因得不到救助而死亡的，以交通肇事罪的共犯论处。

第六条 行为人在交通肇事后为逃避法律追究，将被害人带离事故现场后隐藏或者遗弃，致使被害人无法得到救助而死亡或者严重残疾的，应当分别依照刑法第二百三十二条、第二百三十四条第二款的规定，以故意杀人罪或者故意伤害罪定罪处罚。

第七条 单位主管人员、机动车辆所有人或者机动车辆承包人指使、强令他人违章驾驶造成重大交通事故，具有本解释第二条规定情形之一的，以交通肇事罪定罪处罚。

第八条 在实行公共交通管理的范围内发生重大交通事故的，依照刑法第一百三十三条和本解释的有关规定办理。

在公共交通管理的范围外，驾驶机动车辆或者使用其他交通工具致人伤亡或者致使公共财产或者他人财产遭受重大损失，构成犯罪的，分别依照刑法第一百三十四条、第一百三十五条、第二百三十三条等规定定罪处罚。

第九条 各省、自治区、直辖市高级人民法院可以根据本地实际情况，在三十万元至六十万元、六十万元至一百万元的幅度内，确定本地区执行本解释第二条第一款第（三）项、第四条第（三）项的起点数额标准，并报最高人民法院备案。

【解　　读】

解读《最高人民法院关于审理交通肇事刑事案件具体应用法律若干问题的解释》

一、问题的提出

为依法惩处交通肇事犯罪活动，根据《刑法》的有关规定，最高人民法院制定了《关于审理交通肇事刑事案件具体应用法律若干问题的解释》（以下简称本解释)。这部司法解释的出台，对于正确适用法律审理好此类案件，具有十分重要的指导作用。

二、理解与适用

（一）关于交通肇事罪的主体

根据国务院于 1988 年 3 月 9 日发布的《中华人民共和国道路交通管理条例》第四条有关“凡在道路上通行的车辆、行人、乘车人以及在道路上进行与交通有关活动的人员，都必须遵守本条例”的规定，交通肇事行为的主体范围十分宽泛。从实际发生的交通肇事案件看，使用各种机动、非机动交通工具肇事的情形较为普遍，因行人违章造成交通事故的情形也时有发生，给公民的生命、健康和公私财产安全造成了极大危害。鉴于修订后《刑法》第一百三十三条将交通肇事罪主体扩大为一般主体，因此，本解释第一条作出了规定。

（二）关于交通肇事罪的认定

本解释第一条强调，违反交通运输管理法规发生重大交通事故，在分清事故责任的基础上，对于构成犯罪的，依法定罪处罚。首先，分清事故责任是认定交通肇事罪的重要依据。根据国务院于 1991 年 9 月 22 日发布的《道路交通事故处理办法》第十八条的规定，交通事故责任分为全部责任、主要责任、同等责任和次要责任。从有关部门提供的情况看，负事故次要责任的情形，由于其违章行为在交通事故中作用较小，损失后果不大，一般作出行政处罚，不需追究刑事责任。对发生的重大交通事故承担其他几种责任的情形，则确有追究刑事责任的必要。在论证过程中，一种意见认为，由于缺乏统一的定责标准，在认定事故责任方面存在着随意性较大、定责失衡等问题，建议在认定交通肇事罪问题上，可否不以交通部门出具的责任认定意见为依据。诚然，认定交通肇事罪的焦点问题集中在事故认定和分清责任上，比较特殊也很复杂。但是，如果不以此为前提，则无法判定交通肇事行为人与肇事后果间的因果关系，更无法确定其应当承担行政责任还是刑事责任。有关事故责任认定方面的统一执法标准虽然仍需国家有关主管部门进一步规范，但在目前条件下，还应坚持以事故责任为认定交通肇事罪的前提条件。此外，“两高”于 1987 年 8 月 21 日发布的《关于严格依法处理道路交通肇事案件的通知》中也有类似表述，本解释延续了相关规定。

（三）关于交通肇事罪中财产损失的认定

《刑法》第一百三十三条规定，发生重大交通事故，造成公私财产遭受重大损失的，依法追究刑事责任。对于“公私财产”是否包括肇事者个人财产问题，在有些情况下，就成为区分罪与非罪的界限。有的案件中，肇事者造成的公共财产及他人的财产损失数额不大，但自身遭受的财产损失惨重（比如名贵车肇事与低档车俱毁)。有种意见认为，在上述情况下如果仅认定公共财产及他人的财产损失，数额不大的，则不构成交通肇事罪；如果将其自身财产一并计入损失数额，就可能符合定罪条件。因此，本着从严惩处这类犯罪的需要，应当将肇事人的个人财产损失一并计入损失数额。但是，交通肇事罪的危害在于对公共财产、他人人身及其财产造成的损失，其自身的财产损失应当视为肇事人为自己的违章行为承担的经济责任，而不应将其作为承担刑事责任的条件。因此，本解释第二条中关于“造成公共财产或者他人财产直接损失”承担刑事责任的规定，是符合立法本意的。

（四）关于肇事后逃逸的认定

“交通肇事后逃逸”，是修订后的《刑法》关于交通肇事罪增加规定的加重处罚的情节。实践中，交通肇事后的逃逸行为具有较大的危害性，往往导致被害人无法得到救助、损失无法得到赔偿、案件查处难度增大等等，必须依法予以惩处。本解释第三条作出了规定。

1. 本解释将认定交通肇事后逃逸的前提条件界定为“逃避法律追究”。实践中，肇事人逃跑的目的大多是想逃避法律追究，但也有少数人逃跑的目的是怕受害方或者其他围观群众对其进行殴打等等。同样是逃跑，但这些人往往在逃离现场后，能够通过报告单位领导或者报警等方式，接受法律的处理。因此，对逃跑行为作上述区分是必要的，以保证准确适用法律，不枉不纵。

2. 本解释规定的“逃跑”，并没有时间和场所的限定。在论证过程中，有种意见认为交通肇事后逃逸，应当理解为“逃离事故现场”的行为，实践中大多也是这种情况。但是，据交管部门提供的情况，有的肇事人并未在肇事后立即逃离现场（有的是不可能逃跑），而是在将伤者送至医院后或者等待交管部门处理的时候逃跑，类似的情形也有很多。如果仅将逃逸界定为逃离现场，那么性质同样恶劣的逃避法律追究的行为就得不到严惩，可能会影响对这类犯罪行为的打击力度。因此，只要是在肇事后为逃避法律追究而逃跑的行为，都应视为“交通肇事后逃逸”。本解释采纳了这种意见。

（五）关于逃逸致人死亡的认定

实践中，交通肇事逃逸后，发生被害人死亡结果的情形有多种，应当区分不同情况予以定性：

本解释第五条规定，“因逃逸致人死亡”，是指行为人在交通肇事后为逃避法律追究而逃跑，致使被害人因得不到救助而死亡的情形。这一规定强调的是“被害人因得不到救助而死亡”，主要是指行为人主观上并不希望发生被害人死亡的后果，但是没有救助被害人或者未采取得力的救助措施，导致发生被害人死亡结果的情形。

此外，针对实践中较为多见的，司机在交通肇事后，单位主管人员、机动车辆所有人、承包人或者乘车人指使肇事人逃逸的行为，本解释第五条规定，“交通肇事后，单位主管人员、机动车辆所有人、承包人或者乘车人指使肇事人逃逸，致使被害人因得不到救助而死亡的，以交通肇事罪的共犯论处。”在论证过程中，有种意见认为，交通肇事罪是过失犯罪，以共犯来处理指使逃逸的人显然有违共犯理论。不可否认，司法肇事引发交通事故是过失的，对肇事行为不存在按照共犯处罚的问题。但是，鉴于《刑法》第一百三十三条将这种故意实施的行为规定为交通肇事罪加重处罚的情节，而且在肇事后逃逸的问题上，肇事人主观上是故意的，其他人指使其逃逸，具有共同的故意，而且逃逸行为与被害人死亡具有因果关系，符合共犯的构成条件。因此，本解释第五条的规定是符合立法本意的。

本解释第六条规定，行为人在交通肇事后为逃避法律追究，将被害人带离事故现场后隐藏或者遗弃，致使被害人无法得到救助而死亡或者严重残疾的，以故意杀人罪或者故意伤害罪定罪处罚。即行为人在肇事后，为了掩盖罪行、毁灭证据，逃避法律追究，将被害人带离事故现场后隐藏或者遗弃，如隐藏在杂草丛中，使被害人处于无法获得救助的境遇，主观上是希望或者放任被害人死亡结果的发生。对这种情形，根据被害人伤亡的结果对行为人定罪处罚是适宜的。

（六）关于单位主管人员等指使违章造成交通事故的定性

实践中，一些单位的主管人员、私营企业主、机动车辆所有人、机动车辆承办人等，为追求更大的经济效益，在“多拉快跑”思想的影响下，往往指使或者强令属下、雇工疲劳驾驶、严重超载、开快车、强行超车等等，是引发重大恶性交通事故的重要原因。在这类案件中，如果仅仅处罚肇事行为人，显然不能有效发挥刑罚的惩戒作用。因此，为减少因上述原因引发的交通事故，本解释第七条作出了规定。

（七）关于在公共交通管理的范围外，因使用交通工具致人伤亡行为的定性

实践中，在机关、厂矿、学校、封闭的住宅小区等没有实行公共交通管理的范围内，因使用交通工具致人伤亡或者造成财产损失的情形也较多，如何定性处理是困扰司法实践的一个重要问题。依照道路交通管理法规的规定，交通部门只对在实行公共交通管理的范围内，如道路上发生的交通事故进行处理。同样是使用交通工具肇事，但由于不是在交通管理的范围内，交通部门无法进行处理。而其他职能部门也多以这种行为属于交通肇事为由而推诿管辖，致使一些案件被害人告状无门，犯罪行为得不到及时惩处。为此，参考最高人民检察院于 1992 年 3 月 23 日发布的《关于在厂（矿）区内机动车造成伤亡事故的犯罪案件如何定性处理问题的批复》的有关内容，本解释第八条第二款作出了规定。

（八）关于本解释的适用范围

本解释只规定了发生在道路交通运输中的肇事犯罪行为的认定问题。从《刑法》第一百三十三条的规定看，交通肇事罪应当包括水运过程中发生的肇

事行为。据掌握的情况，虽然水上交通运输管理法规中多有“构成犯罪，依法追究刑事责任”的表述。但是实践中，即使是因违章行为发生事故，大多是按照海事海商案件处理的，由船东负责赔偿各种损失，船长等驾驶、技术操作人员也会被追究相应行政责任或者经济责任。交通肇事罪的规定虽不排除水上运输问题，但司法实践中对因水上运输发生重大事故如何适用法律问题反映并不突出，因此本解释暂未对此问题作出规定。

（撰稿人：孙军工
审稿人：熊选国）

指导案例 32 号

张某某、金某危险驾驶案

（最高人民法院审判委员会讨论通过 2014 年 12 月 18 日发布）

关键词

刑事 危险驾驶罪 追逐竞驶 情节恶劣

裁判要点

1. 机动车驾驶人员出于竞技、追求刺激、斗气或者其他动机，在道路上曲折穿行、快速追赶行驶的，属于《中华人民共和国刑法》第一百三十三条之一规定的“追逐竞驶”。

2. 追逐竞驶虽未造成人员伤亡或财产损失，但综合考虑超过限速、闯红灯、强行超车、抗拒交通执法等严重违反道路交通安全法的行为，足以威胁他人生命、财产安全的，属于危险驾驶罪中“情节恶劣”的情形。

相关法条

《中华人民共和国刑法》第一百三十三条之一

基本案情

2012 年 2 月 3 日 20 时 20 分许，被告人张某某、金某相约驾驶摩托车出去享受大功率摩托车的刺激感，约定“陆家浜路、河南南路路口是目的地，谁先到谁就等谁”。随后，由张某某驾驶无牌的本田大功率二轮摩托车（经过改装），金某驾驶套牌的雅马哈大功率二轮摩托车（经过改装），从上海市浦东新区乐园路 99 号车行出发，行至杨高路、巨峰路路口掉头沿杨高路由北向南行驶，经南浦大桥到陆家浜路下桥，后沿河南南路经复兴东路隧道、张杨路回到张某某住所。全程 28.5 公里，沿途经过多个公交站点、居民小区、学校和大型超市。在行驶途中，二被告人驾车在密集车流中反复并线、曲折穿插、多次闯红灯、大幅度超速行驶。当行驶至陆家浜路、河南南路路口时，张某某、金某遇执勤民警检查，遂驾车沿河南南路经复兴东路隧道、张杨路逃离。其中，在杨高南路浦建路立交（限速 60km/h）张某某行驶速度 115km/h、金某行驶速度 98km/h；在南浦大桥桥面（限速 60km/h）张某某行驶速度 108km/h、金某行驶速度 108km/h；在南浦大桥陆家浜路引桥下匝道（限速 40km/h）张某某行驶速度大于 59km/h、金某行驶速度大于 68km/h；在复兴东路隧道（限速 60km/h）张某某行驶速度 102km/h、金某行驶速度 99km/h。

2012 年 2 月 5 日 21 时许，被告人张某某被抓获到案后，如实供述上述事实，并向公安机关提供被告人金某的手机号码。金某接公安机关电话通知后于

2月6日21时许主动投案，并如实供述上述事实。

裁判结果

上海市浦东新区人民法院于2013年1月21日作出（2012）浦刑初字第4245号刑事判决：被告人张某某犯危险驾驶罪，判处拘役四个月，缓刑四个月，并处罚金人民币四千元；被告人金某犯危险驾驶罪，判处拘役三个月，缓刑三个月，并处罚金人民币三千元。宣判后，二被告人均未上诉，判决已发生法律效力。

裁判理由

法院生效裁判认为：根据《中华人民共和国刑法》第一百三十三条之一第一款规定，“在道路上驾驶机动车追逐竞驶，情节恶劣的”构成危险驾驶罪。刑法规定的“追逐竞驶”，一般指行为人出于竞技、追求刺激、斗气或者其他动机，二人或二人以上分别驾驶机动车，违反道路交通安全规定，在道路上快速追赶行驶的行为。本案中，从主观驾驶心态上看，二被告人张某某、金某到案后先后供述“心里面想找点享乐和刺激”“在道路上穿插、超车、得到心理满足”；在面临红灯时，“刹车不舒服、逢车必超”“前方有车就变道曲折行驶再超越”。二被告人上述供述与相关视听资料相互印证，可以反映出其追求刺激、炫耀驾驶技能的竞技心理。从客观行为上看，二被告人驾驶超标大功率的改装摩托车，为追求速度，多次随意变道、闯红灯、大幅超速等严重违章。从行驶路线看，二被告人共同自浦东新区乐园路99号出发，至陆家浜路、河南南路路口接人，约定了竞相行驶的起点和终点。综上，可以认定二被告人的行为属于危险驾驶罪中的“追逐竞驶”。

关于本案被告人的行为是否属于“情节恶劣”，应从其追逐竞驶行为的具体表现、危害程度、造成的危害后果等方面，综合分析其对道路交通秩序、不特定多人生命、财产安全威胁的程度是否“恶劣”。本案中，二被告人追逐竞驶行为，虽未造成人员伤亡和财产损失，但从以下情形分析，属于危险驾驶罪中的“情节恶劣”：第一，从驾驶的车辆看，二被告人驾驶的系无牌和套牌的大功率改装摩托车；第二，从行驶速度看，总体驾驶速度很快，多处路段超速达50%以上；第三，从驾驶方式看，反复并线、穿插前车、多次闯红灯行驶；第四，从对待执法的态度看，二被告人在民警盘查时驾车逃离；第五，从行驶路段看，途经的杨高路、张杨路、南浦大桥、复兴东路隧道等均系城市主干道，沿途还有多处学校、公交和地铁站点、居民小区、大型超市等路段，交通流量较大，行驶距离较长，在高速驾驶的刺激心态下和躲避民警盘查的紧张心态下，极易引发重大恶性交通事故。上述行为，给公共交通安全造成一定危险，足以威胁他人生命、财产安全，故可以认定二被告人追逐竞驶的行为属于危险驾驶罪中的“情节恶劣”。

被告人张某某到案后如实供述所犯罪行，依法可以从轻处罚。被告人金某投案自首，依法亦可以从轻处罚。鉴于二被告人在庭审中均已认识到行为的违法性及社会危害性，保证不再实施危险驾驶行为，并多次表示认罪悔罪，且其行为尚未造成他人人身、财产损害后果，故依法作出如上判决。

最高人民法院 最高人民检察院
关于办理危害生产安全刑事案件适用法律若干问题的解释

法释〔2015〕22号

（2015年11月9日最高人民法院审判委员会第1665次会议、2015年12月9日最高人民检察院第十二届检察委员会第44次会议通过 2015年12月14日最高人民法院、最高人民检察院公告公布 自2015年12月16日起施行）

为依法惩治危害生产安全犯罪，根据刑法有关规定，现就办理此类刑事案件适用法律的若干问题解释如下：

第一条 刑法第一百三十四条第一款规定的犯罪主体，包括对生产、作业负有组织、指挥或者管理职责的负责人、管理人员、实际控制人、投资人等人员，以及直接从事生产、作业的人员。

第二条 刑法第一百三十四条第二款规定的犯罪主体，包括对生产、作业负有组织、指挥或者管理职责的负责人、管理人员、实际控制人、投资人等人员。

第三条 刑法第一百三十五条规定的“直接负责的主管人员和其他直接责任人员”，是指对安全生产设施或者安全生产条件不符合国家规定负有直接责任的生产经营单位负责人、管理人员、实际控制人、投资人，以及其他对安全生产设施或者安全生产条件负有管理、维护职责的人员。

第四条 刑法第一百三十九条之一规定的“负有报告职责的人员”，是指负有组织、指挥或者管理职责的负责人、管理人员、实际控制人、投资人，以及其他负有报告职责的人员。

第五条 明知存在事故隐患、继续作业存在危险，仍然违反有关安全管理的规定，实施下列行为之一的，应当认定为刑法第一百三十四条第二款规定的“强令他人违章冒险作业”：

（一）利用组织、指挥、管理职权，强制他人违章作业的；

（二）采取威逼、胁迫、恐吓等手段，强制他人违章作业的；

（三）故意掩盖事故隐患，组织他人违章作业的；

（四）其他强令他人违章作业的行为。

第六条 实施刑法第一百三十二条、第一百三十四条第一款、第一百三十五条、第一百三十五条之一、第一百三十六条、第一百三十九条规定的行为，因而发生安全事故，具有下列情形之一的，应当认定为“造成严重后果”或者“发生重大伤亡事故或者造成其他严重后果”，对相关责任人员，处三年以下有期徒刑或者拘役：

（一）造成死亡一人以上，或者重伤三人以上的；

（二）造成直接经济损失一百万元以上的；

（三）其他造成严重后果或者重大安全事故的情形。

实施刑法第一百三十四条第二款规定的行为，因而发生安全事故，具有本条第一款规定情形的，应当认定为“发生重大伤亡事故或者造成其他严重后果”，对相关责任人员，处五年以下有期徒刑或者拘役。

实施刑法第一百三十七条规定的行为，因而发生安全事故，具有本条第一款规定情形的，应当认定为“造成重大安全事故”，对直接责任人员，处五年以下有期徒刑或者拘役，并处罚金。

实施刑法第一百三十八条规定的行为，因而发生安全事故，具有本条第一款第一项规定情形的，应当认定为“发生重大伤亡事故”，对直接责任人员，处三年以下有期徒刑或者拘役。

第七条 实施刑法第一百三十二条、第一百三十四条第一款、第一百三十五条、第一百三十五条之一、第一百三十六条、第一百三十九条规定的行为，因而发生安全事故，具有下列情形之一的，对相关责任人员，处三年以上七年以下有期徒刑：

（一）造成死亡三人以上或者重伤十人以上，负事故主要责任的；

（二）造成直接经济损失五百万元以上，负事故主要责任的；

（三）其他造成特别严重后果、情节特别恶劣或者后果特别严重的情形。

实施刑法第一百三十四条第二款规定的行为，因而发生安全事故，具有本条第一款规定情形的，对相关责任人员，处五年以上有期徒刑。

实施刑法第一百三十七条规定的行为，因而发生安全事故，具有本条第一款规定情形的，对直接责任人员，处五年以上十年以下有期徒刑，并处罚金。

实施刑法第一百三十八条规定的行为，因而发生安全事故，具有下列情形之一的，对直接责任人员，处三年以上七年以下有期徒刑：

（一）造成死亡三人以上或者重伤十人以上，负事故主要责任的；

（二）具有本解释第六条第一款第一项规定情形，同时造成直接经济损失五百万元以上并负事故主要责任的，或者同时造成恶劣社会影响的。

第八条 在安全事故发生后，负有报告职责的人员不报或者谎报事故情况，贻误事故抢救，具有下列情形之一的，应当认定为刑法第一百三十九条之一规定的“情节严重”：

（一）导致事故后果扩大，增加死亡一人以上，或者增加重伤三人以上，或者增加直接经济损失一百万元以上的；

（二）实施下列行为之一，致使不能及时有效开展事故抢救的：

1. 决定不报、迟报、谎报事故情况或者指使、串通有关人员不报、迟报、谎报事故情况的；

2. 在事故抢救期间擅离职守或者逃匿的；

3. 伪造、破坏事故现场，或者转移、藏匿、毁灭遇难人员尸体，或者转移、藏匿受伤人员的；

4. 毁灭、伪造、隐匿与事故有关的图纸、记录、计算机数据等资料以及其他证据的；

（三）其他情节严重的情形。

具有下列情形之一的，应当认定为刑法第一百三十九条之一规定的“情节特别严重”：

（一）导致事故后果扩大，增加死亡三人以上，或者增加重伤十人以上，或者增加直接经济损失五百万元以上的；

（二）采用暴力、胁迫、命令等方式阻止他人报告事故情况，导致事故后果扩大的；

（三）其他情节特别严重的情形。

第九条 在安全事故发生后，与负有报告职责的人员串通，不报或者谎报事故情况，贻误事故抢救，情节严重的，依照刑法第一百三十九条之一的规定，以共犯论处。

第十条 在安全事故发生后，直接负责的主管人员和其他直接责任人员故意阻挠开展抢救，导致人员死亡或者重伤，或者为了逃避法律追究，对被害人进行隐藏、遗弃，致使被害人因无法得到救助而死亡或者重度残疾的，分别依照刑法第二百三十二条、第二百三十四条的规定，以故意杀人罪或者故意伤害罪定罪处罚。

第十一条 生产不符合保障人身、财产安全的国家标准、行业标准的安全设备，或者明知安全设备不符合保障人身、财产安全的国家标准、行业标准而进行销售，致使发生安全事故，造成严重后果的，依照刑法第一百四十六条的规定，以生产、销售不符合安全标准的产品罪定罪处罚。

第十二条 实施刑法第一百三十二条、第一百三十四条至第一百三十九条之一规定的犯罪行为，具有下列情形之一的，从重处罚：

（一）未依法取得安全许可证件或者安全许可证件过期、被暂扣、吊销、注销后从事生产经营活动的；

（二）关闭、破坏必要的安全监控和报警设备的；

（三）已经发现事故隐患，经有关部门或者个人提出后，仍不采取措施的；

（四）一年内曾因危害生产安全违法犯罪活动受过行政处罚或者刑事处罚的；

（五）采取弄虚作假、行贿等手段，故意逃避、阻挠负有安全监督管理职责的部门实施监督检查的；

（六）安全事故发生后转移财产意图逃避承担责任的；

（七）其他从重处罚的情形。

实施前款第五项规定的行为，同时构成刑法第三百八十九条规定的犯罪的，依照数罪并罚的规定处罚。

第十三条 实施刑法第一百三十二条、第一百三十四条至第一百三十九条之一规定的犯罪行为，在安全事故发生后积极组织、参与事故抢救，或者积极配合调查、主动赔偿损失的，可以酌情从轻处罚。

第十四条 国家工作人员违反规定投资入股生产经营，构成本解释规定的有关犯罪的，或者国家工作人员的贪污、受贿犯罪行为与安全事故发生存在关联性的，从重处罚；同时构成贪污、受贿犯罪和危害生产安全犯罪的，依照数罪并罚的规定处罚。

第十五条 国家机关工作人员在履行安全监督管理职责时滥用职权、玩忽职守，致使公共财产、国家和人民利益遭受重大损失的，或者徇私舞弊，对发现的刑事案件依法应当移交司法机关追究刑事责任而不移交，情节严重的，分别依照刑法第三百九十七条、第四百零二条的规定，以滥用职权罪、玩忽职守罪或者徇私舞弊不移交刑事案件罪定罪处罚。

公司、企业、事业单位的工作人员在依法或者受委托行使安全监督管理职责时滥用职权或者玩忽职守，构成犯罪的，应当依照《全国人民代表大会常务委员会关于〈中华人民共和国刑法〉第九章渎职罪主体适用问题的解释》的规定，适用渎职罪的规定追究刑事责任。

第十六条 对于实施危害生产安全犯罪适用缓刑的犯罪分子，可以根据犯罪情况，禁止其在缓刑考验期限内从事与安全生产相关联的特定活动；对于被判处刑罚的犯罪分子，可以根据犯罪情况和预防再犯罪的需要，禁止其自刑罚执行完毕之日或者假释之日起三年至五年内从事与安全生产相关的职业。

第十七条 本解释自 2015 年 12 月 16 日起施行。本解释施行后，最高人民法院、最高人民检察院《关于办理危害矿山生产安全刑事案件具体应用法律若干问题的解释》（法释〔2007〕5 号）同时废止。最高人民法院、最高人民检察院此前发布的司法解释和规范性文件与本解释不一致的，以本解释为准。

【解　读】

解读《最高人民法院、最高人民检察院关于办理危害生产安全刑事案件适用法律若干问题的解释》

为依法保障生产安全，保护人民群众生命财产权益，推动安全生产形势持续稳定好转，最高人民法院、最高人民检察院联合发布了《最高人民法院、最高人民检察院关于办理危害生产安全刑事案件适用法律若干问题的解释》(法释〔2015〕22 号，以下简称本解释)，自 2015 年 12 月 16 日起施行。为便于司法实践中准确理解和正确适用，现就本解释的出台背景和主要内容说明如下。

一、本解释的出台背景

安全生产工作关系人民群众生命财产安全，关系改革、发展和稳定大局。当前，全国安全生产形势呈现总体稳定、持续好转的态势，但形势依然严峻，造成群死群伤的重特大生产安全事故时有发生。其中，2015 年 8 月 12 日发生的天津港瑞海公司危险化学品仓库爆炸事故造成近 150 人死亡、大批房屋损毁和巨额经济损失，社会影响十分恶劣。习近平总书记、李克强总理多次作出重要批示，强调发展不能以牺牲人的生命为代价。党的十八届五中全会强调指出，实现“十三五”发展目标，必须牢固树立并切实贯彻创新、协调、绿色、开放、共享的“五位一体”发展理念，改变过去发展中不平衡、不协调、不可持续、发展方式粗放等方面问题。贯彻落实“五位一体”发展理念，必须坚决遏制经济社会建设活动中生产安全事故易发、高发的态势。最高人民法院 2015 年 8 月印发的《关于充分发挥审判职能作用切实维护公共安全的若干意见》提出，人民法院要切实履行起惩治危害生产安全犯罪，促进安全生产形势根本好转，切实维护公共安全的职能。依法维护生产安全，司法机关责无旁贷。

危害生产安全犯罪涉及行业领域广泛，行为方式复杂多样。司法机关办理危害生产安全刑事案件时，在罪名确定、责任划分以及刑事政策具体把握等方面，存在许多问题亟待解决。2007 年 2 月，最高人民法院、最高人民检察院联合出台了《关于办理危害矿山生产安全刑事案件具体应用法律若干问题的解释》(以下简称《矿山司法解释》)，对于依法惩治矿山生产安全犯罪，保障矿山生产安全，具有重要意义，但该解释的规制对象仅限于矿山生产经营领域内发生的部分类型刑事案件，涉及罪名和适用范围均较为有限。

2010 年 8 月，最高人民法院、最高人民检察院会同公安部、监察部、国家安监总局等九部委联合组成检查组，对全国 15 省、市的生产安全事故责任追究落实情况进行了专项检查，并根据检查过程中发现的问题，总结相关案件审判经验，于 2011 年底出台了《关于进一步加强危害生产安全刑事案件审判工作的意见》（以下简称《意见》），对此类案件的审判原则、法律适用标准、刑事政策把握以及缓刑、免予刑事处罚措施的具体应用等问题作出了明确规定，施行效果良好。但部分地方法院及行政主管部门反映，《意见》强制效力不够，社会知晓度偏低，对危害生产安全犯罪的震慑力有限。

2013 年 10 月，国家安监总局分别致函最高人民法院和最高人民检察院，建议“两高”联合出台办理危害生产安全刑事案件司法解释。最高人民法院、最高人民检察院经共同研究，认为现阶段确有制定司法解释的必要性和可行性，经共同认真深入调研，广泛听取立法机关、行政机关和专家学者等方面意见，反复研究修改后，形成了本解释送审稿。2015 年 11 月 9 日和 12 月 19 日，最高人民法院审判委员会第 1665 次会议和最高人民检察院第十二届检察委员会第 44 次会议分别讨论通过了送审稿。

二、本解释的主要内容

本解释共 17 条，内容涵盖相关罪名主体范围、定罪量刑标准、宽严相济刑事政策的具体把握、相关公职人员贪污贿赂以及渎职犯罪的认定处理等法律适用方面的多个问题。择要说明如下：

（一）关于犯罪主体范围

《矿山司法解释》对重大责任事故罪、强令违章冒险作业罪、重大劳动安全事故罪和不报、谎报安全事故罪四个罪名的主体范围作出了规定。本解释吸收《矿山司法解释》的相关规定内容，并根据司法实践的需要，将规制范围由原来的矿山生产经营领域扩大到一般生产经营领域。

本解释第一至四条将对生产、作业负有组织、指挥或者管理职责的负责人、管理人员等具有生产经营单位管理者身份和职务的人员纳入相关犯罪的主体范围，由于单位负责人、管理人员的业务过失行为与事故后果之间的因果关系一般较为明显，逻辑上容易理解，司法实践中，大部分案件的处罚对象也主要是上述人员。除此之外，本解释还明确将单位实际控制人、投资人纳入刑事追究的范围，但实践中对于实际控制人、投资人的范围界定问题，一直存在争议，需要进一步明确。

首先，根据公司法的规定，实际控制人，是指虽不是公司股东，但通过投资关系、协议或者其他安排，能够实际支配公司行为的人。实践中比较常见的实际控制人是所谓“隐名持股人”，即某些国家机关工作人员或者具有特定职务身份的公司、企业管理人员，为了规避法律、法规关于国家机关工作人员不得投资入股生产经营企业，或者公司、企业管理人员不得违规从事与所任职公司、企业同类业务等方面的禁止性规定，以他人名义投资入股相关生产经营单位，从而达到隐藏自己股东身份的目的。上述人员通过他人代持生产经营单位股份，自己隐藏在幕后的真实目的，在于一方面可以行使对相关单位生产经营、人事任免等重大事项的决定权，另一方面可以逃避承担股东依法应当承担的生产经营责任和安全生产责任。从理论上讲，实际控制人作为对生产经营单位的生产经营活动起实际支配作用的人员，如果其在行使组织、指挥、管理职权过程中违反安全管理规定，进而引发安全事故，理应认定为犯罪，否则就是放纵真正的犯罪人，亦无法达到从源头上预防事故发生的实际效果。

其次，投资人是指从事投资活动、具有一定资金来源、享有投资收益的权、责、利的统一体，是生产经营单位资金的参与者和经营收益的分享者。根据安全生产法的规定，生产经营单位应当具备的安全生产条件所必需的资金投入，由生产经营单位的决策机构、主要负责人或者个人经营的投资人予以保证，并对由于安全生产所必需的资金投入不足导致的后果承担责任。此处规定的主要是个人经营企业投资人的安全生产资金投入义务。在有限责任公司、股份有限公司等类型的生产经营实体中，投资人是指享有投资权益、对公司经营方针和投资计划享有管理权或决策权的股东。因投资人的行为导致生产经营单位安全生产资金投入不足，或者投资人在生产经营活动违反安全管理规定，进而导致发生安全事故的，应当依法追究刑事责任。但是，由于市场经济条件下所有权与经营权相分离的情况大量存在，投资人参与公司、企业经营管理的程度大小不一，特别是通过股市公开交易方式购买上市公司少量股票的小股东，一般不参与公司的经营管理决策活动，追究其对公司安全生产方面的刑事责任，明显不符合权责一致原则。因此，本解释将作为相关犯罪主体的投资人限定为“对生产、作业负有组织、指挥或者管理职责的投资人”。

（二）关于定罪标准

本解释原则上以造成死亡一人以上，或者重伤三人以上，或者造成直接经济损失一百万元以上作为相关犯罪的定罪标准。但是，根据《刑法》第一百三十八条的规定，教育设施重大安全事故罪的定罪标准为“致使发生重大伤亡事故”，故该罪的定罪标准仅应限定为人员伤亡结果，具体伤亡人数采用与其他危害生产安全犯罪罪名相同的标准。

本解释制定过程中，曾考虑根据近年来出台的多个司法解释的一般做法，在定罪人身伤亡标准中增加轻伤结果，对死亡、重伤和轻伤结果依次按照三倍比例进行折算，并将经济损失标准中的“直接经济损失”修改为“经济损失”，将部分间接经济损失纳入定罪标准之中。征求意见过程中，多个部门提出：

(1) 国务院《生产安全事故报告和调查处理条例》未将轻伤结果和间接经济损失作为事故等级分类标准，行政机关出具的事故调查报告一般也不统计轻伤人数和间接经济损失。实践中，生产安全事故发生后，一般先由行政机关组成事故调查组开展调查，形成调查报告后再移送公安、检察机关进一步侦查，不经行政机关调查、由司法机关直接介入处理的案件极少。这种情况下，本解释规定的定罪量刑标准以与行政机关事故调查报告的相关内容保持一致为宜，否则可能造成案件处理的不协调。(2) 一般情况下，危害生产安全犯罪案件导致的死亡、重伤人数众多，事故影响时间较长，往往涉及被害人后期伤病救治费用以及亲属赡养、抚养等多方面问题，损失计算和费用支付情况较为复杂，如规定为“经济损失”，可能引发认识分歧，不利于案件处理。经研究认为，上述意见具有合理性，故未将轻伤人数和间接经济损失数额纳入定罪量刑标准。

部分行政主管部门还提出，本解释规定的定罪量刑标准应分别与国务院《生产安全事故报告和调查处理条例》以及《铁路交通事故应急救援和调查处理条例》规定的重大事故、特别重大事故认定标准相对应，以死亡十人以上或重伤五十人以上作为定罪标准，以死亡三十人以上或重伤一百人以上作为处第二档法定刑的标准。经研究认为，上述意见涉及的问题由来已久，在 2007 年《矿山司法解释》起草过程中既已存在，并曾引发激烈争论。经慎重考虑，《解释》未采纳上述意见，主要理由在于，行政机关关于生产安全事故等级的分类是依据事故危害程度、社会影响、处理效果以及事故调查权限等标准划分的，与刑法规定的相关犯罪定罪量刑标准的涵义不同，如果按照行政机关关于事故等级的划分标准确定相关犯罪的定罪量刑，将导致现有的定罪量刑标准被大幅提高，之前大量可被认定为犯罪或处第二档法定刑的行为，将无法被归入犯罪范畴或仅能处以较低的法定刑，既不利于严惩犯罪，也无法与玩忽职守罪、滥用职权罪等其他相关犯罪的追诉标准保持平衡。

（三）关于量刑标准

《矿山司法解释》规定的处第二档法定刑的标准为事故造成的人身伤亡结果和直接经济损失数额，即主要以事故后果的严重程度确定刑罚。但是，上述标准在实践中适用效果不佳，并造成了一些消极后果，主要体现在以下几个方面：(1) 唯事故结果量刑，导致轻罪重罚，重刑聚集。危害生产安全犯罪均属过失犯罪，对于过失犯罪中因果关系的确定，司法实践中的做法接近于条件说，过失行为与事故结果之间具有条件因果关系的行为人，均有可能被认定为犯罪嫌疑人和被告人。同时，我国《刑法》不承认过失共同犯罪，对于危害生产安全犯罪中处于同一因果链条上的多个犯罪人，无法适用共同犯罪从犯、胁从犯减轻、免除处罚的规定。实践中，某一安全事故发生后，对事故负有责任的人员众多，其中既有直接责任人和主要责任人，也有间接责任人和次要责任人，均需对同一事故结果承担刑事责任，适用同一档法定刑。根据《矿山司法解释》的规定，只要事故后果达到一定程度，对该事故承担责任的相关人员均需处以第二档法定刑，导致在案众多被告人的量刑幅度无法拉开，特别是对于事故次要责任人的处刑明显过重。(2) 引起法律适用方面的连锁反应。部分案件中，由于对某些负次要责任的被告人无法降档处刑，有的法院为追求个案量刑的合理性，将不具备法定自首条件的被告人认定为自首，导致自首情节认定过多，引起认定标准的混乱；有的法院则直接对部分被告人适用免予刑事处罚措施，导致免予刑事处罚措施适用过滥，造成不良社会影响。(3) 不利于突出打击重点，预防再次犯罪。从刑事政策的角度考虑，刑法打击重点应当是对安全事故的发生起最直接作用、负最主要责任的犯罪人，对众多事故次要责任人课以重刑，对于预防其再次犯罪、防止事故再次发生并无太大意义，且处刑范围过广、判处刑期过重，还可能引发案件当事人和社会公众对安全生产工作的抵触心理。

经研究认为，对于危害生产安全犯罪处第二档法定刑的条件，应当坚持实事求是的态度，改变现阶段唯事故结果论罚的不利局面。从理论上讲，安全事故造成的危害后果是客观存在的，但是，行为人的行为对引发事故结果所起的原因力是不同的。各被告人应负的刑事责任是主客观相统一的结果，对于同一事故后果，主要责任人和次要责任人应负责任大小不一，理应在量刑幅度上有所体现，而不应一律处以第二档法定刑，这是现代刑法罪责刑相适应原则的当然要求。经慎重考虑、反复研究，本解释对第二档法定刑量刑标准采取了“事故结果十责任大小”的规定方式，即原则上安全事故造成的后果达到一定程度，同时行为人对事故承担主要责任的，方可处以第二档法定刑；对于事故仅负次要责任的被告人，即使事故后果达到了一定严重程度，原则上也不应处以第二档法定刑。理解本解释的上述规定，应注意以下几个问题：

首先，关于事故后果标准。《矿山司法解释》对于处第二档法定刑的事故后果标准，采用了三倍于定罪标准的方式予以认定。经研究认为，在当前安全生产形势依然严峻的情况下，社会公众对动辄造成群死群伤的安全事故的反映依然强烈，以人为本、生命至上的理念必须始终坚持。与 2007 年相比，社会公众心理对于人身伤亡结果的容忍度并未发生根本性转变，故对于人身伤亡标准不宜更改。但是，《矿山司法解释》出台已经八年，其间我国的人均 GDP 翻了一番，对于事故造成的直接经济损失数额，人民群众在 2007 年和在 2015 年的心理感受是不同的。从严惩危害生产安全犯罪的角度出发，对于定罪直接经济损失标准可不作更改，但是，在保持定罪标准不变的情况下，根据经济社会发展的实际情况，适当提高处第二档法定刑的直接经济损失标准是合理可行的。基于以上考虑，本解释按照近年来司法解释的通常做法，对于处第二档法定刑的直接经济损失数额标准作了适当提高，按照入罪标准的五倍确定。另外，关于教育设施重大安全事故罪处第二档法定刑的条件，《刑法》第一百三十八条规定为“后果特别严重”。为与定罪标准相协调，本解释起草初期拟仅限定为人身伤亡结果。征求意见过程中，有部门提出，为严密刑事法网，建议在考虑造成的人员伤亡结果的同时，考虑经济损失、造成恶劣社会影响等因素。经研究，采纳了该意见，规定教育设施安全事故达到定罪人身伤亡标准，同时造成直接经济损失五百万元以上，或者同时造成恶劣社会影响的，也可认定为达到了处第二档法定刑的事故后果标准。

其次，关于事故责任标准。本解释将处第二档法定刑的犯罪人限定为对事故负主要责任的人员。如何认定主要责任人，在案件审判过程中就变得至关重要。由于具体案情千差万别，在诸多被告人中如何区分主要责任人和次要责任人，难以在本解释中作出明确规定，还需在个案中由司法工作人员具体把握。基本判断原则是，应当以犯罪人所承担的工作职责为基础，考察其业务过失行为在引发事故发生的因果链条中所起原因力大小，以及过失行为反映出的个人主观罪过程度，综合全案情况，正确划分责任。具体的划分标准，可以按照《意见》第八条的相关规定处理。

危害生产安全犯罪案件具体情况千差万别。在某些案件中，是否可能出现绝大多数被告人均被认定为次要责任人，进而导致全案量刑偏轻的情况呢？经研究认为，对于上述问题，首先，应当严格裁判标准，坚持事故责任划分原则，切实防止将主要责任降格认定为次要责任、将主要责任人错误认定为次要责任人的情况；其次，对于部分次要责任人不处以第二档法定刑难以做到罪责刑相适应、不利于全案量刑平衡且可能造成不良社会影响的情况，可以考虑适用本解释规定的兜底条款，认定为“其他造成特别严重后果、情节特别恶劣或者后果特别严重”的情形。

（四）关于强令违章冒险作业罪的具体认定

《刑法修正案（六）》增设了强令违章冒险作业罪，法定最高刑为有期徒刑十五年，属于过失犯罪中的重罪，但实践中，司法机关对本罪名的适用率偏低。经调研发现，问题主要在于两个方面。一方面，错误认定行为人对危害结果所持主观心态，将某些强令违章冒险作业行为认定为以危险方法危害公共安全罪等故意犯罪，导致处刑过重；另一方面，对“强令”一词理解不当，将某些强令违章冒险作业行为认定为普通的违章生产、作业行为，错误认定为重大责任事故罪，导致处刑过低。为指导司法机关正确适用本罪名，本解释第八条对如何理解“强令违章冒险作业”作出了专门规定，内容包括以下几个方面：

首先，关于刑法规定的“违章”的涵义。此处的“违章”，是指违反有关安全管理的规定。关于安全管理规定的具体范围，按照《意见》第八条的规定内容认定。

其次，关于“强令”的具体行为方式。(1) 本解释第五条第一、二项规定了“强令”的两种常见方式。首先，采取威逼、胁迫、恐吓等强制性手段强制他人违章作业，比如采取威胁实施罚款、降低工资待遇、解除劳动关系等强制手段，均系强令违章冒险作业的典型行为方式，也是“强令”一词的核心含义，争议不大。其次，生产经营单位管理者利用自身享有的组织、指挥、管理职权，强制他人违章作业，这种行为方式的强制性特征不太明显，但由于管理者与一线作业者之间存在领导与被领导、管理与被管理的权属关系，管理者作出的安排或者下达的指令自然带有一线作业者必须服从的权威，从而在客观上对一线作业者形成心理压力。因此，管理者利用自身组织、指挥、管理职权提出的指令和要求，足以对一线作业者的心理意志产生强制效力，也应认定为“强令”。(2) 第三项规定强令违章冒险作业的其他行为方式。实践中，有的生产经营单位管理人员在明知存在事故隐患、继续作业存在危险的情况下，采用关闭、破坏相关的安全监控和报警设备等方式，故意掩盖工作环境中存在事故隐患的事实，使一线作业者放松心理戒备，进行违章作业，此类行为的社会危险性极大，以重大责任事故罪论处无法做到罪责刑相适应。经研究认为，这种情况下，一线作业者开展作业看似未受强制和胁迫，但其如果了解事实真相，绝不肯违章冒险作业。管理者故意掩盖事故隐患，直接影响了一线作业者的心理选择，实质上与采用强制手段或者利用自身职务身份要求他人违章冒险作业的行为没有根本性区别，也应认定为“强令”。(3) 第四项系兜底条款。司法解释难以对实践中存在的各种情况进行毫无遗漏的列举式规定。除前三项规定的三种强令违章冒险作业情形外，对于未来实践中可能出现的其他强令违章冒险作业的行为，可依法归入第四项的规定范围处理。

(五) 关于不报、谎报安全事故罪的构成条件和共犯认定

关于不报、谎报安全事故罪的构成条件，本解释制定过程中曾存在争论，规定内容也数易其稿。主要问题在于，从《刑法》第一百三十九条之一条文规定的字面理解，“贻误事故抢救”和“情节严重”是罪与非罪的重要界限，必须同时具备上述两个条件，才能构成不报、谎报安全事故罪。《矿山司法解释》也将“贻误事故抢救”这一要件规定在居首部分。根据该规定，所有不报、谎报行为只有造成贻误事故抢救的后果，才可能构成本罪。但是，实践中大量存在的情况是，事故抢救工作基本结束后，行为人为降低认定事故等级、避免上级机关介入调查，故意伪造、破坏事故现场，或者转移、藏匿遇难者尸体，上述行为社会影响恶劣、危害性大，但往往并不足以导致贻误事故抢救的后果，依据《矿山司法解释》的规定，可能难以定罪。据此，有意见提出，可将“贻误事故抢救”解释为不报、谎报行为的当然结果，即只要行为人实施了不报、谎报行为，就应认定其造成了“贻误事故抢救”的危险性结果，同时符合“情节严重”标准的，就应以不报、谎报安全事故罪论处。

经反复慎重研究，考虑到刑法条文明确将“贻误事故抢救”规定为不报、谎报安全事故罪的构成条件，如果在本解释中明确将“贻误事故抢救”解释为

不报、谎报事故行为的当然结果，法律依据不够充分，故对上述意见未予采纳，本解释基本保留了《矿山司法解释》的规定方式。但是，上述意见提出的问题应引起重视。在案件审判过程中，对于《刑法》第一百三十九条之一规定的“贻误事故抢救”，以及《矿山司法解释》第六条第一款第二项规定的“致使不能及时有效开展事故抢救”两个条件，不宜作过于严格的限定。另外，本解释还将不报、谎报安全事故“情节特别严重”的直接经济损失标准由三百万元提高至五百万元，以与本解释第七条的规定保持协调一致，并在不报、谎报的具体行为方式中增加“迟报”，以进一步严密刑事法网。根据国务院《生产安全事故报告和调查处理条例》的相关规定，此处规定的“迟报”，是指未按法律法规规定的时限及时报告，可归入广义的“不报”行为的范畴。

本解释还对不报、谎报安全事故罪的共犯认定问题作出了规定。《矿山司法解释》第七条规定：“在矿山生产安全事故发生后，实施本解释第六条规定的相关行为，帮助负有报告职责的人员不报或者谎报事故情况，贻误事故抢救的，对组织者或者积极参加者，依照刑法第一百三十九条之一的规定，以共犯论处。”该条规定有以下两个方面问题：首先，将共犯的成立范围限定为帮助行为，即认为无身份之人只可能构成帮助犯和从犯，但实践中，对于组织、指使、强令负有报告职责的人员不报、谎报事故情况的，也可以认定为共犯，并可能构成主犯；其次，仅对帮助犯中的组织者或者积极参加者以共犯论处，不当缩小了共犯成立范围，并无明确的理论基础，且在仅有一名帮助犯的情况下，由于不存在参照对象，难以认定为组织者或积极参加者，这种情况下是否应当认定为共犯，实践中存在争议。经研究，本解释删去了《矿山司法解释》中仅对帮助犯中的组织者和积极参加者认定为共犯的规定，明确与负有报告职责的人员串通，不报或者谎报安全事故情况的，只要符合刑法规定的共犯成立条件，即可认定为共犯。

（六）关于生产安全领域中故意杀人、故意伤害罪的认定

实践中，某些黑煤窑、矿山个体业主在安全事故发生后，为掩盖事故事实、逃避法律追究，不仅不组织实施抢救和向相关政府部门报告，反而故意隐匿、遗弃事故受伤人员，甚至作出堵塞出事矿井、掩盖事故发生的恶劣行为，导致被困人员因无法脱离险境而死亡或重伤，或者导致被隐匿、遗弃受伤人员因无法得到及时救治而死亡或者重度残疾。依照刑法规定，上述情况理应按照故意杀人罪或者故意伤害罪论处，但因相关司法解释无明确规定，导致某些司法机关心存顾虑，不敢或不愿认定为故意犯罪，一定程度上助长了犯罪分子的侥幸心理。为解决上述问题，本解释第十条明确，对类似行为应认定为故意杀人罪或者故意伤害罪。

（七）关于从重及从轻处罚情节

现阶段，我国安全生产形势严峻，司法机关应当继续坚持依法从严惩处危

害生产安全刑事犯罪活动的基本政策，这是回应社会关切、践行司法为民司法理念的需要，也是本解释的总体基调。本解释第十二条对此类犯罪中常见多发的数种从重处罚情节作出了专门规定。

首先，根据2014年修订的《安全生产法》的立法精神，我国的安全生产监管工作将总体上从以结果控制为主转变为过程控制和结果控制并重，进一步加大对无证生产经营、拒不履行安全监管决定等非法、违法生产经营行为的惩处力度，以达到监管关口前移、减少事故隐患的效果。本解释起草过程中，我们经调研发现，大部分生产安全事故的背后，均隐藏着相关责任人员事前长时间的非法、违法生产经营行为，事故隐患长期得不到纠正，最终导致重特大事故发生。对于此类行为，必须加大惩处力度，以警示其他潜在的犯罪分子，达到防患于未然的效果。本解释第十二条第一款第一项至第三项的规定内容属于实践中较为常见的典型非法、违法生产经营行为。适用上述规定应注意以下几点：(1) 第一项规定的“安全许可证件”是一大类证件的总称，其中既包括在矿山企业、建筑施工企业和危险化学品、烟花爆竹、民用爆破器材生产等行业领域中适用的安全生产许可证，也包括仅适用于特定生产经营领域的其他相关安全许可证件，如危险化学品生产经营领域中的危险化学品安全使用许可证和经营许可证、大型群众性活动领域中由公安机关作出的安全许可，等等。行为人未取得上述安全许可证件，或者在安全许可证件过期、被暂扣、吊销、注销后仍然从事生产经营活动，表明其不具备基本的安全生产经营条件，存在严重事故隐患，因此发生安全事故的，应当从重处罚。(2) 第二项规定内容是在生产经营活动中采取各种手段故意掩盖事故隐患的行为，第三项规定内容为经有关部门或者个人提出后，仍拒不采取措施消除事故隐患的行为。上述行为的实质，是行为人为追求生产经营利润，无视事故隐患的存在和一线生产、作业者的生命财产安全，盲目组织、开展生产作业，表明其一贯不遵守安全管理规定，主观恶性较深，因此发生安全事故的，应处以较重的法定刑。

其次，危害生产安全犯罪均系过失犯罪，不适用刑法关于累犯从重处罚的规定。但是，行为人因实施危害生产安全违法犯罪行为受到行政处罚或者刑事处罚后拒不悔改，事后又因过失行为构成危害生产安全犯罪的，表明其藐视法律规范，再犯可能性较大，理应从重处罚。本解释第十二条第一款第四项对此作出了规定，同时为避免打击面过大，将受到行政处罚或者刑事处罚的期间限定在一年之内。

再次，根据安全生产法等相关行政法律、法规的规定，生产经营单位采取伪造生产经营数据、安全监测报表等手段弄虚作假，故意逃避、阻挠安全监管，或者直接采取向安全监管人员行贿的手段逃避监管、通过行贿手段非法获取生产经营资质等行为，均属严重的违法违规行为，均应从重处罚，本解释第十二条第一款第五项对此作出了规定。其中，行贿行为构成犯罪的，应依法数罪并罚。另外，本解释第十二条第一款第六项还规定，犯罪人在事故发生后故意转移个人财产，意图逃避承担民事赔偿责任和行政处罚责任的，从重处罚。第七项系兜底条款。

宽严相济刑事政策是我国的基本刑事政策，是刑事立法活动和刑事司法工作中均应遵循的基本准则。有效惩治危害生产安全犯罪，确保案件审判取得良好效果，司法机关在坚持从严惩处原则的同时，也需要在审判过程中切实贯彻落实宽严相济刑事政策的基本要求，作到严之有度，以宽济严。本解释为具体体现宽严相济刑事政策，树立正确行为导向，鼓励犯罪人在事故发生后积极采取有力措施，最大限度减小事故损失，尽快查明事故原因，专门对两种从轻处罚情节作了明确规定。首先，犯罪人在安全事故发生后积极组织、参与事故抢救的，可以酌情从轻处罚，此规定来源于《矿山司法解释》，未作实质性修改。其次，犯罪人在安全事故发生后积极配合调查、主动赔偿损失的，表明其确有悔罪之意，且愿意通过经济赔偿弥补犯罪行为造成的损害，亦可酌情从轻处罚。

（八）关于相关公职人员犯罪的认定和处理

在《安全生产法》等行政法律、法规规定的安全生产工作机制中，生产经营单位是安全生产主体，对安全生产工作承担主体责任。但是，生产经营单位从事生产经营活动的目的是追逐高额利润，在经济利益的驱使下，有可能作出漠视职工合法权益、违反安全管理规定的行为。特别是在现阶段我国经济增长模式尚未完全转变、社会诚信体系尚不完善的情况下，上述情况更加明显。负有安全监管职责的部门依法对生产经营单位的安全生产工作实施监督管理，对于督促生产经营单位贯彻落实安全生产法律法规，防止安全事故发生，具有重要意义。实践中，承担安全监管职责的公职人员在实施监管检查过程中失职、渎职，或者收受监管对象贿赂，故意不履行或者因过失不认真履行监管职能，导致生产经营单位安全隐患长期得不到纠正，往往构成重特大安全事故发生的重要原因。有的公职人员还投资入股生产经营企业，由于其兼具生产经营者和安全监管者双重身份，从自身经济利益考量出发，难以依法严格实施监管，甚至可能利用自身职权为企业的非法、违法生产经营行为充当保护伞。实践证明，众多重特大生产安全事故的背后，均隐藏着公职人员的贪污受贿或者失职、渎职行为，人民群众对此反应强烈。司法机关在严惩危害生产安全犯罪的同时，更要从严惩治隐藏在这些犯罪背后的公职人员贪污受贿犯罪和渎职犯罪。

本解释第十四条针对危害生产安全犯罪可能涉及的公职人员犯罪行为，规定了两种从重处罚情形：（1）国家工作人员违反相关规定投资入股生产经营，既当裁判员，又当运动员，构成危害生产安全犯罪的，应当从重处罚。参照《中国共产党纪律处分条例》《中共中央、国务院关于进一步制止党政机关和党政干部经商、办企业的规定》和《关于清理纠正国家机关工作人员和国有企业负责人投资入股煤矿问题的通知》等法律法规、政策性文件的规定，此处所称的国家工作人员，主要是指国家机关工作人员和国有企业负责人。(2) 根据《安全生产法》第二十条的规定，生产经营单位应当具备的安全生产条件所必需的资金投入，由生产经营单位的决策机构、主要负责人或者个人经营的投资人予以保证，并对由于资金投入不足导致的后果承担责任。相关生产经营单位中的国家工作人员利用职务之便贪污公款，导致该单位安全生产投入不足，进而发生安全事故的，对该国家工作人员应从重处罚。另一方面，现阶段生产安全事故易发、多发，与安全监管部门监督管理不力有很大关系，负有安全监管职责的国家工作人员在对生产经营单位实施监督检查过程中收受被监管对象贿赂，导致事故隐患得不到及时整改，最终酿成事故的，亦应从重处罚；上述行为同时构成贪污、受贿犯罪和危害生产安全犯罪的，应当依法数罪并罚。

(九) 关于禁止令和职业禁止措施的适用

为了维护社会稳定，保护公民人身安全，同时帮助适用缓刑的犯罪分子改过自新，防止其再次犯罪，《刑法修正案（八）》增加了对宣告缓刑的犯罪分子可以附加禁止令的规定。基于防止犯罪人再次犯罪的立法目的，《刑法修正案（九）》又增加规定了犯罪分子刑罚执行完毕后的职业禁止措施。

危害生产安全犯罪系生产经营业务活动领域中发生的责任过失类犯罪，犯罪人均系负有一定职业义务、具有特定职务身份的人员，其违背职业要求，疏于履行特定义务，最终引发严重事故后果，符合《刑法》规定的职业禁止措施的适用条件。为防止危害生产安全犯罪分子在缓刑考验期限间再次重操旧业引发事故，亦有必要对其适用禁止令。本解释第十六条规定，对于被依法适用缓刑的危害生产安全犯罪分子，可以依法适用禁止令；对于被判处刑罚的犯罪分子，可以禁止其在一定时间内从事特定职业。实践中，对危害生产安全犯罪分子适用禁止令和职业禁止措施，应注意以下两个方面问题：

首先，关于禁止令和职业禁止措施的具体内容。为起到预防再犯的积极效果，禁止令及职业禁止措施的内容应当具有针对性。《刑法》规定的禁止令包括三种类别，即特定活动禁止令、特定区域场所禁止令和特定人禁止令，其中的特定区域场所禁止令和特定人禁止令一般是针对故意犯罪而言的，对于危害生产安全犯罪分子，通常情况下适用特定活动禁止令即可，即对于实施危害生产安全犯罪适用缓刑的犯罪分子，可以根据犯罪情况，禁止其在缓刑考验期限内从事与安全生产相关联的特定活动。此处所称“与安全生产相关联的特定活动”，是指与犯罪分子实施犯罪时所从事的职业活动属于同一行业的生产经营活动，而非禁止其从事所有类别的生产经营活动；禁止从事与安全生产相关联的特定活动，是指禁止犯罪分子直接从事一线生产、作业活动，或者担任相关生产经营单位的负责人、管理人员、实际控制人、投资人等职务。刑罚执行完毕后职业禁止措施的内容，亦应参照禁止令的内容确定。

其次，关于《刑法》规定的职业禁止措施与行政法规中职业限制规定的关系问题。《刑法修正案（九）》增设的《刑法》第三十七条之一第三款规定："其他法律、行政法规对其从事相关职业另有禁止或者限制性规定的，从其规定。"《安全生产法》第九十一条对生产经营单位主要负责人的职业限制作出了明确规定，上述人员因未履行安全生产管理职责受到刑事处罚或者撤职处分的，自刑罚执行完毕或者受处分之日起，五年内不得担任任何生产经营单位的主要负责人；对重大、特别重大生产安全事故负有责任的，终身不得担任本行业生产经营单位的主要负责人。根据以上规定，对于生产经营单位主要负责人的职业限制和禁止问题，安全生产法的规定与刑法不一致，且规定内容比刑法更为严格。对于生产经营单位的主要负责人构成危害生产安全犯罪，适用职业禁止措施的，直接适用安全生产法的规定即可。

（十）关于与《矿山司法解释》的关系

关于如何妥善处理本解释与《矿山司法解释》的关系，制定过程中曾存在争议。有意见认为，《矿山司法解释》对于打击矿山生产安全犯罪、维护矿山生产经营秩序稳定发挥了积极作用，特别是其中有关犯罪主体方面的规定现阶段仍具有实践指导意义，建议予以保留；在时间效力方面，本解释发布实施后，《矿山司法解释》可仍然有效，与本解释不一致的内容，以本解释为准即可。

经研究认为，由于本解释和《矿山司法解释》的内容存在诸多交叉，且部分内容不尽一致，如果同时有效，可能造成法律适用方面的冲突。将《矿山司法解释》的主要内容吸收进本解释中并进行必要的修改完善，在本解释发布实施后，《矿山司法解释》同时废止，是较为稳妥的做法。据此，本解释吸收《矿山司法解释》中有关犯罪主体范围认定、定罪处罚标准以及刑事政策具体把握等方面的规定，并结合法律规定和实践需要作了进一步的修改完善。为突出打击重点、避免条文繁芜，本解释对《矿山司法解释》中的一些提示性规定未再沿用。另外，对于《矿山司法解释》规定的非法采矿罪的定罪处罚问题，拟留待将来出台的专门司法解释进行统一规定，本解释未予涉及。

（撰稿人：沈 亮 汪 斌 李加玺）

最高人民法院　最高人民检察院
关于办理危害生产安全刑事案件适用法律若干问题的解释（二）

法释〔2022〕19号

2022年9月19日最高人民法院审判委员会第1875次会议、
2022年10月25日最高人民检察院第十三届检察委员会
第106次会议通过　2022年12月15日最高人民法院、
最高人民检察院公告公布　自2022年12月19日起施行

为依法惩治危害生产安全犯罪，维护公共安全，保护人民群众生命安全和公私财产安全，根据《中华人民共和国刑法》《中华人民共和国刑事诉讼法》和《中华人民共和国安全生产法》等规定，现就办理危害生产安全刑事案件适用法律的若干问题解释如下：

第一条　明知存在事故隐患，继续作业存在危险，仍然违反有关安全管理的规定，有下列情形之一的，属于刑法第一百三十四条第二款规定的“强令他人违章冒险作业”：

（一）以威逼、胁迫、恐吓等手段，强制他人违章作业的；

（二）利用组织、指挥、管理职权，强制他人违章作业的；

（三）其他强令他人违章冒险作业的情形。

明知存在重大事故隐患，仍然违反有关安全管理的规定，不排除或者故意掩盖重大事故隐患，组织他人作业的，属于刑法第一百三十四条第二款规定的“冒险组织作业”。

第二条　刑法第一百三十四条之一规定的犯罪主体，包括对生产、作业负有组织、指挥或者管理职责的负责人、管理人员、实际控制人、投资人等人员，以及直接从事生产、作业的人员。

第三条　因存在重大事故隐患被依法责令停产停业、停止施工、停止使用有关设备、设施、场所或者立即采取排除危险的整改措施，有下列情形之一的，属于刑法第一百三十四条之一第二项规定的“拒不执行”：

（一）无正当理由故意不执行各级人民政府或者负有安全生产监督管理职责的部门依法作出的上述行政决定、命令的；

（二）虚构重大事故隐患已经排除的事实，规避、干扰执行各级人民政府或者负有安全生产监督管理职责的部门依法作出的上述行政决定、命令的；

（三）以行贿等不正当手段，规避、干扰执行各级人民政府或者负有安全生产监督管理职责的部门依法作出的上述行政决定、命令的。

有前款第三项行为，同时构成刑法第三百八十九条行贿罪、第三百九十三条单位行贿罪等犯罪的，依照数罪并罚的规定处罚。

认定是否属于“拒不执行”，应当综合考虑行政决定、命令是否具有法律、行政法规等依据，行政决定、命令的内容和期限要求是否明确、合理，行为人是否具有按照要求执行的能力等因素进行判断。

第四条 刑法第一百三十四条第二款和第一百三十四条之一第二项规定的“重大事故隐患”，依照法律、行政法规、部门规章、强制性标准以及有关行政规范性文件进行认定。

刑法第一百三十四条之一第三项规定的“危险物品”，依照安全生产法第一百一十七条的规定确定。

对于是否属于“重大事故隐患”或者“危险物品”难以确定的，可以依据司法鉴定机构出具的鉴定意见、地市级以上负有安全生产监督管理职责的部门或者其指定的机构出具的意见，结合其他证据综合审查，依法作出认定。

第五条 在生产、作业中违反有关安全管理的规定，有刑法第一百三十四条之一规定情形之一，因而发生重大伤亡事故或者造成其他严重后果，构成刑法第一百三十四条、第一百三十五条至第一百三十九条等规定的重大责任事故罪、重大劳动安全事故罪、危险物品肇事罪、工程重大安全事故罪等犯罪的，依照该规定定罪处罚。

第六条 承担安全评价职责的中介组织的人员提供的证明文件有下列情形之一的，属于刑法第二百二十九条第一款规定的“虚假证明文件”：

（一）故意伪造的；

（二）在周边环境、主要建（构）筑物、工艺、装置、设备设施等重要内容上弄虚作假，导致与评价期间实际情况不符，影响评价结论的；

（三）隐瞒生产经营单位重大事故隐患及整改落实情况、主要灾害等级等情况，影响评价结论的；

（四）伪造、篡改生产经营单位相关信息、数据、技术报告或者结论等内容，影响评价结论的；

（五）故意采用存疑的第三方证明材料、监测检验报告，影响评价结论的；

（六）有其他弄虚作假行为，影响评价结论的情形。

生产经营单位提供虚假材料、影响评价结论，承担安全评价职责的中介组织的人员对评价结论与实际情况不符无主观故意的，不属于刑法第二百二十九条第一款规定的“故意提供虚假证明文件”。

有本条第二款情形，承担安全评价职责的中介组织的人员严重不负责任，导致出具的证明文件有重大失实，造成严重后果的，依照刑法第二百二十九条第三款的规定追究刑事责任。

第七条 承担安全评价职责的中介组织的人员故意提供虚假证明文件，有下列情形之一的，属于刑法第二百二十九条第一款规定的“情节严重”：

（一）造成死亡一人以上或者重伤三人以上安全事故的；

（二）造成直接经济损失五十万元以上安全事故的；

（三）违法所得数额十万元以上的；

（四）两年内因故意提供虚假证明文件受过两次以上行政处罚，又故意提供虚假证明文件的；

（五）其他情节严重的情形。

在涉及公共安全的重大工程、项目中提供虚假的安全评价文件，有下列情形之一的，属于刑法第二百二十九条第一款第三项规定的“致使公共财产、国家和人民利益遭受特别重大损失”：

（一）造成死亡三人以上或者重伤十人以上安全事故的；

（二）造成直接经济损失五百万元以上安全事故的；

（三）其他致使公共财产、国家和人民利益遭受特别重大损失的情形。

承担安全评价职责的中介组织的人员有刑法第二百二十九条第一款行为，在裁量刑罚时，应当考虑其行为手段、主观过错程度、对安全事故的发生所起作用大小及其获利情况、一贯表现等因素，综合评估社会危害性，依法裁量刑罚，确保罪责刑相适应。

第八条 承担安全评价职责的中介组织的人员，严重不负责任，出具的证明文件有重大失实，有下列情形之一的，属于刑法第二百二十九条第三款规定的“造成严重后果”：

（一）造成死亡一人以上或者重伤三人以上安全事故的；

（二）造成直接经济损失一百万元以上安全事故的；

（三）其他造成严重后果的情形。

第九条 承担安全评价职责的中介组织犯刑法第二百二十九条规定之罪的，对该中介组织判处罚金，并对其直接负责的主管人员和其他直接责任人员，依照本解释第七条、第八条的规定处罚。

第十条 有刑法第一百三十四条之一行为，积极配合公安机关或者负有安全生产监督管理职责的部门采取措施排除事故隐患，确有悔改表现，认罪认罚的，可以依法从宽处罚；犯罪情节轻微不需要判处刑罚的，可以不起诉或者免予刑事处罚；情节显著轻微危害不大的，不作为犯罪处理。

第十一条 有本解释规定的行为，被不起诉或者免予刑事处罚，需要给予行政处罚、政务处分或者其他处分的，依法移送有关主管机关处理。

第十二条 本解释自 2022 年 12 月 19 日起施行。最高人民法院、最高人民检察院此前发布的司法解释与本解释不一致的，以本解释为准。

【解　　读】

解读《最高人民法院、最高人民检察院关于办理危害生产安全刑事案件适用法律若干问题的解释（二）》

引　言

2022年12月15日，最高人民法院、最高人民检察院联合发布《关于办理危害生产安全刑事案件适用法律若干问题的解释（二）》（法释〔2022〕19号，以下简称本解释），自2022年12月19日起施行。本解释的出台，对于更加有效惩治危害生产安全犯罪，切实维护生产安全和公共安全，保障人民生命财产安全，进一步充分运用法治思维和法治手段推动安全生产工作，具有重要意义。为便于司法实践中正确理解和适用，现就本解释的制定背景、研究起草中的总体原则和规定的主要内容简要介绍如下。

一、本解释的制定背景

安全生产关系到人民群众的生命财产安全，是经济社会协调健康发展的标志，是建设更高水平的平安中国、满足人民群众日益增长的安全需要的必然要求，意义十分重大。党的二十大报告提出，要坚持以人民安全为宗旨，建设更高水平的平安中国，提高公共安全治理水平，推进安全生产风险专项整治。

人民法院始终坚持以习近平新时代中国特色社会主义思想为指导，深入贯彻习近平法治思想，贯彻落实习近平总书记重要指示精神和党中央决策部署，充分发挥审判职能作用，依法从严惩治危害生产安全犯罪和相关联犯罪，取得显著成效。党的十八大以来，天津、江苏、福建等地人民法院相继审结天津港“8·12”瑞海公司危险品仓库特大火灾爆炸事故系列案、江苏响水天嘉宜公司“3·21”特大爆炸事故系列案、福建泉州欣佳酒店“3·7”坍塌事故系列案等一大批重大案件，一批重特大生产安全事故责任人和相关中介组织人员、失职渎职国家公职人员被判处刑罚，及时回应了社会关切，满足了人民群众对公共安全和公平正义的心理期待。

为明确危害生产安全犯罪的法律适用标准，最高人民法院及时总结审判工作经验，研究出台司法解释和规范性文件。2015年12月，最高人民法院会同最高人民检察院联合公布《关于办理危害生产安全刑事案件适用法律若干问题的解释》(以下简称《2015年解释》),明确了重大责任事故罪等危害生产安全犯罪相关罪名的定罪量刑标准、刑事政策把握以及缓刑期间禁止令、刑罚执行完毕后从业禁止措施的具体适用等问题。为解决安全生产行政执法与刑事司法的衔接问题,最高人民法院于2019年4月会同最高人民检察院、公安部、应急管理部联合印发《安全生产行政执法与刑事司法衔接工作办法》(以下简称《衔接工作办法》),对安全生产违法犯罪案件移送、证据收集使用以及部门间协作工作机制等作出了规定。

上述司法解释和规范性文件为各级司法机关依法办理危害生产安全犯罪案件提供了较为完备的裁判标准,起到了良好的惩罚和预防犯罪的效果。但是,当前我国仍然处在工业化、城镇化持续推进过程中,全社会生产经营规模不断扩大,传统和新型生产经营方式并存,各类事故隐患和安全风险交织叠加,安全生产基础薄弱、监管体制机制和法律制度不完善、企业主体责任落实不力等问题依然突出,部分地区和行业领域重特大安全事故有所反弹,造成重大人员伤亡和高额财产损失,人民群众反映强烈。为解决安全生产工作中存在的突出问题,党中央作出重大决策部署,立法机关对相关法律法规作出重要修改。2014年8月和2021年6月,全国人大常委会两次修改《中华人民共和国安全生产法》(以下简称《安全生产法》),进一步加强对安全生产各方面的监管力度和责任落实。2016年12月,中共中央、国务院印发《关于推进安全生产领域改革发展的意见》,对进一步做好安全生产工作、提高安全生产工作水平提出明确要求。2020年12月通过的《中华人民共和国刑法修正案(十一)》[以下简称《刑法修正案(十一)》]对《中华人民共和国刑法》(以下简称《刑法》)规定的危害生产安全犯罪作出重大修改,将强令违章冒险作业罪修改为强令、组织他人违章冒险作业罪,增设危险作业罪,并进一步明确了《刑法》规定的提供虚假证明文件罪的犯罪主体范围和适用第二档法定刑的条件。

为贯彻落实党中央决策部署,明确《刑法修正案(十一)》作出修改和增设的《刑法》相关条文的具体适用标准等问题,最高人民法院会同最高人民检察院共同开展调研,广泛征求了各方面意见,经反复研究论证,起草了本解释。2022年9月19日和10月25日,最高人民法院审判委员会第1875次会议、最高人民检察院第十三届检察委员会第106次会议分别审议通过了本解释。

二、本解释研究起草中的总体原则

为确保本解释规定内容能够有效指导司法实践,研究起草过程中着重把握了以下几个总体原则:

第一,坚持以习近平法治思想为指导。本解释深刻领会习近平总书记关于推进全面依法治国的根本目的是依法保障人民权益的重要论述,始终坚持以人民为中心的根本立场，坚持人民至上、生命至上，着力解决人民群众反应强烈的影响生产安全和公共安全的突出问题，坚持对危害生产安全犯罪和相关联的安全评价中介组织等犯罪依法从严惩处，有效回应人民群众的新要求新期待，不断增强人民群众的获得感幸福感安全感。

第二，坚持罪刑法定原则。罪刑法定原则是刑法的基本原则，要求司法解释和规范性文件的规定内容不得与刑法相抵触。本解释严格依照《中华人民共和国立法法》确定的司法解释权限，以《刑法》的具体规定为依据，坚持正确理解和把握刑事立法精神，在刑法条文的文义范围内作进一步具体阐释。

第三，坚持法秩序统一性要求。本解释注意保持法律体系内部的协调统一，避免出现相互冲突和不协调。对于《刑法》条文涉及的有关专门概念、术语内涵和外延的界定，原则上与《安全生产法》等有关法律、行政法规的规定保持一致；条文表述尽量采用有关法律、行政法规、规范性文件中的已有概念和术语，方便实践把握。

第四，坚持问题导向。危害生产安全违法犯罪可能涉及几乎所有生产经营行业领域，牵涉面广，司法实践中遇到的问题较多。本解释不求面面俱到，着力于解决实践中存在争议的突出问题，重点明确《刑法修正案（十一）》作出修改或者增设的有关罪名的司法适用标准和刑事政策把握尺度，对于各方面经研究已经取得共识的问题，尽量作出明确规定，为司法实践提供统一的裁判标准。对于起草过程中有关方面尚存在明显分歧的问题，本解释暂不作规定或仅作原则性、导向性规定，后续在进一步总结审判工作经验的基础上，通过出台新的司法文件或者发布指导性案例等方式统筹解决。

三、本解释规定的主要内容

本解释共 12 条，针对现阶段安全生产工作的形势特点、刑事立法的新近发展和司法实践反映的新情况新问题，依照《刑法》《中华人民共和国刑事诉讼法》（以下简称《刑事诉讼法》）、《安全生产法》等有关法律规定，对有关危害生产安全犯罪和相关联的安全评价中介组织人员犯罪的认定标准、刑事政策把握、安全生产刑事司法与行政执法衔接等问题作出了规定。

（一）关于强令、组织他人违章冒险作业罪的行为方式

实践中，某些生产经营单位管理人员出于追求高额利润等目的，明知生产作业环境存在安全风险隐患，仍然强制命令或者组织一线生产作业人员冒险开展生产作业活动。此类强令、组织违章冒险作业行为极易引发重特大事故，社会危害严重，应当依法严惩。为有效惩治此类行为，2006 年 6 月通过的《中华人民共和国刑法修正案（六）》对《刑法》原第一百三十四条作出修改，将强令他人违章冒险作业行为与一般的违章生产、作业行为分开，作为该条第二款单独规定，并将刑罚从最高七年有期徒刑提高到十五年有期徒刑，从而使强

令违章冒险作业罪成为危害生产安全犯罪中最重的一个罪名。《2015年解释》第五条列举了强令违章冒险作业罪的3种具体行为方式，即：（1）利用组织、指挥、管理职权，强制他人违章作业的；（2）采取威逼、胁迫、恐吓等手段，强制他人违章作业的；（3）故意掩盖事故隐患，组织他人违章作业的。为进一步增强刑罚打击效果，《刑法修正案（十一）》对《刑法》第一百三十四条作出第二次修改，在该条第二款中增加规定“明知存在重大事故隐患而不排除，仍冒险组织作业”的犯罪情形，从而进一步扩充了犯罪行为方式，本款规定的罪名由强令违章冒险作业罪相应修改为强令、组织他人违章冒险作业罪。

本解释研究起草过程中，有意见提出，《2015年解释》第五条列举的第三种行为方式，主要是为了满足当时司法实践的需要，对《刑法》原第一百三十四条第二款规定作出的适度扩张性解释，在《刑法修正案（十一）》施行后，需要认真考虑如何合理确定《刑法》第一百三十四条第二款规定的两种行为方式的区分界限，正确认定罪名。研究认为，从理论上讲，《刑法》第一百三十四条第二款规定的强令他人违章冒险作业与组织他人违章冒险作业在行为方式上的主要区别在于，生产经营单位的管理者是否有强制命令行为、一线生产作业人员对于冒险开展作业在主观上是否情愿。具体来讲，在强令他人违章冒险作业的情况下，管理者利用自己的职权或者采用其他手段强迫一线生产作业人员在违章情况下冒险作业，对一线生产作业人员产生了精神强制，导致一线生产作业人员不敢违抗命令、不得不违章冒险作业；在组织他人违章冒险作业的情况下，并不要求管理者对一线生产作业人员的精神产生强制，即使一线生产作业人员未受到精神强制、对开展生产作业活动无明显排斥心态，管理者的行为也可能构成犯罪。根据上述标准，在生产经营单位的管理者故意掩盖重大事故隐患的情况下，一线生产作业人员对生产作业环境存在重大事故隐患、属于违章冒险作业并不明知，其主观上对开展生产作业活动并不存在排斥心态，单位管理者亦未实施强制命令行为，对此种情形认定为组织他人违章冒险作业更为妥当，且不会放纵犯罪人。故在《刑法修正案（十一）》施行后，对《2015年解释》第五条列举的第三种行为方式不宜再认定为强令违章冒险作业行为，在存在重大事故隐患的情况下，应以组织他人违章冒险作业罪定罪处罚。本解释第一条明确，实施《2015年解释》第五条前两项规定行为的，属于强令他人违章冒险作业；明知存在重大事故隐患，仍然违反有关安全管理的规定，不排除或者故意掩盖重大事故隐患，组织他人作业的，属于组织他人违章冒险作业。

（二）关于危险作业罪的相关构成要件

本解释第二条和第三条对《刑法修正案（十一）》增设的危险作业罪的相关构成要件作出了规定。

第一，关于危险作业罪的犯罪主体。《刑法》第一百三十四条之一关于危险作业罪的罪状表述为“在生产、作业中违反有关安全管理的规定”，与第一百三十四条第一款关于重大责任事故罪的罪状表述总体一致，仅在是否造成实际危害后果方面存在区别，故危险作业罪的犯罪主体范围原则上应与重大责任事故罪相同。另外，第一百三十四条之一规定的三种行为方式中，第二种和第三种行为方式一般情况下仅能由对生产作业活动负有组织、指挥、管理职责的人员实施，但第一种行为方式“关闭、破坏直接关系生产安全的监控、报警、防护、救生设备、设施，或者篡改、隐瞒、销毁其相关数据、信息的”行为，负有组织、指挥、管理职责的人员和一线生产作业人员均可实施。本解释第二条明确，危险作业罪的犯罪主体，包括对生产、作业负有组织、指挥或者管理职责的负责人、管理人员、实际控制人、投资人等人员，以及直接从事生产、作业的人员。

第二，关于危险作业罪具体行为方式的认定。司法实践中，对于《刑法》第一百三十四条之一第二项规定的“拒不执行”的内涵和外延存在一定争议，部分案件处理中对“拒不执行”的理解和界定过于狭窄，导致对危险作业行为的刑事处罚不力。研究认为，对于“拒不执行”的界定，应当服务于刑法规定的目的，遵循刑法解释的基本规则，立足于充分运用刑事手段依法惩治拒不执行安全生产监管部门行政决定、命令的危险作业行为。法律解释中的当然解释方法要求，运用逻辑的推演、考虑法律的规定目的，在法律条文文义的可能范围之内进行解释。在生产作业场所存在重大事故隐患的情况下，行为人无正当理由故意不执行责令停产停业、停止施工、停止使用有关设备、设施、场所或者立即采取排除危险的整改措施的，属于《刑法》第一百三十四条之一第二项规定的“拒不执行”。根据当然解释的要求，行为人在收到安全生产监管部门作出的上述行政决定、命令后，故意弄虚作假虚构重大事故隐患已经排除的事实，或者采取行贿等不正当手段，使安全生产监管部门解除上述处罚决定或者整改措施，规避、干扰有关行政决定、命令的执行的，与无正当理由故意不执行行为并无实质上的区别，而且社会危害性更加严重，认定为“拒不执行”符合刑法规定的目的。本解释第三条第一款明确列举了上述三种可认定为“拒不执行”的行为方式。第二款依照《刑法》和已有司法解释确定的处断原则，明确以行贿等不正当手段规避、干扰执行依法作出的行政决定、命令，同时构成行贿罪、单位行贿罪等犯罪的，应当依法数罪并罚。

危险作业罪属于刑法理论上的行政犯，认定构成犯罪需要满足双重违法性要求，以行为违反行政法律法规的规定为前提。另外，司法机关对于某类行政违法行为是否构成犯罪，必须严格依照《刑法》规定进行判断，不能将所有违反行政法律法规的行为都认定为犯罪。安全生产行政执法的具体情况比较复杂，且现阶段安全生产行政执法工作在某些方面还在不断发展完善之中，认定某些类型的安全生产行政违法行为是否构成犯罪，更需要进行认真审查。本解释第三条第三款对认定是否属于《刑法》第一百三十四条之一第二项规定的“拒不执行”作了进一步原则性规定，明确应当综合考虑相关行政决定、命令是否具有法律、行政法规等依据，行政决定、命令的内容和期限要求是否明确、合理，行为人是否具有按照要求执行的能力等因素进行判断。设置上述规定，有利于合理确定危险作业罪的适用范围，也可以进一步督促安全生产监管部门规范履行安全生产监管职责。

（三）关于危险作业罪与相关结果犯罪名的关系

对于危险作业罪与重大责任事故罪等危害生产安全犯罪结果犯罪名的关系，本解释研究起草过程中存在一定争议。有意见认为，行为人实施《刑法》第一百三十四条之一规定的危险作业行为，符合危险作业罪的构成要件，该行为又进而导致发生重大伤亡事故或者其他严重后果的，还符合重大责任事故罪等罪名的构成要件，属于刑法理论上的想象竞合犯，应当按照从一重原则或者从一重从重原则进行处断。

研究认为，上述意见值得商榷。刑法理论上的想象竞合是指一行为同时触犯数个罪名的情形，即行为人实施了一个行为，但同时符合多个罪名的构成要件而形成的竞合关系。对于危险作业罪与重大责任事故罪等罪名而言，危险作业罪的定罪条件是“具有发生重大伤亡事故或者其他严重后果的现实危险”，属于具体危险犯；重大责任事故罪等罪名的构成要件是“发生重大伤亡事故或者造成其他严重后果”，属于结果犯。根据刑法理论，作为犯罪构成要件的危险与结果是两个不同的概念，危险进一步发展才会造成结果，故作为危险作业罪定罪条件的“现实危险”不应包括发生重大伤亡事故或者造成其他严重后果的情形。行为人实施了危险作业行为、导致发生重大伤亡事故或者造成其他严重后果的，符合重大责任事故罪等结果犯罪名的构成要件，但并不符合危险作业罪的构成要件，故不属于刑法理论上的想象竞合。危险作业罪与重大责任事故罪等结果犯罪名之间总体上属于基本犯与结果加重犯的关系，不构成想象竞合犯。本解释第五条明确，在生产、作业中违反有关安全管理的规定，有《刑法》第一百三十四条之一规定情形之一，因而发生重大伤亡事故或者造成其他严重后果，构成重大责任事故罪等结果犯罪名的，应当依照基本犯与结果加重犯的关系原理，以结果加重犯即重大责任事故罪等罪名定罪量刑。

实践中适用本条规定，需要注意处理好与《2015 年解释》有关规定条文的关系。《2015 年解释》第十二条第一款规定了构成危害生产安全犯罪情况下的多种从重处罚的情形，该条第一款规定的部分情形，如未经许可违法违规从事生产经营活动，关闭、破坏必要的安全监控和报警设备等行为，属于《刑法》第一百三十四条之一规定的危险作业行为。根据本解释第五条和《2015 年解释》第十二条第一款的规定，行为人实施属于《刑法》第一百三十四条之一和《2015 年解释》第十二条第一款规定范围内的危险作业行为，导致发生重大伤亡事故或者其他严重后果，构成重大责任事故罪等结果犯罪名的，应当以重大责任事故罪等结果犯罪名定罪处罚，同时还应体现《2015 年解释》第十二条第一款的规定精神，在量刑时酌情从重处罚。从理论上讲，如果行为人实施的非法违法生产经营行为属于《刑法》第一百三十四条之一规定的危险作业罪行为，说明该行为本身即具有严重的社会危害性，在该行为导致发生重大伤亡事故或者其他严重后果、又构成重大责任事故罪等结果犯罪名的情况下，以重大责任事故罪等结果犯罪名定罪并酌情从重处罚，才能对该行为以及行为造成的危害后果进行充分评价。另外，《刑法》对危险作业罪的规定方式具有一定特殊性，仅选取了社会危害性较大的一部分非法违法生产经营行为作为犯罪处理，而非将所有的非法违法生产经营行为均规定为犯罪，这一点与《刑法》第一百一十四条、第一百一十五条等对放火罪等罪名基本犯和结果加重犯的规定方式存在明显不同。在危险作业行为导致发生重大伤亡事故或者其他严重后果、符合重大责任事故罪等结果犯罪名构成要件的情况下，如果在具体量刑时不对犯罪人酌情从重处罚，不利于做到与非法违法生产经营行为本身不符合危险作业罪行为构成要件的其他结果犯的量刑平衡。这种情况下，以重大责任事故罪等结果犯罪名定罪，并在量刑时酌情从重处罚，有利于做到罪责刑相适应。

（四）关于对安全评价中介组织人员犯罪的行为认定和定罪量刑标准

随着市场经济的发展，中介组织发挥着越来越重要的作用。安全评价中介组织依法接受委托开展安全评价活动、出具安全评价报告，对生产经营单位能否获得行政批准和许可、能否开展生产经营活动起到关键性作用。当前，安全评价中介组织人员故意提供虚假证明文件或者出具证明文件重大失实等问题时有发生，是导致生产安全事故发生的原因之一，必须引起重视，对相关犯罪行为予以依法惩处。本解释立足于实践需要，对安全评价中介组织人员犯提供虚假证明文件罪和出具证明文件重大失实罪的行为认定和定罪量刑标准作出了规定。

第一，关于行为认定。本解释第六条第一款根据安全生产领域相关法律、行政法规、部门规章等的规定，结合刑法理论，对《刑法》第二百二十九条第一款规定的提供虚假证明文件罪中与安全评价有关的“虚假证明文件”这一概念的外延作出了规定。其中，第一项“伪造的安全评价文件”主要是指无资质组织或者个人冒用具有合法资质的安全评价中介组织名义出具的安全评价文件，属于形式伪造；第二项至第五项规定内容主要参考了安全生产监管部门有关规范性文件的规定，总体属于具有合法资质的安全评价中介组织故意出具内容虚假的安全评价文件，属于对安全评价文件的实质伪造；第六项是兜底条款。

对安全评价中介组织负有监管职责的有关行政主管部门提出，现阶段在部分刑事案件中，一定程度上存在对安全评价中介组织人员的刑事责任认定范围过广、处罚范围过大等问题，实践中，造成安全评价中介组织出具的证明文件与实际情况不符的原因很多、情况较为复杂，建议在司法解释中作出限制性规定，防止刑事打击面过广。研究认为，上述意见需要引起重视，对安全评价中介组织人员犯罪既要依法严惩，又要坚持实事求是，正确认定刑事责任，确保罚当其罪，不能将生产经营单位单方面蓄意弄虚作假导致证明文件失实失真的责任简单归咎于安全评价中介组织人员。本解释第六条第二款明确，因为作为安全评价对象的生产经营单位单方面擅自提供虚假材料、影响安全评价结论，承担安全评价职责的中介组织人员对安全评价结论与实际情况不符无主观故意的，不属于故意提供虚假证明文件，不构成提供虚假证明文件罪。另外，在生产经营单位单方面擅自提供虚假材料的情况下，如果安全评价中介组织人员存在严重不负责任的过失心态，未按规定通过现场核查等方式对生产经营单位提供的虚假材料进行认真审核辨别，导致评价结论重大失实、造成严重后果的，仍有可能构成出具证明文件重大失实罪这一过失犯罪罪名。本解释第六条第三款对此作出了规定，有利于正确区分罪责，严密刑事法网，充分发挥司法解释的规范引导作用。

第二，关于定罪量刑标准。最高人民检察院、公安部 2022 年 4 月印发修订的《关于公安机关管辖的刑事案件立案追诉标准的规定（二）》［以下简称《立案追诉标准（二）》］对提供虚假证明文件罪和出具证明文件重大失实罪的定罪标准作了规定，主要以行为造成的直接经济损失数额为认定标准。各级司法机关参照《立案追诉标准（二）》的规定处理了一批安全评价中介组织人员犯罪案件。为保持裁判标准的延续性，本解释确定的定罪直接经济损失数额标准总体上与《立案追诉标准（二）》保持一致。同时，根据司法实践中的已有判例，对安全评价中介组织人员以提供虚假证明文件罪和出具证明文件重大失实罪定罪处罚的情况一般发生在生产安全事故中，生产安全事故导致的人身伤亡结果是判断安全评价中介组织人员行为是否构成犯罪的重要标准，已有司法判例采用的人身伤亡这一定罪标准总体上与生产安全事故涉及的重大责任事故罪等罪名的定罪标准一致，效果良好。本解释第七条第一款和第八条在总结审判经验的基础上，参照《立案追诉标准（二）》的有关规定，结合《2015 年解释》规定的重大责任事故罪等危害生产安全犯罪罪名的定罪标准，同时考虑到与发生在其他行业领域的提供虚假证明文件和出具证明文件重大失实犯罪行为的定罪标准的协调统一，对安全评价中介组织人员犯提供虚假证明文件罪和出具证明文件重大失实罪的定罪标准作了规定。

本解释第七条第二款在总结已有案例裁判标准的基础上，对提供虚假证明文件罪中“致使公共财产、国家和人民利益遭受特别重大损失”这一适用第二档法定刑结果要件的认定标准作出了规定，总体上与重大责任事故罪等危害生产安全犯罪罪名适用第二档法定刑的标准保持一致。根据《刑法》第二百三十一条关于单位犯罪的规定，本解释第九条明确，在安全评价中介组织构成提供虚假证明文件罪和出具证明文件重大失实罪单位犯罪的情况下，对单位直接负责的主管人员和其他直接责任人员，采用与自然人犯罪相同的标准。

出于为各级司法机关提供尽量明确的裁判标准的考虑，本解释对安全评价中介组织人员犯罪规定了具体的人身伤亡和直接经济损失数量标准。但是，从司法实践情况看，单纯以数量为标准确定刑事责任，在某些案件中无法准确反映行为人的主观恶性和行为对引发犯罪后果所起作用的大小，可能导致罪责刑不相适应以及与其他关联犯罪的量刑不平衡。特别是在安全评价中介组织人员犯罪的情况下，上述问题尤其需要引起重视。实践中，对安全评价中介组织人员认定为提供虚假证明文件罪或者出具证明文件重大失实罪，一般是在导致生产安全事故发生的场合，与重大责任事故罪等危害生产安全犯罪同案或者分案但同时处理。生产安全事故的发生一般属于多因一果，引发事故的直接原因和主要原因一般是生产经营单位的违法生产行为，而非安全评价中介组织人员提供虚假证明文件或者出具证明文件重大失实行为。如果对安全评价中介组织人员提供虚假证明文件或者出具证明文件重大失实行为一概以事故引发的人身伤亡结果和直接经济损失数额为标准确定刑罚，可能导致对安全评价中介组织人员的处刑重于非法违法生产经营行为人，造成量刑不平衡，不符合人民群众的公平正义观念。

为确保司法解释的规定内容更加符合具有宪法位阶的罪刑法定原则、责任主义的要求，避免单纯依照数量标准定罪量刑造成的弊端，新近出台的多个司法解释立足于合宪性解释原理，对相关犯罪的定罪量刑标准作出了更加合理的规定，有学者称其为司法解释的“合宪性调适”。为确保对安全评价中介组织人员犯罪罚当其罪，本解释设置了专门规定。《2015 年解释》对重大责任事故罪等罪名适用第二档法定刑的标准确立了“事故后果+责任大小”的总体原则，即要求造成一定的事故后果、同时负事故主要责任的，才适用第二档法定刑；负次要责任的，一般不适用第二档法定刑，从而有效解决了危害生产安全犯罪案件中的量刑平衡问题。但是，安全评价中介组织人员一般仅负事故次要责任，在此情况下，难以对其引发事故所负责任大小作进一步区分，以事故主要责任和次要责任为标准对安全评价中介组织人员的刑罚进行调适难度较大。为解决上述问题，本解释在第七条第三款对安全评价中介组织人员犯罪的量刑标准作了进一步的原则性、导向性规定。考虑到《刑法修正案（十一）》对提供虚假证明文件罪所作修改体现出的依法严惩中介组织出具虚假证明文件犯罪的总体刑事政策导向，本款规定内容仅涉及提供虚假证明文件罪适用第二档法定刑的标准，不涉及定罪标准。本解释第七条第三款规定，在安全评价中介组织人员的行为构成提供虚假证明文件罪的前提下，应当综合考虑其行为手段、主观过错程度、对安全事故的发生所起作用大小及其获利情况、一贯表现等各方面因素，综合评估社会危害性，依法裁量刑罚，确保罪责刑相适应。在具体案件处理过程中，如果根据本解释第七条第二款规定的标准适用五年以上十年以下有期徒刑量刑幅度明显处罚过重的，可以根据案件事实、情节和社会危害程度，依法作出妥当处理。对于犯提供虚假证明文件罪、未达到本解释第七条第二款规定的适用第二档法定刑标准，以及犯出具证明文件重大失实罪的安全评价中介组织人员，在量刑时也应注意与关联的危害生产安全犯罪人之间的量刑平衡。

（五）关于宽严相济刑事政策

宽严相济刑事政策是我国的基本刑事政策，要求在具体案件处理过程中，根据犯罪的性质和具体情况实行区别对待，做到当宽则宽、当严则严、宽严相济、罚当其罪。危险作业罪属于轻罪，且入罪不要求造成重大事故后果，具体适用过程中尤其需要注意贯彻落实宽严相济要求，防止刑罚打击面过广。本解释第十条规定了适用危险作业罪中的宽严相济刑事政策要求，在坚持依法定罪量刑的前提下，重点对如何贯彻宽的一面作出了规定。本解释进一步明确了对危险作业行为人予以从宽处罚和不起诉、免予刑事处罚、不作为犯罪处理的条件，有利于充分发挥司法解释的行为指引作用，鼓励危险作业行为人及时采取措施排除事故隐患、真诚认罪悔罪，也有利于合理控制刑事处罚范围，促使市场经济主体及时恢复正常生产经营活动，确保经济社会协调健康发展。

（六）关于刑事司法与行政执法程序衔接

做好安全生产工作，需要行政、司法等机关协调配合、共同发力，综合采用包括行政和刑事等手段在内的各种手段措施，严格落实责任，实现综合治理。2019 年 4 月印发的《衔接工作办法》对安全生产行政执法与刑事司法衔接工作程序作出了较为系统的规定，实践中取得了显著成效。本解释第十一条根据《刑法》和《刑事诉讼法》的有关规定，进一步明确了危害生产安全犯罪案件以及相关联的提供虚假证明文件、出具证明文件重大失实犯罪案件的程序衔接问题，确保对违法犯罪人的刑事、行政等方面责任及时落到实处。

（七）关于解释的效力

根据本解释第十二条的规定，最高人民法院、最高人民检察院此前发布的司法解释和规范性文件与本解释不一致的，以本解释为准。需要注意的是，本解释主要是对《2015 年解释》未涉及、《刑法修正案（十一）》作出修改或者增设的危害生产安全犯罪及关联犯罪的法律适用标准作出规定，除对《2015 年解释》第五条关于强令违章冒险作业罪行为方式的规定作出了部分调整外，并未对《2015 年解释》的其他规定内容作出修改。本解释施行后，《2015 年解释》除第五条之外的其他规定内容仍然有效。前后两个司法解释共同明确了危害生产安全犯罪和相关联的安全评价中介组织人员犯罪、安全监管失职渎职犯罪的具体法律适用标准，构成了比较完备的刑事规范体系。

（八）关于危险作业罪中“现实危险”的认定标准

《关于推进安全生产领域改革发展的意见》提出，“研究修改刑法有关条款，将生产经营过程中极易导致重大生产安全事故的违法行为列入刑法调整范围”。为贯彻落实党中央要求，满足实践需要，《刑法修正案（十一）》增设了危险作业罪。根据《刑法》第一百三十四条之一的规定，危险作业罪的定罪条件是“具有发生重大伤亡事故或者其他严重后果的现实危险”，不要求发生现实的重大危害后果，刑法理论上把此类犯罪称为“过失危险犯”，这在刑事立法中是非常少见的。“现实危险”这个概念在《刑法》条文中是第一次出现，其内涵和外延应当如何界定，存在较大争议。例如，有意见提出，《刑法》第一百三十四条之一规定的三种危险作业行为本身就具有发生重大伤亡事故或者其他严重后果的现实危险，行为人只要实施了该条规定的三种危险作业行为中的一种，就可以直接认定具有“现实危险”，进而以危险作业罪定罪处罚，否则不利于有效打击非法违法生产经营行为，可能会放纵犯罪。

如何确定《刑法》第一百三十四条之一规定的“现实危险”的认定标准，本解释研究起草过程中进行了反复研究，对主要问题达成了共识。鉴于有关方面对如何确定具体认定标准还存在不同认识，本解释对此未作明确规定，但此问题直接关系到危险作业罪的成立范围，还需要尽量统一思想认识，防止对司法实践造成困扰。

研究认为，上述认为只要实施了《刑法》第一百三十四条之一规定的三种危险作业行为之一就可以直接认定具有“现实危险”、进而以危险作业罪定罪处罚的意见，与立法本意不符，难以成立。如果认为行为人实施了危险作业行为就当然具有发生重大伤亡事故或者其他严重后果的现实危险，等于架空了《刑法》第一百三十四条之一设置的定罪条件，十分不利于正确区分行政违法和刑事犯罪，可能导致刑罚打击范围不当扩大，甚至可能干扰市场经济主体正常开展生产经营活动。刑罚是最严厉的法律制裁措施，危险作业罪虽然是轻罪，但从事生产经营活动的有关人员一旦被认定构成本罪，将对其造成严重影响，并进一步影响到其所在市场主体的生产经营活动，认定构成犯罪需要慎重。对于危险作业罪的成立范围，需要进行严格把握，特别是在现阶段社会公众对危险作业罪还缺乏全面、深刻认识的情况下，对本罪的成立范围更应当进行严格限制。

经反复慎重研究认为，综合立法原意和司法实践情况，《刑法》第一百三十四条之一规定的“现实危险”不仅是指具体危险，而且必须是十分紧迫的危险，原则上只有在行为已经导致出现重大险情，或者已经造成了小的事故，只是因为偶然性的客观因素或者及时开展救援等原因，未造成重大事故后果的，对于这种“千钧一发”的危险才能认定为“现实危险”，进而以危险作业罪定罪处罚。基于上述考虑,《刑法》第一百三十四条之一规定的“现实危险”主要包括两种情形:一是行为人实施了该条规定的三种行为之一,并且已经因为实施该行为引发了小的事故,只是因为及时开展抢救、救援或者其他偶然性的客观因素,小事故没有发展成重大事故、没有达到重大伤亡事故或者其他严重后果的认定标准;二是行为人实施了该条规定的三种行为之一,导致出现了矿山井下冒顶、透水或者危险物品泄漏等重大事故险情,但因为及时开展抢救、救援或者其他偶然性的客观因素,险情没有发展成事故。具有上述情况之一的,才可以认定为具有“现实危险”,进而对行为人以危险作业罪定罪处罚。对于不符合上述两种情形的行为,不宜认定构成危险作业罪,否则可能导致刑事手段不当介入应由行政手段调整的领域范围,过度影响市场主体的正常生产经营活动。

(撰稿人:滕　伟　叶邵生　李加玺)

【链　　接】

依法惩治危害生产安全犯罪　切实保障人民生命财产安全
——最高人民法院、最高人民检察院相关部门负责人就《关于办理危害生产安全刑事案件适用法律若干问题的解释(二)》答记者问

2022年12月15日,最高人民法院、最高人民检察院联合发布《关于办理危害生产安全刑事案件适用法律若干问题的解释(二)》(法释〔2022〕19号,以下简称本解释),自2022年12月19日起施行,同时发布了人民法院、检察机关依法惩治危害生产安全犯罪工作情况和依法惩治危害生产安全犯罪典型案例。为便于司法实践中正确理解与适用,最高人民法院刑事审判第四庭、最高人民检察院第二检察厅和法律政策研究室负责人接受了采访。

问:最近一段时期,部分地区和行业先后发生多起生产安全事故,严重影响社会公共安全和人民群众安全感。针对现阶段安全生产面临的形势,本解释作出了哪些有针对性的规定。

答:最近一段时间以来,部分地区和行业的生产安全事故有所反弹,必须引起高度重视。最高人民法院、最高人民检察院坚决贯彻落实习近平总书记重要指示和党中央决策部署,认真学习贯彻党的二十大精神,针对安全生产工作和司法实践中存在的突出问题,及时总结审判工作经验,联合研究出台了本解

释。本解释一以贯之坚持依法从严惩处总体原则，坚持依法从严打击危害生产安全犯罪不动摇，充分运用刑事手段依法惩治非法违法生产经营行为，切实维护生产安全，保护人民生命财产安全。

一是规定了强令、组织他人违章冒险作业罪的行为方式，明确以威逼、胁迫、恐吓等手段，或者利用组织、指挥、管理职权强制他人违章作业的，均属于刑法规定的强令他人违章冒险作业行为；明知存在重大事故隐患，仍然违反有关安全管理的规定，不排除或者故意掩盖重大事故隐患，组织他人作业的，均可以认定为刑法规定的冒险组织作业行为，确保司法机关正确适用强令、组织他人违章冒险作业罪这一重罪罪名，有效惩治危害生产安全犯罪。

二是规定了《刑法修正案（十一）》增设的危险作业罪的犯罪主体范围和具体行为认定，明确对生产、作业负有组织、指挥或者管理职责的负责人、管理人员、实际控制人、投资人等人员，以及直接从事生产、作业的人员均可以构成危险作业罪；无正当理由故意不执行、采用虚构事实或者行贿等不正当手段规避、干扰执行各级人民政府或者负有安全生产监督管理职责的部门依法作出的停产停业、停止施工等行政决定、命令的，属于《刑法》第一百三十四条之一规定的危险作业行为，确保运用刑事手段有效惩治尚未造成重大事故后果的非法违法生产经营行为，达到及时消除安全风险隐患、从源头上防范生产安全事故的积极效果。

三是针对实践中问题突出的安全评价中介组织人员提供虚假证明文件和出具证明文件重大失实问题，本解释规定了较低的定罪标准，明确达到造成死亡1人或者重伤3人以上安全事故，造成直接经济损失50万元或者100万元以上安全事故等标准的，以提供虚假证明文件罪或者出具证明文件重大失实罪定罪处罚，确保此类行为得到有效惩处。本解释同时明确，安全评价中介组织人员故意提供《刑法》第二百二十九条第一款第三项规定的虚假证明文件，造成死亡3人以上或者重伤10人以上安全事故，或者造成直接经济损失500万元以上安全事故的，可以判处五年以上十年以下有期徒刑，并处罚金。另外，考虑到实践中安全评价中介组织人员提供虚假证明文件行为一般属于引发生产安全事故的间接原因，量刑与事故直接责任人应当有所区别，本解释落实宽严相济刑事政策要求，明确对于安全评价中介组织人员提供虚假证明文件的行为，在裁量刑罚时应当考虑其行为手段、主观过错程度、对安全事故的发生所起作用大小及其获利情况、一贯表现等因素，综合评估社会危害性，依法裁量刑罚，确保罪责刑相适应。

下一步，最高人民法院、最高人民检察院将进一步深入学习贯彻党的二十大精神，进一步开展深入调研，通过继续研究出台司法解释和规范性文件、发布指导性案例等方式，进一步明确包括危险作业罪在内的危害生产安全犯罪有关罪名的司法适用标准，依法从严打击危害生产安全犯罪和关联犯罪，合理确定行政违法与刑事犯罪的界限，确保对危害生产安全犯罪的惩治取得实效。

问：《刑法修正案（十一）》增设了危险作业罪，明确构成该罪要“具有发生重大伤亡事故或者其他严重后果的现实危险”。司法机关在办案中对“现实危险”应当如何具体判断把握。

答：近年来，全国安全生产形势总体稳定明显向好，但一些重特大生产安全事故仍时有发生，给国家和人民群众生命财产带来难以挽回的特别重大损失，教训极其深刻，对安全生产综合治理提出了更高要求。特别是天津港“8·12”瑞海公司危险品仓库特大火灾爆炸事故、江苏响水天嘉宜公司“3·21”特大爆炸事故等，涉案企业对重大事故隐患不落实责任、有效整改，最终“小拖大、大拖炸”，酿成惨剧。这也使我们深刻认识到，等到事故发生后再治理为时已晚，对一些尚未发生严重后果，但具有导致重大事故发生现实危险的重大隐患行为，刑法必须提前介入，预防惩治这类犯罪。为此，《刑法修正案（十一）》增设了《刑法》第一百三十四条之一危险作业罪，对生产作业中违反安全管理规定，尚未造成严重后果，但具有发生重大伤亡事故或者其他严重后果的现实危险的行为，予以刑事规制。

《刑法修正案（十一）》施行以来，司法机关依法办理了一批危险作业犯罪案件，积累了一些经验做法。本解释对危险作业罪的犯罪主体和客观行为作了明确，同时考虑到对“具有发生重大伤亡事故或者其他严重后果的现实危险”的认定问题比较复杂，还需要进一步总结司法实践经验，目前先通过制发典型案例等形式加强指导，待时机成熟时再上升为司法解释规定。我们建议，可以从以下几个方面对“现实危险”加以把握和判断：

一要注意遵循立法原意。从危险作业罪的立法背景和意图看，本罪属于具体危险犯，而不是行为犯。实践中，要严格把握入罪条件，即需要具有“现实危险”，将那种特别危险、极易导致结果发生的重大隐患行为列入犯罪，而不能将一般的、数量众多的其他违反安全生产管理规定的行为纳入刑事制裁，避免行政违法和刑事犯罪界限不清，防止架空安全生产法律法规的适用。同时，认定“现实危险”还要考虑到企业生产经营的实际情况，在强化企业安全生产主体责任、保障安全生产的同时，避免对企业的生产经营造成过度负担和对正常生产经营的不当干扰。

二要注意把握综合判断原则。从司法办案实际和发布典型案例的情况看，“现实危险”主要是指已经出现了重大险情，或者出现了“冒顶”“渗漏”等“小事故”，虽然最终没有发生重大严重后果，但之所以没有发生，有的是因为被及时制止了，有的是因为开展了有效救援，有的完全是因为偶然性的客观原因，对这种“千钧一发”的危险才能认定为具有“现实危险”。对于“现实危险”，应当结合行业属性、行为对象、现场环境、违规行为严重程度、纠正整改措施的及时性和有效性等各方面因素，根据案件具体情况综合分析判断，必要时可以征求应急管理等负有安全生产监督管理职责的部门的意见，结合其他证据综合审查，依法作出认定。

三要注意把握实质判断原则。增设危险作业罪体现了党的二十大报告中“坚持安全第一、预防为主”的要求，因此这种“现实危险”应当具有实质上的社会危害性和应受刑罚性。换言之，这种“现实危险”是客观存在的、紧迫的、具体的、明确的危险，有的甚至已经发生了带有征兆性、预警性的安全事故，如果不能及时消除、持续存在，将可能随时导致发生重大伤亡事故或者其他严重后果。比如，实践中的以下几类情形：一是关闭、破坏直接关系生产安全的监控、报警、防护、救生设备、设施，或者篡改、隐瞒、销毁其相关数据、信息，致使重大事故隐患被掩盖、造成重大险情，或者直接影响事故现场人员逃生自救、事故应急救援的；二是因存在重大事故隐患被依法责令停产停业、停止施工、停止使用有关设备、设施、场所或者立即采取排除危险的整改措施，而拒不执行，造成重大险情的；三是涉及安全生产的事项未经依法批准或者许可，擅自从事矿山开采、金属冶炼、建筑施工，以及危险物品生产、经营、储存等高度危险的生产作业活动，生产作业场所或者安全设施、设备、工艺存在重大事故隐患，造成重大险情的，可以考虑认定为具有“现实危险”。

4. 破坏社会主义市场经济秩序罪

最高人民法院
关于在审理经济纠纷案件中涉及经济犯罪嫌疑若干问题的规定

（1998 年 4 月 9 日最高人民法院审判委员会第 974 次会议通过　根据 2020 年 12 月 23 日最高人民法院审判委员会第 1823 次会议通过的《最高人民法院关于修改〈最高人民法院关于在民事审判工作中适用《中华人民共和国工会法》若干问题的解释〉等二十七件民事类司法解释的决定》修正）

根据《中华人民共和国民法典》《中华人民共和国刑法》《中华人民共和国民事诉讼法》《中华人民共和国刑事诉讼法》等有关规定，对审理经济纠纷案件中涉及经济犯罪嫌疑问题作以下规定：

第一条　同一自然人、法人或非法人组织因不同的法律事实，分别涉及经济纠纷和经济犯罪嫌疑的，经济纠纷案件和经济犯罪嫌疑案件应当分开审理。

第二条　单位直接负责的主管人员和其他直接责任人员，以为单位骗取财物为目的，采取欺骗手段对外签订经济合同，骗取的财物被该单位占有、使用或处分构成犯罪的，除依法追究有关人员的刑事责任，责令该单位返还骗取的财物外，如给被害人造成经济损失的，单位应当承担赔偿责任。

第三条　单位直接负责的主管人员和其他直接责任人员，以该单位的名义对外签订经济合同，将取得的财物部分或全部占为己有构成犯罪的，除依法追究行为人的刑事责任外，该单位对行为人因签订、履行该经济合同造成的后果，依法应当承担民事责任。

第四条　个人借用单位的业务介绍信、合同专用章或者盖有公章的空白合同书，以出借单位名义签订经济合同，骗取财物归个人占有、使用、处分或者进行其他犯罪活动，给对方造成经济损失构成犯罪的，除依法追究借用人的刑事责任外，出借业务介绍信、合同专用章或者盖有公章的空白合同书的单位，依法应当承担赔偿责任。但是，有证据证明被害人明知签订合同对方当事人是借用行为，仍与之签订合同的除外。

第五条 行为人盗窃、盗用单位的公章、业务介绍信、盖有公章的空白合同书，或者私刻单位的公章签订经济合同，骗取财物归个人占有、使用、处分或者进行其他犯罪活动构成犯罪的，单位对行为人该犯罪行为所造成的经济损失不承担民事责任。

行为人私刻单位公章或者擅自使用单位公章、业务介绍信、盖有公章的空白合同书以签订经济合同的方法进行的犯罪行为，单位有明显过错，且该过错行为与被害人的经济损失之间具有因果关系的，单位对该犯罪行为所造成的经济损失，依法应当承担赔偿责任。

第六条 企业承包、租赁经营合同期满后，企业按规定办理了企业法定代表人的变更登记，而企业法人未采取有效措施收回其公章、业务介绍信、盖有公章的空白合同书，或者没有及时采取措施通知相对人，致原企业承包人、租赁人得以用原承包、租赁企业的名义签订经济合同，骗取财物占为己有构成犯罪的，该企业对被害人的经济损失，依法应当承担赔偿责任。但是，原承包人、承租人利用擅自保留的公章、业务介绍信、盖有公章的空白合同书以原承包、租赁企业的名义签订经济合同，骗取财物占为己有构成犯罪的，企业一般不承担民事责任。

单位聘用的人员被解聘后，或者受单位委托保管公章的人员被解除委托后，单位未及时收回其公章，行为人擅自利用保留的原单位公章签订经济合同，骗取财物占为己有构成犯罪，如给被害人造成经济损失的，单位应当承担赔偿责任。

第七条 单位直接负责的主管人员和其他直接责任人员，将单位进行走私或其他犯罪活动所得财物以签订经济合同的方法予以销售，买方明知或者应当知道的，如因此造成经济损失，其损失由买方自负。但是，如果买方不知该经济合同的标的物是犯罪行为所得财物而购买的，卖方对买方所造成的经济损失应当承担民事责任。

第八条 根据《中华人民共和国刑事诉讼法》第一百零一条第一款的规定，被害人或其法定代理人、近亲属对本规定第二条因单位犯罪行为造成经济损失的，对第四条、第五条第一款、第六条应当承担刑事责任的被告人未能返还财物而遭受经济损失提起附带民事诉讼的，受理刑事案件的人民法院应当依法一并审理。被害人或其法定代理人、近亲属因被害人遭受经济损失也有权对单位另行提起民事诉讼。若被害人或其法定代理人、近亲属另行提起民事诉讼的，有管辖权的人民法院应当依法受理。

第九条 被害人请求保护其民事权利的诉讼时效在公安机关、检察机关查处经济犯罪嫌疑期间中断。如果公安机关决定撤销涉嫌经济犯罪案件或者检察机关决定不起诉的，诉讼时效从撤销案件或决定不起诉之次日起重新计算。

第十条 人民法院在审理经济纠纷案件中，发现与本案有牵连，但与本案不是同一法律关系的经济犯罪嫌疑线索、材料，应将犯罪嫌疑线索、材料移送有关公安机关或检察机关查处，经济纠纷案件继续审理。

第十一条 人民法院作为经济纠纷受理的案件，经审理认为不属经济纠纷案件而有经济犯罪嫌疑的，应当裁定驳回起诉，将有关材料移送公安机关或检察机关。

第十二条 人民法院已立案审理的经济纠纷案件，公安机关或检察机关认为有经济犯罪嫌疑，并说明理由附有关材料函告受理该案的人民法院的，有关人民法院应当认真审查。经过审查，认为确有经济犯罪嫌疑的，应当将案件移送公安机关或检察机关，并书面通知当事人，退还案件受理费；如认为确属经济纠纷案件的，应当依法继续审理，并将结果函告有关公安机关或检察机关。

【注 解】

一、最高人民法院1998年4月21日公布本规定，法释〔1998〕7号，自1998年4月29日起施行。

最高人民法院2020年12月29日公布《最高人民法院关于修改〈最高人民法院关于在民事审判工作中适用《中华人民共和国工会法》若干问题的解释〉等二十七件民事类司法解释的决定》修正本规定，法释〔2020〕17号，该修正自2021年1月1日起施行。

二、本规定引用的《中华人民共和国民事诉讼法》已于2023年9月1日第五次修正。

本规定引用的《中华人民共和国刑事诉讼法》已于2018年10月26日第三次修正。

【解 读】

解读《最高人民法院关于在审理经济纠纷案件中涉及经济犯罪嫌疑若干问题的规定》

一、问题的提出

最高人民法院、最高人民检察院、公安部虽然联合下发过法〔研〕发〔1985〕17号、法〔研〕发〔1987〕7号两个通知，但近年来经济发展带来了经济犯罪案件的大量发生。最高人民法院审判委员会讨论通过，于1998年4月21日下发了《关于在审理经济纠纷案件中涉及经济犯罪嫌疑若干问题的规定》（以下简称本规定）。

二、理解与适用

（一）关于本规定解决的主要问题

司法实践中，人民法院之间以及人民法院与公安机关、检察机关之间在处理经济犯罪嫌疑案件与经济纠纷案件过程中常在以下几个方面存在认识上的分歧，甚至发生争议：一是在定性方面，对同一法律事实，有的认为是利用签订经济合同进行诈骗，已涉嫌犯罪，应按经济犯罪案件处理，有的则认为属签订或履行经济合同中的欺诈行为，应按经济纠纷案件处理；二是在案件审理方面，对经济纠纷与经济犯罪交叉案件，有的认为依法应当分开审理，有的则认为应当先刑事后民事，即待刑事案件审结后，再审理经济纠纷案件；三是在诉讼程序方面，应当依民事诉讼程序另案处理的，有的认为应当以刑事附带民事诉讼程序解决；四是在涉案财产方面，有的认为应当通过处理经济纠纷案件返还财产，有的则认为是赃物，应依法予以追缴。司法实践中较难区分的是利用经济合同进行诈骗犯罪与经济纠纷的性质问题，《刑法》第二百二十四条及最高人民法院《关于审理诈骗案件具体应用法律的若干问题的解释》（以下简称《解释》）第二条对利用经济合同进行诈骗犯罪的客观要件作出了具体的规定，为正确认定利用经济合同诈骗犯罪的性质提供了法律依据。因此，本规定没有涉及经济犯罪与经济纠纷案件性质的区分。本规定解决的主要是在审理经济纠纷案件中涉及经济犯罪嫌疑案件民事责任的承担以及诉讼程序等问题。

（二）关于不同的法律事实引起的民事责任问题

法律事实是指由法律规定的能够产生一定法律后果的客观情况。不同的法律事实，引起不同法律关系的产生、变更和消灭的法律后果。司法实践中，因不同的法律事实引起经济纠纷与经济犯罪嫌疑交叉案件的情况比较复杂，也是人民法院之间，人民法院与公安机关、检察机关之间容易发生争议的问题。对这种经济纠纷与经济犯罪嫌疑交叉案件如何处理？由于认识上的分歧，做法也不统一。有的追缴了赃款、赃物，追究了个人的刑事责任，不再以经济纠纷案件处理；有的追究个人的刑事责任，又以经济纠纷案件让单位承担民事责任。本规定第一条对同一公民、法人或其他经济组织因不同的法律事实，分别涉及经济纠纷与经济犯罪嫌疑的，作出了经济纠纷案件与经济犯罪嫌疑案件应当分开处理的规定。我们认为，区分是否分开审理的标准，是个人涉嫌犯罪，单位应否承担民事责任。个人以单位的名义签订合同，与其非法占有、使用或处分取得的财物形成了两个紧密联系但又相互独立的法律事实：一是以单位名义发生的民事法律事实；二是个人犯罪的刑事法律事实。在这种情况下，经济纠纷案件与经济犯罪嫌疑案件应当分开审理。本规定第三条至第六条对单位民事责任的承担规定了两种情况：一是单位因合同之债产生的民事责任；二是个人涉嫌犯罪，单位的过错行为产生的民事责任。现分述如下：

1. 单位因合同之债产生的民事责任

本规定第三条解决的是在审理经济纠纷案件中涉及贪污犯罪嫌疑问题。单位直接负责的主管人员和其他直接责任人员在职务或被授权的范围内，以单位的名义对外签订经济合同，将骗取的财物非法占为已有的构成贪污犯罪。根据《民法通则》第一百零六条第一款“公民、法人违反合同或者不履行其他义务的，应当承担民事责任”和最高人民法院法〔经〕复〔1998〕1号《关于单位负责人被追究刑事责任后，单位应否承担返还其预收货款的责任问题的批复》的规定，追究个人贪污犯罪的刑事责任，不能代替或免除单位依法应当承担的民事责任。

2. 个人涉嫌经济犯罪，单位的民事责任

本规定第四条至第六条针对个人涉嫌经济犯罪的不同情况，对单位应否承担民事责任作出了不同规定。概括起来，有以下几种情况：(1) 单位不承担民事责任。第四条中对个人借用单位的业务介绍信、合同专用章或者盖有公章的空白合同书，以出借单位的名义签订经济合同骗取财物进行经济犯罪，被害人明知签订合同的对方当事人是借用行为而仍与之签订合同的，规定单位不承担民事责任。因为在上述情况下，被害人具有过错，因其过错行为所造成的经济损失，应由其自行承担民事责任。第五条中盗窃、盗用单位的公章、业务介绍信、盖有公章的空白合同书，或者私刻单位公章签订经济合同进行经济犯罪的行为，单位是没有过错的。因此，单位不承担民事责任。盗窃和盗用的相同点：一是非本单位工作人员的行为；二是采取的是秘密的方法和手段。二者的主要区别：盗窃行为是非法占有其他单位公章等，而盗用行为是非法使用其他单位公章。第六条对企业承包、租赁经营合同期满后，企业按规定办理了企业法定代表人的变更登记，并采取了收回公章、业务介绍信、盖有公章的空白合同书的措施，但原承包人、承租人利用擅自保留的公章等以原承包、租赁企业的名义进行经济犯罪的，作出了一般不承担民事责任的规定。实践中，因为企业是否采取了行之有效的措施，企业有否过错及过错程度等情况较为复杂，所以作出了原则性的规定。对此，人民法院在处理具体案件中应严格掌握，企业若没有明显过错，则不应承担民事责任。(2) 单位承担民事责任。根据《民法通则》第一百零六条第二款“公民、法人由于过错侵害国家的、集体的财产，侵害他人财产、人身的，应当承担民事责任”的规定，行为人个人涉嫌经济犯罪，对行为人给被害人造成的经济损失，单位有过错的应当承担过错责任。适用过错责任的条件，一是单位在行为人以单位名义进行犯罪上具有过错；二是单位的过错行为给被害人造成了经济损失；三是单位的过错行为与被害人的经济损失之间具有因果关系。只有具备上述条件，单位才承担民事责任。审判实践中应注意不能随意扩大单位承担民事责任的范围。同时，也要防止随意免除单位依法应当承担的民事责任。本规定第四条中对单位出借业务介绍信等过错行为引起的法律后果作出了规定。有的单位出于牟利等目的，将本单位的业务介绍信、合同专用章、盖有公章的空白合同书借予他人使用，有的借用人利用这些凭证以签订经济合同的方法进行诈骗或者其他犯罪活动。借用人在以出借单位的名义与第三人签订合同时，第三人认为是与出借单位而不是与借用人签订合同。因此，出借单位对被害人的经济损失具有过错。出借单位对借用人的犯罪行为虽然不承担刑事责任，但对被害人的经济损失，应当承担赔偿责任。本规定第五条中对行为人私刻单位公章或者擅自使用单位公章、业务介绍信、盖有公章的空白合同书进行犯罪，且造成被害人经济损失，单位有明显过错的，作出了承担赔偿责任的规定。司法实践中，有的单位违反公章管理规定，对公章未加严格管理，使本单位无权使用公章的人未经批准而使用单位公章进行犯罪活动；有的单位出于牟利目的，授权本单位工作人员或聘用的人员对外开展业务，有的人员则利用单位出具的业务介绍信，擅自成立经济组织，私刻公章，进行经济犯罪活动，而单位对行为人擅自使用公章的行为明知而不加制止，甚至为其提供发票、账号等方便。本规定第六条对企业承包、租赁经营中单位聘用的人员及受单位委托保管公章的人员擅自利用保留的原单位公章签订经济合同进行诈骗犯罪，单位有过错的，作出了承担赔偿责任的规定。司法实践中，有的承包、租赁企业，在承包、租赁经营合同期满后，不采取积极措施收回公章，特别是业务介绍信、盖有公章的空白合同书，致使原承包人、承租人得以利用这些凭证又以原承包、承租单位的名义签订经济合同，进行诈骗犯罪。对上述几种情况，规定单位承担赔偿责任，有利于增强单位的责任感，预防、减少犯罪。本规定第四条至第六条中所提的赔偿责任，是指补充赔偿责任，即犯罪嫌疑人不能退还或不能赔偿的被害人的财物及其经济损失，由单位予以赔偿。

（三）关于同一法律事实引起的民事责任问题

同一公民、法人或其他经济组织因同一法律事实可引起承担刑事责任，同时承担民事责任的法律后果。

《刑法》第二百三十一条等条款规定，单位犯罪，除对单位判处罚金外，对该单位直接负责的主管人员和其他直接责任人员还应予以刑事处罚。《刑法》关于单位犯罪的规定，不仅解决了单位犯罪及刑事责任的承担问题，而且，为人民法院正确区分单位犯罪与个人犯罪提供了法律依据。本规定第二条对单位犯罪涉及的民事责任问题作出了规定。单位利用签订经济合同等手段进行诈骗犯罪，虽然既涉及经济纠纷又牵涉经济犯罪，但应认定是基于同一法律事实。因同一法律事实按经济犯罪案件处理的，一般不应再按经济纠纷案件处理。但是，在按经济犯罪案件处理过程中，如果单位因犯罪行为取得的财产，未能全部或部分返还被害人的，单位依法应当承担赔偿责任。

（四）关于在审理经济纠纷案件中涉及经济犯罪财物处理问题

司法实践中，公安机关、检察机关侦查犯罪追缴赃款、赃物与人民法院审理经济合同纠纷案件过程中保全或者执行财物，存在对赃款、赃物顺着流向一追到底，还是应当区分具体情况予以处理的问题。对上述问题，《解释》第十一条作出了明确规定，即对第三人的善意取得作出了规定。为保护善意第三人的合法权益，维护正常的经济秩序，解决人民法院与公安、检察机关之间的争议提供了法律依据。人民法院在处理经济纠纷案件中遇到的买赃，即当事人以签订经济合同的形式购买的标的物是赃物问题，亦适用上述规定。但是，如果买方购买的赃物被依法予以追缴，由此造成买方的经济损失，应视不同情况承担不同法律后果：一是买方明知或者应当知道经济合同标的物是赃物的，对造成的经济损失买方自行承担民事责任；二是买方不知该经济合同的标的物是赃物的，对其经济损失，应当由卖方承担民事责任。

（五）关于在审理经济纠纷案件中涉及经济犯罪嫌疑的程序等问题

1. 诉讼程序及案件的审理

被害人在签订或履行经济合同过程中，因行为人的犯罪行为造成的经济损失，包括直接财产损失和其他实际经济损失。根据《刑事诉讼法》第七十七条第一款①的规定，被害人由于被告人的犯罪行为而遭受物资损失的“有权提起附带民事诉讼”。因此，被害人的直接财产损失，可以通过刑事附带民事诉讼程序予以解决。同时，被害人对其经济损失也有权提起民事诉讼。提起刑事附带民事诉讼还是提起民事诉讼，只能由当事人自主决定。那种认为被害人的经济损失，应通过刑事附带民事诉讼程序予以解决，人民法院不应再以经济纠纷案件处理的观点是不符合法律规定的。根据本规定第八条，被害人选择诉讼的程序不同，经济犯罪嫌疑案件与经济纠纷案件审理的方式则不同：一是对单位犯罪，被害人提起刑事附带民事诉讼的，人民法院依法应当一并审理。如果被害人另行提起民事诉讼，经济犯罪嫌疑案件与经济纠纷案件应当分开审理。二是对个人涉嫌犯罪，单位依法应当承担民事责任的，被害人有权对单位另行提起民事诉讼。若被害人另行提起民事诉讼，经济犯罪嫌疑案件与经济纠纷案件应当分开审理。鉴于本规定第三条涉及的是贪污性质的犯罪，犯罪嫌疑人所在单位的财产损失依法应当从犯罪嫌疑人所得财产中返还，所以，未对诉讼程序作出规定。

2. 经济犯罪嫌疑的处理

最高人民法院、最高人民检察院、公安部曾就人民法院在审理经济纠纷案件过程中发现经济犯罪如何处理问题先后下发了法〔研〕发〔1985〕17号《关于及时查处在经济纠纷案件中发现的经济犯罪的通知》和法〔研〕发〔1987〕7号《关于在审理经济纠纷案件中发现经济犯罪必须移送的通知》。上述通知，绝大多数法院执行是好的。但也有少数法院，由于案件复杂，难以确

① 现为《刑事诉讼法》（2018年修正）第一百零一条。

认经济纠纷或经济犯罪案件的性质及地方保护等原因，存在将经济纠纷案件作为经济犯罪案件审理，或者在审理经济纠纷案件中发现经济犯罪嫌疑线索、材料而不移送有关公安机关、检察机关的情况。为了及时、有力地打击经济犯罪，维护正常的经济秩序，本规定第十条至第十二条对人民法院在审理经济纠纷案件中发现经济犯罪的有关问题以司法解释的形式进一步作出了规定，各级人民法院在审判工作中应当认真执行。

（撰稿人：李淑琴）

解读《最高人民法院关于在审理经济纠纷案件中涉及经济犯罪嫌疑若干问题的规定》修正条文

一、关于适应性修改条文的说明

1. 引言：《民法典》实施后，《民法通则》同时废止，因此在对本司法解释进行修改时，将其引言相应修改。根据《标点符号用法》关于标有引号或书名号的并列成分之间通常不用顿号的规定，删除书名号之间的顿号。

2. 第一条：根据《民法典》修改表述。

二、关于重点条文的修改说明和理解与适用

第八条

【修改内容】

本条一是修改了引用的《刑事诉讼法》条文序号；二是增加被害人的法定代理人、近亲属作为提起附带民事诉讼或者另行起诉的主体，同时对表述作相应调整。

【修改说明】

2018 年修正的《刑事诉讼法》第一百零一条第一款规定：“被害人由于被告人的犯罪行为而遭受物质损失的，在刑事诉讼过程中，有权提起附带民事诉讼。被害人死亡或者丧失行为能力的，被害人的法定代理人、近亲属有权提起附带民事诉讼。”相较于 1996 年《刑事诉讼法》第七十七条第一款的规定，增加了被害人死亡或者丧失行为能力时，被害人的法定代理人、近亲属有权提起附带民事诉讼的规定。因此本条作出相应修改。

［载最高人民法院民法典贯彻实施工作领导小组编著：《最高人民法院实施民法典清理司法解释修改条文（111 件）理解与适用》，人民法院出版社 2022 年版。］

最高人民法院　最高人民检察院
关于办理生产、销售伪劣商品刑事案件具体应用法律若干问题的解释

法释〔2001〕10号

（2001年4月5日最高人民法院审判委员会第1168次会议、2001年3月30日最高人民检察院第九届检察委员会第84次会议通过　2001年4月9日最高人民法院、最高人民检察院公告公布　自2001年4月10日起施行）

为依法惩治生产、销售伪劣商品犯罪活动，根据刑法有关规定，现就办理这类案件具体应用法律的若干问题解释如下：

第一条　刑法第一百四十条规定的“在产品中掺杂、掺假”，是指在产品中掺入杂质或者异物，致使产品质量不符合国家法律、法规或者产品明示质量标准规定的质量要求，降低、失去应有使用性能的行为。

刑法第一百四十条规定的“以假充真”，是指以不具有某种使用性能的产品冒充具有该种使用性能的产品的行为。

刑法第一百四十条规定的“以次充好”，是指以低等级、低档次产品冒充高等级、高档次产品，或者以残次、废旧零配件组合、拼装后冒充正品或者新产品的行为。

刑法第一百四十条规定的“不合格产品”，是指不符合《中华人民共和国产品质量法》第二十六条第二款规定的质量要求的产品。

对本条规定的上述行为难以确定的，应当委托法律、行政法规规定的产品质量检验机构进行鉴定。

第二条　刑法第一百四十条、第一百四十九条规定的“销售金额”，是指生产者、销售者出售伪劣产品后所得和应得的全部违法收入。

伪劣产品尚未销售，货值金额达到刑法第一百四十条规定的销售金额3倍以上的，以生产、销售伪劣产品罪（未遂）定罪处罚。

货值金额以违法生产、销售的伪劣产品的标价计算；没有标价的，按照同类合格产品的市场中间价格计算。货值金额难以确定的，按照国家计划委员会、最高人民法院、最高人民检察院、公安部1997年4月22日联合发布的《扣押、追缴、没收物品估价管理办法》的规定，委托指定的估价机构确定。

多次实施生产、销售伪劣产品行为，未经处理的，伪劣产品的销售金额或者货值金额累计计算。

第三条 经省级以上药品监督管理部门设置或者确定的药品检验机构鉴定，生产、销售的假药具有下列情形之一的，应认定为刑法第一百四十一条规定的“足以严重危害人体健康”：

（一）含有超标准的有毒有害物质的；

（二）不含所标明的有效成分，可能贻误诊治的；

（三）所标明的适应症或者功能主治超出规定范围，可能造成贻误诊治的；

（四）缺乏所标明的急救必需的有效成分的。

生产、销售的假药被使用后，造成轻伤、重伤或者其他严重后果的，应认定为“对人体健康造成严重危害”。

生产、销售的假药被使用后，致人严重残疾、3 人以上重伤、10 人以上轻伤或者造成其他特别严重后果的，应认定为“对人体健康造成特别严重危害”。

第四条 经省级以上卫生行政部门确定的机构鉴定，食品中含有可能导致严重食物中毒事故或者其他严重食源性疾患的超标准的有害细菌或者其他污染物的，应认定为刑法第一百四十三条规定的“足以造成严重食物中毒事故或者其他严重食源性疾患”。

生产、销售不符合卫生标准的食品被食用后，造成轻伤、重伤或者其他严重后果的，应认定为“对人体健康造成严重危害”。

生产、销售不符合卫生标准的食品被食用后，致人死亡、严重残疾、3 人以上重伤、10 人以上轻伤或者造成其他特别严重后果的，应认定为“后果特别严重”。

第五条 生产、销售的有毒、有害食品被食用后，造成轻伤、重伤或者其他严重后果的，应认定为刑法第一百四十四条规定的“对人体健康造成严重危害”。

生产、销售的有毒、有害食品被食用后，致人严重残疾、3 人以上重伤、10 人以上轻伤或者造成其他特别严重后果的，应认定为“对人体健康造成特别严重危害”。

第六条 生产、销售不符合标准的医疗器械、医用卫生材料，致人轻伤或者其他严重后果的，应认定为刑法第一百四十五条规定的“对人体健康造成严重危害”。

生产、销售不符合标准的医疗器械、医用卫生材料，造成感染病毒性肝炎等难以治愈的疾病、1 人以上重伤、3 人以上轻伤或者其他严重后果的，应认定为“后果特别严重”。

生产、销售不符合标准的医疗器械、医用卫生材料，致人死亡、严重残疾、感染艾滋病、3 人以上重伤、10 人以上轻伤或者造成其他特别严重后果的，应认定为“情节特别恶劣”。

医疗机构或者个人，知道或者应当知道是不符合保障人体健康的国家标准、行业标准的医疗器械、医用卫生材料而购买、使用，对人体健康造成严重危害的，以销售不符合标准的医用器材罪定罪处罚。

没有国家标准、行业标准的医疗器械，注册产品标准可视为“保障人体健康的行业标准”。

第七条 刑法第一百四十七条规定的生产、销售伪劣农药、兽药、化肥、种子罪中“使生产遭受较大损失”，一般以 2 万元为起点；“重大损失”，一般以 10 万元为起点；“特别重大损失”，一般以 50 万元为起点。

第八条 国家机关工作人员徇私舞弊，对生产、销售伪劣商品犯罪不履行法律规定的查处职责，具有下列情形之一的，属于刑法第四百一十四条规定的“情节严重”：

（一）放纵生产、销售假药或者有毒、有害食品犯罪行为的；

（二）放纵依法可能判处 2 年有期徒刑以上刑罚的生产、销售伪劣商品犯罪行为的；

（三）对 3 个以上有生产、销售伪劣商品犯罪行为的单位或者个人不履行追究职责的；

（四）致使国家和人民利益遭受重大损失或者造成恶劣影响的。

第九条 知道或者应当知道他人实施生产、销售伪劣商品犯罪，而为其提供贷款、资金、账号、发票、证明、许可证件，或者提供生产、经营场所或者运输、仓储、保管、邮寄等便利条件，或者提供制假生产技术的，以生产、销售伪劣商品犯罪的共犯论处。

第十条 实施生产、销售伪劣商品犯罪，同时构成侵犯知识产权、非法经营等其他犯罪的，依照处罚较重的规定定罪处罚。

第十一条 实施刑法第一百四十条至第一百四十八条规定的犯罪，又以暴力、威胁方法抗拒查处，构成其他犯罪的，依照数罪并罚的规定处罚。

第十二条 国家机关工作人员参与生产、销售伪劣商品犯罪的，从重处罚。

【解　　读】

解读《最高人民法院、最高人民检察院关于办理生产、销售伪劣商品刑事案件具体应用法律若干问题的解释》

一、问题的提出

近年来，生产、销售伪劣商品违法犯罪活动相当猖獗，呈现出领域广、规模大、案值高、危害烈的特点，成为危及社会、经济发展的一大毒瘤。为适应司法实践需要，最高人民法院、最高人民检察院联合发布了《关于办理生产、销售伪劣商品刑事案件具体应用法律若干问题的解释》（以下简称本解释）。

二、理解与适用

（一）关于生产、销售伪劣商品行为方式的界定和鉴定问题

本解释第一条前四款对《刑法》第一百四十条规定的生产、销售伪劣产品“在产品中掺杂、掺假”“以假充真”“以次充好”“以不合格产品冒充合格产品”等四种行为方式进行了界定。

1. 关于“在产品中掺杂、掺假”

从字面上看，所有在产品中掺入杂质或者异物的行为，都可以称之为“在产品中掺杂、掺假”，但这样解释，诸如在一吨大米中掺入一把沙子等情节显著轻微的行为也就被包括进去。显然覆盖面太过宽泛。从立法本意考虑，我们理解，《刑法》打击的重点应该是该种行为的结果，即“致使产品不符合质量要求，降低、失去应有的使用性能”。其中，产品的质量要求有些由法律、法规规定，有些由国家标准、行业标准规定，有些由产品或其包装上注明采用的产品标准以及以产品说明、实物样品等方式表明。

2. 关于“以假充真”

我们理解，以假充真本质上是以不具有某种使用性能的产品冒充具有该种使用性能的产品的行为。例如：以萝卜冒充人参，以土豆冒充天麻等。

有一种意见认为，假冒他人的品牌、产地、厂名、厂址的行为，也属于“以假充真”，情节严重，构成犯罪，也应该依照《刑法》第一百四十条的规定追究刑事责任。我们理解，(1)《刑法》规定了侵犯注册商标和注册商标标识的犯罪，而没有规定侵犯品牌、产地、厂名、厂址的犯罪，《产品质量法》第五十三条也没有规定对侵犯品牌、产地、厂名、厂址的行为“构成犯罪的，依

法追究刑事责任”。就是说，立法者认为侵犯品牌、产地、厂名、厂址行为的社会危害性没有侵犯注册商标和注册商标标识的社会危害性大，尚不足以动用《刑法》惩处。(2) 如果将侵犯品牌、产地、厂名、厂址的行为解释为“以假充真”，以生产、销售伪劣商品犯罪对这种行为判处的刑罚，将远远高于对侵犯注册商标和注册商标标识犯罪判处的刑罚，造成量刑上的轻重失衡，与立法本意不符。(3) 根据《刑法》有关规定，对于假冒他人注册商标构成犯罪的行为，如果假冒产品的质量合格，应认定为侵犯注册商标的犯罪；如果假冒产品的质量不合格，则应当认定为属于生产、销售伪劣商品中的“以次充好”，而不是“以假充真”。

3. 关于“以次充好”

一般来说，以次充好，是指以质量差的产品冒充质量好的产品的行为，也即以低等级、低档次产品冒充高等级、高档次产品的行为。在实践中大量发生的以残、次、废的零配件组合、拼装后冒充正品的行为，以及以旧的零配件组合、拼装后冒充新的产品的行为，是这次“打假”斗争的重点，也属于以次充好，本解释对此进行了强调。

4. 关于“不合格产品”

《产品质量法》第二十六条第二款是对产品质量的总的要求，因此，本解释第一条第二款规定:《刑法》第一百四十条规定的“不合格产品”，是指不符合《产品质量法》第二十六条第二款规定的质量要求的产品。

对此，有的同志提出：对不合格的产品要作出必要的区分，有瑕疵的次等品只要标明情况也是可以销售的，只有在卖的时候才能知道是否冒充了合格产品，因此，应将在仓库中查获的不合格产品与在销售环节查获的不合格产品区别开。我们理解，次等品根据规定只要标明质量状况是可以销售的，只有冒充没有瑕疵的产品时才是“不合格产品”。如果在仓库中查获，其尚未“冒充”，自然不属于伪劣产品。但是如果已经实施了“冒充”的行为，则属于不合格产品。

在查处生产、销售伪劣产品犯罪过程中，对于某些行为是否属于“在产品中掺杂、掺假”“以假充真”“以次充好”“以下合格产品冒充合格产品”，可能无法直接判断，这就涉及鉴定问题。对此，应该委托法律、行政法规规定的产品质量检验机构进行鉴定。例如，《产品质量法》第十九条《标准化法》第十九条的规定。

（二）关于生产、销售伪劣商品犯罪的金额标准问题

根据《刑法》第一百四十条、第一百四十九条的规定，生产、销售伪劣商品，销售金额达到5万元以上的行为构成犯罪。但是，各地在查处案件时，由于种种原因，在绝大多数案件中能够查到的仅仅是伪劣商品本身，而难以甚至根本无法查清伪劣商品的销售金额，致使大量案件无法以刑事案件立案侦查，

无法进入刑事司法程序。

1. 关于生产、销售伪劣商品犯罪的销售金额问题

关于销售金额，本解释第二条第一款作出了明确规定，即“刑法第一百四十条、第一百四十九条规定的‘销售金额’，是指生产者、销售者出售伪劣产品后所得和应得的全部违法收入”。全部违法收入，不应该扣除成本及各种费用，包括所得的和应得的两种违法收入。前者指行为人出售伪劣商品后已经得到的违法收入；后者指行为人已经出售伪劣商品按照合同或者约定将要得到的违法收入。

2. 关于伪劣商品尚未销售时的金额标准问题

为妥善、有效解决司法实践的困惑，本解释第二条第二款规定：“伪劣产品尚未销售，货值金额达到刑法第一百四十条规定的销售金额三倍以上的，以生产、销售伪劣产品罪（未遂）定罪处罚。”我们理解，这样规定的主要理由是：(1) 社会危害性方面。生产者、销售者生产、购买伪劣商品的目的，就是为了销售。已经生产和购买准备销售的行为，其社会危害性是客观存在的。如果对这类行为中情节严重的情形也不定罪处罚，将会使绝大多数的制假、贩假的人逃避法律追究。(2) 刑法理论方面。根据关于既遂、未遂标准的刑法理论，既遂是指行为人实施了《刑法》规定的全部构成要件的行为；未遂是指行为人已经着手实施犯罪，但由于行为人意志以外的原因而没有实施完毕《刑法》规定的全部构成要件。据此，生产、购买伪劣商品，尚未来得及销售，货值金额达到《刑法》第一百四十条规定的销售金额三倍以上的行为，应认定为属于销售伪劣商品犯罪的未遂状态，应以生产、销售伪劣商品犯罪（未遂）定罪处罚。(3) 法律规定方面。《刑法》第一百四十条规定了生产、销售伪劣商品犯罪这一罪名，如果机械地以销售金额认定是否构成犯罪，则《刑法》条文规定的生产伪劣产品罪则毫无意义。如果对尚未销售的生产者权因没有销售金额就不追究，显然与立法本意不符，也不利于打假工作的开展。采用货值金额可以解决打假斗争实践中存在的难点。此外，2000 年 7 月修改后的《产品质量法》在对生产、销售伪劣商品违法行为进行罚款处罚的规定中，也采用了“货值金额”的提法。(4) 法律适用方面。《刑法》第一百四十条规定了四个不同的量刑幅度，有四个不同的销售金额，因此，本解释这样规定有利于司法部门根据伪劣产品货值金额的具体情况适用不同的量刑幅度。

3. 关于货值金额的计算方法问题

《产品质量法》第七十二条规定，货值金额以违法生产、销售产品的标价计算；没有标价的，按照同类产品的市场价格计算。本解释第二条第三款据此作出了规定。至于货值金额难以确定的问题，应当按照原国家计划委员会、最高人民法院、最高人民检察院、公安部 1997 年 4 月 22 日联合发布的《扣押、追缴、没收物品估价管理办法》（计办〔1997〕808 号）的规定，委托指定的

估价机构确定。

（三）关于两个“足以”的鉴定问题

根据《刑法》第一百四十一条、第一百四十三条的规定，构成生产、销售假药罪、生产、销售不符合卫生标准的食品罪的前提，分别是行为“足以严重危害人体健康”和“足以造成严重食物中毒事故或者其他严重食源性疾患”。这就涉及对两个“足以”进行鉴定的问题。

2001年2月28日修订通过的《中华人民共和国药品管理法》第五条①规定：“国务院药品监督管理部门主管全国药品监督管理工作。国务院有关部门在各自的职责范围内负责与药品有关的监督管理工作。省、自治区、直辖市人民政府药品监督管理部门负责本行政区域内的药品监督管理工作。省、自治区、直辖市人民政府有关部门在各自的职责范围内负责与药品有关的监督管理工作。”第六条②规定：“药品监督管理部门设置或者确定的药品检验机构，承担依法实施药品审批和药品质量监督检查所需的药品检验工作。”据此，我们理解：生产、销售的假药是否“足以严重危害人体健康”，应由经省级以上药品监督管理部门设置或者确定的药品检验机构鉴定。本解释第三条第一款对此进行了规定。

《中华人民共和国食品卫生法》③ 第三十六条规定：“国务院和省、自治区、直辖市人民政府的卫生行政部门，根据需要可以确定具备条件的单位作为食品卫生检验单位，进行食品卫生检验并出具检验报告。”据此，我们理解：不符合卫生标准的食品是否“足以造成严重食物中毒事故或者其他严重食源性疾患”，应由经省级以上卫生行政部门确定的机构进行鉴定。本解释第四条第一款对此进行了规定。

（四）关于有关罪名的情节认定问题

《刑法》在关于第一百四十一条生产、销售假药罪，第一百四十三条生产、销售不符合卫生标准的食品罪，第一百四十四条生产、销售有毒、有害食品罪，第一百四十五条生产、销售不符合标准的医用器材罪等四个罪名的规定中，分别将“对人体健康造成严重危害”“对人体健康造成特别严重危害”“后果特别严重”“情节特别恶劣”等情形作为加重处罚的量刑幅度。我们理解，这些情形都是关于对人体健康危害结果的规定，相互之间应该存在可比性和一致性，司法解释应该反映这种危害结果上的可比性和一致性，所以，在本解释的有关条文中，对于危害结果的有关情形进行了大致相同的规定。

需要注意的是，《刑法》第一百四十三条规定了三个量刑幅度，但其中没

---

① 对应《药品管理法》（2019年修订）第八条。

② 对应《药品管理法》（2019年修订）第十一条。

③ 已废止，对应《食品安全法》（2021年修正）。

有规定已经造成严重食物中毒事故或者其他严重食源性疾患，但尚未造成人员伤亡时的法律适用问题。我们理解，已经造成严重食物中毒事故或者其他严重食源性疾患的，可以处三年以下有期徒刑或者拘役，但造成众多人中毒的，可根据中毒人数的多少、中毒程度的轻重，分别认定为对人体健康造成其他严重后果，或者对人体健康造成其他特别严重后果，适用本解释的有关规定处罚。

（五）关于购买、使用不符合标准的医用器材行为的定性问题

一段时期以来，因购买、使用不符合保障人体健康的国家标准、行业标准的医疗器械、医用卫生材料而导致的医疗事件频频发生，对广大患者的身体健康造成了严重危害。我们理解，对于这种行为应当以销售不符合标准的医用器材罪定罪处罚。本解释第六条第四款对此进行了规定。这主要是因为：(1) 从事经营性服务的医疗机构或者个人，其购买、使用医用器材的行为属于以牟利为目的的经营行为，与销售医用器材的行为无异。如果其明知是不符合标准的医用器材而购买、使用，那么，其主观上就具有销售不符合标准的医用器材的故意，在客观上对人体健康造成严重危害时，完全符合《刑法》第一百四十五条规定的销售不符合标准的医用器材罪的构成要件，就应当以销售不符合标准的医用器材罪定罪处罚。(2)《产品质量法》有类似规定。《产品质量法》第六十二条规定："服务业的经营者将本法第四十九条至第五十二条规定禁止销售的产品用于经营性服务的，责令停止使用；对知道或者应当知道所使用的产品属于本法规定禁止销售的产品的，按照违法使用的产品（包括已使用和尚未使用的产品）的货值金额，依照本法对销售者的处罚规定处罚。"

（六）关于生产、销售伪劣农药、兽药、化肥、种子罪

《刑法》第一百四十七条规定，生产、销售伪劣农药、兽药、化肥、种子犯罪，以使生产遭受较大损失、重大损失、特别重大损失作为定罪处罚的标准。我们理解，农业生产的产值较低，涉及广大农民的切身利益，而且直接关系社会治安的稳定，因此，生产、销售伪劣农药、兽药、化肥、种子犯罪活动，比生产、销售一般伪劣商品的犯罪活动具有更为严重的社会危害性，与此相适应，其定罪量刑的标准应该比生产、销售一般伪劣商品犯罪活动的标准更为严格。生产、销售伪劣农药、兽药、化肥、种子罪使生产遭受较大损失的定罪量刑起点标准一般以 2 万元为宜，同样，分别一般以 10 万元、50 万元作为使生产遭受重大损失、特别重大损失的起点标准。

（七）关于放纵制售伪劣商品犯罪行为罪

《刑法》第四百一十四条规定了放纵制售伪劣商品犯罪行为罪。我们主要考虑到，放纵制售伪劣商品犯罪行为罪主要发生在《刑法》第一百四十条规定的生产、销售伪劣商品中，而该罪的第一个量刑幅度是二年以下有期徒刑，因此这样便于司法实践操作。同时，本解释也考虑到最高人民检察院在《关于人民检察院直接受理立案侦查案件立案标准的规定（试行）》中制定的关于该罪

的立案标准，将国家机关工作人员放纵依法可能判处“二年”有期徒刑以上刑罚的生产、销售伪劣商品犯罪行为作为“情节严重”应当追究刑事责任的情形之一。

关于放纵制售伪劣商品犯罪的主体问题，有人认为，根据《刑法》第四百一十四条的规定，放纵制售伪劣商品犯罪的对象是“生产、销售伪劣商品犯罪行为”，而行政机关没有查处犯罪的职责，所以，放纵制售伪劣商品犯罪的主体，不能是行政机关。我们理解，工商行政管理机关、质量技术监督管理等行政机关，属于法定的对生产、销售伪劣商品行为负有查处、追究职责的机关，而且，从《刑法》第四百一十四条规定的犯罪制售伪劣商品犯罪的行为方式看，也只有这些机关才能成为本罪的主体。司法工作人员不依法追究生产、销售伪劣商品犯罪行为的，可按照徇私枉法罪定罪处罚。

（八）关于产生、销售为劣商品的共犯问题

生产、销售伪劣商品犯罪在全国许多地方已经出现规模化、集团化、地域化的特征，“制假村”“制假协会”等早已不再是个别现象。对此，符合犯罪集团特征的，要依法认定为犯罪集团。但是，各地在查处生产、销售伪劣商品犯罪活动时，对于虽不直接参与制假，但明知他人制假仍为他人提供贷款、资金、账号、发票、证明、许可证件，或者提供生产、经营场所或者运输、仓储、保管、邮寄等便利条件，或者提供制假生产技术的人员，往往感到无法定性处理。我们理解，这些行为人主观上与生产、销售伪劣商品的犯罪人具有共同的生产、销售伪劣商品犯罪的故意，客观上为生产、销售伪劣商品的犯罪人提供了便利，该种提供便利的行为属于共同的生产、销售伪劣商品犯罪的一部分，所以，对此完全可以认定为事先通谋型的共同犯罪。

（九）生产、销售伪劣商品罪与其他生产、销售伪劣商品犯罪的竞合问题

行为人生产、销售特定伪劣商品的一个行为，根据《刑法》第一百四十一条至一百四十八条的规定，构成了具体的生产、销售伪劣商品犯罪，同时，该行为销售金额达到 5 万元以上，根据《刑法》第一百四十条的规定，又构成了生产、销售伪劣产品犯罪，就发生了罪名的竞合问题。根据竞合犯罪的适用原则，并且根据《刑法》第一百四十九条第二款的规定，应当按照行为构成不同犯罪时所应当判处的刑罚的轻重，认定行为人构成处罚较重的罪名，并照此罪名处罚，对其触犯其他罪名的行为作为量刑情节予以考虑。

例如，行为人生产、销售有毒、有害的食品的行为构成犯罪，但尚没有发生严重食物中毒事故或者其他严重食源性疾患，或者没有致人死亡或者其他对人体健康造成特别严重危害，但其生产、销售有毒、有害的食品的金额在 20 万元以上的，即行为人既构成生产、销售有毒、有害食品罪，又构成生产、销售伪劣产品罪，但具体的生产、销售有毒、有害食品犯罪所应当判处的刑罚为五年以下有期徒刑或者拘役，生产、销售伪劣产品犯罪所应当判处的刑罚为二

年以上七年以下有期徒刑，或者比前者的刑罚更重。在这种情况下，应当认定行为人构成生产、销售伪劣产品罪，而不构成生产、销售有毒、有害食品罪。

（十）关于生产、销售伪劣商品犯罪与其他犯罪的想象竞合问题

这主要是指生产、销售伪劣商品犯罪时，可能同时构成侵犯知识产权犯罪或者构成非法经营罪的问题。

1. 可能同时构成侵犯知识产权罪的情形

生产、销售假冒他人注册商标的伪劣商品构成犯罪的行为，既构成生产、销售伪劣商品犯罪，又侵犯了他人的注册商标权，构成侵犯知识产权犯罪。对此，根据刑法理论关于想象竞合犯择一重罪处罚的原则，应按照处罚较重的生产、销售伪劣商品罪定罪处罚。

2. 可能同时构成非法经营罪的情形

生产、销售伪劣烟、盐等商品构成犯罪的行为，既构成生产、销售伪劣商品犯罪，同时，由于烟、盐等属于国家法律、行政法规规定的专营、专卖物品，所以又构成非法经营罪。对此，根据刑法理论关于想象竞合犯择一重罪处罚的原则，应按照具体犯罪行为可能判处的具体刑罚的轻重，选择可能被判处较重刑罚的犯罪定罪处罚。

（撰稿人：熊选国　祝二军）

【链　　接】

最高人民法院
关于审理生产、销售伪劣商品刑事案件有关鉴定问题的通知

2001年5月21日　　　　法〔2001〕70号

各省、自治区、直辖市高级人民法院，解放军军事法院，新疆维吾尔自治区高级人民法院生产建设兵团分院：

自全国开展整顿和规范市场经济秩序工作以来，各地人民法院陆续受理了一批生产、销售伪劣产品、假冒商标和非法经营等严重破坏社会主义市场经济秩序的犯罪案件。此类案件中涉及的生产、销售的产品，有的纯属伪劣产品，有的则只是侵犯知识产权的非伪劣产品。由于涉案产品是否“以假充真”、“以次充好”、“以不合格产品冒充合格产品”，直接影响到对被告人的定罪及处刑，

为准确适用刑法和《最高人民法院、最高人民检察院关于办理生产、销售伪劣商品刑事案件具体应用法律若干问题的解释》（以下简称《解释》），严惩假冒伪劣商品犯罪，不放纵和轻纵犯罪分子，现就审理生产、销售伪劣商品、假冒商标和非法经营等严重破坏社会主义市场经济秩序的犯罪案件中可能涉及的假冒伪劣商品的有关鉴定问题通知如下：

一、对于提起公诉的生产、销售伪劣产品、假冒商标、非法经营等严重破坏社会主义市场经济秩序的犯罪案件，所涉生产、销售的产品是否属于"以假充真"、"以次充好"、"以不合格产品冒充合格产品"难以确定的，应当根据《解释》第一条第五款的规定，由公诉机关委托法律、行政法规规定的产品质量检验机构进行鉴定。

二、根据《解释》第三条和第四条的规定，人民法院受理的生产、销售假药犯罪案件和生产、销售不符合卫生标准的食品犯罪案件，均需有"省级以上药品监督管理部门设置或者确定的药品检验机构"和"省级以上卫生行政部门确定的机构"出具的鉴定结论。

三、经鉴定确系伪劣商品，被告人的行为既构成生产、销售伪劣产品罪，又构成生产、销售假药罪或者生产、销售不符合卫生标准的食品罪，或者同时构成侵犯知识产权、非法经营等其他犯罪的，根据刑法第一百四十九条第二款和《解释》第十条的规定，应当依照处罚较重的规定定罪处罚。

最高人民法院 最高人民检察院
关于办理危害药品安全刑事案件适用法律若干问题的解释

高检发释字〔2022〕1号

（2022年2月28日最高人民法院审判委员会第1865次会议、2022年2月25日最高人民检察院第十三届检察委员会第92次会议通过 2022年3月3日最高人民法院、最高人民检察院公告公布 自2022年3月6日起施行）

为依法惩治危害药品安全犯罪，保障人民群众生命健康，维护药品管理秩序，根据《中华人民共和国刑法》《中华人民共和国刑事诉讼法》及《中华人民共和国药品管理法》等有关规定，现就办理此类刑事案件适用法律的若干问题解释如下：

第一条 生产、销售、提供假药，具有下列情形之一的，应当酌情从重处罚：

（一）涉案药品以孕产妇、儿童或者危重病人为主要使用对象的；

（二）涉案药品属于麻醉药品、精神药品、医疗用毒性药品、放射性药品、生物制品，或者以药品类易制毒化学品冒充其他药品的；

（三）涉案药品属于注射剂药品、急救药品的；

（四）涉案药品系用于应对自然灾害、事故灾难、公共卫生事件、社会安全事件等突发事件的；

（五）药品使用单位及其工作人员生产、销售假药的；

（六）其他应当酌情从重处罚的情形。

第二条 生产、销售、提供假药，具有下列情形之一的，应当认定为刑法第一百四十一条规定的“对人体健康造成严重危害”：

（一）造成轻伤或者重伤的；

（二）造成轻度残疾或者中度残疾的；

（三）造成器官组织损伤导致一般功能障碍或者严重功能障碍的；

（四）其他对人体健康造成严重危害的情形。

第三条 生产、销售、提供假药，具有下列情形之一的，应当认定为刑法第一百四十一条规定的“其他严重情节”：

（一）引发较大突发公共卫生事件的；

（二）生产、销售、提供假药的金额二十万元以上不满五十万元的；

（三）生产、销售、提供假药的金额十万元以上不满二十万元，并具有本解释第一条规定情形之一的；

（四）根据生产、销售、提供的时间、数量、假药种类、对人体健康危害程度等，应当认定为情节严重的。

第四条 生产、销售、提供假药，具有下列情形之一的，应当认定为刑法第一百四十一条规定的“其他特别严重情节”：

（一）致人重度残疾以上的；

（二）造成三人以上重伤、中度残疾或者器官组织损伤导致严重功能障碍的；

（三）造成五人以上轻度残疾或者器官组织损伤导致一般功能障碍的；

（四）造成十人以上轻伤的；

（五）引发重大、特别重大突发公共卫生事件的；

（六）生产、销售、提供假药的金额五十万元以上的；

（七）生产、销售、提供假药的金额二十万元以上不满五十万元，并具有本解释第一条规定情形之一的；

（八）根据生产、销售、提供的时间、数量、假药种类、对人体健康危害程度等，应当认定为情节特别严重的。

第五条 生产、销售、提供劣药，具有本解释第一条规定情形之一的，应当酌情从重处罚。

生产、销售、提供劣药，具有本解释第二条规定情形之一的，应当认定为刑法第一百四十二条规定的“对人体健康造成严重危害”。

生产、销售、提供劣药，致人死亡，或者具有本解释第四条第一项至第五项规定情形之一的，应当认定为刑法第一百四十二条规定的“后果特别严重”。

第六条 以生产、销售、提供假药、劣药为目的，合成、精制、提取、储存、加工炮制药品原料，或者在将药品原料、辅料、包装材料制成成品过程中，进行配料、混合、制剂、储存、包装的，应当认定为刑法第一百四十一条、第一百四十二条规定的“生产”。

药品使用单位及其工作人员明知是假药、劣药而有偿提供给他人使用的，应当认定为刑法第一百四十一条、第一百四十二条规定的“销售”；无偿提供给他人使用的，应当认定为刑法第一百四十一条、第一百四十二条规定的“提供”。

第七条 实施妨害药品管理的行为，具有下列情形之一的，应当认定为刑法第一百四十二条之一规定的“足以严重危害人体健康”：

（一）生产、销售国务院药品监督管理部门禁止使用的药品，综合生产、销售的时间、数量、禁止使用原因等情节，认为具有严重危害人体健康的现实危险的；

（二）未取得药品相关批准证明文件生产药品或者明知是上述药品而销售，涉案药品属于本解释第一条第一项至第三项规定情形的；

（三）未取得药品相关批准证明文件生产药品或者明知是上述药品而销售，涉案药品的适应症、功能主治或者成分不明的；

（四）未取得药品相关批准证明文件生产药品或者明知是上述药品而销售，涉案药品没有国家药品标准，且无核准的药品质量标准，但检出化学药成分的；

（五）未取得药品相关批准证明文件进口药品或者明知是上述药品而销售，涉案药品在境外也未合法上市的；

（六）在药物非临床研究或者药物临床试验过程中故意使用虚假试验用药品，或者瞒报与药物临床试验用药品相关的严重不良事件的；

（七）故意损毁原始药物非临床研究数据或者药物临床试验数据，或者编造受试动物信息、受试者信息、主要试验过程记录、研究数据、检测数据等药物非临床研究数据或者药物临床试验数据，影响药品的安全性、有效性和质量可控性的；

（八）编造生产、检验记录，影响药品的安全性、有效性和质量可控性的；

（九）其他足以严重危害人体健康的情形。

对于涉案药品是否在境外合法上市，应当根据境外药品监督管理部门或者权利人的证明等证据，结合犯罪嫌疑人、被告人及其辩护人提供的证据材料综合审查，依法作出认定。

对于“足以严重危害人体健康”难以确定的，根据地市级以上药品监督管理部门出具的认定意见，结合其他证据作出认定。

第八条 实施妨害药品管理的行为，具有本解释第二条规定情形之一的，应当认定为刑法第一百四十二条之一规定的“对人体健康造成严重危害”。

实施妨害药品管理的行为，足以严重危害人体健康，并具有下列情形之一的，应当认定为刑法第一百四十二条之一规定的“有其他严重情节”：

（一）生产、销售国务院药品监督管理部门禁止使用的药品，生产、销售的金额五十万元以上的；

（二）未取得药品相关批准证明文件生产、进口药品或者明知是上述药品而销售，生产、销售的金额五十万元以上的；

（三）药品申请注册中提供虚假的证明、数据、资料、样品或者采取其他欺骗手段，造成严重后果的；

（四）编造生产、检验记录，造成严重后果的；

（五）造成恶劣社会影响或者具有其他严重情节的情形。

实施刑法第一百四十二条之一规定的行为，同时又构成生产、销售、提供假药罪、生产、销售、提供劣药罪或者其他犯罪的，依照处罚较重的规定定罪处罚。

第九条 明知他人实施危害药品安全犯罪，而有下列情形之一的，以共同犯罪论处：

（一）提供资金、贷款、账号、发票、证明、许可证件的；

（二）提供生产、经营场所、设备或者运输、储存、保管、邮寄、销售渠道等便利条件的；

（三）提供生产技术或者原料、辅料、包装材料、标签、说明书的；

（四）提供虚假药物非临床研究报告、药物临床试验报告及相关材料的；

（五）提供广告宣传的；

（六）提供其他帮助的。

第十条 办理生产、销售、提供假药、生产、销售、提供劣药、妨害药品管理等刑事案件，应当结合行为人的从业经历、认知能力、药品质量、进货渠道和价格、销售渠道和价格以及生产、销售方式等事实综合判断认定行为人的主观故意。具有下列情形之一的，可以认定行为人有实施相关犯罪的主观故意，但有证据证明确实不具有故意的除外：

（一）药品价格明显异于市场价格的；

（二）向不具有资质的生产者、销售者购买药品，且不能提供合法有效的来历证明的；

（三）逃避、抗拒监督检查的；

（四）转移、隐匿、销毁涉案药品、进销货记录的；

（五）曾因实施危害药品安全违法犯罪行为受过处罚，又实施同类行为的；

（六）其他足以认定行为人主观故意的情形。

第十一条 以提供给他人生产、销售、提供药品为目的，违反国家规定，生产、销售不符合药用要求的原料、辅料，符合刑法第一百四十条规定的，以生产、销售伪劣产品罪从重处罚；同时构成其他犯罪的，依照处罚较重的规定定罪处罚。

第十二条 广告主、广告经营者、广告发布者违反国家规定，利用广告对药品作虚假宣传，情节严重的，依照刑法第二百二十二条的规定，以虚假广告罪定罪处罚。

第十三条 明知系利用医保骗保购买的药品而非法收购、销售，金额五万元以上的，应当依照刑法第三百一十二条的规定，以掩饰、隐瞒犯罪所得罪定罪处罚；指使、教唆、授意他人利用医保骗保购买药品，进而非法收购、销售，符合刑法第二百六十六条规定的，以诈骗罪定罪处罚。

对于利用医保骗保购买药品的行为人是否追究刑事责任，应当综合骗取医保基金的数额、手段、认罪悔罪态度等案件具体情节，依法妥当决定。利用医保骗保购买药品的行为人是否被追究刑事责任，不影响对非法收购、销售有关药品的行为人定罪处罚。

对于第一款规定的主观明知，应当根据药品标志、收购渠道、价格、规模及药品追溯信息等综合认定。

第十四条 负有药品安全监督管理职责的国家机关工作人员，滥用职权或者玩忽职守，构成药品监管渎职罪，同时构成商检徇私舞弊罪、商检失职罪等其他渎职犯罪的，依照处罚较重的规定定罪处罚。

负有药品安全监督管理职责的国家机关工作人员滥用职权或者玩忽职守，不构成药品监管渎职罪，但构成前款规定的其他渎职犯罪的，依照该其他犯罪定罪处罚。

负有药品安全监督管理职责的国家机关工作人员与他人共谋，利用其职务便利帮助他人实施危害药品安全犯罪行为，同时构成渎职犯罪和危害药品安全犯罪共犯的，依照处罚较重的规定定罪从重处罚。

第十五条 对于犯生产、销售、提供假药罪、生产、销售、提供劣药罪、妨害药品管理罪的，应当结合被告人的犯罪数额、违法所得，综合考虑被告人缴纳罚金的能力，依法判处罚金。罚金一般应当在生产、销售、提供的药品金额二倍以上；共同犯罪的，对各共同犯罪人合计判处的罚金一般应当在生产、销售、提供的药品金额二倍以上。

第十六条 对于犯生产、销售、提供假药罪、生产、销售、提供劣药罪、妨害药品管理罪的，应当依照刑法规定的条件，严格缓刑、免予刑事处罚的适用。对于被判处刑罚的，可以根据犯罪情况和预防再犯罪的需要，依法宣告职业禁止或者禁止令。《中华人民共和国药品管理法》等法律、行政法规另有规定的，从其规定。

对于被不起诉或者免予刑事处罚的行为人，需要给予行政处罚、政务处分或者其他处分的，依法移送有关主管机关处理。

第十七条 单位犯生产、销售、提供假药罪、生产、销售、提供劣药罪、妨害药品管理罪的，对单位判处罚金，并对直接负责的主管人员和其他直接责任人员，依照本解释规定的自然人犯罪的定罪量刑标准处罚。

单位犯罪的，对被告单位及其直接负责的主管人员、其他直接责任人员合计判处的罚金一般应当在生产、销售、提供的药品金额二倍以上。

第十八条 根据民间传统配方私自加工药品或者销售上述药品，数量不大，且未造成他人伤害后果或者延误诊治的，或者不以营利为目的实施带有自救、互助性质的生产、进口、销售药品的行为，不应当认定为犯罪。

对于是否属于民间传统配方难以确定的，根据地市级以上药品监督管理部门或者有关部门出具的认定意见，结合其他证据作出认定。

第十九条 刑法第一百四十一条、第一百四十二条规定的“假药”“劣药”，依照《中华人民共和国药品管理法》的规定认定。

对于《中华人民共和国药品管理法》第九十八条第二款第二项、第四项及第三款第三项至第六项规定的假药、劣药，能够根据现场查获的原料、包装，结合犯罪嫌疑人、被告人供述等证据材料作出判断的，可以由地市级以上药品监督管理部门出具认定意见。对于依据《中华人民共和国药品管理法》第九十八条第二款、第三款的其他规定认定假药、劣药，或者是否属于第九十八条第二款第二项、第三款第六项规定的假药、劣药存在争议的，应当由省级以上药品监督管理部门设置或者确定的药品检验机构进行检验，出具质量检验结论。司法机关根据认定意见、检验结论，结合其他证据作出认定。

第二十条 对于生产、提供药品的金额，以药品的货值金额计算；销售药品的金额，以所得和可得的全部违法收入计算。

第二十一条 本解释自2022年3月6日起施行。本解释公布施行后，《最高人民法院、最高人民检察院关于办理危害药品安全刑事案件适用法律若干问题的解释》（法释〔2014〕14号）、《最高人民法院、最高人民检察院关于办理药品、医疗器械注册申请材料造假刑事案件适用法律若干问题的解释》（法释〔2017〕15号）同时废止。

【解　读】

解读《最高人民法院、最高人民检察院关于办理危害药品安全刑事案件适用法律若干问题的解释》

2022年3月3日，最高人民法院、最高人民检察院联合发布《关于办理危害药品安全刑事案件适用法律若干问题的解释》（以下简称本解释），自2022年3月6日起施行。为便于司法实践中正确理解与适用，现就本解释的制定背景、起草中的主要考虑和主要内容介绍如下。

一、本解释的制定背景与经过

药品安全责任重大，事关人民群众生命健康，事关健康中国建设。党的十八大以来，以习近平同志为核心的党中央高度重视人民群众生命安全和身体健康，习近平总书记多次强调保障药品安全的重要性，强调要切实加强药品安全监管，用最严谨的标准、最严格的监管、最严厉的处罚、最严肃的问责，加快建立科学完善的药品安全监管体系，严把从实验室到医院的每一道防线。

人民法院高度重视依法惩治危害药品安全犯罪。近年来，最高人民法院会同最高人民检察院，先后制定了《关于办理生产、销售假药、劣药刑事案件具体应用法律若干问题的解释》（法释〔2009〕9号，已废止，以下简称《2009年解释》）、《关于办理危害药品安全刑事案件适用法律若干问题的解释》（法释〔2014〕14号）（以下简称《2014年解释》）、《关于办理药品、医疗器械注册申请材料造假刑事案件适用法律若干问题的解释》（法释〔2017〕15号，以下简称《2017年解释》），对生产、销售假药罪、生产、销售劣药罪等危害药品安全犯罪的定罪量刑标准和有关法律适用问题作出规定。上述司法解释的发布施行，对于依法严惩危害药品安全犯罪，保障人民群众生命健康安全发挥了重要作用。

2019年8月26日，十三届全国人大常委会第十二次会议修订通过《药品管理法》，自2019年12月1日起施行。2020年12月26日，十三届全国人大常委会第二十四次会议通过《刑法修正案（十一）》，自2021年3月1日起施行。《药品管理法》对假药、劣药认定标准和程序等作了完善；《刑法修正案（十一）》将修改药品犯罪规定、强化药品安全保障作为重点内容之一。在《药品管理法》修订和《刑法修正案（十一）》施行后，亟需制定新的危害药品安全犯罪司法解释，确保法律正确、全面、统一贯彻执行。

针对危害药品安全犯罪的新情况和新问题，在公安部、国家药监局等部门的大力支持下，最高人民法院会同最高人民检察院，经深入调查研究、广泛征求意见、反复论证完善，起草了本解释。

二、本解释起草中的主要考虑

本解释坚持以习近平新时代中国特色社会主义思想为指导，深入贯彻习近平法治思想，充分发挥司法职能作用，依法严惩制售假劣药犯罪，切实保障药品安全，有力维护人民群众生命健康。具体而言，在起草过程中，着重注意把握了以下几点：

第一，依法严惩危害药品安全犯罪，保障公众用药安全。当前，我国药品安全形势总体稳定，但生产、销售假药、劣药等犯罪案件仍时有发生。药品安全是人命关天的大事。本解释坚持以人民为中心的发展思想，以保障人民群众用药安全和生命健康为首要考虑，通篇贯彻体现依法严惩危害药品安全犯罪的基本立场和政策导向。

第二，准确把握立法精神，确保法律正确有效实施。修订后《药品管理法》以药品的质量功效为标准，对假药、劣药的种类作出了新的规定，并全方位完善了对药品生产、经营活动的监管。《刑法修正案（十一）》相应删去了刑法中关于“假药”“劣药”界定的规定，增加了“提供”假药、劣药的行为方式，并增设了妨害药品管理罪。《解释》根据修改后的法律规定和立法精神，结合司法实践情况，对危害药品安全犯罪的定罪量刑标准等问题作出了全面系统的规定。

第三，聚焦司法疑难问题，确保案件依法公正处理。调研反映，修订后的《药品管理法》和《刑法修正案（十一）》施行后，一些办案人员对假药、劣药的认定，妨害药品管理罪“足以严重危害人体健康”入罪要件的具体情形，以及非法收购、销售骗保药品的处理等问题普遍感觉难以把握。本解释坚持问题导向，对司法实践反映的疑难问题予以充分回应，作出了有针对性的规定，明确了适用法律的具体规则，为依法公正处理危害药品安全犯罪案件奠定了扎实基础。

三、本解释的主要内容

本解释依照《刑法》《刑事诉讼法》和《药品管理法》的规定，对生产、销售、提供假药罪、生产、销售、提供劣药罪、妨害药品管理罪等危害药品安全犯罪的定罪量刑标准和相关法律适用问题作了较为全面、系统的规定，共二十一个条文，大致可以归纳为如下十个方面的问题：

（一）假劣药犯罪的定罪量刑标准

《刑法》第一百四十一条、第一百四十二条分别规定了生产、销售、提供假药罪、生产、销售、提供劣药罪。本解释第一条至第五条明确了相关定罪量刑标准。

1. 关于假劣药犯罪的从重处罚情节

本解释第一条、第五条第一款参考《药品管理法》第一百三十七条关于对药品违法行为的从重处罚规定，并根据司法实践具体情况作了补充，明确了假劣药犯罪的从重处罚情节。具体而言，生产、销售、提供假药、劣药，具有下列情形之一的，应当酌情从重处罚：(1) 涉案药品以孕产妇、儿童或者危重病人为主要使用对象的；(2) 涉案药品属于麻醉药品、精神药品、医疗用毒性药品、放射性药品、生物制品（《中华人民共和国药品管理法实施条例》第三十八条有“疫苗类制品、血液制品、用于血源筛查的体外诊断试剂以及国务院药品监督管理部门规定的其他生物制品”的表述），或者以药品类易制毒化学品冒充其他药品的；(3) 涉案药品属于注射剂药品、急救药品的；(4) 涉案药品系用于应对自然灾害、事故灾难、公共卫生事件、社会安全事件等突发事件的；(5) 药品使用单位及其工作人员生产、销售假药、劣药的；(6) 其他应当酌情从重处罚的情形。

2. 关于生产、销售、提供假药罪的定罪量刑标准

根据《刑法》第一百四十一条的规定，生产、销售、提供假药罪是抽象危险犯，生产、销售、提供假药的，处三年以下有期徒刑或者拘役，并处罚金；对人体健康造成严重危害或者有其他严重情节的，处三年以上十年以下有期徒

刑，并处罚金；致人死亡或者有其他特别严重情节的，处十年以上有期徒刑、无期徒刑或者死刑，并处罚金或者没收财产。

本解释未设置入罪门槛，对于生产、销售、提供假药的行为，原则上都应当追究刑事责任。本解释第二条至第四条进一步明确了生产、销售、提供假药罪的升档量刑标准。具体而言，生产、销售、提供假药，具有下列情形之一的，应当认定为《刑法》第一百四十一条规定的“对人体健康造成严重危害”：(1) 造成轻伤或者重伤的；(2) 造成轻度残疾或者中度残疾的；(3) 造成器官组织损伤导致一般功能障碍或者严重功能障碍的；(4) 其他对人体健康造成严重危害的情形。具有下列情形之一的，应当认定为刑法第一百四十一条规定的“其他严重情节”：(1) 引发较大突发公共卫生事件的；(2) 生产、销售、提供假药的金额二十万元以上不满五十万元的；(3) 生产、销售、提供假药的金额十万元以上不满二十万元，并具有本解释第一条规定情形之一的；(4) 根据生产、销售、提供的时间、数量、假药种类、对人体健康危害程度等，应当认定为情节严重的。具有下列情形之一的，应当认定为《刑法》第一百四十一条规定的“其他特别严重情节”：(1) 致人重度残疾以上的；(2) 造成三人以上重伤、中度残疾或者器官组织损伤导致严重功能障碍的；(3) 造成五人以上轻度残疾或者器官组织损伤导致一般功能障碍的；(4) 造成十人以上轻伤的；(5) 引发重大、特别重大突发公共卫生事件的；(6) 生产、销售、提供假药的金额五十万元以上的；(7) 生产、销售、提供假药的金额二十万元以上不满五十万元，并具有本解释第一条规定情形之一的；(8) 根据生产、销售、提供的时间、数量、假药种类、对人体健康危害程度等，应当认定为情节特别严重的。需要提及的是，如果生产、销售、提供假药，延误诊治，虽未造成死亡、伤害等结果，但致人病情恶化、重度恶化的，可视情认定为“其他严重情节”或者“其他特别严重情节”。

3. 关于生产、销售、提供劣药罪的定罪量刑标准

根据《刑法》第一百四十二条的规定，生产、销售、提供劣药罪为结果犯，对人体健康造成严重危害的，处三年以上十年以下有期徒刑，并处罚金；后果特别严重的，处十年以上有期徒刑或者无期徒刑，并处罚金或者没收财产。本解释第五条进一步明确了定罪量刑标准。具体而言，生产、销售、提供劣药，具有本解释第二条规定情形之一的，应当认定为《刑法》第一百四十二条规定的“对人体健康造成严重危害”；致人死亡，或者具有本解释第四条第一项至第五项规定情形之一的，应当认定为《刑法》第一百四十二条规定的“后果特别严重”。

(二) 关于“生产”“销售”“提供”的认定

本解释第六条第一款规定，以生产、销售、提供假药、劣药为目的，合成、精制、提取、储存、加工炮制药品原料，或者在将药品原料、辅料、包装

材料制成成品过程中，进行配料、混合、制剂、储存、包装的，应当认定为《刑法》第一百四十一条、第一百四十二条规定的“生产”。对于印制包装材料、标签、说明书的行为，如果是生产行为人同时实施的附随行为，应当一并纳入“生产”予以评价；如果属于其他人为生产药品者实施的行为，则属于帮助行为，应当根据本解释第九条关于共同犯罪的规定予以处理。

《刑法修正案（十一）》对《刑法》第一百四十一条规定的生产、销售假药罪和第一百四十二条规定的生产、销售劣药罪增加了“提供”的行为方式。由此，对于“提供”与“销售”的界分，究竟应当以支付对价（是不是有偿）还是主体（是不是“药品使用单位的人员”）作为标准，存在不同认识。经研究，本解释第六条第二款以是否支付对价作为界分标准，规定：“药品使用单位及其工作人员明知是假药、劣药而有偿提供给他人使用的，应当认定为《刑法》第一百四十一条、第一百四十二条规定的‘销售’；无偿提供给他人使用的，应当认定为刑法第一百四十一条、第一百四十二条规定的‘提供’。”

（三）关于妨害药品管理罪的定罪量刑标准

《刑法》第一百四十二条之一对妨害药品管理罪的定罪量刑标准规定为“足以严重危害人体健康”“对人体健康造成严重危害或者有其他严重情节”。本解释第七条、第八条对妨害药品管理罪的定罪量刑标准作了进一步明确。

1. 关于入罪门槛

妨害药品管理罪的客观方面表现为四种行为方式，即生产、销售国务院药品监督管理部门禁止使用的药品，未取得药品相关批准证明文件生产、进口药品或者明知是上述药品而销售，药品申请注册中提供虚假的证明、数据、资料、样品或者采取其他欺骗手段，编造生产、检验记录。根据刑法规定，妨害药品管理罪为具体危险犯，并非一实施有关行为就构成犯罪，而是以“足以严重危害人体健康”为入罪要件。

经综合各方意见反复研究认为，对于“足以严重危害人体健康”，应当根据行为类型作出具体判断。根据《药品管理法》的相关规定，结合司法实践经验，本解释第七条第一款规定了认定“足以严重危害人体健康”的具体情形：(1) 就生产、销售国务院药品监督管理部门禁止使用的药品行为类型而言，将“综合生产、销售的时间、数量、禁止使用原因等情节，认为具有严重危害人体健康的现实危险”作为认定标准之一（第一项）。所谓“禁止使用原因”，主要是指《药品管理法》第六十七条“禁止进口疗效不确切、不良反应大或者因其他原因危害人体健康的药品”的规定所涉情形。之所以要求综合“生产、销售的时间、数量等情节”，主要是考虑此类药品此前经过批准生产，与自始未经批准的药品在对人体健康的危害程度方面尚有差异。(2) 就未取得药品相关批准证明文件生产、进口药品或者明知是上述药品而销售行为类型而言，鉴于境内未经批准药品和走私境外药品存在差异，作了区分处理。对于未取得药品相关批准证明文件生产药品或者明知是上述药品而销售，以特定药品使用对象（以孕产妇、儿童或者危重病人为主要使用对象）、特定类型（麻醉药品、精神药品、医疗用毒性药品、放射性药品、生物制品，或者以药品类易制毒化学品冒充其他药品的，以及注射剂药品、急救药品）作为认定“足以严重危害人体健康”的情形之一（第二项）；根据经验和常识，药品的适应症、功能主治或者成分不明的，或者药品没有国家药品标准，且无核准的药品质量标准，但检出化学药成分的，通常质量无法保障，具有严重危险性，也作为认定情形（第三项、第四项）。对于未取得药品相关批准证明文件进口药品或者明知是上述药品而销售，如果有关药品系在境外合法上市的药品，不宜认为具有严重危害人体健康的危险性，反之，如在境外也未合法上市的，应作为认定“足以严重危害人体健康”情形（第五项）。（3）就药品申请注册中提供虚假的证明、数据、资料、样品或者采取其他欺骗手段行为类型而言，以故意使用虚假试验药品，或者瞒报与药物临床试验用药品相关的严重不良事件（第六项），以及故意损毁试验数据，或者编造试验数据对药品的安全性、有效性和质量可控性造成影响（第七项）作为认定情形。（4）就编造生产、检验记录行为类型而言，以影响药品的安全性、有效性和质量可控性（第八项）作为认定情形。此外，还设置了兜底项（第九项）。实践中，对于未经批准进口使人形成瘾癖的麻醉药品、精神药品或者明知是上述药品而销售，特别是面向未成年人销售，即使不构成毒品犯罪的，也可以根据案件情况考虑是否属于妨害药品管理罪规定的“其他足以严重危害人体健康的情形”。

为了便于司法实践操作，本解释第七条第二款、第三款还设置了程序规定：对于涉案药品是否在境外合法上市，应当根据境外药品监督管理部门或者权利人的证明等证据，结合犯罪嫌疑人、被告人及其辩护人提供的证据材料综合审查，依法作出认定；对于“足以严重危害人体健康”难以确定的，根据地市级以上药品监督管理部门出具的认定意见，结合其他证据作出认定。

2. 关于升档量刑情节

根据《刑法》第一百四十二条之一的规定，实施妨害药品管理的行为，对人体健康造成严重危害或者有其他严重情节的，处三年以上七年以下有期徒刑，并处罚金。本解释第八条第一款、第二款对升档量刑标准的具体情形作了明确。同时，第三款重申了刑法第一百四十二条之一第三款关于同时构成生产、销售、提供假药罪、生产、销售、提供劣药罪或者其他犯罪的，择一重罪处断的规定。

（四）关于生产、销售不符合药用要求的原料、辅料行为的定性规则

本解释第十一条明确，以提供给他人生产、销售、提供药品为目的，违反国家规定，生产、销售不符合药用要求的原料、辅料，符合《刑法》第一百四十条规定的，以生产、销售伪劣产品罪从重处罚；同时构成其他犯罪的，依照

处罚较重的规定处罚。之所以规定以生产、销售伪劣产品罪从重处罚，主要是考虑所涉行为与一般伪劣产品犯罪尚有不同，直接涉及药品安全，牵涉千家万户，社会危害更为严重。

（五）关于非法收购医保骗保购买的药品行为的处理

医保基金是人民群众的“救命钱”，事关广大群众的切身利益。当前，司法实践之中存在利用医保骗保购买药品的现象。这一现象情况复杂。不少是医保人员贪图“蝇头小利”偶尔骗购医保药品，有的则是长期、多次骗保，还存在医疗机构工作人员利用职务、职业便利骗取医保基金的情况。特别值得关注的是，存在一批以倒卖医保骗保药品为业的不法分子，他们指使、教唆、引诱医保人员骗保，或者从骗保者手中收购药品，之后加价出售。正因为这些不法分子“穿针引线”、推波助澜，医保骗保逐渐形成一个地下产业和市场，亟需有效整治、重点打击。

由于医保骗保的药品质量本身没有问题，无法适用假药、劣药相关犯罪和妨害药品管理罪的规定。基于此，本解释第十三条第一款对相关收购、销售行为区分是否事前通谋，分别适用掩饰、隐瞒犯罪所得罪和诈骗罪，即“明知系利用医保骗保购买的药品而非法收购、销售，金额五万元以上的，应当依照《刑法》第三百一十二条的规定，以掩饰、隐瞒犯罪所得罪定罪处罚；指使、教唆、授意他人利用医保骗保购买药品，进而非法收购、销售，符合《刑法》第二百六十六条规定的，以诈骗罪定罪处罚”。

鉴于医保骗保案件情况复杂，本解释第十三条第二款专门明确了此类案件的处理政策：(1)“对于利用医保骗保购买药品的行为人是否追究刑事责任，应当综合考虑骗取医保基金的数额、手段、认罪悔罪态度等案件具体情节，依法妥当决定”，即重点惩治医保骗保犯罪的组织者、职业骗保人和利用职务职业便利骗取医保基金的行为人；对于虽实施骗保行为，数额达到诈骗罪入罪标准，但具有系初犯、偶犯、受人指使、认罪悔罪、本人也是病患者等情节，经综合考量认为犯罪情节轻微的，可以依法不起诉或者免予刑事处罚；情节显著轻微危害不大的，不作为犯罪处理。(2)“利用医保骗保购买药品的行为人是否被追究刑事责任，不影响对非法收购、销售有关药品的行为人定罪处罚”，即要重点惩治倒卖医保骗保药品“中间商”，斩断“回流药”的产业链。对此需要说明两点：其一，传统上，一般认为帮助犯，包括共同犯罪中的帮助犯和事后帮助犯，罪责往往要相对轻于实行犯。但从医保骗保类案件情况看，倒卖医保骗保药品的“中间商”往往罪责更为严重，表现在，他们往往是“一对多”地从医保人员手中收购骗保药品；不少是以此为业；涉案数额往往特别巨大；是“回流药”形成产业、市场的关键因素。将其作为打击重点，完全符合罪责刑相适应的刑法基本原则和宽严相济刑事政策，因此，本解释第十三条第二款作出了上述规定。其二，综合看来，本解释第十三条第一款和第二款规定，在一定程度上系对《刑法》第三百一十二条所规定的“犯罪”作了更符合实际的解释，即不要求必须绝对查明上游行为已符合有关犯罪的入罪标准，只要非法收购、销售的金额累计在五万元以上即可（既收购又销售的，金额应以高者计）。这是因为，倒卖骗保药品的中间商，往往是“一对多”地从医保人员手中收购药品，其累计的危害重大；从实践看，要查明其上游行为人是否已达到诈骗罪的入罪标准，往往非常困难，也无必要；特别规定非法收购、销售的药品金额在五万元以上才以掩饰、隐瞒犯罪所得罪论处，已有适当控制刑事打击面的考虑，不会形成上下游行为“罪刑倒挂”的问题。这样的规定有先例可循。针对《刑法》第二百八十七条之二规定的帮助信息网络犯罪活动罪，“两高”《关于办理非法利用信息网络、帮助信息网络犯罪活动等刑事案件适用法律若干问题的解释》（法释〔2019〕15号）第十二条规定，对于帮助对象原则上应当达到犯罪程度，但是例外情形下，确因客观条件限制无法查证被帮助对象是否达到犯罪的程度，但帮助行为的相关数额巨大或者造成特别严重后果的，亦可以适用帮助信息网络犯罪活动罪的相关规定。

为指导司法实践，本解释第十三条第三款进一步明确了此类案件中主观明知的综合认定规则，即可以综合药品标志、收购渠道、价格、规模及药品追溯信息等作出认定。需要提及的是，《国家药监局关于药品信息化追溯体系建设的指导意见》（国药监药管〔2018〕35号）提出：“药品上市许可持有人和生产企业在销售药品时，应向下游企业或医疗机构提供相关追溯信息，以便下游企业或医疗机构验证反馈。”“药品批发企业在采购药品时，向上游企业索取相关追溯信息，在药品验收时进行核对，并将核对信息反馈上游企业；在销售药品时，应向下游企业或医疗机构提供相关追溯信息。”据此，可以通过药品追溯信息的索取及相关活动，对行为人对涉案药品是否系医保骗保购买的药品作出判断。

（六）关于负有药品安全监督管理职责的国家机关工作人员渎职犯罪的处理规则

《刑法修正案（十一）》对《刑法》第四百零八条之一作出调整，将食品监管渎职罪调整为食品、药品监管渎职罪。本解释第十四条进一步明确，负有药品安全监督管理职责的国家机关工作人员，滥用职权或者玩忽职守，构成药品监管渎职罪，同时构成商检徇私舞弊罪、商检失职罪等其他渎职犯罪的，依照处罚较重的规定定罪处罚；负有药品安全监督管理职责的国家机关工作人员滥用职权或者玩忽职守，不构成药品监管渎职罪，但构成前款规定的其他渎职犯罪的，依照该其他犯罪定罪处罚；负有药品安全监督管理职责的国家机关工作人员与他人共谋，利用其职务便利帮助他人实施危害药品安全犯罪行为，同时构成渎职犯罪和危害药品安全犯罪共犯的，依照处罚较重的规定定罪从重处罚。

（七）关于特定生产、进口、销售药品行为的处理规则

我国民众用药情况复杂，药品供应渠道杂乱。长期以来，民众服用利用民间偏方、土方、秘方加工的药品的情况较为普遍。近些年，随着经济社会发展，擅自销售从国外、境外携带药品入境的情况逐渐增多。有的利用民间偏方、土方、秘方私自加工的“土药”，虽然未经有关部门批准，但当地群众已经普遍认可其疗效；未经批准擅自进口的“洋药”，尽管违反了我国药品管理制度，但不少并不会实际危害人体健康，相反对治疗有关疾病确有效果，有的甚至是高价购买的“救命药”。对于此类案件，一律纳入刑事规制范围，不符合实事求是的精神，也难以为社会公众理解。正是因此，《2014 年解释》第十一条第二款规定：“销售少量根据民间传统配方私自加工的药品，或者销售少量未经批准进口的国外、境外药品，没有造成他人伤害后果或者延误诊治，情节显著轻微危害不大的，不认为是犯罪。”当年限定为“少量”的情形，主要是因为根据修订前《药品管理法》的规定，有关药品属于应当按假药论处的情形，故只能对涉案药品系“少量”的案件，依据《刑法》第十三条但书的规定出罪。

《药品管理法》修订之后，对“假药”采取实质认定标准，根据民间传统配方私自加工的药品、未经批准走私进境的药品不能当然认定为假药；尽管有关行为仍属于违反修订后《药品管理法》规定的妨害药品管理行为，但根据《刑法修正案（十一）》新增的《刑法》第一百四十二条之一的规定，是否构成犯罪，需以“足以严重危害人体健康”为要件。因此，《解释》第十八条第一款对《2014 年解释》第十一条第二款作了修改完善，规定：“根据民间传统配方私自加工药品或者销售上述药品，数量不大，且未造成他人伤害后果或者延误诊治的，或者不以营利为目的实施带有自救、互助性质的生产、进口、销售药品的行为，不应当认定为犯罪。”该款规定从另一面对妨害药品管理罪的准确适用作出了明确。

司法实践中应当注意的是，“民间传统配方”的表述虽然相沿成习，但无明确界定。实践中，可以参考“中医药传统知识”的界定，即“基于中华民族长期实践积累、世代传承发展、具有现实或者潜在价值的中医药理论、技术和标志符号，包括但不限于中医药古籍经典名方、单验方、诊疗技术、中药炮制技术、制剂方法、养生方法等”，以将其与“黑窝点”界分开来。根据本解释第十八条第二款的规定，对于是否属于民间传统配方难以确定的，根据地市级以上药品监督管理部门或者有关部门出具的认定意见，结合其他证据作出认定。

（八）关于“假药”“劣药”的认定规则

《药品管理法》第一百二十一条规定：“对假药、劣药的处罚决定，应当依法载明药品检验机构的质量检验结论。”实践中，对于该条文的适用，即哪些

情形的假药、劣药的认定应当出具质量检验结论，存在不同认识。鉴此，国家药监局经征求法工委意见，于 2020 年作出《关于假药劣药认定有关问题的复函》，提出："根据《药品管理法》第九十八条第二款第四项'药品所标明的适应症或者功能主治超出规定范围'认定为假药，以及根据《药品管理法》第九十八条第三款第三项至第七项认定为劣药，只需要事实认定，不需要对涉案药品进行检验，处罚决定亦无需载明药品检验机构的质量检验结论。"

考虑到刑事案件中假药、劣药的认定与行政处罚具有类似性，本解释第十九条吸收上述复函的精神，明确对相关情形的假药、劣药，能够根据现场查获的原料、包装，结合犯罪嫌疑人、被告人供述等证据材料作出判断的，可以由地市级以上药品监督管理部门出具认定意见；只有在是否属于《药品管理法》第九十八条第二款第二项、第三款第六项规定的假药、劣药存在争议的情形下，才出具质量检验结论。需要提及的是，对于其他情形，如依据"未标明或者更改有效期的药品""未注明或者更改产品批号的药品"的规定认定劣药存在争议的，实际属于事实认定问题，无法通过质量检验结论解决问题。

此外，考虑到"以非药品冒充药品或者以他种药品冒充此种药品"情形的假药，同样存在能够根据现场查获的原料、包装，结合犯罪嫌疑人、被告人供述等证据材料作出判断的可能，如用面粉冒充药品，在制药现场发现面粉而无其他药品原料的，直接认定为"以非药品冒充药品"应无疑义，而无需再行出具质量检验结论。基于此，本解释第十九条在上述复函的基础上，将"对于《中华人民共和国药品管理法》第九十八条第二款第二项……规定的假药，能够根据现场查获的原料、包装，结合犯罪嫌疑人、被告人供述等证据材料作出判断的"亦增加为可以不出具质量检验结论的情形。

顺带提及的是，对于依据《药品管理法》第九十八条第二款第二项规定的"以他种药品冒充此种药品"认定为假药的情形，通常是指以不具有特定功能主治的他种药品冒充此种药品的行为，如以感冒药冒充治疗高血压的药品。与之不同，对于以功能主治相同的他种药品冒充此种药品的，如药品成分、质量并无问题，不应认定属于"以他种药品冒充此种药品"，符合假冒注册商标罪等侵犯知识产权犯罪的，可按相应犯罪论处。

（九）关于本解释的时间效力

本解释第二十一条规定："本解释自 2022 年 3 月 6 日起施行。本解释公布施行后，《最高人民法院、最高人民检察院关于办理危害药品安全刑事案件适用法律若干问题的解释》（法释〔2014〕14 号）、《最高人民法院、最高人民检察院关于办理药品、医疗器械注册申请材料造假刑事案件适用法律若干问题的解释》（法释〔2017〕15 号）同时废止。"需要注意的是，在《刑法修正案（十一）》施行前，刑法未对药品申请注册造假行为规定专门罪名。囿于当时刑法的规定，《2017 年解释》规定对药物非临床研究机构、药物临床试验机构、合同研究组织的工作人员，故意提供虚假的药物非临床研究报告、药物临床试验报告及相关材料，情节严重的，以提供虚假证明文件罪定罪处罚；药品注册申请单位的工作人员指使药物非临床研究机构、药物临床试验机构、合同研究组织的工作人员提供的虚假药物非临床研究报告、药物临床试验报告及相关材料的，以提供虚假证明文件罪的共同犯罪论处。《刑法修正案（十一）》增设妨害药品管理罪，将“药品申请注册中提供虚假的证明、数据、资料、样品或者采取其他欺骗手段的”规定为客观行为方式之一。鉴此，在《刑法修正案（十一）》施行后，对于药品注册申请造假的行为，应当适用妨害药品管理罪而非提供虚假证明文件罪的规定。基于此，本解释明确废止《2017 年解释》。司法实践中应当注意的是，对于为药品注册、申请造假提供相关证明材料或者帮助的行为，不应再使用提供虚假证明文件罪，以防止形成罪刑倒挂；符合妨害药品管理罪共同犯罪的，以共犯论处。而对于医疗器械注册申请材料造假的，由于妨害药品管理罪未涉及相关行为类型，如果相关行为符合刑法第二百二十九条关于提供虚假证明文件罪规定的，也应当注意量刑平衡的问题，原则上只应适用“处五年以下有期徒刑或者拘役，并处罚金”的量刑档次。

（十）关于其他问题

1. 关于危害药品安全犯罪的共犯认定规则

本解释第九条规定，明知他人实施危害药品安全犯罪，而有下列情形之一的，以共同犯罪论处：（1）提供资金、贷款、账号、发票、证明、许可证件的；（2）提供生产、经营场所、设备或者运输、储存、保管、邮寄、销售渠道等便利条件的；（3）提供生产技术或者原料、辅料、包装材料、标签、说明书的；（4）提供虚假药物非临床研究报告、药物临床试验报告及相关材料的；（5）提供广告宣传的；（6）提供其他帮助的。

2. 关于危害药品安全犯罪的主观故意认定规则

危害药品安全犯罪主观故意难以认定是当前实践中的重点难点问题。司法实践中，基于趋利避害的本能，行为人往往辩称主观不知情。鉴此，本解释第十条总结司法实践经验，明确了综合判断规则，并列出了可以推定行为人主观故意的情形。具体而言，办理生产、销售、提供假药、生产、销售、提供劣药、妨害药品管理等刑事案件，应当结合行为人的从业经历、认知能力、药品质量、进货渠道和价格、销售渠道和价格以及生产、销售方式等事实综合判断认定行为人的主观故意。具有下列情形之一的，可以认定行为人有实施相关犯罪的主观故意，但有证据证明确实不具有故意的除外：（1）药品价格明显异于市场价格的；（2）向不具有资质的生产者、销售者购买药品，且不能提供合法有效的来历证明的；（3）逃避、抗拒监督检查的；（4）转移、隐匿、销毁涉案药品、进销货记录的；（5）曾因实施危害药品安全违法犯罪行为受过处罚，又实施同类行为的；（6）其他足以认定行为人主观故意的情形。

3. 关于利用广告对药品作虚假宣传行为的定性规则

本解释第十二条明确，广告主、广告经营者、广告发布者违反国家规定，利用广告对药品作虚假宣传，情节严重的，依照《刑法》第二百二十二条的规定，以虚假广告罪定罪处罚。

4. 关于对危害药品安全犯罪分子适用罚金刑的裁量规则

本解释第十五条规定，对于犯生产、销售、提供假药罪、生产、销售、提供劣药罪、妨害药品管理罪的，应当结合被告人的犯罪数额、违法所得，综合考虑被告人缴纳罚金的能力，依法判处罚金。罚金一般应当在生产、销售、提供的药品金额二倍以上；共同犯罪的，对各共同犯罪人合计判处的罚金一般应当在生产、销售、提供的药品金额二倍以上。

5. 关于对危害药品安全犯罪分子适用禁止令和职业禁止的规则

本解释第十六条第一款规定，对于犯生产、销售、提供假药罪、生产、销售、提供劣药罪、妨害药品管理罪的，应当依照刑法规定的条件，严格缓刑、免予刑事处罚的适用。对于被判处刑罚的，可以根据犯罪情况和预防再犯罪的需要，依法宣告职业禁止或者禁止令。《药品管理法》等法律、行政法规另有规定的，从其规定。

在此基础上，本解释第十六条第二款进一步明确了反向行刑衔接的有关内容，明确对于被不起诉或者免予刑事处罚的行为人，需要给予行政处罚、政务处分或者其他处分的，依法移送有关主管机关处理。

6. 关于单位危害药品安全犯罪的处理规则

本解释第十七条规定，单位犯生产、销售、提供假药罪、生产、销售、提供劣药罪、妨害药品管理罪的，对单位判处罚金，并对直接负责的主管人员和其他直接责任人员，依照本解释规定的自然人犯罪的定罪量刑标准处罚。单位犯罪的，对被告单位及其直接负责的主管人员、其他直接责任人员合计判处的罚金一般应当在生产、销售、提供的药品金额二倍以上。

7. 关于金额的计算规则

本解释第二十条规定，对于生产、提供药品的金额，以药品的货值金额计算；销售药品的金额，以所得和可得的全部违法收入计算。所谓"药品的货值金额"，可以参照《药品管理法》第一百五十一条"货值金额以违法生产、销售药品的标价计算；没有标价的，按照同类药品的市场价格计算"的规定把握。

（撰稿人：周加海　喻海松　李　静）

【链 接】

依法严惩危害药品安全犯罪 切实维护人民群众用药安全
——最高人民法院研究室、最高人民检察院法律政策研究室负责人就《最高人民法院、最高人民检察院关于办理危害药品安全刑事案件适用法律若干问题的解释》答记者问

3月4日，最高人民法院、最高人民检察院联合发布《关于办理危害药品安全刑事案件适用法律若干问题的解释》（以下简称本解释），自2022年3月6日起施行。为便于司法实践中正确理解与适用，最高人民法院研究室、最高人民检察院法律政策研究室负责人接受了采访。

问：请介绍一下本解释的制定背景和主要经过。

答：药品安全责任重大，事关人民群众生命健康，事关健康中国建设。党的十八大以来，以习近平同志为核心的党中央高度重视人民群众生命安全和身体健康，习近平总书记多次强调保障药品安全的重要性，强调要切实加强食品药品安全监管，用最严谨的标准、最严格的监管、最严厉的处罚、最严肃的问责，加快建立科学完善的食品药品安全治理体系，坚持产管并重，严把从农田到餐桌、从实验室到医院的每一道防线。

人民法院、人民检察院深入贯彻习近平总书记重要指示精神和党中央决策部署，高度重视依法惩治危害药品安全犯罪。近年来，“两高”先后联合制定了《关于办理危害药品安全刑事案件适用法律若干问题的解释》（法释〔2014〕14号）、《关于办理药品、医疗器械注册申请材料造假刑事案件适用法律若干问题的解释》（法释〔2017〕15号），对生产、销售假药罪、生产、销售劣药罪等危害药品安全犯罪的定罪量刑标准和有关法律适用问题作出规定。上述司法解释的发布施行，对于依法严惩危害药品安全犯罪，保障人民群众生命健康安全发挥了重要作用。

2019年8月26日，十三届全国人大常委会第十二次会议修订通过药品管理法，自2019年12月1日起施行。2020年12月26日，十三届全国人大常委会第二十四次会议通过《刑法修正案（十一）》，自2021年3月1日起施行。药品管理法对假药、劣药认定标准和程序等作了完善；《刑法修正案（十一）》将修改药品犯罪规定、强化药品安全保障作为重点内容之一。在《药品管理法》修订和《刑法修正案（十一）》施行后，亟需制定新的危害药品安全犯罪司法解释，确保法律正确、全面、统一贯彻执行。

针对危害药品安全犯罪的新情况和新问题，在公安部、国家药监局等部门的大力支持下，最高人民法院、最高人民检察院经深入调查研究、广泛征求意见、反复论证完善，起草了本解释。本解释于2022年2月28日由最高人民法院审判委员会第1865次会议、2022年2月25日由最高人民检察院第十三届检察委员会第九十二次会议审议通过，自2022年3月6日起施行。

问：请介绍一下本解释制定的主要考虑。

答：本解释坚持以习近平新时代中国特色社会主义思想为指导，深入贯彻习近平法治思想，充分发挥司法职能作用，依法严惩制售假劣药犯罪，切实保障药品安全，有力维护人民群众生命健康。具体而言，在起草过程中，着重注意把握了以下几点：

第一，依法严惩危害药品安全犯罪，保障公众用药安全。在党中央的高度重视下，我国药品安全形势总体稳定，但生产、销售假药、劣药等犯罪案件仍时有发生。药品安全是人命关天的大事。本解释坚持以人民为中心的发展思想，以保障人民群众用药安全和生命健康为首要考虑，通篇贯彻体现依法严惩危害药品安全犯罪的基本立场和政策导向。

第二，准确把握立法精神，确保法律正确有效实施。修订后药品管理法以药品的质量功效为标准，对假药、劣药的种类作出了新的规定，并全方位完善了对药品生产、经营活动的监管。《刑法修正案（十一）》相应删去了《刑法》中关于"假药""劣药"界定的规定，增加了"提供"假药、劣药的行为方式，并增设了妨害药品管理罪。本解释根据修改后的法律规定和立法精神，结合司法实践情况，对危害药品安全犯罪的定罪量刑标准等问题作出了全面系统的规定。

第三，聚焦司法疑难问题，确保案件依法公正处理。调研反映，修订后的《药品管理法》和《刑法修正案（十一）》施行后，一些办案人员对假药、劣药的认定，妨害药品管理罪"足以严重危害人体健康"入罪要件的具体情形，以及非法收购、销售骗保药品的处理等问题普遍感觉难以把握。本解释坚持问题导向，对司法实践反映的疑难问题予以充分回应，作出了有针对性的规定，明确了适用法律的具体规则，为依法公正处理危害药品安全犯罪案件奠定了扎实基础。

问：假劣药犯罪严重危害公众用药安全，危害人民群众生命健康。请问本解释在从严惩治假劣药犯罪、保障公众用药安全方面具体有何体现？

答：《刑法》第一百四十一条规定了生产、销售、提供假药罪，第一百四十二条规定了生产、销售、提供劣药罪。本解释对生产、销售、提供假药、劣药犯罪的定罪量刑标准和有关法律适用问题作了明确，充分体现了依法严厉惩治假劣药犯罪的政策导向。

一是要求对特定情形的假劣药犯罪从重处罚。本解释明确，生产、销售、提供假劣药，具有下列情形之一的，应当酌情从重处罚：(1) 涉案药品以孕产妇、儿童或者危重病人为主要使用对象的；(2) 涉案药品属于麻醉药品、精神药品、医疗用毒性药品、放射性药品、生物制品，或者以药品类易制毒化学品冒充其他药品的；(3) 涉案药品属于注射剂药品、急救药品的；(4) 涉案药品系用于应对自然灾害、事故灾难、公共卫生事件、社会安全事件等突发事件的；(5) 药品使用单位及其工作人员生产、销售假药的；(6) 其他应当酌情从重处罚的情形。

二是从严设置假劣药犯罪的定罪量刑标准。例如，本解释规定，生产、销售、提供假药即使未造成致人死伤的实际后果，但如果假药金额在二十万元以上的，即应判处三年以上十年以下有期徒刑；如有从重处罚情节的，假药金额在十万元以上，即应判处三年以上十年以下有期徒刑；假药金额在五十万元以上，或者具有从重处罚情节、假药金额在二十万元的，即应判处十年以上有期徒刑、无期徒刑或者死刑。

三是加大财产刑适用力度。假劣药犯罪具有明显的牟利性。对于此类犯罪，除了适用自由刑以外，应当加大财产刑的适用力度，让犯罪人得不偿失，并剥夺其再次犯罪的能力。基于此，本解释专门规定，对于犯生产、销售、提供假药罪、生产、销售、提供劣药罪的，应当结合被告人的犯罪数额、违法所得等，依法判处罚金，罚金一般应当在生产、销售、提供的药品金额二倍以上。

四是加大对单位制售假劣药犯罪的惩治力度。本解释明确，单位犯生产、销售、提供假药罪、生产、销售、提供劣药罪、妨害药品管理罪的，对单位判处罚金，并对直接负责的主管人员和其他直接责任人员，依照本解释规定的自然人犯罪的定罪量刑标准处罚。

问：妨害药品管理罪是《刑法修正案（十一）》的新增罪名。请问本解释对妨害药品管理罪有何规定？

答：《刑法修正案（十一）》增设妨害药品管理罪，将修订前《药品管理法》按假药论处情形所涉部分行为以及违反药品生产质量管理规范的部分行为单独规定为犯罪，彰显了对危害药品安全犯罪的全方位惩治立场。本解释根据修法精神，经充分调研司法实践情况，对妨害药品管理罪的定罪量刑标准和有关法律适用问题作了明确。

一是依法严惩生产、销售禁止使用药品的犯罪。本解释规定，生产、销售国务院药品监督管理部门禁止使用的药品，综合生产、销售的时间、数量、禁止使用原因等情节，认为具有严重危害人体健康的现实危险的，应当认定为“足以严重危害人体健康”，处三年以下有期徒刑或者拘役；对人体健康造成严重危害或者有其他严重情节的，处三年以上七年以下有期徒刑。

二是依法严惩“黑作坊”生产药品或者销售相关药品犯罪。本解释规定，未取得药品相关批准证明文件生产药品或者明知是上述药品而销售，涉案药品以孕产妇、儿童或者危重病人为主要使用对象，或者属于麻醉药品、精神药品、医疗用毒性药品、放射性药品、生物制品等特定药品类型的，即构成妨害药品管理罪；未经批准生产适应症、功能主治或者成分不明的药品，或者未经批准生产没有国家药品标准，且无核准的药品质量标准，但检出化学药成分的药品，也构成妨害药品管理罪。所涉药品系假药、劣药的，按生产、销售假药、劣药犯罪论处。

三是依法严惩药品申请注册造假犯罪。《药品管理法》规定，申请药品注册，应当提供真实、充分、可靠的数据、资料和样品，证明药品的安全性、有效性和质量可控性。《刑法》规定，药品申请注册中提供虚假的证明、数据、资料、样品或者采取其他欺骗手段，属于妨害药品管理罪的行为类型之一。对此，本解释进一步明确，在药物非临床研究或者药物临床试验过程中故意使用虚假试验用药品，或者瞒报与药物临床试验用药品相关的严重不良事件的，属于"足以严重危害人体健康"，构成妨害药品管理罪。

四是依法严惩编造药品生产、检验记录犯罪。《药品管理法》规定，药品应当按照国家药品标准和经药品监督管理部门核准的生产工艺进行生产。生产、检验记录应当完整准确，不得编造。《刑法》规定，编造生产、检验记录，属于妨害药品管理罪的行为类型之一。对此，本解释进一步明确，编造生产、检验记录，影响药品的安全性、有效性和质量可控性的，属于"足以严重危害人体健康"，构成妨害药品管理罪。

问：医保骗保犯罪事关医保基金安全，事关老百姓的切身利益，人民群众普遍关注。特别是，当前存在非法收购、销售骗保药品的情形。请问本解释对此有何规定？

答：医保基金是人民群众的"救命钱"，事关广大群众的切身利益。针对当前存在的利用医保骗保购买药品、倒卖谋利的问题，司法机关贯彻宽严相济刑事政策，重点惩治医保骗保犯罪的组织者、职业骗保人和利用职务职业便利骗取医保基金的行为人。本解释进一步明确，明知系利用医保骗保购买的药品而非法收购、销售，金额五万元以上的，以掩饰、隐瞒犯罪所得罪定罪处罚；指使、教唆、授意他人利用医保骗保购买药品，进而非法收购、销售的，以诈骗罪定罪处罚。

医保参保人员和从事医保工作的有关人员应当遵守国家法律法规，切莫贪图不法小利、心存侥幸而触犯法律。非法收购、销售骗保药品，更是严重的违法犯罪行为，适用诈骗罪最高可被判处无期徒刑。

最高人民法院　最高人民检察院
关于办理危害食品安全刑事案件适用法律若干问题的解释

法释〔2021〕24 号

（2021 年 12 月 13 日最高人民法院审判委员会第 1856 次会议、2021 年 12 月 29 日最高人民检察院第十三届检察委员会第八十四次会议通过　2021 年 12 月 30 日最高人民法院、最高人民检察院公告公布　自 2022 年 1 月 1 日起施行）

为依法惩治危害食品安全犯罪，保障人民群众身体健康、生命安全，根据《中华人民共和国刑法》《中华人民共和国刑事诉讼法》的有关规定，对办理此类刑事案件适用法律的若干问题解释如下：

第一条　生产、销售不符合食品安全标准的食品，具有下列情形之一的，应当认定为刑法第一百四十三条规定的“足以造成严重食物中毒事故或者其他严重食源性疾病”：

（一）含有严重超出标准限量的致病性微生物、农药残留、兽药残留、生物毒素、重金属等污染物质以及其他严重危害人体健康的物质的；

（二）属于病死、死因不明或者检验检疫不合格的畜、禽、兽、水产动物肉类及其制品的；

（三）属于国家为防控疾病等特殊需要明令禁止生产、销售的；

（四）特殊医学用途配方食品、专供婴幼儿的主辅食品营养成分严重不符合食品安全标准的；

（五）其他足以造成严重食物中毒事故或者严重食源性疾病的情形。

第二条　生产、销售不符合食品安全标准的食品，具有下列情形之一的，应当认定为刑法第一百四十三条规定的“对人体健康造成严重危害”：

（一）造成轻伤以上伤害的；

（二）造成轻度残疾或者中度残疾的；

（三）造成器官组织损伤导致一般功能障碍或者严重功能障碍的；

（四）造成十人以上严重食物中毒或者其他严重食源性疾病的；

（五）其他对人体健康造成严重危害的情形。

第三条　生产、销售不符合食品安全标准的食品，具有下列情形之一的，应当认定为刑法第一百四十三条规定的“其他严重情节”：

（一）生产、销售金额二十万元以上的；

（二）生产、销售金额十万元以上不满二十万元，不符合食品安全标准的食品数量较大或者生产、销售持续时间六个月以上的；

（三）生产、销售金额十万元以上不满二十万元，属于特殊医学用途配方食品、专供婴幼儿的主辅食品的；

（四）生产、销售金额十万元以上不满二十万元，且在中小学校园、托幼机构、养老机构及周边面向未成年人、老年人销售的；

（五）生产、销售金额十万元以上不满二十万元，曾因危害食品安全犯罪受过刑事处罚或者二年内因危害食品安全违法行为受过行政处罚的；

（六）其他情节严重的情形。

第四条 生产、销售不符合食品安全标准的食品，具有下列情形之一的，应当认定为刑法第一百四十三条规定的“后果特别严重”：

（一）致人死亡的；

（二）造成重度残疾以上的；

（三）造成三人以上重伤、中度残疾或者器官组织损伤导致严重功能障碍的；

（四）造成十人以上轻伤、五人以上轻度残疾或者器官组织损伤导致一般功能障碍的；

（五）造成三十人以上严重食物中毒或者其他严重食源性疾病的；

（六）其他特别严重的后果。

第五条 在食品生产、销售、运输、贮存等过程中，违反食品安全标准，超限量或者超范围滥用食品添加剂，足以造成严重食物中毒事故或者其他严重食源性疾病的，依照刑法第一百四十三条的规定以生产、销售不符合安全标准的食品罪定罪处罚。

在食用农产品种植、养殖、销售、运输、贮存等过程中，违反食品安全标准，超限量或者超范围滥用添加剂、农药、兽药等，足以造成严重食物中毒事故或者其他严重食源性疾病的，适用前款的规定定罪处罚。

第六条 生产、销售有毒、有害食品，具有本解释第二条规定情形之一的，应当认定为刑法第一百四十四条规定的“对人体健康造成严重危害”。

第七条 生产、销售有毒、有害食品，具有下列情形之一的，应当认定为刑法第一百四十四条规定的“其他严重情节”：

（一）生产、销售金额二十万元以上不满五十万元的；

（二）生产、销售金额十万元以上不满二十万元，有毒、有害食品数量较大或者生产、销售持续时间六个月以上的；

（三）生产、销售金额十万元以上不满二十万元，属于特殊医学用途配方食品、专供婴幼儿的主辅食品的；

（四）生产、销售金额十万元以上不满二十万元，且在中小学校园、托幼机构、养老机构及周边面向未成年人、老年人销售的；

（五）生产、销售金额十万元以上不满二十万元，曾因危害食品安全犯罪受过刑事处罚或者二年内因危害食品安全违法行为受过行政处罚的；

（六）有毒、有害的非食品原料毒害性强或者含量高的；

（七）其他情节严重的情形。

第八条 生产、销售有毒、有害食品，生产、销售金额五十万元以上，或者具有本解释第四条第二项至第六项规定的情形之一的，应当认定为刑法第一百四十四条规定的“其他特别严重情节”。

第九条 下列物质应当认定为刑法第一百四十四条规定的“有毒、有害的非食品原料”：

（一）因危害人体健康，被法律、法规禁止在食品生产经营活动中添加、使用的物质；

（二）因危害人体健康，被国务院有关部门列入《食品中可能违法添加的非食用物质名单》《保健食品中可能非法添加的物质名单》和国务院有关部门公告的禁用农药、《食品动物中禁止使用的药品及其他化合物清单》等名单上的物质；

（三）其他有毒、有害的物质。

第十条 刑法第一百四十四条规定的“明知”，应当综合行为人的认知能力、食品质量、进货或者销售的渠道及价格等主、客观因素进行认定。

具有下列情形之一的，可以认定为刑法第一百四十四条规定的“明知”，但存在相反证据并经查证属实的除外：

（一）长期从事相关食品、食用农产品生产、种植、养殖、销售、运输、贮存行业，不依法履行保障食品安全义务的；

（二）没有合法有效的购货凭证，且不能提供或者拒不提供销售的相关食品来源的；

（三）以明显低于市场价格进货或者销售且无合理原因的；

（四）在有关部门发出禁令或者食品安全预警的情况下继续销售的；

（五）因实施危害食品安全行为受过行政处罚或者刑事处罚，又实施同种行为的；

（六）其他足以认定行为人明知的情形。

第十一条 在食品生产、销售、运输、贮存等过程中，掺入有毒、有害的非食品原料，或者使用有毒、有害的非食品原料生产食品的，依照刑法第一百四十四条的规定以生产、销售有毒、有害食品罪定罪处罚。

在食用农产品种植、养殖、销售、运输、贮存等过程中，使用禁用农药、食品动物中禁止使用的药品及其他化合物等有毒、有害的非食品原料，适用前款的规定定罪处罚。

在保健食品或者其他食品中非法添加国家禁用药物等有毒、有害的非食品原料的，适用第一款的规定定罪处罚。

第十二条 在食品生产、销售、运输、贮存等过程中，使用不符合食品安全标准的食品包装材料、容器、洗涤剂、消毒剂，或者用于食品生产经营的工具、设备等，造成食品被污染，符合刑法第一百四十三条、第一百四十四条规定的，以生产、销售不符合安全标准的食品罪或者生产、销售有毒、有害食品罪定罪处罚。

第十三条 生产、销售不符合食品安全标准的食品，有毒、有害食品，符合刑法第一百四十三条、第一百四十四条规定的，以生产、销售不符合安全标准的食品罪或者生产、销售有毒、有害食品罪定罪处罚。同时构成其他犯罪的，依照处罚较重的规定定罪处罚。

生产、销售不符合食品安全标准的食品，无证据证明足以造成严重食物中毒事故或者其他严重食源性疾病，不构成生产、销售不符合安全标准的食品罪，但构成生产、销售伪劣产品罪，妨害动植物防疫、检疫罪等其他犯罪的，依照该其他犯罪定罪处罚。

第十四条 明知他人生产、销售不符合食品安全标准的食品，有毒、有害食品，具有下列情形之一的，以生产、销售不符合安全标准的食品罪或者生产、销售有毒、有害食品罪的共犯论处：

（一）提供资金、贷款、账号、发票、证明、许可证件的；

（二）提供生产、经营场所或者运输、贮存、保管、邮寄、销售渠道等便利条件的；

（三）提供生产技术或者食品原料、食品添加剂、食品相关产品或者有毒、有害的非食品原料的；

（四）提供广告宣传的；

（五）提供其他帮助行为的。

第十五条 生产、销售不符合食品安全标准的食品添加剂，用于食品的包装材料、容器、洗涤剂、消毒剂，或者用于食品生产经营的工具、设备等，符合刑法第一百四十条规定的，以生产、销售伪劣产品罪定罪处罚。

生产、销售用超过保质期的食品原料、超过保质期的食品、回收食品作为原料的食品，或者以更改生产日期、保质期、改换包装等方式销售超过保质期的食品、回收食品，适用前款的规定定罪处罚。

实施前两款行为，同时构成生产、销售不符合安全标准的食品罪，生产、销售不符合安全标准的产品罪等其他犯罪的，依照处罚较重的规定定罪处罚。

第十六条 以提供给他人生产、销售食品为目的，违反国家规定，生产、销售国家禁止用于食品生产、销售的非食品原料，情节严重的，依照刑法第二百二十五条的规定以非法经营罪定罪处罚。

以提供给他人生产、销售食用农产品为目的，违反国家规定，生产、销售国家禁用农药、食品动物中禁止使用的药品及其他化合物等有毒、有害的非食品原料，或者生产、销售添加上述有毒、有害的非食品原料的农药、兽药、饲料、饲料添加剂、饲料原料，情节严重的，依照前款的规定定罪处罚。

第十七条 违反国家规定，私设生猪屠宰厂（场），从事生猪屠宰、销售等经营活动，情节严重的，依照刑法第二百二十五条的规定以非法经营罪定罪处罚。

在畜禽屠宰相关环节，对畜禽使用食品动物中禁止使用的药品及其他化合物等有毒、有害的非食品原料，依照刑法第一百四十四条的规定以生产、销售有毒、有害食品罪定罪处罚；对畜禽注水或者注入其他物质，足以造成严重食物中毒事故或者其他严重食源性疾病的，依照刑法第一百四十三条的规定以生产、销售不符合安全标准的食品罪定罪处罚，虽不足以造成严重食物中毒事故或者其他严重食源性疾病，但符合刑法第一百四十条规定的，以生产、销售伪劣产品罪定罪处罚。

第十八条 实施本解释规定的非法经营行为，非法经营数额在十万元以上，或者违法所得数额在五万元以上的，应当认定为刑法第二百二十五条规定的“情节严重”；非法经营数额在五十万元以上，或者违法所得数额在二十五万元以上的，应当认定为刑法第二百二十五条规定的“情节特别严重”。

实施本解释规定的非法经营行为，同时构成生产、销售伪劣产品罪，生产、销售不符合安全标准的食品罪，生产、销售有毒、有害食品罪，生产、销售伪劣农药、兽药罪等其他犯罪的，依照处罚较重的规定定罪处罚。

第十九条 违反国家规定，利用广告对保健食品或者其他食品作虚假宣传，符合刑法第二百二十二条规定的，以虚假广告罪定罪处罚；以非法占有为目的，利用销售保健食品或者其他食品诈骗财物，符合刑法第二百六十六条规定的，以诈骗罪定罪处罚。同时构成生产、销售伪劣产品罪等其他犯罪的，依照处罚较重的规定定罪处罚。

第二十条 负有食品安全监督管理职责的国家机关工作人员滥用职权或者玩忽职守，构成食品监管渎职罪，同时构成徇私舞弊不移交刑事案件罪、商检徇私舞弊罪、动植物检疫徇私舞弊罪、放纵制售伪劣商品犯罪行为罪等其他渎职犯罪的，依照处罚较重的规定定罪处罚。

负有食品安全监督管理职责的国家机关工作人员滥用职权或者玩忽职守，不构成食品监管渎职罪，但构成前款规定的其他渎职犯罪的，依照该其他犯罪定罪处罚。

负有食品安全监督管理职责的国家机关工作人员与他人共谋，利用其职务行为帮助他人实施危害食品安全犯罪行为，同时构成渎职犯罪和危害食品安全犯罪共犯的，依照处罚较重的规定定罪从重处罚。

第二十一条 犯生产、销售不符合安全标准的食品罪，生产、销售有毒、有害食品罪，一般应当依法判处生产、销售金额二倍以上的罚金。

共同犯罪的，对各共同犯罪人合计判处的罚金一般应当在生产、销售金额的二倍以上。

第二十二条 对实施本解释规定之犯罪的犯罪分子，应当依照刑法规定的条件，严格适用缓刑、免予刑事处罚。对于依法适用缓刑的，可以根据犯罪情况，同时宣告禁止令。

对于被不起诉或者免予刑事处罚的行为人，需要给予行政处罚、政务处分或者其他处分的，依法移送有关主管机关处理。

第二十三条 单位实施本解释规定的犯罪的，对单位判处罚金，并对直接负责的主管人员和其他直接责任人员，依照本解释规定的定罪量刑标准处罚。

第二十四条 “足以造成严重食物中毒事故或者其他严重食源性疾病”“有毒、有害的非食品原料”等专门性问题难以确定的，司法机关可以依据鉴定意见、检验报告、地市级以上相关行政主管部门组织出具的书面意见，结合其他证据作出认定。必要时，专门性问题由省级以上相关行政主管部门组织出具书面意见。

第二十五条 本解释所称“二年内”，以第一次违法行为受到行政处罚的生效之日与又实施相应行为之日的时间间隔计算确定。

第二十六条 本解释自 2022 年 1 月 1 日起施行。本解释公布实施后，《最高人民法院、最高人民检察院关于办理危害食品安全刑事案件适用法律若干问题的解释》（法释〔2013〕12 号）同时废止；之前发布的司法解释与本解释不一致的，以本解释为准。

【解　　读】

解读《最高人民法院、最高人民检察院关于办理危害食品安全刑事案件适用法律若干问题的解释》

为依法惩治危害食品安全犯罪，保障人民群众身体健康和生命安全，最高人民法院、最高人民检察院共同制定了《关于办理危害食品安全刑事案件适用法律若干问题的解释》（法释〔2021〕24 号，以下简称本解释）。本解释于 2021 年 12 月 31 日公布，自 2022 年 1 月 1 日起施行。为便于司法实践中正确理解和适用，现就本解释的制定背景、主要内容介绍如下。

一、本解释的修订背景

食品安全事关人民群众的身体健康和生命安全，是重大的民生问题，司法机关一直高度重视依法惩治危害食品安全犯罪。2013 年 5 月，最高人民法院、最高人民检察院联合公布《关于办理危害食品安全刑事案件适用法律若干问题的解释》（法释〔2013〕12 号，以下简称《2013 年解释》），为依法惩治危害食品安全犯罪、保护人民群众饮食安全发挥了重要作用。

近年来，我国食品安全形势总体稳中向好，但食品安全违法犯罪行为屡禁不止，人民群众反映强烈。随着犯罪分子作案手段不断翻新，新型犯罪层出不穷，司法实践中对一些案件定性和处罚标准存在争议，影响对危害食品安全犯罪的惩治效果。同时，2015 年以来，《食品安全法》3 次对食品安全监管制度进行修订修正，《农产品质量安全法》《食品安全法实施条例》《农药管理条例》《兽药管理条例》《生猪屠宰管理条例》等一系列相关法律法规亦进行修订，《刑法修正案（十一）》对食品监管渎职罪作出修改。在此背景下，《2013 年解释》亟需进行相应修订完善，以便与相关法律法规相衔接，适应司法实践需要。

2017 年，最高人民法院、最高人民检察院启动《2013 年解释》修订工作，在深入调研的基础上，对司法实践中存在的问题进行了全面系统梳理，经广泛征求意见和反复研究论证，制定了本解释。

二、本解释的主要内容

本解释共 26 个条文。现结合司法实践，对需要说明的主要内容阐述如下：

（一）生产、销售不符合安全标准的食品罪的定罪量刑

1. 关于食品滥用添加行为的定性

本解释第五条是关于食品滥用添加行为的定性处理规定，基本沿用《2013 年解释》第八条的规定。司法实践中需要注意的是：

（1）第五条第一款在适用过程中应注意把握食品滥用添加行为与食品非法添加行为的区别，特别是要注意“超范围滥用食品添加剂”与“掺入有毒、有害的非食品原料”的区分，避免将仅在部分食品中禁止使用的食品添加剂视为有毒、有害的非食品原料，进而混淆生产、销售不符合安全标准的食品罪与生产、销售有毒、有害食品罪。

（2）第五条第二款在适用时也存在同样的问题，应注意“超范围滥用农药、兽药”与“使用禁用农药、食品动物中禁止使用的药品及其他化合物等有毒、有害的非食品原料”的区分，避免将仅在部分食用农产品中禁止使用的农药、兽药认定为有毒、有害的非食品原料，进而混淆生产、销售不符合安全标

准的食品罪与生产、销售有毒、有害食品罪。例如，根据农业农村部公告的禁限用农药名录，克百威禁止在蔬菜、瓜果、茶叶、菌类、中草药材上使用，但可在水稻、花生、大豆等食品农产品上使用，故在蔬菜、瓜果上使用克百威属于超范围滥用农药，应依照生产、销售不符合安全标准的食品罪处理。对于超范围滥用克百威等农药的，如果农药残留量超出标准限量的，可以生产、销售不符合安全标准的食品罪定罪处罚，既坚持了罪刑法定原则，避免定罪标准不统一，也能够实现对此类具有较高食品安全风险的犯罪予以从严惩处的效果。

2. 关于生产、销售不符合安全标准的食品罪“足以造成严重食物中毒事故或者其他严重食源性疾病”的认定标准

本解释第一条沿用了《2013 年解释》将实践中具有高度危险的一些典型情形予以类型化的认定方式，其中，第三项中“防控疾病”是指人类可能患有的疾病，包括人畜共患疾病，但不包括非洲猪瘟等人类不会患有的疾病，因此生产、销售感染非洲猪瘟的生猪及其制品，不能适用本解释第一条第二项、第三项的规定以生产、销售不符合安全标准的食品罪定罪处罚，但根据本解释第十三条第二款的规定，构成生产、销售伪劣产品罪，妨害动植物防疫、检疫罪等其他犯罪的，可依照该其他犯罪定罪处罚。

需要说明的是，《2013 年解释》施行以来，一些基层执法部门建议以倍比数的方式明确第一条第一项“严重超出”和第一条第四项“严重不符合”的认定标准，部分地方制定了地方标准。征求意见过程中，有意见提出建议将农药残留、兽药残留及铅、汞、镉、铬、砷、铊、锑超过食品安全标准 3 倍以上的认定为“严重超出”。我们经研究认为，该标准的制定不仅是法律问题，更是科学问题。鉴于食品中涉及的物质种类繁多，不同物质标准制定过程中考虑的因素多样，且超出标准后的危害差异性悬殊，如农药就有高毒、中毒、低毒和微毒之分，故难以在本解释中一刀切地以倍比数的方式加以解决。

（二）生产、销售有毒、有害食品罪的定罪量刑

1. 关于有毒、有害的非食品原料的认定

在司法实践中，如何把握《2013 年解释》第二十条规定的“有毒、有害的非食品原料”范围，存在一定分歧。有的将法律、法规或者国务院公告的禁用物质完全等同于有毒、有害的非食品原料，不再进行有毒、有害的实质性判断。但实际上，国务院有关部门公告禁用物质的禁用原因复杂，一些物质并非因危害人体健康被禁用，有的系因工艺或者技术上没有必要添加等情况而被禁用。

针对上述问题，本解释第九条第一项和第二项增加了“因危害人体健康”被禁用的限制性规定，强调对第一项和第二项的禁用物质要进行有毒、有害的实质性判断，避免将禁用物质完全等同于有毒、有害的非食品原料。在此特别强调的是，有毒、有害的非食品原料要求在食品、食用农产品以及食品、食用

农产品生产、种植、养殖、销售、运输、贮存等环节均被禁止添加、使用，如果仅在部分食品、食用农产品中被禁止添加、使用，或者仅在部分环节被禁止添加、使用，均不能认定为有毒、有害的非食品原料。同时，在禁用物质毒害性不明时，根据本解释第二十四条的规定，可以依据鉴定意见、检验报告、相关行政主管部门组织出具的书面意见，结合其他证据作出认定。

2. 关于生产、销售有毒、有害食品罪“明知”的认定

根据《刑法》第一百四十四条的规定，认定行为人构成销售有毒、有害食品罪，要求行为人明知销售的是掺有有毒、有害的非食品原料的食品。基层执法部门普遍反映，实践中在行为人否认明知的情况下，认定明知存在困难。为此，本解释第十条增加了相关规定。

征求意见过程中，有意见提出，本解释列举的情形与明知的内容是掺有有毒、有害的非食品原料的食品之间没有必然关联，如以明显低于市场价格进货或者销售且无合理原因的，既可能明知销售的是掺有有毒、有害的非食品原料的食品，也可能明知销售的是不符合食品安全标准的食品。经研究，该意见涉及认定销售有毒、有害食品罪的“明知”，是否要求行为人确知所销售的食品是掺有有毒、有害的非食品原料的食品的问题。笔者认为，认定销售有毒、有害食品罪的“明知”不要求达到确知的程度，而只要达到概括性的程度即可，即只要行为人对所销售的食品存在食品安全隐患具有概括性的认识即可。这种概括性的认识，意味着食品无论是掺有有毒、有害的非食品原料，还是不符合食品安全标准，或者是伪劣食品，都没有超出行为人的主观认识。在具体案件认定时，应当遵循主客观统一原则，既要考虑行为人主观故意，也要考虑涉案食品的危害性。

（三）食品相关产品造成食品被污染行为的定性处理

用于食品的包装材料、容器、洗涤剂、消毒剂和用于食品生产经营的工具、设备等食品相关产品直接与食品接触，其是否符合食品安全标准直接关系到食品安全。根据《食品安全法》的规定，食品相关产品中的致病性微生物，农药残留、兽药残留、生物毒素、重金属等污染物质以及其他危害人体健康物质的限量规定必须要符合食品安全标准，禁止生产经营被包装材料、容器、运输工具等污染的食品。

本解释第十二条明确了食品相关产品造成食品被污染行为的定性处理。对于食品相关产品含有严重超出标准限量的致病性微生物、农药残留、兽药残留、生物毒素、重金属等污染物质以及其他严重危害人体健康的物质，造成食品被污染，足以造成严重食物中毒事故或者其他严重食源性疾病的，以生产、销售不符合安全标准的食品罪定罪处罚；对于食品相关产品造成食品中掺入有毒、有害的非食品原料的，以生产、销售有毒、有害食品罪定罪处罚。

（四）用超过保质期的食品原料生产食品等行为的定性处理

生产、销售用超过保质期的食品原料、超过保质期的食品、回收食品作为原料的食品，或者销售超过保质期的食品、回收食品，均具有较高食品安全风险和社会危害性，因此，被食品安全法和食品安全法实施条例明令禁止。

根据《刑法》第一百四十条的规定，生产者、销售者在产品中掺杂、掺假，以假充真，以次充好或者以不合格产品冒充合格产品，销售金额5万元以上的，以生产、销售伪劣产品罪定罪处罚。根据最高人民法院、最高人民检察院《关于办理生产、销售伪劣商品刑事案件具体应用法律若干问题的解释》的规定，刑法第一百四十条规定的“不合格产品”，是指不符合产品质量法第二十六条第二款规定的质量要求的产品。产品质量法第二十六条第二款第一项规定，产品质量应当不存在危及人身、财产安全的不合理的危险，有保障人体健康和人身、财产安全的国家标准、行业标准的，应当符合该标准。根据上述规定，用超过保质期的食品原料、超过保质期的食品、回收食品作为原料的食品和超过保质期的食品、回收食品，可认定为不合格产品。因此，本解释第十五条第二款明确生产、销售用超过保质期的食品原料、超过保质期的食品、回收食品作为原料的食品，或者以更改生产日期、保质期、改换包装等方式销售超过保质期的食品、回收食品，符合《刑法》第一百四十条规定的，以生产、销售伪劣产品罪定罪处罚。司法实践中已有这方面的判例，如被告单位上海福喜公司销售用超过保质期的食品、回收食品作为原料生产食品案，即是以生产、销售伪劣产品罪定罪处罚。具体适用时，需要注意把握以下两点：

1. 关于回收食品的界定

根据《食品安全法实施条例》第二十九条的规定，《食品安全法》所称回收食品，是指已经售出，因违反法律、法规、食品安全标准或者超过保质期等原因，被召回或者退回的食品，不包括依照《食品安全法》第六十三条第三款的规定可以继续销售的食品。《食品安全法》第六十三条第三款规定，对因标签、标志或者说明书不符合食品安全标准而被召回的食品，食品生产者在采取补救措施且能保证食品安全的情况下可以继续销售；销售时应当向消费者明示补救措施。

2. 关于标注虚假生产日期、保质期行为的定性处理

标注虚假生产日期、保质期的行为也被食品安全法明令禁止。实施此类行为是否按照犯罪处理，需要严格把握所销售的食品是否超过保质期，对于采用标注虚假生产日期、保质期方式销售超过保质期的食品的，可依照本解释第十五条第二款的规定处理；对于虽标注虚假生产日期、保质期，但销售时食品尚未超过保质期的，可由相关行政主管部门依法予以行政处罚。

（五）生产、销售禁止食品使用物质等行为的定性处理

本解释第十六条第一款沿用《2013年解释》的相关规定，“以提供给他人

生产、销售食品为目的，违反国家规定，生产、销售国家禁止用于食品生产、销售的非食品原料，情节严重的，依照《刑法》第二百二十五条的规定以非法经营罪定罪处罚。”

本解释第十六条第二款对《2013年解释》的该款规定进行了修改完善，增加了农药、兽药、饲料、饲料添加剂、饲料原料中非法添加行为的定性处理规定，主要考虑是：司法实践中，在农药、兽药、饲料、饲料添加剂、饲料原料中非法添加禁用药物的违法犯罪问题突出。据农业农村部农药产品监督抽查结果显示，2018年抽检样品中擅自添加其他农药成分的，占质量不合格产品的40.3%。此类行为严重威胁食用农产品的质量安全，亟待惩治。生产、销售添加禁用农药、食品动物中禁止使用的药品及其他化合物等有毒、有害的非食品原料的农药、兽药、饲料、饲料添加剂、饲料原料，与生产、销售国家禁用农药、食品动物中禁止使用的药品及其他化合物的行为性质和危害性相当，均属于《刑法》第二百二十五条第四项规定的“其他严重扰乱市场经济秩序的行为”，应以非法经营罪定罪处罚。

另外，该款增加了“以提供给他人生产、销售食用农产品为目的”的规定，使该款适用范围更为清晰，惩治对象更加明确。这里的生产、销售食用农产品，实际上涵盖食用农产品种植、养殖、销售、运输、贮存等各环节。

同时，根据本解释第十八条第二款的规定，实施本解释规定的非法经营行为，同时构成生产、销售伪劣产品罪，生产、销售不符合安全标准的食品罪，生产、销售有毒、有害食品罪，生产、销售伪劣农药、兽药罪等其他犯罪的，依照处罚较重的规定定罪处罚。

（六）畜禽屠宰相关环节注水注药等行为的定性处理

本解释第十七条第二款明确了屠宰相关环节畜禽注水注药行为的定性处理。这里的屠宰相关环节，既包括进入屠宰厂（场）后的待宰环节，也包括屠宰前的运输等相关环节。

关于是否区分药物情况作出不同定性处理。

一种意见认为，只要在屠宰相关环节对畜禽使用兽药、人用药或者其他有毒、有害物质的，就以生产、销售有毒、有害食品罪定罪处罚。

另一种意见认为，应当区分药物情况适用不同罪名，对于使用禁用药物的，以生产、销售有毒、有害食品罪定罪处罚；使用非禁用药物的，根据具体情况，分别以生产、销售不符合安全标准的食品罪，生产、销售伪劣产品罪定罪处罚。

经研究认为，从《刑法》第一百四十四条的构成要件来看，只有在食品（含食用农产品）生产、销售过程中使用有毒、有害的非食品原料的行为，才能以生产、销售有毒、有害食品罪定罪处罚。将屠宰相关环节对畜禽使用兽药和人用药行为一律以生产、销售有毒、有害食品罪定罪处罚，未充分考虑不同种类药品的属性差异和可能造成的危害，不符合《刑法》第一百四十四条的规定构成要件，不符合罪责刑相适应原则，也不利于区别对待、从严惩治严重危害食品安全犯罪。

因此，我们采纳了第2种意见，根据对畜禽注入药物等物质的差异和可能造成的危害，适用不同罪名。另外，对于仅查明有注水行为的，也要区分不同情况，准确适用法律。

1. 对于使用盐酸克仑特罗、沙丁胺醇等禁用药物的，以生产、销售有毒、有害食品罪定罪处罚。

2. 对于使用允许使用的兽药的，如果肉品中兽药残留量超标，足以造成严重食物中毒事故或者其他严重食源性疾病的，以生产、销售不符合安全标准的食品罪定罪处罚；如果肉品中兽药残留量不超标，或者所注入的兽药未规定最大残留限量，但销售金额在5万元以上的，以生产、销售伪劣产品罪定罪处罚。

司法实践中，较为常见多发的是在屠宰相关环节对畜禽注入阿托品和肾上腺素。鉴于阿托品和肾上腺素均属允许使用的兽药，不是禁用药物，故不能以生产、销售有毒、有害食品罪定罪处罚。且阿托品和肾上腺素均未规定兽药最大残留量，此类案件又通常从肉品中检不出药物残留，难以认定足以造成严重食物中毒事故或者其他严重食源性疾病，故也难以以生产、销售不符合安全标准的食品罪定罪处罚。实施此类行为，销售金额在5万元以上的，应以生产、销售伪劣产品罪定罪处罚。

3. 对于不法分子使用自己购买或者配置的化学物质，如果可以证明属于其他有毒、有害物质的，以生产、销售有毒、有害食品罪定罪处罚；如果难以证明毒害性，但销售金额在5万元以上的，可以生产、销售伪劣产品罪定罪处罚。

鉴于畜禽注药或者注入其他化学物质后，由于药物代谢等原因，往往难以从肉品中检出药物残留，进而造成取证难、鉴定难、定性难，笔者认为，在屠宰相关环节只要证明有注药行为，注药后的肉品可认定为不合格产品，销售金额在5万元以上的，即可以生产、销售伪劣产品罪定罪处罚。这既满足打击此类犯罪的现实需要，也体现了罪责刑相适应的原则。

4. 仅查明有注水行为的，对于注入污水，致肉品微生物等污染物超标，足以造成严重食物中毒事故或者其他严重食源性疾病的，以生产、销售不符合安全标准的食品罪定罪处罚；对于肉品污染物未超标，但含水量超标，且销售金额在5万元以上的，以生产、销售伪劣产品罪定罪处罚；对于污染物和含水量均不超标的，不宜认定为犯罪，应由行政主管部门依法作出行政处罚。

（七）增加从严惩治的相关规定

本解释贯彻落实“四个最严”要求，对危害食品安全犯罪体现从严惩处的政策导向。

1. 生产、销售不符合安全标准的食品罪和生产、销售有毒、有害食品罪“其他严重情节”的认定标准

本解释第三条、第七条分别将“在中小学校园、托幼机构、养老机构及周边面向未成年人、老年人销售的”增加规定为数额减半“其他严重情节”的认定情形，有利于加强对特殊群体的食品安全保护力度；将曾因危害食品安全犯罪受过刑事处罚的年限由一年修改为不受年限限制，将受行政处罚的年限由1年修改为2年，加大了处罚力度。

2. 食品监管渎职犯罪的竞合处理

本解释第二十条沿用《2013年解释》对同时构成食品监管渎职罪与其他渎职犯罪时按照从一重罪处罚的原则。同时，鉴于负有食品安全监督管理职责的国家机关工作人员与他人通谋共同实施危害食品安全犯罪，既违反相关国家机关工作人员职责，又危害食品安全，导致危害食品安全犯罪更容易得逞，犯罪性质更为恶劣，有必要从重处罚。因此，本解释第二十条第三款明确，负有食品安全监督管理职责的国家机关工作人员利用其职务行为帮助他人实施危害食品安全犯罪行为，同时构成渎职犯罪和危害食品安全犯罪共犯的，依照处罚较重的规定定罪，并予以从重处罚。

3. 从严适用缓刑、免予刑事处罚

本解释第二十二条第一款沿用《2013年解释》从严适用缓刑、免予刑事处罚的规定，明确规定对实施本解释规定之犯罪的犯罪分子，应当依照刑法规定的条件，严格适用缓刑、免予刑事处罚。对于依法适用缓刑的，可以根据犯罪情况，同时宣告禁止令，进一步体现从严惩处的政策导向。另外，为落实行政执法与刑事司法双向衔接机制，本解释第二十二条第二款规定，对于被不起诉或者免予刑事处罚的行为人，需要给予行政处罚、政务处分或者其他处分的，依法移送有关主管机关处理。

需要说明的是，《食品安全法》第一百三十五条第二款规定：“因食品安全犯罪被判处有期徒刑以上刑罚的，终身不得从事食品生产经营管理工作，也不得担任食品生产经营企业食品安全管理人员。”在征求意见过程中，对本解释是否规定从业禁止以及如何规定从业禁止存在较大争议。

第1种意见认为，根据《刑法》第三十七条之一第三款的规定：“其他法律、行政法规对其从事相关职业另有禁止或者限制性规定的，从其规定”。因此，本解释应对从业禁止作出规定，并应与食品安全法规定一致。

第2种意见认为，本解释应根据《刑法》第三十七条之一第一款的规定对从业禁止作出规定，也就是说，法院只有权判处禁业3至5年，期满后再继续执行其他法律、行政法规规定的从业禁止。

第3种意见认为，鉴于《食品安全法》第一百三十五条对从业禁止已有相

关规定，由相关行政主管部门作出从业禁止处罚即可，本解释无需再对从业禁止作出规定，人民法院也无需再作出从业禁止判决。

之所以存在上述3种不同意见，原因在于对《刑法》第三十七条之一第三款的理解存在不同认识。

经研究认为，《刑法》关于从业禁止的规定，主要是针对其他法律、行政法规对受到刑事处罚的人没有明确禁业规定的情况，换言之，人民法院判处的从业禁止主要起着补充性的作用。鉴于《食品安全法》第一百三十五条对受到刑事处罚的人的从业禁止已有相关规定，因此，我们倾向于第3种意见，相关行政主管部门可以根据食品安全法的规定对行为人作出从业禁止的行政处罚。同时，鉴于该问题涉及刑法和行政法律的衔接，情况较为复杂，需要进一步总结实践经验，统一思想认识，本解释未作明确规定。

（撰稿人：安　翱　高　雨　肖　凤）

指导案例 70 号

北京阳光一佰生物技术开发有限公司、习文有等生产、销售有毒、有害食品案

（最高人民法院审判委员会讨论通过 2016 年 12 月 28 日发布）

关键词

刑事 生产、销售有毒、有害食品罪 有毒有害的非食品原料

裁判要点

行为人在食品生产经营中添加的虽然不是国务院有关部门公布的《食品中可能违法添加的非食用物质名单》和《保健食品中可能非法添加的物质名单》中的物质，但如果该物质与上述名单中所列物质具有同等属性，并且根据检验报告和专家意见等相关材料能够确定该物质对人体具有同等危害的，应当认定为《中华人民共和国刑法》第一百四十四条规定的“有毒、有害的非食品原料”。

相关法条

《中华人民共和国刑法》第一百四十四条

基本案情

被告人习文有于 2001 年注册成立了北京阳光一佰生物技术开发有限公司（以下简称阳光一佰公司），系公司的实际生产经营负责人。2010 年以来，被告单位阳光一佰公司从被告人谭国民处以 600 元/公斤的价格购进生产保健食品的原料，该原料系被告人谭国民从被告人尹立新处以 2500 元/公斤的价格购进后进行加工，阳光一佰公司购进原料后加工制作成用于辅助降血糖的保健食品阳光一佰牌山芪参胶囊，以每盒 100 元左右的价格销售至扬州市广陵区金福海保健品店及全国多个地区。被告人杨立峰具体负责生产，被告人钟立檬、王海龙负责销售。2012 年 5 月至 9 月，销往上海、湖南、北京等地的山芪参胶囊分别被检测出含有盐酸丁二胍，食品药品监督管理部门将检测结果告知阳光一佰公司及习文有。被告人习文有在得知检测结果后随即告知被告人谭国民、尹立新，被告人习文有明知其所生产、销售的保健品中含有盐酸丁二胍后，仍然继续向被告人谭国民、尹立新购买原料，组织杨立峰、钟立檬、王海龙等人生产山芪参胶囊并销售。被告人谭国民、尹立新在得知检测结果后继续向被告人习文有销售该原料。

盐酸丁二胍是丁二胍的盐酸盐。目前盐酸丁二胍未获得国务院药品监督管

理部门批准生产或进口，不得作为药物在我国生产、销售和使用。扬州大学医学院葛晓群教授出具的专家意见和南京医科大学司法鉴定所的鉴定意见证明：盐酸丁二胍具有降低血糖的作用，很早就撤出我国市场，长期使用添加盐酸丁二胍的保健食品可能对机体产生不良影响，甚至危及生命。

从 2012 年 8 月底至 2013 年 1 月案发，阳光一佰公司生产、销售金额达 800 余万元。其中，习文有、尹立新、谭国民参与生产、销售的含有盐酸丁二胍的山芪参胶囊金金额达 800 余万元；杨立峰参与生产的含有盐酸丁二胍的山芪参胶囊金额达 800 余万元；钟立檬、王海龙参与销售的含有盐酸丁二胍的山芪参胶囊金额达 40 余万元。尹立新、谭国民与阳光一佰公司共同故意实施犯罪，系共同犯罪，尹立新、谭国民系提供有毒、有害原料用于生产、销售有毒、有害食品的帮助犯，其在共同犯罪中均系从犯。习文有与杨立峰、钟立檬、王海龙共同故意实施犯罪，系共同犯罪，杨立峰、钟立檬、王海龙系受习文有指使实施生产、销售有毒、有害食品的犯罪行为，均系从犯。习文有在共同犯罪中起主要作用，系主犯。杨立峰、谭国民犯罪后主动投案，并如实供述犯罪事实，系自首，当庭自愿认罪。习文有、尹立新、王海龙归案后如实供述犯罪事实，当庭自愿认罪。钟立檬归案后如实供述部分犯罪事实，当庭对部分犯罪事实自愿认罪。

裁判结果

江苏省扬州市广陵区人民法院于 2014 年 1 月 10 日作出（2013）扬广刑初字第 0330 号刑事判决：被告单位北京阳光一佰生物技术开发有限公司犯生产、销售有毒、有害食品罪，判处罚金人民币一千五百万元；被告人习文有犯生产、销售有毒、有害食品罪，判处有期徒刑十五年，剥夺政治权利三年，并处罚金人民币九百万元；被告人尹立新犯生产、销售有毒、有害食品罪，判处有期徒刑十二年，剥夺政治权利二年，并处罚金人民币一百万元；被告人谭国民犯生产、销售有毒、有害食品罪，判处有期徒刑十一年，剥夺政治权利二年，并处罚金人民币一百万元；被告人杨立峰犯生产有毒、有害食品罪，判处有期徒刑五年，并处罚金人民币十万元；被告人钟立檬犯销售有毒、有害食品罪，判处有期徒刑四年，并处罚金人民币八万元；被告人王海龙犯销售有毒、有害食品罪，判处有期徒刑三年六个月，并处罚金人民币六万元；继续向被告单位北京阳光一佰生物技术开发有限公司追缴违法所得人民币八百万元，向被告人尹立新追缴违法所得人民币六十七万一千五百元，向被告人谭国民追缴违法所得人民币一百三十二万元；扣押的含有盐酸丁二胍的山芪参胶囊、颗粒，予以没收。宣判后，被告单位和各被告人均提出上诉。江苏省扬州市中级人民法院于 2014 年 6 月 13 日作出（2014）扬刑二终字第 0032 号刑事裁定：驳回上诉、维持原判。

裁判理由

法院生效裁判认为：《刑法》第一百四十四条规定，“在生产、销售的食品中掺入有毒、有害的非食品原料的，或者销售明知掺有有毒、有害的非食品原料的食品的，处五年以下有期徒刑，并处罚金；对人体健康造成严重危害或者有其他严重情节的，处五年以上十年以下有期徒刑，并处罚金；致人死亡或者有其他特别严重情节的，依照本法第一百四十一条的规定处罚。”最高人民法院、最高人民检察院《关于办理危害食品安全刑事案件适用法律若干问题的解释》（以下简称《解释》）第二十条①规定，“下列物质应当认定为‘有毒、有害的非食品原料’：（一）法律、法规禁止在食品生产经营活动中添加、使用的物质；（二）国务院有关部门公布的《食品中可能违法添加的非食用物质名单》《保健食品中可能非法添加的物质名单》上的物质；（三）国务院有关部门公告禁止使用的农药、兽药以及其他有毒、有害物质；（四）其他危害人体健康的物质。”第二十一条②规定，“‘足以造成严重食物中毒事故或者其他严重食源性疾病’‘有毒、有害非食品原料’难以确定的，司法机关可以根据检验报告并结合专家意见等相关材料进行认定。必要时，人民法院可以依法通知有关专家出庭作出说明。”本案中，盐酸丁二胍系在我国未获得药品监督管理部门批准生产或进口，不得作为药品在我国生产、销售和使用的化学物质；其亦非食品添加剂。盐酸丁二胍也不属于上述《解释》第二十条第二、第三项规定的物质。根据扬州大学医学院葛晓群教授出具的专家意见和南京医科大学司法鉴定所的鉴定意见证明，盐酸丁二胍与《解释》第二十条第二项《保健食品中可能非法添加的物质名单》中的其他降糖类西药（盐酸二甲双胍、盐酸苯乙双胍）具有同等属性和同等危害。长期服用添加有盐酸丁二胍的“阳光一佰牌山芪参胶囊”有对人体产生毒副作用的风险，影响人体健康、甚至危害生命。因此，对盐酸丁二胍应当依照《解释》第二十条第四项、第二十一条的规定，认定为《刑法》第一百四十四条规定的“有毒、有害的非食品原料”。

被告单位阳光一佰公司、被告人习文有作为阳光一佰公司生产、销售山芪参胶囊的直接负责的主管人员，被告人杨立峰、钟立檬、王海龙作为阳光一佰公司生产、销售山芪参胶囊的直接责任人员，明知阳光一佰公司生产、销售的保健食品山芪参胶囊中含有国家禁止添加的盐酸丁二胍成分，仍然进行生产、销售；被告人尹立新、谭国民明知其提供的含有国家禁止添加的盐酸丁二胍的原料被被告人习文有用于生产保健食品山芪参胶囊并进行销售，仍然向习文有提供该种原料，因此，上述单位和被告人均依法构成生产、销售有毒、有害食品罪。其中，被告单位阳光一佰公司、被告人习文有、尹立新、谭国民的行为构成生产、销售有毒、有害食品罪。被告人杨立峰的行为构成生产有毒、有害

---

① 对应《最高人民法院、最高人民检察院关于办理危害食品安全刑事案件适用法律若干问题的解释》（2021 年）第九条。

② 对应《最高人民法院、最高人民检察院关于办理危害食品安全刑事案件适用法律若干问题的解释》（2021 年）第二十四条。

食品罪；被告人钟立檬、王海龙的行为均已构成销售有毒、有害食品罪。根据被告单位及各被告人犯罪情节、犯罪数额，综合考虑各被告人在共同犯罪的地位作用、自首、认罪态度等量刑情节，作出如上判决。

最高人民法院　最高人民检察院
关于办理非法生产、销售、使用禁止在饲料和动物饮用水中使用的药品等刑事案件具体应用法律若干问题的解释

法释〔2002〕26号

（最高人民法院审判委员会第1237次会议、最高人民检察院第九届检察委员会第109次会议通过 2002年8月16日最高人民法院、最高人民检察院公告公布　自2002年8月23日起施行）

为依法惩治非法生产、销售、使用盐酸克仑特罗（Clenbuterol Hydrochloride，俗称“瘦肉精”）等禁止在饲料和动物饮用水中使用的药品等犯罪活动，维护社会主义市场经济秩序，保护公民身体健康，根据刑法有关规定，现就办理这类刑事案件具体应用法律的若干问题解释如下：

第一条　未取得药品生产、经营许可证件和批准文号，非法生产、销售盐酸克仑特罗等禁止在饲料和动物饮用水中使用的药品，扰乱药品市场秩序，情节严重的，依照刑法第二百二十五条第（一）项的规定，以非法经营罪追究刑事责任。

第二条　在生产、销售的饲料中添加盐酸克仑特罗等禁止在饲料和动物饮用水中使用的药品，或者销售明知是添加有该类药品的饲料，情节严重的，依照刑法第二百二十五条第（四）项的规定，以非法经营罪追究刑事责任。

第三条　使用盐酸克仑特罗等禁止在饲料和动物饮用水中使用的药品或者含有该类药品的饲料养殖供人食用的动物，或者销售明知是使用该类药品或者含有该类药品的饲料养殖的供人食用的动物的，依照刑法第一百四十四条的规定，以生产、销售有毒、有害食品罪追究刑事责任。

第四条　明知是使用盐酸克仑特罗等禁止在饲料和动物饮用水中使用的药品或者含有该类药品的饲料养殖的供人食用的动物，而提供屠宰等加工服务，或者销售其制品的，依照刑法第一百四十四条的规定，以生产、销售有毒、有害食品罪追究刑事责任。

第五条　实施本解释规定的行为，同时触犯刑法规定的两种以上犯罪的，依照处罚较重的规定追究刑事责任。

第六条　禁止在饲料和动物饮用水中使用的药品，依照国家有关部门公告的禁止在饲料和动物饮用水中使用的药物品种目录确定。

附：农业部、卫生部、国家药品监督管理局公告的《禁止在饲料和动物饮用水中使用的药物品种目录》。

附：

农业部、卫生部、国家药品监督管理局公告的《禁止在饲料和动物饮用水中使用的药物品种目录》

一、肾上腺素受体激动剂

1. 盐酸克仑特罗（Clenbuterol Hydrochloride）：中华人民共和国药典（以下简称药典）2000年二部P605。β2肾上腺素受体激动药。

2. 沙丁胺醇（Salbutamol）：药典2000年二部P316。β2肾上腺素受体激动药。

3. 硫酸沙丁胺醇（Salbutamol Sulfate）：药典2000年二部P870。β2肾上腺素受体激动药。

4. 莱克多巴胺（Ractopamine）：一种β兴奋剂，美国食品和药物管理局（FDA）已批准，中国未批准。

5. 盐酸多巴胺（Dopamine Hydrochloride）：药典2000年二部P591。多巴胺受体激动药。

6. 西巴特罗（Cimaterol）：美国氰胺公司开发的产品，一种β兴奋剂，FDA未批准。

7. 硫酸特布他林（Terbutaline Sulfate）：药典2000年二部P890。β2肾上腺受体激动药。

二、性激素

8. 己烯雌酚（Diethylstibestrol）：药典2000年二部P42。雌激素类药。

9. 雌二醇（Estradiol）：药典2000年二部P1005。雌激素类药。

10. 戊酸雌二醇（Estradiol Valerate）：药典2000年二部P124。雌激素类药。

11. 苯甲酸雌二醇（Estradiol Benzoate）：药典2000年二部P369。雌激素类药。中华人民共和国兽药典（以下简称兽药典）2000年版一部P109。雌激素类药。用于发情不明显动物的催情及胎衣滞留、死胎的排除。

12. 氯烯雌醚（Chlorotrianisene）：药典2000年二部P919。

13. 炔诺醇（Ethinylestradiol）：药典2000年二部P422。

14. 炔诺醚（Quinestrol）：药典2000年二部P424。

15. 醋酸氯地孕酮（Chlormadinoneacetate）：药典 2000 年二部 P1037。

16. 左炔诺孕酮（Levonorgestrel）：药典 2000 年二部 P107。

17. 炔诺酮（Norethisterone）：药典 2000 年二部 P420。

18. 绒毛膜促性腺激素（绒促性素）（Chorionic Gonadotrophin）：药典 2000 年二部 P534。促性腺激素药。兽药典 2000 年版一部 P146。激素类药。用于性功能障碍、习惯性流产及卵巢囊肿等。

19. 促卵泡生长激素（尿促性素主要含卵泡刺激 FSHT 和黄体生成素 LH）（Menotropins）：药典 2000 年二部 P321。促性腺激素类药。

三、蛋白同化激素

20. 碘化酪蛋白（Iodinated Casein）：蛋白同化激素类，为甲状腺素的前驱物质，具有类似甲状腺素的生理作用。

21. 苯丙酸诺龙及苯丙酸诺龙注射液（Nandrolone phenylpropionate）：药典 2000 年二部 P365。

四、精神药品

22.（盐酸）氯丙嗪（Chlorpromazine Hydrochloride）：药典 2000 年二部 P676。抗精神病药。兽药典 2000 年版一部 P177。镇静药。用于强化麻醉以及使动物安静等。

23. 盐酸异丙嗪（Promethazine Hydrochloride）：药典 2000 年二部 P602。抗组胺药。兽药典 2000 年版一部 P164。抗组胺药。用于变态反应性疾病，如荨麻疹、血清病等。

24. 安定（地西泮）（Diazepam）：药典 2000 年二部 P214。抗焦虑药、抗惊厥药。兽药典 2000 年版一部 P61。镇静药、抗惊厥药。

25. 苯巴比妥（Phenobarbital）：药典 2000 年二部 P362。镇静催眠药、抗惊厥药。兽药典 2000 年版一部 P103。巴比妥类药。缓解脑炎、破伤风、士的宁中毒所致的惊厥。

26. 苯巴比妥钠（Phenobarbital Sodium）：兽药典 2000 年版一部 P105。巴比妥类药。缓解脑炎、破伤风、士的宁中毒所致的惊厥。

27. 巴比妥（Barbital）：兽药典 2000 年版一部 P27。中枢抑制和增强解热镇痛。

28. 异戊巴比妥（Amobarbital）：药典 2000 年二部 P252。催眠药、抗惊厥药。

29. 异戊巴比妥钠（Amobarbital Sodium）：兽药典 2000 年版一部 P82。巴比妥类药。用于小动物的镇静、抗惊厥和麻醉。

30. 利血平（Reserpine）：药典 2000 年二部 P304。抗高血压药。

31. 艾司唑仑（Estazolam）。

32. 甲丙氨脂（Meprobamate）。
33. 咪达唑仑（Midazolam）。
34. 硝西泮（Nitrazepam）。
35. 奥沙西泮（Oxazcpam）。
36. 匹莫林（Pemoline）。
37. 三唑仑（Triazolam）。
38. 唑吡旦（Zolpidem）。
39. 其他国家管制的精神药品。

五、各种抗生素滤渣

40. 抗生素滤渣：该类物质是抗生素类产品生产过程中产生的工业“三废”，因含有微量抗生素成份，在饲料和饲养过程中使用后对动物有一定的促生长作用。但对养殖业的危害很大，一是容易引起耐药性，二是由于未做安全性试验，存在各种安全隐患。

【解　　读】

解读《最高人民法院、最高人民检察院关于办理非法生产、销售、使用禁止在饲料和动物饮用水中使用的药品等刑事案件具体应用法律若干问题的解释》

一、问题的提出

2002年8月16日，最高人民法院、最高人民检察院联合发布了《关于办理非法生产、销售、使用禁止在饲料和动物饮用水中使用的药品等刑事案件具体应用法律若干问题的解释》（以下简称本解释）。

二、理解与适用

（一）关于非法生产、销售违禁药品行为的法律适用

在我国，为保护公民的生命健康安全、维护正常的经营秩序，国家规定，任何药品的生产、销售都必须取得生产、经营许可证和批准文号。未取得药品生产、经营许可证和批准文号，非法生产、销售盐酸克仑特罗等禁止在饲料和动物饮用水中使用的药品的行为，扰乱的主要是药品市场的管理秩序，从行为特征看，应当属于非法经营行为。情节严重时，完全符合《刑法》第二百二十

五条第（一）项规定的非法经营罪的构成要件，应当以非法经营罪追究刑事责任。本解释第一条对此进行了规定。

当然，如果非法生产、销售的违禁药品属于假药，足以严重危害了人体健康，或者生产、销售的是劣药，对人体健康造成了严重危害，那么，就有可能同时触犯非法经营罪和《刑法》第一百四十一条规定的生产、销售假药罪或者《刑法》第一百四十二条规定的生产、销售劣药罪。这种情形属于想象竞合犯，应当依照处罚较重的规定追究刑事责任。本解释第五条对此进行了规定。

（二）关于非法生产、销售含有违禁药品的饲料行为的法律适用

这种情形主要是饲料生产者、销售者所为。1999 年 5 月 29 日发布、2001 年 11 月 29 日修订的《饲料和饲料添加剂管理条例》第十八条规定："禁止生产、经营停用、禁用或者淘汰的饲料、饲料添加剂以及未经审定公布的饲料、饲料添加剂。禁止经营未经国务院农业行政主管部门登记的进口饲料、进口饲料添加剂。"第二十八条规定："违反本条例规定，生产、经营已经停用、禁用或者淘汰以及未经审定公布的饲料、饲料添加剂的，依照刑法关于非法经营罪的规定，依法追究刑事责任。"由于"瘦肉精"等禁止在饲料和动物饮用水中使用的药品不仅不属于经审定公布的饲料或者饲料添加剂，而且是国务院农业行政主管部门明令禁止使用的饲料或者饲料添加剂，因此，非法生产、销售含有违禁药品的饲料的行为，必须依法予以惩治。这种行为扰乱了饲料市场的生产、经营秩序；情节严重时，构成《刑法》第二百二十五条第四项规定的非法经营罪。

同时，"两高"《关于办理生产、销售伪劣商品刑事案件具体应用法律若干问题的解释》第一条规定的"在产品中掺杂、掺假"，是指在产品中掺入杂质或者异物，致使产品质量不符合国家法律、法规或者产品明示质量标准规定的质量要求，降低、失去应有使用性能的行为。据此，非法生产、销售含有违禁药品的饲料的行为，又属于《刑法》第一百四十条规定的"在产品中掺杂、掺假"的生产、销售伪劣产品行为；销售金额达到 5 万元或者货值金额达到 15 万元时，构成生产、销售伪劣产品罪。这种情形属于《刑法》上的竞合犯罪，应当依照处罚较重的规定追究刑事责任，对此，本解释第五条作出了规定。

（三）关于使用违禁药品或者含有违禁药品的饲料养殖动物、销售明知是使用违禁药品或者含有违禁药品的饲料养殖的动物行为的法律适用

该种行为的主体，主要是动物养殖者。《饲料和饲料添加剂管理条例》第十九条第二款规定："禁止使用本条例第十八条规定的饲料、饲料添加剂。禁止在饲料和动物饮用水中添加激素类药品和国务院农业行政主管部门规定的其他禁用药品。"盐酸克仑特罗等违禁药品是国家明令禁止用于生猪养殖的药品，人食用含有盐酸克仑特罗等违禁药品的食物后，会引起食物中毒，严重者甚至导致死亡，因此，盐酸克仑特罗等违禁药品应当属于有毒、有害的非食品原

料。使用盐酸克仑特罗等禁止在饲料和动物饮用水中使用的药品或者含有该类药品的饲料养殖供人食用的动物的行为，应当属于在食品中掺入有毒、有害的非食品原料的行为；销售明知是使用该类药品或者含有该类药品的饲料养殖的供人食用的动物的行为，应当属于销售明知掺有有毒、有害的非食品原料的食品的行为。对此，应当依照《刑法》第一百四十四条的规定，以生产、销售有毒、有害食品罪追究刑事责任。本解释第三条对此作出了规定。

需要注意的是，本解释第三条中使用了“供人食用的动物”。如果采用上述方式养殖、销售动物，有证据证明目的在于观赏或者科学试验，则不能依照《刑法》第一百四十四条的规定追究刑事责任。

有人提出，根据我国《食品卫生法》第五十四条的规定，食品的生产不包括养殖业和种植业，养殖的生猪不应当属于食品，而只有猪肉才属于食品。我们认为，《刑法》中的概念与其他法律以及行政法规中的概念并非绝对一一对应的关系，有的在内涵和外延上完全一致，有的则有差别，必须具体情况具体分析。例如，《刑法》中“单位”的概念与其他法律、行政法规中“单位”的概念就有所不同。就食品来说，《食品卫生法》之所以作出如此规定，意在表明国务院卫生行政主管部门与农业行政主管部门之间管理范围的不同，而不是说养殖业和种植业生产的不是食品。否则，养殖业、种植业生产的瓜果蔬菜、鱼虾龟鳖都不称作食品，既违背人们的饮食习惯，又不合情理，实践中也行不通。

（四）非法加工使用违禁药品养殖的动物及销售其制品等行为的法律适用

本解释第四条规定，对此种情形，依照《刑法》第一百四十四条的规定，以生产、销售有毒、有害食品罪追究刑事责任。当然，如果查明行为人确实不知是使用盐酸克仑特罗等禁止在饲料和动物饮用水中使用的药品或者含有该药品的饲料养殖的供人食用的动物而提供屠宰等加工服务，或者行为人确实不知是使用盐酸克仑特罗等禁止在饲料和动物饮用水中使用的药品或者含有该药品的饲料养殖的供人食用的制品而销售，那么，就不能以该罪追究刑事责任。

（五）关于违禁药品的范围

2002年2月9日，农业部、卫生部、国家药品监督管理局联合发布了第176号公告，进一步重申严格禁止、严厉处罚非法生产、销售、使用在饲料和动物饮用水中使用药物等行为，并在附件中具体规定了《禁止在饲料和动物饮用水中使用的药物品种目录》。为了便于各地司法机关具体操作，及时惩治此类犯罪行为，本解释第六条作出了规定。需要注意的是，上述三部门公告的目录是作为本解释的附件规定的，司法实践中不能完全局限于该目录。即便非法生产、销售、使用的违禁药品属于国家有关部门其他公告禁止的，对相关行为人也应当依照本解释追究刑事责任。

（撰稿人：祝二军
审稿人：熊选国）

最高人民法院　最高人民检察院
关于办理走私刑事案件适用法律若干问题的解释

法释〔2014〕10号

（2014年2月24日最高人民法院审判委员会第1608次会议、2014年6月13日最高人民检察院第十二届检察委员会第23次会议通过　2014年8月12日最高人民法院、最高人民检察院公告公布　自2014年9月10日起施行）

为依法惩治走私犯罪活动，根据刑法有关规定，现就办理走私刑事案件适用法律的若干问题解释如下：

第一条　走私武器、弹药，具有下列情形之一的，可以认定为刑法第一百五十一条第一款规定的“情节较轻”：

（一）走私以压缩气体等非火药为动力发射枪弹的枪支二支以上不满五支的；

（二）走私气枪铅弹五百发以上不满二千五百发，或者其他子弹十发以上不满五十发的；

（三）未达到上述数量标准，但属于犯罪集团的首要分子，使用特种车辆从事走私活动，或者走私的武器、弹药被用于实施犯罪等情形的；

（四）走私各种口径在六十毫米以下常规炮弹、手榴弹或者枪榴弹等分别或者合计不满五枚的。

具有下列情形之一的，依照刑法第一百五十一条第一款的规定处七年以上有期徒刑，并处罚金或者没收财产：

（一）走私以火药为动力发射枪弹的枪支一支，或者以压缩气体等非火药为动力发射枪弹的枪支五支以上不满十支的；

（二）走私第一款第二项规定的弹药，数量在该项规定的最高数量以上不满最高数量五倍的；

（三）走私各种口径在六十毫米以下常规炮弹、手榴弹或者枪榴弹等分别或者合计达到五枚以上不满十枚，或者各种口径超过六十毫米以上常规炮弹合计不满五枚的；

（四）达到第一款第一、二、四项规定的数量标准，且属于犯罪集团的首要分子，使用特种车辆从事走私活动，或者走私的武器、弹药被用于实施犯罪等情形的。

具有下列情形之一的，应当认定为刑法第一百五十一条第一款规定的“情节特别严重”：

（一）走私第二款第一项规定的枪支，数量超过该项规定的数量标准的；

（二）走私第一款第二项规定的弹药，数量在该项规定的最高数量标准五倍以上的；

（三）走私第二款第三项规定的弹药，数量超过该项规定的数量标准，或者走私具有巨大杀伤力的非常规炮弹一枚以上的；

（四）达到第二款第一项至第三项规定的数量标准，且属于犯罪集团的首要分子，使用特种车辆从事走私活动，或者走私的武器、弹药被用于实施犯罪等情形的。

走私其他武器、弹药，构成犯罪的，参照本条各款规定的标准处罚。

第二条 刑法第一百五十一条第一款规定的“武器、弹药”的种类，参照《中华人民共和国进口税则》及《中华人民共和国禁止进出境物品表》的有关规定确定。

第三条 走私枪支散件，构成犯罪的，依照刑法第一百五十一条第一款的规定，以走私武器罪定罪处罚。成套枪支散件以相应数量的枪支计，非成套枪支散件以每三十件为一套枪支散件计。

第四条 走私各种弹药的弹头、弹壳，构成犯罪的，依照刑法第一百五十一条第一款的规定，以走私弹药罪定罪处罚。具体的定罪量刑标准，按照本解释第一条规定的数量标准的五倍执行。

走私报废或者无法组装并使用的各种弹药的弹头、弹壳，构成犯罪的，依照刑法第一百五十三条的规定，以走私普通货物、物品罪定罪处罚；属于废物的，依照刑法第一百五十二条第二款的规定，以走私废物罪定罪处罚。

弹头、弹壳是否属于前款规定的“报废或者无法组装并使用”或者“废物”，由国家有关技术部门进行鉴定。

第五条 走私国家禁止或者限制进出口的仿真枪、管制刀具，构成犯罪的，依照刑法第一百五十一条第三款的规定，以走私国家禁止进出口的货物、物品罪定罪处罚。具体的定罪量刑标准，适用本解释第十一条第一款第六、七项和第二款的规定。

走私的仿真枪经鉴定为枪支，构成犯罪的，依照刑法第一百五十一条第一款的规定，以走私武器罪定罪处罚。不以牟利或者从事违法犯罪活动为目的，且无其他严重情节的，可以依法从轻处罚；情节轻微不需要判处刑罚的，可以免予刑事处罚。

第六条 走私伪造的货币，数额在二千元以上不满二万元，或者数量在二百张（枚）以上不满二千张（枚）的，可以认定为刑法第一百五十一条第一款规定的“情节较轻”。

具有下列情形之一的，依照刑法第一百五十一条第一款的规定处七年以上有期徒刑，并处罚金或者没收财产：

（一）走私数额在二万元以上不满二十万元，或者数量在二千张（枚）以上不满二万张（枚）的；

（二）走私数额或者数量达到第一款规定的标准，且具有走私的伪造货币流入市场等情节的。

具有下列情形之一的，应当认定为刑法第一百五十一条第一款规定的“情节特别严重”：

（一）走私数额在二十万元以上，或者数量在二万张（枚）以上的；

（二）走私数额或者数量达到第二款第一项规定的标准，且属于犯罪集团的首要分子，使用特种车辆从事走私活动，或者走私的伪造货币流入市场等情形的。

第七条 刑法第一百五十一条第一款规定的“货币”，包括正在流通的人民币和境外货币。伪造的境外货币数额，折合成人民币计算。

第八条 走私国家禁止出口的三级文物二件以下的，可以认定为刑法第一百五十一条第二款规定的“情节较轻”。

具有下列情形之一的，依照刑法第一百五十一条第二款的规定处五年以上十年以下有期徒刑，并处罚金：

（一）走私国家禁止出口的二级文物不满三件，或者三级文物三件以上不满九件的；

（二）走私国家禁止出口的三级文物不满三件，且具有造成文物严重毁损或者无法追回等情节的。

具有下列情形之一的，应当认定为刑法第一百五十一条第二款规定的“情节特别严重”：

（一）走私国家禁止出口的一级文物一件以上，或者二级文物三件以上，或者三级文物九件以上的；

（二）走私国家禁止出口的文物达到第二款第一项规定的数量标准，且属于犯罪集团的首要分子，使用特种车辆从事走私活动，或者造成文物严重毁损、无法追回等情形的。

第九条 走私国家一、二级保护动物未达到本解释附表中（一）规定的数量标准，或者走私珍贵动物制品数额不满二十万元的，可以认定为刑法第一百五十一条第二款规定的“情节较轻”。

具有下列情形之一的，依照刑法第一百五十一条第二款的规定处五年以上十年以下有期徒刑，并处罚金：

（一）走私国家一、二级保护动物达到本解释附表中（一）规定的数量标准的；

（二）走私珍贵动物制品数额在二十万元以上不满一百万元的；

（三）走私国家一、二级保护动物未达到本解释附表中（一）规定的数量标准，但具有造成该珍贵动物死亡或者无法追回等情节的。

具有下列情形之一的，应当认定为刑法第一百五十一条第二款规定的“情节特别严重”：

（一）走私国家一、二级保护动物达到本解释附表中（二）规定的数量标准的；

（二）走私珍贵动物制品数额在一百万元以上的；

（三）走私国家一、二级保护动物达到本解释附表中（一）规定的数量标准，且属于犯罪集团的首要分子，使用特种车辆从事走私活动，或者造成该珍贵动物死亡、无法追回等情形的。

不以牟利为目的，为留作纪念而走私珍贵动物制品进境，数额不满十万元的，可以免予刑事处罚；情节显著轻微的，不作为犯罪处理。

第十条 刑法第一百五十一条第二款规定的“珍贵动物”，包括列入《国家重点保护野生动物名录》中的国家一、二级保护野生动物，《濒危野生动植物种国际贸易公约》附录Ⅰ、附录Ⅱ中的野生动物，以及驯养繁殖的上述动物。

走私本解释附表中未规定的珍贵动物的，参照附表中规定的同属或者同科动物的数量标准执行。

走私本解释附表中未规定珍贵动物的制品的，按照最高人民法院、最高人民检察院、国家林业局、公安部、海关总署《关于破坏野生动物资源刑事案件中涉及的 CITES 附录Ⅰ和附录Ⅱ所列陆生野生动物制品价值核定问题的通知》（林濒发〔2012〕239 号）的有关规定核定价值。

第十一条 走私国家禁止进出口的货物、物品，具有下列情形之一的，依照刑法第一百五十一条第三款的规定处五年以下有期徒刑或者拘役，并处或者单处罚金：

（一）走私国家一级保护野生植物五株以上不满二十五株，国家二级保护野生植物十株以上不满五十株，或者珍稀植物、珍稀植物制品数额在二十万元以上不满一百万元的；

（二）走私重点保护古生物化石或者未命名的古生物化石不满十件，或者一般保护古生物化石十件以上不满五十件的；

（三）走私禁止进出口的有毒物质一吨以上不满五吨，或者数额在二万元以上不满十万元的；

（四）走私来自境外疫区的动植物及其产品五吨以上不满二十五吨，或者数额在五万元以上不满二十五万元的；

（五）走私木炭、硅砂等妨害环境、资源保护的货物、物品十吨以上不满五十吨，或者数额在十万元以上不满五十万元的；

（六）走私旧机动车、切割车、旧机电产品或者其他禁止进出口的货物、物品二十吨以上不满一百吨，或者数额在二十万元以上不满一百万元的；

（七）数量或者数额未达到本款第一项至第六项规定的标准，但属于犯罪集团的首要分子，使用特种车辆从事走私活动，造成环境严重污染，或者引起甲类传染病传播、重大动植物疫情等情形的。

具有下列情形之一的，应当认定为刑法第一百五十一条第三款规定的"情节严重"：

（一）走私数量或者数额超过前款第一项至第六项规定的标准的；

（二）达到前款第一项至第六项规定的标准，且属于犯罪集团的首要分子，使用特种车辆从事走私活动，造成环境严重污染，或者引起甲类传染病传播、重大动植物疫情等情形的。

第十二条 刑法第一百五十一条第三款规定的"珍稀植物"，包括列入《国家重点保护野生植物名录》《国家重点保护野生药材物种名录》《国家珍贵树种名录》中的国家一、二级保护野生植物、国家重点保护的野生药材、珍贵树木，《濒危野生动植物种国际贸易公约》附录Ⅰ、附录Ⅱ中的野生植物，以及人工培育的上述植物。

本解释规定的"古生物化石"，按照《古生物化石保护条例》的规定予以认定。走私具有科学价值的古脊椎动物化石、古人类化石，构成犯罪的，依照刑法第一百五十一条第二款的规定，以走私文物罪定罪处罚。

第十三条 以牟利或者传播为目的，走私淫秽物品，达到下列数量之一的，可以认定为刑法第一百五十二条第一款规定的"情节较轻"：

（一）走私淫秽录像带、影碟五十盘（张）以上不满一百盘（张）的；

（二）走私淫秽录音带、音碟一百盘（张）以上不满二百盘（张）的；

（三）走私淫秽扑克、书刊、画册一百副（册）以上不满二百副（册）的；

（四）走私淫秽照片、画片五百张以上不满一千张的；

（五）走私其他淫秽物品相当于上述数量的。

走私淫秽物品在前款规定的最高数量以上不满最高数量五倍的，依照刑法第一百五十二条第一款的规定处三年以上十年以下有期徒刑，并处罚金。

走私淫秽物品在第一款规定的最高数量五倍以上，或者在第一款规定的最高数量以上不满五倍，但属于犯罪集团的首要分子，使用特种车辆从事走私活动等情形的，应当认定为刑法第一百五十二条第一款规定的"情节严重"。

第十四条 走私国家禁止进口的废物或者国家限制进口的可用作原料的废物，具有下列情形之一的，应当认定为刑法第一百五十二条第二款规定的"情节严重"：

（一）走私国家禁止进口的危险性固体废物、液态废物分别或者合计达到一吨以上不满五吨的；

（二）走私国家禁止进口的非危险性固体废物、液态废物分别或者合计达到五吨以上不满二十五吨的；

（三）走私国家限制进口的可用作原料的固体废物、液态废物分别或者合计达到二十吨以上不满一百吨的；

（四）未达到上述数量标准，但属于犯罪集团的首要分子，使用特种车辆从事走私活动，或者造成环境严重污染等情形的。

具有下列情形之一的，应当认定为刑法第一百五十二条第二款规定的“情节特别严重”：

（一）走私数量超过前款规定的标准的；

（二）达到前款规定的标准，且属于犯罪集团的首要分子，使用特种车辆从事走私活动，或者造成环境严重污染等情形的；

（三）未达到前款规定的标准，但造成环境严重污染且后果特别严重的。

走私置于容器中的气态废物，构成犯罪的，参照前两款规定的标准处罚。

第十五条 国家限制进口的可用作原料的废物的具体种类，参照国家有关部门的规定确定。

第十六条 走私普通货物、物品，偷逃应缴税额在十万元以上不满五十万元的，应当认定为刑法第一百五十三条第一款规定的“偷逃应缴税额较大”；偷逃应缴税额在五十万元以上不满二百五十万元的，应当认定为“偷逃应缴税额巨大”；偷逃应缴税额在二百五十万元以上的，应当认定为“偷逃应缴税额特别巨大”。

走私普通货物、物品，具有下列情形之一，偷逃应缴税额在三十万元以上不满五十万元的，应当认定为刑法第一百五十三条第一款规定的“其他严重情节”；偷逃应缴税额在一百五十万元以上不满二百五十万元的，应当认定为“其他特别严重情节”：

（一）犯罪集团的首要分子；

（二）使用特种车辆从事走私活动的；

（三）为实施走私犯罪，向国家机关工作人员行贿的；

（四）教唆、利用未成年人、孕妇等特殊人群走私的；

（五）聚众阻挠缉私的。

第十七条 刑法第一百五十三条第一款规定的“一年内曾因走私被给予二次行政处罚后又走私”中的“一年内”，以因走私第一次受到行政处罚的生效之日与“又走私”行为实施之日的时间间隔计算确定；“被给予二次行政处罚”的走私行为，包括走私普通货物、物品以及其他货物、物品；“又走私”行为仅指走私普通货物、物品。

第十八条 刑法第一百五十三条规定的"应缴税额"，包括进出口货物、物品应当缴纳的进出口关税和进口环节海关代征税的税额。应缴税额以走私行为实施时的税则、税率、汇率和完税价格计算；多次走私的，以每次走私行为实施时的税则、税率、汇率和完税价格逐票计算；走私行为实施时间不能确定的，以案发时的税则、税率、汇率和完税价格计算。

刑法第一百五十三条第三款规定的"多次走私未经处理"，包括未经行政处理和刑事处理。

第十九条 刑法第一百五十四条规定的"保税货物"，是指经海关批准，未办理纳税手续进境，在境内储存、加工、装配后应予复运出境的货物，包括通过加工贸易、补偿贸易等方式进口的货物，以及在保税仓库、保税工厂、保税区或者免税商店内等储存、加工、寄售的货物。

第二十条 直接向走私人非法收购走私进口的货物、物品，在内海、领海、界河、界湖运输、收购、贩卖国家禁止进出口的物品，或者没有合法证明，在内海、领海、界河、界湖运输、收购、贩卖国家限制进出口的货物、物品，构成犯罪的，应当按照走私货物、物品的种类，分别依照刑法第一百五十一条、第一百五十二条、第一百五十三条、第三百四十七条、第三百五十条的规定定罪处罚。

刑法第一百五十五条第二项规定的"内海"，包括内河的入海口水域。

第二十一条 未经许可进出口国家限制进出口的货物、物品，构成犯罪的，应当依照刑法第一百五十一条、第一百五十二条的规定，以走私国家禁止进出口的货物、物品罪等罪名定罪处罚；偷逃应缴税额，同时又构成走私普通货物、物品罪的，依照处罚较重的规定定罪处罚。

取得许可，但超过许可数量进出口国家限制进出口的货物、物品，构成犯罪的，依照刑法第一百五十三条的规定，以走私普通货物、物品罪定罪处罚。

租用、借用或者使用购买的他人许可证，进出口国家限制进出口的货物、物品的，适用本条第一款的规定定罪处罚。

第二十二条 在走私的货物、物品中藏匿刑法第一百五十一条、第一百五十二条、第三百四十七条、第三百五十条规定的货物、物品，构成犯罪的，以实际走私的货物、物品定罪处罚；构成数罪的，实行数罪并罚。

第二十三条 实施走私犯罪，具有下列情形之一的，应当认定为犯罪既遂：

（一）在海关监管现场被查获的；

（二）以虚假申报方式走私，申报行为实施完毕的；

（三）以保税货物或者特定减税、免税进口的货物、物品为对象走私，在境内销售的，或者申请核销行为实施完毕的。

第二十四条 单位犯刑法第一百五十一条、第一百五十二条规定之罪，依照本解释规定的标准定罪处罚。

单位犯走私普通货物、物品罪，偷逃应缴税额在二十万元以上不满一百万元的，应当依照刑法第一百五十三条第二款的规定，对单位判处罚金，并对其直接负责的主管人员和其他直接责任人员，处三年以下有期徒刑或者拘役；偷逃应缴税额在一百万元以上不满五百万元的，应当认定为“情节严重”；偷逃应缴税额在五百万元以上的，应当认定为“情节特别严重”。

第二十五条 本解释发布实施后，最高人民法院《关于审理走私刑事案件具体应用法律若干问题的解释》（法释〔2000〕30号）、最高人民法院《关于审理走私刑事案件具体应用法律若干问题的解释（二）》（法释〔2006〕9号）同时废止。之前发布的司法解释与本解释不一致的，以本解释为准。

【解　　读】

解读《最高人民法院、最高人民检察院关于办理走私刑事案件适用法律若干问题的解释》

一、问题的提出

最高人民法院、最高人民检察院于2014年8月12日联合发布了《关于办理走私刑事案件适用法律若干问题的解释》（法释〔2014〕10号，以下简称本解释）。就走私犯罪的法律适用问题制定司法解释，主要有以下三个方面的考虑：

一是修订后的部分走私犯罪尚无明确的定罪量刑标准。立法机关对走私犯罪的刑法规定进行了多次修正，其中，《刑法修正案（七）》以走私珍贵植物、珍贵植物制品罪的《刑法》规定为基础，增设了走私国家禁止进出口的货物、物品罪；《刑法修正案（八）》对走私普通货物、物品罪的定罪量刑标准作了重要调整，删去了具体数额标准，代之以偷逃应缴税额较大、巨大等概括性表述，同时增加了对小额多次走私行为的处罚规定。这些增设和调整后的罪名的定罪量刑标准的具体掌握，亟须制定司法解释予以明确。

二是走私犯罪案件办理当中还存在一些争议较大的问题。有些是属于长期以来一直悬而未决的复杂疑难问题，例如，多数走私犯罪因现场查获而案发，而且查获的环节因走私方式的不同又有差别，对于海关现场查获的走私犯罪，是一概认定为犯罪既遂还是需要区分情形具体认定，实践中做法不一；有些则属于刑法修正后出现的新问题，例如，《刑法修正案（七）》设立走私国家禁止进出口的货物、物品罪之后，未经许可走私限制进出口的货物、物品，应以走私普通货物、物品罪还是走私国家禁止进出口的货物、物品罪定罪处罚，实践中存在疑虑。这些问题严重影响到了司法的统一性和严肃性，需要制定司法解释加以规范。

三是此前发布的司法解释的一些规定不能适应办案实践的需要。其中，有些规定司法操作上存在困难，例如，2000 年《最高人民法院关于审理走私刑事案件具体应用法律若干问题的解释》［以下简称《走私解释（一）》］将走私武器、弹药罪中的枪支、子弹按照按军用和非军用进行分类并据此确定不同的定罪量刑标准，实践中反映，司法鉴定通常不涉及该方面内容，司法解释规定与鉴定意见不能做到有机衔接；有些规定所依据的经济社会状况已经发生了重大变化，例如，《走私解释（一）》根据当时的经济社会状况规定单位走私普通货物、物品罪的定罪量刑标准按照自然人犯罪数额标准的五倍掌握，随着公司准入门槛的不断降低，小微企业的大量涌现以及单位走私犯罪数量的急剧攀升，实践中反映，该比例规定明显偏高，与当前单位走私犯罪的实际情况严重不符。这些问题在一定程度上影响到了惩治走私犯罪的实际效果，需要及时加以调整。

综上，最高人民法院、最高人民检察院会同海关总署研究决定继 2000 年《走私解释（一）》、2006 年《最高人民法院关于办理走私刑事案件具体应用法律若干问题的解释（二）》［以下简称《走私解释（二）》］之后，再次就走私犯罪的法律适用问题制定司法解释。同时，为确保司法解释的完整和内在协调一致，方便实践部门查找适用，决定将《走私解释（一）》《走私解释（二）》重新梳理编纂，统一整合至新制定的司法解释。据此，经认真调研，广泛听取有关单位的意见，制定出台了本解释。

二、理解与适用

本解释共计二十五条，涵盖了走私犯罪法律适用方方面面的问题，择要说明如下：

（一）关于走私武器、弹药罪的定罪量刑标准

1. 枪支的划分。《走私解释（一）》第一条将枪支划分为“军用”与“非军用”，并据此规定了不同的定罪量刑标准。本解释将之调整为“以火药为动力发射枪弹的枪支”和“以压缩气体等非火药为动力发射枪弹的枪支”，主要出于以下考虑：(1)“军用”“非军用”是按照枪支使用者身份和用途的不同进行的划分，这种分类方法不能准确反映枪支杀伤力的大小，且没有明确的法律依据；(2) 根据《公安机关涉案枪支弹药性能鉴定工作规定》(公通字〔2010〕67 号) 的规定，枪支鉴定机构对枪支只作“制式”“非制式”的鉴定，鉴定意见与司法解释规定不能有机衔接；(3) 相关司法解释为该问题的处理提供了有

益借鉴。2001年《最高人民法院关于审理非法制造、买卖、运输枪支、弹药、爆炸物等刑事案件具体应用法律若干问题的解释》将枪支按发射动力的不同，分为“军用枪支”“以火药为动力发射枪弹的非军用枪支”和“以压缩气体等为动力的其他非军用枪支”，并就前两种枪支规定了相同的定罪量刑标准。这样的规定正是考虑到无论是军用还是非军用枪支，只要是以火药为动力发射枪弹，杀伤力基本相当，而以压缩气体为动力发射枪弹的枪支，其杀伤力通常要小于以火药为动力发射枪弹的枪支。

2. 弹药的划分。出于同样的考虑，本解释第一条将《走私解释（一）》中关于“军用子弹”和“非军用子弹”的分类调整为“气枪铅弹”和“其他子弹”之分。另外，从司法实践中查获的走私气枪铅弹进境的案件来看，行为人多是出于个人爱好等原因走私，查获的气枪铅弹的杀伤力也远小于其他以火药为动力发射的子弹，且气枪铅弹体积较小，往往查获的数量较大。因此，相较于“其他子弹”，对走私气枪铅弹行为的处罚规定了较高的数量标准。

（二）关于走私仿真枪、管制刀具行为的定罪处罚

1. 走私仿真枪、管制刀具行为的性质认定。《走私解释（一）》规定，走私管制刀具、仿真枪支构成犯罪的，以走私普通货物、物品罪定罪处罚。《解释》第五条明确，此类行为以走私国家禁止进出口的货物、物品罪定罪处罚。主要理由如下：(1) 根据治安管理处罚法等法律以及《海关总署关于将仿真武器列为禁止进出境物品的通知》等规范性文件的规定，仿真枪、管制刀具属于禁止或限制进出口的货物、物品，并非普通货物、物品；(2) 仿真枪、管制刀具属于非涉税货物、物品，而走私普通货物、物品罪属于数额犯，以偷逃一定数额的应缴税款为定罪条件，实践中不得已往往只好参照玩具或是厨具来核定仿真枪、管制刀具的偷逃税额；(3)《刑法修正案（七）》增设了走私国家禁止进出口的货物、物品罪，走私仿真枪、管制刀具的行为理当一并纳入该罪处理。

2. 走私鉴定为枪支的仿真枪行为的处罚。根据有关枪支性能鉴定标准及仿真枪管理的规定，仿真枪所发射弹丸的枪口比动能大于等于1.8焦耳/平方厘米时，一律认定为枪支。据此，本解释第五条第二款规定，走私的仿真枪经鉴定为枪支，构成犯罪的，应以走私武器罪定罪处罚。同时，考虑到实践中查获的仿真枪多是刚达到前述枪支鉴定标准，行为人走私仿真枪多是出于个人爱好等原因，并非出于违法犯罪目的走私，对其处理应与其他走私枪支的行为有所区别。为此，本解释第五条第二款规定，走私的仿真枪虽经鉴定为枪支并构成犯罪，但不是以牟利或者从事违法犯罪活动为目的的走私，且无其他严重情节的，可以依法从宽处理。

（三）关于走私珍贵动物制品罪的定罪处罚

1. 走私珍贵动物制品罪的定罪量刑标准。本解释第九条将《走私解释

(一)》规定的“十万元以下”“十万元以上不满二十万元”“二十万元以上”三个量刑档次数额标准分别调整为“二十万元以下”“二十万元以上不满一百万元”“一百万元以上”，主要考虑是：珍贵动物制品的核定价值较高，走私少量珍贵动物制品其价值即可能超过二十万元，按《走私解释（一)》规定，多数走私珍贵动物制品犯罪均应在十年以上有期徒刑或者无期徒刑判处刑罚，实践中普遍反映量刑过重。为切实解决走私珍贵动物制品罪重刑积聚严重的问题，在深入调研的基础上，本解释大幅拉开了不同量刑档次的数额级差，以此赋予司法机关更大的刑罚裁量空间，确保罪刑相适应。

2. 走私珍贵动物制品罪的从宽处理。随着对外经济、文化交流的不断扩大，出入境人员的数量急剧增加，一些境外务工、旅游人员出于留作纪念的目的，将在境外购买的少量珍贵动物制品非法携带入境的现象时有发生。对于此种主观恶性不大、社会危害性较小的行为，需要按照宽严相济刑事政策的精神要求，在处理上与以牟利为目的的走私珍贵动物制品行为有所区别，以此突出刑事打击重点，适当控制刑事打击面。为此，本解释第九条第四款规定，不以牟利为目的，为留作纪念而走私珍贵动物制品进境，数额不满十万元的，可以免予刑事处罚；情节显著轻微，不构成犯罪的，按一般行政违法行为处理。

（四）关于走私普通货物、物品罪的定罪处罚

1. 走私普通货物、物品罪定罪量刑的数额标准。《刑法修正案（八)》取消了走私普通货物、物品罪中的具体数额规定，将该罪定罪量刑的数额标准留给司法解释来解决。本解释第十六条规定，自然人走私普通货物、物品偷逃应缴税额十万元、五十万元、二百五十万元分别为偷逃应缴税额较大、巨大、特别巨大的起点数额，较之于修正前刑法确定的五万元、十五万元、五十万元的数额标准，本解释作了较大幅度的上提。其主要考虑是：(1) 随着经济社会发展水平的不断提高，有必要对经济犯罪的数额标准相应地作出适度调整。与1997年刑法颁布时相比，2011年《刑法修正案（八)》出台时的全国城镇居民人均可支配收入以及农村居民人均纯收入分别增长了4.6倍和3.7倍。(2) 走私普通货物、物品罪的定罪处罚标准与其他近似犯罪有必要保持基本平衡。刑法中骗取出口退税罪等涉税犯罪与走私普通货物、物品罪较为接近，根据2002年《最高人民法院关于审理骗取出口退税刑事案件具体应用法律若干问题的解释》的规定，骗取出口退税“数额较大”“数额巨大”“数额特别巨大”的标准分别为五万元、五十万元、二百五十万元。(3) 为确保罪刑均衡，有必要进一步拉大不同量刑档次数额标准的倍比关系。将刑法原规定的大致三倍的比例关系调整为五倍，有利于克服重者不重、轻者不轻的问题，更好地体现轻轻重重的政策要求。

2. 小额多次走私的认定。《刑法修正案（八)》将小额多次走私行为纳入了刑事打击范畴。对于刑法规定中的“一年内曾因走私被给予二次行政处罚后

又走私”的具体理解，实践中存在意见分歧，集中体现在“一年内”的时间计算和走私对象的范围两个方面。为规范司法认定，本解释第十七条明确，“一年内”应以因走私第一次受到行政处罚的生效之日与“又走私”行为实施之日的时间间隔计算确定；已受行政处罚的走私行为的对象不受普通货物、物品的限制，但是“又走私”行为的对象必须是普通货物、物品。

3. 应缴税额的计算依据。《走私解释（一）》规定，应缴税额以走私行为案发时的税则、税率、汇率和完税价格计算。对此，实践中反映，关税政策性强，税率调整较为频繁，偷逃税额一概以案发时为准，不够客观、公允。鉴此，本解释第十八条参照经济犯罪数额认定的通行做法，确定了行为实施时为主、案发时为辅的计算原则，即应缴税额以走私行为实施时的税则、税率、汇率和完税价格计算；走私行为实施时间不能确定的，以案发时的税则、税率、汇率和完税价格计算。

（五）走私国家限制进出口的货物、物品行为的定罪处罚

1. 未经许可进出口国家限制进出口的货物、物品行为的性质认定。本解释第二十一条明确，未经许可进出口国家限制进出口的货物、物品，应当依照刑法第一百五十一条、第一百五十二条的规定，以走私国家禁止进出口的货物、物品罪等罪名定罪处罚。起草过程中有意见提出，限制进出口的货物、物品不同于禁止进出口的货物、物品，未经许可走私国家限制进出口的货物、物品，如果限制进出口的货物、物品属于涉税货物、物品的，应以走私普通货物、物品罪定罪处罚；属于非涉税货物、物品的，可不作犯罪处理。本解释未采纳该意见，主要考虑是：禁止进出口货物、物品包括绝对禁止和相对禁止两种，刑法规定的禁止进出口不限于绝对禁止的情形。例如，针对部分驯养繁殖的野生动植物及其制品在经国务院行政主管部门批准并取得证明书的情况下可以合法进出口的问题，全国人大常委会法工委刑法室在回复有关单位的意见中明确指出：“刑法第一百五十一条规定的走私国家禁止进出口的珍贵动物、珍稀植物及其制品的行为，是指走私未经国家有关部门批准，并取得相应进出口证明的珍贵动物、珍稀植物及其制品的行为。”

2. 使用他人许可证进出口国家限制进出口的货物、物品行为的处理。实践中大量存在租用、借用或者使用购买的他人许可证进出口国家限制进出口的货物、物品的情形。经研究，此情形同样属于未经许可走私国家禁止进出口货物、物品的行为，应一并纳入走私国家禁止进出口的货物、物品犯罪处理。适用本规定时需要注意与取得许可证但超过许可数量进出口行为的区分，对于后者应依法以走私普通货物、物品罪处理。

3. 既逃证又逃税行为的处理。部分限制进出口的货物、物品的进出口除要求取得行政主管部门核发的许可文件之外，还需要向海关缴纳一定的税额，走私此类货物、物品还有可能同时构成走私普通货物、物品罪。按照竞合犯的

一般处理原则，本解释明确，未经许可进出口国家限制进出口的货物、物品，偷逃应缴税额，同时又构成走私普通货物、物品罪的，依照处罚较重的规定定罪处罚。

（六）走私犯罪既未遂的认定

走私犯罪有无未遂以及未遂的认定标准，实践中长期存在意见分歧。一种意见认为，走私犯罪属于行为犯，不存在未遂形态；另一种意见认为，走私犯罪属于结果犯，只有成功逃避海关监管的才成立既遂。经研究，行为犯同样存在未遂形态，犯罪既未遂的认定标准，需要结合某一类犯罪的实际情况予以具体确定。基于走私犯罪表现形式的多样性、行为实施的多环节性以及查获的现场性等特点，本解释第二十三条区分情形对走私犯罪的既未遂认定标准作出了具体规定，即“实施走私犯罪，具有下列情形之一的，应当认定为犯罪既遂：（一）在海关监管现场被查获的；（二）以虚假申报方式走私，申报行为实施完毕的；（三）以保税货物或者特定减税、免税进口的货物、物品为对象走私，在境内销售的，或者申请核销行为实施完毕的。”其中，规定不论何种形式的走私，凡是在海关监管现场被查获的一概以犯罪既遂处理，主要是考虑到，走私犯罪因海关监管现场查获而案发的情况较为普遍，如果将是否成功逃避海关监管作为既未遂的界定标准，绝大多数走私犯罪都将按未遂处理，既不利于对于走私犯罪的有效惩治，也与立法初衷不符。规定虚假申报行为实施完毕即构成既遂，主要是考虑到，申报通关走私行为主要体现为申报环节，申报之后的海关审单、查验环节不再受走私犯罪行为人的意志支配。规定后续走私除了销售之外申请核销行为实施完毕的也应以既遂处理，主要是考虑到实践中一些申请核销行为发生在销售之前，而相对于销售而言，申请核销对于走私犯罪是否完成的认定更具实质性意义。

（七）单位走私犯罪的定罪量刑标准

1. 单位走私普通货物、物品罪的定罪量刑标准。《走私解释（一）》规定单位走私普通货物、物品罪的定罪量刑标准按照自然人犯罪标准的五倍掌握。本解释第二十四条将之下调为自然人犯罪标准的两倍，主要有以下几点考虑：第一，《刑法》第一百五十三条对于走私普通货物、物品罪区分单位犯罪和自然人犯罪配置了不同的法定刑，其中单位犯罪的刑罚明显要轻于自然人犯罪，这一点在确定单位犯罪的定罪量刑标准时也应有所体现；第二，随着公司设立门槛的不断降低，单位走私犯罪数量的急剧攀升，单位利益与个人利益更趋紧密，在预留出行政处罚必要空间的基础上，单位犯罪的定罪量刑标准与自然人犯罪不宜拉开过大；第三，按照两倍标准把握，本解释实际上将《走私解释（一）》原确定的二十五万元、七十五万元、二百五十万元三个量刑档次起点数额调整为二十万元、一百万元、五百万元。两相比较，入罪门槛基本相当但不同量刑档次的数额标准明显拉大，既可以避免案件总体数量的大起大落，同时也为均衡量刑预留出了更大的裁量空间。

2. 单位走私特定对象犯罪的定罪处罚标准。本解释第二十四条沿用了《走私解释（一）》的做法，规定对单位走私特定对象犯罪适用与自然人犯罪相同的定罪处罚标准。其主要考虑有两点：一是刑法对于单位实施的走私特定对象犯罪与走私普通货物、物品罪在处罚规定上有所不同。单位犯前者罪与自然人犯罪同罪同罚，单位犯后者罪的处罚则轻于自然人犯罪，体现出了立法机关对于单位实施走私特定对象犯罪与自然人犯罪处罚上不作区分的倾向性立场。二是走私特定对象犯罪与走私普通货物、物品罪的危害性具体表现有所不同。走私普通货物、物品罪的危害性主要表现为偷逃税款及由此给国家造成的经济损失，而走私特定对象犯罪的危害性主要表现为对国家出于经济、社会、国防、环境安全等制定的管理制度的侵害，危害性质明显更为严重，依法应予更为严厉的否定评价。

（撰稿人：裴显鼎　刘为波　郭　慧）

最高人民法院
关于审理走私、非法经营、非法使用兴奋剂刑事案件适用法律若干问题的解释

法释〔2019〕16号

（2019年11月12日最高人民法院审判委员会第1781次会议通过 2019年11月18日最高人民法院公告公布 自2020年1月1日起施行）

为依法惩治走私、非法经营、非法使用兴奋剂犯罪，维护体育竞赛的公平竞争，保护体育运动参加者的身心健康，根据《中华人民共和国刑法》《中华人民共和国刑事诉讼法》的规定，制定本解释。

第一条 运动员、运动员辅助人员走私兴奋剂目录所列物质，或者其他人员以在体育竞赛中非法使用为目的走私兴奋剂目录所列物质，涉案物质属于国家禁止进出口的货物、物品，具有下列情形之一的，应当依照刑法第一百五十一条第三款的规定，以走私国家禁止进出口的货物、物品罪定罪处罚：

（一）一年内曾因走私被给予二次以上行政处罚后又走私的；

（二）用于或者准备用于未成年人运动员、残疾人运动员的；

（三）用于或者准备用于国内、国际重大体育竞赛的；

（四）其他造成严重恶劣社会影响的情形。

实施前款规定的行为，涉案物质不属于国家禁止进出口的货物、物品，但偷逃应缴税额一万元以上或者一年内曾因走私被给予二次以上行政处罚后又走私的，应当依照刑法第一百五十三条的规定，以走私普通货物、物品罪定罪处罚。

对于本条第一款、第二款规定以外的走私兴奋剂目录所列物质行为，适用《最高人民法院、最高人民检察院关于办理走私刑事案件适用法律若干问题的解释》（法释〔2014〕10号）规定的定罪量刑标准。

第二条 违反国家规定，未经许可经营兴奋剂目录所列物质，涉案物质属于法律、行政法规规定的限制买卖的物品，扰乱市场秩序，情节严重的，应当依照刑法第二百二十五条的规定，以非法经营罪定罪处罚。

第三条 对未成年人、残疾人负有监护、看护职责的人组织未成年人、残疾人在体育运动中非法使用兴奋剂，具有下列情形之一的，应当认定为刑法第

二百六十条之一规定的“情节恶劣”，以虐待被监护、看护人罪定罪处罚：

（一）强迫未成年人、残疾人使用的；

（二）引诱、欺骗未成年人、残疾人长期使用的；

（三）其他严重损害未成年人、残疾人身心健康的情形。

第四条 在普通高等学校招生、公务员录用等法律规定的国家考试涉及的体育、体能测试等体育运动中，组织考生非法使用兴奋剂的，应当依照刑法第二百八十四条之一的规定，以组织考试作弊罪定罪处罚。

明知他人实施前款犯罪而为其提供兴奋剂的，依照前款的规定定罪处罚。

第五条 生产、销售含有兴奋剂目录所列物质的食品，符合刑法第一百四十三条、第一百四十四条规定的，以生产、销售不符合安全标准的食品罪、生产、销售有毒、有害食品罪定罪处罚。

第六条 国家机关工作人员在行使反兴奋剂管理职权时滥用职权或者玩忽职守，造成严重兴奋剂违规事件，严重损害国家声誉或者造成恶劣社会影响，符合刑法第三百九十七条规定的，以滥用职权罪、玩忽职守罪定罪处罚。

依法或者受委托行使反兴奋剂管理职权的单位的工作人员，在行使反兴奋剂管理职权时滥用职权或者玩忽职守的，依照前款规定定罪处罚。

第七条 实施本解释规定的行为，涉案物质属于毒品、制毒物品等，构成有关犯罪的，依照相应犯罪定罪处罚。

第八条 对于是否属于本解释规定的“兴奋剂”“兴奋剂目录所列物质”“体育运动”“国内、国际重大体育竞赛”等专门性问题，应当依据《中华人民共和国体育法》《反兴奋剂条例》等法律法规，结合国务院体育主管部门出具的认定意见等证据材料作出认定。

第九条 本解释自2020年1月1日起施行。

最高人民法院
关于如何认定国有控股、参股股份有限公司中的国有公司、企业人员的解释

法释〔2005〕10号

（2005年7月31日最高人民法院审判委员会第1359次会议通过　2005年8月1日最高人民法院公告公布　自2005年8月11日起施行）

为准确认定刑法分则第三章第三节中的国有公司、企业人员，现对国有控股、参股的股份有限公司中的国有公司、企业人员解释如下：

国有公司、企业委派到国有控股、参股公司从事公务的人员，以国有公司、企业人员论。

【解　　读】

解读《最高人民法院关于如何认定国有控股、参股的股份有限公司中的国有公司、企业人员的解释》

一、问题的提出

为统一《刑法》的适用，明确《刑法》分则第三章第三节中的“国有公司、企业的工作人员”的含义，最高人民法院于2005年8月1日公布了《关于如何认定国有控股、参股股份有限公司中的国有公司、企业人员的解释》（以下简称本解释）。

二、理解与适用

本解释规定的主要理由在于：受国有公司、企业委派到国有控股、参股公司从事公务的人员具有双重的身份，负有双重职责。一方面，接受委派的人员是国有控股、参股公司的工作人员；另一方面，接受委派的人员要代表原委派

的国有公司、企业，对国有控股或者参股公司中的国有资产行使监督、管理职权，即属于国有公司、企业的工作人员。国有公司、企业委派到国有控股、参股公司从事公务的人员，在工作中严重失职或滥用职权，致使其任职公司的利益遭受严重损失，事实上必然导致作为股东的国有公司、企业的利益遭受重大损失，致使国家利益遭受严重损失。因此，对于国有公司、企业委派到国有控股、参股公司从事公务的人员，“以国有公司、企业人员论”，构成犯罪的，适用《刑法》关于国有公司、企业工作人员犯罪的规定，既符合《刑法》第三章关于国有公司、企业人员犯罪的构成要件，也符合《刑法》对国有资产予以特别保护的立法意图。

关于这里的“委派”，《全国法院审理经济犯罪案件工作座谈会纪要》已予以明确，即是指国有公司、企业的委任、派遣，既可以是事前、事中的提名、推荐、指派、任命，也可以是事后的认可、同意、批准等。只要是接受国有公司、企业的委派，代表国有公司、企业到国有控股、参股的公司中从事公务，就可以“以国有公司、企业人员论”。由于受委派从事的工作必须是代表国有公司、企业在国有控股、参股公司中行使组织、领导、监督、管理等职责，才具有受委派的实质内容，因此，受委派人员一般会在国有控股、参股的公司中担任一定的职务，如董事长、副董事长、总经理、董事、监事、财务负责人或部门经理等。虽然在形式上这些职务可能是出于国有控股、参股公司股东大会或董事会的决议或依照公司章程选举，但只要实质上符合受委派从事公务的情形，就应“以国有公司、企业人员论”。

（撰稿人：顾保华）

最高人民法院
关于审理伪造货币等案件具体应用法律若干问题的解释

法释〔2000〕26号

（2000年4月20日最高人民法院审判委员会第1110次会议通过 2000年9月8日最高人民法院公告公布 自2000年9月14日起施行）

为依法惩治伪造货币，出售、购买、运输假币等犯罪活动，根据刑法的有关规定，现就审理这类案件具体应用法律的若干问题解释如下：

第一条 伪造货币的总面额在二千元以上不满三万元或者币量在二百张（枚）以上不足三千张（枚）的，依照刑法第一百七十条的规定，处三年以上十年以下有期徒刑，并处五万元以上五十万元以下罚金。

伪造货币的总面额在三万元以上的，属于“伪造货币数额特别巨大”。

行为人制造货币版样或者与他人事前通谋，为他人伪造货币提供版样的，依照刑法第一百七十条的规定定罪处罚。

第二条 行为人购买假币后使用，构成犯罪的，依照刑法第一百七十一条的规定，以购买假币罪定罪，从重处罚。

行为人出售、运输假币构成犯罪，同时有使用假币行为的，依照刑法第一百七十一条、第一百七十二条的规定，实行数罪并罚。

第三条 出售、购买假币或者明知是假币而运输，总面额在四千元以上不满五万元的，属于“数额较大”；总面额在五万元以上不满二十万元的，属于“数额巨大”；总面额在二十万元以上的，属于“数额特别巨大”，依照刑法第一百七十一条第一款的规定定罪处罚。

第四条 银行或者其他金融机构的工作人员购买假币或者利用职务上的便利，以假币换取货币，总面额在四千元以上不满五万元或者币量在四百张（枚）以上不足五千张（枚）的，处三年以上十年以下有期徒刑，并处二万元以上二十万元以下罚金；总面额在五万元以上或者币量在五千张（枚）以上或者有其他严重情节的，处十年以上有期徒刑或者无期徒刑，并处二万元以上二十万元以下罚金或者没收财产；总面额不满人民币四千元或者币量不足四百张（枚）或者具有其他情节较轻情形的，处三年以下有期徒刑或者拘役，并处或者单处一万元以上十万元以下罚金。

第五条 明知是假币而持有、使用，总面额在四千元以上不满五万元的，属于“数额较大”；总面额在五万元以上不满二十万元的，属于“数额巨大”；总面额在二十万元以上的，属于“数额特别巨大”，依照刑法第一百七十二条的规定定罪处罚。

第六条 变造货币的总面额在二千元以上不满三万元的，属于“数额较大”；总面额在三万元以上的，属于“数额巨大”，依照刑法第一百七十三条的规定定罪处罚。

第七条 本解释所称“货币”是指可在国内市场流通或者兑换的人民币和境外货币。

货币面额应当以人民币计算，其他币种以案发时国家外汇管理机关公布的外汇牌价折算成人民币。

【解　　读】

解读《最高人民法院关于审理伪造货币等案件具体应用法律若干问题的解释》

一、问题的提出

自有货币流通以来，伪造货币等犯罪行为就一直是《刑法》打击的重点。为依法惩治伪造货币，出售、购买、运输假币等犯罪活动，最高人民法院于2000年9月8日公布了《关于审理伪造货币等案件具体应用法律若干问题的解释》（以下简称本解释），对于准确适用《刑法》打击假币犯罪活动，将起到十分重要的作用。

二、理解与适用

（一）关于货币的范围

我国第一部《刑法》，即1979年《刑法》第一百二十二条规定：“伪造国家货币或者贩运伪造的国家货币的，处三年以上七年以下有期徒刑，可以并处罚金或者没收财产。犯前款罪的首要分子或者情节特别严重的，处七年以上有期徒刑或者无期徒刑，可以并处没收财产。”随着形势发展的客观需要以及伪造国家货币等犯罪的变化，全国人大常委会于1995年6月30日通过了《关于惩治破坏金融管理秩序犯罪的决定》（以下简称《决定》）。在这部单行刑法中，对伪造货币、出售、购买、运输假币、持有、使用假币，变造货币等行为规定了相应的刑罚。而且，将1979年《刑法》中假币犯罪的犯罪对象“国家货币”扩大为“人民币和外币”，进一步加大了对假币犯罪的惩处力度。1997年《刑法》基本吸收了《决定》的上述规定，虽然没有对货币的范围进行更明确的说明，但其立法本意仍然应当理解为“人民币和外币”。因此，本解释第七条规定：“本解释所称‘货币’是指可在国内市场流通或者兑换的人民币和境外货币”，可以流通的货币也包括各种纪念币，如国家为纪念某项重大活动而发行的纪念币、生肖纪念币等等。

从司法实践的情况看，确有伪造已停止流通使用的人民币和根本不能流通的外币的案例，依照本解释的规定对这种行为不能以伪造货币罪定罪处罚。伪造货币罪侵犯的客体是国家的金融管理制度，特别是货币发行和管理工作的秩序和公私财产的所有权。伪造已经停止流通的货币，犯罪人的目的往往是以此骗取钱财，而非通过对伪造的货币进行正常使用来获得利益（实际上也不可能通过这种方式获得利益），这种行为更主要的是侵犯了公私财产的所有权，不完全符合伪造货币罪的构成要件。对这种行为视情以其他罪名（如诈骗罪）定罪处罚更为合适。

本解释在第七条第二款还规定：“货币面额应当以人民币计算，其他币种以案发时国家外汇管理机关公布的外汇牌价折算成人民币。”关于其他外币的折算问题，本解释强调以“案发时”的外汇牌价进行折算。实践中对此问题有不同认识：有种意见认为应当以“行为时”的外汇牌价进行折算。诚然，以“行为时”的外汇牌价进行折算，可以相对准确地认定涉案假币的面额，尽量避免因“行为时”与“案发时”之间的时间差所可能导致的外汇牌价的差异而影响对犯罪数额的认定。但是，从实际情况看，以“行为时”的外汇牌价进行折算固然准确，但是往往由于各种原因难以对“行为时”作出准确的判定，进而给案件的查处带来影响，而根据“案发时”的外汇牌价进行折算则可以避免出现上述问题。根据国家的外汇政策分析，外汇牌价呈基本稳定的态势，“行为时”与“案发时”之间的时间差可能导致的外汇牌价的差异，对认定犯罪数额的影响不大。因此，以“案发时”的外汇牌价进行折算是符合司法实践需要的。

（二）关于伪造货币罪的数额认定标准

本解释第一条规定：“伪造货币的总面额在二千元以上不满三万元或者币量在二百张（枚）以上不足三千张（枚）的，依照刑法第一百七十条的规定……”，以伪造货币罪定罪处罚。从《刑法》第一百七十条“伪造货币的，处三年以上十年以下有期徒刑……”的字义来看，伪造货币罪是行为犯，行为人只要实施了伪造货币的行为就可以构成该罪。但是，《刑法》分则规定的具体犯罪，都应受总则定罪处刑原则的规范。《刑法》第十三条规定，情节显著轻微危害不大的，不认为是犯罪。伪造货币罪同样存在这种情形，如果仅仅因为行为人伪造了一张或者几张面额不大的货币，就一律定罪处罚，显然不能准确地反映伪造货币罪的社会危害性。而且，从实际查处的伪造货币犯罪的情况看，普遍存在数额较大的特点。如果不依据实践需要，将伪造货币罪的数额认定标准规定得过于宽泛，则可能造成刑罚打击面过宽，甚至不严格执法的局面。因此，本解释规定的伪造货币罪起刑点的数额认定标准是符合《刑法》的立法本意的。

此外，本解释第一条第三款还针对近来司法实践中反映突出的伪造货币版样如何定罪的问题，特别规定："行为人制造货币版样或者与他人事前通谋，为他人伪造货币提供版样的，依照《刑法》第一百七十条的规定定罪处罚。"

（三）关于对行为人在购买、出售、运输假币的同时，又实施了使用假币的行为如何定罪问题

《刑法》第一百七十一条规定了出售、购买、运输假币罪，第一百七十二条规定了持有、使用假币罪。对于行为人既有出售、购买、运输假币行为，又有使用假币行为的，是分别定罪实行数罪并罚，还是以一罪从重处罚，区别的关键在于涉案假币是否为同宗假币。对于"购买""使用"同宗假币的情形，本解释第二条规定："行为人购买假币后使用，构成犯罪的，依照刑法第一百七十一条的规定，以购买假币罪定罪，从重处罚。"对于涉及不同宗假币的情形，本解释规定："行为人出售、运输假币构成犯罪，同时有使用假币行为的，依照刑法第一百七十一条、第一百七十二条的规定，实行数罪并罚。"

本解释的上述规定，与《刑法》第一百七十一条第三款"伪造货币并出售或者运输伪造的货币的，依照本法第一百七十条的规定定罪处罚"的原则是一致的，符合《刑法》罪数形态的理论。

（撰稿人：孙军工
审稿人：熊选国）

最高人民法院
关于审理伪造货币等案件具体应用法律若干问题的解释（二）

法释〔2010〕14号

（2010年10月11日最高人民法院审判委员会第1498次会议通过　2010年10月20日最高人民法院公告公布　自2010年11月3日起施行）

为依法惩治伪造货币、变造货币等犯罪活动，根据刑法有关规定和近一个时期的司法实践，就审理此类刑事案件具体应用法律的若干问题解释如下：

第一条　仿照真货币的图案、形状、色彩等特征非法制造假币，冒充真币的行为，应当认定为刑法第一百七十条规定的“伪造货币”。

对真货币采用剪贴、挖补、揭层、涂改、移位、重印等方法加工处理，改变真币形态、价值的行为，应当认定为刑法第一百七十三条规定的“变造货币”。

第二条　同时采用伪造和变造手段，制造真伪拼凑货币的行为，依照刑法第一百七十条的规定，以伪造货币罪定罪处罚。

第三条　以正在流通的境外货币为对象的假币犯罪，依照刑法第一百七十条至第一百七十三条的规定定罪处罚。

假境外货币犯罪的数额，按照案发当日中国外汇交易中心或者中国人民银行授权机构公布的人民币对该货币的中间价折合成人民币计算。中国外汇交易中心或者中国人民银行授权机构未公布汇率中间价的境外货币，按照案发当日境内银行人民币对该货币的中间价折算成人民币，或者该货币在境内银行、国际外汇市场对美元汇率，与人民币对美元汇率中间价进行套算。

第四条　以中国人民银行发行的普通纪念币和贵金属纪念币为对象的假币犯罪，依照刑法第一百七十条至第一百七十三条的规定定罪处罚。

假普通纪念币犯罪的数额，以面额计算；假贵金属纪念币犯罪的数额，以贵金属纪念币的初始发售价格计算。

第五条　以使用为目的，伪造停止流通的货币，或者使用伪造的停止流通的货币的，依照刑法第二百六十六条的规定，以诈骗罪定罪处罚。

第六条　此前发布的司法解释与本解释不一致的，以本解释为准。

【解 读】

解读《最高人民法院关于审理伪造货币等案件具体应用法律若干问题的解释（二）》

一、问题的提出

为依法惩治伪造货币、变造货币等假币犯罪活动，最高人民法院于2010年10月20日发布了《关于审理伪造货币等案件具体应用法律若干问题的解释（二）》（法释〔2010〕14号，以下简称本解释）。这是最高人民法院结合近一个时期的司法实践，继2000年发布《关于审理伪造货币等案件具体应用法律若干问题的解释》（以下简称《解释一》），2009年会同最高人民检察院、公安部联合发布《关于严厉打击假币犯罪活动的通知》之后，就审理假币犯罪案件法律适用问题制定的又一个重要司法文件。

二、理解与适用

（一）伪造货币、变造货币行为的具体认定

对于伪造货币和变造货币行为的认定问题，早在最高人民法院1994年发布的《关于办理伪造国家货币、贩运伪造的国家货币、走私伪造的货币犯罪具体应用法律的若干问题的解释》（以下简称《1994年解释》）中即有规定。根据该解释，伪造货币是指仿照国家货币的图案、形状、色彩等，使用各种方法，非法制造假货币，冒充国家货币的行为；变造货币是指对国家货币采用剪贴、挖补、揭层、涂改等方法加工处理，使国家货币改变形态、升值的行为。本解释对伪造货币和变造货币行为的理解重新予以规定，主要有三点考虑：一是《1994年解释》制定于1997年《刑法》修订之前，实践中对其适用效力存在不同意见；二是《1994年解释》确定的假币犯罪的对象范围已为1995年《全国人大常委会关于惩治破坏金融秩序犯罪的决定》和1997年修订《刑法》所修改；三是2003年发布的中国人民银行《假币收缴、鉴定管理办法》对变造货币定义进行了修改、补充和完善。

本解释第一条将伪造货币表述为仿照真货币的图案、形状、色彩等特征非法制造假币，冒充真币的行为；将变造货币表述为对真货币采用剪贴、挖补、揭层、涂改、移位、重印等方法加工处理，改变真币形态、价值的行为。较之于《1994年解释》，主要修改有三处：一是将国家货币修改为真货币；二是根

据《中国人民银行假币收缴、鉴定管理办法》的相关规定对变造货币的行为方式予以进一步细化；三是将《1994年解释》第二款规定中的升值修改为改变价值。其中，将国家货币修改为真货币，主要是考虑到境内外货币同等保护的需要。

据此，在具体认定伪造货币行为时，应注意以下几个问题：

1. 伪造货币是否应以仿照真货币为前提条件？起草过程中有意见认为，不应将仿照真货币作为伪造货币的必要条件，制造生活中不存在的货币如一张面额为200元的人民币同样是伪造货币，没有货币发行权的人制造足以让人信以为真的货币，即应认定为伪造货币行为。而以伪造真币设限，会不当缩小伪造货币的范围，不利于对伪造货币犯罪的打击。本解释坚持伪造货币需以仿照真货币为前提条件，主要考虑是：从字面而言，“伪”相对于“真”而存在，在真实货币不存在的情况下，难言伪造货币；从行为实质而言，伪造货币罪不仅侵犯了货币发行权，还侵犯了货币的公共信用和流通秩序，不以真实的货币为样本，仅凭行为人主观臆想而制造出来的“货币”（臆造币），由于国家根本没有发行过这种货币，故不存在破坏货币的公共信用和流通秩序的可能；从行为方式而言，臆造币的使用与伪造币的使用方式有所不同，后者侧重于伪造币的正常使用，前者侧重于虚构事实，骗取他人钱财。所以，对于非法制造臆造币的行为，以诈骗罪处理更为妥当。

2. 如何把握伪造货币的外观特征？实践中，由于技术、设备、材料等主客观条件的差异，伪造币的逼真度参差不齐，有的足以乱真，甚至可通过普通验钞机具，有的则制作粗糙，质量低劣，与真币差别较大。起草过程中，对于成立伪造货币罪是否应以伪造币具有相当的逼真度为条件，形成了两种不同意见。肯定意见认为，伪造的货币必须在外形上与法定货币极为近似，使一般人依照通常收受货币的习惯不易辨别而当作真币，才能认定为伪造货币罪；否定意见认为，假币逼真度的高低不影响本罪的构成，只要行为人实施了伪造货币的行为，即可构成本罪，不要求假币与真币完全同一。经研究，能否成立伪造货币，关键在于是否仿照真币，只要在图案、形状、色彩等方面具备了真币的基本要素，即可成立伪造货币。至于实际伪造出来的假币的外观效果和逼真程度如何，不应成为伪造货币的定罪要件，既不能因为伪造货币尚未制成成品，也不能因为做工粗糙而否认行为人实施了或者正在实施伪造货币的行为，所以，本解释未对伪造币的外观特征进行限定。

3. 伪造货币是否应以冒充真币为要件？起草过程中有意见建议删去《1994年解释》规定的冒充国家货币这一要件。本解释对此要件予以保留，并将其修改为冒充真币，主要是出于以下两点考虑：首先，冒充真币是仿照真币这一前提条件的逻辑延伸，冒充真币与仿照真币共同构成伪造货币行为的两个方面。明确这一点，有助于进一步区分伪造货币与非法制造臆造币两者的界限。其次，冒充真币与伪造货币的主观目的特征直接相关。对于伪造货币的目的要件，理论上存在三种不同意见：第一种意见认为存在主观故意即可构成本罪，具体出于什么目的不影响本罪的认定；第二种意见根据早期《妨害国家货币治罪条例》的规定认为本罪应以营利为目的；第三种意见借鉴国外立法规定，认为本罪应以意图流通或者行使为目的。其中第三种意见处于通说地位，并为司法实践所长期采用。明确冒充真币的要件，实际上间接地说明了伪造货币应以意图流通或者行使为其目的要件。据此，伪造后不以真币使用为目的，为炫耀画技或者供鉴赏、教学、科研使用而不进入流通领域的，不属于伪造货币行为。

在具体认定变造货币行为时，需要注意以下两点：

1. 变造货币行为方式的理解。本解释列举了剪贴、挖补、揭层、涂改、移位、重印 6 种变造货币的行为方式。其中，剪贴变造又称拼凑变造，是指对真币进行裁剪后重新粘贴、通过增加货币张数实现增值的行为。根据 3/4 以上票面实物形态的残缺币可兑换全额、1/2 以上票面实物形态的残缺币可兑换半额的残缺币兑换办法，实践中的拼凑变造主要表现为将真币裁剪下不多于 1/4 的票面，在确保其原有价值不变的基础上，对裁剪下的票面进行粘贴，故剪贴变造币通常由 4 个 1/4 或者 5 个 1/5 的票面组成。挖补变造是指对票面局部图案或者材料挖走后采取一定的方式进行补全的变造行为。比如，将票面上的光变油墨挖走后通过手写、印刷等方式重新补全。揭层变造主要是指对真币进行一定的处理之后一揭为二，再用白纸等方式进行粘贴的变造行为。涂改变造主要是指对同颜色、同图案、同票幅而面额不同的真币涂改其票面金额的变造行为。此外，实践中还存在涂改年号或者冠字号等的变造行为。比如，2010 年年初公安机关查获的冠字号码为 ET30410601－ET30410700 的 100 张第四套人民币（1980 版）50 元纸币变造币，即为第四套人民币（1990 版）50 元纸币涂改而成，正面冠字号码开头字母“E”和背面“1980”字样均有涂改痕迹。移位变造是指将真币的关键性部位移至其他票面的变造行为，相当于挖补变造的反向行为。重印变造是对真币局部或者全部图案通过化学手段等进行脱胎换骨，其纸张质地以及水印、安全线等主要防伪特征都是真的，但金额以至图案却是假的。重印变造主要发生在旧版美元上，因为不同面额美元钞票的规格、色调等非常相似。

2. 变造货币不以升值为条件。起草过程中在升值还是改变价值的问题上存在分歧。一种意见主张变造货币必须以升值为要件，其主要理由是：用于取材的真币，在一部分被取走后，剩余的部分仍然是真币，按照中国人民银行《残缺、污损人民币兑换办法》，在现实中尚可能以全额、半额兑换，应属于被毁损的人民币，只有改变了形态并得以升值的部分才属于变造范畴。多数意见认为，变造货币不应以升值为条件，把 50 元变为 10 元同样是变造。经研究，实践中变造货币的情况较为复杂，除剪贴拼凑之外，还有挖补、涂改等方式，此类行为虽未必在面额上有所升值、张数上有所增加，但明显不属于毁损币，应当纳入变造币范畴。而且，变造货币的行为特征在于改变真币形态，危害实质在于侵害货币的公共信用，多数变造货币行为固然是为了非法牟利，但不排除存在牟利之外的其他动机如报复社会等。主张升值论者的一个重要考虑是变造货币犯罪数额的准确计算问题。对此，主张改变价值论者同样不会对仅仅剪开但未粘贴拼凑形成完整货币的残损部分计入变造货币的数额；至于粘贴拼凑形成完整货币的，理应按其实际形成的变造币总数计算，而无减去用于取材的真币数量的道理，比如将 4 张 100 元的真币裁剪后重新组合粘贴成 5 张 100 元的变造币，变造币的数额应为 500 元而非实际升值的 100 元。综上，升值不仅没有必要，反而容易引起误解，故本解释将《1994 年解释》规定中的升值修改为改变价值。

（二）制造真伪拼凑货币行为的性质认定

真伪拼凑货币是近年来新出现的一种假币形态，但呈迅速蔓延趋势。从发案情况看，真伪拼凑货币主要见于百元钞，制作手法则五花八门。比如，将人民币一揭为二，正面保留，背面粘贴上伪造币；将人民币约 1/2 处裁切掉，粘贴上对应伪造币；将人民币局部揭开，正面保留，背面从水印部位与人民大会堂主图景结合处揭去，粘贴上伪造币；挖去人民币光变油墨面额数字，粘贴上伪造的光变油墨面额数字；揭去正面头像部分，粘贴上伪造币；将人民币水印部位的 1/4 部分裁切掉，粘贴上相应伪造币，等等。真伪拼凑货币就其基本材料而言，亦真亦假，故有人称之为伪造货币、变造货币之外的第三种假币，即伪变造货币。我国《刑法》只规定了伪造假币和变造假币的犯罪，这就给此种行为的法律适用带来了难题。非法制造真伪拼凑货币究竟应以变造货币还是伪造货币处理，不仅直接关系到司法定性的准确与否，而且还关系到刑事打击的力度和有效性：从两个罪名的法定刑规定看，一个是死刑，一个法定最高刑才 10 年有期徒刑，伪造货币罪的处罚远重于变造货币罪。

在以往的司法实践中，多数将制造真伪拼凑货币的行为认定为变造货币行为，本解释第二条规定此种行为以伪造货币罪定罪处罚，主要理由如下：

1. 真伪拼凑货币虽然存在局部变造，但并非完全取材于真币，在用材上与真币不具有同一性，真伪拼凑货币总体上届于伪造币。伪造行为的特征在于仿照真币，从无到有；变造行为特征在于以真币为基础改变其形态。伪造和变造两者的区分，关键在于把握两个同一：一是假币的用材与真币同一。变造货币的基本材料必须完全取自于真币，这一点从以往的司法解释和《解释》关于“对国家货币……”“在真币的基础上”“对真币……加工处理”等表述以及所列举的 6 种具体变造手法可得以推断。二是假币的性质与真币同一。对真币形态的改变，必须确保不损害真币的同一性质。比如，将金属币溶解后制成其他货币外观，则属伪造而非变造。据此，真伪拼凑货币虽然存在局部变造，但总体言之，应当认定为伪造的货币，因为真伪拼凑货币既有真币的成分，也有伪造货币的成分，并非完全取材于真币，在用材上与真币不具有同一性。

2. 对制作真伪拼凑货币的行为按伪造货币处理符合立法本意。当前多数国家均将伪造货币和变造货币规定为一个犯罪，适用一个处罚标准。区分伪造货币和变造货币，规定两个罪名，适用不同的处罚标准，是我国刑事立法的一个特点。其立法背后的原因主要有两个：一是受行为方式的限制，变造货币的数量一般远远少于伪造货币的数量；二是在真币的基础上进行加工，行为人需事先投入一部分真币，变造货币所能牟取的非法利益要相对小于伪造货币。正因如此，对变造货币罪的刑罚规定要轻于伪造货币罪。而在真伪拼凑货币中，该两方面的情形均不复存在。首先，借助于伪造币，真伪拼凑货币批量制作成为可能，而且，由于难以辨认，特别是机具难以识别，真伪拼凑货币正日益成为假币犯罪分子的新宠；其次，一些真伪拼凑货币中真币比重极小，除了机具识别所需的少数关键部位之外，绝大部分系伪造的货币。所以，对此类行为以伪造货币罪从严打击，符合立法本意。

3. 即便认为真伪拼凑货币中确实存在变造行为，但因单一的变造行为明显不能全面评价真伪拼凑货币这种特殊犯罪，其中伪造行为需另行评价，故真伪拼凑货币犯罪同时触犯了伪造货币和变造货币两个罪名。根据想象竞合犯择一重罪处断的司法原则，制造真伪拼凑货币的行为也应当以伪造货币罪定罪处罚。

（三）伪造境内不可兑换的境外货币行为的性质认定及数额计算

《解释一》第七条第一款规定："本解释所称'货币'是指可在国内市场流通或者兑换的人民币和境外货币。"这一规定已经难以满足打击假币犯罪的现实需要。集中体现在两个方面：一是单纯伪造不可兑换的境外货币，尚未实施诈骗财物活动的，难以依法追究刑事责任。当前国内可兑换的外币仅 20 余种，绝大多数外币属于国内不可兑换的货币。随着对外交往的日益发展，实践中伪造国内不可兑换的外币的活动屡有发生，而这些假外币在境内外国人聚居区或者通过跨境贩卖均能实现流通使用之目的。二是以诈骗罪追究伪造并使用假外币活动，难以做到罪刑均衡。一方面，诈骗罪的法定刑规定明显轻于伪造货币罪；另一方面，假外币的使用数额亦即诈骗数额难以充分查证。

应当说，上述问题早在本解释施行之初即已显现，最高人民法院也一直在根据个案具体情况对上述规定确定的假币对象范围进行调整。比如，考虑到台币尽管不能在全国范围内流通或兑换，但在境内一些地方实际流通使用，最高人民法院在 2001 年发布的《全国法院审理金融犯罪案件工作座谈会纪要》中规定："对于伪造台币的，应当以伪造货币罪定罪处罚；出售伪造的台币的，应当以出售假币罪定罪处罚"；又如，考虑到缅币在我国一些边境地区已经在事实上形成了有条件可兑换的局面，而且，将缅币视为边境地区可兑换外币也具有一定的法规依据，《中国人民银行关于调整外币现钞管理政策有关问题的通知》（银发〔2002〕283号）第三条、《国家外汇管理局关于印发〈边境贸易外汇管理办法〉的通知》（汇发〔2003〕113号）第四条、第十四条、第二十七条、第二十八条规定，缅甸货币在我国云南省等边境地区可以作为边境贸易的结算货币，我国边贸企业可以保留并存入其毗邻国家货币的边境贸易账户，也可以根据意愿卖给外汇指定银行；云南省等边境地区的外汇指定银行，可以按规定加挂缅甸货币的汇价，办理其与人民币的兑换，并自行在规定的浮动范围内确定买卖差价。故此，由最高人民法院刑事审判庭编写的《刑事审判参考》中的一篇文章指出："对于在中缅边境伪造边境地区可兑换的缅币的行为，可以伪造货币罪定罪处罚。"①

上述调整部分解决了伪造境外货币行为的定罪处罚问题，但带有明显的局限，实践中还是存在大量难以追究刑事责任的情形。鉴于此，本解释第三条第一款对《解释一》第七条第一款进行了修改，规定凡是现行流通的境外货币均属于假币犯罪的对象，而不论其境内是否可以兑换。这一修改的主要依据如下：

1. 相关立法未对假币犯罪的对象范围进行限制。我国刑事立法对假币犯罪的对象规定，经历了一个从人民币向本外币的发展过程。1979年《刑法》中的伪造国家货币罪，其犯罪对象仅限于人民币。随着我国改革开放的不断深入，与世界上其他国家和地区经贸往来的频繁，涉及国际核算货币的种类也越来越多，美元、英镑、日元、港币等境外货币已经愈来愈多地进入人们的生活。与此相对应，伪造外币的行为也时有发生。1995年全国人大常委会通过的《关于惩治破坏金融秩序犯罪的决定》对1979年《刑法》进行了修改，将伪造国家货币罪修改为伪造货币罪，并在第二十三条明确规定，伪造货币罪中的货币包括人民币和外币，首次明确了对于外币予以同等保护。1997年《刑法》第一百七十条基本上吸收了本决定第一条的内容。虽然1997年《刑法》未再明确规定伪造货币罪中的货币包括人民币和外币，但《刑法》并未废止本决定第二十三条这一非刑事责任条款，而是在第四百五十二条第三款明确规定予以保留。在相关行政管理法规中的确存在一些将外币限定为国内可兑换的货币的规定，比如中国人民银行《假币收缴、鉴定管理办法》第三条即规定："本办法所称货币是指人民币和外币。……外币是指在我国境内（香港特别行政区、澳门特别行政区及台湾地区除外）可收兑的其他国家或地区的法定货币。"但是，应当注意到，这些法规是从银行或者其他金融机构所实际经营业

① 《缅甸货币能否成为伪造货币罪的对象》，载最高人民法院刑事审判第一庭、第二庭编：《刑事审判参考》2004年第2集（总第37集），法律出版社2004年版，第203页。

务的角度作出的管理性规定。既然是不可收兑的，银行或者其他金融机构就不会有相应的业务，自然也就谈不上管理的问题。所以，以行政法规的限制性规定为据对假币犯罪的对象范围设限并不可取：前者侧重的是业务监管；后者关注的应当是事实上是否存在不可兑换的外币犯罪活动，以及对此类活动以假币犯罪处理是否妥当和必要。

2. 对境外货币予以同等保护，符合当前各国刑事立法的发展方向，有利于国际合作共同打击假币犯罪。纵观各国刑法史，在外国货币的刑事保护方面经历了一个由国家主义向世界主义的发展过程，越来越多的国家正在摒弃过去的一贯做法，转而强调对外国货币的一体保护，对于罪名和法定刑规定也不再区分。此外，对外国货币予以同等保护，在相关国际公约文件中有着明确要求。1929 年签署、1931 年生效、由当时代表我国的“中华民国”国民政府参加缔约的《制止伪造货币国际公约》第四条规定：“不论在哪国实施，《公约》第三条规定的各种（伪造货币的）行为均需视为犯罪。”第五条规定：“对于第三条规定的行为，在处罚上不能因国内货币或者国外货币而有所区分；本条规定不得因法律或者条约上的对等待遇而变通适用。”在当前人民币区域化、国际化已经迈出实质性步伐的背景下，强调对外国货币的刑事保护尤为重要。

3. 对伪造他国流通使用但在我国境内不可兑换的外国货币的行为以货币犯罪处理，符合货币犯罪的基本构成。主张对此类行为以诈骗罪定罪处罚的主要理由是，伪造货币罪侵犯的客体是国家的金融管理制度，特别是货币的发行和管理秩序以及公私财产的所有权，而这种行为的目的往往是以此骗取钱财，而非通过对伪造的货币进行正常使用来获得利益，其主要侵犯的是公私财产所有权，故不完全符合伪造货币罪的构成要件。显然，这里是将境内不可兑换的货币与已经停止流通使用的人民币相提并论的，具有明显的时代局限性。首先，在《刑法》已经明确外币可以成为货币犯罪的对象的情况下，就不应再狭隘地将货币犯罪的侵害客体——国家货币管理秩序的理解囿于一国之内，将现行流通的外币一概纳入我国《刑法》的保护客体范畴，实属应有之义，故不存在客体上的问题；其次，如前所述，不可兑换的假外币在境内外国人聚居区或者通过走私出境进行流通使用已成客观事实，这与主要采取欺骗手段使用停止流通的人民币获取利益的情形存在明显不同；再次，尽管存在具体行为方式上的不同，伪造货币和诈骗两者的最终目的即非法占有他人财物这一点上并无不同，在理论上，将伪造货币并使用的行为理解为一种特殊的诈骗行为并无不当，但对以诈骗罪追究伪造、使用货币行为刑事责任的情形务必严格控制。只有对伪造在现实中确已退出流通领域、不再承担货币基本功能的货币，不再可能通过正常流通使用来获取利益的情形，才可以诈骗罪定罪处罚。而在我国境内是否可兑换，对此没有实质性的界定意义。区分两者的关键，不在于在我国境内是否可兑换，而在于其是否现行流通，包括在我国境内局部地区的事实流通以及在发行该货币的国家的合法流通。

由于《解释一》将货币犯罪中的货币限定为可在国内市场流通或者兑换的人民币和境外货币，伪造境内不可兑换的境外货币的行为不属于伪造货币犯罪，故《解释一》第七条第二款仅规定货币面额应当以人民币计算，其他币种以案发时国家外汇管理机关公布的外汇牌价折算成人民币，而未对国内不可兑换的境外货币的价格计算问题加以说明。为解决这一问题，同时考虑到《解释一》的规定也存在一些表述上的问题，故本解释第三条第二款对《解释一》第七条第二款的规定作出了必要的修改和完善。在适用本款规定时，需要注意以下几点：

1. 境外假币犯罪的数额应当统一折算成人民币。坚持以人民币计算的原则，主要是为了统一计算标准，方便司法操作而作出的技术性规定。因为，司法解释不可能一一明确各种境外货币犯罪的数额标准，同时这样规定可以较好地解决兼有本外币的假币犯罪的数额认定问题。

2. 外汇价格的确定。（1）国内有外汇价格的，以国内价格为准。目前国家发布汇率牌价的有美元、日元、欧元、港币、英镑 5 种。此外，一些商业银行会自行发布一些汇率，连同上述 5 种在内，现有牌价的境外货币共约 20 余种。（2）国内没有相应外汇价格的境外货币，通过国际外汇市场以美元为中介进行套算。国际外汇市场的汇率可以通过上网等途径 24 小时查询，故不存在操作上的问题。（3）国家外汇管理局已经不再发布汇率，当前发布汇率的是中国外汇交易中心，故本解释作出了相应修改。而关于中国人民银行授权机构的规定，主要是出于前瞻性的考虑，不排除将来中国人民银行有可能指定其他机构公布汇率。

3. 外汇价格的计算基准。对外汇应以行为当日还是案发当日的外汇价格折算，讨论中存在不同意见。一种意见主张应当以行为当日的外汇价格进行折算，它可以相对准确地认定涉案假币的数额，避免因行为当日与案发当日之间的时间差可能导致的外汇价格的差异而影响犯罪数额认定上的准确性。经研究，以行为当日的外汇价格进行折算确实更为准确，但是考虑到实践中往往由于各种原因对行为当日难以作出准确判定，而且一些假币犯罪具有阶段性特征，同时考虑到通常情况下一段时期内外汇价格相对稳定，行为当日与案发当日之间的时间差可能导致的外汇牌价的差异对认定犯罪数额的影响一般不大，为方便实践操作，本解释采取了案发当日的计算基准。

（四）制售假纪念币行为的性质认定及数额计算

随着纪念币特别是贵金属纪念币热点项目不断增多，市场需求不断增大，国内钱币市场交易日益活跃，制造、销售假贵金属纪念币的犯罪活动日趋严重。从发案情况看，假贵金属纪念币的制售犯罪活动涉及的品种几乎涵括了近年来中国人民银行发行的所有贵金属纪念币。

对于制售普通纪念币行为应以假币犯罪处理实践中没有不同意见，但是假贵金属纪念币犯罪活动能否以货币犯罪处理存在严重分歧，即便主张以货币犯罪处理的论者也是顾虑重重。从调研情况看，主要表现在以下几个方面：(1) 贵金属纪念币不具有流通手段、价值尺度、支付手段等货币的基本功能，不具有一般意义上的货币流通性，不计入货币流通量，不能充当商品流通的中介。(2) 贵金属纪念币商品属性特征明显。贵金属纪念币具有价值和使用价值，其价值是凝结在贵金属纪念币中无差别的人类劳动，即设计、雕刻、铸造、发行等；使用价值是贵金属纪念币能满足人们收藏、纪念、投资等需求。其原值、面额、发售价格相分离，面额仅具象征性意义，不具有表示贵金属纪念币价值的实质性意义。(3) 制售以其实际价值为依托、不具有流通功能的贵金属纪念币，不会对国家的货币信用和金融秩序造成危害，其社会危害性主要体现在对国家纪念币专营秩序、有权发行人的知识产权以及买受人财产利益的侵害。(4) 货币流通不同于一般的商品流通，以纪念币同样可在国内市场流通为由认为纪念币同样属于货币的意见，难以令人信服。(5) 货币犯罪属于重罪，也是金融秩序犯罪中唯一的死刑罪名，对这类行为以货币犯罪处理，不符合有利于被告人这一司法解释原则，也不能体现罪刑相适应的要求。鉴于此，实践中的多数案件均以诈骗罪或者生产、销售伪劣产品罪定罪处罚，在犯罪数额的认定上，一般以实际诈骗的数额或者非法经营数额（包括实际销售金额以及货值金额）来计算。

经研究，尽管假贵金属纪念币不具有流通功能，但是对制售假贵金属纪念币的行为以假币犯罪处理，具有充分的法律和事实依据，前述顾虑主要源于对贵金属纪念币的片面理解。故本解释第四条第一款规定制售假纪念币行为应以假币犯罪定罪处罚，具体理由如下：

1. 贵金属纪念币作为国家货币具有法定性。贵金属纪念币属于国家货币体系的有机组成部分，《人民币管理条例》第十八条对此有着明确规定："中国人民银行可以根据需要发行纪念币。纪念币是具有特定主题的限量发行的人民币，包括普通纪念币和贵金属纪念币。"在法律上将贵金属纪念币规定为国家货币，也是当前国际通行的做法。比如，美国法律在对各种金币、银币以及纪念币的面额、重量、直径、成色、图案、文字标注等要素作出规范的同时，明确其属于货币类别。

2. 贵金属纪念币具备货币的基本要素和基本属性。根据《中国人民银行法》《人民币管理条例》以及《人民币、纪念币立项、设计、生产、发行暂行规定》等法律法规，纪念币由中国人民银行发行，纪念币的主题、面额、图案、材质、式样、规格、发行数量、发行时间等由中国人民银行确定，其中涉及重大政治、历史题材的，需报国务院批准。中国人民银行需将纪念币的主题、面额、图案、材质、式样、规格、发行数量、发行时间等予以公告。可见，纪念币发行要素规范，发售行为严肃，与其他形式的人民币并无两样。此外，从国际惯例看，贵金属纪念币没有流通性，但是具有法偿性，即货币发行机构对贵金属纪念币的面额负有法偿义务。我国法律对此没有专门规定，但基于《人民币管理条例》关于纪念币属于人民币这一规定，可以推断贵金属纪念币在我国同样具有法偿性。

3. 制售假贵金属币的行为符合货币犯罪的侵害客体。货币犯罪的侵害客体包括国家货币的发行权和货币的公共信用两个方面。在货币的发行管理方面，贵金属纪念币的发行权专属于中国人民银行，故制售假贵金属纪念币的行为侵犯了国家货币发行权当无疑问。同时，不具有流通功能的贵金属纪念币还同样侵害货币的公共信用：首先，理论上，贵金属纪念币的主要功能不在于流通，对货币流通不会构成实质影响，但是贵金属纪念币的法偿性决定了制售假贵金属纪念币同样可以侵害货币的公共信用乃至于国家信用；其次，事实上，贵金属纪念币以强大的国家信用为其背后支撑，假贵金属纪念币以伪劣的材质、粗糙的做工，以假乱真、以次充好，将不可避免地对贵金属纪念币的社会公共信用造成危害。

4. 制售假贵金属的行为具有多重社会危害性。除侵害国家的货币管理秩序之外，此类行为还扰乱了钱币市场秩序。此外，贵金属纪念币具有特定主题，其中一些涉及重大政治、历史题材，直接关系到我国的政治声誉；在对外方面，贵金属纪念币具有“国家名片”的作用，直接代表着国家形象；贵金属纪念币还承载了国家黄金储备的保值增值的职能。贵金属纪念币的货币和商品双重属性，决定了制售假贵金属的行为对于国家和社会的多方面危害。所以，以假币犯罪打击非法制售贵金属纪念币的行为，不存在罪刑失衡问题。

假贵金属纪念币犯罪的数额计算，是起草过程中又一个争议较大的问题，有三种不同意见，分别是币面金额、初始发售价格和市场价格。本解释采取了初始发售价格的计算标准，主要理由如下：

1. 以面额计算与贵金属纪念币的实际价值明显不符。尽管《人民币管理条例》规定人民币依其面额支付以及《解释一》规定以面额计算犯罪数额，但是该规定明显不宜适用于贵金属纪念币。贵金属纪念币作为人民币的一个特殊种类，币面金额只是法定货币的象征性符号，不代表其实际价值，实际价值远高于面额。所以，以面额计算假贵金属纪念币犯罪的数额不符合客观实际，不仅不能做到依法有力地打击此类犯罪，还将直接导致大量犯罪活动因数额问题逃脱刑事追究。

2. 以初始发售价格计算符合贵金属纪念币的价格形成机制。贵金属纪念币的价值一般从 3 个层面来计量，分别是原值、面额和发售价格。其中，原值是指贵金属纪念币所含的贵金属的价值；面额是指贵金属纪念币币面上标示的货币价格；发售价格是指纪念币发售时的价格。三种计值方式既相互联系又相互独立。贵金属纪念币的商品属性决定了贵金属纪念币一般都是溢价发行（溢价额一般称为升水，即金属材质成本之外的加工费、管理费、利润等），贵金属纪念币的发售价格即据此以及项目题材、发行量、工艺技术、市场状况、历史价格情况、国际价格标准等等因素制定，所以，发售价格较为全面地体现了贵金属纪念币的实际价值。

3. 以发售价格计算犯罪数额，通常都能客观地反映此类犯罪活动的社会危害性，做到不枉不纵。首先，贵金属纪念币的发售价格事先公布，假币制售者对此有清楚的了解，可以说，发售价格也是假币制售者的预期价格。从实际情况看，在假贵金属纪念币的批发、分销环节确实可能存在价格明显低于官方发售价的情况（在其他货币犯罪中也存在此情形），但在最终零售环节，假币售价基本与发售价格相当，因为假币价格明显低于发售价格的容易引起怀疑。其次，部分热点项目如奥运币的市场销售价格确实会高于发售价格，但由于现在发行的贵金属币的量都很大，多数贵金属纪念币的市场价格在很长一段时期内都能与发售价格保持大体相当，具体到假贵金属纪念币犯罪而言，其主要目的是尽快销售出去，实际销售价格一般不会高出发售价格太多。

4. 初始发售价格具有确定性和操作上的便利性。强调贵金属纪念币的商品属性的同时，不应忽视其货币属性。从货币角度看，其数额的认定应当具有相对的确定性和稳定性。在以面额计算明显不妥的情况下，退而求其次，选择具有同样确定性的发售价格作为计算依据，不失为一个相对合理地选择。贵金属纪念币发售价格由中国人民银行授权中国金币总公司统一制定。发售价格亦即市场指导价，在零售环节可能会有一定程度的浮动，但从目前价格管理上看，只许上浮不许下浮，所以，以发售价格作为犯罪数额的计算基准，一般不存在不利于被告人的情形。不可否认，随着时间的推移部分贵金属纪念币会不断升值，其市值可能会远远高于初始发售价，但由于国内钱币市场尚有待培育，对于伪造但尚未实际销售的贵金属纪念币的市场价格难以确定，目前也无这方面的评估机构，市场价格计算标准存在客观障碍。

此外，本解释规定假普通纪念币犯罪的数额以面额计算，主要有以下几点考虑：（1）就发行而言，普通纪念币等值兑换；（2）就流通性这一货币基本功能而言，普通纪念币与一般人民币完全一样；（3）就市场行情而言，普通纪念币有涨有跌，以票面金额计算，可以确保普通纪念币作为人民币的严肃性和确定性；（4）以面额计算假普通纪念币犯罪的数额，符合当前司法实践的通行做法。

（五）伪造或者使用伪造的停止流通货币的性质认定

已经停止流通的货币，不再具有货币属性，不再执行货币的任何功能。伪造已经停止流通的货币，犯罪人的目的往往是以此骗取钱财，而非通过对伪造的货币进行正常使用来获取利益，其主要侵犯的是公私财产的所有权而非货币的公共信用。此种行为在行为方式和侵害客体两个方面均与伪造货币罪的构成要件不符，但完全符合诈骗罪的构成要件，故本解释第五条规定以诈骗罪追究伪造或者使用伪造的停止流通货币行为的刑事责任。

在具体适用本条规定时，需要注意以下几点：

1. 只有以使用为目的的伪造停止流通币的行为才构成诈骗罪。使用目的是指意图流入市场，进而骗取他人财物。使用包括直接使用和间接使用，伪造停止流通币之后出售给他人使用的，应当认定为以使用为目的，即便他人明知系伪造的停止流通币。

2. 以使用为目的伪造停止流通币，尚未使用的，不影响诈骗罪的定罪。起草过程中有意见认为，伪造但未使用的行为，尚不具备诈骗罪的基本构成要件，此种行为应以诈骗预备处理。经研究，此种行为不宜按诈骗预备处理，可以视具体情况按诈骗未遂处理。首先，就伪造的危害性而言，并不亚于使用，对之以未遂处理，可以保持量刑的基本均衡；其次，实践中的假币犯罪多为团伙性犯罪，伪造、运输、使用各个环节紧密相连，将此类诈骗的着手前移至伪造环节，符合此类假币犯罪的特点。

3. 关于停止流通币的理解。起草过程中有意见提出，如果某一货币在决定停止流通后仍可在事实上流通或者依法兑换的，则应以假币犯罪而非诈骗罪定罪处罚。经研究，停止某一货币流通，由中国人民银行报经国务院批准后决定并向社会公告。在决定停止流通某一货币之前，通常会有一个5年以上的市场稀释期，在此期间，银行只收不付；在公告决定停止流通之后，通常会有一个半年期的兑换时间，在兑换期结束次日起停止流通。停止流通币不再具有货币的功能，不得进入流通领域，通常也不再兑换。在历次停止流通公告中，目前只有第二套纸分币在停止流通后仍可到指定机构进行兑换，其主要原因是该币市场保有量较大，短期内兑付有难度。所以，我国停止货币流通的程序严格、准备充分，停止流通币的性质清楚、内涵确定，对此类伪造、使用行为以诈骗罪定罪处罚，具有法律和事实依据。

根据本条规定的精神，还可以得出以下几点结论：(1) 变造或者使用变造的停止流通币的行为同样应以诈骗罪论处；(2) 已经公告决定停止流通但尚未至停止流通之日，因货币仍具流通功能，故其间实施的犯罪应以假币犯罪论处；(3) 以已届停止流通之日但仍可兑换的货币为对象实施的犯罪，因货币不再具有流通功能，故应以诈骗罪论处；(4) 仿照现行流通币对停止流通币进行加工处理，改变其形态并冒充现行流通币的，因其材质不再属于法律意义上的货币，故应认定为伪造行为而非变造行为。

（撰稿人：刘为波）

最高人民法院
关于审理非法集资刑事案件具体应用法律若干问题的解释

（2010年11月22日最高人民法院审判委员会第1502次会议通过 根据2021年12月30日最高人民法院审判委员会第1860次会议通过的《最高人民法院关于修改〈最高人民法院关于审理非法集资刑事案件具体应用法律若干问题的解释〉的决定》修正）

为依法惩治非法吸收公众存款、集资诈骗等非法集资犯罪活动，根据《中华人民共和国刑法》的规定，现就审理此类刑事案件具体应用法律的若干问题解释如下：

第一条 违反国家金融管理法律规定，向社会公众（包括单位和个人）吸收资金的行为，同时具备下列四个条件的，除刑法另有规定的以外，应当认定为刑法第一百七十六条规定的“非法吸收公众存款或者变相吸收公众存款”：

（一）未经有关部门依法许可或者借用合法经营的形式吸收资金；

（二）通过网络、媒体、推介会、传单、手机信息等途径向社会公开宣传；

（三）承诺在一定期限内以货币、实物、股权等方式还本付息或者给付回报；

（四）向社会公众即社会不特定对象吸收资金。

未向社会公开宣传，在亲友或者单位内部针对特定对象吸收资金的，不属于非法吸收或者变相吸收公众存款。

第二条 实施下列行为之一，符合本解释第一条第一款规定的条件的，应当依照刑法第一百七十六条的规定，以非法吸收公众存款罪定罪处罚：

（一）不具有房产销售的真实内容或者不以房产销售为主要目的，以返本销售、售后包租、约定回购、销售房产份额等方式非法吸收资金的；

（二）以转让林权并代为管护等方式非法吸收资金的；

（三）以代种植（养殖）、租种植（养殖）、联合种植（养殖）等方式非法吸收资金的；

（四）不具有销售商品、提供服务的真实内容或者不以销售商品、提供服务为主要目的，以商品回购、寄存代售等方式非法吸收资金的；

（五）不具有发行股票、债券的真实内容，以虚假转让股权、发售虚构债券等方式非法吸收资金的；

（六）不具有募集基金的真实内容，以假借境外基金、发售虚构基金等方式非法吸收资金的；

（七）不具有销售保险的真实内容，以假冒保险公司、伪造保险单据等方式非法吸收资金的；

（八）以网络借贷、投资入股、虚拟币交易等方式非法吸收资金的；

（九）以委托理财、融资租赁等方式非法吸收资金的；

（十）以提供“养老服务”、投资“养老项目”、销售“老年产品”等方式非法吸收资金的；

（十一）利用民间“会”“社”等组织非法吸收资金的；

（十二）其他非法吸收资金的行为。

第三条 非法吸收或者变相吸收公众存款，具有下列情形之一的，应当依法追究刑事责任：

（一）非法吸收或者变相吸收公众存款数额在 100 万元以上的；

（二）非法吸收或者变相吸收公众存款对象 150 人以上的；

（三）非法吸收或者变相吸收公众存款，给存款人造成直接经济损失数额在 50 万元以上的。

非法吸收或者变相吸收公众存款数额在 50 万元以上或者给存款人造成直接经济损失数额在 25 万元以上，同时具有下列情节之一的，应当依法追究刑事责任：

（一）曾因非法集资受过刑事追究的；

（二）二年内曾因非法集资受过行政处罚的；

（三）造成恶劣社会影响或者其他严重后果的。

第四条 非法吸收或者变相吸收公众存款，具有下列情形之一的，应当认定为刑法第一百七十六条规定的“数额巨大或者有其他严重情节”：

（一）非法吸收或者变相吸收公众存款数额在 500 万元以上的；

（二）非法吸收或者变相吸收公众存款对象 500 人以上的；

（三）非法吸收或者变相吸收公众存款，给存款人造成直接经济损失数额在 250 万元以上的。

非法吸收或者变相吸收公众存款数额在 250 万元以上或者给存款人造成直接经济损失数额在 150 万元以上，同时具有本解释第三条第二款第三项情节的，应当认定为“其他严重情节”。

第五条 非法吸收或者变相吸收公众存款，具有下列情形之一的，应当认定为刑法第一百七十六条规定的“数额特别巨大或者有其他特别严重情节”：

（一）非法吸收或者变相吸收公众存款数额在 5000 万元以上的；

（二）非法吸收或者变相吸收公众存款对象 5000 人以上的；

（三）非法吸收或者变相吸收公众存款，给存款人造成直接经济损失数额在2500万元以上的。

非法吸收或者变相吸收公众存款数额在2500万元以上或者给存款人造成直接经济损失数额在1500万元以上，同时具有本解释第三条第二款第三项情节的，应当认定为“其他特别严重情节”。

第六条 非法吸收或者变相吸收公众存款的数额，以行为人所吸收的资金全额计算。在提起公诉前积极退赃退赔，减少损害结果发生的，可以从轻或者减轻处罚；在提起公诉后退赃退赔的，可以作为量刑情节酌情考虑。

非法吸收或者变相吸收公众存款，主要用于正常的生产经营活动，能够在提起公诉前清退所吸收资金，可以免予刑事处罚；情节显着轻微危害不大的，不作为犯罪处理。

对依法不需要追究刑事责任或者免予刑事处罚的，应当依法将案件移送有关行政机关。

第七条 以非法占有为目的，使用诈骗方法实施本解释第二条规定所列行为的，应当依照刑法第一百九十二条的规定，以集资诈骗罪定罪处罚。

使用诈骗方法非法集资，具有下列情形之一的，可以认定为“以非法占有为目的”：

（一）集资后不用于生产经营活动或者用于生产经营活动与筹集资金规模明显不成比例，致使集资款不能返还的；

（二）肆意挥霍集资款，致使集资款不能返还的；

（三）携带集资款逃匿的；

（四）将集资款用于违法犯罪活动的；

（五）抽逃、转移资金、隐匿财产，逃避返还资金的；

（六）隐匿、销毁账目，或者搞假破产、假倒闭，逃避返还资金的；

（七）拒不交代资金去向，逃避返还资金的；

（八）其他可以认定非法占有目的的情形。

集资诈骗罪中的非法占有目的，应当区分情形进行具体认定。行为人部分非法集资行为具有非法占有目的的，对该部分非法集资行为所涉集资款以集资诈骗罪定罪处罚；非法集资共同犯罪中部分行为人具有非法占有目的，其他行为人没有非法占有集资款的共同故意和行为的，对具有非法占有目的的行为人以集资诈骗罪定罪处罚。

第八条 集资诈骗数额在10万元以上的，应当认定为“数额较大”；数额在100万元以上的，应当认定为“数额巨大”。

集资诈骗数额在50万元以上，同时具有本解释第三条第二款第三项情节的，应当认定为刑法第一百九十二条规定的“其他严重情节”。

集资诈骗的数额以行为人实际骗取的数额计算，在案发前已归还的数额应予扣除。行为人为实施集资诈骗活动而支付的广告费、中介费、手续费、回扣，或者用于行贿、赠与等费用，不予扣除。行为人为实施集资诈骗活动而支付的利息，除本金未归还可予折抵本金以外，应当计入诈骗数额。

第九条 犯非法吸收公众存款罪，判处三年以下有期徒刑或者拘役，并处或者单处罚金的，处五万元以上一百万元以下罚金；判处三年以上十年以下有期徒刑的，并处十万元以上五百万元以下罚金；判处十年以上有期徒刑的，并处五十万元以上罚金。

犯集资诈骗罪，判处三年以上七年以下有期徒刑的，并处十万元以上五百万元以下罚金；判处七年以上有期徒刑或者无期徒刑的，并处五十万元以上罚金或者没收财产。

第十条 未经国家有关主管部门批准，向社会不特定对象发行、以转让股权等方式变相发行股票或者公司、企业债券，或者向特定对象发行、变相发行股票或者公司、企业债券累计超过 200 人的，应当认定为刑法第一百七十九条规定的“擅自发行股票或者公司、企业债券”。构成犯罪的，以擅自发行股票、公司、企业债券罪定罪处罚。

第十一条 违反国家规定，未经依法核准擅自发行基金份额募集基金，情节严重的，依照刑法第二百二十五条的规定，以非法经营罪定罪处罚。

第十二条 广告经营者、广告发布者违反国家规定，利用广告为非法集资活动相关的商品或者服务作虚假宣传，具有下列情形之一的，依照刑法第二百二十二条的规定，以虚假广告罪定罪处罚：

（一）违法所得数额在 10 万元以上的；

（二）造成严重危害后果或者恶劣社会影响的；

（三）二年内利用广告作虚假宣传，受过行政处罚二次以上的；

（四）其他情节严重的情形。

明知他人从事欺诈发行证券，非法吸收公众存款，擅自发行股票、公司、企业债券，集资诈骗或者组织、领导传销活动等集资犯罪活动，为其提供广告等宣传的，以相关犯罪的共犯论处。

第十三条 通过传销手段向社会公众非法吸收资金，构成非法吸收公众存款罪或者集资诈骗罪，同时又构成组织、领导传销活动罪的，依照处罚较重的规定定罪处罚。

第十四条 单位实施非法吸收公众存款、集资诈骗犯罪的，依照本解释规定的相应自然人犯罪的定罪量刑标准，对单位判处罚金，并对其直接负责的主管人员和其他直接责任人员定罪处罚。

第十五条 此前发布的司法解释与本解释不一致的，以本解释为准。

【注　　解】

最高人民法院 2010 年 12 月 13 日公布本解释，法释〔2010〕18 号，自 2011 年 1 月 4 日起施行。

最高人民法院 2022 年 2 月 23 日公布《最高人民法院关于修改〈最高人民法院关于审理非法集资刑事案件具体应用法律若干问题的解释〉的决定》修正本解释，法释〔2022〕5 号，该修正自 2022 年 3 月 1 日起施行。

【解　　读】

解读《最高人民法院关于审理非法集资刑事案件具体应用法律若干问题的解释》

一、问题的提出

最高人民法院于 2010 年 12 月 13 日公布了《关于审理非法集资刑事案件具体应用法律若干问题的解释》（以下简称本解释）。

二、理解与适用

（一）关于非法集资的概念、特征要件和罪名适用

早在 1996 年制定的《最高人民法院关于审理诈骗案件具体应用法律若干问题的解释》中就规定："'非法集资'是指法人、其他组织或者个人，未经有权机关批准，向社会公众募集资金的行为。"对此，实践中反映，将非法集资的定义落脚在"未经有权机关批准"，存在诸多局限性和不确定性，越来越难以满足新形势下对新型非法集资活动的打击需要。比如，"未经批准"仅适用于法律明确规定应当审批而未经审批的非法融资行为，包括合法借贷、私募基金等在内的合法融资活动无需有关部门批准；获经批准并不一概合法，违法批准、骗取批准的集资行为仍属于非法集资；对于法律已有明确禁止性规定的行为，没有必要考虑是否批准的问题；对于以生产经营、商品销售等形式进行非法集资的行为，是否批准不具有直接判断意义。为科学、准确定位非法集资，确保非法集资定义的包容性和确定性，更好地适应政策法律调整和对于新型非法集资活动的打击需要，本解释第一条第一款从法律要件和实体要件两个方面对非法集资进行了定义，即：非法集资是"违反国家金融管理法律规定，向社

会公众（包括单位和个人）吸收资金的行为”。需要强调指出的是，“批准标准”原本就是违法性判断的具体化规定，本解释重新确定“违法性标准”，更多体现的是一种判断标准的理性回归，以此厘清“违法性标准”和“批准标准”的位阶关系，说明未经批准只是违法性判断的一个方面，违法性包括未经批准但不限于未经批准。

鉴于非法集资犯罪活动的复杂性，为便于实践把握，本解释对非法集资概念的特征要件予以具体细化，明确成立非法集资需同时具备非法性、公开性、利诱性、社会性四个特征，即：(1) 未经有关部门依法批准或者借用合法经营的形式吸收资金；(2) 通过媒体、推介会、传单、手机短信等途径向社会公开宣传；(3) 承诺在一定期限内以货币、实物、股权等方式还本付息或者给付回报；(4) 向社会公众即社会不特定对象吸收资金。较之于中国人民银行1999年下发的《关于取缔非法金融机构和非法金融业务活动中有关问题的通知》（以下简称《通知》）的相关规定，本解释作出了两处重大修改：一是根据前述关于非法集资定义的修改，将《通知》规定的“未经有关部门依法批准”和“以合法形式掩盖其非法集资的性质”两个要件合并为非法性要件。据此，认定是否非法集资不再要求同时具备“未经有关部门依法批准”和“以合法形式掩盖其非法集资的性质”两个要件。二是增加公开性要件。其主要考虑是，公开宣传与否，是区分非法集资与合法融资的关键所在，也是判断是否向社会公众吸收资金的重要依据。准确理解该四个特征要件，需注意以下几点：

第一，关于非法性特征。非法性特征是指违反国家金融管理法律规定吸收资金，具体表现为未经有关部门依法批准吸收资金和借用合法经营的形式吸收资金两种。其中，“国家金融管理法律规定”包含三个层面的内容：一是金融管理法律规定不是单指某一个具体的法律，而是一个法律体系；二是非法集资违反的是融资管理法律规定，而不能是其他法律规定；三是只有融资管理法律规定明确禁止的吸收资金行为才有违法性。“未经有关部门依法批准”主要表现为以下四种情形：一是未经有关部门批准；二是骗取批准欺诈发行；三是具有主体资格，但具体业务未经批准；四是具有主体资格，但经营行为违法。“借用合法经营的形式吸收资金”的具体表现形式多种多样，实践中应当注意结合本解释第二条以及中国人民银行《关于进一步打击非法集资等活动的通知》等关于非法集资行为方式的规定，根据非法集资的行为实质进行具体认定。

第二，关于公开性特征。公开性特征是指通过媒体、推介会、传单、手机短信等途径向社会公开宣传。首先，公开宣传是公开性的实质，而具体宣传途经可以多种多样。本解释仅列举了通过媒体、推介会、传单、手机短信几种公开宣传途径，主要是考虑到实践中这几个途径比较典型，但这只是例示性的规定，宣传途径并不以此为限，实践中常见的宣传途径还有标语、横幅、宣传册、宣传画、讲座、论坛、研讨会等形式。本解释起草过程中有意见提出，实践中还大量存在口口相传、以人传人的现象，有必要在本解释中特别指出。经研究，口口相传是否属于公开宣传，能否将口口相传的效果归责于集资人，需要根据主客观相一致的原则进行具体分析，区别对待，故本解释未对此专门作出规定。对于通过口口相传进行宣传的行为，实践中可以结合“集资人”对此是否知情、对此态度如何，有无具体参与、是否设法加以阻止等主客观因素，认定是否符合公开性特征要件。其次，公开宣传不限于虚假宣传。实践中的非法集资活动通常会以实体公司的名义进行虚假宣传，蒙骗群众。但是，非法集资的本质在于违反规定向社会公众吸收资金，即使未采取欺骗手段进行虚假宣传，但因其风险控制和承担能力有限，且缺乏有力的内外部监管，社会公众的利益难以得到切实保障，法律仍有干预之必要。故此，尽管非法集资往往都有欺骗性，但欺骗性不属于非法集资的必备要件。

第三，关于利诱性特征。利诱性特征是指集资人向集资群众承诺在一定期限内以货币、实物、股权等方式还本付息或者给付回报。利诱性特征包含有偿性和承诺性两个方面内容。首先，非法集资是有偿集资，对于非经济领域的公益性集资，不宜纳入非法集资的范畴；其次，非法集资具有承诺性，即不是现时给付回报，而是承诺将来给付回报。回报的方式，既包括固定回报，也包括非固定回报；给付回报的形式，除货币之外，还有实物、消费、股权等形式；具体给付回报名义，除了较为常见的利息、分红之外，还有所谓的“工资”“奖金”“销售提成”等。

第四，关于社会性特征。社会性特征是指向社会公众即社会不特定对象吸收资金。社会性是非法集资的本质特征，禁止非法集资的重要目的在于保护公众投资者的利益。社会性特征包含两个层面的内容。一是指向对象的广泛性；二是指向对象的不特定性。对于社会性特征的具体认定，除了结合上述公开性特征进行分析之外，还需要注意从以下两个方面进行具体判断：一是集资参与人的抗风险能力。生活中有很多种划分人群的标准，比如年龄、性别、职业、肤色、党派、宗教信仰等，但这些分类标准与非法集资中的社会公众的认定并无关系。法律干预非法集资的主要原因是社会公众缺乏投资知识，且难以承受损失风险。集资对象是否特定，应当以此为基础进行分析判断。二是集资行为的社会辐射力。对象是否特定，既要求集资人的主观意图是特定的，通常还要求其具体实施的行为是可控的。如果集资人所实施行为的辐射面连集资人自己都难以预料、控制，或者在蔓延至社会后听之任之，不设法加以阻止的，同样应当认定为向社会不特定对象进行非法集资。此外，本解释起草过程中有意见指出，一些集资行为的对象既有不特定的自然人，又有公司、企业等单位，“社会公众”是否包括公司、企业等单位，实践中存在理解分歧。经研究，这里的“社会公众”，不宜作为一个日常生活用语来理解。在法律上，自然人和单位均属于民商事行为的主体，具体平等的法律地位，单位同样可以成为非法集资的对象，以单位为对象的集资同样应当计入集资数额，故本解释明确，社会公众包括单位和个人。

同时，鉴于实践中对于非法集资犯罪如何具体适用罪名存在疑问，本解释规定："除刑法另有规定的以外，应当认定为《刑法》第一百七十六条规定的'非法吸收公众存款或者变相吸收公众存款'"。根据该规定并结合本解释第七条、第八条第二款规定以及实践做法，《刑法》中涉及非法集资犯罪的罪名共计七个，分别是《刑法》第一百六十条规定的欺诈发行股票、债券罪、第一百七十四条第一款规定的擅自设立金融机构罪、第一百七十六条规定的非法吸收公众存款罪、第一百七十九条规定的擅自发行股票、公司、企业债券罪、第一百九十二条规定的集资诈骗罪、第二百二十四条第一款规定的组织、领导传销活动罪以及《刑法》第二百二十五条规定的非法经营罪。其中，擅自设立金融机构（商业银行）可以视为是非法集资的准备行为，或者说是广义上的非法集资行为；非法吸收公众存款，欺诈发行股票、债券，擅自发行股票、债券，组织、领导传销活动，非法证券、基金当中的非法经营五个罪名属于刑法上处理非法集资犯罪的主体罪名；在五个主体罪名中，非法吸收公众存款罪具有基础性意义，属于非法集资犯罪的一般法规定，其他四个罪名则属特别法规定；集资诈骗罪是非法集资犯罪的加重罪名。

（二）关于非法吸收公众存款的具体行为方式及其界定

发生在不同领域、不同行业的非法吸收公众存款特别是变相吸收公众存款行为手法隐蔽，各具特点，且涉及诸多专业性知识。为便于实践把握，经对各种多发易发的非法吸收公众存款行为进行甄别分类，并结合具体发生领域和行为特征，本解释第二条列举了十种应以非法吸收公众存款罪定罪处罚的具体情形。准确理解和适用本条规定，需要注意以下几点：

1. 上述列举的诸种情形重在揭示非法吸收公众存款的行为方式，在表述上未必全面完整。实践当中，仍需根据本解释第一条关于非法集资的概念和四个特征要件进行具体认定。为此，本解释特别强调，"实施下列行为之一，符合本解释第一条第一款规定的条件的"，才应当依法以非法吸收公众存款罪定罪处罚。

2. 吸收公众存款行为属于融资行为。生产经营、商品交易活动也向社会公开出售商品获取资金，但购买者支付价款即可获得商品或者服务作为对价，《合同法》《产品质量法》以及《消费者权益保护法》对此即可提供充分保护。融投资行为则不同，资金提供者以获取未来收益为目的，并无实质意义的商品或者服务作为对价，加之信息不对称等因素，蕴藏着巨大的风险，所以法律从信息披露、准入条件、审批程序等方面规定了诸多监管措施。区分界定正常经营活动与变相吸收公众存款行为，必须由此入手，关键在于两个方面：一是有无真实的商品或者服务内容；二是是否以未来的回报为目的。基于此，本解释第二条第四项对“不具有销售商品、提供服务的真实内容或者不以销售商品、提供服务为主要目的”予以了特别强调。

3. 非法吸收公众存款罪属于破坏金融管理秩序犯罪，非法吸收公众存款罪的认定依据必须是融资管理法律规定，而不能是其他法律规定。对于其他法律规定的违反，在一定情况下对于判断是否违反融资管理规定具有一定的参考意义，但不能以对其他法律规定的违法性判断替代融资管理规定的违法性判断。以本解释第一项规定为例，《商品房销售管理办法》规定，商品房预售实行预售许可制度；房地产开发企业不得采取返本销售或者变相返本销售的方式销售商品房，不得采取售后包租或者变相售后包租的方式销售未竣工商品房；商品住宅按套销售，不得分割拆零销售。但是，违反这些规定的房产销售行为并不直接意味着就是非法集资，只有实质上实施了向社会公众融资的行为，而又未依法履行相关融资法律程序的，才具有非法集资所要求的非法性。

4. 为了防止挂一漏万，本解释规定了一个兜底条款，即第十一项关于“其他非法吸收资金的行为”的规定。需要强调指出的是，并非所有的融资行为均受融资管理法律规定调控，只有融资管理法律规定明确禁止的吸收资金行为才有违法性，实践中应注意避免不当地扩大理解。比如，民间借贷、私募基金等虽然也体现为吸收资金，并且往往也约定回报，但不属于公开地向社会公众吸收资金，因而并不违法。即便约定高额利息，也只是超出规定部分的利息不受法律保护而已，不能据此将之认定为非法集资。

（三）关于非法吸收公众存款罪的定罪量刑标准

针对实践中对于非法吸收公众存款罪的定罪和量刑情节认定标准掌握不统一的问题，本解释第三条区分个人犯罪和单位犯罪，分别从吸收公众存款数额、吸收公众存款的人数以及经济损失数额三个方面作出了具体规定。具体适用本条规定时，应当注意以下几个问题：

1. 关于区分个人犯罪和单位犯罪分别规定不同的定罪量刑标准。本解释起草过程中有意见提出，区分个人和单位规定不同的定罪量刑标准，未能体现法刑罚平等的精神，而且，个人犯罪还是单位犯罪实践中往往很难区分，建议不作区分，实行统一的定罪量刑标准。经研究，实践中单位可能和实际吸收公众存款的数额远远高于个人，实行不同的定罪量刑标准更为符合客观实际，有利于体现刑法的谦抑性要求，也有利于确保实质平等。对于以单位名义实施的非法吸收公众存款犯罪行为，根据《最高人民法院关于审理单位犯罪案件具体应用法律有关问题的解释》规定：为违法犯罪活动而设立的单位实施犯罪；单位设立后以实施犯罪为主要活动以及盗用单位名义实施犯罪，违法所得由个人私分的，均应以个人犯罪处理，故不存在放纵罪犯的问题。

2. 关于非法吸收公众存款的数额计算。本解释规定：“非法吸收或者变相吸收公众存款的数额，以行为人所吸收的资金全额计算。案发前后已归还的数额，可以作为量刑情节酌情考虑。”起草过程中有意见认为，将已归还资金在非法吸收公众存款的数额计算中予以扣除，更有利于控制刑事打击面和取得更好的社会效果。经研究，非法吸收公众存款不属于占有型犯罪，也不属于结果犯，将已归还数额计入犯罪数额可以更为全面客观地反映非法吸收公众存款的资金规模，更准确地判断其社会危害性的轻重程度。至于打击面的控制问题，可以通过本条第四款的规定来解决。此外，实践中还需注意，吸收公众存款的数额应为实际吸收的金额，约定的利息不应计入犯罪数额。比如，对于实际吸收资金 80 万元，约定利息 20 万元，登记吸收资金 100 万元的，应当实事求是地认定吸收存款 80 万元。

3. 关于人数的理解。在 2001 年《全国法院审理金融犯罪案件工作座谈会纪要》的规定中采用的计算依据是“户”。实践中普遍反映，“户”的概念不够明确、也很难统计，为便于实践理解和操作，本解释现修改为“人”。需要注意的是，首先，“人”不同于“人次”，对于一人多次的情形不得重复计算；其次，实践中大量存在“人传人”等多层次的情形，对此，一般应当将不同层次的人累加计算。

4. 关于从宽处罚。考虑到我国融投资渠道的现状、中小企业和农村经济的发展需要以及社会稳定等多方面因素，为依法贯彻宽严相济刑事政策，确保刑事打击重点，本解释第三条第四款规定：“非法吸收或者变相吸收公众存款，主要用于正常的生产经营活动，能够及时清退所吸收资金，可以免予刑事处罚；情节显著轻微的，不作为犯罪处理。”起草过程中有意见认为，应对免予刑事处罚的情形加以数额限制，对于数额巨大的，不得免予刑事处罚。经研究，非法吸收公众存款刑事案件有其特殊性：一是犯罪数额往往很大，如设定数额限制，本款规定在实践中将可能毫无意义；二是非法吸存犯罪的危害性主要体现在不能归还所吸收资金及由此引发的社会稳定问题，故未采纳。

（四）关于集资诈骗罪中“非法占有目的”要件的认定

非法占有目的是成立集资诈骗罪的法定要件，是区分集资诈骗罪与其他非法集资犯罪的关键所在，同时又是集资诈骗罪司法认定当中的难点。为此，本解释第四条在《最高人民法院关于审理诈骗案件具体应用法律的若干问题的解释》《全国法院审理金融犯罪案件工作座谈会纪要》等相关规定的基础上，结合当前审判工作实际规定了七种可以认定为“以非法占有为目的”的具体情形。适用本条规定时，应注意以下几个问题：

1. 非法占有目的的认定原则。认定是否具有非法占有为目的，应当坚持主客观相一致的原则，既要避免以诈骗方法的认定替代非法占有目的的认定，又要避免单纯根据损失结果客观归罪，同时也不能仅凭行为人自己的供述，而是应当根据案件具体情况具体分析。对于因经营不善、市场风险等意志以外的原因，造成较大数额的集资款不能返还的，不应当认定为集资诈骗罪；对于行为人使用诈骗方法非法集资，具有本解释规定情形之一，致使数额较大集资款不能返还或者逃避返还，即使行为人不予供认的，也可以认定为集资诈骗罪。

2．“明知没有归还能力”的理解。鉴于实践中反映《全国法院审理金融犯罪案件工作座谈会纪要》规定中的“明知没有归还能力”不易掌握，本解释第（一）项将之修改规定为“集资后不用于生产经营活动或者用于生产经营活动与筹集资金规模明显不成比例”，故该项规定实际上是对“明知没有归还能力”的具体化。对于本项规定中的“生产经营活动与筹集资金规模明显不成比例”，起草过程中有意见指出该表述不够明确，操作上仍有困难，建议修改为“仅将少量资金（或者小部分资金）用于生产经营活动”。经研究，实践中的情况较为复杂，修改建议的表述较为具体，更为便于实践操作，但过于绝对；现在的表述稍显原则，但将集资规模与生产规模联系起来，通过比例关系进行分析判断更具科学性和包容性。此外，另有意见提出，将后期所集资金主要用于支付前期本金和高额回报的情形，可以直接推定为以非法占有为目的。经研究，“以新还旧”“以后还前”确实可以初步断定最终不具有归还能力，但其不具有归还能力的根本原因不在于是否支付本息，而是没有具体的生产经营活动，对此，完全可以适用本项规定认定为以非法占有为目的。同时，支付本息是非法集资的一个基本特征，在一定意义上，按期支付本金和高额回报反而有可能说明行为人主观上没有非法占有目的，为了防止不必要的误解，故未采纳。

3．“肆意挥霍”的理解。首先，这里有一个“度”的把握问题。行为人将大部分资金用于投资或生产经营活动，而将少量资金用于个人消费或挥霍的，不应仅以此认定具有非法占有的目的。这也是本解释强调“肆意”二字的本意所在。其次，“挥霍”通常指的是消费性支出。实践中存在一些“挥霍性投资”的情形，对此需要具体情况具体分析。如行为人仅将投资行为作为对外宣传等行骗手段，投资行为纯属消耗性的，行为人也不指望从该投资行为获取收益的，可以视为“挥霍”。

4．“携带集资款逃匿”的理解。首先，逃匿包含逃跑和藏匿的双重蕴义。以往司法文件中均表述为“逃跑”，本解释现修改为“逃匿”，意在突出行为人逃避刑事追究的一面，避免不加区分地将各种逃跑的情形一概作集资诈骗处理。其次，逃匿必须与携款联系起来进行综合分析。逃匿可能出于躲债、筹资等多种原因，只有携款潜逃的，才足以说明行为人具有拒绝返还集资款的主观目的。

5．“将集资款用于违法犯罪活动”的理解。本解释起草过程中有意见指出，“用于违法犯罪活动”与非法占有目的没有必然联系，建议删去。经研究，将“用于违法犯罪活动”作为认定非法占有目的的一种情形，主要是基于政策考虑所作出的一种法律上的拟制，以体现从严打击的需要，故未采纳。此外，有意见建议增加从事高风险行业的情形，与用于违法犯罪活动一并规定。我们认为，风险高低取决于多方面因素，不易泛泛而谈，故未采纳。

6.“拒不交代资金去向”的理解。鉴于实践中行为人拒不交代资金去向的情形较为突出，此种情形已经明显反映出非法占有的主观故意，为了从严打击此类犯罪分子，尽可能地挽回集资群众的经济损失，故本解释增加规定了这一情形。

此外，考虑到非法集资犯罪活动往往时间较长，犯罪分子在非法集资之初不一定具有非法占有目的；非法集资犯罪活动参与实施人员众多，部分共犯不一定具有非法占有目的的犯意联络，为避免客观归罪，本解释第三款明确：“集资诈骗罪中的非法占有目的，应当区分情形进行具体认定。行为人部分非法集资行为具有非法占有目的的，对该部分非法集资行为所涉集资款以集资诈骗罪定罪处罚；非法集资共同犯罪中部分行为人具有非法占有目的，其他行为人没有非法占有集资款的共同故意和行为的，对具有非法占有目的的行为人以集资诈骗罪定罪处罚。”据此，对于非法占有目的产生于非法集资过程当中的，应当只对非法占有目的支配下实施的非法集资犯罪以集资诈骗罪处理，对于之前实施的行为，应以其他非法集资犯罪处理，实行数罪并罚；对于共同非法集资犯罪案件，应当只对具有非法占有目的的犯罪人以集资诈骗罪处理；对于不具有非法占有目的犯意联络的犯罪人，应对其参与实施的全部事实以其他非法集资犯罪处理。

（五）关于集资诈骗罪的定罪量刑标准

为准确适用刑罚有效打击集资诈骗犯罪，本解释第五条区分个人犯罪和单位犯罪对集资诈骗罪中的“数额较大”“数额巨大”“数额特别巨大”三个量刑情节的数额标准分别作出了规定。对于数额较大的起点，本解释起草过程中存在两种不同意见：一种意见主张降低集资诈骗罪数额较大的起点标准，理由是：与其他诈骗的数额标准协调平衡；有利于司法机关及早介入，“打早打小”。另一种意见主张调高数额较大的起点标准，理由是：多数集资诈骗犯罪属于单位犯罪，有一定的生产经营规模；有利于重点打击严重犯罪，控制打击面。经研究，确定入罪门槛，既要考虑与其他诈骗犯罪的平衡，更要考虑与非诈骗类集资犯罪如非法吸存罪的内在平衡。鉴于当前集资诈骗案件动辄数百上千万元、数亿元的也不在少数这一实际情况，降低追诉标准所希望的“打早打小”的初衷能否如愿，会不会因标准降低而导致罪刑失衡，均不无疑问，同时考虑到上调的空间已经极为有限，故两种意见均未采纳。

同时，考虑到实践中在集资诈骗数额的具体认定上存在各种意见分歧，本解释明确：“集资诈骗的数额以行为人实际骗取的数额计算，案发前已归还的数额应予扣除。行为人为实施集资诈骗活动而支付的广告费、中介费、手续费、回扣，或者用于行贿、赠与等费用，不予扣除。行为人为实施集资诈骗活动而支付的利息，除本金未归还可予折抵本金以外，应当计入诈骗数额。”具体适用本规定，需注意以下两个问题：

第一，诈骗数额的理解。实践中在该问题上存在多种理解：一种意见认为诈骗数额是指犯罪行为获取的全部数额；另一种意见认为诈骗数额包括犯罪行为所指向的数额。我们认为，该两种意见均存在偏颇。集资诈骗罪属于目的犯，应当从非法占有目的实现的角度来认定诈骗数额。司法实践中，非法集资的规模或者非法集资的标的数额可以作为量刑情节适当予以考虑，但是，“诈骗数额”应以行为人实际骗取的数额计算。据此，集资诈骗犯罪当中已返还部分不应计入诈骗数额。

第二，利息的计算。本解释起草过程中对于计算诈骗数额时利息是否扣除及如何扣除存在不同意见。经研究，与返还本金不同，支付利息本质上属于对其实际骗取资金的处分，而且，利息是否计入诈骗数额还涉及赃款的认定、追缴以及其他受害人的公平受偿问题，故原则上应当计入诈骗数额。同时规定“本金未归还可予折抵本金”，主要是出于实践可操作性和避免矛盾激化的考虑。因为，集资诈骗案发后能够追回的案款毕竟有限，很难要求本金尚未得到偿付的集资群众先将利息退出后再按比例统一偿付。而且，实践中支付本金时往往已经扣除了利息部分，比如，名义上支付了 100 万元的本金，扣除高息 20 万元，仅实际支付 80 万元，对此实事求是地认定本金 80 万元也更为可取。

（六）关于擅自发行股票、公司、企业债券行为的具体理解

实践中对于《刑法》第一百七十九条规定的“擅自发行股票、公司、企业债券”的具体行为方式存在理解分歧，对于以转让股权等形式变相发行股票、债券是否属于擅自发行股票、债券行为以及应以何种罪名进行定罪处罚存在顾虑。经研究，《证券法》《国务院办公厅关于严厉打击非法发行股票和非法经营证券业务有关问题的通知》等对此类行为的性质认定已有明确规定。比如，《证券法》第十条规定，公开发行证券必须符合法律、行政法规规定的条件，并依法报经国务院证券监督管理机构或者国务院授权的部门核准；未经依法核准任何单位和个人不得公开发行证券；向不特定对象发行证券或者向特定对象发行证券累计超过 200 人的属于公开发行。《国务院办公厅关于严厉打击非法发行股票和非法经营证券业务有关问题的通知》第三条进一步明确，向特定对象发行股票后股东累计不超过 200 人的为非公开发行，非公开发行股票及其股权转让，不得采用广告、公告、广播、电话、传真、信函、推介会、说明会、网络、短信、公开劝诱等公开方式或变相公开方式向社会公众发行；严禁任何公司股东自行或委托他人以公开方式向社会公众转让股票；向特定对象转让股票，未依法报经证监会核准的，转让后，公司股东累计不得超过 200 人。据此，本解释第六条规定，未经国家有关主管部门批准实施下述三种行为，均应认定为《刑法》第一百七十九条规定的擅自发行股票、公司、企业债券行为；

构成犯罪的，以擅自发行股票、公司、企业债券罪定罪处罚：(1) 向社会不特定对象发行股票或者公司、企业债券；(2) 向社会不特定对象以转让股权等方式变相发行股票或者公司、企业债券；(3) 向特定对象发行、变相发行股票或者公司、企业债券累计超过200人的。

具体适用本条规定时，应注意与本解释第二条第五项规定的区分。两者的不同之处在于是否真实发行股票或者债券。本条规定仅适用于违法但真实发行股票、债券的情形，对于不具有发行股票、债券的真实内容，以虚假转让股权、发售虚构债券等方式非法吸收资金，构成犯罪的，应以非法吸收公众存款罪定罪处罚。

此外，本解释起草过程中还对中介机构非法经营证券业务的定性处理问题进行了研究，形成了以下倾向性意见：中介机构违反国家规定代理买卖非上市公司股票，情节严重的，依照《刑法》第二百二十五条的规定，以非法经营罪定罪处罚；非上市公司和中介机构共谋擅自发行股票，同时构成《刑法》第一百七十九条和第二百二十五条规定的犯罪的，以处罚较重的犯罪的共犯论处。鉴于该问题在讨论当中意见分歧较大，且不属于本解释重点解决问题，故未作出规定。司法实践中遇到此类问题，可以参照《最高人民法院、最高人民检察院、公安部、中国证券监督管理委员会关于整治非法证券活动有关问题的通知》的相关规定依法处理。

(七) 关于非法擅自募集基金行为的定性处理

非法发售基金份额募集基金是当前非法集资又一常见手段。对此，《证券投资基金法》第三十六条、第八十五条规定，基金管理人依照本法发售基金份额，募集基金，应当向国务院证券监督管理机构提交相关文件，并经国务院证券监督管理机构核准；未经国务院证券监督管理机构核准，擅自募集基金，构成犯罪的，依法追究刑事责任。据此，本解释第七条明确规定："违反国家规定，未经依法核准擅自发行基金份额募集基金，情节严重的，依照刑法第二百二十五条的规定，以非法经营罪定罪处罚。"需要注意的是，根据相关法律规定，本条规定所称"基金"目前仅指证券投资基金（公募基金）。本解释未直接写明"证券投资基金"，主要是出于两方面考虑：一是本条规定明确了"违反国家规定"这一非法性要件，不会出现不当扩大打击面的问题；二是其他类别的基金目前没有法律规制，不意味着将来不会立法规制，使用"基金"一词更具开放性和前瞻性。此外，适用本条规定时需注意与本解释第二条第（六）项规定的区分。对于不具有募集基金的真实内容，以假借境外基金、发售虚构基金等方式非法向社会公众吸收资金，构成犯罪的，应以非法吸收公众存款罪定罪处罚。

(八) 关于非法集资活动当中虚假广告行为的性质认定和处罚标准

虚假广告在非法集资犯罪活动中起着重要的推波助澜作用。为使广大群众上当受骗，非法集资犯罪分子往往在社会宣传上不遗余力、不惜血本，通过媒体广告、明星代言、散发传单、内部刊物、口口相传、人物专访、举办研讨会、讲座、免费旅游、公益捐赠等各种或明或暗的方式，大肆宣传、虚张声势、制造假象。为依法打击非法集资犯罪背后的虚假广告行为，发挥刑事司法的教育和震慑作用，净化社会环境、营造良好的社会氛围，本解释第八条对非法集资犯罪活动中的虚假广告行为的定罪标准以及违法宣传当中的共犯处理作出了明确规定。

1. 关于虚假广告罪的定罪量刑标准。本解释第八条第一款规定，广告经营者、广告发布者违反国家规定，利用广告为非法集资活动相关的商品或者服务作虚假宣传，具有下列情形之一的，依照《刑法》第二百二十二条的规定，以虚假广告罪定罪处罚：(1) 违法所得数额在 10 万元以上的；(2) 造成严重危害后果或者恶劣社会影响的；(3) 二年内利用广告作虚假宣传，受过行政处罚二次以上的；(4) 其他情节严重的情形。具体适用本款规定时，应注意以下几个问题：

第一，虚假广告罪犯罪主体的范围。本解释起草过程中有意见提出，虚假广告罪的主体除了广告经营者、广告发布者之外，还有广告主，不应将广告主排除出去；如广告主同时构成非法集资犯罪的，可根据牵连犯的处断原则处理。经研究，几乎所有的非法集资犯罪都存在虚假广告的问题，如将广告主即非法集资犯罪分子纳入虚假广告罪的犯罪主体，会给案件处理带来很大负担；规定非法集资犯罪分子构成虚假广告罪没有实质性意义，虚假广告罪只是一个 2 年刑期以下的轻罪，而非法集资犯罪的刑罚明显要重得多，为突出本款规定的政策意图和打击重点，故未采纳该意见。

第二，情节严重的认定。虚假广告罪是情节犯，只有情节严重的虚假广告行为才构成犯罪。对此，《最高人民检察院、公安部关于公安机关管辖的刑事案件立案追诉标准的规定（二）》（以下简称《追诉标准二》）第七十五条规定了六种情节严重的情形，分别是：(1) 违法所得数额在 10 万元以上的；(2) 给单个消费者造成直接经济损失数额在 5 万元以上的，或者给多个消费者造成直接经济损失数额累计在 20 万元以上的；(3) 假借预防、控制突发事件的名义，利用广告作虚假宣传，致使多人上当受骗，违法所得数额在 3 万元以上的；(4) 虽未达到上述数额标准，但两年内因利用广告作虚假宣传，受过行政处罚二次以上，又利用广告作虚假宣传的；(5) 造成人身伤残的；(6) 其他情节严重的情形。本解释仅规定了四种情节严重的情形，尽管两者在表述上有一定的出入，但基本内容相同，之所以未完全沿用《追诉标准二》的表述，主要是出于下述考虑：(1) 非法集资犯罪案件具有一定的特殊性，集中表现为入罪门槛较高，危害后果通常由多种因素综合导致，故对《追诉标准二》第二、四、五项规定的内容采取了较为模糊的表述方式，即：造成严重危害后果或者恶劣社会影响，而情节的具体认定则留给司法机关根据个案情况进行综合判定，以免出现集资行为人依法不构成犯罪，而广告经营者、发布者却构成虚假广告罪的不合理现象。尽管如此，《追诉标准二》确立的认定思路应予坚持，在认定危害后果时应主要从经济损失和人身伤亡等方面去判断；在认定影响恶劣时应主要从特定环境、犯罪形势、集资规模等方面去判断。(2) 虚假广告行为情节是否严重，行为人的违法所得数额和被害人经济损失数额固然是重要的判断方面，但必须注意到，虚假广告罪是情节犯而非结果犯，不能仅从危害结果来判断是否构成犯罪，故本解释保留了“其他情节严重的情形”这一兜底条款。对于该条款，实践中可以从虚假广告在媒体上发布所持续的时间，虚假广告在媒体播出的频率，虚假广告投放媒体的数量以及虚假广告内容的欺骗程度等方面进行判断。

此外，对于本解释第三项关于“二年内利用广告作虚假宣传，受过行政处罚二次以上”的规定，本解释起草过程中有意见指出该项规定有违“一事不再理”的处理原则。经研究，犯罪情节包括客观行为和主观恶性两个方面的内容，该项规定的核心意思是根据以前的违法行为及处罚情况判断行为人的人身危险性和再犯可能性等，其处罚的对象是新发生的行为，而非对以前处罚的过的行为再次处罚，故该规定并不违反“一事不再理”原则。

2. 非法集资犯罪的共犯处理。本解释第八条第二款规定，明知他人从事欺诈发行股票、债券，非法吸收公众存款，擅自发行股票、债券，集资诈骗或者组织、领导传销活动等集资犯罪活动，为其提供广告等宣传的，以相关犯罪的共犯论处。适用本款规定时，应注意与前述虚假广告罪的区分。具体言之，主要有以下三个方面：首先，明知内容不同。虚假集资广告犯罪中的明知，是指明知非法集资所依托的商品或者服务存在虚假信息；集资犯罪共犯的明知，是指明知他人正在实施集资犯罪活动。其次，宣传方式不同。虚假集资广告犯罪以违反广告法规定为前提，仅指通过商业广告进行虚假宣传的行为；集资犯罪的共犯的宣传方式则不受任何限制，既可以是商业广告，也可以是其他形式的广告，既可以是广告宣传，也可以是其他形式的宣传。第三，信息内容不同。虚假集资广告犯罪必须以信息虚假为前提；集资犯罪的共犯侧重于违法宣传，不以信息虚假为条件。

起草过程中有意见认为除了宣传类的共犯之外，实践中还有其他形式的共犯，建议在上述共犯规定之外，对集资犯罪的共犯问题作出一般性的规定。本解释未采纳该意见，主要有以下方面的考虑：(1) 集资犯罪多以单位名义实施，参与人员众多，为贯彻宽严相济刑事政策，有必要严格控制打击面，本着严惩首恶、教育胁从的处理原则，对于积极参加人员的打击需要严格掌握，对外部帮助人员则一般不应追究；(2) 实践中对于同一起集资犯罪案件往往区分犯罪人的主观方面、主体身份而适用不同的罪名，比如，区分是否具有非法占有目的而分别适用集资诈骗罪和非法吸收公众存款罪；(3) 根据《刑法》和以往司法解释的规定，共犯行为主要表现为提供资金、场所等，而集资犯罪案件有其特殊性，被害人同时也是资金提供者，其中对于非法集资行为的性质存在主观认识的不乏其人，而且，被害人与行为人经常交错重叠，先是自己获利继而提供帮助的以及先是自己被骗继而去骗其他人的不在少数，此类人员通常不宜作为共犯处理。

最后，本解释起草过程中还讨论了广告代言人的刑事处罚问题。一种意见认为，从立法精神、实践需要以及国外做法来看，均应将广告代言人纳入虚假广告罪的犯罪主体范围。经研究，基于当前法律规定，将广告代言人解释为虚假广告罪的犯罪主体尚有立法障碍，理由如下：(1) 对于虚假广告罪的犯罪主体，《刑法》采取的是列明式规定，仅限于广告主、广告经营者和广告发布者三者。(2) 虚假广告罪属于行政犯，成立虚假广告罪应以行政违法为前提。《广告法》仅规定了社会团体或者其他组织在虚假广告中向消费者推荐商品或服务应承担民事连带责任。在行政违法尚不成立的前提下，直接将之作为刑事犯罪予以打击，不符合行政犯的一般理论。(3) 即便通过司法解释将广告代言人纳入虚假广告罪的主体范围，还将面临诸多实践操作问题。比如，虚假广告罪为故意犯罪，要求行为人具有主观明知，对此，实践中主要是根据行为人的法定注意义务来进行判断或者推定。而对于广告代言人的注意义务的内容、范围和程度等，当前还没有相关行政管理法律规定，在行为人辩称自己不具有主观明知的情况下，司法机关将很难证明。当然，广告代言人不属于虚假广告罪的主体，不意味着广告代言人在任何情况下均不构成犯罪，对于符合本解释第二款规定情形的，完全可以非法集资犯罪的共犯论处。

（撰稿人：刘为波）

【链　　接】

依法惩治非法集资犯罪　维护国家金融安全稳定

——最高人民法院刑三庭相关负责人就非法集资刑事司法解释答记者问

为依法惩治非法吸收公众存款、集资诈骗等非法集资犯罪，2021 年 12 月 30 日最高人民法院审判委员会第 1860 次会议通过了《关于修改〈最高人民法院关于审理非法集资刑事案件具体应用法律若干问题的解释〉的决定》（以下简称《修改决定》)，自 2022 年 3 月 1 日起施行。根据《修改决定》，对《最高人民法院关于审理非法集资刑事案件具体应用法律若干问题的解释》（法释〔2010〕18 号，以下简称《解释》）作相应修改并调整条文顺序后，重新公布。最高人民法院刑三庭负责人就《修改决定》及《解释》相关问题，回答了记者的提问。

一、请介绍一下制定《修改决定》的背景和过程。

答：为依法惩治非法吸收公众存款、集资诈骗等非法集资犯罪活动，最高人民法院于 2010 年制定了《关于审理非法集资刑事案件具体应用法律若干问题的解释》，“两高一部”于 2014 年出台了《关于办理非法集资刑事案件适用法律若干问题的意见》，于 2019 年出台了《关于办理非法集资刑事案件若干问题的意见》，明确了非法吸收公众存款、集资诈骗等非法集资犯罪的定罪量刑标准和相关法律适用问题。《解释》施行以来，公检法机关严格依照刑法和《解释》的规定，依法惩治非法集资犯罪，有效防范化解重大金融风险，切实维护金融管理秩序和国家金融安全，取得明显成效。

从 2021 年 3 月 1 日起施行的《刑法修正案（十一）》对非法吸收公众存款罪、集资诈骗罪刑法条文作了重大修改，增加非法吸收公众存款罪第三档法定刑，提高集资诈骗罪最低法定刑，同时将积极退赃退赔规定为法定从轻、减轻处罚情节，这对非法吸收公众存款罪、集资诈骗罪的定罪量刑产生重大影响，迫切需要对《解释》进行修改完善。同时，结合经济社会发展状况和司法实践，有必要对有关定罪量刑标准进行适当调整，并通过司法解释进一步明确有关法律适用争议问题。

从 2020 年初启动修改《解释》工作至今，历时整整一年时间。我院在深入调研总结的基础上起草了《修改决定》，其间，先后征求了最高人民检察院、公安部以及国务院处非联办等相关部门，全国高级人民法院以及我院各刑庭和研究室的意见，并召开专家论证会，听取意见建议，同时征求了全国人大常委会法工委的意见，经反复研究论证，不断修改完善。我院审判委员会讨论通过后，再次书面征求全国人大常委会法工委、最高人民检察院和公安部的意见，根据有关意见建议，又作了进一步修改完善，最终出台《修改决定》。

二、请介绍一下《解释》修改的主要内容。

答：《解释》原条文共九条，修改后《解释》共十五条。对其中的五个条文进行了修改，增加了六个条文。重点是修改完善了非法吸收公众存款罪、集资诈骗罪的定罪量刑标准，同时，进一步修改完善认定非法吸收公众存款罪的特征要件和非法吸收资金的行为方式，明确非法吸收公众存款罪、集资诈骗罪罚金数额标准，明确非法吸收公众存款罪、集资诈骗罪与组织、领导传销活动罪竞合处罚原则，明确单位犯非法吸收公众存款罪、集资诈骗罪的定罪量刑标准，并对个别条文作了部分文字修改。

三、《修改决定》对非法吸收公众存款罪的特征要件作了哪些修改，增加了哪些非法吸收资金的行为方式？

答：《解释》原第一条规定了认定非法吸收公众存款罪的特征要件，即非法性、公开性、利诱性、社会性，这是《解释》的核心条文之一。实践证明，认定非法吸收公众存款罪的四个特征要件是符合司法实践的，缺一不可。修改后《解释》保持四个认定要件不变，根据相关法律规定和司法实践，对该条第一款第一项、第二项表述作适当修改，其中：将第一项中“依法批准”修改为“依法许可”，更能凸显法治思维，表述更准确；将第二项中“手机短信”修改为“手机信息”，增加通过“网络”进行宣传的方式，进一步完善向社会公开宣传的方式和途径。

《解释》原第二条规定了非法吸收资金的十种行为方式，并规定了兜底条款，修改后《解释》在原规定的基础上，结合司法新实践和犯罪新形式，在该条第八项、第九项中分别增加网络借贷、虚拟币交易、融资租赁等新型非法吸收资金的行为方式，同时增加一项“以提供‘养老服务’、投资‘养老项目’、销售‘老年产品’等方式非法吸收资金的”作为第十项，为依法惩治P2P、虚拟货币、养老领域等非法集资犯罪提供依据。需要指出的是，近年来，养老领域非法集资犯罪频发，犯罪分子打着“养老服务”“养老项目”“老年产品”以及“以房养老”等旗号进行非法集资活动，严重损害广大老年人合法权益，严重破坏金融管理秩序，危害国家金融安全和社会稳定，应依法从严惩处。

四、《修改决定》对非法吸收公众存款罪的定罪量刑标准作了哪些调整和修改？

答：《刑法修正案（十一）》增加了非法吸收公众存款罪第三档法定刑，提高了法定最高刑，即：数额特别巨大或者有其他特别严重情节的，处十年以上有期徒刑，并处罚金。《解释》原第三条第一款规定了非法吸收公众存款罪第一档入罪标准、第二款规定了第二档“数额巨大或者有其他严重情节”的标准。《修改决定》对《解释》原第三条作了重大修改，修改后《解释》第三条、第四条、第五条分别规定了第一档入罪标准、第二档“数额巨大或者有其他严重情节”的认定标准、第三档“数额特别巨大或者有其他特别严重情节”的认定标准。主要作了以下几方面的修改：

其一，不再区分自然人犯罪和单位犯罪处罚标准。《解释》原第三条第一款、第二款分别规定了自然人和单位犯罪的定罪处罚标准，修改后《解释》不再区分自然人犯罪和单位犯罪处罚标准，体现对单位犯罪从严惩处的精神。

其二，适当提高第一档入罪标准。结合经济社会发展状况和司法实践，适当提高非法吸收公众存款数额、非法吸收公众存款对象人数、造成直接经济损失数额，给行政处罚留出一定空间。在此基础上，按照数额（数量）入罪标准的五倍确定“数额巨大或者有其他严重情节”标准；按照数额（数量）巨大标准的十倍确定“数额特别巨大或者有其他特别严重情节”标准。之所以按十倍的标准确定“数额特别巨大或者有其他特别严重情节”标准，主要考虑第二档法定刑幅度较大（三年至十年有期徒刑），将第二档和第三档的标准拉开距离，避免案件集中在第三档量刑，有利于案件平衡处理。

其三，增加规定了“数额＋情节”标准。在适当提高入罪标准的同时，为有效惩处该类犯罪，与原入罪标准有机衔接，修改后《解释》第三条第二款规定了“数额＋情节”标准，明确了三种“数额＋情节”的入罪情形，即：非法吸收或者变相吸收公众存款数额在50万元以上或者给存款人造成直接经济损失数额在25万元以上，同时具有曾因非法集资受过刑事追究的，二年内曾因非法集资受过行政处罚的，或造成恶劣社会影响或者其他严重后果的情节的，应当依法追究刑事责任。相应地，修改后《解释》第四条、第五条第二款也分别规定了“其他严重情节”“其他特别严重情节”的“数额＋情节”的认定标准。需要注意的是，考虑将“曾因非法集资受过刑事追究的”“二年内曾因非法集资受过行政处罚的”情节作为认定具有“其他严重情节”“其他特别严重情节”的情形，有对前科、累犯等重复评价、加重处罚之嫌，故将认定“其他严重情节”“其他特别严重情节”限定在“造成恶劣社会影响或者其他严重后果的”情形。

五、修改后《解释》对非法吸收公众存款罪积极退赃退赔情节是如何规定的，如何体现从宽处罚精神？

答：《解释》原第三条第三款、第四款规定了认定非法吸收公众存款数额的认定标准，明确规定案发前后已归还的数额可以作为量刑情节酌情考虑，并规定了可以免予刑事处罚及不作为犯罪处理的情形。《刑法修正案（十一）》将非法吸收公众存款罪积极退赃退赔情节规定为法定量刑情节。修改后《解释》将原第三条第三款、第四款作为第六条第一款、第二款，并作相应修改，明确规定：（第一款）非法吸收或者变相吸收公众存款的数额，以行为人所吸收的资金全额计算。在提起公诉前积极退赃退赔，减少损害结果发生的，可以从轻或者减轻处罚；在提起公诉后退赃退赔的，可以作为量刑情节酌情考虑。（第二款）非法吸收或者变相吸收公众存款，主要用于正常的生产经营活动，能够在提起公诉前清退所吸收资金，可以免予刑事处罚；情节显著轻微危害不大的，不作为犯罪处理。需要指出的是，第二款的适用不限于修改后《解释》第三条规定的入罪情形，也适用于第四条、第五条规定的情形，只要符合第二款适用条件的，均可适用。同时，结合工作实际，为加强行政处罚和刑事处罚衔接，增加一款作为本条第三款，规定对依法不需要追究刑事责任或者免予刑事处罚的，应当依法将案件移送有关行政机关。

六、《修改决定》对集资诈骗罪的定罪量刑标准作了哪些调整和修改？

答：《刑法修正案（十一）》将集资诈骗罪的法定刑从三档改为二档，提高了第一档法定最低刑，将第二档法定最高刑提高到无期徒刑。《修改决定》没有改变集资诈骗罪的认定条件，修改后《解释》对集资诈骗罪的定罪标准进行了适当的调整和修改。其一，不再区分自然人犯罪和单位犯罪处罚标准。《解释》原第五条第一款、第二款分别规定了自然人和单位犯罪的定罪处罚标准，修改后《解释》不再区分自然人犯罪和单位犯罪处罚标准，体现对单位犯罪从严惩处的精神。其二，适当调整数额标准。为充分体现从严惩处集资诈骗犯罪的立法精神，修改后《解释》保持原规定的入罪数额标准不变，同时将原第三档“数额特别巨大”（100 万元）作为修改后第二档“数额巨大”的标准，保持案件量刑相对平稳。其三，增加规定了“数额＋情节”标准。修改后《解释》第八条第二款规定了“其他严重情节”的“数额＋情节”的认定标准，将认定“其他严重情节”限定在第三条第二款第三项“造成恶劣社会影响或者其他严重后果的”情形。

七、修改后《解释》对非法吸收公众存款罪、集资诈骗罪的罚金刑适用是如何规定的？

答：《刑法》原条文规定了非法吸收公众存款罪、集资诈骗罪限额罚金，《刑法修正案（十一）》取消了限额罚金。根据立法修改精神和司法实践，为加大罚金刑力度，修改后《解释》明确了非法吸收公众存款罪第一档、第二档及集资诈骗罪第一档罚金数额标准，以及非法吸收公众存款罪第三档、集资诈骗罪第二档的下限罚金数额。在提高罚金数额的同时，不限定非法吸收公众存款罪第三档、集资诈骗罪第二档的上限罚金数额，以满足司法实践的需要。犯非法吸收公众存款罪，判处三年以下有期徒刑或者拘役，并处或者单处罚金的，处五万元以上一百万元以下罚金；判处三年以上十年以下有期徒刑的，并处十万元以上五百万元以下罚金；判处十年以上有期徒刑的，并处五十万元以上罚金。犯集资诈骗罪，判处三年以上七年以下有期徒刑的，并处十万元以上五百万元以下罚金；判处七年以上有期徒刑或者无期徒刑的，并处五十万元以上罚金或者没收财产。

八、修改后《解释》对非法吸收公众存款罪、集资诈骗罪与组织、领导传销活动罪竞合的处罚原则是如何考虑的？

答：司法实践中，有的案件通过传销手段向社会公众非法吸收资金，对此类案件的定罪处罚问题，存在不同观点。有观点认为，应当数罪并罚；也有观点认为，应当择一重罪处罚。2013 年“两高一部”《关于办理组织领导传销活动刑事案件适用法律若干问题的意见》第六条第一款规定：“以非法占有为目的，组织、领导传销活动，同时构成组织、领导传销活动罪和集资诈骗罪的，依照处罚较重的规定定罪处罚。”鉴于实践中存在诈骗型传销和经营型传销的情形，通过传销手段向社会公众非法吸收资金，可能构成非法吸收公众存款罪或者集资诈骗罪。据此，修改后《解释》第十三条规定，通过传销手段向社会公众非法吸收资金，构成非法吸收公众存款罪或者集资诈骗罪，同时又构成组织、领导传销活动罪的，依照处罚较重的规定定罪处罚。

九、修改后《解释》是如何规定单位非法吸收公众存款罪、集资诈骗罪的定罪量刑标准的?

答: 根据《刑法》第一百七十六条第二款、第一百九十二条第二款的规定，单位可以成为非法吸收公众存款罪、集资诈骗罪的犯罪主体。实践中，单位实施非法吸收公众存款、集资诈骗犯罪屡见不鲜，社会危害严重。为加大对单位非法集资犯罪的惩治力度，修改后《解释》第十四条规定单位犯非法吸收公众存款罪、集资诈骗罪的，适用本解释自然人犯罪的定罪量刑标准，对单位判处罚金，并对其直接负责的主管人员和其他直接责任人员定罪处罚。

十、对《解释》出台前的案件应当如何适用法律?

答:《刑法修正案（十一）》对非法吸收公众存款罪、集资诈骗罪刑法条文作了重大修改，并从2021年3月1日起施行。修改后《解释》对非法吸收公众存款罪、集资诈骗罪的定罪量刑标准作了调整和修改，并从2022年3月1日起施行。由于刑法、司法解释对非法吸收公众存款罪、集资诈骗罪的定罪量刑标准均作了修改，对非法吸收公众存款罪、集资诈骗罪的定罪量刑产生重大影响，对于《刑法修正案（十一）》施行前发生的行为，修改后《解释》施行后尚未处理或者正在处理的案件，应当根据修改后《解释》确定的定罪量刑标准，按照从旧兼从轻的原则确定适用的刑法。需要注意的是，对于《刑法修正案（十一）》施行前发生的行为，被告人具有积极退赃退赔情节的，按照有利于被告人的原则，应当依照《刑法修正案（十一）》的规定适用。

最高人民法院　最高人民检察院　公安部
关于办理非法集资刑事案件适用法律若干问题的意见

2014年3月25日　　　　公通字〔2014〕16号

各省、自治区、直辖市高级人民法院，人民检察院，公安厅、局，解放军军事法院、军事检察院，新疆维吾尔自治区高级人民法院生产建设兵团分院，新疆生产建设兵团人民检察院、公安局：为解决近年来公安机关、人民检察院、人民法院在办理非法集资刑事案件中遇到的问题，依法惩治非法吸收公众存款、集资诈骗等犯罪，根据刑法、刑事诉讼法的规定，结合司法实践，现就办理非法集资刑事案件适用法律问题提出以下意见：

一、关于行政认定的问题

行政部门对于非法集资的性质认定，不是非法集资刑事案件进入刑事诉讼程序的必经程序。行政部门未对非法集资作出性质认定的，不影响非法集资刑事案件的侦查、起诉和审判。

公安机关、人民检察院、人民法院应当依法认定案件事实的性质，对于案情复杂、性质认定疑难的案件，可参考有关部门的认定意见，根据案件事实和法律规定作出性质认定。

二、关于“向社会公开宣传”的认定问题

《最高人民法院关于审理非法集资刑事案件具体应用法律若干问题的解释》第一条第一款第二项中的“向社会公开宣传”，包括以各种途径向社会公众传播吸收资金的信息，以及明知吸收资金的信息向社会公众扩散而予以放任等情形。

三、关于“社会公众”的认定问题

下列情形不属于《最高人民法院关于审理非法集资刑事案件具体应用法律若干问题的解释》第一条第二款规定的“针对特定对象吸收资金”的行为，应当认定为向社会公众吸收资金：

（一）在向亲友或者单位内部人员吸收资金的过程中，明知亲友或者单位内部人员向不特定对象吸收资金而予以放任的；

（二）以吸收资金为目的，将社会人员吸收为单位内部人员，并向其吸收资金的。

四、关于共同犯罪的处理问题

为他人向社会公众非法吸收资金提供帮助，从中收取代理费、好处费、返点费、佣金、提成等费用，构成非法集资共同犯罪的，应当依法追究刑事责任。能够及时退缴上述费用的，可依法从轻处罚；其中情节轻微的，可以免除处罚；情节显著轻微、危害不大的，不作为犯罪处理。

五、关于涉案财物的追缴和处置问题

向社会公众非法吸收的资金属于违法所得。以吸收的资金向集资参与人支付的利息、分红等回报，以及向帮助吸收资金人员支付的代理费、好处费、返点费、佣金、提成等费用，应当依法追缴。集资参与人本金尚未归还的，所支付的回报可予折抵本金。

将非法吸收的资金及其转换财物用于清偿债务或者转让给他人，有下列情形之一的，应当依法追缴：

（一）他人明知是上述资金及财物而收取的；

（二）他人无偿取得上述资金及财物的；

（三）他人以明显低于市场的价格取得上述资金及财物的；

（四）他人取得上述资金及财物系源于非法债务或者违法犯罪活动的；

（五）其他依法应当追缴的情形。

查封、扣押、冻结的易贬值及保管、养护成本较高的涉案财物，可以在诉

讼终结前依照有关规定变卖、拍卖。所得价款由查封、扣押、冻结机关予以保管，待诉讼终结后一并处置。

查封、扣押、冻结的涉案财物，一般应在诉讼终结后，返还集资参与人。涉案财物不足全部返还的，按照集资参与人的集资额比例返还。

六、关于证据的收集问题

办理非法集资刑事案件中，确因客观条件的限制无法逐一收集集资参与人的言词证据的，可结合已收集的集资参与人的言词证据和依法收集并查证属实的书面合同、银行账户交易记录、会计凭证及会计账簿、资金收付凭证、审计报告、互联网电子数据等证据，综合认定非法集资对象人数和吸收资金数额等犯罪事实。

七、关于涉及民事案件的处理问题

对于公安机关、人民检察院、人民法院正在侦查、起诉、审理的非法集资刑事案件，有关单位或者个人就同一事实向人民法院提起民事诉讼或者申请执行涉案财物的，人民法院应当不予受理，并将有关材料移送公安机关或者检察机关。

人民法院在审理民事案件或者执行过程中，发现有非法集资犯罪嫌疑的，应当裁定驳回起诉或者中止执行，并及时将有关材料移送公安机关或者检察机关。

公安机关、人民检察院、人民法院在侦查、起诉、审理非法集资刑事案件中，发现与人民法院正在审理的民事案件属同一事实，或者被申请执行的财物属于涉案财物的，应当及时通报相关人民法院。人民法院经审查认为确属涉嫌犯罪的，依照前款规定处理。

八、关于跨区域案件的处理问题

跨区域非法集资刑事案件，在查清犯罪事实的基础上，可以由不同地区的公安机关、人民检察院、人民法院分别处理。

对于分别处理的跨区域非法集资刑事案件，应当按照统一制定的方案处置涉案财物。

国家机关工作人员违反规定处置涉案财物，构成渎职等犯罪的，应当依法追究刑事责任。

最高人民法院 最高人民检察院
关于办理妨害信用卡管理刑事案件具体应用法律若干问题的解释

（2009 年 12 月 3 日最高人民法院、最高人民检察院公布
根据 2018 年 11 月 28 日最高人民法院、最高人民检察院公布的
《最高人民法院、最高人民检察院关于修改〈关于办理妨害
信用卡管理刑事案件具体应用法律若干问题的解释〉的决定》修正）

为依法惩治妨害信用卡管理犯罪活动，维护信用卡管理秩序和持卡人合法权益，根据《中华人民共和国刑法》规定，现就办理这类刑事案件具体应用法律的若干问题解释如下：

第一条 复制他人信用卡、将他人信用卡信息资料写入磁条介质、芯片或者以其他方法伪造信用卡一张以上的，应当认定为刑法第一百七十七条第一款第四项规定的“伪造信用卡”，以伪造金融票证罪定罪处罚。

伪造空白信用卡十张以上的，应当认定为刑法第一百七十七条第一款第四项规定的“伪造信用卡”，以伪造金融票证罪定罪处罚。

伪造信用卡，有下列情形之一的，应当认定为刑法第一百七十七条规定的“情节严重”：

（一）伪造信用卡五张以上不满二十五张的；

（二）伪造的信用卡内存款余额、透支额度单独或者合计数额在二十万元以上不满一百万元的；

（三）伪造空白信用卡五十张以上不满二百五十张的；

（四）其他情节严重的情形。

伪造信用卡，有下列情形之一的，应当认定为刑法第一百七十七条规定的“情节特别严重”：

（一）伪造信用卡二十五张以上的；

（二）伪造的信用卡内存款余额、透支额度单独或者合计数额在一百万元以上的；

（三）伪造空白信用卡二百五十张以上的；

（四）其他情节特别严重的情形。

本条所称“信用卡内存款余额、透支额度”，以信用卡被伪造后发卡行记录的最高存款余额、可透支额度计算。

第二条 明知是伪造的空白信用卡而持有、运输十张以上不满一百张的，应当认定为刑法第一百七十七条之一第一款第一项规定的“数量较大”；非法持有他人信用卡五张以上不满五十张的，应当认定为刑法第一百七十七条之一第一款第二项规定的“数量较大”。

有下列情形之一的，应当认定为刑法第一百七十七条之一第一款规定的“数量巨大”：

（一）明知是伪造的信用卡而持有、运输十张以上的；

（二）明知是伪造的空白信用卡而持有、运输一百张以上的；

（三）非法持有他人信用卡五十张以上的；

（四）使用虚假的身份证明骗领信用卡十张以上的；

（五）出售、购买、为他人提供伪造的信用卡或者以虚假的身份证明骗领的信用卡十张以上的。

违背他人意愿，使用其居民身份证、军官证、士兵证、港澳居民往来内地通行证、台湾居民来往大陆通行证、护照等身份证明申领信用卡的，或者使用伪造、变造的身份证明申领信用卡的，应当认定为刑法第一百七十七条之一第一款第三项规定的“使用虚假的身份证明骗领信用卡”。

第三条 窃取、收买、非法提供他人信用卡信息资料，足以伪造可进行交易的信用卡，或者足以使他人以信用卡持卡人名义进行交易，涉及信用卡一张以上不满五张的，依照刑法第一百七十七条之一第二款的规定，以窃取、收买、非法提供信用卡信息罪定罪处罚；涉及信用卡五张以上的，应当认定为刑法第一百七十七条之一第一款规定的“数量巨大”。

第四条 为信用卡申请人制作、提供虚假的财产状况、收入、职务等资信证明材料，涉及伪造、变造、买卖国家机关公文、证件、印章，或者涉及伪造公司、企业、事业单位、人民团体印章，应当追究刑事责任的，依照刑法第二百八十条的规定，分别以伪造、变造、买卖国家机关公文、证件、印章罪和伪造公司、企业、事业单位、人民团体印章罪定罪处罚。

承担资产评估、验资、验证、会计、审计、法律服务等职责的中介组织或其人员，为信用卡申请人提供虚假的财产状况、收入、职务等资信证明材料，应当追究刑事责任的，依照刑法第二百二十九条的规定，分别以提供虚假证明文件罪和出具证明文件重大失实罪定罪处罚。

第五条 使用伪造的信用卡、以虚假的身份证明骗领的信用卡、作废的信用卡或者冒用他人信用卡，进行信用卡诈骗活动，数额在五千元以上不满五万元的，应当认定为刑法第一百九十六条规定的“数额较大”；数额在五万元以上不满五十万元的，应当认定为刑法第一百九十六条规定的“数额巨大”；数额在五十万元以上的，应当认定为刑法第一百九十六条规定的“数额特别巨大”。

刑法第一百九十六条第一款第三项所称“冒用他人信用卡”，包括以下情形：

（一）拾得他人信用卡并使用的；

（二）骗取他人信用卡并使用的；

（三）窃取、收买、骗取或者以其他非法方式获取他人信用卡信息资料，并通过互联网、通讯终端等使用的；

（四）其他冒用他人信用卡的情形。

第六条 持卡人以非法占有为目的，超过规定限额或者规定期限透支，经发卡银行两次有效催收后超过三个月仍不归还的，应当认定为刑法第一百九十六条规定的“恶意透支”。

对于是否以非法占有为目的，应当综合持卡人信用记录、还款能力和意愿、申领和透支信用卡的状况、透支资金的用途、透支后的表现、未按规定还款的原因等情节作出判断。不得单纯依据持卡人未按规定还款的事实认定非法占有目的。

具有以下情形之一的，应当认定为刑法第一百九十六条第二款规定的“以非法占有为目的”，但有证据证明持卡人确实不具有非法占有目的的除外：

（一）明知没有还款能力而大量透支，无法归还的；

（二）使用虚假资信证明申领信用卡后透支，无法归还的；

（三）透支后通过逃匿、改变联系方式等手段，逃避银行催收的；

（四）抽逃、转移资金，隐匿财产，逃避还款的；

（五）使用透支的资金进行犯罪活动的；

（六）其他非法占有资金，拒不归还的情形。

第七条 催收同时符合下列条件的，应当认定为本解释第六条规定的“有效催收”：

（一）在透支超过规定限额或者规定期限后进行；

（二）催收应当采用能够确认持卡人收悉的方式，但持卡人故意逃避催收的除外；

（三）两次催收至少间隔三十日；

（四）符合催收的有关规定或者约定。

对于是否属于有效催收，应当根据发卡银行提供的电话录音、信息送达记录、信函送达回执、电子邮件送达记录、持卡人或者其家属签字以及其他催收原始证据材料作出判断。

发卡银行提供的相关证据材料，应当有银行工作人员签名和银行公章。

第八条 恶意透支，数额在五万元以上不满五十万元的，应当认定为刑法第一百九十六条规定的“数额较大”；数额在五十万元以上不满五百万元的，应当认定为刑法第一百九十六条规定的“数额巨大”；数额在五百万元以上的，应当认定为刑法第一百九十六条规定的“数额特别巨大”。

第九条 恶意透支的数额，是指公安机关刑事立案时尚未归还的实际透支的本金数额，不包括利息、复利、滞纳金、手续费等发卡银行收取的费用。归还或者支付的数额，应当认定为归还实际透支的本金。

检察机关在审查起诉、提起公诉时，应当根据发卡银行提供的交易明细、分类账单（透支账单、还款账单）等证据材料，结合犯罪嫌疑人、被告人及其辩护人所提辩解、辩护意见及相关证据材料，审查认定恶意透支的数额；恶意透支的数额难以确定的，应当依据司法会计、审计报告，结合其他证据材料审查认定。人民法院在审判过程中，应当在对上述证据材料查证属实的基础上，对恶意透支的数额作出认定。

发卡银行提供的相关证据材料，应当有银行工作人员签名和银行公章。

第十条 恶意透支数额较大，在提起公诉前全部归还或者具有其他情节轻微情形的，可以不起诉；在一审判决前全部归还或者具有其他情节轻微情形的，可以免予刑事处罚。但是，曾因信用卡诈骗受过两次以上处罚的除外。

第十一条 发卡银行违规以信用卡透支形式变相发放贷款，持卡人未按规定归还的，不适用刑法第一百九十六条‘恶意透支’的规定。构成其他犯罪的，以其他犯罪论处。

第十二条 违反国家规定，使用销售点终端机具（POS机）等方法，以虚构交易、虚开价格、现金退货等方式向信用卡持卡人直接支付现金，情节严重的，应当依据刑法第二百二十五条的规定，以非法经营罪定罪处罚。

实施前款行为，数额在一百万元以上的，或者造成金融机构资金二十万元以上逾期未还的，或者造成金融机构经济损失十万元以上的，应当认定为刑法第二百二十五条规定的“情节严重”；数额在五百万元以上的，或者造成金融机构资金一百万元以上逾期未还的，或者造成金融机构经济损失五十万元以上的，应当认定为刑法第二百二十五条规定的“情节特别严重”。

持卡人以非法占有为目的，采用上述方式恶意透支，应当追究刑事责任的，依照刑法第一百九十六条的规定，以信用卡诈骗罪定罪处罚。

第十三条 单位实施本解释规定的行为，适用本解释规定的相应自然人犯罪的定罪量刑标准。

【注　解】

最高人民法院2009年12月3日公布本解释，法释〔2009〕19号，自2009年12月16日起施行。

最高人民法院2018年11月28日公布《最高人民法院、最高人民检察院关于修改〈关于办理妨害信用卡管理刑事案件具体应用法律若干问题的解释〉

的决定》修正本解释，法释〔2018〕19号，该修正自2018年12月1日起施行。

【解　读】

解读《最高人民法院、最高人民检察院关于办理妨害信用卡管理刑事案件具体应用法律若干问题的解释》

一、问题的提出

为依法惩治妨害信用卡管理犯罪活动，维护信用卡管理秩序和持卡人的合法权益，最高人民法院、最高人民检察院2009年12月3日共同发布了《关于办理妨害信用卡管理刑事案件具体应用法律若干问题的解释》（以下简称本解释），于2009年12月16日起施行。

为了完善我国《刑法》有关信用卡犯罪的规定，全国人大常委会于2005年2月28日通过了《中华人民共和国刑法修正案（五）》（以下简称《修正案五》），增加规定了妨害信用卡管理罪，规定明知是伪造的信用卡而持有、运输的，或者明知是伪造的空白信用卡而持有、运输，数量较大的；非法持有他人信用卡，数量较大的；使用虚假的身份证明骗领信用卡的；出售、购买、为他人提供伪造的信用卡或者以虚假的身份证明骗领的信用卡的，可以妨害信用卡管理罪定罪处罚。《修正案五》还增加规定了窃取、收买、非法提供信用卡信息罪，规定窃取、收买或者非法提供他人信用卡信息资料的，依照妨害信用卡管理罪的规定量刑处罚。同时修改了信用卡诈骗罪的规定，增加了使用以虚假的身份证明骗领信用卡的行为可以信用卡诈骗罪追究刑事责任。全国人大常委会于2004年12月29日通过的《关于〈中华人民共和国刑法〉有关信用卡规定的解释》对《刑法》规定的“信用卡”的含义作出解释，信用卡是指由商业银行或者其他金融机构发行的，具有消费支付、信用贷款、转账结算、存取现金等全部功能或者部分功能的电子支付卡。2008年4月18日，最高人民检察院公布的《关于拾得他人信用卡并在自动柜员机（ATM机）上使用的行为如何定性问题的批复》，规定对于拾得他人信用卡并在自动柜员机（ATM机）上使用的行为以信用卡诈骗罪定性。但是，随着形势的发展，信用卡犯罪的手段不断翻新，防范和打击难度进一步加大，实践部门反映这些规定难以满足惩治虚假申请信用卡和信用卡套现等活动的需要。为了有效地惩治信用卡虚假申请、信用卡套现等信用卡犯罪活动，亟须对相关信用卡犯罪案件中的法律适用问题制定司法解释。

2007 年 10 月，中国银联向最高人民法院研究室发出《关于对商户套现和协助虚假申请等信用卡违法犯罪问题制定司法解释的建议函》，对信用卡犯罪相关问题提出制定司法解释的建议。经认真研究，我们认为确有必要出台信用卡犯罪的司法解释。因此，最高人民法院、最高人民检察院于 2008 年将起草关于惩治妨害信用卡管理犯罪的司法解释立项，并列为 2009 年的工作重点。

依法惩治妨害信用卡管理犯罪，是人民法院、人民检察院贯彻落实中央部署，为国家大局服务的重要方面，是人民法院、人民检察院保民生、保增长、保稳定，从司法工作实际出发，切实解决群众反映强烈的突出问题的重要举措。本解释旨在加大对相关信用卡犯罪的打击力度，为我国妥善应对国际金融危机，加强信用卡安全管理提供法律保障。本解释明确了相关信用卡犯罪的定罪量刑标准，有利于统一司法认定标准，规范执法行为。本解释的公布施行，将对打击伪造信用卡、信用卡诈骗、信用卡套现等信用卡犯罪活动，保障金融市场秩序和人民群众财产安全发挥重要的作用，产生积极的影响。

二、理解与适用

（一）伪造信用卡的认定及量刑标准

本解释第一条共分五款，解释了伪造金融票证罪中伪造信用卡的认定，伪造空白信用卡的认定，伪造信用卡情节严重、情节特别严重的认定标准，以及信用卡内存款余额、透支额度的认定方法。

该条第一款解释了应当认定为伪造信用卡的行为方式。随着信用卡科技含量的提高，境内外犯罪分子伪造信用卡的手段也在不断翻新。从司法实践反映的情况看，伪造信用卡的行为方式通常包括以下几种：一是复制他人信用卡，即将他人信用卡中的信息资料复制到伪造的信用卡中，制作所谓的“克隆卡”；二是将他人信用卡信息资料写入磁条介质、芯片，即将窃取、收买或者非法获取的他人信用卡信息资料写入伪造信用卡中的磁条介质、芯片；三是其他伪造方法，如在过期卡、作废卡、盗窃卡、丢失卡等信息完整的真实信用卡的基础上篡改关键信息，或者对非法获取的发卡银行的空白信用卡进行凸印、写磁制成信用卡等。由于《刑法》第一百七十七条第一款第四项对于伪造信用卡行为没有规定起刑点，且伪造信用卡可以通过多次写卡操作而形成不同信用卡，伪造 1 张信用卡即具有严重的社会危害性，故第一款未设定伪造信用卡的追诉起刑点，伪造信用卡 1 张以上即应构成犯罪。

第二款规定了伪造空白信用卡的处理。在征求意见过程中，有意见提出，就伪造信用卡的行为方式增加伪造空白信用卡的规定。《刑法》第一百七十七条之一妨害信用卡管理罪中，规定了明知是伪造的空白信用卡而持有、运输，数量较大的行为方式，主要是因为伪造的空白信用卡和真实的空白信用卡具有同样的功能，都可以用作信用卡磁条信息的载体。只要把个人信用卡磁条信息输入，就是一张可以使用的信用卡，而且持有、运输伪造的空白信用卡，往往就是伪造信用卡整个过程中的一个重要环节，社会危害性比较大。《刑法》将明知是伪造的空白信用卡而持有、运输，数量较大的行为规定为犯罪，但未对伪造空白信用卡的行为作出明确规定。目前，信用卡犯罪呈现出分工专业化、手段高智能化的特点，制作、运输、销售各环节相对独立，伪造空白信用卡是伪造信用卡犯罪链中的一环，犯罪分子常使用较为专业的成套制卡机器、设备及材料，大批量制造与真实信用卡的质地、模式、版块、图样相仿的空白信用卡。为了严密法网，避免实践中的法律适用困难，有必要将伪造空白信用卡列为伪造信用卡的行为方式之一。同时，考虑到伪造空白信用卡的社会危害性要略小于伪造信用卡，因此规定了 10 张的数量标准。由于伪造空白信用卡在实践中多呈规模化，将伪造空白信用卡的数量标准规定为 10 张，也更符合实际情况。

第三款规定了伪造信用卡情节严重的认定标准。主要从伪造信用卡数量和伪造的信用卡内金额进行认定，以伪造信用卡 5 张、空白信用卡 50 张或者伪造的信用卡内存款余额、透支额度单独或者合计数额达到 20 万元作为伪造信用卡情节严重的标准，同时以其他情节严重的情形作为“兜底”条款。其中，伪造信用卡、空白信用卡的数量标准以起刑点的 5 倍作为标准。数额标准考虑到信用卡分为借记卡和贷记卡，规定了存款余额、透支额度单独或者合计 20 万元以上不满 100 万元的标准。

第四款规定了伪造信用卡情节特别严重的认定标准。也是从伪造信用卡数量和伪造的信用卡内金额进行认定，以伪造信用卡 25 张、空白信用卡 250 张或者伪造的信用卡内存款余额、透支额度单独或者合计数额达到 100 万元作为伪造信用卡情节特别严重的标准。这里以情节严重的 5 倍作为情节特别严重的标准。

第五款规定了信用卡内存款余额、透支额度的认定方法。根据是否具有透支功能，信用卡分为借记卡和贷记卡，借记卡内记载有存款余额，贷记卡内记载有透支额度，伪造的信用卡内的存款余额、透支额度越高，则对发卡行和持卡人可能造成的经济损失就越大，社会危害性也就越大。同时，由于被伪造信用卡的持卡人或持伪卡的人可能取现或者消费，卡内存款余额、透支额度处于变动之中，为了从严惩处此类犯罪，本解释规定以信用卡被伪造后发卡行记录的最高存款余额、可透支额度计算信用卡内存款余额、透支额度。

（二）妨害信用卡管理罪的定罪量刑标准

本解释第二条共分三款，前两款解释了妨害信用卡管理罪的两个量刑幅度的适用标准，第三款规定了使用虚假的身份证明骗领信用卡的认定方法。

第一款解释了妨害信用卡管理罪第一档量刑幅度中两个数量较大的规定。根据《刑法》第一百七十七条之一的规定，妨害信用卡管理罪有5种行为方式，其中，明知是伪造信用卡而持有、运输，使用虚假的身份证明骗领信用卡，出售、购买、为他人提供伪造的信用卡或者以虚假的身份证明骗领的信用卡等3种行为方式没有数量的要求，涉及1张信用卡即可构成犯罪。明知是伪造的空白信用卡而持有、运输或者非法持有他人信用卡的，则要求数量较大才构成本罪。因此，第一款对这两种行为方式分别规定了10张以上和5张以上的数量标准。

第二款解释了妨害信用卡管理罪第二档量刑幅度中数量巨大的适用标准。这里以第一档量刑幅度的10倍作为掌握的标准。

第三款解释了使用虚假的身份证明骗领信用卡的认定。使用虚假身份证明包括违背他人意愿使用他人身份证明和使用伪造、变造的身份证明两种情形。对于实践中多发的非法中介协助利用虚假资信证明申请信用卡的行为，申请人向银行申请信用卡时需要提交个人真实的身份证明和资信证明，两者既有联系又有区别：身份证明是用于证明申请人主体资格的身份信息，资信证明是用于证明申请人还款能力和还款意愿等信用程度的信息。资信证明不能解释为身份证明，对利用虚假资信证明申请信用卡的行为可以依照《刑法》的其他规定予以处理。因此，本款中列明的仅是申请人申请信用卡时需要出具的身份证明，如居民身份证、军官证、士兵证、港澳居民往来内地通行证、台湾居民来往大陆通行证、护照等，而不包括资信证明。

此外，本款还规定了违背他人意愿的限制性条件。这一规定主要基于以下考虑：一是实践中存在很多授权他人代为办理借记卡、贷记卡的情况。例如，有些学校、单位统一为学生、职工办理用于支付助学金、工资等资金的借记卡。有些公司经他人授权，为他人代办贷记卡申请手续等，这类情况显然不属于违背他人意愿。二是有些犯罪嫌疑人从农民手中大量收购身份证用于申领信用卡。辩称是经过他人同意，这类骗取他人同意的情形，虽然形式上取得了他人的“同意”，但实质上仍是违背他人意愿。因此，增加违背他人意愿的限制性条件，既可以防止不合理地扩大打击面，又更符合实际情况，便于操作。

（三）窃取、收买、非法提供信用卡信息罪的定罪量刑标准

本解释第三条共分两款，解释了窃取、收买、非法提供信用卡信息罪的两个量刑幅度的适用标准。非法获取他人信用卡信息资料是伪造信用卡的前提。有的犯罪分子为了伪造信用卡，窃取、收买他人的信用卡信息资料，有的犯罪分子则专门向伪造信用卡的人非法提供他人的信用卡信息资料。这种窃取、收买、非法提供他人信用卡信息的行为具有严重的社会危害性：它既是伪造信用卡的前提条件，也是伪造信用卡一系列活动的关键一环，大大助长了伪造信用卡的行为，使伪造行为本身更为便利。因此，2005年《修正案五》专门增加

一条，将此种行为规定为犯罪。本解释第三条也专门对此种行为的定罪量刑标准作出了规定。

该条的关键问题是信用卡信息的数量如何计算。信用卡信息资料是一组有关发卡行代码、持卡人账号、密码、校验码等内容的加密电子数据，通常由发卡行在发卡时使用专用设备写入信用卡的磁条或芯片中，作为POS机、ATM机等终端机具识别合法用户的依据。解释稿最初以信息资料的条数作为信用卡信息的计算标准。在征求意见过程中，有意见提出，应当考虑实践中涉及的并非均为信用卡完整信息，有时可能仅是信用卡部分信息，可从以下两个角度规定信用卡信息的数量：一是窃取、收买、非法提供信用卡完整信息资料的套数；二是信用卡主账号、个人标识代码等信息资料的条项数。后经研究，本解释以足以伪造可进行交易的信用卡和足以使他人以信用卡持卡人名义进行交易两个角度来规定窃取、收买、非法提供信用卡信息罪的量刑标准。

为保证处罚这种行为的有效性，本解释从以下两个方面对该罪的量刑标准进行了规定。一方面，实践中不同信用卡交易方式所要求的信用卡信息资料的数量是不同的，难以明确界定各种信用卡业务所需要的信息资料的条项数。因此，司法解释从足以伪造可进行交易的信用卡和足以使他人以信用卡持卡人名义进行交易两个角度来界定窃取、收买、非法提供信用卡信息资料行为的危害程度。足以伪造可进行交易的信用卡的信息资料，是指进行有磁交易（如在ATM和POS终端机具上进行交易）时所需要的信用卡信息资料；足以使他人以信用卡持卡人名义进行交易的信息资料，是指进行无磁交易（如网上银行和电话支付等）时所需要的信用卡信息资料，例如不使用信用卡卡片，而使用他人信用卡信息，通过网上支付或者电话支付使用信用卡。

另一方面，行为人掌握涉及1张信用卡的信息资料后，只要将其写入信用卡内，即可用于提取现金或者刷卡消费，或者以信用卡持卡人名义进行无磁交易，其社会危害性与伪造1张信用卡相当。因此，将窃取、收买、非法提供他人信用卡信息资料，足以伪造可进行交易的信用卡，或者足以使他人以信用卡持卡人名义进行交易，涉及信用卡数量1张以上作为窃取、收买、非法提供信用卡信息罪的起刑点。同时，参照该解释第一条关于伪造信用卡的规定，将第二档量刑幅度掌握为第一档量刑幅度的5倍。

（四）为信用卡申请人制作、提供虚假资信证明行为的处理

本解释第四条共分两款，解释了为信用卡申请人制作、提供虚假资信证明的行为如何定性处理。调研过程中，有意见提出，目前为信用卡申请人制作、提供虚假资信证明，虚假申请信用卡的行为比较普遍，也应受到刑事处罚。

在贷记卡业务中，发卡行对申请人进行发卡审核时，资信证明是与身份证明同等重要的影响发卡行评价并最终决定是否发卡以及给予多少透支额度的关键因素。为信用卡申请人制作、提供虚假资信证明，通常表现为为信用卡申请

人提供虚假的财产状况、收入、职务等资信证明材料，并在发卡行征信环节代为应对各种资信审核，以协助申请人向银行虚假申请信用卡的行为。这种情况下的申请人通常收入不高，资信不够，难以通过正常渠道获得银行贷款和较高额度贷记卡，于是就委托他人伪造资信证明并代办贷记卡。实践中已出现大量以牟利为目的，专门协助他人伪造虚假资信证明，代办信用卡的非法中介组织。2008 年全国信用卡虚假申请欺诈损失 1.14 亿元，同比上升了 141%，且该行为往往是犯罪分子实施信用卡套现、信用卡诈骗行为的前提和基础，扰乱了信用卡管理秩序，具有严重的社会危害性。

鉴于此种行为属于提供虚假资信证明的行为，不能解释为妨害信用卡管理罪中的使用虚假的身份证明骗领信用卡的行为，本解释明确规定，此种行为可以构成《刑法》第二百八十条、第二百二十九条规定的伪造、变造、买卖国家机关公文、证件、印章罪，伪造公司、企业、事业单位、人民团体印章罪，提供虚假证明文件罪或者出具证明文件重大失实罪。

（五）一般信用卡诈骗罪的定罪量刑标准

本解释第五条规定了一般信用卡诈骗罪的定罪量刑标准。该条共分两款。第一款解释了使用伪造的信用卡、以虚假的身份证明骗领的信用卡、作废的信用卡或者冒用他人信用卡，进行信用卡诈骗的 3 个量刑幅度的适用标准。这里数量较大、数量巨大的标准，根据 2001 年《全国法院审理金融犯罪案件工作座谈会纪要》，分别沿用 1996 年最高人民法院《关于审理诈骗案件具体应用法律的若干问题的解释》规定的 5000 元以上、5 万元以下的标准。同时，由于此类案件涉嫌的犯罪数额大，故将不同量刑幅度掌握在 10 倍的差距，将数额特别巨大的标准提高到 50 万元。

第二款解释了冒用他人信用卡的认定。所谓冒用他人信用卡，是指行为人以持卡人的名义使用持卡人的信用卡骗取财物的行为。由于《刑法》并未对行为人取得他人信用卡的方式以及冒用的具体手段作出具体规定，故该款从以下四个方面进行了具体规定：

第一是拾得他人信用卡并使用的行为，涵盖了 2008 年最高人民检察院《关于拾得他人信用卡并在自动柜员机（ATM 机）上使用的行为如何定性问题的批复》的内容，司法实践中通常表现为三种情形：一是拾得他人遗留在 ATM 机里的信用卡并使用的；二是拾得他人的信用卡及其密码并使用的；三是拾得他人的信用卡后，通过猜配密码使用的。

第二是骗取他人的信用卡并使用的行为。行为人骗取他人信用卡不等于骗取了信用卡所记载的钱款，只有使用了该信用卡才能取得他人的财产。因此，此种行为应当认定为冒用他人信用卡的信用卡诈骗行为。

第三是窃取、收买、骗取或者以其他非法方式获取他人信用卡信息资料，并通过互联网、通讯终端等使用的行为。近年来，随着银行卡产业的发展与信息技术的进步，信用卡的使用渠道不断拓宽，信用卡诈骗活动的犯罪手段也随之发生了变化，从传统的在自动柜员机上使用他人信用卡，演变为在销售点终端机具、网上支付、电话支付渠道使用他人信用卡或者信用卡信息。以网上支付、电话支付方式使用他人信用卡，属于以无磁交易方式实施的信用卡诈骗。这种犯罪行为，进行交易时不需要提供信用卡卡片，因此犯罪手段更为隐蔽，危害性更大。考虑到这一点，本解释第五条专门规定了冒用他人信用卡进行信用卡诈骗的多种情形，既包括拾得、骗取他人信用卡并使用的，也包括窃取、收买、骗取或者以其他非法方式获取他人信用卡信息资料，并通过互联网、通讯终端等使用的行为。因此，利用互联网和电话等方式使用他人信用卡的行为，可以依照本解释的这一规定追究刑事责任。

第四是关于“兜底”条款的规定。

（六）恶意透支的定罪量刑标准

依照《刑法》的规定，恶意透支是一种信用卡诈骗犯罪的行为。但是恶意透支的行为不同于其他信用卡诈骗罪的行为方式，其与贷记卡本身拥有的基本功能——透支，具有密切的关联。起草该条规定时，我们充分考虑了当前信用卡产业的发展现状和广大持卡人的切身利益，对恶意透支进行了严格限定和明确，既要突出刑事打击重点，对那些以非法占有为目的、严重扰乱国家信用卡管理秩序的持卡人予以刑事制裁，又要严格控制刑事打击面，避免将没有非法占有目的的持卡人纳入刑事打击的范围，以充分贯彻宽严相济的刑事政策。故本解释第六条对恶意透支构成犯罪的要件、量刑标准均作出了严格规定：

一是对《刑法》规定的恶意透支，增加了两次催收后超过3个月的限制条件。根据《刑法》第一百九十六条第二款的规定，恶意透支是指持卡人以非法占有为目的，超过规定限额或者规定期限透支，并且经发卡银行催收后仍不归还的行为。司法实践中，对于如何认定持卡人经发卡银行催收后仍不归还存在不同认识。1995年最高人民法院、最高人民检察院《关于办理利用信用卡诈骗犯罪案件具体适用法律若干问题的解释》曾经规定，“经银行进行还款催告超过3个月仍未归还的”，为构成信用卡诈骗罪的限制条件。实践中也存在有的持卡人由于搬迁或者出差，没有收到银行的账单、催收文书，未能及时还款，或者有的持卡人因申领信用卡数量较多，还款日期各不相同而顾此失彼的情况。因此本解释增加了两次催收后超过3个月的限制条件，规定持卡人以非法占有为目的，超过规定限额或者规定期限透支，并且经发卡银行两次催收后超过3个月仍不归还的，应当认定为《刑法》第一百九十六条规定的恶意透支。3个月的期限应从后一次催收后开始起算。这既能将一些非恶意透支的情况排除在外，又能便于司法机关从程序上认定恶意透支。

二是对恶意透支的以非法占有为目的作出了规定。以非法占有为目的是恶意透支的主观要件，是区分恶意透支信用卡诈骗罪和善意透支的主要界限。为合理排除善意透支的行为，我们结合恶意透支在司法实践中的具体表现形式，列举了应当认定为以非法占有为目的的六种情形：明知没有还款能力而大量透支，无法归还的；肆意挥霍透支资金，无法归还的；透支后逃匿、改变联系方式，逃避银行催收的；抽逃、转移资金，隐匿财产，逃避还款的；使用透支的资金进行违法犯罪活动的；其他非法占有资金，拒不返还的。上述情形均表明持卡人具有一定的主观恶性，有骗取发卡行资金的目的，显然不会及时归还透支款息，应当认定为以非法占有为目的。

对于实践中有的持卡人因短期资金周转不灵或者因客观原因无法及时还款的情形，持卡人只要按照发卡行要求的最低还款额进行还款，或者向发卡行说明情况，积极设法归还，则可以排除其非法占有的目的。此时，持卡人只需承担民事上的违约责任，按规定还本付息，而不会承担刑事责任。

三是解释了恶意透支的定罪量刑标准。透支是贷记卡的基本功能，恶意透支与善意透支在实践中有时不易区分，涉及的信用卡使用人数众多，因此其量刑标准应当从宽掌握。我们将恶意透支的量刑标准掌握在本解释第五条规定的一般信用卡诈骗罪的2倍，以恶意透支1万元作为起刑点，以10万元以上作为数额巨大的标准，以100万元以上作为数额特别巨大的标准，以免打击面过宽。

同时，由于复利、滞纳金、手续费等发卡银行收取的费用具有民事违约金的性质，并且不同银行对其规定的数额不同，作为恶意透支数额予以认定不合理，故本解释作出了排除性规定，客观上明确了构成犯罪的数额认定标准。

四是规定了对持卡人在判决宣告前和立案前已偿还全部透支款息的从轻处理问题，充分体现了宽严相济的刑事政策。对此种情况的从轻处理，1995年最高人民法院、最高人民检察院《关于办理利用信用卡诈骗犯罪案件具体适用法律若干问题的解释》就曾规定："行为人恶意透支构成犯罪的，案发后至人民检察院起诉前已归还全部透支款息的，可以从轻、减轻处罚或者免予追究刑事责任。"此问题在解释稿的制定过程中存在不同观点，形成两种意见：一种意见认为，立案前已偿还全部透支款息的，不予追究刑事责任；立案后判决宣告前已偿还全部透支款息的，可以减轻、免除处罚或者不予追究刑事责任。另一种意见认为，对减轻、免除处罚和不予追究刑事责任应严格按照《刑法》的规定，司法解释不宜扩大减轻、免除处罚或者不予追究刑事责任的范围。我们认为，透支是信用卡的基本功能，持卡人与发卡行之间存在民事借贷关系，有必要在符合《刑法》规定的前提下，明确从轻处罚的事由。本解释规定了两种情形：一是恶意透支应当追究刑事责任，但在公安机关立案后人民法院判决宣告前已偿还全部透支款息的，可以从轻处罚，情节轻微的，可以免除处罚。这一情形符合《刑法》第三十七条对于犯罪情节轻微不需要判处刑罚的，可以免予刑事处罚的规定。二是恶意透支数额较大，在公安机关立案前已偿还全部透支款息，情节显著轻微的，可以依法不追究刑事责任。这一情形符合《刑法》第十三条情节显著轻微危害不大的，不认为是犯罪的规定。本解释的规定既有利于挽回经济损失，又能严格控制刑事制裁面。但是应当注意，不追究刑事责任的规定仅适用于恶意透支数额较大的情形，即恶意透支 1 万元以上不满 10 万元的。对于恶意透支数额巨大或者数额特别巨大的，不能适用不追究刑事责任的规定。

（七）对信用卡套现行为以非法经营罪追究刑事责任

近年来，违反国家规定，使用销售点终端机具（POS 机）、网上支付、电话支付等方法，以虚构交易、虚开价格、现金退货等方式向信用卡持卡人直接支付现金的信用卡套现行为日益增多，已蔓延至全国，特别在当前全球金融危机和我国中小企业融资难的情况下，通过非法中介进行信用卡套现的情况急剧增加，套现金额和笔数增长迅速，涉及套现的以及不法中介公司的广告泛滥。2008 年由各发卡机构确认的套现欺诈金额近 15 亿元，涉及商户近 2 万户，严重扰乱了国家的金融管理秩序，有必要予以刑事打击。

信用卡套现，实践中一般表现为使用 POS 机、网上支付、电话支付等方法，通过虚构交易、虚开价格、现金退货等方式，在未发生真实商品交易的情况下，变相将信用卡的授信额度转化为现金，支付给信用卡持卡人的行为。违法商户在套现过程中一般通过收取一定比例的手续费来谋取不法利益。信用卡套现活动危害严重：一是非法经营金融业务，容易滋生地下金融活动，扰乱国家金融秩序，进而威胁社会正常经济秩序；二是套现行为制造的虚假交易会导致虚假的经济统计数据和虚假的经济繁荣景象，进而误导经济决策；三是侵犯信用卡业务的正常秩序，给发卡银行带来巨大的信贷风险；四是导致部分个人及中小企业处于高度负债状态，威胁社会安定和谐。

故本解释第七条专门对此进行了规定。该条共分三款，解释了使用 POS 机等进行信用卡套现行为的定性、处罚以及持卡人构成信用卡诈骗罪的情形。

对信用卡套现如何定性处罚？主要有两种意见：一种意见认为，信用卡套现是将信用卡内的消费信贷额度直接转化为现金套取出来，相当于骗取银行贷款，应当依照《刑法》第一百七十五条之一骗取贷款罪定罪处罚。但骗取贷款罪的犯罪主体是信用卡持卡人，特约商户是持卡人的帮助犯，这样可能导致刑事处罚范围过大，不利于突出打击重点。另一种意见认为，信用卡套现行为中特约商户协助持卡人进行套现，是以收取手续费为目的，本质是一种非法经营行为，应依照《刑法》第二百二十五条非法经营罪定罪处罚。但存在的问题是目前尚无法律和行政法规明文规定禁止信用卡套现，有可能扩大非法经营罪的范围。

我们认为，《中华人民共和国刑法修正案（七）》已将非法从事资金结算业务规定为非法经营罪的行为方式之一，因此对于实践中利用 POS 机、网上支付、电话支付等方法从事套现活动，情节严重，需要追究刑事责任的，可以适用《刑法》第二百二十五条规定处理。

故本解释第七条第一款规定，信用卡套现以非法经营罪认定，并把打击重点定为使用 POS 机等方法实施信用卡套现的不法商户。由于信用卡套现行为的危害主要在于将金融机构资金置于高度风险之中，因此本条第二款把套现金额、逾期未还金额、金融机构经济损失作为定罪量刑的标准。我们在近年信用卡套现交易金额等统计数据的基础上，确定了该罪的定罪量刑标准，并将第二个量刑幅度掌握在第一个量刑幅度的 5 倍。根据中国银联商户风险监控系统的统计，2007 年套现交易金额累计 100 万元的套现商户有 8 家，500 万元以上的没有；2008 年 1 月至 9 月，套现交易金额累计 100 万元的套现商户有 79 家，500 万元以上的有 2 家。因此，将套现商户累计交易金额达 100 万元作为定罪标准，既能有效地惩治已造成严重危害的套现商户，对社会上其他潜在的套现商户形成极大的威慑，又能避免因刑事打击面过宽而引起不良影响。同时，根据对已发套现案件的调查，通常一起套现案件案发后，所涉及的累计套现交易总额中，至少有 20%的套现交易额经发卡行采取电话、传真等一般催收措施后，仍会形成逾期 3 个月不能归还的透支额。此后，对于逾期 3 个月不能归还的透支额，经发卡银行采取上门催收、外包的专业催收、律师诉讼及公安、司法机关介入等特殊催收措施后，仍约有 50%的透支额最终无法追回，形成发卡行的实际损失。如果以商户累计套现交易金额达 100 万元以上的数量标准为参考值，那么因商户从事套现造成金融机构资金 20 万元以上逾期未还的，或造成金融机构经济损失 10 万元以上的，其社会危害性基本相当，数量标准基本协调。因此，对信用卡套现构成非法经营罪的定罪量刑标准作出了如下规定：数额在 100 万元以上的，或者造成金融机构资金 20 万元以上逾期未还的，或者造成金融机构经济损失 10 万元以上的，应当认定为《刑法》第二百二十五条规定的情节严重；同时将情节特别严重的标准掌握在情节严重的 5 倍。

第三款对持卡人构成信用卡诈骗罪的情形作出了规定。持卡人以套取现金为目的，通过 POS 机商户实施套现行为的，一般不按犯罪处理；但如果其以非法占有为目的，通过 POS 机商户实施套现行为的，则应当以信用卡诈骗罪定罪处罚。

（撰稿人：刘　涛）

解读《最高人民法院、最高人民检察院关于修改〈关于办理妨害信用卡管理刑事案件具体应用法律若干问题的解释〉的决定》

2018年11月28日，最高人民法院、最高人民检察院发布《关于修改〈关于办理妨害信用卡管理刑事案件具体应用法律若干问题的解释〉的决定》（法释〔2018〕19号，以下简称《修改决定》），自2018年12月1日起施行。根据《修改决定》，对《最高人民法院、最高人民检察院关于办理妨害信用卡管理刑事案件具体应用法律若干问题的解释》（法释〔2009〕19号，以下简称《解释》）作相应修改并调整条文序号后，重新公布。为便于司法实践中正确理解与适用，现就《修改决定》的制定背景、起草中的主要考虑和主要内容介绍如下。

一、《修改决定》的制定背景

1997年《刑法》第一百九十六条规定了信用卡诈骗罪，2005年《刑法修正案（五）》作了进一步修改完善。根据刑法第一百九十六条的规定，有下列情形之一，进行信用卡诈骗活动，数额较大的，构成信用卡诈骗罪：(1) 使用伪造的信用卡，或者使用以虚假的身份证明骗领的信用卡的；(2) 使用作废的信用卡的；(3) 冒用他人信用卡的；(4) 恶意透支的。2009年12月，最高人民法院、最高人民检察院联合发布了《解释》，明确了信用卡诈骗罪等妨害信用卡管理犯罪的定罪量刑和法律适用标准。作为重要内容之一，《解释》针对信用卡诈骗罪中恶意透支的情形，明确了行为认定标准和定罪量刑数额标准。

《解释》施行以来，各级公安、司法机关依照刑法和《解释》的规定，依法惩治恶意透支和其他信用卡诈骗犯罪，有效维护信用卡管理秩序。但是，恶意透支与使用“伪卡”“假卡”“废卡”“冒用卡”等信用卡诈骗存在重大区别，本质上系持卡人与发卡银行的民事债权债务纠纷，不宜过分依靠刑法予以解决。然而，经司法大数据分析发现，信用卡诈骗罪呈现出如下两个特点：(1) 恶意透支成为信用卡诈骗罪的主要行为样态。近五年，信用卡诈骗罪案件一审年均结案1万件左右，占全部金融诈骗犯罪（包括集资诈骗罪、贷款诈骗罪、票据诈骗罪、金融凭证诈骗罪、信用证诈骗罪、信用卡诈骗罪、有价证券诈骗罪、保险诈骗罪等八个罪名）的八成以上，恶意透支又占信用卡诈骗罪的八成，有的地方甚至达到95%。也即，恶意透支大约占全部金融诈骗犯罪案件的七成至八成。(2) 恶意透支刑事案件的量刑整体偏重。根据《解释》的规定，恶意透支，数额在一万元以上不满十万元的，构成信用卡诈骗罪；数额在十万元以上不满一百万元的，处五年以上十年以下有期徒刑；数额在一百万元以上的，处十年以上有期徒刑或者无期徒刑。近年来，恶意透支犯罪的重刑（五年以上有期徒刑、无期徒刑）率呈逐年上升态势。

相对于其他金融诈骗犯罪和信用卡诈骗罪的其他类型，恶意透支的社会危害相对较小，但在实践中却成为信用卡诈骗犯罪甚至全部金融诈骗犯罪的绝对多数类型，且重刑率持续上升，反映出《解释》关于恶意透支的规定，逐渐难以适应当前经济社会发展形势，需要作出调整。与此同时，司法实践在办理恶意透支刑事案件的过程中还反映出其他一些法律适用争议问题，需要通过司法解释作出明确。

为确保法律准确统一适用，维护信用卡管理秩序，最高人民法院会同最高人民检察院，深入调查研究，在广泛征求公安部、中国人民银行、中国银行保险监督管理委员会、中国银联等部门意见的基础上，起草了《修改决定》。2018 年 7 月 30 日最高人民法院审判委员会第 1745 次会议、2018 年 10 月 19 日最高人民检察院第十三届检察委员会第七次会议审议通过了《修改决定》。

二、《修改决定》起草中的主要考虑

为确保修改后《解释》的内容科学合理，能够适应形势发展、满足实践需要，在《修改决定》起草过程中，着重注意把握了以下几点：

第一，把握立法精神，区分恶意透支和信用卡诈骗罪的其他类型。恶意透支最重要的特点就是“真人真卡”，与使用“伪卡”“假卡”“废卡”“冒用卡”等信用卡诈骗罪的其他类型存在重大区别。而且，恶意透支的产生、规模、控制与发卡银行的经营策略有较大关系。基于此，《修改决定》根据当前恶意透支刑事案件特点，适当上调了恶意透支定罪量刑的数额标准。

第二，坚持问题导向，有效解决司法实务难题。从调研情况来看，办理恶意透支刑事案件存在一些争议问题，亟须作出进一步明确规定。例如，“以非法占有为目的”的内涵与外延，“催收”的把握，等等。基于此，《修改决定》相关条文以办理恶意透支刑事案件存在的问题为基础，结合司法实际，作了明确规定。

第三，坚持宽严相济，发挥刑法的威慑和教育功能。根据宽严相济刑事政策的要求和修改后《刑事诉讼法》关于认罪认罚从宽处理的精神，《修改决定》明确规定在恶意透支后及时采取措施，归还透支金额的，可以从宽处理，以最大限度给予行为人改过自新的机会，充分发挥刑法的威慑和教育功能。

三、《修改决定》的主要内容

《修改决定》依照《刑法》《刑事诉讼法》的规定，结合当前恶意透支犯罪的特点和司法实践反映的问题，对《解释》作了修改，调整了恶意透支的定罪量刑标准，并对有关法律适用问题作了进一步明确。《修改决定》共八个条文，大致可以归纳为如下六个方面的问题：

（一）关于“以非法占有为目的”的认定

《刑法》第一百九十六条规定：“恶意透支，是指持卡人以非法占有为目的，超过规定限额或者规定期限透支，并且经发卡银行催收后仍不归还的行为。”《解释》第六条第一款进一步明确了“恶意透支”的涵义，规定：“持卡人以非法占有为目的，超过规定限额或者规定期限透支，并且经发卡银行两次催收后超过三个月仍不归还的，应当认定为刑法第一百九十六条规定的‘恶意透支’。”第二款规定了应当认定为“以非法占有为目的”的六种情形：明知没有还款能力而大量透支，无法归还的；肆意挥霍透支的资金，无法归还的；透支后逃匿、改变联系方式，逃避银行催收的；抽逃、转移资金，隐匿财产，逃避还款的；使用透支的资金进行违法犯罪活动的；其他非法占有资金，拒不归还的行为。上述规定对于准确认定非法占有目的发挥了重要作用，但在具体适用中也存在一些问题。根据实践反映的问题，《修改决定》第一条对《解释》第六条作了修改完善。

1. “以非法占有为目的”的独立要件地位。根据《刑法》第一百九十六条的规定，“以非法占有为目的”是恶意透支的主观要件，是区分恶意透支与民事纠纷、民事欺诈的最重要标准。然而，“以非法占有为目的”的规定在实践中被虚化，具体表现为依据“经发卡银行两次催收后超过三个月仍不归还”的客观行为直接认定“以非法占有为目的”，以及对持卡人提出的不具有非法占有目的的辩解（如正在与发卡银行协商还款事宜等）置之不顾。为防止客观归罪，实现主客观相统一，《修改决定》第一条对《解释》第六条作了进一步完善，特别强调“不得单纯依据未按规定还款的事实认定非法占有目的”，凸显了以非法占有为目的在认定恶意透支中的独立要件地位。

2. “以非法占有为目的”的综合考量。《修改决定》第一条对《解释》第六条作了补充，增加第二款，规定：“对于以非法占有为目的，应当综合持卡人信用记录、还款能力和意愿、申领和透支信用卡的状况、透支资金的用途、透支后的表现、未按规定还款的原因等情节作出判断。”据此，对非法占有目的应当根据案件的具体情况综合认定，具体可以从如下几个方面考量：申领信用卡时提交材料是否真实，有无严重弄虚作假；使用信用卡时是否具有相对稳定的还款能力，如是否具有稳定合法的工作或者收入来源等；透支情况与收入水平是否基本相符；涉案信用卡是否存在大量套现情况；透支款项用途是否合法，是否用于违法犯罪活动；是否存在持续且有效的还款行为；透支后是否与发卡银行保持联系、积极沟通，是否存在故意逃避催收的情况，等等。对于持卡人原有合法、稳定收入来源，长期正常使用信用卡，信用记录良好，但在正常透支消费后，因突发重大疾病或者其他客观原因，导致一时无力还款，事后与发卡银行积极沟通说明情况、尽力筹措还款资金的，不应认定为以非法占有为目的。

3.“以非法占有为目的”的推定情形。《修改决定》对《解释》第六条第二款关于“以非法占有为目的”的推定情形作进一步完善，主要有以下几个方面：（1）不再将“肆意挥霍透支的资金，无法归还的”作为认定非法占有为目的的情形之一。司法实践普通反映，“肆意挥霍”的认定存在较大弹性，受持卡人自身情况和消费时间、地点等因素影响较大，且与信用卡“透支消费”这一最重要功能的界限难以准确把握，不利于信用卡功能的正常发挥和持卡人合法权益的有效维护。（2）将“使用虚假资信证明申领信用卡后透支，无法归还的”增设为认定非法占有目的的情形之一。实践中，一些持卡人通过提供虚假的财产状况、收入、职务等资信证明材料的方式，骗领信用卡或者提高信用卡的授信额度后透支，导致无法归还的情况时有出现。此种情形，反映持卡人具有相当的主观恶性，且往往是实施信用卡套现、信用卡诈骗的前提和基础，危害较大，有必要加以规制。基于此，将此种情形纳入认定非法占有目的的情形。（3）增加但书规定。鉴于司法实践的情况比较复杂，应当允许对具有本款规定推定“以非法占有为目的”的情形提出反证，即“有证据证明持卡人确实不具有非法占有目的的除外”。

（二）关于催收的认定

根据《刑法》第一百九十六条第二款的规定，“经发卡银行催收后仍不归还”是认定恶意透支的条件之一。根据司法实践反映的问题，《修改决定》第一条明确刑法规定的“催收”应为“有效催收”，即发卡银行的催收，只有被持卡人确实收到后，方可认定为《刑法》规定的“催收”。作此限定，既符合司法实践的一贯做法，又可以防止催收形式化和不当扩大刑事处罚范围，实现立法通过“催收”限定刑事处罚范围的目的。在此基础上，《修改决定》第二条通过增加一条，作为修改后《解释》第七条，进一步明确了“有效催收”的认定标准和有关问题。

1.“有效催收”的认定标准。根据修改后《解释》第七条第一款的规定，对于“有效催收”，应当从催收的时间、效果、间隔、合法性等方面加以认定。具体而言：（1）在透支超过规定限额或者规定期限后进行。持卡人的透支尚未超过规定限额或者规定期限的，属于对信用卡的合法使用，此时的所谓催收，本质上属于《中国银行业监督管理委员会商业银行信用卡业务监督管理办法》（以下简称《信用卡管理办法》）第六十七条“发卡银行应当及时就即将到期的透支金额、还款日期等信息提醒持卡人”中的“提醒”，不属于催收，故明确催收应当在透支超过规定限额或者规定期限“后”进行。（2）催收应当采用能够确认持卡人收悉的方式，但持卡人故意逃避催收的除外。这是“有效催收”的本质要求，以将持卡人由于搬迁或者出差等原因，没有收到银行催收以致未能按时还款的情况排除在外。需要注意的问题有三：一是这里的“确认持卡人收悉”，并非仅指持卡人实际知晓催收内容，也包括司法机关根据一般生活经验，判断持卡人确实收悉催收的情况，例如，发卡银行按照约定，将催收短信送达持卡人的手机，即使不能证明持卡人已实际阅读，也可以认定有效催收。二是有的持卡人通过变更联系方式不通知发卡银行等方式故意逃避催收的，要求发卡银行的催收现实、确定被故意逃避催收的持卡人知悉，显然不符合现实情况。考虑到发卡银行催收与人民法院民事送达有一定的相似性，故参考《最高人民法院关于进一步加强民事送达工作的若干意见》（法发〔2017〕19号）第六条“当事人变更送达地址，应当以书面方式告知人民法院。当事人未书面变更的，以其确认的地址为送达地址”的规定，明确对于有证据证明持卡人故意逃避催收的，不需要发卡银行的催收必须采用能够确认其收悉的方式，只要发卡银行按照与持卡人约定的方式进行了催收，例如，向故意逃避催收的持卡人预留的手机号码发送催收短信的，也可以认定为有效催收。三是催收方式。2010年最高人民法院研究室《关于信用卡犯罪法律适用若干问题的复函》（法研〔2010〕108号）明确要求“两次催收”一般应分别采用电话、信函、上门等两种以上催收形式。对此，司法实践反映良好。《修改决定》未吸收上述规定，主要是考虑到随着信息技术的发展，催收的方式更加灵活多样，例如近年开始出现“短信”“微信”“电子邮件”等催收方式，司法解释难以全面列举；而且，在《修改决定》已经明确规定“催收应当采用能够确认持卡人收悉的方式”的情况下，对催收形式再作限制，亦无必要。(3) 两次催收至少间隔三十日。作此规定，同样是为了确保持卡人能够收悉发卡银行的催收，避免短时间内连续催收造成把两次催收实质上合并为一次催收的情况。之所以确定为“三十天”，是参考了信用卡对账单的生成周期一般为三十天的做法。(4) 符合催收的有关规定或者约定。此处规定的“约定”，是指持卡人与发卡银行就催收达成的合意，主要表现为持卡人同意发卡银行的信用卡章程中有关催收的条款。至于“规定”，目前主要是指《信用卡管理办法》第六十八条至第七十条的相关规定，如“不得对与债务无关的第三人进行催收”“对催收过程应当进行录音，录音资料至少保存二年备查”等。下一步关于催收的相关规定如有调整的，从其规定。

2. 认定“有效催收”的证据标准。根据修改后《解释》第七条第二款、第三款的规定，对于是否属于有效催收，应当根据发卡银行提供的电话录音、信息送达记录、信函送达回执、电子邮件送达记录、持卡人或者其家属签字以及其他催收原始证据材料作出判断。而且，发卡银行提供的相关证据材料，应当有银行工作人员签名和银行公章，以确保相关证据材料的客观真实。

此外，有必要提及的是，对于持卡人与实际透支人不一致时的催收对象及相关问题，实践中存在不同认识。经研究认为，上述问题主要系实践操作问题，《修改决定》未予涉及。具体操作中，可以根据实际透支人获得信用卡的不同方式分别作出处理：（1）违背持卡人真实意愿情形的处理。以拾得、骗取、窃取、收买，甚至抢劫、盗窃等方式获取他人信用卡后恶意透支，根据刑法和司法解释的有关规定，可以盗窃罪、信用卡诈骗罪（冒用他人信用卡）等规定定罪处罚，不需要催收。（2）未违背持卡人的真实意愿情形的处理。持卡人明知、甚至与实际透支人共谋，共同使用自己的信用卡恶意透支的，对持卡人进行催收即可。因为此种情形下，持卡人与实际透支人一般存在某种关联，且双方违反了《中国人民银行银行卡业务管理办法》（银发〔1999〕17 号）第二十八条“银行卡及其账户只限经发卡银行批准的持卡人本人使用，不得出租和转借”的规定。需要特别强调，此处只是明确催收对象是持卡人，但是否构成恶意透支型信用卡诈骗罪，以及追究的刑事责任具体主体，还需要根据案件具体情况作出判断。

（三）关于恶意透支的定罪量刑数额标准

修改完善恶意透支的定罪量刑数额标准，以进一步明确恶意透支罪与非罪、罪重罪轻的界限，是起草《修改决定》的“重中之重”。《修改决定》对《解释》相关规定作了修改完善，形成了修改后《解释》第八条、第九条，适度调整了恶意透支的定罪量刑数额标准，进一步完善了恶意透支数额的计算方法。

1. 恶意透支定罪量刑数额标准的适度上调。根据我国经济社会发展情况和维护信用卡管理秩序的实际需要，在充分总结司法办案经验、实际做法和听取有关主管部门意见的基础上，经慎重研究，《修改决定》将恶意透支定罪量刑的数额标准提升至《解释》规定标准的五倍。修改后《解释》第八条规定：“恶意透支，数额在五万元以上不满五十万元的，应当认定为刑法第一百九十六条规定的‘数额较大’；数额在五十万元以上不满五百万元的，应当认定为刑法第一百九十六条规定的‘数额巨大’；数额在五百万元以上的，应当认定为刑法第一百九十六条规定的‘数额特别巨大’。”之所以作出上述调整，主要有以下几个方面的考虑：（1）根据国家统计局、中国人民银行公布的数据，相比 2009 年，2017 年我国国内生产总值（GDP）增长 147%，信用卡授信总额度增长 1100%，信用卡逾期半年未偿信贷总额占信用卡应偿信贷余额的比例下降 59%。有关方面一致认为，《解释》规定的恶意透支定罪量刑的数额标准，逐渐难以完全适应经济社会形势和信用卡市场发展现状，既不利于平等保护持卡人的权利，也不利于信用卡市场的良性健康发展和发卡银行风险控制能力的提升，亟须上调。（2）一些地方的公安、司法机关在恶意透支案件中，结合案件的具体情况，实际已经按照五万元的数额标准把握恶意透支的入罪。（3）调整后的标准更加科学合理，更加符合宽严相济刑事政策的要求，能够有效改变目前对恶意透支犯罪的处罚面偏宽、量刑偏重的情况，实现此类案件的量刑更加适当，确保罪责刑相适应原则得到切实贯彻。

此外，有必要提及两个问题：(1) 有意见提出，恶意透支是信用卡诈骗罪的类型之一，与信用卡诈骗罪的其他类型（使用伪造的信用卡；使用以虚假的身份证明骗领的信用卡；使用作废的信用卡；冒用他人信用卡）没有本质区别，恶意透支定罪量刑的数额标准提高后，其他类型信用卡诈骗定罪量刑的数额标准宜作相应提高。经慎重考虑，暂未采纳这一意见。主要考虑是：恶意透支是信用卡诈骗罪的绝对多数类型，其定罪量刑的数额标准，是当前办理信用卡诈骗刑事案件面临的最为突出问题之一，有必要重点解决，而其他类型信用卡诈骗的定罪量刑数额标准未见突出问题，实施情况较好，可以继续适用。特别是，恶意透支主要属于持卡人与发卡银行的债权债务纠纷，危害相对较小，风险相对可控，其定罪量刑的数额标准，可以而且有必要与信用卡诈骗罪的其他类型保持较大差别。(2) 有意见提出，恶意透支定罪量刑的数额标准，能否以及如何与信用卡诈骗罪其他类型的定罪量刑数额标准相互折抵，建议作出明确。经研究认为，恶意透支与信用卡诈骗罪的其他类型虽然适用同一罪名，但性质有所不同，不宜相互折抵，分别计算似更为适宜。当然，所涉问题较为复杂，可以作进一步深入研究，且主要是具体操作层面的问题，故《修改决定》未予涉及。

2. 恶意透支数额计算方法的完善。《解释》第六条第四款规定："恶意透支的数额，是指在第一款规定的条件下持卡人拒不归还的数额或者尚未归还的数额。不包括复利、滞纳金、手续费等发卡银行收取的费用。"对此，《修改决定》第四条予以吸收，并作了修改完善。修改后《解释》第九条第一款规定："恶意透支的数额，是指公安机关刑事立案时尚未归还的实际透支的本金数额，不包括利息、复利、滞纳金、手续费等发卡银行收取的费用。归还或者支付的数额，应当认定为归还实际透支的本金。"据此，对于恶意透支数额的认定，应当着重把握如下三个方面的问题：(1) 恶意透支的数额是指"实际透支的本金数额"。恶意透支的犯罪对象主要是发卡银行的本金，而"利息、复利、滞纳金、手续费等发卡银行收取的费用"属于发卡银行的市场收入，通过民事等其他法律手段加以保护更为妥当，这也是《解释》第六条第四款的本意。但实践中，个别办案机关对《解释》第六条第四款的规定产生了不同理解，如有的认为"利息"不属于"复利、滞纳金、手续费"，应当计入恶意透支的数额。同时，为了避免将"利息、复利、滞纳金、手续费等发卡银行收取的费用"计入下个还款周期的"本金"，《修改决定》特别强调，恶意透支的"本金"，仅指持卡人"实际透支的"本金。(2) 计算恶意透支数额的时间节点为"公安机关刑事立案时"。这是实践中的普遍做法，能够鼓励持卡人还款，有助于发卡银行及时挽回损失。(3) 归还或者支付的数额，应当认定为归还实际透支的本金。实践中，持卡人逾期后归还的款项，是"还本"还是"付息"，认识不一，故此处明确为"还本"。如不作此规定，可能导致将发卡银行收取的费用变相计入恶意透支的数额，明显不当。需要强调，"归还或者支付的数额，应当认定为归还实际透支的本金"

的规定，是公安、司法机关计算恶意透支犯罪数额的方法，而《信用卡管理办法》第五十七条“逾期 1—90 天（含）的，按照先应收利息或各项费用、后本金的顺序进行冲还；逾期 91 天以上的，按照先本金、后应收利息或各项费用的顺序进行冲还”的规定，则属于银行的信用卡业务规则，二者的法律依据、适用范围、制度目的等均不相同，应当并行但不能混同。

根据司法实践经验，修改后《解释》第九条第二款、第三款进一步明确了认定恶意透支数额的证据标准，规定：“检察机关在审查起诉、提起公诉时，应当根据发卡银行提供的交易明细、分类账单（透支账单、还款账单）等证据材料，结合犯罪嫌疑人、被告人及其辩护人所提辩解、辩护意见及相关证据材料，审查认定恶意透支的数额；恶意透支的数额难以确定的，应当依据司法会计、审计报告，结合其他证据材料审查认定。人民法院在审判过程中，应当在对上述证据材料查证属实的基础上，对恶意透支的数额作出认定。”“发卡银行提供的相关证据材料，应当有银行工作人员签名和银行公章。”对此，需要强调两点：其一，检察机关在审查起诉、提起公诉时，即应当收集、调取发卡银行提供的交易明细、分类账单（透支账单、还款账单）等证据材料，审查认定恶意透支的数额。其二，在一些案件中，恶意透支的数额难以确定的，检察机关应当要求有关部门出具司法会计报告或者审计报告，并结合案件其他证据审查认定恶意透支的数额，以提升恶意透支数额认定的准确性和案件处理的效率。

（四）关于恶意透支的从宽处理规则

根据宽严相济刑事政策的要求和修改后《刑事诉讼法》关于认罪认罚从宽处理的精神，《修改决定》第五条在《解释》原有规定的基础上，对恶意透支从宽处理规则作了进一步完善。修改后《解释》第十条规定：“恶意透支数额较大，在提起公诉前全部归还或者具有其他情节轻微情形的，可以不起诉；在一审判决前全部归还或者具有其他情节轻微情形的，可以免予刑事处罚。但是，曾因信用卡诈骗受过两次以上处罚的除外。”具体而言：（1）适度限缩“全部归还”的对象，不再明确要求“全部归还”的对象为“款息”，实际调整为“实际透支的本金数额”，以与修改后《解释》第九条的规定保持一致。（2）适度放宽从宽处理的时间范围，不再限制为“公安机关立案前”，以最大限度地发挥刑法的威慑和教育功能。只要在“提起公诉前”（含侦查、审查起诉、提起公诉阶段）归还全部恶意透支数额或者具有其他情节轻微情形的，检察机关可以不起诉；在检察机关提起公诉后、一审判决前归还全部恶意透支数额或者具有其他情节轻微情形的，人民法院可以对其免予刑事处罚。当然，如果情节显著轻微危害不大的，可以在个案中根据《刑法》第十三条但书的规定不作为犯罪处理。（3）适度限制从宽处理的适用情形。鉴于《修改决定》调整了恶意透支的定罪量刑标准，故对于恶意透支达到“数额巨大”“数额特别巨大”标准的，不适用本条规定。对于曾因信用卡诈骗受过两次以上处罚的，也不适用本条规定。

（五）关于名为透支信用卡实为贷款情形的处理规则

司法实践中，个别发卡银行不采用传统的抵押担保等具有较高安全性的贷款发放方式，而是以信用卡透支的形式发放贷款，既降低了银行发放贷款的审查要求，又可以将“持卡人”透支不还的行为认定恶意透支以通过刑事手段追索贷款，从而将银行的审慎义务转移给司法机关和“持卡人”。实践中，对于此种情况能否认定为刑法第一百九十六条规定的恶意透支，存在较大争议。经研究认为，该行为实质上是借用信用卡的形式发放贷款，所发放的“信用卡”的主要功能是作为贷款载体而非用于透支消费，不符合信用卡的本质特征，此种情况下“持卡人”透支不还的行为主要属于不及时归还贷款，不应适用恶意透支的规定定罪处罚。当然，如果符合《刑法》第一百七十五条之一规定的骗取贷款罪、第一百九十三条规定的贷款诈骗罪等其他犯罪的，可以依照其他犯罪定罪处罚。基于此，《修改决定》增加一条，作为修改后《解释》第十一条，规定：“发卡银行违规以信用卡透支形式变相发放贷款，持卡人未按规定归还的，不适用刑法第一百九十六条‘恶意透支’的规定。构成其他犯罪的，以其他犯罪论处。”

（撰稿人：耿　磊）

【链　接】

最高人民法院　最高人民检察院　公安部
关于信用卡诈骗犯罪管辖有关问题的通知

2011年8月8日　　公通字〔2011〕29号

各省、自治区、直辖市高级人民法院，人民检察院，公安厅、局，新疆维吾尔自治区高级人民法院生产建设兵团分院、新疆生产建设兵团人民检察院、公安局：

近年来，信用卡诈骗流窜作案逐年增多，受害人在甲地申领的信用卡，被犯罪嫌疑人在乙地盗取了信用卡信息，并在丙地被提现或消费。犯罪嫌疑人企图通过空间的转换逃避刑事打击。为及时有效打击此类犯罪，现就有关案件管辖问题通知如下：

对以窃取、收买等手段非法获取他人信用卡信息资料后在异地使用的信用卡诈骗犯罪案件，持卡人信用卡申领地的公安机关、人民检察院、人民法院可以依法立案侦查、起诉、审判。

最高人民法院　最高人民检察院
关于办理内幕交易、泄露内幕信息刑事案件具体应用法律若干问题的解释

法释〔2012〕6号

（2011年10月31日最高人民法院审判委员会第1529次会议、2012年2月27日最高人民检察院第十一届检察委员会第72次会议通过　2012年3月29日最高人民法院、最高人民检察院公告公布　自2012年6月1日起施行）

为维护证券、期货市场管理秩序，依法惩治证券、期货犯罪，根据刑法有关规定，现就办理内幕交易、泄露内幕信息刑事案件具体应用法律的若干问题解释如下：

第一条　下列人员应当认定为刑法第一百八十条第一款规定的“证券、期货交易内幕信息的知情人员”：

（一）证券法第七十四条规定的人员；

（二）期货交易管理条例第八十五条第十二项规定的人员。

第二条　具有下列行为的人员应当认定为刑法第一百八十条第一款规定的“非法获取证券、期货交易内幕信息的人员”：

（一）利用窃取、骗取、套取、窃听、利诱、刺探或者私下交易等手段获取内幕信息的；

（二）内幕信息知情人员的近亲属或者其他与内幕信息知情人员关系密切的人员，在内幕信息敏感期内，从事或者明示、暗示他人从事，或者泄露内幕信息导致他人从事与该内幕信息有关的证券、期货交易，相关交易行为明显异常，且无正当理由或者正当信息来源的；

（三）在内幕信息敏感期内，与内幕信息知情人员联络、接触，从事或者明示、暗示他人从事，或者泄露内幕信息导致他人从事与该内幕信息有关的证券、期货交易，相关交易行为明显异常，且无正当理由或者正当信息来源的。

第三条　本解释第二条第二项、第三项规定的“相关交易行为明显异常”，要综合以下情形，从时间吻合程度、交易背离程度和利益关联程度等方面予以认定：

（一）开户、销户、激活资金账户或者指定交易（托管）、撤销指定交易（转托管）的时间与该内幕信息形成、变化、公开时间基本一致的；

（二）资金变化与该内幕信息形成、变化、公开时间基本一致的；

（三）买入或者卖出与内幕信息有关的证券、期货合约时间与内幕信息的形成、变化和公开时间基本一致的；

（四）买入或者卖出与内幕信息有关的证券、期货合约时间与获悉内幕信息的时间基本一致的；

（五）买入或者卖出证券、期货合约行为明显与平时交易习惯不同的；

（六）买入或者卖出证券、期货合约行为，或者集中持有证券、期货合约行为与该证券、期货公开信息反映的基本面明显背离的；

（七）账户交易资金进出与该内幕信息知情人员或者非法获取人员有关联或者利害关系的；

（八）其他交易行为明显异常情形。

第四条 具有下列情形之一的，不属于刑法第一百八十条第一款规定的从事与内幕信息有关的证券、期货交易：

（一）持有或者通过协议、其他安排与他人共同持有上市公司百分之五以上股份的自然人、法人或者其他组织收购该上市公司股份的；

（二）按照事先订立的书面合同、指令、计划从事相关证券、期货交易的；

（三）依据已被他人披露的信息而交易的；

（四）交易具有其他正当理由或者正当信息来源的。

第五条 本解释所称“内幕信息敏感期”是指内幕信息自形成至公开的期间。

证券法第六十七条第二款所列“重大事件”的发生时间，第七十五条规定的“计划”“方案”以及期货交易管理条例第八十五条第十一项规定的“政策”“决定”等的形成时间，应当认定为内幕信息的形成之时。

影响内幕信息形成的动议、筹划、决策或者执行人员，其动议、筹划、决策或者执行初始时间，应当认定为内幕信息的形成之时。

内幕信息的公开，是指内幕信息在国务院证券、期货监督管理机构指定的报刊、网站等媒体披露。

第六条 在内幕信息敏感期内从事或者明示、暗示他人从事或者泄露内幕信息导致他人从事与该内幕信息有关的证券、期货交易，具有下列情形之一的，应当认定为刑法第一百八十条第一款规定的“情节严重”：

（一）证券交易成交额在五十万元以上的；

（二）期货交易占用保证金数额在三十万元以上的；

（三）获利或者避免损失数额在十五万元以上的；

（四）三次以上的；

（五）具有其他严重情节的。

第七条 在内幕信息敏感期内从事或者明示、暗示他人从事或者泄露内幕信息导致他人从事与该内幕信息有关的证券、期货交易，具有下列情形之一的，应当认定为刑法第一百八十条第一款规定的“情节特别严重”：

（一）证券交易成交额在二百五十万元以上的；

（二）期货交易占用保证金数额在一百五十万元以上的；

（三）获利或者避免损失数额在七十五万元以上的；

（四）具有其他特别严重情节的。

第八条 二次以上实施内幕交易或者泄露内幕信息行为，未经行政处理或者刑事处理的，应当对相关交易数额依法累计计算。

第九条 同一案件中，成交额、占用保证金额、获利或者避免损失额分别构成情节严重、情节特别严重的，按照处罚较重的数额定罪处罚。

构成共同犯罪的，按照共同犯罪行为人的成交总额、占用保证金总额、获利或者避免损失总额定罪处罚，但判处各被告人罚金的总额应掌握在获利或者避免损失总额的一倍以上五倍以下。

第十条 刑法第一百八十条第一款规定的“违法所得”，是指通过内幕交易行为所获利益或者避免的损失。

内幕信息的泄露人员或者内幕交易的明示、暗示人员未实际从事内幕交易的，其罚金数额按照因泄露而获悉内幕信息人员或者被明示、暗示人员从事内幕交易的违法所得计算。

第十一条 单位实施刑法第一百八十条第一款规定的行为，具有本解释第六条规定情形之一的，按照刑法第一百八十条第二款的规定定罪处罚。

【解　　读】

解读《最高人民法院、最高人民检察院关于办理内幕交易、泄露内幕信息刑事案件具体应用法律若干问题的解释》

2012年3月29日，最高人民法院、最高人民检察院联合发布了《关于办理内幕交易、泄露内幕信息刑事案件具体应用法律若干问题的解释》（以下简称本解释）。本解释是“两高”针对证券、期货犯罪出台的第一部司法解释，共十一条，全面系统地对内幕信息的知情人员，非法获取内幕信息的人员，内幕信息敏感期，内幕交易、泄露内幕信息定罪处罚标准等法律适用问题进行了诠释。为准确理解、适用本解释，现就本解释的制定背景、起草过程和主要内容说明如下。

一、本解释的制定背景

近年来，随着我国证券、期货市场的飞速发展，内幕交易、泄露内幕信息犯罪案件呈逐年增多发展态势。截至2011年底，全国法院审结内幕交易、泄露内幕信息犯罪案件20余件，其中2007年1件、2008年1件、2009年4件、2010年5件，2011年11件。与普通犯罪相比，内幕交易、泄露内幕信息犯罪具有以下特征：一是社会危害大。证券、期货犯罪涉案金额大，社会影响面广，涉及投资者众多，严重危及资本市场运行安全和经济社会秩序。二是专业性强。资本市场关系复杂，技术手段先进，涉及证券、期货、法律、会计、计算机和网络通信技术等诸多领域，犯罪分子往往具有较深的专业背景，熟悉资本市场运行规则和信息技术，惯于利用规则和制度的漏洞逃避法律追究。三是查处难度大。证券、期货交易具有无纸化、信息化等特点，犯罪分子往往利用互联网、3G通信等先进技术传递信息和意图，加大了事后取证的难度，导致内幕交易、泄露内幕信息犯罪实发案件数量与查办案件数量存在较大落差。如2008年初至2011年底，证监会获取内幕交易线索的案件有426件，而真正立案调查的只有153件。2008年，公安机关查办的经济犯罪案件共8.35万件，但由证监会移送到公安机关的证券、期货犯罪案件仅10余件。鉴于上述情况，最高人民法院、最高人民检察院、公安部、证监会成立整治非法证券活动协调小组。2009年8月上旬，整治非法证券活动协调小组就设立打击证券、期货犯罪专题工作组，专门负责推进打击证券、期货犯罪专项工作达成共识，并明确了由最高人民法院牵头制定关于办理内幕交易、泄露内幕信息刑事案件司法解释的工作任务。

二、本解释的起草过程

2009年8月下旬，为贯彻落实整治非法证券活动协调小组会议精神，最高人民法院会同最高人民检察院、公安部、证监会针对当前证券、期货犯罪的发展态势以及司法实践中反映比较突出的问题，进行了深入调研。在充分听取一线办案人员意见的基础上，通过召开专家座谈会、成果协调会和审稿会等多次会议论证，2009年12月最高人民法院起草了《关于办理内幕交易、泄露内幕信息刑事案件具体应用法律若干问题的解释（草稿)》（以下简称《草稿》)，并将《草稿》及时送往全国人大常委会法工委、国务院法制办、最高人民检察院、公安部、证监会等相关部门以及北京、上海、江苏、广东、浙江、福建等证券、期货犯罪高发、频发的省（市）高级人民法院进一步征求意见。参考上述部门的意见，最高人民法院对《草稿》作出了全面修改、完善，并提交最高人民法院审判委员会1529次会议、最高人民检察院第十一届检察委员会第72次会议审议通过。

三、本解释的主要内容

本解释旨在解决当前司法实践中争议较大、反映突出的法律适用问题，在内容上既充分吸收了中外法学理论研究成果，又合理借鉴了国外成功司法经验；既保证了合法性，又力求有所突破，准确把握内幕交易、泄露内幕信息犯罪的发展态势和规律。

（一）关于内幕信息的知情人员范围

内幕信息的知情人员，包括基于管理地位、监督地位、职业地位或者通过职务行为能够接触或者获得内幕信息的人员。关于内幕信息的知情人员范围，本解释援引了《证券法》第七十四条①、《期货交易管理条例》第八十五条第十二项②的规定。

证券法第七十四条规定："证券交易内幕信息的知情人包括：（一）发行人的董事、监事、高级管理人员；（二）持有公司百分之五以上股份的股东及其董事、监事、高级管理人员，公司的实际控制人及其董事、监事、高级管理人员；（三）发行人控股的公司及其董事、监事、高级管理人员；（四）由于所任公司职务可以获取公司有关内幕信息的人员；（五）证券监督管理机构工作人员以及由于法定职责对证券的发行、交易进行管理的其他人员；（六）保荐人、承销的证券公司、证券交易所、证券登记结算机构、证券服务机构的有关人员；（七）国务院证券监督管理机构规定的其他人。"

《期货交易管理条例》第八十五条第十二项规定："内幕信息的知情人员，是指由于其管理地位、监督地位或者职业地位，或者作为雇员、专业顾问履行职务，能够接触或者获得内幕信息的人员，包括：期货交易所的管理人员以及其他由于任职可获取内幕信息的从业人员，国务院期货监督管理机构和其他有关部门的工作人员以及国务院期货监督管理机构规定的其他人员。"

司法实践中，对内幕信息知情人员的认定，要注意以下三个问题的把握：

1. 严格区分证券、期货监督管理机构的规定与证券、期货监督管理机构的认定

《证券法》第七十四条、《期货交易管理条例》第八十五条第十二项的兜底项均授予监督管理机构有权规定内幕信息的知情人员。在理解和适用这两条的兜底项时，要将监督管理机构对内幕信息的知情人员的规定与具体案件中监督管理机构对内幕信息的知情人员的认定区分开来。前者是一种抽象行政行为，具有部门规章的性质；而后者往往是应司法机关的请求，基于监督管理机构对专业知识、经验的把握而出具的一种意见材料，既不是抽象行政行为，也不是

① 对应《证券法》（2019 年修订）第五十一条。

② 现为《期货交易管理条例》（2017 年修订）第八十一条第十二项。

具体行政行为。证券、期货监督管理机构出具的认定意见，经司法机关审查，具有客观性、真实性和合法性的，可以作为定案的证据。

2. 发行人（上市公司）的控股股东、实际控制人控制的其他公司的董事、监事、高级管理人员不是法定的内幕信息知情人员

在本解释起草过程中，有观点认为，上述人员可以通过发行人、上市公司的内部传阅文件获悉内幕信息，应当通过本解释将上述人员明确为内幕信息的知情人员。后经征询有关部门，发行人（上市公司）的内部文件未必都传阅到其控股股东、实际控制人控制的其他公司的董事、监事、高级管理人员，而且这种可能性很大，因而本解释未将上述人员明确规定为内幕信息的知情人员。

3. 内幕信息的知情人员不包括单位

对于内幕信息的知情人员，证券法与期货交易管理条例、刑法采用的表述不同。证券法表述的是“知情人”，而期货交易管理条例和刑法表述的均是“知情人员”。由于《证券法》第七十四条规定的内幕信息的知情人包括持有公司百分之五以上股份的股东（公司）、发行人控股的公司，有观点据此认为，《刑法》第一百八十条规定的“人员”，也应当包括单位，将“人员”仅解释为自然人，与单位可以成为内幕交易、泄露内幕信息罪主体的刑法规定相矛盾。

经研究认为，“人员”指的仅是自然人，而不包括单位，这是汉语中的通解。这样的理解并不与刑法关于单位犯内幕交易、泄露内幕信息罪的规定相违背，因为单位犯罪并非由单位具体实施，而是必须通过具体自然人实施。如果自然人是按照单位集体决议，为了单位利益而从事内幕交易，就可以认定单位犯内幕交易罪。同理，非法获取内幕信息的人员也仅指自然人，不包括单位。

（二）关于非法获取内幕信息的人员的范围

非法获取内幕信息的人员概括起来包括三类：一是非法手段型获取内幕信息的人员，即获取信息的手段行为本身是非法的，如通过窃取、刺探手段获取内幕信息的；二是特定身份型获取内幕信息的人员，即获取信息的手段行为未必是非法的，但其作为特定身份的人员不应获取内幕信息，如内幕信息知情人员的配偶从知情人员处获取内幕信息；三是积极联系型获取内幕信息的人员，即主动联络、接触行为未必是非法的，但结合行为目的分析，行为人是从内幕信息的知情人员处获取不应该获取的内幕信息，因此，获取行为是非法的。具体分述如下：

1. 关于非法手段型获取内幕信息的人员

本解释第二条第一项对以非法手段获取内幕信息的人员进行了规定。在征求意见过程中，有观点提出，窃取、骗取、套取、窃听、利诱、刺探或者私下交易这些非法手段在含义上存在交叉、重复，不如从行为人有无内幕信息知情的权利角度认定获取内幕信息的行为是否非法，任何内幕信息知情人员以外的人获取内幕信息都属非法获取内幕信息，建议取消非法手段的规定。如果保留

本项规定，建议增加被动获悉内幕信息而从事内幕交易的犯罪情形。

经研究认为，窃取、骗取、套取、窃听、利诱、刺探或者私下交易这些手段在含义上虽然不是彼此完全孤立的，但每种手段都具有明显的特色，将这些手段行为并列规定不至于造成混同。根据现有的刑法理论研究成果，在定罪过程中应当坚持主客观相统一原则。在这一原则主导下，要认定行为人是非法获取内幕信息，除了要求行为人在客观上有利用内幕信息从事证券、期货交易或者明示、暗示、泄露的行为表现，还要求行为人在获悉内幕信息时主观上明知是内幕信息。因此，从行为人有无内幕信息知情的权利角度认定是否非法获取内幕信息的观点难以在法理上经得住推敲。

2. 关于特定身份型非法获取内幕信息的人员

本解释起草过程中，关于特定身份型非法获取内幕信息人员的范围，主要围绕以下两个问题展开分析讨论：

（1）能否将特定身份型非法获取内幕信息的人员范围扩展到内幕信息知情人员的配偶、父母、子女之外的其他近亲属。由于内幕信息知情人员的近亲属获取内幕信息具有特殊的便利条件，要加大对内幕信息的保密力度，除了加大内幕信息知情人员的保密义务，还应适度设置此类人员的保密义务，所以本解释第二条第二项将该类人员规定为特定身份型非法获取内幕信息的人员。在起草初期，基于打击面的考虑，本解释将特定身份型非法获取内幕信息的人员范围限定为内幕信息知情人员的配偶、父母、子女。后考虑到内幕信息知情人员的兄弟姐妹、（外）祖父母、（外）孙子女以及其他近亲属与内幕信息知情人员的配偶、父母、子女具有同等便利，如果仅将特定身份型非法获取内幕信息的人员范围限制为配偶、父母、子女，容易给内幕交易犯罪分子获取非常大的规避法律的空间。基于这一考虑，本解释将特定身份型非法获取内幕信息的人员范围扩展到内幕信息知情人员的所有近亲属。

（2）能否将特定身份型非法获取内幕信息的人员范围扩展到与内幕信息知情人员关系密切的人。肯定观点认为，内幕信息知情人员的情妇、情夫以及其他与其关系密切的人，就获取内幕信息而言，具有与内幕信息知情人员的近亲属同等的便利条件，应当设置此类人员的保密义务，将该类人员明确为非法获取内幕信息的人员。建议参照以下两种模式予以规定：一种模式参照《最高人民法院、最高人民检察院关于办理受贿刑事案件适用法律若干问题的意见》的规定，使用“特定关系人”的表述；另一种模式参照《刑法修正案（七）》“利用影响力受贿罪”的规定，使用“关系密切的人”的表述。否定观点认为，目前我国证券、期货市场处于起步发展阶段，法治理念和法律体系、制度尚不健全，如果将关系密切的人纳入非法获取内幕信息人员的范围，可能会造成打击面过大，在实践层面上也不易操作，搞不好会带来不好的社会效果。

本解释采纳了前一种观点，具体理由如下：一是与内幕信息知情人员关系密切的人从事内幕交易或者泄露内幕信息的现象越来越普遍，需要在政策上加大打击力度。二是关系密切的人从内幕信息知情人员那里获取内幕信息，具有与近亲属一样的便利条件，而且由于其身份更具隐秘性，规避法律的空间甚至更大，所以有必要纳入刑法调整范围。三是在非法获取内幕信息人员的范围上，行政法与刑法没有本质区别，最高人民法院印发的《关于审理证券行政处罚案件证据若干问题的座谈会纪要》第五条采用了“内幕信息知情人员的配偶、父母、子女以及其他有密切关系的人”的规定，为加强行刑衔接，可以参照这一表述。四是就身份关系而论，与内幕信息知情人员关系密切的人从事内幕交易与《刑法》第三百八十八条之一规定的与国家工作人员关系密切的人利用影响力受贿，具有一定的相似性，在技术规范上援引《刑法》第三百八十八条之一的表述并无不妥。

3. 被动型获取内幕信息的人员能否认定为非法获取内幕信息的人员

这里，必须先明确两点：第一，此处被动型获取内幕信息的人员必须是非内幕信息知情人员的近亲属或者与其关系密切的人，如果是内幕信息知情人员的近亲属或者与其关系密切的人，则无论是主动还是被动获取，均属于非法获取内幕信息的人员；第二，被动型获悉内幕信息的人员主观上必须是明知，即必须明知是内幕信息知情人员泄露的内幕信息或者明知是他人非法获取的内幕信息。

以上述界定为前提，关于被动型获取内幕信息的人员应否认定为非法获取内幕信息的人员的讨论，理论界和实务界均未形成共识。

一种观点认为，刑法规定的内幕交易、泄露内幕信息罪的主体仅包括内幕信息的知情人员和非法获取内幕信息的人员两类。被动获悉内幕信息的人员对内幕信息不具有保密义务，其行为手段也不具有非法性，因此不能追究内幕交易、泄露内幕信息罪的刑事责任。

另一种观点认为，内幕交易、泄露内幕信息罪保护的法益是证券、期货交易的管理制度和投资者的合法权益，被动获悉内幕信息的人员应否认定为非法获取内幕信息的人员关键要看被动获悉内幕信息的人员是否具有利用内幕信息侵害这些法益的目的。应当借鉴一些境外的做法，对被动型获悉内幕信息的人员保留追究刑事责任的空间。如：美国是最早对内幕交易进行立法的国家，美国证券交易委员会制定的《14e—3 号规则》规定：“当任何人已采取主要步骤进行公开收购或收购已正式展开时，其他取得与该公开收购有关的重要消息，且明知或可知此消息未公开，并明知该消息来自公开收购人或目标公司或其职员、内部人、代表进行公开收购之人，不得买进或卖出该公司之股份。”英国对内幕交易的现行立法主要体现在《1993 年刑事审判法》。《1993 年刑事审判法》第五章第五十七条规定了内幕人的认定条件：一是消息本身属于内幕信息或行为人知道其属于内幕信息；二是行为人从内部渠道获取的信息，或者知道该信息来自内部。欧盟关于内幕交易和市场操纵（市场滥用）的2003/6号指令第四条明确，任何人如果知道或应当知道自己所掌握的信息是内幕信息，则不得从事与该内幕信息有关的证券、期货交易。日本将内幕交易罪的主体扩展到情报受领人，即包括从公司关系人处直接获悉的与上市公司内部业务相关的重要情报的人员。我国香港特别行政区对内幕交易罪主体范围规定与上述国家相似。

上述两种观点均有一定道理，但考虑到我国证券、期货市场尚处于起步发展阶段，被动型获悉内幕信息的人员从事内幕交易或者泄露内幕信息的情形又十分复杂，实践中难以准确把握，出于审慎起见，本解释未将被动型获悉内幕信息的人员明确规定为非法获取内幕信息的人员。值得强调的是，如果被动获悉内幕信息的人员与传递信息的人员具有犯意联络，则可能构成内幕交易、泄露内幕信息罪的共犯。

（三）关于非法获取内幕信息的人员的认定

由于窃取、骗取、套取、窃听、利诱、刺探或者私下交易这些手段本身是非法的，所以对于非法手段型获取内幕信息人员的认定相对简单。在本解释起草过程中，争议的焦点主要围绕特定身份型、积极联系型非法获取内幕信息人员的认定问题上。

鉴于有关内幕信息的知情人员与其近亲属或者关系密切的人之间信息交流的取证十分困难，本解释曾借鉴最高人民法院、最高人民检察院、公安部联合制定的《办理毒品犯罪案件适用法律若干问题的意见》第二条的做法，规定内幕信息知情人员的近亲属或者与其关系密切的人在内幕信息敏感期内从事或者明示、暗示他人从事或者泄露内幕信息导致他人从事与该内幕信息有关的证券、期货交易的，必须对其明显异常交易或者泄露行为作出合理解释，不能作出合理解释的，应当认定为非法获取内幕信息的人员。后在征求意见过程中，有观点提出，上述规定是一种举证责任倒置，而举证责任倒置是无罪推定的例外，应当严格限制，且必须由法律明文规定。然而，多数观点认为，要求上述人员作出合理解释与举证责任倒置存在显著区别，认定上述人员非法获取内幕信息是基于敏感时期、敏感身份、敏感行为等基础事实所作的一种认定。换言之，根据这些基础事实就基本可以认定上述人员是非法获取内幕信息。“合理解释”本质上属于抗辩条款，发挥的是阻却犯罪事由的功能，体现的是有利被告人原则。

经多方分析论证，鉴于使用“合理解释”这样的措词容易给人误导，本解释规定，对特定身份型非法获取内幕信息人员的认定，先由司法机关认定相关交易行为是否明显异常；在确定这一前提下，司法机关必须进而认定相关明显异常交易有无正当理由或者正当信息来源。相关交易人员，明示、暗示人员或者泄露内幕信息人员可以就其行为有无正当理由或者正当信息来源提出抗辩；

对无正当理由或者无正当信息来源的，应当认定行为人为非法获取内幕信息的人员。

本解释对积极联系型获取内幕信息的人员的认定原理同上，在此不再赘述。

（四）相关交易行为明显异常的认定

1. 关于“相关交易行为”的理解

本解释规定的“相关交易行为”，包括三类交易行为：第一类是指内幕信息的知情人员从事的与该内幕信息有关的证券、期货交易；第二类是指被明示、暗示的人员从事的与内幕信息有关的证券、期货交易；第三类是指非法获取内幕信息的人员从事的与内幕信息有关的证券、期货交易。

2. 关于“相关交易行为明显异常”的认定

实践中，对“相关交易行为明显异常”的认定主要综合从交易时间吻合程度、交易背景程度、利益关联程度三个方面进行把握。本解释第三条吸收了这一做法，明确了从以下三个方面综合把握相关交易行为是否明显异常：

一是时间吻合程度。即从行为时间与内幕信息形成、变化、公开的时间吻合程度把握。所要比对的时间主要有以下三类：行为人开户、销户、激活资金账户或者指定交易（托管）、撤销指定交易（转托管）时间；资金变化时间；相关证券、期货合约买人或者卖出时间。

二是交易背离程度。即从交易行为与正常交易的背离程度把握。正常交易主要体现在以下两点：基于平时交易习惯而采取的交易行为；基于证券、期货公开信息反映的基本面而理应采取的交易行为。

三是利益关联程度。即从账户交易资金进出与该内幕信息的知情人员或者非法获取人员有无关联或者利害关系把握。

所谓综合把握，是指不能单纯从上述某一个方面认定交易是否明显异常，而必须综合三个方面进行全面分析、论证。考虑到实际情况错综复杂，许多情形难以预料，本解释第三条第八项还规定了兜底项。

（五）关于内幕交易、泄露内幕信息犯罪阻却事由的理解

内幕交易的抗辩条款在西方发达国家和我国香港特别行政区被广泛应用。如：美国刑事审判对内幕交易抗辩条款有专章规定；香港《证券期货条例》也有专章规定。借鉴这些成熟资本市场国家和地区的做法，本解释第四条采用“列举十兜底”方式规定了四项内幕交易、泄露内幕信息犯罪的阻却事由。

1. 如何理解和适用本解释第四条第一项的规定

（1）如何理解《证券法》第七十六条第二款①的规定

本解释第四条第一项规定的“持有或者通过协议、其他安排与他人共同持有公司百分之五以上股份的自然人、法人或者其他组织收购该上市公司股份

---

① 对应《证券法》（2019年修订）第五十三条第二款。

的”援引了《证券法》第七十六条第二款前半部分的规定。有观点提出，《证券法》第七十六条第二款同时规定了“本法另有规定的，适用其规定”，因此，只有在排除适用《证券法》其他相关规定的前提下，才可将“持有或者通过协议、其他安排与他人共同持有上市公司百分之五以上股份的自然人、法人或者其他组织收购该上市公司股份的”行为认定为内幕交易犯罪的阻却事由。经研究认为，上述观点是对《证券法》第七十六条第二款的误读。该款行为无需附加任何其他条件，就应当认定为内幕交易犯罪的阻却事由。《证券法》第七十六条第一款是禁止性规定，第二款相当于除外规定，第二款中的“本法另有规定”所明确的正是该类行为属于正当、合法交易。

(2) 如何在实践中把握本解释第四条第一项的适用条件

司法实践中，出现了不少以收购上市公司股份为由而实际从事内幕交易的案件，如何准确理解和适用本解释第四条第一项，直接影响到罪与非罪的认定。

根据相关规定，上市公司百分之五以上股份的自然人、法人或者其他组织收购该上市公司股份的，必须向交易所报备，并在两天内不能再买卖该上市公司股票。如果拟收购百分之三十以上股份的，还必须发出要约公约，经证监会批准，才可以在不发出要约公约的条件下继续收购。上述信息无疑会严重影响到股票、期货的价格，对于收购人而言，属于强制披露的信息；对于收购人以外的人，属于禁止知悉的信息。由于收购信息与收购过程密不可分，为了鼓励、维护公司之间正常的收购，应当允许上市公司百分之五以上股份的自然人、法人或者其他组织，在该重大收购信息尚未公开前，利用该信息收购该上市公司股份。收购决议如果是经二个以上收购人商议通过的，收购行为被称为“一致行动”，收购人被称为“一致行动人”。①

实践中，对本解释第四条第一项的适用，要注意从以下三个方面严格把握：一是关于收购人的把握。如果是单独持有上市公司百分之五以上的股份，收购人仅限单独持有人。如果是共同持有上市公司百分之五以上的股份，则收购人仅限共同持有人。二是关于收购信息的把握。如果是单独持有，收购信息指的是单独持有人拟收购上市公司的信息。如果是共同持有，则收购信息指的是共同持有人之间达成的拟收购上市公司的信息。三是关于收购行为的把握。只有收购人利用收购信息收购上市公司股票、期货的，才能适用本解释第四条第一项的规定。收购人以外或者收购人利用收购信息以外的信息的，不能适用该项规定。如B公司拟收购A上市公司，A上市公司百分之五以上的股东曹某获知此消息后，利用其控制的账户购入大量A上市公司股票。曹某与B公司显然不是一致行动，B公司拟收购A公司的信息属于曹某收购A公司股份

① 参见证监会《上市公司收购管理办法》(2012年修订) 第八十三条的规定。

信息之外的信息，因此曹某的行为不能适用本解释第四条第一项的规定。

2. 如何理解按照事先订立的书面合同、指令、计划从事相关交易作为一种阻却事由

有观点认为，内幕交易人往往会制作虚假的书面合同、指令以及计划，用作规避内幕交易的事由，建议对本解释中的该项内容不作规定。经研究认为，如果行为人按照事先订立的书面合同、指令、计划从事相关证券、期货交易，表明其完全是出于正当理由而从事交易。因此，从实体法的角度出发，按照事先订立的书面合同、指令、计划从事相关证券、期货交易，应当作为阻却内幕交易犯罪的事由。至于对本解释该项规定可能引发大量制作虚假合同、指令、计划的担忧，实际涉及的是刑事证据的认定，属于另一层面的问题。基于上述考虑，本解释保留了该项规定。

3. 如何理解依据已被他人披露的信息而交易作为一种阻却事由

本解释第四条第三项规定的“他人披露”是指强制披露信息以外的其他人在国务院证券监管机构指定的报刊、媒体以外的报刊、媒体披露相关信息。本解释第四条第三项规定的“依据已被他人披露的信息而交易”是指行为人之所以从事相关股票、期货交易是因为从非指定报刊、媒体获取了相关信息，换言之，是他人在非指定报刊、媒体披露的信息促使行为人从事相关股票、期货交易。广大股民对国务院证券监管机构指定的报刊、媒体披露的信息的信赖程度要远高于非指定报刊、媒体披露的信息。由于依据非指定报刊、媒体披露的信息从事股票、期货交易，实质上具有很大博弈的成分，所以即便从非指定报刊、媒体获悉的信息与后来指定报刊、媒体公布的内幕信息相同，行为人也可以基于这一事由主张自己的行为不构成犯罪。

值得强调的是，如果行为人在交易过程中同时从内幕信息的知情人员处获取了内幕信息，且真正促使行为人从事相关证券、期货交易的是行为人对内幕信息知情人员泄露的信息的信赖，则不能适用本解释第四条第三项的规定。

4. 兜底抗辩事由

实践中，不可否认存在行为人依据本人的知识、经验判断或者通过其他正当途径获悉内幕信息的事实，这些事实难以一一穷举，因此本解释第四条第四项规定了兜底项。

（六）内幕信息敏感期的认定

1. 关于内幕信息敏感期的理解

根据本解释第五条第一款的规定，“内幕信息敏感期”是指内幕信息自形成至公开的期间。在本解释起草过程中，有观点认为，公开就是社会公众知悉的时刻，一旦公开，就谈不上敏感的问题，建议将“形成至公开的期间”修改为“形成至公开之前的期间”。经研究认为，本解释第五条第一款“形成至公开的期间”的核心词汇是“期间”，公开只是一个点，公开之后，就不在此期

限之内，因此“形成至公开的期间”的表述不至于造成混乱。“公开之前”表达的则是一个时段，“至公开之前”表述的期间模糊不定，在逻辑上欠缺严谨，故该意见未被采纳。

另有观点对本条规定的内幕信息敏感期的截止期提出异议，认为内幕信息公布后的较短时间内，内幕信息难以反馈到广大股民，内幕信息的部分影响力仍然存在，应当从实质影响力上把握内幕信息敏感期的截止期，建议将截止期延至内幕信息公布后的十二小时乃至二十四小时。由于刑法明文规定内幕交易、泄露内幕信息犯罪的时间点是内幕信息尚未公开前，从严格法律意义上讲，内幕信息公开了就不再是内幕信息，利用这些信息就不可能构成犯罪。再者，作为股民，应当对国务院证券监督管理机构指定报刊、媒体发布的信息在第一时间了解和掌握，不积极了解和掌握这些信息所造成的不利后果应当归结于本人的责任。对不具有第一时间了解和掌握信息条件的股民而言，其不利条件在其入市炒股时就应考虑在内，从这一角度而言，也就存在公不公平的问题。基于上述分析，本解释明确规定内幕信息敏感期的截止期为内幕信息的公开。

2. 关于内幕信息公开的形式

内幕信息的公开是否必须通过国务院证券监管机构指定的报刊、媒体发布，实践中对这一问题存在不同认识。一种观点认为，内幕信息是否公开是以市场是否消化内幕信息作为认定标准的，不以在国务院证券监管机构指定的报刊、媒体发布为要件，在非指定报刊、媒体上发布也应视为内幕信息的公开。另一种观点认为，根据《证券法》第七十条的规定，内幕信息必须以在国务院证券监管机构指定的报刊、媒体发布的方式公开。

为使广大股民对非指定报刊、媒体披露的信息与指定报刊媒体公开的信息形成区别认识，保持对权威报刊、媒体发布内幕信息的信赖程度，本解释第五条根据相关法律规定，明确内幕信息必须以在国务院证券监管机构指定的报刊、媒体发布的方式公开，强制披露信息人以外的人在非指定报刊、媒体披露内幕信息的，不能认定为内幕信息的公开。

3. 关于内幕信息形成之时的认定

在司法实践中，一般将《证券法》第六十七条第二款所列“重大事件”的发生时间，第七十五条规定的“计划”“方案”以及《期货交易管理条例》第八十五条第十一项规定的“政策”“决定”等的形成时间，认定为内幕信息的形成之时。

然而，随着证券、期货市场的飞速发展，上述认定模式越来越难适应打击证券、期货市场犯罪的需要。如广东董某内幕交易案。董曾是影响“广发证券借壳延边公路”内幕信息形成的主要决策人，董指使他人买入相关证券的行为远在内幕信息正式形成之前，按照传统理解，董的大部分行为都不在内幕信息敏感期内，对于该部分行为不能认定为内幕交易、泄露内幕信息的行为；再如江苏刘某内幕交易、泄露内幕信息案。刘曾是南京市经委主任，是牵头重组高淳陶瓷股份有限公司并借壳上市的主要参与人员。在洽谈过程中，刘指使其妻陈某买入高淳陶瓷股票60余万股，折合430万元，最终获利700多万元。刘是在重组计划、方案正式形成之前指使其妻从事相关证券交易的，按照传统理解，该部分行为不能认定为内幕交易、泄露内幕信息的行为。然而，这部分行为的社会危害性和所体现的行为人的主观恶性比传统内幕交易、泄露内幕信息行为有过之而无不及。因此，对于能够影响内幕信息形成的动议、筹划、决策或者执行人员，应当区别于普通的内幕信息的知情人员，内幕信息的敏感期应当自其动议、筹划、决策或者执行初始时间开始起算。

（七）内幕交易、泄露内幕信息的定罪量刑标准

1. 单次证券交易成交额、期货交易占用保证金数额的认定

如何认定单次证券交易成交额、期货交易占用保证金数额，实践中存在不同看法。一种观点认为，应当根据不同情形，以单次买入金额或者卖出金额作为成交额（占用保证金数额）。在利空消息案件中，以单次买入金额作为成交额（占用保证金数额）；在利好消息案件中，以单次买出金额作为成交额。另一种观点认为，以初始买人金额作为成交额（占用保证金数额），既有利于被告人，也有利于证据收集，同时便于计算获利金额，应当以初始买人金额作为成交额（占用保证金数额）。

经研究认为，买入金额、卖出金额均能体现行为的社会危害程度。在有的案件中，买入金额最能准确体现行为的社会危害大小，而在有的案件中，卖出金额最能准确体现行为的社会危害大小。考虑到具体案件中情况比较复杂，本解释对此未确立一个统一的原则。实践中，对于单次买入金额、卖出金额不同的，比较普遍的做法是按照“从一重处断”原则，即将数量大的认定为成交额（占用保证金数额）。

2. 获利或者避免损失数额的认定

如何认定获利或者避免损失数额，是按照实际所得还是按照账面所得，是司法实践中经常遇到的问题。一种观点主张，获利或者避免损失数额应当按照实际所得计算，不能按照账面所得进行计算。另一种观点认为，获利或者避免损失数额应当按照账面所得进行计算。

经调研，在有的案件中，股票仅卖出一部分；在有的案件中，行为人为逃避处罚通常选择卖亏；而在有的案件中，对未抛售的涉案股票可能需要进行应急处理，根据具体股市行情决定是否抛售。考虑到实际情况纷繁多变，本解释未对获利或者避免损失数额的认定确立一个总的原则。实践中比较倾向的观点是，对已抛售的股票按照实际所得计算，对未抛售的股票按照账面所得计算，但对为逃避处罚而卖亏的股票，应当按照账面所得计算。对于涉案股票暂不宜

抛售的，在认定获利或者避免损失数额时，应当按照查封股票账户时的账面所得计算，但在具体追缴财产或退赔财产时，可按最终实际所得认定获利或者避免损失数额。

3. 情节严重与情节特别严重的量比

在起草之初，基于证券、期货犯罪涉及的数额一般都偏高的考虑，又鉴于其情节严重（起刑点标准）与最高人民检察院、公安部联合发布的相关立案追诉标准最好保持一致，本解释曾单方面提高了情节特别严重的认定标准，将内幕交易、泄露内幕信息罪的情节严重和情节特别严重量化比例确定为1∶10。后在征求意见过程中，不少意见认为，通常司法解释对情节严重与情节特别严重的量化比例确定在1∶4至1∶5之间，建议本解释遵循常例。参考这一意见，本解释将“情节严重”与“情节特别严重”的量比确定为1∶5。

（八）二次以上内幕交易或者泄露内幕信息相关交易数额的累计计算

1. “相关交易数额”的理解

本解释第八条中的“相关交易数额”中的“相关交易”与本解释第二条第二、三项规定的“相关交易”涵义相同。“相关交易数额”，包括相关交易行为的成交额、占用保证金额、获利或者避免损失数额，不能仅理解为成交额。

2. 相关交易数额是否累计计算

实践中，对这一问题存在不同主张。一种观点认为，以初始成交额（占用保证金数额）、获利或者避免损失数额认定为行为人的犯罪数额，既有利于被告人，又有利于证据收集，还便于计算获利或者避免损失数额。如果进行累计计算，一旦涉案人员对证据进行了销毁，就难以准确计算相关交易数额总量。因此，应当以初始成交额（占用保证金数额）、获利或者避免数额作为最终的犯罪数额，反对将相关交易数额进行累计计算。另一种观点认为，证券、期货犯罪与其他挪用公款的职务犯罪不同，证券、期货犯罪主要体现在交易量的变化对市场秩序以及由此导致的对股民权益的侵害，应当对成交额（占用保证金数额）和获利或者避免损失数额进行累计计算。本解释采纳了后一种观点。

3. 关于纳入累计的内幕交易行为的范围

本解释第八条对内幕交易数额的累计计算仅作了原则性规定，即必须依法累计计算。对这一原则性规定，应理解为对内幕交易数额累计计算的限定，即单次内幕交易或者泄露内幕信息行为如不构成犯罪但超过行政处罚时效期限或者构成犯罪但超过追诉期限的，不在累计范围，但依照法律不受追诉期限限制的除外。

要准确认定累计数额，必须准确认定哪些行为能够作为累计对象。由于一般违法行为和犯罪行为的处罚时效不同，所以首先必须界分一般违法行为和犯罪行为。违法行为必须在行政处罚时效之内的限定旨在限制刑罚权的无限扩大，科学体现刑法的谦抑精神。行政违法行为，处罚时效一般为二年（逃税行为除外），对于已过处罚时效的一般违法行为，如果不能追究行政责任，那么无疑也不宜追究刑事责任，这应是社会主义法治精神的原则性要求。针对已经举报、行政执法机关或者司法机关已经立案，不受行政处罚时效期限或追诉期限限制的违法犯罪行为，行政处罚权或者刑罚权没有限制，因此，对这类内幕交易行为应当纳入累计范围。

（九）犯罪数额构成不同情节的处罚原则

本解释第九条第一款对犯罪数额构成不同情节的犯罪规定了处罚原则。在内幕交易、泄露内幕信息案件中，只要成交额（期货案件为占用保证金额）、获利额其中之一达到入罪标准，就构成犯罪。从原理分析，社会危害性是定罪量刑最基本的依据，本解释之所以将成交额、占用保证金额、获利额作为定罪依据，是因为这三者均能体现行为的社会危害程度。在有的案件中，交易数额（保证金额）最能准确体现行为的社会危害大小，而在有的案件中，获利或者避免损失数额最能准确体现行为的社会危害大小。理论界和实务界的主流观点均认为，同一行为成交额（占用保证金额）、获利或者避免损失数额构成不同情节的，应当按照“从一重处断”原则确定有关被告人的量刑幅度。

由于内幕交易、泄露内幕信息犯罪有情节严重和情节特别严重两个法定刑幅度，且情节严重、情节特别严重均是通过成交额（占用保证金额）、获利或者避免损失数额来体现的，所以三者不仅是区分罪与非罪的标准，还可能是区分此罪与彼罪的标准。如在牵连犯、想象竞合犯案件中，一般是按处罚较重的罪进行定罪处罚，这就要求准确找到能够体现最重罪行的犯罪数额。这一定罪逻辑，反过来表明，在同一案件中，如果犯罪数额构成不同情节的，一般按照处罚较重的数额确定量刑幅度。

基于上述分析和论证，本解释第九条第一款规定：“同一案件中，成交额、占用保证金额、获利或者避免损失额分别构成情节严重、情节特别严重的，按照处罚较重的数额定罪处罚。”

（十）关于共犯情形罚金刑的适用

共同犯罪情形，是按照共同犯罪数额计算罚金，还是按照各自的犯罪数额计算罚金，在司法实践中不好把握，因此有必要予以明确。

一般情况下，定罪与量刑应坚持同一数额标准，但在共同犯罪案件中，特别是人数众多的共同犯罪案件中，这一原则应有所突破，否则必然导致罚金数额过大，而出现根本无法执行的情况。因此，本解释第九条第二款借鉴最高人民法院、最高人民检察院、海关总署印发的《办理走私刑事案件适用法律若干问题的意见》第二十二条的规定，对共同犯罪的罚金刑适用在总额上作了如下限制：构成共同犯罪的，按照共同犯罪行为人的成交总额、占用保证金总额、获利或者避免损失总额定罪处罚，但判处各被告人罚金的总额应掌握在各被告人获利或者避免损失总额的一倍以上五倍以下。

（十一）违法所得数额的理解

“违法所得数额”通常被理解为“获利数额”，如1995年《最高人民法院关于审理生产、销售伪劣产品刑事案件如何认定“违法所得数额”的批复》将“违法所得数额”界定为“生产、销售伪劣产品获利的数额”。由于生产、销售行业的违法犯罪行为很少涉及损失避免的认定，所以将此处的“违法所得”理解为“获利数额”有其一定的合理性。然而，证券、期货交易是一种高风险的投资行业，获取内幕信息后，买入行为可能获取暴利，卖出行为可能避免损失，因此，行为人在内幕信息敏感期内卖出证券、期货所避免的损失应当认定为《刑法》第一百八十条第一款规定的“违法所得”。

（十二）泄露内幕信息人员、明示人员、暗示人员的罚金数额

1. 非共犯情形下泄露内幕信息人员、明示人员、暗示人员的罚金数额

《刑法》第一百八十条第一款对内幕交易、泄露内幕信息罪规定了并处或者单处违法所得一倍以上五倍以下罚金，然而，对于非共犯情形下的泄露内幕信息人员、明示人员、暗示人员，此处的“违法所得”是指从事内幕交易的违法所得还是指因泄露内幕信息或者明示、暗示行为而获取的报酬，该问题亟须明确。

有观点认为，非共犯情形下泄露内幕信息人员未参与内幕交易，也就未从交易行为中获取所得。由此而论，对于此类人员，违法所得只能是因其泄露、明示、暗示行为而获取的报酬，将此处的“违法所得”理解为内幕交易人员的违法所得，违背了刑法原意。另外，获取内幕信息人员可能自己未从事内幕交易但将内幕信息再泄露，甚至连锁泄露内幕信息两三次，根据所有人的内幕交易违法所得对泄露人员进行处罚，显失公平。经研究认为，刑法第一百八十条第一款规定的“违法所得”应是指内幕交易人员的违法所得。该条之所以未具体明确违法所得主体，从一个角度可以理解为是立法者的疏漏，但从另一角度也可以理解为是一种立法技术，因此，将此处的“违法所得”理解为内幕交易人员的违法所得，并未违背立法原意。对于关系密切的泄露内幕信息、明示、暗示人员与内幕交易人员而言，可能根本不存在什么报酬，因此，针对泄露内幕信息、明示、暗示人员，将“违法所得”理解为泄露、明示、暗示行为的报酬，与立法原意不符。基于这一分析，本解释第十条第二款规定：“内幕信息的泄露人员或者内幕交易的明示、暗示人员未实际从事内幕交易的，其罚金数额按照因泄露而获悉内幕信息人员或者被明示、暗示人员从事内幕交易的违法所得计算。”

2. 对二手以上的内幕信息传递行为是否追究刑事责任

一种观点认为，我国应当采取信息内容为主，传递身份为辅模式。对多级传递内幕信息行为的认定，主要看被传递人是否明知其接受的信息为内幕信息，其次考虑传递人与被传递人之间的关系。但从当前司法现状出发，对二手

以上的内幕信息传递行为，原则上不应追究刑事责任，否则打击面过大。如在证券、期货市场比较发达的欧盟采取的是传递身份模式，对二手以下的传递者仅给予行政处罚，而日本对二手以下的传递者则不追究任何责任。

另一种观点认为，对于内幕交易、泄露内幕信息行为的认定，关键在于内幕信息传递人主观上是否明知。如果属于明知是内幕信息而予以传递的，即表明行为人在传递时具有主观恶性，属于恶意侵犯法益，无论是第几手传递内幕信息，都应当追究刑事责任。当前，世界各国对内幕信息多级传递行为的认定模式存在一定差别。我国当前证券、期货市场秩序较乱，应借鉴美国模式进行综合治理。美国采取的是信息内容模式，传递身份在所不问。2000年，美国有个内幕交易案件，追究了内幕信息传递第六手的刑事责任。

经研究认为，并非所有存在二传、三传的案件都难以认定泄露内幕信息人员的责任，即便难以认定，在能够认定的限度内也应追究泄露内幕信息人员的责任。对于泄露内幕信息行为，即如二传、三传不是从内幕信息知情人员那里获悉信息，但如果泄露内幕信息人员知晓有二传、三传乃至之后的人在利用其泄露的内幕信息进行交易而不加制止或未有效制止，那么其就应当对这些从事内幕交易的行为承担责任。

（十三）关于无获利且未避免损失情形的罚金刑适用

在无违法所得的情况下，如何适用罚金刑，实践中存在分歧。

一种观点认为，应当处以罚金刑，具体适用时可以选择替代标准。理由是：首先，从刑罚设置原理分析，对经济犯罪处以财产刑是必要的；其次，从刑法条文的表述分析，“并处或者单处违法所得一倍以上五倍以下罚金”意味着必须处以罚金刑；再次，突破刑法规定，弥补立法漏洞的做法，在司法解释中已有先例可循。如生产、销售伪劣商品罪中的“销售金额”就是一适例。

另一种观点认为，并处罚金刑只是为了区别单处罚金刑，即在判处主刑的同时也可以判处罚金刑，但并非必须判处罚金刑，特别是在没有违法所得情形下。理由如下：首先，不处以罚金刑不等于不处罚，主刑的轻重仍然是罪刑均衡的主要参考指标；其次，刑法明文规定按照违法所得计算罚金，司法解释无权突破刑法对没有违法所得情形规定罚金计算标准；此外，在内幕交易、泄露内幕信息案件中，难以在违法所得之外找到计算罚金的替代标准，如果以交易额替代违法所得，那么将会大大加重内幕交易、泄露内幕信息行为人的财产刑。

本解释对此未作明确。实践中，比较倾向的做法是对行为人判处一千元的罚金，即以罚金刑的下限作为判处行为人的罚金数额，如此解决了具体案件中无违法所得而无罚金参照标准与刑法规定的并处罚金而必须判处罚金之间的矛盾。

（十四）关于定罪量刑标准是否区分单位和个人主体

有观点认为，单位犯罪和个人犯罪在起诉标准和处刑上均应有所区别。而反对观点认为，2008年《最高人民检察院、公安部关于经济犯罪案件追诉标准的补充规定》没有区分单位和个人两种主体，因此，无需区别单位犯罪主体和个人犯罪主体。经研究认为，就本罪而言，刑法对单位犯罪规定了单独的法定刑，即便不对单位犯罪和个人犯罪的量刑标准加以区别，也可以追求两者之间的量刑平衡。因此，本解释采纳了后一种观点。

（撰稿人：刘晓虎等）

最高人民法院　最高人民检察院
关于办理操纵证券、期货市场刑事案件适用法律若干问题的解释

法释〔2019〕9号

（2018年9月3日最高人民法院审判委员会第1747次会议、2018年12月12日最高人民检察院第十三届检察委员会第11次会议通过　2019年6月27日最高人民法院、最高人民检察院公告公布　自2019年7月1日起施行）

为依法惩治证券、期货犯罪，维护证券、期货市场管理秩序，促进证券、期货市场稳定健康发展，保护投资者合法权益，根据《中华人民共和国刑法》《中华人民共和国刑事诉讼法》的规定，现就办理操纵证券、期货市场刑事案件适用法律的若干问题解释如下：

第一条　行为人具有下列情形之一的，可以认定为刑法第一百八十二条第一款第四项规定的“以其他方法操纵证券、期货市场”：

（一）利用虚假或者不确定的重大信息，诱导投资者作出投资决策，影响证券、期货交易价格或者证券、期货交易量，并进行相关交易或者谋取相关利益的；

（二）通过对证券及其发行人、上市公司、期货交易标的公开作出评价、预测或者投资建议，误导投资者作出投资决策，影响证券、期货交易价格或者证券、期货交易量，并进行与其评价、预测、投资建议方向相反的证券交易或者相关期货交易的；

（三）通过策划、实施资产收购或者重组、投资新业务、股权转让、上市公司收购等虚假重大事项，误导投资者作出投资决策，影响证券交易价格或者证券交易量，并进行相关交易或者谋取相关利益的；

（四）通过控制发行人、上市公司信息的生成或者控制信息披露的内容、时点、节奏，误导投资者作出投资决策，影响证券交易价格或者证券交易量，并进行相关交易或者谋取相关利益的；

（五）不以成交为目的，频繁申报、撤单或者大额申报、撤单，误导投资者作出投资决策，影响证券、期货交易价格或者证券、期货交易量，并进行与申报相反的交易或者谋取相关利益的；

（六）通过囤积现货，影响特定期货品种市场行情，并进行相关期货交易的；

（七）以其他方法操纵证券、期货市场的。

第二条 操纵证券、期货市场，具有下列情形之一的，应当认定为刑法第一百八十二条第一款规定的“情节严重”：

（一）持有或者实际控制证券的流通股份数量达到该证券的实际流通股份总量百分之十以上，实施刑法第一百八十二条第一款第一项操纵证券市场行为，连续十个交易日的累计成交量达到同期该证券总成交量百分之二十以上的；

（二）实施刑法第一百八十二条第一款第二项、第三项操纵证券市场行为，连续十个交易日的累计成交量达到同期该证券总成交量百分之二十以上的；

（三）实施本解释第一条第一项至第四项操纵证券市场行为，证券交易成交额在一千万元以上的；

（四）实施刑法第一百八十二条第一款第一项及本解释第一条第六项操纵期货市场行为，实际控制的账户合并持仓连续十个交易日的最高值超过期货交易所限仓标准的二倍，累计成交量达到同期该期货合约总成交量百分之二十以上，且期货交易占用保证金数额在五百万元以上的；

（五）实施刑法第一百八十二条第一款第二项、第三项及本解释第一条第一项、第二项操纵期货市场行为，实际控制的账户连续十个交易日的累计成交量达到同期该期货合约总成交量百分之二十以上，且期货交易占用保证金数额在五百万元以上的；

（六）实施本解释第一条第五项操纵证券、期货市场行为，当日累计撤回申报量达到同期该证券、期货合约总申报量百分之五十以上，且证券撤回申报额在一千万元以上、撤回申报的期货合约占用保证金数额在五百万元以上的；

（七）实施操纵证券、期货市场行为，违法所得数额在一百万元以上的。

第三条 操纵证券、期货市场，违法所得数额在五十万元以上，具有下列情形之一的，应当认定为刑法第一百八十二条第一款规定的“情节严重”：

（一）发行人、上市公司及其董事、监事、高级管理人员、控股股东或者实际控制人实施操纵证券、期货市场行为的；

（二）收购人、重大资产重组的交易对方及其董事、监事、高级管理人员、控股股东或者实际控制人实施操纵证券、期货市场行为的；

（三）行为人明知操纵证券、期货市场行为被有关部门调查，仍继续实施的；

（四）因操纵证券、期货市场行为受过刑事追究的；

（五）二年内因操纵证券、期货市场行为受过行政处罚的；

（六）在市场出现重大异常波动等特定时段操纵证券、期货市场的；

（七）造成恶劣社会影响或者其他严重后果的。

第四条 具有下列情形之一的，应当认定为刑法第一百八十二条第一款规定的“情节特别严重”：

（一）持有或者实际控制证券的流通股份数量达到该证券的实际流通股份总量百分之十以上，实施刑法第一百八十二条第一款第一项操纵证券市场行为，连续十个交易日的累计成交量达到同期该证券总成交量百分之五十以上的；

（二）实施刑法第一百八十二条第一款第二项、第三项操纵证券市场行为，连续十个交易日的累计成交量达到同期该证券总成交量百分之五十以上的；

（三）实施本解释第一条第一项至第四项操纵证券市场行为，证券交易成交额在五千万元以上的；

（四）实施刑法第一百八十二条第一款第一项及本解释第一条第六项操纵期货市场行为，实际控制的账户合并持仓连续十个交易日的最高值超过期货交易所限仓标准的五倍，累计成交量达到同期该期货合约总成交量百分之五十以上，且期货交易占用保证金数额在二千五百万元以上的；

（五）实施刑法第一百八十二条第一款第二项、第三项及本解释第一条第一项、第二项操纵期货市场行为，实际控制的账户连续十个交易日的累计成交量达到同期该期货合约总成交量百分之五十以上，且期货交易占用保证金数额在二千五百万元以上的；

（六）实施操纵证券、期货市场行为，违法所得数额在一千万元以上的。

实施操纵证券、期货市场行为，违法所得数额在五百万元以上，并具有本解释第三条规定的七种情形之一的，应当认定为“情节特别严重”。

第五条 下列账户应当认定为刑法第一百八十二条中规定的“自己实际控制的账户”：

（一）行为人以自己名义开户并使用的实名账户；

（二）行为人向账户转入或者从账户转出资金，并承担实际损益的他人账户；

（三）行为人通过第一项、第二项以外的方式管理、支配或者使用的他人账户；

（四）行为人通过投资关系、协议等方式对账户内资产行使交易决策权的他人账户；

（五）其他有证据证明行为人具有交易决策权的账户。

有证据证明行为人对前款第一项至第三项账户内资产没有交易决策权的除外。

第六条 二次以上实施操纵证券、期货市场行为，依法应予行政处理或者刑事处理而未经处理的，相关交易数额或者违法所得数额累计计算。

第七条 符合本解释第二条、第三条规定的标准，行为人如实供述犯罪事实，认罪悔罪，并积极配合调查，退缴违法所得的，可以从轻处罚；其中犯罪情节轻微的，可以依法不起诉或者免予刑事处罚。

符合刑事诉讼法规定的认罪认罚从宽适用范围和条件的，依照刑事诉讼法的规定处理。

第八条 单位实施刑法第一百八十二条第一款行为的，依照本解释规定的定罪量刑标准，对其直接负责的主管人员和其他直接责任人员定罪处罚，并对单位判处罚金。

第九条 本解释所称“违法所得”，是指通过操纵证券、期货市场所获利益或者避免的损失。

本解释所称“连续十个交易日”，是指证券、期货市场开市交易的连续十个交易日，并非指行为人连续交易的十个交易日。

第十条 对于在全国中小企业股份转让系统中实施操纵证券市场行为，社会危害性大，严重破坏公平公正的市场秩序的，比照本解释的规定执行，但本解释第二条第一项、第二项和第四条第一项、第二项除外。

第十一条 本解释自 2019 年 7 月 1 日起施行。

【解　　读】

解读《最高人民法院、最高人民检察院关于办理操纵证券、期货市场刑事案件适用法律若干问题的解释》

为依法惩治证券、期货犯罪，维护证券、期货市场管理秩序，促进证券、期货市场稳定健康发展，保护投资者合法权益，最高人民法院、最高人民检察院发布了《关于办理操纵证券、期货市场刑事案件适用法律若干问题的解释》（法释〔2019〕9 号，以下简称本解释），自 2019 年 7 月 1 日起施行。为便于司法实践的准确理解和正确适用，现对本解释的起草背景、主要考虑和主要内容介绍如下。

一、本解释的制定背景和经过

为依法惩治操纵证券、期货市场犯罪，1997 年刑法第一百八十二条规定了操纵证券价格罪，1999 年 12 月 25 日刑法修正案修改为操纵证券、期货价格罪，2006 年 6 月 29 日《刑法修正案（六）》又作了进一步修改完善，修改为操纵证券、期货市场罪。有关刑事立法为依法惩治操纵证券、期货市场犯罪提供了法律依据。2010 年《最高人民检察院、公安部关于公安机关管辖的刑事案件立案追诉标准的规定（二）》［以下简称《立案追诉标准（二）》］明确了操纵证券、期货市场罪的立案追诉标准，为准确适用法律，依法打击操纵证券、期货市场犯罪，维护证券、期货市场秩序发挥了积极作用。

近年来，我国证券、期货市场不断发展，为实体经济建设提供了重要的金融支持。与此同时，操纵证券、期货市场等违法、犯罪行为也频频发生，并且花样翻新，严重破坏证券、期货市场管理秩序，危害投资者合法权益和国家金融安全。该类犯罪具有以下几方面的特征：一是涉案金额巨大，社会危害大。操纵证券、期货市场犯罪涉案金额动辄上亿元，影响证券、期货交易价格，造成市场波动，严重损害广大投资者合法权益，严重破坏证券、期货市场管理秩序，危害国家金融安全和稳定。二是专业性强，操纵方法多样化。操纵证券、期货市场犯罪分子往往具有较深的专业背景，熟悉资本市场运行规则和信息技术，通过公司化“流水线作业”，利用资金优势、信息优势、联合“黑嘴”荐股等手段操纵证券、期货市场。三是犯罪手段更加隐蔽，查处难度大。证券、期货交易具有无纸化、信息化等特点，犯罪分子操纵证券、期货市场的手段更加网络化、智能化，加大了调查取证的难度，给认定操纵证券、期货市场犯罪带来困难，导致操纵证券、期货市场犯罪的实发案件数量与查处的案件数量存在较大落差。与此同时，司法实践反映，操纵证券、期货市场的具体定罪量刑标准尚不明确，一些法律适用问题存在争议，需要通过司法解释作出规定，确保刑法的正确实施。

起草、制定本解释历时近两年时间。最高人民法院刑三庭、最高人民检察院法律政策研究室经过深入调研论证和广泛征求意见，结合司法工作实际，制定了本解释。在起草司法解释过程中，先后多次组织召开专家论证会听取意见和建议，征求了全国法院系统、检察系统、公安部、原国务院法制办及证监会、证券交易所、期货交易所等相关部门的意见，并征求了全国人大常委会法工委的意见，达成广泛共识。2018 年 9 月 3 日最高人民法院审判委员会第 1747 次会议、2018 年 12 月 12 日最高人民检察院第十三届检察委员会第十一次会议分别审议通过了本解释。

二、本解释起草中的主要考虑

在起草过程中，为了确保本解释规定内容科学合理，能够有效指导司法实践，解决实践中存在的突出问题，主要有以下几个方面的考虑：

一是坚持罪刑法定，严格依法解释。罪刑法定原则是刑法的基本原则。正确理解和把握立法精神，严格依法准确解释法律，是起草解释所坚持的首要原则。本解释属于对《刑法》条文含义和适用标准的具体阐释，我们坚持以刑法的规定为依据，对操纵证券、期货市场犯罪行为的界定和确定的定罪量刑标准等内容，都没有超出刑法的规定范围，确保罪刑法定原则在司法实践中得到贯彻落实，确保无罪的人不受刑事追究。

二是立足司法实践，解决实际问题。立足司法实践，解决实际问题，是制定司法解释的出发点和落脚点。在起草司法解释过程中，最高人民法院、最高人民检察院有关部门就操纵证券、期货市场犯罪法律适用问题进行了深入调研，全面收集相关情况和案例，对存在的问题进行了系统梳理。在此基础上，坚持以问题为导向，结合司法实际，明确了操纵证券、期货市场的定罪量刑标准，以及一些有争议的法律适用问题，以便统一司法标准，统一法律适用，确保刑法得到正确实施。

三是坚持宽严相济，注重惩治效果。贯彻宽严相济刑事政策是制定司法解释一贯坚持的重要原则。在坚持从严惩治证券、期货犯罪的同时，切实体现区别对待，分化瓦解犯罪分子，规定对于行为人符合定罪处罚标准，如实供述犯罪事实，认罪悔罪，并积极配合调查，退缴违法所得的，可以从轻处罚；其中犯罪情节轻微的，可以依法不起诉或者免予刑事处罚。同时，切实贯彻修订后的刑事诉讼法确立的认罪认罚从宽制度，规定符合刑事诉讼法规定的认罪认罚从宽适用范围和条件的，依照《刑事诉讼法》的规定处理，确保法律效果和社会效果的有机统一，更好地实现惩罚和预防犯罪的目的。

三、本解释的主要内容

结合当前操纵证券、期货市场刑事案件的特点和司法实践反映的突出问题，依照刑法、刑事诉讼法的规定，对操纵证券、期货市场刑事案件的适用法律相关问题做了较为系统的规定。本解释共十一条，大致可以归纳为如下七个方面的内容：

（一）关于“以其他方法操纵证券、期货市场”的认定问题

《刑法》第一百八十二条第一款第一至三项规定了联合、连续交易操纵、约定交易操纵、自买自卖操纵（也称洗售操纵）等三种操纵证券、期货市场的方法：一是联合、连续交易操纵，即单独或者合谋，集中资金优势、持股或者持仓优势或者利用信息优势，联合或者连续买卖，操纵证券、期货市场交易价格或者证券、期货交易量的行为；二是约定交易操纵，俗称“对倒”，即与他人串通，以事先约定的时间、价格和方式相互进行证券、期货交易，影响证券、期货交易价格或者证券、期货交易量的行为；三是自买自卖操纵，俗称“对敲”，在自己实际控制的账户之间进行证券交易，或者以自己为交易对象，自买自卖期货合约，影响证券、期货交易价格或者证券、期货交易量的行为。“对倒”“对敲”的违法本质是相同的，即在证券、期货交易市场中，行为人通过虚伪交易（虚买虚卖）进行“诱多”或者“诱空”，从而谋取非法利益的行

为。同时，《刑法》第一百八十二条第一款第四项规定了“以其他方法操纵证券、期货市场”作为兜底条款。

实践中，由于相关规定不明确，对于“以其他方法操纵证券、期货市场”的认定存在不同认识。结合司法实践和实际案例，并参考相关法律、法规以及《中国证券监督管理委员会证券市场操纵行为认定指引（试行）》等规定，本解释第一条明确了“以其他方法操纵证券、期货市场”的六种情形，同时考虑证券、期货市场操纵手段不断翻新，难以列举穷尽，该条第七项仍然以“以其他方法操纵证券、期货市场”作为兜底性规定。

1. “蛊惑交易操纵”，即利用虚假或者不确定的重大信息，诱导投资者作出投资决策，影响证券、期货交易价格或者证券、期货交易量，并进行相关交易或者谋取相关利益。其中“诱导投资者作出投资决策”，通常是指行为人故意编造虚假信息或者明知是虚假或不确定的信息而进行传播，使广大投资者信以为真做出错误的投资决策，从而影响交易价格或者交易量。“进行相关交易”是指进行与其蛊惑信息所涉证券、期货的交易，包括集合竞价阶段交易、连续竞价阶段交易、大宗交易、场外交易等。“谋取相关利益”，是相关交易之外的其他相关利益，如影响定向增发价格，影响股权质押价格，影响大宗交易价格，打压他人基金排名，影响公司收购价格等。

2. “抢帽子交易操纵”，也就是利用“黑嘴”荐股操纵，即通过对证券及其发行人、上市公司、期货交易标的公开作出评价、预测或者投资建议，误导投资者作出投资决策，影响证券、期货交易价格或者证券、期货交易量，并进行与其评价、预测、投资建议方向相反的证券交易或者相关期货交易。《立案追诉标准（二）》规定该类操纵的主体为“证券公司、证券投资咨询机构、专业中介机构或者从业人员”。随着自媒体等现代通讯传播技术的快速发展，涉案主体既有持牌机构和分析师，也有网络工作室、网络大V、博主等非持牌机构以及一般公民，“黑嘴”荐股的方式多种多样，如微博、股吧、视频直播、微信以及QQ私聊建群等，最终目的是误导投资者作出投资决策而从中获利，有的是自己反向交易从中获利，有的诱导散户买入，帮助“庄家出货”获取报酬等。

3. “重大事件操纵”，即通过策划、实施资产收购或者重组、投资新业务、股权转让、上市公司收购等虚假重大事项，误导投资者作出投资决策，影响证券交易价格或者证券交易量，并进行相关交易或者谋取相关利益。本项规定主要针对股市中近几年出现的通过策划、实施虚假重组、虚假投资、虚假股权转让、虚假收购等重大事件，误导投资者作出投资决策，自己交易或者谋取相关利益的操纵行为，俗称证券市场中“编故事、画大饼”的操纵行为。如，上市公司的发起人为减持限售股，而提前策划收购、重组等重大虚假事项，推高股价后减持获利。

4. "控制信息操纵"，即通过控制发行人、上市公司信息的生成或者控制信息披露的内容、时点、节奏，误导投资者作出投资决策，影响证券交易价格或者证券交易量，并进行相关交易或者谋取相关利益。本项的"控制信息操纵"，与《刑法》第一百八十二条第一款第一项中规定的"利用信息优势操纵"的区分在于：《刑法》第一百八十二条第一款第一项中规定的"利用信息优势操纵"是指行为人利用已有的信息，基于其先知晓、知晓得完全等优势，通过交易进行操纵，其本质是交易型操纵，即"信息优势+联合或连续买卖"。而本项"控制信息操纵"是指行为人控制信息生成和控制信息内容以及控制信息发布的时点、节奏，利用生成信息及控制信息本身，对市场投资者进行诱导，从而影响股价，本身不一定有联合或连续买卖股票，其本质是信息型操纵。此外，两者的犯罪主体不同，《立案追诉标准（二）》规定"利用信息优势操纵"的主体为特殊主体，即"上市公司及其董事、监事、高级管理人员、控股股东、实际控制人或其他关联人员"。从近年来处理的案例来看，参与"控制信息操纵"的主体身份越来越广泛，出现上述特殊主体与外部人员内外勾结，甚至外部人员收买内部人员，控制信息的生成和发布对证券市场进行操纵，故《解释》将该类操纵的主体规定为一般主体。

5. "恍骗交易操纵"（也称虚假申报操纵），即不以成交为目的，频繁申报、撤单或者大额申报、撤单，误导投资者作出投资决策，影响证券、期货交易价格或者证券、期货交易量，并进行与申报相反的交易或者谋取相关利益。在证券、期货交易市场中，报撤单是正常交易行为。该类操纵与正常报撤单的区分，要根据报撤单是否频繁，或者报撤单的金额是否巨大；是否进行与申报相反的交易；是否使用多个不同账户掩盖操作等客观方面进行综合判断。

6. "跨期、现货市场操纵"，即通过囤积现货，影响特定期货品种市场行情，并进行相关期货交易。这种操纵方法在期货市场中并不少见，甚至会发生"逼仓"现象，如小品种的期货交易中，多头持仓者预测现货不足时，凭借资金优势拉高期货价格，同时大量囤积现货，拉高现货价格，迫使空头要么高价买回期货合约认赔平仓出局，要么以高价买入现货进行实物交割，甚至空头因买不到现货交割受到违约罚款，从而出现"逼仓"现象，操纵者从而获取暴利。

（二）关于"情节严重"的认定标准

"情节严重"标准与刑事立案追诉标准直接相关，是长期以来影响操纵市场刑事规制的瓶颈问题。本解释参照《最高人民法院、最高人民检察院关于办理内幕交易、泄露内幕信息刑事案件具体应用法律若干问题的解释》（以下简称《内幕交易罪司法解释》）和《立案追诉标准（二）》等相关规定，结合证券、期货市场当前实际发生的案件情况，并对比其他经济类案件的数额变化趋势，针对《刑法》第一百八十二条第一款规定的三种以及本解释规定的六种操纵证券、期货市场的情形，从交易金额、交易占比、违法所得金额等方面规定了七种“情节严重”的认定标准；同时，为更加有力、有效地惩治操纵证券、期货市场犯罪，结合此类犯罪的特点，又规定了七种“数额+情节”的“情节严重”的情形。

1. 第二条第一项、第二项规定了交易型操纵证券市场的入罪标准。本解释第二条第一项、第二项对《立案追诉标准（二）》的入罪标准作了适当调整。一方面，在连续交易操纵的入罪标准中，将持股比例由30%调整为10%。主要考虑：过去个股盘子普遍比较小，且并非全部为流通股，30%的持股比例有一定合理性。随着股权分置改革落地，目前个股盘子普遍比较大，且大部分为全流通股，30%的持股比例在现实中很难达到。根据证监会测算，沪深两市全部3000余家上市公司第三大股东平均持股比例仅3.67%。根据证券法的规定，持股5%以上的属于大股东。考虑目前仍有部分股票没有实现全流通，同时也为行政处罚预留空间，本解释将持股优势的比例确定为10%。另一方面，在连续交易操纵、约定交易操纵、洗售操纵的入罪标准中，将“连续二十个交易日”调整为“连续十个交易日”，将累计成交量占比由30%调整为20%。主要是考虑到当前短线操纵较为普遍，调整标准后符合当前短线操作的一般规律，也符合证券交易所的统计口径，有利于加强入罪标准的可操作性。需要说明的是，本解释所称“连续十个交易日”，是指证券、期货市场开市交易的连续十个交易日，并非指行为人连续交易的十个交易日。

2. 第二条第三项规定了信息型操纵和行为型操纵证券的证券交易成交金额标准。随着社会经济的发展，《立案追诉标准（二）》规定的50万元交易金额的入罪标准过低，可能造成选择性执法。虽然信息型操纵交易金额一般会大大低于交易型操纵，但从执法和司法实践看，移送追究刑事责任的信息型操纵案件，交易金额几乎没有低于1000万元的。根据实践中案件情况，结合中国经济较快增长现状，通货膨胀趋势，并考虑到各罪名之间数额上的平衡，本解释中规定信息型操纵行为“证券交易成交金额在一千万元以上”为“情节严重”。需要说明的是，第二条第三项只是针对本解释第二条第一至四项规定了证券交易成交额的入罪标准，并没有针对《刑法》第一百八十二条第一款第一、二、三项规定证券交易成交额的入罪标准，主要考虑是，从实际案例看，交易型操纵由于存在资金的反复使用，成交金额大多达到数亿元至数百亿元，甚至数千亿元，故难以规定具体入罪标准。鉴于第二条第一、二项已从相关比例方面进行了规定，故不再直接规定交易型操纵证券交易成交额标准。

3. 第二条第四、五项规定的是交易型操纵期货市场的入罪标准。考虑到不同的期货品种、同一期货品种不同时段内保证金数额差异均很大，同时考虑期货市场开仓量理论上没有上限，只有很大交易量才可能实际影响到期货市场价格，结合实际案例和统计分析，统一规定为“期货交易占用保证金数额五百万元”，同时规定了成交量或持仓量占全市场的比例。对连续十个交易日的持仓最高值、累计成交量、期货占用保证金数额等数量标准，要求同时达到，缺一不可。上述标准较之《立案追诉标准（二）》中对期货操纵行为的认定标准，增加了期货交易保证金数额标准，目的是防止不活跃期货合约中少量操纵即因达到相关交易占比而被入刑。

4. 第二条第六项规定了虚假申报型操纵证券、期货市场的入罪标准。考虑到单纯的频繁撤回申报本身是合法的，撤回申报本身既可能是其改变主意，也可能因为其就是不以成交为目的。为防止将正常的频繁报撤单划入犯罪圈，故对频繁撤单设置较高的比例标准。同时，为避免交易不活跃证券和交易不活跃期货合约较少量即达到相关比例标准，同时规定申报交易额和保证金数额的标准，弥补了《立案追诉标准（二）》中的缺陷。对撤回申报量占比、证券撤回申报的期货合约占用保证金数额等数量标准，要求同时达到，目的在于防止不活跃合约中少量操纵即因达到相关交易占比而被入刑。

5. 第二条第七项规定了各类型操纵市场行为适用的违法所得数额的入罪标准。违法所得数额的入罪标准确定为100万元，主要考虑了案件实际情况及社会经济发展水平和未来趋势。这里的违法所得数额，是指通过操纵证券、期货市场所获利益或者避免的损失。对于二次以上实施操纵证券、期货市场行为，依法应予行政处理或者刑事处理而未经处理的，相关交易数额或者违法所得数额累计计算。需要注意的是，违法所得数额标准是“情节严重”的认定标准，而不是操纵行为的认定标准，不能因为违法所得数额在100万元以上就认定为操纵行为。只有在认定操纵行为的基础上，因违法所得数额达到100万元以上的才能认定为“情节严重”。违法所得数额标准是认定“情节严重”的情形之一，与本解释第二条第一至六项情形是并列关系，对于具有《刑法》第一百八十二条第一款规定的三种或者本解释第一条规定的六种操纵证券、期货市场行为，只要符合本解释第二条规定的七种情形之一的，就应当认定为“情节严重”。例如，对于交易型操纵行为，在已查明行为人存在违规的控制多个账户隐蔽操作、联合操作、对倒、自买自卖等行为的情况下，虽然不符合本解释第二条规定的第一项、第二项的比例标准，但违法所得数额在100万元以上的，即可认定为“情节严重”。

6. 第三条规定了七种“数额＋情节”的“情节严重”的认定标准。为更加有力、有效地惩治操纵证券、期货市场犯罪，结合此类犯罪的特点，本解释第三条又规定了七种“数额＋情节”的“情节严重”的情形，即操纵证券、期货市场，违法所得数额在五十万元以上，具有规定的七种情形之一的，应当认定为“情节严重”。其中：该条第一项、第二项体现对特定人员操纵市场行为从严惩处的精神；第三项、第六项、第七项体现对特定时间、地点或场合及特定后果的操纵行为从严惩处的精神；第三项的“有关部门”包括司法机关、证券期货行政监管机关、证券期货交易所等；第六项的“市场出现重大异常波动等特定时段”侧重于市场状态的考量，即并不是指发生某一特定重大事件，而是必须发生市场反应，即“市场出现重大异常波动”时；第七项的“恶劣社会影响或其他严重后果”通常是市场反应之外的负面影响，如造成重大负面舆情、造成原本正常的公司破产、造成他人自杀等。

（三）关于“情节特别严重”的认定标准

在“情节严重”认定标准的基础上，本解释第四条第一款规定了六种“情节特别严重”的认定标准，第二款规定了“数额＋情节”的七种情形。参照《内幕交易罪司法解释》有关规定，证券交易成交数额或者期货交易占用保证金数额按照“情节严重”数额标准的五倍确定“情节特别严重”的标准。对于第六项违法所得数额标准，考虑本条第二款还规定了违法所得数额减半应当认定为“情节特别严重”的七种情形，故第一款规定的违法所得数额按照“情节严重”数额标准的十倍予以确定。需要说明的是，本解释第二条第六项从撤单比例方面规定了“恍骗交易操纵”的“情节严重”的入罪标准，考虑到“恍骗交易操纵”仅是一个交易日的操纵，对市场的危害性有限，故本解释没有规定“情节特别严重”的情形。

（四）关于“自己实际控制的账户”的认定问题

实践中，行为人操纵证券、期货市场时，为规避监管，绝大多数不用自己名下的账户，而利用他人账户实施操纵行为，但行为人在被调查时往往拒不承认对他人账户的实际控制权。由于证券交易方式的网络化、电子化程度越来越高，技术定位越来越困难，对账户究竟由谁控制越来越难认定。结合实际，本解释第五条规定了四种应当认定为行为人“自己实际控制的账户”的情形：第一项是行为人以自己名义开户并使用的实名账户，第二项是行为人向账户转入或者从账户转出资金，并承担实际损益的他人账户，第三项是行为人通过第一项、第二项以外的方式管理、支配或者使用的他人账户，第四项是行为人通过投资关系、协议等方式对账户内资产行使交易决策权的他人账户。同时还规定了“自己实际控制的账户”的例外情形，即有证据证明行为人对第一至三项账户内资产没有交易决策权的除外。

在操纵案中，“对他人账户的控制”的核心是对他人账户交易行为具有决策权，即有了对他人账户交易行为的决策权，才能利用该账户对证券、期货实施操纵。由于现实中很难证明交易决策权的存在，故一般根据行为人对账户存在实际使用情形，认定行为人对该账户具有交易决策权。但实践中也存在少数情况，虽然行为人对一个账户存在实际使用，但其对该账户的交易确实没有决策权，而是根据其他人的意志进行交易，故将有证据证明行为人对该条第一至三项账户内资产没有交易决策权的排除在外。

需要说明的是，该条对“自己实际控制的账户”的解释，主要是为了解决司法实践中"对他人账户的控制"的认定问题。虽然"自己实际控制的账户"的规定仅出现在《刑法》第一百八十二条第一款第三项中，但实践中该条第一款全部四项规定中均存在"自己实际控制的账户"的问题，故对"自己实际控制的账户"所在条款，笼统表述为"刑法第一百八十二条中"，而不具体规定为"刑法第一百八十二条第一款第三项中"。

（五）关于犯罪数额认定和刑事处罚问题

1. 关于犯罪数额的认定问题

操纵证券、期货市场的相关交易数额或者违法所得数额是定罪量刑的依据，依法应当累计计算，但犯罪数额累计计算的前提条件是，单次操纵证券、期货市场行为必须是依法应予行政处理或者刑事处理而未经处理的。对于不构成犯罪但超过行政处罚时效期限，或者构成犯罪但超过追诉期限的，相关数额不应累计计算。据此，本解释第六条规定，二次以上实施操纵证券、期货市场行为，依法应予行政处理或者刑事处理而未经处理的，相关交易数额或者违法所得数额累计计算。

2. 关于从宽处罚标准

为切实贯彻宽严相济的刑事政策，在加大对操纵证券、期货市场犯罪分子打击力度的同时，有必要依法对一些具有法定或者酌定从轻处罚情节的行为人予以从轻处罚。本解释第七条参照相关司法解释的规定，明确了从轻处罚及"出罪"的情形。由于操纵证券、期货市场违法、犯罪案件的取证难度大，对于行为人如实供述犯罪事实，认罪悔罪，并积极配合调查，退缴违法所得的，依法可以从轻处罚，其中犯罪情节轻微的，可以依法不起诉或免予刑事处罚，目的是让一些罪行较轻、确有悔罪表现的行为人更好地回归社会，降低诉讼成本，取得好的办案效果。其中"犯罪情节轻微"，是指刚达入罪标准，操纵行为对证券期货市场的危害不大，比如，一次偶尔的操纵行为，虽然达到"情节严重"的比例标准或者交易成交额标准，但没有获利甚至亏本的，等等。

为更好地衔接和落实认罪认罚从宽制度，本解释第七条第二款规定，对于符合刑事诉讼法规定的认罪认罚从宽适用范围和条件的，依照《刑事诉讼法》的规定处理。需要注意的是，该条第一款只适用于本解释第二条、第三条规定的在操纵证券、期货市场罪第一档法定刑幅度定罪处罚的情形，不适用于第二档法定刑的情形。另外，对于因犯罪情节轻微而依法不起诉或者免予刑事处罚的，不影响对行为人的行政处理。

3. 关于单位犯罪的定罪处罚标准

根据《刑法》第一百八十二条第二款的规定，单位可以成为操纵证券、期货市场罪的主体。为加大对操纵证券、期货市场单位犯罪的惩治力度，本解释第八条明确了单位操纵证券、期货市场的，适用自然人犯罪的定罪量刑标准，对于单位实施《刑法》第一百八十二条第一款行为的，依照本解释规定的定罪量刑标准，对其直接负责的主管人员和其他直接责任人员定罪处罚，并对单位判处罚金。

（六）关于操纵“新三板”市场的认定问题

目前我国证券市场包括主板、中小板、创业板和“新三板”（全国中小企业股份转让系统），以及新设立的科创板。“新三板”市场与主板市场的主要区别是公司入市的程序和资质不同，但对证券交易的诚实信用原则、公开公正公平交易原则、稳定有序的市场秩序的要求都是相同的，故对于新三板市场中的违法犯罪行为理应坚持相同的惩罚原则。操纵主板、中小板、创业板、“新三板”、科创板证券，构成操纵证券市场犯罪的，依照本解释的规定定罪处罚。但对操纵“新三板”证券市场行为，考虑到目前“新三板”证券市场对合格投资者适当性有较高要求，市场流动性不高，特别是在一些交易稀少的证券中，一些轻微的操纵行为就可能达到本解释所规定的相关交易行为所占比例的入罪标准。据此，本解释第十条规定对操纵“新三板”证券市场行为，比照本解释的规定执行，不适用本解释第二条第一、二项和第四条第一、二项有关比例标准，所参考的主要是行为类型、违法所得、交易金额等，相关交易行为所占比例的标准在适用时应当排除适用，确保准确惩治操纵“新三板”证券市场犯罪。

（七）关于本解释的适用效力问题

本解释自2019年7月1日起施行。应当明确的是，司法解释是对审判、检察工作中适用法律问题所作的解释，其效力适用于作为解释对象的法律施行期间。对于法律施行后、本解释实施前发生的操纵证券、期货市场行为，本解释施行后尚未处理或者正在处理的案件，依照本解释的规定处理，但《立案追诉标准（二）》规定的立案追诉标准与本解释规定的“情节严重”的入罪标准不一致的，应当按照从旧兼从轻的原则处理；对于本解释施行前已经办结（包括已经行政处理）的案件，如果按照当时的法律和司法解释，在认定事实和适用法律上没有错误的，不再变动。

（撰稿人：姜永义　陈学勇　朱宏伟）

最高人民法院　最高人民检察院
关于办理利用未公开信息交易刑事案件适用法律若干问题的解释

法释〔2019〕10号

（2018年9月10日最高人民法院审判委员会第1748次会议、2018年11月30日最高人民检察院第十三届检察委员会第10次会议通过　2019年6月27日最高人民法院、最高人民检察院公告公布　自2019年7月1日起施行）

为依法惩治证券、期货犯罪，维护证券、期货市场管理秩序，促进证券、期货市场稳定健康发展，保护投资者合法权益，根据《中华人民共和国刑法》《中华人民共和国刑事诉讼法》的规定，现就办理利用未公开信息交易刑事案件适用法律的若干问题解释如下：

第一条　刑法第一百八十条第四款规定的“内幕信息以外的其他未公开的信息”，包括下列信息：

（一）证券、期货的投资决策、交易执行信息；

（二）证券持仓数量及变化、资金数量及变化、交易动向信息；

（三）其他可能影响证券、期货交易活动的信息。

第二条　内幕信息以外的其他未公开的信息难以认定的，司法机关可以在有关行政主（监）管部门的认定意见的基础上，根据案件事实和法律规定作出认定。

第三条　刑法第一百八十条第四款规定的“违反规定”，是指违反法律、行政法规、部门规章、全国性行业规范有关证券、期货未公开信息保护的规定，以及行为人所在的金融机构有关信息保密、禁止交易、禁止利益输送等规定。

第四条　刑法第一百八十条第四款规定的行为人“明示、暗示他人从事相关交易活动”，应当综合以下方面进行认定：

（一）行为人具有获取未公开信息的职务便利；

（二）行为人获取未公开信息的初始时间与他人从事相关交易活动的初始时间具有关联性；

（三）行为人与他人之间具有亲友关系、利益关联、交易终端关联等关联关系；

（四）他人从事相关交易的证券、期货品种、交易时间与未公开信息所涉证券、期货品种、交易时间等方面基本一致；

（五）他人从事的相关交易活动明显不具有符合交易习惯、专业判断等正当理由；

（六）行为人对明示、暗示他人从事相关交易活动没有合理解释。

第五条 利用未公开信息交易，具有下列情形之一的，应当认定为刑法第一百八十条第四款规定的“情节严重”：

（一）违法所得数额在一百万元以上的；

（二）二年内三次以上利用未公开信息交易的；

（三）明示、暗示三人以上从事相关交易活动的。

第六条 利用未公开信息交易，违法所得数额在五十万元以上，或者证券交易成交额在五百万元以上，或者期货交易占用保证金数额在一百万元以上，具有下列情形之一的，应当认定为刑法第一百八十条第四款规定的“情节严重”：

（一）以出售或者变相出售未公开信息等方式，明示、暗示他人从事相关交易活动的；

（二）因证券、期货犯罪行为受过刑事追究的；

（三）二年内因证券、期货违法行为受过行政处罚的；

（四）造成恶劣社会影响或者其他严重后果的。

第七条 刑法第一百八十条第四款规定的“依照第一款的规定处罚”，包括该条第一款关于“情节特别严重”的规定。

利用未公开信息交易，违法所得数额在一千万元以上的，应当认定为“情节特别严重”。

违法所得数额在五百万元以上，或者证券交易成交额在五千万元以上，或者期货交易占用保证金数额在一千万元以上，具有本解释第六条规定的四种情形之一的，应当认定为“情节特别严重”。

第八条 二次以上利用未公开信息交易，依法应予行政处理或者刑事处理而未经处理的，相关交易数额或者违法所得数额累计计算。

第九条 本解释所称“违法所得”，是指行为人利用未公开信息从事与该信息相关的证券、期货交易活动所获利益或者避免的损失。

行为人明示、暗示他人利用未公开信息从事相关交易活动，被明示、暗示人员从事相关交易活动所获利益或者避免的损失，应当认定为“违法所得”。

第十条 行为人未实际从事与未公开信息相关的证券、期货交易活动的，其罚金数额按照被明示、暗示人员从事相关交易活动的违法所得计算。

第十一条 符合本解释第五条、第六条规定的标准，行为人如实供述犯罪事实，认罪悔罪，并积极配合调查，退缴违法所得的，可以从轻处罚；其中犯罪情节轻微的，可以依法不起诉或者免予刑事处罚。

符合刑事诉讼法规定的认罪认罚从宽适用范围和条件的，依照刑事诉讼法的规定处理。

第十二条 本解释自2019年7月1日起施行。

【解　　读】

解读《最高人民法院、最高人民检察院关于办理利用未公开信息交易刑事案件适用法律若干问题的解释》

为依法惩治证券、期货犯罪，维护证券、期货市场管理秩序，促进证券、期货市场稳定健康发展，保护投资者合法权益，最高人民法院、最高人民检察院联合发布了《关于办理利用未公开信息交易刑事案件适用法律若干问题的解释》（法释〔2019〕10号，以下简称本解释），自2019年7月1日起施行。为便于司法实践中准确理解和正确适用，现就本解释的制定背景、起草中的主要考虑和主要内容介绍如下：

一、本解释的起草背景与经过

2009年2月28日《刑法修正案（七）》在《刑法》第一百八十条中增加一款作为第四款，规定了利用未公开信息交易罪，明确该罪的构成要件和刑罚适用，为依法惩治利用未公开信息交易犯罪提供了法律依据。2010年《最高人民检察院、公安部关于公安机关管辖的刑事案件立案追诉标准的规定（二）》［以下简称《立案追诉标准（二）》］明确了利用未公开信息交易的立案追诉标准，为准确适用法律，依法打击利用未公开信息交易犯罪，维护证券、期货市场秩序发挥了积极作用。

近年来，在我国证券、期货交易活动中，利用未公开信息交易的违法犯罪行为（俗称“老鼠仓”）多发，某些金融机构从业人员利用金融机构的巨额资金作后盾，在用客户资金买入证券、期货等金融产品前，以自己名义，或假借他人名义，或者告知其亲属、朋友、关系户，先行低价买入证券、期货等金融产品，然后用客户资金拉升到高位后自己率先卖出获得巨额非法利益，将风险与损失转嫁给其他投资者，不仅对其任职单位的财产利益造成损害，而且严重破坏了公开、公平、公正的证券、期货市场原则，严重损害客户投资者或处于信息弱势的散户利益，严重损害金融行业信誉，影响投资者对金融机构的信任，进而对资产管理和基金、证券、期货市场的健康发展产生负面影响，社会危害性日益凸显，必须予以惩治。

司法实践中，利用未公开信息交易犯罪案件有以下几方面特点：一是发案领域日趋广泛。涉及基金、银行、证券、保险、资产管理等多个领域，逐渐从证券发行、交易环节蔓延至基金托管、资产评估等环节，呈现传统风险与新型风险相互交织的特点。二是内外勾结、合伙作案现象突出。此类案件中，金融机构的从业人员利用职务便利获得特定信息后，与外部人员相互勾结、明确分工，有人负责操控指挥，有人负责调集资金，有人负责传递信息，甚至在监管机构调查期间达成攻守同盟，呈现出明显的“团伙化”特征。三是犯罪分子反侦查意识较强。此类案件中，犯罪分子大多文化程度较高、精通金融知识、从业经验丰富，作案前计划周密，作案时采取隐蔽手段，作案后不易留下犯罪痕迹，导致对犯罪的发现难、取证难和认定难。四是犯罪手段网络化趋势明显。随着信息网络技术的发展，证券、期货市场普遍采用无纸化交易、电脑自动撮合成交以及集中托管，不仅为证券、期货交易提供了成本更低、速度更快的渠道，也使犯罪分子的信息传递、交易操作更加隐蔽，转瞬间即可完成犯罪。与此同时，司法实践反映，该罪的具体定罪量刑标准尚不明确，一些法律适用问题存在争议，需要通过司法解释予以明确。

起草、制定本解释历时近两年时间。最高人民法院刑三庭、最高人民检察院法律政策研究室经过深入调研论证和广泛征求意见，结合司法工作实际，制定了本解释。在起草司法解释过程中，先后多次组织召开专家论证会听取意见和建议，征求全国法院系统、检察院系统、公安部、原国务院法制办以及证监会、证券交易所、期货交易所等相关部门的意见，并征求全国人大常委会法工委的意见，达成广泛共识。可以说，本解释集中了全国法院、全国检察院的实践经验和司法智慧，也凝聚了有关部门和有关专家学者的法治智慧。2018 年 9 月 10 日最高人民法院审判委员会第 1748 次会议、2018 年 11 月 30 日最高人民检察院第十三届检察委员会第十次会议分别审议通过了本解释。

二、本解释起草中把握的原则和主要考虑

为了确保本解释的内容科学合理，能够适应司法实践中打击利用未公开信息犯罪的需要，在起草过程中，着重把握了以下几点：

一是坚持罪刑法定原则，严格依法解释。罪刑法定原则是刑法的基本原则。正确理解和把握立法精神，严格依法准确解释法律，是起草解释所坚持的首要原则。司法解释是对《刑法》条文含义和适用标准的具体阐释，我们坚持以刑法的规定为依据，对利用未公开信息交易罪的界定和确定的定罪量刑标准等内容，都没有超出刑法的规定范围，确保罪刑法定原则在司法实践中得到贯

彻落实，确保无罪的人不受刑事追究。

二是坚持问题导向，有效解决司法实务问题。立足司法实践，解决实际问题，是制定司法解释的出发点和落脚点。在起草司法解释过程中，最高人民法院、最高人民检察院有关部门就利用未公开信息交易犯罪法律适用问题进行了深入调研，全面收集相关情况和案例，对存在的问题进行了系统梳理。在此基础上，坚持以问题为导向，结合司法实际，明确了利用未公开信息交易的定罪量刑标准，以及一些有争议的法律适用问题，以便统一司法标准，统一法律适用，确保《刑法》得到正确实施。

三是坚持宽严相济，注重惩治效果。贯彻宽严相济刑事政策是制定司法解释一贯坚持的重要原则。本解释在坚持从严惩治利用未公开信息交易犯罪的同时，切实体现区别对待，分化瓦解犯罪分子，规定对于行为人符合定罪处罚标准，如实供述犯罪事实，认罪悔罪，并积极配合调查，退缴违法所得的，可以从轻处罚；其中犯罪情节轻微的，可以依法不起诉或者免予刑事处罚。同时，切实贯彻修订后的《刑事诉讼法》确立的认罪认罚从宽制度，规定符合《刑事诉讼法》规定的认罪认罚从宽适用范围和条件的，依照《刑事诉讼法》的规定处理，确保法律效果和社会效果的有机统一，更好地实现惩罚和预防犯罪的目的。

三、本解释的主要内容

结合当前利用未公开信息交易刑事案件的特点和司法实践反映的突出问题，依照刑法、刑事诉讼法的规定，对利用未公开信息交易刑事案件的适用法律相关问题做了较为系统的规定。本解释共十二条，大致可以归纳为如下七个方面的内容：

（一）关于“未公开信息”的认定问题

根据刑法的规定，利用未公开信息交易罪与内幕交易罪的区别主要是信息的内容、性质不同。内幕信息是指对证券、期货交易价格有重大影响，应当及时向社会公开但尚未公开的信息，如涉及证券发行人的经营、财务，涉及期货的相关政策等信息。利用未公开信息交易罪中所利用的信息主要是指证券、期货等金融机构使用客户资金购买证券、期货的投资交易信息，一般属于单位内部的商业秘密，法律并未要求此类信息应当公开，不属于内幕信息的范围，而属于“内幕信息以外的其他未公开的信息”（以下简称“未公开信息”）。

结合《证券法》《期货管理条例》等相关规定，本解释第一条就“未公开信息”作了界定。第一项是证券、期货的投资决策、交易执行信息，如基金投资公司即将建仓、出仓的信息等，这是“未公开信息”的常见类型，过去查处的“老鼠仓”案件所涉信息基本上属于此类信息。第二项是证券持仓数量及变化、资金数量及变化、交易动向信息，通常是指证券交易所、证券结算中心等金融机构工作人员利用职务便利能够获取，并且应当予以保密的重要信息，如本单位受托管理的资金的运营情况，客户的交易信息等。因这类信息不属于证券法规定的内幕信息，但又对证券交易活动具有影响，故作为“未公开信息”。需要注意的是，《期货管理条例》明确规定此类信息属于“内幕信息”，不属于“未公开信息”，如果在期货领域，利用此类信息进行非法交易的，应当以内幕交易、泄露内幕信息罪论处。第三项是其他可能影响证券、期货交易活动的信息。

司法实践中，对是否属于“未公开信息”难以认定的，本解释第二条作了提示性规定。我国证券、期货领域的相关政策以及相关法律、法规正在不断改革、完善之中，如证券领域中设立科创板并实行注册制改革，新三板也在不断改革、完善等。在此背景下，很可能出现某些案件中所涉信息是否属于“未公开信息”难以认定的情况。对于“未公开信息”难以认定的，司法机关可以在有关行政主管、监管部门认定意见的基础上，根据案件事实和法律规定作出认定。

（二）关于“违反规定”的认定问题

《刑法修正案（七）》新增该罪主要是针对实践中金融机构从业人员以及有关监管部门或者行业协会的工作人员违背职业义务背信从事非法交易行为。这种行为既损害市场秩序，也损害金融机构本身或者委托人利益。鉴于当时《证券法》《证券投资基金法》等相关法律、法规中都没有明确规定内幕信息之外的其他未公开信息的保护制度，行政立法相对滞后，打击该类违法、犯罪行为，主要依据监管部门或行业协会制定的金融机构从业人员职业规范。因此，新增该罪名时使用“违反规定”的表述。

从立法原意看，《刑法》第一百八十条第四款规定的“违反规定”，除了违反法律、法规、规章、全国性行业规范之外，也包括违反金融机构内部关于信息保密、禁止交易、利益输送等规章制度。本解释第三条明确，“违反规定”包括违反法律、行政法规、部门规章、全国性行业规范有关证券、期货未公开信息保护的规定，以及行为人所在的金融机构有关信息保密、禁止交易、禁止利益输送等规定。之所以将“行为人所在金融机构有关信息保密、禁止交易、禁止利益输送等规定”纳入“违反规定”，主要考虑是：法律、行政法规、部门规章、全国性行业规范有关未公开信息保护的规定比较原则，实践中需要结合行为人所在的金融机构有关信息保密、禁止交易、禁止利益输送等规定予以认定。

（三）关于“明示、暗示他人从事相关交易活动”的认定问题

实践部门反映，由于资本市场关系复杂，技术手段先进，涉及证券、期货、法律、会计、计算机、网络通信等诸多领域，犯罪分子往往具有较深的专业背景，熟悉资本市场运行规则和信息技术，惯于利用规则和制度的漏洞逃避

法律追究，又加上证券、期货具有无纸化、信息化交易等特点，查处难度大。实践中，稽查部门查明某投资者账户与某金融机构账户的交易高度趋同，该金融机构某工作人员涉嫌对交易人“明示、暗示”相关交易活动，但双方均否认“明示、暗示”，这类案件能否移送侦查、起诉或者审判，存在不同认识，甚至发生相互扯皮、“踢皮球”的不良现象。我们认为，综合全案证据，足以认定行为人明示、暗示他人从事相关交易活动的，即使行为人和被明示、暗示人拒不交代，也应当定罪处罚。结合审判实践，并参考《最高人民法院、最高人民检察院关于办理内幕交易、泄露内幕信息刑事案件应用法律若干问题的解释》（以下简称《内幕交易罪司法解释》）有关规定，本解释第四条从六个方面明确了“明示、暗示他人从事相关交易活动”的综合认定标准。

1. 第一项，行为人具有获取未公开信息的职务便利。即从主体方面判断行为人是否具有获取未公开信息的职务便利。本罪是特殊主体，行为人必须具备获取未公开信息的职务便利。行为人的职务不是金融机构的一般职务，而是涉密岗位的相关职务。对于非涉密岗位人员（如银行中与证券、期货投资无关的工作人员）偶然听到未公开信息而从事相关交易的，则不属于利用职务之便获取未公开信息。此外，还要结合本解释第三条，看行为人是否违反所在金融机构对涉案信息的保密规定或者禁止交易的相关规定。

2. 第二项，行为人获取未公开信息的初始时间与他人从事相关交易活动的初始时间具有关联性。即从时间关联性来判断他人从事相关交易活动是否受到行为人的明示或者暗示。如行为人系股票投资基金的决策者，他人在行为人投资决策期间买入了相关股票，行为人明示、暗示他人交易的关联性较强；如果他人系行为人投资决策之后买入相关股票，亦具有关联性，但关联性相对较弱，须结合其他项的规定进行综合判断；如果他人在行为人投资决策前或该信息失效后买入相关股票，则不具有关联性，应排除行为人明示、暗示他人从事相关交易活动的嫌疑。因此，要根据他人从事相关交易的初始时间，与未公开信息的生成时间、行为人获取信息的初始时间进行关联判断，是案件证据审查的重点内容之一。

3. 第三项，行为人与他人之间具有亲友关系、利益关联、交易终端关联等关联关系。即从行为人与他人之间的关联关系判断他人从事相关交易活动是否受到行为人的明示或者暗示。实践中，通常是从交易者与未公开信息知情人之间是否存在亲友关系、交易终端关联以及利益关联等方面进行排查，并据此发现明示、暗示他人交易的犯罪嫌疑人。如果交易者与行为人之间存在夫妻、父母、子女等密切关系，或者交易终端关联（共同使用交易的电脑、手机）等，一般可以锁定嫌疑人。如果交易者与某未公开信息知情人仅具有一般朋友关系，该知情人是否为明示、暗示人，则要结合其他证据进行综合判断。

4. 第四项，他人从事相关交易的证券、期货品种、交易时间与未公开信息所涉证券、期货品种、交易时间等方面基本一致。即从他人从事相关交易的证券、期货品种、交易时间与未公开信息所涉证券、期货品种、交易时间等方面是否基本一致，判断他人从事相关交易活动是否受到行为人的明示或者暗示。如某个人账户与机构账户交易的多只股票重合度高，且在相近时间同买、同卖，即两个账户交易的股票品种及交易时间基本一致，实践中又称为"高度趋同交易"，这种情况下，明示、暗示他人从事相关交易活动的可能性就很大。趋同度的高低，通常是由证券交易所等监管机构以两个账户相近时间、交易方向相同的品种重合度等客观方面，再结合概率统计等科学方法，以百分比的方式计算趋同度。司法实践中，"高度趋同"一般是以趋同度达到60%以上为标准。这是认定他人利用未公开信息从事相关交易活动的重要客观依据。

5. 第五项，他人从事的相关交易活动明显不具有符合交易习惯、专业判断等正当理由。

6. 第六项，行为人对明示、暗示他人从事相关交易活动没有合理解释。即对明示、暗示他人从事相关交易活动的行为人和被明示、暗示人给予合理辩解的机会，并着重提示监管稽查人员及司法人员应当充分听取有关辩解，并查证辩解的合理性。

需要注意的是，行为人明示、暗示他人从事相关交易活动，如果"他人"是行为人的配偶、父母等特殊亲属，行为人与"他人"系不可分割的利益共同体，则可认定为共同犯罪。

（四）关于"情节严重"的认定标准

"老鼠仓"案件行为人利用未公开信息从事相关的证券、期货交易活动，或者明示、暗示他人从事相关交易活动，目的是获得巨额利益。"老鼠仓"犯罪之所以受到广大投资者的深恶痛恨，主要是因为"老鼠偷到了油"，违法获得了巨额利益，严重破坏金融管理秩序，损害市场公平、公正、公开的交易秩序，严重损害客户投资者的利益。本解释第五条、第六条规定了"情节严重"的认定标准。其中第五条规定了三种应当认定为"情节严重"的情形，以违法所得数额作为入罪的主要标准，但并非唯一的入罪标准，同时结合实践，将"二年内三次以上利用未公开信息交易的""明示、暗示三人以上从事相关交易活动的"作为"情节严重"的情形。

1. 关于违法所得数额标准。本解释第五条第一项规定违法所得数额100万元以上作为认定"情节严重"的数额标准，比《内幕交易罪司法解释》《立案追诉标准（二）》规定的入罪标准（违法所得数额15万元以上）有所提高。主要考虑是：（1）与内幕交易罪相比较，内幕信息是应当向广大投资者公开，并对证券、期货价格具有重大影响的信息；未公开信息交易罪涉及的未公开信息通常是不对外公布的信息，影响范围较小，社会危害性相对较小。（2）根据违法犯罪真实案例统计数据，获利25万元以上占92%；获利50万元以上占

69%；获利100万元以上占61%；获利500万元以上占35%；获利1000万元以上占20%。从实际进入司法程序的案件来看，95%以上的案件违法所得均在100万元以上。以违法所得数额100万元以上为标准，符合“老鼠仓”刑事案件实际。

2. 关于“二年内三次以上利用未公开信息交易”的认定。本解释第五条第二项规定“二年内三次以上利用未公开信息交易的”作为“情节严重”的情形之一。需要注意的是，一是三次以上利用的未公开信息，是指不同的未公开信息，而不是指利用同一未公开信息进行三次以上交易；二是三次利用未公开信息交易的行为，均应达到依法应予行政处理或者刑事处理的程度，且尚未经处理的；三是三次以上利用未公开信息交易的时间段限定在二年内，超出二年时间达到三次的不属于此情形。

3. 关于“明示、暗示三人以上从事相关交易活动”的认定。本解释第五条第三项规定“明示、暗示三人以上从事相关交易活动的”作为“情节严重”的情形之一。值得注意的是，其一，三人以上是指不同的人，三次以上明示、暗示同一人从事相关交易活动的不属于此种情形；其二，被明示、暗示人只有从事相关交易活动的，才构成犯罪；换言之，如果行为人仅是将信息泄露给他人，但他人没有从事相关交易活动的，不构成本罪。

4. 关于“数额+情节”的认定标准。在适当提高违法所得数额入罪标准的同时，为更有效打击该类犯罪，本解释第六条又规定了“数额+情节”的入罪标准作为补充，明确了四种应当认定为“情节严重”的“数额+情节”的情形，即：利用未公开信息交易，违法所得数额在五十万元以上，或者证券交易成交额在五百万元以上，或者期货交易占用保证金数额在一百万元以上，具有以出售或者变相出售未公开信息等方式，明示、暗示他人从事相关交易活动的，或者因证券、期货犯罪行为受过刑事追究的，或者二年内因证券、期货违法行为受过行政处罚的，或者造成恶劣社会影响或者其他严重后果的，应当认定为《刑法》第一百八十条第四款规定的“情节严重”。需要注意的是，本解释第五条规定了“情节严重”的一般认定标准，第六条规定了“数额+情节”的认定标准，对于符合第六条规定的数额标准，但不具备第六条规定的四种情形之一，又不符合第五条规定的认定标准的，不能认定为“情节严重”。

关于是否将证券交易成交额、期货交易占用保证金数额单独作为入罪标准的问题。《内幕交易罪司法解释》规定证券交易成交额、期货交易占用保证金数额作为内幕交易犯罪的入罪标准。在起草过程中，对于本罪是否也应将证券交易成交额、期货交易占用保证金额单独作为入罪标准，有不同的观点。我们经研究，考虑利用未公开信息交易罪与内幕交易罪所涉信息性质和内容的不同，对证券、期货交易市场的危害程度有所差异，利用未公开信息交易罪的社会危害性主要体现在非法获利上；证券交易成交额、期货交易占用保证金数额往往与违法所得数额相关，大多数情况下可以通过违法所得这一入罪标准对利用未公开信息交易罪进行规制与惩罚，避免两种不同数额标准的重合与交叉；从“老鼠仓”案件的实际情况看，非法获利情况居多，不获利甚至亏本的情况较少，故本解释没有将证券交易成交额、期货交易占用保证金数额单独作为入罪标准，而是结合其他情节，在第六条“数额＋情节”的情形中作了相应规定。

（五）关于“情节特别严重”的认定标准

《刑法》第一百八十条第四款规定“情节严重的，依照第一款的规定处罚”，实践中对本罪是否包括《刑法》第一百八十条第一款中“情节特别严重”的情形，存在较大分歧。2015 年 11 月 23 日，最高人民法院审理了最高人民检察院提起抗诉的被告人马某利用未公开信息交易案，终审判决中明确本罪包括《刑法》第一百八十条第一款中“情节特别严重”的情形。本解释第七条第一款对此予以明确。

本解释第七条第二款，参照有关司法解释，考虑本罪的实际和相关案例，按照“情节严重”违法所得数额标准的 10 倍确定“情节特别严重”的数额标准。相应地，本解释第七条第三款规定了四种应当认定为“情节特别严重”的“数额＋情节”的情形，即：违法所得数额在五百万元以上，或者证券交易成交额在五千万元以上、期货交易占用保证金数额在一千万元以上，具有以出售或者变相出售未公开信息等方式，明示、暗示他人从事相关交易活动的，或者因证券、期货犯罪行为受过刑事追究的，或者二年内因证券、期货违法行为受过行政处罚的，或者造成恶劣社会影响或者其他严重后果的，应当认定为“情节特别严重”。

（六）关于犯罪数额认定和刑事处罚问题

1. 犯罪数额的认定问题。利用未公开信息交易的相关交易数额或者违法所得数额是定罪量刑的依据，依法应当累计计算，但犯罪数额累计计算的前提条件是，单次利用未公开信息交易行为必须是依法应予行政处理或者刑事处理而未经处理的。对于不构成犯罪但超过行政处罚时效期限，或者构成犯罪但超过追诉期限的，相关数额不应累计计算。据此，本解释第八条规定，二次以上利用未公开信息交易，依法应予行政处理或者刑事处理而未经处理的，相关交易数额或者违法所得数额累计计算。

2. 违法所得的认定问题。实践中，利用未公开信息交易有两种情形，一是行为人利用未公开信息从事与该信息相关的证券、期货交易活动，二是行为人本人未利用未公开信息从事相关交易活动，但被明示、暗示人利用该未公开信息从事相关交易活动。据此，本解释第九条第一款规定，“违法所得”，是指行为人利用未公开信息从事与该信息相关的证券、期货交易活动所获利益或者避免的损失。实践中对此没有争议。第九条第二款规定，行为人明示、暗示他人利用未公开信息从事相关交易活动，被明示、暗示人员从事相关交易活动所获利益或者避免的损失，应当认定为“违法所得”。起草过程中，对该款规定存在一定争议。本解释之所以作这样的规定，主要考虑：(1) 通常情况下，被明示、暗示人与行为人之间并不构成共同犯罪，但他们从事相关交易活动属于利用未公开信息交易的重要组成部分，与行为人的明示、暗示具有直接因果关系，具有行政违法性，故他们所获利益或者避免的损失，也应当认定为“违法所得”。(2) 如果将被明示、暗示人从事相关交易活动所获利益或避免的损失，不认定为违法所得，不利于打击“老鼠仓”违法犯罪活动。(3)《内幕交易罪司法解释》已将内幕交易犯罪活中被明示、暗示人从事相关交易活动所获利益或避免的损失认定为“违法所得”，为保持司法解释的一致性，故加以明确。

3. 罚金刑的适用标准。根据《刑法》的规定，行为人本人利用未公开信息交易的，并处或者单处违法所得一倍以上五倍以下罚金。司法实践中，对于行为人未实际从事与未公开信息相关的证券、期货交易活动，而明示、暗示他人从事相关交易活动的，罚金数额应当如何计算，存在一定争议，本解释第十条予以明确，行为人未实际从事与未公开信息相关的证券、期货交易活动的，其罚金数额按照被明示、暗示人从事相关交易活动的违法所得计算。

4. 从宽处罚问题。为切实贯彻宽严相济的刑事政策，在加大对利用未公开信息交易犯罪分子打击力度的同时，有必要依法对那些具有法定或者酌定从轻处罚情节的行为人予以从轻处罚。本解释第十一条参照相关司法解释的规定，明确了从轻处罚及“出罪”的情形。由于利用未公开信息交易违法、犯罪案件的取证难度大，对于行为人如实供述犯罪事实，认罪悔罪，并积极配合调查，退缴违法所得的，依法可以从轻处罚，其中犯罪情节轻微的，可以依法不起诉或免予刑事处罚，目的是让一些罪行较轻、确有悔罪表现的行为人更好地回归社会，降低诉讼成本，取得好的办案效果。其中“犯罪情节轻微”的认定，应结合行为人犯罪动机、犯罪前后表现等客观方面，根据情理法相统一的原则进行综合判断。如行为人符合“次数”或者“人数”的入罪标准，但交易成交额不大或者违法所得数额较少，又主动认罪认罚，积极配合调查的；又如，违法所得刚达入罪标准，只是偶犯一次，案发后认罪认罚的，等等。

为更好地衔接和落实认罪认罚从宽制度，本解释第七条第二款规定，对于符合《刑事诉讼法》规定的认罪认罚从宽适用范围和条件的，依照《刑事诉讼法》的规定处理。需要注意的是，该条第一款只适用于本解释第五条、第六条规定的在利用未公开信息交易罪第一档法定刑幅度定罪处罚的情形，不适用于第二档法定刑的情形。另外，对于因犯罪情节轻微而依法不起诉或者免予刑事处罚的，不影响对行为人的行政处理。

（七）关于本解释的适用效力问题

本解释自 2019 年 7 月 1 日起施行。应当明确的是，司法解释是对审判、检察工作中适用法律问题所作的解释，其效力适用于作为解释对象的法律施行期间。对于法律施行后、本解释实施前发生的利用未公开信息交易行为，本解释施行后尚未处理或者正在处理的案件，依照本解释的规定处理，但《立案追诉标准（二）》规定的立案追诉标准与本解释规定的“情节严重”的入罪标准不一致的，应当按照从旧兼从轻的原则处理；对于本解释施行前已经办结（包括已经行政处理）的案件，如果按照当时的法律和司法解释，在认定事实和适用法律上没有错误的，不再变动。

（撰稿人：姜永义　陈学勇　王尚明）

指导案例 61 号

马乐利用未公开信息交易案

（最高人民法院审判委员会讨论通过　2016 年 6 月 30 日发布）

关键词

刑事　利用未公开信息交易罪　援引法定刑　情节特别严重

裁判要点

《刑法》第一百八十条第四款规定的利用未公开信息交易罪援引法定刑的情形，应当是对第一款内幕交易、泄露内幕信息罪全部法定刑的引用，即利用未公开信息交易罪应有“情节严重”“情节特别严重”两种情形和两个量刑档次。

相关法条

《中华人民共和国刑法》第一百八十条

基本案情

2011 年 3 月 9 日至 2013 年 5 月 30 日期间，被告人马乐担任博时基金管理有限公司旗下的博时精选股票证券投资经理，全权负责投资基金投资股票市场，掌握了博时精选股票证券投资基金交易的标的股票、交易时间和交易数量等未公开信息。马乐在任职期间利用其掌控的上述未公开信息，从事与该信息相关的证券交易活动，操作自己控制的“金某”“严某甲”“严某乙”三个股票账户，通过临时购买的不记名神州行电话卡下单，先于（1～5 个交易日）、同期或稍晚于（1～2 个交易日）其管理的“博时精选”基金账户买卖相同股票 76 只，累计成交金额 10.5 亿余元，非法获利 18833374.74 元。2013 年 7 月 17 日，马乐主动到深圳市公安局投案，且到案之后能如实供述其所犯罪行，属自首；马乐认罪态度良好，违法所得能从扣押、冻结的财产中全额返还，判处的罚金亦能全额缴纳。

裁判结果

广东省深圳市中级人民法院（2014）深中法刑二初字第 27 号刑事判决认为，被告人马乐的行为已构成利用未公开信息交易罪。但《刑法》中并未对利用未公开信息交易罪规定“情节特别严重”的情形，因此只能认定马乐的行为属于“情节严重”。马乐自首，依法可以从轻处罚；马乐认罪态度良好，违法所得能全额返还，罚金亦能全额缴纳，确有悔罪表现；另经深圳市福田区司法局社区矫正和安置帮教科调查评估，对马乐宣告缓刑对其所居住的社区没有重大不良影响，符合适用缓刑的条件。遂以利用未公开信息交易罪判处马乐有期徒刑三年，缓刑五年，并处罚金人民币 1884 万元；违法所得人民币 18833374.74 元依法予以追缴，上缴国库。

宣判后，深圳市人民检察院提出抗诉认为，被告人马乐的行为应认定为犯罪情节特别严重，依照"情节特别严重"的量刑档次处罚。一审判决适用法律错误，量刑明显不当，应当依法改判。

广东省高级人民法院（2014）粤高法刑二终字第 137 号刑事裁定认为，《刑法》第一百八十条第四款规定，利用未公开信息交易，情节严重的，依照第一款的规定处罚，该条款并未对利用未公开信息交易罪规定有"情节特别严重"情形；而根据第一百八十条第一款的规定，情节严重的，处五年以下有期徒刑或者拘役，并处或者单处违法所得一倍以上五倍以下罚金，故马乐利用未公开信息交易，属于犯罪情节严重，应在该量刑幅度内判处刑罚。原审判决量刑适当，抗诉机关的抗诉理由不成立，不予采纳。遂裁定驳回抗诉，维持原判。

二审裁定生效后，广东省人民检察院提请最高人民检察院按照审判监督程序向最高人民法院提出抗诉。最高人民检察院抗诉提出，《刑法》第一百八十条第四款属于援引法定刑的情形，应当引用第一款处罚的全部规定；利用未公开信息交易罪与内幕交易、泄露内幕信息罪的违法与责任程度相当，法定刑亦应相当；马乐的行为应当认定为犯罪情节特别严重，对其适用缓刑明显不当。本案终审裁定以《刑法》第一百八十条第四款未对利用未公开信息交易罪规定有"情节特别严重"为由，降格评价马乐的犯罪行为，属于适用法律确有错误，导致量刑不当，应当依法纠正。

最高人民法院依法组成合议庭对该案直接进行再审，并公开开庭审理了本案。再审查明的事实与原审基本相同，原审认定被告人马乐非法获利数额为 18833374.74 元存在计算错误，实际为 19120246.98 元，依法应当予以更正。最高人民法院（2015）刑抗字第 1 号刑事判决认为，原审被告人马乐的行为已构成利用未公开信息交易罪。马乐利用未公开信息交易股票 76 只，累计成交额 10.5 亿余元，非法获利 1912 万余元，属于情节特别严重。鉴于马乐具有主动从境外回国投案自首法定从轻、减刑处罚情节；在未受控制的情况下，将股票兑成现金存在涉案三个账户中并主动向中国证券监督管理委员会说明情况，退还了全部违法所得，认罪悔罪态度好，赃款未挥霍，原判罚金刑得已全部履行等酌定从轻处罚情节，对马乐可予减轻处罚。第一审判决、第二审裁定认定事实清楚，证据确实、充分，定罪准确，但因对法律条文理解错误，导致量刑不当，应予纠正。依照《中华人民共和国刑法》第一百八十条第四款、第一款、第六十七条第一款、第五十二条、第五十三条、第六十四条及《最高人民法院关于适用〈中华人民共和国刑事诉讼法〉的解释》第三百八十九条第（三）项的规定，判决如下：一、维持广东省高级人民法院（2014）粤高法刑二终字第137号刑事裁定和深圳市中级人民法院（2014）深中法刑二初字第27号刑事判决中对原审被告人马乐的定罪部分；二、撤销广东省高级人民法院（2014）粤高法刑二终字第137号刑事裁定和深圳市中级人民法院（2014）深中法刑二初字第27号刑事判决中对原审被告人马乐的量刑及追缴违法所得部分；三、原审被告人马乐犯利用未公开信息交易罪，判处有期徒刑三年，并处罚金人民币1913万元；四、违法所得人民币19120246.98元依法予以追缴，上缴国库。

裁判理由

法院生效裁判认为：本案事实清楚，定罪准确，争议的焦点在于如何正确理解《刑法》第一百八十条第四款对于第一款的援引以及如何把握利用未公开信息交易罪"情节特别严重"的认定标准。

一、对《刑法》第一百八十条第四款援引第一款量刑情节的理解和把握

《刑法》第一百八十条第一款对内幕交易、泄露内幕信息罪规定为："证券、期货交易内幕信息的知情人员或者非法获取证券、期货交易内幕信息的人员，在涉及证券的发行，证券、期货交易或者其他对证券、期货交易价格有重大影响的信息尚未公开前，买入或者卖出该证券，或者从事与该内幕信息有关的期货交易，或者泄露该信息，或者明示、暗示他人从事上述交易活动，情节严重的，处五年以下有期徒刑或者拘役，并处或者单处违法所得一倍以上五倍以下罚金；情节特别严重的，处五年以上十年以下有期徒刑，并处违法所得一倍以上五倍以下罚金。"第四款对利用未公开信息交易罪规定为："证券交易所、期货交易所、证券公司、期货经济公司、基金管理公司、商业银行、保险公司等金融机构的从业人员以及有关监管部门或者行业协会的工作人员，利用因职务便利获取的内幕信息以外的其他未公开的信息，违反规定，从事与该信息相关的证券、期货交易活动，或者明示、暗示他人从事相关交易活动，情节严重的，依照第一款的规定处罚。"

对于第四款中"情节严重的，依照第一款的规定处罚"应如何理解，在司法实践中存在不同的认识。一种观点认为，第四款中只规定了"情节严重"的情形，而未规定"情节特别严重"的情形，因此，这里的"情节严重的，依照第一款的规定处罚"只能是依照第一款中"情节严重"的量刑档次予以处罚；另一种观点认为，第四款中的"情节严重"只是入罪条款，即达到了情节严重以上的情形，依据第一款的规定处罚。至于具体处罚，应看符合第一款中的"情节严重"还是"情节特别严重"的情形，分别情况依法判处。情节严重的，"处五年以下有期徒刑"，情节特别严重的，"处五年以上十年以下有期徒刑"。

最高人民法院认为，《刑法》第一百八十条第四款援引法定刑的情形，应当是对第一款全部法定刑的引用，即利用未公开信息交易罪应有"情节严重""情节特别严重"两种情形和两个量刑档次。这样理解的具体理由如下：

（一）符合《刑法》的立法目的。由于我国基金、证券、期货等领域中，利用未公开信息交易行为比较多发，行为人利用公众投入的巨额资金作后盾，以提前买入或者提前卖出的手段获得巨额非法利益，将风险与损失转嫁到其他投资者，不仅对其任职单位的财产利益造成损害，而且严重破坏了公开、公正、公平的证券市场原则，严重损害客户投资者或处于信息弱势的散户利益，严重损害金融行业信誉，影响投资者对金融机构的信任，进而对资产管理和基金、证券、期货市场的健康发展产生严重影响。为此，《中华人民共和国刑法修正案（七）》新增利用未公开信息交易罪，并将该罪与内幕交易、泄露内幕信息罪规定在同一法条中，说明两罪的违法与责任程度相当。利用未公开信息交易罪也应当适用“情节特别严重”。

（二）符合法条的文意。首先，《刑法》第一百八十条第四款中的“情节严重”是入罪条款。《最高人民检察院、公安部关于公安机关管辖的刑事案件立案追诉标准的规定（二）》，对利用未公开信息交易罪规定了追诉的情节标准，说明该罪需达到“情节严重”才能被追诉。利用未公开信息交易罪属情节犯，立法要明确其情节犯属性，就必须借助“情节严重”的表述，以避免“情节不严重”的行为入罪。其次，该款中“情节严重”并不兼具量刑条款的性质。刑法条文中大量存在“情节严重”兼具定罪条款及量刑条款性质的情形，但无一例外均在其后列明了具体的法定刑。《刑法》第一百八十条第四款中“情节严重”之后，并未列明具体的法定刑，而是参照内幕交易、泄露内幕信息罪的法定刑。因此，本款中的“情节严重”仅具有定罪条款的性质，而不具有量刑条款的性质。

（三）符合援引法定刑立法技术的理解。援引法定刑是指对某一犯罪并不规定独立的法定刑，而是援引其他犯罪的法定刑作为该犯罪的法定刑。《刑法》第一百八十条第四款援引法定刑的目的是避免法条文字表述重复，并不属于法律规定不明确的情形。

综上，《刑法》第一百八十条第四款虽然没有明确表述“情节特别严重”，但是根据本条款设立的立法目的、法条文意及立法技术，应当包含“情节特别严重”的情形和量刑档次。

二、利用未公开信息交易罪“情节特别严重”的认定标准

目前虽然没有关于利用未公开信息交易罪“情节特别严重”认定标准的专门规定，但鉴于《刑法》规定利用未公开信息交易罪是参照内幕交易、泄露内幕信息罪的规定处罚，最高人民法院、最高人民检察院《关于办理内幕交易、泄露内幕信息刑事案件具体应用法律若干问题的解释》将成交额 250 万元以上、获利 75 万元以上等情形认定为内幕交易、泄露内幕信息罪“情节特别严重”的标准，利用未公开信息交易罪也应当遵循相同的标准。马乐利用未公开信息进行交易活动，累计成交额达 10.5 亿余元，非法获利达 1912 万余元，已

远远超过上述标准，且在案发时属全国查获的该类犯罪数额最大者，参照最高人民法院、最高人民检察院《关于办理内幕交易、泄露内幕信息刑事案件具体应用法律若干问题的解释》，马乐的犯罪情节应当属于“情节特别严重”。

最高人民法院
关于审理骗购外汇、非法买卖外汇刑事案件具体应用法律若干问题的解释

法释〔1998〕20号

（1998年8月28日最高人民法院审判委员会第1018次会议通过 1998年8月28日最高人民法院公告公布 自1998年9月1日起施行）

为依法惩处骗购外汇、非法买卖外汇的犯罪行为，根据刑法的有关规定，现对审理骗购外汇、非法买卖外汇案件具体应用法律的若干问题解释如下：

第一条 以进行走私、逃汇、洗钱、骗税等犯罪活动为目的，使用虚假、无效的凭证、商业单据或者采取其他手段向外汇指定银行骗购外汇的，应当分别按照刑法分则第三章第二节、第一百九十条、第一百九十一条和第二百零四条等规定定罪处罚。

非国有公司、企业或者其他单位，与国有公司、企业或者其他国有单位勾结逃汇的，以逃汇罪的共犯处罚。

第二条 伪造、变造、买卖海关签发的报关单、进口证明、外汇管理机关的核准件等凭证或者购买伪造、变造的上述凭证的，按照刑法第二百八十条第一款的规定定罪处罚。

第三条 在外汇指定银行和中国外汇交易中心及其分中心以外买卖外汇，扰乱金融市场秩序，具有下列情形之一的，按照刑法第二百二十五条第（三）项的规定定罪处罚：

（一）非法买卖外汇20万美元以上的；

（二）违法所得5万元人民币以上的。

第四条 公司、企业或者其他单位，违反有关外贸代理业务的规定，采用非法手段，或者明知是伪造、变造的凭证、商业单据，为他人向外汇指定银行骗购外汇，数额在500万美元以上或者违法所得50万元人民币以上的，按照刑法第二百二十五条第（三）项的规定定罪处罚。

居间介绍骗购外汇100万美元以上或者违法所得10万元人民币以上的，按照刑法第二百二十五条第（三）项的规定定罪处罚。

第五条 海关、银行、外汇管理机关工作人员与骗购外汇的行为人通谋，

为其提供购买外汇的有关凭证，或者明知是伪造、变造的凭证和商业单据而出售外汇，构成犯罪的，按照刑法的有关规定从重处罚。

第六条 实施本解释规定的行为，同时触犯2个以上罪名的，择一重罪从重处罚。

第七条 根据刑法第六十四条规定，骗购外汇、非法买卖外汇的，其违法所得予以追缴，用于骗购外汇、非法买卖外汇的资金予以没收，上缴国库。

第八条 骗购、非法买卖不同币种的外汇的，以案发时国家外汇管理机关制定的统一折算率折合后依照本解释处罚。

【注　解】

根据《最高人民法院、最高人民检察院关于办理非法从事资金支付结算业务、非法买卖外汇刑事案件适用法律若干问题的解释》（法释〔2019〕1号），本解释第三条规定的定罪标准不再适用。

最高人民法院
关于审理洗钱等刑事案件具体应用法律若干问题的解释

法释〔2009〕15号

（2009年9月21日最高人民法院审判委员会第1474次会议通过 2009年11月4日最高人民法院公告公布 自2009年11月11日起施行）

为依法惩治洗钱，掩饰、隐瞒犯罪所得、犯罪所得收益，资助恐怖活动等犯罪活动，根据刑法有关规定，现就审理此类刑事案件具体应用法律的若干问题解释如下：

第一条 刑法第一百九十一条、第三百一十二条规定的“明知”，应当结合被告人的认知能力，接触他人犯罪所得及其收益的情况，犯罪所得及其收益的种类、数额，犯罪所得及其收益的转换、转移方式以及被告人的供述等主、客观因素进行认定。

具有下列情形之一的，可以认定被告人明知系犯罪所得及其收益，但有证据证明确实不知道的除外：

（一）知道他人从事犯罪活动，协助转换或者转移财物的；

（二）没有正当理由，通过非法途径协助转换或者转移财物的；

（三）没有正当理由，以明显低于市场的价格收购财物的；

（四）没有正当理由，协助转换或者转移财物，收取明显高于市场的“手续费”的；

（五）没有正当理由，协助他人将巨额现金散存于多个银行账户或者在不同银行账户之间频繁划转的；

（六）协助近亲属或者其他关系密切的人转换或者转移与其职业或者财产状况明显不符的财物的；

（七）其他可以认定行为人明知的情形。

被告人将刑法第一百九十一条规定的某一上游犯罪的犯罪所得及其收益误认为刑法第一百九十一条规定的上游犯罪范围内的其他犯罪所得及其收益的，不影响刑法第一百九十一条规定的“明知”的认定。

第二条 具有下列情形之一的，可以认定为刑法第一百九十一条第一款第

（五）项规定的“以其他方法掩饰、隐瞒犯罪所得及其收益的来源和性质”：

（一）通过典当、租赁、买卖、投资等方式，协助转移、转换犯罪所得及其收益的；

（二）通过与商场、饭店、娱乐场所等现金密集型场所的经营收入相混合的方式，协助转移、转换犯罪所得及其收益的；

（三）通过虚构交易、虚设债权债务、虚假担保、虚报收入等方式，协助将犯罪所得及其收益转换为“合法”财物的；

（四）通过买卖彩票、奖券等方式，协助转换犯罪所得及其收益的；

（五）通过赌博方式，协助将犯罪所得及其收益转换为赌博收益的；

（六）协助将犯罪所得及其收益携带、运输或者邮寄出入境的；

（七）通过前述规定以外的方式协助转移、转换犯罪所得及其收益的。

第三条 明知是犯罪所得及其产生的收益而予以掩饰、隐瞒，构成刑法第三百一十二条规定的犯罪，同时又构成刑法第一百九十一条或者第三百四十九条规定的犯罪的，依照处罚较重的规定定罪处罚。

第四条 刑法第一百九十一条、第三百一十二条、第三百四十九条规定的犯罪，应当以上游犯罪事实成立为认定前提。上游犯罪尚未依法裁判，但查证属实的，不影响刑法第一百九十一条、第三百一十二条、第三百四十九条规定的犯罪的审判。

上游犯罪事实可以确认，因行为人死亡等原因依法不予追究刑事责任的，不影响刑法第一百九十一条、第三百一十二条、第三百四十九条规定的犯罪的认定。

上游犯罪事实可以确认，依法以其他罪名定罪处罚的，不影响刑法第一百九十一条、第三百一十二条、第三百四十九条规定的犯罪的认定。

本条所称“上游犯罪”，是指产生刑法第一百九十一条、第三百一十二条、第三百四十九条规定的犯罪所得及其收益的各种犯罪行为。

第五条 刑法第一百二十条之一规定的“资助”，是指为恐怖活动组织或者实施恐怖活动的个人筹集、提供经费、物资或者提供场所以及其他物质便利的行为。

刑法第一百二十条之一规定的“实施恐怖活动的个人”，包括预谋实施、准备实施和实际实施恐怖活动的个人。

【解　读】

解读《最高人民法院关于审理洗钱等刑事案件具体应用法律若干问题的解释》

一、问题的提出

为依法有效惩治洗钱，掩饰、隐瞒犯罪所得、犯罪所得收益，资助恐怖活动等犯罪活动，最高人民法院于2009年11月4日发布了《关于审理洗钱等刑事案件具体应用法律若干问题的解释》（法释〔2009〕15号，以下简称本解释）。

二、理解与适用

（一）本解释起草遵循三项原则

1. 充分借鉴国际经验，准确把握洗钱、恐怖融资犯罪的发展趋势和打击趋势，确保本解释规定的科学性和前瞻性。比如，非通过银行类金融机构特别是通过金融机构以外的其他途径实施的转换、转移、掩饰、隐瞒犯罪所得及其收益的行为，应当以《刑法》第一百九十一条还是第三百一十二条规定追究刑事责任，理论上和实践上均存在严重分歧。经研究，从公约文件规定看，基于掩饰、隐瞒财产非法来源或者帮助上游犯罪人逃避刑事追究之目的而转换或者转移犯罪所得的行为，以及掩饰、隐瞒上游犯罪所得的真实性质、来源等的行为，均属于洗钱行为，具体行为方式上的差异不影响行为性质的认定；从国外洗钱犯罪的立法例看，多数国家都存在不断修订增补和多法条并存的现象，都涉及对既有法律条文作重新解释和整合的问题，在这一问题的处理上，重行为性质轻行为方式，是一个普遍趋势。为避免《刑法》第一百九十一条、第三百一十二条两个条文规定出现遗漏或者重叠问题，确保两者之间关系清晰、逻辑周延、法网严密，方便实践把握和操作，本解释根据立法本意将《刑法》第一百九十一条和第三百一十二条的关系定位为特别法与一般法的关系，强调两者区分的关键在于上游犯罪的不同，明确针对《刑法》第一百九十一条项下上游犯罪的所有洗钱行为，均应依照《刑法》第一百九十一条的规定定罪处罚。

2. 立足国情，重在解决国内实际问题，确保本解释规定的针对性和有效性。一方面，对于公约文件的规定注意结合国内情况进行甄别取舍，不盲目照搬；另一方面，对于公约文件没有具体要求但国内司法有实际需求的问题，认真研究并加以解决。比如，公约文件仅规定，主观明知可以根据客观实际情况推定，但对于如何推定以及推定的具体依据，公约文件没有进一步的说明，而这恰恰是当前严重制约洗钱犯罪司法处理，实践中反映普遍、较为棘手的一个问题。为此，在大量分析、总结各类洗钱犯罪案例的基础上，我们在本解释第一条对此提出了具体的认定意见。

3. 严格依法、积极理性、循序渐进，确保本解释规定的合法性和稳妥性。一方面，在现有的法律框架内可以通过司法解释解决的问题，尽可能解决。比如，上游犯罪未经判决确认的情况下，能否对洗钱犯罪依法进行审判，实践中存在顾虑。经研究，是否存在上游犯罪，是否属于特定上游犯罪的犯罪所得及其收益，主要是一个实体判断问题，法律对此未作出程序要件限定，故本解释明确提出，上游犯罪事实是否存在，可以在洗钱犯罪的审判中一并予以审查，而不必依赖于上游犯罪的有罪判决。另一方面，对于需要通过修订立法解决的问题，本司法解释不予处理。

（二）如何认定洗钱犯罪中的“明知”

本解释第一条规定主要解决了明知的客观推定和明知的对象内容两个问题：

1. 明知的客观推定。本解释的基本意见是，明知不意味着确实知道，确定性认识和可能性认识均应纳入明知范畴，这也是刑事司法实践长期坚持的一贯立场。为方便司法操作，本解释对明知的具体认定，采取了概括加列举的表述方式，除对认定原则作出一般性规定之外，还结合实践中的具体个案情况列举了六种推定明知的具体情形，对于该六种情形，除有证据证明确实不知道的之外，均可以认定行为人对犯罪所得及其收益具有主观明知。

2. 明知的对象内容。本解释的基本意见是，在《刑法》第一百九十一条洗钱罪的认定中，行为人对属于七类上游犯罪的违法所得及其收益具有概括性认识即告充足，而不要求具体到某一特定上游犯罪。据此，本解释规定：“被告人将刑法第一百九十一条规定的某一上游犯罪的犯罪所得及其收益误认为刑法第一百九十一条规定的上游犯罪范围内的其他犯罪所得及其收益的，不影响刑法第一百九十一条规定的‘明知’的认定。”

（三）如何理解《刑法》第一百九十一条的“其他方法”进行洗钱

鉴于《刑法》第一百九十一条第一款第一至四项规定主要是针对通过银行类金融机构实施的洗钱行为，实践部门对于非通过银行类金融机构特别是通过金融机构以外的其他途径进行的转换、转移、掩饰、隐瞒行为是否可以通过本条第五项关于“以其他方法掩饰、隐瞒犯罪的违法所得及其收益的性质和来源”的规定来理解，存在疑虑。对此，本解释的基本意见是，区分三个洗钱犯罪条文，关键在于上游犯罪，而非具体的行为方式。以此为基础，为方便理解和掌握，经对实践中发生较多的洗钱行为予以甄别分类，本解释在《刑法》规定的四种洗钱行为之外，明确了以下六类洗钱行为应当依法追究刑事责任：(1) 通过典当、租赁、买卖、投资等方式，协助转移、转换犯罪所得及其收益的；(2) 通过与商场、饭店、娱乐场所等现金密集型场所的经营收入相混合的方式，协助转移、转换犯罪所得及其收益的；(3) 通过虚构交易、虚设债权债务、虚假担保、虚报收入等方式，协助将犯罪所得及其收益转换为“合法”财物的；(4) 通过买卖彩票、奖券等方式，协助转换犯罪所得及其收益的；(5) 通过赌博方式，协助将犯罪所得及其收益转换为赌博收益的；(6) 协助将犯罪所得及其收益携带、运输或者邮寄出入境的。

(四) 三个洗钱犯罪条文之间的关系和处罚原则

本解释第三条规定主要解决三个洗钱犯罪条款的竞合处理问题，同时也与本解释第二条规定相呼应，借助一般法与特别法的适用原则间接说明：《刑法》第三百一十二条是洗钱犯罪的一般条款，三个法条的主要区分在于犯罪对象，以此淡化三者在行为方式和行为性质上的差异。

《刑法》第一百九十一条、第三百一十二条、第三百四十九条三个条文的规定均属洗钱犯罪，三个条文之间的关系属于特别法与一般法的关系，这在《中华人民共和国刑法修正案（六）》的立法文件中有着清楚说明。

为进一步明确法律界限，依法从严惩治洗钱犯罪，根据特别法优于一般法的司法原则，本解释规定：“明知是犯罪所得及其产生的收益而予以掩饰、隐瞒，构成刑法第三百一十二条规定的犯罪，同时又构成刑法第一百九十一条或者第三百四十九条规定的犯罪的，依照处罚较重的规定定罪处罚。”

(五) 上游犯罪未经刑事判决确认的洗钱犯罪案件如何处理

鉴于上游犯罪与洗钱犯罪的侦查、审查起诉以及审判活动很难做到同步进行，此外，实践中还存在一些因上游犯罪人在境外、死亡等客观原因而难以对上游犯罪人诉诸刑事程序的情形，一律要求上游犯罪经定罪判刑后才能审判洗钱犯罪，既不符合立法精神，也不利于实践打击。经研究，是否存在上游犯罪，可以作为洗钱犯罪的案内事实来审查。故此，本解释在强调《刑法》第一百九十一条、第三百一十二条、第三百四十九条规定的犯罪应当以上游犯罪事实成立为认定前提的同时，提出下述三种情形均不影响洗钱犯罪的审判和认定：(1) 上游犯罪尚未依法裁判，但查证属实的；(2) 上游犯罪事实可以确认，因行为人死亡等原因依法不予追究刑事责任的；(3) 上游犯罪事实可以确认，依法以其他罪名定罪处罚的。适用本条第一款规定时应充分注意到，在上游犯罪未经审判确认甚至是上游犯罪人尚未归案的情况下，上游犯罪存在与否具有诸多不确定性，审理此类洗钱案件的法院应当慎重行事，严格把握。只有根据案件事实足以认定上游犯罪事实成立的，才能认定洗钱犯罪成立。本解释在赋予洗钱案件审理程序的相对独立性的同时，并无降低此类洗钱案件的证明标准之意。

（六）关于《刑法》第一百二十条之一规定的相关概念的理解

《刑法》第一百二十条之一对资助恐怖活动罪的罪状规定较为原则，实践中在对于一些名词概念的理解存在分歧，比如，筹集但尚未提供资金的行为能否独立构成资助行为，资助恐怖活动是否需以实施具体恐怖活动为条件等，同时考虑到当前理论上一般均将恐怖融资视为反向洗钱行为，相关公约文件也都将资助恐怖行为置于大的洗钱概念之下在反洗钱框架内予以规范，故在本解释一并解决。本解释主要明确了三个方面的问题：一是资助包括筹集资金和提供资金两种具体行为，单纯的筹集资金行为，同样应以资助恐怖活动罪定罪处罚；二是“资助”的方式不以金钱为限，为恐怖活动组织或者实施恐怖活动的个人筹集、提供经费、物资或者提供场所以及其他物质便利的行为，均属于资助行为；三是资助恐怖活动罪的成立不以被资助的人具体实施恐怖活动为条件，预谋实施、准备实施和实际实施恐怖活动的个人，均属于《刑法》第一百二十条之一规定的“实施恐怖活动的个人”。

（撰稿人：刘为波）

最高人民法院
关于审理偷税抗税刑事案件具体应用法律若干问题的解释

法释〔2002〕33号

（2002年11月4日最高人民法院审判委员会第1254次会议通过 2002年11月5日最高人民法院公告公布 自2002年11月7日起施行）

为依法惩处偷税、抗税犯罪活动，根据刑法的有关规定，现就审理偷税、抗税刑事案件具体应用法律的若干问题解释如下：

第一条 纳税人实施下列行为之一，不缴或者少缴应纳税款，偷税数额占应纳税额的百分之十以上且偷税数额在一万元以上的，依照刑法第二百零一条第一款的规定定罪处罚：

（一）伪造、变造、隐匿、擅自销毁账簿、记账凭证；

（二）在账簿上多列支出或者不列、少列收入；

（三）经税务机关通知申报而拒不申报纳税；

（四）进行虚假纳税申报；

（五）缴纳税款后，以假报出口或者其他欺骗手段，骗取所缴纳的税款。

扣缴义务人实施前款行为之一，不缴或者少缴已扣、已收税款，数额在一万元以上且占应缴税额百分之十以上的，依照刑法第二百零一条第一款的规定定罪处罚。扣缴义务人书面承诺代纳税人支付税款的，应当认定扣缴义务人“已扣、已收税款”。

实施本条第一款、第二款规定的行为，偷税数额在五万元以下，纳税人或者扣缴义务人在公安机关立案侦查以前已经足额补缴应纳税款和滞纳金，犯罪情节轻微，不需要判处刑罚的，可以免予刑事处罚。

第二条 纳税人伪造、变造、隐匿、擅自销毁用于记账的发票等原始凭证的行为，应当认定为刑法第二百零一条第一款规定的伪造、变造、隐匿、擅自销毁记账凭证的行为。

具有下列情形之一的，应当认定为刑法第二百零一条第一款规定的“经税务机关通知申报”：

（一）纳税人、扣缴义务人已经依法办理税务登记或者扣缴税款登记的；

（二）依法不需要办理税务登记的纳税人，经税务机关依法书面通知其申报的；

（三）尚未依法办理税务登记、扣缴税款登记的纳税人、扣缴义务人，经税务机关依法书面通知其申报的。

刑法第二百零一条第一款规定的“虚假的纳税申报”，是指纳税人或者扣缴义务人向税务机关报送虚假的纳税申报表、财务报表、代扣代缴、代收代缴税款报告表或者其他纳税申报资料，如提供虚假申请，编造减税、免税、抵税、先征收后退还税款等虚假资料等。

刑法第二百零一条第三款规定的“未经处理”，是指纳税人或者扣缴义务人在五年内多次实施偷税行为，但每次偷税数额均未达到刑法第二百零一条规定的构成犯罪的数额标准，且未受行政处罚的情形。

纳税人、扣缴义务人因同一偷税犯罪行为受到行政处罚，又被移送起诉的，人民法院应当依法受理。依法定罪并判处罚金的，行政罚款折抵罚金。

第三条 偷税数额，是指在确定的纳税期间，不缴或者少缴各税种税款的总额。

偷税数额占应纳税额的百分比，是指一个纳税年度中的各税种偷税总额与该纳税年度应纳税总额的比例。不按纳税年度确定纳税期的其他纳税人，偷税数额占应纳税额的百分比，按照行为人最后一次偷税行为发生之日前一年中各税种偷税总额与该年纳税总额的比例确定。纳税义务存续期间不足一个纳税年度的，偷税数额占应纳税额的百分比，按照各税种偷税总额与实际发生纳税义务期间应当缴纳税款总额的比例确定。

偷税行为跨越若干个纳税年度，只要其中一个纳税年度的偷税数额及百分比达到刑法第二百零一条第一款规定的标准，即构成偷税罪。各纳税年度的偷税数额应当累计计算，偷税百分比应当按照最高的百分比确定。

第四条 两年内因偷税受过二次行政处罚，又偷税且数额在一万元以上的，应当以偷税罪定罪处罚。

第五条 实施抗税行为具有下列情形之一的，属于刑法第二百零二条规定的“情节严重”：

（一）聚众抗税的首要分子；

（二）抗税数额在十万元以上的；

（三）多次抗税的；

（四）故意伤害致人轻伤的；

（五）具有其他严重情节。

第六条 实施抗税行为致人重伤、死亡，构成故意伤害罪、故意杀人罪的，分别依照刑法第二百三十四条第二款、第二百三十二条的规定定罪处罚。

与纳税人或者扣缴义务人共同实施抗税行为的，以抗税罪的共犯依法处罚。

【注　解】

《最高人民法院、最高人民检察院关于执行〈中华人民共和国刑法〉确定罪名的补充规定（四）》将解释中的“偷税罪”修改为“逃税罪”。

【解　读】

解读《最高人民法院关于审理偷税抗税刑事案件具体应用法律若干问题的解释》

一、问题的提出

针对涉税刑事案件中法律适用的疑难问题，最高人民法院在深入调研、广泛征求意见、充分总结审判实践经验的基础上，于 2002 年 11 月 5 日发布了《关于审理偷税抗税刑事案件具体应用法律若干问题的解释》（以下简称本解释），为司法机关依法办理涉税犯罪案件，严惩偷税、抗税犯罪活动，提供了明确的法律适用依据。

二、理解与适用

（一）关于偷税罪构成条件的认定问题

审理偷税刑事案件，关键在于准确把握偷税罪的构成条件。本解释第一条明确规定，纳税人实施下列行为之一，不缴或者少缴应纳税款，偷税数额占应纳税额的百分之十以上且偷税数额在一万元以上的，依照《刑法》第二百零一条第一款的规定定罪处罚：（1）伪造、变造、隐匿、擅自销毁账簿、记账凭证；（2）在账簿上多列支出或者不列、少列收入；（3）经税务机关通知申报而拒不申报纳税；（4）进行虚假纳税申报；（5）缴纳税款后，以假报出口或者其他欺骗手段，骗取所缴纳的税款。司法实践中对《刑法》第二百零一条第一款所列举的四种偷税手段，是并列关系还是选择关系，有分歧意见。这条规定主要是为解决上述问题作出的。只要纳税人实施上述五种行为之一，不缴或者少缴税款占应纳税额的百分之十以上且偷税数额在一万元以上，就应当定罪处罚。其中，第五种行为是根据《刑法》第二百零四条第二款，有关纳税人缴纳税款后，采取前款规定的欺骗方法（以假报出口或者其他欺骗手段），骗取所缴纳的税款的，依照本法第二百零一条的规定定罪处罚的规定作出的。

针对实践中纳税扣缴义务人不依法履行代扣、代缴义务而损害纳税人利益、导致国家税款流失严重等问题，本解释第一条第二款明确规定，扣缴义务人已经书面承诺代纳税人支付税款的，应当认定为扣缴义务人已扣、已收税款。这里的“书面承诺”是指向纳税人提供相关的完税证明或者其他书面凭据。如果扣缴义务人书面承诺代纳税人支付税款后，未缴纳或者没有足额缴纳已扣、已收税款，并实施《刑法》第二百零一条第一款规定的偷税行为之一，偷税数额在一万元以上且占应缴税额百分之十以上的，对扣缴义务人应当以偷税罪定罪处罚。

为充分体现刑事政策，切实发挥刑罚的惩戒作用，本解释第一条第三款规定，偷税数额在五万元以下，纳税人或者扣缴义务人在公安机关立案侦查以前已经足额补缴应纳税款和滞纳金，犯罪情节轻微，不需要判处刑罚的，可以免予刑事处罚。

（二）关于《刑法》第二百零一条有关词语的解释问题

关于伪造原始凭证行为的认定问题。《刑法》第二百零一条第一款将伪造、变造、隐匿、擅自销毁“记账凭证”的行为规定为偷税行为的一种。记账凭证，一般的理解是记载账目支出和收入情况的凭证。但是在实践中，实施偷税行为大多伪造、变造的发票等原始凭证。这种原始凭证记载的是实际发生的账目支出和收入情况，是产生记账凭证的原始依据。准确认定偷税行为，有必要对这种行为作出明确界定。为此，本解释第二条第一款规定，纳税人伪造、变造、隐匿、擅自销毁用于记账的发票等原始凭证的行为，应当认定为《刑法》第二百零一条第一款规定的伪造、变造、隐匿、擅自销毁记账凭证的行为。

关于“经税务机关通知申报”的认定问题。一般情况下，“经税务机关通知申报”，是指经税务机关书面通知申报，但是，也不尽然。有些情况下，税务机关的通知义务可以通过其他方式实现，并不需要另行书面通知纳税人缴纳税款。据此，本解释第二条第二款区分了三种情况作出规定：(1) 纳税人、扣缴义务人已经依法办理税务登记或者扣缴税款登记；(2) 依法不需要办理税务登记的纳税人，经税务机关依法书面通知其申报；(3) 尚未依法办理税务登记、扣缴税款登记的纳税人、扣缴义务人，经税务机关依法书面通知其申报。

关于“虚假的纳税申报”的认定问题。解释第二条第三款规定，《刑法》第二百零一条第一款规定的“虚假的纳税申报”，是指纳税人或者扣缴义务人向税务机关报送虚假的纳税申报表、财务报表、代扣代缴、代收代缴税款报告表或者其他纳税申报资料，如提供虚假申请，编造减税、免税、抵税、先征收后退还税款等虚假资料等。

关于“未经处理”的理解问题。一种意见认为，“未经处理”，是指行为人因偷税行为未经行政处罚处理，如果偷税行为经过行政处罚，偷税数额就不应再作为追究刑事责任的数额累计计算，否则违背一事不两罚的原则。另一种意见认为，“未经处理”应指偷税行为未经刑事处罚，对于因偷税行为先作出了行政处罚的，偷税数额也应累计计入偷税犯罪的总额中，只是行政罚款将来可折抵罚金。经过论证，本解释第二条第四、五款在合并吸收上述两种意见合理成分的基础上，规定：《刑法》第二百零一条第三款规定的“未经处理”，是指纳税人或者扣缴义务人在五年内多次实施偷税行为，但每次偷税数额均未达到《刑法》第二百零一条规定的构成犯罪的数额标准，且未受行政处罚的情形。纳税人、扣缴义务人因同一偷税犯罪行为受到行政处罚，又被移送起诉的，人民法院应当依法受理。依法定罪并判处罚金的，行政罚款折抵罚金。

（三）关于偷税数额及百分比的认定问题

由于纳税人生产、经营等收入悬殊，需纳税额有的以数十亿计，有的只有几千几万。因此，《刑法》规定构成偷税罪的数额以绝对数额和比例数额同时具备才按犯罪处理。《刑法》虽然对定罪量刑的数额及百分比作出了规定，但未明确数额及百分比的具体认定，司法实践中对此多有分歧。其中，最关键的问题是如何确定偷税税种的计算范围及期间。

一种意见认为，应当将纳税主体某一税种的偷税额确定为偷税数额，并将该种税的应纳税额确定为应纳税额，计算偷税的百分比。几个税种同时存在偷税行为的，应当分别计算，构成犯罪的，追究刑事责任；不构成犯罪的，可以对其进行行政处罚。这是所谓“分税种”的计算方法。理由是：司法实践中，税务机关稽查工作绝大多数是“分税种”稽查，税务机关发现偷税行为后移送公安机关侦查的，也都是“分税种”移送的方法。另一种意见认为，应当根据纳税主体应缴纳的所有税种确定应纳税额，将纳税主体不缴或少缴各税种税款的总额确定为偷税数额，并求得百分比。这是所谓“合税种”的计算方法。理由是：我国是实行复合税制的国家，绝大多数纳税主体都承担多种税赋，将纳税人应缴纳的所有税种税额确定为应纳税额，并将所有偷税额确定为偷税数额，更符合《刑法》第二百零一条立法本意。运用刑罚维护税收秩序，一方面要惩处涉税犯罪活动，另一方面则要维护税收秩序的稳定。从实践的情况看，由于各种因素的影响，纳税人在生产、经营过程中出现这样那样的违反税收征管的行为并不鲜见。甚至有的纳税人在某一税种上故意偷税，但是在纳税期间结束时，完成全部税负义务的情况又良好。可见，对这种行为更重要的是加强管理和行政查处，发现偷税行为及时查办并给予补缴税款、罚款等处罚，而不在于动辄适用刑罚处罚。按照分税种的计算方法，可以体现从严治税的精神，但是可能会造成刑罚适用面过宽等负面影响，而且不利于税源的稳定。

关于纳税额期间如何界定问题。一般情况下，以一个纳税年度作为计算偷税数额及应纳税额的期间，在司法实践中比较好操作，税务机关稽查工作通常是一个纳税年度满了，才对该纳税年度纳税情况进行稽查。但是在一些特定情况下，例如，对于不按纳税年度确定纳税期的人，或者纳税义务存续期间不足一个纳税年度的（如破产、倒闭），则要作出相应变通。基于以上，本解释第三条第一款规定，偷税数额，是指在确定的纳税期间，不缴或者少缴各税种税款的总额。该条第二款区分三种情况认定偷税的百分比：一般情况下，偷税数额占应纳税额的百分比，是指一个纳税年度中的各税种偷税总额与该纳税年度应纳税总额的比例。不按纳税年度确定纳税期的其他纳税人，偷税数额占应纳税额的百分比，按照行为人最后一次偷税行为发生之日前一年中各税种偷税总额与该年纳税总额的比例确定。纳税义务存续期间不足一个纳税年度的，偷税数额占应纳税额的百分比，按照各税种偷税总额与实际发生纳税义务期间应当缴纳税款总额的比例确定。对于偷税行为跨越若干个纳税年度，偷税数额及比例认定问题，本解释第三条第三款规定，只要其中一个纳税年度的偷税数额及百分比达到《刑法》第二百零一条第一款规定的标准，即构成偷税罪。各纳税年度的偷税数额应当累计计算，偷税百分比应当按照最高的百分比确定。

（四）关于对因偷税受过行政处罚又偷税行为定罪处罚问题

根据《刑法》第二百零一条第一款的规定，对于因偷税被税务机关给予二次行政处罚又偷税的，应当以偷税罪定罪处罚。比较而言，此条规定的定罪条件比偷税数额兼比例的规定严格，能够较好地发挥严惩主观恶性较深的偷税行为的作用。但不容忽视的是，由于这一构成条件不存在偷税数额和比例的限制，从理论上讲，偷税一元钱也应定罪处罚，显然与《刑法》的立法本意不完全一致。对这一构成条件加以必要的限定，以准确地反映这种偷税行为的社会危害性是十分必要的。因此，本解释第四条规定，两年内因偷税受过二次行政处罚，又偷税且数额在一万元以上的，应当以偷税罪定罪处罚。司法解释实际作出了两方面限制：一是对二次行政处罚的间隔时间作出了限制，即两年内因偷税受过二次行政处罚。二是又偷税且数额在一万元以上，但不考虑偷税的比例。

（五）关于抗税行为“情节严重”的认定问题

对于公然以暴力、威胁方法拒不缴纳税款的抗税行为，《刑法》第二百零二条明确规定了抗税罪，构成犯罪不以实际欠税数额和欠税比例为条件。本解释第五条重点规定了抗税行为“情节严重”的五种情形，即（1）聚众抗税的首要分子；（2）抗税数额在十万元以上；（3）多次抗税；（4）故意伤害致人轻伤；（5）具有其他严重情节。同时在第六条明确规定，对于“与纳税人或者扣缴义务人共同实施抗税行为的，以抗税罪的共犯依法处罚”“实施抗税行为致人重伤、死亡，构成故意伤害罪、故意杀人罪的，分别依照《刑法》第二百三十四条第二款、第二百三十二条的规定定罪处罚”。这些规定，将对依法制裁暴力抗税行为，整顿和规范税收征管秩序发挥重要的作用。

（撰稿人：孙军工）

最高人民法院
关于审理骗取出口退税刑事案件具体应用法律若干问题的解释

法释〔2002〕30号

（2002年9月9日最高人民法院审判委员会第1241次会议通过　2002年9月17日最高人民法院公告公布　自2002年9月23日起施行）

为依法惩治骗取出口退税犯罪活动，根据《中华人民共和国刑法》的有关规定，现就审理骗取出口退税刑事案件具体应用法律的若干问题解释如下：

第一条　刑法第二百零四条规定的“假报出口”，是指以虚构已税货物出口事实为目的，具有下列情形之一的行为：

（一）伪造或者签订虚假的买卖合同；

（二）以伪造、变造或者其他非法手段取得出口货物报关单、出口收汇核销单、出口货物专用缴款书等有关出口退税单据、凭证；

（三）虚开、伪造、非法购买增值税专用发票或者其他可以用于出口退税的发票；

（四）其他虚构已税货物出口事实的行为。

第二条　具有下列情形之一的，应当认定为刑法第二百零四条规定的“其他欺骗手段”：

（一）骗取出口货物退税资格的；

（二）将未纳税或者免税货物作为已税货物出口的；

（三）虽有货物出口，但虚构该出口货物的品名、数量、单价等要素，骗取未实际纳税部分出口退税款的；

（四）以其他手段骗取出口退税款的。

第三条　骗取国家出口退税款5万元以上的，为刑法第二百零四条规定的“数额较大”；骗取国家出口退税款50万元以上的，为刑法第二百零四条规定的“数额巨大”；骗取国家出口退税款250万元以上的，为刑法第二百零四条规定的“数额特别巨大”。

第四条　具有下列情形之一的，属于刑法第二百零四条规定的“其他严重情节”：

（一）造成国家税款损失30万元以上并且在第一审判决宣告前无法追回的；

（二）因骗取国家出口退税行为受过行政处罚，两年内又骗取国家出口退税款数额在30万元以上的；

（三）情节严重的其他情形。

第五条 具有下列情形之一的，属于刑法第二百零四条规定的"其他特别严重情节"：

（一）造成国家税款损失150万元以上并且在第一审判决宣告前无法追回的；

（二）因骗取国家出口退税行为受过行政处罚，两年内又骗取国家出口退税款数额在150万元以上的；

（三）情节特别严重的其他情形。

第六条 有进出口经营权的公司、企业，明知他人意欲骗取国家出口退税款，仍违反国家有关进出口经营的规定，允许他人自带客户、自带货源、自带汇票并自行报关，骗取国家出口退税款的，依照刑法第二百零四条第一款、第二百一十一条的规定定罪处罚。

第七条 实施骗取国家出口退税行为，没有实际取得出口退税款的，可以比照既遂犯从轻或者减轻处罚。

第八条 国家工作人员参与实施骗取出口退税犯罪活动的，依照刑法第二百零四条第一款的规定从重处罚。

第九条 实施骗取出口退税犯罪，同时构成虚开增值税专用发票罪等其他犯罪的，依照刑法处罚较重的规定定罪处罚。

【解　　读】

解读《最高人民法院关于审理骗取出口退税刑事案件具体应用法律若干问题的解释》

一、问题的提出

为依法惩治骗取出口退税犯罪活动，最高人民法院于2002年9月17日发布了《关于审理骗取出口退税刑事案件具体应用法律若干问题的解释》（以下简称本解释），为依法审理骗取出口退税案件提供了明确的适用法律依据。

二、理解与适用

（一）当前骗取出口退税犯罪的主要方式及特征

企业出口货物以不含税价格参与国际市场竞争，是国际上通行的做法。出口退税就是为了实现出口货物以不含税价格进入国际市场。出口退税是对报关出口货物退还国内各生产环节和流转环节按税法缴纳的增值税和消费税，或者免征应纳税额。我国从1988年开始实行出口退税政策，自1998年陆续提高出口退税率后，个别地区骗取出口退税现象又有所抬头。

1. 骗取出口退税的方式

（1）不法分子利用出口企业或者与出口企业勾结，通过虚假业务，利用虚假凭证骗取出口退税。这种方式既无货物出口，增值税款也未缴纳入库。最常见的是“四自三不见”形式的买单业务。由作为中间人的不法分子自带客户、自带货源、自带汇票、自行报关，出口企业在不见出口货物、不见供货方、不见外商的情况下，向不法分子支付货款和增值税款，并取得出口报关单和缴纳凭证，据以申报退税。

（2）利用管理上的漏洞骗取出口退税，主要是虚开或者伪造增值税专用发票和专用缴款书，专用发票和专用缴款书上所列税款并未真正缴纳入库。用这种方式骗取出口退税往往与征税环节的虚开增值税发票和偷税混合在一起。这种方式多发生在广东潮汕地区，这些地区大多对生产企业增值税征管实行包税制，企业实际缴纳税款与开具增值税专用发票多少无关。

2. 骗取出口退税行为的主要特征

（1）骗取出口退税的出口货源地集中在极少数地区，主要是广东潮汕地区。

（2）骗取出口退税集中发生在极少数经营不规范，特别是对业务员管理不严的小出口企业。

（3）骗取出口退税集中发生在极少数价值不易确定的商品，如少数服装产品。这些货物容易设假工厂套取增值税专用发票，出口时容易高报价格，易于蒙混过关。

（4）骗取出口退税出口地集中在香港及东南亚市场。

（5）骗取出口退税不法分子从以往的伪造退税单证，转为勾结有关部门极少数工作人员，以虚假业务取得真实的退税单证及相关电子信息报关骗税。

（二）关于本解释第一条的规定

出口退税是一项关联环节多、政策性强的工作，涉及税务、海关、外汇管理、外经贸、银行等多个部门，历经收购货物、报关出口、收汇核销、税务管理等数个环节。按照现行有关规定，企业申报出口退税必须同时提供四个单证：出口报关单（证明货物确已出口）、收汇核销单（证明出口已经收汇）、增值税专用发票（证明出口企业已经向供货企业支付税款）、增值税专用缴款书（证明供货企业已将税款缴入国库）。据此，本解释第一条界定了《刑法》第二百零四条规定的“假报出口”的四种情形，即：（1）伪造或者签订虚假的买卖合同；（2）以伪造、变造或者其他非法手段取得出口货物报关单、出口收汇核销单、出口货物专用缴款书等有关出口退税单据、凭证；（3）虚开、伪造、非法购买增值税专用发票或者其他可以用于出口退税的发票；（4）其他虚构已税货物出口事实的行为。这些内容主要是根据目前企业申报出口退税必须提供的单证而设定的，其中，“伪造或者签订虚假的买卖合同”和“虚开、伪造、非法购买增值税专用发票或者其他可以用于出口退税的发票”，是虚构货物买卖、假报出口的常见手段。

对于“以伪造、变造或者其他非法手段取得出口货物报关单、出口收汇核销单、出口货物专用缴款书等有关出口退税单据、凭证”的规定，在论证过程中曾有一种意见认为，考虑到将来报关工作将大量采用数字化办公的发展趋势，而且为便于举证，建议将“伪造、变造或者以其他非法手段形成虚假出口退税单据凭证的相关电子信息”的行为也一并列入，以适应形式发展的需要。本解释没有采纳这一意见，主要因为：一是相关电子信息具体指什么不清楚，二是即使采用数字化办公方式，如果作证据使用时，还将根据数字信息出具纸质的文书，作证据使用不成问题。而且这一内容与“虚构出口事实”之间关系不是太大，本解释中未予规定。

（三）关于本解释第二条的规定

本解释第二条规定了三种常见的骗取出口退税的“其他欺骗手段”，考虑到无法穷尽列举这一定罪条件，又规定了一个“兜底”性条款。

申报出口退税的主体是按照国家规定可以享受出口退税的企业，具体有八类：有进出口经营权的外贸企业，有进出口经营权的自营生产企业和生产型集团公司，有进出口经营权的工贸企业、集生产与贸易为一体的集团贸易公司，外商投资企业，委托外贸企业代理出口的企业，有进出口经营权的中外合资企业和合资连锁企业，特准退还或者免征增值税和消费税的企业，以及指定退税的企业。本解释第二条第一项关于“骗取出口货物退税资格”的规定，主要是针对骗取上述享受出口退税政策的企业资格而设定的。

根据《出口货物退（免）税管理办法》的规定，对出口的凡属于已征或者应征增值税、消费税的货物，除国家明确规定不予退税的货物和出口企业从小规模纳税人购进并持普通发票的部分货物外，都是出口货物退税的货物范围，均应予以退还已征的增值税和消费税。也就是说，办理出口退税的货物必须同时具备四个条件：（1）属于增值税、消费税征税范围；（2）是报关离境的货物；（3）是在财务上作销售处理的货物；（4）是出口收汇并已核销的货物。本解释第二条第二项“将未纳税或者免税货物作为已税货物出口”的规定，主要是针对上述情形作出的。

（四）关于本解释第三、四、五条的规定

这三个条文规定了骗取出口退税罪的数额认定标准和情节认定标准，需要说明的是数额标准的确定问题。以“数额较大”的标准为例，本解释规定以5万元为数额较大的起点。据有关部门提供的情况，由于海关对10万美元以上的出口报关货物将实行严格的查验，犯罪分子为规避查验，往往以9万多美元的货物报关。9万多美元折算成人民币相当于70多万，按照增值税17%计算，国家退还出口企业的税款应为12万元～13万元左右。因此，实践中查处的骗取出口退税案件涉案数额一般都要高于10万元，10万元以下的骗税案件很少发生。如果司法解释中规定的定罪数额起点太低，则等于取消了《刑法》第二百零四条规定的该罪的第一档量刑幅度。但是，考虑到认定骗取出口退税罪既要兼顾骗税案件的实际查处情况，也还应与其他诈骗类犯罪的定罪数额相协调，因此，本解释规定了5万元的定罪量刑标准。

（五）关于本解释第六条的规定

第六条是法律适用中亟待解决的重点问题，即对有进出口经营权的公司、企业在“四自三不见”的情况下，骗取出口退税行为的定罪问题。所谓“四自三不见”，是指“在不见出口商品、不见供货货主、不见外商的情况下，允许或者放任他人自带客户、自带货源、自带汇票、自行报关”的行为。

外贸企业出口业务一般有两种方式，一是自营出口（本文此前表述的内容基本上是此种情形，不再赘述）；二是代理生产企业出口。这种情形主要指：外商一般是生产企业的客户，也可以是外贸企业的客户，出口的货物属生产企业所有，货物的所有权不发生转移。报关出口后，由委托的外贸企业出具代理证明单，并委托生产企业按出口退税政策办理退税业务。“四自三不见”是代理出口业务中的一种违规操作行为，主要表现为犯罪分子以委托代理出口的名义，充任中间人，既为外贸企业提供国外客户，又为外贸企业提供货源，并代办一切手续。手续齐全后，交由外贸企业办理出口退税。

一种意见认为，对于有进出口经营权的公司、企业，只要其有“四自三不见”的行为，并且行为人实际骗取了出口退税款，就应当一律定罪。经研究认为，此举的打击面过宽，特别是“三不见”的情况相对特殊，在正当的货物买卖中也有可能出现，不宜一律追究刑事责任。应当承认，“四自三不见”是国家明令禁止的做法，但是某些有进出口经营权的企业为图省事，采用这一做法的情况也较常见，这也是实践中这种做法屡禁不止的原因之一。此外，有进出口经营权的公司、企业采用“四自三不见”的方法更有一个利益上的考虑。在正规运作的情况下，有进出口经营权的公司、企业办理出口业务赚取的仅仅是货物的差价，即有进出口经营权的公司、企业从生产企业买来货物，卖给外商，从中获利。但这种获利的方式风险较大，极不稳定。而采用“四自三不见”的方法则不存在上述风险：在这种情形下，有进出口经营权的公司、企业赚取的是旱涝保收的好处费。以采用“四自三不见”的方法出口1美元为例，大约可以退税1元人民币，从1元人民币中扣除预交的6.8%的税款及开票、换汇、购买报关单及其他费用，有进出口经营权的公司、企业得到的好处费在2分钱至1毛钱不等。虽然好处费多少不等，但肯定会有，且远比作自营业务获取利益要稳妥。至于好处费的来源是出口企业正当申请退税所得还是骗税所得则不予追究。从目前查处的情况看，通过“四自”方式办理退税，多是骗取退税的情形。有进出口经营权的公司、企业对此心知肚明，但为了谋取好处费，往往“睁一只眼闭一只眼”。由此可以看出，有进出口经营权的公司、企业采用“四自”手段为他人办理出口货物业务，主观上至少具有放任他人实施骗取出口退税行为的故意。但是，由于这种放任态度的目的和动机较为复杂，如果他人没有实施骗税行为，则有进出口经营权的公司、企业的这种放任行为仅仅属于违规性质；如果仅根据主观上的放任态度及他人骗税的结果就追究有进出口经营权的公司、企业的刑事责任，则难免客观归罪之嫌。综上考虑，根据《刑法》“主客观相一致”原则，本解释只针对有进出口经营权的公司、企业“明知他人意欲骗取国家出口退税款，仍违反国家有关进出口经营的规定，允许他人自带客户、自带货源、自带汇票并自行报关，骗取国家出口退税款”的情形，作出了追究刑事责任的规定。

（六）关于本解释第九条的规定

本解释第九条规定，实施骗取出口退税犯罪，同时构成虚开增值税专用发票罪等其他犯罪的，依照《刑法》处罚较重的规定定罪处罚。一种意见认为，这样规定是否漏掉了应当数罪并罚的情形。经研究认为，除根据《刑法》第二百零四条第二款的规定，即“纳税人缴纳税款后，采取前款规定的欺骗方法，骗取所缴纳的税款的，依照本法第二百零一条的规定定罪处罚”的情况下，可能存在数罪并罚的问题外，其他情况均应按一重罪处罚。而上述情况既然《刑法》已有明确规定，司法解释中就不必再重申，本解释要明确的是《刑法》未明确的刑罚适用问题，与法律规定并不冲突。

（撰稿人：孙军工）

【链 接】

最高人民法院
关于虚开增值税专用发票定罪量刑标准有关问题的通知

2018年8月22日　　法〔2018〕226号

各省、自治区、直辖市高级人民法院，解放军军事法院，新疆维吾尔自治区高级人民法院生产建设兵团分院：

为正确适用刑法第二百零五条关于虚开增值税专用发票罪的有关规定，确保罪责刑相适应，现就有关问题通知如下：

一、自本通知下发之日起，人民法院在审判工作中不再参照执行《最高人民法院关于适用〈全国人民代表大会常务委员会关于惩治虚开、伪造和非法出售增值税专用发票犯罪的决定〉的若干问题的解释》（法发〔1996〕30号）第一条规定的虚开增值税专用发票罪的定罪量刑标准。

二、在新的司法解释颁行前，对虚开增值税专用发票刑事案件定罪量刑的数额标准，可以参照《最高人民法院关于审理骗取出口退税刑事案件具体应用法律若干问题的解释》（法释〔2002〕30号）第三条的规定执行，即虚开的税款数额在五万元以上的，以虚开增值税专用发票罪处三年以下有期徒刑或者拘役，并处二万元以上二十万元以下罚金；虚开的税款数额在五十万元以上的，认定为刑法第二百零五条规定的“数额较大”；虚开的税款数额在二百五十万元以上的，认定为刑法第二百零五条规定的“数额巨大”。

以上通知，请遵照执行。执行中发现的新情况、新问题，请及时报告我院。

最高人民法院　最高人民检察院
关于办理非法生产、销售烟草专卖品等刑事案件具体应用法律若干问题的解释

法释〔2010〕7号

（2009年12月28日最高人民法院审判委员会第1481次会议、2010年2月4日最高人民检察院第十一届检察委员会第29次会议通过　2010年3月2日最高人民法院、最高人民检察院公告公布　自2010年3月26日起施行）

为维护社会主义市场经济秩序，依法惩治非法生产、销售烟草专卖品等犯罪，根据刑法有关规定，现就办理这类刑事案件具体应用法律的若干问题解释如下：

第一条　生产、销售伪劣卷烟、雪茄烟等烟草专卖品，销售金额在五万元以上的，依照刑法第一百四十条的规定，以生产、销售伪劣产品罪定罪处罚。

未经卷烟、雪茄烟等烟草专卖品注册商标所有人许可，在卷烟、雪茄烟等烟草专卖品上使用与其注册商标相同的商标，情节严重的，依照刑法第二百一十三条的规定，以假冒注册商标罪定罪处罚。

销售明知是假冒他人注册商标的卷烟、雪茄烟等烟草专卖品，销售金额较大的，依照刑法第二百一十四条的规定，以销售假冒注册商标的商品罪定罪处罚。

伪造、擅自制造他人卷烟、雪茄烟注册商标标识或者销售伪造、擅自制造的卷烟、雪茄烟注册商标标识，情节严重的，依照刑法第二百一十五条的规定，以非法制造、销售非法制造的注册商标标识罪定罪处罚。

违反国家烟草专卖管理法律法规，未经烟草专卖行政主管部门许可，无烟草专卖生产企业许可证、烟草专卖批发企业许可证、特种烟草专卖经营企业许可证、烟草专卖零售许可证等许可证明，非法经营烟草专卖品，情节严重的，依照刑法第二百二十五条的规定，以非法经营罪定罪处罚。

第二条　伪劣卷烟、雪茄烟等烟草专卖品尚未销售，货值金额达到刑法第一百四十条规定的销售金额定罪起点数额标准的三倍以上的，或者销售金额未达到五万元，但与未销售货值金额合计达到十五万元以上的，以生产、销售伪劣产品罪（未遂）定罪处罚。

销售金额和未销售货值金额分别达到不同的法定刑幅度或者均达到同一法定刑幅度的，在处罚较重的法定刑幅度内酌情从重处罚。

查获的未销售的伪劣卷烟、雪茄烟，能够查清销售价格的，按照实际销售价格计算。无法查清实际销售价格，有品牌的，按照该品牌卷烟、雪茄烟的查获地省级烟草专卖行政主管部门出具的零售价格计算；无品牌的，按照查获地省级烟草专卖行政主管部门出具的上年度卷烟平均零售价格计算。

第三条 非法经营烟草专卖品，具有下列情形之一的，应当认定为刑法第二百二十五条规定的“情节严重”：

（一）非法经营数额在五万元以上的，或者违法所得数额在二万元以上的；

（二）非法经营卷烟二十万支以上的；

（三）曾因非法经营烟草专卖品三年内受过二次以上行政处罚，又非法经营烟草专卖品且数额在三万元以上的。

具有下列情形之一的，应当认定为刑法第二百二十五条规定的“情节特别严重”：

（一）非法经营数额在二十五万元以上，或者违法所得数额在十万元以上的；

（二）非法经营卷烟一百万支以上的。

第四条 非法经营烟草专卖品，能够查清销售或者购买价格的，按照其销售或者购买的价格计算非法经营数额。无法查清销售或者购买价格的，按照下列方法计算非法经营数额：

（一）查获的卷烟、雪茄烟的价格，有品牌的，按照该品牌卷烟、雪茄烟的查获地省级烟草专卖行政主管部门出具的零售价格计算；无品牌的，按照查获地省级烟草专卖行政主管部门出具的上年度卷烟平均零售价格计算；

（二）查获的复烤烟叶、烟叶的价格按照查获地省级烟草专卖行政主管部门出具的上年度烤烟调拨平均基准价格计算；

（三）烟丝的价格按照第（二）项规定价格计算标准的一点五倍计算；

（四）卷烟辅料的价格，有品牌的，按照该品牌辅料的查获地省级烟草专卖行政主管部门出具的价格计算；无品牌的，按照查获地省级烟草专卖行政主管部门出具的上年度烟草行业生产卷烟所需该类卷烟辅料的平均价格计算；

（五）非法生产、销售、购买烟草专用机械的价格按照国务院烟草专卖行政主管部门下发的全国烟草专用机械产品指导价格目录进行计算；目录中没有该烟草专用机械的，按照省级以上烟草专卖行政主管部门出具的目录中同类烟草专用机械的平均价格计算。

第五条 行为人实施非法生产、销售烟草专卖品犯罪，同时构成生产、销售伪劣产品罪、侵犯知识产权犯罪、非法经营罪的，依照处罚较重的规定定罪处罚。

第六条 明知他人实施本解释第一条所列犯罪，而为其提供贷款、资金、账号、发票、证明、许可证件，或者提供生产、经营场所、设备、运输、仓储、保管、邮寄、代理进出口等便利条件，或者提供生产技术、卷烟配方的，应当按照共犯追究刑事责任。

第七条 办理非法生产、销售烟草专卖品等刑事案件，需要对伪劣烟草专卖品鉴定的，应当委托国务院产品质量监督管理部门和省、自治区、直辖市人民政府产品质量监督管理部门指定的烟草质量检测机构进行。

第八条 以暴力、威胁方法阻碍烟草专卖执法人员依法执行职务，构成犯罪的，以妨害公务罪追究刑事责任。

煽动群众暴力抗拒烟草专卖法律实施，构成犯罪的，以煽动暴力抗拒法律实施罪追究刑事责任。

第九条 本解释所称“烟草专卖品”，是指卷烟、雪茄烟、烟丝、复烤烟叶、烟叶、卷烟纸、滤嘴棒、烟用丝束、烟草专用机械。

本解释所称“卷烟辅料”，是指卷烟纸、滤嘴棒、烟用丝束。

本解释所称“烟草专用机械”，是指由国务院烟草专卖行政主管部门烟草专用机械名录所公布的，在卷烟、雪茄烟、烟丝、复烤烟叶、烟叶、卷烟纸、滤嘴棒、烟用丝束的生产加工过程中，能够完成一项或者多项特定加工工序，可以独立操作的机械设备。

本解释所称“同类烟草专用机械”，是指在卷烟、雪茄烟、烟丝、复烤烟叶、烟叶、卷烟纸、滤嘴棒、烟用丝束的生产加工过程中，能够完成相同加工工序的机械设备。

第十条 以前发布的有关规定与本解释不一致的，以本解释为准。

【解　　读】

解读《最高人民法院、最高人民检察院关于办理非法生产、销售烟草专卖品等刑事案件具体应用法律若干问题的解释》

为依法惩处非法生产、销售烟草专卖品等刑事犯罪，维护社会主义市场经济秩序和国家烟草专卖制度，最高人民法院、最高人民检察院联合发布了《最高人民法院、最高人民检察院关于办理非法生产、销售烟草专卖品等刑事案件具体应用法律若干问题的解释》（法释〔2010〕7号）（以下简称本解释），并于2010年3月26日起施行。为方便各级烟草专卖稽查人员更好的学习、理解和运用，对本解释的主要内容介绍如下：

本解释共分为十个条文，分别明确了非法生产、销售烟草专卖品等犯罪行为所适用的具体罪名，完善了非法生产、销售烟草专卖品等犯罪按照生产、销售伪劣产品罪处理的定罪量刑标准和有关犯罪金额的计算方法，明确了按照非法经营罪处理的定罪量刑标准以及有关犯罪金额的计算方法，对犯罪竞合问题、共犯、鉴定等问题进行了规定。本解释同时还规定了以暴力、威胁方法阻碍烟草专卖执法人员依法执行职务，以及煽动群众暴力抗拒烟草专卖法律实施，构成犯罪的，分别以妨害公务罪、煽动暴力抗拒法律实施罪追究刑事责任等。

一、非法生产、销售烟草专卖品犯罪涉及的具体罪名

本解释第一条明确规定了涉烟犯罪涉及的五个罪名，即：生产、销售伪劣产品罪、假冒注册商标罪、销售假冒注册商标的商品罪，非法制造、销售非法制造的注册商标标识罪，非法经营罪。本解释明确列出办理非法生产、销售烟草专卖品等刑事案件适用的罪名，目的是司法机关办案掌握和方便适用。

该条第一款规定了生产、销售伪劣卷烟、雪茄烟等烟草专卖品，销售金额在五万元以上的，依照《刑法》第一百四十条的规定，以生产、销售伪劣产品罪定罪处罚。根据《中华人民共和国烟草专卖法》的规定，“烟草专卖品”是指卷烟、雪茄烟、烟丝、复烤烟叶、烟叶、卷烟纸、滤嘴棒、烟用丝束、烟草专用机械。本解释中写明卷烟和雪茄烟，是因为司法实践中绝大部分查处的烟草打假案件是伪劣卷烟和雪茄烟，涉及其他烟草专卖品的案件较少。生产、销售伪劣卷烟、雪茄烟的行为方式符合《刑法》第一百四十条规定的“在产品中掺杂、掺假”“以假充真”“以次充好”“以不合格产品冒充合格产品”四种行为方式。其中，“掺杂、掺假”是指在卷烟、雪茄烟中掺入杂质或者异物，致使产品质量不符合国家烟草专卖法律法规规定的质量要求，从而降低或者失去应有的使用性能。“以假充真”是指以不具有某种使用性能的产品冒充具有使用性能产品的行为，例如，用树叶冒充烟叶非法生产的伪劣卷烟。“以次充好”是指以低等级、低档次的卷烟、雪茄烟冒充高等级、高档次的卷烟、雪茄烟的行为，例如用劣等卷烟冒充“中华”“熊猫”等高档次卷烟。“以不合格产品冒充合格产品”是指以不符合《中华人民共和国产品质量法》第二十六条第二款规定的质量要求的产品冒充合格产品的行为。对上述行为的判断，是“打假”工作的重点，2001 年《最高人民法院 最高人民检察院关于办理生产、销售伪劣商品刑事案件具体应用法律若干问题的解释》（以下简称《伪劣产品解释》）对此进行了明确规定。

本解释第一条第二、三、四款规定了非法生产、销售卷烟、雪茄烟侵犯他人知识产权犯罪行为的定罪问题。犯罪分子在生产和销售假烟的过程中，一般

都假冒他人的烟用注册商标或者标识。同时，《中华人民共和国烟草专卖法》第二十条规定："卷烟、雪茄烟和有包装的烟丝必须申请商标注册，未经核准注册的，不得生产、销售。禁止生产、销售假冒他人注册商标的烟草制品。"第二十一条规定："烟草制品商标标识必须由省级工商行政管理部门指定的企业印刷；非指定的企业不得印刷烟草制品商标标识。"对于制售假烟犯罪行为侵犯他人知识产权的行为，应当予以惩处，因此，本解释规定："未经卷烟、雪茄烟等烟草专卖品注册商标所有人许可，在卷烟、雪茄烟等烟草专卖品上使用与其注册商标相同的商标，情节严重的，依照刑法第二百一十三条的规定，以假冒注册商标罪定罪处罚。销售明知是假冒他人注册商标的卷烟、雪茄烟等烟草专卖品，销售金额较大的，依照刑法第二百一十四条的规定，以销售假冒注册商标的商品罪定罪处罚。伪造、擅自制造他人卷烟、雪茄烟注册商标标识或者销售伪造、擅自制造的卷烟、雪茄烟注册商标标识，情节严重的，依照刑法第二百一十五条的规定，以非法制造、销售非法制造的注册商标标识罪定罪处罚。"关于侵犯上述知识产权行为的定罪处罚标准问题，依照 2004 年"两高"《关于办理侵犯知识产权刑事案件具体应用法律若干问题的解释》（法释〔2004〕19 号）和 2007 年《关于办理侵犯知识产权刑事案件具体应用法律若干问题的解释（二）》（法释〔2007〕6 号）的相关规定办理。

本解释第一条第五款规定："违反国家烟草专卖管理法律法规，未经烟草专卖行政主管部门许可，无烟草专卖生产企业许可证、烟草专卖批发企业许可证、特种烟草专卖经营企业许可证、烟草专卖零售许可证等许可证明，非法经营烟草专卖品，情节严重的，依照刑法第二百二十五条的规定，以非法经营罪定罪处罚。"该款规定的四种许可证明是依据《中华人民共和国烟草专卖法》的有关规定列举的，例如，第三条规定："国家对烟草专卖品的生产、销售、进出口依法实行专卖管理，并实行烟草专卖许可证制度。"第十二条规定："开办烟草制品生产企业，必须经国务院烟草专卖行政主管部门批准，取得烟草专卖生产企业许可证，并经工商行政管理部门核准登记；……"第十五、十六条分别规定了经营烟草制品批发业务的企业、经营烟草制品零售业务的企业和个人，应当经批准取得烟草专卖批发企业许可证或者烟草专卖零售许可证。第三十四条规定："无特种烟草专卖经营企业许可证经营烟草专卖品进出口业务、外国烟草制品寄售业务或者免税的外国烟草制品购销业务的，由烟草专卖行政主管部门责令停止经营上述业务，没收违法所得，并处罚款。"没有上述四个许可证而从事生产、销售烟草专卖品的行为，应当认定为刑法第二百二十五条第一项规定的"未经许可经营法律、行政法规规定的专营、专卖物品或者其他限制买卖的物品"的行为。

需要注意的是关于烟草专卖品准运证的问题，在征求意见过程中，对此问题有两种不同意见。一种意见认为，《中华人民共和国烟草专卖法》第三十一条明确规定没有烟草专卖品准运证或者超过准运证规定的数量托运或者自运烟草专卖品的，由烟草专卖行政机关予以行政处罚，也就是说，没有准运证不能运输烟草专卖品，这种行为同样违反《刑法》第二百二十五条的规定，应当认定为非法经营罪；另一种意见认为，烟草专卖品与毒品等违禁品不同，运输烟草的情况比较复杂，对没有烟草专卖品准运证运输烟草的行为一律依照刑法第二百二十五条非法经营罪处罚似不太妥当。经研究，我们采纳了后一种意见，认为《烟草专卖法》第三十一条虽然规定没有烟草专卖品准运证不能运输，但是，这种运输行为毕竟和刑法第二百二十五条“未经许可，经营法律、行政法规规定的专营、专卖物品……”有所不同。但是，虽然该款内容没有包括准运证的问题，但不意味着没有烟草专卖品准运证而运输的行为一律不以犯罪处理，对于明知是非法生产、销售的烟草专卖品而提供运输等便利条件的，按照本解释第六条的规定，以共犯追究刑事责任。

关于超范围经营的行为是否按照犯罪处理的问题，即有经营许可证件，但是违反了相关法规经营合格的烟草专卖品的行为是否按照非法经营罪处理。我们认为，有许可证但超范围或者不按照规定的进货渠道进货的行为，虽然违反了有关行政法规，但是对社会的危害性不大，不宜按照犯罪处理，给予行政处罚即可。

二、关于非法生产、销售烟草专卖品的定罪量刑标准和涉案金额的计算方法

本解释第二条第一款规定，伪劣卷烟、雪茄烟等烟草专卖品尚未销售，货值金额达到《刑法》第一百四十条规定的销售金额定罪起点数额标准的三倍以上的，或者销售金额未达到五万元，但与未销售货值金额合计达到十五万元以上的，以生产、销售伪劣产品罪（未遂）定罪处罚。该款规定了非法生产、销售烟草专卖品犯罪未遂的两种情形。第一种情形是参照 2001 年 4 月“两高”《关于办理生产、销售伪劣商品刑事案件具体应用法律若干问题的解释》第二条第二项“伪劣产品尚未销售，货值金额达到《刑法》第一百四十条规定的销售金额三倍以上的，以生产、销售伪劣产品罪（未遂）定罪处罚”的规定，沿用至今；第二种情形，是指销售金额和未销售金额分别计算都没有达到定罪标准，也就是说销售金额不足五万元，未销售金额不足十五万元，但两者相加的数额达到了十五万元，按照未遂处罚的规定。这样规定的目的是严密法网、不轻纵罪犯，也符合刑法理论。司法实践中，由于种种原因，绝大多数案件查到的仅仅是伪劣烟草本身，难以查清甚至根本无法查清销售金额，大量案件无法处理。为妥善解决这些问题，本解释借鉴了 2001 年的《伪劣产品解释》的规定。主要理由如下：1、符合犯罪具有社会危害性的本质特征。生产、销售伪劣烟草专卖品的目的，就是为了销售。已经生产和购买后准备销售的行为，其

社会危害性是客观存在的。如果这类行为中情节严重的情形也不定罪处罚，将会使绝大多数的制售假烟的人逃避法律追究。2、符合《刑法》关于犯罪既遂、未遂的理论。犯罪既遂，是指行为人实施了《刑法》规定的全部构成要件的行为；犯罪未遂，是指行为人已经着手实施犯罪，但由于行为人意志以外的原因而没有实施完毕刑法规定的全部构成要件。生产、购买假烟，尚未来得及销售，属于销售伪劣产品的未遂状态，构成犯罪的，应以生产、销售伪劣产品（未遂）定罪处罚。3、符合立法原意。《刑法》第一百四十条规定的生产、销售伪劣产品罪，如果仅以销售金额认定是否构成犯罪，则《刑法》条文规定的生产伪劣产品罪难以发挥应有的作用。如果对尚无销售的生产假烟者仅因没有销售金额就不予追究，不利于打假工作的开展。"货值金额"的概念，是"两高"2001年的《伪劣产品解释》的规定，该规定借鉴了《产品质量法》第七十二条的内容，货值金额以违法生产、销售产品的标价计算；没有标价的，按照同类产品的市场价格计算。4、未遂的定罪量刑标准，沿用了2001年《伪劣产品解释》的规定，因为未遂毕竟没有销售，造成的社会危害性相对比较小，为缩小打击面，本解释规定"货值金额达到刑法第一百四十条规定的销售金额三倍以上"的，以生产、销售伪劣产品罪（未遂）定罪处罚。货值金额十五万元是入罪的标准，并不是指数额要达到刑法第一百四十条各个量刑档次的三倍以上，该问题依然按照《会议纪要》的规定办理，即"伪劣烟草制品尚未销售，货值金额分别达到十五万元以上不满二十万元、二十万元以上不满五十万元、五十万元以上不满二百万元、二百万元以上的，分别依照刑法第一百四十条规定的各量刑档次定罪处罚。"

本解释第二条第二款规定，销售金额和未销售货值金额分别达到不同的法定刑幅度或者均达到同一法定刑幅度的，在处罚较重的法定刑幅度内酌情从重处罚。该款是关于销售金额和未销售金额分别达到不同量刑标准或者均达到同一量刑标准的处罚原则。实践中存在两种情形，一种情形是指既遂和未遂的标准均已达到，但是分别处于不同的量刑档次，例如：已经查清的未销售金额达到了第三个量刑档次，处七年以上有期徒刑，销售金额五万元以上不满二十万元，是第一个量刑档次，即二年以下有期徒刑，这种情况应当按照处罚较重的量刑标准处罚。另一种情形是指既遂和未遂的标准均已达到，且在同一量刑档次，但是数额又不能简单相加。考虑到此种情形的社会危害性比单纯的一个金额大，为不轻纵犯罪人，同时也体现公平原则，故规定了从重处罚。

第三款是关于未销售的伪劣烟草制品货值金额的计算方法，分为在不同环节查获的伪劣卷烟或者无品牌卷烟的价格计算，以及散支烟的计算等。一般分为两个步骤：一是查获的未销售的伪劣卷烟、雪茄烟，能够查清销售价格的，按照实际销售价格计算。二是无法查清实际销售价格，有品牌的，按照该品牌卷烟、雪茄烟的查获地省级烟草专卖行政主管部门出具的零售价格计算；无品牌的，按照查获地省级烟草专卖行政主管部门出具的上年度卷烟平均零售价格计算。

三、关于非法经营罪的定罪处罚标准和涉案数额的计算方法

本解释第三条规定了按照非法经营犯罪处理“情节严重”和“情节特别严重”的具体情形，第四条规定了非法经营数额的具体计算方汏。

“情节严重”的情形分为非法经营数额、违法所得数额、卷烟数量和两次行政处罚后再犯等三种定罪标准。

非法经营数额在五万元以上的，或者违法所得数额在二万元以上的，应当认定为刑法第二百二十五条规定的“情节严重”。关于非法经营数额定在五万元的问题，主要考虑有两个因素：一是从司法实践中涉烟刑事案件的统计数据分析，进入刑事处罚的涉烟案件只占到所有涉烟案件的1.1%，数量不多，非法经营犯罪案件打击面不大，其中非法经营数额在五万元以上的案件占涉烟非法经营犯罪案件的一半左右，如果把非法经营数额提高到五万元以上或者十万元的话，有五成多的非法经营犯罪案件得不到处理，总体考虑还继续沿用《会议纪要》非法经营数额五万元的标准比较合适。二是考虑到与其他司法解释的协调和平衡问题，如“两高”2004年《关于办理侵犯知识产权刑事案件具体应用法律若干问题的解释》中关于假冒注册商标罪的非法经营数额是五万元，即本解释第一条第二款适用的数额，也就是说，假冒烟用注册商标犯罪的标准是达到非法经营数额五万元，而非法经营烟草犯罪的标准不是五万元的话，执法上会存在不平衡的情况。

关于违法所得数额的问题，1998年最高人民法院《关于审理非法出版物刑事案件具体应用法律若干问题的解释》第十七条规定，违法所得数额是指获利数额。从司法实践中查获的案件看，非法经营烟草的利润在50%左右，即非法经营五万元的话，获利数额大约2万多元。

非法经营卷烟二十万支以上的，应认定为非法经营“情节严重”的情形。这样规定的主要理由：一是“打假”现场经常查获的是散支烟，没有品牌和标价，但数量多，造成的社会危害性较大；二是考虑二十万支卷烟的价格，按照全国卷烟的平均批发价格计算，基本和非法经营数额五万元的标准相当。

本解释规定：“曾因非法经营烟草专卖品三年内受过二次以上行政处罚，又非法经营烟草专卖品且数额在三万元以上的”情形，也属于非法经营罪的“情节严重”情形。主要考虑是前两次非法经营烟草行为虽然已经受到了处罚，但行为人在明知这种行为违法的情况下再次非法经营烟草专卖品的，说明其主观恶性深，对国家烟草专卖制度的危害比初犯者更大，社会危害性大，这种行为应当认定为“情节严重”的情形，考虑到应与单纯的数额情形或者情节情形区分开来，同时也兼顾到了前两次行为已处罚过，因此，在规定情节的同时又

规定了低于第一项数额的情形，即第一款第三项的规定。

对“情节特别严重”的情形规定，比照“情节严重”的情形的五倍计算。即：非法经营数额在二十五万元以上，或者违法所得数额在十万元以上的；非法经营卷烟一百万支以上的。

四、关于非法经营数额的计算方法

本解释第四条对数额的计算进行了明确规定。分为两种情形：一是非法经营烟草专卖品，能够查清销售或者购买价格的，按照其销售或者购买的价格计算非法经营数额。二是无法查清销售或者购买价格的，区分不同情况分别计算非法经营数额：

（一）查获的卷烟、雪茄烟的价格，有品牌的，按照该品牌卷烟、雪茄烟的查获地省级烟草专卖行政主管部门出具的零售价格计算；无品牌的，按照查获地省级烟草专卖行政主管部门出具的上年度卷烟平均零售价格计算；

（二）查获的复烤烟叶、烟叶的价格按照查获地省级烟草专卖行政主管部门出具的上年度烤烟调拨平均基准价格计算；

（三）烟丝的价格按照第二项规定价格计算标准的一点五倍计算；

（四）卷烟辅料的价格，有品牌的，按照该品牌辅料的查获地省级烟草专卖行政主管部门出具的价格计算；无品牌的，按照查获地省级烟草专卖行政主管部门出具的上年度烟草行业生产卷烟所需该类卷烟辅料的平均价格计算；

（五）非法生产、销售、购买烟草专用机械的价格按照国务院烟草专卖行政主管部门下发的全国烟草专用机械产品指导价格目录进行计算；目录中没有该烟草专用机械的，按照省级以上烟草专卖行政主管部门出具的目录中同类烟草专用机械的平均价格计算。

五、关于犯罪竞合的问题

实施非法生产、销售烟草专卖品犯罪行为，可能触犯数个罪名，例如，生产、销售伪劣烟草制品，首先要假冒他人注册的卷烟、雪茄烟注册商标，如果假烟是伪劣的，则构成生产、销售伪劣产品罪，如果不是伪劣烟草专卖品，则又可能构成非法经营罪。生产、销售伪劣产品罪和非法经营罪是一种法规竞合，生产、销售伪劣产品罪和假冒注册商标罪则是一种想象竞合，按照犯罪竞合择一重罪处罚的刑法理论，本解释第五条规定：“行为人实施非法生产、销售烟草专卖品犯罪，同时构成生产、销售伪劣产品罪、侵犯知识产权犯罪、非法经营罪的，依照处罚较重的规定定罪处罚。”

六、关于共犯的问题

“明知”是指行为人知道或者应当知道的情形。涉烟刑事案件中突出的问题是为制售假烟的人提供生产、仓储场所，提供运输或者邮寄等便利条件，甚至有的为行为人提供制假技术和卷烟的配方，还出现过提供烟草专用机械的装配图纸等行为，这些行为符合刑法关于共犯的规定。

本解释第六条规定了三种情形：一是明知他人实施非法生产、销售烟草专卖品犯罪，而为其提供贷款、资金、账号、发票、证明、许可证件；二是明知他人实施非法生产、销售烟草专卖品犯罪，而为其提供生产、经营场所、设备、运输、仓储、保管、邮寄、代理进出口等便利条件；三是提供明知他人实施非法生产、销售烟草专卖品犯罪，而为其提供生产技术、卷烟配方的。上述行为应当按照共犯追究刑事责任。

七、关于伪劣烟草专卖品的鉴定问题

1997年7月3日国务院颁布的《中华人民共和国烟草专卖法实施条例》第三十三条规定："假冒商标烟草制品的鉴别检测工作，由国务院产品质量监督管理部门和省、自治区、直辖市人民政府产品质量监督管理部门指定的烟草质量检测站进行。"依据该规定和《会议纪要》第十条规定，目前假冒伪劣烟草的鉴定工作，由国务院烟草专卖行政主管部门授权的省级以上烟草产品质量监督检验机构，按照国家烟草专卖局制定的假冒伪劣卷烟鉴别检验管理办法和假冒伪劣卷烟鉴别检验规程等有关规定进行。假冒伪劣烟草专用机械的鉴定由国家质量监督部门或其委托的国家烟草质量监督检验中心，根据烟草行业的有关技术标准进行。本解释第七条规定："办理非法生产、销售烟草专卖品等刑事案件，需要对伪劣烟草专卖品鉴定的，应当委托国务院产品质量监督管理部门和省、自治区、直辖市人民政府产品质量监督管理部门指定的烟草质量检测机构进行。"

八、关于烟草专卖执法保障的问题

为维护国家烟草专卖制度，依法保障烟草专卖执法人员的合法权益，本解释第八条规定："以暴力、威胁方法阻碍烟草专卖执法人员依法执行职务，构成犯罪的，以妨害公务罪追究刑事责任。煽动群众暴力抗拒烟草专卖法律实施，构成犯罪的，以煽动暴力抗拒法律实施罪追究刑事责任。"

九、关于本解释涉及的专业术语问题

本解释第九条规定：本解释所称"烟草专卖品"，是指卷烟、雪茄烟、烟丝、复烤烟叶、烟叶、卷烟纸、滤嘴棒、烟用丝束、烟草专用机械。本解释所称"卷烟辅料"，是指卷烟纸、滤嘴棒、烟用丝束。本解释所称"烟草专用机械"，是指由国务院烟草专卖行政主管部门烟草专用机械名录所公布的，在卷烟、雪茄烟、烟丝、复烤烟叶、烟叶、卷烟纸、滤嘴棒、烟用丝束的生产加工过程中，能够完成一项或者多项特定加工工序，可以独立操作的机械设备。本解释所称“同类烟草专用机械”，是指在卷烟、雪茄烟、烟丝、复烤烟叶、烟叶、卷烟纸、滤嘴棒、烟用丝束的生产加工过程中，能够完成相同加工工序的机械设备。该条规定的目的主要为了办案人员的方便和准确理解。“烟草专卖品”和“烟草制品”的概念来源于《烟草专卖法》第二条的规定，“卷烟辅料”和“烟草专用机械”的规定参考了《烟草专卖法实施条例》第三十八、三十九条的规定。“同类烟草专用机械”的解释是根据国家烟草专卖局有关专家提供的意见确定的。

十、关于本解释的效力问题

本解释第十条规定：“以前发布的有关规定与本解释不一致的，以本解释为准。”生产、销售伪劣烟草专卖品构成犯罪的行为，涉及“两高”《伪劣产品解释》《关于办理侵犯知识产权刑事案件具体应用法律若干问题的解释》以及《会议纪要》等司法解释和解释性文件，按照后解释优于前解释的原则，对此问题作出上述规定。

（撰稿人：李　晓）

最高人民法院　最高人民检察院
关于办理侵犯知识产权刑事案件具体应用法律若干问题的解释

法释〔2004〕19号

（2004年11月2日最高人民法院审判委员会第1331次会议、2004年11月11日最高人民检察院第十届检察委员会第28次会议通过　2004年12月8日最高人民法院、最高人民检察院公告公布　自2004年12月22日起施行）

为依法惩治侵犯知识产权犯罪活动，维护社会主义市场经济秩序，根据《刑法》有关规定，现就办理侵犯知识产权刑事案件具体应用法律的若干问题解释如下：

第一条　未经注册商标所有人许可，在同一种商品上使用与其注册商标相同的商标，具有下列情形之一的，属于《刑法》第二百一十三条规定的“情节严重”，应当以假冒注册商标罪判处三年以下有期徒刑或者拘役，并处或者单处罚金：

（一）非法经营数额在五万元以上或者违法所得数额在三万元以上的；

（二）假冒两种以上注册商标，非法经营数额在三万元以上或者违法所得数额在二万元以上的；

（三）其他情节严重的情形。

具有下列情形之一的，属于《刑法》第二百一十三条规定的“情节特别严重”，应当以假冒注册商标罪判处三年以上七年以下有期徒刑，并处罚金：

（一）非法经营数额在二十五万元以上或者违法所得数额在十五万元以上的；

（二）假冒两种以上注册商标，非法经营数额在十五万元以上或者违法所得数额在十万元以上的；

（三）其他情节特别严重的情形。

第二条　销售明知是假冒注册商标的商品，销售金额在五万元以上的，属于《刑法》第二百一十四条规定的“数额较大”，应当以销售假冒注册商标的商品罪判处三年以下有期徒刑或者拘役，并处或者单处罚金。

销售金额在二十五万元以上的，属于《刑法》第二百一十四条规定的“数额巨大”，应当以销售假冒注册商标的商品罪判处三年以上七年以下有期徒刑，并处罚金。

第三条 伪造、擅自制造他人注册商标标识或者销售伪造、擅自制造的注册商标标识，具有下列情形之一的，属于《刑法》第二百一十五条规定的“情节严重”，应当以非法制造、销售非法制造的注册商标标识罪判处三年以下有期徒刑、拘役或者管制，并处或者单处罚金：

（一）伪造、擅自制造或者销售伪造、擅自制造的注册商标标识数量在二万件以上，或者非法经营数额在五万元以上，或者违法所得数额在三万元以上的；

（二）伪造、擅自制造或者销售伪造、擅自制造两种以上注册商标标识数量在一万件以上，或者非法经营数额在三万元以上，或者违法所得数额在二万元以上的；

（三）其他情节严重的情形。

具有下列情形之一的，属于《刑法》第二百一十五条规定的“情节特别严重”，应当以非法制造、销售非法制造的注册商标标识罪判处三年以上七年以下有期徒刑，并处罚金：

（一）伪造、擅自制造或者销售伪造、擅自制造的注册商标标识数量在十万件以上，或者非法经营数额在二十五万元以上，或者违法所得数额在十五万元以上的；

（二）伪造、擅自制造或者销售伪造、擅自制造两种以上注册商标标识数量在五万件以上，或者非法经营数额在十五万元以上，或者违法所得数额在十万元以上的；

（三）其他情节特别严重的情形。

第四条 假冒他人专利，具有下列情形之一的，属于《刑法》第二百一十六条规定的“情节严重”，应当以假冒专利罪判处三年以下有期徒刑或者拘役，并处或者单处罚金：

（一）非法经营数额在二十万元以上或者违法所得数额在十万元以上的；

（二）给专利权人造成直接经济损失五十万元以上的；

（三）假冒两项以上他人专利，非法经营数额在十万元以上或者违法所得数额在五万元以上的；

（四）其他情节严重的情形。

第五条 以营利为目的，实施《刑法》第二百一十七条所列侵犯著作权行为之一，违法所得数额在三万元以上的，属于“违法所得数额较大”；具有下列情形之一的，属于“有其他严重情节”，应当以侵犯著作权罪判处三年以下有期徒刑或者拘役，并处或者单处罚金：

（一）非法经营数额在五万元以上的；

（二）未经著作权人许可，复制发行其文字作品、音乐、电影、电视、录像作品、计算机软件及其他作品，复制品数量合计在一千张（份）以上的；

（三）其他严重情节的情形。

以营利为目的，实施《刑法》第二百一十七条所列侵犯著作权行为之一，违法所得数额在十五万元以上的，属于"违法所得数额巨大"；具有下列情形之一的，属于"有其他特别严重情节"，应当以侵犯著作权罪判处三年以上七年以下有期徒刑，并处罚金：

（一）非法经营数额在二十五万元以上的；

（二）未经著作权人许可，复制发行其文字作品、音乐、电影、电视、录像作品、计算机软件及其他作品，复制品数量合计在五千张（份）以上的；

（三）其他特别严重情节的情形。

第六条 以营利为目的，实施《刑法》第二百一十八条规定的行为，违法所得数额在十万元以上的，属于"违法所得数额巨大"，应当以销售侵权复制品罪判处三年以下有期徒刑或者拘役，并处或者单处罚金。

第七条 实施《刑法》第二百一十九条规定的行为之一，给商业秘密的权利人造成损失数额在五十万元以上的，属于"给商业秘密的权利人造成重大损失"，应当以侵犯商业秘密罪判处三年以下有期徒刑或者拘役，并处或者单处罚金。

给商业秘密的权利人造成损失数额在二百五十万元以上的，属于《刑法》第二百一十九条规定的"造成特别严重后果"，应当以侵犯商业秘密罪判处三年以上七年以下有期徒刑，并处罚金。

第八条 《刑法》第二百一十三条规定的"相同的商标"，是指与被假冒的注册商标完全相同，或者与被假冒的注册商标在视觉上基本无差别、足以对公众产生误导的商标。

《刑法》第二百一十三条规定的"使用"，是指将注册商标或者假冒的注册商标用于商品、商品包装或者容器以及产品说明书、商品交易文书，或者将注册商标或者假冒的注册商标用于广告宣传、展览以及其他商业活动等行为。

第九条 《刑法》第二百一十四条规定的"销售金额"，是指销售假冒注册商标的商品后所得和应得的全部违法收入。

具有下列情形之一的，应当认定为属于《刑法》第二百一十四条规定的"明知"：

（一）知道自己销售的商品上的注册商标被涂改、调换或者覆盖的；

（二）因销售假冒注册商标的商品受到过行政处罚或者承担过民事责任、又销售同一种假冒注册商标的商品的；

（三）伪造、涂改商标注册人授权文件或者知道该文件被伪造、涂改的；

（四）其他知道或者应当知道是假冒注册商标的商品的情形。

第十条 实施下列行为之一的，属于《刑法》第二百一十六条规定的“假冒他人专利”的行为：

（一）未经许可，在其制造或者销售的产品、产品的包装上标注他人专利号的；

（二）未经许可，在广告或者其他宣传材料中使用他人的专利号，使人将所涉及的技术误认为是他人专利技术的；

（三）未经许可，在合同中使用他人的专利号，使人将合同涉及的技术误认为是他人专利技术的；

（四）伪造或者变造他人的专利证书、专利文件或者专利申请文件的。

第十一条 以刊登收费广告等方式直接或者间接收取费用的情形，属于《刑法》第二百一十七条规定的“以营利为目的”。

《刑法》第二百一十七条规定的“未经著作权人许可”，是指没有得到著作权人授权或者伪造、涂改著作权人授权许可文件或者超出授权许可范围的情形。

通过信息网络向公众传播他人文字作品、音乐、电影、电视、录像作品、计算机软件及其他作品的行为，应当视为《刑法》第二百一十七条规定的“复制发行”。

第十二条 本解释所称“非法经营数额”，是指行为人在实施侵犯知识产权行为过程中，制造、储存、运输、销售侵权产品的价值。已销售的侵权产品的价值，按照实际销售的价格计算。制造、储存、运输和未销售的侵权产品的价值，按照标价或者已经查清的侵权产品的实际销售平均价格计算。侵权产品没有标价或者无法查清其实际销售价格的，按照被侵权产品的市场中间价格计算。

多次实施侵犯知识产权行为，未经行政处理或者刑事处罚的，非法经营数额、违法所得数额或者销售金额累计计算。

本解释第三条所规定的“件”，是指标有完整商标图样的一份标识。

第十三条 实施《刑法》第二百一十三条规定的假冒注册商标犯罪，又销售该假冒注册商标的商品，构成犯罪的，应当依照《刑法》第二百一十三条的规定，以假冒注册商标罪定罪处罚。

实施《刑法》第二百一十三条规定的假冒注册商标犯罪，又销售明知是他人的假冒注册商标的商品，构成犯罪的，应当实行数罪并罚。

第十四条 实施《刑法》第二百一十七条规定的侵犯著作权犯罪，又销售该侵权复制品，构成犯罪的，应当依照《刑法》第二百一十七条的规定，以侵犯著作权罪定罪处罚。

实施《刑法》第二百一十七条规定的侵犯著作权犯罪，又销售明知是他人的侵权复制品，构成犯罪的，应当实行数罪并罚。

第十五条 单位实施《刑法》第二百一十三条至第二百一十九条规定的行为，按照本解释规定的相应个人犯罪的定罪量刑标准的三倍定罪量刑。

第十六条 明知他人实施侵犯知识产权犯罪，而为其提供贷款、资金、账号、发票、证明、许可证件，或者提供生产、经营场所或者运输、储存、代理进出口等便利条件、帮助的，以侵犯知识产权犯罪的共犯论处。

第十七条 以前发布的有关侵犯知识产权犯罪的司法解释，与本解释相抵触的，自本解释施行后不再适用。

【解　读】

解读《最高人民法院、最高人民检察院关于办理侵犯知识产权刑事案件具体应用法律若干问题的解释》

一、问题的提出

2004 年 11 月 2 日，最高人民法院审判委员会第 1331 次会议通过了《最高人民法院、最高人民检察院关于办理侵犯知识产权刑事案件具体应用法律若干问题的解释》（以下简称本解释），2004 年 11 月 11 日最高人民检察院第十届检察委员会第 28 次会议也通过了本解释。

二、理解与适用

（一）明确了具体的定罪量刑标准

《刑法》第二百一十三条至第二百一十九条规定了侵犯知识产权罪的七种罪名，对各罪不同的犯罪构成和量刑规定了不同的情节。在定罪标准上，假冒注册商标罪、非法制造、销售非法制造的注册商标标识罪和假冒专利罪规定的是“情节严重”，销售假冒注册商标的商品罪是“销售金额数额较大”，侵犯著作权罪是“违法所得数额较大或者有其他严重情节”，销售侵权复制品罪是“违法所得数额巨大”，侵犯商业秘密罪是“给权利人造成重大损失。”在量刑时适用较重刑罚的条件上，假冒注册商标罪、非法制造、销售非法制造的注册商标标识罪是“情节特别严重”，销售假冒注册商标的商品罪是“销售金额数额巨大”，侵犯著作权罪是“违法所得数额巨大或者有其他特别严重情节”，侵犯商业秘密罪是“造成特别严重后果”。《刑法》中的这些定罪量刑标准均是原则性的规定，缺乏可操作性。

针对《刑法》的有关规定，本解释前七条分别对假冒注册商标罪、销售假冒注册商标的商品罪、非法制造、销售非法制造的注册商标标识罪、假冒专利罪、侵犯著作权罪、销售侵权复制品罪和侵犯商业秘密罪等犯罪的定罪量刑标准作出了具体规定。即假冒注册商标罪、销售假冒注册商标的商品罪和非法制造、销售非法制造的注册商标标识罪的起刑标准为非法经营数额在 5 万元以上，侵犯著作权罪的起刑标准为非法经营数额在 5 万元以上，违法所得数额为 3 万元以上。与原有的司法解释和追诉标准相比，七种侵犯知识产权犯罪中的四种犯罪的定罪量刑标准都进行了大幅度调整。例如，与 2001 年《最高人民检察院、公安部关于经济犯罪案件追诉标准的规定》（以下简称《追诉标准》）相比较，假冒注册商标罪、销售假冒注册商标的商品罪和非法制造、销售非法制造的注册商标标识罪三种犯罪的起刑标准有了大幅度降低，非法经营数额分别从 10 万元和 20 万元降到了 5 万元；与最高人民法院 1998 年《关于审理非法出版物刑事案件具体应用法律若干问题的解释》（以下简称《非法出版物解释》）相比较，侵犯著作权罪的起刑标准非法经营额从 20 万元降到了 5 万元，违法所得数额从 5 万元降到了 3 万元。

这么调整的原因主要有以下几个方面：一是从调研的情况看，《追诉标准》和《非法出版物解释》中规定的标准较高是导致起诉到法院案件较少的原因之一。同时，知识产权犯罪具有隐蔽性强、科技含量高、智能化程度高的特点，犯罪分子故意逃避刑事制裁，证据难以取得，执法部门认定比较困难，因此，降低定罪标准有利于提高打击侵犯知识产权犯罪的力度。二是降低知识产权犯罪刑事制裁的门槛是我国加入世界贸易组织《工作组报告书》的承诺，同时也考虑了外商在华投资企业及其他知识产权权利人的意见。三是根据多年的司法实践经验，并多方征求实践部门的意见，同时考虑到与其他刑事司法解释相协调。除此之外，本解释还规定了其他情节严重的情形，如假冒两种以上注册商标，非法经营数额在 3 万元以上或者违法所得数额 2 万元以上的，也属于《刑法》第二百一十三条规定“情节严重”。

对《刑法》第二百一十三条至第二百一十九条中规定的“情节特别严重”“数额巨大”或者“违法所得数额巨大”“有其他特别严重情节”情形的第二档次量刑标准，本解释规定一般比照第一档次的五倍执行。

假冒专利罪、侵犯商业秘密罪和销售侵权复制品罪三种犯罪的起刑标准相比较《追诉标准》和《非法出版物解释》中的数额标准在本解释中没有大的调整，主要考虑是：假冒专利罪在司法实践中数量极少，自 1998 年至 2004 年上半年，全国法院共审结假冒专利罪案件 17 件，世界上其他国家均没有规定此类犯罪，因此，非法经营额仍是 20 万元。我们认为假冒专利罪不是惩治侵犯知识产权犯罪打击的重点。关于侵犯商业秘密罪的起刑标准问题，一是案件较少，二是商业秘密的界定比较困难，三是给商业秘密的权利人造成重大损失的计算范围目前没有定论，论证一个成熟的计算方法还需要进一步的调查研究，故仍然维持《追诉标准》中的损失数额在 50 万元以上。关于销售侵权复制品罪，因为《刑法》第二百一十八条规定的就是“违法所得数额巨大”，《非法出版物解释》第四条规定了个人违法所得数额在 10 万元以上就应当定罪处罚。从立法原意分析，《刑法》第二百一十八条与其他侵犯知识产权犯罪的规定是有区别的，只有“违法所得数额巨大”时才构成犯罪，因此销售侵权复制品罪的定罪标准应当与本解释第五条侵犯著作权罪的第二个量刑档次一致。但是本解释规定了违法所得数额在 15 万元以上的，才属于“违法所得数额巨大”，比《非法出版物解释》规定的高出了 5 万元。考虑到应当加大惩治侵犯知识产权犯罪的力度等原因，本解释第六条对《非法出版物解释》规定的违法所得数额 10 万元没有进行变动。

本解释没有对侵犯驰名商标的情形予以特别规定的主要理由是：驰名商标也属于注册商标，行政法规、《刑法》对于注册商标的保护都作出了规定，不对驰名商标作特别列举并不影响对其的保护。

（二）关于在线盗版问题

关于在网络环境下复制和发行盗版软件即在线盗版的问题，随着信息产业的飞速发展及盗版行为的日益猖獗，未经著作权人许可，在网络上复制和发行盗版软件的行为非常突出，因此有必要将在线盗版问题规定在本解释中。信息网络传播权的概念是 2001 年 10 月 27 日新修订的《著作权法》增加的，《著作权法》第十条规定信息网络传播权，即以有线或者无线方式向公众提供作品，使公众可以在其个人选定的时间和地点获得作品的权利。《著作权法》第四十七条规定了通过信息网络向公众传播其作品是一种侵权行为，构成犯罪的，依法追究刑事责任。因此，本解释根据《刑法》《著作权法》和《非法出版物解释》的有关规定，将通过信息网络向公众传播他人文字作品、音乐、电影、电视、录像作品、计算机软件及其他作品的行为，规定为属于《刑法》第二百一十七条规定的“复制发行”。

（三）“相同的商标”和“使用”

实践中对何谓“相同的商标”存在不同的观点。第一种观点认为，《刑法》第二百一十三条规定的“相同的商标”指的就是内容完全相同的商标，即文字商标的名称文字相同、图形商标的图形相同、混合商标的名称和图形均相同。第二种观点认为，“相同的商标”是指内容完全相同或者基本相同的商标。我们采纳了第二种观点，理由是：(1) 正像世界上没有完全相同的两片树叶的道理一样，假冒商品的商标可以仿得很像，但是几乎不可能完全一样。北京市商标局的同志介绍说，北京市场上有 26 条“鳄鱼”，鳄鱼的尾巴或长或短，究竟哪一条和真“鳄鱼”完全相同？执法者往往说不清楚，消费者就更难区分。(2) 最高人民法院《关于审理商标民事纠纷案件适用法律若干问题的解释》第九条规定：“《商标法》第五十二条第一项规定的商标相同，是指被控侵权的商标与原告的注册商标相比较，两者在视觉上基本无差别。”该条规定的含义是指，从一般消费者的角度，凭视觉判断所对比的商标大体上不存在差别，就构成商标相同。该规定为审判中经常使用的概念提供了司法实践依据。(3) 国家工商行政管理局商标局《关于商标行政执法中若干问题的意见》第五条规定：“相同商标是指两商标相比较，文字、图形或者文字与图形的组合相同或者在视觉上无差别。”因此，在司法实践和行政执法中将相同的商标理解为相同和基本相同的商标是合理的。为使本解释中的规定更为周延，经征求有关专家和立法机关、行政执法单位的意见，将“相同的商标”解释为是指与被假冒的注册商标完全相同的商标或者与注册商标所有人的注册商标相比较，二者在视觉上基本无差别，足以对公众产生误导的商标。

关于《刑法》第二百一十三条中的“使用”。本解释参照《商标法实施条例》第三条的规定进行了明确。

(四) 关于授权许可文件问题

在调研和起草本解释过程中，美国商业软件联盟和微软公司多次提出他们目前面临的伪造、涂改授权许可情况十分严重，已经造成了很大损失。一种情况是侵权人在制售盗版软件时，为了使盗版产品看起来更像正版软件，他们在出售盗版光盘时，同时提供完整的包装、说明书、用户使用授权许可文件和注册卡等配套物品；还有一种情况是本来出售或者使用的是正版软件，但为了谋取更多的经济利益，采取涂改授权许可文件的方式损害软件著作权人的合法权益。针对上述情况，软件著作权的权利人建议将制造或销售假冒授权许可文件的行为规定为犯罪。经认真研究和多方征求意见，我们认为，软件的销售实际上就是软件著作权人对软件使用的许可行为，伪造、涂改授权许可文件在严重侵犯软件著作权人权利的同时，也欺骗了意在使用正版软件的用户，尤其是在假冒软件产品出现质量问题的时候将会造成不可估量的损失（如承担重大责任的政府部门、银行、铁路、医院），扰乱了正常的市场和社会秩序，具有严重的社会危害性。因此，本解释将伪造、涂改著作权人授权许可文件的行为规定为《刑法》第二百一十七条的“未经著作权人许可”。

(五) 销售假冒注册商标的商品罪中“明知”的认定

“明知”是行为人的主观心理态度，是指犯罪行为人在主观上对自己所实施的行为的性质和后果有明确的认识。如何判断销售假冒注册商标的商品罪行为人“明知”，在司法实践中普遍反映不好判断或者难以掌握，建议在本解释中列举一些情形。在本解释的起草过程中对“明知”的认定也是有争议的。一种看法认为，要从商品进货渠道、销售价格、会计账目、销售手段、行为经营史等多方面搜集调查客观证据，从而准确认定行为人的主观要件。第二种看法认为，只要具有下列情形之一的，就可以认定为“明知”：(1) 有证据证明行为人曾被告知所销售的是假冒注册商标的商品的；(2) 销售商品的进价和质量明显低于被假冒的注册商标商品的进价和质量的；(3) 根据行为人本人的经验和知识，明知自己销售的是假冒注册商标的商品的；(4) 销售的假冒商品已被有关部门告知或者消费者指出后仍然销售的；(5) 销售的商品从非正常渠道获得的，而这些非正常的商品在实践中大多是伪劣产品等。国家工商行政管理局1994年11月22日发布的《关于执行商标法及其实施细则若干问题的通知》第六条将属于以下情形之一的，即以“明知”认定：(1) 更改、调换经销商品上的商标而被当场查获的；(2) 同一违法事实受到行政处罚后重犯的；(3) 事先已被警告而不改正的；(4) 有意选择不正当进货渠道，且价格大大低于已知正品的；(5) 在发票、账目等会计凭证上弄虚作假的；(6) 专业公司大规模经销假冒注册商标商品或者商标侵权商品的；(7) 案发后转移、销毁物证，提供虚假证明、虚假情况的，等等。

我们进行了多方意见征求和论证，考虑到我国经济转型的因素，将有些不符合市场经济规律情形的规定删除，如采取不正当进货渠道、价格低于正品等。本解释第九条第二款规定：“具有下列情形之一的，应当认定为属于《刑法》第二百一十四条规定的‘明知’：(一) 知道自己销售的商品上的注册商标被涂改、调换或者覆盖的；(二) 因销售假冒注册商标的商品受到过行政处罚或者承担过民事责任，又销售同一种假冒注册商标的商品的；(三) 伪造、涂改商标注册人授权文件或者知道该文件被伪造、涂改的；(四) 其他知道或者应当知道是假冒注册商标的商品的情形。”

(六) 假冒专利罪中“假冒他人专利”的认定

《专利法》所规定的涉及专利的不法行为有三种类型：一般的专利侵权行为、假冒（他人）专利行为和冒充专利行为。假冒他人专利的行为与专利侵权行为有重合或者交叉。在刑事审判实践中，对一般专利侵权行为不以犯罪论处是明确的，但对假冒他人专利和冒充专利的行为的定性就容易产生混淆。根据《专利法》第五十八条、第五十九条及《中华人民共和国专利法实施细则》（以下简称《专利法实施细则》）第八十四条、第八十五条的规定，假冒他人专利和以非专利产品或方法冒充专利产品或方法是两种完全不同的行为。目前《刑法》和《专利法》只规定假冒他人专利，情节严重的，才构成犯罪，因此，根据现有法律，还不能对冒充专利的行为定罪处罚，对《刑法》上的“假冒他人专利”应当按照《专利法实施细则》第八十四条的规定来解释。

对是否将《专利法实施细则》第八十四条规定的四种假冒他人专利的行为在本解释中加以明确也有过争议。有人认为，既然《专利法实施细则》已有规定，本解释就不要重复；也有人认为，实践中发生过把冒充专利当作假冒他人专利处理的情况，因此在本解释中有必要加以明确。本解释采纳了后一种意见。

（七）触犯不同罪名时的处罚原则

本解释第十三、十四条分别规定了触犯不同罪名时的处罚原则，主要理由是，行为人自己实施假冒注册商标、侵犯著作权的行为，又销售该假冒注册商标的商品或者该侵权复制品，从《刑法》理论上讲属于牵连犯，一般应从一重处，不实行并罚；而行为人如果既自己实施了假冒注册商标、侵犯著作权的犯罪行为，又实施销售明知是他人的假冒注册商标的商品或者他人的侵权复制品的犯罪行为，则构成实质的数罪，应当数罪并罚。

（八）本解释关于共犯的规定

本解释第十六条对共犯作出了列举性规定，针对明知他人实施侵犯知识产权犯罪而为其提供各种便利条件或者代理进出口的，以共犯论，把为侵犯知识产权犯罪提供各种帮助的行为纳入了《刑法》打击的范围。当前侵犯知识产权犯罪在不少地方已经出现了家族式经营、规模化、组织化的特征，出现了为直接实施侵犯知识产权犯罪人员提供各种便利条件或者帮助的行为，但对这类行为如何查处，实践中存在不同认识。实施上述行为的人员虽没有直接参与侵犯知识产权的犯罪活动，但如果具备明知要件，那么他们主观上具有共同侵权犯罪的故意，客观上实施了提供各种便利条件或者帮助的行为，属于侵犯知识产权的共同犯罪，应当按照共同犯罪处理。

（九）本解释的效力

由于本解释对于1998年12月17日最高人民法院《关于审理非法出版物刑事案件具体应用法律若干问题的解释》和2001年4月18日最高人民检察院与公安部《关于经济犯罪案件追诉标准的规定》中相应的内容作出了调整和补充，故本解释第十七条规定，“两高”以前发布的有关侵犯知识产权犯罪的司法解释，与本解释相抵触的，自本解释施行后不再适用。具体适用可以按照“两高”《关于适用刑事司法解释时间效力问题的规定》第三、四条办理，即“对于新的司法解释实施前发生的行为，行为时已有相关司法解释，依照行为时的司法解释办理，但适用新的司法解释对犯罪嫌疑人、被告人有利的，适用新的司法解释。”“对于在司法解释施行前已办结的案件，按照当时的法律和司法解释，认定事实和适用法律没有错误的，不再变动”。

（撰稿人：李　晓）

最高人民法院　最高人民检察院
关于办理侵犯知识产权刑事案件具体应用法律若干问题的解释（二）

法释〔2007〕6号

（2007年4月4日最高人民法院审判委员会第1422次会议、
最高人民检察院第十届检察委员会第75次会议通过
2007年4月5日最高人民法院、最高人民检察院
公告公布　自2007年4月5日起施行）

为维护社会主义市场经济秩序，依法惩治侵犯知识产权犯罪活动，根据刑法、刑事诉讼法有关规定，现就办理侵犯知识产权刑事案件具体应用法律的若干问题解释如下：

第一条　以营利为目的，未经著作权人许可，复制发行其文字作品、音乐、电影、电视、录像作品、计算机软件及其他作品，复制品数量合计在五百张（份）以上的，属于刑法第二百一十七条规定的“有其他严重情节”；复制品数量在二千五百张（份）以上的，属于刑法第二百一十七条规定的“有其他特别严重情节”。

第二条　刑法第二百一十七条侵犯著作权罪中的“复制发行”，包括复制、发行或者既复制又发行的行为。

侵权产品的持有人通过广告、征订等方式推销侵权产品的，属于刑法第二百一十七条规定的“发行”。

非法出版、复制、发行他人作品，侵犯著作权构成犯罪的，按照侵犯著作权罪定罪处罚。

第三条　侵犯知识产权犯罪，符合刑法规定的缓刑条件的，依法适用缓刑。有下列情形之一的，一般不适用缓刑：

（一）因侵犯知识产权被刑事处罚或者行政处罚后，再次侵犯知识产权构成犯罪的；

（二）不具有悔罪表现的；

（三）拒不交出违法所得的；

（四）其他不宜适用缓刑的情形。

第四条　对于侵犯知识产权犯罪的，人民法院应当综合考虑犯罪的违法所

得、非法经营数额、给权利人造成的损失、社会危害性等情节，依法判处罚金。罚金数额一般在违法所得的一倍以上五倍以下，或者按照非法经营数额的50%以上一倍以下确定。

第五条 被害人有证据证明的侵犯知识产权刑事案件，直接向人民法院起诉的，人民法院应当依法受理；严重危害社会秩序和国家利益的侵犯知识产权刑事案件，由人民检察院依法提起公诉。

第六条 单位实施刑法第二百一十三条至第二百一十九条规定的行为，按照《最高人民法院、最高人民检察院关于办理侵犯知识产权刑事案件具体应用法律若干问题的解释》和本解释规定的相应个人犯罪的定罪量刑标准定罪处罚。

第七条 以前发布的司法解释与本解释不一致的，以本解释为准。

【解　　读】

解读《最高人民法院、最高人民检察院关于办理侵犯知识产权刑事案件具体应用法律若干问题的解释（二）》

一、问题的提出

为维护社会主义市场经济秩序，依法惩治侵犯知识产权犯罪活动，最高人民法院、最高人民检察院继2004年12月8日联合发布《最高人民法院、最高人民检察院关于办理侵犯知识产权刑事案件具体应用法律若干问题的解释》（法释〔2004〕19号，以下简称《解释一》），大幅度降低知识产权犯罪刑事制裁门槛之后，2007年4月5日再次联合发布了《最高人民法院、最高人民检察院关于办理侵犯知识产权刑事案件具体应用法律若干问题的解释（二）》（法释〔2007〕6号，以下简称本解释），进一步加大了知识产权的刑事司法保护力度。

近年来，人民法院不断加强知识产权司法保护特别是刑事司法保护力度。1998年12月17日，最高人民法院公布了《关于审理非法出版物刑事案件具体应用法律若干问题的解释》（法释〔1998〕30号，以下简称《非法出版物解释》），明确了有关侵犯著作权犯罪的定罪量刑标准。2004年12月21日，针对司法实践中反映突出的有些罪名没有具体的定罪量刑标准、有的罪名定罪量刑标准过高，不适应打击侵犯知识产权犯罪现实需要的情况，最高人民法院会同最高人民检察院公布了《解释一》。明确了侵犯知识产权犯罪的具体定罪量刑标准，大幅度降低了刑事责任的门槛。2005 年 10 月 18 日，“两高”还颁行了《关于办理侵犯著作权刑事案件中涉及录音录像制品有关问题的批复》，明确了办理侵犯著作权刑事案件中涉及录音录像制品的数量标准问题。

二、理解与适用

（一）明显降低了侵犯著作权罪的数量门槛

《解释一》第五条规定：以营利为目的，未经著作权人许可，复制发行其文字作品、音乐、电影、电视、录像作品、计算机软件及其他作品，复制品数量合计在 1000 张（份）以上的，属于《刑法》第二百一十七条规定的“有其他严重情节”；复制品数量在 5000 张（份）以上的，属于《刑法》第二百一十七条规定的“有其他特别严重情节”。根据司法实践中知识产权犯罪的实际情况，本解释第一条对《解释一》的上述规定进行了修改，将“其他严重情节”的标准降低为 500 张（份），将“有其他特别严重情节”的标准降低为 2500 张（份），侵犯著作权罪的数量门槛较之《解释一》降低了一半。明显降低数量门槛，这意味着将进一步加大对侵犯知识产权犯罪的打击力度，从而加强对知识产权的刑事保护。

有意见认为，应当取消知识产权刑事的数额或者数量门槛，从而能够更加彻底对知识产权进行司法保护。我们认为，这个问题涉及《刑法》的规定。《刑法》有关知识产权犯罪规定了诸如“情节严重”“销售金额较大”“违法所得数额较大”等条件，这些规定要求侵犯知识产权犯罪需要达到一定程度。刑事司法解释是对《刑法》的解释，不能突破和改变《刑法》的规定。需要指出，关于犯罪的起刑点方面，《刑法》与一些国家的刑法不尽一致。一些国家通常是仅对行为定性评价，比如盗窃犯罪，一些国家刑法认为只有实施盗窃行为即构成犯罪；《刑法》对犯罪行为不仅定性，通常还要定量，即达到一定量的标准，比如盗窃公私财物，《刑法》要求达到“数额较大”才构成盗窃罪，知识产权犯罪以及其他许多犯罪也都是类似规定。

另外，TRIPs 协议第六十一条要求成员国对具有“商业规模”的侵犯知识产权行为纳入刑事司法程序。我们理解，TRIPs 协议所说的“商业规模”和《刑法》中“情节严重”“数额较大”等，表述上虽然不尽一致，但内容都是指行为的危害性达到了一定程度，两者的内在精神是一致的。因此，彻底取消知识产权犯罪的定罪门槛，不符合《刑法》的规定，也不符合 TRIPS 协议的规定。本解释坚持保留数量门槛的同时，显著降低侵犯著作权罪的数量门槛，以加大对知识产权的刑事保护力度。

（二）关于侵犯著作权罪中“复制发行”的理解

《著作权法》第十条对复制权和发行权分别作出了规定，即以印刷、复印、拓印、录音、录像、翻录、翻拍等方式将作品制作一份或多份的权利是复制权，以出售或者赠与方式向公众提供作品的原件或者复制件的权利是发行权。《刑法》第二百一十七条第一项规定的“复制发行”，究竟是指同时具备复制与发行的行为，还是仅仅有复制或者发行之一的行为即可，关于这个问题，实践中一直有不同理解。

关于这个问题主要有三种观点：一是复制并发行说，该观点认为，并不存在只有复制行为而没有发行行为的情况，因为仅有复制行为而没有发行行为显然不能实现营利的目的，也就不可能构成侵犯著作权罪；二是复制、复制并发行择一说，该观点认为，“以营利为目的”只是本罪的主观要件，不要求行为实际获利，以营利为目的未经著作权人许可而复制其作品的，也可以构成本罪，并非要求行为人将侵权复制品发行出去获利了才构成犯罪，而发行行为不能单独成立本罪，发行单独成立本罪意味着行为人没有复制他人的作品，如违法所得数额巨大，应构成销售侵权复制品罪；三是复制、发行、复制并发行择一说，即只要具有复制或者发行之一的行为即可构成。

实践中侵犯著作权的行为比较复杂，有单独的复制行为，有复制并出租的行为，有复制后向特定人销售的行为，也有单独的发行行为，还有既复制又发行的行为。经研究认为，复制权和发行权都是法律规定属于著作权人的权利，未经著作权人许可，不管是实施复制行为，还是发行行为，或者是既复制又发行的行为，都侵犯了著作权人的著作权。因此，从保护著作权人的权利角度考虑，《刑法》第二百一十七条规定的“复制发行”应当包括复制、发行或者既复制又发行的行为。最高人民法院《非法出版物解释》第三条其实对这个问题已有了规定。考虑到这个问题在实践中仍有争议，本解释第二条第一款对此问题再次予以明确。

（三）关于侵权产品的持有人推销侵权产品的认定问题

实践中，一些侵犯知识产权的行为人通过广告、征订等方式推销侵权产品，有关办案机关根据上述线索查获行为人的大量侵权产品。由于侵权产品尚未销售，这种情况下对于行为人的行为是否属于《刑法》第二百一十七条侵犯著作权罪规定的“发行”，实践中一直有争议，一些案件因有不同认识而无法得到处理。

经研究认为，如果行为人仅持有侵权产品，没有其销售的证据，存在行为人替别人保管或者其他可能，难以认定行为人实施了侵犯知识产权的行为；如果仅有行为人通过广告、征订等方式大肆宣传的证据，没有查获侵权产品，也难以认定被告人侵犯了著作权。但如果行为人持有侵权产品，同时又通过广告、征订等方式推销侵权产品，在两方面的证据都存在的情形下，行为人侵犯知识产权的行为比较明显。因此，本解释第二条第二款对此问题作出明确规定，即这种情形属于《刑法》第二百一十七条规定的“发行”。

（四）关于统一侵犯著作权犯罪的罪名适用问题

有关著作权犯罪涉及的罪名有侵犯著作权罪（《刑法》第二百一十七条）、销售侵权复制品罪（《刑法》第二百一十八条）、非法经营罪（《刑法》第二百二十五条）等罪名，对侵犯著作权犯罪究竟适用哪个罪名，司法实践中不尽统一，较为混乱，也造成侵犯著作权犯罪刑罚适用的不一致。

考虑到侵犯著作权罪与非法经营罪属于一般法和特殊法关系，按照侵犯著作权罪定罪处罚，更加符合这种犯罪行为侵犯著作权的性质，也避免非法经营罪成为“口袋罪”。还有，根据《著作权法》第十条对“发行”含义的规定，“发行”包括销售；而《刑法》第二百一十七条也规定了“发行”侵权的情形。因此，从打击知识产权犯罪的实际考虑，本解释第二条第三款规定，非法出版、复制、发行他人作品，侵犯著作权构成犯罪的，按照侵犯著作权罪定罪处罚，即不再适用销售侵权复制品罪和非法经营罪。本解释统一了侵犯著作权犯罪的罪名适用，使得对这种犯罪的定性更加准确，刑罚适用更加一致，也有利于对侵犯知识产权犯罪的统计。

同时需要注意，这里的前提是“侵犯著作权构成犯罪的”，没有侵犯著作权的，不属于本解释第二条第三款规定的情形，不能以侵犯著作权罪定罪处罚。根据《著作权法》第四条的规定，依法禁止出版、传播的作品，不受著作权法保护。因此，非法出版、印刷、复制、发行依法禁止出版、传播的作品，没有侵犯著作权法保护的著作权，不属于本解释第二条第三款规定的情形，不能以侵犯著作权罪定罪处罚。这种情形仍然依照《非法出版物解释》中第十一条规定，以非法经营罪定罪处罚。

（五）规范缓刑的适用

缓刑是《刑法》中规定的一种刑罚执行制度，是有条件地不执行刑罚。依照《刑法》的规定，缓刑适用有两个条件：一是适用缓刑的对象条件，即“对于被判处拘役、三年以下有期徒刑”的犯罪分子；二是适用缓刑的实质条件，即根据犯罪人的犯罪情节和悔罪表现，适用缓刑确实不致再危害社会的按照《刑法》规定。也就是说，并非对被判处拘役或者三年以下有期徒刑的犯罪人一律都适用缓刑，必须是犯罪情节比较轻微，犯罪人确有悔改表现，对犯罪人暂不适用刑罚不致危害社会的，才能依法宣告缓刑。

假冒商标罪、销售假冒注册商标的商品罪、非法制造、销售非法制造的注册商标标识罪、假冒专利罪、侵犯著作权罪、销售侵权复制品罪、侵犯商业秘密罪等七个侵犯知识产权犯罪，每个罪的第一档法定刑都是三年以下有期徒刑或者拘役，因此，知识产权犯罪符合上述缓刑适用的对象条件。对于判处三年以下有期徒刑或者拘役的知识产权犯罪人，如果根据犯罪情节和犯罪人的悔罪表现，暂不执行刑罚不致危害社会的，即可以依法宣告缓刑，实践中也有一些知识产权犯罪案件适用了缓刑。

为规范缓刑的适用，做到既充分发挥缓刑制度的功能，又切实保证缓刑不被随意适用，本解释进一步规范了在知识产权刑事案件中缓刑的适用，明确依法适用缓刑，同时也出了不适用缓刑的具体情形：(1) 因侵犯知识产权被刑事处罚或者行政处罚后，再次侵犯知识产权构成犯罪的；(2) 不具有悔罪表现的；(3) 拒不交出违法所得的；(4) 其他不宜适用缓刑的情形。不难看出，这几种情形都不符合《刑法》规定的缓刑适用的实质条件，例如，因侵犯知识产权被刑事处罚或者行政处罚后，再次侵犯知识产权构成犯罪的，表明如果对犯罪人暂不执行刑罚，其很可能再次犯罪危害社会，因此不符合缓刑的适用条件；"不具有悔罪表现的"和"拒不交出违法所得的"，也不符合缓刑的适用条件。因此本解释规定，有这些情形之一的，一般不适用缓刑。

(六) 加大财产刑的适用与执行力度

罚金是《刑法》规定的一种附加刑，属于财产刑。罚金刑对基于营利目的的犯罪人是一种很好的惩罚，不仅使其营利的犯罪目的落空，还能够剥夺犯罪人继续实施犯罪的资本，客观上防止了其重新犯罪的能力。侵犯知识产权犯罪是侵财犯罪，打击知识产权犯罪，既要依法适用自由刑，同时也要加大罚金刑的适用与执行力度。TRIPS 协议第六十一条中也规定，对侵犯知识产权犯罪可以采用的救济应包括处以足够起威慑作用的监禁，或处以罚金，或两者并处。为此，本解释第六条对如何适用罚金刑作出了明确规定。

本解释第六条对知识产权犯罪如何适用罚金刑明确了两个问题，一是适用罚金刑需要考虑的情节因素；二是罚金数额的确定。

1. 关于适用罚金刑需要考虑的情节因素问题

《刑法》第五十二条规定：判处罚金要根据犯罪情节决定罚金数额。《最高人民法院关于财产刑若干问题的规定》(法释〔2000〕45 号，以下简称《财产刑规定》) 第二条对一般犯罪判处罚金应当考虑的情形作出了规定，犯罪情节包括违法所得数额、造成损失的大小等，并综合考虑犯罪分子缴纳罚金的能力。本解释第六条根据实践中知识产权犯罪的实际情况，进一步明确，对于侵犯知识产权犯罪的，人民法院应当综合考虑犯罪的违法所得、非法经营数额、给权利人造成的损失、社会危害性等情节，概括性列举了判处侵犯知识产权犯罪罚金时应当考虑的各种因素。

2. 关于罚金数额的确定问题

《刑法》分则对罚金数额的规定大体是以下几种情况：

(1) 无限额罚金制，即只规定判处罚金而没有规定罚金的具体数额。这种情形在《刑法》分则中较多，大多数判处罚金的罪名都没有规定具体数额，仅规定并处或者单处罚金。根据《财产刑规定》第二条规定，《刑法》没有明确规定罚金数额标准的，罚金的最低数额不能少于 1000 元，对未成年人犯罪罚金的最低数额不能少于 500 元。

(2) 倍比罚金制，即以违法所得数额或者犯罪涉及数额为基准，处以一定倍数的罚金。如《刑法》第二百二十五条非法经营罪规定，并处或者单处违法所得的一倍以上五倍以下罚金。

(3) 比例罚金制，即以犯罪涉及数额为基准，处以一定比例的罚金。如《刑法》第一百五十八条虚报注册资本罪规定，并处或者单处虚报注册资本数额1%以上5%以下罚金。

(4) 相对确定的罚金数额，即规定了比较确定的罚金数额幅度，如《刑法》第一百九十二条集资诈骗罪规定，并处2万元以上20万元以下罚金。

其中，后三种情形涉及的罪名主要是《刑法》第三章中破坏社会主义市场经济秩序犯罪，这些犯罪大都有直接的犯罪数额或者违法所得，因此，《刑法》也明确规定其罚金数额确定的标准。

《刑法》关于知识产权犯罪罚金数额的规定属于前述第一种情况，即只规定判处罚金而没有规定罚金的具体数额。考虑到知识产权犯罪也包括在《刑法》第三章破坏社会主义市场经济秩序罪中，为规范罚金刑的适用，本解释第六条参考刑法分则罚金数额规定的情形，根据实践中侵犯知识产权犯罪的客观情况，对侵犯知识产权犯罪罚金数额的确定作出了明确规定，即一般在违法所得的一倍以上五倍以下，或者按照非法经营数额的50%以上一倍以下确定。不难看出，本解释的这个规定综合了前述第二种和第三种罚金数额的情形，符合确定罚金数额的通常原则。

（七）自诉问题

《刑事诉讼法》第一百七十条①规定，自诉案件包括告诉才处理的案件、被害人有证据证明的轻微刑事案件，以及被害人有证据罪名对被告人侵犯自己人身、财产权利的行为应当依法追究刑事责任，而公安机关或者人民检察院不予追究被告人刑事责任的案件等三类案件。《最高人民法院、最高人民检察院、公安部、国家安全部、司法部、全国人民代表大会常务委员会法制工作委员会关于刑事诉讼法实施中若干问题的规定》（1998年1月19日，以下简称《六部委规定》）和《最高人民法院关于执行〈中华人民共和国刑事诉讼法〉若干问题的解释》（以下简称《刑诉法解释》）都明确规定："被害人有证据证明的轻微刑事案件"包括侵犯知识产权案件（严重危害社会秩序和国家利益的除外）。因此，根据《刑事诉讼法》《六部委规定》及《刑诉法解释》的规定，对于严重危害社会秩序和国家利益的侵犯知识产权刑事案件，由检察机关提起公诉；对于一般侵犯知识产权刑事案件，被害人可以作为自诉案件的当事人直接向法院起诉。

实践中法院受理的自诉案件数量较少，这个程序没有发挥应有的功用。因

① 对应《刑事诉讼法》（2018年修正）第二百一十条。

此为切实保障当事人的刑事自诉权利，本解释第五条对此问题进一步重申，明确被害人有证据证明的侵犯知识产权刑事案件，直接向人民法院起诉的，人民法院应当依法审理，严重危害社会秩序和国家利益的侵犯知识产权刑事案件，由人民检察院依法提起公诉。

需要指出，根据《六部委规定》和《刑诉法解释》规定，被害人直接向人民法院起诉的侵犯知识产权犯罪案件，人民法院应当依法受理，对于其中证据不足、可由公安机关受理的，应当移送公安机关立案侦查，被害人向公安机关控告的，公安机关应当受理。

（八）关于统一单位犯罪和个人犯罪定罪量刑标准问题

关于单位犯罪与个人犯罪的定罪量刑标准是否统一问题，一直是备受关注的问题。《刑法》对单位犯罪和个人犯罪的定罪量刑标准并没有加以区别，司法解释规定的情形则比较复杂。在"两高"颁布的司法解释中，两者标准有相同的，如《关于办理非法制造、买卖、运输、储存毒鼠强等禁用剧毒化学品刑事案件具体应用法律问题的解释》；也有不同的，不同的具体情况也不尽一致，有的是按照五倍标准，有的按照三倍标准。

客观上讲，单位犯罪和个人犯罪在组织形式、参与人员、行为规模、处罚方式等许多方面存在不同，如处罚方式上，按照我国《刑法》的规定，对单位犯罪实行双罚制，即对单位判处罚金，并对其直接负责的主管人员和直接责任人员判处刑罚，而对个人犯罪则只能对个人进行处罚。考虑到单位犯罪与个人犯罪的诸多不同，因此，区别单位犯罪与个人犯罪的定罪量刑标准是有其道理的。

关于侵犯知识产权犯罪，《非法出版物解释》和最高人民检察院、公安部《关于经济犯罪案件追诉标准的规定》都规定，单位犯罪定罪量刑标准是个人犯罪定罪量刑标准的五倍。为加大知识产权的刑事司法保护力度，《解释一》缩小了单位犯罪与个人犯罪的定罪量刑标准的差距，由原来的五倍降为三倍。

《刑法》第二百二十条规定：单位犯第二百一十三条至二百一十九条之罪的，对单位判处罚金，并对其直接负责的主管人员和其他责任人员，依照各该条的规定处罚。因此，《刑法》对知识产权犯罪并没有单位犯罪与个人犯罪标准不同的规定。目前，我国正在建设创新型国家，需要进一步加大知识产权的保护力度，考虑到知识产权犯罪中单位犯罪现象比较普遍的实际情况，因此，本解释第六条规定，单位犯罪按照《解释一》和本解释相应个人犯罪的定罪量刑标准定罪处罚。这个规定，统一了单位犯罪与个人犯罪的定罪量刑标准，实际上大幅降低了单位犯罪的定罪门槛，进一步加大了对单位侵犯知识产权犯罪的打击力度。

（撰稿人：李洪江）

最高人民法院　最高人民检察院
关于办理侵犯知识产权刑事案件
具体应用法律若干问题的解释（三）

法释〔2020〕10号

（2020年8月31日最高人民法院审判委员会第1811次会议、2020年8月21日最高人民检察院第十三届检察委员会第48次会议通过　2020年9月12日最高人民法院、最高人民检察院公告公布　自2020年9月14日起施行）

为依法惩治侵犯知识产权犯罪，维护社会主义市场经济秩序，根据《中华人民共和国刑法》《中华人民共和国刑事诉讼法》等有关规定，现就办理侵犯知识产权刑事案件具体应用法律的若干问题解释如下：

第一条　具有下列情形之一的，可以认定为刑法第二百一十三条规定的“与其注册商标相同的商标”：

（一）改变注册商标的字体、字母大小写或者文字横竖排列，与注册商标之间基本无差别的；

（二）改变注册商标的文字、字母、数字等之间的间距，与注册商标之间基本无差别的；

（三）改变注册商标颜色，不影响体现注册商标显著特征的；

（四）在注册商标上仅增加商品通用名称、型号等缺乏显著特征要素，不影响体现注册商标显著特征的；

（五）与立体注册商标的三维标志及平面要素基本无差别的；

（六）其他与注册商标基本无差别、足以对公众产生误导的商标。

第二条　在刑法第二百一十七条规定的作品、录音制品上以通常方式署名的自然人、法人或者非法人组织，应当推定为著作权人或者录音制作者，且该作品、录音制品上存在着相应权利，但有相反证明的除外。

在涉案作品、录音制品种类众多且权利人分散的案件中，有证据证明涉案复制品系非法出版、复制发行，且出版者、复制发行者不能提供获得著作权人、录音制作者许可的相关证据材料的，可以认定为刑法第二百一十七条规定的“未经著作权人许可”“未经录音制作者许可”。但是，有证据证明权利人放弃权利、涉案作品的著作权或者录音制品的有关权利不受我国著作权法保护、权利保护期限已经届满的除外。

第三条 采取非法复制、未经授权或者超越授权使用计算机信息系统等方式窃取商业秘密的，应当认定为刑法第二百一十九条第一款第一项规定的“盗窃”。

以贿赂、欺诈、电子侵入等方式获取权利人的商业秘密的，应当认定为刑法第二百一十九条第一款第一项规定的“其他不正当手段”。

第四条 实施刑法第二百一十九条规定的行为，具有下列情形之一的，应当认定为“给商业秘密的权利人造成重大损失”：

（一）给商业秘密的权利人造成损失数额或者因侵犯商业秘密违法所得数额在三十万元以上的；

（二）直接导致商业秘密的权利人因重大经营困难而破产、倒闭的；

（三）造成商业秘密的权利人其他重大损失的。

给商业秘密的权利人造成损失数额或者因侵犯商业秘密违法所得数额在二百五十万元以上的，应当认定为刑法第二百一十九条规定的“造成特别严重后果”。

第五条 实施刑法第二百一十九条规定的行为造成的损失数额或者违法所得数额，可以按照下列方式认定：

（一）以不正当手段获取权利人的商业秘密，尚未披露、使用或者允许他人使用的，损失数额可以根据该项商业秘密的合理许可使用费确定；

（二）以不正当手段获取权利人的商业秘密后，披露、使用或者允许他人使用的，损失数额可以根据权利人因被侵权造成销售利润的损失确定，但该损失数额低于商业秘密合理许可使用费的，根据合理许可使用费确定；

（三）违反约定、权利人有关保守商业秘密的要求，披露、使用或者允许他人使用其所掌握的商业秘密的，损失数额可以根据权利人因被侵权造成销售利润的损失确定；

（四）明知商业秘密是不正当手段获取或者是违反约定、权利人有关保守商业秘密的要求披露、使用、允许使用，仍获取、使用或者披露的，损失数额可以根据权利人因被侵权造成销售利润的损失确定；

（五）因侵犯商业秘密行为导致商业秘密已为公众所知悉或者灭失的，损失数额可以根据该项商业秘密的商业价值确定。商业秘密的商业价值，可以根据该项商业秘密的研究开发成本、实施该项商业秘密的收益综合确定；

（六）因披露或者允许他人使用商业秘密而获得的财物或者其他财产性利益，应当认定为违法所得。

前款第二项、第三项、第四项规定的权利人因被侵权造成销售利润的损失，可以根据权利人因被侵权造成销售量减少的总数乘以权利人每件产品的合理利润确定；销售量减少的总数无法确定的，可以根据侵权产品销售量乘以权利人每件产品的合理利润确定；权利人因被侵权造成销售量减少的总数和每件产品的合理利润均无法确定的，可以根据侵权产品销售量乘以每件侵权产品的合理利润确定。商业秘密系用于服务等其他经营活动的，损失数额可以根据权利人因被侵权而减少的合理利润确定。

商业秘密的权利人为减轻对商业运营、商业计划的损失或者重新恢复计算机信息系统安全、其他系统安全而支出的补救费用，应当计入给商业秘密的权利人造成的损失。

第六条 在刑事诉讼程序中，当事人、辩护人、诉讼代理人或者案外人书面申请对有关商业秘密或者其他需要保密的商业信息的证据、材料采取保密措施的，应当根据案件情况采取组织诉讼参与人签署保密承诺书等必要的保密措施。

违反前款有关保密措施的要求或者法律法规规定的保密义务的，依法承担相应责任。擅自披露、使用或者允许他人使用在刑事诉讼程序中接触、获取的商业秘密，符合刑法第二百一十九条规定的，依法追究刑事责任。

第七条 除特殊情况外，假冒注册商标的商品、非法制造的注册商标标识、侵犯著作权的复制品、主要用于制造假冒注册商标的商品、注册商标标识或者侵权复制品的材料和工具，应当依法予以没收和销毁。

上述物品需要作为民事、行政案件的证据使用的，经权利人申请，可以在民事、行政案件终结后或者采取取样、拍照等方式对证据固定后予以销毁。

第八条 具有下列情形之一的，可以酌情从重处罚，一般不适用缓刑：

（一）主要以侵犯知识产权为业的；

（二）因侵犯知识产权被行政处罚后再次侵犯知识产权构成犯罪的；

（三）在重大自然灾害、事故灾难、公共卫生事件期间，假冒抢险救灾、防疫物资等商品的注册商标的；

（四）拒不交出违法所得的。

第九条 具有下列情形之一的，可以酌情从轻处罚：

（一）认罪认罚的；

（二）取得权利人谅解的；

（三）具有悔罪表现的；

（四）以不正当手段获取权利人的商业秘密后尚未披露、使用或者允许他人使用的。

第十条 对于侵犯知识产权犯罪的，应当综合考虑犯罪违法所得数额、非法经营数额、给权利人造成的损失数额、侵权假冒物品数量及社会危害性等情节，依法判处罚金。

罚金数额一般在违法所得数额的一倍以上五倍以下确定。违法所得数额无法查清的，罚金数额一般按照非法经营数额的百分之五十以上一倍以下确定。

违法所得数额和非法经营数额均无法查清，判处三年以下有期徒刑、拘役、管制或者单处罚金的，一般在三万元以上一百万元以下确定罚金数额；判处三年以上有期徒刑的，一般在十五万元以上五百万元以下确定罚金数额。

第十一条 本解释发布施行后，之前发布的司法解释和规范性文件与本解释不一致的，以本解释为准。

第十二条 本解释自2020年9月14日起施行。

【解　　读】

解读《最高人民法院、最高人民检察院关于办理侵犯知识产权刑事案件具体应用法律若干问题的解释（三）》

日前，最高人民法院、最高人民检察院联合发布《关于办理侵犯知识产权刑事案件具体应用法律若干问题的解释（三）》（法释〔2020〕10号，以下简称《解释三》），自2020年9月14日起施行。《解释》的公布施行，对于完善知识产权保护法律体系，统一法律适用标准，规范侵犯知识产权犯罪案件办理，营造良好的创新法治环境和营商环境具有重要意义。为便于在司法实践中正确理解与适用，现就《解释三》的制定背景、起草中的主要考虑和主要内容介绍如下：

一、《解释三》的制定背景与经过

知识产权刑事司法保护是知识产权保护中最具有强制力和威慑力的方式。我国历来高度重视知识产权刑事司法保护。2019年11月，中共中央办公厅、国务院办公厅《关于强化知识产权保护的意见》进一步明确要求“加强刑事司法保护，推进刑事法律和司法解释的修订完善。加大刑事打击力度，研究降低侵犯知识产权犯罪入罪标准，提高量刑处罚力度，修改罪状表述，推动解决涉案侵权物品处置等问题”。近年来，随着社会经济发展，知识产权犯罪新类型案件不断涌现，案件数量也呈现上升趋势。知识产权刑事案件，特别是侵犯商业秘密案件，法律适用问题争议较多，亟须出台相关司法解释予以明确和规范。

制定《解释三》这项工作酝酿已久。最高人民法院民三庭（知识产权审判庭）自实行知识产权审判“三合一”以来，先后于2018年、2019年开展全国法院知识产权刑事审判工作调研、部分法院知识产权刑事案件阅卷调研、知识产权刑事审判工作座谈调研等多项工作；最高人民检察院第四检察厅对全国11个省份2017年至2019年办理的侵犯商业秘密刑事案件起诉、不起诉情况进行深入调研，并在全国经济犯罪检察部门对侵犯知识产权刑事案件法律适用问题开展了书面调研。在上述充分调研的基础上着手起草《解释三》，先后多次征求中央有关部门、全国法院系统、检察系统的意见，组织召开专家论证会，并向社会公开征求意见，充分听取了有关专家、企业、社会团体、行业协会、律师及公民个人等多方意见。2020年8月31日最高人民法院审判委员会第1811次会议、2020年8月21日最高人民检察院第十三届检察委员会第四十八次会议审议通过了《解释三》。

二、《解释三》起草中的主要考虑

在起草过程中，为了确保《解释三》规定内容科学合理，能够适应形势发展，满足实践需要，解决突出问题，主要有以下几个方面的考虑：

一是坚持罪刑法定原则，严格依法解释。《解释三》严格遵循刑法的明文规定和立法本意，从惩处侵犯知识产权犯罪的实际需要出发，综合考虑司法实践经验，依法明确了侵犯知识产权犯罪相关罪状涵义，厘清罪与非罪的边界，确保罪刑法定原则在司法实践中得到贯彻落实。

二是坚持问题导向，有效解决司法实务问题。司法实践中，对假冒注册商标罪“相同商标”、侵犯商业秘密罪“造成重大损失”“不正当手段”的认定等法律适用问题存在较大分歧，亟须通过司法解释加以明确。《解释三》从司法实践需要出发，增加相关情节在定罪标准中的适用，构建合理的定罪量刑模式，明确和规范法律适用的疑难问题，进一步统一司法标准和认识。

三是坚持宽严相济，突出惩治重点。依法惩治侵犯知识产权犯罪，加强知识产权司法保护，是一项重要任务。《解释三》明确规定从重处罚和不适用缓刑的具体情形，重点打击以侵犯知识产权为业、反复侵权、特殊时期侵权等情形，进一步明确了罚金刑适用标准，充分发挥刑罚惩治和预防犯罪的功能。同时规定了从轻处罚的情形，有利于节约司法资源，化解社会矛盾。

四是坚持凝聚法治共识，充分吸取各方建议。《解释三》在制定过程中向社会公开征求了意见，针对各方意见和建议，认真梳理研判并予以充分的考虑和吸收，坚持在《解释三》中凝聚社会各界的法治智慧，确保《解释三》在实践中得到切实有效的实施。

三、《解释三》的主要内容

结合当前侵犯知识产权犯罪案件特点和司法实践中反映的突出问题，《解释三》依照《刑法》《刑事诉讼法》的规定，对假冒注册商标罪、侵犯著作权罪、侵犯商业秘密罪的法律争议问题及相应定罪量刑标准等作了较为全面、系统的规定，共12条，大致可以归纳为10个方面的内容。

（一）假冒注册商标罪“相同商标”的认定

最高人民法院、最高人民检察院《关于办理侵犯知识产权刑事案件具体应用法律若干问题的解释》（法释〔2004〕19号，以下简称《解释一》）第八条规定，《刑法》第二百一十三条规定的“相同的商标”，是指与被假冒的注册商标完全相同，或者与被假冒的注册商标在视觉上基本无差别、足以对公众产生误导的商标。最高人民法院、最高人民检察院、公安部《关于办理侵犯知识产权刑事案件适用法律若干问题的意见》（法发〔2011〕3号，以下简称《2011年意见》）第六条对“相同的商标”进行了细化：具有下列情形之一，可以认定为“与其注册商标相同的商标”：（一）改变注册商标的字体、字母大小写或者文字横竖排列，与注册商标之间仅有细微差别的；（二）改变注册商标的文字、字母、数字等之间的间距，不影响体现注册商标显著特征的；（三）改变注册商标颜色的；（四）其他与注册商标在视觉上基本无差别、足以对公众产生误导的商标。但是，在具体案件中对如何把握“与被假冒的注册商标在视觉上基本无差别、足以对公众产生误导”这一问题，仍存在较大分歧。为进一步明确标准、统一认识，《解释三》在《解释一》《2011年意见》的基础上进行了调整和补充，强调既要严厉打击假冒注册商标行为，又要防止突破“相同商标”的标准，将近似商标纳入刑法规制范围。

1. 对《2011年意见》第六条的规定进行了调整。一是将第六条第一项中的“仅有细微差别”、第二项中的“不影响体现注册商标显著特征”均表述为“与注册商标之间基本无差别”，与《解释一》第八条的规定保持一致，统一认定标准。二是根据新情况和司法需要，对第六条第三项、第四项进行了调整。鉴于司法实践中对颜色组合商标，如改变注册商标颜色，可能会改变注册商标的显著特征，不宜一律认定为相同商标，故在第三项中增加“不影响体现注册商标显著特征”的限定条件；鉴于商标法规定了声音商标，因此，第四项兜底条款删除了“在视觉上”这个限定条件。

2. 对在注册商标上增加内容的情形及立体商标如何认定相同商标进行了明确。在注册商标上增加内容易突破“相同商标”的界限，本着从严认定原则，《解释三》从两个方面限制：一是增加的内容仅限于描述商品通用名称、型号等缺乏显著特征要素的文字，二是增加的内容不能影响体现注册商标的显著特征。司法实践中，对于增加并非缺乏显著特征要素的，一般情况下，应当认为影响了体现注册商标显著特征，不宜认定为相同商标；对于在注册商标上增加商品通用名称、型号等缺乏显著特征要素的，还要对是否影响注册商标的显著特征进行判断，继而认定是否属于相同商标。本项未明确规定增加商品的图形的情形，主要考虑在具体案件中，增加商品的图形往往会影响注册商标的显著特征。因此，对于在注册商标上增加商品的图形的案件，认定相同商标应当慎重。判断立体商标是否构成相同商标，应当全面考虑立体商标的三维标志和平面要素，平面要素亦应当与立体注册商标的平面要素基本无差别。

（二）侵犯著作权罪的相关推定

近年来，侵犯著作权犯罪，特别是利用互联网犯罪的案件数量呈上升趋势，严重侵害了著作权人的利益，破坏了市场经济秩序。为进一步明确实践中著作权权属认定问题，提升打击实效，《解释三》第二条第一款参照《著作权法》第十一条第四款等相关内容，规定“在刑法第二百一十七条规定的作品、录音制品上以通常方式署名的自然人、法人或者非法人组织，应当推定为著作权人或者录音制作者，且该作品、录音制品上存在着相应权利，但有相反证明的除外”。需要注意的是，《刑法》第二百一十七条规定的“作品”“录音录像制品”，应当属于著作权法保护的对象。实践中，司法机关仍然要对涉案作品、录音录像制品是否符合著作权法保护的条件进行审查。另外，权属推定是一种法律推定，如果有相反证据足以推翻，则应按照相反的证据予以认定。司法实践中，司法机关应当根据案件具体情况对是否存在相反证据进行审查，对于被告人提出辩解的，应当审查判断。需要说明的是，《解释三》施行后，2020 年修正的《著作权法》第十二条规定“在作品上署名的自然人、法人或者非法人组织为作者，且该作品上存在相应权利，但有相反证明的除外”，《解释三》的内容与著作权法保持了一致。

根据《刑法》第二百一十七条的规定，“未经著作权人许可”是侵犯著作权罪的构成要件之一。一般情况下，未经著作权人许可的证明责任应当由公诉机关承担，而不应将证明责任配置给犯罪嫌疑人（被告人），防止强迫犯罪嫌疑人（被告人）自证其罪。实践中，有些案件，特别是利用互联网侵犯著作权的案件，涉案侵权作品的种类、数量众多，且被侵权作品的权利人较为分散，侦查机关确实难以一一调取未经著作权人许可的相关证据材料，《2011 年意见》第十一条对此作了灵活规定，实践中有利于打击侵犯知识产权犯罪，保障权利人利益。为确保法律适用的连贯性，解决司法实践中的突出问题，《解释三》第二条第二款采纳了《2011 年意见》第十一条的内容，规定仅限在涉案作品、录音制品种类众多且权利人分散的案件中，且在符合“有证据证明涉案复制品系非法出版、复制发行”的条件下，出版者、复制发行者不能提供获得著作权人、录音制作者许可的相关证据材料的，才可以推定为“未经著作权人许可”“未经录音制作者许可”。需要注意的是，权利人放弃权利、涉案作品的著作权或者录音制品的有关权利不受我国著作权法保护、权利保护期限已经届满的事实，仍需司法机关根据犯罪嫌疑人、被告人的辩解和案件实际情况依法收集、调取证据予以查明。

（三）侵犯商业秘密罪“其他不正当手段”的认定

实践中，行为人为非法获取商业秘密，多采用偷拍偷录、复印记录或者未经授权、超越授权进入计算机信息系统拷贝、下载等方式秘密窃取，《解释三》第三条第一款将该类行为明确规定为刑法第二百一十九条第一款第一项的“盗窃”，突出打击重点。另外，《解释三》第三条第二款采纳了反不正当竞争法第九条的内容，明确规定“贿赂、欺诈、电子侵入”属于“其他不正当手段”。适用本条应当注意：一是《刑法》第二百一十九条第一款第一项规定的“以盗窃、利诱、胁迫或者其他不正当手段获取权利人的商业秘密”，规制的是不正当获取行为本身，故其他不正当手段的性质应当与盗窃、利诱、胁迫相当，行为本身即是不法行为。二是认定“以不正当手段获取商业秘密”的前提是，行为人此前并不掌握、知悉或者持有该项商业秘密，以区别于《刑法》第二百一十九条第一款第三项规定的违约侵犯商业秘密的行为。行为人合法正当获取商业秘密后违反保密义务侵犯商业秘密，属于《刑法》第二百一十九条第一款第三项规定的行为，而不属于该条款第一项规定的情形。例如，商业秘密权利人的员工参与了商业秘密研发或者因日常工作使用而知悉该项商业秘密，获取行为是合法正当的，其违反保密协议擅自复制商业秘密的行为，不属于《刑法》第二百一十九条第一款第一项规定的“不正当手段”的情形。再如，商业秘密权利人的合同相对方依据合同或者在签订合同过程中知悉了权利人的商业秘密，后违反有关保守商业秘密的要求而披露、使用或者允许他人使用商业秘密的，也不应当认定为“以不正当手段获取权利人的商业秘密”。

（四）侵犯商业秘密罪“给商业秘密权利人造成重大损失”的认定

从当前实践看，办理侵犯商业秘密罪案件的突出问题是：因商业秘密是通过权利人自己保护的方式而存在的权利，不具有排他独占权，其本身界限相对模糊且具有无形性，技术专业性强，侵权行为给商业秘密权利人造成的损失数额难以准确认定，因此，刑事立案难、定罪量刑标准不统一。征求意见期间，多方建议降低入罪标准，加大对商业秘密权利人的司法保护力度。《解释三》充分听取了各方意见，根据司法实践需要，一是降低了入罪标准，将入罪数额从《解释一》规定的“50 万元以上”调整至“30 万元以上”。二是扩充入罪情形，将因侵犯商业秘密违法所得数额、因侵犯商业秘密导致权利人破产、倒闭等情形纳入重大损失认定范围。适用本条款应当注意：一是给权利人造成的损失数额和违法所得数额应当根据《解释三》第五条的规定具体认定，给权利人造成重大损失和违法所得是并列的两种入罪标准，相关数额不能累加计算；二是权利人因重大经营困难而破产、倒闭的后果与侵犯商业秘密行为之间必须具有直接的因果关系。

（五）侵犯商业秘密罪损失数额和违法所得数额的具体认定标准

司法实践中，对侵犯商业秘密行为给权利人造成重大损失的认定标准存在不同认识，《解释三》根据实践情况，本着罪责刑相一致原则进一步予以明确，区分不同行为的社会危害程度，规定不同的认定标准。

1. 通过不正当手段获取商业秘密但尚未披露、使用或者允许他人使用的情形。起草过程中主要有2种意见：一种意见认为，《刑法》将不正当手段获取商业秘密的行为明确规定为一种实行行为，意味着只要是非法获取了权利人的商业秘密，就可认定给权利人造成了损失。另一种意见认为，以不正当手段获取商业秘密后，因未将商业秘密用于经营活动，不宜认定给权利人造成实际损失。我们认为，鉴于以盗窃等不正当手段获取商业秘密的行为往往更加隐蔽、卑劣，权利人难以通过正常途径予以防范，社会危害性高于违反保密约定或者保密要求滥用商业秘密的行为，应当予以重点打击和防范。行为人通过不正当手段获取权利人的商业秘密，实际上节省了正常情况下获取商业秘密本应支付的许可使用费，该许可使用费正是权利人应当收取而未能收取的，应当属于遭受的损失。

因此，此情形下按照该项商业秘密的合理许可使用费确定权利人的损失是合理的。适用本项时应当注意：一是以合理许可使用费作为认定损失的标准，应当限于以不正当手段获取商业秘密的情形，对于违约等其他侵犯商业秘密的行为，仍应当以商业秘密使用造成权利人销售利润的损失作为认定标准。二是合理许可使用费应当综合考虑涉案商业秘密权利人或者其他商业秘密权利人许可使用相同或者类似商业秘密收取的费用、不正当手段获取商业秘密后持有的时间等因素认定。实践中，将涉案商业秘密许可使用费的鉴定评估意见作为认定证据时，应当根据《刑事诉讼法》的有关规定对鉴定评估意见进行认真审查。

2. 以不正当手段获取权利人的商业秘密后，披露、使用或者允许他人使用的情形。原则上损失数额应当按照商业秘密用于经营造成权利人销售利润的减少这一损失计算，如同时存在前项规定的商业秘密合理许可使用费的，应当就高计算，不应当叠加认定或者任选其一认定。

3. 违约型侵犯商业秘密的情形。鉴于该情形下行为人对商业秘密的占有是合法正当的，较盗窃等不正当手段获取商业秘密行为而言社会危害性相对较小，在入罪门槛上应当有所区别。造成的损失按照行为人使用商业秘密造成权利人销售利润的损失计算，而不应当以商业秘密的合理许可使用费或者商业秘密的商业价值作为认定损失的依据。

4. "以侵犯商业秘密论"的情形。鉴于此种明知商业秘密来源不合法仍获取、使用、披露的"第二手"侵权行为，较直接不正当手段获取商业秘密及直接违约侵犯商业秘密行为而言，社会危害性相对小，造成的损失亦应当按照行为人使用商业秘密造成权利人销售利润的损失计算。

5. 侵权行为造成商业秘密丧失非公知性或者灭失的情形。该两种情形导致权利人的竞争优势丧失，可以将商业秘密的商业价值作为认定给权利人造成损失的依据。对于商业秘密的商业价值，可以根据该项商业秘密的研究开发成本、实施该项商业秘密的收益综合确定。需要注意的是，以商业秘密的商业价值作为认定损失的依据，只适用于商业秘密已为公众所知悉或者灭失的情形，而不应当扩大适用于其他侵犯商业秘密的情形。

《解释三》第五条第一款第六项规定了违法所得的认定。实践中，行为人以不正当手段获取商业秘密后或者违反约定将商业秘密转让给第三人使用，第三人往往支付钱款等财物，《解释三》规定可将该财物作为违法所得予以认定。《解释三》将财产性利益纳入违法所得的范畴，旨在囊括实践中行为人将侵犯的商业秘密作价入股、技术出资的情形。需要注意的是，在员工跳槽违约侵犯商业秘密的情形下，新公司往往给予员工年薪、安家费等薪酬。如果员工酬薪的取得除了提供相关商业秘密外，还主要与其自身具备的技能、经验等有关，此种情况下，一般不宜将年薪、安家费等薪酬直接认定为违法所得。

侵犯商业秘密行为造成权利人销售利润的损失如何计算？《解释三》第五条第二款进行了明确规定，采取递进方式认定。起草过程中，有意见认为，认定方式可以不分先后，根据案件情况具体适用。我们认为，递进方式能够更好地符合“给权利人造成重大损失”的立法本意。实践中，侵权人为获利往往低价销售侵权产品，如果直接以侵权产品销售量乘以每件侵权产品的合理利润计算权利人损失，会导致少计算相关损失，而以权利人减少的销售量乘以权利人每件产品的合理利润计算损失，能够更直接地体现侵权行为的社会危害性。有的案件中，因生产涉案产品的经营者除了商业秘密的权利人和行为人外，还有其他相关经营者，从市场竞争的不确定因素考虑，权利人被侵权后销售量的减少并不一定完全是行为人造成的结果，在这种情况下以侵权人侵权产品的销售量乘以权利人每件产品的合理利润确定损失，也是合理的。司法实践中，针对将商业秘密用于服务等非产品生产经营活动的，《解释三》规定损失数额可以根据权利人因被侵权而减少的合理利润确定。

为进一步加大对商业秘密权利人利益的保护，维护良好的市场竞争秩序，《解释三》第五条第三款规定，商业秘密的权利人为减轻对商业运营、商业计划的损失或者重新恢复计算机信息系统安全、其他系统安全而支出的补救费用，应当计入给商业秘密的权利人造成的损失。适用本款时应当注意，权利人支出的补救费用应当与侵犯商业秘密行为之间具有直接的因果关系，对于权利人怠于采取补救措施或者故意扩大损失而产生的费用，不应当计入给商业秘密权利人造成的损失。

总的来说，对给权利人造成重大损失的认定，应当以商业秘密实际使用造成权利人销售利润的损失为一般标准，以商业秘密的合理许可使用费、商业秘密的商业价值为特殊标准，且只适用于《解释三》明文规定的情形。

（六）刑事诉讼程序中对商业秘密的保护

为确保商业秘密在刑事诉讼程序中得到有效保护，《解释三》第六条明确规定了刑事诉讼程序中采取保密措施的程序和违反保密措施或者保密义务的法律责任。根据《解释三》第六条第一款的规定，刑事诉讼程序中，申请采取保密措施的主体包括当事人、辩护人、诉讼代理人以及案外人，申请保护的对象为商业秘密或者其他需要保密的商业信息的证据材料，采取保密措施的主体包括侦查机关、公诉机关和审判机关。需要注意的是，《关于强化知识产权保护的意见》明确提出“探索加强对商业秘密、保密商务信息及其源代码等的有效保护”，因此，为充分保障相关权利人的利益，《解释三》第六条第一款规定，相关人员还可以申请对其他需要保密的商业信息采取保密措施。另外，刑事诉讼程序中采取保密措施的同时，应当依法保障犯罪嫌疑人（被告人）诉讼权利的行使。

《解释三》第六条第一款规定了违反保密措施要求或者法定保密义务应当承担的责任，该条款规定的责任包括相应的民事责任、行政责任和刑事责任。只有擅自披露、使用或者允许他人使用在刑事诉讼程序中接触、获取的商业秘密，符合《刑法》第二百一十九条规定的，才依法追究刑事责任。

（七）对侵权物品没收和销毁的适用

为进一步强化知识产权司法保护，提升对侵犯知识产权犯罪的打击实效，《解释三》第七条第一款明确规定了对侵权物品没收和销毁的范围和相关程序。根据《解释三》第七条第一款的规定，除特殊情况外，原则上对假冒注册商标的商品、非法制造的注册商标标识、侵犯著作权的复制品、主要用于制造假冒注册商标的商品、注册商标标识或者侵权复制品的材料和工具，均应当依法予以没收和销毁。关于“特殊情况”，司法机关应当根据案件的实际情况予以认定。实践中，侵犯知识产权的行为还涉及民事、行政案件的，为确保相关案件之间的有效衔接，《解释三》第七条第二款规定，没收和销毁的物品需要作为民事、行政案件的证据使用的，经权利人申请，可以在民事、行政案件终结后或者采取取样、拍照等方式对证据固定后予以销毁。

（八）从重处罚和从轻处罚的适用

为贯彻落实宽严相济刑事政策，《解释三》第八条、第九条分别规定了酌情从重处罚和从轻处罚的具体情形。《解释三》第八条规定了可以酌情从重处罚且一般不适用缓刑的 4 种情形，重点打击社会危害性和人身危险性较大的以侵犯知识产权为业和因侵犯知识产权被处罚后再次犯罪的情形、在特殊时期假冒特殊商品注册商标的行为以及没有悔罪表现的拒不交出违法所得的情形，充分发挥刑罚威慑和预防犯罪的功能。《解释三》第九条规定了酌情从轻处罚的 4 种情形。对认罪认罚、取得权利人谅解及具有悔罪表现的情形从轻处罚，有利于修复社会关系，化解社会矛盾。对以不正当手段获取权利人的商业秘密后尚未披露、使用或者允许他人使用的情形规定从轻处罚，一是从客观上看，该项商业秘密的知悉范围仍然较小且可控，没有用于生产经营则对权利人的竞争优势和市场竞争秩序的损害相对较小；二是明确规定从轻处罚一定程度上可以促使行为人主动停止下一步的侵权行为，防止权利人损失进一步扩大。

（九）侵犯知识产权犯罪罚金刑的适用

《解释》对最高人民法院、最高人民检察院《关于办理侵犯知识产权刑事案件具体应用法律若干问题的解释（二）》（法释〔2007〕6号，以下简称《解释二》）第四条的规定进行了补充，《解释三》第十条第一款增加了“侵权假冒物品数量”可作为依法判处罚金的考量因素；第二款增加了违法所得数额和非法经营数额均无法查清的情形下可以适用限额罚金制，并明确在一般情况下应当依次以违法所得数额、非法经营数额来确定罚金数额。

（十）适用效力问题

由于《解释三》对《解释一》《解释二》《2011年意见》中相应的内容作了调整和补充，故《解释三》第十一条规定，本解释发布施行后，之前发布的司法解释和规范性文件与本解释不一致的，以本解释为准。需要注意的是，司法解释是对适用法律问题所作的解释，其效力适用于作为解释对象的法律施行期间。对于法律施行后、《解释三》实施前发生的侵犯知识产权行为，《解释三》施行后尚未处理或者正在处理的案件，依照《解释三》的规定处理，但《解释一》《解释二》《2011年意见》已有规定的，应当按照从旧兼从轻的原则处理。

（撰稿人：林广海　许常海）

【链　　接】

“两高”相关部门负责人就《最高人民法院、最高人民检察院关于办理侵犯知识产权刑事案件具体应用法律若干问题的解释（三）》答记者问

9月13日，最高人民法院、最高人民检察院联合发布《最高人民法院、最高人民检察院关于办理侵犯知识产权刑事案件具体应用法律若干问题的解释（三）》（以下简称本解释），自2020年9月14日起施行。为更好地理解和适用《解释》，最高人民法院民三庭负责人、最高人民检察院第四检察厅负责人接受了记者采访。

问：请介绍一下制定本解释的背景情况和主要内容？

答：知识产权刑事司法保护是知识产权保护中最具有强制力和威慑力的方

式。党中央历来高度重视知识产权刑事司法保护。2019 年 11 月，中共中央办公厅、国务院办公厅《关于强化知识产权保护的意见》进一步明确“加强刑事司法保护，推进刑事法律和司法解释的修订完善。加大刑事打击力度，研究降低侵犯知识产权犯罪入罪标准，提高量刑处罚力度，修改罪状表述，推动解决涉案侵权物品处置等问题”。司法实践中，随着社会经济发展，知识产权犯罪新类型案件不断涌现，知识产权刑事案件，特别是侵犯商业秘密案件，争议问题较多，亟需出台相关司法解释予以明确和规范。

本解释共十二条，主要规定了三方面的内容：一是规定了侵犯商业秘密罪的定罪量刑标准，根据不同行为的社会危害程度，规定不同的损失计算方式，以统一法律适用标准；二是进一步明确假冒注册商标罪“相同商标”、侵犯著作权罪“未经著作权人许可”、侵犯商业秘密罪“不正当手段”等的具体认定，以统一司法实践认识；三是明确侵犯知识产权犯罪刑罚适用及宽严相济刑事政策把握等问题，规定从重处罚、不适用缓刑以及从轻处罚的情形，进一步规范量刑标准。

问：请介绍一下本解释的起草过程，制定的主要思路是怎样的？

答：制定本解释这项工作酝酿已久。最高人民法院民三庭从 2018 年起先后开展全国法院知识产权刑事审判工作调研、部分法院知识产权刑事案件阅卷调研、刑事审判工作座谈调研等多项工作；最高人民检察院第四检察厅对全国 11 个省份 2017 年至 2019 年办理的侵犯商业秘密刑事案件起诉、不起诉情况进行深入调研，并在全国经济犯罪检察部门对侵犯知识产权刑事案件法律适用问题开展了书面调研。我们在充分调研的基础上着手起草本解释，先后多次征求中央有关部门、全国法院系统、检察系统的意见，组织召开专家论证会，并向社会公开征求意见，充分听取了有关专家、企业、社会团体、行业协会、律师及公民个人等多方意见。

在起草本解释过程中，我们坚持了以下几个原则：

一是坚持罪刑法定原则，严格依法解释。本解释严格遵循刑法的明文规定和立法本意，从惩处侵犯知识产权犯罪的实际需要出发，综合考虑司法实践经验，依法明确相关罪状涵义，厘清罪与非罪的边界。

二是坚持问题导向，有效解决司法实务问题。本解释从司法实践需要出发，增加相关情节在定罪标准中的适用，构建合理的定罪量刑模式；规范假冒注册商标罪、侵犯著作权罪、侵犯商业秘密罪法律适用中的难点、疑点问题，进一步统一司法标准。

三是坚持宽严相济，突出惩治重点。本解释明确规定了从重处罚和不适用缓刑的具体情形，重点打击以侵犯知识产权为业和因侵犯知识产权受过处罚后再次犯罪的情形，明确了罚金刑适用标准，充分发挥刑罚惩治和预防犯罪的功能；同时规定了从轻处罚的情形，有利于化解社会矛盾。

四是坚持凝聚法治共识，充分吸取各方建议。我们认真梳理研判了来自多方面的意见和建议，并予以了充分考虑和吸收，坚持在本解释中凝聚社会各界的法治智慧。

问：《关于强化知识产权保护的意见》明确提出“探索加强对商业秘密、保密商务信息及其源代码等的有效保护”，本解释对商业秘密的刑事保护主要体现在哪些方面？

答：商业秘密是由权利人自己采取保密措施保护的权利，不具有排他独占权，其本身界限相对模糊，国内外多方建议降低入罪标准，加大对商业秘密权利人的司法保护力度。本解释充分听取各方意见，对侵犯商业秘密罪的相关问题进行了明确，主要体现在：

一是根据司法实践需要降低了入罪标准。扩充入罪情形，将因侵犯商业秘密违法所得数额、因侵犯商业秘密导致权利人破产、倒闭等情形纳入入罪门槛；根据司法实践的具体情况及征求意见期间多方意见，将入罪数额调整至“三十万元以上”。

二是构建体系化、规范化的定罪量刑体系。本着罪责刑相一致原则，根据不同行为的社会危害程度，规定不同的“重大损失”认定标准。鉴于以盗窃等不正当手段获取商业秘密的行为往往更加隐蔽、卑劣，社会危害性大，规定对此类行为可以按照商业秘密的合理许可使用费确定权利人的损失，不再要求将商业秘密用于生产经营造成实际损失。对于违约型侵犯商业秘密的行为，由于行为人对商业秘密的占有是合法的，危害性相对小于非法获取行为，在入罪门槛上应有所区别，损失数额应当按照使用商业秘密造成权利人销售利润的损失计算。

三是明确法律适用、统一司法标准。针对当前司法实践中认识不一致的问题，本解释予以明确和规范。如规定只有在商业秘密丧失非公知性或者灭失情形下，才能依据商业秘密的研究开发成本确定损失数额，而不应将商业秘密的研究开发成本扩大适用于各类侵犯商业秘密的行为，以统一司法实践认识。

最高人民法院
关于审理非法出版物刑事案件具体应用法律若干问题的解释

法释〔1998〕30号

（1998年12月11日最高人民法院审判委员会第1032次会议通过 1998年12月17日最高人民法院公告公布 自1998年12月23日起施行）

为依法惩治非法出版物犯罪活动，根据刑法的有关规定，现对审理非法出版物刑事案件具体应用法律的若干问题解释如下：

第一条 明知出版物中载有煽动分裂国家、破坏国家统一或者煽动颠覆国家政权、推翻社会主义制度的内容，而予以出版、印刷、复制、发行、传播的，依照刑法第一百零三条第二款或者第一百零五条第二款的规定，以煽动分裂国家罪或者煽动颠覆国家政权罪定罪处罚。

第二条 以营利为目的，实施刑法第二百一十七条所列侵犯著作权行为之一，个人违法所得数额在5万元以上，单位违法所得数额在20万元以上的，属于“违法所得数额较大”；具有下列情形之一的，属于“有其他严重情节”：

（一）因侵犯著作权曾经两次以上被追究行政责任或者民事责任，两年内又实施刑法第二百一十七条所列侵犯著作权行为之一的；

（二）个人非法经营数额在20万元以上，单位非法经营数额在100万元以上的；

（三）造成其他严重后果的。

以营利为目的，实施刑法第二百一十七条所列侵犯著作权行为之一，个人违法所得数额在20万元以上，单位违法所得数额在100万元以上的，属于“违法所得数额巨大”；具有下列情形之一的，属于“有其他特别严重情节”：

（一）个人非法经营数额在100万元以上，单位非法经营数额在500万元以上的；

（二）造成其他特别严重后果的。

第三条 刑法第二百一十七条第（一）项中规定的“复制发行”，是指行为人以营利为目的，未经著作权人许可而实施的复制、发行或者既复制又发行其文字作品、音乐、电影、电视、录像作品、计算机软件及其他作品的行为。

第四条 以营利为目的，实施刑法第二百一十八条规定的行为，个人违法所得数额在10万元以上，单位违法所得数额在50万元以上的，依照刑法第二百一十八条的规定，以销售侵权复制品罪定罪处罚。

第五条 实施刑法第二百一十七条规定的侵犯著作权行为，又销售该侵权复制品，违法所得数额巨大的，只定侵犯著作权罪，不实行数罪并罚。

实施刑法第二百一十七条规定的侵犯著作权的犯罪行为，又明知是他人的侵权复制品而予以销售，构成犯罪的，应当实行数罪并罚。

第六条 在出版物中公然侮辱他人或者捏造事实诽谤他人，情节严重的，依照刑法第二百四十六条的规定，分别以侮辱罪或者诽谤罪定罪处罚。

第七条 出版刊载歧视、侮辱少数民族内容的作品，情节恶劣，造成严重后果的，依照刑法第二百五十条的规定，以出版歧视、侮辱少数民族作品罪定罪处罚。

第八条 以牟利为目的，实施刑法第三百六十三条第一款规定的行为，具有下列情形之一的，以制作、复制、出版、贩卖、传播淫秽物品牟利罪定罪处罚：

（一）制作、复制、出版淫秽影碟、软件、录像带50至100张（盒）以上，淫秽音碟、录音带100至200张（盒）以上，淫秽扑克、书刊、画册100至200副（册）以上，淫秽照片、画片500至1000张以上的；

（二）贩卖淫秽影碟、软件、录像带100至200张（盒）以上，淫秽音碟、录音带200至400张（盒）以上，淫秽扑克、书刊、画册200至400副（册）以上，淫秽照片、画片1000至2000张以上的；

（三）向他人传播淫秽物品达200至500人次以上，或者组织播放淫秽影、像达10至20场次以上的；

（四）制作、复制、出版、贩卖、传播淫秽物品，获利5000至1万元以上的。

以牟利为目的，实施刑法第三百六十三条第一款规定的行为，具有下列情形之一的，应当认定为制作、复制、出版、贩卖、传播淫秽物品牟利罪“情节严重”：

（一）制作、复制、出版淫秽影碟、软件、录像带250至500张（盒）以上，淫秽音碟、录音带500至1000张（盒）以上，淫秽扑克、书刊、画册500至1000副（册）以上，淫秽照片、画片2500至5000张以上的；

（二）贩卖淫秽影碟、软件、录像带500至1000张（盒）以上，淫秽音碟、录音带1000至2000张（盒）以上，淫秽扑克、书刊、画册1000至2000副（册）以上，淫秽照片、画片5000至1万张以上的；

（三）向他人传播淫秽物品达1000至2000人次以上，或者组织播放淫秽影、像达 50 至 100 场次以上的；

（四）制作、复制、出版、贩卖、传播淫秽物品，获利 3 万至 5 万元以上的。

以牟利为目的，实施刑法第三百六十三条第一款规定的行为，其数量（数额）达到前款规定的数量（数额）5 倍以上的，应当认定为制作、复制、出版、贩卖、传播淫秽物品牟利罪“情节特别严重”。

第九条 为他人提供书号、刊号、出版淫秽书刊的，依照刑法第三百六十三条第二款的规定，以为他人提供书号出版淫秽书刊罪定罪处罚。

为他人提供版号，出版淫秽音像制品的，依照前款规定定罪处罚。

明知他人用于出版淫秽书刊而提供书号、刊号的，依照刑法第三百六十三条第一款的规定，以出版淫秽物品牟利罪定罪处罚。

第十条 向他人传播淫秽的书刊、影片、音像、图片等出版物达 300 至 600 人次以上或者造成恶劣社会影响的，属于“情节严重”，依照刑法第三百六十四条第一款的规定，以传播淫秽物品罪定罪处罚。

组织播放淫秽的电影、录像等音像制品达 15 至 30 场次以上或者造成恶劣社会影响的，依照刑法第三百六十四条第二款的规定，以组织播放淫秽音像制品罪定罪处罚。

第十一条 违反国家规定，出版、印刷、复制、发行本解释第一条至第十条规定以外的其他严重危害社会秩序和扰乱市场秩序的非法出版物，情节严重的，依照刑法第二百二十五条第（三）项的规定，以非法经营罪定罪处罚。

第十二条 个人实施本解释第十一条规定的行为，具有下列情形之一的，属于非法经营行为“情节严重”：

（一）经营数额在 5 万元至 10 万元以上的；

（二）违法所得数额在 2 万元至 3 万元以上的；

（三）经营报纸 5000 份或者期刊 5000 本或者图书 2000 册或者音像制品、电子出版物 500 张（盒）以上的。

具有下列情形之一的，属于非法经营行为“情节特别严重”：

（一）经营数额在 15 万元至 30 万元以上的；

（二）违法所得数额在 5 万元至 10 万元以上的；

（三）经营报纸 15000 份或者期刊 15000 本或者图书 5000 册或者音像制品、电子出版物 1500 张（盒）以上的。

第十三条 单位实施本解释第十一条规定的行为，具有下列情形之一的，属于非法经营行为“情节严重”：

（一）经营数额在 15 万元至 30 万元以上的；

（二）违法所得数额在 5 万元至 10 万元以上的；

（三）经营报纸 15000 份或者期刊 15000 本或者图书 5000 册或者音像制

品、电子出版物 1500 张（盒）以上的。

具有下列情形之一的，属于非法经营行为“情节特别严重”：

（一）经营数额在 50 万元至 100 万元以上的；

（二）违法所得数额在 15 万元至 30 万元以上的；

（三）经营报纸 5 万份或者期刊 5 万本或者图书 15000 册或者音像制品、电子出版物 5000 张（盒）以上的。

第十四条 实施本解释第十一条规定的行为，经营数额、违法所得数额或者经营数量接近非法经营行为“情节严重”、“情节特别严重”的数额、数量起点标准，并具有下列情形之一的，可以认定为非法经营行为“情节严重”、“情节特别严重”：

（一）两年内因出版、印刷、复制、发行非法出版物受过行政处罚两次以上的；

（二）因出版、印刷、复制、发行非法出版物造成恶劣社会影响或者其他严重后果的。

第十五条 非法从事出版物的出版、印刷、复制、发行业务，严重扰乱市场秩序，情节特别严重，构成犯罪的，可以依照刑法第二百二十五条第（三）项的规定，以非法经营罪定罪处罚。

第十六条 出版单位与他人事前通谋，向其出售、出租或者以其他形式转让该出版单位的名称、书号、刊号、版号，他人实施本解释第二条、第四条、第八条、第九条、第十条、第十一条规定的行为，构成犯罪的，对该出版单位应当以共犯论处。

第十七条 本解释所称“经营数额”，是指以非法出版物的定价数额乘以行为人经营的非法出版物数量所得的数额。

本解释所称“违法所得数额”，是指获利数额。

非法出版物没有定价或者以境外货币定价的，其单价数额应当按照行为人实际出售的价格认定。

第十八条 各省、自治区、直辖市高级人民法院可以根据本地的情况和社会治安状况，在本解释第八条、第十条、第十二条、第十三条规定的有关数额、数量标准的幅度内，确定本地执行的具体标准，并报最高人民法院备案。

【解　　读】

解读《最高人民法院关于审理非法出版物刑事案件具体应用法律若干问题的解释》

一、问题的提出

为依法惩治非法出版物犯罪活动，净化书刊文化市场，根据《刑法》的有关规定，最高人民法院于1998年12月17日公布了《关于审理非法出版物刑事案件具体应用法律若干问题的解释》（以下简称本解释）。

二、理解与适用

本解释的内容涉及了《刑法》中规定的有关打击非法出版物犯罪的所有条文，特别是对司法实践中反映比较强烈的侵犯著作权犯罪，销售侵权复制品犯罪，制作、复制、出版、贩卖、传播淫秽物品牟利罪等犯罪的定罪量刑标准，经营有严重政治问题非法出版物如何定性等问题作出了具体规定。同时，鉴于《刑法》就打击非法出版物犯罪增设了一些新罪名，如第三百六十四条规定了传播淫秽物品罪、组织播放淫秽音像制品罪等，本解释也就认定这些犯罪的具体情节标准一并作出了规定。司法解释采用这样的体例，可以方便审判人员熟悉、适用《刑法》的有关规定，准确打击以出版物的形式实施的特定犯罪。

（一）关于本解释第一条的规定

本解释第一条规定的目的，是打击以出版物的形式进行煽动分裂国家或者煽动颠覆国家政权的危害国家安全的犯罪活动。实践中，这类犯罪行为虽不多见，但时有发生。在已查获的非法出版物中，有的非法出版物公然鼓吹西藏独立，攻击我党的民族政策；有的非法出版物肆意诋毁“一国两制”政策，鼓吹“台独”等等。这些非法出版物的传播对国家安全利益是一种严重的危害，必须依法惩处。但是，为了防止出现打击面过宽的问题，依照本解释第一条规定的要求，行为人必须是“明知出版物中载有煽动分裂国家、破坏国家统一或者煽动颠覆国家政权、推翻社会主义制度的内容，而予以出版、印刷、复制、发行、传播的”才能依法定罪处罚。也就是说，对于单纯以牟利为目的，不明知出版物中载有煽动分裂国家、破坏国家统一或者煽动颠覆国家政权、推翻社会主义制度的内容而予以出版、印刷、复制、发行、传播的行为，不能以危害国家安全罪的罪名定罪处罚。

（二）关于本解释第二条至第五条的规定

上述四条规定是对《刑法》第二百一十七条侵犯著作权罪、第二百一十八条销售侵权复制品罪的解释。最高人民法院曾于1995年1月16日制发了《关于适用〈全国人民代表大会常务委员会关于惩治侵犯著作权的犯罪的决定〉若干问题的解释》，鉴于修订后《刑法》第二百一十七条、第二百一十八条规定的内容与全国人民代表大会常务委员会《关于惩治侵犯著作权的犯罪的决定》（以下简称《决定》）的有关内容没有实质性变化，原解释中的有关内容仍然可以适用。因此，本解释第二条、第四条、第五条的内容是从原解释中移植过来的，只是有关的数额认定标准较之以前的规定有所提高。

本解释第三条的规定是新增加的内容。《决定》与《刑法》都规定，对具有“未经著作权人许可，复制发行其文字……作品”等侵犯著作权的行为应当定罪处罚。近年来实践中反映最突出的问题是，“复制发行”两个词之间没有标点符号，通常被理解为行为人必须同时具备“复制”和“发行”两个行为才能被定罪处罚，对只有一个行为的不能定罪处罚，导致一些案件处理不了，犯罪分子借此规避法律制裁。因此，本解释第三条规定：“复制发行”，是指行为人以营利为目的，未经著作权人许可而实施的复制、发行或者既复制又发行其文字作品、音乐、电影、电视、录像作品、计算机软件及其他作品的行为。

（三）关于本解释第六条的规定

本条规定是对《刑法》第二百四十六条侮辱罪和诽谤罪中的规定的“其他方法”的一种解释。司法机关在处理这类案件时必须严格掌握定罪的条件，即对于“情节严重”的才能定罪处罚。“情节严重”的认定一般应当从侮辱、诽谤行为所产生的社会影响，对被害人的名誉、精神造成的损害等方面考虑。

（四）关于本解释第八条的规定

本解释第八条是对《刑法》第三百六十三条“制作、复制、出版、贩卖、传播淫秽物品牟利罪”定罪量刑的数量认定标准问题的规定。考虑到近年来社会治安形势的变化，参考对这类案件的处理情况和有关部门提供的意见，本解释中确定的数量认定标准基本上是“两高”于1990年7月6日制发的《关于办理淫秽物品刑事案件具体应用法律的规定》（以下简称《规定》）中的数量标准的10倍。如此提高数量认定标准，一方面为有关部门行使行政处罚权留有余地，另一方面可以避免出现使用刑罚处罚的打击面过宽的问题。

（五）关于本解释第九条的规定

根据《刑法》第三百六十三条第二款关于“为他人提供书号出版淫秽书刊罪”的规定，本解释第九条分列三款，对为他人提供书号出版淫秽书刊的行为如何定罪问题作出了规定。针对实践中出现的为他人提供刊号、版号出版淫秽刊物、音像制品的行为，本解释将《刑法》第三百六十三条第二款中的“书号”解释为“书号、刊号”，同时规定“为他人提供版号，出版淫秽音像制品的”，依照《刑法》第三百六十三条第二款的规定，以为他人提供书号出版淫秽书刊罪定罪处罚。

（六）关于本解释第十一条的规定

本条内容是针对目前实践中反映最突出的问题所作出的规定。修订后《刑法》虽然明确规定了罪刑法定原则，但并不等于说《刑法》中没有明确列明的行为就一律不能定罪处罚。1979 年《刑法》中“投机倒把罪”被分解为若干个罪名，特别是《刑法》第二百二十五条“非法经营罪”中概括式规定了“其他严重扰乱市场秩序的非法经营行为”，也就是说，对于一些过去依照“投机倒把罪”定罪的行为，现在仍然可以“非法经营罪”定罪处罚。可以认为对于目前问题比较突出的，非法经营内容上有问题的非法出版物的行为定罪处罚是有法律依据的。因此，本解释第十一条作出了规定。

（七）关于本解释第十二条、第十三条、第十四条的规定

这三条规定了认定非法经营罪应当掌握的情节标准，包括“经营数额”“违法所得数额”“经营数量”以及曾受行政处罚情况、造成恶劣影响等情形。其中，“经营数额”和“违法所得数额”是根据目前查获、处理的行政处罚案件和刑事案件，并参考有关部门提供的正版图书的平均定价数额确定的。考虑到有些非法出版物没有定价，上述两项数额难以取得，本解释另特别规定了“经营数量”，这三项标准是认定“非法经营罪”的主要依据。考虑到非法经营出版物行为的特殊性，本解释第十四条规定，实施本解释第十一条规定的行为，经营数额、违法所得数额或者经营数量接近非法经营行为“情节严重”“情节特别严重”的数额、数量起点标准，并且有两年内因出版、印刷、复制、发行非法出版物受过行政处罚两次以上；因出版、印刷、复制、发行非法出版物造成恶劣社会影响或者其他严重后果这两种情形之一的，可以认定为非法经营行为“情节严重”“情节特别严重”。单位实施上述行为的，也要依法追究刑事责任。

（八）关于本解释第十五条的规定

非法出版物是个大概念，从内容上分析，既包括宣扬色情、迷信、有政治问题的出版物，也包括淫秽出版物、侵犯著作权的出版物等；从出版主体上分析，既有非法成立的出版单位出版物，也有依法成立的出版单位违法、违规出版的出版物。

实践中，一些非法成立的出版单位或者个人以牟利为目的，编造书号、刊号、出版单位名称，非法从事出版物的出版、印刷、复制、发行业务，对现行出版管理体制造成了严重的冲击，导致书刊市场秩序的混乱，是一种可能引发严重后果的非法经营行为，有必要通过刑罚手段进行治理。因此，本解释第十五条作出了规定。需要特别强调的是，只有对非法从事出版物的出版、印刷、复制、发行业务，严重扰乱市场秩序，情节特别严重，构成犯罪的行为，才可

以定罪处罚。对于虽然非法从事出版物的出版、印刷、复制、发行业务，但没有严重扰乱市场秩序，情节一般，不构成犯罪的行为，不能定罪处罚，应由有关行政主管部门给予行政处罚。至于“严重扰乱市场秩序”“情节特别严重”以及“构成犯罪”的标准，鉴于非法出版活动的特殊性，本解释未作出详细规定，实践中应当根据案件的具体情况而定，从严掌握。

（九）关于本解释第十六条的规定

本条规定的目的是打击出版单位非法出售、出租或者以其他形式转让书号的行为。据了解，目前一些出版单位，由于经营不善导致严重亏损，缺乏市场竞争力，主要靠卖书号维持现状，主管部门虽三令五申禁止这种做法，但屡禁不止。由于卖书号问题的存在，为非法出版物的出版、发行提供了便利条件。目前查获的非法出版物，有相当数量的图书使用的是正规出版单位的书号，混淆读者视听，进而导致文化市场的混乱。因此，本解释第十六条作出了规定。

（撰稿人：孙军工）

【注　解】

根据最高人民法院、最高人民检察院公布的《关于办理侵犯知识产权刑事案件具体应用法律若干问题的解释》（法释〔2004〕19号）、《关于办理侵犯知识产权刑事案件具体应用法律若干问题的解释（二）》（法释〔2007〕6号）《关于办理侵犯知识产权刑事案件具体应用法律若干问题的解释（三）》（法释〔2020〕10号），本解释与新的司法解释相抵触的规定，自新的司法解释施行后不再适用。

最高人民法院　最高人民检察院
关于办理侵犯著作权刑事案件中
涉及录音录像制品有关问题的批复

法释〔2005〕12号

（2005年9月26日最高人民法院审判委员会第1365次会议、2005年9月23日最高人民检察院第十届检察委员会第39次会议通过　2005年10月13日最高人民法院、最高人民检察院公告公布　自2005年10月18日起施行）

各省、自治区、直辖市高级人民法院、人民检察院，解放军军事法院、军事检察院，新疆维吾尔自治区高级人民法院生产建设兵团分院、新疆生产建设兵团人民检察院：

《最高人民法院、最高人民检察院关于办理侵犯知识产权刑事案件具体应用法律若干问题的解释》发布以后，部分高级人民法院、省级人民检察院就关于办理侵犯著作权刑事案件中涉及录音录像制品的有关问题提出请示。经研究，批复如下：

以营利为目的，未经录音录像制作者许可，复制发行其制作的录音录像制品的行为，复制品的数量标准分别适用《最高人民法院、最高人民检察院关于办理侵犯知识产权刑事案件具体应用法律若干问题的解释》第五条第一款第（二）项、第二款第（二）项的规定。

未经录音录像制作者许可，通过信息网络传播其制作的录音录像制品的行为，应当视为刑法第二百一十七条第（三）项规定的“复制发行”。

此复

【解　读】

解读《最高人民法院、最高人民检察院关于办理侵犯著作权刑事案件中涉及录音录像制品有关问题的批复》

一、问题的提出

2004 年 12 月，最高人民法院、最高人民检察院联合发布了《关于办理侵犯知识产权刑事案件具体应用法律若干问题的解释》（以下简称《解释》）。该《解释》颁布将近一年来，为正确适用法律办理侵犯知识产权刑事案件提供了坚实的法律基础，为加大知识产权的刑事司法保护力度发挥了重要的作用。

2005 年 10 月 13 日，最高人民法院、最高人民检察院公布了《关于办理侵犯著作权刑事案件中涉及录音录像制品有关问题的批复》（法释〔2005〕12 号，以下简称本批复）。

二、理解

本批复在内容上分为两款，主要基于以下考虑：

1. 录音录像制品的数量标准可以适用《解释》第五条的规定。从《刑法》第二百一十七条规定的内容来分析，录音录像制品虽然在著作权领域不同于音乐、影视等作品，但是录音录像制品与文字作品、音乐、电影、电视、录像作品、计算机软件及其他作品同样都属于知识产权刑事保护的对象，在产品的表现形式或者载体上具有相同属性或者类似性，多以磁带、录像带、CD、VCD、DVD 光盘等形式出现，在数量的计算上一般可以采用相同标准。

2. 《解释》第十一条第三款是关于将通过信息网络传播他人作品视为《刑法》第二百一十七条规定的“复制发行”的内容，通过信息网络传播录音录像制品同样也应当视为“复制发行”，考虑到这个问题与前述数量标准的问题实际上属于同一性质，因此一并在本批复中作出了规定。

三、适用

全面解读《解释》和本批复的内容，可以看出，对于未经录音录像制作者人许可，复制发行其制作的录音录像制品的行为，在定罪量刑的标准计算上有三种方法：一是侵权行为的非法经营数额，二是侵权行为的违法所得数额，三是侵权产品的数量。

如果侵权行为人的非法经营数额或者违法所得数额达到《解释》第五条规定的具体数额标准的，就应当按照第五条的规定定罪处罚。非法经营数额的计算方法在《解释》第十二条有明确规定。

实践中经常遇到侵权行为的非法经营数额或者违法所得数额无法计算或者数额很小，但是查获了大量侵权产品的情况，主要有以下几种情形：(1) 侵权行为人为逃避打击，销毁账目，或者虚设账目，甚至不设账目；(2) 侵权产品处于制造、储存、运输过程中，尚未销售，无账目可查；(3) 侵权产品正在销售中，能够查实的非法经营数额或者违法所得数额达不到定罪标准。如果因为其非法经营数额、违法所得数额难以查实，或者能够查实的非法经营数额、违法所得数额很小就不予以打击，显然是放纵犯罪。因此，《解释》第五条第一款第二项、第二款第二项规定了明确的数量标准，此种计算方法在办案中也更加方便快捷。本批复第一款的规定即明确了侵权的录音录像制品的数量标准适用《解释》第五条的规定，如果复制品的数量达到1000张（份）或者5000张（份）以上的，则按照《刑法》第二百一十七条侵犯著作权罪的规定，分别两个量刑档次定罪处罚。

（撰稿人：李　晓　张玉梅）

指导案例 87 号

郭明升、郭明锋、孙淑标假冒注册商标案

（最高人民法院审判委员会讨论通过　2017 年 3 月 6 日发布）

关键词

刑事　假冒注册商标罪　非法经营数额　网络销售　刷信誉

裁判要点

假冒注册商标犯罪的非法经营数额、违法所得数额，应当综合被告人供述、证人证言、被害人陈述、网络销售电子数据、被告人银行账户往来记录、送货单、快递公司电脑系统记录、被告人等所作记账等证据认定。被告人辩解称网络销售记录存在刷信誉的不真实交易，但无证据证实的，对其辩解不予采纳。

相关法条

《中华人民共和国刑法》第二百一十三条

基本案情

公诉机关指控：2013 年 11 月底至 2014 年 6 月期间，被告人郭明升为谋取非法利益，伙同被告人孙淑标、郭明锋在未经三星（中国）投资有限公司授权许可的情况下，从他人处批发假冒三星手机裸机及配件进行组装，利用其在淘宝网上开设的“三星数码专柜”网店进行“正品行货”宣传，并以明显低于市场价格公开对外销售，共计销售假冒的三星手机 20000 余部，销售金额 2000 余万元，非法获利 200 余万元，应当以假冒注册商标罪追究其刑事责任。被告人郭明升在共同犯罪中起主要作用，系主犯。被告人郭明锋、孙淑标在共同犯罪中起辅助作用，系从犯，应当从轻处罚。

被告人郭明升、孙淑标、郭明锋及其辩护人对其未经“SΛMSUNG”商标注册人授权许可，组装假冒的三星手机，并通过淘宝网店进行销售的犯罪事实无异议，但对非法经营额、非法获利提出异议，辩解称其淘宝网店存在请人刷信誉的行为，真实交易量只有 10000 多部。

法院经审理查明：“SΛMSUNG”是三星电子株式会社在中国注册的商标，该商标有效期至 2021 年 7 月 27 日；三星（中国）投资有限公司是三星电子株式会社在中国投资设立，并经三星电子株式会社特别授权负责三星电子株式会社名下商标、专利、著作权等知识产权管理和法律事务的公司。2013 年 11 月，被告人郭明升通过网络中介购买店主为“汪亮”、账号为 play2011－

1985 的淘宝店铺，并改名为“三星数码专柜”，在未经三星（中国）投资公司授权许可的情况下，从深圳市华强北远望数码城、深圳福田区通天地手机市场批发假冒的三星 I8552 手机裸机及配件进行组装，并通过“三星数码专柜”在淘宝网上以“正品行货”进行宣传、销售。被告人郭明锋负责该网店的客服工作及客服人员的管理，被告人孙淑标负责假冒的三星 I8552 手机裸机及配件的进货、包装及联系快递公司发货。至 2014 年 6 月，该网店共计组装、销售假冒三星 I8552 手机 20000 余部，非法经营额 2000 余万元，非法获利 200 余万元。

裁判结果

江苏省宿迁市中级人民法院于 2015 年 9 月 8 日作出（2015）宿中知刑初字第 0004 号刑事判决，以被告人郭明升犯假冒注册商标罪，判处有期徒刑五年，并处罚金人民币 160 万元；被告人孙淑标犯假冒注册商标罪，判处有期徒刑三年，缓刑五年，并处罚金人民币 20 万元。被告人郭明锋犯假冒注册商标罪，判处有期徒刑三年，缓刑四年，并处罚金人民币 20 万元。宣判后，三被告人均没有提出上诉，该判决已经生效。

裁判理由

法院生效裁判认为，被告人郭明升、郭明锋、孙淑标在未经“SΛMSUNG”商标注册人授权许可的情况下，购进假冒“SΛMSUNG”注册商标的手机机头及配件，组装假冒“SΛMSUNG”注册商标的手机，并通过网店对外以“正品行货”销售，属于未经注册商标所有人许可在同一种商品上使用与其相同的商标的行为，非法经营数额达 2000 余万元，非法获利 200 余万元，属情节特别严重，其行为构成假冒注册商标罪。被告人郭明升、郭明锋、孙淑标虽然辩解称其网店售销记录存在刷信誉的情况，对公诉机关指控的非法经营数额、非法获利提出异议，但三被告人在公安机关的多次供述，以及公安机关查获的送货单、支付宝向被告人郭明锋银行账户付款记录、郭明锋银行账户对外付款记录、“三星数码专柜”淘宝记录、快递公司电脑系统记录、公安机关现场扣押的笔记等证据之间能够互相印证，综合公诉机关提供的证据，可以认定公诉机关关于三被告人共计销售假冒的三星 I8552 手机 20000 余部，销售金额 2000 余万元，非法获利 200 余万元的指控能够成立，三被告人关于销售记录存在刷信誉行为的辩解无证据予以证实，不予采信。被告人郭明升、郭明锋、孙淑标，系共同犯罪，被告人郭明升起主要作用，是主犯；被告人郭明锋、孙淑标在共同犯罪中起辅助作用，是从犯，依法可以从轻处罚。故依法作出上述判决。

最高人民法院
关于审理扰乱电信市场管理秩序案件具体应用法律若干问题的解释

法释〔2000〕12号

（2000年4月28日最高人民法院审判委员会第1113次会议通过　2000年5月12日最高人民法院公告公布　自2000年5月24日起施行）

为依法惩处扰乱电信市场管理秩序的犯罪活动，根据刑法的有关规定，现就审理这类案件具体应用法律的若干问题解释如下：

第一条　违反国家规定，采取租用国际专线、私设转接设备或者其他方法，擅自经营国际电信业务或者涉港澳台电信业务进行营利活动，扰乱电信市场管理秩序，情节严重的，依照刑法第二百二十五条第（四）项的规定，以非法经营罪定罪处罚。

第二条　实施本解释第一条规定的行为，具有下列情形之一的，属于非法经营行为“情节严重”：

（一）经营去话业务数额在一百万元以上的；

（二）经营来话业务造成电信资费损失数额在一百万元以上的。

具有下列情形之一的，属于非法经营行为“情节特别严重”：

（一）经营去话业务数额在五百万元以上的；

（二）经营来话业务造成电信资费损失数额在五百万元以上的。

第三条　实施本解释第一条规定的行为，经营数额或者造成电信资费损失数额接近非法经营行为“情节严重”、“情节特别严重”的数额起点标准，并具有下列情形之一的，可以分别认定为非法经营行为“情节严重”、“情节特别严重”：

（一）两年内因非法经营国际电信业务或者涉港澳台电信业务行为受过行政处罚两次以上的；

（二）因非法经营国际电信业务或者涉港澳台电信业务行为造成其他严重后果的。

第四条　单位实施本解释第一条规定的行为构成犯罪的，对单位判处罚金，并对其直接负责的主管人员和其他直接责任人员，依照本解释第二条、第三条的规定处罚。

第五条 违反国家规定，擅自设置、使用无线电台（站），或者擅自占用频率，非法经营国际电信业务或者涉港澳台电信业务进行营利活动，同时构成非法经营罪和刑法第二百八十八条规定的扰乱无线电通讯管理秩序罪的，依照处罚较重的规定定罪处罚。

第六条 国有电信企业的工作人员，由于严重不负责任或者滥用职权，造成国有电信企业破产或者严重损失，致使国家利益遭受重大损失的，依照刑法第一百六十八条的规定定罪处罚。

第七条 将电信卡非法充值后使用，造成电信资费损失数额较大的，依照刑法第二百六十四条的规定，以盗窃罪定罪处罚。

第八条 盗用他人公共信息网络上网账号、密码上网，造成他人电信资费损失数额较大的，依照刑法第二百六十四条的规定，以盗窃罪定罪处罚。

第九条 以虚假、冒用的身份证件办理入网手续并使用移动电话，造成电信资费损失数额较大的，依照刑法第二百六十六条的规定，以诈骗罪定罪处罚。

第十条 本解释所称“经营去话业务数额”，是指以行为人非法经营国际电信业务或者涉港澳台电信业务的总时长（分钟数）乘以行为人每分钟收取的用户使用费所得的数额。

本解释所称“电信资费损失数额”，是指以行为人非法经营国际电信业务或者涉港澳台电信业务的总时长（分钟数）乘以在合法电信业务中我国应当得到的每分钟国际结算价格所得的数额。

【解　　读】

解读《最高人民法院关于审理扰乱电信市场管理秩序案件具体应用法律若干问题的解释》

一、问题的提出

近年来，我国信息产业发展非常迅猛，电信业已成为新的经济增长点。与此同时，少数不法分子利用信息产业发展过程中法律、法规不健全以及管理工作中存在的漏洞，非法经营国际及港澳台电信业务，给国家利益造成了巨大损失。司法实践中，由于对上述行为如何适用法律问题不明确，导致这类犯罪活动无法得到有效遏制。为此，最高人民法院于 2000 年 5 月 12 日公布了《关于审理扰乱电信市场管理秩序案件具体应用法律若干问题的解释》（以下简称本解释），为依法打击扰乱电信市场管理秩序犯罪行为提供了有力的法律武器。

二、理解与适用

（一）对非法经营国际电信业务或者涉港澳台电信业务行为的定性问题

经营国际电信业务必须得到行业主管部门的批准，否则，即属于扰乱电信市场管理秩序的非法经营行为。对于情节严重的，按照《刑法》第二百二十五条第（四）项“其他严重扰乱市场秩序的非法经营行为”的规定，以非法经营罪定罪处罚是适宜的。

（二）关于“情节严重”“情节特别严重”的认定问题

本解释第二条、第三条对此问题作出了规定。其中第二条针对非法经营国际电信业务或者涉港澳台电信业务行为的特点，列举了两种认定“情节严重”的情形，即“经营去话业务数额在100万元以上”或者“经营来话业务造成电信资费损失数额在100万元以上”。从实际查处的情况看，非法经营国际电信业务行为虽然包括去话业务和来话业务两种，但主要是来话业务。以从国内租用国际专线经营国际长话业务为例，行为人以商务用途之名租用国际专线后，与境外合作者取得联系，接通专线，由境外合作者在境外通过各种形式的广告招徕用户，使用专线的境外一端向国内打电话，在境外合作者向用户收取电话费后，与行为人按比例分成。根据租用人非法经营来话业务的分钟数乘以在合法电信业务中我国应当得到的每分钟国际结算价格，可以计算出因非法经营行为给国家造成的电信资费损失数额。根据这一数额的大小，决定是否定罪处罚。实际上，对经营来话业务的非法经营行为，认定造成电信资费损失数额相对容易一些，如果要查证经营数额则比较困难，因其经营行为主要发生在境外，相关证据材料较难取得，因此，对来话业务以损失数额为定罪标准是行得通的。同样道理，由于经营去话业务的行为主要发生在国内，而且在国内以明显低于市场的价格招徕用户极易被行业主管部门查获。虽然这种行为发生得不多，但的确存在，而且其经营数额相对比较容易获取，即根据话务单记载的行为人非法经营国际电信业务或者涉港澳台电信业务的总时长（分钟数）乘以行为人每分钟收取的用户使用费，可以求得经营数额，进而根据经营数额的大小决定是否追究刑事责任。

（三）关于本解释第七、八、九条的规定

本解释第八条“盗用他人公共信息网络上网账号、密码上网”行为是当前伴随着网络通讯技术发展而产生的一种新的犯罪形式，相对于一般的盗窃行为而言，这种手段更为隐蔽而不易被查获，社会危害比较严重。第七条“将电信卡非法充值后使用”以及第九条“以虚假、冒用的身份证件办理入网手续并使用移动电话”的行为，以前虽也时有发生，但由于定性问题一直没有明确，导致对这些行为或是定性不同或者不予追究。本解释的规定，无疑为打击上述犯罪行为提供了明确的法律依据。

（撰稿人：孙军工
审稿人：熊选国）

最高人民法院 最高人民检察院
关于办理非法从事资金支付结算业务、非法买卖外汇刑事案件适用法律若干问题的解释

法释〔2019〕1号

（2018年9月17日最高人民法院审判委员会第1749次会议、2018年12月12日最高人民检察院第十三届检察委员会第十一次会议通过 2018年11月28日最高人民法院、最高人民检察院公告公布 自2019年2月1日起施行）

为依法惩治非法从事资金支付结算业务、非法买卖外汇犯罪活动，维护金融市场秩序，根据《中华人民共和国刑法》《中华人民共和国刑事诉讼法》的规定，现就办理非法从事资金支付结算业务、非法买卖外汇刑事案件适用法律的若干问题解释如下：

第一条 违反国家规定，具有下列情形之一的，属于刑法第二百二十五条第三项规定的“非法从事资金支付结算业务”：

（一）使用受理终端或者网络支付接口等方法，以虚构交易、虚开价格、交易退款等非法方式向指定付款方支付货币资金的；

（二）非法为他人提供单位银行结算账户套现或者单位银行结算账户转个人账户服务的；

（三）非法为他人提供支票套现服务的；

（四）其他非法从事资金支付结算业务的情形。

第二条 违反国家规定，实施倒买倒卖外汇或者变相买卖外汇等非法买卖外汇行为，扰乱金融市场秩序，情节严重的，依照刑法第二百二十五条第四项的规定，以非法经营罪定罪处罚。

第三条 非法从事资金支付结算业务或者非法买卖外汇，具有下列情形之一的，应当认定为非法经营行为“情节严重”：

（一）非法经营数额在五百万元以上的；

（二）违法所得数额在十万元以上的。

非法经营数额在二百五十万元以上，或者违法所得数额在五万元以上，且具有下列情形之一的，可以认定为非法经营行为“情节严重”：

（一）曾因非法从事资金支付结算业务或者非法买卖外汇犯罪行为受过刑

事追究的；

（二）二年内因非法从事资金支付结算业务或者非法买卖外汇违法行为受过行政处罚的；

（三）拒不交代涉案资金去向或者拒不配合追缴工作，致使赃款无法追缴的；

（四）造成其他严重后果的。

第四条 非法从事资金支付结算业务或者非法买卖外汇，具有下列情形之一的，应当认定为非法经营行为“情节特别严重”：

（一）非法经营数额在二千五百万元以上的；

（二）违法所得数额在五十万元以上的。

非法经营数额在一千二百五十万元以上，或者违法所得数额在二十五万元以上，且具有本解释第三条第二款规定的四种情形之一的，可以认定为非法经营行为“情节特别严重”。

第五条 非法从事资金支付结算业务或者非法买卖外汇，构成非法经营罪，同时又构成刑法第一百二十条之一规定的帮助恐怖活动罪或者第一百九十一条规定的洗钱罪的，依照处罚较重的规定定罪处罚。

第六条 二次以上非法从事资金支付结算业务或者非法买卖外汇，依法应予行政处理或者刑事处理而未经处理的，非法经营数额或者违法所得数额累计计算。

同一案件中，非法经营数额、违法所得数额分别构成情节严重、情节特别严重的，按照处罚较重的数额定罪处罚。

第七条 非法从事资金支付结算业务或者非法买卖外汇违法所得数额难以确定的，按非法经营数额的千分之一认定违法所得数额，依法并处或者单处违法所得一倍以上五倍以下罚金。

第八条 符合本解释第三条规定的标准，行为人如实供述犯罪事实，认罪悔罪，并积极配合调查，退缴违法所得的，可以从轻处罚；其中犯罪情节轻微的，可以依法不起诉或者免予刑事处罚。

符合刑事诉讼法规定的认罪认罚从宽适用范围和条件的，依照刑事诉讼法的规定处理。

第九条 单位实施本解释第一条、第二条规定的非法从事资金支付结算业务、非法买卖外汇行为，依照本解释规定的定罪量刑标准，对单位判处罚金，并对其直接负责的主管人员和其他直接责任人员定罪处罚。

第十条 非法从事资金支付结算业务、非法买卖外汇刑事案件中的犯罪地，包括犯罪嫌疑人、被告人用于犯罪活动的账户开立地、资金接收地、资金过渡账户开立地、资金账户操作地，以及资金交易对手资金交付和汇出地等。

第十一条 涉及外汇的犯罪数额，按照案发当日中国外汇交易中心或者中国人民银行授权机构公布的人民币对该货币的中间价折合成人民币计算。中国外汇交易中心或者中国人民银行授权机构未公布汇率中间价的境外货币，按照案发当日境内银行人民币对该货币的中间价折算成人民币，或者该货币在境内银行、国际外汇市场对美元汇率，与人民币对美元汇率中间价进行套算。

第十二条 本解释自 2019 年 2 月 1 日起施行。《最高人民法院关于审理骗购外汇、非法买卖外汇刑事案件具体应用法律若干问题的解释》（法释〔1998〕20 号）与本解释不一致的，以本解释为准。

【解 读】

解读《最高人民法院、最高人民检察院关于办理非法从事资金支付结算业务、非法买卖外汇刑事案件适用法律若干问题的解释》

为依法惩治非法从事资金支付结算业务、非法买卖外汇犯罪活动，维护金融市场秩序，最高人民法院、最高人民检察院发布了《关于办理非法从事资金支付结算业务、非法买卖外汇刑事案件适用法律若干问题的解释》（法释〔2019〕1 号，以下简称本解释），自 2019 年 2 月 1 日起施行。为便于司法实践中正确理解和适用，现就本解释的制定背景、起草中的主要考虑和主要内容介绍如下。

一、本解释的制定背景与经过

全国人大常委会于 1998 年 12 月 29 日颁布了《关于惩治骗购外汇、逃汇和非法买卖外汇犯罪的决定》，规定非法买卖外汇，扰乱市场秩序，情节严重的，依照非法经营罪定罪处罚。2009 年 2 月 28 日《刑法修正案（七）》在《刑法》第二百二十五条第三项中增加了“非法从事资金支付结算业务”的情形，规定非法从事资金支付结算业务，扰乱市场秩序，情节严重的，以非法经营罪定罪处罚。有关刑事立法为依法惩治地下钱庄非法买卖外汇、非法从事资金支付结算业务犯罪活动提供了法律依据。

近年来，随着国内外经济形势的变化，恐怖主义犯罪国际化，走私犯罪和跨境毒品犯罪增加，以及我国加大对贪污贿赂犯罪的打击力度，从事非法资金支付结算业务、非法买卖外汇等涉地下钱庄犯罪活动日益猖獗，涉地下钱庄刑事案件不断增多。地下钱庄已成为不法分子从事洗钱和转移资金的最主要通道，不但涉及经济领域的犯罪，还日益成为电信诈骗、网络赌博等犯罪活动转移赃款的渠道，成为贪污腐败分子和恐怖活动的“洗钱工具”和“帮凶”，严重扰乱金融市场秩序，严重危害国家金融安全和社会稳定，必须依法予以严惩。与此同时，司法实践反映的具体定罪量刑标准尚不明确，一些法律适用问题存在争议，需要通过司法解释作出规定。

起草、制定本解释历时近两年时间。最高人民法院刑三庭、最高人民检察院法律政策研究室经过深入调研论证和广泛征求意见，结合司法工作实际，制定了本解释。在起草本解释过程中，先后多次组织召开专家论证会听取意见和建议，征求了全国法院系统、检察系统以及公安部、中国人民银行、国家外汇管理局等有关部门的意见，并征求了全国人大常委会法工委的意见，达成广泛共识。2018 年 9 月 17 日最高人民法院审判委员会第 1749 次会议、2018 年 12 月 12 日最高人民检察院第十三届检察委员会第十一次会议分别审议通过了本解释。

二、本解释起草中的主要考虑

为确保本解释的内容科学合理，符合刑法规定的原则和精神，能够切实解决司法实践中遇到的法律适用问题，在起草过程中，主要有以下几方面考虑。

第一，坚持罪刑法定原则。正确理解和把握立法精神，严格依法准确解释法律，是起草司法解释所坚持的首要原则。本解释以《刑法》规定为依据，严格在刑法规定范围进行解释，对非法从事资金支付结算业务、非法买卖外汇犯罪行为的界定和确定的定罪量刑标准等内容，都没有超出刑法的规定范围，确保罪刑法定原则在司法实践中得到贯彻落实，确保无罪的人不受刑事追究。

第二，坚持立足司法实际。立足司法实践，解决实际问题，是制定司法解释的出发点和落脚点。在起草本解释过程中，就涉地下钱庄犯罪相关法律适用问题进行了深入调研，全面收集相关情况和案例，对存在的问题进行了系统梳理。在此基础上，坚持以问题为导向，结合司法实际，明确了非法从事资金支付结算业务、非法买卖外汇“情节严重”“情节特别严重”等具体的定罪量刑标准以及一些有争议的法律适用问题，以便统一司法标准，统一法律适用，确保刑法得到正确实施。

第三，坚持宽严相济刑事政策。贯彻宽严相济刑事政策是制定司法解释一贯坚持的重要原则。本解释在从严惩治涉地下钱庄刑事犯罪的同时，切实体现区别对待，分化瓦解犯罪分子，规定对于行为人符合定罪处罚标准，如实供述犯罪事实，认罪悔罪，并积极配合调查，退缴违法所得的，可以从轻处罚；其中犯罪情节轻微的，可以依法不起诉或者免予刑事处罚。同时切实贯彻认罪认罚从宽制度，规定符合《刑事诉讼法》规定的认罪认罚从宽适用范围和条件的，依照《刑事诉讼法》的规定处理，确保法律效果和社会效果的有机统一，更好地实现惩罚和预防犯罪的目的。

三、本解释的主要内容

结合当前非法从事资金支付结算业务、非法买卖外汇刑事案件的特点和司法实践反映的突出问题，依照《刑法》《刑事诉讼法》的规定，本解释对非法从事资金支付结算业务、非法买卖外汇刑事案件的适用法律相关问题作了较为系统的规定。本解释共十二个条文，大致可以归纳为如下七个方面的内容。

（一）关于“非法从事资金支付结算业务”的认定问题

根据中国人民银行《支付结算办法》的规定，支付结算是指单位、个人在社会经济活动中使用票据、信用卡和汇兑、托收承付、委托收款等结算方式进行货币给付及其资金清算的行为。银行是支付结算和资金清算的中介机构。未经中国人民银行批准的非银行金融机构和其他单位不得作为中介机构经营支付结算业务，但法律、行政法规另有规定的除外。国务院《非法金融机构和非法金融业务活动取缔办法》（1998 年 7 月 13 日起施行）规定，未经中国人民银行依法批准，任何单位和个人不得擅自设立金融机构或者擅自从事金融业务活动。《刑法修正案（七）》对《刑法》第二百二十五条规定的非法经营罪作了进一步修改完善，规定非法从事资金支付结算业务，扰乱市场秩序，情节严重的，应认定为非法经营罪。

近年来，随着互联网金融的迅猛发展，支付结算方式发生很大变化，由于刑法没有明确资金支付结算的具体情形，司法实践中对非法从事资金支付结算业务的认定存在争议。从近年查处的涉地下钱庄犯罪案件看，非法从事资金支付结算业务，主要是不法分子通过设立空壳公司，采取网银转账等方式协助他人将对公账户非法转移到对私账户、套取现金等进行非法支付结算。结合司法实际和有关案例，本解释第一条规定了虚构支付结算、公转私、套取现金和支票套现等三种“非法从事资金支付结算业务”情形，同时规定“其他非法从事资金支付结算业务的情形”作为兜底条款，以适应支付结算方式不断变化的需要。

1. 关于虚构支付结算情形，即使用受理终端或者网络支付接口等方法，以虚构交易、虚开价格、交易退款等非法方式向指定付款方支付货币资金的。传统的信用卡套现行为，一般是指使用销售点终端机具（POS 机）等方法，以虚构交易、虚开价格、现金退货等方式向信用卡持卡人直接支付现金的行为。为打击频繁出现的信用卡套现行为，《最高人民法院、最高人民检察院关于办理妨害信用卡管理刑事案件具体应用法律若干问题的解释》（以下简称《信用卡管理司法解释》）第十二条规定：违反国家规定，使用销售点终端机具（POS 机）等方法，以虚构交易、虚开价格、现金退货等方式向信用卡持卡人直接支付现金，情节严重的，应当依据《刑法》第二百二十五条的规定，以非法经营罪定罪处罚。但随着互联网支付的兴起，支付结算的方式、方法发生了很大变化，支付方法包括但不限于POS机等终端机具，还包括其他各种受理终端和网络支付接口；套现的行为、方式也呈多样化，包括但不限于信用卡套现行为，还包括以各种非法方式向指定付款方支付货币资金的行为。据此，本解释第一条第一项规定，使用受理终端或者网络支付接口等方法，以虚构交易、虚开价格、交易退款等非法方式向指定付款方支付货币资金的，属于“非法从事资金支付结算业务”情形。例如，有的不法分子购得多家可使用“蚂蚁花呗”支付的淘宝店铺，意图套现用户点击相应链接购买商品，并申请由“蚂蚁花呗”代为支付，用户在无真实商品交易的情况下点击确认收货并随即申请退货，行为人扣除手续费后将剩余款项转入套现用户的支付宝账户，从而完成套现。行为人通过网购平台套取贷记卡资金的行为就属于“非法从事资金支付结算业务”。需要注意的是，信用卡套现行为属于虚构支付结算行为的一种形式，本解释的规定属于一般规定，《信用卡管理司法解释》关于信用卡套现行为的规定属于特别规定，按照特别规定优于一般规定的原则，对于信用卡套现行为的认定适用《信用卡管理司法解释》，对于其他虚构支付结算行为的认定适用本解释。

2. 关于“公转私”、套取现金情形，即非法为他人提供单位银行结算账户套现或者单位银行结算账户转个人账户服务的。实践中，不法分子通过设立空壳公司，开设大量对公账户和个人账户，假造业务往来，再通过“公转私”业务，采取网银转账等方式协助他人将对公账户非法转到对私账户、套取现金等进行非法支付结算。此类犯罪手法隐蔽、快速、交易量大，迎合了一些人非法转移资金、非法套现的需要。支付结算型地下钱庄主要就是这种情形，一方面非法为他人提供单位银行结算账户进行套现，另一方面非法为他人提供单位银行结算账户转个人账户服务，从中收取服务费。

3. 关于支票套现情形，即非法为他人提供支票套现服务。该种情形是在没有实际交易的情况下，不法分子将他人开具的支票转到自己控制的账户，从而为他人提供现金，俗称“串票”或“支票串现金”。

（二）关于“非法买卖外汇”的认定问题

外汇是国家重要的经济资源，也是国家经济实力的体现。我国对外汇实行强制管理制度，严禁任何个人和单位实施有损外汇管理制度的违法犯罪活动，任何组织、个人在我国境内从事外汇买卖、结汇业务，必须获得国家外汇管理部门的许可并在指定场所进行。根据《全国人大常委会关于惩治骗购外汇、逃汇和非法买卖外汇犯罪的决定》第四条第一款的规定，在国家规定的交易场所以外买卖外汇，扰乱市场秩序，情节严重的，依照《刑法》第二百二十五条的规定定罪处罚。

根据《外汇管理条例》第四十五条的规定，非法买卖外汇主要包括倒买倒卖外汇、变相买卖外汇等情形。实践中，地下钱庄非法买卖外汇主要有较为传统的以境内直接交易形式实施的倒买倒卖外汇行为和当前常见的以境内外“对敲”方式进行资金跨国（境）兑付的变相买卖外汇行为。倒买倒卖外汇，是指不法分子在国内外汇黑市进行低买高卖，从中赚取汇率差价。此类钱庄俗称为“换汇黄牛”。变相买卖外汇，是指在形式上进行的不是人民币和外汇之间的直接买卖，而采取以外汇偿还人民币或以人民币偿还外汇、以外汇和人民币互换实现货币价值转换的行为。资金跨国（境）兑付是一种典型的变相买卖外汇行为。跨国（境）兑付型地下钱庄，不法分子与境外人员、企业、机构相勾结，或利用开立在境外的银行账户，协助他人进行跨境汇款、转移资金活动。这类地下钱庄又被称为“对敲型”地下钱庄，即资金在境内外实行单向循环，没有发生物理流动，通常以对账的形式来实现“两地平衡”。现在多数地下钱庄的主要业务是资金跨国（境）兑付，导致巨额资本外流，社会危害性巨大，属重点打击对象。据此，本解释第二条规定，实施倒买倒卖外汇或者变相买卖外汇等非法买卖外汇行为，扰乱金融市场秩序，情节严重的，以非法经营罪定罪处罚。

（三）关于“情节严重”“情节特别严重”的认定标准

1. “情节严重”的认定标准

最高人民法院于1998年出台的《关于审理骗购外汇、非法买卖外汇刑事案件具体应用法律若干问题的解释》（以下简称《非法买卖外汇司法解释》）第三条规定，非法买卖外汇二十万美元以上的（注：根据当时人民币对美元的利率计算，约相当于二百万元人民币），或者违法所得五万元人民币以上的，属于“情节严重”。最高人民检察院、公安部于2010年出台的《关于公安机关管辖的刑事案件立案追诉标准的规定（二）》第七十九条第三项规定，非法从事资金支付结算业务，数额在二百万元以上的，或者违法所得数额在五万元以上的，应以非法经营罪立案追诉。

本解释第三条第一款规定，非法从事资金支付结算业务或者非法买卖外汇，非法经营数额在五百万元以上的，或者违法所得数额在十万元以上的，应当认定为非法经营行为“情节严重”。主要基于以下两方面考虑。

一是经济社会发展状况。《非法买卖外汇司法解释》的数额标准是20年前制定的。我国经济社会已经发生巨大变化，人均GDP从1998年至2016年增长了七倍多（1998年为6859元，2015年为55413元）。鉴于此类犯罪属于经济犯罪，对此类犯罪的定罪量刑数额标准应与经济社会发展状况保持一定的适应性，适当提高数额标准有其客观社会基础。

二是司法实践和案例数据。从判决案例情况看，大部分案件非法经营数额均在500万元以上。从国家外汇管理局对外发布的典型案例和提供的统计数据看，行政处罚统计数据显示，自 2015 年 1 月 1 日至 2017 年 10 月 1 日，共查处地下钱庄客户案件 1700 起，其中 850 起案件的涉案金额在 13.4 万美元以上，425 起案件的涉案金额在 55.5 万美元以上。2017 年 7 月通报了 25 例外汇违规案例，其中非法买卖外汇涉及 6 件，交易金额均在 500 万元以上。虽然国家外汇管理局目前只有针对地下钱庄交易对手（即地下钱庄的客户）的统计数据和案例，没有直接针对地下钱庄经营者的行政处罚，但可以通过对交易对手的行政处罚情况来判断地下钱庄经营者的经营数额，地下钱庄经营者的经营外汇交易额要远远大于交易对手的金额。

同时考虑从严打击涉地下钱庄犯罪的需要，本解释在规定数额标准的基础上，又规定了可以认定为“情节严重”的“数额＋情节”的情形。改变过去单纯“计赃论罚”“唯数额论”的做法，注重数额之外其他情节在定罪量刑中的作用。参照有关司法解释的规定，数额按照纯数额标准的50%折算，结合地下钱庄犯罪的实际，本解释第三条第二款规定了四种可以认定为“情节严重”的“数额＋情节”的标准，即非法经营数额在二百五十万元以上，或者违法所得数额在五万元以上，且具有下列情形之一的，可以认定为非法经营行为“情节严重”：(1) 曾因非法从事资金支付结算业务或者非法买卖外汇犯罪行为受过刑事追究的；(2) 二年内因非法从事资金支付结算业务或者非法买卖外汇违法行为受过行政处罚的；(3) 拒不交代涉案资金去向或者拒不配合追缴工作，致使赃款无法追缴的；(4) 造成其他严重后果的。“情节严重”的认定标准，符合我国经济社会发展状况和司法实践，充分体现了宽严相济刑事政策的精神，有利于突出打击重点，有效惩罚和预防涉地下钱庄刑事犯罪。

2. “情节特别严重”的认定标准

司法实践中，由于相关司法解释没有明确非法从事资金支付结算业务、非法买卖外汇“情节特别严重”的认定标准，导致适用法律存在困难。为从严惩处涉地下钱庄犯罪，参照有关司法解释的规定，本解释按照“情节严重”数额标准的五倍确定“情节特别严重”的认定标准，并规定可以认定为“情节特别严重”的“数额＋情节”的情形，即非法经营数额在二千五百万元以上或者违法所得数额在五十万元以上的，应当认定为非法经营行为“情节特别严重”；非法经营数额在一千二百五十万元以上或者违法所得数额在二十五万元以上，且具有本解释第三条第二款规定的四种情形之一的，可以认定为非法经营行为“情节特别严重”。

（四）关于犯罪数额认定和刑事处罚问题

1. 关于犯罪数额的认定和处罚原则

非法从事资金支付结算业务、非法买卖外汇的非法经营数额或者违法所得数额是定罪量刑的依据，依法应当累计计算，但犯罪数额累计计算的前提条件是，单次非法从事资金支付结算业务或者非法买卖外汇行为必须是依法应予行政处理或者刑事处理而未经处理的。对于不构成犯罪但超过行政处罚时效期限，或者构成犯罪但超过追诉期限的，相关数额不应累计计算。据此，本解释第六条第一款规定，对于二次以上非法从事资金支付结算业务或者非法买卖外汇，依法应予行政处理或者刑事处理而未经处理的，非法经营数额或者违法所得数额累计计算。

在非法从事资金支付结算业务或者非法买卖外汇刑事案件中，只要非法经营数额或者违法所得数额达到入罪标准，就构成犯罪。同一行为的非法经营数额、违法所得数额构成不同情节的，一般应按“从一重处断”原则进行定罪处罚。据此，本解释第六条第二款规定，对于同一案件中，非法经营数额、违法所得数额分别构成情节严重、情节特别严重的，按照处罚较重的数额定罪处罚。

2. 关于罚金刑的适用标准

非法经营犯罪的违法所得，包括非法经营实际获利数额和预期获利数额，既是定罪量刑的标准，也是判处罚金刑的依据。《刑法》第二百二十五条对非法经营罪判处罚金作出了明确规定，即依法并处或者单处违法所得一倍以上五倍以下罚金。实践中，对于能查明违法所得的案件而言，判处罚金不存在困难，但对于确实难以查明违法所得数额的，则难以确定罚金数额。在难以查明违法所得的情况下，根据有关司法解释的规定，如果按照最低罚金数额标准判处一千元罚金，显然过轻；但如果在一千元以上判处数额不等的罚金，又于法无据，有的出现悬殊的情况，影响刑罚效果。

根据调研情况和相关案例，地下钱庄的利润空间（也即违法所得）通常在非法经营数额的千分之一至千分之五之间。为便于实际操作和规范罚金的适用，本解释第七条规定，对于非法从事资金支付结算业务或者非法买卖外汇违法所得数额难以确定的，按非法经营数额的千分之一认定违法所得数额，依法并处或者单处违法所得一倍以上五倍以下罚金。

3. 关于从宽处罚标准

为切实贯彻宽严相济的刑事政策，在加大对涉地下钱庄刑事案件犯罪分子打击力度的同时，有必要对一些具有法定或者酌定从轻处罚情节的行为人依法予以从轻处罚。参照相关司法解释的规定，本解释第八条第一款明确了从轻处罚和出罪标准，一方面，规定对于行为人如实供述犯罪事实，认罪悔罪，并积极配合调查，退缴违法所得的，可以从轻处罚，目的是鼓励行为人如实供述犯罪事实，积极配合调查，主动退缴违法所得，便于查明犯罪事实和违法所得，及时有效地惩治犯罪；另一方面，规定对于犯罪情节轻微的，可以依法不起诉或者免予刑事处罚，目的是让一些罪行较轻、确有悔罪表现的行为人更好地回归社会，降低诉讼成本，取得好的办案效果。同时，为更好地衔接和落实认罪认罚从宽制度，本解释第八条第二款规定，对于符合刑事诉讼法规定的认罪认罚从宽适用范围和条件的，依照刑事诉讼法的规定处理。需要注意的是，该条第一款只适用于本解释第三条规定的在非法经营罪第一档法定刑幅度定罪处罚的情形，不适用于第二档法定刑的情形。另外，对于因犯罪情节轻微而依法不起诉或者免予刑事处罚的，不影响对行为人的行政处理。

4. 关于单位犯罪的定罪处罚标准

根据《刑法》第二百三十一条的规定，单位可以成为非法经营罪的主体。近年来，地下钱庄的组织模式呈多样化，既可以是自然人犯罪，也可以是单位犯罪。为加大对地下钱庄单位犯罪的惩治力度，本解释第九条明确了单位非法从事资金支付结算业务、非法买卖外汇的，适用自然人犯罪的定罪量刑标准，对于单位实施本解释第一条、第二条规定的非法从事资金支付结算业务、非法买卖外汇行为的，依照本解释规定的定罪量刑标准，对单位判处罚金，并对其直接负责的主管人员和其他直接责任人员定罪处罚。

（五）关于罪名竞合的处罚原则

地下钱庄和洗钱、恐怖融资有着天然的联系，地下钱庄已成为不法分子从事洗钱和转移资金的主要通道。我国《刑法》第一百九十一条、第一百二十条之一分别规定了洗钱罪、帮助恐怖活动罪。司法实践中，对于地下钱庄实施非法从事资金支付结算业务或者非法买卖外汇行为，通过转账或者其他结算方式协助资金转移，或者协助将资金汇往境外，构成非法经营罪，同时又构成洗钱罪或者帮助恐怖活动罪的，按照竞合犯处罚原则，依照处罚较重的规定定罪处罚。据此，本解释第五条明确了非法经营罪与洗钱罪或者帮助恐怖活动罪竞合时的处罚原则。本解释第五条的规定，也彰显了我国依法严厉打击洗钱、帮助恐怖活动犯罪的态度和决心，有利于进一步加强适用洗钱罪打击地下钱庄洗钱活动的力度，依法严厉惩处涉地下钱庄犯罪活动。

（六）关于犯罪地的认定问题

随着互联网金融的发展，现代支付结算工具日新月异，为地下钱庄跨区域、跨国（境）非法从事资金支付结算业务、非法买卖外汇提供了便利，地下钱庄通过网银开展业务，有的甚至在国（境）外操作网银，关联客户账户遍布全国各地，此类刑事案件的资金普遍存在跨区域、跨国（境）的特点。司法实践中，对地下钱庄非法从事资金支付结算业务、非法买卖外汇的犯罪地有不同理解，从而产生管辖争议。考虑此类犯罪的特点，为依法、有效打击涉地下钱庄犯罪，根据《最高人民法院关于适用〈中华人民共和国刑事诉讼法〉的解释》第二条的规定，本解释第十条进一步明确了非法从事资金支付结算业务、非法买卖外汇刑事案件的犯罪地，将与犯罪行为相关联的各环节所在地，包括犯罪嫌疑人、被告人用于犯罪活动的账户开立地、资金接收地、资金过渡账户开立地、资金账户操作地以及交易对手资金交付和汇出地等，均认定为犯罪地。涉地下钱庄刑事案件由犯罪地的公安机关立案侦查、人民检察院提起公诉、人民法院审判。

（七）关于本解释的适用效力问题

本解释自2019年2月1日起施行。本解释第三条对非法买卖外汇的定罪标准作了新的规定，故《最高人民法院关于审理骗购外汇、非法买卖外汇刑事案件具体应用法律若干问题的解释》第三条规定的定罪处罚标准不再适用。应当明确的是，司法解释是对审判、检察工作中适用法律问题所作的解释，其效力适用于作为解释对象的法律施行期间。对于法律施行后、本解释实施前发生的非法从事资金支付结算业务、非法买卖外汇行为，本解释施行后尚未处理或者正在处理的案件，依照本解释的规定处理；对于本解释施行前已经办结（包括已经行政处罚）的案件，按照当时的法律和司法解释，认定事实和适用法律没有错误的，不再变动。

（撰稿人：姜永义　陈学勇　陈新旺）

指导案例 97 号

王力军非法经营再审改判无罪案

（最高人民法院审判委员会讨论通过 2018 年 12 月 19 日发布）

关键词

刑事 非法经营罪 严重扰乱市场秩序 社会危害性 刑事违法性 刑事处罚必要性

裁判要点

1. 对于《刑法》第二百二十五条第四项规定的“其他严重扰乱市场秩序的非法经营行为”的适用，应当根据相关行为是否具有与《刑法》第二百二十五条前三项规定的非法经营行为相当的社会危害性、刑事违法性和刑事处罚必要性进行判断。

2. 判断违反行政管理有关规定的经营行为是否构成非法经营罪，应当考虑该经营行为是否属于严重扰乱市场秩序。对于虽然违反行政管理有关规定，但尚未严重扰乱市场秩序的经营行为，不应当认定为非法经营罪。

相关法条

《中华人民共和国刑法》第二百二十五条

基本案情

内蒙古自治区巴彦淖尔市临河区人民检察院指控被告人王力军犯非法经营罪一案，内蒙古自治区巴彦淖尔市临河区人民法院经审理认为，2014 年 11 月至 2015 年 1 月期间，被告人王力军未办理粮食收购许可证，未经工商行政管理机关核准登记并颁发营业执照，擅自在临河区白脑包镇附近村组无证照违法收购玉米，将所收购的玉米卖给巴彦淖尔市粮油公司杭锦后旗蛮会分库，非法经营数额 218288.6 元，非法获利 6000 元。案发后，被告人王力军主动退缴非法获利 6000 元。2015 年 3 月 27 日，被告人王力军主动到巴彦淖尔市临河区公安局经侦大队投案自首。原审法院认为，被告人王力军违反国家法律和行政法规规定，未经粮食主管部门许可及工商行政管理机关核准登记并颁发营业执照，非法收购玉米，非法经营数额 218288.6 元，数额较大，其行为构成非法经营罪。鉴于被告人王力军案发后主动到公安机关投案自首，主动退缴全部违法所得，有悔罪表现，对其适用缓刑确实不致再危害社会，决定对被告人王力军依法从轻处罚并适用缓刑。宣判后，王力军未上诉，检察机关未抗诉，判决发生法律效力。

最高人民法院于 2016 年 12 月 16 日作出（2016）最高法刑监 6 号再审决

定，指令内蒙古自治区巴彦淖尔市中级人民法院对本案进行再审。

再审中，原审被告人王力军及检辩双方对原审判决认定的事实无异议，再审查明的事实与原审判决认定的事实一致。内蒙古自治区巴彦淖尔市人民检察院提出了原审被告人王力军的行为虽具有行政违法性，但不具有与刑法第二百二十五条规定的非法经营行为相当的社会危害性和刑事处罚必要性，不构成非法经营罪，建议再审依法改判。原审被告人王力军在庭审中对原审认定的事实及证据无异议，但认为其行为不构成非法经营罪。辩护人提出了原审被告人王力军无证收购玉米的行为，不具有社会危害性、刑事违法性和应受惩罚性，不符合刑法规定的非法经营罪的构成要件，也不符合刑法谦抑性原则，应宣告原审被告人王力军无罪。

裁判结果

内蒙古自治区巴彦淖尔市临河区人民法院于 2016 年 4 月 15 日作出（2016）内 0802 刑初 54 号刑事判决，认定被告人王力军犯非法经营罪，判处有期徒刑一年，缓刑二年，并处罚金人民币二万元；被告人王力军退缴的非法获利款人民币六千元，由侦查机关上缴国库。最高人民法院于 2016 年 12 月 16 日作出（2016）最高法刑监 6 号再审决定，指令内蒙古自治区巴彦淖尔市中级人民法院对本案进行再审。内蒙古自治区巴彦淖尔市中级人民法院于 2017 年 2 月 14 日作出（2017）内 08 刑再 1 号刑事判决：一、撤销内蒙古自治区巴彦淖尔市临河区人民法院（2016）内 0802 刑初 54 号刑事判决；二、原审被告人王力军无罪。

裁判理由

内蒙古自治区巴彦淖尔市中级人民法院再审认为，原判决认定的原审被告人王力军于 2014 年 11 月至 2015 年 1 月期间，没有办理粮食收购许可证及工商营业执照买卖玉米的事实清楚，其行为违反了当时的国家粮食流通管理有关规定，但尚未达到严重扰乱市场秩序的危害程度，不具备与《刑法》第二百二十五条规定的非法经营罪相当的社会危害性、刑事违法性和刑事处罚必要性，不构成非法经营罪。原审判决认定王力军构成非法经营罪适用法律错误，检察机关提出的王力军无证照买卖玉米的行为不构成非法经营罪的意见成立，原审被告人王力军及其辩护人提出的王力军的行为不构成犯罪的意见成立。

最高人民法院
关于审理倒卖车票刑事案件有关问题的解释

法释〔1999〕17号

（1999年9月2日最高人民法院审判委员会
第1074次会议通过　1999年9月6日最高人民
法院公告公布　自1999年9月14日起施行）

为依法惩处倒卖车票的犯罪活动，根据刑法的有关规定，现就审理倒卖车票刑事案件的有关问题解释如下：

第一条　高价、变相加价倒卖车票或者倒卖坐席、卧铺签字号及订购车票凭证，票面数额在5000元以上，或者非法获利数额在2000元以上的，构成刑法第二百二十七条第二款规定的“倒卖车票情节严重”。

第二条　对于铁路职工倒卖车票或者与其他人员勾结倒卖车票；组织倒卖车票的首要分子；曾因倒卖车票受过治安处罚两次以上或者被劳动教养一次以上，两年内又倒卖车票，构成倒卖车票罪的，依法从重处罚。

【解　　读】

解读《最高人民法院关于审理倒卖车票刑事案件有关问题的解释》

一、问题的提出

我国《刑法》第二百二十七条第二款规定，倒卖车票、船票情节严重的，依法追究刑事责任。但是《刑法》第二百二十七条第二款的规定比较原则和笼统，究竟什么样的情形属于“情节严重”，《刑法》上没有具体规定，这给司法实践中的具体操作带来一定的困难。因此，1999年9月2日，最高人民法院审判委员会第1074次会议通过了《关于审理倒卖车票刑事案件有关问题的解释》（以下简称本解释）。

二、理解与适用

（一）关于“倒卖车票情节严重”的认定问题

倒卖车票的犯罪，一般都有争取非法利益的目的。因此，犯罪行为人倒卖车票的票面数额和犯罪人非法获利的数额可以准确反映这种犯罪行为情节的轻重。因此本解释第一条从票面数额和非法获利数额两种情形对“倒卖车票情节严重”作出具体规定：倒卖车票的票面数额在五千元以上，或者非法获利数额在两千元以上的，构成“倒卖车票情节严重”。

（二）关于从重处罚的几种情形

本解释第二条规定了对倒卖车票犯罪从重处罚的三种情形：

1. 铁路职工倒卖车票或者与其他人员勾结倒卖车票的。我国对铁路企业实行专营，票务秩序直接关系到铁路运营的安全与稳定。铁路职工利用工作和职务上的便利，倒卖车票或者参与倒卖车票的犯罪活动，扰乱社会秩序的危害性更大。因此打击倒卖车票的犯罪活动，特别需要注意打击铁路职工倒卖车票或者与其他人员勾结倒卖车票的行为。

2. 组织倒卖车票的首要分子。从实际查办的案件情况看，倒卖车票可能是犯罪分子自己单独实施的，也可能是共同犯罪，且组织严密的共同犯罪更有猖獗的趋势。因此，对组织倒卖车票犯罪的首要分子，必须依法从重处罚。

3. 曾因倒卖车票受过治安处罚两次以上或者被劳动教养一次以上，两年内又倒卖车票，构成倒卖车票罪的。原来倒卖过车票，虽然尚未构成倒卖车票罪，没有受到刑罚处罚，但却受过治安处罚两次以上，或者被劳动教养一次以上的，两年内再次倒卖车票，构成倒卖车票罪，表明犯罪行为人不思悔改，主观恶性较深，社会危害性较大，应当依法从重处罚。

（撰稿人：李洪江）

最高人民法院
关于对变造、倒卖变造邮票行为如何适用法律问题的解释

法释〔2000〕41号

（2000年11月15日最高人民法院审判委员会第1139次会议通过　2000年12月5日最高人民法院公告公布　自2000年12月9日起施行）

为了正确适用刑法，现对审理变造、倒卖变造邮票案件如何适用法律问题解释如下：

对变造或者倒卖变造的邮票数额较大的，应当依照刑法第二百二十七条第一款的规定定罪处罚。

【解　读】

解读《最高人民法院关于对变造、倒卖变造邮票行为如何适用法律问题的解释》

一、问题的提出

近年来，一些不法分子收购使用过的邮票进行变造、倒卖变造邮票的案件时有发生。司法实践中对于变造、倒卖变造邮票构成犯罪的法律适用问题存在分歧意见，造成对这类案件无法及时处理。为了严格执法，最高人民法院于2000年12月5日发布《关于对变造、倒卖变造邮票行为如何适用法律问题的解释》（以下简称本解释）。

二、理解与适用

依照《刑法》第二百二十七条第一款的规定，伪造或者倒卖伪造的车票、船票、邮票或者其他有价票证，数额较大的，以伪造、倒卖伪造的有价票证罪定罪处罚。对于变造、倒卖变造邮票的行为如何适用法律，主要有两种观点：

一种观点认为，伪造和变造是两种不同的行为，修订后《刑法》分则相关条文中对于凡是涉及伪造、变造犯罪的，都加以严格区分，将伪造、变造行为并列明确予以规定，如《刑法》第一百七十七条规定了伪造、变造金融票证罪等。而《刑法》第二百二十七条第一款仅规定了伪造、倒卖伪造的有价票证行为，没有规定变造行为，因此根据《刑法》的规定，变造或者倒卖变造的邮票行为构成犯罪的，不能适用伪造、倒卖伪造的有价票证罪定罪处罚，否则违背罪刑法定原则。对于变造邮票后使用的，或者将变造的邮票假冒未使用过的邮票出售的，或者明知他人购买变造邮票不是出于集邮、收藏目的而向其出售，构成犯罪的，建议依照诈骗罪定罪处罚。另一种观点认为，变造行为与伪造行为最为接近，在《刑法》修订以前，司法实践中对于变造行为构成犯罪的，通常都是按照伪造行为处理的。如果将变造或者倒卖变造邮票的行为按照诈骗罪处理，最高可判处被告人无期徒刑，而《刑法》第二百二十七条第一款规定的法定最高刑是七年有期徒刑，实践中可能出现变造行为比伪造行为处刑重，量刑失衡的问题。再者，行为人变造出邮票，或者倒卖了变造的邮票，就具有社会危害性，应当追究刑事责任，但如果按照诈骗罪处罚，则还要求具备对国家邮资或者受害人造成实际损失的要件。因此，对变造、倒卖变造邮票的行为按照伪造、倒卖伪造的有价票证罪定罪处罚较为适宜。经充分讨论，本解释最终采纳了后一种意见，对于实施变造或者倒卖变造邮票行为的，应当依照《刑法》第二百二十七条第一款的规定，以伪造、倒卖伪造的有价票证罪定罪处罚。由于目前最高人民法院还暂未对伪造、倒卖伪造有价票证犯罪的“数额较大”及“数额巨大”等问题作出统一的规定，因此司法机关在具体办理相关案件时，可以根据本地经济发展情况、行为的社会危害性等来确定构成犯罪的伪造、倒卖伪造邮票的数额。

（撰稿人：李　兵
审稿人：熊选国）

5. 侵犯公民人身权利、民主权利罪

最高人民法院　最高人民检察院
关于办理强奸、猥亵未成年人刑事案件适用法律若干问题的解释

法释〔2023〕3号

（2023年1月3日最高人民法院审判委员会第1878次会议、2023年3月2日最高人民检察院第十三届检察委员会第114次会议通过　2023年5月24日最高人民法院、最高人民检察院公告公布　自2023年6月1日起施行）

为依法惩处强奸、猥亵未成年人犯罪，保护未成年人合法权益，根据《中华人民共和国刑法》等法律规定，现就办理此类刑事案件适用法律的若干问题解释如下：

第一条　奸淫幼女的，依照刑法第二百三十六条第二款的规定从重处罚。具有下列情形之一的，应当适用较重的从重处罚幅度：

（一）负有特殊职责的人员实施奸淫的；

（二）采用暴力、胁迫等手段实施奸淫的；

（三）侵入住宅或者学生集体宿舍实施奸淫的；

（四）对农村留守女童、严重残疾或者精神发育迟滞的被害人实施奸淫的；

（五）利用其他未成年人诱骗、介绍、胁迫被害人的；

（六）曾因强奸、猥亵犯罪被判处刑罚的。

强奸已满十四周岁的未成年女性，具有前款第一项、第三项至第六项规定的情形之一，或者致使被害人轻伤、患梅毒、淋病等严重性病的，依照刑法第二百三十六条第一款的规定定罪，从重处罚。

第二条　强奸已满十四周岁的未成年女性或者奸淫幼女，具有下列情形之一的，应当认定为刑法第二百三十六条第三款第一项规定的“强奸妇女、奸淫幼女情节恶劣”：

（一）负有特殊职责的人员多次实施强奸、奸淫的；

（二）有严重摧残、凌辱行为的；

（三）非法拘禁或者利用毒品诱骗、控制被害人的；

（四）多次利用其他未成年人诱骗、介绍、胁迫被害人的；

（五）长期实施强奸、奸淫的；

（六）奸淫精神发育迟滞的被害人致使怀孕的；

（七）对强奸、奸淫过程或者被害人身体隐私部位制作视频、照片等影像资料，以此胁迫对被害人实施强奸、奸淫，或者致使影像资料向多人传播，暴露被害人身份的；

（八）其他情节恶劣的情形。

第三条 奸淫幼女，具有下列情形之一的，应当认定为刑法第二百三十六条第三款第五项规定的“造成幼女伤害”：

（一）致使幼女轻伤的；

（二）致使幼女患梅毒、淋病等严重性病的；

（三）对幼女身心健康造成其他伤害的情形。

第四条 强奸已满十四周岁的未成年女性或者奸淫幼女，致使其感染艾滋病病毒的，应当认定为刑法第二百三十六第三款第六项规定的“致使被害人重伤”。

第五条 对已满十四周岁不满十六周岁的未成年女性负有特殊职责的人员，与该未成年女性发生性关系，具有下列情形之一的，应当认定为刑法第二百三十六条之一规定的“情节恶劣”：

（一）长期发生性关系的；

（二）与多名被害人发生性关系的；

（三）致使被害人感染艾滋病病毒或者患梅毒、淋病等严重性病的；

（四）对发生性关系的过程或者被害人身体隐私部位制作视频、照片等影像资料，致使影像资料向多人传播，暴露被害人身份的；

（五）其他情节恶劣的情形。

第六条 对已满十四周岁的未成年女性负有特殊职责的人员，利用优势地位或者被害人孤立无援的境地，迫使被害人与其发生性关系的，依照刑法第二百三十六条的规定，以强奸罪定罪处罚。

第七条 猥亵儿童，具有下列情形之一的，应当认定为刑法第二百三十七条第三款第三项规定的“造成儿童伤害或者其他严重后果”：

（一）致使儿童轻伤以上的；

（二）致使儿童自残、自杀的；

（三）对儿童身心健康造成其他伤害或者严重后果的情形。

第八条 猥亵儿童，具有下列情形之一的，应当认定为刑法第二百三十七条第三款第四项规定的“猥亵手段恶劣或者有其他恶劣情节”：

（一）以生殖器侵入肛门、口腔或者以生殖器以外的身体部位、物品侵入被害人生殖器、肛门等方式实施猥亵的；

（二）有严重摧残、凌辱行为的；

（三）对猥亵过程或者被害人身体隐私部位制作视频、照片等影像资料，以此胁迫对被害人实施猥亵，或者致使影像资料向多人传播，暴露被害人身份的；

（四）采取其他恶劣手段实施猥亵或者有其他恶劣情节的情形。

第九条 胁迫、诱骗未成年人通过网络视频聊天或者发送视频、照片等方式，暴露身体隐私部位或者实施淫秽行为，符合刑法第二百三十七条规定的，以强制猥亵罪或者猥亵儿童罪定罪处罚。

胁迫、诱骗未成年人通过网络直播方式实施前款行为，同时符合刑法第二百三十七条、第三百六十五条的规定，构成强制猥亵罪、猥亵儿童罪、组织淫秽表演罪的，依照处罚较重的规定定罪处罚。

第十条 实施猥亵未成年人犯罪，造成被害人轻伤以上后果，同时符合刑法第二百三十四条或者第二百三十二条的规定，构成故意伤害罪、故意杀人罪的，依照处罚较重的规定定罪处罚。

第十一条 强奸、猥亵未成年人的成年被告人认罪认罚的，是否从宽处罚及从宽幅度应当从严把握。

第十二条 对强奸未成年人的成年被告人判处刑罚时，一般不适用缓刑。

对于判处刑罚同时宣告缓刑的，可以根据犯罪情况，同时宣告禁止令，禁止犯罪分子在缓刑考验期限内从事与未成年人有关的工作、活动，禁止其进入中小学校、幼儿园及其他未成年人集中的场所。确因本人就学、居住等原因，经执行机关批准的除外。

第十三条 对于利用职业便利实施强奸、猥亵未成年人等犯罪的，人民法院应当依法适用从业禁止。

第十四条 对未成年人实施强奸、猥亵等犯罪造成人身损害的，应当赔偿医疗费、护理费、交通费、营养费、住院伙食补助费等为治疗和康复支付的合理费用，以及因误工减少的收入。

根据鉴定意见、医疗诊断书等证明需要对未成年人进行精神心理治疗和康复，所需的相关费用，应当认定为前款规定的合理费用。

第十五条 本解释规定的“负有特殊职责的人员”，是指对未成年人负有监护、收养、看护、教育、医疗等职责的人员，包括与未成年人具有共同生活关系且事实上负有照顾、保护等职责的人员。

第十六条 本解释自 2023 年 6 月 1 日起施行。

【解　　读】

解读《最高人民法院、最高人民检察院关于办理强奸、猥亵未成年人刑事案件适用法律若干问题的解释》

引言

2023年5月25日，最高人民法院、最高人民检察院发布《关于办理强奸、猥亵未成年人刑事案件适用法律若干问题的解释》（法释〔2023〕3号，以下简称本解释），自2023年6月1日起施行。本解释的施行，对于依法从严惩处强奸、猥亵未成年人犯罪，加强对未成年人特殊、优先保护，将发挥重要作用。为便于司法实践中准确理解与适用，现就本解释的制定背景、起草中的主要考虑和主要内容作简要介绍。

一、起草背景

未成年人是祖国的未来、民族的希望，党和国家历来高度重视未成年人保护事业，社会各界对此也高度关注。习近平总书记深刻指出，“十年树木，百年树人，祖国的未来属于下一代。做好关心下一代工作，关系中华民族伟大复兴”；明确要求“对损害少年儿童权益、破坏少年儿童身心健康的言行，要坚决防止和依法打击”。在侵害未成年人权益的各类问题中，强奸、猥亵等性侵害犯罪严重损害未成年人身心健康，严重践踏法律红线和伦理底线，社会反映强烈，人民群众深恶痛绝。

最高人民法院认真贯彻落实习近平总书记重要指示精神，坚持以人民为中心，高度重视性侵害未成年人犯罪审判工作，会同有关部门研究制定司法文件，发布依法重判包括判处死刑的典型案例，加强审判监督和业务培训，推动构建惩治、预防相关犯罪的联动机制试点，指导各地法院加大惩处力度，依法保障未成年人合法权益。

同时，由于性侵害未成年人犯罪情况复杂，《中华人民共和国刑法》（以下简称《刑法》）对部分犯罪加重处罚情节采取了相对概括的规定方式，需要总结实践经验，进一步加以明确。针对此类犯罪近年来出现的新情况、新变化，2021年施行的《中华人民共和国刑法修正案（十一）》［以下简称《刑法修正案（十一）》］对奸淫幼女、猥亵儿童犯罪增加规定了多项法定加重处罚情节，并增设了负有照护职责人员性侵罪等罪名，对这些新修正条款如何适用，亦需要予以明确。

基于上述背景，最高人民法院自2021年以来，会同最高人民检察院深入调研，多次召开座谈会，听取法律、儿童医学、心理学领域专家，妇联、未成年人保护组织代表，法院、检察院等司法实务部门同志意见建议，在广泛征求意见、反复研究论证基础上，制定本解释。2023年1月3日，最高人民法院审判委员会第1878次全体会议审议通过，2023年3月2日，最高人民检察院第十三届检察委员会第114次会议审议通过。

二、起草原则

性侵害未成年人犯罪危害大，社会关注度高，在起草解释稿时，我们坚持问题导向，织密刑事法网，落实全方位从严，主要考虑如下：

一是坚持依法从严惩处。本解释聚焦打击锋芒，彰显从严惩处司法理念，进一步明确了相关犯罪的入罪条件和从重、加重处罚情节认定标准。例如，明确利用网络实施的猥亵行为的入罪条件；明确列举对奸淫幼女、强奸未成年人适用较重的从重处罚幅度的多项情形；明确强奸、猥亵“情节恶劣”“造成被害人伤害”等多项加重处罚情形；明确对此类犯罪严格控制缓刑适用，以及依法适用禁止令、从业禁止。这对于进一步统一法律适用标准、加大惩处力度，具有重要指导意义。

二是坚持罪责刑相适应。《刑法》规定，奸淫幼女的，应当从重处罚，法定刑是三年至十年有期徒刑，情节恶劣的，加重处罚，法定刑是十年以上有期徒刑、无期徒刑或者死刑。对猥亵儿童罪，则规定处五年以下有期徒刑，猥亵手段恶劣，或者有其他恶劣情节的，要加重处罚，处五年以上有期徒刑。对于如何认定“情节恶劣”“手段恶劣”，《刑法》的规定相对概括，并不具体。本解释综合考虑不同情形下犯罪的主体、对象、地点、手段、危害后果等因素，对相关从重、加重处罚条款作了进一步明确和细化，确保罪责刑相适应、罚当其罪、刑足制罪。同时，考虑到性侵害犯罪的情形十分复杂，公众普遍存在要求从严惩处犯罪的朴素情感，本解释对相关加重条款细化列举情形时，既明确回应公众诉求，也充分考虑加重条款与加重法定刑严厉程度之间的相当、平衡，对复杂、争议大的情形，给司法人员根据个案自由裁量预留必要空间，避免因规定过于机械造成罪刑失衡。

三是坚持特殊、优先保护。本解释坚持未成年人利益最大化，充分考虑未成年人身心发育不成熟等特点，以及强奸、猥亵犯罪对未成年人身心健康造成的伤害，落实对未成年人的特殊、优先保护原则。例如，《刑法》规定，强奸妇女致其重伤、死亡的，加重处罚；本解释规定，奸淫幼女致其轻伤或者感染严重性病的，就应当认定为造成幼女伤害，予以加重处罚，不要求达到重伤。对未成年人遭受性侵后需要进行治疗的，将所需的精神心理治疗和康复所需费用明确为物质损失，加大对未成年被害人的保护力度。

三、主要内容

本解释共十六条，主要明确《刑法》规定的强奸、猥亵、负有照护职责人员性侵等犯罪的从重、加重处罚情节，一些特殊猥亵行为的定罪标准，以及支持未成年被害人进行精神心理治疗和康复所需费用的范围等，具体包括如下六个方面的内容：

（一）明确奸淫幼女适用“较重的从重处罚幅度”的情形

本解释第一条从特殊身份犯罪主体、危害性大的犯罪手段、特定犯罪场所、特别弱势犯罪对象、被告人有性侵前科劣迹等方面，对一些适用“较重的从重处罚幅度”的情形予以明确。主要考虑：根据《刑法》第二百三十六条第一款、第二款的规定，奸淫幼女的，以强奸论，从重处罚，第一档法定刑为有期徒刑三年以上十年以下，量刑幅度较大。近年来，因对该档量刑幅度把握失当而引发争议的案件时有发生，故有必要对量刑把握的情形予以细化。根据《最高人民法院、最高人民检察院关于常见犯罪的量刑指导意见（试行）》（法发〔2021〕21号，以下简称《量刑指导意见》）的规定，奸淫幼女一人的，可以在四年至七年有期徒刑幅度内确定量刑起点。根据司法实践经验，并参考2013年《最高人民法院、最高人民检察院、公安部、司法部关于依法惩治性侵害未成年人犯罪的意见》（法发〔2013〕12号，已废止，以下简称《惩治性侵意见》）的规定，本解释第一条第一款列举了六项相对较严重的情节，规定适用“较重的从重处罚幅度”，具体幅度由司法人员结合《量刑指导意见》确定。换言之，相较于普通的奸淫幼女犯罪，具备上述所列六项情形的，量刑时更要体现依法严惩。例如，奸淫幼女一人一次，根据《刑法》规定，并适用《量刑指导意见》，可能以四年或者五年有期徒刑为量刑起点，那么，对于具有上述所列情形之一的，则可依法判处高于四年或者五年有期徒刑的刑罚，也就是在从重幅度的把握上更加体现从严惩处。

此外，鉴于本解释第八条将侵入隐私部位实施猥亵的情形规定为“猥亵情节恶劣”，应处五年以上有期徒刑，对根据本解释第一条第一款确定适用“较重的从重处罚幅度”时，也应注意量刑平衡。对强奸已满14周岁的未成年女性，具有相关情形，或者具有“致使被害人轻伤、感染梅毒、淋病等严重性病”情形的，依法从重处罚。对本解释所列情形，择其重点，分述如下：

1. 负有特殊职责的人员实施奸淫的情形。“特殊职责人员”概念曾规定于《惩治性侵意见》，《刑法修正案（十一）》规定了“对已满十四周岁不满十六周岁的未成年女性负有监护、收养、看护、教育、医疗等特殊职责的人员”构成负有照护职责人员性侵罪的主体要件，但该概念只见于《刑法》第二百三十六条之一。考虑到本解释中其他多个罪名和条款亦多处使用“特殊职责人员”概念，故本解释第十五条对此作出了统一规定。此外，将“因同居等形成对未成年人事实上（非法律意义上）有特殊照护职责的人员”（如继父或者一方的同居男/女友）明确为“负有特殊职责人员”，以体现从严惩处。该条后半段要求“共同生活”且必须“负有照护职责”，是因为如果只是在一起生活，但双方没有基于照护形成的不平等关系，就无特殊性可言，不能据此对双方自愿发生性关系的行为入罪或者加重处罚。比如，同在一个家庭中的哥哥与已满十四周岁的未成年妹妹自愿发生性关系；或者只是偶尔一两次短暂受托看护未成年人，没有稳定的共同生活关系，就不宜认定为《刑法》和司法解释中规定的“特殊职责人员”。

监护人、保姆、教师、教练、救助人、医生等对未成年人负有特殊职责的人员，具有接触被害人的便利条件，实施奸淫行为更为隐蔽，一般人难以发现，持续时间会更长，未成年被害人更难以抗拒和向有关部门揭露，危害更大。而且，此类人员实施的奸淫犯罪还有违其所负特殊职责，严重挑战社会伦理道德底线。故本解释第一条第一项规定适用“较重的从重处罚幅度”，体现依法严惩。

2. 采取危害性大的手段实施奸淫的情形。奸淫幼女构成犯罪，不要求采取暴力、胁迫等强制手段实施，但如果行为人采取上述强制手段的，对被害人伤害更大，故对本解释第一条第二项情形，应从严惩处。此外，本解释第一条第五项，旨在严惩利用未成年人“猎艳”的行为。为奸淫未成年女性，引诱、腐蚀其他未成年人致使其成为强奸共犯，对被害人及被利用的未成年人均造成危害，故应从严惩处。

3. 侵入特定场所实施奸淫的情形。未成年人的住所、学生集体宿舍，是未成年人生活起居的主要场所，也是未成年人最应感到心理安全的场所。进入上述场所实施强奸、猥亵犯罪，严重冲击被害人的心理安全感，甚至在一定范围内造成公众恐慌，危害性大，故应从严惩处。

4. 针对特别弱势犯罪对象实施奸淫的。农村留守女童、严重残疾或者精神发育迟滞的被害人，是未成年人中的更脆弱者，更易受犯罪侵害，且危害更严重，故针对该类人员实施奸淫的，应从严惩处。

5. 有强奸、猥亵犯罪前科，又实施奸淫幼女犯罪的，前后两种行为均属性侵害犯罪，反映行为人主观恶性深、人身危险性大，故应从严惩处。

需要指出的是，本解释只是对实践中常见多发、相对较严重的情形予以列举，不能据此认为，对本解释没有规定的其他较严重情形，就不应从严惩处。例如，国家工作人员即使对未成年人并不负有监护、教育、救助等特殊职责，但其奸淫幼女的，相较于普通主体实施，危害、影响往往也更恶劣，同样应依法严惩。

（二）明确强奸未成年人、奸淫幼女“情节恶劣”的加重情节

本解释第二条旨在明确强奸未成年人、奸淫幼女“情节恶劣”加重处罚条款的认定标准。鉴于相关情节的加重法定刑起点刑即十年有期徒刑，最高直至死刑，故在列举加重情形时，综合考虑主体特殊身份、手段、持续时间、特殊对象、对被害人造成的危害及影响等因素予以列举，确保罪责刑相适应，罚当其罪、刑足制罪。

1. 本解释第二条第一项旨在严惩特殊身份主体多次强奸、奸淫的行为。负有特殊职责人员强奸、奸淫未成年人的犯罪易发，且危害大，影响恶劣，应适用较重的从重处罚幅度，但据此单一情节尚不足以加重处罚。此外，《刑法》第236条第3款所列六项加重处罚情节中，规定了“强奸妇女、奸淫幼女多人”的情形，未规定“多次强奸、奸淫”的情形，说明二者的危害性有所不同，《刑法》中的“多次”一般是指“三次以上”，故不能对只有强奸、奸淫三四次的情形就加重处罚。本解释第二条第一项综合考虑“特殊职责身份”与“多次强奸、奸淫”两项因素，明确为“情节恶劣”。实践中，个别案件处理时对继父或者同居男友多次奸淫幼女的，仅判处六七年有期徒刑，量刑偏轻，对此确有必要明确。本解释明确特殊职责人员多次强奸、奸淫，即应认定为“情节恶劣”，也充分考虑了该类犯罪发生隐蔽、犯罪黑数高等特点，体现了罪责相当。

2. 本解释第二条第二项旨在严惩强奸、奸淫过程中严重摧残、凌辱被害人的恶劣行为。该类情形并非指单纯为了控制被害人而施加暴力的行为，而是指额外增加被害人身体及精神痛苦的变态行为。例如，长时间实施殴打、折磨，迫使被害人吞食尿液，棍棒侵入隐私部位等严重危及被害人身心健康、严重贬损人格尊严的变态行为。该类行为对被害人造成严重身体、精神痛苦与伤害，结合奸淫情节，足以加重处罚。《最高人民法院、最高人民检察院、公安部关于当前办理强奸案件中具体应用法律的若干问题的解答》（1984年颁布，已废止）曾规定，强奸妇女、奸淫幼女手段残酷的，属情节特别严重，处十年以上有期徒刑直至死刑，对本项的设置有一定参考意义。至于“严重摧残、凌辱”中“严重”的表述，旨在提示司法人员从确保罪责相适应的角度，根据案情结合常情常理进行判断。

3. 本解释第二条第三项旨在严惩使被害人沦为“性奴”的行为。该类行为既侵犯被害人性自主权，又侵犯其人身自由、身心健康，危害严重。鉴于非法拘禁、诱骗吸毒与奸淫行为有牵连关系，以强奸罪一罪加重处罚，更有利于从严惩处犯罪。需要指出的是，鉴于加重法定刑的严厉性，对其中的“非法拘禁”，应从持续时间等情节考察足以构成非法拘禁罪的情形，且行为人是出于奸淫目的而持续控制被害人。如果实际拘禁时间虽然短暂，但行为人控制被害人的具体情形足以反映其意图长期拘禁被害人以便奸淫的，例如，事先挖好地

窖、购置铁笼等予以拘禁，也应认定为本项规定的“非法拘禁”，依法予以加重处罚。

4. 本解释第二条第四项旨在严惩多次利用未成年人“猎艳”的行为，具体理由同第一条第五项的说明，不再赘述。

5. 本解释第二条第五项旨在严惩长期强奸未成年女性的行为。“长期强奸、奸淫”是指在相对长的时间段内频繁强奸、奸淫的情形，侧重点在于强奸、奸淫次数多、频繁，不在于“多次强奸、奸淫”是否跨越了较长时间段，如半年或者一年。主要考虑：《刑法》中的“多次”概念指三次以上，但强奸三次即加重判处十年以上刑罚与行为的危害程度不相当，故本项规定为“长期强奸、奸淫”。该类行为对未成年人身心造成长期持续、反复的伤害，行为危害性大，行为人主观恶性深，在第一档三年至十年有期徒刑内处刑已无法罚当其罪，故有必要加重处罚。本解释起草过程中，有少数意见认为，建议明确多久为“长期”以便司法适用，但多数意见认为，是否加重处罚不能简单考虑时间长短的因素，目前该项指引便于司法实践中结合案情合理把握强奸、奸淫行为的实质危害性。

6. 本解释第二条第六项旨在严惩奸淫精神发育迟滞被害人的行为。该类被害人自我防护意识和能力更弱甚至无防护意识和能力，因被奸淫而怀孕，往往不知求助、报案，易致身心受到更大伤害，并衍生其他社会问题，对行为人加重处罚，理据充足。本解释起草过程中，对是否将“奸淫幼女致使怀孕”的情形解释为“情节恶劣”或者《刑法》第二百三十六条第三款第五项规定的“造成幼女伤害”，存在较大分歧意见。一种意见认为，实践中存在幼女与男性青少年在恋爱、交友过程中“自愿”发生性关系导致怀孕的情形，如果简单规定“怀孕”就加重判处十年以上有期徒刑，可能罪刑失衡。鉴于相关情况复杂，分歧意见大，本解释对此暂未作规定，司法实践中可结合考虑犯罪主体、手段、奸淫次数及对被害人身心健康的影响等其中一项或者多项因素，判断致使幼女怀孕是否符合本解释第二条第八项规定的“其他情节恶劣的情形”。

7. 本解释第二条第七项旨在严惩强奸并拍摄影像资料以此胁迫被害人或者加以扩散的行为。在信息网络时代，拍摄被害人隐私影像资料并以此胁迫对被害人强奸的，危害更大，影响恶劣；而扩散相关影像资料会对被害人精神带来二次伤害，对被害人名誉的负面影响更难消除，危害性不亚于《刑法》第二百三十六条第三款第三项规定的“在公共场所当众强奸”。该项后半段限定为“致使影像资料向多人传播，暴露被害人个人信息”，主要考虑：如果影像资料只是某个身体隐私部位，也没有暴露相关个体身份信息，尚不足以使他人将特定隐私部位与被害人关联起来的，危害性就未达到需要加重处罚的程度。

需要指出的是，因本解释第二条所列情形对应的法定刑起点即十年有期徒刑，故解释设置的条件相对审慎。对只具有本条所列情形中部分情节、尚不足以加重处罚的，也应体现从严惩处。例如，特殊职责人员奸淫幼女，但未达多次的，或者对强奸过程拍摄被害人隐私影像资料，但未向多人扩散的，等等。

（三）明确奸淫"造成幼女伤害"的加重情节

《刑法》第二百三十六条第三款第六项本已规定造成重伤等严重后果的加重情节，《刑法修正案（十一）》新增"造成幼女伤害"的情形作为第三款第五项，显然旨在降低对幼女"伤害"程度的要求，即未达到"重伤"的，也可加重处罚。根据立法精神，本条对"伤害"的情形予以列举。

1. 本解释第三条第一项将"伤害"解释为"轻伤"，排除"轻微伤"，是为了与加重的十年以上刑罚相适应；排除"重伤"，是为了与《刑法》第236条第3款第六项（造成重伤等严重后果）之间进行区分，避免法条交叉重叠。

2. 本解释第三条第二项规定了致使幼女患梅毒、淋病等严重性病的情形。致使幼女患梅毒、淋病等严重性病，不仅对幼女造成较大身体伤害，而且性病的"标签"易使其产生额外精神压力。本项限定为"严重性病"，是为了与加重的十年以上刑罚相适应。"严重性病"的范围，可参照适用《最高人民法院、最高人民检察院关于办理组织、强迫、引诱、容留、介绍卖淫刑事案件适用法律若干问题的解释》（法释〔2017〕13号）的相关规定。

3. 本解释第三条第三项规定的对幼女身心健康造成其他伤害，包括身体和精神心理的伤害。创伤应急障碍、抑郁症等精神心理伤害往往是强奸案件中幼女被害人所遭受的一种主要伤害，但鉴于精神心理伤害的鉴定及其与性侵害行为之间因果关系的判定更复杂和特殊，目前明确列举的条件尚不成熟，故仅作提示性规定，传递更加重视被害人精神心理健康的导向，具体留待实践把握。最高人民法院、最高人民检察院、公安部、司法部近日联合发布的《关于办理性侵害未成年人刑事案件的意见》明确规定，应当全面收集能够证实未成年人被性侵害后心理状况或者行为表现的证据，未成年被害人出现心理创伤、精神抑郁或者自杀、自残等伤害后果的，应当及时检查、鉴定，该意见的施行，将为适用《解释》该项规定创造条件。

（四）明确负有照护职责人员性侵罪与强奸罪的界限及负有照护职责人员性侵罪"情节恶劣"的加重情节

根据《刑法》规定，与不满十四周岁的幼女发生性关系，不论幼女是否自愿、同意，对行为人都以强奸罪论处，但对已满十四周岁的女性，违背被害人意志发生性关系才构成强奸罪。鉴于对已满十四周岁不满十六周岁的未成年女性负有监护、收养、看护、教育、医疗等特殊职责的人员，与未成年女性之间存在不平等关系，为特殊保护该年龄段的女性，即使双方自愿发生性关系，也构成负有照护职责人员性侵罪，而且为便于打击那些是否违背未成年人意志难于查证、介于模糊地带的犯罪，填补强奸罪惩治漏洞，《刑法修正案（十一）》增设负有照护职责人员性侵罪。对于特殊职责人员利用对未成年人的优势地位或者未成年人处于孤立无援的境地，迫使被害人发生性关系的，实质是违背被害人意志的非自愿行为，对行为人不能认定为负有照护职责人员性侵罪，而应当以强奸罪定罪处罚。这种特殊关系型强奸，主要是利用人身支配关系压制女性反抗的非暴力威胁。例如，父母威胁不给生活费甚至以赶出家门威胁、医生威胁不给予恰当治疗、老师威胁不予考试通过、教练威胁不给予上场比赛机会等，迫使未成年女性与其发生性关系的，应当认定为违背被害人意志，构成强奸罪。鉴于强奸罪与负有照护职责人员性侵罪入罪条件和刑罚后果之间的差异，本解释第六条对两罪的区分作出明确规定，以避免轻纵犯罪、确保罪刑均衡。

本解释第五条分别从发生性关系的次数、人数、手段、对被害人造成的伤害等方面，明确何为《刑法》第二百三十六条之一规定的负有照护职责人员性侵罪的“情节恶劣”。其中，第三项规定“致使被害人感染艾滋病病毒或者患梅毒、淋病等严重性病的”，是考虑该项情形对被害人身心伤害更大，行为人主观恶性也更大，该项所列情形相当于严重危害后果，但鉴于《刑法》第二百三十六条之一并未比照强奸罪规定“其他严重后果”的加重条款，仅规定了“情节恶劣”，故本解释作目前列举。

（五）明确猥亵“造成儿童伤害”的加重情节

本解释第七条旨在对《刑法》第二百三十七条第三款第三项规定的“造成儿童伤害或者其他严重后果”进行列举，鉴于《刑法》该款还规定了“猥亵儿童多人或者多次”“猥亵手段恶劣”等加重情节，本条对“伤害或者其他严重后果”作出程度上的限定，以便法条之间平衡，避免交叉重叠。

1. 本解释第七条第一项，根据罪责刑相适应原则，对“伤害”程度相应限定为“轻伤以上”，以匹配五年以上有期徒刑的刑罚幅度。根据人身伤害相关司法鉴定规定，对儿童伤害程度在鉴定时会考虑儿童身心的特殊性，故目前限定不会轻纵犯罪。

2. 本解释第七条第二项的主要考虑：致使儿童自残、自杀的，对儿童身心伤害较大，有必要界定为该条所规定的“其他严重后果”，予以加重处罚。

3. 本解释第七条第三项，“身心健康造成其他伤害”可包括儿童精神心理上受到伤害的情形，比如严重抑郁或者精神失常等，具体认定时可参照本解释第三条第三项考虑的因素综合判断。

（六）明确猥亵儿童“手段恶劣”的加重情节

本解释第八条所列情形，依照《刑法》规定均应判处五年以上至十五年有期徒刑；同时考虑奸淫幼女犯罪第一档法定刑为三年至十年有期徒刑，第二档为十年以上有期徒刑、无期徒刑或者死刑，故在本条加重情形的设置上，既体现猥亵儿童普通情节与加重情节在危害程度上的区分，也兼顾猥亵与强奸犯罪之间的量刑平衡。

1. 本解释第八条第一项所列情形均系侵入型猥亵，对儿童身心健康危害较大，不亚于强奸，国外不乏认定为强奸罪的立法例，但部分猥亵儿童案件既往存在量刑偏轻问题，故有必要根据《刑法》从严惩处猥亵儿童犯罪的立法修订精神，对相关加重情节予以明确列举。

2. 本解释第八条第二项规定的猥亵过程中有严重摧残、凌辱行为，会加重被害人身心痛苦，也反映出行为人主观恶性较深，应加重处罚。

3. 本解释第八条第三项规定的行为对被害人身心伤害特别是精神伤害更大，故应加重处罚。

（七）明确信息网络空间特殊猥亵行为的入罪标准

近年来，采取暴力、胁迫或者诱骗方式（例如，以招募童星、模特需试镜等为由），让未成年人进行网络裸聊、拍摄裸照及视频的案件时有发生，有的行为人甚至以此对被害人进行要挟、控制进而在线下实施其他性侵害。该类行为严重影响未成年人身心健康，与传统接触式猥亵行为的危害性没有实质差异，且符合猥亵行为的类型性。故本解释第九条明确界定为“猥亵”，符合《刑法》规定的，依法定罪处罚。需要指出的是，本解释第九条第一款针对的是猥亵儿童与猥亵已满十四周岁不满十八周岁的未成年人的两种情形，两种情形对构成猥亵犯罪涉及的犯罪对象、是否要求违背被害人意志有不同要求，故适用时需分别判断构成猥亵儿童罪还是强制猥亵罪，不能简单地认为诱骗十五六岁的未成年人裸聊、发裸照的，就必然属于“强制”猥亵，仍需根据在案证据，结合考虑未成年人身心特点，判断所采取的手段是否能达到违背未成年人意志的程度。

本解释起草过程中，有意见建议明确，与多名未成年人裸聊或者多次裸聊、索要裸照的，是否能适用《刑法》第二百三十七条第三款的规定，加重处罚。鉴于信息网络空间的非接触性特点，危害程度与现实空间实施的猥亵相比，情形更复杂，本解释对此未作明确。同时考虑的其他因素是，在现实物理空间中实施猥亵，既可能构成犯罪，也可能只构成治安违法，在信息网络空间实施索要裸照、裸聊等行为，如果确属情节显著轻微的，也存在以治安管理处罚的问题，但针对未成年人实施猥亵的，不论是在物理现实空间还是信息网络空间实施，在把握情节是否“显著轻微”、认定罪与非罪时，都应当体现对未成年人的特殊、优先保护，符合条件的即应依法定罪处罚。对在现实生活中，隔着衣裤抚摸儿童胸、臀部等“咸猪手”行为，如果手段明显较轻，持续时间短暂，情节显著轻微，但综合考虑针对多名儿童实施或者多次实施等情节，应以猥亵儿童罪论处的，是否同时适用“猥亵儿童多人或者多次”的加重情节判处五年以上有期徒刑，存在争议。例如，有的案件中，被告人在小学校门口趁放学人多拥挤，趁小学生不备，用手接连短暂触碰多名学生臀部或者胸部，随即逃离现场。对类似情形如何把握，经征询相关部门意见，多数认为，对猥亵儿童行为，既要旗帜鲜明彰显从严惩处，该定罪的必须依法定罪，同时也不能违背罪责刑相适应原则，对加重情节仍应审慎判断、适用，确保“罪”“罚”相当。故对在信息网络空间实施非接触式猥亵行为的，应当结合实施猥亵的具体方式、被害人人数、次数、对被害人身心影响程度、被告人有无性侵害犯罪前科劣迹等因素，综合判断是否属于猥亵“情节恶劣”，对其中被害人人数或者次数等某一项因素特别突出的，也可以考虑认定为“情节恶劣”。

（八）明确性侵害案件中未成年被害人进行精神心理治疗和康复所需费用为物质损失

本解释第十四条规定了对未成年人实施强奸、猥亵等犯罪造成人身损害的赔偿范围，并将根据鉴定意见、医疗诊断书等证明需要进行精神心理治疗和康复所需的相关费用，规定为人民法院可依法予以支持的合理费用，彰显对未成年人的特殊关爱、优先保护。研究制定本解释时，立足法律与现实，充分兼顾法、理、情的平衡，考虑的主要因素如下：

1. 彰显对未成年人的特殊关爱、保护，特别是对精神心理健康更加关注。精神伤害是性侵害犯罪的主要危害后果之一，但这一点以往容易被忽视。未成年人身心发育不成熟，受到性侵害后，一些被害人出现精神抑郁、创伤后应激障碍等精神疾病，如果不能及时治疗，会对未成年人成长、学习和生活造成长期负面影响，危害很大。本解释明确了未成年人受到性侵害后可以主×××事赔偿的范围，并将未成年人进行精神心理治疗和康复所需的相关费用，明确为可依法获得支持的物质损失，有助于未成年人及时获得足够赔偿进行医疗诊治，早日走出被害阴影，回归正常生活。

2. 确保相关规定既于法有据，又能真正落地起到实效。刑事附带民事诉讼一并解决刑事被害人的民事赔偿诉求，具有诉讼便民、提高效率等重要价值。《中华人民共和国刑事诉讼法》（以下简称《刑事诉讼法》）规定，被害人由于被告人的犯罪行为而遭受物质损失的，在刑事诉讼过程中，有权提起附带民事诉讼。《中华人民共和国民法典》（以下简称《民法典》）规定，侵害他人造成人身损害的，应当赔偿医疗费、护理费、交通费、营养费、住院伙食补助费等为治疗和康复支付的合理费用，以及因误工减少的收入。本解释的相关规定，完全符合《刑事诉讼法》《民法典》的规定。同时，本解释要求，主张上述赔偿，应当有鉴定意见、医疗诊断书等证明材料，证明被害人需要进行精神心理治疗和康复。这一做法的目的是确保规定真正造福于确有医疗诊治需要的被害人，并且赔偿数额的认定有相应事实证据支持。

需要指出的是，该条第二款规定的表述是精神心理治疗和康复“所需”的相关费用，与第一款表述的治疗和康复“支付”的合理费用，措辞略有差异，主要考虑：主张赔偿医疗费，一般应以实际已发生和支付的费用为限，根据《最高人民法院关于审理人身损害赔偿案件适用法律若干问题的解释》（法释

〔2022〕14 号）的规定，原则上只支持一审法庭辩论终结前已经实际发生的医疗费，此后发生的费用可另行起诉，但根据医疗证明或者鉴定意见确定必然发生的费用，也可以与已经发生的医疗费一并赔偿。相关规定对确定性侵害案件精神心理治疗和康复“所需”的费用有参照价值。鉴于性侵害犯罪造成的伤害具有特殊性，不少未成年被害人及其监护人对精神疾病知之甚少，不知道被性侵出现精神疾病后需要及如何治疗和康复；而且精神疾病的诊治复杂，有些严重的精神疾病诊治周期长，会出现在开庭审理刑事案件、一审法庭辩论终结前被害人尚未完全治疗康复的情况。对后续会产生的医疗费，被害人一般可在实际费用发生后另行起诉；对确有医疗诊断、鉴定意见等证明被害人存在严重精神疾病需要更长时间的治疗和康复，且能够明确大致所需费用的，为确保被害人能及时获得赔偿进行诊治，司法人员可结合在案证据和案件实际情况，依法裁判。鉴于精神心理治疗和康复具有专业性、复杂性，在适用本解释时应准确理解规定的精神，坚持依法、稳妥的原则，通过司法裁判引导有医疗诊治需要的被害人及时诊治、依法维权，让未成年被害人切实感受到司法关爱，让全社会更加关注被害人精神心理健康。

（撰稿人：何　莉　赵俊甫）

【链　接】

最高人民法院相关负责人就惩处性侵害未成年人犯罪司法文件答记者问

2023 年 5 月 25 日，最高人民法院召开新闻发布会，发布《最高人民法院、最高人民检察院关于办理强奸、猥亵未成年人刑事案件适用法律若干问题的解释》（以下简称《解释》）《最高人民法院、最高人民检察院、公安部、司法部关于办理性侵害未成年人刑事案件的意见》（以下简称《意见》），并回答记者提问。最高人民法院刑一庭庭长何莉，最高人民检察院第九检察厅厅长那艳芳，公安部刑侦局副局长、一级巡视员陈士渠，司法部公共法律服务管理局一级巡视员孙春英，全国妇联权益部副部长李岳阳出席发布会。发布会由最高人民法院新闻发言人李广宇主持。

问：人民群众对性侵害未成年人犯罪十分关注，期待司法机关能从严惩处，请问《解释》是如何体现从严惩处的？

答：在研究制定《解释》过程中，我们牢牢以人民为中心，民有所呼、必有所应，始终坚持从严惩处的立场毫不动摇，具体而言：

一是坚持问题导向，聚焦实践问题。近年来，各地发生的一些强奸、猥亵未成年人案件，影响十分恶劣，群众深恶痛绝。例如，教师、监护人等特殊职责人员实施的，侵害农村留守女童的，非法拘禁的，等等。我们立足实践，梳理出较为典型、危害性大的各种情形，分别规定为从重或者加重处罚情节。例如，教师对学生、继父对女儿、教练对运动员实施奸淫的，《解释》规定在三年以上、十年以下有期徒刑的法定刑幅度内，适用较重的从重处罚幅度。对特殊职责人员多次奸淫的，应加重处罚，判处十年有期徒刑以上刑罚或者无期徒刑，罪行极其严重的，直至判处死刑。对侵害农村留守女童、精神发育迟滞的被害人等情形，《解释》也规定区分情形予以从重或者加重处罚，回应群众关切，体现罚当其罪。

二是应对犯罪态势变化，解决新问题。当前，有的犯罪分子利用网络胁迫、诱骗未成年人进行裸聊，索要裸照、视频，继而在线下进行性侵害，甚至利用网络散布性侵害的视频、照片，犯罪线上、线下交织，危害很大。针对这种情况，《解释》明确，对胁迫或者诱骗未成年人通过网络视频聊天，或者发送视频、照片等方式，暴露身体隐私部位或者实施淫秽行为的，依照猥亵犯罪处罚，对拍摄奸淫、猥亵过程或者被害人身体隐私部位，以此胁迫对被害人实施强奸、猥亵，或者致使影像资料向多人传播、暴露被害人身份的，应当依法加重处罚，回应信息网络时代未成年人保护的新问题。

三是织密刑事法网，依法从严惩处。《解释》针对司法实践中危害严重、应予严惩的突出情形，作出加重处罚或者适用较重的从重处罚幅度的规定。例如，强奸、猥亵过程中对被害人进行严重摧残、凌辱的，利用毒品诱骗、控制被害人的，多次利用其他未成年人诱骗、胁迫被害人的，致使被害人轻伤或者感染严重性病的，曾因强奸、猥亵犯罪被判处刑罚的等。《解释》还对认罪认罚的成年被告人是否从宽处罚，是否能宣告缓刑，以及如何适用禁止令、从业禁止，作出了彰显从严的规定。可以说，《解释》不同条款相互衔接，综合犯罪主体、犯罪地点、犯罪手段、被害对象、危害后果等因素，在定罪量刑和刑罚执行中都织密刑事法网，体现依法从严。

问：对性侵害未成年人犯罪，司法机关强调“零容忍”，《意见》是如何体现这一精神的？

答：性侵害未成年人犯罪严重危害未成年人身心健康，挑战社会伦理道德底线，对这类犯罪我们按照高质效办好每一个案件的要求，持续保持高压态势，严厉打击惩处。《意见》专门将“依法从严惩处犯罪”作为办理性侵害未成年人刑事案件的一项基本原则，通过一系列办案要求和程序规范织密法网。

一是要求有案必立。《意见》第五、七、九条规定公安机关接到未成年人被性侵害的报案、控告、举报，符合刑事立案条件的，立即立案侦查，重大、疑难、复杂案件立案审查期限原则上不超过七日。发现精神发育迟滞未成年人、幼女怀孕、产子或未成年人隐私部位遭受明显非正常损伤等情况的，直接立案。犯罪地、犯罪嫌疑人无法确定，管辖权不明的，先立案侦查，再移送有管辖权的公安机关。

二是要求有罪必究。《意见》通过十一条规定，对性侵害未成年人案件证据收集与审查判断进行专门规范，要求侦查过程中全面查清犯罪事实、全面摸排犯罪线索、全面核查可疑人员、可疑情况。针对司法实践中容易出现的疏漏，提出证据收集审查应注意的问题，指导办案人员有效开展侦查取证工作。同时，引导司法人员统一认识，准确把握证据审查判断和证明标准。针对实践中犯罪分子以主观不明知等辩解企图逃避刑事处罚的情况，就奸淫幼女认定、加重处罚情节认定等作出严格规定。同时，《意见》要求对性侵害未成年人的成年犯罪嫌疑人、被告人，依法从严把握适用非羁押强制措施，防止其逃避侦查，预防其继续进行犯罪活动。

三是严格刑罚执行。严格把握对性侵害犯罪分子减刑、假释、暂予监外执行的适用条件。纳入社区矫正的，严管严控。对于外国人在中华人民共和国领域内实施强奸、猥亵未成年人等性侵害未成年人犯罪的，依法适用驱逐出境。对尚不构成犯罪但构成违反治安管理行为，或者有性侵害未成年人犯罪记录不适宜在我国继续停留居留的，依法限期出境或者驱逐出境。

问：刑法新增了负有照护职责人员性侵罪，为什么《解释》还规定特殊职责人员利用优势地位迫使被害人发生性关系的，构成强奸罪，怎么把握两罪之间的界限？

答：《解释》用两个条款，分别规定了负有照护职责人员性侵罪“情节恶劣”的认定标准，和特殊职责人员构成强奸罪的条件，旨在明确特殊情形下如何认定违背被害人意志，更准确地区分此罪与彼罪。

鉴于对已满十四周岁不满十六周岁的未成年女性负有监护、收养、看护、教育、医疗等特殊职责的人员，与未成年女性之间存在不平等关系，为特殊保护该年龄段的女性，即使双方自愿发生性关系，依照《刑法修正案（十一）》的规定，也构成负有照护职责人员性侵罪。强奸罪是采取暴力、胁迫等手段奸淫妇女的行为，违背被害人意志是其本质特征。对于特殊职责人员利用对未成年人的优势地位，或者被害人孤立无援的境地，迫使被害人发生性关系的，实质是违背被害人意志的非自愿行为，对行为人就不能认定为负有照护职责人员性侵罪，而应认定为强奸罪。例如，父母威胁不给生活费甚至赶出家门、医生威胁不给予恰当治疗、老师威胁不予考试通过、教练威胁不给予上场比赛机会等，胁迫未成年女性发生性关系的，就应该认定为违背被害人意志，构成强奸罪。《解释》对这种情形作了明确规定，以避免轻纵犯罪、确保罪刑均衡。

问：关于未成年被害人法律援助，《意见》规定有何考虑？如何强化相关工作？

答：法律援助是保障未成年人诉讼权益的重要措施，特别是在性侵害未成年人案件办理中，法律援助律师通过为未成年被害人提供法律咨询、帮助被害人提起附带民事诉讼，在维护其民事赔偿权益等方面发挥着重要作用。《意见》明确规定法律援助机构应当指派熟悉未成年人身心特点的律师为未成年人提供法律援助，对提高未成年人法律援助服务质量提出要求，体现了对未成年人的特殊保护和保障。

司法行政机关高度重视性侵案件未成年被害人的法律援助工作。根据法律援助法规定，刑事公诉案件的被害人及其法定代理人或者近亲属，因经济困难没有委托诉讼代理人的，可以向法律援助机构申请法律援助。对于性侵案件未成年被害人的法律援助申请，各地法律援助机构均能依法依规受理、审查并指派律师承办。2020 年，司法部印发《未成年人法律援助服务指引（试行）》，以专章形式规范了办理性侵害未成年人法律援助案件的工作程序和服务标准。据统计，2020 年至 2022 年，全国法律援助机构共组织办理未成年人法律援助案件 39.8 万件，受援人达 42.5 万人，为未成年人提供法律咨询 38.2 万人次。下一步，司法行政机关将按照《意见》要求进一步做好法律援助相关工作：一是强化部门协调配合。加强与司法机关沟通联系，及时了解涉案未成年人的法律援助需求。加快法律援助信息化建设，促进司法行政机关与司法机关及其他有关部门实现信息共享和工作协同。细化工作流程，注意做好《意见》与法律援助相关配套文件的衔接，确保工作有效开展。二是加强专业队伍建设。建设一支熟悉未成年人身心特点、业务能力强的法律援助队伍。加强对法律援助律师办理性侵害未成年人案件的业务培训，指导法律援助律师熟知涉未成年人刑事法律援助案件办理程序，落实《法律援助志愿者管理办法》，鼓励具有心理咨询等专门知识的志愿者为未成年受援人提供心理疏导。三是完善配套落实机制。健全法律援助服务监督机制，落实办理性侵害未成年人案件法律援助服务标准，综合运用庭审旁听、案卷检查、征询司法机关意见和回访受援人等措施，提升未成年人法律援助案件服务质量。

问：关于未成年被害人保护救助，《意见》有哪些新的举措？

答：性侵害犯罪伤害未成年人身心健康，司法办案方式不当容易引发二次伤害。对未成年被害人进行有意识、有针对性的保护救助，对于帮助未成年人尽快走出侵害阴影，回归正常生活具有重要作用。近年来，检察机关会同公安、教育、民政、妇联、团委、关工委等相关部门和社会组织在未成年被害人保护救助方面进行了大量探索，积累了不少好的经验。《意见》总结了以往实践经验，在明确规定性侵害案件办理坚持最有利于未成年人原则的基础上，对相关工作提出详细、具体要求。与以往司法文件相比，具有以下进步和突破。

一是建立长效工作机制。建立“一站式”取证、救助机制。大力推动性侵害未成年人案件“一站式”办案机制和办案区建设。目前，全国已建成“一站式”办案区 2053 个。最高检与公安部正在着手制定“一站式”办案工作规范和询问未成年被害人工作指引，配合《意见》要求落地落实。此外，《意见》还确立了被害人艾滋病阻断预防、紧急救助保护等工作机制，保障未成年被害人保护工作规范、有序、有效进行。

二是拓宽救助渠道。增加临时照料、医疗救治、转学安置、经济帮扶、家庭教育指导、督促监护等多项救助措施，对未成年被害人进行全方位、全过程救助、保护。要求办案过程中，针对未成年人具体情况和现实需要，综合运用上述各种手段，做好未成年被害人救助保护工作。同时，强调未成年被害人隐私保护，对办案中的隐私保护要求进一步强化。

三是强调诉源治理。规定人民法院、人民检察院在办理性侵害未成年人刑事案件中发现社会治理漏洞的，依法提出司法建议、检察建议。规定对不履行强制报告等未成年人保护规定的，依法追责。

问：《解释》规定未成年人受到性侵害后主张精神心理治疗和康复费用的，可以支持，对未成年人保护是一项十分重要的新举措，请问规定该条基于哪些考虑？

答：我们在研究制定《解释》时，依照法律与现实需求，主要考虑：

一是彰显对未成年人的特殊关爱、保护，特别是对精神心理健康的治疗需求。精神伤害是性侵害犯罪的主要危害后果之一，但这一点以往容易被忽视。未成年人身心发育不成熟，受到性侵害后，一些被害人出现精神抑郁、创伤后应激障碍等精神疾病，如果不能及时治疗，会对未成年人成长和学习、生活造成长期负面影响，危害很大。《解释》明确了未成年人受到性侵害后可以主×××事赔偿的范围，并将未成年人进行精神心理治疗和康复所需的相关费用，明确为可依法获得支持的物质损失，有助于未成年人及时获得足够赔偿进行医疗诊治，早日走出被害阴影，回归正常生活。

二是确保相关规定既于法有据，又能真正落地起到实效。刑事附带民事诉讼一并解决刑事被害人的民事赔偿诉求，具有诉讼便民、提高效率等重要价值。刑事诉讼法规定，被害人由于被告人的犯罪行为而遭受物质损失的，在刑事诉讼过程中，有权提起附带民事诉讼。民法典规定，侵害他人造成人身损害的，应当赔偿医疗费、护理费、交通费、营养费、住院伙食补助费等为治疗和康复支付的合理费用，以及因误工减少的收入。《解释》的相关规定，完全符合刑事诉讼法、民法典的规定。同时，《解释》要求，主张上述赔偿，应当有鉴定意见、医疗诊断书等证明需要进行精神心理治疗和康复，目的是既要保证确有医疗诊治需要的被害人得到及时救治，又能使赔偿数额的认定有相应事实证据支持。鉴于精神心理治疗和康复具有专业性、复杂性，希望各地司法机关、案件当事人和社会各界准确理解该规定的精神，使有医疗诊治需要的被害人及时诊治、依法维权，让未成年被害人切实感受到司法关爱，让全社会更加关注被害人精神心理健康。

问：《意见》强调了司法机关推动强制报告制度落实的责任要求。目前强制报告制度落实情况如何？《意见》出台后，检察机关将如何进一步推动落实？

答：2020 年，最高检会同教育部等九部门建立了侵害未成年人案件强制报告制度，制度对于及时发现犯罪、制止犯罪、预防犯罪发挥了重要作用。近年来，检察机关一直积极推动制度落实。我们建立了强制报告制度落实情况倒查机制，对侵害未成年人案件实行每案必查。2022 年针对有关强制报告责任主体发现未成年人疑似遭受侵害或面临危险后，应报告不报告的问题，共计制发检察建议 1120 份，推动追责 504 人。大力开展制度宣传。制作推出多个宣传视频，联合中央广播电视总台在“法治深壹度”等多个栏目深度解读强制报告制度，制作宣传海报发放到医院、学校、社区。连续发布多批典型案例，以案释法宣传这项制度。随着坚持不懈的推动落实，目前强制报告制度落实情况越来越好，制度建立至 2022 年底，已通过强制报告办理侵害未成年人案件 5358 件。特别是 2022 年报告数量大幅增加，是以往报告总数量的 1.6 倍。

通过对强制报告制度落实情况调研分析，我们发现性侵害案件始终是强制报告案件的主要类型。2022 年各地报告案件中，性侵害案件占比近 90%。强制报告已成为发现性侵害未成年人犯罪的重要途径。但总体来说，强制报告制度落实仍不充分。2022 年检察机关审查起诉案件中仍有近 3000 件应当报告未报告，尤其是在宾馆酒店发案的案件，仍有大量应报未报。为进一步强化强制报告制度落实。我们在《意见》中单列条款，加以强调，提出要求。

下一步，检察机关将继续充分发挥法律监督作用，持续深入推动制度落实。在坚持“每案必查”、强化责任追究的同时，积极推动建立完善配套工作机制。深化与各部门的沟通协作，依托大数据赋能，建立便捷、易行、高效的平台、程序，更有力地保障制度落实。

最高人民法院
关于对为索取法律不予保护的债务非法拘禁他人行为如何定罪问题的解释

法释〔2000〕19号

（2000年6月30日最高人民法院审判委员会第1121次会议通过 2000年7月13日最高人民法院公告公布 自2000年7月19日起施行）

为了正确适用刑法，现就为索取高利贷、赌债等法律不予保护的债务，非法拘禁他人行为如何定罪问题解释如下：

行为人为索取高利贷、赌债等法律不予保护的债务，非法扣押、拘禁他人的，依照刑法第二百三十八条的规定定罪处罚。

【解　　读】

解读《最高人民法院关于对为索取法律不予保护的债务非法拘禁他人行为如何定罪问题的解释》

一、问题的提出

司法实践中，各地司法机关对《刑法》第二百三十八条第三款规定的“债务”有不同理解，对于为索取不受法律保护的债务而非法拘禁他人的行为如何定罪问题也有不同看法。主要有两种意见：一种意见认为，《刑法》第二百三十八条第三款规定的“债务”，仅指合法债务，不应当包括法律不予保护的债务，更不包括赌债、高利贷等所谓“恶债”；为索取法律不予保护的债务而将债务人关押，扣作人质，符合绑架罪构成要件的，可以定绑架罪。另一种意见认为，《刑法》第二百三十八条第三款规定的“债务”，既包括合法债务，也包括法律不予保护的债务，为索取法律不予保护的债务而非法拘禁他人的，应当根据《刑法》第二百三十八条第三款的规定定非法拘禁罪。

为正确适用《刑法》，最高人民法院于2000年7月13日作出《关于对为索取法律不予保护的债务，非法拘禁他人行为如何定罪问题的解释》（以下简称本解释）。

二、理解与适用

制定该司法解释的主要理由是：

（一）司法实践中，为索取法律不予保护的债务而非法拘禁他人，比较常见的是“债主”通过非法拘禁欠其赌债或高利贷的人，追索赌债或高利贷的情况。虽然《刑法》第二百三十八条第三款并未规定“债务”，也包括法律不予保护的债务，但考虑到为讨还赌债、高利贷等法律不予保护的债务而扣押、拘禁他人的，从行为特征上与《刑法》第二百三十八条第三款规定的情况最相类似。这种行为本身同样也侵犯了公民的人身权利，危害了社会安定，符合非法拘禁罪的构成要件。因追讨合法债务非法拘禁他人的，尚且要追究刑事责任，为讨还赌债、高利贷等法律不予保护的债务而扣押、拘禁他人的，更应当依法追究刑事责任。

（二）从案件情况来看，这种情况下发生的非法拘禁行为，也是“事出有因”；行为人的主观目的是将赌债、高利贷索回，索取财物一般限于所欠的财产数额，不是出于勒索财物的目的；被拘禁的对象是特定的，即欠了赌债、高利贷等法律不予保护债务的人，赌债、高利贷归还之后，被拘禁的人通常就恢复了人身自由，行为人一般不实施杀害被拘禁人的行为。因此，从行为特征分析，较之绑架罪，这种行为更符合非法拘禁罪的特征。

（三）绑架罪的法定最低刑是十年有期徒刑，如果对这种情况定绑架罪，势必会造成罪与刑不相适应。在司法实践中办理为追索法律不予保护债务而拘禁他人的案件时应当划清罪与非罪的界限，考虑到这类案件当中，特别是涉及赌债、高利贷的案件，被拘禁人也有一定的过错，在量刑中应酌情予以考虑；行为人为索取明显超出债务数额的财物而非法扣押、拘禁他人，符合绑架罪构成要件的，可以依照《刑法》第二百三十九条的规定定罪处罚。

（撰稿人：李　兵
审稿人：熊选国）

最高人民法院
关于审理拐卖妇女案件适用法律有关问题的解释

法释〔2000〕1号

（1999年12月23日最高人民法院审判委员会第1094次会议通过　2000年1月3日最高人民法院公告公布　自2000年1月25日起施行）

为依法惩治拐卖妇女的犯罪行为，根据刑法和刑事诉讼法的有关规定，现就审理拐卖妇女案件具体适用法律的有关问题解释如下：

第一条　刑法第二百四十条规定的拐卖妇女罪中的“妇女”，既包括具有中国国籍的妇女，也包括具有外国国籍和无国籍的妇女。被拐卖的外国妇女没有身份证明的，不影响对犯罪分子的定罪处罚。

第二条　外国人或者无国籍人拐卖外国妇女到我国境内被查获的，应当根据刑法第六条的规定，适用我国刑法定罪处罚。

第三条　对于外国籍被告人身份无法查明或者其国籍国拒绝提供有关身份证明，人民检察院根据刑事诉讼法第一百二十八条第二款①的规定起诉的案件，人民法院应当依法受理。

【解　　读】

解读《最高人民法院关于审理拐卖妇女案件适用法律有关问题的解释》

一、问题的提出

为依法惩治拐卖妇女的犯罪行为，根据《刑法》和《刑事诉讼法》的有关规定，最高人民法院于2000年1月3日公布了《关于审理拐卖妇女案件适用法律有关问题的解释》（以下简称本解释），对“妇女”的范围、外国人犯罪、

① 现为《刑事诉讼法》（2018年修正）第一百六十条第二款。

案件受理等问题作出了明确规定。

二、理解与适用

关于“妇女”的范围。《刑法》第二百四十条规定的拐卖妇女罪，打击的是侵犯妇女人身自由权利的犯罪行为，也就是说，不论被拐卖的妇女是中国人还是外国人，只要是在我国境内实施这种犯罪，就应当依法惩处。因此，本解释第一条规定：“刑法第二百四十条规定的拐卖妇女罪中的‘妇女’，既包括具有中国国籍的妇女，也包括具有外国国籍和无国籍的妇女”，并且特别指出：“被拐卖的外国妇女没有身份证明的，不影响对犯罪分子的定罪处罚。”

关于外国人犯罪问题。根据《刑法》第六条的规定，犯罪的行为或者结果有一项发生在我国领域内，就认为是在我国领域内犯罪，适用我国《刑法》定罪处罚，对于“外国人或者无国籍人拐卖外国妇女到我国境内被查获的”，属于犯罪结果发生在我国领域内，“应当根据刑法第六条的规定，适用我国刑法定罪处罚。”

关于外国籍被告人身份无法查明的案件受理问题。司法实践中，有的外国籍被告人拐卖外国妇女到我国境内被查获，但是其身份无法查明或者其国籍所属国拒绝提供有关身份证明，影响了司法机关对这类犯罪行为的及时惩处。《刑事诉讼法》第一百二十八条第二款①规定，犯罪嫌疑人不讲真实姓名、住址，身份不明的，只要犯罪事实清楚，证明确实充分，侦查机关可以按照其自报的姓名移送人民检察院审查起诉。参照这一内容，本解释第三条规定，对于“人民检察院根据《刑事诉讼法》第一百二十八条第二款的规定起诉的案件，人民法院应当受理”。

（撰稿人：孙军工
审稿人：熊选国）

① 现为《刑事诉讼法》（2018年修正）第一百六十条第二款。

最高人民法院
关于审理拐卖妇女儿童犯罪案件具体应用法律若干问题的解释

法释〔2016〕28号

（2016年11月14日最高人民法院审判委员会第1699次会议通过 2016年12月21日最高人民法院公告公布 自2017年1月1日起施行）

为依法惩治拐卖妇女、儿童犯罪，切实保障妇女、儿童的合法权益，维护家庭和谐与社会稳定，根据刑法有关规定，结合司法实践，现就审理此类案件具体应用法律的若干问题解释如下：

第一条 对婴幼儿采取欺骗、利诱等手段使其脱离监护人或者看护人的，视为刑法第二百四十条第一款第（六）项规定的“偷盗婴幼儿”。

第二条 医疗机构、社会福利机构等单位的工作人员以非法获利为目的，将所诊疗、护理、抚养的儿童出卖给他人的，以拐卖儿童罪论处。

第三条 以介绍婚姻为名，采取非法扣押身份证件、限制人身自由等方式，或者利用妇女人地生疏、语言不通、孤立无援等境况，违背妇女意志，将其出卖给他人的，应当以拐卖妇女罪追究刑事责任。

以介绍婚姻为名，与被介绍妇女串通骗取他人钱财，数额较大的，应当以诈骗罪追究刑事责任。

第四条 在国家机关工作人员排查来历不明儿童或者进行解救时，将所收买的儿童藏匿、转移或者实施其他妨碍解救行为，经说服教育仍不配合的，属于刑法第二百四十一条第六款规定的“阻碍对其进行解救”。

第五条 收买被拐卖的妇女，业已形成稳定的婚姻家庭关系，解救时被买妇女自愿继续留在当地共同生活的，可以视为“按照被买妇女的意愿，不阻碍其返回原居住地”。

第六条 收买被拐卖的妇女、儿童后又组织、强迫卖淫或者组织乞讨、进行违反治安管理活动等构成其他犯罪的，依照数罪并罚的规定处罚。

第七条 收买被拐卖的妇女、儿童，又以暴力、威胁方法阻碍国家机关工作人员解救被收买的妇女、儿童，或者聚众阻碍国家机关工作人员解救被收买的妇女、儿童，构成妨害公务罪、聚众阻碍解救被收买的妇女、儿童罪的，依照数罪并罚的规定处罚。

第八条 出于结婚目的收买被拐卖的妇女，或者出于抚养目的收买被拐卖的儿童，涉及多名家庭成员、亲友参与的，对其中起主要作用的人员应当依法追究刑事责任。

第九条 刑法第二百四十条、第二百四十一条规定的儿童，是指不满十四周岁的人。其中，不满一周岁的为婴儿，一周岁以上不满六周岁的为幼儿。

第十条 本解释自 2017 年 1 月 1 日起施行。

【解 读】

解读《最高人民法院关于审理拐卖妇女儿童犯罪案件具体应用法律若干问题的解释》

最高人民法院《关于审理拐卖妇女儿童犯罪案件具体应用法律若干问题的解释》（法释〔2016〕28 号，以下简称本解释）于 2016 年 11 月 14 日经最高人民法院审判委员会第 1699 次会议审议通过，自 2017 年 1 月 1 日起正式施行。为便于准确理解和适用，现就本解释的出台背景、制定原则及主要内容进行说明。

一、本解释的出台背景

拐卖妇女、儿童严重侵犯妇女、儿童人身权利，造成许多家庭骨肉分离，甚至家破人亡，严重影响社会和谐稳定，一直以来都是各级司法机关惩治的重点。2010 年最高人民法院牵头起草并会同最高人民检察院、公安部、司法部发布《关于依法惩治拐卖妇女儿童犯罪的意见》（法发〔2010〕7 号），明确了“公安机关接到儿童及不满十八周岁少女失踪必须立即立为刑事案件”“以非法获利为目的出卖亲生子女以拐卖妇女、儿童罪论处”等制度和原则。近年来，随着持续依法严惩及综合治理措施的落实，此类犯罪高发态势逐渐得以遏制。2016 年，全国法院审结拐卖妇女、儿童犯罪案件 751 件，判处刑罚 1273 人，与近年来审结案件数量较多年份相比（2012 年全国法院审结 1918 件、判处刑罚 2801 人，2013 年审结 1131 件、判处刑罚 1978 人），下降幅度明显。但是，司法实践中对一些涉及罪与非罪、罪重与罪轻情节的理解适用方面，仍然存在一些争议，随着拐卖犯罪形势的变化，也出现了一些新情况和新问题，亟需明确。例如，什么是偷盗婴幼儿出卖？如何区分正常的婚姻介绍与打着介绍婚姻旗号拐卖妇女犯罪的界限？实践中认识不一。此外，《刑法修正案（九）》对收买被拐卖的妇女、儿童罪作了重大修改，体现了对收买被拐卖的妇女、儿童行为加大惩治力度的精神，该修正案自2015年11月1日起施行，如何准确适用相关条款，也面临新的问题。

鉴于上述情况和问题，最高人民法院于2015年成立课题组，赴拐卖犯罪高发地区进行专项调研，广泛听取基层法院、检察机关、公安机关及妇联组织的意见，掌握了大量一手资料，起草了本解释初稿。经多次召开专家和司法实务部门代表参加的论证座谈会，并征求全国人大常委会法工委、最高人民检察院、公安部等部门的意见，对本解释初稿进行反复修改论证，于2016年11月14日提交最高人民法院审判委员会讨论通过，并于12月21日正式公布。

二、制定本解释遵循的指导原则

一是坚持依法从严惩治，切实保障妇女、儿童合法权益。拐卖妇女、儿童犯罪严重侵犯基本人权，社会危害性大。本解释通过明确“偷盗婴幼儿”“阻碍解救”等法律概念的涵义，区分拐卖妇女与介绍婚姻罪与非罪界限，列举数罪并罚情形，体现了对拐卖妇女、儿童犯罪依法从严惩治的精神。

二是坚持区别对待，切实维护家庭和谐与社会稳定。

本解释既体现有罪必罚，又根据罪刑相适应刑法基本原则和宽严相济刑事政策，做到罚当其罪，体现政策，区别对待，以分化瓦解犯罪，减少社会对立面。

三、本解释涉及的主要问题

本解释共10条，主要从拐卖妇女、儿童及收买被拐卖的妇女、儿童犯罪法定加重、从轻处罚情节的界定，罪与非罪、一罪与数罪的区分，以及收买被拐卖妇女、儿童犯罪案件的刑事政策把握问题等几个方面作了规定。

1. 关于偷盗婴幼儿的界定

不满一周岁的人为婴儿，一周岁以上不满六周岁的为幼儿。我国《刑法》中使用“偷盗婴幼儿”概念的法条共有两处：

其一，《刑法》第二百三十九条第三款规定，以勒索财物为目的偷盗婴幼儿的，依照绑架罪的规定处罚。其二，第二百四十条规定，拐卖妇女、儿童的，处五年以上十年以下有期徒刑，并处罚金；具有“以出卖目的，偷盗婴幼儿”等情节的，处十年以上有期徒刑或无期徒刑，并处罚金或者没收财产；情节特别严重的，处死刑，并处没收财产。两者的区别是主观目的不同。就拐卖儿童罪而言，如何准确理解“偷盗婴幼儿”，关系到法定加重处罚情节的适用，有必要予以明确。

实践中，趁婴幼儿熟睡无人察觉，将婴幼儿抱走，属于典型的偷盗婴幼儿。但对行为人以出卖为目的，采取给付玩具、外出游玩等哄骗、利诱手段拐走婴幼儿的行为，是认定为一般情节的拐卖儿童，还是认定为加重情节的偷盗婴幼儿拐卖，则存在较大争议。否定的观点认为，刑法中偷盗的本质特征是秘密性，偷盗婴幼儿指趁婴幼儿熟睡以及监护人、看护人不注意，秘密窃取婴幼儿，以欺骗、利诱等手段拐走婴幼儿的行为属于拐骗。肯定的观点认为，偷盗一般是在财产犯罪意义上使用，指以暴力、胁迫或者麻醉以外的平和方法取得对财物的控制；以欺骗、利诱等手段拐走婴幼儿，与秘密窃取婴幼儿无本质区别，应将欺骗、利诱等手段理解为偷盗的表现形式。

本解释第一条采纳了肯定的观点，明确规定："对婴幼儿采取欺骗、利诱等手段使其脱离监护人或者看护人的，视为刑法第二百四十条第一款第（六）项规定的'偷盗婴幼儿'"。之所以作出该解释，主要是考虑，作为不满六周岁的婴幼儿，其缺少应有的辨别是非和自我防护能力，可以将其视为监护人、看护人绝对支配、保护下的无独立意志的个体，应予特殊保护。从规范的意义上讲，采取欺骗、利诱等手段使婴幼儿脱离监护、看护，可视为针对监护人、看护人的偷盗，该情形与利用监护人、看护人疏于防范抱走熟睡的婴幼儿相比，两种行为类型具有共同特质，对婴幼儿及其家庭的社会危害也相当，应予同等法律评价，以体现对婴幼儿的特殊保护。

本解释第一条系就针对婴幼儿采取欺骗、利诱手段使其脱离监护、看护所作的规定。本解释起草过程中，一种意见认为，无需限定欺骗、利诱手段是否针对婴幼儿实施。例如，对婴幼儿的父母或者其他看护人虚构事实、隐瞒真相加以欺骗，将婴幼儿带走后加以出卖的，也应认定为偷盗婴幼儿出卖。经反复研究，本解释最终未采纳该意见，主要考虑：《刑法》对偷盗婴幼儿出卖加重刑罚，一个重要原因是，在监护人或者看护人不知情的情况下，秘密将婴幼儿拐走，与欺骗监护人或者看护人使其自愿让行为人带走婴幼儿相比，前者查找解救婴幼儿的难度更大，社会危害性通常也大于后者。

2. 关于拐卖妇女犯罪与介绍婚姻索取钱财的区分

拐卖妇女一般表现为将被拐妇女卖给他人迫使结婚，或者将被拐妇女卖给他人迫使卖淫。通常认为，介绍婚姻索取钱财，虽然行为人也有获利行为，但其是在明知男女双方自愿及地位平等的基础上，为促成婚姻的缔结而居间介绍、联系。而在将被拐妇女卖与他人为妻的犯罪中，行为人出于牟利动机，通常违背妇女意志或者至少是不考虑妇女真实意愿，将妇女卖给他人，并常伴有暴力、胁迫等行为。对行为人将妇女卖与他人为妻过程中，没有实施明显的暴力、胁迫等行为的，与确属介绍婚姻并索取（或者收受）钱财的行为，如何区分，涉及罪与非罪，在性质认定问题上易发生混淆，有必要予以明确。实践中，有些不法分子以介绍婚姻的名义将妇女拐带至异地，采取扣押身份证件、限制人身自由等方式迫使妇女同意与他人结婚（包括共同生活但未办理法定婚姻登记手续的情形），向他人索要或者收取钱财；也有些人为向他人索取所谓

“婚姻介绍费”，利用妇女特别是外籍妇女人地生疏、语言不通，对行为人有经济、人身依赖关系，或者因没有合法出入境、居留签证担心被遣返等脆弱境况，仅以轻微言语威胁或者欺骗等方式，即可达到使妇女同意与他人结婚的目的。对类似行为，因与采取暴力等强迫手段明显的拐卖犯罪有所不同，是认定为介绍婚姻过程中发生的民事纠纷，还是认定为拐卖妇女犯罪，存在争议。

本解释第三条第一款规定：“以介绍婚姻为名，采取非法扣押身份证件、限制人身自由等方式，或者利用妇女人地生疏、语言不通、孤立无援等境况，违背妇女意志，将其出卖给他人的，应当以拐卖妇女罪追究刑事责任”。该条款旨在明确，只要是违背妇女意志（如果妇女属无责任能力人，不能正确理解介绍婚姻行为性质，也属违背妇女意志），将妇女出卖给他人的，就构成拐卖妇女罪。在适用该条款时应注意准确判断是否违背妇女意志。实践中行为方式各异，情形复杂，特别是对于妇女处于孤立无援等脆弱境况，行为人实施介绍婚姻行为并索要他人（通常是男方）数额较大钱财的，被害妇女可能会作出表面同意的意思表示。对类似案件，要综合考察被害妇女的陈述、证人证言等证据，结合常理常情，分析行为人是否有意利用被害人的脆弱境况，使被害人不得不屈从行为人的要求，而同意与他人结婚；对行为人而言，是基于男女双方自愿及地位平等，为促成婚姻的缔结而居间介绍、联系，还是明知妇女非自愿但仍将妇女作为非法获利的筹码，也影响对其行为性质罪与非罪的认定。对妇女本有结婚意愿，在中介人员介绍、撮合下与男方见面、相识后，因对男方条件不满，而不愿与男方结婚或者生活，行为人以已经支付了女方及近亲属彩礼、支出了办理签证手续费用等为由，威胁妇女被迫同意，行为人在事前或事后索取、收受钱财的，也属违背妇女意志将其卖给他人，构成拐卖妇女罪。总之，在办理相关案件时，要注意认真甄别因介绍婚姻引发的民事纠纷与拐卖妇女犯罪的界限，做到不枉不纵。

本解释起草过程中，有意见认为，对介绍婚姻行为判断构成拐卖妇女罪不要求必须违背妇女意志，妇女自愿被卖给他人为妻的，出卖人也构成拐卖妇女罪。根据《刑法》第二百四十条第二款的规定，拐卖妇女是指以出卖为目的，有拐骗、绑架、收买、贩卖、接送、中转妇女、儿童的行为之一的行为。刑法从主观目的与客观行为类型相结合的角度，对拐卖妇女犯罪进行了界定，条文本身似未要求违背妇女意志。但究其实质，《刑法》所列上述六种行为方式中，拐骗、绑架、收买、贩卖系拐卖的核心行为，接送、中转服务、受制于前述四种行为。前述四种行为方式中，对妇女实施拐骗、绑架显然违背了妇女意志；实施收买、贩卖，被买卖的妇女处于任人摆布、没有自主性的境地，例如，收买通常是向对妇女有控制权的人进行收买，而贩卖也是将自己购买从而拥有形式上控制权的妇女转卖出去，该两种行为方式本质上也属违背妇女意志。

我国已加入的《联合国打击跨国有组织犯罪公约关于预防禁止和惩治贩运

人口特别是妇女和儿童行为的补充议定书》对人口贩运罪行（注：人口贩运罪行范围更宽，包括我国的拐卖妇女、儿童罪，强迫劳动罪，强迫卖淫罪等）所作界定，亦体现了将违背妇女意志作为构成犯罪必备要素的立场。该公约第3条规定：(a) 人口贩运系指为剥削目的而通过暴力威胁或使用暴力手段，或通过其他形式的胁迫，通过诱拐、欺诈、欺骗、滥用权力或滥用脆弱境况，或通过授受酬金或利益取得对另一人有控制权的某人的同意等手段招募、运送、转移、窝藏或接收人员。剥削应至少包括利用他人卖淫进行剥削或其他形式的性剥削、强迫劳动或服务、奴役或类似奴役的做法、劳役或切除器官；(b) 如果已使用本条 (a) 项所述任何手段，则人口贩运活动被害人对 (a) 项所述的预谋进行的剥削所表示的同意并不相干；公约 (a)、(b) 两款分别从正反两方面揭示，如果对被害人使用了暴力、胁迫、诱拐、欺诈、滥用权力或者滥用脆弱境况等手段（对不满18周岁的被害人进行贩运不要求涉及上述手段），则即使被害人同意，也不影响犯罪认定。概因上述手段本身即属违背被害人意志，被害人所作同意属无效同意，不阻却犯罪成立。换言之，如果未采取上述手段，则被害人同意可以阻却犯罪成立。在涉及介绍婚姻索取或收受钱财的案件中，因介绍人显然均有获利行为，如果不考察是否违背妇女意志，对介绍人均以拐卖妇女犯罪论处，就会混淆罪与非罪的界限，导致不当扩大刑事处罚范围。当然，在判断是否违背妇女意志问题上，也要注意对那些暴力、胁迫程度不明显但同样属于违背妇女意志的拐卖行为的审查。

本解释第三条第二款规定："以介绍婚姻为名，与被介绍妇女串通骗取他人钱财，数额较大的，应当以诈骗罪追究刑事责任"。该款所涉情形，法律适用方面本无争议，但鉴于实践中介绍人伙同被介绍的妇女以结婚为名骗取他人彩礼、介绍费的案件也时有发生，为提醒司法人员准确甄别此罪与彼罪，故本解释特作提示性规定。

3. 关于收买被拐卖的妇女、儿童罪法定量刑情节的适用

《刑法修正案（九）》对收买被拐卖的妇女、儿童罪进行了修改，将刑法原规定"收买被拐卖的妇女、儿童，按照被买妇女的意愿，不阻碍其返回原居住地的，对被买儿童没有虐待行为，不阻碍对其进行解救的，可以不追究刑事责任"，修改为"收买被拐卖的妇女、儿童，对被买儿童没有虐待行为，不阻碍对其进行解救的，可以从轻处罚；按照被买妇女的意愿，不阻碍其返回原居住地的，可以从轻或者减轻处罚"。《刑法》修改体现了对收买人加大惩治力度的导向。

对收买被拐卖的儿童犯罪，本解释第四条将实践中较为常见的藏匿、转移所收买的儿童、经说服教育仍不配合等行为解释为"阻碍解救"，有利于加大惩治力度，也有利于敦促收买人配合公安司法机关及时解救被拐儿童。

本解释第五条规定，"收买被拐卖的妇女，业已形成稳定的婚姻家庭关系，

解救时被买妇女自愿继续留在当地共同生活的，可以视为‘按照被买妇女的意愿，不阻碍其返回原居住地’”。该条款项旨在稳定业已形成的婚姻家庭关系。《刑法》修改后，原则上都要追究收买人刑事责任，这是前提，但收买被拐卖的妇女不同于收购赃物，前者会形成新的婚姻家庭关系，既要依法惩治犯罪，又要尊重被拐妇女真实意愿，最大限度避免对其造成新的伤害，故有必要区别对待，对确属情节较轻的收买被拐卖妇女行为，依法从宽处罚。1992 年最高人民法院、最高人民检察院《关于执行〈全国人民代表大会常务委员会关于严惩拐卖、绑架妇女、儿童的犯罪分子的决定〉的若干问题的解答》（已失效）规定：“被买妇女与收买人已成婚，并愿意留在当地共同生活的，对收买人可以视为‘按照被买妇女的意愿，不阻碍其返回原居住地’，不追究刑事责任”。解答虽然由于《刑法》修订等原因已废止，但其所体现的慎重处理此类案件的精神仍有一定参考价值。在修订后《刑法》框架内，本解释第五条规定具有所列情形的可以从宽处罚，兼顾了法律与情理、历史与现实的平衡。

4. 关于多名家庭成员、亲友参与收买被拐卖的妇女、儿童犯罪的刑事政策把握问题

本解释第八条规定：“出于结婚目的收买被拐卖的妇女，或者出于抚养目的收买被拐卖的儿童，涉及多名家庭成员、亲友参与的，对其中起主要作用的人员应当依法追究刑事责任”。规定该条主要是考虑，“买人为妻”“买人为子”一般会涉及多名家庭成员、亲友参与，加大对收买人打击力度，势必导致收买一人，众多亲友被作为共犯处理。刑法惩治的重点是在收买犯罪中起主要作用的人员，对其中情节轻微的共同参与人员，宜从刑事政策把握的角度排除在处罚范围之外，避免打击面过宽及影响社会稳定。

需要指出的是，根据本解释第八条的规定，可以不追究刑事责任的对象是在收买犯罪中起次要作用的参与人员。如果行为人在收买被拐卖妇女、儿童的环节虽不起主要作用，但积极参与殴打、拘禁被拐卖的妇女、儿童，甚至实施或者协助实施强奸、摧残等严重损害被拐卖的妇女、儿童身心健康行为的，亦应依法追究刑事责任，构成数罪的，还应依法予以并罚，切实保障妇女、儿童合法权益不受侵犯。此外，本解释对实践中发生的医疗机构、社会福利机构等单位的工作人员将所诊疗、护理、抚养的儿童出卖给他人的行为，明确规定以拐卖儿童罪论处。对收买被拐卖的妇女、儿童后又实施组织、强迫卖淫、组织乞讨等行为的数罪并罚问题均作了明确规定。

（撰稿人：杜国强　冉　容　赵俊甫）

【链　接】

最高人民法院刑一庭负责人就《最高人民法院关于审理拐卖妇女儿童犯罪案件具体应用法律若干问题的解释》答记者问

2016 年 12 月 21 日，最高人民法院出台了《最高人民法院关于审理拐卖妇女儿童犯罪案件具体应用法律若干问题的解释》（以下简称本解释）。值此本解释公布之际，最高人民法院刑一庭负责人就本解释有关问题接受了记者的采访。

一、问：能否介绍一下本解释的制定背景和过程

答：2010 年，最高人民法院牵头起草并会同最高人民检察院、公安部、司法部发布了《关于依法惩治拐卖妇女儿童犯罪的意见》，明确了“公安机关接到儿童及不满十八周岁少女失踪必须立即立为刑事案件”“以非法获利为目的出卖亲生子女以拐卖妇女、儿童罪论处”等制度和原则。近年来，随着依法严惩及综合治理措施的逐步落实，此类犯罪高发态势逐渐得以遏制。2015 年，全国法院审结拐卖妇女、儿童犯罪案件 853 件、判处刑罚 1362 人，与 2012 年审结 1918 件、判处刑罚 2801 人相比，下降 50%以上；2016 年 1～11 月，全国法院审结 618 件，判处刑罚 1107 人。

但是，拐卖妇女、儿童犯罪案件法律政策适用方面仍然存在一些争议，亟需明确。例如，什么是偷盗婴幼儿出卖？如何区分正常的婚姻介绍与打着介绍婚姻旗号拐卖妇女犯罪的界限？实践中认识不一。自 2015 年 11 月 1 日起施行的《刑法修正案（九）》对收买被拐卖的妇女、儿童罪作了重大修改，体现了对收买被拐卖的妇女、儿童行为加大打击力度的精神，如何准确适用相关条款，亟需司法解释予以明确。

鉴此，最高人民法院刑一庭“妇女儿童权益刑事司法保护”课题组多次赴拐卖犯罪高发地区进行实地调研，在掌握大量一手资料的基础上，起草了本解释初稿。之后多次召开专家论证座谈会，征求全国人大法工委、最高人民检察院、公安部等部门的意见，对本解释初稿进行反复修改论证与完善。近期经最高人民法院审判委员会讨论通过。

二、问：本解释制定遵循了哪些原则

答：一是坚持依法从严惩治，切实保障妇女儿童合法权益。拐卖妇女、儿童犯罪严重侵犯基本人权，社会危害性大。本解释通过明确“偷盗婴幼儿”“阻碍解救”等法律概念的涵义，区分拐卖妇女与介绍婚姻罪与非罪界限，列举数罪并罚情形，体现了对拐卖妇女、儿童犯罪依法从严惩治的精神。

二是坚持区别对待，切实维护家庭和谐与社会稳定。本解释既体现有罪必罚，又根据罪刑相适应刑法基本原则和宽严相济刑事政策，做到罚当其罪，体现政策，区别对待，以分化瓦解犯罪，减少社会对立面。

三、问：本解释对拐卖儿童罪中的“偷盗婴幼儿”进行了解释，出于什么背景考虑？有哪些意义

答：不满一周岁的人为婴儿，一周岁以上不满六周岁的为幼儿。根据《刑法》第二百四十条规定，拐卖妇女、儿童的，处五年以上十年以下有期徒刑，并处罚金；以出卖为目的，偷盗婴幼儿的，处十年以上有期徒刑或者无期徒刑，并处罚金或者没收财产；情节特别严重的，处死刑，并处没收财产。婴幼儿缺少应有的辨别是非和自我防护能力，刑法对偷盗婴幼儿出卖配置更重的法定刑，体现了对婴幼儿的特殊保护。司法实践中，趁监护人、看护人不注意，将熟睡中的婴幼儿抱走，属于通常所理解的“偷盗婴幼儿”，但这种案件较少。更常见、多发的案件是，利用父母等监护人或者看护人的疏忽，以给付婴幼儿玩具、外出游玩等哄骗手段将婴幼儿拐走，这种行为可视为是针对监护人、看护人进行的“偷盗”。这类犯罪严重侵害儿童身心健康，造成许多家庭骨肉分离，社会危害更大，但对该种情形是否属于“偷盗婴幼儿”，实践中存在争议。《解释》将对婴幼儿采取欺骗、利诱等手段使其脱离监护人或者看护人行为界定为“偷盗婴幼儿”，符合立法精神，有利于从严惩治拐卖儿童犯罪。

四、问：近年来，媒体报道了一些妇女被拐卖迫使结婚的案例，也报道了非法中介借介绍涉外婚姻诈骗钱财或者拐卖妇女的案例，请问本解释对类似问题有无相应规定

答：正常介绍婚姻与打着介绍婚姻旗号拐卖妇女是两类性质不同的行为。正常介绍婚姻有时也会涉及收取一定感谢费等钱财，但介绍人是明知男女双方地位平等的基础上，基于双方自愿，为促成婚姻的缔结而居间联系。而不法分子打着介绍婚姻的旗号，违背妇女意志，将妇女作为商品出卖给他人，侵害了妇女独立人格尊严，则是属于拐卖妇女犯罪行为。实践中，有些不法分子采取劫持、诱骗等方式限制妇女人身自由，或者采取扣押身份证件等方式，迫使妇女同意与他人生活、结婚，索取钱财。也有些不法分子以介绍婚姻等名义将妇女拐带至外地，利用妇女人地生疏、语言不通、孤立无援等境况，使妇女不得不屈从于行为人的要求，被迫与他人生活、结婚，不法分子借此索取钱财获利，同样违背了妇女意志，已构成拐卖妇女罪。本解释以列举方式明确了实践中对是否违背妇女意志、是否构成拐卖犯罪有分歧的情形，有助于准确界定罪与非罪，依法打击拐卖妇女犯罪。当然，实践中情形很复杂，有些是伴随介绍婚姻引发的财产、感情纠纷，属于民事法律关系范畴，应当根据主客观要件准确甄别。鉴于以介绍婚姻为名，与被介绍妇女串通骗取他人钱财的案件也时有发生，本解释规定应当以诈骗罪追究刑事责任。

五、问：本解释对收买被拐卖的妇女、儿童罪有关条款有哪些新的规定

答：《刑法修正案（九）》对收买被拐卖的妇女、儿童罪进行了修改，将原刑法规定“收买被拐卖的妇女、儿童，按照被买妇女的意愿，不阻碍其返回原居住地的，对被买儿童没有虐待行为，不阻碍对其进行解救的，可以不追究刑事责任”，修改为“收买被拐卖的妇女、儿童，对被买儿童没有虐待行为，不阻碍对其进行解救的，可以从轻处罚；按照被买妇女的意愿，不阻碍其返回原居住地的，可以从轻或者减轻处罚”，体现了对收买行为人加大惩治力度的导向。对收买被拐卖的儿童犯罪，本解释将实践中较为常见的藏匿、转移被买儿童、经说服教育仍不配合等行为解释为“阻碍解救”，有利于加大打击力度。同时，为充分尊重被拐妇女的意愿，稳定既已形成的婚姻家庭关系，对妇女自愿继续留在当地共同生活的情形，本解释规定视为“按照被买妇女的意愿、不阻碍其返回原居住地”，但需注意的是，具备该情形，只是可以依法从轻处罚，构成犯罪需要追究刑事责任的，还要依法追究。

六、问：本解释在指导拐卖妇女、儿童犯罪审判工作方面还有哪些主要规定

答：对实践中发生的医疗机构、社会福利机构等单位的工作人员将所诊疗、护理、抚养的儿童出卖给他人的行为，本解释明确规定以拐卖儿童罪论处。对收买被拐卖的妇女、儿童后又实施组织、强迫卖淫、组织乞讨等行为的数罪并罚问题；对出于结婚目的收买被拐卖的妇女，或者出于抚养目的收买被拐卖的儿童，涉及多名家庭成员、亲友参与的，本解释规定对其中起主要作用的人员应当依法追究刑事责任的。

最高人民法院　最高人民检察院
关于办理利用信息网络实施诽谤等刑事案件适用法律若干问题的解释

法释〔2013〕21号

（2013年9月5日最高人民法院审判委员会第1589次会议、2013年9月2日最高人民检察院第十二届检察委员会第9次会议通过　2013年9月6日最高人民法院、最高人民检察院公告公布　自2013年9月10日起施行）

为保护公民、法人和其他组织的合法权益，维护社会秩序，根据《中华人民共和国刑法》《全国人民代表大会常务委员会关于维护互联网安全的决定》等规定，对办理利用信息网络实施诽谤、寻衅滋事、敲诈勒索、非法经营等刑事案件适用法律的若干问题解释如下：

第一条　具有下列情形之一的，应当认定为刑法第二百四十六条第一款规定的“捏造事实诽谤他人”：

（一）捏造损害他人名誉的事实，在信息网络上散布，或者组织、指使人员在信息网络上散布的；

（二）将信息网络上涉及他人的原始信息内容篡改为损害他人名誉的事实，在信息网络上散布，或者组织、指使人员在信息网络上散布的；

明知是捏造的损害他人名誉的事实，在信息网络上散布，情节恶劣的，以“捏造事实诽谤他人”论。

第二条　利用信息网络诽谤他人，具有下列情形之一的，应当认定为刑法第二百四十六条第一款规定的“情节严重”：

（一）同一诽谤信息实际被点击、浏览次数达到五千次以上，或者被转发次数达到五百次以上的；

（二）造成被害人或者其近亲属精神失常、自残、自杀等严重后果的；

（三）二年内曾因诽谤受过行政处罚，又诽谤他人的；

（四）其他情节严重的情形。

第三条　利用信息网络诽谤他人，具有下列情形之一的，应当认定为刑法第二百四十六条第二款规定的“严重危害社会秩序和国家利益”：

（一）引发群体性事件的；

（二）引发公共秩序混乱的；

（三）引发民族、宗教冲突的；

（四）诽谤多人，造成恶劣社会影响的；

（五）损害国家形象，严重危害国家利益的；

（六）造成恶劣国际影响的；

（七）其他严重危害社会秩序和国家利益的情形。

第四条 一年内多次实施利用信息网络诽谤他人行为未经处理，诽谤信息实际被点击、浏览、转发次数累计计算构成犯罪的，应当依法定罪处罚。

第五条 利用信息网络辱骂、恐吓他人，情节恶劣，破坏社会秩序的，依照刑法第二百九十三条第一款第（二）项的规定，以寻衅滋事罪定罪处罚。

编造虚假信息，或者明知是编造的虚假信息，在信息网络上散布，或者组织、指使人员在信息网络上散布，起哄闹事，造成公共秩序严重混乱的，依照刑法第二百九十三条第一款第（四）项的规定，以寻衅滋事罪定罪处罚。

第六条 以在信息网络上发布、删除等方式处理网络信息为由，威胁、要挟他人，索取公私财物，数额较大，或者多次实施上述行为的，依照刑法第二百七十四条的规定，以敲诈勒索罪定罪处罚。

第七条 违反国家规定，以营利为目的，通过信息网络有偿提供删除信息服务，或者明知是虚假信息，通过信息网络有偿提供发布信息等服务，扰乱市场秩序，具有下列情形之一的，属于非法经营行为“情节严重”，依照刑法第二百二十五条第（四）项的规定，以非法经营罪定罪处罚：

（一）个人非法经营数额在五万元以上，或者违法所得数额在二万元以上的；

（二）单位非法经营数额在十五万元以上，或者违法所得数额在五万元以上的。

实施前款规定的行为，数额达到前款规定的数额五倍以上的，应当认定为刑法第二百二十五条规定的“情节特别严重”。

第八条 明知他人利用信息网络实施诽谤、寻衅滋事、敲诈勒索、非法经营等犯罪，为其提供资金、场所、技术支持等帮助的，以共同犯罪论处。

第九条 利用信息网络实施诽谤、寻衅滋事、敲诈勒索、非法经营犯罪，同时又构成刑法第二百二十一条规定的损害商业信誉、商品声誉罪，第二百七十八条规定的煽动暴力抗拒法律实施罪，第二百九十一条之一规定的编造、故意传播虚假恐怖信息罪等犯罪的，依照处罚较重的规定定罪处罚。

第十条 本解释所称信息网络，包括以计算机、电视机、固定电话机、移动电话机等电子设备为终端的计算机互联网、广播电视网、固定通信网、移动通信网等信息网络，以及向公众开放的局域网络。

【解 读】

解读《最高人民法院、最高人民检察院关于办理利用信息网络实施诽谤等刑事案件适用法律若干问题的解释》

一、问题的提出

为保护公民、法人和其他组织的合法权益，维护社会秩序，最高人民法院、最高人民检察院于2013年9月9日联合发布了法释〔2013〕21号《关于办理利用信息网络实施诽谤等刑事案件适用法律若干问题的解释》（以下简称本解释）。本解释明确规定了利用信息网络实施诽谤、寻衅滋事、敲诈勒索、非法经营犯罪的认定及处罚问题，对依法准确惩治此类犯罪，提供了较为明确的司法解释依据。为便于司法实践中正确理解与适用，现就本解释的制定背景、起草过程中的主要考虑、主要内容等问题介绍如下。

二、本解释起草过程中的主要考虑

为确保本解释符合刑法规定精神，体现信息网络特点，适应司法实践需要，在起草本解释过程中，注重把握以下几项原则：

第一，立足保护公民合法权益，维护社会秩序。利用信息网络实施的诽谤、寻衅滋事、敲诈勒索、非法经营等犯罪，有的侵害了公民的名誉权、财产权，有的扰乱了公共秩序和市场管理秩序。网络造谣、传谣活动也妨碍了网民从信息网络上获取真实信息。本解释通过依法惩治利用信息网络实施的诽谤、敲诈勒索等犯罪，为受害者伸张正义，恢复名誉，保护公民财产权利不受侵犯。同时，网络秩序是现实社会公共秩序的延伸，以法治思维和法治方式规制网络行为，是维护健康、有序的网络秩序的现实需要。本解释顺应了新时期广大人民群众对依法惩治信息网络犯罪、规范信息网络秩序的普遍期待和迫切要求，严密了刑事法网。依法打击此类犯罪行为，有助于维护社会公共秩序，为广大人民群众创造良好的社会环境。

第二，坚持罪刑法定原则，依法科学解释。利用信息网络实施的诽谤等犯罪，只是诽谤罪等传统犯罪在信息时代的新型表现形式，有现实的社会危害性。本解释严格依照刑法规定的诽谤罪、寻衅滋事罪、敲诈勒索罪、非法经营罪的犯罪构成要件，针对网络犯罪的行为特征和实际危害，明确了定罪量刑的具体标准。同时，本解释对相关犯罪情节严重的认定标准、共同犯罪的认定标准等也作出明确规定，为依法惩治上述犯罪提供了明确的司法解释依据，有助于统一司法标准，规范司法行为，确保严格依法办案。

第三，明确法律界限，保障公民依法行使表达权和监督权。广大网民通过网络表达意见、关注社会问题、进行舆论监督，是公民行使言论自由权利、参与国家政治生活的重要方式。公民依法在信息网络上发表言论，始终受到我国法律的保护。国家通过网络上的各种信息和评论，能够了解社会情况和群众对公共事务的意见和建议。但网民在行使表达权的同时，不能触及法律底线。任何一个国家的法律都不会允许有诽谤他人的“言论自由”。出台本解释不是为了“管制”网络言论。本解释厘清了在信息网络上发表言论的法律边界，也严格区分恶意造谣、恶意传谣行为与不明真相发帖、转帖行为之间的界限，有助于确保公众依法、充分行使宪法赋予的表达权和监督权，最大限度地保护公众的言论自由。

第四，注重教育引导，推动信息网络健康发展。本解释同时还具有教育、引导作用，有助于促使广大网民自觉规范上网言行，营造健康、积极的网络环境，实现良好的社会效果。同时，本解释立足当前实际，依法打击公众反映强烈的利用信息网络实施的相关犯罪，有助于促进相关部门加强对信息网络的日常管理，完善网络违法犯罪防范机制，推动信息网络健康、有序发展。

三、本解释的主要内容

本解释共十个条文，主要包括以下六个方面的内容：1. 利用信息网络实施诽谤犯罪的行为方式、入罪标准、适用公诉程序的条件；2. 利用信息网络实施寻衅滋事犯罪的行为方式及具体认定；3. 利用信息网络实施敲诈勒索犯罪的行为方式及具体认定；4. 利用信息网络实施非法经营犯罪的行为方式及数额标准；5. 所涉共同犯罪和犯罪竞合的处理；6. 对信息网络的含义进行了明确界定，包括以计算机、电视机、固定电话机、移动电话机等电子设备为终端的计算机互联网、广播电视网、固定通信网、移动通信网等信息网络，以及向公众开放的局域网络。

（一）利用信息网络实施诽谤犯罪的认定

本解释第一条至第四条分别规定了利用信息网络实施诽谤犯罪“捏造事实诽谤他人”的行为方式，“情节严重”的入罪标准，“严重危害社会秩序和国家利益”时适用公诉程序的条件，以及诽谤信息数量的累计计算等问题。

1. “捏造事实诽谤他人”的认定

本解释第一条对《刑法》第二百四十六条中的“捏造事实诽谤他人”作出了具体规定，主要包括三种行为方式：

一是“捏造并散布”。即本解释第一条第一款第一项规定的“捏造损害他人名誉的事实，在信息网络上散布，或者组织、指使人员在信息网络上散布的”，是最为典型的网络诽谤行为方式，具体是指行为人捏造损害他人名誉的事实后，由本人在信息网络上散布，或者行为人捏造损害他人名誉的事实后，组织、指使人员在信息网络上散布。后者也包括行为人捏造损害他人名誉的事实后，支付报酬雇用人员在信息网络上散布。

二是“篡改并散布”。即本解释第一条第一款第二项规定的“将信息网络上涉及他人的原始信息内容篡改为损害他人名誉的事实，在信息网络上散布，或者组织、指使人员在信息网络上散布的”。该项规定主要针对“歪曲捏造”的情形。“篡改”是指用作伪的手段改动或曲解，也就是实质性修改，即故意改变事实。如网络上出现一个原始帖子，称某被害人在某酒店与异性友人共进晚餐。原帖内容可能是真实的，或者即使失真，也达不到损害名誉的程度。行为人为达到诽谤他人的目的，借题发挥，恶意地将原帖内容歪曲修改为某被害人与其情妇在某酒店开房过夜。这就是典型的篡改，且篡改后的内容已经损害了他人的名誉。实践中除歪曲捏造外，还存在故意放大、渲染等情形。对此除非达到实质性修改的程度，否则一般不能认定为篡改。

三是“明知是捏造而散布”。即本解释第一条第二款规定的“明知是捏造的损害他人名誉的事实，在信息网络上散布，情节恶劣的，以‘捏造事实诽谤他人’论”。本条前款两项规定是针对造谣者，本款规定针对恶意传谣者。需要强调的是，如果行为人不明知是他人捏造的虚假事实而在信息网络上发布、转发的，即使对被害人的名誉造成了一定的损害，按照主客观相一致的原则，也不构成诽谤罪。实践中要严格区分构成犯罪的恶意诽谤行为和普通网民在不明真相情况下进行的发帖、转帖行为。适用本款规定应注意把握以下问题：

关于“明知”的认定。“明知”在刑法上包括两种情形：一是“知道”，即有证据证明行为人知道特定的事实，例如行为人及其“上家”均承认，行为人明确知道在信息网络上散布的信息系“上家”捏造的损害他人名誉的事实。二是“应当知道”，即行为人虽否认自己知道在信息网络上散布的信息系捏造的损害他人名誉的事实，但基于相关证据，能够推定行为人知道该情况，且行为人对此不能作出合理解释。实践中，认定行为人“应当知道”要依法有据，不能主观指证，必须依据相关证据材料综合判断。在认定“应当知道”时应当特别慎重，要将恶意传谣者与不明真相的无恶意传谣者区别开来。实践中如果把握不准或有争议的，应当本着“就低不就高”“有利行为人”的原则，不认定为“应当知道”。

关于“情节恶劣”的认定。本款不仅要求行为人明知是捏造的损害他人名誉的事实，而且要求达到情节恶劣的程度，才能以捏造事实诽谤他人论。主要考虑是，对于恶意传谣者与造谣者也要区别对待。恶意传谣者不是捏造事实诽谤他人的源头，判定其行为性质，也应当注意考察具体情节的恶劣程度。需要说明的是，“情节恶劣”不同于诽谤罪入罪标准的“情节严重”，它指的是恶意传谣者明知是捏造的事实而在信息网络上传播行为的恶劣程度，如行为人的动机卑劣、散布的诽谤信息内容恶毒，或者行为人长期诽谤他人等。

2.“情节严重”的认定

根据《刑法》第二百四十六条第一款的规定，行为人捏造事实诽谤他人，必须达到情节严重的程度，依法才构成诽谤罪。本解释第二条采取列举的方式，明确了认定网络诽谤犯罪情节严重的具体标准，规定了较为严格的入罪门槛。

一是数量标准。本解释第二条第一项规定，“同一诽谤信息实际被点击、浏览次数达到五千次以上，或者被转发次数达到五百次以上的”，应当认定为诽谤行为情节严重。如果一个捏造的损害他人名誉的信息被众多人所点击、浏览而知晓，足以说明被害人的名誉已经受到损害，具有现实的社会危害性。本解释将被点击、浏览次数确定为五千次，是依据实证调研的结果，也参考了有关司法解释的先例。将被转发次数确定为五百次，与被点击、浏览次数保持一比十的关系，是根据网络传播规律，听取了专业部门意见，进行了技术论证，严格审慎确定的。

需要注意的是，本解释规定的上述数量标准，是指同一诽谤信息实际被点击、浏览或者被转发次数。这就意味着，在计算具体数量时，应当扣除被害人自己点击、浏览或者转发的次数，也应当扣除网站管理人员为维护网站而点击等的次数。此外，还应扣除其他故意虚增而点击等，导致统计失真的次数。

二是危害后果标准。本解释第二条第二项规定，“造成被害人或者其近亲属精神失常、自残、自杀等严重后果的”，应当认定为诽谤行为情节严重。如果网络诽谤行为在现实生活中已经造成上述后果，显然具有现实的社会危害性，构成了犯罪。此种情形就不问诽谤信息实际被点击、浏览或者被转发次数，应当认定为情节严重。

三是主观恶性标准。本解释第二条第三项规定，“二年内曾因诽谤受过行政处罚，又诽谤他人的”，应当认定为诽谤行为“情节严重”。体现了刑法对行为人主观恶性、人身危险性的重视和评价。对于这种屡教不改，反复恶意诽谤他人的行为人，不论诽谤信息被点击、浏览、转发的次数，也不论是否造成被害人或者近亲属精神失常、自残、自杀等后果，也应当认定为“情节严重”。

3.“严重危害社会秩序和国家利益”的认定

根据《刑法》第二百四十六条第二款的规定，诽谤罪除“严重危害社会秩序和国家利益的”情形外，属于告诉才处理的案件。对于严重危害社会秩序和国家利益的诽谤案件，应由公安机关立案侦查，人民检察院提起公诉。为了明确网络诽谤刑事案件适用公诉程序的条件，本解释第三条列举了严重危害社会秩序和国家利益的七种情形，既充分尊重当事人的处分权，依法保护被害人的合法权益，也有助于惩治严重危害社会秩序和国家利益的诽谤犯罪。

关于“引发群体性事件的”情形。行为人捏造事实诽谤他人，进而引发了群体性事件，显然属于已经对社会秩序造成了实际的危害。

关于“引发公共秩序混乱的”情形。主要是指妨害国家的公共管理活动，引发生产秩序、生活秩序、学习秩序、工作秩序等公共秩序的混乱。

关于“引发民族、宗教冲突的”情形。民族、宗教问题关系到国家统一、社会稳定、经济社会发展，属于非常重要的国家利益。如果行为人实施诽谤犯罪涉及民族、宗教问题，进而引发民族、宗教冲突，破坏民族团结、宗教政策的，属于对国家利益造成了严重危害。

关于“诽谤多人，造成恶劣社会影响的”情形。主要是考虑到行为人不间断地恶意诽谤多人，不仅侵犯了各个被害人的名誉权，实际上也已经严重危害了社会秩序。如果对此也适用自诉程序，需要多个被害人分别提起自诉且需要并案处理，不利于切实保护被害人的合法权益。

关于“损害国家形象，严重危害国家利益的”情形。行为人通过诽谤特定的对象，抹黑我国的政治制度，损害我国的国家形象，涉及国家利益，社会危害性大。

关于“造成恶劣国际影响的”情形。主要是指诽谤外国元首和政府首脑等，引发外事交涉、外交抗议等情形。

广大网民利用信息网络进行“网络反腐”，对反腐倡廉工作发挥了积极的作用。一些腐败案件最先就是在网络上曝光，引起有关部门的高度重视，随后得到了及时的处理。对于广大网民通过信息网络检举、揭发他人违法违纪行为的，有关部门应当认真对待，负责任地核实，及时公布调查结果。即使检举、揭发的部分内容失实，只要不是故意捏造事实诽谤他人的，或者不属明知是捏造的损害他人名誉的事实而在信息网络上散布的，就不应以诽谤罪追究刑事责任。但是，对于那些打着“网络反腐”的幌子，恶意捏造事实诽谤他人的行为，尤其是有组织地大肆诽谤他人的行为，事实清楚，证据确实充分，构成犯罪的，就应依法追究刑事责任。司法机关要严格依法办案，严格入罪标准，防止误伤那些积极进行舆论监督、但部分举报内容失实的举报者。

（二）利用信息网络实施寻衅滋事犯罪的认定

信息网络既是工作、生活、学习的重要途径和手段，也是公众沟通交流的主要媒介和平台，体现出较强的工具性和公共性特征。本解释第五条结合信息网络的上述两种属性，明确了利用信息网络实施寻衅滋事犯罪的两种行为方式。

1. 利用信息网络辱骂、恐吓他人的认定及处理

本解释第五条第一款规定，利用信息网络辱骂、恐吓他人，情节恶劣，破坏社会秩序的，以寻衅滋事罪定罪处罚。该款规定反映出信息网络的工具性特

征。实践中需要把握以下两点：一是如果利用信息网络辱骂特定的个人，则可能存在寻衅滋事罪与侮辱罪的竞合。如果辱骂他人情节恶劣，破坏社会秩序的，应按照本解释第九条的规定，依照处罚较重的罪即寻衅滋事罪定罪处罚。二是要严格入罪标准。辱骂、恐吓行为必须达到情节恶劣的程度，同时对社会秩序造成了现实的破坏。对于一些网民在网络上发泄不满，辱骂他人的，要重在教育，强化管理，一般不要轻易适用本款规定按犯罪处理。

2. 在信息网络上编造、散布虚假信息，起哄闹事的认定。

本解释第五条第二款规定："编造虚假信息，或者明知是编造的虚假信息，在信息网络上散布，或者组织、指使人员在信息网络上散布，起哄闹事，造成公共秩序严重混乱的，依照刑法第二百九十三条第一款第（四）项的规定，以寻衅滋事罪定罪处罚。"

信息网络具有明显的公共属性和社会属性。网络社会已经与现实社会融为一体，成为现实社会的重要组成部分。网络信息必然会对现实社会产生直接的、实实在在的影响。显而易见，编造虚假信息并在信息网络上散布，起哄闹事，进而造成公共秩序严重混乱，此类行为具有现实的社会危害性，应当以寻衅滋事罪追究刑事责任。实践中需要把握以下两点：一是该款规定的"虚假信息"，不是针对特定的自然人而捏造的虚假事实，而是针对不特定的自然人或者单位、公共事件而编造的虚假信息。如果针对特定的自然人，捏造损害其名誉的虚假事实，并在网络上散布的，应当适用本解释第一条的规定处理。二是"造成公共秩序严重混乱"，主要是指导致现实社会公共秩序严重混乱。网络空间是现实社会的组成部分，行为人在信息网络上散布虚假信息，起哄闹事，在导致网络秩序混乱的同时，往往会导致现实社会公共秩序的混乱，甚至引发群体性事件等。对此以寻衅滋事罪定罪处罚，于法有据。

（三）利用信息网络实施敲诈勒索犯罪的认定

本解释第六条明确规定了利用信息网络实施敲诈勒索犯罪的行为方式。

1. 利用信息网络实施敲诈勒索犯罪的行为方式

本解释第六条规定，"以在信息网络上发布、删除等方式处理网络信息为由，威胁、要挟他人，索取公私财物，数额较大，或者多次实施上述行为的，依照刑法第二百七十四条的规定，以敲诈勒索罪定罪处罚。"实践中，主要表现为发帖型敲诈勒索和删帖型敲诈勒索两种方式。发帖型敲诈勒索，是指行为人通过各种途径收集到有关被害人的负面信息，然后主动联系被害人，以在信息网络上发布相关负面信息为由，威胁、要挟被害人，进而索取财物。而删帖型敲诈勒索，是指行为人通过各种途径收集到有关被害人的负面信息后，先在信息网络上发布，然后主动联系被害人，以删除上述负面信息为条件威胁、要挟被害人，进而索取财物。与发帖型敲诈勒索相比，删帖型敲诈勒索通常要借助一定的网络平台。例如行为人自己建立或者经营所谓的"维权网站"，收集不利于被害人的负面信息后，发布在该网站，然后与被害人联系并告知该网站上有不利于被害人的负面信息，要求对方将特定数额的钱款存入指定的账户，否则就要继续在网络上发布或者炒作相关的负面信息，由此达到索取财物的非法目的。

2. 利用信息网络实施敲诈勒索犯罪罪与非罪的界限

本解释第六条采用了“索取”的表述，意味着认定敲诈勒索罪，要求行为人必须有主动向被害人实施威胁、要挟并索要财物的行为。尤其是对于删帖型敲诈勒索，如果行为人没有主动与被害人联系删帖事宜，未实施威胁、要挟，而是在被害人主动上门联系请求删帖的情况下，以“广告费”“赞助费”“服务费”等名义收取被害人费用的，不认定为敲诈勒索罪。如果被害人主动上门联系请求删帖，但并不同意支付费用，而行为人以不支付费用，或者不支付指定数额的费用就不删帖甚至将对负面信息进一步炒作为由，威胁、要挟被害人，进而索取费用的，可以认定为敲诈勒索罪。此外，本解释第六条采用的是“信息”而非“虚假信息”的表述。行为人威胁将要在信息网络上发布、删除的涉及被害人的负面信息即使是真实的，但只要其出于非法占有的目的，以发布、删除该负面信息为由索取公私财物，仍然构成敲诈勒索罪。

（四）利用信息网络实施非法经营犯罪的认定

利用信息网络实施的非法经营犯罪，反映出当前网络犯罪的非法牟利特征突出，组织链条明显。本解释第七条规定了利用信息网络实施非法经营犯罪的行为方式和数额标准等问题。

1. “违反国家规定”的理解

本解释第七条规定的认定行为人“违反国家规定”的依据，主要是指违反全国人大常委会《关于维护互联网安全的决定》和国务院《互联网信息服务管理办法》的相关规定。依照《关于维护互联网安全的决定》的规定，利用互联网实施该决定第一条、第二条、第三条、第四条所列行为以外的其他行为，构成犯罪的，依照《刑法》有关规定追究刑事责任。依照《互联网信息服务管理办法》，国家对经营性互联网信息服务实行许可制度，对非经营性互联网信息服务实行备案制度，未取得国家有关部门的许可，不得从事互联网有偿信息服务。当前，一些“网络公关公司”以营利为目的提供非法删帖服务，或者明知是虚假信息而提供发布信息等服务，扰乱了信息网络服务市场管理秩序，属于未经国家许可，“通过互联网向上网用户有偿提供信息或者网页制作等服务活动”中“等服务活动”的情形。

2. “以营利为目的”的认定

当前，一些“网络公关公司”“营销公司”通过在信息网络上进行信息炒作、发布不实信息等方式，吸引公众关注，进而牟取非法利益。这种以营利为目的，通过信息网络向他人有偿提供删除信息服务，或者明知是虚假信息，通过信息网络有偿提供发布信息等服务的行为，实际上是为诽谤、敲诈勒索、寻衅滋事等违法犯罪提供了传播虚假信息的手段、平台，扩大了信息网络上虚假信息的影响范围。不仅扰乱网络秩序，而且破坏了市场管理秩序，是当前信息网络上种种乱象的重要推手，具有较大的社会危害性，应当以非法经营罪定罪处罚。对于个别网民并非专门从事经营活动，只是偶尔一两次帮助他人发帖，并收取一定费用的，即使数额达到了本解释规定的标准，一般也不宜认定为以营利为目的。

3. 利用信息网络实施非法经营犯罪的行为方式

本解释第七条规定了利用信息网络实施非法经营犯罪的两种行为方式：一是通过信息网络有偿提供删除信息服务；二是明知是虚假信息，通过信息网络有偿提供发布信息等服务。对于通过信息网络向他人有偿提供删除信息服务的，本解释不要求行为人明知所删除的信息为虚假信息。当前一些“网络公关公司”的主要业务是删帖业务，但删除的信息中有相当一部分是广大网民发布的真实信息。国家依法保护网络用户合法的信息交流活动，这属于信息网络服务市场管理秩序的重要组成部分。行为人以营利为目的，有偿删除信息网络用户发布的真实信息，其行为既侵犯了广大网民的合法权益，也破坏了信息网络服务市场管理秩序，应当以非法经营罪定罪处罚。对于通过信息网络向他人有偿提供发布信息等服务的，本解释明确规定，必须以行为人明知所发布的信息是虚假信息为前提。如果行为人通过信息网络有偿提供发布信息服务，但发布的信息是真实的，即使收取了一定数额的费用，也不应认定为非法经营罪。

4. 非法经营犯罪数额的认定

《刑法》第二百二十五条规定的非法经营罪，要求达到情节严重的程度，才构成犯罪。情节严重的标准在实践中主要体现为非法经营数额或者违法所得数额。本解释第七条第一款明确了个人和单位通过信息网络实施非法经营犯罪情节严重的数额标准，即：个人非法经营数额在五万元以上，或者违法所得数额在二万元以上；单位非法经营数额在十五万元以上，或者违法所得数额在五万元以上。此外，本解释第七条第二款还明确了个人和单位通过信息网络实施非法经营犯罪情节特别严重的数额标准，分别是情节严重标准的五倍以上。符合该数额标准的，应依法处五年以上有期徒刑，并处违法所得一倍以上五倍以下罚金或者没收财产。

（五）共同犯罪的认定和犯罪竞合的处理

1. 共同犯罪的认定

利用信息网络实施诽谤等犯罪，行为人在实践中可能面临资金、场所、技术等方面的困难，进而寻求他人的帮助，从而涉及共同犯罪问题。本解释第八条规定：“明知他人利用信息网络实施诽谤、寻衅滋事、敲诈勒索、非法经营等犯罪，为其提供资金、场所、技术支持等帮助的，以共同犯罪论处。”实践中对于共同犯罪的认定，必须以行为人明知他人利用信息网络实施诽谤、寻衅滋事、敲诈勒索、非法经营等犯罪为前提。如果不明知他人利用信息网络实施相关犯罪活动，即使客观上提供了资金、场所、技术等帮助，也不能认定为共同犯罪。

2. 犯罪竞合的处理

利用信息网络实施诽谤、寻衅滋事、敲诈勒索、非法经营犯罪，可能同时构成《刑法》第二百二十一条规定的损害商业信誉、商品声誉罪，第二百七十八条规定的煽动暴力抗拒法律实施罪，第二百九十一条之一规定的编造、故意传播虚假恐怖信息罪等犯罪。针对司法实践的具体情况，本解释第九条规定，对于上述情形依照处罚较重的规定定罪处罚。

（撰稿人：最高人民法院刑事审判第三庭）

【链　　接】

统一司法标准规范司法行为　积极促进信息网络健康发展

——最高人民法院、最高人民检察院有关部门负责人就《关于办理利用信息网络实施诽谤等刑事案件适用法律若干问题的解释》答记者问

为保护公民、法人和其他组织的合法权益，维护社会秩序，根据有关法律规定，最高人民法院、最高人民检察院联合发布了《关于办理利用信息网络实施诽谤等刑事案件适用法律若干问题的解释》（以下简称本解释），具体规范司法机关办理利用信息网络实施诽谤、寻衅滋事、敲诈勒索、非法经营等刑事案件时的法律适用问题。最高人民法院、最高人民检察院有关部门负责人就本解释所涉有关问题回答了记者的提问。

一、问：我国《刑法》对诽谤罪、寻衅滋事罪、敲诈勒索罪、非法经营罪已有规定。请问，对于利用信息网络实施的诽谤、寻衅滋事、敲诈勒索、非法经营等犯罪，“两高”为何又作出专门解释

答：近年来，信息技术快速发展，以互联网为主体的包括通信网、广播电视传输覆盖网在内的信息网络日益普及，已成为人民群众工作、学习、生活不可缺少的组成部分。由于信息网络具有公共性、匿名性、便捷性等特点，一些不法分子将信息网络作为一种新的犯罪平台，恣意实施诽谤、寻衅滋事、敲诈

勒索、非法经营等犯罪，侵犯公民的名誉权、财产权等合法权益，扰乱公共秩序，破坏市场秩序，具有严重的社会危害性，人民群众十分痛恨，社会各界反应强烈。为满足同网络犯罪作斗争的需要，回应广大人民群众的呼声，最高人民法院、最高人民检察院在长期调研、广泛征求意见、科学论证的基础上，适时制定出台了本解释，具有重要的现实意义。

第一，是保护公民合法权益的需要。在信息网络上实施的诽谤、敲诈勒索等犯罪，有的侵害了公民的名誉权，有的侵犯了公民的财产权。网络造谣、传谣行为，导致网络空间上的信息真假难辨，也妨碍了网民从信息网络上获取真实信息。本解释依法惩治利用信息网络实施的诽谤等犯罪，能够为受害者伸张正义，恢复名誉，能够保护公民合法财产不受侵犯，也能够为广大人民群众提供规范、有序、健康的网络环境。

第二，是明确法律依据有效打击犯罪的需要。当前，利用信息网络实施诽谤、寻衅滋事、敲诈勒索、非法经营等犯罪活动猖獗。与采取传统手段实施的上述犯罪相比，近些年来出现的利用信息网络实施的上述犯罪在客观表现形式上具有特殊性，但此类犯罪毫无疑问具有现实的社会危害性。由于网络信息具有扩散范围广、传播速度快、影响不易消除等特点，利用信息网络实施的诽谤等犯罪比采用传统手段实施的上述犯罪具有更严重的社会危害性。但由于我国刑法对利用信息网络实施的诽谤等犯罪并无具体规定，因此实践中存在着法律适用不够明确的问题。本解释明确了利用信息网络实施的诽谤、寻衅滋事、敲诈勒索、非法经营等犯罪的定罪量刑标准，有利于统一司法标准、规范司法行为，有助于司法机关依法准确、有力地打击此类犯罪活动。

第三，是维护社会公共秩序的需要。网络空间与现实社会已经融为一体、不可分割。利用信息网络实施的寻衅滋事等犯罪，对社会公共秩序造成了严重的破坏。特别是编造虚假信息，在信息网络上散布，起哄闹事的行为，易引发群体性事件，造成公共秩序严重混乱。本解释严密了刑事法网，依法打击此类犯罪行为，有助于维护社会公共秩序，为广大人民群众创造了良好的社会环境。

第四，是保障公民表达权和监督权的需要。公民依法在信息网络上发表言论，行使宪法权利，受我国法律的保护。但信息网络上的“言论自由”也并非没有边界。任何一个国家的法律都不会允许有诽谤他人的“言论自由”。本解释厘清了在信息网络上发表言论的法律边界，公民可以依法充分行使宪法赋予的表达权和监督权。

第五，是促进信息网络健康发展的需要。利用信息网络实施的诽谤、寻衅滋事、敲诈勒索、非法经营等犯罪，使信息网络不再是一方“净土”。甚至还出现一些职业化的“网络推手”，使信息网络造谣、传谣成为一种组织性较强的犯罪活动，导致信息网络秩序“失范”，网络乱象丛生，影响了正常的经济、社会秩序。本解释的出台，有助于规范网络秩序，强化对信息网络的日常监管，加大对违法行为的整治力度，维持正常的经济、社会秩序。

实际上，为加强对信息网络的管理，我国立法机关此前出台过相关的法律文件。2000 年，全国人民代表大会常务委员会作出了《关于维护互联网安全的决定》，明确指出：利用互联网实施诽谤、敲诈勒索等行为，构成犯罪的，依照刑法有关规定追究刑事责任。在信息网络迅速发展，特别是互联网、通信网、广播电视传输覆盖网“三网合一”趋势明显的背景下，为统一法律适用，有必要对利用信息网络实施的诽谤、寻衅滋事、敲诈勒索、非法经营等犯罪作出司法解释，进一步明确具体的定罪量刑标准。

综上，本解释的出台，有助于依法惩治当前社会各界普遍关注的利用信息网络实施的诽谤、寻衅滋事、敲诈勒索、非法经营等犯罪，顺应了新时期广大人民群众对依法惩治信息网络犯罪、规范信息网络秩序的普遍期待和迫切要求。

二、问：“两高”在制定本解释过程中，遵循了哪些基本原则

答：本解释是新形势下依法惩治利用信息网络实施的诽谤、寻衅滋事、敲诈勒索、非法经营等犯罪的重要法律文件。“两高”对此高度重视，非常审慎，经过为期一年多的调研，在全国范围内广泛征求了立法机关、行政机关、其他司法机关、专家学者和社会各界人士的建议，进行了认真的研究和论证，反复修改和完善，现在终于完成。总体上看，本解释的内容符合立法精神和社会实际情况。在制定本解释过程中主要遵循了以下原则。

第一，坚持罪刑法定原则，依法解释。本解释严格依照《刑法》所规定的诽谤罪、寻衅滋事罪、敲诈勒索罪、非法经营罪等相关犯罪的构成要件，结合利用信息网络实施的上述犯罪的行为特征和实际危害，明确了定罪量刑的具体标准。各个条文均有明确的法律依据，符合罪刑法定基本原则，体现了依法解释的基本要求。同时，本解释对相关犯罪“情节严重”的认定标准、共同犯罪的认定标准等也作出了明确规定，确保实践中严格依法办案。

第二，针对网络犯罪特点，系统解释。利用信息网络实施的诽谤等犯罪，只是诽谤罪等传统犯罪在网络时代的新型表现形式，比传统的诽谤等犯罪有更大的现实危害性。实践中，有人捏造损害他人名誉的事实并在信息网络上散布，诽谤他人；有人编造虚假信息，并在信息网络上散布，起哄闹事，扰乱公共秩序；有人以在信息网络上发布、删除等方式处理信息为由，对他人实施威胁、要挟，索取公私财物；还有一些所谓“网络公关公司”和“网络推手”，通过在信息网络上为编造的虚假信息提供发帖等服务，非法牟取经济利益，聚敛钱财，等等。诸如此类利用信息网络实施的犯罪，与采用传统手段实施的犯罪一样，也应当依照刑法有关规定定罪处罚。针对当前人民群众反映比较突出

的利用信息网络实施的诽谤、寻衅滋事、敲诈勒索、非法经营等犯罪，本解释根据刑法规定，结合上述犯罪社会危害的特点，进行系统化的解释，为依法打击上述犯罪提供了明确的法律依据，也为下一步深化信息网络犯罪立法积累了有益的经验。

第三，立足司法实际需求，科学解释。伴随着信息网络的发展和普及，近年来已经发生过一些利用信息网络诽谤他人或者实施敲诈勒索的案件，人民法院已按诽谤罪或者敲诈勒索罪进行了定罪处罚，取得了良好的法律效果和社会效果。因此，本解释实际上是对司法实践经验的科学总结。在本解释制定过程中，我们进行了充分调研，在确定相关犯罪的定罪量刑标准时，广泛征求了各方面的意见和建议，并进行了实证分析。本解释的具体规定符合司法实际，具有较强的可操作性。

第四，注重教育宣传引导，充分发挥本解释的作用。本解释在制定过程中，坚持宽严相济的基本刑事政策，坚持打击利用信息网络实施的诽谤等犯罪与保护公民表达权和监督权并重，注重运用刑罚手段在预防、规范、教育、指引等方面的积极作用。本解释立足当前实际，依法打击人民群众反映强烈的利用信息网络实施的相关犯罪，有助于促进相关部门加强对信息网络的日常管理，完善网络违法犯罪防范机制，教育广大网民自觉规范上网言行，达到“打击极少数，教育大多数”的良好社会效果。由此可见，本解释为保护公民、法人和其他组织的合法权益，维护社会秩序，提供了强有力的法律保障。

三、问：本解释第一条至第三条的主要内容是什么？实践中应当如何正确把握

答：本解释第一条至第三条分别规定了利用信息网络实施诽谤犯罪的行为方式、入罪标准、公诉条件等问题，是本解释的重要内容。

第一，本解释第一条分两款明确了利用信息网络实施诽谤犯罪的行为方式，即“捏造事实诽谤他人”的认定问题。具体包括三种行为方式：一是“捏造并散布”，即第一款第一项规定的捏造损害他人名誉的事实，在信息网络上散布，或者组织、指使他人在信息网络上散布的行为。二是“篡改并散布”，即第一款第二项规定的将信息网络上涉及他人的原始信息内容篡改为损害他人名誉的事实，在信息网络上散布，或者组织、指使人员在信息网络上散布的行为。三是“明知虚假事实而散布”，即第二款规定的明知是捏造的损害他人名誉的事实，在信息网络上散布，情节恶劣的行为，以“捏造事实诽谤他人”论。上述行为均反映出行为人具有捏造事实诽谤他人的主观故意，可以认定为诽谤罪的“捏造事实诽谤他人”。在“自媒体”时代，每个人都可以成为信息发布者和传播者，每个人都应当自觉遵守法律法规。信息网络不是“法外之地”，那些肆意捏造事实，恶意诽谤他人的行为人，应当依法承担相应的法律责任。

第二，本解释第二条明确了利用信息网络实施诽谤行为的入罪标准。由于信息网络具有传播速度快以及网帖内容不易根除等特点，利用信息网络实施诽谤行为往往会造成严重的现实危害后果。本解释第二条从诽谤信息被点击、浏览、转发的数量，诽谤行为造成的实际危害后果，诽谤行为人的主观恶性等方面，明确了利用信息网络实施诽谤行为的入罪标准。实践中，有的不法分子捏造损害他人名誉的事实，在信息网络上恶意散布，在短时间内点击量数以万计，传播甚快，流毒甚广，给被害人的工作、生活造成严重影响，甚至造成被害人精神失常等严重后果，应当依法以诽谤罪定罪处罚。

第三，本解释第三条明确了利用信息网络实施诽谤犯罪适用公诉程序的条件。根据刑法规定，诽谤罪是自诉案件，但是“严重危害社会秩序和国家利益”的除外。本解释第三条规定了引发群体性事件，引发公共秩序混乱，引发民族、宗教冲突，诽谤多人、造成恶劣社会影响，损害国家形象、严重危害国家利益，造成恶劣国际影响等七种情形，应当认定为“严重危害社会秩序和国家利益”，可以适用公诉程序，由公安机关立案侦查，检察机关提起公诉。

对此类诽谤犯罪适用公诉程序，既符合刑法的规定，也是有效惩治利用信息网络实施诽谤犯罪的现实需要。各级司法机关要准确理解和把握上述几种情形，既要突出打击重点，依法惩治诽谤犯罪，又要贯彻宽严相济刑事政策，防止扩大打击面。

四、问：本解释第五条对利用信息网络编造、散布虚假信息，造成公共秩序严重混乱的行为规定按寻衅滋事罪定罪处罚，是出于什么考虑

答：本解释第五条第二款明确了利用信息网络编造、散布虚假信息，起哄闹事，造成公共秩序严重混乱的，依照寻衅滋事罪定罪处罚。当前，个别不法分子在信息网络上大肆捏造、散布虚假信息，其信息内容不指向特定自然人，而是以扰乱社会秩序为目的，危害公共利益。这种信息在网络上发布出去，很容易引发社会恐慌，造成公共秩序严重混乱。近期各地发生的多起群体性事件，多由不法分子编造虚假信息并在信息网络上散布所引发。

网络空间属于公共空间，网络秩序也是社会公共秩序的重要组成部分。随着信息技术的快速发展，信息网络与人们的现实生活已经融为一体，密不可分。维护社会公共秩序是全体网民的共同责任。一些不法分子利用信息网络恶意编造、散布虚假信息，起哄闹事，引发社会公共秩序严重混乱，具有现实的社会危害性，应以寻衅滋事罪追究刑事责任。

五、问：本解释第六条规定，以在信息网络上发布、删除等方式处理网络信息为由，威胁、要挟他人，索取公私财物，数额较大，或者多次实施上述行为的，以敲诈勒索罪定罪处罚。此类犯罪有哪些具体表现形式？司法机关在办案过程中如何正确界定罪与非罪的界限

答：本解释第六条明确了利用信息网络实施敲诈勒索犯罪的认定标准。主要是针对当前一些不法分子在网站上发布涉及被害人或者被害单位的负面信息，或者上网收集与被害人、被害单位有关的负面信息，并主动联系被害人、被害单位，以帮助删帖、“沉底”为由，向被害人索取财物。此类犯罪的表现形式主要有两种，即：“发帖型”敲诈和“删帖型”敲诈，前者是以将要发布负面信息相要挟，要求被害人交付财物，后者则先在信息网络上散布负面信息，再以删帖为由要挟被害人交付财物。此类行为实质上是行为人以非法占有为目的，借助信息网络对他人实施威胁、要挟，被害人基于恐惧或者因为承受某种压力而被迫交付财物，符合敲诈勒索罪的构成要件，应当以敲诈勒索罪定罪处罚。

司法实践中，应当注意从两个方面正确界定罪与非罪的界限。一是要求行为人必须有主动向被害人、被害单位实施威胁、要挟并索要财物的行为。如果行为人不主动与被害人联系删帖事宜，未实施威胁、要挟，而是在被害人主动上门请求删帖的情况下，以“广告费”“赞助费”“服务费”等其他名义收取被害人费用的，不认定为敲诈勒索罪。二是本条使用了“信息”而非“虚假信息”的表述。行为人威胁将要在信息网络上发布涉及被害人、被害单位的负面信息即使是真实的，但只要行为人出于非法占有的目的，以发布、删除该负面信息为由勒索公私财物的，仍然构成敲诈勒索罪。

六、问：本解释第七条规定以营利为目的，通过信息网络有偿提供删除信息服务，或者明知是虚假信息而通过信息网络有偿提供发布信息等服务，扰乱市场秩序的，以非法经营罪定罪处罚。这一规定主要针对什么情况？司法实践中如何正确认定

答：本解释第七条明确了利用信息网络实施非法经营犯罪的定罪量刑标准。全国人民代表大会常务委员会《关于维护互联网安全的决定》、国务院《互联网信息服务管理办法》中，对通过互联网向上网用户提供信息服务活动作了明确规定。实践中，一些所谓的“网络公关公司”“营销公司”“网络推手”等以营利为目的，未经许可，在信息网络上向他人有偿提供删除信息服务，或者明知是虚假信息，通过信息网络向他人有偿提供发布信息等服务，此类行为违反了国家规定，扰乱了市场秩序，具有较大的社会危害性，应当以非法经营罪定罪处罚。

本条明确规定，通过信息网络向他人有偿提供发布信息等服务，构成非法经营罪，必须以行为人明知所发布的信息是虚假信息为前提。如果行为人不明知所发布的信息为虚假信息，即使收取了费用，也不认定为非法经营罪。但对于通过信息网络有偿提供删除信息服务，本解释不要求行为人明知所删除的信息为虚假信息。当前一些非法“网络公关公司”的主要业务是“删帖”，所删除的信息相当一部分是人民群众发布的真实信息。国家依法保护信息网络用户正常的、合法的信息交流和服务活动，这也是网络信息服务市场秩序的重要组成部分。行为人有偿删除信息网络用户真实信息，侵犯了广大网民的合法权益，也严重破坏了网络信息服务市场秩序，符合非法经营罪犯罪构成，应当依法惩处。

最高人民法院　最高人民检察院
关于办理侵犯公民个人信息刑事案件适用法律若干问题的解释

法释〔2017〕10号

（2017年3月20日最高人民法院审判委员会第1712次会议、2017年4月26日最高人民检察院第十二届检察委员会第63次会议通过　2017年5月8日最高人民法院、最高人民检察院公告公布　自2017年6月1日起施行）

为依法惩治侵犯公民个人信息犯罪活动，保护公民个人信息安全和合法权益，根据《中华人民共和国刑法》《中华人民共和国刑事诉讼法》的有关规定，现就办理此类刑事案件适用法律的若干问题解释如下：

第一条　刑法第二百五十三条之一规定的“公民个人信息”，是指以电子或者其他方式记录的能够单独或者与其他信息结合识别特定自然人身份或者反映特定自然人活动情况的各种信息，包括姓名、身份证件号码、通信通讯联系方式、住址、账号密码、财产状况、行踪轨迹等。

第二条　违反法律、行政法规、部门规章有关公民个人信息保护的规定的，应当认定为刑法第二百五十三条之一规定的“违反国家有关规定”。

第三条　向特定人提供公民个人信息，以及通过信息网络或者其他途径发布公民个人信息的，应当认定为刑法第二百五十三条之一规定的“提供公民个人信息”。

未经被收集者同意，将合法收集的公民个人信息向他人提供的，属于刑法第二百五十三条之一规定的“提供公民个人信息”，但是经过处理无法识别特定个人且不能复原的除外。

第四条　违反国家有关规定，通过购买、收受、交换等方式获取公民个人信息，或者在履行职责、提供服务过程中收集公民个人信息的，属于刑法第二百五十三条之一第三款规定的“以其他方法非法获取公民个人信息”。

第五条　非法获取、出售或者提供公民个人信息，具有下列情形之一的，应当认定为刑法第二百五十三条之一规定的“情节严重”：

（一）出售或者提供行踪轨迹信息，被他人用于犯罪的；

（二）知道或者应当知道他人利用公民个人信息实施犯罪，向其出售或者提供的；

（三）非法获取、出售或者提供行踪轨迹信息、通信内容、征信信息、财产信息五十条以上的；

（四）非法获取、出售或者提供住宿信息、通信记录、健康生理信息、交易信息等其他可能影响人身、财产安全的公民个人信息五百条以上的；

（五）非法获取、出售或者提供第三项、第四项规定以外的公民个人信息五千条以上的；

（六）数量未达到第三项至第五项规定标准，但是按相应比例合计达到有关数量标准的；

（七）违法所得五千元以上的；

（八）将在履行职责或者提供服务过程中获得的公民个人信息出售或者提供给他人，数量或者数额达到第三项至第七项规定标准一半以上的；

（九）曾因侵犯公民个人信息受过刑事处罚或者二年内受过行政处罚，又非法获取、出售或者提供公民个人信息的；

（十）其他情节严重的情形。

实施前款规定的行为，具有下列情形之一的，应当认定为刑法第二百五十三条之一第一款规定的“情节特别严重”：

（一）造成被害人死亡、重伤、精神失常或者被绑架等严重后果的；

（二）造成重大经济损失或者恶劣社会影响的；

（三）数量或者数额达到前款第三项至第八项规定标准十倍以上的；

（四）其他情节特别严重的情形。

第六条 为合法经营活动而非法购买、收受本解释第五条第一款第三项、第四项规定以外的公民个人信息，具有下列情形之一的，应当认定为刑法第二百五十三条之一规定的“情节严重”：

（一）利用非法购买、收受的公民个人信息获利五万元以上的；

（二）曾因侵犯公民个人信息受过刑事处罚或者二年内受过行政处罚，又非法购买、收受公民个人信息的；

（三）其他情节严重的情形。

实施前款规定的行为，将购买、收受的公民个人信息非法出售或者提供的，定罪量刑标准适用本解释第五条的规定。

第七条 单位犯刑法第二百五十三条之一规定之罪的，依照本解释规定的相应自然人犯罪的定罪量刑标准，对直接负责的主管人员和其他直接责任人员定罪处罚，并对单位判处罚金。

第八条 设立用于实施非法获取、出售或者提供公民个人信息违法犯罪活动的网站、通讯群组，情节严重的，应当依照刑法第二百八十七条之一的规定，以非法利用信息网络罪定罪处罚；同时构成侵犯公民个人信息罪的，依照侵犯公民个人信息罪定罪处罚。

第九条 网络服务提供者拒不履行法律、行政法规规定的信息网络安全管理义务，经监管部门责令采取改正措施而拒不改正，致使用户的公民个人信息泄露，造成严重后果的，应当依照刑法第二百八十六条之一的规定，以拒不履行信息网络安全管理义务罪定罪处罚。

第十条 实施侵犯公民个人信息犯罪，不属于“情节特别严重”，行为人系初犯，全部退赃，并确有悔罪表现的，可以认定为情节轻微，不起诉或者免予刑事处罚；确有必要判处刑罚的，应当从宽处罚。

第十一条 非法获取公民个人信息后又出售或者提供的，公民个人信息的条数不重复计算。

向不同单位或者个人分别出售、提供同一公民个人信息的，公民个人信息的条数累计计算。

对批量公民个人信息的条数，根据查获的数量直接认定，但是有证据证明信息不真实或者重复的除外。

第十二条 对于侵犯公民个人信息犯罪，应当综合考虑犯罪的危害程度、犯罪的违法所得数额以及被告人的前科情况、认罪悔罪态度等，依法判处罚金。罚金数额一般在违法所得的一倍以上五倍以下。

第十三条 本解释自 2017 年 6 月 1 日起施行。

【解　　读】

解读《最高人民法院、最高人民检察院关于办理侵犯公民个人信息刑事案件适用法律若干问题的解释》

2017 年 5 月 8 日，最高人民法院、最高人民检察院发布《关于办理侵犯公民个人信息刑事案件适用法律若干问题的解释》（法释〔2017〕10 号，以下简称本解释），自 2017 年 6 月 1 日起施行。本解释的公布施行，对于强化公民个人信息的刑事保护，维护个人信息安全和其他合法权益，必将发挥重要作用。为便于司法实践中正确理解和适用，现就本解释的制定背景、起草中的主要考虑和主要内容介绍如下。

一、本解释的制定背景与经过

随着信息化建设的推进，信息资源成为重要的生产要素和社会财富。而在各类信息中，个人信息的价值日益凸显，成为数字经济最重要的元素之一。与之同时，个人信息泄露问题严重，个人信息安全成为一个全社会高度关注的问题。为保护公民个人信息，2009年2月28日起施行的《刑法修正案（七）》增设了《刑法》第二百五十三条之一，规定了出售、非法提供公民个人信息罪和非法获取公民个人信息罪。《刑法修正案（七）》施行以来，各级公检法机关正确适用法律，准确认定事实，坚决依法惩处侵犯公民个人信息犯罪活动。2009年2月至2015年10月，全国法院新收出售、非法提供公民个人信息、非法获取公民个人信息刑事案件988起，审结969起，生效判决人数1415人。其中，新收出售、非法提供公民个人信息刑事案件101件，审结98件，生效判决人数142人；新收非法获取公民个人信息刑事案件887件，审结871件，生效判决人数1273人。

近年来，侵犯公民个人信息犯罪仍处于高发态势，不仅严重危害公民个人信息安全，而且与电信网络诈骗等犯罪存在密切关联，甚至与绑架、敲诈勒索等犯罪活动相结合，社会危害日益突出。为切实加大对公民个人信息的《刑法》保护力度，《刑法修正案（九）》对《刑法》第二百五十三条之一作出修改完善：一是扩大犯罪主体的范围，规定任何单位和个人违反国家有关规定，获取、出售或者提供公民个人信息，情节严重的，都构成犯罪；二是明确规定将在履行职责或者提供服务过程中获得的公民个人信息，出售或者提供给他人的，从重处罚；三是提升法定刑配置水平，增加规定"处三年以上七年以下有期徒刑，并处罚金"。修改后，出售、非法提供公民个人信息罪和非法获取公民个人信息罪被整合为侵犯公民个人信息罪。《刑法修正案（九）》施行以来，各级公检法机关依据修改后刑法的规定，继续保持对侵犯公民个人信息犯罪的高压态势，实现案件量显著增长。2015年11月至2016年12月，全国法院新收侵犯公民个人信息刑事案件（含出售、非法提供公民个人信息、非法获取公民个人信息刑事案件）495件，审结464件，生效判决人数697人。

与此同时，司法实践反映，侵犯公民个人信息罪的具体定罪量刑标准尚不明确，一些法律适用问题存在争议，需要通过司法解释作出规定。为确保法律准确、统一适用，依法严厉惩治、有效防范侵犯公民个人信息犯罪，最高人民法院会同最高人民检察院，在公安部等有关部门的大力支持下，经深入调查研究、广泛征求意见，起草了本解释。2017年3月20日最高人民法院审判委员会第1712次会议、2017年4月26日最高人民检察院第十二届检察委员会第63次会议审议通过了本解释。

二、本解释起草中的主要考虑

为确保本解释的内容科学合理，能够适应形势发展、满足实践需要，在起草过程中，着重注意把握了以下几点：

第一，贯彻刑法修改精神，强化对公民个人信息的刑法保护。当前，侵犯公民个人信息犯罪呈高发多发态势，涉及的个人信息数量越来越大、类型越来越多。特别是，不少涉案公民个人信息事关他人财产乃至人身安全，如行踪轨迹、财产信息等敏感信息。基于当前侵犯公民个人信息犯罪的态势，根据修法精神，本解释相关条文彰显了对侵犯公民个人信息犯罪的严惩立场，以加强对公民个人信息的刑法保护，有效维护公民的人身、财产安全和生活安宁。

第二，坚持问题导向，有效解决司法实务问题。从调研情况来看，对侵犯公民个人信息犯罪尚存在不少争议问题，亟需通过司法解释加以明确。例如，公民个人信息的内涵与外延，出售或者提供公民个人信息、非法获取公民个人信息的理解，情节严重、情节特别严重的把握，等等。基于此，本解释相关条文以办理侵犯公民个人信息刑事案件存在的问题为基础，结合司法实际，作了明确规定。

第三，坚持安全与发展并重，兼顾个人信息保护与大数据发展的需要。在全球信息化快速发展的大背景下，大数据已成为国家重要的基础性战略资源，正引领新一轮科技创新。在大数据和云计算时代，包括个人信息在内的数据，只有充分地流动、共享、交易，才能实现集聚与规模效应，最大程度地发挥价值。但是，在数据流动、交易过程中如何保护公民个人信息的安全，避免个人信息扩散失控，也是必须面对的问题。实际上，公民个人信息的保护与大数据发展和信息社会的建设并不矛盾，二者之间的平衡点就在现行法律框架。质言之，大数据的发展应依法进行，信息社会须建立在依法保护个人信息的基础上，只有包括个人信息在内的数据在法律保护下安全迅速地收集和流通，才能真正推动我国信息产业的发展。因此，本解释在《刑法》和《网络安全法》确立的框架范围内，兼顾公民个人信息保护与大数据产业发展的关系，确保在公民个人信息安全的前提下为大数据发展和信息化建设提供有力刑事司法保护。

三、本解释的主要内容

本解释结合当前侵犯公民个人信息犯罪的特点和司法实践反映的问题，依照《刑法》《刑事诉讼法》的规定，对侵犯公民个人信息罪的定罪量刑标准和相关法律适用问题作了全面、系统的规定。本解释共 13 个条文，大致可以归纳为十个方面的问题。

（一）公民个人信息的范围

目前，我国关于个人信息的界定，最为权威的当属《网络安全法》的规定。《网络安全法》第七十六条规定："个人信息，是指以电子或者其他方式记录的能够单独或者与其他信息结合识别自然人个人身份的各种信息，包括但不限于自然人的姓名、出生日期、身份证件号码、个人生物识别信息、住址、电话号码等。"经研究认为，网络安全法将个人信息界定为"能够识别自然人个人身份的各种信息”，显然使用的是广义的身份识别信息的概念，即既包括狭义的身份识别信息（能够识别出特定自然人身份的信息），也包括体现特定自然人活动情况的信息。例如，从实践来看，行踪轨迹信息系事关人身安全的高度敏感信息，无疑应纳入法律保护范围，且应当重点保护。但是，行踪轨迹信息明显难以纳入狭义的身份识别信息的范畴。如果认为网络安全法将此类信息排除在个人信息的范围外，恐难以为一般人所认同，也不符合保护公民个人信息的立法精神。合理的解释应当是，网络安全法是广义上使用“身份识别信息”这一概念，亦即也包括个人活动情况信息在内。基于此，本解释第一条在上述规定的基础上，进一步明确公民个人信息包括身份识别信息和活动情况信息，规定：“刑法第二百五十三条之一规定的‘公民个人信息’，是指以电子或者其他方式记录的能够单独或者与其他信息结合识别特定自然人身份或者反映特定自然人活动情况的各种信息，包括姓名、身份证件号码、通信通讯联系方式、住址、账号密码、财产状况、行踪轨迹等。”

此外，根据本解释第一条的规定，关于公民个人信息的外延，有以下几个具体问题值得注意：(1) 公民个人信息，既包括中国公民的个人信息，也包括外国公民和其他无国籍人的个人信息。(2) 公民个人信息须与特定自然人关联。这是公民个人信息所具有的关键属性。因此，经过处理无法识别特定个人且不能复原的信息，虽然也可能反映自然人活动情况，但与特定自然人无直接关联，不能成为公民个人信息的范畴。对于与特定自然人关联，可以是识别特定自然人身份，也可以是反映特定自然人活动情况。需要注意的是，无论是识别特定自然人身份，还是反映特定自然人活动情况，都应当是能够单独或者与其他信息结合所具有的功能。例如，身份证号与公民个人身份一一对应，可以单独识别公民个人身份；而工作单位、家庭住址等无法单独识别公民个人身份，需要同其他信息结合才能识别公民个人身份。但是，上述两类信息无疑都属于公民个人信息的范畴。(3) 与特定自然人关联的账号密码属于公民个人信息。对于账号密码能否纳入公民个人信息的范围，存在不同认识。经研究认为，当前账号密码往往绑定身份证号、手机号码等特定信息，即使未绑定，非法获取账号密码后往往也会引发侵犯财产甚至人身的违法犯罪。因此，本解释第一条明确将账号密码列为公民个人信息的范围。

（二）违反国家有关规定的认定

《刑法修正案（九）》将侵犯公民个人信息罪的前提要件由“违反国家规定”修改为“违反国家有关规定”。根据修法精神，本解释第二条规定：“违反法律、行政法规、部门规章有关公民个人信息保护的规定的，应当认定为刑法第二百五十三条之一规定的‘违反国家有关规定’。”具体而言，该条将“国家有关规定”明确限于法律、行政法规、部门规章等国家层面的规定，不包括地方性法规等非国家层面的规定。

（三）非法提供公民个人信息的认定

根据《刑法》第二百五十三条之一第一款、第二款的规定，违反国家有关规定，向他人非法出售或者提供公民个人信息，是侵犯公民个人信息罪的客观行为方式之一。从司法适用的角度，以下两个问题值得关注：

1. “提供”的认定。向特定人提供公民个人信息，属于提供公民个人信息，对此不存在疑义。但是，对于通过信息网络或者其他途径发布公民个人信息，是否属于提供公民个人信息，存在不同认识。经研究认为，通过信息网络或者其他途径发布公民个人信息，实际是向不特定多数人提供公民个人信息，既然向特定人提供公民个人信息的行为属于“提供”，基于“举轻明重”的法理，前者更应当认定为“提供”。基于此，本解释第三条第一款规定：“向特定人提供公民个人信息，以及通过信息网络或者其他途径发布公民个人信息的，应当认定为刑法第二百五十三条之一规定的‘提供公民个人信息’。”

2. 合法收集公民个人信息后非法提供的认定。基于大数据发展的现实需要，《网络安全法》在法律层面为个人信息交易和流动留有一定空间，第四十四条规定任何个人和组织“不得非法出售或者非法向他人提供个人信息”，即不仅允许合法提供公民个人信息，而且为合法出售公民个人信息留有空间。而且，《网络安全法》第四十二条第一款进一步明确了合法提供公民个人信息的情形，规定：“网络运营者不得泄露、篡改、毁损其收集的个人信息；未经被收集者同意，不得向他人提供个人信息。但是，经过处理无法识别特定个人且不能复原的除外。”据此，经被收集者同意，以及匿名化处理（剔除个人关联），是合法提供公民个人信息的两种情形，不能纳入刑事规制范围。基于此，本解释第三条第二款规定：“未经被收集者同意，将合法收集的公民个人信息向他人提供的，属于刑法第二百五十三条之一规定的‘提供公民个人信息’，但是经过处理无法识别特定个人且不能复原的除外。”当然，这里只是明确此种情形属于提供公民个人信息，是否构成侵犯公民个人信息罪，还需要根据“违反国家有关规定”等要件作进一步判断。

（四）非法获取公民个人信息的认定

根据《刑法》第二百五十三条之一第三款的规定，窃取或者以其他方法非法获取公民个人信息是侵犯公民个人信息罪的客观行为方式之一。具体而言，以下几个问题值得关注：

1. 购买公民个人信息的处理。从实践来看，非法获取公民个人信息的方式主要表现为购买、收受、交换和侵入计算机信息系统或者采用其他技术手段。对于购买公民个人信息是否属于以其他方法非法获取公民个人信息，存在不同认识。有意见认为，“其他方法”应当限于与窃取危害性相当的方式（如抢夺），不宜将购买包括在内。经研究认为，其一，《刑法》第二百五十三条之一第三款并未明确排除购买方法，且非法购买公民个人信息当然属于非法获取公民个人信息的情形。其二，从实践来看，当前非法获取公民个人信息的方式主要表现为非法购买，如排除此种方式，则会大幅限缩侵犯公民个人信息罪的适用范围。其三，不少侵犯公民个人信息犯罪案件，购买往往是后续出售、提供的前端环节，没有购买就没有后续的出售、提供。基于上述考虑，本解释第四条明确规定："违反国家有关规定，通过购买、收受、交换等方式获取公民个人信息，或者在履行职责、提供服务过程中收集公民个人信息的，属于刑法第二百五十三条之一第三款规定的'以其他方法非法获取公民个人信息'。"

2. 获取公民个人信息行为非法的判断。对于获取公民个人信息，《刑法》第二百五十三条之一第三款将罪状直接表述为"非法获取"。基于体系解释的原理，对此处的"非法"，应当以是否违反国家有关规定作为判断标准。

3. 非法收集公民个人信息的处理。《网络安全法》第四十一条规定："网络运营者收集、使用个人信息，应当遵循合法、正当、必要的原则，公开收集、使用规则，明示收集、使用信息的目的、方式和范围，并经被收集者同意。""网络运营者不得收集与其提供的服务无关的个人信息，不得违反法律、行政法规的规定和双方的约定收集、使用个人信息，并应当依照法律、行政法规的规定和与用户的约定，处理其保存的个人信息。"违反上述规定，未经他人同意收集公民个人信息，或者收集与提供的服务无关的公民个人信息的，应当认定为非法获取公民个人信息。以此为基础，本解释第四条专门明确，违反国家有关规定，在履行职责、提供服务过程中收集公民个人信息的，属于《刑法》第二百五十三条之一第三款规定的"以其他方法非法获取公民个人信息"。

（五）侵犯公民个人信息罪的定罪量刑标准

根据《刑法》第二百五十三条之一的规定，非法获取、出售或者提供公民个人信息，情节严重的，处三年以下有期徒刑或者拘役，并处或者单处罚金；情节特别严重的，处三年以上七年以下有期徒刑，并处罚金。可见，侵犯公民个人信息罪系情节犯，定罪量刑标准为情节严重、情节特别严重。对于这一概括性的定罪量刑情节，宜根据司法实践的情况，从犯罪的客体、客观方面、主体、主观方面等多个角度加以考察。经充分调研，本解释第五条规定了情节严重、情节特别严重的认定标准。

1. 情节严重的认定标准。本解释第五条第一款从以下几个方面对侵犯公民个人信息罪的入罪标准"情节严重"作了明确：

一是信息类型和数量。公民个人信息的类型繁多，行踪轨迹信息、通信内容、征信信息、财产信息、住宿信息、交易信息等公民个人敏感信息涉及人身安全和财产安全，被非法获取、出售或者提供后极易引发绑架、诈骗、敲诈勒索等关联犯罪，具有更大的社会危害性。因此，基于不同类型公民个人信息的重要程度，本解释分别设置了五十条以上、五百条以上、五千条以上的入罪标准，以实现罪责刑相适应。具体而言：

（1）非法获取、出售或者提供行踪轨迹信息、通信内容、征信信息、财产信息五十条以上的。行踪轨迹信息、通信内容、征信信息、财产信息与人身安全、财产安全直接相关，系高度敏感信息，本解释第五条第一款第三项将入罪标准设置为五十条以上。需要注意的是，鉴于本项规定的入罪标准门槛较低，故此处严格限缩所涉公民个人信息的类型，仅限于行踪轨迹信息、通信内容、征信信息、财产信息四类信息，不允许司法适用中再通过等外解释予以扩大。对于行踪轨迹信息、通信内容、征信信息，司法实践中在认定上不存在争议。对于财产信息，可以根据案件具体情况把握：既包括银行账户、第三方支付结算账户、证券期货等金融服务账户的身份认证信息（一组确认用户操作权限的数据，包括账号、口令、密码、数字证书等），也包括存款、房产等财产状况信息。

（2）非法获取、出售或者提供住宿信息、通信记录、健康生理信息、交易信息等其他可能影响人身、财产安全的公民个人信息五百条以上的。上述公民个人信息虽然在重要程度上弱于行踪轨迹信息、通信内容、征信信息、财产信息，但也与人身安全、财产安全直接相关，往往被用于“精准”诈骗等违法犯罪活动。基于此，本解释第五条第一款第四项将入罪标准设置为五百条以上。需要注意的是，本项规定有“等其他可能影响人身、财产安全的公民个人信息”的表述，司法实践中可以根据具体情况作等外解释，但应当确保所适用的公民个人信息涉及人身、财产安全，且与住宿信息、通信记录、健康生理信息、交易信息在重要程度上具有相当性。

（3）非法获取、出售或者提供一般公民个人信息五千条以上的。从实践来看，除前述公民个人敏感信息外，出售、提供公民个人信息往往数量较大，动辄数万条甚至数十万条，在不少案件中甚至将公民个人信息编辑为电子文档后按兆出售。因此，不少地方对出售、提供公民个人信息的入罪掌握在数量五千条以上，基本上可以满足严厉打击此类犯罪的需要，且给行政处罚留有一定空间。基于此，本解释第五条第一款第五项将非法获取、出售或者提供公民个人信息五千条以上的规定为情节严重。

此外，鉴于实践中存在混杂公民个人信息的情形，本解释第五条第一款第六项将“数量未达到第三项至第五项规定标准，但是按相应比例合计达到有关数量标准的”情形规定为情节严重。

二是违法所得数额。出售或者非法提供公民个人信息往往是为了牟利，故应当以违法所得作为认定情节严重的情形之一。从司法实践来看，一般公民个人信息的价格相对较低，甚至不会按条计价；而公民个人敏感信息价格通常较高，通常按条计价，特别是行踪轨迹信息可以谓之为最为昂贵的信息类型。考虑到各项规定之间的均衡，本解释第五条第一款第七项将违法所得五千元以上的规定为情节严重。

三是信息用途。通常而言，非法获取公民个人信息，绝不仅是为了占有，而是有特定用途，甚至用于违法犯罪。可以说，非法获取、出售或者提供公民个人信息，不仅严重危害公民的信息安全，而且可能引发进一步犯罪。因此，此类行为引发后果的严重程度，是认定情节严重与否的重要标准。被非法获取、出售或者提供的公民个人信息，用途不同，对权利人的侵害程度也会存在差异。如果涉案的公民个人信息被用于实施其他犯罪活动，使权利人的人身、财产安全陷入高风险状态或者造成实质危害的，对此应当直接认定为情节严重或者情节特别严重，以刑事手段加以规制；而如果涉案公民个人信息未被用于犯罪活动，则社会危害性相对较小，不宜直接以此作为刑事规制的依据。基于此，本解释第五条第一款第二项将"知道或者应当知道他人利用公民个人信息实施犯罪，向其出售或者提供的"规定为情节严重。从司法实践来看，行踪轨迹信息是最为敏感的公民个人信息，非法获取、出售或者提供该类信息，行为人主观上对可能被用于犯罪存在概括认识，本解释第五条第一款第一项直接将"非法获取、出售或者提供行踪轨迹信息，被他人用于犯罪的"规定为情节严重，无须再具体判断主观上是否知道或者应当知道涉案信息被用于犯罪。

四是主体身份。公民个人信息泄露案件不少系内部人员作案，诸多公民个人信息买卖案件也可以见到"内鬼"参与的影子。这是侵犯公民个人信息违法犯罪泛滥的重要原因所在。由于上述情形往往发生在公民个人信息交易的最初阶段，涉案信息的数量往往较少、价格相对低廉。此种情形下，如果不设置特殊标准，往往难以对此类源头行为予以刑事惩治。基于此，为贯彻落实《刑法》第二百五十三条之一第二款"违反国家有关规定，将在履行职责或者提供服务过程中获得的公民个人信息，出售或者提供给他人的，依照前款的规定从重处罚"的规定，本解释第五条第一款第八项对将在履行职责或者提供服务过程中获得的公民个人信息出售或者提供给他人的情形认定为情节严重设置了特殊标准，规定此种情形下出售或者提供公民个人信息，认定情节严重的数量、数额标准减半计算。当然，对于此种情形，不宜再根据《刑法》第二百五十三条之一第二款的规定从重处罚，以免重复评价。

五是主观恶性。曾因侵犯公民个人信息受过刑事处罚或者二年内受过行政处罚，又非法获取、出售或者提供公民个人信息的，行为人屡罚屡犯，主观恶性大。故而，本解释第五条第一款第九项将此种情形规定为情节严重。

2. 情节特别严重的认定标准。本解释第五条第二款主要从两个角度规定了情节特别严重的情形。一是数量数额标准。基于司法实践中侵犯公民个人信息犯罪涉案的公民个人信息数量相差悬殊，跨度从几千条到几十万条（甚至更大数量）不等，将情节特别严重和情节严重之间的数量数额标准设置为十倍而非五倍的倍数关系。二是严重后果。从实践来看，非法获取、出售或者提供公民个人信息，对于个人而言，可能造成人身伤亡、经济损失等后果；对于社会而言，可能引发社会恐慌，造成恶劣社会影响。基于此，将“造成被害人死亡、重伤、精神失常或者被绑架等严重后果的”“造成重大经济损失或者恶劣社会影响的”规定为情节特别严重。

3. 为合法经营活动购买、收受公民个人信息定罪量刑的特殊标准。从实践来看，购买、收受公民个人信息从事广告推销等活动的情形较为普遍。为了秉持刑法的谦抑性，体现宽严相济，本解释第六条第一款规定：“为合法经营活动而非法购买、收受本解释第五条第一款第三项、第四项规定以外的公民个人信息，具有下列情形之一的，应当认定为刑法第二百五十三条之一规定的‘情节严重’：（一）利用非法购买、收受的公民个人信息获利五万元以上的；（二）曾因侵犯公民个人信息受过刑事处罚或者二年内受过行政处罚，又非法购买、收受公民个人信息的；（三）其他情节严重的情形。”这是本解释针对为合法经营活动而购买、收受公民个人信息的行为设置的专门的定罪量刑标准。而且，考虑到此类行为社会危害性不大，即使构成犯罪，通常也不需要升档量刑，故只规定了情节严重的具体情形。

需要注意的是，适用该定罪量刑标准须满足三个条件：一是为了合法经营活动，对此可以综合全案证据认定，但主要应当由被告人方提供相关证据；二是限于普通公民个人信息，即不包括可能影响人身、财产安全的敏感信息；三是信息没有再流出扩散，即行为方式限于购买、收受。根据本解释第六条第二款的规定，如果将购买、收受的公民个人信息非法出售或者提供的，定罪量刑标准应当适用本解释第五条的规定。对此应当注意的是，为了合法经营活动交换公民个人信息的，由于在获取信息的同时造成了信息扩散，不符合前述三个要件，定罪量刑标准亦应适用本解释第五条的规定。

4. 侵犯公民个人信息单位犯罪的定罪量刑标准。根据《刑法》第二百五十三条之一第四款的规定，单位可以成为侵犯公民个人信息罪的主体。为切实加大对单位侵犯公民个人信息犯罪的惩治力度，本解释第七条明确了单位实施侵犯公民个人信息犯罪的，适用自然人犯罪的定罪量刑标准，规定：“单位犯刑法第二百五十三条之一规定之罪的，依照本解释规定的相应自然人犯罪的定罪量刑标准，对直接负责的主管人员和其他直接责任人员定罪处罚，并对单位判处罚金。”

（六）侵犯公民个人信息罪的认罪认罚从宽处理

为贯彻落实认罪认罚从宽制度，充分发挥刑法的教育和威慑功能，本解释第十条专门规定：“实施侵犯公民个人信息犯罪，不属于‘情节特别严重’，行为人系初犯，全部退赃，并确有悔罪表现的，可以认定为情节轻微，不起诉或者免予刑事处罚；确有必要判处刑罚的，应当从宽处罚。”可见，该条只适用于侵犯公民个人信息犯罪的基本情节，对于符合情节特别严重构成的，不能再适用本条规定从宽处罚。

（七）设立网站、通讯群组侵犯公民个人信息行为的定性

实践中，一些行为人通过建立网站供他人进行公民个人信息交换、买卖等活动，以非法牟利。此类网站存储、流转公民个人信息量巨大，但网站建立者、直接负责的管理者未直接接触公民个人信息，不少情形下难以按照侵犯公民个人信息罪定罪处罚。根据《刑法》第二百八十七条之一的规定，设立用于实施违法犯罪活动的网站、通讯群组，情节严重的，构成非法利用信息网络罪。经研究认为，供他人实施非法获取、出售或者提供公民个人信息违法犯罪活动的网站、通讯群组实际上属于用于实施违法犯罪活动的网站、通讯群组，因此，本解释第八条规定："设立用于实施非法获取、出售或者提供公民个人信息违法犯罪活动的网站、通讯群组，情节严重的，应当依照刑法第二百八十七条之一的规定，以非法利用信息网络罪定罪处罚；同时构成侵犯公民个人信息罪的，依照侵犯公民个人信息罪定罪处罚。"

（八）拒不履行公民个人信息安全管理义务行为的处理

当前，一些单位因为履行职责或者提供服务的需要，掌握着海量公民个人信息，这些信息一旦泄露，将造成恶劣社会影响和严重危害后果。实际上，侵犯公民个人信息违法犯罪的猖獗，与有关单位保护公民个人信息工作存在疏漏有一定关联，相关管理机制有进一步完善的空间。这一问题在互联网时代更为突出。为了促进网络运营者采取切实有效的措施加强对公民个人信息的保护，《网络安全法》明确了网络信息安全的责任主体，确立了"谁收集，谁负责"的原则，将收集和使用个人信息的网络运营者设定为个人信息保护的责任主体。其中，第四十条明确规定："网络运营者应当对其收集的用户信息严格保密，并建立健全用户信息保护制度。"与之相衔接，《刑法修正案（九）》设立了拒不履行信息网络安全管理义务罪，规定网络服务提供者不履行法律、行政法规规定的信息网络安全管理义务，经监管部门责令采取改正措施而拒不改正，致使用户信息泄露，造成严重后果的，处三年以下有期徒刑、拘役或者管制，并处或者单处罚金。因此，网络服务提供者未切实落实个人信息保护措施，符合《刑法》第二百八十六条之一规定的，可能构成拒不履行信息网络安全管理义务罪。据此，本解释第九条规定："网络服务提供者拒不履行法律、行政法规规定的信息网络安全管理义务，经监管部门责令采取改正措施而拒不改正，致使用户的公民个人信息泄露，造成严重后果的，应当依照刑法第二百八十六条之一的规定，以拒不履行信息网络安全管理义务罪定罪处罚。"

（九）涉案公民个人信息的数量计算规则

针对公民个人信息数量"计算难"的实际问题，本解释第十一条专门规定了数量计算规则。具体而言：

1. 公民个人信息的条数计算。关于公民个人信息的条数计算，如同一条信息中涉及多个个人信息的，如家庭住址、银行卡信息、电话号码，实践中往

往认定为一条公民个人信息。对此问题，实践中并无太大争议，故未作专门规定。对于实践中存在的针对同一对象非法获取公民信息后又出售或者提供的情形，则明显不宜先计算非法获取的公民个人信息数量，再计算出售或者提供的公民个人信息数量，故本解释第十一条第一款规定："非法获取公民个人信息后又出售或者提供的，公民个人信息的条数不重复计算。"此外，考虑到公民个人信息可能被重复出售或者提供，其社会危害性明显不同于向他人出售或者提供一次的情形，故而，本解释第十一条第二款规定："向不同单位或者个人分别出售、提供同一公民个人信息的，公民个人信息的条数累计计算。"

2. 批量公民个人信息的数量认定规则。从实践来看，除公民个人敏感信息外，涉案的公民个人信息动辄上万条甚至数十万条。此类案件中，不排除少数情况下存在信息重复，如针对同一对象并存"姓名＋住址""姓名＋电话号码""姓名＋身份证号"等数条信息，但要求做到完全去重较为困难。此外，对于信息的真实性也难以一一核实。个别案件中，要求办案机关电话联系权利人核实公民个人信息的做法，明显不合适。基于此，本解释第十一条第三款规定："对批量公民个人信息的条数，根据查获的数量直接认定，但是有证据证明信息不真实或者重复的除外。"

（十）侵犯公民个人信息犯罪的罚金刑适用规则

侵犯公民个人信息犯罪具有明显的牟利性，行为人实施该类犯罪主要是为了牟取非法利益，因此，有必要加大财产刑的适用力度，让行为人在经济上得不偿失，进而剥夺其再次实施此类犯罪的经济能力。基于此，本解释第十二条规定："对于侵犯公民个人信息犯罪，应当综合考虑犯罪的危害程度、犯罪的违法所得数额以及被告人的前科情况、认罪悔罪态度等，依法判处罚金。罚金数额一般在违法所得的一倍以上五倍以下。"

（撰稿人：周加海　邹　涛　喻海松）

【链　　接】

最高人民法院相关负责人就《最高人民法院、最高人民检察院关于办理侵犯公民个人信息刑事案件适用法律若干问题的解释》答记者问

一、问：现在以互联网为代表的信息技术迅猛发展，巨量的个人信息数据日渐成为具有重大价值的生产要素。可以说，个人信息数据的利用是大数据发展的应有之义，但客观来讲，又对公民个人信息安全来说又带来了挑战。请问本解释如何处理个人信息保护与大数据发展的需要之间的关系？

答：大家都知道，现在全球信息化快速发展，大数据已经成为一个国家的重大基础性战略资源，正在引领新一代科技创新。在大数据、云计算时代，包括个人信息在内的数据，只有通过流动、共享甚至交易才能够实现集聚效益和规模效益，才能充分发挥这些数据的社会价值、经济价值。与此同时，在数据的流动和交易过程中，极易产生个人信息扩散、失控的危险，就是说在大数据时代，个人信息安全面临着严重的挑战。这是一个问题的两方面。如何处理大数据发展的现实需要与保护公民个人信息之间的关系，我认为有两个关键词：一是兼顾，二是平衡。

所谓兼顾，就是在发展大数据的同时，必须依法保护公民个人的信息安全，因为公民个人的信息安全是一项基本权利。如果没有个人信息安全，大数据的发展就会面临一个失控的风险，只有包括个人信息在内的数据在法律的保护下，安全迅速地收集和流通，才能够真正地推动我国信息产业的可持续发展，也就是在发展大数据的同时，要注重保护公民个人的信息安全。

所谓平衡，就是在两者之间寻求一个结合点和平衡点，找到一个两全其美的办法，既不妨碍大数据的发展，又不危及公民个人信息安全。在这方面，网络安全法其实已经做了一些规定，在法律层面为个人信息交易和流动保留了一定的空间。比如说网络安全法规定，网络运营者不得泄露、篡改、毁损其收集的个人信息，未经被收集者同意，不得向他人提供个人信息，但是经过处理无法识别特定个人且不能复原的除外。这个规定是要严格保护公民个人信息，对网络运营者提出要求，但是同时也为数据提供留下了一些空间，比如，未经被收集者同意，比如，对信息进行匿名化处理。所以，本解释实际上也遵循了这一立法的精神，规定未经被收集者同意，将合法收集的公民信息向他人提供的

属于非法提供公民个人信息，但是经过处理无法识别特定个人且不能复原的除外。本解释与《网络安全法》立法规定的立法精神是一致的。

总之，本解释的相关规定致力于寻求个人信息保护与大数据发展之间的平衡点，在确保公民个人信息安全的前提下，为大数据发展和信息化建设提供司法保障。

二、问：本解释在从严惩治侵犯公民个人信息犯罪上有哪些考虑

答：大家知道，公民个人信息安全关系到千家万户，关系到每一个人。个人信息遭到了泄露，对每个人的人身安全、财产安全都是有危险的，所以这个问题社会各界高度关注。特别是近几年来，随着互联网的发展，侵犯公民个人信息犯罪案件的数量呈大幅增长的趋势，每个人的信息安全都受到严重的威胁，涉案个人信息的数量可以达到几百万、几千万条，甚至上亿条，这里面可能就有我们在座的个人信息，所以对这个问题应当高度重视。2015 年《刑法修正案（九）》对《刑法》的相关规定做出修改，贯彻的修法精神也是从严惩处，刚才我在介绍时提到，比如，提高法定最高刑等。本解释实际上也是遵循从严惩处的精神，体现在四个方面：

一是从严设置定罪量刑标准。不管是《刑法修正案（九）》，还是 2009 年的《刑法修正案（七）》都规定了构成公民个人信息犯罪须达到“情节严重”的程度。到底什么叫作“情节严重”，“情节严重”包括哪些情形，本解释作了明确，按照信息的类型、数量、用途、主体等，设定了不同的入罪标准。其中，对于一些高度敏感信息，比如，行踪信息，财产信息，通话内容等，将入罪标准设定为 50 条。对于一般敏感信息和其他信息，按照信息的重要程度，分别设置了 500 条、5000 条的入罪标准。入罪门槛应该说是比较低的。

二是重点打击源头，对内部人员侵犯公民个人信息犯罪是从严惩处。《刑法修正案（七）》规定的出售、非法提供公民个人信息罪，其主体是特殊主体，限于国家机关或者金融、电信、交通、教育、医疗等单位的工作人员，但是《刑法修正案（九）》扩大了犯罪主体的范围，也就是任何单位和个人都可以构成侵犯公民个人信息罪。同时，明确规定将在履行职责或者提供服务过程中获得的公民个人信息出售或者提供的，从重处罚的。对此，本解释明确规定，特殊主体侵犯公民个人信息，定罪量刑标准比一般人更低，比如一般人提供 50 条高度敏感信息入罪，如果是从事金融、电信、医疗等部门的人员提供履行职责或者提供服务过程中获得的高度敏感信息的，25 条就够了，也就是减半处理，这体现了对内部人员侵犯公民个人信息犯罪从重处罚的精神。

三是在《刑法》适用上，做到自由刑和财产刑并用。《刑法修正案（九）》规定构成侵犯公民个人信息罪，一般处三年以下有期徒刑或者拘役，并处或者单处罚金；情节特别严重的，处三年以上七年以下有期徒刑，并处罚金。如何

判处罚金，本解释规定，一般是按照违法所得的一倍以上五倍以下判处罚金。这也体现了从严的精神。

四是对关联犯罪的惩处作了明确。与侵犯公民个人信息罪相关联犯罪的有两个。第一个关联犯罪是非法利用信息网络罪。刚才我介绍了，对设立网站、设立通讯群组用于实施非法获取、出售或者提供公民个人信息违法犯罪活动的，情节严重的，以非法利用信息网络的定罪。第二个关联犯罪是拒不履行信息网络安全管理义务罪。这个罪的主体是网络服务提供者，本解释规定，网络服务提供者拒不履行法律、行政法规规定的信息网络安全管理义务，经监管部门责令采取改正措施而拒不改正，致使用户的公民个人信息泄露，造成严重后果的，应当依照拒不履行信息网络安全管理义务罪追究刑事责任。

总之，本解释通过以上几个方面对侵犯公民个人信息犯罪体现从严惩处的精神。

三、问：实践中，关于“公民个人信息”的范围存在一定争议。请问本解释是如何界定“公民个人信息”的

答：本解释第一条对“公民个人信息”作了界定，既有概括性的规定，就是以电子或者其他方式记录的，能够单独或者与其他信息结合，识别特定自然人身份，或者反映特定自然人活动情况的各种信息。具体而言，包括两类信息：一是识别特定自然人身份的信息，比如，姓名、身份证号码。二是反映特定自然人活动情况的信息，比如，行踪轨迹信息。此外，本解释还作了例举性的规定，明确公民个人信息包括“姓名、身份证件号码、通信通讯联系方式、住址、账号密码、财产状况、行踪轨迹等”。对于例举以外的个人信息，当然还有很多，司法实践中要根据本解释第一条的规定，把握“公民个人信息”的要件特征，准确作出判断。

指导性案例 193 号

闻巍等侵犯公民个人信息案

（最高人民法院审判委员会讨论通过　2022 年 12 月 26 日发布）

关键词

刑事　侵犯公民个人信息　居民身份证信息

裁判要点

居民身份证信息包含自然人姓名、人脸识别信息、身份号码、户籍地址等多种个人信息，属于《最高人民法院、最高人民检察院关于办理侵犯公民个人信息刑事案件适用法律若干问题的解释》第五条第一款第四项规定的“其他可能影响人身、财产安全的公民个人信息”。非法获取、出售或者提供居民身份证信息，情节严重的，依照《刑法》第二百五十三条之一第一款规定，构成侵犯公民个人信息罪。

相关法条

《中华人民共和国刑法》第二百五十三条之一

基本案情

2019 年 6 月至 8 月间，被告人闻巍（时任上海好体信息科技有限公司运营总监）经事先联系，与微信、QQ 名为“发乐”“来立中”“我怕冷风吹”等人约定，以人民币 6 元/张的价格为上述人员批量注册激活该公司“爱球钱包”App 应用的“中银通 · 魔方元”联名预付费卡，并从上述人员处通过利用微信、QQ 获得百度网盘分享链接的方式获取公民个人信息（居民身份证正反面照片），由被告人朱旭东从该网盘链接中下载至移动硬盘内，交由中银通工作人员用于批量注册激活。

2019 年 9 月至 2020 年 2 月间，被告人朱旭东在被告人闻巍离职后，负责上述联名预付费卡的批量注册激活工作，以人民币 6 元/张的价格以上述相同方式继续从“发乐”“来立中”“我怕冷风吹”等人处通过利用微信、QQ 获得百度网盘分享链接的方式获取公民个人信息（居民身份证正反面照片）并存储于其百度网盘内，后下载至其电脑硬盘内，交由中银通工作人员用于批量注册激活。

2019 年 10 月，被告人朱旭东与张坤（另案处理）经事先用微信联系，朱旭东以人民币 6 元/张的价格以上述相同方式从张坤处通过利用 QQ 获得百度网盘分享链接的方式获取公民个人信息（居民身份证正反面照片）并存储于其百度网盘内，后下载至其电脑硬盘内，交由中银通工作人员用于批量注册激活。

2019 年 12 月，被告人张江涛通过其所在的 QQ 群向他人购买公民个人信息数据并转存在其百度网盘账号内，同时将数据分多次转卖给张坤，分多次收取费用共计人民币 19600 元。

经核实，从被告人闻巍“ErnieGullit”网盘内清点公民个人信息（居民身份证正反面照片）10000 余组，从被告人朱旭东“zhuxudn”网盘内清点公民个人信息（居民身份证正反面照片）3000 余组，从张坤分享给朱旭东的网盘内清点公民个人信息（居民身份证正反面照片）41654 组，从被告人张江涛的网盘内清点公民个人信息 60101 组。

上海市虹口区人民检察院指控被告人闻巍、朱旭东、张江涛犯侵犯公民个人信息罪，情节特别严重，其行为均应当以侵犯公民个人信息罪追究其刑事责任。

被告人闻巍及朱旭东的辩护人均提出本案指控的公民信息种类应认定为《最高人民法院、最高人民检察院关于办理侵犯公民个人信息刑事案件适用法律若干问题的解释》（以下简称《解释》）第五条第一款第五项中的普通信息范围，并非第五条第一款第四项中的特定信息种类范围，故根据现查获的数量，尚未构成情节特别严重。

裁判结果

上海市虹口区人民法院于 2021 年 8 月 30 日以（2020）沪 0109 刑初 957 号刑事判决，认定被告人闻巍犯侵犯公民个人信息罪，判处有期徒刑三年，并处罚金人民币一万元；被告人朱旭东犯侵犯公民个人信息罪，判处有期徒刑三年三个月，并处罚金人民币一万元；被告人张江涛犯侵犯公民个人信息罪，判处有期徒刑三年，并处罚金人民币二万元；违法所得及作案工具予以追缴没收。宣判后，被告人闻巍、朱旭东提起上诉。上海市第二中级人民法院于 2021 年 11 月 11 日以（2021）沪 02 刑终 1055 号刑事裁定，驳回上诉，维持原判。

裁判理由

法院生效裁判认为：本案争议焦点在于涉案居民身份证信息是否属于《解释》第五条第一款第四项中“其他可能影响人身、财产安全的公民个人信息”。根据《解释》第五条第一款第四项规定，非法获取、出售或者提供住宿信息、通讯信息、健康生理信息、交易信息等其它可能影响人身、财产安全的公民个人信息五百条以上的可认定为“情节严重”。同款第五项规定，非法获取、出售或者提供第三项、第四项规定以外的公民个人信息五千条以上的可认定为“情节严重”。即，如果认定涉案居民身份证信息属于《解释》第五条第一款第四项中“其他可能影响人身、财产安全的公民个人信息”的，那么交易五百条以上个人信息即可认定“情节严重”，五千条以上构成“情节特别严重”。

一审法院经审理认为，居民身份证上的住址是公民的实际居住地址或者名义户籍地址，无论何者，均与公民及其家人的人身安全、财产安全存在十分紧密而又重要的联系，家庭住址被非法曝光、泄露将对公民个人及其家人的人身安全、财产安全造成重大隐患，为精准实施各类违法犯罪行为大开方便之门，故理应予以重点保护，从举轻以明重的一般法理解释原则出发，其重要性也应高于作为公民临时性、过去性住所的“住宿信息”，故应被认定为《解释》第五条第一款第四项中所规定的信息种类。

二审法院经审理认为，居民身份证除包含户籍地址信息外，还是公民的姓名、人脸信息、唯一身份号码等信息的综合体，是公民重要的身份证件，在信息网络社会，居民身份证信息整体均系敏感信息，可用来注册、认证、绑定网络账号。公民的人脸信息、身份号码、姓名、地址信息结合后所形成的公民个人信息具备唯一性，可与公民个人精准匹配，并可诱发公民其他个人信息的进一步泄露，对公民个人信息权益侵害极大，应将居民身份证信息整体认定为涉公民人身、财产安全的信息。一审、二审法院虽认定思路和认定标准不同，但结论一致，认定一审法院对闻巍、朱旭东的定罪和适用法律正确，结合其犯罪手段、情节所作量刑并无不当，且审判程序合法。据此，裁定驳回上诉，维持原判。

（生效裁判审判人员：张　松　白　楠　张鹏飞）

指导性案例194号

熊昌恒等侵犯公民个人信息案

（最高人民法院审判委员会讨论通过 2022年12月26日发布）

关键词

刑事 侵犯公民个人信息 微信号 社交媒体账号 非法获取 合理处理

裁判要点

1. 违反国家有关规定，购买已注册但未使用的微信账号等社交媒体账号，通过具有智能群发、添加好友、建立讨论群组等功能的营销软件，非法制作带有公民个人信息可用于社交活动的微信账号等社交媒体账号出售、提供给他人，情节严重的，属于《刑法》第二百五十三条之一第一款规定的“违反国家有关规定，向他人出售或者提供公民个人信息”行为，构成侵犯公民个人信息罪。

2. 未经公民本人同意，或未具备具有法律授权等个人信息保护法规定的理由，通过购买、收受、交换等方式获取在一定范围内已公开的公民个人信息进行非法利用，改变了公民公开个人信息的范围、目的和用途，不属于法律规定的合理处理，属于《刑法》第二百五十三条之一第三款规定的“以其他方法非法获取公民个人信息”行为，情节严重的，构成侵犯公民个人信息罪。

相关法条

《中华人民共和国刑法》第二百五十三条之一

基本案情

2020年6月份，被告人熊昌恒邀集被告人熊昌林、熊恭浪、熊昌强一起从事贩卖载有公民个人信息可用于社交活动的成品微信号的经营活动，因缺乏经验，在此期间获利较少。为谋取更多利益，2020年9月底，被告人熊昌恒、熊昌林、熊恭浪、熊昌强共同出资在网上购买了一款名叫“微骑兵”的软件（一款基于电脑版微信运行拥有多开、多号智能群发、加人、拉群、退群、清粉的营销软件），用于非法添加微信好友，并制作成品微信号予以贩卖。2020年10月份，被告人熊昌恒的朋友秦英斌（在逃）投入5万元（占股百分之四十），熊昌恒投入2万元（占股百分之二十），被告人熊昌林、熊恭浪、熊昌强分别投入一定数量的电脑及手机（分别占股百分之十），被告人范佳聪未投资（占股百分之五），另百分之五的股份收益用于公司日常开支。后结伙共同购置办公桌、电脑、二手手机等物品，租赁江西省丰城市河洲街道物华路玲珑阁楼，挂牌成立了“丰城市昌文贸易公司”。由秦英斌负责对外采购空白微信号、销售成品微信号。被告人熊昌恒负责公司内部管理，并负责聘请公司员工。被告人熊昌林、熊恭浪、熊昌强、范佳聪与聘请的公司员工均直接参与，用“微骑兵”软件非法制作成品微信号。制作好的成品微信号通过秦英斌高价卖出，从中非法获取利益。

2021 年 1 月，被告人熊昌恒、熊昌林、熊恭浪、熊昌强、范佳聪与秦英斌结伙，在贩卖成品微信号的同时，通过网上购买的方式，非法获取他人求职信息（含姓名、性别、电话号码等公民个人基本身份信息）后，将求职人员的信息分发给公司工作人员。以员工每添加到一名求职人员的微信号，赚约 10 元不等佣金的奖励方法，让员工谎称自己是“公共科技传媒”的工作人员，并通过事先准备好的“话术”以刷单兼职为理由，让求职者添加“导师”的微信，招揽被害人进群，致使部分被害人上当受骗。

经营期间，被告人熊昌恒、熊昌林、熊恭浪、熊昌强、范佳聪与秦英斌在支付工资及相关开支后，其获得的分红款共计人民币 20 余万元，按各自所占股份份额予以分配。具体获利数额如下：被告人熊昌恒 5.8 万余元，被告人熊昌林 2.9 万余元、被告人熊恭浪 2.9 万余元、被告人熊昌强 2.9 万余元、被告人范佳聪 1.45 万余元。

裁判结果

江西省丰城市人民法院于 2021 年 9 月 23 日以（2021）赣 0981 刑初 376 号刑事判决，认定被告人熊昌恒犯侵犯公民个人信息罪，判处有期徒刑三年零二个月，并处罚金人民币十万元；被告人熊昌林犯侵犯公民个人信息罪，判处有期徒刑一年零十个月，并处罚金人民币六万元；被告人熊恭浪犯侵犯公民个人信息罪，判处有期徒刑一年零十个月，并处罚金人民币六万元；被告人熊昌强犯侵犯公民个人信息罪，判处有期徒刑一年零十个月，并处罚金人民币六万元；被告人范佳聪犯侵犯公民个人信息罪，判处有期徒刑十个月，并处罚金人民币三万元（已缴纳）；被告人范佳聪退缴的违法所得人民币 1.45 万元予以没收，依法上缴国库；继续追缴被告人熊昌恒的违法所得人民币 5.8 万元、被告人熊昌林的违法所得人民币 2.9 万元、被告人熊恭浪的违法所得人民币 2.9 万元、被告人熊昌强的违法所得人民币 2.9 万元予以没收，依法上缴国库；扣押的手机予以没收，由扣押机关依法处理。

裁判理由

生效裁判认为，被告人熊昌恒等人违反国家有关规定，结伙出资购买空白微信号和一款智能群发、加人、拉群的营销软件，以及通过网络购买他人求职信息等方式，非法添加微信好友，制作成品微信号出售或者将非法获取的公民个人信息提供给他人，并从中获利，情节特别严重，其行为均已构成侵犯公民个人信息罪。本罪中的公民个人信息是指与公民个人密切相关的、不愿该信息被特定人群以外的其他人群所知悉的信息，非法获取的公民个人信息如属于公民隐私类信息或泄露后可能会产生极其不良后果的信息，不仅严重侵害公民个人信息安全和合法权益，也为网络赌博、电信网络诈骗等违法犯罪活动提供了帮助，严重扰乱了社会公共秩序，具有极大的社会危害性。微信不仅作为一种通讯工具，同时还具备社交、支付等功能。微信号和手机实名绑定，与银行卡绑定，和自然人一一对应，故微信号可认为是公民个人信息。

被告人违法处理已公开的个人信息并从中获利，违背了该信息公开的目的或者明显改变其用途，该信息被进一步利用后危及个人的人身或财产安全，情节特别严重，其行为构成侵犯公民个人信息罪。

综上，各被告人在未取得权利人同意及授权的前提下，非法获取他人微信号并转卖牟利，或者非法处理已公开的公民个人信息，使他人个人信息陷入泄露、失控风险，并从中获取巨额违法所得，其行为违反国家规定，侵犯了公民个人信息权利，构成侵犯公民个人信息罪。

（生效裁判审判人员：王跃华　胡一波　李莺芳）

6．侵犯财产罪

最高人民法院
关于审理抢劫案件具体应用法律若干问题的解释

法释〔2000〕35号

（2000年11月17日最高人民法院审判委员会
第1141次会议通过　2000年11月22日最高人民
法院公告公布　自2000年11月28日起施行）

为依法惩处抢劫犯罪活动，根据刑法的有关规定，现就审理抢劫案件具体应用法律的若干问题解释如下：

第一条　刑法第二百六十三条第（一）项规定的“入户抢劫”，是指为实施抢劫行为而进入他人生活的与外界相对隔离的住所，包括封闭的院落、牧民的帐篷、渔民作为家庭生活场所的渔船、为生活租用的房屋等进行抢劫的行为。

对于入户盗窃，因被发现而当场使用暴力或者以暴力相威胁的行为，应当认定为入户抢劫。

第二条　刑法第二百六十三条第（二）项规定的“在公共交通工具上抢劫”，既包括在从事旅客运输的各种公共汽车，大、中型出租车，火车，船只，飞机等正在运营中的机动公共交通工具上对旅客、司售、乘务人员实施的抢劫，也包括对运行途中的机动公共交通工具加以拦截后，对公共交通工具上的人员实施的抢劫。

第三条　刑法第二百六十三条第（三）项规定的“抢劫银行或者其他金融机构”，是指抢劫银行或者其他金融机构的经营资金、有价证券和客户的资金等。

抢劫正在使用中的银行或者其他金融机构的运钞车的，视为“抢劫银行或者其他金融机构”。

第四条　刑法第二百六十三条第（四）项规定的“抢劫数额巨大”的认定标准，参照各地确定的盗窃罪数额巨大的认定标准执行。

第五条　刑法第二百六十三条第（七）项规定的“持枪抢劫”，是指行为人使用枪支或者向被害人显示持有、佩带的枪支进行抢劫的行为。“枪支”的概念和范围，适用《中华人民共和国枪支管理法》的规定。

第六条 刑法第二百六十七条第二款规定的“携带凶器抢夺”，是指行为人随身携带枪支、爆炸物、管制刀具等国家禁止个人携带的器械进行抢夺或者为了实施犯罪而携带其他器械进行抢夺的行为。

【解 读】

解读《最高人民法院关于审理抢劫案件具体应用法律若干问题的解释》

一、问题的提出

为依法惩处抢劫犯罪活动，最高人民法院于2000年11月22日公布了《关于审理抢劫案件具体应用法律若干问题的解释》（以下简称本解释），对依法正确适用《刑法》，打击抢劫犯罪将发挥重要的作用。

二、理解与适用

（一）关于“入户抢劫”的认定问题

准确把握这一问题的关键在于对“户”的理解。《刑法》第二百六十三条对“入户抢劫”行为应当判处十年以上有期徒刑、无期徒刑或者死刑的规定，充分体现了对公民住所及人身、财产安全的特殊保护。实践中，这一规定的总体执行情况是好的，但是也存在着因为对“户”的理解不一致，导致量刑失衡的问题。例如，有的将“户”仅仅理解为“公民的家庭住所”；有的认为“户”仅指居住的房屋不包括院落，等等。为此，本解释第一条第一款规定：“入户抢劫”，是指为实施抢劫行为而进入他人生活的与外界相对隔离的住所，包括封闭的院落、牧民的帐篷、渔民作为家庭生活场所的渔船、为生活租用的房屋等进行抢劫的行为。认定公民住所问题，在实践中可能存在这样一种情形，即白天利用住所从事商品零售等经营活动，晚上做生活起居之用。根据本解释的规定，如果犯罪分子在白天进入上述场所进行抢劫，由于在营业时间该场所是开放的，而不是封闭的生活空间。因此，不能认定为“入户抢劫”。如果犯罪分子在夜晚或者其他停止营业的时间进入该住所行抢，则应当认定为“入户抢劫”。

此外，实践中也曾发生因入户盗窃被发现，而当场使用暴力或者以暴力相威胁的行为如何定性问题的争议。从这种行为的特征上分析，虽然行为人入户的初始目的是盗窃，但在被发觉之后实施暴力或者以暴力相威胁的行为时，其主观目的已经发生转化，符合《刑法》第二百六十九条关于盗窃犯罪转化为抢劫犯罪的条件，应当认定为“入户抢劫”。本解释第一条第二款对此作出了规定。

（二）关于“在公共交通工具上抢劫”的认定问题

实践中争议的焦点问题是小型出租汽车能否视为公共交通工具：一种意见认为，对于在小型出租汽车上实施的抢劫行为，应当认定为在公共交通工具上抢劫，处十年以上有期徒刑、无期徒刑或者死刑。主要理由：小型出租汽车虽然载客量较小，但同样是向不特定的个人或者多人提供交通运输服务，具有同其他大、中型公共交通工具一样的特征。因此，对抢劫小型出租汽车的行为理应予以同等的法律制裁。而且，抢劫小型出租汽车的行为较为常见，社会危害性较大，有依法严惩的必要。此外，汽车载客量的大小不应成为公共交通工具的判断标准，在特定的时段（如夜间）有些公共汽车的载客量也很小，如果发生抢劫行为，也不能据此认为不是在公共交通工具上抢劫。另一种意见认为，不应将发生在小型出租汽车上的抢劫行为认定为在公共交通工具上抢劫。主要理由：《刑法》第二百六十三条第二项关于“在公共交通工具上抢劫”判处重刑的立法目的，主要是打击车匪路霸欺压旅客、抢劫财物，扰乱运输秩序的犯罪活动，以保护旅客在旅途中的财产和人身安全。从车匪路霸实施犯罪活动的特点看，一般集中在火车、长途汽车、旅游出租汽车、轮船等大、中型公共交通工具上，而且侵犯的是不特定多数旅客的财产安全，社会影响十分恶劣。小型出租汽车虽然从功能上讲属于公共交通工具，实践中在小型出租汽车上发生的抢劫案件也不少，但是排除抢劫汽车本身这类案件，在小型出租汽车上发生的抢劫案件多是抢劫司机个人的财物，数额一般不大，受害人的范围较窄。换句话说，仅因在小型出租汽车上抢劫特定受害对象（司机）的较少财物就被判处重刑，显然违背罪、责、刑相适应原则，也不完全符合《刑法》关于“在公共交通工具上抢劫”的立法本意。因此，不宜将在小型出租汽车上抢劫的行为认定为“在公共交通工具上抢劫”。不按照这种情形予以认定，并不是说在小型出租汽车上实施的抢劫行为不能判处重刑。对于抢劫汽车的，可以依照抢劫数额巨大的规定予以处罚；对于因抢劫致司机重伤、死亡的等等，都可以依照《刑法》第二百六十三条的规定，判处十年以上有期徒刑、无期徒刑或者死刑。本解释采纳了第二种意见是适宜的。

本解释第二条还规定：“对运行途中的机动公共交通工具加以拦截后，对公共交通工具上的人员实施的抢劫”，也要认定为“在公共交通工具上抢劫”。需要注意的是，这里提到的“公共交通工具”的范围，与本条解释前半部分关于公共交通工具的规定是一致的，即不能将小型出租汽车包括进来。

（三）关于“持枪抢劫”的认定问题

本解释第五条规定：“‘持枪抢劫’，是指行为人使用枪支或者向被害人显示持有、佩带的枪支进行抢劫的行为。”其中，“向被害人显示持有、佩带的枪支”进行抢劫的行为，虽然在客观危害上要小于实际使用枪支进行抢劫的行为，但是对被害人起到的精神威胁、恐吓作用是相当大的，社会影响同样十分恶劣。将这种行为认定为“持枪抢劫”，符合《刑法》第二百六十三条第七项的立法本意。

实践中争议的另一个问题是对枪支的理解，即对于使用假枪、玩具枪进行抢劫的能否认定为“持枪抢劫”。有种意见认为，无论行为人使用真枪还是假枪，被害人在紧急情况下不可能对枪支的真伪作出合理判断，所受到的精神威胁是一样的。因此，应当将使用假枪进行抢劫的行为认定为“持枪抢劫”。但是，“持枪抢劫”的最大危害（特别是潜在的危害）在于，被害人在不交出财物的情况下，有可能受到人身伤害，而这种伤害极有可能是致命的。《刑法》有关“持枪抢劫”的规定正是出于依法严惩这种危害十分严重的行为作出的。由此可以看出，行为人使用假枪进行抢劫，在客观上不可能借助“枪支”的功能给被害人施加伤害，这种“持枪抢劫”的危害性要远远小于使用真枪。因此，本解释第五条规定，持枪抢劫中“枪支”的概念和范围，适用《中华人民共和国枪支管理法》的规定。

（四）关于“携带凶器抢夺”的认定问题

《刑法》第二百六十七条第二款关于“携带凶器抢夺的依照抢劫罪定罪处罚”的规定中，“携带凶器抢夺”的立法本意，应当理解为为了实施抢夺而携带凶器。为此，本解释第六条将“携带凶器抢夺”行为界定为两种情形：一是行为人随身携带枪支、爆炸物、管制刀具等国家禁止个人携带的器械进行抢夺的行为。携带国家禁止个人携带的器械本身就是一种违法行为，在一定程度上也可以反映出行为人的犯罪倾向。携带这些器械实施抢夺行为的，应当认定为“携带凶器抢夺”，以抢劫罪定罪。二是行为人为了实施犯罪而携带其他器械进行抢夺的行为。实践中确实存在携带并非国家管制的其他器械（如砖头、菜刀等）进行抢夺的行为，对这种行为的认定不能一概而论，而应当从行为人携带器械的主观目的方面进行分析。只有对行为人为了实施犯罪而携带其他器械进行抢夺的行为，才能认定为抢劫罪。因为在这种情况下，这些器械本身虽然不能反映出违法性，但实施犯罪的意图反映了其“凶器”的本性。即使最终未能使用，也符合《刑法》规定的“携带凶器抢夺”的特征。但是，如果行为人携带其他器械的本意不是为了实施犯罪，也并未借助（如显示、使用）所携带的器械进行抢夺的，只能依照抢夺罪的有关规定定罪处罚。

（撰稿人：孙军工
审稿人：熊选国）

【链　　接】

最高人民法院印发《关于审理抢劫、抢夺刑事案件适用法律若干问题的意见》的通知

2005 年 6 月 8 日　　　　法发〔2005〕8 号

各省、自治区、直辖市高级人民法院，解放军军事法院，新疆维吾尔自治区高级人民法院生产建设兵团分院：

现将《最高人民法院关于审理抢劫、抢夺刑事案件适用法律若干问题的意见》印发，供参照执行。执行中有什么问题，请及时报告我院。

附：

关于审理抢劫、抢夺刑事案件适用法律若干问题的意见

抢劫、抢夺是多发性的侵犯财产犯罪。1997 年《刑法》修订后，为了更好地指导审判工作，最高人民法院先后发布了《关于审理抢劫案件具体应用法律若干问题的解释》（以下简称《抢劫解释》）和《关于审理抢夺刑事案件具体应用法律若干问题的解释》（以下简称《抢夺解释》）。但是，抢劫、抢夺犯罪案件的情况比较复杂，各地法院在审判过程中仍然遇到了不少新情况、新问题。为准确、统一适用法律，现对审理抢劫、抢夺犯罪案件中较为突出的几个法律适用问题，提出意见如下：

一、关于“入户抢劫”的认定

根据《抢劫解释》第一条规定，认定“入户抢劫”时，应当注意以下三个问题：一是“户”的范围。“户”在这里是指住所，其特征表现为供他人家庭生活和与外界相对隔离两个方面，前者为功能特征，后者为场所特征。一般情况下，集体宿舍、旅店宾馆、临时搭建工棚等不应认定为“户”，但在特定情况下，如果确实具有上述两个特征的，也可以认定为“户”。二是“入户”目的的非法性。进入他人住所须以实施抢劫等犯罪为目的。抢劫行为虽然发生在

户内，但行为人不以实施抢劫等犯罪为目的进入他人住所，而是在户内临时起意实施抢劫的，不属于“入户抢劫”。三是暴力或者暴力胁迫行为必须发生在户内。入户实施盗窃被发现，行为人为窝藏赃物、抗拒抓捕或者毁灭罪证而当场使用暴力或者以暴力相威胁的，如果暴力或者暴力胁迫行为发生在户内，可以认定为“入户抢劫”；如果发生在户外，不能认定为“入户抢劫”。

二、关于“在公共交通工具上抢劫”的认定

公共交通工具承载的旅客具有不特定多数人的特点。根据《抢劫解释》第二条规定，“在公共交通工具上抢劫”主要是指在从事旅客运输的各种公共汽车、大、中型出租车、火车、船只、飞机等正在运营中的机动公共交通工具上对旅客、司售、乘务人员实施的抢劫。在未运营中的大、中型公共交通工具上针对司售、乘务人员抢劫的，或者在小型出租车上抢劫的，不属于“在公共交通工具上抢劫”。

三、关于“多次抢劫”的认定

刑法第二百六十三条第（四）项中的“多次抢劫”是指抢劫三次以上。

对于“多次”的认定，应以行为人实施的每一次抢劫行为均已构成犯罪为前提，综合考虑犯罪故意的产生、犯罪行为实施的时间、地点等因素，客观分析、认定。对于行为人基于一个犯意实施犯罪的，如在同一地点同时对在场的多人实施抢劫的；或基于同一犯意在同一地点实施连续抢劫犯罪的，如在同一地点连续地对途经此地的多人进行抢劫的；或在一次犯罪中对一栋居民楼房中的几户居民连续实施入户抢劫的，一般应认定为一次犯罪。

四、关于“携带凶器抢夺”的认定

《抢劫解释》第六条规定，“携带凶器抢夺”，是指行为人随身携带枪支、爆炸物、管制刀具等国家禁止个人携带的器械进行抢夺或者为了实施犯罪而携带其他器械进行抢夺的行为。行为人随身携带国家禁止个人携带的器械以外的其他器械抢夺，但有证据证明该器械确实不是为了实施犯罪准备的，不以抢劫罪定罪；行为人将随身携带凶器有意加以显示、能为被害人察觉到的，直接适用刑法第二百六十三条的规定定罪处罚；行为人携带凶器抢夺后，在逃跑过程中为窝藏赃物、抗拒抓捕或者毁灭罪证而当场使用暴力或者以暴力相威胁的，适用刑法第二百六十七条第二款的规定定罪处罚。

五、关于转化抢劫的认定

行为人实施盗窃、诈骗、抢夺行为，未达到“数额较大”，为窝藏赃物、抗拒抓捕或者毁灭罪证当场使用暴力或者以暴力相威胁，情节较轻、危害不大

的，一般不以犯罪论处；但具有下列情节之一的，可依照刑法第二百六十九条的规定，以抢劫罪定罪处罚：

（1）盗窃、诈骗、抢夺接近“数额较大”标准的；

（2）入户或在公共交通工具上盗窃、诈骗、抢夺后在户外或交通工具外实施上述行为的；

（3）使用暴力致人轻微伤以上后果的；

（4）使用凶器或以凶器相威胁的；

（5）具有其他严重情节的。

六、关于抢劫犯罪数额的计算

抢劫信用卡后使用、消费的，其实际使用、消费的数额为抢劫数额；抢劫信用卡后未实际使用、消费的，不计数额，根据情节轻重量刑。所抢信用卡数额巨大，但未实际使用、消费或者实际使用、消费的数额未达到巨大标准的，不适用“抢劫数额巨大”的法定刑。

为抢劫其他财物，劫取机动车辆当作犯罪工具或者逃跑工具使用的，被劫取机动车辆的价值计入抢劫数额；为实施抢劫以外的其他犯罪劫取机动车辆的，以抢劫罪和实施的其他犯罪实行数罪并罚。

抢劫存折、机动车辆的数额计算，参照执行《关于审理盗窃案件具体应用法律若干问题的解释》的相关规定。

七、关于抢劫特定财物行为的定性

以毒品、假币、淫秽物品等违禁品为对象，实施抢劫的，以抢劫罪定罪；抢劫的违禁品数量作为量刑情节予以考虑。抢劫违禁品后又以违禁品实施其他犯罪的，应以抢劫罪与具体实施的其他犯罪实行数罪并罚。

抢劫赌资、犯罪所得的赃款赃物的，以抢劫罪定罪，但行为人仅以其所输赌资或所赢赌债为抢劫对象，一般不以抢劫罪定罪处罚。构成其他犯罪的，依照刑法的相关规定处罚。

为个人使用，以暴力、胁迫等手段取得家庭成员或近亲属财产的，一般不以抢劫罪定罪处罚，构成其他犯罪的，依照刑法的相关规定处理；教唆或者伙同他人采取暴力、胁迫等手段劫取家庭成员或近亲属财产的，可以抢劫罪定罪处罚。

八、关于抢劫罪数的认定

行为人实施伤害、强奸等犯罪行为，在被害人未失去知觉，利用被害人不能反抗、不敢反抗的处境，临时起意劫取他人财物的，应以此前所实施的具体犯罪与抢劫罪实行数罪并罚；在被害人失去知觉或者没有发觉的情形下，以及实施故意杀人犯罪行为之后，临时起意拿走他人财物的，应以此前所实施的具体犯罪与盗窃罪实行数罪并罚。

九、关于抢劫罪与相似犯罪的界限

1. 冒充正在执行公务的人民警察、联防人员，以抓卖淫嫖娼、赌博等违法行为为名非法占有财物的行为定性

行为人冒充正在执行公务的人民警察“抓赌”“抓嫖”，没收赌资或者罚款的行为，构成犯罪的，以招摇撞骗罪从重处罚；在实施上述行为中使用暴力或者暴力威胁的，以抢劫罪定罪处罚。行为人冒充治安联防队员“抓赌”“抓嫖”、没收赌资或者罚款的行为，构成犯罪的，以敲诈勒索罪定罪处罚；在实施上述行为中使用暴力或者暴力威胁的，以抢劫罪定罪处罚。

2. 以暴力、胁迫手段索取超出正常交易价钱、费用的钱财的行为定性

从事正常商品买卖、交易或者劳动服务的人，以暴力、胁迫手段迫使他人交出与合理价钱、费用相差不大钱物，情节严重的，以强迫交易罪定罪处罚；以非法占有为目的，以买卖、交易、服务为幌子采用暴力、胁迫手段迫使他人交出与合理价钱、费用相差悬殊的钱物的，以抢劫罪定罪处刑。在具体认定时，既要考虑超出合理价钱、费用的绝对数额，还要考虑超出合理价钱、费用的比例，加以综合判断。

3. 抢劫罪与绑架罪的界限

绑架罪是侵害他人人身自由权利的犯罪，其与抢劫罪的区别在于：第一，主观方面不尽相同。抢劫罪中，行为人一般出于非法占有他人财物的故意实施抢劫行为，绑架罪中，行为人既可能为勒索他人财物而实施绑架行为，也可能出于其他非经济目的实施绑架行为；第二，行为手段不尽相同。抢劫罪表现为行为人劫取财物一般应在同一时间、同一地点，具有“当场性”；绑架罪表现为行为人以杀害、伤害等方式向被绑架人的亲属或其他人或单位发出威胁，索取赎金或提出其他非法要求，劫取财物一般不具有“当场性”。

绑架过程中又当场劫取被害人随身携带财物的，同时触犯绑架罪和抢劫罪两罪名，应择一重罪定罪处罚。

4. 抢劫罪与寻衅滋事罪的界限

寻衅滋事罪是严重扰乱社会秩序的犯罪，行为人实施寻衅滋事的行为时，客观上也可能表现为强拿硬要公私财物的特征。这种强拿硬要的行为与抢劫罪的区别在于：前者行为人主观上还具有逞强好胜和通过强拿硬要来填补其精神空虚等目的，后者行为人一般只具有非法占有他人财物的目的；前者行为人客观上一般不以严重侵犯他人人身权利的方法强拿硬要财物，而后者行为人则以暴力、胁迫等方式作为劫取他人财物的手段。司法实践中，对于未成年人使用或威胁使用轻微暴力强抢少量财物的行为，一般不宜以抢劫罪定罪处罚。其行

为符合寻衅滋事罪特征的，可以寻衅滋事罪定罪处罚。

5. 抢劫罪与故意伤害罪的界限

行为人为索取债务，使用暴力、暴力威胁等手段的，一般不以抢劫罪定罪处罚。构成故意伤害等其他犯罪的，依照刑法第二百三十四条等规定处罚。

十、抢劫罪的既遂、未遂的认定

抢劫罪侵犯的是复杂客体，既侵犯财产权利又侵犯人身权利，具备劫取财物或者造成他人轻伤以上后果两者之一的，均属抢劫既遂；既未劫取财物，又未造成他人人身伤害后果的，属抢劫未遂。据此，刑法第二百六十三条规定的八种处罚情节中除“抢劫致人重伤、死亡的”这一结果加重情节之外，其余七种处罚情节同样存在既遂、未遂问题，其中属抢劫未遂的，应当根据刑法关于加重情节的法定刑规定，结合未遂犯的处理原则量刑。

十一、驾驶机动车、非机动车夺取他人财物行为的定性

对于驾驶机动车、非机动车（以下简称“驾驶车辆”）夺取他人财物的，一般以抢夺罪从重处罚。但具有下列情形之一，应当以抢劫罪定罪处罚：

（1）驾驶车辆，逼挤、撞击或强行逼倒他人以排除他人反抗，乘机夺取财物的；

（2）驾驶车辆强抢财物时，因被害人不放手而采取强拉硬拽方法劫取财物的；

（3）行为人明知其驾驶车辆强行夺取他人财物的手段会造成他人伤亡的后果，仍然强行夺取并放任造成财物持有人轻伤以上后果的。

最高人民法院关于印发《关于审理抢劫刑事案件适用法律若干问题的指导意见》的通知

2016 年 1 月 6 日　　　　法发〔2016〕2 号

各省、自治区、直辖市高级人民法院，解放军军事法院，新疆维吾尔自治区高级人民法院生产建设兵团分院：

现将《关于审理抢劫刑事案件适用法律若干问题的指导意见》印发给你们，请认真贯彻执行。执行中有何问题，请及时报告我院。

附：

关于审理抢劫刑事案件适用法律若干问题的指导意见

抢劫犯罪是多发性的侵犯财产和侵犯公民人身权利的犯罪。1997 年刑法修订后，最高人民法院先后发布了《关于审理抢劫案件具体应用法律若干问题的解释》（以下简称《抢劫解释》）和《关于审理抢劫、抢夺刑事案件适用法律问题的意见》（以下简称《两抢意见》），对抢劫案件的法律适用作出了规范，发挥了重要的指导作用。但是，抢劫犯罪案件的情况越来越复杂，各级法院在审判过程中不断遇到新情况、新问题。为统一适用法律，根据刑法和司法解释的规定，结合近年来人民法院审理抢劫案件的经验，现对审理抢劫犯罪案件中较为突出的几个法律适用问题和刑事政策把握问题提出如下指导意见：

一、关于审理抢劫刑事案件的基本要求

坚持贯彻宽严相济刑事政策。对于多次结伙抢劫，针对农村留守妇女、儿童及老人等弱势群体实施抢劫，在抢劫中实施强奸等暴力犯罪的，要在法律规定的量刑幅度内从重判处。

对于罪行严重或者具有累犯情节的抢劫犯罪分子，减刑、假释时应当从严掌握，严格控制减刑的幅度和频度。对因家庭成员就医等特定原因初次实施抢劫，主观恶性和犯罪情节相对较轻的，要与多次抢劫以及为了挥霍、赌博、吸毒等实施抢劫的案件在量刑上有所区分。对于犯罪情节较轻，或者具有法定、酌定从轻、减轻处罚情节的，坚持依法从宽处理。

确保案件审判质量。审理抢劫刑事案件，要严格遵守证据裁判原则，确保事实清楚，证据确实、充分。特别是对因抢劫可能判处死刑的案件，更要切实贯彻执行刑事诉讼法及相关司法解释、司法文件，严格依法审查判断和运用证据，坚决防止冤错案件的发生。

对抢劫刑事案件适用死刑，应当坚持“保留死刑，严格控制和慎重适用死刑”的刑事政策，以最严格的标准和最审慎的态度，确保死刑只适用于极少数罪行极其严重的犯罪分子。对被判处死刑缓期二年执行的抢劫犯罪分子，根据犯罪情节等情况，可以同时决定对其限制减刑。

二、关于抢劫犯罪部分加重处罚情节的认定

1. 认定“入户抢劫”，要注重审查行为人“入户”的目的，将“入户抢劫”与“在户内抢劫”区别开来。以侵害户内人员的人身、财产为目的，入户

后实施抢劫，包括入户实施盗窃、诈骗等犯罪而转化为抢劫的，应当认定为“入户抢劫”。因访友办事等原因经户内人员允许入户后，临时起意实施抢劫，或者临时起意实施盗窃、诈骗等犯罪而转化为抢劫的，不应认定为“入户抢劫”。

对于部分时间从事经营、部分时间用于生活起居的场所，行为人在非营业时间强行入内抢劫或者以购物等为名骗开房门入内抢劫的，应认定为“入户抢劫”。对于部分用于经营、部分用于生活且之间有明确隔离的场所，行为人进入生活场所实施抢劫的，应认定为“入户抢劫”；如场所之间没有明确隔离，行为人在营业时间入内实施抢劫的，不认定为“入户抢劫”，但在非营业时间入内实施抢劫的，应认定为“入户抢劫”。

2. “公共交通工具”，包括从事旅客运输的各种公共汽车，大、中型出租车，火车，地铁，轻轨，轮船，飞机等，不含小型出租车。对于虽不具有商业营运执照，但实际从事旅客运输的大、中型交通工具，可认定为“公共交通工具”。接送职工的单位班车、接送师生的校车等大、中型交通工具，视为“公共交通工具”。

“在公共交通工具上抢劫”，既包括在处于运营状态的公共交通工具上对旅客及司售、乘务人员实施抢劫，也包括拦截运营途中的公共交通工具对旅客及司售、乘务人员实施抢劫，但不包括在未运营的公共交通工具上针对司售、乘务人员实施抢劫。以暴力、胁迫或者麻醉等手段对公共交通工具上的特定人员实施抢劫的，一般应认定为“在公共交通工具上抢劫”。

3. 认定“抢劫数额巨大”，参照各地认定盗窃罪数额巨大的标准执行。抢劫数额以实际抢劫到的财物数额为依据。对以数额巨大的财物为明确目标，由于意志以外的原因，未能抢到财物或实际抢得的财物数额不大的，应同时认定“抢劫数额巨大”和犯罪未遂的情节，根据刑法有关规定，结合未遂犯的处理原则量刑。

根据《两抢意见》第六条第一款规定，抢劫信用卡后使用、消费的，以行为人实际使用、消费的数额为抢劫数额。由于行为人意志以外的原因无法实际使用、消费的部分，虽不计入抢劫数额，但应作为量刑情节考虑。通过银行转账或者电子支付、手机银行等支付平台获取抢劫财物的，以行为人实际获取的财物为抢劫数额。

4. 认定“冒充军警人员抢劫”，要注重对行为人是否穿着军警制服、携带枪支、是否出示军警证件等情节进行综合审查，判断是否足以使他人误以为是军警人员。对于行为人仅穿着类似军警的服装或仅以言语宣称系军警人员但未携带枪支、也未出示军警证件而实施抢劫的，要结合抢劫地点、时间、暴力或威胁的具体情形，依照常人判断标准，确定是否认定为“冒充军警人员抢劫”。

军警人员利用自身的真实身份实施抢劫的，不认定为“冒充军警人员抢劫”，应依法从重处罚。

三、关于转化型抢劫犯罪的认定

根据刑法第二百六十九条的规定，“犯盗窃、诈骗、抢夺罪，为窝藏赃物、抗拒抓捕或者毁灭罪证而当场使用暴力或者以暴力相威胁的”，依照抢劫罪定罪处罚。“犯盗窃、诈骗、抢夺罪”，主要是指行为人已经着手实施盗窃、诈骗、抢夺行为，一般不考察盗窃、诈骗、抢夺行为是否既遂。但是所涉财物数额明显低于“数额较大”的标准，又不具有《两抢意见》第五条所列五种情节之一的，不构成抢劫罪。“当场”是指在盗窃、诈骗、抢夺的现场以及行为人刚离开现场即被他人发现并抓捕的情形。

对于以摆脱的方式逃脱抓捕，暴力强度较小，未造成轻伤以上后果的，可不认定为“使用暴力”，不以抢劫罪论处。

入户或者在公共交通工具上盗窃、诈骗、抢夺后，为了窝藏赃物、抗拒抓捕或者毁灭罪证，在户内或者公共交通工具上当场使用暴力或者以暴力相威胁的，构成“入户抢劫”或者“在公共交通工具上抢劫”。

两人以上共同实施盗窃、诈骗、抢夺犯罪，其中部分行为人为窝藏赃物、抗拒抓捕或者毁灭罪证而当场使用暴力或者以暴力相威胁的，对于其余行为人是否以抢劫罪共犯论处，主要看其对实施暴力或者以暴力相威胁的行为人是否形成共同犯意、提供帮助。基于一定意思联络，对实施暴力或者以暴力相威胁的行为人提供帮助或实际成为帮凶的，可以抢劫共犯论处。

四、具有法定八种加重处罚情节的刑罚适用

1. 根据刑法第二百六十三条的规定，具有“抢劫致人重伤、死亡”等八种法定加重处罚情节的，处十年以上有期徒刑、无期徒刑或者死刑，并处罚金或者没收财产。应当根据抢劫的次数及数额、抢劫对人身的损害、对社会治安的危害等情况，结合被告人的主观恶性及人身危险程度，并根据量刑规范化的有关规定，确定具体的刑罚。判处无期徒刑以上刑罚的，一般应并处没收财产。

2. 具有下列情形之一的，可以判处无期徒刑以上刑罚：

（1）抢劫致三人以上重伤，或者致人重伤造成严重残疾的；

（2）在抢劫过程中故意杀害他人，或者故意伤害他人，致人死亡的；

（3）具有除“抢劫致人重伤、死亡”外的两种以上加重处罚情节，或者抢劫次数特别多、抢劫数额特别巨大的。

3. 为劫取财物而预谋故意杀人，或者在劫取财物过程中为制服被害人反抗、抗拒抓捕而杀害被害人，且被告人无法定从宽处罚情节的，可依法判处死刑立即执行。对具有自首、立功等法定从轻处罚情节的，判处死刑立即执行应

当慎重。对于采取故意杀人以外的其他手段实施抢劫并致人死亡的案件，要从犯罪的动机、预谋、实行行为等方面分析被告人主观恶性的大小，并从有无前科及平时表现、认罪悔罪情况等方面判断被告人的人身危险程度，不能不加区别，仅以出现被害人死亡的后果，一律判处死刑立即执行。

4. 抢劫致人重伤案件适用死刑，应当更加慎重、更加严格，除非具有采取极其残忍的手段造成被害人严重残疾等特别恶劣的情节或者造成特别严重后果的，一般不判处死刑立即执行。

5. 具有刑法第二百六十三条规定的“抢劫致人重伤、死亡”以外其他七种加重处罚情节，且犯罪情节特别恶劣、危害后果特别严重的，可依法判处死刑立即执行。认定“情节特别恶劣、危害后果特别严重”，应当从严掌握，适用死刑必须非常慎重、非常严格。

五、抢劫共同犯罪的刑罚适用

1. 审理抢劫共同犯罪案件，应当充分考虑共同犯罪的情节及后果、共同犯罪人在抢劫中的作用以及被告人的主观恶性、人身危险性等情节，做到准确认定主从犯，分清罪责，以责定刑，罚当其罪。一案中有两名以上主犯的，要从犯罪提意、预谋、准备、行为实施、赃物处理等方面区分出罪责最大者和较大者；有两名以上从犯的，要在从犯中区分出罪责相对更轻者和较轻者。对从犯的处罚，要根据案件的具体事实、从犯的罪责，确定从轻还是减轻处罚。对具有自首、立功或者未成年人且初次抢劫等情节的从犯，可以依法免除处罚。

2. 对于共同抢劫致一人死亡的案件，依法应当判处死刑的，除犯罪手段特别残忍、情节及后果特别严重、社会影响特别恶劣、严重危害社会治安的外，一般只对共同抢劫犯罪中作用最突出、罪行最严重的那名主犯判处死刑立即执行。罪行最严重的主犯如因系未成年人而不适用死刑，或者因具有自首、立功等法定从宽处罚情节而不判处死刑立即执行的，不能不加区别地对其他主犯判处死刑立即执行。

3. 在抢劫共同犯罪案件中，有同案犯在逃的，应当根据现有证据尽量分清在押犯与在逃犯的罪责，对在押犯应按其罪责处刑。罪责确实难以分清，或者不排除在押犯的罪责可能轻于在逃犯的，对在押犯适用刑罚应当留有余地，判处死刑立即执行要格外慎重。

六、累犯等情节的适用

根据刑法第六十五条第一款的规定，对累犯应当从重处罚。抢劫犯罪被告人具有累犯情节的，适用刑罚时要综合考虑犯罪的情节和后果，所犯前后罪的性质、间隔时间及判刑轻重等情况，决定从重处罚的力度。对于前罪系抢劫等严重暴力犯罪的累犯，应当依法加大从重处罚的力度。对于虽不构成累犯，但具有抢劫犯罪前科的，一般不适用减轻处罚和缓刑。对于可能判处死刑的罪犯具有累犯情节的也应慎重，不能只要是累犯就一律判处死刑立即执行；被告人同时具有累犯和法定从宽处罚情节的，判处死刑立即执行应当综合考虑，从严掌握。

七、关于抢劫案件附带民事赔偿的处理原则

要妥善处理抢劫案件附带民事赔偿工作。审理抢劫刑事案件，一般情况下人民法院不主动开展附带民事调解工作。但是，对于犯罪情节不是特别恶劣或者被害方生活、医疗陷入困境，被告人与被害方自行达成民事赔偿和解协议的，民事赔偿情况可作为评价被告人悔罪态度的依据之一，在量刑上酌情予以考虑。

最高人民法院
关于抢劫过程中故意杀人案件如何定罪问题的批复

法释〔2001〕16号

（2001年5月22日最高人民法院审判委员会第1176次会议通过 2001年5月23日最高人民法院公告公布 自2001年5月26日起施行）

上海市高级人民法院：

你院沪高法〔2000〕117号《关于抢劫过程中故意杀人案件定性问题的请示》收悉。经研究，答复如下：

行为人为劫取财物而预谋故意杀人，或者在劫取财物过程中，为制服被害人反抗而故意杀人的，以抢劫罪定罪处罚。

行为人实施抢劫后，为灭口而故意杀人的，以抢劫罪和故意杀人罪定罪，实行数罪并罚。

此复

【解　　读】

解读《最高人民法院关于抢劫过程中故意杀人案件如何定罪问题的批复》

一、问题的提出

2001年5月23日，最高人民法院发布了《关于抢劫过程中故意杀人案件如何定罪问题的批复》（以下简称本批复）。本批复的及时发布，对于司法机关准确适用法律，有效惩治犯罪，具有重要的指导意义。

二、理解与适用

（一）关于罪名确定问题

关于抢劫过程中故意杀人行为的定性问题，在理论界长期争论，在司法实践中处理也不一致，主要有三种意见：一是定抢劫罪；二是定故意杀人罪；三是定抢劫罪和故意杀人罪，实行数罪并罚。三种意见争执的焦点，在于抢劫的手段是否包括故意杀人。第一种意见认为，《刑法》第二百六十三条规定的抢劫罪中的暴力手段，不仅包括殴打、伤害、捆绑等，还应包括故意杀人。对于行为人为抢劫而预谋故意杀人或者在抢劫过程中为制服被害人反抗而故意杀人的行为，均应认定为抢劫罪。第二、三种意见认为，抢劫罪中的暴力手段不包括故意杀人，对于为抢劫而预谋故意杀人或者在抢劫过程中为制服被害人反抗而故意杀人的行为，应当认定为故意杀人罪，或者以故意杀人罪和抢劫罪实行数罪并罚。

我们同意第一种意见，主要理由如下：

1. 从犯罪构成看，为抢劫而预谋故意杀人或者在抢劫过程中为制服被害人反抗而故意杀人的行为，完全符合《刑法》规定的抢劫罪的犯罪构成。犯罪构成，是指我国《刑法》规定的，决定某一行为的社会危害性及其程度而为该行为构成犯罪所必需的一切主观要件和客观要件的有机统一。行为人为抢劫而预谋故意杀人或者在抢劫过程中为制服被害人反抗而故意杀人的，主观要件表现为，行为人通过杀人而达到劫取财物的目的心理状态。杀人并不是犯罪人的根本目的，其根本目的在于劫取财物。犯罪的客观要件表现为，行为人通过杀人而劫取财物的行为。杀人只是手段行为，劫取财物才是目的行为，杀人不过是服务于劫取财物目的行为的一种手段。因此，主观要件和客观要件的有机统一，决定了为抢劫而预谋故意杀人或者在抢劫过程中为制服被害人反抗而故意杀人的行为，完全符合抢劫罪的犯罪构成，应该属于统一的抢劫犯罪。

2. 从《刑法》规定看，将为抢劫而预谋故意杀人或者在抢劫过程中为制服被害人反抗而故意杀人的行为解释为构成抢劫罪，符合立法本意。从国外立法实践看，为抢劫而预谋故意杀人或者在抢劫过程中为制服被害人反抗而故意杀人的行为，在不同国家有不同规定。有些国家刑法在规定“抢劫致人死亡”的同时，又专列一条或者一款，规定抢劫杀人罪。此时，由于为抢劫而杀人的行为已经从抢劫行为中分离出去，所以“抢劫致人死亡”只应包括过失致人死亡，抢劫的暴力手段不包括故意杀人。例如，保加利亚和德国刑法典的规定均是如此。但是，在另外一些国家，在抢劫罪之外没有专款或者专条规定抢劫杀人罪，理论上和判例上均认为抢劫手段中的暴力包括故意杀人，抢劫致人死亡的结果不仅包括过失致人死亡，而且包括故意杀人致人死亡。例如，日本刑法典的规定即是如此。我国《刑法》即是采用后一立法例。而且在《刑法》中，

"致人重伤、死亡"有的仅指过失，如《刑法》第二百三十三条、第二百三十五条的规定，有的则包括故意杀人、重伤的情形，如《刑法》第一百一十五条的规定，从《刑法》第二百六十三条的规定看，既然有抢劫过程中故意杀人的行为，"致人重伤、死亡"包括故意杀人、故意伤害等行为，更符合立法原意。

3. 从依法严厉打击犯罪的需要看，将为抢劫而预谋故意杀人或者在抢劫过程中为制服被害人反抗而故意杀人的行为解释为抢劫罪，不会有轻纵罪犯的嫌疑。《刑法》第二百六十三条的规定表明，对于情节严重的抢劫犯，最高刑可以判处死刑，并处罚金或者没收财产。而《刑法》第二百三十二条规定的故意杀人罪的法定最高刑只是死刑，并无并处罚金或者没收财产的规定。将为抢劫而预谋故意杀人或者在抢劫过程中为制服被害人反抗而故意杀人的行为以抢劫罪定罪处罚，完全能够做到罪刑相适应，依法严厉打击此类犯罪。

4. 将这种情形定抢劫罪与杀人罪，实行数罪并罚，则杀人行为既是故意杀人罪的构成要件，又成为抢劫罪的构成要件，不符合犯罪构成原理。

综上所述，我们认为，对于行为人为抢劫而预谋故意杀人或者在抢劫过程中为制服被害人反抗而故意杀人的行为，均应认定为抢劫罪一罪，而不能认定为故意杀人罪，或者以故意杀人罪和抢劫罪实行数罪并罚。

（二）关于以抢劫罪定罪处罚的情形

本批复规定以抢劫罪定罪处罚的情形包括两种：一是为劫取财物而预谋故意杀人；二是在劫取财物过程中，为制服被害人反抗而故意杀人。

我们理解：（1）抢劫罪中暴力手段包括故意杀人，因此，为劫取财物而故意杀人致人死亡的，以及在劫取财物过程中，为制服被害人反抗而当场故意杀人的，都应以抢劫罪定罪处罚。（2）为抢劫而故意杀人或者在抢劫过程中故意杀人的情形比较复杂，在许多情况下难以区分是直接故意杀人还是间接故意杀人，是间接故意杀人还是故意伤害致死，是杀死财物所有人还是其他在场人，在这些情形下都有死亡结果的发生；而"致人死亡"，根据《刑法》第二百六十三条的规定，只是抢劫罪的一种加重处罚情节。因此，本批复这样规定更符合立法原意，也便于司法实践操作。

有人提出，以杀害其他人为手段，威胁被害人，劫取财物的行为，应该以故意杀人罪和抢劫罪实行数罪并罚。我们认为，这种情形应认定为抢劫罪，而不应以故意杀人罪和抢劫罪实行数罪并罚。首先，抢劫罪中的暴力手段包括故意杀人，这已如前阐述。因此，"以杀害其他人为手段，威胁被害人"的行为，只是为"劫取财物"目的行为服务的手段行为，属于统一的抢劫犯罪。其次，《刑法》规定的抢劫罪的客体属于复杂客体，除主要客体即公私财物所有权之外，还有次要客体即人身权利。行为人"以杀害其他人为手段，威胁被害人，劫取财物的行为"，虽然侵犯了其他人的人身权利以及财物所有人的财产权利，但均属于对统一的抢劫罪的客体的侵犯，对其应该以单独的抢劫罪定罪处罚。

第三，被侵犯人身权利的其他人以及被侵犯财产权利的财物的所有人，均是抢劫罪的受害人，而且在很多情况下很难分清哪一种人遭受的侵害更重，例如，老板的钱由保镖保管，犯罪人打死老板，威胁保镖，从保镖手中抢走了钱；或者犯罪人打死保镖，威胁老板，从保镖手中抢走了钱。所以，为避免陷入此类毫无疑义的纷争，便于司法实践操作，本批复规定以抢劫罪定罪处罚的情形已经包括“以杀害其他人为手段，威胁被害人，劫取财物的行为”。

（三）以抢劫罪和故意杀人罪实行数罪并罚的情形

本批复规定：“行为人实施抢劫后，为灭口而故意杀人的，以抢劫罪和故意杀人罪定罪，实行数罪并罚。”

我们理解：(1) 行为人实施抢劫后，为灭口而当场故意杀害被害人或者其他人的，行为人具有明确的杀人故意和杀人行为，完全符合故意杀人罪的犯罪构成，应该以故意杀人罪定罪；(2) 行为人实施抢劫的行为构成抢劫罪，抢劫后为灭口而故意杀害被害人或者其他人的行为构成故意杀人罪，根据《刑法》第六十九条的规定，对此两罪应当实行数罪并罚。

（四）关于故意杀人后乘机窃取被害人财物行为的定性问题

司法实践中，对于故意杀人后见财起意，乘机窃取被害人财物的行为，一般按照故意杀人罪和盗窃罪定罪，实行数罪并罚。本批复对此没有规定。但是，在司法实践中对该问题也存在困惑。有少数人认为，故意杀人后见财起意，乘机窃取被害人财物的行为，属于故意杀人行为的后续行为，不单独构成犯罪，应该以故意杀人罪定罪，从重处罚。也有个别人认为，对此应该以故意杀人罪和抢劫罪实行数罪并罚。

我们认为：(1) 故意杀人后见财起意，乘机窃取被害人财物的行为，独立于先前的故意杀人行为，两者之间在性质上没有从属关系，是两种性质不同的行为。(2) 该行为符合“秘密窃取他人财物”的特征，在数额较大或者具有其他严重情节，构成犯罪时，应该以盗窃罪定罪处罚。(3) 该行为不属于抢劫行为。抢劫是以暴力、胁迫或者其他方法抢劫公私财物的行为。构成抢劫罪的前提，是对受害人实施了暴力等强迫行为，迫使受害人交出财物，或者强行从受害人手中抢走财物。而行为人故意杀人后见财起意，乘机窃取被害人财物时，已经不存在行为人可以对其施加暴力等强制行为的对象，也不需要强行抢走财物。因此，对于行为人故意杀人后见财起意，乘机窃取被害人财物的行为，不能认定为抢劫罪。(4) 行为人故意杀人构成故意杀人罪，事后乘机窃取被害人财物的行为构成盗窃罪，根据《刑法》第六十九条的规定，对此两罪应当实行数罪并罚。

（撰稿人：祝二军
审稿人：熊选国）

最高人民法院　最高人民检察院

关于办理盗窃刑事案件适用法律若干问题的解释

法释〔2013〕8号

（2013年3月8日最高人民法院审判委员会第1571次会议、2013年3月18日最高人民检察院第十二届检察委员会第1次会议通过　2013年4月2日最高人民法院、最高人民检察院公告公布自2013年4月4日起施行）

为依法惩治盗窃犯罪活动，保护公私财产，根据《中华人民共和国刑法》、《中华人民共和国刑事诉讼法》的有关规定，现就办理盗窃刑事案件适用法律的若干问题解释如下：

第一条　盗窃公私财物价值一千元至三千元以上、三万元至十万元以上、三十万元至五十万元以上的，应当分别认定为刑法第二百六十四条规定的“数额较大”、“数额巨大”、“数额特别巨大”。

各省、自治区、直辖市高级人民法院、人民检察院可以根据本地区经济发展状况，并考虑社会治安状况，在前款规定的数额幅度内，确定本地区执行的具体数额标准，报最高人民法院、最高人民检察院批准。

在跨地区运行的公共交通工具上盗窃，盗窃地点无法查证的，盗窃数额是否达到“数额较大”、“数额巨大”、“数额特别巨大”，应当根据受理案件所在地省、自治区、直辖市高级人民法院、人民检察院确定的有关数额标准认定。

盗窃毒品等违禁品，应当按照盗窃罪处理的，根据情节轻重量刑。

第二条　盗窃公私财物，具有下列情形之一的，“数额较大”的标准可以按照前条规定标准的百分之五十确定：

（一）曾因盗窃受过刑事处罚的；

（二）一年内曾因盗窃受过行政处罚的；

（三）组织、控制未成年人盗窃的；

（四）自然灾害、事故灾害、社会安全事件等突发事件期间，在事件发生地盗窃的；

（五）盗窃残疾人、孤寡老人、丧失劳动能力人的财物的；

（六）在医院盗窃病人或者其亲友财物的；

（七）盗窃救灾、抢险、防汛、优抚、扶贫、移民、救济款物的；

（八）因盗窃造成严重后果的。

第三条 二年内盗窃三次以上的，应当认定为“多次盗窃”。

非法进入供他人家庭生活，与外界相对隔离的住所盗窃的，应当认定为“入户盗窃”。

携带枪支、爆炸物、管制刀具等国家禁止个人携带的器械盗窃，或者为了实施违法犯罪携带其他足以危害他人人身安全的器械盗窃的，应当认定为“携带凶器盗窃”。

在公共场所或者公共交通工具上盗窃他人随身携带的财物的，应当认定为“扒窃”。

第四条 盗窃的数额，按照下列方法认定：

（一）被盗财物有有效价格证明的，根据有效价格证明认定；无有效价格证明，或者根据价格证明认定盗窃数额明显不合理的，应当按照有关规定委托估价机构估价；

（二）盗窃外币的，按照盗窃时中国外汇交易中心或者中国人民银行授权机构公布的人民币对该货币的中间价折合成人民币计算；中国外汇交易中心或者中国人民银行授权机构未公布汇率中间价的外币，按照盗窃时境内银行人民币对该货币的中间价折算成人民币，或者该货币在境内银行、国际外汇市场对美元汇率，与人民币对美元汇率中间价进行套算；

（三）盗窃电力、燃气、自来水等财物，盗窃数量能够查实的，按照查实的数量计算盗窃数额；盗窃数量无法查实的，以盗窃前六个月月均正常用量减去盗窃后计量仪表显示的月均用量推算盗窃数额；盗窃前正常使用不足六个月的，按照正常使用期间的月均用量减去盗窃后计量仪表显示的月均用量推算盗窃数额；

（四）明知是盗接他人通信线路、复制他人电信码号的电信设备、设施而使用的，按照合法用户为其支付的费用认定盗窃数额；无法直接确认的，以合法用户的电信设备、设施被盗接、复制后的月缴费额减去被盗接、复制前六个月的月均电话费推算盗窃数额；合法用户使用电信设备、设施不足六个月的，按照实际使用的月均电话费推算盗窃数额；

（五）盗接他人通信线路、复制他人电信码号出售的，按照销赃数额认定盗窃数额。

盗窃行为给失主造成的损失大于盗窃数额的，损失数额可以作为量刑情节考虑。

第五条 盗窃有价支付凭证、有价证券、有价票证的，按照下列方法认定盗窃数额：

（一）盗窃不记名、不挂失的有价支付凭证、有价证券、有价票证的，应当按票面数额和盗窃时应得的孳息、奖金或者奖品等可得收益一并计算盗窃数额；

（二）盗窃记名的有价支付凭证、有价证券、有价票证，已经兑现的，按照兑现部分的财物价值计算盗窃数额；没有兑现，但失主无法通过挂失、补领、补办手续等方式避免损失的，按照给失主造成的实际损失计算盗窃数额。

第六条 盗窃公私财物，具有本解释第二条第三项至第八项规定情形之一，或者入户盗窃、携带凶器盗窃，数额达到本解释第一条规定的“数额巨大”、“数额特别巨大”百分之五十的，可以分别认定为刑法第二百六十四条规定的“其他严重情节”或者“其他特别严重情节”。

第七条 盗窃公私财物数额较大，行为人认罪、悔罪，退赃、退赔，且具有下列情形之一，情节轻微的，可以不起诉或者免予刑事处罚；必要时，由有关部门予以行政处罚：

（一）具有法定从宽处罚情节的；

（二）没有参与分赃或者获赃较少且不是主犯的；

（三）被害人谅解的；

（四）其他情节轻微、危害不大的。

第八条 偷拿家庭成员或者近亲属的财物，获得谅解的，一般可以不认为是犯罪；追究刑事责任的，应当酌情从宽。

第九条 盗窃国有馆藏一般文物、三级文物、二级以上文物的，应当分别认定为刑法第二百六十四条规定的“数额较大”、“数额巨大”、“数额特别巨大”。

盗窃多件不同等级国有馆藏文物的，三件同级文物可以视为一件高一级文物。

盗窃民间收藏的文物的，根据本解释第四条第一款第一项的规定认定盗窃数额。

第十条 偷开他人机动车的，按照下列规定处理：

（一）偷开机动车，导致车辆丢失的，以盗窃罪定罪处罚；

（二）为盗窃其他财物，偷开机动车作为犯罪工具使用后非法占有车辆，或者将车辆遗弃导致丢失的，被盗车辆的价值计入盗窃数额；

（三）为实施其他犯罪，偷开机动车作为犯罪工具使用后非法占有车辆，或者将车辆遗弃导致丢失的，以盗窃罪和其他犯罪数罪并罚；将车辆送回未造成丢失的，按照其所实施的其他犯罪从重处罚。

第十一条 盗窃公私财物并造成财物损毁的，按照下列规定处理：

（一）采用破坏性手段盗窃公私财物，造成其他财物损毁的，以盗窃罪从重处罚；同时构成盗窃罪和其他犯罪的，择一重罪从重处罚；

（二）实施盗窃犯罪后，为掩盖罪行或者报复等，故意毁坏其他财物构成犯罪的，以盗窃罪和构成的其他犯罪数罪并罚；

（三）盗窃行为未构成犯罪，但损毁财物构成其他犯罪的，以其他犯罪定罪处罚。

第十二条 盗窃未遂，具有下列情形之一的，应当依法追究刑事责任：

（一）以数额巨大的财物为盗窃目标的；

（二）以珍贵文物为盗窃目标的；

（三）其他情节严重的情形。

盗窃既有既遂，又有未遂，分别达到不同量刑幅度的，依照处罚较重的规定处罚；达到同一量刑幅度的，以盗窃罪既遂处罚。

第十三条 单位组织、指使盗窃，符合刑法第二百六十四条及本解释有关规定的，以盗窃罪追究组织者、指使者、直接实施者的刑事责任。

第十四条 因犯盗窃罪，依法判处罚金刑的，应当在一千元以上盗窃数额的二倍以下判处罚金；没有盗窃数额或者盗窃数额无法计算的，应当在一千元以上十万元以下判处罚金。

第十五条 本解释发布实施后，最高人民法院《关于审理盗窃案件具体应用法律若干问题的解释》（法释〔1998〕4号）同时废止；之前发布的司法解释和规范性文件与本解释不一致的，以本解释为准。

【解　　读】

解读《最高人民法院、最高人民检察院关于办理盗窃刑事案件适用法律若干问题的解释》

为依法惩治盗窃犯罪，保护公私财产，最高人民法院、最高人民检察院制定了《关于办理盗窃刑事案件适用法律若干问题的解释》（以下简称本解释）。本解释于2013年3月8日由最高人民法院审判委员会第1571次会议、2013年3月18日由最高人民检察院第十二届检察委员会第1次会议讨论通过，自2013年4月4日起施行。现对本解释的出台背景及主要内容介绍如下。

一、本解释的出台背景及制定过程

盗窃罪是最为常见多发的一类犯罪，在人民法院历年来审理的各类刑事案件中，数量一直居首位。1997年《刑法》修订后，为准确适用法律，最高人民法院及时制定了《关于审理盗窃案件具体应用法律若干问题的解释》（法释〔1998〕4号，以下简称《98年解释》），明确了盗窃犯罪的具体定罪量刑标准，对盗窃案件审理中的疑难、复杂、争议问题作了相应规定，对于规范法律适用、依法惩治盗窃犯罪，发挥了重要作用。

《98年解释》施行至今的十余年间，我国经济社会发展迅速，盗窃犯罪案件的办理出现了一些新的情况和问题，鉴于此，2009年，最高人民法院着手研究起草新的盗窃罪司法解释。后因在解释制定过程中，《刑法修正案（八）》对盗窃罪的规定作了重大修改，将入罪条件由原来规定的“数额较大或者多次盗窃”修改为“数额较大的，或者多次盗窃、入户盗窃、携带凶器盗窃、扒窃”，而各方面对有关问题的认识存在较大分歧，为充分把握实践情况，解释制定工作暂时停止。

经过一段时间司法实践经验的积累，2013年1月初，“两高”决定联合起草新的盗窃罪司法解释，并很快形成了征求意见稿。其后，经召开专家论证会讨论，征求全国人大常委会法工委、公安部、司法部等部门以及各省、自治区、直辖市高级人民法院、人民检察院的意见，对解释稿作了多次修改完善。2013年3月8日、3月18日，最高人民法院审判委员会、最高人民检察院检察委员会分别讨论通过了本解释。

二、本解释的主要内容及理解适用

本解释根据修订后的《刑法》规定，结合审判实践，用15个条文，对办理盗窃刑事案件适用法律的普遍性问题作了具体规定。

（一）关于盗窃犯罪“数额较大”“数额巨大”“数额特别巨大”的认定标准

本解释第一条、第二条在综合考虑近年来我国经济社会发展状况和社会治安状况基础上，立足于更好体现宽严相济刑事政策精神，对盗窃犯罪“数额较大”“数额巨大”“数额特别巨大”的认定标准作出了新的规定。

1. 关于盗窃“数额较大”“数额巨大”“数额特别巨大”的一般认定标准

本解释第一条第一款、第二款规定，盗窃公私财物价值一千元至三千元以上、三万元至十万元以上、三十万元至五十万元以上的，应当分别认定为刑法第二百六十四条规定的“数额较大”“数额巨大”“数额特别巨大”。各省、自治区、直辖市高级人民法院、人民检察院可以根据本地区经济发展状况，并考虑社会治安状况，在本解释规定的数额幅度内，确定本地区执行的具体数额标准，报最高人民法院、最高人民检察院批准。

与《98年解释》相比，本解释对“数额较大”的标准作了微幅调整，即由500元至2000元以上提高至1000元至3000元以上，同时对“数额巨大”“数额特别巨大”的标准作了较大幅度的提高。主要考虑：其一，盗窃犯罪是侵财性犯罪，其定罪量刑标准应当与经济社会发展状况相适应。而据统计，1997年全国城镇居民人均可支配收入5160元，农村居民人均纯收入2090元；2012年全国城镇居民人均可支配收入23903元，农村居民人均纯收入7724元，分别是1997年的4.6倍和3.7倍。其二，近年出台的有关财产犯罪的司法解释均对有关数额认定标准作了相应调整，如2011年“两高”《关于办理诈骗刑事案件具体应用法律若干问题的解释》，将诈骗“数额较大”“数额巨大”“数额特别巨大”的认定标准分别由原来规定的2000元以上、3万元以上、20万元以上调整为3000元至1万元以上、3万元至10万元以上、50万元以上，对盗窃罪数额标准的确定，应当与类似犯罪相协调。其三，对盗窃罪数额标准的设定，要综合考虑经济社会发展状况和社会治安状况。当前，盗窃罪仍处于高发态势，为保障人民群众的安全感，对入罪数额标准不宜作大幅提高。而适应近年来我国经济快速发展的实际，适当提高盗窃“数额巨大”“数额特别巨大”的认定标准，并拉大幅度空间，则有利于更好地体现罪责刑相适应原则，更好地适应各地经济发展不平衡的实际。

2. 关于盗窃“数额较大”认定标准的特别规定

本解释第二条规定，盗窃公私财物，具有下列情形之一的，“数额较大”的标准可以按照本解释第二条规定标准的百分之五十确定：“（一）曾因盗窃受过刑事处罚的；（二）一年内曾因盗窃受过行政处罚的；（三）组织、控制未成年人盗窃的；（四）自然灾害、事故灾害、社会安全事件等突发事件期间，在事件发生地盗窃的；（五）盗窃残疾人、孤寡老人、丧失劳动能力人的财物的；（六）在医院盗窃病人或者其亲友财物的；（七）盗窃救灾、抢险、防汛、优抚、扶贫、移民、救济款物的；（八）因盗窃造成严重后果的。”

规定本条主要是考虑：就盗窃犯罪而言，数额固然是影响定罪量刑的重要情节，但除此之外，行为人的一贯表现、犯罪方式、盗窃对象等也是影响社会危害性的重要因素。在综合考虑有关情节基础上，对盗窃“数额较大”的标准作出特别规定，可以避免“唯数额论”的不足，更好地贯彻罪责刑相适应刑法基本原则和主客观相统一刑法原理。关于本条，需特别说明以下几点：

（1）本条第一、二项是根据实践中为数不少的盗窃违法犯罪分子有前科的实际，为强化对此类屡教不改者的惩治效果而设置的。起草过程中，对于该两项规定，曾有不同认识。有意见提出，其存在双重评价问题；特别是对曾因盗窃受过刑事处罚同时又符合累犯成立条件的行为人，如一方面降低入罪数额门槛，另一方面又按照累犯从重处罚，有双重从重之嫌。我们经研究认为，本条是对盗窃“数额较大”所作的特别规定。根据本条，盗窃数额达到本解释第一条规定标准的百分之五十，并具有相应情形的，即属于法律规定的“数额较大”。换言之，本条是在法律规定的框架内，对盗窃“数额较大”明确的另一个具体认定标准，故对根据本条已构成盗窃罪的行为人，如同时符合累犯成立条件的，依法从重处罚，并不存在双重从重问题。对此，有关部门，包括立法机关，都不持异议。当然，由于已将累犯作为定罪情节考虑，体现了对累犯从严惩处的立法精神，因此，在具体量刑时，要掌握好从重处罚的幅度，不宜增加过多的刑罚量，以实现罪责刑相适应。

(2) 关于本条第一项“曾因盗窃受过刑事处罚的”规定中盗窃的理解。有意见提出，此处的盗窃，应理解为符合盗窃罪构成要件的行为，即不仅包括以盗窃罪定罪处罚的行为，也包括因法条竞合等关系虽以其他罪名（如破坏电力设备罪等）定罪处罚，但同时符合盗窃罪构成要件的行为。经进一步研究，对该项规定中的“盗窃”，应理解为仅指盗窃罪。主要考虑：其一，对本解释中“盗窃”一词，应尽可能作同一解释，否则容易造成理解适用上的困惑、混乱。其二，设置本条第一、二项的目的在于严惩盗窃惯犯，其数额标准仅为第一条规定标准的一半，故宜适当控制适用范围。其三，理解为符合盗窃罪构成要件的行为，从实现罪刑均衡的角度有一定道理，但符合盗窃罪构成要件的行为包括盗窃特殊物品、因盗窃又构成其他重罪、以盗窃方式实施其他犯罪、盗窃后转化抢劫等多种情形，范围很大，审查判断难度大，且容易引发争议。

(3) 本条第三项是针对组织、控制未成年人盗窃案件多发、社会危害性更为严重的实际设置的。起草过程中，有意见提出，本项规定不妥，因其与《刑法》第二百六十二条之二关于组织未成年人进行违反治安管理活动罪的规定存在竞合。我们经研究认为，《刑法》第二百六十二条之二主要是规制组织未成年人进行违反治安管理活动的行为，而本项规定则是组织、控制未成年人实施盗窃犯罪的处理问题。根据罪责刑相适应原则，显然不可能得出这样的结论，即组织未成年人盗窃的，在任何情况下，均只能以组织未成年人进行违反治安管理活动罪论处，最高只能判7年徒刑。规定本项主要是明确：当组织、控制未成年人实施盗窃，依法应以盗窃罪论处时，可以降低定罪量刑的数额标准，即提高定罪量刑的法定刑幅度。

3. 关于在跨地区运行的公共交通工具上盗窃数额标准的适用

考虑到在公共交通工具上盗窃，有时难以查明盗窃地点，而根据本解释规定，针对不同地区所适用的盗窃数额标准可能并不一致，为解决法律适用问题，本解释第一条第三款特别规定：在跨地区运行的公共交通工具上盗窃，盗窃地点无法查证的，盗窃数额是否达到“数额较大”“数额巨大”“数额特别巨大”，应当根据受理案件所在地省、自治区、直辖市高级人民法院、人民检察院确定的有关数额标准认定。适用本款时应当注意：

(1) 本款规定的跨地区运行的公共交通工具，包括火车、汽车、船只、航空器等各类交通工具。由于本款已包含在火车上盗窃数额标准确定的问题，本解释施行后，1999年2月4日“两高一部”《关于铁路运输过程中盗窃罪数额认定标准问题的规定》（公发〔1999〕4号）不再适用。本款规定的跨地区，主要是指跨省、自治区、直辖市；部分省、自治区针对辖区内不同市、州经济发展状况的差异设置有区别的盗窃数额标准的，则跨地区也包括跨市、州。

(2) 对在跨地区运行的公共交通工具上盗窃的，如盗窃地点能够查明，仍应根据盗窃地高级人民法院、人民检察院确定的数额标准认定，只有盗窃地点无法查证的，才适用本款。

(3) 对在跨地区运行的公共交通工具上盗窃，盗窃地点无法查明的案件，应当先根据《刑事诉讼法》及有关司法解释的规定，确定案件管辖，之后根据本款，确定应当适用的盗窃数额标准。

(4) 如是在铁路运输中盗窃的案件，本款所规定的“受理案件所在地省、自治区、直辖市高级人民法院、人民检察院”，应当是指对受理案件的铁路运输检察院、铁路运输法院具有领导或者指导职能的省、自治区、直辖市高级人民法院、人民检察院。如此把握主要是考虑：铁路运输法院的设置与行政区划不完全一致，某基层铁路运输法院设在甲省，对其具有监督指导职能的铁路运输中级法院可能设在乙省，如基层铁路运输法院按照甲省确定的数额标准作出判决后，被告人上诉或者检察机关抗诉，就需按照乙省的标准改判，此将人为影响判决的稳定性。

(二) 关于“多次盗窃”“入户盗窃”“携带凶器盗窃”“扒窃”的认定

《98年解释》第四条曾规定：“对于一年内入户盗窃或者在公共场所扒窃三次以上的，应当认定为‘多次盗窃’”。《刑法修正案（八）》将“入户盗窃”“携带凶器盗窃”“扒窃”增加规定为盗窃罪的入罪条件之后，上述规定需作相应修正；同时，实践中，对“入户盗窃”“携带凶器盗窃”“扒窃”的具体认定也存在不同认识。鉴此，本解释第三条对相关问题作出了专门明确。

1. 关于“多次盗窃”的认定

根据《刑法修正案（八）》的规定，结合司法实践情况，本解释第三条第一款对“多次盗窃”作出了新的解释，规定“二年内盗窃三次以上，应当认定为‘多次盗窃’”。

2. 关于“入户盗窃”的认定

本解释第三条第二款规定：“非法进入供他人家庭生活，与外界相对隔离的住所盗窃的，应当认定为‘入户盗窃’”。这一规定与最高人民法院《关于审理抢劫、抢夺刑事案件适用法律若干问题的意见》（法发〔2005〕8号）的有关内容基本一致。适用中应注意：其一，必须是非法入户后实施盗窃的，才能认定为“入户盗窃”；如是经被害人允许入户，其后见财起意，实施盗窃的，不属“入户盗窃”。其二，某一处所是否属于户，应结合具体情况作出认定。他人单独生活居住的居所，属于户；集体宿舍、旅店宾馆、工棚等，不属于户，但如其中的一个或者几个房间被确定为供他人家庭生活所用的居室，实际上具有住室的性质，且与外界相对隔离，就可以认定为户。

3. 关于“携带凶器盗窃”的认定

本解释第三条第三款规定：“携带枪支、爆炸物、管制刀具等国家禁止个人携带的器械盗窃，或者为了实施违法犯罪携带其他足以危害他人人身安全的器械盗窃，应当认定为‘携带凶器盗窃’”。这一规定同样借鉴了《关于审理抢劫、抢夺刑事案件适用法律若干问题的意见》的有关内容。适用中需注意：其一，对于携带国家禁止个人携带的器械以外的其他器械盗窃的，应当根据行为人携带该器械的目的、该器械的通常用途等判断其是否具有足以危害他人人身安全的危险性，认定是否属于“携带凶器盗窃”。如携带镊子、刀片等盗窃工具，或者随身携带挂在钥匙圈上的小水果刀等，或者下班途中携带装有钳子、扳手等的工具箱进行盗窃的，不宜认定为“携带凶器盗窃”；符合扒窃特征的，可以扒窃论处；行为人使用所携带的器械对他人进行威胁、伤害的，可以按转化型抢劫论处。其二，“携带凶器盗窃”应理解为实施盗窃行为时随身携带了凶器。虽然准备了凶器，但实施盗窃时并未将凶器带在身边，如将凶器留在停放在路边的车里，人离车寻找目标，实施盗窃、抗拒抓捕时均不能随手触及凶器，不足以危害他人人身安全的，不宜认定为“携带凶器盗窃”。至于携带的凶器是否在盗窃时对外显露，不影响行为的认定。

4. 关于“扒窃”的认定

《刑法修正案（八）》将“扒窃”与“多次盗窃”“入户盗窃”“携带凶器盗窃”并列规定为盗窃罪的入罪条件，根据体系解释原理，“扒窃”的不法程度、危害程度应当与“多次盗窃”“入户盗窃”“携带凶器盗窃”基本相当。据此，本解释第三条第四款规定：“在公共场所或者公共交通工具上盗窃他人随身携带的财物的，应当认定为‘扒窃’”。即一方面对扒窃加以场所的限制，要求必须是在公共场所或者公共交通工具上盗窃；另一方面加以对象的限制，要求必须是盗窃他人随身携带的财物。

对于如何具体理解本解释规定的“随身携带的财物”，尚存不同认识。对于被害人携带，但不是随身携带，而是放在触手难及地方的财物，如乘坐公共交通工具时放置在行李架上的财物，不应认定为随身携带，对此不存在争议。对于虽已离身，但被害人放置在自己身旁、触手可及的财物，如放置在座椅旁、自行车车筐内等的财物，应否认定为随身携带，尚存在较大认识分歧。

我们经研究认为，扒窃所窃取的随身携带的财物，应当限缩解释为未离身的财物，即被害人的身体应当与财物有接触，如装在衣服口袋内的手机、钱包，手提、肩背的包，坐、躺、倚靠时与身体有直接接触的行李等。这样把握主要考虑：其一，能够恰当反映扒窃相对于普通盗窃更为严重的危害性。如被害人通过身体任何部位与财物的接触，直接占有和控制着财物，则意味着行为人通常不可能直接将整个财物偷走，而必须贴近被害人，采取掏兜、割包等手段偷走衣服和包内的财物。行为人实施这种扒窃行为，一方面显示其胆子更大，从而具有更大的主观恶性；另一方面，由于容易被人及时发觉，也易发生行为人侵害他人人身安全的严重后果，对这类行为，不论盗窃数额多少都予以定罪处罚才具有合理性。反之，如财物已离身，脱离了被害人的直接占有和控制，行为人乘机窃取，相对也不容易被人及时发觉，因而引发犯罪分子制止被害人反抗从而危害被害人人身安全的概率就会大大降低，对窃取这类财物的，就不宜认定为“扒窃”，而应按普通盗窃处理。其二，符合立法本意。全国人大常委会法制工作委员会刑法室编写的《中华人民共和国刑法修正案（八）条文说明、立法理由及相关规定》一书指出：“扒窃行为往往采取掏兜、割包等手法，严重侵犯公民财产和人身安全，扰乱公共场所秩序。且技术性强，多为屡抓屡放的惯犯，应当予以严厉打击。”其三，符合社会公众的一般认识。根据《现代汉语词典》，“扒窃”是指“从别人身上偷窃财物”。综上，无论从立法精神还是社会公众的一般认识出发，将“扒窃”解释为盗窃与被害人身体有接触，能够为被害人直接占有和控制的财物较为合理、妥当。是否贴近人身，是否会同时危及他人人身安全是区别“扒窃”与普通盗窃的关键。

（三）关于盗窃数额的认定方法

本解释第四条对盗窃数额的认定方法作出了规定，此外，第五条、第九条还分别对盗窃有价支付凭证、有价证券、有价票证，盗窃文物的数额认定作出了特别规定。

1. 关于盗窃数额的认定方法

《98 年解释》曾根据财物性质的不同，如流通领域的商品、生产领域的产品、生产资料、生活资料、农副产品、金银珠宝、文物等，对盗窃财物的数额认定作出了十分全面、具体的规定。经研究，该解释中不少规定已不能适应当前经济社会发展实际，有的则难以操作。例如，对于该解释规定的“黄金、白银按国家定价计算”“不属于馆藏三级以上的一般文物，包括古玩、古书画等，按国有文物商店的一般零售价计算，或者按国家文物主管部门核定的价格计算”“邮票、纪念币等收藏品、纪念品，按国家有关部门核定的价格计算”等内容，在征求意见中，国家价格认证主管部门明确提出，这些物品均不在政府定价之列，相关部门无权也未曾公布过核定价格。又如，该解释规定：“流通领域的商品，按市场零售价的中间价格计算；属于国家定价的……”“农副产品，按农贸市场同类产品的中等价格计算”“废品，按物资回收利用部门的收购价格计算”等，而据国家价格认证主管部门介绍，目前我国 90%以上商品的价格已经实行市场调节，各种商品市场条件多种多样，价格形成机制各有不同，对价格准确性、合理性认定的专业要求很高。故对有关被盗财物，如无有效证明确认其价值的，由司法人员根据市场中间价格予以认定，实际无法操作，只能是交由专业机构估价，之后由司法人员根据估价意见，结合其他证据作出认定。鉴此，本解释第四条对《98 年解释》的有关规定作了较大幅度的修改。该条第一款第一项首先规定了被盗财物数额认定的一般方法，明确：对于被盗财物有有效价格证明的，根据有效价格证明认定；无有效价格证明或者根据价格证明认定盗窃数额明显不合理的，应当按照有关规定委托估价机构估价。其后，第二至五项对盗窃外币、电力、燃气、自来水，盗接他人通信线路、复制他人电信码号使用或者出售的，规定了专门的数额认定方法。

需要说明的是，《98年解释》曾规定，销赃数额高于按解释计算的盗窃数额的，盗窃数额按销赃数额计算。本解释没有沿用这一规定。主要考虑：销赃数额高于实际盗窃数额的，被害人所遭受的损害并没有增加，以销赃数额作为盗窃数额，进而决定对行为人的定罪量刑，有失妥当。

2. 关于盗窃有价支付凭证、有价证券、有价票证（以下简称有价票证）的数额认定

本解释第五条设两项分别对盗窃不记名、不挂失有价票证和盗窃记名有价票证的数额认定作出了规定，需要说明的是：

（1）对于盗窃不记名、不挂失的有价票证的，《98年解释》规定按票面数额和案发时应得的孳息、奖金或者奖品等可得收益一并计算盗窃数额。征求意见中，有部门提出该规定与其他财产犯罪、职务犯罪的数额认定方法不一致，应改为"盗窃时"。我们经研究，采纳了这一意见。

（2）《98年解释》规定："记名的有价支付凭证、有价证券、有价票证，如果票面价值已定并能即时兑现的，如活期存折、已到期的定期存折和已填上金额的支票，以及不需证明手续即可提取货物的提货单等，按票面数额和案发时应得的利息或者可提货物的价值计算。如果票面价值未定，但已经兑现的，按实际兑现的财物价值计算；尚未兑现的，可作为定罪量刑的情节。""不能即时兑现的记名有价支付凭证、有价证券、有价票证或者能即时兑现的有价支付凭证、有价证券、有价票证已被销毁、丢弃，而失主可以通过挂失、补领、补办手续等方式避免实际损失的，票面数额不作为定罪量刑的标准，但可作为定罪量刑的情节。"经研究认为，这一规定过于繁琐；有的还存在不尽合理之处，如对于即时兑现的有价票证，若行为人并未将其销毁、丢失，则即使未实际兑现，根据上述规定，也要以票面数额确定盗窃数额。鉴此，本解释第五条第二项对上述规定作了修改，明确盗窃记名有价票证的，无论能否即时兑现，一律按行为人实际兑现的数额或者给失主造成的实际损失认定盗窃数额。

3. 关于盗窃文物的数额认定

本解释第九条借鉴《98年解释》的有关规定，明确并完善了盗窃文物行为的定罪量刑标准。需说明以下两点：

（1）鉴于当前文物市场活跃、文物价值不断提升的实际，为加大对文物的保护力度，本解释第九条第一款提高了盗窃国有馆藏文物的定罪处罚标准，规定盗窃国有馆藏一般文物的，就应认定为盗窃财物"数额较大"，盗窃国有馆藏三级文物、二级以上文物的，应认定为"数额巨大""数额特别巨大"。盗窃国有非馆藏文物的，也可按此标准定罪处刑。

（2）《98年解释》第九条第二款规定："一案中盗窃三级以上不同等级文物的，按照所盗文物中高级别文物的量刑幅度处罚"。有意见提出，这一规定

不够清晰，如盗窃一般文物3件的，能否折算为1件三级文物？经研究认为，这应当是可以的，故本解释第九条第二款对有关表述作了完善，明确“盗窃多件不同等级国有馆藏文物的，三件同级文物可以视为一件高一级文物”。

4. 关于盗窃发票的定罪量刑标准

《98年解释》第十一条对盗窃增值税专用发票或者可以用于骗取出口退税、抵扣税款的其他发票的行为，明确了定罪量刑标准。本解释起草过程中，经向国家有关部门了解，当前，税务系统正在推行“金税”工程。所谓“金税”工程，即对增值税专用发票和其他具有出口退税、抵扣税款功能发票的使用，除要求纸质发票外，还需与税务系统内部核发的电子发票配合使用，两者相一致，发票的功能才能实现。目前，“金税”工程已覆盖增值税专用发票及公路、内河运输发票等多票种，对于已推行“金税”工程的票种，单纯盗窃纸质发票的行为已无实际意义。鉴此，本解释未再对盗窃增值税专用发票和其他具有出口退税、抵扣税款功能发票的定罪量刑标准作出专门规定。实践中遇有相关案件，如确有社会危害性，需予定罪处罚的，可参考《98年解释》第十一条的规定。

(四) 关于“其他严重情节”“其他特别严重情节”的认定

本解释第六条规定，盗窃公私财物，具有“组织、控制未成年人盗窃”“自然灾害、事故灾害、社会安全事件等突发事件期间，在事件发生地盗窃”等第二条第三至八项规定情形之一，或者属于“入户盗窃”“携带凶器盗窃”，数额达到本解释第一条规定的“数额巨大”“数额特别巨大”百分之五十的，可以分别认定为《刑法》第二百六十四条规定的“其他严重情节”“其他特别严重情节”。关于本条，实践中需注意的是：

1. 关于提档量刑的数额标准

本解释第六条将《98年解释》规定的提档处罚的前提由“盗窃数额达到‘数额较大’‘数额巨大’的起点”修改为“数额达到本解释第1条规定的‘数额巨大’‘数额特别巨大’的百分之五十”，这主要是考虑：盗窃罪属于财产犯罪，盗窃数额是反映、决定此类犯罪社会危害程度的基本因素，规定盗窃数额达到较大、巨大的起点标准，具有特定情形，即可提档处罚，过于严厉，与罪刑相适应原则不尽一致。

2. 关于加重情节的设定

《98年解释》曾规定，对于“犯罪集团的首要分子或者共同犯罪中情节严重的主犯”“盗窃金融机构的”“流窜作案危害严重的”“累犯”，应当提档量刑。本解释未再继续沿用，主要考虑：其一，1997年《刑法》已删除了主犯从重处罚的规定，再保留对首要分子、主犯可加重法定刑的规定，没有法律依据。其二，盗窃金融机构的社会危害性不一定重于其他盗窃犯罪。其三，随着经济社会发展，人口流动频繁，实践中多数盗窃犯罪由外地人员实施，再保留

"流窜作案"的规定，将导致不少案件都要提档量刑，不符合罪责刑相适应原则。其四，根据《刑法》规定，累犯只能从重处罚，将累犯规定为加重法定刑的一种情形，缺乏依据。

本解释制定过程中，有意见提出，"多次盗窃""扒窃"亦应规定为提档处罚的情形。我们经研究认为，与"入户盗窃""携带凶器盗窃"相比，"多次盗窃""扒窃"对公民人身的现实危险性相对要低一些，根据罪责刑相适应原则，应当有所区别，故未采纳该意见。

（五）盗窃情节轻微可不起诉或者免除处罚的认定

盗窃犯罪案件数量庞大，情形复杂，为贯彻体现宽严相济刑事政策，本解释第七条规定，"盗窃公私财物数额较大，行为人认罪、悔罪，退赃、退赔，且具有下列情形之一，情节轻微的，可以不起诉或者免予刑事处罚；必要时，由有关部门予以行政处罚：（一）具有法定从宽处罚情节的；（二）没有参与分赃或者获赃较少且不是主犯的；（三）被害人谅解的；（四）其他轻微情节、危害不大的。"

既具有本解释第七条规定的情形，又同时具有本解释第二条规定的情形的，还能否适用第七条的规定不起诉或者免予刑事处罚？对此，本解释未作明确规定。这主要是考虑司法实践情况复杂。一般来说，如行为人具有本解释第二条规定的8种情形之一，由于其盗窃情节相对严重，即使同时符合本解释第七条的规定，也不宜不起诉或者免予刑事处罚。但特殊情况下，如被告人盗窃残疾舅舅的少量财物，被害人表示谅解，并要求司法机关不追诉，或者未成年人盗窃少量救灾物资的，则也可以适用本解释第七条的规定，作特殊处理。

（六）关于盗窃未遂的处理

本解释第十二条第一款吸收《98年解释》第一条第二项的规定，明确"盗窃未遂，具有下列情形之一的，应当依法追究刑事责任：（一）以数额巨大的财物为盗窃目标的；（二）以珍贵文物为盗窃目标的；（三）具有其他情节严重的情形。"关于盗窃未遂，目前在理论上和实践中对一些问题还存在不同认识，需要进一步研究。

1. 是否对所有盗窃未遂均应追究刑事责任？

起草过程中，曾有意见提出，根据刑法规定，对于盗窃未遂的，依法都应追究刑事责任，只是可以从轻、减轻处罚，仅规定对3种情形的盗窃未遂应当追究刑事责任没有法律依据。经研究认为，本解释第十二条第一款的规定并无不妥：如行为人仅以数额较大的财物为盗窃目标，最终未能得逞，通常可以认为其行为属于《刑法》第十三条后半段规定的"情节显著轻微危害不大"，依法不应作为犯罪处理，可由有关部门给予行政处罚，一律追究刑事责任不符合宽严相济刑事政策；如综合全案，认为情节严重的，例如，盗窃数额已接近数额巨大，且行为人在两年前又曾因盗窃受过行政处罚的，完全可以根据本解释

第十二条第一款第三项的规定追究刑事责任。

2. 盗窃罪是行为犯还是结果犯?

在《刑法修正案（八）》将“入户盗窃”“携带凶器盗窃”“扒窃”增加规定为盗窃罪的入罪条件之后，有观点认为，盗窃罪的形态已由结果犯转化为行为犯，换言之，对多次盗窃、入户盗窃、携带凶器盗窃、扒窃，只要行为已实施完毕，不论是否实际窃得财物、造成被害人财产损失，均应以盗窃罪既遂论处。这一认识值得商榷：

(1) 关于犯罪既遂的认定标准，理论上、实践中一般采用的是“犯罪构成要件齐备说”。而判断某一要素是否为某种犯罪的构成要件、判断行为人的行为是否已具备了某种犯罪的全部构成要件，不能仅以《刑法》分则的条文规定为依据，还应综合考虑该种犯罪的性质以及社会公众的一般认识。以故意杀人罪为例，若仅从《刑法》第二百三十二条规定看，“故意杀人的，处……”，似乎该罪是行为犯，只要着手实施杀人行为，不论是否致人死亡，都已构成故意杀人既遂。然而，理论上、实践中没有争议地认为，故意杀人罪是结果犯；致人死亡的结果是该罪的不成文构成要件要素；只有造成致人死亡结果的，才能认定故意杀人既遂。又如抢劫罪，若仅从《刑法》第二百六十三条规定看，似乎该罪也是行为犯，只要以暴力、胁迫或者其他方法抢劫的，不论有无造成他人人身伤害、财产损失的后果，都已构成抢劫既遂，但《关于审理抢劫、抢夺刑事案件适用法律若干问题的意见》明确指出：“既未劫取财物，又未造成他人人身伤害后果的，属抢劫未遂。”类似地，对盗窃罪的构成要件要素，也不能仅从修正后《刑法》第二百六十四条的规定作出分析。盗窃罪系财产犯罪，根据传统认识、社会一般观念，应当将造成他人财产损失补充解释为该罪的构成要件要素；对实施盗窃行为但没有实际造成他人财产损失的，不应认定为盗窃既遂，只能认定为盗窃未遂。否则，难以为社会公众所理解、认同，也难以体现、贯彻罪责刑相适应的刑法基本原则。

(2) 1997年修订《刑法》时，实际已对盗窃罪入罪条件有过修改，即将多次盗窃补充规定为该罪的入罪条件之一。但《刑法》作出上述修改后，理论上、实践中并未因此认为盗窃罪的性质已发生变化：对于多次盗窃但未实际造成他人财产损失的，也应认定盗窃既遂，而是仍然认为，盗窃罪属于结果犯；只有实际造成被害人财产损失的才能认定盗窃既遂。《刑法修正案（八）》进一步将“入户盗窃”“携带凶器盗窃”“扒窃”增加规定为盗窃罪的入罪条件之后，也应坚持同样立场，即对多次盗窃、入户盗窃、携带凶器盗窃或者扒窃，未使被害人失去对财物的控制的，应当认定为盗窃未遂。

3. 对多次盗窃、入户盗窃、携带凶器盗窃或者扒窃未遂的，应否一律追究刑事责任？本解释起草过程中，有观点提出，对上述四类特殊盗窃行为的未遂，应当一律追究刑事责任。我们经研究认为，此意见过于绝对，不符合刑法的相关规定，也不符合宽严相济刑事政策。对多次盗窃、入户盗窃、携带凶器盗窃或者扒窃未遂，仍应依据本解释第十二条第一款的规定，决定应否追究刑事责任；重点是要适用好本解释第十二条第一款第三项的规定。如行为人深夜通过翻窗、撬锁方式潜入他人住所盗窃的，即便未窃取到财物，也可认定其属于本解释第十二条第一款第三项规定的“具有其他严重情节的情形”，以盗窃未遂追究其刑事责任。反之，如确因饥饿等原因，扒窃少量财物，结果又未遂的，不追究刑事责任，由公安机关予以行政处罚，则更符合宽严相济刑事政策。

4. 如何确定盗窃未遂的基准刑？对以数额巨大的财物为目标的盗窃未遂，是应以行为人意图盗窃的目标财物的价值作为确定其基准刑的依据，还是一律以数额较大作为确定基准刑的依据？经研究认为，应当根据目标财物价值作为确定基准刑的依据，在此基础上，依照刑法总则有关犯罪未遂的处罚规定，从轻或者减轻处罚。否则，势必存在不当的双重从宽问题。

（七）关于对单位组织、指使盗窃的处理

《刑法》分则只在部分犯罪中规定单位可成为犯罪主体，从实践看，有些犯罪，如盗窃罪等，尽管《刑法》分则没有规定单位犯罪主体，但实际上有些是由单位组织、指使实施的。以往很长一段时间，对此类案件能否直接以相关罪名追究单位直接责任人员个人的刑事责任，存在很大争议。一种观点认为，上述行为实质是单位犯罪，而刑法分则并未明确单位可成为此类犯罪的主体，如追究单位中直接责任人员个人的刑事责任，有违罪刑法定原则。另一种观点则认为，上述案件中有关直接责任人员的行为已符合相关犯罪的构成要件，追究其刑事责任于法有据；由于刑法分则未将单位规定为犯罪主体，依法不能追究单位的刑事责任，但追究直接责任人员个人的责任并不违反罪刑法定原则。

从近期制定的司法解释看，越来越多地采纳了后一种意见。如 2011 年“两高”发布的《关于办理危害计算机信息系统安全刑事案件应用法律若干问题的解释》第八条规定：“以单位名义或者单位形式实施危害计算机信息系统安全犯罪，达到本解释规定的定罪量刑标准的，应当依照刑法第二百八十五条、第二百八十六条的规定追究直接负责的主管人员和其他直接责任人员的刑事责任。”2012 年“两高”发布的《关于办理妨害国（边）境管理刑事案件应用法律若干问题的解释》第七条也作了类似规定。本解释第十三条沿袭了这一立场，规定“单位组织、指使盗窃，符合刑法第二百六十四条及本解释有关规定的，以盗窃罪追究组织者、指使者、直接实施者的刑事责任。”

需要说明的是，2014 年 4 月 24 日第十二届全国人大常委会第八次会议通过的《关于〈中华人民共和国刑法〉第三十条的解释》已就单位实施刑法分则未规定单位主体的各类犯罪的责任追究问题作出一体解释，规定：“公司、企业、事业单位、机关、团体等单位实施刑法规定的危害社会的行为，刑法分则

和其他法律未规定追究单位的刑事责任的，对组织、策划、实施该危害社会行为的人依法追究刑事责任。”本解释第十三条规定与立法解释精神完全一致。

实践中需注意：尽管根据本解释，可追究组织者、指使者、直接实施者的刑事责任，但还应注意区分不同情况，贯彻体现宽严相济刑事政策。应重点打击组织者、指使者、积极主动的实施者。对囿于情势被迫、被动参与的，一般不宜追究刑事责任；有多人参与组织、策划、实施，而行为人所处地位、所起作用又有明显差异的，则应依法区分主、从犯。

三、其他问题

关于本解释的制定和适用，还有以下两个问题需作进一步说明，实践中应正确把握。

（一）关于盗窃情节显著轻微危害不大的处理

本解释起草过程中，有意见提出，根据《刑法》规定，应当在本解释中明确，“多次盗窃”“入户盗窃”“携带凶器盗窃”“扒窃”的，无论被盗财物数额多少、情节如何，应当一律追究刑事责任。经研究，没有采纳这一意见。对多次盗窃、入户盗窃、携带凶器盗窃、扒窃，如综合全案情节，认为情节显著轻微、危害不大的，仍应按照《刑法》第十三条后半段的规定，依法不认为是犯罪。主要考虑：其一，实践中，有的盗窃个案，如确因饥饿难忍扒窃他人几十元钱，或者乘邻居外出入户盗窃一壶菜油等，可以依照《刑法》第十三条后半段的规定不认定为犯罪，必要时交公安机关予以行政处罚，既于法有据，也能使相关案件处理取得更好的社会效果。其二，如认为对入户盗窃、扒窃等不问数额或者情节，一律需予入罪，势必会导致因盗窃被定罪判刑的人数激增，公检法机关、刑罚执行机关乃至整个社会能否承受，是必须严肃思考的现实问题。其三，从实践看，入户盗窃、扒窃是盗窃的两种主要行为方式，如对入户盗窃、扒窃一律入罪，则意味着对盗窃行为将基本无治安处罚的余地，这不符合宽严相济刑事政策精神，也不符合我国长期以来严格区分违法与犯罪的传统。其四，对情节显著轻微、危害不大的盗窃行为，特别是初犯、偶犯，一律入罪后，如判处短期自由刑，难免带来交叉感染，难以保障好的改造效果；即使只判处非监禁刑，诉讼效益、诉讼效果也难以体现和保障。

（二）关于盗窃虚拟财产的处理

本解释起草过程中，有意见提出，应当在本解释中明确，对盗窃游戏币等虚拟财产的，以盗窃罪定罪处罚。经研究认为，此意见不妥。对于盗窃虚拟财产的行为，如确需《刑法》规制，可以按照非法获取计算机信息系统数据等计算机犯罪定罪处罚，不应按盗窃罪处理。主要考虑：其一，虚拟财产与金钱财物等有形财产、电力燃气等无形财产存在明显差别，将其解释为盗窃罪的犯罪对象“公私财物”，超出了司法解释的权限。其二，虚拟财产的法律属性是计算机信息系统数据，对于非法获取计算机信息系统数据的行为当然可以适用非法获取计算机信息系统罪定罪量刑。其三，对盗窃虚拟财产的行为适用盗窃罪会带来一系列棘手问题，特别是盗窃数额的认定，目前缺乏能够被普遍接受的计算方式。而最高人民法院、最高人民检察院《关于办理危害计算机信息系统安全刑事案件应用法律若干问题的解释》对非法获取计算机信息系统数据罪明确了具体定罪量刑标准，适用该罪名可以罚当其罪，实现罪责刑相适应。其四，从境外刑事立法和司法来看，鲜有将盗窃虚拟财产的行为以盗窃罪论处。特别值得关注的是，我国台湾地区 1997 年修改“刑法”时，在第 323 条将电磁记录增设为动产的范围，对窃取电磁记录的行为适用盗窃罪，但是 2003 年修正时，将电磁记录又从动产的范围内删除，实际上否定了 1997 年的修正，对窃取电磁记录的行为规定适用专门的获取计算机信息系统数据等计算机犯罪来处理。其背后的理论和实践根基，概因将虚拟财产归入传统意义上的财物存在问题。

（撰稿人：胡云腾　周加海　周海洋）

【链　　接】

盗窃如何定罪有新解

——最高人民法院研究室负责人、最高人民检察院研究室相关负责人就盗窃刑事案件司法解释答记者问

最高人民法院、最高人民检察院 2013 年 4 月 2 日联合发布办理盗窃刑事案件司法解释（以下称本解释）。最高人民法院研究室主任胡云腾、最高人民检察院研究室副主任韩耀元回答了记者提问。

一、大幅提高“数额巨大”认定标准

问：本解释为何提高了盗窃罪定罪门槛？

答：与 1998 年出台的盗窃罪司法解释相比，本解释对盗窃财物“数额巨大”“数额特别巨大”标准作了较大幅度提高，第一条就规定盗窃公私财物价值一千元至三千元以上、三万元至十万元以上、三十万元至五十万元以上的，应当分别认定为《刑法》第二百六十四条规定的“数额较大”“数额巨大”“数额特别巨大”。

据有关部门统计，1997 年全国城镇居民人均可支配收入 5160 元，农村居

民人均纯收入 2090 元；2012 年全国城镇居民人均可支配收入 23903 元；农村居民人均纯收入 7724 元，分别增长 4.6 倍和 3.7 倍。盗窃犯罪是侵财性犯罪，其定罪量刑标准的设定应当适应经济社会发展状况。

其次，近年出台的审理诈骗刑事案件等有关财产犯罪的司法解释均对有关数额认定标准作了相应调整，因此，对盗窃罪数额标准的确定，应当与类似犯罪相协调。

二、严惩在医院盗窃“救命钱”并非“唯数额论”

问：对盗窃定罪，法官除了要考虑盗窃财物的数额，还需考虑哪些因素？

答：除了盗窃财物的数额外，盗窃犯罪行为人的人身危险性，盗窃情节、后果的严重性，同样也是影响社会危害性的因素。司法实践中对盗窃行为的定罪处罚，不能“唯数额论”，对于主观恶性大，情节、后果较严重的，定罪的数额标准可以降低，以贯彻罪责刑相适应原则。

基于此，本解释规定，具有“曾因盗窃受过刑事处罚”；“一年内曾因盗窃受过行政处罚”；“组织、控制未成年人盗窃”；“自然灾害、事故灾害、社会安全事件等突发事件期间，在事件发生地盗窃”；“盗窃残疾人、孤寡老人、丧失劳动能力人的财物”；“在医院盗窃病人或者其亲友财物”；“盗窃救灾、抢险、防汛、优抚、扶贫、移民、救济款物”；“因盗窃造成严重后果”等八种情形之一的，盗窃公私财物“数额较大”的标准可以按照本解释释第一条规定标准的百分之五十确定。

第一、二种情形是依法惩治具有盗窃习惯的人的规定。据“两高”调研，盗窃犯罪行为人除部分初犯、偶犯外，多数具有盗窃惯习，受到过刑事或者行政处罚，有针对性地惩治此类人员是打击和预防盗窃违法犯罪行为的必然要求。第三项至第八项是盗窃情节恶劣和后果严重的规定，从多角度评价了盗窃行为的社会危害性，充分体现了罪责刑相适应原则的要求。

特别是第六项“在医院盗窃病人或者其亲友财物”的规定，在医院盗窃“救命钱”，客观危害相对更大，行为人主观恶性也更为严重，应予依法严惩。

三、“扒窃”不再限于“贴身掏兜”

问：《刑法修正案（八）》将“扒窃”“入户盗窃”“携带凶器盗窃”“多次盗窃”规定为盗窃犯罪的定罪标准，本解释如何细化相应认定标准？

答：人们一般认为“扒窃”是“掏兜”，但本解释作出了扩大解释，规定在公共场所或者公共交通工具上盗窃他人随身携带的财物的，应当认定为“扒窃”，不要求必须盗窃贴身携带的财物才构成犯罪。

对于非法进入供他人家庭生活，与外界相对隔离的住所盗窃的，应当认定为“入户盗窃”。司法解释将“携带凶器盗窃”界定为“携带枪支、爆炸物、管制刀具等国家禁止个人携带的器械盗窃，或者为了实施违法犯罪携带其他足以危害他人人身安全的器械盗窃”。

对于“多次盗窃”，过去的司法解释将其明确为“一年内入户盗窃或者在公共场所扒窃三次以上”，本解释根据《刑法修正案（八）》的规定，结合司法实践情况，将其调整为“二年内盗窃三次以上”，加大了打击力度。

四、盗窃文物未遂也重罚

问：不法分子偷盗文物猖獗，本解释如何惩处此类犯罪？

答：本解释加大了对盗窃文物行为的打击力度，规定盗窃未遂，但是以数额巨大的财物、珍贵文物为盗窃目标或者具有其他情节严重的情形的，应当依法追究刑事责任。盗窃国有馆藏一般文物、三级文物、二级以上文物的，应当分别认定为《刑法》第二百六十四条规定的“数额较大”“数额巨大”“数额特别巨大”。盗窃民间收藏的文物的，根据被盗文物有效价格证明或委托估价机构估价认定盗窃数额。

最高人民法院　最高人民检察院
关于办理诈骗刑事案件具体应用法律若干问题的解释

法释〔2011〕7号

（2011年2月21日最高人民法院审判委员会第1512次会议、2010年11月24日最高人民检察院第十一届检察委员会第49次会议通过　2011年3月1日最高人民法院、最高人民检察院公告公布　自2011年4月8日起施行）

为依法惩治诈骗犯罪活动，保护公私财产所有权，根据刑法、刑事诉讼法有关规定，结合司法实践的需要，现就办理诈骗刑事案件具体应用法律的若干问题解释如下：

第一条　诈骗公私财物价值三千元至一万元以上、三万元至十万元以上、五十万元以上的，应当分别认定为刑法第二百六十六条规定的“数额较大”、“数额巨大”、“数额特别巨大”。

各省、自治区、直辖市高级人民法院、人民检察院可以结合本地区经济社会发展状况，在前款规定的数额幅度内，共同研究确定本地区执行的具体数额标准，报最高人民法院、最高人民检察院备案。

第二条　诈骗公私财物达到本解释第一条规定的数额标准，具有下列情形之一的，可以依照刑法第二百六十六条的规定酌情从严惩处：

（一）通过发送短信、拨打电话或者利用互联网、广播电视、报刊杂志等发布虚假信息，对不特定多数人实施诈骗的；

（二）诈骗救灾、抢险、防汛、优抚、扶贫、移民、救济、医疗款物的；

（三）以赈灾募捐名义实施诈骗的；

（四）诈骗残疾人、老年人或者丧失劳动能力人的财物的；

（五）造成被害人自杀、精神失常或者其他严重后果的。

诈骗数额接近本解释第一条规定的“数额巨大”、“数额特别巨大”的标准，并具有前款规定的情形之一或者属于诈骗集团首要分子的，应当分别认定为刑法第二百六十六条规定的“其他严重情节”、“其他特别严重情节”。

第三条　诈骗公私财物虽已达到本解释第一条规定的“数额较大”的标准，但具有下列情形之一，且行为人认罪、悔罪的，可以根据刑法第三十七条、刑事诉讼法第一百四十二条①的规定不起诉或者免予刑事处罚：

（一）具有法定从宽处罚情节的；

（二）一审宣判前全部退赃、退赔的；

（三）没有参与分赃或者获赃较少且不是主犯的；

（四）被害人谅解的；

（五）其他情节轻微、危害不大的。

第四条 诈骗近亲属的财物，近亲属谅解的，一般可不按犯罪处理。

诈骗近亲属的财物，确有追究刑事责任必要的，具体处理也应酌情从宽。

第五条 诈骗未遂，以数额巨大的财物为诈骗目标的，或者具有其他严重情节的，应当定罪处罚。

利用发送短信、拨打电话、互联网等电信技术手段对不特定多数人实施诈骗，诈骗数额难以查证，但具有下列情形之一的，应当认定为刑法第二百六十六条规定的“其他严重情节”，以诈骗罪（未遂）定罪处罚：

（一）发送诈骗信息五千条以上的；

（二）拨打诈骗电话五百人次以上的；

（三）诈骗手段恶劣、危害严重的。

实施前款规定行为，数量达到前款第（一）、（二）项规定标准十倍以上的，或者诈骗手段特别恶劣、危害特别严重的，应当认定为刑法第二百六十六条规定的“其他特别严重情节”，以诈骗罪（未遂）定罪处罚。

第六条 诈骗既有既遂，又有未遂，分别达到不同量刑幅度的，依照处罚较重的规定处罚；达到同一量刑幅度的，以诈骗罪既遂处罚。

第七条 明知他人实施诈骗犯罪，为其提供信用卡、手机卡、通讯工具、通讯传输通道、网络技术支持、费用结算等帮助的，以共同犯罪论处。

第八条 冒充国家机关工作人员进行诈骗，同时构成诈骗罪和招摇撞骗罪的，依照处罚较重的规定定罪处罚。

第九条 案发后查封、扣押、冻结在案的诈骗财物及其孳息，权属明确的，应当发还被害人；权属不明确的，可按被骗款物占查封、扣押、冻结在案的财物及其孳息总额的比例发还被害人，但已获退赔的应予扣除。

第十条 行为人已将诈骗财物用于清偿债务或者转让给他人，具有下列情形之一的，应当依法追缴：

（一）对方明知是诈骗财物而收取的；

（二）对方无偿取得诈骗财物的；

（三）对方以明显低于市场的价格取得诈骗财物的；

（四）对方取得诈骗财物系源于非法债务或者违法犯罪活动的。

---

① 现为《刑事诉讼法》（2018 年修正）第一百七十七条。

他人善意取得诈骗财物的，不予追缴。

第十一条 以前发布的司法解释与本解释不一致的，以本解释为准。

【解　　读】

解读《最高人民法院、最高人民检察院关于办理诈骗刑事案件具体应用法律若干问题的解释》

一、问题的提出

最高人民法院、最高人民检察院公布的《关于办理诈骗刑事案件具体应用法律若干问题的解释》（以下简称本解释），自2011年4月8日起施行。

1996年最高人民法院制定了《关于审理诈骗案件具体应用法律的若干问题的解释》（以下简称《96年解释》）。1997年《刑法》对诈骗类犯罪作出了重大修改，将合同诈骗从普通诈骗中分离出去，另立罪名，同时对8种金融诈骗罪设专节作出了集中规定。考虑到《96年解释》虽然出台在先，但基本上能够适应1997年《刑法》修订后打击诈骗犯罪的需要，此后最高人民法院未就诈骗罪制定新的司法解释，司法机关办理诈骗案件一直是参照适用《96年解释》。

十多年来，我国经济社会快速发展，刑事政策重大调整，诈骗犯罪案件的处理难以适应新的形势要求。

最高人民法院、最高人民检察院于2008年启动了该司法解释起草工作。2010年我们在研究各地指导性文件及北京市高级人民法院司法解释建议稿的基础上，结合调研掌握的情况，起草出了解释初稿，并在法院、检察院系统广泛征求意见后，形成了征求意见稿。其后，就修改后的征求意见稿再次征求了相关单位和部门的意见，并根据反馈情况修改出送审稿。2010年11月24日最高人民检察院第十一届检察委员会第49次会议、2011年2月21日最高人民法院审判委员会第1512次会议通过了本解释。

二、理解

起草本解释之初，我们曾将合同诈骗罪、金融诈骗犯罪亦纳入本解释范围，在征求意见和研究过程中，一些部门提出了不同意见。我们经研究认为，将合同诈骗罪和金融诈骗犯罪纳入本解释的时机尚不成熟，故本解释仅针对《刑法》第二百六十六条规定的诈骗罪作出规定。

（一）重新界定了诈骗罪定罪量刑的数额标准

根据经济社会发展的实际和现阶段诈骗犯罪的发案形势，本解释第一条对《96年解释》规定的诈骗罪定罪量刑数额标准作出了必要调整。一是将最低入罪门槛由原来的2000元提高为3000元。尽管从理论上讲，诈骗罪定罪量刑的数额标准应当随着经济社会的发展作相应提高，但当前诈骗犯罪依然多发，人民群众反映强烈，故综合各方意见，对诈骗罪的最低入罪标准仅进行了微幅调整。二是拉大了诈骗罪数额较大、数额巨大的起点幅度范围，规定诈骗3000元至1万元以上的为数额较大，诈骗3万元至10万元以上的为数额巨大，并授权各地结合本地区经济社会发展状况，具体确定本地区执行的数额标准。三是将诈骗数额特别巨大的认定标准调整为50万元。对数额特别巨大的认定标准沿用了《96年解释》，对此未规定授权幅度的解释方法，以保障严重诈骗犯罪的量刑均衡，同时与信用卡诈骗罪等诈骗类犯罪数额特别巨大的认定标准之间保持必要的协调。

（二）明确了可予从严惩处的诈骗犯罪的具体情形

本解释第二条根据当前诈骗犯罪的发案特点，从作案手段、骗取财物性质、行骗时机、行骗对象、危害后果等方面规定了可以酌情从严惩处的诈骗犯罪情形，并明确了诈骗情节严重、情节特别严重的认定标准。

该条第一款规定，诈骗公私财物达到本解释第一条规定的数额标准，具有下列情形之一的，可以酌情从严惩处：(1) 通过发送短信、拨打电话或者利用互联网、广播电视、报刊杂志等发布虚假信息，对不特定多数人实施诈骗的。这是针对此类新型诈骗犯罪活动比较猖獗的实际，体现严惩精神。(2) 诈骗救灾、抢险、防汛、优抚、扶贫、移民、救济、医疗款物的。该项规定吸收了《96年解释》第一条第三款第 (4) 项规定的内容，同时参照《刑法》第三百八十四条第二款关于挪用特定款物的规定，增加了诈骗扶贫、移民款物的情形。(3) 以赈灾募捐名义实施诈骗的。在突发灾害事故期间，以赈灾募捐为名实施诈骗，反映出行为人更深的主观恶性，对赈灾救济、恢复重建工作的正常开展也有很大影响，故有必要从严惩处。(4) 诈骗残疾人、老年人或者丧失劳动能力人的财物的。(5) 造成被害人自杀、精神失常或者其他严重后果的。

第二款规定，诈骗数额接近数额巨大、数额特别巨大，并具有上述从严惩处情形，或者属于诈骗犯罪集团首要分子的，应当分别认定为诈骗情节严重、情节特别严重，在上一个法定刑幅度内量刑。这主要是吸收了《96年解释》第一条第三款的有关规定，同时根据近年来诈骗犯罪特点和审判实践经验后进行的修改和完善。《96年解释》第一条第三款规定的在上一个法定刑幅度内量刑的以下情节，本条未再规定：(1)“共同诈骗犯罪中情节严重的主犯”。这主要是考虑到：根据1997年《刑法》的规定，对于主犯，如果是组织、领导犯罪集团的首要分子，应当按照集团所犯的全部罪行处罚；对于其他主犯，应当按照其所参与的或者组织、指挥的全部犯罪处罚。主犯甚至已不是一个从重处罚情节，再将以上情形规定为在上一个法定刑幅度内量刑的情节，缺乏依据。(2)“惯犯或者流窜作案危害严重的。”这主要是考虑到：《刑法》已取消了诈骗惯犯的规定，流窜作案的含义较为模糊，不易把握，而且随着改革开放的深入，人员流动日益频繁，异地作案相当普遍，再将流窜作案规定为在上一个法定刑幅度内量刑的情节，会使不少案件都符合这一条件。(3)“挥霍诈骗的财物，致使诈骗财物无法返还的”和“使用诈骗的财物进行违法犯罪活动的”。这主要是考虑到：征求意见中，不少地方反映，挥霍诈骗财物是诈骗犯罪的常态，将其规定为在上一个法定刑幅度内量刑的情节过于严厉，将使用诈骗的财物进行违法犯罪活动规定为在上一个法定刑幅度内量刑的情节，会混淆一罪和数罪的区分，且可能出现重复评价、双重从重问题。(4)“曾因诈骗受过刑事处罚的。”这主要是考虑到：按照《刑法》的规定，对于累犯也只能从重处罚，将“曾因诈骗受过刑事处罚的”规定为在上一个法定刑幅度内量刑的情节，缺乏法律依据。

另外，吸收有关方面的意见，借鉴最高人民法院《关于审理抢夺刑事案件具体应用法律若干问题的解释》（以下简称《抢夺解释》）第四条的规定，以诈骗数额接近数额巨大、数额特别巨大的标准（实践中一般掌握为达到80%）作为在上一个法定刑幅度内量刑的前提条件。

（三）明确了可予从宽处罚的诈骗犯罪的具体情形

本解释第三条、第四条结合近年来审判实践经验，借鉴最高人民法院《关于审理盗窃案件具体应用法律若干问题的解释》（以下简称《盗窃解释》）、《抢夺解释》的有关规定，从“宽”的一面体现和贯彻了宽严相济刑事政策。

本解释第三条规定：诈骗公私财物虽已达到本解释第一条规定的数额较大的标准，但具有下列情形之一，且行为人认罪、悔罪的，可以不起诉或者免予刑事处罚：(1) 具有法定从宽处罚情节的。如不满18周岁的人作案的，行为人犯罪后有自首、立功表现的，在共同犯罪中属于从犯、胁从犯的。(2) 一审宣判前全部退赃、退赔的。原解释稿未对退赃、退赔的时间作出限制。征求意见过程中，有地方提出如对退赃、退赔时间不作出限定，势必会出现一审已判刑，二审期间被告人退赃、退赔还要改判免刑的问题，从而影响判决的严肃性和稳定性。我们经研究认为，本条所针对的是达到数额较大的诈骗犯罪，被告人一般均有退赃条件或退赔能力，将其退赃、退赔的时间限定在一审判决前，可以更好地维护被害人的权益，也有利于维护裁判的稳定性，故采纳了这一意见。(3) 没有参与分赃或者获赃较少且不是主犯的。这是从行为人在共同犯罪中所处地位、所起作用角度作出的规定。(4) 被害人谅解的。将被害人谅解规定为从宽处罚情节，有利于化解社会矛盾，促进社会和谐。(5) 其他情节轻微、危害不大的。对此应注意三点：其一，本条的适用以行为人犯罪后有认罪、悔罪表现为前提。否则，即使行为人具有法定从宽处罚情节等情形，亦不能适用本条。其二，在诈骗数额方面，根据本条规定，“已达到本解释第 1 条规定的‘数额较大’的标准的”，即已达到数额较大、未达到数额巨大的，均可适用本条，而不必限定在刚刚达到或略微超过数额较大标准的范围，这主要是为了最大限度体现宽严相济刑事政策。其三，符合本条规定情形的，宜由检察机关在审查起诉阶段依法作出不起诉决定，以保障案件得到及时处理，节约司法资源，促进社会矛盾的尽早化解。

本解释第四条明确了诈骗近亲属案件的从宽处理原则，规定：诈骗近亲属的财物，近亲属谅解的，一般可不按犯罪处理。诈骗近亲属的财物，确有追究刑事责任必要的，也应与其他诈骗犯罪有所区别。这一规定主要是考虑诈骗近亲属财物的案件在社会危害性方面与诈骗其他单位或者个人财物的案件有所不同，对这类案件处理体现区别对待政策，既符合量刑的一般原则，也有利于维护家庭和社会关系的稳定。

(四) 明确了电信诈骗的定罪量刑标准

电信诈骗作为一种新型诈骗方法，通常以集团化、专业化方式作案，查处难、取证难，其运作模式主要是：诈骗集团的首要分子在幕后组织操纵整个犯罪实施，雇用人员为诈骗窝点搭设网络平台，提供服务器及改号服务；雇用人员负责发送诈骗信息，拨打诈骗电话并接听回拨电话；雇用人员赴各城市转款、提现，将赃款转至多个不同账户，最后通过地下钱庄转移。诈骗信息、诈骗电话的内容主要涉及中奖、购车退税、电话欠费、信用卡消费、灾区募捐、网络购物、股票走势预测、彩票中奖、冒充熟人、绑架勒索等等。电信诈骗利用电信、网络技术等高科技手段面向不特定多数人实施，犯罪分子往往利用改号技术冒用国家机关、公共服务机构的电话号码行骗，事先会精心设计骗局，行骗过程中根本不与被骗对象接触，一旦得手，便会在极短时间内迅速转移赃款，因此容易使被害人上当受骗，且案发后难以侦破，难以追回被骗款项。

为有效惩治和预防电信诈骗犯罪，本解释一方面将电信诈骗规定为可予酌情从严惩处的情节之一，另一方面针对电信诈骗查处难、取证难，诈骗数额往往难以查清的实际，在本解释第五条第二款专门明确，利用发送短信、拨打电话、互联网等电信技术手段对不特定多数人实施诈骗，诈骗数额难以查证，但发送诈骗信息 5000 条以上的，拨打诈骗电话 500 人次以上的，或者诈骗手段恶劣、危害严重的，应当认定为《刑法》第二百六十六条规定的“其他严重情节”，以诈骗罪（未遂）定罪处罚。同时，本解释第五条第三款进一步明确，实施前款规定行为，发送诈骗信息 5 万条以上的，拨打诈骗电话 5000 人次以上的，或者诈骗手段特别恶劣、危害特别严重的，应当认定为刑法第二百六十六条规定的“其他特别严重情节”，以诈骗罪（未遂）定罪处罚。作出上述规定，主要考虑：(1) 本条规定具有法律和法理依据。根据《刑法》的规定，结合相关刑法理论，尽管诈骗财物数额较大是诈骗罪的构成条件之一，但诈骗罪的成立并不以行为人实际骗取的财物达到数额较大标准为必要，其只是认定诈骗罪既遂的必要条件；实际骗取财物虽未达到数额较大，但如以数额巨大的财物为诈骗目标，或者具有其他严重情节的，完全可以也应当以诈骗罪（未遂）追究行为人的刑事责任。(2) 符合有效惩治和防范电信诈骗犯罪的实践需要。本条规定可按所发信息、所拨电话的数量、犯罪手段、危害等来认定和处罚电信诈骗犯罪，可以有效破解此类犯罪侦查取证中存在的实际困难，同时也可以有效震慑犯罪分子，充分发挥刑罚预防功能。(3) 相关标准的设置有相应的实证依据。据公安部门的同志介绍，从全国范围来看，群发 1 万条短信，平均实际诈骗得手的大概三四起。据此，将发送诈骗信息 5000 条以上的或者拨打诈骗电话 500 人次以上的规定为诈骗罪的“其他严重情节”，并依法认定未遂，是符合此类犯罪发案特点和规律的。

（五）明确了诈骗既有既遂又有未遂的处罚原则

本解释第六条参照“两高”《关于办理非法生产、销售烟草专卖品等刑事案件具体应用法律若干问题的解释》（以下简称《烟草解释》）第二条第二款关于生产、销售伪劣烟草专卖品，“销售金额和未销售货值金额分别达到不同的法定刑幅度或者均达到同一法定刑幅度的，在处罚较重的法定刑幅度内酌情从重处罚”的规定，明确“诈骗既有既遂，又有未遂，分别达到不同量刑幅度的，依照处罚较重的规定处罚；达到同一量刑幅度的，以诈骗罪既遂处罚”。

对本条规定所涉及的问题，在调研及征求意见过程中，存在较大分歧：第一种意见认为，对于诈骗既有既遂又有未遂的，应当全案以既遂认定，并根据既遂和未遂累计数额确定应适用的法定刑幅度，之后考虑部分未遂，酌情从轻处罚。第二种意见认为，应当根据既遂和未遂的累计数额确定应适用的法定幅度，之后根据既遂和未遂部分的轻重情况，依法从轻或者减轻处罚。第三种意见认为，应当根据既遂数额适用相应的法定刑幅度，并考虑未遂数额酌情从重处罚。

我们经研究认为，上述三种意见均有欠妥之处：其一，诈骗既遂与未遂在性质和社会危害程度上明显不同，不考虑二者差异，将既遂和未遂数额累计，并将累计数额一体认定为行为人的犯罪数额，有所不妥。在此点上，以上第一种、第二种意见存在类似缺陷。其二，若按第一种意见，还存在量刑失重问题。例如，诈骗既遂只有 5000 元，未遂 100 万元，若按第一种意见，即要认定行为的诈骗数额为 100.5 万元，且只能在十年以上量刑，无疑失之严苛，不符合罪责刑相适应原则。其三，若按第二种意见，还存在失之模糊、难以实际操作的问题。按第二种意见，对诈骗既遂又有未遂案件的处理，实际要比较既遂部分和未遂部分的轻重，但究竟如何比较，该意见未作交代；而且，因全案已认定既遂，如再按未遂犯处罚原则对行为人从轻或者减轻处罚，显然没有法律依据。其四，若按第三种意见，则会导致量刑失轻问题。例如，诈骗既遂

5000元，未遂100万元，按第三种意见，只能在3年以下量刑。而如果行为人只是诈骗未遂100万元，没有既遂数额，依法则要在10年以上量刑，之后从轻或者减轻处罚。考虑到《刑法修正案八》已明确不得跨档减刑，上述案件一般要在3至10年幅度内量刑，两相比较，显然有失均衡。

有鉴于此，经反复研究，最终决定作出本解释第六条的规定。对此类案件，首先要分别根据行为人的既遂数额和未遂数额判定其各自所对应的法定刑幅度，未遂部分还需同时考虑可以从轻或者减轻处罚；之后根据比较结果，如果既遂部分所对应的量刑幅度较重，或者既、未遂所对应的量刑幅度相同的，以既遂部分所对应的量刑幅度为基础酌情从重处罚；反之，如未遂部分对应的量刑幅度较重的，则以该量刑幅度为基础，酌情从重处罚。

（六）明确了诈骗共同犯罪的处理原则

实践中，有的掌握网络技术、设备、资源的团伙，为牟取非法利益，专门为电信诈骗犯罪分子搭建网络电话诈骗平台，提供改号、群呼群拨、网络电话落地对接及运行维护等技术服务，为诈骗分子行骗提供技术支持。还有地下钱庄打着资金管理服务的招牌，专门为诈骗窝点提供转移赃款、提取赃款服务，使得被害人被骗取的汇款在短时间内被分转到不同的账户，并在不同的地方迅速提取。这些行为是电信诈骗的重要一环，也是电信诈骗猖獗、难以有效查处的重要原因。为有效斩断电信诈骗犯罪的利益链条，本解释第七条专门规定，对明知他人实施诈骗犯罪，为其提供信用卡、手机卡、通讯工具、通讯传输通道、网络技术支持、费用结算等帮助的，以共同犯罪论处。

（七）明确了冒充国家机关工作人员进行诈骗的定罪处罚

本解释第八条规定了诈骗罪与招摇撞骗罪竞合的处理原则。实践中，有些犯罪人冒充国家机关工作人员进行诈骗，且诈骗财物的数额特别巨大，如仍按招摇撞骗罪定罪量刑（最高法定刑为十年有期徒刑），显然不符合罪责刑相适应的刑法基本原则。此种情形实质属于诈骗罪与招摇撞骗罪的竞合，故应依照处罚较重的规定定罪处罚。

（八）明确了案发后查封、扣押、冻结在案的诈骗财物及其孳息的处理原则

本解释第九条规定的是被骗财物及其孳息的发还问题。对于权属不明确的在案财物，根据《96年解释》第十条的规定："可按被骗款物占扣押、冻结在案的财物及其孳息总额的比例发还被害人。"调研过程中，有地方提出，实践中有些被害人在行为人的诈骗款物被查封、扣押、冻结前，已从行为人处追回了部分款物，此时如仍按上述原则发还被骗款物，将有损其他被害人的权益。经研究，本解释第九条采纳了上述意见，规定：案发后查封、扣押、冻结在案的诈骗财物及其孳息，权属明确的，应当发还被害人；权属不明确的，可按被骗款物占查封、扣押、冻结在案的财物及其孳息总额的比例发还被害人，但已

获退赔的应予扣除。

《96 年解释》第十条曾规定："如果能够确定扣押、冻结在案的财物及其孳息不属于已查明的被害人所有，但又无法发还未查明被害人的，应当依法上缴国库。"为最大限度保障被害人合法权益，同时考虑到实践中几乎所有的诈骗犯罪案件案发后查封、扣押、冻结在案的财物及其孳息均不足以退赔已查明的被害人，本解释没有再沿用《96 年解释》的上述规定。本解释施行后，对于查封、扣押、冻结在案的财物及其孳息，如不属于已查明的被害人所有，但又无法发还还未查明的被害人的，应当作为权属不明确的财物，按被骗款物占查封、扣押、冻结在案的财物及其孳息总额的比例发还已查明被害人，但已获退赔的应予扣除。

（九）明确了诈骗款物的依法追缴和善意取得问题

本解释第十条基本沿用了《96 年解释》第十一条的规定，但根据物权法的有关规定有所完善。该条规定：行为人已将诈骗财物用于清偿债务或者转让给他人，具有下列情形之一的，应当依法追缴：（1）对方明知是诈骗财物而收取的；（2）对方无偿取得诈骗财物的；（3）对方以明显低于市场的价格取得诈骗财物的；（4）对方取得诈骗财物系源于非法债务或者违法犯罪活动的。他人善意取得诈骗财物的，即不属于上述应当依法追缴的情形的，不予追缴。

三、适用

1. 关于各地执行的具体数额标准的确定。为适应我国各地经济社会发展不平衡的实际，本解释第一条第二款授权各省、自治区、直辖市高级人民法院、人民检察院可以结合本地区经济社会发展状况，在前款规定的幅度内，共同研究确定本地区执行的具体数额标准。各地在依据本款研究确定有关数额标准时应注意：（1）相关数额标准的确定，不仅要考虑本地的经济发展水平，同时也要考虑本地的社会治安形势，特别是诈骗罪的发案态势。（2）如本地不同地区之间、城乡之间经济社会发展水平差异较大的，可区分不同地区、城乡设定不同标准。（3）为了更好体现和贯彻宽严相济刑事政策和主客观相统一的定罪量刑原则，在确定相应标准时，可按照"数额加情节"的原则，设定不同标准。如根据本地情况，将一般诈骗犯罪的数额较大标准设定为 4000 元，但是，对同时具有本解释第二条规定的酌情从严惩处情形之一的，可将数额较大的标准确定为 3000 元。当然，如按照这样的原则确定相应的数额标准，在处理具有本解释第二条规定情形之一的诈骗案件时，就不能再按该条规定对行为人从严惩处，否则，势必存在双重评价的问题。

2. 本解释与《96 年解释》的关系问题。本解释第十一条规定，以前发布的司法解释与本解释不一致的，以本解释为准。对此，应当着重注意以下问题：（1）1997 年《刑法》通过后，本解释施行前实施的诈骗犯罪，应当适用本解释的有关规定。这是因为：其一，《刑法》对诈骗罪作出了重大修改，在此之后，按照最高人民法院1997年3月25日《关于认真学习宣传贯彻修订的〈中华人民共和国刑法〉的通知》，《96年解释》实质仅具有可参照执行的性质，本解释生效后，自然应当适用本解释。其二，由于近年来经济社会发展，本解释对诈骗罪定罪量刑标准的设定总体要高于《96年解释》，适用本解释对犯罪嫌疑人、被告人也有利，符合《刑法》第十二条的规定及最高人民法院、最高人民检察院《关于适用刑事司法解释时间效力问题的规定》的精神。(2) 1997年《刑法》施行前，合同诈骗并未单立罪名，而是诈骗罪的一种，因此《96年解释》为二者规定了同样的定罪量刑具体标准。本解释对诈骗罪定罪量刑标准作出新规定，而有关合同诈骗罪的定罪量刑标准尚无新的司法解释作出明确。考虑到诈骗罪与合同诈骗罪在性质、危害方面的类似性，对合同诈骗罪的定罪量刑如仍参照执行《96年解释》，势必会出现罪刑失衡问题。因此，本解释出台后，对合同诈骗罪，其定罪量刑标准应参照本解释的有关规定执行。

（撰稿文：胡云腾　周加海　刘　涛）

【链　　接】

电信诈骗“罪与罚”

——最高人民法院研究室主任胡云腾答记者问

一个手机短信可能骗走几十万元，一个假冒银行网站可能将储户的上百万元席卷而空。近年来，全国电信诈骗案件频繁发生，作案手法不断翻新，人民群众深恶痛绝。

最高人民法院、最高人民检察院2011年3月1日联合发布了《关于办理诈骗刑事案件具体应用法律若干问题的解释》（以下简称本解释），其中对电信诈骗的惩处专门进行了规定。最高人民法院研究室主任胡云腾就本解释中的电信诈骗定罪量刑问题回答了记者的提问。

一、电信诈骗集团化、专业化、侦破难

问：近年来，电信诈骗犯罪活动日趋猖獗，对人民群众的财产安全构成严重威胁。目前，电信诈骗犯罪有哪些特点？

答：电信诈骗作为一种新型诈骗方法，通常以集团化、专业化方式作案。从人民法院的审判实践来看，其运作模式主要是：诈骗集团的首要分子在幕后

组织操纵整个犯罪实施，雇用人员为诈骗窝点搭设网络平台，提供电信服务器及改号服务；雇用人员负责发送诈骗信息，拨打诈骗电话并接听回拨电话；雇用人员赴各城市转款、提现，将赃款转至多个不同账户，最后通过地下钱庄转移。

诈骗信息、诈骗电话的内容主要涉及彩票中奖、购车退税、电话欠费、信用卡消费、灾区募捐、网络购物、股票走势预测等等。电信诈骗利用电信、网络技术面向不特定多数人实施，犯罪分子往往利用改号技术冒用国家机关、公共服务机构的电话号码行骗，事先会精心设计骗局，行骗过程中根本不与被骗对象接触，一旦得手，便会在极短时间内迅速转移赃款，容易使被害人上当受骗，且案发后难以侦破，难以追回被骗款项。

二、电信诈骗数额难以查证也可追究刑责

问：电信诈骗犯罪涉及环节较多，侦破难度较大。抓获的犯罪分子有时只是实施了其中一个犯罪环节，诈骗的数额有时也很难认定。对此，人民法院将如何处理？

答：从公安机关近几年破获的多起境内外勾结的电信诈骗犯罪来看，其中的难点主要在于证据的认定方面，犯罪分子想尽办法钻法律的空子。因此在司法实践中严厉打击电信诈骗，就需要通过本解释及时解决电信诈骗定罪量刑中遇到的新问题。

为有效惩治和预防电信诈骗犯罪活动，本解释针对电信诈骗行为查处难、取证难，诈骗数额往往难以查清的实际，根据《刑法》总则有关犯罪未遂的规定，专门划定了“硬杠杠”，进行了明确、具体的规定：对电信诈骗数额难以查证，但发送诈骗信息5000条以上的，拨打诈骗电话500人次以上的，或者诈骗手段恶劣、危害严重的，即可以诈骗罪（未遂）追究刑事责任。

发送诈骗信息的条数及拨打诈骗电话的次数，通过技术侦查手段可以查证，而且5000条、500人次的数量规定，也符合打击此类犯罪活动的现实需要。

三、为电信诈骗提供“地下钱庄”服务的以共犯论处

问：实践中，电信诈骗会形成一个密切分工配合的“网络链条”，有的提供通讯工具，有的提供“地下钱庄”服务。对于这种协助，是否以诈骗共同犯罪处理？

答：电信诈骗犯罪中，有的掌握网络技术、设备、资源的团伙，为牟取非法利益，专门为电信诈骗犯罪分子搭建网络电话诈骗平台，提供改号、群呼群拨、网络电话落地对接及运行维护等技术服务，为诈骗分子行骗提供技术支持。还有“地下钱庄”打着资金管理服务的招牌，专门为诈骗犯罪分子提供转

移赃款、提取赃款服务，使得被害人被骗取的汇款在短时间内被分转到不同的账户，并在不同的地方迅速提取。

这些行为是电信诈骗犯罪活动的重要环节，是电信诈骗猖獗、难以及时查处的重要原因。为此，本解释专门规定："对明知他人实施诈骗犯罪，为其提供信用卡、手机卡、通讯工具、通讯传输通道、网络技术支持、费用结算等帮助的，以共同犯罪论处。"

这也提醒我们，首先电信业、银行业要加强监管，对于电信服务器的租用、银行转账的往来要加大监管力度。同时，公检法机关也要加强分工合作，加大案件侦办力度，注意证据的收集。

四、冒充国家工作人员诈骗按重罪处罚

问：一些不法分子常常冒充警察等国家机关工作人员进行电信诈骗。司法机关将如何处罚？

答：不法分子往往会冒充国家机关工作人员，以银行卡欠费、涉嫌洗黑钱或者账号被犯罪团伙利用为名，打电话或发短信诱骗、恐吓当事人将资金转移至所谓的"安全账户"，再通过网上银行将资金迅速转移，从而诈骗群众钱财。冒充国家工作人员的犯罪具有很强的欺骗性和社会危害性，严重损害了国家机关的公信力。因此，本解释规定，对冒充国家机关工作人员进行诈骗，同时构成诈骗罪和招摇撞骗罪的，依照处罚较重的规定定罪处罚。

五、电信诈骗可酌定从严惩处

问：本解释中规定了哪些可予从严惩处的诈骗犯罪的具体情形？是否包括电信诈骗？

答：本解释从作案手段、骗取财物性质、行骗时机、行骗对象、危害后果等方面规定了可以酌情从严惩处的诈骗犯罪情形：一是通过发送短信、拨打电话或者利用互联网、广播电视、报刊等发布虚假信息，对不特定多数人实施诈骗的；二是诈骗救灾、抢险、防汛、优抚、扶贫、移民、救济、医疗款物的；三是以赈灾募捐名义实施诈骗的；四是诈骗残疾人、老年人或者丧失劳动能力人的财物的；五是造成被害人自杀、精神失常或者其他严重后果的。

最高人民法院 最高人民检察院
关于办理抢夺刑事案件适用法律若干问题的解释

法释〔2013〕25号

（2013年9月30日最高人民法院审判委员会第1592次会议、2013年10月22日最高人民检察院第十二届检察委员会第12次会议通过 2013年11月11日最高人民法院、最高人民检察院公告公布 自2013年11月18日起施行）

为依法惩治抢夺犯罪，保护公私财产，根据《中华人民共和国刑法》的有关规定，现就办理此类刑事案件适用法律的若干问题解释如下：

第一条 抢夺公私财物价值一千元至三千元以上、三万元至八万元以上、二十万元至四十万元以上的，应当分别认定为刑法第二百六十七条规定的“数额较大”“数额巨大”“数额特别巨大”。

各省、自治区、直辖市高级人民法院、人民检察院可以根据本地区经济发展状况，并考虑社会治安状况，在前款规定的数额幅度内，确定本地区执行的具体数额标准，报最高人民法院、最高人民检察院批准。

第二条 抢夺公私财物，具有下列情形之一的，“数额较大”的标准按照前条规定标准的百分之五十确定：

（一）曾因抢劫、抢夺或者聚众哄抢受过刑事处罚的；

（二）一年内曾因抢夺或者哄抢受过行政处罚的；

（三）一年内抢夺三次以上的；

（四）驾驶机动车、非机动车抢夺的；

（五）组织、控制未成年人抢夺的；

（六）抢夺老年人、未成年人、孕妇、携带婴幼儿的人、残疾人、丧失劳动能力人的财物的；

（七）在医院抢夺病人或者其亲友财物的；

（八）抢夺救灾、抢险、防汛、优抚、扶贫、移民、救济款物的；

（九）自然灾害、事故灾害、社会安全事件等突发事件期间，在事件发生地抢夺的；

（十）导致他人轻伤或者精神失常等严重后果的。

第三条 抢夺公私财物，具有下列情形之一的，应当认定为刑法第二百六十七条规定的“其他严重情节”：

（一）导致他人重伤的；

（二）导致他人自杀的；

（三）具有本解释第二条第三项至第十项规定的情形之一，数额达到本解释第一条规定的“数额巨大”百分之五十的。

第四条 抢夺公私财物，具有下列情形之一的，应当认定为刑法第二百六十七条规定的“其他特别严重情节”：

（一）导致他人死亡的；

（二）具有本解释第二条第三项至第十项规定的情形之一，数额达到本解释第一条规定的“数额特别巨大”百分之五十的。

第五条 抢夺公私财物数额较大，但未造成他人轻伤以上伤害，行为人系初犯，认罪、悔罪，退赃、退赔，且具有下列情形之一的，可以认定为犯罪情节轻微，不起诉或者免予刑事处罚；必要时，由有关部门依法予以行政处罚：

（一）具有法定从宽处罚情节的；

（二）没有参与分赃或者获赃较少，且不是主犯的；

（三）被害人谅解的；

（四）其他情节轻微、危害不大的。

第六条 驾驶机动车、非机动车夺取他人财物，具有下列情形之一的，应当以抢劫罪定罪处罚：

（一）夺取他人财物时因被害人不放手而强行夺取的；

（二）驾驶车辆逼挤、撞击或者强行逼倒他人夺取财物的；

（三）明知会致人伤亡仍然强行夺取并放任造成财物持有人轻伤以上后果的。

第七条 本解释公布施行后，《最高人民法院关于审理抢夺刑事案件具体应用法律若干问题的解释》（法释〔2002〕18 号）同时废止；之前发布的司法解释和规范性文件与本解释不一致的，以本解释为准。

【解　读】

解读《最高人民法院、最高人民检察院关于办理抢夺刑事案件适用法律若干问题的解释》

一、问题的提出

《最高人民法院、最高人民检察院关于办理抢夺刑事案件适用法律若干问题的解释》（以下简称本解释）制定的背景主要有两个方面：一是打击抢夺犯罪的司法实际需要。抢夺犯罪是一种多发性侵财犯罪，社会危害大，一直属于司法机关严惩范围。2002 年 7 月颁布的《最高人民法院关于审理抢夺刑事案件具体应用法律若干问题的解释》（以下简称 2002 年《抢夺解释》）规定了抢夺罪定罪量刑数额标准，对于惩治此类犯罪发挥了重要作用。十多年来，随着经济社会发展，社会生活发生了重大变化，抢夺犯罪也出现了许多新的形式，司法机关办案中不断遇到新的法律适用问题，需要司法解释进一步明确以适应惩治抢夺犯罪的实际需要。二是与盗窃罪等侵财犯罪的定罪量刑标准保持协调。2002 年《抢夺解释》规定的抢夺罪“数额较大”“数额巨大”“数额特别巨大”的认定标准与 1998 年 3 月 10 日颁布的《最高人民法院关于审理盗窃案件具体应用法律若干问题的解释》（以下简称 1998 年《盗窃解释》）规定的盗窃罪数额标准一致，分别是 500 元至 2000 元以上、5000 元至 2 万元以上、3 万元至 10 万元以上。2013 年 4 月《最高人民法院、最高人民检察院关于办理盗窃刑事案件适用法律若干问题的解释》（以下简称 2013 年《盗窃解释》）调高了盗窃罪的数额认定标准，2013 年 4 月《最高人民法院、最高人民检察院关于办理敲诈勒索刑事案件适用法律若干问题的解释》（以下简称 2013 年《敲诈勒索解释》）调高了敲诈勒索罪的入罪标准。如不及时修改抢夺罪的数额认定标准，就会出现抢夺罪与盗窃罪等侵犯财产犯罪的定罪量刑标准失衡，有悖罪责刑相适应原则。因此，需要调整抢夺罪的定罪量刑标准，以保持抢夺罪与盗窃罪之间定罪量刑标准均衡。

二、理解与适用

（一）明确“数额较大”的认定标准

适当调整了抢夺罪定罪的数额起点一般标准。本解释第一条第一款规定，抢夺公私财物价值 1000 元至 3000 元以上应当认定为《刑法》第二百六十七条规定的“数额较大”，与 2002 年《抢夺解释》的规定相比，数额标准有所提高，即由原来规定的 500 元至 2000 元提高至 1000 元至 3000 元。主要考虑：一是侵财犯罪数额标准的设定，首先要考虑社会治安状况和人民群众的安全感，鉴于“两抢一盗”犯罪历来是《刑法》打击重点，对抢夺罪认定的数额起点标准不宜调得过高，只作微幅调整。二是与近期出台的有关侵财犯罪的司法解释相协调，如诈骗罪、盗窃罪、敲诈勒索罪解释均对数额认定标准有所提高。考虑到各地经济发展状况和社会治安状况有所不同，本解释第一条第二款规定，各省、自治区、直辖市高级法院、检察院可以根据本地区经济发展状况，并考虑社会治安状况，在前款规定的数额幅度内，确定本地区执行的具体数额标准，报最高人民法院、最高人民检察院批准。与 2002 年《抢夺解释》第六条的规定相比，将“备案”修改为“批准”，主要考虑，为维护国家法制统一，司法解释权应该由“两高”行使，不宜将犯罪数额的解释权再授权地方司法机关。在解释公布施行后，各省高级法院、检察院应根据本款规定，结合本地实际，共同研究确定本地区办理抢夺刑事案件的具体数额标准，报送“两高”批准执行。

增加规定了抢夺“数额较大”的特别认定标准。针对实践中一些情节恶劣，社会危害性大，需要从严惩处的抢夺行为，本解释第二条规定了特别入罪标准，即只要达到第一条规定的“数额较大”标准的百分之五十，又具有特定犯罪情形的，以抢夺罪追究刑事责任。第二条共列有十项情形：“（一）曾因抢劫、抢夺或者聚众哄抢受过刑事处罚的；（二）一年内曾因抢夺或者哄抢受过行政处罚的；（三）一年内抢夺三次以上的；（四）驾驶机动车、非机动车抢夺的；（五）组织、控制未成年人抢夺的；（六）抢夺老年人、未成年人、孕妇、携带婴幼儿的人、残疾人、丧失劳动能力人的财物的；（七）在医院抢夺病人或者其亲友财物的；（八）抢夺救灾、抢险、防汛、优抚、扶贫、移民、救济款物的；（九）自然灾害、事故灾害、社会安全事件等突发事件期间，在事件发生地抢夺的；（十）导致他人轻伤或者精神失常等严重后果的。”

第一项、第二项规定了抢夺数额较小但有犯罪前科或受过行政处罚的入罪情形。对于因为抢夺受过处罚再实施抢夺的，行为人屡教不改，主观恶性深，具有较大的人身危险性，对此类行为应当从严惩处。考虑到抢劫、哄抢与抢夺在行为方式上具有相似性，且行为人极易实施抢夺相似行为，本解释第二条第一项、第二项将实施抢劫、哄抢被处罚后又实施抢夺的也作为从严惩处的情形。第三项从抢夺的次数方面对需要严惩的抢夺行为予以规定，一年内抢夺三次以上，较通常情形下的抢夺行为社会危害性更大，需要从严惩处。需要说明的是，此项规定的“抢夺”，是指没有受到刑事处罚或者行政处罚的抢夺行为，如果一年内曾因抢夺受过刑事处罚或者行政处罚后再实施抢夺的，应该适用本条第一项、第二项的规定认定。第四项针对实践中驾驶机动车、非机动车抢夺的，由于抢夺行为对被害人造成潜在的人身威胁较大，采取此类特定抢夺方式抢夺的应该从严惩处。2005 年 6 月《最高人民法院关于审理抢劫、抢夺刑事案件适用法律若干问题的意见》（以下简称 2005 年《抢劫、抢夺意见》）第十一条规定驾驶车辆抢夺的应从重处罚，本项对该规定再次予以明确。第五项主要针对组织、控制未成年人抢夺案件社会危害性更为严重的实际情况作出规定。第六项主要从抢夺对象方面，加大对弱势群体人身、财产的保护角度作出规定，考虑到实践中的情况，将“携带婴幼儿的人”纳入特殊人群保护范围。第七项针对在医院抢夺就医人员的“救命钱”，行为人主观恶性相对更大，客观危害也更为严重的情况作出规定。适用该项规定应注意同时符合两个条件：一是地点条件，即只能是在医院这一特定场所内；二是受害对象只能是病人及其亲友。第八项考虑到抢夺救灾、抢险等属于特殊用途的救济款物，不仅是财产上的损失，还可能造成其他严重危害后果，此种情形需要从严打击。第九项主要考虑在突发事件发生地实施抢夺犯罪，造成危害后果更为严重，明确在“突发事件期间”和“事件发生地”抢夺的应该从严惩处。认定这种情况，也要注意应同时具备两个条件：一是时间条件，即在“突发事件期间”；二是地点条件，即“事件发生地”。实践中，对于在突发事件期间抢夺但并非在突发事件发生地实施抢夺行为的，不属于第九项规定的情形。第十项明确了抢夺造成的其他严重后果应该从严处罚，导致他人轻伤或者精神失常，是指过失造成了被害人轻伤伤害或精神失常的后果。

（二）明确“数额巨大”“数额特别巨大”及“其他严重情节”“其他特别严重情节”的认定标准

本解释第一条第一款规定，抢夺公私财物价值 3 万元至 8 万元以上的应该认定为《刑法》第二百六十七条规定的“数额巨大”，20 万元至 40 万元以上的应认定为“数额特别巨大”。本解释与 2002 年《抢夺解释》相比，对“数额巨大”“数额特别巨大”的认定标准均作了较大幅度的提高，主要考虑：一是拉大“数额巨大”“数额特别巨大”与“数额较大”之间的幅度，有利于更好地落实罪责刑相适应原则；二是与近期出台的有关侵财犯罪的司法解释提高的定罪量刑数额标准相协调。

《解释》第三条、第四条明确了抢夺罪“其他严重情节”“其他特别严重情节”。抢夺公私财物，导致他人重伤、自杀或者具有本解释第二条第三项至第十项规定的情形之一，数额达到本解释第一条规定的“数额巨大”百分之五十的，应当认定为抢夺罪“其他严重情节”；导致他人死亡或者具有本解释第二条第三项至第十项规定的情形之一，数额达到本解释第一条规定的“数额特别巨大”百分之五十的，应当认定为抢夺罪“其他特别严重情节”。

本解释第三条、第四条是在 2002 年《抢夺解释》第四条、第五条规定的基础上进行的修改。2002 年《抢夺解释》第五条规定：“实施抢夺公私财物行为，构成抢夺罪，同时造成被害人重伤、死亡等后果，构成过失致人重伤罪、过失致人死亡罪等犯罪的，依照处罚较重的规定定罪处罚。”实践中出现行为人抢夺“数额较大”，又致人重伤的，构成抢夺罪和过失致人重伤罪，但由于两罪法定刑均为三年有期徒刑以下，难以区分法定刑轻重，导致适用何种罪名出现困难。为了解决上述问题，本解释规定，因抢夺致人重伤、死亡的，一律以抢夺罪论处，同时将抢夺致人重伤、死亡的情形采取列举的方式分别规定为“其他严重情节”“其他特别严重情节”，并在第三条“其他严重情节”增加了“导致他人自杀的”情形。一方面，解决了 2002 年《抢夺解释》第五条的问题；另一方面，加大对抢夺致人重伤、死亡的打击力度，更好地落实罪责刑相适应原则。

本解释第三条第三项、第四条第二项结合抢夺犯罪情节和犯罪数额，分别规定具有第二条第三项至第十项规定的情形之一，抢夺公私财物数额达到抢夺“数额巨大”“数额特别巨大”标准的百分之五十的，应认定为“其他严重情节”“其他特别严重情节”。对于具有第二条第三项至第十项情形的，应予从严惩处，即使抢夺数额没有达到“数额巨大”“数额特别巨大”标准，但只要达到其百分之五十，也应与抢夺数额达到“数额巨大”“数额特别巨大”标准予以同等处罚。

（三）明确抢夺情节轻微可不起诉或者免予刑事处罚的情形

本解释第五条借鉴了 2013 年《盗窃解释》第七条、2013 年《敲诈勒索解释》第五条，规定抢夺公私财物数额较大，但未造成他人轻伤以上伤害，行为人系初犯，认罪、悔罪，退赃、退赔，且具有法定从宽处罚情节的，没有参与分赃或者获赃较少、且不是主犯的，被害人谅解的以及其他情节轻微、危害不大的，可以认定为犯罪情节轻微，不起诉或者免予刑事处罚；必要时，由有关部门依法予以行政处罚。

本条规定体现了宽严相济刑事政策从宽的一面，对于抢夺犯罪情节轻微的可以不起诉或者免予刑事处罚。司法实践中需要注意：

一是抢夺罪可认定为犯罪情节轻微的前提条件，除行为人认罪、悔罪，退赃、退赔外，还需要具备行为人属于初犯、没有造成被害人轻伤以上伤害的情形。

二是“可以不起诉或者免予刑事处罚”针对的是抢夺公私财物数额达到较大标准的行为，即已经构成抢夺犯罪的行为。对于抢夺公私财物数额达到“数额巨大”以上的，均不能适用不起诉或者免予刑事处罚。

三是对于不起诉或者免予刑事处罚的，必要时由有关部门予以行政处罚。如果根据治安管理处罚法的规定应当处罚的，由治安管理部门予以相应的治安处罚。

（四）明确驾驶车辆夺取财物的定性问题

对驾驶车辆抢夺行为如何定性一直是实践中存在的难题。有意见认为，行为人利用快速行驶的车辆实施抢夺，除侵犯了被害人的财产权外，还必然威胁被害人的人身安全，侵害被害人人身权利，应以抢劫罪定罪处罚；另一种意见认为，驾驶车辆抢夺的对象是财物而不是被害人的人身，行为人不是故意对被害人人身使用暴力，应以抢夺罪从重处罚。经研究认为，一般情况下，驾驶车辆抢夺的，使用暴力针对的是被害人的财物，行为人没有对被害人的人身使用暴力的故意，对于实践中驾驶车辆抢夺过失造成被害人人身伤害的后果的，应该以抢夺罪从重处罚；对于驾驶车辆抢夺，因被害人保护财物而强行拖拽、威胁被害人的，此时行为方式和行为对象发生了转化，暴力不仅针对财物而且作用于被害人人身，行为性质也发生了转化，由抢夺转化为抢劫，应该以抢劫罪定罪处罚。

针对实践中的具体情况，2005 年《抢劫、抢夺意见》第十一条明确了驾驶车辆夺取他人财物应当以抢劫罪定罪处罚的三种情形。本解释第六条吸收了该意见规定的应以抢劫罪论处的三种情形，并对相关文字表述作出修改，明确驾驶机动车、非机动车夺取他人财物，夺取他人财物时因被害人不放手而强行夺取的；驾驶车辆逼挤、撞击或者强行逼倒他人夺取财物的，或者明知会致人伤亡仍然强行夺取并放任造成财物持有人轻伤以上后果的，应当以抢劫罪定罪处罚。

需要注意的是，对于驾驶机动车夺取财物案件的定性，需要根据案件具体情况，区别适用本解释第二条第四项和第六条的规定。一般情况下，驾驶机动车、非机动车抢夺案件，驾驶车辆抢夺应该作为抢夺罪从严惩处的情形，抢夺公私财物的数额只要达到本解释第一条规定的“数额较大”标准的百分之五十，即以抢夺罪追究刑事责任。特殊情况下，具有本解释第六条规定的三种情形之一的，以抢劫罪定罪处罚。

此外，本解释第七条规定了解释的效力，明确废止了 2002 年《抢夺解释》。本解释发布施行后，之前发布的司法解释和规范性文件与本解释不一致的，以本解释为准。

（撰稿人：陈国庆　韩耀元　宋　丹）

最高人民法院 最高人民检察院
关于办理与盗窃、抢劫、诈骗、抢夺机动车相关刑事案件具体应用法律若干问题的解释

法释〔2007〕11号

(2006年12月25日最高人民法院审判委员会第1411次会议、2007年2月14日最高人民检察院第十届检察委员会第71次会议通过 2007年5月9日最高人民法院、最高人民检察院公告公布 自2007年5月11日起施行)

为依法惩治与盗窃、抢劫、诈骗、抢夺机动车相关的犯罪活动,根据刑法、刑事诉讼法等有关法律的规定,现对办理这类案件具体应用法律的若干问题解释如下:

第一条 明知是盗窃、抢劫、诈骗、抢夺的机动车,实施下列行为之一的,依照刑法第三百一十二条的规定,以掩饰、隐瞒犯罪所得、犯罪所得收益罪定罪,处三年以下有期徒刑、拘役或者管制,并处或者单处罚金:

(一)买卖、介绍买卖、典当、拍卖、抵押或者用其抵债的;

(二)拆解、拼装或者组装的;

(三)修改发动机号、车辆识别代号的;

(四)更改车身颜色或者车辆外形的;

(五)提供或者出售机动车来历凭证、整车合格证、号牌以及有关机动车的其他证明和凭证的;

(六)提供或者出售伪造、变造的机动车来历凭证、整车合格证、号牌以及有关机动车的其他证明和凭证的。

实施第一款规定的行为涉及盗窃、抢劫、诈骗、抢夺的机动车五辆以上或者价值总额达到五十万元以上的,属于刑法第三百一十二条规定的“情节严重”,处三年以上七年以下有期徒刑,并处罚金。

第二条 伪造、变造、买卖机动车行驶证、登记证书,累计三本以上的,依照刑法第二百八十条第一款的规定,以伪造、变造、买卖国家机关证件罪定罪,处三年以下有期徒刑、拘役、管制或者剥夺政治权利。

伪造、变造、买卖机动车行驶证、登记证书,累计达到第一款规定数量标准五倍以上的,属于刑法第二百八十条第一款规定中的“情节严重”,处三年

以上十年以下有期徒刑。

第三条 国家机关工作人员滥用职权，有下列情形之一，致使盗窃、抢劫、诈骗、抢夺的机动车被办理登记手续，数量达到三辆以上或者价值总额达到三十万元以上的，依照刑法第三百九十七条第一款的规定，以滥用职权罪定罪，处三年以下有期徒刑或者拘役：

（一）明知是登记手续不全或者不符合规定的机动车而办理登记手续的；

（二）指使他人为明知是登记手续不全或者不符合规定的机动车办理登记手续的；

（三）违规或者指使他人违规更改、调换车辆档案的；

（四）其他滥用职权的行为。

国家机关工作人员疏于审查或者审查不严，致使盗窃、抢劫、诈骗、抢夺的机动车被办理登记手续，数量达到五辆以上或者价值总额达到五十万元以上的，依照刑法第三百九十七条第一款的规定，以玩忽职守罪定罪，处三年以下有期徒刑或者拘役。

国家机关工作人员实施前两款规定的行为，致使盗窃、抢劫、诈骗、抢夺的机动车被办理登记手续，分别达到前两款规定数量、数额标准五倍以上的，或者明知是盗窃、抢劫、诈骗、抢夺的机动车而办理登记手续的，属于刑法第三百九十七条第一款规定的“情节特别严重”，处三年以上七年以下有期徒刑。

国家机关工作人员徇私舞弊，实施上述行为，构成犯罪的，依照刑法第三百九十七条第二款的规定定罪处罚。

第四条 实施本解释第一条、第二条、第三条第一款或者第三款规定的行为，事前与盗窃、抢劫、诈骗、抢夺机动车的犯罪分子通谋的，以盗窃罪、抢劫罪、诈骗罪、抢夺罪的共犯论处。

第五条 对跨地区实施的涉及同一机动车的盗窃、抢劫、诈骗、抢夺以及掩饰、隐瞒犯罪所得、犯罪所得收益行为，有关公安机关可以依照法律和有关规定一并立案侦查，需要提请批准逮捕、移送审查起诉、提起公诉的，由该公安机关所在地的同级人民检察院、人民法院受理。

第六条 行为人实施本解释第一条、第三条第三款规定的行为，涉及的机动车有下列情形之一的，应当认定行为人主观上属于上述条款所称“明知”：

（一）没有合法有效的来历凭证；

（二）发动机号、车辆识别代号有明显更改痕迹，没有合法证明的。

【解　　读】

解读《最高人民法院、最高人民检察院关于办理与盗窃、抢劫、诈骗、抢夺机动车相关刑事案件具体应用法律若干问题的解释》

一、问题的提出

《最高人民法院、最高人民检察院关于办理与盗窃、抢劫、诈骗、抢夺机动车相关刑事案件具体应用法律若干问题的解释》（以下简称本解释），针对当前盗抢机动车（包括盗窃、抢劫、诈骗、抢夺机动车，下同）及其相关犯罪的新形势、新特点以及司法机关在适用法律方面存在的突出问题，予以了明确规定。

二、理解与适用

（一）关于隐瞒、掩饰盗抢机动车的犯罪

本解释第一条解决了实践中比较常见又容易引起争议的几种掩饰、隐瞒被盗抢机动车行为的法律适用问题。这些行为包括：（1）买卖、介绍买卖、典当、拍卖、抵押或者用其抵债的；（2）拆解、拼装或者组装的；（3）修改发动机号、车辆识别代号的；（4）更改车身颜色或者车辆外形的；（5）提供或者出售机动车来历凭证、整车合格证、号牌以及有关机动车的其他证明和凭证的；（6）提供或者出售伪造、变造的机动车来历凭证、整车合格证、号牌以及有关机动车的其他证明和凭证的。

其中，第一项中的“买卖”被盗抢的机动车，既包括购买行为，也包括出卖行为，还包括既购买又出卖的行为。有时候被盗抢的机动车经历了多次买卖，但是，只要是被盗抢的机动车，无论被买卖多少次，行为人均涉嫌构成犯罪。从买卖被盗抢的机动车的目的看，有些是为了自用，有些是为了营利，但是，无论目的如何，只要有买卖被盗抢的机动车的行为，行为人均涉嫌构成犯罪。非法买卖被盗抢的机动车的行为在实践中大量发生，特别是在农村地区和城市周边地区发生的几率更大。“典当”，包括行为人将被盗抢的机动车交付典当公司用于典当的行为，也包括典当公司接受被盗抢的机动车的行为。“拍卖”，包括行为人将被盗抢的机动车交付拍卖公司用于拍卖的行为，也包括拍卖公司接受被盗抢的机动车进行拍卖的行为。“抵押”，包括将被盗抢的机动车

交付抵押和接受抵押的行为。"用其抵债"，包括将被盗抢的机动车交付用于抵偿债务和接受其抵偿债务的行为。

对于第一条中的六类行为，本解释规定应当依照《刑法》第三百一十二条的规定，以掩饰、隐瞒犯罪所得、犯罪所得收益罪定罪，处三年以下有期徒刑、拘役或者管制，并处或者单处罚金。涉及被盗抢的机动车五辆以上或者价值总额达到50万元以上的，属于《刑法》第三百一十二条规定的"情节严重"，处三年以上七年以下有期徒刑，并处罚金。

需要注意的是，对于第一条中列举的之类行为，并不是一定构成犯罪，也并不是一定要追究刑事责任。从犯罪构成上讲，实施了这六类行为的任何一种，只是具备了构成犯罪的客观方面的要件，行为人还必须同时具备主观方面的要件，才能构成犯罪。主观方面的要件，就是行为人必须明知是被盗抢的机动车。判断行为人是否明知是被盗抢的机动车，标准有两条，即本解释第六条规定的两种情形：没有合法有效的来历凭证；发动机号、车辆识别代号有明显更改痕迹，没有合法证明的。

第一种情形中，"没有合法有效的来历凭证"，根据公安部制定的《机动车登记规定》第三十八条第八项的规定，是指没有以下几个方面的来历凭证：(1) 在国内购买的机动车，其来历凭证是全国统一的机动车销售发票或者旧机动车交易发票。在国外购买的机动车，其来历凭证是该车销售单位开具的销售发票及其翻译文本；(2) 法院调解、裁定或者判决转移的机动车，其来历凭证是人民法院出具的已经生效的调解书、裁定书或者判决书以及相应的协助执行通知书；(3) 仲裁机构仲裁裁决转移的机动车，其来历凭证是仲裁裁决书和法院出具的协助执行通知书；(4) 继承、赠予、中奖和协议抵偿债务的机动车，其来历凭证是继承、赠予、中奖和协议抵偿债务的相关文书和公证机关出具的公证书；(5) 资产重组或者资产整体买卖中包含的机动车，其来历凭证是资产主管部门的批准文件；(6) 国家机关统一采购并调拨到下属单位未注册登记的机动车，其来历凭证是全国统一的机动车销售发票和该部门出具的调拨证明；(7) 国家机关已注册登记并调拨到下属单位的机动车，其来历凭证是该部门出具的调拨证明；(8) 经公安机关破案发还的被盗抢且已向原机动车所有人理赔完毕的机动车，其来历凭证是保险公司出具的《权益转让证明书》；(9) 更换发动机、车身、车架的来历凭证，是销售单位开具的发票或者修理单位开具的发票。

第二种情形中，本解释规定了"发动机号、车辆识别代号有明显更改痕迹，没有合法证明"的标准，其中有"明显"二字，是因为在现有技术条件下，伪造、变造发动机号、车辆识别代号的技术有些相当高超，除非专业人员并且使用专门的技术手段，一般人员用肉眼难以进行有效的识别。如果不加以"明显"的限制，就会增加一般人员的责任要求，也与实际情况不符。

本解释之所以将这两种情形作为判断行为人是否明知的标准，主要是考虑到有关行为人在进行相关行为时，依法都负有义务和责任审查机动车手续是否齐全、合法，这是行为人进行相关行为的基本法律义务。行为人如果违背第六条规定的这两种情形，没有进行审查或者没有进行有效的审查，那么，就应当认定行为人主观上属于“明知”。

（二）关于机动车证件的犯罪

机动车在交易过程中，涉及各种不同的证件，包括机动车来历凭证、整车合格证、号牌、行驶证、登记证书以及有关机动车的其他证明和凭证。从证件属性看，有关机动车的证明和凭证中，只有行驶证、登记证书属于国家机关证件的范畴，其他证明和凭证则不属于国家机关证件的范畴。从《刑法》规定来看，伪造、变造、买卖国家机关证件罪的法定最高刑是十年有期徒刑，掩饰、隐瞒犯罪所得罪的法定最高刑是七年有期徒刑，前者明显比后者重。因此，本解释将涉及机动车证件的犯罪进行了区分，将提供或者出售机动车来历凭证、整车合格证、号牌以及有关机动车的其他证明和凭证的行为，以及提供或者出售伪造、变造的机动车来历凭证、整车合格证、号牌以及有关机动车的其他证明和凭证的行为，作为掩饰、隐瞒犯罪所得罪追究刑事责任，而将伪造、变造、买卖行驶证、登记证书的行为，作为伪造、变造、买卖国家机关证件罪追究刑事责任。同时，考虑到《刑法》第二百八十一条、第三百七十五条第二款分别将非法生产警车号牌、军车号牌的行为规定为犯罪，而没有将非法生产一般车辆号牌的行为规定为犯罪，因此，本解释没有将伪造、变造机动车号牌等其他证件的行为解释为犯罪，而仅仅将非法提供或者出售机动车其他证件的行为解释为依照掩饰、隐瞒犯罪所得罪追究刑事责任。至于伪造、变造、买卖驾驶证的行为，当然应当依照伪造、变造、买卖国家机关证件罪追究刑事责任，但驾驶证不是与机动车相关的证件，因此，在本解释中没有规定。

具体来讲，伪造、变造、买卖机动车行驶证、登记证书，累计3本以上的，依照《刑法》第二百八十条第一款的规定，以伪造、变造、买卖国家机关证件罪定罪，处三年以下有期徒刑、拘役、管制或者剥夺政治权利。伪造、变造、买卖机动车行驶证、登记证书，累计达到第一款规定数量标准5倍以上的，属于《刑法》第二百八十条第一款规定中的“情节严重”，处3年以上10年以下有期徒刑。其中，行为人伪造或者变造行驶证、登记证书后又进行买卖的，根据禁止重复评价原则，证书数量不应累积计算，但可以作为从重量刑情节考虑。如果行为人既有伪造或者变造行驶证、登记证书的行为，又有买卖他人伪造、变造的行驶证、登记证书的行为的，证书的数量就应当累积计算。

（三）关于车管所等国家机关工作人员的犯罪问题

机动车登记，是机动车交易流程的最后一个环节，是国家对涉及机动车事项进行管理的重要标志，同时是机动车权属产生法律效力的最重要凭证。在我国目前管理体制下，各级公安机关交通管理部门的车辆管理所负责这方面的工作。实践中，一些地方的车辆管理相当混乱，违法登记现象时有发生，给国家和人民利益造成了相当严重的后果，甚至在一定程度上助长了盗抢机动车犯罪的发生。有鉴于此，本解释对于车管所等国家机关工作人员实施的犯罪活动的法律适用问题，也一并进行了解释。

本解释第三条第一款解释了车管所等国家机关工作人员实施的滥用职权犯罪。这些人员主观方面属于故意，起码是间接故意。这些人员有下列情形之一，致使盗窃、抢劫、诈骗、抢夺的机动车被办理登记手续，数量达到 3 辆以上或者价值总额达到 30 万元以上的，就应当依照《刑法》第三百九十七条第一款的规定，以滥用职权罪定罪，处 3 年以下有期徒刑或者拘役：明知是登记手续不全或者不符合规定的机动车而办理登记手续的；指使他人为明知是登记手续不全或者不符合规定的机动车办理登记手续的；违规或者指使他人违规更改、调换车辆档案的；其他滥用职权的行为。

第二款规定了车管所等国家机关工作人员的玩忽职守犯罪。这些人员主观方面是过失，其疏于审查或者审查不严，致使盗窃、抢劫、诈骗、抢夺的机动车被办理登记手续，数量达到 5 辆以上或者价值总额达到 50 万元以上的，就应当依照《刑法》第三百九十七条第一款的规定，以玩忽职守罪定罪，处 3 年以下有期徒刑或者拘役。

第三款规定了车管所等国家机关工作人员滥用职权或者玩忽职守犯罪“情节特别严重”的认定和处罚标准。这些人员实施前两款规定的行为，致使盗窃、抢劫、诈骗、抢夺的机动车被办理登记手续，分别达到前两款规定数量、数额标准 5 倍以上的，属于第三百九十七条第一款规定的“情节特别严重”，处 3 年以上 7 年以下有期徒刑。

需要注意的是，第三款中规定车管所等国家机关工作人员“明知是盗窃、抢劫、诈骗、抢夺的机动车而办理登记手续的”，直接就属于第三百九十七条第一款规定的滥用职权罪的“情节特别严重”，应当处 3 年以上 7 年以下有期徒刑。这种情形是车管所等国家机关工作人员与盗抢机动车的犯罪分子没有通谋的情况下的定罪处罚问题。如果事前与盗抢机动车的犯罪分子通谋的，就应当按照盗抢犯罪的共犯论处。

（四）关于盗抢机动车共犯

从盗抢机动车的犯罪过程看，犯罪分子往往针对“市场”需求或者“客户”提出的车型、款式、颜色等要求，寻找目标车辆实施盗窃，得手后由专人付钱接车，然后运至不法机动车修理点锉改发动机号、车辆识别代号，喷漆美容翻新，改装或者拆成零部件，再由专人负责伪造合格证、发票等全套手续，最后通过地下销售网络出手。各个作案环节由专门的犯罪团伙负责，各个犯罪团伙之间互无隶属关系，只靠金钱维持。

对此，如果证明犯罪分子相互之间存在犯意联络，存在共同故意，根据《刑法》的规定，对各行为人以盗窃、抢劫、诈骗、抢夺等共犯论处没有问题。但是，实践中往往找不到存在共同故意的证据，致使许多销赃犯罪分子即使销售了几十部甚至上百部机动车，获取的不法利益甚至比盗窃犯罪分子获取的高得多，也只能以掩饰、隐瞒犯罪所得、犯罪所得收益罪追究刑事责任，刑罚量明显偏低。这种状况既造成刑罚的不平衡，损害法律权威，也难以有效切断销赃环节，难以有力遏制这类犯罪。

共犯问题是法律适用的难点。在起草过程中，有人曾经提出，从同一个或者同一伙犯罪分子处获取被盗窃、抢劫、诈骗、抢夺的机动车3次以上，相互之间形成相对固定的盗销渠道的，可以盗窃共同犯罪论处。在讨论时，多数人对此表示反对，认为这是客观归罪，明显违背第三百一十二条关于掩饰、隐瞒犯罪所得、犯罪所得收益罪的规定，因此，这个意见也没有被采纳。

根据《刑法》的规定以及刑法理论，行为人只有在事前通谋的情况下，才构成共同犯罪。可以说，事前通谋是行为人成立共同犯罪的充分必要条件。据此，本解释第四条对共犯问题进行了完善。实施本解释规定的隐瞒、掩饰被盗抢的机动车，伪造、变造、买卖机动车行驶证、登记证书，滥用职权、玩忽职守的行为，只要事前与盗抢机动车的犯罪分子通谋，就以共同犯罪论处。

（五）关于跨地区犯罪的管辖

按照《刑事诉讼法》及有关司法解释的规定，每一个犯罪行为，都有一个对应的法院管辖。犯罪行为不同，管辖的法院也不同。就有关机动车的犯罪来说，盗抢机动车的行为与掩饰、隐瞒被盗抢机动车的行为如果不属于共同犯罪，就应该分案由不同的人民法院管辖。

目前来看，这种规定在办理盗抢机动车案件的实践中造成了很大的弊端。实践中，涉及同一机动车的犯罪行为往往异地进行，而且往往涉及不同的犯罪分子。例如，盗窃在A地，锉改号码在B地，销赃在C地，运输行为更是跨越A、B、C三地，而且经常遇到被盗抢的同一辆机动车辗转几个省、甚至十几个省的案件。依照法律，涉及的公安机关均有管辖权。这就造成拥有管辖权的公安机关因同一辆机动车而发生交叉，以至于可能造成追赃困难、缉捕犯罪嫌疑人困难等问题，迫切需要完善涉及机动车犯罪的管辖机制。

本解释第五条对此进行了明确解释。对跨地区实施的涉及同一机动车的盗窃、抢劫、诈骗、抢夺以及掩饰、隐瞒犯罪所得、犯罪所得收益行为，有关公安机关可以依照法律和有关规定一并立案侦查，需要提请批准逮捕、移送审查起诉、提起公诉的，由该公安机关所在地的同级检察院、法院受理。

（撰稿人：祝二军）

指导案例 27 号

臧进泉等盗窃、诈骗案

（最高人民法院审判委员会讨论通过　2014 年 6 月 26 日发布）

关键词

刑事　盗窃　诈骗　利用信息网络

裁判要点

行为人利用信息网络，诱骗他人点击虚假链接而实际通过预先植入的计算机程序窃取财物构成犯罪的，以盗窃罪定罪处罚；虚构可供交易的商品或者服务，欺骗他人点击付款链接而骗取财物构成犯罪的，以诈骗罪定罪处罚。

相关法条

《中华人民共和国刑法》第二百六十四条、第二百六十六条

基本案情

一、盗窃事实

2010 年 6 月 1 日，被告人郑必玲骗取被害人金某 195 元后，获悉金某的建设银行网银账户内有 305000 余元存款且无每日支付限额，遂电话告知被告人臧进泉，预谋合伙作案。臧进泉赶至网吧后，以尚未看到金某付款成功的记录为由，发送给金某一个交易金额标注为 1 元而实际植入了支付 305000 元的计算机程序的虚假链接，谎称金某点击该 1 元支付链接后，其即可查看到付款成功的记录。金某在诱导下点击了该虚假链接，其建设银行网银账户中的 305000 元随即通过臧进泉预设的计算机程序，经上海快钱信息服务有限公司的平台支付到臧进泉提前在福州海都阳光信息科技有限公司注册的“kissal23”账户中。臧进泉使用其中的 116863 元购买大量游戏点卡，并在“小泉先生哦”的淘宝网店上出售套现。案发后，公安机关追回赃款 187126.31 元发还被害人。

二、诈骗事实

2010 年 5 月至 6 月间，被告人臧进泉、郑必玲、刘涛分别以虚假身份开设无货可供的淘宝网店铺，并以低价吸引买家。三被告人事先在网游网站注册一账户，并对该账户预设充值程序，充值金额为买家欲支付的金额，后将该充值程序代码植入到一个虚假淘宝网链接中。与买家商谈好商品价格后，三被告人各自以方便买家购物为由，将该虚假淘宝网链接通过阿里旺旺聊天工具发送给买家。买家误以为是淘宝网链接而点击该链接进行购物、付款，并认为所付货款会汇入支付宝公司为担保交易而设立的公用账户，但该货款实际通过预设

程序转入网游网站在支付宝公司的私人账户，再转入被告人事先在网游网站注册的充值账户中。三被告人获取买家货款后，在网游网站购买游戏点卡、腾讯Q币等，然后将其按事先约定统一放在臧进泉的“小泉先生哦”的淘宝网店铺上出售套现，所得款均汇入臧进泉的工商银行卡中，由臧进泉按照获利额以约定方式分配。

被告人臧进泉、郑必玲、刘涛经预谋后，先后到江苏省苏州市、无锡市、昆山市等地网吧采用上述手段作案。臧进泉诈骗 22000 元，获利 5000 余元，郑必玲诈骗获利 5000 余元，刘涛诈骗获利 12000 余元。

裁判结果

浙江省杭州市中级人民法院于 2011 年 6 月 1 日作出（2011）浙杭刑初字第 91 号刑事判决：一、被告人臧进泉犯盗窃罪，判处有期徒刑十三年，剥夺政治权利一年，并处罚金人民币三万元；犯诈骗罪，判处有期徒刑二年，并处罚金人民币五千元，决定执行有期徒刑十四年六个月，剥夺政治权利一年，并处罚金人民币三万五千元。二、被告人郑必玲犯盗窃罪，判处有期徒刑十年，剥夺政治权利一年，并处罚金人民币一万元；犯诈骗罪，判处有期徒刑六个月，并处罚金人民币二千元，决定执行有期徒刑十年三个月，剥夺政治权利一年，并处罚金人民币一万二千元。三、被告人刘涛犯诈骗罪，判处有期徒刑一年六个月，并处罚金人民币五千元。宣判后，臧进泉提出上诉。浙江省高级人民法院于 2011 年 8 月 9 日作出（2011）浙刑三终字第 132 号刑事裁定，驳回上诉，维持原判。

裁判理由

法院生效裁判认为：盗窃是指以非法占有为目的，秘密窃取公私财物的行为；诈骗是指以非法占有为目的，采用虚构事实或者隐瞒真相的方法，骗取公私财物的行为。对既采取秘密窃取手段又采取欺骗手段非法占有财物行为的定性，应从行为人采取主要手段和被害人有无处分财物意识方面区分盗窃与诈骗。如果行为人获取财物时起决定性作用的手段是秘密窃取，诈骗行为只是为盗窃创造条件或作掩护，被害人也没有“自愿”交付财物的，就应当认定为盗窃；如果行为人获取财物时起决定性作用的手段是诈骗，被害人基于错误认识而“自愿”交付财物，盗窃行为只是辅助手段的，就应当认定为诈骗。在信息网络情形下，行为人利用信息网络，诱骗他人点击虚假链接而实际上通过预先植入的计算机程序窃取他人财物构成犯罪的，应当以盗窃罪定罪处罚；行为人虚构可供交易的商品或者服务，欺骗他人为支付货款点击付款链接而获取财物构成犯罪的，应当以诈骗罪定罪处罚。本案中，被告人臧进泉、郑必玲使用预设计算机程序并植入的方法，秘密窃取他人网上银行账户内巨额钱款，其行为均已构成盗窃罪。臧进泉、郑必玲和被告人刘涛以非法占有为目的，通过开设虚假的网络店铺和利用伪造的购物链接骗取他人数额较大的货款，其行为均已构成诈骗罪。对臧进泉、郑必玲所犯数罪，应依法并罚。

关于被告人臧进泉及其辩护人所提非法获取被害人金某的网银账户内305000元的行为，不构成盗窃罪而是诈骗罪的辩解与辩护意见，经查，臧进泉和被告人郑必玲在得知金某网银账户内有款后，即产生了通过植入计算机程序非法占有目的；随后在网络聊天中诱导金某同意支付1元钱，而实际上制作了一个表面付款“1元”却支付305000元的假淘宝网链接，致使金某点击后，其网银账户内305000元即被非法转移到臧进泉的注册账户中，对此金某既不知情，也非自愿。可见，臧进泉、郑必玲获取财物时起决定性作用的手段是秘密窃取，诱骗被害人点击“1元”的虚假链接系实施盗窃的辅助手段，只是为盗窃创造条件或作掩护，被害人也没有“自愿”交付巨额财物，获取银行存款实际上是通过隐藏的事先植入的计算机程序来窃取的，符合盗窃罪的犯罪构成要件，依照刑法第二百六十四条、第二百八十七条的规定，应当以盗窃罪定罪处罚。故臧进泉及其辩护人所提上述辩解和辩护意见与事实和法律规定不符，不予采纳。

最高人民法院
关于村民小组组长利用职务便利非法占有公共财物行为如何定性问题的批复

法释〔1999〕12号

（1999年6月18日最高人民法院审判委员会第1069次会议通过 1999年6月25日最高人民法院公告公布 自1999年7月3日起施行）

四川省高级人民法院：

你院川高法〔1998〕224号《关于村民小组组长利用职务便利侵吞公共财物如何定性的问题的请示》收悉。经研究，答复如下：

对村民小组组长利用职务上的便利，将村民小组集体财产非法占为己有，数额较大的行为，应当依照刑法第二百七十一条第一款的规定，以职务侵占罪定罪处罚。

此复

【解 读】

解读《最高人民法院关于村民小组组长利用职务便利非法占有公共财物行为如何定性问题的批复》

一、问题的提出

由于我国法律没有明确规定村民小组组长的法律地位，对村民小组组长利用职务上的便利，将本单位财物非法占为己有，数额较大的行为，能否适用《刑法》第二百七十一条第一款定罪处刑，实践中有争议，所以，《关于村民小组组长利用职务便利非法占有公共财物行为如何定性问题的批复》（以下简称本批复）就是对四川省高级人民法院请示的答复。

二、理解与适用

受贿罪只能由国家工作人员构成，因村民小组组长不是国家工作人员，其利用职务便利索取他人财物或者非法收受他人财物的行为，不能以受贿罪追究其刑事责任。同理，村民小组组长不属于公司、企业工作人员，其利用职务便利索取他人财物或者非法收受他人财物的，也不能以《刑法》第一百六十三条第一款规定的公司、企业人员受贿罪，追究刑事责任。

本批复只是针对村民小组组长。他们中有的可能是村委会成员，但批复中很明确是村民小组组长利用职务便利实施犯罪行为，而不是利用村委会成员的职务便利。村民委员会成员利用职务上的便利，将本单位财物非法占为己有的行为如何处理的问题，将来司法解释还要作出规定。

（撰稿人：孙军工）

最高人民法院
关于在国有资本控股、参股的股份有限公司中从事管理工作的人员利用职务便利非法占有本公司财物如何定罪问题的批复

法释〔2001〕17号

（2001年5月22日最高人民法院审判委员会第1176次会议通过　2001年5月23日最高人民法院公告公布　自2001年5月26日起施行）

重庆市高级人民法院：

你院渝高法明传〔2000〕38号《关于在股份有限公司中从事管理工作的人员侵占本公司财物如何定性的请示》收悉。经研究，答复如下：

在国有资本控股、参股的股份有限公司中从事管理工作的人员，除受国家机关、国有公司、企业、事业单位委派从事公务的以外，不属于国家工作人员。对其利用职务上的便利，将本单位财物非法占为已有，数额较大的，应当依照刑法第二百七十一条第一款的规定，以职务侵占罪定罪处罚。

此复

【解　　读】

解读《最高人民法院关于在国有资本控股、参股的股份有限公司中从事管理工作的人员利用职务便利非法占有本公司财物如何定罪问题的批复》

一、问题的提出

在国有资本控股、参股的股份有限公司中从事管理工作的人员，利用职务便利非法占有本公司财物的行为如何定罪，在司法实践中争议比较大，处理也不尽一致，有人认为应定贪污罪，有人认为应定职务侵占罪。该问题不仅涉及

对犯罪嫌疑人、被告人判处刑罚的轻重，而且涉及司法机关在受理案件时的分工，即是由检察机关以贪污罪直接受理，还是由公安机关以职务侵占罪直接立案侦查。最高人民法院《关于在国有资本控股、参股的股份有限公司中从事管理工作的人员利用职务便利非法占有本公司财物如何定罪问题的批复》（以下简称本批复）的发布，对于准确适用法律，统一司法实践，具有重要的指导意义。

二、理解与适用

（一）关于股份有限公司的性质

根据《公司法》[①] 第三条第三款的规定，股份有限公司，其全部资本分为等额股份，股东以其所持有股份为限对公司承担责任，公司以其全部资产对公司的债务承担责任。我国《公司法》对股份有限公司的设立条件和设立形式作出了明确规定。其中，设立形式包括发起设立和募集设立两种，发起设立是指发起人认购公司的全部股份而设立；募集设立是指发起人认购公司股份的一部分，其余股份向社会募集。设立股份有限公司，应当有五人以上为发起人，其中至少有过半数的发起人在中国境内有住所。国有公司、国有企业改制为股份有限公司的，发起人可以少于五人，但必须采取募集设立的方式。因此，无论采取什么方式设立公司，无论发起人或者其他认股人的性质是国有、集体、私营、个人，甚至是外国公司、企业、其他组织、个人，公司一经设立，就具有完全的、独立的性质。该性质不同于任何发起人或者认股人，包括参股、认股、控股的国有公司、企业的性质。

（二）关于股份有限公司财物的性质

《公司法》第四条规定，公司股东作为出资者按投入公司的资本额享有所有者的资产受益、重大决策和选择管理者等权利。公司享有由股东投资形成的全部法人财产权，依法享有民事权利，承担民事责任。公司中的国有资产所有权属于国家。据此，公司财产在性质上属于法人财产。具体来说，公司成立后，当国家、集体、个人作为出资者将自己的财产交给公司并换回公司的股份后，只按其持有股份的多少享有资产受益、重大决策和选择管理者等股东权利；同时，公司在将股份交付股东后，就享有了对该项财产的占有、使用、收益、处分的权利，即法人财产权。因此，无论由谁作为出资者，即使是国家，甚至国家出资很多，国有资产占所有出资的比例很高，在其出资后，都将丧失对其出资的控制权，所有出资都将成为公司的法人财产，国有资产的所有权转变为股份有限公司的股权。换句话说，公司的法人财产不同于任何出资者的财

---

① 本书援引的《公司法》，均为1993年12月29日通过、2004年8月28日第二次修正的《公司法》。

产，公司法人财产的性质不由任何出资的性质所决定，属于独立的公司法人财产。

有人提出，可以股东在公司中持有股份的多少或者出资数量的大小来决定是否控股、进而决定公司的性质和公司财产的性质。我们认为，这是不科学的。因为股东对一个股份有限公司是否控股，关键看该公司具体的股权结构：有的公司股东占有50%以上的股权才能控股，但公众公司即上市的股份有限公司可能只需要30%的股份就能控股，有的甚至只需要10%或不到10%的股份就可以控股。而且，即使是国有资产控股，也还有大量的非国有股份，以国有资产的控股来决定股份有限公司的国有性质以及公司财产的国有性质是不科学的。

（三）关于股份有限公司中从事管理工作的人员的性质

股份有限公司中从事管理工作的人员，可以从不同的角度来界定其性质。按照其是否由国有单位委派从事公务的标准，可以分为国有单位委派从事管理工作的人员和其他从事管理工作的人员。国有单位委派的人员，也即国家工作人员，根据《刑法》第九十三条第二款以及《刑法》第二百七十一条第二款的规定，是指国家机关、国有公司、企业、事业单位委派到国有资本参股、控股的股份有限公司从事公务的人员。这里的从事公务，是指代表国有委派单位在股份有限公司中从事组织、领导、监督、管理等工作。不是代表国有单位在股份有限公司中从事管理工作的人员，不属于国家工作人员。

（四）关于股份有限公司中从事管理工作的人员利用职务便利非法占有本公司财物行为的性质

《刑法》第二百七十一条规定，公司、企业或者其他单位的人员，利用职务上的便利，将本单位的财物非法占为已有，数额较大的，处五年以下有期徒刑或者拘役；数额巨大的，处五年以上有期徒刑，可以并处没收财产。国有公司、企业或者其他国有单位中从事公务的人员和国有公司、企业或者其他国有单位委派到非国有公司、企业以及其他单位从事公务的人员有前款行为的，依照本法第三百八十二条、第三百八十三条的规定定罪处罚。我们认为，股份有限公司仅仅属于公司的一种形式。其中，从事管理工作的人员，利用职务便利，非法占有本公司财物构成犯罪的行为，根据《刑法》第二百七十一条的规定，触犯的不外乎两个罪名，即《刑法》第二百七十一条第一款规定的职务侵占罪和《刑法》第三百八十二条规定的贪污罪。两罪区别的关键，在于主体的性质不同。因此，股份有限公司，无论该公司是由国有资本参股，还是控股，其中受国有单位委派从事管理工作的人员，利用职务便利，非法占有本公司财物，构成犯罪的，应根据《刑法》第二百七十一条第二款和《刑法》第三百八十二条的规定，以贪污罪定罪处罚；其他从事管理工作的人员，利用职务便利，非法占有本公司财物，构成犯罪的，则应根据《刑法》第二百七十一条第一款的规定，以职务侵占罪定罪处罚。

有人提出，如前所述，股份有限公司的财产属于独立的公司法人财产，不同于国家参股、控股的国有资产，因此，国有单位委派到股份有限公司中从事管理工作的人员，利用职务便利，非法占有的对象是股份有限公司的财物，而不是国有资产，因此，不应构成贪污罪，而只构成职务侵占罪。我们认为，虽然《刑法》第三百八十二条规定的贪污罪的对象必须是公共财物，单纯依照该条的规定，上述行为无疑不能构成贪污罪。但是，该条仅仅是贪污罪的一般规定，而《刑法》第二百七十一条第二款则属于贪污罪的特殊规定。根据特殊规定优于一般规定的《刑法》适用原则，对于国有单位委派到国有资本参股、控股的股份有限公司中从事管理工作的人员，利用职务便利，非法占有公司财物的行为，只能认定构成贪污罪。

（撰稿人：祝二军
审稿人：熊选国）

最高人民法院
关于对受委托管理、经营国有财产人员挪用国有资金行为如何定罪问题的批复

法释〔2000〕5号

（2000年2月13日最高人民法院审判委员会第1099次会议通过 2000年2月16日最高人民法院公告公布 自2000年2月24日起施行）

江苏省高级人民法院：

你院苏高法〔1999〕94号《关于受委托管理、经营国有财产的人员能否作为挪用公款罪主体问题的请示》收悉。经研究，答复如下：

对于受国家机关、国有公司、企业、事业单位、人民团体委托，管理、经营国有财产的非国家工作人员，利用职务上的便利，挪用国有资金归个人使用构成犯罪的，应当依照刑法第二百七十二条第一款的规定定罪处罚。

此复

【解　　读】

解读《最高人民法院关于对受委托管理、经营国有财产人员挪用国有资金行为如何定罪问题的批复》

一、问题的提出

最高人民法院于2000年2月16日公布了《关于对受委托管理、经营国有财产人员挪用国有资金行为如何定罪问题的批复》（以下简称本批复）。从本批复的内容看，所要解决的关键问题是受国家机关、国有公司、企业、事业单位、人民团体委托，管理、经营国有财产的非国家工作人员能否构成挪用公款罪主体。

二、理解与适用

实践部门对这一问题有不同认识：一种意见认为，对于受国家机关，国有公司、企业、事业单位，人民团体委托管理、经营国有财产的人员挪用国有资金构成犯罪的行为，应当以挪用公款罪定罪处罚。主要理由是：《刑法》第三百八十二条第二款的规定充分体现了强化保护国有财产的立法意图，这一立法意图透过《刑法》关于贪污罪主体的特殊规定可见一斑，即“受国家机关、国有公司、企业、事业单位、人民团体委托管理、经营国有财产的人员，利用职务上的便利，侵吞、窃取、骗取或者以其他手段非法占有国有财物的，以贪污论”。也就是说，根据《刑法》的规定，为了保护国有财产的安全，即使受委托管理、经营国有财产的人员不是国家工作人员也可以构成贪污罪。就挪用公款罪的社会危害而言，对国有财产的危害虽然小于贪污罪，但是毕竟侵犯了国有财产的使用权，也可能会造成十分严重的经济损失。因此，根据严格保护国有财产的需要，将《刑法》关于贪污罪犯罪主体的特殊规定理解为同样适用于挪用公款罪，也是符合立法意图的。反之，如果将受委托管理、经营国有财产的人员挪用公款的行为不认定为挪用公款罪，而定性为挪用资金罪，则不能充分体现对国有财产的保护，在司法实践中也容易引起混乱。例如，受委托管理、经营国有财产的人员既有贪污公款的行为又有挪用资金的行为，如果对同一行为人依不同身份分别定贪污罪和挪用资金罪，则明显不合适。

另一种意见认为，《刑法》第三百八十四条规定的挪用公款罪的主体仅限于国家工作人员，根据《刑法》有关国家工作人员的规定，受国家机关，国有公司、企业、事业单位，人民团体委托管理、经营国有财产的人员，不属于国家工作人员。因此，根据罪刑法定原则的基本要求，对于其利用职务上的便利，挪用公款归个人使用构成犯罪的行为，应当依照《刑法》第二百七十二条第一款的规定，以挪用资金罪定罪处罚，不构成挪用公款罪。

批复采纳了第二种意见，主要理由是：根据罪刑法定原则，受委托管理、经营国有财产的人员不是国家工作人员，其挪用公款的行为不能构成挪用公款罪。第一种意见从保护国有财产的角度考虑，参照《刑法》关于贪污罪主体范围的规定，将挪用公款罪的主体扩大理解为包括受委托管理、经营国有财产的人员，以体现对贪污和挪用公款行为依法严惩的本意是好的。但是，从《刑法》的具体规定看，并不能简单地将二者等同起来。

我们认为，《刑法》关于贪污罪主体范围的规定比挪用公款罪的主体宽，但是从逻辑上看，《刑法》第三百八十二条第二款是将“受委托管理、经营国有财产的人员”单列一款进行规定的，此类人员与国家工作人员显然是并列关系，不包含在国家工作人员之内。此外，考虑到贪污罪是对公共财物所有权的侵犯，其危害程度要远远大于挪用公款罪，对其从严惩处体现了从严治贪的立法意图。因此，对《刑法》没有将受委托管理、经营国有财产的人员明确规定为挪用公款罪的主体，不能简单地视为立法的疏漏。而且，如果将挪用公款罪的主体参照贪污罪的规定予以扩大的话，受贿罪的主体也会出现相应扩大的问题。

（撰稿人：孙军工
审稿人：熊选国）

最高人民法院
关于如何理解刑法第二百七十二条规定的
“挪用本单位资金归个人使用或者
借贷给他人”问题的批复

法释〔2000〕22号

（2000年6月30日最高人民法院审判委员会
第1121次会议通过 2000年7月20日最高人民
法院公告公布 自2000年7月27日起施行）

新疆维吾尔自治区高级人民法院：

你院新高法〔1998〕193号《关于对刑法第二百七十二条“挪用本单位资金归个人使用或者借贷给他人”的规定应如何理解的请示》收悉。经研究，答复如下：

公司、企业或者其他单位的非国家工作人员，利用职务上的便利，挪用本单位资金归本人或者其他自然人使用，或者挪用人以个人名义将所挪用的资金借给其他自然人和单位，构成犯罪的，应当依照刑法第二百七十二条第一款的规定定罪处罚。

此复

【解　　读】

解读《最高人民法院关于如何理解刑法第二百七十二条规定的“挪用本单位资金归个人使用或者借贷给他人”问题的批复》

一、问题的提出

为了正确理解和执行《刑法》第二百七十二条第一款的规定，最高人民法院于2000年7月20日作出了《关于如何理解刑法第二百七十二条规定的“挪用本单位资金归个人使用或者借贷给他人”问题的批复》(以下简称本批复)。本批复对何种情况下属于“挪用本单位资金归个人使用”和“挪用本单位资金借贷给他人”分别作出解释。

二、理解与适用

根据本批复的规定,《刑法》第二百七十二条“挪用本单位资金归个人使用”,包括挪用资金归本人使用和挪用资金给其他自然人使用两种情况。上述规定在讨论中主要有两个问题:一是,《刑法》第二百七十二条规定的“个人”,除挪用人本人外,是否还可以包括其他自然人,经征求立法机关的意见,本批复规定挪用本单位资金给其他自然人使用的,属于“归个人使用”。二是,《关于审理挪用公款案件具体应用法律若干问题的解释》第一条第二款规定:“挪用公款给私有公司、私有企业使用的,属于挪用公款归个人使用。”挪用资金给私有公司、企业使用的,是否也应认定为“挪用资金归个人使用”?考虑到最高人民法院 1999 年 6 月作出的《关于审理单位犯罪案件具体应用法律有关问题的解释》第一条,已经明确将具有法人资格的私有公司、私有企业规定为《刑法》第三十条规定的“单位”,而具有法人资格的私有公司、私有企业作为单位,显然不属于《刑法》第二百七十二条规定的“个人”。因此,挪用资金给具有法人资格的私有公司、私有企业使用的,不应再认定为“挪用资金归个人使用”。

本批复将挪用本单位资金“借贷给他人”,解释为“挪用人以个人名义将所挪用的资金借给其他自然人和单位”。讨论中对于《刑法》第二百七十二条规定的“他人”是否包括“单位”,以及如何确定“单位”的范围,有不同意见。根据本批复的规定,“他人”包括单位。主要考虑到,挪用人通常都是为了牟取私利或者是出于亲戚朋友关系,未经单位同意,以个人名义,将本单位资金借给其他单位使用,其行为实质上也是挪用人私自支配本单位资金,同样也侵犯了单位对资金的使用权。这种行为不同于经过单位决定,企业之间签订了借款合同的拆借资金行为。企业间资金拆借行为,虽然违反了财经制度,但不涉及侵犯单位资金使用权的问题。如果对以个人名义私自出借本单位资金行为按照企业间资金拆借行为进行处理,就会放纵犯罪。至于“单位”范围如何来认定。有的同志提出,应当将“国有→国有”和“非国有→国有”两种情况排除出去,理由:一是,根据挪用公款司法解释有关规定的精神,对于将国有单位公款挪给另一国有单位使用的,不以挪用公款罪追究刑事责任,那么同样情况下,非国家工作人员将国有单位公款挪给另一国有单位使用的,也不应按照挪用资金罪定罪处罚。二是,其他所有制性质单位的资金挪给国有单位使用的,受害单位不是国有单位,可以按照企业间资金拆借行为处理,不必按照挪用资金罪定罪处罚。经研究认为,对于符合挪用资金罪构成要件的行为,就应当以挪用资金罪追究刑事责任，不宜根据受害单位或者使用资金单位的所有制性质，确定是否追究刑事责任。一个国有单位资金挪给另一国有单位使用，行为人的挪用资金行为侵犯了本单位对资金的使用权，其行为给所在的国有单位造成的危害和损失，并不因为对方使用资金单位是国有单位而能避免。挪用非国有单位资金给国有单位使用不构成挪用资金罪的观点，不符合对市场经济主体平等保护的宪法原则，从长远来看，不利于我国市场经济的进一步发展。因此，本批复中规定的单位，包括国有和非国有单位。

（撰稿人：李　兵

审稿人：熊选国）

最高人民法院 最高人民检察院
关于办理敲诈勒索刑事案件适用法律若干问题的解释

法释〔2013〕10号

（2013年4月15日最高人民法院审判委员会
第1575次会议、2013年4月1日最高人民检察院第十二届
检察委员会第2次会议通过 2013年4月23日最高人民法院、
最高人民检察院公告公布 自2013年4月27日起施行）

为依法惩治敲诈勒索犯罪，保护公私财产权利，根据《中华人民共和国刑法》《中华人民共和国刑事诉讼法》的有关规定，现就办理敲诈勒索刑事案件适用法律的若干问题解释如下：

第一条 敲诈勒索公私财物价值二千元至五千元以上、三万元至十万元以上、三十万元至五十万元以上的，应当分别认定为刑法第二百七十四条规定的“数额较大”“数额巨大”“数额特别巨大”。

各省、自治区、直辖市高级人民法院、人民检察院可以根据本地区经济发展状况和社会治安状况，在前款规定的数额幅度内，共同研究确定本地区执行的具体数额标准，报最高人民法院、最高人民检察院批准。

第二条 敲诈勒索公私财物，具有下列情形之一的，“数额较大”的标准可以按照本解释第一条规定标准的百分之五十确定：

（一）曾因敲诈勒索受过刑事处罚的；

（二）一年内曾因敲诈勒索受过行政处罚的；

（三）对未成年人、残疾人、老年人或者丧失劳动能力人敲诈勒索的；

（四）以将要实施放火、爆炸等危害公共安全犯罪或者故意杀人、绑架等严重侵犯公民人身权利犯罪相威胁敲诈勒索的；

（五）以黑恶势力名义敲诈勒索的；

（六）利用或者冒充国家机关工作人员、军人、新闻工作者等特殊身份敲诈勒索的；

（七）造成其他严重后果的。

第三条 二年内敲诈勒索三次以上的，应当认定为刑法第二百七十四条规定的“多次敲诈勒索”。

第四条 敲诈勒索公私财物，具有本解释第二条第三项至第七项规定的情形之一，数额达到本解释第一条规定的“数额巨大”“数额特别巨大”百分之

八十的，可以分别认定为刑法第二百七十四条规定的“其他严重情节”“其他特别严重情节”。

第五条 敲诈勒索数额较大，行为人认罪、悔罪，退赃、退赔，并具有下列情形之一的，可以认定为犯罪情节轻微，不起诉或者免予刑事处罚，由有关部门依法予以行政处罚：

（一）具有法定从宽处罚情节的；

（二）没有参与分赃或者获赃较少且不是主犯的；

（三）被害人谅解的；

（四）其他情节轻微、危害不大的。

第六条 敲诈勒索近亲属的财物，获得谅解的，一般不认为是犯罪；认定为犯罪的，应当酌情从宽处理。

被害人对敲诈勒索的发生存在过错的，根据被害人过错程度和案件其他情况，可以对行为人酌情从宽处理；情节显著轻微危害不大的，不认为是犯罪。

第七条 明知他人实施敲诈勒索犯罪，为其提供信用卡、手机卡、通讯工具、通讯传输通道、网络技术支持等帮助的，以共同犯罪论处。

第八条 对犯敲诈勒索罪的被告人，应当在二千元以上、敲诈勒索数额的二倍以下判处罚金；被告人没有获得财物的，应当在二千元以上十万元以下判处罚金。

第九条 本解释公布施行后，《最高人民法院关于敲诈勒索罪数额认定标准问题的规定》（法释〔2000〕11 号）同时废止；此前发布的司法解释与本解释不一致的，以本解释为准。

【解　　读】

解读《最高人民法院、最高人民检察院关于办理敲诈勒索刑事案件适用法律若干问题的解释》

一、问题的提出

敲诈勒索犯罪是常见多发的一类犯罪。近年来，敲诈勒索犯罪出现了一些新情况新问题。一些黑恶势力将敲诈勒索作为攫取非法利益的惯用手段，涉案数额特别巨大，社会危害特别严重。鉴此，2011 年 2 月通过的《刑法修正案（八）》对敲诈勒索罪作了重大修改：一是降低了入罪门槛，将“多次敲诈勒索”增加规定为该罪的入罪条件之一；二是增加了一档法定刑幅度，规定敲诈勒索"数额特别巨大或者有其他特别严重情节的，处十年以上有期徒刑"；三是在每一量刑档次都增加规定了罚金刑。为准确、统一适用法律，依法惩治敲诈勒索犯罪，"两高"经深入研究，广泛征求各方面意见，制定了《关于办理敲诈勒索刑事案件适用法律若干问题的解释》（以下简称本解释）。

二、理解与适用

本解释共九条，主要规定了以下内容：

（一）敲诈勒索"数额较大""数额巨大""数额特别巨大"的一般认定标准

本解释在综合考虑近年来我国经济社会发展状况和社会治安状况基础上，立足于更好体现宽严相济刑事政策精神，对敲诈勒索犯罪"数额较大""数额巨大""数额特别巨大"的认定标准作出了新的规定。本解释第一条规定，敲诈勒索公私财物价值二千元至五千元以上、三万元至十万元以上、三十万元至五十万元以上的，应当分别认定为刑法第二百七十四条规定的"数额较大""数额巨大""数额特别巨大"。各省、自治区、直辖市高级人民法院、人民检察院可以根据本地区经济发展状况和社会治安状况，在前款规定的数额幅度内，共同研究确定本地区执行的具体数额标准，报最高人民法院、最高人民检察院批准。

与 2000 年 4 月最高人民法院《关于敲诈勒索罪数额认定标准问题的规定》（以下简称《规定》）相比，本解释对敲诈勒索"数额较大""数额巨大"的认定标准均作了适当提高。确立以上数额标准，主要考虑：

1. 敲诈勒索罪属于侵财性犯罪，敲诈勒索财物的价值是反映、决定其社会危害程度的主要标准，因此，对敲诈勒索定罪量刑数额标准的设定应与经济社会发展状况保持一定的适应性。而据统计，1999 年全国城镇居民人均可支配收入为 5854.02 元，2012 年全国城镇居民人均可支配收入为 24565 元，比 1999 年增长了 3.2 倍。

2. 目前，敲诈勒索犯罪还处于多发态势。对其定罪量刑数额标准的设定不能片面、单纯考虑与经济发展"同步"提高，还要充分考虑社会治安状况和人民群众安全感。鉴此，本解释第一条对敲诈勒索"数额较大"的认定标准只作了微幅调整，同时，第二条还规定对具有严重情节的敲诈勒索行为，"数额较大"的标准可按第一条规定的 50％掌握。

3. 近年来出台的有关财产犯罪的司法解释对定罪量刑数额标准均有所调整。2011 年 3 月"两高"《关于办理诈骗刑事案件具体应用法律若干问题的解释》（以下简称《诈骗罪解释》）规定的"数额较大""数额巨大""数额特别巨大"标准分别是"三千元至一万元以上""三万元至十万元以上""五十万元以上"。2013 年 4 月"两高"《关于办理盗窃刑事案件适用法律若干问题的解释》

（以下简称《盗窃罪解释》）规定的“数额较大”“数额巨大”“数额特别巨大”标准分别是“一千元至三千元以上”“三万元至十万元以上”“三十万元至五十万元以上”。鉴于敲诈勒索案件的被害人往往有报案、寻求救济的时机，具有“半自愿性”地交付财物的特征，其社会危害性总体上居于诈骗罪和盗窃罪之间。因此，确定该罪的入罪门槛略高于盗窃罪，但又略低于诈骗罪，“数额巨大”“数额特别巨大”的确定标准也基本遵循此原则。

（二）敲诈勒索“数额较大”的特别认定标准

本解释第二条规定，对于具有“曾因敲诈勒索受过刑事处罚”，“以黑恶势力名义敲诈勒索”等七种情形之一的，“数额较大”的标准可以按照第一条规定标准的百分之五十确定。本条是敲诈勒索“数额较大”标准的特别规定，旨在避免“唯数额论”的不足，对社会危害性严重的敲诈勒索行为降低入罪门槛，有利于更好贯彻宽严相济刑事政策和罪责刑相适应原则。

1. 因敲诈勒索受过刑事处罚的。近年来，有敲诈勒索前科再犯罪的情况较为突出。此类屡教不改者，人身危险性较大，有必要适当降低入罪数额标准，将其纳入刑事处罚范围。

2. 一年内曾因敲诈勒索受过行政处罚的。本项规定的“一年内”，应当从行政处罚执行完毕之日，而不是从行政处罚决定之日起计算。否则，因敲诈勒索被劳动教养一年，解教后第二天实施敲诈勒索行为的，就不能对其从严惩处，显然有失妥当。

3. 对未成年人、残疾人、老年人或者丧失劳动能力人敲诈勒索的。适用本项规定，应坚持主客观相统一原则，以行为人明知盗窃对象是未成年人、残疾人、老年人或者丧失劳动能力人为条件。如以正常人的认知能力，无从知晓对方是上述特定人员的，不能适用本项规定。

4. 以将要实施放火、爆炸等危害公共安全犯罪或者故意杀人、绑架等严重侵犯公民人身权利犯罪相威胁敲诈勒索的。敲诈勒索犯罪，行为人常常以实施放火、爆炸、投放危险物质等相威胁，或者故意编造虚假恐怖信息，造成社会恐慌，危及公共安全；还有的犯罪分子给被害人投寄子弹、匕首等以杀害被害人相威胁，扬言要采取暴力、胁迫等方式掳走被害人以索取钱财，考虑到放火、爆炸、投放危险物质等与故意杀人、绑架均属于社会危害性严重的暴力犯罪，以实施以上严重暴力犯罪相威胁，易让被害人产生恐惧、畏惧心理，具有更为严重的社会危害性，应加大对此类行为的打击力度。

5. 以黑恶势力名义敲诈勒索的。依靠、凭借或者利用黑恶势力的非法控制力或者影响力，实施敲诈勒索行为，比如收取保护费的，严重扰乱了社会和经济秩序，影响了群众安全感，具有更为严重的社会危害性，应当从严惩处。“以黑恶势力名义”，包括确实是黑恶势力和冒充黑恶势力两种情况。

6. 利用或者冒充国家机关工作人员、军人、新闻工作者等特殊身份敲诈勒索的。此类敲诈勒索行为，更容易对被害人产生心理威慑，严重败坏党和政府等的形象和声誉，有必要予以严惩。对本项规定中的“等”，宜从严掌握，不能随意扩大解释。

7. 造成其他严重后果的。该项为兜底项，主要是指因敲诈勒索引起被害人自杀、伤残、精神失常等严重后果的情形。

需要特别指出的是，根据本解释第二条的规定，具有“曾因敲诈勒索受过刑事处罚”等七种情形之一的，只是“可以”而非“应当”降低入罪数额门槛。因此，如综合考虑全案情节，降低入罪数额门槛明显有失妥当的，也可例外地不适用本条规定。如冒充黑恶势力敲诈勒索，行为人只是随口一说，甚至带有玩笑色彩，明显不足信，对方也根本没有因此感到恐惧的，则不宜适用本条规定。

（三）“多次敲诈勒索”的认定

本解释第三条规定，二年内敲诈勒索三次以上的，应当认定为《刑法》第二百七十四条规定的“多次敲诈勒索”。

“多次敲诈勒索”，没有数额限制。只要实施了三次以上的敲诈勒索行为，不管敲诈勒索数额多少，依法都可以定罪处罚。但是，对于情节显著轻微、危害不大的，可以依照《刑法》第十三条的规定，不作为犯罪处理。

“多次敲诈勒索”是否要求每次敲诈勒索行为都是“未经处理”呢？对此存在不同认识。第一种意见认为，只要在二年内实施三次敲诈勒索行为，即使每次的敲诈勒索行为已经被刑事处罚或者行政处罚，也成立“多次敲诈勒索”。第二种意见认为，在二年内实施的三次敲诈勒索行为，必须是未经行政处罚和刑事处罚的。第三种意见认为，三次敲诈勒索行为都应当是未经刑事处罚的行为，如只是受到行政处罚，则仍然可以成立“多次敲诈勒索”。经研究，我们倾向于第三种观点，如敲诈勒索行为已经刑事处罚，显然不能再将其作为犯罪处理，否则有违一事不二罚原则；但如之前的行为已经行政处罚，则可计入“多次敲诈勒索”，主要考虑：如已受行政处罚的也不能计入，则从实践看，“多次敲诈勒索”将基本没有适用的可能；行政处罚与刑事处罚性质不同，对已受行政处罚的行为追究刑事责任的，行为人先前所受的行政处罚可在刑期、罚金中作相应抵扣，并不违反禁止重复评价原则。此问题还可以进一步研究。

（四）敲诈勒索“其他严重情节”“其他特别严重情节”的认定

本解释第四条规定，敲诈勒索公私财物，具有本解释第二条第三项至第七项规定的情形之一，数额达到第一条规定的“数额巨大”“数额特别巨大”百分之八十的，可以分别认定为敲诈勒索罪的“其他严重情节”“其他特别严重情节”。

敲诈勒索罪属于侵财犯罪，敲诈勒索公私财物的价值多少是其社会危害性程度的主要体现，故参照《盗窃罪解释》《诈骗罪解释》的相关规定，以数额加情节的方式规定了“其他严重情节”“其他特别严重情节”的具体情形。需要重点说明的是：

1. 敲诈勒索罪上档处罚的数额比例较高。盗窃罪和诈骗罪都是具备相应情形后，只要达到“数额巨大”“数额特别巨大”百分之五十的，就可以分别认定为“其他严重情节”“其他特别严重情节”，而敲诈勒索罪的标准是“百分之八十”，主要考虑：(1) 与盗窃罪、诈骗罪解释的相关规定不同，本解释第二条第三项至第七项规定的情形，基本上包括了敲诈勒索的主要手段，从打早打小的角度，适当降低入罪标准确有必要，但若普遍上档处罚，打击过于严厉，不符合宽严相济刑事政策的要求。(2)“数额特别巨大或者有其他特别严重情节的，处十年以上有期徒刑，并处罚金”的法定刑，是《刑法修正案(八)》增加的。此前，不管敲诈勒索数额多大，最高也只能判处十年有期徒刑。刑法修改后，如果“其他特别严重情节”的标准设置过低，将导致大量案件应当判处十年以上有期徒刑，从而大幅度提高敲诈勒索犯罪的刑罚，将导致量刑整体偏重，不利于罪犯悔改和犯罪预防。

2. 对于具有“以黑恶势力名义敲诈勒索的”等五种情形之一的，也并非一律上档处罚，而是应当综合考虑全案情节，如果上档处罚确实量刑畸重的，就不能上档处罚，以实现罪刑相当。敲诈勒索罪属于《人民法院量刑指导意见(试行)》规定的十五个罪名之一，可以参照对全案情节量化的结果，决定是否上档处罚。

（五）敲诈勒索情节轻微可不起诉或者免除处罚的规定

为贯彻宽严相济刑事政策，规范、指导办案，本解释第五条规定，敲诈勒索数额较大，行为人认罪、悔罪，退赃、退赔，并具有法定从宽处罚情节、没有参与分赃或者获赃较少且不是主犯、被害人谅解等情形的，可以认定为犯罪情节轻微，不起诉或者免予刑事处罚，由有关部门依法予以行政处罚。

（六）敲诈勒索特殊情形的从宽处理

本解释第六条第一款规定，“敲诈勒索近亲属的财物，获得谅解的，一般不认为是犯罪；认定为犯罪的，应当酌情从宽处理。”司法实践中，对于敲诈勒索近亲属的财物，近亲属予以谅解的，根据个案情况，符合《刑法》第十三条规定的“情节显著轻微危害不大”条件的，可以“不认为是犯罪”；不符合《刑法》第十三条规定条件的，虽认定为犯罪，但应当酌情从宽处理。

本解释第六条第二款规定，“被害人对敲诈勒索的发生存在过错的，根据被害人过错程度和案件其他情况，可以对行为人酌情从宽处理；情节显著轻微危害不大的，不认为是犯罪。”司法实践中，有些敲诈勒索案件确因被害人过错引起，行为人以被害人过错相威胁或要挟实施敲诈勒索的，与其他敲诈勒索的主观恶性和客观危害程度有所区别，不宜机械根据数额、情节定罪处罚。具体案件的处理，应当根据过错责任的性质、过错与犯罪之间的关联度大小等因素，综合确定定罪量刑幅度。

需要特别强调的是，本条使用“从宽处理”而不是“从轻处罚”的表述，意味着不仅量刑上可以从轻处罚，在定罪（即法定刑幅度）的认定上也可以从宽处理，即使符合本解释规定的数额加重或者情节加重情形的，也可以根据本条规定不适用加重处罚。即：（1）敲诈勒索数额达到本解释规定的“数额较大”标准的，可以认定为犯罪情节轻微，不作为犯罪处理；（2）敲诈勒索数额、情节达到本解释规定的“数额巨大”或者有“其他严重情节”标准的，可以认定为“数额较大”；（3）敲诈勒索数额、情节达到本解释规定的“数额特别巨大”或者有“其他特别严重情节”的，可以分别认定为“数额巨大”或者有“其他严重情节”。当然，适用本条规定应当严格限定条件、注重社会效果、实现罪刑相当。

（七）敲诈勒索共犯的认定

本解释第七条明确了敲诈勒索共同犯罪的认定，规定明知他人实施敲诈勒索犯罪，为其提供信用卡、手机卡、通讯工具、通讯传输通道、网络技术支持等帮助的，以共同犯罪论处。根据调研了解到的案件情况，近年来敲诈勒索团伙犯罪情况较突出，多是以亲戚、朋友、老乡关系等为纽带，纠集组成相对固定的团伙，收集信息、制作信件、拨打电话、开设账户、取款转款等环节分工明确。为有效打击敲诈勒索共同犯罪，本条借鉴《诈骗罪解释》第七条的内容作出了规定。

（八）敲诈勒索罪判处罚金刑的标准

《刑法修正案（八）》对敲诈勒索罪增加了罚金刑的规定，为了从经济上打击敲诈勒索犯罪，剥夺敲诈勒索行为人再犯资本，有必要明确敲诈勒索判处罚金的具体量刑标准。本解释第八条主要根据2000年12月最高人民法院《关于适用财产刑若干问题的规定》第二条的规定，并借鉴了《盗窃罪解释》第十五条的内容，明确以敲诈勒索入罪数额标准二千元为罚金起点，若敲诈勒索取得财物，在实际取得财物数额的二倍以下判处罚金；若未取得财物，在十万元以下判处罚金。

（九）其他问题

本解释起草过程中，主要还有两个问题：

1. 关于罪数问题。有意见提出，建议明确规定实施敲诈勒索犯罪又构成其他犯罪的处理原则，即规定：“实施敲诈勒索犯罪行为，同时又构成其他犯罪的，依照处罚较重的规定从重处罚。”主要考虑：行为人实施敲诈勒索犯罪，还可能涉嫌抢劫罪、非法获取公民个人信息罪、编造、故意传播虚假恐怖信息罪、寻衅滋事罪等犯罪，故有必要作出原则规定。经研究，我们认为，司法实践中案件情况较为复杂，需要具体问题具体分析，如果实施敲诈勒索犯罪行为，同时该行为又构成其他犯罪的，依照处罚较重的规定从重处罚，应无异议；但如果在实施敲诈勒索犯罪过程中，又实施其他行为构成犯罪，如果不属于牵连犯、吸收犯等应当以一罪论处情形的，则应当数罪并罚。鉴于此问题在实践中并不突出，且适用中争议也不大，故本解释未作规定。

2. 关于敲诈勒索犯罪数额的认定问题。在敲诈勒索案件中，被告人与被害人之间往往有一个“讨价还价”的过程。行为人的“开价”数额往往很高，但真正最后到手的通常要打折扣。是应以开价数额，还是以到手数额作为犯罪数额？我们认为，应以行为人实际敲诈到的数额作为其犯罪数额，同时将开价数额作为量刑情节考虑。这样处理，更符合此类犯罪的自身特点——开价数额往往具有随意性，具有概括故意的性质；也更能体现罪责刑相适应原则——敲诈勒索是财产犯罪，其危害程度主要取决于实际给被害人造成了多大的财产损失，被告人的开价数额并非决定行为社会危害性的主要方面。如果经过“讨价还价”，行为人最后仍未实际敲诈到钱财的，宜以其最低的要价认定敲诈勒索未遂的数额。

最高人民法院
关于审理拒不支付劳动报酬刑事案件适用法律若干问题的解释

法释〔2013〕3号

（2013年1月14日最高人民法院审判委员会第1567次会议通过 2013年1月16日最高人民法院公告公布 自2013年1月23日起施行）

为依法惩治拒不支付劳动报酬犯罪，维护劳动者的合法权益，根据《中华人民共和国刑法》有关规定，现就办理此类刑事案件适用法律的若干问题解释如下：

第一条 劳动者依照《中华人民共和国劳动法》和《中华人民共和国劳动合同法》等法律的规定应得的劳动报酬，包括工资、奖金、津贴、补贴、延长工作时间的工资报酬及特殊情况下支付的工资等，应当认定为刑法第二百七十六条之一第一款规定的“劳动者的劳动报酬”。

第二条 以逃避支付劳动者的劳动报酬为目的，具有下列情形之一的，应当认定为刑法第二百七十六条之一第一款规定的“以转移财产、逃匿等方法逃避支付劳动者的劳动报酬”：

（一）隐匿财产、恶意清偿、虚构债务、虚假破产、虚假倒闭或者以其他方法转移、处分财产的；

（二）逃跑、藏匿的；

（三）隐匿、销毁或者篡改账目、职工名册、工资支付记录、考勤记录等与劳动报酬相关的材料的；

（四）以其他方法逃避支付劳动报酬的。

第三条 具有下列情形之一的，应当认定为刑法第二百七十六条之一第一款规定的“数额较大”：

（一）拒不支付一名劳动者三个月以上的劳动报酬且数额在五千元至二万元以上的；

（二）拒不支付十名以上劳动者的劳动报酬且数额累计在三万元至十万元以上的。

各省、自治区、直辖市高级人民法院可以根据本地区经济社会发展状况，在前款规定的数额幅度内，研究确定本地区执行的具体数额标准，报最高人民法院备案。

第四条 经人力资源社会保障部门或者政府其他有关部门依法以限期整改指令书、行政处理决定书等文书责令支付劳动者的劳动报酬后，在指定的期限内仍不支付的，应当认定为刑法第二百七十六条之一第一款规定的“经政府有关部门责令支付仍不支付”，但有证据证明行为人有正当理由未知悉责令支付或者未及时支付劳动报酬的除外。

行为人逃匿，无法将责令支付文书送交其本人、同住成年家属或者所在单位负责收件的人的，如果有关部门已通过在行为人的住所地、生产经营场所等地张贴责令支付文书等方式责令支付，并采用拍照、录像等方式记录的，应当视为“经政府有关部门责令支付”。

第五条 拒不支付劳动者的劳动报酬，符合本解释第三条的规定，并具有下列情形之一的，应当认定为刑法第二百七十六条之一第一款规定的“造成严重后果”：

（一）造成劳动者或者其被赡养人、被扶养人、被抚养人的基本生活受到严重影响、重大疾病无法及时医治或者失学的；

（二）对要求支付劳动报酬的劳动者使用暴力或者进行暴力威胁的；

（三）造成其他严重后果的。

第六条 拒不支付劳动者的劳动报酬，尚未造成严重后果，在刑事立案前支付劳动者的劳动报酬，并依法承担相应赔偿责任的，可以认定为情节显著轻微危害不大，不认为是犯罪；在提起公诉前支付劳动者的劳动报酬，并依法承担相应赔偿责任的，可以减轻或者免除刑事处罚；在一审宣判前支付劳动者的劳动报酬，并依法承担相应赔偿责任的，可以从轻处罚。

对于免除刑事处罚的，可以根据案件的不同情况，予以训诫、责令具结悔过或者赔礼道歉。

拒不支付劳动者的劳动报酬，造成严重后果，但在宣判前支付劳动者的劳动报酬，并依法承担相应赔偿责任的，可以酌情从宽处罚。

第七条 不具备用工主体资格的单位或者个人，违法用工且拒不支付劳动者的劳动报酬，数额较大，经政府有关部门责令支付仍不支付的，应当依照刑法第二百七十六条之一的规定，以拒不支付劳动报酬罪追究刑事责任。

第八条 用人单位的实际控制人实施拒不支付劳动报酬行为，构成犯罪的，应当依照刑法第二百七十六条之一的规定追究刑事责任。

第九条 单位拒不支付劳动报酬，构成犯罪的，依照本解释规定的相应个人犯罪的定罪量刑标准，对直接负责的主管人员和其他直接责任人员定罪处罚，并对单位判处罚金。

【解　　读】

解读《最高人民法院关于审理拒不支付劳动报酬刑事案件适用法律若干问题的解释》

一、问题的提出

一段时期以来，部分地方用工单位拒不支付劳动者的劳动报酬的现象比较突出，广大劳动者、特别是农民工成为拒不支付劳动报酬行为的主要受害者。据人力资源社会保障部提供的数据，2012 年，全国各级劳动保障监察机构共查处欠薪案件 21.8 万件，为 622.5 万劳动者追发工资等待遇 200.8 亿元。拒不支付劳动者的劳动报酬，不仅侵害了劳动者的合法权益，而且导致大量社会矛盾，甚至引发群体性事件，成为影响社会和谐稳定的重要隐患。2011 年 2 月 25 日《刑法修正案（八）》增设拒不支付劳动报酬罪，对以转移财产、逃匿等方法逃避支付劳动者的劳动报酬或者有能力支付而不支付劳动者的劳动报酬，数额较大，经政府有关部门责令支付仍不支付的，处 3 年以下有期徒刑或者拘役，并处或者单处罚金；造成严重后果的，处 3 年以上 7 年以下有期徒刑，并处罚金。单位犯罪的，对单位判处罚金，并对其直接负责的主管人员和其他直接责任人员，依照前述规定处罚。

然而，在办理拒不支付劳动报酬犯罪案件过程中，适用《刑法》相关规定遇到了一些问题，需要进一步明确：(1) 有关用语的含义有待进一步界定，如《刑法》第二百七十六条之一规定的“劳动者的劳动报酬”“经政府有关部门责令支付仍不支付”等用语。(2) 定罪量刑标准有待进一步明确，《刑法》第二百七十六条之一规定的“数额较大”“造成严重后果”缺乏明确标准，可操作性较弱。(3) 其他法律适用疑难问题有待进一步统一认识，如拒不支付劳动报酬罪的从宽处理、违法用工且拒不支付劳动者的劳动报酬的定性、实际控制人拒不支付劳动报酬的定性等问题。为更好地贯彻执行拒不支付劳动报酬罪的有关规定，切实维护广大劳动者的合法权益，最高人民法院及时启动了《关于审理拒不支付劳动报酬刑事案件适用法律若干问题的解释》（以下简称本解释）的制定工作。经广泛征求、认真听取各方面意见，反复、深入调研论证，完成了起草工作。2013 年 1 月 14 日，最高人民法院审判委员会第 1567 次会议讨论通过了本解释。

二、本解释起草中遵循的主要原则

为确保本解释的内容科学合理，能够适应形势发展、满足司法实践需要，我们在起草过程中，着重注意把握了以下几点：

第一，依法严惩拒不支付劳动报酬犯罪，切实维护广大劳动者的合法权益。在刑法已经增设了拒不支付劳动报酬罪的前提下，通过司法解释进一步明确相关定罪量刑标准，依法严惩拒不支付劳动报酬犯罪，充分发挥《刑法》的功能，以最大限度地维护广大劳动者的合法权益，是本解释起草过程中的主要考虑之一。基于此，我们立足司法实践，对拒不支付劳动报酬罪设定了相对较低的入罪标准，以彰显对此类犯罪依法严惩的立场。

第二，坚持贯彻宽严相济刑事政策，最大限度地发挥刑法的威慑和教育功能。适用拒不支付劳动报酬罪最为主要的目的在于促使行为人积极履行支付劳动报酬的义务，以充分维护劳动者的合法权益。因此，本解释根据宽严相济刑事政策的要求，对拒不支付劳动报酬能适用的从宽处罚情形作了专门规定，以促使行为人支付劳动者的劳动报酬，并依法承担相应赔偿责任，最大限度地发挥刑法的威慑和教育功能。同时，本解释对于拒不支付劳动报酬罪的结果加重情节作了专条规定，严厉惩治拒不支付劳动报酬“造成严重后果”的情形，以体现依法从严的政策要求。

第三，全面解决司法适用中疑难问题，增强司法解释的可操作性。本解释针对拒不支付劳动报酬罪所涉及的相关用语、定罪量刑标准、从宽处理等问题，进一步明确了相关刑事案件的法律适用标准，解决办理该类刑事案件所面临的法律适用疑难问题。特别是，本解释针对各地反映普遍的“经政府有关部门责令支付仍不支付”的认定标准问题，作出统一规定，彻底解决了这一困扰司法实践的突出问题。

三、本解释的主要内容

本解释共九个条文，大体而言，可以划分为如下三大块内容：(1) 界定拒不支付劳动报酬罪相关用语，如“劳动者的劳动报酬”“以转移财产、逃匿等方法逃避支付劳动者的劳动报酬”“经政府有关部门责令支付仍不支付”等的含义或认定标准；(2) 明确拒不支付劳动报酬罪的定罪量刑标准，对《刑法》第二百七十六条之一第一款规定的“数额较大”“造成严重后果”的具体情形和单位拒不支付劳动报酬的定罪量刑标准作了规定；(3) 解决拒不支付劳动报酬罪的有关法律适用难题，对从宽处罚的具体情形、违法用工且拒不支付劳动者的劳动报酬的定性、实际控制人拒不支付劳动报酬的定性等问题作了明确规定。

（一）界定相关用语的含义和认定标准

1. “劳动者的劳动报酬”的含义

根据《刑法》第二百七十六条之一的规定，拒不支付劳动报酬罪的行为对象为“劳动者的劳动报酬”。因此，本解释第一条明确了拒不支付劳动报酬罪行为对象“劳动者的劳动报酬”的范围。

1995 年 8 月 4 日原劳动部《关于贯彻执行〈中华人民共和国劳动法〉若干问题的意见》对劳动法中的“工资”作了界定，即“劳动法中的‘工资’是指用人单位依据国家有关规定或劳动合同的约定，以货币形式直接支付给本单位劳动者的劳动报酬，一般包括计时工资、计件工资、奖金、津贴和补贴、延长工作时间的工资报酬以及特殊情况下支付的工资等。”在参考这一界定的基础上，本解释第一条规定：“劳动者依照《中华人民共和国劳动法》和《中华人民共和国劳动合同法》等法律的规定应得的劳动报酬，包括工资、奖金、津贴、补贴、延长工作时间的工资报酬及特殊情况下支付的工资等，应当认定为《刑法》第二百七十六条之一第一款规定的‘劳动者的劳动报酬’。”

需要特别说明的是，本解释第一条将“劳动者的劳动报酬”限定为劳动报酬，未包括劳务报酬以及社会保险福利、劳动保护等方面的费用。主要考虑是：(1) 根据劳动法、劳动合同法等法律的规定，劳动报酬是基于用人单位和劳动者之间建立劳动关系所产生的工资收入；而劳务报酬并非基于劳动关系产生的，属于普通民事法律关系调整的范畴。立法规定拒不支付劳动报酬罪，是为了强化对处于相对弱势地位的劳动者的保护，对平等民事主体之间的劳务报酬纠纷，应通过民事程序解决。(2) 构成拒不支付劳动报酬罪的前提条件是经政府有关部门责令支付仍不支付。根据《劳动保障监察条例》规定，通常情况下，只有形成劳动关系，劳动监察部门才有权进行责令支付。对于一般的劳务报酬，劳动监察部门无法进行责令支付，相应也不能纳入拒不支付劳动报酬罪之“劳动报酬”的范畴。(3) 从增设拒不支付劳动报酬罪的背景来看，本罪主要打击危及劳动者基本生活保障的行为，拒不支付社会保险福利、劳动保护等方面的费用尚不会危及劳动者的基本生活，故将此部分费用未纳入拒不支付劳动报酬罪的行为对象。

2. “以转移财产、逃匿等方法逃避支付劳动者的劳动报酬”的认定标准

根据《刑法》第二百七十六条之一第一款的规定，以转移财产、逃匿等方法逃避支付劳动者的劳动报酬系拒不支付劳动报酬罪的行为方式之一。本解释第二条对“以转移财产、逃匿等方法逃避支付劳动者的劳动报酬”的认定标准作了进一步明确，规定：“以逃避支付劳动者的劳动报酬为目的，具有下列情形之一的，应当认定为刑法第二百七十六条之一第一款规定的‘以转移财产、逃匿等方法逃避支付劳动者的劳动报酬’：（一）隐匿财产、恶意清偿、虚构债务、虚假破产、虚假倒闭或者以其他方法转移、处分财产的；（二）逃跑、藏

匿的；（三）隐匿、销毁或者篡改账目、职工名册、工资支付记录、考勤记录等与劳动报酬相关的材料的；（四）以其他方法逃避支付劳动报酬的。”

需要注意的是，以转移财产方法逃避支付劳动者的劳动报酬的，行为人无疑具有支付能力。但是，对于以逃匿等方法逃避支付劳动者的劳动报酬，构成犯罪的，是否需要以行为人有支付能力为前提，在讨论中有不同意见：第一种意见认为，应当推定“以转移财产、逃匿等方法逃避支付劳动者的劳动报酬”的行为人具有支付能力，但有证据证明其确实不具有支付能力的除外。因此，应当在本条引言结尾处增加“但有证据证明被告人确实不具有支付能力的除外”的表述。第二种意见认为，对以逃匿方法逃避支付劳动报酬的，不论行为人有无支付能力，均应以拒不支付劳动报酬罪追究刑事责任。因此，不应在本条引言结尾处增加“但有证据证明被告人确实不具有支付能力的除外”的表述。经认真研究认为，与所并列的“有能力支付而不支付劳动者的劳动报酬”的表述不同，对于“以转移财产、逃匿等方法逃避支付劳动者的劳动报酬”，《刑法》第二百七十六条之一第一款并未将行为人需要有实际支付能力作为构成犯罪的条件。因此，对以逃匿方法逃避支付劳动者的劳动报酬的行为，构成犯罪的，不要求行为人具有支付能力。基于此，本解释第二条未规定“但有证据证明被告人确实不具有支付能力的除外”的表述。

3.“经政府有关部门责令支付仍不支付”的认定标准

根据《刑法》第二百七十六条之一第一款的规定，“经政府有关部门责令支付仍不支付”是构成拒不支付劳动报酬罪的要件之一。本解释第四条对“经政府有关部门责令支付仍不支付”的认定标准作了明确规定。

第一款规定责令支付主体包括但不限于人力资源社会保障部门。政府其他有关部门也可以在职权范围内进行责令支付。例如，对在建筑施工领域发生的拒不支付劳动报酬行为，建设行政主管部门可以进行责令支付，对在水利施工领域发生的拒不支付劳动报酬行为，水利行政主管部门可以进行责令支付。而根据《劳动保障监察条例》及2004年12月31日原劳动部《关于实施〈劳动保障监察条例〉若干规定》的规定，对于用人单位拒不支付劳动报酬的行为，人力资源社会保障部门可以根据具体情形分别作出劳动保障监察限期整改指令书、劳动保障行政处理决定书等法律文书，故将上述法律文书均视为责令支付文书。通常情况下，在责令支付文书指定的期限内仍不支付的，应当认定为“经政府有关部门责令支付仍不支付”。但是，行为人因身患重病、自然灾害等正常理由未知悉责令支付，或者虽然知悉责令支付但在指定期限内无法及时支付劳动报酬的，不能认定为“经政府有关部门责令支付仍不支付”。

需要注意的是，工会是职工自愿结合的工人阶级的群众组织，不属于政府有关部门的范畴，不能成为责令支付的主体。此外，人民法院和劳动争议仲裁委员会也不属于政府有关部门的范畴，不执行人民法院的判决和劳动争议仲裁裁决的不属于经政府有关部门责令支付仍不支付，不构成拒不支付劳动报酬罪，但可能构成拒不执行判决、裁定罪。

从司法实践来看，绝大多数拒不支付劳动报酬的案件以转移财产、逃匿等方法实施，容易引发群体性事件。根据广东、浙江等地的调研情况，在行为人以逃匿方法逃避支付劳动者的劳动报酬的情况下，政府有关部门如何责令支付并送达责令支付文书，困扰具体办案部门。各地普遍建议明确此种情形下“经政府有关部门责令支付仍不支付”的具体内涵，以便于司法实践操作。基于此，本解释第四条特别作出第二款规定，明确行为人逃匿，无法将责令支付文书送交其本人、同住成年家属或者所在单位负责收件的人的，如果有关部门已通过在行为人的住所地、生产经营场所等地张贴责令支付文书等方式责令支付，并采用拍照、录像等方式记录的，应当视为“经政府有关部门责令支付”。

（二）明确相关定罪量刑标准

1.“数额较大”的认定

本解释第三条对《刑法》第二百七十六条之一第一款规定的“数额较大”的标准作了明确。关于拒不支付劳动报酬罪入罪标准的设置着重有三点考虑：(1) 考虑到我国幅员辽阔，各地经济社会发展不平衡，特别设置了幅度标准，以便于各地在幅度范围内设置地方标准。(2) 由于不同领域、不同行业的劳动者的劳动报酬差距悬殊，单纯以数额作为入罪标准，则意味着一些案件中，仅拖欠单个劳动者一月、半月甚至更短时间的劳动报酬就有可能构成犯罪，势必存在打击面过宽、刑法介入过度的问题。因此，对于拒不支付单个劳动者的劳动报酬“数额较大”的情形，采用“期限＋数额”的模式。从实践来看，一些地区职工最低工资标准为1000多元，而职工月平均工资一般要高于最低工资标准。经调研，5000元至2万元以上的标准大致相当于一般地区3个月的职工月工资标准。基于上述考虑，本解释第三条第一款第一项关于拒不支付单个劳动者的劳动报酬入罪，不仅要求数额在5000元至2万元以上，且要求拒不支付的是3个月以上的劳动报酬。(3) 基于刑法谦抑性的考虑，对于拒不支付多个劳动者的劳动报酬构成犯罪的标准，采用“人数＋数额”的模式。3万元至10万元以上的标准，大致相当于一般地区10个以上劳动者的劳动报酬，因此，本解释第三条第一款第二项规定拒不支付多个劳动者的劳动报酬入罪，不仅要求被拖欠的劳动者人数在10个以上，而且要求数额累计在3万元至10万元以上。

2.“造成严重后果”的情形

本解释第五条明确了《刑法》第二百七十六条之一第一款规定的“造成严重后果”的具体情形。需要说明的是，结果加重犯的成立以符合基本犯罪构成为前提，故本解释第五条特别规定，拒不支付劳动者的劳动报酬，符合本解释第三条的规定，并具有所列情形之一的，应当认定为拒不支付劳动报酬“造成严重后果”，应当在三年以上七年以下的法定刑幅度内量刑。

根据本解释第五条的规定，“造成严重后果”具体包括如下情形：(1) 造成劳动者或者其被赡养人、被扶养人、被抚养人的基本生活受到严重影响、重大疾病无法及时医治或者失学的。(2) 对要求支付劳动报酬的劳动者使用暴力或者进行暴力威胁的。(3) 造成其他严重后果的。从司法实践来看，根据案件具体情况，造成劳动者或者其近亲属自杀、自残、精神严重失常等严重后果；引发劳动者实施犯罪或者严重扰乱社会秩序的违法行为；引发集体上访等群体性事件，严重影响社会秩序等情形，可以纳入兜底条款的范围。

3. 单位拒不支付劳动报酬的定罪量刑标准

根据《刑法》第二百七十六条之一第二款的规定，单位可以成为拒不支付劳动报酬罪的主体。为了体现对拒不支付劳动报酬犯罪的严惩立场，本解释第九条规定，单位拒不支付劳动报酬，构成犯罪的，依照本解释规定的相应个人犯罪的定罪量刑标准，对直接负责的主管人员和其他直接责任人员定罪处罚，并对单位判处罚金。

（三）解决有关法律适用难题

1. 拒不支付劳动报酬罪的从宽处罚

《刑法》第二百七十六条之一第三款规定，拒不支付劳动者的劳动报酬，尚未造成严重后果，在提起公诉前支付劳动者的劳动报酬，并依法承担相应赔偿责任的，可以减轻或者免除处罚。根据这一规定的精神，为了节约司法资源，最大限度地发挥《刑法》的威慑和教育功能，本解释第六条第一款专门规定在公安机关刑事立案前、提起公诉前、一审宣判前支付劳动者的劳动报酬，并承担相应赔偿责任所能适用的从宽处罚情形。具体而言，拒不支付劳动者的劳动报酬，尚未造成严重后果，在刑事立案前支付劳动者的劳动报酬，并依法承担相应赔偿责任的，可以认定为情节显著轻微危害不大，不认为是犯罪；在提起公诉前支付劳动者的劳动报酬，并依法承担相应赔偿责任的，可以减轻或者免除刑事处罚；在一审宣判前支付劳动者的劳动报酬，并依法承担相应赔偿责任的，可以从轻处罚。此外，本解释第六条第三款专门规定，拒不支付劳动者的劳动报酬，造成严重后果，但在宣判前支付劳动者的劳动报酬，并依法承担相应赔偿责任的，可以酌情从宽处罚，即在“处三年以上七年以下有期徒刑，并处罚金”的法定刑幅度内酌情从宽处罚。

同时，根据《刑法》第三十七条规定，本解释第六条第二款专门规定，对于免除刑事处罚的，可以根据案件的不同情况，予以训诫、责令具结悔过或者赔礼道歉。当然，实践中，有关部门还可以依法追究行政法律责任。

2. 违法用工且拒不支付劳动报酬的定性

本解释第一条将拒不支付劳动报酬罪的行为对象限定为劳动报酬，故拒不支付劳动报酬罪的行为人与受害人之间以存在劳动关系为前提条件。不具备用工主体资格的单位或者个人，违法用工且拒不支付劳动者的劳动报酬的，行为人与被害人之间并未建立起劳动关系。但是，如果将此种情形排除在拒不支付劳动报酬罪的调整范围之外，则会形成合法用工拒不支付劳动报酬构成犯罪，而非法用工拒不支付劳动报酬不构成犯罪的不合理现象。鉴此，本解释第七条专门规定："不具备用工主体资格的单位或者个人，违法用工且拒不支付劳动者的劳动报酬，数额较大，经政府有关部门责令支付仍不支付的，应当依照《刑法》第二百七十六条之一的规定，以拒不支付劳动报酬罪追究刑事责任。"

此外，《劳动保障监察条例》第三十三条规定："对无营业执照或者已被依法吊销营业执照，有劳动用工行为的，由劳动保障行政部门依照本条例实施劳动保障监察，并及时通报工商行政管理部门予以查处取缔。"根据该条规定，对于不具备用工主体资格的违法用工行为，人力资源社会保障部门可以而且应当进行劳动保障监察，对未支付劳动报酬的应当责令其支付劳动报酬，故而，将此类情形纳入拒不支付劳动报酬罪的调整范围，在司法实践中也是可以操作的。

需要特别说明的是，在建筑施工领域，普遍存在工程总承包企业违法发包、分包给不具备用工主体资格的组织或者个人（小包工头）的现象，这也是农民工工资被拖欠的"重灾区"。国务院办公厅《关于切实解决企业拖欠农民工工资问题的紧急通知》（国办发明电〔2010〕4号）规定："因工程总承包企业违反规定发包、分包给不具备用工主体资格的组织或个人，由工程总承包企业承担清偿被拖欠的农民工工资责任。"实践中经常发生的案件是，总承包企业已将工程款（工资是其中的一小部分）支付给小包工头，小包工头却未支付给农民工，甚至卷款潜逃。我们认为，此种情形下，可以依照国办发明电〔2010〕4号的相关规定，要求违反规定发包、分包的工程总承包企业支付劳动报酬。但是，如果工程总承包企业拒绝再次支付农民工劳动报酬的，由于其已经履行过支付劳动报酬的义务（只是由于小包工头非法扣留、挪用，甚至卷款潜逃），故不宜追究其拒不支付劳动报酬罪的刑事责任。需要注意的是，此种情形下，小包工头虽然不具备用工主体资格，但是政府有关部门仍然应当责令其支付劳动报酬，在政府有关部门责令支付后，小包工头仍然不支付的，应当依照《刑法》第二百七十六条之一第一款的规定，以拒不支付劳动报酬罪追究刑事责任。而且，即使工程总承包企业已再次支付农民工劳动报酬的，其在性质上属于垫付，并不影响对小包工头以拒不支付劳动报酬罪追究刑事责任。

3. 实际控制人拒不支付劳动报酬的定性

从司法实践来看，不少用人单位的实际控制人并未担任用人单位的法定代表人，而是在幕后控制、操纵企业。此种情形下，用人单位的实际控制人实施拒不支付劳动报酬行为，构成犯罪的，亦应适用拒不支付劳动报酬罪追究刑事责任。因此，本解释第八条专门规定："用人单位的实际控制人实施拒不支付劳动报酬行为，构成犯罪的，应当依照《刑法》第二百七十六条之一的规定追究刑事责任。”

四、《解释》的时间效力

在司法适用中，需注意本解释的时间效力问题。拒不支付劳动报酬罪系《刑法修正案（八）》新增罪名，自2011年5月1日起施行。从司法实践来看，不少拒不支付劳动报酬的行为自2011年4月30日之前延续，在2011年5月1日后仍未支付劳动报酬。拒不支付劳动报酬系不作为犯罪，行为人在2011年5月1日后仍不履行法定义务的，系在2011年5月1日后实施拒不支付劳动报酬的行为，经政府有关部门责令支付仍不支付的，应当适用《刑法修正案（八）》的相关规定。故而，2011年4月30日以前拒不支付劳动者的劳动报酬，2011年5月1日后经政府有关部门责令支付仍不支付的，应当适用《刑法》第二百七十六条之一的规定。

此外，本解释自2013年1月23日起施行。考虑到本解释施行后，不少拒不支付劳动报酬犯罪案件尚未处理或者正在处理过程中，在此有必要明确上述案件是否可以适用本解释的问题。根据“两高”《关于适用刑事司法解释时间效力问题的规定》，对于2011年5月1日后、本解释施行前发生的行为，由于行为时没有相关司法解释，对于本解释施行后尚未处理或者正在处理的案件，应当依照本解释的规定办理。需要注意的是，对于本解释施行前已办结的案件，按照当时的法律，认定事实和适用法律没有错误的，不再变动。

（撰稿人：喻海松）

【链　　接】

依法惩治拒不支付劳动报酬犯罪
有力维护劳动者的合法权益

——最高人民法院研究室负责人就《最高人民法院关于审理拒不支付劳动报酬刑事案件适用法律若干问题的解释》答记者问

2013年1月22日，最高人民法院发布了《关于审理拒不支付劳动报酬刑事案件适用法律若干问题的解释》（以下简称本解释），自2013年1月23日起施行。为帮助广大司法人员和社会公众正确理解本解释精神和内容，最高人民法院研究室负责人就相关问题回答了记者提问。

一、问：请谈谈本解释的起草背景和经过

答：一段时期以来，部分地方用工单位拒不支付劳动者的劳动报酬的现象比较突出，广大劳动者、特别是农民工成为拒不支付劳动报酬行为的主要受害者。《刑法修正案（八）》增设拒不支付劳动报酬罪。2011 年 5 月 1 日《刑法修正案（八）》施行后，有关部门依法查处和移送拒不支付劳动报酬涉嫌犯罪案件，加大了对拒不支付劳动报酬行为的打击力度。各级法院高度重视运用法律手段惩治拒不支付劳动报酬行为，认真贯彻执行拒不支付劳动报酬罪的规定。截至 2012 年 12 月，各级人民法院共新收拒不支付劳动报酬刑事案件 152 起，审结 134 起，对其中 120 名犯罪分子依法判处刑罚。依法惩治拒不支付劳动报酬犯罪，对于维护劳动者的合法权益，促进社会和谐稳定发挥了重要作用。

然而，在办理拒不支付劳动报酬犯罪案件过程中，适用《刑法》相关规定遇到了一些问题，需要进一步明确：(1) 有关用语的含义有待进一步界定，如《刑法》第二百七十六条之一规定的“劳动者的劳动报酬”“经政府有关部门责令支付仍不支付”等用语。(2) 定罪量刑标准有待进一步明确，如《刑法》第二百七十六条之一规定的“数额较大”“造成严重后果”缺乏明确标准。(3) 其他有关问题也有待进一步统一认识，如从宽处理、单位犯罪等问题。

为更好地贯彻执行拒不支付劳动报酬罪的有关规定，切实维护广大劳动者的合法权益，最高人民法院及时启动了本解释的制定工作。经广泛征求、认真听取各方面意见，反复、深入调研论证，完成了起草工作。2013 年 1 月 14 日，最高人民法院审判委员会第 1567 次会议讨论通过了本解释。

本解释针对拒不支付劳动报酬罪所涉及的术语界定、定罪量刑标准、单位犯罪等问题，进一步明确了相关刑事案件的法律适用标准，对于切实维护劳动者合法权益和社会公平正义，促进社会和谐具有重要意义。

二、问：请谈谈本解释的主要内容

答：本解释共九条，主要包括如下内容：一是明确了“劳动者的劳动报酬”的具体含义；二是明确了“以转移财产、逃匿等方法逃避支付劳动者的劳动报酬”的认定标准；三是明确了“经政府有关部门责令支付仍不支付”的认定标准，特别对行为人逃匿情形下“经政府有关部门责令支付”的内涵作了规定，以便于司法实务操作；四是明确了拒不支付劳动报酬罪的定罪量刑标准，对“数额较大”“造成严重后果”的认定标准作了解释；五是明确了拒不支付劳动报酬罪的从宽处罚情形，以最大限度地发挥《刑法》的威慑和教育功能，充分维护劳动者权益；六是明确了拒不支付劳动报酬罪的主体范围、单位犯罪

等问题。

三、问：请谈谈本解释对“劳动者的劳动报酬”的规定

答：本解释第一条明确了“劳动者的劳动报酬”的范围。经充分征求有关部门的意见，该条规定：“劳动者依照《中华人民共和国劳动法》和《中华人民共和国劳动合同法》等法律的规定应得的劳动报酬，包括工资、奖金、津贴、补贴、延长工作时间的工资报酬及特殊情况下支付的工资等，应当认定为刑法第二百七十六条之一第一款规定的‘劳动者的劳动报酬’。”需要注意的是，该条将“劳动者的劳动报酬”限定为劳动报酬。根据《劳动法》《劳动合同法》等法律的规定，劳动报酬是基于用人单位和劳动者之间建立劳动关系所产生的工资收入；而劳务报酬并非基于劳动关系产生的，属于普通民事法律关系调整的范畴。立法规定拒不支付劳动报酬罪，是为了强化对处于相对弱势地位的劳动者的保护，对平等民事主体之间的劳务报酬纠纷，应通过民事程序解决。

四、问：请谈谈本解释对“经政府有关部门责令支付仍不支付”的规定

答：根据《刑法》第二百七十条之一第一款的规定，“经政府有关部门责令支付仍不支付”是拒不支付劳动报酬罪的入罪要件之一。本解释第四条对此作了进一步明确。

根据本解释第四条第一款的规定，责令支付主体包括但不限于人力资源社会保障部门。经人力资源社会保障部门或者政府其他有关部门依法以限期整改指令书、行政处理决定书等文书责令支付劳动者的劳动报酬后，在指定的期限内仍不支付的，应当认定为《刑法》第二百七十六条之一第一款规定的“经政府有关部门责令支付仍不支付”，但有证据证明行为人有正当理由未知悉责令支付或者未及时支付劳动报酬的除外。

从司法实践来看，绝大多数拒不支付劳动报酬的案件以转移财产、逃匿等方法实施，容易引发群体性事件。在行为人逃匿的情况下，政府有关部门如何责令支付，困扰具体办案部门。各地普遍建议对此予以明确。根据本解释第四条第二款的规定，行为人逃匿，无法将责令支付文书送交其本人、同住成年家属或者所在单位负责收件的人的，如果有关部门已通过在行为人的住所地、生产经营场所等地张贴责令支付文书等方式责令支付，并采用拍照、录像等方式记录的，应当视为“经政府有关部门责令支付”。

五、问：请谈谈本解释对拒不支付劳动报酬罪定罪量刑标准的规定

答：根据《刑法》第二百七十六条之一第一款的规定，拒不支付劳动报酬，数额较大，经政府有关部门责令支付仍不支付的，处三年以下有期徒刑或

者拘役，并处或者单处罚金；造成严重后果的，处三年以上七年以下有期徒刑，并处罚金。为便于司法实践操作，本解释第三条、第五条分别对“数额较大”“造成严重后果”的具体情形作了规定。

考虑到各地经济社会发展不平衡，本解释第三条特别设置了幅度标准，各省、自治区、直辖市高级人民法院可以根据本地区经济社会发展状况，在规定的数额幅度内，研究确定本地区执行的具体数额标准，报最高人民法院备案。同时，该条在具体规定方面采用“期限＋数额”或者“人数＋数额”的模式，以贯彻宽严相济刑事政策的要求，防止打击面过宽、刑法介入过度。根据该条规定，具有下列情形之一的，应当认定为《刑法》第二百七十六条之一第一款规定的“数额较大”：(1) 拒不支付一名劳动者三个月以上的劳动报酬且数额在五千元至二万元以上的；(2) 拒不支付十名以上劳动者的劳动报酬且数额累计在三万元至十万元以上的。

本解释第五条对“造成严重后果”的情形作了规定。根据刑法原理，结果加重犯的成立以符合基本犯罪构成为前提，故该条特别规定，拒不支付劳动者的劳动报酬，符合本解释第三条的规定，并具有下列情形之一的，应当认定为《刑法》第二百七十六条之一第一款规定的“造成严重后果”：(1) 造成劳动者或者其被赡养人、被扶养人、被抚养人的基本生活受到严重影响、重大疾病无法及时医治或者失学的；(2) 对要求支付劳动报酬的劳动者使用暴力或者进行暴力威胁的；(3) 造成其他严重后果的。

六、问：请谈谈本解释对拒不支付劳动报酬罪从宽处理的规定

答：《刑法》第二百七十六条之一第三款规定，拒不支付劳动者的劳动报酬，尚未造成严重后果，在提起公诉前支付劳动者的劳动报酬，并依法承担相应赔偿责任的，可以减轻或者免除处罚。根据这一规定的精神，为了节约司法资源，最大限度地发挥刑法的威慑和教育功能，充分维护劳动者权益，根据宽严相济刑事政策的要求，本解释第六条第一款、第三款专门规定拒不支付劳动报酬能适用的从宽处罚情形。具体而言，拒不支付劳动者的劳动报酬，尚未造成严重后果，在刑事立案前支付劳动者的劳动报酬，并依法承担相应赔偿责任的，可以认定为情节显著轻微危害不大，不认为是犯罪；在提起公诉前支付劳动者的劳动报酬，并依法承担相应赔偿责任的，可以减轻或者免除刑事处罚；在一审宣判前支付劳动者的劳动报酬，并依法承担相应赔偿责任的，可以从轻处罚。拒不支付劳动者的劳动报酬，造成严重后果，但在宣判前支付劳动者的劳动报酬，并依法承担相应赔偿责任的，可以酌情从宽处罚。

根据《刑法》第三十七条的规定，本解释第六条第二款专门规定，对于免除刑事处罚的，可以根据案件的不同情况，予以训诫、责令具结悔过或者赔礼道歉。

指导案例 28 号

胡克金拒不支付劳动报酬案

（最高人民法院审判委员会讨论通过 2014 年 6 月 26 日发布）

关键词

刑事 拒不支付劳动报酬罪 不具备用工主体资格的单位或者个人

裁判要点

1. 不具备用工主体资格的单位或者个人（包工头），违法用工且拒不支付劳动者报酬，数额较大，经政府有关部门责令支付仍不支付的，应当以拒不支付劳动报酬罪追究刑事责任。

2. 不具备用工主体资格的单位或者个人（包工头）拒不支付劳动报酬，即使其他单位或者个人在刑事立案前为其垫付了劳动报酬的，也不影响追究该用工单位或者个人（包工头）拒不支付劳动报酬罪的刑事责任。

相关法条

《中华人民共和国刑法》第二百七十六条之一第一款

基本案情

被告人胡克金于 2010 年 12 月分包了位于四川省双流县黄水镇的三盛翡俪山一期景观工程的部分施工工程，之后聘用多名民工入场施工。施工期间，胡克金累计收到发包人支付的工程款 51 万余元，已超过结算时确认的实际工程款。2011 年 6 月 5 日工程完工后，胡克金以工程亏损为由拖欠李朝文等 20 余名民工工资 12 万余元。6 月 9 日，双流县人力资源和社会保障局责令胡克金支付拖欠的民工工资，胡却于当晚订购机票并在次日早上乘飞机逃匿。6 月 30 日，四川锦天下园林工程有限公司作为工程总承包商代胡克金垫付民工工资 12 万余元。7 月 4 日，公安机关对胡克金拒不支付劳动报酬案立案侦查。7 月 12 日，胡克金在浙江省慈溪市被抓获。

裁判结果

四川省双流县人民法院于 2011 年 12 月 29 日作出（2011）双流刑初字第 544 号刑事判决，认定被告人胡克金犯拒不支付劳动报酬罪，判处有期徒刑一年，并处罚金人民币二万元。宣判后被告人未上诉，判决已发生法律效力。

裁判理由

法院生效裁判认为：被告人胡克金拒不支付 20 余名民工的劳动报酬达 12 万余元，数额较大，且在政府有关部门责令其支付后逃匿，其行为构成拒不支付劳动报酬罪。被告人胡克金虽然不具有合法的用工资格，又属没有相应建筑工程施工资质而承包建筑工程施工项目，且违法招用民工进行施工，上述情况不影响以拒不支付劳动报酬罪追究其刑事责任。本案中，胡克金逃匿后，工程总承包企业按照有关规定清偿了胡克金拖欠的民工工资，其清偿拖欠民工工资的行为属于为胡克金垫付，这一行为虽然消减了拖欠行为的社会危害性，但并不能免除胡克金应当支付劳动报酬的责任，因此，对胡克金仍应当以拒不支付劳动报酬罪追究刑事责任。鉴于胡克金系初犯、认罪态度好，依法作出如上判决。

解读

最高人民法院司法解释

（含指导性案例）

刑事卷（下）

人民法院出版社　编

人民法院出版社

总 目 录

上　　册

第一编　刑　　事

下　　册

第二编 刑事诉讼

目　　录

下　册

7. 妨害社会管理秩序罪

8. 妨害国防利益罪

9. 贪污贿赂罪

10. 渎 职 罪

11. 军人违反职责罪

第二编　刑事诉讼

（一）综　　合

（二）第二审程序

（三）死刑复核程序

（四）审判监督程序

（五）执　　行

7. 妨害社会管理秩序罪

最高人民法院　最高人民检察院
关于办理伪造、贩卖伪造的高等院校学历、学位证明刑事案件如何适用法律问题的解释

法释〔2001〕22号

（2001年6月21日最高人民法院审判委员会第1181次会议、2001年7月2日最高人民检察院第九届检察委员会第91次会议通过　2001年7月3日最高人民法院、最高人民检察院公告公布　自2001年7月5日起施行）

为依法惩处伪造、贩卖伪造的高等院校学历、学位证明的犯罪活动，现就办理这类案件适用法律的有关问题解释如下：

对于伪造高等院校印章制作学历、学位证明的行为，应当依照刑法第二百八十条第二款的规定，以伪造事业单位印章罪定罪处罚。

明知是伪造高等院校印章制作的学历、学位证明而贩卖的，以伪造事业单位印章罪的共犯论处。

【解 读】

解读《最高人民法院、最高人民检察院关于办理伪造、贩卖伪造的高等院校学历、学位证明刑事案件如何适用法律问题的解释》

一、问题的提出

为依法惩处伪造、贩卖伪造的高等院校学历、学位证明的犯罪活动，最高人民法院、最高人民检察院于2001年7月3日联合发布了《关于办理伪造、贩卖伪造的高等院校学历、学位证明刑事案件如何适用法律问题的解释》（以下简称本解释）。本解释的施行，对于有效打击和遏制此类犯罪活动的蔓延，将会起到积极的作用。

二、理解与适用

（一）关于伪造、贩卖假文凭行为的定性问题

《刑法》第二百八十条第一款规定了伪造、变造、买卖国家机关公文、证件、印章罪，第二款规定了伪造公司、企业、事业单位、人民团体印章罪。这种立法上的区别对待，既突出了《刑法》对行使国家管理职权的国家机关予以特别保护的立法本意，也限定了侵犯国家机关以外的其他单位印章犯罪的范围。即，对侵犯公司、企业、事业单位、人民团体印章的犯罪，仅限定为伪造这一种行为，并限定为印章这一个对象。曾有一种意见认为，公立高等院校签发的学历、学位证明，特别是在教育主管部门下达的计划指标范围内，并报经教育主管部门审批同意后发放的学历、学位证明，应当看作各高等院校受国家教育主管部门委托实施的行为。因此，伪造高等院校学历、学位证明的行为，实际上扰乱了国家机关对高等院校学历、学位证明的监管秩序，应当按照《刑法》第二百八十条第一款的规定定罪处罚。我们认为，国家对于高等院校的学历教育、学位授予等问题有相应的法律、法规规定，高等院校依照法律、法规的规定，根据在校学生的学习情况发放学历证明、授予学位，只能反映出学校对学生学习成绩的一种评价，而不能将其等同于国家机关对学生学习情况的证明。有鉴于此，因高等院校的学历、学位证明并非国家机关制发的公文证件，加盖的印章也非国家机关的印章。因此，对于伪造高等院校学历、学位证明的行为不能以伪造国家机关公文、证件、印章罪定罪处罚。鉴于高等院校属于事

业单位性质，而伪造高等院校印章进而伪造学历证明的行为较为常见，因此，本解释规定，对于伪造高等院校印章制作学历、学位证明的行为，应当依照《刑法》第二百八十条第二款的规定，以伪造事业单位印章罪定罪处罚。

（二）关于贩卖伪造的高等院校学历、学位证明行为的定性问题

曾有一种意见认为，因《刑法》没有规定买卖公司、企业、事业单位、人民团体公文、证件罪，故对贩卖伪造的高等院校学历、学位证明行为，不能以买卖的罪名追究其刑事责任。但鉴于此种行为发生较多，且多数具有营利目的，具有社会危害性，因此，对于买卖伪造的高等院校学历证明且情节严重的，可依据《刑法》第二百二十五条的规定定非法经营罪。从本解释的内容看，这一意见未予采纳。道理在于，学历证明的发放行为并非市场行为，学历证明不是市场活动必需的经营许可证明文件，贩卖伪造的学历、学位证明行为侵犯的客体也并非市场秩序，因此，以非法经营罪定罪不妥。但是，对于明知是伪造高等院校印章制作的学历、学位证明而贩卖的，因行为人往往与伪造者已有勾结，客观上又实施了帮助行为，应当以伪造事业单位印章罪的共犯论处。

（三）关于购买伪造的学历、学位证明行为能否追究刑事责任的问题

如前所述，《刑法》对于涉及国家机关以外的其他单位公文、印章的犯罪行为，只规定了伪造印章罪，更没有追究购买伪造的学历、学位证明行为的规定。应当承认，“买方市场”的存在，是导致伪造学历、学位证明犯罪行为屡禁不止的重要因素。实践中，买假的原因大多是为了求职、求学、沽名钓誉等等，假文凭的使用，给社会管理、用人单位的人事管理等都带来了十分严重的危害。由于《刑法》并未对此行为规定相应的刑事责任，对其则应当依法给予行政处罚或者行政处分。但是，如果买假者参与了伪造高等院校印章的行为，则应当以伪造事业单位印章罪的共犯追究其刑事责任。

（撰稿人：孙军工
审稿人：熊选国）

最高人民法院 最高人民检察院
关于办理组织考试作弊等刑事案件适用法律若干问题的解释

法释〔2019〕13号

（2019年4月8日最高人民法院审判委员会第1765次会议、2019年6月28日最高人民检察院第十三届检察委员会第20次会议通过 2019年9月2日最高人民法院、最高人民检察院公告公布 自2019年9月4日起施行）

为依法惩治组织考试作弊、非法出售、提供试题、答案、代替考试等犯罪，维护考试公平与秩序，根据《中华人民共和国刑法》《中华人民共和国刑事诉讼法》的规定，现就办理此类刑事案件适用法律的若干问题解释如下：

第一条 刑法第二百八十四条之一规定的“法律规定的国家考试”，仅限于全国人民代表大会及其常务委员会制定的法律所规定的考试。

根据有关法律规定，下列考试属于“法律规定的国家考试”：

（一）普通高等学校招生考试、研究生招生考试、高等教育自学考试、成人高等学校招生考试等国家教育考试；

（二）中央和地方公务员录用考试；

（三）国家统一法律职业资格考试、国家教师资格考试、注册会计师全国统一考试、会计专业技术资格考试、资产评估师资格考试、医师资格考试、执业药师职业资格考试、注册建筑师考试、建造师执业资格考试等专业技术资格考试；

（四）其他依照法律由中央或者地方主管部门以及行业组织的国家考试。

前款规定的考试涉及的特殊类型招生、特殊技能测试、面试等考试，属于“法律规定的国家考试”。

第二条 在法律规定的国家考试中，组织作弊，具有下列情形之一的，应当认定为刑法第二百八十四条之一第一款规定的“情节严重”：

（一）在普通高等学校招生考试、研究生招生考试、公务员录用考试中组织考试作弊的；

（二）导致考试推迟、取消或者启用备用试题的；

（三）考试工作人员组织考试作弊的；

（四）组织考生跨省、自治区、直辖市作弊的；

（五）多次组织考试作弊的；

（六）组织三十人次以上作弊的；

（七）提供作弊器材五十件以上的；

（八）违法所得三十万元以上的；

（九）其他情节严重的情形。

第三条 具有避开或者突破考场防范作弊的安全管理措施，获取、记录、传递、接收、存储考试试题、答案等功能的程序、工具，以及专门设计用于作弊的程序、工具，应当认定为刑法第二百八十四条之一第二款规定的“作弊器材”。

对于是否属于刑法第二百八十四条之一第二款规定的“作弊器材”难以确定的，依据省级以上公安机关或者考试主管部门出具的报告，结合其他证据作出认定；涉及专用间谍器材、窃听、窃照专用器材、“伪基站”等器材的，依照相关规定作出认定。

第四条 组织考试作弊，在考试开始之前被查获，但已经非法获取考试试题、答案或者具有其他严重扰乱考试秩序情形的，应当认定为组织考试作弊罪既遂。

第五条 为实施考试作弊行为，非法出售或者提供法律规定的国家考试的试题、答案，具有下列情形之一的，应当认定为刑法第二百八十四条之一第三款规定的“情节严重”：

（一）非法出售或者提供普通高等学校招生考试、研究生招生考试、公务员录用考试的试题、答案的；

（二）导致考试推迟、取消或者启用备用试题的；

（三）考试工作人员非法出售或者提供试题、答案的；

（四）多次非法出售或者提供试题、答案的；

（五）向三十人次以上非法出售或者提供试题、答案的；

（六）违法所得三十万元以上的；

（七）其他情节严重的情形。

第六条 为实施考试作弊行为，向他人非法出售或者提供法律规定的国家考试的试题、答案，试题不完整或者答案与标准答案不完全一致的，不影响非法出售、提供试题、答案罪的认定。

第七条 代替他人或者让他人代替自己参加法律规定的国家考试的，应当依照刑法第二百八十四条之一第四款的规定，以代替考试罪定罪处罚。

对于行为人犯罪情节较轻，确有悔罪表现，综合考虑行为人替考情况以及考试类型等因素，认为符合缓刑适用条件的，可以宣告缓刑；犯罪情节轻微的，可以不起诉或者免予刑事处罚；情节显著轻微危害不大的，不以犯罪论处。

第八条 单位实施组织考试作弊、非法出售、提供试题、答案等行为的，依照本解释规定的相应定罪量刑标准，追究组织者、策划者、实施者的刑事责任。

第九条 以窃取、刺探、收买方法非法获取法律规定的国家考试的试题、答案，又组织考试作弊或者非法出售、提供试题、答案，分别符合刑法第二百八十二条和刑法第二百八十四条之一规定的，以非法获取国家秘密罪和组织考试作弊罪或者非法出售、提供试题、答案罪数罪并罚。

第十条 在法律规定的国家考试以外的其他考试中，组织作弊，为他人组织作弊提供作弊器材或者其他帮助，或者非法出售、提供试题、答案，符合非法获取国家秘密罪、非法生产、销售窃听、窃照专用器材罪、非法使用窃听、窃照专用器材罪、非法利用信息网络罪、扰乱无线电通讯管理秩序罪等犯罪构成要件的，依法追究刑事责任。

第十一条 设立用于实施考试作弊的网站、通讯群组或者发布有关考试作弊的信息，情节严重的，应当依照刑法第二百八十七条之一的规定，以非法利用信息网络罪定罪处罚；同时构成组织考试作弊罪、非法出售、提供试题、答案罪、非法获取国家秘密罪等其他犯罪的，依照处罚较重的规定定罪处罚。

第十二条 对于实施本解释规定的犯罪被判处刑罚的，可以根据犯罪情况和预防再犯罪的需要，依法宣告职业禁止；被判处管制、宣告缓刑的，可以根据犯罪情况，依法宣告禁止令。

第十三条 对于实施本解释规定的行为构成犯罪的，应当综合考虑犯罪的危害程度、违法所得数额以及被告人的前科情况、认罪悔罪态度等，依法判处罚金。

第十四条 本解释自 2019 年 9 月 4 日起施行。

【解　　读】

解读《最高人民法院、最高人民检察院关于办理组织考试作弊等刑事案件适用法律若干问题的解释》

2019 年 9 月 2 日，最高人民法院、最高人民检察院发布《关于办理组织考试作弊等刑事案件适用法律若干问题的解释》（法释〔2019〕13 号，以下简称本解释），自 2019 年 9 月 4 日起施行。本解释的公布施行，对于依法严惩考试作弊犯罪、维护公平公正的考试秩序、保障社会诚信体系建设、践行社会主义核心价值观必将发挥重要作用。为便于司法实践中正确理解与适用，现就本解释的制定背景、起草中的主要考虑和主要内容介绍如下。

一、本解释的制定背景与经过

考试是人才选拔的重要途径，保持考场风清气正、维护考试公平，事关社会公平正义，事关社会诚信与和谐稳定。考试作弊破坏考试制度和人才选拔机制，破坏公平竞争，败坏社会风气，具有严重的社会危害性。近年来，考试作弊行为多发，特别是利用信息技术手段实施的考试作弊活动迅速蔓延，形成了相互依赖、分工严密的利益链条，危害日益严重。为严厉惩治考试作弊犯罪，有效维护考试公平与秩序，2015 年 11 月 1 日起施行的《刑法修正案（九）》增设刑法第二百八十四条之一，规定了组织考试作弊罪、非法出售、提供试题、答案罪和代替考试罪。《刑法修正案（九）》施行以来，各级考试主管部门和公检法机关依据修改后的刑法规定，严肃惩处考试作弊犯罪。截至 2019 年 7 月，全国法院审理考试作弊刑事案件 1734 件，判决 3724 人。其中，组织考试作弊刑事案件 951 件、2251 人，非法出售、提供试题、答案刑事案件 117 件、205 人，代替考试刑事案件 666 件、1268 人。

与此同时，司法实践反映，组织考试作弊罪，非法出售、提供试题、答案罪和代替考试罪的具体定罪量刑标准尚不明确，一些法律适用问题存在争议，亟须通过司法解释作出规定。为确保法律准确、统一适用，依法严惩、有效防范考试作弊犯罪，最高人民法院会同最高人民检察院，在教育部、公安部、人力资源和社会保障部等有关部门的大力支持下，经深入调查研究、广泛征求意见，起草了本解释。2019 年 4 月 8 日最高人民法院审判委员会第 1765 次会议、2019 年 6 月 28 日最高人民检察院第十三届检察委员会第二十次会议审议通过了本解释。

二、本解释起草中的主要考虑

为确保本解释的内容科学合理，能够适应形势发展、满足实践需要，在起草过程中，我们着重注意把握了以下几点：

第一，贯彻刑法修改精神，依法严惩考试作弊犯罪。基于当前考试作弊犯罪高发多发的态势，根据修法精神，本解释明确对法律规定的国家考试适用组织考试作弊罪，非法出售、提供试题、答案罪和代替考试罪，对法律规定的国家考试以外的其他考试可以视情形适用非法获取国家秘密罪，非法生产、销售窃听、窃照专用器材罪，非法使用窃听、窃照专用器材罪，非法利用信息网络罪，扰乱无线电通讯管理秩序罪等其他犯罪，彰显对考试作弊犯罪的严惩立场，实现对考试公平和秩序刑法保护的全覆盖。

第二，坚持宽严相济刑事政策，最大限度发挥刑法的威慑和教育功能。本解释根据实践情况，对组织考试作弊罪和非法出售、提供试题、答案罪规定了相对较低的升档量刑标准，体现了依法从严的政策要求。同时，针对实践中代替考试情形较为复杂的现实情况，对代替考试从宽处理的情形作了明确，以促使行为人积极认罪悔罪，充分发挥刑法的威慑和教育功能。

第三，坚持问题导向，全面解决司法实务难题。从调研情况来看，对考试作弊犯罪尚存在不少争议问题，亟需通过司法解释加以明确。例如，“法律规定的国家考试”的内涵与外延，组织考试作弊罪既遂的认定，非法出售、提供试题、答案罪涉及的试题不完整或者答案与标准答案不一致的处理，考试作弊犯罪的罪数处断规则，等等。基于此，本解释相关条文根据司法实践具体情况，全面解决办案实际中的难题，切实提升打击实效。

三、本解释的主要内容

本解释结合当前考试作弊犯罪的特点和司法实践反映的问题，依照《刑法》《刑事诉讼法》的规定，对考试作弊犯罪的定罪量刑标准和相关法律适用问题作了全面、系统的规定。本解释共 14 个条文，大致可以归纳为 10 个方面的问题。

（一）“法律规定的国家考试”的范围

根据《刑法》第二百八十四条之一的规定，组织考试作弊罪，非法出售、提供试题、答案罪和代替考试罪的适用范围是“法律规定的国家考试”。在《刑法修正案（九）》（草案）研拟和审议过程中，曾采用过“依照国家规定举办的考试”“依照国家规定举办的考试或者国务院有关主管机关举办的考试”“国家规定的考试”等表述，最终的表述为“法律规定的国家考试”。据此，《刑法》第二百八十四条之一只适用于在法律规定的国家考试中发生的考试作弊犯罪，对于在其他考试中作弊的行为，不以组织考试作弊罪，非法出售、提供试题、答案罪论处。因此，明确“法律规定的国家考试”的范围，是确保《刑法》第二百八十四条之一准确适用的前提和基础，也是考试作弊犯罪司法适用亟须解决的核心问题。为统一司法适用，本解释第一条对“法律规定的国家考试”的内涵与外延作了明确。

1. “法律规定的国家考试”的内涵与外延。本解释第一条第一款对“法律规定的国家考试”作了概括规定，即“刑法第二百八十四条之一规定的‘法律规定的国家考试’，仅限于全国人民代表大会及其常务委员会制定的法律所规定的考试”。需要注意的问题有二：一是“法律规定的国家考试”限于法律有规定的考试。目前，许多领域都存在国家考试，且分属不同部门主管，大致可分为教育类考试、资格类考试、职称类考试、录用任用考试 4 大类，共计 200 多种。经梳理，目前 20 余部法律对“法律规定的国家考试”作了规定，包括《教育法》《高等教育法》《公务员法》《法官法》《检察官法》《警察法》《教师法》《执业医师法》《注册会计师法》《道路交通安全法》《海关法》《动物防疫法》《旅游法》《证券投资基金法》《统计法》《公证法》等。其他考试，如护士执业资格考试，只有《护士条例》对此有规定，缺乏法律规定，不属于“法律规定的国家考试”。二是“法律规定的国家考试”不限于由中央有关主管部门依照法律统一组织的全国性考试，也包括地方主管部门依照法律规定组织的考试。例如，《公务员法》第二十四条规定：“中央机关及其直属机构公务员的录用，由中央公务员主管部门负责组织。地方各级机关公务员的录用，由省级公务员主管部门负责组织，必要时省级公务员主管部门可以授权设区的市级公务员主管部门组织。”再如，普通高等学校招生考试既有全国统一考试，也有省（区、市）组织的考试。

本解释第一条第二款对“法律规定的国家考试”的外延作了列举。具体而言，根据有关法律规定，下列考试属于“法律规定的国家考试”：(1) 普通高等学校招生考试、研究生招生考试、高等教育自学考试、成人高等学校招生考试等国家教育考试；(2) 中央和地方公务员录用考试；(3) 国家统一法律职业资格考试、国家教师资格考试、注册会计师全国统一考试、会计专业技术资格考试、资产评估师资格考试、医师资格考试、执业药师职业资格考试、注册建筑师考试、建造师执业资格考试等专业技术资格考试；(4) 其他依照法律由中央或者地方主管部门以及行业组织的国家考试。需要注意的是，随着法律的修改，“法律规定的国家考试”的范围也可能发生变化，特别是一些国家考试可能会在法律中增设或者调整，对此司法机关应当根据法律的具体规定准确把握。

本解释第一条第三款进一步规定：“前款规定的考试涉及的特殊类型招生、特殊技能测试、面试等考试，属于‘法律规定的国家考试’。”而《普通高等学校招生违规行为处理暂行办法》(教育部令第 36 号) 第十八条规定：“本办法所称特殊类型招生，是指自主选拔录取、艺术类专业、体育类专业、保送生等类型的高校招生。”因此，普通高等学校招生考试中的自主选拔录取、艺术类专业、体育类专业、保送生等类型的高校招生考试，以及相关招生、公务员录用、专业技术资格等考试涉及的特殊技能测试、面试等考试，均属于“法律规定的国家考试”。

2. “法律规定的国家考试”范围涉及的实务争议。从实践来看，以下几个涉及“法律规定的国家考试”范围的问题须作进一步厘清，以解决司法适用中的争议：

其一，如何理解《教育法》第二十一条的规定？《教育法》第二十一条规定：“国家实行国家教育考试制度。”“国家教育考试由国务院教育行政部门确定种类，并由国家批准的实施教育考试的机构承办。”经研究认为，不宜依据《教育法》第二十一条的笼统规定认定只要是教育部组织的考试均属于“法律规定的国家考试”，而应限于法律有相对明确具体规定的考试，否则恐会导致“法律规定的国家考试”范围过于宽泛。例如，高等教育自学考试属于“法律规定的国家考试”，其依据在于《高等教育法》第二十一条明确规定，“国家实行高等教育自学考试制度，经考试合格的，发给相应的学历证书或者其他学业证书”；而大学英语四、六级考试虽然由教育部组织实施，但相关法律未作明确规定，故不宜纳入“法律规定的国家考试”范畴。对此，《国家教育考试违规处理办法》（教育部第18号令）第二条明确规定：“本办法所称国家教育考试是指普通和成人高等学校招生考试、全国硕士研究生招生考试、高等教育自学考试等，由国务院教育行政部门确定实施，由经批准的实施教育考试的机构承办，面向社会公开、统一举行，其结果作为招收学历教育学生或者取得国家承认学历、学位证书依据的测试活动。”据此，目前看来，属于“法律规定的国家考试”的国家教育考试主要是指普通高等学校招生考试、研究生招生考试、高等教育自学考试、成人高等学校招生考试这4种考试。

其二，《建筑法》第十四条是否属于“法律规定的国家考试”？《建筑法》第十四条规定：“从事建筑活动的专业技术人员，应当依法取得相应的执业资格证书，并在执业资格证书许可的范围内从事建筑活动。”经研究认为，上述规定虽未出现“考试”表述，但执业资格证书主要通过考试取得，且《注册建筑师条例》（国务院令第184号）第七条进一步规定：“国家实行注册建筑师全国统一考试制度。注册建筑师全国统一考试办法，由国务院建设行政主管部门会同国务院人事行政主管部门商国务院其他有关行政主管部门共同制定，由全国注册建筑师管理委员会组织实施。”《注册建造师管理规定》（建设部令第153号）第三条第一款规定：“本规定所称注册建造师，是指通过考核认定或考试合格取得中华人民共和国建造师资格证书，并按照本规定注册，取得中华人民共和国建造师注册证书和执业印章，担任施工单位项目负责人及从事相关活动的专业技术人员。”因此，注册建筑师考试、建造师执业资格考试均属于“法律规定的国家考试”。

又如，《药品管理法》第二十二条规定：“医疗机构必须配备依法经过资格认定的药学技术人员。非药学技术人员不得直接从事药剂技术工作。”《执业药师资格制度暂行规定》（人发〔1999〕34号）第二条规定：“国家实行执业药师资格制度，纳入全国专业技术人员执业资格制度统一规划的范围。”第六条规定：“执业药师资格实行全国统一大纲、统一命题、统一组织的考试制度。一般每年举行一次。”同理，执业药师执业资格考试也属于“法律规定的国家考试”。

其三，《职业教育法》第八条，特别是《劳动法》第六十九条是否属于“法律规定的国家考试”？《职业教育法》第八条第一款规定：“实施职业教育应当根据实际需要，同国家制定的职业分类和职业等级标准相适应，实行学历证书、培训证书和职业资格证书制度。”《劳动法》第六十九条规定：“国家确定职业分类，对规定的职业制定职业技能标准，实行职业资格证书制度，由经备案的考核鉴定机构负责对劳动者实施职业技能考核鉴定。”经研究认为，上述规定过于原则，且相关考核不能等同于考试，故不宜成为认定资格类考试属于“法律规定的国家考试”的依据，而应看各类资格类考试有无法律的具体规定。

又如，《行政许可法》第五十四条第一款规定：“实施本法第十二条第（三）项所列事项的行政许可，赋予公民特定资格，依法应当举行国家考试的，行政机关根据考试成绩和其他法定条件作出行政许可决定……”该法第十二条第三项事项为“提供公众服务并且直接关系公共利益的职业、行业，需要确定具备特殊信誉、特殊条件或者特殊技能等资格、资质的事项”。同理，《行政许可法》第五十四条也不能直接成为“法律规定的国家考试”的认定依据。

（二）组织考试作弊罪情节严重的认定标准

根据《刑法》第二百八十四条之一第一款、第二款的规定，在法律规定的国家考试中，组织作弊或者为他人实施组织作弊犯罪提供作弊器材或其他帮助的，即构成组织考试作弊罪，处3年以下有期徒刑或者拘役，并处或者单处罚金；情节严重的，处3年以上7年以下有期徒刑，并处罚金。对于组织作弊罪情节严重这一概括升档量刑情节，宜根据司法实践的情况，从犯罪的客体、客观方面、主体、主观方面等多个角度加以考察。经充分调研，本解释第2条从6个方面规定了情节严重的认定标准：一是考试类型。普通高等学校招生考试、研究生招生考试、公务员录用考试社会关注度高、影响大、涉及面广。基于此，本解释将在此类考试中组织作弊的直接规定为情节严重。二是行为后果。本解释将导致考试推迟、取消或者启用备用试题的明确规定为情节严重。三是行为主体。考试工作人员违背所承担的职责组织考试作弊，主观恶性更大，故本解释将其规定为情节严重。关于“考试工作人员”的范围，具体适用中可以理解为参与考试管理和服务工作的人员，包括命（审）题（卷）、监考、主考、巡考、考试系统操作、评卷等人员。四是地域范围。组织考生跨省、自治区、直辖市作弊的，危害十分严重，故本解释将其规定为情节严重。五是数量标准。本解释将多次组织考试作弊，组织30人次以上作弊，以及提供作弊器材50件以上的规定为情节严重。六是违法所得。从司法实践来看，根据所涉考试的不同，组织考试作弊或者提供作弊器材等帮助的违法所得数额相差较大。基于严厉惩治组织考试作弊犯罪的考虑，本解释将违法所得30万元以上的规定为情节严重。

需要注意的是，对于组织作弊的认定，应当根据案件具体情况加以把握。一般而言，领导、策划、指挥他人在法律规定的国家考试中实施下列行为之一的，可以认定为《刑法》第二百八十四条之一规定的组织作弊：（一）向他人提供试题、答案的；（二）代替他人参加考试的；（三）携带与考试内容相关的资料、作弊器材的；（四）篡改考试成绩的；（五）其他组织作弊的情形。需要注意的是，《刑法》第二百八十四条之一第三款规定了非法出售、提供试题、答案罪，第四款规定了代替考试罪，但是在组织考试作弊中提供试题、答案或者代替他人参加考试的，该行为应当视为组织考试作弊的有机组成部分，不应再单独评价。

（三）作弊器材的认定标准与程序

根据《刑法》第二百八十四条之一第二款的规定，组织考试作弊罪涉及为他人实施组织作弊犯罪提供作弊器材或者其他帮助的情形。基于此，本解释第三条第一款对作弊器材的认定标准作了明确。具体而言，从功能上将作弊器材限定为具有避开或者突破考场防范作弊的安全管理措施（如纽扣式数码相机、眼镜式密拍设备通过伪装，以规避考场检查），并具有获取、记录、传递、接收、存储试题、答案等功能（如密拍设备、数据接收设备可以发送、接收相关信息）。据此，对于普通的手机、相机，不宜认定为作弊器材。此外，随着技术发展，未来有可能出现新型作弊器材。例如，在机动车驾驶员考试中，目前实行电子路考，即摒弃原先的考试员监考评分，取而代之的是电脑监控评判、进行扣分等工作。如果研制相关作弊程序，从而控制电子路考设备，使其失去相应功能，无法进行扣分的，也应当认定为作弊器材。基于此，从主观动机角度，将“专门设计用于作弊的程序、工具”也规定为作弊器材的情形。

本解释第三条第二款明确了作弊器材的认定程序，规定：“对于是否属于刑法第二百八十四条之一第二款规定的‘作弊器材’难以确定的，依据省级以上公安机关或者考试主管部门出具的报告，结合其他证据作出认定；涉及专用间谍器材、窃听、窃照专用器材、‘伪基站’等器材的，依照相关规定作出认定。”据此，需要注意的是，有些考试作弊器材可能属于专用间谍器材、窃听、窃照专用器材、“伪基站”等器材，应当根据相关规定作出认定，如《反间谍法实施细则》第十八条第二款规定“专用间谍器材的确认，由国务院国家安全主管部门负责”；《禁止非法生产销售使用窃听窃照专用器材和“伪基站”设备的规定》规定：“公安机关负责对窃听窃照专用器材……的认定工作”；《最高人民法院、最高人民检察院关于办理扰乱无线电通讯管理秩序等刑事案件适用法律若干问题的解释》（法释〔2017〕11 号）第九条第一款规定：“对案件所涉的有关专门性问题难以确定的，依据司法鉴定机构出具的鉴定意见，或者下列机构出具的报告，结合其他证据作出认定：（一）省级以上无线电管理机构、省级无线电管理机构依法设立的派出机构、地市级以上广播电视主管部门就是否系‘伪基站’‘黑广播’出具的报告……”

需要注意的是，对于《刑法》第二百八十四条之一第二款规定的为他人实施组织作弊犯罪提供的“其他帮助”，应当根据案件的具体情况加以把握。从实践来看，为他人组织作弊犯罪实施的下列帮助行为可以认定为“其他帮助”：

(1) 帮助安排作弊考点、考场或者考位的;(2) 帮助控制考场视频监控系统和无线通讯信号屏蔽系统的;(3) 帮助传递考试试题、答案、作弊器材或者通讯设备的;(4) 帮助违规招录监考人员的;(5) 帮助更换答题卡的;(6) 其他为实施组织考试作弊犯罪提供帮助的行为。

(四) 组织考试作弊罪既遂的认定标准

从实践来看,组织考试作弊的案件不少在考试开始之前即被查处,此种情形之下组织考试作弊的目的未能实现,究竟应当认定为犯罪既遂还是未遂,实践中存在不同认识。经研究认为,组织考试作弊罪的构成要件行为是组织作弊以及为他人实施组织作弊犯罪提供作弊器材或者其他帮助,而作弊目的是否实现不应当影响犯罪既遂的成立。基于严厉惩治组织考试作弊犯罪的考虑,本解释第四条规定:"组织考试作弊,在考试开始之前被查获,但已经非法获取考试试题、答案或者具有其他严重扰乱考试秩序情形的,应当认定为组织考试作弊罪既遂。"需要注意的是,对于组织考试作弊,在考试开始之前被查获,未达到犯罪既遂的,可以以组织考试作弊罪(未遂)定罪处罚;情节严重的,在相应的法定刑幅度内,结合未遂犯的处罚原则量刑。

(五) 非法出售、提供试题、答案罪情节严重的认定标准

根据《刑法》第二百八十四条之一第一款、第三款的规定,为实施考试作弊行为,向他人非法出售或者提供法律规定的国家考试的试题、答案的,即构成非法出售、提供试题、答案罪,处3年以下有期徒刑或者拘役,并处或者单处罚金;情节严重的,处3年以上7年以下有期徒刑,并处罚金。根据法律规定,结合司法实践,本解释第五条对非法出售、提供试题、答案罪情节严重的认定标准作了明确规定,大致涉及如下5个方面:一是考试类型。本解释将非法出售或者提供普通高等学校招生考试、研究生招生考试、公务员录用考试的试题、答案的行为直接规定为情节严重。二是行为后果。本解释将导致考试推迟、取消或者启用备用试题的明确规定为情节严重。三是行为主体。本解释将考试工作人员非法出售或者提供试题、答案的行为规定为情节严重。四是数量标准。本解释将多次非法出售或者提供试题、答案,向30人次以上非法出售或者提供试题、答案的规定为情节严重。五是违法所得。本解释将违法所得30万元以上的规定为情节严重。

此外,由于各种原因,不少非法出售、提供试题、答案的案件,存在涉案试题不完整或者答案与标准答案不完全一致的情况,甚至可能出现行为人由于认识错误出售、提供完全错误的试题、答案的情况。为统一法律适用,本解释第六条明确了非法出售、提供试题、答案罪涉及的试题不完整或者答案与标准答案不完全一致的处理规则,规定:"为实施考试作弊行为,向他人非法出售或者提供法律规定的国家考试的试题、答案,试题不完整或者答案与标准答案不完全一致的,不影响非法出售、提供试题、答案罪的认定。"当然,如果试

题本身错误或者答案与标准答案完全或者较大程度不一致的，不能认定为非法出售、提供试题、答案罪；符合诈骗罪等其他犯罪的，可以适用相应罪名。

（六）代替考试犯罪的处理规则

根据《刑法》第二百八十四条之一第四款的规定，代替他人或者让他人代替自己参加法律规定的国家考试的，构成代替考试罪，处拘役或者管制，并处或者单处罚金。为充分发挥刑法的威慑和教育功能，本解释第七条第一款重申了在法律规定的国家考试中代替考试构成犯罪的规定，明确："代替他人或者让他人代替自己参加法律规定的国家考试的，应当依照刑法第二百八十四条之一第四款的规定，以代替考试罪定罪处罚。"

考虑到实践中替考的情况、情节存在差异，所涉考试的类型有所不同，不区分情形一律定罪处罚过于严苛，因此，根据宽严相济刑事政策的要求，本解释第七条第二款规定："对于行为人犯罪情节较轻，确有悔罪表现，综合考虑行为人替考情况以及考试类型等因素，认为符合缓刑适用条件的，可以宣告缓刑；犯罪情节轻微的，可以不起诉或者免予刑事处罚；情节显著轻微危害不大的，不以犯罪论处。"

（七）单位实施考试作弊犯罪的定罪量刑标准

根据《刑法》第二百八十四条之一的规定，组织考试作弊罪，非法出售、提供试题、答案罪和代替考试罪均非单位犯罪。但是，司法实践中，存在单位实施考试作弊犯罪，特别是组织考试作弊犯罪的情形。鉴此，本解释第八条规定："单位实施组织考试作弊、非法出售、提供试题、答案等行为的，依照本解释规定的相应定罪量刑标准，追究组织者、策划者、实施者的刑事责任。"

（八）考试作弊犯罪的罪数处断规则

司法实践中，往往存在行为人非法获取试题、答案，而后组织考试作弊或者向他人非法出售、提供试题、答案的情形，是否应当数罪并罚，存在不同认识。经研究认为，此种情形实际上是数个行为触犯数个罪名，应当予以数罪并罚，以体现对此类行为的严惩立场。基于此，本解释第九条规定："以窃取、刺探、收买方法非法获取法律规定的国家考试的试题、答案，又组织考试作弊或者非法出售、提供试题、答案，分别符合刑法第二百八十二条和刑法第二百八十四条之一规定的，以非法获取国家秘密罪和组织考试作弊罪或者非法出售、提供试题、答案罪数罪并罚。"

此外，根据《刑法》第二百八十七条之一第一款的规定，设立用于实施违法犯罪活动的网站、通讯群组或者发布有关违法犯罪信息，情节严重的，构成非法利用信息网络罪。在法律规定的国家考试以外的其他考试中组织作弊，为他人组织作弊提供作弊器材或者其他帮助，或者出售、提供试题、答案，不构成组织考试作弊罪，非法提供试题、答案罪，也可能不构成非法获取国家秘密罪等其他犯罪。此种情形下，如果设立用于实施考试作弊的网站、通讯群组或者发布有关考试作弊的信息的，可以视情形适用非法利用信息网络罪。基于此，根据考试作弊犯罪的具体情况，本解释第十一条规定："设立用于实施考试作弊的网站、通讯群组或者发布有关考试作弊的信息，情节严重的，应当依照刑法第二百八十七条之一的规定，以非法利用信息网络罪定罪处罚；同时构成组织考试作弊罪、非法出售、提供试题、答案罪、非法获取国家秘密罪等其他犯罪的，依照处罚较重的规定定罪处罚。"

（九）在法律规定的国家考试以外的其他考试中实施考试作弊犯罪的处理规则

根据《刑法》第二百八十四条之一的规定，组织考试作弊罪、非法出售、提供试题、答案罪和代替考试罪的适用范围限于"法律规定的国家考试"，但这并非意味着对在其他考试中作弊的行为一律不予刑事追究。为统一法律适用，本解释第十条规定："在法律规定的国家考试以外的其他考试中，组织作弊，为他人组织作弊提供作弊器材或者其他帮助，或者非法出售、提供试题、答案，符合非法获取国家秘密罪、非法生产、销售窃听、窃照专用器材罪、非法使用窃听、窃照专用器材罪、非法利用信息网络罪、扰乱无线电通讯管理秩序罪等犯罪构成要件的，依法追究刑事责任。"

顺带提及的是，司法实践中，不少组织考试作弊行为被以非法获取国家秘密罪等涉密犯罪追究刑事责任。在考试开始前，相关试题、答案属于国家秘密，对此不存在疑义。司法适用中，对于法律规定的国家考试以外的考试而言，相关试题依照有关规定被认定为国家秘密的，考前作弊（即行为人在考前通过盗窃试卷、贿买特定知悉人员等方式非法获取考试试题、参考答案、评分标准等，而后实施组织考试作弊行为）可以适用侵犯国家秘密类犯罪。具体而言，考试作弊行为可能同时构成非法获取国家秘密罪、故意泄露国家秘密罪等罪名，应当根据牵连犯的处断原则，择一重罪处断。

但是，考试开始后结束前，相关试题是否仍属于国家秘密，则存在不同认识：相关考试主管部门和公安机关通常认为属于国家秘密，应当适用非法获取国家秘密罪等涉密犯罪；但是，也有意见持相反观点，认为开考后对相关试题的管理难以达到相关保密要求，认定为国家秘密值得商榷，故不宜适用非法获取国家秘密罪等涉密犯罪。经研究认为，此种情形下，考中作弊（即行为人通过雇佣"枪手"进入考场，将试题非法发送给场外人员，进而作弊的行为）能否认定为侵犯国家秘密类犯罪，则取决于依照相关规定能否将开考后、结束前的试题认定为国家秘密。对此，有些考试主管部门明确规定相关试题在开考后、结束前仍然属于国家秘密。例如，2012 年 9 月 28 日人力资源和社会保障部人事考试中心《关于对〈人事工作中国家秘密及其密级具体范围的补充规定〉中"启用前"一词解释的通知》明确："'启用'一词包含'启封'和'使用完毕'两层涵义。'启用前'即'启封并使用完毕前'，特指应试人员按规定结束考试离开考场之前的时间段。”按照这一规定，非法获取相关考试从命题到考试结束之前的试题、答案的行为，都属于侵害国家秘密的行为，可以视情形适用非法获取国家秘密罪等侵犯国家秘密类犯罪。稳妥起见，司法机关在办案过程中宜仔细查阅相关规定，商请有关考试主管部门对相关考试试题在开考后、结束前是否属于国家秘密出具认定意见。

（十）考试作弊犯罪的职业禁止、禁止令和罚金刑适用规则

从实践来看，考试作弊犯罪相当程度存在再犯现象，不少罪犯“重操旧业”，故本解释第十二条专门明确可以依法宣告职业禁止和禁止令，规定：“对于实施本解释规定的犯罪被判处刑罚的，可以根据犯罪情况和预防再犯罪的需要，依法宣告职业禁止；被判处管制、宣告缓刑的，可以根据犯罪情况，依法宣告禁止令。”

此外，考试作弊犯罪具有明显的牟利性，行为人实施该类犯罪主要是为了牟取非法利益，因此，有必要加大财产刑的适用力度，让行为人在经济上得不偿失，进而剥夺其再次实施此类犯罪的经济能力。基于此，本解释第十三条规定：“对于实施本解释规定的行为构成犯罪的，应当综合考虑犯罪的危害程度、违法所得数额以及被告人的前科情况、认罪悔罪态度等，依法判处罚金。”

（撰稿人：周加海　王庆刚　喻海松）

【链　　接】

《最高人民法院、最高人民检察院关于办理组织考试作弊等刑事案件适用法律若干问题的解释》新闻发布会

（2019 年 9 月 3 日）

一、本解释的制定背景

考试是人才选拔的重要途径。保持考场风清气正、维护考试公平，事关社会公平正义，事关社会诚信与和谐稳定。考试作弊破坏人才选拔制度，破坏公平竞争，败坏社会风气，具有严重的社会危害性。近年来，考试作弊高发多发，特别是利用信息技术手段实施的有组织的考试作弊活动持续蔓延，危害日益严重。为严厉惩治考试作弊犯罪，2015 年 11 月 1 日起施行的《刑法修正案（九）》增设了《刑法》第二百八十四条之一，规定了组织考试作弊罪、非法出售、提供试题、答案罪和代替考试罪。《刑法修正案（九）》施行以来，各级考

试主管部门和公检法机关依据修改后的《刑法》规定，严肃惩处考试作弊犯罪。截至 2019 年 7 月，全国法院审理考试作弊刑事案件 1734 件，判决 3724 人。其中，组织考试作弊刑事案件 951 件、2251 人，非法出售、提供试题、答案刑事案件 117 件、205 人，代替考试刑事案件 666 件、1268 人。

在办理案件过程中，有意见反映，组织考试作弊罪、非法出售、提供试题、答案罪和代替考试罪的定罪量刑标准较为原则，不易把握；另有一些法律适用问题存在认识分歧，影响了案件办理。鉴此，为保障法律正确、统一适用，依法严厉惩治、有效防范考试作弊犯罪，最高人民法院会同最高人民检察院，在教育部、公安部、人力资源和社会保障部等有关部门的大力支持下，经深入调查研究、广泛征求意见、反复论证完善，制定了本解释。

本解释根据法律规定和立法精神，对考试作弊犯罪的定罪量刑标准和有关法律适用问题作了全面、系统的规定。这是人民法院、人民检察院充分发挥刑事司法职能，积极回应人民群众关切，保障社会诚信体系建设，践行社会主义核心价值观的又一项重要举措。本解释的公布施行，对于依法严惩考试作弊犯罪，维护公平公正的考试秩序，培育风清气正的良好社会风尚，必将发挥重要作用。

二、本解释的主要内容

本解释共十四条，主要包括以下十个方面的内容：

（一）明确了“法律规定的国家考试”的范围。根据《刑法》第二百八十四条之一的规定，组织考试作弊罪、非法出售、提供试题、答案罪和代替考试罪的适用范围是“法律规定的国家考试”。本解释第一条规定“法律规定的国家考试”是指全国人民代表大会及其常务委员会制定的法律所规定的考试。具体而言，根据有关法律规定，下列考试属于“法律规定的国家考试”：(1) 普通高等学校招生考试、研究生招生考试、高等教育自学考试、成人高等学校招生考试等国家教育考试；(2) 中央和地方公务员录用考试；(3) 国家统一法律职业资格考试、国家教师资格考试、注册会计师全国统一考试、会计专业技术资格考试、资产评估师资格考试、医师资格考试、执业药师职业资格考试、注册建筑师考试、建造师执业资格考试等专业技术资格考试；(4) 其他依照法律由中央或者地方主管部门以及行业组织的国家考试。

在此基础上，本解释第一条第三款进一步规定前述规定的考试涉及的特殊类型招生、特殊技能测试、面试等考试，属于“法律规定的国家考试”。

（二）明确了组织考试作弊罪“情节严重”的认定标准。根据《刑法》第二百八十四条之一第一款、第二款的规定，在法律规定的国家考试中，组织作弊或者为他人实施组织作弊犯罪提供作弊器材或其他帮助的，即构成组织考试作弊罪，处三年以下有期徒刑或者拘役，并处或者单处罚金；情节严重的，处三年以上七年以下有期徒刑，并处罚金。根据法律规定，结合司法实践，本解释第二条设九项对组织考试作弊罪“情节严重”的认定标准作了明确规定，大致涉及如下六个方面：一是考试类型。普通高等学校招生考试、研究生招生考试、公务员录用考试社会关注度高、影响大、涉及面广。故本解释将在这三类考试中组织作弊的直接规定为“情节严重”。二是行为后果。本解释将导致考试推迟、取消或者启用备用试题的明确规定为“情节严重”。三是行为主体。考试工作人员违背所承担的职责组织考试作弊，主观恶性更大，故本解释将其规定为“情节严重”。四是地域范围。组织考生跨省、自治区、直辖市作弊的，危害十分严重，故本解释将其规定为“情节严重”。五是数量标准。本解释将多次组织考试作弊，组织三十人次以上作弊，以及提供作弊器材五十件以上的规定为“情节严重”。六是违法所得。从司法实践来看，根据所涉考试的不同，组织考试作弊或者提供作弊器材等帮助的违法所得数额相差较大。基于严厉惩治组织考试作弊犯罪的考虑，本解释将违法所得三十万元以上的规定为“情节严重”。

（三）明确了作弊器材的认定标准。根据《刑法》第二百八十四条之一第二款的规定，组织考试作弊罪涉及为他人实施组织考试作弊犯罪提供作弊器材的情形。基于此，本解释第三条对“作弊器材”的认定标准作了明确，规定：“具有避开或者突破考场防范作弊的安全管理措施，获取、记录、传递、接收、存储考试试题、答案等功能的程序、工具，以及专门设计用于作弊的程序、工具，应当认定为刑法第二百八十四条之一第二款规定的‘作弊器材’。”据此，通过伪装以规避考场检查并可以发送、接收考试试题、答案的纽扣式数码相机、眼镜式密拍设备等，均可以认定为“作弊器材”。

在此基础上，为统一作弊器材的认定程序，本解释第三条第二款进一步规定：“对于是否属于刑法第二百八十四条之一第二款规定的‘作弊器材’难以确定的，依据省级以上公安机关或者考试主管部门出具的报告，结合其他证据作出认定；涉及专用间谍器材、窃听、窃照专用器材、‘伪基站’等器材的，依照相关规定作出认定。”

（四）明确了组织考试作弊罪既遂的认定标准。从实践来看，组织考试作弊的案件不少在考试开始之前即被查处，此种情形之下组织考试作弊的目的未能实现，究竟应当认定为犯罪既遂还是未遂，实践中存在不同认识。经研究认为，组织考试作弊罪的构成要件行为是组织作弊以及为他人实施组织考试作弊犯罪提供作弊器材或者其他帮助，只要组织考试作弊的行为已经实际严重危害到考试秩序，即应当认定为犯罪既遂，作弊目的是否实现不应当影响犯罪既遂的成立。为统一法律适用，依法严惩组织考试作弊犯罪，本解释第四条对相关问题作出了明确。组织考试作弊，在考试开始之前被查获，但已经非法获取考试试题、答案或者具有其他严重扰乱考试秩序情形的，应当认定为组织考试作弊罪既遂。

（五）明确了非法出售、提供试题、答案罪“情节严重”的认定标准。与组织考试作弊罪的法定刑配置一样，非法出售、提供试题、答案罪也设有两档法定刑。其中，情节严重的，处三年以上七年以下有期徒刑，并处罚金。根据法律规定，结合司法实践，本解释第五条设七项对非法出售、提供试题、答案罪“情节严重”的认定标准作了明确规定。具体而言，与组织考试作弊罪“情节严重”的认定标准相似，本解释也从相关试题、答案涉及的考试类型，造成考试推迟、取消或者启用备用试题的后果，行为主体身份，多次或者提供人次三十人次以上，以及违法所得三十万元以上等方面明确了非法出售、提供试题、答案罪“情节严重”的具体情形。

此外，为统一法律适用，本解释第六条规定：“为实施考试作弊行为，向他人非法出售或者提供法律规定的国家考试的试题、答案，试题不完整或者答案与标准答案不完全一致的，不影响非法出售、提供试题、答案罪的认定。”

（六）明确了代替考试犯罪的处理规则。根据《刑法》第二百八十四条之一第四款的规定，代替他人或者让他人代替自己参加法律规定的国家考试的，构成代替考试罪，处拘役或者管制，并处或者单处罚金。为充分发挥刑法的威慑和教育功能，本解释第七条第一款重申了在法律规定的国家考试中代替考试构成犯罪的规定，即“代替他人或者让他人代替自己参加法律规定的国家考试的，应当依照刑法第二百八十四条之一第四款的规定，以代替考试罪定罪处罚”；同时，为考虑到替考的情况、情节存在差异，所涉考试的类型有所不同，为体现贯彻彰显宽严相济刑事政策，促使代替考试的行为人悔过自新，本解释第七条第二款专门规定：“对于行为人犯罪情节较轻，确有悔罪表现，综合考虑行为人替考情况以及考试类型等因素，认为符合缓刑适用条件的，可以宣告缓刑；犯罪情节轻微的，可以不起诉或者免予刑事处罚；情节显著轻微危害不大的，不以犯罪论处。”

（七）明确了单位实施考试作弊犯罪的定罪量刑标准。司法实践中，存在单位实施考试作弊犯罪，特别是组织考试作弊犯罪的情形。为依法严惩单位考试作弊犯罪，本解释第八条规定：“单位实施组织考试作弊、非法出售、提供试题、答案等行为的，依照本解释规定的相应定罪量刑标准，追究组织者、策划者、实施者的刑事责任。”

（八）明确了考试作弊犯罪的罪数处断规则。司法实践中，往往存在行为人非法获取试题、答案，而后组织考试作弊或者向他人非法出售、提供试题、答案的情形，是否应当数罪并罚，存在不同认识。经研究认为，此种情形实际上是数个行为触犯数个罪名，应当予以数罪并罚，以体现对此类行为的严惩立场。基于此，本解释第九条规定：“以窃取、刺探、收买方法非法获取法律规定的国家考试的试题、答案，又组织考试作弊或者非法出售、提供试题、答案，分别符合刑法第二百八十二条和刑法第二百八十四条之一规定的，以非法获取国家秘密罪和组织考试作弊罪或者非法出售、提供试题、答案罪数罪并罚。”

此外，根据《刑法》第二百八十七条之一第一款的规定，设立用于实施违法犯罪活动的网站、通讯群组或者发布有关违法犯罪信息，情节严重的，构成非法利用信息网络罪。根据考试作弊犯罪的具体情况，本解释第十一条规定：“设立用于实施考试作弊的网站、通讯群组或者发布有关考试作弊的信息，情节严重的，应当依照刑法第二百八十七条之一的规定，以非法利用信息网络罪定罪处罚；同时构成组织考试作弊罪、非法出售、提供试题、答案罪、非法获取国家秘密罪等其他犯罪的，依照处罚较重的规定定罪处罚。”

（九）明确了在法律规定的国家考试以外的其他考试中实施考试作弊犯罪的处理规则。根据《刑法》第二百八十四条之一的规定，组织考试作弊罪、非法出售、提供试题、答案罪和代替考试罪的适用范围限于“法律规定的国家考试”，但这并非意味着对在其他考试中作弊的行为一律不予刑事追究。为统一法律适用，本解释第十条规定：“在法律规定的国家考试以外的其他考试中，组织作弊，为他人组织作弊提供作弊器材或者其他帮助，或者非法出售、提供试题、答案，符合非法获取国家秘密罪、非法生产、销售窃听、窃照专用器材罪、非法使用窃听、窃照专用器材罪、非法利用信息网络罪、扰乱无线电通讯管理秩序罪等犯罪构成要件的，依法追究刑事责任。”

（十）明确了考试作弊犯罪的职业禁止、禁止令和罚金刑适用规则。从实践来看，考试作弊犯罪相当程度存在再犯现象，不少罪犯“重操旧业”，故本解释第十二条专门规定可以依法宣告职业禁止和禁止令，即“对于实施本解释规定的犯罪被判处刑罚的，可以根据犯罪情况和预防再犯罪的需要，依法宣告职业禁止；被判处管制、宣告缓刑的，可以根据犯罪情况，依法宣告禁止令”。此外，考试作弊犯罪具有明显的牟利性，行为人实施该类犯罪主要是为了牟取非法利益。因此，有必要加大财产刑的适用力度，让行为人在经济上得不偿失，进而剥夺其再次实施此类犯罪的经济能力。基于此，本解释第十三条规定：“对于实施本解释规定的行为构成犯罪的，应当综合考虑犯罪的危害程度、违法所得数额以及被告人的前科情况、认罪悔罪态度等，依法判处罚金。”

我要向大家通报的情况就这些。谢谢大家。

最高人民法院　最高人民检察院
关于办理危害计算机信息系统安全刑事案件应用法律若干问题的解释

法释〔2011〕19号

（2011年6月20日最高人民法院审判委员会第1524次会议、2011年7月11日最高人民检察院第十一届检察委员会第63次会议通过　2011年8月1日最高人民法院、最高人民检察院公告公布　自2011年9月1日起施行）

为依法惩治危害计算机信息系统安全的犯罪活动，根据《中华人民共和国刑法》、《全国人民代表大会常务委员会关于维护互联网安全的决定》的规定，现就办理这类刑事案件应用法律的若干问题解释如下：

第一条　非法获取计算机信息系统数据或者非法控制计算机信息系统，具有下列情形之一的，应当认定为刑法第二百八十五条第二款规定的“情节严重”：

（一）获取支付结算、证券交易、期货交易等网络金融服务的身份认证信息十组以上的；

（二）获取第（一）项以外的身份认证信息五百组以上的；

（三）非法控制计算机信息系统二十台以上的；

（四）违法所得五千元以上或者造成经济损失一万元以上的；

（五）其他情节严重的情形。

实施前款规定行为，具有下列情形之一的，应当认定为刑法第二百八十五条第二款规定的“情节特别严重”：

（一）数量或者数额达到前款第（一）项至第（四）项规定标准五倍以上的；

（二）其他情节特别严重的情形。

明知是他人非法控制的计算机信息系统，而对该计算机信息系统的控制权加以利用的，依照前两款的规定定罪处罚。

第二条　具有下列情形之一的程序、工具，应当认定为刑法第二百八十五条第三款规定的“专门用于侵入、非法控制计算机信息系统的程序、工具”：

（一）具有避开或者突破计算机信息系统安全保护措施，未经授权或者超越授权获取计算机信息系统数据的功能的；

（二）具有避开或者突破计算机信息系统安全保护措施，未经授权或者超越授权对计算机信息系统实施控制的功能的；

（三）其他专门设计用于侵入、非法控制计算机信息系统、非法获取计算机信息系统数据的程序、工具。

第三条 提供侵入、非法控制计算机信息系统的程序、工具，具有下列情形之一的，应当认定为刑法第二百八十五条第三款规定的“情节严重”：

（一）提供能够用于非法获取支付结算、证券交易、期货交易等网络金融服务身份认证信息的专门性程序、工具五人次以上的；

（二）提供第（一）项以外的专门用于侵入、非法控制计算机信息系统的程序、工具二十人次以上的；

（三）明知他人实施非法获取支付结算、证券交易、期货交易等网络金融服务身份认证信息的违法犯罪行为而为其提供程序、工具五人次以上的；

（四）明知他人实施第（三）项以外的侵入、非法控制计算机信息系统的违法犯罪行为而为其提供程序、工具二十人次以上的；

（五）违法所得五千元以上或者造成经济损失一万元以上的；

（六）其他情节严重的情形。

实施前款规定行为，具有下列情形之一的，应当认定为提供侵入、非法控制计算机信息系统的程序、工具“情节特别严重”：

（一）数量或者数额达到前款第（一）项至第（五）项规定标准五倍以上的；

（二）其他情节特别严重的情形。

第四条 破坏计算机信息系统功能、数据或者应用程序，具有下列情形之一的，应当认定为刑法第二百八十六条第一款和第二款规定的“后果严重”：

（一）造成十台以上计算机信息系统的主要软件或者硬件不能正常运行的；

（二）对二十台以上计算机信息系统中存储、处理或者传输的数据进行删除、修改、增加操作的；

（三）违法所得五千元以上或者造成经济损失一万元以上的；

（四）造成为一百台以上计算机信息系统提供域名解析、身份认证、计费等基础服务或者为一万以上用户提供服务的计算机信息系统不能正常运行累计一小时以上的；

（五）造成其他严重后果的。

实施前款规定行为，具有下列情形之一的，应当认定为破坏计算机信息系统“后果特别严重”：

（一）数量或者数额达到前款第（一）项至第（三）项规定标准五倍以上的；

（二）造成为五百台以上计算机信息系统提供域名解析、身份认证、计费等基础服务或者为五万以上用户提供服务的计算机信息系统不能正常运行累计一小时以上的；

（三）破坏国家机关或者金融、电信、交通、教育、医疗、能源等领域提供公共服务的计算机信息系统的功能、数据或者应用程序，致使生产、生活受到严重影响或者造成恶劣社会影响的；

（四）造成其他特别严重后果的。

第五条 具有下列情形之一的程序，应当认定为刑法第二百八十六条第三款规定的“计算机病毒等破坏性程序”：

（一）能够通过网络、存储介质、文件等媒介，将自身的部分、全部或者变种进行复制、传播，并破坏计算机系统功能、数据或者应用程序的；

（二）能够在预先设定条件下自动触发，并破坏计算机系统功能、数据或者应用程序的；

（三）其他专门设计用于破坏计算机系统功能、数据或者应用程序的程序。

第六条 故意制作、传播计算机病毒等破坏性程序，影响计算机系统正常运行，具有下列情形之一的，应当认定为刑法第二百八十六条第三款规定的“后果严重”：

（一）制作、提供、传输第五条第（一）项规定的程序，导致该程序通过网络、存储介质、文件等媒介传播的；

（二）造成二十台以上计算机系统被植入第五条第（二）、（三）项规定的程序的；

（三）提供计算机病毒等破坏性程序十人次以上的；

（四）违法所得五千元以上或者造成经济损失一万元以上的；

（五）造成其他严重后果的。

实施前款规定行为，具有下列情形之一的，应当认定为破坏计算机信息系统“后果特别严重”：

（一）制作、提供、传输第五条第（一）项规定的程序，导致该程序通过网络、存储介质、文件等媒介传播，致使生产、生活受到严重影响或者造成恶劣社会影响的；

（二）数量或者数额达到前款第（二）项至第（四）项规定标准五倍以上的；

（三）造成其他特别严重后果的。

第七条 明知是非法获取计算机信息系统数据犯罪所获取的数据、非法控制计算机信息系统犯罪所获取的计算机信息系统控制权，而予以转移、收购、代为销售或者以其他方法掩饰、隐瞒，违法所得五千元以上的，应当依照刑法第三百一十二条第一款的规定，以掩饰、隐瞒犯罪所得罪定罪处罚。

实施前款规定行为，违法所得五万元以上的，应当认定为刑法第三百一十二条第一款规定的“情节严重”。

单位实施第一款规定行为的，定罪量刑标准依照第一款、第二款的规定执行。

第八条 以单位名义或者单位形式实施危害计算机信息系统安全犯罪，达到本解释规定的定罪量刑标准的，应当依照刑法第二百八十五条、第二百八十六条的规定追究直接负责的主管人员和其他直接责任人员的刑事责任。

第九条 明知他人实施刑法第二百八十五条、第二百八十六条规定的行为，具有下列情形之一的，应当认定为共同犯罪，依照刑法第二百八十五条、第二百八十六条的规定处罚：

（一）为其提供用于破坏计算机信息系统功能、数据或者应用程序的程序、工具，违法所得五千元以上或者提供十人次以上的；

（二）为其提供互联网接入、服务器托管、网络存储空间、通讯传输通道、费用结算、交易服务、广告服务、技术培训、技术支持等帮助，违法所得五千元以上的；

（三）通过委托推广软件、投放广告等方式向其提供资金五千元以上的。

实施前款规定行为，数量或者数额达到前款规定标准五倍以上的，应当认定为刑法第二百八十五条、第二百八十六条规定的“情节特别严重”或者“后果特别严重”。

第十条 对于是否属于刑法第二百八十五条、第二百八十六条规定的“国家事务、国防建设、尖端科学技术领域的计算机信息系统”、“专门用于侵入、非法控制计算机信息系统的程序、工具”、“计算机病毒等破坏性程序”难以确定的，应当委托省级以上负责计算机信息系统安全保护管理工作的部门检验。司法机关根据检验结论，并结合案件具体情况认定。

第十一条 本解释所称“计算机信息系统”和“计算机系统”，是指具备自动处理数据功能的系统，包括计算机、网络设备、通信设备、自动化控制设备等。

本解释所称“身份认证信息”，是指用于确认用户在计算机信息系统上操作权限的数据，包括账号、口令、密码、数字证书等。

本解释所称“经济损失”，包括危害计算机信息系统犯罪行为给用户直接造成的经济损失，以及用户为恢复数据、功能而支出的必要费用。

【解　读】

解读《最高人民法院、最高人民检察院关于办理危害计算机信息系统安全刑事案件应用法律若干问题的解释》

一、问题的提出

为依法惩治危害计算机信息系统安全犯罪活动，维护正常的计算机网络运行秩序，最高人民法院、最高人民检察院联合发布了《关于办理危害计算机信息系统安全刑事案件应用法律若干问题的解释》（以下简称本解释），自2011年9月1日起施行。

二、理解

（一）明确危害计算机信息系统安全犯罪的定罪量刑标准

1. 非法获取计算机信息系统数据、非法控制计算机信息系统行为的定罪量刑标准

本解释第一条共分为三款，明确了《刑法》第二百八十五条第二款规定的非法获取计算机信息系统数据、非法控制计算机信息系统罪中“情节严重”“情节特别严重”的具体情形。

第一款规定了“情节严重”的具体认定标准。主要包括下列情形：第（1）项以获取网络金融服务的身份认证信息的数量为标准。与计算机信息系统安全相关的数据中最为重要的是用于认证用户身份的身份认证信息（如口令、证书等），此类数据通常是网络安全的第一道防线，也是网络盗窃的最主要对象，特别是非法获取电子银行、证券交易、期货交易等网络金融服务的账号、口令等身份认证信息的活动非常猖獗，故应对身份认证信息予以重点保护。根据司法实践的情况，综合考虑行为的社会危害性，获取支付结算、证券交易、期货交易等网络金融服务的身份认证信息10组以上即属“情节严重”。第二项以获取网络金融服务以外的身份认证信息的数量为标准。对于网络金融服务以外的其他网络服务，如网络即时通讯、网络邮箱等，网络盗窃者非法获取这些身份认证信息的案件也较为多发。获取其他网络服务的身份认证信息500组以上的，应当认定为“情节严重”。需要注意的是，对于实践中发生的出于好奇、显示网络技术等目的而实施的打包盗窃论坛身份认证信息等行为，即使获取身份认证信息略微超过500组的，由于社会危害性也不大，应当适用《刑法》第

十三条但书的规定，不宜纳入刑事打击的范围。在司法实践中，要准确把握第一项和第二项规定的“一组”身份认证信息的概念。所谓一组身份认证信息，是指可以确认用户在计算机信息系统上操作权限的认证信息的一个组合，比如某些网上银行需要用户名、密码和动态口令就可以转账，那么用户名、密码和动态口令就是一组身份认证信息；有的网上银行除上述三项信息外还需要手机认证码才可以转账，缺一不可，那么这四项信息才能构成一组身份认证信息。但是，对于身份认证信息，特别是密码信息，很多用户有经常更改密码的习惯，故认定一组身份认证信息不应以在办案过程中是否可以实际登录使用为判断标准，而应结合其非法获取身份认证信息的方法判断该身份认证信息在被非法获取时是否可用为依据，如使用的木马程序能有效截获用户输入的账号密码，则不管该密码当前是否可用，只要是使用该木马程序截获的账号、密码，则应认定为一组有效身份认证信息。第三项以非法控制计算机信息系统的数量为标准。在非法侵入计算机信息系统后，并未破坏计算机信息系统的功能或者数据，而是通过控制计算机信息系统实施特定操作的行为被称为“非法控制计算机信息系统”。很多攻击者通过控制大量计算机信息系统形成僵尸网络(Botnet)。据统计，全世界的僵尸网络75%位于我国，有的僵尸网络控制的计算机信息系统甚至多达数十万台，这已成为我国互联网安全的重大隐患。为了解决上述问题，将非法控制计算机信息系统台数作为衡量情节严重的标准之一，即非法控制计算机信息系统20台以上的，应当认定为“情节严重”。第四项以违法所得或者经济损失的数额为标准。非法获取计算机信息系统数据、非法控制计算机信息系统行为的主要目的是牟利，且易给权利人造成经济损失，故将违法所得数额和财产损失数额作为衡量情节严重的标准之一，即违法所得5000元以上或者造成经济损失1万元以上的，应当认定为“情节严重”。第五项是关于兜底条款的规定。此外，第二款根据计算机网络犯罪的性质和危害程度，并参照以往有关司法解释，以“情节严重”的5倍为标准，对“情节特别严重”作出了规定。

明知是他人非法控制的计算机信息系统，而对该计算机信息系统的控制权加以利用，使得该计算机信息系统继续处于被控制状态，实际上是对该计算机信息系统实施控制，应当认定为非法控制计算机信息系统，故第三款明确规定对此种行为适用前两款关于非法控制计算机信息系统行为的定罪量刑标准。

2. 提供侵入、非法控制计算机信息系统程序、工具行为的定罪量刑标准

本解释第三条共分为两款，明确了《刑法》第二百八十五条第三款规定的提供侵入、非法控制计算机信息系统程序、工具罪中“情节严重”“情节特别严重”的具体情形。

第一款明确了“情节严重”的具体认定标准。对于提供专门用于侵入、非法控制计算机信息系统的程序、工具，或者明知他人实施侵入、非法控制计算

机信息系统的违法犯罪行为而为其提供程序、工具的行为，主要从以下几个方面认定“情节严重”：一是提供的程序、工具的人次。其中，对于提供网银木马等“能够用于非法获取支付结算、证券交易、期货交易等网络金融服务的身份认证信息的专门性程序、工具”的行为，第一项规定提供5人次以上的即属“情节严重”；对于提供盗号程序、远程控制木马程序等其他专门用于侵入、非法控制计算机信息系统的程序、工具的，第二项规定提供的人次达到20人以上的属于“情节严重”；对于明知他人实施非法获取支付结算、证券交易、期货交易等网络金融服务的身份认证信息的违法犯罪行为而为其提供程序、工具的，第三项规定提供五人次以上的即属“情节严重”；对于明知他人实施其他侵入、非法控制计算机信息系统的违法犯罪行为而为其提供程序、工具的，第四项规定提供20人次以上的属于“情节严重”。二是违法所得和经济损失数额。由于提供此类工具的行为主要以获利为目的，正是在非法获利的驱动下，互联网上销售各类黑客工具的行为才会泛滥，且往往会给权利人造成经济损失，故第五项将违法所得5000元以上或者造成经济损失1万元以上作为认定“情节严重”的标准之一。三是对于其他无法按照提供的人次、违法所得数额、经济损失数额定罪的，第六项设置了兜底条款。此外，第2款规定“情节严重”和“情节特别严重”之间为5倍的倍数关系。

3. 破坏计算机信息系统功能、数据或者应用程序行为的定罪量刑标准

本解释第四条共分为两款，明确了《刑法》第二百八十六条第一款、第二款规定的破坏计算机信息系统罪中“后果严重”“后果特别严重”的具体情形。

第一款规定了“后果严重”的具体认定标准。对于破坏计算机信息系统功能、数据或者应用程序行为，主要从以下几个方面认定“后果严重”：一是破坏计算机信息系统的数量。第一项规定造成10台以上计算机信息系统的主要软件或者硬件不能正常运行的，属于“后果严重”。需要注意的是，“计算机信息系统的主要软件或者硬件不能正常运行”，不能仅仅理解为计算机信息系统不能启动或者不能进人操作系统等极端情况，而是既包括计算机信息系统主要软件或者硬件的全部功能不能正常运行，也包括计算机信息系统主要软件或者硬件的部分功能不能正常运行。根据《刑法》第二百八十六条第二款的规定，“对计算机信息系统中存储、处理或者传输的数据和应用程序进行删除、修改、增加的操作”，也是破坏计算机信息系统的方式之一。需要强调的是，从司法实践来看，破坏数据、应用程序的案件，主要表现为对数据进删除、修改、增加的操作，鲜有破坏应用程序的案件。因此，对于《刑法》第二百八十六条“对计算机信息系统中存储、处理或者传输的数据和应用程序进行删除、修改、增加的操作”的规定，应当理解为“数据”“应用程序”均可以成为犯罪对象，而并不要求一次破坏行为必须同时破坏数据和应用程序，这样才能实现对计算机信息系统中存储、处理或者传输的数据、应用程序的有效保护，有效维护计

算机信息系统安全。基于上述考虑，第二项规定对 20 台以上计算机信息系统中存储、处理或者传输的数据进行删除、修改、增加的操作的，应当认定为“情节严重”。二是违法所得、经济损失的数额，第三项规定违法所得 5000 元以上或者造成经济损失 1 万元以上的属于“后果严重”。三是针对特定类型的计算机信息系统作出特殊规定。在网络上存在很多为其他计算机信息系统提供基础服务的系统，如域名解析服务器、路由器、身份认证服务器、计费服务器等，对这些服务器实施攻击可能导致大量的计算机信息系统瘫痪，比如一个域名解析服务器可能为数万个网站提供域名解析服务，对其实施拒绝服务攻击将可能导致数万个网站无法访问，表面上其攻击行为仅破坏了一台服务器的功能，但由此引发的后果却远大于此。因此，针对特定类型或者特定领域计算机信息系统的攻击是互联网上危害最为严重的攻击行为，应当对此作出专门规定。第四项规定造成为 100 台以上计算机信息系统提供域名解析、身份认证、计费等基础服务或者为 1 万以上用户提供服务的计算机信息系统不能正常运行累计 1 小时以上的，属于“后果严重”。司法实务中应当注意的是，认定被破坏的计算机信息系统是否属于本款第四项中的“为一万以上用户提供服务的计算机信息系统”和第二款第二项中“为五万以上用户提供服务的计算机信息系统”可按如下方法：有注册用户的按照其注册用户数量统计，没有注册用户的按照其服务对象的数量统计。此外，第五项为兜底条款。

第二款规定了“后果特别严重”的具体情形。第一项规定，通常情况下，“后果严重”和“后果特别严重”之间为 5 倍的倍数关系。第二项针对为其他计算机信息系统提供基础服务或者其他服务的特定类型计算机信息系统作出特殊规定。此外，国家机关或者金融、电信、交通、教育、医疗、能源领域的计算机信息系统主要用于提供公共服务。考虑到此类计算机信息系统的特殊性，第三项将破坏该类计算机信息系统的功能或者数据，致使生产、生活受到严重影响或者造成恶劣社会影响的情形规定为“情节特别严重”。

需要注意的是，本解释第四条只是明确了破坏计算机信息系统功能、数据或者应用程序行为的“后果严重”“后果特别严重”的具体情形，是否构成犯罪，还需要结合刑法规定的其他要件判断。而根据《刑法》第二百八十六条第一款、第二款的规定，破坏计算机信息系统功能和破坏计算机信息系统数据、应用程序行为的入罪要件并不相同，前者要求“造成计算机信息系统不能正常运行”，而后者不需要这一要件。因此，在司法实践中，需要依据刑法和本解释的规定，根据具体案件情况进行分析判断，确保定罪量刑的准确。

4. 故意制作、传播计算机病毒等破坏性程序行为的定罪量刑标准

本解释第六条共分为两款，明确了故意制作、传播计算机病毒等破坏性程序，影响计算机系统正常运行行为的定罪量刑标准。

根据《刑法》第二百八十六条第三款的规定，故意制作、传播计算机病毒

等破坏性程序，影响计算机系统正常运行，是破坏计算机信息系统的一种情形。在起草过程中，着重考虑了如下两个问题：一是对于制作计算机病毒等破坏性程序的行为，如果仅制作而不传播，则不可能“影响计算机信息系统正常运行”，故制作计算机病毒等破坏性程序的行为不可能独立构成犯罪。换言之，刑法第二百八十六条第三款本身并不属于“制作、提供工具罪”，故对于互联网上制作、销售计算机病毒等破坏性程序的行为无法独立打击。二是将向他人提供（也即人到人的“传播”）计算机病毒等破坏性程序的行为都纳入“传播”的范畴，但同时也要求其行为必须最终导致“影响计算机信息系统正常运行”，即其制作、提供的计算机病毒等破坏性程序最终被使用并产生后果，避免突破刑法条文的规定。

在此基础上，第一款明确了“情节严重”的具体认定标准。本解释第五条第一项规定的计算机病毒程序具有自我复制传播特性，其传播方式容易引起大规模传播。由于此类程序一经传播即无法控制其传播面，也无法对被侵害的计算机逐一取证确认其危害后果，因此，本款第一项规定制作、提供、传输该类程序，只要导致该程序通过网络、存储介质、文件等媒介传播的，即应当认定为“后果严重”。而“逻辑炸弹”等其他破坏性程序在未触发之前，并不破坏计算机信息系统，只存在潜在的破坏性，只有向被害计算机信息系统植入该程序，才满足“影响计算机信息系统正常运行”的要件。因此，第二项规定向20台以上计算机系统植入其他的破坏性程序的，应当认定为“后果严重”。以提供计算机病毒等破坏性程序的人次、违法所得数额、经济损失数额作为衡量“情节严重”的标准，第三、四项规定提供计算机病毒等破坏性程序10人次以上、违法所得5000元以上或者造成经济损失1万元以上属于后果严重。此外，第五项为兜底条款。

第二款规定“后果特别严重”的认定标准。计算机病毒容易引起大规模传播，且一经传播即无法控制其传播面，故第一项特别规定制作、提供、传输计算机病毒，导致该程序通过网络、存储介质、文件等媒介传播，致使生产、生活受到严重影响或者造成恶劣社会影响的，应属“后果特别严重”。其他情况下，“后果严重”和“后果特别严重”之间为5倍的倍数关系。

(二) 界定危害计算机信息系统安全犯罪中术语的范围

1. “专门用于侵入、非法控制计算机信息系统的程序、工具”的范围界定

本解释第二条明确了《刑法》第二百八十五条第三款规定的“专门用于侵入、非法控制计算机信息系统的程序、工具”的具体范围。

本条解释的关键是对《刑法》第二百八十五条第三款规定的“专门”一词的涵义作出明确。参考立法机关编写的相关论著，《刑法》第二百八十五条第三款的“专门用于侵入、非法控制计算机信息系统的程序、工具”，“是指行为

人所提供的程序、工具只能用于实施非法侵入、非法控制计算机信息系统的用途。"① 可见，其区别于一般的程序、工具之处在于此类程序、工具专门是用于违法犯罪目的，而不包括那些既可以用于违法犯罪目的又可以用于合法目的的"中性程序"。因此。"专门"是对程序、工具本身的用途非法性的限定，是通过程序、工具本身的用途予以体现的。而程序、工具本身的用途又是由其功能所决定的，如果某款程序、工具在功能设计上就只能用来违法地实施控制、获取数据的行为，则可以称之为"专门工具、程序"。我们认为，从功能设计上可以对"专门用于侵入、非法控制计算机信息系统的程序、工具"作如下限定：

(1) 程序、工具本身具有获取计算机信息系统数据，控制计算机信息系统的功能。《刑法》第二百八十五条第三款的用语是"专门用于侵入、非法控制计算机信息系统的程序、工具"，从字面上看，没有涉及"专门用于非法获取数据的工具"。但是，从刑法规范的逻辑角度而言，《刑法》第二百八十五条第三款应当是前两款的工具犯。换言之，通过侵入计算机信息系统而非法获取数据的专门性程序、工具也应当纳入"专门用于侵入计算机信息系统的程序、工具"的范畴，这并未超越刑法用语的规范含义。因此，"专门用于侵入、非法控制计算机信息系统的程序、工具"，既包括专门用于侵入、非法控制计算机信息系统的程序、工具，也包括通过侵入计算机信息系统而非法获取数据的专门性程序、工具。顺带需要提及的是，基于同样的理由，《刑法》第二百八十五条第三款后半句规定的"明知他人实施侵入、非法控制计算机信息系统的违法犯罪行为而为其提供程序、工具"，这里的"侵入"既包括非法侵入计算机信息系统行为，也包括通过侵入计算机信息系统而非法获取数据的行为。由于专门用于实施非法侵入计算机信息系统的程序、工具较为少见，而且难以从功能上对其作出界定，对其主要应通过主观设计目的予以判断（即本条第三项的规定）。基于上述考虑，这里主要强调了程序、工具本身的获取数据和控制功能。

(2) 程序、工具本身具有避开或者突破计算机信息系统安全保护措施的功能。有不少木马程序既可用于合法目的也可用于非法目的，属于"中性程序"，比如 Window 系统自带的 Terminal Service（终端服务）也可以用于远程控制计算机信息系统，很多商用用户运用这种远程控制程序以远程维护计算机信息系统。通常情况下，攻击者使用的木马程序必须故意逃避杀毒程序的查杀、防火墙的控制，故此类木马程序区别于"中性的"商用远程控制程序的主要特征是其具有"避开或者突破计算机信息系统安全保护措施"的特征，如自动停止

① 全国人大常委会法工委刑法室编：《中华人民共和国刑法条文说明、立法理由及相关规定》，北京大学出版社 2009 年版，第 592 页。

杀毒软件的功能、自动卸载杀毒软件功能等，在互联网上广泛销售的所谓“免杀”木马程序即属于此种类型的木马程序。因此，本条将“专门用于避开或者突破计算机信息系统安全保护措施”作为界定标准之一。

（3）程序、工具获取数据和控制功能，在设计上即能在未经授权或者超越授权的状态下得以实现。这是专门程序、工具区别于“中性程序、工具”的典型特征，是该类程序违法性的集中体现。例如，“网银大盗”程序，其通过键盘记录的方式，监视用户操作，当用户使用个人网上银行进行交易时，该程序会恶意记录用户所使用的账号和密码，记录成功后，程序会将盗取的账号和密码发送给行为人。该程序在功能设计上即可在无需权利人授权的情况下获取其网上银行账号、密码等数据。“中性”程序、工具不具备在未经授权或超越授权的情况下自动获取数据或者控制他人计算机信息系统的功能。

基于上述考虑，本条第一、二项将具有避开或者突破计算机信息系统安全保护措施，未经授权或者超越授权获取计算机信息系统数据的功能或者对计算机信息系统实施控制的功能的程序、工具列为“专门用于侵入、非法控制计算机信息系统的程序、工具”。这两类程序都符合了上述三个要件，明显有别于“中性程序”，能够被认定为“专门性程序、工具”。此外，第三项还列出了其他专门设计用于侵入、非法控制计算机信息系统、非法获取计算机信息系统数据的程序、工具。在黑客攻击破坏活动中还存在很多专门为实施违法犯罪活动而设计的程序、工具，比如攻击者针对某类网吧管理系统的漏洞专门设计的侵入程序，针对某个网络银行系统设计专用的侵入程序，此类程序难以进行详细分类并一一列举，也难以准确地概括其违法性的客观特征。因此，此处规定并不是通过程序的客观特性界定其范围，而是通过设计者的主观动机予以界定，具体哪些程序属于这一范畴应当具体情形具体分析。

2.“计算机病毒等破坏性程序”的范围界定

本解释第五条明确了《刑法》第二百八十六条第三款规定的“计算机病毒等破坏性程序”的具体范围。主要涵括了如下三类程序：第一项将能够通过网络、存储介质、文件等媒介，将自身的部分、全部或者变种进行自我复制、传播，并破坏计算机系统功能、数据或者应用程序的程序（计算机病毒）纳入计算机病毒等破坏性程序范围。此类程序的危害性主要是其传播方式容易引起大规模传播，而且一经传播即无法控制其传播面，也无法对被侵害的计算机逐一取证确认其危害后果。第二项将能够在预先设定条件下自动触发，并破坏计算机系统数据、功能或者应用程序的程序（逻辑炸弹）纳入计算机病毒等破坏性程序的范围。此类程序一旦被触发即可破坏计算机信息系统数据、功能或者应用程序，但在未触发之前仍存在潜在的破坏性。第三项将其他专门设计用于破坏计算机系统数据、功能或者应用程序的程序纳入计算机病毒等破坏性程序的范围。

3. “计算机信息系统”和“计算机系统”的范围界定

本解释第十一条第一款对“计算机信息系统”和“计算机系统”的内涵和外延进行了界定。

《刑法》第二百八十五条、第二百八十六条使用了“计算机信息系统”“计算机系统”两种表述，其中《刑法》第二百八十六条第三款有关制作、传播计算机病毒等破坏性程序的条款中使用的是“计算机系统”，其他条款使用的则是“计算机信息系统”。本条对这两种表述作出了统一界定，原因如下：一是从技术角度看，这两种表述已无法区分。《刑法》第二百八十五条、第二百八十六条立法区分这两者的原意是考虑侵入计算机信息系统、破坏计算机信息系统功能、数据或者应用程序的对象应当是数据库、网站等提供信息服务的系统，而传播计算机病毒如果只影响计算机操作系统（计算机系统）本身，即使不对系统上的信息服务造成影响也应当受到处罚。但随着计算机技术的发展，计算机操作系统与提供信息服务的系统已密不可分。如很多操作系统自身也提供 WEB（互联网）服务、FTP（文件传输协议）服务，而侵入操作系统也就能够实现对操作系统上提供信息服务的系统实施控制，破坏操作系统的数据或者功能也就能够破坏操作系统上提供信息服务的系统的数据或者功能，从技术角度无法准确划分出提供信息服务的系统和操作系统。二是从保护计算机信息系统安全这一立法目的出发，对这两种表述进行区分没有必要。不论危害的是计算机操作系统还是提供信息服务的系统，只要情节严重或者造成严重后果的，都应当追究刑事责任。三是经对美、德等国的网络犯罪立法进行研究，这些国家均在立法中使用单一的计算机系统、计算机等术语，而未对计算机信息系统和计算机系统作出区分。

本款将“计算机信息系统”和“计算机系统”统一界定为“具备自动处理数据功能的系统”，原因如下：一是具备自动处理数据功能的系统都可能成为被攻击的对象，有必要将其纳入刑法保护范畴。随着信息技术的发展，各类内置有可以编程、安装程序的操作系统的数字化设备广泛应用于各个领域，其本质与传统的计算机系统已没有任何差别。这些设备都可能受到攻击破坏：互联网上销售的专门用于控制手机的木马程序，可以通过无线网络获取手机中的信息；通过蓝牙、WIFI（将电脑、手持设备等终端以无线方式互相连接的技术）等无线网络传播病毒的案件也呈现快速增长态势；在工业控制设备中可能植入破坏性程序，使得工业控制设备在特定条件下运行不正常；在打印机、传真机等设备中可以内置程序非法获取相关数据。总之，任何内置有操作系统的智能化设备都可能成为入侵、破坏和传播计算机病毒的对象，因此应当将这些设备的安全纳入刑法保护范畴。二是本定义借鉴了多个国家有关法律的相关定义。如美国将计算机定义为“具备自动处理数据的功能的一个或者一组设备”，欧盟网络犯罪公约将计算机定义为“由软件和硬件构成的用于自动处理数据的设备”，其出发点都是将保护计算机信息系统安全的法律适用于所有具有自动处理数据功能的设备。

为使相关界定更加明确，方便司法实践适用，本款采用了概括加例举的解释方法，即在对“计算机信息系统”“计算机系统”作归纳定义的同时，还例举“计算机”“网络设备”“通信设备”“自动化控制设备”等具体情形。其中，网络设备是指路由器、交换机等组成的用于连接网络的设备；通信设备包括手机、通信基站等用于提供通信服务的设备；自动化控制设备是指在工业中用于实施自动化控制的设备，如电力系统中的监测设备、制造业中的流水线控制设备等。

4. “身份认证信息”的范围界定

由于本解释多处涉及“身份认证信息”这一术语，第十一条第二款明确了“身份认证信息”的内涵和外延。考虑到司法实践的具体情形，采用了概括加例举的方法，将“身份认证信息”界定为用于确认用户在计算机信息系统上操作权限的数据，包括账号、口令、密码、数字证书等。从实践来看，数字签名、生物特征等都属于身份认证信息。

5. “经济损失”的范围界定

本解释第十一条第三款明确了“经济损失”的计算范围，具体包括危害计算机信息系统犯罪行为给用户造成的直接经济损失，以及用户为恢复数据、功能而支出的必要费用。需要注意的是，破坏计算机信息系统功能、数据给用户带来的预期利益的损失不能纳入“经济损失”的计算范围。

6. 危害计算机信息系统安全犯罪案件的检验问题

考虑到危害计算机信息系统安全犯罪案件的司法认定专业性强，为确保相关案件依法得到稳妥、正确处理，本解释第十条专门规定对于是否属于“国家事务、国防建设、尖端科学技术领域的计算机信息系统”“专门用于侵入、非法控制计算机信息系统的程序、工具”“计算机病毒等破坏性程序”难以确定的，应当委托省级以上负责计算机信息系统安全保护管理工作的部门检验。司法机关根据检验结论，并结合案件具体情况认定。《中华人民共和国计算机信息系统安全保护条例》（国务院第147号令）第六条规定：“公安部主管全国计算机信息系统安全保护工作。国家安全部、国家保密局和国务院其他有关部门，在国务院规定的职责范围内做好计算机信息系统安全保护的有关工作。”因此，对于相关情形难以确定的，应当根据案件具体涉及的领域，从省级以上的公安部门、国家安全部门、保密部门或者其他有关部门中选取确定检验部门。从实践来看，进行检验的部门主要应当是省级以上公安机关。

（三）解决办理危害计算机信息系统安全犯罪中有关法律适用疑难问题

1. 掩饰、隐瞒计算机信息系统数据、控制权行为的定性

本解释第七条明确了明知是非法获取计算机信息系统数据犯罪所获取的数

据、非法控制计算机信息系统犯罪所获取的计算机信息系统控制权，而予以转移、收购、代为销售或者以其他方法掩饰、隐瞒行为的定性问题。

危害计算机信息系统安全犯罪活动的一个重要特点是分工细化。例如，在非法获取计算机信息系统数据活动中，制作非法获取数据的程序、传播用于非法获取数据的程序、非法获取数据、获取数据后销赃获利、使用数据等行为通常由不同人员实施。在这些行为中，由于行为人之间事前无通谋，欠缺共同犯罪故意，难以依据共同犯罪予以打击。目前，收购、代为销售或者以其他方法掩饰、隐瞒计算机信息系统数据、控制权的行为已经非常泛滥，甚至形成了大规模的网上交易平台。

《中华人民共和国刑法修正案（六）》《中华人民共和国刑法修正案（七）》两次对1997年《刑法》第三百一十二条进行了修改，形成了现在的表述。从现在的规定来看，《刑法》第三百一十二条的对象不限于赃物，而是涵括除《刑法》第一百九十一条规定的洗钱罪的上游犯罪以外的所有犯罪的犯罪所得及其产生的收益。因此，"《刑法》第三百一十二条的适用范围就扩大到了除《刑法》第一百九十一条规定的上游犯罪以外的所有犯罪。"① 基于上述考虑，《刑法》第二百八十五条第二款也应当成为《刑法》第三百一十二条的适用范围。明知是非法获取计算机信息系统数据犯罪所获取的数据、非法控制计算机信息系统犯罪所获取的计算机信息系统控制权，而予以转移、收购、代为销售或者以其他方法掩饰、隐瞒的，应当构成掩饰、隐瞒犯罪所得罪。针对司法实践的具体情形，第一款规定明知是非法获取计算机信息系统数据犯罪所获取的数据、非法控制计算机信息系统犯罪所获取的计算机信息系统控制权，而予以转移、收购、代为销售或者以其他方法掩饰、隐瞒的，违法所得数额在5000元以上的，以掩饰、隐瞒犯罪所得罪追究刑事责任。第二款规定违法所得数额在5万元以上的，应当认定为"情节严重"。针对单位犯罪的情形，第三款专门规定单位犯罪的，定罪量刑标准依照自然人犯罪的定罪量刑标准执行。

需要说明的是，《刑法》第三百一十二条规定的"犯罪所得"过去多限于财产、物品等，将其适用于计算机信息系统数据、控制权，是否可行，有关方面认识不一。经慎重研究，我们认为，计算机信息系统数据、控制权可以成为掩饰、隐瞒犯罪所得罪的犯罪对象。主要有如下考虑：一是计算机信息系统数据、控制权是一种无形物，属于"犯罪所得"的范畴，理应成为掩饰、隐瞒犯罪所得罪的对象。将计算机信息系统数据、控制权解释为犯罪所得，符合罪刑法定原则。二是从刑法体系看，《刑法》第三百一十二条的掩饰、隐瞒犯罪所得罪的上游犯罪应该涵盖第一百九十一条洗钱罪规定的上游犯罪以外的所有犯罪，理应适用于危害计算机信息系统安全犯罪。三是作出这种解释，也是司法

---

① 黄太云：《〈刑法修正案（六）〉的理解与适用（下）》，载《人民检察》2006年第15期。

实践的现实需要。从危害计算机信息系统安全犯罪的现状来看，掩饰、隐瞒计算机信息系统数据、控制权的现象十分突出，不予以打击将无法切断危害计算机信息系统安全犯罪的利益链条，难以切实保障计算机信息系统安全。

此外，在起草过程中，有建议主张对倒卖计算机信息系统控制权的行为直接按非法控制计算机信息系统罪定罪处罚。经认真研究研究认为，该建议不宜采纳。因为在倒卖控制权的过程中，行为人可能事实上未控制他人计算机信息系统，故不宜按照非法控制计算机信息系统罪定罪处罚，而只能适用掩饰、隐瞒犯罪所得罪。

2. 以单位名义或者单位形式实施危害计算机信息系统安全犯罪的处理规则

本解释第八条明确了以单位名义或者单位形式实施危害计算机信息系统安全犯罪如何追究刑事责任的问题。

《刑法》第二百八十五、二百八十六条规定的危害计算机信息系统安全犯罪系自然人犯罪。而从司法实践来看，非法侵入计算机信息系统、非法获取计算机信息系统数据、非法控制计算机信息系统、提供侵入、非法控制计算机信息系统的程序、工具以及破坏计算机信息系统行为，不少是由单位实施。公安机关查处这类案件后，往往难以处理。为切实惩治危害计算机信息系统安全犯罪，确保相关案件顺利移送起诉、依法审判，本条规定以单位名义或者形式实施危害计算机信息系统安全犯罪，达到本解释规定的定罪量刑标准的，应当依照《刑法》第二百八十五、二百八十六条的规定追究直接负责的主管人员和其他直接责任人员的刑事责任。主要考虑如下：

第一，对以单位名义或者形式实施危害计算机信息系统安全犯罪的案件追究直接负责的主管人员和其他直接责任人员的刑事责任，是司法实践的现实需要。由于危害计算机信息系统安全活动的实施有一定的技术、资金要求，实践中此类案件不少是一些网络公司、增值服务公司所为。这些公司并非为了进行违法犯罪活动而设立，设立后也不是以实施犯罪为主要活动，故无法按照自然人犯罪对其追究刑事责任。在此背景下，如对以单位名义或者形式实施的危害计算机信息系统安全犯罪不作出明确规定，司法机关对此种行为将难以追究刑事责任，必然会导致不少严重危害计算机信息系统安全的行为无法得到有效惩治。而追究直接负责的主管人员和其他直接责任人员的刑事责任，符合刑法的规定，也是当前打击犯罪、维护社会秩序的需要。

第二，对以单位名义或者形式实施危害计算机信息系统安全犯罪的案件追究直接负责的主管人员和其他直接责任人员的刑事责任，在司法文件中有先例可循。例如，1998年《最高人民法院关于审理拒不执行判决、裁定案件具体应用法律若干问题的解释》第四条规定："负有执行人民法院判决、裁定义务的单位直接负责的主管人员和其他直接责任人员，为了本单位的利益实施本解释第三条所列行为之一，造成特别严重后果的，对该主管人员和其他直接责任人员依照刑法第三百一十三条的规定，以拒不执行判决、裁定罪定罪处罚。”而该解释第三条所涉及的拒不执行人民法院判决、裁定罪即为自然人犯罪。

3. 危害计算机信息系统安全共同犯罪处理规则

本解释第九条明确了危害计算机信息系统安全共同犯罪的认定标准和处理原则。

同传统犯罪不同，危害计算机信息系统安全犯罪活动分工细化，形成了利益链条。为危害计算机信息系统违法犯罪行为提供用于破坏计算机信息系统功能、数据的程序，提供互联网接入、服务器托管、网络存储空间、通讯传输通道、费用结算、交易服务、广告服务、技术培训、技术支持等帮助，通过委托其推广软件、投放广告等方式向其提供资金等行为十分突出，行为人从中牟取了巨大利润，也使得实施危害计算机信息系统安全犯罪活动的“技术门槛”日益降低。例如，在司法实践中，很多实施危害计算机信息系统安全犯罪活动的行为人只有初中文化程度，其往往是通过购买用于破坏计算机信息系统功能、数据的程序、工具或者获取技术帮助进而实施危害计算机信息系统安全犯罪的。再如，通过互联网搜索引擎可以发现，黑客培训广告已经铺天盖地。可以说，危害计算机信息系统安全犯罪活动分工细化和进而形成的利益链条，导致了危害计算机信息系统安全犯罪活动迅速蔓延。

本条规定的目的就是打击黑客攻击破坏活动相关利益链条：由于《刑法》第二百八十五条第三款将明知他人实施侵入、非法控制计算机信息系统而向其提供程序、工具的行为入罪，而对于“明知他人实施破坏计算机信息系统功能或者数据的犯罪行为，而为其提供用于破坏计算机信息系统功能、数据或者应用程序的程序或者工具”的行为并未单独人罪处罚，第一项将其作为共犯处理；第二项将向危害计算机系统安全行为提供帮助获利的行为作为共犯处理；第三项将从危害计算机信息系统安全行为获得帮助并向其提供资金的行为作为共犯处理。

需要特别说明的是，网络环境下的共同犯罪具有殊于传统共同犯罪的特性。在传统犯罪中，一个人通常只能是单个人或者少数人的共犯。而在网络犯罪中，一个人往往能够成为很多人的共犯。例如，用于破坏计算机信息系统功能、数据或者应用程序的程序、工具的制造者，可以向数以万计甚至更多的破坏计算机信息系统行为人提供程序、工具，成为破坏计算机信息系统实行行为的帮助犯。在这种背景下，一方面，要求抓获所有接受帮助行为的实行犯并查清相关情况，在司法实践中不具有可操作性；另一方面，可能存在所有的实行行为均未达到入罪标准，但帮助犯由于向数以万计的实行行为提供了帮助，其行为性质反而更重的情况，对帮助犯更有惩罚的必要。故而，基于宽严相济刑事政策的考量，按照《最高人民法院、最高人民检察院关于办理利用互联网、移动通讯终端、声讯台制作、复制、出版、贩卖、传播淫秽电子信息具体应用法律若干问题的解释（二）》第七条、《最高人民法院、最高人民检察院、公安部关于办理网络赌博犯罪案件适用法律若干问题的意见》第二条的思路，本条对于共犯的成立设置了独立的定罪量刑标准，对情节严重的行为予以刑事惩治。

在司法适用过程中，需要注意如下两个问题：(1) 跨国共同犯罪的处理问题。由于网络的无国界，危害计算机信息系统安全犯罪行为和犯罪结果可能分别发生在中华人民共和国领域内外。根据刑法第六条的规定，犯罪的行为或者结果有一项发生在中华人民共和国领域内的，就认为是在中华人民共和国领域内犯罪。因此，对于这类危害计算机信息系统安全犯罪案件，只要其危害后果最终发生在中华人民共和国领域内，应当认为是在中华人民共和国领域内犯罪，应当适用我国刑法的相关规定。在此前提下，可能对境外实行犯无法实际行使刑事管辖权，在境外实行犯未归案的情况下，对于境内为境外实行犯提供帮助的行为人，应当依照本条确定的规则处理。(2) 帮助犯在共同犯罪中的类型认定问题。与传统犯罪不同，网络环境中的帮助犯在共同犯罪中所起的作用具有一定的特殊性和复杂性，并非只起次要和辅助作用，也可能起主要作用。因此，对于行为人帮助他人实施《刑法》第二百八十五、二百八十六条规定的行为的，应当根据其在共同犯罪中的作用予以认定，既可以认定为主犯，也可以认定为从犯。

三、适用

在司法适用中，需注意本解释的时间效力问题。根据“两高”公告，本解释自 2011 年 9 月 1 日起施行。考虑到本解释施行后，不少危害计算机信息系统安全犯罪案件尚未处理或者正在处理过程中，在此有必要明确本解释的时间效力问题。根据“两高”《关于适用刑事司法解释时间效力问题的规定》，对于本解释施行前发生的行为，由于行为时没有相关司法解释，对于本解释施行后尚未处理或者正在处理的案件，应当依照本解释的规定办理。需要注意的是，对于本解释施行前已办结的案件，按照当时的法律，认定事实和适用法律没有错误的，不再变动。

（撰稿人：喻海松）

指导案例 102 号

付宣豪、黄子超破坏计算机信息系统案

（最高人民法院审判委员会讨论通过 2018 年 12 月 25 日发布）

关键词

刑事 破坏计算机信息系统罪 DNS 劫持 后果严重 后果特别严重

裁判要点

1. 通过修改路由器、浏览器设置、锁定主页或者弹出新窗口等技术手段，强制网络用户访问指定网站的“DNS 劫持”行为，属于破坏计算机信息系统，后果严重的，构成破坏计算机信息系统罪。

2. 对于“DNS 劫持”，应当根据造成不能正常运行的计算机信息系统数量、相关计算机信息系统不能正常运行的时间，以及所造成的损失或者影响等，认定其是“后果严重”还是“后果特别严重”。

相关法条

《中华人民共和国刑法》第二百八十六条

基本案情

2013 年底至 2014 年 10 月，被告人付宣豪、黄子超等人租赁多台服务器，使用恶意代码修改互联网用户路由器的 DNS 设置，进而使用户登录“2345. com”等导航网站时跳转至其设置的“5w. com”导航网站，被告人付宣豪、黄子超等人再将获取的互联网用户流量出售给杭州久尚科技有限公司（系“5w. com”导航网站所有者），违法所得合计人民币 754，762. 34 元。

2014 年 11 月 17 日，被告人付宣豪接民警电话通知后自动至公安机关，被告人黄子超主动投案，二被告人到案后均如实供述了上述犯罪事实。

被告人及辩护人对罪名及事实均无异议。

裁判结果

上海市浦东新区人民法院于 2015 年 5 月 20 日作出（2015）浦刑初字第 1460 号刑事判决：一、被告人付宣豪犯破坏计算机信息系统罪，判处有期徒刑三年，缓刑三年。二、被告人黄子超犯破坏计算机信息系统罪，判处有期徒刑三年，缓刑三年。三、扣押在案的作案工具以及退缴在案的违法所得予以没收，上缴国库。一审宣判后，二被告人均未上诉，公诉机关未抗诉，判决已发生法律效力。

裁判理由

法院生效裁判认为，根据《中华人民共和国刑法》第二百八十六条的规定，对计算机信息系统功能进行破坏，造成计算机信息系统不能正常运行，后果严重的，构成破坏计算机信息系统罪。本案中，被告人付宣豪、黄子超实施的是流量劫持中的“DNS 劫持”。DNS 是域名系统的英文首字母缩写，作用是提供域名解析服务。“DNS 劫持”通过修改域名解析，使对特定域名的访问由原 IP 地址转入到篡改后的指定 IP 地址，导致用户无法访问原 IP 地址对应的网站或者访问虚假网站，从而实现窃取资料或者破坏网站原有正常服务的目的。二被告人使用恶意代码修改互联网用户路由器的 DNS 设置，将用户访问“2345.com”等导航网站的流量劫持到其设置的“5w.com”导航网站，并将获取的互联网用户流量出售，显然是对网络用户的计算机信息系统功能进行破坏，造成计算机信息系统不能正常运行，符合破坏计算机信息系统罪的客观行为要件。

根据《最高人民法院、最高人民检察院关于办理危害计算机信息系统安全刑事案件应用法律若干问题的解释》，破坏计算机信息系统，违法所得人民币二万五千元以上或者造成经济损失人民币五万元以上的，应当认定为“后果特别严重”。本案中，二被告人的违法所得达人民币 754，762.34 元，属于“后果特别严重”。

综上，被告人付宣豪、黄子超实施的“DNS 劫持”行为系违反国家规定，对计算机信息系统中存储的数据进行修改，后果特别严重，依法应处五年以上有期徒刑。鉴于二被告人在家属的帮助下退缴全部违法所得，未获取、泄露公民个人信息，且均具有自首情节，无前科劣迹，故依法对其减轻处罚并适用缓刑。

指导案例 103 号

徐强破坏计算机信息系统案

（最高人民法院审判委员会讨论通过　2018 年 12 月 25 日发布）

关键词

刑事　破坏计算机信息系统罪　机械远程监控系统

裁判要点

企业的机械远程监控系统属于计算机信息系统。违反国家规定，对企业的机械远程监控系统功能进行破坏，造成计算机信息系统不能正常运行，后果严重的，构成破坏计算机信息系统罪。

相关法条

《中华人民共和国刑法》第二百八十六条第一款、第二款

基本案情

为了加强对分期付款的工程机械设备的管理，中联重科股份有限公司（以下简称中联重科）投入使用了中联重科物联网 GPS 信息服务系统，该套计算机信息系统由中联重科物联网远程监控平台、GPS 终端、控制器和显示器等构成，该系统具备自动采集、处理、存储、回传、显示数据和自动控制设备的功能，其中，控制器、GPS 终端和显示器由中联重科在工程机械设备的生产制造过程中安装到每台设备上。

中联重科对“按揭销售”的泵车设备均安装了中联重科物联网 GPS 信息服务系统，并在产品买卖合同中明确约定“如买受人出现违反合同约定的行为，出卖人有权采取停机、锁机等措施”以及“在买受人付清全部货款前，产品所有权归出卖人所有。即使在买受人已经获得机动车辆登记文件的情况下，买受人未付清全部货款前，产品所有权仍归出卖人所有”的条款。然后由中联重科总部的远程监控维护平台对泵车进行监控，如发现客户有拖欠、赖账等情况，就会通过远程监控系统进行“锁机”，泵车接收到“锁机”指令后依然能发动，但不能作业。

2014 年 5 月间，被告人徐强使用“GPS 干扰器”先后为钟某某、龚某某、张某某名下或管理的五台中联重科泵车解除锁定。具体事实如下：

1. 2014 年 4 月初，钟某某发现其购得的牌号为贵 A77462 的泵车即将被中联重科锁机后，安排徐关伦帮忙打听解锁人。徐某某遂联系龚某某告知钟某某泵车需解锁一事。龚某某表示同意后，即通过电话联系被告人徐强给泵车解锁。2014 年 5 月 18 日，被告人徐强携带“GPS 干扰器”与龚某某一起来到贵

阳市清镇市，由被告人徐强将“GPS 干扰器”上的信号线连接到泵车右侧电控柜，再将“GPS 干扰器”通电后使用干扰器成功为牌号为贵 A77462 的泵车解锁。事后，钟某某向龚某某支付了解锁费用人民币 40000 元，龚某某亦按约定将其中人民币 9600 元支付给徐某某作为介绍费。当日及次日，龚某某还带着被告人徐强为其管理的其妹夫黄某从中联重科及长沙中联重科二手设备销售有限公司以分期付款方式购得的牌号分别为湘 AB0375、湘 AA6985、湘 AA6987 的三台泵车进行永久解锁。事后，龚某某向被告人徐强支付四台泵车的解锁费用共计人民币 30000 元。

2. 2014 年 5 月间，张某某从中联重科以按揭贷款的方式购买泵车一台，因拖欠货款被中联重科使用物联网系统将泵车锁定，无法正常作业。张某某遂通过电话联系到被告人徐强为其泵车解锁。2014 年 5 月 17 日，被告人徐强携带“GPS 干扰器”来到湖北襄阳市，采用上述同样的方式为张某某名下牌号为鄂 FE7721 的泵车解锁。事后，张某某向被告人徐强支付解锁费用人民币 15000 元。

经鉴定，中联重科的上述牌号为贵 A77462、湘 AB0375、湘 AA6985、湘 AA6987 泵车 GPS 终端被拆除及控制程序被修改后，中联重科物联网 GPS 信息服务系统无法对泵车进行实时监控和远程锁车。

2014 年 11 月 7 日，被告人徐强主动到公安机关投案。在本院审理过程中，被告人徐强退缴了违法所得人民币 45000 元。

裁判结果

湖南省长沙市岳麓区人民法院于 2015 年 12 月 17 日作出（2015）岳刑初字第 652 号刑事判决：一、被告人徐强犯破坏计算机信息系统罪，判处有期徒刑二年六个月。二、追缴被告人徐强的违法所得人民币四万五千元，上缴国库。被告人徐强不服，提出上诉。湖南省长沙市中级人民法院于 2016 年 8 月 9 日作出（2016）湘 01 刑终 58 号刑事裁定：驳回上诉，维持原判。该裁定已发生法律效力。

裁判理由

法院生效裁判认为，《最高人民法院、最高人民检察院关于办理危害计算机信息系统安全刑事案件应用法律若干问题的解释》第十一条规定，“计算机信息系统”和“计算机系统”，是指具备自动处理数据功能的系统，包括计算机、网络设备、通信设备、自动化控制设备等。本案中，中联重科物联网 GPS 信息服务系统由中联重科物联网远程监控平台、GPS 终端、控制器和显示器等构成，具备自动采集、处理、存储、回传、显示数据和自动控制设备的功能。该系统属于具备自动处理数据功能的通信设备与自动化控制设备，属于刑法意义上的计算机信息系统。被告人徐强利用“GPS 干扰器”对中联重科物联网 GPS 信息服务系统进行修改、干扰，造成该系统无法对案涉泵车进行实时监控和远程锁车，是对计算机信息系统功能进行破坏，造成计算机信息系统不能正常运行的行为，且后果特别严重。根据《刑法》第二百八十六条的规定，被告人徐强构成破坏计算机信息系统罪。徐强犯罪以后自动投案，如实供述了自己的罪行，系自首，依法可减轻处罚。徐强退缴全部违法所得，有悔罪表现，可酌情从轻处罚。针对徐强及辩护人提出“自己系自首，且全部退缴违法所得，一审量刑过重”的上诉意见与辩护意见，经查，徐强破坏计算机信息系统，违法所得 45000 元，后果特别严重，应当判处五年以上有期徒刑，一审判决综合考虑其自首、退缴全部违法所得等情节，对其减轻处罚，判处有期徒刑二年六个月，量刑适当。该上诉意见、辩护意见，不予采纳。原审判决认定事实清楚，证据确实充分，适用法律正确，量刑适当，审判程序合法。

指导案例 104 号

李森、何利民、张锋勃等人破坏计算机信息系统案

（最高人民法院审判委员会讨论通过 2018 年 12 月 25 日发布）

关键词

刑事 破坏计算机信息系统罪 干扰环境质量监测采样 数据失真 后果严重

裁判要点

环境质量监测系统属于计算机信息系统。用棉纱等物品堵塞环境质量监测采样设备，干扰采样，致使监测数据严重失真的，构成破坏计算机信息系统罪。

相关法条

《中华人民共和国刑法》第二百八十六条第一款

基本案情

西安市长安区环境空气自动监测站（以下简称长安子站）系国家环境保护部（以下简称环保部）确定的西安市 13 个国控空气站点之一，通过环境空气质量自动监测系统采集、处理监测数据，并将数据每小时传输发送至中国环境监测总站（以下简称监测总站），一方面通过网站实时向社会公布，一方面用于编制全国环境空气质量状况月报、季报和年报，向全国发布。长安子站为全市两个国家直管监测子站之一，由监测总站委托武汉宇虹环保产业股份有限公司进行运行维护，不经允许，非运维方工作人员不得擅自进入。

2016 年 2 月 4 日，长安子站回迁至西安市长安区西安邮电大学南区动力大楼房顶。被告人李森利用协助子站搬迁之机私自截留子站钥匙并偷记子站监控电脑密码，此后至 2016 年 3 月 6 日间，被告人李森、张锋勃多次进入长安子站内，用棉纱堵塞采样器的方法，干扰子站内环境空气质量自动监测系统的数据采集功能。被告人何利民明知李森等人的行为而没有阻止，只是要求李森把空气污染数值降下来。被告人李森还多次指使被告人张楠、张肖采用上述方法对子站自动监测系统进行干扰，造成该站自动监测数据多次出现异常，多个时间段内监测数据严重失真，影响了国家环境空气质量自动监测系统正常运行。为防止罪行败露，2016 年 3 月 7 日、3 月 9 日，在被告人李森的指使下，被告人张楠、张肖两次进入长安子站将监控视频删除。2016 年 2、3 月间，长安子站每小时的监测数据已实时传输发送至监测总站，通过网站向社会公布，并用于环保部编制 2016 年 2 月、3 月和第一季度全国 74 个城市空气质量状况

评价、排名。2016 年 3 月 5 日，监测总站在例行数据审核时发现长安子站数据明显偏低，检查时发现了长安子站监测数据弄虚作假问题，后公安机关将五被告人李森、何利民、张楠、张肖、张锋勃抓获到案。被告人李森、被告人张锋勃、被告人张楠、被告人张肖在庭审中均承认指控属实，被告人何利民在庭审中辩解称其对李森堵塞采样器的行为仅是默许、放任，请求宣告其无罪。

裁判结果

陕西省西安市中级人民法院于 2017 年 6 月 15 日作出（2016）陕 01 刑初 233 号刑事判决：一、被告人李森犯破坏计算机信息系统罪，判处有期徒刑一年十个月。二、被告人何利民犯破坏计算机信息系统罪，判处有期徒刑一年七个月。三、被告人张锋勃犯破坏计算机信息系统罪，判处有期徒刑一年四个月。四、被告人张楠犯破坏计算机信息系统罪，判处有期徒刑一年三个月。五、被告人张肖犯破坏计算机信息系统罪，判处有期徒刑一年三个月。宣判后，各被告人均未上诉，判决已发生法律效力。

裁判理由

法院生效裁判认为，五被告人的行为违反了国家规定。《中华人民共和国环境保护法》第六十八条规定禁止篡改、伪造或者指使篡改、伪造监测数据，《中华人民共和国环境大气污染防治法》第一百二十六条规定禁止对大气环境保护监督管理工作弄虚作假，《中华人民共和国环境计算机信息系统安全保护条例》第七条规定不得危害计算机信息系统的安全。本案五被告人采取堵塞采样器的方法伪造或者指使伪造监测数据，弄虚作假，违反了上述国家规定。

五被告人的行为破坏了计算机信息系统。《最高人民法院、最高人民检察院关于办理危害计算机信息系统安全刑事案件应用法律若干问题的解释》第十一条规定，计算机信息系统和计算机系统，是指具备自动处理数据功能的系统，包括计算机、网络设备、通信设备、自动化控制设备等。根据《最高人民法院、最高人民检察院关于办理环境污染刑事案件适用法律若干问题的解释》第十条第一款的规定，干扰环境质量监测系统的采样，致使监测数据严重失真的行为，属于破坏计算机信息系统。长安子站系国控环境空气质量自动监测站点，产生的监测数据经过系统软件直接传输至监测总站，通过环保部和监测总站的政府网站实时向社会公布，参与计算环境空气质量指数并实时发布。空气采样器是环境空气质量监测系统的重要组成部分。PM10、PM2.5 监测数据作为环境空气综合污染指数评估中的最重要两项指标，被告人用棉纱堵塞采样器的采样孔或拆卸采样器的行为，必然造成采样器内部气流场的改变，造成监测数据失真，影响对环境空气质量的正确评估，属于对计算机信息系统功能进行干扰，造成计算机信息系统不能正常运行的行为。

五被告人的行为造成了严重后果。（1）被告人李森、张锋勃、张楠、张肖均多次堵塞、拆卸采样器干扰采样，被告人何利民明知李森等人的行为而没有阻止，只是要求李森把空气污染数值降下来。（2）被告人的干扰行为造成了监测数据的显著异常。2016 年 2 至 3 月间，长安子站颗粒物监测数据多次出现与周边子站变化趋势不符的现象。长安子站 PM2.5 数据分别在 2 月 24 日 18 时至 25 日 16 时、3 月 3 日 4 时至 6 日 19 时两个时段内异常，PM10 数据分别在 2 月 18 日 18 时至 19 日 8 时、2 月 25 日 20 时至 21 日 8 时、3 月 5 日 19 时至 6 日 23 时三个时段内异常。其中，长安子站的 PM10 数据在 2016 年 3 月 5 日 19 时至 22 时由 361 下降至 213，下降了 41%，其他周边子站均值升高了 14%（由 316 上升至 361），6 日 16 时至 17 时长安子站监测数值由 188 上升至 426，升高了 127%，其他子站均值变化不大（由 318 降至 310），6 日 17 时至 19 时长安子站数值由 426 下降至 309，下降了 27%，其他子站均值变化不大（由 310 降至 304）。可见，被告人堵塞采样器的行为足以造成监测数据的严重失真。上述数据的严重失真，与监测总站在例行数据审核时发现长安子站 PM10 数据明显偏低可以印证。（3）失真的监测数据已实时发送至监测总站，并向社会公布。长安子站空气质量监测的小时浓度均值数据已经通过互联网实时发布。（4）失真的监测数据已被用于编制环境评价的月报、季报。环保部在 2016 年二、三月及第一季度的全国 74 个重点城市空气质量排名工作中已采信上述虚假数据，已向社会公布并上报国务院，影响了全国大气环境治理情况评估，损害了政府公信力，误导了环境决策。据此，五被告人干扰采样的行为造成了严重后果，符合《刑法》第二百八十六条规定的“后果严重”要件。

综上，五被告人均已构成破坏计算机信息系统罪。鉴于五被告人到案后均能坦白认罪，有悔罪表现，依法可以从轻处罚。

指导案例 145 号

张竣杰等非法控制计算机信息系统案

（最高人民法院审判委员会讨论通过 2020 年 12 月 29 日发布）

关键词

刑事 非法控制计算机信息系统罪 破坏计算机信息系统罪 采用其他技术手段 修改增加数据 木马程序

裁判要点

1. 通过植入木马程序的方式，非法获取网站服务器的控制权限，进而通过修改、增加计算机信息系统数据，向相关计算机信息系统上传网页链接代码的，应当认定为《刑法》第二百八十五条第二款“采用其他技术手段”非法控制计算机信息系统的行为。

2. 通过修改、增加计算机信息系统数据，对该计算机信息系统实施非法控制，但未造成系统功能实质性破坏或者不能正常运行的，不应当认定为破坏计算机信息系统罪，符合《刑法》第二百八十五条第二款规定的，应当认定为非法控制计算机信息系统罪。

相关法条

《中华人民共和国刑法》第二百八十五条第一款、第二款

基本案情

自 2017 年 7 月开始，被告人张竣杰、彭玲珑、祝东、姜宇豪经事先共谋，为赚取赌博网站广告费用，在马来西亚吉隆坡市租住的 Trillion 公寓 B 幢 902 室内，相互配合，对存在防护漏洞的目标服务器进行检索、筛查后，向目标服务器植入木马程序（后门程序）进行控制，再使用“菜刀”等软件链接该木马程序，获取目标服务器后台浏览、增加、删除、修改等操作权限，将添加了赌博关键字并设置自动跳转功能的静态网页，上传至目标服务器，提高赌博网站广告被搜索引擎命中几率。截至 2017 年 9 月底，被告人张竣杰、彭玲珑、祝东、姜宇豪链接被植入木马程序的目标服务器共计 113 台，其中部分网站服务器还被植入了含有赌博关键词的广告网页。后公安机关将被告人张竣杰、彭玲珑、祝东、姜宇豪抓获到案。公诉机关以破坏计算机信息系统罪对四人提起公诉。被告人张竣杰、彭玲珑、祝东、姜宇豪及其辩护人在庭审中均对指控的主要事实予以承认；被告人张竣杰、彭玲珑、祝东及其辩护人提出，各被告人的行为仅是对目标服务器的侵入或非法控制，非破坏，应定性为非法侵入计算机信息系统罪或非法控制计算机信息系统罪，不构成破坏计算机信息系统罪。

裁判结果

江苏省南京市鼓楼区人民法院于 2019 年 7 月 29 日作出（2018）苏 0106 刑初 487 号刑事判决：一、被告人张竣杰犯非法控制计算机信息系统罪，判处有期徒刑四年，罚金人民币五万元。二、被告人彭玲珑犯非法控制计算机信息系统罪，判处有期徒刑三年九个月，罚金人民币五万元。三、被告人祝东犯非法控制计算机信息系统罪，判处有期徒刑三年六个月，罚金人民币四万元。四、被告人姜宇豪犯非法控制计算机信息系统罪，判处有期徒刑二年三个月，罚金人民币二万元。一审宣判后，被告人姜宇豪以一审量刑过重为由提出上诉，其辩护人请求对被告人姜宇豪宣告缓刑。江苏省南京市中级人民法院于 2019 年 9 月 16 日作出（2019）苏 01 刑终 768 号裁定：驳回上诉，维持原判。

裁判理由

法院生效裁判认为，被告人张竣杰、彭玲珑、祝东、姜宇豪共同违反国家规定，对我国境内计算机信息系统实施非法控制，情节特别严重，其行为均已构成非法控制计算机信息系统罪，且系共同犯罪。南京市鼓楼区人民检察院指控被告人张竣杰、彭玲珑、祝东、姜宇豪实施侵犯计算机信息系统犯罪的事实清楚，证据确实、充分，但以破坏计算机信息系统罪予以指控不当。经查，被告人张竣杰、彭玲珑、祝东、姜宇豪虽对目标服务器的数据实施了修改、增加的侵犯行为，但未造成该信息系统功能实质性的破坏，或不能正常运行，也未对该信息系统内有价值的数据进行增加、删改，其行为不属于破坏计算机信息系统犯罪中的对计算机信息系统中存储、处理或者传输的数据进行删除、修改、增加的行为，应认定为非法控制计算机信息系统罪。部分被告人及辩护人提出相同定性的辩解、辩护意见，予以采纳。关于上诉人姜宇豪提出“量刑过重”的上诉理由及辩护人提出宣告缓刑的辩护意见，经查，该上诉人及其他被告人链接被植入木马程序的目标服务器共计 113 台，属于情节特别严重。一审法院依据本案的犯罪事实和上诉人的犯罪情节，对上诉人减轻处罚，量刑适当且与其他被告人的刑期均衡。综合上诉人犯罪行为的性质、所造成的后果及其社会危害性，不宜对上诉人适用缓刑。故对上诉理由及辩护意见，不予采纳。

（生效裁判审判人员：王　斌　黄　霞　李　涛）

最高人民法院　最高人民检察院
关于办理扰乱无线电通讯管理秩序等刑事案件适用法律若干问题的解释

法释〔2017〕11号

（2017年4月17日最高人民法院审判委员会第1715次会议、2017年5月25日最高人民检察院第十二届检察委员会第64次会议通过　2017年6月27日最高人民法院、最高人民检察院公告公布　自2017年7月1日起施行）

为依法惩治扰乱无线电通讯管理秩序犯罪，根据《中华人民共和国刑法》《中华人民共和国刑事诉讼法》的有关规定，现就办理此类刑事案件适用法律的若干问题解释如下：

第一条　具有下列情形之一的，应当认定为刑法第二百八十八条第一款规定的“擅自设置、使用无线电台（站），或者擅自使用无线电频率，干扰无线电通讯秩序”：

（一）未经批准设置无线电广播电台（以下简称“黑广播”），非法使用广播电视专用频段的频率的；

（二）未经批准设置通信基站（以下简称“伪基站”），强行向不特定用户发送信息，非法使用公众移动通信频率的；

（三）未经批准使用卫星无线电频率的；

（四）非法设置、使用无线电干扰器的；

（五）其他擅自设置、使用无线电台（站），或者擅自使用无线电频率，干扰无线电通讯秩序的情形。

第二条　违反国家规定，擅自设置、使用无线电台（站），或者擅自使用无线电频率，干扰无线电通讯秩序，具有下列情形之一的，应当认定为刑法第二百八十八条第一款规定的“情节严重”：

（一）影响航天器、航空器、铁路机车、船舶专用无线电导航、遇险救助和安全通信等涉及公共安全的无线电频率正常使用的；

（二）自然灾害、事故灾难、公共卫生事件、社会安全事件等突发事件期间，在事件发生地使用“黑广播”“伪基站”的；

（三）举办国家或者省级重大活动期间，在活动场所及周边使用“黑广播”

"伪基站"的；

（四）同时使用三个以上"黑广播""伪基站"的；

（五）"黑广播"的实测发射功率五百瓦以上，或者覆盖范围十公里以上的；

（六）使用"伪基站"发送诈骗、赌博、招嫖、木马病毒、钓鱼网站链接等违法犯罪信息，数量在五千条以上，或者销毁发送数量等记录的；

（七）雇佣、指使未成年人、残疾人等特定人员使用"伪基站"的；

（八）违法所得三万元以上的；

（九）曾因扰乱无线电通讯管理秩序受过刑事处罚，或者二年内曾因扰乱无线电通讯管理秩序受过行政处罚，又实施刑法第二百八十八条规定的行为的；

（十）其他情节严重的情形。

第三条 违反国家规定，擅自设置、使用无线电台（站），或者擅自使用无线电频率，干扰无线电通讯秩序，具有下列情形之一的，应当认定为刑法第二百八十八条第一款规定的"情节特别严重"：

（一）影响航天器、航空器、铁路机车、船舶专用无线电导航、遇险救助和安全通信等涉及公共安全的无线电频率正常使用，危及公共安全的；

（二）造成公共秩序混乱等严重后果的；

（三）自然灾害、事故灾难、公共卫生事件和社会安全事件等突发事件期间，在事件发生地使用"黑广播""伪基站"，造成严重影响的；

（四）对国家或者省级重大活动造成严重影响的；

（五）同时使用十个以上"黑广播""伪基站"的；

（六）"黑广播"的实测发射功率三千瓦以上，或者覆盖范围二十公里以上的；

（七）违法所得十五万元以上的；

（八）其他情节特别严重的情形。

第四条 非法生产、销售"黑广播""伪基站"、无线电干扰器等无线电设备，具有下列情形之一的，应当认定为刑法第二百二十五条规定的"情节严重"：

（一）非法生产、销售无线电设备三套以上的；

（二）非法经营数额五万元以上的；

（三）其他情节严重的情形。

实施前款规定的行为，数量或者数额达到前款第一项、第二项规定标准五倍以上，或者具有其他情节特别严重的情形的，应当认定为刑法第二百二十五条规定的"情节特别严重"。

在非法生产、销售无线电设备窝点查扣的零件，以组装完成的套数以及能够组装的套数认定；无法组装为成套设备的，每三套广播信号调制器（激励器）认定为一套“黑广播”设备，每三块主板认定为一套“伪基站”设备。

第五条 单位犯本解释规定之罪的，对单位判处罚金，并对直接负责的主管人员和其他直接责任人员，依照本解释规定的自然人犯罪的定罪量刑标准定罪处罚。

第六条 擅自设置、使用无线电台（站），或者擅自使用无线电频率，同时构成其他犯罪的，按照处罚较重的规定定罪处罚。

明知他人实施诈骗等犯罪，使用“黑广播”“伪基站”等无线电设备为其发送信息或者提供其他帮助，同时构成其他犯罪的，按照处罚较重的规定定罪处罚。

第七条 负有无线电监督管理职责的国家机关工作人员滥用职权或者玩忽职守，致使公共财产、国家和人民利益遭受重大损失的，应当依照刑法第三百九十七条的规定，以滥用职权罪或者玩忽职守罪追究刑事责任。

有查禁扰乱无线电管理秩序犯罪活动职责的国家机关工作人员，向犯罪分子通风报信、提供便利，帮助犯罪分子逃避处罚的，应当依照刑法第四百一十七条的规定，以帮助犯罪分子逃避处罚罪追究刑事责任；事先通谋的，以共同犯罪论处。

第八条 为合法经营活动，使用“黑广播”“伪基站”或者实施其他扰乱无线电通讯管理秩序的行为，构成扰乱无线电通讯管理秩序罪，但不属于“情节特别严重”，行为人系初犯，并确有悔罪表现的，可以认定为情节轻微，不起诉或者免予刑事处罚；确有必要判处刑罚的，应当从宽处罚。

第九条 对案件所涉的有关专门性问题难以确定的，依据司法鉴定机构出具的鉴定意见，或者下列机构出具的报告，结合其他证据作出认定：

（一）省级以上无线电管理机构、省级无线电管理机构依法设立的派出机构、地市级以上广播电视主管部门就是否系“伪基站”“黑广播”出具的报告；

（二）省级以上广播电视主管部门及其指定的检测机构就“黑广播”功率、覆盖范围出具的报告；

（三）省级以上航空、铁路、船舶等主管部门就是否干扰导航、通信等出具的报告。

对移动终端用户受影响的情况，可以依据相关通信运营商出具的证明，结合被告人供述、终端用户证言等证据作出认定。

第十条 本解释自 2017 年 7 月 1 日起施行。

【解　读】

解读《最高人民法院、最高人民检察院关于办理扰乱无线电通讯管理秩序等刑事案件适用法律若干问题的解释》

最高人民法院、最高人民检察院（以下简称“两高”）于 2017 年 6 月 27 日发布了《关于办理扰乱无线电通讯管理秩序等刑事案件适用法律若干问题的解释》（以下简称本解释）。为准确理解和适用本解释的相关规定，现对本解释解读如下。

一、本解释的起草背景与过程

无线电通讯技术的广泛应用便利了人们的生产生活，但近年来，利用“黑广播”“伪基站”等无线电技术手段进行的违法犯罪活动也日益增多。“黑广播”是指未经广播电视管理部门和无线电管理机构批准，擅自设置的无线电广播电台。“伪基站”是指未取得电信设备进网许可和无线电发射设备型号核准的无线电通信设备及发射站点。“伪基站”具有收集手机用户信息，强行向不特定用户手机发送短信息等功能，使用“伪基站”技术通常会非法占用公众移动通信频率，局部阻断公众移动通信网络信号。实践中，一些单位和个人为了牟利不择手段，使用“黑广播”“伪基站”等非法无线电设备，发送假药广告、诈骗消息等有害信息，既严重扰乱无线电通讯管理秩序，又助推了电信诈骗犯罪，有的甚至给航空飞行安全造成了严重威胁。

为有效维护无线电通讯秩序，2015 年 11 月 1 日生效的刑法修正案（九）对扰乱无线电通讯管理秩序罪作出修改，将《刑法》第二百八十八条第一款修改为：“违反国家规定，擅自设置、使用无线电台（站），或者擅自使用无线电频率，干扰无线电通讯秩序，情节严重的，处三年以下有期徒刑、拘役或者管制，并处或者单处罚金；情节特别严重的，处三年以上七年以下有期徒刑，并处罚金。”修改主要有两点：一是删去“经责令停止使用后拒不停止使用”；二是将该罪由结果犯修改为情节犯。为保证《刑法修正案（九）》顺利实施，加大对“黑广播”“伪基站”等犯罪的打击，2016 年初，最高人民法院、最高人民检察院启动扰乱无线电通讯管理秩序犯罪司法解释工作。经反复研究、广泛调研，征求全国检察系统、法院系统、全国人大常委会法工委、工业和信息化部、公安部、国家新闻出版广电总局等单位的意见，召开专家论证会，形成该解释审议稿。

2017 年 4 月 17 日最高人民法院审判委员会第 1715 次会议、2017 年 5 月 25 日最高人民检察院第十二届检察委员会第 64 次会议审议通过本解释。2017 年 6 月 27 日，两高正式对外发布本解释，自 2017 年 7 月 1 日起施行。

二、本解释规定的主要内容

本解释共十条，主要规定了以下内容：一是关于"擅自设置、使用无线电台（站），或者擅自使用无线电频率，干扰无线电通讯秩序"的司法认定（第一条）。二是关于扰乱无线电通讯管理秩序罪"情节严重""情节特别严重"的认定标准（第二条至第三条）。三是关于非法生产、销售"黑广播""伪基站"等无线电设备行为的定罪量刑问题（第四条）。四是单位犯罪、犯罪竞合及有关渎职罪的处断原则（第五条至第七条）。五是宽严相济刑事政策的具体运用（第八条）。六是对有关专门性问题证据材料的认定（第九条）。七是解释的生效时间（第十条）。

三、本解释的理解与适用

（一）关于"擅自设置、使用无线电台（站），或者擅自使用无线电频率，干扰无线电通讯秩序"的司法认定

本解释第一条明确规定了应当认定为《刑法》第二百八十八条第一款规定的"擅自设置、使用无线电台（站），或者擅自使用无线电频率，干扰无线电通讯秩序"的情形。具体包括五项：

第一项规定了未经批准设置"黑广播"，非法使用广播电视专用频段的频率向社会进行播音宣传的行为。第二项规定了未经批准设置"伪基站"，强行向不特定用户发送信息，非法使用公众移动通信频率的行为。第三项规定了未经批准使用卫星无线电频率的行为。实践中，已出现擅自使用卫星频率的情况，鉴于这种行为可能造成严重危害后果，有必要规定刑罚予以惩戒。第四项规定了非法设置、使用无线电干扰器的行为。第五项是兜底条款。

（二）扰乱无线电通讯管理秩序罪的入罪门槛，即《刑法》第二百八十八条第一款中规定的"情节严重"的认定标准

本解释第二条明确了"违反国家规定，擅自设置、使用无线电台（站），或者擅自使用无线电频率，干扰无线电通讯秩序，情节严重"的适用标准。具体包括十种情形：

第一项是对有关干扰涉及公共安全的特殊无线电频率行为的规定。航天器、航空器、铁路机车、船舶专用无线电导航、遇险救助和安全通信等涉及公共安全的无线电频率使用范围广、使用频率高、事关不特定多数人的人身、财产安全和社会安全，十分重要。2016 年 12 月 1 日起施行的《中华人民共和国

无线电管理条例》六十四条规定："国家对船舶、航天器、航空器、铁路机车专用的无线电导航、遇险救助和安全通信等涉及人身安全的无线电频率予以特别保护。任何无线电发射设备和辐射无线电波的非无线电设备对其产生有害干扰的，应当立即消除有害干扰。"鉴于此类特殊的无线电通讯管理秩序的重要性，本解释第二条第一项将对航天器、航空器、铁路机车、船舶专用无线电导航、遇险救助和安全通信等涉及公共安全的无线电频率造成有害干扰，影响正常使用的行为，明确规定为扰乱无线电通讯管理秩序"情节严重"的情形之一。

第二项是对突发事件期间擅自设置、使用"黑广播""伪基站"的规定。在自然灾害、事故灾难、公共卫生事件、社会安全事件等突发事件期间，在突发事件发生地使用"黑广播""伪基站"，干扰当地无线电频率的正常使用，影响广播、通讯等无线电通讯管理秩序，会阻碍或者对突发事件的应对与处置造成不利影响。

第三项规定了举办国家或者省级重大活动期间禁止在活动场所及周边使用"黑广播""伪基站"的情形。实践中，确保无线电通讯正常秩序是顺利举办重大活动任务的重要保障。举办国家或者省级重大活动期间，在活动场所及周边使用"黑广播""伪基站"，会对活动场所及周边的无线电磁环境造成强烈干扰，影响活动正常进行，社会危害大。

第四项是对同时使用多个"黑广播""伪基站"入罪标准的规定。实践中，犯罪嫌疑人、被告人一般采用安装小功率设备、多点密布的方式，使用多个"黑广播"或"伪基站"。为防止行为人通过降低发射功率等方式逃避刑事打击，该项明确行为人同时使用三个以上"黑广播""伪基站"的，应当属于扰乱无线电通讯管理秩序"情节严重"的情形之一。

第五项根据"黑广播"的功率和覆盖范围对有关入罪标准作出规定。"黑广播"的危害后果取决于发射功率和覆盖范围。该项根据国家无线电监测中心和国家无线电频谱管理中心的调研数据，以"黑广播"功率或者信号覆盖范围大小为标准，对有关扰乱无线电通讯管理秩序行为的入罪标准作出规定。

第六项是对使用"伪基站"发送违法犯罪信息数量大，或者销毁有关发送记录行为的规定。使用"伪基站"发送违法犯罪信息，不仅严重扰乱无线电通讯管理秩序，同时助长电信诈骗等犯罪，甚至可能会引发一系列的次生违法犯罪行为，因此，该项将使用"伪基站"发送诈骗、赌博、招嫖、木马病毒等违法犯罪信息，数量达到5000条以上，或者销毁发送数量等记录的，规定为"情节严重"的情形之一。

第七项是关于雇佣、指使未成年人、残疾人等特定人员使用"伪基站"的规定。实践中，一些犯罪分子为了逃避打击，雇佣、指使未成年人、残疾人等特定人员使用"伪基站"的情况较为常见。这些雇佣、指使他人使用"伪基站”的犯罪分子，不仅有教唆他人实施违法犯罪行为的故意，也具备了职业化犯罪的特征，应当从重给予处罚。

第八项是对违法所得数额标准作出的规定。该项参考了 2014 年 3 月最高人民法院、最高人民检察院、公安部、国家安全部《关于依法办理非法生产销售使用“伪基站”设备案件的意见》（以下简称《意见》），将违法所得数额三万元以上的作为“情节严重”的情形之一。

第九项是根据有关犯罪行为并结合人身危险性大小对入罪标准作出的特殊规定。根据第九项规定，行为人曾因扰乱无线电通讯秩序受过刑事处罚，或者二年内曾因扰乱无线电通讯管理秩序行为被行政处罚，又实施《刑法》第二百八十八条规定的行为的，应当认定为“情节严重”的情形之一。第十项是兜底条款。

（三）扰乱无线电通讯管理秩序罪第二档法定刑的适用标准，即《刑法》第二百八十八条第一款中“情节特别严重”的认定

本解释第三条规定了应当认定为扰乱无线电通讯管理秩序罪“情节特别严重”的认定标准。具体包括八种情形：

第一项是影响涉及公共安全的无线电频率正常使用，危及公共安全的规定。根据该项规定，影响航天器、航空器、铁路机车、船舶专用无线电导航、遇险救助和安全通信等涉及公共安全的无线电频率正常使用，危及公共安全的，应当认定为属于扰乱无线电通讯管理秩序“情节特别严重”的情形之一。

第二项是对造成公共秩序混乱等严重后果的规定。违反国家规定，擅自设置、使用无线电台（站），或者擅自使用无线电频率，扰乱无线电通讯秩序，引起人员聚集起哄闹事、静坐示威、堵塞交通、毁坏公共设施等公共场所秩序混乱等严重后果的，依法应予严厉惩处。

第三项是突发事件期间在事件发生地擅自设置、使用“黑广播”“伪基站”造成严重影响的规定。

第四项是对国家或者省级重大活动造成严重影响的规定。在国家或者省级重大活动举办期间，擅自设置、使用无线电台（站）或者擅自使用无线电频率，致使重大活动无法正常进行或者重大活动推延等，严重影响国家或者省级重大活动的，应当认定为“情节特别严重”的情形之一。

第五项规定同时使用十个以上“黑广播”“伪基站”的行为，应当认定为“情节特别严重”的情形之一。

第六项是以“黑广播”发射功率和发射覆盖范围为标准，对是否属于扰乱无线电通讯管理秩序“情节特别严重”作出的规定。根据该项规定，“黑广播”的实测发射功率三千瓦以上，或者覆盖范围二十公里以上的，应当认定为扰乱无线电通讯管理秩序“情节特别严重”的情形之一。

第七项是根据违法所得数额大小，对扰乱无线电通讯管理秩序“情节特别

严重”的情形作出规定。根据该项规定，利用“黑广播”“伪基站”等无线电设备实施扰乱无线电通讯管理秩序犯罪，违法所得数额达到十五万元以上的，应当认定为“情节特别严重”的情形之一。

第八项是兜底条款。

（四）关于非法生产、销售“黑广播”“伪基站”、无线电干扰器等无线电设备行为的定罪量刑问题

本解释第四条规定非法生产、销售“黑广播”“伪基站”、无线电干扰器等无线电设备，构成犯罪的，应当以非法经营罪追究其刑事责任，并明确了有关定罪量刑标准。

第一款以有关设备的套数、非法经营数额等为标准，规定了非法生产、销售“黑广播”“伪基站”、无线电干扰器等无线电设备，构成非法经营罪的入罪标准。根据该条第一款规定，非法生产、销售“黑广播”“伪基站”、无线电干扰器等无线电设备，具有下列情形之一的，应当认定为《刑法》第二百二十五条规定的“情节严重”：（1）非法生产、销售无线电设备三套以上的；（2）非法经营数额五万元以上的；（3）其他情节严重的情形。

第二款明确了非法生产、销售“黑广播”“伪基站”、无线电干扰器等无线电设备构成非法经营罪，适用第二档法定刑的标准。适用“情节特别严重”的有关数额标准，按照第一款“情节严重”相应标准的五倍掌握，同时该款也规定了兜底项，即“其他情节特别严重”的情形。

第三款明确了“黑广播”“伪基站”、无线电干扰器等无线电设备套数的认定标准。根据该款规定，对于在非法生产、销售无线电设备窝点查扣的“黑广播”“伪基站”等无线电设备零件，以组装完成的套数以及能够组装的套数认定；如果没有办法组装为成套设备的，那么每三套广播信号调制器（激励器）认定为一套“黑广播”设备，每三块主板认定为一套“伪基站”设备。

（五）关于单位犯罪的规定

本解释第五条明确规定了单位犯罪的处罚。根据该条规定，单位犯本解释规定之罪的，对单位判处罚金，并对直接负责的主管人员和其他直接责任人员，依照本解释规定的自然人犯罪的定罪量刑标准定罪处罚。

（六）关于竞合犯的处断规则

本解释第六条规定了竞合犯罪的处断规则。实践中，行为人实施扰乱无线电通讯管理秩序犯罪可能与其他犯罪发生竞合，主要有两种情况：一是擅自设置、使用无线电台（站），或者擅自使用无线电频率，同时构成其他犯罪的。二是明知他人实施诈骗等犯罪，使用“黑广播”“伪基站”等无线电设备为其发送信息或者提供其他帮助，同时构成其他犯罪的。该条分两款规定了上述两种竞合的情形，并明确规定对这两种情形下的犯罪竞合，按照处罚较重的规定定罪处罚。

（七）关于国家机关工作人员渎职犯罪

本解释第七条规定了国家机关工作人员有关渎职犯罪问题。该条分两款，明确了两类渎职犯罪的定罪处罚。

第一款规定，负有无线电监督管理职责的国家机关工作人员滥用职权或者玩忽职守，致使公共财产、国家和人民利益遭受重大损失的，应当以滥用职权罪或者玩忽职守罪追究刑事责任。

第二款规定，有查禁扰乱无线电通讯管理秩序犯罪活动职责的国家机关工作人员，向犯罪分子通风报信、提供便利，帮助犯罪分子逃避处罚的，应当以帮助犯罪分子逃避处罚罪追究刑事责任；事先通谋的，以共同犯罪论处。

（八）关于宽严相济刑事政策的适用

本解释第八条是贯彻宽严相济刑事政策的规定。

实践中，存在利用“黑广播”“伪基站”发送合法经营业务等无害信息的情形，如发送服饰经营、商场促销等信息。为在刑事司法中贯彻落实宽严相济刑事政策，同时也更好地体现“犯罪嫌疑人、被告人认罪认罚从宽制度”的精神，本解释第八条专门规定，为合法经营活动，使用“黑广播”“伪基站”或者实施其他扰乱无线电通讯管理秩序的行为，构成扰乱无线电通讯管理秩序罪，但不属于“情节特别严重”，如果行为人系初犯，并确有悔罪表现的，可以认定为情节轻微，不起诉或者免予刑事处罚；确有必要判处刑罚的，应当从宽处罚。该条规定避免了实践中可能出现打击面过大的情况，同时也为行政执法活动预留了合理的空间。

（九）有关专门性问题的司法认定

本解释第九条分两款明确了有关专门性问题的司法认定。

根据第一款规定，对案件所涉及的有关专门性问题难以确定的，依据司法鉴定机构出具的鉴定意见，或者依据有关机构出具的报告，结合其他证据作出认定。有关机构出具的报告包括：(1) 省级以上无线电管理机构、省级无线电管理机构依法设立的派出机构、地市级以上广播电视主管部门就是否系“伪基站”“黑广播”出具的报告；(2) 省级以上广播电视主管部门及其指定的检测机构就“黑广播”功率、覆盖范围出具的报告；(3) 省级以上航空、铁路、船舶等主管部门就是否干扰导航、通信等出具的报告。

根据第二款规定，对移动终端用户受影响的情况，可以依据相关通信运营商出具的证明，结合被告人供述、终端用户证言等证据作出认定。

（撰稿人：缐　杰　卢宇蓉　杨建军）

最高人民法院　最高人民检察院
关于办理非法利用信息网络、帮助信息网络犯罪活动等刑事案件适用法律若干问题的解释

法释〔2019〕15号

（2019年6月3日最高人民法院审判委员会第1771次会议、2019年9月4日最高人民检察院第十三届检察委员会第23次会议通过　2019年10月21日最高人民法院、最高人民检察院公告公布　自2019年11月1日起施行）

为依法惩治拒不履行信息网络安全管理义务、非法利用信息网络、帮助信息网络犯罪活动等犯罪，维护正常网络秩序，根据《中华人民共和国刑法》《中华人民共和国刑事诉讼法》的规定，现就办理此类刑事案件适用法律的若干问题解释如下：

第一条　提供下列服务的单位和个人，应当认定为刑法第二百八十六条之一第一款规定的“网络服务提供者”：

（一）网络接入、域名注册解析等信息网络接入、计算、存储、传输服务；

（二）信息发布、搜索引擎、即时通讯、网络支付、网络预约、网络购物、网络游戏、网络直播、网站建设、安全防护、广告推广、应用商店等信息网络应用服务；

（三）利用信息网络提供的电子政务、通信、能源、交通、水利、金融、教育、医疗等公共服务。

第二条　刑法第二百八十六条之一第一款规定的“监管部门责令采取改正措施”，是指网信、电信、公安等依照法律、行政法规的规定承担信息网络安全监管职责的部门，以责令整改通知书或者其他文书形式，责令网络服务提供者采取改正措施。

认定“经监管部门责令采取改正措施而拒不改正”，应当综合考虑监管部门责令改正是否具有法律、行政法规依据，改正措施及期限要求是否明确、合理，网络服务提供者是否具有按照要求采取改正措施的能力等因素进行判断。

第三条　拒不履行信息网络安全管理义务，具有下列情形之一的，应当认定为刑法第二百八十六条之一第一款第一项规定的“致使违法信息大量传播”：

（一）致使传播违法视频文件二百个以上的；

（二）致使传播违法视频文件以外的其他违法信息二千个以上的；

（三）致使传播违法信息，数量虽未达到第一项、第二项规定标准，但是按相应比例折算合计达到有关数量标准的；

（四）致使向二千个以上用户账号传播违法信息的；

（五）致使利用群组成员账号数累计三千以上的通讯群组或者关注人员账号数累计三万以上的社交网络传播违法信息的；

（六）致使违法信息实际被点击数达到五万以上的；

（七）其他致使违法信息大量传播的情形。

第四条 拒不履行信息网络安全管理义务，致使用户信息泄露，具有下列情形之一的，应当认定为刑法第二百八十六条之一第一款第二项规定的“造成严重后果”：

（一）致使泄露行踪轨迹信息、通信内容、征信信息、财产信息五百条以上的；

（二）致使泄露住宿信息、通信记录、健康生理信息、交易信息等其他可能影响人身、财产安全的用户信息五千条以上的；

（三）致使泄露第一项、第二项规定以外的用户信息五万条以上的；

（四）数量虽未达到第一项至第三项规定标准，但是按相应比例折算合计达到有关数量标准的；

（五）造成他人死亡、重伤、精神失常或者被绑架等严重后果的；

（六）造成重大经济损失的；

（七）严重扰乱社会秩序的；

（八）造成其他严重后果的。

第五条 拒不履行信息网络安全管理义务，致使影响定罪量刑的刑事案件证据灭失，具有下列情形之一的，应当认定为刑法第二百八十六条之一第一款第三项规定的“情节严重”：

（一）造成危害国家安全犯罪、恐怖活动犯罪、黑社会性质组织犯罪、贪污贿赂犯罪案件的证据灭失的；

（二）造成可能判处五年有期徒刑以上刑罚犯罪案件的证据灭失的；

（三）多次造成刑事案件证据灭失的；

（四）致使刑事诉讼程序受到严重影响的；

（五）其他情节严重的情形。

第六条 拒不履行信息网络安全管理义务，具有下列情形之一的，应当认定为刑法第二百八十六条之一第一款第四项规定的“有其他严重情节”：

（一）对绝大多数用户日志未留存或者未落实真实身份信息认证义务的；

（二）二年内经多次责令改正拒不改正的；

（三）致使信息网络服务被主要用于违法犯罪的；

（四）致使信息网络服务、网络设施被用于实施网络攻击，严重影响生产、生活的；

（五）致使信息网络服务被用于实施危害国家安全犯罪、恐怖活动犯罪、黑社会性质组织犯罪、贪污贿赂犯罪或者其他重大犯罪的；

（六）致使国家机关或者通信、能源、交通、水利、金融、教育、医疗等领域提供公共服务的信息网络受到破坏，严重影响生产、生活的；

（七）其他严重违反信息网络安全管理义务的情形。

第七条 刑法第二百八十七条之一规定的“违法犯罪”，包括犯罪行为和属于刑法分则规定的行为类型但尚未构成犯罪的违法行为。

第八条 以实施违法犯罪活动为目的而设立或者设立后主要用于实施违法犯罪活动的网站、通讯群组，应当认定为刑法第二百八十七条之一第一款第一项规定的“用于实施诈骗、传授犯罪方法、制作或者销售违禁物品、管制物品等违法犯罪活动的网站、通讯群组”。

第九条 利用信息网络提供信息的链接、截屏、二维码、访问账号密码及其他指引访问服务的，应当认定为刑法第二百八十七条之一第一款第二项、第三项规定的“发布信息”。

第十条 非法利用信息网络，具有下列情形之一的，应当认定为刑法第二百八十七条之一第一款规定的“情节严重”：

（一）假冒国家机关、金融机构名义，设立用于实施违法犯罪活动的网站的；

（二）设立用于实施违法犯罪活动的网站，数量达到三个以上或者注册账号数累计达到二千以上的；

（三）设立用于实施违法犯罪活动的通讯群组，数量达到五个以上或者群组成员账号数累计达到一千以上的；

（四）发布有关违法犯罪的信息或者为实施违法犯罪活动发布信息，具有下列情形之一的：

1. 在网站上发布有关信息一百条以上的；

2. 向二千个以上用户账号发送有关信息的；

3. 向群组成员数累计达到三千以上的通讯群组发送有关信息的；

4. 利用关注人员账号数累计达到三万以上的社交网络传播有关信息的；

（五）违法所得一万元以上的；

（六）二年内曾因非法利用信息网络、帮助信息网络犯罪活动、危害计算机信息系统安全受过行政处罚，又非法利用信息网络的；

（七）其他情节严重的情形。

第十一条 为他人实施犯罪提供技术支持或者帮助，具有下列情形之一的，可以认定行为人明知他人利用信息网络实施犯罪，但是有相反证据的除外：

（一）经监管部门告知后仍然实施有关行为的；

（二）接到举报后不履行法定管理职责的；

（三）交易价格或者方式明显异常的；

（四）提供专门用于违法犯罪的程序、工具或者其他技术支持、帮助的；

（五）频繁采用隐蔽上网、加密通信、销毁数据等措施或者使用虚假身份，逃避监管或者规避调查的；

（六）为他人逃避监管或者规避调查提供技术支持、帮助的；

（七）其他足以认定行为人明知的情形。

第十二条 明知他人利用信息网络实施犯罪，为其犯罪提供帮助，具有下列情形之一的，应当认定为刑法第二百八十七条之二第一款规定的“情节严重”：

（一）为三个以上对象提供帮助的；

（二）支付结算金额二十万元以上的；

（三）以投放广告等方式提供资金五万元以上的；

（四）违法所得一万元以上的；

（五）二年内曾因非法利用信息网络、帮助信息网络犯罪活动、危害计算机信息系统安全受过行政处罚，又帮助信息网络犯罪活动的；

（六）被帮助对象实施的犯罪造成严重后果的；

（七）其他情节严重的情形。

实施前款规定的行为，确因客观条件限制无法查证被帮助对象是否达到犯罪的程度，但相关数额总计达到前款第二项至第四项规定标准五倍以上，或者造成特别严重后果的，应当以帮助信息网络犯罪活动罪追究行为人的刑事责任。

第十三条 被帮助对象实施的犯罪行为可以确认，但尚未到案、尚未依法裁判或者因未达到刑事责任年龄等原因依法未予追究刑事责任的，不影响帮助信息网络犯罪活动罪的认定。

第十四条 单位实施本解释规定的犯罪的，依照本解释规定的相应自然人犯罪的定罪量刑标准，对直接负责的主管人员和其他直接责任人员定罪处罚，并对单位判处罚金。

第十五条 综合考虑社会危害程度、认罪悔罪态度等情节，认为犯罪情节轻微的，可以不起诉或者免予刑事处罚；情节显著轻微危害不大的，不以犯罪论处。

第十六条 多次拒不履行信息网络安全管理义务、非法利用信息网络、帮助信息网络犯罪活动构成犯罪，依法应当追诉的，或者二年内多次实施前述行为未经处理的，数量或者数额累计计算。

第十七条 对于实施本解释规定的犯罪被判处刑罚的，可以根据犯罪情况和预防再犯罪的需要，依法宣告职业禁止；被判处管制、宣告缓刑的，可以根据犯罪情况，依法宣告禁止令。

第十八条 对于实施本解释规定的犯罪的，应当综合考虑犯罪的危害程度、违法所得数额以及被告人的前科情况、认罪悔罪态度等，依法判处罚金。

第十九条 本解释自 2019 年 11 月 1 日起施行。

【解　　读】

解读《最高人民法院、最高人民检察院关于办理非法利用信息网络、帮助信息网络犯罪活动等刑事案件适用法律若干问题的解释》

2019 年 10 月 21 日，最高人民法院、最高人民检察院联合发布《关于办理非法利用信息网络、帮助信息网络犯罪活动等刑事案件适用法律若干问题的解释》(法释〔2019〕15 号，以下简称本解释)，自 2019 年 11 月 1 日起施行。为便于在司法实践中正确理解与适用，现就本解释的制定背景、起草中的主要考虑和主要内容介绍如下。

一、本解释的制定背景与经过

近年来，网络犯罪呈上升趋势，各种传统犯罪日益向互联网迁移，网络犯罪呈高发多发态势，严重危害国家安全、社会秩序和人民群众合法权益。为进一步严惩网络犯罪，维护正常网络秩序，2015 年 11 月 1 日起施行的《刑法修正案（九）》增设了《刑法》第二百八十六条之一和第二百八十七条之一、之二，规定了拒不履行信息网络安全管理义务罪，非法利用信息网络罪和帮助信息网络犯罪活动罪。《刑法修正案（九）》施行以来，各级公检法机关依据修改后的刑法规定，严肃惩处相关网络犯罪。截至 2019 年 9 月，全国法院共审理相关网络犯罪案件 260 件，判决 473 人。其中，非法利用信息网络刑事案件 159 件、223 人，帮助信息网络犯罪活动刑事案件 98 件、247 人。

依法严惩网络犯罪，切实维护网络安全，对于维护国家安全、社会秩序和人民群众合法权益，发挥了重要作用。但是，在查办案件过程中，有意见反映，《刑法修正案（九）》新增相关网络犯罪的定罪量刑标准较为原则，不易把握；另有一些法律适用问题存在认识分歧，影响了案件办理。鉴此，为保障法律正确、统一适用，依法严厉惩治、有效防范网络犯罪，最高人民法院会同最高人民检察院，在公安部等部门的大力支持下，经深入调查研究、广泛征求意见、反复论证完善，起草了本解释。2019年6月3日最高人民法院审判委员会第1771次会议、2019年9月4日最高人民检察院第十三届检察委员会第二十三次会议审议通过了本解释。

二、本解释起草中的主要考虑

为确保本解释的内容科学合理，能够适应形势发展、满足实践需要，在起草过程中，我们着重注意把握了以下几点：

第一，贯彻刑法修改精神，依法严惩网络犯罪。网络犯罪不仅严重侵害公民的人身安全和财产安全，而且严重影响社会秩序甚至国家安全，依法有效惩治网络犯罪已经成为当前及未来一段时期的重要任务。基于当前网络犯罪的态势，根据修法精神，本解释相关条文彰显了对网络犯罪的严惩立场：设置较低的入罪门槛，以适当减小取证工作难度，对网络犯罪“打早打小”；规制为网络犯罪提供技术支持和其他帮助的行为，对网络犯罪全链条惩治；在自由刑的基础上进一步加大职业禁止、禁止令和财产刑的适用力度，防止相关犯罪分子重操旧业。

第二，坚持问题导向，有效解决司法实务问题。从调研情况来看，拒不履行信息网络安全管理义务罪、非法利用信息网络罪、帮助信息网络犯罪活动罪的定罪量刑标准尚不明确，网络服务提供者的范围、经政府有关部门责令采取改正措施而拒不改正的认定、非法利用信息网络罪中“违法犯罪”与帮助信息网络犯罪活动罪中“犯罪”的把握等法律适用问题存在较大争议，亟需通过司法解释加以明确。本解释相关条文根据司法实践具体情况，全面解决办案实际中的难题，切实提升打击实效。

第三，坚持安全与发展并重，兼顾网络安全和网络服务业发展的需要。网络服务提供者依法切实履行信息网络安全管理义务，是维护网络安全的前提和基础。本解释明确了拒不履行信息网络安全管理义务罪的入罪标准，以充分发挥刑法的威慑和教育功能，促进网络服务提供者认真履行防止违法信息传播、保护用户信息安全、留存刑事案件证据等义务，切实维护网络安全。同时，本解释坚持实事求是和刑法谦抑原则，以确保相关刑事责任的追究依法、妥当、合理，确保网络服务业的健康、有序发展。

三、本解释的主要内容

本解释依照《刑法》《刑事诉讼法》的规定，对拒不履行信息网络安全管理义务罪、非法利用信息网络罪、帮助信息网络犯罪活动罪的定罪量刑标准和相关法律适用问题作了较为全面、系统的规定，共19个条文，大致可以归纳为如下8个方面的问题：

（一）拒不履行信息网络安全管理义务罪的主体范围

根据《刑法》第二百八十六条之一的规定，拒不履行信息网络安全管理义务罪的主体是网络服务提供者。因此，明确网络服务提供者的范围，是确保拒不履行信息网络安全管理义务罪准确适用的前提和基础。《网络安全法》第七十六条第一项规定："网络，是指由计算机或者其他信息终端及相关设备组成的按照一定的规则和程序对信息进行收集、存储、传输、交换、处理的系统。"第三项规定："网络运营者，是指网络的所有者、管理者和网络服务提供者。"可见，"网络"与"信息系统"含义相同，包括联入公共通信网的系统和未联入公共通信网的系统，涵括对外提供服务的系统和不对外提供服务而自用的系统。而《刑法》第二百八十六条之一使用了"网络服务提供者"，自然不能包括网络安全法规定的网络运营者的所有情形。经研究认为，网络服务提供者包括提供互联网服务的网络运营者，也包括虽然提供内部网络服务、但涉及公共服务的网络运营者。基于此，本解释第一条规定，提供下列服务的单位和个人，应当认定为《刑法》第二百八十六条之一第一款规定的网络服务提供者：(1) 网络接入、域名注册解析等信息网络接入、计算、存储、传输服务；(2) 信息发布、搜索引擎、即时通讯、网络支付、网络预约、网络购物、网络游戏、网络直播、网站建设、安全防护、广告推广、应用商店等信息网络应用服务；(3) 利用信息网络提供的电子政务、通信、能源、交通、水利、金融、教育、医疗等公共服务。

（二）拒不履行信息网络安全管理义务罪的前提要件

根据《刑法》第二百八十六条之一的规定，构成拒不履行信息网络安全管理义务罪，以"经政府有关部门责令采取改正措施而拒不改正"作为前提要件。根据司法实践情况，为统一司法适用，本解释第二条对"经政府有关部门责令采取改正措施而拒不改正"的认定作了明确。

1. "监管部门责令采取改正措施"的涵义。《网络安全法》第八条第一款规定："国家网信部门负责统筹协调网络安全工作和相关监督管理工作。国务院电信主管部门、公安部门和其他有关机关依照本法和有关法律、行政法规的规定，在各自职责范围内负责网络安全保护和监督管理工作。"据此，本解释第二条第一款规定："刑法第二百八十六条之一第一款规定的'监管部门责令采取改正措施'，是指网信、电信、公安等依照法律、行政法规的规定承担信息网络安全监管职责的部门，以责令整改通知书或者其他文书形式，责令网络服务提供者采取改正措施。"

2. "经监管部门责令采取改正措施而拒不改正"的认定。根据司法实践反映的问题，基于拒不履行信息网络安全管理义务罪系不作为犯的属性，本解释第二条第二款进一步规定："认定'经监管部门责令采取改正措施而拒不改正'，应当综合考虑监管部门责令改正是否具有法律、行政法规依据，改正措施及期限要求是否明确、合理，网络服务提供者是否具有按照要求采取改正措施的能力等因素进行判断。”

（三）拒不履行信息网络安全管理义务罪的入罪标准

《刑法》第二百八十六条之一第一款第一项至第三项列举了拒不履行信息网络安全管理义务，致使违法信息大量传播、致使用户信息泄露以及致使刑事案件证据灭失的入罪情形，并设置了兜底项“有其他严重情节的”。为统一司法适用，本解释根据拒不履行信息网络安全管理义务罪的不同情形，对其入罪标准作了明确。

1. 致使违法信息大量传播。根据司法实践的情况，本解释第三条主要从违法信息数量、传播范围等方面明确了“致使违法信息大量传播”的认定标准：根据违法信息的类型不同，第一项至第三项区分违法视频文件和其他违法信息设置不同标准；根据传播方式的不同，以传播用户账号数、通讯群组和社交网络账号数以及实际被点击数设置不同标准。具体而言，拒不履行信息网络安全管理义务，具有下列情形之一的，应当认定为《刑法》第二百八十六条之一第一款第一项规定的致使违法信息大量传播：（1）致使传播违法视频文件200个以上的；（2）致使传播违法视频文件以外的其他违法信息2000个以上的；（3）致使传播违法信息，数量虽未达到前述规定标准，但是按相应比例折算合计达到有关数量标准的；（4）致使向2000个以上用户账号传播违法信息的；（5）致使利用群组成员账号数累计3000以上的通讯群组或者关注人员账号数累计3万以上的社交网络传播违法信息的；（6）致使违法信息实际被点击数达到5万以上的；（7）其他致使违法信息大量传播的情形。

2. 致使用户信息泄露，造成严重后果。根据司法实践情况，本解释第四条主要从泄露的用户信息数量、后果严重程度等方面明确了“致使用户信息泄露，造成严重后果”的认定标准。其中，与侵犯公民个人信息罪的入罪标准相协调，区分高度敏感信息、敏感信息、一般信息设置不同标准。具体而言，拒不履行信息网络安全管理义务，致使用户信息泄露，具有下列情形之一的，应当认定为《刑法》第二百八十六条之一第一款第二项规定的造成严重后果：（1）致使泄露行踪轨迹信息、通信内容、征信信息、财产信息500条以上的；（2）致使泄露住宿信息、通信记录、健康生理信息、交易信息等其他可能影响人身、财产安全的用户信息5000条以上的；（3）致使泄露一般用户信息5万条以上的；（4）数量虽未达到前述规定标准，但是按相应比例折算合计达到有关数量标准的；（5）造成他人死亡、重伤、精神失常或者被绑架等严重后果的；（6）造成重大经济损失的；（7）严重扰乱社会秩序的；（8）造成其他严重后果的。

3. 致使刑事案件证据灭失，情节严重。根据司法实践的情况，本解释第五条主要从相关证据所涉案件重要程度、造成证据灭失的次数、对刑事诉讼程序的影响等方面明确了“致使刑事案件证据灭失，情节严重”的认定标准。具体而言，拒不履行信息网络安全管理义务，致使影响定罪量刑的刑事案件证据灭失，具有下列情形之一的，应当认定为《刑法》第二百八十六条之一第一款第（三）项规定的情节严重：(1) 造成危害国家安全犯罪、恐怖活动犯罪、黑社会性质组织犯罪、贪污贿赂犯罪案件的证据灭失的；(2) 造成可能判处5年有期徒刑以上刑罚犯罪案件的证据灭失的；(3) 多次造成刑事案件证据灭失的；(4) 致使刑事诉讼程序受到严重影响的；(5) 其他情节严重的情形。

4. 有其他严重情节。根据司法实践的情况，本解释第6条主要从拒不履行信息网络安全管理义务的重要程度、前科情况、造成后果等方面对“有其他严重情节”作了明确。具体而言，拒不履行信息网络安全管理义务，具有下列情形之一的，应当认定为《刑法》第二百八十六条之一第一款第四项规定的有其他严重情节：(1) 对绝大多数用户日志未留存或者未落实真实身份信息认证义务的；(2) 2年内经多次责令改正拒不改正的；(3) 致使信息网络服务被主要用于违法犯罪的；(4) 致使信息网络服务、网络设施被用于实施网络攻击，严重影响生产、生活的；(5) 致使信息网络服务被用于实施危害国家安全犯罪、恐怖活动犯罪、黑社会性质组织犯罪、贪污贿赂犯罪或者其他重大犯罪的；(6) 致使国家机关或者通信、能源、交通、水利、金融、教育、医疗等领域提供公共服务的信息网络受到破坏，严重影响生产、生活的；(7) 其他严重违反信息网络安全管理义务的情形。

（四）非法利用信息网络罪的客观行为方式

《刑法》第二百八十七条之一多处涉及“违法犯罪”的表述，包括“用于实施诈骗、传授犯罪方法、制作或者销售违禁物品、管制物品等违法犯罪活动的网站、通讯群组”“有关制作或者销售毒品、枪支、淫秽物品等违禁物品、管制物品或者其他违法犯罪信息”“为实施诈骗等违法犯罪活动”等。经研究，本解释第七条规定：“刑法第二百八十七条之一规定的‘违法犯罪’，包括犯罪行为和属于刑法分则规定的行为类型但尚未构成犯罪的违法行为。”据此，一方面，对《刑法》第二百八十七条之一规定中的“等”，应当作等外的理解，即不只限于该条所明确列举的类型，也包括其他违法犯罪。另一方面，对于刑法未规定、仅在治安管理处罚法或者其他法律法规规定的行政违法行为，即使利用信息网络实施，也不应当构成非法利用信息网络罪。例如，对于买卖驾照计分的行为，目前无法直接追究刑事责任；对于此类行为，即使通过互联网、通信群组发布相关信息的，也不构成非法利用信息网络罪。

本解释明确了《刑法》第二百八十七条之一第一款第一项规定的“用于实施诈骗、传授犯罪方法、制作或者销售违禁物品、管制物品等违法犯罪活动的网站、通讯群组”的认定规则。为区别于用于正常活动的网站、通讯群组，本解释第八条从网站、群组的设立目的与设立后主要从事的活动两个方面予以明确，规定：“以实施违法犯罪活动为目的而设立或者设立后主要用于实施违法犯罪活动的网站、通讯群组，应当认定为刑法第二百八十七条之一第一款第（一）项规定的‘用于实施诈骗、传授犯罪方法、制作或者销售违禁物品、管制物品等违法犯罪活动的网站、通讯群组’。”

本解释明确了《刑法》第二百八十七条之一第一款第二项、第三项规定的发布信息的涵义。实践中，有些行为人为逃避打击，不直接发布信息，而是发布信息的链接地址、截屏，或者将包含信息的文件放到网盘等存储空间后发布访问账号、密码。如在某案中，行为人将大量淫秽视频存入网盘后，在网上发布网盘账号、密码。经研究认为，此种情形与直接发布信息并无差异，应当认定为发布信息。基于此，本解释第九条规定：“利用信息网络提供信息的链接、截屏、二维码、访问账号密码及其他指引访问服务的，应当认定为刑法第二百八十七条之一第一款第二项、第三项规定的‘发布信息’。”

（五）非法利用信息网络罪的入罪标准

根据《刑法》第二百八十七条之一第一款的规定，非法利用信息网络以情节严重作为入罪要件。根据司法实践的具体情况，本解释第十条主要从设立网站、通讯群组、发布信息的数量，违法所得数额，前科情况等方面明确了情节严重的认定标准。具体而言，非法利用信息网络，具有下列情形之一的，应当认定为《刑法》第二百八十七条之一第一款规定的情节严重：（1）假冒国家机关、金融机构名义，设立用于实施违法犯罪活动的网站的。实践中，不少从事诈骗活动的犯罪分子会假冒国家机关或者金融机构名义设立用于实施违法犯罪活动的网站，如针对工商银行（icbc. com. cn）制作钓鱼网站，犯罪分子将网站内容托管到服务器后申请诸如 lcbc. com、1cbc. cn、icdc. cn 等近似于工商银行域名的虚假域名指向网站后台。基于此，本解释将此种情形规定为情节严重。（2）设立用于实施违法犯罪活动的网站，数量达到 3 个以上或者注册账号数累计达到 2000 以上的。（3）设立用于实施违法犯罪活动的通讯群组，数量达到 5 个以上或者群组成员账号数累计达到 1000 以上的。（4）发布有关违法犯罪的信息或者为实施违法犯罪活动发布信息，具有下列情形之一的：①在网站上发布有关信息 100 条以上的；②向 2000 个以上用户账号发送有关信息的；③向群组成员数累计达到 3000 以上的通讯群组发送有关信息的；④利用关注人员账号数累计达到 3 万以上的社交网络传播有关信息的。（5）违法所得 1 万元以上的。从实践来看，非法利用信息网络设立网站、通讯群组或者发布信息，可能获取广告费、会员注册费或者其他违法所得。基于此，本解释将违法所得数额确定为情节严重的认定标准之一。（6）2 年内曾因非法利用信息网络、帮助信息网络犯罪活动、危害计算机信息系统安全受过行政处罚，又非法利用信息网络的。（7）其他情节严重的情形。

（六）帮助信息网络犯罪活动罪的主观明知推定规则

根据《刑法》第二百八十七条之二的规定，帮助信息网络犯罪活动罪以行为人明知他人利用信息网络实施犯罪为前提。经研究认为，对帮助信息网络犯罪活动罪主观明知的认定，应当结合一般人的认知水平和行为人的认知能力、相关行为是否违反法律的禁止性规定、行为人是否履行管理职责、是否逃避监管或者规避调查、是否因同类行为受过处罚，以及行为人的供述和辩解等情况进行综合判断。根据司法实践的情况，本解释第十一条总结了主观明知的推定情形。具体而言，为他人实施犯罪提供技术支持或者帮助，具有下列情形之一的，可以认定行为人明知他人利用信息网络实施犯罪，但是有相反证据的除外：

(1) 经监管部门告知后仍然实施有关行为的。随着信息技术的发展，监管部门不一定通过专门文书进行告知，甚至未必采用书面告知方式，特别是遇到紧急事件时，监管部门往往通过即时通讯群组、电话、短信、电子邮件等多种方式告知，只要有相关证据可以证明已经告知即可，故未限定告知方式。(2) 接到举报后不履行法定管理职责的。网络服务提供者在为网络应用提供服务的同时也担负相关的管理职责，但现实中服务商不可能对所有服务对象进行相关管理。如网站托管服务商一般只负责网站软硬件环境的建设和维护，对网站内容不予管理，故不能要求服务商主动发现全部违法犯罪行为，但在接到举报后应当履行法定管理职责。例如，网站托管服务商在接到举报某服务对象托管的网站为淫秽色情网站后，仍不依法采取关停、删除、报案等措施，继续为该网站提供服务的，可以认定其主观明知。(3) 交易价格或者方式明显异常的。例如，第三方支付平台从一般的支付活动中收取1.5%的费用，而在有的赌博案件中第三方支付平台收取超过10%的费用。从这一收费明显异常情况，可以看出该第三方支付平台对服务对象从事犯罪活动实际上是心知肚明的，故推定其具有主观明知。(4) 提供专门用于违法犯罪的程序、工具或者其他技术支持、帮助的。实践中，随着网络犯罪案件的分工日益细化，滋生出专门用于违法犯罪的活动，如替人开卡，取钱车手，贩卖“多卡合一”(银行卡、电话卡、支付宝帐号、微信帐号、身份证)，解冻被支付宝、微信等支付工具安全策略冻结的未实名账户等服务；此外，还有专门用于违法犯罪活动的程序、工具，如仿冒银行、执法部门网站制作钓鱼网站。可以说，这些活动或者程序、工具并非社会正常活动所需，而系为违法犯罪活动提供帮助的专门服务，故相关从业人员对其服务对象系可能涉嫌犯罪主观上实际是明知的，故将此种情形推定为主观明知。(5) 频繁采用隐蔽上网、加密通信、销毁数据等措施或者使用虚假身份，逃避监管或者规避调查的。实践中，一些行为人在帮助信息网络犯罪活动中长期使用加密措施或者虚假身份，对于此类逃避监管或者规避调查的行为，可以推定行为人主观明知。(6) 为他人逃避监管或者规避调查提供技术支持、帮助的。(7) 其他足以认定行为人明知的情形。实践中还有一些情形可以推断行为人主观明知，如取钱人持有多张户主不同的银行卡或者多张假身份证，无法说明缘由的，亦可以推定其主观明知。

（七）帮助信息网络犯罪活动罪的入罪标准

根据《刑法》第二百八十七条之二的规定，帮助信息网络犯罪活动以情节严重为入罪门槛。根据司法实践的具体情况，本解释第十二条第一款明确了情节严重的认定标准。具体而言，明知他人利用信息网络实施犯罪，为其犯罪提供帮助，具有下列情形之一的，应当认定为《刑法》第二百八十七条之二第一款规定的情节严重：(1) 为 3 个以上对象提供帮助的；(2) 支付结算金额 20 万元以上的；(3) 以投放广告等方式提供资金 5 万元以上的；(4) 违法所得 1 万元以上的；(5) 2 年内曾因非法利用信息网络、帮助信息网络犯罪活动、危害计算机信息系统安全受过行政处罚，又帮助信息网络犯罪活动的；(6) 被帮助对象实施的犯罪造成严重后果的；(7) 其他情节严重的情形。

需要注意的是，考虑到与传统犯罪中帮助行为不同，网络犯罪中帮助者往往为众多对象提供帮助，一一查证被帮助对象是否已构成犯罪存在客观困难，而帮助行为累计的社会危害性严重，本解释第十二条第二款规定："实施前款规定的行为，确因客观条件限制无法查证被帮助对象是否达到犯罪的程度，但相关数额总计达到前款第二项至第四项规定标准五倍以上，或者造成特别严重后果的，应当以帮助信息网络犯罪活动罪追究行为人的刑事责任。"适用本款时应当注意：一是此种情形下通常是被帮助对象人数众多，对于帮助单个或者少数对象利用信息网络实施犯罪的，必须以被帮助对象构成犯罪为入罪前提；二是确因客观条件限制无法证实被帮助对象实施的行为达到犯罪程度，但经查证确系刑法分则规定的行为的，如果是一般的违法行为也不能适用这一例外规则；三是情节远高于情节严重的程度，即此种情形下虽然无法查证被帮助对象构成犯罪，但帮助行为本身具有十分严重的社会危害性，达到独立刑事惩处的程度。

此外，根据《刑法》第二百八十七条之二第一款的规定，帮助信息网络犯罪活动罪中被帮助对象的行为必须构成犯罪，但是对此处规定的"犯罪"只应理解为相关犯罪查证属实，而不能理解为要求经人民法院生效裁判确认。同时，即使被帮助对象的行为符合刑法规定的其他构成要件，但因行为人未达到刑事责任年龄等原因依法未予追究刑事责任的，也不应影响帮助信息网络犯罪活动罪的认定。基于此，本解释第十三条规定："被帮助对象实施的犯罪行为可以确认，但尚未到案、尚未依法裁判或者因未达到刑事责任年龄等原因依法未予追究刑事责任的，不影响帮助信息网络犯罪活动罪的认定。"

（八）相关网络犯罪的其他问题

根据司法实践的情况，本解释还对相关网络犯罪的其他问题作了明确：

1. 单位实施相关网络犯罪的定罪量刑标准。本解释第十四条规定："单位实施本解释规定的犯罪的，依照本解释规定的相应自然人犯罪的定罪量刑标准，对直接负责的主管人员和其他直接责任人员定罪处罚，并对单位判处罚金。"

2. 相关网络犯罪的认罪认罚从宽规则。考虑到司法实践中的复杂情况，根据认罪认罚从宽制度的要求，本解释第十五条规定："综合考虑社会危害程度、认罪悔罪态度等情节，认为犯罪情节轻微的，可以不起诉或者免予刑事处罚；情节显著轻微危害不大的，不以犯罪论处。"

3. 相关网络犯罪的数量数额累计规则。本解释第十六条规定："多次拒不履行信息网络安全管理义务、非法利用信息网络、帮助信息网络犯罪活动构成犯罪，依法应当追诉的，或者2年内多次实施前述行为未经处理的，数量或者数额累计计算。"

4. 相关网络犯罪的职业禁止和禁止令适用规则。《刑法》规定，因利用职业便利实施犯罪的，人民法院可以根据犯罪情况和预防再犯罪的需要，禁止其自刑罚执行完毕之日或者假释之日起从事相关执业，期限为3年至5年；判处管制、宣告缓刑的，可以根据犯罪情况，同时禁止犯罪分子在执行期间从事特定活动。鉴于网络犯罪相当程度存在再犯现象，不少行为人重操旧业的现实情况，本解释第十七条专门规定："对于实施本解释规定的犯罪被判处刑罚的，可以根据犯罪情况和预防再犯罪的需要，依法宣告职业禁止；被判处管制、宣告缓刑的，可以根据犯罪情况，依法宣告禁止令。"

5. 相关网络犯罪的罚金刑适用规则。网络犯罪具有明显的牟利性，行为人实施该类犯罪主要是为了牟取非法利益，因此，有必要加大财产刑的适用力度，让行为人在经济上得不偿失，进而剥夺其再次实施犯罪的经济能力。基于此，本解释第十八条规定："对于实施本解释规定的犯罪的，应当综合考虑犯罪的危害程度、违法所得数额以及被告人的前科情况、认罪悔罪态度等，依法判处罚金。"

（撰稿人：周加海　喻海松）

【链　　接】

《最高人民法院、最高人民检察院关于办理非法利用信息网络、帮助信息网络犯罪活动等刑事案件适用法律若干问题的解释》新闻发布会

（2019 年 10 月 25 日）

一、本解释的制定背景

习近平总书记指出："没有网络安全就没有国家安全，就没有经济社会稳定运行，广大人民群众利益也难以得到保障。"党的十九大提出要"建立网络综合治理体系，营造清朗的网络空间"。近年来，网络犯罪呈上升趋势，各种传统犯罪日益向互联网迁移，网络犯罪呈高发多发态势，严重危害国家安全、社会秩序和人民群众合法权益。为进一步严惩网络犯罪，维护正常网络秩序，2015 年 11 月 1 日起施行的《刑法修正案（九）》增设了《刑法》第二百八十六条之一和第二百八十七条之一、之二，规定了拒不履行信息网络安全管理义务罪，非法利用信息网络罪和帮助信息网络犯罪活动罪。《刑法修正案（九）》施行以来，各级公检法机关依据修改后的《刑法》规定，严厉惩处网络犯罪。截至 2019 年 9 月，全国法院共审理相关网络犯罪案件 260 件，判决 473 人。其中，非法利用信息网络刑事案件 159 件、223 人，帮助信息网络犯罪活动刑事案件 98 件、247 人。

依法严惩网络犯罪，切实维护网络安全，对于维护国家安全、社会秩序和人民群众合法权益，发挥了重要作用。但是，在查办案件过程中，有意见反映，《刑法修正案（九）》新增相关网络犯罪的定罪量刑标准较为原则，不易把握；另有一些法律适用问题存在认识分歧，影响了案件办理。鉴此，为保障法律正确、统一适用，依法严厉惩治、有效防范网络犯罪，最高人民法院会同最高人民检察院，在公安部等有关部门的大力支持下，经深入调查研究、广泛征求意见、反复论证完善，制定了本解释，对拒不履行信息网络安全管理义务罪，非法利用信息网络罪和帮助信息网络犯罪活动罪的定罪量刑标准和有关法律适用问题作了全面、系统的规定。

习近平总书记指出："网络空间是亿万民众共同的精神家园。"严惩网络犯罪，维护网络安全，事关亿万人民群众的切身利益。制定本解释，是人民法

院、人民检察院坚持以人民为中心的发展思想，充分发挥刑事司法职能，积极回应人民群众关切，加大对涉民生犯罪惩治力度的一项重要举措。本解释的公布施行，为严惩网络犯罪、维护正常网络秩序，营造风清气正的网络空间提供了更为有力的法治保障，必将促进亿万人民在共享互联网发展成果上有更多的安全感、获得感、幸福感。

二、本解释的主要内容

本解释共十九条，主要包括以下十个方面的内容：

（一）明确了拒不履行信息网络安全管理义务罪的主体范围。网络服务提供者切实履行法律、行政法规规定的信息网络安全管理义务，是维护网络安全的前提和基础。根据刑法规定，网络服务提供者拒不履行法律、行政法规规定的信息网络安全管理义务，经监管部门责令采取改正措施而拒不改正，情节严重的，构成拒不履行信息网络安全管理义务罪。本解释进一步明确了“网络服务提供者”的范围，即包括提供下列服务的单位和个人：（1）网络接入、域名注册解析等信息网络接入、计算、存储、传输服务；（2）信息发布、搜索引擎、即时通讯、网络支付、网络预约、网络购物、网络游戏、网络直播、网站建设、安全防护、广告推广、应用商店等信息网络应用服务；（3）利用信息网络提供的电子政务、通信、能源、交通、水利、金融、教育、医疗等公共服务。

（二）明确了拒不履行信息网络安全管理义务罪的前提要件。根据刑法规定，构成拒不履行信息网络安全管理义务罪，以“经政府有关部门责令采取改正措施而拒不改正”作为前提要件。根据司法实践的情况，本解释进一步明确“监管部门责令采取改正措施”，是指网信、电信、公安等依照法律、行政法规的规定承担信息网络安全监管职责的部门，以责令整改通知书或者其他文书形式，责令网络服务提供者采取改正措施。认定“经监管部门责令采取改正措施而拒不改正”，应当综合考虑监管部门责令改正是否具有法律、行政法规依据，改正措施及期限要求是否明确、合理，网络服务提供者是否具有按照要求采取改正措施的能力等因素进行判断。

（三）明确了拒不履行信息网络安全管理义务罪的入罪标准。根据刑法规定，拒不履行信息网络安全管理义务，经监管部门责令采取改正措施而拒不改正，有严重情节的，构成犯罪。为统一司法适用，本解释根据拒不履行信息网络安全管理义务罪的不同情形，对其入罪标准作了明确：（1）致使违法信息大量传播的，具体从违法信息数量、传播范围等方面加以判断；（2）致使用户信息泄露，造成严重后果的，具体从泄露的用户信息数量、后果严重程度等方面加以判断；（3）致使刑事案件证据灭失，情节严重的，具体从相关证据所涉案件重要程度、造成证据灭失的次数、对刑事诉讼程序的影响等方面加以判断；

(4) 有其他严重情节的，具体从拒不履行信息网络安全管理义务的重要程度、前科情况、造成后果等方面加以判断。

（四）明确了非法利用信息网络罪的客观行为方式。根据刑法规定，非法利用信息网络罪在客观方面表现为三种行为方式：(1) 设立用于实施诈骗、传授犯罪方法、制作或者销售违禁物品、管制物品等违法犯罪活动的网站、通讯群组的；(2) 发布有关制作或者销售毒品、枪支、淫秽物品等违禁物品、管制物品或者其他违法犯罪信息的；(3) 为实施诈骗等违法犯罪活动发布信息的。针对司法实践反映的问题，本解释进一步明确：刑法规定的“违法犯罪”，包括犯罪行为和属于刑法分则规定的行为类型但尚未构成犯罪的违法行为；以实施违法犯罪活动为目的而设立或者设立后主要用于实施违法犯罪活动的网站、通讯群组，应当认定为刑法规定的“用于实施诈骗、传授犯罪方法、制作或者销售违禁物品、管制物品等违法犯罪活动的网站、通讯群组”；利用信息网络提供信息的链接、截屏、二维码、访问账号密码及其他指引访问服务的，应当认定为刑法规定的“发布信息”。

（五）明确了非法利用信息网络罪的入罪标准。根据刑法规定，非法利用信息网络罪以“情节严重”作为入罪要件。根据司法实践中的具体情况，本解释主要从如下几个方面明确了“情节严重”的认定标准：一是设立网站、通讯群组、发布信息的数量。本解释规定，假冒国家机关、金融机构名义，设立用于实施违法犯罪活动的网站的，设立用于实施违法犯罪活动的网站，数量达到三个以上或者注册账号数累计达到二千以上的，设立用于实施违法犯罪活动的通讯群组，数量达到五个以上或者群组成员账号数累计达到一千以上的，或者发布有关违法犯罪的信息或者为实施违法犯罪活动发布信息，达到相应标准的，属于“情节严重”。二是违法所得数额。本解释规定，违法所得一万元以上的，属于“情节严重”。三是前科情况。本解释规定，二年内曾因非法利用信息网络、帮助信息网络犯罪活动、危害计算机信息系统安全受过行政处罚，又非法利用信息网络的，属于“情节严重”。

（六）明确了帮助信息网络犯罪活动罪的主观明知推定规则。根据刑法规定，构成帮助信息网络犯罪活动罪，要求行为人主观方面“明知他人利用信息网络实施犯罪”。根据司法实践的情况，本解释总结并明确了帮助信息网络犯罪活动罪主观明知的推定情形，即为他人实施犯罪提供技术支持或者帮助，具有下列情形之一的，可以认定行为人明知他人利用信息网络实施犯罪，但是有相反证据的除外：(1) 经监管部门告知后仍然实施有关行为的；(2) 接到举报后不履行法定管理职责的；(3) 交易价格或者方式明显异常的；(4) 提供专门用于违法犯罪的程序、工具或者其他技术支持、帮助的；(5) 频繁采用隐蔽上网、加密通信、销毁数据等措施或者使用虚假身份，逃避监管或者规避调查的；(6) 为他人逃避监管或者规避调查提供技术支持、帮助的；(7) 其他足以认定行为人明知的情形。

（七）明确了帮助信息网络犯罪活动罪的入罪标准。根据刑法规定，帮助信息网络犯罪活动罪以“情节严重”作为入罪要件。根据司法实践中的具体情况，本解释明确了“情节严重”的认定标准，即帮助信息网络犯罪活动，具有下列情形之一，应当认定为《刑法》第二百八十七条之二第一款规定的“情节严重”：(1) 为三个以上对象提供帮助的；(2) 支付结算金额二十万元以上的；(3) 以投放广告等方式提供资金五万元以上的；(4) 违法所得一万元以上的；(5) 二年内曾因非法利用信息网络、帮助信息网络犯罪活动、危害计算机信息系统安全受过行政处罚，又帮助信息网络犯罪活动的；(6) 被帮助对象实施的犯罪造成严重后果的；(7) 其他情节严重的情形。此外，确因客观条件限制无法查证被帮助对象是否达到犯罪的程度，但相关数额总计达到前述标准五倍以上，或者造成特别严重后果的，应当以帮助信息网络犯罪活动罪追究行为人的刑事责任。

（八）明确了单位实施相关网络犯罪的定罪量刑标准。根据《刑法》规定，拒不履行信息网络安全管理义务罪、非法利用信息网络罪、帮助信息网络犯罪活动罪的主体均可以是单位。为严惩单位实施的相关网络犯罪活动，本解释规定：“单位实施本解释规定的犯罪的，依照本解释规定的相应自然人犯罪的定罪量刑标准，对直接负责的主管人员和其他直接责任人员定罪处罚，并对单位判处罚金。”

（九）明确了相关网络犯罪的职业禁止和禁止令适用规则。《刑法》规定，因利用职业便利实施犯罪的，人民法院可以根据犯罪情况和预防再犯罪的需要，禁止其自刑罚执行完毕之日或者假释之日起从事相关职业，期限为三年至五年；判处管制、宣告缓刑的，可以根据犯罪情况，同时禁止犯罪分子在执行期间从事特定活动。鉴于网络犯罪相当程度存在再犯现象，不少罪犯“重操旧业”的现实情况，本解释专门规定对拒不履行信息网络安全管理义务、非法利用信息网络、帮助信息网络犯罪活动的罪犯可以依法宣告职业禁止和禁止令，即“对于实施本解释规定的犯罪被判处刑罚的，可以根据犯罪情况和预防再犯罪的需要，依法宣告职业禁止；被判处管制、宣告缓刑的，可以根据犯罪情况，依法宣告禁止令。”

（十）明确了相关网络犯罪的罚金刑适用规则。网络犯罪具有明显的牟利性，行为人实施该类犯罪主要是为了牟取非法利益。因此，有必要加大财产刑的适用力度，让行为人在经济上得不偿失，进而剥夺其再次实施此类犯罪的经济能力。基于此，本解释规定：“对于实施本解释规定的犯罪的，应当综合考虑犯罪的危害程度、违法所得数额以及被告人的前科情况、认罪悔罪态度等，依法判处罚金。”

我要向大家通报的情况就这些。谢谢大家。

最高人民法院
关于审理编造、故意传播虚假恐怖信息刑事案件适用法律若干问题的解释

法释〔2013〕24 号

（2013 年 9 月 16 日最高人民法院审判委员会第 1591 次会议通过 2013 年 9 月 18 日最高人民法院公告公布 自 2013 年 9 月 30 日起施行）

为依法惩治编造、故意传播虚假恐怖信息犯罪活动，维护社会秩序，维护人民群众生命、财产安全，根据刑法有关规定，现对审理此类案件具体适用法律的若干问题解释如下：

第一条 编造恐怖信息，传播或者放任传播，严重扰乱社会秩序的，依照刑法第二百九十一条之一的规定，应认定为编造虚假恐怖信息罪。

明知是他人编造的恐怖信息而故意传播，严重扰乱社会秩序的，依照刑法第二百九十一条之一的规定，应认定为故意传播虚假恐怖信息罪。

第二条 编造、故意传播虚假恐怖信息，具有下列情形之一的，应当认定为刑法第二百九十一条之一的“严重扰乱社会秩序”：

（一）致使机场、车站、码头、商场、影剧院、运动场馆等人员密集场所秩序混乱，或者采取紧急疏散措施的；

（二）影响航空器、列车、船舶等大型客运交通工具正常运行的；

（三）致使国家机关、学校、医院、厂矿企业等单位的工作、生产、经营、教学、科研等活动中断的；

（四）造成行政村或者社区居民生活秩序严重混乱的；

（五）致使公安、武警、消防、卫生检疫等职能部门采取紧急应对措施的；

（六）其他严重扰乱社会秩序的。

第三条 编造、故意传播虚假恐怖信息，严重扰乱社会秩序，具有下列情形之一的，应当依照刑法第二百九十一条之一的规定，在五年以下有期徒刑范围内酌情从重处罚：

（一）致使航班备降或返航；或者致使列车、船舶等大型客运交通工具中断运行的；

（二）多次编造、故意传播虚假恐怖信息的；

（三）造成直接经济损失二十万元以上的；

（四）造成乡镇、街道区域范围居民生活秩序严重混乱的；

（五）具有其他酌情从重处罚情节的。

第四条 编造、故意传播虚假恐怖信息，严重扰乱社会秩序，具有下列情形之一的，应当认定为刑法第二百九十一条之一的“造成严重后果”，处五年以上有期徒刑：

（一）造成三人以上轻伤或者一人以上重伤的；

（二）造成直接经济损失五十万元以上的；

（三）造成县级以上区域范围居民生活秩序严重混乱的；

（四）妨碍国家重大活动进行的；

（五）造成其他严重后果的。

第五条 编造、故意传播虚假恐怖信息，严重扰乱社会秩序，同时又构成其他犯罪的，择一重罪处罚。

第六条 本解释所称的“虚假恐怖信息”，是指以发生爆炸威胁、生化威胁、放射威胁、劫持航空器威胁、重大灾情、重大疫情等严重威胁公共安全的事件为内容，可能引起社会恐慌或者公共安全危机的不真实信息。

【解　　读】

解读《最高人民法院关于审理编造、故意传播虚假恐怖信息刑事案件适用法律若干问题的解释》

为依法惩治编造、故意传播虚假恐怖信息犯罪活动，维护社会秩序，维护人民群众生命、财产安全，最高人民法院发布了《关于审理编造、故意传播虚假恐怖信息刑事案件适用法律若干问题的解释》（法释〔2013〕24 号，以下简称本解释），自 2013 年 9 月 30 日施行。为便于司法实践中正确理解和适用，现就本解释的制定背景、制定意义、起草中的主要内容及主要考虑等问题介绍如下。

一、本解释的制定背景

近年来，陆续发生了一些编造、故意传播虚假恐怖信息的犯罪活动。这些犯罪活动，有的为勒索钱财等违法犯罪目的，向商场、酒店等企事业单位散布爆炸威胁的虚假恐怖信息；有的出于无聊、好奇或者出风头，还有的则是为发泄私愤、报复社会等动机，散布地震、飞机上有炸弹等虚假恐怖信息。如 2013 年 5 月 15 日至 18 日，全国连续发生 6 起编造虚假爆炸信息威胁民航安全的事件，造成北京、上海、广州等地共22架次航班返航、备降或延迟起飞。这些犯罪活动，制造了恐怖气氛，引起了不同程度的社会恐慌，严重干扰人民群众正常的工作、生产、生活等社会秩序，造成了社会危害。

我国《刑法》第二百九十一条之一规定："编造爆炸威胁、生化威胁、放射威胁等恐怖信息，或者明知是编造的恐怖信息而故意传播，严重扰乱社会秩序的，处五年以下有期徒刑、拘役或者管制；造成严重后果的，处五年以上有期徒刑。"但由于《刑法》对"严重扰乱社会秩序""造成严重后果"没有具体规定，公安、检察、法院对编造、故意传播虚假恐怖信息的违法犯罪行为在适用法律上理解不尽一致，导致执法标准不统甚至影响对此类犯罪行为的打击力度，使法律难以发挥应有的惩治作用。最高人民法院为了适应新形势下与此类违法犯罪行为作斗争的需要，维持社会秩序，维护人民群众生命，财产安全，准确有力地打击此类现罪活动，出台了本解释。

在出台本解释之前，我们进行了深入调研，全面收集了十几年来在全国各地发生的案例，对过去司法实践中积累的丰富经验以及存在的问题进行了系统梳理，广泛征求了立法机关、行政机关、其他司法机关、专家学者等社会各方面的意见，并借鉴其他国家通行的法律规制原则，经反复研究论证，不断修改完善，经过最高人民法院审判委员会第1591次会议讨论，通过了本解释。

二、本解释出台的重要意义

第一，制定出台本解释，是依法打击编造，故意传播虚假恐怖信息犯罪的现实需要。通过制定具体的定罪量刑标准，为依法打击此类犯罪行为，提供了更加明确的司法依据，有利于统一司法标准，规范司法行为。第二，制定出台本解释，是保护人民群众生命、财产安全，维护社会正常秩序的需要。编造、故意传播虚假恐怖信息，极易造成社会恐慌，严重干扰社会正常秩序，也极易造成人员密集场所发生踩踏事故，导致人员伤亡，或者相关单位因排除虚假恐怖险情而蒙受经济损失，本解释为人民群众提供了与此类犯罪作斗争的法律武器。第三，制定出台本解释也是维护信息网络健康发展的需要。近年来，随着信息技术的快速发展以及网络的普及，越来越多的违法犯罪分子通过手机短信QQ群、微信、互联网发帖等现代通信手段编造、散布虚假恐怖信息，极易造成不明真相的广大信息受众心理恐慌，危害甚大。本解释的出台，有助于规范网络秩序，为广大人民群众提供一个健康、有序的网络环境。

三、本解释的主要内容及有关问题的说明

本解释共有6个条文，主要规定了6个方面的内容。(1) 对编造、故意传播虚假恐怖信息罪的特征进行界定，以便于司法实践中区分此罪与彼罪，正确确定罪名；(2) 明确了编造、故意传播虚假恐怖信息等的人罪标准，即如何认

定严重扰乱社会秩序；（3）在定罪标准上规定了应当酌情从重处罚的标准；（4）明确规定加重处罚标准，即如何认定造成严重后果；（5）对编造、传播虚假恐怖信息的想象竞合犯、牵连犯进行了原则性规定；（6）对本解释规定的“虚假恐怖信息”进行了界定。

（一）明确了编造、故意传播虚假感怖信息罪的客观特征

1. 关于编造虚假恐怖信息罪

《刑法》第二百九十一条之一对编造虚假恐怖信息罪的客观特征规定非常简洁、抽象，如何理解编造虚假信息罪的客观特征，需要通过解释进一步具体化、明确化。在起草的过程中，对编造虚假恐怖信息的行为构成犯罪，是否需要规定编造人具有传播或放任传播的客观行为。讨论较为激烈。一种观点认为，《刑法》对该罪的客观行为仅规定“编造”，没有规定“传播”，而且对虚假恐怖信息的传播单独规定了罪名（故意传播虚假恐怖信息罪），故无必要加上“传播”的限制，否则有违罪刑法定之嫌。另一观点认为，应当规定行为人在编造虚假恐怖信息时有传播或放任传播的客观行为。本解释采取了后一种观点，主要理由如下：

（1）该罪是结果犯。虚假恐怖信息因本身是虚假的，从手段上讲根本不可能对人的生命安全和财产造成实际危害，其主要社会危害体现在制造恐怖气氛，引起社会恐慌，扰乱社会秩序，通常情况下造成人们一场虚惊。为防止不当扩大打击面，《刑法》规定编造、故意传播虚假恐怖信息，必须造成严重扰乱社会秩序的后果，才能构成犯罪。行为人虽然编造了恐怖信息，但其编造的恐怖信息没有被传播出去，不可能扰乱社会秩序，也就不可能构成犯罪。因此，编造恐怖信息且编造的恐怖信息被传播的，才能构成编造虚假恐怖信息罪。如果行为人编造虚假恐怖信息后，摄于法律剧裁或者后悔，及时采取措施，没有让其编造的虚假信息被传播，从而没有扰乱社会秩序的，则不应作为犯罪处理。

（2）该罪是故意犯罪。编造虚假恐怖信息罪是故意犯罪，应要求行为人对编造虚假恐怖信息行为所导致的后果即严重扰乱社会秩序具有直接或间接故意。如上所述，虚假恐怖信息只有被传播才能导致严重扰乱社会秩序的后果，故应当要求行为人编造时具有传播的直接故意或者放任传播的间接故意。判断是否构成放任传播，应结合行为人有没有采取必要措施防止其编造的虚假恐怖信息被传播的客观方面进行判断。例如，行为人出于好玩、无聊，在某些知悉范围较小的载体（如仅对好友开放的QQ空间）上编写虚假恐怖信息，如果行为人没有采取加密、及时删除等必要措施，导致虚假恐怖信息被传播，严重扰乱社会秩序的，应以犯罪论处。

行为人在私密载体上（如日记本里）编造虚假恐怖信息，有理由确信其没有传播意图；在极其偶然的情况下，该恐怖信息被他人知悉而传播出去，严重

扰混社会秩序的，应认定行为人主观上是过失，或者意外事件，不应认定为犯罪。

（3）实践经验的总结。从我们收集的近百件案例来看，几乎全是行为人在编造的同时或之后实施了自行传播行为。主要包括以下几种情形：一是编造与传播同步进行。最典型的是通过互联网发帖的方式编造并传播虚假恐怖信息。有的是想好虚假恐怖信息后，在人群中口头散布，从客观上讲也是编造、传播同步进行的。二是编造之后又进行传播。如行为人编写好虚假恐怖信息的手机短信后，又向他人转发；想好虚假恐怖信息后，又向公安局、航空公司、商场等单位打电话（打电话其实就是传播）。三是编造后故意通过他人传播，如唆使他人传播，或者告知不明真相的人，致使编造的恐怖信息进一步扩散的（行为人告知不明真相的人是传播的开始）。实践中，以上情形绝大多数法院都以编造虚假恐怖信息罪定罪量刑。

2. 关于故意传播虚假恐怖信息罪

虚假恐怖信息的源头是编造，但引起社会恐慌，扰乱社会秩序，危害社会，最终还是传播所致。因此，即使行为人没有编造虚假恐怖信息，但明知是他人编造的虚假恐怖信息而故意传播，严重扰乱社会秩序的，根据刑法第二百九一条之一的规定，应以故意传播虚假恐怖信息罪论处。

故意传播虚假恐怖信息罪应该强调“明知”要件，即明知恐怖信息来源于他人的编造。现实生活中，一般公民听到某个恐怖信息后，一时难以分清信息真伪，也可能会主动告诉其他人或打电话报警，最后经查证是恐怖谣言或虚假险情，因行为人主观上并无犯罪故意，不能以犯罪论处。

3. 关于“自编自传”“既编又传”的罪名适用

从本解释的规定来看，对于行为人编造虚假恐怖信息又自行传播。严重扰乱社会秩序的，简称“自编自传”，应定编造虚假恐怖信息罪。

司法实践中，此类案件的多数判决与本解释的规定相符，但也有少数刑事判决采用的罪名为“编造、传播虚假恐怖信息罪”或“编造、故意传播虚假恐怖信息罪”。最高人民法院、最高人民检察院《关于执行（中华人民共和国刑法）确定罪名的补充规定》中对该类犯罪的罪名明确规定为“编造、故意传播虚假恐怖信息罪”，故采用“编造、传播虚假恐怖信息罪”的罪名与司法解释的规定不符，罪名适用不规范、不严肃，今后应当注意并加以纠正。“自编自传”中的传播是编造行为的自然延伸，编造行为可以吸收传播行为，对传播行为不必单独定罪。

司法实践中，还有一种观点认为，行为人编造虚假恐怖信息向特定对象散布的，定编造虚假恐怖信息罪；向不特定对象传播的。定编造、故意传播虚假恐怖信息罪。我们认为，散布与传播很难区分，甚至散布比传播范围更广，实际上向特定对象散布也是传播的一种表现形式，向特定对象散布虚假恐怖信息，如果该特定对象是个人，其没有传播出去，通常不会严重扰乱秩序，不构成犯罪；如果特定对象是单位，实际是向不特定多数人传播的一种表现。因此，本解释没有采纳此种观点。

行为人编造虚假恐怖信息，此外，又明知是他人编造的虚假恐怖信息而故意传播，两者均构成犯罪的情况下，简称“既编又传”，如何适用罪名争议也很激烈。一种观点认为，定编造、故意传播虚假恐怖信息罪；另一种观点认为，定编造虚假恐怖信息罪、故意传播虐假恐怖信息罪，实行数罪并罚。鉴于争议激烈，本解释对此没有明确规定，有待司法实践经验的进一步总结。

（二）明确了编造、故意传播虚假感怖信息罪的入罪标准，即如何认定严重扰乱社会秩序

本解释第二条采取列举的方式，对严重扰乱社会秩序的标准进行具体规定，主要包括六种情形：（1）扰乱公共场所秩序，即致使机场、车站、码头、商场、影剧院、运动场馆等人员密集场所秩序混乱，或者采取紧急疏散措施的。（2）破坏公共交通秩序，即影响航空器、列车、船舶等大型客运交通工具正常运行的。如编造火车上有爆炸装置，致使火车迟延运行的。（3）破坏有关单位的正常工作秩序，即致使国家机关、学校、医院、厂矿企业等单位的工作、生产、经营、教学、科研等活动中断的。（4）破坏居民生活秩序，即造成行政村或社区范围内居民生活秩序严重混乱的。例如，编造水源有毒等虚假恐怖信息，导致大量居民心理恐慌生活用水困难等。（5）干扰国家职能部门的正常工作秩序，即致使公安、武警、消防、卫生检疫等职能部门采取紧急应对措施。通常情况下，虚假恐饰信息的危害后果是造成社会恐慌，但也不排除公安、武警等职部门率先获得恐怖信息，为免造成社会恐慌而采取公共安全危机预案及措施，秘密排除险情的情况。（6）其他严重扰乱社会秩序的。由于司法解释难以穷尽所有情形，有待司法机关根据具体案情进行判断。

起草讨论过程中，对本条规定的主要内容争议不大。有观点认为，第五项应规定职能部门采取紧急应对措施的级别，即险情级别，如果是一般险情，不宜规定为犯罪。由于各地区公安、武警等职能部门所认定的险情级别没有明确的标准，且该类犯罪的定罪标准不能过高，否则不利于打击此类犯罪，故本解释没有明确规定职能部门采取紧急措施的级别情况。

实践中，行为人针对人员很少的小超市或个体经营场所编造“诈弹”等虚假恐怖信息，仅能引起极个别人的心理恐慌，社会危害不大的，不应以犯罪处理。

（三）规定了应当酌情从重处罚的标准

《刑法》第二百九十一条之一规定，编造、故意传播虚假恐怖信息，严重扰乱社会秩序，但是没有造成严重后果的，刑期从管制到五年有期徒刑，量刑幅度较大。为了规范量刑，最大限度地促进量刑公正，本解释第三条在定罪标

准基础上规定了在这一量刑幅度内酌情从重处罚情节。主要有以下几种情形：(1) 致使航班备降或返航，或者列车、船舶等大型客运交通工具中断运的。例如，编造、传播虚假恐怖信息致使已经起飞的航班备降或返航，造成大量乘客及其亲友心理极度恐慌，严重干扰了民航秩序，而且给航空公司造成一定的经济损失。对于此种情形应从重处罚。(2) 多次编造、故意传播虚假恐怖信息的。该种情形表明行为人的主观恶性较深，恐怖信息波及范围大，故应从重处罚。(3) 造成直接经济损失达 20 万元以上的。(4) 造成乡镇、街道区域范围居民生活秩序严重混乱的。该种情形影响人数较多，社会影响较大，应从重处罚。(5) 其他酌情从重处罚情节。如犯罪动机卑劣、造成直接经济损失不大面间接经济损失较大等。

起草过程中，有意见认为，编造虚假恐怖信息致使航班备降或返航，不仅严重干扰了民航秩序，而且给航空公司造成巨额经济损失，造成大量乘客及其亲友心理极度恐慌，可直接将此种情形作为造成严重后果的量刑标准，判处五年以上刑罚。我们认为，编造、故意传播虚假恐怖信息导致航班备降、返航的情形较多，危害程度差异较大，造成航空公司直接经济损失程度不同，故不宜一律规定为造成严重后果。总结过去的司法实践经验，该类案件基本上是在五年以下判处刑罚。当然，如果造成航空公司直接经济损失达 50 万元以上，可根据本解释第四条的规定，处五年以上有期徒刑。

对于“多次编造、故意传播虚假恐怖信息”中“多次”的理解，应指三次以上，且每次均单独构成犯罪。如果行为人编造同一恐怖信息多次向同一单位散布，仅造成单一犯罪后果的，应认定为一次。例如，行为人为了向某商场敲诈勒索钱财，在不同时间内先后多次向该商场打电话称在商场内安装了遥控炸弹，如果仅造成该商场一次严重秩序混乱，应认定为一次；如果造成该商场多次严重秩序混乱，则应认定为多次。

（四）明确规定加重处罚标准，即如何认定造成严重后果

本解释第四条通过列举的方式，对判处五年以上有期徒刑，即造成严重后果进行了明确规定。主要包括以下几种情形 (1) 造成三人以上轻伤或者一人以上重伤的。编造、故意传播虚假恐怖信息致使人员密集场所发生踩踏事故，造成人员伤亡的，不仅严重干扰了公共场所的秩序，而且造成三人以上轻伤或一人以上重伤，社会危害更大，故应加重处罚。

如果造成人员死亡的，根据“举轻以明重”的原则，在此标准上更应从重判处。(2) 造成直接经济损失 50 万元以上的。如前不久发生的一起国际航班“诈弹”案件，造成某航班将要到达目的地时而返航，不仅造成乘客极度心理恐慌，而且造成航空公司上百万元的直接经济损失，甚至造成国际影响。对于此类情形，应判处五年以上有期徒刑。(3) 造成县级行政区域范围内居民生活秩序严重混乱的。这种情形相对第二条、第三条规定的情形言，范围更广，造

成的社会恐慌程度更大，极易造成相关地区正常的社会秩序严重混乱，应判处五年以上有期徒刑。(4) 妨碍国家重大活动进行的。如在国家举行重大庆典，举办重大国际赛事、国际展览会等活动期间，编造、故意传播虚假恐怖信息，妨碍国家重大活动顺利进行的，应从严打击，判处五年以上有期徒刑。(5) 造成其他严重后果的。该条规定的理由同前，不再赘述。

(五) 对有关想像竟合犯、牵连犯进行了原则性规定

本解释第五条规定，编造、故意传播虚假恐怖信息，严重扰乱社会秩序，同时又构成其他犯罪的，择一重罪处罚。如出于勒索钱财等其的犯罪目的，或者通过破坏计算机信息系统等犯罪手段，编造、故意传播虚假恐饰信息，严重找乱社会秩序的，同时构成数罪，根据司法实践通行做法，择一重罪处罚。过去司法实践中，对于此类案件如何定罪。量刑，标准不一，有的定数罪，实行数罪并罚，有的按照牵连犯的原则仅择一重罪处罚。本解释施行后，应按照本解释的上述规定处理。

如果行为人明知会引起社会恐慌，造成严重事故，故意针对人员密集场所编造、故意传播虚假恐饰信息，造成重大人员伤亡后果的，该种情形同时触犯了《刑法》第一百一十五条、第二百九十一条之一的规定，应择一重罪即以危险方法危害公共安全罪论处。

(六) 对本解释规定的虚假恐怖信息进行了界定

《刑法》第二百九十一条之一规定的虚假恐怖信息为“爆炸威胁、生化威胁、放射威胁等”，我们根据此类犯罪的发展变化，对可能出现的虚假恐怖信息进行了归纳、总结，在本解释第六条中规定“虚假恐怖信息”除刑法规定的上述三类恐怖威胁外，还包括“劫持航空器威胁、重大灾情重大疫情”等不真实的恐怖信息。重大疫情，如“非典”流行期间编造虚假“非典”疫情等。重大灾情，如编造虚假地震信息等。

虚假恐怖信息应具有严重威胁公共安全的恐怖性，即信息应具有危及不特定多数人的生命、财产安全的内容。司法实践中应注意一般虚假恐慌信息和虚假恐怖信息之间的区别。如有些人搞恶作剧，编造、散布某工厂经常有女工被强奸的虚假信息，使某厂女工及周边女性居民产生一定程度的心理恐慌，但由于编造“某厂女工被强奸”的信息内容不具有爆炸威胁、生化威胁等恐怖信息同等程度的恐怖性，属于一般恐慌信息，不应以编造、故意传播虚假信息罪追究行为人的刑事责任；若构成其他犯罪，可按其他犯罪论处。

对于那些一查就知道是虚假的恐怖信息，根本不会引起社会恐慌，扰乱社会秩序的，不构成犯罪。编造那些内容虽带有恐怖性，但根本不能使人们相信的虚假恐怖信息，不应以犯罪论处。

（撰稿人：吕广伦　王尚明　陈　攀）

最高人民法院 最高人民检察院
关于办理寻衅滋事刑事案件适用法律若干问题的解释

法释〔2013〕18号

（2013年5月27日最高人民法院审判委员会
第1579次会议、2013年4月28日最高人民检察院
第十二届检察委员会第5次会议通过 2013年7月
15日最高人民法院、最高人民检察院公告公布
自2013年7月22日起施行）

为依法惩治寻衅滋事犯罪，维护社会秩序，根据《中华人民共和国刑法》的有关规定，现就办理寻衅滋事刑事案件适用法律的若干问题解释如下：

第一条 行为人为寻求刺激、发泄情绪、逞强耍横等，无事生非，实施刑法第二百九十三条规定的行为的，应当认定为“寻衅滋事”。

行为人因日常生活中的偶发矛盾纠纷，借故生非，实施刑法第二百九十三条规定的行为的，应当认定为“寻衅滋事”，但矛盾系由被害人故意引发或者被害人对矛盾激化负有主要责任的除外。

行为人因婚恋、家庭、邻里、债务等纠纷，实施殴打、辱骂、恐吓他人或者损毁、占用他人财物等行为的，一般不认定为“寻衅滋事”，但经有关部门批评制止或者处理处罚后，继续实施前列行为，破坏社会秩序的除外。

第二条 随意殴打他人，破坏社会秩序，具有下列情形之一的，应当认定为刑法第二百九十三条第一款第一项规定的“情节恶劣”：

（一）致一人以上轻伤或者二人以上轻微伤的；

（二）引起他人精神失常、自杀等严重后果的；

（三）多次随意殴打他人的；

（四）持凶器随意殴打他人的；

（五）随意殴打精神病人、残疾人、流浪乞讨人员、老年人、孕妇、未成年人，造成恶劣社会影响的；

（六）在公共场所随意殴打他人，造成公共场所秩序严重混乱的；

（七）其他情节恶劣的情形。

第三条 追逐、拦截、辱骂、恐吓他人，破坏社会秩序，具有下列情形之一的，应当认定为刑法第二百九十三条第一款第二项规定的“情节恶劣”：

（一）多次追逐、拦截、辱骂、恐吓他人，造成恶劣社会影响的；

（二）持凶器追逐、拦截、辱骂、恐吓他人的；

（三）追逐、拦截、辱骂、恐吓精神病人、残疾人、流浪乞讨人员、老年人、孕妇、未成年人，造成恶劣社会影响的；

（四）引起他人精神失常、自杀等严重后果的；

（五）严重影响他人的工作、生活、生产、经营的；

（六）其他情节恶劣的情形。

第四条 强拿硬要或者任意损毁、占用公私财物，破坏社会秩序，具有下列情形之一的，应当认定为刑法第二百九十三条第一款第三项规定的“情节严重”：

（一）强拿硬要公私财物价值一千元以上，或者任意损毁、占用公私财物价值二千元以上的；

（二）多次强拿硬要或者任意损毁、占用公私财物，造成恶劣社会影响的；

（三）强拿硬要或者任意损毁、占用精神病人、残疾人、流浪乞讨人员、老年人、孕妇、未成年人的财物，造成恶劣社会影响的；

（四）引起他人精神失常、自杀等严重后果的；

（五）严重影响他人的工作、生活、生产、经营的；

（六）其他情节严重的情形。

第五条 在车站、码头、机场、医院、商场、公园、影剧院、展览会、运动场或者其他公共场所起哄闹事，应当根据公共场所的性质、公共活动的重要程度、公共场所的人数、起哄闹事的时间、公共场所受影响的范围与程度等因素，综合判断是否“造成公共场所秩序严重混乱”。

第六条 纠集他人三次以上实施寻衅滋事犯罪，未经处理的，应当依照刑法第二百九十三条第二款的规定处罚。

第七条 实施寻衅滋事行为，同时符合寻衅滋事罪和故意杀人罪、故意伤害罪、故意毁坏财物罪、敲诈勒索罪、抢夺罪、抢劫罪等罪的构成要件的，依照处罚较重的犯罪定罪处罚。

第八条 行为人认罪、悔罪，积极赔偿被害人损失或者取得被害人谅解的，可以从轻处罚；犯罪情节轻微的，可以不起诉或者免予刑事处罚。

【解　　读】

解读《最高人民法院、最高人民检察院关于办理寻衅滋事刑事案件适用法律若干问题的解释》

一、问题的提出

为依法惩治寻衅滋事犯罪，维护社会秩序，最高人民法院、最高人民检察院联合发布了《关于办理寻衅滋事刑事案件适用法律若干问题的解释》（法释〔2013〕15号，以下简称本解释），自2013年7月22日起施行。为便于司法实践中正确理解和适用，现就本解释的制定背景、主要内容介绍如下。

二、理解与适用

本解释共八条，明确了以下八个方面问题：

1. 关于“寻衅滋事”的认定

寻衅滋事罪的四种表现形式与《刑法》规定的其他犯罪，如故意伤害罪、故意毁坏财物罪、强制猥亵、侮辱妇女罪、抢劫罪等罪在行为方式上存在重合与交叉。准确界定“寻衅滋事”，是正确区分有关行为是构成寻衅滋事罪还是其他犯罪，或者只是一般违法行为的关键。而从实践情况看，目前对这一问题的认识和把握还不尽准确、统一，影响了相关案件的依法及时处理。为规范、统一法律适用，准确把握罪与非罪、此罪与彼罪的界限，有必要首先对何谓“寻衅滋事”作出明确。此外，明确何谓“寻衅滋事”，是准确认定本罪的共性问题、基础性问题。如不对此作出明确，则在解释“随意殴打他人，情节恶劣”“追逐、拦截、辱骂、恐吓他人，情节恶劣”“强拿硬要或者任意损毁、占用公私财物，情节严重”等内容时，均需对这一问题作出规定，这将使解释条文明显重复。鉴此，本解释第一条首先对“寻衅滋事”的认定作了一般性规定。

第一款规定：“行为人为寻求刺激、发泄情绪、逞强耍横等，无事生非，实施刑法第二百九十三条规定的行为的，应当认定为‘寻衅滋事’。”该款规定的是“无事生非型”寻衅滋事。对此类行为应当认定为“寻衅滋事”，在理论上、实践中没有不同认识。

第二款规定：“行为人因日常生活中的偶发矛盾纠纷，借故生非，实施刑法第二百九十三条规定的行为的，应当认定为‘寻衅滋事’，但矛盾系由被害人故意引发或者被害人对矛盾激化负有主要责任的除外。”该款规定的是“小题大做型”寻衅滋事。传统刑法理论认为，寻衅滋事只能表现为无事生非。这一观点有失妥当。从实践看，“无事生非型”寻衅滋事已极为少见，甚至从极端意义上讲并不存在，如认为只有“无事生非”才属于寻衅滋事，将极大地不当限缩寻衅滋事罪的成立范围。在日常生活中偶发矛盾纠纷，如与他人无意碰撞后，即小题大做、借题发挥，实施随意殴打他人或者任意毁损他人财物等行为的，明显不属于解决纠纷的合理方式，明显超出解决纠纷的合理限度，尽管事出有因，也可认为是借故寻衅，也破坏社会秩序，应当认定为“寻衅滋事”。当然，如矛盾系由被害人故意引发或者被害人对矛盾激化负有主要责任的（如被害人的车挡住了行为人的路，经行为人请求，被害人拒绝挪动，甚至辱骂行为人，从而引起双方冲突的），则不应认定为“寻衅滋事”；构成其他犯罪的，可以其他犯罪论处。

第三款规定：“行为人因婚恋、家庭、邻里、债务等纠纷，实施殴打、辱骂、恐吓他人或者损毁、占用他人财物等行为的，一般不认定为‘寻衅滋事’，但经有关部门批评制止或者处理处罚后，继续实施前列行为，破坏社会秩序的除外。”该款规定了因婚恋、家庭、邻里、债务等纠纷实施相应行为构成寻衅滋事的标准。行为人因婚恋、家庭、邻里、债务等纠纷，特别是基于积怨，实施殴打、辱骂、恐吓他人或者损毁、占用他人财物等行为的，由于行为人并非“寻衅”，一般不应以寻衅滋事论处；但是，行为人经有关部门批评制止或者处理处罚后，拒不改正，继续实施前列行为，破坏社会秩序的，也可认定为“寻衅滋事”。需要特别强调的是，根据《刑法》和本解释规定，对此种情形以“寻衅滋事”论处，必须以行为人的行为“破坏社会秩序”为条件。寻衅滋事是扰乱公共秩序罪，根据《刑法》第二百九十三条规定，实施寻衅滋事行为，破坏社会秩序的，才能构成寻衅滋事罪。如行为人因婚恋、家庭等纠纷实施的有关行为并未破坏社会秩序，则即使其此前曾受有关部门批评制止或者处理处罚，依法也不能认定为“寻衅滋事”。

2. 关于随意殴打他人“情节恶劣”的认定标准

从实践看，在寻衅滋事罪的四种表现形式中，“随意殴打他人”占绝对比重。经对某地2010年至2012年审结的寻衅滋事案件的抽样调查，随意殴打他人的案件共701件，占案件总量的89.07%。因此，准确界定随意殴打他人“情节恶劣”的认定标准，意义重大。

本解释第二条明确，随意殴打他人，破坏社会秩序，具有下列情形之一的，应当认定为《刑法》第二百九十三条第一款第一项规定的“情节恶劣”：(1) 致一人以上轻伤或者二人以上轻微伤的；(2) 引起他人精神失常、自杀等严重后果的；(3) 多次随意殴打他人的；(4) 持凶器随意殴打他人的；(5) 随意殴打精神病人、残疾人、流浪乞讨人员、老年人、孕妇、未成年人，造成恶劣社会影响的；（6）在公共场所随意殴打他人，造成公共场所秩序严重混乱的；（7）其他情节恶劣的情形。需注意的是，并非所有随意殴打精神病人、残疾人等特殊人员以及在公共场所随意殴打他人的行为均属于“情节恶劣”，均构成寻衅滋事罪。如实施上述行为，未造成恶劣社会影响或造成公共场所秩序严重混乱的，属于违反《治安管理处罚法》的一般违法行为。

3. 关于追逐、拦截、辱骂、恐吓他人“情节恶劣”的认定标准

本解释第三条明确，追逐、拦截、辱骂、恐吓他人，破坏社会秩序，具有下列情形之一的，应当认定为《刑法》第二百九十三条第一款第二项规定的“情节恶劣”：（1）多次追逐、拦截、辱骂、恐吓他人，造成恶劣社会影响的；（2）持凶器追逐、拦截、辱骂、恐吓他人的；（3）追逐、拦截、辱骂、恐吓精神病人、残疾人、流浪乞讨人员、老年人、孕妇、未成年人，造成恶劣社会影响的；（4）引起他人精神失常、自杀等严重后果的；（5）严重影响他人的工作、生活、生产、经营的；（6）其他情节恶劣的情形。

4. 关于强拿硬要或者任意损毁、占用公私财物“情节严重”的认定标准

2008年最高人民检察院、公安部《关于公安机关管辖的刑事案件立案追诉标准的规定（一）》第三十七条第三项规定，“强拿硬要或者任意损毁、占用公私财物价值二千元以上”，属于“情节严重”。经研究认为，这一规定不尽妥当。一是根据2002年最高人民法院《关于审理抢夺刑事案件具体应用法律若干问题的解释》的规定，抢夺公私财物价值人民币五百元至二千元以上的，为“数额较大”。如规定“强拿硬要”二千元以上的，才属于“情节严重”，将导致相关犯罪的入罪标准有失平衡。二是强拿硬要与任意损毁、占用，两种行为的社会危害程度存在差异，不宜适用同一数额标准。

本解释第四条明确，强拿硬要或者任意损毁、占用公私财物，破坏社会秩序，具有下列情形之一的，应当认定为《刑法》第二百九十三条第一款第三项规定的“情节严重”：（1）强拿硬要公私财物价值一千元以上，或者任意损毁、占用公私财物价值二千元以上的；（2）多次强拿硬要或者任意损毁、占用公私财物，造成恶劣社会影响的；（3）强拿硬要或者任意损毁、占用精神病人、残疾人、流浪乞讨人员、老年人、孕妇、未成年人的财物，造成恶劣社会影响的；（4）引起他人精神失常、自杀等严重后果的；（5）严重影响他人的工作、生活、生产、经营的；（6）其他情节严重的情形。

5. 关于在公共场所起哄闹事“造成公共场所秩序严重混乱”的认定标准

本解释第五条对在公共场所起哄闹事“造成公共场所秩序严重混乱”的认定标准作了规定，明确在车站、码头、机场、医院、商场、公园、影剧院、展览会、运动场或者其他公共场所起哄闹事，应当根据公共场所的性质、公共活动的重要程度、公共场所的人数、起哄闹事的时间、公共场所受影响的范围与程度等因素，综合判断是否“造成公共场所秩序严重混乱”。

6. 关于纠集他人多次寻衅滋事的认定

根据《刑法》第二百九十三条第二款的规定，纠集他人多次实施寻衅刑法第二百九十三条第一款行为，严重破坏社会秩序的，处五年以上十年以下有期徒刑，可以并处罚金。实践中对于该规定的具体理解存在不同认识，主要集中在如下三个问题：(1) 应否有时间跨度的限制；(2) 每次实施的寻衅滋事行为是否须构成犯罪；(3) 每次寻衅滋事行为是否须未经处理。经研究，本解释第六条规定："纠集他人三次以上实施寻衅滋事犯罪，未经处理的，应当依照刑法第二百九十三条第二款的规定处罚。"据此，对寻衅滋事行为依照《刑法》第二百九十三条第二款的规定"处五年以上十年以下有期徒刑，可以并处罚金"，应当同时满足以下两个条件：一是每次实施的寻衅滋事行为均构成犯罪。二是每次寻衅滋事行为未经处理，包括行政处理和刑事处理。至于多次寻衅滋事行为的时间跨度，本解释未作限制，只要未超过法定的追诉时限期限，均可计入。

7. 关于寻衅滋事罪与其他犯罪竞合时的处理规则

本解释第七条明确了寻衅滋事罪与其他犯罪竞合时的处理规则，即"从一重处断"，规定实施寻衅滋事行为，同时符合寻衅滋事罪和故意杀人罪、故意伤害罪、故意毁坏财物罪、敲诈勒索罪、抢夺罪、抢劫罪等罪的构成要件的，依照处罚较重的犯罪定罪处罚。

8. 关于寻衅滋事刑事案件的从宽处理

本解释第八条对寻衅滋事刑事案件的从宽处理作了规定，明确行为人认罪、悔罪，积极赔偿被害人损失或者取得被害人谅解的，可以从轻处罚；犯罪情节轻微的，可以不起诉或者免予刑事处罚。

（撰稿人：周加海　喻海松）

最高人民法院
关于审理黑社会性质组织犯罪的案件具体应用法律若干问题的解释

法释〔2000〕42号

（2000年12月4日最高人民法院审判委员会第1148次会议通过　2000年12月5日最高人民法院公告公布　自2000年12月10日起施行）

为依法惩治黑社会性质组织的犯罪活动，根据刑法有关规定，现就审理黑社会性质组织的犯罪案件具体应用法律的若干问题解释如下：

第一条　刑法第二百九十四条规定的“黑社会性质的组织”，一般应具备以下特征：

（一）组织结构比较紧密，人数较多，有比较明确的组织者、领导者，骨干成员基本固定，有较为严格的组织纪律；

（二）通过违法犯罪活动或者其他手段获取经济利益，具有一定的经济实力；

（三）通过贿赂、威胁等手段，引诱、逼迫国家工作人员参加黑社会性质组织活动，或者为其提供非法保护；

（四）在一定区域或者行业范围内，以暴力、威胁、滋扰等手段，大肆进行敲诈勒索、欺行霸市、聚众斗殴、寻衅滋事、故意伤害等违法犯罪活动，严重破坏经济、社会生活秩序。

第二条　刑法第二百九十四条第二款规定的“发展组织成员”，是指将境内、外人员吸收为该黑社会组织成员的行为。对黑社会组织成员进行内部调整等行为，可视为“发展组织成员”。

港、澳、台黑社会组织到内地发展组织成员的，适用刑法第二百九十四条第二款的规定定罪处罚。

第三条　组织、领导、参加黑社会性质的组织又有其他犯罪行为的，根据刑法第二百九十四条第三款的规定，依照数罪并罚的规定处罚；对于黑社会性质组织的组织者、领导者，应当按照其所组织、领导的黑社会性质组织所犯的全部罪行处罚；对于黑社会性质组织的参加者，应当按照其所参与的犯罪处罚。

对于参加黑社会性质的组织，没有实施其他违法犯罪活动的，或者受蒙蔽、胁迫参加黑社会性质的组织，情节轻微的，可以不作为犯罪处理。

第四条 国家机关工作人员组织、领导、参加黑社会性质组织的，从重处罚。

第五条 刑法第二百九十四条第四款规定的“包庇”，是指国家机关工作人员为使黑社会性质组织及其成员逃避查禁，而通风报信，隐匿、毁灭、伪造证据，阻止他人作证、检举揭发，指使他人作伪证，帮助逃匿，或者阻挠其他国家机关工作人员依法查禁等行为。

刑法第二百九十四条第四款规定的“纵容”，是指国家机关工作人员不依法履行职责，放纵黑社会性质组织进行违法犯罪活动的行为。

第六条 国家机关工作人员包庇、纵容黑社会性质的组织，有下列情形之一的，属于刑法第二百九十四条第四款规定的“情节严重”：

（一）包庇、纵容黑社会性质组织跨境实施违法犯罪活动的；

（二）包庇、纵容境外黑社会组织在境内实施违法犯罪活动的；

（三）多次实施包庇、纵容行为的；

（四）致使某一区域或者行业的经济、社会生活秩序遭受黑社会性质组织特别严重破坏的；

（五）致使黑社会性质组织的组织者、领导者逃匿，或者致使对黑社会性质组织的查禁工作严重受阻的；

（六）具有其他严重情节的。

第七条 对黑社会性质组织和组织、领导、参加黑社会性质组织的犯罪分子聚敛的财物及其收益，以及用于犯罪的工具等，应当依法追缴、没收。

【注　　解】

全国人大常委会 2002 年 4 月 28 日通过《关于〈中华人民共和国刑法〉第二百九十四条第一款的解释》，对“黑社会性质的组织”的含义作出了解释。本解释第一条不再适用。

【解　　读】

解读《最高人民法院关于审理黑社会性质组织犯罪的案件具体应用法律若干问题的解释》

一、问题的提出

《刑法》第二百九十四条关于黑社会性质组织犯罪的规定比较原则和抽象，操作性不强，各地在侦查、起诉、审判黑社会性质组织犯罪案件中遇到的问题比较多，直接影响了打黑斗争的有效进行。为适应司法实践的需要，为认定和处理黑社会性质组织犯罪提供统一、明确、具体的标准，最高人民法院 2000 年 12 月 5 日公布了《关于审理黑社会性质组织犯罪的案件具体应用法律若干问题的解释》（以下简称本解释）。

二、理解与适用

（一）关于黑社会性质组织的特征

黑社会性质组织不同于一般的共同犯罪，也不同于一般的犯罪集团，而有其自身的特征。本司法解释第一条界定了“黑社会性质的组织”的四个特征，2002 年 4 月 28 日第九届全国人民代表大会常务委员会第二十七次会议对“黑社会组织”的含义作出了新的解释，即：形成较稳定的犯罪组织，人数较多，有明确的组织者、领导者，骨干成员基本固定；有组织地通过违法犯罪活动或者其他手段获取经济利益，具有一定的经济实力，以支持该组织的活动；以暴力、威胁或者其他手段，有组织地多次进行违法犯罪活动，为非作恶，欺压、残害群众；通过实施违法犯罪活动，或者利用国家工作人员的包庇或者纵容，称霸一方，在一定区域或者行业内，形成非法控制或者重大影响，严重破坏经济、社会生活秩序。

根据立法解释效力高于司法解释效力的原则，本司法解释与立法解释不一致的规定不再适用。

（二）关于“入境发展组织成员”问题

《刑法》第二百九十四条第二款规定的“发展组织成员”，我们认为，应当是指将境内、外人员吸收为该黑社会组织的成员；根据已有案例，也应当包括对黑社会组织成员进行内部调整等行为。内部调整，包括对黑社会组织成员职位的升迁、调换、降低，以及选举、开除等调整行为。至于境外的黑社会组织到境内举行一般性的集会、会议以及祭祀、祈祷等仪式，则不应当理解为“发展组织成员”。该种行为构成其他犯罪的，可以按照其他犯罪来处理。

有些同志提出“境外的黑社会组织”是否包括港、澳、台地区黑社会组织的问题。我们认为，鉴于“国（边）境”的用语及含义在《刑法》第六章第三节“妨害国（边）境管理罪”中已有明确规定，因此，该问题的答案应当是肯定的。本解释第二条第二款规定：“港、澳、台黑社会组织到内地发展组织成员的，适用刑法第二百九十四条第二款的规定定罪处罚。”

（三）关于黑社会性质组织成员的处罚的问题

组织、领导、参加黑社会性质组织的行为本身，就属于犯罪。如果既有组织、领导、参加黑社会性质组织的犯罪行为，又实施了其他犯罪行为的，就应当依照数罪并罚的规定进行处罚，《刑法》第二百九十四条第三款对此有明确规定。

对于黑社会性质组织的组织者、领导者和参加者，应当分别不同情况处理。黑社会性质组织的组织者、领导者，比一般犯罪集团的首要分子的危害更加严重，其刑事责任也应当更重，根据罪责自负的原则，应当对黑社会性质组织所犯的全部罪行处罚。但是，许多黑社会性质组织有明确的层次关系，具有不同等级的组织者和领导者之分，因此，不同等级的组织者和领导者应当按其组织、领导的黑社会性质组织所犯的全部罪行处罚。至于黑社会性质组织的积极参加者和一般参加者，根据罪责自负原则，应当按照其所参与的犯罪处罚。

黑社会性质组织参加者的情况比较复杂。按照《刑法》的规定，无论是积极参加者，还是其他参加者，都应当予以处罚，但是，实践中，许多黑社会性质组织涉及面较大，范围较广，有的甚至有数十人、上百人之巨。在这些参加者中，有的仅仅履行了参加黑社会性质组织的手续，但没有实施其他违法犯罪活动；有的受蒙蔽、胁迫参加了黑社会性质的组织，实施了情节轻微的不良违法活动，但情节显著轻微，根据《刑法》第十三条规定的精神，可以不作为犯罪处理。

（四）关于国家机关工作人员组织、领导、参加黑社会性质组织的处罚问题

我们认为，黑社会性质组织的一个重要特征，就是需求非法保护，对于国家机关工作人员的该种行为从重处罚，有利于阻止黑社会性质组织对国家机关的渗透，有利于增强国家机关工作人员对黑社会性质组织犯罪的警惕性和打击意识，因此，本解释第四条进行这方面的规定是非常必要的。

（五）关于国家机关工作人员“包庇”“纵容”行为的理解问题

《刑法》第二百九十四条第四款规定的“包庇”，是指国家机关工作人员包庇黑社会性质组织的行为，因此不能简单理解为等同于《刑法》第三百一十条“窝藏、包庇罪”中的“作假证明包庇”，其外延应当比“作假证明包庇”要宽泛。司法实践中，对于国家机关工作人员为使黑社会性质组织及其成员逃避查禁，而通风报信，隐匿、毁灭、伪造有关证据，阻止他人作证、检举揭发，指

使他人作伪证，帮助黑社会性质组织成员逃匿，或者阻挠其他国家机关工作人员依法对黑社会性质组织进行查禁等行为，一般都应认定为包庇行为。本解释第五条第一款对此作出了明确规定。

关于“纵容”，应当是指国家机关工作人员不依法履行职责，放纵黑社会性质组织进行违法犯罪活动的行为。一般来说，负有查禁黑社会性质组织职责的国家机关工作人员，是指公、检、法三机关的工作人员。这些人员不依法履行职责，才有可能纵容黑社会性质组织进行违法犯罪活动。但是，地方一些党委、政府中主管政法工作的人员，特别是其中的领导人员，也负有查禁黑社会性质组织的职责；其他政府部门的工作人员，如工商部门、税务部门的工作人员，其不依法履行职责的行为，也有可能放纵黑社会性质组织进行违法犯罪活动，因此，这里的国家机关工作人员，也应当包括这些人员。

从“包庇”和“纵容”的关系来看，国家机关工作人员的包庇行为，一般要通过积极的行为才能构成，而纵容行为，则通过消极的不作为方式，即消极地不履行法定职责就能构成。

（六）关于包庇、纵容行为的“情节严重”问题

国家机关工作人员包庇、纵容黑社会性质组织的情节严重程度，我们认为，主要应当从所包庇、纵容的黑社会性质组织及其成员实施违法犯罪的地域范围、性质、结果以及包庇、纵容行为的次数、持续时间等方面来衡量。据此，本解释第五条对此作出了具体规定。

（七）关于黑社会性质组织的财物及其收益等的处置问题

《刑法》第六十四条规定，犯罪分子违法所得的一切财物，应当予以追缴或者责令退赔；违禁品和供犯罪所用的本人及其组织的财物，应当予以没收。对于黑社会性质组织及其成员来说，通过各种手段获取经济利益是其主要目的之一，他们也正是凭借攫取的这些经济利益的支撑，才得以实施更大规模，更加严重的违法犯罪活动；从黑社会性质组织及其成员获取经济利益的手段来看，往往是非法手段和合法手段并用，以非法手段为主，而且，黑社会性质组织最初成立之时往往通过非法手段聚敛财物，在其组织规模达到一定程度之后，则多采取正当经营的形式为掩护，以获取高额非法收益或者稳定的正当收益；从预防犯罪的《刑法》目的来看，对黑社会性质组织及其成员通过各种手段聚敛的财物及其收益的剥夺，是阻止、预防他们死灰复燃，再次实施犯罪的重要途径之一。因此，本解释第七条在《刑法》第六十四条规定的基础上，作出了更加明确、有针对性的规定，即“对黑社会性质组织和组织、领导、参加黑社会性质组织的犯罪分子聚敛的财物及其收益，以及用于犯罪的工具等，应当依法追缴、没收”。

（撰稿人：祝二军
审稿人：熊选国）

指导案例 186 号

龚品文等组织、领导、参加黑社会性质组织案

（最高人民法院审判委员会讨论通过　2022 年 11 月 29 日发布）

关键词

刑事　组织、领导、参加黑社会性质组织罪　行为特征/软暴力

裁判要点

犯罪组织以其势力、影响和暴力手段的现实可能性为依托，有组织地长期采用多种“软暴力”手段实施大量违法犯罪行为，同时辅之以“硬暴力”，“软暴力”有向“硬暴力”转化的现实可能性，足以使群众产生恐惧、恐慌进而形成心理强制，并已造成严重危害后果，严重破坏经济、社会生活秩序的，应认定该犯罪组织具有黑社会性质组织的行为特征。

相关法条

《中华人民共和国刑法》第二百九十四条

基本案情

2013 年以来，被告人龚品文、刘海涛在江苏省常熟市从事开设赌场、高利放贷活动，并主动结识社会闲杂人员，逐渐积累经济实力。2014 年 7 月起，被告人龚品文、刘海涛组织被告人马海波、赵杰、王海东、王德运、陈春雷等人，形成了以被告人龚品文、刘海涛为首的较为稳定的犯罪组织，并于 2015 年 4 月实施了首次有组织犯罪。2016 年下半年、2017 年 8 月梁立志、崔海华先后加入该组织。

该组织人数众多，组织者、领导者明确，骨干成员固定。被告人龚品文为该组织的组织者、领导者，被告人刘海涛为该组织的领导者，被告人马海波、赵杰、王海东、王德运、陈春雷等人为积极参加者，被告人崔海华、梁立志等人为一般成员。该组织内部分工明确，龚品文、刘海涛负责决策和指挥整个组织的运转；被告人马海波、赵杰、王海东、王德运、陈春雷受被告人龚品文、刘海涛的指派开设赌场牟取利益，并在赌场内抽取“庄风款”“放水”、记账，按照被告人龚品文、刘海涛的指派为讨债而实施非法拘禁、寻衅滋事、敲诈勒索、强迫交易等违法犯罪行为，崔海华、梁立志参与寻衅滋事违法犯罪行为。该组织为规避侦查，强化管理，维护自身利益，逐步形成了“红钱按比例分配”“放贷本息如实上报，不得做手脚”等不成文的规约，对成员的行动进行约束。在借款时使用同伙名义，资金出借时留下痕迹，讨债时规避法律。建立奖惩制度，讨债积极者予以奖励，讨债不积极者予以训斥。该组织通过有组织

地实施开设赌场、高利放贷等违法手段聚敛资产，具有较强的经济实力。其中，该组织通过开设赌场非法获利的金额仅查实的就达人民币 300 余万元。另，在上述被告人处搜查到放贷借条金额高达人民币 4000 余万元，资金流水人民币上亿元。该组织以非法聚敛的财产用于支持违法犯罪活动，或为违法犯罪活动“善后”，如购买 GPS 等装备、赔付因讨债而砸坏的物品，以及支付被刑事拘留后聘请律师的费用。该组织为维护其非法利益，以暴力、威胁等手段，有组织地实施了开设赌场、寻衅滋事、非法拘禁、强迫交易、敲诈勒索等违法犯罪活动，并长期实施多种“软暴力”行为，为非作恶，欺压、残害群众，严重破坏社会治安，妨害社会管理秩序，在江苏省常熟市及周边地区造成了恶劣的社会影响。该黑社会性质组织在形成、发展过程中，为寻求建立稳定犯罪组织，牟取高额非法利益而实施大量违法犯罪活动。主要犯罪事实如下：

（一）开设赌场罪

2015 年 4 月至 2018 年 2 月，被告人龚品文、刘海涛、马海波、王海东、赵杰、王德运、陈春雷多次伙同他人在江苏省常熟市海虞镇、辛庄镇等地开设赌场，仅查明的非法获利就达人民币 300 余万元。

（二）寻衅滋事罪

2014 年至 2018 年，被告人龚品文、刘海涛伙同其他被告人，在江苏省常熟市原虞山镇、梅李镇、辛庄镇等多地，发放年息 84％－360％的高利贷，并为索要所谓“利息”，有组织地对被害人及其亲属采取拦截、辱骂、言语威胁、砸玻璃、在被害人住所喷漆、拉横幅等方式进行滋事，共计 56 起 120 余次。

（三）非法拘禁罪

2015 年至 2016 年，被告人龚品文、刘海涛、马海波、王海东、赵杰、王德运、陈春雷在江苏省常熟市等多地，为索要高利贷等目的非法拘禁他人 10 起，其中对部分被害人实施辱骂、泼水、打砸物品等行为。

（四）强迫交易罪

1. 2013 年 3 月，被告人龚品文向胡某某发放高利贷，张某某担保。为索要高利贷本金及利息，在非法拘禁被害人后，被告人龚品文强迫被害人张某某到王某某家提供家政服务长达一年有余，被告人龚品文从中非法获利人民币 25500 元。

2. 2014 年 11 月，被告人刘海涛、王海东向陈某某发放高利贷，陶某某担保。在多次进行滋事后，被告人王海东、刘海涛强迫被害人陶某某于 2017 年 4 月至 2018 年 1 月到被告人住处提供约定价值人民币 6000 余元的家政服务共计 80 余次。

（五）敲诈勒索罪

2017 年 8 月 31 日至 2018 年 1 月 21 日，被告人刘海涛、王海东、王德运、陈春雷实施敲诈勒索 3 起，以签订“车辆抵押合同”、安装 GPS 的方式，与被害人签订高出实际出借资金的借条并制造相应的资金走账流水，通过拖走车辆等方式对被害人进行要挟，并非法获利合计人民币 5. 83 万元。

裁判结果

江苏省常熟市人民法院于 2018 年 10 月 19 日作出（2018）苏 0581 刑初 1121 号刑事判决，认定被告人龚品文犯组织、领导黑社会性质组织罪，与其所犯开设赌场罪、寻衅滋事罪、非法拘禁罪等数罪并罚，决定执行有期徒刑二十年，剥夺政治权利二年，并处没收个人全部财产，罚金人民币十二万元；认定被告人刘海涛犯领导黑社会性质组织罪，与其所犯开设赌场罪、寻衅滋事罪、非法拘禁罪等数罪并罚，决定执行有期徒刑十八年，剥夺政治权利二年，并处没收个人全部财产，罚金人民币十一万元；对其他参加黑社会性质组织的成员亦判处了相应刑罚。一审宣判后，龚品文、刘海涛等人提出上诉。江苏省苏州市中级人民法院于 2019 年 1 月 7 日作出（2018）苏 05 刑终 1055 号刑事裁定：驳回上诉，维持原判。

裁判理由

法院生效裁判认为：

（一）关于组织特征。一是该犯罪组织的成长轨迹明确。龚品文与刘海涛二人于 2007 年左右先后至江苏省常熟市打工，后龚品文从少量资金起步，与刘海涛等人合作开设赌场并放高利贷，逐步积累经济实力，后其他组织成员相继加入，参股放贷。在高利放贷过程中，因互相占股分利，组织成员利益相互交织，关系日趋紧密，架构不断成熟，并最终形成了以龚品文为组织者、领导者，刘海涛为领导者，王海东、王德运、陈春雷、马海波、赵杰为积极参加者，崔海华、梁立志为一般参加者的较稳定的违法犯罪组织。二是该犯罪组织的行为方式和组织意图明确，该组织通过开设赌场和高利放贷聚敛非法财富，在讨债过程中，以滋扰纠缠、打砸恐吓、出场摆势、言语威胁、围堵拦截等“软暴力”方式为惯常行为手段，实施一系列违法犯罪活动，目的是实现非法债权，意图最大限度攫取经济利益。由于组织成员系互相占股出资及分利，故无论组织中哪些成员实施违法犯罪活动，相关非法利益的实现均惠及全体出资的组织成员，符合组织利益及组织意图，为组织不断扩大非法放贷规模，增强犯罪能力等进一步发展提供基础，创造条件。三是该犯罪组织的层级结构明确，该组织以龚品文、刘海涛为基础，龚品文吸收发展马海波、赵杰，刘海涛吸收发展王海东、王德运、陈春雷，形成二元层级关系，各被告人对所谓“替谁帮忙、找谁商量”均有明确认识。在具体违法犯罪活动中，以共同开设赌场并非法放贷为标志，两股势力由合作进而汇流，互相占股出资放贷，共同违法犯罪讨债，后期又吸收崔海华、梁立志加入，形成三元层级结构。在组织架构中，组织、领导者非常明显，积极参加者和骨干成员基本固定，人员规模逐渐增大，且本案后续所涉及的黑社会性质组织的其他犯罪均是由这些组织成员所为。四是该犯罪组织的行为规则明确，组织成员均接受并认同出资后按比例记公账分利、讨债时替组织出头等行为规则。这些规则不仅有组织成员供述，也与组织的实际运作模式和实际违法犯罪活动情况相吻合，相关行事规则为纠合组织成员，形成共同利益，保持组织正常运转起到重要作用。综上，该组织有一定规模，人员基本稳定，有明确的组织者、领导者，骨干成员固定，内部层次分明，符合黑社会性质组织的组织特征。

（二）关于经济特征。一是该犯罪组织通过违法犯罪活动快速聚敛经济利益。该组织以开设赌场、非法高利放贷为基础和资金来源，通过大量实施寻衅滋事、非法拘禁等违法犯罪活动保障非法债权实现，大量攫取非法经济利益。其中，开设赌场并实施非法高利放贷部分，有据可查的非法获利金额就达人民币300余万元，且大部分被继续用于非法放贷。在案查获的部分放贷单据显示该组织放贷规模已达人民币4000余万元，查实银行资金流水已过亿元，具有较强的经济实力。二是该犯罪组织以经济实力支持该组织的活动。该组织获得的经济利益部分用于支持为组织利益而实施的违法犯罪活动，该组织经济利益的获取过程也是强化组织架构的过程。综上，该组织聚敛大量钱财，又继续用于维系和强化组织生存发展，符合黑社会性质组织的经济特征。

（三）关于行为特征。该组织为争取、维护组织及组织成员的经济利益，利用组织势力和形成的便利条件，有组织地多次实施开设赌场、寻衅滋事、非法拘禁、强迫交易等不同种类的违法犯罪活动，违法犯罪手段以“软暴力”为主，并体现出明显的组织化特点，多人出场摆势、分工配合，并以“硬暴力”为依托，实施多种“软暴力”讨债等违法犯罪活动，软硬暴力行为交织，“软暴力”可随时向“硬暴力”转化。这些行为系相关组织成员为确立强势地位、实现非法债权、牟取不法利益、按照组织惯常的行为模式与手段实施的，相关违法犯罪行为符合组织利益，体现组织意志，黑社会性质组织的行为特征明显。

（四）关于危害性特征。该犯罪组织通过实施一系列违法犯罪活动，为非作恶，欺压、残害群众。在社会秩序层面上，该犯罪组织长期实施开设赌场、非法放贷，“软暴力”讨债等违法犯罪活动，范围波及江苏省常熟市多个街道，给被害人及其家庭正常生活带来严重影响，给部分被害人企业的正常生产经营带来严重破坏，给部分被害人所在机关学校的正常工作和教学秩序带来严重冲击。相关违法犯罪行为败坏社会风气，冲击治安秩序，严重降低群众安全感、幸福感，影响十分恶劣。在管理秩序层面上，该犯罪组织刻意逃避公安机关的管理、整治和打击，破坏了正常社会管理秩序。在社会影响层面上，这些违法犯罪活动在一定区域内致使多名群众合法权益遭受侵害，从在案证据证实的群众切身感受看，群众普遍感觉心里恐慌，安全感下降，群众普遍要求进行整治，恢复经济、社会生活秩序。

综上所述，本案犯罪组织符合黑社会性质组织认定标准。该组织已经形成了“以黑养黑”的组织运作模式，这一模式使该组织明显区别于一般的共同犯罪和恶势力犯罪集团。龚品文犯罪组织虽然未发现“保护伞”，但通过实施违法犯罪行为，使当地群众产生心理恐惧和不安全感，严重破坏了当地的社会治安秩序、市场经济秩序。对黑社会组织的认定，不能仅根据一个或数个孤立事实来认定，而是要通过一系列的违法犯罪事实来反映。因为以“软暴力”为手段的行为通常不是实施一次就能符合刑法规定的犯罪构成，其单个的行为通常因为情节轻微或显著轻微、后果不严重而不作为犯罪处理或不能认定为犯罪，此时必须综合考虑“软暴力”行为的长期性、多样性来判断其社会影响及是否构成黑恶犯罪。黑社会性质组织犯罪的危害性特征所要求的“造成重大影响”是通过一系列的违法犯罪活动形成的，具有一定的深度和广度，而非个别的、一时的，特别是在以“软暴力”为主要手段的犯罪组织中，要结合违法犯罪活动的次数、时间跨度、性质、后果、侵害对象的个数、是否有向“硬暴力”转化的现实可能、造成的社会影响及群众安全感是否下降等因素综合判断，不能局限在必须要求具体的违法犯罪活动都要造成严重后果或者在社会上造成恶劣影响，也不能简单地以当地普通群众不知晓、非法控制不明显等，认为其危害性不严重。从本案中被告人非法放贷后通过“软暴力”讨债造成的被害人及其家庭、单位所受的具体影响和周边群众的切身感受等来看，社会危害性极其严重，构成了组织、领导、参加黑社会性质组织罪。

（生效裁判审判人员：李秀康　沈　丽　王　江）

最高人民法院 最高人民检察院
关于办理组织、利用邪教组织破坏法律实施等刑事案件适用法律若干问题的解释

法释〔2017〕3号

（2017年1月4日最高人民法院审判委员会第1706次会议、2016年12月8日最高人民检察院第十二届检察委员会第58次会议通过 2017年1月25日最高人民法院、最高人民检察院公告公布 自2017年2月1日起施行）

为依法惩治组织、利用邪教组织破坏法律实施等犯罪活动，根据《中华人民共和国刑法》《中华人民共和国刑事诉讼法》有关规定，现就办理此类刑事案件适用法律的若干问题解释如下：

第一条 冒用宗教、气功或者以其他名义建立，神化、鼓吹首要分子，利用制造、散布迷信邪说等手段蛊惑、蒙骗他人，发展、控制成员，危害社会的非法组织，应当认定为刑法第三百条规定的“邪教组织”。

第二条 组织、利用邪教组织，破坏国家法律、行政法规实施，具有下列情形之一的，应当依照刑法第三百条第一款的规定，处三年以上七年以下有期徒刑，并处罚金：

（一）建立邪教组织，或者邪教组织被取缔后又恢复、另行建立邪教组织的；

（二）聚众包围、冲击、强占、哄闹国家机关、企业事业单位或者公共场所、宗教活动场所，扰乱社会秩序的；

（三）非法举行集会、游行、示威，扰乱社会秩序的；

（四）使用暴力、胁迫或者以其他方法强迫他人加入或者阻止他人退出邪教组织的；

（五）组织、煽动、蒙骗成员或者他人不履行法定义务的；

（六）使用“伪基站”“黑广播”等无线电台（站）或者无线电频率宣扬邪教的；

（七）曾因从事邪教活动被追究刑事责任或者二年内受过行政处罚，又从事邪教活动的；

（八）发展邪教组织成员五十人以上的；

（九）敛取钱财或者造成经济损失一百万元以上的；

（十）以货币为载体宣扬邪教，数量在五百张（枚）以上的；

（十一）制作、传播邪教宣传品，达到下列数量标准之一的：

1. 传单、喷图、图片、标语、报纸一千份（张）以上的；

2. 书籍、刊物二百五十册以上的；

3. 录音带、录像带等音像制品二百五十盒（张）以上的；

4. 标识、标志物二百五十件以上的；

5. 光盘、U 盘、储存卡、移动硬盘等移动存储介质一百个以上的；

6. 横幅、条幅五十条（个）以上的。

（十二）利用通讯信息网络宣扬邪教，具有下列情形之一的：

1. 制作、传播宣扬邪教的电子图片、文章二百张（篇）以上，电子书籍、刊物、音视频五十册（个）以上，或者电子文档五百万字符以上、电子音视频二百五十分钟以上的；

2. 编发信息、拨打电话一千条（次）以上的；

3. 利用在线人数累计达到一千以上的聊天室，或者利用群组成员、关注人员等账号数累计一千以上的通讯群组、微信、微博等社交网络宣扬邪教的；

4. 邪教信息实际被点击、浏览数达到五千次以上的。

（十三）其他情节严重的情形。

第三条 组织、利用邪教组织，破坏国家法律、行政法规实施，具有下列情形之一的，应当认定为刑法第三百条第一款规定的“情节特别严重”，处七年以上有期徒刑或者无期徒刑，并处罚金或者没收财产：

（一）实施本解释第二条第一项至第七项规定的行为，社会危害特别严重的；

（二）实施本解释第二条第八项至第十二项规定的行为，数量或者数额达到第二条规定相应标准五倍以上的；

（三）其他情节特别严重的情形。

第四条 组织、利用邪教组织，破坏国家法律、行政法规实施，具有下列情形之一的，应当认定为刑法第三百条第一款规定的“情节较轻”，处三年以下有期徒刑、拘役、管制或者剥夺政治权利，并处或者单处罚金：

（一）实施本解释第二条第一项至第七项规定的行为，社会危害较轻的；

（二）实施本解释第二条第八项至第十二项规定的行为，数量或者数额达到相应标准五分之一以上的；

（三）其他情节较轻的情形。

第五条 为了传播而持有、携带，或者传播过程中被当场查获，邪教宣传品数量达到本解释第二条至第四条规定的有关标准的，按照下列情形分别处理：

（一）邪教宣传品是行为人制作的，以犯罪既遂处理；

（二）邪教宣传品不是行为人制作，尚未传播的，以犯罪预备处理；

（三）邪教宣传品不是行为人制作，传播过程中被查获的，以犯罪未遂处理；

（四）邪教宣传品不是行为人制作，部分已经传播出去的，以犯罪既遂处理，对于没有传播的部分，可以在量刑时酌情考虑。

第六条 多次制作、传播邪教宣传品或者利用通讯信息网络宣扬邪教，未经处理的，数量或者数额累计计算。

制作、传播邪教宣传品，或者利用通讯信息网络宣扬邪教，涉及不同种类或者形式的，可以根据本解释规定的不同数量标准的相应比例折算后累计计算。

第七条 组织、利用邪教组织，制造、散布迷信邪说，蒙骗成员或者他人绝食、自虐等，或者蒙骗病人不接受正常治疗，致人重伤、死亡的，应当认定为刑法第三百条第二款规定的组织、利用邪教组织“蒙骗他人，致人重伤、死亡”。

组织、利用邪教组织蒙骗他人，致一人以上死亡或者三人以上重伤的，处三年以上七年以下有期徒刑，并处罚金。

组织、利用邪教组织蒙骗他人，具有下列情形之一的，处七年以上有期徒刑或者无期徒刑，并处罚金或者没收财产：

（一）造成三人以上死亡的；

（二）造成九人以上重伤的；

（三）其他情节特别严重的情形。

组织、利用邪教组织蒙骗他人，致人重伤的，处三年以下有期徒刑、拘役、管制或者剥夺政治权利，并处或者单处罚金。

第八条 实施本解释第二条至第五条规定的行为，具有下列情形之一的，从重处罚：

（一）与境外机构、组织、人员勾结，从事邪教活动的；

（二）跨省、自治区、直辖市建立邪教组织机构、发展成员或者组织邪教活动的；

（三）在重要公共场所、监管场所或者国家重大节日、重大活动期间聚集滋事，公开进行邪教活动的；

（四）邪教组织被取缔后，或者被认定为邪教组织后，仍然聚集滋事，公开进行邪教活动的；

（五）国家工作人员从事邪教活动的；

（六）向未成年人宣扬邪教的；

（七）在学校或者其他教育培训机构宣扬邪教的。

第九条 组织、利用邪教组织破坏国家法律、行政法规实施，符合本解释第四条规定情形，但行为人能够真诚悔罪，明确表示退出邪教组织、不再从事邪教活动的，可以不起诉或者免予刑事处罚。其中，行为人系受蒙蔽、胁迫参加邪教组织的，可以不作为犯罪处理。

组织、利用邪教组织破坏国家法律、行政法规实施，行为人在一审判决前能够真诚悔罪，明确表示退出邪教组织、不再从事邪教活动的，分别依照下列规定处理：

（一）符合本解释第二条规定情形的，可以认定为刑法第三百条第一款规定的“情节较轻”；

（二）符合本解释第三条规定情形的，可以不认定为刑法第三百条第一款规定的“情节特别严重”，处三年以上七年以下有期徒刑，并处罚金。

第十条 组织、利用邪教组织破坏国家法律、行政法规实施过程中，又有煽动分裂国家、煽动颠覆国家政权或者侮辱、诽谤他人等犯罪行为的，依照数罪并罚的规定定罪处罚。

第十一条 组织、利用邪教组织，制造、散布迷信邪说，组织、策划、煽动、胁迫、教唆、帮助其成员或者他人实施自杀、自伤的，依照刑法第二百三十二条、第二百三十四条的规定，以故意杀人罪或者故意伤害罪定罪处罚。

第十二条 邪教组织人员以自焚、自爆或者其他危险方法危害公共安全的，依照刑法第一百一十四条、第一百一十五条的规定，以放火罪、爆炸罪、以危险方法危害公共安全罪等定罪处罚。

第十三条 明知他人组织、利用邪教组织实施犯罪，而为其提供经费、场地、技术、工具、食宿、接送等便利条件或者帮助的，以共同犯罪论处。

第十四条 对于犯组织、利用邪教组织破坏法律实施罪、组织、利用邪教组织致人重伤、死亡罪，严重破坏社会秩序的犯罪分子，根据刑法第五十六条的规定，可以附加剥夺政治权利。

第十五条 对涉案物品是否属于邪教宣传品难以确定的，可以委托地市级以上公安机关出具认定意见。

第十六条 本解释自 2017 年 2 月 1 日起施行。最高人民法院、最高人民检察院《关于办理组织和利用邪教组织犯罪案件具体应用法律若干问题的解释》（法释〔1999〕18 号），最高人民法院、最高人民检察院《关于办理组织和利用邪教组织犯罪案件具体应用法律若干问题的解释（二）》（法释〔2001〕19 号），以及最高人民法院、最高人民检察院《关于办理组织和利用邪教组织犯罪案件具体应用法律若干问题的解答》（法发〔2002〕7 号）同时废止。

最高人民法院　最高人民检察院
关于办理赌博刑事案件具体应用法律若干问题的解释

法释〔2005〕3号

（2005年4月26日最高人民法院审判委员会第1349次会议、2005年5月8日最高人民检察院第十届检察委员会第34次会议通过　2005年5月11日最高人民法院、最高人民检察院公告公布　自2005年5月13日起施行）

为依法惩治赌博犯罪活动，根据刑法的有关规定，现就办理赌博刑事案件具体应用法律的若干问题解释如下：

第一条　以营利为目的，有下列情形之一的，属于刑法第三百零三条规定的“聚众赌博”：

（一）组织3人以上赌博，抽头渔利数额累计达到5000元以上的；

（二）组织3人以上赌博，赌资数额累计达到5万元以上的；

（三）组织3人以上赌博，参赌人数累计达到20人以上的；

（四）组织中华人民共和国公民10人以上赴境外赌博，从中收取回扣、介绍费的。

第二条　以营利为目的，在计算机网络上建立赌博网站，或者为赌博网站担任代理，接受投注的，属于刑法第三百零三条规定的“开设赌场”。

第三条　中华人民共和国公民在我国领域外周边地区聚众赌博、开设赌场，以吸引中华人民共和国公民为主要客源，构成赌博罪的，可以依照刑法规定追究刑事责任。

第四条　明知他人实施赌博犯罪活动，而为其提供资金、计算机网络、通讯、费用结算等直接帮助的，以赌博罪的共犯论处。

第五条　实施赌博犯罪，有下列情形之一的，依照刑法第三百零三条的规定从重处罚：

（一）具有国家工作人员身份的；

（二）组织国家工作人员赴境外赌博的；

（三）组织未成年人参与赌博，或者开设赌场吸引未成年人参与赌博的。

第六条　未经国家批准擅自发行、销售彩票，构成犯罪的，依照刑法第二百二十五条第（四）项的规定，以非法经营罪定罪处罚。

第七条 通过赌博或者为国家工作人员赌博提供资金的形式实施行贿、受贿行为，构成犯罪的，依照刑法关于贿赂犯罪的规定定罪处罚。

第八条 赌博犯罪中用作赌注的款物、换取筹码的款物和通过赌博赢取的款物属于赌资。通过计算机网络实施赌博犯罪的，赌资数额可以按照在计算机网络上投注或者赢取的点数乘以每一点实际代表的金额认定。

赌资应当依法予以追缴；赌博用具、赌博违法所得以及赌博犯罪分子所有的专门用于赌博的资金、交通工具、通讯工具等，应当依法予以没收。

第九条 不以营利为目的，进行带有少量财物输赢的娱乐活动，以及提供棋牌室等娱乐场所只收取正常的场所和服务费用的经营行为等，不以赌博论处。

【解　　读】

解读《最高人民法院、最高人民检察院关于办理赌博刑事案件具体应用法律若干问题的解释》

一、问题的提出

打击赌博违法犯罪活动专项行动开展以来，司法实践中遇到一些困惑，例如，追究赌博罪刑事责任的标准不统一、各地差别较大，与赌博相关的网络赌博、非法发行彩票、假借赌博实施行贿受贿的性质难以认定，等等。对此，最高人民法院、最高人民检察院于 2005 年 5 月 11 日发布了《关于办理赌博刑事案件具体应用法律若干问题的解释》（以下简称解释）。

二、理解与适用

（一）关于赌博罪的营利目的

根据《刑法》第三百零三条的规定，构成赌博罪的前提，不但必须具备直接故意的一般主观要件，而且必须具备以营利为目的的特别主观要件。这里的以营利为目的，指行为人实施聚众赌博、开设赌场、以赌博为业的行为，是为了获取数额较大的金钱或者其他财物，而不是为了消遣、娱乐。行为人获取财物的方式，主要包括以下几种情况：一是抽头渔利，即组织、招引他人赌博，从他人赌博赢取的财物中按照一定比例，如 5%或者 10%等，抽取费用；二是开设赌场获取非法收益；三是直接参赌获利，既包括聚众赌博的组织者自己参赌获利，也包括以赌博为业者参赌获利；四是组织中国公民赴境外赌博，获取回扣、介绍费等费用。当然，行为人客观上是否实际获利并不影响主观目的的认定。

司法实践中，认定行为人是否以营利为目的，主要根据行为人实施赌博行为的获利方式综合判断。一般来讲，实施了符合本解释规定标准行为的人，就可以认定是以营利为目的。

以营利为目的的有无，决定了行为人是否构成赌博罪，也是区别赌博罪与非罪的关键。行为人进行带有少量财物输赢的娱乐活动，虽然主观上也有为了赢取少量财物的获利成分，但输赢对其无所谓，或者意义不大，其主要目的是消遣、娱乐，因此，不属于以营利为目的。组织、招引他人赌博的行为人，如果既没有从中抽头渔利的行为，也没有直接参与赌博的行为，那么，无论其组织多少人参与赌博，也不属于以营利为目的，依法不能认定其构成赌博罪。当然，这种情形在实践中属于极个别的少数，但并不能排除。

（二）关于聚众赌博的认定

本解释第一条前三项分别规定了抽头渔利数额、赌资数额和参赌人数三项标准。行为人只要符合上述标准之一，即可认定属于聚众赌博。需要注意的有以下几点：一是该三项标准规定的均是累计数量，凡是未经行政处罚或者刑事处罚，且在违法或者犯罪行为的追诉时效期限内的，均分别累计计算抽头渔利数额、赌资数额以及被组织的参赌人数。根据《刑法》第八十七条的规定，赌博罪的追诉时效期限是5年。根据《治安管理处罚条例》第十八条的规定，赌博违法行为的追究时效期限是6个月。就是说，行为人未经处罚的聚众赌博行为在6个月之内再犯的，其抽头渔利数额、赌资数额以及被组织的参赌人数应分别累计计算。累计数量在5年之内达到本解释规定标准之一的，即构成聚众赌博。二是既然《刑法》规定的是聚众赌博，那么，每次被组织参与赌博的人数至少应在3人以上，否则不能称之为聚众。在此基础上，才分别累计计算抽头渔利数额、赌资数额以及被组织的参赌人数。三是本条第三项规定了20人的参赌人数，指的是不同的个人，而不是参赌人员达到20人次以上。如果行为人一次即组织20人以上赌博，又亲自参与赌博的，就可认定构成聚众赌博。四是本解释没有规定抽头渔利数额、赌资数额和被组织参赌人数的幅度问题，就是说，全国各地司法机关不分地区差别，应当统一适用该标准。

该条最后一项标准针对的主要是一些旅行社、导游、境外赌场在境内设立的代理机构等。在适用本项标准时，应注意几点：一是被组织人数不累计计算，必须一次组织10人以上中华人民共和国公民赴境外赌博；二是这里的“境”，指国（边）境，组织中华人民共和国公民赴港、澳、台地区赌博的，也适用本项规定；三是必须有证据证明行为人组织中华人民共和国公民赴境外是进行赌博，而不是旅游；四是行为人必须有从中收取回扣、介绍费的行为，至于收费数额的多少则不限制。

(三) 关于建立赌博网站行为的法律适用

近年来，网络赌博发展迅速。国内大陆设立的赌博网站数量极少，绝大多数是担任国外网站的代理。国外网站一般在境内首先设立总代理，再由总代理向下发展一级代理，一级代理再向下发展二级代理，二级代理再发展三级代理，以至多级代理。最后一级代理只接受赌客投注，其他各级代理一般既发展下级代理，又接受赌客投注。

传统的开设赌场，是指以营利为目的，营业性地为赌博提供场所，设定赌博方式，提供赌具、筹码，接受赌客投注的行为。赌博网站及其各级代理一般均提供百家乐、21点、老虎机、押大小、轮盘赌等赌博方式。从网站内容及运营方式看，赌博网站与传统赌场很相似，而且，赌博网站的每一级代理，均全权代表赌博网站与赌博客户发生业务关系。因此，本解释规定："以营利为目的，在计算机网络上建立赌博网站，或者为赌博网站担任代理，接受投注的，属于《刑法》第三百零三条规定的'开设赌场'。"与传统赌场赌博不同的是，网络赌博更加快捷、方便，投注、资金交割只需轻点鼠标即可完成，赌资数额更加巨大，参赌者范围更广，网站收入更加丰厚，其社会危害性也更加严重。

司法实践中，只要查明行为人建立了赌博网站，或者为赌博网站担任代理，接受赌客投注的，即可认定其属于开设赌场，而无论其发展的赌客数量有多少，赌客投注的次数有多少、投注的资金量有多大。

实践中也存在这种情形，即行为人只是利用其获取的赌博网站的账号和密码，组织、招引他人在该账号内投注。对此，如果行为人既没有建立赌博网站，也没有为赌博网站担任代理，则不能认定其开设赌场；如果行为人符合本解释第一条规定的前三项标准之一，则应认定为聚众赌博，否则不构成赌博罪。单纯的参与赌博行为，既不属于聚众赌博，也不属于开设赌场。

(四) 关于在我国领域外犯赌博罪的法律适用

《刑法》第七条规定："中华人民共和国公民在中华人民共和国领域外犯本法规定之罪的，适用本法，但是按照本法规定的最高刑为三年以下有期徒刑的，可以不予追究。"由于赌博罪的法定刑最高为三年有期徒刑，因此，中国公民在领域外犯赌博罪的，依法可以不予追究。但是，可以不予追究并不等于不能追究，一般情况下不予追究并不等于在任何情况下都不予追究。《刑法》规定的赌博罪有三种情形：聚众赌博、开设赌场和以赌博为业。在我国领域外实施的赌博罪也有实施地域的远近之分，对我国造成的危害更有大小之别。本解释在综合考虑这些因素的基础上，没有规定凡是我国公民在我国领域外实施的任何赌博行为都要依法追究，而是有选择地规定，中华人民共和国公民在我国领域外周边地区聚众赌博、开设赌场，以中华人民共和国公民为主要客源，构成赌博罪的，可以依照《刑法》规定追究刑事责任。这是完全符合《刑法》规定，符合保护我国家利益需要的。

需要注意的是，本解释规定了“我国领域外周边地区”以及“吸引中华人民共和国公民为主要客源”的限制性条件。“我国领域外周边地区”，主要指与我国有领土主要是陆地接壤的国家和地区。我国公民如果在美国、日本、菲律宾等其他国家实施聚众赌博、开设赌场行为的，因其对我国家利益危害不大，一般不能依照本条以赌博罪追究刑事责任。

（五）关于赌博罪的共犯问题

本解释第四条规定了共犯问题。典型的赌博罪共犯，是指两人以上共同故意实施聚众赌博、开设赌场等赌博犯罪活动。这种共犯有共同的故意和共同的行为，在司法实践中比较常见，也比较容易认定。本解释第四条规定的行为，在刑法理论上称之为片面共犯。这些人虽然事前没有与赌博犯罪分子通谋，共同故意不明显，但是，其明知他人实施赌博犯罪，主观上已经存在与赌博犯罪分子沟通的故意。其向赌博犯罪分子提供资金、计算机网络、通讯、费用结算等直接帮助，该帮助直接促使了赌博犯罪的发生和发展，成为赌博共同犯罪的一个有机组成部分，甚至是必不可少的组成部分。对此，应当以赌博罪的共犯论处。

在认定赌博罪共犯时，需要注意的有两点：一是必须有证据证明行为人明知他人在实施赌博犯罪，这是行为人主观上存在沟通故意的前提。行为人的认知状态是明知，认知内容是他人在实施赌博犯罪。二是行为人必须提供了资金、计算机网络、通讯、费用结算等直接帮助。其中的计算机网络帮助，主要指互联网接入、服务器托管、网络存储空间等条件和服务。其中的直接帮助，是指对于赌博犯罪的发生和发展来说，这种帮助有直接的促进作用，并非可有可无。

（六）关于从重处罚的若干情形

本解释第五条规定的国家工作人员，包括国家机关工作人员主要是党政官员，国有公司、企业、事业单位、人民团体中从事公务的人员等。国家工作人员参与赌博，严重损害党和政府的信誉和廉洁形象，具有很大的社会危害性，人民群众对此深恶痛绝，党和国家也三令五申，严厉禁止国家工作人员赌博。这次专项行动的重点之一，就是打击国家工作人员的赌博行为。在适用本条时，应当注意两点：一是依照《刑法》规定，无论任何公民，除了以赌博为业的人以外，其参赌行为一般不构成赌博罪。国家工作人员的参赌行为也不例外。但是，因身份特殊，对参赌的国家工作人员可予以党纪政纪处理。二是从行为特征看，国家工作人员因其具有正当合法的职业，因此难以认定其以赌博为业，但可以在符合第一条规定标准时认定其聚众赌博或者开设赌场，从而构成赌博罪。三是从追究刑事责任的角度讲，国家工作人员实施赌博罪的，社会危害性更大，理应从重处罚。

可以看出，本解释第五条第二项的规定，与第一条第四项的规定相互照应。第一条第四项既然规定组织普通中国公民10人以上赴境外赌博，并且收受回扣、手续费的，可以构成赌博罪，那么，本条第二项规定组织国家工作人员赴境外赌博构成犯罪时，予以从重处罚，自然就在情理之中了。

本解释第三项是关于针对未成年人实施赌博罪时予以从重处罚的规定。未成年人生理、心理尚未成熟，可塑性较强，如果他们过早地参与赌博，极容易形成恶习，贻害终生。为了依法保障未成年人的合法权益，本解释特规定，对于赌博犯罪分子组织未成年人参与赌博，或者开设赌场吸引未成年人参与赌博的，依法从重处罚。

（七）关于非法发行、销售彩票行为的定性

我国目前经国家批准的合法的彩票业务只有体彩和足彩。经国家批准的合法彩票业务除了提供博彩娱乐之外，还是国家筹集公益资金的一条重要途径，是市场经济秩序的重要组成部分。凡未经国家批准发行、销售彩票的，包括在我国东南沿海一带农村地区泛滥的六合彩，均属于非法发行、销售彩票。据了解，非法彩票活动的规模，已经大大超过了国家彩票的年发行额。

对于非法发行、销售彩票行为如何定性，在实践中争议相当大。一种观点认为，这种行为从侵犯的客体讲，主要是扰乱了国家彩票发行的专营秩序，即市场经济秩序，情节严重构成犯罪的，应该按照非法经营罪定性。相反，如果按照赌博罪追究六合彩之类的犯罪，那么判处的刑罚最高刑为三年有期徒刑。这与非法发行、销售彩票行为的巨大社会危害性相比，存在明显的量刑失衡。另一种观点认为，国内六合彩之类的非法发行、销售彩票行为，主要是指行为人假借香港“六合彩”的名称和开奖号码，自己坐庄，接受他人投注，侵犯的客体主要是社会管理秩序，是一种赌博行为，情节严重构成犯罪的，应该按照赌博罪追究刑事责任。据了解，一些地方出台的规范性文件均规定对这类犯罪以赌博罪定罪处罚；审判实践中，绝大多数案件也是按照赌博罪定罪处罚的。本解释第六条支持了第一种观点，其第六条作出了规定。

（八）关于赌博贿赂行为的定性

所谓赌博贿赂，是指以赌博为名，行贿赂之实。现实生活中，一些人通过打牌娱乐，有求者一方故意输钱，掌权者一方坦然赢钱，相互心知肚明，心照不宣。这种行为表面上是打牌娱乐、联络感情，实际上是行贿受贿。在这里，国家权力成为交易的牺牲品，赢钱者往往是掌握一定权力的人，输钱者往往是为了谋取非法利益或者要求掌权者违法提供帮助条件的人，相互之间进行的是彻头彻尾的权钱交易。赌博贿赂不仅败坏党风、政风和社会风气，而且往往给国家和人民利益造成重大损失。为此，本解释第七条作出了规定。

需要注意的有两点：一是通过赌博形式实施行贿受贿中，行贿人和受贿人均直接参与形式上的赌博；通过为国家工作人员赌博提供资金的形式实施行贿受贿中，行贿人不直接参与赌博，只是为受贿人赌博提供资金。无论哪一种形式，受贿人均直接参与形式上的赌博。二是认定赌博贿赂必须符合《刑法》规定的受贿罪和行贿罪的具体构成要件，诸如受贿人有利用职务上的便利，索取行贿人的赌资的行为，或者有非法收受行贿人赌资，为行贿人谋取利益的行为，行贿人是为谋取非法利益而提供赌资，等等。

（九）关于赌资的计算和追缴、没收

长期以来，对赌资的计算和追缴、没收，各地的做法不统一。有的地方，凡是参赌人随身携带的所有现金和其他财物，包括信用卡上的资金、提包中的资金、手表等，统统予以没收。有的地方，对于参赌人乘坐的汽车、使用的手机等也统统没收。这些做法引起不少争议，影响了惩治赌博违法犯罪活动的深入进行。针对这种状况，本解释第八条作出了规定。

据此规定，赌资包括三种形式的款物，即赌博犯罪中用作赌注的款物、换取筹码的款物和通过赌博赢取的款物。除此之外的款物，如行为人随身携带的尚未用作赌注或者换取筹码的现金、财物、信用卡内的其他资金等，则不能视为赌资。

网络赌博中赌资的计算方式，是由计算机网络赌博行为的特殊性决定的。在计算机网络赌博中，为了方便客户投注，用作投注的对象往往只是点数，而不是真实的资金。只有在结算时才按照每一点实际代表的金额来计算输赢数额，然后再发生真实的资金转移关系。计算机网络赌博中，点数相当于现实赌博中的筹码。这种计算方法，只适用于计算机网络赌博中对用作赌注的款物和赌博赢取的款物数额的计算，能够反映计算机网络赌博中真实的投注数额和赢取数额。

赌博犯罪分子所有的专门用于赌博的资金、交通工具、通讯工具，包括犯罪分子开设赌场的资金，赌场的运营资金，专门用作赌场的船只、汽车，专门接送赌客的船只、汽车，赌博犯罪分子、赌场工作人员之间用于联络的手机、对讲机等，对此应当予以没收。参赌人临时乘坐的汽车、船只，临时联络用的手机等，则不宜没收。

（十）关于不以赌博论处的行为

本解释第九条规定的少量财物标准，宜由国务院治安管理行政主管部门按照赌博违法犯罪活动的态势以及社会经济发展水平综合考虑后确定。正常的场所和服务费用的标准，宜参照该地区同档次娱乐场所的收费标准确定。对娱乐场所的合法经营行为，一般不宜以赌博罪论处。当然，如果有证据证明娱乐场所明知他人实施赌博犯罪，而向他人提供场地服务等直接帮助条件的，根据本解释第四条的规定，对其直接责任人员应当以赌博罪的共犯论处。

在征求意见过程中，少数同志认为，司法解释解决的是定罪量刑问题，不以赌博论处的内容属于行政性规范，不宜在司法解释中出现。但是，绝大多数同志同意保留该条内容。我们认为，保留该条内容主要有三点理由：一是2005年1月专项行动开始时最高人民法院、最高人民检察院、公安部联合发布的《关于开展集中打击赌博违法犯罪活动专项行动有关工作的通知》中有类似内容。考虑到我国目前赌博行为的实际状况，为了避免打击扩大化，为了维持和谐稳定的社会秩序，有必要保留通知中的规定。而且，通知的效力层次较低，周知的范围较小，而司法解释面向全社会，影响范围更广。两者表述一致，更有利于相互内容的贯彻实施。二是关于赌博罪的解释中，最基本的问题，就是对什么是赌博有个基本界定。从正面难以界定时，从反面规定什么不是赌博也未尝不可。三是该项规定更多地具有政策宣讲性，可以更好地显示“两高”对做好禁赌工作的积极态度和坚定信心。

（撰稿人：祝二军）

【链　　接】

最高人民法院　最高人民检察院　公安部
关于办理网络赌博犯罪案件
适用法律若干问题的意见

2010年8月31日　　　　公通字〔2010〕40号

各省、自治区、直辖市高级人民法院、人民检察院、公安厅、局，新疆维吾尔自治区高级人民法院生产建设兵团分院、新疆生产建设兵团人民检察院、公安局：

为依法惩治网络赌博犯罪活动，根据《中华人民共和国刑法》、《中华人民共和国刑事诉讼法》和《最高人民法院、最高人民检察院关于办理赌博刑事案件具体应用法律若干问题的解释》等有关规定，结合司法实践，现就办理网络赌博犯罪案件适用法律的若干问题，提出如下意见：

一、关于网上开设赌场犯罪的定罪量刑标准

利用互联网、移动通讯终端等传输赌博视频、数据，组织赌博活动，具有下列情形之一的，属于刑法第三百零三条第二款规定的“开设赌场”行为：

（一）建立赌博网站并接受投注的；

（二）建立赌博网站并提供给他人组织赌博的；

（三）为赌博网站担任代理并接受投注的；

（四）参与赌博网站利润分成的。

实施前款规定的行为，具有下列情形之一的，应当认定为刑法第三百零三条第二款规定的“情节严重”：

（一）抽头渔利数额累计达到3万元以上的；

（二）赌资数额累计达到30万元以上的；

（三）参赌人数累计达到120人以上的；

（四）建立赌博网站后通过提供给他人组织赌博，违法所得数额在3万元以上的；

（五）参与赌博网站利润分成，违法所得数额在3万元以上的；

（六）为赌博网站招募下级代理，由下级代理接受投注的；

（七）招揽未成年人参与网络赌博的；

（八）其他情节严重的情形。

二、关于网上开设赌场共同犯罪的认定和处罚

明知是赌博网站，而为其提供下列服务或者帮助的，属于开设赌场罪的共同犯罪，依照刑法第三百零三条第二款的规定处罚：

（一）为赌博网站提供互联网接入、服务器托管、网络存储空间、通讯传输通道、投放广告、发展会员、软件开发、技术支持等服务，收取服务费数额在2万元以上的；

（二）为赌博网站提供资金支付结算服务，收取服务费数额在1万元以上或者帮助收取赌资20万元以上的；

（三）为10个以上赌博网站投放与网址、赔率等信息有关的广告或者为赌博网站投放广告累计100条以上的。

实施前款规定的行为，数量或者数额达到前款规定标准5倍以上的，应当认定为刑法第三百零三条第二款规定的“情节严重”。

实施本条第一款规定的行为，具有下列情形之一的，应当认定行为人“明知”，但是有证据证明确实不知道的除外：

（一）收到行政主管机关书面等方式的告知后，仍然实施上述行为的；

（二）为赌博网站提供互联网接入、服务器托管、网络存储空间、通讯传输通道、投放广告、软件开发、技术支持、资金支付结算等服务，收取服务费明显异常的；

（三）在执法人员调查时，通过销毁、修改数据、账本等方式故意规避调查或者向犯罪嫌疑人通风报信的；

（四）其他有证据证明行为人明知的。

如果有开设赌场的犯罪嫌疑人尚未到案，但是不影响对已到案共同犯罪嫌疑人、被告人的犯罪事实认定的，可以依法对已到案者定罪处罚。

三、关于网络赌博犯罪的参赌人数、赌资数额和网站代理的认定

赌博网站的会员账号数可以认定为参赌人数，如果查实一个账号多人使用或者多个账号一人使用的，应当按照实际使用的人数计算参赌人数。

赌资数额可以按照在网络上投注或者赢取的点数乘以每一点实际代表的金额认定。

对于将资金直接或间接兑换为虚拟货币、游戏道具等虚拟物品，并用其作为筹码投注的，赌资数额按照购买该虚拟物品所需资金数额或者实际支付资金数额认定。

对于开设赌场犯罪中用于接收、流转赌资的银行账户内的资金，犯罪嫌疑人、被告人不能说明合法来源的，可以认定为赌资。向该银行账户转入、转出资金的银行账户数量可以认定为参赌人数。如果查实一个账户多人使用或多个账户一人使用的，应当按照实际使用的人数计算参赌人数。

有证据证明犯罪嫌疑人在赌博网站上的账号设置有下级账号的，应当认定其为赌博网站的代理。

四、关于网络赌博犯罪案件的管辖

网络赌博犯罪案件的地域管辖，应当坚持以犯罪地管辖为主、被告人居住地管辖为辅的原则。

“犯罪地”包括赌博网站服务器所在地、网络接入地，赌博网站建立者、管理者所在地，以及赌博网站代理人、参赌人实施网络赌博行为地等。

公安机关对侦办跨区域网络赌博犯罪案件的管辖权有争议的，应本着有利于查清犯罪事实、有利于诉讼的原则，认真协商解决。经协商无法达成一致的，报共同的上级公安机关指定管辖。对即将侦查终结的跨省（自治区、直辖市）重大网络赌博案件，必要时可由公安部商最高人民法院和最高人民检察院指定管辖。

为保证及时结案，避免超期羁押，人民检察院对于公安机关提请审查逮捕、移送审查起诉的案件，人民法院对于已进入审判程序的案件，犯罪嫌疑人、被告人及其辩护人提出管辖异议或者办案单位发现没有管辖权的，受案人民检察院、人民法院经审查可以依法报请上级人民检察院、人民法院指定管辖，不再自行移送有管辖权的人民检察院、人民法院。

五、关于电子证据的收集与保全

侦查机关对于能够证明赌博犯罪案件真实情况的网站页面、上网记录、电

子邮件、电子合同、电子交易记录、电子账册等电子数据，应当作为刑事证据予以提取、复制、固定。

侦查人员应当对提取、复制、固定电子数据的过程制作相关文字说明，记录案由、对象、内容以及提取、复制、固定的时间、地点、方法，电子数据的规格、类别、文件格式等，并由提取、复制、固定电子数据的制作人、电子数据的持有人签名或者盖章，附所提取、复制、固定的电子数据一并随案移送。

对于电子数据存储在境外的计算机上的，或者侦查机关从赌博网站提取电子数据时犯罪嫌疑人未到案的，或者电子数据的持有人无法签字或者拒绝签字的，应当由能够证明提取、复制、固定过程的见证人签名或者盖章，记明有关情况。必要时，可对提取、复制、固定有关电子数据的过程拍照或者录像。

最高人民法院　最高人民检察院　公安部
关于办理利用赌博机开设赌场案件
适用法律若干问题的意见

2014 年 3 月 26 日　　　　　　　　公通字〔2014〕17 号

各省、自治区、直辖市高级人民法院，人民检察院，公安厅、局，解放军军事法院、军事检察院，新疆维吾尔自治区高级人民法院生产建设兵团分院，新疆生产建设兵团人民检察院、公安局：

为依法惩治利用具有赌博功能的电子游戏设施设备开设赌场的犯罪活动，根据《中华人民共和国刑法》、《最高人民法院、最高人民检察院关于办理赌博刑事案件具体应用法律若干问题的解释》等有关规定，结合司法实践，现就办理此类案件适用法律问题提出如下意见：

一、关于利用赌博机组织赌博的性质认定

设置具有退币、退分、退钢珠等赌博功能的电子游戏设施设备，并以现金、有价证券等贵重款物作为奖品，或者以回购奖品方式给予他人现金、有价证券等贵重款物（以下简称设置赌博机）组织赌博活动的，应当认定为刑法第三百零三条第二款规定的“开设赌场”行为。

二、关于利用赌博机开设赌场的定罪处罚标准

设置赌博机组织赌博活动，具有下列情形之一的，应当按照刑法第三百零三条第二款规定的开设赌场罪定罪处罚：

（一）设置赌博机十台以上的；

（二）设置赌博机二台以上，容留未成年人赌博的；

（三）在中小学校附近设置赌博机二台以上的；

（四）违法所得累计达到五千元以上的；

（五）赌资数额累计达到五万元以上的；

（六）参赌人数累计达到二十人以上的；

（七）因设置赌博机被行政处罚后，两年内再设置赌博机五台以上的；

（八）因赌博、开设赌场犯罪被刑事处罚后，五年内再设置赌博机五台以上的；

（九）其他应当追究刑事责任的情形。

设置赌博机组织赌博活动，具有下列情形之一的，应当认定为刑法第三百零三条第二款规定的“情节严重”：

（一）数量或者数额达到第二条第一款第一项至第六项规定标准六倍以上的；

（二）因设置赌博机被行政处罚后，两年内再设置赌博机三十台以上的；

（三）因赌博、开设赌场犯罪被刑事处罚后，五年内再设置赌博机三十台以上的；

（四）其他情节严重的情形。

可同时供多人使用的赌博机，台数按照能够独立供一人进行赌博活动的操作基本单元的数量认定。

在两个以上地点设置赌博机，赌博机的数量、违法所得、赌资数额、参赌人数等均合并计算。

三、关于共犯的认定

明知他人利用赌博机开设赌场，具有下列情形之一的，以开设赌场罪的共犯论处：

（一）提供赌博机、资金、场地、技术支持、资金结算服务的；

（二）受雇参与赌场经营管理并分成的；

（三）为开设赌场者组织客源，收取回扣、手续费的；

（四）参与赌场管理并领取高额固定工资的；

（五）提供其他直接帮助的。

四、关于生产、销售赌博机的定罪量刑标准

以提供给他人开设赌场为目的，违反国家规定，非法生产、销售具有退币、退分、退钢珠等赌博功能的电子游戏设施设备或者其专用软件，情节严重的，依照刑法第二百二十五条的规定，以非法经营罪定罪处罚。

实施前款规定的行为，具有下列情形之一的，属于非法经营行为“情节严

重”：

（一）个人非法经营数额在五万元以上，或者违法所得数额在一万元以上的；

（二）单位非法经营数额在五十万元以上，或者违法所得数额在十万元以上的；

（三）虽未达到上述数额标准，但两年内因非法生产、销售赌博机行为受过二次以上行政处罚，又进行同种非法经营行为的；

（四）其他情节严重的情形。

具有下列情形之一的，属于非法经营行为“情节特别严重”：

（一）个人非法经营数额在二十五万元以上，或者违法所得数额在五万元以上的；

（二）单位非法经营数额在二百五十万元以上，或者违法所得数额在五十万元以上的。

五、关于赌资的认定

本意见所称赌资包括：

（一）当场查获的用于赌博的款物；

（二）代币、有价证券、赌博积分等实际代表的金额；

（三）在赌博机上投注或赢取的点数实际代表的金额。

六、关于赌博机的认定

对于涉案的赌博机，公安机关应当采取拍照、摄像等方式及时固定证据，并予以认定。对于是否属于赌博机难以确定的，司法机关可以委托地市级以上公安机关出具检验报告。司法机关根据检验报告，并结合案件具体情况作出认定。必要时，人民法院可以依法通知检验人员出庭作出说明。

七、关于宽严相济刑事政策的把握

办理利用赌博机开设赌场的案件，应当贯彻宽严相济刑事政策，重点打击赌场的出资者、经营者。对受雇佣为赌场从事接送参赌人员、望风看场、发牌坐庄、兑换筹码等活动的人员，除参与赌场利润分成或者领取高额固定工资的以外，一般不追究刑事责任，可由公安机关依法给予治安管理处罚。对设置游戏机，单次换取少量奖品的娱乐活动，不以违法犯罪论处。

八、关于国家机关工作人员渎职犯罪的处理

负有查禁赌博活动职责的国家机关工作人员，徇私枉法，包庇、放纵开设赌场违法犯罪活动，或者为违法犯罪分子通风报信、提供便利、帮助犯罪分子

逃避处罚，构成犯罪的，依法追究刑事责任。

国家机关工作人员参与利用赌博机开设赌场犯罪的，从重处罚。

最高人民法院　最高人民检察院　公安部
关于印发《办理跨境赌博犯罪案件若干问题的意见》的通知

2020 年 10 月 16 日　　　　　　　　公通字〔2020〕14 号

各省、自治区、直辖市高级人民法院，人民检察院，公安厅、局，解放军军事法院、军事检察院，新疆维吾尔自治区高级人民法院生产建设兵团分院、新疆生产建设兵团人民检察院、公安局：

为依法惩治跨境赌博等犯罪活动，维护我国经济安全、社会稳定，根据有关法律、司法解释的规定，结合司法实践，最高人民法院、最高人民检察院、公安部联合制定了《办理跨境赌博犯罪案件若干问题的意见》。现予以印发，请结合实际认真贯彻执行。在执行中遇到的新情况、新问题，请及时分别报告最高人民法院、最高人民检察院、公安部。

办理跨境赌博犯罪案件若干问题的意见

为依法惩治跨境赌博等犯罪活动，维护我国经济安全、社会稳定，根据《中华人民共和国刑法》《中华人民共和国刑事诉讼法》和《最高人民法院、最高人民检察院关于办理赌博刑事案件具体应用法律若干问题的解释》等有关规定，结合司法实践，制定本意见。

一、总体要求

近年来，境外赌场和网络赌博集团对我国公民招赌吸赌问题日益突出，跨境赌博违法犯罪活动日益猖獗，严重妨碍社会管理秩序，引发多种犯罪，严重危害我国经济安全和社会稳定。与此同时，互联网领域黑灰产业助推传统赌博和跨境赌博犯罪向互联网迁移，跨境网络赌博违法犯罪活动呈高发态势，严重威胁人民群众人身财产安全和社会公共安全。人民法院、人民检察院、公安机关要针对跨境赌博犯罪特点，充分发挥职能作用，贯彻宽严相济刑事政策，准确认定赌博犯罪行为，严格依法办案，依法从严从快惩处，坚决有效遏制跨境赌博犯罪活动，努力实现政治效果、法律效果、社会效果的高度统一。

二、关于跨境赌博犯罪的认定

（一）以营利为目的，有下列情形之一的，属于刑法第三百零三条第二款规定的“开设赌场”：

1. 境外赌场经营人、实际控制人、投资人，组织、招揽中华人民共和国公民赴境外赌博的；

2. 境外赌场管理人员，组织、招揽中华人民共和国公民赴境外赌博的；

3. 受境外赌场指派、雇佣，组织、招揽中华人民共和国公民赴境外赌博，或者组织、招揽中华人民共和国公民赴境外赌博，从赌场获取费用、其他利益的；

4. 在境外赌场包租赌厅、赌台，组织、招揽中华人民共和国公民赴境外赌博的；

5. 其他在境外以提供赌博场所、提供赌资、设定赌博方式等，组织、招揽中华人民共和国公民赴境外赌博的。

在境外赌场通过开设账户、洗码等方式，为中华人民共和国公民赴境外赌博提供资金担保服务的，以“开设赌场"论处。

（二）以营利为目的，利用信息网络、通讯终端等传输赌博视频、数据，组织中华人民共和国公民跨境赌博活动，有下列情形之一的，属于刑法第三百零三条第二款规定的“开设赌场”：

1. 建立赌博网站、应用程序并接受投注的；

2. 建立赌博网站、应用程序并提供给他人组织赌博的；

3. 购买或者租用赌博网站、应用程序，组织他人赌博的；

4. 参与赌博网站、应用程序利润分成的；

5. 担任赌博网站、应用程序代理并接受投注的；

6. 其他利用信息网络、通讯终端等传输赌博视频、数据，组织跨境赌博活动的。

（三）组织、招揽中华人民共和国公民赴境外赌博，从参赌人员中获取费用或者其他利益的，属于刑法第三百零三条第一款规定的“聚众赌博”。

（四）跨境开设赌场犯罪定罪处罚的数量或者数额标准，参照适用《关于办理赌博刑事案件具体应用法律若干问题的解释》《关于办理利用赌博机开设赌场案件适用法律若干问题的意见》和《关于办理网络赌博犯罪案件适用法律若干问题的意见》的有关规定。

三、关于跨境赌博共同犯罪的认定

（一）三人以上为实施开设赌场犯罪而组成的较为固定的犯罪组织，应当依法认定为赌博犯罪集团。对组织、领导犯罪集团的首要分子，按照集团所犯的全部罪行处罚。对犯罪集团中组织、指挥、策划者和骨干分子，应当依法从严惩处。

（二）明知他人实施开设赌场犯罪，为其提供场地、技术支持、资金、资金结算等服务的，以开设赌场罪的共犯论处。

（三）明知是赌博网站、应用程序，有下列情形之一的，以开设赌场罪的共犯论处：

1. 为赌博网站、应用程序提供软件开发、技术支持、互联网接入、服务器托管、网络存储空间、通讯传输通道、广告投放、会员发展、资金支付结算等服务的；

2. 为赌博网站、应用程序担任代理并发展玩家、会员、下线的。

为同一赌博网站、应用程序担任代理，既无上下级关系，又无犯意联络的，不构成共同犯罪。

（四）对受雇佣为赌场从事接送参赌人员、望风看场、发牌坐庄、兑换筹码、发送宣传广告等活动的人员及赌博网站、应用程序中与组织赌博活动无直接关联的一般工作人员，除参与赌场、赌博网站、应用程序利润分成或者领取高额固定工资的外，可以不追究刑事责任，由公安机关依法给予治安管理处罚。

四、关于跨境赌博关联犯罪的认定

（一）使用专门工具、设备或者其他手段诱使他人参赌，人为控制赌局输赢，构成犯罪的，依照刑法关于诈骗犯罪的规定定罪处罚。

网上开设赌场，人为控制赌局输赢，或者无法实现提现，构成犯罪的，依照刑法关于诈骗犯罪的规定定罪处罚。部分参赌者赢利、提现不影响诈骗犯罪的认定。

（二）通过开设赌场或者为国家工作人员参与赌博提供资金的形式实施行贿、受贿行为，构成犯罪的，依照刑法关于贿赂犯罪的规定定罪处罚。同时构成赌博犯罪的，应当依法与贿赂犯罪数罪并罚。

（三）实施跨境赌博犯罪，同时构成组织他人偷越国（边）境、运送他人偷越国（边）境、偷越国（边）境罪等罪的，应当依法数罪并罚。

（四）实施赌博犯罪，为强行索要赌债，实施故意杀人、故意伤害、非法拘禁、故意毁坏财物、寻衅滋事等行为，构成犯罪的，应当依法数罪并罚。

（五）为赌博犯罪提供资金、信用卡、资金结算等服务，构成赌博犯罪共犯，同时构成非法经营罪、妨害信用卡管理罪、窃取、收买、非法提供信用卡信息罪、掩饰、隐瞒犯罪所得、犯罪收益罪等罪的，依照处罚较重的规定定罪处罚。

为网络赌博犯罪提供互联网接入、服务器托管、网络存储、通讯传输等技术支持，或者提供广告推广、支付结算等帮助，构成赌博犯罪共犯，同时构成非法利用信息网络罪、帮助信息网络犯罪活动罪等罪的，依照处罚较重的规定定罪处罚。

为实施赌博犯罪，非法获取公民个人信息，或者向实施赌博犯罪者出售、提供公民个人信息，构成赌博犯罪共犯，同时构成侵犯公民个人信息罪的，依照处罚较重的规定定罪处罚。

五、关于跨境赌博犯罪赌资数额的认定及处理

赌博犯罪中用作赌注的款物、换取筹码的款物和通过赌博赢取的款物属于赌资。

通过网络实施开设赌场犯罪的，赌资数额可以依照开设赌场行为人在其实际控制账户内的投注金额，结合其他证据认定；如无法统计，可以按照查证属实的参赌人员实际参赌的资金额认定。

对于将资金直接或者间接兑换为虚拟货币、游戏道具等虚拟物品，并用其作为筹码投注的，赌资数额按照购买该虚拟物品所需资金数额或者实际支付资金数额认定。

对于开设赌场犯罪中主要用于接收、流转赌资的银行账户内的资金，犯罪嫌疑人、被告人不能说明合法来源的，可以认定为赌资。

公安机关、人民检察院已查封、扣押、冻结的赌资、赌博用具等涉案财物及孳息，应当制作清单。人民法院对随案移送的涉案财物，依法予以处理。赌资应当依法予以追缴。赌博违法所得、赌博用具以及赌博犯罪分子所有的专门用于赌博的财物等，应当依法予以追缴、没收。

六、关于跨境赌博犯罪案件的管辖

（一）跨境赌博犯罪案件一般由犯罪地公安机关立案侦查，由犯罪嫌疑人居住地公安机关立案侦查更为适宜的，可以由犯罪嫌疑人居住地公安机关立案侦查。犯罪地包括犯罪行为发生地和犯罪结果发生地。

跨境网络赌博犯罪地包括用于实施赌博犯罪行为的网络服务使用的服务器所在地，网络服务提供者所在地，犯罪嫌疑人、参赌人员使用的网络信息系统所在地，犯罪嫌疑人为网络赌博犯罪提供帮助的犯罪地等。

（二）多个公安机关都有权立案侦查的跨境赌博犯罪案件，由最初受理的公安机关或者主要犯罪地公安机关立案侦查。有争议的，应当按照有利于查清犯罪事实、有利于诉讼的原则，协商解决。经协商无法达成一致的，由共同上级公安机关指定有关公安机关立案侦查。

在境外实施的跨境赌博犯罪案件，由公安部商最高人民检察院和最高人民法院指定管辖。

（三）具有下列情形之一的，有关公安机关可以在其职责范围内并案侦查：

1. 一人犯数罪的；

2. 共同犯罪的；

3. 共同犯罪的犯罪嫌疑人实施其他犯罪的；

4. 多个犯罪嫌疑人实施的犯罪存在直接关联，并案处理有利于查明案件事实的。

（四）部分犯罪嫌疑人在逃，但不影响对已到案共同犯罪嫌疑人、被告人的犯罪事实认定的，可以依法先行追究已到案共同犯罪嫌疑人、被告人的刑事责任。

已确定管辖的跨境赌博共同犯罪案件，在逃的犯罪嫌疑人、被告人归案后，一般由原管辖的公安机关、人民检察院、人民法院管辖。

七、关于跨境赌博犯罪案件证据的收集和审查判断

（一）公安机关、人民检察院、人民法院在办理跨境赌博犯罪案件中应当注意对电子证据的收集、审查判断。公安机关应当遵守法定程序，遵循有关技术标准，全面、客观、及时收集、提取电子证据；人民检察院、人民法院应当围绕真实性、合法性、关联性审查判断电子证据。

公安机关、人民检察院、人民法院收集、提取、固定、移送、展示、审查、判断电子证据应当严格依照《最高人民法院、最高人民检察院、公安部关于办理刑事案件收集提取和审查判断电子数据若干问题的规定》《最高人民法院、最高人民检察院、公安部关于办理网络犯罪案件适用刑事诉讼程序若干问题的意见》的规定进行。

（二）公安机关采取技术侦查措施收集的证据材料，能够证明案件事实的，应当随案移送，并移送批准采取技术侦查措施的法律文书。

（三）依照国际条约、刑事司法协助、互助协议或者平等互助原则，请求证据材料所在地司法机关收集，或者通过国际警务合作机制、国际刑警组织启动合作取证程序收集的境外证据材料，公安机关应当对其来源、提取人、提取时间或者提供人、提供时间以及保管移交的过程等作出说明。

当事人及其辩护人、诉讼代理人提供的来自境外的证据材料，该证据材料应当经所在国公证机关证明，所在国中央外交主管机关或者其授权机关认证，并经我国驻该国使、领馆认证。未经证明、认证的，不能作为证据使用。

来自境外的证据材料，能够证明案件事实且符合刑事诉讼法及相关规定的，经查证属实，可以作为定案的根据。

八、关于跨境赌博犯罪案件宽严相济刑事政策的运用

人民法院、人民检察院、公安机关要深刻认识跨境赌博犯罪的严重社会危

害性，正确贯彻宽严相济刑事政策，运用认罪认罚从宽制度，充分发挥刑罚的惩治和预防功能。对实施跨境赌博犯罪活动的被告人，应当在全面把握犯罪事实和量刑情节的基础上，依法从严惩处，并注重适用财产刑和追缴、没收等财产处置手段，最大限度剥夺被告人再犯的能力。

（一）实施跨境赌博犯罪，有下列情形之一的，酌情从重处罚：

1. 具有国家工作人员身份的；

2. 组织国家工作人员赴境外赌博的；

3. 组织、胁迫、引诱、教唆、容留未成年人参与赌博的；

4. 组织、招揽、雇佣未成年人参与实施跨境赌博犯罪的；

5. 采用限制人身自由等手段强迫他人赌博或者结算赌资，尚不构成其他犯罪的；

6. 因赌博活动致 1 人以上死亡、重伤或者 3 人以上轻伤，或者引发其他严重后果，尚不构成其他犯罪的；

7. 组织、招揽中华人民共和国公民赴境外多个国家、地区赌博的；

8. 因赌博、开设赌场曾被追究刑事责任或者二年内曾被行政处罚的。

（二）对于具有赌资数额大、共同犯罪的主犯、曾因赌博犯罪行为被追究刑事责任、悔罪表现不好等情形的犯罪嫌疑人、被告人，一般不适用不起诉、免予刑事处罚、缓刑。

（三）对实施赌博犯罪的被告人，应当加大财产刑的适用。对被告人并处罚金时，应当根据其在赌博犯罪中的地位作用、赌资、违法所得数额等情节决定罚金数额。

（四）犯罪嫌疑人、被告人提供重要证据，对侦破、查明重大跨境赌博犯罪案件起关键作用，经查证属实的，可以根据案件具体情况，依法从宽处理。

指导案例 105 号

洪小强、洪礼沃、洪清泉、李志荣开设赌场案

（最高人民法院审判委员会讨论通过 2018 年 12 月 25 日发布）

关键词

刑事 开设赌场罪 网络赌博 微信群

裁判要点

以营利为目的，通过邀请人员加入微信群的方式招揽赌客，根据竞猜游戏网站的开奖结果等方式进行赌博，设定赌博规则，利用微信群进行控制管理，在一段时间内持续组织网络赌博活动的，属于刑法第三百零三条第二款规定的“开设赌场”。

相关法条

《中华人民共和国刑法》第三百零三条第二款

基本案情

2016 年 2 月 14 日，被告人李志荣、洪礼沃、洪清泉伙同洪某 1、洪某 2（均在逃）以福建省南安市英都镇阀门基地旁一出租房为据点（后搬至福建省南安市英都镇环江路大众电器城五楼的套房），雇佣洪某 3 等人，运用智能手机、电脑等设备建立微信群［群昵称为“寻龙诀”，经多次更名后为“（新）九八届同学聊天”］拉拢赌客进行网络赌博。洪某 1、洪某 2 作为发起人和出资人，负责幕后管理整个团伙；被告人李志荣主要负责财务、维护赌博软件；被告人洪礼沃主要负责后勤；被告人洪清泉主要负责处理与赌客的纠纷；被告人洪小强为出资人，并介绍了陈某某等赌客加入微信群进行赌博。该微信赌博群将启动资金人民币 300000 元分成 100 份资金股，并另设 10 份技术股。其中，被告人洪小强占资金股 6 股，被告人洪礼沃、洪清泉各占技术股 4 股，被告人李志荣占技术股 2 股。

参赌人员加入微信群，通过微信或支付宝将赌资转至庄家（昵称为“白龙账房”“青龙账房”）的微信或者支付宝账号计入分值（一元相当于一分）后，根据“PC 蛋蛋”等竞猜游戏网站的开奖结果，以押大小、单双等方式在群内投注赌博。该赌博群 24 小时运转，每局参赌人员数十人，每日赌注累计达数十万元。截至案发时，该团伙共接受赌资累计达 3237300 元。赌博群运行期间共分红 2 次，其中被告人洪小强分得人民币 36000 元，被告人李志荣分得人民币 6000 元，被告人洪礼沃分得人民币 12000 元，被告人洪清泉分得人民币 12000 元。

裁判结果

江西省赣州市章贡区人民法院于 2017 年 3 月 27 日作出（2016）赣 0702 刑初 367 号刑事判决：一、被告人洪小强犯开设赌场罪，判处有期徒刑四年，并处罚金人民币五万元。二、被告人洪礼沃犯开设赌场罪，判处有期徒刑四年，并处罚金人民币五万元。三、被告人洪清泉犯开设赌场罪，判处有期徒刑四年，并处罚金人民币五万元。四、被告人李志荣犯开设赌场罪，判处有期徒刑四年，并处罚金人民币五万元。五、将四被告人所退缴的违法所得共计人民币 66000 元以及随案移送的 6 部手机、1 台笔记本电脑、3 台台式电脑主机等供犯罪所用的物品，依法予以没收，上缴国库。宣判后，四被告人均未提出上诉，判决已发生法律效力。

裁判理由

法院生效裁判认为，被告人洪小强、洪礼沃、洪清泉、李志荣以营利为目的，通过邀请人员加入微信群的方式招揽赌客，根据竞猜游戏网站的开奖结果，以押大小、单双等方式进行赌博，并利用微信群进行控制管理，在一段时间内持续组织网络赌博活动的行为，属于《刑法》第三百零三条第二款规定的“开设赌场”。被告人洪小强、洪礼沃、洪清泉、李志荣开设和经营赌场，共接受赌资累计达 3237300 元，应认定为《刑法》第三百零三条第二款规定的“情节严重”，其行为均已构成开设赌场罪。

指导案例 106 号

谢检军、高垒、高尔樵、杨泽彬开设赌场案

（最高人民法院审判委员会讨论通过　2018 年 12 月 25 日发布）

关键词

刑事　开设赌场罪　网络赌博　微信群　微信群抢红包

裁判要点

以营利为目的，通过邀请人员加入微信群，利用微信群进行控制管理，以抢红包方式进行赌博，在一段时间内持续组织赌博活动的行为，属于刑法第三百零三条第二款规定的“开设赌场”。

相关法条

《中华人民共和国刑法》第三百零三条第二款

基本案情

2015 年 9 月至 2015 年 11 月，向某（已判决）在杭州市萧山区活动期间，分别伙同被告人谢检军、高垒、高尔樵、杨泽彬等人，以营利为目的，邀请他人加入其建立的微信群，组织他人在微信群里采用抢红包的方式进行赌博。其间，被告人谢检军、高垒、高尔樵、杨泽彬分别帮助向某在赌博红包群内代发红包，并根据发出赌博红包的个数，从抽头款中分得好处费。

裁判结果

浙江省杭州市萧山区人民法院于 2016 年 11 月 9 日作出（2016）浙 0109 刑初 1736 号刑事判决：一、被告人谢检军犯开设赌场罪，判处有期徒刑三年六个月，并处罚金人民币 25000 元。二、被告人高垒犯开设赌场罪，判处有期徒刑三年三个月，并处罚金人民币 20000 元。三、被告人高尔樵犯开设赌场罪，判处有期徒刑三年三个月，并处罚金人民币 15000 元。四、被告人杨泽彬犯开设赌场罪，判处有期徒刑三年，并处罚金人民币 10000 元。五、随案移送的四被告人犯罪所用工具手机 6 只予以没收，上缴国库；尚未追回的四被告人犯罪所得赃款，继续予以追缴。宣判后，谢检军、高尔樵、杨泽彬不服，分别向浙江省杭州市中级人民法院提出上诉。浙江省杭州市中级人民法院于 2016 年 12 月 29 日作出（2016）浙 01 刑终 1143 号刑事判决：一、维持杭州市萧山区人民法院（2016）浙 0109 刑初 1736 号刑事判决第一项、第二项、第三项、第四项的定罪部分及第五项没收犯罪工具、追缴赃款部分。二、撤销杭州市萧山区人民法院（2016）浙 0109 刑初 1736 号刑事判决第一项、第二项、第三项、第四项的量刑部分。三、上诉人（原审被告人）谢检军犯开设赌场罪，判

处有期徒刑三年，并处罚金人民币 25000 元。四、原审被告人高垒犯开设赌场罪，判处有期徒刑二年六个月，并处罚金人民币 20000 元。五、上诉人（原审被告人）高尔樵犯开设赌场罪，判处有期徒刑二年六个月，并处罚金人民币 15000 元。六、上诉人（原审被告人）杨泽彬犯开设赌场罪，判处有期徒刑一年六个月，并处罚金人民币 10000 元。

裁判理由

法院生效裁判认为，以营利为目的，通过邀请人员加入微信群，利用微信群进行控制管理，以抢红包方式进行赌博，设定赌博规则，在一段时间内持续组织赌博活动的行为，属于《刑法》第三百零三条第二款规定的“开设赌场”。谢检军、高垒、高尔樵、杨泽彬伙同他人开设赌场，均已构成开设赌场罪，且系情节严重。谢检军、高垒、高尔樵、杨泽彬在共同犯罪中地位和作用较轻，均系从犯，原判未认定从犯不当，依法予以纠正，并对谢检军予以从轻处罚，对高尔樵、杨泽彬、高垒均予以减轻处罚。杨泽彬犯罪后自动投案，并如实供述自己的罪行，系自首，依法予以从轻处罚。谢检军、高尔樵、高垒到案后如实供述犯罪事实，依法予以从轻处罚。谢检军、高尔樵、杨泽彬、高垒案发后退赃，二审审理期间杨泽彬的家人又代为退赃，均酌情予以从轻处罚。

指导案例 146 号

陈庆豪、陈淑娟、赵延海开设赌场案

（最高人民法院审判委员会讨论通过 2020 年 12 月 29 日发布）

关键词

刑事 开设赌场罪 “二元期权” 赌博网站

裁判要点

以“二元期权”交易的名义，在法定期货交易场所之外利用互联网招揽“投资者”，以未来某段时间外汇品种的价格走势为交易对象，按照“买涨”“买跌”确定盈亏，买对涨跌方向的“投资者”得利，买错的本金归网站（庄家）所有，盈亏结果不与价格实际涨跌幅度挂钩的，本质是“押大小、赌输赢”，是披着期权交易外衣的赌博行为。对相关网站应当认定为赌博网站。

相关法条

《中华人民共和国刑法》第三百零三条

基本案情

2016 年 6 月，北京龙汇联创教育科技有限公司（以下简称“龙汇公司”）设立，负责为龙汇网站的经营提供客户培训、客户维护、客户发展服务，幕后实际控制人周熙坤。周熙坤利用上海麦曦商务咨询有限公司聘请讲师、经理、客服等工作人员，并假冒上海哲荔网络科技有限公司等在智付电子支付有限公司的支付账户，接收全国各地会员注册交易资金。

龙汇网站以经营“二元期权”交易为业，通过招揽会员以“买涨”或“买跌”的方式参与赌博。会员在龙汇网站注册充值后，下载安装市场行情接收软件和龙汇网站自制插件，选择某一外汇交易品种，并选择 1M（分钟）到 60M 不等的到期时间，下单交易金额，并点击“买涨”或“买跌”按钮完成交易。买定离手之后，不可更改交易内容，不能止损止盈，若买对涨跌方向即可盈利交易金额的 76%－78%，若买错涨跌方向则本金全亏，盈亏情况不与外汇实际涨跌幅度挂钩。龙汇网站建立了等级经纪人制度及对应的佣金制度，等级经纪人包括 SB 银级至 PB 铂金三星级六个等级。截止案发，龙汇网站在全国约有 10 万会员。

2017 年 1 月，陈庆豪受周熙坤聘请为顾问、市场总监，从事日常事务协调管理，维系龙汇网站与高级经纪人之间的关系，出席“培训会”“说明会”并进行宣传，发展会员，拓展市场。2016 年 1 月，陈淑娟在龙汇网站注册账号，通过发展会员一度成为 PB 铂金一星级经纪人，下有 17000 余个会员账号。2016 年 2 月，赵延海在龙汇网站注册账号，通过发展会员一度成为 PB 铂金级经纪人，下有 8000 余个会员账号。经江西大众司法鉴定中心司法会计鉴定，2017 年 1 月 1 日至 2017 年 7 月 5 日，陈淑娟从龙汇网站提款 180 975.04 美元，赵延海从龙汇网站提款 11598.11 美元。2017 年 7 月 5 日，陈庆豪、陈淑娟和赵延海被抓获归案。陈庆豪归案后，于 2017 年 8 月 8 日退缴 35 万元违法所得。

裁判结果

江西省吉安市中级人民法院于 2019 年 3 月 22 日作出（2018）赣 08 刑初 21 号刑事判决，以被告人陈庆豪犯开设赌场罪，判处有期徒刑三年，并处罚金人民币五十万元，驱逐出境；被告人陈淑娟犯赌博罪，判处有期徒刑二年，并处罚金人民币三十万元；被告人赵延海犯赌博罪，判处有期徒刑一年十个月，并处罚金人民币二十万元；继续追缴被告人陈淑娟和赵延海的违法所得。宣判后，陈庆豪、陈淑娟提出上诉。江西省高级人民法院于 2019 年 9 月 26 日作出（2019）赣刑终 93 号刑事判决，以上诉人陈庆豪犯开设赌场罪，改判有期徒刑二年六个月，并处罚金人民币五十万元，驱逐出境；上诉人陈淑娟犯开设赌场罪，判处有期徒刑二年，并处罚金人民币三十万元；被告人赵延海犯开设赌场罪，判处有期徒刑一年十个月，并处罚金人民币二十万元；继续追缴陈淑娟和赵延海的违法所得。

裁判理由

法院生效裁判认为，根据国务院 2017 年修订的《期货交易管理条例》第一条、第四条、第六条规定，期权合约是指期货交易场所统一制定的、规定买方有权在将来某一时间以特定价格买入或者卖出约定标的物的标准化合约。期货交易应当在期货交易所等法定期货交易场所进行，禁止期货交易场所之外进行期货交易。未经国务院或者国务院期货监督管理机构批准，任何单位或者个人不得以任何形式组织期货交易。简言之，期权是一种以股票、期货等品种的价格为标的，在法定期货交易场所进行交易的金融产品，在交易过程中需完成买卖双方权利的转移，具有规避价格风险、服务实体经济的功能。

龙汇“二元期权”的交易方法是下载市场行情接收软件和龙汇网站自制插件，会员选择外汇品种和时间段，点击“买涨”或“买跌”按钮完成交易，买对涨跌方向即可盈利交易金额的 76%－78%，买错涨跌方向则本金即归网站（庄家）所有，盈亏结果与外汇交易品种涨跌幅度无关，实则是以未来某段时间外汇、股票等品种的价格走势为交易对象，以标的价格走势的涨跌决定交易者的财产损益，交易价格与盈亏幅度事前确定，盈亏结果与价格实际涨跌幅度不挂钩，交易者没有权利行使和转移环节，交易结果具有偶然性、投机性和射幸性。因此，龙汇“二元期权”与“押大小、赌输赢”的赌博行为本质相同，实为网络平台与投资者之间的对赌，是披着期权外衣的赌博行为。

被告人陈庆豪在龙汇公司担任中国区域市场总监，从事日常事务协调管理，维护公司与经纪人关系，参加各地说明会、培训会并宣传龙汇“二元期权”，发展新会员和开拓新市场，符合《最高人民法院最高人民检察院公安部关于办理网络赌博犯罪案件适用法律若干问题的意见》（以下简称《意见》）第二条规定的明知是赌博网站，而为其提供投放广告、发展会员等服务的行为，构成开设赌场罪，其非法所得已达到《意见》第二条规定的“收取服务费数额在2万元以上的”5倍以上，应认定为开设赌场“情节严重”。但考虑到其犯罪事实、行为性质、在共同犯罪中的地位作用和从轻量刑情节，对其有期徒刑刑期予以酌减，对罚金刑依法予以维持。陈淑娟、赵延海面向社会公众招揽赌客参加赌博，属于为赌博网站担任代理并接受投注行为，且行为具有组织性、持续性、开放性，构成开设赌场罪，并达到“情节严重”。原判认定陈淑娟、赵延海的罪名不当，二审依法改变其罪名，但根据上诉不加刑原则，维持一审对其量刑。

（生效裁判审判人员：陈建平　汤媛媛　尧宇华）

最高人民法院 最高人民检察院
关于办理虚假诉讼刑事案件适用法律若干问题的解释

法释〔2018〕17号

（2018年1月25日最高人民法院审判委员会第1732次会议、
2018年6月13日最高人民检察院第十三届检察委员会
第2次会议通过 2018年9月26日最高人民法院、
最高人民检察院公告公布 自2018年10月1日起施行）

为依法惩治虚假诉讼犯罪活动，维护司法秩序，保护公民、法人和其他组织合法权益，根据《中华人民共和国刑法》《中华人民共和国刑事诉讼法》《中华人民共和国民事诉讼法》等法律规定，现就办理此类刑事案件适用法律的若干问题解释如下：

第一条 采取伪造证据、虚假陈述等手段，实施下列行为之一，捏造民事法律关系，虚构民事纠纷，向人民法院提起民事诉讼的，应当认定为刑法第三百零七条之一第一款规定的“以捏造的事实提起民事诉讼”：

（一）与夫妻一方恶意串通，捏造夫妻共同债务的；

（二）与他人恶意串通，捏造债权债务关系和以物抵债协议的；

（三）与公司、企业的法定代表人、董事、监事、经理或者其他管理人员恶意串通，捏造公司、企业债务或者担保义务的；

（四）捏造知识产权侵权关系或者不正当竞争关系的；

（五）在破产案件审理过程中申报捏造的债权的；

（六）与被执行人恶意串通，捏造债权或者对查封、扣押、冻结财产的优先权、担保物权的；

（七）单方或者与他人恶意串通，捏造身份、合同、侵权、继承等民事法律关系的其他行为。

隐瞒债务已经全部清偿的事实，向人民法院提起民事诉讼，要求他人履行债务的，以“以捏造的事实提起民事诉讼”论。

向人民法院申请执行基于捏造的事实作出的仲裁裁决、公证债权文书，或者在民事执行过程中以捏造的事实对执行标的提出异议、申请参与执行财产分配的，属于刑法第三百零七条之一第一款规定的“以捏造的事实提起民事诉讼”。

第二条 以捏造的事实提起民事诉讼，有下列情形之一的，应当认定为刑法第三百零七条之一第一款规定的“妨害司法秩序或者严重侵害他人合法权益”：

（一）致使人民法院基于捏造的事实采取财产保全或者行为保全措施的；

（二）致使人民法院开庭审理，干扰正常司法活动的；

（三）致使人民法院基于捏造的事实作出裁判文书、制作财产分配方案，或者立案执行基于捏造的事实作出的仲裁裁决、公证债权文书的；

（四）多次以捏造的事实提起民事诉讼的；

（五）曾因以捏造的事实提起民事诉讼被采取民事诉讼强制措施或者受过刑事追究的；

（六）其他妨害司法秩序或者严重侵害他人合法权益的情形。

第三条 以捏造的事实提起民事诉讼，有下列情形之一的，应当认定为刑法第三百零七条之一第一款规定的“情节严重”：

（一）有本解释第二条第一项情形，造成他人经济损失一百万元以上的；

（二）有本解释第二条第二项至第四项情形之一，严重干扰正常司法活动或者严重损害司法公信力的；

（三）致使义务人自动履行生效裁判文书确定的财产给付义务或者人民法院强制执行财产权益，数额达到一百万元以上的；

（四）致使他人债权无法实现，数额达到一百万元以上的；

（五）非法占有他人财产，数额达到十万元以上的；

（六）致使他人因为不执行人民法院基于捏造的事实作出的判决、裁定，被采取刑事拘留、逮捕措施或者受到刑事追究的；

（七）其他情节严重的情形。

第四条 实施刑法第三百零七条之一第一款行为，非法占有他人财产或者逃避合法债务，又构成诈骗罪，职务侵占罪，拒不执行判决、裁定罪，贪污罪等犯罪的，依照处罚较重的规定定罪从重处罚。

第五条 司法工作人员利用职权，与他人共同实施刑法第三百零七条之一前三款行为的，从重处罚；同时构成滥用职权罪，民事枉法裁判罪，执行判决、裁定滥用职权罪等犯罪的，依照处罚较重的规定定罪从重处罚。

第六条 诉讼代理人、证人、鉴定人等诉讼参与人与他人通谋，代理提起虚假民事诉讼、故意作虚假证言或者出具虚假鉴定意见，共同实施刑法第三百零七条之一前三款行为的，依照共同犯罪的规定定罪处罚；同时构成妨害作证罪，帮助毁灭、伪造证据罪等犯罪的，依照处罚较重的规定定罪从重处罚。

第七条 采取伪造证据等手段篡改案件事实，骗取人民法院裁判文书，构成犯罪的，依照刑法第二百八十条、第三百零七条等规定追究刑事责任。

第八条 单位实施刑法第三百零七条之一第一款行为的，依照本解释规定的定罪量刑标准，对其直接负责的主管人员和其他直接责任人员定罪处罚，并对单位判处罚金。

第九条 实施刑法第三百零七条之一第一款行为，未达到情节严重的标准，行为人系初犯，在民事诉讼过程中自愿具结悔过，接受人民法院处理决定，积极退赃、退赔的，可以认定为犯罪情节轻微，不起诉或者免予刑事处罚；确有必要判处刑罚的，可以从宽处罚。

司法工作人员利用职权，与他人共同实施刑法第三百零七条之一第一款行为的，对司法工作人员不适用本条第一款规定。

第十条 虚假诉讼刑事案件由虚假民事诉讼案件的受理法院所在地或者执行法院所在地人民法院管辖。有刑法第三百零七条之一第四款情形的，上级人民法院可以指定下级人民法院将案件移送其他人民法院审判。

第十一条 本解释所称裁判文书，是指人民法院依照民事诉讼法、企业破产法等民事法律作出的判决、裁定、调解书、支付令等文书。

第十二条 本解释自 2018 年 10 月 1 日起施行。

【解　　读】

解读《最高人民法院、最高人民检察院关于办理虚假诉讼刑事案件适用法律若干问题的解释》

为明确虚假诉讼刑事案件的法律适用，依法惩治虚假诉讼犯罪活动，最高人民法院、最高人民检察院联合发布了《关于办理虚假诉讼刑事案件适用法律若干问题的解释》(法释〔2018〕17 号，以下简称本解释)，自 2018 年 10 月 1 日起施行。为便于实践中准确理解和正确适用，现对本解释的制定背景、总体原则和主要内容予以简要介绍。

一、本解释的制定背景

近年来，随着我国经济社会的快速发展和人民群众法治观念的不断增强，公民、法人和其他组织之间发生民事纠纷后，选择向人民法院提起民事诉讼，通过法律途径保护自身权利、定纷止争，成为解决民事争议、维护自身合法权益的重要途径，各级人民法院受理的民事案件数量大幅增长。特别是在 2015 年 5 月 1 日人民法院全面启动立案登记制改革之后，民事审判工作压力空前繁重。其中，部分单位和个人出于各种目的，故意捏造事实提起虚假民事诉讼，意图骗取人民法院裁判文书，牟取不正当利益。此类行为不仅严重侵害他人合法权益，同时也极大地损害了司法权威，扰乱了正常诉讼秩序。在极少数民事案件中，司法工作人员与当事人恶意串通，帮助其实施虚假诉讼行为，意图达到非法确认驰名商标、规避商品房或者机动车限购政策等不正当目的，造成了恶劣影响。

虚假诉讼违法行为的社会危害性十分严重，有必要通过刑罚手段予以规制。党的十八届四中全会通过的《中共中央关于全面推进依法治国若干重大问题的决定》提出，加大对虚假诉讼的惩治力度。2012年修正的《民事诉讼法》第一百一十二条、第一百一十三条①规定，当事人之间或者被执行人与他人恶意串通，企图通过诉讼、调解等方式侵害他人合法权益或者逃避履行法律文书确定的义务的，人民法院应当驳回其请求，并根据情节轻重予以罚款、拘留；构成犯罪的，依法追究刑事责任。但是，由于当时的刑法中并无专门的虚假诉讼罪名，司法实践中，对于虚假诉讼违法犯罪行为应当如何定性和处罚，存在很大争议。为了解决这个问题，中央和地方司法机关相继出台了一系列规范性文件。例如，最高人民检察院2002年出台了《关于通过伪造证据骗取法院民事裁判占有他人财物的行为如何适用法律问题的答复》（法研〔2006〕73号，以下简称《2002年最高检答复》），浙江、江苏等部分省、区、市司法机关也陆续出台了一些地方性规范文件。理论界和实务界普遍认为，虚假诉讼违法犯罪行为的社会危害性较大，且司法机关对相关问题的认识不统一，建议尽早在立法上予以明确。

立法机关经审慎研究，采纳了在刑法中增设专门罪名规制虚假诉讼犯罪的意见。2015年11月1日施行的《刑法修正案（九）》决定在《刑法》第三百零七条后面增加一条，作为第三百零七条之一。该条第一款规定："以捏造的事实提起民事诉讼，妨害司法秩序或者严重侵害他人合法权益的，处三年以下有期徒刑、拘役或者管制，并处或者单处罚金；情节严重的，处三年以上七年以下有期徒刑，并处罚金。"第二、三、四款还对单位犯罪、数罪竞合、司法工作人员共同犯罪等问题作出了规定。最高人民法院、最高人民检察院《关于执行〈中华人民共和国刑法〉确定罪名的补充规定（六）》把该条规定的罪名确定为虚假诉讼罪。

最高人民法院历来高度重视依法惩治虚假诉讼违法犯罪活动，在《刑法修正案（九）》施行前后开展了认真调研。调研发现，在刑法增设虚假诉讼罪后，全国范围内审结的虚假诉讼犯罪案件数量总体偏少，且各地区分布极不平衡。量刑方面，绝大部分案件均适用第一档法定刑，适用第二档法定刑、判处三年以上有期徒刑的案件极少，说明部分地区司法机关对虚假诉讼罪的认识有待进一步深入，对定罪量刑标准把握不准，迫切需要出台司法解释对法律适用等方面问题进行明确。最高人民法院会同最高人民检察院共同深入调研，广泛听取

① 现为《民事诉讼法》（2023年修正）第一百一十五条、第一百一十六条，下同。

了各方面意见，经反复研究论证，起草了本解释。2018 年 1 月 25 日和 6 月 13 日，最高人民法院审判委员会第 1732 次会议、最高人民检察院第十三届检察委员会第二次会议分别审议通过了本解释。

二、本解释起草过程中把握的总体原则

为确保本解释规定内容科学合理，能够有效指导司法实践，解决实践中存在的突出问题，起草过程中总体着重把握了以下几个原则：

1. 惩罚犯罪与保护诉权并重

诉权是法律赋予当事人的基本权利。依法惩治虚假诉讼犯罪活动，不能侵害人民群众依法享有的诉权，否则就偏离了刑事立法的初衷。为此，本解释起草过程中着重解决了以下三个方面问题：首先，明确规制重点，合理界定刑事处罚范围，将虚假诉讼犯罪限定为“无中生有型”捏造事实行为。其次，设置明确的定罪量刑标准，对于什么情况下可以认定为虚假诉讼罪，给人民群众以明确的行为预期和规范指引。再次，注意与《民事诉讼法》第一百一十二条、第一百一十三条规定内容的协调衔接，将定罪标准确定为人民法院采取保全措施、开庭审理或者作出裁判文书等重要程序节点，确保对大部分虚假诉讼违法行为由民事诉讼强制措施予以规制，形成司法处罚和刑事惩罚手段的层次递进关系，避免造成犯罪行为大面积侵占妨害民事诉讼违法行为的局面。

2. 立足实际需要，突出打击重点

司法解释不仅是裁判规范，也是行为规范，在发挥对人民群众的行为指引功能方面，列举式规定比定义式更加有效。但是，司法实践中存在的虚假诉讼犯罪行为多种多样，要作出完全列举，既无必要，也不可能。本解释在认真总结审判经验的基础上，在第一条第一款中选取实践中常见多发、人民群众反映强烈的 6 种典型的虚假诉讼犯罪行为作了不完全列举，并设置了兜底性条款。另外，自 2016 年 3 月以来，人民法院全面打响“基本解决执行难”攻坚战。在民事执行过程中，部分被执行人与他人恶意串通，以捏造的事实对执行标的提出异议或者申请参与执行财产分配，以达到非法转移财产、逃避执行义务的目的，此类行为严重干扰民事执行程序的正常进行，社会危害严重，应依法予以严惩。本解释第一条第三款明确，在民事执行过程中对执行标的提出异议、申请参与执行财产分配，以及申请执行仲裁裁决或者公证债权文书，均属于虚假诉讼罪中提起民事诉讼的范畴。

3. 坚持宽严相济原则

为最大限度体现宽严相济，发挥刑法的威慑作用和教育功能，首先，本解释第五条、第六条明确，司法工作人员犯虚假诉讼罪的，从重处罚；司法工作人员或者诉讼代理人、证人、鉴定人等诉讼参与人犯虚假诉讼罪，同时构成其他犯罪的，根据择一重从重原则进行处罚，体现依法从严的一面。其次，本解

释第九条第一款规定，实施了虚假诉讼犯罪行为、但未达到情节严重标准的犯罪人，如果系初犯，在民事诉讼过程中自愿具结悔过，接受人民法院处理决定，积极退赃、退赔的，可以认定为犯罪情节轻微，不起诉或者免予刑事处罚，确有必要判处刑罚的，可以从宽处罚，体现依法从宽的一面。此外，考虑到司法工作人员利用职权与他人串通实施虚假诉讼犯罪行为的严重危害性，该条第二款还规定，司法工作人员利用职权与他人共同实施虚假诉讼犯罪行为的，不适用第一款规定，体现“宽中有严”的政策要求。

三、虚假诉讼罪的行为特征

虚假诉讼罪的行为特征，解决的是什么样的行为可以构成虚假诉讼罪的问题。本解释第一条对此作了明确规定。

1.“捏造事实”的认定

准确认定“捏造事实”，应当从刑法条文的通常语义、刑法增设虚假诉讼罪的立法目的以及立法沿革等方面考虑。首先，根据一般理解，“捏造”一般是指完全没有依据，仅靠自己的凭空想象臆造事物，与“杜撰”“虚构”等基本属于同义词。《刑法》第二百四十三条关于诬告陷害罪的规定、第二百四十六条关于诽谤罪的规定等多个条文均使用了“捏造”一词，理论和实践中一般认为，上述条文中的“捏造”，是指对相关事实无中生有的行为。从保持《刑法》用语含义的一致性考虑，虚假诉讼罪中的“捏造”，原则上也应限定为无中生有、凭空虚构。其次，从立法本意来看，《刑法》增设虚假诉讼罪的目的，主要是依法惩治不具有合法诉权的行为人故意捏造事实，制造自己具有诉权的假象，意图骗取人民法院裁判文书、达到非法目的的行为。对于虚假诉讼中的“诉讼”一词来讲，行为人行使诉权、提交诉状为“诉”，人民法院立案受理为“讼”，在人民法院实行立案登记制改革之后，“讼”是“诉”的必然逻辑结果。因此，所谓虚假诉讼，重点是其中“诉”的虚假性，刑法打击的对象是行为人行使虚假诉权的行为。根据民事诉讼理论，诉权具有程序和实体两个方面的内涵，程序内涵即在程序上请求法院行使审判权，旨在启动诉讼程序；实体内涵是指原告行使诉权或提起诉讼所欲获得的实体法上的具体法律地位或具体法律效果。[①] 据此，从实体意义和程序意义上来讲，原告享有诉权的前提，分别是其与他人之间存在的特定民事法律关系，以及因该民事法律关系产生的民事纠纷，因此，行为人行使虚假诉权，也应体现在民事法律关系的虚假性和民事纠纷的虚假性两个方面。最后，《刑法修正案（九）》（草案一次审议稿）对虚假诉讼罪罪状的规定为，为谋取不正当利益，以捏造的事实为案由，向人民法院提起民事诉讼，骗取人民法院裁判文书的，构成虚假诉讼罪，明确虚假诉讼罪

---

① 张明楷：《虚假诉讼罪的基本问题》，载《法学》2017 年第 1 期。

中捏造的事实是属于案由范围内的事实。

综合以上考虑，研究认为，虚假诉讼罪中的“捏造”，应当是指无中生有、凭空虚构；捏造的“事实”，应当是足以对起诉能否获得人民法院受理以及人民法院作出何种裁判结果产生影响、属于民事案由范围内的事实。根据《民事案件案由规定》的规定，民事案件的案由反映案件涉及的民事法律关系的性质，是对诉讼争议所包含的法律关系进行的概括，表述方式原则上为“法律关系的性质”加“纠纷”组成。据此，本解释第一条第一款明确，虚假诉讼罪中的“捏造事实”，包括捏造民事法律关系、虚构民事纠纷两个方面。捏造民事法律关系，是指行为人与他人之间根本不存在特定的民事法律关系，但是，行为人通过伪造证据、虚假陈述等手段无中生有、凭空伪造双方存在民事法律关系的假象；虚构民事纠纷，是指双方本来不存在民事纠纷，故意虚构因为捏造出来的民事法律关系产生民事纠纷的事实。同时满足上述两个条件的，才能认定为“捏造事实”。具体案件处理过程中，对于是否属于捏造民事法律关系，应当坚持实质性判断，不能进行形式化、简单化认定。根据《民事案件案由规定》的规定，行为人起诉的法律关系与实际诉争的法律关系不一致的，人民法院结案时应当根据法庭查明的当事人之间实际存在的法律关系的性质，相应变更案件的案由，不能一概认定为捏造民事法律关系。另外，考虑到虚假诉讼罪的实质是通过欺骗手段获得人民法院立案受理和作出裁判，而刑法中典型的以欺骗手段实施的犯罪，例如诈骗罪，理论上认为虚构事实和隐瞒真相两种行为方式均可以构成，且实践中存在的采用隐瞒真相方式虚构民事法律关系的行为，其社会危害性与采用积极行为虚构民事法律关系行为的社会危害性并无本质上的区别，没有理由将隐瞒真相行为排除在虚假诉讼罪之外。本解释第一条第二款明确，隐瞒债务已经全部清偿的事实，向人民法院提起民事诉讼，要求他人履行债务的，以“以捏造的事实提起民事诉讼”论。

本解释起草过程中，有意见提出，行为人与他人存在特定的民事法律关系，为了达到不法目的，故意篡改该民事法律关系的部分内容并提起民事诉讼的行为，即理论上所谓的“部分篡改型”虚假诉讼行为，社会危害性并不一定小于“无中生有型”虚假诉讼行为，也可能构成虚假诉讼罪。我们经研究认为，首先，如果行为人与他人之间确实存在真实的民事法律关系和民事纠纷，则行为人依法享有诉权，将其在起诉时或者民事诉讼过程中伪造部分证据的行为认定为虚假诉讼罪，不符合刑法增设本罪的立法目的。其次，民事诉讼的情况比较复杂，部分原告采取伪造证据等手段故意提高诉讼标的额，其实是出于诉讼策略的考虑，如果对这种情况一律认定为虚假诉讼犯罪，可能会侵害人民群众的合法诉权。最后，如果将“部分篡改型”行为认定为虚假诉讼罪，涉及如何合理确定罪与非罪的判断标准问题，实践中不具有可操作性。本解释第七条明确，采取伪造证据等手段篡改案件事实，骗取人民法院裁判文书的，不构成虚假诉讼罪；构成其他犯罪的，可以以伪造公司、企业、事业单位、人民团体印章罪或者妨害作证罪等罪名定罪处罚。

关于虚假诉讼犯罪参与人仅限于双方当事人，还是也包括单方当事人，在《刑法修正案（九）》审议过程中和施行之后，一直存在不同意见。有意见认为，根据《民事诉讼法》第一百一十二条、第一百一十三条的规定，虚假诉讼罪仅应包含双方当事人恶意串通提起的虚假民事诉讼，仅限于“双方串通型”一种形式。研究认为，上述意见难以成立。首先，刑法并没有对虚假诉讼罪设置当事人恶意串通的限制条件，一方当事人以捏造的事实提起民事诉讼的行为，完全可能造成妨害司法秩序或者严重侵害他人合法权益的危害后果，进而构成虚假诉讼罪。其次，《刑法》第三百零七条之一第三款规定：“有第一款行为，非法占有他人财产或者逃避合法债务，又构成其他犯罪的，依照处罚较重的规定定罪从重处罚。”其中的非法占有他人财产行为即属于“单方欺诈型”虚假诉讼。最后，《刑法》第三百零七条之一属于叙明罪状，不需要参照其他法律法规的具体规定来确定虚假诉讼罪的构成要件特征，成立虚假诉讼罪，不以违反《民事诉讼法》第一百一十二条、第一百一十三条的具体规定为前提。本解释第一条第一款明确，单方或者与他人恶意串通，捏造事实，向人民法院提起民事诉讼的，均可以认定为虚假诉讼犯罪行为。

2. “提起民事诉讼”的认定

如上所述，虚假诉讼罪的惩治对象，是不具有合法诉权的行为人采用欺骗手段提起民事诉讼，致使虚假民事案件进入人民法院诉讼程序的行为，规制重点原则上是导致案件首次进入诉讼程序的起诉和申请立案执行等行为。因此，不能认为《刑法》第三百零七条之一规定的“提起民事诉讼”包括了民事诉讼法规定的所有诉讼程序。根据最高人民法院《关于适用〈中华人民共和国民事诉讼法〉的解释》第三百二十三条的规定，民事诉讼二审程序采用续审制原则，除特殊情况外，二审审理范围原则上不超出一审之诉和上诉请求的范围。行为人在一审阶段被动应诉、一审宣判后以捏造的事实提出上诉的，其上诉诉求不超出一审之诉的范围，不符合无中生有捏造民事法律关系的行为特征，故一审宣判后提出上诉、启动二审程序的，一般不属于虚假诉讼罪中的“提起民事诉讼”。另一方面，还需要考虑民事诉讼中的特殊情况。案件获得人民法院受理立案、进行诉讼程序后，当事人提出新的独立的诉讼请求的，实质上属于诉的合并，也可以认定为“提起民事诉讼”。

根据上述判断标准，虚假诉讼罪中的“提起民事诉讼”包括以下 7 种情形：（1）民事案件普通一审程序；（2）第三人撤销之诉和执行异议之诉；（3）特别程序、督促程序、公示催告程序；（4）原告增加诉讼请求，被告提出反诉，有独立请求权的第三人提出与本案有关的诉讼请求；（5）审判监督程序；（6）企业破产程序；（7）执行程序。根据本解释第一条第三款的规定，此处的执行程序，包括申请执行仲裁裁决和公证债权文书、在执行过程中对执行标的提出异议和申请参与执行财产分配等三种情形。还应明确的是，可能构成虚假诉讼罪的审判监督程序，仅包括《民事诉讼法》第二百二十七条①规定的执行过程中案外人提起的审判监督程序和最高人民法院《关于适用〈中华人民共和国民事诉讼法〉审判监督程序若干问题的解释》第五条规定的案外人申请再审。原审当事人申请再审的，针对的是原生效裁判认定的事实和确认的诉讼请求，一般不涉及新的诉讼请求，难以成立虚假诉讼罪。

四、虚假诉讼罪的定罪量刑标准

本解释起草过程中对虚假诉讼罪的定罪量刑标准争议很大。经研究，本解释第二条、第三条确定了 6 个方面的定罪标准和 7 个方面的法定刑升格标准。实际适用中，需要注意以下几个方面问题：

第一，正确认识“妨害司法秩序”与“严重侵害他人合法权益”的关系。“妨害司法秩序”和“严重侵害他人合法权益”均属于虚假诉讼罪的成立条件，满足其一即可构成本罪。实践中，虚假诉讼行为一旦获得立案、进入审判程序，自然会产生妨害司法秩序的危害后果。但是，如果在案件进入执行程序或者人民法院采取保全措施之前就被识破或者中止，一般情况下并不会侵害他人合法权益。从这个意义上讲，司法秩序是虚假诉讼罪侵犯的必然客体，而他人合法权益则仅属于选择客体。② 另外，《刑法》还对侵害他人合法权益设置了“严重”的程度要求，对妨害司法秩序则无任何限制。如何合理确定上述两个定罪条件的具体认定标准，值得认真研究，如果把握不当，可能导致“严重侵害他人合法权益”这一定罪条件在实践中失去适用的余地。

我们经研究认为，在《刑法》对某一罪名同时规定有多个定罪条件的情况下，各定罪条件体现出的社会危害性应当大致相当，否则就违反了罪责刑相适应原则的基本要求。据此，一方面，本解释将“妨害司法秩序”的认定标准适当提高，将刑事处罚关口适当延后。例如，行为人以捏造的事实提起民事诉讼，致使人民法院开庭审理、干扰正常司法活动，或者致使人民法院作出裁判文书、制作财产分配方案或者立案执行基于捏造的事实作出的仲裁裁决、公证债权文书，或者多次以捏造的事实提起民事诉讼，等等。实践中，不能认为只要获得人民法院受理立案就达到了妨害司法秩序的程度，进而认定为虚假诉讼罪。还应当注意的是，一般情况下，干扰正常司法活动可以视为人民法院开庭审理的必然结果，在人民法院开庭审理的情况下，无须再对该行为是否干扰正常司法活动进行实质审查，但是，如果刚刚开始法庭调查，行为人的虚假诉讼

① 现为《民事诉讼法》（2023 年修正）第二百三十八条。

② 张明楷：《虚假诉讼罪的基本问题》，载《法学》2017 年第 1 期。

行为就被识破或者自愿认罪，则可以认定为未达到干扰正常司法活动的程度，不认定为犯罪。另一方面，本解释将“严重侵害他人合法权益”的认定标准适当降低，不要求人民法院作出的裁判文书得到实际履行或者强制执行。人民法院对他人采取财产保全或者行为保全措施即可，且对财产保全和行为保全措施不设数额限制，也不要求实际造成财产损失。

第二，准确理解“情节严重”的认定标准。从体系解释的角度出发，与虚假诉讼罪的定罪标准相对应，作为法定刑升格标准的“情节严重”，也应体现在妨害司法秩序和侵害他人合法权益两个方面。因此，行为人以捏造的事实提起民事诉讼，严重妨害司法秩序，或者给他人合法权益造成特别严重侵害的，才能适用第二档法定刑，判处3到7年有期徒刑。根据本解释第三条的规定，严重妨害司法秩序，实践中主要表现为：致使人民法院开庭审理，同时还开展了调查取证等其他方面工作，对人民法院的正常司法活动造成严重干扰；人民法院基于捏造的事实作出的裁判文书虽未生效，也未进入执行程序，但引发当事人上访、闹访或者新闻舆论负面炒作，对司法公信力造成严重损害；行为人在较短时间内频繁以捏造的事实提起民事诉讼，严重干扰正常司法活动，等等。在行为人多次以捏造的事实提起民事诉讼的情况下，什么情况可以认定为“情节严重”？可以参考其他司法解释的规定，以3倍于定罪条件的标准，结合行为人第一次和最后一次提起民事诉讼的时间间隔进行判断，一般不宜超过5年。给他人合法权益造成特别严重侵害，包括采取财产保全或者行为保全措施，造成他人经济损失100万元以上；义务人自动履行执行义务或者人民法院基于生效裁判文书执行他人财产权益，数额达到100万元以上；通过虚假诉讼手段逃避合法债务，致使他人债权无法实现，数额达到100万元以上；通过虚假诉讼手段直接非法占有他人财产，数额达到10万元以上；或者致使他人因为不执行判决、裁定受到刑事打击处罚，等等。

第三，本解释起草过程中，有意见建议将诉讼标的额的大小以及致使人民法院开展调解活动明确规定为虚假诉讼罪的定罪标准。研究认为：首先，本解释确定的定罪量刑标准原则上应当与犯罪行为造成的危害后果存在直接联系。根据刑法规定，成立虚假诉讼罪并不要求人民法院作出的裁判得到实际履行，在此情况下，案件诉讼标的额与虚假诉讼行为是否造成了妨害司法秩序和严重侵害他人合法权益的危害后果之间并不存在直接联系，难以直接反映行为的社会危害性。其次，根据民事诉讼法的规定，民事诉讼中的调解活动并无明确的程序性标志。实践中，人民法院对某一民事案件是否已经开展调解、开展调解后对司法秩序的妨害程度等，均缺乏明确的判断标准，将人民法院开展调解作为定罪标准，无法为人民群众提供明确的行为预期。据此，本解释对上述意见未予采纳。

第四，对于将本解释第二条第五项“曾因以捏造的事实提起民事诉讼被采取民事诉讼强制措施或者受过刑事追究的”作为定罪标准，是否可能导致重复评价，起草过程中分歧较大。经研究，保留了本项规定，理由在于：首先，刑事责任是主客观相统一的整体，本项规定内容符合主客观相统一原则，有利于从严打击虚假诉讼惯犯，贯彻落实宽严相济刑事政策。其次，将行为人的同类前科违法犯罪情况规定为定罪条件，是近年来多个司法解释的通行做法，在刑法部分条文中也有体现。最后，实践中，如果作为定罪条件的行为人前科犯罪情况同时符合《刑法》规定的累犯条件，人民法院依法认定其构成累犯的，从重处罚的幅度可以适当从严把握，不会造成处刑过重。

五、虚假诉讼罪中的数罪竞合和共同犯罪问题

本解释第四条至第六条规定了虚假诉讼罪中的数罪竞合和共同犯罪问题。有以下 3 个方面问题需要说明：

1. 虚假诉讼犯罪行为是否可以构成侵财型犯罪

行为人采用虚假诉讼手段逃避合法债务的，可能构成拒不执行判决、裁定罪，一般争议不大。但是，对于虚假诉讼犯罪中的“单方欺诈型”行为是否可以认定为诈骗罪等侵财型犯罪，理论和实践中存在较大争议。《2002 年最高检答复》确立的总体原则是，对此类行为不宜以诈骗罪追究刑事责任，行为人实施的手段行为构成犯罪的，可以认定为伪造公司、企业、事业单位、人民团体印章罪或者妨害作证罪等罪名。但是，理论和实践中的争议并未因为该答复的出台而平息，对于此类行为的定性，长期存在多种观点。一种意见认为，此类行为不符合侵财型犯罪的构成要件，不构成侵财型犯罪。另一种意见认为，“单方欺诈型”行为人的主观目的是借助人民法院的强制执行力，迫使被害人非自愿地交付财物，更加符合敲诈勒索罪的构成要件，应以敲诈勒索罪论处。还有意见认为，“单方欺诈型”虚假诉讼行为属于典型的“三角诈骗”，认定为诈骗罪等侵财型犯罪，并不存在理论上的障碍，多个省、区、市出台的地方性规范文件基本上采纳了这种观点。

研究认为，从《刑法修正案（九）》的审议过程来看，立法机关采纳了上述第三种意见，认为“单方欺诈型”虚假诉讼行为可以构成诈骗罪等侵财型犯罪。《刑法修正案（九）》（草案一次审议稿）建议增设的《刑法》第三百零七条之一第二款规定，“以捏造的事实提起民事诉讼，非法侵占他人财产或者逃避合法债务，又构成其他犯罪的，依照本法第二百六十六条（即诈骗罪——作者注）的规定从重处罚”，已经明确虚假诉讼犯罪行为可以构成诈骗罪。后续有意见提出，实施虚假诉讼行为非法侵占他人财产，还可能构成职务侵占罪、贪污罪等其他侵财型犯罪，故立法机关对该款规定作了进一步修改，明确此类行为又构成其他犯罪的，依照处罚较重的规定定罪从重处罚。此处的“其他犯罪”，既包括诈骗罪，也包括以欺诈手段实施的职务侵占罪、贪污罪等侵财型

犯罪。本解释第四条明确，行为人以非法占有他人财产为目的实施虚假诉讼犯罪行为，达到诈骗罪、职务侵占罪、贪污罪等侵财型犯罪定罪标准的，应当依法认定为诈骗罪、职务侵占罪、贪污罪等罪名，再比较该罪与虚假诉讼罪适用的量刑幅度，选择其中一个重罪论处，并在法定量刑幅度内从重处罚。

2. 虚假诉讼行为人的手段行为构成其他犯罪的，是否适用择一重从重处罚原则

本解释起草过程中，有意见提出，虚假诉讼行为人的手段行为同时构成伪造公司、企业、事业单位、人民团体印章罪或者妨害作证罪等其他犯罪的，也属于《刑法》第三百零七条之一第三款的规定范围，应当适用择一重从重处罚原则。经研究，对该意见未予采纳。理由在于：首先，刑法规定的对牵连犯和想象竞合犯的处罚原则，多数为择一重处罚，少数情况下为数罪并罚。《刑法》第三百零七条之一第三款、第四款首次规定对牵连犯和想象竞合犯择一重从重处罚，应是对本罪所作的特殊规定，不属于处理牵连犯和想象竞合犯的一般原则，一般不宜扩大适用于其他情形。其次，《刑法》第三百零七条之一第三款对虚假诉讼行为人的主观目的作了明确限制，即“非法占有他人财产或者逃避合法债务”，并不涉及行为人的手段行为。虚假诉讼行为人的手段行为构成其他犯罪的，不属于本款规定情形，不能适用择一重罪从重处罚原则，仍应根据处理牵连犯和想象竞合犯的一般原则，择一重罪处罚。

3. 诉讼参与人的共同犯罪和数罪竞合

本解释第五条、第六条对司法工作人员和诉讼代理人、证人、鉴定人等诉讼参与人的共同犯罪和数罪竞合问题作了规定，处罚原则存在一定差异。首先，现行《刑法》废除了1979年《刑法》对主犯从重处罚的原则，《刑法》第三百零七条之一第四款关于司法工作人员利用职权与他人共同实施虚假诉讼行为应当从重处罚的规定内容，应属特殊规定而非一般原则。在刑法无明文规定的情况下，对于诉讼参与人与他人共同实施虚假诉讼犯罪行为的情况，不能适用从重处罚，仍应按照共同犯罪的一般处理原则处理。其次，《刑法》第三百零七条第三款、第四款确立了对虚假诉讼罪中的数罪竞合择一重从重处罚原则，诉讼代理人、证人、鉴定人等诉讼参与人与他人通谋，共同实施虚假诉讼犯罪的，将导致虚假诉讼犯罪更加容易得逞，与司法工作人员利用职权共同实施虚假诉讼犯罪的社会危害性并无实质差别，构成其他犯罪的，也应适用择一重从重处罚原则。

六、虚假诉讼犯罪案件的地域管辖

《刑事诉讼法》第二十四条规定，刑事案件由犯罪地的人民法院管辖；如果由被告人居住地的人民法院审判更为适宜的，可以由被告人居住地的人民法院管辖。《最高人民法院关于适用〈中华人民共和国刑事诉讼法〉的解释》第

二条规定，犯罪地包括犯罪行为发生地和犯罪结果发生地。根据上述规定，虚假诉讼刑事案件既可以由犯罪行为发生地或者犯罪结果发生地人民法院管辖，也可以由被告人居住地人民法院管辖。但是，在多个人民法院均有管辖权的情况下，有可能导致争夺或者推诿管辖权，还有可能出现虚假民事诉讼案件受理法院与刑事案件受理法院不一致的情况。在受理法院不一致的情况下，由于相关案件材料均集中在虚假民事诉讼案件受理法院，刑事办案机关需要异地调查取证和固定证据，办案成本将大幅增加。更加重要的是，在民事案件审理过程中，被告有可能向异地公安机关报案，称原告方存在虚假诉讼犯罪嫌疑，要求异地公安机关立案侦查，要求民事诉讼案件受理法院中止或者终结民事审判程序，从而达到阻碍民事诉讼正常进行、避免自己败诉的不正当目的。类似情况在实践中已经出现，应当引起高度重视，并采取适当措施予以解决。

我们经研究认为，为了维护正常民事诉讼秩序，解决实践中存在的突出问题，有必要对虚假诉讼刑事案件的地域管辖范围作出进一步明确。有意见提出，为了确保此类民刑交叉案件的公正审理，最好由同一审判组织统一审理相关的民事案件和刑事案件。① 在现阶段人民法院内部民事、刑事审判部门存在明确分工的情况下，由同一审判组织统一审理民事案件和刑事案件的条件尚不成熟，由同一地区的人民法院审理相关的民事案件和刑事案件，是现阶段可以作出的最优选择。本解释第十条明确，虚假诉讼刑事案件由虚假民事诉讼案件的受理法院所在地或者执行法院所在地人民法院管辖。虚假诉讼罪属于轻罪，一般应由基层人民法院管辖。实践中，如果虚假民事诉讼案件的受理法院或者执行法院本身就是基层人民法院，这种情况下，由同一人民法院的刑事审判部门审理相关刑事案件即可；如果虚假民事诉讼案件的受理法院或者执行法院属于中、高级法院，则可以由辖区内基层人民法院审理相关刑事案件。采取这种处理方式，有利于民事和刑事办案机关之间相互协调，确保案件及时、公正处理，并可以防止部分当事人利用地域管辖恶意干扰民事诉讼案件的正常审理。

本解释起草过程中，有意见提出，为确保此类案件公正审理，审理虚假民事诉讼案件的人民法院应当回避，由异地人民法院审理相关刑事案件。研究认为，一般情况下，人民法院与虚假民事诉讼案件当事人之间并无利益关联，一律实行异地管辖，既无必要，可行性也不高。但是，在司法工作人员利用职权与他人相互串通，共同实施虚假诉讼犯罪的情况下，虚假民事诉讼案件的受理法院或者执行法院应当回避，适用《刑事诉讼法》第二十六条的规定，实行异地指定管辖。本解释第十条明确，有《刑法》第三百零七条之一第四款情形的，上级人民法院可以指定下级人民法院将案件移送其他人民法院审判。

（撰稿人：周　峰　汪　斌　李加玺）

① 张卫平：《民刑交叉诉讼关系处理的规则与法理》，载《法学研究》2018 年第 3 期。

【链　　接】

最高人民法院刑四庭负责人就虚假诉讼刑事案件司法解释答记者问

日前，“两高”发布《最高人民法院、最高人民检察院关于办理虚假诉讼刑事案件适用法律若干问题的解释》（以下简称本解释），并于2018年10月1日起施行。最高人民法院刑四庭负责人就本解释涉及的主要问题，回答了记者提问。

一、问：请介绍本解释的出台背景和起草经过

答：近年来，随着人民群众法律意识和法治观念的不断增强，公民、法人和其他组织之间发生民事纠纷后，选择向人民法院提起民事诉讼，通过法律途径保护权利、定纷止争，成为解决民事纠纷、维护自身权益的重要途径。为保护公民、法人和其他组织依法行使诉权，人民法院自2015年5月起全面实行立案登记制改革。在多种因素的共同作用下，各级人民法院受理的民商事案件数量大幅增长。与此同时，部分个人和单位出于种种目的，故意捏造事实向人民法院提起虚假民事诉讼，意图骗取人民法院生效裁判文书，牟取不正当利益。此类行为不仅严重侵害他人合法权益，同时也扰乱了正常的诉讼秩序，损害了司法权威。在极少数民商事案件中，司法工作人员和当事人恶意串通，共同实施虚假诉讼违法犯罪行为，以达到帮助他人逃避合法债务、非法确认驰名商标、规避商品房或机动车限购政策等不正当目的，造成了恶劣影响。

十八届四中全会通过的《中共中央关于全面推进依法治国若干重大问题的决定》明确提出，加大对虚假诉讼的惩治力度。实践中，虚假诉讼违法犯罪行为方式复杂多样，需要运用民事、刑事等多种手段进行综合惩治。2012年修正的《民事诉讼法》第一百一十二条和第一百一十三条①规定：“当事人之间恶意串通，企图通过诉讼、调解等方式侵害他人合法权益的，人民法院应当驳回其请求，并根据情节轻重予以罚款、拘留；构成犯罪的，依法追究刑事责任。被执行人与他人恶意串通，通过诉讼、仲裁、调解等方式逃避履行法律文书确定的义务的，人民法院应当根据情节轻重予以罚款、拘留；构成犯罪的，依法追究刑事责任。”上述条款针对虚假诉讼犯罪行为的定罪处罚设置了指引

---

① 现为《民事诉讼法》（2023年修正）第一百一十五条、第一百一十六条。

性规定，但是，当时的刑法条文中尚无相应的虚假诉讼罪名。2015 年 11 月 1 日起施行的《刑法修正案（九）》增设了虚假诉讼罪，《刑法》第三百零七条之一第一款规定："以捏造的事实提起民事诉讼，妨害司法秩序或者严重侵害他人合法权益的，处三年以下有期徒刑、拘役或者管制，并处或者单处罚金；情节严重的，处三年以上七年以下有期徒刑，并处罚金。"第二款至第四款还对单位犯罪、数罪竞合的处理和司法工作人员犯该罪的处罚原则等作出了规定。但是，由于缺乏明确具体的认定标准，司法机关运用刑罚武器惩罚虚假诉讼犯罪人仍然存在一定困难，迫切需要出台配套司法解释。最高人民法院、最高人民检察院经过深入调研和广泛征求意见，结合司法工作实际，制定了本解释。本解释的出台，对于依法惩治虚假诉讼犯罪活动，维护司法秩序，保护公民、法人和其他组织合法权益，具有重要的理论和实践意义。

二、问：本解释起草过程中有哪些基本原则和总体考虑

答：本解释起草过程中，主要有以下几个方面的原则和考虑。

第一，严格遵循罪刑法定原则。根据刑法规定，法律明文规定为犯罪行为的，依照法律定罪处刑；法律没有明文规定为犯罪行为的，不得定罪处刑。本解释属于对刑法条文含义和适用标准的具体阐释，不能超出《刑法》的规定范围，对虚假诉讼犯罪行为的界定和确定的定罪量刑标准等内容，必须以刑法的规定为依据。另外，实践中虚假诉讼违法犯罪行为呈现多发态势，在民事诉讼和行政诉讼中均有发生。但是，根据刑法规定，虚假诉讼犯罪行为表现为"以捏造的事实提起民事诉讼"，即虚假诉讼罪仅适用于民事诉讼领域。对于实践中出现的以捏造的事实提起行政诉讼的行为，不能以虚假诉讼罪定罪处刑。

第二、依法保护人民群众的合法诉权。诉权是人民群众享有的在其权益受到侵犯或者与他人发生争执时，依法提起诉讼，请求人民法院给予诉讼救济的权利，是法律赋予当事人的一项基本权利。依法惩治虚假诉讼犯罪行为，不能侵害人民群众依法享有的诉权，否则就偏离了刑事立法的初衷。为依法保护人民群众的合法诉权，本解释起草过程中着重解决了以下三个方面问题：首先，明确定罪量刑标准，对于什么是虚假诉讼犯罪行为、什么情况下可以认定为虚假诉讼罪，给予人民群众以明确的行为预期和规范指引。其次，明确规制对象，确定适当的处罚范围，将刑法规定的虚假诉讼罪限定为"无中生有型"捏造事实行为。再次，注意与民事诉讼法相关规定的衔接，将定罪标准确定为立案后人民法院采取保全措施、开庭审理或者作出裁判文书等程序节点，确保对大部分虚假诉讼违法行为通过罚款、司法拘留等民事诉讼强制措施予以处罚，只有达到定罪标准的才判处刑罚，形成民事处罚和刑事惩罚手段的层次递进关系，防止刑事打击面过广。

第三，立足司法实际，突出打击重点。本解释从司法实际出发，立足于重点打击严重危害诉讼秩序、侵害他人合法权益的虚假诉讼犯罪行为，对实践中常见多发、人民群众反映强烈的六种典型的虚假诉讼犯罪行为作出了列举式规定，并设置了兜底性条款。另外，针对实践中争议较大的民事执行程序是否属于虚假诉讼罪中的“民事诉讼”，本解释也作出了明确规定。

第四，坚持宽严相济原则。宽严相济刑事政策不仅是立法政策，也是司法政策，要求区别对待不同犯罪，做到该宽则宽，当严则严，宽严相济，罚当其罪。2016 年 11 月“两高三部”《关于在部分地区开展刑事案件认罪认罚从宽制度试点工作的办法》对于犯罪嫌疑人和被告人认罪认罚从宽作出了明确规定。本解释明确，对于实施了虚假诉讼犯罪行为但未达到情节严重标准的犯罪人，如果系初犯，在民事诉讼过程中自愿具结悔过，接受人民法院处理决定，积极退赃、退赔的，可以认定为犯罪情节轻微，不起诉或者免予刑事处罚；确有必要判处刑罚的，可以从宽处罚。另一方面，考虑到司法工作人员利用职权与他人串通实施虚假诉讼犯罪行为的严重危害性，本解释同时规定，对其中的司法工作人员，不适用上述认罪认罚从宽的规定。

三、问：本解释对《刑法》规定的虚假诉讼犯罪行为是如何界定的

答：如何界定《刑法》规定的虚假诉讼犯罪行为，即如何理解刑法规定的虚假诉讼罪的罪状“以捏造的事实提起民事诉讼”，是本解释需要重点解决的问题之一。本解释明确，单方或者与他人恶意串通，采取伪造证据、虚假陈述等手段，捏造民事法律关系，虚构民事纠纷，向人民法院提起民事诉讼的，属于刑法规定的虚假诉讼犯罪行为。对此，实践中需要注意把握以下几个问题：

第一，虚假诉讼犯罪仅限于“无中生有型”行为，即凭空捏造根本不存在的民事法律关系和因该民事法律关系产生民事纠纷的情形。如果存在真实的民事法律关系，行为人采取伪造证据等手段篡改案件事实，向人民法院提起民事诉讼的，不能认定为虚假诉讼罪，构成犯罪的，可以以伪造公司、企业、事业单位、人民团体印章罪或者妨害作证罪等罪名追究其刑事责任。捏造事实即可以是积极行为，也可以是特定形式的消极行为。行为人隐瞒他人已经全部清偿债务的事实，向人民法院提起民事诉讼，要求对方履行债务的，也可以构成虚假诉讼罪。

第二，虚假诉讼犯罪行为的具体实施方式可以表现为“单方欺诈型”和“恶意串通型”。《刑法》中的虚假诉讼犯罪行为与《民事诉讼法》第一百一十二条、第一百一十三条规定的虚假诉讼行为并不完全等同，除了当事人双方恶意串通之外，一方当事人以捏造的事实提起民事诉讼，意图使对方当事人败诉，以达到非法占有对方财产等目的的，也可以构成虚假诉讼罪。

第三，民事执行程序属于虚假诉讼罪中的“民事诉讼”。以捏造的事实申请人民法院进行民事执行，同样可能妨害司法秩序和严重侵害他人合法权益，

需要采取刑事手段予以规制。实践中存在的向人民法院申请执行基于捏造的事实作出的仲裁裁决、公证债权文书，或者在民事执行过程中以捏造的事实对执行标的提出异议、申请参与执行财产分配，均可以构成虚假诉讼罪。

第四，为了突出打击重点，方便司法实践中正确适用和准确把握虚假诉讼罪，本解释对实践中常见多发的夫妻债务认定、以物抵债、公司债务、知识产权侵权和不正当竞争、企业破产、民事执行等类型案件中捏造民事法律关系的行为作了列举式规定，并在兜底条款中对捏造民事法律关系的行为应当如何界定作了进一步明确。这种规定方式属于不完全列举。从理论上讲，虚假诉讼犯罪行为可能存在于几乎所有类型的民商事案件中。实践中，需要根据《刑法》和本解释的规定予以正确理解，准确适用。

四、问：本解释对虚假诉讼罪的定罪量刑标准是如何规定的

答：根据《刑法》规定，妨害司法秩序和严重侵害他人合法权益均属于虚假诉讼罪的成立条件，具备其一即可构成犯罪。但是，实践中，妨害司法秩序和严重侵害他人合法权益难以截然分开，需要统筹考虑、综合把握。本解释在总结司法工作经验的基础上，明确以捏造的事实提起民事诉讼，致使人民法院采取保全措施，或者开庭审理、干扰正常司法活动，或者作出裁判文书、制作财产分配方案、立案执行仲裁裁决和公证债权文书的，应当以虚假诉讼罪定罪处罚。另外，根据主客观相统一原则，确定被告人的刑事责任和决定执行的刑罚，既要考虑行为的客观危害性，又要考察其主观恶性和人身危险性。本解释明确，虽然不具备上述情形，但行为人具有虚假诉讼违法犯罪前科，或者多次实施虚假诉讼行为的，也应认定为虚假诉讼罪。明确上述定罪标准，有利于合理确定刑法的规制范围，并与民事诉讼法的相关规定保持协调衔接。

根据《刑法》规定，虚假诉讼罪适用第二档法定刑的条件为“情节严重”。从逻辑关系上讲，此处的“情节严重”，应当同时包括妨害司法秩序情节严重和严重侵害他人合法权益情节严重两种情形。本解释充分考虑上述两种情况，明确规定了适用第二档法定刑的六种具体情形。考虑到实践中的情况千差万别，难以作出穷尽规定，本解释还对定罪量刑标准设置了兜底性条款。

五、问：如何确定虚假诉讼刑事案件的地域管辖

答：根据《刑事诉讼法》的规定，刑事案件由犯罪地的人民法院管辖，如果由被告人居住地的人民法院审判更为适宜的，可以由被告人居住地的人民法院管辖。其中，犯罪地包括犯罪行为发生地和犯罪结果发生地。实践中，在多个人民法院对虚假诉讼刑事案件都有管辖权的情况下，有可能出现争夺或者推诿管辖权的现象，还有可能出现虚假民事诉讼案件与刑事案件的审判法院不一致的情况，这种情况下，由于相关案件材料集中在虚假民事诉讼的审判法院，刑事案件的侦办机关需

要异地调查取证和固定案件证据，办案成本和处理难度将大大增加。更为重要的是，少数民事诉讼案件中的被告方为了避免败诉的结果，有可能向异地司法机关报案，称原告方存在虚假诉讼犯罪嫌疑，要求异地司法机关立案侦查，从而达到阻碍民事诉讼正常进行、避免己方败诉的不正当目的。这种情况在实践中时有发生，应当引起重视。本解释对虚假诉讼刑事案件的地域管辖作了进一步明确，虚假诉讼刑事案件由虚假民事诉讼案件的受理法院所在地或者执行法院所在地的人民法院管辖。由同地司法机关统一处理虚假民事诉讼案件和刑事案件，有利于案件的公正及时处理，并可以防止部分民事诉讼当事人恶意利用刑事诉讼手段干扰民事诉讼程序的正常进行。另外，在司法工作人员利用职权与他人串通，共同实施虚假诉讼犯罪行为的情况下，可以实行异地管辖，由虚假民事诉讼案件的受理法院或者执行法院以外的其他人民法院管辖。

六、问：如何正确处理虚假民事诉讼案件和刑事案件的衔接问题

答：根据《刑事诉讼法》的规定，公安机关或者人民检察院发现虚假诉讼犯罪事实或者犯罪嫌疑人，应当按照管辖范围立案侦查；任何单位和个人发现有虚假诉讼犯罪事实或者犯罪嫌疑人，有权利也有义务向司法机关报案或者举报；被害人对侵犯其人身、财产权利的虚假诉讼犯罪事实或者犯罪嫌疑人，有权向司法机关报案或者控告。另外，对于人民法院在审理民商事案件过程中，发现有虚假诉讼犯罪线索的应当如何处理，1998 年《最高人民法院关于在审理经济纠纷案件中涉及经济犯罪嫌疑若干问题的规定》、2015 年《最高人民法院关于审理民间借贷案件适用法律若干问题的规定》和 2016 年《最高人民法院关于防范和制裁虚假诉讼的指导意见》等司法解释和规范性文件均有规定。考虑到上述规定已经比较具体明确，本解释对此问题未再涉及。实践中，对于人民法院在审理民商事案件过程中发现有虚假诉讼犯罪线索的，民商事案件应当如何处理以及虚假诉讼犯罪线索应当如何移送，可以依照上述司法解释和规范性文件的相关规定执行。

七、问：本解释的时间效力如何确定

答：本解释第十二条规定，本解释自 2018 年 10 月 1 日起施行。应当明确的是，司法解释是对审判、检察工作中具体应用法律问题所作的解释，其效力适用于作为解释对象的法律施行期间。对于法律施行后、司法解释实施前发生的行为，司法解释施行后尚未处理或者正在处理的案件，依照司法解释的规定办理；对于在司法解释施行前已经办结的案件，按照当时的法律和司法解释，认定事实和适用法律没有错误的，不再变动。虚假诉讼罪是自 2015 年 11 月 1 日起施行的《刑法修正案（九）》增设的罪名。对于 2015 年 11 月 1 日之前发生的行为，不能以虚假诉讼罪定罪处罚；对于 2015 年 11 月 1 日之后发生的虚

假诉讼犯罪行为，如果在本解释施行前已经办结，且认定事实和适用法律没有错误的，不再变动，如果在本解释施行前尚未处理或者正在处理的，应当适用本解释的相关规定定罪量刑。

最高人民法院　最高人民检察院
关于办理窝藏、包庇刑事案件适用法律若干问题的解释

法释〔2021〕16号

（2020年3月2日最高人民法院审判委员会第1794次会议、2020年12月28日最高人民检察院第十三届检察委员会第58次会议通过　2021年8月9日最高人民法院、最高人民检察院公告公布　自2021年8月11日起施行）

为依法惩治窝藏、包庇犯罪，根据《中华人民共和国刑法》《中华人民共和国刑事诉讼法》的有关规定，结合司法工作实际，现就办理窝藏、包庇刑事案件适用法律的若干问题解释如下：

第一条　明知是犯罪的人，为帮助其逃匿，实施下列行为之一的，应当依照刑法第三百一十条第一款的规定，以窝藏罪定罪处罚：

（一）为犯罪的人提供房屋或者其他可以用于隐藏的处所的；

（二）为犯罪的人提供车辆、船只、航空器等交通工具，或者提供手机等通讯工具的；

（三）为犯罪的人提供金钱的；

（四）其他为犯罪的人提供隐藏处所、财物，帮助其逃匿的情形。

保证人在犯罪的人取保候审期间，协助其逃匿，或者明知犯罪的人的藏匿地点、联系方式，但拒绝向司法机关提供的，应当依照刑法第三百一十条第一款的规定，对保证人以窝藏罪定罪处罚。

虽然为犯罪的人提供隐藏处所、财物，但不是出于帮助犯罪的人逃匿的目的，不以窝藏罪定罪处罚；对未履行法定报告义务的行为人，依法移送有关主管机关给予行政处罚。

第二条　明知是犯罪的人，为帮助其逃避刑事追究，或者帮助其获得从宽处罚，实施下列行为之一的，应当依照刑法第三百一十条第一款的规定，以包庇罪定罪处罚：

（一）故意顶替犯罪的人欺骗司法机关的；

（二）故意向司法机关作虚假陈述或者提供虚假证明，以证明犯罪的人没有实施犯罪行为，或者犯罪的人所实施行为不构成犯罪的；

（三）故意向司法机关提供虚假证明，以证明犯罪的人具有法定从轻、减轻、免除处罚情节的；

（四）其他作假证明包庇的行为。

第三条 明知他人有间谍犯罪或者恐怖主义、极端主义犯罪行为，在司法机关向其调查有关情况、收集有关证据时，拒绝提供，情节严重的，依照刑法第三百一十一条的规定，以拒绝提供间谍犯罪、恐怖主义犯罪、极端主义犯罪证据罪定罪处罚；作假证明包庇的，依照刑法第三百一十条的规定，以包庇罪从重处罚。

第四条 窝藏、包庇犯罪的人，具有下列情形之一的，应当认定为刑法第三百一十条第一款规定的“情节严重”：

（一）被窝藏、包庇的人可能被判处无期徒刑以上刑罚的；

（二）被窝藏、包庇的人犯危害国家安全犯罪、恐怖主义或者极端主义犯罪，或者系黑社会性质组织犯罪的组织者、领导者，且可能被判处十年有期徒刑以上刑罚的；

（三）被窝藏、包庇的人系犯罪集团的首要分子，且可能被判处十年有期徒刑以上刑罚的；

（四）被窝藏、包庇的人在被窝藏、包庇期间再次实施故意犯罪，且新罪可能被判处五年有期徒刑以上刑罚的；

（五）多次窝藏、包庇犯罪的人，或者窝藏、包庇多名犯罪的人的；

（六）其他情节严重的情形。

前款所称“可能被判处”刑罚，是指根据被窝藏、包庇的人所犯罪行，在不考虑自首、立功、认罪认罚等从宽处罚情节时应当依法判处的刑罚。

第五条 认定刑法第三百一十条第一款规定的“明知”，应当根据案件的客观事实，结合行为人的认知能力，接触被窝藏、包庇的犯罪人的情况，以及行为人和犯罪人的供述等主、客观因素进行认定。

行为人将犯罪的人所犯之罪误认为其他犯罪的，不影响刑法第三百一十条第一款规定的“明知”的认定。

行为人虽然实施了提供隐藏处所、财物等行为，但现有证据不能证明行为人知道犯罪的人实施了犯罪行为的，不能认定为刑法第三百一十条第一款规定的“明知”。

第六条 认定窝藏、包庇罪，以被窝藏、包庇的人的行为构成犯罪为前提。

被窝藏、包庇的人实施的犯罪事实清楚，证据确实、充分，但尚未到案、尚未依法裁判或者因不具有刑事责任能力依法未予追究刑事责任的，不影响窝藏、包庇罪的认定。但是，被窝藏、包庇的人归案后被宣告无罪的，应当依照法定程序宣告窝藏、包庇行为人无罪。

第七条 为帮助同一个犯罪的人逃避刑事处罚，实施窝藏、包庇行为，又实施洗钱行为，或者掩饰、隐瞒犯罪所得及其收益行为，或者帮助毁灭证据行为，或者伪证行为的，依照处罚较重的犯罪定罪，并从重处罚，不实行数罪并罚。

第八条 共同犯罪人之间互相实施的窝藏、包庇行为，不以窝藏、包庇罪定罪处罚，但对共同犯罪以外的犯罪人实施窝藏、包庇行为的，以所犯共同犯罪和窝藏、包庇罪并罚。

第九条 本解释自 2021 年 8 月 11 日起施行。

【解　　读】

解读《最高人民法院、最高人民检察院关于办理窝藏、包庇刑事案件适用法律若干问题的解释》

一、本解释起草的指导思想、基本方法和过程

（一）坚持以习近平法治思想为指导

习近平法治思想是指导我们司法工作的理论基础。我们在起草《关于办理窝藏、包庇刑事案件适用法律若干问题的解释》（以下简称本解释）稿时，首先组织起草小组成员认真学习习近平法治思想，深刻领会精神实质，切实在起草工作中将习近平法治思想贯彻好、落实好。在具体起草工作中，结合现代法治社会的实际情况和司法实践出现的新问题，对条文和内容作出了较为科学的规定。

（二）切实体现社会主义核心价值观

为确保在司法解释工作中体现社会主义核心价值观，我们认真学习并坚决贯彻最高人民法院发布的《关于在司法解释中全面贯彻社会主义核心价值观的工作规划（2018—2023）》精神。就本解释而言，主要体现“法治”“诚信”“友善”的核心价值观。

首先，体现“法治”这一核心价值观。公民支持、维护司法机关正常司法活动，是遵守法律的重要体现，一切窝藏、包庇犯罪分子，破坏刑事诉讼秩序的行为，都应当予以依法打击。但刑法条文对何为窝藏、何为包庇却没有明确规定。为此，本解释根据刑法理论和司法实践的总结，对窝藏、包庇罪的构成要件作了明确规定，以指导司法办案，引领社会行为规范。同时，对窝藏、包庇罪的情节严重，刑法亦未明确规定，一些司法机关对确属情节严重的窝藏、

包庇犯罪不敢适用刑法关于情节严重的规定，以致该规定处于虚置状态；而一些司法机关对情节严重的规定认识有偏差，导致一些可以从宽处罚的案件予以从重处罚，影响了宽严相济刑事政策的全面落实。本解释根据这一实际，在充分调研的基础上，对窝藏、包庇情节严重情形作了细化规定。

其次，体现“诚信”“友善”的核心价值观。“诚信”即诚实守信，是人类社会千百年传承下来的道德传统，也是社会主义道德建设的重点内容。“友善”强调公民之间应互相尊重、互相关心、互相帮助，和睦友好，努力形成社会主义新型人际关系。体现在本解释中，就是要求公民与犯罪作斗争，而不是所谓的一团和气，更不是实施窝藏、包庇行为。正确理解和实践“诚信”“友善”这一核心价值观，应理解为对好人的“诚信”“友善”，对罪犯的揭发，甚至大义灭亲，让犯罪分子特别是严重犯罪分子无处可循。这是“诚信”“友善”的基本要求和应有之义。

（三）注重刑法理论、刑法规定和刑事司法实践的有机统一

对窝藏、包庇罪的研究，在刑法学界并不充分，主要原因是司法实践中，案件数相对不大。

但是，有些困惑、争议客观存在。1979 年《刑法》对窝藏、包庇罪的规定仅是以简单罪状表述，1997 年《刑法》虽然采用了叙明罪状的方式，但对如何理解窝藏、包庇罪的犯罪构成，如何理解和适用情节严重，一直没有司法解释。

法学界对窝藏罪的外延、对如何确定情节严重及对《刑法》条文本身如何理解存在争议，例如，根据《刑法》规定，明知是犯罪的人而为其提供隐藏处所、财物，帮助其逃匿的，是窝藏罪；但窝藏罪的客观行为如何理解，在学理上存有争论。

一种观点认为，提供隐藏处所、财物是行为，帮助罪犯逃匿是目的。另一种观点则认为，提供隐藏处所、财物与帮助逃匿是并列关系，都是窝藏行为。那么，给犯罪分子通风报信而未提供隐藏处所、财物的，能否认定为窝藏？两种不同的观点得出的结论是不一样的。如何取舍？就要认真研究不同观点的利弊，认真探究立法宗旨或者意图，要综合考虑采用不同的观点带来的社会效果，权衡刑法打击与保障关系、刑罚谦抑性与惩罚性关系等等，同时还得考虑司法实践中的可操作性问题。

本解释稿的每一条都是在对上述几个方面进行认真思考、比较、研究后，才提出最终意见。即便这样，在征求意见时，依然有不同观点。对此，我们都认真听取，努力做到每一个条款都实现刑法理论、《刑法》规定和刑事司法实践的有机统一。

本解释经最高人民法院审判委员会讨论同意立项后，刑四庭起草小组主要做了以下工作：

1. 调研。起草小组采取书面调研和现场调研相结合的方式，分别赴浙江省、重庆市、江苏省、辽宁省等地现场调研，了解窝藏、包庇刑事案件的审理情况，现场听取相关法院从事刑事审判工作的领导和法官的意见。在浙江省还听取了部分检察机关、公安机关同志的意见。在此基础上，对本解释稿进行多次修改，形成征求意见稿。

2. 征求意见。一是征求各高院意见。将征求意见稿发往上海、天津、江苏、安徽、福建、山东、湖南、四川、广东、陕西、宁夏等高级法院，广泛征求地方法院的意见，收集各地5年以来审理窝藏、包庇刑事案件的基本情况、相关做法和经验教训等，并收集了大量案例。最高人民法院研究室征集5年来窝藏、包庇刑事案件的基本数据，力求既在微观上了解具体案件的情况，又在宏观大数据上了解此类案件布局、结构、态势等特点。在充分调研的基础上，对本解释稿进行多次修改。二是征求最高人民法院各刑庭的意见。三是特别征求最高人民法院研究室的意见。四是征求最高人民检察院、公安部的意见。最高人民检察院建议与其联合发布本解释。五是充分听取全国人大常委会法工委的意见。

3. 与最高人民检察院联合进行修改。根据调研情况和征求意见情况，起草小组和最高人民检察院研究室的同志对本解释稿逐条逐句进行研究和修改。中国人民大学刑法学教授、博士生导师，刑四庭挂职副庭长田宏杰全程参与，并从学者的角度提出了修改意见。本解释经“两高”修改后，于2020年3月2日由最高人民法院审判委员会第1794次会议、2020年12月28日由最高人民检察院第十三届检察委员会第五十八次会议通过，自2021年8月11日起施行。

二、窝藏、包庇犯罪的构罪要件

（一）窝藏罪的构罪要件

根据《刑法》第三百一十条第一款的规定，明知是犯罪的人而为其提供隐藏处所、财物，帮助其逃匿的，构成窝藏罪。

实践中，主要分歧在于：窝藏行为是否仅限于提供隐藏处所、财物的行为？分歧的主要原因是如何理解提供隐藏处所、财物与帮助逃匿之间的关系。

第一种观点认为两者之间是手段与目的关系；第二种观点认为两者之间是并列的选择关系；第三种观点认为两者之间是后者包含前者的关系，前者是后者的典型示例。

我们认为，从《刑法》条文的结构分析，两者之间是手段与目的的关系。《刑法》第三百一十条规定了两个罪，即窝藏罪和包庇罪。窝藏罪的罪状描述为“提供隐藏处所、财物，帮助其逃匿”，而包庇罪的罪状描述是“作假证明包庇”。包庇罪的客观行为是作假证明，目的是包庇。同理，窝藏罪的客观行为是提供隐藏处所、财物，目的是帮助犯罪的人逃匿。两个罪名的逻辑结构一致，表现了立法的严谨性。为慎重起见，我们征求并充分听取了全国人大常委会法工委的意见。根据立法机关建议，本解释对窝藏罪的构成要件进行了规定，将提供隐藏处所、财物与帮助犯罪的人逃匿之间的关系定位为手段与目的的关系。

调研中，有观点认为，应当将为犯罪的人通风报信、出谋划策的行为规定为窝藏罪的行为之一。理由是：该行为严重妨碍侦查，妨碍刑事诉讼；而且，《刑法》第三百六十二条也规定："旅馆业、饮食服务业、文化娱乐业、出租汽车业等单位的人员，在公安机关查处卖淫、嫖娼活动时，为违法犯罪分子通风报信，情节严重的，依照本法第三百一十条的规定定罪处罚。"本解释未采纳该意见。

主要理由：一是通风报信、出谋划策行为不属于提供隐藏处所、财物的行为，司法解释不能随便扩大刑法的调整范围。二是《刑法》第三百六十二条是特别规定，该条规定只适用于涉卖淫刑事案件，不能依据此条规定将所有通风报信行为都作犯罪化处理。三是国家工作人员为犯罪的人通风报信，刑法规定了渎职犯罪予以规制。而普通群众难以获得相关信息，即便有通风报信行为，一般也不必作为犯罪论处；如果情节严重，妨害公安、安全机关执行国家安全任务造成严重后果的，可以妨害公务罪定罪处罚。

调研中，对指示逃跑路线的行为能否作为提供隐藏处所行为对待，有不同认识。笔者认为，对刑法语词的解释应该遵循罪刑法定原则和常理。对于提供隐藏处所中的"处所"进行解释，既不能局限于日常生活概念，又不能任意扩大；指示逃跑路线一般情况下不具有提供处所的性质；如果行为人为帮助犯罪的人逃匿，既指示逃跑路线，又提供隐藏处所或者财物，构成犯罪的，则应当以窝藏罪定罪处罚。

据此，本解释第一条第一款对窝藏罪的构成要件，以列举的方式作了如下规定："明知是犯罪的人，为帮助其逃匿，实施下列行为之一的，应当依照刑法第三百一十条第一款的规定，以窝藏罪定罪处罚：（一）为犯罪的人提供房屋或者其他可以用于隐藏的处所的；（二）为犯罪的人提供车辆、船只、航空器等交通工具，或者提供手机等通讯工具的；（三）为犯罪的人提供金钱的；（四）其他为犯罪的人提供隐藏处所、财物，帮助其逃匿的情形。"

本解释第一条第二款规定："保证人在犯罪的人取保候审期间，协助其逃匿，或者明知犯罪的人的藏匿地点、联系方式，但拒绝向司法机关提供的，应当依照刑法第三百一十条第一款的规定，对保证人以窝藏罪定罪处罚。"该内容系从《最高人民法院关于适用〈中华人民共和国刑事诉讼法〉的解释》第一百五十七条援引而来。该条规定："根据案件事实和法律规定，认为已经构成犯罪的被告人在取保候审期间逃匿的，如果系保证人协助被告人逃匿，或者保证人明知被告人藏匿地点但拒绝向司法机关提供，对保证人应当依法追究责任。”

本解释第一条第三款系出罪条款，主要是为了防止某些人虽然提供了隐藏处所、财物，但没有帮助犯罪的人逃匿的主观目的也被定罪处罚的情形。同时，本款规定，对某些具有法定报告义务的行为人未履行法定报告义务的，依法移送有关主管机关给予行政处罚。

（二）包庇罪的构罪要件

本解释第二条规定：“明知是犯罪的人，为帮助其逃避刑事追究，或者帮助其获得从宽处罚，实施下列行为之一的，应当依照刑法第三百一十条第一款的规定，以包庇罪定罪处罚：（一）故意顶替犯罪的人欺骗司法机关的；（二）故意向司法机关作虚假陈述或者提供虚假证明，以证明犯罪的人没有实施犯罪行为，或者犯罪的人所实施行为不构成犯罪的；（三）故意向司法机关提供虚假证明，以证明犯罪的人具有法定从轻、减轻、免除处罚情节的；（四）其他作假证明包庇的行为。”

调研中，主要分歧在于：行为人为犯罪的人作假证明，以证明其具有法定从轻、减轻、免除处罚情节的，能否认定为包庇行为？包庇与伪证行为如何区分？

有观点认为，作假证明的目的是帮助犯罪分子逃避刑事处罚；如果作假证明的目的是让犯罪的人得到从轻、减轻、免除处罚，如假立功、假自首，则应当以伪证罪定罪处罚。理由是：1. 作假证明的目的是帮助犯罪分子逃避刑事处罚。2. 窝藏与包庇应当具有相当的社会危害性，窝藏的后果是可能造成犯罪的人无法被追究，包庇只有造成司法机关不能正常进行刑事诉讼的危险，才能与窝藏行为具有相当的社会危害性。提供从宽处罚的虚假证明显然无法造成这一风险，不宜扩大刑事的追诉范围。

经研究，我们认为，向司法机关提供虚假的书面证明，以证明犯罪的人具有法定从轻、减轻、免除处罚情节的，应当以包庇罪定罪处罚，而不以伪证罪定罪处罚。

理由是：1. 根据《刑法》第三百零五条的规定，伪证行为要以意图陷害他人或者隐匿罪证为目的，上述行为既不是意图陷害他人，也不是隐匿罪证，而是提供虚假证明，因此，不能以伪证罪论处。这也是伪证罪与包庇罪的主要区别。2. 不能简单地将窝藏与包庇两种行为可能造成的危害性进行比较，二者没有可比性。窝藏不可能使犯罪的人受到从宽处罚，而只能使其逃避处罚，这是由窝藏行为的特质决定的。实践中不存在犯罪的人由于被窝藏而受到从宽处罚的情况。

一般情况下，证人拒绝提供证据，不构成包庇罪，除非其作假证明。但有一个例外，即《刑法》第三百一十一条规定的“明知他人有间谍犯罪或者恐怖主义、极端主义犯罪行为，在司法机关向其调查有关情况、收集有关证据时，拒绝提供，情节严重的”，构成拒绝提供间谍犯罪、恐怖主义犯罪、极端主义犯罪证据罪。如果证人明知他人有上述间谍犯罪等，故意提供假证明的，如何处理？对此，本解释第三条专门作了规定：“明知他人有间谍犯罪或者恐怖主义、极端主义犯罪行为，在司法机关向其调查有关情况、收集有关证据时，拒绝提供，情节严重的，依照刑法第三百一十一条的规定，以拒绝提供间谍犯罪、恐怖主义犯罪、极端主义犯罪证据罪定罪处罚；作假证明包庇的，依照刑法第三百一十条的规定，以包庇罪从重处罚”。

三、窝藏、包庇情节严重的认定

根据《刑法》第三百一十条规定，犯窝藏、包庇罪，情节严重的，处 3 年以上 10 年以下有期徒刑。实践中，对情节严重的认识不一致，不同法院之间对于情节严重的把握标准不统一，该认定情节严重的未认定，不该认定的却被认定。各高级法院也未对情节严重的标准作出规范性规定，而完全由审理法院在个案中自行掌握，导致标准不统一，量刑不均衡。大多数法院都将被窝藏、包庇的人被判处无期徒刑以上刑罚作为窝藏、包庇的情节严重标准；少数法院参照包庇毒品犯罪分子罪，将被窝藏、包庇的人被判处 15 年有期徒刑以上刑罚作为窝藏、包庇的情节严重标准。对窝藏、包庇特殊犯罪，如危害国家安全犯罪、恐怖主义或者极端主义犯罪、黑社会性质犯罪等，未作为窝藏、包庇的情节严重标准。

笔者认为，对窝藏、包庇罪情节严重的标准，应从以下两个方面予以判断：1. 从被窝藏、包庇的犯罪性质、罪行轻重来判断；2. 从窝藏、包庇犯罪行为本身判断。这里涉及窝藏、包庇犯与被窝藏、包庇犯的量刑平衡问题。实践中，也存在窝藏、包庇犯单次犯罪的罪责重于被窝藏、包庇犯的特殊情况，如危险驾驶罪的最高法定刑为拘役六个月，但明知他人犯危险驾驶罪为其“顶包”的，可能构成包庇罪，最高可被判处三年有期徒刑刑罚。对此，不能机械地认为窝藏、包庇罪被判处的刑罚要比被窝藏、包庇犯罪判处的刑罚轻；危险驾驶罪是一个尚未发生实害结果的危险犯，而“顶包”行为严重妨害了司法秩序，其实际危害比危险驾驶罪更大。

据此，本解释第四条第一款规定：“窝藏、包庇犯罪的人，具有下列情形之一的，应当认定为刑法第三百一十条第一款规定的‘情节严重’：（一）被窝藏、包庇的人可能被判处无期徒刑以上刑罚的；（二）被窝藏、包庇的人犯危害国家安全犯罪、恐怖主义或者极端主义犯罪，或者系黑社会性质组织犯罪的组织者、领导者，且可能被判处 10 年有期徒刑以上刑罚的；（三）被窝藏、包庇的人系犯罪集团的首要分子，且可能被判处 10 年有期徒刑以上刑罚的；（四）被窝藏、包庇的人在被窝藏、包庇期间再次实施故意犯罪，且新罪可能被判处5年有期徒刑以上刑罚的；（五）多次窝藏、包庇犯罪的人，或者窝藏、包庇多名犯罪的人的；（六）其他情节严重的情形”。

根据以往的司法解释惯例及司法实践的需要，本解释第四条第二款对该条第一款所称的“可能被判处”刑罚，明确规定为“指根据被窝藏、包庇的人所犯罪行，在不考虑自首、立功、认罪认罚等从宽处罚情节时应当依法判处的刑罚”，以避免司法实践中出现不统一做法。

四、窝藏、包庇罪的明知要件的认定

本解释第五条从3个方面对如何认定窝藏、包庇罪的明知要件作了规定。

一是第一款规定：“认定刑法第三百一十条第一款规定的‘明知’，应当根据案件的客观事实，结合行为人的认知能力，接触被窝藏、包庇的犯罪人的情况，以及行为人和犯罪人的供述等主、客观因素进行认定。”该款只是明确了认定明知的基本方法，具体到个案，司法工作者还需要结合案件实际情况进行判断。我们认为，具有下列情形之一的，应当认定行为人属于《刑法》第三百一十条第一款规定的“明知”，但有证据证明确实不知道的除外：（一）行为人目击犯罪事实发生的；（二）犯罪的人告知其实施犯罪行为的；（三）根据衣着、携带物品等，应当能够判断出系犯罪的人的；（四）司法机关查处犯罪事实时已经明确告知的；（五）其他可以认定为明知的情形。

二是第二款规定：“行为人将犯罪的人所犯之罪误认为其他犯罪的，不影响刑法第三百一十条第一款规定的‘明知’的认定”。即在认定明知时，只需要认定行为人明知被窝藏、包庇的人系犯罪的人即可，至于是何种犯罪，无需苛求。

三是第三款规定：“行为人虽然实施了提供隐藏处所、财物等行为，但现有证据不能证明行为人知道犯罪的人实施了犯罪行为的，不能认定为刑法第三百一十条第一款规定的‘明知’”。

五、窝藏、包庇罪罪与非罪、一罪与数罪问题

（一）窝藏、包庇罪罪与非罪的界限

实践中，行为人实施窝藏、包庇行为，但被窝藏、包庇的人并未实施犯罪行为，而只实施了一般违法行为的，不能认定行为人构成窝藏、包庇罪。即窝藏、包庇罪应当以被窝藏、包庇的人实施了构成犯罪的行为为前提。

该前提包含以下两个方面含义：一是被窝藏、包庇的人所实施的犯罪行为有充分证据证明，且达到了犯罪的程度；二是对窝藏、包庇罪事实的认定，原则上应当在对被窝藏、包庇的人所实施的犯罪依法裁判确定后进行。

虽然本解释第六条第二款规定“被窝藏、包庇的人实施的犯罪事实清楚，证据确实、充分，但尚未到案、尚未依法裁判或者因不具有刑事责任能力依法

未予追究刑事责任的，不影响窝藏、包庇罪的认定”，但在被窝藏、包庇的人尚未受到刑事追究的情况下，先追究窝藏、包庇者的刑事责任，存在诸多不确定性。

因此，上述规定只能作为一种例外，只针对极少数情况下，由于被窝藏、包庇的犯罪人还有其他犯罪事实，一时难以查清或者因为其他原因尚未依法裁判，为依法及时审判窝藏、包庇犯罪案件，才在被窝藏、包庇的人尚未受到刑事追究时先行认定窝藏、包庇罪的情形。实践中，还应当关注本款关于“被窝藏、包庇的人归案后被宣告无罪的，应当依照法定程序宣告窝藏、包庇行为人无罪”的提示性规定。

（二）窝藏、包庇罪一罪与数罪的问题

实践中，出于帮助同一犯罪人逃避处罚的目的，既实施窝藏又实施包庇，甚至有其他妨害司法行为的，本解释确立了择一重罪从重处罚原则，而不实行数罪并罚。如李某故意杀人后，其妻王某明知李某犯罪，将李某的血衣清洗（焚烧），给李某一万元钱帮助其逃匿，在公安机关调查时又出假证词称李某没有作案时间。

理论上，王某分别实施了帮助毁灭证据、窝藏、包庇行为，构成帮助毁灭证据罪、窝藏罪、包庇罪。但是，王某实施这一系列行为都是基于一个故意，即帮助李某逃避刑事处罚。

我们认为，为避免机械司法，保证司法裁判结果符合人民群众朴素的正义观，对这种情形不实行数罪并罚，而是择一重罪定罪从重处罚也能实现罪责刑相适应。据此，本解释第七条规定：“为帮助同一个犯罪的人逃避刑事处罚，实施窝藏、包庇行为，又实施洗钱行为，或者掩饰、隐瞒犯罪所得及其收益行为，或者帮助毁灭证据行为，或者伪证行为的，依照处罚较重的犯罪定罪，并从重处罚，不实行数罪并罚。”

调研中，有观点认为，妨害司法罪其他几个罪名的行为之间可能存在竞合，可以不实行数罪并罚，但掩饰、隐瞒犯罪所得及其收益行为，不仅妨害司法，还侵犯财产权，行为方式与窝藏、包庇也存在差异，不实行数罪并罚缺乏充足依据。我们认为，该观点理论上有一定道理，但本解释第七条强调的是行为人基于一个帮助犯罪的人逃避刑事处罚的故意而实施的数个行为，各行为都是为了实现同一目的，相互间联系密切，故不实施并罚更符合主客观相统一原则。这样规定，方便基层法院处理此类案件，符合人民群众对法律的朴素认知和正义情感。

六、共同犯罪人之间窝藏、包庇行为的处理

有观点认为，共同犯罪人之间窝藏、包庇的，应当以其所犯共同犯罪和窝藏、包庇罪并罚。我们认为，共同犯罪人之间互相实施的窝藏、包庇行为，不

能以窝藏、包庇罪定罪处罚。理由主要是：1. 共同犯罪人之间相互窝藏、包庇的，不具有期待可能性，属于事后不可罚行为。2. 窝藏、包庇犯罪的主体，应当是被窝藏、包庇犯罪以外的人，自己不能成为窝藏、包庇自己犯罪的主体，包括共同犯罪人也不属于窝藏、包庇罪的犯罪主体。因为窝藏、包庇罪的前提是明知窝藏、包庇的对象是犯罪的人，而明知当然是指自己以外的犯罪人而言。另外，从“帮助其逃匿”等用语分析，也不可能包括帮助自己逃匿。据此，本解释第八条规定：“共同犯罪人之间互相实施的窝藏、包庇行为，不以窝藏、包庇罪定罪处罚，但对共同犯罪以外的犯罪人实施窝藏、包庇行为的，以所犯共同犯罪和窝藏、包庇罪并罚。”

七、关于“亲亲相隐”问题

“亲亲相隐”是中国古代刑律的一项原则，主要内容包括亲属有罪相隐，不论罪或减刑；控告应相隐的亲属要处刑；国事重罪不适用相隐原则。以儒家思想为主导的中华法系，基于维护伦理道德和家族制度目的，确立了“亲亲相隐”原则。

新中国成立后，这一原则未在法律中明确规定，司法实践中也有不同做法，比如儿子犯罪，母亲仅给了少量钱款，并未实质上影响公安机关对犯罪分子的抓捕却被判刑的例子并不鲜见。

实际上，近年来我国立法和司法解释中也有体现“亲亲相隐”原则精神的相应规定。

如《刑事诉讼法》第一百九十三条第一款规定：“经人民法院通知，证人没有正当理由不出庭作证的，人民法院可以强制其到庭，但是被告人的配偶、父母、子女除外。”最高人民法院《关于审理掩饰、隐瞒犯罪所得、犯罪所得收益刑事案件适用法律若干问题的解释》第二条规定，掩饰、隐瞒犯罪所得及其产生的收益行为构成犯罪，但系为近亲属掩饰、隐瞒犯罪所得及其产生的收益行为，且初犯、偶犯，又认罪、悔罪并退赃、退赔，可以认定为犯罪情节轻微，免予刑事处罚。再如最高人民法院《关于审理毒品犯罪案件适用法律若干问题的解释》第六条第三款规定：“包庇走私、贩卖、运输、制造毒品的近亲属，或者为其窝藏、转移、隐瞒毒品或者毒品犯罪所得的财物，不具有本条前两款规定的情节严重情形，归案后认罪、悔罪、积极退赃，且系初犯、偶犯，犯罪情节轻微不需要判处刑罚的，可以免予刑事处罚。”

上述规定尚不属于典型的“亲亲相隐”制度规定。对窝藏、包庇罪中是否要规定“亲亲相隐”，争议很大。调研中不少人认为，目前对“亲亲相隐”原则作出明确的制度化规定，条件尚不成熟；在司法实践中，对犯罪人的近亲属犯窝藏、包庇犯罪的，一般也会从宽处理，因此，司法解释对该原则不明确规定，也不会影响司法办案效果。调研中有人建议，对“亲亲相隐”问题，最高人民法院可以通过发布典型案例或者解读释义的方式，指导司法办案。经慎重考虑，本解释采纳了这一观点。

对亲属间实施的窝藏、包庇行为，可从以下4个方面把握：第一，近亲属实施窝藏、包庇行为，考虑到这类情况下的犯罪动机主要是出于亲情，而不是妨碍司法秩序，总体上可予从宽；第二，近亲属实施窝藏、包庇行为，情节较轻，且认罪悔罪的，可免予刑事处罚或者不起诉；第三，近亲属实施窝藏、包庇行为，属情节严重，但未造成严重妨害司法活动的实际后果，且认罪悔罪，可酌情从宽处罚，具有自首、立功等法定从宽处罚情节的，可以不起诉或者免予刑事处罚；第四，其他亲情和血缘关系密切的人实施窝藏、包庇行为，应与近亲属有所区别，只能参照近亲属的处罚原则适度从宽。

根据《刑事诉讼法》第一百零八条第六项规定，近亲属是指夫、妻、父、母、子、女、同胞兄弟姊妹。实践中，其他亲情和血缘关系密切的人应当是具有下列情形之一的：1. 祖父母、外祖父母、孙子女、外孙子女；2. 三代以内旁系血亲；3. 近姻亲，即近亲属的配偶、配偶的近亲属、配偶近亲属的配偶；4. 共同生活的公婆和丧偶儿媳、岳父母和丧偶女婿；5. 具有亲情或者血缘关系且共同生活的其他亲属。上述所称子女，包括养子女、继子女。

（撰稿人：滕　伟　陆建红　田文莎）

最高人民法院
关于审理掩饰、隐瞒犯罪所得、犯罪所得收益刑事案件适用法律若干问题的解释

（2015 年 5 月 11 日最高人民法院审判委员会第 1651 次会议通过
根据 2021 年 4 月 7 日最高人民法院审判委员会第 1835 次会议
《关于修改〈关于审理掩饰、隐瞒犯罪所得、犯罪所得收益
刑事案件适用法律若干问题的解释〉的决定》修正）

为依法惩治掩饰、隐瞒犯罪所得、犯罪所得收益犯罪活动，根据刑法有关规定，结合人民法院刑事审判工作实际，现就审理此类案件具体适用法律的若干问题解释如下：

第一条 明知是犯罪所得及其产生的收益而予以窝藏、转移、收购、代为销售或者以其他方法掩饰、隐瞒，具有下列情形之一的，应当依照刑法第三百一十二条第一款的规定，以掩饰、隐瞒犯罪所得、犯罪所得收益罪定罪处罚：

（一）一年内曾因掩饰、隐瞒犯罪所得及其产生的收益行为受过行政处罚，又实施掩饰、隐瞒犯罪所得及其产生的收益行为的；

（二）掩饰、隐瞒的犯罪所得系电力设备、交通设施、广播电视设施、公用电信设施、军事设施或者救灾、抢险、防汛、优抚、扶贫、移民、救济款物的；

（三）掩饰、隐瞒行为致使上游犯罪无法及时查处，并造成公私财物损失无法挽回的；

（四）实施其他掩饰、隐瞒犯罪所得及其产生的收益行为，妨害司法机关对上游犯罪进行追究的。

人民法院审理掩饰、隐瞒犯罪所得、犯罪所得收益刑事案件，应综合考虑上游犯罪的性质、掩饰、隐瞒犯罪所得及其收益的情节、后果及社会危害程度等，依法定罪处罚。

司法解释对掩饰、隐瞒涉及计算机信息系统数据、计算机信息系统控制权的犯罪所得及其产生的收益行为构成犯罪已有规定的，审理此类案件依照该规定。

依照全国人民代表大会常务委员会《关于〈中华人民共和国刑法〉第三百四十一条、第三百一十二条的解释》，明知是非法狩猎的野生动物而收购，数

量达到五十只以上的，以掩饰、隐瞒犯罪所得罪定罪处罚。

第二条 掩饰、隐瞒犯罪所得及其产生的收益行为符合本解释第一条的规定，认罪、悔罪并退赃、退赔，且具有下列情形之一的，可以认定为犯罪情节轻微，免予刑事处罚：

（一）具有法定从宽处罚情节的；

（二）为近亲属掩饰、隐瞒犯罪所得及其产生的收益，且系初犯、偶犯的；

（三）有其他情节轻微情形的。

第三条 掩饰、隐瞒犯罪所得及其产生的收益，具有下列情形之一的，应当认定为刑法第三百一十二条第一款规定的“情节严重”：

（一）掩饰、隐瞒犯罪所得及其产生的收益价值总额达到十万元以上的；

（二）掩饰、隐瞒犯罪所得及其产生的收益十次以上，或者三次以上且价值总额达到五万元以上的；

（三）掩饰、隐瞒的犯罪所得系电力设备、交通设施、广播电视设施、公用电信设施、军事设施或者救灾、抢险、防汛、优抚、扶贫、移民、救济款物，价值总额达到五万元以上的；

（四）掩饰、隐瞒行为致使上游犯罪无法及时查处，并造成公私财物重大损失无法挽回或其他严重后果的；

（五）实施其他掩饰、隐瞒犯罪所得及其产生的收益行为，严重妨害司法机关对上游犯罪予以追究的。

司法解释对掩饰、隐瞒涉及机动车、计算机信息系统数据、计算机信息系统控制权的犯罪所得及其产生的收益行为认定“情节严重”已有规定的，审理此类案件依照该规定。

第四条 掩饰、隐瞒犯罪所得及其产生的收益的数额，应当以实施掩饰、隐瞒行为时为准。收购或者代为销售财物的价格高于其实际价值的，以收购或者代为销售的价格计算。

多次实施掩饰、隐瞒犯罪所得及其产生的收益行为，未经行政处罚，依法应当追诉的，犯罪所得、犯罪所得收益的数额应当累计计算。

第五条 事前与盗窃、抢劫、诈骗、抢夺等犯罪分子通谋，掩饰、隐瞒犯罪所得及其产生的收益的，以盗窃、抢劫、诈骗、抢夺等犯罪的共犯论处。

第六条 对犯罪所得及其产生的收益实施盗窃、抢劫、诈骗、抢夺等行为，构成犯罪的，分别以盗窃罪、抢劫罪、诈骗罪、抢夺罪等定罪处罚。

第七条 明知是犯罪所得及其产生的收益而予以掩饰、隐瞒，构成刑法第三百一十二条规定的犯罪，同时构成其他犯罪的，依照处罚较重的规定定罪处罚。

第八条 认定掩饰、隐瞒犯罪所得、犯罪所得收益罪，以上游犯罪事实成立为前提。上游犯罪尚未依法裁判，但查证属实的，不影响掩饰、隐瞒犯罪所得、犯罪所得收益罪的认定。

上游犯罪事实经查证属实，但因行为人未达到刑事责任年龄等原因依法不予追究刑事责任的，不影响掩饰、隐瞒犯罪所得、犯罪所得收益罪的认定。

第九条 盗用单位名义实施掩饰、隐瞒犯罪所得及其产生的收益行为，违法所得由行为人私分的，依照刑法和司法解释有关自然人犯罪的规定定罪处罚。

第十条 通过犯罪直接得到的赃款、赃物，应当认定为刑法第三百一十二条规定的“犯罪所得”。上游犯罪的行为人对犯罪所得进行处理后得到的孳息、租金等，应当认定为刑法第三百一十二条规定的“犯罪所得产生的收益”。

明知是犯罪所得及其产生的收益而采取窝藏、转移、收购、代为销售以外的方法，如居间介绍买卖，收受，持有，使用，加工，提供资金账户，协助将财物转换为现金、金融票据、有价证券，协助将资金转移、汇往境外等，应当认定为刑法第三百一十二条规定的“其他方法”。

第十一条 掩饰、隐瞒犯罪所得、犯罪所得收益罪是选择性罪名，审理此类案件，应当根据具体犯罪行为及其指向的对象，确定适用的罪名。

【注　　解】

最高人民法院2015年5月29日公布本解释，法释〔2015〕11号，自2015年6月1日起施行。

最高人民法院2021年4月13日公布《最高人民法院关于修改〈关于审理掩饰、隐瞒犯罪所得、犯罪所得收益刑事案件适用法律若干问题的解释〉的决定》修正本解释，法释〔2021〕8号，该修正自2021年4月15日起施行。

【解　　读】

解读《最高人民法院关于审理掩饰、隐瞒犯罪所得、犯罪所得收益刑事案件适用法律若干问题的解释》

一、问题的提出

2015年5月29日，最高人民法院发布了《关于审理掩饰、隐瞒犯罪所得、犯罪所得收益刑事案件适用法律若干问题的解释》（以下简称本解释），就审理此类案件具体适用法律的若干问题提出了具体意见。这对于依法惩治掩饰、隐瞒犯罪所得、犯罪所得收益犯罪，维护正常的刑事追诉活动，加大对财产权的司法保护力度，具有重要的指导意义。

近年来，随着侵财犯罪数量的不断增加，掩饰、隐瞒犯罪所得、犯罪所得收益刑事案件呈逐年上升趋势，其犯罪形式、犯罪手段日趋多样化。面对这种形势，《刑法修正案（六）》对原《刑法》第三百一十二条窝藏、转移、收购、销售赃物罪做了三个方面的修改：第一，行为方式增加了窝藏、转移、收购、代为销售以外的“其他方法”；第二，犯罪对象从“犯罪所得的赃物”扩大为“犯罪所得及其产生的收益”，罪名也相应修改为掩饰、隐瞒犯罪所得、犯罪所得收益罪；第三，提高了法定刑幅度，“情节严重的，处三年以上七年以下有期徒刑，并处罚金”。此后，《刑法修正案（七）》增加了单位作为本罪的犯罪主体。2014 年 4 月 24 日，第十二届全国人民代表大会常务委员会第八次会议又公布了《关于〈中华人民共和国刑法〉第三百四十一条、第三百一十二条的解释》（以下简称《人大解释》），该解释规定“知道或者应当知道是刑法第三百四十一条第二款规定的非法狩猎的野生动物而购买的，属于刑法第三百一十二条第一款规定的明知是犯罪所得而收购的行为”。明确了对收购珍贵、濒危野生动物之外的普通野生动物行为如何处罚的问题，指引适用《刑法》第三百一十二条。

我们在调研中发现，这类案件在司法实践中存在一些问题。如对定罪标准和“情节严重”的标准存在很大争议，一方面，由于法律条文中没有规定数额，有些法院认为只要存在掩饰、隐瞒犯罪所得、犯罪所得收益的行为即构成犯罪，对数额很小，情节显著轻微的，不敢宣告无罪，另一方面，因“情节严重”的标准模糊，也不敢适用三到七年的法定刑幅度，造成轻重失衡；对本罪与其他犯罪的界限把握不恰当，如某地法院审理的被告人薛某某等掩饰、隐瞒犯罪所得一案，被告人明知他人的财物系犯罪所得而实施了秘密窃取行为，法院认为“秘密窃取”系“其他方法”，认定被告人犯掩饰、隐瞒犯罪所得罪。鉴于上述问题法律和司法解释均没有明确规定，最高人民法院成立了起草小组。

二、理解与适用

（一）关于入罪标准

虽然《刑法》第三百一十二条第一款在表述上没有数额或情节的要求，但仍有必要明确一个以数额为主，兼顾其他情形的标准，理由是：（1）有利于突出重点从严打击此类犯罪的立法精神。近年来，掩饰、隐瞒犯罪所得、犯罪所得收益犯罪呈上升势头。《刑法修正案（六）》《刑法修正案（七）》对《刑法》第三百一十二条做了重大修改，从行为方式、法定刑幅度、单位犯罪等方面体现出从严打击此类犯罪的决心。但是，司法实践中，在适用本条规定时，却存在以罚代刑，或者将只需要治安处罚的行为予以定罪处罚的现象，究其原因，是治安处罚和构成犯罪之间存在模糊地带。因此，如果不对此类犯罪从情节、数额等方面设定一定的入罪标准，那么可能导致某些应该作为犯罪处理的进入不了司法程序，而一些可以不以犯罪处理的治安案件，一旦起诉到法院，法院又不敢宣判无罪。因此，为体现既要突出打击构成犯罪的行为，又要确保惩治的准确性，避免以罚代刑的现象，有必要厘清行政处罚法和刑法适用的边界。而通过司法解释来明确本罪的入罪标准，出发点就在于使打击犯罪的依据明确化、统一化，避免随意性和不公平现象，更加合理和高效地打击犯罪。(2) 符合司法实践的现实需要。本罪虽不是数额犯，但通过调研发现，本罪的上游犯罪多为侵财性犯罪，其中，盗窃的比例高达 90%以上，诈骗、抢夺、职务侵占的比例占 8%左右。可见，数额对于判断本罪社会危害性大小的重要性是不言而喻的。如果不设定一定的数额标准，就有可能造成在一案中一人犯盗窃罪同时多人犯掩饰、隐瞒犯罪所得、犯罪所得收益罪，或者对本罪的处罚重于上游犯罪。(3) 符合犯罪构成的一般原理。掩饰、隐瞒犯罪所得、犯罪所得收益罪不是行为犯、举动犯，其犯罪构成同样需要符合一定的构罪要件。通过司法解释规定一个包括数额、情节等内容的入罪标准并不是改变本罪的性质，而是将言简意赅的法律条文所表达的构成要件予以细化。虽然法律条文没有要求数额，但是，司法解释对没有设定数额标准的犯罪，在数额上予以规定的先例不少，且实践证明将构成要件从数额上设置入罪标准，在司法实践中发挥了很好的指导作用。(4) 符合本罪的本质特征。本罪侵犯的是复杂客体，同时具有妨害刑事追诉活动和非法谋利的双重属性。本罪行为绝大多数都针对财产犯罪，因此对其以财产的数额进行限制具有合理性，而且犯罪对象财物的数额一定程度上能集中体现行为的社会危害大小，也便于法院正确执行法律，避免在司法实践中将该罪搞成严格的行为犯。(5) 符合原则性与例外性相结合的原则。本解释对入罪标准在数额上设置标准，但又不唯数额论，就是考虑到一些犯罪数额不大，但危害不小，同样应定罪处罚的情况。本解释对下列情况，虽然没有达到规定的数额，但仍然规定要以犯罪处理。一是一年内曾因实施掩饰、隐瞒犯罪所得、犯罪所得收益行为受过行政处罚，又再次实施此类行为的；二是明知掩饰、隐瞒的犯罪所得系正在使用的电力设备、交通设施、广播电视设施、公用电信设施、军事设施或者救灾、抢险、防汛、优抚、扶贫、移民、救济款物的；三是兜底条款，即掩饰、隐瞒行为致使上游犯罪无法及时查处，并造成公私财物损失无法挽回的以及实施其他掩饰、隐瞒犯罪所得及其产生的收益行为，妨害司法机关对刑事犯罪进行追究的。(6) 与国际上对洗钱罪的零容忍态度并不矛盾。本罪在国际上属于洗钱罪的大范畴，依国际公约对定罪不要求数额。但是，我国《刑法》立法定罪加定量的模式与英美刑法立法定性的模式不同，而且我国对不构成本罪的轻微行为仍然会予以行政处罚，符合国际公约对于洗钱行为广泛开展打击的要求。

本解释对掩饰、隐瞒犯罪所得、犯罪所得收益罪的入罪标准分三类。即基本标准、特殊标准和兜底条款。

1. 基本数额标准：本解释将本罪的基本数额标准设置为“三千元至一万元”。这个标准是经广泛调研和反复论证的，主要考虑到：(1) 本罪的定罪标准与上游犯罪密切相关。虽然上游犯罪的范围很广，类型多样，但主要是盗窃、诈骗等财产类犯罪，故应结合盗窃、诈骗等主要上游犯罪的标准来确定，其构罪数额不应低于上游犯罪的构罪数额标准；(2) 一些高院已经制定了相应的数额标准，可作为参考；(3) 已经出台的相关司法解释，也规定了掩饰、隐瞒相应犯罪所得、犯罪所得收益的构罪标准，均在三千元以上。如《最高人民法院、最高人民检察院关于办理危害计算机信息系统刑事案件应用法律若干问题的解释》第七条规定，明知是非法获取计算机信息系统数据犯罪所获取的数据、非法控制计算机信息系统犯罪所获取的计算机信息系统控制权，而予以转移、收购、代为销售或者以其他方法掩饰、隐瞒，违法所得五千元以上的，应当依照《刑法》第三百一十二条第一款的规定，以掩饰、隐瞒犯罪所得罪定罪处罚；(4) 虽然达不到规定的数额，但如果其他情节恶劣，应当以犯罪处理的，本解释还同时有特殊标准和兜底条款的规定，能够有效地发挥刑法堵截犯罪的功能，无需担心基本标准太高带来法网疏漏的问题。(5) 对达不到本项规定的基本数额标准，又不符合特殊标准和兜底条款情形的，不必一律进行刑事处罚，以体现刑法谦抑原则。如果有必要，可以根据治安处罚法进行处罚。

2. 特殊标准：由于掩饰隐瞒犯罪所得、犯罪所得收益犯罪所侵害的客体不仅仅是财产权，还妨害了司法秩序，刑法将本罪归位于破坏社会秩序犯罪中的第二节“妨害司法罪”。因此，犯罪数额虽然在一定程度上反映了本罪的危害性，在多数情况下是确定本罪的罪与非罪的主要标准，但本罪毕竟不是侵财类犯罪，犯罪数额绝对不是唯一标准。为此，解释根据行为具体的社会危害性大小，对虽没有达到一定数额，甚至掩饰、隐瞒的犯罪所得、犯罪所得收益没有财产价值，但妨害司法秩序，应当作为犯罪处理的几种特殊情形作了入罪规定。

本解释规定，一年内曾因掩饰、隐瞒犯罪所得、犯罪所得收益行为受过行政处罚，又再次实施上述行为的，应当以掩饰、隐瞒犯罪所得、犯罪所得收益罪定罪处罚。此类行为的社会危害性大，行为人的主观恶性深，不以数额论。当然，地方法院可根据案件的具体情况把握，如果数额确实非常小，情节显著轻微的，不以犯罪论。如第一次掩饰、隐瞒的数额为一千元，被行政处罚，第二次掩饰、隐瞒的数额为一百元。这种情况下，我们认为还是不以犯罪论处为宜。

本解释规定“掩饰、隐瞒的犯罪所得系电力设备、交通设施、广播电视设施、军事设施或者救灾、抢险、防汛、优抚、扶贫、移民、救济款物的"，应当以掩饰、隐瞒犯罪所得、犯罪所得收益罪定罪处罚。根据该规定，掩饰、隐瞒的对象为上述特殊财物的犯罪，没有数额要求，主要考虑这部分行为的社会危害性极大，且上游犯罪和掩饰、隐瞒行为的关联性非常紧密，破坏的是公共利益、国防利益、公共安全利益等受法律特殊保护的利益。俗话说，"没有买卖就没有杀戮"，可见此类犯罪危害性之大。举例来说，某些犯罪分子专门收购他人盗窃所得的电缆线、下水井盖等财物，一定程度上构成了危害公共安全的幕后黑手，只有切断和堵截收赃行为对上游犯罪的支持，才能有效打击和克制上游犯罪。因此，该项列举的犯罪不要求数额即可构罪，当然这里要求本罪的犯罪人对其掩饰、隐瞒对象的特殊性质是明知的。

3. 兜底条款：基于立法总是落后于司法实践的法理以及司法实践中确实存在少数难以适用前述基本标准和特殊标准的情形，本解释遵循了一般的立法例，设置了兜底条款。比如，某人第一次收购抢劫犯罪分子所抢价值五百元的手机一部，一般情况下，该行为不宜以犯罪论处。但是，该手机是该起抢劫犯罪的唯一客观性物证，行为人明知该手机是抢劫致人死亡犯罪所得，仍予以收购，并转手倒卖，致使上游抢劫犯罪的证据收集遇到困难，甚至影响案件破获，直至抢劫犯罪分子又实施其他抢劫犯罪被抓获后供出了此次犯罪。在这种情况下，由于行为人收购手机的行为，严重妨害了上游犯罪的追诉活动，应当追究其刑事责任。

另外，本解释还进一步释明了《人大解释》。《人大解释》的立法旨意在于明确对购买珍贵、濒危野生动物之外的普通野生动物行为如何处罚的问题，指引适用《刑法》第三百一十二条。适用《人大解释》第二款规定时应明确：(1) 购买野生动物不能适用掩饰、隐瞒犯罪所得、犯罪所得收益罪关于一般数额的规定。法律、司法解释无法对毒品等法律、法规禁止流通的违禁品的价值作出数额规定，但可以对数量作出规定。因此，在实务操作中，不能对违禁品进行价值计算。(2) 购买野生动物以掩饰、隐瞒犯罪所得罪定罪处罚，必须符合三个条件。一是野生动物必须是上游犯罪人非法狩猎所得。根据《刑法》第三百四十一条第一款规定，所有珍贵、濒危野生动物都是受法律保护的，非法猎捕、杀害的行为都构成犯罪。非法收购、运输、出售珍贵、濒危野生动物及其制品的行为都以非法收购、运输、出售珍贵、濒危野生动物、珍贵、濒危野生动物制品罪论处，而不以掩饰、隐瞒犯罪所得、犯罪所得收益罪论处。这是刑法对珍贵、濒危野生动物的特别保护，且刑罚配置高于掩饰、隐瞒犯罪所得、犯罪所得收益罪。而对一般野生动物，《刑法》第三百四十一条第二款则规定非法狩猎才构成犯罪，购买野生动物也只有购买非法狩猎的野生动物才构成掩饰、隐瞒犯罪所得、犯罪所得收益罪。因此，非法狩猎与否，既是决定狩猎行为是否构成犯罪的前提必要条件，也是决定收购野生动物是否构成犯罪的前提必要条件。二是收购人必须明知野生动物系非法狩猎所得。如何认定明知?《人大解释》将其定义为“知道或者应当知道是刑法第三百四十一条第二款规定的非法狩猎的野生动物而购买的”。三是收购非法狩猎的野生动物必须达到一定的数量。根据《最高人民法院关于审理破坏野生动物资源刑事案件具体应用法律若干问题的解释》第六条的规定，非法狩猎野生动物二十只以上的，构成非法狩猎罪，而非法狩猎罪的最高刑期是有期徒刑三年，与掩饰、隐瞒犯罪所得罪量刑幅度的第一档相同。因此，收购非法狩猎的野生动物构成犯罪的数量应当起码高于这个标准。掩饰、隐瞒犯罪所得罪作为“加入犯”，其定罪门槛，一般应高于“本犯”的定罪门槛。经研究并参考《国家林业局、公安部关于森林和陆生野生动物刑事案件管辖及立案标准》关于非法狩猎罪的立案标准分为普通案件（二十只以上)、重大案件（五十只以上)、特别重大案件（一百只以上),《解释》确定收购非法狩猎的野生动物达到五十只以上的构成掩饰、隐瞒犯罪所得罪。

需要说明的是，非法狩猎罪的最高刑期为三年，作为“加入犯”的掩饰、隐瞒犯罪所得罪，刑期不能高于“本犯”。即下游犯罪的刑期，在一般情况下应低于上游犯罪的刑期。而刑法对掩饰、隐瞒犯罪所得、犯罪所得收益罪有两个量刑幅度，即三年有期徒刑以下刑罚和情节严重时三年以上七年以下有期徒刑的刑罚。因此，购买非法狩猎的野生动物行为构成犯罪的，不宜适用《刑法》第三百一十二条第一款的“情节严重条款”，即不论购买多少野生动物，都只能在三年有期徒刑以下处罚，而不能在三年以上七年以下有期徒刑的幅度内处罚。并且，就同一犯罪对象而言，非法狩猎罪的刑罚应高于掩饰、隐瞒犯罪所得罪的刑罚。

（二）关于从宽处罚及出罪标准问题

本解释规定免予刑事处罚的具体情形，是根据司法实践对《刑法》第三十七条的具体落实。理由有三：一是掩饰、隐瞒犯罪所得、犯罪所得收益罪的社会危害性与上游犯罪相比相对较小，司法实践中适用非监禁刑的比例很高。因此，有必要设置专门条款，对免予刑事处罚的情形作出明确规定，便于基层法院适用。二是最高人民法院已有的司法解释，如有关诈骗罪、盗窃罪司法解释均有适用免予刑事处罚情形的规定，目的就是便于法院执行法律。三是增强量刑规范化工作需要。对免予刑事处罚情形的细化，可以减少法官在决定是否免予刑事处罚工作上的随意性。本解释将免予刑事处罚的情形从数额、罪中情节、罪后情节等方面进行了严格限制，已充分考虑了司法实践中的各种情况。

根据本解释，对掩饰、隐瞒犯罪所得、犯罪所得收益行为适用免予刑事处罚必须同时具备二个条件。第一个条件即“行为人认罪、悔罪并退赃、退赔”。需要明确的是，适用免予刑事处罚，只能针对掩饰、隐瞒犯罪所得及其产生的收益犯罪情节一般的行为，一般情况下，对情节严重，依法应当在三年以上七年以下有期徒刑幅度内量刑的，不宜适用免予刑事处罚。第二个条件即本解释规定的三种情形。情形之一，具有法定从宽处罚情节的。包括自首、立功、未成年人犯罪、又聋又哑的人或者盲人犯罪、犯罪中止、犯罪未遂、从犯、坦白等。情形之二，为近亲属掩饰、隐瞒犯罪所得及其产生的收益，且系初犯、偶犯的。关于近亲属之间犯本罪的处理，既体现了对近亲属间的掩饰、隐瞒犯罪所得、犯罪所得收益的宽大、人道原则，又设置了初犯、偶犯的条件，防止被滥用。情形之三，其他情节轻微的。这是兜底条款，规定的目的是司法实践中出现新的情况，确实需要给予行为人免予刑事处罚，但不符合前两项条件的。

本解释规定了为自用而收购的从宽处理原则。这一规定是基于刑法谦抑性并根据这类行为人主观恶性小的特点而制定的。适用该款规定，需要明确：(1) 行为人的行为从本质上说是构成犯罪的，但因犯罪情节较轻、行为人主观恶性较小，事后恢复性措施到位，而不作犯罪处理或者虽然追究刑事责任但酌情从宽处理。这与行为本身不构成犯罪是有本质区分的。在不作犯罪处理的情况下，需要适用《刑法》第十三条的“但书”规定，即“情节显著轻微危害不大的，不认为是犯罪”，而不能仅适用《解释》的规定。(2) 为自用而收购不以犯罪论处，必须同时符合以下三个条件：①购买赃物的目的是为自用。在实践中如何判断自用？一般认为，出于生活目的而购买，如购买自行车、摩托车等用于自己出行，购买高压锅等用于家庭生活的属于自用。购买生产资料如工厂机器，一般不宜认定为自用，即使是个体企业、私营企业用于生产经营，也不能认定为自用。也即说，自用的范围，应严格掌握在生活用品范围内。②所掩饰、隐瞒赃物的价值，刚达到本解释第一条第一款第一项的规定即刚达到三千元至一万元。这个“刚达到”，不能机械地理解为正好达到，而是超过不多。如某省制定的标准是三千元，那么，三千至四千元一般都可以理解为刚达到。同时，这里说的“刚达到”仅限于刚达到本解释第一条第一款第一项，对于因符合第二至第五项条件，即使是为自用而购买，也不适用无罪处理。理由在于，第二至第五项情况下，即使掩饰、隐瞒的数额并没有达到第一项的数额标准，但基于行为人的主观恶性深或者社会危害大，仍然予以追究刑事责任。③行为人认罪、悔罪并退赃、退赔的。

需要明确的是，为自用而购买赃物，即使追究刑事责任，也应当酌情从宽处理。对此类行为，定罪量刑时应与专门收赃再出售牟利的有所区别。另外，从宽处理的前提是行为人明知是犯罪所得，如果行为人不明知是犯罪所得而收购的，属于“善意购买”，不构成犯罪。

（三）关于“情节严重”的认定

《刑法修正案（六）》对本罪增加了一个法定刑幅度，旨在严厉打击此类犯罪。但由于司法实践中没有明确的标准可循，一方面使得法院轻易不敢认定情节严重，不利于打击某些严重犯罪，另一方面也造成量刑标准不统一，同样数额、情节的案件在不同地区判决结果差异很大。经研究认为，认定“情节严重”需要综合考虑犯罪所得、犯罪所得收益的价值总额、种类、犯罪的次数、上游犯罪的性质及对司法机关追查上游犯罪的妨害程度等因素。与本解释规定的入罪标准相对应，对“情节严重”分别规定了一般标准、特殊标准。

1. 一般标准

本解释对“情节严重”的一般标准，从犯罪数额上予以确定，设定为掩饰、隐瞒犯罪所得及其产生的收益价值总额达到十万元以上。这个标准设定的主要理由是：“情节严重”的数额标准不宜设置过高，否则实践中很难用到，但也不宜设置过低，否则可能造成量刑大幅上升，将情节严重的一般数额标准设定为十万元较为合适。(1) 十万元的标准与上游犯罪量刑相协调。根据调研的情况，本罪的上游犯罪中盗窃罪约占 90%，其余 10%以诈骗罪、抢夺罪、职务侵占罪等为主。因此，该数额标准参照了盗窃、诈骗、抢夺刑事案件的有关司法解释的数额规定，体现了本罪的社会危害性一般要小于上游犯罪的特点。(2) 十万元以上的案件适用“情节严重”比例较为合理。以江苏省为例，南通市最近五年以本罪立案的案件 420 件，价值总额在二十万元以上的只有 4 件，不到 1%，十万元以上的 20 件，不到 5%；泰州市最近五年收案 369 件，二十万元以上的 4 件，约占 1%，十万元以上的 11 件，不到 3%。如果以二十万元为情节严重的起点标准，达到这一标准的案件比例就过小，且江苏省是经济发达地区，在中西部地区，二十万以上的案件比例更小甚至没有，故以十万元为标准相对比较合适。(3) 将十万元作为情节严重的一般数额标准，有利于罪责刑均衡。根据我院研究室提供的统计数据，全国法院 2007 年 1 月至 2011 年 9 月，以掩饰、隐瞒犯罪所得、犯罪所得收益罪判处刑罚的共 79471 人，其中认定为“情节严重”判处三年以上七年以下有期徒刑的 2155 人，仅占 2.7%，比例极低。其主要原因就是对此类案件如何认定情节严重，缺乏明确的规定，法院不敢也缺依据认定“情节严重”，使一些该重判的得不到重判。(4) 十万元的标准有利于严厉打击此类犯罪。征求意见时，有观点认为，《机动车司法解释》规定情节严重的标准是五十万元或机动车五辆以上，解释稿规定十万元标准太低。经研究认为，机动车价值较大，五十万元的标准有一定合理性，但实践中，大量的掩饰、隐瞒犯罪所得及其收益的案件，多以自行车、电脑、手表、手机等日常生活用品为犯罪对象，价值较小，很难达到五十万元的标准，十万元的标准相对于三千元到五千元的定罪标准，已经提高了近三十倍，不宜再提高。

2. 特殊标准

即符合一定情形的，掩饰、隐瞒的数额减半，达到五万元以上或者虽然未达到五万元以上但掩饰、隐瞒犯罪所得及其产生的收益十次以上的，即可认定为本罪的“情节严重”。(1) 次数情形。两种情况：一种是掩饰、隐瞒犯罪所得十次以上的，行为次数多，社会危害性大，行为人属于“职业收赃人”，应严厉打击；另一种是实施掩饰、隐瞒犯罪所得行为三次以上的，价值总额达到前项十万元标准的百分之五十（五万元）的。适用该条款时，特别要注意“次数”的认定。要把握好以下两点：一是每一次掩饰、隐瞒的行为，必须是一个独立的行为，即独立的主观意图，独立的掩饰、隐瞒行为，独立的行为结果，但如果基于同一个故意，在同一时间、同一地点，同时或者连续对多起上游犯罪实施掩饰、隐瞒行为的，一般应认定为一次掩饰、隐瞒犯罪所得及其收益的行为。为同一个上游犯罪人同一起犯罪事实的犯罪所得及其收益而分多次予以窝藏、转移、收购、代为销售或者以其他方法掩饰、隐瞒的，由于其犯罪对象的同一性，也应认定为一次掩饰、隐瞒犯罪所得及其收益的行为；二是每一次掩饰、隐瞒的行为，不以每次都构成犯罪为前提；三是即使认定为一次掩饰、隐瞒犯罪所得及其收益的行为的，仍然必须注意同时适用本解释第三条第二款的规定并注意有关治安处罚时效和刑事追诉时效的规定。单次掩饰、隐瞒行为不构成犯罪，且超过治安处罚时效的，不再累计次数；单次掩饰、隐瞒行为构成犯罪，但超过刑事追究时效的，也不再累计次数。(2) 特殊财物。本解释针对公用设备、设施及其他特殊财物，对情节严重的标准有所降低，不要求次数的限制，只要数额达到一般标准十万元的一半即五万元以上，就可认定为“情节严重”。司法实践中大量存在对光缆铜线、电力设施变压器等的收赃行为，助长了破坏公用设施类的犯罪，社会危害性也较其他收赃行为更大，应当是打击的重点，也是《刑法修正案（六)》对本罪加重法定刑幅度的一个重要出发点。

3. 兜底条款

本解释第一款第四、五项对其他“情节严重”的情形予以规定。主要考虑，有的掩饰、隐瞒犯罪所得、犯罪所得收益的行为，虽然所涉及的犯罪数额不大，但上游犯罪的危害特别大，社会影响特别恶劣，甚至给国家和社会带来巨大的损失，由于掩饰、隐瞒行为，致使上游犯罪无法及时得到查处。在这种情况下，即使其犯罪数额不到十万元甚至不到五万元，但确属情节严重的，就应当依法认定为情节严重。

(四) 关于数额计算

财产型犯罪的数额计算问题，直接关系到是否构成犯罪、适用何量刑幅度、量刑轻重等问题。掩饰、隐瞒犯罪所得及其产生的收益的行为，虽然主要是妨害刑事追诉活动，但也侵害了财产权益，因此，数额计算仍然是很重要的问题。

1. 关于赃物的计价方法

由于财物价格变动较大，明确一个计价的时间点很重要。结合以前有关盗窃罪等财产型犯罪的计价方法，本罪采取以行为时的市场价为基准，以收购或者销赃价格为补充的计价方法。基准计价方法：以掩饰、隐瞒犯罪所得、犯罪所得收益行为时的市场价为基准。市场价的确定应当以价格鉴定机构作出的鉴定意见为准。补充计价方法：在一般情况下，收购和销售赃物的价格往往低于赃物实际价值。但也不排除在特殊情况下，行为人从上游犯罪人处收购赃物时或向他人销售赃物时的价格高于赃物的实际价值的情况。这种情况下，就高认定，以收购或代为销售价格计。

需要说明的是，在物价总体处于上涨的趋势下，案件被查处时赃物的价格往往高于行为时的价格，此时，必须严格依照行为时的价格计算犯罪数额，以保护被告人的合法利益。但是，也有案件查处时的价格低于行为时价格的情况。此时，仍然应该以行为时的价格计算犯罪数额，查处时的价格明显低于行为时价格的，应在量刑时予以酌情考虑。

2. 关于多次掩饰、隐瞒犯罪所得、犯罪所得收益的数额累计问题

对多次掩饰、隐瞒犯罪所得、犯罪所得收益的数额累计时，应当明确：(1) 适用累计的前提，是存在数个掩饰、隐瞒犯罪所得、犯罪所得收益的行为。(2) 数个掩饰、隐瞒行为既可能每次都构成犯罪，也可能每次都不构成犯罪，还可能有些单次构成犯罪，有些单次不构成犯罪。(3) 实践中，单次构成犯罪的掩饰、隐瞒行为，公安机关都要移送追究刑事责任。当然，事实上也存在构成犯罪的掩饰、隐瞒行为公安机关仅予以行政处罚的现象。在这种情况下，只能以是否经过公安机关行政处罚以及是否超过追诉期限来决定。否则，就可能违背“一事不再理”的刑事诉讼原则。(4) 对于未经公安机关行政处罚，并且未超过治安管理处罚法规定的追诉期限的掩饰、隐瞒行为，数额就应当累计计算；对于已经过行政处罚或者已经超过治安管理处罚法规定的追诉期限的，那么该次掩饰、隐瞒数额就不能累计计算。(5) 对于单次掩饰、隐瞒行为，如果构成犯罪的，是否累计计算，应当依照刑法关于追诉期限的规定处理。

另外，掩饰、隐瞒犯罪所得及其产生的收益的行为实施后产生的孳息不计入犯罪数额。比如，掩饰、隐瞒行为人将一百万赃款存入银行后产生一万元利息，这一万元利息只能作为非法所得认定，而不是掩饰、隐瞒犯罪所得、犯罪所得收益里的“收益”。本罪中的收益应当是指上游犯罪既遂后在上游犯罪人处产生的收益。

（五）关于此罪与彼罪

1. 关于以上游犯罪的共犯论处问题

本解释第五条规定，事前与盗窃、抢劫、诈骗、抢夺等犯罪分子通谋，掩饰、隐瞒犯罪所得及其产生的收益的，以盗窃、抢劫、诈骗、抢夺等犯罪的共犯论处。掩饰、隐瞒犯罪所得、犯罪所得收益的行为是事后的帮助行为，“犯罪所得及其产生的收益”中的“犯罪”应当是指既遂犯罪。对于事前与盗窃、抢劫、抢夺等犯罪分子通谋，实施掩饰、隐瞒犯罪所得、犯罪所得收益的，主

观上明知盗窃、抢劫、抢夺的行为人的犯罪内容、危害后果而与其通谋，形成共同的犯罪故意，客观上对盗窃、抢劫、抢夺的犯罪分子实施犯罪予以配合，应当以共同犯罪论处。此时，其掩饰、隐瞒行为就成了盗窃、抢劫、抢夺等犯罪的共同犯罪行为的组成内容。当然，在共同犯罪中的地位、作用，应根据其实际所起的地位、作用认定。

实践中需要注意的是，行为人实施盗窃、抢劫、抢夺等犯罪行为，由于系未成年人等原因而依法不追究刑事责任的，盗窃、抢劫、抢夺等行为本身仍然具有违法性，只是缺乏有责性而不可罚。掩饰、隐瞒行为人事先通谋、事中介入的，掩饰、隐瞒行为也具有违法性，与盗窃、抢劫、抢夺等犯罪行为人在违法层面仍然成立共同犯罪，掩饰、隐瞒行为人如果具有责任，则依照盗窃、抢劫、抢夺的共犯处理。

2. 关于“以盗窃罪、抢劫罪、诈骗罪、抢夺罪等定罪处罚”

在司法实践中，存在这样的案例：某日晚 8 时许，张某某携带一黑色电脑包来到薛某某任管理员的网吧，征得薛某某同意，将黑色电脑包放在吧台内，后张某某在网吧上网。薛某某从平时张某某的言谈及当晚的行为表现，怀疑张放置在吧台内的包是盗窃所得，遂询问张某某包内何物，张说是螺丝帽。当晚 11 时许，薛某某趁张某某不注意，擅自打开张存放在吧台内的黑色电脑包，发现包内有手提电脑 1 台等财物及美元、欧元等，价值共计人民币 10 万余元。薛某某让刘某将黑色电脑包拿走，事后二人分赃。次日，张某某到吧台拿包发现包已不见，遂报案，经侦查，薛某某、刘某供述了犯罪，同时张某某盗窃犯罪也案发。某区人民法院认为，被告人薛某某、刘某明知是犯罪所得而予以转移，其行为均构成掩饰、隐瞒犯罪所得罪，分别判处被告人薛某某有期徒刑二年，并处罚金人民币五千元、被告人刘某有期徒刑一年，并处罚金人民币三千元。该案例中，某区法院认为，被告人薛某某等人秘密窃取赃物的方法系掩饰、隐瞒犯罪所得罪中的“其他方法”。经研究认为，诈骗、盗窃或抢劫、抢夺他人犯罪所得，客观上起到了转移他人犯罪所得的效果。但是，从罪质上说，应属于诈骗、盗窃或者抢劫、抢夺犯罪。理由：(1) 主观上，行为人只具有侵犯他人财产的故意，不具有掩饰、隐瞒犯罪所得的故意。(2) 客观上，行为人实施诈骗、盗窃或抢劫、抢夺的行为，未经上游犯罪人许可或者默认，侵犯了上游犯罪人的“利益”。而掩饰、隐瞒犯罪的行为人的掩饰、隐瞒行为对上游犯罪的犯罪人是一种事后帮助，其行为应当是基于上游犯罪行为人的意思的，即行为人与上游犯罪行为人是形成合意的。(3) 两者侵犯的法益不同。诈骗、盗窃或抢劫、抢夺行为侵犯的是公私财产权，其中抢劫、抢夺犯罪还侵犯公民人身权利。而掩饰、隐瞒犯罪所得、犯罪所得收益罪侵犯的主要是司法秩序。(4) 犯罪所得可以成为诈骗、盗窃或抢劫、抢夺的对象。诈骗、盗窃或抢劫、抢夺虽然侵犯的是公私财产权利，但这些犯罪的客体不要求被害人对财物具有合法的占有或所有权，而只要求占有关系，这点在刑法理论上没有争议，司法实践中也是普遍这样认识的。

3. 关于竞合关系的问题

（1）法规竞合关系。涉及《刑法》第一百九十一条洗钱罪，第三百一十二条掩饰、隐瞒犯罪所得、犯罪所得收益罪，第三百四十九条窝藏、转移、隐瞒毒品、毒赃罪，根据《最高人民法院关于审理洗钱等刑事案件具体应用法律若干问题的解释》第三条规定，这三个条文间属于法规竞合关系，按照一般法与特别法的适用原则从一重罪处断。（2）想象竞合关系。例如，行为人明知是他人犯罪所得的枪支而予以窝藏，同时构成掩饰、隐瞒犯罪所得罪和私藏枪支罪。按照想象竞合犯从一重罪处的原则定罪处罚。（3）牵连关系。掩饰、隐瞒犯罪所得、犯罪所得收益的手段行为或目的行为可能构成其他犯罪如滥用职权罪、故意毁坏文物罪等，依照从一重罪处的原则定罪处罚。

（六）关于上游犯罪认定对本罪的影响问题

掩饰、隐瞒犯罪所得、犯罪所得收益罪，应当以上游犯罪事实成立为前提。这是一个基本原则。这一原则包含两层内容。第一层是，上游犯罪事实必须成立，既指上游犯罪事实有充分证据证明，也指上游犯罪事实达到了犯罪的程度。如果上游行为虽然存在，但依法不构成犯罪的，则掩饰、隐瞒行为也不构成犯罪。举例说，张三收购了李四、王五、徐六等十人分别盗窃的电动车各一辆，每辆电动车的价格均为一千元，但李四等人的行为均未达到盗窃犯罪的数额标准，因而均不构成盗窃罪，而张三所收购的自行车价值总额达到一万元，依照本解释第一条第一款第一项规定，已经达到构罪标准，但因李四等上游行为人的行为均不构成犯罪，张三的行为也不构成掩饰、隐瞒犯罪所得、犯罪所得收益罪，而只能依照治安处罚法进行处罚。第二层是，对掩饰、隐瞒犯罪所得、犯罪所得收益罪事实的认定，原则上应当在对上游犯罪依法裁判确定后进行。本解释规定的“上游犯罪尚未依法裁判，但查证属实的，不影响掩饰、隐瞒犯罪所得、犯罪所得收益罪的认定”，只能作为一种例外，也即只有极少数情况下，由于上游犯罪人还有其他犯罪事实一时难以查清或者因为其他原因尚未依法裁判，为依法及时审判掩饰、隐瞒犯罪所得及其收益案件，才在上游犯罪查证属实的情况下先行认定本罪。

上游犯罪事实经查证属实，但因行为人未达到刑事责任年龄等原因依法不予追究刑事责任的，不影响掩饰、隐瞒犯罪所得、犯罪所得收益罪的认定。这样规定，主要是此种情形下，上游犯罪事实仍然存在，在依法不追究上游行为人的刑事责任的情况下，不要放纵了实施掩饰、隐瞒行为的行为人。

（七）关于盗用单位名义犯罪的问题

1997 年修订的《刑法》，对单位掩饰、隐瞒犯罪所得、犯罪所得收益的行为，是不以单位犯罪处理的。刑法修正案七增加了本罪单位犯罪的规定。在司法实践中，经常遇到一些貌似单位犯罪而实质上是自然人犯罪的行为。因此，本解释规定，“盗用单位名义实施窝藏、转移、收购、代为销售或者以其他方法掩饰、隐瞒犯罪所得及其产生的收益的行为，违法所得由行为人私分的，依照刑法和司法解释有关自然人犯罪的规定定罪处罚”。其理由就在于：盗用单位名义实施掩饰、隐瞒犯罪所得、犯罪所得收益的行为，违法所得由行为人私分的，本质上仍属于自然人犯罪，仍应适用自然人犯罪的规定。

适用该条解释时需要明确：

1. 犯罪主体是自然人而不是单位

单位只是名义被盗用，但实质并未成为犯罪主体。盗用单位名义的形式很多，包括经法定代表人同意盖了单位的公章，经单位管理组织研究。构成单位犯罪，必须利用单位名义，但不能由此得出凡是利用单位名义实施的犯罪都是单位犯罪。

2. 犯罪目的是参与犯罪的自然人的利益，而不是单位利益

区分单位犯罪与自然人犯罪的重要界限就是犯罪所得利益归属单位还是归属参与犯罪的自然人。犯罪所得纳入到单位财务体系和分配体系中的，可以认定为犯罪所得归属单位，符合单位犯罪其他条件的，可以认定为单位犯罪。仅仅由参与行为人包括决策人员对犯罪所得进行分配的，不能认定为犯罪所得归属单位，因而就不能认定为单位犯罪，只能依照自然人犯罪的规定定罪处罚。

（八）关于概念的解释

本解释通过列举的方式说明了几个概念。（1）通过犯罪直接得到的赃款、赃物，应当认定为“犯罪所得”。（2）上游犯罪行为人对犯罪所得进行处理后得到的孳息、租金等，应当认定为“犯罪所得产生的收益”。（3）采取窝藏、转移、收购、代为销售以外的方法，如居间介绍买卖，收受，持有，使用，加工，提供资金账户，协助将财物转换为现金、金融票据、有价证券，协助将资金转移、汇往境外等，应当认定为《刑法》第三百一十二条规定的“其他方法”。

实践中，容易出现的争议是，违禁品能否成为赃款、赃物？例如枪支、弹药、毒品等能否成为犯罪所得？理论上讲，枪支、弹药及毒品等违禁品也可以成为掩饰、隐瞒的对象，说它们是赃款、赃物也有一定道理。但是，一般不将这些违禁品作为普通赃物对待，主要理由有二：一是刑法对掩饰、隐瞒违禁品的行为，一般有专门的条文规定，按照特别法优于一般法的原则，应当适用特别规定；二是司法实践以及群众一般观念中，违禁品与一般的赃款、赃物是有质的区别的，一般的赃款、赃物，除非有证据证明是赃款、赃物，否则，持有人可以拥有合法的使用权，而违禁品不同，除非法律特别授权的组织和人员，否则持有违禁品本身就是违法甚至犯罪行为。但是，在法律作出特别规定的情况下，禁止公民随意持有的物品也能成为掩饰、隐瞒犯罪所得罪的对象。最典

型的是非法狩猎的野生动物，不但非法狩猎行为是违法犯罪行为，而且收购非法狩猎的野生动物的行为也是违法犯罪行为。全国人大常委会《关于〈中华人民共和国刑法〉第三百四十一条、第三百一十二条的解释》规定：知道或者应当知道是《刑法》第三百四十一条第二款规定的非法狩猎的野生动物而购买的，属于《刑法》第三百一十二条第一款规定的明知是犯罪所得而收购的行为。

认定犯罪所得收益时，要注意两点：一是犯罪所得收益的数额以上游行为人对犯罪所得进行处理后得到的收益为标准。如果犯罪所得、犯罪所得收益在掩饰、隐瞒行为人手中又产生了新的收益，则不能认定为犯罪所得收益的数额。此部分收益可以非法所得论，予以追缴。二是“犯罪所得收益”是间接获益，包括对犯罪所得进行处理而得到的增值、租金、利息及投资、经营的收益，对犯罪所得的处理可以是合法的投资、经营活动，也可以是非法的高利贷等形式，只要它们与犯罪所产生的利益存在因果关系即可。但是，具体认定收益数额上，应当扣除行为人投入的合法因素，如将犯罪所得进行投资，所获得的利益应当扣除其所付出的劳动价值。

关于掩饰、隐瞒的“其他方法”的认定，必须坚持以下几点：一是行为人的目的就是为了掩饰、隐瞒上游犯罪人的犯罪所得及其收益，二是这些方法与窝藏、转移、收购和代为销售在罪质上具有相当性，三是这些方法在客观上扰乱了司法秩序，妨害了司法机关对上游犯罪行为的追究。

（九）关于罪名的选择

实践中对本罪罪名是否属于选择性罪名以及如何适用罪名存在不同理解，各地做法也不统一，因此，有必要加以规范。总体上，应当根据犯罪行为与犯罪所得及其收益的性质，确定具体适用的罪名。即根据案件情况，选择适用掩饰、隐瞒犯罪所得罪，掩饰、隐瞒犯罪所得收益罪，掩饰、隐瞒犯罪所得、犯罪所得收益罪。但是，有一点必须明确，当犯罪对象既有犯罪所得，又有犯罪所得收益时，只定掩饰、隐瞒犯罪所得、犯罪所得收益罪一个罪，而不能定掩饰、隐瞒犯罪所得罪和掩饰、隐瞒犯罪所得收益罪两罪名，更不能以两罪名数罪并罚。

（撰稿人：陆建红　杨　华　曹东方）

【链　　接】

贯彻宽严相济刑事政策，更加合理高效地打击掩饰、隐瞒犯罪所得、犯罪所得收益犯罪

——最高人民法院刑事审判第四庭负责人访谈

《最高人民法院关于审理掩饰、隐瞒犯罪所得、犯罪所得收益刑事案件适用法律若干问题的解释》（以下简称本解释）于 2015 年 5 月 11 日，由最高人民法院审判委员会第 1651 次会议通过，将于今年 6 月 1 日起实施。为此，最高人民法院刑事审判第四庭负责人就本解释的起草背景、主要内容和亮点等答记者问。

一、问：请介绍本解释的出台背景和制定过程

答：近年来，随着侵财犯罪数量的增加，掩饰、隐瞒犯罪所得、犯罪所得收益刑事案件一直呈上升态势，其犯罪形式、犯罪手段日趋多样化。但是，司法实践中，对该类案件的入罪、出罪和“情节严重”的界定，没有统一的标准，不利于法律统一实施。一方面，由于法律条文中没有规定相应的数额，有些法院认为只要存在掩饰、隐瞒犯罪所得、犯罪所得收益的行为即构成犯罪，对数额很小，情节显著轻微的，不敢依法宣告无罪，另一方面，因“情节严重”的标准没有明确，极少有罪犯被判处三年有期徒刑到七年有期徒刑的刑罚，造成轻重失衡；有些案件，对本罪与其他犯罪的界限把握不恰当，等等。各地法院希望最高人民法院尽快出台司法解释，规范审理此类案件的相关问题。最高人民法院经过深入调研、广泛征求意见，结合刑事审判工作实际，制定了本解释。本解释的出台，对于依法惩治掩饰、隐瞒犯罪所得、犯罪所得收益犯罪，维护正常的刑事追诉活动，加大对财产权的司法保护力度，具有重要的指导意义。

二、问：本解释对掩饰、隐瞒犯罪所得、犯罪所得收益罪的构罪标准是如何规定的

答：本解释明确了一个以数额为主，兼顾其他情形的标准，厘清了行政处罚法和刑法适用的边界，使打击犯罪的依据明确化、统一化，避免随意性和不公平现象。一是制定了本罪的基本数额标准。本解释将掩饰、隐瞒犯罪所得、

犯罪所得收益罪的基本数额标准设置为“三千元至一万元”，主要是考虑到本罪的构罪数额不应低于上游犯罪的构罪数额标准，并且参照了盗窃、诈骗等主要上游犯罪的入罪标准来确定本罪的构罪数额，同时也参考了最高人民法院已经出台的涉及掩饰、隐瞒犯罪所得、犯罪所得收益罪的司法解释及一些高级法院已经制定的数额标准。二是制定了本罪的特殊构罪标准。由于掩饰隐瞒犯罪所得、犯罪所得收益犯罪所侵害的客体不仅仅是财产权，还妨害了正常的刑事追诉活动，犯罪数额虽然在一定程度上反映了本罪的危害性，在多数情况下是确定罪与非罪的主要标准，但并不是唯一标准。为此，本解释根据行为具体的社会危害性大小，对虽没有达到一定数额，甚至掩饰、隐瞒的犯罪所得、犯罪所得收益没有财产价值，但妨害正常的刑事追诉活动，应当作为犯罪处理的几种特殊情形作了没有数额限制的入罪规定。如一年内曾因掩饰、隐瞒犯罪所得及其产生的收益行为受过行政处罚，又实施掩饰、隐瞒犯罪所得及其产生的收益行为的；掩饰、隐瞒的犯罪所得系电力设备、交通设施、广播电视设施、公用电信设施、军事设施或者救灾、抢险、防汛、优抚、扶贫、移民、救济款物的。三是设置了兜底条款。基于司法实践中确实存在少数难以适用前述基本标准和特殊标准的情形，本解释遵循了一般的立法例，设置了兜底条款。另外，本解释还进一步释明了全国人大常委会《关于〈中华人民共和国刑法〉第三百四十一条、第三百一十二条的解释》关于收购珍贵、濒危野生动物之外的普通野生动物的规定，明确了收购数量达到五十只以上，构成掩饰、隐瞒犯罪所得罪。

三、问：本解释对掩饰、隐瞒犯罪所得、犯罪所得收益罪的从宽处理有何新的规定

答：针对本罪罪小刑轻的特点，本解释对《刑法》第三十七条免于刑事处罚及刑法第十三条但书不追究刑事责任的规定予以具体化。本解释规定，掩饰、隐瞒犯罪所得、犯罪所得收益行为适用免予刑事处罚必须同时具备二个条件。第一个条件即“行为人认罪、悔罪并退赃、退赔”。第二个条件即本解释规定的三种情形，一是具有法定从宽处罚情节的，包括自首、立功、未成年人犯罪、又聋又哑的人或者盲人犯罪、犯罪中止、犯罪未遂、从犯、坦白等；二是为近亲属掩饰、隐瞒犯罪所得及其产生的收益，且系初犯、偶犯的；关于近亲属之间犯本罪的处理，既体现了对近亲属间的掩饰、隐瞒犯罪所得、犯罪所得收益的宽大、人道原则，又设置了初犯、偶犯的条件，防止被滥用；三是其他情节轻微的。目的是针对司法实践中出现新的情况，确实需要给予行为人免予刑事处罚，又不符合前两项条件的。

本解释还规定了为自用而收购的从宽处理原则。这一规定主要基于刑法谦抑性及这类行为人主观恶性小的特点。本解释明确了为自用而收购不以犯罪论

处，需要符合三个条件：一是购买赃物的目的是为自用；二是所掩饰、隐瞒赃物的价值，刚达到本解释第一条第一款第一项的规定即刚达到三千元至一万元；三是行为人认罪、悔罪并退赃、退赔。

四、问：本解释对掩饰、隐瞒犯罪所得、犯罪所得收益罪情节严重的情形是如何界定的

答：根据1997年《刑法》，构成本罪的，处三年以下有期徒刑、拘役或者管制，并处或者单处罚金。《刑法修正案（六）》对本罪增加了一个法定刑幅度，即情节严重的，处三年以上七年以下有期徒刑，并处罚金，旨在严厉打击此类犯罪。但由于司法实践中对何谓“情节严重”没有明确的标准可循，一方面使得法院轻易不敢认定情节严重，不利于打击严重犯罪，另一方面也造成量刑标准不统一，同样数额、情节的案件在不同地区判决结果差异很大。本解释主要从犯罪所得、犯罪所得收益的数额、种类、次数、上游犯罪的性质及对司法机关追查上游犯罪的妨害程度等因素认定“情节严重”，规定了一般标准、特殊标准，并设置了兜底条款。关于一般标准。本解释从犯罪数额上予以确定，设定为掩饰、隐瞒犯罪所得及其产生的收益价值总额达到十万元以上。“情节严重”的数额标准不宜设置过高，否则实践中很难用到，但也不宜设置过低，否则可能造成量刑大幅上升，十万元的数额标准参照了盗窃、诈骗、抢夺刑事案件的有关司法解释的数额规定，体现了本罪的社会危害性一般要小于上游犯罪的特点。关于特殊标准。包括三种情况：一是掩饰、隐瞒犯罪所得十次以上的，行为次数多，社会危害性大，应严厉打击；二是实施掩饰、隐瞒犯罪所得行为三次以上的，价值总额达到前项十万元标准的百分之五十（五万元）的；三是针对公用设备、设施及其他特殊财物，对情节严重的标准有所降低，不要求次数的限制，只要数额达到一般标准十万元的一半即五万元以上，就可认定为“情节严重”。另外，考虑到有的掩饰、隐瞒犯罪所得、犯罪所得收益的行为，虽然所涉及的犯罪数额不大，甚至很小，但上游犯罪的危害特别大，社会影响特别恶劣，甚至给国家和社会带来巨大的损失，本解释规定，“掩饰、隐瞒行为致使上游犯罪无法及时查处，并造成公私财物重大损失无法挽回或其他严重后果的”和“实施其他掩饰、隐瞒犯罪所得及其产生的收益行为，严重妨害司法机关对上游犯罪予以追究的”的情况下，即使其犯罪数额不到十万元甚至不到五万元，仍然应当依法认定为情节严重。

五、问：本解释对掩饰、隐瞒犯罪所得、犯罪所得收益罪与上游犯罪关系的处理是如何规定的

答：本着掩饰、隐瞒犯罪所得、犯罪所得收益罪，应当以上游犯罪事实成立为前提这一基本原则，本解释作了两方面规定，既坚持认定本罪应当以上游犯罪事实成立为前提，又明确指出上游犯罪尚未依法裁判，但查证属实的，或查证属实后因行为人未达到刑事责任年龄等原因依法不予追究刑事责任的，均不影响掩饰、隐瞒犯罪所得、犯罪所得收益罪的认定。

六、问：本解释中针对亲属间犯该罪以及为自用而犯该罪的从宽力度很大，会不会引起争议

答：掩饰、隐瞒犯罪所得、犯罪所得收益罪的社会危害性与上游犯罪相比相对较小，司法实践中适用非监禁刑的比例很高。而且本解释对于从宽处罚的具体条件做了严格的限制，也考虑到了如何避免该规定被滥用。关于亲属间犯有关赃物的犯罪，世界上很多国家都在刑法典当中规定了处罚上的特例，我国古代也早有“亲亲相隐”的思想。从人伦和常理来看，亲属间犯罪以及为自用而犯该罪的社会危害性相对较小，对此类犯罪宽大处理容易被公众所接受，会取得更好的法律效果和社会效果。

七、问：本解释发布后，最高人民法院之前公布的涉及掩饰、隐瞒犯罪所得、犯罪所得收益罪内容的司法解释，是否还有效

答：本解释公布之前，《最高人民法院、最高人民检察院关于办理危害计算机信息系统安全刑事案件应用法律若干问题的解释》（法释〔2011〕19号）、《最高人民法院、最高人民检察院关于办理与盗窃、抢劫、诈骗、抢夺机动车相关刑事案件具体应用法律若干问题的解释》（法释〔2007〕11号）等司法解释，对掩饰、隐瞒计算机信息系统数据、计算机信息系统控制权、机动车的犯罪所得及其产生的收益行为的构罪标准或者“情节严重”情形已有规定。为此本解释专门作了强调，人民法院审理上述类型案件仍然依照上述司法解释。

最高人民法院
关于审理拒不执行判决、裁定刑事案件适用法律若干问题的解释

（2015 年 7 月 6 日最高人民法院审判委员会第 1657 次会议通过 根据 2020 年 12 月 23 日最高人民法院审判委员会第 1823 次会议通过的《最高人民法院关于修改〈最高人民法院关于人民法院扣押铁路运输货物若干问题的规定〉等十八件执行类司法解释的决定》修正）

为依法惩治拒不执行判决、裁定犯罪，确保人民法院判决、裁定依法执行，切实维护当事人合法权益，根据《中华人民共和国刑法》《中华人民共和国刑事诉讼法》《中华人民共和国民事诉讼法》等法律规定，就审理拒不执行判决、裁定刑事案件适用法律若干问题，解释如下：

第一条 被执行人、协助执行义务人、担保人等负有执行义务的人对人民法院的判决、裁定有能力执行而拒不执行，情节严重的，应当依照刑法第三百一十三条的规定，以拒不执行判决、裁定罪处罚。

第二条 负有执行义务的人有能力执行而实施下列行为之一的，应当认定为全国人民代表大会常务委员会关于刑法第三百一十三条的解释中规定的“其他有能力执行而拒不执行，情节严重的情形”：

（一）具有拒绝报告或者虚假报告财产情况、违反人民法院限制高消费及有关消费令等拒不执行行为，经采取罚款或者拘留等强制措施后仍拒不执行的；

（二）伪造、毁灭有关被执行人履行能力的重要证据，以暴力、威胁、贿买方法阻止他人作证或者指使、贿买、胁迫他人作伪证，妨碍人民法院查明被执行人财产情况，致使判决、裁定无法执行的；

（三）拒不交付法律文书指定交付的财物、票证或者拒不迁出房屋、退出土地，致使判决、裁定无法执行的；

（四）与他人串通，通过虚假诉讼、虚假仲裁、虚假和解等方式妨害执行，致使判决、裁定无法执行的；

（五）以暴力、威胁方法阻碍执行人员进入执行现场或者聚众哄闹、冲击执行现场，致使执行工作无法进行的；

（六）对执行人员进行侮辱、围攻、扣押、殴打，致使执行工作无法进

行的；

（七）毁损、抢夺执行案件材料、执行公务车辆和其他执行器械、执行人员服装以及执行公务证件，致使执行工作无法进行的；

（八）拒不执行法院判决、裁定，致使债权人遭受重大损失的。

第三条 申请执行人有证据证明同时具有下列情形，人民法院认为符合刑事诉讼法第二百一十条第三项规定的，以自诉案件立案审理：

（一）负有执行义务的人拒不执行判决、裁定，侵犯了申请执行人的人身、财产权利，应当依法追究刑事责任的；

（二）申请执行人曾经提出控告，而公安机关或者人民检察院对负有执行义务的人不予追究刑事责任的。

第四条 本解释第三条规定的自诉案件，依照刑事诉讼法第二百一十二条的规定，自诉人在宣告判决前，可以同被告人自行和解或者撤回自诉。

第五条 拒不执行判决、裁定刑事案件，一般由执行法院所在地人民法院管辖。

第六条 拒不执行判决、裁定的被告人在一审宣告判决前，履行全部或部分执行义务的，可以酌情从宽处罚。

第七条 拒不执行支付赡养费、扶养费、抚育费、抚恤金、医疗费用、劳动报酬等判决、裁定的，可以酌情从重处罚。

第八条 本解释自发布之日起施行。此前发布的司法解释和规范性文件与本解释不一致的，以本解释为准。

【注　解】

一、最高人民法院 2015 年 7 月 20 日公布本解释，法释〔2015〕16 号，自 2015 年 7 月 22 日起施行。

最高人民法院 2020 年 12 月 29 日公布《最高人民法院关于修改〈最高人民法院关于人民法院扣押铁路运输货物若干问题的规定〉等十八件执行类司法解释的决定》修正本解释，法释〔2020〕21 号，该修正自 2021 年 1 月 1 日起施行。

二、本解释引用的《中华人民共和国民事诉讼法》已于 2023 年 9 月 1 日第五次修正。

本解释引用的《中华人民共和国刑事诉讼法》已于 2018 年 10 月 26 日第三次修正。

【解 读】

解读《最高人民法院关于审理拒不执行判决、裁定刑事案件适用法律若干问题的解释》

一、问题的提出

拒不执行判决、裁定罪（以下简称拒执罪）规定于刑法妨害社会管理秩序罪一章中。1979 年《刑法》将拒执罪与妨害公务罪规定在同一条文，实践中作为自诉案件办理；1997 年《刑法》将拒执罪单独规定，1998 年最高人民法院、最高人民检察院、公安部、国家安全部、司法部、全国人大常委会法工委《关于中华人民共和国刑事诉讼法实施中若干问题的规定》（以下简称《六部委规定》）明确拒执罪为公诉案件。此后，全国人大常委会、两院一部分别以立法解释、联合通知的形式，对拒执罪的法律适用予以解释。但是现有解释及规定并未完全涵盖实践中拒执犯罪的种种行为，拒执罪的法律适用问题亟待进一步细化和完善。随着执行工作的持续发展和不断深入，司法实践中办理拒不执行判决、裁定刑事案件时，在定罪量刑以及追诉程序上存在的争议问题愈加凸显出来，一定程度上阻碍了其强制性作用的发挥，需要及时予以解决。

党的十八届四中全会作出关于“切实解决执行难”“完善惩戒拒不执行生效裁判和决定等违法犯罪行为的法律规定”的重要决定后，最高人民法院周强院长作了“要集中打击拒执犯罪”的指示。2014 年 9 月，最高人民法院联合最高人民检察院、公安部开展了集中打击拒不执行判决、裁定等犯罪行为的专项行动。为了使中央的重要决定真正落到实处，使专项活动能够顺利进行和达到预期效果，回应司法实践的关切，进一步明确拒不执行判决、裁定刑事案件法律适用问题，最高人民法院《关于审理拒不执行判决、裁定刑事案件适用法律若干问题的解释》（以下简称本解释）经最高人民法院审判委员会第 1657 次会议讨论通过，于 2015 年 7 月 21 日公布，自 2015 年 7 月 22 日起施行。

二、理解与适用

本解释全文共 8 条，既有对拒执罪犯罪行为定罪量刑的实体规定，也有对拒执罪刑事案件追诉及管辖的程序规定。在实体方面，一是在全国人大常委会 2002 年立法解释的基础上，进一步明确拒执罪情节严重情形的具体表现，列举规定了三类共八项可以构成拒执罪的拒执行为。二是分别规定了量刑的酌情从宽和酌情从重处罚情节。在程序方面规定了部分拒执罪案件可以按照自诉程序进行追诉。本解释明确拒执罪刑事案件符合《刑事诉讼法》第二百零四条①规定条件的，人民法院可以按自诉案件立案受理；按照《刑事诉讼法》第二百零六条②的规定，自诉人在宣判前可以同被告人自行和解或者撤回自诉，从而把拒执罪刑事案件的追诉程序由单一的公诉程序改为公诉与自诉程序并行。同时，规定了对拒执罪刑事案件的一般管辖原则。明确一般情况下拒执罪案件由执行法院所在地法院审理。本解释的八条规定中，需要重点把握的是第二条、第三条规定的内容，即拒执罪其他情节严重情形的具体表现、拒执罪刑事案件人民法院可以按自诉案件立案受理两个方面的问题。这两条规定的理解与适用问题将在后面作进一步解读。

（一）拒执罪的主体范围

本解释第一条明确了拒执罪主体的适用范围，即拒执罪的主体为“被执行人、协助执行义务人、担保人等负有执行义务的人”。

对于此问题，我们先看一下现有法律法规的相关规定：1.《刑法》第三百一十三条规定：“对人民法院的判决、裁定有能力执行而拒不执行，情节严重的，处三年以下有期徒刑、拘役或者罚金”该条文对构成拒执罪的具体主体范围未予明确。2.2002年立法解释规定了情节严重的几种情形：“下列情形属于刑法第三百一十三条规定的‘有能力执行而拒不执行，情节严重’的情形：（一）被执行人隐藏、转移、故意毁损财产或者无偿转让财产、以明显不合理的低价转让财产，致使判决、裁定无法执行的；（二）担保人或者被执行人隐藏、转移、故意毁损或者转让已向人民法院提供担保的财产，致使判决、裁定无法执行的；（三）协助执行义务人接到人民法院协助执行通知书后，拒不协助执行，致使判决、裁定无法执行的；（四）被执行人、担保人、协助执行义务人与国家机关工作人员通谋，利用国家机关工作人员的职权妨害执行，致使判决、裁定无法执行的；（五）其他有能力执行而拒不执行，情节严重的情形。”间接列举了被执行人、担保人、协助执行义务人均可以成为拒执罪主体，但仍缺乏统一的概括性表述。3. 对于单位是否可以构成拒执罪的问题，刑法修正案（九）增加了单位犯罪的规定，但由于本解释先于《形法修正案（九）》发布，在该修正案出台之前，不宜在本解释中规定单位犯罪。

因此，本解释将被执行人、担保人、协助执行义务人等可以构成拒执罪主体的人进行定义，概括表述为“负有执行义务的人”，以涵盖被执行人、担保人、协助执行义务人及其他犯罪主体，便于本解释的主体定位及日后与其他法律法规的衔接。此条没有规定更多新的内容，主要起到承上启下的作用。

① 现为《刑事诉讼法》（2018年修正）第二百一十条。

② 现为《刑事诉讼法》（2018年修正）第二百一十二条。

（二）关于拒执罪行为的具体表现

本解释第二条对拒执行为情节严重的情形作了进一步规范。如前所述，2002 年立法解释列举规定了“有能力执行而拒不执行，情节严重”的四种具体情形，但实践中司法机关仍会对一些行为是否属于拒执犯罪而发生争议，公安、检察机关经常以无明确标准为由而不予追诉，审判部门有时会因掌握标准不同而对已经起诉的被告人宣告无罪。本解释征求意见时，全国人大法工委认为应当在原有立法解释的基础上再进行解释，原已明确的情形可以不再列举。2002 年立法解释第五项“其他有能力执行而拒不执行，情节严重的情形”为兜底条款，为进一步解释提供了空间。

因此，本解释第二条在现有法律法规的基础上，结合执行工作的司法实践，对拒执罪行为的具体表现作了进一步规定。除全国人大常委会立法解释中规定的四种情形外，又列举了三类八项情形可以构成拒执罪。第一类为“经采取罚款、拘留等强制措施后仍拒不执行的”情形，比如，具有拒绝报告或者虚假报告财产情况、违反限制高消费令等拒执行为，被采取民事强制措施后仍拒不执行的，属情节严重情形；还有通过虚假诉讼等方式妨害执行，致使判决裁定无法执行的情形为近年多发的拒执行为，应严厉打击。第二类为“致使人民法院判决、裁定无法执行的或者致使执行工作无法进行的”情形，比如，以暴力、威胁方法阻碍执行人员进入执行现场或者聚众哄闹、冲击执行现场，对执行人员进行侮辱、围攻、扣押、殴打等致使执行工作无法进行的行为，多是发生在法官眼皮底下的拒执行为，且具有一定的暴力性，极大侵害了司法公信力，阻碍了人民法院的执行工作，应严厉打击。第三类是致使债权人遭受重大损失的情形。严重的社会危害性是犯罪行为的基本特征，负有执行义务的人有能力执行而不执行，从而导致债权人合法权益遭受重大损失的，应予以刑罚处罚。

本解释第二条在适用中应注意以下问题：1. 原有规定的情节严重情形仍然适用。比如，2002 年立法解释规定的“隐藏、转移、故意毁损财产或者无偿转让财产、以明显不合理的低价转让财产”的情形仍属于情节严重情形之一。2. 对第三类“致使债权人遭受重大损失的情形”，其中“重大损失”的认定应从严掌握。3. 第五、六、七项的拒执行为，按照 2007 年两院一部通知规定，一律以妨害公务罪处罚，有过于“一刀切”之嫌。按照刑法理论的相关原理，负有执行义务的人实施了上述拒执行为之一的，以拒执罪处罚为宜。如果具体案件中存在与其他犯罪行为的竞合、牵连等情形，以及负有执行义务人以外的其他人实施规定的相关行为构成共犯的，由刑事法官根据具体情况依法处理。

（三）拒执罪案件的公诉转自诉程序

本解释第三条规定了拒执罪刑事案件的相关追诉程序。关于拒执罪的追诉程序，《刑事诉讼法》没有明确的具体规定。1979 年《刑法》将拒执罪与妨害公务罪规定在同一条文，实践中作为自诉案件办理；1997 年《刑法》将拒执罪单独规定，1998 年六部委关于《中华人民共和国刑事诉讼法实施中若干问题的规定》中规定："……刑事诉讼法第一百七十条第（二）项规定由人民法院直接受理的'被害人有证据证明的轻微刑事案件'是指下列被害人有证据证明的刑事案件……伪证罪、拒不执行判决裁定罪由公安机关立案侦查。"这就明确了拒执罪案件属于公诉案件，只能适用公诉程序。2012 年《刑事诉讼法》修改后，六部委《关于实施刑事诉讼法若干问题的规定》对拒执罪是否属于公诉案件则没有进行规定，实践中仍坚持公诉程序的做法。

可以看出，拒执罪的追诉程序有一个从自诉程序到公诉程序的实践演变过程，应该说无论是作为自诉案件处理还是公诉案件处理，都在当时的历史条件下发挥了积极的作用，但同时，实行单一的追诉程序或多或少都存在着一定的弊端。尤其是近年来，随着执行工作的深入发展，规定拒执罪案件只能进行公诉，由于公、检、法机关在具体案件上对证据的把握、犯罪构成的认识不尽一致，沟通协调机制尚需进一步完善等原因，导致一些拒执犯罪未能得到追诉，使刑法设置的这一罪名没有发挥应有的威慑作用。为了解决实践中存在的上述问题，结合刑事诉讼法的相关规定，本解释第三条规定了部分拒执罪案件可以按照自诉程序进行追诉，明确拒执罪案件可采取公诉与自诉并行的方式。

《刑事诉讼法》第二百零四条是对刑事案件公诉转自诉程序的规定。根据该条规定："自诉案件包括下列案件：（一）告诉才处理的案件；（二）被害人有证据证明的轻微刑事案件；（三）被害人有证据证明对被告人侵犯自己人身、财产权利的行为应当依法追究刑事责任，而公安机关或者人民检察院不予追究被告人刑事责任的案件"。《刑事诉讼法解释》亦有相关规定："人民法院直接受理的自诉案件包括：……（三）被害人有证据证明对被告人侵犯自己人身、财产权利的行为应当依法追究刑事责任，且有证据证明曾经提出控告，而公安机关或者人民检察院不予追究被告人刑事责任的案件"。此项制度是为了解决实践中存在的有案不立、有罪不究、被害人告状无门的问题，确立的独特诉讼制度。虽然由于被害人举证能力有限，对公安、检察机关的制约力也很薄弱等原因受到诸多诟病，但在现实条件下，却可以为拒执罪案件的追诉程序提供多一个途径，为拒执罪案件被害人提供多一个救济选择，恰与目前执行工作的实践需求相契合。因此，本解释明确如果拒执罪案件符合上述规定的条件，就应该可以由申请执行人向法院直接起诉，法院应当按照自诉案件受理。

本解释第三条对可以自诉的拒执罪案件作了较为原则的规定，具体实施过程中应注意如下问题：1. 具有下列情形之一的，属于《刑事诉讼法》第二百零四条第三项规定的不予追究被告人刑事责任的情形：（1）公安机关、检察机关作出不予立案通知书或者不起诉决定书的；（2）申请执行人向公安机关、检察机关报案，公安机关、检察机关不予接收材料、不予答复的。2. 人民法院立案部门对申请执行人提交的证据进行核实后，对于符合立案条件的拒执自诉案件，应当及时予以立案。3. 自诉案件立案或者审判过程中，自诉人要求复制已由执行机构搜集和固定，证明其人身、财产权利受到侵犯的证据，执行机构应当允许并及时提供；立案、刑事审判部门需要执行机构提供相应证据的，执行机构应当及时移送相关证据。4. 为确保拒执案件审理程序规范、法律适用统一，在受诉法院内部，应指定一个刑事审判庭统一负责对拒执公诉或自诉案件的审理工作。

（四）拒执罪自诉案件的和解与撤诉

本解释第四条规定了拒执罪案件自诉人可以和解与撤诉。此条主要是指引性规定，强调要注意《刑事诉讼法》第二百零六条的相关规定的适用。《刑事诉讼法》第二百零六条第一款规定："人民法院对自诉案件，可以进行调解；自诉人在宣告前，可以同被告人自行和解或者撤回自诉。本法第二百零四条第（三）项规定的案件不适用调解。"对此条的理解，应当注意以下问题：

拒执罪自诉案件不适用调解。在一般的自诉案件中，被害人的自诉权在本质上是法律赋予公民个人的私权利，在很大程度上为被害人个人主观愿望所支配，被害人在自诉程序中具有较大的自主性，主要表现在：可以接受法院调解，可以与对方当事人和解，可以自行撤诉。但由于公诉转自诉案件具有一定的特殊性，被害人本身基于公安、检察机关不予处理的情形下才向法院告诉，法院受理后应积极予以审查处理，作出法律评判，而不必再进行调解。因此，按照《刑事诉讼法》第二百零六条第一款规定，拒执罪自诉案件不适用调解。

拒执罪案件自诉人可以同被告人自行和解。和解的时间点为宣告判决前，且要求双方完全自愿进行。拒执罪其实是悬在被执行人头上的一把利剑，更多的是起到威慑和强制执行的作用。如果在拒执罪自诉案件审理过程中，被执行人能够愿意履行执行义务，并得到申请执行人的同意，双方达成和解，或者自诉人因和解而撤诉，人民法院应予以认可。

拒执罪案件自诉人可以撤诉。拒执罪自诉案件中，自诉人自愿申请撤诉的，需要经过人民法院审查同意；对于经审查后缺乏罪证的自诉案件，如果自诉人提不出补充证据，应当说服自诉人撤回自诉，或者裁定驳回；自诉人经两次依法传唤无正当理由拒不到庭的，或者未经法庭许可中途退庭的，按撤诉处理。

（五）拒执罪刑事案件的管辖原则

本解释第五条规定了拒执罪刑事案件管辖的一般原则，即"一般由执行法院所在地人民法院审理"。按照刑事诉讼法及其解释的相关规定，刑事案件由犯罪地法院管辖。犯罪地包括犯罪行为发生地及犯罪结果地，而拒执犯罪行为的主要结果就是致使判决、裁定无法执行，所以，执行法院所在地可以纳入犯罪结果地范围，由执行法院所在地法院管辖合乎法律规定，但根据2007年两院一部联合通知的规定，拒执犯罪案件由犯罪行为发生地司法机关管辖，而实践中执行法院以外的其他法院对拒执行为的惩处往往缺乏积极性，不利于相关证据的收集和固定，不利于对拒执犯罪的追诉和打击。此项规定目前看来有些失之过窄，已不太适应司法实践的需要，在征求意见过程中，多数法院要求进一步明确拒执罪刑事案件可以由执行法院管辖的问题。因此，本解释第五条将执行法院审理作为拒执罪刑事案件管辖的一般原则进一步明确；同时考虑到拒执罪案件审判的级别管辖问题，执行法院与审理拒执罪的法院会出现不一致情况，则条文表述为“一般由执行法院所在地人民法院审理”。本解释第五条在适用时应当注意以下问题：1. 本解释规定的由执行法院所在地人民法院管辖为一般管辖原则，不得突破级别管辖的规定。如果由其他有管辖权的法院进行审理更为适宜，或者发生管辖争议的，按《刑事诉讼法》的相关规定处理。2. 人民法院应与当地公安、检察机关做好沟通和衔接，避免出现侦查、公诉与审判管辖相冲突的现象。

（六）拒执罪的量刑情节

本解释第六条和第七条规定了拒执罪的量刑情节。其中第六条规定了拒不执行判决、裁定的被告人在一审宣告判决前，履行全部或部分执行义务的，可以酌情从宽处罚。主要是为了在打击和惩罚拒执犯罪的同时，鼓励被告人积极履行判决、裁定确定的法律义务，使执行案件得到实际执行。适用此条应注意以下两点：1. 予以从轻的期限为一审宣判前。即在一审宣判前，负有执行义务的人履行执行义务的，均有机会在量刑上获得从宽处罚。2. 履行全部或部分执行义务的，均可以从宽处罚，至于从宽的幅度，由刑事法官根据其履行义务的份额、案件具体情节等综合考量，酌情予以从轻或者免除处罚。第7条规定了拒执罪量刑的从重处罚情节。首先，该条规定的案件类型属于民事诉讼法第一百零六条规定的先予执行的案件：“人民法院对下列案件，根据当事人的申请，可以裁定先予执行：（一）追索赡养费、扶养费、抚育费、抚恤金、医疗费用的；（二）追索劳动报酬的”。其次，这些案件亦属于涉民生执行案件。申请执行人多为弱势群体，近年来全国法院进行的涉民生执行案件集中清理专项活动，收到了良好的社会效果。因此，根据相关民事法律规定，结合执行工作实践经验的总结，规定在上述案件的执行中被执行人拒不执行构成犯罪的，可以酌情从重处罚。

（七）本解释的效力衔接

本解释第八条规定了生效时间及效力衔接问题。本解释在起草、论证过程中，充分考虑了与此前发布的立法解释、司法解释及其他规范性文件的相互衔接。对立法解释原有的相关规定没有进行重复规定，只是在原有规定基础上作了进一步细化，原有规定仍然适用；对于司法解释及其他规范性文件原有的相关规定与本解释不一致的，以本解释为准。具体说来，不一致的内容主要有以下三个方面：

1. 关于第二条第五、六、七项拒执行为的定性。按照2007年两院一部通知规定，一律以妨害公务罪处罚，本解释则规定负有执行义务的人实施了上述行为之一，以拒执罪处罚。如果具体案件中存在与其他犯罪行为的竞合、牵连等情形，以及负有执行义务人以外的其他人实施规定的相关行为构成共犯的，由刑事法官根据具体情况依法处理。

2. 关于拒执罪刑事案件的追诉程序。按照1998年六部委规定，拒执罪案件为公诉案件，只能公诉追诉；本解释则规定符合《刑事诉讼法》第二百零四条规定条件的部分拒执罪案件可以按照自诉案件处理，明确拒执罪刑事案件的追诉程序为公诉、自诉并行。

3. 关于拒执罪刑事案件的管辖。按照2007年两院一部通知规定，拒执罪刑事案件由犯罪行为发生地法院管辖；本解释则规定一般情况下由执行法院所在地法院审理。

(八) 其他需要说明的问题

关于刑法拒执罪的条文适用，还存在其他一些问题需要进一步明确和细化，由于争议较大或者意见还不够成熟，并未在本解释中加以规定。但对这些问题进行一定的解释，有利于对拒执罪案件的统一处理，也有利于对本解释的进一步理解，故在此一并作相应说明，供实践中参考适用。

1. 关于判决、裁定的范围问题。2002年全国人大常委会立法解释中规定：《刑法》第三百一十三条规定的人民法院的判决、裁定，是指人民法院依法作出的具有执行内容并已发生法律效力的判决、裁定。人民法院为依法执行支付令、生效的调解书、仲裁裁决、公证债权文书等所作的裁定属于该条规定的裁定。对于该解释的理解应当注意以下问题：

关于调解书是否属于判决、裁定的范围问题。我们认为，人民法院主持下做出的调解书本身不能作为拒执罪的行为对象，应该严格按照上述立法解释的规定理解，只有人民法院为依法执行生效的调解书所作的裁定才属于条文规定的“裁定”。

“人民法院依法作出的具有执行内容并已发生法律效力的判决、裁定”，是否包括人民法院作出的保全裁定、先予执行裁定以及为依法执行行政处理决定或者行政处罚决定等所作的裁定问题。实践中，由于拒不执行保全裁定、先予执行裁定的行为多发生在诉讼程序而非执行程序，相关法律规定对此类裁定能否作为拒执罪对象均未明确规定，能否对该裁定的拒执行为以拒执罪追诉，许多法院要求予以明确。我们认为，设置诉讼保全、先予执行制度本身就是为了保障判决、裁定的顺利执行，生效的诉讼保全、先予执行裁定属于具有执行内容并已发生法律效力的判决、裁定，将拒不执行此类裁定的犯罪行为纳入打击范围，符合立法精神和执行工作实际。但对于为依法执行行政处理决定或者行政处罚决定等所作的裁定，则应根据相关规定，慎重适用。

2. 关于有能力执行而拒不执行的界定问题。《刑法》第三百一十三条规定的“有能力执行而拒不执行”，其中何谓“有能力执行”并不明确，实践中对有部分履行能力的是否属于有能力执行，拒执犯罪行为对象是否包括行为的执行以及不作为能否构成拒执罪等问题均有争议。我们认为：拒执罪客观行为既包括对财产执行的拒执行为，也包括对行为执行的拒执行为；在对财产的执行中，有能力执行是指有可供执行的财产，包括有可供全部执行的财产，也包括可供部分执行的财产；拒不执行行为，包括主动的对抗执行行为，也包括拒绝履行的不作为。

3. 关于罪数的认定原则问题。本解释第二条规定的行为，还可能同时构成侮辱、诽谤、故意伤害等侵害人身权利的犯罪，以及妨害公务罪，抢夺、毁灭国家机关公文、证件，寻衅滋事等妨害社会管理秩序的犯罪，实践中应如何把握罪数的认定原则？在征求意见过程中，人大常委会法工委、最高人民检察院以及部分高级人民法院均希望在解释中加以明确。本解释曾考虑规定为“负有执行义务的人有本解释第二条规定行为之一，同时又构成其他犯罪的，依照处罚较重的规定处罚”但鉴于罪数问题涉及刑法理论中的法条竞合、想象竞合、牵连犯等诸多复杂概念，实践中应由刑事法官视案件具体情况具体分析，为稳妥起见，本解释对此问题未作规定。

4. 关于拒执罪共犯的认定问题。本解释起草过程中，对于拒执罪犯罪主体以外的其他人实施了第二条规定的行为，符合共犯要件的，曾考虑规定“其他人与负有执行义务的人通谋，共同实施本解释第二条规定的行为，以拒不执行判决、裁定罪共犯追究刑事责任；但其他人的行为同时又构成其他犯罪的，依照处罚较重的规定定罪处罚。”但鉴于共犯问题属于刑事审判过程中具体的实体认定，且为实践中的复杂、疑难问题，对此把握不准，故未在本解释中规定。

（撰稿人：刘贵祥　刘慧卓）

解读《关于审理拒不执行判决、裁定刑事案件适用法律若干问题的解释》修正条文

修改情况说明

本解释仅涉及法律条文序号的调整。依照 2018 年修正的《刑事诉讼法》，

将第三条“刑事诉讼法第二百零四条第三项”改为“刑事诉讼法第二百一十条第三项”，将第四条“刑事诉讼法第二百零六条”改为“刑事诉讼法第二百一十二条”。

［载最高人民法院民法典贯彻实施工作领导小组办公室编著：《最高人民法院实施民法典清理司法解释修改条文（111 件）理解与适用》，人民法院出版社 2022 年版］

【链　　接】

细化“情节严重”严打拒执犯罪

——最高人民法院执行局负责人就拒执罪司法解释答记者问

7 月 21 日，最高人民法院召开新闻发布会，通报集中打击拒不执行判决、裁定等犯罪行为专项行动的情况，并公布 10 起典型案例，同时发布最高人民法院《关于审理拒不执行判决、裁定刑事案件适用法律若干问题的解释》（以下简称本解释）。最高法院执行局副局长吴少军就本解释主要内容接受了记者的采访。

一、问：请介绍一下出台本解释的背景

答：首先，出台本解释是司法实践的需要。近年来，法院执行工作坚持“一性两化”的总体思路，不断加强执行工作的强制性、规范化和信息化，为从根本上解决执行难问题打开了新局面，其中打击拒不执行判决、裁定罪是进一步加强执行工作强制性的一个重要抓手。随着执行工作的持续发展和不断深入，司法实践中办理拒不执行判决、裁定刑事案件时，在定罪量刑以及追诉程序上存在的争议问题愈加凸显出来，一定程度上阻碍了其强制性作用的发挥，需要及时予以解决。

出台本解释也是司法形势的需要。党的十八届四中全会作出关于“切实解决执行难”“完善惩戒拒不执行生效裁判和决定等违法犯罪行为的法律规定”的重要决定后，最高人民法院院长周强作了“要集中打击拒执犯罪”的指示。2014 年 11 月，最高人民法院联合最高人民检察院、公安部开展了集中打击拒不执行判决、裁定等犯罪行为的专项行动。

为了使中央的重要决定落到实处，使专项活动顺利进行并达到预期效果，同时根据司法实践的需要，进一步明确拒不执行判决、裁定刑事案件法律适用问题，出台相关司法解释已经势在必行。

二、问：起草制定本解释的过程中，遵循了哪些原则

答：起草过程中，我们主要把握了以下原则：一是确保相关规定符合立法精神，充分考虑与现有的立法解释相关规定和即将出台的《刑法修正案（九）》的内容衔接。二是兼顾刑事审判及执行工作的规律和特点，确保解释符合审判、执行工作实际。三是充分体现刑罚的谦抑性和宽严相济刑事政策，严格入罪条件，明确酌情从宽处罚、酌情从重处罚情形。

三、问：本解释主要规定了哪些方面的问题

答：本解释全文共八条，既有对拒执罪定罪量刑的实体规定，也有对拒执罪追诉及管辖的程序规定。

实体方面，主要在全国人大常委会立法解释的基础上，进一步明确拒执罪“情节严重”情形的具体表现，列举规定了三类共八项可以构成拒执罪的拒执行为；还分别规定了量刑的酌情从宽和酌情从重处罚情节。

程序方面，一是规定了部分拒执罪案件可以按照自诉程序进行追诉。本解释明确拒执罪案件符合《刑事诉讼法》第二百零四条①规定条件的，人民法院可以按自诉案件立案受理；同时，按照《刑事诉讼法》第二百零六条②的规定，自诉人在宣判前可以同被告人自行和解或者撤回自诉，从而把拒执罪案件的追诉程序由单一的公诉程序改为公诉与自诉并行的程序。二是规定了对拒执罪案件的一般管辖原则。明确一般情况下拒执罪案件由执行法院所在地法院审理。

四、问：符合其他“情节严重”情形的具体表现有哪些

答：除人大常委会立法解释中规定的四种情形外，本解释列举了三类八项情形可以构成拒执罪。第一类为“经采取罚款、拘留等强制措施后仍拒不执行的”情形，比如，具有拒绝报告或者虚假报告财产情况、违反限制高消费及有关消费令等拒执行为，被采取民事强制措施后仍拒不执行的，应属情节严重情形；第二类为“致使人民法院判决、裁定无法执行的或者致使执行工作无法进行的”情形，比如，以暴力、威胁方法阻碍执行人员进入执行现场或者聚众哄闹、冲击执行现场，对执行人员进行侮辱、围攻、扣押、殴打等致使执行工作

---

① 现为《刑事诉讼法》（2018 年修正）第二百一十条。

② 现为《刑事诉讼法》（2018 年修正）第二百一十二条。

无法进行的行为。这些行为多是“发生在法官眼皮底下”的拒执行为，且具有一定的暴力性，极大侵害了司法公信力，阻碍了人民法院的执行工作，应严厉打击；第三类是致使债权人遭受重大损失的情形。

五、问：规定拒不执行判决、裁定的被告人在一审宣告判决前，履行全部或部分执行义务的，可以酌情从宽处罚，出于哪方面的考虑

答：主要为了在打击和惩罚拒执犯罪的同时，鼓励被告人积极履行判决、裁定确定的法律义务，使执行案件得到实际执行。适用此规定应注意以下两点：一是予以从轻的期限为“一审宣判前”，即在一审宣判前，负有执行义务的人履行执行义务的，均有机会在量刑上获得从宽处罚。二是履行全部或部分执行义务的，均可以从宽处罚，至于从宽的幅度，由刑事法官根据其履行义务的份额、案件具体情节等综合考量，酌情予以从轻或者免除处罚。

六、问：规定部分拒执罪案件可以按自诉案件处理，会不会导致拒执罪的自诉案件数量激增

答：首先应该明确的是，并不是所有的拒执罪案件都以自诉程序进行追诉，而是公诉程序与自诉程序并行；其次，进入自诉程序的拒执罪要同时满足法律规定的两个条件，缺一不可。即申请执行人要有证据证明：1. 负有执行义务的人拒不执行判决、裁定，侵犯了申请执行人的人身、财产权利，应当依法追究刑事责任的；2. 申请执行人曾经提出控告，而公安机关或者人民检察院对负有执行义务的人不予追究刑事责任的。法院认为符合自诉案件立案条件的予以立案审理。至于立案、审理等具体操作程序问题我们将下发通知进一步细化和明确。预计本解释发布后会有部分案件由公诉转为自诉程序，具体案件数量还有待实践去检验。

七、问：如何理解“一般由执行法院所在地人民法院审理”

答：按照《刑事诉讼法》及其解释的相关规定，刑事案件由犯罪地法院管辖，犯罪地包括犯罪行为发生地及犯罪结果地，而拒执犯罪行为的主要结果就是致使判决、裁定无法执行，所以，执行法院所在地可以纳入犯罪结果地范围，由执行法院管辖合乎法律规定。

2007 年“两院一部”联合发出通知，规定拒执犯罪案件由犯罪行为发生地司法机关管辖。实践中，执行法院以外的其他法院对拒执行为的惩处缺乏积极性，不利于相关证据的收集和固定，不利于对拒执犯罪的追诉和打击，因此有必要对管辖的一般原则进一步明确；同时，兼顾到拒执罪案件审判的级别管辖问题，执行法院与审理拒执罪的法院会出现不一致情况，故规定为“一般由执行法院所在地人民法院审理”。

八、问：本解释与此前发布的规范性文件效力如何衔接

答：本解释在起草过程中，已经充分考虑了与此前发布的司法解释和规范性文件的相互衔接，基本上是对原有规定的补充和进一步细化，原有的相关规定本解释没有进行重复规定，仍然适用；原有的相关规定与本解释不一致的以本解释为准。具体说来，不一致的地方主要有以下方面：

1. 关于第二条第五、六、七项拒执行为的定性。按照 2007 年“两院一部”通知规定，一律以妨害公务罪处罚，本解释则规定负有执行义务的人实施了上述行为之一，以拒执罪处罚。如果具体案件中存在与其他犯罪行为的竞合、牵连等情形，以及负有执行义务人以外的其他人实施规定的相关行为构成共犯的，由刑事法官根据具体情况依法处理。

2. 关于追诉程序。1998 年六部委规定，将拒执罪案件规定为公诉案件，但在 2012 年《刑事诉讼法》修改后，“六部委”重新作出《关于实施刑事诉讼法若干问题的规定》，对拒执罪案件是否属于公诉案件未予明确。本解释则规定可公诉、自诉并行。

3. 关于管辖。按照 2007 年两院一部通知的规定，由犯罪行为发生地法院管辖，本解释则规定一般情况下由执行法院所在地人民法院审理。

指导案例 71 号

毛建文拒不执行判决、裁定案

（最高人民法院审判委员会讨论通过 2016 年 12 月 28 日发布）

关键词

刑事 拒不执行判决、裁定罪 起算时间

裁判要点

有能力执行而拒不执行判决、裁定的时间从判决、裁定发生法律效力时起算。具有执行内容的判决、裁定发生法律效力后，负有执行义务的人有隐藏、转移、故意毁损财产等拒不执行行为，致使判决、裁定无法执行，情节严重的，应当以拒不执行判决、裁定罪定罪处罚。

相关法条

《中华人民共和国刑法》第三百一十三条

基本案情

浙江省平阳县人民法院于 2012 年 12 月 11 日作出（2012）温平鳌商初字第 595 号民事判决，判令被告人毛建文于判决生效之日起 15 日内返还陈先银挂靠在其名下的温州宏源包装制品有限公司投资款 200000 元及利息。该判决于 2013 年 1 月 6 日生效。因毛建文未自觉履行生效法律文书确定的义务，陈先银于 2013 年 2 月 16 日向平阳县人民法院申请强制执行。立案后，平阳县人民法院在执行中查明，毛建文于 2013 年 1 月 17 日将其名下的浙 CVU661 小型普通客车以 150000 元的价格转卖，并将所得款项用于个人开销，拒不执行生效判决。毛建文于 2013 年 11 月 30 日被抓获归案后如实供述了上述事实。

裁判结果

浙江省平阳县人民法院于 2014 年 6 月 17 日作出（2014）温平刑初字第 314 号刑事判决：被告人毛建文犯拒不执行判决罪，判处有期徒刑十个月。宣判后，毛建文未提起上诉，公诉机关未提出抗诉，判决已发生法律效力。

裁判理由

法院生效裁判认为：被告人毛建文负有履行生效裁判确定的执行义务，在人民法院具有执行内容的判决、裁定发生法律效力后，实施隐藏、转移财产等拒不执行行为，致使判决、裁定无法执行，情节严重，其行为已构成拒不执行判决罪。公诉机关指控的罪名成立。毛建文归案后如实供述了自己的罪行，可以从轻处罚。

本案的争议焦点为，拒不执行判决、裁定罪中规定的“有能力执行而拒不执行”的行为起算时间如何认定，即被告人毛建文拒不执行判决的行为是从相关民事判决发生法律效力时起算，还是从执行立案时起算。对此，法院认为，生效法律文书进入强制执行程序并不是构成拒不执行判决、裁定罪的要件和前提，毛建文拒不执行判决的行为应从相关民事判决于 2013 年 1 月 6 日发生法律效力时起算。主要理由如下：第一，符合立法原意。全国人民代表大会常务委员会对《刑法》第三百一十三条规定解释时指出，该条中的“人民法院的判决、裁定”，是指人民法院依法作出的具有执行内容并已发生法律效力的判决、裁定。这就是说，只有具有执行内容的判决、裁定发生法律效力后，才具有法律约束力和强制执行力，义务人才有及时、积极履行生效法律文书确定义务的责任。生效法律文书的强制执行力不是在进入强制执行程序后才产生的，而是自法律文书生效之日起即产生。第二，与《民事诉讼法》及其司法解释协调一致。《中华人民共和国民事诉讼法》第一百一十一条[①]规定：诉讼参与人或者其他人拒不履行人民法院已经发生法律效力的判决、裁定的，人民法院可以根据情节轻重予以罚款、拘留；构成犯罪的，依法追究刑事责任。《最高人民法院关于适用〈中华人民共和国民事诉讼法〉的解释》第一百八十八条规定：民事诉讼法第一百一十一条第一款第六项规定的拒不履行人民法院已经发生法律效力的判决、裁定的行为，包括在法律文书发生法律效力后隐藏、转移、变卖、毁损财产或者无偿转让财产、以明显不合理的价格交易财产、放弃到期债权、无偿为他人提供担保等，致使人民法院无法执行的。由此可见，法律明确将拒不执行行为限定在法律文书发生法律效力后，并未将拒不执行的主体仅限定为进入强制执行程序后的被执行人或者协助执行义务人等，更未将拒不执行判决、裁定罪的调整范围仅限于生效法律文书进入强制执行程序后发生的行为。第三，符合立法目的。拒不执行判决、裁定罪的立法目的在于解决法院生效判决、裁定的“执行难”问题。将判决、裁定生效后立案执行前逃避履行义务的行为纳入拒不执行判决、裁定罪的调整范围，是法律设定该罪的应有之意。将判决、裁定生效之日确定为拒不执行判决、裁定罪中拒不执行行为的起算时间点，能有效地促使义务人在判决、裁定生效后即迫于刑罚的威慑力而主动履行生效裁判确定的义务，避免生效裁判沦为一纸空文，从而使社会公众真正尊重司法裁判，维护法律权威，从根本上解决“执行难”问题，实现拒不执行判决、裁定罪的立法目的。

① 现为《民事诉讼法》（2023 年修正）第一百一十四条。

最高人民法院 最高人民检察院
关于办理妨害国（边）境管理刑事案件应用法律若干问题的解释

法释〔2012〕17号

（2012年8月20日最高人民法院审判委员会第1553次会议、2012年11月19日最高人民检察院第十一届检察委员会第82次会议通过 2012年12月12日最高人民法院、最高人民检察院公告公布 自2012年12月20日起施行）

为依法惩处妨害国（边）境管理犯罪活动，维护国（边）境管理秩序，根据《中华人民共和国刑法》《中华人民共和国刑事诉讼法》的有关规定，现就办理这类案件应用法律的若干问题解释如下：

第一条 领导、策划、指挥他人偷越国（边）境或者在首要分子指挥下，实施拉拢、引诱、介绍他人偷越国（边）境等行为的，应当认定为刑法第三百一十八条规定的“组织他人偷越国（边）境”。

组织他人偷越国（边）境人数在十人以上的，应当认定为刑法第三百一十八条第一款第（二）项规定的“人数众多”；违法所得数额在二十万元以上的，应当认定为刑法第三百一十八条第一款第（六）项规定的“违法所得数额巨大”。

以组织他人偷越国（边）境为目的，招募、拉拢、引诱、介绍、培训偷越国（边）境人员，策划、安排偷越国（边）境行为，在他人偷越国（边）境之前或者偷越国（边）境过程中被查获的，应当以组织他人偷越国（边）境罪（未遂）论处；具有刑法第三百一十八条第一款规定的情形之一的，应当在相应的法定刑幅度基础上，结合未遂犯的处罚原则量刑。

第二条 为组织他人偷越国（边）境，编造出境事由、身份信息或者相关的境外关系证明的，应当认定为刑法第三百一十九条第一款规定的“弄虚作假”。

刑法第三百一十九条第一款规定的“出境证件”，包括护照或者代替护照使用的国际旅行证件，中华人民共和国海员证，中华人民共和国出入境通行证，中华人民共和国旅行证，中国公民往来香港、澳门、台湾地区证件，边境地区出入境通行证，签证、签注，出国（境）证明、名单，以及其他出境时需要查验的资料。

具有下列情形之一的，应当认定为刑法第三百一十九条第一款规定的“情节严重”：

（一）骗取出境证件五份以上的；

（二）非法收取费用三十万元以上的；

（三）明知是国家规定的不准出境的人员而为其骗取出境证件的；

（四）其他情节严重的情形。

第三条 刑法第三百二十条规定的“出入境证件”，包括本解释第二条第二款所列的证件以及其他入境时需要查验的资料。

具有下列情形之一的，应当认定为刑法第三百二十条规定的“情节严重”：

（一）为他人提供伪造、变造的出入境证件或者出售出入境证件五份以上的；

（二）非法收取费用三十万元以上的；

（三）明知是国家规定的不准出入境的人员而为其提供伪造、变造的出入境证件或者向其出售出入境证件的；

（四）其他情节严重的情形。

第四条 运送他人偷越国（边）境人数在十人以上的，应当认定为刑法第三百二十一条第一款第（一）项规定的“人数众多”；违法所得数额在二十万元以上的，应当认定为刑法第三百二十一条第一款第（三）项规定的“违法所得数额巨大”。

第五条 偷越国（边）境，具有下列情形之一的，应当认定为刑法第三百二十二条规定的“情节严重”：

（一）在境外实施损害国家利益行为的；

（二）偷越国（边）境三次以上或者三人以上结伙偷越国（边）境的；

（三）拉拢、引诱他人一起偷越国（边）境的；

（四）勾结境外组织、人员偷越国（边）境的；

（五）因偷越国（边）境被行政处罚后一年内又偷越国（边）境的；

（六）其他情节严重的情形。

第六条 具有下列情形之一的，应当认定为刑法第六章第三节规定的“偷越国（边）境”行为：

（一）没有出入境证件出入国（边）境或者逃避接受边防检查的；

（二）使用伪造、变造、无效的出入境证件出入国（边）境的；

（三）使用他人出入境证件出入国（边）境的；

（四）使用以虚假的出入境事由、隐瞒真实身份、冒用他人身份证件等方式骗取的出入境证件出入国（边）境的；

（五）采用其他方式非法出入国（边）境的。

第七条 以单位名义或者单位形式组织他人偷越国（边）境、为他人提供伪造、变造的出入境证件或者运送他人偷越国（边）境的，应当依照刑法第三百一十八条、第三百二十条、第三百二十一条的规定追究直接负责的主管人员和其他直接责任人员的刑事责任。

第八条 实施组织他人偷越国（边）境犯罪，同时构成骗取出境证件罪、提供伪造、变造的出入境证件罪、出售出入境证件罪、运送他人偷越国（边）境罪的，依照处罚较重的规定定罪处罚。

第九条 对跨地区实施的不同妨害国（边）境管理犯罪，符合并案处理要求，有关地方公安机关依照法律和相关规定一并立案侦查，需要提请批准逮捕、移送审查起诉、提起公诉的，由该公安机关所在地的同级人民检察院、人民法院依法受理。

第十条 本解释发布实施后，《最高人民法院关于审理组织、运送他人偷越国（边）境等刑事案件适用法律若干问题的解释》（法释〔2002〕3号）不再适用。

【解　　读】

解读《最高人民法院、最高人民检察院关于办理妨害国（边）境管理刑事案件应用法律若干问题的解释》

2012年12月12日，最高人民法院、最高人民检察院联合公布了《关于办理妨害国（边）境管理刑事案件应用法律若干问题的解释》（以下简称本解释），自2012年12月20日起施行。本解释针对依法打击妨害国（边）境管理犯罪中遇到的法律适用问题，进一步明确了妨害国（边）境管理犯罪的具体认定问题及定罪量刑标准。这是最高人民法院、最高人民检察院服务党和国家工作大局，维护国家主权、安全和利益，促进对外开放和经济社会发展的重要举措。为便于深入理解和掌握本解释的基本精神和主要内容，现就本解释的有关问题解读如下：

本解释共十条。第一条明确了组织他人偷越国（边）境罪“组织他人偷越国（边）境”“人数众多”“违法所得数额巨大”，以及既遂、未遂的认定问题。第二条明确了骗取出境证件罪“弄虚作假”“情节严重”的认定标准以及“出境证件”的范围。第三条明确了提供伪造、变造的出入境证件罪和出售出入境证件罪“情节严重”的认定标准以及“出入境证件”的范围。第四条明确了运送他人偷越国（边）境罪“人数众多”“违法所得数额巨大”的认定标准。第五条明确了偷越国（边）境罪的定罪量刑标准。第六条明确了《刑法》第六章第三节“偷越国（边）境”的认定问题。第七条明确了以单位名义或者单位形式实施妨害国（边）境管理行为的处理问题。第八条明确了妨害国（边）境管理犯罪涉及的罪数问题。第九条明确了妨害国（边）境管理犯罪案件的管辖权问题。第十条是关于《解释》的效力规定。

一、关于组织他人偷越国（边）境罪“组织他人偷越国（边）境”“人数众多”“违法所得数额巨大”以及既遂、未遂的认定问题

本解释第一条共分三款。根据《刑法》第三百一十八条的规定，组织他人偷越国（边）境罪是行为犯，一经实施即构成犯罪。本解释第一条第一款明确了“组织他人偷越国（边）境”的认定标准，沿用了《2002年解释》第一条的内容，即领导、策划、指挥他人偷越国（边）境或者在首要分子指挥下，实施拉拢、引诱、介绍他人偷越国（边）境等行为的，应当认定为“组织他人偷越国（边）境”。司法实践中，实施组织偷越国（边）境犯罪活动的绝大多数是犯罪集团，这里按照犯罪分子在犯罪集团中所起的不同作用，分两个层次进行界定：第一层是对领导、策划、指挥他人偷越国（边）境的规定为“组织”行为，这也是司法实践中最为典型的“组织”行为；第二层是领导、策划、指挥者之外的其他人员，在首要分子指挥下，实施拉拢、引诱、介绍他人偷越国（边）境等行为的，也属于“组织”行为。

根据《刑法》第三百一十八条的规定，对于组织他人偷越国（边）境集团的首要分子；多次组织他人偷越国（边）境或者组织他人偷越国（边）境人数众多的；造成被组织人重伤、死亡的；剥夺或者限制被组织人人身自由的；以暴力、威胁方法抗拒检查的；违法所得数额巨大的；有其他特别严重情节的，处7年以上有期徒刑或者无期徒刑，并处罚金或者没收财产。

本解释第一条第二款明确了组织他人偷越国（边）境“人数众多”“违法所得数额巨大”的认定标准。本款中关于“人数众多”的认定标准，沿用了《2002年解释》第二条的内容，即组织他人偷越国（边）境人数在10人以上的，应当认定为“人数众多”。这样规定主要是考虑到《刑法》分则规定的“多人”“多次”，一般掌握在3人或3次以上，“人数众多”掌握在“多人”“多次”的3倍左右比较适宜。本款还规定违法所得数额在20万元以上的，应当认定为“违法所得数额巨大”，这是根据目前司法实践中相关案件涉案数额的平均数估算，并在征求有关部门意见的基础上确定的。

本解释第一条第三款明确了组织他人偷越国（边）境罪的既遂、未遂认定标准问题，规定：“以组织他人偷越国（边）境为目的，招募、拉拢、引诱、介绍、培训偷越国（边）境人员，策划、安排偷越国（边）境行为，在他人偷越国（边）境之前或者偷越国（边）境过程中被查获的，应当以组织他人偷越

国（边）境罪（未遂）论处；具有刑法第三百一十八条第一款规定的情形之一的，应当在相应的法定刑幅度基础上，结合未遂犯的处罚原则量刑。”实践中经常出现犯罪集团在实施了为偷越国（边）境人员骗取出境证件、进行培训等行为后，在被组织人员尚未出境或者出境时即被公安人员查获的情形。一些地方司法机关对此类案件处理有不同认识。有意见认为，偷越国（边）境人员并未出境，“组织”行为就无从谈起，故不构成组织他人偷越国（边）境罪。司法实践中，在已掌握有关团伙或个人组织他人偷越国（边）境犯罪事实及相关证据的情况下，公安机关部署大量警力对犯罪嫌疑人实施监控，待偷越国（边）境人员通过边境检查时实施抓捕。上述意见往往使公安机关办案陷于被动，既浪费大量司法资源，也不利于及时、有效地查处犯罪。因此，有必要对此问题予以明确。

经研究认为，只有被组织偷越国（边）境人员通过边境检查后才能认定为犯罪的观点，明显不妥。根据《刑法》的规定和刑法理论，只要行为人已着手实施组织他人偷越国（边）境行为，即使被组织者尚未越过国（边）境，也已构成组织他人偷越国（边）境罪，只是此种情形下，究竟是犯罪既遂还是犯罪未遂，需要进一步研究。对此，有两种不同意见：一种意见认为，应认定为组织他人偷越国（边）境罪既遂，理由是：组织他人偷越国（边）境罪是行为犯，只要完成了“组织”行为，不论被组织者是否成功越过国（边）境，均已构成既遂。另一种意见认为，应认定为组织他人偷越国（边）境罪未遂，理由是：只有被组织者成功越过国（边）境，才对国（边）境管理秩序构成实际妨害，才能认定为犯罪既遂。组织他人后，他人尚未偷越国（边）境的，应以组织他人偷越国（边）境罪未遂论处为宜，这样既符合通行的犯罪构成理论，也符合罪刑相适应原则。经研究，采纳后一种意见。

二、关于骗取出境证件罪“弄虚作假”“情节严重”的认定标准以及“出境证件”的范围

本解释第二条共分三款。根据《刑法》第三百一十九条的规定，骗取出境证件罪，是指以劳务输出、经贸往来或者其他名义，弄虚作假，骗取护照、签证等出境证件，为组织他人偷越国（边）境使用的行为。《解释》第二条第一款规定了骗取出境证件罪“弄虚作假”的行为方式。实践中，“弄虚作假”主要表现为编造出境事由，或者编造身份信息，或者编造相关的境外关系证明，并以此向出入境管理机关骗取合法的出境证件的行为。因此，本款将“为组织他人偷越国（边）境，编造出境事由、身份信息或者相关的境外关系证明”明确为骗取出境证件罪的“弄虚作假”。

本解释第二条第二款规定了骗取出境证件罪中“出境证件”的范围。2002年公安部《出境入境边防检查行政处罚实施办法》中将“出境入境证件”规定

为“护照或代替护照使用的国际旅行证件、签证、签注、出国（境）证明、名单，以及其他出境、入境时需要查验的资料”。本款在这一规定基础上将“出境证件”进一步细化，规定为“护照或者代替护照使用的国际旅行证件，中华人民共和国海员证，中华人民共和国出入境通行证，中华人民共和国旅行证，中国公民往来香港、澳门、台湾地区证件，边境地区出入境通行证，签证、签注，出国（境）证明、名单，以及其他出境时需要查验的资料”。这样规定便于公安边检人员在具体执法时掌握，同时也避免公、检、法机关在办案中发生分歧。

根据《刑法》第三百一十九条的规定，骗取出境证件，情节严重的，处3年以上10年以下有期徒刑，并处罚金。本解释第二条第三款规定了骗取出境证件罪“情节严重”的认定标准。其中，第一、二项沿用了《2002年解释》的规定，即骗取出境证件5份以上的，或者非法收取费用30万元以上的。第三项“明知是国家规定的不准出境的人员而为其骗取出境证件”，具体是指明知是《出境入境管理法》（2012年6月30日通过，自2013年7月1日起施行）第十二条所规定的不准出境的人员而为其骗取出境证件的行为。根据《出境入境管理法》第十二条的规定，中国公民有下列情形之一的，不准出境：(1) 未持有效出境入境证件或者拒绝、逃避接受边防检查的；(2) 被判处刑罚尚未执行完毕或者属于刑事案件被告人、犯罪嫌疑人的；(3) 有未了结的民事案件，人民法院决定不准出境的；(4) 因妨害国（边）境管理受到刑事处罚或者因非法出境、非法居留、非法就业被其他国家或者地区遣返，未满不准出境规定年限的；(5) 可能危害国家安全和利益，国务院有关主管部门决定不准出境的；(6) 法律、行政法规规定不准出境的其他情形。本解释第二条第三款第三项具体表述为“国家规定的不准出境的人员”，本项规定旨在从一定程度上遏制贪官等涉案人员外逃的现象。第四项“其他情节严重的情形”为兜底条款。

三、关于提供伪造、变造的出入境证件罪和出售出入境证件罪“情节严重”的认定标准以及“出入境证件”的范围

本解释第三条共分二款。根据《刑法》第三百二十条的规定，提供伪造、变造的出入境证件罪、出售出入境证件罪，是指为他人提供伪造、变造的护照、签证等出入境证件，或者出售护照、签证等出入境证件的行为。本解释第三条第一款规定了提供伪造、变造的出入境证件罪和出售出入境证件罪中“出入境证件”的范围，包括本解释第二条第二款规定的骗取出境证件罪中的“出境证件”，以及其他入境时需要查验的资料。

根据《刑法》第三百二十条的规定，提供伪造、变造的出入境证件或者出售出入境证件，情节严重的，处5年以上有期徒刑，并处罚金。本解释第二条第二款规定了提供伪造、变造的出入境证件罪和出售出入境证件罪“情节严

重”的认定标准。其中，第一、二、四项沿用了《2002年解释》的规定，即为他人提供伪造、变造的出入境证件或者出售出入境证件5份以上的，或者非法收取费用30万元以上的，或者其他情节严重的情形。同时，增加了第三项“明知是国家规定的不准出入境的人员而为其提供伪造、变造的出入境证件或者向其出售出入境证件”的情形，旨在从一定程度上遏制贪官等涉案人员外逃的现象。

四、关于运送他人偷越国（边）境罪“人数众多”“违法所得数额巨大”的认定标准

根据《刑法》第三百二十一条的规定，运送他人偷越国（边）境罪是行为犯，一经实施即构成犯罪。对于多次实施运送行为或者运送人数众多的；所使用的船只、车辆等交通工具不具备必要的安全条件，足以造成严重后果的；违法所得数额巨大的；有其他特别严重情节的，处5年以上10年以下有期徒刑，并处罚金。本解释第四条明确了运送他人偷越国（边）境罪“人数众多”“违法所得数额巨大”的认定标准，规定运送他人偷越国（边）境人数在10人以上的，应当认定为“人数众多”；违法所得数额在20万元以上的，应当认定为“违法所得数额巨大”。上述数额数量标准是根据目前司法实践中相关案件涉案数额数量的平均数估算的，并保持大体平衡。例如，实践中偷越国（边）境案件因目的地不同而收费不一，从几千元到几十万元不等，平均一个人2万元左右，违法所得数额20万元大致相当于运送10人偷越国（边）境。

五、关于偷越国（边）境罪的定罪量刑标准

根据《刑法》第三百二十二条的规定，违反国（边）境管理法规，偷越国（边）境，情节严重的，构成偷越国（边）境罪。本解释第五条列举了6种“情节严重”的情形。其中，第一项“在境外实施损害国家利益行为的”，第二项“偷越国（边）境三次以上”，第三项“拉拢、引诱他人一起偷越国（边）境的”，第五项“因偷越国（边）境被行政处罚后一年内又偷越国（边）境的”，第六项“其他情节严重的情形”均沿用了《2002年解释》的规定。此外，第二项“三人以上结伙偷越国（边）境”和第四项“勾结境外组织、人员偷越国（边）境”的规定，是根据有关部门的意见新增加的内容，主要是针对结伙非法出境或者偷越国（边）境参加危害国家安全活动的人员，解决目前对阻截的此类非法出境人员难以打击处理的问题。

研究起草本解释过程中，还有意见认为，偷越国（边）境行为包括偷越出境和偷越入境的行为，对偷越出境后再偷越入境的，偷越次数应计算为2次，建议在本解释中明确偷越国（边）境行为次数认定标准。经研究认为，该问题比较复杂，偷越国（边）境的人员可能有边民、我国公民、外国人（包括无国

籍人），应当区分情况予以处理，做到合情、合理、合法，不宜一概而论，本解释中没有作统一明确规定。

六、关于《刑法》第六章第三节“偷越国（边）境”的认定问题

《刑法》第六章第三节“妨害国（边）境管理罪”中各相关罪名都涉及“偷越国（边）境”的理解和认定问题。本解释第六条明确了《刑法》第六章第三节“偷越国（边）境”的认定问题。传统形式的“偷越国（边）境”，是指使用伪造、变造的假证件在设关处越境，或者在不设关处秘密越境。本条第一项至第三项规定的没有出入境证件出入国（边）境或者逃避接受边防检查，使用伪造、变造、无效的出入境证件出入国（边）境，使用他人出入境证件出入国（边）境的情形，即属于传统形式的“偷越国（边）境”。

但是，目前越来越多的情况则是“骗证出境”，即隐瞒真实的出入境意图，编造出入境事由，骗取合法的出入境证件出境，如以旅游、考察等名义，弄虚作假，骗取出入境证件后非法滞留国外打工或者以第二国为中转，前往第三国。对骗证出境是否属于偷越国（边）境，存在不同认识。有意见认为，现行有效的《公民出境入境管理法》① 第九条规定：“有下列情形之一的，边防检查机关有权阻止出境，并依法处理：（一）持用无效出境证件的；（二）持用他人出境证件的；（三）持用伪造或者涂改的出境证件的。”据此，只有属于以上三种情形或者无证出入国（边）境的，才属于偷越国（边）境，对骗证出境的，由于相关证件真实有效，系有权机关核发的，不能认定为“偷越国（边）境”。还有意见认为，行为人持合法证件出境，并没有实施偷越国（边）境的行为，其取道第二国，前往第三国，妨害了第二国、第三国的国（边）境管理秩序，并没有妨害我国的国（边）境管理秩序，因此不应对此类行为追究刑事责任。经研究认为，对骗证出境的应认定为“偷越国（边）境”。主要考虑：一是从目前司法实践看，采用无证或者使用伪造、变造、无效的证件出入国（边）境的已极为少见，更多的是骗证出境。对此类行为若不认定为“偷越国（边）境”，不利于维护国（边）境管理秩序，也无法满足司法实践的需要。二是骗取的证件尽管形式合法，但实质与伪造、变造、无效的证件无异，行为人持骗取的证件出入境，同样规避了有关机关的监管，扰乱了国（边）境管理秩序，损害了我国的国际形象。三是根据《刑法》第三百一十九条的规定，以劳务输出、经贸往来或者其他名义，弄虚作假，骗取护照、签证等出境证件，为组织他人偷越国（边）境使用的，构成骗取出境证件罪。该罪以“为组织他人偷越国（边）境使用”为构成要件。据此，骗证出境的显然也应属于偷越国

① 《出境入境管理法》自 2013 年 7 月 1 日起施行。《外国人入境出境管理法》和《公民出境入境管理法》同时废止。

（边）境。否则，该罪在任何情况下都不能成立，《刑法》第三百一十九条就成了空文。四是根据《出境入境管理法》第七十一条的规定，持用伪造、变造、骗取的出境入境证件出境入境的，处1000元以上5000元以下罚款；情节严重的，处5日以上10日以下拘留，可以并处2000元以上1万元以下罚款。据此，使用骗取的出入境证件出境入境，与持有伪造、变造的出入境证件出境入境一样，都属于偷越国（边）境的违法行为，将骗证出境认定为"偷越国（边）境"，符合相关法律、行政法规的规定，也符合当前实际情况。因此，本条第四项规定，使用以虚假的出入境事由、隐瞒真实身份、冒用他人身份证件等方式骗取的出入境证件出入国（边）境的，也属于"偷越国（边）境"。

七、关于以单位名义或者单位形式实施妨害国（边）境管理行为的处理问题

本解释第七条明确了以单位名义或者单位形式实施妨害国（边）境管理犯罪，应当追究直接负责的主管人员和其他直接责任人员的刑事责任。

《刑法》第三百一十八条、第三百二十条、第三百二十一条规定的妨害国（边）境管理犯罪是自然人犯罪。但在司法实践中，不少妨害国（边）境管理犯罪往往是由一些中介机构、旅行社等以单位名义或者单位形式组织实施的，相关司法机关查处这类案件后，往往难以处理。因此，本解释专设一条予以规定，主要考虑：一是对以单位名义或者单位形式实施妨害国（边）境管理犯罪追究直接负责的主管人员和其他直接责任人员的刑事责任，是司法实践的现实需要。实践中，多数组织他人偷越国（边）境、提供伪造、变造的出入境证件、出售出入境证件和运送他人偷越国（边）境等犯罪是由一些中介机构所为，这些公司并不是为了进行违法犯罪而设立，设立后也不是以实施犯罪为主要活动。如果司法解释不作出明确规定，司法机关对此种行为难以追究刑事责任，实践中将导致不少妨害国（边）境管理的行为无法得到有效惩治。二是对以单位名义或者单位形式实施犯罪的案件追究直接负责的主管人员和其他直接责任人员的刑事责任，在"两高"已有司法解释中有先例可循，这样规定符合《刑法》的立法本意。例如，2011年"两高"《关于办理危害计算机信息系统安全刑事案件应用法律若干问题的解释》第八条就有相关规定。

八、关于妨害国（边）境管理犯罪涉及的罪数问题

本解释第八条明确了实施妨害国（边）境管理犯罪的牵连、竞合处断原则。行为人实施组织他人偷越国（边）境犯罪，可能同时构成骗取出境证件罪、提供伪造、变造的出入境证件罪、出售出入境证件罪、运送他人偷越国（边）境罪等其他犯罪，依照"从一重处断原则"处理。

九、关于妨害国（边）境管理犯罪案件的管辖权问题

本解释第九条明确了办理妨害国（边）境管理犯罪案件的管辖权问题。司法实践中，公、检、法机关对妨害国（边）境管理犯罪案件的管辖问题经常发生分歧，一些案件被分案起诉、分案审理或者数次移交，直接导致办案成本上升，也影响打击效果。因此，本解释参照 2007 年“两高”《关于办理与盗窃、抢劫、诈骗、抢夺机动车相关刑事案件具体应用法律若干问题的解释》第五条的规定，对管辖问题予以明确，即对跨地区实施的不同妨害国（边）境管理犯罪，符合并案处理要求，有关地方公安机关依照法律和相关规定一并立案侦查，需要提请批准逮捕、移送审查起诉、提起公诉的，由该公安机关所在地的同级人民检察院、人民法院依法受理。

十、关于本解释的效力规定

本解释第十条是关于本解释的效力规定。由于本解释的内容已完全涵盖《2002 年解释》，因此，本解释公布施行后，《2002 年解释》不再适用。

（撰稿人：陈国庆　韩耀元　吴峤滨）

【链　接】

最高人民法院　最高人民检察院　公安部　国家移民管理局印发《关于依法惩治妨害国（边）境管理违法犯罪的意见》的通知

2022 年 6 月 29 日　　法发〔2022〕18 号

各省、自治区、直辖市高级人民法院、人民检察院、公安厅（局），解放军军事法院、军事检察院，新疆维吾尔自治区高级人民法院生产建设兵团分院、新疆生产建设兵团人民检察院、公安局，各出入境边防检查总站：

为依法惩治妨害国（边）境管理违法犯罪活动，切实维护国（边）境管理秩序和人民群众人身财产安全，根据《中华人民共和国刑法》以及有关法律、司法解释的规定，结合执法、司法实践，最高人民法院、最高人民检察院、公安部、国家移民管理局联合制定了《关于依法惩治妨害国（边）境管理违法犯罪的意见》。现予以印发，请结合实际认真贯彻执行。在执行中遇到的新情况、

新问题，请及时分别报告最高人民法院、最高人民检察院、公安部、国家移民管理局。

附：

关于依法惩治妨害国（边）境管理违法犯罪的意见

为依法惩治妨害国（边）境管理违法犯罪活动，切实维护国（边）境管理秩序，根据《中华人民共和国刑法》《中华人民共和国刑事诉讼法》《中华人民共和国出境入境管理法》《最高人民法院、最高人民检察院关于办理妨害国（边）境管理刑事案件应用法律若干问题的解释》（法释〔2012〕17 号，以下简称《解释》）等有关规定，结合执法、司法实践，制定本意见。

一、总体要求

1. 近年来，妨害国（边）境管理违法犯罪活动呈多发高发态势，与跨境赌博、电信网络诈骗以及边境地区毒品、走私、暴恐等违法犯罪活动交织滋长，严重扰乱国（边）境管理秩序，威胁公共安全和人民群众人身财产安全。人民法院、人民检察院、公安机关和移民管理机构要进一步提高政治站位，深刻认识妨害国（边）境管理违法犯罪的严重社会危害，充分发挥各自职能作用，依法准确认定妨害国（边）境管理犯罪行为，完善执法、侦查、起诉、审判的程序衔接，加大对组织者、运送者、犯罪集团骨干成员以及屡罚屡犯者的惩治力度，最大限度削弱犯罪分子再犯能力，切实维护国（边）境管理秩序，确保社会安全稳定，保障人民群众切身利益，努力实现案件办理法律效果与社会效果的有机统一。

二、关于妨害国（边）境管理犯罪的认定

2. 具有下列情形之一的，应当认定为刑法第三百一十八条规定的“组织他人偷越国（边）境”行为：

（1）组织他人通过虚构事实、隐瞒真相等方式掩盖非法出入境目的，骗取出入境边防检查机关核准出入境的；

（2）组织依法限定在我国边境地区停留、活动的人员，违反国（边）境管理法规，非法进入我国非边境地区的。

对于前述行为，在决定是否追究刑事责任以及如何裁量刑罚时，应当综合考虑组织者前科情况、行为手段、组织人数和次数、违法所得数额及被组织人员偷越国（边）境的目的等情节，依法妥当处理。

3. 事前与组织、运送他人偷越国（边）境的犯罪分子通谋，在偷越国（边）境人员出境前或者入境后，提供接驳、容留、藏匿等帮助的，以组织他人偷越国（边）境罪或者运送他人偷越国（边）境罪的共同犯罪论处。

4. 明知是偷越国（边）境人员，分段运送其前往国（边）境的，应当认定为刑法第三百二十一条规定的“运送他人偷越国（边）境”，以运送他人偷越国（边）境罪定罪处罚。但是，在决定是否追究刑事责任以及如何裁量刑罚时，应当充分考虑行为人在运送他人偷越国（边）境过程中所起作用等情节，依法妥当处理。

5.《解释》第一条第二款、第四条规定的“人数”，以实际组织、运送的人数计算；未到案人员经查证属实的，应当计算在内。

6. 明知他人实施骗取出境证件犯罪，提供虚假证明、邀请函件以及面签培训等帮助的，以骗取出境证件罪的共同犯罪论处；符合刑法第三百一十八条规定的，以组织他人偷越国（边）境罪定罪处罚。

7. 事前与组织他人偷越国（边）境的犯罪分子通谋，为其提供虚假证明、邀请函件以及面签培训等帮助，骗取入境签证等入境证件，为组织他人偷越国（边）境使用的，以组织他人偷越国（边）境罪的共同犯罪论处。

8. 对于偷越国（边）境的次数，按照非法出境、入境的次数分别计算。但是，对于非法越境后及时返回，或者非法出境后又入境投案自首的，一般应当计算为一次。

9. 偷越国（边）境人员相互配合，共同偷越国（边）境的，属于《解释》第五条第二项规定的“结伙”。偷越国（边）境人员在组织者、运送者安排下偶然同行的，不属于“结伙”。

在认定偷越国（边）境“结伙”的人数时，不满十六周岁的人不计算在内。

10. 偷越国（边）境，具有下列情形之一的，属于《解释》第五条第六项规定的“其他情节严重的情形”：

（1）犯罪后为逃避刑事追究偷越国（边）境的；

（2）破坏边境物理隔离设施后，偷越国（边）境的；

（3）以实施电信网络诈骗、开设赌场等犯罪为目的，偷越国（边）境的；

（4）曾因妨害国（边）境管理犯罪被判处刑罚，刑罚执行完毕后二年内又偷越国（边）境的。

实施偷越国（边）境犯罪，又实施妨害公务、袭警、妨害传染病防治等行为，并符合有关犯罪构成的，应当数罪并罚。

11. 徒步带领他人通过隐蔽路线逃避边防检查偷越国（边）境的，属于运送他人偷越国（边）境。领导、策划、指挥他人偷越国（边）境，并实施徒步带领行为的，以组织他人偷越国（边）境罪论处。

徒步带领偷越国（边）境的人数较少，行为人系初犯，确有悔罪表现，综合考虑行为动机、一贯表现、违法所得、实际作用等情节，认为对国（边）境管理秩序妨害程度明显较轻的，可以认定为犯罪情节轻微，依法不起诉或者免予刑事处罚；情节显著轻微危害不大的，不作为犯罪处理。

12. 对于刑法第三百二十一条第一款规定的“多次实施运送行为”，累计运送人数一般应当接近十人。

三、关于妨害国（边）境管理刑事案件的管辖

13. 妨害国（边）境管理刑事案件由犯罪地的公安机关立案侦查。如果由犯罪嫌疑人居住地的公安机关立案侦查更为适宜的，可以由犯罪嫌疑人居住地的公安机关立案侦查。

妨害国（边）境管理犯罪的犯罪地包括妨害国（边）境管理犯罪行为的预备地、过境地、查获地等与犯罪活动有关的地点。

14. 对于有多个犯罪地的妨害国（边）境管理刑事案件，由最初受理的公安机关或者主要犯罪地的公安机关立案侦查。有争议的，按照有利于查清犯罪事实、有利于诉讼的原则，由共同上级公安机关指定有关公安机关立案侦查。

15. 具有下列情形之一的，有关公安机关可以在其职责范围内并案侦查：

（1）一人犯数罪的；

（2）共同犯罪的；

（3）共同犯罪的犯罪嫌疑人、被告人还实施其他犯罪的；

（4）多个犯罪嫌疑人、被告人实施的犯罪存在关联，并案处理有利于查明案件事实的。

四、关于证据的收集与审查

16. 对于妨害国（边）境管理案件所涉主观明知的认定，应当结合行为实施的过程、方式、被查获时的情形和环境，行为人的认知能力、既往经历、与同案人的关系、非法获利等，审查相关辩解是否明显违背常理，综合分析判断。

在组织他人偷越国（边）境、运送他人偷越国（边）境等案件中，具有下列情形之一的，可以认定行为人主观明知，但行为人作出合理解释或者有相反证据证明的除外：

（1）使用遮蔽、伪装、改装等隐蔽方式接送、容留偷越国（边）境人员的；

（2）与其他妨害国（边）境管理行为人使用同一通讯群组、暗语等进行联络的；

（3）采取绕关避卡等方式躲避边境检查，或者出境前、入境后途经边境地

区的时间、路线等明显违反常理的；

（4）接受执法检查时故意提供虚假的身份、事由、地点、联系方式等信息的；

（5）支付、收取或者约定的报酬明显不合理的；

（6）遇到执法检查时企图逃跑，阻碍、抗拒执法检查，或者毁灭证据的；

（7）其他足以认定行为人明知的情形。

17. 对于不通晓我国通用语言文字的嫌疑人、被告人、证人及其他相关人员，人民法院、人民检察院、公安机关、移民管理机构应当依法为其提供翻译。

翻译人员在案件办理规定时限内无法到场的，办案机关可以通过视频连线方式进行翻译，并对翻译过程进行全程不间断录音录像，不得选择性录制，不得剪接、删改。

翻译人员应当在翻译文件上签名。

18. 根据国际条约规定或者通过刑事司法协助和警务合作等渠道收集的境外证据材料，能够证明案件事实且符合刑事诉讼法规定的，可以作为证据使用，但提供人或者我国与有关国家签订的双边条约对材料的使用范围有明确限制的除外。

办案机关应当移送境外执法机构对所收集证据的来源、提取人、提取时间或者提供人、提供时间以及保管移交的过程等相关说明材料；确因客观条件限制，境外执法机构未提供相关说明材料的，办案机关应当说明原因，并对所收集证据的有关事项作出书面说明。

19. 采取技术侦查措施收集的材料，作为证据使用的，应当随案移送，并附采取技术侦查措施的法律文书、证据清单和有关情况说明。

20. 办理案件中发现的可用以证明犯罪嫌疑人、被告人有罪或者无罪的各种财物，应当严格依照法定条件和程序进行查封、扣押、冻结。不得查封、扣押、冻结与案件无关的财物。凡查封、扣押、冻结的财物，都要及时进行审查。经查明确实与案件无关的，应当在三日以内予以解除、退还，并通知有关当事人。

查封、扣押、冻结涉案财物及其孳息，应当制作清单，妥善保管，随案移送。待人民法院作出生效判决后，依法作出处理。

公安机关、人民检察院应当对涉案财物审查甄别。在移送审查起诉、提起公诉时，应当对涉案财物提出处理意见。人民法院对随案移送的涉案财物，应当依法作出判决。

五、关于宽严相济刑事政策的把握

21. 办理妨害国（边）境管理刑事案件，应当综合考虑行为人的犯罪动机、行为方式、目的以及造成的危害后果等因素，全面把握犯罪事实和量刑情节，依法惩治。做好行政执法与刑事司法的衔接，对涉嫌妨害国（边）境管理犯罪的案件，要及时移送立案侦查，不得以行政处罚代替刑事追究。

对于实施相关行为被不起诉或者免予刑事处罚的行为人，依法应当给予行政处罚、政务处分或者其他处分的，依法移送有关主管机关处理。

22. 突出妨害国（边）境管理刑事案件的打击重点，从严惩处组织他人偷越国（边）境犯罪，坚持全链条、全环节、全流程对妨害国（边）境管理的产业链进行刑事惩治。对于为组织他人偷越国（边）境实施骗取出入境证件，提供伪造、变造的出入境证件，出售出入境证件，或者运送偷越国（边）境等行为，形成利益链条的，要坚决依法惩治，深挖犯罪源头，斩断利益链条，不断挤压此类犯罪滋生蔓延空间。

对于运送他人偷越国（边）境犯罪，要综合考虑运送人数、违法所得、前科情况等依法定罪处罚，重点惩治以此为业、屡罚屡犯、获利巨大和其他具有重大社会危害的情形。

对于偷越国（边）境犯罪，要综合考虑偷越动机、行为手段、前科情况等依法定罪处罚，重点惩治越境实施犯罪、屡罚屡犯和其他具有重大社会危害的情形。

23. 对于妨害国（边）境管理犯罪团伙、犯罪集团，应当重点惩治首要分子、主犯和积极参加者。对受雇佣或者被利用从事信息登记、材料递交等辅助性工作人员，未直接实施妨害国（边）境管理行为的，一般不追究刑事责任，可以由公安机关、移民管理机构依法作出行政处罚或者其他处理。

24. 对于妨害国（边）境管理犯罪所涉及的在偷越国（边）境之后的相关行为，要区分情况作出处理。对于组织、运送他人偷越国（边）境，进而在他人偷越国（边）境之后组织实施犯罪的，要作为惩治重点，符合数罪并罚规定的，应当数罪并罚。

对于为非法用工而组织、运送他人偷越国（边）境，或者明知是偷越国（边）境的犯罪分子而招募用工的，在决定是否追究刑事责任以及如何裁量刑罚时，应当综合考虑越境人数、违法所得、前科情况、造成影响或者后果等情节，恰当评估社会危害性，依法妥当处理。其中，单位实施上述行为，对组织者、策划者、实施者依法追究刑事责任的，定罪量刑应作综合考量，适当体现区别，确保罪责刑相适应。

25. 对以牟利为目的实施妨害国（边）境管理犯罪，要注重适用财产刑和追缴犯罪所得、没收作案工具等处置手段，加大财产刑的执行力度，最大限度剥夺其重新犯罪的能力和条件。

26. 犯罪嫌疑人、被告人提供重要证据或者重大线索，对侦破、查明重大妨害国（边）境管理刑事案件起关键作用，经查证属实的，可以依法从宽处理。

最高人民法院 最高人民检察院
关于办理妨害文物管理等刑事案件适用法律若干问题的解释

法释〔2015〕23 号

（2015 年 10 月 12 日最高人民法院审判委员会第 1663 次会议、2015 年 11 月 18 日最高人民检察院第十二届检察委员会第 43 次会议通过 2015 年 12 月 30 日最高人民法院、最高人民检察院公告公布 自 2016 年 1 月 1 日起施行）

为依法惩治文物犯罪，保护文物，根据《中华人民共和国刑法》《中华人民共和国刑事诉讼法》《中华人民共和国文物保护法》的有关规定，现就办理此类刑事案件适用法律的若干问题解释如下：

第一条 刑法第一百五十一条规定的“国家禁止出口的文物”，依照《中华人民共和国文物保护法》规定的“国家禁止出境的文物”的范围认定。

走私国家禁止出口的二级文物的，应当依照刑法第一百五十一条第二款的规定，以走私文物罪处五年以上十年以下有期徒刑，并处罚金；走私国家禁止出口的一级文物的，应当认定为刑法第一百五十一条第二款规定的“情节特别严重”；走私国家禁止出口的三级文物的，应当认定为刑法第一百五十一条第二款规定的“情节较轻”。

走私国家禁止出口的文物，无法确定文物等级，或者按照文物等级定罪量刑明显过轻或者过重的，可以按照走私的文物价值定罪量刑。走私的文物价值在二十万元以上不满一百万元的，应当依照刑法第一百五十一条第二款的规定，以走私文物罪处五年以上十年以下有期徒刑，并处罚金；文物价值在一百万元以上的，应当认定为刑法第一百五十一条第二款规定的“情节特别严重”；文物价值在五万元以上不满二十万元的，应当认定为刑法第一百五十一条第二款规定的“情节较轻”。

第二条 盗窃一般文物、三级文物、二级以上文物的，应当分别认定为刑法第二百六十四条规定的“数额较大”“数额巨大”“数额特别巨大”。

盗窃文物，无法确定文物等级，或者按照文物等级定罪量刑明显过轻或者过重的，按照盗窃的文物价值定罪量刑。

第三条 全国重点文物保护单位、省级文物保护单位的本体，应当认定为刑法第三百二十四条第一款规定的“被确定为全国重点文物保护单位、省级文物保护单位的文物”。

故意损毁国家保护的珍贵文物或者被确定为全国重点文物保护单位、省级文物保护单位的文物，具有下列情形之一的，应当认定为刑法第三百二十四条第一款规定的“情节严重”：

（一）造成五件以上三级文物损毁的；

（二）造成二级以上文物损毁的；

（三）致使全国重点文物保护单位、省级文物保护单位的本体严重损毁或者灭失的；

（四）多次损毁或者损毁多处全国重点文物保护单位、省级文物保护单位的本体的；

（五）其他情节严重的情形。

实施前款规定的行为，拒不执行国家行政主管部门作出的停止侵害文物的行政决定或者命令的，酌情从重处罚。

第四条 风景名胜区的核心景区以及未被确定为全国重点文物保护单位、省级文物保护单位的古文化遗址、古墓葬、古建筑、石窟寺、石刻、壁画、近代现代重要史迹和代表性建筑等不可移动文物的本体，应当认定为刑法第三百二十四条第二款规定的“国家保护的名胜古迹”。

故意损毁国家保护的名胜古迹，具有下列情形之一的，应当认定为刑法第三百二十四条第二款规定的“情节严重”：

（一）致使名胜古迹严重损毁或者灭失的；

（二）多次损毁或者损毁多处名胜古迹的；

（三）其他情节严重的情形。

实施前款规定的行为，拒不执行国家行政主管部门作出的停止侵害文物的行政决定或者命令的，酌情从重处罚。

故意损毁风景名胜区内被确定为全国重点文物保护单位、省级文物保护单位的文物的，依照刑法第三百二十四条第一款和本解释第三条的规定定罪量刑。

第五条 过失损毁国家保护的珍贵文物或者被确定为全国重点文物保护单位、省级文物保护单位的文物，具有本解释第三条第二款第一项至第三项规定情形之一的，应当认定为刑法第三百二十四条第三款规定的“造成严重后果”。

第六条 出售或者为出售而收购、运输、储存《中华人民共和国文物保护法》规定的“国家禁止买卖的文物”的，应当认定为刑法第三百二十六条规定的“倒卖国家禁止经营的文物”。

倒卖国家禁止经营的文物，具有下列情形之一的，应当认定为刑法第三百二十六条规定的“情节严重”：

（一）倒卖三级文物的；

（二）交易数额在五万元以上的；

（三）其他情节严重的情形。

实施前款规定的行为，具有下列情形之一的，应当认定为刑法第三百二十六条规定的“情节特别严重”：

（一）倒卖二级以上文物的；

（二）倒卖三级文物五件以上的；

（三）交易数额在二十五万元以上的；

（四）其他情节特别严重的情形。

第七条 国有博物馆、图书馆以及其他国有单位，违反文物保护法规，将收藏或者管理的国家保护的文物藏品出售或者私自送给非国有单位或者个人的，依照刑法第三百二十七条的规定，以非法出售、私赠文物藏品罪追究刑事责任。

第八条 刑法第三百二十八条第一款规定的“古文化遗址、古墓葬”包括水下古文化遗址、古墓葬。“古文化遗址、古墓葬”不以公布为不可移动文物的古文化遗址、古墓葬为限。

实施盗掘行为，已损害古文化遗址、古墓葬的历史、艺术、科学价值的，应当认定为盗掘古文化遗址、古墓葬罪既遂。

采用破坏性手段盗窃古文化遗址、古墓葬以外的古建筑、石窟寺、石刻、壁画、近代现代重要史迹和代表性建筑等其他不可移动文物的，依照刑法第二百六十四条的规定，以盗窃罪追究刑事责任。

第九条 明知是盗窃文物、盗掘古文化遗址、古墓葬等犯罪所获取的三级以上文物，而予以窝藏、转移、收购、加工、代为销售或者以其他方法掩饰、隐瞒的，依照刑法第三百一十二条的规定，以掩饰、隐瞒犯罪所得罪追究刑事责任。

实施前款规定的行为，事先通谋的，以共同犯罪论处。

第十条 国家机关工作人员严重不负责任，造成珍贵文物损毁或者流失，具有下列情形之一的，应当认定为刑法第四百一十九条规定的“后果严重”：

（一）导致二级以上文物或者五件以上三级文物损毁或者流失的；

（二）导致全国重点文物保护单位、省级文物保护单位的本体严重损毁或者灭失的；

（三）其他后果严重的情形。

第十一条 单位实施走私文物、倒卖文物等行为，构成犯罪的，依照本解释规定的相应自然人犯罪的定罪量刑标准，对直接负责的主管人员和其他直接责任人员定罪处罚，并对单位判处罚金。

公司、企业、事业单位、机关、团体等单位实施盗窃文物，故意损毁文物、名胜古迹，过失损毁文物，盗掘古文化遗址、古墓葬等行为的，依照本解释规定的相应定罪量刑标准，追究组织者、策划者、实施者的刑事责任。

第十二条 针对不可移动文物整体实施走私、盗窃、倒卖等行为的，根据所属不可移动文物的等级，依照本解释第一条、第二条、第六条的规定定罪量刑：

（一）尚未被确定为文物保护单位的不可移动文物，适用一般文物的定罪量刑标准；

（二）市、县级文物保护单位，适用三级文物的定罪量刑标准；

（三）全国重点文物保护单位、省级文物保护单位，适用二级以上文物的定罪量刑标准。

针对不可移动文物中的建筑构件、壁画、雕塑、石刻等实施走私、盗窃、倒卖等行为的，根据建筑构件、壁画、雕塑、石刻等文物本身的等级或者价值，依照本解释第一条、第二条、第六条的规定定罪量刑。建筑构件、壁画、雕塑、石刻等所属不可移动文物的等级，应当作为量刑情节予以考虑。

第十三条 案件涉及不同等级的文物的，按照高级别文物的量刑幅度量刑；有多件同级文物的，五件同级文物视为一件高一级文物，但是价值明显不相当的除外。

第十四条 依照文物价值定罪量刑的，根据涉案文物的有效价格证明认定文物价值；无有效价格证明，或者根据价格证明认定明显不合理的，根据销赃数额认定，或者结合本解释第十五条规定的鉴定意见、报告认定。

第十五条 在行为人实施有关行为前，文物行政部门已对涉案文物及其等级作出认定的，可以直接对有关案件事实作出认定。

对案件涉及的有关文物鉴定、价值认定等专门性问题难以确定的，由司法鉴定机构出具鉴定意见，或者由国务院文物行政部门指定的机构出具报告。其中，对于文物价值，也可以由有关价格认证机构作出价格认证并出具报告。

第十六条 实施本解释第一条、第二条、第六条至第九条规定的行为，虽已达到应当追究刑事责任的标准，但行为人系初犯，积极退回或者协助追回文物，未造成文物损毁，并确有悔罪表现的，可以认定为犯罪情节轻微，不起诉或者免予刑事处罚。

实施本解释第三条至第五条规定的行为，虽已达到应当追究刑事责任的标准，但行为人系初犯，积极赔偿损失，并确有悔罪表现的，可以认定为犯罪情节轻微，不起诉或者免予刑事处罚。

第十七条 走私、盗窃、损毁、倒卖、盗掘或者非法转让具有科学价值的古脊椎动物化石、古人类化石的，依照刑法和本解释的有关规定定罪量刑。

第十八条 本解释自 2016 年 1 月 1 日起施行。本解释公布施行后，《最高人民法院、最高人民检察院关于办理盗窃、盗掘、非法经营和走私文物的案件具体应用法律的若干问题的解释》[法（研）发〔1987〕32 号] 同时废止；之前发布的司法解释与本解释不一致的，以本解释为准。

【解　　读】

解读《最高人民法院、最高人民检察院关于办理妨害文物管理等刑事案件适用法律若干问题的解释》

一、问题的提出

为依法惩治文物犯罪，保护文物，最高人民法院、最高人民检察院联合发布了《关于办理妨害文物管理等刑事案件适用法律若干问题的解释》（法释〔2015〕23号，以下简称本解释），自2016年1月1日起施行。

二、本解释的制定背景

文物是重要的文化遗产，是人类创造力和智慧的见证，是国家和民族历史发展的见证。我国是历史悠久的文明古国，拥有极为丰富的文物资源。然而，受暴利驱动，走私、盗窃、损毁、倒卖、盗掘等各类文物犯罪案件时有发生，严重影响文物安全，使我国历史文化遗产遭到无法估量的损失。

人民法院历来重视对文物的司法保护。1987年，最高人民法院会同最高人民检察院制定出台《关于办理盗窃、盗掘、非法经营和走私文物的案件具体应用法律的若干问题的解释》[法（研）发〔1987〕32号，以下简称《1987年解释》]，对于打击和震慑文物犯罪，保障国家文物安全奠定了重要基础。各级人民法院充分发挥审判职能作用，依法惩治各类文物犯罪。近三年（2012年至2014年），人民法院法院审理盗掘古文化遗址、古墓葬刑事案件1347件、故意毁损文物刑事案件25件、倒卖文物刑事案件75件。

《1987年解释》实施以来，我国有关文物犯罪的法律规定发生了较大变化。1997刑法除在分则第六章第四节“妨害文物管理罪”作了集中规定外，走私文物罪，盗窃罪，掩饰、隐瞒犯罪所得罪，失职造成珍贵文物损毁、流失罪等也是办理文物犯罪案件可能适用的罪名。相较于1979年《刑法》，1997年《刑法》对不少文物犯罪的构成要件和定罪量刑标准作了修改，故《1987年解释》对有关犯罪定罪量刑具体认定标准的规定需要作相应调整。特别是，根据2005年全国人大常委会《关于司法鉴定管理问题的决定》，《1987年解释》所规定的由文物鉴定委员会对涉案文物出具的意见已不属于鉴定意见，在证据资格方面存在瑕疵，而当前具有资质的文物司法鉴定机构又非常欠缺，文物犯罪专门性问题的认定时常困扰办案实践，亟须研究解决。此外，当前文物犯罪活动仍较为猖獗，且随着技术的不断发展，呈现出职业化、集团化特征日趋明显，作案手段日益智能化、专业化，地下文物交易活跃、行为隐蔽等新特点，应予依法惩治，以加大对文物的司法保护力度。

根据现行法律规定，针对当前文物犯罪的形势特点，最高人民法院会同最高人民检察院在深入调研的基础上，对办理文物犯罪案件迫切需要解决的法律适用问题进行了认真梳理，经广泛征求意见并反复研究论证，起草了本解释。2015 年 10 月 12 日最高人民法院审判委员会第 1663 次会议、2015 年 11 月 18 日最高人民检察院第十二届检察委员会第 43 次会议审议通过了《解释》。

三、理解与适用

本解释共 18 个条文，主要规定了以下八个方面的问题：

（一）走私文物罪的定罪量刑标准

本解释第一条对走私文物罪的对象和定罪量刑标准作了明确。根据《刑法》第一百五十一条的规定，走私文物罪的对象为“国家禁止出口的文物”。而《文物保护法》只有“国家禁止出境的文物”的概念，没有“国家禁止出口的文物”的概念。据向国家文物局了解，“国家禁止出口的文物”与“国家规定禁止出境的文物”为不同法律表述之差别，其语义相同。国家文物局专门发布了《文物出境审核标准》，对哪些文物禁止出境作了明确。目前，全国设立了 19 个文物进出境审核机构，对所涉文物是否允许出境进行鉴别。因此，本解释第一条第一款规定，《刑法》第一百五十一条规定的“国家禁止出口的文物”，依照《文物保护法》规定的“国家禁止出境的文物”的范围认定。

关于走私文物罪的定罪量刑标准，本解释在 2014 年“两高”《关于办理走私刑事案件适用法律若干问题的解释》第八条规定的基础上，对走私文物罪的定罪量刑确立了新的规则，即以走私文物的等级作为主要标准、以走私文物的价值作为辅助标准。根据《文物保护法》的规定，可移动文物分为珍贵文物和一般文物；珍贵文物分为一级文物、二级文物、三级文物。按照《文物保护法》第三十六条规定，博物馆、图书馆和其他文物收藏单位收藏的文物，应当区分等级，设置藏品档案。据此，一般而言，国有文物（特别是国有馆藏文物）是有文物等级的。根据已开展的馆藏珍贵文物数据调查，国有馆藏珍贵文物 166 万余件，其中一级文物 48006 件，二级文物 224249 件，三级文物 1388020 件；而对于少数尚未作文物等级认定的文物，也可以在案发后认定文物等级。而就非国有文物（包括非国有馆藏文物和民间收藏文物）而言，有些非国有馆藏文物（如民营博物馆）也对藏品进行等级认定，具有相应的等级。因此本解释第一条第二款根据走私文物的等级，确定了相应的定罪量刑标准：走私国家禁止出口的二级文物的，应当依照《刑法》第一百五十一条第二款的规定，以走私文物罪处五年以上十年以下有期徒刑，并处罚金；走私国家禁止出口的一级文物的，应当认定为刑法第一百五十一条第二款规定的“情节特别严重”；走私国家禁止出口的三级文物的，应当认定为《刑法》第一百五十一条第二款规定的“情节较轻”。

实践中，走私文物案件存在两种情形无法或者不宜按照文物等级定罪量刑：其一，不少走私出境的文物（特别是出土文物）在案发前并未确定文物等级，案发后文物未能追回，无法确定文物等级。其二，由于文物等级确定主要考虑历史、艺术、文化价值，故一些经济价值大的文物等级可能不高（如古玉器）或者虽属文物但存量众多、文物价值不大（如古钱币），如按文物等级定罪量刑可能导致明显过轻或者过重。因此，本解释第一条第三款根据走私的文物价值，确定了相应的定罪量刑标准，即走私国家禁止出口的文物，无法确定文物等级，或者按照文物等级定罪量刑明显过轻或者过重的，可以按照走私的文物价值定罪量刑。具体而言，走私的文物价值在二十万元以上不满一百万元的，应当依照《刑法》第一百五十一条第二款的规定，以走私文物罪处五年以上十年以下有期徒刑，并处罚金；文物价值在一百万元以上的，应当认定为刑法第一百五十一条第二款规定的“情节特别严重”；文物价值在五万元以上不满二十万元的，应当认定为《刑法》第一百五十一条第二款规定的“情节较轻”。需要注意的是，根据本解释第一条第三款规定，当既有文物等级标准又有文物价值标准时，并非简单地一律根据处罚重的或者处罚轻的标准定罪量刑，而是在根据文物等级定罪量刑确实畸轻畸重时，赋予法官一定的自由裁量权，由其根据全案情节，准确判断犯罪行为的社会危害性，转而适用文物价值标准，以确保罚当其罪，取得更好的裁判效果。

（二）盗窃文物犯罪的定罪量刑标准

2013 年“两高”《关于办理盗窃刑事案件适用法律若干问题的解释》（以下简称《盗窃罪解释》）第九条第一款规定：“盗窃国有馆藏一般文物、三级文物、二级以上文物的，应当分别认定为刑法第二百六十四条规定的‘数额较大’、‘数额巨大’、‘数额特别巨大’。”该款规定针对的是国有馆藏文物，未对盗窃其他国有文物和非国有文物依据文物等级明确定罪量刑标准，有必要作进一步完善。在此基础上，本解释第二条对盗窃文物的定罪量刑标准确立了新的规则，即以被盗文物的等级作为主要标准、以被盗文物的价值作为辅助标准。具体而言，盗窃一般文物、三级文物、二级以上文物的，应当分别认定为《刑法》第二百六十四条规定的“数额较大”“数额巨大”“数额特别巨大”。盗窃文物，无法确定文物等级，或者按照文物等级定罪量刑明显过轻或者过重的，按照盗窃的文物价值定罪量刑。同理，在办理盗窃文物犯罪案件时，既有文物等级标准又有文物价值标准的，要综合全案情况妥当确定应当适用的标准，确保罪责刑相适应。

（三）损毁文物犯罪的定罪量刑标准

损毁文物犯罪主要是指《刑法》第三百二十四条规定的故意损毁文物罪、故意损毁名胜古迹罪和过失损毁文物罪。本解释第三条至第五条对该三种犯罪的定罪量刑标准作了明确规定。对此，需要说明以下几点：

一是“被确定为全国重点文物保护单位、省级文物保护单位的文物”的认定。根据《刑法》第三百二十四条第一款的规定，故意损毁文物罪的对象为“国家保护的珍贵文物或者被确定为全国重点文物保护单位、省级文物保护单位的文物”，即包括可移动文物中的一、二、三级文物和不可移动文物中的全国重点文物保护单位、省级文物保护单位。经过第三次全国文物普查，我国境内登记的不可移动文物共766722处，其中全国重点文物保护单位4296处。需要说明的是，对于故意损毁珍贵文物，实践中不存在争议。但是，对于故意损毁“被确定为全国重点文物保护单位、省级文物保护单位的文物”的具体涵义，则存在不同认识。《文物保护法实施条例》第九条第一款规定：“文物保护单位的保护范围，是指对文物保护单位本体及周围一定范围实施重点保护的区域。”因此，究竟是文物保护单位的保护范围都可以成为故意损毁文物罪的对象，还是限于文物保护单位本体，需要作出明确。经研究认为，《刑法》第三百二十四条第一款的表述是“被确定为全国重点文物保护单位、省级文物保护单位的文物”，明显未将文物保护单位本体周围一定范围实施重点保护的区域规定在内，故本解释第三条第一款将“被确定为全国重点文物保护单位、省级文物保护单位的文物”明确为全国重点文物保护单位、省级文物保护单位的本体，而不包括周边的保护范围。顺带需要提及的是，基于切实维护文物安全和顺利办理相关案件的需要，文物行政部门宜明确包括全国重点文物保护单位、省级文物保护单位在内的不可移动文物的本体构成，并通过政府信息公开渠道向社会公布。

二是“国家保护的名胜古迹”的认定。根据《刑法》第三百二十四条第二款的规定，故意损毁名胜古迹罪的对象为“国家保护的名胜古迹”。本解释第四条第一款将故意损毁文物罪的对象以外的不可移动文物（市、县级文物保护单位及未被确定为文物保护单位的不可移动文物）理解为“古迹”，将风景名胜区理解为“名胜”。主要考虑如下：(1) 上述解释符合我国法律和国际通用概念。《文物保护法》虽未使用“古迹”的概念，但其对“不可移动文物”的规定，基本等同于“古迹”的概念。而国际上通常使用“古迹”的概念，如《国际古迹遗址理事会章程》《国际古迹保护与修复宪章》等，均将“古迹”定义为历史建筑和遗址。综上，可以将不可移动文物理解为“古迹”。由于刑法已将全国重点文物保护单位、省级文物保护单位纳入故意损毁文物罪的保护范围，故故意损毁名胜古迹罪中的“古迹”应当是指全国重点文物保护单位、省级文物保护单位的文物以外的不可移动文物。(2) 上述解释符合司法实践的一贯理解。《1987 年解释》将名胜古迹界定为“古墓葬、古遗址、古建筑、古石刻、革命遗址、革命纪念建筑物、风景名胜区等”，即包括不可移动文物和风景名胜区，而司法实践中一直按此界定把握。(3) 上述解释同立法工作机关相关著作的观点一致。如全国人大常委会法工委刑法室的著述认为：“名胜古迹是指可供人游览的著名风景区以及虽未被人民政府核定公布为文物保护单位但也具有一定历史意义的古建筑、雕塑、石刻等历史陈迹。”① 需要说明的是，基于与故意损毁文物罪的对象界定相同的考虑，本解释将故意损毁名胜古迹罪的对象明确为风景名胜区的核心景区、不可移动文物的本体，而不包括周边的保护范围。

三是损毁文物犯罪的定罪量刑标准。根据司法实践的情况，本解释第三条至第五条以损毁文物的级别、数量、损毁的次数、程度等对故意损毁文物犯罪的定罪量刑标准作了明确。从司法实践看，行为人故意损毁文物，拒不执行国家行政主管部门作出的停止侵害文物的行政决定或者命令的，主观恶性和社会危害性相对更大，应当从重惩处。因此，本解释第三条第三款、第四条第三款规定对于此种情形酌情从重处罚。此外，从实践来看，有的全国重点文物保护单位、省级文物保护单位位于风景名胜区内，对其进行故意损毁的行为实际构成《刑法》第三百二十四条第一款规定的故意损毁文物罪。为避免实践中发生争议，本解释第四条第四款对此作了明确。

（四）非法转让文物犯罪的有关问题

非法转让文物犯罪主要是指《刑法》第三百二十五条规定的非法向外国人出售、赠送珍贵文物罪、第三百二十六条规定的倒卖文物罪和第三百二十七条规定的非法出售、私赠文物藏品罪。此外，《刑法》第三百一十二条规定的掩饰、隐瞒犯罪所得罪也是非法转让文物犯罪可能适用的罪名。根据司法实践的情况，本解释第六条、第七条、第九条主要针对倒卖文物，非法出售、私赠文物藏品，掩饰、隐瞒文物犯罪所得文物的有关问题作了明确：

一是“倒卖国家禁止经营的文物”的认定。根据《刑法》第三百二十六条第一款的规定，以牟利为目的，倒卖国家禁止经营的文物，情节严重的，构成倒卖文物罪。本解释第六条第一款规定了“倒卖国家禁止经营的文物”的含义。关于“倒卖”的含义，目前存在不同认识：有观点认为，倒卖必须同时具备收购和转手倒卖行为；也有观点认为，对于倒卖应从整体上理解，以出售为目的，收购、运输、转手卖出等行为，均构成倒卖。本解释采纳了第二种观点，将“倒卖”界定为出售或者为出售而收购、运输、储存的行为。主要考虑如下：(1) 从体系解释的角度而言，刑法中规定的其他倒卖行为，如倒卖车

---

① 全国人大常委会法工委刑法室编：《中华人民共和国刑法·条文说明、立法理由及相关规定》，北京大学出版社 2009 年版，第 657 页。

票、船票罪，无论是出售，还是为出售而收购、运输、储存的行为，均可以认定为“倒卖”。因此，对于倒卖文物，也不应作过于狭窄的理解。（2）从司法实践来看，要求倒卖同时具备收购和转手倒卖，则对于收购阶段即案发的行为无法认定为“倒卖”，不利于对此类行为的打击。此外，关于“国家禁止经营的文物”的范围，本解释第六条第一款规定依照《文物保护法》规定的“国家禁止买卖的文物”的范围确定。对此，《文物保护法》第五十一条对禁止公民、法人和其他组织买卖的文物范围作了明确。

二是倒卖文物罪的定罪量刑标准。本解释第六条第二款按照文物的等级不同，以及交易数额（收购或者出售额），对倒卖各等级文物构成“情节严重”的标准作了明确。有关标准的确定，主要考虑了与走私文物罪定罪量刑标准的协调。第三款对“情节特别严重”的标准作了明确，将倒卖二级以上文物的情形直接认定为“情节特别严重”；其他情形下，“情节严重”与“情节特别严重”之间为五倍的倍数关系。需要注意的是，对于倒卖一般文物的，不依据数量认定构成倒卖文物罪，除非具有交易数额在五万元以上的情形。

三是非法出售、私赠文物藏品罪的有关问题。根据《刑法》第三百二十七条的规定，非法出售、私赠文物藏品罪的主体为“国有博物馆、图书馆等单位”。从实践来看，有些国有公司购买文物后，出售或者私自送给非国有单位或者个人。因此，本解释第七条明确《刑法》第三百二十七条规定的“国有博物馆、图书馆等单位”包括其他国有单位（即国有公司、企业、事业单位、机关、团体）。此外，一些执法机关所管理的涉案文物也属于“国家保护的文物藏品”，将其出售或者私自赠送给非国有单位或者个人的，也应当构成非法出售、私赠文物藏品罪。故而，本解释第七条将犯罪对象规定为“收藏或者管理的国家保护的文物藏品”。

四是掩饰、隐瞒文物犯罪所得文物的定性。从司法实践来看，文物犯罪形成了利益链条，后续的窝藏、转移、收购、加工、代为销售等环节成为此类犯罪蔓延的重要原因。为有效惩治此类犯罪，保护国家文物资源，本解释第九条专门规定，明知是盗窃文物、盗掘古文化遗址、古墓葬等犯罪所获取的三级以上文物，而予以窝藏、转移、收购、加工、代为销售或者以其他方法掩饰、隐瞒的，依照《刑法》第三百一十二条的规定，以掩饰、隐瞒犯罪所得罪追究刑事责任。实施上述行为，事先通谋的，以共同犯罪论处。

（五）盗掘古文化遗址、古墓葬罪的有关问题

盗掘古遗址、古墓葬是文物犯罪中的主要类型。2012年至2014年，全国法院审理盗掘古遗址、古墓葬刑事案件约占全部文物犯罪案件的90%。而且，此类犯罪对文物破坏性极强，社会影响极为恶劣。为统一法律适用，更为有力地惩治盗掘古文化遗址、古墓葬犯罪，本解释第八条对有关问题作了明确：

一是“古文化遗址、古墓葬”的范围。其一，明确“古文化遗址、古墓

葬”包括水下古文化遗址、古墓葬。司法实践中对于私自挖掘地下文物的行为认定为“盗掘”不存在疑义，但是对于盗掘内水、领海中的水下古文化遗址、古墓葬的定性，存在较大的认识分歧。特别是，我国南海管辖海域内，水下文物遗存丰富。当前，盗捞南海水下文物较为猖獗。为强化对水下文物的特别保护，本解释第八条第一款明确“古文化遗址、古墓葬”包括水下古文化遗址、古墓葬。其二，明确“古文化遗址、古墓葬”不以公布为不可移动文物的古文化遗址、古墓葬为限。实践中，一些被盗掘的古文化遗址、古墓葬并非文物保护单位，甚至尚未被公布为不可移动文物（行为人先于文物考古工作者发现该古文化遗址、古墓葬）。例如，长沙汉王陵系列盗掘案，① 被盗的古墓群在被盗掘前，尚未公布为文物保护单位，从被盗出的文物资源分析，认定是汉代王陵墓群，后相继被公布为省级文物保护单位、全国重点文物保护单位。为避免争议，本解释第八条第一款专门作了规定。

二是“古文化遗址、古墓葬”不包括古建筑、石窟寺、石刻、壁画、近代现代重要史迹和代表性建筑等其他不可移动文物。实践中，对于“古文化遗址”的范围存在不同认识，有意见认为应作广义上的理解，将古建筑、石窟寺、石刻等包括在内，故对于将上述不可移动文物的一部分从其整体中挖掘、凿割下来的行为，应当认定为盗掘古文化遗址。经研究认为，对于古文化遗址、古墓葬不宜作上述广义理解。主要考虑如下：(1)《文物保护法》第三条明确将“古文化遗址、古墓葬”与“古建筑、石窟寺、石刻、壁画、近代现代重要史迹和代表性建筑等不可移动文物”并列，不宜再将古建筑、石窟寺、石刻、壁画、近代现代重要史迹和代表性建筑等纳入“古文化遗址、古墓葬”的范围。(2) 采用破坏性手段盗窃古建筑、石窟寺、石刻、壁画、近代现代重要史迹和代表性建筑等其他不可移动文物，实质上是盗窃不可移动文物的行为，没有必要认定为盗掘古文化遗址。因此，本解释第八条第三款明确规定：“采用破坏性手段盗窃古文化遗址、古墓葬以外的古建筑、石窟寺、石刻、壁画、近代现代重要史迹和代表性建筑等其他不可移动文物的，依照刑法第二百六十四条的规定，以盗窃罪追究刑事责任。”而且，对于盗窃不可移动文物整体或者可移动部分的定罪量刑问题，本解释第十二条作了专门规定。

三是盗掘古文化遗址、古墓葬罪既遂的认定标准。实践中，对本罪的既遂标准存在争议。有观点主张以盗取到文物为既遂标准，对盗掘行为未实际盗取到文物的，应当认定为未遂。经研究认为，刑法设立盗掘古文化遗址、古墓葬罪，主要是为了保护古文化遗址、古墓葬的历史、艺术、科学价值。只要盗掘

---

① 2008 年 4 月至 2009 年 1 月，长沙市连续发生 11 起盗掘古墓葬案件，包括西汉长沙王陵及贵族墓在内的 20 余座古墓葬被破坏。该案共抓获犯罪分子 53 人，彻底摧毁了一个横跨八省二十余市县的特大犯罪团伙，追缴被盗文物 304 件，其中一级文物 12 件，二级文物 48 件，三级文物 89 件。

行为已涉及古文化遗址、古墓葬的文化层，损害了古文化遗址、古墓葬的历史、艺术、科学价值，即使未盗取到文物的，也应当认定为既遂。因此，本解释第八条第二款作了专门规定。

（六）失职造成珍贵文物损毁、流失罪的定罪量刑标准

根据《刑法》第四百一十九条的规定，失职造成珍贵文物损毁或者流失，后果严重的，构成失职造成珍贵文物损毁、流失罪。本解释第十条对“后果严重”的具体情形作出明确。需要说明的是，2006 年最高人民检察院《关于渎职侵权犯罪案件立案标准的规定》将失职造成珍贵文物损毁、流失罪的入罪标准之一规定为“导致国家一、二、三级珍贵文物损毁或者流失的”。而根据《刑法》第四百一十九条的规定，失职造成珍贵文物损毁、流失罪的入罪要件为“造成珍贵文物损毁或者流失，后果严重”。因此，“导致国家一、二、三级珍贵文物损毁或者流失”实际只是重复了“造成珍贵文物损毁或者流失”的规定，并未对“后果严重”作出解释。因此，本解释第十条第一项规定“导致二级以上文物或者五件以上三级文物损毁或者流失的”才认定为造成珍贵文物损毁或者流失“后果严重”，构成失职造成珍贵文物损毁、流失罪。

（七）文物犯罪专门性问题的认定

本解释第十五条对文物犯罪专门性问题的认定作了规定：

一是明确了依照文物认定决定认定案件事实的规则。本解释第十五第一款规定，在行为人实施有关行为前，文物行政部门已作出文物认定（认定是否属于文物）和定级（将可移动文物确定为一级文物、二级文物、三级文物、一般文物；将不可移动文物确定为全国重点文物保护单位，省级文物保护单位，市、县级文物保护单位）的，可以直接对有关案件事实作出认定。

二是规定了文物专门性问题的鉴定和检验规则。对于文物专门性问题，如涉案的文物是否属于文物以及等级认定、价值认定、损害程度评估等，应当由司法鉴定机构出具鉴定意见。但是，目前具有文物司法鉴定资质的机构极少，难以满足办案实践需求。鉴此，本解释第十五第二款借鉴以往司法解释的规定，确立了“鉴定与检验两条腿走路”原则，即对案件涉及的有关文物鉴定、价值认定等专门性问题难以确定的，由司法鉴定机构出具鉴定意见，或者由国务院文物行政部门指定的机构出具报告。其中，对于文物价值，也可以由有关价格认证机构作出价格认证并出具报告。

（八）文物犯罪的其他问题

根据司法实践的情况，本解释还对文物犯罪的其他问题作了明确：

一是单位实施有关文物犯罪的处理。本解释第十一条对单位实施有关文物犯罪的处理作了明确。第一款规定单位实施相关文物犯罪的，适用自然人犯罪的定罪量刑标准。而根据有关立法解释的规定，公司、企业、事业单位、机关、团体等单位实施《刑法》规定的危害社会的行为，《刑法》分则和其他法

律未规定追究单位的刑事责任的，对组织、策划、实施该危害社会行为的人依法追究刑事责任。据此，第二款进一步明确，公司、企业、事业单位、机关、团体等单位实施盗窃文物，故意损毁文物、名胜古迹，过失损毁文物，盗掘古文化遗址、古墓葬等行为的，依照本解释规定的相应定罪量刑标准，追究组织者、策划者、实施者的刑事责任。

二是针对不可移动文物犯罪的定罪量刑标准。本解释第十二条对针对不可移动文物实施走私、盗窃、倒卖行为的定罪量刑标准作了明确。具体而言：

第一款对针对不可移动文物整体实施走私、盗窃、倒卖行为的定罪量刑标准作了规定。一些核定公布为文物保护单位或者尚未核定公布为文物保护单位的不可移动文物的单体文物，如石碑、石刻、经幢、石塔等，完全可以成为走私文物、盗窃文物、倒卖文物的对象。① 为统一司法适用，本解释规定针对不可移动文物整体实施走私、盗窃、倒卖等行为的，根据所属不可移动文物的等级定罪量刑：尚未被确定为文物保护单位的不可移动文物，适用一般文物的定罪量刑标准；市、县级文物保护单位，适用三级文物的定罪量刑标准；全国重点文物保护单位、省级文物保护单位，适用二级以上文物的定罪量刑标准。

第二款对针对不可移动文物的可移动部分实施走私、盗窃、倒卖行为的定罪量刑标准作了规定。绝大多数不可移动文物难以整体成为走私、盗窃、倒卖的对象。但是，从实践来看，不可移动文物的可移动部分，如建筑构件、壁画、雕塑、石刻等，完全可以成为走私、盗窃、倒卖的对象。而这些可移动部分依附于不可移动文物整体价值存在的，一般不予单独定级。因违法犯罪行为使其脱离不可移动文物，其不可移动文物的整体价值必然会受到影响。而脱离不可移动文物成为独立物存在的建筑构件、雕塑、壁画、碑刻等，依然具有历史、艺术或科学价值，则可以作为可移动文物对其认定等级。这是对这类文物涉案后进行认定的通常做法。因此，本解释规定走私、盗窃、倒卖不可移动文物的可移动部分的，可以依照有关走私、盗窃、倒卖可移动文物的规定定罪量刑，并专门规定所属的不可移动文物等级（全国重点文物保护单位，省级文物保护单位，市、县级文物保护单位）应当作为量刑情节予以考虑。

三是不同等级文物的折算规则。本解释第十三条完善了《盗窃罪解释》第九条第二款“盗窃多件不同等级国有馆藏文物的，三件同级文物可以视为一件高一级文物”的规定。一方面，将多件同级文物折算为高一级文物的标准由“三件”提升为“五件”，以更符合不同等级文物之间的实际价值差别。另一方面，从实践来看，个别情形下，可能存在五件同级文物的价值与一件高一级文物的价值明显不相当的情形，如五枚铜钱（一般文物）的价值明显与一件三级文物不相当。为此，专门规定了“但是价值明显不相当的除外”的规定，以便

① 例如，2013 年，位于河南新乡的全国重点文物保护单位“尊胜陀罗尼经幢”被整体盗走。

于司法实践中根据具体案情裁量处理。

四是文物价值认定规则。本解释第十四条对走私、盗窃的文物数额的认定规则作了明确。具体而言，对于涉案文物有有效价格证明的（如购买文物不久即被盗），则直接依据价格证明认定数额；如果无法或者不宜依据价格证明认定盗窃数额，但能查清销赃数额的，可以按照销赃数额认定；无法查清销赃数额或者不宜按照销赃数额认定（如销赃数额过低）的，则可以依照本解释的规定出具鉴定意见或者由有关部门出具报告。

五是不起诉或者免予刑事处罚的情形。为了贯彻落实“完善刑事诉讼中认罪认罚从宽制度”，考虑到司法实践中的复杂情况，本解释第十六条对实施相关文物犯罪（失职造成珍贵文物损毁、流失罪除外）情节轻微的情形规定可以不起诉或者免予刑事处罚。具体限定为如下条件：(1) 行为人系初犯，认罪认罚，确有悔改表现；(2) 达到入罪标准，不包括情节或者结果加重情形；(3) 未造成实际损失或者积极挽回损失，如未造成文物损毁，或者积极赔偿损毁文物的。

六是化石犯罪的定罪量刑标准问题。《刑法》第三百二十八条第二款和有关立法解释规定，《刑法》有关文物的规定，适用于具有科学价值的古脊椎动物化石、古人类化石。据此，本解释第十七条进一步明确，走私、盗窃、损毁、倒卖、盗掘或者非法转让具有科学价值的古脊椎动物化石、古人类化石的，依照《刑法》和本解释的有关规定定罪量刑。

七是本解释的时间效力问题。本解释自 2016 年 1 月 1 日起施行。本解释公布施行后，《1987 解释》同时废止；之前发布的司法解释与本解释不一致的，以本解释为准。需要注意的是，根据“举重以明轻”的法理，之前发布的规范性文件与本解释不一致的，也应当以本解释为准。

（撰稿人：喻海松）

【链 接】

最高人民法院 最高人民检察院 公安部 国家文物局 关于办理妨害文物管理等刑事案件若干问题的意见

2022年8月16日 公通字〔2022〕18号

各省、自治区、直辖市高级人民法院、人民检察院、公安厅（局）、文物局（文化和旅游厅/局），新疆维吾尔自治区高级人民法院生产建设兵团分院，新疆生产建设兵团人民检察院、公安局、文物局：

为依法惩治文物犯罪，加强对文物的保护，根据《中华人民共和国刑法》《中华人民共和国刑事诉讼法》《中华人民共和国文物保护法》和《最高人民法院、最高人民检察院关于办理妨害文物管理等刑事案件适用法律若干问题的解释》（法释〔2015〕23号，以下简称《文物犯罪解释》）等有关规定，结合司法实践，制定本意见。

一、总体要求

文物承载灿烂文明，传承历史文化，维系民族精神，是国家和民族历史发展的见证，是弘扬中华优秀传统文化的珍贵财富，是培育社会主义核心价值观、凝聚共筑中国梦磅礴力量的深厚滋养。保护文物功在当代、利在千秋。当前，我国文物安全形势依然严峻，文物犯罪时有发生，犯罪团伙专业化、智能化趋势明显，犯罪活动向网络发展蔓延，犯罪产业链日趋成熟，地下市场非法交易猖獗，具有严重的社会危害性。各级人民法院、人民检察院、公安机关、文物行政部门要坚持以习近平新时代中国特色社会主义思想为指导，坚决贯彻落实习近平总书记关于文物工作系列重要论述精神，从传承中华文明、对国家对民族对子孙后代负责的战略高度，提高对文物保护工作重要性的认识，增强责任感使命感紧迫感，勇于担当作为、忠诚履职尽责，依法惩治和有效防范文物犯罪，切实保护国家文化遗产安全。

二、依法惩处文物犯罪

（一）准确认定盗掘行为

1. 针对古建筑、石窟寺等不可移动文物中包含的古文化遗址、古墓葬部分实施盗掘，符合刑法第三百二十八条规定的，以盗掘古文化遗址、古墓葬罪追究刑事责任。

盗掘对象是否属于古文化遗址、古墓葬，应当按照《文物犯罪解释》第八条、第十五条的规定作出认定。

2. 以盗掘为目的，在古文化遗址、古墓葬表层进行钻探、爆破、挖掘等作业，因意志以外的原因，尚未损害古文化遗址、古墓葬的历史、艺术、科学价值的，属于盗掘古文化遗址、古墓葬未遂，应当区分情况分别处理：

（1）以被确定为全国重点文物保护单位、省级文物保护单位的古文化遗址、古墓葬为盗掘目标的，应当追究刑事责任；

（2）以被确定为市、县级文物保护单位的古文化遗址、古墓葬为盗掘目标的，对盗掘团伙的纠集者、积极参加者，应当追究刑事责任；

（3）以其他古文化遗址、古墓葬为盗掘目标的，对情节严重者，依法追究刑事责任。

实施前款规定的行为，同时构成刑法第三百二十四条第一款、第二款规定的故意损毁文物罪、故意损毁名胜古迹罪的，依照处罚较重的规定定罪处罚。

3. 刑法第三百二十八条第一款第三项规定的“多次盗掘”是指盗掘三次以上。对于行为人基于同一或者概括犯意，在同一古文化遗址、古墓葬本体周边一定范围内实施连续盗掘，已损害古文化遗址、古墓葬的历史、艺术、科学价值的，一般应认定为一次盗掘。

（二）准确认定盗窃行为

采用破坏性手段盗窃古建筑、石窟寺、石刻、壁画、近现代重要史迹和代表性建筑等不可移动文物未遂，具有下列情形之一的，应当依法追究刑事责任：

1. 针对全国重点文物保护单位、省级文物保护单位中的建筑构件、壁画、雕塑、石刻等实施盗窃，损害文物本体历史、艺术、科学价值，情节严重的；

2. 以被确定为市、县级以上文物保护单位整体为盗窃目标的；

3. 造成市、县级以上文物保护单位的不可移动文物本体损毁的；

4. 针对不可移动文物中的建筑构件、壁画、雕塑、石刻等实施盗窃，所涉部分具有等同于三级以上文物历史、艺术、科学价值的；

5. 其他情节严重的情形。

实施前款规定的行为，同时构成刑法第三百二十四条第一款、第二款规定的故意损毁文物罪、故意损毁名胜古迹罪的，依照处罚较重的规定定罪处罚。

（三）准确认定掩饰、隐瞒与倒卖行为

1. 明知是盗窃文物、盗掘古文化遗址、古墓葬等犯罪所获取的文物，而予以窝藏、转移、收购、加工、代为销售或者以其他方法掩饰、隐瞒的，符合《文物犯罪解释》第九条规定的，以刑法第三百一十二条规定的掩饰、隐瞒犯罪所得罪追究刑事责任。

对是否“明知”，应当结合行为人的认知能力、既往经历、行为次数和手段，与实施盗掘、盗窃、倒卖文物等犯罪行为人的关系，获利情况，是否故意规避调查，涉案文物外观形态、价格等主、客观因素进行综合审查判断。具有下列情形之一，行为人不能做出合理解释的，可以认定其“明知”，但有相反证据的除外：

（1）采用黑话、暗语等方式进行联络交易的；

（2）通过伪装、隐匿文物等方式逃避检查，或者以暴力等方式抗拒检查的；

（3）曾因实施盗掘、盗窃、走私、倒卖文物等犯罪被追究刑事责任，或者二年内受过行政处罚的；

（4）有其他证据足以证明行为人应当知道的情形。

2. 出售或者为出售而收购、运输、储存《中华人民共和国文物保护法》第五十一条规定的“国家禁止买卖的文物”，可以结合行为人的从业经历、认知能力、违法犯罪记录、供述情况，交易的价格、次数、件数、场所，文物的来源、外观形态等综合审查判断，认定其行为系刑法第三百二十六条规定的“以牟利为目的”，但文物来源符合《中华人民共和国文物保护法》第五十条规定的除外。

三、涉案文物的认定和鉴定评估

对案件涉及的文物等级、类别、价值等专门性问题，如是否属于古文化遗址、古墓葬、古建筑、石窟寺、石刻、壁画、近代现代重要史迹和代表性建筑等不可移动文物，是否具有历史、艺术、科学价值，是否属于各级文物保护单位，是否属于珍贵文物，以及有关行为对文物造成的损毁程度和对文物价值造成的影响等，案发前文物行政部门已作认定的，可以直接对有关案件事实作出认定；案发前未作认定的，可以结合国务院文物行政部门指定的机构出具的《涉案文物鉴定评估报告》作出认定，必要时，办案机关可以依法提请文物行政部门对有关问题作出说明。《涉案文物鉴定评估报告》应当依照《涉案文物鉴定评估管理办法》（文物博发〔2018〕4号）规定的程序和格式文本出具。

四、文物犯罪案件管辖

文物犯罪案件一般由犯罪地的公安机关管辖，包括文物犯罪的预谋地、工具准备地、勘探地、盗掘地、盗窃地、途经地、交易地、倒卖信息发布地、出口（境）地、涉案不可移动文物的所在地、涉案文物的实际取得地、藏匿地、转移地、加工地、储存地、销售地等。多个公安机关都有权立案侦查的文物犯罪案件，由主要犯罪地公安机关立案侦查。

具有下列情形之一的，有关公安机关可以在其职责范围内并案处理：

（1）一人犯数罪的；

（2）共同犯罪的；

（3）共同犯罪的犯罪嫌疑人还实施其他犯罪的；

（4）三人以上时分时合，交叉结伙作案的；

（5）多个犯罪嫌疑人实施的盗掘、盗窃、倒卖、掩饰、隐瞒、走私等犯罪存在直接关联，或者形成多层级犯罪链条，并案处理有利于查明案件事实的。

五、宽严相济刑事政策的应用

（一）要着眼出资、勘探、盗掘、盗窃、倒卖、收赃、走私等整个文物犯罪网络开展打击，深挖幕后金主，斩断文物犯罪链条，对虽未具体参与实施有关犯罪实行行为，但作为幕后纠集、组织、指挥、筹划、出资、教唆者，在共同犯罪中起主要作用的，可以依法认定为主犯。

（二）对曾因文物违法犯罪而受过行政处罚或者被追究刑事责任、多次实施文物违法犯罪行为、以及国家工作人员实施本意见规定相关犯罪行为的，可以酌情从重处罚。

（三）正确运用自首、立功、认罪认罚从宽等制度，充分发挥刑罚的惩治和预防功能。对积极退回或协助追回文物，协助抓捕重大文物犯罪嫌疑人，以及提供重要线索，对侦破、查明其他重大文物犯罪案件起关键作用的，依法从宽处理。

（四）人民法院、人民检察院、公安机关应当加强与文物行政等部门的沟通协调，强化行刑衔接，对不构成犯罪的案件，依据有关规定及时移交。公安机关依法扣押的国家禁止经营的文物，经审查与案件无关的，应当交由文物行政等有关部门依法予以处理。文物行政等部门在查办案件中，发现涉嫌构成犯罪的案件，依据有关规定及时向公安机关移送。

指导案例 147 号

张永明、毛伟明、张鹭故意损毁名胜古迹案

（最高人民法院审判委员会讨论通过 2020 年 12 月 29 日发布）

关键词

刑事 故意损毁名胜古迹罪 国家保护的名胜古迹 情节严重 专家意见

裁判要点

1. 风景名胜区的核心景区属于《刑法》第三百二十四条第二款规定的“国家保护的名胜古迹”。对核心景区内的世界自然遗产实施打岩钉等破坏活动，严重破坏自然遗产的自然性、原始性、完整性和稳定性的，综合考虑有关地质遗迹的特点、损坏程度等，可以认定为故意损毁国家保护的名胜古迹“情节严重”。

2. 对刑事案件中的专门性问题需要鉴定，但没有鉴定机构的，可以指派、聘请有专门知识的人就案件的专门性问题出具报告，相关报告在刑事诉讼中可以作为证据使用。

相关法条

《中华人民共和国刑法》第三百二十四条

基本案情

2017 年 4 月份左右，被告人张永明、毛伟明、张鹭三人通过微信联系，约定前往三清山风景名胜区攀爬“巨蟒出山”岩柱体（又称巨蟒峰）。2017 年 4 月 15 日凌晨 4 时左右，张永明、毛伟明、张鹭三人携带电钻、岩钉（即膨胀螺栓，不锈钢材质）、铁锤、绳索等工具到达巨蟒峰底部。被告人张永明首先攀爬，毛伟明、张鹭在下面拉住绳索保护张永明的安全。在攀爬过程中，张永明在有危险的地方打岩钉，使用电钻在巨蟒峰岩体上钻孔，再用铁锤将岩钉打入孔内，用扳手拧紧，然后在岩钉上布绳索。张永明通过这种方式于早上 6 时 49 分左右攀爬至巨蟒峰顶部。毛伟明一直跟在张永明后面为张永明拉绳索做保护，并沿着张永明布好的绳索于早上 7 时左右攀爬到巨蟒峰顶部。在巨蟒峰顶部，张永明将多余的工具给毛伟明，毛伟明顺着绳索下降，将多余的工具带回宾馆，随后又返回巨蟒峰，攀爬至巨蟒峰 10 多米处，被三清山管委会工作人员发现后劝下并被民警控制。在张永明、毛伟明攀爬开始时，张鹭为张永明拉绳索做保护，之后张鹭回宾馆拿无人机，再返回巨蟒峰，沿着张永明布好的绳索于早上 7 时 30 分左右攀爬至巨蟒峰顶部，在顶部使用无人机进行拍摄。在工作人员劝说下，张鹭、张永明先后于上午 9 时左右、9 时 40 分左右下到

巨蟒峰底部并被民警控制。经现场勘查，张永明在巨蟒峰上打入岩钉 26 个。经专家论证，三被告人的行为对巨蟒峰地质遗迹点造成了严重损毁。

裁判结果

江西省上饶市中级人民法院于 2019 年 12 月 26 日作出（2018）赣 11 刑初 34 号刑事判决：一、被告人张永明犯故意损毁名胜古迹罪，判处有期徒刑一年，并处罚金人民币十万元。二、被告人毛伟明犯故意损毁名胜古迹罪，判处有期徒刑六个月，缓刑一年，并处罚金人民币五万元。三、被告人张鹭犯故意损毁名胜古迹罪，免予刑事处罚。四、对扣押在案的犯罪工具手机四部、无人机一台、对讲机二台、攀岩绳、铁锤、电钻、岩钉等予以没收。宣判后，张永明提出上诉。江西省高级人民法院于 2020 年 5 月 18 日作出（2020）赣刑终 44 号刑事裁定，驳回被告人张永明的上诉，维持原判。

裁判理由

法院生效裁判认为，本案焦点问题主要为：

一、关于本案的证据采信问题

本案中，三被告人打入 26 个岩钉的行为对巨蟒峰造成严重损毁的程度，目前全国没有法定司法鉴定机构可以进行鉴定，但是否构成严重损毁又是被告人是否构成犯罪的关键。根据《最高人民法院关于适用〈中华人民共和国刑事诉讼法〉的解释》第八十七条规定："对案件中的专门性问题需要鉴定，但没有法定司法鉴定机构，或者法律、司法解释规定可以进行检验的，可以指派、聘请有专门知识的人进行检验，检验报告可以作为定罪量刑的参考。……经人民法院通知，检验人拒不出庭作证的，检验报告不得作为定罪量刑的参考。"故对打入 26 个岩钉的行为是否对巨蟒峰造成严重损毁的这一事实，依法聘请有专门知识的人进行检验合情合理合法。本案中的四名地学专家，都长期从事地学领域的研究，都具有地学领域的专业知识，在地学领域发表过大量论文或专著，或主持过地学方面的重大科研课题，具有对巨蟒峰受损情况这一地学领域的专门问题进行评价的能力。四名专家均属于"有专门知识的人"。四名专家出具专家意见系接受侦查机关的有权委托，依据自己的专业知识和现场实地勘查、证据查验，经充分讨论、分析，从专业的角度对打岩钉造成巨蟒峰的损毁情况给出了明确的专业意见，并共同签名。且经法院通知，四名专家中的两名专家以检验人的身份出庭，对"专家意见"的形成过程进行了详细的说明，并接受了控、辩双方及审判人员的质询。"专家意见"结论明确，程序合法，具有可信性。综上，本案中的"专家意见"从主体到程序均符合法定要求，从证据角度而言，"专家意见"完全符合刑事诉讼法第一百九十七条的规定，以及《最高人民法院关于适用〈中华人民共和国刑事诉讼法〉的解释》第八十七条关于有专门知识的人出具检验报告的规定，可以作为定罪量刑的参考。

二、关于本案的损害结果问题

三清山于 1988 年经国务院批准列为国家重点风景名胜区，2008 年被列入世界自然遗产名录，2012 年被列入世界地质公园名录。巨蟒峰作为三清山核心标志性景观独一无二、弥足珍贵，其不仅是不可再生的珍稀自然资源型资产，也是可持续利用的自然资产，对于全人类而言具有重大科学价值、美学价值和经济价值。巨蟒峰是经由长期自然风化和重力崩解作用形成的巨型花岗岩体石柱，垂直高度 128 米，最细处直径仅 7 米。本案中，侦查机关依法聘请的四名专家经过现场勘查、证据查验、科学分析，对巨蟒峰地质遗迹点的价值、成因、结构特点及三被告人的行为给巨蟒峰柱体造成的损毁情况给出了“专家意见”。四名专家从地学专业角度，认为被告人的打岩钉攀爬行为对世界自然遗产的核心景观巨蟒峰造成了永久性的损害，破坏了自然遗产的基本属性即自然性、原始性、完整性，特别是在巨蟒峰柱体的脆弱段打入至少 4 个岩钉，加重了巨蟒峰柱体结构的脆弱性，即对巨蟒峰的稳定性产生了破坏，26 个岩钉会直接诱发和加重物理、化学、生物风化，形成新的裂隙，加快花岗岩柱体的侵蚀进程，甚至造成崩解。根据《最高人民法院最高人民检察院关于办理妨害文物管理等刑事案件适用法律若干问题的解释》第四条第二款第一项规定，结合“专家意见”，应当认定三被告人的行为造成了名胜古迹“严重损毁”，已触犯《刑法》第三百二十四条第二款的规定，构成故意损毁名胜古迹罪。

风景名胜区的核心景区是受我国刑法保护的名胜古迹。三清山风景名胜区列入世界自然遗产、世界地质公园名录，巨蟒峰地质遗迹点是其珍贵的标志性景观和最核心的部分，既是不可再生的珍稀自然资源性资产，也是可持续利用的自然资产，具有重大科学价值、美学价值和经济价值。被告人张永明、毛伟明、张鹭违反社会管理秩序，采用破坏性攀爬方式攀爬巨蟒峰，在巨蟒峰花岗岩柱体上钻孔打入 26 个岩钉，对巨蟒峰造成严重损毁，情节严重，其行为已构成故意损毁名胜古迹罪，应依法惩处。本案对三被告人的入刑，不仅是对其所实施行为的否定评价，更是警示世人不得破坏国家保护的名胜古迹，从而引导社会公众树立正确的生态文明观，珍惜和善待人类赖以生存和发展的自然资源和生态环境。一审法院根据三被告人在共同犯罪中的地位、作用及量刑情节所判处的刑罚并无不当。张永明及其辩护人请求改判无罪等上诉意见不能成立，不予采纳。原审判决认定三被告人犯罪事实清楚，证据确实、充分，定罪准确，对三被告人的量刑适当，审判程序合法。

（生效裁判审判人员：胡淑珠　黄训荣　王慧军）

最高人民法院　最高人民检察院
关于办理妨害预防、控制突发传染病疫情等灾害的刑事案件具体应用法律若干问题的解释

法释〔2003〕8号

（2003年5月13日最高人民法院审判委员会第1269次会议、2003年5月13日最高人民检察院第十届检察委员会第3次会议通过　2003年5月14日最高人民法院、最高人民检察院公告公布　自2003年5月15日起施行）

为依法惩治妨害预防、控制突发传染病疫情等灾害的犯罪活动，保障预防、控制突发传染病疫情等灾害工作的顺利进行，切实维护人民群众的身体健康和生命安全，根据《中华人民共和国刑法》等有关法律规定，现就办理相关刑事案件具体应用法律的若干问题解释如下：

第一条　故意传播突发传染病病原体，危害公共安全的，依照刑法第一百一十四条、第一百一十五条第一款的规定，按照以危险方法危害公共安全罪定罪处罚。

患有突发传染病或者疑似突发传染病而拒绝接受检疫、强制隔离或者治疗，过失造成传染病传播，情节严重，危害公共安全的，依照刑法第一百一十五条第二款的规定，按照过失以危险方法危害公共安全罪定罪处罚。

第二条　在预防、控制突发传染病疫情等灾害期间，生产、销售伪劣的防治、防护产品、物资，或者生产、销售用于防治传染病的假药、劣药，构成犯罪的，分别依照刑法第一百四十条、第一百四十一条、第一百四十二条的规定，以生产、销售伪劣产品罪，生产、销售假药罪或者生产、销售劣药罪定罪，依法从重处罚。

第三条　在预防、控制突发传染病疫情等灾害期间，生产用于防治传染病的不符合保障人体健康的国家标准、行业标准的医疗器械、医用卫生材料，或者销售明知是用于防治传染病的不符合保障人体健康的国家标准、行业标准的医疗器械、医用卫生材料，不具有防护、救治功能，足以严重危害人体健康的，依照刑法第一百四十五条的规定，以生产、销售不符合标准的医用器材罪定罪，依法从重处罚。

医疗机构或者个人，知道或者应当知道系前款规定的不符合保障人体健康

的国家标准、行业标准的医疗器械、医用卫生材料而购买并有偿使用的，以销售不符合标准的医用器材罪定罪，依法从重处罚。

第四条 国有公司、企业、事业单位的工作人员，在预防、控制突发传染病疫情等灾害的工作中，由于严重不负责任或者滥用职权，造成国有公司、企业破产或者严重损失，致使国家利益遭受重大损失的，依照刑法第一百六十八条的规定，以国有公司、企业、事业单位人员失职罪或者国有公司、企业、事业单位人员滥用职权罪定罪处罚。

第五条 广告主、广告经营者、广告发布者违反国家规定，假借预防、控制突发传染病疫情等灾害的名义，利用广告对所推销的商品或者服务作虚假宣传，致使多人上当受骗，违法所得数额较大或者有其他严重情节的，依照刑法第二百二十二条的规定，以虚假广告罪定罪处罚。

第六条 违反国家在预防、控制突发传染病疫情等灾害期间有关市场经营、价格管理等规定，哄抬物价、牟取暴利，严重扰乱市场秩序，违法所得数额较大或者有其他严重情节的，依照刑法第二百二十五条第（四）项的规定，以非法经营罪定罪，依法从重处罚。

第七条 在预防、控制突发传染病疫情等灾害期间，假借研制、生产或者销售用于预防、控制突发传染病疫情等灾害用品的名义，诈骗公私财物数额较大的，依照刑法有关诈骗罪的规定定罪，依法从重处罚。

第八条 以暴力、威胁方法阻碍国家机关工作人员、红十字会工作人员依法履行为防治突发传染病疫情等灾害而采取的防疫、检疫、强制隔离、隔离治疗等预防、控制措施的，依照刑法第二百七十七条第一款、第三款的规定，以妨害公务罪定罪处罚。

第九条 在预防、控制突发传染病疫情等灾害期间，聚众“打砸抢”，致人伤残、死亡的，依照刑法第二百八十九条、第二百三十四条、第二百三十二条的规定，以故意伤害罪或者故意杀人罪定罪，依法从重处罚。对毁坏或者抢走公私财物的首要分子，依照刑法第二百八十九条、第二百六十三条的规定，以抢劫罪定罪，依法从重处罚。

第十条 编造与突发传染病疫情等灾害有关的恐怖信息，或者明知是编造的此类恐怖信息而故意传播，严重扰乱社会秩序的，依照刑法第二百九十一条之一的规定，以编造、故意传播虚假恐怖信息罪定罪处罚。

利用突发传染病疫情等灾害，制造、传播谣言，煽动分裂国家、破坏国家统一，或者煽动颠覆国家政权、推翻社会主义制度的，依照刑法第一百零三条第二款、第一百零五条第二款的规定，以煽动分裂国家罪或者煽动颠覆国家政权罪定罪处罚。

第十一条 在预防、控制突发传染病疫情等灾害期间，强拿硬要或者任意损毁、占用公私财物情节严重，或者在公共场所起哄闹事，造成公共场所秩序严重混乱的，依照刑法第二百九十三条的规定，以寻衅滋事罪定罪，依法从重处罚。

第十二条 未取得医师执业资格非法行医，具有造成突发传染病病人、病原携带者、疑似突发传染病病人贻误诊治或者造成交叉感染等严重情节的，依照刑法第三百三十六条第一款的规定，以非法行医罪定罪，依法从重处罚。

第十三条 违反传染病防治法等国家有关规定，向土地、水体、大气排放、倾倒或者处置含传染病病原体的废物、有毒物质或者其他危险废物，造成突发传染病传播等重大环境污染事故，致使公私财产遭受重大损失或者人身伤亡的严重后果的，依照刑法第三百三十八条的规定，以重大环境污染事故罪定罪处罚。

第十四条 贪污、侵占用于预防、控制突发传染病疫情等灾害的款物或者挪用归个人使用，构成犯罪的，分别依照刑法第三百八十二条、第三百八十三条、第二百七十一条、第三百八十四条、第二百七十二条的规定，以贪污罪、侵占罪、挪用公款罪、挪用资金罪定罪，依法从重处罚。

挪用用于预防、控制突发传染病疫情等灾害的救灾、优抚、救济等款物，构成犯罪的，对直接责任人员，依照刑法第二百七十三条的规定，以挪用特定款物罪定罪处罚。

第十五条 在预防、控制突发传染病疫情等灾害的工作中，负有组织、协调、指挥、灾害调查、控制、医疗救治、信息传递、交通运输、物资保障等职责的国家机关工作人员，滥用职权或者玩忽职守，致使公共财产、国家和人民利益遭受重大损失的，依照刑法第三百九十七条的规定，以滥用职权罪或者玩忽职守罪定罪处罚。

第十六条 在预防、控制突发传染病疫情等灾害期间，从事传染病防治的政府卫生行政部门的工作人员，或者在受政府卫生行政部门委托代表政府卫生行政部门行使职权的组织中从事公务的人员，或者虽未列入政府卫生行政部门人员编制但在政府卫生行政部门从事公务的人员，在代表政府卫生行政部门行使职权时，严重不负责任，导致传染病传播或者流行，情节严重的，依照刑法第四百零九条的规定，以传染病防治失职罪定罪处罚。

在国家对突发传染病疫情等灾害采取预防、控制措施后，具有下列情形之一的，属于刑法第四百零九条规定的“情节严重”：

（一）对发生突发传染病疫情等灾害的地区或者突发传染病病人、病原携带者、疑似突发传染病病人，未按照预防、控制突发传染病疫情等灾害工作规范的要求做好防疫、检疫、隔离、防护、救治等工作，或者采取的预防、控制措施不当，造成传染范围扩大或者疫情、灾情加重的；

（二）隐瞒、缓报、谎报或者授意、指使、强令他人隐瞒、缓报、谎报疫情、灾情，造成传染范围扩大或者疫情、灾情加重的；

（三）拒不执行突发传染病疫情等灾害应急处理指挥机构的决定、命令，造成传染范围扩大或者疫情、灾情加重的；

（四）具有其他严重情节的。

第十七条 人民法院、人民检察院办理有关妨害预防、控制突发传染病疫情等灾害的刑事案件，对于有自首、立功等悔罪表现的，依法从轻、减轻、免除处罚或者依法作出不起诉决定。

第十八条 本解释所称“突发传染病疫情等灾害”，是指突然发生，造成或者可能造成社会公众健康严重损害的重大传染病疫情、群体性不明原因疾病以及其他严重影响公众健康的灾害。

【解　　读】

解读《最高人民法院、最高人民检察院关于办理妨害预防、控制突发传染病疫情等灾害的刑事案件具体应用法律若干问题的解释》

一、问题的提出

为依法惩治妨害预防、控制突发传染病疫情等灾害的犯罪活动，保障预防、控制突发传染病疫情等灾害工作的顺利进行，切实维护人民群众的身体健康和生命安全，最高人民法院和最高人民检察院于2003年5月14日联合公布了《关于办理妨害预防、控制突发传染病疫情等灾害的刑事案件具体应用法律若干问题的解释》（以下简称本解释），为依法惩治传染病疫情等灾害防治期间发生的各种犯罪活动，提供了明确的法律适用依据。

二、理解与适用

（一）关于妨害传染病防治行为的法律适用问题

因国务院没有将“非典”明确列入甲类传染病的范围，所以《刑法》第三百三十条妨害传染病防治罪在防治“非典”的过程中尚难适用。为了正确适用法律，本解释在三个条文中作出了相应规定：

1. 本解释第一条第二款的规定，重点解决了对拒绝执行卫生防疫机构依照传染病防治法提出的预防、控制措施而过失造成传染病传播，危害公共安全行为的定罪问题。实践中，已经发生了“非典”患者在治疗期间，因对隔离治疗措施、治疗条件等不满或者其他原因，如对病情比较恐惧想回家、担心生意受影响，等等，而擅自脱离隔离，导致传染病在社会健康人群中传播，造成群众恐慌，有关部门难以实施有效的防控措施的问题，对公共安全的危害较大。按照本解释的规定，对这种行为定罪处罚要把握三个条件：一是行为人患有突发传染病或者疑似突发传染病；二是拒绝接受检疫、强制隔离或者治疗；三是过失造成传染病传播，情节严重，危害公共安全。即行为人在主观方面对造成传染病传播的结果表现为过失，而且应当具有情节严重、危害公共安全的后果才能被追究刑事责任。如果行为人故意传播传染病，危害公共安全的，则应按该条第一款的规定，按照以危险方法危害公共安全罪定罪处罚。

2. 本解释第八条在论证过程中，考虑到目前在“非典”防治期间，执行强制隔离措施的除卫生行政部门、公安机关等人员外，还有医院的医务人员等，曾有一种意见认为，应当将本条被侵犯、妨害的行为对象主体扩大至卫生监督执法人员和医疗卫生人员。

经研究，按照 1992 年 5 月 11 日卫生部制定的《卫生监督员管理办法》的规定，卫生监督员是指依照法律、法规聘任的在法定监督范围内进行卫生监督的食品卫生监督员、传染病管理监督员、药品监督员等不同类别的监督员。卫生监督的重点是保障各种社会活动中正常的卫生秩序，预防和控制疾病的发生和流行，保护公民的健康权益。卫生监管的范围包括卫生许可管理，对各级各类卫生机构、个体诊所和采供血机构的监管以及卫生专业人员的执业许可和健康许可。参照全国人大常委会《关于〈中华人民共和国刑法〉第九章渎职罪主体适用问题的解释》的规定，“在依照法律、法规规定行使国家行政管理职权的组织中从事公务的人员”属于国家机关工作人员，因此，履行卫生监督职责的工作人员也属于国家机关工作人员。对于妨害卫生监督执法人员依法执行职务的，按照妨害公务罪定罪处罚是有法律依据的。此外，由于医疗机构属于事业单位，医疗卫生人员属于事业单位的人员，不宜作为妨害公务罪被侵犯、妨害的行为对象主体，但是由于许多医疗卫生人员也是红十字会成员，如果遇到暴力抗拒执行职务时，仍然可以妨害公务罪追究行为人的刑事责任。

3. 本解释第十三条的规定提出，违反传染病防治法处置含传染病病原体废物的行为，属于妨害传染病防治的行为，又因该行为的结果造成重大环境污染事故，构成了重大环境污染事故罪。因此，对这种行为以重大环境污染事故罪定罪是适当的，也在一定程度上解决了《刑法》第三百三十条无法适用的问题。

（二）关于借“非典”防治之机，制售伪劣产品，损害消费者利益，特别是制售劣质口罩、防护用品等医用卫生材料，严重损害医务人员和人民群众身体健康行为的法律适用问题

1. 因“两高”在 2001 年 4 月 9 日联合发布的《关于办理生产、销售伪劣商品刑事案件具体应用法律若干问题的解释》中，对生产、销售伪劣产品及生产、销售假药行为的定罪量刑标准已作出规定，本解释中没有再规定具体标

准，只是在第二条提出了对特定时期的特定犯罪行为依法从重处罚的原则。

2. 本解释第三条第一款的规定，对于依法严惩当前较多发生的制售不具有传染病防护、救治功能的医疗器械、医用卫生材料行为，提出了明确的法律适用标准和依法从重处罚原则。

3. 本解释第三条第二款在司法解释论证过程中，曾有一种意见认为，对这种行为应当按照以危险方法危害公共安全罪定罪处罚。理由：(1) 医疗机构或者医疗人员的职责是治病救人，不同于一般的销售机构或者人员，适用《刑法》第一百四十五条犯罪主体不符合；(2) 医疗机构或者医疗人员购买不符合保障人体健康的国家标准、行业标准的医疗器械、医用卫生材料，涉及有可能在该医疗机构就诊的不特定患者的身体健康和生命安全，危害的是公共安全。尤其是在传染病防治期间，对公共安全造成的危害就更为严重。

本解释没有采纳上述意见主要有两点考虑：首先，从事经营性服务的医疗机构或者个人，其购买、使用医用器材的行为也是一种经营行为。道理在于医疗机构或者个人向患者收取的医疗服务费用，也包含了医疗器械本身的费用，从这一角度讲，与销售医用器材的行为无异。如果其明知是不符合标准的医用器材而购买、使用，那么，其主观上就具有销售不符合标准的医用器材的故意，在客观上对人体健康造成严重危害时，完全符合《刑法》第一百四十五条规定的销售不符合标准的医用器材罪的构成要件，并不存在主体不符合的问题，应当以销售不符合标准的医用器材罪定罪处罚。其次，《产品质量法》有类似规定。《产品质量法》第六十二条规定："服务业的经营者将本法第四十九条至第五十二条规定禁止销售的产品用于经营性服务的，责令停止使用；对知道或者应当知道所使用的产品属于本法规定禁止销售的产品的，按照违法使用的产品（包括已使用和尚未使用的产品）的货值金额，依照本法对销售者的处罚规定处罚。"因此，对这种行为以销售不符合标准的医用器材罪定罪处罚更为恰当。

（三）关于对预防、控制突发传染病疫情等灾害期间的造谣惑众、破坏传染病防治工作秩序行为的法律适用问题

本解释第十条第一款规定的行为在当前防治"非典"期间较为突出，行为人多是通过互联网或者利用手机短信息传播谣言，由于受众较多，对社会稳定的影响较大。需要注意的问题是，所谓"恐怖信息"，是指《刑法》第二百九十一条之一规定的爆炸威胁、生化威胁、放射威胁等恐怖信息。所谓"严重扰乱社会秩序"，主要是指造成公众的心理恐慌，影响正常的生产、工作、教学、生活秩序等情形。

（四）关于传染病防治期间违反国家有关市场经营、价格管理等规定，严重扰乱市场秩序；利用虚假广告坑害消费者等行为的法律适用问题

1. 为维护正常的价格秩序，国家发展和改革委员会要求，各级价格主管

部门要加大行政执法力度，严肃查处经营者哄抬价格、牟取暴利行为，并明确提出需要严肃查处的行为主要包括：一是捏造、散布涨价信息，大幅度提高价格的；二是生产成本或进货成本没有发生明显变化，以牟取暴利为目的，大幅度提高价格的；三是在一些地区或行业率先大幅度提高价格的；四是囤积居奇，导致商品供不应求而出现价格大幅度上涨的。打击的重点是造谣惑众、带头涨价、情节恶劣的极少数违法经营者。司法实践中，应当根据《突发公共卫生事件应急条例》第五十二条的规定，结合行政执法部门查处的扰乱市场秩序的突出问题，按照本解释第六条规定的定罪标准确定法律适用问题。

2. 本解释第五条明确规定了虚假广告罪的定罪标准，着重对《刑法》第二百二十二条规定的“情节严重”进行了解释，其中强调的“多人上当受骗”，是指为数众多的人员，不应简单地理解为3人以上；“违法所得数额较大”的具体数额标准，应当结合案件的具体情况进行分析、认定，但标准也不宜太低，以突出打击重点，合理控制追究刑事责任的范围。

(五) 关于在传染病防治期间侵犯公私财产、严重扰乱社会秩序行为的法律适用问题

本解释第七条、第九条、第十一条分别对在预防、控制突发传染病疫情等灾害期间实施的诈骗、“打砸抢”、寻衅滋事等行为的法律适用问题作出了规定。其中，第十一条有关寻衅滋事罪的规定，主要是针对目前发生的谎称“非典”患者，强拿硬要公私财物、扰乱社会秩序等行为作出的，依法对这种行为从重处罚，对于维护社会秩序具有十分重要的作用。

(六) 关于传染病防治期间有关人员渎职行为的法律适用问题

1. 本解释第四条和本解释第十五条，分别就国有公司、企业、事业单位的工作人员和负有组织、协调、指挥、灾害调查、控制、医疗救治、信息传递、交通运输、物资保障等职责的国家机关工作人员，在预防、控制突发传染病疫情等灾害的工作中，由于严重不负责任或者滥用职权，致使国家利益遭受重大损失行为的法律适用问题作出了明确规定。

2. 本解释重点规定了《刑法》第四百零九条传染病防治失职罪的适用问题。

(1) 本解释第十六条第一款的规定，解决了传染病防治失职罪的犯罪主体适用范围问题。条文的内容按照全国人大常委会《关于〈中华人民共和国刑法〉第九章渎职罪主体适用问题的解释》的规定拟就。

(2) 该条第二款规定了传染病防治失职行为“情节严重”的四种情形：①对发生突发传染病疫情等灾害的地区或者突发传染病病人、病原携带者、疑似突发传染病病人，未按照预防、控制突发传染病疫情等灾害工作规范的要求做好防疫、检疫、隔离、防护、救治等工作，或者采取的预防、控制措施不当，造成传染范围扩大或者疫情、灾情加重的；②隐瞒、缓报、谎报或者授意、指

使、强令他人隐瞒、缓报、谎报疫情、灾情，造成传染范围扩大或者疫情、灾情加重的；③拒不执行突发传染病疫情等灾害应急处理指挥机构的决定、命令，造成传染范围扩大或者疫情、灾情加重的；④具有其他严重情节的。

(3) 第二款的规定还明确了政策界限，即对于在国家对突发传染病疫情等灾害采取预防、控制措施后，具有上述四种情形之一的，才可以追究卫生行政部门工作人员渎职行为的刑事责任，以避免因国家应对突发事件工作机制不完善而不当追究有关工作人员刑事责任的问题，防止可能出现的消极影响。

（七）严格依法办案、准确执行刑事政策

本解释针对发生在预防、控制突发传染病疫情等灾害期间的犯罪活动的特殊性，为正确适用法律、依法严惩犯罪活动，较多地规定了对相关犯罪行为依法从重处罚的内容。以司法解释的形式将司法实践中应当予以考虑的酌定从重处罚的情形确定下来，属于司法解释的内容，并没有改变《刑法》的处罚原则。本解释中特别强调了“依法”两字，目的在于切实防止为了体现从严、从重处罚精神，而忽视案件的具体情况一味从重的问题。“依法从重处罚”，是指在具体犯罪行为应当适用的法定刑幅度内从重处罚，而不能变相地提高量刑幅度搞加重处罚。为此，本解释还在第十七条作出了特别规定。这既是《刑法》明确规定的刑罚适用原则，也是一项重要的刑事政策，只有真正做到严之有理、严之有据、宽严相济，才能在特定时期充分发挥刑罚的功能，切实维护社会稳定。

此外，本解释是在“非典”防治期间制定公布的，但是应当注意，根据本解释第十八条的规定，此件司法解释也将为其他可能突然发生，造成或者可能造成社会公众健康严重损害的重大传染病疫情、群体性不明原因疾病以及其他严重影响公众健康的灾害的防治工作，提供有力的司法保障。

（撰稿人：孙军工
审稿人：胡云腾）

最高人民法院 最高人民检察院
关于办理非法采供血液等刑事案件具体应用法律若干问题的解释

法释〔2008〕12号

（2008年2月18日最高人民法院审判委员会第1444次会议、2008年5月8日最高人民检察院第十一届检察委员会第1次会议通过 2008年9月22日最高人民法院、最高人民检察院公告公布 自2008年9月23日起施行）

为保障公民的身体健康和生命安全，依法惩处非法采供血液等犯罪，根据刑法有关规定，现对办理此类刑事案件具体应用法律的若干问题解释如下：

第一条 对未经国家主管部门批准或者超过批准的业务范围，采集、供应血液或者制作、供应血液制品的，应认定为刑法第三百三十四条第一款规定的“非法采集、供应血液或者制作、供应血液制品”。

第二条 对非法采集、供应血液或者制作、供应血液制品，具有下列情形之一的，应认定为刑法第三百三十四条第一款规定的“不符合国家规定的标准，足以危害人体健康”，处五年以下有期徒刑或者拘役，并处罚金：

（一）采集、供应的血液含有艾滋病病毒、乙型肝炎病毒、丙型肝炎病毒、梅毒螺旋体等病原微生物的；

（二）制作、供应的血液制品含有艾滋病病毒、乙型肝炎病毒、丙型肝炎病毒、梅毒螺旋体等病原微生物，或者将含有上述病原微生物的血液用于制作血液制品的；

（三）使用不符合国家规定的药品、诊断试剂、卫生器材，或者重复使用一次性采血器材采集血液，造成传染病传播危险的；

（四）违反规定对献血者、供血浆者超量、频繁采集血液、血浆，足以危害人体健康的；

（五）其他不符合国家有关采集、供应血液或者制作、供应血液制品的规定标准，足以危害人体健康的。

第三条 对非法采集、供应血液或者制作、供应血液制品，具有下列情形之一的，应认定为刑法第三百三十四条第一款规定的“对人体健康造成严重危害”，处五年以上十年以下有期徒刑，并处罚金：

（一）造成献血者、供血浆者、受血者感染乙型肝炎病毒、丙型肝炎病毒、梅毒螺旋体或者其他经血液传播的病原微生物的；

（二）造成献血者、供血浆者、受血者重度贫血、造血功能障碍或者其他器官组织损伤导致功能障碍等身体严重危害的；

（三）对人体健康造成其他严重危害的。

第四条 对非法采集、供应血液或者制作、供应血液制品，具有下列情形之一的，应认定为刑法第三百三十四条第一款规定的“造成特别严重后果”，处十年以上有期徒刑或者无期徒刑，并处罚金或者没收财产：

（一）因血液传播疾病导致人员死亡或者感染艾滋病病毒的；

（二）造成五人以上感染乙型肝炎病毒、丙型肝炎病毒、梅毒螺旋体或者其他经血液传播的病原微生物的；

（三）造成五人以上重度贫血、造血功能障碍或者其他器官组织损伤导致功能障碍等身体严重危害的；

（四）造成其他特别严重后果的。

第五条 对经国家主管部门批准采集、供应血液或者制作、供应血液制品的部门，具有下列情形之一的，应认定为刑法第三百三十四条第二款规定的“不依照规定进行检测或者违背其他操作规定”：

（一）血站未用两个企业生产的试剂对艾滋病病毒抗体、乙型肝炎病毒表面抗原、丙型肝炎病毒抗体、梅毒抗体进行两次检测的；

（二）单采血浆站不依照规定对艾滋病病毒抗体、乙型肝炎病毒表面抗原、丙型肝炎病毒抗体、梅毒抗体进行检测的；

（三）血液制品生产企业在投料生产前未用主管部门批准和检定合格的试剂进行复检的；

（四）血站、单采血浆站和血液制品生产企业使用的诊断试剂没有生产单位名称、生产批准文号或者经检定不合格的；

（五）采供血机构在采集检验标本、采集血液和成分血分离时，使用没有生产单位名称、生产批准文号或者超过有效期的一次性注射器等采血器材的；

（六）不依照国家规定的标准和要求包装、储存、运输血液、原料血浆的；

（七）对国家规定检测项目结果呈阳性的血液未及时按照规定予以清除的；

（八）不具备相应资格的医务人员进行采血、检验操作的；

（九）对献血者、供血浆者超量、频繁采集血液、血浆的；

（十）采供血机构采集血液、血浆前，未对献血者或供血浆者进行身份识别，采集冒名顶替者、健康检查不合格者血液、血浆的；

（十一）血站擅自采集原料血浆，单采血浆站擅自采集临床用血或者向医疗机构供应原料血浆的；

（十二）重复使用一次性采血器材的；

（十三）其他不依照规定进行检测或者违背操作规定的。

第六条 对经国家主管部门批准采集、供应血液或者制作、供应血液制品的部门，不依照规定进行检测或者违背其他操作规定，具有下列情形之一的，应认定为刑法第三百三十四条第二款规定的“造成危害他人身体健康后果”，对单位判处罚金，并对其直接负责的主管人员和其他直接责任人员，处五年以下有期徒刑或者拘役：

（一）造成献血者、供血浆者、受血者感染艾滋病病毒、乙型肝炎病毒、丙型肝炎病毒、梅毒螺旋体或者其他经血液传播的病原微生物的；

（二）造成献血者、供血浆者、受血者重度贫血、造血功能障碍或者其他器官组织损伤导致功能障碍等身体严重危害的；

（三）造成其他危害他人身体健康后果的。

第七条 经国家主管部门批准的采供血机构和血液制品生产经营单位，应认定为刑法第三百三十四条第二款规定的“经国家主管部门批准采集、供应血液或者制作、供应血液制品的部门”。

第八条 本解释所称“血液”，是指全血、成分血和特殊血液成分。

本解释所称“血液制品”，是指各种人血浆蛋白制品。

本解释所称“采供血机构”，包括血液中心、中心血站、中心血库、脐带血造血干细胞库和国家卫生行政主管部门根据医学发展需要批准、设置的其他类型血库、单采血浆站。

【解　　读】

解读《最高人民法院、最高人民检察院关于办理非法采供血液等刑事案件具体应用法律若干问题的解释》

一、问题的提出

《最高人民法院、最高人民检察院关于办理非法采供血液等刑事案件具体应用法律若干问题的解释》（以下简称本解释）已经公布并自 2008 年 9 月 23 日起施行。

二、理解与适用

（一）关于“非法采集、供应血液或者制作、供应血液制品，不符合国家规定的标准，足以危害人体健康”行为的理解

《刑法》第三百三十四条第一款规定了“非法采集、供应血液或者制作、供应血液制品，不符合国家规定的标准，足以危害人体健康的”的行为是非法采集、供应血液、制作、供应血液制品罪的客观表现。对此，本解释第一条和第二条分别进行了解释。

本解释第一条有两层意思：首先，行为人非法采集、供应血液、制作、供应血液制品未经国家主管部门批准，不具有采集供应血液、制作供应血液制品的资格。例如，未经批准，擅自设立采血点、血站，违法采集、供应血液的行为，违反了《献血法》第八条关于“设立血站向公民采集血液，必须经国务院卫生行政部门或者省、自治区、直辖市人民政府卫生行政部门批准”的规定。同时，违反了《血站管理办法》第四条、第十一条的规定。行为人未经批准，擅自设立单采血浆站或者血液制品生产单位的行为，违反了《血液制品管理条例》第二章的相关规定。其次，超过国家有关主管部门批准的范围，采集供应血液或者制作供应血液制品的行为也属于“非法采集、供应血液或者制作、供应血液制品”。

“不符合国家规定的标准，足以危害人体健康”，是指非法采集、供应的血液或者制作、供应的血液制品不符合国家规定的质量标准，或者在采供血液、制供血液制品的过程中违反国家规定的操作规程，致使血液或者血液制品一旦被使用，使用者就有可能感染疾病，供血者的身体健康可能遭受严重侵害。关于什么情形属于“不符合国家规定的标准，足以危害人体健康”，本解释第二条作出了规定。对第二条的理解可以分为以下两个层次：一是血液或者血液制品含有经血液途径传播的病原微生物，导致受血者或者血液制品的使用者的身体健康可能受到严重侵害的情形，即本解释第二条第一、二项的规定“（一）采集、供应的血液含有艾滋病病毒、乙型肝炎病毒、丙型肝炎病毒、梅毒螺旋体等病原微生物的；（二）制作、供应的血液制品含有艾滋病病毒、乙型肝炎病毒、丙型肝炎病毒、梅毒螺旋体等病原微生物，或者将含有上述病原微生物的血液用于制作血液制品的”。二是行为人在采集、供应血液或者制作、供应血液制品的活动中违反国家规定的操作规程的标准，有可能造成传染病传播危险或者导致可能危害人体健康的情形，即本解释第二条第三、四、五项的规定。

（二）关于“对人体造成严重危害”的情形

“对人体健康造成严重危害”，是指不符合国家规定的卫生标准的血液、血液制品，在医疗应用中让受血者或者血液制品的使用者感染严重疾病的情形，

例如因输血感染乙型肝炎病毒等。本解释第三条列举了三种情形。目前医学证明，通过血液传播的病原微生物包括：艾滋病病毒、乙肝、丙肝病毒和梅毒螺旋体四种。上述第一项只规定了后三种，关于造成人员感染艾滋病病毒的情况，因其后果和死亡相当，故将其规定在了第四条“造成特别严重后果”情形中。对于规定“其他经血液传播的病原微生物的”情形，主要是考虑到随着医学的发展，将来可能还会发现新类型病原微生物的情况。关于上述第二项中规定的功能障碍和严重损伤导致功能障碍的标准参照卫生部 2002 年 7 月《医疗事故分级标准（试行）》的有关规定执行。

（三）关于“造成特别严重后果”的情形

“造成特别严重后果”，是指非法采集、供应的血液或者制作、供应的血液制品，由于不符合国家规定的标准，受血者或者使用血液制品者使用后造成死亡、感染艾滋病病毒或者致使多人感染严重的血源性传染病等情形。本解释第四条列举了四种情形，因《刑法》第三百三十四条第一款第三个量刑档次的规定是结果加重犯，所以，本解释的规定主要从结果或者后果方面考虑，第一项指死亡或者感染艾滋病病毒的后果，第二项和第三项主要考虑对多人造成的严重危害人体健康的情形。

（四）关于《刑法》第三百三十四条第二款中“不依照规定进行检测或者违背其他操作规定”“造成危害他人身体健康后果”问题

《刑法》第三百三十四条第二款是关于采集、供应血液、制作、供应血液制品罪的规定，主要指经国家主管部门批准采集、供应血液或者制作、供应血液制品的单位，不依照规定进行检测，或者违背其他操作规定，造成危害他人身体健康后果的行为，该罪是单位过失犯罪。该罪名是 1997 年修订《刑法》时新增罪名，主要针对血液及血液制品各个环节的违规操作，导致了出现危害人体健康的情况。因为血液和血液制品是不同于其他药品的特殊药品，从采集到使用的每个环节都有严格的操作规程，以确保受血者、献血者和使用血液制品者的人身安全。目前有关采集、供应血液、制作、供应血液制品方面的法律法规主要是《中华人民共和国献血法》《血液制品管理条例》《血站管理办法》《中华人民共和国药品管理法》《中华人民共和国药品管理法实施条例》《血站基本标准》《血站质量管理规范》《血站实验室质量管理规范》《单采血浆站基本标准》，等等。

采集、供应血液、制作、供应血液制品罪的客观方面表现为不依照规定进行检测或者违背其他操作规定，造成危害他人身体健康后果的行为。“不依照规定进行检测”是指采供血和制作、供应血液的单位不按照法律法规规定的检测程序进行检测。“其他操作规定”应指血液业务活动中检测之外的有关规定，例如，血液的储存、保管、血液制品的制作等等。“不依照规定进行检测”和“违背其他操作规定”在内容上有区别也有联系，最初本解释的初稿是分别进行规定的，后来大家在讨论过程中认为，有的内容可以说是不依照规定进行检测，如血站对血液的检测，血液制品企业对原料的检测等，但有些内容很难区分是“检测”还是“其他规定”，例如献血法规定的对献血者的身体检查，采供血机构在检测时没有按照规定适用合格试剂等，故将上述两个方面放在一个条文中解释为宜。即本解释第五条对“不依照规定进行检测或者违背其他操作规定”情形的规定。

本解释第六条明确了“造成危害他人身体健康后果”的情形。

依照《刑法》的规定，本解释对采集、供应血液、制作、供应血液制品事故罪的主体进行了规定，即《刑法》第三百三十四条第二款规定的“经国家主管部门批准采集、供应血液或者制作、供应血液制品的部门”是指经国家主管部门批准的采供血机构和血液制品生产经营单位。对于采供血机构都包括哪些部门，为避免司法实践中对此问题的理解不一，本解释第八条第三款进行了规定，包括血液中心、中心血站、中心血库、脐带血造血干细胞库和国家卫生行政主管部门根据医学发展需要批准、设置的其他类型血库、单采血浆站。

（撰稿人：李　晓）

最高人民法院
关于审理非法行医刑事案件具体应用法律若干问题的解释

（2008 年 4 月 29 日最高人民法院公布　根据 2016 年 12 月 16 日最高人民法院公布的《最高人民法院关于修改〈关于审理非法行医刑事案件具体应用法律若干问题的解释〉的决定》修正）

为依法惩处非法行医犯罪，保障公民身体健康和生命安全，根据刑法的有关规定，现对审理非法行医刑事案件具体应用法律的若干问题解释如下：

第一条　具有下列情形之一的，应认定为刑法第三百三十六条第一款规定的“未取得医生执业资格的人非法行医”：

（一）未取得或者以非法手段取得医师资格从事医疗活动的；

（二）被依法吊销医师执业证书期间从事医疗活动的；

（三）未取得乡村医生执业证书，从事乡村医疗活动的；

（四）家庭接生员实施家庭接生以外的医疗行为的。

第二条　具有下列情形之一的，应认定为刑法第三百三十六条第一款规定的“情节严重”：

（一）造成就诊人轻度残疾、器官组织损伤导致一般功能障碍的；

（二）造成甲类传染病传播、流行或者有传播、流行危险的；

（三）使用假药、劣药或不符合国家规定标准的卫生材料、医疗器械，足以严重危害人体健康的；

（四）非法行医被卫生行政部门行政处罚两次以后，再次非法行医的；

（五）其他情节严重的情形。

第三条　具有下列情形之一的，应认定为刑法第三百三十六条第一款规定的“严重损害就诊人身体健康”：

（一）造成就诊人中度以上残疾、器官组织损伤导致严重功能障碍的；

（二）造成三名以上就诊人轻度残疾、器官组织损伤导致一般功能障碍的。

第四条　非法行医行为系造成就诊人死亡的直接、主要原因的，应认定为刑法第三百三十六条第一款规定的“造成就诊人死亡”。

非法行医行为并非造成就诊人死亡的直接、主要原因的，可不认定为刑法第三百三十六条第一款规定的“造成就诊人死亡”。但是，根据案件情况，可以认定为刑法第三百三十六条第一款规定的“情节严重”。

第五条 实施非法行医犯罪，同时构成生产、销售假药罪，生产、销售劣药罪，诈骗罪等其他犯罪的，依照刑法处罚较重的规定定罪处罚。

第六条 本解释所称“医疗活动”“医疗行为”，参照《医疗机构管理条例实施细则》中的“诊疗活动”“医疗美容”认定。

本解释所称“轻度残疾、器官组织损伤导致一般功能障碍”“中度以上残疾、器官组织损伤导致严重功能障碍”，参照《医疗事故分级标准（试行）》认定。

【注 解】

最高人民法院2008年4月29日公布本解释，法释〔2008〕5号，自2008年5月9日起施行。

最高人民法院2016年12月16日公布《最高人民法院关于修改〈关于审理非法行医刑事案件具体应用法律若干问题的解释〉的决定》修正本解释，法释〔2016〕27号，该修正自2016年12月20日起施行。

【解 读】

解读《最高人民法院关于审理非法行医刑事案件具体应用法律若干问题的解释》

一、问题的提出

针对实践中争议较大的非法行医罪的主体和罪与非罪的标准问题，以及对《刑法》第三百三十六条第一款非法行医罪的规定和《执业医师法》关于非法行医违法行为的规定如何适用的问题，2008年4月28日，最高人民法院审判委员会第1446次会议讨论通过了《关于审理非法行医刑事案件具体应用法律若干问题的解释》（以下简称本解释）。

二、理解与适用

（一）关于非法行医罪的主体问题

对于非法行医罪主体的认定，我们主要考虑了以下几个方面的因素：既要严厉打击严重危害人民群众生命健康的非法行医行为，又要考虑到目前医疗网点不能满足人民群众需要的现实情况，尤其是广大农村和城乡结合部的医疗卫生状况。既不能打击面过宽，又不能轻纵罪犯。既不能仅限于无医疗教育背景的人，也不能对于执业医师超范围、类别、地点的诊疗活动一律按照非法行医来定罪。要严格区分刑法意义上的非法行医罪和行政法规规定的非法行医行为。

综合考虑《刑法》《执业医师法》《医疗机构管理条例》《乡村医生从业管理条例》和《母婴保健法》的规定，本解释第一条对《刑法》第三百三十六条第一款规定的未取得医生执业资格的人非法行医列举了以下五种情形：

第一种情形是未取得或者以非法手段取得医师资格从事医疗活动的。通过医师资格考试，取得了执业医师资格或者执业助理医师资格，即视为取得医师资格。对取得医师资格但尚未进行医师注册取得执业证书的人从事诊疗活动，可以进行行政处罚，不宜一律按照非法行医罪处理。同时规定了以非法手段取得医师资格的人，等同于未取得医生执业资格的人，主要指以伪造、欺骗、行贿等手段取得资格证书的行为。

第二种情形是针对个人未取得医疗机构执业许可证开办医疗机构的行为。个人开办私立医院或者私立诊所，按照《医疗卫生管理条例》的有关规定，取得医疗机构执业许可证后，方能开展诊疗活动。该项规定主要打击一些非法诊所，如地下性病诊所等。根据《刑法》第三百三十六条第一款的规定，单位不能成为非法行医罪的主体。

第三种情形是针对受到吊销医师执业证书行政处罚的人。依据《执业医师法》的有关规定，被吊销医师执业证书的人，等同于未取得医师执业资格的人，非法行医的，可以构成非法行医罪的主体。这种情况与一般的有医师资格没有进行执业注册的情况有本质的区别。根据《执业医师法》第三十七条的规定，具有下列行为之一，情节严重的，可以吊销执业证书："（一）违反卫生行政规章制度或者技术操作规范，造成严重后果的；（二）由于不负责任延误急危患者的抢救和诊治，造成严重后果的；（三）造成医疗责任事故的；（四）未经亲自诊查、调查，签署诊断、治疗、流行病学等证明文件或者有关出生、死亡等证明文件的；（五）隐匿、伪造或者擅自销毁医学文书及有关资料的；（六）使用未经批准使用的药品、消毒药剂和医疗器械的；（七）不按照规定使用麻醉药品、医疗用毒性药品、精神药品和放射性药品的；（八）未经患者或者其家属同意，对患者进行实验性临床医疗的；（九）泄露患者隐私，造成严重后果的；（十）利用职务之便，索取、非法收受患者财物或者牟取其他不正当利益的；（十一）发生自然灾害、传染病流行、突发重大伤亡事故以及其他严重威胁人民生命健康的紧急情况时，不服从卫生行政部门调遣的；（十二）发生医疗事故或者发现传染病疫情，患者涉嫌伤害事件或者非正常死亡，不按照规定报告的。"被吊销医师执业证书满两年以后，可以向县级以上人民政府卫生行政部门申请注册。

第四种情形是依据《乡村医生从业管理条例》的规定，对尚未取得执业医师资格，经注册在村医疗机构从事预防、保健和一般医疗服务的乡村医生作出的规定。目前，我国有乡村医生 90 多万人，大多工作在乡村医疗卫生机构，在为广大农民提供预防、保健和一般医疗服务方面发挥着重要作用。但是，这些乡村医生的学历和业务水平参差不齐，如果强制他们也要取得执业医师资格，不符合我国国情。考虑到农村广大人民群众的医疗卫生状况，有必要把对乡村医生的规定单独列出来，即虽未取得执业医师资格，但根据国务院《乡村医生从业管理条例》的规定，经县级卫生行政管理部门注册后，在乡村医疗机构从事一般医疗服务的，不能按照非法行医处理。

第五种情形是针对《母婴保健法》规定的家庭接生人员的规定。依照法律规定，取得家庭接生员资格的人，除从事家庭接生外，未取得从事其他行医行为的资格，这些人员如果从事接生以外的行医活动，情节严重的，可按非法行医罪追究刑事责任。

对于违反《执业医师法》的规定，超过注册的执业地点、执业类别、执业范围从事诊疗活动的，目前不宜作为刑事犯罪处理。

（二）关于情节严重的问题

非法行医罪侵犯的是复杂客体，即国家对医疗机构和医务从业人员的管理秩序和就诊人的身体健康、生命安全。《刑法》第三百三十六条第一款规定了非法行医情节严重的才构成犯罪，情节是否严重，是罪与非罪的重要标准。如何判定其非法行医属于情节严重？本解释第二条从后果、对公共卫生的危害程度和行为人的主观恶性等方面加以考虑，对情节严重的情形进行了规定，即“具有下列情形之一的，应认定为《刑法》第三百三十六条第一款规定的情节严重的行为：（一）造成就诊人轻度残疾、器官组织损伤导致一般功能障碍的；（二）造成甲类传染病传播、流行或者有传播、流行危险的；（三）使用假药、劣药或不符合国家规定标准的卫生材料、医疗器械，足以严重危害人体健康的；（四）非法行医被卫生行政部门行政处罚两次以后，再次非法行医的；（五）其他情节严重的情形”。

第一项关于造成就诊人轻度残疾、器官组织损伤导致一般功能障碍的情形，这是从非法行医造成的严重后果考虑的。该项参照的是国务院《医疗事故处理条例》的规定，相当于三级医疗事故。判断标准依照卫生部《医疗事故分级标准（试行)》认定，三级医疗事故分为甲、乙、丙、丁、戊五个等级，共 135 种情形。

第二项关于造成甲类传染病传播、流行或者有传播、流行危险的情形，甲类传染病是指《传染病防治法》第三条规定的鼠疫和霍乱。

第三项是指非法行医行为人和非法诊所受经济利益驱动，使用危害人体健康的假药、劣药，或者使用无生产批号、无地址、无检测等地下工厂生产的不符合国家标准的卫生材料、医疗器械等，危害公共卫生安全、人体生命健康的行为。

第四项是指非法行医被行政处罚两次以后再次非法行医的情形。考虑到非法行医行为人在两次被行政处罚以后，明知非法行医的行为扰乱了国家对医疗服务市场和医务人员的管理秩序，仍然无视人民群众的生命权、健康权，受利益驱动再次非法行医的，说明其主观恶性很大，社会危害性也大，这种行为应当视为情节严重。

（三）关于严重损害就诊人身体健康的问题

《刑法》第三百三十六条第一款规定："非法行医，严重损害就诊人身体健康的，处三年以上十年以下有期徒刑，并处罚金。"如何认定严重损害就诊人身体健康，本解释第三条规定："具有下列情形之一的，应认定为刑法第三百三十六条第一款规定的'严重损害就诊人身体健康'：（一）造成就诊人中度以上残疾、器官组织损伤导致严重功能障碍的；（二）造成三名以上就诊人轻度残疾、器官组织损伤导致一般功能障碍的。"

上述第一项造成就诊人中度以上残疾、器官组织损伤导致严重功能障碍的规定，参照卫生部《医疗事故分级标准（试行）》认定，相当于二级医疗事故。第二项相当于三个以上三级医疗事故。

关于非法行医造成的损害就诊人身体健康的后果按照什么标准认定的问题，在本解释的起草过程中，曾有不同意见。一种意见认为，非法行医因其行为的违法性，行为人对就诊人的行为是一种伤害行为，而不是医疗行为，因此，造成的危害后果应当按照 1990 年的《人体重伤鉴定标准》① 来界定。另一种意见认为，行医行为和伤害行为明显不同，重伤标准不能涵盖所有损害健康的情形。本解释采纳了后一种意见，主要理由如下：

1. 非法行医罪客观方面的核心表现是非法行医，也就是一个不合格的主体在实施医疗诊疗活动，行为人的目的是将行医作为其职业反复实施，因此行为人对就诊人实施的是诊疗行为不是伤害行为。

2.《刑法》第三百三十五条医疗事故罪和第三百三十六条非法行医罪的后果之一均为严重损害就诊人身体健康。因此，不能将两罪后果的判断标准完全割裂开，医疗事故罪中的严重损害就诊人身体健康的判断标准是造成医疗事故；而非法行医罪中的严重损害就诊人身体健康则是造成重伤，显然不符合立法原意。

3.《人体重伤鉴定标准》主要针对外力伤害，并不能全面反映医疗活动中对人体健康所造成的损害程度，例如，一些智能障碍、功能损害等，无法用重伤标准来衡量。

---

① 已被最高人民法院、最高人民检察院、公安部等 2013 年 8 月 30 日公布的《人体损伤程度鉴定标准》废止并替代。

4. 根据卫生行政部门有关资料表明，《医疗事故分级标准（试行）》在起草过程中，已经参照了《人体重伤鉴定标准》《人体轻伤鉴定标准》《交通事故伤残标准》《职工工伤标准》等，对应伤残等级一至十级。涵盖了上述标准的内容，是目前最全面和权威的一个标准。因此，参照《医疗事故分级标准（试行）》认定损害就诊人身体健康更为科学。

5. 因非法行医行为与严重损害就诊人身体健康的损害结果之间因果关系的判断，需要医学专业知识和专业技能。而司法实践中，非法行医的案件，法院一般是委托医学机构作出鉴定，适用医疗事故分级标准，实践中不存在操作层面的障碍。

（四）关于实施非法行医犯罪同时构成其他犯罪的处理原则

本解释第四条规定："实施非法行医犯罪，同时构成生产、销售假药罪，生产、销售劣药罪，诈骗罪等其他犯罪的，依照刑法处罚较重的规定定罪处罚。"行为人在非法行医过程中，自己制作或者销售假药、劣药，或者以行医为名，诈骗就诊人钱财，同时构成生产、销售假药罪，生产、销售劣药罪或者诈骗罪的，按照《刑法》关于处理牵连犯的处罚原则，以处罚较重的犯罪论处。

（撰稿人：李 晓）

解读《关于修改〈关于审理非法行医刑事案件具体应用法律若干问题的解释〉的决定》

为了依法惩处非法行医犯罪，保障公民身体健康和生命安全，根据《刑法》的有关规定，结合审判实践情况，2016 年 12 月 16 日，最高人民法院公布了《关于修改〈关于审理非法行医刑事案件具体应用法律若干问题的解释〉的决定》（法释〔2016〕27 号，以下简称本决定），自 2016 年 12 月 20 日起施行。现对本决定的制定背景、主要内容作一介绍。

一、《决定》的制定背景

《刑法》第三百三十六条第一款规定，未取得医生执业资格的人非法行医，情节严重的，构成非法行医罪。根据 2008 年最高人民法院《关于审理非法行医刑事案件具体应用法律若干问题的解释》（以下简称《解释》）第一条第二项的规定，"个人未取得《医疗机构执业许可证》开办医疗机构的"，也应当认定为"未取得医生执业资格的人非法行医"。据此，个人即使已经取得医师资格，但只要未取得《医疗机构执业许可证》开办个体诊所的，亦构成非法行医罪。《解释》不管在起草过程中还是公布实施后，均存在一定分歧。例如，被告人秦某某非法行医案。1991 年 10 月，秦某某在卫生院担任内科医生，并先后于

1999年和2001年取得助理医师资格证书和助理医师执业证书。后秦某某在未取得《医疗机构执业许可证》的情况下在村里开设个体诊所。2008年卫生局对秦某某的诊所进行检查，发现秦某某未办理《医疗机构执业许可证》，即要求其停止执业活动，但后来秦某某又私自进行诊疗活动。2009年4月，村民温某某（殁年38岁）因双腿疼痛无力，就让妻子叫秦某某到其家看病。秦某某到温某某家中为其输上液后离开。温某某在第一瓶输液结束后、第二瓶输液过程中因感到疼痛而拔出输液针，温妻随即叫回秦某某。秦某某见状即对温某某进行人工呼吸，并让温妻拨打120急救电话。后温某某经抢救无效死亡。秦某某有医师资格，且助理医师资格证书和助理医师执业证书两证齐全，到患者家里出诊导致就诊人死亡，能否因其未取得《医疗机构执业许可证》在村里开设个体诊所，就认定为非法行医罪？河北省邯郸县人民法院经审理认为，秦某某在未取得《医疗机构执业许可证》的情况下开设个体诊所非法行医，造成就诊人死亡，其行为已构成非法行医罪。鉴于本案情节可在法定刑以下判处刑罚，遂以非法行医罪判处被告人秦某某有期徒刑6年，并处罚金1万元，并依法层报最高人民法院核准。

2016年5月31日，最高人民法院审委会刑事专业委员会在讨论秦某某非法行医在法定刑以下判处刑罚复核一案时一致认为，行为人秦某某取得医师资格，即使未取得《医疗机构执业许可证》开办个体诊所，也不宜认定为非法行医罪，并要求对相关问题再作研究。根据最高人民法院审委会刑事专业委员会的决定，最高人民法院研究室经充分调研、广泛听取意见，起草了修改《解释》的决定稿，并于2016年6月征求了国家卫计委、部分高级人民法院及最高人民法院相关业务庭的意见。根据各地各部门的意见修改完善后，于2016年10月征求了立法机关及最高人民检察院、公安部的意见。在充分吸取各方意见的基础上，对修改《解释》的决定稿进行了修改完善，并提交审判委员会审议。2016年12月12日，最高人民法院审判委员会第1703次会议通过了《决定》。

二、本决定的主要内容

本决定共3条，主要规定了以下内容：一是删除了《解释》第一条第二项有关个人取得医师资格，但未取得《医疗机构执业许可证》开办医疗机构的，构成非法行医的规定，以确保《解释》符合立法精神。二是增加规定，非法行医行为并非造成就诊人死亡的直接、主要原因的，可不认定为“造成就诊人死亡”，以确保罪刑相当。三是增加规定，《解释》所称“医疗活动”“医疗行为”应如何认定，以确保非法行医罪的准确适用。

（一）严格非法行医罪的主体条件，确保《解释》符合立法精神

1. 关于“未取得医生执业资格”的理解问题

根据《执业医师法》的规定，国家实行医师资格考试制度。医师资格考试成绩合格，取得执业医师资格或者执业助理医师资格。国家实行医师执业注册制度。取得医师资格的，可以向所在地县级以上人民政府卫生行政部门申请注册。准予注册的，发给医师执业证书。医师注册后出现法定情形（如受刑事处罚；受吊销医师执业证书行政处罚；暂停执业活动期满，再次考核仍不合格）的，卫生行政部门应当注销注册，收回医师执业证书。未经医师注册取得执业证书，不得从事医师执业活动。《执业医师法》第三十九条明确规定：“未经批准擅自开办医疗机构行医或者非医师行医的，由县级以上人民政府卫生行政部门予以取缔，没收其违法所得及其药品、器械，并处十万元以下的罚款；对医师吊销其执业证书；给患者造成损害的，依法承担赔偿责任；构成犯罪的，依法追究刑事责任。”

1997 年《刑法》规定的“医生执业资格”是否等同于 1998 年《执业医师法》规定的“执业医师资格”或者“执业助理医师资格”（统称“医师资格”），还是应当理解为经过注册取得医师执业证书后具有从事医师执业活动的资格？在研究修改《解释》过程中，对此问题产生了分歧。

第一种意见认为，“未取得医生执业资格”是指未取得《执业医师法》规定的医师执业证书。主要考虑：（1）根据《执业医师法》的规定，国家不仅实行医师资格考试制度，还实行医师执业注册制度。考试合格取得医师资格的，可以向卫生行政部门申请注册准予注册的，发给医师执业证书。医师注册后出现法定情形（如受刑事处罚，受吊销医师执业证书行政处罚等）的，卫生行政部门应当注销注册，收回医师执业证书。未经医师注册取得执业证书，不得从事医师执业活动。（2）《解释》第一条第三项明确规定了“被依法吊销医师执业证书期间从事医疗活动的”，构成非法行医。据此，“医生执业资格”不能简单地对应《执业医师法》规定的“执业医师资格”或者“执业助理医师资格”，而应理解为不仅通过考试取得医师资格，并且通过注册取得医师执业证书。

第二种意见认为，“医生执业资格”是指《执业医师法》规定的，“执业医师资格”或者“执业助理医师资格”，即只要参加国家医师资格考试成绩合格，取得执业医师资格或者执业助理医师资格，就不能成为非法行医罪的主体。主要考虑：（1）全国人大常委会法工委刑法室原副主任黄太云在相关文章中指出，1997 年《刑法》增设非法行医罪，主要是针对社会上一些不具有医学专门知识，在社会上打着“治病救人”的幌子，骗取钱财，危害人民生命健康的行为。故具有医师资格但未取得医师执业证书的人不能成为非法行医罪的主体。（2）全国人大常委会法工委曾就个案答复称：“医科大学本科毕业，分配到医院担任见习医生，在试用期内从事相应的医疗活动，不属于非法行医”

(3) 已取得医师资格，但未取得医师执业证书的人行医的，可以给予相应的行政处罚；造成实际危害后果的，可以其他犯罪论处。(4)《解释》第一条第三项与第一项规定在逻辑上并不矛盾，是第一项规定的例外情形。正是因为这些人员曾经取得过医师执业证书又被吊销，才有特别规定的必要；如果认为“未取得医生执业资格”是指必须取得医师执业证书，就没有必要专门规定第3项。

最高人民法院就此问题征求了全国人大常委会法工委办公室和国家卫计委法制司的意见，两单位均赞同第二种意见。2016年12月30日全国人大常委会法工委办公室《对“未取得医生执业资格”的理解问题的意见》[法工办发〔2016〕354号] 规定：“刑法第三百三十六条规定的‘未取得医生执业资格’是指未取得执业医师法规定的医师资格。对已取得医师资格但未取得医师执业证书的人行医的，可依法给予行政处罚，造成严重危害后果构成犯罪的，可依照刑法其他有关犯罪规定追究刑事责任。”2016年12月15日国家卫计委法制司《关于非法行医解释修改决定稿有关问题意见的复函》[国卫法制法规便函〔2016〕57号] 明确，具有医师资格但尚未取得医师执业证书的人不宜认定为非法行医罪的主体。主要理由：一是根据立法本意，非法行医罪的主体是完全没有医学专业知识和技能的“游医”“江湖郎中”等非法行医人员，而具有医师资格但尚未取得医师执业证书的人员具有医学专业知识和技能，不应成为非法行医罪的主体。二是在实践中，具有医师资格但尚未取得医师执业证书有多种原因，如本人未进行注册、卫生行政部门因故未及时进行注册等，如果将未注册的具有医师资格的人员均作为非法行医罪的主体，则需要追究刑事责任的范围过宽。

据此，有关部门已经达成共识，未取得或者以非法手段取得医师资格从事医疗活动的，应认定为《刑法》第三百三十六条第一款规定的“未取得医生执业资格的人非法行医”，只要以合法手段取得了医师资格，就不再以非法行医罪论处。但是，被依法吊销医师执业证书期间从事医疗活动，情节严重的，根据《解释》的规定，仍可以非法行医罪定罪处罚。需要强调的是，虽然《解释》第一条第四项明确规定，“未取得乡村医生执业证书从事乡村医疗活动的”，构成非法行医，本决定仍予以保留，但该项规定不适用于已经取得医师资格的人。

2. 删除《解释》第一条第二项

《解释》第一条第二项的制定背景：一是非法行医现象在一些地方特别是农村、城乡接合部大量存在，黑诊所特别是“地下”性病诊所屡禁不止。开办黑诊所的人员除了一些没有医学教育背景的无业人员外，还有越来越多的村医或者有医学教育背景的人。由于所用药品、卫生用品、仪器设备的质量无法保证，非法开展诊疗活动的人员医疗技术操作没有安全保障，社会危害性大，应当予以打击。二是当时的卫生部提出，把个人未取得《医疗机构执业许可证》开办医疗机构纳入非法行医罪的主体并不会扩大打击面，因为卫生行政部门首先是取缔黑诊所，只有在黑诊所造成了就诊人残疾、传染病传播和流行等时才追究刑事责任。因此，为了有力打击和有效震慑非法行医违法犯罪行为，有效治理非法行医顽疾，《解释》采纳了当时卫生部提出的意见。作出此规定。

随着相关法律法规的进一步完善，执法监督力度的进一步加强，医疗秩序逐步好转，个人未取得《医疗机构执业许可证》开办医疗机构的情况得到有效遏制，类似违法行为的社会危害性逐步降低，对其予以行政处罚已取得明确成效，可以不必再予以刑事制裁。而且，各有关部门逐步达成共识，刑法上的非法行医与行政法上的非法行医在内涵与外延上不尽相同，前者的范围与后者相比要窄。黑诊所及“三超”（超类别、超地点、超范围）等非法行医行为均属于行政违法，非法行医罪应当仅限于“未取得医生执业资格的人非法行医，情节严重”的行为，凡具有医师资格的人，不宜成为非法行医罪的主体，这样才能准确区分行政违法与刑事犯罪之间的界限。2017 年，国家卫计委修改了《医疗机构管理条例实施细则》，调整了医疗机构设置申请人的条件，将原来有关“医疗机构在职、因病退职或者停薪留职的医务人员不得申请设置医疗机构，不得充任医疗机构的法定代表人或者主要负责人”的规定删除，以充分发挥医师专业技术优势、加快社会办医发展，更好满足群众多元化的医疗需求。本决定第一条遂删除《解释》第一条第二项的规定，立法机关、最高人民检察院、公安部等对此均无异议。

（二）准确界定“造成就诊人死亡”，确保罪刑相当

在非法行医过程中，出现就诊人死亡的，有的是非法行医者乱医乱治直接造成的；有的是非法行医行为在就诊人死亡结果的发生过程中并没有产生助推作用，其诊治行为没有诱发、加速或者加重原病症恶化的进程；有的是由于发生意外情况，与非法行医行为无关，等等。根据《刑法》第三百三十六条第一款的规定，非法行医造成就诊人死亡的，处 10 年以上有期徒刑，其起点刑与故意杀人、故意伤害致人死亡的起点刑一样。因此，并非在非法行医过程中出现就诊人死亡的，就应认定为“造成就诊人死亡”，处 10 年以上有期徒刑，而应当将其限定在非法行医行为系造成就诊人死亡的直接、主要原因的范围内，使其与故意杀人、故意伤害致人死亡的危害性基本相当，才符合罪刑相当原则。但由于没有明确的司法解释作为依据，长期以来，对于在非法行医过程中出现就诊人死亡的，往往不区分具体情况，均根据《刑法》第三百三十六条第一款的规定，在 10 年以上有期徒刑的幅度内处刑；对于根据被告人的主观恶性和社会危害性确实不宜判处 10 年以上有期徒刑的部分案件，往往想方设法寻找减轻处罚情节予以减轻处罚，确实没有减轻处罚情节的，只能依据《刑法》第六十三条第二款的规定，报最高人民法院核准后在法定刑以下判处刑

罚。也有极个别案件，审判法官能够灵活合理地解释和适用法律，对于在非法行医过程中，虽然出现就诊人死亡的结果，但不是非法行医行为造成的，实事求是地认定不属于非法行医"造成就诊人死亡"，而是认定为非法行医"情节严重"，在3年有期徒刑以下的法定刑幅度内处罚。例如，山东青岛中院审理的杜某某非法行医案［(2013) 青刑一终字第110号］，上海一中院审理的房某某，祖某某非法行医案［(2009) 沪一中刑终字第813号］以及最高人民检察院公布的陈某某非法行医抗诉案，等等。

比较典型的是上海一中院审理的房某某、祖某某非法行医案。被告人祖某某、房某某均未取得医师资格，2009年1月15日晚，被害人李某某（3岁）出现腹泻、发烧等症状。1月16日上午，李某某由父母带至被告人祖某某开设的诊所就诊，祖某某为李某某打针、配药、在肚脐上贴药后收费。1月17日上午，李某某的病情未见好转，由其父母带至祖某某处要求继续治疗，祖某某不同意再为李某某治疗，建议李某某的父母带李某某去大医院就诊。随后，李某某的父母带李某某到被告人房某某开设的诊所就诊，房某某为李某某打针、挂水、配药后收费，并让李某某的父母带李某某去大医院就诊。当日上午，李某某由其父母带离房某某处，返回暂住地。下午3时许，李某某病情加重，在其父母送往医院途中死亡。经法医鉴定，李某某系急性肠炎并发间质性肺炎和支气管炎，终致循环、呼吸功能衰竭死亡。一审法院认为，被告人房某某、祖某某均未取得医师资格和相关管理部门批准而非法行医，为了赚钱为被害人李某某进行治疗，耽误了被害人李某某的救治时间，致使李某某抢救无效死亡，其行为已构成非法行医罪。遂判决被告人房某某、祖某某犯非法行医罪，均判处有期徒刑10年，剥夺政治权利3年，并处罚金人民币1万元。一审宣判后：被告人房某某、祖某某均不服提出上诉。上海一中院经审理认为，上诉人房某某、祖某某未取得医师资格，未经卫生行政部门审核批准取得《医疗机构执业许可证》，非法开业行医，情节严重，其行为已构成非法行医罪。但综合分析本案证据，尚不能得出两名上诉人的非法行医行为直接导致李某某死亡的结论，李某某死亡结果的发生系多种因素相互结合造成的，与两名上诉人非法行医行为之间的关系不具有唯一性、直接性和确定性，故不应承担非法行医致人死亡的加重责任。遂改判：上诉人房某某、祖某某犯非法行医罪，均判处有期徒刑2年6个月，并处罚金人民币1000元。本案中，房某某、祖某某虽系非法行医，但并未刻意隐瞒病情、不当治疗，反而均交待李某某的父母带李某某去大医院就诊，但李某某的父母因种种原因未及时送医诊治，李某某的死亡结果并非主要由房某某、祖某某的非法行医造成，故根据房某某、祖某某的主观恶性和客观行为，均不宜让其承担"造成就诊人死亡"的严重后果。二审法院实事求是地予以改判，体现了智慧和担当，值得肯定。

据此，在总结审判经验的基础上，本决定在《解释》第三条后增加一条，作为修改后《解释》第四条："非法行医行为系造成就诊人死亡的直接、主要原因的，应认定为刑法第三百三十六条第一款规定的'造成就诊人死亡'。非法行医行为并非造成就诊人死亡的直接、主要原因的，可不认定为刑法第三百三十六条第一款规定的'造成就诊人死亡'。但是，根据案件情况，可以认定为刑法第三百三十六条第一款规定的'情节严重'。"在办案实践中，应当根据法医鉴定结论认定非法行医行为是否系造成就诊人死亡的直接、主要原因，法医鉴定结论不明确的，可以咨询法医或者相关专家的意见，必要时可以重新鉴定或者补充鉴定。

（三）合理确定"医疗活动""医疗行为"的内涵，确保非法行医罪的准确适用

对于美容塑身、推拿按摩、打针抽血、体检保健等行为是否属于"医疗活动""医疗行为"，进而是否可以认定为非法行医罪，实践中存在严重分歧。《解释》对非法行医罪中的"行医"解释为"医疗活动""医疗行为"，但未进一步对其内涵与外延进行界定，相关法律法规也未对"医疗活动""医疗行为"作出明确定义。卫生部 1994 年发布的《医疗机构管理条例实施细则》第八十八条只对"诊疗活动"作了定义规定，即"诊疗活动是指通过各种检查，使用药物、器械及手术等方法，对疾病作出判断和消除疾病、缓解病情、减轻痛苦、改善功能、延长生命、帮助患者恢复健康的活动"。经研究认为，《解释》所称"医疗活动""医疗行为"，宜参照"诊疗活动"认定，以严格入罪标准、规范法律适用。主要考虑是："未取得医生执业资格的人非法行医"中的"医"，不宜泛化为所有的"医疗活动""医疗行为"，而应限制于只有医生才能从事的诊断、治疗行为，对于不需要医生执业资格，护士就可从事的医疗护理、辅助等行为，不应认定为《解释》规定的"医疗活动""医疗行为"。

此外，近年来在美容过程中造成严重后果的案件时有发生，对此是否定罪处罚尚有分歧。美容通常分为生活美容和医疗美容。经研究认为，医疗美容属于医疗范畴，也应当认定为《解释》规定的"医疗活动""医疗行为"。主要依据：一是《医疗美容服务管理办法》第十一条规定，负责实施医疗美容项目的主诊医师必须具有执业医师资格。二是《医疗机构管理条例实施细则》第四条规定，"美容服务机构开展医疗美容业务的，必须依据条例及本细则，申请设置相应类别的医疗机构"。除《医疗机构管理条例实施细则》第八十八条规定"医疗美容：是指使用药物以及手术、物理和其他损伤性或者侵入性手段进行的美容"外，《医疗美容服务管理办法》第二条第一款也规定，"医疗美容，是指运用手术、药物、医疗器械以及其他具有创伤性或者侵入性的医学技术方法对人的容貌和人体各部位形态进行的修复与再塑"。据此，医疗美容应当属于"医疗活动""医疗行为"。对于不具有医师资格的人非法从事医疗美容，情节严重的，也应以非法行医罪追究刑事责任。

据此，本决定在《解释》第五条中增加一款，作为第一款："本解释所称'医疗活动''医疗行为'，参照《医疗机构管理条例实施细则》中的'诊疗活动''医疗美容'认定。"在办案实践中，对于行为人实施的具体行为是否属于"医疗活动""医疗行为"仍存在争议的，可由设区的市级以上卫生行政部门出具意见，法院再结合其他证据予以认定。

三、其他问题

修改后的《解释》仅对《刑法》第三百三十六条第一款"非法行医罪"规定的"未取得医生执业资格的人""造成就诊人死亡"作出解释，而《刑法》第三百三十六条第二款"非法进行节育手术罪"也规定："未取得医生执业资格的人擅自为他人进行节育复通手术、假节育手术、终止妊娠手术或者摘取宫内节育器……造成就诊人死亡的，处十年以上有期徒刑，并处罚金。"那么，对于第二款规定中的"未取得医生执业资格的人""造成就诊久死亡"是否也可以参照《解释》的规定进行理解与适用？经研究认为《刑法》第三百三十六条第一款和第二款之间是一般和特殊的关系，节育复通手术、假节育手术、终止妊娠手术或者摘取宫内节育器等行为也是一种诊疗活动，故"非法进行节育手术罪"中的"未取得医生执业资格的人""造成就诊人死亡"应当参照《解释》的规定进行理解与适用。

最高人民法院 最高人民检察院
关于办理环境污染刑事案件适用法律若干问题的解释

法释〔2023〕7号

（2023年3月27日最高人民法院审判委员会第1882次会议、2023年7月27日最高人民检察院第十四届检察委员会第10次会议通过 2023年8月8日最高人民法院、最高人民检察院公告公布 自2023年8月15日起施行）

为依法惩治环境污染犯罪，根据《中华人民共和国刑法》、《中华人民共和国刑事诉讼法》、《中华人民共和国环境保护法》等法律的有关规定，现就办理此类刑事案件适用法律的若干问题解释如下：

第一条 实施刑法第三百三十八条规定的行为，具有下列情形之一的，应当认定为"严重污染环境"：

（一）在饮用水水源保护区、自然保护地核心保护区等依法确定的重点保护区域排放、倾倒、处置有放射性的废物、含传染病病原体的废物、有毒物质的；

（二）非法排放、倾倒、处置危险废物三吨以上的；

（三）排放、倾倒、处置含铅、汞、镉、铬、砷、铊、锑的污染物，超过国家或者地方污染物排放标准三倍以上的；

（四）排放、倾倒、处置含镍、铜、锌、银、钒、锰、钴的污染物，超过国家或者地方污染物排放标准十倍以上的；

（五）通过暗管、渗井、渗坑、裂隙、溶洞、灌注、非紧急情况下开启大气应急排放通道等逃避监管的方式排放、倾倒、处置有放射性的废物、含传染病病原体的废物、有毒物质的；

（六）二年内曾因在重污染天气预警期间，违反国家规定，超标排放二氧化硫、氮氧化物等实行排放总量控制的大气污染物受过二次以上行政处罚，又实施此类行为的；

（七）重点排污单位、实行排污许可重点管理的单位篡改、伪造自动监测数据或者干扰自动监测设施，排放化学需氧量、氨氮、二氧化硫、氮氧化物等污染物的；

（八）二年内曾因违反国家规定，排放、倾倒、处置有放射性的废物、含传染病病原体的废物、有毒物质受过二次以上行政处罚，又实施此类行为的；

（九）违法所得或者致使公私财产损失三十万元以上的；

（十）致使乡镇集中式饮用水水源取水中断十二小时以上的；

（十一）其他严重污染环境的情形。

第二条 实施刑法第三百三十八条规定的行为，具有下列情形之一的，应当认定为“情节严重”：

（一）在饮用水水源保护区、自然保护地核心保护区等依法确定的重点保护区域排放、倾倒、处置有放射性的废物、含传染病病原体的废物、有毒物质，造成相关区域的生态功能退化或者野生生物资源严重破坏的；

（二）向国家确定的重要江河、湖泊水域排放、倾倒、处置有放射性的废物、含传染病病原体的废物、有毒物质，造成相关水域的生态功能退化或者水生生物资源严重破坏的；

（三）非法排放、倾倒、处置危险废物一百吨以上的；

（四）违法所得或者致使公私财产损失一百万元以上的；

（五）致使县级城区集中式饮用水水源取水中断十二小时以上的；

（六）致使永久基本农田、公益林地十亩以上，其他农用地二十亩以上，其他土地五十亩以上基本功能丧失或者遭受永久性破坏的；

（七）致使森林或者其他林木死亡五十立方米以上，或者幼树死亡二千五百株以上的；

（八）致使疏散、转移群众五千人以上的；

（九）致使三十人以上中毒的；

（十）致使一人以上重伤、严重疾病或者三人以上轻伤的；

（十一）其他情节严重的情形。

第三条 实施刑法第三百三十八条规定的行为，具有下列情形之一的，应当处七年以上有期徒刑，并处罚金：

（一）在饮用水水源保护区、自然保护地核心保护区等依法确定的重点保护区域排放、倾倒、处置有放射性的废物、含传染病病原体的废物、有毒物质，具有下列情形之一的：

1. 致使设区的市级城区集中式饮用水水源取水中断十二小时以上的；

2. 造成自然保护地主要保护的生态系统严重退化，或者主要保护的自然景观损毁的；

3. 造成国家重点保护的野生动植物资源或者国家重点保护物种栖息地、生长环境严重破坏的；

4. 其他情节特别严重的情形。

（二）向国家确定的重要江河、湖泊水域排放、倾倒、处置有放射性的废物、含传染病病原体的废物、有毒物质，具有下列情形之一的：

1. 造成国家确定的重要江河、湖泊水域生态系统严重退化的；

2. 造成国家重点保护的野生动植物资源严重破坏的；

3. 其他情节特别严重的情形。

（三）致使永久基本农田五十亩以上基本功能丧失或者遭受永久性破坏的；

（四）致使三人以上重伤、严重疾病，或者一人以上严重残疾、死亡的。

第四条 实施刑法第三百三十九条第一款规定的行为，具有下列情形之一的，应当认定为“致使公私财产遭受重大损失或者严重危害人体健康”：

（一）致使公私财产损失一百万元以上的；

（二）具有本解释第二条第五项至第十项规定情形之一的；

（三）其他致使公私财产遭受重大损失或者严重危害人体健康的情形。

第五条 实施刑法第三百三十八条、第三百三十九条规定的犯罪行为，具有下列情形之一的，应当从重处罚：

（一）阻挠环境监督检查或者突发环境事件调查，尚不构成妨害公务等犯罪的；

（二）在医院、学校、居民区等人口集中地区及其附近，违反国家规定排放、倾倒、处置有放射性的废物、含传染病病原体的废物、有毒物质或者其他有害物质的；

（三）在突发环境事件处置期间或者被责令限期整改期间，违反国家规定排放、倾倒、处置有放射性的废物、含传染病病原体的废物、有毒物质或者其他有害物质的；

（四）具有危险废物经营许可证的企业违反国家规定排放、倾倒、处置有放射性的废物、含传染病病原体的废物、有毒物质或者其他有害物质的；

（五）实行排污许可重点管理的企业事业单位和其他生产经营者未依法取得排污许可证，排放、倾倒、处置有放射性的废物、含传染病病原体的废物、有毒物质或者其他有害物质的。

第六条 实施刑法第三百三十八条规定的行为，行为人认罪认罚，积极修复生态环境，有效合规整改的，可以从宽处罚；犯罪情节轻微的，可以不起诉或者免予刑事处罚；情节显著轻微危害不大的，不作为犯罪处理。

第七条 无危险废物经营许可证从事收集、贮存、利用、处置危险废物经营活动，严重污染环境的，按照污染环境罪定罪处罚；同时构成非法经营罪的，依照处罚较重的规定定罪处罚。

实施前款规定的行为，不具有超标排放污染物、非法倾倒污染物或者其他违法造成环境污染的情形的，可以认定为非法经营情节显著轻微危害不大，不认为是犯罪；构成生产、销售伪劣产品等其他犯罪的，以其他犯罪论处。

第八条 明知他人无危险废物经营许可证，向其提供或者委托其收集、贮存、利用、处置危险废物，严重污染环境的，以共同犯罪论处。

第九条 违反国家规定，排放、倾倒、处置含有毒害性、放射性、传染病病原体等物质的污染物，同时构成污染环境罪、非法处置进口的固体废物罪、投放危险物质罪等犯罪的，依照处罚较重的规定定罪处罚。

第十条 承担环境影响评价、环境监测、温室气体排放检验检测、排放报告编制或者核查等职责的中介组织的人员故意提供虚假证明文件，具有下列情形之一的，应当认定为刑法第二百二十九条第一款规定的“情节严重”：

（一）违法所得三十万元以上的；

（二）二年内曾因提供虚假证明文件受过二次以上行政处罚，又提供虚假证明文件的；

（三）其他情节严重的情形。

实施前款规定的行为，在涉及公共安全的重大工程、项目中提供虚假的环境影响评价等证明文件，致使公共财产、国家和人民利益遭受特别重大损失的，应当依照刑法第二百二十九条第一款的规定，处五年以上十年以下有期徒刑，并处罚金。

实施前两款规定的行为，同时索取他人财物或者非法收受他人财物构成犯罪的，依照处罚较重的规定定罪处罚。

第十一条 违反国家规定，针对环境质量监测系统实施下列行为，或者强令、指使、授意他人实施下列行为，后果严重的，应当依照刑法第二百八十六条的规定，以破坏计算机信息系统罪定罪处罚：

（一）修改系统参数或者系统中存储、处理、传输的监测数据的；

（二）干扰系统采样，致使监测数据因系统不能正常运行而严重失真的；

（三）其他破坏环境质量监测系统的行为。

重点排污单位、实行排污许可重点管理的单位篡改、伪造自动监测数据或者干扰自动监测设施，排放化学需氧量、氨氮、二氧化硫、氮氧化物等污染物，同时构成污染环境罪和破坏计算机信息系统罪的，依照处罚较重的规定定罪处罚。

从事环境监测设施维护、运营的人员实施或者参与实施篡改、伪造自动监测数据、干扰自动监测设施、破坏环境质量监测系统等行为的，依法从重处罚。

第十二条 对于实施本解释规定的相关行为被不起诉或者免予刑事处罚的行为人，需要给予行政处罚、政务处分或者其他处分的，依法移送有关主管机关处理。有关主管机关应当将处理结果及时通知人民检察院、人民法院。

第十三条 单位实施本解释规定的犯罪的，依照本解释规定的定罪量刑标准，对直接负责的主管人员和其他直接责任人员定罪处罚，并对单位判处罚金。

第十四条 环境保护主管部门及其所属监测机构在行政执法过程中收集的监测数据，在刑事诉讼中可以作为证据使用。

公安机关单独或者会同环境保护主管部门，提取污染物样品进行检测获取的数据，在刑事诉讼中可以作为证据使用。

第十五条 对国家危险废物名录所列的废物，可以依据涉案物质的来源、产生过程、被告人供述、证人证言以及经批准或者备案的环境影响评价文件、排污许可证、排污登记表等证据，结合环境保护主管部门、公安机关等出具的书面意见作出认定。

对于危险废物的数量，依据案件事实，综合被告人供述，涉案企业的生产工艺、物耗、能耗情况，以及经批准或者备案的环境影响评价文件等证据作出认定。

第十六条 对案件所涉的环境污染专门性问题难以确定的，依据鉴定机构出具的鉴定意见，或者国务院环境保护主管部门、公安部门指定的机构出具的报告，结合其他证据作出认定。

第十七条 下列物质应当认定为刑法第三百三十八条规定的“有毒物质”：

（一）危险废物，是指列入国家危险废物名录，或者根据国家规定的危险废物鉴别标准和鉴别方法认定的，具有危险特性的固体废物；

（二）《关于持久性有机污染物的斯德哥尔摩公约》附件所列物质；

（三）重金属含量超过国家或者地方污染物排放标准的污染物；

（四）其他具有毒性，可能污染环境的物质。

第十八条 无危险废物经营许可证，以营利为目的，从危险废物中提取物质作为原材料或者燃料，并具有超标排放污染物、非法倾倒污染物或者其他违法造成环境污染的情形的行为，应当认定为“非法处置危险废物”。

第十九条 本解释所称“二年内”，以第一次违法行为受到行政处罚的生效之日与又实施相应行为之日的时间间隔计算确定。

本解释所称“重点排污单位”，是指设区的市级以上人民政府环境保护主管部门依法确定的应当安装、使用污染物排放自动监测设备的重点监控企业及其他单位。

本解释所称“违法所得”，是指实施刑法第二百二十九条、第三百三十八条、第三百三十九条规定的行为所得和可得的全部违法收入。

本解释所称“公私财产损失”，包括实施刑法第三百三十八条、第三百三十九条规定的行为直接造成财产损毁、减少的实际价值，为防止污染扩大、消除污染而采取必要合理措施所产生的费用，以及处置突发环境事件的应急监测费用。

本解释所称“无危险废物经营许可证”，是指未取得危险废物经营许可证，或者超出危险废物经营许可证的经营范围。

第二十条 本解释自2023年8月15日起施行。本解释施行后，《最高人民法院、最高人民检察院关于办理环境污染刑事案件适用法律若干问题的解释》（法释〔2016〕29号）同时废止；之前发布的司法解释与本解释不一致的，以本解释为准。

【解 读】

解读《最高人民法院、最高人民检察院关于办理环境污染刑事案件适用法律若干问题的解释》

2023年8月9日，最高人民法院、最高人民检察院联合发布《关于办理环境污染刑事案件适用法律若干问题的解释》（法释〔2023〕7号，以下简称本解释），自2023年8月15日起施行。本解释的施行，对于依法惩治环境污染犯罪，扎实推进生态文明建设、加快建设美丽中国，必将发挥重要作用。为便于司法实践中正确理解和适用，现就本解释的制定背景、起草中的主要考虑和主要内容介绍如下。

一、本解释的制定背景

生态文明建设是关系中华民族永续发展的根本大计，是亿万中国人民的福祉所在。党的十八大以来，以习近平同志为核心的党中央深刻把握生态文明建设在新时代中国特色社会主义事业中的重要地位和战略意义，大力推进生态文明理论创新、实践创新、制度创新，提出一系列新理念新思想新战略，形成了习近平生态文明思想，为新时代生态文明建设提供了根本遵循。2023年7月，习近平总书记在全国生态环境保护大会上发表重要讲话，深刻阐述了新征程上推进生态文明建设需要处理好的5个重大关系，进一步深化和拓展了我们党对生态文明建设的规律性认识，在实践基础上丰富发展了习近平生态文明思想。习近平总书记强调，要始终坚持用最严格制度最严密法治保护生态环境，健全美丽中国建设的保障体系。

人民法院高度重视生态环境的司法保护。最高人民法院会同最高人民检察院，于2016年12月联合发布了《关于办理环境污染刑事案件适用法律若干问题的解释》（法释〔2016〕29号，以下简称《2016年解释》）。《2016年解释》施行以来，各级公检法机关和环保部门准确认定事实，正确适用法律，依法惩处环境污染犯罪，取得了良好的社会效果。近5年来（2018年至2022年），全国法院审结相关环境污染刑事案件11880件，生效判决人数24756人。其中，污染环境刑事案件 11860 件，生效判决人数 24724 人。

为进一步加大对污染环境犯罪的惩处力度，2021 年 3 月 1 日起施行的《刑法修正案（十一）》将污染环境罪的法定刑由过去的两档增至三档，并明确对承担环境影响评价、环境监测等职责的中介组织的人员可以适用提供虚假证明文件罪。在《刑法修正案（十一）》施行后，有必要根据修改后《刑法》第三百三十八条的规定，对《2016 年解释》及时作出调整，以确保法律统一、有效实施。同时，《2016 年解释》施行以来，中央和地方有关部门也反映在办案中存在一些问题，亟须完善补充司法解释的规定，以更好适应司法实践需要。

在此背景下，最高人民法院会同最高人民检察院，在公安部、生态环境部、水利部、海关总署、国家林业和草原局等有关部门的大力支持下，深入调查研究，广泛征求意见，反复论证完善，制定了本解释。本解释于 2023 年 3 月 27 日由最高人民法院审判委员会第 1882 次会议、2023 年 7 月 27 日由最高人民检察院第十四届检察委员会第十次会议审议通过，自 2023 年 8 月 15 日起施行。需要提及的是，这是 1997 年《刑法》施行以来最高司法机关就环境污染犯罪第四次出台专门司法解释，充分体现了“两高”依法严惩环境污染犯罪、助力生态文明建设的坚定立场，对于全面推进美丽中国建设、加快推进人与自然和谐共生的现代化具有重要意义。

二、本解释起草中的主要考虑

本解释坚持以习近平新时代中国特色社会主义思想为指导，深入贯彻习近平生态文明思想和习近平法治思想，认真贯彻落实全国生态环境保护大会精神，根据实践反映的问题和社会关切，坚持问题导向、坚持依法解释、坚持宽严相济。为确保内容科学合理，能够适应形势发展、满足实践需要，本解释的起草坚持了以下原则：

一是深入贯彻习近平生态文明思想，进一步强化生态环境司法保护。习近平总书记指出：“保护生态环境必须依靠制度、依靠法治”“让制度成为刚性的约束和不可触碰的高压线”。司法是保护环境的重要手段，在推进环境治理体系现代化进程中发挥着不可替代的作用。本解释依法严惩各类环境污染犯罪，进一步强化对生态环境的刑事司法保护，以最严格制度最严密法治保护生态环境，保持常态化外部压力，为推进生态文明建设提供有力法治保障。

二是严密刑事法网，进一步完善环境污染犯罪定罪量刑标准。本解释切实贯彻刑法修改精神，重新设定污染环境罪的入罪标准和升档量刑条件，并对发生在环境领域的证明文件犯罪的有关问题进一步细化，以进一步统一法律适用，有力惩治、震慑相关犯罪行为。

三是坚持罪责刑相适应，进一步落实宽严相济刑事政策要求。本解释衔接环境保护行政法律法规的规定，将实行排污许可重点管理的单位未取得排污许可非法排污的，增加规定为从重处罚情形，彰显宽严相济刑事政策“严”的一面。同时，为适应具体案件的复杂情况，避免简单机械，专门设置从宽处罚条款，允许根据认罪认罚、修复生态环境以及合规整改情况，综合评估行为社会危害程度，在必要时作出罪或者其他从宽处理，彰显宽严相济刑事政策“宽”的一面，以保证案件处理取得良好效果。

三、本解释的主要内容

本解释针对当前办案实践反映的新情况新问题，依照《刑法》《刑事诉讼法》《环境保护法》等法律的有关规定，对环境污染犯罪的定罪量刑标准和有关法律适用问题作了全面系统的规定。本解释共 20 条，主要可以归纳为 10 个方面的问题。

（一）关于污染环境罪的定罪量刑标准

《刑法修正案（十一）》对《刑法》第三百三十八条作了修改，将原来的两档法定刑（“3 年以下有期徒刑或者拘役”“3 年以上 7 年以下有期徒刑”）调整为三档法定刑（“3 年以下有期徒刑或者拘役”“3 年以上 7 年以下有期徒刑”“7 年以上有期徒刑”）；在维持严重污染环境的入罪门槛的基础上，将第二档法定刑适用条件由原来的“后果特别严重”修改为“情节严重”，并明确了第三档法定刑适用的 4 种具体情形。根据修法精神和修改后《刑法》第三百三十八条的规定，本解释重新设置了污染环境罪的定罪量刑标准。

1. 关于污染环境罪的入罪门槛

《2016 年解释》第 1 条对污染环境罪的入罪门槛“严重污染环境”共列出 18 项具体情形：第一项至第七项为行为入罪，第八项至第十七项基本为结果入罪，第十八项为兜底项。为体现加大污染环境犯罪惩治力度的立法精神，本解释第一条将污染环境罪的入罪门槛由“行为入罪+结果入罪”调整为主要以行为入罪。修改后，污染环境罪的入罪标准“严重污染环境”共列有十一项情形，与《2016 年解释》相比：

（1）有七项是沿用《2016 年解释》规定

具体包括第二项“非法排放、倾倒、处置危险废物 3 吨以上的”；第三项“排放、倾倒、处置含铅、汞、镉、铬、砷、铊、锑的污染物，超过国家或者地方污染物排放标准 3 倍以上”；第四项“排放、倾倒、处置含镍、铜、锌、银、钒、锰、钴的污染物，超过国家或者地方污染物排放标准 10 倍以上”；第八项“2 年内曾因违反国家规定，排放、倾倒、处置有放射性的废物、含传染病病原体的废物、有毒物质受过 2 次以上行政处罚，又实施此类行为的”；第九项“违法所得或者致使公私财产损失 30 万元以上的”；第十项“致使乡镇集中式饮用水水源取水中断 12 小时以上的”；第十一项“其他严重污染环境的情形”。

（2）有三项规定在《2016年解释》基础上作了修改完善

一是第一项，为了加大对饮用水水源和自然保护地的保护，将《2016年解释》规定的“在饮用水水源一级保护区、自然保护区核心区等依法确定的重点保护区域排放、倾倒、处置有放射性的废物、含传染病病原体的废物、有毒物质的”，修改为“在饮用水水源保护区、自然保护地核心保护区等依法确定的重点保护区域……”。需要说明的是，《刑法修正案（十一）》共新增四项污染环境罪的第三档量刑条件，除涉及上述关于在依法确定的重点保护区域污染环境的情形外，还包括向国家确定的重要江河、湖泊水域非法排污情节特别严重、大量毁坏基本农田和致使人员伤亡三项。本解释未针对后三项设置相关入罪情形，主要考虑是：国家确定的重要江河、湖泊水域面积广大，实际覆盖我国大部分国土，远超饮用水水源保护区、自然保护地核心保护区涉及范围，如采行为入罪模式，处罚范围过宽，难以保证罪刑均衡，故未将在相关水域非法排污的行为直接作为污染环境犯罪处理；对于毁坏基本农田和致使人员伤亡，《2016年解释》均将其作为结果入罪的情形，考虑到实践中相关案件并不多见，为进一步提升条文的针对性，本解释将此两项调整为升档量刑情形，切实贯彻《刑法》修改精神、加大处罚力度。

二是第五项，为加大对隐蔽排污的规制力度，进一步严惩以逃避监管方式排放大气污染物的行为，在《2016年解释》规定的“通过暗管、渗井、渗坑、裂隙、溶洞、灌注等逃避监管的方式排放、倾倒、处置有放射性的废物、含传染病病原体的废物、有毒物质的”基础上，新增通过“非紧急情况下开启大气应急排放通道”隐蔽排污情形。《大气污染防治法》第二十条第二款规定：“禁止通过偷排、篡改或者伪造监测数据、以逃避现场检查为目的的临时停产、非紧急情况下开启应急排放通道、不正常运行大气污染防治设施等逃避监管的方式排放大气污染物。”对本解释作出以上修改，可以更好衔接大气污染防治法的相关规定。

三是第七项，为进一步规制妨碍、破坏自动监测，污染环境的行为，在《2016年解释》规定的“重点排污单位篡改、伪造自动监测数据或者干扰自动监测设施，排放化学需氧量、氨氮、二氧化硫、氮氧化物等污染物的”基础上，新增“实行排污许可重点管理的单位”的行为主体。《排污许可管理条例》第二十条第一款规定：“实行排污许可重点管理的排污单位，应当依法安装、使用、维护污染物排放自动监测设备，并与生态环境主管部门的监控设备联网。”本解释作出上述补充，有利于与前置法规定更好衔接，保障环境自动监测制度严格落实。

（3）新增一项规定

即第六项“2年内曾因在重污染天气预警期间，违反国家规定，超标排放二氧化硫、氮氧化物等实行排放总量控制的大气污染物，受过2次以上行政处罚，又实施此类行为的”。增加该项规定，旨在推动解决人民群众感受最为直接、反映最为强烈的大气污染问题，为打赢蓝天保卫战提供有力刑事司法保障。需要注意的是，“实行排放总量控制的大气污染物”，目前主要为二氧化硫和氮氧化物，这一规定能否扩展适用于其他大气污染物，应严格依据相关国家政策和法律法规的明确规定，结合污染物检测技术水平依法作出判断。如果没有明确的国家政策和法律法规依据，或者不具备与上述两类污染物相当的检测技术，无法准确识别、有效检测的，不宜直接作为实行排放总量控制的大气污染物，以防不当扩大污染环境罪的适用范围，偏离罪责刑相适应原则。

（4）删去二项入罪情形

一是“造成生态环境严重损害的”。生态环境损害是指因污染环境、破坏生态造成大气、地表水、地下水、土壤、森林等环境要素和植物、动物、微生物等生物要素的不利改变，以及上述要素构成的生态系统功能退化。根据最高人民法院《关于审理生态环境损害赔偿案件的若干规定（试行）》（法释〔2019〕8号，2020年修正）第十二条第二款的规定，“生态环境修复费用包括制定、实施修复方案的费用，修复期间的监测、监管费用，以及修复完成后的验收费用、修复效果后评估费用等”。因此，生态环境损害程度的认定情况，往往与公私财产损失存在交叉关系，也与违法所得存在一定关联，故另行依据生态环境损害程度入罪必要性不大。而且，生态环境损害程度的认定程序复杂、周期长、费用高，是办理环境污染案件公认的难题。正因如此，实践中迄今尚无依据生态环境损害程度入罪的污染环境刑事案件。该项规定的象征意义大于实际意义，基于此，根据司法实务部门的建议，本解释删去“造成生态环境严重损害”的入罪要件。

二是“违法减少防治污染设施运行支出100万元以上的”规定。起草过程中，有意见提出是否减少防治污染设施运行支出以及减少的数额与严重污染环境之间并无必然联系；对于违法减少防治污染设施运行支出的行为，完全可以通过加强行政监管解决，建议删去《2016年解释》第一条“违法减少防治污染设施运行支出100万元以上的”的规定。经研究，考虑到实践中少有根据“违法减少防治污染设施运行支出100万元以上”入罪的情况，故删去这一规定。

此外，为适应《刑法修正案（十一）》对污染环境罪的修改，合理确定污染环境罪的定罪量刑体系、标准，本解释第一条将《2016年解释》第一条规定中的部分结果入罪情形，如农田、森林毁坏，人员疏散、转移、中毒等，规定为加重法定刑情形。

2. 关于污染环境罪的升档量刑标准

如前所述，《刑法修正案（十一）》将《刑法》第三百三十八条规定的污染环境罪由原来的两档法定刑增加为三档，并将第二档法定刑（3 年以上 7 年以下有期徒刑）的适用条件由“后果特别严重”修改为“情节严重”。在此情形下，污染环境罪第二档法定刑“情节严重”的适用标准不能继续适用《2016 年解释》第三条关于“后果特别严重”的具体情形。据统计，近 10 年来（2013 年至 2022 年），污染环境刑事案件基本适用第一档法定刑，升档量刑的不足 7%，确有必要降低升档量刑标准，以加大惩治力度，贯彻刑法修改精神。基于此，本解释重新设置污染环境罪第二档法定刑适用标准“情节严重”的具体情形，修改后的升档量刑情形也有十一项，除兜底项外，还包括：第一，针对排放危险废物、违法所得或致公私财产损失以及致饮用水水源取水中断三项入罪情形，分别设置升档量刑标准；第二，针对污染环境罪新增的四项第三档量刑情形，相应规定所涉行为适用第二档法定刑的标准；第三，沿用《2016 年解释》相关规定，针对森林毁坏、疏散、转移群众以及致人中毒三种情况，设置相关升档量刑情形，并对数量标准作出完善。

需要重点说明的问题有：

（1）本解释调整《2016 年解释》第三条关于后果特别严重的相关适用情形，适当加大刑罚力度

例如，将原规定“致使 100 人以上中毒”才可以适用 3 年以上 7 年以下有期徒刑的标准，调整为“致使 30 人以上中毒”；同理，将“致使 3 人以上重伤、中度残疾或者器官组织损伤导致严重功能障碍”，调整为“致使 1 人以上重伤、严重疾病或者 3 人以上轻伤”。

（2）补充相应适用情形，实现 3 个量刑档次的有序衔接

保护区域内的生态功能和野生生物资源，是依法确定相关重点保护区域和重要江河、湖泊水域的重要目的，污染环境行为造成相关区域内生态功能退化、野生生物资源破坏程度，是评价行为社会危害的重要考量。基于此，设置“在饮用水水源保护区、自然保护地核心保护区等依法确定的重点保护区域排放、倾倒、处置有放射性的废物、含传染病病原体的废物、有毒物质，造成相关区域的生态功能退化或者野生生物资源严重破坏的”（第一项）、“向国家确定的重要江河、湖泊水域排放、倾倒、处置有放射性的废物、含传染病病原体的废物、有毒物质，造成相关水域的生态功能退化或者水生生物资源严重破坏的”（第二项）两项升档量刑情形，以衔接污染环境罪第三档法定刑的相应适用情形，进一步完善对相关重点保护区域的司法保护措施。

（3）调整涉土地数量的量刑标准，确保与其他环境资源犯罪处罚平衡

与非法占用农用地罪（5 年以下有期徒刑）的入罪标准相比，《2016 年解释》关于污染环境罪“致使永久基本农田、公益林地 5 亩以上，其他农用地 10 亩以上，其他土地 20 亩以上基本功能丧失或者遭受永久性破坏的”升档量刑（3 年以上 7 年以下有期徒刑）标准设置，可能导致两罪对涉及毁坏农用地

的行为处罚不够平衡。基于此，本解释将污染环境罪的相关升档量刑标准由致使永久基本农田、公益林地，其他农用地，其他土地基本功能丧失或者遭受永久性破坏“5 亩以上”“10 亩以上”“20 亩以上”，分别提升至“10 亩以上”“20 亩以上”“50 亩以上”，以与非法占用农用地的入罪标准形成合理的梯度，保持必要协调。

此外，根据本解释第一条关于入罪情形的规定，对第二条升档量刑情形作出相应调整，删去“造成生态环境特别严重损害”的升档量刑情节。

3. 关于污染环境罪第三档法定刑的具体适用情形

《刑法修正案（十一）》有针对性地提高了部分严重污染环境犯罪的法定刑，明确列举了应当处 7 年以上有期徒刑的行为类型，划出不得触碰的高压线，体现了刚性约束，同时也有利于司法实践中的具体认定。据此，根据修改后刑法规定，结合司法实践，本解释第三条对适用 7 年以上有期徒刑的情形作了明确，具体而言：

（1）针对“在饮用水水源保护区、自然保护地核心保护区等依法确定的重点保护区域排放、倾倒、处置有放射性的废物、含传染病病原体的废物、有毒物质，情节特别严重的”规定，从取水中断情况、生态系统影响、国家重点保护物种及其栖息地、生长环境破坏等方面，细化为“情节特别严重”三目具体适用情形；同时考虑实践情况复杂，设置兜底规定交由司法实践裁量把握。相对于本解释第二条规定的相应升档量刑情形，第三档量刑情形对应的行为社会危害性更为严重，对生态环境、生态系统结构及其要素的损害程度更深。例如，“造成自然保护地主要保护的生态系统严重退化”，已突破对一般生态功能的损害，危及生态系统本身，生态环境功能、质量的恢复更加困难；再如，“造成国家重点保护的野生动植物资源或者国家重点保护物种栖息地、生长环境严重破坏的”，涉及对珍贵濒危野生生物资源的破坏，可能引发其他多物种连锁衰退甚至灭绝，对生物多样性、生态平衡的影响较之损害其他野生生物资源更为严重、明显。

（2）针对“向国家确定的重要江河、湖泊水域排放、倾倒、处置有放射性的废物、含传染病病原体的废物、有毒物质，情节特别严重的”规定，从对生态系统影响、国家重点保护野生动植物种危害等方面，细化了情节特别严重的适用情形，明确为“造成国家确定的重要江河、湖泊水域生态系统严重退化的”“造成国家重点保护的野生动植物资源严重破坏的”两目，并作了兜底规定。

（3）针对“致使大量永久基本农田基本功能丧失或者遭受永久性破坏的”规定，将“大量”量化为“50 亩以上”。同时，这一规定也与第二档法定刑适用情形“致使永久基本农田、公益林地 10 亩以上……基本功能丧失或者遭受永久性破坏”之间形成 5 倍的倍数关系，实现有序衔接。

(4) 针对“致使多人重伤、严重疾病，或者致人严重残疾、死亡的”规定，将“致使3人以上重伤、严重疾病，或者1人以上严重残疾、死亡”明确为第三档刑的适用情形之一，彰显依法严惩污染环境犯罪、保障人民群众生命健健安全的坚定立场。

起草过程中，有意见提出吸收完善最高人民法院、最高人民检察院、公安部、司法部、生态环境部《关于办理环境污染刑事案件有关问题座谈会纪要》(高检会〔2019〕3号）第十条的规定，增加“跨省（自治区、直辖市）向国家确定的重要江河、湖泊水域排放、倾倒、处置有放射性废物、含传染病病原体的废物、有毒物质的”规定，作为污染环境罪第三档法定刑的适用情形。

经研究认为，有的污染行为本就发生在省界附近，极易造成跨省界污染，此种行为与普通的污染环境犯罪行为在社会危害性程度方面并无明显差异，作为从重处罚情节尚无问题，但作为升档量刑情节则明显不妥。据此，未将上述跨省界向重要江河、湖泊排污的行为设置为污染环境罪第三档法定刑的适用情形，以保证案件处理符合罪责刑相适应原则的要求。

（二）关于涉危险废物环境污染行为的处理规则

如前所述，危险废物损害环境、危害健康的风险极大，实践中相关污染环境案件高发多发，有效规制非法处置危险废物等行为，对于遏制污染环境犯罪、提升生态环境治理成效意义重大。基于此，本解释多个条文对涉危险废物行为的处理作出规定。除污染环境罪、非法处置进口的固体废物罪之中涉危险废物行为的定罪量刑标准之外，还主要包括：

1. 关于危险废物的含义

本解释第十七条根据固体废物污染环境防治法修订情况，专门对危险废物的定义作出调整，将“具有危险特性的废物”修改为“具有危险特性的固体废物”。危险废物是固体废物污染环境防治法规定的一种特定类型的固体废物，刑法规制的危险废物应当与前置法的规定保持一致，不能超出固体废物的范围。需要说明的是，固体废物并不限于物理上的固态废物，根据固体废物污染环境防治法规定，还包括半固态和置于容器中的气态的物品、物质以及法律、行政法规规定纳入固体废物管理的物品、物质。

2. 关于危险废物的认定

对于危险废物如何认定，特别是对于危险废物是否需要鉴别，甚至鉴定或者检验，往往存在不同认识。虑到《国家危险废物名录》对于废物类别、行业来源（危险废物的产生源）、废物代码、危险特性（指腐蚀性、毒性、易燃性、反应性和感染性）以及产生阶段均有明确描述，原则上，对于列入《国家危险废物名录》的废物，可以直接依据目录认定。但是，如果该危险废物已经同非危险废物混合，或者系未列入目录的，则原则上应当对物品的特征进行鉴别，符合相应特征的，才能认定为危险废物。基于此，《2016年解释》对《国家危险废物名录》所列废物的认定依据作了规定。

本解释起草过程中，有意见建议将环境保护设施验收报告、排污许可证或者排污登记表增加规定作为认定相关危险废物的依据。经研究，目前，环境保护设施验收可由企业自行组织或者委托第三方进行，实践中，此种验收结论还存在一些问题，权威性难于完全保证，故不宜一概纳入认定危险废物的依据。而生态环境部发布的《排污许可证申请与核发技术规范 工业固体废物（试行)》（HJ 1200—2021）等技术标准，规定了产生工业固体废物的排污单位与工业固体废物相关的基本情况填报要求、污染防控技术要求、环境管理台账及排污许可证执行报告编制要求、合规判定方法等，故排污许可证、排污登记表对相关企业排放危险废物情况具有一定证明功能。基于此，本解释采纳这一建议，在第十五条第一款规定："对《国家危险废物名录》所列的废物，可以依据涉案物质的来源、产生过程、被告人供述、证人证言以及经批准或者备案的环境影响评价文件、排污许可证、排污登记表等证据，结合环境保护主管部门、公安机关等出具的书面意见作出认定。"

3. 关于危险废物数量的认定

对于行为人非法排放、倾倒、处置危险废物的数量，除当场查获的外，还可以依据其他证据材料予以综合认定。为了加大对危险废物产生企业非法处置等行为的规制力度，本解释第十五条第二款沿用《2016 年解释》的规定，重申了对危险废物数量的认定规则，规定："对于危险废物的数量，依据案件事实，综合被告人供述，涉案企业的生产工艺、物耗、能耗情况，以及经批准或者备案的环境影响评价文件等证据作出认定。"

4. 关于非法利用危险废物行为的定性

司法实践中，对于非法处置危险废物的行为，特别是处置行为与利用行为之间的关系，存在不同认识。经研究认为，利用本身也是一种处置行为，但核心在于判断是否违法造成环境污染。为统一认识，本解释第十八条沿用《2016 年解释》的规定，明确："无危险废物经营许可证，以营利为目的，从危险废物中提取物质作为原材料或者燃料，并具有超标排放污染物、非法倾倒污染物或者其他违法造成环境污染的情形的行为，应当认定为'非法处置危险废物'。"

5. 关于非法处置危险废物行为的处理

非法处置危险废物以未取得经营许可证为前提，对于是否以违法造成环境污染为要件，则存在不同认识。

经研究认为，污染环境罪的社会危害性主要体现在对生态环境的破坏上，如果未取得经营许可证处置危险废物，在处置过程中没有违法造成环境污染的，无疑不应以污染环境罪论处。

此外，对于无资质处置危险废物，没有违法造成环境污染，不构成污染环境罪的情形，是否可以非法经营罪论处，实践中亦存在不同认识。

考虑到无资质处置危险废物，未违法造成环境污染的，适用非法经营罪，通常情况下可能会比污染环境罪判处更重的刑罚，为避免罪刑失衡，统一法律适用，本解释沿用《2016年解释》的规定，在第七条规定："无危险废物经营许可证从事收集、贮存、利用、处置危险废物经营活动，严重污染环境的，按照污染环境罪定罪处罚；同时构成非法经营罪的，依照处罚较重的规定定罪处罚。""实施前款规定的行为，不具有超标排放污染物、非法倾倒污染物或者其他违法造成环境污染的情形的，可以认定为非法经营情节显著轻微危害不大，不认为是犯罪；构成生产、销售伪劣产品等其他犯罪的，以其他犯罪论处。"

申言之，本解释坚持对环境法益的实质考量：

一方面，确立无危险废物经营许可证从事收集、贮存、利用、处置危险废物经营活动的入罪以违法造成环境污染为实质要件，未违法造成环境污染的，可以认定为情节显著轻微危害不大，不认为是犯罪（当然，构成生产、销售伪劣产品等其他犯罪的，可以其他犯罪论处）；

另一方面，针对当前危险废物污染环境犯罪的严峻形势，加大对此类行为的刑事惩处力度，对无资质处置危险废物、违法造成环境污染的情形允许适用非法经营罪，对同时符合污染环境罪和非法经营罪的情形择一重罪处断。

6. 关于涉危险废物共同犯罪的认定

实践中，一些单位、个人非法排放、倾倒、处置危险废物，以降低生产成本、牟取不法利益。而且，行为人分工明确，相互配合，呈现"一条龙"作业、明显的产业化迹象。对此，不仅要依法惩治直接污染环境的行为人，更要打源头、追幕后，依法追究危险废物提供者的刑事责任。为此，本解释第八条重申《2016年解释》的规定，明确对此类共同犯罪的处理规则："明知他人无危险废物经营许可证，向其提供或者委托其收集、贮存、利用、处置危险废物，严重污染环境的，以共同犯罪论处。"考虑到此种情形可能构成非法经营罪的共同犯罪，故未再限制为以污染环境罪的共同犯罪论处。

（三）关于环境污染关联犯罪的处理规则

本解释对环境污染关联犯罪的规定，主要涉及环境领域的提供虚假证明文件罪和破坏计算机信息系统罪，现结合实践情况，分述如下：

1. 关于环境领域提供虚假证明文件罪的适用规则

为有效惩治环境影响评价机构及其人员提供虚假证明文件行为，《2016年解释》立足当时刑法规定，明确："环境影响评价机构或其人员，故意提供虚假环境影响评价文件，情节严重的，或者严重不负责任，出具的环境影响评价文件存在重大失实，造成严重后果的，应当依照刑法第二百二十九条、第二百三十一条的规定，以提供虚假证明文件罪或者出具证明文件重大失实罪定罪处罚。"《刑法修正案（十一）》吸收上述规定，对《刑法》第二百二十九条作出修改完善，明确对承担环境影响评价、环境监测等职责的中介组织人员适用该条规定；同时，增加一档法定刑（“5 年以上 10 年以下有期徒刑”）。根据修改后《刑法》第二百二十九条的规定，本解释在《2016 年解释》规定的基础上，对环境领域提供虚假证明文件罪的适用规则作了进一步完善。具体而言：

（1）明确行为主体

本解释第十条第一款规定：“承担环境影响评价、环境监测、温室气体排放检验检测、排放报告编制或者核查等职责的中介组织的人员故意提供虚假证明文件，具有下列情形之一的，应当认定为刑法第二百二十九条第一款规定的‘情节严重’：……”，明确将承担环境影响评价、环境监测等职责的中介组织的人员纳入提供虚假证明文件罪的规制范围，切实贯彻《刑法》修改精神。

（2）将涉碳排放数据造假行为纳入刑事规制范围

为应对气候变化和促进绿色低碳发展，推动运用市场机制实现控制温室气体排放行动目标，我国建立了碳排放权交易市场，并于 2021 年 7 月 16 日正式启动上线。碳排放权交易市场的健康运行对于实现“双碳”目标具有重要意义，而温室气体排放报告及相关检测检验结论的真实性、可靠性，则是保证碳排放权交易公平公信的重要基础。当前，相关技术服务机构在编制、核查温室气体排放报告或者就温室气体排放情况进行检验检测过程中，故意伪造、篡改相关检测、报告数据的问题较为突出，严重影响碳排放权交易市场健康运行。有意见建议，对此类与温室气体排放相关的造假行为，也应当依法适用提供虚假证明文件罪。经研究，采纳上述建议，将承担“温室气体排放检验检测、排放报告编制或者核查等职责的中介组织的人员故意提供虚假证明文件”的行为，纳入本解释规定的提供虚假证明文件罪的适用范围。

主要考虑：

第一，中介组织及其人员就温室气体排放提供的技术服务与环境影响评价、环境监测的性质、功能具有相当性：一是相关中介服务的内容均涉及污染物排放水平、环境质量或者生态服务功能；二是就环境保护而言，相关中介组织提供的技术服务均具有一定的公共属性，涉及与生态环境相关的公共利益。

第二，涉碳排放造假行为具有一定社会危害性，依法规制确有必要。相关技术服务机构及其人员在编制、核查温室气体排放报告或者与温室气体排放相关的检测检验过程中，实施伪造数据等造假行为，逃避履约义务、甚至骗取碳排放权配额盈余牟利，破坏碳排放权交易市场秩序，不利于碳排放权交易市场长远健康运行，依法规制此类造假行为，已成为实践的迫切需要。

第三，将涉碳排放造假行为纳入刑事规制范围符合《刑法》修改精神。《刑法修正案（十一）》将“承担环境影响评价、环境监测等职责的中介组织的人员”纳入《刑法》第二百二十九条规定的提供虚假证明文件罪的主体范围，进一步强化对环境保护领域提供虚假证明文件行为的惩治力度，有利于促进相关中介组织及其人员依法履职，推动环境保护事业健康发展。将针对温室气体排放提供技术服务的机构作为承担环境影响评价、环境监测等职责的中介组织，符合推动环境保护领域中介服务公信公平的实践需要，对规范碳排放权交易市场秩序、落实“双碳”目标具有重要意义，有利于贯彻《刑法》修改精神。

(3) 规定定罪量刑标准

第一，明确了环境领域提供虚假证明文件罪的入罪条件。本解释第十条第一款从违法所得数额（第一项）、前科情况（第二项）两方面设置了入罪标准，考虑到司法实践的复杂情况，专门设置了兜底项（第三项）。需要说明的是，根据最高人民检察院、公安部《关于公安机关管辖的刑事案件立案追诉标准的规定（二）》（以下简称《立案追诉标准（二）》）的规定，提供虚假证明文件行为违法所得数额在10万元以上的，即应立案追诉；而本解释将环境污染罪的入罪标准明确为违法所得或者致公私财产损失30万元以上。一般来说，提供虚假证明文件行为的入罪门槛不宜低于污染环境罪，故直接采用《立案追诉标准（二）》的规定可能存在不协调之处。基于此，本解释第十条将环境领域提供虚假证明文件罪的入罪数额标准确定为“违法所得30万元以上”。

第二，明确了环境领域提供虚假证明文件罪的升档量刑条件。从《刑法》第二百二十九条规定的三项升档量刑情形来看，承担环境影响评价、环境监测等职责的中介组织的人员可能适用的是第三项“在涉及公共安全的重大工程、项目中提供虚假的安全评价、环境影响评价等证明文件，致使公共财产、国家和人民利益遭受特别重大损失的”，故本解释第十条第二款对上述规定表述略作调整，规定为升档量刑情形。

第三，根据《刑法》第二百二十九条第二款“有前款行为，同时索取他人财物或者非法收受他人财物构成犯罪的，依照处罚较重的规定定罪处罚”的规定，本解释第十条第三款专门规定了择一重罪处断规则。

此外，考虑到环境领域出具证明文件重大失实的情况并不突出，规定该罪定罪量刑标准的必要性不强，且缺乏研究确定相关标准的实践条件，故本解释未对此问题作出规定。

2. 关于破坏环境质量监测系统行为的处理规则

环境监测数据是环境决策的重要基础。个别地方破坏环境质量监测系统，影响监测系统正常运行，损害政府公信力，误导环境决策，危害严重。对此，《2016年解释》第十条规定对实施修改参数、干扰采样等破坏环境质量监测系统的相关行为，适用破坏计算机信息系统罪。这一规定对于依法惩治破坏环境质量监测系统犯罪、维护环境质量监测数据安全、强化生态环境质量监管，发挥了重要作用。

适用过程中存在的主要问题是，对于干扰环境质量监测系统采样的行为，能否适用破坏计算机信息系统罪，仍存在不同认识。一种意见认为，单纯改变监测系统取样外部物理环境的行为，没有对监测系统本身的功能造成破坏，并造成监测系统不能正常运行，将此类行为认定为破坏计算机信息系统罪，超越了刑法条文的文义，建议删除。另一种意见认为，就破坏计算机信息系统功能而言，只要干扰行为与删除、修改和增加行为具相当性，导致计算机信息系统运行失常的，亦可以适用破坏计算机信息系统罪。

经研究，采纳后一种意见，本解释第十一条第一款在《2016 年解释》规定的基础上，仅对相关表述作了微调，规定："违反国家规定，针对环境质量监测系统实施下列行为，或者强令、指使、授意他人实施下列行为，后果严重的，应当依照刑法第二百八十六条的规定，以破坏计算机信息系统罪定罪处罚：（一）修改系统参数或者系统中存储、处理、传输的监测数据的；（二）干扰系统采样，致使监测数据因系统不能正常运行而严重失真的；（三）其他破坏环境质量监测系统的行为。"

主要考虑是：

（1）根据最高人民法院、最高人民检察院《关于办理危害计算机信息系统安全刑事案件应用法律若干问题的解释》（法释〔2011〕19 号）第十一条的规定，计算机信息系统是指具备自动处理数据功能的系统，包括计算机、网络设备、通信设备、自动化控制设备等。采用物理方式妨害自动监控系统采样、稀释采集的污染物样等行为，实际上是对计算机信息系统功能进行干扰，造成计算机不能正常运行，符合《刑法》第二百八十六条第一款的规定，造成严重后果的，均可以破坏计算机信息系统罪论处。

（2）在此基础上，增加"后果严重的"规定，以与《刑法》第二百八十六条关于破坏计算机信息系统罪入罪条件的规定保持一致。

（3）对具体行为方式的表述作了微调，将"修改参数或者监测数据"调整为"修改系统参数或者系统中存储、处理、传输的监测数据"，将"干扰采样，致使监测数据严重失真"调整为"干扰系统采样，致使监测数据因系统不能正常运行而严重失真"。

3. 涉环境监测数据造假犯罪的适用界限

根据本解释第一条、第十条和第十一条的规定，相关伪造环境监测数据的行为，可能涉及三个罪名：污染环境罪、提供虚假证明文件罪和破坏计算机信息系统罪。实践中，宜立足犯罪构成，区分行为主体、行为对象、行为方式等，准确评价行为社会危害性，依法妥当适用相关罪名，保证良好办案效果。

（1）关于污染环境罪与破坏计算机信息系统罪的竞合适用规则

本解释第十一条第二款规定："重点排污单位、实行排污许可重点管理的单位篡改、伪造自动监测数据或者干扰自动监测设施，排放化学需氧量、氨氮、二氧化硫、氮氧化物等污染物，同时构成污染环境罪和破坏计算机信息系统罪的，依照处罚较重的规定定罪处罚。”这明确了污染环境罪与破坏计算机信息系统罪的竞合适用规则。实践中，重点排污单位、实行排污许可重点管理的单位所干扰的自动监测设施，主要是企业根据相关法律规定在内部自行设置的污染源监测设施，用于监测企业日常污染物排放情况。理论上而言，如果相关监测设施符合计算机信息系统的认定要求，对相关行为可以适用破坏计算机信息系统罪。对于上述竞合情形，自然应当适用择一重罪处断规则。这也正是本解释第十一条第二款规定的依据。但是，从直接侵犯的法益来看，适用污染环境罪更能准确评价所涉行为，也更能全面反映行为性质；特别是，所涉行为主要是出于违法排放污染物等动机，造成的后果也是污染环境，实际更为符合污染环境罪的性质。故而，实践中对上述行为通常可以直接适用污染环境罪定罪处罚，仅在适用污染环境罪难以罚当其罪的情形之下，考虑依据择一重罪处断规则适用破坏计算机信息系统罪。

(2) 关于提供虚假证明文明罪与破坏计算机信息系统罪的界分

在《刑法修正案（十一）》就承担环境监测职责的中介组织的人员适用提供虚假证明文件罪作出专门规定后，对于本解释第十一条针对环境质量监测系统规定的干扰环境监测系统采样、删改环境监测系统数据等行为，能否也适用提供虚假证明文件罪，实践中存在一定困惑。对此，需要厘清行为界限，依法准确定性。

第一，从行为主体上看，两罪存在明显区别。就伪造环境监测数据而言，提供虚假证明文件罪的主体限于《刑法》第二百二十九条规定的承担环境监测职责的中介组织的人员。根据环保机构监测执法垂直管理改革的要求，“本省（自治区、直辖市）及所辖各市县生态环境质量监测、调查评价和考核工作由省级环保部门统一负责，实行生态环境质量省级监测、考核。”实践中，实施干扰环境质量监测采样、伪造环境质量监测数据的多是环境保护主管部门及其所属监测站点或者受委托对系统设备进行技术运维的人员，与中介组织的人员存在明显不同。

第二，从行为对象上看。根据环境保护法、噪声污染防治法、大气污染防治法、水污染防治法及《环境监测管理办法》的相关规定，环境质量监测的对象涉及大气、水、土壤、噪声、辐射等多种环境要素，由环境保护主管部门会同有关部门统一规划建设监测网络，按照统一的标准规范开展监测和评价。本解释第十一条规定的环境质量监测系统，限于自动进行环境采样并统一作数据分析的计算机系统。目前，这一系统由省级以上生态环境主管部门统一管理使用，尚不涉及委托第三方中介组织利用该系统代为监测的问题。故而，从当前实践来看，相关破坏环境质量监测系统的行为，一般不具备适用提供虚假证明文件罪的空间。当然，如果未来环境质量监测体制、机制作出改革、调整，相应监测职责可以委托给第三方中介组织承担，那么对于实际承担环境质量监测职责的中介组织的人员故意提供虚假的监测报告等证明文件的，则可依法适用提供虚假证明文件罪。

（四）关于环境污染犯罪宽严相济刑事政策的把握

1. 关于环境污染犯罪的从重处罚情形

本解释第五条沿用《2016 年解释》的规定，列举了四项从重处罚情形。同时，根据自 2021 年 3 月 1 日起施行的《排污许可管理条例》，增加第（5）项规定："实行排污许可重点管理的企业事业单位和其他生产经营者未依法取得排污许可证，排放、倾倒、处置有放射性的废物、含传染病病原体的废物、有毒物质或者其他有害物质的"，以进一步衔接前置法规定，推动排污许可制度落实，遏制非法排污行为。此外，考虑到本解释第一条新增了关于重污染天气预警期间相关违规排污行为入罪的规定，删去《2016 年解释》第四条第（3）项"重污染天气预警期间"的表述，以保证司法解释内部条文相互协调。

2. 关于从宽处理规则

刑罚不是目的，只是手段。就环境污染犯罪而言，根据宽严相济刑事政策的要求，要实现对生态环境的有效保护和恢复，应当坚持惩罚犯罪与修复生态并重，全面推行恢复性司法机制。基于此，本解释第六条根据恢复性司法的要求，进一步完善了对环境污染犯罪的从宽处理规则，明确："实施刑法第三百三十八条规定的行为，行为人认罪认罚，积极修复生态环境，有效合规整改的，可以从宽处罚；犯罪情节轻微的，可以不起诉或者免予刑事处罚；情节显著轻微危害不大的，不作为犯罪处理。"

主要考虑：

第一，《2016 年解释》第五条规定的"全部赔偿损失""确有悔罪表现"可纳入对行为人认罪认罚的评价之中，为简化表述予以删去。实践中，对环境污染行为造成实际损失的赔偿情况，仍是从宽裁量的重要考量因素；

第二，《2016 年解释》规定的"及时采取措施，防止损失扩大、消除污染"，属积极修复生态环境的题中之义，亦不再专门规定；

第三，当前，不少环境污染犯罪由单位实施，考虑到推进涉案企业合规改革的实践需要，专门增加"有效合规整改"的规定；

第四，环境污染行为实践情况多样复杂，新情况新问题不断涌现，为确保罪责刑相适应，应根据具体案情，结合行为的主客观因素，综合评估行为社会危害性，依法妥当、综合把握相关从宽处罚条件，避免唯数量论、机械失当，故删去"刚达到应当追究刑事责任的标准"表述。

需要说明的是，关于刑法第三百三十九条规定的非法处置进口的固体废物罪、擅自进口固体废物罪，实践中案件较少，近 5 年，仅有两件非法处置进口的固体废物刑事案件。随着我国全面禁止进口固体废物，相关案件势必进一步减少，对其专门规定从宽处罚情节的必要性不强。基于此，不再就刑法第三百三十九条规定专门的从宽处罚情节。

（五）关于非法处置进口的固体废物罪的升档量刑

刑法第三百三十九条第一款、第二款及第四百零八条分别规定了非法处置进口的固体废物罪、擅自进口固体废物罪和环境监管失职罪。针对刑法第三百三十九条规定的“致使公私财产遭受重大损失或者严重危害人体健康”和刑法第四百零八条规定的“致使公私财产遭受重大损失或者造成人身伤亡的严重后果”，《2016 年解释》第二条统一规定了具体适用情形。根据实践中的新情况，本解释第 2 条对相关规定作出调整，具体而言：

(1) 不再针对刑法第三百三十九条第二款和刑法第四百零八条作出规定

刑法第三百三十九条第二款规定的擅自进口固体废物罪，实践中已无适用空间。生态环境部、商务部、发展改革委、海关总署联合发布《关于全面禁止进口固体废物有关事项的公告》，自 2021 年 1 月 1 日起施行，公告规定：“禁止以任何方式进口固体废物”“生态环境部停止受理和审批限制进口类可用作原料的固体废物进口许可证的申请”。据此，我国自 2021 年起禁止进口固体废物用作原料，相关固体废物已不存在合法进口的问题，《刑法》第三百三十九条第二款规定的擅自进口固体废物罪已无适用空间。基于此，不再就擅自进口固体废物罪的定罪量刑作出专门解释。实践中，对擅自进口固体废物的行为，符合《刑法》第一百五十二条第二款规定的，可以走私废物罪（处刑更重）定罪处罚。此外，对于《刑法》第四百零八条规定的环境监管失职罪，考虑到与其他渎职犯罪定罪量刑标准的统一协调问题，亦未在本解释中作规定，留待未来交由其他司法解释予以明确。

(2) 明确《刑法》第三百三十九条第一款“致使公私财产遭受重大损失或者严重危害人体健康”的适用情形

第一，适当提升致使公私财产损失的数额标准。考虑到该款规定的“致使公私财产遭受重大损失或者严重危害人体健康”系非法处置进口的固体废物罪的升档量刑条件，对应的法定刑为 5 年以上 10 年以下有期徒刑，相对于《2016 年解释》第二条一并规定的擅自进口固体废物罪（第一档刑，5 年以下有期徒刑或者拘役）和环境监管失职罪（只一档刑，3 年以下有期徒刑或者拘役）量刑更重，适用行为的社危害性相应地也更为严重，为确保罪刑均衡，将“致使公私财产遭受重大损失”的适用情形，由《2016 年解释》第二条规定的致使公私财产损失 30 万元以上提升至 100 万元以上。

第二，调整其他适用情形。对于“致使公私财产遭受重大损失或者严重危害人体健康”，《2016 年解释》规定直接适用污染环境罪的相关结果入罪情形。由于本解释对污染环境罪定罪量刑标准作出调整，本解释第四条第二项将相应规定调整为“具有本解释第 2 条第（5）项至第（10）项规定情形之一的”，并增加兜底项，以适应实践复杂情况。

（六）关于环境监测、检测数据的审查使用规则

本解释第十四条沿用《2016 年解释》的规定，对环境保护主管部门收集的监测数据、公安部门提取污染物样品的检测数据等的证据资格问题作出明确，规定："环境保护主管部门及其所属监测机构在行政执法过程中收集的监测数据，在刑事诉讼中可以作为证据使用。""公安机关单独或者会同环境保护主管部门，提取污染物样品进行检测获取的数据，在刑事诉讼中可以作为证据使用。"

（七）关于有毒物质的适用范围

本解释第十七条明确了有毒物质的范围，基本沿用《2016 年解释》第十五条的规定，并根据实践情况对相关情形作出调整。具体而言：一是调整危险废物定义，如前所述，将"具有危险特性的废物"修改为"具有危险特性的固体废物"，增加"固体"表述。二是将《2016 年解释》第十五条"含重金属的污染物"的规定，修改为"重金属含量超过国家或者地方污染物排放标准的污染物"。主要考虑：重金属种类多、使用广泛，其毒性和对人体的危害程度差异较大；此外，自然环境中本身就含有部分重金属成分，但并非来源于相关的非法排放、倾倒、处置行为，故含重金属的污染物并非都当然属于有毒物质，而应根据含量或者浓度是否超过相应标准判断。原表述的含义过于宽泛，修改后规定更便于实践操作。

（八）关于反向行刑衔接规则

对于实施相关环境污染行为，被不起诉或者免予刑事处罚的行为人，需要给予行政处罚、政务处分或者其他处分的，本解释第十二条明确依法移送有关主管机关处理，避免"不刑不罚"、变相放纵环境污染的违法行为，以进一步强化刑事司法与行政执法部门的工作合力，完善"刑""行"双向衔接的治理体系。

（九）关于专门性问题的认定规则

本解释第十六条明确了环境污染犯罪案件专门性问题的认定规则。具体而言，基于当前司法鉴定机构的现实情况，确立了鉴定与报告"两条腿走路"原则，既可以出具鉴定意见，也允许由国务院环境保护主管部门、公安部门指定的机构出具报告。

（十）关于环境污染犯罪的其他问题

根据司法实践的情况，本解释还对环境污染犯罪的其他问题作了明确。

一是环境污染犯罪的竞合适用规则。违反国家规定，排放、倾倒、处置含有毒害性、放射性、传染病病原体等物质的污染物，可能同时构成污染环境罪、非法处置进口的固体废物罪、投放危险物质罪等犯罪，对此，本解释第 9 条明确："依照处罚较重的规定定罪处罚。"

二是单位犯罪的处理规则。本解释第十三条明确了单位实施相关环境污染

犯罪的，适用自然人犯罪的定罪量刑标准，以切实加大对单位环境污染行为的惩治力度。

三是相关术语的涵义。本解释第十九条还对“二年内”“重点排污单位”“违法所得”“公私财产损失”“无危险废物经营许可证”的涵义作了明确。需要注意的是，《2016 年解释》关于违法所得的界定，并未针对《刑法》第二百二十九条，考虑到实践所需，此次作了拓展。具体而言，根据本解释第十九条的规定，实施《刑法》第二百二十九条条规定的行为，所得和可得的全部违法收入均属于违法所得的范畴。

四是本解释的时间效力问题。本解释自 2023 年 8 月 15 日起施行。本解释施行后，《2016 年解释》同时废止；之前发布的司法解释与本解释不一致的，以本解释为准。需要注意的是，根据“举重以明轻”的法理，之前发布的规范性文件与本解释不一致的，也应当以本解释为准。

（撰稿人：周加海　喻海松　李振华）

最高人民法院
关于审理发生在我国管辖海域相关案件若干问题的规定（二）

法释〔2016〕17号

（2016年5月9日最高人民法院审判委员会第1682次会议通过　2016年8月1日最高人民法院公告公布　自2016年8月2日起施行）

为正确审理发生在我国管辖海域相关案件，维护当事人合法权益，根据《中华人民共和国刑法》《中华人民共和国渔业法》《中华人民共和国民事诉讼法》《中华人民共和国刑事诉讼法》《中华人民共和国行政诉讼法》，结合审判实际，制定本规定。

第一条　当事人因船舶碰撞、海洋污染等事故受到损害，请求侵权人赔偿渔船、渔具、渔货损失以及收入损失的，人民法院应予支持。

当事人违反渔业法第二十三条，未取得捕捞许可证从事海上捕捞作业，依照前款规定主张收入损失的，人民法院不予支持。

第二条　人民法院在审判执行工作中，发现违法行为，需要有关单位对其依法处理的，应及时向相关单位提出司法建议，必要时可以抄送该单位的上级机关或者主管部门。违法行为涉嫌犯罪的，依法移送刑事侦查部门处理。

第三条　违反我国国（边）境管理法规，非法进入我国领海，具有下列情形之一的，应当认定为刑法第三百二十二条规定的“情节严重”：

（一）经驱赶拒不离开的；

（二）被驱离后又非法进入我国领海的；

（三）因非法进入我国领海被行政处罚或者被刑事处罚后，一年内又非法进入我国领海的；

（四）非法进入我国领海从事捕捞水产品等活动，尚不构成非法捕捞水产品等犯罪的；

（五）其他情节严重的情形。

第四条　违反保护水产资源法规，在海洋水域，在禁渔区、禁渔期或者使用禁用的工具、方法捕捞水产品，具有下列情形之一的，应当认定为刑法第三百四十条规定的“情节严重”：

（一）非法捕捞水产品一万公斤以上或者价值十万元以上的；

（二）非法捕捞有重要经济价值的水生动物苗种、怀卵亲体二千公斤以上或者价值二万元以上的；

（三）在水产种质资源保护区内捕捞水产品二千公斤以上或者价值二万元以上的；

（四）在禁渔区内使用禁用的工具或者方法捕捞的；

（五）在禁渔期内使用禁用的工具或者方法捕捞的；

（六）在公海使用禁用渔具从事捕捞作业，造成严重影响的；

（七）其他情节严重的情形。

第五条 非法采捕珊瑚、砗磲或者其他珍贵、濒危水生野生动物，具有下列情形之一的，应当认定为刑法第三百四十一条第一款规定的“情节严重”：

（一）价值在五十万元以上的；

（二）非法获利二十万元以上的；

（三）造成海域生态环境严重破坏的；

（四）造成严重国际影响的；

（五）其他情节严重的情形。

实施前款规定的行为，具有下列情形之一的，应当认定为刑法第三百四十一条第一款规定的“情节特别严重”：

（一）价值或者非法获利达到本条第一款规定标准五倍以上的；

（二）价值或者非法获利达到本条第一款规定的标准，造成海域生态环境严重破坏的；

（三）造成海域生态环境特别严重破坏的；

（四）造成特别严重国际影响的；

（五）其他情节特别严重的情形。

第六条 非法收购、运输、出售珊瑚、砗磲或者其他珍贵、濒危水生野生动物及其制品，具有下列情形之一的，应当认定为刑法第三百四十一条第一款规定的“情节严重”：

（一）价值在五十万元以上的；

（二）非法获利在二十万元以上的；

（三）具有其他严重情节的。

非法收购、运输、出售珊瑚、砗磲或者其他珍贵、濒危水生野生动物及其制品，具有下列情形之一的，应当认定为刑法第三百四十一条第一款规定的“情节特别严重”：

（一）价值在二百五十万元以上的；

（二）非法获利在一百万元以上的；

（三）具有其他特别严重情节的。

第七条 对案件涉及的珍贵、濒危水生野生动物的种属难以确定的，由司法鉴定机构出具鉴定意见，或者由国务院渔业行政主管部门指定的机构出具报告。

珍贵、濒危水生野生动物或者其制品的价值，依照国务院渔业行政主管部门的规定核定。核定价值低于实际交易价格的，以实际交易价格认定。

本解释所称珊瑚、砗磲，是指列入《国家重点保护野生动物名录》中国家一、二级保护的，以及列入《濒危野生动植物种国际贸易公约》附录一、附录二中的珊瑚、砗磲的所有种，包括活体和死体。

第八条 实施破坏海洋资源犯罪行为，同时构成非法捕捞罪、非法猎捕、杀害珍贵、濒危野生动物罪、组织他人偷越国（边）境罪、偷越国（边）境罪等犯罪的，依照处罚较重的规定定罪处罚。

有破坏海洋资源犯罪行为，又实施走私、妨害公务等犯罪的，依照数罪并罚的规定处理。

第九条 行政机关在行政诉讼中提交的于中华人民共和国领域外形成的，符合我国相关法律规定的证据，可以作为人民法院认定案件事实的依据。

下列证据不得作为定案依据：

（一）调查人员不具有所在国法律规定的调查权；

（二）证据调查过程不符合所在国法律规定，或者违反我国法律、法规的禁止性规定；

（三）证据不完整，或保管过程存在瑕疵，不能排除篡改可能的；

（四）提供的证据为复制件、复制品，无法与原件核对，且所在国执法部门亦未提供证明复制件、复制品与原件一致的公函；

（五）未履行中华人民共和国与该国订立的有关条约中规定的证明手续，或者未经所在国公证机关证明，并经中华人民共和国驻该国使领馆认证；

（六）不符合证据真实性、合法性、关联性的其他情形。

第十条 行政相对人未依法取得捕捞许可证擅自进行捕捞，行政机关认为该行为构成渔业法第四十一条规定的“情节严重”情形的，人民法院应当从以下方面综合审查，并作出认定：

（一）是否未依法取得渔业船舶检验证书或渔业船舶登记证书；

（二）是否故意遮挡、涂改船名、船籍港；

（三）是否标写伪造、变造的渔业船舶船名、船籍港，或者使用伪造、变造的渔业船舶证书；

（四）是否标写其他合法渔业船舶的船名、船籍港或者使用其他渔业船舶证书；

（五）是否非法安装挖捕珊瑚等国家重点保护水生野生动物设施；

（六）是否使用相关法律、法规、规章禁用的方法实施捕捞；

（七）是否非法捕捞水产品、非法捕捞有重要经济价值的水生动物苗种、怀卵亲体或者在水产种质资源保护区内捕捞水产品，数量或价值较大；

（八）是否于禁渔区、禁渔期实施捕捞；

（九）是否存在其他严重违法捕捞行为的情形。

第十一条 行政机关对停靠在渔港，无船名、船籍港和船舶证书的船舶，采取禁止离港、指定地点停放等强制措施，行政相对人以行政机关超越法定职权为由提起诉讼的，人民法院不予支持。

第十二条 无船名、无船籍港、无渔业船舶证书的船舶从事非法捕捞，行政机关经审慎调查，在无相反证据的情况下，将现场负责人或者实际负责人认定为违法行为人的，人民法院应予支持。

第十三条 行政机关有证据证明行政相对人采取将装载物品倒入海中等故意毁灭证据的行为，但行政相对人予以否认的，人民法院可以根据行政相对人的行为给行政机关举证造成困难的实际情况，适当降低行政机关的证明标准或者决定由行政相对人承担相反事实的证明责任。

第十四条 外国公民、无国籍人、外国组织，认为我国海洋、公安、海关、渔业行政主管部门及其所属的渔政监督管理机构等执法部门在行政执法过程中侵害其合法权益的，可以依据行政诉讼法等相关法律规定提起行政诉讼。

第十五条 本规定施行后尚未审结的一审、二审案件，适用本规定；本规定施行前已经终审，当事人申请再审或者按照审判监督程序决定再审的案件，不适用本规定。

第十六条 本规定自 2016 年 8 月 2 日起施行。

【解　读】

解读《最高人民法院关于审理发生在我国管辖海域相关案件若干问题的规定》（刑事部分）

最高人民法院《关于审理发生在我国管辖海域相关案件若干问题的规定（一）》［以下简称涉海司法解释（一）］和《关于审理发生在我国管辖海域相关案件若干问题的规定（二）》［以下简称涉海司法解释（二）］已于 2016 年 8 月 1 日公布并自次日起施行。涉海司法解释结合当前维护海洋权益的实际需要，在现有法律的基础上，对涉海案件审判中存在的主要问题作出规定。现就制定该司法解释的背景以及相关条文的制定依据与内容进行说明，供大家在理解与适用时参考。

一、涉海司法解释制定背景

我国是一个海洋大国，党和政府历来重视海洋管控和治理。长期以来，人民法院对包括中沙、西沙、南沙在内的我国管辖海域行使司法管辖权，涉海行政部门也对我国管辖海域一直不间断地进行海上治安执法和渔业综合管理。党的十八大提出，要提高海洋资源开发能力，发展海洋经济，保护海洋生态环境，坚决维护国家海洋权益，建设海洋强国。“一带一路”战略特别是海上丝绸之路经济带建设，进一步凸显海洋在国家安全、国民经济中的重要地位。充分保护与利用好 300 万平方公里“蓝色国土”，越来越成为社会各界的共识。随着海洋资源开发与利用、海上航运、海上工程建设的蓬勃发展，涉海案件也随之增多，再加上涉海案件本身涉外比例高、涉外性强的特点，对人民法院如何积极行使海上司法管辖以及我国有关法律的一般性规定在海上如何适用，提出了一些需要统一认识的新问题。为加强海上司法管辖，统一相关案件裁判尺度，最高人民法院去年决定立项起草相关司法解释。

涉海司法解释是最高人民法院针对涉海案件制定的第一部综合性司法解释，分为一、二两个部分：第一部分主要针对海上司法管辖、《刑法》等国内法在我国管辖海域的适用等一般性问题；第二部分主要对涉海案件审理中存在的具体问题作出规定。

二、理解与适用中的主要问题

（一）涉海司法解释的适用范围

《涉海司法解释（一）》第一条和第二条通过对适用范围作出规定，进一步明确了我国法院作为沿海国法院对领海以外其他海域的司法管辖权，以及我国法律在海上的适用问题，澄清了我国法院只对领海、内水行使地域管辖，我国法律在领海以外不能适用的模糊认识。

为维护和发展睦邻友好关系，养护与持续利用海洋生物资源，我国和有关国家在部分海域设立了共同渔区。共同渔区中的部分海域可能属于其他国家的专属经济区，但我国有关部门依照双边协定在共同渔区享有相应的管辖权。对在公海作业的我国渔船及公民、组织，我国作为船旗国也享有管辖权。我国渔业法对我国渔船到上述海域从事捕捞作业也建立了相应的管理制度，因此，公海也不是可以为所欲为的不法之地。

（二）我国《刑法》在海上的效力范围

近年来，我国公民在我国领海以外管辖海域实施犯罪活动的情况有所增多，同时也存在外国船只、外国人进入我国专属经济区等管辖海域实施犯罪活动的情况。我国《刑法》第六条第一款规定：“凡在中华人民共和国领域内犯罪的，除法律有特别规定的以外，都适用本法。”实践中有一些观点认为，该款中的“中华人民共和国领域”，在海上只限于领海、内水，不包括领海以外的我国管辖的其他海域；我国领海与毗连区法、专属经济区与大陆架法虽规定了我国在有关海域享有管制权与部分主权权利，但未明确规定包括刑事管辖权。这些观点导致我国对发生在领海以外管辖海域的犯罪行为难以实施有效管控，不利于我国相关权益的维护。《涉海司法解释（一）》第三条明确我国对相关海域的刑事管辖权，能够发挥震慑作用，预防和打击相关犯罪，有效维护我领土主权和海洋权益。

需要特别说明的是：其一，本条仅列举了两类最为常见的涉渔犯罪，对于在我国管辖海域发生的其他犯罪，我国司法机关也有管辖权。其二，我国公民到他国海域或者公海实施上述犯罪的，可依照我国《刑法》第七条属人管辖原则的规定办理。其三，我国与他国签署的双边或者多边条约，以及缔结或者参加的国际条约另有规定的，从其规定。

（三）对外国人非法侵渔的行政处罚问题

近年来，外国船只、外国人进入我国管辖海域非法侵渔问题比较突出。目前，渔业、海事、海警等管理部门对此类行为仅能依据渔业管理相关法规对行为人采取驱离、没收、罚款等手段，而无其他有效强制管制措施。针对此类问题，本次司法解释规定，对于发生在内水的侵渔行为，有关部门可以违反出入境和治安管理相关规定为由，依据出境入境管理法、治安管理处罚法对其采取行政强制措施或作出行政处罚决定。这里需要注意的是，本条之所以强调适用范围为内水，是因为根据《联合国海洋法公约》（以下简称《公约》）的规定，一切外国船舶非经沿海国许可不得在其内水航行。因此，外国渔船未经许可进入我国内水，不论是否进行侵渔活动，均是对我领土主权的侵害，我国可以依据属地管辖原则适用出入境以及治安管理类相关规定对其作出调查和处理。而对于内水以外的领海等海域，《公约》规定，虽然沿海国对领海享有主权，但外国船舶可以无害通过。因此，对于外国渔船进入我国领海这一行为本身，不宜直接认定为是对出入境制度的违反，直接适用出入境以及治安管理类相关规定，而是应当区分以下两种情形分别作出处理：

一是根据《公约》第 19 条的规定，任何捕鱼行动均属于违反无害通过的行为。对此，根据《公约》第 21 条和第 25 条的规定，我国可以依据国内渔业行政管理类的法律和规章，对于在领海非无害通过的涉渔行为采取必要的措施，也就是说，针对侵渔行为本身依据渔业管理类相关规定作出处理。

二是根据《公约》第 27 条的规定，如果侵渔行为达到刑事犯罪的程度，那么由于该行为的后果及于我国，并且扰乱了我国领海的安宁和良好秩序，因此，可以对其行使刑事管辖权，但须符合《公约》第 27 条第（3）项有关外交程序方面的要求。

（四）海上偷越国（边）境的定罪量刑问题

近年来，外国船只频繁非法进入我国领海甚至内水进行捕鱼、调查等活动，严重侵害了我国家主权和海洋权益。《刑法》第三百二十二条规定了偷越国（边）境罪，“两高”2012 年发布的《关于办理妨害国（边）境管理刑事案件应用法律若干问题的解释》第 5 条对偷越国（边）境行为情节严重作了解释，规定了五种情节严重的具体情形，主要是针对偷越陆地国（边）境行为而设计的，难以适用于从海上出入我国的行为，导致目前海上执法机关对海上非法进入我国领海内水的外国船舶，大多采取警告、驱离的做法，不仅耗费大量人力物力，而且被驱离后又再次非法侵入的情况较为普遍。《涉海司法解释（二）》第三条规定了非法进入我国领海情节严重的五种情形，可以适用《刑法》第三百二十二条定罪处罚。

适用本条要注意区别无害通过与非法进入。《公约》第 17 条规定：“在本公约的限制下，所有国家，不论为沿海国或内陆国，其船舶均享有无害通过领海的权利。”外国船舶正常无害通过不受本条的影响，但无害通过有严格的定义，捕鱼、进行研究或测量活动都是《公约》明确排除在无害通过制度之外的行为。违反我国领海及毗连区法相关规定，非法进入我国领海，是适用本条的前提条件。

（五）海上非法捕捞水产品的定罪标准问题

最高检、公安部 2008 年《关于公安机关管辖的刑事案件立案追诉标准的规定》第 63 条规定了非法捕捞水产品罪的定罪量刑标准（非法捕捞水产品 2000 公斤以上或者价值 2 万元以上，以及非法捕捞有重要经济价值的水生动物苗种、怀卵亲体或者在水产种质资源保护区内非法捕捞 200 公斤以上或者价值 2000 元以上）。但涉海非法捕捞，一般是由有组织的船队在远洋水域实施的，一次捕捞量往往就很大，2008 年规定的涉海非法捕捞的定罪量刑标准已与实际不符，过于严苛。《涉海司法解释（二）》第四条适当提高了涉海非法捕捞的定罪标准，比如，把非法捕捞水产品的重量从原来的 2000 公斤提高到 1 万公斤。对其中第四项、第五项中禁用的工具或者方法，不仅要考虑国家对捕捞方法与工具的一般性禁止规定，还要结合禁渔期、禁渔区的具体规定审查。

（六）海上珍贵濒危水生动物犯罪的定罪量刑问题

当前，受利益驱使，非法采捕珊瑚、砗磲行为突出，不但使珊瑚、砗磲濒临灭绝，而且严重破坏了海底生态环境。最高人民法院之前制定的《关于审理破坏野生动物资源刑事案件具体应用法律若干问题的解释》（法释〔2000〕37 号），主要针对非法猎捕、杀害陆生野生动物行为，对非法采捕珊瑚、砗磲等海洋野生动物行为缺乏定罪量刑标准。《涉海司法解释（二）》第五条至第七条，是有关猎捕、制售、贩卖海洋濒危珍贵水生动物刑事责任的规定。其中第五条是针对猎捕行为，第六条针对制售、贩卖环节，第七条是针对海洋珍稀动物种属及其价值评估鉴定的技术性规定。

《涉海司法解释（二）》第六条明确了非法收购、运输、出售珊瑚、砗磲或者其他珍贵、濒危水生野生动物及其制品情节严重、情节特别严重的认定标准。对此，应注意区分砗磲与陈年砗磲贝壳。

砗磲是海洋中最大的双壳贝类，共有一科两属八种，都是《公约》附录二中的保护动物，其中，库氏砗磲属于我国一级保护野生动物。砗磲死亡后所留下的贝壳，在水下经过的时间越长，其质地越接近玉石状态，价值越高。近年来，以砗磲壳为原料加工的佛珠、佛像、手镯、吊坠、把件等工艺品在市场上广受欢迎，价格也越来越高。在经济利益的驱使下，一段时期内非法采挖砗磲贝壳行为较为猖獗。由于多采用螺旋桨吹打、拖底网、爆破等破坏性方式，不仅破坏了砗磲的栖息地及海洋生态环境，使濒危的砗磲资源日益枯竭，更主要的是严重破坏了珊瑚礁、岛礁的沉积层，改变了岛礁的地质构造，危及我国对敏感岛礁的有效管控及权利主张。司法解释起草过程中，有意见认为，为了打击采挖砗磲贝壳的猖獗行为，应将非法收购、运输、出售砗磲壳的行为，以非法收购、运输、出售珍贵、濒危野生动物制品罪论处。后经反复研究，没有采纳这一意见。主要基于以下考虑：其一，砗磲壳是砗磲死亡后所留外壳，属于自然形成，没有经过任何人力加工，能否将其认定为野生动物制品，一直存有争议。其二，随着砗磲贝壳数量的锐减，现在的采挖者只能深度潜水捡拾埋藏在 20 米水深的单片砗磲壳，对海底环境的破坏已经很小。其三，第 5 条已经规定了对采捕活体砗磲行为的处罚标准，不将采挖砗磲壳行为认定为犯罪，也能够有效保护活体砗磲这一珍贵、濒危野生动物。其四，在环境保护方面，应通过加强对珊瑚礁保护的方式来限制或者规范对砗磲壳的采挖，不应简单地将采挖砗磲壳行为规定为犯罪。

（撰稿人：黄西武　周海洋　阎　巍）

【链　　接】

依法积极行使海上司法管辖权统一涉海案件裁判尺度

——最高人民法院有关负责人就《关于审理发生在我国管辖海域相关案件若干问题的规定》答记者问

8 月 1 日，最高人民法院公布了《最高人民法院关于审理发生在我国管辖海域相关案件若干问题的规定（一）》和《最高人民法院关于审理发生在我国管辖海域相关案件若干问题的规定（二）》（以下简称涉海司法解释）。上述涉海司法解释发布后，最高人民法院有关负责人接受了记者采访，就有关问题回答了记者提问。

一、问涉海司法解释于 2016 年 8 月 2 日起正式施行，请问该司法解释的起草背景是什么

答：我国是一个海洋大国，党和政府历来重视海洋管控和治理。长期以来，人民法院对东海、南海包括中沙、西沙等我国管辖海域行使司法管辖权。涉海行政部门也对我国管辖海域一直不间断地进行海上治安执法和渔业综合管理。党的十八大提出，要“提高海洋资源开发能力，发展海洋经济，保护海洋生态环境，坚决维护国家海洋权益，建设海洋强国”。“一带一路”战略特别是“海上丝绸之路经济带”建设，进一步凸显海洋在国家安全、国民经济中的重要地位。随着海洋资源开发与利用、海上航运、海上工程建设的蓬勃发展，涉海案件也随之增多，再加上涉海案件本身涉外性强的特点，对人民法院如何积极行使海上司法管辖以及有关法律的一般性规定在涉海案件中如何具体适用，提出了一些需要统一认识的新问题。渔政、海洋等行政主管部门，也多次就进一步提高海上执法规范化水平、证据审查认定标准等问题，建议通过司法解释进行明确。

因此，我院去年决定立项，制定有关审理涉海案件的司法解释。

二、问：涉海司法解释对完善我国海洋法制、依法管海治海护海，具有哪些积极意义

答：涉海司法解释的制定，一方面是根据全国人大常委会 1984 年《关于在沿海港口城市设立海事法院的决定》和相关法律规定，结合当前维护海洋权益的实际需要，进一步彰显我国海上司法主权，为人民法院充分发挥司法职能作用，坚决维护我国领土主权和海洋权益，提供制度支撑。另一方面也是结合当前海上综合管理的实际需要，为我国涉海行政管理部门对我国管辖海域实行综合管理，依法维护我国海上秩序、海洋安全和海洋权益提供明确法律依据。

涉海司法解释的颁布实施，有助于人民法院继续依法积极行使海上司法管辖权，准确理解与适用有关法律；有助于人民法院为我国行政管理部门开展海上渔业综合整治等各项管理提供司法保障，满足海上执法的实际需要；有助于明确法律适用标准，统一涉海案件裁判尺度，规范司法、执法行为，为平等保护中外当事人合法权益提供制度性保障。

三、问：涉海司法解释有哪些突出特点

答：涉海司法解释是最高人民法院针对涉海案件制定的第一部综合性司法

解释，分为一、二两个部分。第一部分主要针对海上司法管辖、刑法等国内法在我国管辖海域的适用等一般性问题。第二部分主要对涉海案件审理中存在的具体问题作出规定。从内容上来说，具有以下三个突出特点：

一是根据我国相关国内法，遵循《联合国海洋法公约》，结合司法实践，作出具体实施性规定。《联合国海洋法公约》在领海主权之外，还规定了毗连区管制权、专属经济区和大陆架的主权权利与管辖权、在他国管辖海域的航行权利、行使公海六大自由的权利以及分享国际海底区域人类共同继承财产利益等。我国《领海与毗连区法》《专属经济区和大陆架法》也在国内立法中作出了相应规定。根据上述规定，涉海司法解释进一步明确了我国海上司法管辖权，对于依法处理海上违法犯罪的具体执法，维护海洋生物资源与生态环境，具有重要意义。

二是内容涵盖了刑事、民事及行政诉讼三个领域，具有较强的综合性。根据《最高人民法院关于司法解释工作的规定》，人民法院在审判工作中具体应用法律的问题，由最高人民法院作出司法解释。其中，根据立法精神对审判工作中需要制定的规范、意见等司法解释，采用“规定”的形式。司法解释内容涵盖了刑事、民事及行政诉讼三个领域。这样安排一方面是因为在行政执法和司法审判中出现关于涉海案件法律适用的各类问题，这些问题涉及行政和司法不同领域；另一方面涉海法律问题本身相互关联交叉，把涉海刑事、行政、民事规定在一个司法解释中，有助于综合理解与适用。专门就涉海案件的审理制定综合性司法解释，也体现了人民法院积极行使海上司法主权，坚决维护国家领土主权和海洋权益的决心。

三是根据涉海案件的特殊情况，规定了不同于陆地案件的处理规则。如针对当前水生野生动物种属鉴定机构少的实际，涉海司法解释明确案件涉及的珍贵、濒危水生野生动物的种属难以确定的，由司法鉴定机构出具鉴定意见，或者由国务院渔业行政主管部门指定的机构出具报告。再如，针对涉海违法犯罪多由涉渔“三无”船舶实施的情况，涉海司法解释规定，无船名、无船籍港、无渔业船舶证书的船舶从事非法捕捞，行政机关经审慎调查，在无相反证据的情况下，将现场负责人或者实际负责人认定为违法行为人的，人民法院应予支持。

四、问：涉海司法解释对偷越国边境罪、非法捕捞水产品罪等罪名的定罪量刑标准作出新的规定，我们注意到这几个罪名已经有规范性文件加以规定，为什么此次又作出新的规定

答：确实，对此次司法解释涉及罪名的定罪标准，此前已经有些规定，但以前的规定主要针对陆地或内陆地区的犯罪行为。比如关于偷越国边境罪，最高人民法院、最高人民检察院于 2012 年发布的《关于办理妨害国（边）境管理刑事案件应用法律若干问题的解释》明确了五种具体情形，主要是针对偷越陆地国（边）境行为作出的规定，难以适用于从海上出入我国领海的行为。对非法捕捞水产品罪，最高人民检察院、公安部 2008 年《关于公安机关管辖的刑事案件立案追诉标准的规定》第六十三条规定了启动刑事追责程序的具体标准。但海上捕捞作业一次捕捞量往往就很大，适用原有标准打击面过大，涉海司法解释针对海上与河流湖泊捕捞的不同特点，适当提高了涉海非法捕捞的定罪标准。

五、问：海上渔业管理特别是涉渔“三无”船舶的管理是难点之一，这次有哪些新的规定

答：海上涉渔违法行为主要表现在违反《渔业法》的规定无证捕捞，非法猎捕珍稀水生动物，违法作业船舶中有很大一部分属于无船名、船籍港和船舶证书的“三无”船舶。其中还有一部分非法进入邻国管辖海域盗采红珊瑚等珍稀濒危海洋生物，给我国国际形象和外交大局造成恶劣影响。有关行政主管部门依法严加整治这些违法行为，人民法院应当积极支持。涉海司法解释对《渔业法》第四十一条规定的无证捕捞“情节严重”司法审查标准作出规定。对尚未下水作业的涉渔“三无”船舶，涉海司法解释支持渔业执法部门采取禁止离港、指定地点停放等强制措施。对所有人不明的涉渔“三无”船舶，支持执法机关在无相反证据的情况下，将现场实际负责人或直接负责人认定为违法行为人。此外，还规定了域外证据的使用审查标准，促进海上渔业执法的国际合作。

六、问：针对外国船舶、人员到我国管辖海域进行的非法侵渔、调查等行为，涉海司法解释做出了哪些针对性的规定

答：海上航行自由是一项国际法原则，即便在一国领海，外国船只也可享有无害通过权。但航行自由与无害通过均应服从而不应违反沿海国的领海主权、毗连区管制权、专属经济区及大陆架主权权利及管辖权。近年来，外国人驾船从海上非法进入我国管辖海域进行捕捞、调查等非法活动的情形时有发生。此次司法解释对非法进入我国管辖海域的外国船只与人员，支持行政机关依据出境入境管理法、治安管理处罚法采取相应的强制措施与行政处罚；对经驱赶拒不离开、被驱离后又非法进入我国领海，在我国管辖海域实施非法捕捞等行为，构成犯罪的，可以依据我国刑法有关偷越国（边）境罪、非法捕捞水产品罪的规定，追究其刑事责任。

最高人民法院　最高人民检察院
关于办理破坏野生动物资源刑事案件适用法律若干问题的解释

法释〔2022〕12号

（2021年12月13日最高人民法院审判委员会第1856次会议、2022年2月9日最高人民检察院第十三届检察委员会第89次会议通过　2022年4月6日最高人民法院、最高人民检察院公告公布　自2022年4月9日起施行）

为依法惩治破坏野生动物资源犯罪，保护生态环境，维护生物多样性和生态平衡，根据《中华人民共和国刑法》《中华人民共和国刑事诉讼法》《中华人民共和国野生动物保护法》等法律的有关规定，现就办理此类刑事案件适用法律的若干问题解释如下：

第一条　具有下列情形之一的，应当认定为刑法第一百五十一条第二款规定的走私国家禁止进出口的珍贵动物及其制品：

（一）未经批准擅自进出口列入经国家濒危物种进出口管理机构公布的《濒危野生动植物种国际贸易公约》附录一、附录二的野生动物及其制品；

（二）未经批准擅自出口列入《国家重点保护野生动物名录》的野生动物及其制品。

第二条　走私国家禁止进出口的珍贵动物及其制品，价值二十万元以上不满二百万元的，应当依照刑法第一百五十一条第二款的规定，以走私珍贵动物、珍贵动物制品罪处五年以上十年以下有期徒刑，并处罚金；价值二百万元以上的，应当认定为“情节特别严重”，处十年以上有期徒刑或者无期徒刑，并处没收财产；价值二万元以上不满二十万元的，应当认定为“情节较轻”，处五年以下有期徒刑，并处罚金。

实施前款规定的行为，具有下列情形之一的，从重处罚：

（一）属于犯罪集团的首要分子的；

（二）为逃避监管，使用特种交通工具实施的；

（三）二年内曾因破坏野生动物资源受过行政处罚的。

实施第一款规定的行为，不具有第二款规定的情形，且未造成动物死亡或者动物、动物制品无法追回，行为人全部退赃退赔，确有悔罪表现的，按照下列规定处理：

（一）珍贵动物及其制品价值二百万元以上的，可以处五年以上十年以下有期徒刑，并处罚金；

（二）珍贵动物及其制品价值二十万元以上不满二百万元的，可以认定为“情节较轻”，处五年以下有期徒刑，并处罚金；

（三）珍贵动物及其制品价值二万元以上不满二十万元的，可以认定为犯罪情节轻微，不起诉或者免予刑事处罚；情节显著轻微危害不大的，不作为犯罪处理。

第三条 在内陆水域，违反保护水产资源法规，在禁渔区、禁渔期或者使用禁用的工具、方法捕捞水产品，具有下列情形之一的，应当认定为刑法第三百四十条规定的“情节严重”，以非法捕捞水产品罪定罪处罚：

（一）非法捕捞水产品五百公斤以上或者价值一万元以上的；

（二）非法捕捞有重要经济价值的水生动物苗种、怀卵亲体或者在水产种质资源保护区内捕捞水产品五十公斤以上或者价值一千元以上的；

（三）在禁渔区使用电鱼、毒鱼、炸鱼等严重破坏渔业资源的禁用方法或者禁用工具捕捞的；

（四）在禁渔期使用电鱼、毒鱼、炸鱼等严重破坏渔业资源的禁用方法或者禁用工具捕捞的；

（五）其他情节严重的情形。

实施前款规定的行为，具有下列情形之一的，从重处罚：

（一）暴力抗拒、阻碍国家机关工作人员依法履行职务，尚未构成妨害公务罪、袭警罪的；

（二）二年内曾因破坏野生动物资源受过行政处罚的；

（三）对水生生物资源或者水域生态造成严重损害的；

（四）纠集多条船只非法捕捞的；

（五）以非法捕捞为业的。

实施第一款规定的行为，根据渔获物的数量、价值和捕捞方法、工具等，认为对水生生物资源危害明显较轻的，综合考虑行为人自愿接受行政处罚、积极修复生态环境等情节，可以认定为犯罪情节轻微，不起诉或者免予刑事处罚；情节显著轻微危害不大的，不作为犯罪处理。

第四条 刑法第三百四十一条第一款规定的“国家重点保护的珍贵、濒危野生动物”包括：

（一）列入《国家重点保护野生动物名录》的野生动物；

（二）经国务院野生动物保护主管部门核准按照国家重点保护的野生动物管理的野生动物。

第五条 刑法第三百四十一条第一款规定的“收购”包括以营利、自用等为目的的购买行为；“运输”包括采用携带、邮寄、利用他人、使用交通工具等方法进行运送的行为；“出售”包括出卖和以营利为目的的加工利用行为。

刑法第三百四十一条第三款规定的“收购”“运输”“出售”，是指以食用为目的，实施前款规定的相应行为。

第六条 非法猎捕、杀害国家重点保护的珍贵、濒危野生动物，或者非法收购、运输、出售国家重点保护的珍贵、濒危野生动物及其制品，价值二万元以上不满二十万元的，应当依照刑法第三百四十一条第一款的规定，以危害珍贵、濒危野生动物罪处五年以下有期徒刑或者拘役，并处罚金；价值二十万元以上不满二百万元的，应当认定为“情节严重”，处五年以上十年以下有期徒刑，并处罚金；价值二百万元以上的，应当认定为“情节特别严重”，处十年以上有期徒刑，并处罚金或者没收财产。

实施前款规定的行为，具有下列情形之一的，从重处罚：

（一）属于犯罪集团的首要分子的；

（二）为逃避监管，使用特种交通工具实施的；

（三）严重影响野生动物科研工作的；

（四）二年内曾因破坏野生动物资源受过行政处罚的。

实施第一款规定的行为，不具有第二款规定的情形，且未造成动物死亡或者动物、动物制品无法追回，行为人全部退赃退赔，确有悔罪表现的，按照下列规定处理：

（一）珍贵、濒危野生动物及其制品价值二百万元以上的，可以认定为“情节严重”，处五年以上十年以下有期徒刑，并处罚金；

（二）珍贵、濒危野生动物及其制品价值二十万元以上不满二百万元的，可以处五年以下有期徒刑或者拘役，并处罚金；

（三）珍贵、濒危野生动物及其制品价值二万元以上不满二十万元的，可以认定为犯罪情节轻微，不起诉或者免予刑事处罚；情节显著轻微危害不大的，不作为犯罪处理。

第七条 违反狩猎法规，在禁猎区、禁猎期或者使用禁用的工具、方法进行狩猎，破坏野生动物资源，具有下列情形之一的，应当认定为刑法第三百四十一条第二款规定的“情节严重”，以非法狩猎罪定罪处罚：

（一）非法猎捕野生动物价值一万元以上的；

（二）在禁猎区使用禁用的工具或者方法狩猎的；

（三）在禁猎期使用禁用的工具或者方法狩猎的；

（四）其他情节严重的情形。

实施前款规定的行为，具有下列情形之一的，从重处罚：

（一）暴力抗拒、阻碍国家机关工作人员依法履行职务，尚未构成妨害公务罪、袭警罪的；

（二）对野生动物资源或者栖息地生态造成严重损害的；

（三）二年内曾因破坏野生动物资源受过行政处罚的。

实施第一款规定的行为，根据猎获物的数量、价值和狩猎方法、工具等，认为对野生动物资源危害明显较轻的，综合考虑猎捕的动机、目的、行为人自愿接受行政处罚、积极修复生态环境等情节，可以认定为犯罪情节轻微，不起诉或者免予刑事处罚；情节显著轻微危害不大的，不作为犯罪处理。

第八条 违反野生动物保护管理法规，以食用为目的，非法猎捕、收购、运输、出售刑法第三百四十一条第一款规定以外的在野外环境自然生长繁殖的陆生野生动物，具有下列情形之一的，应当认定为刑法第三百四十一条第三款规定的“情节严重”，以非法猎捕、收购、运输、出售陆生野生动物罪定罪处罚：

（一）非法猎捕、收购、运输、出售有重要生态、科学、社会价值的陆生野生动物或者地方重点保护陆生野生动物价值一万元以上的；

（二）非法猎捕、收购、运输、出售第一项规定以外的其他陆生野生动物价值五万元以上的；

（三）其他情节严重的情形。

实施前款规定的行为，同时构成非法狩猎罪的，应当依照刑法第三百四十一条第三款的规定，以非法猎捕陆生野生动物罪定罪处罚。

第九条 明知是非法捕捞犯罪所得的水产品、非法狩猎犯罪所得的猎获物而收购、贩卖或者以其他方法掩饰、隐瞒，符合刑法第三百一十二条规定的，以掩饰、隐瞒犯罪所得罪定罪处罚。

第十条 负有野生动物保护和进出口监督管理职责的国家机关工作人员，滥用职权或者玩忽职守，致使公共财产、国家和人民利益遭受重大损失的，应当依照刑法第三百九十七条的规定，以滥用职权罪或者玩忽职守罪追究刑事责任。

负有查禁破坏野生动物资源犯罪活动职责的国家机关工作人员，向犯罪分子通风报信、提供便利，帮助犯罪分子逃避处罚的，应当依照刑法第四百一十七条的规定，以帮助犯罪分子逃避处罚罪追究刑事责任。

第十一条 对于“以食用为目的”，应当综合涉案动物及其制品的特征，被查获的地点，加工、包装情况，以及可以证明来源、用途的标识、证明等证据作出认定。

实施本解释规定的相关行为，具有下列情形之一的，可以认定为“以食用为目的”：

（一）将相关野生动物及其制品在餐饮单位、饮食摊点、超市等场所作为食品销售或者运往上述场所的；

（二）通过包装、说明书、广告等介绍相关野生动物及其制品的食用价值或者方法的；

（三）其他足以认定以食用为目的的情形。

第十二条 二次以上实施本解释规定的行为构成犯罪，依法应当追诉的，或者二年内实施本解释规定的行为未经处理的，数量、数额累计计算。

第十三条 实施本解释规定的相关行为，在认定是否构成犯罪以及裁量刑罚时，应当考虑涉案动物是否系人工繁育、物种的濒危程度、野外存活状况、人工繁育情况、是否列入人工繁育国家重点保护野生动物名录，行为手段、对野生动物资源的损害程度，以及对野生动物及其制品的认知程度等情节，综合评估社会危害性，准确认定是否构成犯罪，妥当裁量刑罚，确保罪责刑相适应；根据本解释的规定定罪量刑明显过重的，可以根据案件的事实、情节和社会危害程度，依法作出妥当处理。

涉案动物系人工繁育，具有下列情形之一的，对所涉案件一般不作为犯罪处理；需要追究刑事责任的，应当依法从宽处理：

（一）列入人工繁育国家重点保护野生动物名录的；

（二）人工繁育技术成熟、已成规模，作为宠物买卖、运输的。

第十四条 对于实施本解释规定的相关行为被不起诉或者免予刑事处罚的行为人，依法应当给予行政处罚、政务处分或者其他处分的，依法移送有关主管机关处理。

第十五条 对于涉案动物及其制品的价值，应当根据下列方法确定：

（一）对于国家禁止进出口的珍贵动物及其制品、国家重点保护的珍贵、濒危野生动物及其制品的价值，根据国务院野生动物保护主管部门制定的评估标准和方法核算；

（二）对于有重要生态、科学、社会价值的陆生野生动物、地方重点保护野生动物、其他野生动物及其制品的价值，根据销赃数额认定；无销赃数额、销赃数额难以查证或者根据销赃数额认定明显偏低的，根据市场价格核算，必要时，也可以参照相关评估标准和方法核算。

第十六条 根据本解释第十五条规定难以确定涉案动物及其制品价值的，依据司法鉴定机构出具的鉴定意见，或者下列机构出具的报告，结合其他证据作出认定：

（一）价格认证机构出具的报告；

（二）国务院野生动物保护主管部门、国家濒危物种进出口管理机构或者海关总署等指定的机构出具的报告；

（三）地、市级以上人民政府野生动物保护主管部门、国家濒危物种进出口管理机构的派出机构或者直属海关等出具的报告。

第十七条 对于涉案动物的种属类别、是否系人工繁育，非法捕捞、狩猎的工具、方法，以及对野生动物资源的损害程度等专门性问题，可以由野生动物保护主管部门、侦查机关依据现场勘验、检查笔录等出具认定意见；难以确定的，依据司法鉴定机构出具的鉴定意见、本解释第十六条所列机构出具的报告，被告人及其辩护人提供的证据材料，结合其他证据材料综合审查，依法作出认定。

第十八条 餐饮公司、渔业公司等单位实施破坏野生动物资源犯罪的，依照本解释规定的相应自然人犯罪的定罪量刑标准，对直接负责的主管人员和其他直接责任人员定罪处罚，并对单位判处罚金。

第十九条 在海洋水域，非法捕捞水产品，非法采捕珊瑚、砗磲或者其他珍贵、濒危水生野生动物，或者非法收购、运输、出售珊瑚、砗磲或者其他珍贵、濒危水生野生动物及其制品的，定罪量刑标准适用《最高人民法院关于审理发生在我国管辖海域相关案件若干问题的规定（二）》（法释〔2016〕17号）的相关规定。

第二十条 本解释自2022年4月9日起施行。本解释公布施行后，《最高人民法院关于审理破坏野生动物资源刑事案件具体应用法律若干问题的解释》（法释〔2000〕37号）同时废止；之前发布的司法解释与本解释不一致的，以本解释为准。

【解　读】

解读《最高人民法院、最高人民检察院关于办理破坏野生动物资源刑事案件适用法律若干问题的解释》

2022年4月6日，最高人民法院、最高人民检察院发布《关于办理破坏野生动物资源刑事案件适用法律若干问题的解释》（法释〔2022〕12号，以下简称本解释），自2022年4月9日起施行。本解释的公布施行，对于依法惩治破坏野生动物资源犯罪，保护生态环境，维护生物多样性和生态平衡，必将发挥重要作用。为便于司法实践中正确理解和适用，现就本解释的制定背景、起草中的主要考虑和主要内容介绍如下。

一、本解释的制定背景与经过

近年来，最高人民法院单独或者会同最高人民检察院，先后制定《关于审理破坏野生动物资源刑事案件具体应用法律若干问题的解释》（法释〔2000〕37号，以下简称《2000年动物犯罪解释》）、《关于办理走私刑事案件适用法律若干问题的解释》（法释〔2014〕10号，以下简称《2014年走私犯罪解释》）、

《关于审理发生在我国管辖海域相关案件若干问题的规定（二）》（法释〔2016〕17号，以下简称《海域案件规定（二）》）等多部司法解释，对走私珍贵动物、珍贵动物制品罪、非法捕捞水产品罪、危害珍贵、濒危野生动物罪（罪名修改前为“非法猎捕、杀害珍贵、濒危野生动物罪”“非法收购、运输、出售珍贵、濒危野生动物、珍贵、濒危野生动物制品罪”）、非法狩猎罪等破坏野生动物资源犯罪的定罪量刑标准和有关法律适用问题作出规定。上述司法解释的发布施行，对于依法严惩破坏野生动物资源犯罪、保护野生动物资源和生态环境发挥了重要作用。

2020年2月24日，十三届全国人大常委会第十六次会议通过《关于全面禁止非法野生动物交易、革除滥食野生动物陋习、切实保障人民群众生命健康安全的决定》，依法全面禁止食用野生动物。2020年12月26日，十三届全国人大常委会第二十四次会议通过《刑法修正案（十一）》，在《刑法》第三百四十一条中增加一款作为第三款：“违反野生动物保护管理法规，以食用为目的非法猎捕、收购、运输、出售第一款规定以外的在野外环境自然生长繁殖的陆生野生动物，情节严重的，依照前款的规定处罚。”在全国人大常委会决定通过和刑法修改后，亟需对破坏野生动物资源犯罪的司法解释作出修改完善，确保法律的正确、全面、统一贯彻执行。此外，由于经济社会发展，近年来涉野生动物资源案件呈现出多样性、复杂性的特点，上述司法解释出现一些不能适应当前实际情况的问题。

针对破坏野生动物资源犯罪的新情况和新问题，根据法律修改情况，最高人民法院会同最高人民检察院，在公安部、农业农村部、海关总署、国家林业和草原局等有关部门的大力支持下，深入调查研究，广泛征求意见，反复论证完善，起草了本解释。本解释于2021年12月13日由最高人民法院审判委员会第1856次会议、2022年2月9日由最高人民检察院第十三届检察委员会第89次会议审议通过。

二、本解释起草中的主要考虑

本解释坚持以习近平新时代中国特色社会主义思想为指导，深入贯彻习近平生态文明思想、习近平法治思想，从司法环节发力，依法惩治破坏野生动物资源犯罪，为推进生态文明建设提供有力司法保障。具体而言，在起草过程中，着重注意把握了以下几点：

一是依法惩治破坏野生动物资源犯罪，维护生物多样性和生态平衡。保护野生动物，是维护生物多样性和生态平衡、推进生态文明建设的重要内容。当前，破坏野生动物资源犯罪仍然处于高发多发态势。基于此，本解释将坚持从严惩治原则、保护野生动物资源作为一条贯彻始终的主线。具体而言，整体坚持从严惩治的原则，就低设置入罪和升档量刑标准；突出对特定破坏野生动物资源犯罪的从严惩治，设定从重处罚情节；不仅惩治前端的非法捕捞、猎捕环节，也惩治后续的销赃环节，对破坏野生动物资源犯罪实现全链条惩治。

二是将定罪量刑的数量标准调整为价值标准，确保罪责刑相适应。考虑到不同野生动物存在较大差异，本解释对破坏野生动物资源犯罪不再唯数量论，而以价值（主要由国务院野生动物保护主管部门根据野生动物的珍贵、濒危程度、生态价值和市场价值等评估确定）作为基本定罪量刑标准。作此调整后，对破坏野生动物资源犯罪的定罪量刑标准更加符合罪责刑相适应原则的要求，对重要野生动物的保护力度不减，能够保障相关案件办理取得更好的法律效果和社会效果。一方面，对于价值较小的野生动物不再是"一只入罪"，而是以价值为基准综合考量；另一方面，对重要野生动物的保护力度不减，以大熊猫（价值 500 万元）、亚洲象（价值 200 万元）为例，无论是根据调整前的数量标准还是调整后的价值标准，走私 1 只以上的，仍然可以判处重刑。

三是对破坏人工繁育野生动物资源案件作特殊考量，确保符合社会公众的一般认知。一方面，人工繁育的野生动物也属于野生动物资源，应当予以保护；另一方面，对人工繁育技术成熟稳定的野生动物的人工繁育种群和野外种群按照同一标准进行管理，一律适用完全相同的定罪量刑标准，不利于经济社会发展和野生动物保护，也不符合社会公众的一般认知。据此，本解释对破坏人工繁育野生动物资源案件的定罪量刑规则作出专门规定。

四是坚持综合裁量原则，确保宽严相济、刚柔并济。本解释虽然以价值作为定罪量刑的基本标准，但要求对具体案件的处理要兼顾其他情节。例如，对于具有系犯罪集团的首要分子，或者为逃避监管使用特种交通工具实施犯罪等情节的，从重处罚。此外，对相关行为在认定是否构成犯罪以及裁量刑罚时，应当全面考虑案件有关情节，综合评估社会危害性，准确认定是否构成犯罪，妥当裁量刑罚，确保罪责刑相适应。刑法是保护野生动物的重要手段，但并非唯一手段，而是最后手段。在加大生态环境司法保护力度的同时，要注意防止矫枉过正，确保案件处理符合人民群众的朴素公平正义观念。对情节轻微危害不大的行为，通过行政处罚等其他措施治理，也可以收到效果。不区分具体情形，一味严惩重判，不符合法律政策精神，会引发社会质疑，严重影响办案效果。

三、本解释的主要内容

本解释结合当前破坏野生动物资源刑事案件的特点和司法实践反映的问题，依照法律规定，对破坏野生动物资源犯罪的定罪量刑标准和相关法律适用问题作了全面、系统的规定。本解释共 20 个条文，主要可以归纳为 12 个方面的问题。

（一）走私珍贵动物、珍贵动物制品罪的对象范围和行为方式

《2014 年走私犯罪解释》第十条第一款规定："刑法第一百五十一条第二款规定的'珍贵动物'，包括列入《国家重点保护野生动物名录》中的国家一、二级保护野生动物，《濒危野生动植物种国际贸易公约》附录Ⅰ、附录Ⅱ中的野生动物，以及驯养繁殖的上述动物。"本解释第一条根据相关行政法律和司法实践情况作出修改完善，主要体现在两个方面：

其一，第一项强调"《濒危野生动植物种国际贸易公约》附录 1、附录 2 的野生动物及其制品"应当"经国家濒危物种进出口管理机构公布"后方可作为定罪量刑的依据。通常认为，国际条约不宜直接适用为定罪量刑依据，而是应当进行转化。对此，《野生动物保护法》第三十五条第一款亦规定："中华人民共和国缔结或者参加的国际公约禁止或者限制贸易的野生动物或者其制品名录，由国家濒危物种进出口管理机构制定、调整并公布。"鉴此，本项要求"经国家濒危物种进出口管理机构公布"。

其二，第二项将"列入《国家重点保护野生动物名录》的野生动物及其制品"限定为"走私出境"的情形。《野生动物保护法》第三十五条第二款规定："进出口列入前款名录的野生动物或者其制品的，出口国家重点保护野生动物或者其制品的，应当经国务院野生动物保护主管部门或者国务院批准，并取得国家濒危物种进出口管理机构核发的允许进出口证明书。海关依法实施进出境检疫，凭允许进出口证明书、检疫证明按照规定办理通关手续。"据此，野生动物保护法明确规定对国家重点保护野生动物及其制品实行出口管制，但是，对进口上述动物及其制品的行为则未予专门规制。基于走私珍贵动物、珍贵动物制品罪的行政犯属性，走私珍贵动物、珍贵动物制品罪的行为方式也限于走私出境。

（二）走私珍贵动物、珍贵动物制品罪的定罪量刑标准

《2014 年走私犯罪解释》按珍贵动物的数量对走私珍贵动物罪的定罪量刑标准作了规定，据此，走私珍贵动物的，不论动物种类和珍贵程度，走私 1 只即构成犯罪。根据司法实践反映的问题，本解释第二条第一款以走私珍贵动物及其制品的价值作为定罪量刑的基本标准。主要考虑：(1) 依据价值标准定罪量刑具有行政法律依据和现实可操作性。《野生动物保护法》第四章"法律责任"部分设置的罚款多以猎获物价值、野生动物及其制品价值作为基数；同时，该法第五十七条专门规定："本法规定的猎获物价值、野生动物及其制品价值的评估标准和方法，由国务院野生动物保护主管部门制定。"2017 年 11 月原国家林业局发布了《野生动物及其制品价值评估方法》，2019 年 8 月农业农村部发布了《水生野生动物及其制品价值评估办法》。这两个评估方法在确定价值时，考虑了相关珍贵、濒危野生动物的珍贵、濒危程度、生态价值和市场价值等，较为科学合理，且可以根据具体实践情况及时调整。这就使得根据

涉案野生动物及其制品的价值定罪量刑于法有据，实际可行。(2) 依据价值标准定罪量刑更加符合罪责刑相适应原则的要求。对走私珍贵动物的行为依据数量标准定罪量刑，由于数量标准过于绝对化，导致量刑畸重。据统计，2017年至2021年5年间，走私珍贵动物、珍贵动物制品罪的重刑率高达46.07%，远高于全部犯罪的重刑率（10.70%）。而且，动物种类众多、珍贵程度有异，依照数量标准定罪量刑，走私1只双尾褐凤蝶（价值1千元）、1只天鹅（价值1.5万元）和1头黑熊（价值4万元）都要入刑，且都在5年以下有期徒刑的幅度内量刑。而改采价值标准后，根据测算，在2021年2月新发布的《国家重点保护野生动物名录》中，大概有75%价值较小的动物不再是“一只入刑”，而是需要走私一定数量（累计价值2万元以上）才能入刑；其余25%价值较大且多为大型的一级保护动物，单只价值在2万元以上，仍维持“一只入刑”，如走私1只扬子鳄（价值10万元）、1只穿山甲（价值8万元），即构成犯罪。根据价值大小合理划定量刑档次，更有利于适应动物种类多样和珍贵、濒危程度不同等实际情况，更有利于贯彻罪责刑相适应原则。

为贯彻宽严相济刑事政策，本解释第二条第二款吸收完善《2014年走私犯罪解释》第九条第三款第三项的规定，设置了从重处罚情节；第三款设置了从宽处罚情节，规定对未造成动物死亡或者动物、动物制品无法追回，行为人全部退赃退赔，确有悔罪表现的案件可以从宽处理。此外，实践反映，《2014年走私犯罪解释》第九条第四款“不以牟利为目的，为留作纪念而走私珍贵动物制品进境，数额不满10万元的，可以免予刑事处罚；情节显著轻微的，不作为犯罪处理”适用效果良好。考虑到该款规定的主要内容可为《解释》第二条第三款所涵盖，故未再作规定，实践中可以继续沿用相关做法。

（三）非法捕捞水产品罪的定罪量刑标准

关于非法捕捞水产品罪的定罪量刑标准，以往司法解释未作规定，但是，最高人民检察院、公安部《关于公安机关管辖的刑事案件立案追诉标准的规定》（公通字〔2008〕36号，以下简称《立案追诉标准》）规定了立案追诉标准，对在内陆水域非法捕捞水产品主要是依据数量、价值标准（500公斤或者5000元以上，特定情形50公斤或者500元以上）和“两禁”标准（在禁渔区、禁渔期内使用禁用的工具或者方法捕捞）决定立案追诉。根据司法实践反映的情况，本解释第三条吸收并完善《立案追诉标准》的相关规定，明确了非法捕捞水产品罪的定罪量刑标准。

一是在沿用数量标准的同时适度上调价值标准。主要考虑：(1) 根据物价上涨因素，对价值标准作了适度调整，第一款第一项将5000元调整为1万元，第二项将500元调整为1000元，以使得数量标准与价值标准更加协调。(2) 非法捕捞水产品罪的犯罪对象为珍贵、濒危水生野生动物以外的水产品，不存在根据保护级别依照相应水生野生动物的基准价值计算（根据《水生野生动物及其制品价值评估办法》，国家一级、二级保护水生野生动物的价值分别按照基准价值的10倍、5倍计算）的问题，司法实践中一般不依照水生野生动物的基准价值核算上述水产品价值，故非法捕捞水产品案件中渔获物等水产品的价值往往较低。在此情况下，1万元的入罪标准与该罪的社会危害性具有相当性，有利于控制刑事打击范围，不使渔获物数量、价值过低的行为入罪，确保案件处理符合罪责刑相适应原则和社会公众的一般认知。(3) 根据对相关案例（裁判文书网随机检索50件非法捕捞水产品案件）的研究，非法捕捞水产品案件绝大部分属于使用禁用方法（32件）和禁用工具（14件）的情形，根据渔获物数量（3件）或者价值（仅1件）定罪的较少，在单纯以渔获物价值定罪的案件中，价值也在1万元以上，故而，1万元的入罪标准符合实践惯常做法。

需要注意的是，本解释第三条第一款第一项、第二项采取了数量标准和价值标准并用的方式。主要考虑：(1)《海域案件规定（二）》《立案追诉标准》等司法解释、规范性文件在水产资源方面均采取了数量标准和价值标准并用的方式，为保证司法政策的连贯性，继续沿用这种方式；(2) 水产资源具有不同于陆地野生动物资源的特点，一些水产品数量很大，但价值很低，如果单纯用价值标准进行评判，恐会削弱对水产资源和生态环境的保护力度。例如，被告人非法捕捞螺蛳62083公斤，非法获利9000余元。法院认为被告人行为严重侵犯了国家保护水产资源的管理制度，同时破坏湖区底栖生物栖息地，影响螺蛳及其它水生生物的种群数量，破坏了湖区生物多样性，并一定程度上降低水体自净能力，危害了湖区生态安全，以非法捕捞水产品罪判处多名被告人拘役至有期徒刑1年10个月的刑罚。

二是在沿用"两禁"标准的同时作了适当完善。本解释第三条第一款第三项、第四项沿用"两禁"标准，但是，在符合"两禁"的情形下，行为人捕获的水产品数量差异较大，有的有几百公斤甚至上千公斤，有的则只有几斤，价值只有几十元，而且是初犯，一律入罪，恐失之过严。基于此，《解释》专门规定符合"两禁"标准的非法捕捞水产品案件，根据渔获物的数量、价值和捕捞方法、工具等情节，认为对水生生物资源危害明显较轻的，综合考虑行为人自愿接受行政处罚、积极修复生态环境等情节，可以认定为犯罪情节轻微，不起诉或者免予刑事处罚；情节显著轻微危害不大的，不作为犯罪处理。这一规定赋予司法实践一定的自由裁量权，可以综合考虑网具的最小网目尺寸、渔具的功率强度、渔获物中幼鱼比例等情节综合评判行为对渔业资源的具体危害，实现对案件的妥当处理。对于捕捞水产品数量较少、价值较小，但对水产资源破坏较大的，也应当定罪处罚；对于捕捞水产品数量较少、价值较小，且对水产资源危害明显较轻的，不予刑事追究，必要时，可予以行政处罚。

此外，为贯彻宽严相济刑事政策，本解释第三条第二款专门设置从重处罚情节，明确实施非法捕捞水产品犯罪，对暴力抗拒、阻碍国家机关工作人员依法履行职务尚未构成妨害公务罪、袭警罪的，对水产资源或者水域生态造成严重损害的，2年内曾因破坏野生动物资源受过行政处罚的，应当从重处罚。

征求意见过程中，有意见建议吸收《检察机关办理长江流域非法捕捞水产品案件刑事检察工作座谈会纪要》规定，增加"在繁育期非法捕捞""纠集多条船只非法捕捞"以及"以非法捕捞为业"3个从重处罚情节。我们经研究认为：(1) 繁育期往往为禁渔期，一律作为从重处罚的条件，可能存在入罪情节与从重情节的重复评价问题。从重处罚在繁育期内实施的非法捕捞行为，原因在于此类行为对水产资源的破坏更加严重，对此，本条第二款第三项已将"对水生生物资源或者水域生态造成严重损害的"作为从重处罚的情节之一，可以实现罪刑相当。(2) 实践中，"纠集多条船只非法捕捞""以非法捕捞为业"往往会对水产资源造成严重破坏，应作为惩治重点，故吸收规定为从重处罚情节。

(四) 危害珍贵、濒危野生动物罪的对象范围

《2000年动物犯罪解释》第一条规定："刑法第三百四十一条第一款规定的'珍贵、濒危野生动物'，包括列入国家重点保护野生动物名录的国家一、二级保护野生动物，列入《濒危野生动植物种国际贸易公约》附录一、附录二的野生动物以及驯养繁殖的上述物种。"本解释第四条对上述规定作出修改完善，将"列入《濒危野生动植物种国际贸易公约》附录1、附录2的野生动物"修改为"经国务院野生动物保护主管部门核准按照国家重点保护的野生动物管理的野生动物"。主要考虑：

第一，《濒危野生动植物种国际贸易公约》在序言中指出，该公约是"为了保护某些野生动物和植物物种不致由于国际贸易而遭到过度开发利用"而进行的国际合作；并在第一条"定义"中明确规定，该条约中的"贸易"指"出口、再出口、进口和从海上引进"。由此可见，该公约规范的是国际贸易，不涉及国际贸易的国内行为不受该国际条约管束，因此不宜将该公约附录中的野生动物直接规定为危害珍贵、濒危野生动物罪的犯罪对象。

第二，《野生动物保护法》第三十五条第四款规定："列入本条第一款名录的野生动物，经国务院野生动物保护主管部门核准，在本法适用范围内可以按照国家重点保护的野生动物管理。"林业部《关于核准部分濒危野生动物为国家重点保护野生动物的通知》(林护通字〔1993〕48号) 规定："将《濒危野生动植物种国际贸易公约》附录1和附录2所列非原产我国的所有野生动物(如犀牛、食蟹猴、袋鼠、鸵鸟、非洲象、斑马等)，分别核准为国家一级和国家二级保护野生动物。"2018年10月，农业农村部发布《濒危野生动植物种国际贸易公约附录水生物种核准为国家重点保护野生动物名录》(2021年11月，农业农村部对核准名录作出调整并重新发布) 规定："濒危野生动植物种

国际贸易公约附录水生物种按照被核准的国家重点保护动物级别进行国内管理。”因此，就列入《濒危野生动植物种国际贸易公约》附录1、附录2的野生动物而言，可以适用《刑法》第三百四十一条第一款的，只能是经国务院野生动物保护主管部门核准按照国家重点保护的野生动物管理的情形。

（五）危害珍贵、濒危野生动物罪的定罪量刑标准

本解释第六条对危害珍贵、濒危野生动物罪的定罪量刑标准作了规定。具体而言，以价值作为定罪量刑的基本标准。《2000年动物犯罪解释》规定，非法猎捕、杀害珍贵、濒危野生动物罪、非法收购、运输、出售珍贵、濒危野生动物、珍贵、濒危野生动物制品罪的定罪量刑采取数量标准，且确立“一只入刑”的基本原则，不论动物大小、珍贵程度，只要是珍贵、濒危野生动物，1只即构成犯罪，至少要处5年以下有期徒刑或者拘役，并处罚金。依据数量标准定罪量刑，难以适应司法实践的复杂情况，个别案件的处理结果难以获得社会公众认同，甚至引发炒作。

需要说明的是，本条关于价值标准的具体设置，参考了《2000年动物犯罪解释》第五条关于非法收购、运输、出售珍贵、濒危野生动物制品罪的定罪量刑价值标准（数额不满10万元、10万元以上、20万元以上）和《2014年走私犯罪解释》第九条关于走私动物制品罪的定罪量刑价值标准（数额不满20万元、20万元以上、100百万元以上）。根据司法实践反映的情况，可以20万元作为5年以上有期徒刑升档量刑的门槛，但同时宜设置入罪门槛，并适当提升10年以上有期徒刑的升档量刑标准。基于此，将本条的定罪量刑价值标准分别设置为2万元以上不满20万元、20万元以上不满200百万元、200百万元以上。

此外，根据宽严相济刑事政策的要求，经吸收《2000年动物犯罪解释》第四条的规定，本解释第六条第二款、第三款分别规定了从重处罚情节和从宽处罚情节。

（六）非法狩猎罪的定罪量刑标准

本解释第七条明确了非法狩猎罪的定罪量刑标准。《2000年动物犯罪解释》第六条明确了非法狩猎罪的入罪门槛，主要依据数量标准（非法狩猎野生动物20只以上的）和“两禁”标准。根据司法实践反映的情况，本解释第七条吸收并完善《2000年动物犯罪解释》第六条的规定，明确了非法狩猎罪的定罪量刑标准。

一是将数量标准调整为价值标准。根据《2000年动物犯罪解释》第6条的规定，非法狩猎野生动物20只以上的，即构成犯罪。这一绝对的数量标准没有考虑动物的体型大小、价值及对环境的破坏程度等因素，不区分情况一概予以刑事处罚，难以适应案件的复杂情况。例如，个别地方对捕捉几十只青蛙的行为予以刑事追究，法律效果和社会效果不佳。根据司法实践反映的问题，

本条第一款第一项将数量标准调整为价值标准（价值 1 万元以上的），以更好地适应案件复杂情况，体现罪责刑相适应原则的基本要求。

二是在沿用“两禁”标准的同时作了适当完善。根据《2000 年动物犯罪解释》第六条的规定，符合“两禁”标准的，即使非法狩猎的野生动物数量价值只有几十元，也要追究刑事责任，个别案件裁判偏离社会公众的一般认知，未体现罪责刑相适应原则的要求。基于此，在本条第一款第二项、第三项沿用“两禁”标准的同时，增加规定第三款，明确符合“两禁”标准，但根据猎获物的数量、价值和狩猎方法、工具等，认为对野生动物资源危害明显较轻的，综合考虑猎捕的动机、目的、行为人自愿接受行政处罚、积极修复生态环境等情节，可以认定为犯罪情节轻微，不起诉或者免予刑事处罚；情节显著轻微危害不大的，不作为犯罪处理。增加这一规定，有助于避免简单化、一刀切，有利于办案人员在综合考虑禁用的狩猎工具、方法的破坏性程度、狩猎对野生动物生息繁衍活动的影响等情节基础上，准确评判非法狩猎行为的社会危害程度，实现对案件的妥当处理。

需要注意的是，《野生动物保护法》第二十二条规定：“猎捕非国家重点保护野生动物的，应当依法取得县级以上地方人民政府野生动物保护主管部门核发的狩猎证，并且服从猎捕量限额管理。”结合该法第十条第三款“地方重点保护野生动物，是指国家重点保护野生动物以外，由省、自治区、直辖市重点保护的野生动物”的规定，《刑法》第三百四十一条第二款规定的非法狩猎罪的犯罪对象主要包括地方重点保护野生动物和有重要生态、科学、社会价值的陆生野生动物（即“三有动物”）。当然，如果野生动物保护法对狩猎许可制度作出调整，则应当依照法律最新规定执行，妥当把握非法狩猎罪的对象范围。

此外，为贯彻宽严相济刑事政策，本解释第七条第二款专门设置从重处罚情节，明确实施非法狩猎犯罪，暴力抗拒、阻碍国家机关工作人员依法履行职务尚未构成妨害公务罪、袭警罪的，对野生动物资源或者栖息地生态造成严重损害的，2 年内曾因非法破坏野生动物资源受过行政处罚的，应当从重处罚。

（七）非法猎捕、收购、运输、出售陆生野生动物罪的有关问题

本解释第八条、第十一条明确了非法猎捕、收购、运输、出售陆生野生动物罪的犯罪对象、入罪标准及有关问题。

其一，犯罪对象。《刑法》第三百四十一条第三款规定的非法猎捕、收购、运输、出售陆生野生动物罪，犯罪对象是除第一款规定的国家重点保护的珍贵、濒危野生动物以外的其他陆生野生动物。我们经研究认为，具体包括两类野生动物：(1)“三有动物”（有重要生态、科学、社会价值的陆生野生动物）和地方重点保护的陆生野生动物。具体而言，针对“三有动物”和地方重点保护的陆生野生动物进行狩猎，构成非法狩猎罪，限于“两禁”情形（违反狩猎法规，在禁猎区、禁猎期或者使用禁用的工具、方法进行狩猎）。故而，以食

用为目的，非法猎捕“三有动物”和地方重点保护的陆生野生动物，不具有“两禁”情形的，不构成非法狩猎罪，但可能构成《刑法》第三百四十一条第三款规定的非法猎捕陆生野生动物罪。此外，以食用为目的，针对此类动物实施非法收购、运输、出售的行为，构成《刑法》第三百四十一条第三款规定的非法收购、运输、出售陆生野生动物罪。(2) 其他陆生野生动物。从防范公共卫生安全风险的需要考虑，主要指对人类具有动物疫病传播风险的陆生脊椎野生动物，如鼠类、蝙蝠等。以食用为目的，非法猎捕、收购、运输、出售此类野生动物，构成《刑法》第三百四十一条第三款规定的非法收购、运输、出售陆生野生动物罪。

其二，定罪量刑标准。本解释第八条第一款还进一步明确了非法猎捕、收购、运输、出售陆生野生动物罪的入罪标准。根据《刑法》第三百四十一条第三款的规定，该罪以情节严重作为入罪标准。具体而言，区分“三有动物”、地方重点保护的陆生野生动物和其他陆生野生动物，第一项、第二项分别设置了1万元、5万元的入罪标准，并设置了兜底项。

其三，竞合适用规则。对于以食用为目的，同时违反“两禁”规定，非法猎捕“三有动物”和地方重点保护的陆生野生动物的，可能同时构成《刑法》第三百四十一条第二款规定的非法狩猎罪和该条第三款规定的非法猎捕陆生野生动物罪，对此应当适用哪个罪名，本解释起草过程中存在不同认识。一种意见认为，应当适用《刑法》第三百四十一条第二款规定的非法狩猎罪，主要考虑：(1) 非法狩猎罪并不排斥以食用为目的的主观要件，上述行为的核心特征是违反“两禁”规定，适用非法狩猎罪更有利于准确评价行为的社会危害性；(2) 在以“三有动物”和地方重点保护的陆生野生动物为对象的前提下，相较以食用为目的的主观要素，“两禁”情形更易于认定，以是否违反“两禁”规定作为非法狩猎罪和非法猎捕陆生野生动物罪的界分标准，便于实践操作。另一种意见则认为，应当适用《刑法》第三百四十一条第三款规定的非法猎捕陆生野生动物罪，主要考虑：(1)《刑法修正案（十一）》增设非法猎捕、收购、运输、出售陆生野生动物罪，旨在惩治以食用为目的破坏陆生野生动物资源的行为，保障公共卫生安全，对上述行为适用非法猎捕陆生野生动物罪，有利于贯彻修法精神，突出对相关以食用为目的行为的规制；(2) 如对此类行为适用非法狩猎罪，对下游以食用为目的的收购、运输以及出售行为适用非法收购、运输、出售陆生野生动物罪，体系上不够协调。我们经研究认为，两种意见均有可取之处，且两罪的法定刑完全相同，考虑到与其他条文的协调问题，为切实贯彻刑法修改精神，统一法律适用、避免实践困惑，本解释第八条第二款对非法狩猎罪和非法猎捕陆生野生动物罪的竞合适用规则作出明确，规定：“实施前款规定的行为，同时构成非法狩猎罪的，应当依照刑法第三百四十一条第三款的规定，以非法猎捕陆生野生动物罪定罪处罚。”

此外，对于以食用为目的，非法收购、出售“三有动物”和地方重点保护陆生野生动物的行为，可能同时符合掩饰、隐瞒犯罪所得罪的构成，此种情形下应当如何处断，涉及对《刑法》第三百四十一条第三款与《刑法》第三百一十二条之间的关系问题。我们经研究认为，二者之间系特别法与一般法的关系，应当适用特别法。

其四，主观目的认定。根据《刑法》第三百四十一条第三款的规定，非法猎捕、收购、运输、出售陆生野生动物罪以以食用为目的作为主观要件。为统一司法适用，本解释第十一条第一款明确了以食用为目的的综合认定规则，规定对以食用为目的的认定应当综合考虑在案证据，特别是如下证据：(1) 相关标识。有的标识、证明可以说明涉案动物及其制品的来源、用途，应当着重查明；(2) 查获地点。有的涉案野生动物在食品销售场所或者运输途中被查获；(3) 加工、包装情况。有的加工、包装明显是为了食用，甚至标识食用价值或者方法。

在此基础上，本解释第十一条第二款规定了可以推定为以食用为目的的具体情形。经综合考虑实践情况，对于将相关野生动物及其制品在餐饮单位、饮食摊点、超市等场所作为食品销售或者运往上述场所的（第一项），以及通过包装、说明书、广告等介绍相关野生动物及其制品的食用价值或者方法的（第二项），允许作上述推定；此外，还设置了兜底项（第三项），如对于“涉案动物实践中主要被用于食用”，且根据具体案情确足以排除其他利用可能的，可作为兜底项的适用情形之一。

（八）掩饰、隐瞒非法捕捞的渔获物和非法狩猎的猎获物行为的定性

从司法实践来看，不少非法捕捞、猎捕犯罪形成了“捕捞/猎捕——收购——贩卖”的利益链条，不仅要惩治前端的非法捕捞（狩猎）环节，也要惩治后续的销赃环节。基于此，本解释第九条明确对明知是非法捕捞的水产品和非法狩猎的猎获物而收购、贩卖或者以其他方法掩饰、隐瞒，符合《刑法》第三百一十二条规定的行为适用掩饰、隐瞒犯罪所得罪，以实现对破坏野生动物资源犯罪的全链条惩治。

起草过程中存在的难点问题，是如何协调处理与《刑法》第三百四十一条第三款的关系问题。对于猎捕野生动物犯罪的后续收购、销赃行为，属于掩饰、隐瞒犯罪所得罪的情形，但是，如果《刑法》对此种掩饰、隐瞒行为作了特别规定的，则根据特别法优于一般法的法理，应当优先适用特别规定。例如，《刑法》第三百四十一条第一款规定了危害珍贵、濒危野生动物罪，则对此类销赃行为不再适用掩饰、隐瞒犯罪所得罪的规定。因此，在《刑法修正案（十一）》已经将收购、运输、出售国家重点保护的珍贵、濒危野生动物以外的其他陆生野生动物的行为规定为专门犯罪，并限定为以食用为目的的情况下，对于以食用为目的收购、贩卖非法狩猎犯罪所得猎获物的情形，无疑应当适用

非法收购、出售陆生野生动物罪。

但是，对于不以食用为目的，实施上述收购、出售行为的，无法构成非法收购、出售陆生野生动物罪，但是能否适用掩饰、隐瞒犯罪所得罪，则存在不同认识：（1）否定说认为，不能再适用掩饰、隐瞒犯罪所得罪。否则，一方面，可能导致按照择一重罪处断原则对相关行为大多适用掩饰、隐瞒犯罪所得罪，使《刑法》第三百四十一条第三款的规定难以适用；另一方面，可能导致不以食用为目的的行为适用刑罚更重的掩饰、隐瞒犯罪所得罪，与以食用为目的的行为相比形成罪刑倒挂。（2）肯定说认为，在《刑法修正案（十一）》施行后，全国人民代表大会常务委员会《关于刑法第三百四十一条、第三百一十二条的解释》关于“知道或者应当知道是刑法第三百四十一条第二款规定的非法狩猎的野生动物而购买的，属于刑法第三百一十二条第一款规定的明知是犯罪所得而收购的行为”的规定继续有效，对“三有动物”、地方重点保护的陆生野生动物的收购行为，在不以食用为目的的情况下，可以适用掩饰、隐瞒犯罪所得罪。我们经研究，倾向于肯定说。按照这一考虑，本解释第九条作了相应规定。

司法适用中，对于掩饰、隐瞒犯罪所得的野生动物行为的刑罚裁量，应当注意与作为上游犯罪的非法狩猎罪的量刑平衡，也要注意与非法收购、运输、出售陆生野生动物罪保持协调。

（九）破坏野生动物资源案件的综合裁量

办理涉野生动物案件，宜根据具体案情，准确认定是否构成犯罪，综合评估社会危害性，妥当裁量刑罚，确保罪责刑相适应。鉴此，本解释第十三条第一款要求对于实施本解释规定的行为，在认定是否构成犯罪以及裁量刑罚时，应当考虑涉案动物是否系人工繁育、物种的濒危程度、野外存活状况、人工繁育情况、是否列入人工繁育国家重点保护野生动物名录，以及行为手段、对野生动物资源的损害程度等情节，综合评估社会危害性，准确认定是否构成犯罪，妥当裁量刑罚，确保罪责刑相适应。根据本解释的规定定罪量刑明显过重的，可以根据案件的事实、情节和社会危害程度，依法作出妥当处理。

需要注意的是：其一，《国家重点保护野生动物名录（2021 年）》对原名录进行了系统更新，共列入野生动物 980 种和 8 类，其中，新增的保护动物达 517 种（类），包括大斑灵猫等 43 种国家一级保护野生动物，以及狼等 474 种（类）国家二级保护野生动物。考虑到名录列入的野生动物种类繁多，且一半以上系新增，难以为一般社会公众在短时间内准确辨识，在认定相关行为是否构成犯罪以及裁量刑罚时，要充分考察、考虑行为人对野生动物及其制品的认知程度。其二，司法实践中要善于运用综合裁量规则，对相关案件作出妥当处理。例如，随着野生动物数量增加，野生动物致害情况不时发生，甚至出现伤人事件。有的农民为了保护农作物不被侵害而采取预防性措施猎捕野猪，对于此类案件，就应当充分考虑案发起因、行为动机，实事求是、区别对待，予以刑事追究必须严格把握。

(十) 人工繁育动物案件的处理

近年来，有的涉人工繁育野生动物案件的处理引发了社会关注。妥当确定此类案件的法律政策标准，确保相关案件处理既于法有据又符合人民群众的公平正义观念，是本解释制定重点考虑的问题之一。

一方面，人工繁育野生动物属于野生动物范畴，也在刑法的保护范围之内。《野生动物保护法》第二十八条规定："对人工繁育技术成熟稳定的国家重点保护野生动物，经科学论证，纳入国务院野生动物保护主管部门制定的人工繁育国家重点保护野生动物名录……""对本法第十条规定的国家重点保护野生动物名录进行调整时，根据有关野外种群保护情况，可以对前款规定的有关人工繁育技术成熟稳定野生动物的人工种群，不再列入国家重点保护野生动物名录，实行与野外种群不同的管理措施，但应当依照本法第二十五条第二款和本条第一款的规定取得人工繁育许可证和专用标识。"由此，可以明显得出国家重点保护野生动物包括人工繁育动物在内的结论。例如，大熊猫，不少是人工繁育，将人工繁育的大熊猫一概排除在《刑法》保护之外，显然不符合法律规定，也不符合常识常理。

另一方面，人工繁育野生动物确实具有特殊性、复杂性，需要具体分析、区别对待。鉴此，本解释第十三条第二款专门针对人工繁育野生动物案件的处理规则作了进一步明确，规定涉案动物系人工繁育，具有下列情形之一的，对所涉案件一般不作为犯罪处理；需要追究刑事责任的，应当依法从宽处理：

一是列入人工繁育国家重点保护野生动物名录的。随着科研水平不断提高，不少野生动物的人工繁育得到突破，一些珍贵、濒危野生动物已经形成了稳定的、完全不依赖野外资源的人工繁育种群。根据《野生动物保护法》第二十八条第一款的规定，目前共有3批30种动物被列入人工繁育国家重点保护野生动物名录。具体包括：(1) 原国家林业局于2017年6月公布的《人工繁育国家重点保护陆生野生动物名录（第1批）》，列入梅花鹿、马鹿、尼罗鳄等9种动物；(2) 原农业部于2017年11月公布的《人工繁育国家重点保护水生野生动物名录（第1批）》，列入胭脂鱼、金线鲃等6种动物；(3) 农业农村部于2019年7月公布的《人工繁育国家重点保护水生野生动物名录（第2批）》，列入花龟、黄喉拟水龟、尼罗鳄等18种动物。其中，《人工繁育国家重点保护水生野生动物名录（第2批）》将《人工繁育国家重点保护陆生野生动物名录（第1批）》中的暹罗鳄、尼罗鳄、湾鳄3种动物纳入，作为水生动物管理。

二是人工繁育技术成熟、已成规模，作为宠物买卖、运输的。从实践来看，有些野生动物人工繁育时间长、技术成熟。例如，据媒体报道，费氏牡丹鹦鹉原生地为非洲热带丛林，列入《濒危野生动植物种国际贸易公约》附录

2，被核准为国家二级保护野生动物。自20世纪八十年代，费氏牡丹鹦鹉被引入我国，已有30多年人工繁育的历史，技术十分成熟。由于历史原因，多数存在证件不全的情况。对于此类案件，追究刑事责任应当特别慎重，要重在通过完善相关行政管理加以解决。

对于涉及人工繁育技术成熟稳定的国家重点保护野生动物案件的处理，起草过程中存在不同认识。一种意见主张，对于列入人工繁育国家重点保护野生动物名录的野生动物，其人工种群应当排除在珍贵动物和珍贵、濒危野生动物的范围之外；另一种意见主张，将上述动物的人工种群一律排除在珍贵动物和珍贵、濒危野生动物的范围之外存在不妥，但对涉及相关动物的案件应当从宽处理，甚至不予追究刑事责任。经综合考虑各方意见认为，刑法规定的珍贵、濒危野生动物应以野生动物保护法为依据，不宜再出现刑法规定的珍贵、濒危野生动物。鉴此，本解释采纳后一种意见。

（十一）涉案动物及其制品的价值计算

《野生动物及其制品价值评估方法》《水生野生动物及其制品价值评估办法》明确了野生动物整体的价值、卵、蛋的价值、制品的价值、人工繁育野生动物的价值等价值标准和核算方法，为核算涉案动物及其制品价值提供了依据。对于国家重点保护的珍贵、濒危野生动物及其制品的价值，根据国务院野生动物保护主管部门综合考虑野生动物的珍贵、濒危程度、生态价值和市场价值制定的评估标准和方法核算，并无疑义，但是，对于其他野生动物及其制品的价值，可能出现评估价值与市场价值相差悬殊的情形，如麻雀依评估价值为每只300元，实践中交易价格一般在20元左右，相差近15倍。上述现象的出现，究其原因，就在于国家重点保护野生动物的核算价值主要不是考虑市场价值，而是重在考虑物种的珍贵、濒危程度以及相关的生态功能、科研价值等。对于国家重点保护野生动物之外的动物，如一律按评估标准和方法核算，将导致价值过高，从而实际降低了相关犯罪的入罪门槛，势必扩大刑事打击范围，难以实现罪责刑相适应，亦与社会公众的朴素公平正义观念不符。

基于上述考虑，本解释第十五条明确了野生动物及其制品的价值认定规则。具体而言：第一项规定，对于国家禁止进出口的珍贵动物及其制品，国家重点保护的珍贵、濒危野生动物及其制品的价值，根据国务院野生动物保护主管部门制定的评估标准和方法核算。第二项规定，对于有重要生态、科学、社会价值的陆生野生动物、地方重点保护野生动物、其他野生动物及其制品的价值，根据销赃数额认定；无销赃数额、销赃数额难以查证或者根据销赃数额认定明显偏低的，根据市场价格核算，必要时，也可以参照相关评估标准和方法核算。

征求意见过程中，对于本解释第十五条第二项规定存在不同认识。例如，有意见提出，陆生野生动物更加注重生态、科学、社会价值，对珍贵、濒危野生动物以外的陆生野生动物及其制品价值，依法应依照国务院野生动物保护主管部门制定的评估标准和方法核算，不宜简单按销赃数额或市场价格核算；司法实践中出现核算价值严重不合理的情况，可由国务院野生动物保护主管部门修订部分物种的基准价值解决。也有意见提出，本解释第十五条第二项不符合野生动物保护法及相关动物价值评估办法的明确规定，实践中易导致未实际售出的动物及其制品（因为相关交易均不合法，或者此前未有此类动物交易，故市场价格无法确定）按评估价计算，价值更高，而已经售出的按交易价格计算反而价值低的情形，造成罪刑倒挂。

我们经研究，维持上述规定。主要考虑：(1) 该项规定符合罪责刑相适应原则的要求，有利于相关案件的处理、特别是动物价值的认定，更加贴近于人民群众的法感情。(2)《野生动物保护法》及相关动物价值评估办法的规定，主要是基于行政执法实践操作的考虑。就刑事案件而言，涉及定罪量刑的问题，宜考虑实践情况。据向办案一线了解，有些案件，如非法捕捞案件，对涉案渔获物就是根据市场价值，而非综合考虑生态、科学、社会价值确定的评估价值认定价值。这也是本解释相关条文在确定入罪标准时的依据，如果要采用评估价值，则相关犯罪的入罪价值标准应作大幅提升。(3) 关于第 2 种意见所提及的罪刑倒挂问题，恰恰可以通过妥当适用本项规定予以避免。需要注意的是，本项规定“参照”而非“依照”相关评估标准和方法核算，这就赋予一线办案部门以自由裁量权，可以在核算价值的过程中裁量把握，做到罪刑均衡而非罪刑倒挂。

此外，本解释第十六条明确了破坏野生动物资源犯罪涉案动物及其制品价值难以确定时的处理规则，具体并存司法鉴定机构鉴定、价格认证机构认证或者有关部门出具报告等多种选择路径。

（十二）破坏野生动物资源犯罪的其他问题

根据司法实践的情况，本解释还对破坏野生动物资源犯罪的其他问题作了明确：

一是破坏野生动物资源犯罪案件专门性问题的认定规则。本解释第十七条吸收了《惩治野生动物交易意见》的相关规定，明确了破坏野生动物资源犯罪案件专门性问题的认定规则。具体而言，基于当前司法鉴定机构的现实情况，确立了鉴定与报告“两条腿走路”原则，既可以出具鉴定意见，也允许由有关部门或者机构出具报告。对于一些判断难度不大的专门性问题，还可以由侦查机关依据现场勘验、检查笔录等出具认定意见。

二是涉野生动物资源渎职犯罪的处理规则。本解释第十条对负有野生动物保护和进出口监督管理职责的国家机关工作人员滥用职权或者玩忽职守，以及负有查禁破坏野生动物资源犯罪活动职责的国家机关工作人员帮助犯罪分子逃避处罚的罪名适用问题作了指引性规定。

三是数量数额累计计算规则。本解释第十二条明确了破坏野生动物资源相关犯罪的数量数额累计计算规则。具体而言，二次以上实施本解释规定的行为构成犯罪，依法应当追诉的，或者2年内实施本解释规定的行为未经处理的，数量、数额累计计算。

四是单位犯罪的处理规则。本解释第十八条明确了餐饮公司、渔业公司等单位实施破坏野生动物资源犯罪的，适用自然人犯罪的定罪量刑标准，以切实加大对单位破坏野生动物资源犯罪的惩治力度。

五是海洋水域破坏水生野生动物犯罪的处理规则。海洋水域和内陆水域的动物数量、价值有较大差别，《海域案件规定（二）》对在海洋水域破坏水生野生动物资源行为设定了专门定罪量刑标准，实践中并无明显问题，可以继续沿用。鉴此，本解释第十八条对在海洋水域实施破坏水生野生动物犯罪的处理问题作了提示性规定。需要注意的是，本解释第三条第六款、第六条第一款、第十三条第一款分别对非法捕捞内陆水域水产品犯罪的从宽处理、危害珍贵、濒危野生动物犯罪的入罪门槛以及破坏野生动物资源犯罪的综合裁量规则作了规定，对于在海洋水域实施的非法捕捞水产品或者危害珍贵、涉危野生动物行为，可以根据案件具体情况，参照适用上述规定，以确保案件办理符合罪责刑相适应原则的要求。

六是反向行刑衔接规则。对于实施相关破坏野生动物资源行为，被不起诉或者免予刑事处罚的行为人，依法应当给予行政处罚、政务处分或者其他处分的，本解释第十四条明确依法移送有关主管机关处理，避免“不刑不罚”、变相放纵破坏野生动物资源的违法行为，以进一步强化刑事司法与行政执法部门的工作合力，完善“刑”“行”双向衔接的治理体系。

七是本解释的时间效力问题。本解释自2022年4月9日起施行。本解释公布施行后，《2000年动物犯罪解释》同时废止；之前发布的司法解释与本解释不一致的，以本解释为准。需要注意的是，根据“举重以明轻”的法理，之前发布的规范性文件与本解释不一致的，也应当以本解释为准。

（撰稿人：周加海　喻海松　李振华）

最高人民法院
关于审理破坏土地资源刑事案件具体应用法律若干问题的解释

法释〔2000〕14号

（2000年6月16日最高人民法院审判委员会第1119次会议通过　2000年6月19日最高人民法院公告公布　自2000年6月22日起施行）

为依法惩处破坏土地资源犯罪活动，根据刑法的有关规定，现就审理这类案件具体应用法律的若干问题解释如下：

第一条　以牟利为目的，违反土地管理法规，非法转让、倒卖土地使用权，具有下列情形之一的，属于非法转让、倒卖土地使用权“情节严重”，依照刑法第二百二十八条的规定，以非法转让、倒卖土地使用权罪定罪处罚：

（一）非法转让、倒卖基本农田五亩以上的；

（二）非法转让、倒卖基本农田以外的耕地十亩以上的；

（三）非法转让、倒卖其他土地二十亩以上的；

（四）非法获利五十万元以上的；

（五）非法转让、倒卖土地接近上述数量标准并具有其他恶劣情节的，如曾因非法转让、倒卖土地使用权受过行政处罚或者造成严重后果等。

第二条　实施第一条规定的行为，具有下列情形之一的，属于非法转让、倒卖土地使用权“情节特别严重”：

（一）非法转让、倒卖基本农田十亩以上的；

（二）非法转让、倒卖基本农田以外的耕地二十亩以上的；

（三）非法转让、倒卖其他土地四十亩以上的；

（四）非法获利一百万元以上的；

（五）非法转让、倒卖土地接近上述数量标准并具有其他恶劣情节，如造成严重后果等。

第三条　违反土地管理法规，非法占用耕地改作他用，数量较大，造成耕地大量毁坏的，依照刑法第三百四十二条的规定，以非法占用耕地罪定罪处罚：

（一）非法占用耕地“数量较大”，是指非法占用基本农田五亩以上或者非法占用基本农田以外的耕地十亩以上。

（二）非法占用耕地“造成耕地大量毁坏”，是指行为人非法占用耕地建窑、建坟、建房、挖沙、采石、采矿、取土、堆放固体废弃物或者进行其他非农业建设，造成基本农田五亩以上或者基本农田以外的耕地十亩以上种植条件严重毁坏或者严重污染。

第四条 国家机关工作人员徇私舞弊，违反土地管理法规，滥用职权，非法批准征用、占用土地，[①] 具有下列情形之一的，属于非法批准征用、占用土地“情节严重”，依照刑法第四百一十条的规定，以非法批准征用、占用土地罪[②]定罪处罚：

（一）非法批准征用、占用基本农田十亩以上的；

（二）非法批准征用、占用基本农田以外的耕地三十亩以上的；

（三）非法批准征用、占用其他土地五十亩以上的；

（四）虽未达到上述数量标准，但非法批准征用、占用土地造成直接经济损失三十万元以上；造成耕地大量毁坏等恶劣情节的。

第五条 实施第四条规定的行为，具有下列情形之一的，属于非法批准征用、占用土地“致使国家或者集体利益遭受特别重大损失”：

（一）非法批准征用、占用基本农田二十亩以上的；

（二）非法批准征用、占用基本农田以外的耕地六十亩以上的；

（三）非法批准征用、占用其他土地一百亩以上的；

（四）非法批准征用、占用土地，造成基本农田五亩以上，其他耕地十亩以上严重毁坏的；

（五）非法批准征用、占用土地造成直接经济损失五十万元以上等恶劣情节的。

第六条 国家机关工作人员徇私舞弊，违反土地管理法规，非法低价出让国有土地使用权，具有下列情形之一的，属于“情节严重”，依照刑法第四百一十条的规定，以非法低价出让国有土地使用权罪定罪处罚：

（一）出让国有土地使用权面积在三十亩以上，并且出让价额低于国家规定的最低价额标准的百分之六十的；

（二）造成国有土地资产流失价额在三十万元以上的。

第七条 实施第六条规定的行为，具有下列情形之一的，属于非法低价出让国有土地使用权，“致使国家和集体利益遭受特别重大损失”：

---

① 根据2009年8月27日通过的《全国人民代表大会常务委员会关于修改部分法律的决定》，《刑法》第三百八十一条、第四百一十条中的“征用”修改为“征收、征用”。故本解释中的“征用”应理解为“征收、征用”。

② 根据最高人民法院、最高人民检察院2015年10月30日发布的《关于执行〈中华人民共和国刑法〉确定罪名的补充规定（六）》（法释〔2015〕20号）之规定，本罪名已修改为“非法批准征收、征用、占用土地罪”。

（一）非法低价出让国有土地使用权面积在亩以上，并且出让价额低于国家规定的最低价额标准的百分之四十的；

（二）造成国有土地资产流失价额在五十万元以上的。

第八条 单位犯非法转让、倒卖土地使用权罪、非法占有耕地罪的定罪量刑标准，依照本解释第一条、第二条、第三条的规定执行。

第九条 多次实施本解释规定的行为依法应当追诉的，或者一年内多次实施本解释规定的行为未经处理的，按照累计的数量、数额处罚。

【注 解】

根据全国人民代表大会常务委员会于2009年8月27日通过的《关于修改部分法律的决定》，本解释中“征用”修改为“征收、征用”。

【解 读】

解读《最高人民法院关于审理破坏土地资源刑事案件具体应用法律若干问题的解释》

一、问题的提出

修订后的《刑法》第二百二十八条、第三百四十二条、第四百一十条分别对非法转让、倒卖土地使用权，非法占用耕地，非法批准征用、占用土地和非法低价出让国有土地使用权四种破坏土地资源的犯罪行为规定了刑事责任。鉴于当前非法转让、倒卖土地使用权，非法占用耕地，非法批准征用、占用土地和非法低价出让国有土地使用权等破坏土地资源的违法现象十分严重，《刑法》实施后，有多起涉嫌土地犯罪的案件移送司法机关，因缺乏具体的定罪处罚标准而难以追究刑事责任。经过调查研究，最高人民法院研究室起草了司法解释初稿，经征求部分下级法院、国土资源部、公安部、最高人民检察院、人大常委会法工委刑法室等单位的意见，于2000年6月19日发布了《关于审理破坏土地资源刑事案件具体应用法律若干问题的解释》（以下简称本解释）。

二、理解与适用

（一）关于非法转让、倒卖土地使用权罪的定罪处罚标准

本解释对非法转让、倒卖土地使用权“情节严重”的认定，主要是从非法转让、倒卖土地使用权的面积数量、获利数额两方面加以规定的。其中面积数量标准，是根据土地的性质及近年查处土地违法案件的统计数据为依据确定的，控制在土地违法案件的5%以下。根据《土地管理法》的规定，土地分为基本农田（按照一定时期人口和社会发展对农产品的需求，依据土地利用总体规划确定的不得占用的耕地）、其他耕地（基本农田以外的种植农作物或者以种植农作物为主并兼有零星果树、桑树或其他树木的土地，或者耕种3年以上的滩涂和海滩以及前3年曾用于种植农作物的土地）、其他土地。同时在实践中，有的违法者虽然非法转让、倒卖土地的面积小但非法获利大，也应给予刑事处罚。因此本解释规定具备面积数量或者获利数额条件之一的，即构成非法转让、倒卖土地使用权“情节严重”。“情节特别严重”的标准则是在上述数额标准以上1倍确定的。

（二）关于非法占用耕地罪的定罪处罚标准

非法占用耕地改作他用，“数量较大”和“造成耕地大量毁坏”是认定构成非法占用耕地罪的必要条件，对此，本解释作出了规定。其中“数量较大”的标准，既体现从严保护耕地、严厉制裁违法行为的原则，又注意刑事制裁面不宜过宽。同时，本解释对非法占用耕地“造成耕地大量毁坏”也作出了规定，即“是指行为人非法占用耕地建窑、建坟、建房、挖沙、采石、采矿、取土、堆放固体废弃物或者进行其他非农业建设，造成基本农田五亩以上或者基本农田以外的耕地十亩以上种植条件严重毁坏或者严重污染”。

（三）关于非法批准征用、占用土地罪和非法低价出让国有土地使用权罪的定罪处罚标准

这两个罪的定罪标准，主要是参考最高人民检察院《人民检察院直接立案侦查案件立案标准的规定（试行）》和国土资源部提供的有关材料确定的。其中，对构成犯罪的数量标准，也是体现从严保护耕地、严厉制裁违法行为的原则，又注意刑事制裁面不宜过宽的原则。如非法批准征用、占用土地案件，据国土资源部调查，最大非法批地面积在100亩以上，最小面积在1亩以下，多发案件的面积数量在10亩以下。因此，本解释规定定罪的最低标准是10亩。非法低价出让国有土地的定罪标准也是这样确定的。与高检立案标准不同的是，构成非法批准征用、占用土地犯罪的立案标准，最高人民检察院规定造成直接经济损失20万元、非法低价出让国有土地使用权造成国有土地资产流失20万元的就构成犯罪，以与玩忽职守罪的定罪标准一致。我们认为，非法批准征用、占用土地造成的直接经济损失，主要是指因非法批准征用、占用土地

致使建筑物拆毁、拆迁需要支付的费用，因构成犯罪的土地数量最低是 10 亩，如果规定损失数额太低，则容易扩大打击面；同样道理，非法低价出让国有土地使用权造成国有土地资产流失，如果以 30 亩低于最低价格的 60%出让，如果规定造成直接损失 20 万元构成犯罪也太低。目前，土地的最低价格标准约为每亩地 2 万元，但案发地的土地价格一般远远高于这一标准。因此，本解释对上述两个数额标准均规定为 30 万元。

（撰稿人：熊选国）

最高人民法院
关于审理破坏草原资源刑事案件应用法律若干问题的解释

法释〔2012〕15 号

（2012 年 10 月 22 日最高人民法院审判委员会第 1558 次会议通过 2012 年 11 月 2 日最高人民法院公告公布 自 2012 年 11 月 22 日起施行）

为依法惩处破坏草原资源犯罪活动，依照《中华人民共和国刑法》的有关规定，现就审理此类刑事案件应用法律的若干问题解释如下：

第一条 违反草原法等土地管理法规，非法占用草原，改变被占用草原用途，数量较大，造成草原大量毁坏的，依照刑法第三百四十二条的规定，以非法占用农用地罪定罪处罚。

第二条 非法占用草原，改变被占用草原用途，数量在二十亩以上的，或者曾因非法占用草原受过行政处罚，在三年内又非法占用草原，改变被占用草原用途，数量在十亩以上的，应当认定为刑法第三百四十二条规定的“数量较大”。

非法占用草原，改变被占用草原用途，数量较大，具有下列情形之一的，应当认定为刑法第三百四十二条规定的“造成耕地、林地等农用地大量毁坏”：

（一）开垦草原种植粮食作物、经济作物、林木的；

（二）在草原上建窑、建房、修路、挖砂、采石、采矿、取土、剥取草皮的；

（三）在草原上堆放或者排放废弃物，造成草原的原有植被严重毁坏或者严重污染的；

（四）违反草原保护、建设、利用规划种植牧草和饲料作物，造成草原沙化或者水土严重流失的；

（五）其他造成草原严重毁坏的情形。

第三条 国家机关工作人员徇私舞弊，违反草原法等土地管理法规，具有下列情形之一的，应当认定为刑法第四百一十条规定的“情节严重”：

（一）非法批准征收、征用、占用草原四十亩以上的；

（二）非法批准征收、征用、占用草原，造成二十亩以上草原被毁坏的；

（三）非法批准征收、征用、占用草原，造成直接经济损失三十万元以上，或者具有其他恶劣情节的。

具有下列情形之一，应当认定为刑法第四百一十条规定的“致使国家或者集体利益遭受特别重大损失”：

（一）非法批准征收、征用、占用草原八十亩以上的；

（二）非法批准征收、征用、占用草原，造成四十亩以上草原被毁坏的；

（三）非法批准征收、征用、占用草原，造成直接经济损失六十万元以上，或者具有其他特别恶劣情节的。

第四条 以暴力、威胁方法阻碍草原监督检查人员依法执行职务，构成犯罪的，依照刑法第二百七十七条的规定，以妨害公务罪追究刑事责任。

煽动群众暴力抗拒草原法律、行政法规实施，构成犯罪的，依照刑法第二百七十八条的规定，以煽动暴力抗拒法律实施罪追究刑事责任。

第五条 单位实施刑法第三百四十二条规定的行为，对单位判处罚金，并对其直接负责的主管人员和其他直接责任人员，依照本解释规定的定罪量刑标准定罪处罚。

第六条 多次实施破坏草原资源的违法犯罪行为，未经处理，应当依法追究刑事责任的，按照累计的数量、数额定罪处罚。

第七条 本解释所称“草原”，是指天然草原和人工草地，天然草原包括草地、草山和草坡，人工草地包括改良草地和退耕还草地，不包括城镇草地。

【解　读】

解读《最高人民法院关于审理破坏草原资源刑事案件应用法律若干问题的解释》

一、问题的提出

草原与耕地、森林一样，是我国重要的自然资源，也是重要的生态屏障。据统计，我国共有草原约4亿公顷，占国土面积的41.7%，作为我国面积最大的陆地生态系统，生态地位十分重要。

我国对草原资源、草原生态的保护十分重视。一是党和国家将节约资源和环境保护作为基本国策，大力推进生态文明建设。党的十八大报告明确指出，大力推进生态文明建设，是关系人民福祉、关乎民族未来的长远大计。面对资源约束趋紧、环境污染严重、生态系统退化的严峻形势，必须树立尊重自然、顺应自然、保护自然的生态文明理念，把生态文明建设放在突出地位，融入经济建设、政治建设、文化建设、社会建设各方面和全过程，努力建设美丽中国，实现中华民族永续发展。二是制定了草原保护的法律法规体系。其中包括草原法、土地管理法等法律。为依法惩治非法占用草原的犯罪行为，切实保护草原资源，全国人民代表大会常务委员会2001年8月31日通过的《中华人民共和国刑法修正案（二）》将1997年《刑法》第三百四十二条的犯罪对象从"耕地"扩大为"耕地、林地等农用地"。同日通过的《全国人大常委会关于〈中华人民共和国刑法〉第二百二十八条、第三百四十二条、第四百一十条的解释》规定，《刑法》第三百四十二条中"违反土地管理法规"，是指违反《土地管理法》《森林法》《草原法》等法律以及有关行政法规中关于土地管理的规定。明确了非法占用草原行为应当依照《刑法》第三百四十二条规定的非法占用农用地罪追究刑事责任。三是建立了草原生态保护补助奖励机制。2011年，国务院印发了《关于促进牧区又好又快发展的若干意见》，召开了全国牧区工作会议。草原的生态、经济和社会功能受到空前关注，草原的战略地位得到显著提升，"生产生态有机结合、生态优先"的草原工作方针也更加明确，标志着草原生态保护建设迈入了新的阶段。

但是，由于受利益驱动以及对非法开垦草原追究刑事责任没有明确的定罪量刑标准等原因，破坏草原资源现象相当突出，草原生态逐年恶化。其中，垦草种粮的案件居草原违法案件的前列。2009年，仅内蒙古开垦草原种粮的案件就有947起。与此同时，由于草原蕴藏着丰富的煤炭、钢铁、石油、天然气以及稀土等矿藏，在工业需求与丰厚利益的驱动下，未经依法批准征占用草原进行各类工商业开发的问题也日趋严重。

实践中，由于我国《刑法》相关条文缺乏明确具体的定罪量刑标准，司法操作性较差，各地在执法和司法实践中对非法占用草原能否追究行为人刑事责任问题时常产生争议，影响了对犯罪的惩治以及对草原资源的有效保护。根据农业部《关于商请制定〈关于审理破坏草原资源刑事案件具体应用法律若干问题的解释〉的建议》，最高人民法院于2010年5月启动了《最高人民法院关于审理破坏草原资源刑事案件应用法律若干问题的解释》（以下简称本解释）的制定工作。随后，赴内蒙古等地就破坏草原资源问题进行充分调研并广泛听取多方面的意见，分别召开了十多次座谈会进行专门研讨。经多次修改本解释稿，并征求了全国人大常委会法工委、最高人民检察院、公安部、农业部以及各高级人民法院和专家学者等多方意见，最后经最高人民法院审判委员会讨论通过。

二、理解与适用

本解释共七个条文，主要规定了非法占用草原行为的定性问题；《刑法》第三百四十二条规定的"数量较大""造成耕地、林地等农用地大量毁坏"的认定标准；非法批准征收、征用、占用草原行为的定罪量刑标准；阻碍草原监督检查人员依法执行职务、煽动群众暴力抗拒法律实施的处理；单位非法占用草原的定罪量刑标准等问题。

（一）非法占用草原行为的定性

针对司法实践中存在的非法占用草原的行为能否追究刑事责任的认识模糊问题，本解释第一条明确规定违反草原法等土地管理法规，非法占用草原，改变被占用草原用途，数量较大，造成草原大量毁坏的，依照《刑法》第三百四十二条的规定，以非法占用农用地罪定罪处罚。

（二）非法占用草原行为的定罪量刑标准

本解释第二条主要规定了《刑法》第三百四十二条规定的“数量较大”和“造成耕地、林地等农用地大量毁坏”的情形。非法占用草原“数量较大”的标准一般为“二十亩以上”；曾因非法占用草原受过行政处罚，在三年内又非法占用草原的，则为“十亩以上”。

关于造成草原“大量毁坏”的认定标准，根据《刑法》第三百四十二条规定，非法占用草原，构成非法占用农用地罪，不仅以“改变被占用土地用途，数量较大”为条件，还需造成草原大量“毁坏”。对草原“毁坏”的认定标准，本解释区分了两种不同情形：

第一，对于非法开垦草原种植粮食作物、经济作物、林木，或者在非法占用的草原上建窑、建房、修路、挖砂、采石、采矿、取土、剥取草皮的，采取“改变用途即毁坏”的认定标准，即只要在非法占用的草原上实施以上行为的，即应认定已对草原造成毁坏。这是因为，草原与耕地、林地不同，草原生态十分脆弱，一旦改变其用途，用于种粮、采矿等非草原建设，即会造成草原严重毁坏。以非法开垦草原为例，草原被开垦后，即便在降水条件好的地区，植被恢复也需要十年以上时间，且要花费上百倍于开垦草原的成本。考虑到草原的特殊性，结合司法实践，采取“改变用途即毁坏”的原则，改变被占用草原用途即意味着已对草原造成毁坏。

第二，对于在非法占用的草原上堆放或者排放废弃物，或者违反草原保护、建设、利用规划种植牧草和饲料作物的，分别以“造成草原的原有植被严重毁坏或者严重污染”或者“造成草原沙化或者水土严重流失”作为造成草原“毁坏”的认定标准。

（三）国家机关工作人员非法批准征用、征收、占用草原行为的定罪量刑标准

《刑法》第四百一十条规定的非法批准征用、占用土地罪，是指国家机关工作人员徇私舞弊，违反土地管理法、森林法、草原法等法律以及有关行政法规中关于土地管理的规定，滥用职权，非法批准征收、征用、占用耕地、林地、草原等农用地以及其他土地，情节严重的行为。本解释针对实践中存在的国家机关工作人员违反草原法的规定，无权批准征收、征用、占用草原而批

准，超越批准权限批准征收、征用、占用草原，不按照草原保护、建设、利用总体规划的用途批准占用草原，或者违反法律规定的程序批准占用草原的行为，规定了下列情形为“情节严重”：（一）非法批准征收、征用、占用草原四十亩以上的；（二）非法批准征收、征用、占用草原，造成二十亩以上草原被毁坏的；（三）非法批准征收、征用、占用草原，造成直接经济损失三十万元以上，或者具有其他恶劣情节的。规定具有下列情形之一，应当认定为《刑法》第四百一十条规定的“致使国家或者集体利益遭受特别重大损失”：（一）非法批准征收、征用、占用草原八十亩以上的；（二）非法批准征收、征用、占用草原，造成四十亩以上草原被毁坏的；（三）非法批准征收、征用、占用草原，造成直接经济损失六十万元以上，或者具有其他特别恶劣情节的。

（四）明确抗拒草原执法的定性问题

针对草原面积大，草原执法人员人数少，执法装备差，履行职责时经常遇到暴力抗拒执法，甚至执法人员人身安全受到严重威胁和危害的情况，本解释明确规定，以暴力、威胁方法阻碍草原监督检查人员依法执行职务，构成犯罪的，依照《刑法》第二百七十七条的规定，以妨害公务罪追究刑事责任。煽动群众暴力抗拒草原法律、行政法规实施，构成犯罪的，依照《刑法》第二百七十八条的规定，以煽动暴力抗拒法律实施罪追究刑事责任。该规定将为有效惩治和预防各种暴力妨碍执法人员依法履行职务的行为，强化教育、威慑、警示效果，起到一定的作用。

此外，对于单位犯罪的处罚问题，本解释还规定，单位实施《刑法》第三百四十二条规定的行为，对单位判处罚金，并对其直接负责的主管人员和其他直接责任人员，依照本解释规定的定罪量刑标准定罪处罚。

依法加强草原生态保护建设，是维护国家生态安全的重要举措，是推进生态文明建设的重要内容。最高人民法院出台这个司法解释，为依法打击各种破坏草原资源和生态环境的违法犯罪行为，提供了有力武器。人民法院将进一步充分发挥审判职能作用，为大力推进生态文明建设提供有力的司法保障。

（撰稿人：李　晓）

最高人民法院　最高人民检察院
关于办理非法采矿、破坏性采矿刑事案件适用法律若干问题的解释

法释〔2016〕25号

（2016年9月26日最高人民法院审判委员会第1694次会议、2016年11月4日最高人民检察院第十二届检察委员会第57次会议通过　2016年11月28日最高人民法院、最高人民检察院公告公布　自2016年12月1日起施行）

为依法惩处非法采矿、破坏性采矿犯罪活动，根据《中华人民共和国刑法》《中华人民共和国刑事诉讼法》的有关规定，现就办理此类刑事案件适用法律的若干问题解释如下：

第一条　违反《中华人民共和国矿产资源法》《中华人民共和国水法》等法律、行政法规有关矿产资源开发、利用、保护和管理的规定的，应当认定为刑法第三百四十三条规定的“违反矿产资源法的规定”。

第二条　具有下列情形之一的，应当认定为刑法第三百四十三条第一款规定的“未取得采矿许可证”：

（一）无许可证的；

（二）许可证被注销、吊销、撤销的；

（三）超越许可证规定的矿区范围或者开采范围的；

（四）超出许可证规定的矿种的（共生、伴生矿种除外）；

（五）其他未取得许可证的情形。

第三条　实施非法采矿行为，具有下列情形之一的，应当认定为刑法第三百四十三条第一款规定的“情节严重”：

（一）开采的矿产品价值或者造成矿产资源破坏的价值在十万元至三十万元以上的；

（二）在国家规划矿区、对国民经济具有重要价值的矿区采矿，开采国家规定实行保护性开采的特定矿种，或者在禁采区、禁采期内采矿，开采的矿产品价值或者造成矿产资源破坏的价值在五万元至十五万元以上的；

（三）二年内曾因非法采矿受过两次以上行政处罚，又实施非法采矿行为的；

（四）造成生态环境严重损害的；

（五）其他情节严重的情形。

实施非法采矿行为，具有下列情形之一的，应当认定为刑法第三百四十三条第一款规定的“情节特别严重”：

（一）数额达到前款第一项、第二项规定标准五倍以上的；

（二）造成生态环境特别严重损害的；

（三）其他情节特别严重的情形。

第四条 在河道管理范围内采砂，具有下列情形之一，符合刑法第三百四十三条第一款和本解释第二条、第三条规定的，以非法采矿罪定罪处罚：

（一）依据相关规定应当办理河道采砂许可证，未取得河道采砂许可证的；

（二）依据相关规定应当办理河道采砂许可证和采矿许可证，既未取得河道采砂许可证，又未取得采矿许可证的。

实施前款规定行为，虽不具有本解释第三条第一款规定的情形，但严重影响河势稳定，危害防洪安全的，应当认定为刑法第三百四十三条第一款规定的“情节严重”。

第五条 未取得海砂开采海域使用权证，且未取得采矿许可证，采挖海砂，符合刑法第三百四十三条第一款和本解释第二条、第三条规定的，以非法采矿罪定罪处罚。

实施前款规定行为，虽不具有本解释第三条第一款规定的情形，但造成海岸线严重破坏的，应当认定为刑法第三百四十三条第一款规定的“情节严重”。

第六条 造成矿产资源破坏的价值在五十万元至一百万元以上，或者造成国家规划矿区、对国民经济具有重要价值的矿区和国家规定实行保护性开采的特定矿种资源破坏的价值在二十五万元至五十万元以上的，应当认定为刑法第三百四十三条第二款规定的“造成矿产资源严重破坏”。

第七条 明知是犯罪所得的矿产品及其产生的收益，而予以窝藏、转移、收购、代为销售或者以其他方法掩饰、隐瞒的，依照刑法第三百一十二条的规定，以掩饰、隐瞒犯罪所得、犯罪所得收益罪定罪处罚。

实施前款规定的犯罪行为，事前通谋的，以共同犯罪论处。

第八条 多次非法采矿、破坏性采矿构成犯罪，依法应当追诉的，或者二年内多次非法采矿、破坏性采矿未经处理的，价值数额累计计算。

第九条 单位犯刑法第三百四十三条规定之罪的，依照本解释规定的相应自然人犯罪的定罪量刑标准，对直接负责的主管人员和其他直接责任人员定罪处罚，并对单位判处罚金。

第十条 实施非法采矿犯罪，不属于“情节特别严重”，或者实施破坏性采矿犯罪，行为人系初犯，全部退赃退赔，积极修复环境，并确有悔改表现的，可以认定为犯罪情节轻微，不起诉或者免予刑事处罚。

第十一条 对受雇佣为非法采矿、破坏性采矿犯罪提供劳务的人员，除参与利润分成或者领取高额固定工资的以外，一般不以犯罪论处，但曾因非法采矿、破坏性采矿受过处罚的除外。

第十二条 对非法采矿、破坏性采矿犯罪的违法所得及其收益，应当依法追缴或者责令退赔。

对用于非法采矿、破坏性采矿犯罪的专门工具和供犯罪所用的本人财物，应当依法没收。

第十三条 非法开采的矿产品价值，根据销赃数额认定；无销赃数额，销赃数额难以查证，或者根据销赃数额认定明显不合理的，根据矿产品价格和数量认定。

矿产品价值难以确定的，依据下列机构出具的报告，结合其他证据作出认定：

（一）价格认证机构出具的报告；

（二）省级以上人民政府国土资源、水行政、海洋等主管部门出具的报告；

（三）国务院水行政主管部门在国家确定的重要江河、湖泊设立的流域管理机构出具的报告。

第十四条 对案件所涉的有关专门性问题难以确定的，依据下列机构出具的鉴定意见或者报告，结合其他证据作出认定：

（一）司法鉴定机构就生态环境损害出具的鉴定意见；

（二）省级以上人民政府国土资源主管部门就造成矿产资源破坏的价值、是否属于破坏性开采方法出具的报告；

（三）省级以上人民政府水行政主管部门或者国务院水行政主管部门在国家确定的重要江河、湖泊设立的流域管理机构就是否危害防洪安全出具的报告；

（四）省级以上人民政府海洋主管部门就是否造成海岸线严重破坏出具的报告。

第十五条 各省、自治区、直辖市高级人民法院、人民检察院，可以根据本地区实际情况，在本解释第三条、第六条规定的数额幅度内，确定本地区执行的具体数额标准，报最高人民法院、最高人民检察院备案。

第十六条 本解释自 2016 年 12 月 1 日起施行。本解释施行后，《最高人民法院关于审理非法采矿、破坏性采矿刑事案件具体应用法律若干问题的解释》（法释〔2003〕9 号）同时废止。

【解　　读】

解读《最高人民法院、最高人民检察院关于办理非法采矿、破坏性采矿刑事案件适用法律若干问题的解释》

日前，最高人民法院、最高人民检察院发布《关于办理非法采矿、破坏性采矿刑事案件适用法律若干问题的解释》（法释〔2016〕25号，以下简称本解释），自2016年12月1日起施行。这是1997年《刑法》施行以来最高司法机关就矿产资源犯罪再次发布专门司法解释，体现了对矿产资源司法保护的高度重视，对于依法惩治矿产资源犯罪，进一步加大对矿产资源的司法保护必将发挥重要作用。为便于司法实践中正确理解和适用，现就本解释的制定背景、起草中的主要考虑和主要内容介绍如下。

一、本解释的制定背景与经过

1997年《刑法》规定了非法采矿罪和破坏性采矿罪，第三百四十三条规定："违反矿产资源法的规定，未取得采矿许可证擅自采矿的，擅自进入国家规划矿区、对国民经济具有重要价值的矿区和他人矿区范围采矿的，擅自开采国家规定实行保护性开采的特定矿种，经责令停止开采后拒不停止开采，造成矿产资源破坏的，处三年以下有期徒刑、拘役或者管制，并处或者单处罚金；造成矿产资源严重破坏的，处三年以上七年以下有期徒刑，并处罚金。""违反矿产资源法的规定，采取破坏性的开采方法开采矿产资源，造成矿产资源严重破坏的，处五年以下有期徒刑或者拘役，并处罚金。"2003年5月16日，最高人民法院审判委员会第1270次会议审议通过《关于审理非法采矿、破坏性采矿刑事案件具体应用法律若干问题的解释》（法释〔2003〕9号，以下简称《2003年解释》），主要对非法采矿和破坏性采矿行为的认定、造成矿产资源破坏的认定和鉴定等问题作了明确规定，进一步加大了对矿产资源的刑事司法保护力度。

为了加大对非法采矿犯罪活动的惩治力度，《刑法修正案（八）》进一步完善了非法采矿罪的规定，将"经责令停止开采后拒不停止开采，造成矿产资源破坏"的要件修改为"情节严重"，降低了入罪门槛；将升档处罚情节由"造成矿产资源严重破坏"修改为"情节特别严重"。据此，构成非法采矿罪不再要求"经责令停止开采后拒不停止开采"，而只要求实施非法采矿行为，达到情节严重的程度。《刑法修正案（八）》施行后，司法实践对于"情节严重"

"情节特别严重"的具体情形认识不一，影响了相关案件的办理。

根据国土资源部的建议，最高人民法院会同最高人民检察院，依据法律修改情况，以《2003年解释》为基础，结合当前实践，启动了新的司法解释起草工作。起草过程中，水利部及有关部门也反映了非法采砂违法犯罪的有关问题，建议通过本解释规定对非法采砂行为适用非法采矿罪，并明确定罪量刑标准和相关法律适用问题。在深入调研的基础上，经反复研究讨论形成了征求意见稿，分别征求了最高人民检察院、公安部、国土资源部、水利部、国家海洋局等中央有关单位的意见，并征求了最高人民法院有关审判庭和各高级人民法院的意见。2016年3月，最高人民法院研究室会同有关部门召开专家论证会，分别邀请刑法专家和矿产资源、水利专家对解释稿进行论证研讨。此后，根据专家论证会作了修改完善，形成新的征求意见稿，征求了全国人大常委会法工委意见，并根据法工委意见进一步征求了国务院法制办的意见。2016年9月26日最高人民法院审判委员会第1694次会议、2016年11月4日最高人民检察院第十二届检察委员会第57次会议审议通过了本解释。

二、本解释起草中的主要考虑

为确保本解释的内容科学合理，能够适应形势发展、满足实践需要，在起草过程中，着重注意把握了以下几点：

一是从严惩治矿产资源犯罪。矿产资源属于不可再生资源，处于持续递减的消耗之中。非法采矿、破坏性采矿行为对矿产资源的破坏具有不可逆性，故而，对矿产资源犯罪刑事政策的基本取向应当是从严惩治。基于此，本解释未因经济社会发展水平提高而大幅提升矿产资源犯罪的定罪量刑标准，以确保刑事惩治力度不减。当然，这并非意味着对矿产资源犯罪一律从重，仍然应当区分情况，突出惩治重点，体现宽严相济，充分发挥刑法的威慑和教育功能，以更为有效地保护矿产资源和生态环境。

二是注重对生态环境的保护。中共中央、国务院《生态文明体制改革总体方案》提出："严格实行生态环境损害赔偿制度。强化生产者环境保护法律责任，大幅度提高违法成本。""对造成生态环境损害的，以损害程度等因素依法确定赔偿额度；对造成严重后果的，依法追究刑事责任。"根据这一要求，本解释将生态环境损害因素纳入考量范围，针对非法采矿罪根据造成生态环境损害的程度设置了定罪量刑标准。

三是明确非法采砂犯罪的法律适用。实践中非法采砂对环境的危害日益严重，在刑法未针对非法采砂规定专门罪名的前提下，适用非法采矿罪对非法采砂行为进行规制，成为当下的选择。基于此，本解释明确对非法采砂行为适用非法采矿罪，加大了对水资源的刑事司法保护力度。

三、本解释的主要内容

本解释根据法律规定和立法精神，结合近年来办理矿产资源犯罪案件的实际问题，对矿产资源犯罪的定罪量刑标准及有关法律适用问题作了全面、系统的规定。本解释共十六个条文，大致可以归纳为如下八个方面的问题：

（一）“违反矿产资源法的规定”的涵义

根据《刑法》第三百四十三条的规定，非法采矿罪、破坏性采矿罪的前提是“违反矿产资源法的规定”。经研究认为，为避免法律适用漏洞，对于“违反矿产资源法的规定”，不宜限缩为违反矿产资源法的规定，而应当包括违反水法等其他法律、法规中关于矿产资源开发、利用、保护和管理的规定的情形。基于此，本解释第一条明确规定：“违反《中华人民共和国矿产资源法》《中华人民共和国水法》等法律、行政法规有关矿产资源开发、利用、保护和管理的规定的，应当认定为刑法第三百四十三条规定的‘违反矿产资源法的规定’。”

（二）“未取得采矿许可证”的认定

对于《刑法》第三百四十三条第一款关于非法采矿罪客观行为方式的表述，从语言逻辑角度加以细究，“未取得采矿许可证”之后跟着三个“擅自……”的表述。而无论是“擅自采矿”，还是“擅自进入国家规划矿区、对国民经济具有重要价值的矿区和他人矿区范围采矿”，抑或“擅自开采国家规定实行保护性开采的特定矿种”，均应以“未取得采矿许可证”为前提。基于此，本解释第二条在《2003 年解释》第二条规定的基础上，对“未取得采矿许可证”的具体情形作了明确，即“具有下列情形之一的，应当认定为刑法第三百四十三条第一款规定的‘未取得采矿许可证’：（一）无许可证的；（二）许可证被注销、吊销、撤销的；（三）超越许可证规定的矿区范围或者开采范围的；（四）超出许可证规定的矿种的（共生、伴生矿种除外）；（五）其他未取得许可证的情形。”其中，第二项“许可证被注销、吊销、撤销的”规定，系根据《矿产资源法》第四十七条“违法颁发的勘查许可证、采矿许可证、采矿许可证，上级人民政府地质矿产主管部门有权予以撤销”的规定，增加了“撤销”的情形。第三项“超越采矿许可证规定的矿区范围或者开采范围开采矿产资源的”规定，系根据非法采砂犯罪的情形增加了“开采范围”的表述。

实践中，一些矿山企业在被责令停产停业期间仍然擅自采矿的情况较为普遍，且往往是引发矿难的重大隐患。最高人民法院、最高人民检察院《关于办理危害矿山生产安全刑事案件具体应用法律若干问题的解释》第八条第一款规定：“在采矿许可证被依法暂扣期间擅自开采的，视为刑法第三百四十三条第一款规定的‘未取得采矿许可证擅自采矿’。”本解释起草过程中，拟将上述规定吸收为认定“未取得采矿许可证”的情形，并考虑到可能因程序性瑕疵而被暂扣许可证，故限定为“因存在重大安全隐患而被暂扣许可证期间开采矿产资源的”情形。专家论证过程中，有意见提出，上述规定虽然具有实践合理性，但从法理层面而言不妥。主要表现为：(1) 采矿许可证被暂扣的情形，不同于行为人自始未取得采矿许可证的情形，行为人实际上属于采矿权人，将此种情形下开采矿产资源的行为认定为“未取得采矿许可证”，恐有不妥。(2) 从规范的保护目的而言，因存在重大安全隐患而暂扣许可证，所保护的是安全生产，而非法采矿罪保护的矿产资源。因此，对于违反因存在重大安全隐患而被暂扣许可证期间不得开采矿产资源的规定，擅自开采矿产资源的，适用非法采矿罪的规定，不符合规范的保护目的。(3) 因存在重大安全隐患而被暂扣采矿许可证期间开采矿产资源的，否定适用非法采矿罪，但构成其他犯罪的，可以按照其他犯罪处理，并不存在法律适用的漏洞。经研究认为，上述意见确有道理，予以采纳。

本解释起草过程中，对于采矿许可证到期后继续开采矿产资源的情形，宜否认定为“未取得采矿许可证”，存在不同认识。经研究认为，实践中采矿许可证到期后继续开采矿产资源的情形十分复杂，一律认定为“未取得采矿许可证”恐有不妥。而且，对于其中情节严重的，可以吊销许可证，对于此后采矿的可以认定为本解释第二条第二项规定的情形。因此，未将此种情形明确列为“未取得采矿许可证”的情形。此外，对于非法转让采矿权的，可以根据矿产资源法的相关规定吊销采矿许可证，进而将此后采砂的行为认定为本解释第二条第二项规定的情形。

（三）非法采矿罪的定罪量刑标准

《刑法修正案（八）》对非法采矿罪作了重大完善，将入罪门槛由“造成矿产资源破坏”修改为“情节严重”，从而将非法采矿罪由结果犯调整为情节犯。根据法律修改的精神，不宜再将“情节严重”限制在造成实害后果的情形。基于此，在《2003年解释》规定的基础上，本解释第三条明确了“情节严重”的具体情形。

1. 开采的矿产品价值或者造成矿产资源破坏的价值在十万元至三十万元以上的

开采的矿产品价值是衡量非法采矿行为社会危害性的基础因素，也是认定非法采矿“情节严重”的基本标准。据统计，从2003年至2015年，我国煤、铁、金、银、铜、铅、锌、铝、锡等主要矿产品的市场价格平均上涨将近1倍。因此，经综合考虑矿产品价格上涨因素，将非法采矿罪的入罪标准设定为“开采的矿产品价值在十万元至三十万元以上”。

2. 在国家规划矿区、对国民经济具有很重要价值的矿区采矿，开采国家规定实行保护性开采的特定矿种，矿产品价值或者造成矿产资源破坏的价值在五万元至十五万元以上的该项标准体现了对“两矿区一矿种”的特殊保护。矿产资源保护法第十五条规定：“国家对国家规划矿区、对国民经济具有重要价值的矿区和国家规定实行保护性开采的特定矿种，实行有计划的开采；未经国务院有关主管部门批准，任何单位和个人不得开采。”根据《矿产资源法实施细则》第六条的规定，对“两矿区一矿种”的范围应作如下把握：(1) 国家规划矿区，是指国家根据建设规划和矿产资源规划，为建设大、中型矿山划定的矿产资源分布区域。(2) 对国民经济具有重要价值的矿区，是指国家根据国民经济发展需要划定的，尚未列入国家建设规划的，储量大、质量好、具有开发前景的矿产资源保护区域。(3) 国家规定实行保护性开采的特定矿种，是指国务院根据国民经济建设和高科技发展的需要，以及资源稀缺、贵重程度确定的，由国务院有关主管部门按照国家计划批准开采的矿种。根据有关规定，具体包括黄金、钨、锡、锑、离子型稀土。

3. 二年内曾因非法采矿受过两次以上行政处罚，又实施非法采矿行为的

一方面，实践中出现“蚂蚁搬家”式的非法采矿行为，在被查获后行为人往往否认在被抓前存在开采行为，而被查获的矿产品达不到入罪标准。而且，此种情形的矿产品交易往往采取现金交易的方式，收集交易单据等其他证据也十分困难。因此，对于此种行为，只能予以行政处罚，对屡罚屡犯者难以起到效果。另一方面，实践中一些犯罪分子是长期从事非法采矿的惯犯，特别是其中有一些在受过多次行政处罚甚至刑事处罚后还屡教不改，继续进行非法采矿，应加大对该类人员的打击力度，以起到震慑效果。因此，以因非法采矿受过的刑事处罚次数作为考量情节，将多次实施者认定为“情节严重”，纳入刑事处罚范围。

需要注意的是，借鉴最高人民法院、最高人民检察院《关于办理走私刑事案件适用法律若干问题的解释》第十七条“刑法第一百五十三条第一款规定的‘一年内曾因走私被给予二次行政处罚后又走私’中的‘一年内’，以因走私第一次受到行政处罚的生效之日与‘又走私’行为实施之日的时间间隔计算确定”的规定，“二年内”宜以第一次违法行为受到行政处罚的生效之日与又实施相应行为之日的时间间隔计算确定。此外，“两次以上行政处罚”，包括但不限于国土资源主管部门的行政处罚，只要是有关部门依法对非法采矿行为给予的行政处罚即可。

4. 造成生态环境严重损害的

本解释第三条将“环境价值”明确纳入判断“情节严重”的考量因素。实践中应当根据造成生态环境损害的程度判断是否达到“情节严重”的标准，对于达到严重损害程度的应当以非法采矿罪定罪处罚。

5. 其他情节严重的情形

本解释第三条第一款第五项为兜底项，需要由司法实践根据具体情况裁量

适用。司法适用中，既要敢于根据具体案情适用兜底项，同时也要持慎重态度，考虑与前述具体情形之间的相当性。

此外，本解释第三条第二款明确了“情节特别严重”的认定标准。通常情况下，“情节特别严重”和“情节严重”之间为五倍的倍数关系。造成生态环境特别严重损害的，也可以认定为“情节特别严重”。

（四）破坏性采矿罪的定罪量刑

1. “采取破坏性的开采方法开采矿产资源”的认定

《2003年解释》第四条规定：“刑法第三百四十三条第二款规定的破坏性采矿罪中‘采取破坏性的开采方法开采矿产资源’，是指行为人违反地质矿产主管部门审查批准的矿产资源开发利用方案开采矿产资源，并造成矿产资源严重破坏的行为。”《2003年解释》以违反矿产资源开发利用方案作为认定破坏性的开采方法的依据，有其合理性。但是，从司法适用的情况来看，也存在不足之处：其一，现行法律并未规定“矿产资源开发利用方案”，只有《矿产资源开采登记管理办法》第五条规定采矿权申请人申请办理采矿许可证中提及“矿产资源开发利用方案”。而《矿产资源开采登记管理办法》属于行政法规，效力位阶不如法律。其二，在开采过程中，受制于地质等因素影响，采矿权人可能违反矿产资源开发利用方案，但未必会造成矿产资源严重破坏，故以矿产资源开发利用方案作为认定破坏性的开采方法的依据，可能存在不妥。本解释起草过程中，有意见提出，有关法律明确提及“矿山设计”，如《矿产资源法》第十五条规定：“设立矿山企业，必须符合国家规定的资质条件，并依照法律和国家有关规定，由审批机关对其矿区范围、矿山设计或者开采方案、生产技术条件、安全措施和环境保护措施等进行审查；审查合格的，方予批准。”《煤炭法》第十八条规定，开办煤矿企业，应当有符合煤矿安全生产和环境保护要求的矿山设计。因此，建议以违反矿山设计作为认定破坏性的开采方法的依据。但是，对此也存在不同认识。而且，从技术层面而言，对于破坏性的开采方法的认定，可能会随着技术的发展而不断完善。经慎重研究，本解释暂不对“采取破坏性的开采方法开采矿产资源”的认定标准作出明确。但是，考虑到其认定的专业性较强，为确保相关案件依法得到稳妥、正确处理，本解释第十四条仍对其认定程序作出明确，即对是否属于破坏性的开采方法难以确定的，依据省级以上人民政府国土资源主管部门出具的报告，结合其他证据作出认定。

2. 破坏性采矿罪的定罪量刑

根据《刑法》第三百四十三条第二款的规定，非法采矿罪只设有一个法定刑档次，即造成矿产资源严重破坏的，处五年以下有期徒刑或者拘役，并处罚金。在适当考虑矿产品价格上涨因素的基础上，本解释对入罪标准作了适当提升，同时突出了对“两矿区一矿种”的特殊保护，在第六条规定：“造成矿产资源破坏的价值在五十万元至一百万元以上，或者造成国家规划矿区、对国民经济具有重要价值的矿区和国家规定实行保护性开采的特定矿种资源破坏的价值在二十五万元至五十万元以上的，应当认定为刑法第三百四十三条第二款规定的‘造成矿产资源严重破坏’。”

（五）非法采砂犯罪的法律适用

对于非法采砂行为的定性，司法实践中存在较大的认识分歧。而且，地方法院曾就非法采砂行为的定性问题请示最高人民法院。为统一法律适用，有必要通过司法解释对河道非法采砂和非法采挖海砂的定性作出明确。经反复征求意见和慎重研究，本解释明确对非法采砂行为适用非法采矿罪，并对定罪量刑标准及有关法律适用问题作了规定。

1. 非法采矿罪行为的定性

《矿产资源法实施条例》第二条第一款规定：“矿产资源是指由地质作用形成的，具有利用价值的，呈固态、液态、气态的自然资源。”砂属于矿产资源，可以成为非法采矿罪的对象。例如，河（江）砂属河流相沉积天然石英砂，主要化学成分为二氧化硅，经长期地质作用形成。《矿产资源分类细目》将河（江）砂归属到非金属矿产天然石英砂中。可见，砂受矿产资源法的调整，可以成为非法采矿罪的对象。而且，《水法》第三十九条第一款规定“国家实行采砂许可制度”。《河道管理条例》第二十五条规定，在河道管理范围内进行采砂活动，必须报经河道主管机关批准，涉及其他部门的，由河道管理机关会同有关部门批准。因此，对于未取得许可证非法采砂的行为，实质上是“未取得采矿许可证擅自采矿”，应当适用非法采矿罪。

2. “未取得采矿许可证”的认定

从实践来看，对非法采砂适用非法采矿罪，可能适用的客观行为方式主要为“未取得采矿许可证擅自采矿”。为避免法律适用的漏洞，本解释第四条第一款、第五条第一款对《刑法》第三百四十三条第一款规定的“采矿许可证”作扩大解释，将开采河砂需要申请的采矿许可证、河道采砂许可证和开采海砂需要申请的采矿许可证、海砂开采海域使用权证均涵括在内。

《水法》第三十九条第一款规定：“国家实行河道采砂许可制度。河道采砂许可制度实施办法，由国务院规定。”目前，国务院尚未对河道采砂许可制度实施办法作出统一规定，仅通过《长江河道采砂管理条例》明确了长江宜宾以下干流河道内从事开采砂石的许可办法。《长江河道采砂管理条例》第九条第一款、第二款规定：“国家对长江采砂实行采砂许可制度。”“河道采砂许可证由沿江省、直辖市人民政府水行政主管部门审批发放；属于省际边界重点河段的，经有关省、直辖市人民政府水行政主管部门签署意见后，由长江水利委员会审批发放；涉及航道的，审批发放前应当征求长江航务管理局和长江海事机构的意见。省际边界重点河段的范围由国务院水行政主管部门划定。”据此，长江干流河道采砂实行“一证”，即长江河道采砂许可证由长江水利委员会和沿江省、直辖市人民政府水行政主管部门审批发放（省际边界重点河段由长江水利委员会发放）。

近年来，为扭转河道采砂秩序混乱、非法采砂活动猖獗的现象，在国务院对河道采砂许可制度实施办法作出具体规定前，各地理顺管理体制，加强河道采砂管理工作。经对地方省级地方性法规、政府规章及规范性文件梳理，河道采砂许可情况如下：(1) 由水行政主管部门发放采砂许可证。对此有的通过省级地方性法规作出规定，有的通过省级政府规章作出规定，还有的通过规范性文件作出规定。(2) 发放采砂许可证和采矿许可证。

采砂海砂需要取得海砂开采海域使用权证（由海洋主管部门发放）和采矿许可证（由国土资源主管部门发放）。《海域使用管理法》第三条第二款规定：“单位和个人使用海域，必须依法取得海域使用权。”《矿产资源开采登记管理办法》第三条第一款明确规定，开采领海及中国管辖的其他海域的矿产资源，由国务院地质矿产主管部门审批登记，颁发采矿许可证。因此，开采海砂的，除了申请海砂开采海域使用权证外，还应向国土资源部申请采矿许可证。

如前所述，本解释将《刑法》第三百四十三条规定的“采矿许可证”扩大解释为除采矿许可证外，还涵括采砂许可证、海砂开采海域使用权证等开采河砂、海砂所应取得的许可证。由之带来的问题是，如何准确认定“未取得采矿许可证擅自采矿”。对于实行一证管理的区域，这一问题并不存在。但是，对于实行“两证”管理的区域，由于两证之间没有先后之分，取得其中一个证并非申领另一个证的前置程序，且实践中经常会出现取得其中一个证但无法取得另一个证的情形。例如，行为人已经申领了海域开采使用权证，并缴纳了海域使用金；但是行为人继而向有关部门申领采矿许可证，未被批准。经研究认为，这一现象与现行的采砂管理体制不无关系，如果统一许可证发放或者明确两证之间的衔接关系完全可以避免上述现象。此种情况下对行为人开采海砂的行为以非法采矿罪追究刑事责任，并不合适。总之，不应由行为人承担由于现行采砂管理体制带来的不利后果，上述情形不宜认定为《刑法》第三百四十三条第一款规定的“未取得采矿许可证擅自采矿”，不应以非法采矿罪论处。

基于上述考虑，本解释第四条第一款规定：“在河道管理范围内采砂，具有下列情形之一，符合《刑法》第三百四十三条第一款和本解释第二条、第三条规定的，以非法采矿罪定罪处罚：（一）依据相关规定应当办理河道采砂许可证，未取得河道采砂许可证的；（二）依据相关规定应当办理河道采砂许可证和采矿许可证，既未取得河道采砂许可证，又未取得采矿许可证的。”第五条第一款规定：“未取得海砂开采海域使用权证，且未取得采矿许可证，采挖海砂，符合刑法第三百四十三条第一款和本解释第二条、第三条规定的，以非法采矿罪定罪处罚。”申言之，对于实行一证管理的区域，以是否取得该许可证为认定非法采矿的标准；对于实行两证管理的区域，只要取得一个许可证的，即不能认定为非法采矿，不宜以非法采矿罪论处。

需要注意的是，由于本解释第二条对“未取得采矿许可证”作了明确，故第四条第一款、第五条第一款明确对于采砂领域“未取得采矿许可证擅自采矿”的认定要适用第二条的规定。对此司法实务要注意把握。例如，在实行一证管理的区域，虽然取得了河道采砂许可证，但是许可证被注销、吊销、撤销后继续采砂的，符合本解释第二条第二项、第三项的规定，也应当认定为“未取得采矿许可证擅自采矿”。

3. 非法采砂犯罪的定罪量刑标准

非法采砂是非法采矿的类型之一，自然应当适用非法采矿罪的定罪量刑标准。故而，本解释第四条第一款、第五条第一款明确规定，对非法采砂的定罪量刑适用第三条关于非法采矿罪的定罪量刑标准。

此外，非法采砂行为具有特殊性。对在河道管理范围内非法采砂行为予以刑事规制，除了其对砂资源的破坏外，更为重要的是非法采砂行为对河势稳定和防洪安全的危害。严格规范河砂开采的目的，不仅仅是维护其经济价值，更重要的是维护防洪安全和生态安全等公共利益。因此，不应单纯以矿产品价值作为非法采砂的入罪标准，还应当同时考虑非法采砂行为对防洪安全的危害。为了有效防范非法采砂对防洪安全的危害，应当实现刑法防线的适度前移，在非法采砂行为影响河势稳定，危害防洪安全，但尚未达到危害公共安全程度时加以规制。基于上述考虑，本解释第四条第二款规定：“实施前款规定行为，虽不具有本解释第三条第一款规定的情形，但严重影响河势稳定，危害防洪安全的，应当认定为刑法第三百四十三条第一款规定的‘情节严重’。”

同理，非法采挖海砂不仅破坏矿产资源，还可能严重破坏海岸线。特别是在入海口、滨海湿地、海岛、红树林、珊瑚礁、濒危海洋栖息地等典型、敏感海域开采海砂，极易造成海岸线改变。基于对海岸线和海洋生态环境的特殊保护，本解释第五条第二款规定：“实施前款规定行为，虽不具有本解释第三条第一款规定的情形，但造成海岸线严重破坏的，应当认定为刑法第三百四十三条第一款规定的‘情节严重’。”

（六）矿产资源犯罪所得之物与所用之物的处理

为了规范矿产资源犯罪所得之物、所用之物的处理，本解释第十二条规定：“对非法采矿、破坏性采矿犯罪的违法所得及其收益，应当依法追缴或者责令退赔。”“对用于非法采矿、破坏性采矿犯罪的专门工具和供犯罪所用的本人财物，应当依法没收。”

（七）矿产资源犯罪专门性问题的认定

办理非法采矿刑事案件，通常涉及非法开采的矿产品价值计算等专门性问题。本解释第十三条、第十四条通过总结司法经验，对相关专门性问题认定规则作了明确。具体而言：

1. 非法开采的矿产品价值的认定规则

根据本解释第十三条的规定，非法开采的矿产品价值，根据销赃数额认定；无销赃数额，销赃数额难以查证，或者根据销赃数额认定明显不合理的，根据矿产品价格和数量认定。矿产品价值难以确定的，依据下列机构出具的报告，结合其他证据作出认定：(1) 价格认证机构出具的报告；(2) 省级以上人民政府国土资源、水行政、海洋等主管部门出具的报告；(3) 国务院水行政主管部门在国家确定的重要江河、湖泊设立的流域管理机构出具的报告。

2. 其他专门性问题的认定规则

根据本解释第十四条的规定，对案件所涉的有关专门性问题难以确定的，依据下列机构出具的鉴定意见或者报告，结合其他证据作出认定：(1) 司法鉴定机构就生态环境损害出具的鉴定意见；(2) 省级以上人民政府国土资源主管部门就造成矿产资源破坏的价值、是否属于破坏性开采方法出具的报告；(3) 省级以上人民政府水行政主管部门或者国务院水行政主管部门在国家确定的重要江河、湖泊设立的流域管理机构就是否危害防洪安全出具的报告；(4) 省级以上人民政府海洋主管部门就是否造成海岸线严重破坏出具的报告。

(八) 矿产资源犯罪其他问题

根据司法实践的情况，本解释还对矿产资源犯罪的其他问题作了明确：

1. 掩饰、隐瞒犯罪所得的矿产品及其收益的处理

从司法实践来看，矿产资源犯罪形成了利益链条，后续的窝藏、转移、收购、代为销售等环节成为了此类犯罪蔓延的重要原因。为有效惩治此类犯罪，保护国家矿产资源，本解释第七条规定："明知是犯罪所得的矿产品及其产生的收益，而予以窝藏、转移、收购、代为销售或者以其他方法掩饰、隐瞒的，依照刑法第三百一十二条的规定，以掩饰、隐瞒犯罪所得、犯罪所得收益罪定罪处罚。""实施前款规定的犯罪行为，事前通谋的，以共同犯罪论处。"

司法适用中需要注意的是，本解释对掩饰、隐瞒犯罪所得的矿产品及其产生的收益行为未单独规定定罪量刑标准，故应当适用《最高人民法院关于审理掩饰、隐瞒犯罪所得、犯罪所得收益刑事案件适用法律若干问题的解释》(法释〔2015〕11 号，以下简称《掩饰、隐瞒犯罪所得、犯罪所得收益罪解释》)的规定。对此，有两个问题需要特别注意：(1)《掩饰、隐瞒犯罪所得、犯罪所得收益罪解释》第八条第一款规定："认定掩饰、隐瞒犯罪所得、犯罪所得收益罪，以上游犯罪事实成立为前提。"据此，对于掩饰、隐瞒犯罪所得的矿产品及其产生收益行为的入罪以非法采矿、破坏性采矿行为构成犯罪为前提。对于上游行为未达到入罪标准的，即使后续的掩饰、隐瞒行为达到入罪标准，也不能认定为犯罪。(2) 对于掩饰、隐瞒犯罪所得的矿产品及其产生的收益行为的量刑，特别是升档量刑，应当注意与作为上游犯罪的非法采矿罪、破坏性

采矿罪的量刑平衡。

2. 多次实施矿产资源违法犯罪的价值数额累计

本解释第八条对矿产资源犯罪的价值数额累计规则作了明确，规定：“多次非法采矿、破坏性采矿构成犯罪，依法应当追诉的，或者二年内多次非法采矿、破坏性采矿未经处理的，价值数额累计计算。”根据这一规定，对于矿产资源犯罪的价值数额累计应当区分情况处理：(1) 二年内多次非法采矿或者破坏性采矿未经处理的，价值数额累计计算。对于实施非法采矿、破坏性采矿违法行为，每次均未达到定罪量刑标准，如果未经处理的，应当以两年为限进行累计计算，如果累计数额构成犯罪的，则应当依法定罪处罚。(2) 多次非法采矿或者破坏性采矿构成犯罪，依法应当追诉的，价值数额累计计算。申言之，此种情形的数额累计不受两年的限制，而应当适用犯罪追诉期限的规定。

3. 单位实施矿产资源犯罪的处理

为了统一裁判尺度，本解释第九条对单位矿产资源犯罪的定罪量刑标准作了明确。基于严厉矿产资源犯罪、切实保护矿产资源的考虑，本解释规定对单位实施非法采矿罪、破坏性采矿罪，与自然人犯罪适用统一的定罪量刑标准。

4. 矿产资源犯罪惩治的宽严相济

根据宽严相济刑事政策的要求，本解释根据矿产资源犯罪的具体情况，实行区别对待，突出惩治重点。其中，第十条规定：“实施非法采矿犯罪，不属于‘情节特别严重’，或者实施破坏性采矿犯罪，行为人系初犯，全部退赃退赔，积极修复环境，并确有悔改表现的，可以认定为犯罪情节轻微，不起诉或者免予刑事处罚。”第十一条规定：“对受雇佣为非法采矿、破坏性采矿犯罪提供劳务的人员，除参与利润分成或者领取高额固定工资的以外，一般不以犯罪论处，但曾因非法采矿、破坏性采矿受过处罚的除外。”该两条规定可谓办理矿产资源犯罪案件贯彻宽严相济刑事政策的直接体现，司法适用中应当注意妥善把握。

（撰稿人：喻海松）

【链　　接】

最高人民法院
关于充分发挥环境资源审判职能作用
依法惩处盗采矿产资源犯罪的意见

2022年7月1日　　　　　　　　法发〔2022〕19号

党的十八大以来，以习近平同志为核心的党中央把生态文明建设作为关系中华民族永续发展的根本大计，高度重视和持续推进环境资源保护工作。矿产资源是国家的宝贵财富，是人民群众生产、生活的物质基础，是山水林田湖草沙生命共同体的重要组成部分。盗采矿产资源犯罪不仅破坏国家矿产资源及其管理秩序，妨害矿业健康发展，也极易造成生态环境损害，引发安全事故。为充分发挥人民法院环境资源审判职能作用，依法惩处盗采矿产资源犯罪，切实维护矿产资源和生态环境安全，根据有关法律规定，制定本意见。

一、提高政治站位，准确把握依法惩处盗采矿产资源犯罪的根本要求

1. 坚持以习近平新时代中国特色社会主义思想为指导，深入贯彻习近平生态文明思想和习近平法治思想，紧紧围绕党和国家工作大局，用最严格制度、最严密法治筑牢维护矿产资源和生态环境安全的司法屏障。坚持以人民为中心，完整、准确、全面贯彻新发展理念，正确认识和把握惩罚犯罪、保护生态与发展经济、保障民生之间的辩证关系，充分发挥司法的规则引领与价值导向功能，服务经济社会高质量发展。

2. 深刻认识盗采矿产资源犯罪的严重社会危害性，准确把握依法打击盗采矿产资源犯罪的形势任务，增强工作责任感和使命感。严格依法审理各类盗采矿产资源案件，紧盯盗采、运输、销赃等各环节，坚持“全要素、全环节、全链条”标准，确保裁判政治效果、法律效果、社会效果、生态效果相统一。

3. 坚持刑法和刑事诉讼法的基本原则，落实宽严相济刑事政策，依法追究盗采行为人的刑事责任。落实民法典绿色原则及损害担责、全面赔偿原则，注重探索、运用预防性恢复性司法规则，依法认定盗采行为人的民事责任。支持和保障行政主管机关依法行政、严格执法，切实追究盗采行为人的行政责任。贯彻落实全面追责原则，依法妥善协调盗采行为人的刑事、民事、行政责任。

4. 突出打击重点，保持依法严惩态势。落实常态化开展扫黑除恶斗争部署要求，持续依法严惩“沙霸”“矿霸”及其“保护伞”，彻底斩断其利益链条、铲除其滋生土壤。结合环境保护法、长江保护法、黑土地保护法等法律实施，依法严惩在划定生态保护红线区域、大江大河流域、黑土地保护区域以及在禁采区、禁采期实施的盗采矿产资源犯罪。立足维护矿产资源安全与科学开发利用，依法严惩针对战略性稀缺性矿产资源实施的盗采犯罪。

二、正确适用法律，充分发挥依法惩处盗采矿产资源犯罪的职能作用

5. 严格依照刑法第三百四十三条及《最高人民法院、最高人民检察院关于办理非法采矿、破坏性采矿刑事案件适用法律若干问题的解释》（以下简称《解释》）的规定，对盗采矿产资源行为定罪量刑。对犯罪分子主观恶性深、人身危险性大，犯罪情节恶劣、后果严重的，坚决依法从严惩处。

6. 正确理解和适用《解释》第二条、第四条第一款、第五条第一款规定，准确把握盗采矿产资源行为入罪的前提条件。对是否构成“未取得采矿许可证”情形，要在综合考量案件具体事实、情节的基础上依法认定。

7. 正确理解和适用《解释》第三条、第四条第二款、第五条第二款规定，对实施盗采矿产资源行为同时构成两种以上“情节严重”或者“情节特别严重”情形的，要综合考虑各情节，精准量刑。对在河道管理范围、海域实施盗采砂石行为的，要充分关注和考虑其危害堤防安全、航道畅通、通航安全或者造成岸线破坏等因素。

8. 充分关注和考虑实施盗采矿产资源行为对生态环境的影响，加强生态环境保护力度。对具有破坏生态环境情节但非依据生态环境损害严重程度确定法定刑幅度的，要酌情从重处罚。盗采行为人积极修复生态环境、赔偿损失的，可以依法从轻或者减轻处罚；符合《解释》第十条规定的，可以免予刑事处罚。

9. 正确理解和适用《解释》第十三条规定，准确把握矿产品价值认定规则。为获取非法利益而对矿产品进行加工、保管、运输的，其成本支出一般不从销赃数额中扣除。销赃数额与评估、鉴定的矿产品价值不一致的，要结合案件的具体事实、情节作出合理认定。

10. 依法用足用好罚金刑，提高盗采矿产资源犯罪成本，要综合考虑矿产品价值或者造成矿产资源破坏的价值、生态环境损害程度、社会影响等情节决定罚金数额。法律、行政法规对同类盗采矿产资源行为行政罚款标准有规定的，决定罚金数额时可以参照行政罚款标准。盗采行为人就同一事实已经支付了生态环境损害赔偿金、修复费用的，决定罚金数额时可予酌情考虑，但不能直接抵扣。

11. 准确理解和把握刑法第七十二条规定，依法正确适用缓刑。对盗采矿

产资源犯罪分子具有“涉黑”“涉恶”或者属于“沙霸”“矿霸”，曾因非法采矿或者破坏性采矿受过刑事处罚，与国家工作人员相互勾结实施犯罪或者以行贿等非法手段逃避监管，毁灭、伪造、隐藏证据或者转移财产逃避责任，或者数罪并罚等情形的，要从严把握缓刑适用。依法宣告缓刑的，可以根据犯罪情况，同时禁止犯罪分子在缓刑考验期限内从事与开采矿产资源有关的特定活动。

12. 准确理解和把握法律关于共同犯罪的规定，对明知他人盗采矿产资源，而为其提供重要资金、工具、技术、单据、证明、手续等便利条件或者居间联络，结合全案证据可以认定为形成通谋的，以共同犯罪论处。

13. 正确理解和适用《解释》第十二条规定，加强涉案财物处置力度。对盗采矿产资源犯罪的违法所得及其收益，用于盗采矿产资源犯罪的专门工具和供犯罪所用的本人财物，坚决依法追缴、责令退赔或者没收。对在盗采、运输、销赃等环节使用的机械设备、车辆、船舶等大型工具，要综合考虑案件的具体事实、情节及工具的属性、权属等因素，依法妥善认定是否用于盗采矿产资源犯罪的专门工具。

14. 依法妥善审理国家规定的机关或者法律规定的组织提起的生态环境保护附带民事公益诉讼，综合考虑盗采行为人的刑事责任与民事责任。既要依法全面追责，又要关注盗采行为人的担责能力，保证裁判的有效执行。鼓励根据不同环境要素的修复需求，依法适用劳务代偿、补种复绿、替代修复等多种修复责任承担方式，以及代履行、公益信托等执行方式。支持各方依法达成调解协议，鼓励盗采行为人主动、及时承担民事责任。

三、坚持多措并举，健全完善有效惩治盗采矿产资源犯罪的制度机制

15. 完善环境资源审判刑事、民事、行政审判职能“三合一”体制，综合运用刑事、民事、行政法律手段惩治盗采矿产资源犯罪，形成组合拳。推进以湿地、森林、海洋等生态系统，或者以国家公园、自然保护区等生态功能区为单位的环境资源案件跨行政区划集中管辖，推广人民法院之间协商联动合作模式，努力实现一体化司法保护和法律统一适用。全面加强队伍专业能力建设，努力培养既精通法律法规又熟悉相关领域知识的专家型法官，不断提升环境资源审判能力水平。

16. 加强与纪检监察机关、检察机关、公安机关、行政主管机关的协作配合，推动构建专业咨询和信息互通渠道，建立健全打击盗采矿产资源行政执法与刑事司法衔接长效工作机制，有效解决专业性问题评估、鉴定，涉案物品保管、移送和处理，案件信息共享等问题。依法延伸审判职能，积极参与综合治理工作，对审判中发现的违法犯罪线索、监管疏漏等问题，及时向有关单位移送、通报，必要时发送司法建议，形成有效惩治合力。

17. 因应信息化发展趋势，以人工智能、大数据、区块链为依托，促进信息技术与执法办案、调查研究深度融合，提升环境资源审判的便捷性、高效性和透明度。加速建设全国环境资源审判信息平台，构建上下贯通、横向联通的全国环境资源审判“一张网”，为实现及时、精准惩处和预防盗采矿产资源犯罪提供科技支持。

18. 落实人民陪审员参加盗采矿产资源社会影响重大的案件和公益诉讼案件审理的制度要求，积极发挥专业人员在专业事实查明中的作用，充分保障人民群众知情权、参与权和监督权。着力提升巡回审判、典型案例发布等制度机制的普法功能，深入开展法治宣传和以案释法工作，积极营造依法严惩盗采矿产资源犯罪的社会氛围，引导人民群众增强环境资源保护法治意识，共建天蓝、地绿、水清的美丽家园。

最高人民法院
关于审理破坏森林资源刑事案件适用法律若干问题的解释

法释〔2023〕8号

（2023年6月19日最高人民法院审判委员会第1891次会议通过 2023年8月13日最高人民法院公告公布 自2023年8月15日起施行）

为依法惩治破坏森林资源犯罪，保护生态环境，根据《中华人民共和国刑法》、《中华人民共和国刑事诉讼法》、《中华人民共和国森林法》等法律的有关规定，现就审理此类刑事案件适用法律的若干问题解释如下：

第一条 违反土地管理法规，非法占用林地，改变被占用林地用途，具有下列情形之一的，应当认定为刑法第三百四十二条规定的造成林地"毁坏"：

（一）在林地上实施建窑、建坟、建房、修路、硬化等工程建设的；

（二）在林地上实施采石、采砂、采土、采矿等活动的；

（三）在林地上排放污染物、堆放废弃物或者进行非林业生产、建设，造成林地被严重污染或者原有植被、林业生产条件被严重破坏的。

实施前款规定的行为，具有下列情形之一的，应当认定为刑法第三百四十二条规定的"数量较大，造成耕地、林地等农用地大量毁坏"：

（一）非法占用并毁坏公益林地五亩以上的；

（二）非法占用并毁坏商品林地十亩以上的；

（三）非法占用并毁坏的公益林地、商品林地数量虽未分别达到第一项、第二项规定标准，但按相应比例折算合计达到有关标准的；

（四）二年内曾因非法占用农用地受过二次以上行政处罚，又非法占用林地，数量达到第一项至第三项规定标准一半以上的。

第二条 违反国家规定，非法采伐、毁坏列入《国家重点保护野生植物名录》的野生植物，或者非法收购、运输、加工、出售明知是非法采伐、毁坏的上述植物及其制品，具有下列情形之一的，应当依照刑法第三百四十四条的规定，以危害国家重点保护植物罪定罪处罚：

（一）危害国家一级保护野生植物一株以上或者立木蓄积一立方米以上的；

（二）危害国家二级保护野生植物二株以上或者立木蓄积二立方米以上的；

（三）危害国家重点保护野生植物，数量虽未分别达到第一项、第二项规定标准，但按相应比例折算合计达到有关标准的；

（四）涉案国家重点保护野生植物及其制品价值二万元以上的。

实施前款规定的行为，具有下列情形之一的，应当认定为刑法第三百四十四条规定的“情节严重”：

（一）危害国家一级保护野生植物五株以上或者立木蓄积五立方米以上的；

（二）危害国家二级保护野生植物十株以上或者立木蓄积十立方米以上的；

（三）危害国家重点保护野生植物，数量虽未分别达到第一项、第二项规定标准，但按相应比例折算合计达到有关标准的；

（四）涉案国家重点保护野生植物及其制品价值二十万元以上的；

（五）其他情节严重的情形。

违反国家规定，非法采伐、毁坏古树名木，或者非法收购、运输、加工、出售明知是非法采伐、毁坏的古树名木及其制品，涉案树木未列入《国家重点保护野生植物名录》的，根据涉案树木的树种、树龄以及历史、文化价值等因素，综合评估社会危害性，依法定罪处罚。

第三条 以非法占有为目的，具有下列情形之一的，应当认定为刑法第三百四十五条第一款规定的“盗伐森林或者其他林木”：

（一）未取得采伐许可证，擅自采伐国家、集体或者他人所有的林木的；

（二）违反森林法第五十六条第三款的规定，擅自采伐国家、集体或者他人所有的林木的；

（三）在采伐许可证规定的地点以外采伐国家、集体或者他人所有的林木的。

不以非法占有为目的，违反森林法的规定，进行开垦、采石、采砂、采土或者其他活动，造成国家、集体或者他人所有的林木毁坏，符合刑法第二百七十五条规定的，以故意毁坏财物罪定罪处罚。

第四条 盗伐森林或者其他林木，涉案林木具有下列情形之一的，应当认定为刑法第三百四十五条第一款规定的“数量较大”：

（一）立木蓄积五立方米以上的；

（二）幼树二百株以上的；

（三）数量虽未分别达到第一项、第二项规定标准，但按相应比例折算合计达到有关标准的；

（四）价值二万元以上的。

实施前款规定的行为，达到第一项至第四项规定标准十倍、五十倍以上的，应当分别认定为刑法第三百四十五条第一款规定的“数量巨大”、“数量特别巨大”。

实施盗伐林木的行为，所涉林木系风倒、火烧、水毁或者林业有害生物等自然原因死亡或者严重毁损的，在决定应否追究刑事责任和裁量刑罚时，应当从严把握；情节显著轻微危害不大的，不作为犯罪处理。

第五条 具有下列情形之一的，应当认定为刑法第三百四十五条第二款规定的“滥伐森林或者其他林木”：

（一）未取得采伐许可证，或者违反采伐许可证规定的时间、地点、数量、树种、方式，任意采伐本单位或者本人所有的林木的；

（二）违反森林法第五十六条第三款的规定，任意采伐本单位或者本人所有的林木的；

（三）在采伐许可证规定的地点，超过规定的数量采伐国家、集体或者他人所有的林木的。

林木权属存在争议，一方未取得采伐许可证擅自砍伐的，以滥伐林木论处。

第六条 滥伐森林或者其他林木，涉案林木具有下列情形之一的，应当认定为刑法第三百四十五条第二款规定的“数量较大”：

（一）立木蓄积二十立方米以上的；

（二）幼树一千株以上的；

（三）数量虽未分别达到第一项、第二项规定标准，但按相应比例折算合计达到有关标准的；

（四）价值五万元以上的。

实施前款规定的行为，达到第一项至第四项规定标准五倍以上的，应当认定为刑法第三百四十五条第二款规定的“数量巨大”。

实施滥伐林木的行为，所涉林木系风倒、火烧、水毁或者林业有害生物等自然原因死亡或者严重毁损的，一般不以犯罪论处；确有必要追究刑事责任的，应当从宽处理。

第七条 认定刑法第三百四十五条第三款规定的“明知是盗伐、滥伐的林木”，应当根据涉案林木的销售价格、来源以及收购、运输行为违反有关规定等情节，结合行为人的职业要求、经历经验、前科情况等作出综合判断。

具有下列情形之一的，可以认定行为人明知是盗伐、滥伐的林木，但有相反证据或者能够作出合理解释的除外：

（一）收购明显低于市场价格出售的林木的；

（二）木材经营加工企业伪造、涂改产品或者原料出入库台账的；

（三）交易方式明显不符合正常习惯的；

（四）逃避、抗拒执法检查的；

（五）其他足以认定行为人明知的情形。

第八条 非法收购、运输明知是盗伐、滥伐的林木，具有下列情形之一的，应当认定为刑法第三百四十五条第三款规定的“情节严重”：

（一）涉案林木立木蓄积二十立方米以上的；

（二）涉案幼树一千株以上的；

（三）涉案林木数量虽未分别达到第一项、第二项规定标准，但按相应比例折算合计达到有关标准的；

（四）涉案林木价值五万元以上的；

（五）其他情节严重的情形。

实施前款规定的行为，达到第一项至第四项规定标准五倍以上或者具有其他特别严重情节的，应当认定为刑法第三百四十五条第三款规定的“情节特别严重”。

第九条 多次实施本解释规定的行为，未经处理，且依法应当追诉的，数量、数额累计计算。

第十条 伪造、变造、买卖采伐许可证，森林、林地、林木权属证书以及占用或者征用林地审核同意书等国家机关批准的林业证件、文件构成犯罪的，依照刑法第二百八十条第一款的规定，以伪造、变造、买卖国家机关公文、证件罪定罪处罚。

买卖允许进出口证明书等经营许可证明，同时构成刑法第二百二十五条、第二百八十条规定之罪的，依照处罚较重的规定定罪处罚。

第十一条 下列行为，符合刑法第二百六十四条规定的，以盗窃罪定罪处罚：

（一）盗窃国家、集体或者他人所有并已经伐倒的树木的；

（二）偷砍他人在自留地或者房前屋后种植的零星树木的。

非法实施采种、采脂、掘根、剥树皮等行为，符合刑法第二百六十四条规定的，以盗窃罪论处。在决定应否追究刑事责任和裁量刑罚时，应当综合考虑对涉案林木资源的损害程度以及行为人获利数额、行为动机、前科情况等情节；认为情节显著轻微危害不大的，不作为犯罪处理。

第十二条 实施破坏森林资源犯罪，具有下列情形之一的，从重处罚：

（一）造成林地或者其他农用地基本功能丧失或者遭受永久性破坏的；

（二）非法占用自然保护地核心保护区内的林地或者其他农用地的；

（三）非法采伐国家公园、国家级自然保护区内的林木的；

（四）暴力抗拒、阻碍国家机关工作人员依法执行职务，尚不构成妨害公务罪、袭警罪的；

（五）经行政主管部门责令停止违法行为后，继续实施相关行为的。

实施本解释规定的破坏森林资源行为，行为人系初犯，认罪认罚，积极通过补种树木、恢复植被和林业生产条件等方式修复生态环境，综合考虑涉案林地的类型、数量、生态区位或者涉案植物的种类、数量、价值，以及行为人获利数额、行为手段等因素，认为犯罪情节轻微的，可以免予刑事处罚；认为情节显著轻微危害不大的，不作为犯罪处理。

第十三条 单位犯刑法第三百四十二条、第三百四十四条、第三百四十五条规定之罪的，依照本解释规定的相应自然人犯罪的定罪量刑标准，对直接负责的主管人员和其他直接责任人员定罪处罚，并对单位判处罚金。

第十四条 针对国家、集体或者他人所有的国家重点保护植物和其他林木实施犯罪的违法所得及其收益，应当依法追缴或者责令退赔。

第十五条 组织他人实施本解释规定的破坏森林资源犯罪的，应当按照其组织实施的全部罪行处罚。

对于受雇佣为破坏森林资源犯罪提供劳务的人员，除参与利润分成或者领取高额固定工资的以外，一般不以犯罪论处，但曾因破坏森林资源受过处罚的除外。

第十六条 对于实施本解释规定的相关行为未被追究刑事责任的行为人，依法应当给予行政处罚、政务处分或者其他处分的，移送有关主管机关处理。

第十七条 涉案国家重点保护植物或者其他林木的价值，可以根据销赃数额认定；无销赃数额，销赃数额难以查证，或者根据销赃数额认定明显不合理的，根据市场价格认定。

第十八条 对于涉案农用地类型、面积，国家重点保护植物或者其他林木的种类、立木蓄积、株数、价值，以及涉案行为对森林资源的损害程度等问题，可以由林业主管部门、侦查机关依据现场勘验、检查笔录等出具认定意见；难以确定的，依据鉴定机构出具的鉴定意见或者下列机构出具的报告，结合其他证据作出认定：

（一）价格认证机构出具的报告；

（二）国务院林业主管部门指定的机构出具的报告；

（三）地、市级以上人民政府林业主管部门出具的报告。

第十九条 本解释所称“立木蓄积”的计算方法为：原木材积除以该树种的出材率。

本解释所称“幼树”，是指胸径五厘米以下的树木。

滥伐林木的数量，应当在伐区调查设计允许的误差额以上计算。

第二十条 本解释自 2023 年 8 月 15 日起施行。本解释施行后，《最高人民法院关于滥伐自己所有权的林木其林木应如何处理的问题的批复》（法复〔1993〕5 号)、《最高人民法院关于审理破坏森林资源刑事案件具体应用法律若干问题的解释》(法释〔2000〕36 号)、《最高人民法院关于在林木采伐许可证规定的地点以外采伐本单位或者本人所有的森林或者其他林木的行为如何适用法律问题的批复》(法释〔2004〕3 号)、《最高人民法院关于审理破坏林地资源刑事案件具体应用法律若干问题的解释》（法释〔2005〕15 号）同时废止；之前发布的司法解释与本解释不一致的，以本解释为准。

【解 读】

解读《最高人民法院关于审理破坏森林资源刑事案件适用法律若干问题的解释》

2023年8月14日，最高人民法院发布《关于审理破坏森林资源刑事案件适用法律若干问题的解释》（法释〔2023〕8号，以下简称本解释），自2023年8月15日（首个全国生态日）起施行。本解释的施行，对于依法惩治破坏森林资源犯罪，扎实推进生态文明建设，加快建设美丽中国，必将发挥重要作用。为便于司法实践中正确理解和适用，现就本解释的制定背景、起草中的主要考虑和主要内容介绍如下。

一、本解释的制定背景

森林是陆地生态系统的主体和重要资源，是人类生存发展的重要生态屏障。党的十八大以来，习近平总书记站在中华民族永续发展的高度，大力推动生态文明理论创新、实践创新、制度创新，形成了习近平生态文明思想，为生态文明建设提供了根本遵循和行动指南。习近平总书记高度重视森林资源保护，在参加首都义务植树活动时指出："森林是水库、钱库、粮库，现在应该再加上一个'碳库'"，并要求"把我国森林资源培育好、保护好、发展好，努力建设美丽中国"。

人民法院高度重视森林资源司法保护。最高人民法院先后于2000年11月发布《关于审理破坏森林资源刑事案件具体应用法律若干问题的解释》（法释〔2000〕36号，以下简称《2000年森林解释》），于2004年3月发布《关于在林木采伐许可证规定的地点以外采伐本单位或者本人所有的森林或者其他林木的行为如何适用法律问题的批复》（法释〔2004〕3号，以下简称《2004年批复》），于2005年12月发布《关于审理破坏林地资源刑事案件具体应用法律若干问题的解释》（法释〔2005〕15号，以下简称《2005年林地解释》）。此外，早在1993年7月最高人民法院发布的《关于滥伐自己所有权的林木其林木应如何处理的问题的批复》（法复〔1993〕5号，以下简称《1993年批复》）仍在适用之中。上述司法解释对危害国家重点保护植物罪（原为"非法采伐、毁坏珍贵树木罪"）、盗伐林木罪、滥伐林木罪、非法占用农用地罪等破坏森林资源犯罪的定罪量刑标准和有关法律适用问题作出了规定。地方各级人民法院依照刑法和上述司法解释的规定，依法惩治各类破坏森林资源犯罪。近五年（2018

年至 2022 年）来，全国法院共审结相关刑事案件 64788 件、生效判决人数 82704 人：其中，危害国家重点保护植物刑事案件 4171 件、5521 人；盗伐林木刑事案件 8239 件、11622 人；滥伐林木刑事案件 30711 件、40104 人，为有效保护森林资源，推进生态文明建设，作出了应有贡献。

近年来，涉森林资源保护的法律规范不断完善。例如，2002 年，《刑法修正案（四）》对原《刑法》第三百四十四条规定的非法采伐、毁坏珍贵树木罪和第三百四十五条规定的非法收购盗伐、滥伐的林木罪作了修改。2019 年，《森林法》作出全面修订，涉及森林权属、森林分类、林木采伐等多个方面的规定。法律修改后，司法解释需要作相应调整。与此同时，实践反映，涉森林资源刑事案件具有多样性、复杂性，已有司法解释在有的方面不完全适应此类案件特点，也需要作出修改完善。

鉴此，为进一步强化森林资源司法保护，有效解决司法实践问题，最高人民法院在最高人民检察院、公安部、农业农村部、国家林业和草原局等有关部门的大力支持下，经深入调查研究、广泛征求意见、反复论证完善，制定了本解释。本解释于 2023 年 6 月 19 日由最高人民法院审判委员会第 1891 次会议审议通过，自 2023 年 8 月 15 日起施行。本解释是最高人民法院认真学习、深入贯彻习近平总书记在全国生态环境保护大会上重要讲话精神，健全美丽中国建设法治保障的具体举措，具有重要意义。

二、本解释起草中的主要考虑

本解释坚持以习近平新时代中国特色社会主义思想为指导，深入贯彻习近平生态文明思想和习近平法治思想，坚持依法解释、坚持宽严相济、坚持“惩”“治”结合，对破坏森林资源犯罪的定罪量刑标准和有关法律适用问题作了统一规定。为确保本解释最大限度发挥保护森林资源的功能作用，起草过程中着重把握了如下几点：

一是严密刑事法网，强化森林生态全面保护。考虑到森林资源由林木和林地共同构成。破坏森林资源犯罪，既包括危害国家重点保护植物、盗伐林木、滥伐林木等林木犯罪，也包括非法占用林地犯罪，为全面有效保护森林资源，便于司法实务办案，本解释对既有 4 个涉林犯罪司法解释加以整合，形成了统一的司法解释，强化对森林资源的一体保护。在此基础上，本解释根据《刑法》和相关法律的规定，对相关犯罪的定罪量刑标准作出全面、系统规定，将“用最严格制度最严密法治保护生态环境”的要求落到实处，彰显严惩立场，强化全面保护。

二是坚持问题导向，有效回应实践关切。实践反映，对于破坏森林资源刑事案件，在法律适用、政策把握方面存在一些争议问题，困扰司法实践。例如，不以非法占有为目的，非法采伐国家、集体或者他人所有林木的，应当如何定性；再如，未取得采伐许可，擅自砍伐风倒、火烧、水毁或者枯死的林木的，应当如何依法妥当处理，等等。为指导司法实践，统一法律适用，本解释对相关问题作出了明确。

三是贯彻从“治罪”到“治理”理念，促进森林生态有效修复。本解释专门将“积极通过补种树木、恢复植被和林业生产条件等方式修复生态环境”明确为从宽处理的重要考量因素，以引导行为人积极采取补救措施，从“森林资源破坏者”转变为“森林生态修复者”。这既是落实从“治罪”到“治理”理念的具体举措，也是宽严相济、恢复性司法的当然要求，对促进森林生态有效修复具有重要意义。

三、本解释的主要内容

本解释依照《刑法》《刑事诉讼法》《森林法》等法律的有关规定，针对当前办案实践反映的情况和问题，对相关破坏森林资源犯罪的定罪量刑标准和有关法律适用问题作了全面系统的规定。本解释共 20 条，主要可以归纳为如下十个方面的问题。

（一）关于非法占用林地犯罪的定罪量刑标准

《刑法》第三百四十二条规定：“违反土地管理法规，非法占用耕地、林地等农用地，改变被占用土地用途，数量较大，造成耕地、林地等农用地大量毁坏的，处五年以下有期徒刑或者拘役，并处或者单处罚金。”《2005 年林地解释》对“数量较大，造成林地大量毁坏”的适用情形一并作了规定。根据 2019 年修订《森林法》的相关规定，结合实践反映的问题，本解释第一条对“毁坏”的具体情形和“大量毁坏”的认定标准分别作出规定。具体而言：

1. 明确林地“毁坏”的具体情形

（1）在林地上实施“建窑、建坟、建房、修路、硬化等工程建设”或者“采石、采砂、采土、采矿等活动”，须以覆盖、挖掘等方式使用土地资源，均会对土壤的种植条件造成严重破坏，恢复成本巨大甚至无法恢复，鉴此，本解释第一条第一款第一项、第二项将该两种情形规定为“毁坏”林地的情形。

（2）针对实践反映的问题，本解释第一条第一款第三项将“在林地上排放污染物、堆放废弃物或者进行非林业生产、建设，造成林地被严重污染或者原有植被、林业生产条件被严重破坏的”，亦明确为“毁坏”林地的情形。适用中需要注意的是，相关排放污染物的行为破坏林地的程度存在实际差异，纳入刑法规制的仅限于“造成林地被严重污染”，修复成本巨大甚至难以修复的情形。

2. 明确“数量较大，造成林地大量毁坏”的认定标准

（1）区分林地类型明确入罪数量标准。《森林法》第六条规定对公益林和商品林实行分类经营管理，第四十七条进一步规定：“国家根据生态保护的需

要，将森林生态区位重要或者生态状况脆弱，以发挥生态效益为主要目的的林地和林地上的森林划定为公益林。未划定为公益林的林地和林地上的森林属于商品林。”据此，本解释第一条第二款将《2005年林地解释》规定的“防护林地、特种用途林地”调整为“公益林地”，将“其他林地”调整为“商品林地”；同时，沿用相关数量标准。具体而言，将“非法占用并毁坏公益林地五亩以上的”“非法占用并毁坏商品林地十亩以上的”分别规定为“造成耕地、林地等农用地大量毁坏”的适用情形，以更好地衔接前置法规定，完善对林地资源的司法保护。

（2）明确入罪数量的折算规则。根据《2005年林地解释》第一条规定，非法占用不同类型的林地，“数量分别达到相应规定的数量标准的百分之五十以上”以及“其中一项数量达到相应规定的数量标准的百分之五十以上，且两项数量合计达到该项规定的数量标准”，构成非法占用农用地罪。本解释对上述规定作了整合、修改，规定“非法占用并毁坏的公益林地、商品林地数量虽未分别达到第一项、第二项规定标准，但按相应比例折算合计达到有关标准的”，为“造成耕地、林地等农用地大量毁坏”的情形之一。例如，行为人非法占用并毁坏公益林地4亩（5亩入罪标准的80%），同时，又非法占用并毁坏商品林地3亩（10亩入罪标准的30%），则按比例折算合计达到110%，应当认定为符合非法占用林地“数量较大，造成林地大量毁坏”的适用条件。

（3）明确多次非法占用林地入罪数量减半。实践中，多次少量非法占用林地的行为具有一定普遍性，行为人屡罚屡犯、蚕食林地资源，需要依法规制。为此，本解释第一条第二款第四项将“二年内曾因非法占用农用地受过二次以上行政处罚，又非法占用林地，数量达到第一项至第三项规定标准一半以上的”，属于“造成耕地、林地等农用地大量毁坏”。

（二）关于危害国家重点保护植物罪的定罪量刑标准

《2000年森林解释》根据当时《刑法》规定，对《刑法》第三百四十四条规定的非法采伐、毁坏珍贵树木“情节严重”的认定标准作了明确。《刑法修正案（四）》对《刑法》第三百四十四条作了修改完善，一是将行为对象由“珍贵树木”修改为“珍贵树木或者国家重点保护的其他植物及其制品”；二是将行为方式由“非法采伐、毁坏”修改为“非法采伐、毁坏”“非法收购、运输、加工、出售”。根据修改后刑法的规定，结合司法实践突出问题，本解释进一步完善了危害国家重点保护植物罪的定罪量刑标准，具体而言：

1. 增加规定入罪门槛

“情节严重”系危害国家重点保护植物罪的升档量刑标准，对于入罪门槛，《2000年森林解释》未作规定。考虑到国家重点保护植物范围大、种类多，相关植物保护级别有异、珍稀程度不同。对于珍稀程度相对较低的国家二级保护野生植物，尤其是草本植物、灌木而言，“一株即入罪”失之过重，与社会公众一般认知存在差距，影响案件办理效果，为贯彻罪责刑相适应原则，防止刑事处罚泛化，本解释为危害国家重点保护植物罪设置了入罪门槛。

2. 区分保护级别设置定罪量刑标准

2021 年新调整的《名录》共列入国家重点保护野生植物 455 种和 40 类；与 1999 年发布的名录相比，仅新增的就达 268 种和 32 类，占比接近 60%，物种数量大幅增加，物种之间的差异性进一步凸显。对于不同等级的国家重点保护的野生植物，适用相同的定罪处罚标准，难以实现罪责刑相适应，亦不符合社会公众的一般认知。基于此，本解释第二条区分保护级别，针对危害国家重点保护的野生植物的行为，分别设置相应的定罪量刑标准，将危害国家一级保护野生植物的入罪标准确定为“一株以上或者立木蓄积一立方米以上”，将危害国家二级保护野生植物的入罪标准确定为“二株以上或者立木蓄积二立方米以上”；相应地，将升档量刑标准分别确定为“危害国家一级保护野生植物五株以上或者立木蓄积五立方米以上”“危害国家二级保护野生植物十株以上或者立木蓄积十立方米以上”。

3. 增设定罪量刑价值标准

对于非法采伐、毁坏珍贵树木行为的定罪量刑标准，《2000 年森林解释》主要按照株数和立木蓄积确定。实践反映，立木蓄积等主要适用于乔木，对于国家重点保护的灌木、苔藓等植物，不能也不宜适用相关标准。为避免形成处罚漏洞，进一步严密对国家重点保护植物的司法保护，本解释第二条增设价值标准，将危害国家重点保护植物罪的入罪标准确定为“涉案国家重点保护野生植物及其制品价值二万元以上的”；将升档量刑标准确定为“涉案国家重点保护野生植物及其制品价值二十万元以上的”。

4. 规定危害古树名木行为的处理规则

《城市绿化条例》第二十四条第一款规定“百年以上树龄的树木，稀有、珍贵树木，具有历史价值或者重要纪念意义的树木，均属古树名木。”古树名木系野生且同时列入《名录》的，属于国家重点保护的野生植物，可区分保护级别直接适用本解释第二条第一、二款规定的相应株数、立木蓄积标准。古树名木系人工种植的，或者虽为野生但未列入《名录》的，则不属于国家重点保护的野生植物，无法适用本解释第二条第一、二款的规定。

根据《城市绿化条例》规定，由“城市人民政府城市绿化行政主管部门”“建立古树名木的档案和标志，划定保护范围”。实践中，对于古树名木的保护管理，存在不同。对于古树，各地因地制宜，结合当地森林资源及其保护实际划分了相应级别，划分标准不尽一致，有的划为两档，有的划为三档。例如，《北京市古树名木保护管理条例》规定：“凡树龄在三百年以上的树木为一级古树；其余的为二级古树。”《四川省古树名木条例》则规定：“树龄五百年以上的树木为一级古树”“树龄三百年以上不满五百年的树木为二级古树”“树龄一百年以上不满三百年的树木为三级古树”。对于名木，则主要依据历史文化和纪念意义确定，一般未专门划分级别。

为此，本解释第二条第三款规定：“违反国家规定，非法采伐、毁坏古树名木，或者非法收购、运输、加工、出售明知是非法采伐、毁坏的古树名木及其制品，涉案树木未列入《国家重点保护野生植物名录》的，根据涉案树木的树种、树龄以及历史、文化价值等因素，综合评估社会危害性，依法定罪处罚。”实践中，对于危害此类古树名木的行为，应当综合涉案树木的树龄、种类及生态、历史、文化价值等，恰当评价社会危害性，依法妥当处理。

需要说明的是，《最高人民法院、最高人民检察院关于适用〈中华人民共和国刑法〉第三百四十四条有关问题的批复》（法释〔2020〕2号）规定：“古树名木以及列入《国家重点保护野生植物名录》的野生植物，属于刑法第三百四十四条规定的‘珍贵树木或者国家重点保护的其他植物’。”“人工培育的植物，除古树名木外，不属于刑法第三百四十四条规定的‘珍贵树木或者国家重点保护的其他植物’。”对于危害国家重点保护植物罪的对象范围，继续适用这一批复。

（三）关于盗伐林木罪的定罪量刑标准

根据《刑法》第三百四十五条第一款的规定，盗伐林木罪有三档法定刑，最高可以判处十五年有期徒刑。根据森林法修改情况，针对司法实践反映的突出问题，本解释第三条对盗伐林木行为的定性，以及盗伐林木罪“数量较大”“数量巨大”“数量特别巨大”的三档量刑标准作出进一步完善，具体而言：

1. 关于盗伐林木的认定

（1）盗伐林木的主观目的。《2000年森林解释》将“以非法占有为目的”作为盗伐林木罪的主观要件，本解释起草过程中，有意见主张，未经许可、擅自砍伐他人林木的行为，无论是否以非法占有为目的，均同时侵犯了林木所有权和采伐许可制度，故均应当定性为盗伐林木。经研究认为，盗伐林木具有盗窃的一般属性，也应当以非法占有为目的；对于不以非法占有为目的，违反森林法的规定，进行开垦、采石、采砂、采土或者其他活动，造成国家、集体或者他人所有的林木毁坏的，以故意毁坏财物罪论处更为适当。为此，本解释第三条对相关问题作出了明确。

（2）盗伐林木的行为方式。本解释第三条第一款规定了三种情形，一是“未取得采伐许可证，擅自采伐国家、集体或者他人所有的林木的”，二是“违反森林法第五十六条第三款的规定，擅自采伐国家、集体或者他人所有的林木的”，三是“在采伐许可证规定的地点以外采伐国家、集体或者他人所有的林木的”。

需要说明的是：其一，《森林法》第五十六条第三款规定：“非林地上的农田防护林、防风固沙林、护路林、护岸护堤林和城镇林木等的更新采伐，由有关主管部门按照有关规定管理。”对于上述林木的采伐，《公路法》《防洪法》《防沙治沙法》《城市绿化条例》等规定了专门的审批管理制度。例如，《公路法》第四十二条第二款规定：“公路用地上的树木……应当经县级以上地方人民政府交通主管部门同意后，依照《中华人民共和国森林法》的规定办理审批手续……”；《防洪法》第二十五条规定：“……采伐护堤护岸林木的，应当依法办理采伐许可手续……”；《城市绿化条例》第二十条第二款规定：“砍伐城市树木，必须经城市人民政府城市绿化行政主管部门批准，并按照国家有关规定补植树木或者采取其他补救措施。”根据上述规定，未经相关主管部门批准，擅自采伐森林法第五十六条第三款规定的农田防护林、防风固沙林、护路林、护岸护堤林等非林地上的林木，违反了相关法律法规关于林木采伐的专门规定，与未经林业部门许可擅自采伐森林一样，均破坏了国家林木管理制度。基于此，本解释将上述情形亦纳入盗伐林木罪规制范围。其二，《森林法》第十七条规定：“集体所有和国家所有依法由农民集体使用的林地实行承包经营的，承包方享有林地承包经营权和承包林地上的林木所有权，合同另有约定的从其约定。”第二十条第三款规定：“集体或者个人承包国家所有和集体所有的宜林荒山荒地荒滩营造的林木，归承包的集体或者个人所有；合同另有约定的从其约定。”可见，承包经营的林地，林木所有权通常归承包方所有。由此，本解释删除了《2000年森林解释》有关擅自砍伐“本人承包经营管理的森林或者其他林木”以盗伐林木论的规定。

2. 关于盗伐林木罪的一般定罪量刑标准

《2000年森林解释》对盗伐林木罪的定罪量刑设置了幅度标准，规定，盗伐林木“数量较大”，“以二至五立方米或者幼树一百至二百株为起点”；“数量巨大”，“以二十至五十立方米或者幼树一千至二千株为起点”；“数量特别巨大”，“以一百至二百立方米或者幼树五千至一万株为起点”，并允许各高级人民法院根据本地区的实际情况，在解释规定的数量幅度内，确定本地区执行的具体标准。根据实践反映的问题，结合有关方面意见建议，本解释对上述规定作出完善，具体而言：(1) 取消入罪幅度标准。从各地发布执行的具体标准来看，绝大多数地区采用了数量幅度的下限，使得幅度标准失去因地制宜、区别适用的实际意义。而且，普遍采用最低标准，使得入罪门槛过低、刑事打击面过宽。基于此，本解释第四条第一款取消了入罪的幅度标准，将原有幅度标准的上限作为入罪数量起点，即入罪门槛由盗伐林木立木蓄积“二至五立方米”调整为“五立方米”；幼树“一百至二百株”调整为“二百株”。

(2) 维持升档量刑的倍率。《2000年森林解释》规定将盗伐林木罪的第二档刑适用标准确定为入罪标准的10倍。据统计，近年来，盗伐林木刑事案件判处三年以上有期徒刑的比例为8.2%，与全部刑事案件的刑罚水平基本持平。考虑到盗伐林木罪不仅破坏森林管理秩序，且侵犯权利人对林木的所有权，对升档量刑的标准不宜作大幅提升，故本解释第四条沿用《2000 年森林解释》规定，将第二档刑的适用标准仍规定为入罪标准的 10 倍，第三档刑的适用标准仍规定为入罪标准的 50 倍。

(3) 增设定罪量刑的数量折算规则。根据森林采伐技术规程和林业实践，立木蓄积一般适用于成材的乔木，而胸径 5 厘米以下的幼树没有出材率、无法计算立木蓄积，只能按照株数确定采伐数量。实践中，对于既盗伐成材乔木、又盗伐幼树的情况，如果单独按成材乔木的立木蓄积或者幼树株数均达不到相应标准，则难于追究刑事责任，易形成处罚漏洞，不利于森林资源的严格保护。基于此，本解释第四条第一款第三项增加了盗伐林木立木蓄积与幼树株数折算入罪的规定，将“数量虽未分别达到第一项、第二规定标准，但按相应比例折算合计达到有关标准的”作为盗伐林木“数量较大”入罪标准的适用情形。例如，行为人盗伐松树立木蓄积达到 4 立方米（5 立方米入罪门槛的 80%），同时盗伐胸径不足 5 厘米的幼松 50 株（幼树 200 株入罪门槛的 25%），按比例折算合计达到 105%，应当认定为满足盗伐林木“数量较大”的适用条件。同理，升档量刑也适用相同的折算规则。

(4) 增加规定定罪量刑的价值标准。如前所述，被盗伐的林木，如果既不是幼树（无法按株数计算），也无法计算立木蓄积，案件处理则陷入困境。基于此，经调研论证，本解释第四条第一款第四项增设价值标准，将涉案林木价值“二万元以上”作为盗伐林木“数量较大”的认定情形之一。第二档、第三档量刑的价值标准依照相应倍率分别确定。

此外，对盗伐、滥伐竹林的定罪量刑问题，《2000 年森林解释》授权各高级人民法院参照该司法解释规定，确定本地区的具体标准。2019 年修订《森林法》第五十六条第一款规定：“……采伐自然保护区以外的竹林，不需要申请采伐许可证，但应当符合林木采伐技术规程。”据此，大部分竹林已不属盗伐林木罪、滥伐林木罪的适用对象，规定专门的定罪量刑标准已无必要，故本解释未再沿用原有规定。

3. 关于盗伐灾害受损树木的特殊处理规则

(1) 明确性质认定。实践反映，对于盗伐“风倒、火烧、水毁或者林业有害生物等自然原因死亡或者严重毁损的”林木，应当适用盗伐林木罪还是盗窃罪，实践中存在一定困惑。经研究，本解释第四条第三款明确，盗伐“系风倒、火烧、水毁或者林业有害生物等自然原因死亡或者严重毁损的”林木的，属于盗伐林木。主要考虑：其一，《国家林业局关于未申请林木采伐许可证采伐“火烧枯死木”行为定性的复函》（林函策字〔2003〕15 号）明确：“根据森林法的规定……凡采伐林木，包括采伐‘火烧枯死木’等因自然灾害毁损的林木，都必须申请林木采伐许可证，并按照林木采伐许可证的规定进行采伐……”。据主管部门介绍，之所以有上述要求，是森林资源具有整体性，已死亡或者严重毁损的林木仍具有一定的生态功能，如可防风固沙，或者为野生动物提供栖息之所；森林资源具自然恢复弹性，严重毁损甚至看似已经“死亡”的林木仍然可能重新萌发；林木是否在采伐前确实已经死亡，有时难以识别，如规定采伐此类林木无需许可，则难以避免“浑水摸鱼”，不利于严格保护森林资源。根据上述规定，未经许可，采伐“风倒、火烧、水毁或者林业有害生物等自然原因死亡或者严重毁损的”林木，同样违反采伐许可制度，具有违法性和危害性。其二，从罪责刑相适应原则上看，对于擅自采伐他人所有的上述林木的行为，适用盗窃罪形式上似符合构成要件，但实质对社会危害较轻的行为适用了处罚更重的罪名，将导致罪刑倒挂。

(2) 明确从宽处理规则。考虑到上述林木的生态功能相对较小，对于相关盗伐行为不能与盗伐正常生长的林木“一视同仁”，而应实事求是、区别对待，本解释第四条第三款专门规定“在决定应否追究刑事责任和裁量刑罚时，应当从严把握；情节显著轻微危害不大的，不作为犯罪处理”，以贯彻宽严相济刑事政策精神和罪责刑相适应原则，确保相关案件处理让人民群众充分感受到公平正义。

(四) 关于滥伐林木罪的定罪量刑标准

从案件数量看，滥伐林木刑事案件占全部破坏林木资源刑事案件的近70%，是破坏森林资源犯罪，乃至全部破坏环境资源犯罪的第一大罪名。为确保此类案件依法妥当审理，根据法律修改和实践情况，对照前述关于盗伐林木罪的相关规定，本解释对滥伐林木罪的处理规则作出相应完善。具体而言：

1. 关于滥伐林木行为的认定

本解释第五条对“滥伐森林或者其他林木”作了进一步明确，具体包括三种情形：一是“未取得采伐许可证，或者违反采伐许可证规定的时间、地点、数量、树种、方式，任意采伐本单位或者本人所有的林木的”，二是“违反森林法第五十六条第三款的规定，任意采伐本单位或者本人所有的林木的”，三是“在采伐许可证规定的地点，超过规定的数量采伐国家、集体或者他人所有的林木的”。同时明确，“林木权属存在争议，一方未取得采伐许可证擅自砍伐的，以滥伐林木论处”。

需要说明的是：其一，本解释起草过程中，有意见提出，“在采伐许可证规定的地点，超过规定的数量采伐国家、集体或者他人所有的林木的”（简称“超量采伐”）与“在采伐许可证规定的地点以外采伐国家、集体或者他人所有的林木的”（简称“超地点采伐”）具有实质类似性，均侵犯了他人的林木所有权，也应以盗伐林木论处。经研究认为，上述观点有一定道理，但从对林木所有权的侵害看，超量采伐毕竟不如超地点采伐明显、直接。且《2000年森林解释》将超量采伐规定为滥伐林木已有二十多年，实践未反映有明显不当，故未采纳上述意见。其二，解释起草过程中，有意见认为，对于擅自砍伐权属存在争议的林木的，应当按照查明的实际权属准确定性：如经确权，相关林木本就归行为人所有的，则为滥伐；归他人所有的，则为盗伐。经研究，实践中，受历史遗留原因、相关承包、转让手续不全等因素影响，有的林木权属状况复杂，确权过程耗时较长甚至不断反复，等待最终确权结果不利于案件的及时处理；在权属确实存在争议的情况下，难以认定行为人具有非法占有目的；对上述情形以滥伐林木论处，符合刑法谦抑精神，也是源自《2000 年森林解释》，实践效果良好。故也未采纳这一意见。

2. 关于滥伐林木罪的定罪量刑标准

如前所述，本解释对盗伐林木罪的定罪量刑标准作了调整，基于同样思路，本解释第六条对《刑法》第三百四十五条第二款规定的滥伐林木“数量较大”“数量巨大”的适用情形亦作出相应完善。具体而言：

关于入罪和升档量刑，采用《2000 年森林解释》规定幅度标准的上限，将滥伐林木“数量较大”的标准，由“十至二十立方米或者幼树五百至一千株”调整为“立木蓄积二十立方米以上”“幼树一千株以上”；同时，“数量巨大”的升档量刑标准，沿用《2000 年森林解释》确定的入罪标准的 5 倍倍率。作此调整，应能促进改变目前对滥伐林木行为处罚面偏宽、量刑偏重的问题，更好贯彻罪责刑相适应原则。

明确滥伐林木按照立木蓄积、幼树株数的折算入罪标准，以避免形成处罚漏洞。

对滥伐林木罪的定罪量刑也增设价值标准。对价值标准的设定，考虑与立木蓄积、株数的大致平衡，将入罪数额设定为“五万元”，升档量刑数额仍坚持入罪标准的 5 倍。

行为人擅自砍伐因灾害受损的本人林木，较之擅自砍伐他人所有的此类林木，社会危害性更轻，原则上宜出罪。基于此，本解释第六条第三款规定：“实施滥伐林木的行为，所涉林木系风倒、火烧、水毁或者林业有害生物等自然原因死亡或者严重毁损的，一般不以犯罪论处；确有必要追究刑事责任的，应当从宽处理。”

（五）关于非法收购、运输盗伐、滥伐的林木罪的处理规则

1. 主观明知的认定

根据《刑法》第三百四十五条第三款的规定，非法收购、运输盗伐、滥伐的林木罪以行为人“明知是盗伐、滥伐的林木”为主观要件。为便于司法实践操作，本解释第七条采取“概括+列举”方式对该要件的认定规则作了明确。

（1）明确了主观明知的综合判断规则，本解释第七条第一款规定：“应当根据涉案林木的销售价格、来源以及收购、运输行为违反有关规定等情节，结合行为人的职业要求、经历经验、前科情况等作出综合判断”。

（2）明确了主观明知的推定情形。本解释第七条第二款在《2000 年森林

解释》规定的基础上，列举了五项推定“明知是盗伐、滥伐林木”的具体情形，进一步完善了推定规则：第一，森林法取消了木材加工许可制度，故删去《2000年森林解释》规定的“在非法的木材交易场所或者销售单位收购木材的”情形。第二，鉴于《森林法》第六十五条增加规定了木材经营加工企业应当建立原料和产品出入库台账的制度，故相应增设“木材经营加工企业伪造、涂改产品或者原料出入库台账”的情形。第三，根据执法办案实践，增设“交易方式明显不符合正常习惯”以及“逃避、抗拒执法检查”的情形。本解释起草过程中，有意见根据《森林法》关于任何单位和个人不得收购、加工、运输明知是盗伐、滥伐等非法来源的林木的规定，建议增加“收购、运输没有合法来源证明的林木的”作为主观明知的推定情形。经研究认为，上述规定本身要求行为人对所涉林木来源的非法性具有认知，以此作为认定刑事犯罪主观明知的推定情形，属循环推定，故未采纳这一建议。

2. 定罪量刑标准

本解释第八条在《2000年森林解释》规定基础上，按照涉案林木的立木蓄积、株数和价值，对非法收购、运输盗伐、滥伐的林木“情节严重”“情节特别严重”的认定标准作了明确。

（1）本解释第八条第一款将入罪标准确定为“涉案林木立木蓄积二十立方米以上”“涉案幼树一千株以上”以及“涉案林木价值五万元以上”，与滥伐林木罪的一致；同时，规定了立木蓄积和幼树株数的折算入罪规则，以及兜底项。

（2）按照入罪数量标准的5倍，本解释第八条第二款规定了非法收购、运输盗伐、滥伐的林木罪的升档量刑标准，并作了“具有其他特别严重情节的”兜底规定。

（六）关于涉森林资源关联犯罪的处理规则

1. 关于盗窃林木犯罪的处理规则

盗伐林木犯罪（包括危害国家重点保护植物罪涉及的盗伐国家重点保护的植物的情形）侵害的对象为森林资源，与一般的盗窃对象相比具有特殊性，特别是林木种类繁多、分布广泛，与人民群众生活联系紧密。盗伐林木行为与传统的盗窃等侵财行为相比，背德性、可谴责性相对较小，如果适用盗窃罪，入罪门槛较低、处罚过严，与民众的法感情不符。而且，盗伐林木犯罪主要通过侵犯林木采伐管理制度破坏森林资源，也与盗窃罪在社会危害方面有显著区别。但是，一些涉及林木的盗窃行为，侵犯的主要不是国家对森林资源的管理秩序，而是财产所有权，为确保罚当其罪，则应当适用盗窃罪。基于此，为进一步统一法律适用，本解释第十一条在《2000年森林解释》基础上，对盗窃林木犯罪的处理规则作出完善。具体而言：

（1）涉林木盗窃行为的适用对象。一是“盗窃国家、集体、他人所有并已经伐倒的树木的”。针对已经伐倒的树木实施盗窃，不涉及对采伐许可制度的侵犯，与一般盗窃行为无异，应当适用盗窃罪。二是“偷砍他人在自留地或者房前屋后种植的零星树木的”。根据《森林法》第五十六条的规定，对于农村居民自留地和房前屋后个人所有的零星树木的采伐，不需要办理采伐许可证，即未纳入采伐许可管理范围。偷砍此类树木，侵犯的主要是财产所有权，并不涉及国家的采伐许可制度，故应当适用盗窃罪而非盗伐林木罪。需要注意的是，与自留地上的零星树木不同，《森林法》第五十七条第三款规定：“农村居民采伐自留山和个人承包集体林地上的林木，由县级人民政府林业主管部门或者其委托的乡镇人民政府核发采伐许可证。”

（2）涉林产品盗窃行为的处理规则。实践中，非法采种、采脂、掘根、剥树皮等行为情况复杂。例如，有的涉及山区群众因居住区域被划入自然保护区等保护范围，导致日常生产生活和林业管理发生冲突。对于此类情形应慎重对待，适用盗窃罪须从严把握，宜重点惩治牟利性、经营性行为。应当综合行为动机、获利数额以及对森林资源的实际侵害程度，综合评估社会危害性，不宜当然适用盗窃罪的入罪标准，避免打击过严，背离人民群众的公平正义观念。基于此，本解释第十一条第二款专门规定：“非法实施采种、采脂、掘根、剥树皮等行为，符合刑法第二百六十四条规定的，以盗窃罪论处。在决定应否追究刑事责任和裁量刑罚时，应当综合考虑对涉案林木资源的损害程度以及行为人获利数额、行为动机、前科情况等情节；认为情节显著轻微危害不大的，不作为犯罪处理。”

2. 明确涉林业证件、文件犯罪的处理规则

本解释第十条明确，伪造、变造、买卖采伐许可证，森林、林地、林木权属证书以及占用或者征用林地审核同意书等国家机关批准的林业证件、文件构成犯罪的，以伪造、变造、买卖国家机关公文、证件罪定罪处罚。买卖允许进出口证明书等经营许可证明，同时构成非法经营罪的，择一重罪处断。需要说明的是，根据2019年《森林法》的修订情况，本解释第十条删去了《2000年森林解释》规定的“木材运输证”“育林基金缴费收据”。

3. 删去涉森林资源渎职犯罪的相关规定

《2000年森林解释》《2005年林地解释》还对“违法发放林木采伐许可证罪”“非法批准征收、征用、占用土地罪”等涉森林资源渎职犯罪的定罪量刑标准作了明确。对此，考虑到与其他渎职犯罪定罪量刑标准的协调问题，为确保法律统一适用，本解释不再作出规定，留待未来由其他司法解释统一解决。

此外，《2000年森林解释》还规定了哄抢林木行为的处理规则，考虑到目前实践中未见此类案件，本解释未予沿用。

（七）关于办理破坏森林资源刑事案件的宽严相济规则

1. 明确从重处罚情形

本解释第十二条第一款根据破坏森林资源犯罪的主观恶性、危害后果、行为对象等，设置了从重处罚情形。具体而言，实施破坏森林资源犯罪，具有下列情形之一的，从重处罚：（1）造成林地或者其他农用地基本功能丧失或者遭受永久性破坏的；（2）非法占用自然保护地核心保护区内的林地或者其他农用地的；（3）非法采伐国家公园、国家级自然保护区内的林木的；（4）暴力抗拒、阻碍国家机关工作人员依法执行职务，尚不构成妨害公务罪、袭警罪的；（5）经行政主管部门责令停止违法行为后，继续实施相关行为的。

2. 明确从宽处理规则

本解释第十二条第二款综合行为人认罪认罚、修复生态环境以及涉案植物的种类、数量、价值等因素，规定了从宽处理规则，以贯彻宽严相济的政策要求，依法妥当处理相关案件，确保良好效果，规定："实施本解释规定的破坏森林资源行为，行为人系初犯，认罪认罚，积极通过补种树木、恢复植被和林业生产条件等方式修复生态环境，综合考虑涉案林地的类型、数量、生态区位或者涉案植物的种类、数量、价值，以及行为人获利数额、行为手段等因素，认为犯罪情节轻微的，可以免予刑事处罚；认为情节显著轻微危害不大的，不作为犯罪处理。"

3. 明确破坏森林资源共同犯罪的区别处理规则

实践中，破坏森林资源犯罪往往是多人共同实施，既包括相关犯罪的组织者，也包括受雇佣提供劳务的人员。根据宽严相济刑事政策的要求，应当重点惩治前者；对于后者宜区分情况，根据具体案情适当从宽处理，以体现刑法的谦抑性，避免打击面过大。基于此，本解释第十五条规定："组织他人实施本解释规定的破坏森林资源犯罪的，应当按照其组织实施的全部罪行处罚。""对于受雇佣为破坏森林资源犯罪提供劳务的人员，除参与利润分成或者领取高额固定工资的以外，一般不以犯罪论处，但曾因破坏森林资源受过处罚的除外。"

（八）关于专门性问题的认定规则

1. 关于专门性问题的一般认定规则

涉案农用地类型、面积，国家重点保护植物或者其他林木的种类、立木蓄积、株数、价值，以及涉案行为对森林资源的损害程度等专门性问题，直接关系相关案件的定罪量刑，如何依法妥当认定一直是困扰实践的难题。基于此，本解释第十八条对上述专门性问题的认定规则作出明确，规定："可以由林业主管部门、侦查机关依据现场勘验、检查笔录等出具认定意见"；实践中，可依据此类认定意见，直接对相关专门性问题作出认定。同时规定："难以确定的，依据鉴定机构出具的鉴定意见或者下列机构出具的报告，结合其他证据作出认定：（一）价格认证机构出具的报告；（二）国务院林业主管部门指定的机构出具的报告；（三）地、市级以上人民政府林业主管部门出具的报告。”

2. 关于相关植物的价值认定规则

价值认定亦属专门性问题之一。对于涉案国家重点保护植物或者其他林木的价值，本解释第十七条专门明确了认定规则，规定：“涉案国家重点保护植物或者其他林木的价值，可以根据销赃数额认定；无销赃数额，销赃数额难以查证，或者根据销赃数额认定明显不合理的，根据市场价格认定。”本解释起草过程中，有意见提出，对于国家重点保护植物的价值，根据销赃数额认定，可能造成认定价值过低，不利于对此类植物的严格保护。经研究，维持现有规定，主要考虑：第一，从司法实践来看，大多数危害国家重点保护植物的案件，可以根据立木蓄积或者株数依法处理，且一般来说，适用这两个标准更有利于对相关植物的严格保护；第二，价值标准主要发挥补充作用，考虑到相关植物的种类众多，目前尚无统一适用的价值评估体系，适用销赃数额，更便于实践操作，有利于案件及时查办，从而促进对国家重点保护植物的有效保护；第三，对于无销赃数额，销赃数额难以查证，或者根据销赃数额认定明显不合理的，本解释明确，根据市场价格认定涉案植物的价值，能够有效防止价值认定偏低的情况。

（九）关于违法所得及其收益的追缴退赔范围

对于盗伐林木犯罪的违法所得，应当依法追缴退赔权利人，对此，并无疑义。但是，对于滥伐林木案件的涉案林木应当如何处理，实践中则存在不同认识。对此，《1993 年批复》规定：“……被告人滥伐属于自己所有权的林木，构成滥伐林木罪的，其行为已违反国家保护森林法规，破坏了国家的森林资源，所滥伐的林木……应当作为犯罪分子违法所得的财物……予以追缴。”考虑到上述规定与民法典关于所有权的规定已不一致，为依法妥当处置涉案林木等涉案财物，保证案件处理符合法律规定和人民群众的公平正义观念，本解释第十四条对上述批复作出调整，规定：“针对国家、集体或者他人所有的国家重点保护植物和其他林木实施犯罪的违法所得及其收益，应当依法追缴或者责令退赔。”

（十）关于破坏森林资源犯罪的其他问题

本解释还对破坏森林资源犯罪的其他问题作了明确：

一是明确数量数额的累计计算规则。本解释第九条规定，实施本解释规定的行为，未经处理，且依法应当追诉的，数量、数额累计计算。

二是明确单位犯罪的处理规则。本解释第十三条明确了单位实施相关破坏森林资源犯罪的，适用自然人犯罪的定罪量刑标准，以切实加大对单位破坏森林资源行为的惩治力度。

三是明确行政与刑事双向衔接规则。为进一步完善行政执法与刑事司法双向衔接的治理体系，避免“不刑不罚”，本解释第十六条规定，对于实施破坏森林资源行为未被追究刑事责任的行为人，依法应当给予行政处罚、政务处分或者其他处分的，移送有关主管机关处理。

四是明确相关术语等的适用规则。本解释第十九条对“立木蓄积”的计算方法、“幼树”的含义以及滥伐林木的数量计算等问题作了明确，基本沿用《2000 年森林解释》规定，并遵循林木采伐或者调查设计的技术规程，保证相关案件办理符合实际。

五是明确本解释的时间效力问题。本解释自 2023 年 8 月 15 日起施行。本解释施行后，《1993 年批复》《2000 年森林解释》《2004 年批复》《2005 年林地解释》同时废止；之前发布的司法解释与本解释不一致的，以本解释为准。

（撰稿人：周加海　喻海松　李振华）

【链　　接】

最高人民法院研究室相关负责人就《关于审理破坏森林资源刑事案件适用法律若干问题的解释》答记者问

2023 年 8 月 14 日上午，最高人民法院发布《关于审理破坏森林资源刑事案件适用法律若干问题的解释》（以下简称本解释）及典型案例，并回答记者提问。最高人民法院研究室副主任周加海，最高人民法院研究室刑事处处长喻海松出席发布会。发布会由最高人民法院新闻局副局长王斌主持。

一、我们看到本解释内容十分丰富，如何确保本解释能够充分发挥有效保护森林资源的作用？

答：本解释坚持以习近平新时代中国特色社会主义思想为指导，深入贯彻习近平生态文明思想和习近平法治思想，坚持问题导向、坚持依法解释、坚持宽严相济，对破坏森林资源犯罪的定罪量刑标准和有关法律适用问题作了统一规定。为确保本解释最大限度发挥保护森林资源的作用，起草过程之中着重把握了如下几点：

一是依法惩治破坏森林资源犯罪，强化森林生态安全司法保护。考虑到森林资源由林木和林地共同构成，破坏森林资源犯罪，既包括危害国家重点保护植物、盗伐林木、滥伐林木等林木犯罪，也包括非法占用林地犯罪。为全面有效保护森林资源，便于司法实务办案，本解释对既有多个涉林犯罪司法解释加以整合，形成了统一的司法解释，强化对森林资源的一体保护。在此基础上，本解释根据《刑法》和相关法律的规定，对相关犯罪的定罪量刑标准作出全面、系统规定，将“用最严格制度最严密法治保护生态环境”的要求落到实处，严密破坏森林资源犯罪刑事法网，彰显了严惩相关犯罪、全面保护森林资源的坚定立场。

二是明确从重处罚情形，充分发挥刑罚的威慑和教育功能。本解释针对破坏森林资源犯罪的实践情况，设置了五项从重处罚情形，即对所涉行为在法定刑幅度以内判处较重的刑罚。例如，非法采伐国家公园、国家级自然保护区内林木的行为，较之非法采伐其他地方的林木，对森林资源的破坏程度更为严重，故设置为从重处罚情形之一。又如，经行政主管部门责令停止违法行为后，继续实施相关行为的，明显属于主观恶性较大，故亦设置为从重处罚的情形。

三是贯彻从“治罪”到“治理”理念，促进森林生态有效修复。为推动对森林生态的有效保护，本解释专门将“积极通过补种树木、恢复植被和林业生产条件等方式修复生态环境”明确为从宽处理的重要考量因素，以引导行为人积极采取补救措施，从“森林资源破坏者”转变为“森林生态修复者”。这既是落实从“治罪”到“治理”理念的具体举措，也是宽严相济、恢复性司法的当然要求，对促进森林生态有效修复具有重要意义。

二、近年来，媒体报道了一些灌注农药毒害古树牟利的案件，引发社会各界广泛关注。请问本解释对依法惩治包括毒害古树在内的危害国家重点保护植物的行为有何规定？

答：古树是指树龄在100年以上的树木，是自然界的活化石、森林资源的瑰宝，具有极其重要的生态价值。近年来，非法采伐、毁坏古树的案件时有发生，甚至采用灌注毒药的方式毁坏古树，给古树生长造成难以修复的损害，危害十分严重。本次发布的“何某长等危害国家重点保护植物案”这一典型案例，就是跨湖南、江西两省六市九区县的多团伙、成批量毒害古树系列犯罪案之一。人民法院对该案三名被告人判处实刑，且均升档量刑，彰显了依法严惩危害古树犯罪、加强古树资源司法保护的坚定立场。

根据《刑法》第三百四十四条的规定，危害国家重点保护植物罪的对象为“珍贵树木或者国家重点保护的其他植物”，包括古树在内。对于非法采伐、毁坏古树的行为，应当适用危害国家重点保护植物罪定罪处罚。基于此，本解释针对危害国家重点保护植物罪作了专门规定。

第一，全面规定了危害国家重点保护植物罪的定罪量刑标准。国家重点保护植物的范围较大，既有乔木，也有灌木、苔藓等植物。对于后者，难以适用立木蓄积或者株数的标准。基于此，本解释针对危害国家重点保护植物罪的入罪，既设置了立木蓄积、株数标准，也设置了价值标准，以防止形成处罚漏洞，进一步严密对国家重点保护植物的司法保护。

第二，区分国家重点保护植物的保护级别设置差异化的定罪量刑标准。不同保护级别的国家重点保护野生植物，在珍稀、濒危程度，以及生态、文化、科研价值方面存在较大差异，一律适用相同的定罪处罚标准，难以实现罪刑均衡，亦不符合社会公众的一般认知。基于此，本解释区分保护级别，分别设置定罪量刑标准。例如，危害国家一级保护野生植物的入罪标准为一株或者立木蓄积一立方米以上，而危害国家二级保护野生植物的入罪标准则为二株或者立木蓄积二立方米以上，二者之间为两倍的倍数关系。可以说，设置差异化的定罪量刑标准，既是落实罪责刑相适应原则要求，也有利于推动国家重点保护植物的科学管理和精准保护。

第三，针对危害古树名木行为专门规定定罪量刑规则。古树名木具有特殊的历史、文化、科研和生态价值。对于列入《国家重点保护野生植物名录》的古树名木，可以依据其保护级别分别适用相应的株数、立木蓄积标准。但还有很多古树名木未列入上述名录。基于此，本解释针对危害古树名木的行为，专门规定“根据涉案树木的树种、树龄以及历史、文化价值等因素，综合评估社会危害性，依法定罪处罚”，以依法严惩危害古树名木犯罪，切实加大保护力度。

三、实践中，有些树木被大风吹倒或者已经枯死。对于擅自砍伐这些树木的行为是否构成犯罪，存在不同认识，部分案件处理引发了争议。请问本解释对此有何考虑和规定？

答：正如这位记者朋友所指出的，对于盗伐林木、滥伐林木的对象系“风倒、火烧、水毁或者林业有害生物等自然原因死亡或者严重毁损的”林木，是否构成犯罪，如何追究责任，实践中确实存在不同认识。为统一法律适用和政策把握，本解释坚持问题导向，对所涉问题作了专门规定，明确对盗伐此类林木的，在决定应否追究刑事责任和裁量刑罚时，应当从严把握，情节显著轻微危害不大的，不作为犯罪处理；对滥伐此类林木的，一般不以犯罪论处，确有必要追究刑事责任的，应当从宽处理。作出以上规定，主要是考虑：

一方面，《国家林业局关于未申请林木采伐许可证采伐“火烧枯死木”行为定性的复函》（林函策字〔2003〕15号）明确提出：“根据《森林法》的规定……凡采伐林木，包括采伐‘火烧枯死木’等因自然灾害毁损的林木，都必须申请林木采伐许可证，并按照林木采伐许可证的规定进行采伐……”据专家介绍，之所以对已死亡或者严重毁损的林木仍实行采伐许可，主要是因为，森林资源具有整体性，已死亡或者严重毁损的林木仍具有一定的生态功能，仍可防风固沙，或者为野生动物提供栖息之所；森林资源具有自然恢复的弹性，严重毁损甚至看似已经“死亡”的林木仍然可能萌发新芽、恢复生机；林木是否在采伐前就已死亡或者严重毁损，有时难以识别，如规定此类林木不需采伐许可，则难以避免“浑水摸鱼”，不利于严格保护森林资源。

另一方面，从社会危害性来看，如果林木确实已经死亡或者严重毁损，则其生态价值相对有限，有关的非法采伐行为对森林生态的破坏相对较小。为贯彻宽严相济刑事政策精神和罪责刑相适应原则，确保相关案件处理让人民群众充分感受到公平正义，对盗伐、滥伐风倒、火烧、水毁或者林业有害生物等自然原因死亡或者严重毁损的林木的，不能与盗伐、滥伐正常生长的林木“一视同仁”，而应实事求是、体现区别对待，追究刑事责任应当严格控制，必要时可予以行政处理。

四、“徒法不足以自行。”本解释发布后，最高人民法院对贯彻实施工作有何考虑？

答：本解释是最高人民法院深入贯彻习近平生态文明思想的重要举措。本解释的公布施行，对于依法惩治破坏森林资源犯罪，保障森林生态安全，必将发挥重要作用。下一步，最高人民法院将指导地方各级人民法院，以本解释的公布施行为契机，充分发挥审判职能作用，不断强化对森林资源的刑事司法保护，助力美丽中国建设。

一是依法惩治破坏森林资源犯罪。最高人民法院将采取有力措施，指导地方各级人民法院正确理解和准确适用《刑法》和本解释规定，依法办理非法占用林地、危害国家重点保护植物、盗伐林木、滥伐林木、非法收购、运输盗伐、滥伐的林木等各类破坏森林资源刑事案件，突出打击重点，彰显严惩立场，回应社会关切。

二是有效强化破坏森林资源犯罪的源头治理。人民法院将进一步健全完善森林资源领域行刑衔接机制建设，助力相关行政部门强化森林资源行政执法和管理，“抓前端，治未病”，通过移送行政处理、提出司法建议等多种方式，推动从源头上有效预防、减少破坏森林资源违法犯罪的发生。

三是切实加强普法宣传工作。人民法院将认真落实“谁执法谁普法”责任制，结合相关破坏森林资源刑事案件的审理，深入细致开展法治教育工作，深化习近平生态文明思想的大众化传播，提高全社会生态文明意识，引导广大群众增强保护森林资源、促进人与自然和谐共生的理念，以钉钉子精神推动生态文明建设不断取得新成效。

最高人民法院　最高人民检察院
关于适用《中华人民共和国刑法》第三百四十四条有关问题的批复

法释〔2020〕2号

（2019年11月19日最高人民法院审判委员会第1783次会议、2020年1月13日最高人民检察院第十三届检察委员会第32次会议通过　2020年3月19日最高人民法院、最高人民检察院公告公布　自2020年3月21日起施行）

各省、自治区、直辖市高级人民法院、人民检察院，解放军军事法院、军事检察院，新疆维吾尔自治区高级人民法院生产建设兵团分院、新疆生产建设兵团人民检察院：

近来，部分省、自治区、直辖市高级人民法院、人民检察院请示适用刑法第三百四十四条的有关问题。经研究，批复如下：

一、古树名木以及列入《国家重点保护野生植物名录》的野生植物，属于刑法第三百四十四条规定的“珍贵树木或者国家重点保护的其他植物”。

二、根据《中华人民共和国野生植物保护条例》的规定，野生植物限于原生地天然生长的植物。人工培育的植物，除古树名木外，不属于刑法第三百四十四条规定的“珍贵树木或者国家重点保护的其他植物”。非法采伐、毁坏或者非法收购、运输人工培育的植物（古树名木除外），构成盗伐林木罪、滥伐林木罪、非法收购、运输盗伐、滥伐的林木罪等犯罪的，依照相关规定追究刑事责任。

三、对于非法移栽珍贵树木或者国家重点保护的其他植物，依法应当追究刑事责任的，依照刑法第三百四十四条的规定，以非法采伐国家重点保护植物罪定罪处罚。

鉴于移栽在社会危害程度上与砍伐存在一定差异，对非法移栽珍贵树木或者国家重点保护的其他植物的行为，在认定是否构成犯罪以及裁量刑罚时，应当考虑植物的珍贵程度、移栽目的、移栽手段、移栽数量、对生态环境的损害程度等情节，综合评估社会危害性，确保罪责刑相适应。

四、本批复自2020年3月21日起施行，之前发布的司法解释与本批复不一致的，以本批复为准。

【解　读】

解读《最高人民法院、最高人民检察院关于适用〈中华人民共和国刑法〉第三百四十四条有关问题的批复》

2020年3月19日，最高人民法院、最高人民检察院联合发布了《关于适用〈中华人民共和国刑法〉第三百四十四条有关问题的批复》（法释〔2020〕2号，以下简称本批复），自2020年3月21日起施行。为便于司法实践中正确理解和适用，现就本批复的制定背景与经过、起草中的主要考虑、主要内容等问题介绍如下。

一、本批复起草背景与经过

1997年修改《刑法》时，立法机关针对一些不法分子为了牟取非法利益非法采伐、毁坏珍贵树木的行为，在《刑法》第三百四十四条规定“违反森林法的规定，非法采伐、毁坏珍贵树木的，处三年以下有期徒刑、拘役或者管制，并处罚金”。针对该条文，2000年最高人民法院《关于审理破坏森林资源刑事案件具体应用法律若干问题的解释》（法释〔2000〕36号，以下简称《2000年解释》）第1条对“珍贵树木”的范围作出明确。

《刑法》施行过程中，有部门提出，为保护物种的多样性，维护自然界可持续发展，对珍贵树木以外的其他具有重要科研、生态价值的植物也应当加强保护。因此，2002年全国人大常委会通过《刑法修正案（四）》，将第三百四十四条的犯罪对象从“珍贵树木”扩展到了“珍贵树木或者国家重点保护的其他植物”，即不仅包括木本植物，还包括草本植物。

《刑法》修改后，《2000年解释》一直未同步修改；而近20年来，随着经济社会发展和管理体制变化，产生一些新情况、新问题，给司法实践带来困惑。近来，部分省、自治区、直辖市高级人民法院、人民检察院就适用《刑法》第三百四十四条的有关问题提出请示。为确保法律准确、统一适用，依法惩治破坏野生植物资源犯罪，让人民群众在此类案件处理中感受到公平正义，最高人民法院会同最高人民检察院，在公安部、农业农村部、国家林业和草原局等有关部门的大力支持下，启动了本批复的起草工作。在深入调查研究的基础上，经反复论证形成了征求意见稿。经广泛征求各方意见，认真研究完善后，2019年11月19日最高人民法院审判委员会第1783次会议、2020年1月13日最高人民检察院第十三届检察委员会第32次会议审议通过本批复。

二、本批复起草中的主要考虑

为了确保本批复的内容科学合理，能够适应形势发展、满足实践需要，在起草过程中，着重注意把握了以下几点：

一是贯彻宽严相济刑事政策。党的十九届四中全会明确提出："生态文明建设是关系中华民族永续发展的千年大计"，必须实行最严格的生态环境保护制度。野生植物是生态环境中的生产者，直接或者间接供养地球上的其他生物，在生态环境方面发挥着至关重要的作用。我国野生植物资源丰富，但是保护状况不容乐观，有些植物的利用已经超出了可承受限度而面临枯竭甚至濒危。因此，对于非法采伐、毁坏此类野生植物，特别是列入《国家重点保护野生植物名录》的野生植物的行为必须依法惩治。同时，植物也是人类重要的经济资源，应当允许人民群众在一定范围内进行合理利用，以满足生产、生活和观赏等需求。鉴此，本批复着重合理界定《刑法》第三百四十四条的犯罪对象和行为方式，并强调在处理非法移栽类案件时，要坚持综合考量原则，确保宽严相济、罪责刑相适应。

二是有效解决司法实务问题。野生植物资源的刑法保护所涉及的问题较为复杂，本批复没有面面俱到，而是紧扣司法实践中反映出来的争议较大、亟待明确的3个问题作了规定：一是《刑法》第三百四十四条规定的"珍贵树木或者国家重点保护的其他植物"的范围问题；二是人工培育的植物是否属于《刑法》第三百四十四条犯罪对象的问题；三是"非法移栽"是否属于"非法采伐"的问题。对于本批复已经明确的问题，之前发布的司法解释与本批复不一致的，以本批复为准；对于本批复未涉及的问题，继续沿用《2000年解释》的相关规定。

三是注重与相关行政法规相衔接。我国有专门的行政机关从事野生植物资源保护的监督管理工作，刑事司法应当注重做好"行刑衔接"，不枉不纵。《刑法》第三百四十四条属于行政犯，并且法条明确要求以"违反国家规定"为前提。因此，本批复在如何划定保护范围、如何对待人工培育植物、如何看待非法移栽行为等问题上，注重与森林法、《野生植物保护条例》《城市绿化条例》等相关规定做好衔接，确保司法裁判能够思路明确、界限清晰、简便易行。

三、本批复的主要内容

本批复共4条，主要解决3个问题，具体阐述如下：

（一）关于《刑法》第三百四十四条规定的"珍贵树木或者国家重点保护的其他植物"的范围问题

《2000年解释》第1条规定："刑法第三百四十四条规定的'珍贵树木'，包括由省级以上林业主管部门或者其他部门确定的具有重大历史纪念意义、科学研究价值或者年代久远的古树名木，国家禁止、限制出口的珍贵树木以及列入国家重点保护野生植物名录的树木。”根据该规定，1997年《刑法》第三百四十四条规定的“珍贵树木”包括三类树木：一是由省级以上林业主管部门或者其他部门确定的具有重大历史纪念意义、科学研究价值或者年代久远的古树名木，二是国家禁止、限制出口的珍贵树木，三是列入国家重点保护野生植物名录的树木。鉴于2002年《刑法修正案（四）》将《刑法》第三百四十四条的犯罪对象从“珍贵树木”扩展至“珍贵树木或者国家重点保护的其他植物”，《批复》第1条在吸收并完善《2000年解释》第1条规定的基础上，对“珍贵树木或者国家重点保护的其他植物”的范围作了明确。具体而言：

1. 将“由省级以上林业主管部门或者其他部门确定的具有重大历史纪念意义、科学研究价值或者年代久远的古树名木”调整为“古树名木”。从调研情况看，各地对将“古树名木”列为本罪犯罪对象没有争议，但是对确定“古树名木”的方式有争议，有意见提出，古树是按照树龄直接认定的，并非由省级以上林业主管部门或者其他部门确定，建议根据实际情况作出修改。

从行政主管部门的实践来看，古树名木的确定，是由国家设立明确标准，各地按照标准进行认定。保护古树名木的行政法规主要是1992年国务院发布的《城市绿化条例》。2000年，当时的建设部制定了《城市古树名木保护管理办法》，对城市古树名木的保护管理作出具体规定。此后，很多省、市、县出台了关于保护古树名木的地方性法规、意见、办法，均是对《城市绿化条例》规定的细化，但是具体做法不一。2016年，全国绿化委员会制定了《关于进一步加强古树名木保护管理的意见》，明确规定：“古树是指树龄在100年以上的树木。名木是指具有重要历史、文化、景观与科学价值和具有重要纪念意义的树木。”该意见还要求到2020年完成第二次全国古树名木资源普查，各地要根据古树名木资源普查结果，及时开展古树名木认定、登记、建档、公布、挂牌等基础工作；此后每10年组织开展一次全国性古树名木资源普查，在普查间隔期内，各地对新发现的古树名木资源及时登记建档予以保护。国家林业局2016年发布《古树名木鉴定规范》（LY/T2737—2016）和《古树名木普查技术规范》（LY/T2738—2016），作为开展全国古树名木资源普查的行业标准。2017年，全国绿化委员会发布《关于开展全国古树名木资源普查的通知》，明确全国古树名木资源普查工作由全国绿化委员会统一组织领导，全国绿化委员会办公室具体负责组织协调和检查督导。各省（区、市）绿化委员会、新疆生产建设兵团绿化委员会统一组织领导本辖区古树名木资源普查工作，省级绿化委员会办公室具体负责组织实施。以河南省为例，河南省绿化委员会2017年发布的《关于开展全省古树名木资源普查的通知》要求：“河南省古树名木资源普查工作，由省绿化委员会办公室统一部署、组织实施；各县（市、区）绿化委员会办公室为本辖区普查工作具体承担单位，市绿化委员会办公室负责协调本辖区的普查工作。”

考虑到我国对古树名木保护的宣传已达20余年，古树名木已经成为森林资源中一个比较特殊的类别，“古树名木”已经有明确的国家标准，在理解上没有歧义，故本批复中不再对“古树名木”的概念作进一步的界定。司法实践中，司法人员按照《城市绿化条例》以及相关主管部门的文件、各地关于古树名木资源的认定、登记、建档、公布、挂牌情况综合认定即可。

2. 将“列入国家重点保护野生植物名录的树木”修改为“列入《国家重点保护野生植物名录》的野生植物”。这一修改主要是为了将“树木”以外的草本植物包括进来，以与《刑法》第三百四十四条的犯罪对象以及1996年国务院《野生植物保护条例》的保护对象保持一致。

《野生植物保护条例》第十条第二款规定：“国家重点保护野生植物分为国家一级保护野生植物和国家二级保护野生植物。国家重点保护野生植物名录，由国务院林业行政主管部门、农业行政主管部门商国务院环境保护、建设等有关部门制定，报国务院批准公布。”1999年，当时的国家林业局、农业部发布了《国家重点保护野生植物名录（第一批）》，一直沿用至今（其中，2001年，当时的农业部、国家林业局发布第53号令，将念珠藻科的发菜保护级别由二级调整为一级）。目前，《国家重点保护野生植物名录（第二批）》正在制定过程中。

3. 删去“国家禁止、限制出口的珍贵树木”。对于这一类植物，《刑法》第三章第二节“走私罪”中的第一百五十一条第三款专门规定，走私珍稀植物及其制品的，构成走私国家禁止进出口的货物、物品罪。而《刑法》第六章第六节“破坏环境资源保护罪”中的第三百四十四条则主要保护的是我国的生物多样性和生态平衡。这两个罪名所保护的法益侧重点不同，犯罪对象也不宜完全等同。当然，如果某种国家禁止、限制出口的植物确系对我国植物多样性和生态平衡具有重要意义，应当由行政主管部门将其列入《国家重点保护野生植物名录》，从而成为《刑法》第三百四十四条的犯罪对象。

关于《濒危野生动植物种国际贸易公约》（我国于1980年12月25日加入，以下简称《CITES公约》）附录一、附录二所列植物，该公约在序言指出，制定公约是“为了保护某些野生动物和植物物种不致由于国际贸易而遭到过度开发利用”而进行的国际合作；在第1条“定义”中明确规定，该公约中的“贸易”指“出口、再出口、进口和从海上引进”。由此可见：首先，《CITES公约》保护的是野生动植物不因国际贸易而遭到过度开发利用，这与刑法三百四十四条所保护的法益有一定差别；其次，《CITES公约》规范的是国际贸易，不涉及不进行国际贸易的国内行为；再次，从《CITES公约》附录的具体内容看，列入附录一、附录二的植物多达54个科、约22000种，其中一些甚至涵盖了科下的所有属，或者属下的所有种，例如，兰科所有种（约18000种）都列入了附录一或者附录二，仙人掌科所有种（约2500种）也都列入了附录一或者附录二［而我国《国家重点保护野生植物名录（第一批）》中尚没有兰科植物和仙人掌科植物］。将以上所有植物均纳入《刑法》第三百四十四条的规制范围，一律定罪处刑，恐违背人民群众对公平正义的一般认知。基于此，可以得出如下结论：(1)《CITES 公约》附录一、附录二中的植物，同时列入《国家重点保护野生植物名录》的，属于《刑法》第三百四十四条的犯罪对象；反之，没有列入《国家重点保护野生植物名录》的，不属于刑法第三百四十四条的犯罪对象。(2) 对于列入《CITES 公约》附录一、附录二，但没有列入《国家重点保护野生植物名录》的植物，走私入境后有窝藏、转移、收购、代为销售等行为，符合《刑法》第三百一十二条规定的，按照掩饰、隐瞒犯罪所得、犯罪所得收益罪追究刑事责任。

（二）关于人工培育的植物是否属于《刑法》第三百四十四条犯罪对象的问题

《2000 年解释》对于人工培育的植物是否属于《刑法》第三百四十四条犯罪对象的问题未作明确。本批复第 2 条对此作了规定，具体而言，区分两种情况：

1. 除古树名木以外的人工培育的植物，不属于《刑法》第三百四十四条规定的“珍贵树木或者国家重点保护的其他植物”。《野生植物保护条例》第二条第二款明确规定：“本条例所保护的野生植物，是指原生地天然生长的珍贵植物和原生地天然生长并具有重要经济、科学研究、文化价值的濒危、稀有植物。”从该条例第十条第二款的规定看，《国家重点保护野生植物名录》是根据该条例而制定的，对《国家重点保护野生植物名录》的理解当然应当遵守第二条第二款的规定。据此，对于并非古树名木的涉案植物而言，虽然其物种是《国家重点保护野生植物名录》中的物种，但系人工培育的，不属于《刑法》第三百四十四条规定的“珍贵树木或者国家重点保护的其他植物”。

在人工繁育（培育）问题上，动物和植物有较大差别。植物的人工培育方式简单、增量快、成活率高，例如，银杏是国家一级保护野生植物，但是在很多城市都已经成为非常普遍的景观树。如果认为这种人工培育的树木也属于刑法第三百四十四条的犯罪对象，恐违背社会公众的一般认知。在司法实践中，通常的做法也都是对人工培育的植物不作为《刑法》第三百四十四条的犯罪对象。如果非法采伐、毁坏或者非法收购、运输人工培育的植物（古树名木除外），构成盗伐林木罪、滥伐林木罪、非法收购、运输盗伐、滥伐的林木罪等犯罪的，依照相关规定追究刑事责任。

2. 古树名木无论是否人工培育，均属于《刑法》第三百四十四条规定的“珍贵树木或者国家重点保护的其他植物”。古树名木之所以成为《刑法》第三百四十四条的犯罪对象，并不是依据《野生植物保护条例》，而是依据《城市绿化条例》，故不受《野生植物保护条例》关于“原生地天然生长”的限制。

在实践中，有些古树名木虽属人工培育，但是树龄已逾百年，或者确实具有重要历史、文化、景观与科学价值和具有重要纪念意义，《刑法》第三百四十四条应当予以保护。

（三）关于“非法移栽”是否属于“非法采伐”的问题

实践中存在非法采挖珍贵树木或者国家重点保护的其他植物后移栽到自家院内等非原生地的行为。经研究认为，非法移栽珍贵树木或者国家重点保护的其他植物的行为应当认定为“非法采伐”。主要考虑是：

第一，相关行政法律法规和规范性文件对“移栽”与“采伐”同等管理。例如：《森林法》第五十六条第四款明确规定“采挖移植林木按照采伐林木管理。具体办法由国务院林业主管部门制定。”《城市绿化条例》第二十五条第三款规定：“严禁砍伐或者迁移古树名木。”第二十六条规定：“违反本条例规定，有下列行为之一的，由城市人民政府城市绿化行政主管部门或者其授权的单位责令停止侵害，可以并处罚款；造成损失的，应当负赔偿责任；应当给予治安管理处罚的，依照治安管理处罚法的有关规定处罚；构成犯罪的，依法追究刑事责任：……（三）砍伐、擅自迁移古树名木或者因养护不善致使古树名木受到损伤或者死亡的……”2013年，当时的国家林业局出台的《关于切实加强和严格规范树木采挖移植管理的通知》（林资发〔2013〕186号）明确要求：“采挖树木和运输、经营采挖树木的管理，适用森林法、《森林法实施条例》有关林木采伐、木材运输和经营（加工）管理的规定。”

第二，非法移栽与其他非法采伐行为具有相当性。非法移栽使植物的生物属性处于毁损灭失的危险中。移栽过程中由于树木根系、枝干受损，加上运输等因素，导致植物的成活率和保存率均难以保证；非法移栽使植物原生地自然生态和景观受到损害；将国家重点保护植物移栽到自家花园等地，违反了国家对重点保护植物的管理和保护制度，导致该植物脱离国家管控。并且，《野生植物保护条例》第十七条规定：“采集国家重点保护野生植物的单位和个人，必须按照采集证规定的种类、数量、地点、期限和方法进行采集。”移栽行为导致进一步的采集行为也失去国家管控。此外，从司法实践中的已决案件来看，多地均有对非法移栽国家重点保护植物的行为以非法采伐国家重点保护植物罪定罪处刑的案例，社会效果和法律效果良好。

同时，考虑到非法移栽珍贵树木或者国家重点保护的其他植物，在一些情况下毕竟与破坏性砍伐、毁坏珍贵树木或者国家重点保护的其他植物在社会危害性上有所区别，本批复专门规定，对非法移栽行为的定罪量刑应当坚持综合考量原则，在决定是否追究刑事责任以及如何量刑时，应当综合考虑植物的珍贵程度、移栽目的、移栽手段、移栽数量、对生态环境的损害程度等情节，综合评估社会危害性，确保罪责刑相适应。

（撰稿人：郝方昉）

最高人民法院
关于审理毒品犯罪案件适用法律若干问题的解释

法释〔2016〕8号

（2016年1月25日最高人民法院审判委员会第1676次会议通过 2016年4月6日最高人民法院公告公布 自2016年4月11日起施行）

为依法惩治毒品犯罪，根据《中华人民共和国刑法》的有关规定，现就审理此类刑事案件适用法律的若干问题解释如下：

第一条 走私、贩卖、运输、制造、非法持有下列毒品，应当认定为刑法第三百四十七条第二款第一项、第三百四十八条规定的“其他毒品数量大”：

（一）可卡因五十克以上；

（二）3，4—亚甲二氧基甲基苯丙胺（MDMA）等苯丙胺类毒品（甲基苯丙胺除外）、吗啡一百克以上；

（三）芬太尼一百二十五克以上；

（四）甲卡西酮二百克以上；

（五）二氢埃托啡十毫克以上；

（六）哌替啶（度冷丁）二百五十克以上；

（七）氯胺酮五百克以上；

（八）美沙酮一千克以上；

（九）曲马多、γ—羟丁酸二千克以上；

（十）大麻油五千克、大麻脂十千克、大麻叶及大麻烟一百五十千克以上；

（十一）可待因、丁丙诺啡五千克以上；

（十二）三唑仑、安眠酮五十千克以上；

（十三）阿普唑仑、恰特草一百千克以上；

（十四）咖啡因、罂粟壳二百千克以上；

（十五）巴比妥、苯巴比妥、安钠咖、尼美西泮二百五十千克以上；

（十六）氯氮卓、艾司唑仑、地西泮、溴西泮五百千克以上；

（十七）上述毒品以外的其他毒品数量大的。

国家定点生产企业按照标准规格生产的麻醉药品或者精神药品被用于毒品犯罪的，根据药品中毒品成分的含量认定涉案毒品数量。

第二条 走私、贩卖、运输、制造、非法持有下列毒品，应当认定为刑法

第三百四十七条第三款、第三百四十八条规定的“其他毒品数量较大”：

（一）可卡因十克以上不满五十克；

（二）3，4—亚甲二氧基甲基苯丙胺（MDMA）等苯丙胺类毒品（甲基苯丙胺除外）、吗啡二十克以上不满一百克；

（三）芬太尼二十五克以上不满一百二十五克；

（四）甲卡西酮四十克以上不满二百克；

（五）二氢埃托啡二毫克以上不满十毫克；

（六）哌替啶（度冷丁）五十克以上不满二百五十克；

（七）氯胺酮一百克以上不满五百克；

（八）美沙酮二百克以上不满一千克；

（九）曲马多、γ—羟丁酸四百克以上不满二千克；

（十）大麻油一千克以上不满五千克、大麻脂二千克以上不满十千克、大麻叶及大麻烟三十千克以上不满一百五十千克；

（十一）可待因、丁丙诺啡一千克以上不满五千克；

（十二）三唑仑、安眠酮十千克以上不满五十千克；

（十三）阿普唑仑、恰特草二十千克以上不满一百千克；

（十四）咖啡因、罂粟壳四十千克以上不满二百千克；

（十五）巴比妥、苯巴比妥、安钠咖、尼美西泮五十千克以上不满二百五十千克；

（十六）氯氮卓、艾司唑仑、地西泮、溴西泮一百千克以上不满五百千克；

（十七）上述毒品以外的其他毒品数量较大的。

第三条 在实施走私、贩卖、运输、制造毒品犯罪的过程中，携带枪支、弹药或者爆炸物用于掩护的，应当认定为刑法第三百四十七条第二款第三项规定的“武装掩护走私、贩卖、运输、制造毒品”。枪支、弹药、爆炸物种类的认定，依照相关司法解释的规定执行。

在实施走私、贩卖、运输、制造毒品犯罪的过程中，以暴力抗拒检查、拘留、逮捕，造成执法人员死亡、重伤、多人轻伤或者具有其他严重情节的，应当认定为刑法第三百四十七条第二款第四项规定的“以暴力抗拒检查、拘留、逮捕，情节严重”。

第四条 走私、贩卖、运输、制造毒品，具有下列情形之一的，应当认定为刑法第三百四十七条第四款规定的“情节严重”：

（一）向多人贩卖毒品或者多次走私、贩卖、运输、制造毒品的；

（二）在戒毒场所、监管场所贩卖毒品的；

（三）向在校学生贩卖毒品的；

（四）组织、利用残疾人、严重疾病患者、怀孕或者正在哺乳自己婴儿的妇女走私、贩卖、运输、制造毒品的；

（五）国家工作人员走私、贩卖、运输、制造毒品的；

（六）其他情节严重的情形。

第五条 非法持有毒品达到刑法第三百四十八条或者本解释第二条规定的“数量较大”标准，且具有下列情形之一的，应当认定为刑法第三百四十八条规定的“情节严重”：

（一）在戒毒场所、监管场所非法持有毒品的；

（二）利用、教唆未成年人非法持有毒品的；

（三）国家工作人员非法持有毒品的；

（四）其他情节严重的情形。

第六条 包庇走私、贩卖、运输、制造毒品的犯罪分子，具有下列情形之一的，应当认定为刑法第三百四十九条第一款规定的“情节严重”：

（一）被包庇的犯罪分子依法应当判处十五年有期徒刑以上刑罚的；

（二）包庇多名或者多次包庇走私、贩卖、运输、制造毒品的犯罪分子的；

（三）严重妨害司法机关对被包庇的犯罪分子实施的毒品犯罪进行追究的；

（四）其他情节严重的情形。

为走私、贩卖、运输、制造毒品的犯罪分子窝藏、转移、隐瞒毒品或者毒品犯罪所得的财物，具有下列情形之一的，应当认定为刑法第三百四十九条第一款规定的“情节严重”：

（一）为犯罪分子窝藏、转移、隐瞒毒品达到刑法第三百四十七条第二款第一项或者本解释第一条第一款规定的“数量大”标准的；

（二）为犯罪分子窝藏、转移、隐瞒毒品犯罪所得的财物价值达到五万元以上的；

（三）为多人或者多次为他人窝藏、转移、隐瞒毒品或者毒品犯罪所得的财物的；

（四）严重妨害司法机关对该犯罪分子实施的毒品犯罪进行追究的；

（五）其他情节严重的情形。

包庇走私、贩卖、运输、制造毒品的近亲属，或者为其窝藏、转移、隐瞒毒品或者毒品犯罪所得的财物，不具有本条前两款规定的“情节严重”情形，归案后认罪、悔罪、积极退赃，且系初犯、偶犯，犯罪情节轻微不需要判处刑罚的，可以免予刑事处罚。

第七条 违反国家规定，非法生产、买卖、运输制毒物品、走私制毒物品，达到下列数量标准的，应当认定为刑法第三百五十条第一款规定的“情节较重”：

（一）麻黄碱（麻黄素）、伪麻黄碱（伪麻黄素）、消旋麻黄碱（消旋麻黄素）一千克以上不满五千克；

（二）1—苯基—2—丙酮、1—苯基—2—溴—1—丙酮、3，4—亚甲基二氧苯基—2—丙酮、羟亚胺二千克以上不满十千克；

（三）3—氧—2—苯基丁腈、邻氯苯基环戊酮、去甲麻黄碱（去甲麻黄素）、甲基麻黄碱（甲基麻黄素）四千克以上不满二十千克；

（四）醋酸酐十千克以上不满五十千克；

（五）麻黄浸膏、麻黄浸膏粉、胡椒醛、黄樟素、黄樟油、异黄樟素、麦角酸、麦角胺、麦角新碱、苯乙酸二十千克以上不满一百千克；

（六）N—乙酰邻氨基苯酸、邻氨基苯甲酸、三氯甲烷、乙醚、哌啶五十千克以上不满二百五十千克；

（七）甲苯、丙酮、甲基乙基酮、高锰酸钾、硫酸、盐酸一百千克以上不满五百千克；

（八）其他制毒物品数量相当的。

违反国家规定，非法生产、买卖、运输制毒物品、走私制毒物品，达到前款规定的数量标准最低值的百分之五十，且具有下列情形之一的，应当认定为刑法第三百五十条第一款规定的“情节较重”：

（一）曾因非法生产、买卖、运输制毒物品、走私制毒物品受过刑事处罚的；

（二）二年内曾因非法生产、买卖、运输制毒物品、走私制毒物品受过行政处罚的；

（三）一次组织五人以上或者多次非法生产、买卖、运输制毒物品、走私制毒物品，或者在多个地点非法生产制毒物品的；

（四）利用、教唆未成年人非法生产、买卖、运输制毒物品、走私制毒物品的；

（五）国家工作人员非法生产、买卖、运输制毒物品、走私制毒物品的；

（六）严重影响群众正常生产、生活秩序的；

（七）其他情节较重的情形。

易制毒化学品生产、经营、购买、运输单位或者个人未办理许可证明或者备案证明，生产、销售、购买、运输易制毒化学品，确实用于合法生产、生活需要的，不以制毒物品犯罪论处。

第八条 违反国家规定，非法生产、买卖、运输制毒物品、走私制毒物品，具有下列情形之一的，应当认定为刑法第三百五十条第一款规定的“情节严重”：

（一）制毒物品数量在本解释第七条第一款规定的最高数量标准以上，不满最高数量标准五倍的；

（二）达到本解释第七条第一款规定的数量标准，且具有本解释第七条第二款第三项至第六项规定的情形之一的；

（三）其他情节严重的情形。

违反国家规定，非法生产、买卖、运输制毒物品、走私制毒物品，具有下列情形之一的，应当认定为刑法第三百五十条第一款规定的“情节特别严重”：

（一）制毒物品数量在本解释第七条第一款规定的最高数量标准五倍以上的；

（二）达到前款第一项规定的数量标准，且具有本解释第七条第二款第三项至第六项规定的情形之一的；

（三）其他情节特别严重的情形。

第九条 非法种植毒品原植物，具有下列情形之一的，应当认定为刑法第三百五十一条第一款第一项规定的“数量较大”：

（一）非法种植大麻五千株以上不满三万株的；

（二）非法种植罂粟二百平方米以上不满一千二百平方米、大麻二千平方米以上不满一万二千平方米，尚未出苗的；

（三）非法种植其他毒品原植物数量较大的。

非法种植毒品原植物，达到前款规定的最高数量标准的，应当认定为刑法第三百五十一条第二款规定的“数量大”。

第十条 非法买卖、运输、携带、持有未经灭活的毒品原植物种子或者幼苗，具有下列情形之一的，应当认定为刑法第三百五十二条规定的“数量较大”：

（一）罂粟种子五十克以上、罂粟幼苗五千株以上的；

（二）大麻种子五十千克以上、大麻幼苗五万株以上的；

（三）其他毒品原植物种子或者幼苗数量较大的。

第十一条 引诱、教唆、欺骗他人吸食、注射毒品，具有下列情形之一的，应当认定为刑法第三百五十三条第一款规定的“情节严重”：

（一）引诱、教唆、欺骗多人或者多次引诱、教唆、欺骗他人吸食、注射毒品的；

（二）对他人身体健康造成严重危害的；

（三）导致他人实施故意杀人、故意伤害、交通肇事等犯罪行为的；

（四）国家工作人员引诱、教唆、欺骗他人吸食、注射毒品的；

（五）其他情节严重的情形。

第十二条 容留他人吸食、注射毒品，具有下列情形之一的，应当依照刑法第三百五十四条的规定，以容留他人吸毒罪定罪处罚：

（一）一次容留多人吸食、注射毒品的；

（二）二年内多次容留他人吸食、注射毒品的；

（三）二年内曾因容留他人吸食、注射毒品受过行政处罚的；

（四）容留未成年人吸食、注射毒品的；

（五）以牟利为目的容留他人吸食、注射毒品的；

（六）容留他人吸食、注射毒品造成严重后果的；

（七）其他应当追究刑事责任的情形。

向他人贩卖毒品后又容留其吸食、注射毒品，或者容留他人吸食、注射毒品并向其贩卖毒品，符合前款规定的容留他人吸毒罪的定罪条件的，以贩卖毒品罪和容留他人吸毒罪数罪并罚。

容留近亲属吸食、注射毒品，情节显著轻微危害不大的，不作为犯罪处理；需要追究刑事责任的，可以酌情从宽处罚。

第十三条 依法从事生产、运输、管理、使用国家管制的麻醉药品、精神药品的人员，违反国家规定，向吸食、注射毒品的人提供国家规定管制的能够使人形成瘾癖的麻醉药品、精神药品，具有下列情形之一的，应当依照刑法第三百五十五条第一款的规定，以非法提供麻醉药品、精神药品罪定罪处罚：

（一）非法提供麻醉药品、精神药品达到刑法第三百四十七条第三款或者本解释第二条规定的“数量较大”标准最低值的百分之五十，不满“数量较大”标准的；

（二）二年内曾因非法提供麻醉药品、精神药品受过行政处罚的；

（三）向多人或者多次非法提供麻醉药品、精神药品的；

（四）向吸食、注射毒品的未成年人非法提供麻醉药品、精神药品的；

（五）非法提供麻醉药品、精神药品造成严重后果的；

（六）其他应当追究刑事责任的情形。

具有下列情形之一的，应当认定为刑法第三百五十五条第一款规定的“情节严重”：

（一）非法提供麻醉药品、精神药品达到刑法第三百四十七条第三款或者本解释第二条规定的“数量较大”标准的；

（二）非法提供麻醉药品、精神药品达到前款第一项规定的数量标准，且具有前款第三项至第五项规定的情形之一的；

（三）其他情节严重的情形。

第十四条 利用信息网络，设立用于实施传授制造毒品、非法生产制毒物品的方法，贩卖毒品，非法买卖制毒物品或者组织他人吸食、注射毒品等违法犯罪活动的网站、通讯群组，或者发布实施前述违法犯罪活动的信息，情节严重的，应当依照刑法第二百八十七条之一的规定，以非法利用信息网络罪定罪处罚。

实施刑法第二百八十七条之一、第二百八十七条之二规定的行为，同时构成贩卖毒品罪、非法买卖制毒物品罪、传授犯罪方法罪等犯罪的，依照处罚较重的规定定罪处罚。

第十五条 本解释自 2016 年 4 月 11 日起施行。最高人民法院《关于审理毒品案件定罪量刑标准有关问题的解释》（法释〔2000〕13 号）同时废止；之前发布的司法解释和规范性文件与本解释不一致的，以本解释为准。

【解　读】

解读《最高人民法院关于审理毒品犯罪案件适用法律若干问题的解释》

为进一步规范毒品犯罪案件的法律适用，确保依法从严惩处毒品犯罪，最高人民法院制定了《关于审理毒品犯罪案件适用法律若干问题的解释》（法释〔2016〕8号，以下简称本解释）。经最高人民法院审判委员会第1676次会议审议通过，于2016年4月6日公布，自2016年4月11日起施行。为便于实践中准确理解和适用，现对本解释的制定背景、指导思想和主要内容予以说明。

一、本解释的制定背景和经过

2000年，最高人民法院发布了《关于审理毒品案件定罪量刑标准有关问题的解释》（以下简称《2000年解释》），解决了部分毒品犯罪的定罪量刑标准问题。但受当时条件所限，《2000年解释》只有5个条文，仅规定了走私、贩卖、运输、制造毒品，走私制毒物品、非法买卖制毒物品和非法种植毒品原植物这3类犯罪的定罪量刑标准，对其他毒品犯罪的定罪量刑标准则没有涉及。此后，随着我国毒品犯罪形势的发展变化和立法修订，实践中出现了较多新的毒品犯罪法律适用问题。对此，最高人民法院高度重视，近年来又单独或者会同有关单位制定了一系列规范性文件加以解决，同时，也逐步将制定新的毒品犯罪司法解释工作提上日程。

禁毒工作关系国家安危、民族兴衰和人民福祉，党中央、国务院高度重视禁毒工作。2014年6月，中央政治局常委会议、国务院常务会议分别听取禁毒工作专题汇报，习近平总书记、李克强总理分别对禁毒工作作出重要指示批示。中共中央、国务院首次印发了《关于加强禁毒工作的意见》，并下发了贯彻落实分工方案，其中均明确要求，由最高人民法院及时制定司法解释，统一和规范毒品犯罪案件的法律适用。最高人民法院研究认为，经过多年的司法经验积累和调查研究，制定新的司法解释，对毒品犯罪的有关法律适用问题进行规范的时机已经成熟。

为贯彻落实中央决策部署，进一步规范毒品犯罪案件的法律适用，根据工作安排，最高人民法院刑五庭经深入调查研究，组织专家论证，广泛听取立法机关、相关职能单位及有关专家学者的意见后，制定了本解释。2016年1月

25 日，最高人民法院审判委员会第 1676 次会议审议通过了本解释。

二、本解释的指导思想和制定意义

当前，受国际毒潮持续泛滥和国内多种因素影响，我国的禁毒斗争形势严峻复杂，毒品犯罪高发、多发，禁毒工作任务十分艰巨。本解释以依法从严惩处毒品犯罪为指导思想，体现了对走私、贩卖、运输、制造毒品等各类严重毒品犯罪，以及具有武装掩护犯罪，暴力抗拒检查、拘留、逮捕，多次、向多人实施犯罪，组织、利用未成年人、病残人员犯罪，国家工作人员犯罪等严重情节的毒品犯罪分子的依法严惩。同时，为全面贯彻宽严相济刑事政策，更好地分化瓦解毒品犯罪分子，对其中罪行较轻或者具有从宽处罚情节的，根据罪刑相适应的刑法基本原则，也体现了从宽处理。

制定本解释的主要意义在于：第一，为依法从严惩处新类型毒品犯罪提供了明确依据。本解释新规定了甲卡西酮、曲马多、安钠咖等 12 种新类型毒品的定罪量刑数量标准，并下调了在我国危害较为严重的毒品氯胺酮的定罪量刑数量标准，为实践中相关犯罪的打击处理提供了明确依据。第二，配合刑法修订加大了对制毒物品犯罪的处罚力度。近年来，制毒物品流入非法渠道被用于制造毒品的情况在我国较为突出，根据《刑法修正案（九）》修订制毒物品犯罪的精神，本解释整体下调了全部 33 种制毒物品的定罪量刑数量标准，以进一步加大对制毒物品犯罪的从严惩处力度，强化对毒品犯罪的源头治理。第三，首次全面、系统规定了各类毒品犯罪的定罪量刑标准。本解释结合近年来的司法实践，首次以司法解释的形式，对容留他人吸毒罪，非法种植毒品原植物罪，非法买卖、运输、携带、持有毒品原植物种子、幼苗罪，非法提供麻醉药品、精神药品罪等 4 类犯罪的定罪标准，对走私、贩卖、运输、制造毒品罪，非法持有毒品罪，包庇毒品犯罪分子罪，窝藏、转移、隐瞒毒品、毒赃罪，引诱、教唆、欺骗他人吸毒罪，非法提供麻醉药品、精神药品罪等 6 类犯罪的“情节严重”标准作出明确规定，并结合立法修订对非法生产、买卖、运输制毒物品、走私制毒物品罪的定罪量刑标准作出新的规定，为各类毒品犯罪的定罪和刑罚适用提供了明确依据。此外，本解释还对武装掩护走私、贩卖、运输、制造毒品的认定，以暴力抗拒检查、拘留、逮捕“情节严重”的认定，网络涉毒犯罪的司法认定等其他较为突出的毒品犯罪法律适用问题作了规定。总的看，本解释具有很强的实践指导意义，有利于进一步规范毒品犯罪案件办理工作，加大依法惩治毒品犯罪的力度。

三、本解释的主要内容

本解释以《刑法》第六章第七节有关毒品犯罪的法律规定为依据，共涉及 10 类毒品犯罪的定罪量刑标准和其他较为突出的毒品犯罪法律适用问题。在充分调查研究和认真总结各地经验的基础上，本解释对原有司法解释和规范性文件没有规定，但实践中迫切需要解决的毒品犯罪法律适用问题作出新规定，对原有规定中不适应当前毒品犯罪形势发展的内容作了修改，同时也吸收了原有司法解释和规范性文件中的部分内容。现就本解释的主要内容作如下说明。

（一）关于毒品的定罪量刑数量标准问题

毒品数量是毒品犯罪案件定罪量刑的重要基础性情节。《2000年解释》和2007年《最高人民法院、最高人民检察院、公安部办理毒品犯罪案件适用法律若干问题的意见》（以下简称《2007年意见》）共规定了16类毒品的定罪量刑数量标准。近年来，我国又有甲卡西酮、曲马多、安钠咖、恰特草等10余种国家规定管制的麻醉药品或者精神药品出现滥用，但原有司法解释和规范性文件没有对其定罪量刑数量标准作出规定，给司法实践中相关犯罪的打击处理带来困难。同时，原有司法解释和规范性文件对个别毒品定罪量刑数量标准的规定，也已与其社会危害明显不相适应，需要作出调整。为此，本解释在第一条第一款和第二条中，系统规定了28类毒品的“数量大”和“数量较大”标准。其中，保留了原有司法解释和规范性文件中规定的15类，下调了1类，新增了12类。

1. 关于保留的15类毒品的定罪量刑数量标准

可卡因、苯丙胺类（甲基苯丙胺除外）、吗啡、二氢埃托啡、哌替啶（度冷丁）、大麻类、咖啡因、罂粟壳等8类毒品的定罪量刑数量标准，来自《2000年解释》的规定；美沙酮、三唑仑、安眠酮、氯氮卓、艾司唑仑、地西泮、溴西泮等7类毒品的定罪量刑数量标准，来自《2007年意见》的规定。调研过程中，未发现原有标准存在明显问题，故在本解释中予以保留，未作调整。

2. 关于下调的1类和新增的12类毒品的定罪量刑数量标准

本解释对氯胺酮的定罪量刑数量标准作了调整，新规定了芬太尼、甲卡西酮、曲马多、γ一羟丁酸、可待因、丁丙诺啡、阿普唑仑、恰特草、巴比妥、苯巴比妥、安钠咖、尼美西泮等12类毒品的定罪量刑数量标准。

3. 关于其他麻精药品的定罪量刑数量标准

根据2013年版《麻醉药品品种目录》和《精神药品品种目录》的规定，我国共有270种列管麻精药品。据了解，实践中还有咪达唑仑、布桂嗪等列管麻精药品出现个别、散在滥用，但尚未形成规模，且随着药品管制的加强呈现下降趋势。鉴于现阶段司法解释还不可能对所有已列管麻精药品的定罪量刑数量标准作出规定，故本解释主要立足于解决当前已经出现一定规模滥用或者存在较大滥用潜力的毒品的定罪量刑数量标准，对于其他滥用问题尚不突出或者滥用潜力不大的毒品，暂不作规定。

本解释在确定各类毒品定罪量刑数量标准时考虑了多方面的因素：一是毒

品的药物依赖性（致瘾癖性）和对人体的危害。这是本解释确定各类毒品定罪量刑数量标准的基础。药物依赖性方面主要依据2004年国家食品药品监督管理局制定的《非法药物折算表》，以及相关科研机构提供的10余种新类型毒品的依赖性潜力评估意见。二是毒品的滥用情况。包括毒品的滥用主体与人数、滥用地域范围、滥用场所等。三是毒品的犯罪形势。包括犯罪数量、犯罪发展趋势、犯罪地域分布及犯罪类型等。四是毒品的药用价值。对于医疗上广泛使用的品种，适当提高了定罪量刑数量标准，对于几乎没有药用价值、不存在合法用途的品种，适当降低了定罪量刑数量标准。五是毒品的交易价格。总体而言，毒品的药物依赖性及对人体的危害越大，滥用范围和潜力越大，相关毒品犯罪的数量越多、分布越广、蔓延趋势越突出，且毒品的药用价值越低、价格越高，定罪量刑的数量标准就越低，处刑就越重。因篇幅有限，这里仅对氯胺酮和甲卡西酮定罪量刑数量标准的确定作重点说明：

1. 关于氯胺酮的定罪量刑数量标准

《2007年意见》规定，氯胺酮的定罪量刑数量标准与海洛因是20∶1的关系。《解释》将其调整为10∶1，即500克以上为“数量大”。主要基于以下几点考虑：第一，氯胺酮在我国滥用较为严重，近年来滥用人数不断增长，目前已上升至第三位，仅次于甲基苯丙胺和海洛因。第二，滥用氯胺酮造成的现实危害不断加大，因其兼具麻醉和致幻效果，实践中大量的自伤自残、暴力犯罪及“毒驾”案件多由吸食氯胺酮引发。第三，我国的制造、贩卖氯胺酮犯罪近年来呈迅速增长之势，因而有必要加大对涉氯胺酮犯罪的惩治力度。

2. 关于甲卡西酮的定罪量刑数量标准

甲卡西酮属于一类精神药品，具有兴奋和致幻作用，在我国不存在合法生产、经营，也没有合法用途。甲卡西酮在我国部分省份已经出现滥用，其他地方也破获了一些制贩甲卡西酮的案件，但缺乏明确的定罪量刑数量标准。《非法药物折算表》将甲卡西酮归为苯丙胺类毒品，故有意见认为，对甲卡西酮可以参照《2000年解释》中苯丙胺类毒品的定罪量刑数量标准执行，即100克以上为“数量大”。经研究认为，甲卡西酮虽与苯丙胺类毒品的结构类似，但严格来说属于卡西酮类毒品，就其定罪量刑标准单独作出规定更为科学。关于甲卡西酮的药物依赖性，《非法药物折算表》规定1克甲卡西酮＝1克海洛因。公安部禁毒局国家毒品实验室的实验数据显示，甲卡西酮与甲基苯丙胺产生的精神兴奋性为2∶1。考虑到甲卡西酮在我国虽已出现滥用和犯罪，但滥用人数、滥用地域范围、犯罪形势和交易价格等与甲基苯丙胺还存在一定差距，故综合上述因素将甲卡西酮的定罪量刑数量标准设定为甲基苯丙胺的4倍，即200克以上为“数量大”。

此外，需要说明的是，本解释中现有的毒品种类原则上按照数量标准由低到高排列（二氢埃托啡除外），并对数量标准相同的进行了分组归类。毒品名称主要根据2013年版《麻醉药品品种目录》和《精神药品品种目录》确定，个别在听取行业专家意见后进行了规范和调整。例如，将《2000年解释》中的“度冷丁”调整为“哌替啶”，将“盐酸二氢埃托啡”调整为“二氢埃托啡”，将《2007年意见》中的“二亚甲基双氧安非他明”调整为“3，4—亚甲二氧基甲基苯丙胺”，并用括号注明其通用简称MDMA。

本解释的第一条第二款规定了具有药用价值的麻醉药品或者精神药品被用于毒品犯罪的，如何认定毒品数量的问题。该问题近年来在实践中较为突出。《2000年解释》通过括号标注的方式规定，对医用度冷丁和盐酸二氢埃托啡针剂及片剂，要按照药品中该类毒品成分的含量认定涉案毒品数量。考虑到其他由定点企业生产但流入非法渠道的麻精药品，也应当采用这种毒品数量认定方法，故本解释专门在第一条第二款对该问题作出明确、统一的规定。这样规定主要基于以下几点考虑：第一，药品中水分、淀粉、糖分、色素等成分占有相当大的比重，有效药物成分（即毒品成分）的含量较低，如果根据药品的总重量认定涉案毒品数量，势必同毒品成分的实际数量有明显差距，难以体现罚当其罪。第二，对于不同厂家生产或者同一厂家生产的不同规格的同类药品，在总重量相同的情况下，其有效药物成分的含量可能存在较大差异，如果根据药品的总重量认定涉案毒品数量，会影响量刑平衡。第三，从药品生产、使用单位流入非法渠道的麻精药品，其有效药物成分的含量有严格标准，不涉及毒品的含量鉴定问题，不会给司法实践带来操作上的困难，有关实务部门也均同意这种毒品数量认定方法。第四，本款规定仅适用于国家定点企业生产、流入非法渠道的麻醉药品和精神药品，并非国家定点企业生产的麻精药品以及海洛因、甲基苯丙胺等没有临床用途的麻精药品不在此列。另外，对于以制造毒品为目的生产出的纯度不高的毒品以及为了增加毒品数量而掺杂、掺假的情形，均应按照毒品的全部数量认定。第五，本款并非本解释的创设性规定，《2000年解释》对度冷丁和盐酸二氢埃托啡均作了类似规定，多年来在执行过程中并未发现问题。起草过程中，有意见提出，该规定似与《刑法》第三百五十七条第二款有关毒品数量不以纯度折算的规定不甚一致，建议再作研究。经再次研究，本解释最终保留了该款规定。据此，国家定点生产企业按照标准规格生产的麻醉药品或者精神药品，流入非法渠道被用于毒品犯罪的，要根据药品中毒品成分的含量认定涉案毒品数量。

（二）关于走私、贩卖、运输、制造毒品罪的量刑情节问题

“武装掩护走私、贩卖、运输、制造毒品”和“以暴力抗拒检查、拘留、逮捕，情节严重”，是《刑法》第三百四十七条第二款第三项、第四项规定的两个应当判处十五年有期徒刑以上刑罚的量刑情节。但对于这两个情节应当如何认定，原有司法解释和规范性文件一直没有作出明确规定，实践中也存在模糊认识，故本解释第三条对此作了规定。

1. 关于“武装掩护走私、贩卖、运输、制造毒品”的认定

该问题的核心在于“武装掩护”的界定。本解释将其明确界定为携带枪支、弹药或者爆炸物用于掩护毒品犯罪的情形。其中，“武装”限定于枪支、弹药、爆炸物，不包括尖刀、棍棒等普通器械；“携带”既包括随身携带、随包携带、随车携带，也包括在制毒场所存放等。考虑到该行为具有高度的危险性，故既不要求显示、出示、使用，对枪支、弹药或者爆炸物的数量亦无要求。之所以强调“用于掩护”，旨在从用途和目的上加以限制，对于只携带子弹而没有携带枪支，不可能实现掩护目的的，不能认定为“武装掩护”。此外，对于枪支、弹药、爆炸物种类的认定，参照《最高人民法院关于审理非法制造、买卖、运输枪支、弹药、爆炸物等刑事案件具体应用法律若干问题的解释》执行。例如，枪支主要包括军用枪支、以火药为动力发射枪弹的非军用枪支、以压缩气体等为动力的其他非军用枪支等。

2. 关于“以暴力抗拒检查、拘留、逮捕，情节严重”的认定

该问题的核心在于“情节严重”的认定。考虑到该情节对应的法定刑为十五年有期徒刑、无期徒刑直至死刑，为体现罚当其罪，本解释将“情节严重”规定为造成执法人员死亡、重伤、多人轻伤或者具有其他严重情节的情形。“其他严重情节”主要是指严重程度与所列举情形相当的其他情节，如造成执法人员二人轻伤、多人轻微伤或者造成公私财产重大损失等情形。

对于《刑法》第三百四十七条第四款中走私、贩卖、运输、制造少量毒品“情节严重”的认定，《2000 年解释》第三条作了规定，但在这些年的执行过程中逐步暴露出一些问题，本解释第四条对此作了修改、完善和补充。

1. 本解释第四条第一项源自《2000 年解释》第三条第四项规定的“向多人贩毒或者多次贩毒”

此次修改为“向多人贩卖毒品或者多次走私、贩卖、运输、制造毒品”，主要是为了应对实践中存在的其他情形。起草过程中，有意见提出，实践中很多零包贩毒案件，被告人虽然具有向多人贩毒或者多次贩毒的情节，但累计贩卖毒品的数量却不足1克，如果将这种情况认定为“情节严重”，处三年以上七年以下有期徒刑，会出现罪刑不相适应，故应当设定最低毒品数量限制。经研究认为，向多人贩卖毒品或者多次走私、贩卖、运输、制造毒品的，具有较大的社会危害性，也体现了犯罪分子较深的主观恶性，应重点打击、从严惩处，故不再设定最低数量限制。

2. 本解释第四条第二项将《2000 年解释》第三条第三项中的“戒毒监管场所”修改为“戒毒场所、监管场所”，扩大了条文覆盖面

“戒毒场所”包括强制隔离戒毒所、自愿戒毒所、社区戒毒治疗门诊、戒毒医院等，“监管场所”包括拘留所、看守所、监狱等。

3. 本解释第四条第三项是结合实践新增的内容

近年来，毒品逐步向校园蔓延，严重侵害了在校学生的身心健康，破坏了学校的教学管理秩序。为体现对在校学生的特殊保护，严厉打击向在校学生贩卖毒品的犯罪活动，本解释新增了此项规定。这里的“在校学生”包括中小学、中等职业学校学生和普通高等学校中的本、专科学生（不包括研究生）。其中，中等职业学校包括中专、职高、技校，普通高等学校包括全日制大学、学院、职业技术学院、高等专科学校。本解释的本项规定与刑法第三百四十七条第六款“向未成年人出售毒品的，从重处罚”的规定之间不存在矛盾，如果贩卖对象既是未成年人又是在校学生的，适用本项的规定处罚。

4. 本解释第四条第四项也是新增内容

实践中，部分犯罪分子组织、利用残疾人、艾滋病人、乙肝病人、尿毒症患者、癌症病人以及怀孕或者正在哺乳自己婴儿的妇女等特殊群体走私、贩卖、运输、制造毒品，加大了查缉工作的难度。而且，由于上述人员普遍存在“收押难”问题，经常是“抓了放、放了抓”，流散社会再次甚至多次实施毒品犯罪，严重影响了打击毒品犯罪的力度和效果，故将利用上述特殊群体实施毒品犯罪的行为增列为“情节严重”情形。

5. 本解释第四条第五项是《2000 年解释》的原有内容

起草过程中，有意见认为，国家工作人员没有利用职务或工作上的便利实施毒品犯罪的，不应当认定为“情节严重”。经研究认为，毒品犯罪属于严重妨害社会管理秩序、危害人民群众身心健康的犯罪，国家工作人员本应自觉抵制毒品、积极与毒品犯罪作斗争，而具有该特定身份的人员转而实施毒品犯罪，无疑具有更为恶劣的社会影响和更大的社会危害，应当从严惩处，故无需额外设定国家工作人员“利用职务或者工作便利”的条件。

需要特别说明的是，本解释删去了《2000 年解释》第三条第一项根据毒品数量认定“情节严重”的规定。关于《刑法》第三百四十七条第四款中的“情节严重”是包括毒品数量还是指毒品数量之外的其他情节，起草过程中主要有两种意见：一种意见认为，刑法已经规定走私、贩卖、运输、制造少量毒品的，处三年以下有期徒刑、拘役或者管制，但《2000 年解释》第三条第一项却将毒品数量仍在这一幅度范围内的情形，即“走私、贩卖、运输、制造鸦片一百四十克以上不满二百克、海洛因或者甲基苯丙胺七克以上不满十克或者其他数量相当毒品的”规定为“情节严重”，判处三年以上七年以下有期徒刑，与刑法规定之间存在明显逻辑矛盾。故《刑法》第三百四十七条第四款中的“情节严重”应当是指除毒品数量之外的其他情节，不应再单纯用数量去解释数量，建议起草新的司法解释时删去该项规定。另一种意见认为，毒品数量是认定毒品犯罪“情节严重”的重要标准之一，《刑法》第三百四十七条第三款与第四款的规定之间缺乏一档数量标准的衔接，如第三款规定，走私海洛因十克以上不满五十克的，处七年以上有期徒刑；第四款规定，走私海洛因不满十克的，处三年以下有期徒刑、拘役或者管制；而三年以上七年以下有期徒刑的量刑档次只有“情节严重”作为条件，并无数量标准的规定，故有必要将毒品数量规定为《刑法》第三百四十七条第四款“情节严重”中的一个情节。此外，直接将毒品数量作为认定“情节严重”的标准，非常便于执行，也已经为实践普遍接受，故建议保留该项规定。经研究认为，第一种意见更符合现行刑法的规定，且征求意见过程中立法机关也赞同第一种意见，故本解释最终删去了《2000 年解释》第三条第一项将毒品数量认定为“情节严重”的规定。

(三) 关于包庇毒品犯罪分子罪和窝藏、转移、隐瞒毒品、毒赃罪“情节严重”的认定问题

关于包庇毒品犯罪分子罪“情节严重”的认定，以往司法解释和规范性文件均未作规定，本解释第六条第一款从不同角度对此作出规定。第一项从包庇对象的角度加以规定。走私、贩卖、运输、制造毒品罪是性质最为严重的毒品犯罪，十五年有期徒刑以上刑罚是该罪的最高法定刑幅度，包庇因犯该罪依法应当判处十五年有期徒刑以上刑罚的毒品犯罪分子，体现了包庇行为的严重性，故属于“情节严重”。第二项从包庇情节的角度加以规定。包括多次实施包庇行为和虽未达多次但包庇人数达到多人的情形。第三项从包庇行为的后果角度加以规定。“严重妨害”是指包庇者毁灭重要证据导致司法机关难以认定犯罪，作伪证严重影响司法机关准确认定犯罪事实，以及帮助犯罪分子藏匿、潜逃严重妨害其及时到案等情形。

本解释第六条第二款从不同角度规定了窝藏、转移、隐瞒毒品、毒赃罪“情节严重”的认定问题。该罪与包庇毒品犯罪分子罪对应的法定刑相同，但犯罪对象不同，故对该罪“情节严重”的规定，既要体现两罪量刑情节的相当，也要考虑到两罪犯罪对象的差异。第一项是从窝藏、转移、隐瞒毒品数量的角度加以规定。考虑到本项中的犯罪对象是毒品，危害性大于一般的窝藏赃物行为，故设定的毒品数量标准不宜过高。同时，从不同罪名法定刑衔接的角度考虑，将窝藏、转移、隐瞒毒品“数量大”规定为“情节严重”，判处三年以上十年以下有期徒刑，较好体现了该罪与走私、贩卖、运输、制造毒品罪、非法持有毒品罪在犯罪性质上的差异。并且，这也与前款第一项包庇依法应当判处十五年有期徒刑以上刑罚的毒品犯罪分子属于“情节严重”的规定相对应。第二项是从窝藏、转移、隐瞒毒赃数额的角度加以规定。窝藏、转移、隐瞒毒赃行为的危害性要小于窝藏、转移、隐瞒毒品行为，但大于一般的掩饰、隐瞒犯罪所得行为。最高人民法院 2015 年制定的《关于审理掩饰、隐瞒犯罪所得、犯罪所得收益刑事案件适用法律若干问题的解释》第三条规定，一般情况下，掩饰、隐瞒犯罪所得及其产生的收益价值总额达到十万元以上的属于“情节严重”，但掩饰、隐瞒救灾、扶贫等特定款物价值达五万元的即为“情节

严重”。“两高”2011年制定的《关于办理危害计算机信息系统安全刑事案件应用法律若干问题的解释》第七条也规定，涉及此类犯罪而掩饰、隐瞒违法所得五万元以上的属于“情节严重”。考虑到毒品犯罪的特殊性，为体现依法严惩，将窝藏、转移、隐瞒毒赃“情节严重”的标准规定为五万元以上。第三项是从犯罪情节的角度加以规定，第四项是从行为后果角度作出规定，具体理由不再赘述。

需要特别说明的是，为全面贯彻宽严相济刑事政策，本解释在第六条第三款规定了实施《刑法》第三百四十九条规定的犯罪，可以免予刑事处罚的特定情形。近几年公布的有关掩饰、隐瞒犯罪所得犯罪、盗窃犯罪和诈骗犯罪等司法解释，对于近亲属间实施犯罪的，均规定了不作为犯罪处理或者可以免予刑事处罚的特别条款。本解释从“亲亲相隐”的诉讼理念出发，参考上述司法解释的规定，对于针对近亲属实施《刑法》第三百四十九条规定的犯罪行为的，也设置了可以免予刑事处罚的条款。但考虑到严惩毒品犯罪的政策要求，对适用条件作了严格限制，即需要同时具备以下几个条件：一是不具有本条前两款规定的“情节严重”情形。即被告人犯罪情节较轻，论罪应当判处三年以下有期徒刑、拘役或者管制。二是归案后认罪、悔罪并积极退赃。设置该条件是为了鼓励被告人如实交代犯罪事实，积极退缴毒品、毒赃，以便依法追究走私、贩卖、运输、制造毒品犯罪分子的刑事责任，突出毒品犯罪的打击重点。三是属初犯、偶犯。即可以免予刑事处罚者仅限于初犯、偶犯情形，对于再次犯罪者则应依法惩处。四是综合评价其行为属于《刑法》第三十七条规定的“犯罪情节轻微不需要判处刑罚的”情形。

（四）关于非法生产、买卖、运输制毒物品、走私制毒物品罪的定罪量刑标准问题

《刑法修正案（九）》对《刑法》第三百五十条第一款、第二款作了修订，增加了非法生产、运输制毒物品罪，将该罪的法定刑从两档调整为“情节较重”“情节严重”和“情节特别严重”三档，并将该罪的法定最高刑从十年有期徒刑提高为十五年有期徒刑，财产刑方面增加了没收财产。结合刑法修订情况，本解释第七条、第八条分别对非法生产、买卖、运输制毒物品、走私制毒物品罪的定罪量刑标准作出新的明确规定。

与以往不同的是，本解释在《2000年解释》和2009年《最高人民法院、最高人民检察院、公安部关于办理制毒物品犯罪案件适用法律若干问题的意见》（以下简称《2009年制毒物品意见》）等规定的基础上，整体下调了全部33种列管制毒物品的定罪量刑数量标准，以进一步加大对制毒物品犯罪的惩治力度，从源头上遏制毒品犯罪，这也符合《刑法修正案（九）》修订本罪的精神。

1. 关于非法生产、买卖、运输制毒物品、走私制毒物品罪“情节较重”（即定罪标准）的认定

本解释第七条第一款规定了全部 33 种已列管制毒物品的定罪数量标准。本解释在确定制毒物品定罪数量标准时的考虑因素包括：一是在制造毒品过程中发挥的作用。包括该类制毒物品属于主要原料还是配剂，是否具有不可替代性，制造毒品的用量、比例等。二是当前的犯罪形势。包括该类制毒物品流入制毒渠道的数量、走向，在制造毒品犯罪中出现的频率等。三是制成毒品的种类、危害。例如，因甲基苯丙胺与氯胺酮的定罪量刑数量标准差距较大，制造甲基苯丙胺的主要原料麻黄碱与制造氯胺酮的主要原料羟亚胺的定罪量刑标准也要体现一定差别。四是合法用途和管制级别。包括该类制毒物品是否存在合法用途，在工农业生产和日常生活中是否广泛使用，行政管制级别的高低等。为加大对制毒物品犯罪的惩治力度，本解释下调了麻黄碱、羟亚胺等 25 种制毒物品的定罪数量起点。同时，为防止刑法设定的较高幅度法定刑出现虚置，本解释将适用三年有期徒刑以下刑罚（“情节较重”）的制毒物品数量标准上限，从以往定罪数量起点的 10 倍一律下调至 5 倍。

除单纯的数量标准外，本解释第七条第二款还从“数量＋其他情节”的角度规定了该罪的定罪标准。即制毒物品数量达到该条第一款规定的定罪数量起点的百分之五十，且具有第二款所列几种情形之一的，应当以非法生产、买卖、运输制毒物品、走私制毒物品罪定罪处罚。这几种情形分别从违法犯罪经历、犯罪情节、犯罪主体、危害后果等方面作出规定。其中，第三项将一次组织五人以上实施犯罪和在多个地点非法生产规定为“情节较重”，是考虑到该罪涉案人员、加工窝点众多的具体情况。第六项主要是指生产制毒物品过程中污染水源或者土壤，导致养殖的鱼类、牲畜或者种植的农作物大量死亡等严重影响群众生产、生活秩序的情形。

此外，本解释第七条第三款规定了非法生产、买卖、运输制毒物品，不以制毒物品犯罪论处的例外情形。该款吸收了《2009 年制毒物品意见》的相关规定，并对原有规定作了文字调整。绝大部分制毒物品（行政管理领域称之为易制毒化学品）具有双重性，既可能被用于制造毒品，又在工农业生产和人们的日常生活中发挥重要作用。因此，对制毒物品违法犯罪活动的打击，不能影响到正常的生产、生活需要。根据《中华人民共和国禁毒法》和《易制毒化学品管理条例》，我国对易制毒化学品的生产、经营、购买、运输和进出口实行严格的分类管理和许可、备案制度。但实践中确实存在未办理许可证明或者备案证明而生产、销售、购买、运输易制毒化学品，且实际用于合法生产、生活需要的情形。但对于此类行为，不应以制毒物品犯罪论处。鉴于实践中对此类行为的定性还存在认识偏差，本解释专门作出明确规定。

2. 关于非法生产、买卖、运输制毒物品、走私制毒物品罪“情节严重”的认定

本解释第八条第一款第一项规定了认定该罪“情节严重”的数量标准，该数量标准的起点为定罪数量标准的上限（即定罪数量起点的5倍），该数量标准的上限为起点的5倍（即定罪数量起点的25倍）。第二项规定了认定“情节严重”的“数量+其他情节”标准，即达到“情节较重”数量标准，同时具有第七条第二款第三至第六项情形之一的，应当认定为“情节严重”。

3. 关于非法生产、买卖、运输制毒物品、走私制毒物品罪“情节特别严重”的认定

本解释第八条第二款第一项规定了认定该罪“情节特别严重”的数量标准，即达到“情节严重”一档的最高数量标准（定罪数量起点的25倍）以上的，就属于“情节特别严重”。第二项规定了认定“情节特别严重”的“数量+其他情节”标准，即达到“情节严重”的数量标准，同时具有第七条第二款第三至第六项情形之一的，应当认定为“情节特别严重”。

（五）关于容留他人吸毒罪的定罪标准问题

《刑法》第三百五十四条并没有为容留他人吸毒罪设定入罪条件。但《禁毒法》第六十一条规定，容留他人吸食、注射毒品，尚不构成犯罪的，可以由公安机关给予拘留、罚款等行政处罚。为给行政执法保留一定空间，2012年《最高人民检察院、公安部关于公安机关管辖的刑事案件立案追诉标准的规定（三）》（以下简称《立案追诉标准三》）第十一条为容留他人吸毒罪设定了立案追诉标准，对该罪的定罪处罚起到一定规范作用。但近年来的实践情况表明，《立案追诉标准三》为容留他人吸毒罪设定的部分入罪条件偏低，加之一些地方机械执行这一标准，导致一些不完全符合该罪犯罪构成要件的行为，以及一些原本可以通过行政处罚手段处理的容留他人吸毒行为，也被按照刑事犯罪处理。本解释第十二条吸收了《立案追诉标准三》的部分合理内容，也结合司法实践情况，完善了容留他人吸毒罪的定罪标准。

本解释第十二条第一款第一项保留了《立案追诉标准三》中“一次容留三人以上吸食、注射毒品”的规定，在表述上将“三人以上”调整为“多人”。第二项对《立案追诉标准三》中“容留他人吸食、注射毒品两次以上”的规定作了修改，增加了“二年内”的时间限制，并要求是多次容留他人吸食、注射毒品的才入罪，即二年内第三次容留他人吸食、注射毒品的才作为犯罪处理。第三项在《立案追诉标准三》原有规定的基础上增加了“二年内”的时间限制。第四项、第五项、第六项保留了《立案追诉标准三》的原有规定，因这三项均属于社会危害大、应予追究刑事责任的情形，故未在时间、人数、次数上设定条件。需要说明的是，第五项中的“以牟利为目的”主要是指为赚取场所使用费或者为了招揽生意而容留他人吸食、注射毒品的情形，如专门开设地下

烟馆容留他人吸食、注射毒品并收取场地使用费，或者娱乐场所经营者、管理者为招揽生意而容许顾客在场所内吸食、注射毒品的。需要特别说明的是，在司法工作中，可以将行为人"曾因容留他人吸食、注射毒品受过刑事处罚的"认定为第一款第七项中"其他应当追究刑事责任的情形"。如果行为人不构成累犯的，依法定罪处罚；行为人构成累犯的，可以认定累犯但不予从重处罚，以免违反"禁止重复评价"原则。

实践中，对于向他人贩卖毒品后容留其吸食、注射毒品，或者容留他人吸食、注射毒品并向其贩卖毒品的，有的地方以容留他人吸毒罪与贩卖毒品罪数罪并罚，也有的地方以贩卖毒品罪一罪定罪处罚。经研究认为，通常情况下贩卖毒品行为与容留他人吸毒行为并不具有刑法上的牵连关系，故原则上应单独评价，在容留他人吸毒行为达到定罪标准的情况下，与贩卖毒品罪数罪并罚。对于实践中常见的多次让他人在相关场所"试吸"毒品后又向其贩卖毒品的，因让他人"试吸"毒品的行为属于贩卖毒品的手段行为，故不宜认定为容留他人吸毒罪并数罪并罚。

本解释第十二条第三款规定了容留近亲属吸食、注射毒品行为的处理原则。对于容留近亲属吸食、注射毒品的，实践中普遍认为具有可宽宥性。主要考虑，吸毒是违法行为而不是犯罪行为，容留近亲属吸食、注射毒品的多系不得已而为之，吸毒者的近亲属在某种程度上也是受害人，对此类情形从宽处罚，既能够彰显司法的人性化，也符合宽严相济刑事政策。因此，对于情节显著轻微危害不大的，不作为犯罪处理。如父母二年内多次在自己家中容留已单独居住的成年子女吸食毒品的，或者同胞姐姐在自己家中容留未成年弟弟吸食毒品的，一般可认定为"情节显著轻微危害不大"，不作为犯罪处理。容留近亲属吸食、注射毒品，确实需要追究刑事责任的，除极少数情节恶劣的情形外，一般也应酌情从宽处罚。

需要注意的是，构成容留他人吸毒罪仅限于容留者拥有对场所的支配、控制权，而被容留者未经容留者允许，不享有场所使用权的情形。此外，对场所有共同居住、使用权的一方放任另一方在共同的住所内容留他人吸食、注射毒品的，因放任者不符合认定为犯罪的条件，对其亦不应以容留他人吸毒罪定罪处罚。

（六）关于非法提供麻醉药品、精神药品罪的定罪量刑标准问题

关于非法提供麻醉药品、精神药品罪的定罪标准，《立案追诉标准三》作了相关规定。本解释第十三条第一款结合实践情况，对《立案追诉标准三》的规定加以完善。第一项规定了非法提供麻醉药品、精神药品罪的定罪数量标准。因该罪系向吸食、注射毒品的人无偿提供麻精药品，被告人的主观恶性相对小于贩卖毒品罪，故在设定其定罪量刑数量标准时，需要注意与贩卖毒品罪的协调、衔接问题。《立案追诉标准三》将非法提供麻醉药品、精神药品的立

案追诉标准设定为《刑法》第三百四十七条中“数量较大”标准最低值的10%。但这样一来，在毒品（或者说是麻精药品）数量相同的情况下，非法提供麻醉药品、精神药品罪的量刑就与走私、贩卖、运输、制造毒品罪基本相当，这便与两类犯罪的罪行严重程度不相适应。基于上述考虑，本解释将该罪的定罪数量起点上调至“数量较大”标准最低值的50%。第二项至第五项规定的是非法提供麻醉药品、精神药品罪的定罪情节标准，即虽未达到定罪数量标准，但具这几项所列情形之一的，也应当定罪处罚。

本解释第十三条第二款规定了非法提供麻醉药品、精神药品罪“情节严重”的认定标准。第一项规定了认定“情节严重”的数量标准。同样是考虑到该罪与贩卖毒品罪的量刑标准衔接问题本解释将该罪的“情节严重”数量标准设定为“数量较大”标准。这样规定，非法提供麻醉药品、精神药品达到“数量较大”标准的，处三年以上七年以下有期徒刑；走私、贩卖、运输、制造毒品达到“数量较大”标准的，处七年以上有期徒刑，两个罪名的法定刑之间实现了较好的衔接。第二项规定了认定非法提供麻醉药品、精神药品罪“情节严重”的“数量+其他情节”标准。达到第一款规定的定罪数量标准，但同时具有前款第三项至第五项规定的情形之一的，即可认定为“情节严重”。

（七）关于网络涉毒犯罪的法律适用问题

《刑法修正案（九）》在《刑法》第二百八十七条之后增加了两条，作为之一、之二，对利用信息网络实施相关犯罪的定性问题作出规定，其中涉及网络涉毒犯罪的一些问题。

本解释第十四条根据《刑法修正案（九）》的上述新增条款，结合网络涉毒犯罪的各种具体表现形式，对其定性问题作出提示性规定。

本解释第十四条第一款明确了部分网络涉毒犯罪的定性问题。具体包括两类行为：一是利用信息网络设立用于实施涉毒违法犯罪活动的网站、通讯群组的行为。具体包括设立用于传授制造毒品、非法生产制毒物品等犯罪的方法的网站、通讯群组；设立用于贩卖毒品、非法买卖制毒物品的网站、通讯群组；以及设立用于实施组织他人吸食、注射毒品等违法犯罪活动的网站、通讯群组。二是利用信息网络发布实施前述涉毒违法犯罪活动信息的行为。其中，对于利用信息网络组织他人吸食、注射毒品行为的定性，以往存在一些分歧认识，有的意见主张以容留他人吸毒罪定罪处罚，有的意见认为不构成犯罪。

本解释根据《刑法修正案（九）》第二百八十七条之一的规定，对此类行为的定性予以明确，即利用信息网络，设立用于组织他人吸食、注射毒品的网站、通讯群组，发布组织他人吸食、注射毒品的违法活动信息，情节严重的，应当以非法利用信息网络罪定罪处罚。

本解释第十四条第二款明确了罪名竞合情况下的处理原则。就利用信息网络实施毒品犯罪而言，《刑法》第二百八十七条之一、之二规定的实际上是传授犯罪方法、贩卖毒品、非法买卖制毒物品等犯罪的预备行为或者帮助行为。因此，当《刑法》第二百八十七条之一规定的非法利用信息网络罪和第二百八十七条之二规定的帮助信息网络犯罪活动罪，与传授犯罪方法罪、贩卖毒品罪、非法买卖制毒物品罪等发生竞合时，应当依照处罚较重的规定定罪处罚。

（撰稿人：叶晓颖　马岩　方文军　李静然）

【链　　接】

大力加强审判规范化建设　坚持依法从严惩处毒品犯罪

——最高人民法院刑五庭负责人就《关于审理毒品犯罪案件适用法律若干问题的解释》答记者问

2016年4月7日，最高人民法院公布了《关于审理毒品犯罪案件适用法律若干问题的解释》（以下简称本解释），自2016年4月11日起施行。就本解释的起草背景、指导思想、制定意义和主要内容等问题，最高人民法院刑五庭负责人接受了记者采访。

一、问：请介绍一下本解释的制定背景

答：2000年，最高人民法院发布了《关于审理毒品案件定罪量刑标准有关问题的解释》，有效解决了部分毒品犯罪的定罪量刑标准问题。此后，随着我国毒品犯罪形势的发展变化，实践中出现了较多新的毒品犯罪法律适用问题。对此，最高人民法院高度重视，近年来又单独或者会同有关单位制定了一系列规范性文件加以解决。如2008年印发了《全国部分法院审理毒品犯罪案件工作座谈会纪要》，2015年印发了《全国法院毒品犯罪审判工作座谈会纪要》，2007年和2009年先后会同最高人民检察院、公安部联合制定了《办理毒品犯罪案件适用法律若干问题的意见》和《关于办理制毒物品犯罪案件适用法律若干问题的意见》等指导文件，有效规范了毒品犯罪案件的法律适用。同时，也逐步将制定新的毒品犯罪司法解释工作提上日程。

禁毒工作关系国家安危、民族兴衰和人民福祉，党中央、国务院高度重视禁毒工作。2014年6月，中央政治局常委会议、国务院常务会议分别听取禁毒工作专题汇报，习近平总书记、李克强总理分别对禁毒工作作出重要指示批示。中共中央、国务院首次印发了《关于加强禁毒工作的意见》，并下发了贯彻落实分工方案。这两个文件均明确提出，由最高人民法院及时制定司法解释，统一和规范毒品犯罪案件的法律适用。最高人民法院经研究认为，经过多年来的司法经验积累和调查研究，出台新的司法解释，对毒品犯罪的有关法律适用问题进行规范的时机已经成熟。

为贯彻落实中央决策部署，进一步规范毒品犯罪案件的法律适用，确保依法从严惩处毒品犯罪，根据工作安排，最高人民法院刑五庭经深入调查研究，组织专家论证，广泛听取立法机关、相关职能单位及有关专家学者的意见后，制定了本解释。2016 年 1 月 25 日，最高人民法院审判委员会第 1676 次会议审议通过了本解释。

二、问：本解释体现了怎样的指导思想

答：当前，受国际毒潮持续泛滥和国内多种因素影响，我国的禁毒斗争形势严峻复杂，毒品犯罪高发、多发，禁毒工作任务十分艰巨。本解释以依法从严惩处毒品犯罪为指导思想，体现了对走私、贩卖、运输、制造毒品等各类严重毒品犯罪，以及具有武装掩护犯罪，暴力抗拒检查、拘留、逮捕，多次、向多人实施犯罪，组织、利用未成年人、病残人员犯罪，国家工作人员犯罪等严重情节的毒品犯罪分子的依法严惩。同时，为全面贯彻宽严相济这一基本刑事政策，更好地分化瓦解毒品犯罪分子，对其中罪行较轻或者具有从宽处罚情节的，根据罪刑相适应的刑法基本原则，也体现了从宽处理。

三、问：请介绍一下本解释的主要内容和制定意义

答：本解释的主要内容和制定意义在于：

第一，为依法从严惩处新类型毒品犯罪提供了明确依据。本解释系统规定了 28 种毒品的定罪量刑数量标准。其中，新增了甲卡西酮、曲马多、安钠咖等 12 种新类型毒品的定罪量刑数量标准，并下调了在我国危害较为严重的毒品氯胺酮的定罪量刑数量标准，为实践中相关犯罪的打击处理提供了明确依据，有利于依法从严惩处新类型毒品犯罪。

第二，配合《刑法》修订加大了对制毒物品犯罪的惩治力度。近年来，制毒物品流入非法渠道被用于制造毒品的情况在我国较为突出，根据《刑法修正案（九)》修订制毒物品犯罪的精神，本解释整体下调了全部 33 种制毒物品的定罪量刑数量标准，以进一步加大对制毒物品犯罪的从严打击力度，强化对毒品犯罪的源头惩治。

第三，首次全面规定了各类毒品犯罪的定罪量刑标准。本解释结合近年来的司法实践，首次以司法解释的形式，对容留他人吸毒罪，非法种植毒品原植物罪，非法买卖、运输、携带、持有毒品原植物种子、幼苗罪，非法提供麻醉药品、精神药品罪等四类犯罪的定罪标准，对走私、贩卖、运输、制造毒品罪，非法持有毒品罪，包庇毒品犯罪分子罪，窝藏、转移、隐瞒毒品、毒赃罪，引诱、教唆、欺骗他人吸毒罪，非法提供麻醉药品、精神药品罪等六类犯罪的“情节严重”标准作出明确规定，并结合立法修订对非法生产、买卖、运输制毒物品、走私制毒物品罪的定罪量刑标准作出新的规定，为各类毒品犯罪的定罪和刑罚适用提供了明确依据。

此外，本解释还对武装掩护走私、贩卖、运输、制造毒品的认定，以暴力抗拒检查、拘留、逮捕“情节严重”的认定，涉毒网络犯罪的法律适用等其他较为突出的毒品犯罪法律适用问题作了规定。

总的看，本解释解决了毒品犯罪审判实践中的一些长期遗留和亟待规范的法律适用问题，具有很强的实践指导意义，有利于进一步提高毒品犯罪案件的办理质量，加大依法惩治毒品犯罪的力度。

四、问：本解释对毒品的定罪量刑数量标准作了哪些新规定，主要依据是什么

答：毒品数量是毒品犯罪定罪量刑的重要基础性情节。《刑法》《2000 年司法解释》和 2007 年的指导文件解决了部分毒品的定罪量刑数量标准问题，近年来，我国又有十余种国家规定管制的麻醉药品、精神药品出现滥用和犯罪，但原有司法解释和规范性文件没有对其定罪量刑数量标准作出规定，给司法实践中相关犯罪的打击处理带来一定困难。为此，本解释新规定了芬太尼、甲卡西酮、曲马多、γ—羟丁酸、可待因、丁丙诺啡、阿普唑仑、恰特草、巴比妥、苯巴比妥、安钠咖、尼美西泮等 12 种新类型毒品的定罪量刑数量标准。

本解释在确定这些新类型毒品的定罪量刑数量标准时的考虑因素：一是毒品的药物依赖性和对人体的危害。这是本解释确定各类毒品定罪量刑数量标准的基础。药物依赖性方面主要依据 2004 年国家食品药品监督管理局制定的《非法药物折算表》，以及相关科研机构提供的十余种新类型毒品的依赖性潜力评估结果。二是毒品的滥用情况。包括滥用人数、滥用地域范围、滥用对象、滥用场所等。三是毒品的犯罪形势。包括犯罪数量、犯罪发展趋势、犯罪地域分布及犯罪类型等。四是毒品的药用价值。对于医疗上广泛使用的品种适当提高定罪量刑数量标准，对于无药用价值、不存在合法用途的品种适当降低定罪量刑数量标准。五是毒品的交易价格。毒品价格高的导致个人和家庭财富的流失更严重，对社会经济秩序也有更大的破坏作用。

特别需要说明的是，本解释将氯胺酮的定罪量刑数量标准下调为原来的二分之一。这样调整主要基于以下几点考虑：第一，氯胺酮在我国滥用较为严重，近年来滥用人数不断增长，目前已上升至第三位，仅次于甲基苯丙胺和海洛因。第二，滥用氯胺酮造成的现实危害不断加大，因其兼具麻醉和致幻效果，实践中大量的自伤自残、暴力犯罪及“毒驾”案件多由吸食氯胺酮引发。

第三，我国的制造、贩卖氯胺酮犯罪近年来呈迅速增长之势，因而有必要加大对涉氯胺酮犯罪的惩治力度。

五、问：本解释对走私、贩卖、运输、制造毒品罪的量刑问题作了哪些新规定

答：走私、贩卖、运输、制造毒品罪总体上属于犯罪性质最为严重的毒品犯罪类型。为体现对这类犯罪的从严惩处，本解释从三个方面对该罪的量刑情节作了规定：

第一，明确了“武装掩护走私、贩卖、运输、制造毒品”的认定标准。武装掩护毒品犯罪的，反映出犯罪分子具有较大的人身危险性，也给缉毒执法工作带来极大危险。根据《刑法》规定，具有该情节的依法应当判处十五年有期徒刑、无期徒刑或者死刑。以往实践中对这一情节的认定存在模糊认识，需要司法解释进一步作出规范。本解释将“武装掩护”明确界定为携带枪支、弹药或者爆炸物掩护毒品犯罪的情形。考虑到此类行为具有高度的危险性，因此既不要求出示、使用，也无论枪支、弹药、爆炸物数量的多少，都可以构成。

第二，明确了“以暴力抗拒检查、拘留、逮捕，情节严重”的认定标准。当前，在缉毒执法工作中，毒品犯罪分子采用暴力手段抗拒抓捕的案件呈上升趋势，大大增加了禁毒工作的风险，对此应予严厉打击。考虑到该情节对应的法定刑为十五年有期徒刑、无期徒刑或者死刑，为体现罚当其罪，本解释将“情节严重”规定为造成执法人员死亡、重伤、多人轻伤或者具有其他严重情节的情形。

第三，对走私、贩卖、运输、制造少量毒品“情节严重”的具体情形作出规定。本解释对《2000 年司法解释》的相关规定作了修改和补充，删去了以往依据毒品数量认定“情节严重”的规定，规定多次走私、运输、制造毒品的也应当认定为“情节严重”，并结合实践将向在校学生贩卖毒品和组织、利用病残人员实施毒品犯罪的增列为“情节严重”，以体现对上述行为的从严惩处。

六、问：本解释对制毒物品犯罪的定罪量刑问题作了哪些新规定，主要考虑是什么

答：遏制毒品犯罪要抓源头、抓突出问题。我国是易制毒化学品生产大国，近年来制毒物品流入非法渠道被用于制造毒品的情况较为突出，这也是境内制造合成毒品犯罪加剧的重要原因之一。为了更好地从源头上遏制毒品犯罪，加大对制毒物品犯罪的惩治力度，《刑法修正案（九）》对制毒物品犯罪的有关条款作了修订，增加了非法生产、运输制毒物品罪，将该罪的量刑幅度从两档调整为“情节较重”“情节严重”和“情节特别严重”三档，并将该罪的法定最高刑从十年有期徒刑提高到十五年有期徒刑，财产刑方面增加了没收财产。

为配合《刑法》修订，本解释对非法生产、买卖、运输制毒物品、走私制毒物品罪的“情节较重”和“情节严重”“情节特别严重”标准分别作出新的规定。与以往不同的是，本解释从两个方面对该罪的定罪量刑标准作了调整：

第一，本解释明确规定并整体下调了全部33种列管制毒物品的定罪量刑数量标准。其中，较大幅度下调了麻黄碱、羟亚胺等25种危害较为严重的制毒物品的定罪数量起点。同时，为使《刑法修正案（九）》设定的较高幅度法定刑得到有效适用，本解释还整体下调了认定该罪“情节严重”和“情节特别严重”的制毒物品数量标准。

第二，本解释根据“数量十其他情节”的原则，对该罪“情节较重”“情节严重”和“情节特别严重”的认定标准作出新规定。本解释规定，具有一次组织五人以上或者多次实施制毒物品犯罪，利用、教唆未成年人实施制毒物品犯罪，国家工作人员实施制毒物品犯罪，严重影响群众正常生产、生活秩序等情节之一的，达到定罪数量标准的50％，即构成犯罪；具有上述情节，达到“情节较重”或者“情节严重”幅度的制毒物品数量标准的，则应分别认定为“情节严重”或者“情节特别严重”。

七、问：当前，青少年毒品滥用和犯罪问题较为突出，本解释针对这方面的问题作了哪些规定

答：青少年是祖国的未来，民族的希望。习近平总书记指出，禁毒工作要从青少年抓起。当前，我国青少年群体涉毒形势较为严峻，以青少年为主体的合成毒品滥用问题突出，毒品犯罪分子中青少年也占较大比例。本解释在多方面均体现了对青少年群体，尤其是对未成年人和在校学生的特殊保护：

第一，将利用、教唆未成年人实施毒品犯罪的，规定为从严处罚情节。利用、教唆未成年人实施毒品犯罪，不但增大了打击毒品犯罪的难度，也严重侵害了未成年人的合法权益。本解释第五条将“利用、教唆未成年人非法持有毒品的”，规定为非法持有毒品罪“情节严重”，予以加重处罚；本解释第七条、第八条规定，利用、教唆未成年人实施制毒物品犯罪的，定罪量刑数量标准可以低于通常标准，以体现对此类行为的从严惩处。

第二，将以未成年人作为犯罪对象的，直接规定为入罪情节。例如，本解释第十二条规定，容留未成年人吸食、注射毒品的，即构成容留他人吸毒罪，在容留人数、次数、后果方面不需要再达到其他要求；本解释第十三条规定，向吸食、注射毒品的未成年人非法提供麻醉药品、精神药品的，直接构成该罪，对非法提供麻醉药品、精神药品的数量则不另作要求。

第三，将向在校学生贩卖毒品的行为规定为加重处罚情节。为体现对在校学生的特殊保护，本解释第四条规定，“向在校学生贩卖毒品的”属于贩卖毒

品罪“情节严重”，应予加重处罚。与《刑法》第三百四十七条第六款“向未成年人出售毒品的，从重处罚”的规定相比，因犯罪对象具有在校学生身份而体现了更大幅度的严惩。

最高人民法院　最高人民检察院
关于办理组织、强迫、引诱、容留、介绍卖淫刑事案件适用法律若干问题的解释

法释〔2017〕13号

（2017年5月8日最高人民法院审判委员会第1716次会议、2017年7月4日最高人民检察院第十二届检察委员会第66次会议通过　2017年7月21日最高人民法院、最高人民检察院公告公布　自2017年7月25日起施行）

为依法惩治组织、强迫、引诱、容留、介绍卖淫犯罪活动，根据刑法有关规定，结合司法工作实际，现就办理这类刑事案件具体应用法律的若干问题解释如下：

第一条　以招募、雇佣、纠集等手段，管理或者控制他人卖淫，卖淫人员在三人以上的，应当认定为刑法第三百五十八条规定的“组织他人卖淫”。

组织卖淫者是否设置固定的卖淫场所、组织卖淫者人数多少、规模大小，不影响组织卖淫行为的认定。

第二条　组织他人卖淫，具有下列情形之一的，应当认定为刑法第三百五十八条第一款规定的“情节严重”：

（一）卖淫人员累计达十人以上的；

（二）卖淫人员中未成年人、孕妇、智障人员、患有严重性病的人累计达五人以上的；

（三）组织境外人员在境内卖淫或者组织境内人员出境卖淫的；

（四）非法获利人民币一百万元以上的；

（五）造成被组织卖淫的人自残、自杀或者其他严重后果的；

（六）其他情节严重的情形。

第三条　在组织卖淫犯罪活动中，对被组织卖淫的人有引诱、容留、介绍卖淫行为的，依照处罚较重的规定定罪处罚。但是，对被组织卖淫的人以外的其他人有引诱、容留、介绍卖淫行为的，应当分别定罪，实行数罪并罚。

第四条　明知他人实施组织卖淫犯罪活动而为其招募、运送人员或者充当保镖、打手、管账人等的，依照刑法第三百五十八条第四款的规定，以协助组织卖淫罪定罪处罚，不以组织卖淫罪的从犯论处。

在具有营业执照的会所、洗浴中心等经营场所担任保洁员、收银员、保安员等，从事一般服务性、劳务性工作，仅领取正常薪酬，且无前款所列协助组织卖淫行为的，不认定为协助组织卖淫罪。

第五条 协助组织他人卖淫，具有下列情形之一的，应当认定为刑法第三百五十八条第四款规定的“情节严重”：

（一）招募、运送卖淫人员累计达十人以上的；

（二）招募、运送的卖淫人员中未成年人、孕妇、智障人员、患有严重性病的人累计达五人以上的；

（三）协助组织境外人员在境内卖淫或者协助组织境内人员出境卖淫的；

（四）非法获利人民币五十万元以上的；

（五）造成被招募、运送或者被组织卖淫的人自残、自杀或者其他严重后果的；

（六）其他情节严重的情形。

第六条 强迫他人卖淫，具有下列情形之一的，应当认定为刑法第三百五十八条第一款规定的“情节严重”：

（一）卖淫人员累计达五人以上的；

（二）卖淫人员中未成年人、孕妇、智障人员、患有严重性病的人累计达三人以上的；

（三）强迫不满十四周岁的幼女卖淫的；

（四）造成被强迫卖淫的人自残、自杀或者其他严重后果的；

（五）其他情节严重的情形。

行为人既有组织卖淫犯罪行为，又有强迫卖淫犯罪行为，且具有下列情形之一的，以组织、强迫卖淫“情节严重”论处：

（一）组织卖淫、强迫卖淫行为中具有本解释第二条、本条前款规定的“情节严重”情形之一的；

（二）卖淫人员累计达到本解释第二条第一、二项规定的组织卖淫“情节严重”人数标准的；

（三）非法获利数额相加达到本解释第二条第四项规定的组织卖淫“情节严重”数额标准的。

第七条 根据刑法第三百五十八条第三款的规定，犯组织、强迫卖淫罪，并有杀害、伤害、强奸、绑架等犯罪行为的，依照数罪并罚的规定处罚。协助组织卖淫行为人参与实施上述行为的，以共同犯罪论处。

根据刑法第三百五十八条第二款的规定，组织、强迫未成年人卖淫的，应当从重处罚。

第八条 引诱、容留、介绍他人卖淫，具有下列情形之一的，应当依照刑法第三百五十九条第一款的规定定罪处罚：

（一）引诱他人卖淫的；

（二）容留、介绍二人以上卖淫的；

（三）容留、介绍未成年人、孕妇、智障人员、患有严重性病的人卖淫的；

（四）一年内曾因引诱、容留、介绍卖淫行为被行政处罚，又实施容留、介绍卖淫行为的；

（五）非法获利人民币一万元以上的。

利用信息网络发布招嫖违法信息，情节严重的，依照刑法第二百八十七条之一的规定，以非法利用信息网络罪定罪处罚。同时构成介绍卖淫罪的，依照处罚较重的规定定罪处罚。

引诱、容留、介绍他人卖淫是否以营利为目的，不影响犯罪的成立。

引诱不满十四周岁的幼女卖淫的，依照刑法第三百五十九条第二款的规定，以引诱幼女卖淫罪定罪处罚。

被引诱卖淫的人员中既有不满十四周岁的幼女，又有其他人员的，分别以引诱幼女卖淫罪和引诱卖淫罪定罪，实行并罚。

第九条 引诱、容留、介绍他人卖淫，具有下列情形之一的，应当认定为刑法第三百五十九条第一款规定的“情节严重”：

（一）引诱五人以上或者引诱、容留、介绍十人以上卖淫的；

（二）引诱三人以上的未成年人、孕妇、智障人员、患有严重性病的人卖淫，或者引诱、容留、介绍五人以上该类人员卖淫的；

（三）非法获利人民币五万元以上的；

（四）其他情节严重的情形。

第十条 组织、强迫、引诱、容留、介绍他人卖淫的次数，作为酌定情节在量刑时考虑。

第十一条 具有下列情形之一的，应当认定为刑法第三百六十条规定的“明知”：

（一）有证据证明曾到医院或者其他医疗机构就医或者检查，被诊断为患有严重性病的；

（二）根据本人的知识和经验，能够知道自己患有严重性病的；

（三）通过其他方法能够证明行为人是“明知”的。

传播性病行为是否实际造成他人患上严重性病的后果，不影响本罪的成立。

刑法第三百六十条规定所称的“严重性病”，包括梅毒、淋病等。其它性病是否认定为“严重性病”，应当根据《中华人民共和国传染病防治法》《性病防治管理办法》的规定，在国家卫生与计划生育委员会规定实行性病监测的性病范围内，依照其危害、特点与梅毒、淋病相当的原则，从严掌握。

第十二条 明知自己患有艾滋病或者感染艾滋病病毒而卖淫、嫖娼的，依照刑法第三百六十条的规定，以传播性病罪定罪，从重处罚。

具有下列情形之一，致使他人感染艾滋病病毒的，认定为刑法第九十五条第三项“其他对于人身健康有重大伤害”所指的“重伤”，依照刑法第二百三十四条第二款的规定，以故意伤害罪定罪处罚：

（一）明知自己感染艾滋病病毒而卖淫、嫖娼的；

（二）明知自己感染艾滋病病毒，故意不采取防范措施而与他人发生性关系的。

第十三条 犯组织、强迫、引诱、容留、介绍卖淫罪的，应当依法判处犯罪所得二倍以上的罚金。共同犯罪的，对各共同犯罪人合计判处的罚金应当在犯罪所得的二倍以上。

对犯组织、强迫卖淫罪被判处无期徒刑的，应当并处没收财产。

第十四条 根据刑法第三百六十二条、第三百一十条的规定，旅馆业、饮食服务业、文化娱乐业、出租汽车业等单位的人员，在公安机关查处卖淫、嫖娼活动时，为违法犯罪分子通风报信，情节严重的，以包庇罪定罪处罚。事前与犯罪分子通谋的，以共同犯罪论处。

具有下列情形之一的，应当认定为刑法第三百六十二条规定的“情节严重”：

（一）向组织、强迫卖淫犯罪集团通风报信的；

（二）二年内通风报信三次以上的；

（三）一年内因通风报信被行政处罚，又实施通风报信行为的；

（四）致使犯罪集团的首要分子或者其他共同犯罪的主犯未能及时归案的；

（五）造成卖淫嫖娼人员逃跑，致使公安机关查处犯罪行为因取证困难而撤销刑事案件的；

（六）非法获利人民币一万元以上的；

（七）其他情节严重的情形。

第十五条 本解释自 2017 年 7 月 25 日起施行。

【解　读】

解读《最高人民法院、最高人民检察院关于办理组织、强迫、引诱、容留、介绍卖淫刑事案件适用法律若干问题的解释》

一、起草背景和过程

司法实践中发现，各地在审理组织、强迫、引诱、容留、介绍卖淫刑事案件时，存在诸多适用法律不统一的问题。最高人民法院曾受理多个高级法院就此类案件的请示，在调研工作中也发现此类案件中的不少问题。最高人民法院、最高人民检察院曾经于 1992 年 12 月 11 日发布过《关于执行〈全国人民代表大会常务委员会关于严禁卖淫嫖娼的决定〉的若干问题的解答》（以下简称《解答》），但该解答所依附的《全国人民代表大会常务委员会关于严禁卖淫嫖娼的决定》（以下简称《决定》）有关刑事责任方面的规定已经被现行刑法所吸纳，并且刑法与《决定》相比，在罪刑规定方面有较大变化，因此，《解答》无法解决司法实践中的诸多问题。2013 年，最高法院经对司法解释进行清理，宣布废止了《解答》。因此，有必要对办理此类案件的法律适用问题进行统一、规范。

2012 年，最高人民法院审判委员会经讨论，决定对最高人民法院《关于审理组织、强迫、引诱、容留、介绍卖淫刑事案件适用法律若干问题的解释》（以下简称本解释）进行立项。承办部门刑事审判第四庭成立了起草小组，起草了征求意见稿，并进行了广泛调研，征求了全国各高级人民法院的意见，先后到江苏、四川、广东、河北、海南、浙江、广西等地，召开高院及部分中基层法院同志参加的调研座谈会。2015 年 8 月 29 日，《刑法修正案（九）》公布、实施，对解释稿所涉及的组织、强迫卖淫罪、协助组织卖淫罪等进行了修改。此后，起草小组根据《刑法修正案（九）》的相关规定，对司法解释稿进行了修改，并多次与公安部治安局、部分省公安厅及部分地市县公安机关治安部门负责人座谈，对解释稿进行了充分讨论。召开了专家论证会，在全国人大常委会法工委的主持下与相关部委召开了协调会，就解释稿中的有关问题进行了充分协商，最后决定该解释由最高人民法院和最高人民检察院联合发布。“两高”经对解释稿进行修改后，2017 年 5 月 8 日，最高人民法院审判委员会经讨论，原则通过了解释稿，2017 年 7 月 4 日最高人民检察院第十二届检察委员会经讨论，通过了解释稿。本解释自2017年7月25日起实施。

二、组织卖淫罪的界定及情节严重的认定

（一）关于组织卖淫罪的概念

司法实践中，对如何认定组织卖淫，一直存在困惑。《解答》规定："组织他人卖淫罪，是指以招募、雇佣、强迫、引诱、容留等手段，控制多人从事卖淫的行为。"我们认为，《解答》的基本内涵还是正确的。体现在：一是组织卖淫需要具备组织行为，既包括将卖淫人员组织在一起的行为，也包括将卖淫人员组织起来后实施卖淫的行为；二是卖淫者的人数。但是，司法实践也表明，《解答》关于组织卖淫的定义需要完善。

一是组织行为方面。《解答》的缺陷有两处：一是容易混淆引诱、容留、介绍卖淫与组织卖淫的概念，因此，本解释采用了"招募、雇佣、纠集等手段"的表述方法，将引诱、容留等手段隐含在组织人员的方法之中，以将组织卖淫与一般的引诱、容留及介绍行为区分开来。二是容易混淆组织卖淫和强迫卖淫的概念。虽然在某种程度上组织卖淫可以包括强迫卖淫，但是，强迫卖淫涵盖不了组织卖淫。因此，本解释将《解答》的"控制他人卖淫"改为"管理或者控制他人卖淫"，以体现不少卖淫人员是自愿卖淫，并且接受组织者的管理。

调研中有人提出，组织卖淫行为应体现在行为人的组织性上。经研究认为，刑法中类似于黑社会组织犯罪这类的组织性犯罪与本罪在本质上是不一样的。本罪的罪质特征主要体现在其组织行为上，如一个人也可以组织他人卖淫，而不是体现在组织者的组织机构上。

二是规模要件即卖淫人数方面。《解答》关于控制多人卖淫的概念总体上是对的，而且多人就是指三人以上，也符合刑法术语的一般理解，在调研中，有意见认为，只要符合"管理或者控制他人卖淫"的形式，即使组织一人或者二人也可以以组织卖淫罪处理。为澄清这种认识，并且明确组织卖淫和容留卖淫的区别，同时也避免在同一个法律文件内出现对一个名词自我解释的现象，本解释将组织卖淫罪中被组织人员的人数明确规定为三人以上。

三是场所要件。在一般情况下，组织卖淫行为人是设置或者变相设置卖淫场所的，如以宾馆、洗浴中心、会所为固定场所或者以经营宾馆、洗浴中心、会所等为名，行组织卖淫之实。但近些年来，面对严厉的"扫黄"活动，一些不法之徒采取动态管理方式，即不建立固定的卖淫窝点，而是利用现代化的交通与通信设施，指挥、控制着多人从事卖淫活动。这种动态管理模式，将组织卖淫行为化整为零，或者将分散的单个卖淫行为组织起来，既能扩大卖淫的范围，又便于逃避公安机关的追查。这类没有固定场所的组织卖淫行为，依然明显地体现出组织者的管理、控制行为，即卖淫者并非作为单个个体而存在，而

是受制于组织者，随时接受他们的指令去办事，有一定的组织性和纪律性。

基于以上理由，本解释第一条规定："以招募、雇佣、纠集等手段，管理或者控制他人卖淫，卖淫人数在三人以上的，应当认定为刑法第三百五十八条规定的组织他人卖淫。组织卖淫者是否设置固定的卖淫场所、组织卖淫者人数多少、规模大小，不影响组织卖淫行为的认定。"

（二）关于组织卖淫罪"情节严重"的认定

1997年《刑法》第三百五十八条第一款规定了组织、强迫卖淫罪"情节严重"的五种情形，但对组织卖淫零的"情节严重"情形没有细化。同时还规定，组织、强迫卖淫情节特别严重的，处无期徒刑或者死刑，并处没收财产。《刑法修正案（九）》取消了组织、强迫卖淫罪的死刑，并取消了该罪关于"情节特别严重"的规定，仅规定"情节严重的，处十年以上有期徒刑或者无期徒刑，并处罚金或者没收财产。"但对何谓"情节严重"没有作出规定。而司法实践亟需对"组织卖淫情节严重"进行细化。为满足这一需要，本解释从以下几个方面作出了细化的规定。一是从卖淫人员的人数方面进行规定。据对北京市、上海市、天津市、重庆市、江苏省、福建省、广东省、四川省等八个高级人民法院近五年来（2011—2015年，下同）此类案件的司法统计汇总，组织卖淫案件中，卖淫人员为5人以上的共417件，占同期该类案件数的18.65%；卖淫人员为10人以上的共164件，占同期该类案件数的7.33%；卖淫人员为15人以上的共65件，占同期该类案件数的2.9%；卖淫人员为20人以上的共39件，占同期该类案件数的1.74%。通过对上述八省市组织卖淫案件的分析，经研究认为，将卖淫人数累计达到10人以上作为组织卖淫"情节严重"的起点标准，基本能够反映情节严重案件与情节一般案件的比例要求。二是从特殊保护角度进行规定。组织未成年人、孕妇、智障人员、患有严重性病的人员等具有特殊身份的人进行卖淫的，认定"情节严重"的卖淫人数标准，依照组织普通人员卖淫人数标准的50%确认，即累计达到5人以上即构成组织卖淫"情节严重"。三是从社会影响层面考虑而作出相应的规定，即规定"组织境外人员在境内卖淫或者组织境内人员出境卖淫"的，只要构成犯罪，就属于"情节严重"。四是从危害后果方面进行规定，将造成卖淫人员自残、自杀或者其他严重后果作为"情节严重"的情形之一。需要注意的是，这里的严重后果不是基于组织者的故意行为。如果是组织者的故意行为，则应当照《刑法》第三百五十八条第三款的规定，以故意杀人、故意伤害罪等对组织者实施数罪并罚。

关于组织卖淫的次数是否可以作为"情节严重"的选项问题。从调研情况看，各地法院普遍赞同不以组织卖淫的次数衡量情节是否严重，而应以管理、控制卖淫的人数、造成被组织卖淫者伤亡后果及卖淫人员自身的情况，如未成年人、孕妇、智障人员、患有严重性病的人等来认定情节是否严重。因为司法实践中，卖淫的次数问题，取证通常比较困难，在认定的证据上往往会比较缺乏。另外，组织卖淫的次数与人数相比，显然人数的危害比次数大得多。当然，本解释对次数问题也是有充分考虑的。一是专门设置第十条，将组织、强迫、引诱、容留、介绍他人卖淫的次数，作为在法定刑幅度内的量刑情节。二是将组织卖淫犯罪活动"非法获利人民币一百万元以上"作为"情节严重"的情形之一。组织卖淫活动获利越多，越能在较大程度上反映其组织卖淫的次数，体现其社会危害性的严重。从收集证据角度来看，获利情况相对容易查明，将获利情况作为情节严重与否的标准，也有利于使一些反侦察意识较强，对卖淫者的信息实行一定保护，致使公安机关查处困难的犯罪分子难以逃避打击。那么，获利多少可以认定为"情节严重"?经征求相关方面的意见后，起草小组认为，获利多少不是认定"情节严重"的主要选项，而是在认定组织卖淫人数存在取证困难时的一个补充手段，因此，不宜太高，也不宜太低。其获利情况应当与组织卖淫犯罪活动连续时间或者累计时间一年以上基本相当，因而确定为一百万元。实践中，犯罪分子获利数百万元甚至数千万元的也不在少数。

综上，本解释在第二条将六种情形认定为组织卖淫的情节严重：(1) 卖淫人员累计达十人以上的；(2) 卖淫人员中未成年人、孕妇、智障人员、患有严重性病的人累计达五人以上的；(3) 组织境外人员在境内卖淫或者组织境内人员出境卖淫的；(4) 非法获利人民币一百万元以上的；(5) 造成卖淫人员自残、自杀或者其他严重后果的；(6) 其他情节严重的情形。

三、协助组织卖淫罪的含义及"情节严重"的认定

(一) 关于协助组织卖淫罪的含义

《刑法》第三百五十八条第四款规定了协助组织卖淫罪的基本概念，即"为组织卖淫的人招募、运送人员或者有其他协助组织他人卖淫的行为"。调研中一些法院提出，在制定司法解释时需要明确三个问题，一是应当明确协助组织卖淫的行为人是否必须对组织卖淫行为"明知"，二是应当明确其他协助组织行为的基本范围，三是应当对协助组织卖淫罪是否以组织卖淫罪的从犯处理作出明确。关于第一个问题，经研究认为，实践中确实有一些人不知是卖淫人员而认为是运送、招募劳务人员，但实际协助了组织卖淫的情况。对此有必要明确不构成协助组织卖淫罪。关于第二个问题，本解释将《刑法》第三百五十八条第四款规定的"其他协助组织他人卖淫的行为"解释为"充当保镖、打手、管账人等"。关于第三个问题，经研究认为，刑法单独规定了协助组织卖淫罪，就说明，这类行为有具体的罪状和单独的法定刑，应当确定为独立的罪名，适用单独的法定刑，不再适用刑法关于从犯的处罚原则。既然协助组织卖淫罪是一个单独的罪名，对协助组织卖淫行为本身，也就可以依照《刑法》关

于共同犯罪的有关规定区分主从犯。

（二）关于协助组织卖淫罪的出罪问题

在查处组织卖淫案件时，公安机关往往不仅抓捕组织卖淫者和协助组织卖淫者，对协助组织卖淫行为性质不明显的人员也可能一并抓获。对此类人员如何处理，在实践中常有困惑。我们认为，应当具体情况具体分析，不能一概而论地都予以定罪处罚。如果行为人协助组织卖淫行为性质明显的，不论其从事何种协助组织行为，均应以协助组织卖淫罪定罪处罚。但对协助组织卖淫行为性质不明显的，则不轻易定罪处罚。如何区分协助组织卖淫行为性质是否明显？一是从其工作场所来区分。如果是在隐蔽场所、非合法经营场所，则不存在协助组织行为性质不明显的问题。这是前提条件。行为人明知是非法场所，仍然实施协助组织行为，不能认定为协助组织性质不明显。因此，在会所、洗浴中心等合法经营场所，是认定协助组织行为性质不明显的首要条件。二是以从事的工作性质来区分。充当保镖、打手、管账等工作的，从其平时工作中就应发现组织卖淫犯罪活动。而从事一般的服务性、劳务性工作，如保洁员、收银员、保安员等，就不一定能在主观上具有协助组织卖淫的故意。三是从所获取的利益来区分。这是认定行为人与组织卖淫者关系密切程度的重要方法之一。仅领取正常的一般性薪酬且无本解释第四条第一款所列协助行为的，与领取高额工资者，明显不同。上述三个方面应结合起来，确定协助组织行为性质是否明显，不能仅从某一方面来区分。

（三）关于协助组织卖淫罪的“情节严重”问题

从《刑法》关于组织卖淫罪、协助组织卖淫罪的刑罚幅度配置看，协助组织卖淫罪的刑罚幅度实际上相当于组织卖淫罪从犯的刑罚幅度。因此，其“情节严重”的标准，基本可以参照组织卖淫罪“情节严重”的标准来确定。仅对其中非法获利一项作了调整。主要考虑协助组织卖淫的获利，一般情况下明显小于组织卖淫者的获利。因此，本解释按照组织卖淫罪“情节严重”获利起点的一半即五十万元作为协助组织卖淫罪“情节严重”的起点。其他“情节严重”选项的量化标准与组织卖淫罪“情节严重”的量化标准一致。

四、强迫卖淫罪“情节严重”及与强迫卖淫相关行为的定性及罪数问题

（一）关于强迫卖淫罪“情节严重”的认定

1997年《刑法》第三百五十八条第一款规定了组织、强迫卖淫罪“情节严重”的五种情形。根据该条规定，强迫他人卖淫“情节严重”是指：（一）强迫不满十四周岁的幼女卖淫的；（二）强迫多人卖淫或者多次强迫他人卖淫的；（三）强奸后迫使卖淫的；（四）造成被强迫卖淫的人重伤、死亡或者其他严重后果的。该条第二款还规定，有前款所列情形之一，情节特别严重的，处无期徒刑或者死刑，并处没收财产。《刑法修正案（九）》取消了组织、强迫卖

淫罪的死刑，并取消了关于“情节特别严重”的规定，仅规定“情节严重”的量刑幅度。同时对强奸后迫使卖淫的，规定应当以强奸罪和强迫卖淫罪数罪并罚，不再认定为强迫卖淫“情节严重”；杀害被强迫卖淫人员的，应当以故意杀人罪和强迫卖淫罪并罚，不再认定为强迫卖淫“情节严重”。因此，如何在刑法修正案（九）的框架内确定强迫卖淫情节严重的问题，也显得非常迫切。

起草小组参考1997年《刑法》对强迫卖淫罪“情节严重”的有关规定，基于《刑法修正案（九）》取消“情节严重”具体规定、取消强迫卖淫罪死刑条款的实际情况，认为仍然应当规定强迫卖淫罪“情节严重”的具体情形，但必须遵循《刑法修正案（九）》规定的精神，并且强迫卖淫罪的“情节严重”标准应当在门槛设置上低于组织卖淫罪。主要原因是强迫卖淫罪的行为人对卖淫人员的人身具有更大的侵害性。以此为立足点，起草小组提出了强迫卖淫罪“情节严重”的以下内容：(1) 卖淫人员累计达五人以上。此标准参照组织卖淫罪人员的一半标准设置，体现对强迫卖淫罪更严厉打击的精神。(2) 卖淫人员中未成年人、孕妇、智障人员、患有严重性病的人累计达三人以上。本项规定对未成年人、孕妇、患有严重性病的人而言，人数标准参照组织卖淫罪人员的一半标准设置，体现对强迫卖淫罪更严厉打击的精神。(3) 强迫不满十四周岁的幼女卖淫。本项对于强迫幼女卖淫的问题专门作出规定，即强迫幼女卖淫的，不需要人数的限定，只要强迫幼女卖淫的，即属于“情节严重”。理由有二：其一，与组织卖淫的构成要件要求组织三人以上卖淫不同的是，强迫卖淫罪的构成要件没有人数限制，只要卖淫人员是被强迫卖淫的即可。其二，刑法第三百五十九条第二款规定的引诱幼女卖淫罪的量刑幅度，相当于引诱他人卖淫“情节严重”的量刑幅度。此规定所蕴含的立法精神是，针对幼女实施的犯罪行为应当作为加重处罚情节。据此，强迫幼女卖淫也应当体现比强迫其他人员卖淫更严厉的处罚。(4) 造成被强迫卖淫者自残、自杀或者其他严重后果的。此规定，与组织卖淫罪理由相同。

（二）关于组织、强迫卖淫罪“情节严重”的认定

司法实践中，常有行为人实施组织卖淫行为的同时又实施强迫卖淫行为的情形。对此类行为人的犯罪“情节严重”标准如何确定？特别是组织卖淫未达到“情节严重”标准，强迫卖淫亦未达到“情节严重”标准的情况下，能否综合考虑认定为组织、强迫卖淫“情节严重”的情节？经研究认为，组织、强迫卖淫犯罪是选择性罪名，如果行为人既实施组织卖淫行为又实施强迫卖淫行为的，应当以组织、强迫卖淫罪定罪处罚。其“情节严重”的标准，应当依照本解释关于组织卖淫罪“情节严重”、强迫卖淫罪“情节严重”的标准综合考虑。在组织卖淫、强迫卖淫分别均未达到“情节严重”标准的情况下，如果符合规定情形的，依然能综合认定为组织、强迫卖淫“情节严重”。为此，本解释第六条第二款规定，行为人既有组织卖淫犯罪行为，又有强迫卖淫犯罪行为，且

具有以下情形之一的：以组织、强迫卖淫"情节严重"论处：（一）组织卖淫、强迫卖淫行为中具有本解释第二条、第六条第一款规定的"情节严重"情形之一的；（二）卖淫人员累计达到本解释第二条第一、二项规定的组织卖淫"情节严重"人数标准的；（三）非法获利数额相加达到本解释第二条第四项规定的组织卖淫"情节严重"数额标准的。

（三）关于组织、强迫卖淫行为人及协助组织卖淫行为人实施杀害、伤害、强奸、绑架等犯罪行为的处理

《刑法修正案（九）》取消了组织、强迫卖淫罪的死刑，对犯罪分子实施杀人、伤害、强奸、绑架行为的，进行了立法上的技术处理，即由原来的一罪处罚改为数罪并罚。这样，可以确保取消组织、强迫卖淫罪的死刑后，对有杀害、伤害、强奸、绑架等犯罪行为的犯罪分子，如果应当判处死刑时，可以依法判处死刑。本解释第七条第一款对此作了重申。

由于刑法对协助组织卖淫者参与上述杀害、伤害、强奸、绑架行为如何处理没有明确规定，本解释第七条第一款对此予以明确，即以共同犯罪论处。在杀人、伤害、强奸、绑架犯罪中，由于《刑法修正案（九）》已经将这些行为从组织、强迫卖淫中剥离出来，作为一个独立的犯罪处理，因此，组织、强迫卖淫行为人和协助组织卖淫行为人在杀人、伤害、强奸、绑架犯罪中的地位、作用，并不一定依照他们在组织、强迫卖淫犯罪中的地位、作用来认定，而是依照他们在杀人、伤害、强奸、绑架犯罪中的具体情况确定主从犯地位。

五、引诱、容留、介绍卖淫罪的构罪标准及情节严重的认定

（一）关于引诱、容留、介绍卖淫罪的构罪标准

1. 关于引诱、容留、介绍卖淫罪的入罪标准。主要从以下几个方面考虑：一是从卖淫人数考虑。二是从卖淫人员的类别考虑。三是参照其他司法解释的范例，对具有同类行为被行政处罚过的人作出降低人罪门槛的规定。四是根据行为人获利情况确定人罪标准。(1) 关于引诱他人卖淫问题。虽然刑法关于引诱、容留、介绍卖淫规定在同一个定罪量刑条款，但从罪质看，引诱他人卖淫，是让本没有卖淫意愿的人走上了卖淫的道路，而容留、介绍卖淫的对象，本身就是曾经卖淫，至少是具有卖淫意愿的人。因此，本解释对引诱他人卖淫的构罪条件，不作任何人数的限定，即只要引诱一人卖淫即构成犯罪。词时，本解释对引诱幼女卖淫的刑法规定进行了重申。并且规定，对行为人既引诱幼女卖淫，又引诱其他人员卖淫的，以引诱幼女卖淫罪和引诱卖淫罪并罚，以增加办理此类案件时的可操作性，并明确本解释对引诱幼女卖淫犯罪从严打击的立场。(2) 关于容留、介绍他人卖淫的基本入罪标准。本解释将容留、介绍二人作为入罪标准，主要理由，一是符合法律规范的阶梯性规定。根据治安管理处罚法规定，引诱、容留、介绍他人卖淫的，并不是不管情节轻重，都以犯罪

处罚，而是存在治安处罚的空间。2008 年最高人民检察院、公安部《关于公安机关管辖的刑事案件立案追诉标准的规定（一）》七十八条规定容留、介绍卖淫案的立案追诉标准之一是容留、介绍二人次以上卖淫（其他标准分别是被容留、介绍的人已满十四周岁未满十八周岁，患有艾滋病或者患有梅毒、淋病等严重性病，其他容留、介绍卖淫应予追究刑事责任的情形）。可见，以人次计算，一般二人次以上才予以刑事立案。二是更具可操作性。司法实践表明，引诱、容留、介绍人数的认定比次数的认定在证据上更加简便，侦查机关取证的难度也更低些。

2. 关于容留、介绍特殊人员卖淫的入罪标准问题。特殊人员指未成年人、孕妇、智障人员、患有严重性病的人。这类人员要么是法律特别保护的对象，要么其卖淫对社会会造成更大危害，如患有严重性病的人。因此，本解释规定，容留上述特殊人员卖淫的，不受二人的人数限制，即容留上述人员一人卖淫即构成容留卖淫罪。

3. 关于具有同类行为被行政处罚过的人的入罪门槛问题。本解释规定，一年内曾因引诱、容留、介绍卖淫行为被行政处罚，又实施容留、介绍卖淫行为的，以容留、介绍卖淫罪定罪处罚。这样规定，是因为此类人员主观恶性较深，人身危害性更大些，因此，在入罪门槛上更低些。需要说明的是，本解释规定，引诱他人卖淫一人即构成犯罪，

但治安管理处罚法依然有引诱卖淫的规定，我们认为，治安管理处罚法所规定的引诱卖淫主要是指引诱他人手淫的情况（这里涉及卖淫的概念，将在下文中详述）。此外，引诱他人卖淫未成功的，也可以予以治安处罚，但均不作刑事处罚。因此，本解释所规定的因引诱、容留、介绍卖淫被行政处罚的内容与本解释的条文及治安管理处罚法并不矛盾。由于本解释对于引诱卖淫行为构成犯罪不需要前科劣迹的条件，因此只对容留、介绍卖淫行为，在具有前述前科劣迹的情况下以犯罪化处理。司法实践中，可能存在引诱他人手淫等被治安处罚，又实施引诱他人手淫等行为的情况，对此，原则上也不适用刑法处罚。对引诱他人卖淫的犯罪行为，应当严格按照《刑法》关于犯罪的有关规定认定。

4. 关于非法获利的构罪数额问题。调研中，有的地方法院和公安机关建议将容留、介绍卖淫的次数规定一个入罪标准。经研究，如前所述，次数问题在认定证据上有难度，且容留、介绍不同的人卖淫和容留、介绍相同的人卖淫，从社会影响和危害性来看，肯定前者更大些。但是，容留、介绍次数多，即使是针对同一个卖淫人员，其危害还是相对较大的。为了织密法网，同时考虑查处非法收入比查处容留、介绍的次数更容易，操作性更强，本解释从非法获利的角度，涵括容留、介绍卖淫的次数问题，经与相关方面研究，确定非法获利一万元以上作为入罪标准。

5. 关于是否必须以营利为目的才能构成本罪的问题。1979 年《刑法》将以营利为目的作为引诱、容留卖淫的犯罪构成要件予以规定。1997 年《刑法》取消了“以营利为目的”的要件规定。《刑法》条文中，有的犯罪没有规定“以营利为目的”，但实际操作中，还是应当将获利作为构成要件。但是，本罪却不然。之所以取消“以营利为目的”，主要是考虑到，实践中往往遇到并非“以营利为目的”而是出于奸淫或者其他目的而引诱、容留、介绍卖淫的情况，如果规定必须“以营利为目的”，就难以追究此类人的刑事责任。为了使司法实务中更加明确此点，本解释强调“引诱、容留、介绍他人卖淫是否以营利为目的，不影响本罪的成立。”

6. 关于通过网络、短信发布招嫖信息等公开介绍卖淫的入罪问题。调研时，不少公安机关、法院反映，网络、短信发布招嫖信息等公开介绍卖淫的情况比较严重，应当予以犯罪化处理。在征求意见过程中，全国人大常委会法工委刑法室提出，关于利用网络招嫖问题，在《刑法修正案（九）》公布前，没有明确规定。但是《刑法修正案（九）》将利用信息网络发布违法犯罪信息的行为专门规定为犯罪，因此，对于利用网络、短信发布招嫖信息的行为，适用《刑法》第二百八十七条之一的规定，以非法利用信息网络罪追究刑事责任更为妥当。对于能够查实，同时线下实施了介绍卖淫活动，构成犯罪的，可适用介绍卖淫罪追究刑事责任。据此，本解释第八条第二款规定：“利用信息网络发布招嫖违法信息，情节严重的，依照刑法第二百八十七条之一的规定，以非法利用信息网络罪定罪处罚。同时构成介绍卖淫罪的，依照处罚较重的规定定罪处罚。”

（二）关于引诱、容留、介绍卖淫罪“情节严重”的认定本解释

从人数、非法获利情况等方面对引诱、容留、介绍卖淫“情节严重”问题作了规定。关于人数方面，本解释将引诱他人卖淫与容留、介绍他人卖淫分别对待，将引诱、容留、介绍一般人员卖淫与引诱、容留、介绍特殊人员卖淫区别对待。根据浙江、江苏、广东、上海等地的经验，一般都将容留、介绍十人卖淫作为“情节严重”的起点，本解释采纳了这一相对比较成熟的做法。同时，引诱他人卖淫的，按照容留、介绍卖淫人数的一半计算，即以五人为起点，引诱、容留、介绍特殊人员卖淫的，减半计算“情节严重”的起点。据此，本解释第九条规定，“引诱五人以上或者引诱、容留、介绍十人以上卖淫的”，应当认定为“情节严重”。“引诱三人以上的未成年人、孕妇、智障人员、患有严重性病的人卖淫，或者引诱、容留、介绍五人以上该类人员卖淫的”，应当认定为“情节严重”。关于以非法获利为依据认定“情节严重”的问题，本解释以构成犯罪基数的五倍即一万元的五倍五万元作为“情节严重”的起点标准。

需要说明的是，引诱、容留、介绍卖淫是选择性罪名。如果被引诱卖淫的

人数达到五人以上的，即构成“情节严重”。如果被引诱卖淫的人数不到五人，但被引诱、容留、介绍卖淫的人数达到十人以上的，也构成“情节严重”。

六、关于组织、强迫、引诱、容留、介绍卖淫次数的处理

总的来说，认定组织、强迫、引诱、容留、介绍他人卖淫“情节严重”，应当从卖淫人数、时间长度、社会影响等方面综合考虑，不能仅以卖淫次数认定“情节严重”。本解释对于组织、强迫、引诱、容留、介绍卖淫的“情节严重”，主要从人数及造成的后果考虑，并且将非法获利情况作为认定犯罪构成和犯罪情节严重的依据之一。但是，卖淫次数在已经查实的情况下，在法定刑幅度范围内应当作为量刑的情节予以考虑。根据以上考虑，本解释第十条规定，“组织、强迫、引诱、容留、介绍他人卖淫的次数，作为酌定情节在量刑时考虑。”此规定，既在于明确犯罪构成、犯罪情节严重的认定不以卖淫次数为界线，又在于指导各级法院在办理此类案件时，如何运用好卖淫次数这一事实因素。

七、传播性病罪的认定及故意传播艾滋病的处理

（一）关于传播性病罪的有关问题

1. 如何界定行为人对自己患有性病的“明知”。传播性病罪以行为人明知自己患有严重性病为前提，但司法实践中，行为人常否认知道自己患有性病，因此有必要对哪些情况下能够认定行为人明知自己患有性病予以明确。为此，本解释第十一条第一款规定了应当认定为明知自己患有性病的三种情形，即（一）有证据证明曾到医院或者其他医疗机构就医或者检查，被诊断为患有严重性病的；（二）根据本人的知识和经验，能够知道自己患有严重性病的；（三）通过其他方法能够证明行为人是“明知”的。

2. 关于严重性病的范围。刑法关于“严重性病”仅列举了梅毒、淋病，其他严重性病未作明确规定。全国人大常委会法制工作委员会刑法室编著的《中华人民共和国刑法修正案（九）解读》认为，对其他“严重性病”，司法机关应在传染病防治法中规定的性病和卫生部规定实行性病监测的性病范围内从严掌握，不能将普通性病都作为严重性病，防止扩大打击面。也就是说，该性病必须是与梅毒、淋病的危害特点相当的性病。本解释采用了这一观点，并据此规定：其他性病是否认定为“严重性病”，应当根据传染病防治法、《性病防治管理办法》的规定，在国家卫生与计划生育委员会规定实行性病监测的性病范围内，依照其危害、特点与梅毒、淋病相当的原则，从严掌握。

3. 传播性病罪是否属结果犯？行为人明知自己患有严重性病而卖淫、嫖娼后，被害人是否实际染上严重性病，取决于多方面的原因，同时，性病的发

作也有个过程，有的个体潜伏期甚至达数年。因此，如果将发生严重性病的传染结果作为传播性病罪的构成要件，容易使犯罪分子逃避打击。因此，本解释规定，传播性病行为是否实际造成他人染上性病的后果，不影响本罪的成立。

需要说明的是，有的行为人虽然明知自己患有严重性病而卖淫、嫖娼，但注意采取了防护措施，又确实没有致他人染上严重性病的，一般不以传播性病罪处理。

（二）关于故意传播艾滋病的定罪问题

《刑法》第三百六十条所列举的严重性病中，并未列举出艾滋病。而艾滋病的危害，实际上远远大于梅毒、淋病等。梅毒、淋病等严重性病，基本可以经过治疗而痊愈，艾滋病则很难根治，且易致人死亡。全国人大常委会法制工作委员会刑法室编著的《刑法修正案（九）解读》认为，性病包括艾滋病。司法实践中，对此争议比较大。有学者及司法工作者提出，考虑到传播艾滋病与其他性病在侵害法益、侵害方式及所涉及人群等方面的相似性，以及艾滋病的高度传染性、对人体的严重危害性和不可治愈性，建议将传播艾滋病认定为传播性病罪为宜，但在量刑上，对故意传播艾滋病的行为人，予以从重处罚。也有的提出，对故意传播艾滋病的行为应当以故意伤害罪等罪名定罪处罚。

我们经研究认为：

1. 关于艾滋病的性质，应当认定为严重性病。根据有关法规、规章的规定，并征询国家卫生与计划生育委员会意见后，我们认为，艾滋病属于性病，而且是最严重的性病。卫生部 1991 年 8 月 12 日发布的《性病防治管理办法》第二条明确将艾滋病规定为性病的一种，并列于淋病、梅毒之前。国务院 2006 年 1 月 18 日通过的《艾滋病防治条例》表明，国家把对艾滋病的防治放到了更加重要的战略高度，以将艾滋病与其他性病区别开来。《艾滋病防治条例》第六十二条规定，艾滋病病毒感染者或者艾滋病病人故意传播艾滋病的，依法承担民事赔偿责任；构成犯罪的，依法追究刑事责任。2013 年 1 月 1 日起施行的修改后的《性病防治管理办法》更加重视艾滋病的防治。该办法在艾滋病的防治机制、咨询及疫情上报方面均与一般性病一起规定，并突出艾滋病的预防工作。如该办法第四条规定，“性病防治工作与艾滋病防治工作相结合，将性病防治工作纳入各级艾滋病防治工作协调机制，整合防治资源，实行性病艾滋病综合防治。”国家卫计委在复函中也称：根据艾滋病的危害程度和特点，当前艾滋病较梅毒、淋病属于危害更加严重的性病。

2. 关于故意传播艾滋病的定性。由于艾滋病属于最严重的性病，因此，本解释规定，明知自己患有艾滋病或者感染艾滋病病毒而卖淫、嫖娼的，以传播性病罪，从重处罚。

在调研中，有意见提出，有的行为人通过卖淫、嫖娼传播艾滋病的目的，就是报复社会或者使被传播者得病死亡或者无法治愈。有的艾滋病患者不一定通过卖淫嫖娼的途径，而是通过其他方式传播，如一夜情、通奸等，这些行为危害极大。对比，如何适用法律，司法实践中存在困惑。如果有证据能够证明行为人是出于故意伤害等目的而传播艾滋病的，仅仅以传播性病罪处罚，明显有轻纵犯罪之嫌。为此，本解释将故意传播艾滋病行为，分两种情况予以规定。一种情况是，明知自己患有艾滋病或者感染艾滋病病毒而卖淫、嫖娼，但没有致使他人感染艾滋病病毒的，以传播性病罪定罪处罚。另一种情况下，故意传播艾滋病病毒致使他人感染艾滋病病毒的，以故意伤害罪定罪处罚。其中，卖淫、嫖娼以外的性行为，以"故意不采取防范措施"为前提。这主要是考虑到艾滋病患者的生活、交友等方面不应受到歧视，而应当受到尊重。只要采取防范措施，其正当的性权利应当得到依法保护。但是由于艾滋病病毒的易传染性，这类人与他人发生性关系时，应当采取防范措施，确保不致艾滋病病毒的传染。

关于致使他人染上艾滋病病毒的伤情问题。经研究，并经征求国家卫生与计划生育委员会等部门及部分专家的意见，认为，《刑法》第九十五条对重伤的定义中，第三项"其他对于人身健康有重大伤害的"，可以适用于故意将艾滋病传染给他人，并致使他人染上艾滋病的情形，即染上艾滋病病毒的，可以认定为重伤。至于重伤等级，在《人体损伤程度鉴定标准》修改前，一般可依照《刑法》第二百三十四条第二款规定，犯故意伤害罪"致人重伤的，处三年以上十年以下有期徒刑。"如果致人死亡的，则可在"十年以上有期徒刑、无期徒刑或者死刑"的幅度内量刑，但适用死刑应当格外慎重。

八、特殊行业人员通风报信行为的认定

《刑法》第三百六十二条规定，旅馆业、饮食服务业、文化娱乐业、出租汽车业等单位的人员，在公安机关查处卖淫、嫖娼活动时，为违法犯罪分子通风报信，情节严重的，依照本法第三百一十条的规定定罪处罚。第三百一十条则规定，明知是犯罪的人而为其提供隐藏处所、财物，帮助其逃匿或者作假证明包庇的，处三年以下有期徒刑、拘役或者管制；情节严重的，处三年以上十年以下有期徒刑。犯前款罪，事前通谋的，以共同犯罪论处。

在司法实践中，对如何适用《刑法》第三百六十二条和第三百一十条仍然存在困惑。(1) 通风报信时，卖淫嫖娼还未构成犯罪仅是违法的，是否可适用《刑法》第三百六十二条和第三百一十条？(2)《刑法》第三百一十条包括窝藏罪和包庇罪两罪名，通风报信行为应定窝藏罪还是包庇罪？(3) 通风报信者事先与犯罪分子通谋的，如何处罚？(4) 如何认定"情节严重"？

经研究，我们认为：

1. 为未构成犯罪仅是违法的卖淫嫖娼者通风报信，也可适用《刑法》第三百六十二条和第三百一十条。理由在于：对第三百六十二条规定的行为的定

罪虽然引用第三百一十条，但其犯罪构成却是独立的，即犯罪构成不依照第三百一十条的规定，而是由第三百六十二条规定。根据第三百六十二条的规定，特定行业从业人员，在公安机关查处卖淫、嫖娼活动时，为违法犯罪分子通风报信，情节严重的，即构成犯罪，并依照《刑法》第三百一十条规定处理。而公安机关查处卖淫、嫖娼活动未必就仅查处组织、强迫、引诱、容留、介绍卖淫犯罪活动，也可能查处卖淫、嫖娼活动本身。而卖淫、嫖娼，除明知自己患有严重性病卖淫嫖娼的行为及嫖宿不满十四周岁的幼女构成犯罪以外，一般的卖淫嫖娼行为非犯罪行为，本来无所谓包庇的问题。但鉴于对这种违法行为的包庇性质较为严重，《刑法》作出与一般包庇犯罪所不同的规定，将包庇的对象界定为违法犯罪分子。

2.《刑法》第三百六十二条规定的通风报信行为可定包庇罪。理由是：(1) 之前的司法解释均未对《刑法》三百六十二条的行为定窝藏罪还是包庇罪作出规定。(2)《刑法》第三百六十二条的行为依照第三百一十条定罪处罚是一项法律拟制规定，并不以卖淫嫖娼行为构成犯罪为必要前提，卖淫嫖娼仅构成违法的也不影响本罪的成立。(3)《刑法》第三百六十二条的行为依照《刑法》第三百一十条规定定罪处罚，不必适用第三百一十条规定的犯罪构成，只需要适用第三百一十条规定的罪名和刑罚即可。(4) 窝藏、包庇罪是选择性罪名，一般情况下，根据行为性质确定一个罪名即可。(5)《刑法》第三百六十二条的行为，从本质上看，是一种通风报信的行为，定窝藏罪还是定包庇罪，可根据一般理解和实践做法确定。陈兴良教授主编的《刑法疏议》认为以包庇罪论处；最高人民法院研究室编的《中华人民共和国刑法修订本》也将《刑法》第三百六十二条的行为表述为包庇罪。(6) 罪名问题，在无明确定论的情况下，由最高法院以司法解释的形式确定后，全国法院即可遵照。

3. 事前与犯罪分子通谋的，以共同犯罪论处。对此，司法实践中一般也是这样做的。为避免实务操作中将事前通谋型的通风报信行为以包庇罪处理而放纵犯罪，本解释明确规定以共同犯罪处理是有必要的。

4. 通风报信"情节严重"的认定。通风报信，情节严重的，才以包庇罪定罪处罚。据统计，各级法院审理的此类案件极少，各地普遍要求对如何认定"情节严重"作出明确的细化规定。公安机关也要求作出相应规定，以增加侦查工作中的可操作性，更有利于精准打击此类犯罪。本解释结合本罪的特点，从通风报信本身的情况，通风报信妨害司法的危害程度，通风报信者所获得的非法利益等方面，对通风报信"情节严重"的情形作出规定。(1) 关于通风报信本身的情况。包括向谁通风报信，报信人自身的主观恶性和人身危险性。本解释将"向组织、强迫卖淫犯罪集团通风报信""二年内通风报信三次以上""一年内因通风报信被行政处罚，又实施通风报信行为"等三种情形列为"情节严重"，应当追究刑事责任。(2) 通风报信造成的危害情况。主要是指通风报信行为实际上已经造成严重妨害刑事追究的后果发生。本解释将“致使犯罪集团的首要分子或者其他共同犯罪的主犯未能及时归案的”“造成卖淫嫖娼人员逃跑，致使公安机关查处犯罪行为因取证困难而撤销刑事案件的”等两种情形列为“情节严重”，应当追究刑事责任。(3) 通风报信者获利情况，考虑到本罪是加入犯，其实际获利一般情况下会比组织、强迫、引诱、容留、介绍卖淫罪的本犯低，因此，其非法获利构成的起点标准也应适当降低。鉴于本罪与掩饰、隐瞒犯罪所得、犯罪所得收益罪相比，两者的主要危害性都是妨害司法秩序，因而，参考《最高人民法院关于审理掩饰、隐瞒犯罪所得、犯罪所得收益刑事案件适用法律若干问题的解释》第一条关于掩饰、隐瞒犯罪所得及其产生的收益的犯罪数额规定，确定罪非法获利一万元为构成犯罪的起点。

九、此罪与彼罪、一罪与数罪的问题

1. 关于既组织卖淫，又强迫卖淫，如何定罪的问题。行为人既有组织卖淫行为，又有强迫卖淫行为的，依照组织、强迫卖淫罪定罪处罚，其“情节严重”的认定，依照本解释第六条第二款确定。

2. 关于组织卖淫活动中并有引诱、容留、介绍卖淫行为的定罪问题。一种情况是对被组织卖淫的人有引诱、容留、介绍卖淫行为的，依照处罚较重的规定处罚。一般情况下，组织卖淫罪的处罚重于引诱、容留、介绍卖淫罪，但引诱的对象是不满十四周岁的幼女时，则存在引诱幼女卖淫罪重于组织卖淫罪的可能，即：组织卖淫未达到情节严重时，其法定刑幅度为五年以上十年以下有期徒刑，而引诱幼女卖淫罪的法定刑幅度为五年以上（十五年以下）有期徒刑，此时，引诱幼女罪的处罚重于组织卖淫罪，应依照引诱幼女罪定罪处罚，组织卖淫行为作为犯罪情节考虑。如果组织卖淫犯罪达到“情节严重”时，因其法定最高刑为无期徒刑，应当以组织卖淫罪一罪定罪处罚。另一种情况是，对被组织卖淫者以外的其他人实施引诱、容留、介绍卖淫行为的，则仍应当分别定罪，实行数罪并罚。

3. 引诱、容留、介绍卖淫罪的罪名确定。应当根据行为人实施的具体行为确定罪名。如行为人既引诱又容留又介绍卖淫的，定引诱、容留、介绍卖淫罪，只实施其中两项或一项行为的，以行为性质定，如引诱、容留卖淫罪；引诱、介绍卖淫罪；容留、介绍卖淫罪；引诱卖淫罪；容留卖淫罪；介绍卖淫罪。

4. 行为人既引诱他人卖淫，又引诱幼女卖淫的定罪问题。依照本解释第八条第五款的规定，以引诱幼女卖淫罪和引诱卖淫罪并罚。

十、《刑法》意义上“卖淫”概念的理解

关于如何理解《刑法》意义上的“卖淫”一词，理论界有一定的争议，司

法实践中争议更大。认识相对一致的主要有：(1) 对传统意义上的提供性交服务并收取财物的行为应当认定为卖淫。(2) 男性也可以提供卖淫服务。随着社会的发展变迁，男性也存在为获取物质利益而与不特定的女性发生性关系的现象。将此现象理解为卖淫，已经得到了立法和司法的肯定。1979 年《刑法》第一百四十条规定：“强迫妇女卖淫的，处三年以上十年以下有期徒刑。”第一百六十九条规定：“以营利为目的，引诱、容留妇女卖淫的，处五年以下有期徒刑、拘役或者管制；情节严重的，处五年以上有期徒刑，可以并处罚金或者没收财产。”《决定》将强迫妇女卖淫罪细化为组织（他人）卖淫罪、强迫（他人）卖淫罪，将引诱、容留妇女卖淫罪也修改为引诱、容留、介绍（他人）卖淫罪，并增加规定了引诱幼女卖淫罪。1997 年《刑法》修订时，采用了《决定》中关于组织、强迫、引诱、容留、介绍卖淫罪的表述。(3) 肛交、口交应当列入卖淫的方式。这既是对传统卖淫概念的突破，也能被大众所认同，在男男可以卖淫、女女可以卖淫的现实情况及法律规定下，肛交、口交显然是同性卖淫的主要方式，且异性卖淫也可采取肛交、口交的方式。三者的共性都是一方生殖器进入另一方的体内，均属于进入式性活动。并且，从传播性病的角度看，此三种方式，均可引起性病的传播。

争议最大的是提供手淫等非进入式而是接触式的色情服务能否认定为《刑法》意义上的卖淫？对此，各地理解不一，学界争议也不小。起草小组经广泛调研，充分论证和协商后，仍未能取得一致意见。但是，公安部曾经于 2001 年 2 月 18 日作出公复字〔2001〕4 号的《关于对同性之间以钱财为媒介的性行为定性处理问题的批复》。该批复称：根据《中华人民共和国治安管理处罚条例》和全国人大常委会《关于严禁卖淫嫖娼的决定》的规定，不特定的异性之间或者同性之间以金钱、财物为媒介发生不正当性关系的行为，包括口淫、手淫、鸡奸等行为，都属于卖淫嫖娼行为，对行为人应当依法处理。这一批复能否作为认定刑法意义上卖淫概念的依据？我们认为，刑法上卖淫的概念，严格说属于立法解释的权限范围，不宜由司法机关做出解释。但是，司法实践中应当明确如下几点：第一，司法解释未对卖淫的概念作出解释，属于权限原因，但这并不影响各地司法实践的处理。第二，行政违法不等同于刑事犯罪，违法概念也不等同于犯罪概念。违反行政法律、法规的行为不等同于构成犯罪。前述公安部的批复，依然可以作为行政处罚和相关行政诉讼案件的依据，但不能作为定罪依据。行政法规扩大解释可以把所有的性行为方式都纳入到卖淫行为方式并进行行政处罚，但《刑法》罪名的设立、犯罪行为的界定及解释应遵循谦抑性原则，司法解释对刑法不应进行扩张解释。因此，司法实践中对于如何认定刑法意义上的卖淫，应当依照《刑法》的基本含义，结合大众的普遍理解及公民的犯罪心理预期等进行认定，并严格遵循罪刑法定原则。据此，不宜对刑法上的卖淫概念作扩大解释，刑法没有明确规定手淫行为属于《刑法》意义上的“卖淫”，因而对相关行为就不宜入罪。第三，在目前情况下，也不能将《刑法》意义上的卖淫局限于性交行为，对于性交之外的肛交、口交等进入式的性行为，应当依法认定为刑法意义上的卖淫。第四，待条件成熟时，应当建议由立法机关作出相应解释或由立法直接规定。

（撰稿人：周峰　党建军　陆建红　杨华）

最高人民法院 最高人民检察院
关于办理利用互联网、移动通讯终端、声讯台制作、复制、出版、贩卖、传播淫秽电子信息刑事案件具体应用法律若干问题的解释

法释〔2004〕11号

（2004年9月1日最高人民法院审判委员会第1323次会议、2004年9月2日最高人民检察院第十届检察委员会第26次会议通过 2004年9月3日最高人民法院、最高人民检察院公告公布 自2004年9月6日起施行）

为依法惩治利用互联网、移动通讯终端制作、复制、出版、贩卖、传播淫秽电子信息、通过声讯台传播淫秽语音信息等犯罪活动，维护公共网络、通讯的正常秩序，保障公众的合法权益，根据《中华人民共和国刑法》、《全国人民代表大会常务委员会关于维护互联网安全的决定》的规定，现对办理该类刑事案件具体应用法律的若干问题解释如下：

第一条 以牟利为目的，利用互联网、移动通讯终端制作、复制、出版、贩卖、传播淫秽电子信息，具有下列情形之一的，依照刑法第三百六十三条第一款的规定，以制作、复制、出版、贩卖、传播淫秽物品牟利罪定罪处罚。

（一）制作、复制、出版、贩卖、传播淫秽电影、表演、动画等视频文件二十个以上的；

（二）制作、复制、出版、贩卖、传播淫秽音频文件一百个以上的；

（三）制作、复制、出版、贩卖、传播淫秽电子刊物、图片、文章、短信息等二百件以上的；

（四）制作、复制、出版、贩卖、传播的淫秽电子信息，实际被点击数达到一万次以上的；

（五）以会员制方式出版、贩卖、传播淫秽电子信息，注册会员达二百人以上的；

（六）利用淫秽电子信息收取广告费、会员注册费或者其他费用，违法所得一万元以上的；

（七）数量或者数额虽未达到第（一）项至第（六）项规定标准，但分别达到其中两项以上标准一半以上的；

（八）造成严重后果的。

利用聊天室、论坛、即时通信软件、电子邮件等方式，实施第一款规定行为的，依照刑法第三百六十三条第一款的规定，以制作、复制、出版、贩卖、传播淫秽物品牟利罪定罪处罚。

第二条 实施第一条规定的行为，数量或者数额达到第一条第一款第（一）项至第（六）项规定标准五倍以上的，应当认定为刑法第三百六十三条第一款规定的“情节严重”；达到规定标准二十五倍以上的，应当认定为“情节特别严重”。

第三条 不以牟利为目的，利用互联网或者移动通讯终端传播淫秽电子信息，具有下列情形之一的，依照刑法第三百六十四条第一款的规定，以传播淫秽物品罪定罪处罚：

（一）数量达到第一条第一款第（一）项至第（五）项规定标准二倍以上的；

（二）数量分别达到第一条第一款第（一）项至第（五）项两项以上标准的；

（三）造成严重后果的。

利用聊天室、论坛、即时通信软件、电子邮件等方式，实施第一款规定行为的，依照刑法第三百六十四条第一款的规定，以传播淫秽物品罪定罪处罚。

第四条 明知是淫秽电子信息而在自己所有、管理或者使用的网站或者网页上提供直接链接的，其数量标准根据所链接的淫秽电子信息的种类计算。

第五条 以牟利为目的，通过声讯台传播淫秽语音信息，具有下列情形之一的，依照刑法第三百六十三条第一款的规定，对直接负责的主管人员和其他直接责任人员以传播淫秽物品牟利罪定罪处罚：

（一）向一百人次以上传播的；

（二）违法所得一万元以上的；

（三）造成严重后果的。

实施前款规定行为，数量或者数额达到前款第（一）项至第（二）项规定标准五倍以上的，应当认定为刑法第三百六十三条第一款规定的“情节严重”；达到规定标准二十五倍以上的，应当认定为“情节特别严重”。

第六条 实施本解释前五条规定的犯罪，具有下列情形之一的，依照刑法第三百六十三条第一款、第三百六十四条第一款的规定从重处罚：

（一）制作、复制、出版、贩卖、传播具体描绘不满十八周岁未成年人性行为的淫秽电子信息的；

（二）明知是具体描绘不满十八周岁的未成年人性行为的淫秽电子信息而在自己所有、管理或者使用的网站或者网页上提供直接链接的；

（三）向不满十八周岁的未成年人贩卖、传播淫秽电子信息和语音信息的；

（四）通过使用破坏性程序、恶意代码修改用户计算机设置等方法，强制用户访问、下载淫秽电子信息的。

第七条 明知他人实施制作、复制、出版、贩卖、传播淫秽电子信息犯罪，为其提供互联网接入、服务器托管、网络存储空间、通讯传输通道、费用结算等帮助的，对直接负责的主管人员和其他直接责任人员，以共同犯罪论处。

第八条 利用互联网、移动通讯终端、声讯台贩卖、传播淫秽书刊、影片、录像带、录音带等以实物为载体的淫秽物品的，依照《最高人民法院关于审理非法出版物刑事案件具体应用法律若干问题的解释》的有关规定定罪处罚。

第九条 刑法第三百六十七条第一款规定的“其他淫秽物品”，包括具体描绘性行为或者露骨宣扬色情的诲淫性的视频文件、音频文件、电子刊物、图片、文章、短信息等互联网、移动通讯终端电子信息和声讯台语音信息。

有关人体生理、医学知识的电子信息和声讯台语音信息不是淫秽物品。包含色情内容的有艺术价值的电子文学、艺术作品不视为淫秽物品。

【解　　读】

解读《最高人民法院、最高人民检察院关于办理利用互联网、移动通讯终端、声讯台制作、复制、出版、贩卖、传播淫秽电子信息刑事案件具体应用法律若干问题的解释》

一、问题的提出

2004年9月3日，最高人民法院、最高人民检察院公布了《关于办理利用互联网、移动通讯终端、声讯台制作、复制、出版、贩卖、传播淫秽电子信息刑事案件具体应用法律若干问题的解释》（以下简称本解释）。

二、理解与适用

（一）关于淫秽电子信息与淫秽物品之间的关系

《刑法》第三百六十七条第一款明确规定了“淫秽物品”的定义，即“具体描绘性行为或者露骨宣扬色情的诲淫性的书刊、影片、录像带、录音带、图片及其他淫秽物品”。第二款、第三款对淫秽物品作出了排除性规定，即有关人体生理、医学知识的科学著作不是淫秽物品；包含有色情内容的有艺术价值的文学、艺术作品不视为淫秽物品。

可以看出，本解释没有直接采用淫秽物品的提法，而是采用了淫秽电子信息的提法，这样更符合通过互联网、移动通讯终端、声讯台实施的淫秽物品犯罪的特征。随着互联网、移动通讯终端、声讯台的推出和不断升级换代，淫秽物品的载体形式开始多样化，主要表现为在线电影、动画、即时通话、电子刊物、图片、文章、短信息等非实物化的电子信息，这就与录像带、录音带等传统的实物载体有了很大的不同。对这些不借助于实物载体的淫秽电子信息能否视为淫秽物品？这是依法惩治新型淫秽物品犯罪首先遇到的问题。

根据《刑法》第三百六十七条第一款的规定，具体描绘性行为或者露骨宣扬色情，并具有诲淫性，是判断淫秽物品的法定标准。该标准不以淫秽物品的载体形式如何而有所区别。无论载体形式是实物化的，还是电子化的，只要符合该法定标准，就应该属于淫秽物品。因此，本解释第九条第一款规定："《刑法》第三百六十七条第一款规定的'其他淫秽物品'，包括具体描绘性行为或者露骨宣扬色情的诲淫性的视频文件、音频文件、电子刊物、图片、文章、短信息等互联网、移动通讯终端电子信息和声讯台语音信息。"第二款规定："有关人体生理、医学知识的电子信息和声讯台语音信息不是淫秽物品。包含色情内容的有艺术价值的电子文学、艺术作品不视为淫秽物品。"从理论上讲，语音信息也属于电子信息的一种，但是，为了突出淫秽电子信息犯罪的实施途径，本解释在上述两款的定义中，将电子信息区分为互联网、移动通讯终端电子信息和声讯台语音信息。

在起草过程中，有人提出，这种表述还是有点模糊，对于什么是"露骨宣扬色情"，什么是"诲淫"，仍有进一步界定的需要。本解释没有采纳这种观点。可以看出，本解释对"其他淫秽物品"的定义，没有超出《刑法》的规定，只是表述得更符合非实物化的淫秽电子信息的特点而已。

有人说，黄色信息就是色情信息、淫秽信息，本解释的打击面是否太大？我们认为，这种说法不太准确。《刑法》关于淫秽物品的规定，没有使用"色情物品"或者"黄色物品"的提法，只是使用了"淫秽物品"的提法。从法条和词义上理解，黄色的东西不一定就是色情的，其中还有非色情的内容；色情的东西也不一定就是淫秽的，只有露骨宣扬色情并具有诲淫性，才可以说达到了淫秽的层次。根据本解释第九条第一款的规定，只有具体描绘性行为或者露骨宣扬色情的诲淫性的电子信息，才属于《刑法》第三百六十七条第一款规定的"其他淫秽物品"。虽然电子信息的表现形式很多，包括视频文件、音频文件、电子刊物、图片、文章、短信息等，但是，必须符合上述条件，才称得上淫秽电子信息。本解释的适用对象，只是淫秽电子信息，而不是黄色电子信息。这样来看，本解释的打击面不是太大，而是做到了不枉不纵，宽严适度。

（二）关于本解释规定的淫秽电子信息犯罪的行为方式

利用互联网、移动通讯终端实施的淫秽电子信息犯罪的行为方式比较特殊，主要表现为对淫秽电子信息的合成、分拆、压缩、下载、上传、张贴、发送、发布等。但是，为了体现淫秽电子信息犯罪行为方式的非法性特征，本解释仍然采用了《刑法》第三百六十三条第一款规定的制作、复制、出版、贩卖、传播等五种方式。其中，“制作”，主要是指对淫秽电子信息进行加工、改编、分拆、压缩等操作，使其在内容和形式上与原有的淫秽电子信息有所不同。例如，将多部片断合成为一部电影，将一部电影分拆成多个部分，将若干淫秽图片加工成一部动画，等等。“复制”，主要是指将原有的淫秽电子信息在不改变原有形式和内容的情况下使其在数量上有所增加。例如，将淫秽电影、图片下载到自己的计算机或者其他存储空间等。“出版”，主要是指将自己创作或他人创作的作品经过选择和编辑加工，登载在互联网上或者通过互联网发送到用户端，供公众浏览、阅读、使用或者下载的在线传播行为。例如，淫秽期刊每月向订户电子信箱发送淫秽期刊的行为等。“贩卖”，主要是指通过互联网出卖淫秽电子信息，以获取物质利益。例如，淫秽网站让用户交纳会员费，以便用户在线观看或者下载淫秽电子信息等。“传播”，主要是指将淫秽电子信息发送、张贴给他人或者公众，以扩大淫秽电子信息的影响范围。例如，将淫秽视频链接到互联网页面，将淫秽图片发送到论坛，在聊天室张贴淫秽文章，等等。实践中，绝大多数淫秽电子信息犯罪行为，都采用了传播方式，而且，同样的淫秽电子信息可以采用制作、复制、出版、贩卖、传播等不同的行为方式。

（三）关于淫秽电子信息犯罪的实施途径

本解释规定的淫秽电子信息犯罪，主要通过三个途径或者说三个平台实施。一是互联网；二是移动通讯终端，主要是手机和个人数字助理（PDA）；三是声讯台。利用互联网，犯罪分子可以贩卖、张贴、发送淫秽的电影、表演、动画、声音、照片、文章、短信息等各种电子信息。利用聊天室、论坛、即时通信软件、电子邮件等方式实施的淫秽电子信息犯罪行为，也属于利用互联网实施的犯罪。利用移动通讯终端实施的淫秽物品犯罪，主要是发送淫秽短信。随着彩屏、彩铃、照相、录像手机的出现，现在又出现了利用手机发送淫秽彩信，即带有图像、声音、文字的多媒体信息的现象。利用声讯台，犯罪分子主要是传播淫秽的语音信息。本解释覆盖了通过三个途径实施的淫秽电子信息犯罪。

（四）关于以牟利为目的实施的淫秽电子信息犯罪的定罪量刑标准

如上所述，淫秽电子信息犯罪不同于传统的以实物为载体的淫秽物品犯罪，其行为方式和造成的社会危害都更为严重。因此，不宜适用原有关于淫秽物品犯罪的标准追究刑事责任，而应该适用符合淫秽电子信息犯罪特点的标准来追究刑事责任。基于此种考虑，本解释第八条作出了规定。至于符合淫秽电子信息犯罪特点的以牟利为目的的淫秽电子信息犯罪的定罪量刑标准，本解释在第一条、第二条进行了具体规定。

关于淫秽电子信息的数量标准。本解释第一条第一款第一至第三项分别规定了制作、复制、出版、贩卖、传播淫秽电影、表演、动画等视频文件，淫秽音频文件，淫秽电子刊物、图片、文章、短信息等的定罪量刑标准。其中，第一项规定的淫秽电影、表演、动画等视频文件之间属于并列关系，三者均具有综合画面、声音、文字等多种表现形式的特点；第三项规定的淫秽电子刊物、图片、文章、短信息之间也属于并列关系，它们均具有通过静态的形式反映淫秽电子信息内容的特点。因此，本解释将这些淫秽电子信息分别规定了统一的数量标准。即淫秽电影、表演、动画等视频文件20个以上，淫秽音频文件100个以上，淫秽电子刊物、图片、文章、短信息等200件以上。无论淫秽电影、表演、动画等视频文件的持续时间长短，是1个小时也好，是十几分钟也好，只要属于这类视频文件，就共同计算数量。1件淫秽期刊可能包括许多淫秽图片、文章，仍然按照1件计算。按件计算的淫秽期刊，与单独成张的淫秽照片、单独成篇的淫秽文章共同计算数量。

需要注意的是，制作、复制、出版、贩卖、传播五种行为方式之间属于并列关系，上述第一项列举的几类淫秽视频文件之间、第三项列举的几类淫秽电子信息之间也属于并列关系，在计算淫秽电子信息的数量时，要综合考虑这些并列关系，具体分析，不能一概而论。例如，行为人制作出了20个动画视频文件，又将其传播的，视频文件的数量不能重复计算，只计算20个即可。再如，行为人复制了100张淫秽图片，又传播了150篇淫秽文章的，该类淫秽电子信息的数量应该累计计算，行为人共计复制、传播了250件淫秽电子信息。

关于淫秽电子信息的被点击数。根据本解释第一条第一款第四项的规定，制作、复制、出版、贩卖、传播的淫秽电子信息，实际被点击数达到1万次以上，是追究行为人制作、复制、出版、贩卖、传播牟利罪刑事责任的情形之一。有一种观点认为，被点击数不能作为定罪量刑的标准，理由是：点击淫秽电子信息是他人的行为，不能以他人行为的结果作为影响自己行为性质及量刑幅度的标准，否则有客观归罪之嫌。另一种观点认为，被点击数可以作为标准，理由是：行为人制作、复制、出版、贩卖、传播淫秽电子信息，其目的就是希望更多的人来点击，以扩大影响，赚取更多的非法利益，无论他人点击次数多少，均没有超出行为人的主观意志以外。本解释采纳了第二种观点。需要注意的是，本解释采用了"实际被点击数"的提法。有些网站为了造势，将计数器设置为从某一个数字如10万次或者1万次开始；有些网页将计数器计数办法设置为别人点击一次计数器计数10次或者5次。还有人出于恶意，在短时间内疯狂计算点击他人的淫秽电子信息，甚至可以在几小时内点击数千次。

在计算点击数时，这些虚增的、不正常的数量应该从被点击总数中减去。

关于两项以上半数标准。根据本解释第一条第一款第七项的规定，“数量或者数额虽未达到第（一）项至第（六）项规定标准，但分别达到其中两项以上标准一半以上的”，也是追究行为人相应刑事责任的情形之一。例如，行为人以牟利为目的，制作出了5个淫秽电影文件，传播了6个淫秽动画文件，同时吸收了100人成为注册会员，其数量虽未达到本解释第一条第一款第一项规定的标准，也没有达到第五项规定的标准，但是分别达到了该两项标准的一半以上，就符合了第七项的要求，应该追究其刑事责任。

（五）关于传播淫秽电子信息犯罪的定罪量刑标准

传统的传播淫秽物品罪，传播的内容主要是以实物为载体的录像带、录音带等淫秽物品。根据最高人民法院《关于审理非法出版物刑事案件具体应用法律若干问题的解释》第十条的规定，传播淫秽物品犯罪主要以被传播人次的多少为定罪量刑标准。考虑到通过互联网或者移动通讯终端传播淫秽电子信息犯罪的特点，我们认为，单纯以传播人次的多少来定罪量刑有失片面，传播淫秽电子信息数量大的，仍然具有严重的社会危害性，也应该追究刑事责任，因此《解释一》第三条第一款作出了规定。

（六）关于提供与淫秽电子信息有关的链接行为的定罪量刑标准

有些同志提出，互联网淫秽电子信息之所以泛滥成灾，很重要的一个原因就是指向淫秽电子信息的链接太多，任何人只要点击有关链接，就可以浏览、下载相应的淫秽电子信息，因此，提供淫秽电子信息的链接，与提供淫秽电子信息没有本质的不同，应该采用同样的定罪量刑标准。而有些同志提出，互联网之所以发展速度惊人，日新月异，很重要的一个原因就是网站、网页之间的相互链接。如果没有链接，网站就要成为孤岛，互联网也会失去现有的特性和功能。同时，网站和网页的所有人或者管理人，无法做到随时确保与其链接的网站和页面的内容完全合法，链接者可以任意改动自己网站和页面的内容。再者，一般网站上都有搜索引擎，虽然采取了过滤措施，可以将明显的淫秽内容过滤掉，但仍然难以确保搜索出来的内容完全合法，现有的技术水平根本做不到这一点。本解释综合考虑了两个方面的因素，在第四条对此进行了规定，主要是加入了明知的主观要件，即“明知是淫秽电子信息而在自己所有、管理或者使用的网站或者网页上提供直接链接的，其数量标准根据所链接的淫秽电子信息的种类计算”。这样做，既可以有力打击提供直接指向淫秽电子信息的链接的犯罪行为，又尽可能地缩小打击面，避免打击扩大化。

至于淫秽链接的计算标准，要根据链接直接指向的淫秽电子信息的种类，分别按照本解释第一条、第三条的有关标准执行。例如，行为人以牟利为目的，在自己的网页上添加了直接指向淫秽动画的链接20个，按照本解释第一条第一款的规定，达到了其中第一项规定的淫秽动画的数量标准，就应该以传播淫秽物品牟利罪追究刑事责任。再如，行为人为了与他人交流，在某论坛里张贴了400个直接指向淫秽图片的链接，按照本解释第三条第一款的规定，达到了第一条第一款第三项规定的淫秽电影数量标准两倍以上，就构成了传播淫秽物品罪。这里强调了“直接链接”，如果不是直接指向淫秽电子信息的链接，则不能按照这个标准掌握。

（七）关于利用手机发送淫秽短信的定罪量刑标准

手机属于移动通讯终端的一种。亲友之间经常利用手机发送短信，有可能包括淫秽短信。构成犯罪时，定罪量刑的标准怎么掌握呢？根据本解释的规定，以牟利为目的，利用手机发送淫秽短信200条以上，即构成传播淫秽物品牟利罪，可以处三年以下有期徒刑、拘役或者管制，并处罚金；发送1000条以上可以处三年以上十年以下有期徒刑；发送5000条以上，可以处十年以上有期徒刑直至无期徒刑。不以牟利为目的，利用手机发送淫秽短信400条以上，即构成传播淫秽物品罪。本罪只有一个量刑幅度，即二年以下有期徒刑、拘役或者管制。当然，利用手机实施的淫秽电子信息犯罪中比较常见的是淫秽短信，除此之外，发送淫秽电影、动画、语音、图片、文章等，符合本解释规定的标准的，也构成犯罪。

（八）关于声讯台的犯罪行为

与声讯台有关的犯罪行为，主要是通过声讯台传播淫秽的语音信息。实践中，一些声讯台为了牟取暴利，以“两性学堂”“虚拟洞房”“夫妻夜话”等名义，使用淫秽语言引诱他人拨打声讯电话，攫取高额话费。这种行为对拨打声讯电话者特别是未成年人的身心健康造成了严重危害，必须依法惩治。考虑到这种行为的牟利目的以及传播语音信息的特点，比较符合《刑法》第三百六十三条第一款的规定，应该以传播淫秽物品牟利罪追究刑事责任。据此，本解释第五条第一款作出了规定。

实践中，有些声讯台经常传播淫秽语言信息，偶尔传播正当内容；反之，有些声讯台经常传播的是正当内容，偶尔也传播淫秽语音信息。我们认为，只有传播淫秽语音信息的行为，才是对社会有害的行为，才属于本罪惩罚的对象。因此，本解释中规定的“向一百人次以上传播”，应当理解为向100人次以上传播了淫秽语音信息；“违法所得一万元以上”，应当理解为传播淫秽语音信息违法所得1万元以上。声讯台传播正当语音信息的次数以及由此获得的利益，不应当计算进来。

（九）关于“造成严重后果”的情形

本解释对于实践中比较常见的制作、复制、出版、贩卖、传播淫秽电子信息行为构成犯罪的情形，在第一条第一款的前七项进行了规定，但是，考虑到制作、复制、出版、贩卖、传播淫秽电子信息犯罪的行为方式会随着互联网实践的发展而可能有所变化，本解释的第一条第八项规定了“造成严重后果”的情形。“造成严重后果”，是指制作、复制、出版、贩卖、传播淫秽电子信息对社会危害严重、需要追究刑事责任而构成犯罪的情形。

除此之外，本解释第三条对不以牟利为目的的传播淫秽电子信息构成犯罪“造成严重后果”的情形，第五条对以牟利为目的通过声讯台传播淫秽语音信息“造成严重后果”的情形，分别作出了规定。在理解上都应当按照上述原则办理。

（十）关于上网观看、从网上下载淫秽电子信息行为的定性

无论根据《刑法》的条文，还是根据本解释的规定，不以牟利为目的，在家中上网观看、从网上下载淫秽的电影、动画、图片、文章等淫秽电子信息的行为，均不构成犯罪。当然，如果行为人将下载的淫秽电子信息又以电子邮件或者其他形式转发给了其他人，其行为的性质就属于传播。传播的行为当然具有社会危害性，在达到本解释规定的标准的，就应该追究刑事责任。

（十一）关于对未成年人合法权益的保护

淫秽电子信息对未成年人的危害，比对成年人的危害要大得多。有些人甚至说，淫秽电子信息对成年人没有什么害处，只是对未成年人有害。此话显然很片面，但是从一个侧面反映了淫秽电子信息对未成年人的严重危害。一些未成年人涉足淫秽电子信息以后，有书不念，有学不上，丢弃学业，荒废青春，甚至走上违法犯罪道路，危害触目惊心，教训极其深刻。有鉴于此，本解释着重强调了对未成年人的保护，规定在以下三种情形下，对犯罪分子从重处罚：(1) 制作、复制、出版、贩卖、传播具体描绘不满 18 周岁未成年人性行为的淫秽电子信息的；(2) 明知是具体描绘不满 18 周岁的未成年人性行为的淫秽电子信息而在自己所有、管理或者使用的网站或者网页上提供直接链接的；(3) 向不满 18 周岁的未成年人贩卖、传播淫秽电子信息和语音信息的。

需要注意的是，根据本解释第六条第四项的规定，虽然不属于对未成年人的专门保护，但是仍然属于构成犯罪时从重处罚的情形。

（十二）关于大的互联网站、电信部门、金融机构涉嫌共同犯罪问题

通过互联网、移动通讯终端、声讯台实施的淫秽电子信息犯罪行为，一般都是小规模的网站或者个人所为，其离不开大的互联网站、电讯经营机构、金融机构的参与。大的互联网站、电讯经营机构提供开办淫秽网站所需要的互联网接入服务、网络存储空间、服务器托管、通讯传输通道、手机代收费等帮助条件，金融机构提供银行转账、网上费用结算等帮助条件。一旦离开大的互联网站、电讯经营机构、金融机构的帮助，淫秽网站几乎不可能收取费用，甚至不可能开办下去。大的互联网站、电讯经营机构、金融机构明知淫秽网站实施淫秽电子信息犯罪行为，仍然提供上述帮助条件的，其帮助行为就成为淫秽电子信息犯罪行为的组成部分，就应该按照共同犯罪的规定来追究直接责任人员的刑事责任。

一般来说，构成共同犯罪的是大的互联网站、电讯经营机构、金融机构的个别人员，例如，为淫秽网站提供技术维护的大的互联网站的技术人员，移动运营商的具体经营人员，银行的网上业务部主管，等等。但是，本解释并不仅仅限于这些直接负责的主管人员和其他直接责任人员。如果这些大的互联网站、电讯经营机构、金融机构明知他人实施淫秽电子信息犯罪行为，仍然提供上述帮助条件的，根据《刑法》第三百六十六条的规定，应该对单位按照共同犯罪论处，按照单位在共同犯罪中所起作用的大小，对单位判处罚金，并对其直接负责的主管人员和其他直接责任人员追究刑事责任。

（十三）关于淫秽电子信息的鉴定

由于淫秽物品的标准较为抽象，对于有关电子信息，例如，暴露性器官、女性乳房的图片，描述自己性经历、性感受的文章，黄色短信等是否属于“淫秽物品”，在实践中可能存在争议，会直接影响对有关行为性质的认定，甚至影响行为是否构成犯罪、适用何种量刑幅度的重大问题。这就涉及对有关电子信息是否属于淫秽物品的鉴定问题。

新闻出版署和公安部 1993 年 1 月 19 日联合发布的《关于鉴定淫秽录像带、淫秽图片有关问题的通知》规定：“办理走私、制作、贩卖、传播淫秽物品案件中，对查获的录像带、图片、扑克、手抄本等，需审查认定是否为淫秽物品的，国内出版单位正式出版发行的录像带、图片等出版物由省级以上新闻出版管理部门、音像归口管理部门负责鉴定；其他由地、市以上公安机关治安部门负责鉴定。”这是关于以实物为载体的物品是否属于淫秽物品及其如何鉴定的规定，但是，对于非实物化的电子信息是否属于淫秽物品的鉴定问题，目前尚没有专门规定。实践中，公安部门办案依然按照上述通知规定的精神执行。我们认为，鉴定问题比较复杂，涉及公安、新闻出版两个部门的权限、职责等问题，在没有达成一致意见之前，本解释对此不宜进行规定，可由该两个部门协商解决。

（撰稿人：祝二军
审稿人：胡云腾）

最高人民法院 最高人民检察院
关于办理利用互联网、移动通讯终端、声讯台制作、复制、出版、贩卖、传播淫秽电子信息刑事案件具体应用法律若干问题的解释（二）

法释〔2010〕3号

（2010年1月18日最高人民法院审判委员会第1483次会议、2010年1月14日最高人民检察院第十一届检察委员会第28次会议通过 2010年2月2日最高人民法院、最高人民检察院公告公布 自2010年2月4日起施行）

为依法惩治利用互联网、移动通讯终端制作、复制、出版、贩卖、传播淫秽电子信息，通过声讯台传播淫秽语音信息等犯罪活动，维护社会秩序，保障公民权益，根据《中华人民共和国刑法》、《全国人民代表大会常务委员会关于维护互联网安全的决定》的规定，现对办理该类刑事案件具体应用法律的若干问题解释如下：

第一条 以牟利为目的，利用互联网、移动通讯终端制作、复制、出版、贩卖、传播淫秽电子信息的，依照《最高人民法院、最高人民检察院关于办理利用互联网、移动通讯终端、声讯台制作、复制、出版、贩卖、传播淫秽电子信息刑事案件具体应用法律若干问题的解释》第一条、第二条的规定定罪处罚。

以牟利为目的，利用互联网、移动通讯终端制作、复制、出版、贩卖、传播内容含有不满十四周岁未成年人的淫秽电子信息，具有下列情形之一的，依照刑法第三百六十三条第一款的规定，以制作、复制、出版、贩卖、传播淫秽物品牟利罪定罪处罚：

（一）制作、复制、出版、贩卖、传播淫秽电影、表演、动画等视频文件十个以上的；

（二）制作、复制、出版、贩卖、传播淫秽音频文件五十个以上的；

（三）制作、复制、出版、贩卖、传播淫秽电子刊物、图片、文章等一百件以上的；

（四）制作、复制、出版、贩卖、传播的淫秽电子信息，实际被点击数达到五千次以上的；

（五）以会员制方式出版、贩卖、传播淫秽电子信息，注册会员达一百人以上的；

（六）利用淫秽电子信息收取广告费、会员注册费或者其他费用，违法所得五千元以上的；

（七）数量或者数额虽未达到第（一）项至第（六）项规定标准，但分别达到其中两项以上标准一半以上的；

（八）造成严重后果的。

实施第二款规定的行为，数量或者数额达到第二款第（一）项至第（七）项规定标准五倍以上的，应当认定为刑法第三百六十三条第一款规定的“情节严重”；达到规定标准二十五倍以上的，应当认定为“情节特别严重”。

第二条 利用互联网、移动通讯终端传播淫秽电子信息的，依照《最高人民法院、最高人民检察院关于办理利用互联网、移动通讯终端、声讯台制作、复制、出版、贩卖、传播淫秽电子信息刑事案件具体应用法律若干问题的解释》第三条的规定定罪处罚。

利用互联网、移动通讯终端传播内容含有不满十四周岁未成年人的淫秽电子信息，具有下列情形之一的，依照刑法第三百六十四条第一款的规定，以传播淫秽物品罪定罪处罚：

（一）数量达到第一条第二款第（一）项至第（五）项规定标准二倍以上的；

（二）数量分别达到第一条第二款第（一）项至第（五）项两项以上标准的；

（三）造成严重后果的。

第三条 利用互联网建立主要用于传播淫秽电子信息的群组，成员达三十人以上或者造成严重后果的，对建立者、管理者和主要传播者，依照刑法第三百六十四条第一款的规定，以传播淫秽物品罪定罪处罚。

第四条 以牟利为目的，网站建立者、直接负责的管理者明知他人制作、复制、出版、贩卖、传播的是淫秽电子信息，允许或者放任他人在自己所有、管理的网站或者网页上发布，具有下列情形之一的，依照刑法第三百六十三条第一款的规定，以传播淫秽物品牟利罪定罪处罚：

（一）数量或者数额达到第一条第二款第（一）项至第（六）项规定标准五倍以上的；

（二）数量或者数额分别达到第一条第二款第（一）项至第（六）项两项以上标准二倍以上的；

（三）造成严重后果的。

实施前款规定的行为，数量或者数额达到第一条第二款第（一）项至第（七）项规定标准二十五倍以上的，应当认定为刑法第三百六十三条第一款规定的“情节严重”；达到规定标准一百倍以上的，应当认定为“情节特别严重”。

第五条 网站建立者、直接负责的管理者明知他人制作、复制、出版、贩卖、传播的是淫秽电子信息，允许或者放任他人在自己所有、管理的网站或者网页上发布，具有下列情形之一的，依照刑法第三百六十四条第一款的规定，以传播淫秽物品罪定罪处罚：

（一）数量达到第一条第二款第（一）项至第（五）项规定标准十倍以上的；

（二）数量分别达到第一条第二款第（一）项至第（五）项两项以上标准五倍以上的；

（三）造成严重后果的。

第六条 电信业务经营者、互联网信息服务提供者明知是淫秽网站，为其提供互联网接入、服务器托管、网络存储空间、通讯传输通道、代收费等服务，并收取服务费，具有下列情形之一的，对直接负责的主管人员和其他直接责任人员，依照刑法第三百六十三条第一款的规定，以传播淫秽物品牟利罪定罪处罚：

（一）为五个以上淫秽网站提供上述服务的；

（二）为淫秽网站提供互联网接入、服务器托管、网络存储空间、通讯传输通道等服务，收取服务费数额在二万元以上的；

（三）为淫秽网站提供代收费服务，收取服务费数额在五万元以上的；

（四）造成严重后果的。

实施前款规定的行为，数量或者数额达到前款第（一）项至第（三）项规定标准五倍以上的，应当认定为刑法第三百六十三条第一款规定的“情节严重”；达到规定标准二十五倍以上的，应当认定为“情节特别严重”。

第七条 明知是淫秽网站，以牟利为目的，通过投放广告等方式向其直接或者间接提供资金，或者提供费用结算服务，具有下列情形之一的，对直接负责的主管人员和其他直接责任人员，依照刑法第三百六十三条第一款的规定，以制作、复制、出版、贩卖、传播淫秽物品牟利罪的共同犯罪处罚：

（一）向十个以上淫秽网站投放广告或者以其他方式提供资金的；

（二）向淫秽网站投放广告二十条以上的；

（三）向十个以上淫秽网站提供费用结算服务的；

（四）以投放广告或者其他方式向淫秽网站提供资金数额在五万元以上的；

（五）为淫秽网站提供费用结算服务，收取服务费数额在二万元以上的；

（六）造成严重后果的。

实施前款规定的行为，数量或者数额达到前款第（一）项至第（五）项规定标准五倍以上的，应当认定为刑法第三百六十三条第一款规定的“情节严重”；达到规定标准二十五倍以上的，应当认定为“情节特别严重”。

第八条 实施第四条至第七条规定的行为，具有下列情形之一的，应当认定行为人“明知”，但是有证据证明确实不知道的除外：

（一）行政主管机关书面告知后仍然实施上述行为的；

（二）接到举报后不履行法定管理职责的；

（三）为淫秽网站提供互联网接入、服务器托管、网络存储空间、通讯传输通道、代收费、费用结算等服务，收取服务费明显高于市场价格的；

（四）向淫秽网站投放广告，广告点击率明显异常的；

（五）其他能够认定行为人明知的情形。

第九条 一年内多次实施制作、复制、出版、贩卖、传播淫秽电子信息行为未经处理，数量或者数额累计计算构成犯罪的，应当依法定罪处罚。

第十条 单位实施制作、复制、出版、贩卖、传播淫秽电子信息犯罪的，依照《中华人民共和国刑法》、《最高人民法院、最高人民检察院关于办理利用互联网、移动通讯终端、声讯台制作、复制、出版、贩卖、传播淫秽电子信息刑事案件具体应用法律若干问题的解释》和本解释规定的相应个人犯罪的定罪量刑标准，对直接负责的主管人员和其他直接责任人员定罪处罚，并对单位判处罚金。

第十一条 对于以牟利为目的，实施制作、复制、出版、贩卖、传播淫秽电子信息犯罪的，人民法院应当综合考虑犯罪的违法所得、社会危害性等情节，依法判处罚金或者没收财产。罚金数额一般在违法所得的一倍以上五倍以下。

第十二条 《最高人民法院、最高人民检察院关于办理利用互联网、移动通讯终端、声讯台制作、复制、出版、贩卖、传播淫秽电子信息刑事案件具体应用法律若干问题的解释》和本解释所称网站，是指可以通过互联网域名、IP地址等方式访问的内容提供站点。

以制作、复制、出版、贩卖、传播淫秽电子信息为目的建立或者建立后主要从事制作、复制、出版、贩卖、传播淫秽电子信息活动的网站，为淫秽网站。

第十三条 以前发布的司法解释与本解释不一致的，以本解释为准。

【解　读】

解读《最高人民法院、最高人民检察院关于办理利用互联网、移动通讯终端、声讯台制作、复制、出版、贩卖、传播淫秽电子信息刑事案件具体应用法律若干问题的解释（二）》

一、问题的提出

2004 年 9 月，最高人民法院、最高人民检察院联合颁布实施了《关于办理利用互联网、移动通讯终端、声讯台制作、复制、出版、贩卖、传播淫秽电子信息刑事案件具体应用法律若干问题的解释》（以下简称《解释一》）。《解释一》针对直接制作、复制、出版、贩卖、传播淫秽电子信息的犯罪行为规定了定罪量刑标准，为严厉打击上述犯罪提供了明确依据。

随着信息技术的飞速发展，淫秽电子信息犯罪呈现出新形式、新特点，此前一度得到有效遏制的淫秽电子信息犯罪，又在手机网络中泛滥。在手机网民数量快速增长，计算机互联网监管机制日臻成熟的形势下，手机网站已成为淫秽电子信息的重要传播途径，亟须有效治理。在以往的司法实践中，司法机关打击的往往是淫秽网站利益链的末端。而淫秽网站，特别是手机淫秽网站屡打不绝的主要原因却在于利益驱动，淫秽网站、电信运营商、广告主、广告联盟、第三方支付平台之间形成了环环相扣的利益链条。因此，打击淫秽网站关键在于切断淫秽网站背后的利益链条。然而，司法机关在适用《解释一》的过程中遇到了打击利益链缺乏明确法律依据等问题。

从目前的法律适用来看，有三类行为基本游离于刑事规制之外，缺乏打击的明确法律依据：（1）不履行法定管理职责，放任他人在自己所有、管理的网站或者网页上发布淫秽电子信息的行为；（2）为淫秽网站提供资金的行为；（3）为淫秽网站提供服务并从中获利的行为。此外，还存在着传播儿童淫秽信息的行为定罪量刑标准过高、通过群组传播淫秽信息行为的定罪量刑标准不明确、明知的认定、共同犯罪的处理、单位犯罪定罪量刑标准几大难题，亟待解决。鉴于此，最高人民法院、最高人民检察院联合发布了《关于办理利用互联网、移动通讯终端、声讯台制作、复制、出版、贩卖、传播淫秽电子信息刑事案件具体应用法律若干问题的解释（二）》（以下简称本解释），自 2010 年 2 月 4 日起施行。

二、理解与适用

（一）本解释与《解释一》的关系

经多次研究，决定采用本解释的方式解决打击淫秽电子信息犯罪中新近出现的法律适用问题。主要考虑如下：(1)《解释一》系 2004 年 9 月 3 日颁布，自 2004 年 9 月 6 日起施行。从目前适用的效果来看，《解释一》为直接制作、复制、出版、贩卖、传播淫秽电子信息犯罪提供了明确的定罪量刑标准，标准科学合理，适用效果不错，绝大部分条款可以继续适用。(2) 从以往的例子来看，“两高”曾联合制定了《关于办理组织和利用邪教组织犯罪案件具体应用法律若干问题的解释（二）》《关于办理侵犯知识产权刑事案件具体应用法律若干问题的解释（二）》等，对此前的解释进行补充完善。基于上述考虑，为节约司法资源，充分借鉴先例，决定以本解释的方式补充和完善《解释一》，解决司法实践中出现的新问题。

本解释是对《解释一》的进一步完善和补充，仅对《解释一》第六条第一项、第七条进行了局部修改。二者相辅相成，共同为整治互联网和手机媒体淫秽色情及低俗信息专项行动提供了强有力的司法保障，有助于依法惩治淫秽电子信息犯罪，净化网络环境，促进互联网行业健康发展，保护未成年人健康成长。

（二）本解释的核心问题

本解释要解决的核心问题是斩断淫秽电子信息犯罪的利益链条。淫秽网站，特别是手机淫秽网站屡打不绝的主要原因是相关企业的利益结盟，淫秽手机网站、电信运营商、广告主、广告联盟之间形成了环环相扣的利益关系。

广告主将彩铃、游戏下载等增值业务投放在手机网站之上，在这一过程中，广告商（广告联盟）起到了居间作用。而手机用户点击下载了彩铃、游戏等增值服务之后，由电信运营商代收费，并在扣除一定费用后返还给广告主，再由广告主、广告商、手机网站三者之间进行利益分成。在这一过程中，如果手机网站的访问量提高了，下载量也会相应提高，广告主、广告商、手机网站都会相应增加收入，而电信运营商除了代收费收益外，还能获取更多的流量费。因此，对于手机网站通过淫秽信息吸引更多的用户访问，广告主、广告商和电信运营商受利益驱动采取了放任的态度。这样一来，淫秽电子信息通过道道关卡到达用户，淫秽网站、电信运营商、广告主、广告联盟各自获取相应的利润。可见，打击淫秽电子信息犯罪的关键是要斩断利益链，这是制定本解释所要解决的核心问题。

基于上述考虑，本解释厘清了网站建立者、直接负责的管理者、电信业务经营者、互联网信息服务提供者、广告主、广告联盟、第三方支付平台等各方在制作、复制、出版、贩卖、传播淫秽电子信息犯罪中应承担的法律责任。对于明知是淫秽电子信息而不履行法定管理职责，允许或放任他人在自己所有或管理的网站或网页上发布，以及明知是淫秽网站，而提供资金支持或提供服务从中获利等达到一定危害程度的行为，明确规定为犯罪，从而解决了司法实践中遇到的突出问题，具有现实的针对性和可操作性。本解释的相关规定明确了电信业务经营者、互联网信息服务提供者、广告主、广告联盟、第三方支付平台以及网站建立者、直接负责的管理者等的刑事责任，有利于从源头上切断传播淫秽电子信息犯罪的利益链条，解决司法实践中反映突出的法律适用问题。

（三）本解释相关数量数额标准的确定原则

基于为司法实务提供可操作的定罪量刑标准的考虑，本解释的不少条款都涉及数量或者数额。这些数量或者数额标准的规定严格遵循了以下三项原则：

1. 与《解释一》相协调的原则。本解释是对《解释一》的进一步补充和完善，二者共同为打击淫秽电子信息犯罪提供了明确的定罪量刑标准。鉴于此，本解释在确定数量或者数额时注意与《解释一》的协调。例如，本解释相关条款中起刑点、情节严重和情节特别严重的标准之间的倍数关系，就基本保持了《解释一》所确立的五倍倍数关系。

2. 对不满14周岁未成年人权益的特殊保护原则。从世界范围来看，各国都注重对内容涉及未成年人的淫秽信息的重点打击，突出对未成年人权益的保护。为体现对不满14周岁未成年人的特殊保护，本解释规定了利用互联网、移动通讯终端制作、复制、出版、贩卖、传播内容含有不满14周岁的未成年人的淫秽电子信息行为构成传播淫秽物品牟利罪或者传播淫秽物品罪的定罪量刑标准，在《解释一》规定的数量、数额标准的基础上下调一半，以加大对此类犯罪的打击力度。

3. 立足司法实践原则。制作、复制、出版、贩卖、传播淫秽电子信息，数量或者数额达到一定程度，具有较大的社会危害性，就应当认定为相应的犯罪。本解释在制定过程中，组织专门力量深入司法实践，了解具体案件，为确定行为的社会危害性程度提供了依据。根据司法实践中的具体案件，充分听取了各方意见，最终确定了构成犯罪的相关数量或者数额标准。

（四）本解释的主要内容

本解释共十三个条文，大体而言，可以划分为如下三大块：

第一大块，从严惩治制作、复制、出版、贩卖、传播低龄未成年人淫秽电子信息犯罪，并补充规定了传播淫秽电子信息犯罪的新形式。

1. 以牟利为目的，制作、复制、出版、贩卖、传播淫秽电子信息行为的定罪量刑标准

本解释第一条共分为三款，明确了以牟利为目的，利用互联网、移动通讯终端制作、复制、出版、贩卖、传播淫秽电子信息行为的定罪量刑标准

第一款系提示性条款。《解释一》第一条规定了以牟利为目的，利用互联

网、移动通讯终端制作、复制、出版、贩卖、传播淫秽电子信息行为的入罪标准，第二条明确了情节严重和情节特别严重的认定标准。因此，本解释第一条第一款规定，以牟利为目的，利用互联网、移动通讯终端制作、复制、出版、贩卖、传播淫秽电子信息的，依照《解释一》第一条、第二条的规定定罪处罚。

第二款规定了以牟利为目的，利用互联网、移动通讯终端制作、复制、出版、贩卖、传播内容含有不满 14 周岁未成年人的淫秽电子信息行为的定罪量刑标准。当前，在互联网上存在一些以不满 14 周岁的未成年人淫秽信息为主要内容的淫秽网站和群组，不法分子通过上述网站和群组获取和交换淫秽图片，交流奸淫猥亵幼童的经验，进一步刺激更多的人在现实社会中实施奸淫猥亵幼童的行为，对未成年人造成了严重的侵害。然而，行为人涉及的内容含有不满 14 周岁未成年人的淫秽电子信息往往达不到《解释一》规定的入罪标准。对内容涉及未成年人的淫秽信息予以重点打击，突出了对未成年人的保护，是各国的普遍做法。即使在一些允许色情电子信息存在的国家，对涉及儿童的淫秽信息也是禁止的，采取各种措施封锁儿童淫秽视频、屏蔽儿童淫秽网页，并对传播儿童淫秽电子信息的行为设有较重刑罚。我国历来注重对未成年人的特殊保护，以确保未成年人的身心健康不受侵犯。《解释一》第六条第一项将制作、复制、出版、贩卖、传播具体描述不满 18 周岁未成年人性行为的淫秽电子信息作为从重处罚的情节。为严厉打击制作、复制、出版、贩卖、传播内容含有不满 14 周岁未成年人的淫秽电子信息犯罪，进一步体现对未成年人的特殊保护，本解释第一条第二款规定利用互联网、移动通讯终端制作、复制、出版、贩卖、传播内容含有不满 14 周岁未成年人的淫秽电子信息行为构成犯罪的标准，在《解释一》第一条规定标准的基础上下调一半。

第三款规定了以牟利为目的，利用互联网、移动通讯终端制作、复制、出版、贩卖、传播内容含有不满 14 周岁未成年人的淫秽电子信息行为的情节严重与情节特别严重的认定标准，即将上述标准在《解释一》第二条规定标准的基础上下调一半。起刑点、情节严重和情节特别严重的标准之间为五倍的倍数关系。

需要说明的是，本解释第一条和第二条采用的表述是“内容含有不满十四周岁未成年人的淫秽电子信息”，而非“具体描述不满十四周岁未成年人性行为的淫秽电子信息”。前者的外延更为周全，不仅涵括了具体描述不满十四周岁未成年人性行为的淫秽电子信息，而且包括虽未具体描述性行为，但暴露性器官等露骨宣扬色情的淫秽电子信息。

2. 传播淫秽电子信息行为的定罪量刑标准

本解释第二条共分为两款，明确了不以牟利为目的，利用互联网、移动通讯终端传播淫秽电子信息行为的定罪量刑标准。

第一款系提示性条款。《解释一》第三条规定了不以牟利为目的，利用互联网或者移动通讯终端传播淫秽电子信息行为的定罪量刑标准。因此，本解释第二条第一款规定，利用互联网、移动通讯终端传播淫秽电子信息的，依照《解释一》第三条的规定定罪处罚。

第二款规定了利用互联网、移动通讯终端传播内容含有不满 14 周岁未成年人的淫秽电子信息行为构成传播淫秽物品罪的定罪量刑标准，在《解释一》规定的基础上下调一半，进一步加大了对未成年人合法权益的保护。

总之，本解释第一、二条的规定是对《解释一》中将制作、复制、出版、贩卖、传播具体描述不满 18 周岁未成年人性行为的淫秽电子信息作为从重处罚的情节规定的重要调整，二者共同构筑了对未成年人权益的特殊保护：利用互联网、移动通讯终端制作、复制、出版、贩卖、传播内容含有不满十四周岁未成年人的淫秽电子信息的，依照本解释规定的定罪量刑标准定罪处罚；如果制作、复制、出版、贩卖、传播具体描绘已满 14 周岁、不满 18 周岁的未成年人性行为的淫秽电子信息的，则仍应依据《解释一》的规定从重处罚。

3. 利用互联网建立主要用于传播淫秽电子信息的群组行为的定罪量刑标准

本解释第三条明确了利用互联网建立主要用于传播淫秽电子信息的群组行为的定罪量刑标准。

利用互联网建立群组并传播淫秽电子信息（主要是淫秽图片），是传播淫秽物品的常见形式。然而，对上述行为如何定罪量刑，标准尚不明确。例如，点击率如何计算？传播图片的数量是按照接收的人数还是传播的实际图片数量计算？如果群组主要是用于传播淫秽电子信息的，对建立者、管理者和主要传播者能否以发展成员的数量为标准定罪处罚？经过反复研究，决定将群组的成员人数和造成严重后果作为定罪量刑的标准。主要理由如下：该种方案具有较强的操作性，便于操作，而其他方案具有明显弊端。如果将传播的图片数量按照接收的人数计算，则在一个成员为 50 人的群组中，只需要发 8 张图片，即可构成传播淫秽物品罪。这显然不符合罪责刑相适应的原则，因为同在网站上发布可以供全球上网用户查看的淫秽图片相比，前者的社会危害性不会更大，但对其的处罚却更为严厉。而如果按照传播的实际图片数量计算，则又会导致标准过松，对此类行为打击不力。从司法实践的情况来看，大部分群组的成员数不超过 50 人，建立主要用于传播淫秽电子信息的群组，其发展成员超过 30 人或者造成其他严重后果的，具有较大的社会危害性，应予以刑事打击。

第二大块，明确网站建立者、直接负责的管理者、电信业务经营者、互联网信息服务提供者、广告主、广告联盟及第三方支付平台涉淫秽电子信息犯罪的定罪量刑标准。

1. 网站建立者、直接负责的管理者构成传播淫秽物品牟利罪的定罪量刑标准

本解释第四条共分两款，明确了以牟利为目的，允许或者放任他人在自己所有、管理的网站或者网页上发布淫秽电子信息行为的定罪量刑标准。

在很多传播淫秽物品案件中，网站建立者和管理者自身并不发布淫秽电子信息，而是允许或者放任他人在自己所有、管理的网站或者网页上发布淫秽电子信息。例如，当前传播淫秽电子信息最为广泛的渠道是P—P（又称P2P）网站，通常P—P网站的提供者自身并不传播淫秽电子信息，而是由网民自行上传。根据以往的司法解释，每个上传者上传的淫秽电子信息往往都未达到定罪的标准，虽总数量巨大，仍难以对P—P网站的提供者定罪处罚，这也是P—P网站上淫秽电子信息最为泛滥的原因之一。因此，有必要对以牟利为目的，允许或者放任他人在自己所有、管理的网站或者网页上发布淫秽电子信息的定性予以明确。经研究认为，上述行为系传播淫秽物品，理由如下：按照全国人大常委会《关于维护互联网安全的决定》及其他相关规定，网站建立者、管理者对其所有、管理的网站或者网页负有法定管理职责，而其以牟利为目的，不履行管理职责，致使淫秽电子信息在其所有、管理的网站或者网页上传播，情节严重的，可以构成传播淫秽物品牟利罪。

需要特别说明的是，考虑到上述行为是通过不作为方式实施，与直接的传播淫秽物品的行为存有较大差异，第四条将犯罪主体限制为网站建立者和直接负责的管理者，并在定罪量刑标准上适当放宽，将标准大体上调至直接传播淫秽物品牟利行为的定罪量刑标准的二至三倍。此外，本条的起刑点、情节严重标准之间为五倍的倍数关系；考虑到基数较大，情节严重和情节特别严重的标准之间设置为四倍的倍数关系。

2. 网站建立者、直接负责的管理者构成传播淫秽物品罪的定罪量刑标准

本解释第五条明确了不以牟利为目的，允许或者放任他人在自己所有、管理的网站或者网页上发布淫秽电子信息行为的定罪量刑标准。在实践中，网站建立者、直接负责的管理者允许或者放任他人在自己所有、管理的网站或者网页上发布淫秽电子信息的行为，也存在着不以牟利为目的的情形。因此，第五条对这种行为予以规定，并将定罪量刑标准相应放宽，将标准大体上调至直接传播淫秽物品行为的定罪量刑标准的二至三倍。

3. 电信业务经营者、互联网信息服务提供者构成传播淫秽物品牟利罪的定罪量刑标准

本解释第六条共分两款，明确了为淫秽网站提供互联网接入、服务器托管、网络存储空间、通讯传输通道、代收费等服务，并收取服务费行为的定罪量刑标准，为本解释的核心条款之一。

切断淫秽网站的利益链，是本解释制定过程中的核心考虑点。唯有如此，

才能真正遏制淫秽网站泛滥的趋势，构建打击淫秽网站的长效机制。从实践来看，为淫秽网站提供互联网接入、服务器托管、网络存储空间、通讯传输通道、代收费等服务，并从中获利的现象较为突出。在资金通过利益链条层层分成的过程中，各中间环节往往通过声称自己并不明知是淫秽网站以规避打击并牟取暴利。而且，建立淫秽网站还需要租用服务器、注册网络域名等，这些互联网信息服务提供者也会向淫秽网站收取一定的费用。

当前利用互联网制作、复制、出版、贩卖、传播淫秽电子信息案件高发，电信业务经营者、互联网信息服务提供者受巨大经济利益驱动，不履行法定管理职责是其中的一个重要原因，一定程度上起到了推波助澜的作用。依照全国人大常委会《关于维护互联网安全的决定》及其他相关规定，电信业务经营者、互联网信息服务提供者对于所服务的网站负有安全管理职责。例如，根据《全国人大常委会关于维护互联网安全的决定》第七条，《电信条例》第五十七条、第六十二条，《互联网信息服务管理办法》第十五条、第十六条的规定，在公共信息服务中，电信业务经营者、互联网信息服务提供者发现电信网络中传输的信息明显含有淫秽、色情内容的，应当立即停止传输，保存有关记录，并向国家有关机关报告。因此，明知是淫秽网站，不履行法定管理职责，却为其提供互联网接入、服务器托管、网络存储空间、通讯传输通道、代收费等服务，并收取费用，情节严重的，可以构成传播淫秽物品牟利罪。考虑到该类行为同一般的直接传播淫秽物品的行为有所区别，本条设置了独立的定罪量刑标准。

第一款从如下几个方面具体规定了入罪标准：第一项以提供服务的网站数量为基准，即为五个以上淫秽网站提供互联网接入、服务器托管、网络存储空间、通讯传输通道、代收费等服务的，构成传播淫秽物品牟利罪；第二项以提供服务所收取的服务费数额为基准，即为淫秽网站提供互联网接入、服务器托管、网络存储空间、通讯传输通道等服务，并收取费用，构成传播淫秽物品牟利罪的起刑点为收取服务费数额在 2 万元以上；第三项以为淫秽网站提供代收费服务所收取的服务费数额为标准，即为淫秽网站提供代收费服务，收取服务费数额在 5 万元以上的，构成传播淫秽物品牟利罪；第四项是关于兜底条款的规定。

第二款明确了情节严重和情节特别严重的认定标准。本条的起刑点、情节严重和情节特别严重的标准之间为五倍的倍数关系。

4. 通过投放广告等方式向淫秽网站直接或者间接提供资金，或者提供费用结算服务行为的定罪量刑标准

本解释第七条共分两款，明确了以牟利为目的，通过投放广告等方式向淫秽网站直接或者间接提供资金，或者提供费用结算行为的定性问题，为本解释的核心内容之一。

淫秽网站的犯罪成本虽然较低，但仍然需要一定的资金来源以维护其日常运作。从司法实践来看，除了部分收费网站（主要为电脑网站）采取收受会员费等方式牟取利益外，大部分淫秽网站靠加盟广告联盟，在自己的网站上为广告联盟的广告代码提供链接以获取利益。合作的方式有点击合作，即淫秽网站获取广告代码，如果有人点击广告则自动记录，由广告联盟或广告主付费给网站；而更多的是分成合作，即用户下载淫秽网站广告所链接的服务，淫秽网站就能获取相应的分成。通过这种方式，广告商（广告联盟）和广告主往往获取巨大利润。因此，有必要严厉打击向淫秽网站投放广告及其他提供资金的行为，才能真正切断通过传播淫秽电子信息获取利益的链条。此外，淫秽网站经常采用第三方支付平台进行支付，支付平台从中收取服务费。因此，对明知是淫秽网站仍然为其提供资金结算帮助的支付平台进行打击，也是切断其利益链条的有效途径。总之，对明知是淫秽网站，以牟利为目的，通过投放广告等方式向其直接或者间接提供资金，或者提供费用结算，情节严重的，有必要对直接负责的主管人员和其他直接责任人员，以制作、复制、出版、贩卖、传播淫秽物品牟利罪的共同犯罪论处。

在此，有两个问题需要特别说明：

（1）这里涉及隔地共同犯罪的情况。在这种情况下，可能存在对实行犯的刑事管辖权实际无法行使的情况。经研究，以牟利为目的，通过投放广告等方式向淫秽网站直接或者间接提供资金，或者提供费用结算的行为具有较大社会危害性，在实行犯未归案的情况下，对其他犯罪人可以共同犯罪予以定罪处罚。

（2）基于宽严相济刑事政策的考量，对于此条共犯的成立应设立单独的定罪量刑标准，只对情节严重的行为予以惩治。

第一款对实施上述行为构成制作、复制、出版、贩卖、传播淫秽物品牟利罪的共同犯罪设置了独立的标准：第一项以提供资金的网站数量为标准，即向10个以上淫秽网站投放广告或者以其他方式提供资金的构成犯罪；第二项以投放广告数量为标准，即向淫秽网站投放广告在20条以上的构成犯罪；第三项以为淫秽网站提供费用结算服务的网站数量为标准，即向10个以上淫秽网站提供费用结算服务的构成犯罪；第四项以提供资金的数量为标准，即以投放广告或者其他方式向淫秽网站提供资金数额在5万元以上的构成犯罪；第五项以提供费用结算服务所收取服务费数额为标准，即为淫秽网站提供费用结算服务，收取服务费数额在2万元以上的构成犯罪；第六项是关于兜底条款的规定。

第二款规定了情节严重和情节特别严重的认定标准。本条的起刑点、情节严重和情节特别严重的标准之间为五倍的倍数关系。

第三大块，对办理淫秽电子信息犯罪中有关法律适用疑难问题作出明确规定。

1. 明知的认定标准

本解释第八条明确了明知的认定标准，是本解释的核心内容之一。

从司法实践看，明知的认定是打击淫秽电子信息犯罪中的难点，行为人往往通过声称自己不明知以规避打击并牟取暴利。对此，存在两种情形：一种情形是确实不知道，只是疏于管理；另一种情形则是虽然明知，但放任或者允许上述行为的发生，而司法机关又难以获得其明知的证据。因此，有必要在本解释中设置专条明确规定应当认定行为人主观上属于明知的情形。

本解释第八条根据刑法理论和刑事司法实践的一贯做法，明确了明知的认定标准。本条根据实践中的具体情况设置了应当认定行为人主观上属于明知的情形，形成4种具体情形和一个兜底条款。第一项是指公安机关等行政主管机关，告知网站建立者、直接负责的管理者，他人在其所有、管理的网站或者网页上发布淫秽电子信息后，其仍然实施允许或者放任行为的，或者告知电信业务经营者、互联网信息服务提供者某一网站是淫秽网站后，其仍然提供服务的，应当认定为明知。第二项是指网站建立者、直接负责的管理者、电信业务经营者、互联网服务提供者，接到有关人员或者单位举报淫秽信息或者淫秽网站后，不履行《电信条例》《互联网信息服务管理办法》规定的法定管理职责的，应当认定为明知。第三项是指电信业务经营者、互联网信息服务提供者、第三方支付平台等，为淫秽网站提供互联网接入、服务器托管、网络存储空间、通讯传输通道、代收费、费用结算等服务，如果收取服务费明显高于市场价格的，也应当认定为明知。第四项是指广告主、广告商投放广告，如果广告点击率明显异常的，也应当认定为明知。淫秽网站在设置广告链接后，往往以点击广告作为获取淫秽电子信息的前提条件，从而其点击率明显高于投放到普通网站的广告。第五项是关于兜底条款的规定。

考虑到司法实践中的情形比较复杂，可能存在虽然具有第八条规定的各种情形，但有证据证明行为人确实不知道的情况，本条特别规定了例外原则。

2. 相关数量或者数额的累计计算规则

本解释第九条明确了多次实施制作、复制、出版、贩卖、传播淫秽电子信息行为，数量或者数额如何累计计算的问题。根据《刑法》规定和刑法理论，多次实施制作、复制、出版、贩卖、传播淫秽电子信息行为构成犯罪，依法应当追诉的，数量或者数额依法应累计计算。此外，本条专门规定，一年内多次实施制作、复制、出版、贩卖、传播淫秽电子信息行为未经处理，数量或者数额累计计算构成犯罪的，应当依法定罪处罚。

3. 单位实施制作、复制、出版、贩卖、传播淫秽电子信息犯罪的定罪量刑标准

本解释第十条明确了单位实施制作、复制、出版、贩卖、传播淫秽电子信息犯罪的定罪量刑标准。根据《刑法》第三百六十六条的规定，单位犯第三百

六十三条、第三百六十四条、第三百六十五条规定之罪的，对单位判处罚金，并对其直接负责的主管人员和其他直接责任人员依照各该条的规定处罚。然而，单位实施制作、复制、出版、贩卖、传播淫秽电子信息行为构成犯罪缺乏明确的定罪量刑标准，不利于司法实践的操作。鉴于此，本条明确规定单位实施制作、复制、出版、贩卖、传播淫秽电子信息犯罪的，依照《刑法》《解释一》和本解释规定的相应个人犯罪的定罪量刑标准，对直接负责的主管人员和其他直接责任人员定罪处罚，并对单位判处罚金。

4. 没收财产及罚金刑的适用规则

本解释第十一条明确了淫秽电子信息犯罪没收财产和罚金刑适用规则。制作、复制、出版、贩卖、传播淫秽电子信息犯罪泛滥，尤其是利用互联网和手机媒体实施上述犯罪目前仍处于高发态势，屡打不绝，深层原因是淫秽网站利益链条的存在。对此，除了切断淫秽网站的利益链条以外，还应当通过充分适用没收财产和罚金刑，使得犯罪分子在经济上难以获利。该条针对罚金刑判定的综合考虑因素（犯罪的违法所得、社会危害性等情节）和标准（一般在违法所得的一倍以上五倍以下）作出了规定。

需要说明的是，没收财产和罚金刑只适用于以牟利为目的，制作、复制、出版、贩卖、传播淫秽电子信息犯罪的情形。根据《刑法》第三百六十四条第一款的规定，传播淫秽物品罪不适用没收财产和罚金刑。

5. 网站及淫秽网站的界定

本解释第十二条共分两款，分别对《解释一》和本解释规定的网站和淫秽网站作出了界定。

第一款对网站进行了界定，即网站是指可以通过互联网域名、IP 地址等方式访问的内容提供站点。包括两个方面的要素：一是网站可以通过互联网域名、IP 地址等方式访问，即网站在互联网上是相对固定的，具有相对确定的互联网域名、IP 地址，司法机关可以据此调查取证、固定证据；二是网站是提供内容的站点，即网站可以提供文本、图片、视频、音频等类型文件的信息，人们可以通过访问网站来获取自己需要的资讯。实践中，网站包括门户网站、论坛、社区、博客、播客、群组等具体表现形式。

第二款对淫秽网站作出了界定，即以制作、复制、出版、贩卖、传播淫秽电子信息为目的建立或者建立后主要从事制作、复制、出版、贩卖、传播淫秽电子信息活动的网站，是淫秽网站。实践中，网站包括多个网页、栏目、频道或者版块，不宜仅因其中某一部分包含淫秽电子信息就认定整个网站为淫秽网站，而应结合其建立的目的和建立后主要从事的活动加以认定。同时，如果其中的某个网页、栏目、频道或者版块以制作、复制、出版、贩卖、传播淫秽电子信息为目的建立或者建立后主要从事制作、复制、出版、贩卖、传播淫秽电子信息活动，仍应就此认定该网页、栏目、频道或者版块为淫秽网站。此项规定，旨在防止把网站中不涉及淫秽内容的网页、栏目、频道或者版块等认定为淫秽网站，也避免把一个综合性的网站一并认定为淫秽网站。

6. 本解释的效力

本解释第十三条是效力性规定。考虑到本解释对《解释一》的部分条款进行了修改，按照后解释优于前解释的原则，有必要明确以前发布的司法解释与本解释不一致的，以本解释为准。

（撰稿人：喻海松）

最高人民法院　最高人民检察院
关于利用网络云盘制作、复制、贩卖、传播淫秽电子信息牟利行为定罪量刑问题的批复

法释〔2017〕19号

（2017年8月28日最高人民法院审判委员会第1724次会议、2017年10月10日最高人民检察院第十二届检察委员会第70次会议通过　2017年11月22日最高人民法院、最高人民检察院公告公布　自2017年12月1日起施行）

各省、自治区、直辖市高级人民法院、人民检察院，解放军军事法院、军事检察院，新疆维吾尔自治区高级人民法院生产建设兵团分院、新疆生产建设兵团人民检察院：

近来，部分高级人民法院、省级人民检察院就如何对利用网络云盘制作、复制、贩卖、传播淫秽电子信息牟利行为定罪量刑的问题提出请示。经研究，批复如下：

一、对于以牟利为目的，利用网络云盘制作、复制、贩卖、传播淫秽电子信息的行为，是否应当追究刑事责任，适用刑法和最高人民法院、最高人民检察院《关于办理利用互联网、移动通讯终端、声讯台制作、复制、出版、贩卖、传播淫秽电子信息刑事案件具体应用法律若干问题的解释》（法释〔2004〕11号）、《最高人民法院、最高人民检察院关于办理利用互联网、移动通讯终端、声讯台制作、复制、出版、贩卖、传播淫秽电子信息刑事案件具体应用法律若干问题的解释（二）》（法释〔2010〕3号）的有关规定。

二、对于以牟利为目的，利用网络云盘制作、复制、贩卖、传播淫秽电子信息的行为，在追究刑事责任时，鉴于网络云盘的特点，不应单纯考虑制作、复制、贩卖、传播淫秽电子信息的数量，还应充分考虑传播范围、违法所得、行为人一贯表现以及淫秽电子信息、传播对象是否涉及未成年人等情节，综合评估社会危害性，恰当裁量刑罚，确保罪责刑相适应。

此复

【解 读】

解读《最高人民法院、最高人民检察院关于利用网络云盘制作、复制、贩卖、传播淫秽电子信息牟利行为定罪量刑问题的批复》

最高人民法院、最高人民检察院发布《关于利用网络云盘制作、复制、贩卖、传播淫秽电子信息牟利行为定罪量刑问题的批复》（法释〔2017〕19号，以下简称本批复），自2017年12月1日起施行。为便于司法实践中正确理解和适用，现就本批复的制定背景和主要内容介绍如下。

一、本批复的制定背景与经过

《刑法》第三百六十三条第一款规定了制作、复制、出版、贩卖、传播淫秽物品牟利罪。为依法严厉惩治淫秽电子信息犯罪，我院会同最高人民检察院，于2004年制定了《关于办理利用互联网、移动通讯终端、声讯台制作、复制、出版、贩卖、传播淫秽电子信息刑事案件具体应用法律若干问题的解释》[法释〔2004〕11号，以下简称《解释（一）》]，于2010年制定了《关于办理利用互联网、移动通讯终端、声讯台制作、复制、出版、贩卖、传播淫秽电子信息刑事案件具体应用法律若干问题的解释（二）》[法释〔2010〕3号，以下简称《解释（二）》]。利用互联网、移动通讯终端、声讯台制作、复制、出版、贩卖、传播淫秽电子信息刑事案件，较之传统的淫秽物品犯罪，传播范围更为广泛，社会危害性更大。因此，上述司法解释针对此类淫秽电子信息犯罪规定了单独的定罪量刑标准，较之一般淫秽物品犯罪，从严予以打击。例如，《解释（一）》明确以牟利为目的，利用互联网、移动通讯终端制作、复制、出版、贩卖、传播淫秽视频文件二十个以上的即构成犯罪，一百个以上的即应当在“三年以上十年以下有期徒刑，并处罚金”的幅度内量刑，五百个以上的即应当在“十年以上有期徒刑或者无期徒刑，并处罚金或者没收财产”的幅度内量刑。《解释（二）》进一步规定利用互联网、移动通讯终端制作、复制、出版、贩卖、传播内容含有不满十四周岁未成年人的淫秽电子信息的，定罪量刑标准减半计算。

近年来，随着网络技术的不断发展，特别是云技术的发展，网络云盘的应用越来越广泛。网络云盘为用户免费或者收费提供文件的存储、访问、备份、共享等文件管理功能，是一种网络存储工具，可以看成是一个网络上的硬盘或者U盘。网络云盘具有速度快、容量大、允许大文件存储等特点。由于网络云盘存储、传输、共享信息较为方便，一些不法分子开始利用其传播淫秽电子信息；又因为网络云盘的存储空间大，此类案件的涉案淫秽电子信息往往数量巨大。有的案件单个云盘账号含淫秽视频可达上万部，个别案件涉及云盘账号数万个。但通常而言，此类案件获利数额不大、传播人数不多。如套用《解释（一）》《解释（二）》处理此类案件，将出现量刑畸重现象，有违罪责刑相适应原则的要求。

针对利用网络云盘制作、复制、贩卖、传播淫秽电子信息牟利案件的新情况、新特点，最高人民法院会同最高人民检察院，在公安部等有关部门的大力支持下，经深入调查研究、广泛征求意见，起草了《批复》。2017年8月28日最高人民法院审判委员会第1724次会议、2017年10月10日最高人民检察院第十二届检察委员会第70次会议审议通过了《批复》。

二、本批复的主要内容

本批复规定对于利用网络云盘制作、复制、贩卖、传播淫秽电子信息牟利行为的定罪量刑，应当综合考虑有关情节，做到罪责刑相适应。具体而言：

（一）利用网络云盘制作、复制、贩卖、传播淫秽电子信息牟利行为的入罪标准

本批复规定："对于以牟利为目的，利用网络云盘制作、复制、贩卖、传播淫秽电子信息的行为，是否应当追究刑事责任，适用刑法和《最高人民法院、最高人民检察院关于办理利用互联网、移动通讯终端、声讯台制作、复制、出版、贩卖、传播淫秽电子信息刑事案件具体应用法律若干问题的解释》（法释〔2004〕11号）、《最高人民法院、最高人民检察院关于办理利用互联网、移动通讯终端、声讯台制作、复制、出版、贩卖、传播淫秽电子信息刑事案件具体应用法律若干问题的解释（二）》（法释〔2010〕3号）的有关规定。"从实践来看，利用网络云盘制作、复制、贩卖、传播淫秽电子信息牟利案件所涉的淫秽视频往往数量较大（通常会远多于二十个视频的入罪标准），故适用《解释（一）》《解释（二）》规定的入罪标准，并不存在问题。当然，对于此类案件，虽然达到《解释（一）》《解释（二）》规定的入罪标准，但根据具体情况属于犯罪情节轻微的，也可以不起诉或者免予刑事处罚。

（二）利用网络云盘制作、复制、贩卖、传播淫秽电子信息牟利行为的量刑标准

本批复规定："对于以牟利为目的，利用网络云盘制作、复制、贩卖、传播淫秽电子信息的行为，在追究刑事责任时，鉴于网络云盘的特点，不应单纯考虑制作、复制、贩卖、传播淫秽电子信息的数量，还应充分考虑传播范围、违法所得、行为人一贯表现以及淫秽电子信息、传播对象是否涉及未成年人等

情节，综合评估社会危害性，恰当裁量刑罚，确保罪责刑相适应。”据此，对于利用网络云盘制作、复制、贩卖、传播淫秽电子信息牟利行为的量刑，基于网络云盘的特点，不应唯数量量刑、特别是升档量刑，而应综合考虑有关情节量刑，确保罪责刑相适应。主要考虑如下：

其一，《解释（一）》《解释（二）》制定之时，无法预见到利用网络云盘制作、复制、贩卖、传播淫秽电子信息的情形，将其量刑标准、特别是升档量刑标准直接适用于相关案件，存在不妥。

其二，从实践来看，由于网络云盘存储量大，利用网络云盘制作、复制、贩卖、传播淫秽电子信息的案件，涉案淫秽电子信息往往数量巨大，以淫秽视频为例，普遍在五百个以上，甚至成千上万个。但由于网络云盘系相对封闭的网络空间，利用其制作、复制、贩卖、传播淫秽物品，往往传播范围、获利数额又不大。特别是，有的案件传播人数、违法所得极少（仅限一两人传播，获利仅数百元、甚至数十元）。如果适用《解释（一）》《解释（二）》的量刑标准，则对于此类案件应当在十年以上量刑，明显畸重。

其三，本批复明确，对利用网络云盘制作、复制、贩卖、传播淫秽电子信息牟利案件，量刑时，不应单纯考虑制作、复制、贩卖、传播淫秽电子信息的数量，还应充分考虑传播范围、违法所得、行为人一贯表现以及淫秽电子信息、传播对象是否涉及未成年人等情节，综合评估社会危害性，恰当裁量刑罚，确保罪责刑相适应。这为此类案件处理提供了量刑指引。根据规定，如行为人具有利用网络云盘传播淫秽电子信息范围广、获利多或者有前科等严重情节的，仍可判处重刑，不会导致轻纵犯罪。

（撰稿人：周加海　喻海松）

8. 妨害国防利益罪

最高人民法院
关于审理危害军事通信刑事案件具体应用法律若干问题的解释

法释〔2007〕13 号

（2007 年 6 月 18 日最高人民法院审判委员会第 1430 次会议通过 2007 年 6 月 26 日最高人民法院公告公布 自 2007 年 6 月 29 日起施行）

为依法惩治危害军事通信的犯罪活动，维护国防利益和军事通信安全，根据刑法有关规定，现就审理这类刑事案件具体应用法律的若干问题解释如下：

第一条 故意实施损毁军事通信线路、设备，破坏军事通信计算机信息系统，干扰、侵占军事通信电磁频谱等行为的，依照刑法第三百六十九条第一款的规定，以破坏军事通信罪定罪，处三年以下有期徒刑、拘役或者管制；破坏重要军事通信的，处三年以上十年以下有期徒刑。

第二条 实施破坏军事通信行为，具有下列情形之一的，属于刑法第三百六十九条第一款规定的"情节特别严重"，以破坏军事通信罪定罪，处十年以上有期徒刑、无期徒刑或者死刑：

（一）造成重要军事通信中断或者严重障碍，严重影响部队完成作战任务或者致使部队在作战中遭受损失的；

（二）造成部队执行抢险救灾、军事演习或者处置突发性事件等任务的通信中断或者严重障碍，并因此贻误部队行动，致使死亡 3 人以上、重伤 10 人以上或者财产损失 100 万元以上的；

（三）破坏重要军事通信三次以上的；

（四）其他情节特别严重的情形。

第三条 过失损坏军事通信，造成重要军事通信中断或者严重障碍的，属于刑法第三百六十九条第二款规定的"造成严重后果"，以过失损坏军事通信罪定罪，处三年以下有期徒刑或者拘役。

第四条 过失损坏军事通信，具有下列情形之一的，属于刑法第三百六十九条第二款规定的“造成特别严重后果”，以过失损坏军事通信罪定罪，处三年以上七年以下有期徒刑：

（一）造成重要军事通信中断或者严重障碍，严重影响部队完成作战任务或者致使部队在作战中遭受损失的；

（二）造成部队执行抢险救灾、军事演习或者处置突发性事件等任务的通信中断或者严重障碍，并因此贻误部队行动，致使死亡 3 人以上、重伤 10 人以上或者财产损失 100 万元以上的；

（三）其他后果特别严重的情形。

第五条 建设、施工单位直接负责的主管人员、施工管理人员，明知是军事通信线路、设备而指使、强令、纵容他人予以损毁的，或者不听管护人员劝阻，指使、强令、纵容他人违章作业，造成军事通信线路、设备损毁的，以破坏军事通信罪定罪处罚。

建设、施工单位直接负责的主管人员、施工管理人员，忽视军事通信线路、设备保护标志，指使、纵容他人违章作业，致使军事通信线路、设备损毁，构成犯罪的，以过失损坏军事通信罪定罪处罚。

第六条 破坏、过失损坏军事通信，并造成公用电信设施损毁，危害公共安全，同时构成刑法第一百二十四条和第三百六十九条规定的犯罪的，依照处罚较重的规定定罪处罚。

盗窃军事通信线路、设备，不构成盗窃罪，但破坏军事通信的，依照刑法第三百六十九条第一款的规定定罪处罚；同时构成刑法第一百二十四条、第二百六十四条和第三百六十九条第一款规定的犯罪的，依照处罚较重的规定定罪处罚。

违反国家规定，侵入国防建设、尖端科学技术领域的军事通信计算机信息系统，尚未对军事通信造成破坏的，依照刑法第二百八十五条的规定定罪处罚；对军事通信造成破坏，同时构成刑法第二百八十五条、第二百八十六条、第三百六十九条第一款规定的犯罪的，依照处罚较重的规定定罪处罚。

违反国家规定，擅自设置、使用无线电台、站，或者擅自占用频率，经责令停止使用后拒不停止使用，干扰无线电通讯正常进行，构成犯罪的，依照刑法第二百八十八条的规定定罪处罚；造成军事通信中断或者严重障碍，同时构成刑法第二百八十八条、第三百六十九条第一款规定的犯罪的，依照处罚较重的规定定罪处罚。

第七条 本解释所称“重要军事通信”，是指军事首脑机关及重要指挥中心的通信，部队作战中的通信，等级战备通信，飞行航行训练、抢险救灾、军事演习或者处置突发性事件中的通信，以及执行试飞试航、武器装备科研试验或者远洋航行等重要军事任务中的通信。

本解释所称军事通信的具体范围、通信中断和严重障碍的标准，参照中国人民解放军通信主管部门的有关规定确定。

【解　　读】

解读《最高人民法院关于审理危害军事通信刑事案件具体应用法律若干问题的解释》

一、问题的提出

《刑法》第三百六十九条规定了破坏军事通信罪，2005 年 2 月全国人大常委会通过《中华人民共和国刑法修正案（五）》（以下简称《刑法修正案五》），增设了过失损坏军事通信罪。可以说，关于破坏、过失损坏军事通信行为的刑事立法已经比较完善。但是，司法实践部门仍然面对着诸多犯罪认定的问题，致使一些危害军事通信的犯罪案件难以得到及时查处。为此，最高人民法院于 2007 年 6 月 26 日公布《关于审理危害军事通信刑事案件具体应用法律若干问题的解释》（以下简称本解释）。

二、理解与适用

（一）关于故意破坏军事通信犯罪

故意破坏军事通信犯罪是本解释关注的重点。从《刑法》第三百六十九条第一款的规定可以看出，破坏军事通信犯罪属于行为犯，一经实施就构成犯罪，而不论是否造成危害后果或者危害后果是否严重。因此，本解释列举了实践中常见多发的几种破坏军事通信行为，即损毁军事通信线路、设备，破坏军事通信计算机信息系统，干扰、侵占军事通信电磁频谱等行为。其中，损毁军事通信线路、设备是最常用的手段，包括截断军事通信线路、损毁军事通信设备等。随着现代科技发展，军事通信领域运用计算机信息系统的规模和程度都日益增长，与此同时，破坏军事通信领域的计算机信息系统已经成为破坏军事通信的行为之一。干扰、侵占军事通信电磁频谱主要表现在对空中、无线状态下的军事通信包括军用卫星通信进行破坏，对导弹部队、空军、海军的军事行动有可能造成严重危害。

破坏重要军事通信的难点在重要军事通信的范围。军事通信是否重要，主要是看通信的内容和承载的军事任务的重要程度，而不仅仅看使用军事通信的机关的级别。有些情况下，旅、团、营、连级的通信也属于重要军事通信，如军委主要首长到连队视察时所用的通信等。但是，现有军事法律、法规、规章均没有对重要军事通信进行界定，司法机关在适用《刑法》第三百六十九条时颇感困惑。为便于司法实践操作，根据军委法制局、总参通信部、解放军军事法院等部门的意见，本解释第七条第一款对重要军事通信进行了明确规范，即是指军事首脑机关及重要指挥中心的通信，部队作战中的通信，等级战备通信，飞行航行训练、抢险救灾、军事演习和处置突发性事件中的通信，以及执行试飞试航、武器装备科研试验和远洋航行等重要军事任务中的通信。

破坏军事通信情节特别严重时，将被判处十年以上有期徒刑、无期徒刑甚至死刑。对此，本解释在第二条列举了四种情形：第一种情形，破坏军事通信行为严重影响部队完成作战任务或者致使部队在作战中遭受损失，属于最严重的危害。第二种情形，破坏部队执行紧急任务的军事通信，并因此贻误部队行动，出现了致人死亡、重伤、财产重大损失等结果，应当说也是特别严重。第三种情形，破坏重要军事通信 3 次以上，即使没有造成实际危害后果，也属于情节特别严重。第四种情形属于兜底性条款，主要考虑到破坏军事通信的实际情况比较复杂，上述三种情形难以概括全面。例如，在军事通信的核心计算机信息系统放置足以使重要军事通信大面积瘫痪的逻辑炸弹，即便没有造成实际的危害后果，也应当属于情节特别严重。

有人提出，一般破坏军事通信的行为与破坏重要军事通信的行为之间仅仅在破坏行为的对象上有递进关系，而在破坏行为的程度上没有递进关系。那么，一般破坏军事通信的行为能否出现情节特别严重的情形呢？我们认为，如果理解为一般破坏军事通信的行为存在出现情节特别严重的情形，那么，对于一般破坏军事通信的行为，要么在三年以下有期徒刑、拘役或者管制的法定刑幅度内量刑，要么在十年以上有期徒刑、无期徒刑或者死刑的法定刑幅度内量刑，而不可能存在三年以上十年以下有期徒刑的量刑幅度，这样理解显然不通。因此，在现有法律规定的条件下，只能理解为只有破坏重要军事通信的行为，才能存在情节特别严重的情形。

（二）关于过失损害军事通信犯罪

《刑法》第三百六十九条第二款规定的过失损害军事通信罪是《刑法修正案五》新增加的犯罪，对此，本解释第三条、第四条进行了解释，主要规定了过失损坏军事通信造成严重后果、造成特别严重后果的具体情形。其中，过失损害军事通信造成严重后果的只有一种情形，即造成重要军事通信中断或者严重障碍。造成特别严重后果的包括三种情形，前两种情形与故意破坏军事通信情节特别严重的前两种情形一致，第三种情形是“兜底”条款。故意破坏军事通信情节特别严重的第三种情形，即破坏重要军事通信 3 次以上的情形，在过失犯罪中基本上不可能出现。因此，本解释对此没有规定。

（三）关于建设、施工单位人员实施的危害军事通信犯罪

实践中，军事通信被阻断的绝大多数情形，是单位直接负责的主管人员和施工管理人员不听管护人员劝阻，或者忽视军事通信线路、设备保护标志，为赶工期而指使、强令、纵容施工人员违章作业造成的，单纯由直接施工人员的原因造成军事通信被阻断的情形则相对较少。因此，为了避免只处罚直接施工人员而不处罚负有责任的主管、管理人员，本解释专门对此进行了规定。

本解释将建设、施工单位直接负责的主管人员和施工管理人员确定为犯罪主体，主要是考虑到虽然刑法在表述单位责任人员时使用的是单位直接负责的主管人员和其他直接责任人员，但是，其他直接责任人员在危害军事通信犯罪的实践中通常被理解为直接施工的人员，而直接施工人员的犯罪在前四条中已经明确本解释将单位主管人员和施工管理人员确定为本罪的主体，就是要突出对这类人员的责任追究，最大限度地遏制此类犯罪的发生。

按照本解释第五条的规定，主管、管理人员实施的犯罪包括故意和过失两种犯罪。故意犯罪又包括两种：一是明知是军事通信线路、设施而指使、强令、纵容他人损毁的，属于直接故意犯罪；二是不听管护人员劝阻而指使、强令、纵容违章施工造成破坏的，属于间接故意犯罪。管护人员，既包括部队的护线官兵，也包括地方代维护的人员，如地方通信公司的人员、雇用的村民等。如果主管、管理人员不听管护人员劝阻，指使、强令、纵容他人直接破坏军事通信线路、设备本身，则属于直接故意犯罪。这两种故意犯罪统称破坏军事通信罪。过失犯罪的前提一般是忽视军事通信线路、设备保护标志，如标语、线桩等。如果没有军事通信线路、设备保护标志，主管、管理人员根本不可能知道军事通信线路、设备的存在，即便施工造成了军事通信中断或者严重障碍，也不构成犯罪。但是，是否存在军事通信线路、设备保护标志，不是判断主管、管理人员构成过失犯罪的唯一前提。在某些情况下，即便施工地域没有军事通信线路、设备的保护标志，但主管、管理人员根据已经掌握的客观情况如有施工地域的军事通信线路布图等，应当预见施工可能对军事通信造成危害，或者已经预见到可能对军事通信造成危害，但不采取任何防范措施，仍然指使、纵容他人施工，结果造成军事通信线路、设备毁损的，也应当构成过失损害军事通信罪。

（四）危害军事通信犯罪与其他犯罪的界限

实践中，经常发生危害军事通信犯罪与危害公用电信设施罪、盗窃罪、破坏计算机信息系统罪、扰乱无线电通讯管理秩序罪等犯罪之间存在交叉的情形。这种情形属于竞合犯罪，即行为人实施了一个行为，但触犯了《刑法》规定的多种犯罪，在具体认定罪与非罪、此罪与彼罪时很容易引起争议，需要对此进行解释。按照本解释第六条的规定，在处理时应遵循从一重处罚的刑法原则，即按照刑法规定较重的规定定罪处罚。

本解释第六条第一款解决了破坏、过失损坏公用电信设施犯罪与破坏、过失损坏军事通信犯罪之间竞合时的《刑法》适用问题。实践中，军事通信线路与公用电信线路之间在一些情况下存在同沟不同缆、同缆不同芯的状况，而且，军、地之间维护线路的方式也不同，大多数情况下是各自维护自己的线路，但也存在军、地分段代维护的状况，即军队代地方维护某一段同沟或者同缆的公用电信线路，地方代军队维护某一段同沟或者同缆的军事通信线路。这就造成军、地之间线路的相互交叉，很容易发生犯罪之间的竞合。《刑法》第一百二十四条规定了破坏、过失损坏公用电信设施犯罪，第三百六十九条规定了破坏、过失损坏军事通信犯罪，这两类共四种犯罪的刑罚轻重程度差别很大，相当复杂，因此，在认定构成具体犯罪时，只能依照处罚较重的规定定罪处罚。例如，同样是故意犯罪，破坏军事通信犯罪有三个量刑幅度，法定最高刑幅度是十年以上有期徒刑、无期徒刑或者死刑，但法定最低刑幅度是三年以下有期徒刑、拘役或者管制；而破坏公用电信设施犯罪有两个量刑幅度，法定最高刑幅度是七年以上有期徒刑，明显比破坏军事通信罪的低，但法定最低刑幅度是三年以上七年以下有期徒刑，明显比破坏军事通信罪的高。两罪竞合时，如果危害特别严重时，就应当适用破坏军事通信罪；如果危害一般时，则应当适用破坏公用电信设施罪。

该条第二款规定了盗窃罪与破坏、过失损坏军事通信犯罪，以及与破坏、过失损坏公用电信设施犯罪竞合时的法律适用问题。这种情形在实践中比较常见，处理起来也是依照处罚较重的规定定罪处罚，一般不会引起歧义，但是，考虑到本条规定的都是竞合犯罪的情形，将这种情形规定后，将使本条内容更加完整。

该条第三款规定的是《刑法》第二百八十五条非法侵入计算机信息系统犯罪，第二百八十六条破坏计算机信息系统犯罪，第三百六十九条破坏、过失损坏军事通信犯罪之间发生竞合的情形。实践中，违反国家规定，侵入国防建设、尖端科学技术领域的军事通信计算机信息系统后，如果不实施进一步的行为，就不一定会对军事通信造成破坏。这种情形符合《刑法》第二百八十五条的规定，应当以非法侵入计算机信息系统罪定罪处罚。如果对军事通信造成破坏，例如对军事通信计算机信息系统功能进行删除、修改、增加、干扰，造成军事通信计算机信息系统不能正常运行，或者对军事通信计算机信息系统中存储、处理、传输的数据和应用程序进行删除、修改、增加的操作，或者故意制作、传播计算机病毒等破坏性程序，影响军事通信计算机信息系统正常运行的，就可能同时触犯这三个条文的规定，应当依照处罚较重的规定定罪处罚。

该条第四款规定的是《刑法》第二百八十八条扰乱无线电通讯管理秩序犯罪与第三百六十九条破坏、过失损坏军事通信犯罪之间发生竞合时的情形。实践中，违反国家规定，擅自设置、使用无线电台（站），或者擅自占用频率，经责令停止使用后拒不停止使用，干扰无线电通讯正常进行，造成严重后果的，符合《刑法》第二百八十八条的规定，应当依照扰乱无线电通讯管理秩序罪追究刑事责任。但是，如果明知是军用频率而擅自占用，造成军事通信中断或者严重障碍的，那么，就可能同时构成《刑法》第二百八十八条、第三百六十九条规定的犯罪，就应当依照处罚较重的规定定罪处罚。

（五）关于军事通信的具体范围、通信中断和严重障碍的标准

这些问题属于技术问题，根据本解释第七条第二款的规定，应当参照中国人民解放军通信主管部门的有关规定确定。目前，中国人民解放军通信主管部门是指总参通信部，总参通信部的规定相当于部门规章。司法机关在处理有关案件时，对这些技术问题的判断，应当参照总参通信部的有关规定确定。总参通信部没有规定，或者依据规定难以判断时，司法机关可以就是否军事通信、是否重要军事通信、军事通信是否中断或者严重障碍等问题，请总参通信部的有关部门如总参通信网络技术管理中心出具证明函件或者鉴定结论。

（六）本解释与破坏公用电信设施犯罪司法解释之间的关系

2004 年 12 月，最高人民法院发布了《关于审理破坏公用电信设施刑事案件具体应用法律若干问题的解释》。该司法解释主要针对《刑法》第一百二十四条在审判实践中遇到的法律适用问题进行了解释，而本解释则是对《刑法》第三百六十九条在审判实践中遇到的法律适用问题进行的解释。军事通信与公用电信之间在以下几个方面存在显著区别：第一，使用主体不同，分别是军队和一般公众。第二，被犯罪侵犯时造成的危害程度不同，前者是对国防安全和军事利益造成的危害；后者是对公用通信秩序和一般公众的通信权益的危害。第三，被侵害时判断危害程度的标准不同，前者被侵害时，判断危害的标准主要是通信的内容、通信承载的军事任务的重要程度、被侵害的次数等；后者被侵害时，判断危害的标准主要是用户数量、被阻断的通信时长等。因此，本解释参考了破坏公用电信设施犯罪的司法解释，但更多的是根据危害军事通信犯罪的特点增添了新的内容。

（撰稿人：祝二军）

最高人民法院 最高人民检察院
关于办理妨害武装部队制式服装、车辆号牌管理秩序等刑事案件具体应用法律若干问题的解释

法释〔2011〕16 号

（2011 年 3 月 28 日最高人民法院审判委员会第 1516 次会议、2011 年 4 月 13 日最高人民检察院第十一届检察委员会第 60 次会议通过 2011 年 7 月 20 日最高人民法院、最高人民检察院公告公布 自 2011 年 8 月 1 日起施行）

为依法惩治妨害武装部队制式服装、车辆号牌管理秩序等犯罪活动，维护国防利益，根据《中华人民共和国刑法》有关规定，现就办理非法生产、买卖武装部队制式服装，伪造、盗窃、买卖武装部队车辆号牌等刑事案件的若干问题解释如下：

第一条 伪造、变造、买卖或者盗窃、抢夺武装部队公文、证件、印章，具有下列情形之一的，应当依照刑法第三百七十五条第一款的规定，以伪造、变造、买卖武装部队公文、证件、印章罪或者盗窃、抢夺武装部队公文、证件、印章罪定罪处罚：

（一）伪造、变造、买卖或者盗窃、抢夺武装部队公文一件以上的；

（二）伪造、变造、买卖或者盗窃、抢夺武装部队军官证、士兵证、车辆行驶证、车辆驾驶证或者其他证件二本以上的；

（三）伪造、变造、买卖或者盗窃、抢夺武装部队机关印章、车辆牌证印章或者其他印章一枚以上的。

实施前款规定的行为，数量达到第（一）至（三）项规定标准五倍以上或者造成严重后果的，应当认定为刑法第三百七十五条第一款规定的“情节严重”。

第二条 非法生产、买卖武装部队现行装备的制式服装，具有下列情形之一的，应当认定为刑法第三百七十五条第二款规定的“情节严重”，以非法生产、买卖武装部队制式服装罪定罪处罚：

（一）非法生产、买卖成套制式服装三十套以上，或者非成套制式服装一百件以上的；

（二）非法生产、买卖帽徽、领花、臂章等标志服饰合计一百件（副）以

上的；

（三）非法经营数额二万元以上的；

（四）违法所得数额五千元以上的；

（五）具有其他严重情节的。

第三条 伪造、盗窃、买卖或者非法提供、使用武装部队车辆号牌等专用标志，具有下列情形之一的，应当认定为刑法第三百七十五条第三款规定的“情节严重”，以伪造、盗窃、买卖、非法提供、非法使用武装部队专用标志罪定罪处罚：

（一）伪造、盗窃、买卖或者非法提供、使用武装部队军以上领导机关车辆号牌一副以上或者其他车辆号牌三副以上的；

（二）非法提供、使用军以上领导机关车辆号牌之外的其他车辆号牌累计六个月以上的；

（三）伪造、盗窃、买卖或者非法提供、使用军徽、军旗、军种符号或者其他军用标志合计一百件（副）以上的；

（四）造成严重后果或者恶劣影响的。

实施前款规定的行为，具有下列情形之一的，应当认定为刑法第三百七十五条第三款规定的“情节特别严重”：

（一）数量达到前款第（一）、（三）项规定标准五倍以上的；

（二）非法提供、使用军以上领导机关车辆号牌累计六个月以上或者其他车辆号牌累计一年以上的；

（三）造成特别严重后果或者特别恶劣影响的。

第四条 买卖、盗窃、抢夺伪造、变造的武装部队公文、证件、印章的，买卖仿制的现行装备的武装部队制式服装情节严重的，盗窃、买卖、提供、使用伪造、变造的武装部队车辆号牌等专用标志情节严重的，应当追究刑事责任。定罪量刑标准适用本解释第一至第三条的规定。

第五条 明知他人实施刑法第三百七十五条规定的犯罪行为，而为其生产、提供专用材料或者提供资金、账号、技术、生产经营场所等帮助的，以共犯论处。

第六条 实施刑法第三百七十五条规定的犯罪行为，同时又构成逃税、诈骗、冒充军人招摇撞骗等犯罪的，依照处罚较重的规定定罪处罚。

第七条 单位实施刑法第三百七十五条第二款、第三款规定的犯罪行为，对单位判处罚金，并对其直接负责的主管人员和其他直接责任人员，分别依照本解释的有关规定处罚。

【解　读】

解读《最高人民法院、最高人民检察院关于办理妨害武装部队制式服装、车辆号牌管理秩序等刑事案件具体应用法律若干问题的解释》

为依法惩治妨害武装部队专用标志性物品管理秩序犯罪活动，维护国防利益和人民军队、军人形象，经与最高人民检察院联合，“两高”共同制定了《最高人民法院、最高人民检察院关于办理妨害武装部队制式服装、车辆号牌管理秩序等刑事案件具体应用法律若干问题的解释》（以下简称本解释）。本解释明确了《刑法》第三百七十五条具体适用中的相关标准，包括伪造、变造、买卖或者盗窃、抢夺武装部队公文、证件、印章行为的定罪处罚标准和情节严重的认定标准，非法生产、买卖制式服装情节严重的认定标准，伪造、盗窃、买卖或者非法提供、使用武装部队车辆号牌情节严重、情节特别严重的认定标准等，是加强人民军队建设、提高军队战斗力和战备水平的重要司法文件。为准确理解和适用本解释，现对本解释的制定背景和主要内容说明如下。

一、本解释出台的背景

当前，妨害武装部队专用标志性物品管理秩序的犯罪活动猖獗，特别是非法生产、买卖军服，伪造、盗窃、买卖、非法使用、非法使用军车号牌等犯罪活动屡禁不止，对国防利益和社会秩序造成了严重危害：一是严重损害部队形象，影响了军民、军政关系。二是严重损害国家经济利益。根据有关部门计算，假冒军车一年造成国家税费损失近 10 亿元。三是利用标志性物品进行其他违法犯罪活动。一些不法分子除利用假冒军车实施逃税、诈骗、运输违禁品、危险物品等违法犯罪活动外，还进行招摇撞骗、敲诈勒索等犯罪活动。四是诱发部队官兵职务犯罪。一些不法分子以金钱开道，拉拢少数意志不坚定的官兵为他们提供方便、通风报信，甚至充当保护伞，诱发军人职务犯罪，严重腐蚀部队机体。

《刑法》原第三百七十五条规定了非法生产、买卖军用标志罪，为依法惩治妨害武装部队专用标志犯罪提供了法律依据。最高人民法院于 2002 年 4 月 17 日出台了《关于审理非法生产、买卖武装部队车辆号牌等刑事案件具体应用法律若干问题的解释》①（以下简称《2002年解释》），明确了相关定罪量刑标准，对正确适用法律发挥了重要作用。但是，由于利益诱惑巨大，近年来，涉军用标志性物品犯罪反呈愈演愈烈之势。2006年，军地有关部门在全国重点地区组织开展了打击盗用、伪造军车号牌专项斗争，中央军委胡锦涛主席连续作出了“坚决打击盗用、伪造军车号牌犯罪活动”和“一抓到底”的重要指示。

2009年2月，全国人大常委会通过了《刑法修正案（七）》，对《刑法》原第三百七十五条进行了重大修改：将原第二款中关于车辆号牌等专用标志的规定分离出来，作为第三款，在该款中增加规定了“伪造、盗窃、非法提供、使用”四种犯罪行为，配置了两档法定刑：一档为“情节严重的，处三年以下有期徒刑、拘役或者管制，并处或者单处罚金”；另一档为“情节特别严重的，处三年以上七年以下有期徒刑，并处罚金”，并在第四款中规定了单位犯罪。刑法修改后，为适用司法实践需要，应对《2002年解释》予以完善或者重新制定司法解释。“两高”经协商，决定在《2002年解释》的基础上，研究制定新的司法解释。经深入调研、广泛征求各方面意见，数易其稿，终于2011年3月28日经最高人民法院第1516次审判委员会、2011年4月13日经最高人民检察院第十一届检察委员会第60次会议审议通过了本解释。

二、关于伪造、变造、买卖或者盗窃、抢夺武装部队车辆号牌行为的入罪标准和情节严重的认定标准

针对妨害武装部队公文、证件、印章管理秩序行为的特点，本解释在充分掌握公文、证件、印章管理、使用情况的基础上，列举了一些常用且易于区分的证件、印章：证件中列举了军官证、士兵证、车辆行驶证、车辆驾驶证，印章中列举了机关印章、车辆牌证印章。根据法律规定，构成此类犯罪不需要情节严重，体现了立法严格保护武装部队标志性物品管理秩序的精神。从实践中的案例看，此类犯罪一般都涉及部队重要部门，如军以上领导机关、军事院校等的公文、证件、印章。犯罪分子利用假的公文、证件、印章，实施诈骗巨额财物、伪造军官身份、为他人办理假入伍、假入学等违法犯罪行为，欺骗性强，容易得逞，并具有连续、团伙作案，危害严重、影响恶劣等特点。因此，本解释第一条规定：伪造、变造、买卖或者盗窃、抢夺武装部队公文、印章一件（枚）以上、军官证、士兵证、车辆行驶证、车辆驾驶证或者其他证件二本以上的处三年以下有期徒刑、拘役、管制或者剥夺政治权利。关于情节严重的

① 《最高人民法院关于审理非法生产、买卖武装部队车辆号牌等刑事案件具体应用法律若干问题的解释》（法释〔2002〕9号）已被《最高人民法院关于废止1997年7月1日至2011年12月31日期间发布的部分司法解释和司法解释性文件（第十批）的决定》（法释〔2013〕7号）废止。

认定标准，本解释的规定是：伪造、变造、买卖或者盗窃、抢夺武装部队公文、印章五件（枚）以上；军官证、士兵证、车辆行驶证、车辆驾驶证或者其他证件十本以上；造成严重后果的。对于情节严重的行为，处三年以上十年以下有期徒刑。

本解释规定的公文、印章犯罪定罪量刑标准与证件犯罪的不同。主要考虑，公文一般是机关与机关之间进行公务活动的文书，印章也主要用于代表机关从事公务，两者的权威性较高。证件虽也是由机关制作、签发，但主要用于证明个体的身份、资历等，权威性相对低一些。如伪造、变造、买卖或者盗窃、抢夺武装部队公文、印章，所可能产生的社会危害，往往比实施类似证件犯罪要更为严重。因此，将证件犯罪的入罪标准确定为二本以上，公文、印章的标准确定为一件（枚）以上。

有同志提出，可以将非法经营数额和违法所得数额也规定为认定犯罪的一种标准，以多角度打击犯罪。经研究认为，此类犯罪的危害主要通过公文、证件、印章的重要程度和数量体现出来，在已规定严格数量标准的情况下，数额标准似无存在的必要，且实践中查证此类犯罪的非法经营或违法所得数额往往非常困难。因此，没有采纳这一建议。

三、关于非法生产、买卖制式服装情节严重的认定标准

本解释从数量（套或者件）和数额（非法经营数额或者违法所得数额）两个方面明确了非法生产、买卖武装部队制式服装行为情节严重的认定标准。

关于数量标准，本解释采用了《最高人民检察院、公安部关于公安机关管辖的刑事案件立案追诉标准的规定（一）》（以下简称《追诉标准一》）第九十四条第一、二项的规定，即“成套制式服装三十套以上，或者非成套制式服装一百件以上”（第一项）、“军徽、军旗、肩章、星徽、帽徽、军种符号或其他军用标志合计一百件以上”（第二项）。这样有利于司法机关办案标准的统一。

根据《军服管理条例》（2009 年 3 月 1 日起施行）的规定，军服既包括现行装备的制式服装，也包括制式服装上的标志服饰（帽徽、领花、胸标、军衔标志、级别资历章、姓名牌、臂章、绶带、腰带、领带等）。标志服饰是完整军服的重要组成部分，只有将制式服装与相应的标志服饰配合使用，军服才能具有完整的标志性功能。另外，从当前查处的案件看，很多犯罪分工细致，且呈专业化、规模化之势，如不规定对非法生产、买卖标志服饰情节严重的行为定罪处罚，很多犯罪分子就可能逃避刑事制裁。因此，本条将非法生产、买卖标志服饰情节严重的行为也纳入了惩治范围，定罪量刑标准采用了《追诉标准一》中的规定。

征求意见中有同志提出，同时非法生产、买卖制式服装和标志服饰的，应以哪一物品的数量作为定罪处罚的依据？经研究并结合审判实践经验，应以可

能适用较重刑罚的物品数量为依据，另一物品的数量作为酌定量刑情节考虑。

关于数额标准，在我国，非法生产、买卖武装部队制式服装的犯罪行为较为突出，此类犯罪的行为人主要是为了获取非法利润，为有效惩治、预防犯罪，本解释将非法经营数额和违法所得数额亦作为定罪标准加以规定，明确非法经营数额2万元以上的和违法所得数额5000元以上的，应认定为“情节严重”，需依法定罪处罚。

调研中有同志提出，数额标准也应采用《追诉标准一》确定的“非法经营数额五千元以上，非法获利一千元以上”这一标准。经研究没有采纳这一意见。理由在于：其一，经咨询部队后勤部门的同志，当前部队换发的07式外观制式服装系专用材料制作，成本高，根据种类的不同，一套成本在300元～600元之间。以此计算，30套外观制式服装的成本价应在1万元～2万元之间，“非法经营数额五千元以上，非法获利一千元以上”的标准与之差距过大。其二，由于历史及现实的原因，非法销售、穿着武装部队制式服装的现象在我国某些地区、某些特定的行业人群中较为普遍，如果标准过于严格，有可能不当扩大刑事惩治范围。

也有同志提出，非法经营制式服装同样扰乱了市场经营秩序，数额标准应当与非法经营其他物品的定罪量刑标准一致（较多的司法解释及规范性文件将自然人“非法经营数额五万元以上，非法获利一万元以上”确定为入罪门槛）。经研究没有采纳这一建议。理由在于：其一，武装部队的制式服装是不允许买卖的，不能用一般市场上的经营行为来衡量非法买卖制式服装行为。其二，为突出对国防利益的保护，本条的数额标准也不能与一般非法经营犯罪的数额标准一致，应当比一般非法经营犯罪的标准严格。考虑到非法生产、销售、穿着军服的现实情况，经征求有关部门意见，将标准确定为一般非法经营犯罪数额标准的一半左右，即“非法经营数额二万元以上，违法所得数额五千元以上”。

四、关于伪造、盗窃、买卖或者非法提供、使用武装部队车辆号牌等专用标志，情节严重、情节特别严重的认定标准

本解释从数量和时间两个方面明确了妨害车辆号牌等专用标志管理秩序行为情节严重、情节特别严重的认定标准。关于数量标准，吸收了《2002年解释》的相关规定，仍对军以上领导机关车辆号牌和普通车辆号牌作出了数量上的区分，军以上领导机关车辆号牌为一副以上，其他车辆号牌为三副以上。调研中有同志提出，部队中没有关于领导机关专用车辆号牌和普通车辆号牌区分的规定，本解释将其区分与实际不符。经深入调研，尽管部队中没有关于此问题的明文规定，但是，当前，一些不法分子盗窃、套用军以上领导机关车辆号牌的违法犯罪行为突出，每年仅北京就发生百余起，有的假冒领导军车甚至开进了军地一些重要场所，造成恶劣社会影响，具有巨大安全隐患。因此，本解

释对军以上领导机关车辆号牌和普通军车号牌予以了区分。

关于时间标准，本解释将非法提供、使用军车号牌的时间确定为定罪量刑的标准之一。非法提供、使用军车号牌的社会危害性一般由号牌的数量多少和提供、使用的时间长短决定，时间应当是认定犯罪的重要标准之一。将时间标准确定为六个月以上，主要是考虑，六个月是一个较长的时间段，在累计六个月以上的时间内实施上述行为，会产生严重的社会危害性。据有关部门计算，一辆使用军车号牌的小轿车，六个月可以少缴各种税费 1.5 万元左右；如是重型货车，六个月仅过路、过桥费即可少缴 25 万元左右。六个月以上的时间标准主要针对军以上领导机关车辆号牌以外的普通军车号牌。对于非法提供、使用军以上领导机关车辆号牌的，由于具有巨大的安全隐患，本解释规定，不论时间长短，只要实施了非法提供、使用行为，就构成犯罪。

武装部队的专用标志，除制式服装、车辆号牌外，还包括军徽、军旗、军种符号等，这些物品的专用性亦应保护。因此，本解释规定了涉军徽、军旗等专用标志行为的入罪数量标准，仍然采用了《追诉标准一》中的相关规定，即第九十四条第二项规定的一百件（副）以上。

本解释曾将“一年内受到两次以上行政处罚又实施伪造、盗窃、买卖或者非法提供、使用武装部队车辆号牌的”规定为情节严重的一种情形。征求意见中有同志提出，将受到两次以上行政处罚又实施相同行为的情形规定为犯罪构成要件，在《刑法》中是极个别的情况，目前只有《刑法》第一百五十三条规定的走私普通货物、物品罪。通过司法解释将一般行政违法行为升格为犯罪，是否合适需要慎重考虑。经研究认为，一方面，将实施多次违法行为的情形升格为犯罪似应由立法作出规定（如《刑法》关于盗窃罪中多次盗窃构成犯罪以及敲诈勒索罪中多次敲诈勒索构成犯罪的规定）；另一方面，违法行为已受到处罚，再作为升格为犯罪的条件，确实不无重复评价的问题。故采纳了这一意见。本解释没有规定这一内容。

本解释亦曾将非法经营数额、违法所得数额列为认定犯罪的标准。征求意见中有同志提出，以数量和时间为标准已足以有效惩治犯罪，没有必要规定数额标准，并且数额的大小实践中很难查清。因此，本解释没有规定数额标准。

对于情节特别严重的认定标准：本解释将数量标准确定为情节严重数量标准的五倍；关于时间标准，对军以上领导机关的车辆号牌和其他车辆号牌规定了不同的时间，非法提供、使用军以上领导机关的车辆号牌六个月以上以及其他车辆号牌一年以上的，为“情节特别严重”。为应对实践中的复杂情况，本解释同时规定了兜底项“造成特别严重后果或者特别恶劣影响的”，也应认定为情节特别严重。

五、关于涉假冒标志性物品行为的处理

本解释明确了对涉假冒标志性物品行为的处理。司法实践中，不法分子买卖、非法提供、使用的标志性物品大部分是假冒的，对此问题的处理，司法解释必须明确。本解释将涉假冒标志性物品行为规定了与涉真实标志性物品行为相同的定罪处罚标准，主要是考虑：其一，这是由标志性物品的功能特点决定的。标志性物品主要通过外观形状、颜色等发挥区别作用。在不能辨别真伪的情况下，假冒的物品就具有真实物品的作用，在标示象征意义、骗取信任等方面，其危害性并不逊于利用真实物品的犯罪。其二，全国人大常委会法工委刑法室编著的《中华人民共和国刑法条文说明、立法理由及相关规定》（北京大学出版社 2009 年版，第 757 页）关于第三百七十五条的说明中指出，“买卖或者非法提供、使用”武装部队车辆号牌等专用标志，既包括真的专用标志，也包括伪造、变造等假的专用标志。其三，《2002 年解释》也有类似规定，其第二条第二款规定：“伪造、变造武装部队车辆号牌或者买卖伪造、变造的武装部队车辆号牌，情节严重的，依照刑法第三百七十五条第二款的规定定罪处罚。”其四，当前，假冒标志性物品泛滥，大部分案件都是犯罪分子利用假冒物品实施的，如不对涉假冒物品行为进行惩治，标志性物品犯罪就很难被遏制，解释的制定也就失去了大部分意义。

征求意见中有同志提出，本解释的规定会扩大打击范围，还可能引发连锁反应，导致以后制定司法解释的效仿。经研究认为，标志性物品不同于其他物品，如枪支、弹药。标志性物品是通过其外观彰显权威、发挥作用，而枪支、弹药则不同，假冒枪支、弹药无论在外观上和真实的枪支、弹药多么相似，也不会具有真实枪支、弹药的杀伤威力。因此，标志性物品与其他物品不具有可比性，将真假标志性物品同等对待，不会引起以后制定司法解释的效仿。

六、关于共犯问题的处理

本解释第五条规定了对共犯问题的处理。实施《刑法》第三百七十五条规定的犯罪，特别是非法生产制式服装、伪造车辆号牌，需要专用材料、资金、特定技术以及一定场所等条件。一些不法分子为牟取非法利益，明知他人实施标志性物品犯罪而仍然为其提供资金、技术、场所等帮助，对此，应依法以共犯论处。

第五条将“生产、提供专用材料”列前，予以突出强调，主要是考虑，标志性物品一般由专用材料制作才能有效防伪，其权威性、专用性才能得到保障。专用材料的生产、提供是标志性物品生产的源头和关键环节。《军服管理条例》对专用材料采取了与制式服装完全相同的保护、管理措施。加强专用材料管理，依法严惩非法生产、提供专用材料犯罪行为，才能有效遏制标志性物

品犯罪。将非法生产、提供专用材料作为共犯的一种情形突出列举，有利于引导司法实践的关注，注重对此类共犯行为的依法惩治，从源头上遏制标志性物品犯罪。

有同志提出，为有效打击犯罪，应对非法生产、买卖专用材料的行为以非法生产、买卖制式服装罪论处。理由是：其一，从查处的案件看，不法分子非法生产、买卖的军服专用材料都是用于非法生产制式服装的；其二，《军服管理条例》将专用材料与制式服装并列保护；其三，此类行为已呈专业化、规模化之势。也有同志提出，对非法生产、买卖军服专用材料的，应视情以非法经营罪论处，直接以非法生产、买卖制式服装罪定罪处罚，不符合罪刑法定原则。经深入研究并广泛征求意见，认为应区分不同情况处理：主观上存在明知构成共犯的，应以非法生产、买卖制式服装罪处罚；没有明知的，依照其他规定办理。一律以非法生产、买卖制式服装罪或者非法经营罪论处，会不当扩大惩治范围或造成罪刑失衡（非法生产、买卖制式服装罪的最高法定刑为三年有期徒刑，非法经营罪的最高法定刑为十五年有期徒刑）。

七、关于牵连犯问题的处理

本解释第六条明确了对牵连犯问题的处理。司法实践中，犯罪分子实施标志性物品犯罪，一般具有逃避缴纳各种税费、骗取他人财物等目的，在构成《刑法》第三百七十五条规定犯罪的同时，还可能构成逃税罪、诈骗罪等。此种情形属于牵连犯。对牵连犯的处罚原则，刑法未作明确、统一的规定，司法实践通常采取“从一重处断”原则。本解释也采用了通常的做法，即依照处罚较重的规定定罪处罚。表述方式主要借鉴了《刑法》第三百九十九条第四款的规定（《刑法》第三百九十九条第四款规定：“司法工作人员收受贿赂，有前三款行为的，同时又构成本法第三百八十五条规定之罪的，依照处罚较重的规定定罪处罚。”）

（撰稿人：周海洋）

9. 贪污贿赂罪

最高人民法院 最高人民检察院
关于办理贪污贿赂刑事案件适用法律若干问题的解释

法释〔2016〕9号

（2016年3月28日最高人民法院审判委员会第1680次会议、
2016年3月25日最高人民检察院第十二届检察委员会
第50次会议通过 2016年4月18日最高人民法院、
最高人民检察院公告公布 自2016年4月18日起施行）

为依法惩治贪污贿赂犯罪活动，根据刑法有关规定，现就办理贪污贿赂刑事案件适用法律的若干问题解释如下：

第一条 贪污或者受贿数额在三万元以上不满二十万元的，应当认定为刑法第三百八十三条第一款规定的“数额较大”，依法判处三年以下有期徒刑或者拘役，并处罚金。

贪污数额在一万元以上不满三万元，具有下列情形之一的，应当认定为刑法第三百八十三条第一款规定的“其他较重情节”，依法判处三年以下有期徒刑或者拘役，并处罚金：

（一）贪污救灾、抢险、防汛、优抚、扶贫、移民、救济、防疫、社会捐助等特定款物的；

（二）曾因贪污、受贿、挪用公款受过党纪、行政处分的；

（三）曾因故意犯罪受过刑事追究的；

（四）赃款赃物用于非法活动的；

（五）拒不交待赃款赃物去向或者拒不配合追缴工作，致使无法追缴的；

（六）造成恶劣影响或者其他严重后果的。

受贿数额在一万元以上不满三万元，具有前款第二项至第六项规定的情形之一，或者具有下列情形之一的，应当认定为刑法第三百八十三条第一款规定的“其他较重情节”，依法判处三年以下有期徒刑或者拘役，并处罚金：

（一）多次索贿的；

（二）为他人谋取不正当利益，致使公共财产、国家和人民利益遭受损失的；

（三）为他人谋取职务提拔、调整的。

第二条 贪污或者受贿数额在二十万元以上不满三百万元的，应当认定为刑法第三百八十三条第一款规定的“数额巨大”，依法判处三年以上十年以下有期徒刑，并处罚金或者没收财产。

贪污数额在十万元以上不满二十万元，具有本解释第一条第二款规定的情形之一的，应当认定为刑法第三百八十三条第一款规定的“其他严重情节”，依法判处三年以上十年以下有期徒刑，并处罚金或者没收财产。

受贿数额在十万元以上不满二十万元，具有本解释第一条第三款规定的情形之一的，应当认定为刑法第三百八十三条第一款规定的“其他严重情节”，依法判处三年以上十年以下有期徒刑，并处罚金或者没收财产。

第三条 贪污或者受贿数额在三百万元以上的，应当认定为刑法第三百八十三条第一款规定的“数额特别巨大”，依法判处十年以上有期徒刑、无期徒刑或者死刑，并处罚金或者没收财产。

贪污数额在一百五十万元以上不满三百万元，具有本解释第一条第二款规定的情形之一的，应当认定为刑法第三百八十三条第一款规定的“其他特别严重情节”，依法判处十年以上有期徒刑、无期徒刑或者死刑，并处罚金或者没收财产。

受贿数额在一百五十万元以上不满三百万元，具有本解释第一条第三款规定的情形之一的，应当认定为刑法第三百八十三条第一款规定的“其他特别严重情节”，依法判处十年以上有期徒刑、无期徒刑或者死刑，并处罚金或者没收财产。

第四条 贪污、受贿数额特别巨大，犯罪情节特别严重、社会影响特别恶劣、给国家和人民利益造成特别重大损失的，可以判处死刑。

符合前款规定的情形，但具有自首，立功，如实供述自己罪行、真诚悔罪、积极退赃，或者避免、减少损害结果的发生等情节，不是必须立即执行的，可以判处死刑缓期二年执行。

符合第一款规定情形的，根据犯罪情节等情况可以判处死刑缓期二年执行，同时裁判决定在其死刑缓期执行二年期满依法减为无期徒刑后，终身监禁，不得减刑、假释。

第五条 挪用公款归个人使用，进行非法活动，数额在三万元以上的，应当依照刑法第三百八十四条的规定以挪用公款罪追究刑事责任；数额在三百万元以上的，应当认定为刑法第三百八十四条第一款规定的“数额巨大”。具有下列情形之一的，应当认定为刑法第三百八十四条第一款规定的“情节严重”：

（一）挪用公款数额在一百万元以上的；

（二）挪用救灾、抢险、防汛、优抚、扶贫、移民、救济特定款物，数额在五十万元以上不满一百万元的；

（三）挪用公款不退还，数额在五十万元以上不满一百万元的；

（四）其他严重的情节。

第六条 挪用公款归个人使用，进行营利活动或者超过三个月未还，数额在五万元以上的，应当认定为刑法第三百八十四条第一款规定的“数额较大”；数额在五百万元以上的，应当认定为刑法第三百八十四条第一款规定的“数额巨大”。具有下列情形之一的，应当认定为刑法第三百八十四条第一款规定的“情节严重”：

（一）挪用公款数额在二百万元以上的；

（二）挪用救灾、抢险、防汛、优抚、扶贫、移民、救济特定款物，数额在一百万元以上不满二百万元的；

（三）挪用公款不退还，数额在一百万元以上不满二百万元的；

（四）其他严重的情节。

第七条 为谋取不正当利益，向国家工作人员行贿，数额在三万元以上的，应当依照刑法第三百九十条的规定以行贿罪追究刑事责任。

行贿数额在一万元以上不满三万元，具有下列情形之一的，应当依照刑法第三百九十条的规定以行贿罪追究刑事责任：

（一）向三人以上行贿的；

（二）将违法所得用于行贿的；

（三）通过行贿谋取职务提拔、调整的；

（四）向负有食品、药品、安全生产、环境保护等监督管理职责的国家工作人员行贿，实施非法活动的；

（五）向司法工作人员行贿，影响司法公正的；

（六）造成经济损失数额在五十万元以上不满一百万元的。

第八条 犯行贿罪，具有下列情形之一的，应当认定为刑法第三百九十条第一款规定的“情节严重”：

（一）行贿数额在一百万元以上不满五百万元的；

（二）行贿数额在五十万元以上不满一百万元，并具有本解释第七条第二款第一项至第五项规定的情形之一的；

（三）其他严重的情节。

为谋取不正当利益，向国家工作人员行贿，造成经济损失数额在一百万元以上不满五百万元的，应当认定为刑法第三百九十条第一款规定的“使国家利益遭受重大损失”。

第九条 犯行贿罪，具有下列情形之一的，应当认定为刑法第三百九十条第一款规定的“情节特别严重”：

（一）行贿数额在五百万元以上的；

（二）行贿数额在二百五十万元以上不满五百万元，并具有本解释第七条第二款第一项至第五项规定的情形之一的；

（三）其他特别严重的情节。

为谋取不正当利益，向国家工作人员行贿，造成经济损失数额在五百万元以上的，应当认定为刑法第三百九十条第一款规定的“使国家利益遭受特别重大损失”。

第十条 刑法第三百八十八条之一规定的利用影响力受贿罪的定罪量刑适用标准，参照本解释关于受贿罪的规定执行。

刑法第三百九十条之一规定的对有影响力的人行贿罪的定罪量刑适用标准，参照本解释关于行贿罪的规定执行。

单位对有影响力的人行贿数额在二十万元以上的，应当依照刑法第三百九十条之一的规定以对有影响力的人行贿罪追究刑事责任。

第十一条 刑法第一百六十三条规定的非国家工作人员受贿罪、第二百七十一条规定的职务侵占罪中的“数额较大”“数额巨大”的数额起点，按照本解释关于受贿罪、贪污罪相对应的数额标准规定的二倍、五倍执行。

刑法第二百七十二条规定的挪用资金罪中的“数额较大”“数额巨大”以及“进行非法活动”情形的数额起点，按照本解释关于挪用公款罪“数额较大”“情节严重”以及“进行非法活动”的数额标准规定的二倍执行。

刑法第一百六十四条第一款规定的对非国家工作人员行贿罪中的“数额较大”“数额巨大”的数额起点，按照本解释第七条、第八条第一款关于行贿罪的数额标准规定的二倍执行。

第十二条 贿赂犯罪中的“财物”，包括货币、物品和财产性利益。财产性利益包括可以折算为货币的物质利益如房屋装修、债务免除等，以及需要支付货币的其他利益如会员服务、旅游等。后者的犯罪数额，以实际支付或者应当支付的数额计算。

第十三条 具有下列情形之一的，应当认定为“为他人谋取利益”，构成犯罪的，应当依照刑法关于受贿犯罪的规定定罪处罚：

（一）实际或者承诺为他人谋取利益的；

（二）明知他人有具体请托事项的；

（三）履职时未被请托，但事后基于该履职事由收受他人财物的。

国家工作人员索取、收受具有上下级关系的下属或者具有行政管理关系的被管理人员的财物价值三万元以上，可能影响职权行使的，视为承诺为他人谋取利益。

第十四条 根据行贿犯罪的事实、情节，可能被判处三年有期徒刑以下刑罚的，可以认定为刑法第三百九十条第二款规定的“犯罪较轻”。

根据犯罪的事实、情节，已经或者可能被判处十年有期徒刑以上刑罚的，或者案件在本省、自治区、直辖市或者全国范围内有较大影响的，可以认定为刑法第三百九十条第二款规定的“重大案件”。

具有下列情形之一的，可以认定为刑法第三百九十条第二款规定的“对侦破重大案件起关键作用”：

（一）主动交待办案机关未掌握的重大案件线索的；

（二）主动交待的犯罪线索不属于重大案件的线索，但该线索对于重大案件侦破有重要作用的；

（三）主动交待行贿事实，对于重大案件的证据收集有重要作用的；

（四）主动交待行贿事实，对于重大案件的追逃、追赃有重要作用的。

第十五条 对多次受贿未经处理的，累计计算受贿数额。

国家工作人员利用职务上的便利为请托人谋取利益前后多次收受请托人财物，受请托之前收受的财物数额在一万元以上的，应当一并计入受贿数额。

第十六条 国家工作人员出于贪污、受贿的故意，非法占有公共财物、收受他人财物之后，将赃款赃物用于单位公务支出或者社会捐赠的，不影响贪污罪、受贿罪的认定，但量刑时可以酌情考虑。

特定关系人索取、收受他人财物，国家工作人员知道后未退还或者上交的，应当认定国家工作人员具有受贿故意。

第十七条 国家工作人员利用职务上的便利，收受他人财物，为他人谋取利益，同时构成受贿罪和刑法分则第三章第三节、第九章规定的渎职犯罪的，除刑法另有规定外，以受贿罪和渎职犯罪数罪并罚。

第十八条 贪污贿赂犯罪分子违法所得的一切财物，应当依照刑法第六十四条的规定予以追缴或者责令退赔，对被害人的合法财产应当及时返还。对尚未追缴到案或者尚未足额退赔的违法所得，应当继续追缴或者责令退赔。

第十九条 对贪污罪、受贿罪判处三年以下有期徒刑或者拘役的，应当并处十万元以上五十万元以下的罚金；判处三年以上十年以下有期徒刑的，应当并处二十万元以上犯罪数额二倍以下的罚金或者没收财产；判处十年以上有期徒刑或者无期徒刑的，应当并处五十万元以上犯罪数额二倍以下的罚金或者没收财产。

对刑法规定并处罚金的其他贪污贿赂犯罪，应当在十万元以上犯罪数额二倍以下判处罚金。

第二十条 本解释自 2016 年 4 月 18 日起施行。最高人民法院、最高人民检察院此前发布的司法解释与本解释不一致的，以本解释为准。

【解 读】

解读《最高人民法院、最高人民检察院关于办理贪污贿赂刑事案件适用法律若干问题的解释》

《最高人民法院、最高人民检察院关于办理贪污贿赂刑事案件适用法律若干问题的解释》（法释〔2016〕9号，以下简称本解释）已于2016年4月18日公布实施。为便于实践中理解和适用，现对本解释的主要内容说明如下：

一、贪污罪、受贿罪定罪量刑的数额标准

本解释第一条至第三条分别对贪污罪、受贿罪中数额较大、数额巨大、数额特别巨大的具体标准掌握作出了规定。

1. 贪污、受贿罪起刑点数额即数额较大标准。对于1997年《刑法》确定的五千元起刑点数额维持不变还是有所上提，存在意见分歧。一种意见认为，当前反腐败形势依然严峻复杂，从增强人民群众对党和政府推进反腐败工作信心的角度，五千元起刑点数额宜维持不变。经认真研究近年来司法实证数据并广泛听取意见，本着实事求是的原则，

本解释将原先的五千元上调至三万元。具体考虑如下：一是随着经济社会的发展变化，适度提高贪污、受贿犯罪起刑点数额标准有先例可循。1988年《全国人大常委会关于惩治贪污罪贿赂罪的补充规定》对贪污罪设置的起刑点是二千元，10年后1997年《刑法》修订时，将该标准调整为五千元。五千元的数额标准已经适用了18年，人均GDP自1997年至2015年增长了6.69倍（1997年为6420元，2015年为49351元），适度提高数额标准有其客观社会基础。二是近年来司法实践中贪污、受贿数额二万元左右受到刑事追诉的案件已经较为少见。从实际受到刑事追究的贪污、受贿案件看，数额低于三万元的主要是因为其他犯罪牵连出来的，且多被判处免予刑事处罚。三是将贪污罪、受贿罪起点数额提高到三万元，不意味着低于三万元的贪污、受贿行为就一概不作为犯罪处理。《刑法修正案（九）》对贪污、受贿罪的处罚标准增加了其他情节的规定，贪污、受贿虽不满三万元，但具有其他较重情节的，根据本解释规定仍可以追究刑事责任。四是零容忍不意味着零刑事门槛。惩治腐败在刑罚之外还有党纪、行政处分，对数额不满三万元且无其他较重情节的贪污、受贿行为予以党纪、行政处分，可以为党纪处分、行政处罚预留出必要的空间，有利于体现党纪严于国法、“把党纪挺在前面”的反腐精神和宽严相济刑事政策，

突出刑事打击重点，增进刑事处罚的确定性、公平性与严肃性。

2. 数额巨大、数额特别巨大的标准。本解释结合调研情况和审判实际，将数额巨大、数额特别巨大的标准分别确定为二十万元、三百万元。其主要考虑有：一是适当拉开不同量刑档的级差，体现《刑法修正案（九）》的立法精神。贪污、受贿案件量刑实践当中长期存在罪刑失衡、重刑集聚问题。根据原《刑法》关于十万元判处十年有期徒刑以上刑罚的规定，贪污、受贿十万元与贪污、受贿不满十万元的案件在量刑上存在明显差别，而贪污、受贿十万元与贪污、受贿一百万元甚至数百万元的量刑却无实质分别。二是促进自首等量刑情节司法认定的严肃性。自首等从宽情节认定不严肃，是职务犯罪案件较为突出的一个问题，究其原因，其中不乏系为了个案量刑需要而采取的权宜做法。本解释将十年有期徒刑以上刑罚的数额标准由十万元上调至三百万元，为十年有期徒刑以下刑罚留出尽可能大的数额空间，有利于从根本上解决罪刑失衡问题。同时，随着重刑标准的上提、量刑空间的增大，量刑情节认定中的问题也有望好转。此外，将数额巨大的起点数额标准确定为二十万元，还有着新旧《刑法》有序衔接、平稳过渡的考虑。据此标准，有从重处罚情节，数额在十万元以上的，仍需在三年以上十年以下有期徒刑量刑，可以避免量刑上的大起大落。

二、贪污罪、受贿罪定罪量刑的情节标准

1. 贪污罪的定罪量刑情节。对于贪污罪的定罪量刑情节，本解释明确了五种具体情形，简要说明如下：

第一项是贪污救灾、抢险、防汛、优抚、扶贫、移民、救济、防疫、社会捐助等特定款物的。对于本项规定中的“等”字，实践中要注意从两个方面来把握：一是这里的“等”为“等外等”，这也是法律文件中“等”字的通常性理解，所以，特定款物不限于列明的九种款物；二是其他特定款物的认定要从严掌握，只有与所列举的款物具有实质相当性的款物才可以认定为特定款物，具体可以从事项重要性、用途特定性以及时间紧迫性等方面进行判断。

第二、三项是曾因贪污、受贿、挪用公款受过党纪、行政处分或者因故意犯罪受过刑事追究的。适用本规定时需要注意以下两点：一是严格限定党纪、行政处分的事由。第二项原表述为“贪污、受贿等职务违纪违法行为”。征求意见时有意见提出，党纪、行政处分的事由各不相同，且党纪、行政处分轻重不一，为防止情节认定过于宽泛可能导致的刑责不相适应，同时确保处分事由的相对一致性，建议对处分事由作出限定。为此，本解释将处分事由明确为贪污、受贿、挪用公款三种具体职务违纪违法行为。二是对刑事追究的理解。鉴于实践中受过刑事追究的仍有担任公职特别是在国家出资企业任职的情况，且由于工作衔接等原因，受过刑事追究的未必都进行过党纪、行政处分，故本解

释第三项对因故意犯罪受过刑事追究的情形一并作出规定。文字表述上之所以用“刑事追究”而非“刑事处罚”，主要是考虑到较轻的刑事犯罪还有不起诉或者免予刑事处罚等处理措施，“刑事追究”一词更具包容性。三是对故意犯罪的理解。故意犯罪侧重于主观恶性，不能因为一些过失犯罪的刑罚重于故意犯罪而对这里的故意犯罪人为设限。但是，综合全案情节，贪污、受贿行为确实属于情节显著轻微危害不大，符合《刑法》第十三条但书条款规定的，可以不作为犯罪处理。

第四项是赃款赃物用于非法活动的。适用本项规定时要注意避免绝对化理解：一方面，不要求赃款赃物全部或者大部分用于非法活动；另一方面，用于非法活动的赃款赃物数额需要达到一定程度，对于用于非法活动的赃款赃物占比较小的，不宜适用本项规定。“度”的具体把握，实践中可以根据个案情况结合非法活动的比例数和绝对数综合判断。对于本解释规定的其他相关定罪量刑情节，也应当秉承这一思路进行认定。

第五项是拒不交待赃款赃物去向致使赃款赃物无法追缴或者拒不配合追缴工作，致使无法追缴的。这是综合行为人认罪悔罪态度和损害后果而提出的，不同于因客观原因不能追缴，行为人拒不交待或者拒绝配合致使赃款赃物无法追缴的，不仅损失结果不能依法挽回，而且反映出行为人毫无认罪悔罪之态度，故作为加重情节予以规定是合理的。

此外，为避免挂一漏万，本解释还在第六项规定了造成恶劣影响或者其他严重后果的情节。作为兜底条款，本项规定对危害结果予以特别强调，本质上是结果加重情节，所以，在开放性程度上与其他司法解释文件的相关规定是有所不同的。具体适用本项规定时，一方面要注意发挥其兜底性作用，这里的影响或者后果不局限于物质层面的损失；另一方面要注意结合本解释的本意从严掌握，影响或者后果必须实际发生且为相关证据证明。

2. 受贿罪的定罪量刑情节。对于受贿罪的定罪量刑情节，除本解释在贪污罪中规定的第二至六种情形外，本解释针对受贿罪的特点另外规定了三种情形，分别说明如下：

第一项是多次索贿。对于这里的“多次”，实践中要注意结合行为人的主观目的、索贿事由、对象等进行具体认定，避免单纯形式化的理解。比如，基于一笔款项 10 万元的索贿目的经多次索要才陆续得逞的，不宜认定为多次索贿；同时向多个不同的对象索贿的，也应当认定为多次索贿。此外，这里的“多次”没有时间限定，不论时间长短，凡是基于具体职务行为索要贿赂的，均应一并纳入犯罪处理。

第二项是为他人谋取不正当利益，致使公共财产、国家和人民利益遭受损失。受贿罪以为他人谋取利益为法定要件，但是否实际为他人谋取利益、所谋取的利益正当与否均不影响受贿罪的认定。从损害结果的角度，受贿罪存在三种情形，分别是：收受财物后未实施相关职务行为；收受财物后正常履职；收受财物后违法行使职权为他人谋取不正当利益。第三种情形直接以妨害公权力正当行使、损害国家或者他人利益为交换条件，具有明显更为严重的危害性，理应从严惩处。

第三项是为他人谋取职务提拔、调整。通过贿赂买官卖官的行为严重违反党的组织纪律，严重败坏政治生态，当前查处的区域性腐败、系统性腐败案件往往与此有关，危害性十分严重。适用本项规定时需要注意以下几点：一是为他人谋取职务提拔、调整不要求实际谋取，承诺、实施、实现三个阶段中任何一个阶段的行为均应认定为本项规定的情形。本解释第七条关于行贿罪定罪量刑情节规定中的谋取职务提拔、调整也作此理解。二是职务调整包括职务的平级调整，但是，离职、退休等不再具有国家工作人员公职身份的调整一般不宜认定为这里的职务调整。

正确理解贪污受贿犯罪的定罪量刑情节，还需要注意以下几点：第一，本解释对于受贿罪规定的八种情节，既适用于定罪，也适用于加重量刑。不能因为本解释第二条第三款"其他严重情节"、第三条第三款"其他特别严重情节"与第一条第三款"其他较重情节"表述上的差异，而错误地认为加重量刑情节仅为第一条第三款中具体列举的三种情节。第二，本解释第二条第二款规定"贪污数额在十万元以上不满二十万元"，具有本解释规定的从重情形的，应当认定为《刑法》规定的"其他严重情节，依法判处三年以上十年以下有期徒刑"等类似表述，主要解决的是入罪和升档量刑的门槛问题。对于数额在二十万元以上不满一百五十万元、具有从重情形的，同样适用该档法定刑规定，实践中要注意避免此种情形下数额接近二十万元的就应当在该档法定刑的上限量刑的简单化理解。第三，关于重复评价的问题。一是加重量刑情节与定罪事实能否同时评价？如本解释将"为他人谋取不正当利益，致使公共财产、国家和人民利益遭受损失的"规定为受贿罪的加重情节的同时，在第十七条明确受贿又渎职的实行数罪并罚，能否据此规定既加重量刑又数罪并罚？经研究，源于为他人谋取利益在受贿罪构成体系中的定位的分歧，同时评价和择一重处理两种意见均有一定道理，实践中可以根据个案情况具体掌握。二是加重量刑情节能否作为一般量刑情节再次评价？如前科情节构成累犯时在提档量刑后是否还要从重处罚，以及入罪情节与 2012 年"两高"《关于办理职务犯罪案件严格适用缓刑、免予刑事处罚若干问题的意见》规定的不得适用缓刑情节重合时能否适用缓刑等？对此，我们的意见是明确的，即可以再次评价。当然，不管是第一种情形还是第二种情形，同时评价之后都要考虑到这一特殊性，并在量刑时予以充分体现。

三、贪污罪、受贿罪的死刑适用原则

本解释第四条分三款对贪污罪、受贿罪的死刑适用作出了原则性规定。第一款属于对死刑适用作出的一般性规定。本款规定判处死刑必须同时具备数额特别巨大、犯罪情节特别严重、社会影响特别恶劣、给国家和人民利益造成特别重大损失的四个条件，以此对《刑法》规定的无期徒刑和死刑的适用标准作出进一步区分，体现严格控制死刑适用的政策精神，确保死刑立即执行仅适用于极个别罪行极其严重的贪污受贿犯罪分子。适用本款规定时要注意，这里规定的“特别重大损失”，包括但不限于物质损失。

第二款属于一般死缓规定。对于贪污、受贿犯罪判处死缓的，首先考虑适用的是一般死缓，而非终身监禁，以此避免实践中可能出现的、不加区分地一概适用终身监禁，从而加重原本就应当判处一般死缓的被告人刑罚的不当做法。为此，本解释一方面通过第一、二款的衔接，强调符合死刑适用条件但同时具备从宽情节、不是必须立即执行的，可以判处一般死缓；另一方面，通过设定相对宽松的死缓适用条件，为一般死缓的实践适用提供必要的政策空间。

第三款属于终身监禁的规定。本款从实体和程序两个方面明确了终身监禁的具体适用：一是通过与第一款直接对接，强调终身监禁主要适用于原本可能判处死刑立即执行的情形；二是明确在一、二审作出死缓裁判的同时应当一并作出终身监禁的决定，而不能等到死缓执行期间届满再视情而定，以此强调终身监禁不受执行期间重大立功等服刑表现的影响。适用终身监禁时需要注意把握两点：一是坚决。对于符合终身监禁适用条件的要坚决判处终身监禁，以此发挥终身监禁在填补死刑立即执行和一般死缓之间的空档、严肃惩治严重腐败犯罪中的特殊作用。二是慎重。终身监禁是介于一般死缓与死刑立即执行之间极为严厉的一种刑罚执行措施，其适用同样需要严格控制，主要适用于过去可能需要判处死刑立即执行、现在适用终身监禁同样可以做到罚当其罪的情形，要切实防止适用一般死缓即可做到罪刑相当的案件被不当升格为终身监禁。

四、挪用公款、行贿等其他职务犯罪的定罪量刑标准

本解释第五条至第十一条对挪用公款罪、行贿罪的定罪量刑标准作了相应调整，同时对尚未明确定罪量刑标准的利用影响力受贿罪、对有影响力的人行贿罪，以及职务侵占罪、挪用资金罪、非国家工作人员受贿罪和非国家工作人员行贿罪等非国家工作人员职务犯罪的定罪量刑标准一并作出了规定。

1. 挪用公款罪定罪量刑标准的调整。1998 年《最高人民法院关于审理挪用公款案件具体应用法律若干问题的解释》（以下简称《挪用公款解释》）对挪用公款罪的定罪量刑标准已有规定。鉴于贪污罪的定罪量刑标准作了较大调整，加之《挪用公款解释》原有的一些规定不够明确，本解释第五条、第六条

对挪用公款罪定罪量刑标准进行了调整和完善，主要体现在以下三个方面：一是对原数额标准由数额幅度调整为具体数额，同时适度提高数额标准。本解释参考贪污罪定罪量刑的数额标准并适当上浮，将挪用公款进行非法活动的起刑点数额由原五千元至一万元调整为三万元；挪用公款进行营利活动或者超过三个月未还的起刑点数额即数额较大的起点数额由原一万元至三万元调整为五万元，数额巨大的起点数额由十五万元至二十万元调整为五百万元。二是完善情节严重的认定标准，并将情节严重的数额标准与数额巨大的标准相区分。《挪用公款解释》规定情节严重时，除单纯数额标准外，对于多次挪用公款、因挪用公款严重影响生产、经营，造成严重损失等情形未明确数额要求。为防止出现数额刚达到追诉标准但具有规定情形的即被认定为情节严重、就在五年以上有期徒刑判处刑罚的不当做法，本解释对情节标准的认定明确了数额要求。同时，《挪用公款解释》将数额巨大的标准直接作为挪用公款进行营利活动或者超过三个月未归还情形下情节严重的认定标准，有可能出现相同数额量刑反差过大的不合理现象，本解释在上提情节严重的数额认定标准的基础上，对严重情节中的数额标准与数额巨大的标准作出区别规定。其中，较大幅度上提情节严重的数额认定标准，主要是考虑到《刑法》对于挪用公款罪和贪污罪的法定刑配置上存在较大差异。三是明确挪用公款进行非法活动数额巨大的认定标准，即此种情形数额巨大的认定标准为三百万元以上。

2. 行贿罪定罪量刑标准的调整。本解释第七条至第九条对 2012 年《最高人民法院、最高人民检察院关于办理行贿刑事案件具体应用法律若干问题的解释》（以下简称《行贿解释》）确定的行贿罪的定罪量刑标准作出了调整，集中体现在两个方面：一是提高了行贿罪的起刑点以及情节严重、情节特别严重中的数额标准。将行贿罪的起刑点由原先的一万元调整为三万元，与受贿罪保持一致，主要是出于行、受贿打击并重，从源头上有效治理贿赂犯罪的政策考虑。将情节严重中单纯的数额标准由原先的二十万元以上不满一百万元调整为一百万元以上不满五百万元，“数额＋情节”中的数额标准由原先的十万元以上不满二十万元调整为五十万元以上不满一百万元；情节特别严重中单纯的数额标准由原先的一百万元以上调整为五百万元以上，“数额＋情节”中的数额标准由原先的五十万元以上不满一百万元调整为二百五十万元以上不满五百万元，则主要是出于行、受贿平衡量刑的考虑。二是对起刑点增设了“数额＋情节”的规定。明确行贿数额在一万元以上不满三万元，同时具有本解释规定的情形之一的，也应当追究刑事责任。在加重情节的具体理解上，需要注意两点：一是对本解释第七条第二款第四项“向负有食品、药品、安全生产、环境保护等监督管理职责的国家工作人员行贿，实施非法活动的”和第五项“向司法工作人员行贿，影响司法公正的”规定中的“实施非法活动”和“影响司法公正”，应作客观化理解，只有客观实施了非法活动或者实际发生了影响司法公正的结果，才适用该两项规定。二是对本解释第七条第二款第六项“造成经济损失数额在五十万元以上不满一百万元的”规定中的“经济损失”，可以参考2012年“两高”《关于办理渎职刑事案件具体应用法律若干问题的解释(一)》第八条的规定精神进行理解，即：经济损失是指已经实际造成的财产损失，包括为挽回损失而支付的各种开支、费用等。

3. 明确影响力贿赂犯罪的定罪量刑标准。利用影响力受贿罪和对有利用影响力的人行贿罪这两种犯罪，由于受贿人非直接利用本人的职权为他人谋取不正当利益，被利用（或被企图利用）的国家工作人员主观上没有为他人谋取利益的故意，相对于受贿罪、行贿罪直接的权钱交易而言，其实际危害要轻一些。但是，考虑到《刑法》对利用影响力受贿罪和对有利用影响力的人行贿罪已经设置了轻于受贿罪和行贿罪的法定刑，而且这类行为间接侵犯了国家工作人员的职务廉洁性，与非国家工作人员受贿罪和对非国家工作人员行贿罪存在明显不同，本解释第十条规定，该两个罪名与行贿罪、受贿罪适用相同的定罪量刑标准。同时考虑到该二罪与受贿罪、行贿罪在主体要件等方面存在不同，

本解释对受贿罪、行贿罪规定的定罪量刑情节不能完全适用，如受贿罪中曾因贪污、受贿、挪用公款受过党纪、行政处分的情节等，故规定“参照”而非“按照”受贿罪、行贿罪的标准执行。

4. 明确非国家工作人员职务犯罪的定罪量刑标准。鉴于非国家工作人员受贿罪、职务侵占罪、挪用资金罪、对非国家工作人员行贿罪这四个罪名的定罪量刑标准尚无明确的司法解释规定，实践中对于能否参照以及如何参照适用相对应的国家工作人员职务犯罪的定罪量刑标准较为困惑，各地司法机关具体标准掌握出入较大。为此，本解释第十一条对这四个罪名的定罪量刑标准一并作出了规定。本解释明确其定罪量刑标准按照相对应的国家工作人员职务犯罪定罪量刑数额标准的一定的倍数执行，主要是基于以下考虑：一是体现从严治吏的政策精神。非国家工作人员受贿罪、职务侵占罪、挪用资金罪、对非国家工作人员行贿罪均不涉及公共财物和国家工作人员的职务廉洁性，一般认为其危害性要低于相对应的职务犯罪案件，对其定罪量刑标准有必要适度上提，故本解释作出了一般按照相对应国家工作人员职务犯罪数额标准二倍执行的原则性规定。二是兼顾轻重罪的平衡需要。非国家工作人员受贿罪、职务侵占罪的第一档量刑均为五年以下有期徒刑，而相对应的国家工作人员受贿罪、贪污罪的第一档量刑是三年以下有期徒刑，为避免出现轻重倒挂问题，本解释对非国家工作人员受贿罪、职务侵占罪中数额巨大的标准另行确定了更高倍数的起点数额，即按照受贿罪、贪污罪相对应的数额标准的五倍执行。

适用本条规定时需要注意以下几点：一是第一款规定的非国家工作人员受贿罪、职务侵占罪的数额较大、数额巨大的认定，严格以受贿罪、贪污罪中的数额较大、数额巨大的数额标准为基准，而不得考虑其中“数额＋情节”的情

形，即：数额较大为六万元（3 万元×2）；数额巨大为一百万元（20 万元×5）。二是第二款规定的挪用资金罪第一个量刑档中的数额较大，以挪用公款罪中数额较大的数额标准为认定基准，即十万元（5 万元×2）；挪用资金罪第二个量刑档中的数额巨大，以挪用公款罪第二个量刑档情节严重的数额标准为认定基准，即通常为四百万元（200 万元×2）；挪用资金罪第二个量刑档中数额较大不退还的数额较大，以挪用公款罪第二个量刑档情节严重中不退还的数额标准为认定基准，即二百万元（100 万元×2）。挪用资金进行非法活动的，第一个、第二个量刑档的数额标准分别以相对应的挪用公款罪第一个、第二个量刑档的数额标准的 2 倍执行，即入罪数额标准为六万元（3 万元×2）；数额巨大的标准通常为二百万元（100 万元×2）；数额较大不退还中数额较大的标准为一百万元（50 万元×2）。三是第三款规定的对非国家工作人员行贿罪中数额较大、数额巨大的认定，应当同时以行贿罪第一个、第二个量刑档中的单纯数额标准和“数额+情节”的数额标准为基准。即：数额较大的标准为六万元（3 万元×2）或者二万元（加重情节，1 万元×2）；数额巨大的标准为二百万元（100 万元×2）或者一百万元（加重情节，50 万元×2）。四是第三款规定对非国家工作人员行贿罪的数额认定标准时，未涉及单位犯对非国家工作人员行贿罪的情形，故单位犯对非国家工作人员行贿罪的定罪量刑标准，不适用本款规定。五是考虑到单位行贿罪、对单位行贿罪均只有一个量刑幅度，且相关追诉标准的规定可以继续适用，无需作出调整，故本解释未再规定单位行贿罪、对单位行贿罪这两个行贿犯罪的定罪量刑标准。六是对于本解释未明确定罪量刑标准的其他职务犯罪，实践中可参考本解释规定的精神进行具体认定。

五、关于贿赂犯罪对象财物范围的理解

本解释第十二条对贿赂犯罪的对象范围和财产性利益的具体认定作出了规定。该规定主要借鉴了 2008 年“两高”《关于办理商业贿赂刑事案件适用法律若干问题的意见》第七条的规定，即：“商业贿赂中的财物，既包括金钱和实物，也包括可以用金钱计算数额的财产性利益，如提供房屋装修、含有金额的会员卡、代币卡（券）、旅游费用等。具体数额以实际支付的资费为准。”除文字调整之外，本解释将财产性利益作了进一步的归类细分，明确财产性利益包括可以折算为货币的物质利益和需要支付货币才能获得的其他利益两种。前者如房屋装修、债务免除等，其本质上是一种物质利益。后者如会员服务、旅游，就其性质而言不属于物质利益，但由于取得这种利益需要支付相应的货币对价，故应当在法律上视同为财产性利益。实践中提供或者接受后者利益主要有两种情形：一种是行贿人支付货币购买后转送给受贿人消费；二是行贿人将在社会上作为商品销售的自有利益免费提供给受贿人消费。两种情形实质相同，均应纳入贿赂犯罪处理，但因表现形式不同有可能导致第二种情形数额认

定上的意见分歧，故本解释同时明确："后者的犯罪数额，以实际支付或者应当支付的数额计算"。

六、受贿犯罪中为他人谋取利益要件的认定

本解释第十三条第一款明确了三种应当认定为他人谋取利益的情形。

第一项规定明确，承诺为他人谋取利益即可认定为为他人谋取利益，是否着手为他人谋取利益以及为他人谋利事项是否既已完成均在所不问，既不影响定罪也不影响既遂的认定。本项内容来源于《全国法院审理经济犯罪案件工作座谈会纪要》（以下称《纪要》）的规定，即为他人谋取利益包括"承诺、实施和实现三个阶段的行为"，只要实施其一即可认定。

第二项规定同样来源于《纪要》内容。《纪要》规定，"明知他人有具体请托事项而收受其财物的，视为承诺为他人谋取利益"。本项规定的要点在于具体请托事项，只要收受财物与职务相关的具体请托事项建立起关联，即应以受贿犯罪处理。具体包括两种情况：一是行贿人告知受贿人具体请托事项，或者受贿人基于客观情况能够判断出行贿人有请托事项，受贿人收受对方财物的，虽然尚未实施具体谋取利益行为，也应认定为受贿人为他人谋取利益；二是受贿人知道或应当知道行贿人的具体请托事项，但并不想具体实施为对方谋取利益的行为，此种情形同样属于基于具体职务行为的权钱交易行为，公职人员的职务廉洁性同样受到侵害，故也应认定为受贿人为他人谋取利益。

第三项是针对事后受贿作出的新规定。履行职责时没有受贿故意，双方亦未就请托事项进行意思沟通，但在履行职责后收取他人财物的，只要收受财物与其先前职务行为存在关联，其收受财物的行为同样侵犯了国家工作人员的职务廉洁性。起草过程中有意见提出，本项规定突破了为他人谋取利益的字面涵义。本解释保留该项规定，其主要考虑是：事前受贿和事后受贿没有实质不同，关键在于收受财物与具体职务行为有无关联，而不在于何者为因何者为果，也不在于时间先后。适用本项规定时需要注意以下两点：一是根据此前司法解释等文件的规定，国家工作人员离职、退休后收受财物，认定受贿需以离职、退休之前即国家工作人员身份存续期间有事先约定为条件。本项规定同样受此约束，不能认为本项规定修改了此前文件的规定。二是事后的时间间隔没有限制，但收受财物与履职事项之间应存在实质关联。

第二款规定的是受贿犯罪与"感情投资"的界限划分问题。在《刑法》没有规定赠贿、收受礼金方面犯罪的情况下，受贿犯罪谋利要件的认定需要把握住一个底线，这个底线就是《纪要》确立的具体请托事项。鉴于此，纯粹的感情投资不能以受贿犯罪处理。同时，对于日常意义上的"感情投资"，又有必要在法律上作进一步区分：一种是与行为人的职务无关的感情投资；另一种是与行为人职务行为有着具体关联的所谓的"感情投资"。对于后者，由于双方

在职务活动中日常而紧密的关系，谋利事项要么已经通过具体的职务行为得以实现，要么可以推断出给付金钱有对对方职务行为施加影响的意图，这种情况下只要能够排除正常人情往来的，同样应认定为受贿。基于这一理解，本解释规定，“国家工作人员索取、收受具有上下级关系的下属或者具有行政管理关系的被管理人员的财物价值三万元以上，可能影响职权行使的，视为承诺为他人谋取利益。”其中，“价值三万元以上”是为了便于实践掌握而对非正常人情往来作出的量化规定。该款规定充分考虑了与《中国共产党纪律处分条例》关于违纪收受礼金规定的衔接，将收受财物的对象限制在具有上下级关系的下属或者行政管理关系的被管理人，并加以金额三万元以上、可能影响职权行使的限制，较好地区分了受贿犯罪与正常人情往来以及违纪行为的政策法律界限。具体适用本款规定时，要注意把“价值三万元以上”和“可能影响职权行使”结合起来作整体理解：一方面，“价值三万元以上”可以累计计算，而不以单笔为限；另一方面，对于确实属于正常人情往来、不影响职权行使的部分，不宜计入受贿数额。

七、行贿罪从宽处罚适用条件的理解

本解释第十四条对《刑法修正案（九）》新规定的行贿罪可以减免处罚情形的具体理解作了规定。

第一款将犯罪较轻明确为可能判处三年有期徒刑以下刑罚的犯罪。其主要考虑是：将三年有期徒刑以下刑罚作为犯罪较轻的认定标准，符合立法和司法的普遍认识。比如，《刑法》将缓刑的适用条件确定为判处三年有期徒刑以下刑罚。起草过程中中有意见建议将行贿罪的第一个量刑档即五年刑期以下作为犯罪较轻的认定标准，以方便实践适用。经研究，判处五年刑期的通常即可认为是重罪，在重罪与较轻犯罪之间有必要留出一个中间地带，故未采纳。

第二款将判处十年刑期以上刑罚和省级影响性案件确定为重大案件。本款内容主要借鉴了《最高人民法院关于处理自首和立功具体应用法律若干问题的解释》（以下简称《自首和立功解释》）关于重大案件的规定，即：可能判处无期徒刑以上刑罚的案件，以及在本省、自治区、直辖市或全国有较大影响的案件。之所以将《自首和立功解释》规定的无期徒刑以上调整为十年有期徒刑以上，主要有两方面的考虑：一是行贿人的配合对于受贿犯罪的查处具有难以替代的重要作用。行贿罪的从宽处罚规定，既有罪刑相适应的考虑，也有打击策略的考虑。适当调低重大案件的掌握标准，可以为该规定的实践适用提供必要的空间。二是受贿罪的罪重罪轻主要取决于数额大小。将重大案件的标准定得过高，将导致只有极少数犯罪数额极大的行贿犯罪分子才有资格适用本从宽规定的不合理现象，亦即，犯罪越严重越可以得到减免处理，这对于那些罪行更轻但又不属于前述犯罪较轻的行贿犯罪分子将是不公平的。

第三款从线索提供、证据收集、追逃追赃等方面列举了对侦破重大案件起关键作用的四种具体情形。行贿人主动交待行贿事实，对侦破重大案件所起作用主要体现在两个方面：一是提供案件线索，即司法机关不掌握某一行、受贿案件的线索，由于行贿人主动交待，使得重大案件得以侦破。其中又分为两种情况：行贿人主动交待的行贿行为相对应的受贿本身就构成重大案件，以及行贿人主动交待的行贿行为相对应的受贿不构成重大案件，但以此为线索另外查出受贿人其他重大受贿犯罪事实。二是对受贿案件的证据收集、事实认定、追逃追赃起关键作用，即司法机关虽掌握某行、受贿案件的线索，但未掌握追究刑事责任的足够证据，行贿人主动交待的事实为司法机关收集、完善、固定证据起到关键作用，或者行贿人主动交待的事实涉及受贿犯罪分子的行踪或者赃款赃物的去向等，对于办案机关抓捕受贿犯罪分子、追缴赃款赃物起到关键作用的。

八、多次受贿的数额计算

受贿案件往往涉及多笔受贿事实，受贿数额的认定特别是小额贿款、历史性收受的款物是否累计计算，实践中存在意见分歧。为此，本解释第十五条对受贿犯罪的数额计算作出了规定。

第一款主要针对的是小额贿款的计算问题。本解释明确多次受贿未经处理的，累计计算受贿数额，主要借鉴了刑法对于多次贪污的数额计算规定。这里的未经处理，既包括达到定罪标准未受处理，也包括未达到定罪标准未受处理。受贿人多次收受小额贿款，虽每次均未达到本解释规定的定罪标准，但多次累计后达到定罪标准的，也应当依法定罪处罚。这里的处理包括刑事处罚和党纪、行政处分，已经受过处理的原则上不再累计。

第二款针对的是行贿人长期连续给予受贿人超出正常人情往来范围的财物，收受财物与具体请托事项不能一一对应情况下受贿数额如何计算的问题。我们认为，行贿人长期连续给予受贿人财物，且超出正常人情往来，其间只要发生过具体请托事项，则可以把这些连续收受的财物视为一个整体行为，全额认定受贿数额。适用本款规定时要注意多次收受财物之间应具有连续性，这是得以在法律上将收受财物与谋利事项建立联系进而将之作为整体受贿行为对待的事实基础。起草过程中有意见指出，规定中的“一万元以上”是否限于单笔收受在一万元以上需进一步明确。经研究，能否认定受贿的关键不在于单笔金额的大小，而在于收受时是否与具体职务行为相关。能够证明与具体请托或者谋利事项相关且数额超过一万元的，不管是单笔还是多笔累计，都应一并计入受贿数额。另有意见提出，受请托之前收受财物的数额累计不足一万元，但有其他受贿事实的，是否需要按照第一款的规定计入受贿数额？我们认为，第二款解决的是受贿事实的认定问题；第一款解决的是受贿数额的计算问题，以受贿事实业已确定为前提。未达到第二款规定的一万元数额标准的，意味着性质上不属于受贿，故不宜计入受贿数额。

九、贪污、受贿犯罪故意的认定

本解释第十六条明确了实践中较为常见的两个与贪污、受贿故意认定相关的问题的具体处理意见。

一是赃款赃物去向与贪污、受贿故意的认定关系问题。

本解释明确，只要基于个人非法所有为目的而实施贪污、受贿行为，不管事后赃款赃物的去向如何，均不影响贪污、受贿罪的认定。该规定的道理在于，贪污、受贿犯罪既已实施完毕，赃款赃物的事后处分不影响刑事定罪。适用本规定时需要注意以下两点：一是赃款赃物的具体去向，在一些情形下特别是用于公务支出的情形下与贪污、受贿故意的认定是存在关联的，这也是本解释强调只有当贪污、受贿故意得以认定时，用于公务支出或者社会捐赠才不影响定罪的原因所在。对于行为时犯罪故意不明确或者不能证明存在贪污或者个人受贿故意的，则应根据案件事实并结合赃款赃物具体去向实事求是地加以认定。二是对于赃款赃物用于公务支出或者社会捐赠的，量刑时应予酌情考虑。

二是国家工作人员办事、“身边人”收钱行为的刑事定罪问题。本着主客观相一致的定罪原则，此行为能否认定国家工作人员构成受贿犯罪，关键看其对收钱一事是否知情及知情后的态度。为此，本解释明确，特定关系人索取、收受他人财物，国家工作人员知道后未退还或者上交的，应当认定国家工作人员具有受贿故意。适用本规定时需要注意以下三点：一是此情形以国家工作人员接受特定关系人转请托为前提，特定关系人未将转请托事项告知国家工作人员的，不适用本规定。二是不同于《刑法》在影响力贿赂犯罪中规定的关系密切的人，对于特定关系人的认定范围，要依照最高人民法院、最高人民检察院《关于办理受贿刑事案件适用法律若干问题的意见》的相关规定从严掌握，即特定关系人仅指“与国家工作人员有近亲属、情妇（夫）以及其他共同利益关系的人”。三是知道后未退还或者上交强调的是主观故意的判断，因赃款赃物被特定关系人挥霍等，知道时确实已经不具备退还或者上交的客观条件的，则应当有所区别，慎重适用。四是影响力贿赂犯罪以国家工作人员不构成受贿罪为前提，在认定国家工作人员构成受贿罪的情况下，相关行受贿犯罪的罪名适用应当保持协调一致，对特定关系人不得另以利用影响力受贿罪处理，对行贿人也不得以对有影响力的人行贿罪处理。

十、受贿犯罪同时构成渎职犯罪的处理

受贿犯罪当中，受贿人往往在为请托人谋取利益时存在渎职行为。在受贿行为和渎职行为均构成犯罪的情况下，是择一重罪处罚还是实行数罪并罚，理

论上长期存在意见分歧。2012 年最高人民法院、最高人民检察院《关于办理渎职刑事案件适用法律若干问题的解释（一）》规定，国家机关工作人员实施刑法分则第九章渎职犯罪并收受贿赂的，除《刑法》另有规定外，应当实行数罪并罚。但是，此前于 2010 年发布的最高人民法院、最高人民检察院《关于办理国家出资企业中职务犯罪案件具体应用法律若干问题的意见》规定，国有公司、企业工作人员实施刑法分则第三章渎职犯罪并收受贿赂的，择一重罪处理。两者性质相同，但意见相左，影响到了司法处理的统一性和严肃性。为协调并整合两个司法文件规定，本解释第十七条明确，不管是国家机关工作人员还是国有公司、企业的工作人员，同时构成受贿罪和刑法分则第三章第三节、第九章规定的渎职犯罪的，除刑法另有规定外，均应当以受贿罪和渎职犯罪实行数罪并罚。

本解释持并罚立场，主要有以下三点考虑：一是牵连犯择一重罪处理的理论观点，不具有普遍适用性，刑法和相关司法解释中不乏数罪并罚的规定；二是成立受贿犯罪不以实际为他人谋取利益、更不以渎职为他人谋取非法利益为条件，受贿与渎职相对独立，实行并罚不存在明显的重复评价问题；三是数罪并罚有利于从严惩处此类犯罪。

十一、贪污贿赂犯罪的经济处罚

为进一步加大对贪污贿赂犯罪分子的经济剥夺和处罚力度，本解释明确了赃款赃物追缴要求和罚金刑的判罚标准。

1. 赃款赃物的追缴。《刑法》第六十四条规定犯罪分子违法所得的一切财物，应当予以追缴或者责令退赔；被害人的合法财产，应当及时返还。为有效剥夺贪污贿赂犯罪分子的违法所得，尽可能挽回经济损失，本解释第十八条强调，贪污贿赂犯罪分子违法所得的一切财物，应当依法予以追缴或者责令退赔；尚未追缴到案或者尚未足额退赔的违法所得，应当继续追缴或者责令退赔。据此，追缴赃款赃物不设时限，一追到底、永不清零，随时发现随时追缴。

2. 罚金刑的判罚标准。《刑法修正案（九）》增加了贪污罪和相关贿赂犯罪的罚金刑规定，为加大对腐败犯罪的经济处罚力度，提高腐败犯罪的经济成本，剥夺腐败分子再犯罪的物质基础，充分发挥刑事立法和司法的预防犯罪功能提供了重要的法律依据。罚金刑判罚标准的设定，既要体现立法意图，确保罚金刑充分有效，又要立足实际，避免无法执行而损及司法的严肃性。为确保罚金刑适用的有效性和严肃性，本解释第十九条依托主刑的不同，分层次对贪污、受贿罪规定了较其他犯罪更重的罚金刑判罚标准：一是对贪污罪、受贿罪判处三年有期徒刑以下刑罚的，应当并处十万元以上五十万元以下的罚金；二是判处三年以上十年以下有期徒刑的，应当并处二十万元以上犯罪数额二倍以下的罚金或者没收财产；三是判处十年以上有期徒刑或者无期徒刑的，应当并处五十万元以上犯罪数额二倍以下的罚金或者没收财产。并明确，对《刑法》规定并处罚金的其他贪污贿赂犯罪，应当在十万元以上犯罪数额二倍以下判处罚金。适用本规定时需要注意两点：一是第二款规定中的“其他贪污贿赂犯罪”，应当理解为除贪污罪、受贿罪之外规定在刑法分则第八章中的其他贪污贿赂犯罪，而不包括非国家工作人员职务犯罪。二是贪污贿赂犯罪的罚金刑最低判罚标准为十万元，除适用《刑法》第三十七条的规定免予刑事处罚之外，不得减至十万元以下判处罚金。

最后，需要补充说明的是，本解释对贪污贿赂犯罪的定罪量刑标准作了较大调整，在选择适用新旧法律、新旧司法解释时，要注意正确理解和执行从旧兼从轻的法律和司法解释适用原则。一是对于 2015 年 10 月 31 日以前实施的贪污罪、受贿罪，一般适用新法新解释。即：适用《刑法修正案（九）》修正后规定将判处更轻自由刑的，适用修正后《刑法》和本解释规定。其中，修正前《刑法》未规定罚金刑但修正后刑法规定了罚金刑的，应当按照本解释确定的判罚标准一并适用修正后刑法有关罚金刑的规定；一审在《刑法修正案（九）》实施之前已经判处没收财产刑的，二审可以按照本解释确定的判罚标准改判罚金刑。二是对于 2015 年 10 月 31 日以前实施的行贿罪，一般适用旧法新解释。由于《刑法修正案（九）》对行贿罪增加规定了罚金刑并对行贿罪规定了更加严格的从宽处罚适用条件，故一般应当适用修正前刑法。同时，由于《刑法修正案（九）》未对行贿罪的基础法定刑作出修改，本解释有关行贿罪的主刑判罚标准可以溯及修正前的行贿罪刑法规定，较之于前述《行贿解释》，适用本解释对被告人有利的，适用本解释。

（撰稿人：裴显鼎　刘为波　王　珅）

最高人民法院
关于审理挪用公款案件具体应用法律若干问题的解释

法释〔1998〕9号

（1998年4月6日最高人民法院审判委员会第972次会议通过 1998年4月29日最高人民法院公告公布 自1998年5月9日起施行）

为依法惩处挪用公款犯罪，根据刑法的有关规定，现对办理挪用公款案件具体应用法律的若干问题解释如下：

第一条 刑法第三百八十四条规定的“挪用公款归个人使用”，包括挪用者本人使用或者给他人使用。

挪用公款给私有公司、私有企业使用的，属于挪用公款归个人使用。

第二条 对挪用公款罪，应区分3种不同情况予以认定：

（一）挪用公款归个人使用，数额较大、超过3个月未还的，构成挪用公款罪。

挪用正在生息或者需要支付利息的公款归个人使用，数额较大，超过3个月但在案发前全部归还本金的，可以从轻处罚或者免除处罚。给国家、集体造成的利息损失应予追缴。挪用公款数额巨大，超过3个月，案发前全部归还的，可以酌情从轻处罚。

（二）挪用公款数额较大，归个人进行营利活动的，构成挪用公款罪，不受挪用时间和是否归还的限制。在案发前部分或者全部归还本息的，可以从轻处罚；情节轻微的，可以免除处罚。

挪用公款存入银行、用于集资、购买股票、国债等，属于挪用公款进行营利活动。所获取的利息、收益等违法所得，应当追缴，但不计入挪用公款的数额。

（三）挪用公款归个人使用，进行赌博、走私等非法活动的，构成挪用公款罪，不受“数额较大”和挪用时间的限制。

挪用公款给他人使用，不知道使用人用公款进行营利活动或者用于非法活动，数额较大、超过3个月未还的，构成挪用公款罪；明知使用人用于营利活动或者非法活动的，应当认定为挪用人挪用公款进行营利活动或者非法活动。

第三条 挪用公款归个人使用，“数额较大、进行营利活动的”，或者“数额较大、超过 3 个月未还的”，以挪用公款 1 万元至 3 万元为“数额较大”的起点，以挪用公款 15 万元至 20 万元为“数额巨大”的起点。挪用公款“情节严重”，是指挪用公款数额巨大，或者数额虽未达到巨大，但挪用公款手段恶劣；多次挪用公款；因挪用公款严重影响生产、经营，造成严重损失等情形。

“挪用公款归个人使用，进行非法活动的”，以挪用公款 5000 元至 1 万元为追究刑事责任的数额起点。挪用公款 5 万元至 10 万元以上的，属于挪用公款归个人使用，进行非法活动“情节严重”的情形之一。挪用公款归个人使用，进行非法活动，情节严重的其他情形，按照本条第一款的规定执行。

各高级人民法院可以根据本地实际情况，按照本解释规定的数额幅度，确定本地区执行的具体数额标准，并报最高人民法院备案。

挪用救灾、抢险、防汛、优抚、扶贫、移民、救济款物归个人使用的数额标准，参照挪用公款归个人使用进行非法活动的数额标准。

第四条 多次挪用公款不还，挪用公款数额累计计算；多次挪用公款，并以后次挪用的公款归还前次挪用的公款，挪用公款数额以案发时未还的实际数额认定。

第五条 “挪用公款数额巨大不退还的”，是指挪用公款数额巨大，因客观原因在一审宣判前不能退还的。

第六条 携带挪用的公款潜逃的，依照刑法第三百八十二条、第三百八十三条的规定定罪处罚。

第七条 因挪用公款索取、收受贿赂构成犯罪的，依照数罪并罚的规定处罚。

挪用公款进行非法活动构成其他犯罪的，依照数罪并罚的规定处罚。

第八条 挪用公款给他人使用，使用人与挪用人共谋，指使或者参与策划取得挪用款的，以挪用公款罪的共犯定罪处罚。

【注　解】

本解释第二条、第三条已被 2016 年 4 月 18 日施行的《最高人民法院、最高人民检察院关于办理贪污贿赂刑事案件适用法律若干问题的解释》（法释〔2016〕9 号）第五条、第六条修正。

【解　读】

解读《最高人民法院关于审理挪用公款案件具体应用法律若干问题的解释》

一、问题的提出

挪用公款罪，是指国家工作人员利用职务上的便利，挪用公款归个人使用，进行非法活动，或者挪用公款数额较大、进行营利活动，或者挪用公款数额较大、超过3个月未还的行为。对此，《刑法》第三百八十四条、全国人民代表大会常务委员会《关于〈中华人民共和国刑法〉第三百八十四条第一款的解释》、最高人民法院《关于审理挪用公款案件具体应用法律若干问题的解释》（以下简称本解释）《关于如何认定挪用公款归个人使用有关问题的解释》《全国法院审理经济犯罪案件工作座谈会纪要》等作出了规定。正确理解、适用《刑法》和立法解释、司法解释的这些规定，对于准确认定和处罚挪用公款罪具有重要意义。

二、理解与适用

（一）关于挪用公款给单位使用是否定罪处罚的问题

"挪用公款归个人使用"是构成挪用公款罪的客观前提。1989年"两高"《关于执行〈关于惩治贪污罪贿赂罪的补充规定〉若干问题的解答》曾规定，"挪用公款后，为私利以个人名义将挪用的公款给企业事业单位、机关、团体使用的，应视为挪用公款归个人使用"。《刑法》修订后，上述规定是否可以继续适用？1998年在本解释第一条规定："刑法第三百八十四条规定的'挪用公款归个人使用'，包括挪用者本人使用或者给他人使用。挪用公款给私有公司、私有企业使用的，属于挪用公款归个人使用"，不包括挪用公款给国有、集体单位使用的情况。

本解释颁布后，对于挪用公款给国有、集体单位使用的，是否一律不予定罪处罚，实践中仍然存在争议。考虑到挪用公款的本质就是利用职务上的便利改变公款的正确使用形式，公款私用，谋取私利。实践中，行为人利用职务上的便利，为私利以个人名义挪用公款给国有、集体单位使用的情况也大量存在，严重侵犯了公共财产的使用收益权，也必须予以严惩。同时，1999年《最高人民法院关于审理单位犯罪案件具体应用法律有关问题的解释》也将具有法人资格的私营公司、企业解释为《刑法》第三十条规定的公司、企业等单位形式的一种，以体现具有法人资格的私营公司、企业与国有、集体性质的公司、企业平等的法律地位，本解释的相关内容也应当作出相应的修改。因此，2001 年最高人民法院《关于如何认定挪用公款归个人使用有关问题的解释》第二条规定："国家工作人员利用职务上的便利，为谋取个人利益，以个人名义将公款借给其他单位使用的，属于挪用公款归个人使用。"

《最高人民法院关于如何认定挪用公款归个人使用有关问题的解释》发布后，司法机关对于法律规定的挪用公款"归个人使用"的含义认识仍然不一致，2002 年 4 月全国人大常委会通过了《关于〈中华人民共和国刑法〉第三百八十四条第一款的解释》，对这个问题重新进行了解释。该解释规定："有下列情形之一的，属于挪用公款'归个人使用'：（一）将公款供本人、亲友或者其他自然人使用的；（二）以个人名义将公款供其他单位使用的；（三）个人决定以单位名义将公款供其他单位使用，谋取个人利益的。"根据上述规定，《全国法院审理经济犯罪案件工作座谈会纪要》进一步明确："根据全国人大常委会《关于〈中华人民共和国刑法〉第三百八十四条第一款的解释》的规定，'以个人名义将公款供其他单位使用的'、'个人决定以单位名义将公款供其他单位使用，谋取个人利益的'，属于挪用公款'归个人使用'。在司法实践中，对于将公款供其他单位使用的，认定是否属于'以个人名义'，不能只看形式，要从实质上把握。对于行为人逃避财务监管，或者与使用人约定以个人名义进行，或者借款、还款都以个人名义进行，将公款给其他单位使用的，应认定为'以个人名义'。'个人决定'既包括行为人在职权范围内决定，也包括超越职权范围决定。'谋取个人利益'，既包括行为人与使用人事先约定谋取个人利益实际尚未获取的情况，也包括虽未事先约定但实际已获取了个人利益的情况。其中的'个人利益'，既包括不正当利益，也包括正当利益；既包括财产性利益，也包括非财产性利益，但这种非财产性利益应当是具体的实际利益，如升学、就业等。"也就是说，挪用公款供单位使用，下列两种情况要按挪用公款罪处理：

第一种情况，以个人名义将单位公款借给其他单位使用。因为是以个人名义，类似于先将公款挪给自己，自己再处分公款，那是对赃款的处置问题。这种情况属于"挪用公款归个人使用"。

如何认定是"以个人名义"，司法实践中主要有三种情况：(1) 行为人超越职权，并逃避财务监管。如某公司的老总，他的朋友开的公司向他借钱，他就让财务将钱划出去，财务不肯，说没有名目。他就虚构了一个名目，说子公司需要钱，然后先将钱划到子公司的账上，再由子公司将钱打出去。这种情况实际上就是以个人名义。(2) 行为人与使用人约定以个人名义进行。(3) 尽管没有约定，但实际上借款、还款都是以个人名义进行的。这三种情况都属于以个人名义将公款借给他人使用。

第二种情况，行为人以单位名义将公款借给他人使用，谋取个人利益的。这种情况构成犯罪有两个条件：一是个人决定，不是集体决定；二是谋取个人利益。这里的个人决定，既包括职权范围内的决定，也包括超越职权范围的决定。过去我们认为，这里“个人决定”，仅指超越职权的决定。但后来经过讨论认为，仅仅包括超越职权，存在两个难题。一个难题，有些单位对权限多大是不明确的，职权范围很大，不好操作；另一个难题，若职权范围内是100万元，但却划了200万元，是全部计算，还是只计算超越的部分，这也带来很多问题。我们认为，这种情况，因为是个人决定，谋取了个人利益，所以，实际上是个人将公款作为谋取利益的手段，与挪用公款归个人使用本质上是相同的。所以，“个人决定”，既包括职权内决定，也包括超越职权范围的决定。“谋取个人利益”，既包括双方约定了（不管他实际上是否获取了利益），也包括双方没有约定，但实际上他获取了个人利益。这里的个人利益，既包括正当的利益，也包括不正当的利益；既包括物质性的利益，也包括非物质性的利益。物质性的利益，如钱财；非物质性的利益，如解决就业指标。但谋取的利益，应该是具体的、实际的利益。我们经常碰到把钱借给同学单位使用的情况，有同志说，这也是利益，同学以后可能给他好处，但这种情况要有证据证明，他与对方约定了或已经获取了某种具体的、实际的利益。不然的话，我们经常说世界上没有无缘无故的爱，也没有无缘无故的恨，我把我单位的钱借给你的单位使用，如果不是我们两个人很好的话，为什么这样做，肯定两个人之间是好同学、好朋友或有其他的关系，要不凭什么？但这样一来，所有的案件都套进来了。所以，这个利益应该是具体的、实际的，可以用证据证明的利益。不能把友情关系等都放进去，否则太宽了，实际上也是取消了这个条件，这显然不符合立法原意。但是也要防止过于机械。如国家工作人员擅自将公款借给自己或其家属参股的公司、企业使用，行为人实际上是谋取了私利或者是为了谋取私利，应以挪用公款行为论处。

（二）正确认定挪用公款罪的客观形式

根据《刑法》规定，挪用公款罪有三种情况：挪用公款归个人使用，进行非法活动的；挪用公款归个人使用，数额较大，进行营利活动的；挪用公款归个人使用，数额较大，超过3个月未还的。对此，本解释、《全国法院审理经济犯罪案件工作座谈会纪要》分别做了具体规定。认定挪用公款罪的三种形式要注意以下几个问题：

1. 关于挪用公款归个人使用，数额较大，超过3个月未还的认定问题。一种意见认为，这种情况构成犯罪，必须同时具备“超过3个月”和“未还”（即案发前未还）两个条件，行为人挪用公款虽超过3个月，但在案发前已归还的，不论数额多大，时间多长，均不构成犯罪。司法解释没有采纳这种观点。本解释规定："挪用正在生息或者需要支付利息的公款归个人使用，数额较大，超过3个月但在案发前全部归还本金的，可以从轻处罚或者免除处罚……挪用公款数额巨大，超过3个月，案发前全部归还的，可以酌情从轻处罚。"即《刑法》规定的挪用公款"超过3个月未还"，是指挪用公款的时间只要超过了3个月仍未归还，那么就构成犯罪，至于案发前未还只是个量刑情节，不是一个罪与非罪的标准。为什么这么规定呢？第一，因为从立法原意来理解，"超过3个月未还"中"超过3个月"是"未还"的修饰语，只要挪用公款的时间超过了3个月，那么不管案发前是否归还都应该构成犯罪。第二，如果说在挪用公款案发前未还才构成挪用公款罪的话，那就会得出一个结论：犯罪分子越狡猾，犯罪手段越隐蔽，只要在案发前还了，挪用8年、10年都不构成犯罪；有些案发得早，也可能刚过了3个月就案发了，反而构成犯罪了，客观上不利于打击犯罪分子。第三，挪用公款犯罪侵犯的是公款的使用权和收益权，社会危害性主要体现在挪用公款数额的大小和有挪用时间的长短上，这两者是决定挪用公款社会危害性大小的决定性因素。至于案发前有没有还对其危害性有一定的影响，但只能影响量刑。所以，本解释规定，挪用公款数额较大，在案发前归还的，可以从轻处罚或者免除处罚。意思就是说已经构成犯罪了，没有规定减轻处罚，为什么呢？因为案发前已经归还不是一个法定减轻的情节，是一个酌情的量刑情节，如果减轻处罚的话，要报最高人民法院核准，不符合修改后的《刑法》第六十三条关于减轻处罚规定的原意。所以，可以从轻处罚，也可以免除处罚，而没有规定减轻处罚。

2. 关于挪用公款归个人使用，数额巨大的认定问题。争论较大的是数额巨大是否需要有3个月的时间限制。一种观点认为，《刑法》只规定挪用公款数额较大要求超过3个月未还，数额巨大归个人使用的没有时间限制。我们认为，这种理解是不对的。《刑法》仅规定挪用公款归个人使用，进行营利活动或者非法活动的，没有时间限制。挪用公款归个人使用，如果不是进行营利活动或者非法活动，不论数额较大还是巨大，超过3个月未还都是构成犯罪的前提条件。因此，如果属于后一种情况，行为人尽管挪用公款数额巨大，但在3个月内已经归还了部分的，在计算犯罪数额时，应当扣除在3个月内已经归还的数额。

3. 关于挪用公款用途的认定。一般说来，挪用公款搞非法活动，搞营利活动，或者归其他个人使用，用途是不难认定的。司法实践中主要有以下几种情况不好认定：

(1) 挪用人和使用人不一致的情况。行为人挪用公款以后给他人使用，如果他人使用的用途行为人知道，那么应视为行为人挪用公款。还有一种情况，挪用人不知道使用人的用途，人家可能只是告诉他最近缺点钱用，给借一点，到时候还给他，他不清楚使用人将其挪用的公款干什么用，但实际上可能是使用人去贩毒了，也可能去做生意了，但是挪用人不知道，那么这种情况下按照从轻的原则来处理。就是说，挪用人如果不知道使用人使用挪用的公款的用途，那么就视为挪用公款是归个人使用，按数额较大，超过3个月未还这个原则来处理。

（2）挪用公款以后归还了贷款或归还了他人的借款。就是说，行为人挪用公款是为了还欠银行的贷款，或是为了还欠他人的借款，怎么来认定？这时，应该根据行为人借款的用途或者贷款的用途来确定他挪用公款的用途，也就是说，原来贷款是为了盖房子，当然认定挪用公款是归个人使用；如果原来贷款就是为了做生意，搞营利活动，那么这次挪用公款还贷款就视为挪用公款搞营利活动。所以要根据贷款或借款的性质来确定挪用公款的用途。

（3）挪用公款为营利活动作准备。比如说挪用公款以后，把挪用公款作为公司的注册资金，等公司注册后就把公款抽回并归还了，也可能时间不是太长，两个月、一个月、半个月的情况都有，但是数额往往巨大。如果这种情况，凡是挪用公款为搞营利活动作准备的，应当视为挪用公款进行营利活动，不受时间的限制，因为这种准备活动是进行营利活动的组成部分。

（4）挪用公款后尚未投入实际使用的行为性质的认定。有的行为人挪用公款后尚未投入实际使用，如果行为人事先有明确的具体目的，且有证据证明，则应当根据其事先的目的认定其挪用公款的用途；如果没有证据证明行为人将挪用公款用于营利活动或者非法活动的，应当根据从轻的原则，只有同时具备“数额较大”和“超过3个月未还”的构成要件，才能认定为挪用公款罪。

4. 关于挪用公物归个人使用能否构成挪用公款罪的问题。“两高”《关于执行〈关于惩治贪污罪贿赂罪的补充规定〉若干问题的解答》曾规定，国家工作人员利用职务上的便利，挪用公物归个人使用，情节严重的，可以挪用公款罪追究刑事责任。《刑法》修改后，对挪用公物的行为是否还应以挪用公款罪追究刑事责任呢？2000年3月15日最高人民检察院公布的《关于国家工作人员挪用非特定公物能否定罪的请示的批复》规定：“刑法第三百八十四条规定的挪用公款罪中未包括挪用非特定公物归个人使用的行为，对该行为不以挪用公款罪论处。如构成其他犯罪的，依照刑法的相关规定定罪处罚。”我们认为，上述规定是符合《刑法》立法原意和司法实际情况的。公款与公物虽都属于国家资产，但公款与公物的特征决定了挪用公款与挪用一般的公物两者的社会危害性是有很大差别的，尤其是《刑法》明确规定了罪刑法定原则后，对挪用一般公物的行为不能再按挪用公款罪定罪处罚。挪用用于救灾、抢险、防汛、优抚、扶贫、移民、救济物品的行为较挪用一般公物具有较大的社会危害性，而且《刑法》第三百八十四条第二款有明确规定，对挪用上述特定公物归个人使用构成犯罪的，应按照挪用公款罪从重处罚。司法实践中，也有挪用一般公物的案件，如某国有单位的负责人把本单位的钢材借给自己的朋友做生意，结果回不来了，损失几十万。对于这种情况可以按其他的犯罪来处理。如果是国家机关工作人员，可以按玩忽职守罪、滥用职权罪来处理；如果是国有公司、企业人员，也可以按国有公司、企业人员失职罪、滥用职权罪等来处理。

（三）挪用公款罪主体的认定

1. 关于受委托管理、经营国有财产的人员能否作为挪用公款罪主体的问题。在审理经济犯罪案件中，对受国家机关、国有公司、企业、事业单位、人民团体委托管理、经营国有财产的非国家工作人员，如接受委托，代理国有公司从事某项经营活动的人员，能否构成挪用公款罪的主体，有不同的意见。有的同志认为，《刑法》第三百八十二条第二款关于贪污罪主体的规定，明确上述人员可以构成贪污罪，目的是强化对国有资产的保护。上述人员挪用公款，同样侵犯了国有财产。如果对其挪用公款的行为不按挪用公款罪定罪处罚，不仅不利于对国有资产的保护，而且可能在司法实践中引起混乱，如受委托管理、经营国有财产的人员既贪污公款又挪用公款，分别定贪污罪和挪用公款罪，明显不合适。我们认为，《刑法》第三百八十二条第二款的规定属于特殊规定，《刑法》第三百八十四条规定的挪用公款罪的主体仅限于国家工作人员，对于受国家机关、国有公司、企业、事业单位、人民团体委托管理、经营国有财产的非国家工作人员挪用公款的行为按挪用公款罪定罪处罚，有悖罪刑法定原则。而且将挪用公款罪的主体随意扩大的话，受贿罪的主体也会出现相应扩大的问题，会导致司法实践更大的混乱，最终破坏社会主义法制。因此，对于受委托管理经营国有财产的非国家工作人员，利用职务上的便利，挪用国有资金归个人使用，构成犯罪的，应当依照《刑法》第二百七十二条第一款的规定，以挪用资金罪定罪处罚。

2. 国有单位领导向其主管的具有法人资格的下级单位借公款归个人使用的认定。《全国法院审理经济犯罪案件工作座谈会纪要》规定："国有单位领导利用职务上的便利指令具有法人资格的下级单位将公款供个人使用的，属于挪用公款行为，构成犯罪的，应以挪用公款罪定罪处罚。"因为他是上级单位的领导，对下级单位有职务上的上下级关系，实际上是利用了自己的职务便利。而且，挪用公款并没有限于挪用本单位的公款。《刑法》上挪用资金，是指挪用本单位的资金；而挪用公款，并没有规定是挪用本单位的公款。也就是说挪用公款罪中的"利用职务上的便利"，不限于利用本人职务上主管、经手、管理本单位某项公共事物的职权。利用职务上的便利，通过有隶属关系的下级单位国家工作人员的职权挪用公款的，也构成挪用公款罪。司法实践中，我们也是这么判的。《人民法院报》刑案判例中有一起万国英案件，就属于这种情况。被告人万国英是甘肃省白银有色金属公司的副经理。他想炒期货，就向他分管的白银有色金属公司疗养院的院长借 5 万元。院长就安排会计从疗养院账上借了 5 万元给他炒期货。他是白银公司的副经理，分管疗养院的，他让疗养院借给他 5 万元，拿去搞营利活动，他是构成挪用公款罪。但他的下属单位疗养院的人是否构成挪用公款罪，要具体分析。如果下级单位人员与上级单位领导共谋，给上级领导挪用公款出谋划策，帮助上级单位领导完成挪用公款的，下级单位人员已具有帮助上级单位领导挪用公款的主观故意和行为，应以挪用公款罪共犯论处；如果下级单位人员不知道上级单位领导划拨款项的真实意图，仅仅出于执行上级单位领导的指示而办理划拨手续的，下级单位人员不应承担刑事责任；如果上级单位的领导将挪用公款的意图告诉下级单位人员，下级单位人员迫于上级单位领导的压力而挪用公款归上级领导使用的，一般也不宜以挪用公款罪论处，构成其他渎职犯罪的，依照《刑法》的有关规定处理。本案中，疗养院的院长没有按照犯罪处理。因为，万国英只跟那个院长说，你借给我 5 万元，没有说干什么用，疗养院院长不敢不借。所以，对院长没有按犯罪处理。

3. 单位决定将公款给个人使用行为的认定。《全国法院审理经济犯罪案件工作座谈会纪要》规定："经单位领导集体研究决定将公款给个人使用，或者单位负责人为了单位的利益，决定将公款给个人使用的，不以挪用公款罪定罪处罚。上述行为致使单位遭受重大损失，构成其他犯罪的，依照刑法的有关规定对责任人员定罪处罚。"换个说法，如果是单位决定把公款借给个人使用的，则不能按挪用公款犯罪处理。这里包括两种情况：一种情况，单位集体决定将公款借给个人使用；另一种情况，单位的负责人为了本单位的利益，决定将公款借给个人使用，且没有谋取个人利益。这种情况也算是单位行为，不能按照挪用公款罪处理。过去在司法实践中有过这种情况，即单位负责人为了本单位的利益，将公款借给个人使用，结果对该负责人以挪用公款罪判刑。如某被告人是一国有企业的厂长，该国有企业长期和税务机关打交道，税务机关的领导就向这名企业负责人打招呼，要他借钱给他的小舅子经商。这个负责人考虑到工作关系，不借不行，并将这件事向本厂的其他几个厂长说了，决定将钱借给那位领导的小舅子使用。这种情况，该厂长是为了本单位的利益，他作的决定实际上也是单位行为，不应该按挪用公款罪处理。如果真的造成了严重后果，可以按国有企业人员渎职罪处理。

（四）关于挪用公款罪定罪处刑的数额与情节标准问题

挪用公款构成犯罪的要求数额较大，如果情节严重的判处 5 年以上有期徒刑。所以客观上要求挪用公款罪的数额、情节应该有一个统一的标准。"两高"《关于执行〈关于惩治贪污罪贿赂罪的补充规定〉若干问题的解答》曾规定，挪用公款归个人使用，"数额较大，进行营利活动的"，"数额较大，超过 3 个月未还的"，以挪用 5000～10000 元为"数额较大"的起点，以挪用 5 万元为

“情节严重”的数额起点；“挪用公款归个人使用，进行非法活动的”，比照贪污罪的数额规定，以2000元为挪用公款归个人使用进行非法活动的数额起点，以1万元为“情节严重”的数额起点。上述规定随着《刑法》的修改有些方面不相适应：一是《刑法》修改时根据我们国家当前的政治、经济状况，提高了贪污罪、受贿罪定罪量刑的数额标准，原来是2000元，现在提高到5000元，那么相应的挪用公款罪的数额标准也应当要有相应的提高，因为这三种犯罪都是差不多的。二是原来规定情节严重只是规定了数额标准，没有规定其他情节严重的内容，不全面。因此，本解释对这两个方面重新作出了规定：

第一，提高了挪用公款追究刑事责任的数额起点。挪用公款归个人使用，数额较大、进行营利活动的，或者“数额较大”超过3个月未还的，以挪用公款1万～3万元为“数额较大”的起点，以挪用公款15万～20万元为“数额巨大”的起点；进行非法活动的，原来是2000元，这次提高到5000～10000元作为追究刑事责任的数额起点。这样数额较大、情节严重的起点，基本上是比照贪污罪的标准往上提的，贪污罪从原来2000元提高到5000元，等于是过去的一倍半，挪用公款过去是5000～10000元，现在提高到1万～3万元，也是在过去的基础上翻了一倍多；过去挪用公款情节严重是5万元，现在提高到15万～20万元，作为情节严重的数额起点。

第二，对挪用公款“情节严重”中的其他情节作出了规定。挪用公款数额只是情节严重的一个重要方面，有些挪用公款数额虽未达到巨大，但具有挪用公款手段恶劣，多次挪用公款，因挪用公款严重影响生产、经营，造成严重损失等情形的，也可以作为情节严重来认定。

司法实践中，对认定挪用公款的数额要注意以下两个问题：

1. 关于多次挪用公款数额的计算。多次挪用公款的分两种情况：一种情况就是多次挪用公款不还的，数额累计计算，这个没有争议。有争议的是第二种情况，即行为人挪用公款后，以后次挪用的公款还前次挪用的公款，挪用公款的数额怎么计算？过去在司法实践中做法不一致，有累计计算的，也有把已经还了的剔除的情况。本解释第四条对此进行了明确：“多次挪用公款，并以后次挪用的公款归还前次挪用的公款，挪用公款数额以案发时未还的实际数额认定。”为什么呢？行为人以后一次挪用的公款归还前一次挪用的公款的，实际上其挪用公款的数额就是他最后没有归还的数额。例如，第一次挪用公款5万元，第二次挪用了10万元，把5万元还了前次，还剩了5万元，第三次又挪用公款10万元，又还了前面的10万元，所以实际上行为人挪用公款的数额就是15万元，与一开始就挪用15万元的社会危害性没有本质差别。理解解释的上述规定，一是挪用公款的时间以挪用公款的数额达到构成犯罪的标准那天开始计算。二是解释规定的“案发时未还的实际数额”，实际上是指的案发时，行为人挪用公款的总数额扣除了已经归还的数额，不能简单地理解为如果案发时行为人全还了就不定罪。如前例，如果行为人在案发时用自己的钱还了前面挪用的15万元，挪用公款数额仍是15万元，只不过可以认定为行为人案发前已经全部归还了挪用的公款。三是正确认定“以后次挪用的公款归还前次挪用的公款”的情形。如行为人第一次挪用公款5万元，第二次又挪用了5万元，挪用5万元以后不是挪用后次还前次，而是挪用以后他做生意，赚了钱以后把前面那次还了。这种情况挪用公款的数额还是要累计计算，因为他是通过赚的钱来还前一次，不属于拆东墙补西墙的情形，其主观恶性与社会危害性与司法解释规定的情形有较大差别，数额应当累计计算。

2. 认定挪用公款进行营利活动的情形中，行为人非法获取的利润不应计算为挪用公款的数额。如行为人挪用公款后把钱存到银行以获取利息，这种情况属于挪用公款进行营利活动，但是其获取的利息或者说应当获取的利息，不计算为挪用公款的数额。因为利息是他搞营利活动必然产生的一种犯罪后果，不是挪用的公款本身。但是所获取的利息属于违法所得，要依法追缴。

（五）关于“挪用公款数额巨大不退还”的认定问题

《刑法》修改后明确规定挪用公款数额巨大不退还的，处10年以上有期徒刑或者无期徒刑，不再以贪污罪定罪处罚。过去挪用公款数额巨大不退还的是按贪污罪来处理的。这种情况按贪污罪处理有两个问题：其一，有客观归罪的嫌疑。因为不归还包括主观上不想归还和客观上归还不了两种情况，挪用公款后由于客观原因归还不了，与贪污罪主观方面以及社会危害性是存在本质差别的。其二，过去贪污罪判死刑的案件中，因为挪用公款归个人使用不能归还的转化为贪污罪的占相当比例。而不能归还的原因，有的是挪用公款搞营利活动由于客观原因亏损了还不了，有的是因为挪用给其他人使用，使用人还不了，把挪用人“坑”了。司法实践中有时候很矛盾，若判死刑，又觉得跟普通贪污有差别；若不判死刑数额又很大，有时往往造成损失上百万，《刑法》的规定又摆在那儿，所以很不好处理。修改《刑法》的时候最高人民法院提出要改这一条，后来全国人大也同意了。现在和过去相比，挪用公款数额巨大不退还的最高可以判到无期徒刑，判不了死刑，有利于实现少杀的刑事政策。根据《刑法》的规定，本解释第五条规定：“‘挪用公款数额巨大不退还的’，是指挪用公款数额巨大，因客观原因在一审宣判前不能退还的。”理解上述规定，要注意以下问题：

1. 不归还的时间限制在一审宣判前。过去挪用公款不退还按贪污罪来处理，不退还的时间是限制在侦查终结前。这是最高人民检察院提出来的，因为在起诉之前没有退还就按贪污罪起诉，如果在法院审判阶段退还了，又改成挪用公款罪，这就涉及起诉罪名错误，属于起诉质量不高，后来“两高”协调就把不归还的时间卡在侦查终结前。《刑法》修改后不存在起诉罪名变化的问题，都是构成挪用公款罪，只是一个量刑的情节。我们认为应该本着最大限度地为国家挽回损失这个角度来鼓励犯罪分子积极退赃，所以后来征求意见把不退还的时间改为在一审宣判前。

2. 数额巨大不退还的时间限制在一审宣判前，但应正确理解数额巨大的公款不能退还的情形。这里注意两点：第一点，尽管行为人挪用公款的数额巨大，但是他已经还了一部分，最后不能还的数额没有达到数额巨大的，不能适用这一条。所以这一条讲的是在一审宣判前实际上、客观上还有巨大的公款没有退还，没有退还的公款的数额达到了数额巨大的标准。第二点，数额巨大的标准也要根据挪用公款的用途不同来确定。如果行为人挪用公款搞非法活动的，那么最后不能退还的数额巨大的标准就是5～10万元以上，这样可与挪用公款罪其他量刑情节衔接起来。

3. 挪用公款数额巨大不退还的，限定于因客观原因不能退还的情况。如果行为人主观上不想退还的，如行为人将挪用的公款存入银行拒不交出的，就说明行为人已从挪用公款的故意转化为非法占有的目的，应当按照贪污罪定罪处罚。

（六）关于挪用公款罪与贪污罪的界限问题

挪用公款罪与贪污罪虽然都属于职务犯罪，但有原则性区别：一是犯罪客体不同。前者侵犯的是公共财物的使用权；后者侵犯的是公共财物的所有权。二是犯罪客观方面不同。前者是非法暂时占用公共财物，一般不需要采取什么隐秘方法，很容易被发现；后者因侵犯的是公共财物的所有权，行为人往往采取销毁账目等手段掩盖犯罪事实。客观方面对象也不完全相同，挪用公款对象是公款或特定款物，贪污是公共财物，包括一般公物。三是犯罪主体不同。挪用公款罪的主体是国家工作人员，而贪污罪的主体除国家工作人员外，还包括受国家机关、国有公司、企业、事业单位、人民团体委托管理、经营国有财产的人员。四是犯罪主观方面不同。前者以非法占用为目的，后者以非法占有为目的。依上述标准，挪用公款罪与贪污罪一般来说不难区分。容易混淆的主要是以下几种情况：

1. 挪用公款后不退还的，什么情况定挪用公款罪，什么情况定贪污罪。一种意见认为，行为人挪用公款后，携带挪用的公款潜逃的；挥霍公款，致使公款不能退还的；使用公款进行违法犯罪活动，致使公款不能退还的；使用公款进行高风险投资，致使公款不能退还的，均应按照贪污罪定罪处罚。经研究认为，上述后三种情况，都属于挪用公款罪的客观形式，如挪用公款进行挥霍的，属于挪用公款归个人使用；挪用公款进行违法犯罪活动的，属于挪用公款进行非法活动；挪用公款进行高风险投资，属于挪用公款进行营利活动等。而且行为人不退还的原因是客观的，如果作为贪污罪处理，不符合《刑法》修改的立法原意。只有第一种情况，表明行为人的主观犯意发生了变化，即从原来的挪用公款的故意转化为非法占有的故意，因此，本解释第六条规定："携带挪用的公款潜逃的，依照刑法第三百八十二条、第三百八十三条的规定定罪处罚。”理解上述规定，要注意如果行为人不是携带挪用的公款潜逃，而是因挪用公款案发，由于客观原因不能归还，行为人畏罪潜逃的，仍应定挪用公款罪。也就是说，不是在挪用公款后，凡是潜逃了的都转化成贪污罪。只有挪用公款后，把公款带着的定贪污罪；没有带着的，不定贪污罪。因为潜逃的行为原因很复杂，包括挪用公款后，畏罪潜逃的，一看还不上了，就跑了，这个时候，挪用公款的行为已经实施完了，行为人是因为还不上了才跑的，把整个都转化成贪污，就是客观归罪。但如果跑的时候，把公款带走，那很明显地表明行为人的主观犯意发生了变化。过去是挪用，但带着跑了说明没有了归还的故意，应该定贪污罪。如被告人关平贪污、挪用公款案。关平是河南某一中专的出纳员。有三项事实。前两项是侵吞公款，侵吞了学生交的各种费用，收了以后不入账，用于赌博，这两项贪污的故意是没有问题的。还有一项，他把由他保管的现金9.8万元也用于了赌博。学校跟他对账的时候，他带着8000元现金跑了。这一项怎么定？在讨论的时候，意见有分歧。一种意见认为，这9.8万元应该全部定贪污罪。理由是：被告人拿公款去赌博，他对公款不能归还具有间接故意，而且，在案发前又携款潜逃，表明他主观上没有归还公款的意愿，所以，应该定贪污罪。多数意见，也是最后定案的意见认为，9万元应该认定为挪用公款罪，他带着跑的8000元定贪污罪。理由是：这9.8万元与他前面用的手段是不相同的。前面是采取收费后不入账，账上反映不出来，不知道收了多少钱，所以是贪污手段。他保管的9.8万元现金账上有，他没有采取平账的手段，应该是挪用的手段。而且，如果认为拿去赌博的，都是间接故意，以贪污罪论处的话，与司法解释、立法的原意不符合。携款潜逃的原因也比较复杂，有畏罪潜逃的心理，也可能有其他的因素，没有证据证明他有贪污故意的时候，不能简单地认为他的主观目的已经转化。最后，这个案件定了两个罪，一部分定贪污罪，一部分定挪用公款罪。

2. 以获取利息为目的的挪用公款行为与贪污公款利息之间的界限。挪用公款有一种是挪用公款以后放在银行以获取利息的情形应属于挪用公款搞营利活动，贪污罪也有一种专门贪污公款的利息的情形。两者的相同点都是非法占有公款所孳生的利息，但又有本质的区别。《人民法院报》曾专门讨论一个案件：北京某国家机关有900万元流动资金，单位经过联系存在海南一家信托公司，这家信托公司的利息比其他国有银行的利息要高。把这笔钱存过去是单位同意了的。存款到期以后，由于信托公司给的利息要高于国有银行利息，经办人甲和乙经商量，决定非法占有高于国有银行的这部分利息，于是与信托公司联系，按国有银行利息应该得的这部分利息打回本单位，高于银行的这部分利息就告诉信托公司打到单位另外一个账户，实际上是他们借了人家一个账户，然后予以私分，共分了9万多元。这个案件是定贪污罪还是定挪用公款罪？我们认为，以获取利息为目的的挪用公款行为与贪污公款利息之间的主要区别是：(1) 利息的性质不同。前者的利息是以挪用行为为前提，后者的利息是公款经单位同意存入金融机构后所孳生的利息。(2) 非法占有利息的手段不同。前者非法占有的利息是挪用公款所孳生的利息，单位并不掌握公款的用途、流向，行为人对挪用行为可能采取一定的手段使外人不知道其挪用了公款，但对非法占有利息的行为无须采取欺骗等手段；后者对公款并非挪用，单位掌握其公款的用途、流向，行为人非法占有利息必须采取欺骗、侵吞等手段。像刚才所说的这个案件，把钱存到信托公司单位是同意的，尽管违反了财经管理制度，国家机关的钱是不能存到信托公司去的，不能获取利息，但是他存到信托公司去是单位同意的，所以不存在挪用公款的前提，行为人所非法占有的利息是高于国有银行同期存款的利率部分，所以犯罪分子所采取的手段是掩盖这部分利息，划入另外一个账户，应该定共同贪污罪，而不是挪用公款罪。

3. 行为人挪用公款后采取虚假发票平账、销毁有关账目等手段，使所挪用的公款已难以在单位财务账目上反映出来，且没有归还行为的，应当以贪污罪定罪处罚。这时行为人的主观犯意已经发生了变化，即由暂时使用公款转化为非法占有公款。这与行为人截取单位收入不入账，非法占有，使所占有的公款难以在单位财务账目上反映出来，且没有归还行为的，以贪污罪定罪处罚，是一个道理。所以，司法实践中，经常会碰到一个案件有的定贪污罪，有的定挪用公款罪。如湖南刘彻贪污、挪用公款案。被告人刘彻是湖南省新华书店财务部经理兼审计科科长。他在受单位委托炒股期间，挪用公款用于个人炒股，结果发生亏损。为了填补挪用公款炒股造成的亏损，他将已挪用公款以虚增成本等方式予以平账 1254 万余元，另外还有 28 万元没有进行账目处理。前者定贪污罪，后者定挪用公款罪。因此，根据司法实践以及《刑法》主客观相一致的原则，如果行为人平账以后没有归还行为的，只能把这种平账的行为认定是贪污的手段；没有平账的，原则上按挪用公款处理。

4. 挪用公款与公然侵吞公共财物之间的界限。司法实践中，出现一种新的贪污手段，行为人往往是单位的一把手，表现为一种赤裸裸的侵吞，容易混淆挪用公款罪与贪污罪的界限。例如，夏某原系客运集团公司的总经理，其利用职务便利贪污、挪用公款修了个私人庄园。在客运集团购买锅炉的过程中，夏某利用职务便利指使分管此项工作的副总经理，借机用公款为其庄园购买 3 台锅炉及其配套设施，共计人民币 150 万余元。从行为人的主观犯意看，因为他是客运集团的总经理，客运集团的事全由他一人说了算，拿公款给个人修庄园，谁也不能管，谁也不能问。无所顾忌，为所欲为，用被告自己的话说："我就是想占公家的便宜，利用机会用公款给自己买锅炉，这样我个人就不用出钱了。"从客观方面看，夏某指使下属用公款为其庄园购买 3 台锅炉及其配套设施，财务人员已将售货方出具的发票核销，与锅炉厂的外部往来账已经平账。只是从公司的账上看，公司买了 8 个锅炉，另外的 3 个锅炉用到哪里去了看不出来。若不案发，不查账，谁也不会知道。这就是一种赤裸裸的侵吞。有的说，这个账上没有平啊，一查账就发现了。但这个查账只有案发了查账才会知道，单位对账都对不出来。行为人的主观故意就是想占公家的便宜。这种情况，我们认为应该定贪污罪，而不是挪用公款罪。

5. 有证据证明行为人有能力归还所挪用的公款而拒不归还，并隐瞒挪用的公款去向的，应当以贪污罪定罪处罚。如挪用公款后存入银行，拒不交代，拒不归还，问他，他说用完了，还不了了，但后来从银行里查获了这些公款，这部分公款就应该转化成贪污。因为行为人的主观故意已经从原来挪用的故意转化成非法占有的故意了。

（七）关于挪用公款罪的共同犯罪问题

理解该解释第八条规定要注意以下两个问题：

1. 使用人在什么情况下构成挪用公款罪的共犯？根据该解释的规定，使用人构成挪用公款罪的共犯主要有两种情况：一是使用人与挪用人共同策划挪用公款，然后他自己用。比如说，使用人需要钱，然后和国家工作人员两人共同策划怎么从他单位挪用公款给自己用，他参与了共同策划。二是使用人指使挪用人挪用公款。这两种情况构成挪用公款罪的共同犯罪，其他的情况不构成共同犯罪。实践中比较多的是使用人没有参与策划挪用公款，但他知道是挪用的公款仍然使用，或者他开始不知道这笔钱是挪用的公款，后来知道了这笔钱是挪用的公款仍然继续使用，对使用人怎么处理？我们认为，这种情况使用人不能构成挪用公款罪的共同犯罪，因为挪用人实施挪用公款行为的时候他没有参与，这时挪用公款的行为已经实施完了，所以不能按共同犯罪来处理。司法解释对这种情况没有规定，但不定罪又太便宜他了，他明知道是挪用的公款还用，结果人家定挪用公款罪，你却什么事都没有，这也不合适。故这种行为情节严重的，可以窝藏赃物罪追究刑事责任。

2. 第三人是否可以构成挪用公款罪的共犯？司法实践中，有的人不是使用人，也不是挪用人，是第三人，类似于介绍挪用公款。如甲、乙、丙三人是好朋友，甲找乙借钱，乙主动就说他去找丙，让丙给甲挪用点公款，后来丙确实给甲挪用了公款，乙能不能构成犯罪？我们认为，这种情况实际上符合共同犯罪的原理，他尽管没有得到好处，但实际上他参与了挪用公款的犯罪，可以按挪用公款罪共同犯罪来处理。

（撰稿人：熊选国）

最高人民法院
关于审理贪污、职务侵占案件如何认定共同犯罪几个问题的解释

法释〔2000〕15号

（2000年6月27日最高人民法院审判委员会第1120次会议通过　2000年6月30日最高人民法院公告公布　自2000年7月8日起施行）

为依法审理贪污或者职务侵占犯罪案件，现就这类案件如何认定共同犯罪问题解释如下：

第一条　行为人与国家工作人员勾结，利用国家工作人员的职务便利，共同侵吞、窃取、骗取或者以其他手段非法占有公共财物的，以贪污罪共犯论处。

第二条　行为人与公司、企业或者其他单位的人员勾结，利用公司、企业或者其他单位人员的职务便利，共同将该单位财物非法占为己有，数额较大的，以职务侵占罪共犯论处。

第三条　公司、企业或者其他单位中，不具有国家工作人员身份的人与国家工作人员勾结，分别利用各自的职务便利，共同将本单位财物非法占为己有的，按照主犯的犯罪性质定罪。

【解　　读】

解读《最高人民法院关于审理贪污、职务侵占案件如何认定共同犯罪几个问题的解释》

一、问题的提出

司法实践中，贪污、职务侵占案件共同犯罪的情形比较复杂，特别是内外勾结的共同犯罪案件，在适用法律定罪处罚方面都遇到一些新情况、新问题。为准确适用法律，最高人民法院于2000年6月30日发布了《关于审理贪污、职务侵占案件如何认定共同犯罪几个问题的解释》（以下简称本解释），对实践

中遇到的有关共同贪污、职务侵占犯罪的三个具体问题作出了规定。

二、理解与适用

（一）关于利用国家工作人员的职务便利共同侵吞、窃取、骗取或者以其他手段非法占有公共财物以贪污罪的共犯论处问题

根据《刑法》第三百八十二条第三款，与国家工作人员和受委托管理、经营国有财产的人员勾结，伙同贪污的，以共犯论处的规定，对本解释第一条规定，需要注意的是，本解释中虽然只规定与国家工作人员共同贪污的情况，但不能据此得出只有与“国家工作人员”共同贪污的，才能认定为贪污共犯。本解释这样规定只是为了表述上简明而已，实际的含义应当理解为：行为人与贪污罪的主体共同非法占有公共财物的，均以贪污罪共犯论处。也就是说，行为人与受委托管理、经营国有财产人员勾结，利用受委托管理、经营国有财产的人员的职务便利，共同侵吞、窃取、骗取或者以其他手段非法占有公共财物的，也要以贪污罪共犯论处。

（二）关于利用公司、企业或者其他单位人员的职务便利共同非法占有该单位财物，数额较大的，以职务侵占罪的共犯论处问题

根据《刑法》第九十三条第二款、第三百八十二条第二款和第二百七十一条第二款的规定，《刑法》意义上的公司、企业或者其他单位人员，可分三类：第一类是以“国家工作人员”论的人员；第二类是受委托、管理、经营国有财产的人员；第三类既不属于“国家工作人员”，也不是受委托管理、经营国有财产的人员。前两类人员是贪污罪的主体，后一类是职务侵占罪的主体。本解释第二条提到的“公司、企业或者其他单位的人员”，实际上是指《刑法》第二百七十一条第一款规定的职务侵占罪的主体，行为人与他们勾结，利用其职务便利，共同非法占有公司、企业或者其他单位财物的，以职务侵占罪共犯论处。

（三）关于非国有公司、企业或者其他非国有单位中，非国家工作人员与国家工作人员勾结，分别利用各自的职务便利，共同将本单位财物非法占为己有的行为如何认定问题

对此，实践中有不同认识：一种意见认为，应当依照《刑法》第三百八十二条和第二百七十一条第一款的规定，分别以贪污罪和职务侵占罪定罪处罚。主要理由：《刑法》对贪污行为和职务侵占行为分别规定了相应的处罚，明确表明了两者的区别。因此，对于公司、企业或者其他单位中，非国家工作人员与国家工作人员分别利用了各自职务上的便利，共同将本单位财物非法占为己有，依照《刑法》的规定分别定罪处罚，能够体现罪、责、刑相适应的原则。

另一种意见认为，虽然可以依法对上述行为分别定罪处罚，但是由于贪污罪的法定刑较之职务侵占罪重，假设在这种共同犯罪中国家工作人员是从犯，

非国家工作人员是主犯，如果分别定罪，就有可能出现对从犯量刑比主犯重的情况，将会违背《刑法》有关共同犯罪处罚的规定，导致主、从犯的量刑失衡，甚至对整个案件从轻处罚，影响对此类犯罪行为的打击力度。根据《刑法》第三百八十二条第三款的规定，以贪污罪共犯定罪处罚既有充足的法律依据，又可避免出现上述问题。

我们认为，上述两种意见都有一定道理，但也值得商榷。依法分别定罪固然可以最大限度地体现“罪、责、刑相适应原则”，但在有些具体案件中确实可能会出现不符合《刑法》有关共同犯罪的处罚规定，导致案件处理不能收到良好的社会效果。这种共同犯罪的特点在于，行为人分别利用各自的职务便利，共同将本单位财物非法占为己有。如果不加区分，一律以贪污罪共犯论处，则缺乏对公司、企业或者其他单位中非国家工作人员职务犯罪行为的刑罚评价，与立法本意也不完全吻合。因此，本解释第三条规定，对这种共同犯罪形式，应当“按照主犯的犯罪性质定罪”。即如果国家工作人员是主犯的，对处于从犯地位的公司、企业或者其他单位中非国家工作人员，应当以贪污罪共犯定罪处罚；反之，则应当以职务侵占罪的共犯论处。

此外，对本解释第三条中出现的“国家工作人员”也不能作狭隘的理解，前文已有说明，不再赘述。

（撰稿人：孙军工）

最高人民法院
关于国家工作人员利用职务上的便利为他人谋取利益离退休后收受财物行为如何处理问题的批复

法释〔2000〕21 号

（2000 年 6 月 30 日最高人民法院审判委员会第 1121 次会议通过 2000 年 7 月 13 日最高人民法院公告公布 自 2000 年 7 月 21 日起施行）

江苏省高级人民法院：

你院苏高法〔1999〕65 号《关于国家工作人员在职时为他人谋利，离退休后收受财物是否构成受贿罪的请示》收悉。经研究，答复如下：

国家工作人员利用职务上的便利为请托人谋取利益，并与请托人事先约定，在其离退休后收受请托人财物，构成犯罪的，以受贿罪定罪处罚。

此复

【解　　读】

解读《最高人民法院关于国家工作人员利用职务上的便利为他人谋取利益离退休后收受财物行为如何处理问题的批复》

一、问题的提出

为依法打击受贿犯罪活动，最高人民法院于 2000 年 7 月 13 日发布了《关于国家工作人员利用职务上的便利为他人谋取利益离退休后收受财物行为如何处理问题的批复》。较好地解决了理论上争论的“事后受贿”行为的定性问题。

二、理解与适用

司法实践中，对于国家工作人员利用职务上的便利为他人谋取利益，离退休后收受财物的行为，应当区分具体情形予以认定，以准确区分罪与非罪的界限：

第一种情形是，国家工作人员利用职务上的便利为请托人谋取利益，并与请托人事先约定，在其离退休后收受原请托人财物，构成犯罪的，应当以受贿罪定罪处罚。这种情形中，在职时为他人谋利、离退休以后收受财物，是行为人为规避法律制裁而采取的手段。从表面上看，不符合典型的先收受财物再为他人谋利的受贿罪的行为特征，但从实质意义上说，离退休后国家工作人员收受的财物，是因其离退休前利用职务上的便利为他人谋利而换取的。行为人主观上有利用职务上的便利，索取或者非法收受他人财物，为他人谋利的意向（比如，事先约定先为请托人谋利，在其离退休后收取原请托人提供的财物或者在其离退休以后主动向请托人索取财物），客观上有收受请托人财物的行为（虽然这种行为发生在离退休以后），属于事后受贿的情形，应当以受贿罪追究行为人的刑事责任，符合《刑法》关于打击受贿犯罪的立法本意。

第二种情形是，国家工作人员利用职务上的便利为请托人谋取利益时，并未索取或者非法收受请托人财物，也未约定请托人在其离退休以后提供财物的，对于其在离退休以后，收受原请托人提供的财物的行为，不能以受贿罪定罪处罚。理由：行为人虽然利用职务上的便利为请托人谋取了利益，离退休后也收受了请托人提供的财物，但是由于行为人在为请托人谋利时以及离退休以后，主观上并未具有索取或者非法收受请托人财物的目的，客观上也没有索取请托人财物的行为，不符合主、客观相一致的原则，不符合受贿罪的构成要件，对其收受请托人财物的行为，不能以受贿罪定罪处罚。

第三种情形是，国家工作人员利用职务上的便利为请托人谋取利益时，并未与请托人事先约定收受财物问题，而是在离退休以后向请托人索取财物的。这种行为能否构成受贿罪，存有不同意见。一种意见认为：行为人离退休以后向请托人索取财物的，可以推定行为人事先有受贿的故意，以受贿罪定罪处罚可以防止行为人规避法律。我们认为：这种情况下，行为人事先并未与请托人约定收受财物，尽管利用职务便利为他人谋取了利益，但其在离退休之后索取请托人财物的行为，并未利用职务便利，一般不宜以受贿罪定罪处罚。

（撰稿人：孙军工
审稿人：熊选国）

最高人民法院
关于挪用公款犯罪如何计算追诉期限问题的批复

法释〔2003〕16号

（2003年9月18日最高人民法院审判委员会第1290次会议通过 2003年9月22日最高人民法院公告公布 自2003年10月10日起施行）

天津市高级人民法院：

你院津高法〔2002〕4号《关于挪用公款犯罪如何计算追诉期限问题的请示》收悉。经研究，答复如下：

根据刑法第八十九条、第三百八十四条的规定，挪用公款归个人使用，进行非法活动的，或者挪用公款数额较大、进行营利活动的，犯罪的追诉期限从挪用行为实施完毕之日起计算；挪用公款数额较大、超过三个月未还的，犯罪的追诉期限从挪用公款罪成立之日起计算。挪用公款行为有连续状态的，犯罪的追诉期限应当从最后一次挪用行为实施完毕之日或者犯罪成立之日起计算。

【解 读】

解读《最高人民法院关于挪用公款犯罪如何计算追诉期限问题的批复》

一、问题的提出

挪用公款罪是常见多发的经济犯罪之一。在审判实践中，对于挪用公款犯罪的追诉期限应当如何确定、计算的问题，存在着不同的认识。为解决这方面的法律适用问题，最高人民法院于2003年9月22日发布了《关于挪用公款犯罪如何计算追诉期限问题的批复》（以下简称本批复）。

二、理解与适用

（一）关于如何认定挪用公款行为的状态问题

追诉期限是《刑法》规定的一项基本制度，是指《刑法》根据一定标准对罪犯追诉的有效期限。从《刑法》第八十九条规定的具体表述来看，追诉期限的确定和计算是与刑法分则所规定的每一种犯罪属于何种状态是紧密联系的。每一种犯罪的不同状态决定了其法定追诉期限的确定和计算是不相同的。因此，要想正确解决挪用公款罪的追诉期限如何计算问题，必须首先要正确认定挪用公款犯罪行为究竟属于何种状态。有一种意见认为："挪用公款的行为是一种'挪而用之'的持续行为，在归还前，被挪用的公款处于被持续侵害的状态，其追诉期限应当从犯罪行为终了之日，即所挪用的公款归还之日起计算。"另一种意见认为，单纯地就挪用公款这种行为本身而言，其应是一种行为犯，也就是公款一经被挪出，挪用公款的行为即已完成。本批复采纳了挪用公款是一种行为犯的意见。具体理由：一是从《刑法》规定的挪用公款罪与贪污罪的构成理论分析，挪用公款是对公款的使用权的侵害，与贪污罪的以将公共财物非法占为己有为目的不同。因而，挪用公款，"挪"是行为，"用"是行为的目的，只是表明了行为人擅自挪出公款的目的不是占为己有，而是非法使用，将公款挪出使之处于被非法使用的状态中，侵害的是公款的使用权。这也是《刑法》区分挪用与贪污的立法本意所在。一般而言，这种对公款使用权的非法侵害，在实施非法将公款挪出行为终了之时即已完成。而公款的不归还，只是侵害公款使用权这种行为的危害结果的持续，而不是挪用行为本身的持续，这如同伤害犯罪一样，伤害行为已经实施完毕，伤害结果在未被治愈之前，一直处于持续状态。

二是如果对挪用公款行为本身以持续状态来确定，并以归还被挪用公款之日作为追诉期限的起算时间，则对于一直不归还公款的挪用犯罪而言，就实际等于没有了追诉期限。对于社会危害严重的故意杀人犯罪尚且还有追诉期限，而对于挪用公款犯罪却存在着无限期追诉的可能。纵观我国刑法分则所规定的每一种犯罪，即使是属于持续犯罪状态的，也没有无限期追诉的情况存在。这显然于理不通，与法不合。

（二）关于对挪用公款数额较大，超过三个月未还的行为如何计算追诉期限问题

对于挪用公款数额较大，超过三个月未还的，应当如何计算追诉期限问题，也存在着不同意见。有人认为，对此应当从挪用公款行为实施完毕之日起开始计算，三个月的归还期限不必考虑，以与其他情形的挪用公款犯罪的追诉期限相一致，司法实践中便于掌握；并且这种情形的挪用公款犯罪较之其他情形的挪用公款犯罪，在主观恶性和实际危害方面相对较轻，如果以三个月期满

之日为起算时间，对于与其同时实施的不同情形的挪用公款行为而言，则其追诉期限却比其他情形的挪用公款犯罪还要多三个月，不尽合理。我们认为，本批复中“挪用公款数额较大、超过三个月未还的，犯罪的追诉期限从挪用公款罪成立之日起计算”的规定，既符合犯罪构成理论，也符合《刑法》规定。就刑法理论而言，追诉期限是对罪犯追诉的有效期限，必须以罪犯为主体，而罪犯这一主体的产生是以其实施了犯罪行为为前提的。因此，追诉期限应当是以罪犯存在亦即犯罪行为客观发生为前提的，只有行为人实施了犯罪后才有追诉期限开始计算的问题。《刑法》对于挪用公款数额较大这种情形的挪用行为，规定了是以三个月内是否归还作为是否成立挪用公款犯罪的必备要件的。如果三个月内已经全部归还，则不能作为犯罪追究行为人的刑事责任。三个月的法定归还期限尚未到，则挪用公款数额较大的行为也就尚未构成犯罪。《刑法》第八十九条规定，“追诉期限从犯罪之日起计算”，而“犯罪之日”尚不存在，则追诉期限也就不能开始计算。

另外，追诉期限从犯罪成立之日起计算的规定，对于这种情形的挪用公款犯罪而言，并不存在追诉期限比其他情形的挪用公款犯罪还多三个月的情况。因为其追诉期限的起算时间要比其他情形的挪用公款犯罪的起算时间晚三个月，其实际的追诉期限与其他情形的挪用公款犯罪在相同条件下是一样等长的。而这三个月是不可忽略、更不可随意变通规定的。首先是这三个月不到期限，就不存在挪用公款犯罪的问题，没有成立犯罪，也就没有法定追诉期限的开始计算。其次是如果规定这种情形的挪用公款犯罪的追诉期限与其他情形的挪用公款犯罪的追诉期限相同的话，也就是从挪用行为实施完毕之日起开始计算追诉期限，从理论上而言，追诉期限的起算之日，就是可以追究行为人刑事责任之时。如果行为人在已经开始计算追诉期限的三个月内归还了被挪用之公款，根据《刑法》的规定是不构成犯罪的。这样一来，没有犯罪存在却已经开始起算的追诉期限该如何中止呢？

综上所述，挪用公款数额较大，超过三个月未归还的犯罪行为的追诉期限，应当从超过三个月归还期限之日即挪用公款犯罪成立之日起开始计算。

（撰稿人：马　东

审稿人：胡云腾）

最高人民法院　最高人民检察院
关于办理行贿刑事案件具体应用法律若干问题的解释

法释〔2012〕22号

（2012年5月14日最高人民法院审判委员会第1547次会议、2012年8月21日最高人民检察院第十一届检察委员会第77次会议通过　2012年12月26日最高人民法院、最高人民检察院公告公布　自2013年1月1日起施行）

为依法惩治行贿犯罪活动，根据刑法有关规定，现就办理行贿刑事案件具体应用法律的若干问题解释如下：

第一条　为谋取不正当利益，向国家工作人员行贿，数额在一万元以上的，应当依照刑法第三百九十条的规定追究刑事责任。

第二条　因行贿谋取不正当利益，具有下列情形之一的，应当认定为刑法第三百九十条第一款规定的“情节严重”：

（一）行贿数额在二十万元以上不满一百万元的；

（二）行贿数额在十万元以上不满二十万元，并具有下列情形之一的：

1. 向三人以上行贿的；

2. 将违法所得用于行贿的；

3. 为实施违法犯罪活动，向负有食品、药品、安全生产、环境保护等监督管理职责的国家工作人员行贿，严重危害民生、侵犯公众生命财产安全的；

4. 向行政执法机关、司法机关的国家工作人员行贿，影响行政执法和司法公正的；

（三）其他情节严重的情形。

第三条　因行贿谋取不正当利益，造成直接经济损失数额在一百万元以上的，应当认定为刑法第三百九十条第一款规定的“使国家利益遭受重大损失”。

第四条　因行贿谋取不正当利益，具有下列情形之一的，应当认定为刑法第三百九十条第一款规定的“情节特别严重”：

（一）行贿数额在一百万元以上的；

（二）行贿数额在五十万元以上不满一百万元，并具有下列情形之一的：

1. 向三人以上行贿的；

2. 将违法所得用于行贿的；

3. 为实施违法犯罪活动，向负有食品、药品、安全生产、环境保护等监督管理职责的国家工作人员行贿，严重危害民生、侵犯公众生命财产安全的；

4. 向行政执法机关、司法机关的国家工作人员行贿，影响行政执法和司法公正的；

（三）造成直接经济损失数额在五百万元以上的；

（四）其他情节特别严重的情形。

第五条 多次行贿未经处理的，按照累计行贿数额处罚。

第六条 行贿人谋取不正当利益的行为构成犯罪的，应当与行贿犯罪实行数罪并罚。

第七条 因行贿人在被追诉前主动交待行贿行为而破获相关受贿案件的，对行贿人不适用刑法第六十八条关于立功的规定，依照刑法第三百九十条第二款的规定，可以减轻或者免除处罚。

单位行贿的，在被追诉前，单位集体决定或者单位负责人决定主动交待单位行贿行为的，依照刑法第三百九十条第二款的规定，对单位及相关责任人员可以减轻处罚或者免除处罚；受委托直接办理单位行贿事项的直接责任人员在被追诉前主动交待自己知道的单位行贿行为的，对该直接责任人员可以依照刑法第三百九十条第二款的规定减轻处罚或者免除处罚。

第八条 行贿人被追诉后如实供述自己罪行的，依照刑法第六十七条第三款的规定，可以从轻处罚；因其如实供述自己罪行，避免特别严重后果发生的，可以减轻处罚。

第九条 行贿人揭发受贿人与其行贿无关的其他犯罪行为，查证属实的，依照刑法第六十八条关于立功的规定，可以从轻、减轻或者免除处罚。

第十条 实施行贿犯罪，具有下列情形之一的，一般不适用缓刑和免予刑事处罚：

（一）向三人以上行贿的；

（二）因行贿受过行政处罚或者刑事处罚的；

（三）为实施违法犯罪活动而行贿的；

（四）造成严重危害后果的；

（五）其他不适用缓刑和免予刑事处罚的情形。

具有刑法第三百九十条第二款规定的情形的，不受前款规定的限制。

第十一条 行贿犯罪取得的不正当财产性利益应当依照刑法第六十四条的规定予以追缴、责令退赔或者返还被害人。

因行贿犯罪取得财产性利益以外的经营资格、资质或者职务晋升等其他不正当利益，建议有关部门依照相关规定予以处理。

第十二条 行贿犯罪中的“谋取不正当利益”，是指行贿人谋取的利益违反法律、法规、规章、政策规定，或者要求国家工作人员违反法律、法规、规章、政策、行业规范的规定，为自己提供帮助或者方便条件。

违背公平、公正原则，在经济、组织人事管理等活动中，谋取竞争优势的，应当认定为“谋取不正当利益”。

第十三条 刑法第三百九十条第二款规定的“被追诉前”，是指检察机关对行贿人的行贿行为刑事立案前。

【解 读】

解读《最高人民法院、最高人民检察院关于办理行贿刑事案件具体应用法律若干问题的解释》

一、问题的提出

1997年《刑法》施行以来，先后出台了“两高”《关于在办理受贿犯罪大要案的同时要严肃查处严重行贿犯罪分子的通知》、最高人民检察院《关于人民检察院直接受理立案侦查案件立案标准的规定（试行）》、最高人民检察院《关于进一步加大对严重行贿犯罪打击力度的通知》、“两高”《关于办理商业贿赂刑事案件适用法律若干问题的意见》等司法解释文件，严肃查办了一批行贿犯罪案件，取得了良好的法律效果和社会效果。但是，当前行贿犯罪现象仍然比较严重，一些行贿犯罪分子未受到刑事追究，行贿案件判处刑罚较轻、缓免刑比例较高，引起社会广泛关注，成为影响我国经济发展和社会稳定的突出问题。为有效解决近年来办理行贿犯罪案件出现的新情况、新问题，进一步明确有关法律适用特别是行贿罪的定罪量刑标准、谋取不正当利益的认定、行贿犯罪不正当利益的处理等问题，有必要制发《关于办理行贿刑事案件具体应用法律若干问题的解释》（以下简称本解释），规范执法，从严惩处行贿犯罪。

二、《解释》的主要内容

本解释共十三条，主要规定了七个方面的内容：行贿罪定罪量刑标准；行贿人谋取不正当利益的行为又构成其他犯罪的处罚原则；对行贿人、行贿单位从轻、减轻、免除处罚的规定；行贿犯罪适用缓、免刑的限制性规定；对因行贿犯罪所取得的不正当利益的处理；“谋取不正当利益”的司法认定；“被追诉前”的司法认定。

（一）行贿罪的入罪数额标准

本解释第一条规定，为谋取不正当利益，向国家工作人员行贿，数额在一万元以上的，应当以行贿罪追究刑事责任。确定行贿罪的入罪数额标准为一万元，主要考虑：一是与受贿罪的入罪门槛相协调，确定行贿罪的入罪起点要适当高于受贿罪的起点，为受贿罪入罪数额标准五千元的二倍；二是与先前的司法解释文件规定相协调，1999 年 9 月最高人民检察院《关于人民检察院直接受理立案侦查案件立案标准的规定（试行）》规定行贿罪的立案标准为一万元，本解释沿用了该数额标准；三是结合办案实际情况，近年来审理的行贿案件行贿数额没有低于一万元的，故没有规定行贿数额不满一万元应予刑事处罚的情形。在实践中，对行贿数额低于一万元的，可以通过行政处罚或纪律处分予以处理；对多次小额行贿未经处理的，可根据本解释第五条的规定，累计行贿数额达到一万元的，以行贿罪追究刑事责任。

（二）行贿罪“情节严重”“情节特别严重”的规定

本解释第二条对行贿罪“情节严重”作出规定。具有下列情形之一的，应当认定为行贿罪“情节严重”：1. 行贿数额在二十万元以上不满一百万元的；2. 行贿数额在十万元以上不满二十万元，并具有下列情形之一的：（1）向三人以上行贿的；（2）将违法所得用于行贿的；（3）为实施违法犯罪活动，向负有食品、药品、安全生产、环境保护等监督管理职责的国家工作人员行贿，严重危害民生、侵犯公众生命财产安全的；（4）向行政执法机关、司法机关工作人员行贿，影响行政执法和司法公正的；3. 其他情节严重的情形。

本解释第四条规定了“情节特别严重”的情形。行贿数额在一百万元以上的，行贿数额在五十万元以上不满一百万元并具有“情节严重”四种特殊情形之一的，造成直接经济损失五百万元以上的，可认定为行贿罪“情节特别严重”。

犯罪数额是行贿罪量刑首要考虑的因素。以往并无在全国范围内适用的行贿罪数额标准，在调研中了解到，部分地区掌握的“情节严重”标准为十万元。经研究认为，为与当前社会经济发展水平相适应，“情节严重”的数额标准应在十万元的基础上有所提高；另一方面，为使目前行贿数额普遍较高但量刑较低的实际情况得到有效控制，加大对行贿犯罪打击力度，数额标准又不宜定得过高。综合上述因素，并考虑到行贿罪与受贿罪之间的量刑平衡，避免对行贿罪的处罚重于受贿罪或者较受贿罪畸轻，本解释第二条第一项确定单纯以数额认定的情形下，“情节严重”的标准为二十万元以上不满一百万元，第四条第一项确定“情节特别严重”的标准为一百万元以上。

本解释第二条、第四条第二项确定了行贿罪“情节严重”“情节特别严重”的四种特殊情形。主要考虑到两个方面的问题：一是数额标准，对四种情形的犯罪数额作了一定的限制，数额起点为单纯以数额认定的一半，即行贿数额分别达到十万元、五十万元的。二是四种情形主要针对实际中多发的、涉及公共利益、危害民生民利的社会危害性严重的行贿行为作出了规定。其中：（1）向三人以上行贿的，主要考虑到向多人行贿意味着腐蚀多名国家工作人员，其社会危害性更大；(2) 将违法所得用于行贿的，主要是指行为人将通过实施其他违法犯罪活动获取的财物用于行贿的情况，如行为人长期使用制售假冒伪劣商品的违法所得向执法人员行贿，以确保其制售行为不受查处，这种情形比使用合法财产行贿的社会危害性更大；(3) 针对特殊领域行贿的，特殊领域主要是指食品、药品、安全生产、环境保护等与民生密切相关的领域；(4) 针对特定对象行贿的。特定对象主要是指行政执法机关和司法机关的国家工作人员。

(三) 行贿罪“使国家利益遭受重大损失”的数额规定

本解释第三条规定“使国家利益遭受重大损失”是指造成直接经济损失数额一百万元以上的。主要考虑：一是，《刑法》第三百九十条第一款将“使国家利益遭受重大损失”作为与“情节严重”并列的情形，规定相同的量刑档；二是，实践中行贿犯罪造成直接经济损失以外的其他损失情况比较复杂，不宜作出统一明确的规定，如果查明造成其他损失的，可以认定为具有本解释第二条第三项规定的“其他情节严重的情形”或第四条第四项“其他情节特别严重的情形”进行处罚；三是，确定一百万的具体数额主要是综合司法实践中的具体案件情况。

(四) 多次行贿未经处理的犯罪数额计算方法

为解决实践中多次行贿没有处理，特别是行贿数额较小但多次行贿或向多人行贿均未达到行贿罪入罪数额标准的问题，本解释第五条规定了多次行贿未经处理的处罚原则，按照累计行贿数额处罚。

(五) 行贿犯罪数罪并罚的处罚原则

本解释第五条规定了行贿人谋取不正当利益的行为又构成其他犯罪的，应当与行贿犯罪数罪并罚的处罚原则。实践中，对行贿人谋取不正当利益的行为又构成犯罪的处理并不统一。有意见认为，行贿人谋取不正当利益的行为又构成其他犯罪的属于以行贿为手段实现不正当利益目的的牵连关系，应当按牵连犯处罚。经研究认为，“为谋取不正当利益”是行贿犯罪的主观要件，并不必然外化为客观行为，但当行贿人“为谋取不正当利益”外化为客观行为且构成其他犯罪的情况下，行贿人实施了两个行为（一个是行贿行为本身，一个是“为谋取不正当利益”的客观行为），侵犯了两个犯罪客体，应当对其数罪并罚。如果谋取不正当利益的行为仅构成一般违法，尚未构成犯罪的，则作为量刑情节考虑。

(六) 行贿犯罪从轻、减轻、免除处罚的规定

办理行贿刑事案件需要贯彻宽严相济刑事政策，对符合法定从轻、减轻或者免除处罚等量刑情节的，应依法对行贿人、行贿单位从轻、减轻或者免除处罚。本解释第七条、第八条、第九条规定了适用《刑法》第三百九十条第二款、第六十七条第三款、第六十八条对某些情形的行贿犯罪从宽处理。

1. 本解释第七条第一款规定因行贿人在被追诉前主动交待行贿行为而破获相关受贿案件的，对行贿人不适用《刑法》第六十八条关于立功的规定，依照《刑法》第三百九十条第二款的规定，可以减轻或者免除处罚。征求意见过程中，有部门提出，行贿人在被追诉前主动交待行贿行为而破获相关受贿案件的应以立功论。经研究认为，行贿与受贿属于对合犯，行贿人交待行贿事实必然要交待受贿人。行贿人在被追诉前主动交待虽会使相关受贿案件得以侦破，但这种破案并非基于行贿人的检举揭发，仍属于如实供述自己犯罪事实的范畴，依法不能认定立功，而应当适用《刑法》第三百九十条第二款的规定予以减轻或者免除处罚。相比《刑法》第六十八条立功的规定，适用《刑法》第三百九十条第二款刑罚更为轻缓，更有利于鼓励行贿人主动交待犯罪事实，有效打击贿赂犯罪特别是受贿犯罪。

第二款规定了单位犯罪主体在被追诉前主动交待单位行贿行为的认定和处罚原则。一是单位在被追诉前，集体决定或者其负责人决定主动交待单位行贿行为的，依照《刑法》第三百九十条第二款的规定，对单位及相关责任人员可以减轻处罚或者免除处罚，需要注意的是，对单位适用本款从宽处罚的规定，必须是向办案机关主动交待单位行贿的行为能够体现单位的意志；二是受委托直接办理单位行贿事项的直接责任人员在被追诉前主动交待自己知道的单位行贿行为的，对该直接责任人员可以依照《刑法》第三百九十条第二款的规定减轻处罚或者免除处罚，明确了直接责任人员交待自己知道的单位行贿行为的，减轻处罚或者免除处罚并不及于单位，只及于直接责任人员本人。

2. 本解释第八条规定行贿人被追诉后如实供述自己罪行的，依照《刑法》第六十七条第三款的规定，可以从轻处罚；因其如实供述自己罪行，避免特别严重后果发生的，可以减轻处罚。此条明确了行贿犯罪适用坦白从宽处罚原则。《刑法修正案（八）》补充规定了坦白的内容。为在办理行贿犯罪案件时体现和执行坦白从宽的刑事政策，根据《刑法》第六十七条第三款的内容作出上述规定。

3. 本解释第九条规定行贿人揭发受贿人与其行贿无关的其他犯罪行为，查证属实的，依照《刑法》第六十八条关于立功的规定，可以从轻、减轻或者免除处罚。此条明确了行贿人立功情形下的处罚原则，需要说明的是，行贿人揭发的是与行贿行为无关的其他犯罪行为，包括揭发受贿人收受其他人贿赂的犯罪行为。

（七）行贿犯罪适用缓、免刑的限制性规定

本解释第十条规定了行贿犯罪不适用缓、免刑的情形。第一款规定了一般不适用缓刑和免予刑事处罚的五种情形：一是向三人以上行贿的。从行贿的人数多少严格限制适用缓免刑；二是因行贿受过行政处罚或者刑事处罚的。适用缓免刑很重要的一个条件是“没有再犯罪的危险”，对于多次行贿，经过行政

处罚、刑事处罚仍屡教不改的，即使行贿数额较小，也不应对其适用缓、免刑；三是为实施违法犯罪活动而行贿的。为实施违法犯罪活动而行贿，说明其主观恶性大，有必要限制缓、免刑的适用；四是造成严重危害后果的。客观危害后果可以反映社会危害性大小，有必要从犯罪后果限制缓、免刑的适用；五是其他不适用缓刑和免予刑事处罚的情形。

第二款是第一款规定的例外。这主要是基于刑法的规定，对于行贿人在被追诉前主动交待行贿行为而破获相关受贿案件的，可以减轻或者免除处罚，符合缓刑、免予刑事处罚条件的，可以依法适用缓刑、免予刑事处罚，不受第一款规定的限制。

（八）行贿犯罪获取的不正当利益的处理

本解释第十一条规定了行贿犯罪获取的不正当利益的处理原则。行贿犯罪属于贪利型的犯罪，通过行贿获取的不正当利益属于犯罪所得，根据《刑法》第六十四条的规定，犯罪分子违法所得的一切财物，应当予以追缴或者责令退赔；对被害人的合法财产，应当及时返还。调研中了解到，在行贿案件的起诉和审判实践中，《刑法》第六十四条的规定并未充分应用，鲜有起诉书和判决书对行贿犯罪获取的不正当利益作出处理。从实际情况来看，行贿犯罪所得不正当利益远远超过行贿人给付国家工作人员的财物数额，司法机关在办理行贿案件过程中忽略对不正当利益数额的考量，不仅影响准确量刑，而且放弃了对行贿所得不正当利益的后续处理，势必导致行贿犯罪成本明显低于行贿犯罪收益，不利于惩处贿赂犯罪。因此，有必要对行贿犯罪取得的“不正当利益”如何处理作出规定。

针对行贿犯罪取得的财产性利益，本条第一款规定应当依照《刑法》第六十四条的规定予以追缴、责令退赔或者返还被害人。通过行贿获取的不正当财产性利益根据其产生方式可分为因行贿直接取得的财产性利益和因行贿取得的不正当利益间接产生的财产性利益，原则上均应予以追缴、退赔或返还。考虑到征求意见过程中，对间接财产性利益的认定和处理有不同意见，故该款仅明确对行贿犯罪取得的不正当财产性利益应当依照《刑法》第六十四条规定处理，目的在于要求司法机关在对行贿犯罪的惩处过程中重视对违法所得的处理。

针对行贿犯罪取得的非财产性不正当利益，也就是财产性利益以外的经营资格、资质或者职务晋升等其他不正当利益，本条第二款规定建议有关部门依照相关规定予以处理。主要考虑是，对行贿犯罪非财产性利益处理的依据包括法律、法规、规章、制度等，比如，因行贿而取得的职务晋升，取消其职务可以根据有关人事制度的规定。此类不正当利益的处理应由有关部门依据相关规定作出，具体处理方式不适宜在司法解释中明确。

(九) 行贿犯罪“谋取不正当利益”的范围

本解释第十二条明确了行贿犯罪“谋取不正当利益”的范围。行贿犯罪中的“谋取不正当利益”，是指行贿人谋取的利益违反法律、法规、规章、政策规定，或者要求国家工作人员违反法律、法规、规章、政策、行业规范的规定，为自己提供帮助或者方便条件。违背公平、公正原则，在经济、组织人事管理等活动中，谋取竞争优势的，应当认定为“谋取不正当利益”。规定借鉴了 1999 年 3 月“两高”《关于在办理受贿犯罪大要案的同时要严肃查处严重行贿犯罪分子的通知》和 2008 年 11 月“两高”《关于办理商业贿赂刑事案件适用法律若干问题的意见》关于“谋取不正当利益”规定的相关内容。需要说明的是，“谋取不正当利益”既包括行贿人谋取的利益本身不正当，也包括谋取利益的程序不正当；本解释将原来对商业贿赂领域行贿犯罪“谋取不正当利益”的认定扩大至所有行贿犯罪，同时将“谋取竞争优势”的范围从“招标投标、政府采购等商业活动”扩大至“经济、组织人事管理等活动”。

(十) 行贿犯罪“被追诉前”的时间界定

本解释第十三条对《刑法》第三百九十条第二款规定的“被追诉前”作出规定，是指检察机关对行贿人的行贿行为刑事立案前。研究过程中，有意见认为，“被追诉前”应指办案机关对行贿人的行贿行为立案前，具体来说，如果行贿案件由纪检监察机关办理后再移交检察机关的，“立案前”是指在纪检监察机关立案前；如果行贿案件由检察机关直接办理的，“立案前”是指检察机关刑事立案前。经研究认为，当前贿赂案件频发、职务犯罪形势严峻，但办案机关侦查手段有限，查办贿赂案件还存在诸多实际困难，从加大打击贿赂犯罪的角度出发，有必要将“被追诉前”明确为检察机关刑事立案之前，鼓励行贿人主动交待贿赂犯罪事实，及时发现案件线索，分化瓦解贿赂犯罪。

(十一) 其他需要说明的问题

1. 本解释中“行贿犯罪”的具体范围。本解释出台的主要目的是加大对行贿犯罪的惩处力度，因此对相关行贿犯罪的法律适用问题力求进一步明确。本解释规定的“行贿犯罪”不仅指《刑法》第三百八十九条行贿罪，还包括第三百九十一条对单位行贿罪、第三百九十三条单位行贿罪。例如，本解释有关行贿犯罪数罪并罚原则、谋取不正当利益的认定等规定均适用以上三个罪名。

2. 向党政机关领导干部行贿的处理。本解释起草过程中，有意见认为，实践中向党政机关领导干部行贿，拉拢腐蚀国家干部，犯罪情节恶劣、危害后果严重，社会影响极坏，应作为“情节严重”的情形。经研究认为，向党政机关领导干部行贿的确属情节严重的行贿犯罪行为，应该依法予以严惩。考虑到实践中对“党政机关领导干部”的范围不易把握，故在第二条、第四条“情节严重”“情节特别严重”的情形中没有明确。实践中对向党政机关领导干部行贿情节严重、情节特别严重的，可视为第二条、第四条规定的“其他情节严重的情形”“其他情节特别严重的情形”。

3. 本解释的时间效力问题。在本解释出台之前，最高人民法院、最高人民检察院相继发布了一些有关办理行贿犯罪案件的司法解释和司法解释性文件，如1999年9月最高人民检察院《关于人民检察院直接受理立案侦查案件立案标准的规定（试行）》、2008年11月“两高”《关于办理商业贿赂刑事案件适用法律若干问题的意见》等。为规范统一执法，本解释发布之前的司法解释与本解释不一致的，以本解释为准。实践中正在办理的行贿刑事案件如何适用有关行贿司法解释，可依照2001年12月“两高”《关于适用刑事司法解释时间效力问题的规定》来处理。

（撰稿人：陈国庆　韩耀元　宋　丹）

指导案例 11 号

杨延虎等贪污案

（最高人民法院审判委员会讨论通过 2012 年 9 月 18 日发布）

关键词

刑事 贪污罪 职务便利 骗取土地使用权

裁判要点

1. 贪污罪中的“利用职务上的便利”，是指利用职务上主管、管理、经手公共财物的权力及方便条件，既包括利用本人职务上主管、管理公共财物的职务便利，也包括利用职务上有隶属关系的其他国家工作人员的职务便利。

2. 土地使用权具有财产性利益，属于《刑法》第三百八十二条第一款规定中的“公共财物”，可以成为贪污的对象。

相关法条

《中华人民共和国刑法》第三百八十二条第一款

基本案情

被告人杨延虎 1996 年 8 月任浙江省义乌市委常委，2003 年 3 月任义乌市人大常委会副主任，2000 年 8 月兼任中国小商品城福田市场（2003 年 3 月改称中国义乌国际商贸城，简称国际商贸城）建设领导小组副组长兼指挥部总指挥，主持指挥部全面工作。2002 年，杨延虎得知义乌市稠城街道共和村将列入拆迁和旧村改造范围后，决定在该村购买旧房，利用其职务便利，在拆迁安置时骗取非法利益。杨延虎遂与被告人王月芳（杨延虎的妻妹）、被告人郑新潮（王月芳之夫）共谋后，由王、郑二人出面，通过共和村王某某，以王月芳的名义在该村购买赵某某的 3 间旧房（房产证登记面积 61.87 平方米，发证日期 1998 年 8 月 3 日）。按当地拆迁和旧村改造政策，赵某某有无该旧房，其所得安置土地面积均相同，事实上赵某某也按无房户得到了土地安置。2003 年 3、4 月份，为使 3 间旧房所占土地确权到王月芳名下，在杨延虎指使和安排下，郑新潮再次通过共和村王某某，让该村村民委员会及其成员出具了该 3 间旧房系王月芳 1983 年所建的虚假证明。杨延虎利用职务便利，要求兼任国际商贸城建设指挥部分管土地确权工作的副总指挥、义乌市国土资源局副局长吴某某和指挥部确权报批科人员，对王月芳拆迁安置、土地确权予以关照。国际商贸城建设指挥部遂将王月芳所购房屋作为有村证明但无产权证的旧房进行确权审核，上报义乌市国土资源局确权，并按丈量结果认定其占地面积 64.7 平方米。

此后，被告人杨延虎与郑新潮、王月芳等人共谋，在其岳父王某祥在共和村拆迁中可得 25.5 平方米土地确权的基础上，于 2005 年 1 月编造了由王月芳等人签名的申请报告，谎称“王某祥与王月芳共有三间半房屋，占地 90.2 平方米，二人在 1986 年分家，王某祥分得 36.1 平方米，王月芳分得 54.1 平方米，有关部门确认王某祥房屋 25.5 平方米、王月芳房屋 64 平方米有误”，要求义乌市国土资源局更正。随后，杨延虎利用职务便利，指使国际商贸城建设指挥部工作人员以该部名义对该申请报告盖章确认，并使该申请报告得到义乌市国土资源局和义乌市政府认可，从而让王月芳、王某祥分别获得 72 和 54 平方米（共 126 平方米）的建设用地审批。按王某祥的土地确权面积仅应得 36 平方米建设用地审批，其余 90 平方米系非法所得。2005 年 5 月，杨延虎等人在支付选位费 24.552 万元后，在国际商贸城拆迁安置区获得两间店面 72 平方米土地的拆迁安置补偿（案发后，该 72 平方米的土地使用权被依法冻结）。该处地块在用作安置前已被国家征用并转为建设用地，属国有划拨土地。经评估，该处每平方米的土地使用权价值 35270 元。杨延虎等人非法所得的建设用地 90 平方米，按照当地拆迁安置规定，折合拆迁安置区店面的土地面积为 72 平方米，价值 253.944 万元，扣除其支付的 24.552 万元后，实际非法所得 229.392 万元。

此外，2001 年至 2007 年间，被告人杨延虎利用职务便利，为他人承揽工程、拆迁安置、国有土地受让等谋取利益，先后非法收受或索取 57 万元，其中索贿 5 万元。

裁判结果

浙江省金华市中级人民法院于 2008 年 12 月 15 日作出（2008）金中刑二初字第 30 号刑事判决：一、被告人杨延虎犯贪污罪，判处有期徒刑十五年，并处没收财产二十万元；犯受贿罪，判处有期徒刑十一年，并处没收财产十万元；决定执行有期徒刑十八年，并处没收财产三十万元。二、被告人郑新潮犯贪污罪，判处有期徒刑五年。三、被告人王月芳犯贪污罪，判处有期徒刑三年。宣判后，三被告人均提出上诉。浙江省高级人民法院于 2009 年 3 月 16 日作出（2009）浙刑二终字第 34 号刑事裁定，驳回上诉，维持原判。

裁判理由

法院生效裁判认为：关于被告人杨延虎的辩护人提出杨延虎没有利用职务便利的辩护意见。经查，义乌国际商贸城指挥部系义乌市委、市政府为确保国际商贸城建设工程顺利进行而设立的机构，指挥部下设确权报批科，工作人员从国土资源局抽调，负责土地确权、建房建设用地的审核及报批工作，分管该科的副总指挥吴某某也是国土资源局的副局长。确权报批科作为指挥部下设机构，同时受指挥部的领导，作为指挥部总指挥的杨延虎具有对该科室的领导职权。贪污罪中的“利用职务上的便利”，是指利用职务上主管、管理、经手公共财物的权力及方便条件，既包括利用本人职务上主管、管理公共财物的职务便利，也包括利用职务上有隶属关系的其他国家工作人员的职务便利。本案中，杨延虎正是利用担任义乌市委常委、义乌市人大常委会副主任和兼任指挥部总指挥的职务便利，给下属的土地确权报批科人员及其分管副总指挥打招呼，才使得王月芳等人虚报的拆迁安置得以实现。

关于被告人杨延虎等人及其辩护人提出被告人王月芳应当获得土地安置补偿，涉案土地属于集体土地，不能构成贪污罪的辩护意见。经查，王月芳购房时系居民户口，按照法律规定和义乌市拆迁安置有关规定，不属于拆迁安置对象，不具备获得土地确权的资格，其在共和村所购房屋既不能获得土地确权，又不能得到拆迁安置补偿。杨延虎等人明知王月芳不符合拆迁安置条件，却利用杨延虎的职务便利，通过将王月芳所购房屋谎报为其祖传旧房、虚构王月芳与王某祥分家事实，骗得旧房拆迁安置资格，骗取国有土地确权。同时，由于杨延虎利用职务便利，杨延虎、王月芳等人弄虚作假，既使王月芳所购旧房的房主赵某某按无房户得到了土地安置补偿，又使本来不应获得土地安置补偿的王月芳获得了土地安置补偿。《中华人民共和国土地管理法》第二条、第九条规定，我国土地实行社会主义公有制，即全民所有制和劳动群众集体所有制，并可以依法确定给单位或者个人使用。对土地进行占有、使用、开发、经营、交易和流转，能够带来相应经济收益。因此，土地使用权自然具有财产性利益，无论国有土地，还是集体土地，都属于《刑法》第三百八十二条第一款规定中的“公共财物”，可以成为贪污的对象。王月芳名下安置的地块已在 2002 年 8 月被征为国有并转为建设用地，义乌市政府文件抄告单也明确该处的拆迁安置土地使用权登记核发国有土地使用权证。因此，杨延虎等人及其辩护人所提该项辩护意见，不能成立。

综上，被告人杨延虎作为国家工作人员，利用担任义乌市委常委、义乌市人大常委会副主任和兼任国际商贸城指挥部总指挥的职务便利，伙同被告人郑新潮、王月芳以虚构事实的手段，骗取国有土地使用权，非法占有公共财物，三被告人的行为均已构成贪污罪。杨延虎还利用职务便利，索取或收受他人贿赂，为他人谋取利益，其行为又构成受贿罪，应依法数罪并罚。在共同贪污犯罪中，杨延虎起主要作用，系主犯，应当按照其所参与或者组织、指挥的全部犯罪处罚；郑新潮、王月芳起次要作用，系从犯，应减轻处罚。故一、二审法院依法作出如上裁判。

指导案例 3 号

潘玉梅、陈宁受贿案

（最高人民法院审判委员会讨论通过　2011 年 12 月 20 日发布）

关键词

刑事　受贿罪　“合办”公司受贿　低价购房受贿　承诺谋利　受贿数额计算　掩饰受贿退赃

裁判要点

1. 国家工作人员利用职务上的便利为请托人谋取利益，并与请托人以“合办”公司的名义获取“利润”，没有实际出资和参与经营管理的，以受贿论处。

2. 国家工作人员明知他人有请托事项而收受其财物，视为承诺“为他人谋取利益”，是否已实际为他人谋取利益或谋取到利益，不影响受贿的认定。

3. 国家工作人员利用职务上的便利为请托人谋取利益，以明显低于市场的价格向请托人购买房屋等物品的，以受贿论处，受贿数额按照交易时当地市场价格与实际支付价格的差额计算。

4. 国家工作人员收受财物后，因与其受贿有关联的人、事被查处，为掩饰犯罪而退还的，不影响认定受贿罪。

相关法条

《中华人民共和国刑法》第三百八十五条第一款

基本案情

2003 年八九月间，被告人潘玉梅、陈宁分别利用担任江苏省南京市栖霞区迈皋桥街道工委书记、迈皋桥办事处主任的职务便利，为南京某房地产开发有限公司总经理陈某在迈皋桥创业园区低价获取 100 亩土地等提供帮助，并于 9 月 3 日分别以其亲属名义与陈某共同注册成立南京多贺工贸有限责任公司（简称多贺公司），以“开发”上述土地。潘玉梅、陈宁既未实际出资，也未参与该公司经营管理。2004 年 6 月，陈某以多贺公司的名义将该公司及其土地转让给南京某体育用品有限公司，潘玉梅、陈宁以参与利润分配名义，分别收受陈某给予的 480 万元。2007 年 3 月，陈宁因潘玉梅被调查，在美国出差期间安排其驾驶员退给陈某 80 万元。案发后，潘玉梅、陈宁所得赃款及赃款收益均被依法追缴。

2004 年 2 月至 10 月，被告人潘玉梅、陈宁分别利用担任迈皋桥街道工委书记、迈皋桥办事处主任的职务之便，为南京某置业发展有限公司在迈皋桥创业园购买土地提供帮助，并先后4次各收受该公司总经理吴某某给予的50万元。

2004年上半年，被告人潘玉梅利用担任迈皋桥街道工委书记的职务便利，为南京某发展有限公司受让金桥大厦项目减免100万元费用提供帮助，并在购买对方开发的一处房产时接受该公司总经理许某某为其支付的房屋差价款和相关税费61万余元（房价含税费121.0817万元，潘支付60万元）。2006年4月，潘玉梅因检察机关从许某某的公司账上已掌握其购房仅支付部分款项的情况而补还给许某某55万元。

此外，2000年春节前至2006年12月，被告人潘玉梅利用职务便利，先后收受迈皋桥办事处一党支部书记兼南京某商贸有限责任公司总经理高某某人民币201万元和美元49万元、浙江某房地产集团南京置业有限公司范某某美元1万元。2002年至2005年间，被告人陈宁利用职务便利，先后收受迈皋桥办事处一党支部书记高某某21万元、迈皋桥办事处副主任刘某8万元。

综上，被告人潘玉梅收受贿赂人民币792万余元、美元50万元（折合人民币398.1234万元），共计收受贿赂1190.2万余元；被告人陈宁收受贿赂559万元。

裁判结果

江苏省南京市中级人民法院于2009年2月25日以〔2008〕宁刑初字第49号刑事判决，认定被告人潘玉梅犯受贿罪，判处死刑，缓期二年执行，剥夺政治权利终身，并处没收个人全部财产；被告人陈宁犯受贿罪，判处无期徒刑，剥夺政治权利终身，并处没收个人全部财产。宣判后，潘玉梅、陈宁提出上诉。江苏省高级人民法院于2009年11月30日以同样的事实和理由作出〔2009〕苏刑二终字第0028号刑事裁定，驳回上诉，维持原判，并核准一审以受贿罪判处被告人潘玉梅死刑，缓期二年执行，剥夺政治权利终身，并处没收个人全部财产的刑事判决。

裁判理由

法院生效裁判认为：关于被告人潘玉梅、陈宁及其辩护人提出二被告人与陈某共同开办多贺公司开发土地获取“利润”480万元不应认定为受贿的辩护意见。经查，潘玉梅时任迈皋桥街道工委书记，陈宁时任迈皋桥街道办事处主任，对迈皋桥创业园区的招商工作、土地转让负有领导或协调职责，二人分别利用各自职务便利，为陈某低价取得创业园区的土地等提供了帮助，属于利用职务上的便利为他人谋取利益；在此期间，潘玉梅、陈宁与陈某商议合作成立多贺公司用于开发上述土地，公司注册资金全部来源于陈某，潘玉梅、陈宁既未实际出资，也未参与公司的经营管理。因此，潘玉梅、陈宁利用职务便利为陈某谋取利益，以与陈某合办公司开发该土地的名义而分别获取的480万元，并非所谓的公司利润，而是利用职务便利使陈某低价获取土地并转卖后获利的一部分，体现了受贿罪权钱交易的本质，属于以合办公司为名的变相受贿，应以受贿论处。

关于被告人潘玉梅及其辩护人提出潘玉梅没有为许某某实际谋取利益的辩护意见。经查，请托人许某某向潘玉梅行贿时，要求在受让金桥大厦项目中减免 100 万元的费用，潘玉梅明知许某某有请托事项而收受贿赂；虽然该请托事项没有实现，但“为他人谋取利益”包括承诺、实施和实现不同阶段的行为，只要具有其中一项，就属于为他人谋取利益。承诺“为他人谋取利益”，可以从为他人谋取利益的明示或默示的意思表示予以认定。潘玉梅明知他人有请托事项而收受其财物，应视为承诺为他人谋取利益，至于是否已实际为他人谋取利益或谋取到利益，只是受贿的情节问题，不影响受贿的认定。

关于被告人潘玉梅及其辩护人提出潘玉梅购买许某某的房产不应认定为受贿的辩护意见。经查，潘玉梅购买的房产，市场价格含税费共计应为 121 万余元，潘玉梅仅支付 60 万元，明显低于该房产交易时当地市场价格。潘玉梅利用职务之便为请托人谋取利益，以明显低于市场的价格向请托人购买房产的行为，是以形式上支付一定数额的价款来掩盖其受贿权钱交易本质的一种手段，应以受贿论处，受贿数额按照涉案房产交易时当地市场价格与实际支付价格的差额计算。

关于被告人潘玉梅及其辩护人提出潘玉梅购买许某某开发的房产，在案发前已将房产差价款给付了许某某，不应认定为受贿的辩护意见。经查，2006 年 4 月，潘玉梅在案发前将购买许某某开发房产的差价款中的 55 万元补给许某某，相距 2004 年上半年其低价购房有近两年时间，没有及时补还巨额差价；潘玉梅的补还行为，是由于许某某因其他案件被检察机关找去谈话，检察机关从许某某的公司账上已掌握潘玉梅购房仅支付部分款项的情况后，出于掩盖罪行目的而采取的退赃行为。因此，潘玉梅为掩饰犯罪而补还房屋差价款，不影响对其受贿罪的认定。

综上所述，被告人潘玉梅、陈宁及其辩护人提出的上述辩护意见不能成立，不予采纳。潘玉梅、陈宁作为国家工作人员，分别利用各自的职务便利，为他人谋取利益，收受他人财物的行为均已构成受贿罪，且受贿数额特别巨大，但同时鉴于二被告人均具有归案后如实供述犯罪、认罪态度好，主动交代司法机关尚未掌握的同种余罪，案发前退出部分赃款，案发后配合追缴涉案全部赃款等从轻处罚情节，故一、二审法院依法作出如上裁判。

10. 渎　职　罪

最高人民法院　最高人民检察院
关于办理渎职刑事案件适用法律若干问题的解释（一）

法释〔2012〕18 号

（2012 年 7 月 9 日最高人民法院审判委员会第 1552 次会议、2012 年 9 月 12 日最高人民检察院第十一届检察委员会第 79 次会议通过　2012 年 12 月 7 日最高人民法院、最高人民检察院公告公布　自 2013 年 1 月 9 日起施行）

为依法惩治渎职犯罪，根据刑法有关规定，现就办理渎职刑事案件适用法律的若干问题解释如下：

第一条　国家机关工作人员滥用职权或者玩忽职守，具有下列情形之一的，应当认定为刑法第三百九十七条规定的“致使公共财产、国家和人民利益遭受重大损失”：

（一）造成死亡 1 人以上，或者重伤 3 人以上，或者轻伤 9 人以上，或者重伤 2 人、轻伤 3 人以上，或者重伤 1 人、轻伤 6 人以上的；

（二）造成经济损失 30 万元以上的；

（三）造成恶劣社会影响的；

（四）其他致使公共财产、国家和人民利益遭受重大损失的情形。

具有下列情形之一的，应当认定为刑法第三百九十七条规定的“情节特别严重”：

（一）造成伤亡达到前款第（一）项规定人数 3 倍以上的；

（二）造成经济损失 150 万元以上的；

（三）造成前款规定的损失后果，不报、迟报、谎报或者授意、指使、强令他人不报、迟报、谎报事故情况，致使损失后果持续、扩大或者抢救工作延误的；

（四）造成特别恶劣社会影响的；

（五）其他特别严重的情节。

第二条 国家机关工作人员实施滥用职权或者玩忽职守犯罪行为，触犯刑法分则第九章第三百九十八条至第四百一十九条规定的，依照该规定定罪处罚。

国家机关工作人员滥用职权或者玩忽职守，因不具备徇私舞弊等情形，不符合刑法分则第九章第三百九十八条至第四百一十九条的规定，但依法构成第三百九十七条规定的犯罪的，以滥用职权罪或者玩忽职守罪定罪处罚。

第三条 国家机关工作人员实施渎职犯罪并收受贿赂，同时构成受贿罪的，除刑法另有规定外，以渎职犯罪和受贿罪数罪并罚。

第四条 国家机关工作人员实施渎职行为，放纵他人犯罪或者帮助他人逃避刑事处罚，构成犯罪的，依照渎职罪的规定定罪处罚。

国家机关工作人员与他人共谋，利用其职务行为帮助他人实施其他犯罪行为，同时构成渎职犯罪和共谋实施的其他犯罪共犯的，依照处罚较重的规定定罪处罚。

国家机关工作人员与他人共谋，既利用其职务行为帮助他人实施其他犯罪，又以非职务行为与他人共同实施该其他犯罪行为，同时构成渎职犯罪和其他犯罪的共犯的，依照数罪并罚的规定定罪处罚。

第五条 国家机关负责人员违法决定，或者指使、授意、强令其他国家机关工作人员违法履行职务或者不履行职务，构成刑法分则第九章规定的渎职犯罪的，应当依法追究刑事责任。

以“集体研究”形式实施的渎职犯罪，应当依照刑法分则第九章的规定追究国家机关负有责任的人员的刑事责任。对于具体执行人员，应当在综合认定其行为性质、是否提出反对意见、危害结果大小等情节的基础上决定是否追究刑事责任和应当判处的刑罚。

第六条 以危害结果为条件的渎职犯罪的追诉期限，从危害结果发生之日起计算；有数个危害结果的，从最后一个危害结果发生之日起计算。

第七条 依法或者受委托行使国家行政管理职权的公司、企业、事业单位的工作人员，在行使行政管理职权时滥用职权或者玩忽职守，构成犯罪的，应当依照《全国人民代表大会常务委员会关于〈中华人民共和国刑法〉第九章渎职罪主体适用问题的解释》的规定，适用渎职罪的规定追究刑事责任。

第八条 本解释规定的“经济损失”，是指渎职犯罪或者与渎职犯罪相关联的犯罪立案时已经实际造成的财产损失，包括为挽回渎职犯罪所造成损失而支付的各种开支、费用等。立案后至提起公诉前持续发生的经济损失，应一并计入渎职犯罪造成的经济损失。

债务人经法定程序被宣告破产，债务人潜逃、去向不明，或者因行为人的责任超过诉讼时效等，致使债权已经无法实现的，无法实现的债权部分应当认定为渎职犯罪的经济损失。

渎职犯罪或者与渎职犯罪相关联的犯罪立案后，犯罪分子及其亲友自行挽回的经济损失，司法机关或者犯罪分子所在单位及其上级主管部门挽回的经济损失，或者因客观原因减少的经济损失，不予扣减，但可以作为酌定从轻处罚的情节。

第九条 负有监督管理职责的国家机关工作人员滥用职权或者玩忽职守，致使不符合安全标准的食品、有毒有害食品、假药、劣药等流入社会，对人民群众生命、健康造成严重危害后果的，依照渎职罪的规定从严惩处。

第十条 最高人民法院、最高人民检察院此前发布的司法解释与本解释不一致的，以本解释为准。

【解　　读】

解读《最高人民法院、最高人民检察院关于办理渎职刑事案件适用法律若干问题的解释（一）》

2012 年 12 月 7 日最高人民法院、最高人民检察院联合公布了《关于办理渎职刑事案件适用法律若干问题的解释（一）》（以下简称本解释），自 2013 年 1 月 9 日起施行。本解释针对惩治渎职犯罪中遇到的法律适用问题，进一步明确了滥用职权罪、玩忽职守罪的定罪量刑标准以及渎职罪共性的法律适用问题。为便于深入理解和掌握本解释的基本精神和主要内容，现就本解释的有关问题解读如下：

一、制定本解释的背景及过程

渎职犯罪不仅直接损害人民群众的切身利益，损害党和政府的形象和威信，同时还是各种贪污贿赂、经济犯罪的重要诱因。党和国家对依法惩治和预防渎职犯罪高度重视。2009 年 10 月，第十一届全国人大常委会第十一次会议听取和审议了最高人民检察院《关于加强渎职侵权检察工作促进依法行政和公正司法情况的报告》；2010 年 10 月，第十一届全国人大常委会第十七次会议听取和审议了最高人民检察院《关于改进渎职侵权检察工作情况的报告》，强调要进一步加大渎职侵权案件的查办力度，健全办案机制，重视犯罪预防，加强工作协调，完善法制建设，坚决遏制一些领域腐败现象易发多发势头，确保犯罪行为受到追究，维护社会公平正义。2010 年 12 月 21 日，中办、国办联合转发了高检院会同中央纪委、中央政法委等8个部门制定的《关于加大惩治和预防渎职侵权违法犯罪工作力度的若干意见》(中办发〔2010〕37号，以下简称《意见》)。《意见》首次提出了渎职是严重腐败的命题，要求把反渎职作为党风廉政建设和反腐败斗争的重要组成部分，把反渎职侵权工作纳入惩治和预防腐败体系的整体格局，放在更加突出的位置来抓。《意见》全面部署了加大惩治和预防渎职侵权违法犯罪力度的重点任务和主要措施，明确要求“两高”加强对办案中相关法律应用问题的研究，重点解决渎职侵权犯罪定罪量刑标准、数罪并罚、徇私舞弊和损失后果认定、侦查与审判管辖衔接以及渎职侵权犯罪处罚偏轻等问题，及时作出司法解释。

从2011年3月起，“两高”共同启动司法解释的研究制定工作，在最高人民检察院《关于渎职侵权犯罪案件立案标准的规定》(高检发释字〔2006〕2号，以下简称《立案标准》)的基础上，结合司法实践中遇到的法律适用问题，共同研究起草了《关于办理渎职犯罪案件具体应用法律若干问题的解释(征求意见稿)》，并在全国法院系统、检察院系统内征求意见，听取了中央纪委、中央政法委、全国人大常委会法工委、国家安监总局、国家食品药品监督管理局等有关中央单位的意见和建议。2011年11月，“两高”联合召开了专家论证会，听取了北京大学、中国人民大学、北京师范大学等单位的专家学者的意见。

经综合各方面的意见，多次研究修改，2012年7月9日最高人民法院审判委员会第1552次会议、2012年9月12日最高人民检察院第十一届检察委员会第79次会议分别审议通过了本解释。

二、本解释的主要内容及说明

本解释共十条，主要规定了滥用职权罪、玩忽职守罪的定罪量刑标准和渎职罪的共性问题。第一条明确了滥用职权罪和玩忽职守罪的定罪量刑标准。第二条明确了滥用职权罪、玩忽职守罪与渎职罪其余35个特别罪名的关系和法律适用问题。第三条明确了对实施渎职犯罪同时构成受贿罪实行数罪并罚。第四条明确了渎职罪相关共同犯罪的处理原则。第五条明确了承担渎职罪刑事责任的责任人员认定问题。第六条明确了渎职罪追诉期限的计算问题。第七条明确了渎职罪主体国家机关工作人员的认定问题。第八条明确了渎职罪中经济损失的认定问题。第九条明确了对食品、药品监管领域的渎职犯罪予以从严惩处的原则。第十条明确了本解释的效力。

(一)关于本解释的标题

本解释采用《最高人民法院、最高人民检察院关于办理渎职刑事案件适用法律若干问题的解释(一)》的标题，主要考虑是：在研究起草渎职罪司法解释之初，拟制定一个统一的司法解释，一揽子解决渎职罪共性的法律适用问题及所有渎职罪名的定罪量刑标准。但由于渎职罪涉及罪名比较多，共有 37 个罪名，且涉及面较广，几乎涵盖社会生活的各个领域，在一个司法解释里不便于对所有具体问题统一作出规定。为了提高效率，确保质量，我们将一个司法解释拆分为三个部分，依次排序为渎职罪解释（一）、解释（二）和解释（三）。本解释即为渎职罪解释（一），主要规定滥用职权罪、玩忽职守罪的定罪量刑标准和渎职罪的共性问题；另两个解释将规定渎职罪其余 35 个特别罪名的定罪量刑标准，其中，解释（二）将规定司法工作人员在诉讼活动中渎职犯罪的定罪量刑标准；解释（三）将规定其他国家机关工作人员渎职犯罪的定罪量刑标准。在解释（二）、解释（三）出台之前，司法实践中对于一些特别罪名的定罪量刑标准的掌握，可以继续适用《立案标准》的规定，并适当参考《解释》关于滥用职权罪、玩忽职守罪的定罪量刑标准的规定。

（二）关于滥用职权罪和玩忽职守罪的定罪量刑标准

本解释第一条共分二款。第一款规定了滥用职权罪、玩忽职守罪的入罪门槛，即《刑法》第三百九十七条第一档量刑幅度中滥用职权或者玩忽职守“致使公共财产、国家和人民利益遭受重大损失”的认定问题，具体包括四种情形：(1) 造成死亡 1 人以上，或者重伤 3 人以上，或者轻伤 9 人以上，或者重伤 2 人、轻伤 3 人以上，或者重伤 1 人、轻伤 6 人以上的；(2) 造成经济损失 30 万元以上的；(3) 造成恶劣社会影响的；(4) 其他致使公共财产、国家和人民利益遭受重大损失的情形。

本解释第一条第一款规定在《立案标准》关于滥用职权案、玩忽职守案有关规定的基础上作了适当修改，主要修改之处如下：一是将滥用职权罪和玩忽职守罪的定罪量刑标准合二为一。《立案标准》中滥用职权案的立案标准略低于玩忽职守案，现将两罪标准合二为一，主要考虑是：《刑法》第三百九十七条对滥用职权罪和玩忽职守罪作了并列规定，两罪的法定刑完全相同，实践中滥用职权罪和玩忽职守罪立案有时难以区分，规定统一入罪门槛既有利于及时立案，也不影响判决时根据案件具体情况准确定罪和在量刑时予以区别。本解释第一条第一款将滥用职权罪和玩忽职守罪的定罪量刑标准作统一规定，并不是否认两罪犯罪构成上的本质区别，而只是规定统一的入罪门槛和量刑幅度。二是对伤亡人数的比例关系进行了调整，大体上按照 1 死亡∶3 重伤∶9 轻伤的比例进行规定。三是删去“严重中毒”的规定，主要是考虑到“严重中毒”与伤亡后果存在一定的交叉，而且实践中对“严重中毒”缺少明确的认定依据。四是在经济损失的认定上作统一规定，不区分个人财产与公共财产或者法人、其他组织财产，也不区分直接经济损失与间接经济损失。前者主要出于平等保护，方便实践操作；后者主要是认为区分直接经济损失和间接经济损失的做法有时影响损失计算的确定性，为此，本解释第八条对“经济损失”的认定作出专门规定。此外，将滥用职权罪的定罪标准由《立案标准》确定的 20 万元上提至30万元，也符合当前社会发展实际。五是删去“造成公司、企业等单位停业、停产、破产”的规定，主要考虑到公司、企业有大有小，以此判断危害后果具有不确定性，统一以经济损失为判断标准更具合理性和可操作性。六是删去了《立案标准》关于滥用职权案应予立案情形规定中的“弄虚作假，不报、缓报、谎报或者授意、指使、强令他人不报、缓报、谎报情况，导致重特大事故危害结果继续、扩大，或者致使抢救、调查、处理工作延误的”规定。七是删去《立案标准》中玩忽职守案应予立案情形中“海关、外汇管理部门的工作人员严重不负责任，造成100万美元以上外汇被骗购或者逃汇1000万美元以上的”规定。八是删去“严重损害国家声誉”的规定，主要考虑是国家声誉比较抽象、原则，实践中不易把握，用“造成恶劣社会影响”也可以概括。需要注意的是，在司法实践中，对国家机关工作人员滥用职权或者玩忽职守造成上述“严重中毒”“公司、企业等单位停业、停产、破产”“严重损害国家声誉”等后果的，不意味着就不定罪处罚，而是应该根据案件具体情况，认定造成的人员伤亡、经济损失、社会影响等情况，适用本解释第一条第一款的相应规定，有的可以适用本解释第一条第一款第四项兜底条款“其他致使公共财产、国家和人民利益遭受重大损失的情形”追究刑事责任。

本解释第一条第二款是关于滥用职权罪和玩忽职守罪第二档量刑幅度的适用标准，即滥用职权或者玩忽职守“情节特别严重”的认定问题，具体包括五种情形：(1) 造成伤亡达到第一款第一项规定人数3倍以上的；(2) 造成经济损失150万元以上的；(3) 造成第一款规定的损失后果，不报、迟报、谎报或者授意、指使、强令他人不报、迟报、谎报事故情况，致使损失后果持续、扩大或者抢救工作延误的；(4) 造成特别恶劣社会影响的；(5) 其他特别严重的情节。相对于第一款规定而言，一是人身伤亡数量标准掌握在3倍的比例关系，经济损失数额标准掌握在5倍的比例关系予以规定。二是将“造成前款规定的损失后果，不报、迟报、谎报或者授意、指使、强令他人不报、迟报、谎报事故情况，致使损失后果持续、扩大或者抢救工作延误的”作为“情节特别严重”的情形之一予以规定。这里采用结果加情节的标准，既明确了处罚的依据是造成了损失后果，又将不报、迟报、谎报作为加重处罚的情节，体现了对此类行为的从严处理，增强了可操作性。三是规定了“造成特别恶劣社会影响的”和“其他特别严重的情节”的兜底性规定。

(三) 关于滥用职权罪、玩忽职守罪与渎职罪其余35个特别罪名的关系和法律适用问题

《刑法》第三百九十七条规定了渎职罪的一般罪名，即滥用职权罪和玩忽职守罪，第三百九十八条至第四百一十九条还结合特殊主体、特殊领域规定了渎职罪的35个特别罪名。渎职罪的一般罪名与特别罪名在法律适用上主要存在两个问题：一是《刑法》关于特别罪名的构成要件设置比较复杂，如必须是

特殊主体、具备“徇私舞弊”等。实践中，这些特殊要件往往因为事实或者证据原因难以满足，办案部门对渎职行为不构成渎职罪的特别罪名能否适用一般渎职罪处理的认识不一致。二是特别罪名虽然构成要件设置复杂，但其法定刑规定有的却比一般罪名要轻（如《刑法》第四百一十八条招收公务员、学生徇私舞弊罪），法定刑设置不相协调。经研究认为，渎职犯罪法定刑之间不协调是立法问题，应通过立法途径加以解决；对于一般渎职罪与特殊渎职罪的法律适用问题，则可以通过司法解释解决。

本解释第二条第一款明确了国家机关工作人员实施渎职行为，符合特殊渎职罪规定的，应当依照特殊渎职罪处理。因为《刑法》第三百九十七条第一款和第二款均已明确规定“本法另有规定的，依照规定”，对于符合《刑法》第三百九十八条至第四百一十九条规定的特殊渎职罪构成要件的，只能按照特殊渎职罪追究其刑事责任。

本解释第二条第二款明确了国家机关工作人员的渎职行为不符合渎职罪的特别罪名的规定，但是符合一般罪名规定的，可以按照一般罪名，即滥用职权罪、玩忽职守罪追究其刑事责任，以防止放纵犯罪。本款主要参考了《立案标准》有关规定的精神。经征求意见，形成共识认为，不构成特殊渎职罪的情况下以一般渎职罪处理、并不违反特别法优于一般法的处理原则。

（四）关于对实施渎职犯罪同时构成受贿罪实行数罪并罚的规定

实践中对实施《刑法》第三百九十九条规定以外的渎职犯罪同时构成受贿罪的是从一重处罚还是数罪并罚存在认识分歧，各地做法不一，有必要通过司法解释予以明确。

本解释第三条明确规定，国家机关工作人员实施渎职犯罪并收受贿赂，同时构成受贿罪的，除《刑法》另有规定外，以渎职犯罪和受贿罪数罪并罚。主要考虑：一是从一重罪论处不能全面体现法律对国家机关工作人员渎职犯罪和利用职权受贿犯罪的否定评价，既不利于更好实现罪刑相适应原则，也不利于对渎职犯罪的查处。实践中存在两方面倾向：一方面，受贿罪的法定刑一般都会比徇私舞弊类渎职犯罪的法定刑高，这类犯罪往往仅立案为单纯的贪污贿赂案件，只要查实了受贿问题后往往就不再追查渎职问题，致使受贿行为造成的严重渎职后果被掩盖；另一方面，有的地方为确保能以渎职罪名判决，在深挖受贿上积极性不高，甚至人为掩盖较大数额的受贿犯罪，造成重罪轻判，大案小查，影响打击效果。二是受贿犯罪不以为他人实际谋取利益，更不以渎职为他人谋取非法利益为构成要件，渎职犯罪和受贿犯罪的犯罪构成相互独立，行为人实质上实施了两个独立的犯罪行为，不存在重复评价的问题。

（五）关于渎职罪相关共同犯罪的处理原则

本解释第四条共分3款。第一款明确了国家机关工作人员实施放纵他人犯罪或者帮助他人逃避刑事处罚类渎职行为的，依照渎职犯罪的规定定罪处罚。

放纵他人犯罪或者帮助他人逃避刑事处罚是渎职犯罪中较为典型的一类行为，《刑法》规定了徇私枉法罪，徇私舞弊不移交刑事案件罪，徇私舞弊不征、少征税款罪，放纵走私罪，放纵制售伪劣商品犯罪行为罪，办理偷越国（边）境人员出入境证件罪，放行偷越国（边）境人员罪，帮助犯罪分子逃避处罚罪等多个罪名。尽管这些渎职犯罪多数发生在有关违法犯罪行为实施过程当中，但是由于国家机关工作人员并没有其他犯罪的共同故意，不构成其他犯罪。因此，本款明确规定，国家机关工作人员实施渎职行为，放纵他人犯罪或者帮助他人逃避刑事处罚，构成犯罪的，依照渎职罪的规定定罪处罚。

本解释第四条第二款明确了国家机关工作人员与他人共谋，利用其职务行为帮助他人实施其他犯罪行为，同时构成渎职犯罪和其他犯罪共犯的，从一重处罚。在这种情况下，国家机关工作人员虽然只实施了一个渎职行为，但其与他人共谋，其渎职行为同时是其他犯罪的帮助行为，触犯了多个罪名，这属于想象竞合犯，应当从一重处断。比如，列车上的乘警与盗窃团伙共谋，在行窃时故意不在现场，以此为窃贼提供作案条件。这里，行为人因为有盗窃的共同故意，单纯的渎职行为不足以评价其行为性质，但如果实行数罪并罚，将会对其渎职行为进行重复评价。所以，在渎职犯罪和盗窃罪中从一重罪处断，更符合罪刑相适应原则。

本解释第四条第三款明确了国家机关工作人员既利用其职务行为帮助他人实施其他犯罪，又以非职务行为与他人共同实施该其他犯罪行为，同时构成渎职犯罪和其他犯罪共犯的，实行数罪并罚。这种情况下，行为人实施了多个独立的行为，即渎职行为和参与实施他人犯罪的其他行为触犯了多个罪名，应当数罪并罚。比如，国家机关工作人员与他人合谋走私，为其提供了部分走私资金，之后又利用其缉私职务上的便利将走私船只放行，使得走私犯罪得以顺利实施，就应当认定为走私罪和放纵走私罪，实行数罪并罚。

（六）关于承担渎职罪刑事责任的责任人员认定问题

本解释第五条共分二款，明确规定，国家机关负责人员违法决定，或者指使、授意、强令其他国家机关工作人员违法履行职务或者不履行职务，或者以“集体研究”形式实施渎职犯罪，应依法追究责任人员的刑事责任；而对于具体执行人员，可视具体情节决定是否追究刑事责任和应当判处的刑罚。

实践中对于多人特别是上下级共同实施的渎职犯罪，违法决定的负责人员往往以仅负有间接的领导责任为由为自己开脱罪责，或者以经集体研究为托辞推卸责任。一些国家机关工作人员明知自己的行为背离职责要求，但迫于组织或者主管领导的压力，未能正确履行职责，导致国家和人民利益遭受重大损失，实践中往往只追究一线执行人员的刑事责任，而对于负有更大责任的作出决策的主管领导则不作为犯罪处理。这种“抓小放大”的现象违背了问责机制的基本要求，既不公平，也不利于预防和惩处犯罪。经研究认为，不论以何种形式实施的渎职犯罪，首先都应对负有责任的决策、决定人员依法追究刑事责任。本条内容主要参考了《公务员法》第五十四条的规定，即："公务员执行公务时，认为上级的决定或者命令有错误的，可以向上级提出改正或者撤销该决定或者命令的意见；上级不改变该决定或者命令，或者要求立即执行的，公务员应当执行该决定或者命令，执行的后果由上级负责，公务员不承担责任；但是，公务员执行明显违法的决定或者命令的，应当依法承担相应的责任。"

（七）关于渎职罪追诉期限的计算问题

本解释第六条明确规定，以危害结果为条件的渎职犯罪的追诉期限，从危害结果发生之日起计算；有数个危害结果的，从最后一个危害结果发生之日起计算。

司法实践中，渎职犯罪的危害结果通常具有滞后性，一些渎职犯罪的危害结果甚至在渎职行为实施多年之后才发生或呈现出来。由于多数渎职犯罪都是结果犯，且渎职犯罪的法定刑期普遍不高，实践中往往因为渎职行为的危害结果尚未发生，难以追究刑事责任，而等到危害结果发生或呈现出来后，又可能因渎职行为已过追诉期限不能追究刑事责任。因此，对应当从何时开始计算追诉期限有必要予以明确。

经研究认为，《刑法》规定追诉期限自"犯罪之日"起计算，以危害结果为条件的渎职犯罪的"犯罪之日"应为危害结果发生之日。2003 年《全国法院审理经济犯罪案件工作座谈会纪要》也规定："玩忽职守行为造成的重大损失当时没有发生，而是玩忽职守行为之后一定时间发生的，应从危害结果发生之日起计算玩忽职守罪的追诉期限。"本解释第六条参照《全国法院审理经济犯罪案件工作座谈会纪要》的规定精神，将适用范围扩大到所有以危害结果为条件的渎职犯罪，并对存在数个危害结果的情形作出规定。

（八）关于渎职罪主体国家机关工作人员的认定问题

本解释第七条明确，依法或者受委托行使国家行政管理职权的公司、企业、事业单位的工作人员，在行使行政管理职权时滥用职权或者玩忽职守，构成犯罪的，应当依照全国人民代表大会常务委员会《关于〈中华人民共和国刑法〉第九章渎职罪主体适用问题的解释》（以下简称 2002 年立法解释）的规定，适用渎职罪的规定追究刑事责任。

由于渎职犯罪易发领域的权力运行和职权行使具有特殊性和复杂性，加之事权不明、职能交叉等问题，实践中对国家机关工作人员的认定存在一定困难。从司法实践看，《刑法》关于渎职犯罪的主体规定主要存在两个问题：一是仅限于国家机关工作人员，与实际发案情况不完全相符。部分渎职犯罪中，《刑法》规定的主体往往没有条件实施，而有条件实施的又不符合主体规定，如招收公务员、学生徇私舞弊罪，失职造成珍贵文物损毁、流失罪。二是国家机关工作人员的范围不明确，具体认定有分歧。经研究认为，第一个问题属于立法问题，应当通过立法途径加以解决，第二个问题有必要在司法解释中予以明确。

除了《刑法》第九章国家机关工作人员渎职罪之外，《刑法》第一百六十八条还规定了国有公司、企业、事业单位人员的失职、滥用职权犯罪。2002年立法解释规定："在依照法律、法规规定行使国家行政管理职权的组织中从事公务的人员，或者在受国家机关委托代表国家机关行使职权的组织中从事公务的人员，或者虽未列入国家机关人员编制但在国家机关中从事公务的人员，在代表国家机关行使职权时，有渎职行为，构成犯罪的，依照刑法关于渎职罪的规定追究刑事责任。"实践中对于2002年立法解释规定的"组织"是否包括国有公司、企业、事业单位存在不同意见。经研究认为，《刑法》第一百六十八条针对企业管理事务，2002年立法解释关于渎职罪主体范围的界定限于国家行政管理事务。根据2002年立法解释的精神，依法或者受委托行使国家行政管理职权的公司、企业、事业单位的工作人员，在行使行政管理职权时可以成为渎职罪的犯罪主体。

（九）关于渎职罪中经济损失的认定问题

本解释第八条共分3款。第一款明确了本解释中的"经济损失"，是指渎职犯罪或者与渎职犯罪相关联的犯罪立案时已经实际造成的财产损失，包括为挽回渎职犯罪所造成损失而支付的各种开支、费用等。《立案标准》中将"经济损失"分为直接经济损失和间接经济损失："直接经济损失"，是指与行为有直接因果关系而造成的财产损毁、减少的实际价值；"间接经济损失"，是指由直接经济损失引起和牵连的其他损失，包括失去的在正常情况下可以获得的利益和为恢复正常的管理活动或者挽回所造成的损失所支付的各种开支、费用等。本解释统一采用"经济损失"的表述，不再区分直接经济损失和间接经济损失，但其计算范围实际上已基本涵盖了原有的直接经济损失和间接经济损失。只是间接经济损失中在正常情况下可以获得的利益即预期收益部分，根据近年来司法解释规定未纳入经济损失的计算范围。在本解释征求意见过程中，有意见提出，"经济损失"是指犯罪立案时确已造成的经济损失的规定存在局限。渎职犯罪界定经济损失的情况比较复杂，有些案件的经济损失在立案时可以确定，也有些案件的经济损失在立案时可能尚未完全显现或者处于持续扩大状态。经研究，根据该意见对第一款进行了完善，增加了"立案后至提起公诉前持续发生的经济损失，应一并计入渎职犯罪造成的经济损失"的表述。

本解释第八条第二款明确了债务人经法定程序被宣告破产，债务人潜逃、去向不明，或者因行为人的责任超过诉讼时效等，致使债权已经无法实现的，无法实现的债权部分应当认定为渎职犯罪的经济损失。本款规定与《立案标准》的有关规定保持一致。

本解释第八条第三款明确了渎职犯罪或者与渎职犯罪相关联的犯罪立案

后，犯罪分子及其亲友自行挽回的经济损失，司法机关或者犯罪分子所在单位及其上级主管部门挽回的经济损失，或者因客观原因减少的经济损失，不予扣减，但可以作为酌定从轻处罚的情节。本款规定与《立案标准》和 2009 年“两高”《关于办理职务犯罪案件认定自首、立功等量刑情节若干问题的意见》的规定保持一致。

（十）关于对食品、药品监管领域的渎职犯罪予以从严惩处的原则

本解释第九条强调，负有监督管理职责的国家机关工作人员滥用职权或者玩忽职守，致使不符合安全标准的食品、有毒有害食品、假药、劣药等流入社会，对人民群众生命、健康造成严重危害后果的，依照渎职罪的规定从严惩处。

食品、药品安全事关人民群众生命健康，事关社会和谐稳定。近年来，“三鹿奶粉”“瘦肉精”“地沟油”“毒胶囊”等危害食品、药品安全的刑事案件多发高发，某些负有监管职责的国家机关工作人员的渎职行为导致食品、药品安全监管缺失、不到位。有效遏制食品、药品安全犯罪，必须依法严惩食品、药品监管渎职犯罪。对此，社会各界反映强烈，有必要回应社会关切，突出本解释的刑事政策导向。

（十一）关于本解释的效力规定

本解释第十条是关于本解释的效力规定。考虑到本解释对此前“两高”相关司法解释的内容作了修改完善，本条明确规定以前发布的司法解释与本解释不一致的，以本解释为准。此外，对于《立案标准》中与本解释不冲突，或者本解释没有作出规定的相关内容，《立案标准》仍然继续适用。

（撰稿人：陈国庆　韩耀元　卢宇蓉　吴峤滨）

11. 军人违反职责罪

最高人民法院　最高人民检察院
关于对军人非战时逃离部队的行为能否定罪处罚问题的批复

法释〔2000〕39号

（2000年9月28日最高人民法院审判委员会第1132次会议、2000年11月13日最高人民检察院第九届检察委员会第74次会议通过　2000年12月5日最高人民法院、最高人民检察院公告公布　自2000年12月8日起施行）

中国人民解放军军事法院、军事检察院：

〔1999〕军法呈字第19号《关于军人非战时逃离部队情节严重的，能否适用刑法定罪处罚问题的请示》收悉。经研究，答复如下：

军人违反兵役法规，在非战时逃离部队，情节严重的，应当依照刑法第四百三十五条第一款的规定定罪处罚。

此复

【解　　读】

解读《最高人民法院、最高人民检察院关于对军人非战时逃离部队的行为能否定罪处罚问题的批复》

一、问题的提出

关于军人逃离部队行为的定罪处罚问题，1979年《刑法》没有规定。

1981 年 6 月 10 日通过的《惩治军人违反职责罪暂行条例》（以下简称《条例》）第六条规定："违反兵役法规，逃离部队，情节严重的，处三年以下有期徒刑或者拘役。战时犯前款罪的，处三年以上七年以下有期徒刑。"《刑法》第四百三十五条沿袭了《条例》的前述规定。但是，1998 年 12 月 29 日第九届全国人民代表大会常务委员会第六次会议通过《关于修改〈中华人民共和国兵役法〉的决定》后，却出现了新的情况。根据《决定》新增设的《兵役法》第六十二条第一款规定："现役军人以逃避服兵役为目的，拒绝履行职责或者逃离部队的，按照中央军事委员会的规定给予行政处分；战时逃离部队，构成犯罪的，依法追究刑事责任。"由于《刑法》和《兵役法》的规定不一致，司法实践中，对军人非战时逃离部队情节严重的行为，能否适用《刑法》规定追究刑事责任问题，存在不同意见。为保证统一正确执法，"两高"于 2000 年 12 月 5 日联合发布了《关于对军人非战时逃离部队的行为能否定罪处罚问题的批复》（以下简称本批复），并于 2000 年 12 月 8 日起施行。

二、理解与适用

（一）要准确把握逃离部队罪的构成要件

逃离部队罪，是指违反兵役法规，逃离部队，情节严重的行为。构成本罪，必须具备下列条件：（1）行为人具有违反兵役法规，逃离部队的行为。所谓"违反兵役法规"，是指行为人违反《宪法》以及《兵役法》等法律、法规关于公民履行服兵役义务的规定。我国《宪法》规定，保卫祖国，抵抗侵略是中华人民共和国每一个公民的神圣职责。依法服兵役是公民的光荣任务。逃避服兵役的行为，就是违反兵役法规的行为。所谓"逃离部队"，是指行为人未经批准，为了逃避履行兵役义务而擅自离开部队或经批准离队后，故意不按期归队。（2）行为人主观上要具有逃避服兵役的目的，动机可能是贪生怕死，怕苦怕累，不愿受部队纪律约束等。如果行为人没有逃避服兵役的目的，而是由于迷失方向脱离了部队，受伤掉队或者因其他无法克服的原因而没有按期归队的，都不能认为是逃离部队，更不应按犯罪处理。（3）行为人逃离部队的行为必须是达到情节严重的程度。何谓"情节严重"，目前尚无司法解释规定，实践中主要是指指挥人员或者其他负有重要职责的人员逃离的；逃离部队的时间较长的；逃离部队后非法出境的；多次逃离部队、屡教不改的；携带武器装备逃离部队的；组织他人共同逃离部队的等情况。对于情节轻微的一般逃离部队的行为，应当采取说服教育，欢迎归队的政策，必要时予以军纪处分，而不应按犯罪处理。

（二）要区分好"战时"与"非战时"的界限

如前所述，战时逃离部队的行为相对于非战时逃离部队的行为危害要大，因而《刑法》对战时逃离部队的行为规定了较之非战时逃离部队更重的刑罚。

根据《刑法》第四百五十一条的规定，“战时”是指具有下列情形之一的情况：(1) 国家宣布进入战争状态的。(2) 部队受领作战任务的。(3) 部队遭敌突然袭击的。以上三种情况是典型意义上的“战时”。(4) 部队执行戒严任务或者处置突发性暴力事件时，以战时论。由于这种情况下已处于随时准备使用或者已经使用武力状态，与战时使用武力有相同之处，所以“以战时论”。

（三）要注意区分逃离部队罪与相关罪的界限

一是（战时）逃离部队罪与战时临阵脱逃界的界限。战时临阵脱逃罪是行为人在战场上、战斗中或者是在临战状态下，由于畏惧战斗等原因而逃离岗位的行为，不论其是否已逃离了部队，只要是为了逃避战斗而逃离了战场和岗位，无论是否情节严重均可构成临阵脱逃罪；而逃离部队是为了逃避服兵役，只有情节严重的，才按犯罪处理。二是逃离部队罪与军人叛逃罪的界限。军人叛逃时必然同时具有逃离部队的行为。《刑法》对这两种犯罪的规定存在法条竞合关系，在适用时应根据重法优先适用的原则以军人叛逃罪论处，不实行数罪并罚。三是逃离部队罪与擅离军事职守罪的界限。二者都属于擅自离职的行为，其主要区别是主体和行为后果要求不同，擅离军事职守罪的犯罪主体仅限于指挥人员和值班、值勤人员，且行为人只需离开特定的岗位，不要求离开部队，即可构成犯罪，而逃离部队罪的犯罪主体则包括所有的现役军人，且行为人必须已离开部队并在客观上造成了严重的后果。

（撰稿人：罗庆东　李　兵
审稿人：熊选国　陈国庆）

第二编　刑 事 诉 讼

（一）综　　合

最高人民法院
关于适用《中华人民共和国刑事诉讼法》的解释

法释〔2021〕1号

（2020年12月7日最高人民法院审判委员会第1820次会议通过
2021年1月26日最高人民法院公告公布　自2021年3月1日起施行）

目　　录

2018年10月26日，第十三届全国人民代表大会常务委员会第六次会议通过了《关于修改〈中华人民共和国刑事诉讼法〉的决定》。为正确理解和适用修改后的刑事诉讼法，结合人民法院审判工作实际，制定本解释。

第一章 管 辖

第一条 人民法院直接受理的自诉案件包括：

（一）告诉才处理的案件：

1. 侮辱、诽谤案（刑法第二百四十六条规定的，但严重危害社会秩序和国家利益的除外）；

2. 暴力干涉婚姻自由案（刑法第二百五十七条第一款规定的）；

3. 虐待案（刑法第二百六十条第一款规定的，但被害人没有能力告诉或者因受到强制、威吓无法告诉的除外）；

4. 侵占案（刑法第二百七十条规定的）。

（二）人民检察院没有提起公诉，被害人有证据证明的轻微刑事案件：

1. 故意伤害案（刑法第二百三十四条第一款规定的）；

2. 非法侵入住宅案（刑法第二百四十五条规定的）；

3. 侵犯通信自由案（刑法第二百五十二条规定的）；

4. 重婚案（刑法第二百五十八条规定的）；

5. 遗弃案（刑法第二百六十一条规定的）；

6. 生产、销售伪劣商品案（刑法分则第三章第一节规定的，但严重危害社会秩序和国家利益的除外）；

7. 侵犯知识产权案（刑法分则第三章第七节规定的，但严重危害社会秩序和国家利益的除外）；

8. 刑法分则第四章、第五章规定的，可能判处三年有期徒刑以下刑罚的案件。

本项规定的案件，被害人直接向人民法院起诉的，人民法院应当依法受理。对其中证据不足，可以由公安机关受理的，或者认为对被告人可能判处三年有期徒刑以上刑罚的，应当告知被害人向公安机关报案，或者移送公安机关立案侦查。

（三）被害人有证据证明对被告人侵犯自己人身、财产权利的行为应当依法追究刑事责任，且有证据证明曾经提出控告，而公安机关或者人民检察院不予追究被告人刑事责任的案件。

第二条 犯罪地包括犯罪行为地和犯罪结果地。

针对或者主要利用计算机网络实施的犯罪，犯罪地包括用于实施犯罪行为的网络服务使用的服务器所在地，网络服务提供者所在地，被侵害的信息网络系统及其管理者所在地，犯罪过程中被告人、被害人使用的信息网络系统所在地，以及被害人被侵害时所在地和被害人财产遭受损失地等。

第三条 被告人的户籍地为其居住地。经常居住地与户籍地不一致的，经常居住地为其居住地。经常居住地为被告人被追诉前已连续居住一年以上的地方，但住院就医的除外。

被告单位登记的住所地为其居住地。主要营业地或者主要办事机构所在地与登记的住所地不一致的，主要营业地或者主要办事机构所在地为其居住地。

第四条 在中华人民共和国内水、领海发生的刑事案件，由犯罪地或者被告人登陆地的人民法院管辖。由被告人居住地的人民法院审判更为适宜的，可以由被告人居住地的人民法院管辖。

第五条 在列车上的犯罪，被告人在列车运行途中被抓获的，由前方停靠站所在地负责审判铁路运输刑事案件的人民法院管辖。必要时，也可以由始发站或者终点站所在地负责审判铁路运输刑事案件的人民法院管辖。

被告人不是在列车运行途中被抓获的，由负责该列车乘务的铁路公安机关对应的审判铁路运输刑事案件的人民法院管辖；被告人在列车运行途经车站被抓获的，也可以由该车站所在地负责审判铁路运输刑事案件的人民法院管辖。

第六条 在国际列车上的犯罪，根据我国与相关国家签订的协定确定管辖；没有协定的，由该列车始发或者前方停靠的中国车站所在地负责审判铁路运输刑事案件的人民法院管辖。

第七条 在中华人民共和国领域外的中国船舶内的犯罪，由该船舶最初停泊的中国口岸所在地或者被告人登陆地、入境地的人民法院管辖。

第八条 在中华人民共和国领域外的中国航空器内的犯罪，由该航空器在中国最初降落地的人民法院管辖。

第九条 中国公民在中国驻外使领馆内的犯罪，由其主管单位所在地或者原户籍地的人民法院管辖。

第十条 中国公民在中华人民共和国领域外的犯罪，由其登陆地、入境地、离境前居住地或者现居住地的人民法院管辖；被害人是中国公民的，也可以由被害人离境前居住地或者现居住地的人民法院管辖。

第十一条 外国人在中华人民共和国领域外对中华人民共和国国家或者公民犯罪，根据《中华人民共和国刑法》应当受处罚的，由该外国人登陆地、入境地或者入境后居住地的人民法院管辖，也可以由被害人离境前居住地或者现居住地的人民法院管辖。

第十二条 对中华人民共和国缔结或者参加的国际条约所规定的罪行，中华人民共和国在所承担条约义务的范围内行使刑事管辖权的，由被告人被抓获地、登陆地或者入境地的人民法院管辖。

第十三条 正在服刑的罪犯在判决宣告前还有其他罪没有判决的，由原审地人民法院管辖；由罪犯服刑地或者犯罪地的人民法院审判更为适宜的，可以由罪犯服刑地或者犯罪地的人民法院管辖。

罪犯在服刑期间又犯罪的，由服刑地的人民法院管辖。

罪犯在脱逃期间又犯罪的，由服刑地的人民法院管辖。但是，在犯罪地抓获罪犯并发现其在脱逃期间犯罪的，由犯罪地的人民法院管辖。

第十四条 人民检察院认为可能判处无期徒刑、死刑，向中级人民法院提起公诉的案件，中级人民法院受理后，认为不需要判处无期徒刑、死刑的，应当依法审判，不再交基层人民法院审判。

第十五条 一人犯数罪、共同犯罪或者其他需要并案审理的案件，其中一人或者一罪属于上级人民法院管辖的，全案由上级人民法院管辖。

第十六条 上级人民法院决定审判下级人民法院管辖的第一审刑事案件的，应当向下级人民法院下达改变管辖决定书，并书面通知同级人民检察院。

第十七条 基层人民法院对可能判处无期徒刑、死刑的第一审刑事案件，应当移送中级人民法院审判。

基层人民法院对下列第一审刑事案件，可以请求移送中级人民法院审判：

（一）重大、复杂案件；

（二）新类型的疑难案件；

（三）在法律适用上具有普遍指导意义的案件。

需要将案件移送中级人民法院审判的，应当在报请院长决定后，至迟于案件审理期限届满十五日以前书面请求移送。中级人民法院应当在接到申请后十日以内作出决定。不同意移送的，应当下达不同意移送决定书，由请求移送的人民法院依法审判；同意移送的，应当下达同意移送决定书，并书面通知同级人民检察院。

第十八条 有管辖权的人民法院因案件涉及本院院长需要回避或者其他原因，不宜行使管辖权的，可以请求移送上一级人民法院管辖。上一级人民法院可以管辖，也可以指定与提出请求的人民法院同级的其他人民法院管辖。

第十九条 两个以上同级人民法院都有管辖权的案件，由最初受理的人民法院审判。必要时，可以移送主要犯罪地的人民法院审判。

管辖权发生争议的，应当在审理期限内协商解决；协商不成的，由争议的人民法院分别层报共同的上级人民法院指定管辖。

第二十条 管辖不明的案件，上级人民法院可以指定下级人民法院审判。

有关案件，由犯罪地、被告人居住地以外的人民法院审判更为适宜的，上级人民法院可以指定下级人民法院管辖。

第二十一条 上级人民法院指定管辖，应当将指定管辖决定书送达被指定管辖的人民法院和其他有关的人民法院。

第二十二条 原受理案件的人民法院在收到上级人民法院改变管辖决定

书、同意移送决定书或者指定其他人民法院管辖的决定书后，对公诉案件，应当书面通知同级人民检察院，并将案卷材料退回，同时书面通知当事人；对自诉案件，应当将案卷材料移送被指定管辖的人民法院，并书面通知当事人。

第二十三条 第二审人民法院发回重新审判的案件，人民检察院撤回起诉后，又向原第一审人民法院的下级人民法院重新提起公诉的，下级人民法院应当将有关情况层报原第二审人民法院。原第二审人民法院根据具体情况，可以决定将案件移送原第一审人民法院或者其他人民法院审判。

第二十四条 人民法院发现被告人还有其他犯罪被起诉的，可以并案审理；涉及同种犯罪的，一般应当并案审理。

人民法院发现被告人还有其他犯罪被审查起诉、立案侦查、立案调查的，可以参照前款规定协商人民检察院、公安机关、监察机关并案处理，但可能造成审判过分迟延的除外。

根据前两款规定并案处理的案件，由最初受理地的人民法院审判。必要时，可以由主要犯罪地的人民法院审判。

第二十五条 第二审人民法院在审理过程中，发现被告人还有其他犯罪没有判决的，参照前条规定处理。第二审人民法院决定并案审理的，应当发回第一审人民法院，由第一审人民法院作出处理。

第二十六条 军队和地方互涉刑事案件，按照有关规定确定管辖。

第二章 回 避

第二十七条 审判人员具有下列情形之一的，应当自行回避，当事人及其法定代理人有权申请其回避：

（一）是本案的当事人或者是当事人的近亲属的；

（二）本人或者其近亲属与本案有利害关系的；

（三）担任过本案的证人、鉴定人、辩护人、诉讼代理人、翻译人员的；

（四）与本案的辩护人、诉讼代理人有近亲属关系的；

（五）与本案当事人有其他利害关系，可能影响公正审判的。

第二十八条 审判人员具有下列情形之一的，当事人及其法定代理人有权申请其回避：

（一）违反规定会见本案当事人、辩护人、诉讼代理人的；

（二）为本案当事人推荐、介绍辩护人、诉讼代理人，或者为律师、其他人员介绍办理本案的；

（三）索取、接受本案当事人及其委托的人的财物或者其他利益的；

（四）接受本案当事人及其委托的人的宴请，或者参加由其支付费用的活动的；

（五）向本案当事人及其委托的人借用款物的；

（六）有其他不正当行为，可能影响公正审判的。

第二十九条 参与过本案调查、侦查、审查起诉工作的监察、侦查、检察人员，调至人民法院工作的，不得担任本案的审判人员。

在一个审判程序中参与过本案审判工作的合议庭组成人员或者独任审判员，不得再参与本案其他程序的审判。但是，发回重新审判的案件，在第一审人民法院作出裁判后又进入第二审程序、在法定刑以下判处刑罚的复核程序或者死刑复核程序的，原第二审程序、在法定刑以下判处刑罚的复核程序或者死刑复核程序中的合议庭组成人员不受本款规定的限制。

第三十条 依照法律和有关规定应当实行任职回避的，不得担任案件的审判人员。

第三十一条 人民法院应当依法告知当事人及其法定代理人有权申请回避，并告知其合议庭组成人员、独任审判员、法官助理、书记员等人员的名单。

第三十二条 审判人员自行申请回避，或者当事人及其法定代理人申请审判人员回避的，可以口头或者书面提出，并说明理由，由院长决定。

院长自行申请回避，或者当事人及其法定代理人申请院长回避的，由审判委员会讨论决定。审判委员会讨论时，由副院长主持，院长不得参加。

第三十三条 当事人及其法定代理人依照刑事诉讼法第三十条和本解释第二十八条的规定申请回避的，应当提供证明材料。

第三十四条 应当回避的审判人员没有自行回避，当事人及其法定代理人也没有申请其回避的，院长或者审判委员会应当决定其回避。

第三十五条 对当事人及其法定代理人提出的回避申请，人民法院可以口头或者书面作出决定，并将决定告知申请人。

当事人及其法定代理人申请回避被驳回的，可以在接到决定时申请复议一次。不属于刑事诉讼法第二十九条、第三十条规定情形的回避申请，由法庭当庭驳回，并不得申请复议。

第三十六条 当事人及其法定代理人申请出庭的检察人员回避的，人民法院应当区分情况作出处理：

（一）属于刑事诉讼法第二十九条、第三十条规定情形的回避申请，应当决定休庭，并通知人民检察院尽快作出决定；

（二）不属于刑事诉讼法第二十九条、第三十条规定情形的回避申请，应当当庭驳回，并不得申请复议。

第三十七条 本章所称的审判人员，包括人民法院院长、副院长、审判委员会委员、庭长、副庭长、审判员和人民陪审员。

第三十八条 法官助理、书记员、翻译人员和鉴定人适用审判人员回避的有关规定，其回避问题由院长决定。

第三十九条 辩护人、诉讼代理人可以依照本章的有关规定要求回避、申请复议。

第三章 辩护与代理

第四十条 人民法院审判案件，应当充分保障被告人依法享有的辩护权利。

被告人除自己行使辩护权以外，还可以委托辩护人辩护。下列人员不得担任辩护人：

（一）正在被执行刑罚或者处于缓刑、假释考验期间的人；

（二）依法被剥夺、限制人身自由的人；

（三）被开除公职或者被吊销律师、公证员执业证书的人；

（四）人民法院、人民检察院、监察机关、公安机关、国家安全机关、监狱的现职人员；

（五）人民陪审员；

（六）与本案审理结果有利害关系的人；

（七）外国人或者无国籍人；

（八）无行为能力或者限制行为能力的人。

前款第三项至第七项规定的人员，如果是被告人的监护人、近亲属，由被告人委托担任辩护人的，可以准许。

第四十一条 审判人员和人民法院其他工作人员从人民法院离任后二年内，不得以律师身份担任辩护人。

审判人员和人民法院其他工作人员从人民法院离任后，不得担任原任职法院所审理案件的辩护人，但系被告人的监护人、近亲属的除外。

审判人员和人民法院其他工作人员的配偶、子女或者父母不得担任其任职法院所审理案件的辩护人，但系被告人的监护人、近亲属的除外。

第四十二条 对接受委托担任辩护人的，人民法院应当核实其身份证明和授权委托书。

第四十三条 一名被告人可以委托一至二人作为辩护人。

一名辩护人不得为两名以上的同案被告人，或者未同案处理但犯罪事实存在关联的被告人辩护。

第四十四条 被告人没有委托辩护人的，人民法院自受理案件之日起三日以内，应当告知其有权委托辩护人；被告人因经济困难或者其他原因没有委托辩护人的，应当告知其可以申请法律援助；被告人属于应当提供法律援助情形的，应当告知其将依法通知法律援助机构指派律师为其提供辩护。

被告人没有委托辩护人，法律援助机构也没有指派律师为其提供辩护的，人民法院应当告知被告人有权约见值班律师，并为被告人约见值班律师提供便利。

告知可以采取口头或者书面方式。

第四十五条 审判期间，在押的被告人要求委托辩护人的，人民法院应当在三日以内向其监护人、近亲属或者其指定的人员转达要求。被告人应当提供有关人员的联系方式。有关人员无法通知的，应当告知被告人。

第四十六条 人民法院收到在押被告人提出的法律援助或者法律帮助申请，应当依照有关规定及时转交法律援助机构或者通知值班律师。

第四十七条 对下列没有委托辩护人的被告人，人民法院应当通知法律援助机构指派律师为其提供辩护：

（一）盲、聋、哑人；

（二）尚未完全丧失辨认或者控制自己行为能力的精神病人；

（三）可能被判处无期徒刑、死刑的人。

高级人民法院复核死刑案件，被告人没有委托辩护人的，应当通知法律援助机构指派律师为其提供辩护。

死刑缓期执行期间故意犯罪的案件，适用前两款规定。

第四十八条 具有下列情形之一，被告人没有委托辩护人的，人民法院可以通知法律援助机构指派律师为其提供辩护：

（一）共同犯罪案件中，其他被告人已经委托辩护人的；

（二）案件有重大社会影响的；

（三）人民检察院抗诉的；

（四）被告人的行为可能不构成犯罪的；

（五）有必要指派律师提供辩护的其他情形。

第四十九条 人民法院通知法律援助机构指派律师提供辩护的，应当将法律援助通知书、起诉书副本或者判决书送达法律援助机构；决定开庭审理的，除适用简易程序或者速裁程序审理的以外，应当在开庭十五日以前将上述材料送达法律援助机构。

法律援助通知书应当写明案由、被告人姓名、提供法律援助的理由、审判人员的姓名和联系方式；已确定开庭审理的，应当写明开庭的时间、地点。

第五十条 被告人拒绝法律援助机构指派的律师为其辩护，坚持自己行使辩护权的，人民法院应当准许。

属于应当提供法律援助的情形，被告人拒绝指派的律师为其辩护的，人民法院应当查明原因。理由正当的，应当准许，但被告人应当在五日以内另行委托辩护人；被告人未另行委托辩护人的，人民法院应当在三日以内通知法律援助机构另行指派律师为其提供辩护。

第五十一条 对法律援助机构指派律师为被告人提供辩护，被告人的监护人、近亲属又代为委托辩护人的，应当听取被告人的意见，由其确定辩护人人选。

第五十二条 审判期间，辩护人接受被告人委托的，应当在接受委托之日起三日以内，将委托手续提交人民法院。

接受法律援助机构指派为被告人提供辩护的，适用前款规定。

第五十三条 辩护律师可以查阅、摘抄、复制案卷材料。其他辩护人经人民法院许可，也可以查阅、摘抄、复制案卷材料。合议庭、审判委员会的讨论记录以及其他依法不公开的材料不得查阅、摘抄、复制。

辩护人查阅、摘抄、复制案卷材料的，人民法院应当提供便利，并保证必要的时间。

值班律师查阅案卷材料的，适用前两款规定。

复制案卷材料可以采用复印、拍照、扫描、电子数据拷贝等方式。

第五十四条 对作为证据材料向人民法院移送的讯问录音录像，辩护律师申请查阅的，人民法院应当准许。

第五十五条 查阅、摘抄、复制案卷材料，涉及国家秘密、商业秘密、个人隐私的，应当保密；对不公开审理案件的信息、材料，或者在办案过程中获悉的案件重要信息、证据材料，不得违反规定泄露、披露，不得用于办案以外的用途。人民法院可以要求相关人员出具承诺书。

违反前款规定的，人民法院可以通报司法行政机关或者有关部门，建议给予相应处罚；构成犯罪的，依法追究刑事责任。

第五十六条 辩护律师可以同在押的或者被监视居住的被告人会见和通信。其他辩护人经人民法院许可，也可以同在押的或者被监视居住的被告人会见和通信。

第五十七条 辩护人认为在调查、侦查、审查起诉期间监察机关、公安机关、人民检察院收集的证明被告人无罪或者罪轻的证据材料未随案移送，申请人民法院调取的，应当以书面形式提出，并提供相关线索或者材料。人民法院接受申请后，应当向人民检察院调取。人民检察院移送相关证据材料后，人民法院应当及时通知辩护人。

第五十八条 辩护律师申请向被害人及其近亲属、被害人提供的证人收集与本案有关的材料，人民法院认为确有必要的，应当签发准许调查书。

第五十九条 辩护律师向证人或者有关单位、个人收集、调取与本案有关的证据材料，因证人或者有关单位、个人不同意，申请人民法院收集、调取，或者申请通知证人出庭作证，人民法院认为确有必要的，应当同意。

第六十条 辩护律师直接申请人民法院向证人或者有关单位、个人收集、调取证据材料，人民法院认为确有必要，且不宜或者不能由辩护律师收集、调取的，应当同意。

人民法院向有关单位收集、调取的书面证据材料，必须由提供人签名，并加盖单位印章；向个人收集、调取的书面证据材料，必须由提供人签名。

人民法院对有关单位、个人提供的证据材料，应当出具收据，写明证据材料的名称、收到的时间、件数、页数以及是否为原件等，由书记员、法官助理或者审判人员签名。

收集、调取证据材料后，应当及时通知辩护律师查阅、摘抄、复制，并告知人民检察院。

第六十一条 本解释第五十八条至第六十条规定的申请，应当以书面形式提出，并说明理由，写明需要收集、调取证据材料的内容或者需要调查问题的提纲。

对辩护律师的申请，人民法院应当在五日以内作出是否准许、同意的决定，并通知申请人；决定不准许、不同意的，应当说明理由。

第六十二条 人民法院自受理自诉案件之日起三日以内，应当告知自诉人及其法定代理人、附带民事诉讼当事人及其法定代理人，有权委托诉讼代理人，并告知其如果经济困难，可以申请法律援助。

第六十三条 当事人委托诉讼代理人的，参照适用刑事诉讼法第三十三条和本解释的有关规定。

第六十四条 诉讼代理人有权根据事实和法律，维护被害人、自诉人或者附带民事诉讼当事人的诉讼权利和其他合法权益。

第六十五条 律师担任诉讼代理人的，可以查阅、摘抄、复制案卷材料。其他诉讼代理人经人民法院许可，也可以查阅、摘抄、复制案卷材料。

律师担任诉讼代理人，需要收集、调取与本案有关的证据材料的，参照适用本解释第五十九条至第六十一条的规定。

第六十六条 诉讼代理人接受当事人委托或者法律援助机构指派后，应当在三日以内将委托手续或者法律援助手续提交人民法院。

第六十七条 辩护律师向人民法院告知其委托人或者其他人准备实施、正在实施危害国家安全、公共安全以及严重危害他人人身安全犯罪的，人民法院应当记录在案，立即转告主管机关依法处理，并为反映有关情况的辩护律师保密。

第六十八条 律师担任辩护人、诉讼代理人，经人民法院准许，可以带一名助理参加庭审。律师助理参加庭审的，可以从事辅助工作，但不得发表辩护、代理意见。

第四章 证 据

第一节 一般规定

第六十九条 认定案件事实，必须以证据为根据。

第七十条 审判人员应当依照法定程序收集、审查、核实、认定证据。

第七十一条 证据未经当庭出示、辨认、质证等法庭调查程序查证属实，不得作为定案的根据。

第七十二条 应当运用证据证明的案件事实包括：

（一）被告人、被害人的身份；

（二）被指控的犯罪是否存在；

（三）被指控的犯罪是否为被告人所实施；

（四）被告人有无刑事责任能力，有无罪过，实施犯罪的动机、目的；

（五）实施犯罪的时间、地点、手段、后果以及案件起因等；

（六）是否系共同犯罪或者犯罪事实存在关联，以及被告人在犯罪中的地位、作用；

（七）被告人有无从重、从轻、减轻、免除处罚情节；

（八）有关涉案财物处理的事实；

（九）有关附带民事诉讼的事实；

（十）有关管辖、回避、延期审理等的程序事实；

（十一）与定罪量刑有关的其他事实。

认定被告人有罪和对被告人从重处罚，适用证据确实、充分的证明标准。

第七十三条 对提起公诉的案件，人民法院应当审查证明被告人有罪、无罪、罪重、罪轻的证据材料是否全部随案移送；未随案移送的，应当通知人民检察院在指定时间内移送。人民检察院未移送的，人民法院应当根据在案证据对案件事实作出认定。

第七十四条 依法应当对讯问过程录音录像的案件，相关录音录像未随案移送的，必要时，人民法院可以通知人民检察院在指定时间内移送。人民检察院未移送，导致不能排除属于刑事诉讼法第五十六条规定的以非法方法收集证据情形的，对有关证据应当依法排除；导致有关证据的真实性无法确认的，不得作为定案的根据。

第七十五条 行政机关在行政执法和查办案件过程中收集的物证、书证、视听资料、电子数据等证据材料，经法庭查证属实，且收集程序符合有关法律、行政法规规定的，可以作为定案的根据。

根据法律、行政法规规定行使国家行政管理职权的组织，在行政执法和查办案件过程中收集的证据材料，视为行政机关收集的证据材料。

第七十六条 监察机关依法收集的证据材料，在刑事诉讼中可以作为证据使用。

对前款规定证据的审查判断，适用刑事审判关于证据的要求和标准。

第七十七条 对来自境外的证据材料，人民检察院应当随案移送有关材料来源、提供人、提取人、提取时间等情况的说明。经人民法院审查，相关证据材料能够证明案件事实且符合刑事诉讼法规定的，可以作为证据使用，但提供人或者我国与有关国家签订的双边条约对材料的使用范围有明确限制的除外；材料来源不明或者真实性无法确认的，不得作为定案的根据。

当事人及其辩护人、诉讼代理人提供来自境外的证据材料的，该证据材料应当经所在国公证机关证明，所在国中央外交主管机关或者其授权机关认证，并经中华人民共和国驻该国使领馆认证，或者履行中华人民共和国与该所在国订立的有关条约中规定的证明手续，但我国与该国之间有互免认证协定的除外。

第七十八条 控辩双方提供的证据材料涉及外国语言、文字的，应当附中文译本。

第七十九条 人民法院依照刑事诉讼法第一百九十六条的规定调查核实证据，必要时，可以通知检察人员、辩护人、自诉人及其法定代理人到场。上述人员未到场的，应当记录在案。

人民法院调查核实证据时，发现对定罪量刑有重大影响的新的证据材料的，应当告知检察人员、辩护人、自诉人及其法定代理人。必要时，也可以直接提取，并及时通知检察人员、辩护人、自诉人及其法定代理人查阅、摘抄、复制。

第八十条 下列人员不得担任见证人：

（一）生理上、精神上有缺陷或者年幼，不具有相应辨别能力或者不能正确表达的人；

（二）与案件有利害关系，可能影响案件公正处理的人；

（三）行使勘验、检查、搜查、扣押、组织辨认等监察调查、刑事诉讼职权的监察、公安、司法机关的工作人员或者其聘用的人员。

对见证人是否属于前款规定的人员，人民法院可以通过相关笔录载明的见证人的姓名、身份证件种类及号码、联系方式以及常住人口信息登记表等材料进行审查。

由于客观原因无法由符合条件的人员担任见证人的，应当在笔录材料中注明情况，并对相关活动进行全程录音录像。

第八十一条 公开审理案件时，公诉人、诉讼参与人提出涉及国家秘密、商业秘密或者个人隐私的证据的，法庭应当制止；确与本案有关的，可以根据具体情况，决定将案件转为不公开审理，或者对相关证据的法庭调查不公开进行。

第二节 物证、书证的审查与认定

第八十二条 对物证、书证应当着重审查以下内容：

（一）物证、书证是否为原物、原件，是否经过辨认、鉴定；物证的照片、录像、复制品或者书证的副本、复制件是否与原物、原件相符，是否由二人以上制作，有无制作人关于制作过程以及原物、原件存放于何处的文字说明和签名；

（二）物证、书证的收集程序、方式是否符合法律、有关规定；经勘验、检查、搜查提取、扣押的物证、书证，是否附有相关笔录、清单，笔录、清单是否经调查人员或者侦查人员、物品持有人、见证人签名，没有签名的，是否注明原因；物品的名称、特征、数量、质量等是否注明清楚；

（三）物证、书证在收集、保管、鉴定过程中是否受损或者改变；

（四）物证、书证与案件事实有无关联；对现场遗留与犯罪有关的具备鉴定条件的血迹、体液、毛发、指纹等生物样本、痕迹、物品，是否已作 DNA 鉴定、指纹鉴定等，并与被告人或者被害人的相应生物特征、物品等比对；

（五）与案件事实有关联的物证、书证是否全面收集。

第八十三条 据以定案的物证应当是原物。原物不便搬运、不易保存、依法应当返还或者依法应当由有关部门保管、处理的，可以拍摄、制作足以反映原物外形和特征的照片、录像、复制品。必要时，审判人员可以前往保管场所查看原物。

物证的照片、录像、复制品，不能反映原物的外形和特征的，不得作为定案的根据。

物证的照片、录像、复制品，经与原物核对无误、经鉴定或者以其他方式确认真实的，可以作为定案的根据。

第八十四条 据以定案的书证应当是原件。取得原件确有困难的，可以使用副本、复制件。

对书证的更改或者更改迹象不能作出合理解释，或者书证的副本、复制件不能反映原件及其内容的，不得作为定案的根据。

书证的副本、复制件，经与原件核对无误、经鉴定或者以其他方式确认真实的，可以作为定案的根据。

第八十五条 对与案件事实可能有关联的血迹、体液、毛发、人体组织、指纹、足迹、字迹等生物样本、痕迹和物品，应当提取而没有提取，应当鉴定而没有鉴定，应当移送鉴定意见而没有移送，导致案件事实存疑的，人民法院应当通知人民检察院依法补充收集、调取、移送证据。

第八十六条 在勘验、检查、搜查过程中提取、扣押的物证、书证，未附笔录或者清单，不能证明物证、书证来源的，不得作为定案的根据。

物证、书证的收集程序、方式有下列瑕疵，经补正或者作出合理解释的，可以采用：

（一）勘验、检查、搜查、提取笔录或者扣押清单上没有调查人员或者侦查人员、物品持有人、见证人签名，或者对物品的名称、特征、数量、质量等注明不详的；

（二）物证的照片、录像、复制品，书证的副本、复制件未注明与原件核对无异，无复制时间，或者无被收集、调取人签名的；

（三）物证的照片、录像、复制品，书证的副本、复制件没有制作人关于制作过程和原物、原件存放地点的说明，或者说明中无签名的；

（四）有其他瑕疵的。

物证、书证的来源、收集程序有疑问，不能作出合理解释的，不得作为定案的根据。

第三节 证人证言、被害人陈述的审查与认定

第八十七条 对证人证言应当着重审查以下内容：

（一）证言的内容是否为证人直接感知；

（二）证人作证时的年龄，认知、记忆和表达能力，生理和精神状态是否影响作证；

（三）证人与案件当事人、案件处理结果有无利害关系；

（四）询问证人是否个别进行；

（五）询问笔录的制作、修改是否符合法律、有关规定，是否注明询问的起止时间和地点，首次询问时是否告知证人有关权利义务和法律责任，证人对询问笔录是否核对确认；

（六）询问未成年证人时，是否通知其法定代理人或者刑事诉讼法第二百八十一条第一款规定的合适成年人到场，有关人员是否到场；

（七）有无以暴力、威胁等非法方法收集证人证言的情形；

（八）证言之间以及与其他证据之间能否相互印证，有无矛盾；存在矛盾的，能否得到合理解释。

第八十八条 处于明显醉酒、中毒或者麻醉等状态，不能正常感知或者正确表达的证人所提供的证言，不得作为证据使用。

证人的猜测性、评论性、推断性的证言，不得作为证据使用，但根据一般生活经验判断符合事实的除外。

第八十九条 证人证言具有下列情形之一的，不得作为定案的根据：

（一）询问证人没有个别进行的；

（二）书面证言没有经证人核对确认的；

（三）询问聋、哑人，应当提供通晓聋、哑手势的人员而未提供的；

（四）询问不通晓当地通用语言、文字的证人，应当提供翻译人员而未提供的。

第九十条 证人证言的收集程序、方式有下列瑕疵，经补正或者作出合理解释的，可以采用；不能补正或者作出合理解释的，不得作为定案的根据：

（一）询问笔录没有填写询问人、记录人、法定代理人姓名以及询问的起止时间、地点的；

（二）询问地点不符合规定的；

（三）询问笔录没有记录告知证人有关权利义务和法律责任的；

（四）询问笔录反映出在同一时段，同一询问人员询问不同证人的；

（五）询问未成年人，其法定代理人或者合适成年人不在场的。

第九十一条 证人当庭作出的证言，经控辩双方质证、法庭查证属实的，应当作为定案的根据。

证人当庭作出的证言与其庭前证言矛盾，证人能够作出合理解释，并有其他证据印证的，应当采信其庭审证言；不能作出合理解释，而其庭前证言有其他证据印证的，可以采信其庭前证言。

经人民法院通知，证人没有正当理由拒绝出庭或者出庭后拒绝作证，法庭对其证言的真实性无法确认的，该证人证言不得作为定案的根据。

第九十二条 对被害人陈述的审查与认定，参照适用本节的有关规定。

第四节 被告人供述和辩解的审查与认定

第九十三条 对被告人供述和辩解应当着重审查以下内容：

（一）讯问的时间、地点，讯问人的身份、人数以及讯问方式等是否符合法律、有关规定；

（二）讯问笔录的制作、修改是否符合法律、有关规定，是否注明讯问的具体起止时间和地点，首次讯问时是否告知被告人有关权利和法律规定，被告人是否核对确认；

（三）讯问未成年被告人时，是否通知其法定代理人或者合适成年人到场，有关人员是否到场；

（四）讯问女性未成年被告人时，是否有女性工作人员在场；

（五）有无以刑讯逼供等非法方法收集被告人供述的情形；

（六）被告人的供述是否前后一致，有无反复以及出现反复的原因；

（七）被告人的供述和辩解是否全部随案移送；

（八）被告人的辩解内容是否符合案情和常理，有无矛盾；

（九）被告人的供述和辩解与同案被告人的供述和辩解以及其他证据能否相互印证，有无矛盾；存在矛盾的，能否得到合理解释。

必要时，可以结合现场执法音视频记录、讯问录音录像、被告人进出看守所的健康检查记录、笔录等，对被告人的供述和辩解进行审查。

第九十四条 被告人供述具有下列情形之一的，不得作为定案的根据：

（一）讯问笔录没有经被告人核对确认的；

（二）讯问聋、哑人，应当提供通晓聋、哑手势的人员而未提供的；

（三）讯问不通晓当地通用语言、文字的被告人，应当提供翻译人员而未提供的；

（四）讯问未成年人，其法定代理人或者合适成年人不在场的。

第九十五条 讯问笔录有下列瑕疵，经补正或者作出合理解释的，可以采用；不能补正或者作出合理解释的，不得作为定案的根据：

（一）讯问笔录填写的讯问时间、讯问地点、讯问人、记录人、法定代理人等有误或者存在矛盾的；

（二）讯问人没有签名的；

（三）首次讯问笔录没有记录告知被讯问人有关权利和法律规定的。

第九十六条 审查被告人供述和辩解，应当结合控辩双方提供的所有证据以及被告人的全部供述和辩解进行。

被告人庭审中翻供，但不能合理说明翻供原因或者其辩解与全案证据矛盾，而其庭前供述与其他证据相互印证的，可以采信其庭前供述。

被告人庭前供述和辩解存在反复，但庭审中供认，且与其他证据相互印证的，可以采信其庭审供述；被告人庭前供述和辩解存在反复，庭审中不供认，且无其他证据与庭前供述印证的，不得采信其庭前供述。

第五节 鉴定意见的审查与认定

第九十七条 对鉴定意见应当着重审查以下内容：

（一）鉴定机构和鉴定人是否具有法定资质；

（二）鉴定人是否存在应当回避的情形；

（三）检材的来源、取得、保管、送检是否符合法律、有关规定，与相关提取笔录、扣押清单等记载的内容是否相符，检材是否可靠；

（四）鉴定意见的形式要件是否完备，是否注明提起鉴定的事由、鉴定委托人、鉴定机构、鉴定要求、鉴定过程、鉴定方法、鉴定日期等相关内容，是否由鉴定机构盖章并由鉴定人签名；

（五）鉴定程序是否符合法律、有关规定；

（六）鉴定的过程和方法是否符合相关专业的规范要求；

（七）鉴定意见是否明确；

（八）鉴定意见与案件事实有无关联；

（九）鉴定意见与勘验、检查笔录及相关照片等其他证据是否矛盾；存在矛盾的，能否得到合理解释；

（十）鉴定意见是否依法及时告知相关人员，当事人对鉴定意见有无异议。

第九十八条 鉴定意见具有下列情形之一的，不得作为定案的根据：

（一）鉴定机构不具备法定资质，或者鉴定事项超出该鉴定机构业务范围、技术条件的；

（二）鉴定人不具备法定资质，不具有相关专业技术或者职称，或者违反回避规定的；

（三）送检材料、样本来源不明，或者因污染不具备鉴定条件的；

（四）鉴定对象与送检材料、样本不一致的；

（五）鉴定程序违反规定的；

（六）鉴定过程和方法不符合相关专业的规范要求的；

（七）鉴定文书缺少签名、盖章的；

（八）鉴定意见与案件事实没有关联的；

（九）违反有关规定的其他情形。

第九十九条 经人民法院通知，鉴定人拒不出庭作证的，鉴定意见不得作为定案的根据。

鉴定人由于不能抗拒的原因或者有其他正当理由无法出庭的，人民法院可以根据情况决定延期审理或者重新鉴定。

鉴定人无正当理由拒不出庭作证的，人民法院应当通报司法行政机关或者有关部门。

第一百条 因无鉴定机构，或者根据法律、司法解释的规定，指派、聘请有专门知识的人就案件的专门性问题出具的报告，可以作为证据使用。

对前款规定的报告的审查与认定，参照适用本节的有关规定。

经人民法院通知，出具报告的人拒不出庭作证的，有关报告不得作为定案的根据。

第一百零一条 有关部门对事故进行调查形成的报告，在刑事诉讼中可以作为证据使用；报告中涉及专门性问题的意见，经法庭查证属实，且调查程序符合法律、有关规定的，可以作为定案的根据。

第六节 勘验、检查、辨认、侦查实验等笔录的审查与认定

第一百零二条 对勘验、检查笔录应当着重审查以下内容：

（一）勘验、检查是否依法进行，笔录制作是否符合法律、有关规定，勘验、检查人员和见证人是否签名或者盖章；

（二）勘验、检查笔录是否记录了提起勘验、检查的事由，勘验、检查的时间、地点，在场人员、现场方位、周围环境等，现场的物品、人身、尸体等的位置、特征等情况，以及勘验、检查的过程；文字记录与实物或者绘图、照片、录像是否相符；现场、物品、痕迹等是否伪造、有无破坏；人身特征、伤害情况、生理状态有无伪装或者变化等；

（三）补充进行勘验、检查的，是否说明了再次勘验、检查的原由，前后勘验、检查的情况是否矛盾。

第一百零三条 勘验、检查笔录存在明显不符合法律、有关规定的情形，

不能作出合理解释的，不得作为定案的根据。

第一百零四条 对辨认笔录应当着重审查辨认的过程、方法，以及辨认笔录的制作是否符合有关规定。

第一百零五条 辨认笔录具有下列情形之一的，不得作为定案的根据：

（一）辨认不是在调查人员、侦查人员主持下进行的；

（二）辨认前使辨认人见到辨认对象的；

（三）辨认活动没有个别进行的；

（四）辨认对象没有混杂在具有类似特征的其他对象中，或者供辨认的对象数量不符合规定的；

（五）辨认中给辨认人明显暗示或者明显有指认嫌疑的；

（六）违反有关规定，不能确定辨认笔录真实性的其他情形。

第一百零六条 对侦查实验笔录应当着重审查实验的过程、方法，以及笔录的制作是否符合有关规定。

第一百零七条 侦查实验的条件与事件发生时的条件有明显差异，或者存在影响实验结论科学性的其他情形的，侦查实验笔录不得作为定案的根据。

第七节 视听资料、电子数据的审查与认定

第一百零八条 对视听资料应当着重审查以下内容：

（一）是否附有提取过程的说明，来源是否合法；

（二）是否为原件，有无复制及复制份数；是复制件的，是否附有无法调取原件的原因、复制件制作过程和原件存放地点的说明，制作人、原视听资料持有人是否签名；

（三）制作过程中是否存在威胁、引诱当事人等违反法律、有关规定的情形；

（四）是否写明制作人、持有人的身份，制作的时间、地点、条件和方法；

（五）内容和制作过程是否真实，有无剪辑、增加、删改等情形；

（六）内容与案件事实有无关联。

对视听资料有疑问的，应当进行鉴定。

第一百零九条 视听资料具有下列情形之一的，不得作为定案的根据：

（一）系篡改、伪造或者无法确定真伪的；

（二）制作、取得的时间、地点、方式等有疑问，不能作出合理解释的。

第一百一十条 对电子数据是否真实，应当着重审查以下内容：

（一）是否移送原始存储介质；在原始存储介质无法封存、不便移动时，有无说明原因，并注明收集、提取过程及原始存储介质的存放地点或者电子数据的来源等情况；

（二）是否具有数字签名、数字证书等特殊标识；

（三）收集、提取的过程是否可以重现；

（四）如有增加、删除、修改等情形的，是否附有说明；

（五）完整性是否可以保证。

第一百一十一条 对电子数据是否完整，应当根据保护电子数据完整性的相应方法进行审查、验证：

（一）审查原始存储介质的扣押、封存状态；

（二）审查电子数据的收集、提取过程，查看录像；

（三）比对电子数据完整性校验值；

（四）与备份的电子数据进行比较；

（五）审查冻结后的访问操作日志；

（六）其他方法。

第一百一十二条 对收集、提取电子数据是否合法，应当着重审查以下内容：

（一）收集、提取电子数据是否由二名以上调查人员、侦查人员进行，取证方法是否符合相关技术标准；

（二）收集、提取电子数据，是否附有笔录、清单，并经调查人员、侦查人员、电子数据持有人、提供人、见证人签名或者盖章；没有签名或者盖章的，是否注明原因；对电子数据的类别、文件格式等是否注明清楚；

（三）是否依照有关规定由符合条件的人员担任见证人，是否对相关活动进行录像；

（四）采用技术调查、侦查措施收集、提取电子数据的，是否依法经过严格的批准手续；

（五）进行电子数据检查的，检查程序是否符合有关规定。

第一百一十三条 电子数据的收集、提取程序有下列瑕疵，经补正或者作出合理解释的，可以采用；不能补正或者作出合理解释的，不得作为定案的根据：

（一）未以封存状态移送的；

（二）笔录或者清单上没有调查人员或者侦查人员、电子数据持有人、提供人、见证人签名或者盖章的；

（三）对电子数据的名称、类别、格式等注明不清的；

（四）有其他瑕疵的。

第一百一十四条 电子数据具有下列情形之一的，不得作为定案的根据：

（一）系篡改、伪造或者无法确定真伪的；

（二）有增加、删除、修改等情形，影响电子数据真实性的；

（三）其他无法保证电子数据真实性的情形。

第一百一十五条 对视听资料、电子数据，还应当审查是否移送文字抄清材料以及对绰号、暗语、俗语、方言等不易理解内容的说明。未移送的，必要时，可以要求人民检察院移送。

第八节　技术调查、侦查证据的审查与认定

第一百一十六条　依法采取技术调查、侦查措施收集的材料在刑事诉讼中可以作为证据使用。

采取技术调查、侦查措施收集的材料，作为证据使用的，应当随案移送。

第一百一十七条　使用采取技术调查、侦查措施收集的证据材料可能危及有关人员的人身安全，或者可能产生其他严重后果的，可以采取下列保护措施：

（一）使用化名等代替调查、侦查人员及有关人员的个人信息；

（二）不具体写明技术调查、侦查措施使用的技术设备和技术方法；

（三）其他必要的保护措施。

第一百一十八条　移送技术调查、侦查证据材料的，应当附采取技术调查、侦查措施的法律文书、技术调查、侦查证据材料清单和有关说明材料。

移送采用技术调查、侦查措施收集的视听资料、电子数据的，应当制作新的存储介质，并附制作说明，写明原始证据材料、原始存储介质的存放地点等信息，由制作人签名，并加盖单位印章。

第一百一十九条　对采取技术调查、侦查措施收集的证据材料，除根据相关证据材料所属的证据种类，依照本章第二节至第七节的相应规定进行审查外，还应当着重审查以下内容：

（一）技术调查、侦查措施所针对的案件是否符合法律规定；

（二）技术调查措施是否经过严格的批准手续，按照规定交有关机关执行；技术侦查措施是否在刑事立案后，经过严格的批准手续；

（三）采取技术调查、侦查措施的种类、适用对象和期限是否按照批准决定载明的内容执行；

（四）采取技术调查、侦查措施收集的证据材料与其他证据是否矛盾；存在矛盾的，能否得到合理解释。

第一百二十条　采取技术调查、侦查措施收集的证据材料，应当经过当庭出示、辨认、质证等法庭调查程序查证。

当庭调查技术调查、侦查证据材料可能危及有关人员的人身安全，或者可能产生其他严重后果的，法庭应当采取不暴露有关人员身份和技术调查、侦查措施使用的技术设备、技术方法等保护措施。必要时，审判人员可以在庭外对证据进行核实。

第一百二十一条　采用技术调查、侦查证据作为定案根据的，人民法院在裁判文书中可以表述相关证据的名称、证据种类和证明对象，但不得表述有关

人员身份和技术调查、侦查措施使用的技术设备、技术方法等。

第一百二十二条 人民法院认为应当移送的技术调查、侦查证据材料未随案移送的，应当通知人民检察院在指定时间内移送。人民检察院未移送的，人民法院应当根据在案证据对案件事实作出认定。

第九节 非法证据排除

第一百二十三条 采用下列非法方法收集的被告人供述，应当予以排除：

（一）采用殴打、违法使用戒具等暴力方法或者变相肉刑的恶劣手段，使被告人遭受难以忍受的痛苦而违背意愿作出的供述；

（二）采用以暴力或者严重损害本人及其近亲属合法权益等相威胁的方法，使被告人遭受难以忍受的痛苦而违背意愿作出的供述；

（三）采用非法拘禁等非法限制人身自由的方法收集的被告人供述。

第一百二十四条 采用刑讯逼供方法使被告人作出供述，之后被告人受该刑讯逼供行为影响而作出的与该供述相同的重复性供述，应当一并排除，但下列情形除外：

（一）调查、侦查期间，监察机关、侦查机关根据控告、举报或者自己发现等，确认或者不能排除以非法方法收集证据而更换调查、侦查人员，其他调查、侦查人员再次讯问时告知有关权利和认罪的法律后果，被告人自愿供述的；

（二）审查逮捕、审查起诉和审判期间，检察人员、审判人员讯问时告知诉讼权利和认罪的法律后果，被告人自愿供述的。

第一百二十五条 采用暴力、威胁以及非法限制人身自由等非法方法收集的证人证言、被害人陈述，应当予以排除。

第一百二十六条 收集物证、书证不符合法定程序，可能严重影响司法公正的，应当予以补正或者作出合理解释；不能补正或者作出合理解释的，对该证据应当予以排除。

认定“可能严重影响司法公正”，应当综合考虑收集证据违反法定程序以及所造成后果的严重程度等情况。

第一百二十七条 当事人及其辩护人、诉讼代理人申请人民法院排除以非法方法收集的证据的，应当提供涉嫌非法取证的人员、时间、地点、方式、内容等相关线索或者材料。

第一百二十八条 人民法院向被告人及其辩护人送达起诉书副本时，应当告知其申请排除非法证据的，应当在开庭审理前提出，但庭审期间才发现相关线索或者材料的除外。

第一百二十九条 开庭审理前，当事人及其辩护人、诉讼代理人申请人民法院排除非法证据的，人民法院应当在开庭前及时将申请书或者申请笔录及相关线索、材料的复制件送交人民检察院。

第一百三十条 开庭审理前，人民法院可以召开庭前会议，就非法证据排除等问题了解情况，听取意见。

在庭前会议中，人民检察院可以通过出示有关证据材料等方式，对证据收集的合法性加以说明。必要时，可以通知调查人员、侦查人员或者其他人员参加庭前会议，说明情况。

第一百三十一条 在庭前会议中，人民检察院可以撤回有关证据。撤回的证据，没有新的理由，不得在庭审中出示。

当事人及其辩护人、诉讼代理人可以撤回排除非法证据的申请。撤回申请后，没有新的线索或者材料，不得再次对有关证据提出排除申请。

第一百三十二条 当事人及其辩护人、诉讼代理人在开庭审理前未申请排除非法证据，在庭审过程中提出申请的，应当说明理由。人民法院经审查，对证据收集的合法性有疑问的，应当进行调查；没有疑问的，驳回申请。

驳回排除非法证据的申请后，当事人及其辩护人、诉讼代理人没有新的线索或者材料，以相同理由再次提出申请的，人民法院不再审查。

第一百三十三条 控辩双方在庭前会议中对证据收集是否合法未达成一致意见，人民法院对证据收集的合法性有疑问的，应当在庭审中进行调查；对证据收集的合法性没有疑问，且无新的线索或者材料表明可能存在非法取证的，可以决定不再进行调查并说明理由。

第一百三十四条 庭审期间，法庭决定对证据收集的合法性进行调查的，应当先行当庭调查。但为防止庭审过分迟延，也可以在法庭调查结束前调查。

第一百三十五条 法庭决定对证据收集的合法性进行调查的，由公诉人通过宣读调查、侦查讯问笔录、出示提讯登记、体检记录、对讯问合法性的核查材料等证据材料，有针对性地播放讯问录音录像，提请法庭通知有关调查人员、侦查人员或者其他人员出庭说明情况等方式，证明证据收集的合法性。

讯问录音录像涉及国家秘密、商业秘密、个人隐私或者其他不宜公开内容的，法庭可以决定对讯问录音录像不公开播放、质证。

公诉人提交的取证过程合法的说明材料，应当经有关调查人员、侦查人员签名，并加盖单位印章。未经签名或者盖章的，不得作为证据使用。上述说明材料不能单独作为证明取证过程合法的根据。

第一百三十六条 控辩双方申请法庭通知调查人员、侦查人员或者其他人员出庭说明情况，法庭认为有必要的，应当通知有关人员出庭。

根据案件情况，法庭可以依职权通知调查人员、侦查人员或者其他人员出庭说明情况。

调查人员、侦查人员或者其他人员出庭的，应当向法庭说明证据收集过程，并就相关情况接受控辩双方和法庭的询问。

第一百三十七条 法庭对证据收集的合法性进行调查后，确认或者不能排除存在刑事诉讼法第五十六条规定的以非法方法收集证据情形的，对有关证据应当排除。

第一百三十八条 具有下列情形之一的，第二审人民法院应当对证据收集的合法性进行审查，并根据刑事诉讼法和本解释的有关规定作出处理：

（一）第一审人民法院对当事人及其辩护人、诉讼代理人排除非法证据的申请没有审查，且以该证据作为定案根据的；

（二）人民检察院或者被告人、自诉人及其法定代理人不服第一审人民法院作出的有关证据收集合法性的调查结论，提出抗诉、上诉的；

（三）当事人及其辩护人、诉讼代理人在第一审结束后才发现相关线索或者材料，申请人民法院排除非法证据的。

第十节　证据的综合审查与运用

第一百三十九条 对证据的真实性，应当综合全案证据进行审查。

对证据的证明力，应当根据具体情况，从证据与案件事实的关联程度、证据之间的联系等方面进行审查判断。

第一百四十条 没有直接证据，但间接证据同时符合下列条件的，可以认定被告人有罪：

（一）证据已经查证属实；

（二）证据之间相互印证，不存在无法排除的矛盾和无法解释的疑问；

（三）全案证据形成完整的证据链；

（四）根据证据认定案件事实足以排除合理怀疑，结论具有唯一性；

（五）运用证据进行的推理符合逻辑和经验。

第一百四十一条 根据被告人的供述、指认提取到了隐蔽性很强的物证、书证，且被告人的供述与其他证明犯罪事实发生的证据相互印证，并排除串供、逼供、诱供等可能性的，可以认定被告人有罪。

第一百四十二条 对监察机关、侦查机关出具的被告人到案经过、抓获经过等材料，应当审查是否有出具该说明材料的办案人员、办案机关的签名、盖章。

对到案经过、抓获经过或者确定被告人有重大嫌疑的根据有疑问的，应当通知人民检察院补充说明。

第一百四十三条 下列证据应当慎重使用，有其他证据印证的，可以采信：

（一）生理上、精神上有缺陷，对案件事实的认知和表达存在一定困难，但尚未丧失正确认知、表达能力的被害人、证人和被告人所作的陈述、证言和供述；

（二）与被告人有亲属关系或者其他密切关系的证人所作的有利于被告人的证言，或者与被告人有利害冲突的证人所作的不利于被告人的证言。

第一百四十四条 证明被告人自首、坦白、立功的证据材料，没有加盖接受被告人投案、坦白、检举揭发等的单位的印章，或者接受人员没有签名的，不得作为定案的根据。

对被告人及其辩护人提出有自首、坦白、立功的事实和理由，有关机关未予认定，或者有关机关提出被告人有自首、坦白、立功表现，但证据材料不全的，人民法院应当要求有关机关提供证明材料，或者要求有关人员作证，并结合其他证据作出认定。

第一百四十五条 证明被告人具有累犯、毒品再犯情节等的证据材料，应当包括前罪的裁判文书、释放证明等材料；材料不全的，应当通知人民检察院提供。

第一百四十六条 审查被告人实施被指控的犯罪时或者审判时是否达到相应法定责任年龄，应当根据户籍证明、出生证明文件、学籍卡、人口普查登记、无利害关系人的证言等证据综合判断。

证明被告人已满十二周岁、十四周岁、十六周岁、十八周岁或者不满七十五周岁的证据不足的，应当作出有利于被告人的认定。

第五章 强制措施

第一百四十七条 人民法院根据案件情况，可以决定对被告人拘传、取保候审、监视居住或者逮捕。

对被告人采取、撤销或者变更强制措施的，由院长决定；决定继续取保候审、监视居住的，可以由合议庭或者独任审判员决定。

第一百四十八条 对经依法传唤拒不到庭的被告人，或者根据案件情况有必要拘传的被告人，可以拘传。

拘传被告人，应当由院长签发拘传票，由司法警察执行，执行人员不得少于二人。

拘传被告人，应当出示拘传票。对抗拒拘传的被告人，可以使用戒具。

第一百四十九条 拘传被告人，持续的时间不得超过十二小时；案情特别重大、复杂，需要采取逮捕措施的，持续的时间不得超过二十四小时。不得以连续拘传的形式变相拘禁被告人。应当保证被拘传人的饮食和必要的休息时间。

第一百五十条 被告人具有刑事诉讼法第六十七条第一款规定情形之一的，人民法院可以决定取保候审。

对被告人决定取保候审的，应当责令其提出保证人或者交纳保证金，不得同时使用保证人保证与保证金保证。

第一百五十一条 对下列被告人决定取保候审的，可以责令其提出一至二名保证人：

（一）无力交纳保证金的；

（二）未成年或者已满七十五周岁的；

（三）不宜收取保证金的其他被告人。

第一百五十二条 人民法院应当审查保证人是否符合法定条件。符合条件的，应当告知其必须履行的保证义务，以及不履行义务的法律后果，并由其出具保证书。

第一百五十三条 对决定取保候审的被告人使用保证金保证的，应当依照刑事诉讼法第七十二条第一款的规定确定保证金的具体数额，并责令被告人或者为其提供保证金的单位、个人将保证金一次性存入公安机关指定银行的专门账户。

第一百五十四条 人民法院向被告人宣布取保候审决定后，应当将取保候审决定书等相关材料送交当地公安机关。

对被告人使用保证金保证的，应当在核实保证金已经存入公安机关指定银行的专门账户后，将银行出具的收款凭证一并送交公安机关。

第一百五十五条 被告人被取保候审期间，保证人不愿继续履行保证义务或者丧失履行保证义务能力的，人民法院应当在收到保证人的申请或者公安机关的书面通知后三日以内，责令被告人重新提出保证人或者交纳保证金，或者变更强制措施，并通知公安机关。

第一百五十六条 人民法院发现保证人未履行保证义务的，应当书面通知公安机关依法处理。

第一百五十七条 根据案件事实和法律规定，认为已经构成犯罪的被告人在取保候审期间逃匿的，如果系保证人协助被告人逃匿，或者保证人明知被告人藏匿地点但拒绝向司法机关提供，对保证人应当依法追究责任。

第一百五十八条 人民法院发现使用保证金保证的被取保候审人违反刑事诉讼法第七十一条第一款、第二款规定的，应当书面通知公安机关依法处理。

人民法院收到公安机关已经没收保证金的书面通知或者变更强制措施的建议后，应当区别情形，在五日以内责令被告人具结悔过，重新交纳保证金或者提出保证人，或者变更强制措施，并通知公安机关。

人民法院决定对被依法没收保证金的被告人继续取保候审的，取保候审的期限连续计算。

第一百五十九条 对被取保候审的被告人的判决、裁定生效后，如果保证金属于其个人财产，且需要用以退赔被害人、履行附带民事赔偿义务或者执行财产刑的，人民法院可以书面通知公安机关移交全部保证金，由人民法院作出处理，剩余部分退还被告人。

第一百六十条 对具有刑事诉讼法第七十四条第一款、第二款规定情形的被告人，人民法院可以决定监视居住。

人民法院决定对被告人监视居住的，应当核实其住处；没有固定住处的，应当为其指定居所。

第一百六十一条 人民法院向被告人宣布监视居住决定后，应当将监视居住决定书等相关材料送交被告人住处或者指定居所所在地的公安机关执行。

对被告人指定居所监视居住后，人民法院应当在二十四小时以内，将监视居住的原因和处所通知其家属；确实无法通知的，应当记录在案。

第一百六十二条 人民检察院、公安机关已经对犯罪嫌疑人取保候审、监视居住，案件起诉至人民法院后，需要继续取保候审、监视居住或者变更强制措施的，人民法院应当在七日以内作出决定，并通知人民检察院、公安机关。

决定继续取保候审、监视居住的，应当重新办理手续，期限重新计算；继续使用保证金保证的，不再收取保证金。

第一百六十三条 对具有刑事诉讼法第八十一条第一款、第三款规定情形的被告人，人民法院应当决定逮捕。

第一百六十四条 被取保候审的被告人具有下列情形之一的，人民法院应当决定逮捕：

（一）故意实施新的犯罪的；

（二）企图自杀或者逃跑的；

（三）毁灭、伪造证据，干扰证人作证或者串供的；

（四）打击报复、恐吓滋扰被害人、证人、鉴定人、举报人、控告人等的；

（五）经传唤，无正当理由不到案，影响审判活动正常进行的；

（六）擅自改变联系方式或者居住地，导致无法传唤，影响审判活动正常进行的；

（七）未经批准，擅自离开所居住的市、县，影响审判活动正常进行，或者两次未经批准，擅自离开所居住的市、县的；

（八）违反规定进入特定场所、与特定人员会见或者通信、从事特定活动，影响审判活动正常进行，或者两次违反有关规定的；

（九）依法应当决定逮捕的其他情形。

第一百六十五条 被监视居住的被告人具有下列情形之一的，人民法院应当决定逮捕：

（一）具有前条第一项至第五项规定情形之一的；

（二）未经批准，擅自离开执行监视居住的处所，影响审判活动正常进行，或者两次未经批准，擅自离开执行监视居住的处所的；

（三）未经批准，擅自会见他人或者通信，影响审判活动正常进行，或者两次未经批准，擅自会见他人或者通信的；

（四）对因患有严重疾病、生活不能自理，或者因怀孕、正在哺乳自己婴儿而未予逮捕的被告人，疾病痊愈或者哺乳期已满的；

（五）依法应当决定逮捕的其他情形。

第一百六十六条 对可能判处徒刑以下刑罚的被告人，违反取保候审、监视居住规定，严重影响诉讼活动正常进行的，可以决定逮捕。

第一百六十七条 人民法院作出逮捕决定后，应当将逮捕决定书等相关材料送交公安机关执行，并将逮捕决定书抄送人民检察院。逮捕被告人后，人民法院应当将逮捕的原因和羁押的处所，在二十四小时以内通知其家属；确实无法通知的，应当记录在案。

第一百六十八条 人民法院对决定逮捕的被告人，应当在逮捕后二十四小时以内讯问。发现不应当逮捕的，应当立即释放。必要时，可以依法变更强制措施。

第一百六十九条 被逮捕的被告人具有下列情形之一的，人民法院可以变更强制措施：

（一）患有严重疾病、生活不能自理的；

（二）怀孕或者正在哺乳自己婴儿的；

（三）系生活不能自理的人的唯一扶养人。

第一百七十条 被逮捕的被告人具有下列情形之一的，人民法院应当立即释放；必要时，可以依法变更强制措施：

（一）第一审人民法院判决被告人无罪、不负刑事责任或者免予刑事处罚的；

（二）第一审人民法院判处管制、宣告缓刑、单独适用附加刑，判决尚未发生法律效力的；

（三）被告人被羁押的时间已到第一审人民法院对其判处的刑期期限的；

（四）案件不能在法律规定的期限内审结的。

第一百七十一条 人民法院决定释放被告人的，应当立即将释放通知书送交公安机关执行。

第一百七十二条 被采取强制措施的被告人，被判处管制、缓刑的，在社区矫正开始后，强制措施自动解除；被单处附加刑的，在判决、裁定发生法律效力后，强制措施自动解除；被判处监禁刑的，在刑罚开始执行后，强制措施自动解除。

第一百七十三条 对人民法院决定逮捕的被告人，人民检察院建议释放或者变更强制措施的，人民法院应当在收到建议后十日以内将处理情况通知人民检察院。

第一百七十四条 被告人及其法定代理人、近亲属或者辩护人申请变更、解除强制措施的，应当说明理由。人民法院收到申请后，应当在三日以内作出决定。同意变更、解除强制措施的，应当依照本解释规定处理；不同意的，应当告知申请人，并说明理由。

第六章　附带民事诉讼

第一百七十五条　被害人因人身权利受到犯罪侵犯或者财物被犯罪分子毁坏而遭受物质损失的，有权在刑事诉讼过程中提起附带民事诉讼；被害人死亡或者丧失行为能力的，其法定代理人、近亲属有权提起附带民事诉讼。

因受到犯罪侵犯，提起附带民事诉讼或者单独提起民事诉讼要求赔偿精神损失的，人民法院一般不予受理。

第一百七十六条　被告人非法占有、处置被害人财产的，应当依法予以追缴或者责令退赔。被害人提起附带民事诉讼的，人民法院不予受理。追缴、退赔的情况，可以作为量刑情节考虑。

第一百七十七条　国家机关工作人员在行使职权时，侵犯他人人身、财产权利构成犯罪，被害人或者其法定代理人、近亲属提起附带民事诉讼的，人民法院不予受理，但应当告知其可以依法申请国家赔偿。

第一百七十八条　人民法院受理刑事案件后，对符合刑事诉讼法第一百零一条和本解释第一百七十五条第一款规定的，可以告知被害人或者其法定代理人、近亲属有权提起附带民事诉讼。

有权提起附带民事诉讼的人放弃诉讼权利的，应当准许，并记录在案。

第一百七十九条　国家财产、集体财产遭受损失，受损失的单位未提起附带民事诉讼，人民检察院在提起公诉时提起附带民事诉讼的，人民法院应当受理。

人民检察院提起附带民事诉讼的，应当列为附带民事诉讼原告人。

被告人非法占有、处置国家财产、集体财产的，依照本解释第一百七十六条的规定处理。

第一百八十条　附带民事诉讼中依法负有赔偿责任的人包括：

（一）刑事被告人以及未被追究刑事责任的其他共同侵害人；

（二）刑事被告人的监护人；

（三）死刑罪犯的遗产继承人；

（四）共同犯罪案件中，案件审结前死亡的被告人的遗产继承人；

（五）对被害人的物质损失依法应当承担赔偿责任的其他单位和个人。

附带民事诉讼被告人的亲友自愿代为赔偿的，可以准许。

第一百八十一条　被害人或者其法定代理人、近亲属仅对部分共同侵害人提起附带民事诉讼的，人民法院应当告知其可以对其他共同侵害人，包括没有被追究刑事责任的共同侵害人，一并提起附带民事诉讼，但共同犯罪案件中同案犯在逃的除外。

被害人或者其法定代理人、近亲属放弃对其他共同侵害人的诉讼权利的，人民法院应当告知其相应法律后果，并在裁判文书中说明其放弃诉讼请求的情况。

第一百八十二条 附带民事诉讼的起诉条件是：

（一）起诉人符合法定条件；

（二）有明确的被告人；

（三）有请求赔偿的具体要求和事实、理由；

（四）属于人民法院受理附带民事诉讼的范围。

第一百八十三条 共同犯罪案件，同案犯在逃的，不应列为附带民事诉讼被告人。逃跑的同案犯到案后，被害人或者其法定代理人、近亲属可以对其提起附带民事诉讼，但已经从其他共同犯罪人处获得足额赔偿的除外。

第一百八十四条 附带民事诉讼应当在刑事案件立案后及时提起。

提起附带民事诉讼应当提交附带民事起诉状。

第一百八十五条 侦查、审查起诉期间，有权提起附带民事诉讼的人提出赔偿要求，经公安机关、人民检察院调解，当事人双方已经达成协议并全部履行，被害人或者其法定代理人、近亲属又提起附带民事诉讼的，人民法院不予受理，但有证据证明调解违反自愿、合法原则的除外。

第一百八十六条 被害人或者其法定代理人、近亲属提起附带民事诉讼的，人民法院应当在七日以内决定是否受理。符合刑事诉讼法第一百零一条以及本解释有关规定的，应当受理；不符合的，裁定不予受理。

第一百八十七条 人民法院受理附带民事诉讼后，应当在五日以内将附带民事起诉状副本送达附带民事诉讼被告人及其法定代理人，或者将口头起诉的内容及时通知附带民事诉讼被告人及其法定代理人，并制作笔录。

人民法院送达附带民事起诉状副本时，应当根据刑事案件的审理期限，确定被告人及其法定代理人的答辩准备时间。

第一百八十八条 附带民事诉讼当事人对自己提出的主张，有责任提供证据。

第一百八十九条 人民法院对可能因被告人的行为或者其他原因，使附带民事判决难以执行的案件，根据附带民事诉讼原告人的申请，可以裁定采取保全措施，查封、扣押或者冻结被告人的财产；附带民事诉讼原告人未提出申请的，必要时，人民法院也可以采取保全措施。

有权提起附带民事诉讼的人因情况紧急，不立即申请保全将会使其合法权益受到难以弥补的损害的，可以在提起附带民事诉讼前，向被保全财产所在地、被申请人居住地或者对案件有管辖权的人民法院申请采取保全措施。申请人在人民法院受理刑事案件后十五日以内未提起附带民事诉讼的，人民法院应当解除保全措施。

人民法院采取保全措施，适用民事诉讼法第一百条至第一百零五条①的有关规定，但民事诉讼法第一百零一条第三款②的规定除外。

第一百九十条 人民法院审理附带民事诉讼案件，可以根据自愿、合法的原则进行调解。经调解达成协议的，应当制作调解书。调解书经双方当事人签收后即具有法律效力。

调解达成协议并即时履行完毕的，可以不制作调解书，但应当制作笔录，经双方当事人、审判人员、书记员签名后即发生法律效力。

第一百九十一条 调解未达成协议或者调解书签收前当事人反悔的，附带民事诉讼应当同刑事诉讼一并判决。

第一百九十二条 对附带民事诉讼作出判决，应当根据犯罪行为造成的物质损失，结合案件具体情况，确定被告人应当赔偿的数额。

犯罪行为造成被害人人身损害的，应当赔偿医疗费、护理费、交通费等为治疗和康复支付的合理费用，以及因误工减少的收入。造成被害人残疾的，还应当赔偿残疾生活辅助器具费等费用；造成被害人死亡的，还应当赔偿丧葬费等费用。

驾驶机动车致人伤亡或者造成公私财产重大损失，构成犯罪的，依照《中华人民共和国道路交通安全法》第七十六条的规定确定赔偿责任。

附带民事诉讼当事人就民事赔偿问题达成调解、和解协议的，赔偿范围、数额不受第二款、第三款规定的限制。

第一百九十三条 人民检察院提起附带民事诉讼的，人民法院经审理，认为附带民事诉讼被告人依法应当承担赔偿责任的，应当判令附带民事诉讼被告人直接向遭受损失的单位作出赔偿；遭受损失的单位已经终止，有权利义务继受人的，应当判令其向继受人作出赔偿；没有权利义务继受人的，应当判令其向人民检察院交付赔偿款，由人民检察院上缴国库。

第一百九十四条 审理刑事附带民事诉讼案件，人民法院应当结合被告人赔偿被害人物质损失的情况认定其悔罪表现，并在量刑时予以考虑。

第一百九十五条 附带民事诉讼原告人经传唤，无正当理由拒不到庭，或者未经法庭许可中途退庭的，应当按撤诉处理。

刑事被告人以外的附带民事诉讼被告人经传唤，无正当理由拒不到庭，或者未经法庭许可中途退庭的，附带民事部分可以缺席判决。

刑事被告人以外的附带民事诉讼被告人下落不明，或者用公告送达以外的其他方式无法送达，可能导致刑事案件审判过分迟延的，可以不将其列为附带民事诉讼被告人，告知附带民事诉讼原告人另行提起民事诉讼。

---

① 现为《民事诉讼法》（2023年修正）第一百零三条至第一百零八条。

② 现为《民事诉讼法》（2023年修正）第一百零四条第三款。

第一百九十六条 附带民事诉讼应当同刑事案件一并审判，只有为了防止刑事案件审判的过分迟延，才可以在刑事案件审判后，由同一审判组织继续审理附带民事诉讼；同一审判组织的成员确实不能继续参与审判的，可以更换。

第一百九十七条 人民法院认定公诉案件被告人的行为不构成犯罪，对已经提起的附带民事诉讼，经调解不能达成协议的，可以一并作出刑事附带民事判决，也可以告知附带民事原告人另行提起民事诉讼。

人民法院准许人民检察院撤回起诉的公诉案件，对已经提起的附带民事诉讼，可以进行调解；不宜调解或者经调解不能达成协议的，应当裁定驳回起诉，并告知附带民事诉讼原告人可以另行提起民事诉讼。

第一百九十八条 第一审期间未提起附带民事诉讼，在第二审期间提起的，第二审人民法院可以依法进行调解；调解不成的，告知当事人可以在刑事判决、裁定生效后另行提起民事诉讼。

第一百九十九条 人民法院审理附带民事诉讼案件，不收取诉讼费。

第二百条 被害人或者其法定代理人、近亲属在刑事诉讼过程中未提起附带民事诉讼，另行提起民事诉讼的，人民法院可以进行调解，或者根据本解释第一百九十二条第二款、第三款的规定作出判决。

第二百零一条 人民法院审理附带民事诉讼案件，除刑法、刑事诉讼法以及刑事司法解释已有规定的以外，适用民事法律的有关规定。

第七章 期间、送达、审理期限

第二百零二条 以月计算的期间，自本月某日至下月同日为一个月；期限起算日为本月最后一日的，至下月最后一日为一个月；下月同日不存在的，自本月某日至下月最后一日为一个月；半个月一律按十五日计算。

以年计算的刑期，自本年本月某日至次年同月同日的前一日为一年；次年同月同日不存在的，自本年本月某日至次年同月最后一日的前一日为一年。以月计算的刑期，自本月某日至下月同日的前一日为一个月；刑期起算日为本月最后一日的，至下月最后一日的前一日为一个月；下月同日不存在的，自本月某日至下月最后一日的前一日为一个月；半个月一律按十五日计算。

第二百零三条 当事人由于不能抗拒的原因或者有其他正当理由而耽误期限，依法申请继续进行应当在期满前完成的诉讼活动的，人民法院查证属实后，应当裁定准许。

第二百零四条 送达诉讼文书，应当由收件人签收。收件人不在的，可以由其成年家属或者所在单位负责收件的人员代收。收件人或者代收人在送达回证上签收的日期为送达日期。

收件人或者代收人拒绝签收的，送达人可以邀请见证人到场，说明情况，在送达回证上注明拒收的事由和日期，由送达人、见证人签名或者盖章，将诉讼文书留在收件人、代收人的住处或者单位；也可以把诉讼文书留在受送达人的住处，并采用拍照、录像等方式记录送达过程，即视为送达。

第二百零五条 直接送达诉讼文书有困难的，可以委托收件人所在地的人民法院代为送达或者邮寄送达。

第二百零六条 委托送达的，应当将委托函、委托送达的诉讼文书及送达回证寄送受托法院。受托法院收到后，应当登记，在十日以内送达收件人，并将送达回证寄送委托法院；无法送达的，应当告知委托法院，并将诉讼文书及送达回证退回。

第二百零七条 邮寄送达的，应当将诉讼文书、送达回证邮寄给收件人。签收日期为送达日期。

第二百零八条 诉讼文书的收件人是军人的，可以通过其所在部队团级以上单位的政治部门转交。

收件人正在服刑的，可以通过执行机关转交。

收件人正在接受专门矫治教育等的，可以通过相关机构转交。

由有关部门、单位代为转交诉讼文书的，应当请有关部门、单位收到后立即交收件人签收，并将送达回证及时寄送人民法院。

第二百零九条 指定管辖案件的审理期限，自被指定管辖的人民法院收到指定管辖决定书和案卷、证据材料之日起计算。

第二百一十条 对可能判处死刑的案件或者附带民事诉讼的案件，以及有刑事诉讼法第一百五十八条规定情形之一的案件，上一级人民法院可以批准延长审理期限一次，期限为三个月。因特殊情况还需要延长的，应当报请最高人民法院批准。

申请批准延长审理期限的，应当在期限届满十五日以前层报。有权决定的人民法院不同意的，应当在审理期限届满五日以前作出决定。

因特殊情况报请最高人民法院批准延长审理期限，最高人民法院经审查，予以批准的，可以延长审理期限一至三个月。期限届满案件仍然不能审结的，可以再次提出申请。

第二百一十一条 审判期间，对被告人作精神病鉴定的时间不计入审理期限。

第八章　审判组织

第二百一十二条 合议庭由审判员担任审判长。院长或者庭长参加审理案件时，由其本人担任审判长。

审判员依法独任审判时，行使与审判长相同的职权。

第二百一十三条 基层人民法院、中级人民法院、高级人民法院审判下列第一审刑事案件，由审判员和人民陪审员组成合议庭进行：

（一）涉及群体利益、公共利益的；

（二）人民群众广泛关注或者其他社会影响较大的；

（三）案情复杂或者有其他情形，需要由人民陪审员参加审判的。

基层人民法院、中级人民法院、高级人民法院审判下列第一审刑事案件，由审判员和人民陪审员组成七人合议庭进行：

（一）可能判处十年以上有期徒刑、无期徒刑、死刑，且社会影响重大的；

（二）涉及征地拆迁、生态环境保护、食品药品安全，且社会影响重大的；

（三）其他社会影响重大的。

第二百一十四条　开庭审理和评议案件，应当由同一合议庭进行。合议庭成员在评议案件时，应当独立发表意见并说明理由。意见分歧的，应当按多数意见作出决定，但少数意见应当记入笔录。评议笔录由合议庭的组成人员在审阅确认无误后签名。评议情况应当保密。

第二百一十五条　人民陪审员参加三人合议庭审判案件，应当对事实认定、法律适用独立发表意见，行使表决权。

人民陪审员参加七人合议庭审判案件，应当对事实认定独立发表意见，并与审判员共同表决；对法律适用可以发表意见，但不参加表决。

第二百一十六条　合议庭审理、评议后，应当及时作出判决、裁定。

对下列案件，合议庭应当提请院长决定提交审判委员会讨论决定：

（一）高级人民法院、中级人民法院拟判处死刑立即执行的案件，以及中级人民法院拟判处死刑缓期执行的案件；

（二）本院已经发生法律效力的判决、裁定确有错误需要再审的案件；

（三）人民检察院依照审判监督程序提出抗诉的案件。

对合议庭成员意见有重大分歧的案件、新类型案件、社会影响重大的案件以及其他疑难、复杂、重大的案件，合议庭认为难以作出决定的，可以提请院长决定提交审判委员会讨论决定。

人民陪审员可以要求合议庭将案件提请院长决定是否提交审判委员会讨论决定。

对提请院长决定提交审判委员会讨论决定的案件，院长认为不必要的，可以建议合议庭复议一次。

独任审判的案件，审判员认为有必要的，也可以提请院长决定提交审判委员会讨论决定。

第二百一十七条　审判委员会的决定，合议庭、独任审判员应当执行；有不同意见的，可以建议院长提交审判委员会复议。

第九章　公诉案件第一审普通程序

第一节　审查受理与庭前准备

第二百一十八条　对提起公诉的案件，人民法院应当在收到起诉书（一式八份，每增加一名被告人，增加起诉书五份）和案卷、证据后，审查以下内容：

（一）是否属于本院管辖；

（二）起诉书是否写明被告人的身份，是否受过或者正在接受刑事处罚、行政处罚、处分，被采取留置措施的情况，被采取强制措施的时间、种类、羁押地点，犯罪的时间、地点、手段、后果以及其他可能影响定罪量刑的情节；有多起犯罪事实的，是否在起诉书中将事实分别列明；

（三）是否移送证明指控犯罪事实及影响量刑的证据材料，包括采取技术调查、侦查措施的法律文书和所收集的证据材料；

（四）是否查封、扣押、冻结被告人的违法所得或者其他涉案财物，查封、扣押、冻结是否逾期；是否随案移送涉案财物、附涉案财物清单；是否列明涉案财物权属情况；是否就涉案财物处理提供相关证据材料；

（五）是否列明被害人的姓名、住址、联系方式；是否附有证人、鉴定人名单；是否申请法庭通知证人、鉴定人、有专门知识的人出庭，并列明有关人员的姓名、性别、年龄、职业、住址、联系方式；是否附有需要保护的证人、鉴定人、被害人名单；

（六）当事人已委托辩护人、诉讼代理人或者已接受法律援助的，是否列明辩护人、诉讼代理人的姓名、住址、联系方式；

（七）是否提起附带民事诉讼；提起附带民事诉讼的，是否列明附带民事诉讼当事人的姓名、住址、联系方式等，是否附有相关证据材料；

（八）监察调查、侦查、审查起诉程序的各种法律手续和诉讼文书是否齐全；

（九）被告人认罪认罚的，是否提出量刑建议、移送认罪认罚具结书等材料；

（十）有无刑事诉讼法第十六条第二项至第六项规定的不追究刑事责任的情形。

第二百一十九条　人民法院对提起公诉的案件审查后，应当按照下列情形分别处理：

（一）不属于本院管辖的，应当退回人民检察院；

（二）属于刑事诉讼法第十六条第二项至第六项规定情形的，应当退回人民检察院；属于告诉才处理的案件，应当同时告知被害人有权提起自诉；

（三）被告人不在案的，应当退回人民检察院；但是，对人民检察院按照缺席审判程序提起公诉的，应当依照本解释第二十四章的规定作出处理；

（四）不符合前条第二项至第九项规定之一，需要补充材料的，应当通知人民检察院在三日以内补送；

（五）依照刑事诉讼法第二百条第三项规定宣告被告人无罪后，人民检察院根据新的事实、证据重新起诉的，应当依法受理；

（六）依照本解释第二百九十六条规定裁定准许撤诉的案件，没有新的影响定罪量刑的事实、证据，重新起诉的，应当退回人民检察院；

（七）被告人真实身份不明，但符合刑事诉讼法第一百六十条第二款规定的，应当依法受理。

对公诉案件是否受理，应当在七日以内审查完毕。

第二百二十条 对一案起诉的共同犯罪或者关联犯罪案件，被告人人数众多、案情复杂，人民法院经审查认为，分案审理更有利于保障庭审质量和效率的，可以分案审理。分案审理不得影响当事人质证权等诉讼权利的行使。

对分案起诉的共同犯罪或者关联犯罪案件，人民法院经审查认为，合并审理更有利于查明案件事实、保障诉讼权利、准确定罪量刑的，可以并案审理。

第二百二十一条 开庭审理前，人民法院应当进行下列工作：

（一）确定审判长及合议庭组成人员；

（二）开庭十日以前将起诉书副本送达被告人、辩护人；

（三）通知当事人、法定代理人、辩护人、诉讼代理人在开庭五日以前提供证人、鉴定人名单，以及拟当庭出示的证据；申请证人、鉴定人、有专门知识的人出庭的，应当列明有关人员的姓名、性别、年龄、职业、住址、联系方式；

（四）开庭三日以前将开庭的时间、地点通知人民检察院；

（五）开庭三日以前将传唤当事人的传票和通知辩护人、诉讼代理人、法定代理人、证人、鉴定人等出庭的通知书送达；通知有关人员出庭，也可以采取电话、短信、传真、电子邮件、即时通讯等能够确认对方收悉的方式；对被害人人数众多的涉众型犯罪案件，可以通过互联网公布相关文书，通知有关人员出庭；

（六）公开审理的案件，在开庭三日以前公布案由、被告人姓名、开庭时间和地点。

上述工作情况应当记录在案。

第二百二十二条 审判案件应当公开进行。

案件涉及国家秘密或者个人隐私的，不公开审理；涉及商业秘密，当事人提出申请的，法庭可以决定不公开审理。

不公开审理的案件，任何人不得旁听，但具有刑事诉讼法第二百八十五条规定情形的除外。

第二百二十三条 精神病人、醉酒的人、未经人民法院批准的未成年人以及其他不宜旁听的人不得旁听案件审理。

第二百二十四条 被害人人数众多，且案件不属于附带民事诉讼范围的，被害人可以推选若干代表人参加庭审。

第二百二十五条 被害人、诉讼代理人经传唤或者通知未到庭，不影响开庭审理的，人民法院可以开庭审理。

辩护人经通知未到庭，被告人同意的，人民法院可以开庭审理，但被告人属于应当提供法律援助情形的除外。

第二节 庭前会议与庭审衔接

第二百二十六条 案件具有下列情形之一的，人民法院可以决定召开庭前会议：

（一）证据材料较多、案情重大复杂的；

（二）控辩双方对事实、证据存在较大争议的；

（三）社会影响重大的；

（四）需要召开庭前会议的其他情形。

第二百二十七条 控辩双方可以申请人民法院召开庭前会议，提出申请应当说明理由。人民法院经审查认为有必要的，应当召开庭前会议；决定不召开的，应当告知申请人。

第二百二十八条 庭前会议可以就下列事项向控辩双方了解情况，听取意见：

（一）是否对案件管辖有异议；

（二）是否申请有关人员回避；

（三）是否申请不公开审理；

（四）是否申请排除非法证据；

（五）是否提供新的证据材料；

（六）是否申请重新鉴定或者勘验；

（七）是否申请收集、调取证明被告人无罪或者罪轻的证据材料；

（八）是否申请证人、鉴定人、有专门知识的人、调查人员、侦查人员或者其他人员出庭，是否对出庭人员名单有异议；

（九）是否对涉案财物的权属情况和人民检察院的处理建议有异议；

（十）与审判相关的其他问题。

庭前会议中，人民法院可以开展附带民事调解。

对第一款规定中可能导致庭审中断的程序性事项，人民法院可以在庭前会议后依法作出处理，并在庭审中说明处理决定和理由。控辩双方没有新的理由，在庭审中再次提出有关申请或者异议的，法庭可以在说明庭前会议情况和处理决定理由后，依法予以驳回。

庭前会议情况应当制作笔录，由参会人员核对后签名。

第二百二十九条 庭前会议中，审判人员可以询问控辩双方对证据材料有无异议，对有异议的证据，应当在庭审时重点调查；无异议的，庭审时举证、质证可以简化。

第二百三十条 庭前会议由审判长主持，合议庭其他审判员也可以主持庭前会议。

召开庭前会议应当通知公诉人、辩护人到场。

庭前会议准备就非法证据排除了解情况、听取意见，或者准备询问控辩双方对证据材料的意见的，应当通知被告人到场。有多名被告人的案件，可以根据情况确定参加庭前会议的被告人。

第二百三十一条 庭前会议一般不公开进行。

根据案件情况，庭前会议可以采用视频等方式进行。

第二百三十二条 人民法院在庭前会议中听取控辩双方对案件事实、证据材料的意见后，对明显事实不清、证据不足的案件，可以建议人民检察院补充材料或者撤回起诉。建议撤回起诉的案件，人民检察院不同意的，开庭审理后，没有新的事实和理由，一般不准许撤回起诉。

第二百三十三条 对召开庭前会议的案件，可以在开庭时告知庭前会议情况。对庭前会议中达成一致意见的事项，法庭在向控辩双方核实后，可以当庭予以确认；未达成一致意见的事项，法庭可以归纳控辩双方争议焦点，听取控辩双方意见，依法作出处理。

控辩双方在庭前会议中就有关事项达成一致意见，在庭审中反悔的，除有正当理由外，法庭一般不再进行处理。

第三节 宣布开庭与法庭调查

第二百三十四条 开庭审理前，书记员应当依次进行下列工作：

（一）受审判长委托，查明公诉人、当事人、辩护人、诉讼代理人、证人及其他诉讼参与人是否到庭；

（二）核实旁听人员中是否有证人、鉴定人、有专门知识的人；

（三）请公诉人、辩护人、诉讼代理人及其他诉讼参与人入庭；

（四）宣读法庭规则；

（五）请审判长、审判员、人民陪审员入庭；

（六）审判人员就座后，向审判长报告开庭前的准备工作已经就绪。

第二百三十五条 审判长宣布开庭，传被告人到庭后，应当查明被告人的下列情况：

（一）姓名、出生日期、民族、出生地、文化程度、职业、住址，或者被告单位的名称、住所地、法定代表人、实际控制人以及诉讼代表人的姓名、职务；

（二）是否受过刑事处罚、行政处罚、处分及其种类、时间；

（三）是否被采取留置措施及留置的时间，是否被采取强制措施及强制措施的种类、时间；

（四）收到起诉书副本的日期；有附带民事诉讼的，附带民事诉讼被告人收到附带民事起诉状的日期。

被告人较多的，可以在开庭前查明上述情况，但开庭时审判长应当作出说明。

第二百三十六条 审判长宣布案件的来源、起诉的案由、附带民事诉讼当事人的姓名及是否公开审理；不公开审理的，应当宣布理由。

第二百三十七条 审判长宣布合议庭组成人员、法官助理、书记员、公诉人的名单，以及辩护人、诉讼代理人、鉴定人、翻译人员等诉讼参与人的名单。

第二百三十八条 审判长应当告知当事人及其法定代理人、辩护人、诉讼代理人在法庭审理过程中依法享有下列诉讼权利：

（一）可以申请合议庭组成人员、法官助理、书记员、公诉人、鉴定人和翻译人员回避；

（二）可以提出证据，申请通知新的证人到庭、调取新的证据，申请重新鉴定或者勘验；

（三）被告人可以自行辩护；

（四）被告人可以在法庭辩论终结后作最后陈述。

第二百三十九条 审判长应当询问当事人及其法定代理人、辩护人、诉讼代理人是否申请回避、申请何人回避和申请回避的理由。

当事人及其法定代理人、辩护人、诉讼代理人申请回避的，依照刑事诉讼法及本解释的有关规定处理。

同意或者驳回回避申请的决定及复议决定，由审判长宣布，并说明理由。必要时，也可以由院长到庭宣布。

第二百四十条 审判长宣布法庭调查开始后，应当先由公诉人宣读起诉书；公诉人宣读起诉书后，审判长应当询问被告人对起诉书指控的犯罪事实和罪名有无异议。

有附带民事诉讼的，公诉人宣读起诉书后，由附带民事诉讼原告人或者其法定代理人、诉讼代理人宣读附带民事起诉状。

第二百四十一条 在审判长主持下，被告人、被害人可以就起诉书指控的犯罪事实分别陈述。

第二百四十二条 在审判长主持下，公诉人可以就起诉书指控的犯罪事实讯问被告人。

经审判长准许，被害人及其法定代理人、诉讼代理人可以就公诉人讯问的犯罪事实补充发问；附带民事诉讼原告人及其法定代理人、诉讼代理人可以就附带民事部分的事实向被告人发问；被告人的法定代理人、辩护人，附带民事诉讼被告人及其法定代理人、诉讼代理人可以在控诉方、附带民事诉讼原告方就某一问题讯问、发问完毕后向被告人发问。

根据案件情况，就证据问题对被告人的讯问、发问可以在举证、质证环节进行。

第二百四十三条 讯问同案审理的被告人，应当分别进行。

第二百四十四条 经审判长准许，控辩双方可以向被害人、附带民事诉讼原告人发问。

第二百四十五条 必要时，审判人员可以讯问被告人，也可以向被害人、附带民事诉讼当事人发问。

第二百四十六条 公诉人可以提请法庭通知证人、鉴定人、有专门知识的人、调查人员、侦查人员或者其他人员出庭，或者出示证据。被害人及其法定代理人、诉讼代理人，附带民事诉讼原告人及其诉讼代理人也可以提出申请。

在控诉方举证后，被告人及其法定代理人、辩护人可以提请法庭通知证人、鉴定人、有专门知识的人、调查人员、侦查人员或者其他人员出庭，或者出示证据。

第二百四十七条 控辩双方申请证人出庭作证，出示证据，应当说明证据的名称、来源和拟证明的事实。法庭认为有必要的，应当准许；对方提出异议，认为有关证据与案件无关或者明显重复、不必要，法庭经审查异议成立的，可以不予准许。

第二百四十八条 已经移送人民法院的案卷和证据材料，控辩双方需要出示的，可以向法庭提出申请，法庭可以准许。案卷和证据材料应当在质证后当庭归还。

需要播放录音录像或者需要将证据材料交由法庭、公诉人或者诉讼参与人查看的，法庭可以指令值庭法警或者相关人员予以协助。

第二百四十九条 公诉人、当事人或者辩护人、诉讼代理人对证人证言有异议，且该证人证言对定罪量刑有重大影响，或者对鉴定意见有异议，人民法院认为证人、鉴定人有必要出庭作证的，应当通知证人、鉴定人出庭。

控辩双方对侦破经过、证据来源、证据真实性或者合法性等有异议，申请调查人员、侦查人员或者有关人员出庭，人民法院认为有必要的，应当通知调查人员、侦查人员或者有关人员出庭。

第二百五十条 公诉人、当事人及其辩护人、诉讼代理人申请法庭通知有专门知识的人出庭，就鉴定意见提出意见的，应当说明理由。法庭认为有必要的，应当通知有专门知识的人出庭。

申请有专门知识的人出庭，不得超过二人。有多种类鉴定意见的，可以相应增加人数。

第二百五十一条 为查明案件事实、调查核实证据，人民法院可以依职权通知证人、鉴定人、有专门知识的人、调查人员、侦查人员或者其他人员出庭。

第二百五十二条 人民法院通知有关人员出庭的，可以要求控辩双方予以协助。

第二百五十三条 证人具有下列情形之一，无法出庭作证的，人民法院可以准许其不出庭：

（一）庭审期间身患严重疾病或者行动极为不便的；

（二）居所远离开庭地点且交通极为不便的；

（三）身处国外短期无法回国的；

（四）有其他客观原因，确实无法出庭的。

具有前款规定情形的，可以通过视频等方式作证。

第二百五十四条 证人出庭作证所支出的交通、住宿、就餐等费用，人民法院应当给予补助。

第二百五十五条 强制证人出庭的，应当由院长签发强制证人出庭令，由法警执行。必要时，可以商请公安机关协助。

第二百五十六条 证人、鉴定人、被害人因出庭作证，本人或者其近亲属的人身安全面临危险的，人民法院应当采取不公开其真实姓名、住址和工作单位等个人信息，或者不暴露其外貌、真实声音等保护措施。辩护律师经法庭许可，查阅对证人、鉴定人、被害人使用化名情况的，应当签署保密承诺书。

审判期间，证人、鉴定人、被害人提出保护请求的，人民法院应当立即审查；认为确有保护必要的，应当及时决定采取相应保护措施。必要时，可以商请公安机关协助。

第二百五十七条 决定对出庭作证的证人、鉴定人、被害人采取不公开个人信息的保护措施的，审判人员应当在开庭前核实其身份，对证人、鉴定人如实作证的保证书不得公开，在判决书、裁定书等法律文书中可以使用化名等代替其个人信息。

第二百五十八条 证人出庭的，法庭应当核实其身份、与当事人以及本案的关系，并告知其有关权利义务和法律责任。证人应当保证向法庭如实提供证言，并在保证书上签名。

第二百五十九条 证人出庭后，一般先向法庭陈述证言；其后，经审判长许可，由申请通知证人出庭的一方发问，发问完毕后，对方也可以发问。

法庭依职权通知证人出庭的，发问顺序由审判长根据案件情况确定。

第二百六十条 鉴定人、有专门知识的人、调查人员、侦查人员或者其他人员出庭的，参照适用前两条规定。

第二百六十一条 向证人发问应当遵循以下规则：

（一）发问的内容应当与本案事实有关；

（二）不得以诱导方式发问；

（三）不得威胁证人；

（四）不得损害证人的人格尊严。

对被告人、被害人、附带民事诉讼当事人、鉴定人、有专门知识的人、调查人员、侦查人员或者其他人员的讯问、发问，适用前款规定。

第二百六十二条 控辩双方的讯问、发问方式不当或者内容与本案无关的，对方可以提出异议，申请审判长制止，审判长应当判明情况予以支持或者驳回；对方未提出异议的，审判长也可以根据情况予以制止。

第二百六十三条 审判人员认为必要时，可以询问证人、鉴定人、有专门知识的人、调查人员、侦查人员或者其他人员。

第二百六十四条 向证人、调查人员、侦查人员发问应当分别进行。

第二百六十五条 证人、鉴定人、有专门知识的人、调查人员、侦查人员或者其他人员不得旁听对本案的审理。有关人员作证或者发表意见后，审判长应当告知其退庭。

第二百六十六条 审理涉及未成年人的刑事案件，询问未成年被害人、证人，通知未成年被害人、证人出庭作证，适用本解释第二十二章的有关规定。

第二百六十七条 举证方当庭出示证据后，由对方发表质证意见。

第二百六十八条 对可能影响定罪量刑的关键证据和控辩双方存在争议的证据，一般应当单独举证、质证，充分听取质证意见。

对控辩双方无异议的非关键证据，举证方可以仅就证据的名称及拟证明的事实作出说明。

召开庭前会议的案件，举证、质证可以按照庭前会议确定的方式进行。

根据案件和庭审情况，法庭可以对控辩双方的举证、质证方式进行必要的指引。

第二百六十九条 审理过程中，法庭认为有必要的，可以传唤同案被告人、分案审理的共同犯罪或者关联犯罪案件的被告人等到庭对质。

第二百七十条 当庭出示的证据，尚未移送人民法院的，应当在质证后当庭移交。

第二百七十一条 法庭对证据有疑问的，可以告知公诉人、当事人及其法定代理人、辩护人、诉讼代理人补充证据或者作出说明；必要时，可以宣布休庭，对证据进行调查核实。

对公诉人、当事人及其法定代理人、辩护人、诉讼代理人补充的和审判人员庭外调查核实取得的证据，应当经过当庭质证才能作为定案的根据。但是，对不影响定罪量刑的非关键证据、有利于被告人的量刑证据以及认定被告人有犯罪前科的裁判文书等证据，经庭外征求意见，控辩双方没有异议的除外。

有关情况，应当记录在案。

第二百七十二条 公诉人申请出示开庭前未移送或者提交人民法院的证据，辩护方提出异议的，审判长应当要求公诉人说明理由；理由成立并确有出示必要的，应当准许。

辩护方提出需要对新的证据作辩护准备的，法庭可以宣布休庭，并确定准备辩护的时间。

辩护方申请出示开庭前未提交的证据，参照适用前两款规定。

第二百七十三条 法庭审理过程中，控辩双方申请通知新的证人到庭，调取新的证据，申请重新鉴定或者勘验的，应当提供证人的基本信息、证据的存放地点，说明拟证明的事项，申请重新鉴定或者勘验的理由。法庭认为有必要的，应当同意，并宣布休庭；根据案件情况，可以决定延期审理。

人民法院决定重新鉴定的，应当及时委托鉴定，并将鉴定意见告知人民检察院、当事人及其辩护人、诉讼代理人。

第二百七十四条 审判期间，公诉人发现案件需要补充侦查，建议延期审理的，合议庭可以同意，但建议延期审理不得超过两次。

人民检察院将补充收集的证据移送人民法院的，人民法院应当通知辩护人、诉讼代理人查阅、摘抄、复制。

补充侦查期限届满后，人民检察院未将补充的证据材料移送人民法院的，人民法院可以根据在案证据作出判决、裁定。

第二百七十五条 人民法院向人民检察院调取需要调查核实的证据材料，或者根据被告人、辩护人的申请，向人民检察院调取在调查、侦查、审查起诉期间收集的有关被告人无罪或者罪轻的证据材料，应当通知人民检察院在收到调取证据材料决定书后三日以内移交。

第二百七十六条 法庭审理过程中，对与量刑有关的事实、证据，应当进行调查。

人民法院除应当审查被告人是否具有法定量刑情节外，还应当根据案件情况审查以下影响量刑的情节：

（一）案件起因；

（二）被害人有无过错及过错程度，是否对矛盾激化负有责任及责任大小；

（三）被告人的近亲属是否协助抓获被告人；

（四）被告人平时表现，有无悔罪态度；

（五）退赃、退赔及赔偿情况；

（六）被告人是否取得被害人或者其近亲属谅解；

（七）影响量刑的其他情节。

第二百七十七条 审判期间，合议庭发现被告人可能有自首、坦白、立功等法定量刑情节，而人民检察院移送的案卷中没有相关证据材料的，应当通知人民检察院在指定时间内移送。

审判期间，被告人提出新的立功线索的，人民法院可以建议人民检察院补充侦查。

第二百七十八条 对被告人认罪的案件，在确认被告人了解起诉书指控的犯罪事实和罪名，自愿认罪且知悉认罪的法律后果后，法庭调查可以主要围绕量刑和其他有争议的问题进行。

对被告人不认罪或者辩护人作无罪辩护的案件，法庭调查应当在查明定罪事实的基础上，查明有关量刑事实。

第二百七十九条 法庭审理过程中，应当对查封、扣押、冻结财物及其孳息的权属、来源等情况，是否属于违法所得或者依法应当追缴的其他涉案财物进行调查，由公诉人说明情况、出示证据、提出处理建议，并听取被告人、辩护人等诉讼参与人的意见。

案外人对查封、扣押、冻结的财物及其孳息提出权属异议的，人民法院应当听取案外人的意见；必要时，可以通知案外人出庭。

经审查，不能确认查封、扣押、冻结的财物及其孳息属于违法所得或者依法应当追缴的其他涉案财物的，不得没收。

第四节 法庭辩论与最后陈述

第二百八十条 合议庭认为案件事实已经调查清楚的，应当由审判长宣布法庭调查结束，开始就定罪、量刑、涉案财物处理的事实、证据、适用法律等问题进行法庭辩论。

第二百八十一条 法庭辩论应当在审判长的主持下，按照下列顺序进行：

（一）公诉人发言；

（二）被害人及其诉讼代理人发言；

（三）被告人自行辩护；

（四）辩护人辩护；

（五）控辩双方进行辩论。

第二百八十二条 人民检察院可以提出量刑建议并说明理由；建议判处管制、宣告缓刑的，一般应当附有调查评估报告，或者附有委托调查函。

当事人及其辩护人、诉讼代理人可以对量刑提出意见并说明理由。

第二百八十三条 对被告人认罪的案件，法庭辩论时，应当指引控辩双方主要围绕量刑和其他有争议的问题进行。

对被告人不认罪或者辩护人作无罪辩护的案件，法庭辩论时，可以指引控辩双方先辩论定罪问题，后辩论量刑和其他问题。

第二百八十四条 附带民事部分的辩论应当在刑事部分的辩论结束后进行，先由附带民事诉讼原告人及其诉讼代理人发言，后由附带民事诉讼被告人及其诉讼代理人答辩。

第二百八十五条 法庭辩论过程中，审判长应当充分听取控辩双方的意见，对控辩双方与案件无关、重复或者指责对方的发言应当提醒、制止。

第二百八十六条 法庭辩论过程中，合议庭发现与定罪、量刑有关的新的事实，有必要调查的，审判长可以宣布恢复法庭调查，在对新的事实调查后，继续法庭辩论。

第二百八十七条 审判长宣布法庭辩论终结后，合议庭应当保证被告人充分行使最后陈述的权利。

被告人在最后陈述中多次重复自己的意见的，法庭可以制止；陈述内容蔑视法庭、公诉人，损害他人及社会公共利益，或者与本案无关的，应当制止。

在公开审理的案件中，被告人最后陈述的内容涉及国家秘密、个人隐私或者商业秘密的，应当制止。

第二百八十八条 被告人在最后陈述中提出新的事实、证据，合议庭认为可能影响正确裁判的，应当恢复法庭调查；被告人提出新的辩解理由，合议庭认为可能影响正确裁判的，应当恢复法庭辩论。

第二百八十九条 公诉人当庭发表与起诉书不同的意见，属于变更、追加、补充或者撤回起诉的，人民法院应当要求人民检察院在指定时间内以书面方式提出；必要时，可以宣布休庭。人民检察院在指定时间内未提出的，人民法院应当根据法庭审理情况，就起诉书指控的犯罪事实依法作出判决、裁定。

人民检察院变更、追加、补充起诉的，人民法院应当给予被告人及其辩护人必要的准备时间。

第二百九十条 辩护人应当及时将书面辩护意见提交人民法院。

第五节 评议案件与宣告判决

第二百九十一条 被告人最后陈述后，审判长应当宣布休庭，由合议庭进行评议。

第二百九十二条 开庭审理的全部活动，应当由书记员制作笔录；笔录经审判长审阅后，分别由审判长和书记员签名。

第二百九十三条 法庭笔录应当在庭审后交由当事人、法定代理人、辩护人、诉讼代理人阅读或者向其宣读。

法庭笔录中的出庭证人、鉴定人、有专门知识的人、调查人员、侦查人员或者其他人员的证言、意见部分，应当在庭审后分别交由有关人员阅读或者向其宣读。

前两款所列人员认为记录有遗漏或者差错的，可以请求补充或者改正；确认无误后，应当签名；拒绝签名的，应当记录在案；要求改变庭审中陈述的，不予准许。

第二百九十四条 合议庭评议案件，应当根据已经查明的事实、证据和有关法律规定，在充分考虑控辩双方意见的基础上，确定被告人是否有罪、构成何罪，有无从重、从轻、减轻或者免除处罚情节，应否处以刑罚、判处何种刑罚，附带民事诉讼如何解决，查封、扣押、冻结的财物及其孳息如何处理等，并依法作出判决、裁定。

第二百九十五条 对第一审公诉案件，人民法院审理后，应当按照下列情形分别作出判决、裁定：

（一）起诉指控的事实清楚，证据确实、充分，依据法律认定指控被告人的罪名成立的，应当作出有罪判决；

（二）起诉指控的事实清楚，证据确实、充分，但指控的罪名不当的，应当依据法律和审理认定的事实作出有罪判决；

（三）案件事实清楚，证据确实、充分，依据法律认定被告人无罪的，应当判决宣告被告人无罪；

（四）证据不足，不能认定被告人有罪的，应当以证据不足、指控的犯罪不能成立，判决宣告被告人无罪；

（五）案件部分事实清楚，证据确实、充分的，应当作出有罪或者无罪的判决；对事实不清、证据不足部分，不予认定；

（六）被告人因未达到刑事责任年龄，不予刑事处罚的，应当判决宣告被告人不负刑事责任；

（七）被告人是精神病人，在不能辨认或者不能控制自己行为时造成危害结果，不予刑事处罚的，应当判决宣告被告人不负刑事责任；被告人符合强制医疗条件的，应当依照本解释第二十六章的规定进行审理并作出判决；

（八）犯罪已过追诉时效期限且不是必须追诉，或者经特赦令免除刑罚的，应当裁定终止审理；

（九）属于告诉才处理的案件，应当裁定终止审理，并告知被害人有权提起自诉；

（十）被告人死亡的，应当裁定终止审理；但有证据证明被告人无罪，经缺席审理确认无罪的，应当判决宣告被告人无罪。

对涉案财物，人民法院应当根据审理查明的情况，依照本解释第十八章的规定作出处理。

具有第一款第二项规定情形的，人民法院应当在判决前听取控辩双方的意见，保障被告人、辩护人充分行使辩护权。必要时，可以再次开庭，组织控辩双方围绕被告人的行为构成何罪及如何量刑进行辩论。

第二百九十六条 在开庭后、宣告判决前，人民检察院要求撤回起诉的，人民法院应当审查撤回起诉的理由，作出是否准许的裁定。

第二百九十七条 审判期间，人民法院发现新的事实，可能影响定罪量刑的，或者需要补查补证的，应当通知人民检察院，由其决定是否补充、变更、追加起诉或者补充侦查。

人民检察院不同意或者在指定时间内未回复书面意见的，人民法院应当就起诉指控的事实，依照本解释第二百九十五条的规定作出判决、裁定。

第二百九十八条 对依照本解释第二百一十九条第一款第五项规定受理的案件，人民法院应当在判决中写明被告人曾被人民检察院提起公诉，因证据不足，指控的犯罪不能成立，被人民法院依法判决宣告无罪的情况；前案依照刑事诉讼法第二百条第三项规定作出的判决不予撤销。

第二百九十九条 合议庭成员、法官助理、书记员应当在评议笔录上签名，在判决书、裁定书等法律文书上署名。

第三百条 裁判文书应当写明裁判依据，阐释裁判理由，反映控辩双方的意见并说明采纳或者不予采纳的理由。

适用普通程序审理的被告人认罪的案件，裁判文书可以适当简化。

第三百零一条 庭审结束后、评议前，部分合议庭成员不能继续履行审判职责的，人民法院应当依法更换合议庭组成人员，重新开庭审理。

评议后、宣判前，部分合议庭成员因调动、退休等正常原因不能参加宣判，在不改变原评议结论的情况下，可以由审判本案的其他审判员宣判，裁判文书上仍署审判本案的合议庭成员的姓名。

第三百零二条 当庭宣告判决的，应当在五日以内送达判决书。定期宣告判决的，应当在宣判前，先期公告宣判的时间和地点，传唤当事人并通知公诉人、法定代理人、辩护人和诉讼代理人；判决宣告后，应当立即送达判决书。

第三百零三条 判决书应当送达人民检察院、当事人、法定代理人、辩护人、诉讼代理人，并可以送达被告人的近亲属。被害人死亡，其近亲属申请领取判决书的，人民法院应当及时提供。

判决生效后，还应当送达被告人的所在单位或者户籍地的公安派出所，或者被告单位的注册登记机关。被告人系外国人，且在境内有居住地的，应当送达居住地的公安派出所。

第三百零四条 宣告判决，一律公开进行。宣告判决结果时，法庭内全体人员应当起立。

公诉人、辩护人、诉讼代理人、被害人、自诉人或者附带民事诉讼原告人未到庭的，不影响宣判的进行。

第六节 法庭纪律与其他规定

第三百零五条 在押被告人出庭受审时，不着监管机构的识别服。

庭审期间不得对被告人使用戒具，但法庭认为其人身危险性大，可能危害法庭安全的除外。

第三百零六条 庭审期间，全体人员应当服从法庭指挥，遵守法庭纪律，尊重司法礼仪，不得实施下列行为：

（一）鼓掌、喧哗、随意走动；

（二）吸烟、进食；

（三）拨打、接听电话，或者使用即时通讯工具；

（四）对庭审活动进行录音、录像、拍照或者使用即时通讯工具等传播庭审活动；

（五）其他危害法庭安全或者扰乱法庭秩序的行为。

旁听人员不得进入审判活动区，不得随意站立、走动，不得发言和提问。

记者经许可实施第一款第四项规定的行为，应当在指定的时间及区域进行，不得干扰庭审活动。

第三百零七条 有关人员危害法庭安全或者扰乱法庭秩序的，审判长应当按照下列情形分别处理：

（一）情节较轻的，应当警告制止；根据具体情况，也可以进行训诫；

（二）训诫无效的，责令退出法庭；拒不退出的，指令法警强行带出法庭；

（三）情节严重的，报经院长批准后，可以对行为人处一千元以下的罚款或者十五日以下的拘留。

未经许可对庭审活动进行录音、录像、拍照或者使用即时通讯工具等传播庭审活动的，可以暂扣相关设备及存储介质，删除相关内容。

有关人员对罚款、拘留的决定不服的，可以直接向上一级人民法院申请复议，也可以通过决定罚款、拘留的人民法院向上一级人民法院申请复议。通过决定罚款、拘留的人民法院申请复议的，该人民法院应当自收到复议申请之日起三日以内，将复议申请、罚款或者拘留决定书和有关事实、证据材料一并报上一级人民法院复议。复议期间，不停止决定的执行。

第三百零八条 担任辩护人、诉讼代理人的律师严重扰乱法庭秩序，被强行带出法庭或者被处以罚款、拘留的，人民法院应当通报司法行政机关，并可以建议依法给予相应处罚。

第三百零九条 实施下列行为之一，危害法庭安全或者扰乱法庭秩序，构成犯罪的，依法追究刑事责任：

（一）非法携带枪支、弹药、管制刀具或者爆炸性、易燃性、毒害性、放射性以及传染病病原体等危险物质进入法庭；

（二）哄闹、冲击法庭；

（三）侮辱、诽谤、威胁、殴打司法工作人员或者诉讼参与人；

（四）毁坏法庭设施，抢夺、损毁诉讼文书、证据；

（五）其他危害法庭安全或者扰乱法庭秩序的行为。

第三百一十条 辩护人严重扰乱法庭秩序，被责令退出法庭、强行带出法庭或者被处以罚款、拘留，被告人自行辩护的，庭审继续进行；被告人要求另行委托辩护人，或者被告人属于应当提供法律援助情形的，应当宣布休庭。

辩护人、诉讼代理人被责令退出法庭、强行带出法庭或者被处以罚款后，具结保证书，保证服从法庭指挥、不再扰乱法庭秩序的，经法庭许可，可以继续担任辩护人、诉讼代理人。

辩护人、诉讼代理人具有下列情形之一的，不得继续担任同一案件的辩护人、诉讼代理人：

（一）擅自退庭的；

（二）无正当理由不出庭或者不按时出庭，严重影响审判顺利进行的；

（三）被拘留或者具结保证书后再次被责令退出法庭、强行带出法庭的。

第三百一十一条 被告人在一个审判程序中更换辩护人一般不得超过两次。

被告人当庭拒绝辩护人辩护，要求另行委托辩护人或者指派律师的，合议庭应当准许。被告人拒绝辩护人辩护后，没有辩护人的，应当宣布休庭；仍有辩护人的，庭审可以继续进行。

有多名被告人的案件，部分被告人拒绝辩护人辩护后，没有辩护人的，根据案件情况，可以对该部分被告人另案处理，对其他被告人的庭审继续进行。

重新开庭后，被告人再次当庭拒绝辩护人辩护的，可以准许，但被告人不得再次另行委托辩护人或者要求另行指派律师，由其自行辩护。

被告人属于应当提供法律援助的情形，重新开庭后再次当庭拒绝辩护人辩护的，不予准许。

第三百一十二条 法庭审理过程中，辩护人拒绝为被告人辩护，有正当理由的，应当准许；是否继续庭审，参照适用前条规定。

第三百一十三条 依照前两条规定另行委托辩护人或者通知法律援助机构指派律师的，自案件宣布休庭之日起至第十五日止，由辩护人准备辩护，但被告人及其辩护人自愿缩短时间的除外。

庭审结束后、判决宣告前另行委托辩护人的，可以不重新开庭；辩护人提交书面辩护意见的，应当接受。

第三百一十四条 有多名被告人的案件，部分被告人具有刑事诉讼法第二百零六条第一款规定情形的，人民法院可以对全案中止审理；根据案件情况，也可以对该部分被告人中止审理，对其他被告人继续审理。

对中止审理的部分被告人，可以根据案件情况另案处理。

第三百一十五条 人民检察院认为人民法院审理案件违反法定程序，在庭审后提出书面纠正意见，人民法院认为正确的，应当采纳。

第十章 自诉案件第一审程序

第三百一十六条 人民法院受理自诉案件必须符合下列条件：

（一）符合刑事诉讼法第二百一十条、本解释第一条的规定；

（二）属于本院管辖；

（三）被害人告诉；

（四）有明确的被告人、具体的诉讼请求和证明被告人犯罪事实的证据。

第三百一十七条 本解释第一条规定的案件，如果被害人死亡、丧失行为能力或者因受强制、威吓等无法告诉，或者是限制行为能力人以及因年老、患病、盲、聋、哑等不能亲自告诉，其法定代理人、近亲属告诉或者代为告诉的，人民法院应当依法受理。

被害人的法定代理人、近亲属告诉或者代为告诉的，应当提供与被害人关系的证明和被害人不能亲自告诉的原因的证明。

第三百一十八条 提起自诉应当提交刑事自诉状；同时提起附带民事诉讼的，应当提交刑事附带民事自诉状。

第三百一十九条 自诉状一般应当包括以下内容：

（一）自诉人（代为告诉人）、被告人的姓名、性别、年龄、民族、出生地、文化程度、职业、工作单位、住址、联系方式；

（二）被告人实施犯罪的时间、地点、手段、情节和危害后果等；

（三）具体的诉讼请求；

（四）致送的人民法院和具状时间；

（五）证据的名称、来源等；

（六）证人的姓名、住址、联系方式等。

对两名以上被告人提出告诉的，应当按照被告人的人数提供自诉状副本。

第三百二十条 对自诉案件，人民法院应当在十五日以内审查完毕。经审查，符合受理条件的，应当决定立案，并书面通知自诉人或者代为告诉人。

具有下列情形之一的，应当说服自诉人撤回起诉；自诉人不撤回起诉的，裁定不予受理：

（一）不属于本解释第一条规定的案件的；

（二）缺乏罪证的；

（三）犯罪已过追诉时效期限的；

（四）被告人死亡的；

（五）被告人下落不明的；

（六）除因证据不足而撤诉的以外，自诉人撤诉后，就同一事实又告诉的；

（七）经人民法院调解结案后，自诉人反悔，就同一事实再行告诉的；

（八）属于本解释第一条第二项规定的案件，公安机关正在立案侦查或者人民检察院正在审查起诉的；

（九）不服人民检察院对未成年犯罪嫌疑人作出的附条件不起诉决定或者附条件不起诉考验期满后作出的不起诉决定，向人民法院起诉的。

第三百二十一条 对已经立案，经审查缺乏罪证的自诉案件，自诉人提不出补充证据的，人民法院应当说服其撤回起诉或者裁定驳回起诉；自诉人撤回起诉或者被驳回起诉后，又提出了新的足以证明被告人有罪的证据，再次提起自诉的，人民法院应当受理。

第三百二十二条 自诉人对不予受理或者驳回起诉的裁定不服的，可以提起上诉。

第二审人民法院查明第一审人民法院作出的不予受理裁定有错误的，应当在撤销原裁定的同时，指令第一审人民法院立案受理；查明第一审人民法院驳回起诉裁定有错误的，应当在撤销原裁定的同时，指令第一审人民法院进行审理。

第三百二十三条 自诉人明知有其他共同侵害人，但只对部分侵害人提起自诉的，人民法院应当受理，并告知其放弃告诉的法律后果；自诉人放弃告诉，判决宣告后又对其他共同侵害人就同一事实提起自诉的，人民法院不予受理。

共同被害人中只有部分人告诉的，人民法院应当通知其他被害人参加诉讼，并告知其不参加诉讼的法律后果。被通知人接到通知后表示不参加诉讼或者不出庭的，视为放弃告诉。第一审宣判后，被通知人就同一事实又提起自诉的，人民法院不予受理。但是，当事人另行提起民事诉讼的，不受本解释限制。

第三百二十四条 被告人实施两个以上犯罪行为，分别属于公诉案件和自诉案件，人民法院可以一并审理。对自诉部分的审理，适用本章的规定。

第三百二十五条 自诉案件当事人因客观原因不能取得的证据，申请人民法院调取的，应当说明理由，并提供相关线索或者材料。人民法院认为有必要的，应当及时调取。

对通过信息网络实施的侮辱、诽谤行为，被害人向人民法院告诉，但提供证据确有困难的，人民法院可以要求公安机关提供协助。

第三百二十六条 对犯罪事实清楚，有足够证据的自诉案件，应当开庭审理。

第三百二十七条 自诉案件符合简易程序适用条件的，可以适用简易程序审理。

不适用简易程序审理的自诉案件，参照适用公诉案件第一审普通程序的有关规定。

第三百二十八条 人民法院审理自诉案件，可以在查明事实、分清是非的基础上，根据自愿、合法的原则进行调解。调解达成协议的，应当制作刑事调解书，由审判人员、法官助理、书记员署名，并加盖人民法院印章。调解书经双方当事人签收后，即具有法律效力。调解没有达成协议，或者调解书签收前当事人反悔的，应当及时作出判决。

刑事诉讼法第二百一十条第三项规定的案件不适用调解。

第三百二十九条 判决宣告前，自诉案件的当事人可以自行和解，自诉人可以撤回自诉。

人民法院经审查，认为和解、撤回自诉确属自愿的，应当裁定准许；认为系被强迫、威吓等，并非自愿的，不予准许。

第三百三十条 裁定准许撤诉的自诉案件，被告人被采取强制措施的，人民法院应当立即解除。

第三百三十一条 自诉人经两次传唤，无正当理由拒不到庭，或者未经法庭准许中途退庭的，人民法院应当裁定按撤诉处理。

部分自诉人撤诉或者被裁定按撤诉处理的，不影响案件的继续审理。

第三百三十二条 被告人在自诉案件审判期间下落不明的，人民法院可以裁定中止审理；符合条件的，可以对被告人依法决定逮捕。

第三百三十三条 对自诉案件，应当参照刑事诉讼法第二百条和本解释第二百九十五条的有关规定作出判决。对依法宣告无罪的案件，有附带民事诉讼的，其附带民事部分可以依法进行调解或者一并作出判决，也可以告知附带民事诉讼原告人另行提起民事诉讼。

第三百三十四条 告诉才处理和被害人有证据证明的轻微刑事案件的被告人或者其法定代理人在诉讼过程中，可以对自诉人提起反诉。反诉必须符合下列条件：

（一）反诉的对象必须是本案自诉人；

（二）反诉的内容必须是与本案有关的行为；

（三）反诉的案件必须符合本解释第一条第一项、第二项的规定。

反诉案件适用自诉案件的规定，应当与自诉案件一并审理。自诉人撤诉的，不影响反诉案件的继续审理。

第十一章 单位犯罪案件的审理

第三百三十五条 人民法院受理单位犯罪案件，除依照本解释第二百一十八条的有关规定进行审查外，还应当审查起诉书是否列明被告单位的名称、住所地、联系方式，法定代表人、实际控制人、主要负责人以及代表被告单位出庭的诉讼代表人的姓名、职务、联系方式。需要人民检察院补充材料的，应当通知人民检察院在三日以内补送。

第三百三十六条 被告单位的诉讼代表人，应当是法定代表人、实际控制人或者主要负责人；法定代表人、实际控制人或者主要负责人被指控为单位犯罪直接责任人员或者因客观原因无法出庭的，应当由被告单位委托其他负责人或者职工作为诉讼代表人。但是，有关人员被指控为单位犯罪直接责任人员或者知道案件情况、负有作证义务的除外。

依据前款规定难以确定诉讼代表人的，可以由被告单位委托律师等单位以外的人员作为诉讼代表人。

诉讼代表人不得同时担任被告单位或者被指控为单位犯罪直接责任人员的有关人员的辩护人。

第三百三十七条 开庭审理单位犯罪案件，应当通知被告单位的诉讼代表人出庭；诉讼代表人不符合前条规定的，应当要求人民检察院另行确定。

被告单位的诉讼代表人不出庭的，应当按照下列情形分别处理：

（一）诉讼代表人系被告单位的法定代表人、实际控制人或者主要负责人，无正当理由拒不出庭的，可以拘传其到庭；因客观原因无法出庭，或者下落不明的，应当要求人民检察院另行确定诉讼代表人；

（二）诉讼代表人系其他人员的，应当要求人民检察院另行确定诉讼代表人。

第三百三十八条 被告单位的诉讼代表人享有刑事诉讼法规定的有关被告人的诉讼权利。开庭时，诉讼代表人席位置于审判台前左侧，与辩护人席并列。

第三百三十九条 被告单位委托辩护人的，参照适用本解释的有关规定。

第三百四十条 对应当认定为单位犯罪的案件，人民检察院只作为自然人犯罪起诉的，人民法院应当建议人民检察院对犯罪单位追加起诉。人民检察院仍以自然人犯罪起诉的，人民法院应当依法审理，按照单位犯罪直接负责的主管人员或者其他直接责任人员追究刑事责任，并援引刑法分则关于追究单位犯罪中直接负责的主管人员和其他直接责任人员刑事责任的条款。

第三百四十一条 被告单位的违法所得及其他涉案财物，尚未被依法追缴或者查封、扣押、冻结的，人民法院应当决定追缴或者查封、扣押、冻结。

第三百四十二条 为保证判决的执行，人民法院可以先行查封、扣押、冻结被告单位的财产，或者由被告单位提出担保。

第三百四十三条 采取查封、扣押、冻结等措施，应当严格依照法定程序进行，最大限度降低对被告单位正常生产经营活动的影响。

第三百四十四条 审判期间，被告单位被吊销营业执照、宣告破产但尚未完成清算、注销登记的，应当继续审理；被告单位被撤销、注销的，对单位犯罪直接负责的主管人员和其他直接责任人员应当继续审理。

第三百四十五条 审判期间，被告单位合并、分立的，应当将原单位列为被告单位，并注明合并、分立情况。对被告单位所判处的罚金以其在新单位的财产及收益为限。

第三百四十六条 审理单位犯罪案件，本章没有规定的，参照适用本解释的有关规定。

第十二章 认罪认罚案件的审理

第三百四十七条 刑事诉讼法第十五条规定的“认罪”，是指犯罪嫌疑人、被告人自愿如实供述自己的罪行，对指控的犯罪事实没有异议。

刑事诉讼法第十五条规定的“认罚”，是指犯罪嫌疑人、被告人真诚悔罪，愿意接受处罚。

被告人认罪认罚的，可以依照刑事诉讼法第十五条的规定，在程序上从简、实体上从宽处理。

第三百四十八条 对认罪认罚案件，应当根据案件情况，依法适用速裁程序、简易程序或者普通程序审理。

第三百四十九条 对人民检察院提起公诉的认罪认罚案件，人民法院应当重点审查以下内容：

（一）人民检察院讯问犯罪嫌疑人时，是否告知其诉讼权利和认罪认罚的法律规定；

（二）是否随案移送听取犯罪嫌疑人、辩护人或者值班律师、被害人及其诉讼代理人意见的笔录；

（三）被告人与被害人达成调解、和解协议或者取得被害人谅解的，是否随案移送调解、和解协议、被害人谅解书等相关材料；

（四）需要签署认罪认罚具结书的，是否随案移送具结书。

未随案移送前款规定的材料的，应当要求人民检察院补充。

第三百五十条 人民法院应当将被告人认罪认罚作为其是否具有社会危险性的重要考虑因素。被告人罪行较轻，采用非羁押性强制措施足以防止发生社会危险性的，应当依法适用非羁押性强制措施。

第三百五十一条 对认罪认罚案件，法庭审理时应当告知被告人享有的诉讼权利和认罪认罚的法律规定，审查认罪认罚的自愿性和认罪认罚具结书内容的真实性、合法性。

第三百五十二条 对认罪认罚案件，人民检察院起诉指控的事实清楚，但指控的罪名与审理认定的罪名不一致的，人民法院应当听取人民检察院、被告人及其辩护人对审理认定罪名的意见，依法作出判决。

第三百五十三条 对认罪认罚案件，人民法院经审理认为量刑建议明显不当，或者被告人、辩护人对量刑建议提出异议的，人民检察院可以调整量刑建议。人民检察院不调整或者调整后仍然明显不当的，人民法院应当依法作出判决。

适用速裁程序审理认罪认罚案件，需要调整量刑建议的，应当在庭前或者当庭作出调整；调整量刑建议后，仍然符合速裁程序适用条件的，继续适用速裁程序审理。

第三百五十四条 对量刑建议是否明显不当，应当根据审理认定的犯罪事实、认罪认罚的具体情况，结合相关犯罪的法定刑、类似案件的刑罚适用等作出审查判断。

第三百五十五条 对认罪认罚案件，人民法院一般应当对被告人从轻处罚；符合非监禁刑适用条件的，应当适用非监禁刑；具有法定减轻处罚情节的，可以减轻处罚。

对认罪认罚案件，应当根据被告人认罪认罚的阶段早晚以及认罪认罚的主动性、稳定性、彻底性等，在从宽幅度上体现差异。

共同犯罪案件，部分被告人认罪认罚的，可以依法对该部分被告人从宽处罚，但应当注意全案的量刑平衡。

第三百五十六条 被告人在人民检察院提起公诉前未认罪认罚，在审判阶段认罪认罚的，人民法院可以不再通知人民检察院提出或者调整量刑建议。

对前款规定的案件，人民法院应当就定罪量刑听取控辩双方意见，根据刑事诉讼法第十五条和本解释第三百五十五条的规定作出判决。

第三百五十七条 对被告人在第一审程序中未认罪认罚，在第二审程序中认罪认罚的案件，应当根据其认罪认罚的具体情况决定是否从宽，并依法作出裁判。确定从宽幅度时应当与第一审程序认罪认罚有所区别。

第三百五十八条 案件审理过程中，被告人不再认罪认罚的，人民法院应当根据审理查明的事实，依法作出裁判。需要转换程序的，依照本解释的相关规定处理。

第十三章 简易程序

第三百五十九条 基层人民法院受理公诉案件后，经审查认为案件事实清楚、证据充分的，在将起诉书副本送达被告人时，应当询问被告人对指控的犯罪事实的意见，告知其适用简易程序的法律规定。被告人对指控的犯罪事实没有异议并同意适用简易程序的，可以决定适用简易程序，并在开庭前通知人民检察院和辩护人。

对人民检察院建议或者被告人及其辩护人申请适用简易程序审理的案件，依照前款规定处理；不符合简易程序适用条件的，应当通知人民检察院或者被告人及其辩护人。

第三百六十条 具有下列情形之一的，不适用简易程序：

（一）被告人是盲、聋、哑人的；

（二）被告人是尚未完全丧失辨认或者控制自己行为能力的精神病人的；

（三）案件有重大社会影响的；

（四）共同犯罪案件中部分被告人不认罪或者对适用简易程序有异议的；

（五）辩护人作无罪辩护的；

（六）被告人认罪但经审查认为可能不构成犯罪的；

（七）不宜适用简易程序审理的其他情形。

第三百六十一条 适用简易程序审理的案件，符合刑事诉讼法第三十五条第一款规定的，人民法院应当告知被告人及其近亲属可以申请法律援助。

第三百六十二条 适用简易程序审理案件，人民法院应当在开庭前将开庭的时间、地点通知人民检察院、自诉人、被告人、辩护人，也可以通知其他诉讼参与人。

通知可以采用简便方式，但应当记录在案。

第三百六十三条 适用简易程序审理案件，被告人有辩护人的，应当通知其出庭。

第三百六十四条 适用简易程序审理案件，审判长或者独任审判员应当当庭询问被告人对指控的犯罪事实的意见，告知被告人适用简易程序审理的法律规定，确认被告人是否同意适用简易程序。

第三百六十五条 适用简易程序审理案件，可以对庭审作如下简化：

（一）公诉人可以摘要宣读起诉书；

（二）公诉人、辩护人、审判人员对被告人的讯问、发问可以简化或者省略；

（三）对控辩双方无异议的证据，可以仅就证据的名称及所证明的事项作出说明；对控辩双方有异议或者法庭认为有必要调查核实的证据，应当出示，并进行质证；

（四）控辩双方对与定罪量刑有关的事实、证据没有异议的，法庭审理可以直接围绕罪名确定和量刑问题进行。

适用简易程序审理案件，判决宣告前应当听取被告人的最后陈述。

第三百六十六条 适用简易程序独任审判过程中，发现对被告人可能判处的有期徒刑超过三年的，应当转由合议庭审理。

第三百六十七条 适用简易程序审理案件，裁判文书可以简化。

适用简易程序审理案件，一般应当当庭宣判。

第三百六十八条 适用简易程序审理案件，在法庭审理过程中，具有下列情形之一的，应当转为普通程序审理：

（一）被告人的行为可能不构成犯罪的；

（二）被告人可能不负刑事责任的；

（三）被告人当庭对起诉指控的犯罪事实予以否认的；

（四）案件事实不清、证据不足的；

（五）不应当或者不宜适用简易程序的其他情形。

决定转为普通程序审理的案件，审理期限应当从作出决定之日起计算。

第十四章　速裁程序

第三百六十九条　对人民检察院在提起公诉时建议适用速裁程序的案件，基层人民法院经审查认为案件事实清楚，证据确实、充分，可能判处三年有期徒刑以下刑罚的，在将起诉书副本送达被告人时，应当告知被告人适用速裁程序的法律规定，询问其是否同意适用速裁程序。被告人同意适用速裁程序的，可以决定适用速裁程序，并在开庭前通知人民检察院和辩护人。

对人民检察院未建议适用速裁程序的案件，人民法院经审查认为符合速裁程序适用条件的，可以决定适用速裁程序，并在开庭前通知人民检察院和辩护人。

被告人及其辩护人可以向人民法院提出适用速裁程序的申请。

第三百七十条　具有下列情形之一的，不适用速裁程序：

（一）被告人是盲、聋、哑人的；

（二）被告人是尚未完全丧失辨认或者控制自己行为能力的精神病人的；

（三）被告人是未成年人的；

（四）案件有重大社会影响的；

（五）共同犯罪案件中部分被告人对指控的犯罪事实、罪名、量刑建议或者适用速裁程序有异议的；

（六）被告人与被害人或者其法定代理人没有就附带民事诉讼赔偿等事项达成调解、和解协议的；

（七）辩护人作无罪辩护的；

（八）其他不宜适用速裁程序的情形。

第三百七十一条　适用速裁程序审理案件，人民法院应当在开庭前将开庭的时间、地点通知人民检察院、被告人、辩护人，也可以通知其他诉讼参与人。

通知可以采用简便方式，但应当记录在案。

第三百七十二条　适用速裁程序审理案件，可以集中开庭，逐案审理。公诉人简要宣读起诉书后，审判人员应当当庭询问被告人对指控事实、证据、量刑建议以及适用速裁程序的意见，核实具结书签署的自愿性、真实性、合法性，并核实附带民事诉讼赔偿等情况。

第三百七十三条　适用速裁程序审理案件，一般不进行法庭调查、法庭辩论，但在判决宣告前应当听取辩护人的意见和被告人的最后陈述。

第三百七十四条 适用速裁程序审理案件，裁判文书可以简化。

适用速裁程序审理案件，应当当庭宣判。

第三百七十五条 适用速裁程序审理案件，在法庭审理过程中，具有下列情形之一的，应当转为普通程序或者简易程序审理：

（一）被告人的行为可能不构成犯罪或者不应当追究刑事责任的；

（二）被告人违背意愿认罪认罚的；

（三）被告人否认指控的犯罪事实的；

（四）案件疑难、复杂或者对适用法律有重大争议的；

（五）其他不宜适用速裁程序的情形。

第三百七十六条 决定转为普通程序或者简易程序审理的案件，审理期限应当从作出决定之日起计算。

第三百七十七条 适用速裁程序审理的案件，第二审人民法院依照刑事诉讼法第二百三十六条第一款第三项的规定发回原审人民法院重新审判的，原审人民法院应当适用第一审普通程序重新审判。

第十五章 第二审程序

第三百七十八条 地方各级人民法院在宣告第一审判决、裁定时，应当告知被告人、自诉人及其法定代理人不服判决和准许撤回起诉、终止审理等裁定的，有权在法定期限内以书面或者口头形式，通过本院或者直接向上一级人民法院提出上诉；被告人的辩护人、近亲属经被告人同意，也可以提出上诉；附带民事诉讼当事人及其法定代理人，可以对判决、裁定中的附带民事部分提出上诉。

被告人、自诉人、附带民事诉讼当事人及其法定代理人是否提出上诉，以其在上诉期满前最后一次的意思表示为准。

第三百七十九条 人民法院受理的上诉案件，一般应当有上诉状正本及副本。

上诉状内容一般包括：第一审判决书、裁定书的文号和上诉人收到的时间，第一审人民法院的名称，上诉的请求和理由，提出上诉的时间。被告人的辩护人、近亲属经被告人同意提出上诉的，还应当写明其与被告人的关系，并应当以被告人作为上诉人。

第三百八十条 上诉、抗诉必须在法定期限内提出。不服判决的上诉、抗诉的期限为十日；不服裁定的上诉、抗诉的期限为五日。上诉、抗诉的期限，从接到判决书、裁定书的第二日起计算。

对附带民事判决、裁定的上诉、抗诉期限，应当按照刑事部分的上诉、抗诉期限确定。附带民事部分另行审判的，上诉期限也应当按照刑事诉讼法规定的期限确定。

第三百八十一条 上诉人通过第一审人民法院提出上诉的，第一审人民法院应当审查。上诉符合法律规定的，应当在上诉期满后三日以内将上诉状连同案卷、证据移送上一级人民法院，并将上诉状副本送交同级人民检察院和对方当事人。

第三百八十二条 上诉人直接向第二审人民法院提出上诉的，第二审人民法院应当在收到上诉状后三日以内将上诉状交第一审人民法院。第一审人民法院应当审查上诉是否符合法律规定。符合法律规定的，应当在接到上诉状后三日以内将上诉状连同案卷、证据移送上一级人民法院，并将上诉状副本送交同级人民检察院和对方当事人。

第三百八十三条 上诉人在上诉期限内要求撤回上诉的，人民法院应当准许。

上诉人在上诉期满后要求撤回上诉的，第二审人民法院经审查，认为原判认定事实和适用法律正确，量刑适当的，应当裁定准许；认为原判确有错误的，应当不予准许，继续按照上诉案件审理。

被判处死刑立即执行的被告人提出上诉，在第二审开庭后宣告裁判前申请撤回上诉的，应当不予准许，继续按照上诉案件审理。

第三百八十四条 地方各级人民检察院对同级人民法院第一审判决、裁定的抗诉，应当通过第一审人民法院提交抗诉书。第一审人民法院应当在抗诉期满后三日以内将抗诉书连同案卷、证据移送上一级人民法院，并将抗诉书副本送交当事人。

第三百八十五条 人民检察院在抗诉期限内要求撤回抗诉的，人民法院应当准许。

人民检察院在抗诉期满后要求撤回抗诉的，第二审人民法院可以裁定准许，但是认为原判存在将无罪判为有罪、轻罪重判等情形的，应当不予准许，继续审理。

上级人民检察院认为下级人民检察院抗诉不当，向第二审人民法院要求撤回抗诉的，适用前两款规定。

第三百八十六条 在上诉、抗诉期满前撤回上诉、抗诉的，第一审判决、裁定在上诉、抗诉期满之日起生效。在上诉、抗诉期满后要求撤回上诉、抗诉，第二审人民法院裁定准许的，第一审判决、裁定应当自第二审裁定书送达上诉人或者抗诉机关之日起生效。

第三百八十七条 第二审人民法院对第一审人民法院移送的上诉、抗诉案卷、证据，应当审查是否包括下列内容：

（一）移送上诉、抗诉案件函；

（二）上诉状或者抗诉书；

（三）第一审判决书、裁定书八份（每增加一名被告人增加一份）及其电子文本；

（四）全部案卷、证据，包括案件审理报告和其他应当移送的材料。

前款所列材料齐全的，第二审人民法院应当收案；材料不全的，应当通知第一审人民法院及时补送。

第三百八十八条 第二审人民法院审理上诉、抗诉案件，应当就第一审判决、裁定认定的事实和适用法律进行全面审查，不受上诉、抗诉范围的限制。

第三百八十九条 共同犯罪案件，只有部分被告人提出上诉，或者自诉人只对部分被告人的判决提出上诉，或者人民检察院只对部分被告人的判决提出抗诉的，第二审人民法院应当对全案进行审查，一并处理。

第三百九十条 共同犯罪案件，上诉的被告人死亡，其他被告人未上诉的，第二审人民法院应当对死亡的被告人终止审理；但有证据证明被告人无罪，经缺席审理确认无罪的，应当判决宣告被告人无罪。

具有前款规定的情形，第二审人民法院仍应对全案进行审查，对其他同案被告人作出判决、裁定。

第三百九十一条 对上诉、抗诉案件，应当着重审查下列内容：

（一）第一审判决认定的事实是否清楚，证据是否确实、充分；

（二）第一审判决适用法律是否正确，量刑是否适当；

（三）在调查、侦查、审查起诉、第一审程序中，有无违反法定程序的情形；

（四）上诉、抗诉是否提出新的事实、证据；

（五）被告人的供述和辩解情况；

（六）辩护人的辩护意见及采纳情况；

（七）附带民事部分的判决、裁定是否合法、适当；

（八）对涉案财物的处理是否正确；

（九）第一审人民法院合议庭、审判委员会讨论的意见。

第三百九十二条 第二审期间，被告人除自行辩护外，还可以继续委托第一审辩护人或者另行委托辩护人辩护。

共同犯罪案件，只有部分被告人提出上诉，或者自诉人只对部分被告人的判决提出上诉，或者人民检察院只对部分被告人的判决提出抗诉的，其他同案被告人也可以委托辩护人辩护。

第三百九十三条 下列案件，根据刑事诉讼法第二百三十四条的规定，应当开庭审理：

（一）被告人、自诉人及其法定代理人对第一审认定的事实、证据提出异议，可能影响定罪量刑的上诉案件；

（二）被告人被判处死刑的上诉案件；

（三）人民检察院抗诉的案件；

（四）应当开庭审理的其他案件。

被判处死刑的被告人没有上诉，同案的其他被告人上诉的案件，第二审人民法院应当开庭审理。

第三百九十四条 对上诉、抗诉案件，第二审人民法院经审查，认为原判事实不清、证据不足，或者具有刑事诉讼法第二百三十八条规定的违反法定诉讼程序情形，需要发回重新审判的，可以不开庭审理。

第三百九十五条 第二审期间，人民检察院或者被告人及其辩护人提交新证据的，人民法院应当及时通知对方查阅、摘抄或者复制。

第三百九十六条 开庭审理第二审公诉案件，应当在决定开庭审理后及时通知人民检察院查阅案卷。自通知后的第二日起，人民检察院查阅案卷的时间不计入审理期限。

第三百九十七条 开庭审理上诉、抗诉的公诉案件，应当通知同级人民检察院派员出庭。

抗诉案件，人民检察院接到开庭通知后不派员出庭，且未说明原因的，人民法院可以裁定按人民检察院撤回抗诉处理。

第三百九十八条 开庭审理上诉、抗诉案件，除参照适用第一审程序的有关规定外，应当按照下列规定进行：

（一）法庭调查阶段，审判人员宣读第一审判决书、裁定书后，上诉案件由上诉人或者辩护人先宣读上诉状或者陈述上诉理由，抗诉案件由检察员先宣读抗诉书；既有上诉又有抗诉的案件，先由检察员宣读抗诉书，再由上诉人或者辩护人宣读上诉状或者陈述上诉理由；

（二）法庭辩论阶段，上诉案件，先由上诉人、辩护人发言，后由检察员、诉讼代理人发言；抗诉案件，先由检察员、诉讼代理人发言，后由被告人、辩护人发言；既有上诉又有抗诉的案件，先由检察员、诉讼代理人发言，后由上诉人、辩护人发言。

第三百九十九条 开庭审理上诉、抗诉案件，可以重点围绕对第一审判决、裁定有争议的问题或者有疑问的部分进行。根据案件情况，可以按照下列方式审理：

（一）宣读第一审判决书，可以只宣读案由、主要事实、证据名称和判决主文等；

（二）法庭调查应当重点围绕对第一审判决提出异议的事实、证据以及新的证据等进行；对没有异议的事实、证据和情节，可以直接确认；

（三）对同案审理案件中未上诉的被告人，未被申请出庭或者人民法院认为没有必要到庭的，可以不再传唤到庭；

（四）被告人犯有数罪的案件，对其中事实清楚且无异议的犯罪，可以不在庭审时审理。

同案审理的案件，未提出上诉、人民检察院也未对其判决提出抗诉的被告人要求出庭的，应当准许。出庭的被告人可以参加法庭调查和辩论。

第四百条 第二审案件依法不开庭审理的，应当讯问被告人，听取其他当事人、辩护人、诉讼代理人的意见。合议庭全体成员应当阅卷，必要时应当提交书面阅卷意见。

第四百零一条 审理被告人或者其法定代理人、辩护人、近亲属提出上诉的案件，不得对被告人的刑罚作出实质不利的改判，并应当执行下列规定：

（一）同案审理的案件，只有部分被告人上诉的，既不得加重上诉人的刑罚，也不得加重其他同案被告人的刑罚；

（二）原判认定的罪名不当的，可以改变罪名，但不得加重刑罚或者对刑罚执行产生不利影响；

（三）原判认定的罪数不当的，可以改变罪数，并调整刑罚，但不得加重决定执行的刑罚或者对刑罚执行产生不利影响；

（四）原判对被告人宣告缓刑的，不得撤销缓刑或者延长缓刑考验期；

（五）原判没有宣告职业禁止、禁止令的，不得增加宣告；原判宣告职业禁止、禁止令的，不得增加内容、延长期限；

（六）原判对被告人判处死刑缓期执行没有限制减刑、决定终身监禁的，不得限制减刑、决定终身监禁；

（七）原判判处的刑罚不当、应当适用附加刑而没有适用的，不得直接加重刑罚、适用附加刑。原判判处的刑罚畸轻，必须依法改判的，应当在第二审判决、裁定生效后，依照审判监督程序重新审判。

人民检察院抗诉或者自诉人上诉的案件，不受前款规定的限制。

第四百零二条 人民检察院只对部分被告人的判决提出抗诉，或者自诉人只对部分被告人的判决提出上诉的，第二审人民法院不得对其他同案被告人加重刑罚。

第四百零三条 被告人或者其法定代理人、辩护人、近亲属提出上诉，人民检察院未提出抗诉的案件，第二审人民法院发回重新审判后，除有新的犯罪事实且人民检察院补充起诉的以外，原审人民法院不得加重被告人的刑罚。

对前款规定的案件，原审人民法院对上诉发回重新审判的案件依法作出判决后，人民检察院抗诉的，第二审人民法院不得改判为重于原审人民法院第一次判处的刑罚。

第四百零四条 第二审人民法院认为第一审判决事实不清、证据不足的，可以在查清事实后改判，也可以裁定撤销原判，发回原审人民法院重新审判。

有多名被告人的案件，部分被告人的犯罪事实不清、证据不足或者有新的犯罪事实需要追诉，且有关犯罪与其他同案被告人没有关联的，第二审人民法院根据案件情况，可以对该部分被告人分案处理，将该部分被告人发回原审人民法院重新审判。原审人民法院重新作出判决后，被告人上诉或者人民检察院抗诉，其他被告人的案件尚未作出第二审判决、裁定的，第二审人民法院可以并案审理。

第四百零五条 原判事实不清、证据不足，第二审人民法院发回重新审判的案件，原审人民法院重新作出判决后，被告人上诉或者人民检察院抗诉的，第二审人民法院应当依法作出判决、裁定，不得再发回重新审判。

第四百零六条 第二审人民法院发现原审人民法院在重新审判过程中，有刑事诉讼法第二百三十八条规定的情形之一，或者违反第二百三十九条规定的，应当裁定撤销原判，发回重新审判。

第四百零七条 第二审人民法院审理对刑事部分提出上诉、抗诉，附带民事部分已经发生法律效力的案件，发现第一审判决、裁定中的附带民事部分确有错误的，应当依照审判监督程序对附带民事部分予以纠正。

第四百零八条 刑事附带民事诉讼案件，只有附带民事诉讼当事人及其法定代理人上诉的，第一审刑事部分的判决在上诉期满后即发生法律效力。

应当送监执行的第一审刑事被告人是第二审附带民事诉讼被告人的，在第二审附带民事诉讼案件审结前，可以暂缓送监执行。

第四百零九条 第二审人民法院审理对附带民事部分提出上诉，刑事部分已经发生法律效力的案件，应当对全案进行审查，并按照下列情形分别处理：

（一）第一审判决的刑事部分并无不当的，只需就附带民事部分作出处理；

（二）第一审判决的刑事部分确有错误的，依照审判监督程序对刑事部分进行再审，并将附带民事部分与刑事部分一并审理。

第四百一十条 第二审期间，第一审附带民事诉讼原告人增加独立的诉讼请求或者第一审附带民事诉讼被告人提出反诉的，第二审人民法院可以根据自愿、合法的原则进行调解；调解不成的，告知当事人另行起诉。

第四百一十一条 对第二审自诉案件，必要时可以调解，当事人也可以自行和解。调解结案的，应当制作调解书，第一审判决、裁定视为自动撤销。当事人自行和解的，依照本解释第三百二十九条的规定处理；裁定准许撤回自诉的，应当撤销第一审判决、裁定。

第四百一十二条 第二审期间，自诉案件的当事人提出反诉的，应当告知其另行起诉。

第四百一十三条 第二审人民法院可以委托第一审人民法院代为宣判，并向当事人送达第二审判决书、裁定书。第一审人民法院应当在代为宣判后五日以内将宣判笔录送交第二审人民法院，并在送达完毕后及时将送达回证送交第二审人民法院。

委托宣判的，第二审人民法院应当直接向同级人民检察院送达第二审判决书、裁定书。

第二审判决、裁定是终审的判决、裁定的，自宣告之日起发生法律效力。

第十六章 在法定刑以下判处刑罚和特殊假释的核准

第四百一十四条 报请最高人民法院核准在法定刑以下判处刑罚的案件，应当按照下列情形分别处理：

（一）被告人未上诉、人民检察院未抗诉的，在上诉、抗诉期满后三日以内报请上一级人民法院复核。上级人民法院同意原判的，应当书面层报最高人民法院核准；不同意的，应当裁定发回重新审判，或者按照第二审程序提审；

（二）被告人上诉或者人民检察院抗诉的，上一级人民法院维持原判，或者改判后仍在法定刑以下判处刑罚的，应当依照前项规定层报最高人民法院核准。

第四百一十五条 对符合刑法第六十三条第二款规定的案件，第一审人民法院未在法定刑以下判处刑罚的，第二审人民法院可以在法定刑以下判处刑罚，并层报最高人民法院核准。

第四百一十六条 报请最高人民法院核准在法定刑以下判处刑罚的案件，应当报送判决书、报请核准的报告各五份，以及全部案卷、证据。

第四百一十七条 对在法定刑以下判处刑罚的案件，最高人民法院予以核准的，应当作出核准裁定书；不予核准的，应当作出不核准裁定书，并撤销原判决、裁定，发回原审人民法院重新审判或者指定其他下级人民法院重新审判。

第四百一十八条 依照本解释第四百一十四条、第四百一十七条规定发回第二审人民法院重新审判的案件，第二审人民法院可以直接改判；必须通过开庭查清事实、核实证据或者纠正原审程序违法的，应当开庭审理。

第四百一十九条 最高人民法院和上级人民法院复核在法定刑以下判处刑罚案件的审理期限，参照适用刑事诉讼法第二百四十三条的规定。

第四百二十条 报请最高人民法院核准因罪犯具有特殊情况，不受执行刑期限制的假释案件，应当按照下列情形分别处理：

（一）中级人民法院依法作出假释裁定后，应当报请高级人民法院复核。高级人民法院同意的，应当书面报请最高人民法院核准；不同意的，应当裁定撤销中级人民法院的假释裁定；

（二）高级人民法院依法作出假释裁定的，应当报请最高人民法院核准。

第四百二十一条 报请最高人民法院核准因罪犯具有特殊情况，不受执行刑期限制的假释案件，应当报送报请核准的报告、罪犯具有特殊情况的报告、假释裁定书各五份，以及全部案卷。

第四百二十二条 对因罪犯具有特殊情况，不受执行刑期限制的假释案件，最高人民法院予以核准的，应当作出核准裁定书；不予核准的，应当作出不核准裁定书，并撤销原裁定。

第十七章　死刑复核程序

第四百二十三条　报请最高人民法院核准死刑的案件，应当按照下列情形分别处理：

（一）中级人民法院判处死刑的第一审案件，被告人未上诉、人民检察院未抗诉的，在上诉、抗诉期满后十日以内报请高级人民法院复核。高级人民法院同意判处死刑的，应当在作出裁定后十日以内报请最高人民法院核准；认为原判认定的某一具体事实或者引用的法律条款等存在瑕疵，但判处被告人死刑并无不当的，可以在纠正后作出核准的判决、裁定；不同意判处死刑的，应当依照第二审程序提审或者发回重新审判；

（二）中级人民法院判处死刑的第一审案件，被告人上诉或者人民检察院抗诉，高级人民法院裁定维持的，应当在作出裁定后十日以内报请最高人民法院核准；

（三）高级人民法院判处死刑的第一审案件，被告人未上诉、人民检察院未抗诉的，应当在上诉、抗诉期满后十日以内报请最高人民法院核准。

高级人民法院复核死刑案件，应当讯问被告人。

第四百二十四条　中级人民法院判处死刑缓期执行的第一审案件，被告人未上诉、人民检察院未抗诉的，应当报请高级人民法院核准。

高级人民法院复核死刑缓期执行案件，应当讯问被告人。

第四百二十五条　报请复核的死刑、死刑缓期执行案件，应当一案一报。报送的材料包括报请复核的报告，第一、二审裁判文书，案件综合报告各五份以及全部案卷、证据。案件综合报告，第一、二审裁判文书和审理报告应当附送电子文本。

同案审理的案件应当报送全案案卷、证据。

曾经发回重新审判的案件，原第一、二审案卷应当一并报送。

第四百二十六条　报请复核死刑、死刑缓期执行的报告，应当写明案由、简要案情、审理过程和判决结果。

案件综合报告应当包括以下内容：

（一）被告人、被害人的基本情况。被告人有前科或者曾受过行政处罚、处分的，应当写明；

（二）案件的由来和审理经过。案件曾经发回重新审判的，应当写明发回重新审判的原因、时间、案号等；

（三）案件侦破情况。通过技术调查、侦查措施抓获被告人、侦破案件，以及与自首、立功认定有关的情况，应当写明；

（四）第一审审理情况。包括控辩双方意见，第一审认定的犯罪事实，合议庭和审判委员会意见；

（五）第二审审理或者高级人民法院复核情况。包括上诉理由、人民检察院的意见，第二审审理或者高级人民法院复核认定的事实，证据采信情况及理由，控辩双方意见及采纳情况；

（六）需要说明的问题。包括共同犯罪案件中另案处理的同案犯的处理情况，案件有无重大社会影响，以及当事人的反应等情况；

（七）处理意见。写明合议庭和审判委员会的意见。

第四百二十七条 复核死刑、死刑缓期执行案件，应当全面审查以下内容：

（一）被告人的年龄，被告人有无刑事责任能力、是否系怀孕的妇女；

（二）原判认定的事实是否清楚，证据是否确实、充分；

（三）犯罪情节、后果及危害程度；

（四）原判适用法律是否正确，是否必须判处死刑，是否必须立即执行；

（五）有无法定、酌定从重、从轻或者减轻处罚情节；

（六）诉讼程序是否合法；

（七）应当审查的其他情况。

复核死刑、死刑缓期执行案件，应当重视审查被告人及其辩护人的辩解、辩护意见。

第四百二十八条 高级人民法院复核死刑缓期执行案件，应当按照下列情形分别处理：

（一）原判认定事实和适用法律正确、量刑适当、诉讼程序合法的，应当裁定核准；

（二）原判认定的某一具体事实或者引用的法律条款等存在瑕疵，但判处被告人死刑缓期执行并无不当的，可以在纠正后作出核准的判决、裁定；

（三）原判认定事实正确，但适用法律有错误，或者量刑过重的，应当改判；

（四）原判事实不清、证据不足的，可以裁定不予核准，并撤销原判，发回重新审判，或者依法改判；

（五）复核期间出现新的影响定罪量刑的事实、证据的，可以裁定不予核准，并撤销原判，发回重新审判，或者依照本解释第二百七十一条的规定审理后依法改判；

（六）原审违反法定诉讼程序，可能影响公正审判的，应当裁定不予核准，并撤销原判，发回重新审判。

复核死刑缓期执行案件，不得加重被告人的刑罚。

第四百二十九条 最高人民法院复核死刑案件，应当按照下列情形分别处理：

（一）原判认定事实和适用法律正确、量刑适当、诉讼程序合法的，应当裁定核准；

（二）原判认定的某一具体事实或者引用的法律条款等存在瑕疵，但判处被告人死刑并无不当的，可以在纠正后作出核准的判决、裁定；

（三）原判事实不清、证据不足的，应当裁定不予核准，并撤销原判，发回重新审判；

（四）复核期间出现新的影响定罪量刑的事实、证据的，应当裁定不予核准，并撤销原判，发回重新审判；

（五）原判认定事实正确、证据充分，但依法不应当判处死刑的，应当裁定不予核准，并撤销原判，发回重新审判；根据案件情况，必要时，也可以依法改判；

（六）原审违反法定诉讼程序，可能影响公正审判的，应当裁定不予核准，并撤销原判，发回重新审判。

第四百三十条 最高人民法院裁定不予核准死刑的，根据案件情况，可以发回第二审人民法院或者第一审人民法院重新审判。

对最高人民法院发回第二审人民法院重新审判的案件，第二审人民法院一般不得发回第一审人民法院重新审判。

第一审人民法院重新审判的，应当开庭审理。第二审人民法院重新审判的，可以直接改判；必须通过开庭查清事实、核实证据或者纠正原审程序违法的，应当开庭审理。

第四百三十一条 高级人民法院依照复核程序审理后报请最高人民法院核准死刑，最高人民法院裁定不予核准，发回高级人民法院重新审判的，高级人民法院可以依照第二审程序提审或者发回重新审判。

第四百三十二条 最高人民法院裁定不予核准死刑，发回重新审判的案件，原审人民法院应当另行组成合议庭审理，但本解释第四百二十九条第四项、第五项规定的案件除外。

第四百三十三条 依照本解释第四百三十条、第四百三十一条发回重新审判的案件，第一审人民法院判处死刑、死刑缓期执行的，上一级人民法院依照第二审程序或者复核程序审理后，应当依法作出判决或者裁定，不得再发回重新审判。但是，第一审人民法院有刑事诉讼法第二百三十八条规定的情形或者违反刑事诉讼法第二百三十九条规定的除外。

第四百三十四条 死刑复核期间，辩护律师要求当面反映意见的，最高人民法院有关合议庭应当在办公场所听取其意见，并制作笔录；辩护律师提出书面意见的，应当附卷。

第四百三十五条 死刑复核期间，最高人民检察院提出意见的，最高人民法院应当审查，并将采纳情况及理由反馈最高人民检察院。

第四百三十六条 最高人民法院应当根据有关规定向最高人民检察院通报死刑案件复核结果。

第十八章 涉案财物处理

第四百三十七条 人民法院对查封、扣押、冻结的涉案财物及其孳息，应当妥善保管，并制作清单，附卷备查；对人民检察院随案移送的实物，应当根据清单核查后妥善保管。任何单位和个人不得挪用或者自行处理。

查封不动产、车辆、船舶、航空器等财物，应当扣押其权利证书，经拍照或者录像后原地封存，或者交持有人、被告人的近亲属保管，登记并写明财物的名称、型号、权属、地址等详细信息，并通知有关财物的登记、管理部门办理查封登记手续。

扣押物品，应当登记并写明物品名称、型号、规格、数量、重量、质量、成色、纯度、颜色、新旧程度、缺损特征和来源等。扣押货币、有价证券，应当登记并写明货币、有价证券的名称、数额、面额等，货币应当存入银行专门账户，并登记银行存款凭证的名称、内容。扣押文物、金银、珠宝、名贵字画等贵重物品以及违禁品，应当拍照，需要鉴定的，应当及时鉴定。对扣押的物品应当根据有关规定及时估价。

冻结存款、汇款、债券、股票、基金份额等财产，应当登记并写明编号、种类、面值、张数、金额等。

第四百三十八条 对被害人的合法财产，权属明确的，应当依法及时返还，但须经拍照、鉴定、估价，并在案卷中注明返还的理由，将原物照片、清单和被害人的领取手续附卷备查；权属不明的，应当在人民法院判决、裁定生效后，按比例返还被害人，但已获退赔的部分应予扣除。

第四百三十九条 审判期间，对不宜长期保存、易贬值或者市场价格波动大的财产，或者有效期即将届满的票据等，经权利人申请或者同意，并经院长批准，可以依法先行处置，所得款项由人民法院保管。

涉案财物先行处置应当依法、公开、公平。

第四百四十条 对作为证据使用的实物，应当随案移送。第一审判决、裁定宣告后，被告人上诉或者人民检察院抗诉的，第一审人民法院应当将上述证据移送第二审人民法院。

第四百四十一条 对实物未随案移送的，应当根据情况，分别审查以下内容：

（一）大宗的、不便搬运的物品，是否随案移送查封、扣押清单，并附原物照片和封存手续，注明存放地点等；

（二）易腐烂、霉变和不易保管的物品，查封、扣押机关变卖处理后，是否随案移送原物照片、清单、变价处理的凭证（复印件）等；

（三）枪支弹药、剧毒物品、易燃易爆物品以及其他违禁品、危险物品，查封、扣押机关根据有关规定处理后，是否随案移送原物照片和清单等。

上述未随案移送的实物，应当依法鉴定、估价的，还应当审查是否附有鉴定、估价意见。

对查封、扣押的货币、有价证券等，未移送实物的，应当审查是否附有原物照片、清单或者其他证明文件。

第四百四十二条 法庭审理过程中，应当依照本解释第二百七十九条的规定，依法对查封、扣押、冻结的财物及其孳息进行审查。

第四百四十三条 被告人将依法应当追缴的涉案财物用于投资或者置业的，对因此形成的财产及其收益，应当追缴。

被告人将依法应当追缴的涉案财物与其他合法财产共同用于投资或者置业的，对因此形成的财产中与涉案财物对应的份额及其收益，应当追缴。

第四百四十四条 对查封、扣押、冻结的财物及其孳息，应当在判决书中写明名称、金额、数量、存放地点及其处理方式等。涉案财物较多，不宜在判决主文中详细列明的，可以附清单。

判决追缴违法所得或者责令退赔的，应当写明追缴、退赔的金额或者财物的名称、数量等情况；已经发还的，应当在判决书中写明。

第四百四十五条 查封、扣押、冻结的财物及其孳息，经审查，确属违法所得或者依法应当追缴的其他涉案财物的，应当判决返还被害人，或者没收上缴国库，但法律另有规定的除外。

对判决时尚未追缴到案或者尚未足额退赔的违法所得，应当判决继续追缴或者责令退赔。

判决返还被害人的涉案财物，应当通知被害人认领；无人认领的，应当公告通知；公告满一年无人认领的，应当上缴国库；上缴国库后有人认领，经查证属实的，应当申请退库予以返还；原物已经拍卖、变卖的，应当返还价款。

对侵犯国有财产的案件，被害单位已经终止且没有权利义务继受人，或者损失已经被核销的，查封、扣押、冻结的财物及其孳息应当上缴国库。

第四百四十六条 第二审期间，发现第一审判决未对随案移送的涉案财物及其孳息作出处理的，可以裁定撤销原判，发回原审人民法院重新审判，由原审人民法院依法对涉案财物及其孳息一并作出处理。

判决生效后，发现原判未对随案移送的涉案财物及其孳息作出处理的，由原审人民法院依法对涉案财物及其孳息另行作出处理。

第四百四十七条 随案移送的或者人民法院查封、扣押的财物及其孳息，由第一审人民法院在判决生效后负责处理。

实物未随案移送、由扣押机关保管的，人民法院应当在判决生效后十日以内，将判决书、裁定书送达扣押机关，并告知其在一个月以内将执行回单送回，确因客观原因无法按时完成的，应当说明原因。

第四百四十八条 对冻结的存款、汇款、债券、股票、基金份额等财产判决没收的，第一审人民法院应当在判决生效后，将判决书、裁定书送达相关金融机构和财政部门，通知相关金融机构依法上缴国库并在接到执行通知书后十五日以内，将上缴国库的凭证、执行回单送回。

第四百四十九条 查封、扣押、冻结的财物与本案无关但已列入清单的，应当由查封、扣押、冻结机关依法处理。

查封、扣押、冻结的财物属于被告人合法所有的，应当在赔偿被害人损失、执行财产刑后及时返还被告人。

第四百五十条 查封、扣押、冻结财物及其处理，本解释没有规定的，参照适用其他司法解释的有关规定。

第十九章 审判监督程序

第四百五十一条 当事人及其法定代理人、近亲属对已经发生法律效力的判决、裁定提出申诉的，人民法院应当审查处理。

案外人认为已经发生法律效力的判决、裁定侵害其合法权益，提出申诉的，人民法院应当审查处理。

申诉可以委托律师代为进行。

第四百五十二条 向人民法院申诉，应当提交以下材料：

（一）申诉状。应当写明当事人的基本情况、联系方式以及申诉的事实与理由；

（二）原一、二审判决书、裁定书等法律文书。经过人民法院复查或者再审的，应当附有驳回申诉通知书、再审决定书、再审判决书、裁定书；

（三）其他相关材料。以有新的证据证明原判决、裁定认定的事实确有错误为由申诉的，应当同时附有相关证据材料；申请人民法院调查取证的，应当附有相关线索或者材料。

申诉符合前款规定的，人民法院应当出具收到申诉材料的回执。申诉不符合前款规定的，人民法院应当告知申诉人补充材料；申诉人拒绝补充必要材料且无正当理由的，不予审查。

第四百五十三条 申诉由终审人民法院审查处理。但是，第二审人民法院裁定准许撤回上诉的案件，申诉人对第一审判决提出申诉的，可以由第一审人民法院审查处理。

上一级人民法院对未经终审人民法院审查处理的申诉，可以告知申诉人向终审人民法院提出申诉，或者直接交终审人民法院审查处理，并告知申诉人；案件疑难、复杂、重大的，也可以直接审查处理。

对未经终审人民法院及其上一级人民法院审查处理，直接向上级人民法院申诉的，上级人民法院应当告知申诉人向下级人民法院提出。

第四百五十四条 最高人民法院或者上级人民法院可以指定终审人民法院以外的人民法院对申诉进行审查。被指定的人民法院审查后，应当制作审查报告，提出处理意见，层报最高人民法院或者上级人民法院审查处理。

第四百五十五条 对死刑案件的申诉，可以由原核准的人民法院直接审查处理，也可以交由原审人民法院审查。原审人民法院应当制作审查报告，提出处理意见，层报原核准的人民法院审查处理。

第四百五十六条 对立案审查的申诉案件，人民法院可以听取当事人和原办案单位的意见，也可以对原判据以定罪量刑的证据和新的证据进行核实。必要时，可以进行听证。

第四百五十七条 对立案审查的申诉案件，应当在三个月以内作出决定，至迟不得超过六个月。因案件疑难、复杂、重大或者其他特殊原因需要延长审查期限的，参照本解释第二百一十条的规定处理。

经审查，具有下列情形之一的，应当根据刑事诉讼法第二百五十三条的规定，决定重新审判：

（一）有新的证据证明原判决、裁定认定的事实确有错误，可能影响定罪量刑的；

（二）据以定罪量刑的证据不确实、不充分、依法应当排除的；

（三）证明案件事实的主要证据之间存在矛盾的；

（四）主要事实依据被依法变更或者撤销的；

（五）认定罪名错误的；

（六）量刑明显不当的；

（七）对违法所得或者其他涉案财物的处理确有明显错误的；

（八）违反法律关于溯及力规定的；

（九）违反法定诉讼程序，可能影响公正裁判的；

（十）审判人员在审理该案件时有贪污受贿、徇私舞弊、枉法裁判行为的。

申诉不具有上述情形的，应当说服申诉人撤回申诉；对仍然坚持申诉的，应当书面通知驳回。

第四百五十八条 具有下列情形之一，可能改变原判决、裁定据以定罪量刑的事实的证据，应当认定为刑事诉讼法第二百五十三条第一项规定的“新的证据”：

（一）原判决、裁定生效后新发现的证据；

（二）原判决、裁定生效前已经发现，但未予收集的证据；

（三）原判决、裁定生效前已经收集，但未经质证的证据；

（四）原判决、裁定所依据的鉴定意见，勘验、检查等笔录被改变或者否定的；

（五）原判决、裁定所依据的被告人供述、证人证言等证据发生变化，影响定罪量刑，且有合理理由的。

第四百五十九条 申诉人对驳回申诉不服的，可以向上一级人民法院申诉。上一级人民法院经审查认为申诉不符合刑事诉讼法第二百五十三条和本解释第四百五十七条第二款规定的，应当说服申诉人撤回申诉；对仍然坚持申诉的，应当驳回或者通知不予重新审判。

第四百六十条 各级人民法院院长发现本院已经发生法律效力的判决、裁定确有错误的，应当提交审判委员会讨论决定是否再审。

第四百六十一条 上级人民法院发现下级人民法院已经发生法律效力的判决、裁定确有错误的，可以指令下级人民法院再审；原判决、裁定认定事实正确但适用法律错误，或者案件疑难、复杂、重大，或者有不宜由原审人民法院审理情形的，也可以提审。

上级人民法院指令下级人民法院再审的，一般应当指令原审人民法院以外的下级人民法院审理；由原审人民法院审理更有利于查明案件事实、纠正裁判错误的，可以指令原审人民法院审理。

第四百六十二条 对人民检察院依照审判监督程序提出抗诉的案件，人民法院应当在收到抗诉书后一个月以内立案。但是，有下列情形之一的，应当区别情况予以处理：

（一）不属于本院管辖的，应当将案件退回人民检察院；

（二）按照抗诉书提供的住址无法向被抗诉的原审被告人送达抗诉书的，应当通知人民检察院在三日以内重新提供原审被告人的住址；逾期未提供的，将案件退回人民检察院；

（三）以有新的证据为由提出抗诉，但未附相关证据材料或者有关证据不是指向原起诉事实的，应当通知人民检察院在三日以内补送相关材料；逾期未补送的，将案件退回人民检察院。

决定退回的抗诉案件，人民检察院经补充相关材料后再次抗诉，经审查符合受理条件的，人民法院应当受理。

第四百六十三条 对人民检察院依照审判监督程序提出抗诉的案件，接受抗诉的人民法院应当组成合议庭审理。对原判事实不清、证据不足，包括有新的证据证明原判可能有错误，需要指令下级人民法院再审的，应当在立案之日起一个月以内作出决定，并将指令再审决定书送达抗诉的人民检察院。

第四百六十四条 对决定依照审判监督程序重新审判的案件，人民法院应当制作再审决定书。再审期间不停止原判决、裁定的执行，但被告人可能经再审改判无罪，或者可能经再审减轻原判刑罚而致刑期届满的，可以决定中止原判决、裁定的执行，必要时，可以对被告人采取取保候审、监视居住措施。

第四百六十五条 依照审判监督程序重新审判的案件，人民法院应当重点针对申诉、抗诉和决定再审的理由进行审理。必要时，应当对原判决、裁定认定的事实、证据和适用法律进行全面审查。

第四百六十六条 原审人民法院审理依照审判监督程序重新审判的案件，应当另行组成合议庭。

原来是第一审案件，应当依照第一审程序进行审判，所作的判决、裁定可以上诉、抗诉；原来是第二审案件，或者是上级人民法院提审的案件，应当依照第二审程序进行审判，所作的判决、裁定是终审的判决、裁定。

符合刑事诉讼法第二百九十六条、第二百九十七条规定的，可以缺席审判。

第四百六十七条 对依照审判监督程序重新审判的案件，人民法院在依照第一审程序进行审判的过程中，发现原审被告人还有其他犯罪的，一般应当并案审理，但分案审理更为适宜的，可以分案审理。

第四百六十八条 开庭审理再审案件，再审决定书或者抗诉书只针对部分原审被告人，其他同案原审被告人不出庭不影响审理的，可以不出庭参加诉讼。

第四百六十九条 除人民检察院抗诉的以外，再审一般不得加重原审被告人的刑罚。再审决定书或者抗诉书只针对部分原审被告人的，不得加重其他同案原审被告人的刑罚。

第四百七十条 人民法院审理人民检察院抗诉的再审案件，人民检察院在开庭审理前撤回抗诉的，应当裁定准许；人民检察院接到出庭通知后不派员出庭，且未说明原因的，可以裁定按撤回抗诉处理，并通知诉讼参与人。

人民法院审理申诉人申诉的再审案件，申诉人在再审期间撤回申诉的，可以裁定准许；但认为原判确有错误的，应当不予准许，继续按照再审案件审理。申诉人经依法通知无正当理由拒不到庭，或者未经法庭许可中途退庭的，可以裁定按撤回申诉处理，但申诉人不是原审当事人的除外。

第四百七十一条 开庭审理的再审案件，系人民法院决定再审的，由合议庭组成人员宣读再审决定书；系人民检察院抗诉的，由检察员宣读抗诉书；系申诉人申诉的，由申诉人或者其辩护人、诉讼代理人陈述申诉理由。

第四百七十二条 再审案件经过重新审理后，应当按照下列情形分别处理：

（一）原判决、裁定认定事实和适用法律正确、量刑适当的，应当裁定驳回申诉或者抗诉，维持原判决、裁定；

（二）原判决、裁定定罪准确、量刑适当，但在认定事实、适用法律等方面有瑕疵的，应当裁定纠正并维持原判决、裁定；

（三）原判决、裁定认定事实没有错误，但适用法律错误或者量刑不当的，应当撤销原判决、裁定，依法改判；

（四）依照第二审程序审理的案件，原判决、裁定事实不清、证据不足的，可以在查清事实后改判，也可以裁定撤销原判，发回原审人民法院重新审判。

原判决、裁定事实不清或者证据不足，经审理事实已经查清的，应当根据查清的事实依法裁判；事实仍无法查清，证据不足，不能认定被告人有罪的，应当撤销原判决、裁定，判决宣告被告人无罪。

第四百七十三条 原判决、裁定认定被告人姓名等身份信息有误，但认定事实和适用法律正确、量刑适当的，作出生效判决、裁定的人民法院可以通过裁定对有关信息予以更正。

第四百七十四条 对再审改判宣告无罪并依法享有申请国家赔偿权利的当事人，人民法院宣判时，应当告知其在判决发生法律效力后可以依法申请国家赔偿。

第二十章 涉外刑事案件的审理和刑事司法协助

第一节 涉外刑事案件的审理

第四百七十五条 本解释所称的涉外刑事案件是指：

（一）在中华人民共和国领域内，外国人犯罪或者我国公民对外国、外国人犯罪的案件；

（二）符合刑法第七条、第十条规定情形的我国公民在中华人民共和国领域外犯罪的案件；

（三）符合刑法第八条、第十条规定情形的外国人犯罪的案件；

（四）符合刑法第九条规定情形的中华人民共和国在所承担国际条约义务范围内行使管辖权的案件。

第四百七十六条 第一审涉外刑事案件，除刑事诉讼法第二十一条至第二十三条规定的以外，由基层人民法院管辖。必要时，中级人民法院可以指定辖区内若干基层人民法院集中管辖第一审涉外刑事案件，也可以依照刑事诉讼法第二十四条的规定，审理基层人民法院管辖的第一审涉外刑事案件。

第四百七十七条 外国人的国籍，根据其入境时持用的有效证件确认；国籍不明的，根据公安机关或者有关国家驻华使领馆出具的证明确认。

国籍无法查明的，以无国籍人对待，适用本章有关规定，在裁判文书中写明“国籍不明”。

第四百七十八条 在刑事诉讼中，外国籍当事人享有我国法律规定的诉讼权利并承担相应义务。

第四百七十九条 涉外刑事案件审判期间，人民法院应当将下列事项及时通报同级人民政府外事主管部门，并依照有关规定通知有关国家驻华使领馆：

（一）人民法院决定对外国籍被告人采取强制措施的情况，包括外国籍当事人的姓名（包括译名）、性别、入境时间、护照或者证件号码、采取的强制措施及法律依据、羁押地点等；

（二）开庭的时间、地点、是否公开审理等事项；

（三）宣判的时间、地点。

涉外刑事案件宣判后，应当将处理结果及时通报同级人民政府外事主管部门。

对外国籍被告人执行死刑的，死刑裁决下达后执行前，应当通知其国籍国驻华使领馆。

外国籍被告人在案件审理中死亡的，应当及时通报同级人民政府外事主管部门，并通知有关国家驻华使领馆。

第四百八十条 需要向有关国家驻华使领馆通知有关事项的，应当层报高级人民法院，由高级人民法院按照下列规定通知：

（一）外国籍当事人国籍国与我国签订有双边领事条约的，根据条约规定办理；未与我国签订双边领事条约，但参加《维也纳领事关系公约》的，根据公约规定办理；未与我国签订领事条约，也未参加《维也纳领事关系公约》，但与我国有外交关系的，可以根据外事主管部门的意见，按照互惠原则，根据有关规定和国际惯例办理；

（二）在外国驻华领馆领区内发生的涉外刑事案件，通知有关外国驻该地区的领馆；在外国领馆领区外发生的涉外刑事案件，通知有关外国驻华使馆；与我国有外交关系，但未设使领馆的国家，可以通知其代管国家驻华使领馆；无代管国家、代管国家不明的，可以不通知；

（三）双边领事条约规定通知时限的，应当在规定的期限内通知；没有规定的，应当根据或者参照《维也纳领事关系公约》和国际惯例尽快通知，至迟不得超过七日；

（四）双边领事条约没有规定必须通知，外国籍当事人要求不通知其国籍国驻华使领馆的，可以不通知，但应当由其本人出具书面声明。

高级人民法院向外国驻华使领馆通知有关事项，必要时，可以请人民政府外事主管部门协助。

第四百八十一条 人民法院受理涉外刑事案件后，应当告知在押的外国籍被告人享有与其国籍国驻华使领馆联系，与其监护人、近亲属会见、通信，以及请求人民法院提供翻译的权利。

第四百八十二条 涉外刑事案件审判期间，外国籍被告人在押，其国籍国驻华使领馆官员要求探视的，可以向受理案件的人民法院所在地的高级人民法院提出。人民法院应当根据我国与被告人国籍国签订的双边领事条约规定的时限予以安排；没有条约规定的，应当尽快安排。必要时，可以请人民政府外事主管部门协助。

涉外刑事案件审判期间，外国籍被告人在押，其监护人、近亲属申请会见的，可以向受理案件的人民法院所在地的高级人民法院提出，并依照本解释第四百八十六条的规定提供与被告人关系的证明。人民法院经审查认为不妨碍案件审判的，可以批准。

被告人拒绝接受探视、会见的，应当由其本人出具书面声明。拒绝出具书面声明的，应当记录在案；必要时，应当录音录像。

探视、会见被告人应当遵守我国法律规定。

第四百八十三条 人民法院审理涉外刑事案件，应当公开进行，但依法不应公开审理的除外。

公开审理的涉外刑事案件，外国籍当事人国籍国驻华使领馆官员要求旁听的，可以向受理案件的人民法院所在地的高级人民法院提出申请，人民法院应当安排。

第四百八十四条 人民法院审判涉外刑事案件，使用中华人民共和国通用的语言、文字，应当为外国籍当事人提供翻译。翻译人员应当在翻译文件上签名。

人民法院的诉讼文书为中文本。外国籍当事人不通晓中文的，应当附有外文译本，译本不加盖人民法院印章，以中文本为准。

外国籍当事人通晓中国语言、文字，拒绝他人翻译，或者不需要诉讼文书外文译本的，应当由其本人出具书面声明。拒绝出具书面声明的，应当记录在案；必要时，应当录音录像。

第四百八十五条 外国籍被告人委托律师辩护，或者外国籍附带民事诉讼原告人、自诉人委托律师代理诉讼的，应当委托具有中华人民共和国律师资格并依法取得执业证书的律师。

外国籍被告人在押的，其监护人、近亲属或者其国籍国驻华使领馆可以代为委托辩护人。其监护人、近亲属代为委托的，应当提供与被告人关系的有效证明。

外国籍当事人委托其监护人、近亲属担任辩护人、诉讼代理人的，被委托人应当提供与当事人关系的有效证明。经审查，符合刑事诉讼法、有关司法解释规定的，人民法院应当准许。

外国籍被告人没有委托辩护人的，人民法院可以通知法律援助机构为其指派律师提供辩护。被告人拒绝辩护人辩护的，应当由其出具书面声明，或者将其口头声明记录在案；必要时，应当录音录像。被告人属于应当提供法律援助情形的，依照本解释第五十条规定处理。

第四百八十六条 外国籍当事人从中华人民共和国领域外寄交或者托交给中国律师或者中国公民的委托书，以及外国籍当事人的监护人、近亲属提供的与当事人关系的证明，必须经所在国公证机关证明，所在国中央外交主管机关或者其授权机关认证，并经中华人民共和国驻该国使领馆认证，或者履行中华人民共和国与该所在国订立的有关条约中规定的证明手续，但我国与该国之间有互免认证协定的除外。

第四百八十七条 对涉外刑事案件的被告人，可以决定限制出境；对开庭审理案件时必须到庭的证人，可以要求暂缓出境。限制外国人出境的，应当通报同级人民政府外事主管部门和当事人国籍国驻华使领馆。

人民法院决定限制外国人和中国公民出境的，应当书面通知被限制出境的人在案件审理终结前不得离境，并可以采取扣留护照或者其他出入境证件的办法限制其出境；扣留证件的，应当履行必要手续，并发给本人扣留证件的证明。

需要对外国人和中国公民在口岸采取边控措施的，受理案件的人民法院应当按照规定制作边控对象通知书，并附有关法律文书，层报高级人民法院办理交控手续。紧急情况下，需要采取临时边控措施的，受理案件的人民法院可以先向有关口岸所在地出入境边防检查机关交控，但应当在七日以内按照规定层报高级人民法院办理手续。

第四百八十八条 涉外刑事案件，符合刑事诉讼法第二百零八条第一款、第二百四十三条规定的，经有关人民法院批准或者决定，可以延长审理期限。

第四百八十九条 涉外刑事案件宣判后，外国籍当事人国籍国驻华使领馆要求提供裁判文书的，可以向受理案件的人民法院所在地的高级人民法院提出，人民法院可以提供。

第四百九十条 涉外刑事案件审理过程中的其他事项，依照法律、司法解释和其他有关规定办理。

第二节 刑事司法协助

第四百九十一条 请求和提供司法协助，应当依照《中华人民共和国国际刑事司法协助法》、我国与有关国家、地区签订的刑事司法协助条约、移管被判刑人条约和有关法律规定进行。

对请求书的签署机关、请求书及所附材料的语言文字、有关办理期限和具体程序等事项，在不违反中华人民共和国法律的基本原则的情况下，可以按照刑事司法协助条约规定或者双方协商办理。

第四百九十二条 外国法院请求的事项有损中华人民共和国的主权、安全、社会公共利益以及违反中华人民共和国法律的基本原则的，人民法院不予协助；属于有关法律规定的可以拒绝提供刑事司法协助情形的，可以不予协助。

第四百九十三条 人民法院请求外国提供司法协助的，应当层报最高人民法院，经最高人民法院审核同意后交由有关对外联系机关及时向外国提出请求。

外国法院请求我国提供司法协助，有关对外联系机关认为属于人民法院职权范围的，经最高人民法院审核同意后转有关人民法院办理。

第四百九十四条 人民法院请求外国提供司法协助的请求书，应当依照刑事司法协助条约的规定提出；没有条约或者条约没有规定的，应当载明法律规定的相关信息并附相关材料。请求书及其所附材料应当以中文制作，并附有被请求国官方文字的译本。

外国请求我国法院提供司法协助的请求书，应当依照刑事司法协助条约的规定提出；没有条约或者条约没有规定的，应当载明我国法律规定的相关信息并附相关材料。请求书及所附材料应当附有中文译本。

第四百九十五条 人民法院向在中华人民共和国领域外居住的当事人送达刑事诉讼文书，可以采用下列方式：

（一）根据受送达人所在国与中华人民共和国缔结或者共同参加的国际条约规定的方式送达；

（二）通过外交途径送达；

（三）对中国籍当事人，所在国法律允许或者经所在国同意的，可以委托我国驻受送达人所在国的使领馆代为送达；

（四）当事人是自诉案件的自诉人或者附带民事诉讼原告人的，可以向有权代其接受送达的诉讼代理人送达；

（五）当事人是外国单位的，可以向其在中华人民共和国领域内设立的代表机构或者有权接受送达的分支机构、业务代办人送达；

（六）受送达人所在国法律允许的，可以邮寄送达；自邮寄之日起满三个月，送达回证未退回，但根据各种情况足以认定已经送达的，视为送达；

（七）受送达人所在国法律允许的，可以采用传真、电子邮件等能够确认受送达人收悉的方式送达。

第四百九十六条 人民法院通过外交途径向在中华人民共和国领域外居住的受送达人送达刑事诉讼文书的，所送达的文书应当经高级人民法院审查后报最高人民法院审核。最高人民法院认为可以发出的，由最高人民法院交外交部主管部门转递。

外国法院通过外交途径请求人民法院送达刑事诉讼文书的，由该国驻华使馆将法律文书交我国外交部主管部门转最高人民法院。最高人民法院审核后认为属于人民法院职权范围，且可以代为送达的，应当转有关人民法院办理。

第二十一章　执行程序

第一节　死刑的执行

第四百九十七条　被判处死刑缓期执行的罪犯，在死刑缓期执行期间犯罪的，应当由罪犯服刑地的中级人民法院依法审判，所作的判决可以上诉、抗诉。

认定故意犯罪，情节恶劣，应当执行死刑的，在判决、裁定发生法律效力后，应当层报最高人民法院核准执行死刑。

对故意犯罪未执行死刑的，不再报高级人民法院核准，死刑缓期执行的期间重新计算，并层报最高人民法院备案。备案不影响判决、裁定的生效和执行。

最高人民法院经备案审查，认为原判不予执行死刑错误，确需改判的，应当依照审判监督程序予以纠正。

第四百九十八条　死刑缓期执行的期间，从判决或者裁定核准死刑缓期执行的法律文书宣告或者送达之日起计算。

死刑缓期执行期满，依法应当减刑的，人民法院应当及时减刑。死刑缓期执行期满减为无期徒刑、有期徒刑的，刑期自死刑缓期执行期满之日起计算。

第四百九十九条　最高人民法院的执行死刑命令，由高级人民法院交付第一审人民法院执行。第一审人民法院接到执行死刑命令后，应当在七日以内执行。

在死刑缓期执行期间故意犯罪，最高人民法院核准执行死刑的，由罪犯服刑地的中级人民法院执行。

第五百条　下级人民法院在接到执行死刑命令后、执行前，发现有下列情形之一的，应当暂停执行，并立即将请求停止执行死刑的报告和相关材料层报最高人民法院：

（一）罪犯可能有其他犯罪的；

（二）共同犯罪的其他犯罪嫌疑人到案，可能影响罪犯量刑的；

（三）共同犯罪的其他罪犯被暂停或者停止执行死刑，可能影响罪犯量刑的；

（四）罪犯揭发重大犯罪事实或者有其他重大立功表现，可能需要改判的；

（五）罪犯怀孕的；

（六）判决、裁定可能有影响定罪量刑的其他错误的。

最高人民法院经审查，认为可能影响罪犯定罪量刑的，应当裁定停止执行死刑；认为不影响的，应当决定继续执行死刑。

第五百零一条　最高人民法院在执行死刑命令签发后、执行前，发现有前条第一款规定情形的，应当立即裁定停止执行死刑，并将有关材料移交下级人民法院。

第五百零二条 下级人民法院接到最高人民法院停止执行死刑的裁定后，应当会同有关部门调查核实停止执行死刑的事由，并及时将调查结果和意见层报最高人民法院审核。

第五百零三条 对下级人民法院报送的停止执行死刑的调查结果和意见，由最高人民法院原作出核准死刑判决、裁定的合议庭负责审查；必要时，另行组成合议庭进行审查。

第五百零四条 最高人民法院对停止执行死刑的案件，应当按照下列情形分别处理：

（一）确认罪犯怀孕的，应当改判；

（二）确认罪犯有其他犯罪，依法应当追诉的，应当裁定不予核准死刑，撤销原判，发回重新审判；

（三）确认原判决、裁定有错误或者罪犯有重大立功表现，需要改判的，应当裁定不予核准死刑，撤销原判，发回重新审判；

（四）确认原判决、裁定没有错误，罪犯没有重大立功表现，或者重大立功表现不影响原判决、裁定执行的，应当裁定继续执行死刑，并由院长重新签发执行死刑的命令。

第五百零五条 第一审人民法院在执行死刑前，应当告知罪犯有权会见其近亲属。罪犯申请会见并提供具体联系方式的，人民法院应当通知其近亲属。确实无法与罪犯近亲属取得联系，或者其近亲属拒绝会见的，应当告知罪犯。罪犯申请通过录音录像等方式留下遗言的，人民法院可以准许。

罪犯近亲属申请会见的，人民法院应当准许并及时安排，但罪犯拒绝会见的除外。罪犯拒绝会见的，应当记录在案并及时告知其近亲属；必要时，应当录音录像。

罪犯申请会见近亲属以外的亲友，经人民法院审查，确有正当理由的，在确保安全的情况下可以准许。

罪犯申请会见未成年子女的，应当经未成年子女的监护人同意；会见可能影响未成年人身心健康的，人民法院可以通过视频方式安排会见，会见时监护人应当在场。

会见一般在罪犯羁押场所进行。

会见情况应当记录在案，附卷存档。

第五百零六条 第一审人民法院在执行死刑三日以前，应当通知同级人民检察院派员临场监督。

第五百零七条 死刑采用枪决或者注射等方法执行。

采用注射方法执行死刑的，应当在指定的刑场或者羁押场所内执行。

采用枪决、注射以外的其他方法执行死刑的，应当事先层报最高人民法院批准。

第五百零八条 执行死刑前，指挥执行的审判人员应当对罪犯验明正身，讯问有无遗言、信札，并制作笔录，再交执行人员执行死刑。

执行死刑应当公布，禁止游街示众或者其他有辱罪犯人格的行为。

第五百零九条 执行死刑后，应当由法医验明罪犯确实死亡，在场书记员制作笔录。负责执行的人民法院应当在执行死刑后十五日以内将执行情况，包括罪犯被执行死刑前后的照片，上报最高人民法院。

第五百一十条 执行死刑后，负责执行的人民法院应当办理以下事项：

（一）对罪犯的遗书、遗言笔录，应当及时审查；涉及财产继承、债务清偿、家事嘱托等内容的，将遗书、遗言笔录交给家属，同时复制附卷备查；涉及案件线索等问题的，抄送有关机关；

（二）通知罪犯家属在限期内领取罪犯骨灰；没有火化条件或者因民族、宗教等原因不宜火化的，通知领取尸体；过期不领取的，由人民法院通知有关单位处理，并要求有关单位出具处理情况的说明；对罪犯骨灰或者尸体的处理情况，应当记录在案；

（三）对外国籍罪犯执行死刑后，通知外国驻华使领馆的程序和时限，根据有关规定办理。

第二节 死刑缓期执行、无期徒刑、有期徒刑、拘役的交付执行

第五百一十一条 被判处死刑缓期执行、无期徒刑、有期徒刑、拘役的罪犯，第一审人民法院应当在判决、裁定生效后十日以内，将判决书、裁定书、起诉书副本、自诉状复印件、执行通知书、结案登记表送达公安机关、监狱或者其他执行机关。

第五百一十二条 同案审理的案件中，部分被告人被判处死刑，对未被判处死刑的同案被告人需要羁押执行刑罚的，应当根据前条规定及时交付执行。但是，该同案被告人参与实施有关死刑之罪的，应当在复核讯问被判处死刑的被告人后交付执行。

第五百一十三条 执行通知书回执经看守所盖章后，应当附卷备查。

第五百一十四条 罪犯在被交付执行前，因有严重疾病、怀孕或者正在哺乳自己婴儿的妇女、生活不能自理的原因，依法提出暂予监外执行的申请的，有关病情诊断、妊娠检查和生活不能自理的鉴别，由人民法院负责组织进行。

第五百一十五条 被判处无期徒刑、有期徒刑或者拘役的罪犯，符合刑事诉讼法第二百六十五条第一款、第二款的规定，人民法院决定暂予监外执行的，应当制作暂予监外执行决定书，写明罪犯基本情况、判决确定的罪名和刑罚、决定暂予监外执行的原因、依据等。

人民法院在作出暂予监外执行决定前，应当征求人民检察院的意见。

人民检察院认为人民法院的暂予监外执行决定不当，在法定期限内提出书面意见的，人民法院应当立即对该决定重新核查，并在一个月以内作出决定。

对暂予监外执行的罪犯，适用本解释第五百一十九条的有关规定，依法实行社区矫正。

人民法院决定暂予监外执行的，由看守所或者执行取保候审、监视居住的公安机关自收到决定之日起十日以内将罪犯移送社区矫正机构。

第五百一十六条 人民法院收到社区矫正机构的收监执行建议书后，经审查，确认暂予监外执行的罪犯具有下列情形之一的，应当作出收监执行的决定：

（一）不符合暂予监外执行条件的；

（二）未经批准离开所居住的市、县，经警告拒不改正，或者拒不报告行踪，脱离监管的；

（三）因违反监督管理规定受到治安管理处罚，仍不改正的；

（四）受到执行机关两次警告，仍不改正的；

（五）保外就医期间不按规定提交病情复查情况，经警告拒不改正的；

（六）暂予监外执行的情形消失后，刑期未满的；

（七）保证人丧失保证条件或者因不履行义务被取消保证人资格，不能在规定期限内提出新的保证人的；

（八）违反法律、行政法规和监督管理规定，情节严重的其他情形。

第五百一十七条 人民法院应当在收到社区矫正机构的收监执行建议书后三十日以内作出决定。收监执行决定书一经作出，立即生效。

人民法院应当将收监执行决定书送达社区矫正机构和公安机关，并抄送人民检察院，由公安机关将罪犯交付执行。

第五百一十八条 被收监执行的罪犯有不计入执行刑期情形的，人民法院应当在作出收监决定时，确定不计入执行刑期的具体时间。

第三节 管制、缓刑、剥夺政治权利的交付执行

第五百一十九条 对被判处管制、宣告缓刑的罪犯，人民法院应当依法确定社区矫正执行地。社区矫正执行地为罪犯的居住地；罪犯在多个地方居住的，可以确定其经常居住地为执行地；罪犯的居住地、经常居住地无法确定或者不适宜执行社区矫正的，应当根据有利于罪犯接受矫正、更好地融入社会的原则，确定执行地。

宣判时，应当告知罪犯自判决、裁定生效之日起十日以内到执行地社区矫正机构报到，以及不按期报到的后果。

人民法院应当自判决、裁定生效之日起五日以内通知执行地社区矫正机

构，并在十日以内将判决书、裁定书、执行通知书等法律文书送达执行地社区矫正机构，同时抄送人民检察院和执行地公安机关。人民法院与社区矫正执行地不在同一地方的，由执行地社区矫正机构将法律文书转送所在地的人民检察院和公安机关。

第五百二十条 对单处剥夺政治权利的罪犯，人民法院应当在判决、裁定生效后十日以内，将判决书、裁定书、执行通知书等法律文书送达罪犯居住地的县级公安机关，并抄送罪犯居住地的县级人民检察院。

第四节 刑事裁判涉财产部分和附带民事裁判的执行

第五百二十一条 刑事裁判涉财产部分的执行，是指发生法律效力的刑事裁判中下列判项的执行：

（一）罚金、没收财产；

（二）追缴、责令退赔违法所得；

（三）处置随案移送的赃款赃物；

（四）没收随案移送的供犯罪所用本人财物；

（五）其他应当由人民法院执行的相关涉财产的判项。

第五百二十二条 刑事裁判涉财产部分和附带民事裁判应当由人民法院执行的，由第一审人民法院负责裁判执行的机构执行。

第五百二十三条 罚金在判决规定的期限内一次或者分期缴纳。期满无故不缴纳或者未足额缴纳的，人民法院应当强制缴纳。经强制缴纳仍不能全部缴纳的，在任何时候，包括主刑执行完毕后，发现被执行人有可供执行的财产的，应当追缴。

行政机关对被告人就同一事实已经处以罚款的，人民法院判处罚金时应当折抵，扣除行政处罚已执行的部分。

第五百二十四条 因遭遇不能抗拒的灾祸等原因缴纳罚金确有困难，被执行人申请延期缴纳、酌情减少或者免除罚金的，应当提交相关证明材料。人民法院应当在收到申请后一个月以内作出裁定。符合法定条件的，应当准许；不符合条件的，驳回申请。

第五百二十五条 判处没收财产的，判决生效后，应当立即执行。

第五百二十六条 执行财产刑，应当参照被扶养人住所地政府公布的上年度当地居民最低生活费标准，保留被执行人及其所扶养人的生活必需费用。

第五百二十七条 被判处财产刑，同时又承担附带民事赔偿责任的被执行人，应当先履行民事赔偿责任。

第五百二十八条 执行刑事裁判涉财产部分、附带民事裁判过程中，当事人、利害关系人认为执行行为违反法律规定，或者案外人对被执行标的书面提出异议的，人民法院应当参照民事诉讼法的有关规定处理。

第五百二十九条 执行刑事裁判涉财产部分、附带民事裁判过程中，具有下列情形之一的，人民法院应当裁定终结执行：

（一）据以执行的判决、裁定被撤销的；

（二）被执行人死亡或者被执行死刑，且无财产可供执行的；

（三）被判处罚金的单位终止，且无财产可供执行的；

（四）依照刑法第五十三条规定免除罚金的；

（五）应当终结执行的其他情形。

裁定终结执行后，发现被执行人的财产有被隐匿、转移等情形的，应当追缴。

第五百三十条 被执行财产在外地的，第一审人民法院可以委托财产所在地的同级人民法院执行。

第五百三十一条 刑事裁判涉财产部分、附带民事裁判全部或者部分被撤销的，已经执行的财产应当全部或者部分返还被执行人；无法返还的，应当依法赔偿。

第五百三十二条 刑事裁判涉财产部分、附带民事裁判的执行，刑事诉讼法及有关刑事司法解释没有规定的，参照适用民事执行的有关规定。

第五节 减刑、假释案件的审理

第五百三十三条 被判处死刑缓期执行的罪犯，在死刑缓期执行期间，没有故意犯罪的，死刑缓期执行期满后，应当裁定减刑；死刑缓期执行期满后，尚未裁定减刑前又犯罪的，应当在依法减刑后，对其所犯新罪另行审判。

第五百三十四条 对减刑、假释案件，应当按照下列情形分别处理：

（一）对被判处死刑缓期执行的罪犯的减刑，由罪犯服刑地的高级人民法院在收到同级监狱管理机关审核同意的减刑建议书后一个月以内作出裁定；

（二）对被判处无期徒刑的罪犯的减刑、假释，由罪犯服刑地的高级人民法院在收到同级监狱管理机关审核同意的减刑、假释建议书后一个月以内作出裁定，案情复杂或者情况特殊的，可以延长一个月；

（三）对被判处有期徒刑和被减为有期徒刑的罪犯的减刑、假释，由罪犯服刑地的中级人民法院在收到执行机关提出的减刑、假释建议书后一个月以内作出裁定，案情复杂或者情况特殊的，可以延长一个月；

（四）对被判处管制、拘役的罪犯的减刑，由罪犯服刑地的中级人民法院在收到同级执行机关审核同意的减刑建议书后一个月以内作出裁定。

对社区矫正对象的减刑，由社区矫正执行地的中级以上人民法院在收到社区矫正机构减刑建议书后三十日以内作出裁定。

第五百三十五条 受理减刑、假释案件，应当审查执行机关移送的材料是否包括下列内容：

（一）减刑、假释建议书；

（二）原审法院的裁判文书、执行通知书、历次减刑裁定书的复制件；

（三）证明罪犯确有悔改、立功或者重大立功表现具体事实的书面材料；

（四）罪犯评审鉴定表、奖惩审批表等；

（五）罪犯假释后对所居住社区影响的调查评估报告；

（六）刑事裁判涉财产部分、附带民事裁判的执行、履行情况；

（七）根据案件情况需要移送的其他材料。

人民检察院对报请减刑、假释案件提出意见的，执行机关应当一并移送受理减刑、假释案件的人民法院。

经审查，材料不全的，应当通知提请减刑、假释的执行机关在三日以内补送；逾期未补送的，不予立案。

第五百三十六条 审理减刑、假释案件，对罪犯积极履行刑事裁判涉财产部分、附带民事裁判确定的义务的，可以认定有悔改表现，在减刑、假释时从宽掌握；对确有履行能力而不履行或者不全部履行的，在减刑、假释时从严掌握。

第五百三十七条 审理减刑、假释案件，应当在立案后五日以内对下列事项予以公示：

（一）罪犯的姓名、年龄等个人基本情况；

（二）原判认定的罪名和刑期；

（三）罪犯历次减刑情况；

（四）执行机关的减刑、假释建议和依据。

公示应当写明公示期限和提出意见的方式。

第五百三十八条 审理减刑、假释案件，应当组成合议庭，可以采用书面审理的方式，但下列案件应当开庭审理：

（一）因罪犯有重大立功表现提请减刑的；

（二）提请减刑的起始时间、间隔时间或者减刑幅度不符合一般规定的；

（三）被提请减刑、假释罪犯系职务犯罪罪犯，组织、领导、参加、包庇、纵容黑社会性质组织罪犯，破坏金融管理秩序罪犯或者金融诈骗罪犯的；

（四）社会影响重大或者社会关注度高的；

（五）公示期间收到不同意见的；

（六）人民检察院提出异议的；

（七）有必要开庭审理的其他案件。

第五百三十九条 人民法院作出减刑、假释裁定后，应当在七日以内送达提请减刑、假释的执行机关、同级人民检察院以及罪犯本人。人民检察院认为减刑、假释裁定不当，在法定期限内提出书面纠正意见的，人民法院应当在收到意见后另行组成合议庭审理，并在一个月以内作出裁定。

对假释的罪犯，适用本解释第五百一十九条的有关规定，依法实行社区矫正。

第五百四十条 减刑、假释裁定作出前，执行机关书面提请撤回减刑、假释建议的，人民法院可以决定是否准许。

第五百四十一条 人民法院发现本院已经生效的减刑、假释裁定确有错误的，应当另行组成合议庭审理；发现下级人民法院已经生效的减刑、假释裁定确有错误的，可以指令下级人民法院另行组成合议庭审理，也可以自行组成合议庭审理。

第六节 缓刑、假释的撤销

第五百四十二条 罪犯在缓刑、假释考验期限内犯新罪或者被发现在判决宣告前还有其他罪没有判决，应当撤销缓刑、假释的，由审判新罪的人民法院撤销原判决、裁定宣告的缓刑、假释，并书面通知原审人民法院和执行机关。

第五百四十三条 人民法院收到社区矫正机构的撤销缓刑建议书后，经审查，确认罪犯在缓刑考验期限内具有下列情形之一的，应当作出撤销缓刑的裁定：

（一）违反禁止令，情节严重的；

（二）无正当理由不按规定时间报到或者接受社区矫正期间脱离监管，超过一个月的；

（三）因违反监督管理规定受到治安管理处罚，仍不改正的；

（四）受到执行机关二次警告，仍不改正的；

（五）违反法律、行政法规和监督管理规定，情节严重的其他情形。

人民法院收到社区矫正机构的撤销假释建议书后，经审查，确认罪犯在假释考验期限内具有前款第二项、第四项规定情形之一，或者有其他违反监督管理规定的行为，尚未构成新的犯罪的，应当作出撤销假释的裁定。

第五百四十四条 被提请撤销缓刑、假释的罪犯可能逃跑或者可能发生社会危险，社区矫正机构在提出撤销缓刑、假释建议的同时，提请人民法院决定对其予以逮捕的，人民法院应当在四十八小时以内作出是否逮捕的决定。决定逮捕的，由公安机关执行。逮捕后的羁押期限不得超过三十日。

第五百四十五条 人民法院应当在收到社区矫正机构的撤销缓刑、假释建议书后三十日以内作出裁定。撤销缓刑、假释的裁定一经作出，立即生效。

人民法院应当将撤销缓刑、假释裁定书送达社区矫正机构和公安机关，并抄送人民检察院，由公安机关将罪犯送交执行。执行以前被逮捕的，羁押一日折抵刑期一日。

第二十二章　未成年人刑事案件诉讼程序

第一节　一般规定

第五百四十六条　人民法院审理未成年人刑事案件，应当贯彻教育、感化、挽救的方针，坚持教育为主、惩罚为辅的原则，加强对未成年人的特殊保护。

第五百四十七条　人民法院应当加强同政府有关部门、人民团体、社会组织等的配合，推动未成年人刑事案件人民陪审、情况调查、安置帮教等工作的开展，充分保障未成年人的合法权益，积极参与社会治安综合治理。

第五百四十八条　人民法院应当加强同政府有关部门、人民团体、社会组织等的配合，对遭受性侵害或者暴力伤害的未成年被害人及其家庭实施必要的心理干预、经济救助、法律援助、转学安置等保护措施。

第五百四十九条　人民法院应当确定专门机构或者指定专门人员，负责审理未成年人刑事案件。审理未成年人刑事案件的人员应当经过专门培训，熟悉未成年人身心特点、善于做未成年人思想教育工作。

参加审理未成年人刑事案件的人民陪审员，可以从熟悉未成年人身心特点、关心未成年人保护工作的人民陪审员名单中随机抽取确定。

第五百五十条　被告人实施被指控的犯罪时不满十八周岁、人民法院立案时不满二十周岁的案件，由未成年人案件审判组织审理。

下列案件可以由未成年人案件审判组织审理：

（一）人民法院立案时不满二十二周岁的在校学生犯罪案件；

（二）强奸、猥亵、虐待、遗弃未成年人等侵害未成年人人身权利的犯罪案件；

（三）由未成年人案件审判组织审理更为适宜的其他案件。

共同犯罪案件有未成年被告人的或者其他涉及未成年人的刑事案件，是否由未成年人案件审判组织审理，由院长根据实际情况决定。

第五百五十一条　对分案起诉至同一人民法院的未成年人与成年人共同犯罪案件，可以由同一个审判组织审理；不宜由同一个审判组织审理的，可以分别审理。

未成年人与成年人共同犯罪案件，由不同人民法院或者不同审判组织分别审理的，有关人民法院或者审判组织应当互相了解共同犯罪被告人的审判情况，注意全案的量刑平衡。

第五百五十二条　对未成年人刑事案件，必要时，上级人民法院可以根据刑事诉讼法第二十七条的规定，指定下级人民法院将案件移送其他人民法院审判。

第五百五十三条 对未成年被告人应当严格限制适用逮捕措施。

人民法院决定逮捕，应当讯问未成年被告人，听取辩护律师的意见。

对被逮捕且没有完成义务教育的未成年被告人，人民法院应当与教育行政部门互相配合，保证其接受义务教育。

第五百五十四条 人民法院对无固定住所、无法提供保证人的未成年被告人适用取保候审的，应当指定合适成年人作为保证人，必要时可以安排取保候审的被告人接受社会观护。

第五百五十五条 人民法院审理未成年人刑事案件，在讯问和开庭时，应当通知未成年被告人的法定代理人到场。法定代理人无法通知、不能到场或者是共犯的，也可以通知合适成年人到场，并将有关情况记录在案。

到场的法定代理人或者其他人员，除依法行使刑事诉讼法第二百八十一条第二款规定的权利外，经法庭同意，可以参与对未成年被告人的法庭教育等工作。

适用简易程序审理未成年人刑事案件，适用前两款规定。

第五百五十六条 询问未成年被害人、证人，适用前条规定。

审理未成年人遭受性侵害或者暴力伤害案件，在询问未成年被害人、证人时，应当采取同步录音录像等措施，尽量一次完成；未成年被害人、证人是女性的，应当由女性工作人员进行。

第五百五十七条 开庭审理时被告人不满十八周岁的案件，一律不公开审理。经未成年被告人及其法定代理人同意，未成年被告人所在学校和未成年人保护组织可以派代表到场。到场代表的人数和范围，由法庭决定。经法庭同意，到场代表可以参与对未成年被告人的法庭教育工作。

对依法公开审理，但可能需要封存犯罪记录的案件，不得组织人员旁听；有旁听人员的，应当告知其不得传播案件信息。

第五百五十八条 开庭审理涉及未成年人的刑事案件，未成年被害人、证人一般不出庭作证；必须出庭的，应当采取保护其隐私的技术手段和心理干预等保护措施。

第五百五十九条 审理涉及未成年人的刑事案件，不得向外界披露未成年人的姓名、住所、照片以及可能推断出未成年人身份的其他资料。

查阅、摘抄、复制的案卷材料，涉及未成年人的，不得公开和传播。

第五百六十条 人民法院发现有关单位未尽到未成年人教育、管理、救助、看护等保护职责的，应当向该单位提出司法建议。

第五百六十一条 人民法院应当结合实际，根据涉及未成年人刑事案件的特点，开展未成年人法治宣传教育工作。

第五百六十二条 审理未成年人刑事案件，本章没有规定的，适用本解释的有关规定。

第二节　开庭准备

第五百六十三条　人民法院向未成年被告人送达起诉书副本时，应当向其讲明被指控的罪行和有关法律规定，并告知其审判程序和诉讼权利、义务。

第五百六十四条　审判时不满十八周岁的未成年被告人没有委托辩护人的，人民法院应当通知法律援助机构指派熟悉未成年人身心特点的律师为其提供辩护。

第五百六十五条　未成年被害人及其法定代理人因经济困难或者其他原因没有委托诉讼代理人的，人民法院应当帮助其申请法律援助。

第五百六十六条　对未成年人刑事案件，人民法院决定适用简易程序审理的，应当征求未成年被告人及其法定代理人、辩护人的意见。上述人员提出异议的，不适用简易程序。

第五百六十七条　被告人实施被指控的犯罪时不满十八周岁，开庭时已满十八周岁、不满二十周岁的，人民法院开庭时，一般应当通知其近亲属到庭。经法庭同意，近亲属可以发表意见。近亲属无法通知、不能到场或者是共犯的，应当记录在案。

第五百六十八条　对人民检察院移送的关于未成年被告人性格特点、家庭情况、社会交往、成长经历、犯罪原因、犯罪前后的表现、监护教育等情况的调查报告，以及辩护人提交的反映未成年被告人上述情况的书面材料，法庭应当接受。

必要时，人民法院可以委托社区矫正机构、共青团、社会组织等对未成年被告人的上述情况进行调查，或者自行调查。

第五百六十九条　人民法院根据情况，可以对未成年被告人、被害人、证人进行心理疏导；根据实际需要并经未成年被告人及其法定代理人同意，可以对未成年被告人进行心理测评。

心理疏导、心理测评可以委托专门机构、专业人员进行。

心理测评报告可以作为办理案件和教育未成年人的参考。

第五百七十条　开庭前和休庭时，法庭根据情况，可以安排未成年被告人与其法定代理人或者合适成年人会见。

第三节　审　　判

第五百七十一条　人民法院应当在辩护台靠近旁听区一侧为未成年被告人的法定代理人或者合适成年人设置席位。

审理可能判处五年有期徒刑以下刑罚或者过失犯罪的未成年人刑事案件，可以采取适合未成年人特点的方式设置法庭席位。

第五百七十二条　未成年被告人或者其法定代理人当庭拒绝辩护人辩护

的，适用本解释第三百一十一条第二款、第三款的规定。

重新开庭后，未成年被告人或者其法定代理人再次当庭拒绝辩护人辩护的，不予准许。重新开庭时被告人已满十八周岁的，可以准许，但不得再另行委托辩护人或者要求另行指派律师，由其自行辩护。

第五百七十三条 法庭审理过程中，审判人员应当根据未成年被告人的智力发育程度和心理状态，使用适合未成年人的语言表达方式。

发现有对未成年被告人威胁、训斥、诱供或者讽刺等情形的，审判长应当制止。

第五百七十四条 控辩双方提出对未成年被告人判处管制、宣告缓刑等量刑建议的，应当向法庭提供有关未成年被告人能够获得监护、帮教以及对所居住社区无重大不良影响的书面材料。

第五百七十五条 对未成年被告人情况的调查报告，以及辩护人提交的有关未成年被告人情况的书面材料，法庭应当审查并听取控辩双方意见。上述报告和材料可以作为办理案件和教育未成年人的参考。

人民法院可以通知作出调查报告的人员出庭说明情况，接受控辩双方和法庭的询问。

第五百七十六条 法庭辩论结束后，法庭可以根据未成年人的生理、心理特点和案件情况，对未成年被告人进行法治教育；判决未成年被告人有罪的，宣判后，应当对未成年被告人进行法治教育。

对未成年被告人进行教育，其法定代理人以外的成年亲属或者教师、辅导员等参与有利于感化、挽救未成年人的，人民法院应当邀请其参加有关活动。

适用简易程序审理的案件，对未成年被告人进行法庭教育，适用前两款规定。

第五百七十七条 未成年被告人最后陈述后，法庭应当询问其法定代理人是否补充陈述。

第五百七十八条 对未成年人刑事案件，宣告判决应当公开进行。

对依法应当封存犯罪记录的案件，宣判时，不得组织人员旁听；有旁听人员的，应当告知其不得传播案件信息。

第五百七十九条 定期宣告判决的未成年人刑事案件，未成年被告人的法定代理人无法通知、不能到场或者是共犯的，法庭可以通知合适成年人到庭，并在宣判后向未成年被告人的成年亲属送达判决书。

第四节 执　　行

第五百八十条 将未成年罪犯送监执行刑罚或者送交社区矫正时，人民法院应当将有关未成年罪犯的调查报告及其在案件审理中的表现材料，连同有关法律文书，一并送达执行机关。

第五百八十一条 犯罪时不满十八周岁，被判处五年有期徒刑以下刑罚以及免予刑事处罚的未成年人的犯罪记录，应当封存。

司法机关或者有关单位向人民法院申请查询封存的犯罪记录的，应当提供查询的理由和依据。对查询申请，人民法院应当及时作出是否同意的决定。

第五百八十二条 人民法院可以与未成年犯管教所等服刑场所建立联系，了解未成年罪犯的改造情况，协助做好帮教、改造工作，并可以对正在服刑的未成年罪犯进行回访考察。

第五百八十三条 人民法院认为必要时，可以督促被收监服刑的未成年罪犯的父母或者其他监护人及时探视。

第五百八十四条 对被判处管制、宣告缓刑、裁定假释、决定暂予监外执行的未成年罪犯，人民法院可以协助社区矫正机构制定帮教措施。

第五百八十五条 人民法院可以适时走访被判处管制、宣告缓刑、免予刑事处罚、裁定假释、决定暂予监外执行等的未成年罪犯及其家庭，了解未成年罪犯的管理和教育情况，引导未成年罪犯的家庭承担管教责任，为未成年罪犯改过自新创造良好环境。

第五百八十六条 被判处管制、宣告缓刑、免予刑事处罚、裁定假释、决定暂予监外执行等的未成年罪犯，具备就学、就业条件的，人民法院可以就其安置问题向有关部门提出建议，并附送必要的材料。

第二十三章 当事人和解的公诉案件诉讼程序

第五百八十七条 对符合刑事诉讼法第二百八十八条规定的公诉案件，事实清楚、证据充分的，人民法院应当告知当事人可以自行和解；当事人提出申请的，人民法院可以主持双方当事人协商以达成和解。

根据案件情况，人民法院可以邀请人民调解员、辩护人、诉讼代理人、当事人亲友等参与促成双方当事人和解。

第五百八十八条 符合刑事诉讼法第二百八十八条规定的公诉案件，被害人死亡的，其近亲属可以与被告人和解。近亲属有多人的，达成和解协议，应当经处于最先继承顺序的所有近亲属同意。

被害人系无行为能力或者限制行为能力人的，其法定代理人、近亲属可以代为和解。

第五百八十九条 被告人的近亲属经被告人同意，可以代为和解。

被告人系限制行为能力人的，其法定代理人可以代为和解。

被告人的法定代理人、近亲属依照前两款规定代为和解的，和解协议约定的赔礼道歉等事项，应当由被告人本人履行。

第五百九十条 对公安机关、人民检察院主持制作的和解协议书，当事人提出异议的，人民法院应当审查。经审查，和解自愿、合法的，予以确认，无需重新制作和解协议书；和解违反自愿、合法原则的，应当认定无效。和解协议被认定无效后，双方当事人重新达成和解的，人民法院应当主持制作新的和解协议书。

第五百九十一条 审判期间，双方当事人和解的，人民法院应当听取当事人及其法定代理人等有关人员的意见。双方当事人在庭外达成和解的，人民法院应当通知人民检察院，并听取其意见。经审查，和解自愿、合法的，应当主持制作和解协议书。

第五百九十二条 和解协议书应当包括以下内容：

（一）被告人承认自己所犯罪行，对犯罪事实没有异议，并真诚悔罪；

（二）被告人通过向被害人赔礼道歉、赔偿损失等方式获得被害人谅解；涉及赔偿损失的，应当写明赔偿的数额、方式等；提起附带民事诉讼的，由附带民事诉讼原告人撤回起诉；

（三）被害人自愿和解，请求或者同意对被告人依法从宽处罚。

和解协议书应当由双方当事人和审判人员签名，但不加盖人民法院印章。

和解协议书一式三份，双方当事人各持一份，另一份交人民法院附卷备查。

对和解协议中的赔偿损失内容，双方当事人要求保密的，人民法院应当准许，并采取相应的保密措施。

第五百九十三条 和解协议约定的赔偿损失内容，被告人应当在协议签署后即时履行。

和解协议已经全部履行，当事人反悔的，人民法院不予支持，但有证据证明和解违反自愿、合法原则的除外。

第五百九十四条 双方当事人在侦查、审查起诉期间已经达成和解协议并全部履行，被害人或者其法定代理人、近亲属又提起附带民事诉讼的，人民法院不予受理，但有证据证明和解违反自愿、合法原则的除外。

第五百九十五条 被害人或者其法定代理人、近亲属提起附带民事诉讼后，双方愿意和解，但被告人不能即时履行全部赔偿义务的，人民法院应当制作附带民事调解书。

第五百九十六条 对达成和解协议的案件，人民法院应当对被告人从轻处罚；符合非监禁刑适用条件的，应当适用非监禁刑；判处法定最低刑仍然过重的，可以减轻处罚；综合全案认为犯罪情节轻微不需要判处刑罚的，可以免予刑事处罚。

共同犯罪案件，部分被告人与被害人达成和解协议的，可以依法对该部分被告人从宽处罚，但应当注意全案的量刑平衡。

第五百九十七条 达成和解协议的，裁判文书应当叙明，并援引刑事诉讼法的相关条文。

第二十四章　缺席审判程序

第五百九十八条　对人民检察院依照刑事诉讼法第二百九十一条第一款的规定提起公诉的案件，人民法院应当重点审查以下内容：

（一）是否属于可以适用缺席审判程序的案件范围；

（二）是否属于本院管辖；

（三）是否写明被告人的基本情况，包括明确的境外居住地、联系方式等；

（四）是否写明被告人涉嫌有关犯罪的主要事实，并附证据材料；

（五）是否写明被告人有无近亲属以及近亲属的姓名、身份、住址、联系方式等情况；

（六）是否列明违法所得及其他涉案财产的种类、数量、价值、所在地等，并附证据材料；

（七）是否附有查封、扣押、冻结违法所得及其他涉案财产的清单和相关法律手续。

前款规定的材料需要翻译件的，人民法院应当要求人民检察院一并移送。

第五百九十九条　对人民检察院依照刑事诉讼法第二百九十一条第一款的规定提起公诉的案件，人民法院审查后，应当按照下列情形分别处理：

（一）符合缺席审判程序适用条件，属于本院管辖，且材料齐全的，应当受理；

（二）不属于可以适用缺席审判程序的案件范围、不属于本院管辖或者不符合缺席审判程序的其他适用条件的，应当退回人民检察院；

（三）材料不全的，应当通知人民检察院在三十日以内补送；三十日以内不能补送的，应当退回人民检察院。

第六百条　对人民检察院依照刑事诉讼法第二百九十一条第一款的规定提起公诉的案件，人民法院立案后，应当将传票和起诉书副本送达被告人，传票应当载明被告人到案期限以及不按要求到案的法律后果等事项；应当将起诉书副本送达被告人近亲属，告知其有权代为委托辩护人，并通知其敦促被告人归案。

第六百零一条　人民法院审理人民检察院依照刑事诉讼法第二百九十一条第一款的规定提起公诉的案件，被告人有权委托或者由近亲属代为委托一至二名辩护人。委托律师担任辩护人的，应当委托具有中华人民共和国律师资格并依法取得执业证书的律师；在境外委托的，应当依照本解释第四百八十六条的规定对授权委托进行公证、认证。

被告人及其近亲属没有委托辩护人的，人民法院应当通知法律援助机构指派律师为被告人提供辩护。

被告人及其近亲属拒绝法律援助机构指派的律师辩护的，依照本解释第五十条第二款的规定处理。

第六百零二条 人民法院审理人民检察院依照刑事诉讼法第二百九十一条第一款的规定提起公诉的案件，被告人的近亲属申请参加诉讼的，应当在收到起诉书副本后、第一审开庭前提出，并提供与被告人关系的证明材料。有多名近亲属的，应当推选一至二人参加诉讼。

对被告人的近亲属提出申请的，人民法院应当及时审查决定。

第六百零三条 人民法院审理人民检察院依照刑事诉讼法第二百九十一条第一款的规定提起公诉的案件，参照适用公诉案件第一审普通程序的有关规定。被告人的近亲属参加诉讼的，可以发表意见，出示证据，申请法庭通知证人、鉴定人等出庭，进行辩论。

第六百零四条 对人民检察院依照刑事诉讼法第二百九十一条第一款的规定提起公诉的案件，人民法院审理后应当参照本解释第二百九十五条的规定作出判决、裁定。

作出有罪判决的，应当达到证据确实、充分的证明标准。

经审理认定的罪名不属于刑事诉讼法第二百九十一条第一款规定的罪名的，应当终止审理。

适用缺席审判程序审理案件，可以对违法所得及其他涉案财产一并作出处理。

第六百零五条 因被告人患有严重疾病导致缺乏受审能力，无法出庭受审，中止审理超过六个月，被告人仍无法出庭，被告人及其法定代理人、近亲属申请或者同意恢复审理的，人民法院可以根据刑事诉讼法第二百九十六条的规定缺席审判。

符合前款规定的情形，被告人无法表达意愿的，其法定代理人、近亲属可以代为申请或者同意恢复审理。

第六百零六条 人民法院受理案件后被告人死亡的，应当裁定终止审理；但有证据证明被告人无罪，经缺席审理确认无罪的，应当判决宣告被告人无罪。

前款所称“有证据证明被告人无罪，经缺席审理确认无罪”，包括案件事实清楚，证据确实、充分，依据法律认定被告人无罪的情形，以及证据不足，不能认定被告人有罪的情形。

第六百零七条 人民法院按照审判监督程序重新审判的案件，被告人死亡的，可以缺席审理。有证据证明被告人无罪，经缺席审理确认被告人无罪的，应当判决宣告被告人无罪；虽然构成犯罪，但原判量刑畸重的，应当依法作出判决。

第六百零八条 人民法院缺席审理案件，本章没有规定的，参照适用本解释的有关规定。

第二十五章　犯罪嫌疑人、被告人逃匿、死亡案件违法所得的没收程序

第六百零九条　刑事诉讼法第二百九十八条规定的“贪污贿赂犯罪、恐怖活动犯罪等”犯罪案件，是指下列案件：

（一）贪污贿赂、失职渎职等职务犯罪案件；

（二）刑法分则第二章规定的相关恐怖活动犯罪案件，以及恐怖活动组织、恐怖活动人员实施的杀人、爆炸、绑架等犯罪案件；

（三）危害国家安全、走私、洗钱、金融诈骗、黑社会性质组织、毒品犯罪案件；

（四）电信诈骗、网络诈骗犯罪案件。

第六百一十条　在省、自治区、直辖市或者全国范围内具有较大影响的犯罪案件，或者犯罪嫌疑人、被告人逃匿境外的犯罪案件，应当认定为刑事诉讼法第二百九十八条第一款规定的“重大犯罪案件”。

第六百一十一条　犯罪嫌疑人、被告人死亡，依照刑法规定应当追缴其违法所得及其他涉案财产，人民检察院提出没收违法所得申请的，人民法院应当依法受理。

第六百一十二条　对人民检察院提出的没收违法所得申请，人民法院应当审查以下内容：

（一）是否属于可以适用违法所得没收程序的案件范围；

（二）是否属于本院管辖；

（三）是否写明犯罪嫌疑人、被告人基本情况，以及涉嫌有关犯罪的情况，并附证据材料；

（四）是否写明犯罪嫌疑人、被告人逃匿、被通缉、脱逃、下落不明、死亡等情况，并附证据材料；

（五）是否列明违法所得及其他涉案财产的种类、数量、价值、所在地等，并附证据材料；

（六）是否附有查封、扣押、冻结违法所得及其他涉案财产的清单和法律手续；

（七）是否写明犯罪嫌疑人、被告人有无利害关系人，利害关系人的姓名、身份、住址、联系方式及其要求等情况；

（八）是否写明申请没收的理由和法律依据；

（九）其他依法需要审查的内容和材料。

前款规定的材料需要翻译件的，人民法院应当要求人民检察院一并移送。

第六百一十三条　对没收违法所得的申请，人民法院应当在三十日以内审查完毕，并按照下列情形分别处理：

（一）属于没收违法所得申请受案范围和本院管辖，且材料齐全、有证据证明有犯罪事实的，应当受理；

（二）不属于没收违法所得申请受案范围或者本院管辖的，应当退回人民检察院；

（三）没收违法所得申请不符合“有证据证明有犯罪事实”标准要求的，应当通知人民检察院撤回申请；

（四）材料不全的，应当通知人民检察院在七日以内补送；七日以内不能补送的，应当退回人民检察院。

人民检察院尚未查封、扣押、冻结申请没收的财产或者查封、扣押、冻结期限即将届满，涉案财产有被隐匿、转移或者毁损、灭失危险的，人民法院可以查封、扣押、冻结申请没收的财产。

第六百一十四条 人民法院受理没收违法所得的申请后，应当在十五日以内发布公告。公告应当载明以下内容：

（一）案由、案件来源；

（二）犯罪嫌疑人、被告人的基本情况；

（三）犯罪嫌疑人、被告人涉嫌犯罪的事实；

（四）犯罪嫌疑人、被告人逃匿、被通缉、脱逃、下落不明、死亡等情况；

（五）申请没收的财产的种类、数量、价值、所在地等以及已查封、扣押、冻结财产的清单和法律手续；

（六）申请没收的财产属于违法所得及其他涉案财产的相关事实；

（七）申请没收的理由和法律依据；

（八）利害关系人申请参加诉讼的期限、方式以及未按照该期限、方式申请参加诉讼可能承担的不利法律后果；

（九）其他应当公告的情况。

公告期为六个月，公告期间不适用中止、中断、延长的规定。

第六百一十五条 公告应当在全国公开发行的报纸、信息网络媒体、最高人民法院的官方网站发布，并在人民法院公告栏发布。必要时，公告可以在犯罪地、犯罪嫌疑人、被告人居住地或者被申请没收财产所在地发布。最后发布的公告的日期为公告日期。发布公告的，应当采取拍照、录像等方式记录发布过程。

人民法院已经掌握境内利害关系人联系方式的，应当直接送达含有公告内容的通知；直接送达有困难的，可以委托代为送达、邮寄送达。经受送达人同意的，可以采用传真、电子邮件等能够确认其收悉的方式告知公告内容，并记录在案。

人民法院已经掌握境外犯罪嫌疑人、被告人、利害关系人联系方式，经受送达人同意的，可以采用传真、电子邮件等能够确认其收悉的方式告知公告内容，并记录在案；受送达人未表示同意，或者人民法院未掌握境外犯罪嫌疑人、被告人、利害关系人联系方式，其所在国、地区的主管机关明确提出应当向受送达人送达含有公告内容的通知的，人民法院可以决定是否送达。决定送达的，应当依照本解释第四百九十三条的规定请求所在国、地区提供司法协助。

第六百一十六条 刑事诉讼法第二百九十九条第二款、第三百条第二款规定的“其他利害关系人”，是指除犯罪嫌疑人、被告人的近亲属以外的，对申请没收的财产主张权利的自然人和单位。

第六百一十七条 犯罪嫌疑人、被告人的近亲属和其他利害关系人申请参加诉讼的，应当在公告期间内提出。犯罪嫌疑人、被告人的近亲属应当提供其与犯罪嫌疑人、被告人关系的证明材料，其他利害关系人应当提供证明其对违法所得及其他涉案财产主张权利的证据材料。

利害关系人可以委托诉讼代理人参加诉讼。委托律师担任诉讼代理人的，应当委托具有中华人民共和国律师资格并依法取得执业证书的律师；在境外委托的，应当依照本解释第四百八十六条的规定对授权委托进行公证、认证。

利害关系人在公告期满后申请参加诉讼，能够合理说明理由的，人民法院应当准许。

第六百一十八条 犯罪嫌疑人、被告人逃匿境外，委托诉讼代理人申请参加诉讼，且违法所得或者其他涉案财产所在国、地区主管机关明确提出意见予以支持的，人民法院可以准许。

人民法院准许参加诉讼的，犯罪嫌疑人、被告人的诉讼代理人依照本解释关于利害关系人的诉讼代理人的规定行使诉讼权利。

第六百一十九条 公告期满后，人民法院应当组成合议庭对申请没收违法所得的案件进行审理。

利害关系人申请参加或者委托诉讼代理人参加诉讼的，应当开庭审理。没有利害关系人申请参加诉讼的，或者利害关系人及其诉讼代理人无正当理由拒不到庭的，可以不开庭审理。

人民法院确定开庭日期后，应当将开庭的时间、地点通知人民检察院、利害关系人及其诉讼代理人、证人、鉴定人、翻译人员。通知书应当依照本解释第六百一十五条第二款、第三款规定的方式，至迟在开庭审理三日以前送达；受送达人在境外的，至迟在开庭审理三十日以前送达。

第六百二十条 开庭审理申请没收违法所得的案件，按照下列程序进行：

（一）审判长宣布法庭调查开始后，先由检察员宣读申请书，后由利害关系人、诉讼代理人发表意见；

（二）法庭应当依次就犯罪嫌疑人、被告人是否实施了贪污贿赂犯罪、恐怖活动犯罪等重大犯罪并已经通缉一年不能到案，或者是否已经死亡，以及申请没收的财产是否依法应当追缴进行调查；调查时，先由检察员出示证据，后由利害关系人、诉讼代理人出示证据，并进行质证；

（三）法庭辩论阶段，先由检察员发言，后由利害关系人、诉讼代理人发言，并进行辩论。

利害关系人接到通知后无正当理由拒不到庭，或者未经法庭许可中途退庭的，可以转为不开庭审理，但还有其他利害关系人参加诉讼的除外。

第六百二十一条 对申请没收违法所得的案件，人民法院审理后，应当按照下列情形分别处理：

（一）申请没收的财产属于违法所得及其他涉案财产的，除依法返还被害人的以外，应当裁定没收；

（二）不符合刑事诉讼法第二百九十八条第一款规定的条件的，应当裁定驳回申请，解除查封、扣押、冻结措施。

申请没收的财产具有高度可能属于违法所得及其他涉案财产的，应当认定为前款规定的“申请没收的财产属于违法所得及其他涉案财产”。巨额财产来源不明犯罪案件中，没有利害关系人对违法所得及其他涉案财产主张权利，或者利害关系人对违法所得及其他涉案财产虽然主张权利但提供的证据没有达到相应证明标准的，应当视为“申请没收的财产属于违法所得及其他涉案财产”。

第六百二十二条 对没收违法所得或者驳回申请的裁定，犯罪嫌疑人、被告人的近亲属和其他利害关系人或者人民检察院可以在五日以内提出上诉、抗诉。

第六百二十三条 对不服第一审没收违法所得或者驳回申请裁定的上诉、抗诉案件，第二审人民法院经审理，应当按照下列情形分别处理：

（一）第一审裁定认定事实清楚和适用法律正确的，应当驳回上诉或者抗诉，维持原裁定；

（二）第一审裁定认定事实清楚，但适用法律有错误的，应当改变原裁定；

（三）第一审裁定认定事实不清的，可以在查清事实后改变原裁定，也可以撤销原裁定，发回原审人民法院重新审判；

（四）第一审裁定违反法定诉讼程序，可能影响公正审判的，应当撤销原裁定，发回原审人民法院重新审判。

第一审人民法院对发回重新审判的案件作出裁定后，第二审人民法院对不服第一审人民法院裁定的上诉、抗诉，应当依法作出裁定，不得再发回原审人民法院重新审判；但是，第一审人民法院在重新审判过程中违反法定诉讼程序，可能影响公正审判的除外。

第六百二十四条 利害关系人非因故意或者重大过失在第一审期间未参加诉讼，在第二审期间申请参加诉讼的，人民法院应当准许，并撤销原裁定，发回原审人民法院重新审判。

第六百二十五条 在审理申请没收违法所得的案件过程中，在逃的犯罪嫌疑人、被告人到案的，人民法院应当裁定终止审理。人民检察院向原受理申请的人民法院提起公诉的，可以由同一审判组织审理。

第六百二十六条 在审理案件过程中，被告人脱逃或者死亡，符合刑事诉讼法第二百九十八条第一款规定的，人民检察院可以向人民法院提出没收违法所得的申请；符合刑事诉讼法第二百九十一条第一款规定的，人民检察院可以按照缺席审判程序向人民法院提起公诉。

人民检察院向原受理案件的人民法院提出没收违法所得申请的，可以由同一审判组织审理。

第六百二十七条 审理申请没收违法所得案件的期限，参照公诉案件第一审普通程序和第二审程序的审理期限执行。

公告期间和请求刑事司法协助的时间不计入审理期限。

第六百二十八条 没收违法所得裁定生效后，犯罪嫌疑人、被告人到案并对没收裁定提出异议，人民检察院向原作出裁定的人民法院提起公诉的，可以由同一审判组织审理。

人民法院经审理，应当按照下列情形分别处理：

（一）原裁定正确的，予以维持，不再对涉案财产作出判决；

（二）原裁定确有错误的，应当撤销原裁定，并在判决中对有关涉案财产一并作出处理。

人民法院生效的没收裁定确有错误的，除第一款规定的情形外，应当依照审判监督程序予以纠正。

第六百二十九条 人民法院审理申请没收违法所得的案件，本章没有规定的，参照适用本解释的有关规定。

第二十六章　依法不负刑事责任的精神病人的强制医疗程序

第六百三十条 实施暴力行为，危害公共安全或者严重危害公民人身安全，社会危害性已经达到犯罪程度，但经法定程序鉴定依法不负刑事责任的精神病人，有继续危害社会可能的，可以予以强制医疗。

第六百三十一条 人民检察院申请对依法不负刑事责任的精神病人强制医疗的案件，由被申请人实施暴力行为所在地的基层人民法院管辖；由被申请人居住地的人民法院审判更为适宜的，可以由被申请人居住地的基层人民法院管辖。

第六百三十二条 对人民检察院提出的强制医疗申请，人民法院应当审查以下内容：

（一）是否属于本院管辖；

（二）是否写明被申请人的身份，实施暴力行为的时间、地点、手段、所造成的损害等情况，并附证据材料；

（三）是否附有法医精神病鉴定意见和其他证明被申请人属于依法不负刑事责任的精神病人的证据材料；

（四）是否列明被申请人的法定代理人的姓名、住址、联系方式；

（五）需要审查的其他事项。

第六百三十三条 对人民检察院提出的强制医疗申请，人民法院应当在七日以内审查完毕，并按照下列情形分别处理：

（一）属于强制医疗程序受案范围和本院管辖，且材料齐全的，应当受理；

（二）不属于本院管辖的，应当退回人民检察院；

（三）材料不全的，应当通知人民检察院在三日以内补送；三日以内不能补送的，应当退回人民检察院。

第六百三十四条 审理强制医疗案件，应当通知被申请人或者被告人的法定代理人到场；被申请人或者被告人的法定代理人经通知未到场的，可以通知被申请人或者被告人的其他近亲属到场。

被申请人或者被告人没有委托诉讼代理人的，应当自受理强制医疗申请或者发现被告人符合强制医疗条件之日起三日以内，通知法律援助机构指派律师担任其诉讼代理人，为其提供法律帮助。

第六百三十五条 审理强制医疗案件，应当组成合议庭，开庭审理。但是，被申请人、被告人的法定代理人请求不开庭审理，并经人民法院审查同意的除外。

审理强制医疗案件，应当会见被申请人，听取被害人及其法定代理人的意见。

第六百三十六条 开庭审理申请强制医疗的案件，按照下列程序进行：

（一）审判长宣布法庭调查开始后，先由检察员宣读申请书，后由被申请人的法定代理人、诉讼代理人发表意见；

（二）法庭依次就被申请人是否实施了危害公共安全或者严重危害公民人身安全的暴力行为、是否属于依法不负刑事责任的精神病人、是否有继续危害社会的可能进行调查；调查时，先由检察员出示证据，后由被申请人的法定代理人、诉讼代理人出示证据，并进行质证；必要时，可以通知鉴定人出庭对鉴定意见作出说明；

（三）法庭辩论阶段，先由检察员发言，后由被申请人的法定代理人、诉讼代理人发言，并进行辩论。

被申请人要求出庭，人民法院经审查其身体和精神状态，认为可以出庭的，应当准许。出庭的被申请人，在法庭调查、辩论阶段，可以发表意见。

检察员宣读申请书后，被申请人的法定代理人、诉讼代理人无异议的，法庭调查可以简化。

第六百三十七条 对申请强制医疗的案件，人民法院审理后，应当按照下列情形分别处理：

（一）符合刑事诉讼法第三百零二条规定的强制医疗条件的，应当作出对被申请人强制医疗的决定；

（二）被申请人属于依法不负刑事责任的精神病人，但不符合强制医疗条件的，应当作出驳回强制医疗申请的决定；被申请人已经造成危害结果的，应当同时责令其家属或者监护人严加看管和医疗；

（三）被申请人具有完全或者部分刑事责任能力，依法应当追究刑事责任的，应当作出驳回强制医疗申请的决定，并退回人民检察院依法处理。

第六百三十八条 第一审人民法院在审理刑事案件过程中，发现被告人可能符合强制医疗条件的，应当依照法定程序对被告人进行法医精神病鉴定。经鉴定，被告人属于依法不负刑事责任的精神病人的，应当适用强制医疗程序，对案件进行审理。

开庭审理前款规定的案件，应当先由合议庭组成人员宣读对被告人的法医精神病鉴定意见，说明被告人可能符合强制医疗的条件，后依次由公诉人和被告人的法定代理人、诉讼代理人发表意见。经审判长许可，公诉人和被告人的法定代理人、诉讼代理人可以进行辩论。

第六百三十九条 对前条规定的案件，人民法院审理后，应当按照下列情形分别处理：

（一）被告人符合强制医疗条件的，应当判决宣告被告人不负刑事责任，同时作出对被告人强制医疗的决定；

（二）被告人属于依法不负刑事责任的精神病人，但不符合强制医疗条件的，应当判决宣告被告人无罪或者不负刑事责任；被告人已经造成危害结果的，应当同时责令其家属或者监护人严加看管和医疗；

（三）被告人具有完全或者部分刑事责任能力，依法应当追究刑事责任的，应当依照普通程序继续审理。

第六百四十条 第二审人民法院在审理刑事案件过程中，发现被告人可能符合强制医疗条件的，可以依照强制医疗程序对案件作出处理，也可以裁定发回原审人民法院重新审判。

第六百四十一条 人民法院决定强制医疗的，应当在作出决定后五日以内，向公安机关送达强制医疗决定书和强制医疗执行通知书，由公安机关将被决定强制医疗的人送交强制医疗。

第六百四十二条 被决定强制医疗的人、被害人及其法定代理人、近亲属对强制医疗决定不服的，可以自收到决定书第二日起五日以内向上一级人民法院申请复议。复议期间不停止执行强制医疗的决定。

第六百四十三条 对不服强制医疗决定的复议申请，上一级人民法院应当组成合议庭审理，并在一个月以内，按照下列情形分别作出复议决定：

（一）被决定强制医疗的人符合强制医疗条件的，应当驳回复议申请，维持原决定；

（二）被决定强制医疗的人不符合强制医疗条件的，应当撤销原决定；

（三）原审违反法定诉讼程序，可能影响公正审判的，应当撤销原决定，发回原审人民法院重新审判。

第六百四十四条 对本解释第六百三十九条第一项规定的判决、决定，人民检察院提出抗诉，同时被决定强制医疗的人、被害人及其法定代理人、近亲属申请复议的，上一级人民法院应当依照第二审程序一并处理。

第六百四十五条 被强制医疗的人及其近亲属申请解除强制医疗的，应当向决定强制医疗的人民法院提出。

被强制医疗的人及其近亲属提出的解除强制医疗申请被人民法院驳回，六个月后再次提出申请的，人民法院应当受理。

第六百四十六条 强制医疗机构提出解除强制医疗意见，或者被强制医疗的人及其近亲属申请解除强制医疗的，人民法院应当审查是否附有对被强制医疗的人的诊断评估报告。

强制医疗机构提出解除强制医疗意见，未附诊断评估报告的，人民法院应当要求其提供。

被强制医疗的人及其近亲属向人民法院申请解除强制医疗，强制医疗机构未提供诊断评估报告的，申请人可以申请人民法院调取。必要时，人民法院可以委托鉴定机构对被强制医疗的人进行鉴定。

第六百四十七条 强制医疗机构提出解除强制医疗意见，或者被强制医疗的人及其近亲属申请解除强制医疗的，人民法院应当组成合议庭进行审查，并在一个月以内，按照下列情形分别处理：

（一）被强制医疗的人已不具有人身危险性，不需要继续强制医疗的，应当作出解除强制医疗的决定，并可责令被强制医疗的人的家属严加看管和医疗；

（二）被强制医疗的人仍具有人身危险性，需要继续强制医疗的，应当作出继续强制医疗的决定。

对前款规定的案件，必要时，人民法院可以开庭审理，通知人民检察院派员出庭。

人民法院应当在作出决定后五日以内，将决定书送达强制医疗机构、申请解除强制医疗的人、被决定强制医疗的人和人民检察院。决定解除强制医疗的，应当通知强制医疗机构在收到决定书的当日解除强制医疗。

第六百四十八条 人民检察院认为强制医疗决定或者解除强制医疗决定不

当，在收到决定书后二十日以内提出书面纠正意见的，人民法院应当另行组成合议庭审理，并在一个月以内作出决定。

第六百四十九条 审理强制医疗案件，本章没有规定的，参照适用本解释的有关规定。

第二十七章 附 则

第六百五十条 人民法院讯问被告人，宣告判决，审理减刑、假释案件等，可以根据情况采取视频方式。

第六百五十一条 向人民法院提出自诉、上诉、申诉、申请等的，应当以书面形式提出。书写有困难的，除另有规定的以外，可以口头提出，由人民法院工作人员制作笔录或者记录在案，并向口述人宣读或者交其阅读。

第六百五十二条 诉讼期间制作、形成的工作记录、告知笔录等材料，应当由制作人员和其他有关人员签名、盖章。宣告或者送达裁判文书、通知书等诉讼文书的，应当由接受宣告或者送达的人在诉讼文书、送达回证上签名、盖章。

诉讼参与人未签名、盖章的，应当捺指印；刑事被告人除签名、盖章外，还应当捺指印。

当事人拒绝签名、盖章、捺指印的，办案人员应当在诉讼文书或者笔录材料中注明情况，有见证人见证或者有录音录像证明的，不影响相关诉讼文书或者笔录材料的效力。

第六百五十三条 本解释的有关规定适用于军事法院等专门人民法院。

第六百五十四条 本解释有关公安机关的规定，依照刑事诉讼法的有关规定，适用于国家安全机关、军队保卫部门、中国海警局和监狱。

第六百五十五条 本解释自2021年3月1日起施行。最高人民法院2012年12月20日发布的《关于适用〈中华人民共和国刑事诉讼法〉的解释》（法释〔2012〕21号）同时废止。最高人民法院以前发布的司法解释和规范性文件，与本解释不一致的，以本解释为准。

【注 解】

本解释中引用的《中华人民共和国民事诉讼法》已于2021年12月24日第四次修正、2023年9月1日第五次修正。

【解 读】

解读《最高人民法院关于适用〈中华人民共和国刑事诉讼法〉的解释》

2018年10月26日，第十三届全国人大会常委会第六次会议通过《关于修改〈中华人民共和国刑事诉讼法〉的决定》（以下简称《刑事诉讼法修改决定》），自2018年10月26日起施行。这是继1996年和2012年刑事诉讼法修改后，对中国特色刑事诉讼制度的又一次十分重要的改革与完善。为正确执行修改后刑事诉讼法，最高人民法院根据法律修改情况，结合人民法院审判工作实际，制定了《最高人民法院关于适用〈中华人民共和国刑事诉讼法〉的解释》（法释〔2021〕1号，以下简称本解释），自2021年3月1日起施行。现就本解释的起草经过、主要原则和重点内容解读如下。

一、本解释的起草背景与经过

《刑事诉讼法》是国家的基本法律。《刑事诉讼法修改决定》共26条，对《刑事诉讼法》18个条文作了修改，同时新增了18个条文，主要涉及完善监察与刑事诉讼的衔接机制、建立刑事缺席审判程序、完善认罪认罚从宽制度和增加速裁程序、为与其他法律相协调所作的修改四个方面内容。修改后《刑事诉讼法》从290条增加到308条。本次《刑事诉讼法》修改，幅度不大，但对刑事审判工作的影响十分重大。

为确保法律准确、有效实施，早在刑事诉讼法修改过程中，根据最高人民法院领导指示，最高人民法院研究室即密切跟踪立法进程，于2018年5月正式启动修改《最高人民法院关于适用〈中华人民共和国刑事诉讼法〉的解释》（法释〔2012〕21号，以下简称《2012年解释》）的前期准备工作。为确保司法解释起草坚持问题导向，汇集刑事司法实践智慧，最高人民法院研究室向院内相关部门征求司法解释修改意见，并就若干重要专题委托天津、河北、吉林、上海、江苏、浙江、安徽、福建、江西、山东、河南、湖北、广东、广西、重庆、四川、陕西十七家省、自治区、直辖市高级法院，北京一中院、北京二中院、北京三中院、上海一中院、扬州中院、温州中院、厦门中院、武汉中院八家中级人民法院，北京朝阳法院、上海长宁法院、广州越秀法院三家基层人民法院开展前期调研。

《刑事诉讼法修改决定》通过后，经过反复研究论证，最高人民法院研究室起草出解释稿，并多次征求中央有关部门、地方法院的意见，不断修改完善。特别是，本解释注重吸收近年来刑事程序法学研究的最新成果，在起草过程中邀请十余位刑事诉讼法专家进行论证、提出意见，确保司法解释荟萃刑事审判经验与理论成果，最大限度实现实践与理论的有机结合。2020 年 12 月 7 日，最高人民法院院长、首席大法官周强主持召开最高人民法院审判委员会第 1820 次会议，审议并通过本解释。

本解释共计 27 章、655 条、9 万余字，历经最高人民法院刑事审判专业委员会八次审议和最高人民法院审判委员会全体会议三次审议，是最高人民法院有史以来条文数量最多的司法解释，也是内容最为丰富、最为重要的司法解释之一。与《2012 年解释》相比，本解释增加“认罪认罚案件的审理”“速裁程序”“缺席审判程序”三章，共增加了 107 条，实质修改的条文超过 200 条。

本解释的起草，得到了中央有关部门、最高人民法院内设有关部门和地方法院的大力支持。有关部门的领导和同志多次参与解释稿的研究论证工作，提出了很多宝贵的意见，发挥了重要作用。

本解释坚持以习近平新时代中国特色社会主义思想为指导，认真学习贯彻习近平法治思想，全面总结我国刑事审判实践的新情况、新问题，对刑事审判程序的有关问题作了系统规定。作为人民法院适用刑事诉讼法的基本司法解释，本解释的公布施行，对于人民法院严格依照法定程序正确履行刑事审判职责，规范办案活动，保障诉讼权利，提高办案质量，确保修改后刑事诉讼法的统一正确实施，实现惩罚犯罪与保障人权的有机统一具有重要意义。

二、本解释起草的主要原则

为确保本解释合法、准确、科学，能够切实发挥规范、统一、明确法律具体适用的功能，在起草过程中，着重坚持了以下几项原则。

一是坚持法治思维，遵循立法精神。司法解释是对法律具体应用的解释，必须以法律为准绳，在法律框架内进行解释。在本解释起草过程中，始终把依法解释作为最基本的要求，强调每一个解释条文、每一项解释内容都必须符合法律规定、符合法律精神。涉及诉讼权利的，必须充分保障；涉及权利限制的，必须于法有据；涉及审判职责的，必须严格落实。例如，在起草过程中，有意见提出，实践中经常发现通过连续怀孕逃避刑罚执行的情形，此类案件影响恶劣，因此，监外执行的期间不应计入执行刑期。而且，其他国家和地区也有类似做法。经研究认为，上述观点虽然具有实质合理性，但根据我国《刑事诉讼法》的规定，只有通过贿赂等非法手段骗取暂予监外执行或者在监外执行期间脱逃的，有关期间才不计入执行刑期，故无法在本解释中作出规定，只能在将来修改法律时提出建议。又如，尽管死缓案件二审一律开庭有很多现实困难，需要做大量准备、协调工作，但考虑到法律规定“被告人被判处死刑的上诉案件”二审应当开庭，本解释明确规定死缓二审案件应当一律开庭审理。

二是尊重和保障人权，强化诉权保障。尊重和保障人权是我国宪法确立的一项重要原则，是坚持以人民为中心这一中国特色社会主义法治本质要求的具体体现。本解释严格落实这一宪法原则，依照《刑事诉讼法》的规定，通过具体制度设计，充分保障被告人的辩护权以及获得法律帮助的权利，充分保障辩护律师的各项权利。例如，与传统犯罪“单打独斗”有所不同，当前不少犯罪呈现出“协同作案”的局面，导致刑事案件普遍存在多名被告人的现象。基于方便审理的考虑，有不少案件分案审理，此举虽然保证了审判的顺利进行，但对当事人质证权的行使造成了影响。基于充分保障质证权的考虑，本解释要求以同案同审为原则、以分案审理为例外，分案审理应当以有利于保障庭审质量和效率为原则，强调分案审理不得影响当事人质证权等诉讼权利的行使。而且，审理过程中，必要时可以传唤分案审理的共同犯罪被告人或者关联犯罪案件的被告人等到庭对质。又如，司法实践中对于讯问录音录像的性质存在不同认识，对于随案移送的讯问录音录像，往往以“防止录音录像传播”为由禁止辩护律师查阅。为了切实保障辩护律师的查阅权，本解释明确规定，对作为证据材料向人民法院移送的讯问录音录像，辩护律师申请查阅的，人民法院应当准许。

三是坚持以审判为中心，有效维护司法公正。推进以审判为中心的诉讼制度改革是党的十八届四中全会部署的重大改革任务。近年来，这一改革在刑事立法和司法实践领域已取得一系列成果，积累了很多有益经验。本解释充分吸收相关成果和经验，在证据审查判断、非法证据排除、繁简分流机制、庭前准备程序、庭审实质化、涉案财物处置等诸多方面，有针对性地作出具体规定，确保体现以审判为中心的改革要求，保障改革顺利进行并继续深化。

四是坚持问题导向，荟萃审判经验与理论成果。近年来，随着经济社会发展、法治建设深入，刑事审判出现了一些新情况，需要研究解决；理论界推出了一些新成果，需要及时吸收。为满足实践需求、体现时代发展，本解释起草小组高度重视、充分听取全国法院特别是一线办案法官的建议，反复征求各方面的意见，邀请知名专家进行论证，以最大限度地凝聚各方面的共识和智慧，确保本解释能够妥当解决实际问题，取得良好效果。例如，规范并案和分案审理程序、增设部分发回重审规定、完善上诉不加刑规则等，就是根据近年来刑事审判工作中反映出的新问题，经过充分征求意见、研究论证后作出的制度创设。可以说，本解释是全国法院、各方面集体智慧的结晶。

三、本解释重点条文的理解与适用

本解释条文众多，因篇幅所限，以下仅就其中的重点内容，主要是《刑事诉讼法修改决定》新增内容，以及对《2012 年解释》和相关司法解释、规范性文件有所修改的内容，在理解和适用中需要注意的问题作如下解读。

（一）管辖

《刑事诉讼法修改决定》未涉及管辖问题。本解释第一章沿用《2012 年解释》第一章“管辖”的条文，并根据司法实践反映的情况，特别是当前犯罪形态多样，流动性犯罪、新类型犯罪增多，管辖问题日趋复杂的情况，作了修改完善，主要涉及：(1) 明确海上犯罪、在列车以及其他交通工具上犯罪等的管辖规则；(2) 规范指定管辖；(3) 明确并案和分案处理的相关规则。

1. 在内水、领海犯罪的管辖规则

本解释第四条吸收《最高人民法院、最高人民检察院、中国海警局关于海上刑事案件管辖等有关问题的通知》（海警〔2020〕1 号，以下简称《海上刑事案件管辖通知》）第一条第一款第一项的规定，明确了在中华人民共和国内水、领海发生的刑事案件的管辖规则，规定：“在中华人民共和国内水、领海发生的刑事案件，由犯罪地或者被告人登陆地的人民法院管辖。由被告人居住地的人民法院审判更为适宜的，可以由被告人居住地的人民法院管辖。”

需要注意的是，《最高人民法院关于审理发生在我国管辖海域相关案件若干问题的规定（一）》（法释〔2016〕16 号）第一条规定：“本规定所称我国管辖海域，是指中华人民共和国内水、领海、毗连区、专属经济区、大陆架，以及中华人民共和国管辖的其他海域。”据此，本解释第四条规定的“内水”应当是指领海基线向陆一侧的海上水域。

2. 在列车上犯罪的管辖规则

《最高人民法院关于铁路运输法院案件管辖范围的若干规定》（法释〔2012〕10 号）第一条第三款规定：“在列车上的犯罪，由犯罪发生后该列车最初停靠的车站所在地或者目的地的铁路运输法院管辖。”根据实践反映的问题，本解释第五条作了修改完善，规定：“在列车上的犯罪，被告人在列车运行途中被抓获的，由前方停靠站所在地负责审判铁路运输刑事案件的人民法院管辖。必要时，也可以由始发站或者终点站所在地负责审判铁路运输刑事案件的人民法院管辖。被告人不是在列车运行途中被抓获的，由负责该列车乘务的铁路公安机关对应的审判铁路运输刑事案件的人民法院管辖；被告人在列车运行途经车站被抓获的，也可以由该车站所在地负责审判铁路运输刑事案件的人民法院管辖。”

对比可以发现，本解释第五条重新确立了在列车上犯罪的管辖规则。具体而言：(1) 当前一些铁路运输法院处于改革期，有些地方已经把铁路运输案件交给地方法院管辖。因此，一概要求“铁路运输法院管辖”，与实际不符。(2) 本条规定由“前方停靠站”而非“最初停靠站”所在地的负责审判铁路运输刑事案件的人民法院管辖，主要考虑是：“最初停靠站”只能是发现犯罪后停靠的第一个站点，而第一个站点有大有小，小站点可能根本没有警力羁押犯罪嫌疑人，不便于管辖，而用“前方停靠站”则涵盖范围更广，更符合实际需求。(3) 在一些案件中，列车刚刚驶出始发地即发生犯罪案件并抓获犯罪嫌疑人，在此种情况下，由列车始发地的负责审判铁路运输刑事案件的人民法院管辖，更具合理性。(4) 对于被告人不是在列车运行途中被抓获的，规定由负责该列车乘务的铁路公安机关对应的审判铁路运输刑事案件的人民法院管辖。但是实践中存在被告人实施犯罪后下车，在车站即被抓获的情形。为便于执法办案，避免移送案件浪费侦查资源，此种情形也可以由该车站所在地负责审判铁路运输刑事案件的人民法院管辖。

3. 在国际列车上犯罪的管辖规则

《2012 年解释》第六条规定：“在国际列车上的犯罪，根据我国与相关国家签订的协定确定管辖；没有协定的，由该列车最初停靠的中国车站所在地或者目的地的铁路运输法院管辖。”实践中存在国际列车在离开最后一座中国车站后，行为人在中国境内实施犯罪，但前方无停靠的中国车站的情形，无法依据现有规定进行管辖。鉴于此，本解释第六条作了修改完善，规定：“在国际列车上的犯罪，根据我国与相关国家签订的协定确定管辖；没有协定的，由该列车始发或者前方停靠的中国车站所在地负责审判铁路运输刑事案件的人民法院管辖。”

4. 在中华人民共和国领域外的中国船舶内犯罪的管辖规则

《2012 年解释》第四条规定：“在中华人民共和国领域外的中国船舶内的犯罪，由该船舶最初停泊的中国口岸所在地的人民法院管辖。”实践中，在中国领域外航行的中国船舶内发生犯罪后，船舶可能并不马上返航回国，而是继续向外航行，只是将犯罪嫌疑人带回我国。对此种情形，依据《2012 年解释》第四条的规定确定管辖可能并不适当。为此，《海上刑事案件管辖通知》第一条第一款第二项增加规定被告人登陆地、入境地的人民法院作为管辖选择地。经吸收上述规定，本解释第七条规定：“在中华人民共和国领域外的中国船舶内的犯罪，由该船舶最初停泊的中国口岸所在地或者被告人登陆地、入境地的人民法院管辖。”

5. 中国公民在中华人民共和国领域外的犯罪的管辖规则

《2012 年解释》第八条规定：“中国公民在中华人民共和国领域外的犯罪，由其入境地或者离境前居住地的人民法院管辖；被害人是中国公民的，也可由被害人离境前居住地的人民法院管辖。”鉴于海上刑事案件的被告人通常是从海上登陆，同时，考虑到被告人或者被害人入境后的居住地可能与离境前居住地不一致的情况，为便于案件办理，《海上刑事案件管辖通知》第一条第一款第三项增加规定了相关管辖连接点。经吸收上述规定，本解释第十条规定：“中国公民在中华人民共和国领域外的犯罪，由其登陆地、入境地、离境前居住地或者现居住地的人民法院管辖；被害人是中国公民的，也可以由被害人离境前居住地或者现居住地的人民法院管辖。”

6. 外国人在中华人民共和国领域外对中华人民共和国国家或者公民犯罪的管辖规则

《2012年解释》第九条规定：“外国人在中华人民共和国领域外对中华人民共和国国家或者公民犯罪，根据《中华人民共和国刑法》应当受处罚的，由该外国人入境地、入境后居住地或者被害中国公民离境前居住地的人民法院管辖。”鉴于海上刑事案件的特殊性，《海上刑事案件管辖通知》第一条第一款第四项增加规定被告人登陆地的人民法院也可以管辖。经吸收上述规定，本解释第十一条规定：“外国人在中华人民共和国领域外对中华人民共和国国家或者公民犯罪，根据《中华人民共和国刑法》应当受处罚的，由该外国人登陆地、入境地或者入境后居住地的人民法院管辖，也可以由被害人离境前居住地或者现居住地的人民法院管辖。”

7. 对中华人民共和国缔结或者参加的国际条约所规定的罪行行使刑事管辖权的管辖规则

《2012年解释》第十条规定：“对中华人民共和国缔结或者参加的国际条约所规定的罪行，中华人民共和国在所承担条约义务的范围内，行使刑事管辖权的，由被告人被抓获地的人民法院管辖。”由于海上刑事案件的特殊性，实际办案中可能存在犯罪嫌疑人在我国领海以外（如公海）被抓获的情形，无法依据《2012年解释》第十条的规定进行管辖。基于此，《海上刑事案件管辖通知》第一条第一款第五项增加规定被告人入境地、登陆地的人民法院也可以管辖。经吸收上述规定，本解释第十二条规定：“对中华人民共和国缔结或者参加的国际条约所规定的罪行，中华人民共和国在所承担条约义务的范围内行使刑事管辖权的，由被告人被抓获地、登陆地或者入境地的人民法院管辖。”

8. 关于指定管辖规则

《2012年解释》第十八条规定：“上级人民法院在必要时，可以指定下级人民法院将其管辖的案件移送其他下级人民法院审判。”据此，上级法院的指定管辖似只能针对下级法院已经管辖的案件，这与实践需求和操作不完全相符。调研中，地方法院普遍建议明确指定管辖的具体情形。

经研究认为，被指定管辖的人民法院可以是本来就有管辖权的法院，也可以是本来没有管辖权，但是因为更为适宜审理案件而被赋予管辖权的法院。实践中，具体情形包括：（1）管辖不明或者存在争议的案件。（2）国家工作人员犯罪，不宜由其犯罪地或者居住地人民法院管辖的案件。例如，司法机关工作人员犯罪，因其所在单位工作人员可能系其同事，依法需要回避。为避免其任职辖区人民法院审判案件引发争议，将案件指定由其他法院管辖，更为妥当。又如，重大职务犯罪案件通常指定被告人任职地点以外的法院管辖。（3）其他需要指定管辖的案件。例如，人民法院工作人员的近亲属犯罪的（犯罪地或居住地属于该院辖区），虽然不属于国家工作人员犯罪，但根据具体情况，也可能不宜由该院管辖，需要指定其他人民法院管辖。再如，专业性较强的刑事案件，可以指定具有相关审判经验的法院管辖。基于此，本解释第二十条第二款规定："有关案件，由犯罪地、被告人居住地以外的人民法院审判更为适宜的，上级人民法院可以指定下级人民法院管辖。"

需要提及的是，征求意见过程中，有意见提出，司法实务中指定管辖过于随意，甚至泛化，与刑事诉讼法的规定似有不符。经研究，采纳上述意见，本解释第二十条第二款将指定管辖限定在"由犯罪地、被告人居住地以外的人民法院审判更为适宜的"情形，以防止不当适用。

9. 关于并案审理规则

从实践来看，人民法院受理案件后，发现被告人还有犯罪的，主要包括以下情形：发现被告人还有犯罪被立案侦查、立案调查的；发现被告人还有犯罪被审查起诉的；发现被告人还有犯罪被起诉的。对于上述情形，应当区分情况进行处理。其中，对于起诉至人民法院的，可以并案审理；涉及同种罪的，一般应当并案审理。

司法实践反映，并案审理不仅涉及人民法院，还涉及人民检察院。如果前后两案是起诉至同一人民法院的，并案处理相对容易操作；如果是起诉至不同法院，特别是不同省份的法院的，并案处理就涉及两地法院、两地检察院的工作衔接和配合，具体操作程序繁杂、费时费力、十分困难。基于此，本解释第二十四条第一款规定："人民法院发现被告人还有其他犯罪被起诉的，可以并案审理；涉及同种犯罪的，一般应当并案审理。"

需要注意的是，本解释第二十四条第一款规定"一般应当"并案审理的限于涉及同种犯罪的情形。就应然层面而言，对于同种犯罪，特别是分案处理可能导致对被告人刑罚裁量不利的，应当并案审理。有些案件，确实无法与原提起公诉的人民检察院、拟并案审理的人民法院对应的人民检察院以及上级人民检察院协商一致的，只能分案处理，在刑罚裁量时酌情考虑。故而，本解释第二十四条第一款使用的表述是"一般应当"而非"应当"；对于分案处理对被告人的刑罚裁量无实质不利影响（如一罪被判处死刑、无期徒刑，采用吸收原则进行并罚的）和确实无法就并案问题协商一致的，可以分案审理。

本解释第二十四条第二款明确了人民法院发现被告人还有其他犯罪被审查起诉、立案侦查、立案调查的并案处理规则，规定："人民法院发现被告人还有其他犯罪被审查起诉、立案侦查、立案调查的，可以参照前款规定协商人民检察院、公安机关、监察机关并案处理，但可能造成审判过分迟延的除外。"据此，此种情形下，应当参照第二十四条第一款规定的原则协商人民检察院、公安机关、监察机关并案处理。实践中，如果确实协商不成的，可以继续审理。有些案件强行要求并案处理，可能导致审理时间过长，判前羁押时间人为加长，反而对被告人不利。

本解释第二十四条第三款进一步明确了依照前两款规定并案处理后的管辖规则，规定："根据前两款规定并案处理的案件，由最初受理地的人民法院审判。必要时，可以由主要犯罪地的人民法院审判。"需要注意的是：(1) 之所以规定"由最初受理地的人民法院审判"而非"由最初受理的人民法院审判"，主要考虑是：如果最初受理的是基层法院，而还有罪行是由地市级检察院审查起诉，则并案时就不是由最初受理的基层人民法院而是由最初受理地的中级人民法院管辖。(2) 考虑到有些案件由主要犯罪地人民法院审判更为便利，故规定"必要时，可以由主要犯罪地的人民法院审判"。如果多个犯罪不属于同级人民法院管辖，一般可以认为属于中级人民法院管辖的犯罪属于主要犯罪，从而适用上述规定，由该中级人民法院并案处理。

此外，《最高人民法院关于判决宣告后又发现被判刑的犯罪分子的同种漏罪是否实行数罪并罚问题的批复》(法复〔1993〕3 号) 规定："人民法院的判决宣告并已发生法律效力以后，刑罚还没有执行完毕以前，发现被判刑的犯罪分子在判决宣告以前还有其他罪没有判决的，不论新发现的罪与原判决的罪是否属于同种罪，都应当依照刑法第六十五条的规定实行数罪并罚。但如果在第一审人民法院的判决宣告以后，被告人提出上诉或者人民检察院提出抗诉，判决尚未发生法律效力的，第二审人民法院在审理期间，发现原审被告人在第一审判决宣告以前还有同种漏罪没有判决的，第二审人民法院应当依照刑事诉讼法第一百三十六条第（三）项的规定，裁定撤销原判，发回原审人民法院重新审判，第一审人民法院重新审判时，不适用刑法关于数罪并罚的规定。"司法实践反映，该批复要求二审法院发现被告人有同种漏罪没有判决的，一律发回一审人民法院重新审判，出发点在于避免被告人因为分案处理在刑罚裁量上招致不利后果，但是规定过于绝对，在一些案件中不具有可操作性。问题相对突出的有两种情形：一是被告人被判处无期徒刑、死刑的，分案审理对其刑罚裁量并无实质不利的；二是一些案件无法与人民检察院在并案审理上协调一致的。前一种情形分案处理并无不妥，后一种情形只能分案处理。基于此，本解释第二十五条在该批复的基础上，根据司法实践反映的问题作了相应调整，规定："第二审人民法院在审理过程中，发现被告人还有其他犯罪没有判决的，参照前条规定处理。第二审人民法院决定并案审理的，应当发回第一审人民法院，由第一审人民法院作出处理。"具体而言，根据本条规定，第二审人民法院在审理过程中，发现被告人还有其他犯罪没有判决，决定发回第一审人民法院并案审理的，由第一审人民法院根据下列规则作出处理：(1) 对于其他犯罪尚未作出生效判决的，应当并案审理。对于其他犯罪系同种犯罪的，不能适用数罪并罚的规定；对于其他犯罪系异种犯罪的，应当根据《刑法》第六十九条的规定进行数罪并罚。(2) 对于其他犯罪已经作出生效判决，但刑罚尚未执行完毕的，应当根据《刑法》第七十条的规定进行数罪并罚。

（二）回避

《刑事诉讼法修改决定》未涉及回避问题。本解释第二章沿用《2012 年解释》第二章“回避”的条文，并根据司法实践反映的情况作了修改完善，主要涉及：(1) 根据监察法和司法改革要求对相关条文作了修改；(2) 明确对出庭检察人员的回避申请不属于《刑事诉讼法》第二十九条、第三十条规定情形的处理规则。

1. 关于审判人员参与过本案其他刑事诉讼活动的回避情形

监察法规定监察机关对职务犯罪的调查权和移送审查起诉权。因此，参与过案件调查工作的监察人员，如果调至人民法院工作，也不得担任本案的审判人员。基于此，本解释第二十九条第一款对《2012 年解释》第二十五条第一款的规定作出修改完善，规定：“参与过本案调查、侦查、审查起诉工作的监察、侦查、检察人员，调至人民法院工作的，不得担任本案的审判人员。”

此外，本解释第二十九条第二款规定：“在一个审判程序中参与过本案审判工作的合议庭组成人员或者独任审判员，不得再参与本案其他程序的审判。但是，发回重新审判的案件，在第一审人民法院作出裁判后又进入第二审程序、在法定刑以下判处刑罚的复核程序或者死刑复核程序的，原第二审程序、在法定刑以下判处刑罚的复核程序或者死刑复核程序中的合议庭组成人员不受本款规定的限制。”需要注意的是，本条第二款的用语是“参与过本案审判工作的合议庭组成人员或者独任审判员”，而非“参与过本案审判工作的审判人员”。因此，法官助理、书记员不在其中。讨论中，有意见提出，本条第二款规定“在一个审判程序中参与过本案审判工作的合议庭组成人员或者独任审判员，不得再参与本案其他程序的审判”，此处的“不得再参与本案其他程序的审判”是否包括“参与审委会讨论”？例如，发回重审的案件需要提交审委会讨论，原审是承办法官、发回重审时是审委会委员的，是否还有发表意见及投票的权利？经研究认为，审委会对案件有最终决定权，故“不得再参与本案其他程序的审判”当然包括“参与审委会讨论”，作为原承办法官的审委会委员不宜再发表意见及投票。但是，如原审时即经过审委会讨论，上级法院发回重审后仍需经过审委会讨论的，由于本条将适用范围明确限定为“合议庭组成人员或者独任审判员”，故不适用上述规则，不能据此认为原审参与审委会讨论的委员都需要回避。如果适用上述规则，可能导致案件无法处理，不具有可操作性。征求意见过程中，有意见提出，“本案其他程序”是否仅指刑事诉讼法第三编的第一审程序、第二审程序、死刑复核程序、审判监督程序，司法实践中容易产生歧义，建议对“本案其他程序”的内涵进一步明确。理由是：《刑事诉讼法》第三编规定了第一审程序、第二审程序、死刑复核程序、审判监督程序，第五编还规定了特别程序，这两编规定的都是审判程序，且部分审判程序存在密切关联。例如，贪污贿赂、恐怖活动犯罪等重大犯罪案件的被告人在审判过程中死亡，法院依法裁定终止审理；同时，对于因需要追缴其违法所得及其他涉案财产而启动违法所得没收程序的，违法所得没收程序是否属于本案其他程序，原合议庭组成人员能否继续审理，实践中会存在争议。被告人在违法所得没收程序中归案，同样也存在类似问题。经研究认为，上述情形不需要适用回避的规定。主要考虑是：(1)"在一个审判程序中参与过本案审判工作的合议庭组成人员或者独任审判员，不得再参与本案其他程序的审判"的规定限于"本案"，即同一个案件。对于普通程序与缺席审判程序、违法所得没收程序、强制医疗程序等特别程序之间的转换，由于案由发生变化，不再属于同一案件，自然不受本条规定的限制。(2) 对于上述情形，由同一审判组织继续审理，不仅不会影响公正审判，而且由于原审判组织熟悉案件相关情况，更加便利于审判。故而，不需要适用回避的规定。(3) 关于特别程序的相关条文，有的可以当然推导出不需要另行组成合议庭。例如，本解释第六百三十八条第一款规定："第一审人民法院在审理刑事案件过程中，发现被告人可能符合强制医疗条件的，应当依照法定程序对被告人进行法医精神病鉴定。经鉴定，被告人属于依法不负刑事责任的精神病人的，应当适用强制医疗程序，对案件进行审理。"此处明显是指直接转换为强制医疗程序，不需要另行组成合议庭。

对于发回重新审判的案件，在第一审人民法院作出裁判后又进入第二审程序、在法定刑以下判处刑罚的复核程序或者死刑复核程序的，根据本解释第二十九条第二款的规定，原第二审程序、在法定刑以下判处刑罚的复核程序或者死刑复核程序中的合议庭组成人员不受"在一个审判程序中参与过本案审判工作的合议庭组成人员或者独任审判员，不得再参与本案其他程序的审判"的限制。征求意见过程中，有意见提出，发回重新审判的案件，第一审人民法院作出裁判后又进入第二审程序、在法定刑以下判处刑罚的复核程序或者死刑复核程序的，原合议庭组成人员不得再参与该案件审理。理由是：发回重审的案件再次进入第二审程序、在法定刑以下判处刑罚的复核程序或者死刑复核程序后，由原合议庭审理，虽然可提高效率，但似难以避免先入为主，影响案件公正审理。经研究认为，对于发回重新审判的案件，原第二审程序、在法定刑以下判处刑罚的复核程序或者死刑复核程序的合议庭组成人员对案件情况比较熟悉，清楚发回重审的原因。案件再次进入第二审程序、在法定刑以下判处刑罚的复核程序或者死刑复核程序后，由原合议庭审理，不仅不会影响司法公正，而且能更好地审查第一审人民法院是否解决了原来存在的问题，重新作出的裁判是否合法、合理，可以兼顾公正与效率，故未采纳上述意见。

2. 关于申请出庭的检察人员回避的处理

《2012 年解释》第三十一条规定："当事人及其法定代理人申请出庭的检察人员回避的，人民法院应当决定休庭，并通知人民检察院。"实践反映，如果当事人及其法定代理人所提申请根本不属于《刑事诉讼法》第二十九条、第三十条规定的情形，没有必要休庭，应当由法庭当庭驳回，以保证庭审的有序推进。经研究，采纳上述意见，本解释第三十六条规定："当事人及其法定代理人申请出庭的检察人员回避的，人民法院应当区分情况作出处理：（一）属于刑事诉讼法第二十九条、第三十条规定情形的回避申请，应当决定休庭，并通知人民检察院尽快作出决定；（二）不属于刑事诉讼法第二十九条、第三十条规定情形的回避申请，应当当庭驳回，并不得申请复议。"

（三）辩护与代理

《刑事诉讼法修改决定》对辩护与代理作了三个方面的修改：一是增加规定被开除公职和被吊销律师、公证员执业证书的人不得担任辩护人；二是增加值班律师制度；三是与监察体制改革相衔接，删除辩护律师会见"特别重大贿赂犯罪"案件的犯罪嫌疑人应当经侦查机关许可的规定。本解释第三章根据修改后刑事诉讼法的规定，对《2012年解释》第三章"辩护与代理"的条文作了修改完善，主要涉及：(1) 对《刑事诉讼法》作出调整的条文作出照应规定或者修改，特别是明确值班律师的阅卷权及参与诉讼活动有关问题；(2) 明确辩护人应当及时提交书面辩护意见；(3) 明确相关录音录像的查阅规则；(4) 删去辩护人、诉讼代理人复制案卷材料收取费用的规定；① (5) 明确律师助理参加庭审的规则。

1. 关于指定辩护与委托辩护并存的处理规则

从实践来看，有的案件法律援助机构指派律师为被告人提供辩护，被告人的监护人、近亲属又代为委托辩护人的，如何处理，存在不同做法。经研究认为，委托辩护是刑事诉讼法赋予被告人的基本诉讼权利，应当予以充分保障。在指定辩护和委托辩护并存的情况下，应当赋予被告人选择权，以其意思表示为准，否则被告人会产生对审判公正性的质疑。基于此，本解释第五十一条规定："对法律援助机构指派律师为被告人提供辩护，被告人的监护人、近亲属又代为委托辩护人的，应当听取被告人的意见，由其确定辩护人人选。"

2. 关于讯问录音录像的查阅规则

关于侦查讯问录音录像，《最高人民法院刑事审判第二庭关于辩护律师能否复制侦查机关讯问录像问题的批复》（〔2013〕刑他字第239号）规定："自

---

① 《2012年解释》第五十九条规定："辩护人、诉讼代理人复制案卷材料的，人民法院只收取工本费；法律援助律师复制必要的案卷材料的，应当免收或者减收费用。"《财政部、国家发展和改革委员会关于清理规范一批行政事业性收费有关政策的通知》（财税〔2017〕20号）要求"停征涉及个人等事项的行政事业性收费"，其中包括"复制费（含案卷材料费）"，并规定"取消、停征或减免上述行政事业性收费后，有关部门和单位依法履行管理职能所需相关经费，由同级财政预算予以保障，不得影响依法履行职责"。据了解，实践中不少地方对复制案卷材料早已停收费用。鉴于此，删去《2012年解释》第五十九条的规定。

人民检察院对案件审查起诉之日起，辩护律师可以查阅、摘抄、复制案卷材料，但其中涉及国家秘密、个人隐私的，应严格履行保密义务。你院请示的案件，侦查机关对被告人的讯问录音录像已经作为证据材料向人民法院移送并已在庭审中播放，不属于依法不能公开的材料，在辩护律师提出要求复制有关录音录像的情况下，应当准许。”本解释原本拟吸收上述规定。征求意见过程中，存在不同认识：一种意见建议不作规定。理由是：关于讯问录音录像的性质，目前刑事诉讼法及《最高人民法院、最高人民检察院、公安部、国家安全部、司法部、全国人大常委会法制工作委员会关于实施刑事诉讼法若干问题的规定》（以下简称“六部委”《关于实施刑事诉讼法若干问题的规定》）均将其定性为证明取证合法性的证明材料，有别于证据材料。并且，录音录像中可能涉及关联案件线索、国家秘密、侦查秘密等，尤其是危害国家安全犯罪案件、职务犯罪案件，较为敏感。如允许复制，在信息化时代，一旦传播到互联网中，可能会带来重大国家安全及舆情隐患。将录音录像定性为“取证合法性的证明材料”而非证据材料，并且根据需要调取，较为符合实际。“六部委”《关于实施刑事诉讼法若干问题的规定》第十九条和《最高人民法院、最高人民检察院、公安部、国家安全部、司法部关于办理刑事案件严格排除非法证据若干问题的规定》（法发〔2017〕15 号）第二十二条均采取了上述立场。实践中有个别办案机关将讯问录音录像放入案卷随案移送，这属于因对法律、司法解释理解不到位导致的不规范做法，应当予以纠正，不能因此认为讯问录音录像就是证据。另一种意见认为，讯问录音录像证明讯问过程的合法性，对于律师应该公开。如果将允许查阅、复制的范围限定在“在庭审中举证、质证的且不属于不能公开的材料”，有可能在执行中成为法院限制律师复制的理由。如果讯问录音录像涉密，可以按照涉密规定处理。

经研究，本解释第五十四条对前述〔2013〕刑他字第 239 号批复予以吸收并作适当调整，规定：“对作为证据材料向人民法院移送的讯问录音录像，辩护律师申请查阅的，人民法院应当准许。”具体而言：(1) 根据《刑事诉讼法》第四十条的规定，辩护律师自人民检察院对案件审查起诉之日起，可以查阅本案的案卷材料。对于移送人民法院的讯问录音录像，无论是否已经在庭审中举证质证，无论是直接用于证明案件事实还是用于证明取证合法性，均应当属于案卷材料的范围。基于此，本条未再限定为“已在庭审中播放”。而且，移送的证据材料，对诉讼参与人应当是公开的，特别是在公开审理的案件中举证、质证的相关证据材料，包括讯问录音录像在内，由于不少案件要进行庭审直播，人民群众均可观看、下载。此种情形下，再以防止录音录像广泛传播为由禁止辩护律师查阅讯问录音录像，于理不合。即使讯问录音录像涉及国家秘密、个人隐私、商业秘密，辩护律师为行使辩护权，也是可以查阅的。并且，本解释第五十五条对此已作充分考虑，专门规定了保密和不得违反规定泄露、披露案件信息、材料的相关问题。(2) 较之一般证据材料，讯问录音录像确实具有一定特殊性。特别是作为证明取证合法性的录音录像，可能涉及侦查办案的策略方法，也可能涉及其他关联案件和当事人隐私，一律允许复制，恐难以控制传播面以及一旦泄露可能带来的影响。从实践来看，允许查阅，即可以满足辩护律师的辩护需要，充分保障其权益。基于此，本条明确为“辩护律师申请查阅的，人民法院应当准许”，即对于查阅申请应当一律准许，但对复制未再作明确要求。(3) 本条规定的“讯问录音录像”，不限于作为证据材料移送人民法院的“侦查录音录像”，也包括作为证据材料向人民法院移送的相关监察调查过程的录音录像。《人民检察院刑事诉讼规则》第二百六十三条第二款规定：“对于监察机关移送起诉的案件，认为需要调取有关录音、录像的，可以商监察机关调取。”第七十六条规定：“对于提起公诉的案件，被告人及其辩护人提出审前供述系非法取得，并提供相关线索或者材料的，人民检察院可以将讯问录音、录像连同案卷材料一并移送人民法院。”当然，如果相关监察调查过程的录音录像未移送人民法院的，自然不属于可以查阅的范围。

3. 关于查阅、摘抄、复制案卷材料的保密要求

本解释第五十五条强调了查阅、摘抄、复制案卷材料在保密方面的相关要求，规定：“查阅、摘抄、复制案卷材料，涉及国家秘密、商业秘密、个人隐私的，应当保密；对不公开审理案件的信息、材料，或者在办案过程中获悉的案件重要信息、证据材料，不得违反规定泄露、披露，不得用于办案以外的用途。人民法院可以要求相关人员出具承诺书。违反前款规定的，人民法院可以通报司法行政机关或者有关部门，建议给予相应处罚；构成犯罪的，依法追究刑事责任。”

征求意见过程中，有意见建议删去本条，理由是：律师法中已有关于律师违反保密义务的相关规定，律师行业规范中也对此进行了约束，不必在此赘述。关于“人民法院可以要求相关人员出具承诺书”的规定，根据《律师法》第三十八条的规定，律师应当保守在执业活动中知悉的国家秘密、商业秘密和当事人隐私。若律师违反保密义务，无论是否出具承诺书，都可以依法依规对其违法或犯罪行为予以追究。经研究，未采纳上述意见。主要考虑是：(1) 律师法、《最高人民法院、最高人民检察院、公安部、国家安全部、司法部关于依法保障律师执业权利的规定》、中华全国律师协会《律师办理刑事案件规范》已对相关问题作出明确，本条只是作了照应性规定。(2) 实践中，绝大多数律师能够对在执业活动中知悉的秘密和相关信息予以保密，但也有极个别律师违反保密义务，违法违规散布有关案件信息，本解释作出规定，有利于警示和规制。

4. 关于诉讼代理人查阅、摘抄、复制案卷材料的规则

《2012 年解释》第五十七条规定，诉讼代理人查阅、摘抄、复制本案的案

卷材料需经人民法院批准。当前，在强化对犯罪嫌疑人、被告人权利保护的同时，应当更加注意对被害人权利的保护。而且，从刑事诉讼法理上而言，被害人与被告人同属于当事人，诉讼代理人的权利与辩护人的权利基本相同，应当对诉讼代理人和辩护人在查阅、摘抄、复制案卷材料方面予以同等保护。基于此，本解释第六十五条第一款作出修改完善，规定："律师担任诉讼代理人的，可以查阅、摘抄、复制案卷材料。其他诉讼代理人经人民法院许可，也可以查阅、摘抄、复制案卷材料。"

5. 关于律师带助理参加庭审的规则

本解释第六十八条吸收《最高人民法院、最高人民检察院、公安部、国家安全部、司法部关于依法保障律师执业权利的规定》第二十五条第二款的规定，明确："律师担任辩护人、诉讼代理人，经人民法院准许，可以带一名助理参加庭审。律师助理参加庭审的，可以从事辅助工作，但不得发表辩护、代理意见。"据此，辩护律师可以向人民法院申请带一名律师助理参与庭审，从事记录等辅助工作。需要注意的是，本条规定的"发表辩护、代理意见"是概称，包括申请回避、举证、质证、辩论以及发表辩护、代理意见等诉讼行为。这些行为都应当由辩护人、诉讼代理人完成，不能交由律师助理代为实施。

（四）证据

《刑事诉讼法修改决定》未涉及证据问题。本解释第四章在《2012 年解释》第四章"证据"条文的基础上，对证据审查判断和综合运用规则作了完善，主要涉及：(1) 总结推进以审判为中心的刑事诉讼制度改革的经验和成果，对"三项规程"特别是《人民法院办理刑事案件排除非法证据规程（试行）》的有关规定予以吸收，进一步丰富细化证据部分的内容；(2) 根据司法实践反映的问题，对证据部分与实践相比滞后或者不协调的条文作出调整；(3) 鉴于对技术调查、侦查证据材料的移送与审查判断等问题存在较大争议，为统一司法适用，增加第八节"技术调查、侦查证据的审查与认定"，对《2012 年解释》第一百零七条的规定予以扩展并独立成节，对技术调查、侦查证据材料的审查判断作出专门规定。

1. 关于全案移送证据材料的问题

本解释第七十三条规定："对提起公诉的案件，人民法院应当审查证明被告人有罪、无罪、罪重、罪轻的证据材料是否全部随案移送；未随案移送的，应当通知人民检察院在指定时间内移送。人民检察院未移送的，人民法院应当根据在案证据对案件事实作出认定。"这是根据《刑事诉讼法》第四十一条"辩护人认为在侦查、审查起诉期间公安机关、人民检察院收集的证明犯罪嫌疑人、被告人无罪或者罪轻的证据材料未提交的，有权申请人民检察院、人民法院调取"和"六部委"《关于实施刑事诉讼法若干问题的规定》第二十四条"人民检察院向人民法院提起公诉时，应当将案卷材料和全部证据移送人民法院，包括犯罪嫌疑人、被告人翻供的材料，证人改变证言的材料，以及对犯罪嫌疑人、被告人有利的其他证据材料”所作的照应性规定。全案移送证据材料有利于全面查明案件事实，是刑事诉讼的基本规则。从近些年纠正的冤错案件来看，一些案件就是因为没有全案移送证据材料，影响了最终裁判。例如，在安徽“于某生案”中，侦查机关没有随案移送现场发现的第三人的血指纹。后经继续侦查，发现该第三人的血指纹即为真凶的血指纹。基于此，应当移送全案证据材料。从司法实践来看，个别案件存在由于未随案移送相关证据材料导致案件存疑的情况，甚至经人民法院调取仍未提供。为将相关法律规定落到实处，切实保障被告人的合法权益，有必要专门规定。

需要注意的是，本解释第七十三条专门规定“人民检察院未移送的，人民法院应当根据在案证据对案件事实作出认定”，旨在明确人民检察院经通知移送未移送的处理规则。这意味着因缺乏证据材料导致有关事实存疑的，应当依法作出有利于被告人的认定。例如，在辩方举证证明被告人未满十八周岁的情况下，由于人民检察院拒绝移送相关证据导致年龄存疑的，应当作有利于被告人的认定，即认定其不满十八周岁。

2. 关于调取讯问录音录像的问题

《刑事诉讼法》对讯问录音录像问题作了明确，《监察法》第四十一条第二款也规定“调查人员进行讯问以及搜查、查封、扣押等重要取证工作，应当对全过程进行录音录像，留存备查”。而且，相关主管部门也对重要取证环节的录音录像作了进一步细化规定。但是，从司法实践来看，个别案件仍然存在由于未随案移送相关录音录像导致证据存疑的情况，甚至经人民法院调取仍未提供。为将相关法律规定落到实处，切实保障被告人的合法权益，本解释第七十四条规定：“依法应当对讯问过程录音录像的案件，相关录音录像未随案移送的，必要时，人民法院可以通知人民检察院在指定时间内移送。人民检察院未移送，导致不能排除属于刑事诉讼法第五十六条规定的以非法方法收集证据情形的，对有关证据应当依法排除；导致有关证据的真实性无法确认的，不得作为定案的根据。”

征求意见过程中，有意见建议删去本条。理由是：根据《刑事诉讼法》和“六部委”《关于实施刑事诉讼法若干问题的规定》，讯问录音录像不需要随案移送，而是根据需要调取。无论是刑事诉讼法还是《最高人民法院、最高人民检察院、公安部、国家安全部、司法部关于办理刑事案件严格排除非法证据若干问题的规定》，都没有将“未依法对取证过程进行录音录像”或者“录音录像未随案移送”作为排除非法证据的情形。关于检察机关未提供讯问过程录音录像以证明取证合法性的问题，可以依据《刑事诉讼法》关于非法证据排除的规定处理。经研究，未采纳上述意见。主要考虑是：本解释第七十四条规定与上述规范性文件的规定并不矛盾。本条规定的是经人民法院调取仍未移送，进而导致相关证据的真实性、合法性或者关联性无法确认的情形。对此，无论依据哪个规范性文件的规定，还是刑事诉讼基本法理，都不能作为定案的根据。本条规定只是对此类情形予以细化，并无不妥。

需要注意的是，本解释第七十四条规定的“讯问过程录音录像”不限于侦查讯问过程录音录像，也包括监察调查讯问过程录音录像。《国家监察委员会与最高人民检察院办理职务犯罪案件工作衔接办法》第二十七条第二款规定：“国家监察委员会对调查过程的录音、录像不随案移送最高人民检察院。最高人民检察院认为需要调取与指控犯罪有关并且需要对证据合法性进行审查的讯问录音录像，可以同国家监察委员会沟通协调后予以调取……”可见，监察调查讯问过程录音录像虽然不随案移送，但可以依法调取。

3. 关于行政机关在行政执法和查办案件过程中收集的证据材料的使用

本解释第七十五条规定：“行政机关在行政执法和查办案件过程中收集的物证、书证、视听资料、电子数据等证据材料，经法庭查证属实，且收集程序符合有关法律、行政法规规定的，可以作为定案的根据。根据法律、行政法规规定行使国家行政管理职权的组织，在行政执法和查办案件过程中收集的证据材料，视为行政机关收集的证据材料。”需要注意的是：

第一，《刑事诉讼法》第五十四条第二款规定：“行政机关在行政执法和查办案件过程中收集的物证、书证、视听资料、电子数据等证据材料，在刑事诉讼中可以作为证据使用。”实践中，有观点认为，勘验、检查等笔录的客观性强，且往往条件消失后，不能重复制作，重复鉴定亦无必要，故对于上述行政证据材料，应当承认其刑事证据资格。基于此，本条原本拟增加规定“勘验、检查等笔录”和“鉴定意见”在刑事诉讼中可以作为证据使用。征求意见过程中，有意见提出：由于行政机关收集勘验、检查等笔录、鉴定意见等证据的程序与刑事诉讼法的规定存在差异，且基于各方面等原因，这些证据可能存在无法有效检验、质证等情况，《刑事诉讼法》未对行政机关收集的勘验、检查等笔录、鉴定意见在刑事诉讼中的证据效力作出规定。这些证据如果在刑事诉讼中使用，并作为定案的依据，应当严格慎重把握。另有意见认为，勘验、检查等笔录、鉴定意见是有一定主观性的证据材料，与书证、物证等客观性证据不同，不宜采用相同的证据审查认定规则。特别是行政执法过程中的“鉴定意见”效力不同于司法鉴定。司法鉴定机构需要有鉴定资质，而行政执法过程中的鉴定意见往往由行政机关自己作出，或者由不具有司法鉴定资质的机构作出，不具有相同的公信力，不应直接作为证据使用。经研究，采纳后一种意见，沿用《2012 年解释》第六十五条第一款的规定，且与《刑事诉讼法》第五十四条第二款的规定保持一致。

需要注意的是，本解释第七十五条规定的是“物证、书证、视听资料、电子数据等证据材料”在刑事诉讼中可以作为证据使用，对其中的“等”，原则上应作“等内”解释，即通常只限于物证、书证、视听资料、电子数据，不包括鉴定意见及勘验、检查等笔录；但是，根据案件具体情况，进入刑事诉讼程序后，如已不具备重新鉴定、勘验、检查的条件，且有证据证明行政机关进行的鉴定、勘验、检查程序合法，相关证据能与其他证据相印证，确有必要作“等外”解释的，则可以个案处理。

第二，本解释第七十五条原本拟增加一款作为第二款：“行政机关在行政执法和查办案件过程中收集的证人证言、当事人陈述、辨认笔录，需要在刑事诉讼中作为证据使用的，应当重新收集。确有证据证实相关人员因死亡、丧失作证能力等，无法重新收集的，该证据可以在刑事诉讼中作为证据使用；经法庭调查，证言、陈述的收集程序合法，并有其他证据相印证的，可以作为定案的根据。”讨论中，有意见认为，相比于刑事司法程序，行政执法办案对程序规范、权利保障的要求较为宽松。言词证据具有易变性，故对于言词证据特别是证人证言的审查通常要遵守直接言词原则。而作出上述规定，将导致对言词证据的质证权难以落实。此外，还有可能被滥用、不当适用，规避《刑事诉讼法》的相关规定。例如，一旦证人联系不上，就以证人失踪为由，要求使用、采信行政机关对其录取的证言。经研究，采纳上述意见，删去相关规定。司法实践中，对行政机关收集的言词证据，在刑事诉讼中作为证据材料使用的，必须作更为严格的限制，即仅限于确实无法重新收集，但又必须使用的，且有证据证明取证程序合法、能与其他证据相印证的极特殊情形。

第三，征求意见过程中，有意见建议本解释第七十五条增加一款，明确“公安机关在办理行政案件过程中所收集的言词证据，需要在刑事诉讼中作为证据使用的，无须重新收集”。理由是：公安机关具有行政执法和刑事司法的双重职能，在办理行政案件和刑事案件中对于取证程序的要求是完全相同的。并且，根据《公安机关办理行政案件程序规定》的有关规定，对发现或者受理的案件暂时无法确定为刑事案件或者行政案件的，可以按照行政案件的程序办理。在办理过程中，认为涉嫌构成犯罪的，应当按照《公安机关办理刑事案件程序规定》办理。因此，公安机关在办理行政案件过程中收集的证据，应当可以作为刑事诉讼中的证据。经研究认为，上述观点似有不妥，对于公安机关在行政执法过程中收集的言词证据，依法应当在刑事立案之后重新收集。主要考虑是：第一，公安机关具有行政执法和刑事司法的双重职能，这就决定了公安机关的取证活动未必就是刑事侦查，而可能是行政执法，应当受刑事诉讼法第五十四条第二款的规范。第二，监察机关收集的证据材料，无论是言词证据还是实物证据，在刑事诉讼中都可以作为刑事证据使用。其依据在于《监察法》第三十三条第一款“监察机关依照本法规定收集的物证、书证、证人证言、被调查人供述和辩解、视听资料、电子数据等证据材料，在刑事诉讼中可以作为证据使用”的规定。如果公安机关在行政执法过程中收集的言词证据要在刑事诉讼中直接使用，则需要在刑事诉讼法或者其他法律中作出专门规定。

4. 关于监察调查证据材料的使用

根据《监察法》第三十三条的规定，本解释第七十六条规定：“监察机关依法收集的证据材料，在刑事诉讼中可以作为证据使用。对前款规定证据的审查判断，适用刑事审判关于证据的要求和标准。”

5. 关于境外证据材料的使用

本解释第七十七条规定：“对来自境外的证据材料，人民检察院应当随案移送有关材料来源、提供人、提取人、提取时间等情况的说明。经人民法院审查，相关证据材料能够证明案件事实且符合刑事诉讼法规定的，可以作为证据使用，但提供人或者我国与有关国家签订的双边条约对材料的使用范围有明确限制的除外；材料来源不明或者真实性无法确认的，不得作为定案的根据。当事人及其辩护人、诉讼代理人提供来自境外的证据材料的，该证据材料应当经所在国公证机关证明，所在国中央外交主管机关或者其授权机关认证，并经中华人民共和国驻该国使领馆认证，或者履行中华人民共和国与该所在国订立的有关条约中规定的证明手续，但我国与该国之间有互免认证协定的除外。”本条原规定在涉外刑事案件的审理和刑事司法协助一章，将其位置调整到证据部分，主要是考虑到在非涉外案件中，也存在来自境外的证据的审查运用问题。此外，根据本条规定，对于办案机关收集的境外证据材料，不需要经过公证、认证程序，只需对来源等作出说明即可；只有当事人等个人提供的境外证据材料才需要经过公证、认证程序。

6. 关于法定代理人或者合适成年人不在场的未成年证人证言的处理

本解释第九十条规定：“证人证言的收集程序、方式有下列瑕疵，经补正或者作出合理解释的，可以采用；不能补正或者作出合理解释的，不得作为定案的根据……（五）询问未成年人，其法定代理人或者合适成年人不在场的。”

根据《刑事诉讼法》第二百八十一条的规定，对于在法定代理人无法通知、不能到场或者是共犯的情况下，应当通知合适成年人到场。有意见认为，对于询问未成年证人，法定代理人或相关人员未到场的，该未成年证人提供的证言不得作为定案的根据。经研究认为，瑕疵证据不同于非法证据，并不涉及严重违反法定程序和侵犯人权的问题，只是证据的真实性受到证据瑕疵的影响。瑕疵证据不能直接予以排除，而应看证据瑕疵问题能否得到解决。询问未成年证人时法定代理人或合适成年人未到场的，违反了刑事诉讼法相关规定，但考虑到未成年证人的证言对认定案件事实具有重要作用，且在法定代理人或合适成年人未到场情况下作伪证的可能性并不大，不宜绝对排除，宜认定为证人证言收集程序存在瑕疵，允许补正和合理解释为妥。

7. 关于法定代理人或者合适成年人不在场的未成年被告人供述的排除

本解释第九十四条规定：“被告人供述具有下列情形之一的，不得作为定案的根据……（四）讯问未成年人，其法定代理人或者合适成年人不在场的。”该项规定是新增内容。

征求意见中，有意见认为，此种情况下似不宜绝对排除。例如，在被告人本人及其法定代理人对相关证据无异议的情况下，该供述可以作为证据使用。经研究认为，合适成年人制度基于儿童最大利益原则和国家亲权理论而设立，是国家刑事司法制度对未成年人诉权的一种特殊保护。合适成年人参与未成年人刑事诉讼程序，具有监督讯问活动、抚慰未成年人的紧张情绪、帮助未成年人与讯问人员有效沟通等职能。《刑事诉讼法》第二百八十一条已经明确规定，对于未成年人刑事案件，在讯问和审判的时候，是“应当”而非“可以”通知法定代理人、合适成年人到场。因此，对无法定代理人或者合适成年人在场的未成年被告人供述，取证程序严重违反法律强制规定，无法保障被告人供述的真实性，故应直接强制性排除。而且，经了解，司法实践中均是如此操作的，不存在问题。基于此，决定增加上述规定。

8. 关于就专门性问题出具的报告的使用

《2012 年解释》第八十七条规定：“对案件中的专门性问题需要鉴定，但没有法定司法鉴定机构，或者法律、司法解释规定可以进行检验的，可以指派、聘请有专门知识的人进行检验，检验报告可以作为定罪量刑的参考。对检验报告的审查与认定，参照适用本节的有关规定。经人民法院通知，检验人拒不出庭作证的，检验报告不得作为定罪量刑的参考。”根据《刑事诉讼法》第五十条第一款的规定，可以用于证明案件事实的材料，都是证据。在司法实践中，大量的关于专门性问题的报告被用于证明案件事实，有些还被用于证明与定罪量刑直接相关的构成要件的事实，发挥着与鉴定意见同等重要的作用。无论从法条的规定来看，还是从司法实务的操作出发，该类报告可以并已经作为证据使用，特别是在盗窃、诈骗等侵财案件中，被广泛运用的价格认定报告就属于本条所讲的“报告”。目前看来，现实中的专业性问题层出不穷，司法鉴定的范围却非常有限，无法一一涵盖，允许出具报告已不仅仅是应急之策，而是常态。而“作为定罪量刑的参考”，并不能反映明确的态度。基于此，本解释第一百条作了相应调整，规定：“因无鉴定机构，或者根据法律、司法解释的规定，指派、聘请有专门知识的人就案件的专门性问题出具的报告，可以作为证据使用。对前款规定的报告的审查与认定，参照适用本节的有关规定。经人民法院通知，出具报告的人拒不出庭作证的，有关报告不得作为定案的根据。”

9. 关于事故调查报告的使用

司法实践中，事故调查报告被广泛运用。此类证据的特点是：(1) 以行政机关或者事故调查组名义出具，且很多时候是集体讨论的结果。(2) 内容多涉及单位就其职权范围，依照一定的程序对某一事实进行的审查、认定。(3) 技术性强，具有不可替代性。例如，火灾事故调查报告记录了火灾的起火时间、起火点、可能的起火原因等对案件事实认定至关重要的因素。由于上述材料无法归入现行的证据种类，实践中对其能否作为刑事证据使用，存在不同认识。基于此，本解释第一百零一条规定："有关部门对事故进行调查形成的报告，在刑事诉讼中可以作为证据使用；报告中涉及专门性问题的意见，经法庭查证属实，且调查程序符合法律、有关规定的，可以作为定案的根据。"需要注意的是，根据本条规定，"报告中涉及专门性问题的意见，经法庭查证属实，且调查程序符合法律、有关规定的"，才能作为定案的根据。第一，事故调查报告中涉及对专门性问题的意见，其性质实际与鉴定意见类似，也需要接受控辩双方质证，接受法庭调查，只有经查证属实，且调查程序符合法律、有关规定的，才能作为定案的根据。第二，事故调查报告中常常会涉及其他事项，有关事项与事实认定无关或者不属于专门性问题的，不具有证据性质，不能作为定案的根据。

10. 关于技术调查、侦查证据的审查与认定

《刑事诉讼法》第一百五十四条规定："依照本节规定采取侦查措施收集的材料在刑事诉讼中可以作为证据使用……"据此，采取技术调查、侦查措施收集的材料具有刑事诉讼的证据资格已无异议。实践中存在的问题是，哪些技术调查、侦查证据材料应当随案移送？技术调查、侦查证据材料相对特殊，使用不当可能暴露有关人员的身份、技术方法，威胁有关人员的安全，增强潜在犯罪人的反调查能力或反侦查能力。因此，实践中，通常采取将技术调查、侦查证据材料转化为被告人供述、证人证言等其他证据的方式来证明案件事实。但是，如果技术调查、侦查证据材料无法完全转化，需要运用技术调查、侦查证据材料本身来直接证明案件事实时，是否应当随案移送？经研究认为，如果技术调查、侦查证据材料要作为证据使用，则必须随案移送，进而接受法庭审查；未随案移送、未经法庭审查的，不可能具有诉讼证据的性质和功能，更不能作为定案根据；技术调查、侦查证据材料未随案移送的，人民法院只能根据在案证据认定案件事实。

基于此，本解释第一百一十六条规定："依法采取技术调查、侦查措施收集的材料在刑事诉讼中可以作为证据使用。采取技术调查、侦查措施收集的材料，作为证据使用的，应当随案移送。"本解释第一百二十二条进一步规定："人民法院认为应当移送的技术调查、侦查证据材料未随案移送的，应当通知人民检察院在指定时间内移送。人民检察院未移送的，人民法院应当根据在案证据对案件事实作出认定。"

本解释第一百一十七条明确了移送技术调查、侦查证据材料的保护措施及相关问题，规定："使用采取技术调查、侦查措施收集的证据材料可能危及有关人员的人身安全，或者可能产生其他严重后果的，可以采取下列保护措施：

（一）使用化名等代替调查、侦查人员及有关人员的个人信息；（二）不具体写明技术调查、侦查措施使用的技术设备和技术方法；（三）其他必要的保护措施。”

技术调查、侦查证据并非单独的证据种类，而是通常表现为视听资料、电子数据等类型，故根据证据分类审查规定进行审查判断即可。基于此，本解释第一百一十九条进一步强调了关于技术调查、侦查本身应当审查的要点：“对采取技术调查、侦查措施收集的证据材料，除根据相关证据材料所属的证据种类，依照本章第二节至第七节的相应规定进行审查外，还应当着重审查以下内容：（一）技术调查、侦查措施所针对的案件是否符合法律规定；（二）技术调查措施是否经过严格的批准手续，按照规定交有关机关执行；技术侦查措施是否在刑事立案后，经过严格的批准手续；（三）采取技术调查、侦查措施的种类、适用对象和期限是否按照批准决定载明的内容执行；（四）采取技术调查、侦查措施收集的证据材料与其他证据是否矛盾；存在矛盾的，能否得到合理解释。”

本解释第一百二十条明确了技术调查、侦查证据材料的当庭调查及庭外核实的有关问题，规定：“采取技术调查、侦查措施收集的证据材料，应当经过当庭出示、辨认、质证等法庭调查程序查证。当庭调查技术调查、侦查证据材料可能危及有关人员的人身安全，或者可能产生其他严重后果的，法庭应当采取不暴露有关人员身份和技术调查、侦查措施使用的技术设备、技术方法等保护措施。必要时，审判人员可以在庭外对证据进行核实。”

本解释第一百二十一条明确了裁判文书应当注意的问题，规定：“采用技术调查、侦查证据作为定案根据的，人民法院在裁判文书中可以表述相关证据的名称、证据种类和证明对象，但不得表述有关人员身份和技术调查、侦查措施使用的技术设备、技术方法等。”

（五）强制措施

《刑事诉讼法修改决定》对强制措施的修改只有一处，即增加一款，作为《刑事诉讼法》第八十一条的第二款：“批准或者决定逮捕，应当将犯罪嫌疑人、被告人涉嫌犯罪的性质、情节，认罪认罚等情况，作为是否可能发生社会危险性的考虑因素。”本解释第五章沿用《2012 年解释》第五章“强制措施”的条文，并根据司法实践反映的情况作了修改完善，主要涉及：(1) 明确继续取保候审、监视居住的决定规则；(2) 根据司法实践反映的情况对个别条文的规定作了微调，如对取保候审、监视居住送交公安机关执行的情形删去了“同级”的限定；(3) 规定强制措施的自动解除制度。

1. 关于继续取保候审、监视居住的决定规则

《2012 年解释》第一百一十三条第二款规定：“对被告人采取、撤销或者变更强制措施的，由院长决定。”征求意见过程中，有意见建议将“由院长决

定”修改为“由院长、庭长或承办案件的审判员决定”，理由是：被告人在取保候审或监视居住的情况下，经常存在案件不能正常审结、一审与二审相互转换、宣判缓刑、判处无罪等情形，上述程序皆有法律规定，可以根据具体情况决定，只规定由院长决定显然已不适应当前司法体制改革的要求。经研究，本解释第一百四十七条部分采纳上述意见，规定：“人民法院根据案件情况，可以决定对被告人拘传、取保候审、监视居住或者逮捕。对被告人采取、撤销或者变更强制措施的，由院长决定；决定继续取保候审、监视居住的，可以由合议庭或者独任审判员决定。”主要考虑是：(1) 强制措施的变更涉及对被告人人身自由的限制或者剥夺，应当十分慎重。《刑事诉讼法》第八十九条规定：“人民检察院审查批准逮捕犯罪嫌疑人由检察长决定。重大案件应当提交检察委员会讨论决定。”与之对应，法院阶段变更强制措施，一般也应当由院长决定为宜。但是，在审判阶段延续此前所采取的强制措施的，可以由合议庭或者独任审判员决定。(2) 据本解释起草小组进一步向人民检察院了解情况，不少地方检察机关对于延续侦查阶段的取保候审、监视居住的，也不需要报请检察长批准。

2. 关于继续取保候审、监视居住的期限

《2012 年解释》第一百二十七条第三款规定：“人民法院不得对被告人重复采取取保候审、监视居住措施。”司法实践反映上述规定存在歧义。例如，一审法院对于取保候审的被告人决定逮捕，逮捕后因患病等原因不能羁押的，仍然只能取保候审，此种情况是否属于“重复取保候审”有不同认识。鉴于此，本解释删去该款规定。

在不同审判程序中，是否可以对被告人各采取不超过十二个月的取保候审、不超过六个月的监视居住措施，存在不同认识。例如，一审已经取保候审十二个月，二审可否再次取保候审。考虑到实际情况，本解释第一百六十二条第三款原本拟规定：“在同一个审判程序中，人民法院对被告人取保候审最长不得超过十二个月，监视居住最长不得超过六个月。”征求意见过程中，存在不同认识。有意见提出，《刑事诉讼法》第七十九条第一款规定，人民法院对犯罪嫌疑人、被告人取保候审最长不得超过十二个月，监视居住最长不得超过六个月。法律没有规定在不同的审判程序中取保候审、监视居住的期限可以分别计算。经研究认为，分阶段把握取保候审、监视居住的期限更符合实际。上述意见可能会导致对符合取保候审、监视居住适用条件的被告人，由于期限的限制，不得已变更为羁押性强制措施的情形，反而不利于被告人，不符合降低羁押性强制措施适用的基本趋势。但鉴于对有关问题的认识尚未统一，本解释未作明确规定。待条件成熟时，再通过适当方式明确。

此外，征求意见过程中，有意见建议增加规定：“第二审人民法院审理期间，一审法院对被告人已经采取的取保候审、监视居住尚未到期的，继续有效，二审法院应当及时通知执行机关变更办案单位；已经到期需要继续采取取保候审、监视居住强制措施的，可以委托一审法院代为办理相关手续。”理由是：（1）参照在押被告人不同阶段仅需办理换押手续，而不需要另行决定逮捕的做法，有利于提高诉讼效率；（2）一审法院已经办理过相关强制措施，且负责判决的交付执行，委托一审法院办理相关手续，有利于统一协调，减少不必要的诉讼耗费。经研究认为，上述意见认为二审法院应当与一审法院共用取保候审、监视居住的期限，又认为二审法院在一审法院的取保候审、监视居住的期限到期后，可以重复决定取保候审、监视居住，明显违背《刑事诉讼法》和本解释的相关规定，故未予采纳。相关问题可以交由司法实践裁量把握。但需要指出的是，如果二审法院未重新办理取保候审、监视居住手续，则二审阶段的取保候审、监视居住期限只能是一审阶段取保候审、监视居住的剩余时间。

3. 关于强制措施的自动解除制度

鉴于对于交付执行刑罚的罪犯，此前采取强制措施的，法院不会出具解除强制措施文书，本解释第一百七十二条设立强制措施的自动解除制度，规定：“被采取强制措施的被告人，被判处管制、缓刑的，在社区矫正开始后，强制措施自动解除；被单处附加刑的，在判决、裁定发生法律效力后，强制措施自动解除；被判处监禁刑的，在刑罚开始执行后，强制措施自动解除。”

需要注意的是，本条规定的“社区矫正开始”“刑罚开始执行”，是指已经实际开始执行刑罚或者缓刑，而非送交执行手续。主要考虑是：被采取强制措施的被告人在实际执行刑罚前，强制措施不当然解除。实践中，有观点认为，强制措施均为判决生效前的措施，其逻辑是判决一旦生效就进入了执行程序，对罪犯监禁、监外执行或者社区矫正，不存在判决生效后还要采取强制措施的问题。这一观点不符合实际情况，有部分被判处监禁刑的被告人，由于看守所拒收或者由于等待监外执行鉴定等原因，即使判决已经生效，实际上却未能被收监执行。一方面，监禁刑尚未实际执行；另一方面，没有其他监管措施，势必造成监管漏洞，可能存在被判刑未实际执行又犯新罪的情况，对于审判人员而言也存在渎职风险，故在监禁刑判决尚未实际执行前，对被告人仍然存在监管的必要。而且，强制措施是为了保证刑事诉讼而非仅是为了刑事审判的顺利进行而设置的措施，刑罚执行也是刑事诉讼的一个重要环节。因此，被判处监禁刑的，应当明确强制措施从交付执行刑罚而非判决、裁定生效之日起自动解除。

（六）附带民事诉讼

《刑事诉讼法修改决定》未涉及附带民事诉讼问题。本解释第六章沿用《2012 年解释》第六章“附带民事诉讼”的条文，仅对个别条文根据司法实践反映的问题作了微调。

1. 关于因受到犯罪侵犯起诉要求赔偿精神损失的处理规则

《刑事诉讼法》第一百零一条规定，被害人由于被告人的犯罪行为而遭受物质损失的，在刑事诉讼过程中，有权提起附带民事诉讼。《民法典》第一百八十七条规定，民事主体因同一行为应当承担民事责任、行政责任和刑事责任的，承担行政责任或者刑事责任不影响承担民事责任。《民法典》第一千一百八十三条第一款规定，侵害自然人人身权益造成严重精神损害的，被侵权人有权请求精神损害赔偿。对于因犯罪行为遭受精神损失的，能否提起附带民事诉讼或者单独提起民事诉讼要求赔偿精神损失，存在不同认识。经研究，本解释第一百七十五条第二款基本沿用《2012 年解释》第一百三十八条的规定，仅将第二款规定的“人民法院不予受理”调整为“人民法院一般不予受理”，规定：“因受到犯罪侵犯，提起附带民事诉讼或者单独提起民事诉讼要求赔偿精神损失的，人民法院一般不予受理。”主要考虑如下：

其一，《刑事诉讼法》第一百零一条明确规定“被害人由于被告人的犯罪行为而遭受物质损失的，在刑事诉讼过程中，有权提起附带民事诉讼”。第一百零三条规定：“人民法院审理附带民事诉讼案件，可以进行调解，或者根据物质损失情况作出判决、裁定。”若认为对精神损失可以另行提起民事诉讼，则意味着刑事诉讼法有关只有遭受物质损失的才能提起附带民事诉讼、附带民事诉讼只能根据物质损失判赔的规定将失去实际意义。绝大部分被害人肯定会选择在刑事案件审结后，另行提起民事诉讼，要求同时赔偿物质损失和精神损失，这样势必导致附带民事诉讼制度被架空、虚置，使附带民事诉讼制度有利于切实维护被害方合法权益、有利于化解社会矛盾、有利于贯彻宽严相济刑事政策、有利于节约司法资源等重要功能无法发挥。

其二，若认为对精神损失可以另行提起民事诉讼，则意味着就同一犯罪行为，被害方可以同一理由两次提出损失赔偿要求，势必存在“一事两诉”的问题。

其三，从司法实践看，刑事案件审结后，特别是被告人被送监服刑或者执行死刑后，往往连有关赔偿被害方物质损失的附带民事判决都难以得到实际执行。若赋予被害方对精神损失可以另行提起民事诉讼的权利，只会制造“空判”，引发新的社会矛盾。

2. 关于刑事附带民事诉讼的判赔规则

“死亡赔偿金、残疾赔偿金”（以下简称“两金”，含被扶养人生活费）通常高达七八十万元甚至上百万元，是否属于附带民事诉讼的判赔范围，一直是争议焦点、难点。2003 年之前，“两金”被视为精神损失，均不在附带民事诉讼判赔范围，但《最高人民法院关于审理人身损害赔偿案件适用法律若干问题的解释》（法释〔2003〕20 号）首次明确“两金”属于物质损失。但是，此规定是否适用于刑事附带民事诉讼案件，实践中存在不同认识，一些地方在附带民事诉讼中判赔“两金”，导致“空判”问题突出、调解难度增大、缠讼闹访凸显，影响宽严相济刑事政策的贯彻。在2006年的第五次全国法院刑事审判工作会议上，最高人民法院院领导在总结讲话中首次提出：“死亡补偿费不能作为人民法院判决确定赔偿数额的根据。”《2012年解释》制定时，最高人民法院审判委员会对“两金”问题作了重点审议、研究，明确“两金”不在附带民事诉讼的判赔范围，但调解、和解的，赔偿范围、数额不受限制。此后，各级人民法院严格执行《2012年解释》的相关规定，整体实施良好。但是，关于“两金”问题的争论一直存在。第六次全国法院刑事审判工作会议上，最高人民法院院领导在总结讲话时再次强调，要求严格执行《2012年解释》的相关规定。

整体看来，不判赔“两金”是基于被告人普遍无力赔偿以及“空判”所引发的系列问题等而“不得已”作出的务实选择。此次征求意见过程中，有意见认为，《民法典》第一千一百七十九条规定，侵害他人造成残疾的，应当赔偿残疾赔偿金；造成死亡的，应当赔偿死亡赔偿金。在《民法典》实施的背景下，应当作出适当调整。经进一步认真研究，综合考虑司法实践情况，本解释第一百九十二条维持《2012年解释》第一百五十五条的规定不变，规定：“对附带民事诉讼作出判决，应当根据犯罪行为造成的物质损失，结合案件具体情况，确定被告人应当赔偿的数额。犯罪行为造成被害人人身损害的，应当赔偿医疗费、护理费、交通费等为治疗和康复支付的合理费用，以及因误工减少的收入。造成被害人残疾的，还应当赔偿残疾生活辅助器具费等费用；造成被害人死亡的，还应当赔偿丧葬费等费用。驾驶机动车致人伤亡或者造成公私财产重大损失，构成犯罪的，依照《中华人民共和国道路交通安全法》第七十六条的规定确定赔偿责任。附带民事诉讼当事人就民事赔偿问题达成调解、和解协议的，赔偿范围、数额不受第二款、第三款规定的限制。”简而言之，除驾驶机动车致人伤亡或者造成公私财产重大损失的案件外，“两金”不在附带民事诉讼的判赔范围，但调解、和解的，赔偿范围、数额不受限制。主要考虑如下：

其一，根据法律、法理以及我国的法文化传统，对附带民事诉讼不应适用与单纯民事诉讼相同的标准。《刑事诉讼法》第一百零一条规定：“被害人由于被告人的犯罪行为而遭受物质损失的，在刑事诉讼过程中，有权提起附带民事诉讼……”第一百零三条规定：“人民法院审理附带民事诉讼案件，可以进行调解，或者根据物质损失情况作出判决、裁定。”而根据有关民事法律的规定，对民事侵权行为，还可判令被告人承担精神损害赔偿责任。由此可见，附带民事诉讼与单纯民事诉讼存在明显不同；依据法律规定，对二者不能适用相同赔偿标准。立法对附带民事诉讼与单纯民事诉讼的赔偿责任作出不同规定，是与两类诉讼不同的性质和我国的法文化传统相适应的。单纯民事案件，责令被告人作出相应赔偿，是对被害方进行抚慰、救济的唯一手段，故有理由要求被告人承担相应更重的赔偿责任；由于无须承担刑事责任，被告人往往也有意愿、有能力作出相应赔偿。而附带民事诉讼则不同，被告人不仅要在民事方面承担赔偿责任，还要承担相应的刑事责任。判决被告人承担刑事责任，既是对犯罪的惩处、重新犯罪的预防，也是对被害方抚慰、救济的主要方式。以故意杀人案件为例，如判处被告人死刑，实已让其"以命抵命"，显然不应再要求其作出与单纯民事案件相同的精神损害赔偿，否则势必存在双重处罚的问题。传统上"打了不罚、罚了不打"的观念、做法，正是根源于此。

其二，应当深刻认识我国国情与其他国家国情存在的重大差异。有观点提出，在一些发达国家，因犯罪行为引发的赔偿和单纯民事赔偿适用的是同一标准。在这些国家，被告人也大多无力赔偿，也存在"空判"问题。因此，我国没有理由"特殊"。这种观点没有充分认识到其他国家在经济社会发展和司法权威方面与我国存在的巨大差异：在发达国家，由于有相对完善的社会保障制度，被害人国家救助工作开展得早、力度大，被害人往往无须寄望被告人作出赔偿，国家会给予其生活救济。由于能得到国家的救济，即使形成"空判"，也不会引发缠讼、闹访问题。而我国的情况则完全不同，判决得不到执行就会引发申诉、上访，影响社会和谐稳定。

其三，按单纯民事案件的经济赔偿标准判赔导致"空判"现象突出，严重影响案件的裁判效果。如依照民事案件的赔偿标准判赔，则意味着，对命案，被害人是城镇居民的，仅死亡赔偿金一项，多则高达上百万；是农村居民的，一般也要赔七八十万元。而刑事案件的被告人绝大多数经济状况差、赔偿能力弱，有的被告人被执行死刑或者其他刑罚后，更无法承担如此高额的赔偿责任，相关判决往往成为"法律白条"。据调研，凡套用民事标准判赔的，赔偿到位率都极低。

其四，赔偿标准过高，实际极不利于维护被害人的合法权益，不利于矛盾化解。表面上看，设定高额赔偿标准似乎对被害人有利，但实际情况是：由于刑事被告人的实际赔偿能力很低，甚至没有，而被害方的期待又过高，远远超过被告人的承受能力，导致不少案件中原本愿意代赔的被告人亲属索性不再代赔，结果导致被害方反而得不到任何赔偿。严重犯罪中这种情况尤为普遍。赔偿数额虚高，还导致附带民事调解和矛盾化解的工作难度大大增加。套用单纯民事案件的赔偿标准确定附带民事案件的赔偿数额，常常使被害方对巨额赔偿抱有不切实际的期待，一旦被告人不能足额赔偿，就认为其没有悔罪诚意和表现，以致民事调解工作、矛盾化解工作根本无法开展。此外，根据《最高人民法院关于加强和规范人民法院国家司法救助工作的意见》（法发〔2016〕16号）的规定，对刑事被害人的救助金额需要综合考虑多种因素，从实践调研的情况看，国家给予司法救助金额一般在几万元左右。如将死亡赔偿金、残疾赔偿金也纳入附带民事赔偿范围，两者相差悬殊，显然救助工作也无法发挥实际作用。

其五，对《民法典》的有关规定应当正确理解。《民法典》第一百八十七条规定："民事主体因同一行为应当承担民事责任、行政责任和刑事责任的，承担行政责任或者刑事责任不影响承担民事责任；民事主体的财产不足以支付的，优先用于承担民事责任。"有观点据此认为，对附带民事诉讼应适用与单纯民事诉讼相同的赔偿标准。经研究认为，对该条规定应当准确理解，将该条规定和《民法典》第十一条规定结合起来分析。《民法典》第十一条规定："其他法律对民事关系有特别规定的，依照其规定。"（该条吸收了侵权责任法第五条"其他法律对侵权责任另有特别规定的，依照其规定"的规定并作了扩充。）犯罪是严重的、特殊的侵权行为，《刑法》和《刑事诉讼法》是专门规定这种侵权行为的基本法。显然，处理犯罪行为的赔偿问题，应当优先适用《刑法》和《刑事诉讼法》的相关规定，而不应当适用主要规定民事侵权的《侵权责任法》规定。

其六，《2012 年解释》施行八年多来，有关规定在促进附带民事诉讼达成调解、保障被害方获得实际赔偿等方面发挥了良好作用。此次征求意见过程中，绝大多数意见建议维持原来的解释规定。

根据本解释第一百九十二条的规定，同时结合附带民事诉讼审判工作实际，司法适用中应当注意：（1）对于附带民事诉讼，应当切实加大调解工作力度。在不违反自愿、合法原则的前提下，赔偿范围和数额不受限制。应当尽可能通过调解，使被害方获得实际赔偿。（2）如调解不成，通过判决结案，则应当充分考虑刑事案件被告人多数赔偿能力很低的实际，实事求是地仅就被害人遭受的物质损失作出判决。对犯罪行为造成被害人人身损害的，应当赔偿医疗费、护理费、交通费等为治疗和康复支付的合理费用，以及因误工减少的收入。造成被害人残疾的，还应当赔偿残疾生活辅助器具费等费用；造成被害人死亡的，还应当赔偿丧葬费等费用。除被告人确有赔偿能力的以外，原则上不应将死亡赔偿金、残疾赔偿金纳入判决赔偿的范围。（3）对因驾驶机动车致人伤亡或者公私财产遭受重大损失，构成犯罪的，要根据《道路交通安全法》第七十六条的规定确定赔偿责任，即"机动车发生交通事故造成人身伤亡、财产损失的，由保险公司在机动车第三者责任强制保险责任限额范围内予以赔偿；不足的部分，按照下列规定承担赔偿责任……"（4）对符合条件的被害方，可以开展刑事被害人救助工作，给予相应国家救助。

3. 另行提起民事诉讼的处理规则

根据《2012 年解释》第一百六十四条的规定，在刑事附带民事诉讼过程中未提起附带民事诉讼，另行提起民事诉讼的，人民法院应当优先进行调解。达成调解协议的，赔偿范围、数额不受限制；如果作出判决，则应当"根据物质损失情况作出判决”，即除因驾驶机动车致人伤亡或者公私财产遭受重大损失的案件外，不应判赔“两金”。

但是，如前所述，《最高人民法院关于审理人身损害赔偿案件适用法律若干问题的解释》将“两金”规定为物质损失，故《2012 年解释》第一百六十四条的规定在适用中存在一定的混乱。特别是，《最高人民法院公报》2019 年第 3 期“尹瑞军诉颜礼奎健康权、身体权纠纷案”的裁判摘要提出：“刑事案件的受害人因犯罪行为受到身体伤害，未提起刑事附带民事诉讼，而是另行提起民事侵权诉讼的，关于残疾赔偿金是否属于物质损失范畴的问题，刑事诉讼法及司法解释没有明确规定。刑事案件受害人因犯罪行为造成残疾的，今后的生活和工作必然受到影响，导致劳动能力下降，造成生活成本增加，进而相应减少物质收入，故残疾赔偿金应属于物质损失的范畴，应予赔偿。”鉴于此，为统一法律适用，本解释第二百条作出适当调整，规定：“被害人或者其法定代理人、近亲属在刑事诉讼过程中未提起附带民事诉讼，另行提起民事诉讼的，人民法院可以进行调解，或者根据本解释第一百九十二条第二款、第三款的规定作出判决。”据此，在刑事附带民事诉讼过程中未提起附带民事诉讼，另行提起民事诉讼的，人民法院应当先行调解。达成调解协议的，赔偿范围、数额不受限制；如果作出判决，则应当“根据物质损失情况作出判决”，即除因驾驶机动车致人伤亡或者公私财产遭受重大损失的案件外，不应判赔“两金”。

征求意见过程中，有意见提出，《民法典》第一百八十七条规定，民事主体因同一行为应当承担民事责任、行政责任和刑事责任的，承担行政责任或者刑事责任不影响承担民事责任。《民法典》第一千一百八十三条第一款规定，侵害自然人人身权益造成严重精神损害的，被侵权人有权请求精神损害赔偿。对于因犯罪行为遭受精神损失的，在刑事案件审结后，被害人另行提起民事诉讼，人民法院判赔的范围和标准是否适用刑事附带民事诉讼的有关规定的问题，与民事诉讼法律制度相关联，情况复杂，涉及面广，各方面认识仍不一致，建议再作研究。经进一步认真研究，综合考虑司法实践情况，本解释第二百条维持了上述规定。主要考虑是：

其一，对被害人等在刑事诉讼过程中未提起附带民事诉讼，另行提起民事诉讼的，理应适用与附带民事诉讼相同的判赔范围与标准。否则，势必会导致同样行为不同处理的问题，既有违类案类判的基本法理，也会导致附带民事诉讼制度被架空，影响该制度重要功能的发挥。

其二，对另行提起民事诉讼的，适用不同的判赔范围和标准，表面上看似乎对被害人等有利，实际恰恰相反：在绝大多数情况下，一旦刑事部分审结，被告人被送交执行刑罚，甚至执行死刑，就根本不可能再对被害人等作出赔偿，其亲友也不可能代赔。基于贯彻宽严相济刑事政策，便利案件处理的基本考虑，不应当将“两金”纳入单独提起民事诉讼的判赔范围。

（七）期间、送达、审理期限

《刑事诉讼法修改决定》未涉及期间、送达、审理期限的问题。本解释第七章沿用《2012年解释》第七章“期间、送达、审理期限”的条文，并根据司法实践反映的问题进一步明确了刑期的计算方法和上一级人民法院批准延长审限的有关事宜。

1. 关于刑期的计算规则

本解释第二百零二条第二款明确了刑期的计算规则，规定：“以年计算的刑期，自本年本月某日至次年同月同日的前一日为一年；次年同月同日不存在的，自本年本月某日至次年同月最后一日的前一日为一年。以月计算的刑期，自本月某日至下月同日的前一日为一个月；刑期起算日为本月最后一日的，至下月最后一日的前一日为一个月；下月同日不存在的，自本月某日至下月最后一日的前一日为一个月；半个月一律按十五日计算。”

具体而言：(1) 以年计算的刑期，“自本年本月某日至次年同月同日的前一日为一年”，如2016年3月31日至2017年3月30日为一年；“次年同月同日不存在的，自本年本月某日至次年同月最后一日的前一日为一年”，如2016年2月29日至2017年2月27日为一年。(2) 以月计算的刑期，“自本月某日至下月同日的前一日为一个月”，如4月15日至5月14日为一个月（30天），5月15日至6月14日也为一个月（31天）；“刑期起算日为本月最后一日的，至下月最后一日的前一日为一个月”，如4月30日至5月29日为一个月（30天）；“下月同日不存在的，自本月某日至下月最后一日的前一日为一个月”，如5月31日至6月29日为一个月（30天），平年的1月31日至2月27日为一个月（28天），闰年的1月31日至2月28日为一个月（29天）。

2. 关于上一级法院批准延长审限的规则

征求意见过程中，有意见提出，关于延长审限问题。2012年《刑事诉讼法》解决了长期困扰刑事审判的审限不够这一“老大难”问题。但在执行过程中，由于《刑事诉讼法》没有明确规定上级法院尤其是高级人民法院审批延长审限的次数，一些地方自行决定高级人民法院可以审批两次，或者在延期审理后又延长审限两次，影响了法律适用的严肃性。基于此，建议对高级人民法院批准延长审限的次数作出明确规定。经研究认为，《刑事诉讼法》第二百零八条第一款明确规定：“人民法院审理公诉案件，应当在受理后二个月以内宣判，至迟不得超过三个月。对于可能判处死刑的案件或者附带民事诉讼的案件，以及有本法第一百五十八条规定情形之一的，经上一级人民法院批准，可以延长三个月；因特殊情况还需要延长的，报请最高人民法院批准。”据此，高级人民法院只能批准延长一次审限。因此，根据上述意见，本解释第二百一十条第一款规定：“对可能判处死刑的案件或者附带民事诉讼的案件，以及有刑事诉讼法第一百五十八条规定情形之一的案件，上一级人民法院可以批准延长审理期限一次，期限为三个月。因特殊情况还需要延长的，应当报请最高人民法院批准。”

（八）审判组织

《刑事诉讼法修改决定》对2012年《刑事诉讼法》第一百七十八条作出修改。另外，修订后的人民法院组织法、人民陪审员法施行后，也要求对审判组织的相关规定作出相应调整。本解释第八章根据修改后法律的规定，结合司法实践情况，对《2012年解释》第八章“审判组织”有关条文作出修改完善。

1. 关于七人合议庭的适用案件情形

根据人民陪审员法的规定，本解释第二百一十三条第二款规定：“基层人民法院、中级人民法院、高级人民法院审判下列第一审刑事案件，由审判员和人民陪审员组成七人合议庭进行：（一）可能判处十年以上有期徒刑、无期徒刑、死刑，且社会影响重大的；（二）涉及征地拆迁、生态环境保护、食品药品安全，且社会影响重大的；（三）其他社会影响重大的。”

2. 关于提交审委会讨论决定的案件范围

主要是死缓案件应否提交审委会讨论决定。《最高人民法院关于健全完善人民法院审判委员会工作机制的意见》（法发〔2019〕20号，以下简称《审委会意见》）第八条列明了“应当提交审委会讨论决定”的案件范围，其第二款规定：“高级人民法院、中级人民法院拟判处死刑的案件，应当提交本院审判委员会讨论决定。”最高人民法院审管办负责人在关于该意见的答记者问文章中指出：“高级人民法院、中级人民法院拟判处死刑的案件，既包括拟判处死刑立即执行的案件，也包括拟判处死刑缓期二年执行的案件。”征求意见过程中，多数意见提出，死刑缓期二年执行的案件数量较多，一律提请审判委员会讨论决定，工作量倍增，实难做到。而且，以往死缓案件不提交审判委员会讨论，未发现存在问题。经综合考虑有关因素，本解释第二百一十六条第二款对《审委会意见》第八条的规定作出调整，规定：“对下列案件，合议庭应当提请院长决定提交审判委员会讨论决定：（一）高级人民法院、中级人民法院拟判处死刑立即执行的案件，以及中级人民法院拟判处死刑缓期执行的案件；（二）本院已经发生法律效力的判决、裁定确有错误需要再审的案件；（三）人民检察院依照审判监督程序提出抗诉的案件。”

此外，关于《审委会意见》第八条第一款明确规定应当提交审委会讨论决定的“涉及国家安全、外交、社会稳定等敏感案件和重大、疑难、复杂案件”“法律适用规则不明的新类型案件”“拟宣告被告人无罪的案件”“拟在法定刑以下判处刑罚或者免予刑事处罚的案件”，本解释第二百一十六条第二款亦未明确规定为应当提交审委会讨论决定的情形，确有必要的，可以纳入第三款“对合议庭成员意见有重大分歧的案件、新类型案件、社会影响重大的案件以及其他疑难、复杂、重大的案件，合议庭认为难以作出决定的，可以提请院长决定提交审判委员会讨论决定”的情形。这一修改主要有如下考虑：(1) 在司法解释中过多列举应当提交审委会讨论的情形，恐会导致对合议庭独立审理案件的质疑，难以保证效果。(2) 据了解，各地法院对提交审委会讨论决定的案件范围往往有细化规定，本解释不作明确规定，亦不会导致滥用。

（九）公诉案件第一审普通程序

《刑事诉讼法修改决定》未涉及公诉案件第一审普通程序问题。本解释第九章沿用《2012 年解释》第九章“公诉案件第一审普通程序”的条文，并根据司法实践反映的问题作出修改完善，主要涉及：(1) 总结推进以审判为中心刑事诉讼制度改革的经验和成果，对“三项规程”特别是《人民法院办理刑事案件庭前会议规程（试行)》(以下简称《庭前会议规程》) 和《人民法院办理刑事案件第一审普通程序法庭调查规程（试行)》(以下简称《法庭调查规程》) 的有关规定予以吸收，进一步丰富细化一审程序的内容。基于此，增设第二节“庭前会议与庭审衔接”，对庭前会议的有关问题作出专门规定。(2) 根据司法实践反映的问题，对一审程序条文存在的滞后于实践或者不协调之处作出调整。

1. 关于对提起公诉案件的并案或者分案处理规则

同案同审是诉讼的一般原则。但从实践看，有的案件，同案被告人多达几十人甚至上百人，如作为一个案件审理，势必会大大加长诉讼周期，既影响庭审质量和效率，也会增加当事人等诉讼参与人的诉累。对此类案件，分案审理，有其现实必要性。但是，分案审理不能随意为之，更不能通过分案审理的方式变相剥夺当事人质证权。为规范分案处理问题，本解释增设第二百二十条，规定：“对一案起诉的共同犯罪或者关联犯罪案件，被告人人数众多、案情复杂，人民法院经审查认为，分案审理更有利于保障庭审质量和效率的，可以分案审理。分案审理不得影响当事人质证权等诉讼权利的行使。”同时，在本解释第二百六十九条进一步规定：“审理过程中，法庭认为有必要的，可以传唤同案被告人、分案审理的共同犯罪或者关联犯罪案件的被告人等到庭对质。”

实践中，还存在起诉分案不当的现象，即本应作为一案起诉、一案审理的案件被分拆为两个甚至多个案件起诉。为此，本解释第二百二十条第二款规定：“对分案起诉的共同犯罪或者关联犯罪案件，人民法院经审查认为，合并审理更有利于查明案件事实、保障诉讼权利、准确定罪量刑的，可以并案审理。”

征求意见过程中，有意见建议明确分案审理或者并案审理的具体操作事宜。经研究认为，相关问题可以在司法实践裁量把握。对此，可以协商人民检察院合并或者分别起诉；人民法院在职责范围内并案或者分案的，通常可以采取决定的方式。

2. 关于开庭审理前通知出庭的规则

本解释第二百二十一条第一款第五项规定："开庭三日以前将传唤当事人的传票和通知辩护人、诉讼代理人、法定代理人、证人、鉴定人等出庭的通知书送达；通知有关人员出庭，也可以采取电话、短信、传真、电子邮件、即时通讯等能够确认对方收悉的方式；对被害人人数众多的涉众型犯罪案件，可以通过互联网公布相关文书，通知有关人员出庭。"

上述第五项原本拟对开庭三日以前送达传票作例外规定，即在该项开始部分增加规定"除羁押的被告人外"。主要考虑是：对于被告人羁押在案的，可以确保其按时参加庭审活动，故无须在开庭三日以前送达传票，实践中通常也难以做到。征求意见过程中，有意见提出，《刑事诉讼法》第一百八十七条第三款规定，人民法院确定开庭日期后，应当传唤当事人，通知辩护人、诉讼代理人、证人、鉴定人和翻译人员，传票和通知书至迟在开庭三日以前送达。法律没有规定被羁押的被告人可以不适用上述规定，司法解释不应对被羁押的被告人作出例外规定。此外，也有意见提出，被告人虽被羁押，但其对具体开庭日期也应有所期待及具体准备，比如准备自行辩护和最后陈述等，如不提前通知，不利于保障被告人诉权。经研究，采纳上述意见，未再作出修改。

征求意见过程中，有意见提出，本解释第二百二十一条规定中的当事人包括被害人、自诉人、犯罪嫌疑人、被告人、附带民事诉讼的原告人和被告人，实践中特别是网络诈骗案件等，被害人往往分布在全国各地，涉案人数众多，通知被害人难度大。另外，如盗窃等侵犯财产类案件，除了被告人有能力退赔外，通知被害人并无现实意义，如果所有案件均按照本条规定通知被害人，将会增加诉讼成本，浪费司法资源，且无实际意义。基于此，建议分别针对不同案件类别作出区分规定。经研究，根据上述意见，本条第一款第五项原则规定"对被害人人数众多的涉众型犯罪案件，可以通过互联网公布相关文书，通知有关人员出庭"。

3. 关于不公开审理案件允许旁听的例外规则

《2012 年解释》第一百八十六条第三款规定："不公开审理的案件，任何人不得旁听，但法律另有规定的除外。"该款对不公开审理案件任何人不得旁听作了例外规定，源自《刑事诉讼法》第二百八十五条关于"审判的时候被告人不满十八周岁的案件，不公开审理。但是，经未成年被告人及其法定代理人同意，未成年被告人所在学校和未成年人保护组织可以派代表到场"的规定。本解释第二百二十二条第三款对表述作了调整，规定："不公开审理的案件，任何人不得旁听，但具有刑事诉讼法第二百八十五条规定情形的除外。"

征求意见过程中，有意见提出，关于"不公开审理的案件，任何人不得旁听"，实践中经常出现被害人死亡的，被害人近亲属申请旁听的问题。对此，有些法院在近亲属提起附带民事诉讼的情况下，同意其作为附带民事诉讼原告人参加诉讼；而在未提起附带民事诉讼的情况下则不允许。被害人近亲属旁听庭审的权利不应因其是否提起附带民事诉讼而有区别。根据人之常情，被害人的个人隐私可能对于父母、夫妻未必是隐私，“任何人不得旁听”过于绝对。故建议规定“有关个人隐私的案件，当事人均同意公开审理的，可以公开审理。案件涉及已死亡的被害人的隐私，其近亲属申请旁听的，是否准许由合议庭根据保护被害人隐私的原则决定”。经研究认为，上述意见确有道理。一般认为，涉及被害人隐私的案件，是否不公开审理，是被害人的权利，应当充分考虑被害人一方的意愿。对于涉及已死亡被害人个人隐私的案件，在被害人近亲属没有通过提起附带民事诉讼的方式参与庭审的情况下，应当考虑被害人近亲属对案件审理进程的特殊关切，将其一律排除在庭审之外，有违情理。但是，从实际考虑，此类案件被害人近亲属往往情绪比较激动，特别是在庭审过程当中，还可能因为示证、质证、辩论等遭受二次伤害，可能不利于审判顺利进行。鉴于所涉问题较为复杂，且认识尚不统一，本解释最终未作明确规定。

4. 关于被害人推选代表人参加庭审的规则

当前，涉众型犯罪案件日益增多。有的案件被害人人数成千上万，均到庭参加庭审显然不符合实际，也没有必要。鉴于此，借鉴民事诉讼集团诉讼的原理，吸收司法实践经验，本解释第二百二十四条规定：“被害人人数众多，且案件不属于附带民事诉讼范围的，被害人可以推选若干代表人参加庭审。”本条原本拟规定所涉情形，“被害人可以推选若干代表人参加或者旁听庭审，人民法院也可以指定若干代表人”。征求意见过程中，有意见提出，根据刑事诉讼法的有关规定，被害人是刑事诉讼的当事人，参加庭审是被害人的诉讼权利。刑事诉讼法没有规定代表人诉讼制度。规定被害人由若干代表人参加诉讼或者旁听庭审，涉及对被害人参加庭审的权利的限制，没有法律依据。经研究，根据上述意见对本条表述作了相应调整，删去了“人民法院也可以指定若干代表人”的表述，规定此种情形下被害人可以推选若干代表人参加庭审。当然，关于具体推选方式，实践中可以裁量把握；确实难以确定的，也可以采用摇号等推选方式。

5. 关于庭前会议事项的处理规则

《庭前会议规程》第十条第二款规定：“对于前款规定中可能导致庭审中断的事项，人民法院应当依法作出处理，在开庭审理前告知处理决定，并说明理由……”本解释第二百二十八条原本拟吸收上述规定，明确庭前会议阶段可以对程序性事项视情作出处理。征求意见过程中，有意见提出，《刑事诉讼法》第一百八十七条第二款规定，在开庭以前，审判人员可以召集公诉人、当事人和辩护人、诉讼代理人，对回避、出庭证人名单、非法证据排除等与审判相关的问题，了解情况，听取意见。法律没有规定人民法院可以在庭前会议中对有关事项作出实质性处理，上述规定与刑事诉讼法的规定不一致，且法庭审判是刑事诉讼的重要环节，在未开庭的情况下对案件的重要事项作出决定是否与当前正在进行的以审判为中心的诉讼制度改革要求冲突，也需要慎重研究。经研究，采纳上述意见，本解释第二百二十八条第三款规定：“对第一款规定中可能导致庭审中断的程序性事项，人民法院可以在庭前会议后依法作出处理，并在庭审中说明处理决定和理由。控辩双方没有新的理由，在庭审中再次提出有关申请或者异议的，法庭可以在说明庭前会议情况和处理决定理由后，依法予以驳回。”据此，对庭前会议中的相关事项可以“在庭前会议后”而非在“在开庭审理前”作出处理，且要求“在庭审中说明处理决定和理由”。

6．关于庭前会议的参加人员范围

本解释第二百三十条规定：“庭前会议由审判长主持，合议庭其他审判员也可以主持庭前会议。召开庭前会议应当通知公诉人、辩护人到场。庭前会议准备就非法证据排除了解情况、听取意见，或者准备询问控辩双方对证据材料的意见的，应当通知被告人到场。有多名被告人的案件，可以根据情况确定参加庭前会议的被告人。”

关于本条第一款，将《庭前会议规程》第三条第一款规定的“庭前会议由承办法官主持，其他合议庭成员也可以主持或者参加庭前会议。根据案件情况，承办法官可以指导法官助理主持庭前会议”修改为“庭前会议由审判长主持，合议庭其他审判员也可以主持庭前会议”。需要注意的是：（1）合议庭的人民陪审员主持庭前会议并不适宜，故将庭前会议的主持人限定为“审判长”或者“合议庭其他审判员”。但是，人民陪审员可以参加庭前会议。（2）对于法官助理是否可以主持庭前会议，存在不同认识。有意见建议明确，根据合议庭审判长授权，法官助理可以主持或参加庭前会议。理由是：应当发挥法官助理作用，且法官助理主持或参加庭前会议，可以分担法官工作，保障法官专注审判核心事务。因庭前会议涉及解决可能导致庭审中断的程序性问题、审查证据资格等问题，由法官助理主持庭前会议可以处理简单的程序性问题，同时可以一定程度上阻断非法证据对合议庭可能造成的影响，因此，在承办法官的指导下完全可以由法官助理主持庭前会议。故应将法官助理在具体案件中是否可以主持庭前会议交由法官决定。而且，这也有利于法官助理的培养。另有意见则建议，法官助理不能主持庭前会议。理由是：法官助理不属于合议庭组成人员，庭前会议是解决争议的重要程序，是审判的重要组成部分，庭前会议可以根据查明情况作出相关处理决定，所涉及的问题法官助理均无权决定并答复。经研究认为，刑事诉讼法明确规定，庭前会议由审判人员召集，法官助理属于审判辅助人员，不属于审判人员，不宜由其主持庭前会议。

关于本条第三款，征求意见过程中，有意见建议明确被告人应当参加庭前会议。理由是：庭前会议处理涉及被告人权利等一系列重大问题，被告人应当参加庭前会议，不应对此设定条件。经研究，部分采纳上述意见，明确庭前会议准备就非法证据排除了解情况、听取意见，或者准备询问控辩双方对证据材料的意见的，应当通知被告人到场。

本条原本拟吸收《庭前会议规程》第三条第三款规定的“被告人申请排除非法证据，但没有辩护人的，人民法院应当通知法律援助机构指派律师为被告人提供帮助”。征求意见过程中，对此规定存在不同认识。鉴于此，本条未予吸收，留待司法实践继续探索。

7. 关于开庭审理前书记员的工作事项

《解释》第二百三十四条根据司法实践反映的问题对《2012 年解释》第一百八十九条的规定作出修改完善，规定：“开庭审理前，书记员应当依次进行下列工作：（一）受审判长委托，查明公诉人、当事人、辩护人、诉讼代理人、证人及其他诉讼参与人是否到庭；（二）核实旁听人员中是否有证人、鉴定人、有专门知识的人；（三）请公诉人、辩护人、诉讼代理人及其他诉讼参与人入庭；（四）宣读法庭规则；（五）请审判长、审判员、人民陪审员入庭；（六）审判人员就座后，向审判长报告开庭前的准备工作已经就绪。”

本条增加第二项“核实旁听人员中是否有证人、鉴定人、有专门知识的人”。主要考虑是：根据有关规定，证人、鉴定人、有专门知识的人不得旁听庭审，但此项工作一直没有落实到具体的部门或者个人，证人等旁听庭审的情况时有发生。为保证法庭调查正常进行，建议书记员在开庭准备工作中核实有无上述人员旁听。

随着刑事辩护全覆盖的推进，刑事案件中将均有辩护人参与。控辩双方在庭审中同样重要，应当同等对待。基于此，本条第三项将“公诉人”与“辩护人、诉讼代理人”并列规定。

此外，司法实践中法庭规则有的内容是需要宣读给控辩双方听的，故通常会让控辩双方进入法庭后书记员再宣读法庭规则，本条根据书记员开庭工作实际顺序，调整了《2012 年解释》第一百八十九条第二项“宣读法庭规则”和第三项“请公诉人及相关诉讼参与人入庭”的顺序。

8. 关于对被告人讯问、发问的时间

本解释第二百四十二条第三款规定：“根据案件情况，就证据问题对被告人的讯问、发问可以在举证、质证环节进行。”主要考虑是：《法庭调查规程》第七条第二款规定：“在审判长主持下，公诉人可以就起诉书指控的犯罪事实讯问被告人，为防止庭审过分迟延，就证据问题向被告人的讯问可在举证、质证环节进行……”经研究认为，这一规定具有合理性。在证据较多、案情较为复杂的案件中，公诉人在讯问环节涉及大量与证据有关的细节问题，会影响庭审节奏，且公诉人讯问与相关证据之间的关联性也难以体现，其讯问的针对性不强，故吸收《法庭调查规程》的相关规定。同时，考虑到不仅公诉人的讯问涉及这一问题，对其他诉讼参与人的发问也如此。故单列为第三款，作出统一规定。

征求意见过程中，有意见提出，对于限制行为能力的成年人参加庭审时，应当参照未成年人的规定，要求法定代理人或者合适成年人到场。经研究认为，对于上述问题刑事诉讼法未作明确规定，但基于权利保障的考虑，人民法院在具体案件中可以裁量处理。

9. 关于借阅案卷和证据材料的问题

2012 年修正的《刑事诉讼法》要求人民检察院在提起公诉时将所有案卷和证据材料移送人民法院。后有意见建议对人民检察院要求借阅案卷材料以备出庭支持公诉的问题作出规定。“六部委”对此问题作了慎重研究，认为人民检察院在将案件和证据材料移送人民法院之时，可以通过复印等方式为出庭支持公诉做好准备，而不能再向人民法院借阅案卷材料。当然，已经移送人民法院的证据，控辩双方需要出示的，可以向法庭提出申请。基于此，“六部委”《关于实施刑事诉讼法若干问题的规定》第二十六条规定：“人民法院开庭审理公诉案件时，出庭的检察人员和辩护人需要出示、宣读、播放已移交人民法院的证据的，可以申请法庭出示、宣读、播放。”为保证已移送人民法院的案卷和证据材料的安全，同时兼顾当庭出示证据的现实需要，本解释第二百四十八条第一款规定：“已经移送人民法院的案卷和证据材料，控辩双方需要出示的，可以向法庭提出申请，法庭可以准许。案卷和证据材料应当在质证后当庭归还。”鉴于此，实践中，控辩双方只能申请当庭借用。对于控辩双方提出取回已移送人民法院的案卷和证据材料的，法庭应当不予准许。

《2012 年解释》第二百零四条规定“法庭同意的，应当指令值庭法警出示、播放；需要宣读的，由值庭法警交由申请人宣读”。从实践来看，该规定存在一定问题。一是示证主体通常是控辩双方，而非法庭。值庭法警只是在播放录音录像等特定情形下提供协助。二是协助出示证据的主体不限于值庭法警，还包括法官助理、书记员、法院技术人员等。基于此，本解释第二百四十八条第二款规定：“需要播放录音录像或者需要将证据材料交由法庭、公诉人或者诉讼参与人查看的，法庭可以指令值庭法警或者相关人员予以协助。”

10. 关于向证人发问的顺序问题

《法庭调查规程》第十九条第一款规定：“证人出庭后，先向法庭陈述证言，然后先由举证方发问；发问完毕后，对方也可以发问。根据案件审理需要，也可以先由申请方发问。”经研究认为，《2012 年解释》第二百一十二条关于向证人发问“应当先由提请通知的一方进行”的规定更符合实际，故本解释第二百五十九条第一款规定：“证人出庭后，一般先向法庭陈述证言；其后，经审判长许可，由申请通知证人出庭的一方发问，发问完毕后，对方也可以发问。”

此外，《法庭调查规程》第十九条第三款规定“法庭依职权通知证人出庭的情形，审判人员应当主导对证人的询问”。经研究认为，所谓“主导对证人的询问”，实际上就是确定发问的顺序。基于此，本解释第二百五十九条第二款规定：“法庭依职权通知证人出庭的，发问顺序由审判长根据案件情况确定。”

11. 关于庭外征求控辩双方意见的问题

《2012 年解释》第二百二十条第二款规定：“对公诉人、当事人及其法定代理人、辩护人、诉讼代理人补充的和法庭庭外调查核实取得的证据，应当经过当庭质证才能作为定案的根据。但是，经庭外征求意见，控辩双方没有异议的除外。”此次征求意见过程中，有意见提出，《刑事诉讼法》第一百九十八条第一款规定，法庭审理过程中，对于定罪、量刑有关的事实、证据都应当进行调查、辩论。故而，上述规定存在不妥。经研究，根据上述意见，本解释第二百七十一条第二款作了调整，进一步限定为“不影响定罪量刑的非关键证据、有利于被告人的量刑证据以及认定被告人有犯罪前科的裁判文书等证据”，规定：“对公诉人、当事人及其法定代理人、辩护人、诉讼代理人补充的和审判人员庭外调查核实取得的证据，应当经过当庭质证才能作为定案的根据。但是，对不影响定罪量刑的非关键证据、有利于被告人的量刑证据以及认定被告人有犯罪前科的裁判文书等证据，经庭外征求意见，控辩双方没有异议的除外。”

12. 关于补充侦查期限届满未移送证据的问题

本解释第二百七十四条第三款规定：“补充侦查期限届满后，人民检察院未将补充的证据材料移送人民法院的，人民法院可以根据在案证据作出判决、裁定。”具体而言，本款对补充侦查期限届满后，经法庭通知，人民检察院未将案件移送人民法院，且未说明原因的，由“人民法院可以决定按人民检察院撤诉处理”调整为“人民法院可以根据在案证据作出判决、裁定”。主要考虑是：(1)《2012 年解释》第二百二十三条规定“人民检察院未将案件移送人民法院”，意味着对人民检察院延期审理的案件人民法院会将案件退回，否则，不存在补充侦查完毕后的移送法院的问题。司法实践中，检察机关以补充侦查为由建议延期审理的，案件通常仍在人民法院并未退回。因为，如果将案件退回，人民法院就要进行销案处理，补充侦查结束后，人民检察院再次起诉的，还要作为新收案件处理，程序极其烦琐且无必要。(2) 补充侦查期限届满后，经通知，人民检察院未将补充的证据材料移送人民法院的，人民法院原则上应当根据在案证据材料作出判决、裁定。但是，如果人民检察院未将补充侦查时退回的案卷移送人民法院，或者拒不派员出席法庭的，可以按人民检察院撤诉处理。

13. 关于涉案财物的调查问题

本解释将《2012 年解释》第三百六十四条的位置调整至一审程序，旨在提醒审判人员和诉讼参与人在审判程序中高度重视对涉案财物的处理问题，本解释第二百七十九条规定："法庭审理过程中，应当对查封、扣押、冻结财物及其孳息的权属、来源等情况，是否属于违法所得或者依法应当追缴的其他涉案财物进行调查，由公诉人说明情况、出示证据、提出处理建议，并听取被告人、辩护人等诉讼参与人的意见。案外人对查封、扣押、冻结的财物及其孳息提出权属异议的，人民法院应当听取案外人的意见；必要时，可以通知案外人出庭。经审查，不能确认查封、扣押、冻结的财物及其孳息属于违法所得或者依法应当追缴的其他涉案财物的，不得没收。"需要注意的是，由检察机关对涉案财物的权属情况作出说明，提出处理意见，并提供相关证据材料，这符合刑事证据规则，也符合司法实际。例如，《最高人民法院、最高人民检察院、公安部关于办理电信网络诈骗等刑事案件适用法律若干问题的意见》（法发〔2016〕32 号）第七条"涉案财物的处理"第一项规定："公安机关侦办电信网络诈骗案件，应当随案移送涉案赃款赃物，并附清单。人民检察院提起公诉时，应一并移交受理案件的人民法院，同时就涉案赃款赃物的处理提出意见。"

关于案外人对涉案财物提出权属异议的处理，《中共中央办公厅、国务院办公厅关于进一步规范刑事诉讼涉案财物处置工作的意见》（中办发〔2015〕7 号，以下简称《中办、国办涉案财物处置意见》）第十二条规定："明确利害关系人诉讼权利。善意第三人等案外人与涉案财物处理存在利害关系的，公安机关、国家安全机关、人民检察院应当告知其相关诉讼权利，人民法院应当通知其参加诉讼并听取其意见。"根据上述规定，《解释》第二百七十九条第二款作了专门规定。作出上述规定，一方面，明确要求听取对涉案财物提出权属异议的案外人的意见，以落实《中办、国办涉案财物处置意见》的要求；另一方面，考虑到涉众型案件可能存在案外人众多的情形，一律通知到庭不具有可操作性，且《中办、国办涉案财物处置意见》只是要求人民法院应当"通知其参加诉讼"但并未要求"通知其参加庭审"，故规定为"必要时，可以通知案外人出庭"。

需要注意的是，随着经济社会发展，越来越多的刑事案件涉及财物处理问题，涉案财物的数额越来越大，利益关系也越来越复杂。当事人、利害关系人高度关注涉案财物处置问题。为强化产权司法保护，本解释的多个条文对涉案财物的审查处理执行问题作了充实和完善。例如，在立案审查阶段，要审查涉案财物是否随案移送并列明权属情况，以及是否有证明相关财物系涉案财物的证据材料；在庭前会议中，可以就涉案财物的权属情况和处理建议听取意见；要强化对涉案财物的当庭调查，规范涉案财物的判决处理和执行。审判实践中，要适应时代发展，树立定罪量刑和涉案财物处理并重的理念，重视做好涉案财物审查处理执行工作。

14．关于公诉人当庭发表与起诉书不同意见的处理规则

实践中，个别案件存在公诉人当庭发表与起诉书不同意见的情形，甚至属于当庭变更、追加、补充或者撤回起诉的情形。对此如何处理，存在不同认识。有观点认为，刑事诉讼法规定的起诉主体是人民检察院，起诉书是加盖人民检察院印章的法律文书。我国法律没有赋予公诉人独立于检察院之外的主体地位，也没有允许公诉人变更起诉书的内容。鉴于这一问题在实践和理论中尚存争议，对于不涉及追加或者变更起诉的，到底采纳起诉书还是公诉意见书，属于人民法院裁量范畴；对于需要追加、补充或者变更起诉的情况，人民法院应当休庭。另有观点认为，无论是否“属于变更、追加、补充或者撤回起诉”，此种情形均应当以当庭意见为准，以促使公诉人谨慎发表当庭意见。否则，当庭发表意见后，又不提供书面意见的，人民法院将无法处理，也有违司法诚信。

经研究认为，相关情况较为复杂，处理规则难以一概而论，需要区别对待。经综合考虑上述意见，本解释第二百八十九条规定：“公诉人当庭发表与起诉书不同的意见，属于变更、追加、补充或者撤回起诉的，人民法院应当要求人民检察院在指定时间内以书面方式提出；必要时，可以宣布休庭。人民检察院在指定时间内未提出的，人民法院应当根据法庭审理情况，就起诉书指控的犯罪事实依法作出判决、裁定。人民检察院变更、追加、补充起诉的，人民法院应当给予被告人及其辩护人必要的准备时间。”司法适用中需要注意的是：

第一，本条所称“公诉人当庭发表与起诉书不同的意见”，是指在起诉后未出现新的事实证据情况下，公诉人发表与起诉书不同意见的情形。对于出现新的事实、特别是体现被告人认罪悔罪态度的新事实，直接由法庭根据新的事实证据作出认定即可。例如，自首的被告人在开庭后翻供的，法庭可以直接不认定自首；认罪认罚的被告人在开庭后不认罪、不接受量刑建议的，法庭可以直接不认定认罪认罚；有的被告人在起诉后才退赃退赔，法庭可以直接认定退赃退赔这一情节。对于上述情形，无须由公诉人对起诉书作出变更，法庭在听取双方意见后直接认定即可。

第二，公诉人当庭发表与起诉书不同的意见，情况较为复杂。有的变更不影响定罪量刑，如对作案时间发表不同意见，直接变更即可。更多情形下则对定罪量刑会产生影响，但具体情况又存在差异：有的是直接变更罪名，如由职务侵占罪调整为贪污罪；有的涉及法定刑幅度的调整，如盗窃金额由 10 万元调整为 1 万元；有的只是涉及具体犯罪情节的认定，如盗窃金额由 3500 元调整为 3000 元。如果属于变更、追加、补充或者撤回起诉等重大事项的，应当以书面方式提出。而且，上述情形下，是否应当休庭，也不能简单作出统一规定，而应当交由实践裁量处理。例如，起诉书认定的盗窃金额是 3500 元，公

诉人当庭发现计算有误，应当为3000元，量刑档次未发生变化，且所作变更有利于被告人，法庭可以继续开庭审理，但应当在庭后要求人民检察院以书面方式作出变更；相反，如果公诉人当庭改变起诉罪名，特别是由轻罪名改为重罪名的，则休庭为宜，以更好地保障被告人的辩护权。又如，公诉人当庭追加起诉的，则可以以起诉书指控的罪行先行开庭，休庭后待人民检察院以书面方式追加起诉后，再行开庭就追加的起诉进行审理。

第三，人民检察院变更、追加、补充起诉的，人民法院应当给予被告人及其辩护人必要的准备时间，以充分保障被告人合法权益。

15. 关于辩护人提交书面辩护意见的问题

根据司法实践反映的问题，本解释第二百九十条对辩护人及时提交辩护意见作出指引性规定，明确："辩护人应当及时将书面辩护意见提交人民法院。"

第一，讨论中，有意见建议明确庭审结束后提交书面辩护意见的具体时限。经研究认为，相关情况复杂，难以对时限作出明确具体规定，实践中可以裁量把握。需要注意的是，辩论原则是审判阶段应当遵循的基本原则，辩护人庭审发表的意见都是辩护意见，庭审笔录中应予载明，而且辩护人要在庭审笔录上签名。因此，书面辩护意见仅是庭审辩护的一个补充，如果庭审中辩护人已经充分发表了辩护意见，并记录在案，庭后不提交书面辩护意见对审判人员裁判没有影响。基于此，本条明确规定"辩护人应当及时将书面辩护意见提交人民法院"。对于经人民法院告知后仍不提交辩护意见的，以当庭发表的意见为准。

第二，关于书面辩护意见与当庭发表的意见不一致的处理问题，存在不同意见。有意见认为，辩护意见与当庭发表的意见存在实质性差异的，以当庭发表的意见为准。理由是：考虑到庭审中心主义、庭审实质化和公开审理的要求，当庭发表的意见经控辩双方质证、辩论，更能体现以审判为中心的刑事诉讼制度改革要求。明确以当庭发表的意见为准，可以促使辩护人庭前认真准备、庭上充分辩护。而且，认可在庭后提交与当庭发表意见差异较大的书面辩护意见，还可能带来需要二次开庭等一系列问题，浪费司法资源。另有意见认为，应当以庭后提交的书面辩护意见为准，理由是：刑事审判应当坚持实体正义优先的原则，对于庭后提交的书面辩护意见与当庭发表意见不一致，且有相关证据证明的，则应当采信书面辩护意见。必要时，可以通过庭外听取控辩双方意见或者二次开庭加以解决，不宜以节约司法资源为由对合理的书面辩护意见"视而不见"。

经研究认为，此种情形下，既有书面辩护意见，也有当庭发表的意见，不宜简单"一刀切"，宜根据具体情况作出妥善处理。原则上应当以当庭发表的意见为准，但是，如果当庭发表的意见明显不妥当，书面辩护意见确有道理的，也可以采纳书面辩护意见。在裁判文书中，可以客观反映辩护意见的前后变化。鉴于相关问题比较复杂，本解释未作统一规定，交由司法实践裁量处理。

第三，征求意见过程中，有意见提出，二审案件存在大量不开庭审理的情况，建议增加规定在指定日期提交辩护意见，以提升诉讼效率，有效维护辩护权。经研究认为，本解释第二百九十条规定“辩护人应当及时将书面辩护意见提交人民法院”，可以参照适用于二审不开庭的情形。据此，人民法院可以要求辩护人在指定的合理期限内提交书面辩护意见。

16. 关于就新的事实和补查补证通知人民检察院的问题

本解释第二百九十七条规定：“审判期间，人民法院发现新的事实，可能影响定罪量刑的，或者需要补查补证的，应当通知人民检察院，由其决定是否补充、变更、追加起诉或者补充侦查。人民检察院不同意或者在指定时间内未回复书面意见的，人民法院应当就起诉指控的事实，依照本解释第二百九十五条的规定作出判决、裁定。”需要注意的是：

第一，征求意见过程中，有意见提出，实践中，人民法院往往会要求人民检察院补充、补强证据材料，但现行司法解释对于合议庭发现案件需要补充侦查的，没有相关依据启动补充侦查程序，有必要对合议庭的补充侦查建议权予以明确。对此予以明确后，也可解决控辩双方在审判阶段对于由侦查机关补充调取的证据材料的来源合法性争议。经研究认为，上述问题在司法实践中客观存在，人民法院在审理案件过程中需要人民检察院补查补证甚至补充侦查的情况并不少见。基于此，本条第一款就人民法院发现需要补查补证情形的处理作了相应规定。需要注意的是，根据以审判为中心的刑事诉讼制度改革的要求，法院应当坚持裁判中立原则，不能成为控诉方，故而本条第一款只是规定“通知人民检察院，由其决定是否补充、变更、追加起诉或者补充侦查”，即强调人民法院要依据在案证据依法裁判，确保司法公正和中立。

第二，从司法实践来看，极个别案件中，人民检察院对人民法院补充或者变更起诉的建议长时间不予回复，久拖不决。“六部委”《关于实施刑事诉讼法若干问题的规定》第三十条专门规定：“人民法院审理公诉案件，发现有新的事实，可能影响定罪的，人民检察院可以要求补充起诉或者变更起诉，人民法院可以建议人民检察院补充起诉或者变更起诉。人民法院建议人民检察院补充起诉或者变更起诉的，人民检察院应当在七日以内回复意见。”从司法实践来看，人民检察院通常无法在七日以内作出是否补充或者变更起诉的决定，往往需要通过补充侦查后才能作出相应决定。而且，补充起诉或变更起诉，相当于一次全新起诉，需要重新组织开庭。因此，此种情形下，人民法院宜协调人民检察院作出建议补充侦查的回复，从而在案件重新移送人民法院后重新计算审理期限，有效避免此种情况下案件审理期限不够的问题。当然，根据本条第二款的规定，人民检察院不同意或者在指定时间内未回复书面意见的，人民法院应当就起诉指控的事实，依照本解释第二百九十五条的规定作出判决、裁定。

17. 关于部分合议庭成员不能继续履职的处理规则

在庭审过程中，存在部分合议庭成员因故不能继续履行审判职责的情况。对此，本解释第三百零一条第一款规定："庭审结束后、评议前，部分合议庭成员不能继续履行审判职责的，人民法院应当依法更换合议庭组成人员，重新开庭审理。"

但是，定期宣判的案件，在作出评议后，合议庭成员由于离职、退休等原因，可能不能参加宣判。对于此类情形，是否需要重新组成合议庭进行审理，不宜一概而论。原则上，在不改变原来评议时所作决定的情况下，可以由审判本案的其他合议庭成员宣判，判决书上仍应署审判本案的合议庭成员的姓名。对此，本解释第三百零一条第二款规定："评议后、宣判前，部分合议庭成员因调动、退休等正常原因不能参加宣判，在不改变原评议结论的情况下，可以由审判本案的其他审判员宣判，裁判文书上仍署审判本案的合议庭成员的姓名。"需要注意的是，合议庭成员不能参加宣判的情形比较复杂，如因为辞职离开人民法院、接受监察调查或者被立案侦查等。此种情形下，宜重新组成合议庭进行审理。

18. 关于判决书的送达问题

本解释第三百零三条规定："判决书应当送达人民检察院、当事人、法定代理人、辩护人、诉讼代理人，并可以送达被告人的近亲属。被害人死亡，其近亲属申请领取判决书的，人民法院应当及时提供。判决生效后，还应当送达被告人的所在单位或者户籍地的公安派出所，或者被告单位的注册登记机关。被告人系外国人，且在境内有居住地的，应当送达居住地的公安派出所。"征求意见过程中，有意见提出，在被害人已死亡的案件中，被害人亲属要求领取判决书的情况在司法实践中也比较常见，建议一并规定。经研究，采纳上述意见，在本条第一款增加规定"被害人死亡，其近亲属申请领取判决书的，人民法院应当及时提供"。同时，第二款增加规定："被告人系外国人，且在境内有居住地的，应当送达居住地的公安派出所。"本条原本拟针对被害人众多，无法全部送达的情形，增加规定"可以通过互联网公布电子判决书链接方式送达"，并要求"被害人要求领取判决书的，人民法院应当及时提供"。征求意见过程中，有意见提出，根据《刑事诉讼法》第二百零二条的规定，判决书应当送达当事人。对于已经明确认定为案件的被害人的，应当送达判决书，不能以网上公布判决书代替送达。经研究，鉴于对此问题存在不同认识，未再作出明确规定。

19. 关于不得继续担任辩护人、诉讼代理人的问题

《2012 年解释》第二百五十三条仅规定"辩护人严重扰乱法庭秩序，被强行带出法庭或者被处以罚款、拘留，被告人自行辩护的，庭审继续进行；被告

人要求另行委托辩护人，或者被告人属于应当提供法律援助情形的，应当宣布休庭”，未明确辩护人擅自退庭或者被强行带出法庭后能否继续担任本案的辩护人。为维护正常法庭秩序、确保审判顺利进行，经认真总结经验、广泛征求意见，2018 年 4 月，最高人民法院、司法部联合发布了《关于依法保障律师诉讼权利和规范律师参与庭审活动的通知》，对相关问题作了明确。通知施行以来，对规范法庭秩序、有效保障当事人合法权益发挥了重要作用，取得了良好效果。鉴于此，本解释第三百一十条吸收相关规定，明确：“辩护人严重扰乱法庭秩序，被责令退出法庭、强行带出法庭或者被处以罚款、拘留，被告人自行辩护的，庭审继续进行；被告人要求另行委托辩护人，或者被告人属于应当提供法律援助情形的，应当宣布休庭。辩护人、诉讼代理人被责令退出法庭、强行带出法庭或者被处以罚款后，具结保证书，保证服从法庭指挥、不再扰乱法庭秩序的，经法庭许可，可以继续担任辩护人、诉讼代理人。辩护人、诉讼代理人具有下列情形之一的，不得继续担任同一案件的辩护人、诉讼代理人：（一）擅自退庭的；（二）无正当理由不出庭或者不按时出庭，严重影响审判顺利进行的；（三）被拘留或者具结保证书后再次被责令退出法庭、强行带出法庭的。”在理解和适用本条时，需要把握以下两点：

其一，庭审是控辩审三方共同参与的严肃的诉讼活动，法庭是控辩审三方共同使用的庄严的诉讼场所。在庭审过程中，服从法庭指挥，理性表达意见，是保障庭审正常进行的基本要求，也是对法律人职业素养的基本要求。从审判实践来看，绝大多数律师能本着职业精神，遵守法庭纪律，维护法庭秩序，认真履行辩护职责，但也存在个别律师“闹庭”的情况。表现为：一旦其自认为正确的诉求没有得到即时满足，就“罢庭”而去，或者不服从法庭指挥，哄闹法庭等。不服从法庭指挥，扰乱法庭秩序，不仅严重影响庭审正常进行，也会严重影响中国律师群体乃至中国司法、中国法治的形象，依法依规予以规制，理所当然。

其二，法院、法官要尊重律师，保障律师诉讼权利。法庭应当严格执行法定程序，平等对待诉讼各方，合理分配各方发问、质证、陈述和辩论、辩护的时间，充分听取律师意见，依法及时回应、满足律师的合理诉求。对于律师在法庭上就案件事实认定和法律适用的正常发问、质证和发表辩护意见，不能随意打断或者制止。对于发问、质证、辩护意见与案件无关或者重复、冗长的，可以提醒、制止。法庭既要威严，也要保持理性、平和、克制。对不服从法庭指挥的，要区分情节轻重作出妥当处理。要提高驾驭庭审、应对复杂状况的能力。对因一时情绪激烈，言语失当的，可以警告、训诫，原则上不采取责令律师退出法庭或者强行带离法庭的措施；必要时可以休庭处置，交流提醒，促其冷静。但是，对无视多次警告、训诫，反复挑战法庭权威，甚至哄闹法庭、擅自退庭的，必须依法依规及时妥当处理，防止事态升级、秩序失控。

20. 关于更换辩护人的次数问题

被告人在开庭前、开庭后拒绝辩护人辩护或者更换辩护人的现象时有发生。频繁更换辩护人，会造成法院反复多次开庭和过分的诉讼迟延，影响审判顺利进行。基于此，对于在非开庭时间更换辩护人或者拒绝辩护人辩护的，应当在充分保障辩护权的前提下作出适当规范，以兼顾诉讼效率。从实践来看，允许被告人在一个审判程序中更换两次辩护人，可以保证其前后共有三至六名辩护人，足以保障其辩护权。鉴于此，本解释第三百一十一条第一款规定："被告人在一个审判程序中更换辩护人一般不得超过两次。"

（十）自诉案件第一审程序

《刑事诉讼法修改决定》未涉及自诉案件第一审程序问题。本解释第十章基本吸收《2012年解释》第十章"自诉案件第一审程序"有关条文，仅根据《刑法修正案（九）》和司法实践反映的问题，对个别条文作了微调。

1. 应当说服自诉人撤回起诉或者裁定不予受理的情形

本解释第三百二十条第二款规定："具有下列情形之一的，应当说服自诉人撤回起诉；自诉人不撤回起诉的，裁定不予受理：（一）不属于本解释第一条规定的案件的；（二）缺乏罪证的；（三）犯罪已过追诉时效期限的；（四）被告人死亡的；（五）被告人下落不明的；（六）除因证据不足而撤诉的以外，自诉人撤诉后，就同一事实又告诉的；（七）经人民法院调解结案后，自诉人反悔，就同一事实再行告诉的；（八）属于本解释第一条第二项规定的案件，公安机关正在立案侦查或者人民检察院正在审查起诉的；（九）不服人民检察院对未成年犯罪嫌疑人作出的附条件不起诉决定或者附条件不起诉考验期满后作出的不起诉决定，向人民法院起诉的。"需要注意的是：

根据《刑事诉讼法》第二百一十一条的规定，人民法院审查后，对于犯罪事实清楚，有足够证据的自诉案件，应当开庭审判。需要注意的是，人民法院对于自诉案件应当进行全面审查，既要审查自诉材料是否符合形式要求，也要审查犯罪事实是否清楚，证据是否足够。但是，对于自诉案件的审查并非实体审查，更不是判断被告人是否构成犯罪，故不得以"被告人的行为不构成犯罪"为由，说服自诉人撤回起诉或者裁定不予受理，① 对于此类自诉案件，仍然应当开庭审判并作出判决。

征求意见过程中，有意见建议明确对于公安机关已受案查处，被害人又要求自诉解决的案件，应当如何处理。经研究认为，除告诉才处理的案件外，对于公安机关已立案侦查的，应当按照处理公诉案件的方式解决。基于此，采纳

① 1979年《刑事诉讼法》第一百二十六条第四项规定，被告人的行为不构成犯罪的案件，应当说服自诉人撤回自诉，或者裁定驳回。但1996年刑事诉讼法删除了这一规定，此后的刑事诉讼法维持了1996年刑事诉讼法的规定。

上述意见，本条增设第八项。需要注意的是，对于公安机关立案侦查后或者人民检察院审查起诉后，不予追究犯罪嫌疑人刑事责任的，被害人当然可以依据“公诉转自诉”案件的规定提起自诉，故表述为“属于本解释第一条第二项规定的案件，公安机关正在立案侦查或者人民检察院正在审查起诉的”，即强调此类案尚在处理过程中。

征求意见过程中，有意见建议在本解释第三百二十条第二款增加一项“被害人不服人民检察院对未成年犯罪嫌疑人作出附条件不起诉决定以及考验期满作出不起诉的决定，向人民法院起诉的”。理由是：《全国人民代表大会常务委员会关于〈中华人民共和国刑事诉讼法〉第二百七十一条第二款的解释》规定：“人民检察院办理未成年人刑事案件，在作出附条件不起诉的决定以及考验期满作出不起诉的决定以前，应当听取被害人的意见。被害人对人民检察院对未成年犯罪嫌疑人作出的附条件不起诉的决定和不起诉的决定，可以向上一级人民检察院申诉，不适用刑事诉讼法第一百七十六条关于被害人可以向人民法院起诉的规定。”经研究，采纳上述意见，本解释第三百二十条第二款增设第九项。

征求意见过程中，有意见建议在本解释第三百二十条第二款增加一项“检察机关撤回起诉，法院准予撤诉后，被害人又提起自诉的案件”。经研究认为，相关问题较为复杂，不宜一概而论。如果没有新的证据，此种情形通常属于本款第二项规定的“缺乏罪证的”情形，可以依据该项规定处理；如果有新的证据，即属于应当受理的范畴。基于此，未采纳上述意见。

2. 关于对通过信息网络实施的侮辱、诽谤行为自诉的协助取证

《刑法》第二百四十六条第三款规定，通过信息网络实施侮辱、诽谤行为，“被害人向人民法院告诉，但提供证据确有困难的，人民法院可以要求公安机关提供协助”。鉴于此，本解释第三百二十五条第二款作了照应性规定，明确：“对通过信息网络实施的侮辱、诽谤行为，被害人向人民法院告诉，但提供证据确有困难的，人民法院可以要求公安机关提供协助。”司法实践中需要注意的是，通过信息网络实施的侮辱、诽谤行为并非一律属于公诉案件的范畴，除“严重危害社会秩序和国家利益的”外，应当告诉才处理。对于通过信息网络实施的侮辱、诽谤行为，一般应当由自诉人提起自诉。此种情形下，人民检察院提起公诉，人民法院经审查认为尚未“严重危害社会秩序和国家利益的”，应当依据本解释第二百一十九条的规定，退回人民检察院，同时告知被害人有权提起自诉；已经立案的，应当依据本解释第二百九十五条的规定，裁定终止审理，并告知被害人有权提起自诉。

3. 关于自诉案件不适用速裁程序的问题

本解释第三百二十七条规定：“自诉案件符合简易程序适用条件的，可以适用简易程序审理。不适用简易程序审理的自诉案件，参照适用公诉案件第一

审普通程序的有关规定。”征求意见过程中，有意见建议增加自诉案件可以适用速裁程序的规定。经研究认为，目前对于自诉案件能否适用速裁程序，存在不同认识。全国人大常委会法工委刑法室在针对修改后刑事诉讼法的理解与适用中指出：“自诉案件由自诉人自行提起，案件没有经过侦查、审查起诉，人民法院在开庭前很难判断证据是否确实、充分。同时，自诉案件自诉人与被告人往往对案件事实等存在较大争议。此外，由于没有检察机关等国家机关主持，也无法在审前提出量刑建议、签署认罪认罚具结书。从这些情况来看，自诉案件是不适合适用速裁程序审理的。”① 基于此，本条未规定自诉案件可以适用速裁程序。

4. 关于自诉案件解除强制措施的问题

《2012 年解释》第二百七十三条规定：“裁定准许撤诉或者当事人自行和解的自诉案件，被告人被采取强制措施的，人民法院应当立即解除。”征求意见过程中，有意见提出，司法实践存在自诉人和解要求撤回自诉，人民法院不予准许的情形。基于此，宜明确法院立即解除强制措施的前置条件，即将“当事人自行和解”限制为当事人和解后撤诉经裁定准许或制作刑事调解书生效。经研究，本解释部分采纳上述意见，于第三百三十条规定：“裁定准许撤诉的自诉案件，被告人被采取强制措施的，人民法院应当立即解除。”主要考虑是：上述意见确有一定道理。司法实践中，对于当事人和解的自诉案件，可以由人民法院视情形裁定准许撤回自诉或者出具刑事调解书，此种情形下立即解除强制措施，自然应当满足裁定准许撤诉或者刑事调解书生效的条件。但是，这并不意味着当事人自行和解的，人民法院就一律裁定准许撤诉或者出具刑事调解书。例如，重婚案件，即使自诉人谅解，与被告人达成和解，人民法院仍然可能会作出刑事判决。

需要进一步提及的是，《刑事诉讼法》第二百一十二条第一款规定：“人民法院对自诉案件，可以进行调解；自诉人在宣告判决前，可以同被告人自行和解或者撤回自诉。本法第二百一十条第三项规定的案件不适用调解。”显而易见，此处规定的“调解”不是一般的刑事附带民事赔偿的调解，而是与刑事定罪量刑的裁判一样，属于自诉案件的结案方式。

5. 关于被告人在自诉案件审判期间下落不明的处理

《2012 年解释》第二百七十五条规定：“被告人在自诉案件审判期间下落不明的，人民法院应当裁定中止审理。被告人到案后，应当恢复审理，必要时应当对被告人依法采取强制措施。”经研究认为，对于自诉案件被告人在审判期间下落不明的，人民法院一律裁定中止审理并不合适，还可能存在应当由法

① 王爱立、雷建斌主编：《〈中华人民共和国刑事诉讼法〉释解与适用》，人民法院出版社 2018 年版，第 418 页。

院对被告人决定逮捕的情形。鉴于此，本解释第三百三十二条作了相应调整，规定："被告人在自诉案件审判期间下落不明的，人民法院可以裁定中止审理；符合条件的，可以对被告人依法决定逮捕。"

6. 关于宣告无罪自诉案件的附带民事部分的处理

从司法实践来看，由于刑事附带民事诉讼不收取诉讼费，个别案件存在当事人滥用自诉权的问题。对于宣告无罪的自诉案件，要求对附带民事部分一并作出处理，会进一步加剧这一问题。鉴于自诉案件与公诉案件存在较大差异，不宜采用同一处理模式。基于此，本解释第三百三十三条对《2012 年解释》第二百七十六条对依法宣告无罪的自诉案件"其附带民事部分应当依法进行调解或者一并作出判决"的规定作了适当调整，规定："对自诉案件，应当参照刑事诉讼法第二百条和本解释第二百九十五条的有关规定作出判决。对依法宣告无罪的案件，有附带民事诉讼的，其附带民事部分可以依法进行调解或者一并作出判决，也可以告知附带民事诉讼原告人另行提起民事诉讼。"

征求意见过程中，有意见提出，从自诉案件第一审程序整章体系来看，对于缺乏罪证或者无罪的自诉案件，除说服自诉人撤回起诉和调解外，另有三种处理方式：第一，立案阶段不予受理；第二，经审查缺乏罪证的，裁定驳回起诉，这指的是开庭审理之前的书面审查；第三，经过开庭后认定被告人无罪或不能认定被告人有罪的，应当作出判决（无罪判决）。实践中对自诉案件经开庭审理后，认为被告人无罪或不能认定被告人有罪的，既有只作出驳回起诉的程序处理的，又有作出无罪判决实体处理的，做法不统一。基于此，建议将本解释第三百三十三条中的自诉案件限定为已开庭审理的自诉案件。经研究认为，所涉问题较为复杂，不宜一概而论。但是，通常而言，在此种情况下，对于已经开庭审理的自诉案件，原则上不能再说服自诉人撤回起诉或者驳回起诉，应当作出无罪判决。

此外，司法实践多次反映自诉案件审限过短和增加规定报请批准延长审限的问题。经研究认为，《刑事诉讼法》第二百一十二条第二款对自诉案件的审理期限作了专门规定。根据该条规定，被告人未被羁押的自诉案件，应当在受理后六个月以内宣判，不能适用《刑事诉讼法》第二百零八条关于延长审理期限的规定。而且，自诉案件与公诉案件在性质上有本质的区别，因此，公诉案件的延长审限，自诉案件不能简单套用。自诉案件的结案方式灵活多样，可以和解结案、调解结案、判决结案，目的是尽快恢复社会秩序，充分尊重当事人的处分权。因此，为自诉案件设置与公诉案件无区别的审限延长程序似不合理。鉴于此，未对自诉案件报请延长审限问题作出规定。被告人未被羁押的自诉案件的审限不足的问题客观存在，实践中，一方面，要严格审限管理，尽量在规定时间内审结相关自诉案件；另一方面，也可以根据实践情况裁量处理。据了解，有的地方法院通过让自诉人撤诉后再行提起自诉的方式解决审限不足问题，实属“无奈之举”。

（十一）单位犯罪案件的审理

《刑事诉讼法修改决定》未涉及单位犯罪案件审理的问题。本解释第十一章沿用《2012年解释》第十一章“单位犯罪案件的审理”的条文，并根据司法实践反映的问题作了修改完善，主要涉及：(1) 扩大了被告单位诉讼代表人的确定范围；(2) 明确对被告单位采取查封、扣押、冻结等措施应当坚持依法慎用的原则；(3) 完善被告单位在特殊状态下的刑事责任承担规则。

1. 单位犯罪诉讼代表人的确定范围问题

《2012年解释》第二百七十九条规定：“被告单位的诉讼代表人，应当是法定代表人或者主要负责人；法定代表人或者主要负责人被指控为单位犯罪直接负责的主管人员或者因客观原因无法出庭的，应当由被告单位委托其他负责人或者职工作为诉讼代表人。但是，有关人员被指控为单位犯罪的其他直接责任人员或者知道案件情况、负有作证义务的除外。”据此，被告单位的诉讼代表人限定在被告单位内部的四类人员：法定代表人、主要负责人、其他负责人以及职工。其他人员不能担任诉讼代表人，由此带来了诉讼代表人确定范围过窄的问题：在单位法定代表人、主要负责人涉案的情况下，难以从单位职工中确定诉讼代表人，且单位职工还可能作为证人，故实践中在被告单位内部无法确定诉讼代表人的现象并非个例。此种情况下，实践中往往采取两种做法：一是放松审查，确定并不符合条件的人员担任诉讼代表人；二是将本系单位犯罪的案件作为自然人犯罪起诉，从而放弃对涉嫌犯罪的单位的指控，导致单位有逃脱刑事制裁之虞。基于此，有必要对现行被告单位诉讼代表人的确定范围作适度扩展，以满足实践所需。

此次司法解释修改过程中，经研究认为，在现有规定人员范围的基础上，可以考虑在单位外部确定由律师担任被告单位的诉讼代表人。基于此，本解释第三百三十六条规定：“被告单位的诉讼代表人，应当是法定代表人、实际控制人或者主要负责人；法定代表人、实际控制人或者主要负责人被指控为单位犯罪直接责任人员或者因客观原因无法出庭的，应当由被告单位委托其他负责人或者职工作为诉讼代表人。但是，有关人员被指控为单位犯罪直接责任人员或者知道案件情况、负有作证义务的除外。依据前款规定难以确定诉讼代表人的，可以由被告单位委托律师等单位以外的人员作为诉讼代表人。诉讼代表人不得同时担任被告单位或者被指控为单位犯罪直接责任人员的有关人员的辩护人。”据此，对被告单位诉讼代表人的确定可以分为两个层次：(1) 被告单位的诉讼代表人，应当是法定代表人、实际控制人或者主要负责人；法定代表人、实际控制人或者主要负责人被指控为单位犯罪直接负责的主管人员或者因客观原因无法出庭的，应当由被告单位委托其他负责人或者职工作为诉讼代表人。(2) 依据上述规则难以确定诉讼代表人的，可以由被告单位委托律师等单位以外的人员作为诉讼代表人。

需要提及的是，之所以将诉讼代表人的选定范围扩大至律师，是考虑到单位犯罪案件审理程序中诉讼代表人主要起到的是代表犯罪单位意志、维护其合法权益、保障诉讼正常进行的作用。律师是法律专业人士，其作为被告单位的诉讼代表人受其职业身份及代理关系的双重约束，更能全面深入地保障委托人的合法权益；律师的职业特点，也便于其通过阅卷、调查等方式，了解案情，保证案件的公正审理和顺利进行。从域外情况来看，也有单位聘请律师代表单位诉讼类似做法，如美国 2018 年《联邦刑事诉讼规则》第 43（b）（1）条规定“法人可以由全权代理的律师代表出庭”。

需要注意的是，对于作为被告单位的诉讼代表人同时兼任辩护人的情形，讨论中存在不同认识：一种意见认为，可以有效解决司法实践中突出的无法确定单位诉讼代表人的问题，节约诉讼资源；另一种意见认为，兼任可能会造成角色冲突，比如，被告单位认罪欲获取从轻处罚，而辩护人根据案件事实证据或辩护策略作无罪辩护，此种情况下明显存在角色冲突，兼任无法同时保障被告单位的意见发表权和辩护人的辩护权。征求意见过程中，多数赞成后一种意见，认为作为被告单位的诉讼代表人同时兼任辩护人的情形存在角色和职责冲突。诉讼代表人与辩护人属不同诉讼角色，承担着不同的诉讼职责。诉讼代表人全权代表本单位的意志，而辩护人主要承担辩护代理职责，履行辩护人义务。将诉讼代表职责与辩护代理职责合二为一，由诉讼代表人兼任辩护人，容易引发社会公众质疑，影响司法公信力。基于此，本解释第三百三十六条第三款规定：“诉讼代表人不得同时担任被告单位或者被指控为单位犯罪直接责任人员的有关人员的辩护人。”

2. 关于对被告单位慎用查封、扣押、冻结等措施的问题

《中共中央、国务院关于完善产权保护制度依法保护产权的意见》提出严格规范涉案财产处置的法律程序。据此，本解释第三百四十三条强调对被告单位采取查封、扣押、冻结等措施，应当坚持依法慎用的原则，规定：“采取查封、扣押、冻结等措施，应当严格依照法定程序进行，最大限度降低对被告单位正常生产经营活动的影响。”司法适用中需要注意的是，无论是对被告人，还是对被告单位，都要慎用查封、扣押、冻结等措施，对能“活封”的财产，不进行“死封”。

3. 关于被告单位在特殊状态下的刑事责任承担规则

《2012 年解释》第二百八十六条规定：“审判期间，被告单位被撤销、注销、吊销营业执照或者宣告破产的，对单位犯罪直接负责的主管人员和其他直接责任人员应当继续审理。”经研究认为，上述规定不尽合理，只有在犯罪主体消亡的情况下，才不再继续追究刑事责任。被告单位被撤销、注销的情况下，可以认为是被告单位主体消亡，此时对单位不再追究，而直接追究单位犯

罪直接责任人员的责任，是合适的。但是，在被告单位只是被吊销营业执照或者宣告破产但未完成清算、注销登记的情况下，被告单位这一责任主体还是存在的，并未消亡，其可以承担民事责任，同理也可以承担刑事责任，故此时应当对案件继续审理，并对被告单位作出刑事判决。基于此，本解释第三百四十四条对被告单位在特殊状态下的刑事责任承担问题，区分单位被“撤销、注销”和“吊销营业执照、宣告破产”的情形分别确立不同的处理规则，规定：“审判期间，被告单位被吊销营业执照、宣告破产但尚未完成清算、注销登记的，应当继续审理；被告单位被撤销、注销的，对单位犯罪直接负责的主管人员和其他直接责任人员应当继续审理。”

讨论中，对进入破产程序的被告单位是否应当继续审理存在不同认识：一种意见认为，其主体资格未消亡，应当继续审理；另一种意见认为，“资不抵债”是单位进入破产程序的前提条件，在此情况下，如果继续审理并对被告单位判处罚金，从可预期的角度完全属于不能执行的“空判”，因此，建议对于进入破产程序但尚未清算完毕的被告单位终止审理。经研究，采纳前一种意见，维持上述修改不变。如前所述，在被告单位宣告破产但未完成清算、注销登记的情况下，被告单位这一责任主体还是存在的，并未消亡，其可以承担民事责任，同理也可以承担刑事责任，故此时应当对案件继续审理，并对被告单位作出刑事判决。

此外，实践反映，存在被告单位为逃避罚金等而恶意注销的情形，本条原本拟明确规定对于恶意注销的，案件应当继续审理。征求意见过程中，有意见提出，这一规定的出发点值得肯定，有利于打击恶意逃避单位责任的行为，但是如何认定恶意注销，在单位注销的情况下，如何追究单位责任，被告单位如何列席，以及判处的罚金如何执行，均存在操作困难。经研究，未再作明确规定。主要考虑是：其一，进入审判程序后被告单位被恶意注销的情况应该较为罕见，受案法院可以监督制约。其二，追究被告单位刑事责任的唯一方式是判处罚金。对于被告单位基于逃避罚金等动机恶意注销的，法定代表人、实际控制人、主要负责人往往都会实际获益。而上述人员作为被告单位的主管人员或者直接负责的责任人员被追究刑事责任，在被告单位被恶意注销的情况下，可以通过对上述人员多判处罚金的方式予以弥补，且对于被告单位的违法所得也可以继续追缴，不会造成处罚的漏洞。

（十二）认罪认罚案件的审理

《刑事诉讼法修改决定》的重要内容之一就是总结认罪认罚从宽制度试点工作的经验和成果，通过修改后《刑事诉讼法》加以固定。认罪认罚从宽制度适用于整个刑事诉讼，其本身并非独立的诉讼程序，对认罪认罚案件应当根据具体情况选择适用速裁程序、简易程序或者普通程序。但是，认罪认罚案件的审理确有一定的特殊性，对其中的共性问题需要作出集中规定。本解释增设第十二章“认罪认罚案件的审理”，根据修改后《刑事诉讼法》的规定，吸收《最高人民法院、最高人民检察院、公安部、国家安全部、司法部关于适用认罪认罚从宽制度的指导意见》（2019 年 10 月 11 日，以下简称《认罪认罚意见》）的有关规定，结合司法实践反映的问题，对认罪认罚案件的审理作出明确规定。

1. 关于随案移送相关材料的审查问题

《刑事诉讼法》第一百七十三条第一款规定：“人民检察院审查案件，应当讯问犯罪嫌疑人，听取辩护人或者值班律师、被害人及其诉讼代理人的意见，并记录在案。辩护人或者值班律师、被害人及其诉讼代理人提出书面意见的，应当附卷。”据此，对于认罪认罚案件，人民检察院应当随案移送讯问犯罪嫌疑人的笔录，以及听取辩护人或者值班律师、被害人及其诉讼代理人意见的笔录。特别是，实践中有个别案件，人民检察院未听取被害人意见或者未移送有关材料，不利于保障被害人合法权益，也会导致人民法院在审判阶段需要再行听取被害人意见，造成诉讼拖延。为保障法律严格实施，本解释第三百四十九条规定：“对人民检察院提起公诉的认罪认罚案件，人民法院应当重点审查以下内容……（二）是否随案移送听取犯罪嫌疑人、辩护人或者值班律师、被害人及其诉讼代理人意见的笔录；（三）被告人与被害人达成调解、和解协议或者取得被害人谅解的，是否随案移送调解、和解协议、被害人谅解书等相关材料……未随案移送前款规定的材料的，应当要求人民检察院补充。”

征求意见过程中，有意见提出，实践中，部分案件存在犯罪嫌疑人、被告人赔偿了被害人经济损失并得到被害人谅解，但因时间、路途等原因，被害人未出具相关谅解证明等证据材料的情况，建议规定只要有被害人有谅解的真实意思表示的相关材料，并且经核实无误即可。经研究认为，上述意见确有道理，相关材料可以纳入“等相关材料”范围，实践中不会存在问题。

2. 关于“量刑建议明显不当”的认定规则

征求意见过程中，有意见提出，“量刑建议明显不当”的规定过于抽象，建议细化。在很多时候轻刑犯相差一个月至三个月就显得偏轻或偏重，在这种情况下能否改变量刑建议？经研究，相关问题不宜一概而论，应当区分情况，根据审理认定的犯罪事实、认罪认罚的具体情况，结合相关犯罪的法定刑、类似案件的刑罚适用等作出审查判断。特别是，相关犯罪的法定刑不同，对认定量刑建议是否明显不当具有直接影响。例如，对于危险驾驶案件，刑罚相差一个月甚至半个月通常即可以认定为“明显不当”；对于应当判处十年以上有期徒刑的案件，刑罚相差半年以上通常才会认定为“明显不当”。基于此，本解释第三百五十四条对量刑建议明显不当的判断作了原则性指引规定，明确：“对量刑建议是否明显不当，应当根据审理认定的犯罪事实、认罪认罚的具体情况，结合相关犯罪的法定刑、类似案件的刑罚适用等作出审查判断。”

(十三)简易程序

《刑事诉讼法修改决定》未涉及简易程序问题。本解释第十三章吸收《2012年解释》第十二章"简易程序"的条文,仅对个别条文作了微调。

1. 关于被告人及其辩护人申请适用简易程序的问题

本解释第三百五十九条第二款增加赋予被告人及其辩护人适用简易程序的申请权,规定:"对人民检察院建议或者被告人及其辩护人申请适用简易程序审理的案件,依照前款规定处理;不符合简易程序适用条件的,应当通知人民检察院或者被告人及其辩护人。"

2. 关于适用简易程序审理案件的开庭时间通知问题

《2012年解释》第二百九十二条第一款规定:"适用简易程序审理案件,人民法院应当在开庭三日前,将开庭的时间、地点通知人民检察院、自诉人、被告人、辩护人,也可以通知其他诉讼参与人。"《刑事诉讼法》第二百一十九条规定:"适用简易程序审理案件,不受本章第一节关于送达期限、讯问被告人、询问证人、鉴定人、出示证据、法庭辩论程序规定的限制。"据此,对于适用简易程序审理的案件,开庭前通知的时间不受"三日前"的限制。鉴于此,本解释第三百六十二条第一款将"开庭三日前"调整为"开庭前",规定:"适用简易程序审理案件,人民法院应当在开庭前将开庭的时间、地点通知人民检察院、自诉人、被告人、辩护人,也可以通知其他诉讼参与人。"当然,司法实践中可以根据情况裁量把握,尽可能提前通知,以给诉讼参与各方更为充裕的准备时间。

3. 关于简易程序的裁判文书简化问题

司法实践中,一些刑事法官不愿意适用简易程序,一个很重要的原因是简易程序相对于普通程序而言,花费时间相差无几,简易程序并未简化,尤其是裁判文书几乎没有区别,且还面临程序转化的风险。基于此,根据司法实践审判需要,为提高法官适用简易程序的积极性,以提高诉讼效率,本解释第三百六十七条第一款规定:"适用简易程序审理案件,裁判文书可以简化。"

(十四)速裁程序

《刑事诉讼法修改决定》的重要内容之一就是总结刑事案件速裁程序试点工作的经验和成果,通过修改后刑事诉讼法加以固定。本解释增设第十四章"速裁程序",根据修改后《刑事诉讼法》的规定,吸收《认罪认罚意见》的有关规定,结合司法实践反映的问题,对速裁程序的适用作出明确规定。

1. 关于对人民检察院未提出建议的案件能否适用速裁程序的问题

根据《刑事诉讼法》第二百二十二条第二款的规定,人民检察院有权建议人民法院适用速裁程序,人民法院应当决定是否适用。但是,对于人民检察院没有提出建议的案件(包括两种情形:一是审前阶段认罪认罚而人民检察院未建议适用速裁程序的案件,二是审前阶段未认罪认罚的案件),人民法院能否适用速裁程序，讨论中存在不同认识。第一种意见持否定立场，理由是：适用速裁程序的前提是被告人同意适用速裁程序，且需要人民检察院与被告人就量刑问题重新进行协商，履行签署认罪认罚具结书的程序，依法提出量刑建议。这既有利于防止助长被告人的拖延心理，也有利于督促检察机关履行认罪认罚程序的审查把关职责。第二种意见持肯定立场。理由是：控辩地位平等，既然允许公诉机关建议适用速裁程序，理应允许被告人及其辩护人建议适用速裁程序。

经研究，本解释第三百六十九条采纳第二种意见，第二款、第三款规定："对人民检察院未建议适用速裁程序的案件，人民法院经审查认为符合速裁程序适用条件的，可以决定适用速裁程序，并在开庭前通知人民检察院和辩护人。被告人及其辩护人可以向人民法院提出适用速裁程序的申请。"主要考虑：(1)《刑事诉讼法》第二百二十二条第二款规定："人民检察院在提起公诉的时候，可以建议人民法院适用速裁程序。"可见，人民检察院对速裁程序的适用享有建议权，但似不意味着速裁程序的适用必须以人民检察院的建议为前提条件。基于控辩对等的刑事诉讼原则，对于人民检察院未建议适用速裁程序的案件，被告人及其辩护人也可以申请适用，符合条件的，人民法院可以依职权决定适用。(2) 基于通行法理，刑事诉讼程序原则上不得回流。基于此，对于人民检察院未建议的案件，在审判阶段决定适用速裁程序的，在开庭前通知人民检察院和辩护人即可，无须再重回认罪认罚具结书签署和量刑协商程序。(3) 从实践操作角度来看，对于在审判阶段认罪认罚的案件，符合速裁程序适用条件的，人民法院决定适用速裁程序，在操作上也不存在问题。

2. 关于适用速裁程序公开审理案件在开庭前送达期限的问题

《刑事诉讼法》第二百二十四条规定"适用速裁程序审理案件，不受本章第一节规定的送达期限的限制"。第二百一十九条规定"适用简易程序审理案件，不受本章第一节关于送达期限、讯问被告人、询问证人、鉴定人、出示证据、法庭辩论程序规定的限制"。可见，对于适用速裁程序、简易程序审理的案件，不受送达期限的限制。但是，《刑事诉讼法》第一百八十七条第三款规定："人民法院确定开庭日期后，应当将开庭的时间、地点通知人民检察院，传唤当事人，通知辩护人、诉讼代理人、证人、鉴定人和翻译人员，传票和通知书至迟在开庭三日以前送达。公开审判的案件，应当在开庭三日以前先期公布案由、被告人姓名、开庭时间和地点。"司法适用中存在争议的问题是，对于适用速裁程序公开审理的案件，是否需要在开庭三日以前将开庭的时间、地点通知人民检察院、被告人及其辩护人等诉讼参与人，并在开庭三日以前先期公布案由、被告人姓名、开庭时间和地点。实践中，个别地方对于适用速裁程序审理案件，"当天立案、当天审理、当庭宣判"，无法在开庭三日以前进行送达和公告。对此，有意见认为，适用简易程序、速裁程序审理案件，同样应当确保人民检察院有效参加审判、保障被告人有效行使辩护权、保证被害人权利、维护社会公众的知情权。基于此，应当在开庭三日以前通知诉讼参与人和公告，以给控辩双方适当的准备时间，同时保证案件的公开审判和接受社会监督。

经研究，倾向于认为，由于《刑事诉讼法》第二百一十九条、第二百二十四条所使用的表述是不受“送达期限”的限制，加之司法实践中通常只在开庭日公告和通知控辩双方和其他诉讼参与人，要求先期三日似与当前实践不符。基于此，本解释第三百七十一条规定：“适用速裁程序审理案件，人民法院应当在开庭前将开庭的时间、地点通知人民检察院、被告人、辩护人，也可以通知其他诉讼参与人。通知可以采用简便方式，但应当记录在案。”

适用速裁程序审理案件，还需要注意两个问题：(1) 人民法院应当通知人民检察院派员出庭。讨论中，有意见建议规定公诉人可以不出庭。主要考虑：司法实践中，有的速裁案件，出庭公诉人不是案件承办人，不了解案件情况。一旦庭上有突发或意外情况发生，出庭的公诉人无法及时回应，达不到出庭的真正目的。经研究认为，公诉人代表人民检察院履行国家公诉职能，在《刑事诉讼法》未明确规定公诉人可以不出庭的情况下，不宜规定公诉人可以不出庭。特别是，速裁程序可能出现调整量刑建议的情形，如公诉人不出庭，则无法当庭调整量刑建议，影响速裁程序的适用。因此，本条明确规定人民法院应当在开庭前将开庭的时间、地点通知人民检察院。实践中，人民法院应当协调人民检察院派合适公诉人出庭，当庭妥当处理量刑建议调整等问题。(2) 被告人有辩护人的，应当通知其出庭。刑事诉讼法第二百二十四条规定：“适用速裁程序审理案件……在判决宣告前应当听取辩护人的意见……”有意见据此得出了适用速裁程序审理的案件，必须有辩护人参加庭审的结论，这显然不符合实际。此处规定的“听取辩护人的意见”，应当限于适用速裁程序审理的案件有辩护人的情形，对于没有辩护人参与庭审的案件，自然无法听取辩护人的意见。鉴于上述两个问题在司法适用中虽有一定认识分歧，但争议不大，本着司法解释的问题导向，未作明确规定。

3. 关于适用速裁程序审理案件可以集中开庭、逐案审理的问题

从当前司法实践来看，速裁程序在实践中一定程度遇冷，适用积极性不高，究其原因，一是与简易程序相比，速裁的“速”体现不明显；二是审限较短，案件周转不灵。为此，速裁程序要真正发挥其效率，必须在“速”字上着力。具体而言，集中审理有利于发挥速裁程序的“速”。基于此，本解释第三百七十二条规定：“适用速裁程序审理案件，可以集中开庭，逐案审理。公诉人简要宣读起诉书后，审判人员应当当庭询问被告人对指控事实、证据、量刑建议以及适用速裁程序的意见，核实具结书签署的自愿性、真实性、合法性，并核实附带民事诉讼赔偿等情况。”

征求意见过程中，有意见建议删除“公诉人简要宣读起诉书”。理由是：为简化庭审流程，鉴于此前已送达起诉书，被告人认罪认罚，且人民法院会核实被告人认罪认罚意愿的真实性等，故建议对公诉机关是否简要宣读起诉书不作强制性规定。经研究，未采纳上述意见。而且，《认罪认罚意见》第四十四条亦明确要求“公诉人简要宣读起诉书”。

需要注意的是，适用速裁程序审理案件，虽无法庭调查和法庭辩论环节，但审判人员仍应当庭询问被告人对指控的证据有无异议，被告人无异议的，即应当视为经过了庭审质证程序。所以，速裁程序中作为定案根据的证据，实际上也经过了庭审举证、质证程序，不存在例外。

（十五）第二审程序

《刑事诉讼法修改决定》未涉及第二审程序问题。本解释第十五章沿用《2012 年解释》第十三章“第二审程序”的条文，并根据司法实践反映的问题作了修改完善，主要涉及：(1) 明确对准许撤回起诉、终止审理等裁定可以上诉；(2) 对上诉期满要求撤回上诉和抗诉期满要求撤回抗诉的处理规则作出调整；(3) 细化上诉不加刑原则的司法适用；(4) 明确死缓案件二审应当开庭审理；(5) 设立二审案件的部分发回规则；(6) 明确终审的判决和裁定发生法律效力的时间。

1. 关于对准许撤回起诉、终止审理等裁定可以上诉的问题

《刑事诉讼法》第二百二十七条第一款规定：“被告人、自诉人和他们的法定代理人，不服地方各级人民法院第一审的判决、裁定，有权用书状或者口头向上一级人民法院上诉。被告人的辩护人和近亲属，经被告人同意，可以提出上诉。”司法实践中，对哪些裁定可以提出上诉，存在不同认识。经研究认为，准许撤回起诉、终止审理等裁定可能对被告人的实体权益造成影响，应当允许上诉。鉴于此，本解释第三百七十八条第一款规定：“地方各级人民法院在宣告第一审判决、裁定时，应当告知被告人、自诉人及其法定代理人不服判决和准许撤回起诉、终止审理等裁定的，有权在法定期限内以书面或者口头形式，通过本院或者直接向上一级人民法院提出上诉；被告人的辩护人、近亲属经被告人同意，也可以提出上诉；附带民事诉讼当事人及其法定代理人，可以对判决、裁定中的附带民事部分提出上诉。”

2. 关于上诉期满要求撤回上诉的处理规则

《2012 年解释》第三百零五条第一款规定：“上诉人在上诉期满后要求撤回上诉的，第二审人民法院应当审查。经审查，认为原判认定事实和适用法律正确，量刑适当的，应当裁定准许撤回上诉；认为原判事实不清、证据不足或者将无罪判为有罪、轻罪重判等的，应当不予准许，继续按照上诉案件审理。”本解释第三百八十三条第二款吸收上述规定，并作适当调整。考虑到基于上诉不加刑原则的限制，二审不会对上诉人的权益造成影响，故本条第二款规定：

“上诉人在上诉期满后要求撤回上诉的，第二审人民法院经审查，认为原判认定事实和适用法律正确，量刑适当的，应当裁定准许；认为原判确有错误的，应当不予准许，继续按照上诉案件审理。”需要注意的是，本条第二款规定，上诉人在上诉期满后要求撤回上诉，第二审人民法院经审查“认为原判确有错误的，应当不予准许”。讨论中，有意见建议明确“应当不予准许”是裁定还是决定，是否采用书面形式。经研究认为，实践中可以裁量处理：一般可以出具书面裁定，也可以继续开庭，而后在裁判文书中一并作出说明。

此外，实践反映，上诉人经人民法院传唤拒不到庭，甚至脱逃，目的是逃避法律制裁，可视为主动放弃二审机会。此种情形实际等同于要求撤回上诉，故应当按照上诉人要求撤回上诉处理，即区分在上诉期限内和上诉期满后两种情形，适用本解释第三百八十三条的规定处理。征求意见过程中，有反对意见提出，对于第二审程序中上诉人不到庭甚至脱逃的情形，根据《刑事诉讼法》第二百四十二条、第二百零六条的规定，人民法院可以依法中止审理。虽然民事诉讼中有类似不到庭视为撤诉的规定，但刑事诉讼不同于民事诉讼。视为撤回上诉，既不利于保护当事人的诉讼权利，也不一定解决诉讼效率的问题。例如，法院审理后初步认为原判事实不清、证据不足或者将无罪判为有罪、轻罪重判等的，即使上诉人无故不到庭，仍然需要进行审理。[①] 经研究认为，所涉问题在司法实践中客观存在，应当予以解决。随着非羁押性强制措施的广泛适用，诉讼过程中被告人不到庭的情形有增多的趋势，经传唤拒不到庭是其主动放弃二审，应当采取措施防止案件久拖不决。但反对意见也确有道理，应当充分保障上诉人的实体权利和程序权利，特别是防止判决事实不清、证据不足或者将无罪判为有罪、轻罪重判。基于此，未再作出明确规定，交由司法实践裁量把握。根据具体情况，对于被告人无法到案的，可以中止审理，必要时对被告人商公安机关上网追逃，这样处理有利于案件最终审结。

3. 关于抗诉期满要求撤回抗诉的处理规则

《2012 年解释》第三百零七条规定：“人民检察院在抗诉期限内撤回抗诉的，第一审人民法院不再向上一级人民法院移送案件；在抗诉期满后第二审人民法院宣告裁判前撤回抗诉的，第二审人民法院可以裁定准许，并通知第一审人民法院和当事人。”考虑到对抗诉案件的二审继续审理可以加重被告人刑罚，本解释第三百八十五条第一款、第二款明确人民检察院在抗诉期满后要求撤回抗诉的，只有“认为原判存在将无罪判为有罪、轻罪重判等情形的”，才不予准许，规定：“人民检察院在抗诉期限内要求撤回抗诉的，人民法院应当准许。

---

① 此外，有意见建议进一步明确如下问题：一是视为撤诉的，准许方式是什么，如何裁定以及审查处理。此种情况不属于缺席判决的情形，不能参照缺席判决审理。二是无正当理由的要件规定，如何理解。三是对于被告人脱逃的，即使视为撤诉，文书送达以及被告人送交执行都会带来问题。

人民检察院在抗诉期满后要求撤回抗诉的，第二审人民法院可以裁定准许，但是认为原判存在将无罪判为有罪、轻罪重判等情形的，应当不予准许，继续审理。”

需要注意的是，“继续审理”是指继续按照抗诉案件开庭审理。此种案件本由抗诉启动，虽已提出撤回抗诉但法院因故不予准许，这属于诉讼程序上的重大事项，并且在实体上也可能发生重大变化（原判有罪改判无罪，或原审重判改为轻判），因此，应当一律开庭审理。

征求意见过程中，有意见提出，司法实践中，已遇到原公诉机关对第一审判决抗诉，上级人民检察院不支持抗诉，要求撤回抗诉，但第二审法院认为抗诉成立，不准许撤回抗诉的案件。建议明确此种情形如何处理。经研究认为，人民检察院要求撤回抗诉的，人民法院应当进行审查，自然就包括裁定不准许撤诉的情形。此种情形下，二审应当继续进行。当然，司法实践中可能还会遇到检察机关不派员出庭等问题，对此宜协调解决。基于上述考虑，本解释第三百八十五条第三款专门明确了上级人民检察院认为下级人民检察院抗诉不当，向第二审人民法院要求撤回抗诉的处理规则，规定：“上级人民检察院认为下级人民检察院抗诉不当，向第二审人民法院要求撤回抗诉的，适用前两款规定。”

4. 关于二审开庭范围问题

本解释第三百九十三条对《2012 年解释》第三百一十七条的规定作出修改完善，规定：“下列案件，根据刑事诉讼法第二百三十四条的规定，应当开庭审理：（一）被告人、自诉人及其法定代理人对第一审认定的事实、证据提出异议，可能影响定罪量刑的上诉案件；（二）被告人被判处死刑的上诉案件；（三）人民检察院抗诉的案件；（四）应当开庭审理的其他案件。被判处死刑的被告人没有上诉，同案的其他被告人上诉的案件，第二审人民法院应当开庭审理。”死刑案件，人命关天，必须适用最为严格、审慎的审理程序。刑事诉讼法明确规定，被告人被判处死刑的上诉案件，人民法院应当组成合议庭开庭审理。死刑缓期二年执行案件也属于死刑案件。为严格落实刑事诉讼法的规定，本条规定死缓二审案件一律开庭审理。

5. 关于上诉不加刑原则的把握

本解释第四百零一条规定：“审理被告人或者其法定代理人、辩护人、近亲属提出上诉的案件，不得对被告人的刑罚作出实质不利的改判，并应当执行下列规定：（一）同案审理的案件，只有部分被告人上诉的，既不得加重上诉人的刑罚，也不得加重其他同案被告人的刑罚；（二）原判认定的罪名不当的，可以改变罪名，但不得加重刑罚或者对刑罚执行产生不利影响；（三）原判认定的罪数不当的，可以改变罪数，并调整刑罚，但不得加重决定执行的刑罚或者对刑罚执行产生不利影响；（四）原判对被告人宣告缓刑的，不得撤销缓刑或者延长缓刑考验期；（五）原判没有宣告职业禁止、禁止令的，不得增加宣告；原判宣告职业禁止、禁止令的，不得增加内容、延长期限；（六）原判对被告人判处死刑缓期执行没有限制减刑、决定终身监禁的，不得限制减刑、决定终身监禁；（七）原判判处的刑罚不当、应当适用附加刑而没有适用的，不得直接加重刑罚、适用附加刑。原判判处的刑罚畸轻，必须依法改判的，应当在第二审判决、裁定生效后，依照审判监督程序重新审判。人民检察院抗诉或者自诉人上诉的案件，不受前款规定的限制。”本条第一款所列情形只是提示规则，并未囊括司法实践的所有情形，仅针对当前反映比较突出的问题作了相应规定。主要考虑如下：

关于第一款第二项。《刑法》第八十一条第二款规定：“对累犯以及因故意杀人、强奸、抢劫、绑架、放火、爆炸、投放危险物质或者有组织的暴力性犯罪被判处十年以上有期徒刑、无期徒刑的犯罪分子，不得假释。”据此，实践中可能存在二审改变一审认定的罪名，并未加重刑罚，但对刑罚执行产生不利影响的情况。例如，二审将一审认定的盗窃罪改判为抢劫罪，仍维持十二年有期徒刑的刑罚，但对二审改判的罪名不得假释，对被告人产生不利影响。基于此，第二项专门增加了不得“对刑罚执行产生不利影响”的限制。

关于第一款第三项。《2012 年解释》第三百二十五条第一款第三项规定“原判对被告人实行数罪并罚的，不得加重决定执行的刑罚，也不得加重数罪中某罪的刑罚”。经研究认为，这一规则过于绝对和烦琐，不利于司法实践操作，宜作出调整。例如，一审认定两个罪名，分别判处五年有期徒刑和三年有期徒刑，数罪并罚决定执行七年有期徒刑。按照原有规则，既不能加重总和刑期，也不能加重数罪中某罪的刑期。经研究认为，上诉不加刑是指不能使上诉人招致不利的刑罚，偏重于决定执行的刑罚。因此，此种情况下，在决定执行的刑罚不变和对刑罚执行不产生不利影响时，应当允许加重数罪中某罪的刑罚。基于此，第一款第三项作出相应调整。实践中，还存在两种实质上对上诉人有利的调整罪数的情形：一是原判对被告人判处一罪的，不得改判为数罪；但是，在认定的犯罪事实不变的情况下，改判数罪后决定执行的刑罚低于原判刑罚的，可以改判为数罪。二是原判对被告人实行数罪并罚的，在认定的犯罪事实不变的情况下，改判为一罪的，在对刑罚执行无不利影响的情况下，可以在不超过原判决定执行刑罚的情况下加重其中某一罪刑罚。对此，《最高人民法院研究室关于上诉不加刑原则具体运用有关问题的答复》（法研〔2014〕6 号）规定：“对于原判数罪并罚的上诉案件，在不超过原判决定执行的刑罚，且对刑罚执行也无不利影响的情况下，可以将其中两个或者两个以上的罪名改判为一罪并加重该罪的刑罚。”例如，一审认定被告人犯盗窃罪，判处有期徒刑五年，犯抢劫罪，判处有期徒刑五年，数罪并罚，决定执行有期徒刑八年。二审认定的犯罪事实与一审相同，但是对行为性质的评价发生变化，认为抢劫相关事实应当评价为盗窃。此种情形下，改判盗窃一罪，可以在五年以上八年以下的幅度内裁量刑罚。同为八年有期徒刑，如果是因为数罪被判处的，较之一罪被判处的，在减刑、假释时对被告人更为不利。故而，上述改判不违反上诉不加刑原则。基于上述考虑，形成第一款第三项“原判认定的罪数不当的，可以改变罪数，并调整刑罚，但不得加重决定执行的刑罚或者对刑罚执行产生不利影响”规定。

关于第一款第四项。讨论中，有意见提出，第一款第四项规定“原判对被告人宣告缓刑的，不得撤销缓刑”，但实践中可能存在二审期间被告人不认罪等不符合缓刑适用条件的情形。此种情况下如继续适用缓刑，可能危害社会。经研究认为，目前仍只能严格执行这一规定，确有必要的，通过审判监督程序予以纠正。

关于第一款第七项。讨论中，有意见提出，原判事实清楚，证据确实、充分，但适用法律错误的，如认定自首有误、应当剥夺政治权利而未剥夺政治权利等，如何处理，建议作出明确。经研究认为，上述情形或者属于因法律适用错误导致刑罚畸轻，或者属于因法律认识错误而没有适用附加刑，根据上诉不加刑原则，只能予以维持。需要注意的是，就司法实务操作而言，二审应当在裁判文书中写明一审判决存在的适用法律错误，从而导致判处的刑罚畸轻、应当适用附加刑而没有适用的结果，但是，根据上诉不加刑原则的规定，维持一审判处的刑罚不变。讨论中，对于第一款第七项的处理规则本身也存在异议。有意见认为，此种情形下，二审维持原判是根据上诉不加刑原则作出的裁定，依据刑事诉讼法的规定，并无错误。而根据刑事诉讼法关于审判监督程序的规定，针对生效判决、裁定的再审限于“确有错误”的情形。上述情形明显不符合这一规定，依法也不得启动审判监督程序。基于实事求是的考虑，本条第一款第七项作了微调，将依法通过审判监督程序进行改判限定为在“原判判处的刑罚畸轻，必须依法改判的”情形，对于原判刑罚不当，但尚未达到畸轻程度的，如漏判附加剥夺政治权利，对本应在“三年以上七年以下有期徒刑”的幅度内判处三年六个月有期徒刑的案件判处二年六个月有期徒刑的，基于裁判稳定的考虑，一般不再启动审判监督程序。

征求意见过程中，有意见提出，实践中有几种情况建议明确：对于改变罪数后，附加刑必须改变的如何处理？例如，一审认定被告人构成数罪，判处附加刑罚金 5 万元，二审改判为一罪的，但附加刑规定为“并处没收财产”。此种情况下，罚金 5 万元是否可以改为没收财产 5 万元？经研究认为，所涉问题较为复杂，不宜一概而论，宜坚持实质判断的原则。如果在主刑方面给予较大幅度的减轻，则适当增加附加刑，应当是允许的；但是，在主刑维持不变的情况下，原则上不宜加重附加刑，通常也不宜将罚金调整为没收财产，更不应作出主刑稍微减轻、附加刑大幅加重，对被告人实质明显不利的调整。

6. 关于对上诉发回重审案件的处理

《刑事诉讼法》第二百三十七条第一款规定："……第二审人民法院发回原审人民法院重新审判的案件，除有新的犯罪事实，人民检察院补充起诉的以外，原审人民法院也不得加重被告人的刑罚。"从字面意义上理解，"新的犯罪事实"有两层含义：一是新的犯罪的事实，即已经起诉的犯罪以外的犯罪的事实；二是原起诉事实范围内的新事实。经研究认为，只有前一种新的犯罪事实，经补充起诉后才可以加重刑罚。基于此，本解释第四百零三条第一款规定："被告人或者其法定代理人、辩护人、近亲属提出上诉，人民检察院未提出抗诉的案件，第二审人民法院发回重新审判后，除有新的犯罪事实且人民检察院补充起诉的以外，原审人民法院不得加重被告人的刑罚。"将《2012年解释》第三百二十七条规定的"除有新的犯罪事实，人民检察院补充起诉的以外"调整为"除有新的犯罪事实，且人民检察院补充起诉的以外"，旨在提醒司法实践中侧重根据人民检察院是否补充起诉来对是否系"新的犯罪事实"作出判断。

本解释第四百零三条第二款结合《最高人民法院研究室关于上诉发回重审案件重审判决后确需改判的应当通过何种程序进行的答复》（法研〔2014〕26号）对《2012年解释》第三百二十七条的规定作出修改完善，规定："对前款规定的案件，原审人民法院对上诉发回重新审判的案件依法作出判决后，人民检察院抗诉的，第二审人民法院不得改判为重于原审人民法院第一次判处的刑罚。"征求意见过程中，有意见建议删去本款。理由是：刑事诉讼法第二百三十七条规定："第二审人民法院审理被告人或者他的法定代理人、辩护人、近亲属上诉的案件，不得加重被告人的刑罚。第二审人民法院发回原审人民法院重新审判的案件，除有新的犯罪事实，人民检察院补充起诉的以外，原审人民法院也不得加重被告人的刑罚。人民检察院提出抗诉或者自诉人提出上诉的，不受前款规定的限制。"本款与刑事诉讼法的上述规定明显冲突。经研究，未采纳上述意见。主要考虑是：《刑事诉讼法》第二百三十七条规定的"提出抗诉"明显是指在原审程序中提出抗诉，而非在重审程序中提出抗诉。否则，《刑事诉讼法》第二百三十七条第一款的规定就将失去实际意义，很不合理：对发回重审的案件，如未发现被告人有新的犯罪事实，人民检察院未补充起诉，原审法院不得加重刑罚，但宣判后人民检察院抗诉的，二审法院即可加重，那么原审法院不得加重刑罚的规定还有何意义？何不由原审法院直接改判加重？

需要注意的是，对于被告人上诉、人民检察院未提出抗诉的案件，发回重审后人民检察院没有补充起诉新的犯罪事实的，原审人民法院作出的判决，相比原判减轻刑罚和减少罪名的，人民检察院可以提出抗诉。二审法院经审理认为人民检察院抗诉成立的，可以在原判刑罚和罪名范围内改判加重刑罚和增加罪名。例如，对于原判以盗窃罪、故意伤害罪判处七年有期徒刑的案件，被告人上诉、人民检察院未提出抗诉，发回重审后人民检察院没有补充起诉新的犯罪事实的，原审人民法院以故意伤害罪判处被告人有期徒刑三年，对盗窃罪未予认定的。此种情形下，检察机关抗诉，二审法院经审查认定抗诉成立的，可以对被告人加重刑罚、增加罪名，但不得超过原判“以盗窃罪、故意伤害罪判处七年有期徒刑”，另行增加其他罪名和判处更高的刑罚。

7. 关于二审案件部分发回的规则

根据《刑事诉讼法》第二百三十六条的规定，第二审人民法院认为第一审判决事实不清、证据不足的，可以在查清事实后改判，也可以裁定撤销原判，发回原审人民法院重新审判。但是，对于涉及多名被告人的案件，如涉黑案件中的从犯，在二审时发现还有一个其单独实施的轻微犯罪，第二审人民法院将全案发回重审，费时费力。基于节约司法资源，保障审判顺利推进的考虑，本解释第四百零四条第二款规定：“有多名被告人的案件，部分被告人的犯罪事实不清、证据不足或者有新的犯罪事实需要追诉，且有关犯罪与其他同案被告人没有关联的，第二审人民法院根据案件情况，可以对该部分被告人分案处理，将该部分被告人发回原审人民法院重新审判。原审人民法院重新作出判决后，被告人上诉或者人民检察院抗诉，其他被告人的案件尚未作出第二审判决、裁定的，第二审人民法院可以并案审理。”具体而言，此种情况下，对部分被告人的案件发回重审，其余被告人的案件可以视情继续审理（有必要的，也可以中止审理）。当然，如果发回重审被告人的案件重新进入二审的，可以与其他被告人的二审案件合并。

8. 关于对附带民事部分提出上诉的处理规则

本解释第四百零九条根据司法实践反映的问题对《2012 年解释》第三百一十三条、第三百三十一条的规定作出整合和修改完善，规定：“第二审人民法院审理对附带民事部分提出上诉，刑事部分已经发生法律效力的案件，应当对全案进行审查，并按照下列情形分别处理：（一）第一审判决的刑事部分并无不当的，只需就附带民事部分作出处理；（二）第一审判决的刑事部分确有错误的，依照审判监督程序对刑事部分进行再审，并将附带民事部分与刑事部分一并审理。”

需要注意的是，对于仅对附带民事诉讼部分提出上诉，刑事部分已经发生法律效力的，第二审人民法院应当进行全案审查。发现刑事部分有错误的，应当依照审判监督程序提审或者指令再审。由于刑事部分的审理系民事部分的基础，应当将附带民事部分和刑事部分一并审理。如果二审法院对刑事部分提审的，则应由其对刑事再审与附带民事二审合并审理；如果二审法院指令一审法院对刑事部分再审的，则应当将附带民事部分发回后与刑事再审并案审理。

征求意见过程中，有意见提出，按照以往的做法，对刑事部分提出上诉的处理，往往制作刑事裁定书，而不是刑事附带民事裁定书。建议明确对民事部分提出上诉的处理，是否需要制作刑事附带民事诉讼裁定书。经研究认为，由于民事部分附属于刑事部分，应当制作刑事附带民事诉讼文书，包括判决书和裁定书。本条第一项规定就附带民事部分作出处理，包括维持、改判和发回重审。附带民事部分事实清楚、适用法律正确的，应当以刑事附带民事裁定维持原判，驳回上诉。附带民事部分确有错误的，以刑事附带民事判决对附带民事部分作出改判或者以刑事附带民事裁定发回重审。

针对原审判决的附带民事诉讼部分提出上诉的，本条原本拟规定“第一审判决的附带民事部分事实清楚，适用法律正确的，应当以刑事附带民事裁定维持附带民事部分的原判，驳回上诉”。征求意见过程中，有意见建议明确，二审法院对于仅民事部分上诉且事实清楚、适用法律正确的案件，主文是沿用以前的“驳回上诉，维持原判”，还是按照该规定主文写“维持附带民事部分的原判，驳回上诉”，建议予以明确。经研究，鉴于司法实践中多数法院直接表述为“驳回上诉，维持原判”的实际情况，可以交由司法实践裁量处理，故本条未作明确规定。

（十六）在法定刑以下判处刑罚和特殊假释的核准

《刑事诉讼法修改决定》未涉及“在法定刑以下判处刑罚和特殊假释的核准”问题。本解释第十六章沿用《2012 年解释》第十四章“在法定刑以下判处刑罚和特殊假释的核准”的条文，并作了修改完善，主要涉及：(1) 明确法定刑以下判处刑罚案件层报复核过程中上级人民法院可以直接改判；(2) 明确第二审人民法院可以直接在法定刑以下判处刑罚，并层报最高人民法院核准。

1. 关于法定刑以下判处刑罚案件层报复核的程序

本解释第四百一十四条根据司法实践反映的问题对《2012 年解释》第三百三十六条的规定作出修改完善，规定：“报请最高人民法院核准在法定刑以下判处刑罚的案件，应当按照下列情形分别处理：（一）被告人未上诉、人民检察院未抗诉的，在上诉、抗诉期满后三日以内报请上一级人民法院复核。上级人民法院同意原判的，应当书面层报最高人民法院核准；不同意的，应当裁定发回重新审判，或者按照第二审程序提审；（二）被告人上诉或者人民检察院抗诉的，上一级人民法院维持原判，或者改判后仍在法定刑以下判处刑罚的，应当依照前项规定层报最高人民法院核准。”需要注意的是：

第一，关于被告人未上诉、人民检察院未抗诉的情形。《2012 年解释》第三百三十六条第一项规定，对此情形，上一级人民法院不同意的，“应当裁定发回重新审判，或者改变管辖按照第一审程序重新审理。原判是基层人民法院作出的，高级人民法院可以指定中级人民法院按照第一审程序重新审理”。讨论中，有意见认为，如果上一级人民法院是高级人民法院，由其按照第一审程序重新审理，则可能导致最高人民法院成为二审法院，似有不妥。另有意见认为，对于原判是基层人民法院作出的，高级人民法院复核认为原判刑罚畸重的，依照原规定，只能发回重审或者指定中级人民法院按照第一审程序重新审理，程序烦琐，不便操作。基于此，宜借鉴死刑复核程序中高级人民法院不同意一审死刑判决的可以依照第二审程序提审的规定，直接作出改判。经研究，采纳上述意见，作出相应调整。

第二，关于被告人上诉、人民检察院未抗诉的情形。有意见认为，此种情形下，第二审人民法院可以直接加重刑罚，或者以量刑过轻为由发回原审人民法院重新审判，原审人民法院不受《刑事诉讼法》第二百三十七条第一款关于上诉不加刑原则的限制。主要考虑是：法定刑以下判处刑罚案件较为特殊，依法需要层报最高人民法院核准。对于一审在法定刑以下判处刑罚的案件，如果上级法院经复核或者审理认为不符合在法定刑以下判处刑罚的条件，应当允许上级法院改判加刑或者通过发回重审加重刑罚，否则，将会使得一审法院“绑架”上级法院，导致法定刑以下判处刑罚案件的核准程序流于形式，无法发挥监督制约作用。基于上述考虑，本条原本拟明确规定，对于法定刑以下判处刑罚的案件，“上级人民法院按照第二审程序改判，或者发回原审人民法院重新审判的，不受刑事诉讼法第二百三十七条第一款规定的限制”。

讨论中，有意见认为，上述规则存在不妥，可能导致适用法定刑以下核准程序案件的被告人反而遭受不利的后果。例如，被告人应当适用的法定最低刑为十年有期徒刑，如果一审对其在法定刑以下判处刑罚，无论人民检察院是否提出抗诉，二审可能对其加重至十二年；但如果一审对其判处法定最低刑十年有期徒刑，则在人民检察院未提出抗诉的情况下，二审无法加重其刑罚。基于此，为避免上述不合理现象，建议明确在人民检察院未抗诉的情况下，第二审人民法院可以加重刑罚，但只能在法定最低刑以下的幅度内加重刑罚，即无论如何，不得加重至法定刑以上的幅度。在法定刑以下判处刑罚的案件固然特殊，但如果被告人上诉，案件就会进入二审程序。二审法院无论改判还是发回重审，都应当遵守上诉不加刑原则，至少需要明确在人民检察院未抗诉的情况下，只能在法定最低刑以下的幅度内加重刑罚。

鉴于上述问题存在不同认识，本条未作规定，待进一步研究、统一认识后再通过其他方式作出明确。

2. 关于第二审人民法院直接在法定刑以下判处刑罚并层报核准的问题

本解释第四百一十五条规定：“对符合刑法第六十三条第二款规定的案件，第一审人民法院未在法定刑以下判处刑罚的，第二审人民法院可以在法定刑以下判处刑罚，并层报最高人民法院核准。”据此，第一审人民法院未在法定刑以下判处刑罚的案件，被告人上诉或者检察院抗诉的，第二审可以直接在法定刑以下判处刑罚，并层报最高人民法院核准。

（十七）死刑复核程序

《刑事诉讼法修改决定》未涉及死刑复核程序的问题。本解释第十七章沿用《2012 年解释》第十五章“死刑复核程序”的条文，并根据司法实践反映的问题作了修改完善，主要涉及：(1) 明确最高人民法院复核死刑案件可以直接改判；(2) 明确最高人民法院裁定不核准死刑，发回第二审人民法院的，第二审人民法院后续处理规则。

1. 关于最高人民法院复核死刑案件可以直接改判的问题

1996 年《刑事诉讼法》未规定最高人民法院复核死刑案件可以改判。2007 年，为统一行使死刑案件核准权，最高人民法院制定了《最高人民法院关于复核死刑案件若干问题的规定》（法释〔2007〕4 号，以下简称《复核死刑规定》）。其中，第四条规定：“最高人民法院复核后认为原判认定事实正确，但依法不应当判处死刑的，裁定不予核准，并撤销原判，发回重新审判。”同时，规定了两种“可以改判”的情形，即第六条规定：“数罪并罚案件，一人有两罪以上被判处死刑，最高人民法院复核后，认为其中部分犯罪的死刑裁判认定事实不清、证据不足的，对全案裁定不予核准，并撤销原判，发回重新审判；认为其中部分犯罪的死刑裁判认定事实正确，但依法不应当判处死刑的，可以改判并对其他应当判处死刑的犯罪作出核准死刑的判决。”第七条规定：“一案中两名以上被告人被判处死刑，最高人民法院复核后，认为其中部分被告人的死刑裁判认定事实不清、证据不足的，对全案裁定不予核准，并撤销原判，发回重新审判；认为其中部分被告人的死刑裁判认定事实正确，但依法不应当判处死刑的，可以改判并对其他应当判处死刑的被告人作出核准死刑的判决。”之所以作出上述规定，主要有两点考虑：一是当时对死刑复核能否改判尚有不同认识；二是尽量把改判可能引发的问题解决在地方。2012 年刑事诉讼法修改，采纳最高人民法院建议，吸收《复核死刑规定》的上述规定，在 2012 年修正刑事诉讼法第二百三十九条（2018 年修正《刑事诉讼法》第二百五十条）规定：“最高人民法院复核死刑案件，应当作出核准或者不核准死刑的裁定。对于不核准死刑的，最高人民法院可以发回重新审判或者予以改判。”

《2012 年解释》起草时，结合上述考虑和法律修改的背景，考虑到《复核死刑规定》在司法适用中未出现明显问题，故沿用《复核死刑规定》第四条，在第三百五十条规定：“最高人民法院复核死刑案件，应当按照下列情形分别处理……（五）原判认定事实正确，但依法不应当判处死刑的，应当裁定不予核准，并撤销原判，发回重新审判……”同时，在第三百五十一条、第三百五十二条，继续沿用了对一人犯数个死罪和一案有两人被判处死刑案件可以部分改判的规定。

征求意见过程中，有意见建议增加予以改判的规定。理由是：刑事诉讼法已经规定，对于不核准死刑的，最高人民法院可以发回重新审判或者予以改判。对仅量刑不当的，最高人民法院复核没有必要全部发回重审。从节约司法资源的角度考虑，应当规定可以改判。但是，也有意见认为，死刑复核程序要体现其特殊性质，防止成为“第三审”。并且，如作出上述修改，可能导致地方法院不能担当作为，未能把矛盾、风险化解在地方，而是推由最高人民法院改判，导致信访压力加剧。

经综合考虑上述意见，本解释第四百二十九条规定：“最高人民法院复核死刑案件，应当按照下列情形分别处理……（五）原判认定事实正确、证据充分，但依法不应当判处死刑的，应当裁定不予核准，并撤销原判，发回重新审判；根据案件情况，必要时，也可以依法改判……”同时，删除了《2012 年解释》第三百五十一条、第三百五十二条规定。主要考虑是：从 2012 年以来的司法实践看，确有案件系由最高人民法院直接改判，例如，在《刑事审判参考》总第 117 集刊登的“被告人柔柯耶姆·麦麦提故意杀人案”中，被告人被新疆阿克苏中院一审判处死刑，剥夺政治权利终身，在法定期限内无上诉、抗诉，新疆高院经复核同意原判并报最高人民法院核准，最高人民法院审判委员会经讨论依法决定不核准死刑，以故意杀人罪改判被告人死刑缓期二年执行，剥夺政治权利终身。还有一些案件，存在非死刑罪名适用有瑕疵的情况，如由于盗窃罪司法解释调整导致原来的盗窃罪判处的刑罚需要调整，并没有新的事实证据，全案发回似意义不大，且过于浪费司法资源。但是，规定最高人民法院在死刑复核程序中可以直接改判，也可能带来的一系列问题，需要引起重视。故而，仍应坚持“以发回重审为原则、以依法改判为例外”的原则，即对不予核准死刑的案件，一般应发回重审，只有改判没有“后遗症”的，出于诉讼效率的考虑，才予以直接改判。

2. 关于最高人民法院发回第二审人民法院案件的后续处理规则

从法律规定来看，最高人民法院不核准被告人死刑，依法可以发回第二审人民法院，也可以直接发回第一审人民法院重新审判。最高人民法院认为直接发回一审重审才能更好查清案件事实的，会直接发回一审重审。既然最高人民法院没有直接发回一审，而是发回二审重新审判，第二审人民法院就应当切实履行二审的监督、纠错职能，依法作出判决或者裁定，原则上不得将案件发回原一审人民法院重新审判。基于此，《最高人民法院关于适用刑事诉讼法第二百二十五条第二款有关问题的批复》（法释〔2016〕13 号）第一条规定：“对于最高人民法院依据《中华人民共和国刑事诉讼法》第二百三十九条和《最高人民法院关于适用〈中华人民共和国刑事诉讼法〉的解释》第三百五十三条裁定不予核准死刑，发回第二审人民法院重新审判的案件，无论此前第二审人民法院是否曾以原判决事实不清楚或者证据不足为由发回重新审判，原则上不得再发回第一审人民法院重新审判；有特殊情况确需发回第一审人民法院重新审判的，需报请最高人民法院批准。”本解释第四百三十条吸收上述规定，第二款规定：“对最高人民法院发回第二审人民法院重新审判的案件，第二审人民法院一般不得发回第一审人民法院重新审判。”同时，未再规定“有特殊情况确需发回第一审人民法院重新审判的，需报请最高人民法院批准”，而是交由司法实践裁量把握。

“特殊情况”主要是指由一审人民法院重审，更有利于查明案件事实的特殊情形。具体有三类：（1）高级人民法院第一次发回重审时明确提出核实证据、查清事实的具体要求，中级人民法院未予查实又作出死刑判决的；（2）最高人民法院发回重审时提出了核实新的证据、查清新的事实的要求，高级人民法院认为只有发回中级人民法院重新审判，才更有利于查清事实的；（3）其他因事实、证据问题，发回中级人民法院重新审判更有利于查清事实、保障案件审理质量和效果的。

征求意见过程中，有意见建议明确最高人民法院对因事实证据原因不予核准的死刑案件，直接发回一审法院重新审判。理由是：根据本解释第四百三十条的规定，对于最高人民法院发回二审法院重审的，二审法院一般不能发回一审法院。但事实证据的问题，往往在二审阶段难以解决，建议最高人民法院直接发回一审法院重新审判。而且，由最高人民法院直接发回第一审人民法院，可以减少环节，节约司法资源。经研究，未采纳上述意见。主要考虑是：是发回二审法院重审还是发回一审法院重审，需要结合案件具体情况作出决定。有些案件事实，如立功的查证等，由二审法院查证即可，没有必要一律发回一审法院重审。

此外，《最高人民法院关于适用刑事诉讼法第二百二十五条第二款有关问题的批复》第二条规定：“对于最高人民法院裁定不予核准死刑，发回第二审人民法院重新审判的案件，第二审人民法院根据案件特殊情况，又发回第一审人民法院重新审判的，第一审人民法院作出判决后，被告人提出上诉或者人民检察院提出抗诉的，第二审人民法院应当依法作出判决或者裁定，不得再发回重新审判。”本解释第四百三十三条吸收了上述规定。同时，从实践来看，相关案件在未上诉、未抗诉的情况下，高级人民法院依照复核程序审理时的发回重审规则也需要明确。对于最高人民法院裁定不予核准死刑，发回第二审人民法院重新审判的案件，第二审人民法院根据案件特殊情况，又发回第一审人民法院重新审判的，第一审人民法院作出判决后，被告人未提出上诉、人民检察院未提出抗诉的，高级人民法院应当依照复核审程序审理，《2012年解释》第三百五十四条并未限定此种情形下高级人民法院发回重审的次数。有意见提出，不限制发回重审的次数，不利于发挥高级人民法院复核审的作用，不利于死刑案件的办理和矛盾化解。经研究认为，高级人民法院无论是适用第二审程序还是复核审程序，并无本质区别，因此，明确高级人民法院适用复核审程序发回重审也限于一次。从实践来看，发回重审的案件可能存在第一审程序违法的问题，此种情形下，只能再次发回。基于上述考虑，本解释第四百三十三条规定："依照本解释第四百三十条、第四百三十一条发回重新审判的案件，第一审人民法院判处死刑、死刑缓期执行的，上一级人民法院依照第二审程序或者复核程序审理后，应当依法作出判决或者裁定，不得再发回重新审判。但是，第一审人民法院有刑事诉讼法第二百三十八条规定的情形或者违反刑事诉讼法第二百三十九条规定的除外。"

（十八）涉案财物处理

《刑事诉讼法修改决定》未涉及查封、扣押、冻结财物及其处理问题。本解释第十八章沿用《2012年解释》第十六章"查封、扣押、冻结财物及其处理"的条文，并根据司法实践反映的问题作了修改完善，主要涉及：(1) 完善涉案财物先行处置程序；(2) 完善查封、扣押、冻结涉案财物的具体操作规则；(3) 设立漏判涉案财物的处理规则。

1. 关于涉案财物的先行处置规则

《中办、国办涉案财物处置意见》提出完善涉案财物先行处置程序。据此，《解释》第四百三十九条规定："审判期间，对不宜长期保存、易贬值或者市场价格波动大的财产，或者有效期即将届满的票据等，经权利人申请或者同意，并经院长批准，可以依法先行处置，所得款项由人民法院保管。涉案财物先行处置应当依法、公开、公平。"

讨论中，有意见提出，一般情况下先行处置要经权利人的申请或者同意，但是在特殊情况下，无法联系到权利人，不马上处理就会造成物品损毁、灭失、变质、贬值（如即将过期的食品、化妆品）的，是否也可以经院长批准后直接处理，建议作出明确。经研究，鉴于《中办、国办涉案财物处置意见》未明确可以在不经权利人申请或者同意的情况下先行处置涉案财物，故本解释不宜作出突破规定，宜交由司法实践根据案件具体情况裁量处理。

2. 关于漏判涉案财物的处理规则

本解释第四百四十六条规定："第二审期间，发现第一审判决未对随案移送的涉案财物及其孳息作出处理的，可以裁定撤销原判，发回原审人民法院重新审判，由原审人民法院依法对涉案财物及其孳息一并作出处理。判决生效后，发现原判未对随案移送的涉案财物及其孳息作出处理的，由原审人民法院依法对涉案财物及其孳息另行作出处理。"

适用本条规定需要注意：(1) 本条第一款规定，二审期间一审判决未对随案移送的涉案财物及其孳息作出处理的，可以裁定撤销原判，发回原审人民法院重新审判，由原审人民法院依法对涉案财物及其孳息一并作出处理。此种情形不违反上诉不加刑原则的要求。(2) 本条规定二审对一审漏判涉案财物、判决生效后对原判漏判涉案财物的处理规则，仅限于"随案移送的涉案财物及其孳息"。此外，本解释原本拟增加规定："对查封、扣押、冻结的涉案财物及其孳息，应当在对被告人作出判决、裁定的同时一并作出处理。但是，对于涉众型犯罪案件或者其他涉案财物情况复杂的案件，一并处理可能导致对被告人的判决、裁定过分迟延的，可以另行作出处理。”原则上，查封、扣押、冻结的财物及其孳息，应当在对被告人作出判决、裁定的同时一并作出处理。但是，有的涉众型案件，如非法集资案件，因为涉案财物及其孳息的权属等问题过于复杂，在有限的时间内难以理清，为了防止对被告人的判决、裁定过分迟延，可以考虑在判决、裁定后，单独对查封、扣押、冻结的财物及其孳息作出处理。讨论中，对上述规定存在不同认识。有意见认为，新增涉案财物另行处理程序缺乏法律依据。根据法理，同一个诉，应当对案涉事实全部作出处理。如果作此规定，容易引发一系列问题需要界定。包括：(1) 对涉案财物处理应当以什么程序审理，审理结束后制作什么形式的法律文书；(2) 后续涉案财物处理是否有审限且如何计算审限；(3) 对定罪量刑作出的判决、裁定是否生效，能否送监服刑；(4) 对涉案财物的处理结果能否提出上诉，上诉后是否要全案审查；等等。鉴于对此问题未形成共识，暂未作出明确规定，交由司法实践裁量处理，继续探索。

(十九) 审判监督程序

《刑事诉讼法修改决定》未涉及审判监督程序的问题。本解释第十九章沿用《2012 年解释》第十七章“审判监督程序”的条文，并根据实践反映情况作了修改完善，主要涉及：(1) 明确申诉异地审查制度；(2) 完善“新的证据”的认定规则；(3) 明确依照审判监督程序重新审判的案件与原审被告人其他犯罪案件的合并审理规则。

1. 关于申诉异地审查制度

目前，异地审查（指上级人民法院指定终审人民法院以外的人民法院审查）是人民法院办理再审审查案件的方式之一。“聂某斌案”等冤错案件的再审经过证明，指令异地审查制度有利于保证审查的客观公正，符合申请人和社会公众的期待，有必要通过司法解释予以确认。基于此，本解释第四百五十四条规定：“最高人民法院或者上级人民法院可以指定终审人民法院以外的人民法院对申诉进行审查。被指定的人民法院审查后，应当制作审查报告，提出处理意见，层报最高人民法院或者上级人民法院审查处理。”

2. 关于“新的证据”的认定

《2012 年解释》第三百七十六条对刑事诉讼法第二百五十三条第一项规定的“新的证据”作了列举规定，其中，第三百七十六条第四项为“原判决、裁定所依据的鉴定意见，勘验、检查等笔录或者其他证据被改变或者否定的”。征求意见过程中，有意见建议将该项规定修改为“原判决、裁定所依据的鉴定意见，证人证言、被告人供述等言词证据被改变或者否定，经审查具有合理理由的”。理由是：实践中很多申诉人以案件生效后改变的证人证言，或翻供的被告人供述作为新的证据提出申诉，司法实践中对此把握不准。建议对于证言、供述虽然有变化，但不影响定罪量刑，或者翻证、翻供没有合理理由的，不应视为出现了新的证据而启动再审。经研究，采纳上述意见，本解释第四百五十八条第四项、第五项区分证据种类分别作出相应规定，即“（四）原判决、裁定所依据的鉴定意见，勘验、检查等笔录被改变或者否定的”“（五）原判决、裁定所依据的被告人供述、证人证言等证据发生变化，影响定罪量刑，且有合理理由的”。

3. 关于依照审判监督程序重新审判的案件与原审被告人其他犯罪案件的合并审理规则

司法实践中，对于依照审判监督程序重新审判，可能存在被告人还有其他犯罪的情况。本解释第四百六十七条规定：“对依照审判监督程序重新审判的案件，人民法院在依照第一审程序进行审判的过程中，发现原审被告人还有其他犯罪的，一般应当并案审理，但分案审理更为适宜的，可以分案审理。”概言之，所涉情形以并案审理为原则，以分案审理为例外。主要考虑：(1) 根据《刑法》的有关规定，如果通过再审撤销原判以后，需要再审改判之罪和被告人所犯其他犯罪都属于判决宣告前的数罪，应当依照《刑法》第六十九条的规定进行数罪并罚；如果分案处理，只能依照《刑法》第七十条的规定或者第七十一条的规定并罚，两者的最终量刑有时会有差异。(2) 从审判实践来看，将再审和其他犯罪的审理合并，程序上可以操作，也有助于提高审判效率。

需要注意的是，本条强调需要并案审理的，原则上应当依照第一审程序并案审理，但根据案件情况也可以在第一审程序中分案审理，而后在第二审程序中并案审理。通常而言，一审分案审理的，对于再审犯罪和其他犯罪均上诉的，可以在二审合并处理；对于一个犯罪提出上诉，一个犯罪没有提出上诉的，二审可以按照数罪并罚处理；对于一个犯罪宣告有罪，另一个犯罪宣告无罪的，则不宜合并审理，宜全程分案审理。

（二十）涉外刑事案件的审理和刑事司法协助

《刑事诉讼法修改决定》未涉及涉外刑事案件的审理和司法协助问题。本解释第二十章吸收《2012 年解释》第十八章“涉外刑事案件的审理和司法协助”的条文，将标题调整为“涉外刑事案件的审理和刑事司法协助”，拆分为“涉外刑事案件的审理”“刑事司法协助”两节，并根据《国际刑事司法协助法》，结合司法实践反映的问题，对涉外刑事案件的审理和刑事司法协助的有关问题作出修改完善。

1. 关于确认外国人国籍的规则

《2012 年解释》第三百九十四条第一款规定：“外国人的国籍，根据其入境时的有效证件确认……”实践中存在被告人通过海关进入我国境内，但持有两国甚至多国护照或身份证明的情形。此种情形下，应当以其通关时所持用的国籍证件为认定国籍的依据。鉴于此，本解释第四百七十七条第一款规定："外国人的国籍，根据其入境时持用的有效证件确认；国籍不明的，根据公安机关或者有关国家驻华使领馆出具的证明确认。"

2. 关于对外国法院请求事项不予协助的情形

《2012 年解释》第四百零八条第二款规定："外国法院请求的事项有损中华人民共和国的主权、安全、社会公共利益的，人民法院不予协助。"《国际刑事司法协助法》第十四条规定："外国向中华人民共和国提出的刑事司法协助请求，有下列情形之一的，可以拒绝提供协助：（一）根据中华人民共和国法律，请求针对的行为不构成犯罪；（二）在收到请求时，在中华人民共和国境内对于请求针对的犯罪正在进行调查、侦查、起诉、审判，已经作出生效判决，终止刑事诉讼程序，或者犯罪已过追诉时效期限；（三）请求针对的犯罪属于政治犯罪；（四）请求针对的犯罪纯属军事犯罪；（五）请求的目的是基于种族、民族、宗教、国籍、性别、政治见解或者身份等方面的原因而进行调查、侦查、起诉、审判、执行刑罚，或者当事人可能由于上述原因受到不公正待遇；（六）请求的事项与请求协助的案件之间缺乏实质性联系；（七）其他可以拒绝的情形。"据此，本解释第四百九十二条增加规定可以不予协助的情形，规定："外国法院请求的事项有损中华人民共和国的主权、安全、社会公共利益以及违反中华人民共和国法律的基本原则的，人民法院不予协助；属于有关法律规定的可以拒绝提供刑事司法协助情形的，可以不予协助。"

3. 关于委托驻外使领馆送达刑事文书的问题

《2012 年解释》第四百一十二条第三项规定："对中国籍当事人，可以委托我国驻受送达人所在国的使、领馆代为送达。"征求意见过程中，有意见提出，关于委托驻外使领馆向位于境外的中国籍当事人送达刑事文书问题，美国、加拿大等西方主要国家对于在其境内送达刑事司法文书的态度较为谨慎，如美国有关部门明确表示，在美境内送达刑事司法文书被视为执法行为，不属于领事职务范畴，须由其执法部门执行。其他国家也要求执行送达须不违反其国内法。鉴于此，本解释第四百九十五条第三项作了修改，增加了"所在国法律允许或者经所在国同意的"要件，规定："人民法院向在中华人民共和国领域外居住的当事人送达刑事诉讼文书，可以采用下列方式……（三）对中国籍当事人，所在国法律允许或者经所在国同意的，可以委托我国驻受送达人所在国的使领馆代为送达……"

（二十一）执行程序

《刑事诉讼法修改决定》与《刑法修正案（九）》相衔接，对死缓改判死刑的条件作了调整。本解释第二十一章吸收《2012 年解释》第十九章"执行程序"的条文，并根据司法实践反映的情况作了修改完善，主要涉及：（1）吸收《最高人民法院关于死刑复核及执行程序中保障当事人合法权益的若干规定》

（法释〔2019〕12 号），对死刑的执行程序作出完善；（2）根据人民法院“送监难”的现实问题，依法明确人民法院只承担将有关的法律文书送达公安机关、监狱或者其他执行机关的职责；（3）吸收财产刑执行有关司法解释对刑事裁判涉财产部分和附带民事裁判的执行程序作出完善；（4）根据社区矫正法的规定对相关条文作出修改完善。

1. 关于死缓期间犯罪案件的处理

被判处死刑缓期执行的罪犯，在死刑缓期执行期间犯罪，既有故意犯罪，也有过失犯罪。无论是故意犯罪，还是过失犯罪，均应当由罪犯服刑地的中级人民法院依法审判。基于此，本解释第四百九十七条第一款规定：“被判处死刑缓期执行的罪犯，在死刑缓期执行期间犯罪的，应当由罪犯服刑地的中级人民法院依法审判，所作的判决可以上诉、抗诉。”此外，本解释第十三条第三款规定：“罪犯在脱逃期间又犯罪的，由服刑地的人民法院管辖。但是，在犯罪地抓获罪犯并发现其在脱逃期间犯罪的，由犯罪地的人民法院管辖。”由于本解释第四百九十七条针对死缓期间故意犯罪的管辖作了特别规定，故死缓罪犯故意犯罪的，即使系脱逃后实施犯罪并在犯罪地被抓获的，也应当适用该条规定，由服刑地的中级人民法院审判。

本解释第四百九十七条第三款吸收《最高人民法院关于对死刑缓期执行期间故意犯罪未执行死刑案件进行备案的通知》（法〔2016〕318 号），对死缓期间故意犯罪未执行死刑备案程序作了规定，明确：“对故意犯罪未执行死刑的，不再报高级人民法院核准，死刑缓期执行的期间重新计算，并层报最高人民法院备案。备案不影响判决、裁定的生效和执行。”同时，第四款进一步规定：“最高人民法院经备案审查，认为原判不予执行死刑错误，确需改判的，应当依照审判监督程序予以纠正。”

2. 关于人民法院送监执行的职责

《2012 年解释》第四百二十九条第二款规定：“罪犯需要收押执行刑罚，而判决、裁定生效前未被羁押的，人民法院应当根据生效的判决书、裁定书将罪犯送交看守所羁押，并依照前款的规定办理执行手续。”《刑事诉讼法》第二百六十四条第一款与第二款规定：“罪犯被交付执行刑罚的时候，应当由交付执行的人民法院在判决生效后十日以内将有关的法律文书送达公安机关、监狱或者其他执行机关。对被判处死刑缓期二年执行、无期徒刑、有期徒刑的罪犯，由公安机关依法将该罪犯送交监狱执行刑罚。对被判处有期徒刑的罪犯，在被交付执行刑罚前，剩余刑期在三个月以下的，由看守所代为执行。对被判处拘役的罪犯，由公安机关执行。”据此，判决、裁定生效后，将罪犯送交执行的机关是公安机关，人民法院只负责送达有关法律文书。从人民法院的警力配备和执行手段等现实情况看，人民法院也难以承担抓捕罪犯的工作。鉴于此，本解释第五百一十一条依据刑事诉讼法第二百六十四条的规定，删去

《2012年解释》第四百二十九条第二款关于由人民法院将罪犯送交看守所羁押的规定，并使第一款与《刑事诉讼法》第二百六十四条的规定保持一致，规定："被判处死刑缓期执行、无期徒刑、有期徒刑、拘役的罪犯，第一审人民法院应当在判决、裁定生效后十日以内，将判决书、裁定书、起诉书副本、自诉状复印件、执行通知书、结案登记表送达公安机关、监狱或者其他执行机关。"

3. 关于作出暂予监外执行决定前征求人民检察院意见的问题

《最高人民法院、最高人民检察院、公安部、司法部、国家卫生计生委暂予监外执行规定》（司发通〔2014〕112号）第十八条第四款规定："人民法院在作出暂予监外执行决定前，应当征求人民检察院的意见。"但是，讨论中，对将征求人民检察院意见作为人民法院作出暂予监外执行决定的前置程序的规定存在不同认识：有意见提出，人民法院依据被告人的身体状况进行司法鉴定，并据实作出监外执行决定，检察院并不具体参与该过程。因此，决定作出后抄送检察机关，由其进行事后监督即可。也有意见认为保留事前监督有合理之处，理由是：第一，相关规定并非新增规定，只是沿用；如果不予沿用，反而有规避人民法院应尽义务之嫌。第二，从立法意图上看，规定人民法院作出监外执行决定前要征求人民检察院的意见，最根本的目的还是规范司法决策的公正性、严肃性，加强对于监外执行决定的监督，预防可能存在的司法腐败，防止被告人通过监外执行的方式规避法律的制裁。以此来看，人民法院在作出监外执行决定前要征求人民检察院的意见是无可厚非的。经研究，采纳后一种意见，本解释第五百一十五条第二款规定："人民法院在作出暂予监外执行决定前，应当征求人民检察院的意见。"

征求意见过程中，有意见提出，实践中有的地方对作出暂予监外执行决定程序不明，建议明确须经合议庭进行审查。经研究认为，是否需要组成合议庭进行审查，宜区分情况作出处理，不应一概而论。有的案件系独任审判，判处有期徒刑，在交付执行前决定暂予监外执行的，组成合议庭进行审查，似不具有可操作性。

4. 关于社区矫正执行地的确定规则

本解释第五百一十九条第一款根据《社区矫正法》第十七条的规定，确立了社区矫正执行地的确定规则，规定："对被判处管制、宣告缓刑的罪犯，人民法院应当依法确定社区矫正执行地。社区矫正执行地为罪犯的居住地；罪犯在多个地方居住的，可以确定其经常居住地为执行地；罪犯的居住地、经常居住地无法确定或者不适宜执行社区矫正的，应当根据有利于罪犯接受矫正、更好地融入社会的原则，确定执行地。"

本解释第五百一十九条第三款根据《社区矫正法》第二十条的规定，明确了将法律文书送达社区矫正机构等的事宜，规定："人民法院应当自判决、裁定生效之日起五日以内通知执行地社区矫正机构，并在十日以内将判决书、裁定书、执行通知书等法律文书送达执行地社区矫正机构，同时抄送人民检察院和执行地公安机关。人民法院与社区矫正执行地不在同一地方的，由执行地社区矫正机构将法律文书转送所在地的人民检察院和公安机关。”

5. 关于撤销缓刑、假释的情形

《刑法》第七十七条第二款规定：“被宣告缓刑的犯罪分子，在缓刑考验期限内，违反法律、行政法规或者国务院有关部门关于缓刑的监督管理规定，或者违反人民法院判决中的禁止令，情节严重的，应当撤销缓刑，执行原判刑罚。”第八十六条第三款规定：“被假释的犯罪分子，在假释考验期限内，有违反法律、行政法规或者国务院有关部门关于假释的监督管理规定的行为，尚未构成新的犯罪的，应当依照法定程序撤销假释，收监执行未执行完毕的刑罚。”可见，缓刑罪犯和假释罪犯违反监督管理规定，撤销缓刑、假释的条件明显不同。为了准确反映法律规定，本解释第五百四十三条对《2012 年解释》第四百五十八条第一款作出调整，区分缓刑、假释分别规定了撤销的不同条件，规定：“人民法院收到社区矫正机构的撤销缓刑建议书后，经审查，确认罪犯在缓刑考验期限内具有下列情形之一的，应当作出撤销缓刑的裁定：（一）违反禁止令，情节严重的；（二）无正当理由不按规定时间报到或者接受社区矫正期间脱离监管，超过一个月的；（三）因违反监督管理规定受到治安管理处罚，仍不改正的；（四）受到执行机关二次警告，仍不改正的；（五）违反法律、行政法规和监督管理规定，情节严重的其他情形。人民法院收到社区矫正机构的撤销假释建议书后，经审查，确认罪犯在假释考验期限内具有前款第二项、第四项规定情形之一，或者有其他违反监督管理规定的行为，尚未构成新的犯罪的，应当作出撤销假释的裁定。”

需要注意的是，刑法虽然没有将“情节严重”规定为撤销假释的条件，但并不意味着只要在假释考验期限内有违反监督管理规定的行为，不问情节轻重，一律撤销假释，仍应当根据具体情况综合考量，对于情节明显较轻的不应撤销假释。

（二十二）未成年人刑事案件诉讼程序

《刑事诉讼法修改决定》未涉及未成年人刑事案件诉讼程序问题。本解释第二十二章在《2012 年解释》第二十章“未成年人刑事案件诉讼程序”的基础上，根据修改后《未成年人保护法》《预防未成年人犯罪法》的规定，对未成年人刑事案件诉讼程序有关条文作了进一步修改完善。

1. 关于未成年人案件审判组织的受案范围

本解释第五百五十条根据司法实践反映的问题对《2012 年解释》第四百六十三条的规定作出修改完善，规定：“被告人实施被指控的犯罪时不满十八周岁、人民法院立案时不满二十周岁的案件，由未成年人案件审判组织审理。

下列案件可以由未成年人案件审判组织审理：（一）人民法院立案时不满二十二周岁的在校学生犯罪案件；（二）强奸、猥亵、虐待、遗弃未成年人等侵害未成年人人身权利的犯罪案件；（三）由未成年人案件审判组织审理更为适宜的其他案件。共同犯罪案件有未成年被告人的或者其他涉及未成年人的刑事案件，是否由未成年人案件审判组织审理，由院长根据实际情况决定。”需要注意的是，规定强奸、猥亵、虐待、遗弃未成年人等侵害未成年人人身权利的犯罪案件可以由少年法庭审理，是因为审理上述案件，不仅要解决对被告人的定罪量刑问题，更要重视做好对未成年被害人心理干预、经济救助、法律援助、转学安置等帮扶救助工作。由熟悉未成年人身心特点的专业法官负责相关工作，能够更好保障工作效果。

2. 关于对未成年被告人适用逮捕的规则

本解释第五百五十三条根据《刑事诉讼法》第二百八十条第一款、《预防未成年人犯罪法》第五十三条的规定，明确：“对未成年被告人应当严格限制逮捕措施。人民法院决定逮捕，应当讯问未成年被告人，听取辩护律师的意见。对被逮捕且没有完成义务教育的未成年被告人，人民法院应当与教育行政部门互相配合，保证其接受义务教育。”

3. 关于对无固定住所、无法提供保证人的未成年被告人适用取保候审的规则

本解释第五百五十四条根据《预防未成年人犯罪法》第五十二条的规定，明确：“人民法院对无固定住所、无法提供保证人的未成年被告人适用取保候审的，应当指定合适成年人作为保证人，必要时可以安排取保候审的被告人接受社会观护。”

4. 关于审理未成年人遭受性侵害或者暴力伤害案件询问未成年被害人、证人的规则

本解释第五百五十六条第二款根据《未成年人保护法》第一百一十二条的规定，明确：“审理未成年人遭受性侵害或者暴力伤害案件，在询问未成年被害人、证人时，应当采取同步录音录像等措施，尽量一次完成；未成年被害人、证人是女性的，应当由女性工作人员进行。”

5. 关于未成年被害人、证人出庭作证的规则

本解释第五百五十八条根据《未成年人保护法》第一百一十条第二款的规定，明确：“开庭审理涉及未成年人的刑事案件，未成年被害人、证人一般不出庭作证；必须出庭的，应当采取保护其隐私的技术手段和心理干预等保护措施。”

6. 关于通知法律援助机构指派律师为未成年被告人提供辩护的问题

本解释第五百六十四条根据《未成年人保护法》第一百零四条的规定，明确：“审判时不满十八周岁的未成年被告人没有委托辩护人的，人民法院应当

通知法律援助机构指派熟悉未成年人身心特点的律师为其提供辩护。”需要注意的是，本条规定的“审判时”宜理解为“立案时”，只要人民法院受理案件时系未成年被告人的，就属于应当提供法律援助的情形，即使其开庭审理时已经成年。

7. 关于社会调查报告的问题

本解释第五百六十八条根据《预防未成年人犯罪法》第五十一条对《2012年解释》第四百七十六条的规定作出修改完善，规定：“对人民检察院移送的关于未成年被告人性格特点、家庭情况、社会交往、成长经历、犯罪原因、犯罪前后的表现、监护教育等情况的调查报告，以及辩护人提交的反映未成年被告人上述情况的书面材料，法庭应当接受。必要时，人民法院可以委托社区矫正机构、共青团、社会组织等对未成年被告人的上述情况进行调查，或者自行调查。”

8. 关于心理疏导、心理测评的问题

本解释第五百六十九条根据《未成年人保护法》第五十一条的规定，结合司法实践反映的问题对《2012年解释》第四百七十七条的规定作出修改完善，规定：“人民法院根据情况，可以对未成年被告人、被害人、证人进行心理疏导；根据实际需要并经未成年被告人及其法定代理人同意，可以对未成年被告人进行心理测评。心理疏导、心理测评可以委托专门机构、专业人员进行。心理测评报告可以作为办理案件和教育未成年人的参考。”

9. 关于法治教育的问题

本解释第五百七十六条根据《预防未成年人犯罪法》第五十条的规定，对《2012年解释》第四百八十五条的规定作出修改完善，规定：“法庭辩论结束后，法庭可以根据未成年人的生理、心理特点和案件情况，对未成年被告人进行法治教育；判决未成年被告人有罪的，宣判后，应当对未成年被告人进行法治教育。对未成年被告人进行教育，其法定代理人以外的成年亲属或者教师、辅导员等参与有利于感化、挽救未成年人的，人民法院应当邀请其参加有关活动。适用简易程序审理的案件，对未成年被告人进行法庭教育，适用前两款规定。”

法庭教育可以在法庭调查和辩论结束之后进行，但有罪教育必须在宣判后。实践中需要注意的是：(1) 如果在宣判之前已进行法庭教育的，宣判有罪后不必再行教育；如果宣判前没有进行教育，则宣判有罪后必须进行教育。(2) 被告人及其法定代理人或者辩护人提出无罪意见的，在庭审中不进行法庭教育，但是判决宣告有罪后仍然要进行教育。(3) 对未成年被告人进行教育，其法定代理人以外的成年亲属或者教师、辅导员等参与有利于感化、挽救未成年人的，人民法院应当邀请其参加有关活动。(4) 法庭教育，可以围绕违法行为对社会的危害和处罚的必要性、导致违法行为发生的主客观原因及应当吸取的教训、正确对待人民法院的裁判等内容进行。(5) 适用简易程序的案件，也应当进行法庭教育。

(二十三) 当事人和解的公诉案件诉讼程序

《刑事诉讼法修改决定》未涉及当事人和解的公诉案件诉讼程序问题。本解释第二十三章沿用《2012 年解释》第二十一章“当事人和解的公诉案件诉讼程序”有关条文，仅对被害人死亡情形下近亲属与被告人和解的问题作了适当完善。

具体而言，关于近亲属的范围，依照《刑事诉讼法》第一百零八条第六项的规定，包括夫、妻、父、母、子、女、同胞兄弟姊妹，分别处于不同继承顺序。对于存在第一顺序继承人的情形，第一顺位的近亲属未同意和解的，即使第二继承顺序的近亲属全部同意和解，也无权和被告人达成和解协议。基于此，本解释第五百八十八条第一款专门规定：“符合刑事诉讼法第二百八十八条规定的公诉案件，被害人死亡的，其近亲属可以与被告人和解。近亲属有多人的，达成和解协议，应当经处于最先继承顺序的所有近亲属同意。”

(二十四) 缺席审判程序

《刑事诉讼法修改决定》在《刑事诉讼法》第五编“特别程序”中增设缺席审判程序。本解释增设第二十四章“缺席审判程序”，根据修改后《刑事诉讼法》的规定，对缺席审判程序的有关问题作出明确。需要提及的是，根据《刑事诉讼法》的规定，本章仅构建了缺席审判程序的基本框架。鉴于缺席审判程序需要在探索中逐步积累经验，其司法适用的具体问题将另行通过专门司法解释作出规定。

1. 关于对依照《刑事诉讼法》第二百九十一条第一款提起公诉案件的审查处理规则

2018 年 10 月 22 日《全国人民代表大会宪法和法律委员会关于〈中华人民共和国刑事诉讼法（修正草案）〉审议结果的报告》指出：“草案二次审议稿第二十五条中规定，对于人民检察院提起公诉要求缺席审判的案件，人民法院进行审查后，对于起诉书中有明确的指控犯罪事实的，应当决定开庭审判。有的常委会组成人员和专家学者提出，缺席审判程序是刑事诉讼中的特别程序，法院在案件入口审查上应严格把关。除了审查起诉书是否具有明确的指控犯罪事实外，还应当对是否符合缺席审判程序适用条件进行审查。宪法和法律委员会经研究，建议采纳上述意见，在人民法院决定开庭缺席审判的条件中增加相应规定。”根据刑事诉讼法的规定和修法精神，对依照缺席审判程序提起公诉的案件，人民法院应当进行实质审查。基于此，本解释第五百九十九条规定：“对人民检察院依照刑事诉讼法第二百九十一条第一款的规定提起公诉的案件，人民法院审查后，应当按照下列情形分别处理：(一) 符合缺席审判程序适用条件，属于本院管辖，且材料齐全的，应当受理；(二) 不属于可以适用缺席审判程序的案件范围、不属于本院管辖或者不符合缺席审判程序的其他适用条件的，应当退回人民检察院；（三）材料不全的，应当通知人民检察院在三十日以内补送；三十日以内不能补送的，应当退回人民检察院。”

2. 关于对依照《刑事诉讼法》第二百九十一条第一款提起公诉案件的审理处理方式和证明标准

本解释第六百零四条规定：“对人民检察院依照刑事诉讼法第二百九十一条第一款的规定提起公诉的案件，人民法院审理后应当参照本解释第二百九十五条的规定作出判决、裁定。作出有罪判决的，应当达到证据确实、充分的证明标准。经审理认定的罪名不属于刑事诉讼法第二百九十一条第一款规定的罪名的，应当终止审理。适用缺席审判程序审理案件，可以对违法所得及其他涉案财产一并作出处理。”本条系新增条文，规定了对人民检察院依照《刑事诉讼法》第二百九十一条第一款提起公诉案件的审理处理方式和证明标准。

根据《刑事诉讼法》第二百九十一条第一款的规定，人民检察院对缺席审判案件提起公诉的前提是“犯罪事实已经查清，证据确实、充分，依法应当追究刑事责任”。那么，通过缺席审判认定被告人有罪的证明标准，自然也应当遵从一般刑事案件的证明标准，即“证据确实、充分”。

征求意见过程中，有意见建议对违法所得或者其他涉案财产一并作出处置的，增设公告程序，允许利害关系人参加诉讼。经研究认为，相关问题较为复杂，留待下一步解决。倾向性意见是，缺席审判程序可以直接对涉案财物作出处理；而且适用缺席审判程序需要将传票、起诉书副本送达被告人，没有必要再适用违法所得没收程序中的公告程序。

3. 关于对中止审理案件的缺席审判

本解释第六百零五条规定：“因被告人患有严重疾病导致缺乏受审能力，无法出庭受审，中止审理超过六个月，被告人仍无法出庭，被告人及其法定代理人、近亲属申请或者同意恢复审理的，人民法院可以根据刑事诉讼法第二百九十六条的规定缺席审判。符合前款规定的情形，被告人无法表达意愿的，其法定代理人、近亲属可以代为申请或者同意恢复审理。”

需要注意的是：(1) 根据《刑事诉讼法》第二百九十六条的规定，此种缺席审判的适用对象是患有严重疾病无法出庭的被告人。经研究认为，此处规定的患有严重疾病无法出庭实际上是指没有受审能力，而不能作其他泛化解释，更不能将被告人因身体残疾不便到庭参加诉讼就理解为此处规定的患有严重疾病无法出庭。(2) 被告人缺乏受审能力，不少情况下无法表达意愿，应当允许其法定代理人、近亲属代为申请或者同意恢复审理。否则，《刑事诉讼法》第二百九十六条规定将流于形式，在实践中无法适用。

征求意见过程中，有意见建议删除“缺乏受审能力”的表述。理由是：被告人患有严重疾病，无法出庭并不等于没有受审能力。实践中，司法精神病鉴定机构的鉴定项目包括“受审能力”项，主要是指被告人不能感知、理解诉讼活动的内涵和后果，不具有相应的认知、判断和表达能力，故无法接受审判的情形。而被告人患有严重疾病、无法出庭也包括被告人因身体原因，如靠呼吸机维持生命等，无法出席法庭接受审判，但其对诉讼活动的认知、判断、理解能力并不一定受限，不宜简单将二者画等号。经研究，未采纳该意见。主要考虑是：对于后一种情形，可以通过到医院开庭等便民方式予以解决。采用缺席审判方式，恐不利于对被告人诉讼权益的保护，也不符合设立缺席审判制度的初衷。

征求意见过程中，有意见建议明确是否限定申请或同意恢复审理的人员的顺序，法定代理人不同意的，其他近亲属同意是否有效，是否仅需近亲属中一人同意即可。经研究认为，相关问题宜交由司法实践裁量把握。实践中，如绝大多数近亲属反对，只有个别近亲属申请或者同意恢复审理的，原则上不宜适用缺席审判程序；但是现有证据证明被告人无罪，可能作出无罪判决的，也可以视情考虑恢复审理。

4. 关于人民法院受理案件后被告人死亡案件的缺席审判

《刑事诉讼法》第二百九十七条规定，被告人死亡，人民法院应当裁定终止审理，但有证据证明被告人无罪，人民法院经缺席审理确认无罪的，应当依法作出判决。本解释第六百零六条规定：“人民法院受理案件后被告人死亡的，应当裁定终止审理；但有证据证明被告人无罪，经缺席审理确认无罪的，应当判决宣告被告人无罪。前款所称‘有证据证明被告人无罪，经缺席审理确认无罪’，包括案件事实清楚，证据确实、充分，依据法律认定被告人无罪的情形，以及证据不足，不能认定被告人有罪的情形。”据此，司法实践中，人民法院受理案件后被告人死亡，如果在案证据足以证明被告人有罪，则应当裁定终止审理；经审查认为被告人可能无罪的，包括指控犯罪的证据不足、不能认定被告人有罪的，应当缺席审理。缺席审理后，确认被告人无罪或者证据不足、不能认定被告人有罪的，应当依法作出无罪判决。

5. 关于再审程序中被告人死亡案件的缺席审判

本解释第六百零七条规定：“人民法院按照审判监督程序重新审判的案件，被告人死亡的，可以缺席审理。有证据证明被告人无罪，经缺席审理确认被告人无罪的，应当判决宣告被告人无罪；虽然构成犯罪，但原判量刑畸重的，应当依法作出判决。”据此，人民法院按照审判监督程序重新审判的案件，被告人死亡的，如果是人民检察院认为原判量刑畸轻（包括因定罪错误导致量刑畸轻）而提起抗诉的、人民法院因原审量刑畸轻而启动审判监督程序的，或者经审查认为原判正确或者量刑畸轻的，应当裁定终止审理。除此之外，应当缺席审理。经审理，确认被告人无罪或者证据不足，不能认定被告人有罪的，或者虽然构成犯罪但是原判量刑畸重的，应当依法作出判决。

征求意见过程中，对于再审程序中被告人死亡的，除终止审理或者宣告无罪外，能否改判存在不同认识。经研究认为，对于原审量刑畸重的案件，是否纠正，关系到裁判公正和国家赔偿问题。在审判监督程序已经启动情况下，即使被告人死亡，也应当继续审理，依照法律作出改判。

此外，对于被告人定罪量刑没有问题，但是涉案财物处理有错误的，是否需要通过缺席审理作出改判，存在不同认识。经研究认为，从法理上讲，如果原审对涉案财物的判决确有错误，涉及的财物价值又很巨大，即便被告人死亡，也应当实事求是依法纠正，不宜简单终止审理。但是，考虑到实践中此种情况较为罕见，未作规定。

（二十五）犯罪嫌疑人、被告人逃匿、死亡案件违法所得的没收程序

《刑事诉讼法修改决定》未涉及犯罪嫌疑人、被告人逃匿、死亡案件违法所得没收程序的问题。本解释第二十五章在《2012 年解释》第二十二章“犯罪嫌疑人、被告人逃匿、死亡案件违法所得的没收程序”的基础上，吸收《最高人民法院、最高人民检察院关于适用犯罪嫌疑人、被告人逃匿、死亡案件违法所得没收程序若干问题的规定》（法释〔2017〕1 号，以下简称《没收程序规定》）有关条文，对犯罪嫌疑人、被告人逃匿、死亡案件违法所得的没收程序有关问题作了进一步细化规定。需要注意的是，本章调整了《2012 年解释》与《没收程序规定》不一致的条文，以维持本解释作为刑事审判程序基本解释的体系完整性。在没收违法所得的具体司法适用中，本章未作规定的，可以继续适用《没收程序规定》。

1. 关于“贪污贿赂犯罪、恐怖活动犯罪等”犯罪案件的范围

本解释第六百零九条吸收《没收程序规定》第一条对《2012 年解释》第五百零七条的规定作出修改完善，规定：“刑事诉讼法第二百九十八条规定的‘贪污贿赂犯罪、恐怖活动犯罪等’犯罪案件，是指下列案件：（一）贪污贿赂、失职渎职等职务犯罪案件；（二）刑法分则第二章规定的相关恐怖活动犯罪案件，以及恐怖活动组织、恐怖活动人员实施的杀人、爆炸、绑架等犯罪案件；（三）危害国家安全、走私、洗钱、金融诈骗、黑社会性质组织、毒品犯罪案件；（四）电信诈骗、网络诈骗犯罪案件。”需要注意的是：

《没收程序规定》第一条规定：“下列犯罪案件，应当认定为刑事诉讼法第二百八十条第一款规定的‘犯罪案件’：（一）贪污、挪用公款、巨额财产来源不明、隐瞒境外存款、私分国有资产、私分罚没财物犯罪案件；（二）受贿、单位受贿、利用影响力受贿、行贿、对有影响力的人行贿、对单位行贿、介绍贿赂、单位行贿犯罪案件；（三）组织、领导、参加恐怖组织，帮助恐怖活动，准备实施恐怖活动，宣扬恐怖主义、极端主义、煽动实施恐怖活动，利用极端主义破坏法律实施，强制穿戴宣扬恐怖主义、极端主义服饰、标志，非法持有宣扬恐怖主义、极端主义物品犯罪案件；（四）危害国家安全、走私、洗钱、

金融诈骗、黑社会性质的组织、毒品犯罪案件。电信诈骗、网络诈骗犯罪案件，依照前款规定的犯罪案件处理。”经研究认为，该条第一款第一项、第二项规定的犯罪案件可以统称为“贪污贿赂犯罪案件”。主要考虑是：《国家监察委员会管辖规定（试行）》（国监发〔2018〕1号）第四章明确了职务犯罪案件的管辖范围。其中，第十一条规定：“国家监察委员会负责调查行使公权力的公职人员涉嫌贪污贿赂、滥用职权、玩忽职守、权力寻租、利益输送、徇私舞弊以及浪费国家资财等职务犯罪案件。”第十二条对贪污贿赂犯罪案件作了进一步明确，规定：“贪污贿赂犯罪案件，包括贪污罪；挪用公款罪；受贿罪；单位受贿罪；利用影响力受贿罪；行贿罪；对有影响力的人行贿罪；对单位行贿罪；介绍贿赂罪；单位行贿罪；巨额财产来源不明罪；隐瞒境外存款罪；私分国有资产罪；私分罚没财物罪；非国家工作人员受贿罪；对非国家工作人员行贿罪；对外国公职人员、国际公共组织官员行贿罪。”

《监察法》第四十八条规定：“监察机关在调查贪污贿赂、失职渎职等职务犯罪案件过程中，被调查人逃匿或者死亡，有必要继续调查的，经省级以上监察机关批准，应当继续调查并作出结论。被调查人逃匿，在通缉一年后不能到案，或者死亡的，由监察机关提请人民检察院依照法定程序，向人民法院提出没收违法所得的申请。”据此，在本条第一项规定中新增了“失职渎职等职务犯罪案件”。

2. 关于犯罪嫌疑人、被告人死亡案件的违法所得没收程序

本解释第六百一十一条吸收“六部委”《关于实施刑事诉讼法若干问题的规定》第三十七条的规定，明确：“犯罪嫌疑人、被告人死亡，依照刑法规定应当追缴其违法所得及其他涉案财产，人民检察院提出没收违法所得申请的，人民法院应当依法受理。”需要注意的是，被告人死亡的，如果依照《刑法》规定应当追缴其违法所得及其他涉案财产，人民检察院提出没收违法所得申请，人民法院应当依法受理，不受罪名限制。

（二十六）依法不负刑事责任的精神病人的强制医疗程序

《刑事诉讼法修改决定》未涉及依法不负刑事责任的精神病人的强制医疗程序的问题。本解释第二十六章基本沿用《2012年解释》第二十三章“依法不负刑事责任的精神病人的强制医疗程序”的条文，并根据司法实践反映的问题作了修改完善，主要涉及：（1）进一步明确强制医疗案件的法律援助问题；（2）明确人民法院审理强制医疗案件，应当听取被害人及其法定代理人的意见；（3）明确对解除强制医疗案件进行开庭审查的，应当通知同级人民检察院派员出庭，听取其是否同意解除强制医疗的意见。

1. 关于听取被害人及其法定代理人意见的问题

本解释第六百三十五条根据司法实践反映的问题对《2012年解释》第五百二十九条的规定作出修改完善，切实加大对被害人权益的保障，在第二款要

求应当听取被害方的意见，明确："审理强制医疗案件，应当会见被申请人，听取被害人及其法定代理人的意见。"

2. 关于通知鉴定人出庭的问题

强制医疗案件的庭审主要围绕司法精神病鉴定展开，故有意见建议明确鉴定人强制出庭义务。经研究，鉴定人强制出庭难以做到，在一些案件中也似无必要。鉴于此，本解释第六百三十六条第一款第二项规定"……必要时，可以通知鉴定人出庭对鉴定意见作出说明"。

3. 关于对强制医疗决定不服的申请复议期限

《刑事诉讼法》第二百三十条规定："不服判决的上诉和抗诉的期限为十日，不服裁定的上诉和抗诉的期限为五日，从接到判决书、裁定书的第二日起算。"基于此，本解释第六百四十二条对《2012 年解释》第五百三十六条的规定作出修改完善，将自收到决定书"之日起"五日内申请复议调整为"第二日起"，规定："被决定强制医疗的人、被害人及其法定代理人、近亲属对强制医疗决定不服的，可以自收到决定书第二日起五日以内向上一级人民法院申请复议。复议期间不停止执行强制医疗的决定。"

4. 关于解除强制医疗案件的审查方式

据了解，关于解除强制医疗案件，有些地方组成合议庭开庭审查，但个别案件中检察人员未出庭。对于此种情形下检察机关应否派员出庭及发表意见，实践中做法不一。经研究认为，根据《刑事诉讼法》第三百零七条关于"人民检察院对强制医疗的决定和执行实行监督"的规定，如果人民法院组成合议庭对解除强制医疗案件进行开庭审查，应当通知同级人民检察院派员出庭，以便于人民检察院更好地对强制医疗的解除履行法律监督职责。鉴于此，本解释第六百四十七条第二款规定："对前款规定的案件，必要时，人民法院可以开庭审理，通知人民检察院派员出庭。"需要注意的是，通知人民检察院出庭，主要是听取其关于解除强制医疗的意见。

解除强制医疗的案件审查方式，应当根据案件具体情况确定，一般可采用书面方式审查，但应当询问被强制医疗的人及其近亲属，听取强制医疗机构、有精神病医学专门知识的人的意见；如有关方面意见有分歧的，特别是强制医疗机构提出解除申请，但经初步审查认为不符合解除条件，拟不予同意，或者被强制医疗的人及其近亲属提出解除申请，经初步审查认为符合条件，但强制医疗机构提出异议的，则应考虑开庭审查。

考虑到强制医疗限制精神病人的人身自由，为保障其合法权益，一旦决定解除强制医疗，就应当立即解除。因此，本解释第六百四十七条强调，决定解除强制医疗的，人民法院应当通知强制医疗机构在收到决定书的当日解除强制医疗。当然，为了给强制医疗机构一定的准备时间，人民法院可以在决定作出后送达前，先行通知强制医疗机构做好解除强制医疗的准备。

（二十七）附则

本解释未设“一般规定”一章，遂将各章节具有共性的一些问题放在附则作出统一规定。本解释第二十七章沿用《2012 年解释》第二十四章“附则”的条文，并根据法律修改情况，结合司法实践反映的问题，作了适当修改完善。

1. 关于采取视频方式开庭的问题

《2012 年解释》起草过程中，对于采取视频方式审理案件，是否与直接言词原则冲突，有关方面存在不同认识，故《2012 年解释》第五百四十四条规定：“人民法院讯问被告人，宣告判决，审理减刑、假释案件，根据案件情况，可以采取视频方式进行。”此次征求意见过程中，有意见建议进一步扩大视频方式的适用范围，进一步适用于速裁程序甚至其他所有案件。经研究，本解释第六百五十条采纳上述意见，给司法实践留有一定裁量空间，规定：“人民法院讯问被告人，宣告判决，审理减刑、假释案件等，可以根据情况采取视频方式。”需要注意的是，对于采取视频方式审理案件的，应当在充分保障当事人诉讼权利和庭审质量的前提下进行。

2. 关于提出诉求、申请的方式

《刑事诉讼法》明确规定，报案、控告、举报和上诉，可以口头提出。当前，社会经济文化发展水平有了较大提高，法律援助范围也逐步扩大，有必要确立以书面形式提出的原则。同时，鉴于确实仍有个别当事人书写困难，为充分保障其诉讼权利，也应当允许其口头提出。基于此，本解释第六百五十一条规定：“向人民法院提出自诉、上诉、申诉、申请等的，应当以书面形式提出。书写有困难的，除另有规定的以外，可以口头提出，由人民法院工作人员制作笔录或者记录在案，并向口述人宣读或者交其阅读。”

实践中应注意三点：一是法律、司法解释明确规定应当以书面形式提出的，不得以口头形式提出；二是对于书写有困难，也无人帮忙代写的，由人民法院工作人员制作笔录或者记录在案，并向口述人宣读或者交其阅读后由其签名；三是“制作笔录”和“记录在案”有所差别。“制作笔录”往往是指制作形成单独或者专门的笔录，而“记录在案”则无此要求，可以在其他笔录中顺带记录。

3. 关于签名、盖章、捺指印的问题

《刑事诉讼法》及相关司法解释条文中，频频出现“签名、盖章”“签名或者盖章”“签名、盖章、捺指印”等表述，其适用条件和含义究竟有无区别，签名、盖章的人员范围应当如何掌握，当事人拒绝签名的如何处理，等等，需要统一规范。基于此，本解释第六百五十二条规定：“诉讼期间制作、形成的工作记录、告知笔录等材料，应当由制作人员和其他有关人员签名、盖章。宣告或者送达裁判文书、通知书等诉讼文书的，应当由接受宣告或者送达的人在诉讼文书、送达回证上签名、盖章。诉讼参与人未签名、盖章的，应当捺指印；刑事被告人除签名、盖章外，还应当捺指印。当事人拒绝签名、盖章、捺指印的，办案人员应当在诉讼文书或者笔录材料中注明情况，有见证人见证或者有录音录像证明的，不影响相关诉讼文书或者笔录材料的效力。”

实践中应注意三点：一是对于自然人，应当签名，不要求盖章。未签名的，应当捺指印。自然人盖章的，也还应当捺指印，因为个人印章往往没有备案，难以鉴定其真伪。二是对于单位，应当盖章，不要求其法定代表人或者其他个人签名，除非另有规定，因为此系一贯做法，且单位印章一般有备案，容易鉴定其真伪。三是根据审判实践通常做法，对刑事被告人作出特殊要求，即除签名外，还应当捺指印。如果是被告单位，则可只盖章，不要求其法定代表人或者其他个人捺指印。

征求意见过程中，有意见建议增加电子签名和电子指纹捺印法律效力的相关内容，明确在刑事诉讼活动中，诉讼参与人在电子法律文书上电子签名、电子指纹捺印与其在纸质法律文书上手写签名、按捺指印具有同等法律效力。经研究认为，对于相关问题可以按照有关规定执行，待时机成熟再作明确规定为宜。

4. 关于本解释对专门人民法院的适用

《人民法院组织法》第十五条第一款明确规定，专门人民法院包括军事法院、海事法院、知识产权法院、金融法院等。据此，铁路运输法院目前已不再明确列为专门人民法院。为与人民法院组织法的规定保持一致，本解释第六百五十三条规定：“本解释的有关规定适用于军事法院等专门人民法院。”此外，对于涉香港特别行政区、澳门特别行政区、台湾地区的刑事案件，按照本解释办理，另有规定的除外。

5. 关于本解释有关公安机关的规定的相应适用

《刑事诉讼法》第三百零八条规定：“军队保卫部门对军队内部发生的刑事案件行使侦查权。中国海警局履行海上维权执法职责，对海上发生的刑事案件行使侦查权。对罪犯在监狱内犯罪的案件由监狱进行侦查。军队保卫部门、中国海警局、监狱办理刑事案件，适用本法的有关规定。”基于此，本解释第六百五十四条作了照应性规定，明确：“本解释有关公安机关的规定，依照刑事诉讼法的有关规定，适用于国家安全机关、军队保卫部门、中国海警局和监狱。”需要注意的是，由于职责有所差异，本解释关于公安机关的规定，并不必然适用于其他侦查机关；具体哪些可以适用，需要根据《刑事诉讼法》的有关规定具体分析。

6. 关于本解释的时间效力的问题

本解释第六百五十五条规定：“本解释自 2021 年 3 月 1 日起施行。最高人民法院 2012 年 12 月 20 日发布的《关于适用〈中华人民共和国刑事诉讼法〉

的解释》（法释〔2012〕21号）同时废止。最高人民法院以前发布的司法解释和规范性文件，与本解释不一致的，以本解释为准。”需要注意的是，本条只废止《2012年解释》，最高人民法院以前发布的司法解释和规范性文件，与本解释不一致的，以本解释为准；与本解释不冲突的，在明令废止前仍可适用。

（撰稿人：《解释》起草小组①）

【链　　接】

最高人民法院相关负责人就《最高人民法院关于适用〈中华人民共和国刑事诉讼法〉的解释》答记者问

2021年2月4日上午，最高人民法院召开新闻发布会，发布《最高人民法院关于适用〈中华人民共和国刑事诉讼法〉的解释》（法释〔2021〕1号，以下简称《新刑诉法解释》），最高人民法院副院长李少平，最高人民法院审判委员会副部级专职委员、刑一庭庭长沈亮，最高人民法院研究室副主任周加海出席新闻发布会并就相关问题答记者问。

问题一：《新刑诉法解释》明确规定死刑缓期二年执行第二审案件一律开庭审理。请介绍一下此项工作的准备实施情况。

沈亮：死刑案件，人命关天，必须适用最为严格、审慎的审理程序。刑事诉讼法明确规定，被告人被判处死刑的上诉案件，人民法院应当组成合议庭开庭审理。死刑缓期二年执行案件也属于死刑案件。为严格落实《刑事诉讼法》的规定，《新刑诉法解释》规定，死缓二审案件一律开庭审理。死缓二审案件开庭，需要做方方面面的准备、协调工作。最高人民法院已于2020年12月17日发出通知，就相关工作提出明确要求。

一是要充分认识死缓二审案件开庭的重大意义。死缓二审案件一律开庭审理，是严格执行《刑法》《刑事诉讼法》的重要举措，是进一步贯彻落实两审终审制、推进以审判为中心诉讼制度改革的重要举措，是进一步完善死刑案件审判程序、保证死刑案件质量的重要举措，有利于加强司法人权保障，有利于防范冤错案件，有利于从制度上保证判决的公正和慎重。各高级人民法院、解

① 起草小组成员为最高人民法院姜启波、周加海、喻海松、耿磊、郝方昉、李振华、李静，借调人员任素贤（上海市金山区人民法院）、姜金良（江苏省扬州市中级人民法院）、王婧（广东省广州市中级人民法院）、李鑫（天津市红桥区人民法院），实习生马勤（清华大学法学院）。

放军军事法院要认真学习贯彻习近平法治思想，提高政治站位，深刻认识做好死缓二审案件一律开庭审理工作的重大意义，切实增强责任感和紧迫感，精心组织，周密部署，克服困难，创造条件，确保相关工作要求不折不扣、有条不紊落实到位。

二是要严格依法做好死缓二审案件开庭工作。开庭审理死缓二审案件，应当严格依照《刑事诉讼法》的规定，对第一审判决认定的事实和适用法律进行全面审查，在此基础上，重点审查对第一审判决有争议的问题或者有疑问的部分。要参照死刑立即执行案件第二审开庭的经验做法，完善死缓二审案件开庭的审理程序和方式，确保庭审质量。要在充分保障当事人诉讼权利和庭审质量的基础上，积极运用智慧法院建设成果，与有关部门加强沟通协调，探索采取远程视频方式提讯、开庭，提高办案效率。

三是要加强与有关部门的沟通协调。各高级人民法院、解放军军事法院要在党委领导下，积极争取政府及有关部门的支持，切实解决死缓二审案件开庭所涉人、财、物保障及相关问题。要加强与检察机关、公安机关、司法行政部门的协调，争取支持和配合，保证公诉人和律师出庭，确保死缓二审案件开庭工作顺利进行。

问题二：作为最高人民法院有史以来条文数量最多的司法解释，《新刑诉法解释》在起草过程中主要有哪些考虑，坚持了哪些原则？请介绍一下。

周加海：《新刑诉法解释》坚持以习近平新时代中国特色社会主义思想为指导，认真贯彻习近平法治思想，根据刑事诉讼立法的新发展，在全面总结近年来我国刑事审判实践经验、需求的基础上，对刑事审判程序的有关问题作了系统规定。符合法律精神、符合实践需求、符合时代发展方向，是我们制定司法解释的立足点和努力追求的目标。为此，我们着重坚持了以下原则：

一是坚持法治思维，遵循立法精神。司法解释是对法律具体应用的解释，必须以法律为准绳，在法律框架内进行解释。在制定解释过程中，我们始终把依法解释作为最基本的要求，强调每一个解释条文、每一项解释内容都必须符合法律规定、符合法律精神。涉及到诉讼权利的，必须充分保障；涉及到权利限制的，必须于法有据；涉及到审判职责的，必须严格落实。例如，在解释起草过程中，曾有意见提出，实践中经常发现通过连续怀孕逃避刑罚执行的情形，此类行为影响恶劣，监外执行的期间不应计入执行刑期。其他国家和地区有类似做法。经研究，上述观点虽然具有实质合理性，但根据我国《刑事诉讼法》规定，只有通过贿赂等非法手段骗取暂予监外执行或者在监外执行期间脱逃的，有关期间才不计入执行刑期，故司法解释无权作出规定，只能在将来修改立法时提出建议。又如，尽管死缓案件二审一律开庭有很多现实困难，需要做大量准备、协调工作，但考虑到法律规定“被告人被判处死刑的上诉案件”二审应当开庭，我们下定决心、克服困难，落实法律要求，写进解释条文。

二是尊重和保障人权，强化诉权保障。尊重和保障人权是我国宪法确立的一项重要原则，是坚持以人民为中心这一中国特色社会主义法治本质要求的具体体现。《新刑诉法解释》依照《刑事诉讼法》的规定，通过具体制度设计，充分保障被告人的辩护权以及获得法律帮助的权利，充分保障辩护律师的各项权利，充分保障被害人、诉讼代理人等其他诉讼参与人的权利，全方位强化人权司法保障。例如，当前以组织、公司形式实施共同犯罪，上下游犯罪之间“协同作案”的现象越来越普遍，导致有的案件的被告人多达几十人，相应还有几十名甚至上百名辩护人。对此类案件进行适当的分案审理，以保障庭审顺利进行，同时减轻当事人和辩护人、诉讼代理人的负担，是必要的、符合司法规律的。但经调研也发现，在分案审理过程中，存在不当限制当事人和辩护人、诉讼代理人质证权的问题。为此，《新刑诉法解释》确立以同案同审为原则、分案审理为例外的规则，规定分案审理必须以有利于保障庭审质量和效率为前提；分案审理不得影响当事人质证权等诉讼权利的行使，必要时可以传唤分案审理的共同犯罪或者关联犯罪案件的被告人等到庭对质。又如，对于讯问录音录像等是否属于案卷材料、能否允许辩护律师查阅，理论上、实践中一直存在不同认识。为充分保障辩护权，《新刑诉法解释》明确规定，对作为证据材料向人民法院移送的讯问录音录像，辩护律师申请查阅的，人民法院应当准许。

三是坚持以审判为中心，有效维护司法公正。推进以审判为中心的诉讼制度改革是党的十八届四中全会部署的重大改革任务。近年来，这一改革在刑事立法和司法实践领域已取得一系列成果，积累了很多有益经验。在制定解释过程中，我们高度重视吸收相关成果和经验，在证据审查判断、非法证据排除、繁简分流机制、庭前准备程序、庭审实质化、涉案财物处置等诸多方面，有针对性地作出具体规定，确保体现以审判为中心的改革要求，并推动改革继续深化。

四是坚持问题导向，荟萃审判经验与理论成果。随着经济社会发展、法治建设深入，近年来，刑事审判出现了一些新情况，需要研究解决；理论界推出了一些新成果，需要及时吸收。为保障解释能够满足实践需求、体现时代发展，在制定解释过程中，我们高度重视、充分听取全国法院特别是一线办案法官的建议，反复征求各方面的意见，邀请知名专家进行论证，以最大限度地凝聚各方面的共识和智慧，确保解释能够妥当解决实际问题，取得良好效果。例如，规范并案和分案审理程序、增设部分发回重审规定、完善上诉不加刑规定等，就是根据近年来刑事审判工作中反映出的新问题，经过充分征求意见、研究论证后作出的制度创设。可以说，《新刑诉法解释》确确实实是全国法院、各方面集体智慧的结晶。借此机会，我要向所有参与过解释研究论证工作的各方面专家、同仁致以真诚的感谢！

问题三：认罪认罚从宽制度是本次刑事诉讼法修改确立的重要法律制度，是《新刑诉法解释》的重要内容。认罪认罚从宽制度在全国范围内施行已有两年时间，请问人民法院应当如何做好这项工作？

沈亮：2018 年《刑事诉讼法》修改确立的认罪认罚从宽制度，是为了更好实现司法公正与效率相统一的重要制度安排。各级人民法院要严格贯彻执行刑事诉讼法、《新刑诉法解释》相关规定和“两高三部”《关于适用认罪认罚从宽制度的指导意见》，吃透立法精神、领会制度内涵、把握正确方向，确保认罪认罚从宽制度准确、统一、有效实施。我认为，工作中需要注意以下几个问题。

一是要切实依法履行好人民法院的审判职责。认罪认罚从宽制度，是在我国刑事诉讼法律框架内，在推进以审判为中心的刑事诉讼制度改革背景下，进一步在实体上落实宽严相济、在程序上落实繁简分流、提升刑事司法效能的重要举措。贯彻落实认罪认罚从宽制度，并没有改变公检法三机关之间分工负责、互相配合、互相制约的关系，诉讼中控辩审三方的格局没有变化。各级人民法院要切实履行刑事审判职责，在分工负责的基础上加强配合、完善制约，坚持依法办案。对于检察机关提出的量刑建议，人民法院应当认真尽责审查，对于依法应当采纳的予以采纳，对于量刑建议明显不当，检察机关不予调整或者调整后仍然明显不当的，应当依法及时作出判决。今天发布的《新刑诉法解释》第三百五十四条，对量刑建议是否明显不当的判断标准和方法作了指引性规定。

二是要始终坚持罪责刑相适应、宽严相济、证据裁判等法律原则。从 2016 年在部分地区先行试点到 2018 年底在全国实施，最高人民法院就反复强调，贯彻认罪认罚从宽制度，一定要坚持罪责刑相适应、宽严相济、证据裁判原则，防止定罪把关不严、量刑轻重失衡、程序繁简失当。坚持罪责刑相适应，就是根据犯罪的事实、性质、情节和对社会的危害程度，综合考虑认罪认罚的具体情况，依法确定是否从宽及从宽幅度，确保量刑与罪责大小相匹配，宽严适度、罚当其罪。坚持贯彻宽严相济刑事政策，就是要区分不同性质的犯罪，该宽则宽，当严则严。对于认罪认罚案件，法律规定是“可以”依法从宽处理，并非“应当”依法从宽处理。据此，结合司法实践，认罪认罚从宽制度适用的重点，应当是案情明了、影响不大、处刑不重的案件，如常见多发的危险驾驶案件、普通的盗窃案件、因民间矛盾引发的较轻犯罪案件，等等。对于严重危害公共安全犯罪、严重影响人民群众安全感的暴力犯罪，如绑架、抢劫、爆炸犯罪，以及社会影响恶劣、各界广泛关注的案件，如性侵未成年人犯罪等挑战法律和社会伦理底线的严重犯罪，即使被告人认罪认罚，该重判的仍要坚决依法重判，要通过严谨的审理程序、充分的裁判说理、恰当的刑罚适用，彰显公平正义、回应社会关切、维护法律威严。坚持证据裁判，就是要坚守“事实清楚，证据确实、充分”的法定证明标准，不能因为被告人认罪认罚，就降低证明标准，将本应疑罪从无的案件简单从轻处理，要发挥庭审应有功能，特别是要重点对认罪认罚自愿性、真实性和定罪量刑关键事实进行审查核实，确保案件审判质效。

三是要协同推进认罪认罚从宽制度准确、有效实施。认罪认罚从宽制度实施，涵盖实体、程序、工作机制多个方面，贯穿侦查、起诉、审判多个环节，涉及公检法司等多个部门，是一项系统性、整体性很强的工作。各级人民法院要加强与检察机关、公安机关、司法行政机关等部门的沟通协调，增强共识，凝聚合力，最大限度发挥认罪认罚从宽制度在促进司法公正、化解社会矛盾、优化司法资源配置、创新社会治理方面的功能作用。

问题四：《新刑诉法解释》将于 2021 年 3 月 1 日起正式施行。请问人民法院将采取哪些措施，确保《新刑诉法解释》在审判实践中得到切实贯彻执行？

李少平：《新刑诉法解释》根据刑事诉讼法的修订情况，结合近年来司法实践反映的需求和问题，对《2012 年解释》作了较大幅度的充实完善。法律的生命力在于实施，司法解释也是如此。下一步，人民法院将认真学习贯彻习近平法治思想，切实抓好《新刑诉法解释》的贯彻实施工作，并以此为契机，全面加强刑事审判工作，确保刑事诉讼法准确、统一、有效实施，确保刑事诉讼惩罚犯罪、保护人民的功能充分实现，努力让人民群众在每一个司法案件中感受到公平正义。

一是加强学习培训。《新刑诉法解释》对修订后《刑事诉讼法》作了全面系统的解释，是审理刑事案件的重要依据，各级人民法院要高度重视《新刑诉法解释》的学习培训工作，确保全体刑事法官全面掌握解释内容，准确领会解释精神，正确执行解释规定。要充分认识学习培训的重要意义，把学习培训作为提高人民法院刑事审判队伍能力、提升人民法院刑事审判水平的重要举措。要加强对学习培训工作的组织领导，制定培训方案，尽快将所有刑事审判工作人员培训一遍。要保障学习培训的效果，强化对新增或者有重要修改的条文、规定的学习，强化正确理念的树立，强化融会贯通、学以致用的能力。

二是加强刑事审判工作。各级人民法院要认真学习贯彻习近平法治思想，坚决把习近平法治思想贯彻落实到人民法院工作全过程和各方面，以《新刑诉法解释》的颁布施行为契机，做好新时代刑事审判工作，坚决维护国家安全和社会稳定，保持惩治腐败高压态势，切实维护人民群众安全感，加强人权司法保障和产权司法保护，推动建设更高水平的平安中国。

借此机会，我想强调的是，虽然随着经济社会发展，刑事案件在人民法院受理的各类案件中所占比例有所下降，但刑事审判的影响重大、意义重大，社会关注度更高、法律政策性更强，可谓是人民法院各类审判活动的“关键少数”。各级人民法院一定要清醒充分地认识刑事审判的功能、意义和影响，一定要重视强化刑事审判队伍建设、能力建设，一定要通过公正高效的审判彰显公平正义、赢得社会公信。

三是更新刑事审判理念。树立正确理念，才能准确把握法律和解释的精神，才能正确执行法律和解释的规定。要进一步坚持惩罚犯罪与保障人权并重的原则，准确把握社会治安形势发展变化，根据宽严相济刑事政策的要求，依法惩处各类刑事犯罪；要进一步强化证据裁判意识，切实把各项证据制度理解好、执行好，提升刑事案件的质量，确保每一起案件都经得起法律和历史的检验，从源头上有效防止冤错案件；要进一步提高司法能力，按照繁简分流的工作要求，用好认罪认罚从宽制度和速裁程序，确保审判活动公正高效；要进一步落实分工负责、相互配合、相互制约原则，切实维护司法公正，捍卫社会公平正义。

最高人民法院
关于减刑、假释案件审理程序的规定

法释〔2014〕5号

（2014年4月10日最高人民法院审判委员会第1611次会议通过 2014年4月23日最高人民法院公告公布 自2014年6月1日起施行）

为进一步规范减刑、假释案件的审理程序，确保减刑、假释案件审理的合法、公正，根据《中华人民共和国刑法》《中华人民共和国刑事诉讼法》有关规定，结合减刑、假释案件审理工作实际，制定本规定。

第一条 对减刑、假释案件，应当按照下列情形分别处理：

（一）对被判处死刑缓期执行的罪犯的减刑，由罪犯服刑地的高级人民法院在收到同级监狱管理机关审核同意的减刑建议书后一个月内作出裁定；

（二）对被判处无期徒刑的罪犯的减刑、假释，由罪犯服刑地的高级人民法院在收到同级监狱管理机关审核同意的减刑、假释建议书后一个月内作出裁定，案情复杂或者情况特殊的，可以延长一个月；

（三）对被判处有期徒刑和被减为有期徒刑的罪犯的减刑、假释，由罪犯服刑地的中级人民法院在收到执行机关提出的减刑、假释建议书后一个月内作出裁定，案情复杂或者情况特殊的，可以延长一个月；

（四）对被判处拘役、管制的罪犯的减刑，由罪犯服刑地中级人民法院在收到同级执行机关审核同意的减刑、假释建议书后一个月内作出裁定。

对暂予监外执行罪犯的减刑，应当根据情况，分别适用前款的有关规定。

第二条 人民法院受理减刑、假释案件，应当审查执行机关移送的下列材料：

（一）减刑或者假释建议书；

（二）终审法院裁判文书、执行通知书、历次减刑裁定书的复印件；

（三）罪犯确有悔改或者立功、重大立功表现的具体事实的书面证明材料；

（四）罪犯评审鉴定表、奖惩审批表等；

（五）其他根据案件审理需要应予移送的材料。

报请假释的，应当附有社区矫正机构或者基层组织关于罪犯假释后对所居住社区影响的调查评估报告。

人民检察院对报请减刑、假释案件提出检察意见的，执行机关应当一并移送受理减刑、假释案件的人民法院。

经审查，材料齐备的，应当立案；材料不齐的，应当通知执行机关在三日内补送，逾期未补送的，不予立案。

第三条 人民法院审理减刑、假释案件，应当在立案后五日内将执行机关报请减刑、假释的建议书等材料依法向社会公示。

公示内容应当包括罪犯的个人情况、原判认定的罪名和刑期、罪犯历次减刑情况、执行机关的建议及依据。

公示应当写明公示期限和提出意见的方式。公示期限为五日。

第四条 人民法院审理减刑、假释案件，应当依法由审判员或者由审判员和人民陪审员组成合议庭进行。

第五条 人民法院审理减刑、假释案件，除应当审查罪犯在执行期间的一贯表现外，还应当综合考虑犯罪的具体情节、原判刑罚情况、财产刑执行情况、附带民事裁判履行情况、罪犯退赃退赔等情况。

人民法院审理假释案件，除应当审查第一款所列情形外，还应当综合考虑罪犯的年龄、身体状况、性格特征、假释后生活来源以及监管条件等影响再犯罪的因素。

执行机关以罪犯有立功表现或重大立功表现为由提出减刑的，应当审查立功或重大立功表现是否属实。涉及发明创造、技术革新或者其他贡献的，应当审查该成果是否系罪犯在执行期间独立完成，并经有关主管机关确认。

第六条 人民法院审理减刑、假释案件，可以采取开庭审理或者书面审理的方式。但下列减刑、假释案件，应当开庭审理：

（一）因罪犯有重大立功表现报请减刑的；

（二）报请减刑的起始时间、间隔时间或者减刑幅度不符合司法解释一般规定的；

（三）公示期间收到不同意见的；

（四）人民检察院有异议的；

（五）被报请减刑、假释罪犯系职务犯罪罪犯，组织（领导、参加、包庇、纵容）黑社会性质组织犯罪罪犯，破坏金融管理秩序和金融诈骗犯罪罪犯及其他在社会上有重大影响或社会关注度高的；

（六）人民法院认为其他应当开庭审理的。

第七条 人民法院开庭审理减刑、假释案件，应当通知人民检察院、执行机关及被报请减刑、假释罪犯参加庭审。

人民法院根据需要，可以通知证明罪犯确有悔改表现或者立功、重大立功表现的证人，公示期间提出不同意见的人，以及鉴定人、翻译人员等其他人员参加庭审。

第八条 开庭审理应当在罪犯刑罚执行场所或者人民法院确定的场所进行。有条件的人民法院可以采取视频开庭的方式进行。

在社区执行刑罚的罪犯因重大立功被报请减刑的，可以在罪犯服刑地或者居住地开庭审理。

第九条 人民法院对于决定开庭审理的减刑、假释案件，应当在开庭三日前将开庭的时间、地点通知人民检察院、执行机关、被报请减刑、假释罪犯和有必要参加庭审的其他人员，并于开庭三日前进行公告。

第十条 减刑、假释案件的开庭审理由审判长主持，应当按照以下程序进行：

（一）审判长宣布开庭，核实被报请减刑、假释罪犯的基本情况；

（二）审判长宣布合议庭组成人员、检察人员、执行机关代表及其他庭审参加人；

（三）执行机关代表宣读减刑、假释建议书，并说明主要理由；

（四）检察人员发表检察意见；

（五）法庭对被报请减刑、假释罪犯确有悔改表现或立功表现、重大立功表现的事实以及其他影响减刑、假释的情况进行调查核实；

（六）被报请减刑、假释罪犯作最后陈述；

（七）审判长对庭审情况进行总结并宣布休庭评议。

第十一条 庭审过程中，合议庭人员对报请理由有疑问的，可以向被报请减刑、假释罪犯、证人、执行机关代表、检察人员提问。

庭审过程中，检察人员对报请理由有疑问的，在经审判长许可后，可以出示证据，申请证人到庭，向被报请减刑、假释罪犯及证人提问并发表意见。被报请减刑、假释罪犯对报请理由有疑问的，在经审判长许可后，可以出示证据，申请证人到庭，向证人提问并发表意见。

第十二条 庭审过程中，合议庭对证据有疑问需要进行调查核实，或者检察人员、执行机关代表提出申请的，可以宣布休庭。

第十三条 人民法院开庭审理减刑、假释案件，能够当庭宣判的应当当庭宣判；不能当庭宣判的，可以择期宣判。

第十四条 人民法院书面审理减刑、假释案件，可以就被报请减刑、假释罪犯是否符合减刑、假释条件进行调查核实或听取有关方面意见。

第十五条 人民法院书面审理减刑案件，可以提讯被报请减刑罪犯；书面审理假释案件，应当提讯被报请假释罪犯。

第十六条 人民法院审理减刑、假释案件，应当按照下列情形分别处理：

（一）被报请减刑、假释罪犯符合法律规定的减刑、假释条件的，作出予以减刑、假释的裁定；

（二）被报请减刑的罪犯符合法律规定的减刑条件，但执行机关报请的减刑幅度不适当的，对减刑幅度作出相应调整后作出予以减刑的裁定；

（三）被报请减刑、假释罪犯不符合法律规定的减刑、假释条件的，作出不予减刑、假释的裁定。

在人民法院作出减刑、假释裁定前，执行机关书面申请撤回减刑、假释建议的，是否准许，由人民法院决定。

第十七条 减刑、假释裁定书应当写明罪犯原判和历次减刑情况，确有悔改表现或者立功、重大立功表现的事实和理由，以及减刑、假释的法律依据。

裁定减刑的，应当注明刑期的起止时间；裁定假释的，应当注明假释考验期的起止时间。

裁定调整减刑幅度或者不予减刑、假释的，应当在裁定书中说明理由。

第十八条 人民法院作出减刑、假释裁定后，应当在七日内送达报请减刑、假释的执行机关、同级人民检察院以及罪犯本人。作出假释裁定的，还应当送达社区矫正机构或者基层组织。

第十九条 减刑、假释裁定书应当通过互联网依法向社会公布。

第二十条 人民检察院认为人民法院减刑、假释裁定不当，在法定期限内提出书面纠正意见的，人民法院应当在收到纠正意见后另行组成合议庭审理，并在一个月内作出裁定。

第二十一条 人民法院发现本院已经生效的减刑、假释裁定确有错误的，应当依法重新组成合议庭进行审理并作出裁定；上级人民法院发现下级人民法院已经生效的减刑、假释裁定确有错误的，应当指令下级人民法院另行组成合议庭进行审理，也可以自行依法组成合议庭进行审理并作出裁定。

第二十二条 最高人民法院以前发布的司法解释和规范性文件，与本规定不一致的，以本规定为准。

【解　　读】

解读《最高人民法院关于减刑、假释案件审理程序的规定》

一、问题的提出

2014年4月23日，最高人民法院公布了《关于减刑、假释案件审理程序的规定》（以下简称本规定），这是继2012年《最高人民法院关于办理减刑、假释案件具体应用法律若干问题的规定》（以下简称《2012年规定》）之后，针对减刑、假释案件办理出台的又一专门性司法解释，受到社会各界的广泛关注和普遍好评。

减刑、假释作为刑罚变更执行的重要措施，是我国《刑法》《刑事诉讼法》等法律所规定的重要制度，对于激励罪犯积极改造，促进罪犯回归、融入社会，具有非常重要的意义。但减刑、假释的适用，必须以保障刑罚目的实现为前提，不能成为罪犯恶意逃避刑罚执行的途径。减刑、假释工作的开展，应在实现刑罚目的和激励罪犯改造之间保持最佳的平衡。

减刑、假释案件的审理，与普通刑事案件审理存在较大差异，这类案件由刑罚执行机关直接向法院报请，罪犯本人无权申请，人民法院审理案件实行一裁终结，不存在上诉或抗诉而引发二审一说，审理过程中各方之间的对抗、诘问程度亦不甚强烈。关于减刑、假释案件的审理程序，《刑法》《刑事诉讼法》中有一些原则性规定。《2012 年规定》及《最高人民法院关于适用〈中华人民共和国刑事诉讼法〉的解释》（以下简称《刑诉法解释》）中虽各有一些操作性规定，但均显零星、分散，且对于减刑、假释案件的审理组织、审理对象、开庭审理和书面审理要求等重要问题均缺乏明确、具体规定，从而影响到实践中的认识统一和规范适用，使得减刑、假释案件办理总是摆脱不了行政性审批的影子，即使案件开庭审理，也往往形式意义大于实质意义，亟需从制度上予以完善。

近年来，媒体相继报道了张海“假立功”减刑等数起违纪违法办理减刑、假释案件的典型案例，引起社会的高度关注。社会各界对减刑、假释案件审理透明度不高、实质性审查不严等反映强烈，有关“暗箱操作”的质疑也不少。推动建立公开、规范的减刑、假释案件审理程序，让司法在阳光下运行，一直是最高人民法院推动减刑、假释制度改革的重要内容。为了防止司法腐败，有效提升司法公信力，在最高人民法院推动下，一些地方法院试行听证或开庭审理方式办理减刑、假释案件，收效良好。2010 年 2 月 8 日，最高人民法院在《关于贯彻宽严相济刑事政策的若干意见》中明确提出，对减刑、假释案件应采取书面审理和开庭审理相结合的方式进行。其后的多次会议和文件，又重申了对于部分影响重大和社会关注度高的减刑、假释案件应采取开庭审理方式审理的要求。《2012 年规定》中明确规定六类案件应当开庭审理。各地法院高度重视并积极配合，多数高级法院制定出开庭审理的操作性规定、规范或者意见，积累了不少成功经验，但对于开庭审理的具体操作尚存在做法不相同、效果不理想等问题，书面审理的程序也不完全统一，既不利于减刑、假释工作的进一步科学发展，也不能完全满足人民群众对于该项工作的新要求、新期待。因此，制定完善、统一的减刑、假释案件审理程序已是势在必行。

2014 年 1 月 21 日，中央政法委印发了《关于严格规范减刑、假释、暂予监外执行切实防止司法腐败的意见》（以下简称《中央政法委意见》），对严格减刑、假释案件办理程序提出了很多新的更高要求。3 月 14 日，最高人民法院副院长景汉朝在全国法院减刑、假释、暂予监外执行工作视频会议上提出“五个一律”的工作要求，即“凡是减刑、假释、暂予监外执行案件一律在立案后将减刑、假释建议书或者暂予监外执行申请书等材料依法向社会公示；凡是职务犯罪、黑社会性质组织犯罪和金融犯罪罪犯减刑、假释案件，一律依法公开开庭审理；凡是职务犯罪、黑社会性质组织犯罪和金融犯罪罪犯减刑、假释案件的公开开庭一律邀请人大代表、政协委员或有关方面代表旁听；凡是减刑、假释、暂予监外执行案件的裁判文书一律在中国裁判文书网依法公布；凡是法院工作人员在办理减刑、假释、暂予监外执行案件中有违纪违法行为甚至构成犯罪的，一律依法从重追究责任。”旨在以自我加压的形式，推动该项工作向一个更高层面发展。

为细化法律并完善司法解释规定，统一、规范减刑、假释案件审理程序，落实《中央政法委意见》精神，强化司法公开，以公开促公正，切实防止司法腐败，最高人民法院在认真总结各地法院审理减刑、假释案件实践经验基础上，经过反复调研论证和广泛征求意见，制定了该本规定，自 2014 年 6 月 1 日起施行。

二、本规定起草的基本思路

在起草本规定过程中，主要遵从以下思路：

（一）必须强化案件审理的公开透明

人民群众对减刑、假释案件的质疑，固然与个别案件违背法律规定办理有关，但很大程度上源于减刑、假释审理程序的不甚透明，神秘莫测，容易给人们留下想象与猜测的空间，即便结果没有什么问题，也不能使人心悦诚服。而且，违规违法的减刑、假释案件，也大都与程序封闭紧密相连，如果程序公开，一切在阳关下运行，能接受各方监督制约，“暗箱操作”就没有空间，司法腐败就无处藏身。因此，本规定从多处突出公开原则，意图以公开促公正，倒逼办案人员严格执法，保障案件审理最大限度地受到社会公众的监督。如本规定推行审前公示、审理过程公开、审后文书公布，意在让社会公众事前知道该案，事中参与或者观看，事后了解结果；提倡人民陪审员参与组成合议庭，旨在拓宽民众参与渠道，去除司法神秘主义弊端；要求必须将开庭审理的时间、地点进行公告，并可通知公示期间提出不同意见的人参加庭审，目的是便于民众旁听，保护知情人提出意见的机会和积极性，确保监督的广泛性和有效性。

（二）实行开庭审理和书面审理相结合

据统计，近几年来全国法院每年审理减刑、假释案件均在 60 万件以上。其中，2013 年达到 655866 件，占当年度人民法院审结案件总数的 5.07%。而从审判力量看，大多数法院审理减刑、假释案件的法官仅有两三人，有的甚至只有一人，且这些法官有的还须承担其他审判工作。面对减刑、假释案件审理中案多人少的突出矛盾，要求所有减刑、假释案件一律实行开庭审理既不符合实际，也无必要。因此，根据司法实践，现阶段宜对人民群众反映较为强烈、社会关注度较高、司法实践中也容易出现问题的减刑、假释案件予以开庭审理，其他案件则可酌情书面审理。

（三）审理程序与一、二审刑事审判程序相区别

减刑、假释案件庭审程序是与刑事案件一、二审程序存在差异的特殊程序。因为刑事案件的一、二审程序，所要解决的是被告人之行为是否构成犯罪以及在构成犯罪的前提下如何承担刑事责任的问题。在这样的程序中，存在明确的控辩双方，且双方的对抗非常明显，诉讼目标存在较大差距甚至完全对立，控方提起诉讼的目的是追求一种对被告人不利的结果。而减刑、假释审理程序所要解决的则是罪犯在服刑期间的表现是否达到了法定减刑、假释的条件以及有无必要对其减刑、假释的问题。行使报请职能的是刑罚执行机关，而非罪犯本人，报请的目的是求得一个对罪犯有利的结果，检察机关参加庭审主要是履行监督职能。这意味着在减刑、假释程序中很难形成刑事案件一、二审程序中所存在的激烈对抗局面。且这类案件实行一审终审，审理程序总结后不存在上诉、抗诉问题。因此，本规定设定的减刑、假释案件庭审程序在以下方面与刑事一、二审程序存在不同：没有明确划分法庭调查、法庭辩论和最后陈述等阶段；没有如审判程序那样进行严格的交叉询问程序，也不必遵循严格的证据调查规则；不存在辩护人、法定代理人参加诉讼问题；检察机关参与庭审程序主要是立足于履行法律监督职责等。

（四）必须强化对案件的实质性审理

长期以来，不断有人批评人民法院对于减刑、假释案件的审理不仅行政性色彩浓厚，而且形式主义明显，以致被称为“橡皮图章”。对此，本规定着力从以下方面强化案件的实质审理：一是规定对于减刑、假释案件的审理范围除应审查罪犯在执行期间的一贯表现外，还要审查罪犯的原判情况，财产刑执行和附带民事裁判履行情况、退赃退赔情况；二是规定对于开庭审理的案件，人民法院根据需要可通知证明罪犯确有悔改表现或者立功、重大立功表现的证人，公示期间提出不同意见的人等参加庭审，且主要参与人员均可就证据疑问进行发问并发表意见，从而防止庭审沦为走过场；三是对于书面审理的减刑、假释案件，应考虑提讯被报请罪犯以听取意见以及就被提请减刑、假释罪犯是否符合减刑、假释条件进行调查核实或听取有关方面意见方面。从而确保案件审理的实质性和独立性，彰显人民法院裁判的公正性和权威性。

三、理解与适用

本规定共二十二个条文。除考虑其作为一个专门程序性司法解释的完整性

以及适用便利而吸收了《刑诉法解释》和《2012 年规定》中的部分规定外，本规定紧紧抓住减刑、假释案件办理的各关键节点，着力强化审理公开、实质审查，明确相关人员的职责、责任，核心是坚持阳关司法，以公开促公正，以透明保廉洁，让司法腐败无处藏身，让“暗箱操作”没有空间。具体来说，本规定呈现出以下亮点：

（一）规定减刑、假释案件一律在立案后五日内依法向社会公示

此前的《2012 年规定》中，已经确立了减刑、假释案件的公示制度，但原规定存在以下不足：一是公示范围主要为罪犯服刑场所，不仅受众范围有限，而且与执行机关的报请前公示存在一定程度的重合，公示的作用、效果不是十分理想；二是未明确公示的具体时间，实践中有的在立案之后、合议庭评议之前公示，有的则在作出裁定后公示，做法不尽统一；三是未规定公示的具体期限。针对上述问题，本规定第三条规定：“人民法院审理减刑、假释案件，应当在立案后五日内将执行机关报请减刑、假释的建议书等材料依法向社会公示”，“公示时间为五日”。所谓向社会公示，原则上就是要通过互联网进行公示，从而使案件一到法院就处于社会公众的监督之下。

（二）明确了审理减刑、假释案件的合议庭成员可以是人民陪审员

刑法规定人民法院应当依法组成合议庭审理减刑、假释案件，但对合议庭如何组成未作规定，《刑事诉讼法》也未对此明确。本规定着眼于减刑、假释案件需要民众参与监督的特点，明确规定：“人民法院审理减刑、假释案件，应当依法由审判员或者由审判员和人民陪审员组成合议庭进行。”从而明确了人民陪审员可以作为合议庭人员参与减刑、假释案件的审理，有利于人民陪审员代表社会公众更深入了解和参与减刑、假释案件的审理过程，并对案件审理进行监督，拓宽了公众的参与渠道，确保减刑、假释案件审理程序更加公开、透明。

（三）明确了审理减刑、假释案件不仅应审查罪犯执行期间的表现，而且要综合考虑其犯罪情节、原判刑罚、再犯罪危险等情况

减刑、假释是在罪犯已被判处刑罚并执行了一定时间之后的刑罚变更措施，在决定是否减刑、假释以及减刑、假释的具体幅度时，对于罪犯在刑罚执行期间的表现当然必须考虑，但其并非唯一考虑因素，必须根据罪犯的不同情况综合进行考量，才能使相关决定建立在科学、合理的基础之上。如果不顾罪犯的不同情况而简单地依据其刑罚执行期间的表现一裁了之，就难以实现减刑、假释的价值功能。

正因为如此，本规定第五条规定，人民法院审理减刑、假释案件，除应当审查罪犯在执行期间的一贯表现外，还应当综合考虑犯罪的具体情节、原判刑罚情况、财产刑执行情况、附带民事裁判履行情况、罪犯退赃退赔等情况。同时规定，人民法院审理假释案件，除应当审查前款所列情形外，还应综合考虑

罪犯的年龄、身体状况、性格特征、假释后生活来源以及监管条件等影响再犯罪的因素。并且，特别针对实践中不时出现的假立功问题作出专门规定，即“执行机关以罪犯有立功表现或重大立功表现为由提出减刑的，应当审查立功或重大立功表现是否属实。涉及发明创造、技术革新或者其他贡献的，应当审查该成果是否系罪犯在执行期间独立完成，并经有关主管机关确认。”

（四）进一步明确了包括职务犯罪、涉黑犯罪、金融犯罪罪犯在内的六类减刑、假释案件必须开庭审理

对减刑、假释案件实行开庭审理，有利于人民群众的参与和监督，增强人民群众对司法的信任，同时，也便于人民法院在审理减刑、假释案件时听取来自监狱、罪犯及同监区罪犯等多方面的意见，最大程度地实现案件审理的公平、公正。本规定的第六条选取了现阶段人民群众反映较为强烈、社会关注度较高、司法实践中也容易出现问题的六类案件，要求必须采用开庭的方式进行审理，具体包括：(1) 因罪犯有重大立功表现报请减刑的；(2) 报请减刑的起始时间、间隔时间或者减刑幅度不符合司法解释一般规定的；(3) 公示期间收到不同意见的；(4) 人民检察院有异议的；(5) 被报请减刑、假释罪犯系职务犯罪罪犯，组织（领导、参加、包庇、纵容）黑社会性质组织犯罪罪犯，破坏金融管理秩序和金融诈骗犯罪罪犯及其他在社会上有重大影响或社会关注度高的；(6) 人民法院认为其他应当开庭审理的。从而在《2012 年规定》的基础上，进一步明确和扩大了必须开庭审理的案件范围。

（五）进一步规范了减刑、假释案件开庭审理的参与人员、场所及步骤等事项

在庭审参与人员范围上，本规定第七条除明确要求必须通知“人民检察院、执行机关及被报请减刑、假释罪犯参加庭审”外，还规定可以根据需要通知证明罪犯确有悔改表现或者立功、重大立功表现的证人，公示期间提出不同意见的人，以及鉴定人、翻译人员等其他人员参加庭审；第八条根据减刑、假释案件本身的特点，对开庭审理的场所进行了规定，即“应当在罪犯刑罚执行场所或者人民法院确定的场所进行。有条件的人民法院可以采取视频开庭的方式进行”；第十、十一、十二条设计了符合减刑、假释案件自身特点的运行步骤，不再分为法庭调查、法庭辩论等几个阶段，并明确了合议庭成员及各庭审参加人的提问、举证、质证等权利；第十三条要求能够当庭宣判的应当当庭宣判。

（六）针对目前书面审理减刑、假释案件中实质性审查不足问题作出专门规定

为保障书面审理减刑、假释案件时也能对案件进行实质审查，确保案件审理质量，本规定专设两条对书面审理进行规定：一是规定合议庭人员可以就被报请减刑、假释罪犯是否符合减刑、假释条件进行调查核实或者听取有关方面

意见；二是强调书面审理减刑案件可以提讯被报请减刑罪犯，书面审理假释案件应当提讯被报请假释罪犯。从而避免书面审理减刑、假释案件时，既不对相关材料进行调查核实，也不提讯被报请减刑、假释的罪犯，仅仅根据刑罚执行机关提供的材料便作出是否减刑、假释的裁定情况出现。

（七）进一步规范了减刑、假释案件的处理形式和裁判文书的内容

本规定改变了以往不同意减刑、假释时可以用决定形式进行处置或者将案件退回的做法，规定对不予减刑、假释的，应以裁定的形式作出，以体现人民法院文书的严肃性。同时，明确了减刑、假释裁定书的具体内容，并强调“裁定调整减刑幅度或者不予减刑、假释的，应当在裁定书中说明理由”，以体现裁判文书的说理性。

（八）明确规定减刑、假释裁定书应当通过互联网向社会公布

减刑、假释裁定书是人民法院裁判文书的重要组成部分，通过互联网公布减刑、假释裁定书是人民法院裁判文书公开的重要内容。本规定第十九条规定：“减刑、假释裁定书，应当通过互联网依法向社会公布。”该规定与案件公示、公开开庭一道，构成了减刑、假释案件办理过程的“三公”，即案件受理后公示、案件审理时公开、案件裁判后公布，贯穿案件办理的全过程，使整个案件办理过程都能透明、公开，确保社会公众的知情权、监督权。

四、其他有关问题

（一）必须严格执行本规定

本规定的制定，是最高人民法院正确分析当前减刑、假释工作客观实际，积极回应人民群众关切，践行司法公开，以公开促公正，努力提升司法公信力的重要举措。本规定内容新、标准高、要求严，让人耳目一新、信心倍增。然而，无论制度如何科学完美，必须在实践中得到执行，方能显示其威力，发挥其作用。各级人民法院及全体刑事法官，特别是从事减刑、假释审判工作的法官，都应当认真学习本规定的各项规定，深刻领会本规定的内容和精神，从保障法律正确实施、确保刑罚目的得以实现、维护司法公正和司法权威的高度，正确认识严格规范减刑、假释工作重要性。必须深刻认识目前的减刑假释工作，虽然整体来说是好的，但确实还存在着标准把握不是十分严格、审理程序不是十分透明、适用对象不是十分平衡等问题。甚至还存在违纪违法办理减刑、假释案件的现象。最高人民法院出台本规定，就是要以一种科学、规范的程序，让减刑、假释案件以一种“看得见的方式”来实现正义，保障减刑、假释案件办理切实依法、公正，坚决杜绝减刑、假释工作中的“暗箱操作”和司法腐败现象发生。

（二）正确处理好本规定与“五个一律”的关系

本规定和“五个一律”都是从程序方面对减刑、假释案件办理设置硬性要

求。其中，本规定是司法解释，能够作为减刑、假释案件审理的依据，其目的是解决减刑、假释案件的审理既有据可循，又符合法律的相关规定问题，以保障减刑假释、案件审理规范、有序、合法。“五个一律”是工作要求，是针对减刑、假释、暂予监外执行程序运行中的关键节点而向全国法院提出的工作守则和执行性要求，在强调坚持阳光司法的同时，体现了人民法院以最坚决的意志、最坚决的行动，扫除司法领域腐败现象，坚决清除害群之马的坚强决心。所以，二者的总体目标是完全一致的。当然，“五个一律”本身不是司法解释，不能作为案件审理的法律依据。正因为如此，最高人民法院在认真总结司法实践的基础上，制定出台了本规定，并吸收了“五个一律”的部分内容。而本规定作为司法解释，又难以对法院工作人员的违纪违法甚至构成犯罪如何追究责任进行规定，“五个一律”正好对此作出了弥补。因此，本规定和“五个一律”工作要求一脉相承，各具特色，在规制减刑、假释案件审理程序，治理减刑、假释制度运行过程中的司法腐败相互补充，相互配合，共同发挥作用。

（三）正确处理好本规定与《2012 年规定》的关系

2012 年元月，最高人民法院在对 1997 年《最高人民法院关于减刑、假释案件具体应用法律若干问题的规定》进行修改的基础上，重新进行公布。《2012 年规定》主要是关于刑罚执行多长时间可以开始减刑（即减刑起始时间），一次减刑最多可以减多少（即减刑幅度），相隔多长时间才能再减（即减刑间隔）以及减刑、假释的条件等方面的规定，因而被称为“实体性司法解释”。本规定是关于减刑、假释案件如何立案、如何公示、如何开庭审理、如何书面审理、如何送达等具体程序的规定，故被称为“程序性司法解释”。

正如《刑事诉讼法》与《刑法》之间的关系一样，本规定与《2012 年规定》相互依存、相互配合，从程序与实体两方面共同保障减刑、假释案件办理的合法、公正。

（撰稿人：罗智勇　仇晓敏）

最高人民法院　最高人民检察院
关于人民检察院提起刑事附带民事公益诉讼应否履行诉前公告程序问题的批复

法释〔2019〕18号

（2019年9月9日最高人民法院审判委员会第1776次会议、2019年9月12日最高人民检察院第十三届检察委员会第24次会议通过　2019年11月25日最高人民法院、最高人民检察院公告公布　自2019年12月6日起施行）

各省、自治区、直辖市高级人民法院、人民检察院，解放军军事法院、军事检察院，新疆维吾尔自治区高级人民法院生产建设兵团分院、新疆生产建设兵团人民检察院：

近来，部分高级人民法院、省级人民检察院就人民检察院提起刑事附带民事公益诉讼应否履行诉前公告程序的问题提出请示。经研究，批复如下：

人民检察院提起刑事附带民事公益诉讼，应履行诉前公告程序。对于未履行诉前公告程序的，人民法院应当进行释明，告知人民检察院公告后再行提起诉讼。

因人民检察院履行诉前公告程序，可能影响相关刑事案件审理期限的，人民检察院可以另行提起民事公益诉讼。

此复

指导案例 172 号

秦家学滥伐林木刑事附带民事公益诉讼案

（最高人民法院审判委员会讨论通过 2021 年 12 月 1 日发布）

关键词

刑事 滥伐林木罪 生态修复 补植复绿 专家意见 保证金

裁判要点

1. 人民法院确定被告人森林生态环境修复义务时，可以参考专家意见及林业规划设计单位、自然保护区主管部门等出具的专业意见，明确履行修复义务的树种、树龄、地点、数量、存活率及完成时间等具体要求。

2. 被告人自愿交纳保证金作为履行生态环境修复义务担保的，人民法院可以将该情形作为从轻量刑情节。

相关法条

《中华人民共和国民法典》第一百七十九条（本案适用的是自 2010 年 7 月 1 日起实施的《中华人民共和国侵权责任法》第十五条）

《中华人民共和国森林法》第五十六条、第五十七条、第七十六条（本案适用的是 2009 年 8 月 27 日修正的《中华人民共和国森林法》第三十二条、第三十九条）

基本案情

湖南省保靖县人民检察院指控被告人秦家学犯滥伐林木罪向保靖县人民法院提起公诉，在诉讼过程中，保靖县人民检察院以社会公共利益受到损害为由，又向保靖县人民法院提起附带民事公益诉讼。

保靖县人民检察院认为，应当以滥伐林木罪追究被告人秦家学刑事责任。同时，被告人行为严重破坏了生态环境，致使社会公共利益遭受到损害，根据侵权责任法的相关规定，应当补植复绿，向公众赔礼道歉。被告人秦家学对公诉机关的指控无异议。但辩称，其是林木的实际经营者和所有权人，且积极交纳补植复绿的保证金，请求从轻判处。

保靖县人民法院经审理查明，湖南省保靖县以 1958 年成立的保靖县国营白云山林场为核心，于 1998 年成立白云山县级自然保护区。后该保护区于 2005 年评定为白云山省级自然保护区，并完成了公益林区划界定；又于 2013 年评定为湖南白云山国家级自然保护区。其间，被告人秦家学于 1998 年承包了位于该县毛沟镇卧当村白云山自然保护区核心区内“土地坳”（地名）的山林，次年起开始有计划地植造杉木林，该林地位于公益林范围内，属于公益林地。2016 年 9 月至 2017 年 1 月，秦家学在没有办理《林木采伐许可证》情况下，违反森林法，擅自采伐其承包该林地上的杉木林并销售，所采伐区域位于该保护区核心区域内面积为 117.5 亩，核心区外面积为 15.46 亩。经鉴定，秦家学共砍伐林木 1010 株，林木蓄积为 153.3675 立方米。后保靖县林业勘测规划设计队出具补植补造作业设计说明证明，该受损公益林补植复绿的人工苗等费用为人民币 66025 元。

人民法院审理期间，保靖县林业勘测规划设计队及保靖县林业局、白云山国家级自然保护区又对该受损公益林补植复绿提出了具体建议和专业要求。秦家学预交补植复绿保证金 66025 元，保证履行补植复绿义务。

裁判结果

湖南省保靖县人民法院于 2018 年 8 月 3 日作出（2018）湘 3125 刑初 5 号刑事附带民事判决，认定被告人秦家学犯滥伐林木罪，判处有期徒刑三年，缓刑四年，并处罚金人民币 1 万元，并于判决生效后两年内在湖南白云山国家级自然保护区内“土地坳”栽植一年生杉树苗 5050 株，存活率达到 90%以上。宣判后，没有上诉、抗诉，一审判决已发生法律效力。被告人依照判决，在原砍伐林地等处栽植一年生杉树苗 5050 株，且存活率达到 100%。

裁判理由

法院生效裁判认为：被告人秦家学违反森林法规定，未经林业主管部门许可，无证滥伐白云山国家级自然保护区核心区内的公益林，数量巨大，构成滥伐林木罪。辩护人提出的被告人系初犯、认罪，积极交纳补植补绿的保证金 66025 元到法院的执行账户，有悔罪表现，应当从轻判处的辩护意见，予以采信。白云山国家级自然保护区位于中国十七个生物多样性关键地区之一的武陵山区及酉水流域，是云贵高原、四川盆地至雪峰山区、湘中丘陵之间动植物资源自然流动通道的重要节点，是长江流域洞庭湖支流沅江的重要水源涵养区，其森林资源具有保持水土、维护生物多样性等多方面重要作用。被告人所承包、栽植并管理的树木，已经成为白云山国家级自然保护区森林资源的不可分割的有机组成部分。被告人无证滥伐该树木且数量巨大，其行为严重破坏了白云山国家级自然保护区生态环境，危及生物多样性保护，使社会公共利益遭受到严重损害，性质上属于一种侵权行为。附带民事公益诉讼不是传统意义上的民事诉讼，公益诉讼起诉人也不是一般意义上的受害人。公益诉讼起诉人要求被告人承担恢复原状法律责任的诉讼请求，于法有据，予以支持。根据保靖县林业勘测规划设计队出具的“土地坳”补植补造作业设计说明以及白云山自然保护区管理局、保靖县林业局等部门专家提供的专业资料和建议，参照森林法第三十九条第二款规定，对公益诉讼起诉人提出的被告人应补种树木的诉讼请求，应认为有科学、合理的根据和法律依据，予以支持。辩护人提出被告人作为林地承包者的经营权利也应当依法保护的意见，有其合理之处，在具体确定被告人法律责任时予以考虑。遂作出上述判决。

（生效裁判审判人员：龙鸥玲　徐岩松　向福生
彭　菲　彭举忠　彭大江　贯长金）

指导性案例 192 号

李开祥侵犯公民个人信息刑事附带民事公益诉讼案

（最高人民法院审判委员会讨论通过 2022 年 12 月 26 日发布）

关键词

刑事 侵犯公民个人信息 刑事附带民事公益诉讼 人脸识别 人脸信息

裁判要点

使用人脸识别技术处理的人脸信息以及基于人脸识别技术生成的人脸信息均具有高度的可识别性，能够单独或者与其他信息结合识别特定自然人身份或者反映特定自然人活动情况，属于刑法规定的公民个人信息。行为人未经公民本人同意，未具备获得法律、相关部门授权等个人信息保护法规定的处理个人信息的合法事由，利用软件程序等方式窃取或者以其他方法非法获取上述信息，情节严重的，应依照《最高人民法院、最高人民检察院关于办理侵犯公民个人信息刑事案件适用法律若干问题的解释》第五条第一款第四项等规定定罪处罚。

相关法条

《中华人民共和国刑法》第二百五十三条之一

基本案情

2020 年 6 月至 9 月间，被告人李开祥制作一款具有非法窃取安装者相册照片功能的手机“黑客软件”，打包成安卓手机端的“APK 安装包”，发布于暗网“茶马古道”论坛售卖，并伪装成“颜值检测”软件发布于“芥子论坛”（后更名为“快猫社区”）提供访客免费下载。用户下载安装“颜值检测”软件使用时，“颜值检测”软件会自动在后台获取手机相册里的照片，并自动上传到被告人搭建的腾讯云服务器后台，从而窃取安装者相册照片共计 1751 张，其中部分照片含有人脸信息、自然人姓名、身份号码、联系方式、家庭住址等公民个人信息 100 余条。

2020 年 9 月，被告人李开祥在暗网“茶马古道”论坛看到“黑客资料”帖子，后用其此前在暗网售卖“APK 安装包”部分所得购买、下载标题为“社工库资料”数据转存于“MEGA”网盘，经其本人查看，确认含有个人真实信息。2021 年 2 月，被告人李开祥明知“社工库资料”中含有户籍信息、QQ 账号注册信息、京东账号注册信息、车主信息、借贷信息等，仍将网盘链接分享至其担任管理员的“翠湖庄园业主交流”QQ 群，提供给群成员免费下载。经鉴定，“社工库资料”经去除无效数据并进行合并去重后，包含各类公民个人信息共计 8100 万余条。

上海市奉贤区人民检察院以社会公共利益受到损害为由，向上海市奉贤区人民法院提起刑事附带民事公益诉讼。

被告人李开祥对起诉指控的基本犯罪事实及定性无异议，且自愿认罪认罚。

辩护人提出被告人李开祥系初犯，到案后如实供述所犯罪行，且自愿认罪认罚等辩护意见，建议对被告人李开祥从轻处罚，请求法庭对其适用缓刑。辩护人另辩称，检察机关未对涉案 8100 万余条数据信息的真实性核实确认。

裁判结果

上海市奉贤区人民法院于 2021 年 8 月 23 日以（2021）沪 0120 刑初 828 号刑事判决，认定被告人李开祥犯侵犯公民个人信息罪，判处有期徒刑三年，宣告缓刑三年，并处罚金人民币一万元；扣押在案的犯罪工具予以没收。判决李开祥在国家级新闻媒体上对其侵犯公民个人信息的行为公开赔礼道歉、删除“颜值检测”软件及相关代码、删除腾讯云网盘上存储的涉案照片、删除存储在“MEGA”网盘上相关公民个人信息，并注销侵权所用 QQ 号码。一审判决后，没有抗诉、上诉，判决现已生效。

裁判理由

法院生效裁判认为：本案争议焦点为利用涉案“颜值检测”软件窃取的“人脸信息”是否属于刑法规制范畴的“公民个人信息”。法院经审理认为，“人脸信息”属于《刑法》第二百五十三条之一规定的公民个人信息，利用“颜值检测”黑客软件窃取软件使用者“人脸信息”等公民个人信息的行为，属于刑法中“窃取或者以其他方法非法获取公民个人信息”的行为，依法应予惩处。主要理由如下：第一，“人脸信息”与其他明确列举的个人信息种类均具有明显的“可识别性”特征。《最高人民法院、最高人民检察院关于办理侵犯公民个人信息刑事案件适用法律若干问题的解释》（以下简称《解释》）中列举了公民个人信息种类，虽未对“人脸信息”单独列举，但允许依法在列举之外认定其他形式的个人信息。《解释》中对公民个人信息的定义及明确列举与民法典等法律规定中有关公民个人信息的认定标准一致，即将“可识别性”作为个人信息的认定标准，强调信息与信息主体之间被直接或间接识别出来的可能性。“人脸信息”属于生物识别信息，其具有不可更改性和唯一性，人脸与自然人个体一一对应，无需结合其他信息即可直接识别到特定自然人身份，具有极高的“可识别性”。第二，将“人脸信息”认定为公民个人信息遵循了法秩序统一性原理。民法等前置法将“人脸信息”作为公民个人信息予以保护。《民法典》第一千零三十四条规定了个人信息的定义和具体种类，个人信息保护法进一步将“人脸信息”纳入个人信息的保护范畴，侵犯“人脸信息”的行为构成侵犯自然人人格权益等侵权行为的，须承担相应的民事责任或行政、刑事责任。第三，采用“颜值检测”黑客软件窃取“人脸信息”具有较大的社会危害性和刑事可罚性。因“人脸信息”是识别特定个人的敏感信息，亦是社交属性较强、采集方便的个人信息，极易被他人直接利用或制作合成，从而破解人脸识别验证程序，引发侵害隐私权、名誉权等违法行为，甚至盗窃、诈骗等犯罪行为，社会危害较大。被告人李开祥操纵黑客软件伪装的“颜值检测”软件窃取用户自拍照片和手机相册中的存储照片，利用了互联网平台的开放性，以不特定公众为目标，手段隐蔽、欺骗性强、窃取面广，具有明显的社会危害性，需用刑法加以规制。

关于辩护人提出本案公民个人信息数量认定依据不足的辩护意见，法院经审理认为，公安机关侦查过程中采用了抽样验证的方法，随机挑选部分个人信息进行核实，能够确认涉案个人信息的真实性，被告人、辩护人亦未提出涉案信息不真实的线索或证据。司法鉴定机构通过去除无效信息，并采用合并去重的方法进行鉴定，检出有效个人信息 8100 万余条，公诉机关指控的公民个人信息数量客观、真实，且符合《解释》中确立的对批量公民个人信息具体数量的认定规则，故对辩护人的辩护意见不予采纳。

综上，被告人李开祥违反国家有关规定，非法获取并向他人提供公民个人信息，情节特别严重，其行为已构成侵犯公民个人信息罪。被告人李开祥到案后能如实供述自己的罪行，依法可以从轻处罚，且自愿认罪认罚，依法可以从宽处理。李开祥非法获取并向他人提供公民个人信息的侵权行为，侵害了众多公民个人信息安全，损害社会公共利益，应当承担相应的民事责任。故依法作出上述判决。

（生效裁判审判人员：李晓杰 管玉洁 高晔涛）

指导性案例195号

罗文君、瞿小珍侵犯公民个人信息刑事附带民事公益诉讼案

（最高人民法院审判委员会讨论通过 2022年12月26日发布）

关键词

刑事 侵犯公民个人信息 验证码 出售

裁判要点

服务提供者专门发给特定手机号码的数字、字母等单独或者其组合构成的验证码具有独特性、隐秘性，能够单独或者与其他信息结合识别特定自然人身份或者反映特定自然人活动情况的，属于刑法规定的公民个人信息。行为人将提供服务过程中获得的验证码及对应手机号码出售给他人，情节严重的，依照侵犯公民个人信息罪定罪处罚。

相关法条

《中华人民共和国刑法》第二百五十三条之一

基本案情

2019年12月，被告人罗文君了解到通过获取他人手机号和随机验证码用以注册新的淘宝、京东等App账号（简称“拉新”）可以赚钱，其便与微信昵称“悠悠141319”（身份不明）、“A我已成年爱谁睡”（身份不明）、“捷京淘”（身份不明）、“胖娥”（身份不明）、“河北黑志伟80后的见证”（身份不明）等专门从事“拉新”的人联系。“悠悠141319”等人在知道罗文君手里有许多学员为电信员工，学员可以直接获取客户的手机号码和随机验证码等资源时，利用罗文君担任电信公司培训老师的便利，约定由罗文君建立、管理、维护微信群，并在群内公布“拉新”的规则、需求和具体价格；学员则根据要求，将非法获取的客户手机号码和随机验证码发送至群内；“悠悠141319”等人根据发送的手机号及验证码注册淘宝、京东App等新账号。罗文君可对每条成功“拉新”的手机号码信息，获取0.2—2元/条报酬；而学员以每条1至13元不等的价格获取报酬，该报酬由罗文君分发或者直接由“悠悠141319”等人按照群内公布的价格发送给学员。

2019年12月至2021年7月期间，被告人罗文君利用株洲联盛通信有限责任公司渌口手机店、中国移动营业厅销售员瞿小珍和谢青、黄英、贺长青（三人均已被行政处罚）等人的职务之便，非法获取并且贩卖被害人彭某某、谭某某等个人信息手机号码和随机验证码给“悠悠141319”等人。其中，被

告人罗文君获利 13000 元，被告人瞿小珍获利 9266.5 元。

案发后，被告人瞿小珍已退缴违法所得 9926.5 元，罗文君已退缴违法所得 13000 元。被告人罗文君、瞿小珍均如实供述自己的犯罪事实并自愿认罪认罚。

另查明，株洲市渌口区人民检察院于 2021 年 7 月 22 日公告了案件情况，公告期内未有法律规定机关和有关组织提起民事公益诉讼，即株洲市渌口区人民检察院系提起附带民事公益诉讼的适格主体。

裁判结果

湖南省株洲市渌口区人民法院于 2021 年 11 月 30 日以（2021）湘 0212 刑初 149 号刑事判决，认定被告人罗文君犯侵犯公民个人信息罪，判处有期徒刑八个月，并处罚金人民币二万元。被告人瞿小珍犯侵犯公民个人信息罪，判处有期徒刑六个月，并处罚金人民币一万五千元。作案工具 OPPORENO 手机 1 台、华为 P30Pro 手机 1 台，予以没收，依法处理。被告人罗文君的违法所得人民币 13000 元、瞿小珍违法所得人民币 9266.5 元，予以没收，上缴国库。

裁判理由

法院生效裁判认为：被告人罗文君违反国家有关规定，设立出售、提供公民个人信息的通讯群组，情节严重，其行为同时构成非法利用信息网络罪和侵犯公民个人信息罪，依法应以侵犯公民个人信息罪定罪；被告人瞿小珍违反国家有关规定，在提供服务过程中将获得的公民个人信息出售给他人，情节严重，其行为已构成侵犯公民个人信息罪。公诉机关指控的犯罪事实和罪名成立，予以支持。

在共同犯罪中，被告人罗文君、瞿小珍所起作用相当，均应以主犯论。被告人瞿小珍在提供服务过程中将获得的公民个人信息出售给他人，应从重处罚；罗文君、瞿小珍到案后，如实交代全部犯罪事实，均系坦白，积极退缴全部赃款，且认罪认罚，可以从宽处理。公诉机关的量刑建议适当，予以采纳。罗文君辩护人提出手机号和验证码不属于个人信息，且“拉新”未造成具体损失的辩护意见。经查，个人信息是以电子或者其他方式记录的能够单独或者与其他信息结合识别特定自然人的各种信息，包括电话号码等；验证码系专门发给特定手机号的独一无二的数字组合，且依规不能发送给他人，证明验证码系具有识别、验证个人身份的通信内容，即二者均为能识别自然人身份的个人信息；侵犯公民个人信息罪不以造成具体损失为构成要件，故该辩护意见不予采纳。罗文君辩护人提出罗文君没有自行提供手机号和验证码。经查，罗文君不仅纠集瞿小珍等人“拉新”，还专门设立了提供、出售公民个人信息违法犯罪的通讯群组，并因此获利，依法应当从重处罚，故该意见不予采纳。罗文君辩护人提出对罗文君适用缓刑的意见。经查，综合本案的犯罪情节、对于社会的危害程度及被告人的悔罪表现，对被告人罗文君不适用缓刑，故该意见不予采纳。但其提出罗文君其他可从轻处罚的辩护意见与事实相符，予以采纳。瞿小珍辩护人提出瞿小珍有立功情节。经查，瞿小珍提供了罗文君的住址及联系方式等基本信息，系其应当交代的、与本人犯罪事实有关联的事实，不构成立功，故该意见不予采纳。其提出的可从轻处罚的辩护意见与事实相符，予以采纳。被告人罗文君、瞿小珍侵犯公民个人信息，其在承担刑事责任的同时，还应承担相应的民事责任。鉴于二被告对侵权行为均无异议，且均表示愿意公开赔礼道歉，以及永久删除涉案个人信息，故对附带民事公益诉讼起诉人的诉请，予以支持。

（生效裁判审判人员：王　欣　周晓玲　赖国清
刘智群　刘　云　袁水莲　曹玉婷）

指导性案例 202 号

武汉卓航江海贸易有限公司、向阳等 12 人污染环境刑事附带民事公益诉讼案

（最高人民法院审判委员会讨论通过 2022 年 12 月 30 日发布）

关键词

刑事 刑事附带民事公益诉讼 船舶偷排含油污水 损害认定 污染物性质鉴定

裁判要点

1. 船舶偷排含油污水案件中，人民法院可以根据船舶航行轨迹、污染防治设施运行状况、污染物处置去向，结合被告人供述、证人证言、专家意见等证据对违法排放污染物的行为及其造成的损害作出认定。

2. 认定船舶偷排的含油污水是否属于有毒物质时，由于客观原因无法取样的，可以依据来源相同、性质稳定的舱底残留污水进行污染物性质鉴定。

相关法条

《中华人民共和国刑法》［根据 2011 年 5 月 1 日起施行的《中华人民共和国刑法修正案（八）》修正］第三百三十八条

《中华人民共和国水污染防治法》（2017 年 6 月 27 日修正）第五十九条

基本案情

被告单位武汉卓航江海贸易有限公司（以下简称卓航公司）通过租赁船舶从事国内水上货物定线运输业务，其经营的国裕 1 号船的航线为从江苏省南京市经安徽省芜湖市至浙江省台州市以及宁波市北仑港返回南京市。

依照法律法规，被告单位卓航公司制定《防止船舶造成污染管理须知》，该须知规定国裕 1 号船舱底含油污水可通过油水分离器处理达标后排放，也可由具备接收资质的第三方接收。被告单位卓航公司机务部常年不采购、不更换油水分离器滤芯，船舶油水分离器无法正常工作，分管机务部的副总经理等人指示工作人员用纯净水替代油水分离器出水口水样送检，纵容船舶逃避监管实施偷排；其亦未将含油污水交给有资质第三方处理，含油污水长期无合法处置去向。

2017 年 8 月至 2019 年 3 月期间，先后担任国裕 1 号船船长的被告人向阳、担任轮机长的被告人殷江林、胡国政伙同同案其他被告人违反法律规定，先后五次偷排船舶含油污水。后又购买污水接收证明自行填写后附于油类记录簿应付检查。2019 年 3 月，经举报，国裕 1 号船将含油污水偷排入长江的行

为及作案工具被查获。

归案后，被告人向阳等各被告人供述了国裕 1 号船轮机长等为公司利益多次指使轮机部管轮、机工等人逃避监管，拒不执行法律法规规定的防污措施，于 2017 年 8 月至 2019 年 3 月五次将舱底含油污水不经油水分离器处理偷排至长江及近海自然水域的事实。各被告人供述能够相互印证，并有证人证言佐证，亦与涉案船舶常年定线运行，含油污水积累速度和偷排频率相对稳定的情形相符，足以认定案件相关事实。

因排入外界的含油污水因客观原因已无法取样，鉴于案涉船舶常年定线运输、偷排频次稳定，设备及操作规程没有变化，舱底残留含油污水与排入外界的含油污水，来源相同且性质稳定，不存在本质变化，故就舱底残留含油污水取样送检。经鉴定，国裕 1 号船舱底含油污水属于“有毒物质”。生态环境损害的专家评估意见证实，以虚拟治理成本法计算得出五次偷排含油污水造成的生态环境损害数额为 10000 元至 37500 元。

江苏省南京市鼓楼区人民检察院同时提起刑事附带民事公益诉讼，指控被告单位卓航公司及各被告人犯污染环境罪，并请求判令被告卓航公司承担本案环境损害赔偿费用 23750 元、专家评估费用 9000 元及公告费用 700 元。

裁判结果

江苏省南京市玄武区人民法院于 2020 年 7 月 16 日以（2020）苏 0102 刑初 24 号刑事附带民事判决，认定被告单位卓航公司犯污染环境罪，判处罚金人民币 4 万元；以污染环境罪分别判处被告人向阳等十二名被告人有期徒刑一年六个月至八个月，并处罚金人民币 3 万元至 1 万元；判令附带民事公益诉讼被告卓航公司支付生态环境损害赔偿费用人民币 23750 元及专家评估费用人民币 9000 元、公告费用人民币 700 元，合计人民币 33450 元。宣判后，被告人向阳提出上诉。南京市中级人民法院于 2020 年 12 月 23 日以（2020）苏 01 刑终 575 号刑事附带民事裁定，驳回上诉，维持原判。

裁判理由

法院生效裁判认为：根据水污染防治法等法律法规，被告单位卓航公司虽制定了舱底含油污水等污染环境防治措施，但相关措施在实际运行中流于形式，没有实际执行，用于防治污染的油水分离器不能正常使用。被告单位卓航公司弄虚作假获取油水分离器水样合格的检测报告、低价购置含油污水接收证明逃避监管。案涉船舶常年定线运输，航线上千公里，随着航程增加必然产生并持续累积含油污水，但含油污水既未经油水分离器处理又未交由有资质第三方接收。各被告人供述、证人证言及在案物证关于偷排污水行为的方式、时间、参与人员的内容互相吻合，足以认定各被告人实施了将含油污水排至长江及近海水域的污染环境行为。涉案含油污水的性质稳定，案涉船舶常年定线运输，设备、操作规程及含油污水产生机理稳定，舱底残留含油污水与被偷排的污水系同一整体、性状一致，可以取样据以进行污染物性质鉴定。经鉴定，该含油污水系有毒物质。

案涉污染环境行为系为了被告单位卓航公司的单位利益，在公司分管副总经理指使下，由国裕 1 号船船长、国裕 1 号船轮机长、机工等多人参与，共同将未经处理的舱底含油污水偷排至驶经的长江及近海水域，应当认定为单位犯罪。卓航公司违反国家规定，以逃避监管的方式排放有毒物质，严重污染环境，其行为构成污染环境罪。被告人向阳等各被告人系单位犯罪中直接负责的主管人员或其他直接责任人员，应当以污染环境罪对其定罪处罚。

附带民事公益诉讼被告卓航公司污染环境，依法应承担生态环境损害赔偿责任。卓航公司将未经处理的舱底含油污水多次偷排至自然水域，专家意见以虚拟治理成本法量化生态环境损害数额并无不当，卓航公司对此不持异议。经评估，案涉船舶五次将未经处理的舱底含油污水偷排至驶经的长江及近海水域行为造成的生态环境损害数额为 10000 元至 37500 元。公益诉讼起诉人南京市鼓楼区人民检察院取其中间值主张的生态环境损害赔偿费用数额，具有法律和事实依据，依法予以支持。公益诉讼起诉人主张的专家评估费用及公告费用，属于为诉讼支出的合理费用，依法予以支持。

（生效裁判审判人员：姜　立　刘尚雷　于元祝）

指导性案例 203 号

左勇、徐鹤污染环境刑事附带民事公益诉讼案

（最高人民法院审判委员会讨论通过 2022 年 12 月 30 日发布）

关键词

刑事 刑事附带民事公益诉讼 应急处置措施 必要合理范围 公私财产损失 生态环境损害

裁判要点

对于必要、合理、适度的环境污染处置费用，人民法院应当认定为属于污染环境刑事附带民事公益诉讼案件中的公私财产损失及生态环境损害赔偿范围。对于明显超出必要合理范围的处置费用，不应当作为追究被告人刑事责任，以及附带民事公益诉讼被告承担生态环境损害赔偿责任的依据。

相关法条

《中华人民共和国刑法》［根据 2011 年 5 月 1 日起施行的《中华人民共和国刑法修正案（八）》修正］第三百三十八条

基本案情

自 2018 年 6 月始，被告人左勇在江苏省淮安市淮安区车桥镇租赁厂房，未经审批生产铝锭，后被告人徐鹤等人明知左勇无危险废物经营许可证，仍在左勇上述厂房中筛选铝灰生产铝锭，共计产生约 100 吨废铝灰。2019 年 4 月 23 日，左勇、徐鹤安排人员在淮安市淮安区车桥镇大兴村开挖坑塘倾倒上述废铝灰。在倾倒 20 余吨时，因废铝灰发热、冒烟被群众发现制止并报警。

同年 4 月 24 日，淮安市淮安区原环境保护局委托江苏新锐环境监测有限公司司法鉴定所对坑塘内废铝灰进行取样鉴定、委托淮安翔宇环境检测技术有限公司对涉案坑塘下风向的空气与废气进行取样检测。4 月 28 日，经淮安翔宇环境检测技术有限公司检测，涉案坑塘下风向氨超标。4 月 29 日，经江苏新锐环境监测有限公司司法鉴定所鉴定，涉案倾倒的废铝灰 13 个样品中，有 4 个样品氟化物（浸出毒性）超出标准值，超标份样数超出了《危险废物鉴别技术规范》（HJ/T298—2007）中规定的相应下限值，该废铝灰为具有浸出毒性特性的危险废物。《国家危险废物名录》（2021 版）规定再生铝和铝材加工过程中，废铝及铝锭重熔、精炼、合金化、铸造熔体表面产生的铝灰渣及其回收铝过程产生的盐渣和二次铝灰属于危险废物。

同年 4 月 27 日，淮安市淮安区车桥镇人民政府组织人员对上述燃烧的废铝灰用土壤搅拌熄灭，搅拌后的废铝灰与土壤的混合物重 453.84 吨。

2019 年 11 月，江苏省环境科学研究院受淮安市淮安区车桥镇人民政府委托，编制应急处置方案认为：涉案废铝灰与土壤的混合物因经费及时间问题未进行危险废物属性鉴别工作，根据《国家危险废物名录》（2016 版）豁免管理清单第 10 条规定，建议采用水泥窑协同处置方式进行处置。该院对此次事件生态环境损害评估认为：本次污染事件无人身损害，存在财产损害，费用主要包括财产损害费用、应急处置费用和生态环境损害费用。财产损害费用为清理过程中造成农户的小麦、油菜、蚕豆、蔬菜损失共计 3400 元；应急处置费用包括应急监测费用 7800 元（实收 7200 元）、废铝灰与土壤的混合物的清理费用 76161 元、处置费用因暂未处置暂按 1000 元/吨估算；生态环境损害费用 18000 元（坑塘回填恢复，即填土费用）。

2020 年 3 月 18 日，淮安市淮安区车桥镇人民政府委托南京中联水泥有限公司对废铝灰与土壤的混合物按照危险废物进行处置，处置单价为 2800 元/吨，该价格含税、含运费。此外还产生江苏新锐环境监测有限公司鉴定费用 80000 元、江苏省环境科学研究院应急处置方案费用 70000 元及生态环境损害评估费用 250000 元，合计 400000 元。

关于本案应急处置的相关问题，江苏省环境科学研究院出庭鉴定人明确，应急处置方案针对的是已经清挖出的废铝灰与土壤的混合物，该混合物不能直接判定为危险废物，按照豁免程序处理可提高经济性和实操性，本案受污染的土壤采用水泥窑协同处置的价格为 1000 元/吨。出庭有专门知识的人认为，铝灰不会大面积燃烧，只需用土壤将明火掩盖即可，20 吨废铝灰经土壤混合搅拌后，清理出的混合物应在 60 吨至 120 吨范围内，否则属于过度处置。

淮安市淮安区人民检察院提起刑事附带民事环境公益诉讼，指控被告人左勇、徐鹤犯污染环境罪，请求判令被告左勇、徐鹤共同赔偿污染环境造成的财产损害费用 3400 元、应急处置费用 1431788 元、生态环境损害费用 18000 元以及检验、鉴定等其他合理费用 400000 元，合计 1853188 元；判令被告左勇、徐鹤在淮安市级媒体上向社会公众公开赔礼道歉。

裁判结果

江苏省盱眙县人民法院于 2021 年 6 月 24 日以（2019）苏 0830 刑初 534 号刑事附带民事判决，认定被告人左勇犯污染环境罪，判处有期徒刑二年，并处罚金人民币 5 万元；被告人徐鹤犯污染环境罪，判处有期徒刑二年，并处罚金人民币 5 万元；责令被告人左勇退缴违法所得人民币 13000 元，上缴国库；被告人左勇、徐鹤连带赔偿财产损害费用人民币 3400 元、应急处置费用人民币 156489 元、生态环境损害费用人民币 18000 元、鉴定评估等事务性费用等人民币 400000 元，合计人民币 577889 元，于判决生效后十五日内履行；责令被告人左勇、徐鹤在淮安市级媒体上向社会公众公开赔礼道歉；驳回刑事附带民事公益诉讼起诉人淮安市淮安区人民检察院的其他诉讼请求。宣判后，没有上诉、抗诉，判决已生效。

裁判理由

法院生效裁判认为：被告人左勇、徐鹤违反国家规定，共同倾倒危险废物，严重污染环境，其行为均已构成污染环境罪。二被告人的行为造成了生态环境损害，损害了社会公共利益，除应受到刑事处罚外，还应依法承担相应的民事责任，包括赔偿损失和赔礼道歉，被告人左勇、徐鹤依法应对造成的生态环境损害后果承担连带赔偿责任。

为维护国家利益和社会公共利益，刑事附带民事公益诉讼起诉人主张两被告人承担生态环境损害赔偿责任，应予以支持，但生态环境损害数额的确定应当遵循合理、必要原则。检察机关在提起公益诉讼时，更应当基于社会公共利益目的、公平正义立场和节约资源、保护生态环境原则，合理提出诉求、准确审查证据。即环境污染事故发生后，行政机关采取应急处置措施应当以必要、合理、适度为原则。对必要、合理、适度的处置费用，应当作为追究被告人刑事责任、承担生态环境损害赔偿责任的依据。但明显超出必要、合理范围的处置费用，不应当认定为环境污染事故造成的公私财产损失，不能将此不合理处置费用作为追究被告人刑事责任的依据，也不能据此作为被告人承担生态环境损害赔偿责任的依据。本案的焦点在于应急处置措施是否超出了必要、合理的限度。

一、关于用 400 余吨土壤覆盖 20 余吨废铝灰的应急处置措施是否合理、必要问题

污染环境事故发生后，行政机关为消除危险、清除污染、防止损害后果进一步扩大所采取应急处置的手段和方式应当予以认可，但在条件允许的前提下，仍应当以必要、合理、适度处置为基本原则。本案中，相关行政机关接到报警赴现场勘查后已经确定倾倒的物质系废铝灰。废铝灰不会大面积燃烧，即使局部燃烧只需用土壤将明火掩盖即可。对废铝灰的处置技术即“泥土覆盖”技术相对简单且具有普适性，本案应急处置与污染事件发生间隔几天，时间上已经不具有紧迫性，应急处置人员有充足的时间研究、制定更加合理的方案。行政机关组织人员采用土壤混合搅拌的措施具有可行性，能够达到应急的效果，但使用的泥土量应当在合理、必要范围内，否则既会造成受污染的土壤过多，消耗国家资源，也会增加相应的处置费用。本案实际清挖出混合物数量是专家建议最高值的近 4 倍，差距过大，此次环境污染事件使用土壤搅拌后清理出混合物 453.84 吨属于处置过当。根据适度处置、节约资源的原则并结合专家意见，酌定此污染事件清理出混合物合理必要的数量为 120 吨。

二、关于将废铝灰与土壤的混合物直接按照危险废物以 2800 元/吨价格委托处置是否合理问题

江苏省环境科学研究院制作的应急处置方案明确载明，本案中涉案废铝灰

混合物转移和处置可以根据《国家危险废物名录》（2016 版）豁免管理清单第 10 条规定，不按危险废物进行管理，并建议采用水泥窑协同处置方式进行处置，处置费用估算为 1000 元/吨（含运费）。故该混合物的处置、利用可以不按危险废物进行管理，直接以受污染的土壤即 1000 元/吨的价格送交处置更加合理。但本案处置价格过高，对超出 1000 元/吨的部分，不予认定。

三、关于生态环境损害评估报告中未列入，但已实际发生的装车列支费用与运输费用是否应当计入应急处置费用的问题

经查，应急处置人员在实际处置废铝灰与土壤的混合物时，产生了混合物装车列支费用与运输费用。到庭的鉴定人明确表示生态环境损害评估报告中 1000 元/吨的处置费用包含运输费用但不包含装车列支费用，故实际处置中额外支付的运输费用，属于不合理、不必要范围，故不予支持；但装车列支费用属于《最高人民法院关于审理环境民事公益诉讼案件适用法律若干问题的解释》第十九条规定的“原告为停止侵害、排除妨碍、消除危险采取合理预防、处置措施而发生的费用”，予以支持。

四、关于公私财产损失数额认定及附带民事公益诉讼赔偿数额认定的问题

经查，本案的公私财产损失包括污染环境行为直接造成的财产损失、减少的实际价值，亦包括污染场地回填等为防止污染扩大、消除污染而采取必要合理措施所产生的费用，以及处置突发环境事件的应急监测费用。依据江苏省环境科学研究院评估，结合实际处置情况，认定被告人左勇、徐鹤污染环境行为造成的公私财产损失数额如下：1. 财产损害费用 3400 元：即清理过程中造成农户的小麦、油菜、蚕豆、蔬菜损失共计 3400 元。2. 应急处置费用：156489 元。应急处置费用包括：（1）应急监测费用 7200 元；（2）清理费用 20137 元；（3）处置费用 129152 元。3. 生态环境损害费用：18000 元。坑塘经过应急清理后已基本消除污染，但需要进行回填恢复，填土费用 18000 元。以上费用共计 177889 元。即公私财产损失数额应当认定为 177889 元，但未达到司法解释规定的 1000000 元，不属于后果特别严重情节。

附带民事公益诉讼起诉人主张赔偿的生态环境损害数额包括上述公私财产损失数额，同时还包括生态环境损害赔偿鉴定及评估费用、应急方案编制费用共计 400000 元。综上，被告人左勇、徐鹤应当承担的生态环境损害赔偿数额共计 577889 元。

（生效裁判审判人员：孙在桐　蒋莹莹　王玉林
张春艳　翟顺昌　陈志艺　薛　琴）

（二）第二审程序

最高人民法院
关于对被判处死刑的被告人未提出上诉、共同犯罪的部分被告人或者附带民事诉讼原告人提出上诉的案件应适用何种程序审理的批复

法释〔2010〕6号

（2010年3月1日最高人民法院审判委员会第1485次会议通过 2010年3月17日最高人民法院公告公布 自2010年4月1日起施行）

各省、自治区、直辖市高级人民法院，解放军军事法院，新疆维吾尔自治区高级人民法院生产建设兵团分院：

近来，有的高级人民法院请示，对于中级人民法院一审判处死刑的案件，被判处死刑的被告人未提出上诉，但共同犯罪的部分被告人或者附带民事诉讼原告人提出上诉的，应当适用何种程序审理。经研究，批复如下：

根据《中华人民共和国刑事诉讼法》第一百八十六条①的规定，中级人民法院一审判处死刑的案件，被判处死刑的被告人未提出上诉，共同犯罪的其他被告人提出上诉的，高级人民法院应当适用第二审程序对全案进行审查，并对涉及死刑之罪的事实和适用法律依法开庭审理，一并处理。

根据《中华人民共和国刑事诉讼法》第二百条第一款②的规定，中级人民法院一审判处死刑的案件，被判处死刑的被告人未提出上诉，仅附带民事诉讼原告人提出上诉的，高级人民法院应当适用第二审程序对附带民事诉讼依法审理，并由同一审判组织对未提出上诉的被告人的死刑判决进行复核，作出是否

---

① 现为《刑事诉讼法》（2018年修正）第二百三十三条。

② 现为《刑事诉讼法》（2018年修正）第二百四十七条第一款。

同意判处死刑的裁判。

此复

【解　　读】

解读《最高人民法院关于对被判处死刑的被告人未提出上诉、共同犯罪的部分被告人或者附带民事诉讼原告人提出上诉的案件应适用何种程序审理的批复》

一、问题的提出

《最高人民法院关于对被判处死刑的被告人未提出上诉、共同犯罪的部分被告人或者附带民事诉讼原告人提出上诉的案件应适用何种程序审理的批复》（以下简称本批复），经最高人民法院审判委员会第1485次会议讨论通过，自2010年4月1日起施行。

二、理解与适用

（一）本批复的起草经过和指导思想

自2007年死刑核准权收归最高人民法院统一行使以来，最高人民法院在复核高级人民法院报送的死刑案件中发现，对于中级人民法院第一审判处死刑，被判处死刑的被告人未提出上诉，共同犯罪的其他被告人或者附带民事诉讼原告人提出上诉的案件，高级人民法院适用何种程序审理，实践中做法很不统一。有的高级人民法院适用第二审程序审理，有的适用复核程序；有的开庭审理，有的书面审理；有的对判处死刑未提出上诉的被告人作出同意一审死刑判决的裁判，有的只是笼统裁定驳回上诉，维持原判。上述做法混淆了高级人民法院第二审程序和死刑复核程序，以致在审判实践中产生了不同认识和较大争议。

最高人民法院于2008年7月立项，在深入调研的基础上，根据现有法律规定和相关精神，结合刑事审判实践，起草了本批复，并分别征求和听取了全国人大常委会法制工作委员会刑法室、最高人民法院有关庭室以及刑事诉讼法学界部分专家的意见。在此基础上，2010年3月1日最高人民法院审判委员会讨论通过了本批复。

（二）被判处死刑的被告人未上诉，共同犯罪的其他被告人上诉的案件，高级人民法院的审理程序和裁判结果问题

对于中级人民法院第一审宣判死刑，被判处死刑的被告人未提出上诉，共同犯罪的其他被告人提出上诉的案件，高级人民法院应适用何种程序审理？对此有不同意见：经研究，本批复认为，对被判处死刑的被告人未提出上诉，同案其他被告人提出上诉的案件，高级人民法院应当适用第二审程序对全案进行审查。也就是说，本批复的内容坚持了刑事诉讼两审终审制和二审全面审查的原则，同时明确了高级人民法院的死刑复核程序仅适用于死刑案件全案被告人均未提出上诉的情形。其主要理由是：第一，这符合《刑事诉讼法》第一百八十六条①关于刑事诉讼第二审全面审查原则的规定。我国刑事诉讼第二审适用全面审查原则，部分被告人提出上诉的，上诉效力及于全案，全案不生效，进入第二审程序；第二审法院审理时也不受上诉范围的限制，要对第一审判决认定的事实和适用法律进行全面审查。本批复在坚持二审全面审查原则的前提下，尊重了法条之间的体系性和连贯性。第二，这符合《刑事诉讼法》第十条关于两审终审制的规定。普通刑事案件经过一、二审后，案件就应当发生法律效力。死刑案件因人命关天，必须适用最严格的法律程序，故《刑事诉讼法》规定了除最高人民法院的判决以外，其他死刑判决必须报请最高人民法院核准才能发生法律效力。可是，对于中级人民法院第一审宣判死刑的案件，如果在法定期限内没有上诉、抗诉，上诉、抗诉期满后案件本应直接报送最高人民法院核准。这样，此类案件就缺失了一道审查程序，不利于严格把握死刑案件质量，故《刑事诉讼法》第二百条第一款②规定了高级人民法院的死刑复核程序。因此，高级人民法院的死刑复核是一道补救程序，针对的是死刑案件无法进入第二审程序的特殊情形，故只有当死刑案件的全案被告人均未提出上诉时，高级人民法院才能进行死刑复核。第三，这符合司法实践惯例，也利于保障被判处死刑的被告人的权利。共同犯罪案件，各被告人的供述和辩解对于查明事实和确定罪责均有意义，实践中对此类案件也是全案审查的。如果对上诉部分按照二审程序审理，对不上诉部分按照死刑复核程序审理，人为地将案件进行区分，不仅事实上很难严格划分，而且可能出现同一合议庭对相同的犯罪事实依照不同的法律程序进行审理的情形。同时，《刑事诉讼法》对于第二审有着严格的规定，法条内容对被告人诉讼权利和实体权利的保障均有考量；而高级人民法院的死刑复核程序法律规定很原则，不够详尽，从维护被判处死刑被告人的诉讼权利和保障死刑案件审判质量的角度出发，第二审程序的保障水平应高于死刑复核程序。对于未提出上诉的被判处死刑的被告人适用第二审程

---

① 现为《刑事诉讼法》（2018 年修正）第二百三十三条。

② 现为《刑事诉讼法》（2018 年修正）第二百四十七条第一款。

序审理，足以保障全案公平公正，没有必要也没有依据再增加一道没有检察机关、辩护人参与，也没有开庭程序的死刑复核程序。

由于此类案件二审审理后的处理结果，涉及最高人民法院启动死刑复核的依据和进行死刑复核后裁判文书的表述，故需要特别强调。《刑事诉讼法》第一百九十九条①规定："死刑由最高人民法院核准"，该条款规定了最高人民法院审理的案件性质；第二百条第二款②规定："高级人民法院判处死刑的第一审案件被告人不上诉的，和判处死刑的第二审案件，都应当报请最高人民法院核准。"该条款规定了启动最高人民法院死刑复核权的法律依据。许多高级人民法院审理后在判项内容中只是笼统表述为"本裁定依法报请最高人民法院核准"，并未明确指出将案件中的死刑部分报请核准，模糊了最高人民法院死刑复核的范围，使最高人民法院的死刑复核裁判在法律文书表述上存在困难，也容易导致一些人产生全案尚未生效的错误认识。实践中，有的法院将全案报送最高人民法院后，欲将同案其他被告人交付监狱执行，但监狱却以案件尚未生效拒绝收押罪犯，这直接影响了共同犯罪其他被告人的权益。特别是对于被判处无期徒刑和死刑缓期二年执行的同案罪犯，先行羁押的日期不能折抵刑期，不利于看守所实施有效监管。

因此，首先应当明确，二审终审后，对没有判处死刑的被告人，其刑事裁判在二审宣判之日起即已生效。只有被判处死刑的被告人，其刑事裁判在二审宣判后尚未生效，必须依法报请最高人民法院核准。因此，此类案件经过二审后，高级人民法院维持一审对被告人的死刑判决的，必须体现对未提出上诉的死刑被告人的犯罪事实、适用法律的审查内容。据此，其裁判主文也应完整、准确地体现以下四个方面的内容：一是对一审未判处死刑而提出上诉的被告人的裁判情况，如果是维持原判的，可直接写明"驳回上诉，维持某某中级人民法院对被告人某某某以某某罪判处某某刑罚的刑事判决"。二是对一审被判处死刑但未提出上诉的被告人的裁判情况也应同时写清楚，如果是维持对其死刑判决的，应写明维持某某中级人民法院对被告人某某某以某某某罪判处死刑的判决，如果是改判的，则也应作出相应的判项。三是必须写上本裁定（判决）为终审裁定（判决）的内容，以保障裁判已经生效部分的被告人的权益。四是必须写明死刑裁判报请最高人民法院核准的事项，具体写法为："依照刑事诉讼法第一百九十九条、第二百条第二款的规定，对被告人某某某以某某罪判处死刑，剥夺政治权利终身的刑事裁定（判决），由本院依法报请最高人民法院核准。"

---

① 现为《刑事诉讼法》（2018年修正）第二百四十六条。

② 现为《刑事诉讼法》（2018年修正）第二百四十七条第二款。

(三) 被判处死刑的被告人未提出上诉的刑事第二审案件开庭审理的问题

在本批复发布之前，对被判处死刑的被告人未提出上诉的刑事第二审案件是否开庭审理的问题，各地做法是不统一的。

经研究，本批复最后作出了高级人民法院应对涉及死刑之罪的事实和适用法律依法开庭审理的规定，既坚持了死刑第二审案件开庭审理的原则，又限定了开庭审理的范围，在保障死刑案件质量的基础上尽可能地减轻高级人民法院的负担。这样规定的主要理由是：第一，死刑案件关乎生命，必须适用最严格的法律程序。最高人民法院、最高人民检察院于 2006 年 9 月 21 日联合发布的《关于死刑第二审案件审理程序若干问题的规定（试行）》第一条规定："第二审人民法院审理第一审判处死刑立即执行的被告人上诉、人民检察院抗诉的案件，应当依照法律和有关规定开庭审理。"根据这一规定，判处死刑立即执行的被告人提出上诉的第二审刑事案件必须一律开庭审理，至于其他死刑第二审案件是否开庭，该条款未作出明确规定。实践证明，对于被判处死刑的被告人未提出上诉、共同犯罪的其他被告人提出上诉的案件，如果第二审采用书面审查的方式审理，被告人的辩护权利无法有效行使，有悖《刑事诉讼法》第十一条①确立的保障辩护原则，不利于保护被判处死刑的被告人的诉讼权益。本批复完善了"两高"发布的前述司法解释，坚持了死刑第二审案件一律开庭的原则。通过二审开庭，听取控辩各方意见，包括未上诉的被判处死刑的被告人的供述和辩解，有利于法院查明案件事实、正确适用法律，确保死刑案件的公平公正。第二，鉴于死刑案件的实际复杂情况，如犯罪团伙、黑社会性质组织实施的多人多起犯罪或者其他并案处理的犯罪，被判处死刑被告人的犯罪事实可能仅涉及全案的一小部分，如果要求此类死刑案件一律全案开庭审理，无疑会加重高级人民法院的负担。因此，本批复将必须开庭审理的范围限定在涉及死刑之罪的事实和适用法律方面，既保障了开庭审理的效果，又尽可能减轻了二审的负担。至于非死刑之罪的事实和适用法律方面是否开庭审理由高级人民法院决定，最高人民法院不再作出统一规定。

(四) 被判处死刑的被告人未上诉，附带民事诉讼原告人上诉的案件，高级人民法院的审理程序问题

对于被告人被判处死刑的刑事附带民事诉讼案件，第一审判决宣判后，刑事部分没有上诉、抗诉，只有附带民事诉讼原告人提出上诉的，刑事部分的判决在上诉期满后即发生法律效力。二审法院审理此类附带民事诉讼案件时，如果第一审判决的刑事部分并无不当，第二审人民法院只需就附带民事诉讼部分作出处理。这是《最高人民法院关于执行〈中华人民共和国刑事诉讼法〉若干问题的解释》（以下简称《解释》）第二百四十九条、第二百五十条明确规定

---

① 现为《刑事诉讼法》（2018 年修正）第十一条。

的。但是，中级人民法院第一审宣判死刑，刑事部分没有上诉、抗诉，仅附带民事诉讼原告人提出上诉的案件，却不能适用上述《解释》的规定。因为上诉期满后，此类案件的刑事部分的判决并没有发生法律效力，高级人民法院不能只就附带民事部分作出处理，而必须就刑事部分作出是否同意判处死刑的裁判。附带民事诉讼和刑事诉讼本是两类不同性质的案件，仅因案件事实具有关联性和为了节约司法成本才一并审判，法院审理时适用的法律程序也不相同，对死刑判决的复核更有一套独立的程序，这一程序是附带民事诉讼程序所不能替代的。因此，附带民事诉讼的原告人对附带民事诉讼部分提出上诉的，高级人民法院应当依照相关民事法律对附带民事部分进行民事第二审审理，但不能以附带民事诉讼程序替代死刑复核程序。

基于上述理由，本批复规定：中级人民法院一审判处死刑的案件，被判处死刑的被告人未提出上诉，仅附带民事诉讼原告人提出上诉的，高级人民法院应当适用第二审程序对附带民事诉讼依法审理，并由同一审判组织对未提出上诉的被告人的死刑判决进行复核，作出是否同意判处死刑的裁判。

本批复的这一规定，包括如下内容：(1) 对此类案件，附带民事部分必须依照第二审程序处理，死刑判决部分必须根据《刑事诉讼法》第二百条第一款的规定，由高级人民法院依照死刑复核程序处理，不能以附带民事诉讼程序替代死刑复核程序。(2) 审理附带民事部分和复核死刑判决，可以由同上审判组织即同一合议庭进行。(3) 高级人民法院对死刑判决复核后，应当作出是否同意原审死刑判决的裁判。同意对被告人判处死刑的，应当依法作出裁判，报请最高人民法院核准；不同意判处死刑的，应当作出提审或者发回重新审判的裁判。

（撰稿人：陆建红　杜军燕）

最高人民法院　最高人民检察院
关于对死刑判决提出上诉的被告人在上诉期满后宣判前提出撤回上诉人民法院是否准许的批复

法释〔2010〕10号

（2010年7月6日最高人民法院审判委员会第1488次会议、2010年6月4日最高人民检察院第11届检察委员会第37次会议通过　2010年8月6日最高人民法院、最高人民检察院公告公布　自2010年9月1日起施行）

各省、自治区、直辖市高级人民法院、人民检察院，解放军军事法院、军事检察院，新疆维吾尔自治区高级人民法院生产建设兵团分院、新疆生产建设兵团人民检察院：

近来，有的高级人民法院、省级人民检察院请示，对第一审被判处死刑立即执行的被告人提出上诉后，在第二审开庭审理中又要求撤回上诉的，是否允许撤回上诉。经研究，批复如下：

第一审被判处死刑立即执行的被告人提出上诉，在上诉期满后第二审开庭以前申请撤回上诉的，依照《最高人民法院、最高人民检察院关于死刑第二审案件开庭审理程序若干问题的规定（试行）》第四条的规定处理。在第二审开庭以后宣告裁判前申请撤回上诉的，第二审人民法院应当不准许撤回上诉，继续按照上诉程序审理。

最高人民法院、最高人民检察院以前发布的司法解释、规范性文件与本批复不一致的，以本批复为准。

【解　读】

解读《最高人民法院、最高人民检察院关于对死刑判决提出上诉的被告人在上诉期满后宣判前提出撤回上诉人民法院是否准许的批复》

一、问题的提出

《最高人民法院、最高人民检察院关于对死刑判决提出上诉的被告人在上诉期满后宣判前提出撤回上诉人民法院是否准许的批复》（以下简称本批复），分别由最高人民法院审判委员会、最高人民检察院检察委员会通过，自 2010 年 9 月 1 日起实施。本批复主要解决了对第一审被判处死刑立即执行的被告人提出上诉，在上诉期满后宣告裁判前又申请撤回上诉的案件，人民法院如何处理的问题，对正确适用法律处理此类案件，保障被判处死刑被告人的合法权益具有重要意义。

二、理解与适用

最高人民法院、最高人民检察院在此前出台的有关司法解释、规范性文件，对死刑案件被告人提出上诉后又提出撤回上诉人民法院是否准许的问题，先后有过数次规定，但在内容上存在冲突之处，致各高级人民法院在实际操作时产生困惑。本批复的出台，解决了规范冲突问题。

对于第一审被判处死刑立即执行的被告人提出上诉后，在上诉期满后以及在第二审开庭审理中要求撤回上诉的，是否允许其撤回上诉？对此有三种不同意见。第一种意见认为，应当准许被告人撤回上诉，并依照死刑复核程序审理案件。主要理由是：上诉权和撤诉权都是法律赋予被告人的诉讼权利，都应依法保障；因司法实践中法官审理二审案件主要依靠书面审查而不是开庭审理，故准许被告人撤回上诉、按照复核程序审理案件同样能保证死刑案件的办案质量。第二种意见认为，应当不准许被告人撤回上诉。主要理由是：被告人既然提出上诉，说明其对一审死刑判决存在异议，高级人民法院应当确保通过更加公开、公正的二审程序审理死刑案件，保障被告人的诉讼权利和合法权益；同时，最高人民法院于 1992 年 4 月 8 日发布的《关于被判处死刑的被告人在上诉期满后又提出撤回上诉的应当如何处理问题的批复》（法复〔1992〕2 号，以下简称《92 年批复》）已经就此问题作出了不准撤诉规定，而《92 年批复》

至今仍然属于有效的司法解释。第三种意见认为，应当分阶段作出不同处理。上诉期满后二审开庭以前申请撤回上诉的，仍按《最高人民法院、最高人民检察院关于死刑第二审案件开庭审理程序若干问题的规定（试行）》（法释〔2006〕8号，以下简称《规定》）第四条处理；二审开庭后到宣判以前申请撤回上诉的，一律不准许撤诉。主要理由是：被一审判处死刑的被告人提出上诉后，在上诉期满后到第二审开庭前要求撤回上诉的，第二审法院经审查后，认为原判事实清楚，适用法律正确，量刑适当的，不再开庭审理，裁定准许被告人撤回上诉；认为原判决事实不清，证据不足或者无罪判为有罪，轻罪重判的，应当不准许撤回上诉，按照第二审程序开庭审理。对此，《规定》第四条已作出了明确规定。而第二审开庭后到宣判以前申请撤回上诉的，是否准许撤诉，《规定》第四条对此没有规定。《92年批复》虽有规定，但其是在《刑事诉讼法》修改前出台的，在《刑事诉讼法》修改后其效力问题尚有争议，且其关于上诉期满后至二审开庭前不准被告人撤诉的内容已经被《规定》修改。同时，二审程序比死刑复核程序更能保护被告人的诉讼权利和合法权益，且既然已经进入开庭程序，再准许被告人撤诉而将案件转入死刑复核程序，对节约司法资源的意义已经不大，甚至还会造成不必要的司法资源浪费。

经研究，本批复采纳了第三种意见，即对死刑案件被告人提出上诉后，在上诉期满后二审宣判前提出撤回上诉的，第二审人民法院是否准许，分两个阶段作出不同的规定。对上诉期满后第二审开庭以前申请撤回上诉的，仍按《规定》第四条处理；第二审开庭后宣判前申请撤回上诉的，一律不准许撤诉。也就是说，本批复既没有完全禁止被告人上诉期满后行使撤诉权，又对被告人的撤诉权作出了一定的限制。

（一）对死刑判决提出上诉的被告人在上诉期满后二审开庭前提出撤回上诉，人民法院是否准许的问题

对此，本批复规定依照《规定》第四条处理。主要理由是：第一，在死刑二审案件尚未进入开庭阶段时，如果一律不准许撤回上诉，一律继续按二审程序处理，会由于“死刑二审案件一律开庭”的规定，使二审法院对事实清楚、证据确实充分，被告人又提出撤回上诉的案件采用比较复杂、需要耗用较多司法资源的开庭程序审理，不必要地增加二审法院的负担。第二，根据《最高人民法院关于执行〈中华人民共和国刑事诉讼法〉若干问题的解释》（以下简称《解释》）第二百三十九条的规定，被告人在上诉期满后要求撤回上诉的，应当由第二审人民法院进行审查。如果认为原判决认定事实和适用法律正确，量刑适当，应当裁定准许被告人撤回上诉；如果认为原判决事实不清，证据不足或者将无罪判为有罪、轻罪重判等，应当不准许撤回上诉，并按照上诉程序进行审理。《解释》的这一规定适用于普通刑事案件，死刑案件由其判决的不可逆转性决定了它比普通刑事案件的判决更为慎重，证据标准更为严格，审理程序

更为完备。因此，不能简单地依照《解释》的上述规定，对死刑案件进行简单审查后作出是否准许撤诉的决定。因为这样容易将死刑二审案件混同于一般二审刑事案件，难以保证死刑案件的质量。对死刑案件撤回上诉的处理必须有特别规定。第三，《规定》第四条对被告人在上诉期满后二审开庭前撤回上诉的案件规定了特别的审查方式，即合议庭阅卷、讯问被告人、听取其他当事人、辩护人、诉讼代理人的意见。经过这样不同于一般刑事案件的审查方式后，认为原判事实清楚，适用法律正确，量刑适当的，不再开庭审理，裁定准许被告人撤回上诉；认为原判决事实不清，证据不足或者无罪判为有罪，轻罪重判的，应当不准许撤回上诉，按照第二审程序开庭审理。实践证明，这种特别的审查方式，既能防止案件实体上、程序上存在的问题，又能保障被告人的合法权益，还能在一定程度上节约司法资源。

需要说明的是，被告人在上诉期限内既可以随时提出上诉，也可以随时撤回上诉。在这一时段内，无论是提出上诉还是撤回上诉，都完全属于被告人对诉讼权利的自主处分范畴，法院不需要作出回应，更不需要就此作出准许和不准许的裁定。因此，本批复对这一问题未作出规定。

（二）对死刑判决提出上诉的被告人在二审开庭后宣判前提出撤回上诉，人民法院是否准许的问题

对此，本批复作出了“一刀切”的规定，即对死刑案件被告人在二审开庭后宣判前提出撤回上诉的，第二审人民法院一律不准许撤诉，并继续按照第二审程序开庭审理。主要理由是：第一，既借鉴了其他国家的有关规定，更考虑到我国的司法实践。有些国家为了保证死刑案件的审判质量，甚至对被告人的上诉权和撤诉权均进行了特别限制，规定了自动上诉制度。如《日本刑事诉讼法》第三百五十九条规定：“检察官、被告人或第三百五十二条规定的人，可以放弃上诉或撤回上诉。”第三百六十条规定：“对于处死刑或无期惩役及无期监禁判决的上诉，虽有前两条的规定，仍不得放弃。”我国目前虽然还不具备规定自动上诉制度的条件，但对已经提起上诉的被告人在二审开庭期间不准许其撤诉而将二审程序进行完毕是能够做到的。被告人对死刑判决提出上诉时，肯定有其理由和考虑，而申请撤回上诉的原因却比较复杂。既然被告人在上诉期限内及上诉期限届满后开庭审理前均未要求撤回上诉，就表明其对一审裁判确实存在或可能存在一定异议。为更好地维护被判处死刑被告人的合法权益，法律对其权利的保障应当是强制性的，不准许其撤回上诉。第二，开庭审理程序比死刑复核程序更完善。二审开庭审理时，被告人、辩护人、检察机关以及其他诉讼参与人都能够直接参与法庭审理，有利于保障被告人的诉讼权利，使其充分行使辩护权；法官也能够充分听取控辩各方意见，有利于查明事实、澄清疑问，发现和纠正一审认定事实、适用法律方面的错误和问题，确定罪责，使裁判建立在事实清楚、证据确实充分的基础之上，确保死刑案件公平公正，

为后续的死刑复核程序打下坚实的基础。第三，体现了司法权力的尊严和权威。二审程序虽然大部分由被告人上诉而启动，但法院开庭审理刑事案件是代表国家行使审判权，如果准许被告人在二审开庭审理中或者庭审结束以后至宣判前这段时间内撤诉，将导致整个二审程序可能因被告人撤诉而随时终止，增加了刑事二审程序的随意性，也会影响刑事司法的权威和尊严。第四，在开庭前法院及控辩双方均已投入了大量的司法资源，开庭后再准许被告人撤回上诉，对节约司法资源的意义已经不大。第五，从立法技术上考虑，要尽量维持现行司法解释的有效性和稳定性，同时要使本批复的规定能与相关司法解释的内容相衔接。因此，本批复以开庭为界，将上诉期满后宣告裁判前的期间分为两个阶段，分别规定了不同的处理方法。在实际操作时，“开庭以后”应以审判长宣布开庭为标志。

（三）关于本批复与之前的有关司法解释、规范性文件的关系问题

在本批复出台前，有关司法解释和规范性文件对本批复中涉及问题所作出的规定是有冲突的。特别是《92 年批复》在《刑事诉讼法》修改之后的效力，在实践中不够明确，甚至存在一定争议，而《规定》第四条又对《92 年批复》的内容进行了部分修改。未修改的部分则尚未有统一规定，各地又有不同做法。考虑到上述情况，为保证适用法律统一，此次本批复规定，最高人民法院、最高人民检察院以前发布的司法解释、规范性文件与本批复不一致的，以本批复为准。也就是说，自本批复施行之日起，其他司法解释、规范性文件中的相关内容与本批复规定不一致的，自行失效。今后在司法实践中，对此类案件一律依据本批复和《规定》第四条处理即可。

（撰稿人：陆建红　杨　华）

【链　　接】

最高人民法院刑事审判第四庭负责人就关于死刑案件第二审的批复答记者问

《最高人民法院、最高人民检察院关于对死刑判决提出上诉的被告人在上诉期满后宣判前提出撤回上诉人民法院是否准许的批复》（以下简称本批复）分别由最高人民法院审判委员会、最高人民检察院检察委员会通过。本报记者就本批复的起草背景、指导思想和主要内容等，采访了最高人民法院刑事审判第四庭负责人。

问：本批复的出台背景如何？

答：自 2007 年死刑核准权收归最高人民法院统一行使以来，最高人民法院在复核高级人民法院报送的死刑案件中发现，对于第一审被判处死刑立即执行的被告人提出上诉后，在第二审开庭审理中又要求撤回上诉的，否允许其撤回上诉，各地做法不统一，争议也比较大。

有的准许被告人撤诉，有的不准许被告人撤诉，有的不准许被告人撤诉但未按照二审程序审理而是按照死刑复核程序复核后将案件报送最高人民法院。各地法院希望最高人民法院尽快出台司法解释，规范此类案件的审理程序。最高人民法院经过深入调研、广泛征求意见，制定本本批复。

问：制定本批复的依据和指导思想是什么？

答：本批复解决的是上述情况下死刑案件的审理程序问题，制定的依据是刑事诉讼法及有关司法解释，主要涉及刑事诉讼第二审程序和死刑案件二二审开庭审理程序的相关规定。本批复的指导思想，一是最大限度地保障被判处死刑的被告人的诉讼权利和合法权益，二是确保死刑案件的审判质量。死刑案件应当比其他普通刑事案件适用更严格的审理程序。

问：本批复规定不准许被告人撤诉，要求对此类案件继续开庭审理的主要考虑是什么？

答：本批复作出这样的规定主要出于四方面的考虑：一是被告人对死刑判决提出上诉时，都有其理由和考虑，而申请撤回上诉的原因却比较复杂。既然被告人在上诉期限内及上诉期限届满后开庭审理前均未要求撤回上诉，就表明其对一审裁判确实存在或可能存在一定异议。为更好地维护被告人的合法权益，应当不准许其撤回上诉。

二是相对于不上诉的死刑案件进行书面复核审理的方式，二审开庭审理时，被告人、辩护人、公诉机关以及其他诉讼参与人都能够直接参与法庭审理，法官能够充分听取控辩各方意见，更有利于查明事实、确定罪责，使裁判建立在事实清楚、证据确实充分的基础之上，确保死刑案件公平公正。

三是二审程序虽然是由被告人上诉或检察机关抗诉而启动，但法院开庭审理刑事案件是代表国家行使审判权，体现了司法权力的尊严和权威。如果准许被告人在二审开庭审理中或者庭审结束以后至宣判前这段时间内撤诉，将导致整个二审程序可能因被告人的撤诉而随时终止，增加了刑事二审程序的随意性，也会影响刑事司法的权威和尊严。

四是在开庭前法院及控辩双方均已投入大司法资源，开庭后再准许被告人撤回上诉对节约司法资源的意义已经不大。

问：最高人民法院已出台的司法解释中有一些涉及本批复规定的问题，在本批复出台后如何适用这些相关的司法解释？

答：应当说在本批复出台前，现行司法解释对本批复中涉及问题所做的规定是有冲突的。

最高人民法院于1992年4月8日发布的《关于被判处死刑的被告人在上诉期满后又提出撤回上诉的应当如何处理问题的批复》〔法复（1992）2号〕规定“被中级人民法院判处死刑的被告人在上诉期限内提出上诉，上诉期满后又提出撤回上诉的，应当由高级人民法院决定不准撤回上诉，并按照第一二审程序继续审理”。该批复是在1996年《刑事诉讼法》修改之前出台的，《刑事诉讼法》修改后，这一批复在司法实践中仍然被视为有效。2006年最高人民法院、最高人民检察院联合发布了《关于死刑第二审案件开庭审理程序若干问题的规定（试行)》(法释〔2006〕8号）（以下简称《规定》)，其第四条的内容是“对死刑判决提出上诉的被告人，在上诉期满后第二审开庭前要求撤回上诉的，第二审人民法院应当进行审查。

合议庭经过阅卷、讯问被告人、听取其他当事人、辩护人、诉讼代理人的意见后，认为原判事实清楚，适用法律正确，刑罚适当的，不再开庭审理，裁定准许被告人撤回上诉；认为原判决事实不清，证据不足或者无罪判为有罪，轻罪重判的，应当不准许撤回上诉，按照第二审程序开庭审理。”

根据该条规定，上诉期满后二审开庭以前，被判死刑的被告人提出撤回上诉的也可以准许撤诉，但对二审开庭以后宣判以前是否准许撤诉的问题未明确。此次本批复规定，从二审开庭以后到宣判以前申请撤回上诉的，一律不准许撤诉，而在二审开庭以前申请撤回上诉的还根据《规定》第四条处理，因此本批复与《规定》第四条的内容是相衔接的。

同时本批复还规定“最高人民法院、最高人民检察院以前发布的司法解释、规范性文件与本批复不一致的，以本批复为准。”

因此，今后在司法实践中，对此类案件一律依据本批复和《规定》第四条处理即可。

最高人民法院
关于死刑缓期执行限制减刑案件审理程序若干问题的规定

法释〔2011〕8号

（2011年4月20日最高人民法院审判委员会第1519次会议通过 2011年4月25日最高人民法院公告公布 自2011年5月1日起施行）

为正确适用《中华人民共和国刑法修正案（八）》关于死刑缓期执行限制减刑的规定，根据刑事诉讼法的有关规定，结合审判实践，现就相关案件审理程序的若干问题规定如下：

第一条 根据刑法第五十条第二款的规定，对被判处死刑缓期执行的累犯以及因故意杀人、强奸、抢劫、绑架、放火、爆炸、投放危险物质或者有组织的暴力性犯罪被判处死刑缓期执行的犯罪分子，人民法院根据犯罪情节、人身危险性等情况，可以在作出裁判的同时决定对其限制减刑。

第二条 被告人对第一审人民法院作出的限制减刑判决不服的，可以提出上诉。被告人的辩护人和近亲属，经被告人同意，也可以提出上诉。

第三条 高级人民法院审理或者复核判处死刑缓期执行并限制减刑的案件，认为原判对被告人判处死刑缓期执行适当，但判决限制减刑不当的，应当改判，撤销限制减刑。

第四条 高级人民法院审理判处死刑缓期执行没有限制减刑的上诉案件，认为原判事实清楚、证据充分，但应当限制减刑的，不得直接改判，也不得发回重新审判。确有必要限制减刑的，应当在第二审判决、裁定生效后，按照审判监督程序重新审判。

高级人民法院复核判处死刑缓期执行没有限制减刑的案件，认为应当限制减刑的，不得以提高审级等方式对被告人限制减刑。

第五条 高级人民法院审理判处死刑的第二审案件，对被告人改判死刑缓期执行的，如果符合刑法第五十条第二款的规定，可以同时决定对其限制减刑。

高级人民法院复核判处死刑后没有上诉、抗诉的案件，认为应当改判死刑缓期执行并限制减刑的，可以提审或者发回重新审判。

第六条 最高人民法院复核死刑案件，认为对被告人可以判处死刑缓期执行并限制减刑的，应当裁定不予核准，并撤销原判，发回重新审判。

一案中两名以上被告人被判处死刑，最高人民法院复核后，对其中部分被告人改判死刑缓期执行的，如果符合刑法第五十条第二款的规定，可以同时决定对其限制减刑。

第七条 人民法院对被判处死刑缓期执行的被告人所作的限制减刑决定，应当在判决书主文部分单独作为一项予以宣告。

第八条 死刑缓期执行限制减刑案件审理程序的其他事项，依照刑事诉讼法和有关司法解释的规定执行。

【解　　读】

解读《最高人民法院关于死刑缓期执行限制减刑案件审理程序若干问题的规定》

一、问题的提出

2011 年 2 月 25 日，第十一届全国人民代表大会常务委员会第十九次会议审议通过了《中华人民共和国刑法修正案（八）》（以下简称《刑法修正案（八）》），修改了《刑法》第五十条，增加了一款作为第二款，即“对被判处死刑缓期执行的累犯以及因故意杀人、强奸、抢劫、绑架、放火、爆炸、投放危险物质或者有组织的暴力性犯罪被判处死刑缓期执行的犯罪分子，人民法院根据犯罪情节等情况可以同时决定对其限制减刑”。由此，在《刑法》中建立了全新的死刑缓期执行限制减刑制度。2011 年 4 月 25 日，最高人民法院发布了《关于死刑缓期执行限制减刑案件审理程序若干问题的规定》（以下简称本规定），对此类案件的审理程序作出了规定。

二、理解与适用

（一）关于本规定的起草思路

《刑法修正案（八）》确立的死刑缓期执行限制减刑制度，是我国刑罚制度的重大改革，也是一项全新的事物。对于刑法规定的人民法院可以“同时决定”限制减刑如何操作，理解上会存在一定分歧，在本规定起草过程中也有不同意见。我们认为，对《刑法》第五十条第二款规定的可以同时决定限制减刑，应当理解为由人民法院在判处被告人死刑缓期执行的判决书中一并宣告限制减刑，且中级人民法院、高级人民法院和最高人民法院可以分别决定限制减刑。主要理由包括如下三点：

1. 符合立法本意。最高人民法院2007年提出延长部分死缓犯实际执行期的立法建议，该立法建议采取的宣告模式就是由人民法院在作出死刑缓期执行的判决书中一并宣告，而不是在刑罚执行过程中另行宣告。《刑法修正案(八)》对第五十条第二款的规定，虽然在延长部分死缓犯实际执行期的途径和适用限制减刑的死缓犯类型方面与立法建议有所区别，但对限制减刑决定采取的宣告模式，仍然吸纳了最高人民法院提出的立法建议。因此，从立法本意出发，应当把《刑法》第五十条第二款规定的可以同时决定限制减刑，理解为在判处被告人死刑缓期执行的判决书中一并宣告。

2. 有利于保障被告人的合法权益。限制减刑的死刑缓期执行比不限制减刑的情形，在实际执行期上一般相差8年左右，直接涉及被告人的重大权益，故最好以判决形式明确宣告。中级人民法院、高级人民法院和最高人民法院均可以分别作出限制减刑的决定。被告人对一审法院作出的限制减刑判决不服的，可以提出上诉；检察机关认为不应当限制减刑，或者认为应当限制减刑而没有限制的，可以提出抗诉；上级法院认为不应当限制减刑的可以撤销，对判处死缓没有限制减刑的抗诉案件可以直接改判限制减刑。这样，也理顺了上下级法院在决定限制减刑问题上的审级关系。

3. 能够很好解决判处死刑缓期执行与同时决定限制减刑之间的逻辑关系。限制减刑作为刑罚执行问题，在判决尚未生效时就予以宣告，二者之间看似存在矛盾，实际上也可以得到合理解释。因为在判决书中宣告限制减刑，并不等于该项判决内容已经生效，最终是否对被告人限制减刑，须在终局判决作出之后才能确定，并须在判决生效后才能执行。同时，对于死刑缓期执行的不确定问题，虽然存在因死刑缓期执行期间故意犯罪被核准死刑的情况，但这种情况毕竟很少，一旦出现，原作出的限制减刑判决自然无需再执行。

基于上述对《刑法》第五十条第二款同时决定限制减刑规定的理解和把握，根据《刑事诉讼法》《最高人民法院关于执行〈中华人民共和国刑事诉讼法〉若干问题的解释》（以下简称《执行刑诉法解释》）和《最高人民法院关于复核死刑案件若干问题的规定》（以下简称《复核死刑案件规定》）等司法解释，我们起草了本规定，共八条。第一条是体例性条文，主要明确起草本司法解释的刑法依据；第二条规定了被告人对限制减刑判决的上诉权；第三条规定了高级人民法院改判撤销限制减刑的情形；第四条规定了“上诉不加刑”原则；第五条规定了高级人民法院对死刑二审案件改判为死刑缓期执行并限制减刑的情形；第六条规定了最高人民法院改判死刑缓期执行并限制减刑的情形；第七条规定了限制减刑决定在裁判文书中如何宣告问题；第八条是兜底性规定。

需要说明的是，本规定主要解决对死刑缓期执行罪犯限制减刑的审理程序问题。考虑到死刑缓期执行限制减刑制度的重大影响，对于适用限制减刑的实体条件，还须在审判工作中总结经验，暂不在本司法解释中作出明确规定，将通过制发指导案例、组织业务培训等形式加强审判指导，待条件成熟后再制定司法解释。

（二）关于决定限制减刑应遵循的原则

本规定虽然主要规定死刑缓期执行限制减刑案件的审理程序，没有规定相应的实体条件，但考虑到死刑缓期执行限制减刑制度的重要性，本规定第一条实际上在一定程度已经体现了适用限制减刑的实体原则。

1. 应当坚持罪刑法定原则。罪刑法定原则是刑事司法工作中应遵循的重要基本原则，对判处死刑缓期执行的被告人是否限制减刑，也应当遵循这一原则。《刑法》第五十条第二款对死缓限制减刑规定了三种情形（以下简称“1＋8”），只有对这三种情形的案件，判处被告人死刑缓期执行的，才可以考虑限制减刑。除此之外的情形，判处被告人死刑缓期执行的，一律不得限制减刑。审判工作中在执行这一规定时，较为突出的问题是，要正确处理因故意伤害罪被判处死刑缓期执行的案件。《刑法》第五十条第二款列举的七种具体犯罪中，没有故意伤害罪，但这是实践中判处死刑或者死刑缓期执行较多的一种犯罪。按照罪刑法定原则，今后，对于犯故意伤害罪被判处死刑缓期执行的，如果被告人系累犯或者故意伤害属于有组织的暴力性犯罪的，可以对被告人同时决定限制减刑。对于不属于这两种情形的故意伤害犯罪，不能同时决定限制减刑。

2. 应当坚持罪刑相适应原则。《刑法》第五条规定：“刑罚的轻重，应当与犯罪分子所犯罪行和承担的刑事责任相适应。”据此，限制减刑应当仅适用于判处死刑立即执行过重，但判处死刑缓期执行不限制减刑又偏轻的案件。从法律规定看，尽管第五十条第二款已经限制了对死缓犯限制减刑的范围，仅适用于“1＋8”情形，但由于是否限制减刑要根据犯罪情节等情况作出决定，存在一定弹性或者裁量余地，故适用范围仍可能较宽。在此情况下，就十分有必要在司法适用中强调严格遵循罪刑相适应原则。具体而言，在对被告人判处死刑缓期执行时决定是否限制减刑，要综合考虑犯罪的性质，犯罪的起因、动机、目的、手段等情节，犯罪的后果，被告人的主观恶性和人身危险性等因素，全面分析量刑情节，严格依法适用，确保法律效果与社会效果的有机统一。对于判处死刑缓期执行不须限制减刑，就能做到有效制裁犯罪的案件，不应当对被告人限制减刑。工作中遇到是否需限制减刑把握不准的案件，宜采取保守的做法，不适用限制减刑。

3. 应当坚持有利于严格执行死刑政策的原则。这是在决定是否限制减刑时应遵循的最重要的一条原则。从立法目的看，对判处死刑缓期执行的被告人限制减刑，并不是为了单纯加重死缓刑的严厉性，而是为进一步严格执行死刑政策创造条件。即通过延长部分死缓犯的实际执行期，充分发挥死缓刑的严厉性，改变以往“死刑过重、生刑过轻”的刑罚执行不平衡现象。由此，一部分以往因判处死刑缓期执行做不到罚当其罪而判处了死刑立即执行的案件，尤其是以往因被害方反映强烈等原因而“被迫”判处了死刑立即执行的案件，在《刑法修正案（八）》施行后，可以判处死刑缓期执行并限制减刑。这既有利于进一步严格执行死刑政策，也有利于实现对少数罪行极其严重的死缓犯的严惩。但是，单从《刑法》条文难以解读出这种立法目的。实践中可能会有人以刑法关于判处死刑立即执行和死刑缓期执行的条件没有变化为由，认为刑法只是单纯加重了生刑，而不会从控制死刑的角度来理解和适用对死缓犯限制减刑的规定，这就很可能造成对限制减刑的不当适用，出现死刑未得到控制而生刑又加重的现象。因此，在司法中必须强调，对死缓犯限制减刑应当以有利于严格执行死刑政策为前提。凡是判处死刑缓期执行不需限制减刑已经符合罪刑相适应原则或者能够实现裁判效果的案件，绝不应当再限制减刑。只有对于以往本可以判处死刑缓期执行，但因死刑缓期执行的实际执行期过短，惩罚力度不够，进而判处了死刑立即执行的案件，今后由于有了限制减刑制度，能够有效制裁犯罪，才可以考虑在判处死缓的同时决定限制减刑。也就是说，对判处死刑缓期执行的被告人适用限制减刑，针对的是以往应判处死刑立即执行的案件，而不是以往判处死刑缓期执行的案件。对每一起案件的被告人判处死刑缓期执行并限制减刑，均应当围绕这一立法目的展开。

（三）死刑缓期执行限制减刑案件的审理程序

1. 中级人民法院、高级人民法院和最高人民法院可以分别决定限制减刑

《规定》没有明确规定中级人民法院一审对判处死刑缓期执行的被告人可以同时决定限制减刑，但从本规定第一条和第二条中可以解读出该项内容。同时，根据《刑事诉讼法》的规定，中级人民法院管辖可能判处无期徒刑、死刑的普通刑事案件，如果中级人民法院对被告人判处死刑缓期执行，且符合刑法第五十条第二款规定的条件，自然可以同时决定限制减刑。

高级人民法院对判处死刑缓期执行的被告人决定限制减刑，包括两种情形：(1) 中级人民法院对被告人判处死刑缓期执行但没有限制减刑，检察机关以应当限制减刑为由提出抗诉，高级人民法院二审认为应当限制减刑的，可以改判对被告人限制减刑。(2) 本规定第五条第一款规定的情形，即高级人民法院审理判处死刑的第二审案件，认为不应当判处死刑立即执行，对被告人改判死刑缓期执行的，如果符合《刑法》第五十条第二款的规定，可以同时决定限制减刑。除这两种改判的情形外，对于一审法院判处被告人死刑缓期执行并限制减刑的案件，高级人民法院二审或者复核认为原判量刑适当的，应当裁定驳回上诉或者抗诉，维持原判，或者裁定予以核准。

最高人民法院自 2007 年统一行使死刑案件核准权后，对死刑复核案件采

取了新的裁判模式，原则上只裁定核准或者不予核准死刑。根据《复核死刑案件规定》，只有当一案报请核准两名以上被告人死刑时，最高人民法院才可能对其中部分被告人进行改判。据此，本规定第六条第二款规定，一案中两名以上被告人被判处死刑，最高人民法院复核后，对其中部分被告人改判死刑缓期执行的，如果符合《刑法》第五十条第二款的规定，可以同时决定限制减刑。除此情形之外，最高人民法院复核死刑案件，均不能对被告人改判死刑缓期执行并限制减刑。

2. 被告人对限制减刑的判决有上诉权

我们认为，首先，判处死刑缓期执行并限制减刑不是一个独立的刑种，而是一种刑罚执行方式。因为死刑缓期执行本身就是死刑的一种执行方式，而不是独立的刑种。对被告人判处死刑缓期执行并限制减刑，是立法为延长死缓犯的实际执行期而采取的方法，仍属于判处死刑缓期执行的一种情形。既然死刑缓期执行不是独立的刑种，判处死刑缓期执行并限制减刑自然也不应当是独立的刑种。其次，限制减刑作为判决书主文的一项重要内容，是对被告人重大权益的处置，应当允许提出上诉。延长死刑缓期执行罪犯的实际执行期有多种途径，如可规定更加严格的减刑或者假释条件，确保罪犯服完至少 25 年刑期后才能获释。但立法机关经反复研究后，采取了由人民法院在作出死刑缓期执行判决的同时一并宣告限制减刑的模式，由此使限制减刑成为一项重要的判决内容。虽然判处死刑缓期执行并限制减刑不是一个独立的刑种，但其在司法实践中的性质就像死刑缓期执行本身一样，将会实际起到独立刑种的作用。即死刑、死刑缓期执行限制减刑和死刑缓期执行将形成梯次衔接关系，分别对应不同的案件情形。限制减刑只适用于判处死刑立即执行过重而判处死刑缓期执行不限制减刑又偏轻的案件。由于限制减刑的死刑缓期执行比不限制减刑的情形要更为严厉，且对于《刑法》第五十条第二款规定的“1＋8”情形，也并非一律决定限制减刑，如不允许提出上诉，则不利于保障被告人的权益，也不利于上级法院对一审法院作出的限制减刑判决进行审查、监督。基于上述考虑，根据《刑事诉讼法》第一百八十条①，本规定在第二条中规定了对限制减刑判决的上诉权。

3. 关于“上诉不加刑”原则

二审法院对判处死刑缓期执行的被告人改判限制减刑，是否应遵循“上诉不加刑”原则，在本规定起草过程中也曾有不同意见。持否定意见的主要理由是，限制减刑只是死刑缓期执行的一种执行方式，对于一审法院判处被告人死刑缓期执行没有限制减刑的，被告人提出上诉后，二审法院如直接决定限制减刑，并没有改变原判死刑缓期执行的性质，故不违反“上诉不加刑”原则。但

① 现为《刑事诉讼法》（2018 年修正）第二百二十七条。

是，如前文所述，限制减刑的死刑缓期执行与不限制减刑的情形，在实际执行期上差别很大，前者客观上处罚更为严厉，从保障被告人依法维护自身权益出发，二审法院对被告人决定限制减刑应当遵循“上诉不加刑”原则。据此，根据《刑事诉讼法》第一百九十条①和《执行刑诉法解释》第二百五十七条第一款第五项，本规定第四条第一款规定：“高级人民法院审理判处死刑缓期执行没有限制减刑的上诉案件，认为原判事实清楚、证据充分，但应当限制减刑的，不得直接改判，也不得发回重新审判。确有必要限制减刑的，应当在第二审判决、裁定生效后，按照审判监督程序重新审判。”同时，考虑对于判处死刑缓期执行后不上诉、不抗诉的案件，高级人民法院适用复核程序，根据《执行刑诉法解释》第二百七十八条第三款的规定，本规定第四条第二款规定：“高级人民法院复核判处死刑缓期执行没有限制减刑的案件，认为应当限制减刑的，不得以提高审级等方式对被告人限制减刑。”

4. 关于本规定第五条第二款中的“提审”

对于一审判处死刑后没有上诉、抗诉的案件，高级人民法院适用复核程序进行审理。根据《刑事诉讼法》第二百条②和《执行刑诉法解释》第二百七十五条第一项的规定，高级人民法院不同意判处死刑的，可以（应当）提审或者发回重新审判。《复核死刑案件规定》第八条第二款也规定，高级人民法院依照复核程序审理后报请最高人民法院核准死刑的案件，最高人民法院裁定不予核准，发回高级人民法院重新审判的，高级人民法院可以提审或者发回第一审人民法院重新审判。据此，本规定第五条第二款规定：“高级人民法院复核判处死刑后没有上诉、抗诉的案件，认为应当改判死刑缓期执行并限制减刑的，可以提审或者发回重新审判。”

如何理解“提审”的含义，是一个悬而未决的老问题，实践中有较大认识分歧。有意见认为，对于高级人民法院在复核死刑案件中“提审”的案件，应当按照一审程序进行审判。主要理由是，“提审”意味着上级法院把本属于下级法院一审的案件改变级别管辖，改由上级法院审判，应当适用一审程序。如果高院提审适用的是二审程序，则说明高院可以直接把复核案件改为二审案件，这不符合诉讼原理。这种意见确实有一定道理。但是，《刑事诉讼法》第二百零六条③和《执行刑诉法解释》第三百零九条均规定，人民法院按照审判监督程序重新审判案件，如果原来是第二审案件，或者是上级人民法院提审的案件，应当依照第二审程序进行审判，所作的判决、裁定是终审的判决、裁定。对于这里使用的“提审”一词，应当与《刑事诉讼法》第二百条和《执行

① 现为《刑事诉讼法》（2018 年修正）第二百三十七条。

② 现为《刑事诉讼法》（2018 年修正）第二百四十七条。

③ 现为《刑事诉讼法》（2018 年修正）第二百五十六条。

刑诉法解释》第二百七十五条第一项中使用的提审一词作相同解释，即均应解释为适用二审程序。否则，就会出现同一部法律中的相同用语具有完全不同含义的情况，不利于法律的贯彻执行。同时，从实践情况看，如果把“提审”理解为按照一审程序审判，就意味着高级人民法院在复核阶段“提审”，要按照一审程序进行审判，则案件上诉后要由最高人民法院进行二审，而这种做法在近几十年的司法实践中基本未出现过。基于这种考虑，我们认为，宜把“提审”理解成按照第二审程序进行审判。

5. 本规定没有明确规定的程序事项

本规定的主要目的是明确判处死刑缓期执行限制减刑案件的基本审理程序，尚有一些其他程序事项没有作出规定。例如，对检察机关以应当或者不应当限制减刑为由提出抗诉的案件如何处理；对中级人民法院判处被告人死刑缓期执行并限制减刑，但高级人民法院二审或者复核认为应当判处死刑立即执行的案件如何处理；最高人民法院复核后认为对被告人可以改判死刑缓期执行并限制减刑，裁定不予核准死刑，发回重审的，是由高级人民法院直接改判死刑缓期执行并限制减刑，还是由高级人民法院继续发回一审法院改判，等等。由于本规定的内容是以《刑事诉讼法》的相关规定为依据的，且与《执行刑诉法解释》《复核死刑案件规定》等司法解释的相关规定也是一致的。因此，对于本规定没有作出明确规定的审理程序事项，均可以根据《刑事诉讼法》《执行刑诉法解释》《复核死刑案件规定》等进行处理。本规定设置第八条作为兜底条文，其目的也在于此。

（四）决定限制减刑的判决书主文部分样式

本规定第七条规定：“人民法院对被判处死刑缓期执行的被告人所作的限制减刑决定，应当在判决书主文部分单独作为一项予以宣告。”这是对判决书如何宣告限制减刑决定的规定，是对本规定第三条、第五条第一款、第六条第二款规定的限制减刑情形中判决书主文表述的统一规定。在判决书主文部分把限制减刑的决定单独作为一项予以表述，既能使判决主文层次分明，清晰展示法院作出的限制减刑决定，便于当事人了解判决的具体内容，也便于审判工作中操作，特别是当二审法院撤销原判的限制减刑时，很便于文书表述。鉴此，即便对于一案中同时判处两名以上被告人死刑缓期执行并限制减刑的，也应对各人的限制减刑判决分别单独表述，不能合并为一项进行概括表述。

现参照《法院刑事诉讼文书样式》和最高人民法院复核死刑案件文书样式，结合审判实践，就本规定主要涉及的六种判决书主文样式略作说明。

关于中级人民法院一审判处死刑缓期执行并宣告限制减刑的判决书主文部分。可表述为：一、被告人×××犯××罪，判处死刑，缓期二年执行（写明附加刑）。二、对被告人×××限制减刑。

关于高级人民法院在二审或者复核程序中撤销限制减刑的判决书主文部

分。可表述为：一、维持（核准）×××中级人民法院（××××）×刑初字第××号刑事（附带民事）判决的第×项，即被告人×××犯××罪，判处死刑，缓期二年执行（写明附加刑）。二、撤销×××中级人民法院（××××）×刑初字第××号刑事（附带民事）判决的第×项，即对被告人×××限制减刑。

关于抗诉案件中改判限制减刑的判决书主文部分。可表述为：一、维持×××中级人民法院（××××）×刑初字第××号刑事（附带民事）判决的第×项，即被告人×××犯××罪，判处死刑，缓期二年执行（写明附加刑）。二、对原审被告人×××限制减刑。

关于二审死刑案件改判为死刑缓期执行并限制减刑的判决书主文部分。可表述为：一、撤销×××中级人民法院（××××）×刑初字第××号刑事判决的第 x 项，即被告人×××犯××罪，判处死刑（写明附加刑）。二、上诉人（原审被告人）×××犯××罪，判处死刑，缓期二年执行（写明附加刑）。三、对上诉人（原审被告人）×××限制减刑。

关于死刑复核程序中对部分被告人改判死刑缓期执行并限制减刑的判决书主文部分。可表述为：一、核准×××高级人民法院（××××）×刑终字第××号刑事（附带民事）裁定（判决）中维持第一审以××罪判处被告人×××……（写明核准死刑的被告人的具体量刑内容）的部分。二、撤销×××高级人民法院（××××）×刑终字第××号刑事（附带民事）裁定（判决）和×××中级人民法院（××××）×刑初字第××号刑事（附带民事）判决中对被告人×××（写明撤销的被告人定罪量刑的具体内容）的部分。三、被告人×××犯××罪，判处死刑，缓期二年执行（写明附加刑）。四、对被告人×××限制减刑。

需要说明的是，上述样式针对的都是最普通的情形。对于判决主文部分有其他内容的，可参照《法院刑事诉讼文书样式》作出相应补充、变动。

此外，根据当前制作裁判文书的要求，人民法院决定对被告人限制减刑的，应当在判决书理由部分说明限制减刑的具体理由；二审法院如撤销一审法院作出的限制减刑判决，也应当相应说明撤销的具体理由。

（五）本规定的时间效力

本规定于 2011 年 4 月 25 日公布，自 5 月 1 日起与《刑法修正案（八）》同步施行。由于对判处死刑缓期执行的被告人限制减刑较之于未限制减刑的情形，明显加重了对被告人的处罚，根据“从旧兼从轻”的刑法适用原则，对于 2011 年 4 月 30 日以前判决已经发生法律效力的判处死刑缓期执行的案件，不适用本规定。

那么，对于犯罪行为发生在本规定施行以前，但在本规定施行后才审结的案件，是否可以适用本规定？我们认为，应当区别情形对待。对于其中本可以判处死刑立即执行，在《刑法修正案（八）》施行后，转而判处死刑缓期执行并限制减刑的案件，可以适用本规定。具体理由是，限制减刑的死刑缓期执行较之于以往不限制减刑的死刑缓期执行，其惩罚的严厉性明显增强，同等条件下不利于被告人，但是，根据刑法规定的适用限制减刑的具体条件和司法实践情况，《刑法修正案（八）》施行后，对被告人判处死刑缓期执行并限制减刑，针对的是以往因死缓刑的实际执行期过短，不能做到罪刑相适应，进而判处了死刑立即执行的案件。今后，对这部分案件，由于有了限制减刑制度，就可以判处死刑缓期执行并限制减刑。相对于判处死刑立即执行而言，判处死刑缓期执行并限制减刑属于较轻的刑罚。同时，“两高”2001 年《关于适用刑事司法解释时间效力问题的规定》第二条规定：“对于司法解释实施前发生的行为，行为时没有相关司法解释，司法解释施行后尚未处理或者正在处理的案件，依照司法解释的规定办理。”据此，对于 2011 年 4 月 30 日以前犯罪，本规定出台后尚处于一审、二审或者死刑复核阶段的案件，依照修正前《刑法》可以判处死刑立即执行，但依照修正后《刑法》判处死刑缓期执行并限制减刑能做到罚当其罪的，可以适用本规定。但是，值得注意的是，对于判处死刑缓期执行不限制减刑已经符合罪刑相适应原则，原本就不应当限制减刑的案件，即使在本规定施行后审结的，也不能适用本规定。否则，就违反了“从旧兼从轻”原则。

（撰稿人：高贵君　马　岩　方文军）

最高人民法院
关于适用刑事诉讼法第二百二十五条第二款有关问题的批复

法释〔2016〕13 号

（2016 年 6 月 6 日最高人民法院审判委员会第 1686 次会议通过　2016 年 6 月 23 日最高人民法院公告公布　自 2016 年 6 月 24 日起施行）

河南省高级人民法院：

你院关于适用《中华人民共和国刑事诉讼法》第二百二十五条第二款有关问题的请示收悉。经研究，批复如下：

一、对于最高人民法院依据《中华人民共和国刑事诉讼法》第二百三十九条和最高人民法院《关于适用〈中华人民共和国刑事诉讼法〉的解释》第三百五十三条裁定不予核准死刑，发回第二审人民法院重新审判的案件，无论此前第二审人民法院是否曾以原判决事实不清楚或者证据不足为由发回重新审判，原则上不得再发回第一审人民法院重新审判；有特殊情况确需发回第一审人民法院重新审判的，需报请最高人民法院批准。

二、对于最高人民法院裁定不予核准死刑，发回第二审人民法院重新审判的案件，第二审人民法院根据案件特殊情况，又发回第一审人民法院重新审判的，第一审人民法院作出判决后，被告人提出上诉或者人民检察院提出抗诉的，第二审人民法院应当依法作出判决或者裁定，不得再发回重新审判。

此复

【注　　解】

2018 年 10 月 26 日修正的《刑事诉讼法》已将本批复中引用的第二百二十五条、第二百三十九条分别修改为第二百三十六条、第二百五十条，本批复标题中的“第二百二十五条第二款”应理解为“第二百三十六条第二款”。

【解　读】

解读《最高人民法院关于适用刑事诉讼法第二百二十五条第二款[①]有关问题的批复》

为进一步规范二审发回重审、提高审判效率，2016 年 6 月 23 日，最高人民法院公布了《关于适用刑事诉讼法第二百二十五条第二款有关问题的批复》(法释〔2016〕13 号，以下简称本批复)，自 2016 年 6 月 24 日起施行。现对《批复》的制定背景、主要内容作一介绍。

一、制订背景和过程

2016 年 1 月 15 日，河南省高级人民法院就最高人民法院不核准死刑的案件是否适用《刑事诉讼法》第二百二十五条第二款规定的问题请示我院。请示涉及以下两种情形可否发回重审问题：

一是第一审人民法院判处死刑的上诉案件，高级人民法院二审维持原判报最高人民法院核准，最高人民法院不核准死刑，发回高级人民法院重新审判，高级人民法院以事实不清为由发回第一审人民法院重新审判。第一审人民法院重新判决后，被告人不服，提出上诉，高级人民法院能否再次以事实不清为由发回第一审人民法院重新审判?

二是第一审人民法院判处死刑的上诉案件，高级人民法院以事实不清为由发回第一审人民法院重新审判。第一审人民法院重新作出死刑判决后，上诉至高级人民法院，高级人民法院维持原审死刑判决后报请最高人民法院核准。最高人民法院以事实不清为由不核准死刑，发回高级人民法院重新审判。此种情形下，高级人民法院能否以事实不清为由发回第一审人民法院重新审判?

鉴于请示的问题具有一定的普遍性，最高人民法院研究室认为宜以司法解释形式作出明确，遂研究起草了《关于适用刑事诉讼法第二百二十五条第二款有关问题的批复（征求意见稿)》，先后征求了本院各相关业务部门、最高人民检察院和立法机关的意见，在充分吸收各方意见的基础上，修改形成了《批复(送审稿)》。2016 年 6 月 6 日，最高人民法院审判委员会第 1686 次会议通过该批复。

---

① 现为《刑事诉讼法》(2018 年修正）第二百三十六条第二款。下文同。

二、本批复的内容

在征求意见过程中，对于第一种情形，一致意见认为，不能再次发回重审。对于第二种情形，存在意见分歧：一种意见认为，原则上不能再发回重审，但若有特殊情况，还可以再发回重审一次；另一种意见则认为一律不能再发回重审。

经研究，本批复明确："一、对于最高人民法院依据刑事诉讼法第二百三十九条和最高人民法院《关于适用刑事诉讼法的解释》第三百五十三条[①]裁定不予核准死刑，发回第二审人民法院重新审判的案件，无论此前第二审人民法院是否曾以原判决事实不清楚或者证据不足为由发回重新审判，原则上不得再发回第一审人民法院重新审判；有特殊情况确需发回第一审人民法院重新审判的，需报请最高人民法院批准。二、对于最高人民法院裁定不予核准死刑，发回第二审人民法院重新审判的案件，第二审人民法院根据案件特殊情况，又发回第一审人民法院重新审判的，第一审人民法院作出判决后，被告人提出上诉或者人民检察院提出抗诉的，第二审人民法院应当依法作出判决或者裁定，不得再发回重新审判。"

1. 严格限制发回重审的次数。根据本批复规定，对于最高人民法院裁定不予核准死刑，发回第二审人民法院重新审判的案件，第二审人民法院根据案件特殊情况，只能再发回第一审人民法院重新审判一次，而不能以死刑案件特殊为由，无限制地发回重审。即对于死刑案件，第二审也不能连续两次发回重审，否则有违《刑事诉讼法》第二百二十五条规定。

2. 切实发挥第二审的监督、纠错职能。根据本批复规定，对于最高人民法院裁定不予核准死刑，发回第二审人民法院重新审判的案件，无论此前第二审人民法院是否曾以原判决事实不清楚或者证据不足为由发回重新审判，原则上均不得再发回第一审人民法院重新审判。主要考虑：

（1）从法律规定看，最高人民法院不核准被告人死刑，依法可以发回第二审人民法院，也可以直接发回第一审人民法院重新审判。最高人民法院认为直接发回一审重审才能更好查清案件事实的，会直接发回一审重审。既然最高人民法院没有直接发回一审，而是发回二审重新审判，第二审人民法院就应当切实履行二审的监督、纠错职能，依法作出判决或者裁定，原则上不得将案件发回原审人民法院重新审判。

（2）从司法实践看，最高人民法院以事实不清、证据不足为由发回高级人民法院重审的案件，如果高级人民法院认为确有补查、补证的可能性和必要性

① 现为《最高人民法院关于适用〈中华人民共和国刑事诉讼法〉的解释》（2021年）第四百三十条。

的，可以自行开展相关工作，并要求中级人民法院协助，没有必要再发回中级人民法院。如果要对案件作出改判，要处理矛盾化解的实际问题，由高级人民法院组织实施并请中级人民法院协助，也更容易达到目的、保障效果。

3. 原则性与灵活性相结合。本批复规定，对于最高人民法院裁定不予核准死刑，发回第二审人民法院重新审判的案件，即使此前第二审人民法院曾经以原判决事实不清楚或者证据不足为由发回重新审判，第二审人民法院根据案件特殊情况，并报请最高人民法院批准后，还可以发回第一审人民法院重新审判一次。之所以设置例外情形，主要考虑：

（1）从立法精神看，发回重审仅限一次的原则，实际是针对上诉或者抗诉案件而言的，目的是规范第二审人民法院不能连续通过发回重审的方式，规避裁判责任。而死刑案件往往疑难复杂、牵涉面广、各方关注、影响重大，办理死刑案件必须慎之又慎，《刑事诉讼法》还特别设置了死刑复核程序，说明死刑案件具有不同于普通案件的程序特殊性。对于死刑复核案件，最高人民法院不予核准死刑发回第二审人民法院重新审判的，虽然案件又回到了二审程序，但这个二审程序与复核前的二审程序是不同的，在死刑复核后的二审程序中又一次发回重审，不违反《刑事诉讼法》第二百二十五条第二款规定。

（2）从审判实践看，对于最高人民法院不核准死刑发回高级人民法院重新审判的案件，在极个别情况下，允许高级人民法院发回重审一次，不仅有利于查清案件事实，而且，由一审法院负责协调当地有关部门，往往能够有效地防范案件改判所可能引发的风险，符合把矛盾化解在基层、化解在当地的精神，保障案件裁判的法律和社会效果。

三、本批复的适用

在本批复起草过程中，普遍认同对于死刑案件可以有“禁止二次发回重审”原则的例外，但对于例外应当严格限制。如何严格限制例外的适用，则存在分歧意见。一种意见认为，为了切实防止滥用，应当在实体、程序上设置严格的条件、程序，比如，明确规定可以发回重审的具体情形，或者明确规定应当报请最高人民法院批准后才能发回重审，或者同时对实体和程序都作严格限制。另一种意见认为，死刑案件比较特殊，需要再次发回重审的案件本就不多，难以明确、具体列举哪些情形可以再次发回重审；若规定须报请最高人民法院批准后才能发回重审，不仅程序更加繁琐、影响办案效率，且在执行过程中又恐引发如何报批、如何掌握批准条件等新问题，故宜作原则性规定，具体由二审法院根据个案情况掌握。经充分讨论、反复权衡，本批复作了折中处理，规定“原则上不得再发回第一审人民法院重新审判；有特殊情况确需发回第一审人民法院重新审判的，需报请最高人民法院批准”，即在实体上只作原则规定，有特殊情况即可发回重审；而在程序上则作严格规定，需报请最高人民法院批准后才能发回一审法院重审。

1. 对于特殊情况的理解。首先应当注意的是，此处的“特殊情况”应当受刑事诉讼法有关发回重审规定的制约。根据《刑事诉讼法》第二百二十五条①、第二百二十七条②规定，只有原判事实不清、证据不足，或者违反法定诉讼程序的，第二审人民法院才能将案件发回原审人民法院重新审判。就死刑复核案件而言，如果第一审人民法院的审理违反法定诉讼程序，最高人民法院应会直接发回第一审人民法院重新审判。因此，这里的“特殊情况”实际只限于原判事实不清、证据不足的情形，如果原判事实清楚、证据充分，只是适用法律错误，或者量刑不当的，高级人民法院就不能再发回中级人民法院重审。其次，结合死刑复核案件实际，本批复所称“特殊情况”，包括下列三种情形：一是高级人民法院第一次发回重审时明确提出了核实证据、查清事实的具体要求，中级人民法院未予查实又作出死刑判决的；二是最高人民法院发回重审时提出了核实新的证据、查清新的事实的要求，高级人民法院认为只有发回中级人民法院重新审判，才更有利于查清事实的；三是其他因事实、证据问题，发回中级人民法院重新审判更有利于查清事实、保障案件审理质量和效果的。

2. 对于报请最高人民法院批准的理解。本批复设置批准程序，目的是从严控制发回重审。该报请批准程序，在操作上可以参照申请批准延长审限的做法。报请批准文书只需重点说明发回重审的理由即可。接到高级人民法院申请后，宜由最高人民法院原负责复核该死刑案件的审判庭进行审查，且原则上应由原合议庭审查办理。因为原审判庭、原合议庭对有关案件是否确实存在本批复规定的特殊情况最为了解，由其审查，有利于保障效果、提高效率。另外，最高人民法院也将研究规范死刑案件发回重审问题，对于确需发回一审法院才更有利于查明案件事实的，应当直接发回一审法院重审。

① 现为《刑事诉讼法》（2018年修正）第二百三十六条。

② 现为《刑事诉讼法》（2018年修正）第二百三十八条。

（三）死刑复核程序

最高人民法院
关于统一行使死刑案件核准权有关问题的决定

法释〔2006〕12号

（2006年12月13日最高人民法院审判委员会
第1409次会议通过　2006年12月28日最高人民
法院公告公布　自2007年1月1日起施行）

第十届全国人民代表大会常务委员会第二十四次会议通过了《关于修改〈中华人民共和国人民法院组织法〉的决定》，将人民法院组织法原第十三条修改为第十二条："死刑除依法由最高人民法院判决的以外，应当报请最高人民法院核准。"修改人民法院组织法的决定自2007年1月1日起施行。根据修改后的人民法院组织法第十二条的规定，现就有关问题决定如下：

（一）自2007年1月1日起，最高人民法院根据全国人民代表大会常务委员会有关决定和人民法院组织法原第十三条的规定发布的关于授权高级人民法院和解放军军事法院核准部分死刑案件的通知（见附件），一律予以废止。

（二）自2007年1月1日起，死刑除依法由最高人民法院判决的以外，各高级人民法院和解放军军事法院依法判决和裁定的，应当报请最高人民法院核准。

（三）2006年12月31日以前，各高级人民法院和解放军军事法院已经核准的死刑立即执行的判决、裁定，依法仍由各高级人民法院、解放军军事法院院长签发执行死刑的命令。

附：

最高人民法院发布的下列关于授权高级人民法院核准部分死刑案件自本通知施行之日起予以废止：

一、《最高人民法院关于对几类现行犯授权高级人民法院核准死刑的若干具体规定的通知》（发布日期：1980年3月18日）

二、《最高人民法院关于执行全国人民代表大会常务委员会〈关于死刑案件核准问题的决定〉的几项通知》（发布日期：1981 年 6 月 11 日）

三、《最高人民法院关于授权高级人民法院核准部分死刑案件的通知》（发布日期：1983 年 9 月 7 日）

四、《最高人民法院关于授权云南省高级人民法院核准部分毒品犯罪死刑案件的通知》（发布日期：1991 年 6 月 6 日）

五、《最高人民法院关于授权广东省高级人民法院核准部分毒品犯罪死刑案件的通知》（发布日期：1993 年 8 月 18 日）

六、《最高人民法院关于授权广西壮族自治区、四川省、甘肃省高级人民法院核准部分毒品犯罪死刑案件的通知》（发布日期：1996 年 3 月 19 日）

七、《最高人民法院关于授权贵州省高级人民法院核准部分毒品犯罪死刑案件的通知》（发布日期：1997 年 6 月 23 日）

八、《最高人民法院关于授权高级人民法院和解放军军事法院核准部分死刑案件的通知》（发布日期：1997 年 9 月 26 日）

【解　读】

解读《最高人民法院关于统一行使死刑案件核准权有关问题的决定》

一、问题的提出

2006 年 12 月 13 日，最高人民法院审判委员会第 1409 次会议讨论通过了《关于统一行使死刑案件核准权有关问题的决定》（以下简称本决定）。2006 年 12 月 28 日，最高人民法院公布了本决定，本决定自 2007 年 1 月 1 日起施行。本决定根据法律规定，废止最高人民法院过去依法发布的关于授权高级人民法院和解放军军事法院核准部分死刑案件的所有通知，明确自 2007 年 1 月 1 日起死刑案件核准权收归最高人民法院统一行使。

2006 年 10 月 31 日，第十届全国人民代表大会常务委员会第二十四次会议通过的《关于修改〈人民法院组织法〉的决定》明确，将《人民法院组织法》原第十三条修改为："死刑除依法由最高人民法院判决的以外，应当报请最高人民法院核准。"该决定自 2007 年 1 月 1 日起施行。这是立法机关对死刑核准权问题所作的明确规定，也是死刑核准权收归最高人民法院统一行使的立法依据。

为适应死刑案件核准权收回后的人员需要，最高人民法院增强了其刑事审判力量。在原有两个刑事审判庭的基础上，增设了三个刑事审判庭，调整了刑事审判庭的职能分工。五个刑事审判庭都参与死刑案件的复核工作，同时还负责其他刑事案件的审判工作，并按照案件类型和地区进行相应的审判业务指导和调研工作。

在准备过程中，最高人民法院认识到，死刑复核程序虽然是死刑案件的最后一关，但死刑复核之前的第一审程序、第二审程序都至关重要，特别是死刑案件第二审程序，对死刑复核程序起着承上启下的重要作用。死刑二审案件开庭质量的好坏，直接影响办理死刑核准案件的质量和效率，非常关键。死刑二审案件开庭审理，是保证死刑判决公正和慎重的重要程序，要通过这道“防线”，把死刑案件办成“铁案”，防止冤杀、错杀。为此，最高人民法院重点抓了死刑二审开庭工作。2005 年 12 月 7 日，最高人民法院下发《关于进一步做好死刑第二审案件开庭审理工作的通知》（法〔2005〕214 号），明确要求：“各高级法院在继续坚持对人民检察院抗诉的死刑第二审案件开庭审理的同时，自 2006 年 1 月 1 日起，对案件重要事实和证据问题提出上诉的死刑第二审案件，一律开庭审理，并积极创造条件，在 2006 年下半年对所有死刑第二审案件实行开庭审理。”2006 年 9 月 21 日，最高人民法院、最高人民检察院公布了《关于死刑第二审案件开庭审理程序若干问题的规定（试行）》（法释〔2006〕8 号）。死刑第二审案件必须严格依照上述规定进行开庭审理，为防止冤假错案的发生真正起到把关作用。

在上述方方面面的准备工作逐步到位后，2006 年 12 月 15 日，肖扬院长在全国刑事审判法官工作会上宣布：“目前最高人民法院统一行使死刑案件核准权的各项准备工作已经基本就绪。2007 年 1 月 1 日起，最高人民法院依法履行统一行使死刑核准权的工作将如期正式展开。”

2006 年 12 月 28 日，最高人民法院公布了本决定，对最高人民法院统一行使死刑案件核准权涉及的一些具体问题作出了明确规定。此举表明，最高人民法院的有关准备工作已经就绪，死刑核准权将自 2007 年 1 月 1 日起收归最高人民法院统一行使。

二、理解与适用

（一）明确废止最高人民法院过去发布的授权高级人民法院和解放军军事法院核准部分死刑案件的通知

根据本决定第一项的规定，最高人民法院自 1980 年以来发布的八个授权高级人民法院和解放军军事法院核准部分死刑案件的通知全部予以废止。本决定的附件列举了最高人民法院先后发布的关于授权高级人民法院核准部分死刑案件的八个通知。

（二）明确死刑核准权如期统一收归最高人民法院行使

本决定第二项规定使修改后的《人民法院组织法》第十二条的内容得到贯彻落实，明确了最高人民法院依照立法规定如期统一行使死刑核准权。

（三）明确死刑核准权收归最高人民法院统一行使之前的工作衔接

最高人民法院统一行使死刑案件核准权是从 2007 年 1 月 1 日起，之前部分死刑案件核准权依法仍然由各高级人民法院、解放军军事法院行使。那么，2007 年 1 月 1 日后，各高级人民法院、解放军军事法院已经核准但尚未执行的死刑案件，是由各高级人民法院、解放军军事法院签发执行死刑的命令，还是要报请最高人民法院核准，关于这个问题有不同意见。有意见认为，自 2007 年 1 月 1 日起，只要是没有执行死刑的案件，都应当报请最高人民法院核准，否则 1 月 1 日后地方仍然有执行死刑的情况出现，不明情况的人可能会认为地方法院没有按照法律规定和本决定办理死刑案件，造成误解。

经研究认为，《刑事诉讼法》第二百零八条①规定，判决和裁定在发生法律效力后执行。最高人民法院《关于执行〈中华人民共和国刑事诉讼法〉若干问题的解释》中第三百三十七条明确规定，高级人民法院依据最高人民法院的授权核准死刑的判决和裁定是发生法律效力的判决和裁定。因此，在死刑核准权收归最高人民法院统一行使之前，也就是 2006 年 12 月 31 日前，各高级人民法院、解放军军事法院已经核准的死刑案件的判决和裁定，按照法律规定，是已经发生法律效力的判决和裁定，依法应当由各高级人民法院、解放军军事法院院长签发执行死刑的命令，不需要再报请最高人民法院核准，否则会出现两次核准的现象，于法不通。

因此，本决定第三项明确规定："2006 年 12 月 31 日以前，各高级人民法院和解放军军事法院已经核准的死刑立即执行的判决、裁定，依法仍由各高级人民法院、解放军军事法院院长签发执行死刑的命令。"这项规定明确了死刑核准权统一收归最高人民法院之前的工作衔接问题。

（撰稿人：李洪江）

① 现为《刑事诉讼法》（2018 年修正）第二百五十九条。

最高人民法院
关于死刑复核及执行程序中保障当事人合法权益的若干规定

法释〔2019〕12号

（2019年4月29日最高人民法院审判委员会第1767次会议通过 2019年8月8日最高人民法院公告公布 自2019年9月1日起施行）

为规范死刑复核及执行程序，依法保障当事人合法权益，根据《中华人民共和国刑事诉讼法》和有关法律规定，结合司法实际，制定本规定。

第一条 高级人民法院在向被告人送达依法作出的死刑裁判文书时，应当告知其在最高人民法院复核死刑阶段有权委托辩护律师，并将告知情况记入宣判笔录；被告人提出由其近亲属代为委托辩护律师的，除因客观原因无法通知的以外，高级人民法院应当及时通知其近亲属，并将通知情况记录在案。

第二条 最高人民法院复核死刑案件，辩护律师应当自接受委托或者受指派之日起十日内向最高人民法院提交有关手续，并自接受委托或者指派之日起一个半月内提交辩护意见。

第三条 辩护律师提交相关手续、辩护意见及证据等材料的，可以经高级人民法院代收并随案移送，也可以寄送至最高人民法院。

第四条 最高人民法院复核裁定作出后，律师提交辩护意见及证据材料的，应当接收并出具接收清单；经审查，相关意见及证据材料可能影响死刑复核结果的，应当暂停交付执行或者停止执行，但不再办理接收委托辩护手续。

第五条 最高人民法院复核裁定下发后，受委托进行宣判的人民法院应当在宣判后五日内将裁判文书送达辩护律师。

对被害人死亡的案件，被害人近亲属申请获取裁判文书的，受委托进行宣判的人民法院应当提供。

第六条 第一审人民法院在执行死刑前，应当告知罪犯可以申请会见其近亲属。

罪犯申请会见并提供具体联系方式的，人民法院应当通知其近亲属。对经查找确实无法与罪犯近亲属取得联系的，或者其近亲属拒绝会见的，应当告知罪犯。罪犯提出通过录音录像等方式留下遗言的，人民法院可以准许。

通知会见的相关情况，应当记录在案。

第七条 罪犯近亲属申请会见的，人民法院应当准许，并在执行死刑前及时安排，但罪犯拒绝会见的除外。

罪犯拒绝会见的情况，应当记录在案并及时告知其近亲属，必要时应当进行录音录像。

第八条 罪犯提出会见近亲属以外的亲友，经人民法院审查，确有正当理由的，可以在确保会见安全的情况下予以准许。

第九条 罪犯申请会见未成年子女的，应当经未成年子女的监护人同意；会见可能影响未成年人身心健康的，人民法院可以采取视频通话等适当方式安排会见，且监护人应当在场。

第十条 会见由人民法院负责安排，一般在罪犯羁押场所进行。

第十一条 会见罪犯的人员应当遵守羁押场所的规定。违反规定的，应当予以警告；不听警告的，人民法院可以终止会见。

实施威胁、侮辱司法工作人员，或者故意扰乱羁押场所秩序，妨碍执行公务等行为，情节严重的，依法追究法律责任。

第十二条 会见情况应当记录在案，附卷存档。

第十三条 本规定自 2019 年 9 月 1 日起施行。

最高人民法院以前发布的司法解释和规范性文件，与本规定不一致的，以本规定为准。

（四）审判监督程序

最高人民法院
关于刑事再审案件开庭审理程序的具体规定（试行）

法释〔2001〕31号

（2001年10月18日最高人民法院审判委员会第1196次会议通过　2001年12月26日最高人民法院公告公布　自2002年1月1日起施行）

为了深化刑事庭审方式的改革，进一步提高审理刑事再审案件的效率，确保审判质量，规范案件开庭审理的程序，根据《中华人民共和国刑事诉讼法》、最高人民法院《关于执行〈中华人民共和国刑事诉讼法〉若干问题的解释》的规定，制定本规定。

第一条　本规定适用依照第一审程序或第二审程序开庭审理的刑事再审案件。

第二条　人民法院在收到人民检察院按照审判监督程序提出抗诉的刑事抗诉书后，应当根据不同情况，分别处理：

（一）不属于本院管辖的，决定退回人民检察院；

（二）按照抗诉书提供的原审被告人（原审上诉人）住址无法找到原审被告人（原审上诉人）的，人民法院应当要求提出抗诉的人民检察院协助查找；经协助查找仍无法找到的，决定退回人民检察院；

（三）抗诉书没有写明原审被告人（原审上诉人）准确住址的，应当要求人民检察院在7日内补充，经补充后仍不明确或逾期不补的，裁定维持原判；

（四）以有新的证据证明原判决、裁定认定的事实确有错误为由提出抗诉，但抗诉书未附有新的证据目录、证人名单和主要证据复印件或者照片的，人民检察院应当在7日内补充；经补充后仍不完备或逾期不补的，裁定维持原判。

第三条　以有新的证据证明原判决、裁定认定的事实确有错误为由提出申诉的，应当同时附有新的证据目录、证人名单和主要证据复印件或者照片。需要申请人民法院调取证据的，应当附有证据线索。未附有的，应当在7日内补充；经补充后仍不完备或逾期不补的，应当决定不予受理。

第四条 参与过本案第一审、第二审、复核程序审判的合议庭组成人员，不得参与本案的再审程序的审判。

第五条 人民法院审理下列再审案件，应当依法开庭审理：

（一）依照第一审程序审理的；

（二）依照第二审程序需要对事实或者证据进行审理的；

（三）人民检察院按照审判监督程序提出抗诉的；

（四）可能对原审被告人（原审上诉人）加重刑罚的；

（五）有其他应当开庭审理情形的。

第六条 下列再审案件可以不开庭审理：

（一）原判决、裁定认定事实清楚，证据确实、充分，但适用法律错误，量刑畸重的；

（二）1979年《中华人民共和国刑事诉讼法》施行以前裁判的；

（三）原审被告人（原审上诉人）、原审自诉人已经死亡、或者丧失刑事责任能力的；

（四）原审被告人（原审上诉人）在交通十分不便的边远地区监狱服刑，提押到庭确有困难的；但人民检察院提出抗诉的，人民法院应征得人民检察院的同意；

（五）人民法院按照审判监督程序决定再审，按本规定第九条第（五）项规定，经两次通知，人民检察院不派员出庭的。

第七条 人民法院审理共同犯罪再审案件，如果人民法院再审决定书或者人民检察院抗诉书只对部分同案原审被告人（同案原审上诉人）提起再审，其他未涉及的同案原审被告人（同案原审上诉人）不出庭不影响案件审理的，可以不出庭参与诉讼；

部分同案原审被告人（同案原审上诉人）具有本规定第六条第（三）、（四）项规定情形不能出庭的，不影响案件的开庭审理。

第八条 除人民检察院抗诉的以外，再审一般不得加重原审被告人（原审上诉人）的刑罚。

根据本规定第六条第（二）、（三）、（四）、（五）项、第七条的规定，不具备开庭条件可以不开庭审理的，或者可以不出庭参加诉讼的，不得加重未出庭原审被告人（原审上诉人）、同案原审被告人（同案原审上诉人）的刑罚。

第九条 人民法院在开庭审理前，应当进行下列工作：

（一）确定合议庭的组成人员；

（二）将再审决定书，申诉书副本至迟在开庭30日前，重大、疑难案件至迟在开庭60日前送达同级人民检察院，并通知其查阅案卷和准备出庭；

（三）将再审决定书或抗诉书副本至迟在开庭30日以前送达原审被告人（原审上诉人），告知其可以委托辩护人，或者依法为其指定承担法律援助义务的律师担任辩护人；

（四）至迟在开庭15日前，重大、疑难案件至迟在开庭60日前，通知辩护人查阅案卷和准备出庭；

（五）将开庭的时间、地点在开庭7日以前通知人民检察院；

（六）传唤当事人，通知辩护人、诉讼代理人、证人、鉴定人和翻译人员，传票和通知书至迟在开庭7日以前送达；

（七）公开审判的案件，在开庭7日以前先期公布案由、原审被告人（原审上诉人）姓名、开庭时间和地点。

第十条 人民法院审理人民检察院提出抗诉的再审案件，对人民检察院接到出庭通知后未出庭的，应当裁定按人民检察院撤回抗诉处理，并通知诉讼参与人。

第十一条 人民法院决定再审或者受理抗诉书后，原审被告人（原审上诉人）正在服刑的，人民法院依据再审决定书或者抗诉书及提押票等文书办理提押；

原审被告人（原审上诉人）在押，再审可能改判宣告无罪的，人民法院裁定中止执行原裁决后，可以取保候审；

原审被告人（原审上诉人）不在押，确有必要采取强制措施并符合法律规定采取强制措施条件的，人民法院裁定中止执行原裁决后，依法采取强制措施。

第十二条 原审被告人（原审上诉人）收到再审决定书或者抗诉书后下落不明或者收到抗诉书后未到庭的，人民法院应当中止审理；原审被告人（原审上诉人）到案后，恢复审理；如果超过2年仍查无下落的，应当裁定终止审理。

第十三条 人民法院应当在开庭30日前通知人民检察院、当事人或者辩护人查阅、复制双方提交的新证据目录及新证据复印件、照片。

人民法院应当在开庭15日前通知控辩双方查阅、复制人民法院调取的新证据目录及新证据复印件、照片等证据。

第十四条 控辩双方收到再审决定书或抗诉书后，人民法院通知开庭之日前，可以提交新的证据。开庭后，除对原审被告人（原审上诉人）有利的外，人民法院不再接纳新证据。

第十五条 开庭审理前，合议庭应当核实原审被告人（原审上诉人）何时因何案被人民法院依法裁判，在服刑中有无重新犯罪，有无减刑、假释，何时刑满释放等情形。

第十六条 开庭审理前，原审被告人（原审上诉人）到达开庭地点后，合议庭应当查明原审被告人（原审上诉人）基本情况，告知原审被告人（原审上诉人）享有辩护权和最后陈述权，制作笔录后，分别由该合议庭成员和书记员签名。

第十七条 开庭审理时，审判长宣布合议庭组成人员及书记员，公诉人、辩护人、鉴定人和翻译人员的名单，并告知当事人、法定代理人享有申请回避的权利。

第十八条 人民法院决定再审的，由合议庭组成人员宣读再审决定书。

根据人民检察院提出抗诉进行再审的，由公诉人宣读抗诉书。

当事人及其法定代理人、近亲属提出申诉的，由原审被告人（原审上诉人）及其辩护人陈述申诉理由。

第十九条 在审判长主持下，控辩双方应就案件的事实、证据和适用法律等问题分别进行陈述。合议庭对控辩双方无争议和有争议的事实、证据及适用法律问题进行归纳，予以确认。

第二十条 在审判长主持下，就控辩双方有争议的问题，进行法庭调查和辩论。

第二十一条 在审判长主持下，控辩双方对提出的新证据或者有异议的原审据以定罪量刑的证据进行质证。

第二十二条 进入辩论阶段，原审被告人（原审上诉人）及其法定代理人、近亲属提出申诉的，先由原审被告人（原审上诉人）及其辩护人发表辩护意见，然后由公诉人发言，被害人及其代理人发言。

被害人及其法定代理人、近亲属提出申诉的，先由被害人及其代理人发言，公诉人发言，然后由原审被告人（原审上诉人）及其辩护人发表辩护意见。

人民检察院提出抗诉的，先由公诉人发言，被害人及其代理人发言，然后由原审被告人（原审上诉人）及其辩护人发表辩护意见。

既有申诉又有抗诉的，先由公诉人发言，后由申诉方当事人及其代理人或者辩护人发言或者发表辩护意见，然后由对方当事人及其代理人或辩护人发言或者发表辩护意见。

公诉人、当事人和辩护人、诉讼代理人经审判长许可，可以互相辩论。

第二十三条 合议庭根据控辩双方举证、质证和辩论情况，可以当庭宣布认证结果。

第二十四条 再审改判宣告无罪并依法享有申请国家赔偿权利的当事人，宣判时合议庭应当告知其该判决发生法律效力后即有申请国家赔偿的权利。

第二十五条 人民法院审理再审案件，应当在作出再审决定之日起 3 个月内审结。需要延长期限的，经本院院长批准，可以延长 3 个月。

自接到阅卷通知后的第 2 日起，人民检察院查阅案卷超过 7 日后的期限，不计入再审审理期限。

第二十六条 依照第一、二审程序审理的刑事自诉再审案件开庭审理程序，参照本规定执行。

第二十七条 本规定发布前最高人民法院有关再审案件开庭审理程序的规定，与本规定相抵触的，以本规定为准。

第二十八条 本规定自 2002 年 1 月 1 日起执行。

【解 读】

解读《最高人民法院关于刑事再审案件开庭审理程序的具体规定（试行）》

一、问题的提出

2001 年 12 月 26 日，最高人民法院公布了由最高人民法院审判委员会第 1196 次会议通过的《关于刑事再审案件开庭审理程序的具体规定（试行）》（以下简称本规定），自 2002 年 1 月 1 日起施行。

1988 年 4 月 30 日，最高人民法院与最高人民检察院联合作出了《关于公开审理再审案件的通知》。在此基础上，最高人民法院办公厅在刑事审判第二庭广泛调查研究、充分论证的前提下，为进一步推动刑事再审案件的公开开庭审理的开展，规范刑事再审案件开庭审理程序，于 1990 年 1 月 12 日下发了《关于刑事再审案件开庭审理程序的意见（试行）》［以下简称《意见（试行）》］。这个《意见（试行）》虽然条文不多，但十几年来为各级人民法院开庭审理再审案件提供了重要依据，发挥了重要作用。更为我们今天重新制订本规定提供了重要的依据。

修正后的《刑事诉讼法》确立了控辩式审理方式，强化了庭审功能，明确了未经人民法院依法判决，对任何人都不得确定有罪等重要原则。这些新规范、新原则、新方式要在刑事再审审判实践中得到不折不扣的落实。然而修正后的《刑事诉讼法》和 1998 年 6 月 29 日最高人民法院审判委员会第 989 次会议通过的《关于执行〈中华人民共和国刑事诉讼法〉若干问题的解释》（以下简称《若干问题解释》），虽然对刑事案件的申诉主体、再审理由、启动再审程序的诉讼文书、再审案件的审限等作出了明确规定，但是对开庭审理再审案件的程序规定依然较为原则。所以，要全面贯彻落实《刑事诉讼法》规定的诉讼原则和法律精神，就必须对《意见（试行）》进行全面修改，重新制定本规定。

二、理解与适用

（一）关于再审案件的庭前及立案的审查与处理问题

对于一审公诉案件的审查，《刑事诉讼法》第一百五十条①作出了明确规定，《若干问题解释》第一百一十六条和第一百一十七条，对人民法院在收到公诉案件的起诉书后，如何审查、审查什么，怎么处理也作出了明确的规定。但是对刑事再审案件特别是按照第二审程序审理的再审案件能否审查、审查什么、审查后如何处理均无具体规定。同样《刑事诉讼法》第二百零四条②将“有新的证据证明原判决、裁定认定的事实确有错误的”申诉，规定为人民法院应当重新审理的情形之一；但是持该种理由申诉的情形应当同时具备何种要件，即对提出新证据的具体要求没有明确规定，《若干问题解释》亦未规范。审判实践中难以操作，为此，本规定在第二条、第四条确立了人民法院再审案件的立案和庭前的审查原则，对审查的内容与处理方法也作出了具体明确的规定。

1. 决定退回

决定退回，是指对人民检察院按照审判监督程序提出抗诉的刑事案件，经审查缺乏开庭审理的法定条件，而将案件退还抗诉机关的情形。根据本规定第二条规定，作出决定退回处理的包括两种情形：一是受理抗诉的人民法院对抗诉机关移送抗诉的再审案件，经审查本院无法定或者上级人民法院指定管辖的。二是受理抗诉的人民法院，按照抗诉书提供的原审被告人或者原审上诉人的住址，无法找到原审被告人或者原审上诉人，经抗诉机关协助查找仍无法找到的。关于要求提出抗诉的人民检察院协助查找，主要基于人民检察院在履行生效裁判的监督职能时，所进行的抗诉审查，不仅要审查生效裁判的文字内容，包括下级人民检察院提请抗诉的文字材料，而且要提审原审被告人、对收集的新证据进行必要的核对，以保障抗诉提出的严肃性、慎重性和准确性。从这个意义上来看，抗诉书所提供的原审被告人或者原审上诉人的住址应当准确无误。即便提请抗诉到提出抗诉存在时间差，其间因原审被告人或者原审上诉人刑满释放、或者假释、或者外出经商，甚至发生意外伤亡等情形的，也易于查找，并能根据不同情况作出相应处理，以实现再审程序的正常运转。同样，从实际操作上来看，找不到原审被告人或者上诉人就意味不能送达抗诉书或者再审决定书。关于这种无法找到原审被告人或者原审上诉人送达抗诉书的情形，在适用时应当注意：

（1）在要求抗诉机关协助查找原审被告人或者原审上诉人之前，接收抗诉

① 现为《刑事诉讼法》（2018 年修正）第一百八十六条。

② 现为《刑事诉讼法》（2018 年修正）第二百五十三条。

的人民法院，应当首先按照抗诉书提供的住址，积极寻找原审被告人或者原审上诉人；不应当未经寻找就要求抗诉机关协助查找。

（2）在无法找到原审被告人或者原审上诉人之后，应当要求抗诉机关协助查找。至于是采用书面还是口头方式提出，本条第二项未作出统一要求。一般而言以书面形式为宜，但是经协商采用口头方式也并非不可。

（3）经协助查找仍无法找到的，方可决定退回。这就是说只有在抗诉机关协助查找仍未找到时，才能进行。那么，在要求抗诉机关协助查找后。抗诉机关应当采取何种方式或者手段进行协助？抗诉机关在接到协助查找的要求后，应当在多长时间内完成？以及查找到原审被告人或者上诉人后如何办，是由其先行采取强制措施，还是先行控制等待人民法院接手等等问题，没有进一步予以明确规定。主要考虑可以实施一段后，再作出完善。

此外，对于人民检察院按照审判监督程序提出抗诉后，遇有上述情形的案件，接受抗诉的人民法院如何处理的问题，最高人民法院曾经作出过个案批复，即“如果确实无法提供或者按照人民检察院提供的原审被告人住址确实无法找到原审被告人的，应当认定原审被告人不在案，由人民法院作出不予受理的决定，将该案退回人民检察院”。该批复规定的“不予受理”的处理结果，虽然与本项规定的“决定退回人民检察院”并无本质之区别。因为在以原审被告人或者上诉人不在案为由而决定不予受理的，当原审被告人或者上诉人一旦归案时，人民法院就没有任何理由再不予受理抗诉机关的重新抗诉。同样，对于退回人民检察院的案件，在其补充了材料后，经人民法院审查符合法定庭审条件的，人民法院当然也要继续进行审理。所以从程序的最终处置上来看，二者是一致的。今后凡遇到此类情形的，应当一律按关于决定退回的规定办理。并参照《法院刑事诉讼文书样式》（样本）规定的《不予受理决定书》的制作要求，制作《退回处理决定书》。

2. 维持原判

维持原判，原则上人民法院在审判再审案件时作出的实体性结论。再审案件在庭前审查过程中，完全不具备开庭审理的条件，且再审程序已经处于运行状态的情形下，作出维持原判的裁定终止已经启动的程序运行。其主要理由，当生效裁判未被中止执行的情形下所进行的重新审理，生效裁判的法律效力，并没有因此受影响。但实际上，再审程序的无限启动或者启动后程序时空的无限延长，其结果不仅仅是司法资源的消耗，更是对正在发生法律效力的裁判的稳定和权威的损害。所以本规定提出的维持原判，是一种程序性处理裁定。这种程序性裁定的处理原则主要适用于两种情形。即本条第三和第四项所规定的内容：

（1）抗诉书提供的原审被告人或者上诉人的住址不明确，经补充仍不明确或者逾期不补充的。前项规定的是经协助查找仍无法找到原审被告人的情形，本项规定的则是经补充不明确或者逾期不补充的情形。适用时应当注意：①这种处理结论的前提必须是抗诉书没有具体写明原审被告人或者原审上诉人的住址。因此，在审查时应当弄清抗诉书提供的原审被告人或者原审上诉人的住址是否具体、明确。所谓具体明确，就是说，对于正在监所执行刑罚或者监管的原审被告人或者上诉人，既要写明归案前的住所地，还要写明执行刑罚或者监管的监所的序列番号和名称，以及所在的具体大队或者班组；对于已经刑满释放或者假释的原审被告人或者上诉人，住所地如果属于城镇的应当写明城镇的名称、居委会的名称包括其居住的街道名称和门牌号；如果属于乡村的，应当写明居所地的乡村名称和具体的居民小组。②只有住址不明确、不具体的，即经审查提供的原审被告人或者上诉人的住址，不符合前述要求的，才能要求提出抗诉的人民检察院予以补充；③超过七日不补充或者虽然予以补充，但经补充后的住址仍不明确，实为不准确的，方可裁定维持原判。至于如何衡量补充的住址是否明确、具体，可以通过调查核对包括实地送达等方法进行检验。

（2）抗诉书未附有新证据，经补充不完备或者逾期不补充的。需要特别指出的是，本项规定主要针对以有新的证据证明原判决、裁定认定的事实确有错误而提出抗诉的情形，并不包括人民检察院对于原审根据《刑事诉讼法》第一百六十二条第三项[①]之规定，作出的证据不足、指控罪名不能成立的无罪判决后，人民检察院以新的证据证明原指控罪名成立的情形。此情形应当根据《若干问题的解释》第一百一十七条第三项的规定，由其重新起诉。按照本项规定，审查时应当首先弄清抗诉理由，属于本项规定的情形的，应当查明是否附有了新的证据目录、证人名单和主要证据复印件或者照片；其次，如果未附有，则应通知抗诉机关予以补充；最后，对于超过七日不予补充，或者虽经补充仍不完备的，方可裁定维持原判。

3. 不予受理

不予受理，简言之，不受理。即对提起的诉讼不予立案处理。《若干问题解释》第一百一十六条第四、五项，第一百九十二条，第三百零三条，以及第一百一十七条第三、四项，第一百九十三条等规定，对于人民检察院撤诉后，在没有新的事实、证据的情况下重新起诉的；自诉案件中的共同被害人中，放弃告诉权利的其他被害人，在第一审宣判后，就同一事实又提起自诉的；以及符合本规定第三条规定情形的，均可作出不予受理的决定。

本规定第三条规定的不予受理，也主要适用于申诉人以有新的证据证明原判决、裁定认定的事实确有错误为由提出申诉的下列情形：

（1）申诉人的申诉未附有新的证据目录、证人名单和主要证据复印件或者照片，经补充仍不完备或者超过七日不予补充的。

① 现为《刑事诉讼法》（2018 年修正）第二百条第三项。

（2）对于申诉人或者其辩护人申请人民法院调取证据的，虽有申请但未附有申请调取证据的证据线索，经补充仍不完备或者超过七日不予补充的。之所以规定申诉人或者其辩护人申请人民法院调取证据。主要考虑申诉人或者其辩护人，对其所发现的新的证据的收集，相对于检察机关而言一般处于弱势，存有一定难度。在这种情形下，只要求其提供证据线索就行了。但审查时需要注意的是衡量证据线索的完备与否，不应以提供证据线索的数目多寡为标准。首先，应当审查所附有的证据线索材料，不仅要有已知线索的具体情况，而且应当有证明具体事项的说明。对于只有线索名称没有具体内容，或者只有线索情况没有具体证实对象的说明，均属于不完备。其次，应当考察是否属于新的证据线索。倘若在原一、二审时当事人已经反复申请、提供过；原一、二审法院也调取过，并经庭审质证，只是法庭未予采信，则不应作为本条规定的“需要申请人民法院调取证据”的情形来处理。

关于申请人民法院调取证据的范围问题，本条未予具体明确。实践中如何把握？有同志认为，只要有利于原审被告人或者上诉人的证据调取申请，法院就应当在审查后，作出是否调取的决定。也有同志认为，申诉人以有新的证据证明生效裁判确有错误提出申诉的，应当持有一定的新的证据，其申请调取的应当是当事人经过努力确实收集不到的新证据。对于涉及国家秘密、商业秘密的材料；国家有关部门保存并明确规定非有关职能部门不能查阅的档案、照片、视听资料等材料；确实因为客观原因当事人无法收集到的证据材料。可以由再审立案审查的人民法院调取。

（二）关于再审开庭审理案件的范围问题

公开审判是公开审理与公开判决的简称。《中华人民共和国宪法》第一百二十五条规定：“人民法院审理案件，除法律规定的特别情况外，一律公开进行。”人民法院审理案件，采用开庭直接审理的方式，是一条宪法原则。这一原则在《刑事诉讼法》第十一条、第一百五十二条、第一百六十三条、第一百九十一条第一项①等规定中得到了具体体现，但在再审程序中开庭审理的规定除了原则以外，并无具体操作性规定；《若干问题解释》也只是对公诉案件的第一审程序、简易程序、第二审程序的开庭审判运作程式作出了全面而又细致、明确而又具体的规定；《意见（试行）》虽然就再审案件开庭审理的程序进行了具体规范，并未就开庭审理再审案件的范围作出规定。因此，长期以来一方面确实存在着因缺乏开庭审理的条件而开不了庭，只能进行书面审理的情形；另一方面围绕着哪些再审案件应当开庭审理，哪些案件可以不开庭审理，也在进行着理论上的探讨和实践中的摸索。例如，有人认为，根据《刑事诉讼

---

① 现为《刑事诉讼法》（2018年修正）第十一条、第一百八十八条、第二百零二条、第二百三十八条第一项。

法》第二百零六条①关于按照审判监督程序重新审判的案件，原来是第一审案件的，应当依照一审程序审理，原来是第二审案件的，或者上级人民法院提审的案件，应当依照第二审程序审理的规定。凡是依照第一审程序审理的案件，都应当开庭审理；凡是依照第二审程序审理的案件，除了符合《刑事诉讼法》第一百八十七条②规定的情形以外，都应当开庭审理。理由是法律规定得很清楚。有的则认为，法律规定的原则确实清楚，但是开庭审理的条件也是《刑事诉讼法》明确规定的，如果不具备法定开庭审理的条件，同样不能开庭审理；同时从再审案件的审判实践来看，有些再审案件的原审被告人或者上诉人已经死亡，法律并没有关于在原审被告人或者上诉人死亡的，其申诉人可以代替到庭接受审判的规定。在反复考虑第二种意见的基础上，坚持既不违背法律精神，又结合刑事再审案件的审判实际，充分总结再审案件开庭审判经验的前提下。本规定第五条、第六条从应当开庭和可以不开庭两个方面作出了具体规定。

1. 依法开庭审理的案件

刑事诉讼法律规定的公开审判是宪法原则的具体体现。依照法律规定，刑事再审案件的审理应当按照原一审或者原二审程序进行。因此，在制定本规定的第一稿时，只就可以不开庭审理的再审案件的范围做了规范。这主要考虑刑事案件应当开庭审理的原则，法律已经作出了原则规定，本规定主要解决的问题是哪些案件可以不采用开庭审理的方式进行审理的问题。故没有必要对应当依法开庭审理的案件范围一并出规定。但在征求意见的过程中，多数同志认为，在明确可以不开庭审理的案件范围的同时，具体规定应当开庭审理的案件范围，不仅是对再审案件全面贯彻公开审判原则的强化，而且便于操作。最后，采纳了多数同志的意见，在本规定中对应当开庭审理的再审案件具体划分为五种情形：

(1) 依照第一审程序审理的再审案件。按照刑事诉讼法律的规定，适用第一审程序审理的案件。只有公开与不公开开庭审理之分，并无开庭与不开庭审理的区别。因此，从理论上来说对于依照第一审程序审理的再审案件均应当开庭审理。

(2) 依照第二审程序需要对事实或者证据进行审理的。按照《刑事诉讼法》第一百八十七条规定第二审人民法院对事实清楚的上诉案件，合议庭经过阅卷，讯问被告人，听取其他当事人、辩护人、诉讼代理人的意见的可以不开庭审理，反之对于事实不清楚、证据不充分的上诉案件则应开庭审理。所以，对于需要经过庭审调查、质证才能查清事实和证据的再审案件，应当开庭

---

① 现为《刑事诉讼法》（2018 年修正）第二百五十六条。

② 现为《刑事诉讼法》（2018 年修正）第二百三十四条。

审理。

(3) 人民检察院按照审判监督程序提出抗诉的案件。《刑事诉讼法》第一百八十七条还明确规定:“对人民检察院抗诉的案件,第二审人民法院应当开庭审理”,作为受理抗诉案件的再审法院,自然应当按照第二审程序进行受理、审判。因此,因抗诉而启动再审程序的案件,依法都应当开庭审理。

(4) 可能对原审被告人或者原审上诉人加重刑罚的案件。该规定主要针对的是人民法院依职权为加重原审被告人或者原审上诉人刑罚,而启动再审程序的情形。这实际属于限制性规定,也就是说人民法院再审要加重刑罚,就必须开庭审判。即便是属于本规定第六条规定的可以不开庭审理的若干情形的,也应当开庭审判。因为不能不经开庭审理,不让原审被告人或者原审上诉人依法行使其各项诉讼权利,就贸然加重刑罚。所以,如果认为再审需要加重原审被告人的刑罚,就应当开庭审判。

(5) 其他应当开庭审理情形的案件。所谓其他情形,主要指诸如有重大社会影响或者特别需要等类型的案件。这类案件的开庭审理,便于社会了解人民法院依法审理的程序公正,依法裁判的结果公平、合法,以缓解矛盾维护稳定等。

2. 可以不开庭审理的案件

某些再审案件可以不开庭审理,实际是公开开庭审判的一种例外。这也是由再审案件的特殊性所决定的,要达到“实实在在地控、认认真真地辩、清清楚楚地审、明明白白地判”的庭审目的,实现社会正义和公平。首先必须保证再审案件应当具备开庭审判的法定基本条件。如果缺乏或者失去开庭条件的,硬要去开庭,实际就是违法开庭。其结果也是对公开审判原则的一种损害。为此,本规定提出了五种可以不开庭审理的情形:

(1) 原判决、裁定适用法律错误,量刑畸重的案件。适用时应当注意的是,如果原裁判因认定的事实错误、采信的证据错误而导致错误地适用法律造成量刑畸轻的结果,依法应当从重改判的,则应当开庭审理。如果原裁判认定事实清楚、证据确实充分,仅因适用法律错误,导致生效裁判量刑畸重,依法应当从轻改判的才可以不开庭审理。

(2) 1979 年《刑事诉讼法》施行以前裁判的案件。这就是说,凡发生法律效力的裁判是在 1979 年 1 月 1 日以前作出的,再审时就可以采用书面审理的方式,或者书面审理与调查相结合的审理方式进行审理。之所以规定这类案件可以不开庭审理,主要因为时过境迁,诉讼参与人中有的下落不明,有的甚至已经死亡,失去了开庭审理的必要条件。

(3) 原审被告人,或者原审上诉人,或者原审自诉人已经死亡;或者丧失刑事责任能力,缺乏开庭审理条件的案件。对于丧失刑事责任能力的界定,在制定本规定的过程中,有的同志曾经提出表述为:“不能承受审判的。”理由是不能承受审判作为可以不开庭的条件规定，在国外有先例。日本就有关于被告人丧失心智能力而不开庭的规定。同时，从审判实践来看，原审被告人或者上诉人，患有重病卧床不起、或者已经失去控制和辨认能力的，根本不能让其到庭受审。后来考虑到，对于患有重病卧床不起的原审被告人或者上诉人，可以在其恢复健康后恢复审理，并不能作为绝对情形予以规范，只有当其丧失了辨认能力和控制能力后，才当然地不能到庭接受审判。适用本项规定时应当注意：①只有当当事人已经死亡，或者丧失了刑事责任能力，才可以不开庭审理；②即便属于应当依照第一审程序审理的案件，但由于原审被告人、或者原审自诉人、或者原审上诉人已经死亡，或者患有精神病失去了参与诉讼的能力，故也可以不开庭审理。除此之外符合前条规定精神的案件均应开庭审理。

（4）提押原审被告人或者原审上诉人到庭确有困难，或者经抗诉机关同意的案件。执行中需要注意的是：①这里的提押到庭确有困难，虽有人力、财力等方面的因素，但主要是指原审被告人，或者原审上诉人在边远地区的监狱服刑，且交通十分不便时，方可不开庭审理。如果虽在边远地区监狱服刑，但交通方便或者虽然交通十分不方便，但是不属于在边远地区的监狱服刑的，则不适用本项规定。②这里提押到庭确有困难的案件，如属于人民检察院按照审判监督程序提出抗诉的，则应征得人民检察院的同意；如果人民检察院坚持开庭审判的，则不适用可以不开庭的规定。同样，如果不属于人民检察院按照审判监督程序提出抗诉的，而是人民法院依职权启动再审程序的案件，具备在交通十分不便的边远地区监狱服刑，提押到庭确有困难的情形时，则可以采用不开庭审理的审判方式。

（5）经两次通知，人民检察院不派员出庭的案件。这实际是对通知的次数和要式作出的规范。适用本项规定时应当把握：①此类案件的再审程序是由人民法院依职权启动的。如果由人民检察院按照审判监督程序启动再审的，则应根据《若干问题解释》第二百四十三条的规定和本规定第十条关于“人民法院审理人民检察院提出抗诉的再审案件，对人民检察院接到出庭通知后，未出庭的应当裁定按人民检察院撤回抗诉处理”的规定办理。②应当按照第九条第（五）项关于“将开庭的时间、地点在开庭七日以前通知人民检察院”的规定，通知人民检察院派员出庭。通知人民检察院出庭，一是必须书面通知；二是必须书面通知两次。只有在第二次书面通知后，人民检察院仍不派员出庭的，方可决定采用书面审理的方式进行审理。对于第一次通知后因客观原因未派员出庭、或者所派人员因故未能准时出庭，经说明情况且在收到第二次通知后派员出庭的，则不适用本项规定。

（三）关于再审采取强制措施和程序运行中的问题

当已经发生法律效力的裁判被启动再审后，对原审被告人或者原审上诉人应否采取强制措施，《刑事诉讼法》无具体规定、《若干问题解释》亦无明确解释。这也是实践中的一大难题。对原审被告人或者原审上诉人，如果采取强制措施，那么如何看待正在生效的裁判；如果不采取强制措施，又很难保证再审程序的正常运行，且在不能继续运行时又如何了结尚在程序进行中的案件。对此，本规定第十一条、第十二条作出了明确规定。

1. 中止执行原裁决

在制定本规定的过程中，对此出现了两种意见。一种意见主张，在任何情形下都不能中止生效裁判的执行。理由是，虽然生效的民事裁判，在启动再审程序时，必须中止原裁判的执行，但民事案件与刑事案件是不同性质的诉讼。同时，《若干问题解释》第三百零七条规定："人民法院决定按照审判监督程序重新审判的，除人民检察院提起抗诉的外，应当制作再审决定书。再审期间不停止原判决、裁定的执行"。对于司法解释已经明确规定的情形下，不宜突破。另一种主张可以有条件的规定中止原裁判的执行。理由是，《刑事诉讼法》第二百零三条①规定的是对生效判决、裁定提出申诉的，不能停止判决、裁定的执行。但对于案件进入再审程序时，已经发生法律效力的裁决能否中止执行，则无禁止性规定。同时，必须看到实践中，当再审程序由人民检察院依法启动，或者人民法院依职权启动后，出现了不采取强制措施，就难以及时有效地保护原审被告人、原审上诉人的合法权利，或者难以正常有序地进行再审诉讼的情形。经过反复研究司法解释采纳了第二种意见。根据本规定第十一条的规定，人民法院裁定中止执行原裁决的，只适用于以下两种情形：

(1) 案件进入再审程序后的原审被告人或者原审上诉人在押，再审可能宣告无罪的，裁定中止执行原裁决后，可以取保候审。适用本项规定时，应当严格把握条件。对于"再审可能宣告无罪的""可能"不应当仅仅理解为一种主观分析，而必须具有相应的客观依据。没有比较扎实、可靠的证据证明可能对原审被告人或者原审上诉人宣告无罪的，则不应轻率地对原裁决中止执行以及取保候审，以防止错用、滥用。

(2) 案件进入再审程序后的原审被告人或者原审上诉人不在押，包括已经刑满释放，或者无罪释放，或者正在执行管制、缓刑，或者假释等情形的，确有必要并符合法律规定采取强制措施条件的，方可裁定中止执行原裁决，依法采取强制措施。本项规定的情形一般适用于再审可能加重刑罚的案件。因此，这里的确有必要，主要是指如果不采取强制措施，就不能保证原审被告人或者原审上诉人如期到庭接受审判；符合法律规定采取强制措施条件，则是指根据原审被告人或者原审上诉人的具体状况和加重刑罚的可能程度，符合《刑事诉讼法》关于取保候审、监视居住、拘留。逮捕条件的规定要求的，才能中止执行原裁决后采取强制措施。

① 现为《刑事诉讼法》(2018 年修正) 第二百五十二条。

2. 中止审理

《若干问题解释》第一百八十一条规定，在审判过程中，自诉人或者被告人患精神病或者其他疾病，或者脱逃，或者因其他不能抗拒的原因使案件长期或者无法继续审理的，应当裁定中止审理。在再审程序中中止审理的情形，除此以外，本规定第十二条规定了以下两种情形：一是人民法院在送达再审决定书后，原审被告人或者原审上诉人自离开自己的最后居住地后，长期没有音讯，无法打听其下落、寻找其踪迹的，包括其接到人民法院开庭的传票后逃跑的，应当中止审理；二是人民法院在送达抗诉书后，原审被告人或者原审上诉人即不知去向，或者原审被告人、原审上诉人收到抗诉书包括到庭受审的传票后，没有到庭受审，实际逃跑了的，均应当中止审理。

适用中止审理时应当注意：第一，对于符合中止审理条件的案件，应当制作刑事裁定书；第二，原审被告人或者原审上诉人归案后，应当恢复审理并制作恢复审理的刑事裁定书。

3. 终止审理

终止审理，是指人民法院在审判过程中遇有法律规定的情形，以致审理不能或者没有继续进行审判的意义时，采用的一种终结案件审理的制度。再审案件适用终止审理的，除了原审被告人或者原审上诉人在再审过程中死亡的以外，则为超过二年时间仍查无下落的情形。在适用时首先要注意期限的计算问题，即二年应当从哪一天开始起算，我们认为应当以中止审理的裁定日期为标准；其次，在二年内应当对原审被告人或者原审上诉人依法进行查找，确实查无下落并超过二年的，方能作出终止审理的刑事裁定书。

（四）关于新证据的提交时限问题

证据提交时限，也可理解为举证时限，是指控、辩双方向法庭提供并移交证据的截止时间。对于证据的提交时限，《刑事诉讼法》未作出规定，《若干问题解释》亦无规定。在再审审判实践中，有的不仅仅在法庭辩论终结前的各个审理阶段申请通知新的证人到庭、调取新的物证；而且有的在辩论终结之后、作出判决之前，也要提交新证据。这种提交新证据的随意性，不仅是导致当事人反复申诉，使申诉、再审恶性循环的一种原因，也是导致办案效率低下、诉讼不经济的一个重要原因。据此，本规定第十三条、第十四条对新证据提交时限等问题作出了较为全面的规定。

1. 证据的查阅与复制

证据的查阅与复制，实际相当于交换证据，是证据提交时限的重要内容之一。《刑事诉讼法》没有规定庭前证据查阅与复制的制度。《刑事诉讼法》与《若干问题解释》只规定，一审开庭前将起诉书副本送达被告人。再审案件除人民检察院按照审判监督程序提出抗诉的案件，应当将抗诉书送达原审被告人或者原审上诉人一方以外，则没有具体规定。在制定本规定过程中，一种意见认为，庭前交换证据不是法定程序，故不应规定为必经程序，但可以作为庭前准备工作的组成部分，特别是对有争议的新证据，在庭前交换对庭审的顺利进行有帮助；另一种意见则认为，庭前交换证据没有实际意义，故主张不必作出庭前交换证据的规定。考虑到如果新的证据在庭前交换给对方，可以明确争议的焦点，使得双方进行充分准备，杜绝一方搞证据的突然袭击，另一方又因无准备而要求延期审理，使诉讼拖延、案件无法终结。据此，本规定第十三条作出了原则性规定，在适用本条时应当把握好以下几个方面的问题：

（1）范围。查阅与复制的证据范围，应当是人民检察院、当事人或者辩护人提交的；人民法院调取的新的证据目录及新证据复印件、照片等证据。也就是说，只有新的证据目录、新证据的复印件、新证据的照片双方可以互相查阅、复制。除此以外则不在查阅、复制之列。

（2）方式。采取何种方式进行，包括由谁通知、由谁组织等。按照本条规定，证据的查阅与复制，均应由再审人民法院负责通知控辩双方。人民检察院、当事人或者辩护人在再审人民法院指定的地点，通过查询、阅读，或者翻印对方向人民法院提交的，或者由人民法院调取的新的证据目录、新证据的复印件及照片等证据。至于由谁组织的问题，不言而喻应由人民法院负责组织、主持。

（3）时间。对于证据查阅与复制的具体时间，本条未作出具体规定，可以由人民法院予以指定。但是本条以开庭为标志规定了证据查阅与复制时间的基本要求，即凡属控辩双方或者一方提交的新证据，则应在开庭 30 日前予以查阅、复制；凡属人民法院调取的新证据，则应在开庭 15 日前查阅、复制。因此，人民法院应当根据不同情况的不同时间要求指定具体日期。

2. 提交的时间限制

提交的时间限制，又可称为限时提交。也就是对控辩双方提交证据的时间限制。本规定第十四条规定：“控辩双方收到再审决定书或抗诉书后，人民法院通知开庭之日前，可以提交新的证据。开庭后，除对原审被告人（原审上诉人）有利的外，人民法院不再接纳新证据。”据此，控辩双方提交新证据的时限分为两种情形：

（1）通知开庭之日前。即自启动再审程序之日起，到人民法院通知控辩双方开庭之日前的期间内，控辩双方均可以提交新的证据。这也就是说，提交证据的截止时间原则上为通知开庭之日。

（2）开庭后有条件的不再接纳新证据。实际上该情形是上述规定的例外。即开庭后只有那些有利于原审被告人或者原审上诉人的新证据，人民法院才予以接受。凡属不利于原审被告人或者原审上诉人的新证据，则一律不予接受。

（五）关于核查基本情况和告知诉讼权利的问题

《刑事诉讼法》第一百五十四条[①]及《若干问题解释》第一百二十五条规定，审判长宣布开庭，传被告人到庭后，应当查明被告人的姓名、出生年月日、民族、出生地等自然情况，核实是否受到法律处分及处分的种类、时间等情况；第一百二十八条、第一百二十九条还规定了应当当庭告知的各项诉讼权利。按照《刑事诉讼法》第二百零六条[②]的规定，适用第一审程序开庭审理再审案件时，也应当查明、核实有关情况，告知各项诉讼权利。但是适用第二审程序开庭审理再审案件的，查明、核实原审被告人或者原审上诉人的自然情况、告知各项诉讼权利是在开庭审理之前，还是开庭审理时进行，《刑事诉讼法》第一百九十五条[③]未予明确，只规定了第二审程序除已经明确规定了的以外，“参照第一审程序的规定进行”。实践中不少人民法院认为，再审案件大多经过了二审，如果适用二审程序审理时仍按第一审程序在开庭时查明情况、告知诉讼权利，不仅没有法律依据，而且不利于在有限时间内，充分审查重点问题。因此，主张将查明情况、告知诉讼权利进行合理配置。本规定予以了肯定，并在第十五条至第十七条、第二十四条作出了明确规定。将核查情况和告知诉讼权利进行了具体的配置：

1. 核查与告知的时间

核查时间，是指对有关内容进行核查与告知的起点和终点。按照本规定核查与告知的时间，分为四种情形：

（1）开庭审理前。即在尚未确定开庭审判的具体期日以前的时间。

（2）到达开庭地点后。到达开庭地点后，实际上仍属于开庭审判前，但它并不是开庭审判的具体期日尚未确定的情形，而是按照已确定的日期，将原审被告人或者原审上诉人押到了开庭审判的地点后至审判长宣布开庭审判前的该段时间。

（3）开庭审理时。审判长宣布开庭，传原审被告人或者原审上诉人到庭之时。

（4）宣判时。即合议庭评议后，依法向原审被告人或者原审上诉人宣告判决时。

2. 核查与告知主体

负责实施核实、查对原审被告人或者原审上诉人自然情况，告知其依法享有的诉讼权利的主体应当而且必须是审理该案的合议庭。因此，合议庭是履行核查与告知职责的主体。一般而言，在到达开庭地点后要查明的基本情况和告

① 现为《刑事诉讼法》（2018年修正）第一百九十条。

② 现为《刑事诉讼法》（2018年修正）第二百五十六条。

③ 现为《刑事诉讼法》（2018年修正）第二百四十二条。

知的诉讼权利，包括在此之前所核实的自然情况，必须二人以上，即至少应当由合议庭一名成员和一名书记员组成，并将核实与告知的具体情况形成笔录，同时在笔录上签名；在开庭审判时应当告知的诉讼权利，则由审判长当庭履行告知职责。

3. 核查与告知内容

根据本规定第十五条至第十七条和第二十四条的规定，核查与告知内容分别由核实、查明、告知等三个方面的内容组成。一是对原审被告人或者原审上诉人在什么时间、因为什么案件，被哪一级、哪个人民法院以什么罪名，判处了什么刑罚；在何处行刑，服刑中有无重新犯罪，是否被减刑或者假释过，什么时间刑满释放或者已经刑满释放等情形予以核实。二是查明原审被告人或者原审上诉人的姓名、出生年月日、民族、出生地、文化程度、原职业、住址，或者单位的名称、住所地、诉讼代表人的姓名、职务；告知其依法享有的自行辩护权、最后陈述权等诉讼权利。三是审判长在宣布合议庭组成人员及书记员，公诉人、辩护人、鉴定人和翻译人员的名单后，告知当事人及其法定代理人享有的申请回避权。四是合议庭对再审宣告无罪并依法享有申请国家赔偿权利的当事人，应当告知其该判决发生法律效力后即有申请国家赔偿的权利。

（六）关于再审案件的审理范围问题

《刑事诉讼法》第一百八十六条①规定：“第二审人民法院应当就第一审判决认定的事实和适用的法律进行全面审查，不受上诉或者抗诉范围的限制。”“共同犯罪的案件只有部分被告人上诉的，应当对全案进行审查，一并处理。”但是对于进入再审程序的案件，是否适用全案审查这一原则并没有明确规定。《若干问题解释》第三百零八条虽然作出了关于“人民法院按照审判监督程序重新审判的案件，应当对原判决、裁定认定的事实、证据和适用法律进行全面审查”的规定，但是实践中不少同志认为，一方面再审程序不是一、二审的简单重复，应当根据再审案件的特点，审出他的重点和特色；另一方面按照“不告不理”的理念，再审只能根据抗诉机关提出的抗诉或者有利害关系的当事人及其法定代理人、近亲属所提出的申诉理由进行审查。提出抗诉的公诉机关或者申诉的申诉人既然没有针对某一事实、证据提出重新审判的请求，或者对适用的某一法律条款提出撤销的要求，就应当认为抗诉机关或者申诉人对此没有异议。因此主张未抗诉或者未申诉的事项，再审时不得再行审理。对此，一些人民法院在再审审判实践中取得了较好的审判效果。本规定在保留了《意见（试行）》关于法庭辩论的发言顺序的同时，也作出了必要的吸纳，主要是：

1. 部分同案原审被告人或者同案原审上诉人不出庭不影响案件审理的，可以不出庭参与诉讼。本规定第七条规定，人民法院审理共同犯罪再审案件，

① 现为《刑事诉讼法》（2018年修正）第二百三十三条。

如果人民法院再审决定书或者人民检察院抗诉书只对部分同案原审被告人（原审上诉人）提起再审，其他未涉及的同案原审被告人（原审上诉人）不出庭不影响案件审理的，可以不出庭参与诉讼。这也就是说，在共同犯罪的再审案件中，针对哪个原审被告人决定的再审或者抗诉，就审理哪个原审被告人，未涉及的其他同案原审被告人，可以有条件的不出庭参与诉讼、不再接受审判。

2. 合议庭在控辩双方陈述后，进行归纳予以确认，并就有争议的问题进行法庭调查、质证和辩论。本规定第十九条至第二十一条作出了具体规定。适用时应当注意准确把握如下情形：

（1）在控辩双方对原判决、裁定认定的事实、证据，适用的法律等问题分别进行陈述后，合议庭应当根据双方的陈述进行归纳、确认。归纳，是对控、辩双方在原裁判认定的事实、证据以及适用法律上，没有争议的问题和有争议的问题所作出的小结。确认，则是在归纳的基础上，分别对控、辩双方没有争议的和双方有争议的焦点问题所进行的固定。

（2）在归纳、确认的基础上，对控、辩双方就原裁决有争议的问题，依序进行法庭调查和法庭辩论。

（3）对控、辩双方就原裁决据以定罪量刑的有异议的证据进行质证。以保障庭审活动围绕申诉或者抗诉理由进行陈述、质证、认证、辩论。

需要作出的是，再审案件的重点审判，并不是拒绝全案审查。因此，实践中对于经审查原审数罪的被告人没有申诉的罪名，或者没有申诉的原审同案被告人，依法应当从轻或者改判宣告无罪的，应当依法进行再审。

（七）关于再审加重刑罚问题

《刑事诉讼法》第一百九十条①规定：“第二审人民法院审判被告人或者他的法定代理人、辩护人、近亲属上诉的案件，不得加重被告人的刑罚。”这就是说，第二审人民法院审判只有被告人一方上诉的案件，不得以任何理由加重被告人的刑罚。其出发点就是保护被告人的上诉权，鼓励其大胆上诉，使确有错误的一审裁判能够通过二审程序得以纠正。上诉不加刑，已成为第二审程序中的一项重要审判原则。但实践中有的法院因二审中不能加重上诉人的刑罚，就在裁定维持原裁判的同时，着手依职权启动再审程序予以加刑。这种做法实际是对上诉不加刑原则的削弱。因此，不少同志认为，除人民检察院抗诉的，或者原审自诉人的申诉经审查立案再审的以外，人民法院依职权为加重原审被告人或者原审上诉人刑罚，而启动再审的做法是不合适的。故主张应当附条件的加以限制。本规定采纳了该主张，在第八条第一款作出了“再审一般不得加重原审被告人（原审上诉人）刑罚”的明确规定。对人民法院依照职权启动再审程序，加重原审被告人或者原审上诉人刑罚的情形作出了必要的限制。这一

① 现为《刑事诉讼法》（2018 年修正）第二百三十七条。

规定实际上就是人民法院审理刑事再审案件的一项重要的裁判原则。所谓一般不得加重，并非绝对或者一律不得加重。此为其一。其二，一般不得加重，可理解为原审被告人或者原审上诉人在死刑缓期二年执行期间表现较好，或者已经依法被减刑的，一般不应再审改判死刑；原判量刑不当，但是改判的幅度不大，或者仅是执行方法的改变，如缓刑改判为收监执行，一般也不应改判，等等。其三，如果依法必须加重刑罚，则应当符合下列的条件之一：(1) 启动再审程序的主体。由人民检察院按照审判监督程序提出抗诉的案件，经审理可以加重原审被告人或者原审上诉人的刑罚。(2) 再审案件的审判方式。凡具备开庭条件，且依照本规定的应当依法开庭审理的案件，经审理可以加重原审被告人或者原审上诉人的刑罚。不开庭审理的案件，不得加重刑罚。(3) 原审被告人是否到庭接受审判。根据本规定第七条规定，共同犯罪的再审案件的部分同案原审被告人或者原审上诉人，不出庭不影响案件审理的，可以不出庭参与诉讼。凡是不到庭参与诉讼、接受审判的原审被告人或者原审上诉人，则不得对其加重刑罚。因此，凡到庭接受审判，参与诉讼的原审被告人或者原审上诉人，经审理可以加重其刑罚。

（八）关于案件再审审理中的几个具体时限问题

《刑事诉讼法》第二百零七条[①]对再审案件的审理期限作出了具体的明确规定。即“人民法院按照审判监督程序重新审判的案件，应当在作出提审、再审决定之日起三个月以内审结，需要延长期限的，不得超过六个月”。但是在法定再审审限内，送达再审决定书、抗诉书，通知查阅案卷、准备出庭的具体期限则没有具体规定；《若干问题解释》亦无规范。对此，本规定在充分总结经验的基础上，严格按照法定的再审审限原则，在第九条、第十三条、第二十五条以开庭的时间为标准，按照不同情况作出了具体的规范。

1. 60 日前

对于重大、疑难的再审案件，至迟在开庭 60 日前，将再审决定书、申诉书副本送达同级人民检察院，并通知该人民检察院及辩护人查阅案卷和准备出庭。

2. 30 日前

除了重大、疑难以外的再审案件，至迟在开庭 30 日前；将再审决定书、申诉书副本送达同级人民检察院，并通知其查阅案卷和准备出庭；将再审决定书或者抗诉书副本送达原审被告人或者原审上诉人，并告知其可以委托辩护人，或为其指定辩护人。同时在开庭 30 日前，通知控辩双方查阅、复制双方提交的新证据。

---

① 现为《刑事诉讼法》(2018 年修正) 第二百五十八条。

3. 15 日前

除了重大、疑难以外的再审案件，至迟在开庭 15 日以前，通知辩护人查阅案卷和准备出庭。同时在开庭 15 日前，通知控辩双方查阅、复制由人民法院调取的新证据。

4. 7 日前

在开庭 7 日前，将开庭的时间、地点通知人民检察院；送达传唤当事人，通知辩护人、诉讼代理人、证人、鉴定人和翻译人员到庭的传票及通知书；将公开审判的再审案件的案由、原审被告人或者原审上诉人的姓名、开庭时间和地点予以公布，等等。

（撰稿人：张新民）

最高人民法院
关于审理人民检察院按照审判监督程序提出的刑事抗诉案件若干问题的规定

法释〔2011〕23号

（2011年4月18日最高人民法院审判委员会第1518次会议通过　2011年10月14日最高人民法院公告公布　自2012年1月1日起施行）

为规范人民法院审理人民检察院按照审判监督程序提出的刑事抗诉案件，根据《中华人民共和国刑事诉讼法》及有关规定，结合审判工作实际，制定本规定。

第一条　人民法院收到人民检察院的抗诉书后，应在一个月内立案。经审查，具有下列情形之一的，应当决定退回人民检察院：

（一）不属于本院管辖的；

（二）按照抗诉书提供的住址无法向被提出抗诉的原审被告人送达抗诉书的；

（三）以有新证据为由提出抗诉，抗诉书未附有新的证据目录、证人名单和主要证据复印件或者照片的；

（四）以有新证据为由提出抗诉，但该证据并不是指向原起诉事实的。

人民法院决定退回的刑事抗诉案件，人民检察院经补充相关材料后再次提出抗诉，经审查符合受理条件的，人民法院应当予以受理。

第二条　人民检察院按照审判监督程序提出的刑事抗诉案件，接受抗诉的人民法院应当组成合议庭进行审理。涉及新证据需要指令下级人民法院再审的，接受抗诉的人民法院应当在接受抗诉之日起一个月以内作出决定，并将指令再审决定书送达提出抗诉的人民检察院。

第三条　本规定所指的新证据，是指具有下列情形之一，指向原起诉事实并可能改变原判决、裁定据以定罪量刑的事实的证据：

（一）原判决、裁定生效后新发现的证据；

（二）原判决、裁定生效前已经发现，但由于客观原因未予收集的证据；

（三）原判决、裁定生效前已经收集，但庭审中未予质证、认证的证据；

（四）原生效判决、裁定所依据的鉴定结论，勘验、检查笔录或其他证据被改变或者否定的。

第四条 对于原判决、裁定事实不清或者证据不足的案件，接受抗诉的人民法院进行重新审理后，应当按照下列情形分别处理：

（一）经审理能够查清事实的，应当在查清事实后依法裁判；

（二）经审理仍无法查清事实，证据不足，不能认定原审被告人有罪的，应当判决宣告原审被告人无罪；

（三）经审理发现有新证据且超过刑事诉讼法规定的指令再审期限的，可以裁定撤销原判，发回原审人民法院重新审判。

第五条 对于指令再审的案件，如果原来是第一审案件，接受抗诉的人民法院应当指令第一审人民法院依照第一审程序进行审判，所作的判决、裁定，可以上诉、抗诉；如果原来是第二审案件，接受抗诉的人民法院应当指令第二审人民法院依照第二审程序进行审判，所作的判决、裁定，是终审的判决、裁定。

第六条 在开庭审理前，人民检察院撤回抗诉的，人民法院应当裁定准许。

第七条 在送达抗诉书后被提出抗诉的原审被告人未到案的，人民法院应当裁定中止审理；原审被告人到案后，恢复审理。

第八条 被提出抗诉的原审被告人已经死亡或者在审理过程中死亡的，人民法院应当裁定终止审理，但对能够查清事实，确认原审被告人无罪的案件，应当予以改判。

第九条 人民法院作出裁判后，当庭宣告判决的，应当在五日内将裁判文书送达当事人、法定代理人、诉讼代理人、提出抗诉的人民检察院、辩护人和原审被告人的近亲属；定期宣告判决的，应当在判决宣告后立即将裁判文书送达当事人、法定代理人、诉讼代理人、提出抗诉的人民检察院、辩护人和原审被告人的近亲属。

第十条 以前发布的有关规定与本规定不一致的，以本规定为准。

【解　　读】

解读《最高人民法院关于审理人民检察院按照审判监督程序提出的刑事抗诉案件若干问题的规定》

为规范人民法院审理人民检察院按照审判监督程序提出的刑事抗诉案件，最高人民法院根据刑事诉讼法及有关规定，结合审判工作实际，发布了《关于审理人民检察院按照审判监督程序提出的刑事抗诉案件若干问题的规定》（法释〔2011〕23号，以下简称本规定），自2012年1月1日起施行。为便于审判实践中正确理解与适用，现就本规定的起草背景、总体思路、主要内容以及需要说明的问题介绍如下。

一、本规定的起草背景及总体思路

人民检察院按照审判监督程序提出刑事抗诉，是启动刑事再审程序的重要途径。1996年《刑事诉讼法》第二百零五条第三、四款，第二百零七条第二款①对再审抗诉的事由、指令再审的范围、再审抗诉案件的审理期限作了具体的规定。自《刑事诉讼法》施行以来，最高人民法院还先后发布《关于执行〈刑事诉讼法〉若干问题的解释》（以下简称《若干解释》）、《关于刑事再审案件开庭审理程序的具体规定（试行）》（以下简称《开庭规定》）等司法解释，对检察机关按照审判监督程序提出的刑事抗诉案件的审理程序作出了具体规定。人民法院依照上述有关规定，通过审理刑事再审抗诉案件，依法纠正了一些确有错误的案件，切实维护了人民群众合法权益，有效促进了司法公正。

据统计，人民法院2003年至2009年受理的刑事再审抗诉案件数量分别为：2003年408件，2004年353件，2005年312件，2006年302件，2007年269件，2008年339件，2009年433件，2010年784件。此类案件虽然数量不多，但大多影响较大，人民群众比较关注，司法实践中暴露出越来越多的问题，各地人民法院均反映确有必要对人民检察院按照审判监督程序提出的刑事抗诉案件的审理程序予以规范。为此，中发〔2008〕19号文件专门部署了“完善刑事再审程序，对检察机关按照审判监督程序提出的刑事抗诉案件，除涉及新的事实、证据外，由受理抗诉的人民法院直接进行审理”的中央司法改革项目。

为完成中央司法改革任务，最高人民法院于2009年3月开始了司法解释的起草工作。经过充分的调研和论证，我们起草了最高人民法院《关于审理检察机关按照审判监督程序提出的刑事抗诉案件若干问题的规定（第一稿）》，并多次修改。此后，我们还征求有关专家学者的意见建议；多次征求全国人大法工委、最高人民检察院的意见；多次听取基层人民法院、人民检察院的意见。多次论证，反复修改，在历经数稿的基础上形成了《关于审理人民检察院按照审判监督程序提出的刑事抗诉案件若干问题的规定》，并经最高人民法院审判委员第1518次会议讨论通过。

为确保《规定》的科学性和有效性，我们在起草和修改完善《规定》时，重点考虑了以下几点：

1. 结合〔2008〕19号文件的部署，着力回应中央司法体制改革领导小组

① 现为《刑事诉讼法》（2018年修正）第二百五十四条第三、四款，第二百五十八条第二款。

要求改革的重点问题。本次司法改革任务，主要是规范检察机关按照审判监督程序提出的刑事抗诉案件的审判程序，解决当前司法实践中人民法院处理刑事抗诉案件程序不够明确、不够具体而造成一些案件被多次发回重审，一些错误裁判不能及时得到纠正的问题。为确保改革的针对性和实效性，《规定》针对司法实践中普遍存在的上抗下审问题，对现有的指令再审制度进行了改革和完善。

2. 结合司法实际，着力解决一些长期困扰司法实践的疑难、复杂问题。通过调研，我们还进一步摸清了人民法院审理的人民检察院按照审判监督程序提出抗诉的刑事案件的基本情况。据了解，人民法院审理刑事再审抗诉案件，问题主要体现在：立案审查期间法检两家协调机制不够顺畅，被告人下落不明等导致法院无法审理的情形依然存在；有些案件开庭审理难度很大，一些配套制度仍需完善；案件审理过程中有的特殊情形应如何处理，法律及司法解释没有明确，以致有的案件久拖不结，无法结案，等等。针对各地人民法院反映的问题，综合各方面的意见和建议，本规定规定了人民法院对抗诉案件进行形式审查、几种特殊情形的处理方式等内容，这对于解决实践中一些突出的问题具有非常重要的现实意义。

3. 结合刑事再审程序改革的背景，正确处理本规定与《刑事诉讼法》修订的关系。目前，《刑事诉讼法》的修正工作已经启动，刑事再审程序改革也是讨论的重要内容。检察机关按照审判监督程序提起抗诉，是刑事再审启动的三大途径之一。所以，规范检察机关按照审判监督程序提起刑事抗诉案件的审理程序，必须慎重处理本规定与《刑事诉讼法》修正的关系。目前，理论界和实践部门对刑事再审程序改革进行了广泛深入的研究，但是，有些问题还存在较大争议，如如何规范检察机关的再审抗诉事由、期限、次数等等。我们认为，本规定对这些问题予以明确的时机还不太成熟，应待进一步研究且凝聚共识后在刑事诉讼法修订层面予以解决，以确保本规定与刑事诉讼法修改的协调性。

二、本规定的主要内容

本规定共 10 个条文，主要包括三个方面的内容。

（一）关于人民法院对抗诉案件进行形式审查的问题

对于人民检察院按照审判监督程序提出抗诉的刑事案件，人民法院一般都要立案审理。但有些法院反映，有的抗诉因时间太久，被告人已下落不明，无法查找，以致无法送达有关文书；有的以有新证据为由提出的抗诉，检察机关不提供新证据的目录和证据复印件，致使人民法院的审理工作难以展开；有的检察机关出于考评的目的，对于判决被告人无罪的生效裁判，以有与原起诉事实无关的新证据为由提出抗诉，违反了诉讼规律。最高人民法院 2001 年 10 月

18日通过的《开庭规定》第二条对人民法院进行形式审查做出了有关规定：人民法院在收到人民检察院按照审判监督程序提出抗诉的刑事抗诉书后，应当根据不同情况，分别处理：（一）不属于本院管辖的，决定退回人民检察院；（二）按照抗诉书提供的原审被告人（原审上诉人）住址无法找到原审被告人（原审上诉人）的，人民法院应当要求提出抗诉的人民检察院协助查找；经协助查找仍无法找到的，决定退回人民检察院；（三）抗诉书没有写明原审被告人（原审上诉人）准确住址的，应当要求人民检察院在七日内补充，经补充后仍不明确或逾期不补的，裁定维持原判；（四）以有新的证据证明原判决、裁定认定的事实确有错误为由提出抗诉，但抗诉书未附有新的证据目录、证人名单和主要证据复印件或者照片的，人民检察院应当在七日内补充；经补充后仍不完备或逾期不补的，裁定维持原判。但是，实践中有的检察机关认为检察机关抗诉的刑事案件，法院必须再审，因此，对法院要求其协助查找被告人、补充相关材料、退回检察机关或者裁定维持原判的做法不太理解，实践中很难按照该规定执行。人民法院往往需要与检察机关进行反复的沟通与协调，但是由于理解不一致，沟通与协调效果并不太好。经研究，我们认为人民法院的形式审查程序是有必要的，这对于防止个别存有一定瑕疵的案件进入再审抗诉程序，保证人民法院顺利、及时审理具有非常重要的意义。为此，本规定第一条第一款对《开庭规定》的第二条进行修改，明确了人民法院登记立案的期限，并规定了退回人民检察院的具体情形：1. 不属于本院管辖的；2. 按照抗诉书提供的住址无法向被提出抗诉的原审被告人送达抗诉书的；3. 以有新证据为由提出抗诉，抗诉书未附有新的证据目录、证人名单和主要证据复印件或者照片的；4. 以有新证据为由提出抗诉，但该证据并不是指向原起诉事实的。为了明确退回检察机关后是否接受检察机关的再次抗诉问题，第一条第二款进一步规定，人民法院决定退回的刑事抗诉案件，人民检察院经补充相关材料后再次提出抗诉，经审查符合受理条件的，人民法院应当予以受理。

（二）关于改革和完善指令再审制度的问题

《刑事诉讼法》第二百零五条第四款①规定，人民检察院抗诉的案件，接受抗诉的人民法院应当组成合议庭重新审理，对于原判决事实不清或者证据不足的，可以指令下级人民法院再审。司法实践中，这一规定容易产生以下两个问题：第一，“事实不清或者证据不足”的标准把握较为宽泛，在审判实践中容易出现对于下级法院作出的终审裁判，只要上级检察机关抗诉的，上级法院一律将抗诉案件指令下级法院再审；第二，按照现行有关规定，一旦案件裁判被推翻，作出原生效裁判的法院就有可能承担国家赔偿责任，因此，指令下级人民法院进行再审，纠正错案的难度较大。为了解决以上问题，我们在以下几

① 现为《刑事诉讼法》（2018年修正）第二百五十四条。

个方面改革和完善了指令再审制度：

1. 明确了指令再审的条件、期限及送达要求。本规定第二条规定："人民检察院按照审判监督程序提出的刑事抗诉案件，接受抗诉的人民法院应当组成合议庭进行审理。涉及新证据需要指令下级人民法院再审的，接受抗诉的人民法院应当在接受抗诉之日起一个月以内作出决定，并将指令再审决定书送达提出抗诉的人民检察院。"根据这一规定，人民检察院按照审判监督程序提出抗诉的刑事案件，原则上都由接受抗诉的人民法院直接进行审理。例外情况是，涉及新证据的，接受抗诉的人民法院可以指令下级人民法院再审。这样规定，既可以避免实践中普遍存在的上抗下审情形的发生，而且有利于人民法院克服不当干预，依法纠正确有错误的案件。规定例外情形，也符合涉及新的证据应由原审法院重新审理的诉讼规律。另外，这一规定也明确了接受抗诉的人民法院如果需要作出指令再审的决定，只能在接受抗诉之日起一个月以内作出，同时将指令再审决定书送达提出抗诉的人民检察院。

2. 规定了新证据的内涵与外延。新证据是再审抗诉的重要事由，也是接受抗诉的人民法院指令再审的条件。现行刑事诉讼法和相关的司法解释对于新证据没有作出明确的规定，司法实践中对于再审新证据的认定常常引起争议。我们认为，新证据在内涵上必须符合以下两个特征：第一，新证据应具有相当强的证明力，必须达到可能改变原生效裁判据以定罪量刑的事实的程度；第二，新证据与原审起诉事实具有不可分性，如果新的证据不是指向原审起诉事实，应另行起诉。但仅规定新证据的内涵，尚无法满足司法实践的需要，因此还需要对新证据的外延予以列举式的规定。据此，本规定第三条规定了新证据的内涵与外延。

本条前部分的内容规定了再审新证据的实质要件，"指向原起诉事实并足以推翻原判决、裁定据以定罪量刑事实的证据"既体现了新证据对证明力的要求，也体现了新证据与原起诉事实的系属关系。列举的情形第一、二、三项是从层次上作的分类，第一项是裁判生效前未发现，生效后才发现的证据，第二项是裁判生效前已发现但由于客观原因未予收集的证据，第三项是裁判生效前已收集，但庭审中未予质证、认证的证据。三种情形是一种层层递进的关系，属于比较典型的新证据，在司法实践中争议不大。第四项是从证据种类上所做的区分。我国《刑事诉讼法》第四十二条①规定证据有七类，分别是物证、书证，证人证言，被害人陈述，犯罪嫌疑人、被告人供述和辩解，鉴定结论，勘验、检查笔录，视听资料。其中，物证、书证，视听资料属于客观性证据，司法实践中被推翻的可能性较小，但证人证言、被害人陈述、被告人供述和辩解等言辞证据的可变性较大，鉴定结论、勘验检查笔录也经常被推翻。再审程序

① 现为《刑事诉讼法》（2018 年修正）第五十条。

中，如果这些证据被改变或否定，是否属于再审新证据，在判断上是一个比较疑难的问题。如果不认为这些证据属于再审新证据，有可能会影响纠正错案，进而影响司法公正；但是如果把被改变或者否定的言辞证据都当成新证据，可能会扩大再审理由，进而影响刑事生效裁判的既判力。本规定在第四项中将鉴定结论和勘验笔录专门列出，其他证据做模糊性的表述，就是出于控制再审新证据范围的一种权衡。

3. 区分了接受抗诉的人民法院发现原判决事实不清或者证据不足的不同情形，并规定了不同处理方式。本规定第二条将指令再审的条件限缩解释为“涉及新证据”的情形，但《刑事诉讼法》第二百零五条规定的事实不清或者证据不足的情形应该如何处理，也是需要明确的问题。本规定第四条对于原判决、裁定事实不清或者证据不足的案件，接受抗诉的人民法院进行重新审理后的处理作了如下规定：经审理能够查清事实的，应在查清事实后改判；如果经审理仍无法查清，证据不足，不能认定原审被告人有罪的，应当直接判决宣告被告人无罪；如果经审理发现有新证据且超过刑事诉讼法规定的指令再审期限的，可以裁定撤销原判，发回原审人民法院重新审判。

需要特别说明的是，本条之所以作第三项规定，是因为接受抗诉的人民法院如果在一个月以内没有决定指令再审，那么案件则进入了按照第二审程序审理的再审审理阶段。如果接受抗诉的人民法院在审理阶段发现了新证据，根据刑事诉讼法二审程序的有关规定，可以裁定撤销原判，发回重审。

4. 明确了指令下级人民法院再审的适用。在本规定的起草过程中，有意见认为，“指令下级人民法院再审”中的“下级法院”在实践中不好把握，“下级法院”到底是原第一审法院，还是原第二审法院，容易出现理解偏差。本规定第五条根据《刑事诉讼法》第二百零六条①的规定，将指令再审区分为两种情形：如果原来是第一审案件，接受抗诉的人民法院应指令第一审人民法院按照第一审程序进行审判，所作的判决、裁定可以上诉、抗诉；如果原来是第二审案件，接受抗诉的人民法院应指令第二审人民法院依照第二审程序进行审判，所作的判决、裁定是终审判决、裁定。

有意见认为，如果下级法院是原第二审人民法院，那么该法院对于新证据进行审判的程序是第二审程序，其所作的判决、裁定不能上诉和抗诉，等于剥夺了被告人和检察机关的上诉权和抗诉权。我们认为，这一问题并不存在，如果出现新证据，被指令再审的原第二审法院可以以撤销原判发回重审的方式予以处理，如此并不会剥夺被告人和检察机关对新证据认定的救济权利。

（三）关于几种特殊情形的处理方式

《若干解释》第三百一十二条规定了再审案件经过重新审理后，应当如何

---

① 现为《刑事诉讼法》（2018 年修正）第二百五十五条。

处理的不同情形。但有意见反映，在审理抗诉的再审案件中，有的特殊情形应如何处理，法律及司法解释没有明确，以致有的案件久拖不结，无法结案。例如，在审理过程中，检察机关如果撤回抗诉，应该如何处理？在送达抗诉书后，被提出抗诉的原审被告人下落不明，无法到案的，应如何处理？再如，在审理过程中，如果被告人下落不明或者死亡，应该如何处理？等等。对此，本规定第六、七、八条专门作了规定。

1. 明确了检察机关撤回抗诉的处理方式。随着时间的推移和认识的深化，有的检察机关可能会对已经再审抗诉的案件产生不同的认识，实践中检察机关撤回抗诉的情形时有发生，特别是有的检察机关为了保证抗诉成功率，会对人民法院可能不予支持的再审抗诉案件予以撤回。对于撤回抗诉的情形应该如何处理，现有的法律和司法解释没有规定。在起草过程中我们曾参照《若干解释》第二百四十一条规定的二审期间撤回抗诉的处理办法，规定："在再审判决、裁定宣告前，人民检察院可以撤回抗诉。人民检察院撤回抗诉的，人民法院应当裁定准许。但人民法院经审理认为生效裁判确有错误的，不予准许。"

在进一步征求意见时，有意见认为，对于人民检察院撤回抗诉的，应该一律予以准许，如果人民法院经审理发现生效裁判确有错误的，应在准许撤回抗诉后再由人民法院以自行决定再审的程序予以纠正。经研究，我们认为，对于再审抗诉案件，如果开庭审理前人民检察院撤回抗诉的，人民法院应当裁定准许；如果开庭审理后人民检察院撤回抗诉的，应由人民法院根据具体情况做不同的选择。如果经审理认为原生效裁判没有错误的，应当准许；如果经审理认为生效裁判确有错误，不予准许。考虑到有关意见，我们对开庭后撤回抗诉的处理方式不予明文规定，但在实践操作中可以不予准许。

2. 明确了立案后原审被告人下落不明的处理情形。司法实践中，有的已经服刑完毕或者被判决无罪的原审被告人在收到检察机关的再审抗诉书后，为了逃避可能带来的不利后果，不配合人民法院的审理程序以致下落不明。为了防止此类情形导致再审抗诉案件久拖不决，无法结案，在起草过程中我们曾规定："被提出抗诉的原审被告人在收到抗诉书后不到案的，应当裁定中止审理；原审被告人到案后，恢复审理。超过两年仍查无下落的，应当裁定终止审理。"

有意见认为，超过两年仍然查无下落即裁定终止审理不符合我国对犯罪的追诉规定，建议慎重考虑。鉴于我国刑法规定在人民法院受理案件后逃避审判的，犯罪追诉不受期限限制，我们采纳了这一意见，将草稿中有关被提出抗诉的原审被告人在收到抗诉书后未到案，"超过两年仍查无下落的，应当裁定终止审理"的规定删去，以与刑法保持一致。但对于被提出抗诉的原审被告人在收到抗诉书后超过两年仍查无下落的，我们建议有关人民法院应商人民检察院撤回抗诉，并对人民检察院拒不撤回抗诉的此类案件，有关考评工作应区别对待。

3. 明确了原审被告人死亡的处理情形。在司法实践中，被提出抗诉的原审被告人已经死亡或者在审理过程中死亡的情形虽极为少见，但依然存在。对于这种情形如何处理，刑事诉讼法及有关的司法解释一直没有明确，司法实践中如出现这种情形，一般是参照第二审程序的处理方式，裁定终止审理。如果能够查清事实，确认原审被告人无罪，即宣告原审被告人无罪。我们认为，对于原审被告人死亡的情形，明确处理方式有其现实意义，故在本规定第八条规定：被提出抗诉的原审被告人已经死亡或者在审理过程中死亡的，人民法院应当裁定终止审理，但对能够查清事实，确认原审被告人无罪的案件，应当予以改判。

三、需要说明的问题

（一）本规定没有明确的其他程序事项

本规定的主要目的是根据中央的部署，改革和完善刑事再审抗诉案件的指令再审制度，并对实践中的一些反映较为突出的问题一并予以解决，但尚有一些其他程序事项没有作出具体规定。例如，对于检察机关法定抗诉事由过于抽象、笼统，应该如何予以细化？对于人民检察院按审判监督程序提出刑事抗诉的案件，是否必须开庭审理？开庭审理有无例外情形？如果被提出抗诉的原审被告人不在押，应该如何采取强制措施？等等。对于这些问题，我们分别予以说明。

1. 关于检察机关法定抗诉理由过于抽象、笼统的问题。在起草过程中，各地人民法院均普遍反映这容易导致检察机关多次抗诉、反复抗诉，严重影响裁判的终局力和权威性。在起草过程中，我们曾将检察机关的抗诉理由细化为9项，并对检察机关的抗诉条件和期限作了一定的限制，但囿于权限问题，本规定对此没有保留。我们认为，抗诉事由的细化与法定化与刑事再审事由的细化与法定化一样，是刑事再审程序改革的重要一环，对于完善刑事再审程序具有重要的意义，对此应该继续深入研究，凝聚共识，争取在《刑事诉讼法》修改层面予以解决。

2. 关于刑事再审抗诉案件的审理方式问题。关于刑事再审抗诉案件是否一律要求开庭审理，理论和实践中有两种意见。一种意见认为，刑事再审抗诉案件，应一律开庭审理。理由是刑事诉讼法规定再审程序重新审判应按照第一审或者第二审审理程序进行审理，且刑事诉讼法同时规定：第一审案件，应当进行开庭审理；对于人民检察院抗诉的案件，第二审人民法院也应当开庭审理。另一种意见认为，刑事诉讼法没有明确要求刑事再审抗诉案件必须开庭审理，因此刑事再审抗诉案件并不一律要求开庭审理。《开庭规定》第五条第三项规定，人民法院审理人民检察院按照审判监督程序提出抗诉的刑事再审案件，应该开庭审理。但该规定第六条又列举了不需开庭审理的几种情形。可见原有司法解释采纳的是第二种观点。我们认为，再审抗诉程序不同于二审抗诉程序，一律要求开庭审理显得过于严格，且与司法实际不符，《开庭规定》确立的以开庭审理为原则，不开庭审理为例外的审理方式依然适用。但需要强调的是，如果适用例外情形，对有些开庭审理确有困难的刑事再审抗诉案件予以不开庭审理，务必要做好与人民检察院的解释说明工作，以获得人民检察院的理解。

3. 关于强制措施的问题。在起草过程中，有关强制措施问题是各地人民法院反映较为强烈的问题。本规定没有规定对于人民检察院按照审判监督程序提出对原审被告人不利的抗诉案件，如果被提出抗诉的原审被告人不在押，应该由哪个机关采取强制措施的问题。但根据本规定第一条第二项的规定，可以解读出人民检察院如果提出对原审被告人不利的再审抗诉，应保证该原审被告人在案。如果根据抗诉书提供的住址无法向原审被告人送达抗诉书，人民法院只能决定退回人民检察院。在送达抗诉书后，如果被提出抗诉的原审被告人未到案，人民法院可以根据《开庭规定》第十一条第二款的规定，对确有必要采取强制措施并符合法律规定条件的原审被告人，在裁定中止执行原裁决后，依法采取强制措施。

（二）本规定与其他司法解释的关系

本规定第一条对《开庭规定》第二条，第二条对《若干解释》第三百零六条，第七条对《开庭规定》第十二条各自作了一定的修改，故本规定第十条专门规定，以前发布的有关规定与本规定不一致的，以本规定为准。

对于本规定没有明确规定的其他事项，均可以根据刑事诉讼法、《若干解释》《开庭规定》等进行处理。

（三）本规定的时间效力

本规定于 2011 年 10 月 14 日公布，自 2012 年 1 月 1 日起施行。本规定施行以后，人民检察院按照审判监督程序提出抗诉的刑事案件，人民法院适用本规定进行审理。人民检察院在本规定施行前按照审判监督程序提出抗诉的刑事再审案件，人民法院在施行后仍未审结的，参照本规定进行审理。

（撰稿人：宫　鸣　黄永维　聂洪勇　仇晓敏）

（五）执　　行

最高人民法院
关于刑事案件终审判决和裁定何时发生法律效力问题的批复

法释〔2004〕7号

（2004年7月20日最高人民法院审判委员会第1320次会议通过　2004年7月26日最高人民法院公告公布　自2004年7月29日起施行）

各省、自治区、直辖市高级人民法院，解放军军事法院，新疆维吾尔自治区高级人民法院生产建设兵团分院：

近来，有的法院反映，关于刑事案件终审判决和裁定何时发生法律效力问题不明确。经研究，批复如下：

根据《中华人民共和国刑事诉讼法》第一百六十三条①、第一百九十五条②和第二百零八条③规定的精神，终审的判决和裁定自宣告之日起发生法律效力。

此复

① 现为《刑事诉讼法》（2018年修正）第二百零二条。

② 现为《刑事诉讼法》（2018年修正）第二百四十二条。

③ 现为《刑事诉讼法》（2018年修正）第二百五十九条。

【解　　读】

解读《最高人民法院关于刑事案件终审判决和裁定何时发生法律效力问题的批复》

一、问题的提出

审判实践中，对于人民法院审判刑事案件所作出的终审的判决和裁定何时发生法律效力一直没有明确，争议也比较大。有的认为应当在送达时发生法律效力，有的认为应当自宣告时发生法律效力。2004 年 7 月 13 日最高人民法院公布的《关于刑事案件终审判决和裁定何时发生法律效力问题的批复》（法释〔2004〕7 号，以下简称本批复），对这一问题作出了明确规定。

二、理解与适用

《刑事诉讼法》第二百零八条规定："判决和裁定在发生法律效力后执行。下列判决和裁定是发生法律效力的判决和裁定：（一）已过法定期限没有上诉、抗诉的判决和裁定；（二）终审的判决和裁定；（三）最高人民法院核准的死刑的判决和高级人民法院核准的死刑缓期二年执行的判决。"但是，对终审的判决和裁定何时发生法律效力产生了分歧意见。

本批复的规定是符合立法的原意和审判实践的要求的。主要理由：(1)《刑事诉讼法》第一百六十三条第一款规定："宣告判决，一律公开进行。"这说明法律要求我们在审判实践中坚持审判公开的原则，不仅坚持程序公开，也要坚持裁判公开，即要将法官对案件的结论性评价或对某些实体和程序问题的处理向社会公众公开宣示，无论是公开开庭审判的案件还是依法不公开审理的案件，所作的判决和裁定都应当公开宣告。因此，审判实践中不允许判决、裁定不经宣告就生效的情形存在，即任何判决和裁定都应当宣告。(2)《刑事诉讼法》第一百九十五条规定："第二审人民法院审判上诉或者抗诉案件的程序，除本章已有规定的以外，参照第一审程序的规定进行。"从这一条的规定看，在第二审程序中坚持审判公开、裁判公开的原则是不能变的，对于作出终审判决和裁定的人民法院来说，由于地域原因，委托下级人民法院代为送达终审判决和裁定的，应当要求下级法院代为宣告后立即将裁判文书送达被告人。(3) 之所以要规定终审的判决和裁定自宣告之日起生效，还因为《刑事诉讼法》没有规定送达的期限。刑事诉讼中送达的方式有直接送达、留置送达、委托送达、邮寄送达、转交送达等五种形式。由于送达的方式不同，如何确定送达之日，仍会发生歧义，从而导致不能确定判决和裁定的生效之日。因此，应当将终审判决和裁定的生效时间规定为宣告之日，而不是送达之日。(4) 能够更好地维护被告人合法权益。对刑事案件终审判决和裁定何时发生法律效力问题加以明确，规定为自宣告之日起发生法律效力，可以避免因延误送达或者其他原因影响判决的生效执行，更好地维护被告人的合法权益。

综上，终审判决和裁定自宣告之日起发生法律效力的规定是符合立法原意，同时符合审判实践的要求的。

（撰稿人：李　晓
审稿人：邵文虹）

最高人民法院
关于刑事裁判涉财产部分执行的若干规定

法释〔2014〕13号

（2014年9月1日最高人民法院审判委员会第1625次会议通过 2014年10月30日最高人民法院公告公布 自2014年11月6日起施行）

为进一步规范刑事裁判涉财产部分的执行，维护当事人合法权益，根据《中华人民共和国刑法》《中华人民共和国刑事诉讼法》等法律规定，结合人民法院执行工作实际，制定本规定。

第一条 本规定所称刑事裁判涉财产部分的执行，是指发生法律效力的刑事裁判主文确定的下列事项的执行：

（一）罚金、没收财产；

（二）责令退赔；

（三）处置随案移送的赃款赃物；

（四）没收随案移送的供犯罪所用本人财物；

（五）其他应当由人民法院执行的相关事项。

刑事附带民事裁判的执行，适用民事执行的有关规定。

第二条 刑事裁判涉财产部分，由第一审人民法院执行。第一审人民法院可以委托财产所在地的同级人民法院执行。

第三条 人民法院办理刑事裁判涉财产部分执行案件的期限为六个月。有特殊情况需要延长的，经本院院长批准，可以延长。

第四条 人民法院刑事审判中可能判处被告人财产刑、责令退赔的，刑事审判部门应当依法对被告人的财产状况进行调查；发现可能隐匿、转移财产的，应当及时查封、扣押、冻结其相应财产。

第五条 刑事审判或者执行中，对于侦查机关已经采取的查封、扣押、冻结，人民法院应当在期限届满前及时续行查封、扣押、冻结。人民法院续行查封、扣押、冻结的顺位与侦查机关查封、扣押、冻结的顺位相同。

对侦查机关查封、扣押、冻结的财产，人民法院执行中可以直接裁定处置，无需侦查机关出具解除手续，但裁定中应当指明侦查机关查封、扣押、冻结的事实。

第六条 刑事裁判涉财产部分的裁判内容，应当明确、具体。涉案财物或者被害人人数较多，不宜在判决主文中详细列明的，可以概括叙明并另附清单。

判处没收部分财产的，应当明确没收的具体财物或者金额。

判处追缴或者责令退赔的，应当明确追缴或者退赔的金额或财物的名称、数量等相关情况。

第七条 由人民法院执行机构负责执行的刑事裁判涉财产部分，刑事审判部门应当及时移送立案部门审查立案。

移送立案应当提交生效裁判文书及其附件和其他相关材料，并填写《移送执行表》。《移送执行表》应当载明以下内容：

（一）被执行人、被害人的基本信息；

（二）已查明的财产状况或者财产线索；

（三）随案移送的财产和已经处置财产的情况；

（四）查封、扣押、冻结财产的情况；

（五）移送执行的时间；

（六）其他需要说明的情况。

人民法院立案部门经审查，认为属于移送范围且移送材料齐全的，应当在七日内立案，并移送执行机构。

第八条 人民法院可以向刑罚执行机关、社区矫正机构等有关单位调查被执行人的财产状况，并可以根据不同情形要求有关单位协助采取查封、扣押、冻结、划拨等执行措施。

第九条 判处没收财产的，应当执行刑事裁判生效时被执行人合法所有的财产。

执行没收财产或罚金刑，应当参照被扶养人住所地政府公布的上年度当地居民最低生活费标准，保留被执行人及其所扶养家属的生活必需费用。

第十条 对赃款赃物及其收益，人民法院应当一并追缴。

被执行人将赃款赃物投资或者置业，对因此形成的财产及其收益，人民法院应予追缴。

被执行人将赃款赃物与其他合法财产共同投资或者置业，对因此形成的财产中与赃款赃物对应的份额及其收益，人民法院应予追缴。

对于被害人的损失，应当按照刑事裁判认定的实际损失予以发还或者赔偿。

第十一条 被执行人将刑事裁判认定为赃款赃物的涉案财物用于清偿债务、转让或者设置其他权利负担，具有下列情形之一的，人民法院应予追缴：

（一）第三人明知是涉案财物而接受的；

（二）第三人无偿或者以明显低于市场的价格取得涉案财物的；

（三）第三人通过非法债务清偿或者违法犯罪活动取得涉案财物的；

（四）第三人通过其他恶意方式取得涉案财物的。

第三人善意取得涉案财物的，执行程序中不予追缴。作为原所有人的被害人对该涉案财物主张权利的，人民法院应当告知其通过诉讼程序处理。

第十二条 被执行财产需要变价的，人民法院执行机构应当依法采取拍卖、变卖等变价措施。

涉案财物最后一次拍卖未能成交，需要上缴国库的，人民法院应当通知有关财政机关以该次拍卖保留价予以接收；有关财政机关要求继续变价的，可以进行无保留价拍卖。需要退赔被害人的，以该次拍卖保留价以物退赔；被害人不同意以物退赔的，可以进行无保留价拍卖。

第十三条 被执行人在执行中同时承担刑事责任、民事责任，其财产不足以支付的，按照下列顺序执行：

（一）人身损害赔偿中的医疗费用；

（二）退赔被害人的损失；

（三）其他民事债务；

（四）罚金；

（五）没收财产。

债权人对执行标的依法享有优先受偿权，其主张优先受偿的，人民法院应当在前款第（一）项规定的医疗费用受偿后，予以支持。

第十四条 执行过程中，当事人、利害关系人认为执行行为违反法律规定，或者案外人对执行标的主张足以阻止执行的实体权利，向执行法院提出书面异议的，执行法院应当依照民事诉讼法第二百二十五条①的规定处理。

人民法院审查案外人异议、复议，应当公开听证。

第十五条 执行过程中，案外人或被害人认为刑事裁判中对涉案财物是否属于赃款赃物认定错误或者应予认定而未认定，向执行法院提出书面异议，可以通过裁定补正的，执行机构应当将异议材料移送刑事审判部门处理；无法通过裁定补正的，应当告知异议人通过审判监督程序处理。

第十六条 人民法院办理刑事裁判涉财产部分执行案件，刑法、刑事诉讼法及有关司法解释没有相应规定的，参照适用民事执行的有关规定。

第十七条 最高人民法院此前发布的司法解释与本规定不一致的，以本规定为准。

---

① 现为《民事诉讼法》（2023年修正）第二百三十六条。

【解　读】

解读《最高人民法院关于刑事裁判涉财产部分执行的若干规定》

一、问题的提出

2014 年 10 月 30 日，最高人民法院公布了《关于刑事裁判涉财产部分执行的若干规定》（以下简称本规定）。这部司法解释的实施，对于规范刑事裁判涉财产部分的执行，维护刑罚的严肃性和当事人合法权益，将发挥重要的作用。

二、理解与适用

（一）关于本规定的出台背景和把握的原则

刑事裁判涉财产部分长期未能得到有效执行，主要原因在于法律无明确规定、规定过于原则、标准难以把握，准用民事执行的相关规定无法解决实践中的所有问题。法律规定的欠缺和相对薄弱，严重制约了人民法院执行工作的开展与实施，对于执行实践中存在的突出问题，迫切需要作出司法解释予以规范。在此背景形势下，最高人民法院执行局在深入调研的基础上起草了本规定初稿。经过广泛征求意见，慎重研究，反复修改，最高人民法院审判委员会讨论通过本规定。

本规定的起草着重把握以下原则：一是确保相关规定符合立法精神，并充分考虑与其他司法解释和规范性文件的相互衔接；二是弥补现有规定以及单纯适用民事执行规定的不足；三是遵循刑事财产执行的规律特点，确保规定符合执行工作实际；四是仅就现已达成共识的问题予以规定，而对于争议较大、把握不准的问题，留待将来再作进一步规范。

（二）关于刑事裁判涉财产部分的执行事项

关于罚金、没收财产的执行，现行司法解释已经明确由人民法院执行机构负责执行。但《刑法》第六十四条规定的非刑罚类强制措施的执行，法律无明确规定，致使长期以来司法机关之间以及人民法院部门之间执行主体不明，权限不清，导致该类判决结果无法得到实际落实。2011 年《最高人民法院关于执行权合理配置和科学运行的若干意见》第十八条规定，“具有执行内容的财产刑和非刑罚制裁措施的执行由执行局负责。”在此原则性规定的基础上，本规定进一步明确以下执行事项：

1. 关于赃款赃物的继续追缴。对于判决继续追缴的执行主体，由于法律无明确规定，长期存在争议。一种观点认为，追缴是侦查机关的职责，判后应由侦查机关继续执行；侦查机关享有刑事侦查权，可以采取多种措施、手段，而人民法院执行机构对案件执行的措施、手段有限，难以承担继续追缴任务。另一种观点认为，司法机关均有继续追缴的责任和义务，在侦查机关已经侦查终结的情况下，承担继续追缴任务不具现实性，适宜由人民法院执行机构负责执行。此外，《中共中央办公厅、国务院办公厅关于进一步规范刑事诉讼涉案财物处置工作的意见》规定，“未查控在案的违法所得，应由人民法院判决继续追缴或责令退赔，并由人民法院负责执行，人民检察院、公安机关等相关部门予以配合。”从维护判决严肃性的大局出发，避免本规定与前述《意见》内容冲突，本规定第一条第一款第五项规定了“其他应当由人民法院执行的相关事项”，个别具备继续追缴条件的案件，人民法院可以引用此项规定执行追缴。

2. 关于责令退赔。“退赔”是指当犯罪分子因挥霍或者其他原因无法追回违法所得财物的情形下，要求其按照相应的折算价格进行退赔。因此，责令退赔中的赔偿与财产刑均是执行被执行人的个人财产，两者执行并无实质性区别，并且与民事赔偿的执行相类似，应当由执行机构负责执行。其中“退”的部分，应当以赃款赃物的追缴为前提，与处置赃款赃物重合，应适用本规定第一条第一款第三项的规定。

3. 关于涉案财物的没收。对于随案移送的赃款赃物或者价值较大的供犯罪所用本人财物的没收，如走私船只、运输车辆等需要变现处置的，应当由执行机构负责执行。对于查控在案的违禁品或价值不大的作案工具，一般是由侦查机关直接销毁，其中作为证据使用而随案移送的，在案件审结后，亦由刑事审判部门移交有关部门销毁处理，无需移送执行，故未将违禁品的没收列入本规定的执行事项中。

4. 刑事附带民事诉讼案件，是在刑事诉讼程序中解决民事赔偿问题，本质上应归类于民事案件，适用民事执行的相关规定，民事诉讼法和相关民事执行规定已将其纳入其中，故本规定未将其列入刑事裁判涉财产部分的执行范围。

（三）关于刑事裁判涉财产部分适用委托执行的情形

《最高人民法院关于适用〈中华人民共和国刑事诉讼法〉的解释》（以下简称《刑诉法解释》）第四百四十二条①规定，“被执行人或者被执行财产在外地的，可以委托当地人民法院执行。”《最高人民法院关于财产刑执行问题的若干规定》第一条规定：“被执行的财产在异地的，第一审人民法院可以委托财产

① 现为《刑诉法解释》（2021年）第五百三十条。

所在地的同级人民法院代为执行。"《最高人民法院关于委托执行若干问题的规定》也以财产所在地作为委托执行的条件，未包括被执行人在外地的情形。刑事案件被执行人在外地的，大多是指在外地服刑的情况，执行法院可通过被执行人了解其财产状况，但是通常情况下，被执行人被羁押之后，其财产已由家庭成员所控制，财产是否被转移或者隐匿，被执行人本人并不知晓，委托执行与被执行人的服刑地无必然联系。为协调不同司法解释的内容，本规定明确，"第一审人民法院可以委托财产所在地的同级人民法院代为执行。"

（四）关于刑事裁判涉财产部分的执行期限

2000 年《最高人民法院关于严格执行案件审理期限制度的若干规定》第五条第三、四款规定："刑事案件没收财产刑应当立即执行。""刑事案件罚金刑，应当在判决、裁定发生法律效力后三个月内执行完毕，至迟不超过六个月。"2006 年《最高人民法院关于人民法院办理执行案件若干期限的规定》第一条第一款规定："被执行人有财产可供执行的案件，一般应当在立案之日起 6 个月内执结，非诉执行案件一般应当在立案之日起 3 个月内执结。"第十四条规定："法律或司法解释对办理期限有明确规定的，按照法律或司法解释规定执行。"为解决以上规定存在的矛盾和冲突，考虑刑事财产执行的复杂性，参照民事执行期限的规定，本规定明确了六个月的合理期限。

（五）关于审判中对于可能判处财产刑、责令退赔的被告人的财产进行查控与控制

为防止被告人财产的转移、隐匿，保障判决后的顺利执行，有必要设立执行的前置程序。

1.《刑事诉讼法》第一百九十三条第一款①规定："法庭审理过程中，对与定罪量刑有关的事实、证据都应当进行调查、辩论。"被告人的财产状况以及履行财产义务的态度，是财产刑量刑需要考量的因素之一，应当属于法庭审理、调查的范围。

2. 为确保判决顺利执行，《民事诉讼法》规定了财产保全制度。关于刑事案件审判中的财产保全问题，《刑诉法解释》第一百五十二条、第二百八十五条②分别规定了刑事附带民事案件、单位犯罪案件的诉讼保全制度。《最高人民法院关于适用财产刑若干问题的规定》第九条规定了："人民法院认为应当判处被告人财产刑的，可以在案件审理过程中，决定扣押或者冻结被告人的财产。"但在审判实践中，该条规定未能有效落实。由此，《规定》对该条规定的内容予以重申，并明确将保全适用的范围扩大至"责令退赔"的案件。

3. 为防止财产查控违反比例原则，本规定明确，查封、扣押或者冻结被

① 现为《刑事诉讼法》（2018 年修正）第一百九十八条。

② 现为《刑诉法解释》（2021 年）第一百八十九条、第三百四十二条。

告人的“相应”财产，即查控的财产与被告人应当或可能履行义务的价值基本相当。

（六）关于不同司法机关对同一案件的查封、扣押、冻结的效力衔接问题

在侦查机关查封、扣押、冻结期限届满前，案件进入执行程序的，此时人民法院能否直接处置侦查机关查封的财产、是否需要侦查机关出具解除查封的手续，一直存在疑问。实践中，金融机构或者房地产管理部门等协助执行单位往往将公、检、法不同司法机关对同一刑事案件涉案财产的查封、续行查封，视为轮候查封或者重新查封，从而影响原查封顺位的效力。在侦查机关查封，其他案件执行法院轮候查封的情况下，如果将刑事案件执行法院的续行查封视为新的查封，将导致该查封被轮候在其他法院的查封之后，影响刑事案件的执行。对于人民法院直接处置侦查机关查封的财产，有关单位常常不予协助执行，而是要求侦查机关出具相关手续。执行中，案外人对侦查机关的查封、扣押、冻结提出异议，应由哪个司法机关进行审查亦无明确规定。为解决以上问题，本规定明确了不同司法机关对同一案件的查封、扣押、冻结，续行查封、扣押、冻结的效力前后衔接。由此，人民法院执行中可以直接裁定处置侦查机关查封的财产，无需侦查机关出具解除手续；人民法院续行查封、扣押、冻结的顺位与侦查机关查封、扣押、冻结的顺位相同；执行中案外人对侦查机关的查封、扣押、冻结提出异议的，应当由执行机构审查处理。

（七）关于刑事裁判涉财产部分法律文书的规范制作

判决是执行的基础，作为刑罚执行依据的裁判文书，判项内容必须明确、具体，满足可执行性的要求。审判实践中存在执行依据不规范的种种情况，如判决没收部分财产的判项过于笼统、简略，未列明应当没收的特定财产或者金额；查扣物品未在判项中具体列明；判处违法所得继续追缴而无具体的财产范围；判处罚金未明确一次缴纳还是分期缴纳以及最后的缴纳期限等等，使案件进入执行程序后难以执行，也容易导致执行的随意性，进而引发相关权利人的异议。鉴此，本规定对刑事裁判文书的制作提出了具体的规范要求。

（八）关于刑事裁判涉财产部分案件的移送立案与立案审查

刑事裁判涉财产部分案件如何启动执行程序，现有司法解释的规定过于原则，有必要建立人民法院移送立案与立案审查的规范机制。

1. 关于执行的启动方式，实务中存在争议，一种观点认为，有被害人的刑事案件，应当采取当事人主义，依当事人的申请启动执行程序；无被害人的刑事案件为国家债权，人民法院应当依职权移送执行。另一种观点认为，列入本规定执行范围的案件，人民法院应当一律移送执行。我们认为，刑事案件中司法机关代表国家行使侦查、起诉、审判和执行的法定职权，法律未赋予被害人申请执行的权利，执行的启动不以当事人的申请为必要条件，人民法院应当依职权移送立案执行。

2. 关于移送的期限，下级法院普遍建议规定三十日或更长的移送期限。根据《刑事诉讼法》第二百五十三条①规定，罪犯被交付执行刑罚的期限应当在判决生效后十日以内。该期限的规定，既包括主刑人身自由刑的交付执行，也包括附加刑财产刑的移送执行。第一审人民法院刑事审判部门应当在本院作出的刑事判决生效后或者收到上级人民法院生效的刑事裁判后，十日内将执行事项移送立案部门审查立案。

3. 关于罚金刑的移送执行期限，《刑法》第五十三条规定，“罚金在判决指定的期限内一次或者分期缴纳。期满不缴纳的，强制缴纳。”《最高人民法院关于适用财产刑若干问题的规定》第五条规定，“‘判决指定的期限’应为从判决发生法律效力第二日起最长不超过三个月。”故如果刑事裁判指定的履行期限尚未到期，刑事审判部门应当在指定的履行期限届满后将案件移送执行，还是在判决生效后先移送执行，由执行机构在履行期限届满后再予执行，研究中有不同观点。我们认为，刑事裁判生效后，通常判决指定罚金的履行期限并未届满，此时强制执行的条件尚未成就，对被执行人强制缴纳无执行依据，刑事审判部门应当在刑事裁判指定的履行期限届满后移送执行。

4. 对于移送执行的案件，规定了移送立案所附材料及《移送执行表》的内容要求，要求刑事审判部门将移送执行的主要内容予以列明，尽可能提供被执行人更多的相关信息，便于执行机构高效执行。

5. 关于立案期限的规定，参照《最高人民法院关于人民法院执行工作若干问题的规定（试行）》第 18 条第二款关于民事案件执行立案期限“七日”的规定，无论移送执行，还是申请执行，应适用同一立案期限，亦规定为“七日”。

（九）关于执行法院要求刑罚执行机关及社区矫正机构协助执行的事项

1. 修改后的《民事诉讼法》第二百四十二条②的规定，已将有义务协助执行的单位从原来的“银行、信用合作社和其他有储蓄业务的单位”，扩大到不特定的“有关单位”。作为刑罚执行机关的监狱、社区矫正机构，负有对被执行人实时监管的职责，掌握被执行人服刑期间个人消费等情况，对于协助人民法院执行有着不可推卸的责任，属于应当协助人民法院执行的“有关单位”。

2. 人民法院执行机构可以要求监狱、社区矫正机构调查被执行人的财产状况，视执行需要，也可以要求协助采取查封、扣押、冻结、划拨等执行措施，促使被执行人在有执行能力的情况下及时履行财产义务。

3. 被执行人在服刑期间能够主动履行财产义务的，应视为认罪悔罪表现，予以鼓励，人民法院执行机构可以向刑罚执行机关发函说明有关情况，建议在报请减刑、假释时从宽掌握。

---

① 现为《刑事诉讼法》（2018 年修正）第二百六十四条。

② 现为《民事诉讼法》（2023 年修正）第二百五十三条。

（十）关于执行没收财产应遵循的基本原则

执行没收财产，应当遵循以下原则：

1. 没收财产，应当执行被执行人个人所有的合法财产，不得没收属于被执行人家属所有或者应有的财产。被执行人在共有财产中的应有份额，应当依据有关民事法律的规定确定。

2. 没收财产，应当执行刑事裁判生效时被执行人已有的财产，对被执行人的现有财产实行一次性没收，不得将被执行人服刑期间或是刑满释放后所取得的财产予以没收，否则不利于被执行人刑满释放后复归社会，重新生活。

3. 关于合法财产的判断，只要刑事裁判没有认定为违法所得的财产，原则上都应当推定为合法财产。执行机构应当严格依照生效刑事裁判所认定的事实和判项内容予以执行。

4. 在被执行人已经死亡的情况下，没收财产是否应当继续执行，执行中存在困惑。我们认为，财产刑一经确定，国家与被执行人之间就形成了一种惩罚与被惩罚的关系，同时也形成了债权债务关系，不能因为被执行人的死亡而使其逃脱刑事裁判确认的财产刑。《刑诉法解释》第四百四十四条①规定，“被执行人死亡或者被执行死刑，且无财产可供执行的，”应当裁定终结执行。因此，判处没收财产的刑事裁判生效后被执行人死亡的，在被执行人有财产可供执行的情况下，应当继续执行。

5.《刑法》第五十九条规定“没收全部财产的，应当对被执行人及其扶养的家属保留必需的生活费用”，这是我国刑罚人道主义的体现。为贯彻“生道执行”的司法理念，本规定明确，单处罚金的执行亦应对被执行人及其扶养的家属保留必需的生活费用。

6. 如何确定“必需的生活费用”标准，实践中是个难题。参照《最高人民法院关于人民法院民事执行中查封、扣押、冻结财产的规定》第七条关于“保障被执行人及其所扶养家属最低生活标准所必需的居住房屋和普通生活必需品”的规定，认为应当按照“当地居民最低生活费标准掌握”。同时进一步明确，“应当按照被扶养人住所地政府公布的上年度居民最低生活费标准掌握”，以便于适用。讨论中还涉及保留必需生活费用的年限以及是否保留被执行人生活必需品等问题，因情况较为复杂，具体适用的标准难以统一，故未进一步细化规定，可由执行机构视具体案情灵活掌握，待总结经验后再作规范。

（十一）关于执行程序中赃款赃物转化形态后的追缴原则

《刑法》第六十四条对于违法所得的追缴和发还被害人，仅作出原则性规定，执行标准难以把握，本规定进一步明确了以下内容：

1. 根据《刑法》第六十四条的规定，对赃款赃物及其收益，人民法院应

---

① 现为《刑诉法解释》（2021年）第五百二十九条。

当一并追缴。此为刑事追缴的基本原则。其中“收益”包括赃款赃物的自然孳息、法定孳息以及将赃款赃物置业、投资所获取的租金、股金分红等物质利益。

2. 被执行人将赃款赃物单独投资或者置业，在赃款赃物已经转化形态的情况下，不能仅将投资或置业的赃款赃物本金追缴，应当对因此形成的资产及其收益予以追缴。

3. 被执行人将赃款赃物与本人或者他人的合法财产共同投资或者置业，不能仅将投资或置业的赃款赃物本金追缴，也不能对所投资或置业形成的资产直接追缴，应当对因此形成的财产中与赃款赃物所对应的份额及其收益予以缴追。

4. 对于赃款赃物的收益部分，适当发还被害人具有一定合理性。由于刑事财产执行适用民事执行的迟延履行责任无法律依据，同时，《刑法》第六十四条规定的退赔是在违法所得的财物无法追回的情况下责令犯罪人对被害人原有财物的等价赔偿，而不包括其他损失的赔偿，执行中应当按照审判中的标准予以处理，即依据刑事裁判认定的被害人实际损失予以返还或赔偿。赃款赃物产生的收益则上缴国库。

（十二）关于执行刑事追赃中对民事善意取得制度的适用

如何掌握刑事追赃与保护善意第三人利益之间的平衡，一直是执行中的难点问题。

1. 执行刑事追赃中适用善意取得制度。赃款系种类物，赃款的追缴适用善意取得制度，凡被犯罪人非法处分的赃款，善意第三人都能取得所有权，司法机关不得追缴。赃物系特定物，赃物的追缴能否适用善意取得制度，理论界和实务中尚有不同认识。本规定明确赃物的追缴适用善意取得制度，是基于以下方面的考虑：(1) 作为赃物原所有人的被害人与善意第三人为平等的民事主体，应当平等保护，在赃物已被善意第三人合法占有的情况下将赃物追回，对善意第三人显失公平；(2) 从《物权法》规定看，善意取得问题集中规定在第九章“所有权取得的特别规定”中，该章第一百零六条①首先对善意取得制度作出了一般性规定，之后分别在第一百零七条②、第一百一十四条③对遗失物和漂流物、埋藏物、隐藏物的善意取得问题作出了特别规定，并未就犯罪所得财物的善意取得问题，作出特别规定或者除外规定；(3) 2011 年《最高人民法院、最高人民检察院关于办理诈骗刑事案件具体应用法律若干问题的解释》第十条的规定已将物权法善意取得的一般规定引入诈骗犯罪赃款赃物追缴程序中，鉴此，其他犯罪赃款赃物的追缴亦应适用善意取得制度；(4) 执行实践

① 对应《民法典》第三百一十一条。
② 对应《民法典》第三百一十二条。
③ 对应《民法典》第三百一十九条。

中，在赃物已被转让、多次转让或者设置权利负担的情况下，采取“一追到底”的追缴原则不具现实性；（5）规定“第三人善意取得涉案财物的，执行程序中不予追缴”有利于维护既定的社会关系，促进社会稳定。

2.《物权法》第一百零七条规定了关于遗失物的善意取得的特殊规定，赋予作为原权利人的遗失人一定期限内的回赎权。该特殊权利是否适用于刑事案件赃物的原权利人，尚存争议。鉴于该问题在理论和实践中都存在较大分歧，在赃物几经转手的情况下又涉及诸多实体问题的判断，基于审执分离的基本原理，不宜在执行中直接解决。鉴于此，本规定明确，第三人善意取得涉案财物的，执行程序中不予追缴。如果被害人依据该规定主张权利的，可通过诉讼程序予以解决。

（十三）关于刑事财产变现处置的特殊方式

针对刑事案件财产变现处置难度大的特点，本规定作出了不同于民事执行的特殊规定：一是原则上遵循《最高人民法院关于人民法院执行中拍卖、变卖财产的规定》进行评估、拍卖；二是在拍卖未能成交的情况下，因执行财物的变价款直接涉及债权人的利益，应当充分尊重权利人的意愿，由权利人自行决定是否以最后一次拍卖保留价接收执行财物；三是在权利人不同意接收的情况下，为尽快变现，发挥物的效用，同时避免增加财物的保管成本，可不拘泥于民事执行拍卖程序的一般规定，实行无底价拍卖，直至最终拍卖成交为止；四是在评估、拍卖中所产生的执行费用，应当从变价款中扣除。同时，为避免给国家或者当事人造成无谓的经济损失，执行中应当避免无益拍卖。

（十四）关于被执行人同时承担多项清偿义务时的执行顺位

1.《刑法》《刑事诉讼法》及相关司法解释均已明确规定，民事赔偿、民事债务的执行优先于财产刑的执行。相关规定体现了在民事责任、刑事责任出现竞合时，民事责任优先的原则。对于民事债务、民事赔偿或刑事赔偿，实践中也需要进一步确定其顺位。

一是人身损害赔偿中的医疗费用。该费用是用于受害人抢救、治疗而支出的费用，相对于精神损害赔偿以及惩罚性赔偿所占比例为极少部分，为体现对受害人生命权、健康权的特别保护，按照权利实现的紧急程度和必要程度，应当优先支付。

二是抵押权优先问题。债权人对执行标的享有抵押权的，对其抵押权应优先予以保护，但是，其优先受偿权不得优先于医疗费用的支付。

三是刑事退赔。由于刑事案件的被害人对于遭受犯罪侵害的事实无法预测和避免，被害人对被非法占有、处置的财产主张权利只能通过追缴或者退赔予以解决，在赃款赃物追缴不能的情况下，被执行人在赃款赃物等值范围内予以赔偿，该赔偿优先于其他民事债务具有合理性。

四是刑事附带民事诉讼案件与其他民事案件并无实质性区别，应为同一执行顺位。

2. 关于罚金与没收部分财产的执行顺位，根据《刑法修正案（八）》第十条的规定，附加刑种类不同的，应当分别执行。依据有关司法解释的规定，罚金和没收全部财产的合并执行，只执行没收全部财产刑。对于判处罚金和没收部分财产的情况，如果先执行没收部分财产，后执行罚金，将会导致轻罪刑罚的执行反而更重，重罪重罚难以体现。考虑到量刑与执行的平衡，在被执行人有限的财产范围内，先执行罚金刑，后执行没收部分财产刑更能体现公平原则，如果现有财产能够满足罚金刑的执行，也避免了在被执行人刑满释放后对其罚金的随时追缴。

3. 对于人身损害赔偿和其他民事债务，权利人要求从执行财产中受偿的，参照民事执行参与分配的有关规定，应当要求取得生效裁判作为执行依据。实践中民事债务经常由被执行人的亲属提出主张，执行机构对债务的真实合法性难以判断，由执行机构作出判断也与其职责不符。故未经生效法律文书确认的债权主张，执行机构不予支持。参照民事执行的有关规定，权利人主张抵押权优先的可以除外。

（十五）关于刑事裁判涉财产部分执行中对案外人异议的特殊审查程序

实践中，对当事人和利害关系人提出的执行异议，适用《民事诉讼法》第二百二十五条①的规定，通过异议、复议程序审查处理并无争议。但对刑事案件案外人异议如何审查处理，一直是执行中的难点、重点问题。实践中做法不一，有的执行法院参照《民事诉讼法》第二百二十五条规定，通过异议、复议程序审查处理；有的执行法院直接依照执行监督程序审查处理；许多执行法院以没有法定的救济途径为由对案外人异议不予审查处理。

在民事执行中，如果案外人对执行标的提出异议的，应当适用《民事诉讼法》第二百二十七条②的规定，先由执行机构审查并作出裁定，申请执行人或案外人对裁定不服的，可以向执行法院提起债权人异议之诉或者案外人异议之诉。因此，异议之诉必须有申请执行人作为原告或者被告参加诉讼。由于大多刑事财产执行案件无申请执行人，如果进入异议之诉，也缺乏相应的诉讼当事人。虽然在理论上可由检察机关或财政部门代表国家作为申请执行人，但在目前尚无明确立法规定的情况下，最高人民法院的司法解释难以作出相应规定。而对该问题适用《民事诉讼法》第二百二十五条的规定，不需要区分有无被害人，可一律通过异议、复议程序审查处理，程序简便、统一。鉴于此，本规定对刑事裁判涉财产部分执行案件中的案外人异议，设计了不同于民事执行案件的处理程序，是在现行法律框架之下，相对较为合理地选择。

① 现为《民事诉讼法》（2023 年修正）第二百三十六条。

② 现为《民事诉讼法》（2023 年修正）第二百三十八条。

为确保程序公正，为各方当事人提供充分的程序保障，本规定要求人民法院审查处理案外人异议、复议，应当公开听证。

（十六）关于当事人、案外人就赃款赃物认定问题提出异议的审查处理程序

对于生效刑事裁判内容的审查，参照《民事诉讼法》第二百二十七条规定的对原生效裁判所确定的执行标的提出异议的处理程序，人民法院执行机构应当告知异议申请人通过审判监督程序解决。但是，在异议仅涉及某项涉案财物的处置是否妥当的情况下，一概启动再审程序，则过于耗费司法资源。执行机构经初步审查，可根据不同情况采取以下处理方式：(1) 异议不成立的，裁定驳回申请，案件继续执行。(2) 可以通过裁定补正的，将异议材料移送刑事审判部门处理。刑事审判部门视案件情况采取裁定驳回、裁定补正或提请院长决定启动审判监督程序予以处理。(3) 无法通过裁定补正的，应当告知异议人通过审判监督程序处理。

被害人或案外人异议，涉及执行财产的权属争议，存在刑事裁判认定事实错误的可能性，参照民事执行案外人异议审查的相关规定，在异议审查期间，执行机构应暂缓对涉案财产的处置。

（撰稿人：刘贵祥　闫　燕）

最高人民法院 最高人民检察院
关于适用犯罪嫌疑人、被告人逃匿、死亡案件违法所得没收程序若干问题的规定

法释〔2017〕1号

（2016年12月26日最高人民法院审判委员会第1705次会议、最高人民检察院第十二届检察委员会第59次会议通过 2017年1月4日最高人民法院、最高人民检察院公告公布 自2017年1月5日起施行）

为依法适用犯罪嫌疑人、被告人逃匿、死亡案件违法所得没收程序，根据《中华人民共和国刑事诉讼法》《中华人民共和国刑法》《中华人民共和国民事诉讼法》等法律规定，现就办理相关案件具体适用法律若干问题规定如下：

第一条 下列犯罪案件，应当认定为刑事诉讼法第二百八十条第一款①规定的“犯罪案件”：

（一）贪污、挪用公款、巨额财产来源不明、隐瞒境外存款、私分国有资产、私分罚没财物犯罪案件；

（二）受贿、单位受贿、利用影响力受贿、行贿、对有影响力的人行贿、对单位行贿、介绍贿赂、单位行贿犯罪案件；

（三）组织、领导、参加恐怖组织，帮助恐怖活动，准备实施恐怖活动，宣扬恐怖主义、极端主义、煽动实施恐怖活动，利用极端主义破坏法律实施，强制穿戴宣扬恐怖主义、极端主义服饰、标志，非法持有宣扬恐怖主义、极端主义物品犯罪案件；

（四）危害国家安全、走私、洗钱、金融诈骗、黑社会性质的组织、毒品犯罪案件。

电信诈骗、网络诈骗犯罪案件，依照前款规定的犯罪案件处理。

第二条 在省、自治区、直辖市或者全国范围内具有较大影响，或者犯罪嫌疑人、被告人逃匿境外的，应当认定为刑事诉讼法第二百八十条第一款规定的“重大”。

第三条 犯罪嫌疑人、被告人为逃避侦查和刑事追究潜逃、隐匿，或者在刑事诉讼过程中脱逃的，应当认定为刑事诉讼法第二百八十条第一款规定的

① 现为《刑事诉讼法》（2018年修正）第二百九十八条第一款。

"逃匿"。

犯罪嫌疑人、被告人因意外事故下落不明满二年，或者因意外事故下落不明，经有关机关证明其不可能生存的，依照前款规定处理。

第四条 犯罪嫌疑人、被告人死亡，依照刑法规定应当追缴其违法所得及其他涉案财产的，人民检察院可以向人民法院提出没收违法所得的申请。

第五条 公安机关发布通缉令或者公安部通过国际刑警组织发布红色国际通报，应当认定为刑事诉讼法第二百八十条第一款规定的"通缉"。

第六条 通过实施犯罪直接或者间接产生、获得的任何财产，应当认定为刑事诉讼法第二百八十条第一款规定的"违法所得"。

违法所得已经部分或者全部转变、转化为其他财产的，转变、转化后的财产应当视为前款规定的"违法所得"。

来自违法所得转变、转化后的财产收益，或者来自已经与违法所得相混合财产中违法所得相应部分的收益，应当视为第一款规定的"违法所得"。

第七条 刑事诉讼法第二百八十一条第三款①规定的"利害关系人"包括犯罪嫌疑人、被告人的近亲属和其他对申请没收的财产主张权利的自然人和单位。

刑事诉讼法第二百八十一条第二款②、第二百八十二条第二款③规定的"其他利害关系人"是指前款规定的"其他对申请没收的财产主张权利的自然人和单位"。

第八条 人民检察院向人民法院提出没收违法所得的申请，应当制作没收违法所得申请书。

没收违法所得申请书应当载明以下内容：

（一）犯罪嫌疑人、被告人的基本情况；

（二）案由及案件来源；

（三）犯罪嫌疑人、被告人涉嫌犯罪的事实及相关证据材料；

（四）犯罪嫌疑人、被告人逃匿、被通缉、脱逃、下落不明、死亡的情况；

（五）申请没收的财产的种类、数量、价值、所在地以及已查封、扣押、冻结财产清单和相关法律手续；

（六）申请没收的财产属于违法所得及其他涉案财产的相关事实及证据材料；

（七）提出没收违法所得申请的理由和法律依据；

（八）有无利害关系人以及利害关系人的姓名、身份、住址、联系方式；

---

① 现为《刑事诉讼法》（2018 年修正）第二百九十九条第三款。

② 现为《刑事诉讼法》（2018 年修正）第二百九十九条第二款。

③ 现为《刑事诉讼法》第三百条第二款。

（九）其他应当载明的内容。

上述材料需要翻译件的，人民检察院应当将翻译件随没收违法所得申请书一并移送人民法院。

第九条 对于没收违法所得的申请，人民法院应当在三十日内审查完毕，并根据以下情形分别处理：

（一）属于没收违法所得申请受案范围和本院管辖，且材料齐全、有证据证明有犯罪事实的，应当受理；

（二）不属于没收违法所得申请受案范围或者本院管辖的，应当退回人民检察院；

（三）对于没收违法所得申请不符合"有证据证明有犯罪事实"标准要求的，应当通知人民检察院撤回申请，人民检察院应当撤回；

（四）材料不全的，应当通知人民检察院在七日内补送，七日内不能补送的，应当退回人民检察院。

第十条 同时具备以下情形的，应当认定为本规定第九条规定的"有证据证明有犯罪事实"：

（一）有证据证明发生了犯罪事实；

（二）有证据证明该犯罪事实是犯罪嫌疑人、被告人实施的；

（三）证明犯罪嫌疑人、被告人实施犯罪行为的证据真实、合法。

第十一条 人民法院受理没收违法所得的申请后，应当在十五日内发布公告，公告期为六个月。公告期间不适用中止、中断、延长的规定。

公告应当载明以下内容：

（一）案由、案件来源以及属于本院管辖；

（二）犯罪嫌疑人、被告人的基本情况；

（三）犯罪嫌疑人、被告人涉嫌犯罪的事实；

（四）犯罪嫌疑人、被告人逃匿、被通缉、脱逃、下落不明、死亡的情况；

（五）申请没收的财产的种类、数量、价值、所在地以及已查封、扣押、冻结财产的清单和相关法律手续；

（六）申请没收的财产属于违法所得及其他涉案财产的相关事实；

（七）申请没收的理由和法律依据；

（八）利害关系人申请参加诉讼的期限、方式以及未按照该期限、方式申请参加诉讼可能承担的不利法律后果；

（九）其他应当公告的情况。

第十二条 公告应当在全国公开发行的报纸、信息网络等媒体和最高人民法院的官方网站刊登、发布，并在人民法院公告栏张贴。必要时，公告可以在犯罪地、犯罪嫌疑人、被告人居住地或者被申请没收财产所在地张贴。公告最后被刊登、发布、张贴日期为公告日期。人民法院张贴公告的，应当采取拍照、录像等方式记录张贴过程。

人民法院已经掌握境内利害关系人联系方式的，应当直接送达含有公告内容的通知；直接送达有困难的，可以委托代为送达、邮寄送达。经受送达人同意的，可以采用传真、电子邮件等能够确认其收悉的方式告知其公告内容，并记录在案；人民法院已经掌握境外犯罪嫌疑人、被告人、利害关系人联系方式，经受送达人同意的，可以采用传真、电子邮件等能够确认其收悉的方式告知其公告内容，并记录在案；受送达人未作出同意意思表示，或者人民法院未掌握境外犯罪嫌疑人、被告人、利害关系人联系方式，其所在地国（区）主管机关明确提出应当向受送达人送达含有公告内容的通知的，受理没收违法所得申请案件的人民法院可以决定是否送达。决定送达的，应当将公告内容层报最高人民法院，由最高人民法院依照刑事司法协助条约、多边公约，或者按照对等互惠原则，请求受送达人所在地国（区）的主管机关协助送达。

第十三条 利害关系人申请参加诉讼的，应当在公告期间内提出，并提供与犯罪嫌疑人、被告人关系的证明材料或者证明其可以对违法所得及其他涉案财产主张权利的证据材料。

利害关系人可以委托诉讼代理人参加诉讼。利害关系人在境外委托的，应当委托具有中华人民共和国律师资格并依法取得执业证书的律师，依照《最高人民法院关于适用〈中华人民共和国刑事诉讼法〉的解释》第四百零三条[①]的规定对授权委托进行公证、认证。

利害关系人在公告期满后申请参加诉讼，能够合理说明理由的，人民法院应当准许。

第十四条 人民法院在公告期满后由合议庭对没收违法所得申请案件进行审理。

利害关系人申请参加及委托诉讼代理人参加诉讼的，人民法院应当开庭审理。利害关系人及其诉讼代理人无正当理由拒不到庭，且无其他利害关系人和其他诉讼代理人参加诉讼的，人民法院可以不开庭审理。

人民法院对没收违法所得申请案件开庭审理的，人民检察院应当派员出席。

人民法院确定开庭日期后，应当将开庭的时间、地点通知人民检察院、利害关系人及其诉讼代理人、证人、鉴定人员、翻译人员。通知书应当依照本规定第十二条第二款规定的方式至迟在开庭审理三日前送达；受送达人在境外的，至迟在开庭审理三十日前送达。

第十五条 出庭的检察人员应当宣读没收违法所得申请书，并在法庭调查

---

① 现为《最高人民法院关于适用〈中华人民共和国刑事诉讼法〉的解释》（2021年）第四百八十六条。

阶段就申请没收的财产属于违法所得及其他涉案财产等相关事实出示、宣读证据。

对于确有必要出示但可能妨碍正在或者即将进行的刑事侦查的证据，针对该证据的法庭调查不公开进行。

利害关系人及其诉讼代理人对申请没收的财产属于违法所得及其他涉案财产等相关事实及证据有异议的，可以提出意见；对申请没收的财产主张权利的，应当出示相关证据。

第十六条 人民法院经审理认为，申请没收的财产属于违法所得及其他涉案财产的，除依法应当返还被害人的以外，应当予以没收；申请没收的财产不属于违法所得或者其他涉案财产的，应当裁定驳回申请，解除查封、扣押、冻结措施。

第十七条 申请没收的财产具有高度可能属于违法所得及其他涉案财产的，应当认定为本规定第十六条规定的“申请没收的财产属于违法所得及其他涉案财产”。

巨额财产来源不明犯罪案件中，没有利害关系人对违法所得及其他涉案财产主张权利，或者利害关系人对违法所得及其他涉案财产虽然主张权利但提供的相关证据没有达到相应证明标准的，应当视为本规定第十六条规定的“申请没收的财产属于违法所得及其他涉案财产”。

第十八条 利害关系人非因故意或者重大过失在第一审期间未参加诉讼，在第二审期间申请参加诉讼的，人民法院应当准许，并发回原审人民法院重新审判。

第十九条 犯罪嫌疑人、被告人逃匿境外，委托诉讼代理人申请参加诉讼，且违法所得或者其他涉案财产所在地国（区）主管机关明确提出意见予以支持的，人民法院可以准许。

人民法院准许参加诉讼的，犯罪嫌疑人、被告人的诉讼代理人依照本规定关于利害关系人的诉讼代理人的规定行使诉讼权利。

第二十条 人民检察院、利害关系人对第一审裁定认定的事实、证据没有争议的，第二审人民法院可以不开庭审理。

第二审人民法院决定开庭审理的，应当将开庭的时间、地点书面通知同级人民检察院和利害关系人。

第二审人民法院应当就上诉、抗诉请求的有关事实和适用法律进行审查。

第二十一条 第二审人民法院对不服第一审裁定的上诉、抗诉案件，经审理，应当按照下列情形分别处理：

（一）第一审裁定认定事实清楚和适用法律正确的，应当驳回上诉或者抗诉，维持原裁定；

（二）第一审裁定认定事实清楚，但适用法律有错误的，应当改变原裁定；

（三）第一审裁定认定事实不清的，可以在查清事实后改变原裁定，也可以撤销原裁定，发回原审人民法院重新审判；

（四）第一审裁定违反法定诉讼程序，可能影响公正审判的，应当撤销原裁定，发回原审人民法院重新审判。

第一审人民法院对于依照前款第三项规定发回重新审判的案件作出裁定后，第二审人民法院对不服第一审人民法院裁定的上诉、抗诉，应当依法作出裁定，不得再发回原审人民法院重新审判。

第二十二条 违法所得或者其他涉案财产在境外的，负责立案侦查的公安机关、人民检察院等侦查机关应当制作查封、扣押、冻结的法律文书以及协助执行查封、扣押、冻结的请求函，层报公安、检察院等各系统最高上级机关后，由公安、检察院等各系统最高上级机关依照刑事司法协助条约、多边公约，或者按照对等互惠原则，向违法所得或者其他涉案财产所在地国（区）的主管机关请求协助执行。

被请求国（区）的主管机关提出，查封、扣押、冻结法律文书的制发主体必须是法院的，负责立案侦查的公安机关、人民检察院等侦查机关可以向同级人民法院提出查封、扣押、冻结的申请，人民法院经审查同意后制作查封、扣押、冻结令以及协助执行查封、扣押、冻结令的请求函，层报最高人民法院后，由最高人民法院依照刑事司法协助条约、多边公约，或者按照对等互惠原则，向违法所得或者其他涉案财产所在地国（区）的主管机关请求协助执行。

请求函应当载明以下内容：

（一）案由以及查封、扣押、冻结法律文书的发布主体是否具有管辖权；

（二）犯罪嫌疑人、被告人涉嫌犯罪的事实及相关证据，但可能妨碍正在或者即将进行的刑事侦查的证据除外；

（三）已发布公告的，发布公告情况、通知利害关系人参加诉讼以及保障诉讼参与人依法行使诉讼权利等情况；

（四）请求查封、扣押、冻结的财产的种类、数量、价值、所在地等情况以及相关法律手续；

（五）请求查封、扣押、冻结的财产属于违法所得及其他涉案财产的相关事实及证据材料；

（六）请求查封、扣押、冻结财产的理由和法律依据；

（七）被请求国（区）要求载明的其他内容。

第二十三条 违法所得或者其他涉案财产在境外，受理没收违法所得申请案件的人民法院经审理裁定没收的，应当制作没收令以及协助执行没收令的请求函，层报最高人民法院后，由最高人民法院依照刑事司法协助条约、多边公约，或者按照对等互惠原则，向违法所得或者其他涉案财产所在地国（区）的主管机关请求协助执行。

请求函应当载明以下内容：

（一）案由以及没收令发布主体具有管辖权；

（二）属于生效裁定；

（三）犯罪嫌疑人、被告人涉嫌犯罪的事实及相关证据，但可能妨碍正在或者即将进行的刑事侦查的证据除外；

（四）犯罪嫌疑人、被告人逃匿、被通缉、脱逃、死亡的基本情况；

（五）发布公告情况、通知利害关系人参加诉讼以及保障诉讼参与人依法行使诉讼权利等情况；

（六）请求没收违法所得及其他涉案财产的种类、数量、价值、所在地等情况以及查封、扣押、冻结相关法律手续；

（七）请求没收的财产属于违法所得及其他涉案财产的相关事实及证据材料；

（八）请求没收财产的理由和法律依据；

（九）被请求国（区）要求载明的其他内容。

第二十四条 单位实施本规定第一条规定的犯罪后被撤销、注销，单位直接负责的主管人员和其他直接责任人员逃匿、死亡，导致案件无法适用刑事诉讼普通程序进行审理的，依照本规定第四条的规定处理。

第二十五条 本规定自 2017 年 1 月 5 日起施行。之前发布的司法解释与本规定不一致的，以本规定为准。

【解　读】

解读《最高人民法院、最高人民检察院关于适用犯罪嫌疑人、被告人逃匿、死亡案件违法所得没收程序若干问题的规定》

2017 年 1 月 5 日，最高人民法院、最高人民检察院联合发布《关于适用犯罪嫌疑人、被告人逃匿、死亡案件违法所得没收程序若干问题的规定》（法释〔2017〕1 号，以下简称本规定）。本规定共 25 条，就违法所得没收程序适用的罪名范围、概念认定、证明标准以及具体操作规范进行了明确。本规定从追逃追赃实际出发，针对新情况新问题，突破传统诉讼理念，进行了一系列全新的制度设计。本规定是目前唯一对违法所得没收程序进行系统解释的司法文件，实践运用时存在一定理解和适用难度。为帮助办案人员正确理解与适用本规定，现对本规定的制定背景、意义和主要内容说明如下：

一、本规定制定的背景、意义

党的十八大以来，以习近平同志为核心的新一届中央领导集体把从严惩治腐败放在突出位置，坚持有腐必反、有贪必肃，坚持“老虎”“苍蝇”一起打，体现了中央反腐败的坚强决心和鲜明态度。追逃追赃工作，是反腐败斗争的重要组成部分。在党中央的坚强领导和统一部署下，国际追逃追赃工作取得了重大成果。仅 2016 年，就从 70 多个国家和地区追回外逃人员 1032 人，追回赃款 24.08 亿余元人民币，赢得了党心、民心，国际社会高度认同，海内外舆论高度评价。

追逃与追赃工作相辅相成。追逃若不彻底，就意味着犯罪分子找到了避罪的“天堂”，逍遥法外；追赃若不彻底，就必然会助长更多的腐败分子携款外逃，国家和人民的经济损失就无法挽回。只有坚持追逃与追赃两手抓，最终人赃俱获，才能实现除恶务尽、大快人心之目的。为了严密追逃追赃法网，2012 年《刑事诉讼法》修正时首次规定了违法所得没收程序，为犯罪嫌疑人、被告人逃匿、死亡情况下没收违法所得及其他涉案财产提供了直接法律依据。但因违法所得没收程序在我国是一个新的制度设计，已有的立法及相关司法解释规定比较原则，法律适用存在较多困惑，难以满足办案需要。2013 年至 2016 年底，全国检察机关公诉部门共受理违法所得没收程序案件 62 件，向法院提出没收违法所得申请案件 38 件。大多数案件还处在公告、延长审理期限状态，难以向前推进。特别是犯罪嫌疑人携款潜逃境外后取得外国国籍的案件，如果没有具体的可供操作的司法程序，最大的问题是限制或者没收境外赃款的请求就难以获取被请求国的协助执行。这种现状严重影响了反腐败战略的实施和成效。综合分析，导致上述现状的原因主要集中在以下四个方面：一是适用范围过窄。刑事诉讼法仅明文规定了贪污贿赂、恐怖活动犯罪，而诸如国家安全、黑社会性质组织、走私、毒品、金融诈骗、电信诈骗、网络诈骗等大量犯罪均未明确是否在适用范围之内。除了罪名限制，刑事诉讼法对违法所得没收程序的适用还设置了“重大犯罪案件”的设置，而“重大”的认定标准在理解上不一，这就使很多案件无法进入程序；二是对违法所得没收程序的本质是刑事程序还是民事程序存在不同看法，对此类案件中有关事实证据证明标准存在较大争议；三是缺少实践经验指引，各地司法机关对于如何申请和审理、如何制作相关法律文书，以及如何执行，认识不足，基本都是摸着石头过河，普遍存在严重的畏难情绪；四是违法所得没收程序涉及诉讼环节较多，特别是有的案件涉及境外诉讼保全措施和没收裁定协助执行，司法机关职责不清，难以有效衔接。

为充分发挥违法所得没收程序的积极作用，切实提高反腐败国际追逃追赃工作成效，极大促进国内规则与国际规则形成良性互动和有效对接，推动违法所得没收程序规范、统一适用，2014 年 11 月，最高人民法院、最高人民检察院对违法所得没收程序开展专项调研。2015 年 5 月至 7 月，最高人民法院课题组对美加澳新等外逃人员比较集中的国家的相关法律制度和对外协作部门进行了考察访问。在总结吸收国际国内先进理论和实践经验的基础上，“两高”针对当前办理没收违法所得申请案件比较突出的法律适用问题起草了系统指导意见，并广泛征求了立法机关、各级司法机关及社会各界人士的意见，经提交最高人民法院审判委员会、最高人民检察院检察委员会审议，形成了本规定。

本规定从我国司法实际出发，不仅对实践中容易引发争议的概念进行了界定，明确了认定犯罪事实、申请没收的财产与犯罪事实关联性的证明标准，而且对没收申请的审查、一审开庭、二审裁定、利害关系人参加诉讼方式、请求境外协助执行等相关程序，公告等法律文书格式、内容以及送达方式作了具体规定，增强了违法所得没收程序的实践可操作性，既有利于推进违法所得没收程序的规范、统一适用，也有利于与国外追逃追赃机制形成良性互动和对接，推进反腐败国际追逃追赃工作取得更大成效。

二、本规定的主要内容

（一）关于标题和导语

本规定仅针对违法所得没收程序适用过程中的重点突出问题明确了处理原则，故本规定在标题和导语中采用了“若干问题”的表述。虽然违法所得没收程序整体架构在刑事诉讼理念基础上，但其中多个诉讼环节又借鉴吸收了民事诉讼理念，甚至直接援引了民事诉讼法相关规定，故适用依据包括民事诉讼法相关规定。同时，违法所得没收程序适用的罪名范围、没收原理主要依据的是刑法原理和刑法规定，故适用依据又包括《刑法》相关规定。

（二）关于违法所得没收程序适用的罪名范围

理论界和实务界对违法所得没收程序适用的罪名范围存在一定争议。一种观点认为，应当严格限制罪名范围，对《刑事诉讼法》第二百八十条①规定的“等”应当作等内解释，违法所得没收程序仅适用于贪污贿赂、恐怖活动犯罪。另一种观点认为，从当前犯罪形势和打击犯罪的需要出发，对《刑事诉讼法》第二百八十条规定的“等”应当作等外解释。当前危害国家安全、黑社会性质的组织、毒品犯罪以及洗钱、走私犯罪、金融诈骗、电信诈骗等犯罪态势十分猖獗，犯罪所得往往特别巨大，有必要将此类犯罪纳入适用范围。经研究，本规定基本采纳了后一种观点。

本规定第一条所列罪名共五项：第一项以占有性、挪用性犯罪为主。第二项基本上是受贿类、行贿类犯罪。第三项是恐怖活动犯罪，包括《刑法修正案

① 现为《刑事诉讼法》（2018 年修正）第二百九十八条。

(九)》新增设的几类恐怖活动犯罪。第四项是类罪，包括洗钱罪及其上游犯罪。从体系上讲，似乎应当将破坏金融管理秩序罪规定在内，但在征求意见过程中，不少观点提出破坏金融管理秩序罪在实践中难以妥善处理，建议删去破坏金融管理秩序罪。经研究，基于实践可操作性的考虑，本规定删去破坏金融管理秩序罪，保留了洗钱罪。第五项是两类新型特殊诈骗犯罪。由于在电信诈骗、网络诈骗案件中，犯罪嫌疑人、被告人违法所得往往特别巨大，且多数无法通过普通刑事诉讼程序处理，故纳入违法所得没收程序适用范围。

鉴于我国违法所得没收程序适用的罪名范围相比国外民事没收制度适用的罪名范围以及《联合国反腐败公约》明确的没收制度适用的罪名范围要窄，本规定最初规定了兜底项。后不少观点建议，鉴于没收违法所得申请案件毕竟是在犯罪嫌疑人、被告人缺席的情况下进行审判，在一定程度上限制了犯罪嫌疑人、被告人陈述、辩解等诉讼权利，对其适用范围应当审慎把握，不宜将罪名范围过于扩大，故本规定在具体列举罪名后未规定兜底项。

（三）关于“重大”的认定标准

在本规定第二条起草过程中，不少观点主张从刑罚轻重和犯罪数额的角度明确违法所得没收程序所适用的重大犯罪案件的标准。经研究，无论从刑罚轻重还是从犯罪数额角度都难以明确一个普遍适用的标准。

1. 难以从刑罚轻重角度明确“重大”的认定标准。对重大案件明确认定标准的司法解释主要有两个：一是1998年出台的最高人民法院《关于处理自首和立功具体应用法律若干问题的解释》（以下简称《自首立功解释》）第七条第二款明确的“可能被判处无期徒刑以上刑罚或者案件在本省、自治区、直辖市或者全国范围内有较大影响的”犯罪案件；二是2016年“两高”出台的《关于办理贪污贿赂刑事案件适用法律若干问题的解释》（以下简称《贪污贿赂解释》）第十四条第二款明确的“已经或者可能被判处十年有期徒刑以上刑罚或者案件在本省、自治区、直辖市或者全国范围内有较大影响的”犯罪案件。《贪污贿赂解释》对重大案件明确的刑罚标准显然轻于《自首立功解释》，主要理由是：立功作为法定从轻、减轻处罚情节，在认定上应严格把握，同时要建立均衡阶梯，将重大立功与一般立功对应的刑罚标准区别开来，故当时《自首立功解释》将重大案件的标准明确为无期徒刑以上刑罚有一定道理。18年后，随着司法理念的发展，职务犯罪定罪量刑标准整体调整，判处无期徒刑以上刑罚的职务犯罪大幅减少，因此《贪污贿赂解释》将重大案件的标准明确为十年有期徒刑以上刑罚。违法所得没收程序仅是针对犯罪所得及其他涉案财产的追缴，最基本的目的是不让犯罪分子通过犯罪受益，切断外逃人员财源，迫使其回国受审。在这一理念主导下，将违法所得没收程序的适用范围限制在可能判处无期徒刑以上刑罚犯罪或者十年有期徒刑以上刑罚犯罪，对可能判处轻于上述刑罚的犯罪放任其违法所得不管与立法原意不符，也不利于反腐败斗争的深入推进。

2. 难以从数额角度明确"重大"的标准。从数额角度明确重大案件的认定标准，面临一个难以绕开的难题，即如何寻求境内违法所得没收程序适用数额与境外违法所得没收程序适用数额的平衡。如确定境外标准高于境内标准则有鼓励犯罪嫌疑人、被告人逃匿境外之嫌；如境内与境外按照统一标准，则缺乏可操作性。如以 50 万元为标准，对于境内高于 30 万元不满 50 万元的贪污所得，不适用违法所得没收程序，同样违反了不让犯罪分子通过犯罪受益的基本原理，但对于境外 50 万元贪污所得启动违法所得没收程序，则可能不够办案成本，即与当前追逃追赃实践不符。

基于上述考虑，本规定第二条采取了原则性规定：一是援引《自首立功解释》《贪污贿赂解释》关于"在全省、自治区、直辖市或者全国范围内具有较大影响的犯罪案件"的标准；二是明确了犯罪嫌疑人、被告人逃匿境外的犯罪案件应当认定为重大犯罪案件。此类案件一般犯罪数额都较大，不仅在本省、自治区、直辖市甚至在全国都具有较大影响，更何况对逃匿境外的犯罪嫌疑人、被告人进行追赃，是严密法网，挽回国家和人民损失，切断外逃人员财路，促使其回国受审的重要途径。在某种意义上可以说，对逃匿境外的犯罪嫌疑人、被告人进行追赃是刑事诉讼法增设违法所得没收程序最基本的动因，故将此项条件明确为没收违法所得申请案件的"重大"标准符合立法原意。

(四) 关于逃匿的认定

本规定第三条对逃匿的一般情形和特殊情形进行了明确。

1. 关于逃匿的一般认定

司法实践中对逃匿的认定存在一定争议。有观点认为，只要犯罪嫌疑人、被告人离开居住地、工作地，对外失联，即可认定为逃匿。也有观点建议借鉴加拿大的规定，进行客观推定，自逮捕令签发之日起六个月不能到案的，即可认定为逃匿。但多数观点认为，应当坚持主客观统一原则，与司法机关及其工作人员失去联系未必一定与其他人失去联系；即使与外界所有人失去联系，也未必是主观上想逃匿。因此，仅以对外失联或者客观不能到案认定逃匿都难免失之偏颇。对于超过一定期限不能到案情形，要结合主观方面认定是否属于逃匿。如果不是故意，而是因为生病或者其他不可抗力因素不能到案，则不属于逃匿。

基于上述考虑，本规定从客观和主观两个维度对逃匿作了界定：客观方面，犯罪嫌疑人、被告人存在潜逃、隐匿行为；主观方面，犯罪嫌疑人、被告人必须是为了逃避侦查和刑事追究。犯罪嫌疑人、被告人离开居住地、工作地，逃避侦查和刑事追究的，属于最典型的逃匿；犯罪嫌疑人、被告人未离开居住地、工作地，在原地隐匿起来逃避侦查和刑事追究的，亦属于逃匿情形；犯罪嫌疑人、被告人为了将来逃避侦查和刑事追究逃匿境外，后因各种原因不能或者不愿回国受审的，均应视为逃匿。

2. 关于逃匿的特殊认定

(1) 将犯罪嫌疑人、被告人在刑事诉讼过程中脱逃的情形明确为逃匿。最高人民法院、最高人民检察院、公安部、国家安全部、司法部、全国人大常委会法制工作委员会《关于实施刑事诉讼法若干问题的规定》（以下简称《六部门规定》）第三十六条第三款对死亡、脱逃两种情形作了突破现行法律的规定，即对此两种情形适用违法所得没收程序没有设置罪名范围和通缉一年后不能到案的限制条件。最高人民法院《关于适用〈中华人民共和国刑事诉讼法〉的解释》（以下简称《刑诉法解释》）第五百零七条第二项①仅对死亡情形未设置罪名范围和通缉一年后不能到案的限制。鉴于《六部门规定》与《刑诉法解释》规定不尽统一，本规定对此作了明确。本规定起草过程中，多数观点认为，脱逃和死亡存在本质不同，脱逃在本质上是一种逃匿，应设置罪名范围和通缉一年后不能到案的限制。本规定对此意见予以采纳，将刑事诉讼过程中的脱逃行为明确为逃匿情形。

(2) 将民事程序中两类宣告死亡情形明确为逃匿。

本规定明确，犯罪嫌疑人、被告人因意外事故下落不明满二年，或者因意外事故下落不明，经有关机关证明该公民不可能生存的，依照逃匿情形处理。这样规定的考虑是，如果犯罪嫌疑人、被告人通过实施贪污贿赂犯罪获得大量财产，发生上述两种情形后，对其不法财产放任不管显然与立法原意不符。在坚持这一前提下，需要考虑的是，能否按照民事诉讼程序采取先由利害关系人申请再宣告死亡的办法处理？根据《民事诉讼法》第一百八十四条第一款②规定，上述两种情形经利害关系人申请，人民法院可以宣告死亡。有观点据此提出，犯罪嫌疑人、被告人出现上述情况的，也应由利害关系人申请宣告死亡。经研究，在没收违法所得申请案件中，利害关系人多是犯罪嫌疑人、被告人的近亲属，由近亲属提出申请进而作出对犯罪嫌疑人、被告人的财产不利的处理，既不现实，也不合情理。其次，对公民宣告死亡不仅涉及非法财产的处置，还涉及合法财产和人身关系的确认，如遗产继承等，故不宜将人民法院宣告犯罪嫌疑人、被告人死亡作为上述两种情形没收违法所得申请的前置条件。那么能否考虑采取不经利害关系人申请而直接推定死亡的办法？本规定最初明确，犯罪嫌疑人、被告人因意外事故下落不明满二年，或者因意外事故下落不明，经有关机关证明该公民不可能生存的，人民检察院可以向人民法院提出没收违法所得的申请。后在征求意见过程中，有关部门提出，这样规定有推定死

---

① 对应《最高人民法院关于适用〈中华人民共和国刑事诉讼法〉的解释》（2021年）第六百一十一条。

② 现为《民事诉讼法》（2023年修正）第一百九十一条第一款。

亡之嫌，与刑事诉讼不得推定死亡精神相违背。这个问题必然涉及违法所得没收程序本质认识问题，究竟是民事程序还是刑事程序，抑或是民事和刑事之间的特别程序？而且即使认为是一种特别程序，也难以在是否允许推定死亡问题上形成共识。经反复研究，本规定将上述两种下落不明情形明确了依照逃匿情形处理。主要是考虑到，因意外事故下落不明毕竟在直观上与逃匿不同，故本规定未直接将上述两种下落不明情形明确为逃匿，而是采取了技术性表述，明确规定依照逃匿情形处理。这样规定，意味着上述两种情形适用违法所得没收程序依然受到罪名范围和通缉一年后不能到案的限制。虽然程序相对繁琐，但相对于由利害关系人申请和人民法院宣告死亡，更加便于把握和操作执行。

值得提及的是，《民事诉讼法》第一百八十四条还规定了公民下落不明满4年的宣告死亡情形。此种情形相对于犯罪嫌疑人、被告人实施犯罪后不久下落不明，更有理由推定犯罪嫌疑人、被告人具有逃避侦查和刑事追究的目的。如犯罪嫌疑人、被告人实施犯罪后下落不明满4年，在没有客观意外情况发生的情况下，更有理由认定犯罪嫌疑人、被告人逃匿。故此类情形可直接依照一般逃匿情形处理。

（五）关于死亡以及相关情形能否适用违法所得没收程序

在没收违法所得申请案件中，必须坚持一个最基本的前提，即依照刑法规定应当追缴违法所得及其他涉案财产，故本规定第四条明确，对于犯罪嫌疑人、被告人死亡案件，只有依照刑法规定应当追缴其违法所得及其他涉案财产的，人民检察院才可以向人民法院提出没收违法所得的申请。

司法实践中对以下四种情形能否适用违法所得没收程序认识不一，故有必要探讨。

1. 申请没收的财产不足以返还被害人的情形。即在认定申请没收的财产属于违法所得及其他涉案财产后，按照优先返还被害人的原则，最终无剩余财产予以没收。有观点据此认为，既然返还被害人后无剩余财产予以没收，就应认定不属于依照刑法规定应当追缴违法所得及其他涉案财产的情形，人民检察院不能提出没收违法所得申请。经研究认为，只要犯罪嫌疑人、被告人逃匿、死亡，符合没收违法所得申请条件，即应提起没收违法所得申请。至于审理后是否有剩余财产予以没收上缴国库，不能作为检察机关是否提出没收违法所得申请的依据。

2. 行为人在纪检监察阶段或者在公安立案侦查前就死亡的情形。此类情形能否适用违法所得没收程序存在一定争议。有观点认为，刑事诉讼法规定适用违法所得没收程序的主体必须是犯罪嫌疑人，“犯罪嫌疑人”的称谓必须是在司法机关刑事立案后，而上述情形不应适用违法所得没收程序。经研究认为，《刑事诉讼法》表述的“犯罪嫌疑人”的外延包括但不限于刑事立案后的主体。如《刑事诉讼法》第一百零八条①规定："（第一款）任何单位和个人发现有犯罪事实或者犯罪嫌疑人，有权利也有义务向公安机关、人民检察院或者人民法院报案或者举报。（第二款）被害人对侵犯其人身、财产权利的犯罪事实或者犯罪嫌疑人，有权向公安机关、人民检察院或者人民法院报案或者控告……"由上述"犯罪嫌疑人"的表述推之，对于实施本规定第一条所列罪名的主体，即使是在刑事立案之前，也可以"犯罪嫌疑人"进行表述。据此，行为人在纪检监察阶段或者在公安立案侦查前就死亡的，适用违法所得没收程序没有法律障碍。

值得注意的是，在具体案件中，是表述为犯罪嫌疑人还是被告人，不是以行为人逃匿、死亡后法院是否受理没收违法所得申请案件为标准，而是以行为人逃匿、死亡前案件是否起诉到法院为标准。如行为人逃匿、死亡前，案件已起诉到法院，行为人应表述为"被告人"，否则，应表述为"犯罪嫌疑人"。

3. 犯罪嫌疑人、被告人丧失诉讼行为能力经有关机关鉴定不可能恢复的情形。有观点主张将此种情形纳入违法所得没收程序适用的范围，后考虑到此种情形与逃匿、死亡情形存在较大差别，跨越立法界限太大，故本规定最终未采纳。

4. 犯罪已过追诉期限情形。一种观点认为，刑事追诉期限已过，刑事责任不追究，故犯罪嫌疑人、被告人的违法所得及涉案财产不能没收。另一种观点认为，无论是否已过追诉期限，对违法所得及涉案财产都应当予以没收。理由是：所有权各项权能的分离是暂时的，最终都要回复到所有权中来。无论时间过多久，国家或者被害人的财产所有权不因追诉期限已过而丧失；基于不让犯罪者通过犯罪受益的原理，无论时间过多久，只要犯罪者通过犯罪获取利益，就要一追到底。后一种观点似有一定道理，但犯罪已过追诉期限毕竟情况特殊，在具体操作程序上会带来一系列全新的问题。如对于一般没收违法所得申请案件，犯罪嫌疑人、被告人到案即终止违法所得没收程序，但在犯罪已过追诉期限情形下，对行为人如何称谓、是否允许其参与诉讼、能否允许其就刑事部分事实提出意见以及是否允许其委托代理人，等等，都是全新的问题，故《规定》暂未对此种情形予以明确。

（六）关于通缉的认定

1. 关于网上追逃是否认定为通缉

一种观点认为，应当将网上追逃纳入通缉的范围。实践中已有将网上追逃作为通缉使用，并且有诸多成功的案例。另一种观点认为，网上追逃既可以适用于逮捕对象，也可以适用于刑事拘留对象，甚至包括侦查、调查的对象，门槛太低，不应将网上追逃纳入通缉的范围。本规定第三条采纳了后一种观点。

---

① 现为《刑事诉讼法》（2018 年修正）第一百一十条。

理由是：(1) 从《刑事诉讼法》第一百五十三条[①]、《公安机关办理刑事案件程序规定》第二百六十五条的规定分析，通缉的对象只能是应当逮捕的犯罪嫌疑人，而网上追逃的对象则是可能被刑事拘留的犯罪嫌疑人。如《公安机关办理刑事案件程序规定》第二百六十五条规定，“应当逮捕的犯罪嫌疑人如果在逃，公安机关可以发布通缉令，采取有效措施，追捕归案。”(2) 从规范违法所得没收程序的角度分析，不应将网上追逃纳入通缉的范围。网上追逃不属于实质意义上的通缉，实践中经常出现侦查机关既不对犯罪嫌疑人、被告人采取任何强制措施，也不深入调查了解，而简单以网上追逃方式结案情形。为督促侦查机关规范通缉权限，不应将网上追逃认定为通缉。《公安机关办理刑事案件程序规定》第二百七十一条修改过去通缉令的发布方法，规定通缉令应当广泛张贴，并可以通过广播、电视、报刊、互联网等方式发布。从上述关于规范通缉令发布方式的规定分析，不应将网上追逃认定为通缉。

协查通报、内部通报比网上追逃随意性更大，同理推之，更不应认定为《刑事诉讼法》第二百八十条第一款[②]规定的通缉。实践中，有观点提出，悬赏广告能否认定为通缉？经研究，悬赏广告不属于法律正式用语，也不必然是司法机关的行为，故悬赏广告不应认定为通缉。

2. 是否有必要规定 A、B 级通缉令

根据《公安部关于实行“破案追逃”新机制的通知》(公通字〔1999〕91号)，A、B 级通缉令仅指公安部发布的通缉令。而实践中重大犯罪案件并非都是由公安部发布通缉令，各地公安机关根据《刑事诉讼法》的相关规定，可以在自己管辖的地区范围内发布通缉令。基于上述考虑，本规定未对通缉令作 A、B 级限制。

3. 国际刑警组织发布红色通报（俗称“红色通缉令”）

公安部凭逮捕证可以向国际刑警组织请求发布红色通报。红色通报在有些国家可以作为提请临时羁押的事由，故国际刑警组织发布红色通报在国际惯例上往往被视为通缉。本规定最初明确国际刑警组织发布蓝色通报亦应认定为通缉，后经向有关部门进一步了解，向国际刑警组织请求发布蓝色通报无需提交逮捕证，国际刑警组织发布蓝色通报后，相关国家亦不会采取临时羁押措施，仅是作一些协助性盘问，故本规定第五条仅明确公安部通过国际刑警组织发布红色国际通报应当认定为通缉。实践中，公安部向国际刑警组织请求发布红色通报，不以国内发布通缉令为前提，特别是在明知犯罪嫌疑人、被告人已逃往境外的情况下，如李华波案件，公安机关在国内对李华波未发布通缉令，而是直接向国际刑警组织请求发布红色通报。

---

① 现为《刑事诉讼法》(2018 年修正）第一百五十五条。

② 现为《刑事诉讼法》(2018 年修正）第二百九十八条。

（七）关于违法所得的认定

本规定第六条对违法所得的认定进行了明确。在征求意见过程中，不少观点建议就违法所得已经部分或者全部转变、转化为其他财产以及违法所得已经与从合法来源获得的财产相混合的情形是否属于违法所得进行明确。如有观点提出，犯罪嫌疑人、被告人将犯罪所得款物用于投资所形成的财产系违法所得还是涉案财产？如受贿后用于购买房产、书画、玉石珠宝、投资股票或者开设公司等形成的财产，并非行为人直接犯罪所得，其中还包含了行为人的投资能力甚至是直接生产经营活动，如认定为违法所得似有不妥，宜认定为与案件相关的涉案财产；因认定犯罪金额只能以犯罪时所获得的款物来计算，如上述款物通过投资经营行为获得了增值，没收的是其犯罪所得金额还是现有的财产价值，等等。基于上述疑问，参考《联合国反腐败公约》第2条“术语的使用”第（5）项、第31条“冻结、扣押和没收”第4、5、6款的规定，本规定第六条明确了不同情形下对违法所得的认定。

第一种情形，即原始形态的违法所得，是指通过实施犯罪直接或者间接产生、获得的任何财产；第二种情形，即转变、转化形态的违法所得，是指违法所得已经部分或者全部转变、转化为其他财产的，转变、转化后的财产；第三种情形，即单纯收益和添附收益形态的违法所得，是指来自违法所得转变、转化后的财产收益，或者来自已经与违法所得相混合财产中违法所得相应部分的收益。

（八）关于利害关系人、其他利害关系人的认定

《刑事诉讼法》既规定了“利害关系人”，又规定了“其他利害关系人”，但对“其他利害关系人”的概念未作明确。考虑到实践中其他利害关系人和利害关系人的认定可能发生争议，本规定明确了两者的逻辑种属关系。另，虽然《刑诉法解释》对“其他利害关系人”的概念作了解释，但将利害关系人限制为对申请没收的财产主张所有权的范围似乎过窄，故本规定将此概念扩大到对财物主张权利的人，除了对财物主张所有权的人外，还包括主张部分物权的人，如主张留置权、担保物权等等。

关于被害人是否属于利害关系人、两者是否属于种属关系，实践中存在不同看法。经研究，只有被害人依法可以对申请没收的财产主张权利时，才能认定为利害关系人；被害人对申请没收的财产不主张权利（即仅主张赔偿权利）时，被害人与利害关系人不属于同一主体。从这个角度分析，被害人与利害关系人不存在种属关系，两者在外延上不同，但在具体案件中可能存在交叉重合关系。

（九）关于违法所得申请书的内容及附件

本规定第八条主要明确了违法所得申请书的内容及附件移送要求。申请书

的内容参考了《刑诉法解释》第五百一十条①、《人民检察院刑事诉讼规则(试行)》第五百二十六条的规定，并做了以下调整：一是考虑到“两高”联发，从人民法院审查的角度调整为没收违法所得申请书自身具备的内容；二是增加了列明犯罪嫌疑人、被告人的基本情况以及案件来源的要求；三是增加了列明脱逃、下落不明的情形；四是增加了列明申请没收财产价值的要求，此项要求与《联合国反腐败公约》相关条款相呼应；五是增加了列明有无利害关系人的内容。此项内容旨在避免申请机关在具体案件中不认真审查有无利害关系人；六是增加了列明申请没收的财产与犯罪嫌疑人、被告人犯罪事实的关联性及相关证据的要求；七是增加了兜底项的规定；八是增加了翻译件随案移送的要求。该项内容主要是针对申请没收的财产在境外的情形。

对于申请没收的财产，部分在境内，部分在境外的，宜一并提出申请，即在同一没收申请中提出。在征求意见过程中，有观点提出，检察机关提出没收违法所得申请时，是否需要明确犯罪嫌疑人、被告人涉嫌犯罪的具体罪名？经研究认为，申请书应当载明相关的犯罪事实及证据，这些犯罪事实及证据的认定一般是围绕犯罪构成要件进行的，如不明确罪名，反而显得检察机关缺乏申请没收财产的法律依据，甚至容易引发外界法律质疑，故在认定事实时应当确定相关罪名。

（十）关于没收违法所得申请案件的立案审查处理

1. 本规定第九条主要明确了没收违法所得申请案件立案审查的期限和处理原则，对《刑诉法解释》第五百一十一条②进行了以下主要调整：(1) 增加了“有证据证明有犯罪事实”的审查内容。将此项内容的审查作为人民法院受理条件，是本规定对立案审查的一个创设性规定。“有证据证明有犯罪事实”在普通刑事程序中是法院审理阶段认定的内容。但对于没收违法所得申请案件，如将此项内容的审查安排在开庭审理阶段，则可能会存在以下难题：开庭前难题：①是否允许诉讼代理人复制、查阅案卷；②是否将检察机关移送法院的刑事部分证据提供给诉讼参与人。如不提供便构成证据突袭，也不利于保障诉讼权利；如提供便可能会妨碍正在或者即将进行的刑事侦查。开庭审理过程中难题：①证明犯罪事实的证据是否全部出示；②是否允许参与诉讼的利害关系人及其诉讼代理人就证明犯罪事实的证据进行质证。如出庭的检察人员在庭审过程中宣读犯罪事实但不允许诉讼参与人提出意见，则对犯罪事实的审理完全流于形式；③在部分案件中，犯罪嫌疑人、被告人所在国可能依据其本国法将允许犯罪嫌疑人、被告人的诉讼代理人参与诉讼作为协助执行我国法院裁定的条件。在此情况下，如果诉讼代理人就犯罪事实部分提出异议，则其身份与

① 现为《刑事诉讼法解释》(2021年)第六百一十二条。

② 现为《民事诉讼法解释》(2021年)第六百一十三条。

辩护人几乎无异，如此便体现不出违法所得没收程序与普通刑事诉讼程序的差异。这样的做法不仅违背了特别程序的本意，而且审判的社会效果也不好。将刑事部分的审理提前至立案审查阶段，既可以有效解决庭审难题，又可以提前对犯罪事实证据进行审查，避免合法财产因没收申请错误而遭受不必要的损害。

（2）调整了立案审查期限。《刑诉法解释》规定的立案审查期限为七日。由于本规定将立案审查由形式审查调整为包含实体内容的审查，难以在七日期限内完成，故将审查期限调整为三十日。

2. 对不同情形的处理方式。（1）对于同时具备四项条件的，应当立案受理。该四项条件分别是：属于没收违法所得申请受案范围、受理法院具有管辖权、申请材料齐全、有证据证明有犯罪事实。（2）对于不符合形式受理条件的，应当退回人民检察院。具体又分为两种情形：一种是不属于没收违法所得申请受案范围或者本院管辖的，应当退回人民检察院；另一种是材料不全的，应当通知人民检察院在七日内补送。七日内不能补送的，应当退回人民检察院。（3）对于不符合实体受理条件的，即没收违法所得申请不符合“有证据证明有犯罪事实”标准要求的，应当通知人民检察院撤回申请。为避免实践中出现人民法院通知人民检察院撤回申请，人民检察院不主动撤回的现象，本规定在“通知人民检察院撤回申请”后，专门增加了“人民检察院应当撤回”的规定。

3. 应当退回人民检察院的文书形式。起草过程中，有观点提出，退回人民检察院，是采用决定退回还是裁定退回？经研究认为，退回人民检察院不宜采用裁定形式，宜采用决定形式。基于篇幅考虑，本规定对此未予明确。

（十一）关于“有证据证明有犯罪事实”的认定标准

对于没收违法所得申请案件，由于犯罪嫌疑人、被告人逃匿、死亡，对犯罪事实认定及相关证据收集的难度比普通刑事案件要大，如坚持普通刑事案件证据证明标准，则绝大多数案件难以顺利推进。加上此类案件仅是对财产进行处理，且犯罪嫌疑人、被告人如到案，则终止审理。这些特征决定了此类案件的证明标准相对于普通刑事案件要有所降低。除犯罪嫌疑人、被告人死亡外，通缉一年不能到案是适用违法所得没收程序的前提条件，而在此类案件中对犯罪嫌疑人、被告人进行通缉的条件，即是逃匿＋逮捕的条件，故参照逮捕阶段对证据证明标准的要求，明确没收违法所得申请案件立案审查阶段刑事部分的证据证明标准，具有一定合理性。

从立法趋势看，1996 年《刑事诉讼法》第六十条第一款①（关于逮捕条件的规定）将 1979 年《刑事诉讼法》第四十条第一款中的“主要犯罪事实已

① 对应《刑事诉讼法》（2018 年修正）第八十一条。

经查清”修改为“有证据证明有犯罪事实”，在一定程度上体现了降低逮捕证明标准和以审判为中心的立法态势。《人民检察院刑事诉讼规则（试行）》（以下简称《规则试行》）第一百三十九条亦使用了该表述，并在第二款明确了“有证据证明有犯罪事实”的认定标准，即：（一）有证据证明发生了犯罪事实；（二）有证据证明该犯罪事实是犯罪嫌疑人、被告人实施的；（三）证明犯罪嫌疑人、被告人实施犯罪行为的证据已经查证属实。参考上述规定，本规定第十条明确，同时具备以下情形的，应当认定为“有证据证明有犯罪事实”：（一）有证据证明发生了犯罪事实；（二）有证据证明该犯罪事实是犯罪嫌疑人、被告人实施的；（三）证明犯罪嫌疑人、被告人实施犯罪行为的证据真实、合法。其中第一项、第二项是关于证明内容的表述，本规定对《规则试行》第一百三十九条第一项、第二项未作改动。第三项是对证据资格的表述，要求证据必须是客观的，且不属于非法手段取得。鉴于未经庭审质证认定，“证据已经查证属实”在表述上不够严谨，可能引发质疑，故本规定将《规则试行》第三项“证据已经查证属实的”规定修改为“证明犯罪嫌疑人、被告人实施犯罪行为的证据真实、合法。”

没收违法所得申请的案件既不同于普通的刑事案件，也不同于一般的民事财产关系确权案件，它是一个特别程序，兼具两者的特点。上述标准提高了没收违法所得申请案件的立案门槛。这种门槛的提高，正是出于对庭审过程中财产所有权确权采用高度盖然性证据证明标准的必要补充，也是针对该类案件特征进行的专门制度设计。

（十二）关于公告时间、方式及内容的规定

本规定第十一条明确了公告期间为六个月，且不适用中止、中断、延长的规定。公告的发布日期必须自人民法院受理没收违法所得申请案件之日起十五日之内。

与《刑诉法解释》第五百一十二条①相比，本规定本条增加了以下几项内容：1. 增加了申请没收的财产与犯罪嫌疑人、被告人犯罪事实的关联性。此项内容非常重要，有利于保护无辜财产权利人免受侵害。2. 增加了案件来源，属于受理法院管辖，犯罪嫌疑人、被告人的基本情况，脱逃、下落不明，查封、扣押、冻结财产价值以及已查封、扣押、冻结财产的清单和相关法律手续，等等。3. 增加了不按规定期限、方式申请参加诉讼所应承担的不利后果。公告主要起到公示催告利害关系人尽快行使权利的作用，故在载明申请参加诉讼的期限、方式的同时，应当明确不按规定期限、方式申请参加诉讼所应承担的不利法律后果。

此外，与没收违法所得申请书相比，鉴于公告是公开对外的，故与犯罪事

① 现为《刑事诉讼法解释》（2021年）第六百一十四条。

实相关的刑事部分证据不作为公告内容。

在征求意见过程中，有观点提出，在公告期间内，以通知形式告知公告内容且已有利害关系人申请参加诉讼的，公告是否仍然需要持续至六个月？经研究认为，公告的作用在于发现利害关系人和公示催告利害关系人行使权利，利害关系人是一个不确定的群体，即使根据在案证据能够确信所有利害关系人已申请参加诉讼，也不排除根据新的证据发现新的利害关系人，或者权利人根据新发现的证据申请参加诉讼而成为新的利害关系人，以及因新的证据出现利害关系人撤回参与诉讼申请的情形。因此，公告依然要持续到六个月的法定期限。

（十三）关于公告内容的发布、张贴、送达方式

1. 公告的意义、方式、日期

（1）公告的意义。公告是没收违法所得申请案件审理的必经程序。公告除了公示催告犯罪嫌疑人、被告人外，还有发现利害关系人、公示催告利害关系人申请参加诉讼的功能。因此，没收违法所得申请案件在审理前都必须公告。

（2）公告内容的刊登、发布。本规定第十二条第一款明确，公告内容应当在全国公开发行的报纸、信息网络等媒体和最高人民法院的官方网站刊登、发布。本规定起草过程中，有观点提出，全国各地的市、县级报纸等官方媒体，公众关注得比较少，但亦属于全国公开发行或者公开的媒体。实践中，利害关系人可能以地方媒体不为本人知晓为由进行抗辩。经研究，固然报纸等级越高，其刊载信息就越容易传播，利害关系人也就越容易知悉信息内容。但这一情况也不尽然，如果犯罪嫌疑人、被告人的近亲属都集中居住在某一地区，接触更多的可能是当地有影响力的报纸，因此当地有影响力的报纸刊登的信息更容易被知悉。综合考虑公告的途径，除了报纸刊登，还有网络媒体和张贴，特别是，对于境外犯罪嫌疑人、被告人、利害关系人而言，通过信息网络发布是更为重要的途径，故本规定未对报纸等级作特别要求，但对信息网络作了刚性限制，即公告内容必须在最高人民法院官方网站刊登发布。

（3）公告的张贴。本规定第十二条第一款明确，公告在人民法院公告栏张贴。必要时，公告可以在犯罪地、犯罪嫌疑人、被告人居住地或者被申请没收财产所在地张贴。与《刑诉法解释》第五百一十二条第二款[①]相比，本条将"申请没收的不动产所在地"修改为"被申请没收财产所在地"。这一考虑是，张贴公告旨在发挥补充公示催告的作用。有的案件中，动产价值可能比不动产价值更高，针对不同人群，如不关注网络媒体、报纸人群，采取在财产所在地张贴公告，更能起到补充公示催告的作用。参考最高人民法院《关于适用〈中华人民共和国民事诉讼法〉的解释》（以下简称《民诉法解释》）第一百三十八

① 对应《刑诉法解释》（2021年）第六百一十五条第一款。

条的表述，《规定》明确，人民法院张贴公告的，应当采取拍照、录像等方式记录张贴过程。

（4）公告的日期。对于公告刊登、发布、张贴日期不同的，为避免引发争议，从有利于犯罪嫌疑人、被告人、利害关系人出发，本规定明确公告最后被刊登、发布、张贴日期为公告日期。

2. 关于境外犯罪嫌疑人、被告人、利害关系人公告内容的补充送达。《规定》根据是否掌握联系方式的两种情形，对公告内容的补充送达方式做了区分。对于掌握联系方式的又进一步区分受送达人是否同意采用传真、电子邮件收悉方式两种情形。对于已掌握了境外犯罪嫌疑人、被告人、利害关系人的联系方式，参考《民事诉讼法》第八十七条的规定，本规定明确，经受送达人同意的，可以采取传真、电子邮件等方式直接告知其公告内容，并记录在案。受送达人不同意或者不掌握境外受送达人联系方式的，也可以不补充送达。出于对被请求国法律和司法主权的尊重，为顺利推进境外协助执行请求最终得到执行，参考近年来刑事司法协助条约、多边条约以及国际惯例的做法，本规定明确，如果所在地国（区）主管机关明确提出应当向受送达人送达含有公告内容的通知的，受理没收违法所得申请案件的法院可以综合案情决定是否送达。决定送达的，应当将公告内容层报最高人民法院，由最高人民法院依照刑事司法协助条约、多边公约，或者按照对等互惠原则，请求受送达人所在地国（区）的主管机关协助送达。上述送达是对公告送达的补充，旨在进一步确认受送达人知悉公告内容，确保其诉讼权利。补充送达日期不影响公告日期的认定。

值得注意的是，在我国，中央主管机关未必是司法部，还有可能是外交部以及其他机关。如根据《中俄刑事司法协助条约》，最高人民检察院可能是主管机关，故本条未直接明确规定具体部门。

3. 关于在国外是否需要补充公告。本规定起草过程中，一种观点认为，除了在国内公告外，还有必要在犯罪嫌疑人、被告人、利害关系人所在地国（区）公告，唯有如此，才能避免犯罪嫌疑人、被告人、利害关系人以不知晓国内公告为由提出抗辩。同时，在国外进行公告，更有利于体现正当程序，提高国外协助执行我国没收请求的效率。有观点提出，对于全球范围内的公告，建议参照美国民事没收程序公告的方式，将相关公告发布在特定权威网站上。另一种观点认为，在国内公告后没必要再在国外公告。目前，刑事司法协助合作的内容不包括请求外国协助进行相关公告。我国部分在全国发行的报纸以及信息网络等媒体，特别是最高人民法院官方网站，在世界其他国家也可以阅悉，因此没必要将公告再发布在外国报纸和网站。经研究，本规定采纳了后一种观点。

（十四）关于利害关系人参加诉讼的条件、方式

1. 本规定第十三条第一款明确了利害关系人参加诉讼的申请时间以及所

需提交的证明材料。与《刑诉法解释》第五百一十三条①相比，本条第一款将“并提供证明申请没收的财产系其所有的证据材料的”修改为“可以对违法所得及其他涉案财产主张权利的证据材料”，主要考虑是利害关系人包括但不限于主张财产所有权的人，主张留置权、质押权、抵押权等担保物权的，也属于利害关系人。

2. 本规定第十三条第二款明确了利害关系人可以委托诉讼代理人参加诉讼。同时，对利害关系人在境外委托诉讼代理人的情形作了限制性要求，即境外委托的，应当比照外国籍当事人的做法，只能委托中华人民共和国执业资格的律师进行诉讼。一国的司法制度只能在本国领域内适用，不能延伸至他国，司法主权原则是世界各国公认的准则。案件审判国（区）的律师对本国的法律更为熟知。因此，任何主权国家都禁止外国律师在本国范围内以律师名义从事诉讼业务。特别强调的是，中华人民共和国律师通常指的是中国内地执业律师，不包括港澳台执业律师。同时，在司法实践中，为了保证境外委托合法有效，《刑诉法解释》第四百零三条②、《民事诉讼法》第二百六十四条③分别要求对授权委托进行公证、认证。即：在中华人民共和国领域外居住的相关人员寄给中国律师的授权委托书，必须经所在国公证机关证明、所在国外交部或者其授权机关认证，并经中国驻该国使、领馆认证，才具有法律效力。但中国与该国之间有互免认证协定的除外。

3.《规定》第十三条第三款明确了利害关系人未申请参加诉讼的救济原则。如果利害关系人无正当理由在公告期内不申请参加诉讼，待公告期满后申请参加诉讼的，视为对其法律权利的放弃；但因正当理由而未申请参加诉讼的，如正处于生病期间、被他人非法拘禁或者因其他不可抗力因素而无法申请参加诉讼的，人民法院应当准许其参加诉讼。

（十五）关于审判组织、审理方式、通知送达

1. 本规定第十四条第一款明确了不得独任审判原则，即没收违法所得申请案件应当组成合议庭进行审理。有观点提出，合议庭组成人员是否包括人民陪审员？经研究认为，没收违法所得申请案件在合议庭的组成人员方面并无特殊要求，可以包括人民陪审员。

2. 本规定第十四条第二款明确了开庭审理和不开庭审理的情形。有利害关系人申请参加诉讼的，必须开庭审理。利害关系人本人参加及委托诉讼代理人参加诉讼的，人民法院应当开庭审理。利害关系人本人及委托诉讼代理人都不参加诉讼的，人民法院不开庭审理。利害关系人及其诉讼代理人无正当理由

① 现为《刑事诉讼法解释》（2021 年）第六百一十七条。

② 现为《刑事诉讼法解释》（2021 年）第四百八十六条。

③ 现为《民事诉讼法》（2023 年修正）第二百七十五条。

拒不到庭，且无其他利害关系人和其他诉讼代理人参加诉讼的，相当于无人参与诉讼。因此，人民法院可以不开庭审理。同理推之，对于已经开庭审理的案件，利害关系人及其诉讼代理人无正当理由退庭，且无其他利害关系人和其他诉讼代理人参加诉讼的，人民法院可以转为不开庭审理。做此规定，除了可以在一定程度上限制利害关系人及其代理人随意退庭，还可以起到节约司法资源的功效。

3. 本规定第十四条第三款明确了凡是开庭审理案件，检察机关必须派员出席。关于庭审设置，本规定未作明确。实践中，可以将出庭的检察人员席位设置在审判台的右侧，利害关系人及其诉讼代理人席位并排设置在审判台左侧，证人、鉴定人、翻译人员席位设置在审判台对面两侧（通常检察机关申请出庭的证人、鉴定人设置在审判台对面右侧，即靠近检察人员席位一侧；利害关系人申请出庭的证人、鉴定人设置在审判台对面左侧，即靠近利害关系人席位一侧）。犯罪嫌疑人、被告人委托诉讼代理人参加诉讼，人民法院准许的，犯罪嫌疑人、被告人的诉讼代理人席位设置在证人席位与利害关系人及其诉讼代理人席位中间。

4. 本规定第十四条第四款明确了开庭通知以及通知送达方式、日期。通知送达的对象包括：人民检察院、利害关系人及其诉讼代理人、证人、鉴定人员、翻译人员。通知送达的方式依照本规定第十二条第二款的规定，即依照公告通知送达方式执行。除了上述内容，考虑到境外通知的送达需要的时间比国内一般更长，故本规定第十四条第四款明确了开庭准备的时间。即受送达人在国内的，开庭准备时间至少为三日；受送达人在境外的，开庭准备时间至少为三十日。

（十六）关于开庭审理过程中法庭调查

由于人民法院对犯罪事实及证据的审查提前至立案审查环节，故本规定第十五条第一款明确，出庭的检察人员宣读没收违法所得申请书后，在法庭调查阶段仅就申请没收的财产与犯罪的关联性事实出示、宣读证据。

考虑到没收违法所得申请案件中犯罪嫌疑人、被告人完全有可能因将来被缉拿归案或者主动到案而适用普通刑事诉讼程序，此类案件的法庭调查应当尽可能不妨碍正在或者即将进行的刑事侦查，故本规定第十五条第二款规定，对于确有必要出示但可能妨碍正在或者即将进行的刑事侦查的证据，针对该证据的法庭调查不公开进行。

既然出庭的检察人员未出示、宣读刑事部分的证据，利害关系人及其诉讼代理人就不可能对相关犯罪事实及证据提出异议，故本规定第十五条第一款明确在开庭过程中上述人员仅能围绕申请没收的财产与犯罪的关联性事实及证据进行举证、质证并提出意见。根据谁主张谁举证原则，如果利害关系人及其诉讼代理人对申请没收的财产主张权利的，应当出示相关证据。

（十七）关于一审裁判结果

1. 没收违法所得申请案件审理的结果，大致包括两种情形：

（1）申请没收的财产属于违法所得或者其他涉案财产。此种情形又具体包括有被害人和无被害人两种处理结果。有被害人的，本规定第十六条明确，除依法应当返还被害人的以外，应当予以没收。

（2）申请没收的财产不属于违法所得或者其他涉案财产。如果利害关系人有证据证明其对申请没收的财产具有合法权利，人民法院应当裁定驳回申请，解除查封、扣押、冻结措施。《刑诉法解释》第三百六十四条第三款规定，经审查，不能确认查封、扣押、冻结的财物及其孳息属于违法所得或者依法应当追缴的其他涉案财物的，不得没收。《刑法》第六十四条规定，对被害人的合法财产，应当及时返还。因此，人民法院对于经查证查封、扣押、冻结的财物及其孳息不属于违法所得及其他涉案财产，为了维护真正财产权利人的合法权利，同时防止刑事司法过度干预民事财产关系领域，应当及时解除查封、扣押、冻结措施，恢复财产原来的权利状态。如果有新的证据足以证明解除查封、扣押、冻结的财产属于违法所得及其他涉案财产的，检察机关可以再次提出没收申请。

2. 关于等价返还被害人的问题。与《刑法》第六十四条规定不同，《刑事诉讼法》第二百八十二条①没有规定责令退赔处理办法，对于不属于应当追缴的财产，仅规定应当裁定驳回申请，解除查封、扣押、冻结措施，这就导致实践中本来应当依法等价返还被害人的财产得不到妥善处理，甚至因解除限制措施而使该部分财产有了转移的风险。如：犯罪嫌疑人甲2001年用自己的合法财产在北京买下10套房产，现升值为1亿元左右。2003年，甲侵吞单位公款1亿余元后畏罪潜逃。检察机关紧急查封、扣押该10套房产，并依法提起没收违法所得申请。后经法院审判，该10套房产不属于违法所得及其他涉案财产，应当裁定驳回申请，解除查封、扣押措施。这样的处理，让甲可能重新获得转移资产的空间。基于上述考虑，本规定最初明确，对申请没收的财产不属于违法所得或者其他涉案财产的情形，除依法应当等价返还被害人的以外，应当裁定驳回申请，解除查封、扣押、冻结措施。这样规定，才能与《刑法》第六十四条及相关指导性文件的规定保持协调一致。后在征求过程中，不少观点认为违反了刑事诉讼法的规定，故本规定最终未对上述内容进行明确。

（十八）关于申请没收的财产与犯罪的关联性的证明标准

1. 关于申请没收的财产与犯罪的关联性的一般证明标准

本规定第十七条第一款规定："申请没收的财产具有高度可能属于违法所得及其他涉案财产的，应当认定为属于违法所得及其他涉案财产"。这一规定

---

① 现为《刑事诉讼法》（2018年修正）第三百条。

明确了高度盖然性标准，借鉴了优势证据证明标准的表述。主要考虑是：

（1）符合立法原意和司法实践需求。违法所得没收程序是刑事诉讼法规定的一个特别程序，与普通刑事诉讼程序存在较大区别。普通刑事诉讼程序旨在查明犯罪事实，对被告人定罪处罚，适用的是事实清楚、证据确实充分的证明标准。而违法所得没收程序的基本法理依据在于不让犯罪分子通过犯罪获得任何收益，旨在查明申请没收的财产与犯罪事实之间的关联性，确认申请没收的财产是否属于违法所得及其他涉案财产。两者最大的区别在于，在普通刑事诉讼程序中，被告人在场，不但可以获取其供述，而且可以根据其供述进一步获取客观性证据。而在违法所得没收程序中，犯罪嫌疑人、被告人不在案，既不能获取其供述，也不能收集根据其供述而可能产生的其他客观性证据。此种情况下，绝大多数案件都难以达到普通刑事诉讼程序排除合理怀疑的标准。如果坚持排除合理怀疑的标准，则绝大多数案件都只能裁定驳回申请。2012 年《刑事诉讼法》在刑事诉讼程序中增设违法所得没收程序，旨在满足实践需要，有效解决实践中存在的问题。因此，在没收违法所得申请案件中采用高度盖然性的证明标准，是基于立法原意和实践需要而作出的合理解释。

（2）符合违法所得没收程序的本质特性。首先，违法所得没收程序是针对犯罪行为相关联的财产的没收程序，与普通刑事诉讼程序不同，不涉及对犯罪嫌疑人、被告人的人身自由以及名誉权的剥夺，而是针对犯罪嫌疑人、被告人因犯罪行为而获得的财产的处理，本质上是对财产所有权的确认之诉。这一本质特征决定了其证明标准与普通刑事诉讼程序相比可以有所降低。其次，高度盖然性证据证明标准既适用于检察机关没收违法所得的申请，也适用于利害关系人对申请没收的财产主张权利。一方面，根据“谁主张、谁举证”的举证原则，只要检察机关提出的证据证明，申请没收的财产具有高度可能属于违法所得及其他涉案财产，除返还被害人以外，就应当没收；另一方面，只要利害关系人提出的证据证明，申请没收的财产具有高度可能不属于犯罪所得或者其他涉案财产的，就应当支持其诉讼请求。保持这种平衡，可以有效避免因为适用高度盖然性标准而出现单向损害犯罪嫌疑人、被告人、利害关系人合法权利的现象产生。因此，对双方都采用高度盖然性标准，符合没收违法所得程序的基本特质。

（3）借鉴部分外国理论和实践。在国际上，很多国家将违法所得没收规定为民事诉讼程序，其中，对于申请没收财产与犯罪事实的关联性，美国、英国、加拿大、澳大利亚和新西兰等国家均采用优势证据的证明标准。如美国民事没收只需以优势证据证明拟没收的财产被用于或者源于非法活动。2000 年，美国民事资产没收改革法改变之前的做法，由联邦政府负责证明财产与非法活动的关联性。美国法典第 18 章第 983 条民事没收违法所得一般规定也明确了举证责任，并明确只需优势证据，联邦政府就算履行了举证责任，即可提出民事没收程序。又如根据澳大利亚2002年犯罪所得法的规定，民事没收程序适用民事举证标准。这些国家用自身的经验和做法证明了优势证据用于不定罪没收制度的可行性和重要意义。这些立法规定和司法实践经验为在违法所得没收程序中采用高度盖然性证明标准，增加了实践认同和确信。

2. 巨额财产来源不明案件中的关联性证明标准

对于巨额财产来源不明罪，由于刑法规定由犯罪嫌疑人、被告人说明来源，属于举证责任倒置，人民检察院向人民法院提出申请没收财产时无需收集证据证明不能说明来源的财产属于违法所得及其他涉案财产。在巨额财产来源不明案件中，如果法院经审查，认定有证据证明犯罪嫌疑人、被告人具有巨额财产来源不明的犯罪事实，在犯罪嫌疑人、被告人不到案的情况下，没有利害关系人对违法所得及其他涉案财产主张权利，或者虽然主张权利但提供的相关证据没有达到高度盖然性证明标准的，应当认定涉案财产与利害关系人无关，故本规定第十七条第二款明确此种情形下申请没收的财产属于违法所得及其他涉案财产。

（十九）关于利害关系人申请参加二审的处理

违法所得没收程序实质上是一种在犯罪嫌疑人、被告人缺席的情况下对申请没收的财产权属进行的确权之诉，如果人民法院认定申请没收的财产属于违法所得及其他涉案财产，就会产生没收的法律后果，这可能会侵害无辜财产权利人的合法权利。因此，一审人民法院在审理过程中发现无辜财产权利人的，应告知其可以作为利害关系人依法参加诉讼，以维护其实体权利。二审期间，如果利害关系人申请参加诉讼的，只要非因故意或者重大过失未申请参加一审诉讼，人民法院应予准许，并发回重新审判。关于“非因故意或者重大过失”的表述，本规定参考了《民诉法解释》第一百零二条对逾期提供证据规定的表述。

“非因故意或者重大过失”在外延上比“客观原因”更广。客观原因，仅限于客观情由，而非因故意或者重大过失，除了客观情由外，还包括主观上的轻微过失。即如果利害关系人因不可抗力等客观因素或主观上轻微过失而在第一审期间未申请参加诉讼，在第二审期间申请参加诉讼的，人民法院应当准许，并发回原审人民法院重新审判。

（二十）关于犯罪嫌疑人、被告人逃匿境外后委托诉讼代理人参加诉讼的处理

是否允许犯罪嫌疑人、被告人委托诉讼代理人是本规定起草过程中比较难把握的一个问题。一种观点认为，出于对犯罪嫌疑人、被告人逃匿行为的严惩，借鉴“不采纳逃犯证言”规则，不应允许逃匿的犯罪嫌疑人、被告人委托诉讼代理人。另一种观点认为，出于提高境外协助执行没收裁定的效率考虑，可以允许犯罪嫌疑人、被告人委托诉讼代理人。鉴于国外对我国扣押、冻结令和没收令的协助执行，特别注重正当程序的审查，加大对犯罪嫌疑人、被告人

诉讼权利的保障，更有利于我国扣押、冻结令和没收令获取国外有关部门的协助执行。从境外追逃追赃工作实际出发，为顺利推进境外协助执行效率，本规定基本采纳了后一种观点。

本规定第十九条第一款明确，此种情形由审理法院根据案件情况，综合违法所得或者其他涉案财产所在地国（区）主管部门依照其本国法提出的意见，决定是否准许犯罪嫌疑人、被告人委托诉讼代理人参加诉讼。准许参加诉讼的，犯罪嫌疑人、被告人的诉讼代理人依照有关利害关系人的诉讼代理人的规定行使诉讼权利。

（二十一）关于二审审理方式、通知事项及审查内容

本规定第二十条第一款明确的是第二审人民法院可以不开庭审理的情形，即人民检察院、利害关系人对第一审裁定认定的事实、证据没有争议的，第二审人民法院可以不开庭审理。

本规定第二十条第二款明确的是通知开庭的方式和对象，即第二审人民法院决定开庭审理的，应当将开庭的时间、地点书面通知同级人民检察院和利害关系人。在征求意见过程中，有的法院建议对二审出庭的检察机关是原检察机关还是与受理法院同级的检察机关进行明确。本规定采纳了该建议，明确了出庭的检察机关必须是同级检察机关。

本规定第二十条第三款明确的是第二审审查的内容，即第二审人民法院应当就上诉、抗诉请求的有关事实和适用法律进行审查。

（二十二）关于上诉、抗诉案件的处理情形

本规定第二十一条，既参考了《刑事诉讼法》第二百二十五条①的规定，又参考了《刑诉法解释》第五百一十八条②的规定。结合没收违法所得申请案件司法实际，本条删去了刑事诉讼法关于量刑不当的规定，同时将《刑诉法解释》原裁定内容分解为事实清楚、适用法律正确两种情形，将原裁定确有错误分解为事实不清、适用法律错误两种情形，并作了区别处理。

本规定第二十一条明确了第二审人民法院对上诉、抗诉案件四种情形处理的结果：一是第一审裁定认定事实清楚和适用法律正确的，应当驳回上诉、抗诉，维持原裁定；二是第一审裁定认定事实清楚，但适用法律有错误的，应当改变原裁定；三是第一审裁定认定事实不清的，可以在查清事实后改变原裁定，也可以撤销原裁定，发回原审人民法院重新审判；四是第一审裁定违反法定诉讼程序，可能影响公正审判的，应当撤销原裁定，发回原审人民法院重新审判。本规定同时明确，第一审人民法院对于依照前述第三种情形发回重新审判的案件作出裁定后，第二审人民法院对不服第一审人民法院裁定的上诉、抗

① 现为《刑事诉讼法》（2018 年修正）第二百三十六条。

② 现为《刑事诉讼法解释》（2021 年）第六百二十三条。

诉，应当依法作出裁定，不得再发回原审人民法院重新审判。

（二十三）关于境外限制措施协助执行和请求函

1. 侦查机关的范围。随着违法所得没收程序适用罪名范围的扩大，侦查机关包括公安机关、检察机关、国家安全机关，以及即将成立的监察委员会。基于上述情况，本规定第二十二条第一款对侦查机关未一一列明，采取了“等侦查机关”的等外表述，各侦查机关的最高上级机关表述为“等各系统最高上级机关”。

2. 关于请求境外限制措施协助执行规程。本规定第二十二条第一款参考1992年司法部、最高人民法院、外交部《关于执行海牙送达公约的实施办法》第八条、第九条关于刑事司法协助条约、多边条约以及国际惯例的做法，明确规定：“违法所得或者其他涉案财产在境外的，负责立案侦查的公安机关、人民检察院等侦查机关应当制作查封、扣押、冻结的法律文书以及协助执行查封、扣押、冻结的请求函，层报公安、检察院等各系统最高上级机关后，由公安、检察院等各系统最高上级机关依照刑事司法协助条约、多边公约，或者按照对等互惠原则，向违法所得或者其他涉案财产所在地国（区）的主管机关请求协助执行。”

3. 关于境外要求限制令发文主体必须是法院的处理。在不少国家中，法院被认为比行政执法机关更具有中立性，因此这些国家的司法制度要求扣押、冻结等限制令的制发主体必须是法院。这种要求在一定程度上影响了我国境外追逃追赃工作效率，但这种制度要求并非针对某个国家做出的特别规定，旨在明确扣押、冻结措施的中立性。从境外追赃实际出发，基于对等互惠原则，根据具体情况，明确境外限制、没收请求符合被请求国制度要求，既有必要，也可行。故本规定第二十二条第二款明确规定：“被请求国（区）的主管机关提出，查封、扣押、冻结法律文书的制发主体必须是法院的，负责立案侦查的公安机关、人民检察院等侦查机关可以向同级人民法院提出查封、扣押、冻结的申请，人民法院经审查同意后制作查封、扣押、冻结令以及协助执行查封、扣押、冻结令的请求函，层报最高人民法院后，由最高人民法院依照刑事司法协助条约、多边公约，或者按照对等互惠原则，向违法所得或者其他涉案财产所在地国（区）的主管机关请求协助执行。”

4. 关于请求函的内容。鉴于查封、冻结、扣押令普遍简单直观，不宜记载过多内容，故将有关案情、证据、主张以及理由都在请求函中说明。为规范统一请求函的内容，本规定明确了请求函以下内容要点：（1）案由以及查封、扣押、冻结法律文书的发布主体是否具有管辖权．制发主体是否具有管辖权，往往是被请求国协助执行的基本条件；（2）犯罪嫌疑人、被告人涉嫌犯罪的事实及相关证据，但可能妨碍正在或者即将进行的刑事侦查的证据除外。一般被请求国都要求请求国提供犯罪嫌疑人、被告人涉嫌犯罪的事实、证据，但考虑到犯罪嫌疑人、被告人毕竟在逃，尽量不要妨碍正在或者进一步对犯罪嫌疑人、被告人犯罪事实的侦查；(3) 已发布公告的，发布公告情况、通知利害关系人参加诉讼以及保障诉讼参与人依法行使诉讼权利等情况。这是对利害关系人正当权利保护的情况；(4) 请求查封、扣押、冻结的财产种类、数量、价值、所在地等情况以及相关法律手续。关于价值及法律手续的内容，旨在进一步从制度上防范限制措施的滥用，防止不当侵害利害关系人的财产权利；(5) 请求查封、扣押、冻结的财产属于违法所得及其他涉案财产的相关事实及证据材料。此项内容是请求限制的财产与犯罪的关联性的认定；(6) 请求查封、扣押、冻结财产的理由和法律依据；(7) 被请求国（区）要求载明的其他内容。因不同国家在具体协助执行我国请求函时提出的要求不一定相同，故本规定规定了兜底项。

（二十四）关于境外没收协助执行及请求函

本规定第二十三条规定的原理基本同第二十二条。另有必要说明的是，国外协助执行没收令要求必须是生效裁判，故本规定本条明确了这一条件。如《联合国反腐败公约》第 55 条第 3 款明确要求，向缔约国提出的没收的请求应当包括下列内容：(1) 应当提供有关于应当予以没收财产的说明，尽可能包括财产的所在地和相关情况下的财产估计价值，以及关于请求缔约国所依据的事实的充分陈述，以便被请求缔约国能够根据本国法律取得没收令；(2) 应当有请求缔约国发出的据以提出请求的法律上可以采信的没收令副本、关于事实和对没收令所请求执行的范围的说明、关于请求缔约国为向善意第三人提供充分通知并确保正当程序而采取的措施的具体陈述，以及关于该没收令为已经生效的没收令的陈述；(3) 应当有请求缔约国所依据的事实陈述和对请求采取的行动的说明，如有据以提出请求的法律上可以采信的没收令副本，应当一并附上。参考上述内容，本规定第二十三条明确了没收请求函的各项内容，理由基本同限制措施请求函。

（二十五）关于单位违法所得没收程序的适用

1. 单位实施本规定第一条规定的犯罪后被撤销、注销的情形相当于犯罪嫌疑人、被告人死亡情形，故本规定第二十四条对此种情形作了规定。鉴于单位被撤销、注销，如单位直接负责的主管人员和其他责任人员未逃匿、死亡，可能不会影响适用普通刑事诉讼程序，故本条将“导致案件无法适用刑事诉讼普通程序进行审理”作为适用违法所得没收程序的前提条件。值得注意的是，考虑到单位毕竟不同于自然人，涉及方方面面的利益，为慎重起见，本规定明确单位被撤销、注销情形，必须受罪名范围的限制，同时受到单位直接负责的主管人员和其他直接责任人员必须在通缉一年后不到案的限制。在本规定起草意见过程中，有观点提出，应当将单位被吊销、破产亦作为被撤销、注销情形对待。经研究认为，被吊销只是一个行政处罚程序，而破产只是单位主体消亡前的一个法定程序。宣告股份有限公司破产以后，由清算组接管公司，对破产财产进行清算、评估和处理、分配。清算组应当通知已知的债权人并在报纸上公告，债权人在规定时间内向清算组申报债权，由此可能形成新的法律关系。可见，单位被吊销、破产后还要经历清算、注销登记等程序，才能认定为主体消亡，故本条未将此两种情形规定在内。

2. 关于犯罪主体是单位的情形，没收违法所得申请案件的管辖原则应当比照自然人的情形处理。即：没收违法所得的申请，由犯罪地或者单位主要办事机构所在地的中级人民法院管辖。单位主要办事机构所在地不能确定的，由其注册地或者登记地的中级人民法院管辖。

3. 实践中有的单位尚在，但因单位直接负责的主管人员、其他直接责任人员逃匿、死亡，导致案件无法适用普通程序进行审理，其大量违法所得无法追缴、没收。有观点主张，对此类案件应当适用违法所得没收程序。经调研，此类案件目前尚不普遍，问题尚不突出，故本规定暂未明确。

（二十六）关于施行时间、冲突规范

此条属一般技术规范。关于生效日期，本规定第二十五条明确，本规定自2017年1月5日起生效。按照程序从新原则，司法实践中尚未审理的案件，按照本规定审理。

关于适用冲突原则。本规定对已公布的司法解释的修改始终保持慎之又慎的态度，但基于实际需要，借鉴吸收国际国内先进理论和成熟经验，最终从司法实际需要出发，对《刑诉法解释》相关规定进行了修改完善。考虑到篇幅问题，为凸显重点，本规定对刑事诉讼、民事诉讼中的部分共性问题未作规定，未规定部分，仍然可以适用相关法律及司法解释的规定。

（撰稿人：裴显鼎　王晓东　刘晓虎）

【链　　接】

最高人民法院刑二庭负责人就《关于适用犯罪嫌疑人、被告人逃匿、死亡案件违法所得没收程序若干问题的规定》答记者问

最高法刑二庭庭长裴显鼎、最高法刑二庭副庭长王晓东出席新闻发布会，并就《最高人民法院、最高人民检察院关于适用犯罪嫌疑人、被告人逃匿、死亡案件违法所得没收程序若干问题的规定》（以下简称本规定）制定的背景以及主要内容回答了相关问题。

一、问：哪几类案件适用违法所得没收程序

答：本规定对修改后《刑事诉讼法》规定的贪污贿赂、恐怖活动犯罪等案件确定为五类犯罪案件：第一类以占有型、挪用型贪污等犯罪案件为主，具体包括贪污、挪用公款、巨额财产来源不明等犯罪案件。第二类为贿赂类犯罪案件，具体包括受贿、单位受贿、利用影响力受贿、行贿、对有影响力的人行贿等犯罪案件。第三类为恐怖活动犯罪案件，具体包括组织、领导、参加恐怖组织，帮助恐怖活动，准备实施恐怖活动等犯罪案件。第四类是洗钱罪及其上游犯罪案件，具体包括危害国家安全、走私、洗钱、金融诈骗、黑社会性质的组织、毒品犯罪案件。第五类是两类新型特殊诈骗犯罪案件，即电信诈骗、网络诈骗犯罪案件。

二、问："逃匿境外"是否作为"重大"认定标准

答：本规定从案件影响程度和逃匿情形两个角度明确了违法所得没收程序适用的"重大犯罪案件"中"重大"的认定标准，即在省、自治区、直辖市或者全国范围内具有较大影响，或者犯罪嫌疑人、被告人逃匿境外的，应当认定为违法所得没收程序适用的"重大犯罪案件"。

违法所得没收案件与普通刑事案件有所不同，何为"重大"不能简单以刑罚轻重或涉案数额为标准。故本规定将"在本省、自治区、直辖市或者全国范围内有较大影响的"明确为"重大"的认定标准。同时，考虑到犯罪嫌疑人、被告人逃匿境外，特别是"红通人员"，在本省、自治区、直辖市甚至在全国范围内都具有重大影响，这也是刑诉法增设违法所得没收程序最主要的动因，

故将“逃匿境外”作为“重大”的一项认定标准。

三、问：违法所得产生财产收益是否属于“违法所得”

答：国家工作人员收受贿赂后，将违法所得用于购房、购买书画和玉石珠宝、投资股票或者开设公司等进行投资，其投资形成的财产是否属于违法所得或者其他涉案财产，对于增值部分是否应当没收？

针对上述问题，本规定参考了《联合国反腐败公约》《制止向恐怖主义提供资助的国际公约》等国际公约中“犯罪所得”的有关定义，明确规定通过实施犯罪直接或者间接产生、获得的任何财产，都应当认定为“违法所得”。违法所得已经部分或者全部转变、转化为其他财产的，转变、转化后的财产应当视为“违法所得”。来自违法所得转变、转化后的财产收益，或者来自已经与违法所得相混合财产中违法所得相应部分的收益，应当视为违法所得。

四、问：证据证明标准与普通刑事案件证明标准是否一致

答：没收违法所得程序需要查明的是申请没收的财产与犯罪事实之间的关联性，而普通刑事诉讼程序需要查明的是犯罪事实，且没收违法所得申请案件中犯罪嫌疑人、被告人未到案，因此这类案件相比普通刑事诉讼案件的证据证明标准应有所不同。本规定第十七条借鉴吸收国外不定罪没收制度优势证据证明标准，对申请没收的财产与犯罪的关联性的证明标准明确规定：申请没收的财产具有高度可能属于违法所得及其他涉案财产的，应当认定“申请没收的财产属于违法所得及其他涉案财产”。

据了解，按照本规定，对于巨额财产来源不明案件，如果法院审查认定有证据证明犯罪嫌疑人、被告人具有巨额财产来源不明的犯罪事实，在犯罪嫌疑人、被告人不到案的情况下，没有利害关系人对违法所得及其他涉案财产主张权利或者虽然主张权利但提供的相关证据没有达到优势证据证明标准的，应当认定涉案财产属于违法所得及其他涉案财产。

指导案例 63 号

徐加富强制医疗案

（最高人民法院审判委员会讨论通过 2016 年 6 月 30 日发布）

关键词

刑事诉讼 强制医疗 有继续危害社会可能

裁判要点

审理强制医疗案件，对被申请人或者被告人是否“有继续危害社会可能”，应当综合被申请人或者被告人所患精神病的种类、症状，案件审理时其病情是否已经好转，以及其家属或者监护人有无严加看管和自行送医治疗的意愿和能力等情况予以判定。必要时，可以委托相关机构或者专家进行评估。

相关法条

《中华人民共和国刑法》第十八条第一款

《中华人民共和国刑事诉讼法》第二百八十四条①

基本案情

被申请人徐加富在 2007 年下半年开始出现精神异常，表现为凭空闻声，认为别人在议论他，有人要杀他，紧张害怕，夜晚不睡，随时携带刀自卫，外出躲避。因未接受治疗，病情加重。2012 年 11 月 18 日 4 时许，被申请人在其经常居住地听到有人开车来杀他，遂携带刀和榔头欲外出撞车自杀。其居住地的门卫张友发得知其出去要撞车自杀，未给其开门。被申请人见被害人手持一部手机，便认为被害人要叫人来对其加害。被申请人当即用携带的刀刺杀被害人身体，用榔头击打其的头部，致其当场死亡。经法医学鉴定，被害人系头部受到钝器打击，造成严重颅脑损伤死亡。

2012 年 12 月 10 日，被申请人被公安机关送往成都市第四人民医院住院治疗。2012 年 12 月 17 日，成都精卫司法鉴定所接受成都市公安局武侯区分局的委托，对被申请人进行精神疾病及刑事责任能力鉴定，同月 26 日该所出具成精司鉴所（2012）病鉴字第 105 号鉴定意见书，载明：1. 被鉴定人徐加富目前患有精神分裂症，幻觉妄想型；2. 被鉴定人徐加富 2012 年 11 月 18 日 4 时作案时无刑事责任能力。2013 年 1 月成都市第四人民医院对被申请人的病情作出证明，证实徐加富需要继续治疗。

---

① 现为《刑事诉讼法》（2018 年修正）第三百零二条。

裁判结果

四川省武侯区人民法院于 2013 年 1 月 24 日作出（2013）武侯刑强初字第 1 号强制医疗决定书：对被申请人徐加富实施强制医疗。

裁判理由

法院生效裁判认为：本案被申请人徐加富实施了故意杀人的暴力行为后，经鉴定属于依法不负刑事责任的精神疾病人，其妄想他人欲对其加害而必须携带刀等防卫工具外出的行为，在其病症未能减轻并需继续治疗的情况下，认定其放置社会有继续危害社会的可能。成都市武侯区人民检察院提出对被申请人强制医疗的申请成立，予以支持。诉讼代理人提出了被申请人是否有继续危害社会的可能应由医疗机构作出评估，本案没有医疗机构的评估报告，对被申请人的强制医疗的证据不充分的辩护意见。法院认为，在强制医疗中如何认定被申请人是否有继续危害社会的可能，需要根据以往被申请人的行为及本案的证据进行综合判断，而医疗机构对其评估也只是对其病情痊愈的评估，法律没有赋予医疗机构对患者是否有继续危害社会可能性方面的评估权利。本案被申请人的病症是被害幻觉妄想症，经常假想要被他人杀害，外出害怕被害必带刀等防卫工具。如果不加约束治疗，被申请人不可能不外出，其外出必携带刀的行为，具有危害社会的可能，故诉讼代理人的意见不予采纳。

最高人民法院
关于人民法院办理接收在台湾地区服刑的大陆居民回大陆服刑案件的规定

法释〔2016〕11号

（2015年6月2日最高人民法院审判委员会第1653次会议通过 2016年4月27日最高人民法院公告公布 自2016年5月1日起施行）

为落实《海峡两岸共同打击犯罪及司法互助协议》，保障接收在台湾地区服刑的大陆居民回大陆服刑工作顺利进行，根据《中华人民共和国刑法》《中华人民共和国刑事诉讼法》等有关法律，制定本规定。

第一条 人民法院办理接收在台湾地区服刑的大陆居民（以下简称被判刑人）回大陆服刑案件（以下简称接收被判刑人案件），应当遵循一个中国原则，遵守国家法律的基本原则，秉持人道和互惠原则，不得违反社会公共利益。

第二条 接收被判刑人案件由最高人民法院指定的中级人民法院管辖。

第三条 申请机关向人民法院申请接收被判刑人回大陆服刑，应当同时提交以下材料：

（一）申请机关制作的接收被判刑人申请书，其中应当载明：

1. 台湾地区法院认定的被判刑人实施的犯罪行为及判决依据的具体条文内容；

2. 该行为在大陆依据刑法也构成犯罪、相应的刑法条文、罪名及该行为未进入大陆刑事诉讼程序的说明；

3. 建议转换的具体刑罚；

4. 其他需要说明的事项。

（二）被判刑人系大陆居民的身份证明；

（三）台湾地区法院对被判刑人定罪处刑的裁判文书、生效证明和执行文书；

（四）被判刑人或其法定代理人申请或者同意回大陆服刑的书面意见，且法定代理人与被判刑人的意思表示一致；

（五）被判刑人或其法定代理人所作的关于被判刑人在台湾地区接受公正审判的权利已获得保障的书面声明；

（六）两岸有关业务主管部门均同意被判刑人回大陆服刑的书面意见；

（七）台湾地区业务主管部门出具的有关刑罚执行情况的说明，包括被判刑人交付执行前的羁押期、已服刑期、剩余刑期，被判刑人服刑期间的表现、退赃退赔情况，被判刑人的健康状况、疾病与治疗情况；

（八）根据案件具体情况需要提交的其他材料。

申请机关提交材料齐全的，人民法院应当在七日内立案。提交材料不全的，应当通知申请机关在十五日内补送，至迟不能超过两个月；逾期未补送的，不予立案，并于七日内书面告知申请机关。

第四条 人民法院应当组成合议庭审理接收被判刑人案件。

第五条 人民法院应当在立案后一个月内就是否准予接收被判刑人作出裁定，情况复杂、特殊的，可以延长一个月。

人民法院裁定准予接收的，应当依据台湾地区法院判决认定的事实并参考其所定罪名，根据刑法就相同或者最相似犯罪行为规定的法定刑，按照下列原则对台湾地区法院确定的无期徒刑或者有期徒刑予以转换：

（一）原判处刑罚未超过刑法规定的最高刑，包括原判处刑罚低于刑法规定的最低刑的，以原判处刑罚作为转换后的刑罚；

（二）原判处刑罚超过刑法规定的最高刑的，以刑法规定的最高刑作为转换后的刑罚；

（三）转换后的刑罚不附加适用剥夺政治权利。

前款所称的最高刑，如台湾地区法院认定的事实依据刑法应当认定为一个犯罪的，是指刑法对该犯罪规定的最高刑；如应当认定为多个犯罪的，是指刑法对数罪并罚规定的最高刑。

对人民法院立案前，台湾地区有关业务主管部门对被判刑人在服刑期间作出的减轻刑罚决定，人民法院应当一并予以转换，并就最终应当执行的刑罚作出裁定。

第六条 被判刑人被接收回大陆服刑前被实际羁押的期间，应当以一日折抵转换后的刑期一日。

第七条 被判刑人被接收回大陆前已在台湾地区被假释或保外就医的，或者被判刑人或其法定代理人在申请或者同意回大陆服刑的书面意见中同时申请暂予监外执行的，人民法院应当根据刑法、刑事诉讼法的规定一并审查，并作出是否假释或者暂予监外执行的决定。

第八条 人民法院作出裁定后，应当在七日内送达申请机关。裁定一经送达，立即生效。

第九条 被判刑人回大陆服刑后，有关减刑、假释、暂予监外执行、赦免等事项，适用刑法、刑事诉讼法及相关司法解释的规定。

第十条 被判刑人回大陆服刑后，对其在台湾地区已被判处刑罚的行为，人民法院不再审理。

第十一条 本规定自2016年5月1日起施行。

【解　　读】

解读《最高人民法院关于人民法院办理接收在台湾地区服刑的大陆居民回大陆服刑案件的规定》

2016年4月27日，最高人民法院发布《关于人民法院办理接收在台湾地区服刑的大陆居民回大陆服刑案件的规定》（法释〔2016〕11号，以下简称本规定），并于2016年5月1日起施行。为准确理解和适用本规定，现对有关问题说明如下。

一、制定背景和过程

2009年4月26日，海峡两岸关系协会与台湾海峡交流基金会签署了《海峡两岸共同打击犯罪及司法互助协议》（以下简称两岸司法互助协议），并于同年6月25日起生效。该协议第十一条约定："双方同意基于人道、互惠原则，在请求方、受请求方及被判刑人（受刑事裁判确定人）均同意移交之情形下，移管（接返）被判刑人（受刑事裁判确定人）。"这一约定是两岸被判刑人移管的制度基础，是两岸全方位司法互助和共同打击犯罪合作机制的重要组成部分。根据两岸司法互助协议的上述规定，经两岸有关业务主管部门通力合作，2010年4月，大陆有关部门将身患重病的台湾地区被判刑人冯某某移管回台，完成了两岸首例被判刑人移管实践。此后，大陆向台湾地区移管被判刑人工作逐步展开，截至2016年4月底，大陆方面已向台湾地区单向移管了5批19名在大陆服刑的台湾地区被判刑人回台服刑。

由于两岸司法互助协议系两岸主管机关授权民间团体签署，在两岸适用尚需予以适当转化。为此，台湾地区于2013年7月23日正式实施了"跨国移交受刑人法"（以下简称"台湾移交法"）。根据该"法"第二十三条，两岸之间开展被判刑人移管准用之。为了进一步推进两岸被判刑人双向移管工作，最高人民法院及时启动了本规定的起草工作。

由于大陆方面并无办理接收在台湾地区服刑的大陆居民回大陆服刑案件（以下简称接收被判刑人案件）的实践经验，《刑法》《刑事诉讼法》中亦无相应规定，最高人民法院在起草本规定稿过程中，高度重视广泛听取各方面意见，并组织专门人员对相关问题展开了认真深入研究。经反复修改，七易其稿，本规定稿于 2015 年 6 月 2 日提交最高人民法院审判委员会第 1653 次全体会议审议并获通过。

本规定共 11 条，全面规范和明确了接收在台湾地区服刑的大陆居民回大陆服刑案件应当遵循的基本原则、管辖法院、立案审查内容、审判组织形式、对被判刑人转换刑罚的原则与方法、刑期折抵原则以及接收回大陆后有关事项的处理等一系列内容。本规定的出台将使人民法院办理相关案件有据可依，对于深化两岸司法合作，丰富中国特色的区际刑事司法协助的理论与实践，具有重要意义。

为保障本规定准确执行，最高人民法院又下发了《关于办理接收在台湾地区服刑的大陆居民回大陆服刑案件有关事项的通知》（法〔2016〕138 号，以下简称《通知》），对本规定中的有关问题作了进一步明确，并随附下发了相应文书样式。

二、制定本规定的必要性和可行性

根据实践中台湾地区有关业务主管部门反馈，在台湾地区服刑的大陆居民有多人次提出希望能够回大陆服刑。因此，制定本规定，不仅是对两岸司法互助协议的具体落实，更使接收被判刑人在实践上成为可能。

需要重点探讨的是制定本规定的可行性问题。根据程序法定原则，对于刑事诉讼法没有明确规定的诉讼程序，人民法院不宜于通过制定司法解释来单独创设程序，而人民法院办理接收被判刑人案件在《刑法》《刑事诉讼法》中均无相应规定。就此问题，我们广泛征求了包括立法机关在内的各方面意见。经综合各方面意见，我们认为，《刑事诉讼法》第十七条①规定，根据中华人民共和国缔结或者参加的国际条约，或者按照互惠原则，我国司法机关和外国司法机关可以相互请求司法协助。这一规定，赋予司法机关开展国家间的包括罪犯移管在内的刑事司法协助的职权，但是对于与台湾、香港、澳门地区之间开展刑事司法协助，刑事诉讼法未作规定。《反分裂国家法》第六条规定，国家鼓励和推动两岸共同打击犯罪，维护台湾海峡地区和平稳定，发展两岸关系。同时两岸司法互助协议第十一条明确约定了移管被判刑人的内容。依据上述规定，两岸之间开展包括罪犯移管在内的刑事司法协助，在法律上有一定的依据。但法律对罪犯移管的条件、决定程序及后续的刑罚执行等没有明确规定，缺乏具体的程序依据。这一问题，不仅在涉台工作中存在，在内地与香港、澳门特别行政区之间也同样存在。此外，我国虽与俄罗斯、西班牙、澳大利亚、韩国等国家签订了移管被判刑人的条约，但也都缺乏具体的程序性规定。解决这一问题的可能途径主要有三种：一是，通过制定刑事司法协助法，对国家间

---

① 现为《刑事诉讼法》（2018 年修正）第十八条。

罪犯移管的条件、决定程序及后续的刑罚执行等作出规定，并明确大陆与台湾地区、内地与港澳之间开展包括罪犯移管在内的刑事司法协助，参考该法的有关规定执行。二是，由全国人大常委会对大陆与台湾地区、内地与港澳开展罪犯移管工作的有关问题作出决定，授权最高人民法院会同有关部门分别制定具体的规范性文件。三是，先由最高人民法院出台规范性文件，再总结实践经验，抓紧通过立法作出规定。考虑到大陆与台湾地区之间开展罪犯移管工作在法律上有一定的依据，目前尚缺乏实践经验，且刑事司法协助法已经列入本届全国人大常委会的立法规划，经立法机关同意，可由最高人民法院出台规范性文件，待条件成熟时，再通过立法系统解决。应当说，这也是在当前条件下进一步推进两岸被判刑人移管工作的务实选择。

三、本规定中若干重要问题的理解与适用

（一）管辖问题

刑事诉讼中与法院有关的管辖问题主要包括级别管辖、地域管辖以及指定管辖等。在接收被判刑人案件中，就级别管辖而言，因该类案件属于新类型案件，尚无实践经验，且具有涉台性质，较为复杂，为最大限度保障办案质量和效果，宜统一由中级人民法院管辖。就地域管辖而言，考虑到此类案件的管辖地往往就是将来被判刑人的服刑地，为便于刑罚执行、便于家属探视等，由被判刑人离境前居住地的人民法院管辖较为妥当。但考虑到目前此类案件数量不会很大，同时在台湾地区服刑的大陆居民中，居住地为福建省的占有相当大比例。因此，从有利于被判刑人移管的交接操作，有利于对此类案件的统筹把握，以及有利于最高人民法院更好地开展指导，宜由福建省内的某一人民法院对此类案件进行集中统一管辖。综合以上考虑，根据刑事诉讼法的有关规定，本规定第二条明确，接收被判刑人案件由最高人民法院指定的中级人民法院管辖；其后，《通知》又进一步明确，最高人民法院指定办理此类案件的法院为福建省厦门市中级人民法院。当然，今后随着案件数量的增多以及办案经验的积累，最高人民法院也可视情逐步扩大指定管辖法院的范围。

（二）申请机关问题

应由哪一机关负责向人民法院申请启动接收在台湾地区服刑被判刑人案件的审理程序？对此，理论和实践中主要存在两种意见。

一种意见认为应由检察机关作为申请机关，主要理由为：第一，可以与台湾地区有关规定相对应，同时可以使有关案件审理更能体现诉讼性质。第二，对于已经台湾地区法院裁判的刑事犯罪，比照《刑法》第七条的规定，大陆仍有权予以追究，而追诉权由检察机关行使。第三，从国外立法例来看，一些国家，如日本，其国际受刑人移送法第 7 条即规定由检察机关作为申请机关。

另一种意见认为应将司法行政机关作为申请机关，主要理由为：第一，接

收被判刑人案件是由移交方、接收方、被判刑人三方形成合意而进入人民法院司法程序的案件，程序的非对抗性明显区别于普通刑事案件。人民法院办理此类案件，是为了确定对被判刑人应当继续执行的刑罚，其只对刑罚进行转换的程序目的明显区别于为确定被告人是否构成犯罪、应判处何种刑罚的一般审判。因此，人民法院审理此类案件并不需要一个有控有辩的对抗结构，所适用的程序在性质上应属于特别程序，在性质上与减刑、假释案件更为类似。而根据大陆方面法律规定，减刑、假释案件是由监狱等刑罚执行机关作为申请机关并参与案件审理。因此，接收被判刑人案件宜参照减刑、假释案件由司法行政机关作为申请机关。第二，前期与台方联系被判刑人接收有关事宜是由司法行政机关负责，其更熟悉案件情况，如果在刑罚转换阶段由检察机关作为申请机关，恐会影响案件办理效率。第三，虽然在台湾地区由检察机关负责提起接收被判刑人的申请，但其检察机关隶属于其法务主管部门（台湾地区“法务部”），这与大陆有重大差异，大陆的检察机关是法律监督机关，可以法律监督机关身份介入此类案件，不一定非得作为申请机关介入。

考虑到本规定是由最高人民法院单独制发，故未明确申请机关的具体所指。其后，经与有关部门协调，最终明确司法行政部门为对台联系窗口，完成三方同意程序后，交由检察机关向人民法院提起准予接收和刑罚转换申请。据此，我们在《通知》附件的文书样式中，明确写明申请机关系指人民检察院。

（三）申请机关需要向人民法院提交的材料

本规定第三条规定，“申请机关向人民法院申请接收被判刑人回大陆服刑，应当同时提交以下材料：（一）申请机关制作的接收被判刑人申请书，其中应当载明：1. 台湾地区法院认定的被判刑人实施的犯罪行为及判决依据的具体条文内容；2. 该行为在大陆依据刑法也构成犯罪、相应的刑法条文、罪名及该行为未进入大陆刑事诉讼程序的说明；3. 建议转换的具体刑罚；4. 其他需要说明的事项。（二）被判刑人系大陆居民的身份证明；（三）台湾地区法院对被判刑人定罪处刑的裁判文书、生效证明和执行文书；（四）被判刑人或其法定代理人申请或者同意回大陆服刑的书面意见，且法定代理人与被判刑人的意思表示一致；（五）被判刑人或其法定代理人所作的关于被判刑人在台湾地区接受公正审判的权利已获得保障的书面声明；（六）两岸有关业务主管部门均同意被判刑人回大陆服刑的书面意见；（七）台湾地区业务主管部门出具的有关刑罚执行情况的说明，包括被判刑人交付执行前的羁押期、已服刑期、剩余刑期，被判刑人服刑期间的表现、退赃退赔情况，被判刑人的健康状况、疾病与治疗情况；（八）根据案件具体情况需要提交的其他材料。”“申请机关提交材料齐全的，人民法院应当在七日内立案。提交材料不全的，应当通知申请机关在十五日内补送，至迟不能超过两个月；逾期未补送的，不予立案，并于七日内书面告知申请机关。”在理解和适用本条规定时，需要注意以下几个问题：

1. 本条实际上明确了接收被判刑人需要具备的主要条件：(1) 双重犯罪原则，即被判刑人在台湾地区被判处刑罚的行为在大陆依据刑法也构成犯罪。(2) 诉讼未系属原则，即被判刑人在台湾地区被判处刑罚的行为未进入大陆刑事诉讼程序。(3) 判决确定原则，即被判刑人在台湾地区被判处刑罚的行为已经台湾地区法院终审。(4) 本地居民原则，即被判刑人应系大陆居民。(5) 三方同意原则，即两岸有关业务主管部门、被判刑人或其法定代理人均同意被判刑人回大陆服刑。(6) 权利保障原则，即被判刑人在台湾地区接受公正审判的权利已获得保障。

2. 在国际被判刑人移管理论与实践中，通常会要求拟移管被判刑人的余刑不能少于一年，本规定是否参照也作此要求，是一个需要探讨的问题。经研究，两岸司法互助协议并未就此作出限制性规定，“台湾移交法”虽然要求余刑在一年以上，但同时规定移交方和接收方均同意的，可以不受此限。因此，即使被判刑人余刑不满一年，只要三方同意，两岸之间仍可开展移管合作，故本规定第三条未就余刑问题作出规定。

3. 第三条第一款第一项要求申请机关提交接收被判刑人申请书，其中需载明“台湾地区法院认定的被判刑人实施的犯罪行为及判决依据的具体条文内容”，第三项同时规定应提交“台湾地区法院对被判刑人定罪处刑的裁判文书、生效证明和执行文书”，主要考虑，台湾地区的裁判文书中只有定罪处刑所依据的法律条文序号，没有条文内容，第一款第一项强调要求提供的是条文内容，相当于法律查明，与第三项规定并不重复。

4. 第三条第二款规定，“申请机关提交材料齐全的，人民法院应当在七日内立案。提交材料不全的，应当通知申请机关在十五日内补送，至迟不能超过两个月；逾期未补送的，不予立案，并于七日内书面告知申请机关。”之所以规定申请机关补送材料的最长期限为两个月，主要是考虑到所需补送的材料可能要向台湾地区有关业务主管部门获取，需时较长。此外，还应注意的是，对于逾期未补送的，人民法院应作出不予立案通知，不使用裁定方式处理。

(四) 案件审理方式

台湾地区法院办理接收被判刑人案件采用独任审理。在大陆，考虑到根据《刑事诉讼法》第一百七十八条[①]规定，只有基层人民法院适用简易程序的案件才可以由审判员一人独任审理，而接收被判刑人案件系由中级人民法院审理，同时参考人民法院办理减刑、假释案件也是组成合议庭审理的作法，故本规定第四条明确，“人民法院应当组成合议庭审理接收被判刑人案件。”同时，考虑到被判刑人不可能到庭，故在实践中，可以采用书面审理方式。当然，开庭审理也完全可以，特别是将来如两岸建立专门的远程视讯，可通过远程视频

① 现为《刑事诉讼法》(2018年修正) 第一百八十三条。

听取被判刑人意见，确保案件审理取得更好效果。

（五）刑罚转换问题

在被判刑人移管实践中，接收方进行刑罚转换通常需确立不加重处罚原则，以使被判刑人可放心作出同意移管决定，进而实现移管目的。不加重处罚，既包括刑期不得长于移交方的刑罚，也包括刑种不得重于移交方的刑罚。参照此惯例，同时结合两岸特殊情况，就办理接收被判刑人案件中刑罚转换的原则问题，本规定第五条第二款规定："人民法院裁定准予接收的，应当依据台湾地区法院判决认定的事实并参考其所定罪名，根据刑法就相同或者最相似犯罪行为规定的法定刑，按照下列原则对台湾地区法院确定的无期徒刑或者有期徒刑予以转换：（一）原判处刑罚未超过刑法规定的最高刑，包括原判处刑罚低于刑法规定的最低刑的，以原判处刑罚作为转换后的刑罚；（二）原判处刑罚超过刑法规定的最高刑的，以刑法规定的最高刑作为转换后的刑罚；（三）转换后的刑罚不附加适用剥夺政治权利。"第三款规定："前款所称的最高刑，如台湾地区法院认定的事实依据刑法应当认定为一个犯罪的，是指刑法对该犯罪规定的最高刑；如应当认定为多个犯罪的，是指刑法对数罪并罚规定的最高刑。"在理解和适用本条规定时，需注意以下问题：

1. 本条第二款第一项和第二项中规定的刑法规定的最高刑或刑法规定的最低刑是指法定最高刑或最低刑，而不是某一具体量刑幅度。如台湾地区法院对被判刑人走私毒品行为判处了十年有期徒刑，即使该行为依据大陆方面《刑法》第三百四十七条第四款规定本来最高只能判处七年有期徒刑，但依据该条规定，走私毒品罪的法定最高刑是死刑，故仍应按照台湾地区法院判处的十年有期徒刑转换刑罚。

2. 应当将台湾地区裁判文书确定的刑罚转换为刑法规定的最相类似的刑罚。原判刑种与人民法院应判处的刑种相同的，转换为相同的刑种；原判刑种与人民法院应判处的刑种不同时，转换后的刑罚应当符合刑法的规定。具体转换方法为：（1）原被判处无期徒刑的一个行为，人民法院依法也应判处无期徒刑的，转换为无期徒刑执行。（2）原被判处无期徒刑的一个行为，人民法院依法应判处有期徒刑的，转换为对该行为依法能判处的最重的有期徒刑执行，但最高刑期不得超过有期徒刑十五年。（3）原被判处有期徒刑的一个行为，人民法院依法应判处无期徒刑的，转换为有期徒刑执行，但不能超过原判刑期且最高刑期不得超过有期徒刑十五年。（4）原被判处有期徒刑的一个行为，人民法院依法应判处有期徒刑的，转换为有期徒刑执行，但不能超过原判刑期且最高刑期不得超过有期徒刑十五年。（5）原被判处无期徒刑的数个行为，人民法院依法也应判处无期徒刑的，转换为无期徒刑执行。（6）原被判处无期徒刑的数个行为，人民法院依法应判处有期徒刑的，首先将原被判处无期徒刑的数个行为刑期逐一转换为对该行为依法能判处的最重的有期徒刑，然后在所有数个行为的总和刑期以下、数刑中最高刑期以上，酌情决定转换执行的有期徒刑刑期，但是总和刑期不满三十五年的，最高不能超过二十年，总和刑期在三十五年以上的，最高不能超过二十五年。(7) 原被判处有期徒刑的数个行为，人民法院依法应判处无期徒刑或者有期徒刑的，首先将原被判处刑罚的数个行为的刑期逐一转换为对该行为依法能判处的最重的有期徒刑，然后在所有数个行为的总和刑期以下、数刑中最高刑期以上，酌情决定转换执行的有期徒刑刑期，但是总和刑期不满三十五年的，最高不能超过二十年，总和刑期在三十五年以上的，最高不能超过二十五年。以上转换执行的有期徒刑刑期不能超过原判处的刑期。

3. 本规定第五条第二款第三项规定了“转换后的刑罚不附加适用剥夺政治权利”，主要是考虑到《刑法》第五十七条规定了对于被判处死刑、无期徒刑的犯罪分子，应当剥夺政治权利终身。因此，如果将台湾地区判处被判刑人的无期徒刑转换执行，势必面临是否应当附加剥夺政治权利的问题。从台湾地区有关规定来看，台湾地区“刑法”中有褫夺公权的从刑，主要内容是褫夺为公务员之资格和为公职候选人之资格，该“法”第三十七条同时规定：“宣告死刑或无期徒刑者，宣告褫夺公权终身”，亦即如果台湾地区对被判刑人判处无期徒刑，也将同时附加适用褫夺公权刑。基于以下几点考虑，我们认为，既不宜通过直接转换的方式，也不宜通过附加适用的方式对被判刑人适用剥夺政治权利刑：第一，剥夺政治权利与褫夺公权并非完全等同，不宜直接转换。第二，剥夺政治权利与褫夺公权涉及问题较为敏感，不做转换较为稳妥。第三，在被判刑人移管实践中，一般也不规定资格刑、财产刑等附加刑之间的转换问题。第四，在不能直接转换的情况下，如果对被判刑人附加适用剥夺政治权利，相当于对其加重刑罚，不符合被判刑人移管制度理念。

（六）罪名转换问题

两岸刑法对一个行为规定的罪名可能不同，人民法院在转换刑罚的同时，是否也要转换罪名？这一问题在一定程度上影响刑罚转换的具体设计。对此，理论上与实践中主要有三种意见：第一种意见是不赞成转换罪名，主要理由为刑法与台湾地区有关规定不同，各自对不同罪名，甚至是同一罪名，规定的犯罪构成要件可能不同，如果规定要转换罪名，则意味着人民法院应在查清所有构成要件事实基础之上才能予以罪名转换，这意味着对台湾地区的刑事判决要做实质审查，甚至为了查清某些事实需要对被判刑人在台湾地区已被判处刑罚的行为进行重新审理，这显然不大可行。第二种意见是认为应当转换罪名，主要理由为：有罪才有刑，无罪则无刑，有罪则必然要有罪名。被判刑人被移送回大陆服刑后，人民法院所作裁定是对其执行刑罚的唯一依据，亦即大陆不可能依据台湾地区法院判决中所确定的罪名对被判刑人执行刑罚。如果对被判刑人不转换罪名，将因为罪名的缺失而事实上导致进行刑罚转换时的基准刑无法确定，后续执行刑罚过程中的减刑、假释等也难以适用。第三种意见也是认为应当转换罪名，但同时认为如果基于综合考虑，不作罪名转换规定，则也不规定刑罚转换内容，而是直接规定代为执行刑罚程序，即无论台湾地区法院所作判决确定的刑罚为何，均不依据刑法予以转换，而是完全代为执行之。

经研究，我们认为，人民法院办理接收在台湾地区服刑被判刑人案件，不宜对罪名进行转换，但应当对刑罚予以转换。主要考虑是：(1) 转换罪名涉及定罪、事实认定及程序正当等问题，而不转换罪名似也不影响刑罚的转换与执行。(2) 代为执行刑罚方式不可取。从被判刑人移管实践来看，确实存在着被判刑人移入地对移出地判处刑罚的直接执行方式，即按照判刑地判决所确定的刑罚执行刑罚，不做任何转换或者调整。当然，这种直接执行方式并不是绝对的，而是可以通过在刑罚执行过程中按照本地法律规定的减刑、假释程序，实现对判刑确定刑罚的变通处理，从而减少判决确定的刑罚执行期限。这种执行方式为澳大利亚所采用，但不宜为我国采用。主要原因在于：英美法系国家，有些判决判处的监禁刑期过长，有些甚至长达几百年，如果我国采取直接执行的方式继续对被判刑人执行刑罚，通过减刑或者假释的方式变通刑罚的执行期限，一方面难以实现，另一方面即使能够实现，也破坏了刑罚的平等适用性。所以对于我国而言，在国际被判刑人移管中，直接执行刑罚方式并不足取。两岸间移管虽不同于国际间移管，台湾地区法院所作判决不会出现英美法系国家可能出现的刑期过长情况，但是考虑到目前我国在国际被判刑人移管中，尚无移入式被判刑人移管案件发生，因此与台湾地区开展的接收被判刑人活动在一定程度上具有开创先例意义。况且，除了台湾地区以外，我国尚存在内地与香港和澳门之间的区际司法协助问题，而香港属于英美法系地区，对于内地与香港将来必然会开展的被判刑人移管活动，也不宜采取直接执行刑罚方式。基于统筹考虑，在与台湾地区开展接收被判刑人活动中不宜采取直接执行刑罚方式，而宜作转换处理。

综上，本规定未明确规定罪名的转换问题。根据《通知》的要求，在具体办理案件时，审理法院可以直接援引刑法的具体条文，在裁定书中直接对被判刑人的刑罚进行转换，无需对罪名问题作出表述。被判刑人回大陆服刑后，如需减刑、假释，有关文书也应照此办理，但审理法院在发出执行通知书时，应当按照裁定援引的刑法具体条文所对应的罪名填写“罪名”一栏的内容。

（七）救济程序

人民法院受理申请机关提出的申请后，应当根据申请机关提交的材料进行审查并作出是否准予接收被判刑人以及相应的刑罚转换裁定。对该裁定的效力，理论和实践中也存在不同认识：有的认为检察机关作为申请机关应可向上一级人民法院抗诉，被判刑人也可以上诉；有的认为检察机关可以抗诉，但被判刑人不可以上诉；有的认为可以赋予申请机关和被判刑人向上级法院申请复议的权利；有的认为此类案件与减刑假释案件审理程序类似，应当是裁定一经作出即生效，申请机关以及被判刑人均不能寻求救济。

经研究，我们认为，接收被判刑人案件在性质上与减刑、假释案件存在一定类似之处，均涉及刑罚执行问题，《而最高人民法院关于减刑、假释案件审理程序的规定》第十八条规定："人民法院作出减刑、假释裁定后，应当在七日内送达报请减刑、假释的执行机关、同级人民检察院以及罪犯本人。作出假释裁定的，还应当送达社区矫正机构或者基层组织。"第二十条规定："人民检察院认为人民法院减刑、假释裁定不当，在法定期限内提出书面纠正意见的，人民法院应当在收到纠正意见后另行组成合议庭审理，并在一个月内作出裁定。"接收在台湾地区服刑的被判刑人案件，可参照办理。鉴此，本规定第八条规定："人民法院作出裁定后，应当在七日内送达申请机关。裁定一经送达，立即生效。"

对此，还须结合两岸被判刑人移管的实践来分析。在人民法院受理此类案件前，移交方、接收方、被判刑人三方已先达成移管合意，这样案件才会通过申请机关提起的方式进入司法程序，由人民法院立案审查。换言之，进入人民法院审查程序之后，尽管理论上可能，但实际上并不会出现申请机关、被判刑人和人民法院存在意见分歧的问题，因此，在刑罚转换程序中设置上诉或者复议程序并无实际必要。极端情况下，如果人民法院作出的刑罚转换裁定在程序上确有问题的，根据《通知》的规定，人民检察院可以依照《刑事诉讼法》第二百零三条、第二百四十三条①等有关规定进行法律监督。

（撰稿人：刘竹梅　周加海　田心则）

① 现为《刑事诉讼法》（2018 年修正）第二百零九条、第二百五十四条。